D0819205

DICTIONNAIRE **POCHE**
HARRAP'S
A N G L A I S

ANGLAIS-FRANÇAIS / FRANÇAIS-ANGLAIS

W
sy
trac

Maquette

HARRA

© Larousse, 2013
21, rue du Montparnasse
75283 Paris Cedex 06

ISBN 978 2818 70267 3

Coordination éditoriale : Teresa Alvarez, Alex Hepworth
Avec : Pauline Gaberel
Direction éditoriale : Anna Stevenson
Prépresse : Andrew Butterworth, Becky Pickard

Harrap's® est une marque de Larousse SAS.
www.harrap.com

Toute représentation ou reproduction, intégrale ou partielle, faite sans le consentement
de l'éditeur, ou de ses ayants droit, ou ayants cause, est illicite (article L. 122-4
du Code de la propriété intellectuelle). Cette représentation ou reproduction, par
quelque procédé que ce soit, constituerait une contrefaçon sanctionnée par l'article
L. 335-2 du Code de la propriété intellectuelle.

All rights reserved. No part of this publication may be reproduced or transmitted in
any form or by any means, or stored in a retrieval system, without the prior written
permission of the publisher.

Marques déposées
Les termes considérés comme des marques déposées sont signalés dans cet ouvrage
par ®. Cependant la présence ou l'absence de ce symbole ne constitue nullement une
indication quant à la valeur juridique de ces termes.

rademarks
ords considered to be trademarks have been designated in this dictionary by the
bol ®. However, no judgment is implied concerning the legal status of any
mark by the presence or absence of such a symbol.

réalisée par Chambers Harrap Publishers Ltd, Edinburgh

Contents
Table des matières

Preface

This pocket-sized book is the ideal dictionary for students from beginner to intermediate level. With more than 150,000 references and translations it contains all the basic vocabulary needed for everyday communication and offers excellent coverage of colloquial and idiomatic language.

The dictionary has a clear, systematic layout which makes it a reliable and user-friendly tool for both finding translations of French items and translating from English into French.

The book also boasts a handy supplement, which includes a complete list of irregular verbs and a grammar section covering all the basics of French language, with plenty of example sentences to illustrate usage. Finally, we have selected 200 of the most common idioms, an essential tool offering explanation of those tricky expressions that learners often find confusing.

Préface

Ce dictionnaire de poche est l'outil idéal des apprenants d'anglais de niveau débutant ou intermédiaire. Avec plus de 150 000 références et traductions, il contient tous les mots et expressions utiles pour les situations courantes et, comme tous les dictionnaires Harrap's, il accorde une place essentielle au vocabulaire familier et idiomatique.

Fiable et de consultation aisée, cet ouvrage permet sans difficulté de trouver la traduction de termes anglais et de traduire du français vers l'anglais, grâce à une présentation claire et systématique.

Ce livre possède également un supplément utile comportant une liste des verbes irréguliers anglais ainsi qu'un précis grammatical abondamment illustré d'exemples. Vous y trouverez également 200 expressions idiomatiques parmi les plus fréquentes en français et en anglais, pour vous permettre de comprendre et d'utiliser facilement ces formules qui posent souvent problème aux apprenants.

Structure of Entries
Structure des entrées

The equals sign ═ introduces an explanation when there is no translation possible.
Le signe ═ introduit une explication quand il n'y a pas de traduction possible.

The sign ≈ introduces a word that has a roughly equivalent status but is not identical.
Le signe ≈ introduit les équivalents culturels.

baccalauréat [bakalɔrea] **NM** ═ secondary school examination qualifying for entry to university, *Br* ≈ A-levels, *Am* ≈ high school diploma

The different grammatical categories are clearly indicated, introduced by a bold Arabic numeral.
Les différentes catégories grammaticales ressortent clairement : elles sont introduites par un chiffre arabe et sont toujours présentées dans le même ordre.
Usage labels are clearly shown.
Des indicateurs d'usage sont donnés.

forcer [fɔrse] **1 VT** *(obliger)* to force; *(porte)* to force open; *(voix)* to strain; **f. qn à faire qch** to force sb to do sth; **f. la main à qn** to force sb's hand; *Fam* **f. la dose** to overdo it **2 VI** *(appuyer, tirer)* to force it; *(se surmener)* to overdo it **3 se forcer VPR** to force oneself (**à faire** to do)

The asterisk * indicates that the verb is irregular. See the verb tables in the middle of the book for information on how to conjugate it.
*indique que le verbe est irrégulier. Se reporter aux pages centrales.

échoir* [eʃwar] **VI é. à qn** to fall to sb

British and American translations clearly indicated.
La différence entre les termes anglais et américains est clairement indiquée.

Usage notes warn users when a word is a false friend.
Une note d'usage avertit le lecteur qu'il a affaire à un faux ami.

agenda [aʒɛ̃da] NM *Br* diary, *Am* datebook; **a. électronique** electronic organizer

Il faut noter que le nom anglais **agenda** est un faux ami. Il signifie **ordre du jour**.

Derivatives are placed at the end of each entry in alphabetical order, introduced by ∎.
Les dérivés sont clairement placés en fin d'article et rangés par ordre alphabétique.

The plural of compound French nouns is given systematically.
Le pluriel des noms composés est donné à chaque fois.

grand, -e [grɑ̃, grɑ̃d] **1** ADJ big, large; *(en hauteur)* tall; *(chaleur, découverte, âge, mérite, ami)* great; *(bruit)* loud; *(différence)* big, great; *(adulte, mûr, plus âgé)* grown-up, big; *(âme)* noble; *(illustre)* great; **g. frère** *(plus âgé)* big brother; **le g. air** the open air; **il est g. temps que je parte** it's high time that I left; **il n'y avait pas g. monde** there were not many people **2** ADV **g. ouvert** *(yeux, fenêtre)* wide open; **ouvrir g.** to open wide; **en g.** on a grand or large scale **3** NMF *(à l'école)* senior; *(adulte)* grown-up ∎ **grandement** ADV *(beaucoup)* greatly; *(généreusement)* grandly ∎ **grand-mère** *(pl* **grands-mères)** NF grandmother ∎ **grand-père** *(pl* **grands-pères)** NM grandfather ∎ **grands-parents** NMPL grandparents

athlète [atlɛt] NMF athlete ∎ **athlétique** ADJ athletic ∎ **athlétisme** NM athletics *(sing)*

Indique le nombre lorsqu'une traduction est ambiguë.

The most common prepositions used are given after the translation.
Les prépositions les plus courantes apparaissent à la suite de la traduction.

différence [diferɑ̃s] NF difference **(de** in); **à la d. de qn/qch** unlike sb/sth; **faire la d. entre** to make a distinction between

Abbreviations
Abréviations

gloss	=	glose
[introduces an explanation]		[introduit une explication]
cultural equivalent	≃	équivalent culturel
[introduces a translation which has a roughly equivalent status in the target language]		[introduit une traduction dont les connotations dans la langue cible sont comparables]
abbreviation	*abbr, abrév*	abréviation
adjective	*adj*	adjectif
adverb	*adv*	adverbe
agriculture	*Agr*	agriculture
American English	*Am*	anglais américain
anatomy	*Anat*	anatomie
architecture	*Archit*	architecture
slang	*Arg*	argot
article	*art*	article
cars	*Aut*	automobile
auxiliary	*aux*	auxiliaire
aviation	*Av*	aviation
Belgian French	*Belg*	belgicisme
biology	*Biol*	biologie
botany	*Bot*	botanique
British English	*Br*	anglais britannique
Canadian French	*Can*	canadianisme
chemistry	*Chem, Chim*	chimie
cinema	*Cin*	cinéma
commerce	*Com*	commerce
computing	*Comptr*	informatique
conjunction	*conj*	conjonction
cooking	*Culin*	cuisine
economics	*Econ, Écon*	économie
electricity, electronics	*El, Él*	électricité, électronique
exclamation	*exclam*	exclamation
feminine	*f*	féminin
familiar	*Fam*	familier
figurative	*Fig*	figuré
finance	*Fin*	finance
geography	*Geog, Géog*	géographie
geology	*Geol, Géol*	géologie
gymnastics	*Gym*	gymnastique
history	*Hist*	histoire
humorous	*Hum*	humoristique
industry	*Ind*	industrie
invariable	*inv*	invariable
journalism	*Journ*	journalisme
law	*Jur*	droit
law	*Law*	droit
linguistics	*Ling*	linguistique
masculine	*m*	masculin
mathematics	*Math*	mathématique
medicine	*Med, Méd*	médecine
meteorology	*Met, Météo*	météorologie
military	*Mil*	militaire
music	*Mus*	musique
noun	*n*	nom
shipping	*Naut*	nautisme
feminine noun	*nf*	nom féminin
feminine plural noun	*nfpl*	nom féminin pluriel

masculine and feminine noun	*nmf*	nom masculin et féminin
masculine plural noun	*nmpl*	nom masculin pluriel
plural noun	*npl*	nom pluriel
computing	*Ordinat*	ordinateurs, informatique
pejorative	*Pej, Péj*	péjoratif
philosophy	*Phil*	philosophie
photography	*Phot*	photographie
physics	*Phys*	physique
plural	*pl*	pluriel
politics	*Pol*	politique
past participle	*pp*	participe passé
prefix	*pref, préf*	préfixe
preposition	*prep, prép*	préposition
pronoun	*pron*	pronom
past tense	*pt*	prétérit
something	*qch*	quelque chose
somebody	*qn*	quelqu'un
registered trademark	®	marque déposée
rail	*Rail*	chemins de fer
religion	*Rel*	religion
somebody	*sb*	quelqu'un
school	*Sch, Scol*	domaine scolaire
Scottish English	*Scot*	anglais d'Écosse
singular	*sing*	singulier
slang	*Sl*	argot
something	*sth*	quelque chose
suffix	*suff*	suffixe
technical term	*Tech*	terme technique
telecommunications	*Tel, Tél*	télécommunications
textiles	*Tex*	textile
very familiar	*très Fam*	très familier
television	*TV*	télévision
typography, printing	*Typ*	typographie, imprimerie
university	*Univ*	domaine universitaire
verb	*v*	verbe
very familiar	*very Fam*	très familier
intransitive verb	*vi*	verbe intransitif
reflexive verb	*vpr*	verbe pronominal
transitive verb	*vt*	verbe transitif
inseparable transitive verb	*vt insep*	verbe transitif à particule inséparable [par ex.: **he looks after the children** il s'occupe des enfants]
separable transitive verb	*vt sep*	verbe transitif à particule séparable [par ex.: **she sent the present back** or **she sent back the present** elle a rendu le cadeau]
vulgar	*Vulg*	vulgaire

Prononciation de l'anglais

Pour indiquer la prononciation anglaise, nous avons utilisé dans ce dictionnaire les symboles de l'API (Alphabet phonétique international). Pour chaque son anglais, vous trouverez dans le tableau ci-dessous des exemples de mots anglais, suivis de mots français présentant un son similaire. Une explication est donnée lorsqu'il n'y a pas d'équivalent en français.

Caractère API	Exemple en anglais	Exemple en français
Consonnes		
[b]	babble	bébé
[d]	dig	dent
[dʒ]	giant, jig	jean
[f]	fit, physics	face
[g]	grey, big	gag
[h]	happy	h aspiré : à quelques rares exceptions près, il est toujours prononcé en anglais
[j]	yellow	yaourt
[k]	clay, kick	car
[l]	lip, pill	lilas
[m]	mummy	maman
[n]	nip, pin	né
[ŋ]	sing	parking
[p]	pip	papa
[r]	rig, write	Pas d'équivalent français : se prononce en plaçant le bout de la langue au milieu du palais
[(r)]		Seulement prononcé en cas de liaison avec la voyelle qui suit comme dans : far away; the car is blue
[s]	sick, science	silence
[ʃ]	ship, nation	chèvre
[t]	tip, butt	tartine
[tʃ]	chip, batch	atchoum
[θ]	thick	Son proche du /s/ français, il se prononce en plaçant le bout de la langue entre les dents du haut et celles du bas
[ð]	this, with	Son proche du /z/ français, il se prononce en plaçant le bout de la langue entre les dents du haut et celles du bas
[v]	vague, give	vie
[w]	wit, why	whisky

Caractère API	Exemple en anglais	Exemple en français
[z]	zip, physics	rose
[ʒ]	pleasure	je
[χ]	loch	Existe seulement dans certains mots écossais. Pas d'équivalent français : se prononce du fond de la gorge, comme Bach en allemand ou la 'jota' espagnole.
Voyelles		
[æ]	rag	natte
[ɑː]	large, half	pâte
[e]	set	/e/ moins ouvert que le [ɛ] français
[ɜː]	curtain, were	heure
[ə]	utter	cheval
[ɪ]	big, women	/i/ bref, à mi-chemin entre les sons [ɛ] et [i] français (plus proche de 'net' que de 'vite')
[iː]	leak, wee	/i/ plus long que le [i] français
[ɒ]	lock	bonne – mais plus ouvert et prononcé au fond du palais
[ɔː]	wall, cork	baume – mais plus ouvert et prononcé au fond du palais
[ʊ]	put, look	Son à mi-chemin entre un /ou/ bref et un /o/ ouvert
[uː]	moon	Son /ou/ prolongé
[ʌ]	cup	À mi-chemin entre un /a/ et un /e/ ouverts
Diphtongues : Elles sont rares en français et sont la combinaison de deux sons.		
[aɪ]	why, high, lie	aïe
[aʊ]	how	miaou, aoûtat – mais se prononce comme un seul son
[eə]	bear, share, where	flair
[eɪ]	day, make, main	merveille
[əʊ]	show, go	Combinaison d'un /o/ fermé et d'un /ou/
[ɪə]	here, gear	Combinaison d'un /i/ long suivi d'un /e/ ouvert bref
[ɔɪ]	boy, soil	langue d'oïl
[ʊə]	sure	Combinaison d'un son /ou/ suivi d'un /e/ ouvert bref

French Pronunciation

French pronunciation is shown in this dictionary using the symbols of the IPA (International Phonetic Alphabet). In the table below, examples of French words using these sounds are given, followed by English words which have a similar sound. Where there is no near-equivalent in English, an explanation is given.

IPA symbol	French example	English example
Consonants		
[b]	bébé	but
[d]	donner	door
[f]	forêt	fire
[g]	gare	get
[ʒ]	jour	pleasure
[k]	carte	kitten
[l]	lire	lonely
[m]	maman	mat
[n]	ni	now
[ŋ]	parking	singing
[ɲ]	campagne	canyon
[p]	patte	pat
[r]	rare	Like an English /r/ but pronounced at the back of the throat
[s]	soir	sit
[ʃ]	chose	sham
[t]	table	tap
[v]	valeur	value
[z]	zéro	zero
Vowels		
[a]	chat	cat
[ɑ]	âge	gasp
[e]	été	bay
[ɛ]	père	bed
[ə]	le	amend
[ø]	deux	Does not exist in English : [e] pronounced with the lips rounded
[œ]	seul	curtain
[i]	vite	bee – not quite as long as the English [i:]
[ɔ]	donner	cot – slightly more open than the English /o/
[o]	chaud	daughter – but higher than its English equivalent

IPA symbol	French example	English example
[u]	tout	you – but shorter than its English equivalent
[y]	voiture	Does not exist in English: [i] with lips rounded
[ɑ̃]	enfant	Nasal sound pronounced lower and further back in the mouth than [ɔ̃]
Vowels		
[ɛ̃]	vin	Nasal sound: /a/ sound pronounced letting air pass through the nose
[ɔ̃]	bonjour	Nasal sound: closed /o/ sound pronounced letting air pass through the nose
[œ̃]	un	Nasal sound: like [ɛ̃] but with lips more rounded
Semi-vowels		
[w]	voir	week
[j]	yoyo, paille	yard
[ɥ]	nuit	Does not exist in English: the vowel [y] elided with the following vowel

A, a¹ [eɪ] N (a) A, a *m inv*; **5A** *(in address, street number)* 5 bis; **to go from A to B** aller du point A au point B (b) *Mus* **A** la *m* (c) *Sch (grade)* **to get an A in French** = obtenir une très bonne note en français (d) *(street atlas)* **an A to Z of London** un plan de Londres

a² [ə, *stressed* eɪ]

a devient **an** [ən, *stressed* æn] devant voyelle ou h muet.

INDEFINITE ARTICLE (a) *(in general)* un, une; **a man** un homme; **an apple** une pomme; **an hour** une heure (b) *(definite article in French)* **60 pence a kilo** 60 pence le kilo; **50 km an hour** 50 km à l'heure; **I have a broken arm** j'ai le bras cassé (c) *(article omitted in French)* **he's a doctor/a father** il est médecin/père; **Caen, a town in Normandy** Caen, ville de Normandie; **what a man!** quel homme!; **a hundred** cent (d) *(a certain)* **a Mr Smith** un certain M. Smith (e) *(time)* **twice a month** deux fois par mois (f) *(some)* **to make a noise/a fuss** faire du bruit/des histoires

aback [ə'bæk] ADV **taken a. (by)** déconcerté (par)

abandon [ə'bændən] 1 N *(freedom of manner)* abandon *m* 2 VT abandonner; **to a. ship** abandonner le navire ▪ **abandonment** N abandon *m*

abate [ə'beɪt] VI *(of storm, pain)* se calmer; *(of noise)* diminuer; *(of flood)* baisser

abbey ['æbɪ] *(pl* **-eys)** N abbaye *f*

abbreviate [ə'briːvɪeɪt] VT abréger ▪ **abbreviʾation** N abréviation *f*

abdicate ['æbdɪkeɪt] VTI abdiquer ▪ **abdiʾcation** N abdication *f*

abdomen ['æbdəmən] N abdomen *m* ▪ **abdominal** [æb'dɒmɪnəl] ADJ abdominal ▪ **abdominals** NPL abdominaux *mpl*

abduct [æb'dʌkt] VT *(kidnap)* enlever ▪ **abduction** N enlèvement *m*, rapt *m*

abhor [əb'hɔː(r)] *(pt & pp* **-rr-)** VT avoir horreur de, exécrer

abide [ə'baɪd] 1 VI **to a. by** *(promise)* tenir; *(decision)* se plier à 2 VT supporter; **I can't a. him** je ne peux pas le supporter

ability [ə'bɪlɪtɪ] *(pl* **-ies)** N capacité *f* **(to do** de faire); **he's a man of great a.** c'est quelqu'un de très compétent; **to the best of my a.** de mon mieux

ablaze [ə'bleɪz] ADJ en feu; **to set sth a.** *(person)* mettre le feu à qch; *(candle, spark)* embraser qch; **a. with** *(light)* resplendissant de; **his eyes were a. with anger** il avait les yeux brillants de colère

able ['eɪbəl] ADJ capable; **to be a. to do sth** être capable de faire qch, pouvoir faire qch; **to be a. to swim/drive** savoir nager/conduire ▪ **able-ʾbodied** ADJ robuste

abnormal [æb'nɔːməl] ADJ anormal ▪ **abnormality** [-'mælɪtɪ] *(pl* **-ies)** N anomalie *f*; *(physical)* difformité *f*

aboard [ə'bɔːd] 1 ADV *(on ship, plane)* à bord; **all a.** *(on train)* en voiture; **to go a.** monter à bord 2 PREP **a. the ship/plane** à bord du navire/de l'avion; **a. the train** dans le train

abode [ə'bəʊd] N *Literary* demeure *f*; *Law* domicile *m*; **of no fixed a.** sans domicile fixe

abolish [ə'bɒlɪʃ] VT abolir ▪ **abolition** [æbə'lɪʃən] N abolition *f*

abominable [ə'bɒmɪnəbəl] ADJ abominable

Aborigine [æbə'rɪdʒɪnɪ] N Aborigène *mf* (d'Australie)

abort [ə'bɔːt] 1 VT *(space flight, computer program)* abandonner; *Med* **the foetus was aborted** la grossesse a été interrompue 2 VI *Med* faire une fausse couche ▪ **abortion** N avortement *m*; **to have an a.** se faire avorter ▪ **abortive** ADJ *(plan, attempt)* manqué, avorté

abound [ə'baʊnd] VI abonder **(in or with** en)

about [ə'baʊt] 1 ADV (a) *(approximately)* à peu près, environ; **at a. two o'clock** vers deux heures; **a. time!** ce n'est pas trop tôt! (b) *(here and there)* çà et là, ici et là; *Fig* **there's a lot of flu a. at the moment** il y a beaucoup de cas de grippe en ce moment; **to follow someone a.** suivre quelqu'un partout; **there are lots a.** il y en a beaucoup; **(out and) a.** *(after illness)* sur pied 2 PREP (a) *(around)* **a. the garden** autour du jardin; **a. the streets** par or dans les rues (b) *(near to)* **a. here** par ici (c) *(concerning)* au sujet de; **to talk a. sth** parler de qch; **a book a. sth** un livre sur qch; **what's it (all) a.?** de quoi s'agit-il? (**d**) (+ *infinitive*) **a. to do** sur le point de faire; **I was a. to say...** j'étais sur le point de dire... ■ **about-'face, about-'turn** N *Mil* demi-tour *m*; *Fig* volte-face *f inv*

above [əˈbʌv] **1** ADV au-dessus; (*in book, document*) ci-dessus; **from a.** d'en haut; **the floor a.** l'étage *m* du dessus **2** PREP (**a**) au-dessus de; **a. the bridge** (*on river*) en amont du pont; **he's a. me** (*in rank*) c'est mon supérieur; **a. all** surtout (**b**) (*with numbers*) plus de; **the temperature didn't rise above 2°C** la température n'a pas dépassé 2°C ■ **above-'board 1** ADJ honnête **2** ADV sans tricherie ■ **above-mentioned** ADJ susmentionné

abrasion [əˈbreɪʒən] N frottement *m*; (*wound*) écorchure *f* ■ **abrasive** [-sɪv] **1** ADJ (*substance*) abrasif, -ive; *Fig* (*person, manner*) caustique **2** N abrasif *m*

abreast [əˈbrest] ADV côte à côte, de front; **four a.** par rangs de quatre; **to keep a. of** *or* **with** (*events*) se tenir au courant de

abridge [əˈbrɪdʒ] VT (*book*) abréger

abroad [əˈbrɔːd] ADV (**a**) (*in or to a foreign country*) à l'étranger; **from a.** de l'étranger (**b**) (*over a wide area*) de tous côtés; **there's a rumour a. that...** il y a un bruit qui court comme quoi...

abrupt [əˈbrʌpt] ADJ (*sudden*) brusque, soudain; (*rude*) brusque, abrupt; (*slope, style*) abrupt ■ **abruptly** ADV (*suddenly*) brusquement; (*rudely*) avec brusquerie

abscess [ˈæbses] N abcès *m*

absence [ˈæbsəns] N absence *f*; **in the a. of** (*person*) en l'absence de; (*thing*) faute de

absent 1 [ˈæbsənt] ADJ absent (**from** de) **2** [æbˈsent] VT **to a. oneself** (**from**) s'absenter (de) ■ **absent-'minded** ADJ distrait ■ **absent-'mindedness** N distraction *f*

absentee [æbsənˈtiː] N absent, -ente *mf*

absolute [ˈæbsəluːt] ADJ absolu; (*proof*) indiscutable; **he's a. coward** c'est un vrai lâche; **he's an a. fool!** il est complètement idiot!; **it's an a. disgrace!** c'est une honte! ■ **absolutely** ADV absolument; **a. forbidden** formellement interdit; **you're a. right** tu as tout à fait raison

absolve [əbˈzɒlv] VT (*sinner, accused*) absoudre; **to a. from** (*vow*) libérer de ■ **absolution** [æbsəˈluːʃən] N absolution *f*

absorb [əbˈzɔːb] VT (*liquid*) absorber; (*shock*) amortir; **to be absorbed in sth** être plongé dans qch ■ **absorption** N absorption *f*

absorbent [əbˈzɔːbənt] ADJ absorbant

abstain [əbˈsteɪn] VI *Pol* s'abstenir; **to a. from sth/from doing sth** s'abstenir de qch/de faire qch

abstinence [ˈæbstɪnəns] N abstinence *f*

abstract [ˈæbstrækt] **1** ADJ abstrait **2** N (**a**) (*notion*) **the a.** l'abstrait *m* (**b**) (*summary*) résumé *m* **3** [əbˈstrækt] VT *Formal* extraire (**de** from)

absurd [əbˈsɜːd] ADJ absurde, ridicule

abundant [əˈbʌndənt] ADJ abondant ■ **abundance** N abondance *f* ■ **abundantly** ADV **a. clear** parfaitement clair

abuse 1 [əˈbjuːs] N (*of power*) abus *m* (**of** de); (*of child*) mauvais traitements *mpl*; (*insults*) injures *fpl* **2** [əˈbjuːz] VT (*misuse*) abuser de; (*ill-treat*) maltraiter; (*insult*) injurier ■ **abusive** [əˈbjuːsɪv] ADJ (*person, language*) grossier, -ière

Note that the French verb **abuser** is a false friend. It is never used to mean **to insult**.

abysmal [əˈbɪzməl] ADJ *Fam* (*bad*) exécrable

abyss [əˈbɪs] N abîme *m*

academic [ækəˈdemɪk] **1** ADJ (**a**) (*year, diploma*) (*of school*) scolaire; (*of university*) universitaire (**b**) (*scholarly*) intellectuel, -uelle (**c**) (*theoretical*) **the issue is of purely a. interest** cette question n'a d'intérêt que d'un point de vue théorique; **this is a. now** cela n'a plus d'importance (**d**) (*style*) académique **2** N (*teacher*) universitaire *mf*

academy [əˈkædəmɪ] (*pl* **-ies**) N (*society*) académie *f*; (*military*) école *f*; **a. of music** conservatoire *m*

accelerate [əkˈseləreɪt] **1** VT accélérer **2** VI (*of pace*) s'accélérer; (*of vehicle, driver*) accélérer ■ **accele'ration** N accélération *f* ■ **accelerator** N accélérateur *m*

accent [ˈæksənt] N accent *m* ■ **accentuate** [-ˈsentʃueɪt] VT accentuer

accept [əkˈsept] VT accepter ■ **acceptable** ADJ (*worth accepting, tolerable*) acceptable; **to be a. to sb** convenir à qn ■ **acceptance** N acceptation *f*; (*approval, favour*) accueil *m* favorable ■ **accepted** ADJ (*opinion*) reçu; (*fact*) reconnu

access [ˈækses] **1** N accès *m* (**to sth** à qch; **to sb** auprès de qn); **a. road** route *f* d'accès; *Comptr* **a. code** code *m* d'accès; *Comptr* **a. provider** fournisseur *m* d'accès **2** VT *Comptr* accéder à ■ **ac'cessible** ADJ accessible

accessories [əkˈsesərɪz] NPL (*objects*) accessoires *mpl*

accessory [əkˈsesərɪ] (*pl* **-ies**) N *Law* (*accomplice*) complice *mf* (**to** de)

accident [ˈæksɪdənt] N accident *m*; **by a.** accidentellement; (*by chance*) par hasard ■ **accident-prone** ADJ prédisposé aux accidents ■ **accidental** [-ˈdentəl] ADJ accidentel, -elle ■ **accidentally** [-ˈdentəlɪ] ADV accidentellement; (*by chance*) par hasard

acclaim [əˈkleɪm] **1** N (*critical*) **a.** éloges *mpl*; **the**

film enjoys critical a. ce film est salué par la critique **2** vt *(cheer)* acclamer; *(praise)* faire l'éloge de

acclimatize [ə'klaımətaız], *Am* **acclimate** ['ækləmeɪt] **1** vt acclimater **2** vi s'acclimater

accolade ['ækəleɪd] N *Fig (praise)* louange *f*

accommodate [ə'kɒmədeɪt] vt **(a)** *(of house)* loger **(b)** *(reconcile)* concilier **(c)** *(supply)* fournir **(sb with sth** qch à qn) **(d)** *(oblige)* rendre service à ■ **accommodating** ADJ accommodant, obligeant

> Note that the French verb **accommoder** is a false friend and is rarely a translation for the English verb **to accommodate**. Its most common translations are **to adapt** and **to prepare**.

accommodation [əkɒmə'deɪʃən] N **(a)** *(lodging)* logement *m*; *(rented room(s))* chambre(s) *f(pl)* **(b)** *Formal (compromise)* compromis *m* ■ **accommodations** *Am* NPL hébergement *m*

accompany [ə'kʌmpənɪ] *(pt & pp* **-ied)** vt accompagner

accomplice [ə'kʌmplɪs] N complice *mf*

accomplish [ə'kʌmplɪʃ] vt *(task, duty)* accomplir; *(aim)* atteindre ■ **accomplished** ADJ accompli ■ **accomplishment** N *(of task, duty)* accomplissement *m*; *(thing achieved)* réalisation *f*; **writing a novel is a great a.** écrire un roman, c'est vraiment quelque chose; **accomplishments** *(skills)* talents *mpl*

accord [ə'kɔːd] **1** N accord *m*; **of my own a.** de mon plein gré **2** vt *(grant)* accorder ■ **accordance** N **in a. with** conformément à

according [ə'kɔːdɪŋ] **according to** PREP selon, d'après ■ **accordingly** ADV en conséquence

accordion [ə'kɔːdɪən] N accordéon *m*

accost [ə'kɒst] vt accoster, aborder

account [ə'kaʊnt] **1** N **(a)** *(with bank or firm)* compte *m*; **accounts department** comptabilité *f* **(b)** *(report)* compte rendu *m*; *(explanation)* explication *f* **(c)** *(expressions)* **by all accounts** au dire de tous; **on a. of** à cause de; **on no a.** en aucun cas; **to take sth into a.** tenir compte de qch **2** vi **to a. for** *(explain)* expliquer; *(give reckoning of)* rendre compte de; *(represent)* représenter ■ **accountable** ADJ responsable **(for** de; **to** devant)

accountant [ə'kaʊntənt] N comptable *mf* ■ **accountancy** N comptabilité *f*

accrue [ə'kruː] vi *Fin (of interest)* s'accumuler; **to a. to sb** *(of advantage)* revenir à qn

accumulate [ə'kjuːmjʊleɪt] **1** vt accumuler **2** vi s'accumuler

accurate ['ækjʊrət] ADJ exact, précis ■ **accu-**

racy N exactitude *f*, précision *f* ■ **accurately** ADV avec précision

accuse [ə'kjuːz] vt **to a. sb (of sth/doing sth)** accuser qn (de qch/faire qch) ■ **accusation** [ækjʊ'zeɪʃən] N accusation *f*; **to make an a. against sb** lancer une accusation contre qn ■ **accused** N *Law* **the a.** l'accusé, -ée *mf*

accustom [ə'kʌstəm] vt habituer, accoutumer ■ **accustomed** ADJ **to be a. to sth/to doing sth** être habitué à qch/à faire qch; **to get a. to sth/to doing sth** s'habituer à qch/à faire qch

ace [eɪs] N **(a)** *(card, person)* as *m* **(b)** *(at tennis)* ace *m*

ache [eɪk] **1** N douleur *f* **2** vi faire mal; **my head aches** j'ai mal à la tête; **I'm aching all over** j'ai mal partout; **it makes my heart a.** cela me fend le cœur; *Fam* **to be aching to do sth** brûler de faire qch ■ **aching** ADJ douloureux, -euse

achieve [ə'tʃiːv] vt *(result)* obtenir; *(aim)* atteindre; *(ambition)* réaliser; *(victory)* remporter; **to a. success** réussir; **he'll never a. anything** il n'arrivera jamais à rien ■ **achievement** N *(success)* réussite *f*; *(of ambition)* réalisation *f*; **writing a novel is quite an a.** écrire un roman, c'est vraiment quelque chose

> Note that the French words **achever** and **achèvement** are false friends and are never translations for the English words **to achieve** and **achievement**. Their most common meanings are respectively **to complete** and **completion**.

acid ['æsɪd] ADJ & N acide *(m)*; **a. rain** pluies *fpl* acides

acknowledge [ək'nɒlɪdʒ] vt reconnaître **(as** pour); *(greeting)* répondre à; **to a. (receipt of)** accuser réception de; **to a. defeat** s'avouer vaincu ■ **acknowledg(e)ment** N *(of letter)* accusé *m* de réception; *(receipt)* reçu *m*; *(confession)* aveu *m* **(of** de); **in a. of** en reconnaissance de

acne ['æknɪ] N acné *f*

acorn ['eɪkɔːn] N gland *m*

acoustic [ə'kuːstɪk] ADJ acoustique ■ **acoustics** NPL acoustique *f*

acquaint [ə'kweɪnt] vt **to a. sb with sth** informer qn de qch; **to be acquainted with** *(person)* connaître; *(fact)* savoir; **we are acquainted** on se connaît ■ **acquaintance** N *(person, knowledge)* connaissance *f*

acquire [ə'kwaɪə(r)] vt acquérir; *(taste)* prendre **(for** à); *(friends)* se faire; **acquired taste** goût *m* qui s'acquiert ■ **acquisition** [ækwɪ'zɪʃən] N acquisition *f*

acquit [ə'kwɪt] *(pt & pp* **-tt-)** vt **(a)** *Law* **to a. sb (of a crime)** acquitter qn **(b)** **to a. oneself badly/well** mal/bien s'en tirer

acre ['eɪkə(r)] N acre f (≈0, 4 hectare); *Fam* **acres of space** plein de place

acrid ['ækrɪd] ADJ *(smell, taste)* âcre

acrimonious [ækrɪ'məʊnɪəs] ADJ acerbe

acrobat ['ækrəbæt] N acrobate *mf* ■ **acro'batic** ADJ acrobatique; **a. movement** *or* **feat** acrobatie *f* ■ **acro'batics** NPL acrobaties *fpl*

acronym ['ækrənɪm] N sigle *m*

across [ə'krɒs] **1** PREP *(from side to side of)* d'un côté à l'autre de; *(on the other side of)* de l'autre côté de; *(crossways)* en travers de; **a bridge a. the river** un pont sur la rivière; **to walk** *or* **go a.** *(street, lawn)* traverser; **to run/swim a.** traverser en courant/à la nage **2** ADV **to be a kilometre a.** *(wide)* avoir un kilomètre de large; **to get sth a. to sb** faire comprendre qch à qn

acrylic [ə'krɪlɪk] **1** ADJ *(paint, fibre)* acrylique; *(garment)* en acrylique **2** N acrylique *m*

act [ækt] **1** N **(a)** *(deed)* acte *m*; **a. (of parliament)** loi *f*; **caught in the a.** pris sur le fait **(b)** *Theatre (part of play)* acte *m*; *(in circus, cabaret)* numéro *m*; *Fig* **to get one's a. together** se secouer; *Fam* **in on the a.** dans le coup **2** VT *(part in play or film)* jouer; **to a. the fool** faire l'idiot **3** VI **(a)** *(take action, behave)* agir; **it's time to a.** il est temps d'agir; **to a. as secretary/***etc* faire office de secrétaire/*etc*; **to a. as a warning** servir d'avertissement; **to a. (up)on** *(affect)* agir sur; *(advice)* suivre **(b)** *(in play, film)* jouer; *(pretend)* jouer la comédie ■ **acting 1** ADJ *(temporary)* intérimaire **2** N *(of play)* représentation *f*; *(actor's art)* jeu *m*; *(career)* théâtre *m*

action ['ækʃən] N action *f*; *(military)* combats *mpl*; *(legal)* procès *m*, action *f*; **to take a.** prendre des mesures; **to put into a.** *(plan)* exécuter; **out of a.** *(machine)* hors service; *(person)* hors de combat; **killed in a.** mort au champ d'honneur

activate ['æktɪveɪt] VT *Chem* activer; *(mechanism)* déclencher

active ['æktɪv] **1** ADJ actif, -ive; *(interest, dislike)* vif (*f* vive); *(volcano)* en activité **2** N *Grammar* actif *m* ■ **ac'tivity** (*pl* **-ies**) N activité *f*; *(in street)* animation *f*

activist ['æktɪvɪst] N activiste *mf*

actor ['æktə(r)] N acteur *m*

actress ['æktrɪs] N actrice *f*

actual ['æktʃʊəl] ADJ réel (*f* réelle); *(example)* concret, -ète; **the a. book** le livre même; **in a. fact** en réalité ■ **actually** ADV *(truly)* réellement; *(in fact)* en réalité, en fait

> Note that the French words **actuel** and **actuellement** are false friends and are never translations for the English words **actual** and **actually**. They mean respectively **present** and **at present**.

acupuncture ['ækjʊpʌŋktʃə(r)] N acuponcture *f*

acute [ə'kjuːt] ADJ *(pain, angle)* aigu (*f* aiguë); *(anxiety, emotion)* vif (*f* vive); *(mind, observer)* perspicace; *(shortage)* grave ■ **acutely** ADV *(suffer, feel)* profondément; *(painful)* extrêmement; **he's a. aware that...** il a parfaitement conscience du fait que...

AD [eɪ'diː] *(abbr* anno Domini*)* ADV apr. J.-C.

ad [æd] N *Fam (on radio, TV)* pub *f*; *(private, in newspaper)* annonce *f*; *Br* **small a.,** *Am* **want a.** petite annonce **Adam** ['ædəm] N **A.'s apple** pomme f d'Adam

adamant ['ædəmənt] ADJ catégorique; **to be a. that...** maintenir que...

adapt [ə'dæpt] **1** VT adapter *(to* à); **to a. oneself to sth** s'adapter à qch **2** VI s'adapter ■ **adaptable** ADJ *(person)* souple; *(instrument)* adaptable ■ **adap'tation** N adaptation *f* ■ **adapter, adaptor** N *(for use abroad)* adaptateur *m*; *(for several plugs)* prise *f* multiple

add [æd] **1** VT ajouter *(to* à; *that* que); **to a. (up** *or* **together)** *(numbers)* additionner; **to a. in** inclure **2** VI **to a. to** *(increase)* augmenter; **to a. up to** *(total)* s'élever à; *(mean)* signifier; *(represent)* constituer; *Fam* **it all adds up** tout s'explique

adder ['ædə(r)] N vipère *f*

addict ['ædɪkt] N **drug a.** toxicomane *mf*, drogué, -ée *mf*; **jazz/TV a.** fana(tique) *mf* du jazz/de la télé ■ **addicted** [ə'dɪktɪd] ADJ **to be a. to drugs** être toxicomane; **to be a. to drink** être alcoolique; **to be a. to cigarettes** ne pas pouvoir se passer de tabac ■ **addiction** [ə'dɪkʃən] N *(to drugs)* dépendance *f* (*to* à); *(to chocolate)* passion *f* (*to* pour); **drug a.** toxicomanie *f* ■ **addictive** ADJ *(drug, TV)* qui crée une dépendance

addition [ə'dɪʃən] N addition *f*; *(increase)* augmentation *f*; **in a.** de plus; **in a. to** en plus de ■ **additional** ADJ supplémentaire

additive ['ædɪtɪv] N additif *m*

address [*Br* ə'dres, *Am* 'ædres] **1** N *(on letter, parcel)* adresse *f*; *(speech)* allocution *f* **2** [ə'dres] VT *(person, audience)* s'adresser à; *(words, speech)* adresser *(to* à); *(letter)* mettre l'adresse sur; **I addressed it to you** c'est à vous que je l'ai adressé ■ **addressee** [ædre'siː] N destinataire *mf*

adenoids ['ædɪnɔɪdz] NPL végétations *fpl*

adept [ə'dept] ADJ expert *(in* or *at* à)

adequate ['ædɪkwət] ADJ *(enough)* suffisant; *(acceptable)* convenable; *(performance)* acceptable ■ **adequately** ADV *(sufficiently)* suffisamment; *(acceptably)* convenablement

adhere [əd'hɪə(r)] VI **to a. to** adhérer à; *(decision, rule)* s'en tenir à ■ **adhesive** [-'hiːsɪv] ADJ & N adhésif *(m)*

ad infinitum [ædɪnfɪˈnaɪtəm] ADV à l'infini

adjacent [əˈdʒeɪsənt] ADJ *(house, angle)* adjacent (**to** à)

adjective [ˈædʒɪktɪv] N adjectif m

adjoin [əˈdʒɔɪn] VT être attenant à ■ **adjoining** ADJ attenant

adjourn [əˈdʒɜːn] **1** VT *(postpone)* ajourner; *(session)* suspendre **2** VI suspendre la séance; **to a. to another room** passer dans une autre pièce

adjudicate [əˈdʒuːdɪkeɪt] VTI juger ■ **adjudicator** N juge m, arbitre m

adjust [əˈdʒʌst] VT *(machine)* régler; *(machine part)* ajuster, régler; *(salaries, prices)* (r)ajuster; *(clothes)* rajuster; **to a. (oneself) to sth** s'adapter à qch ■ **adjustable** ADJ *(seat)* réglable ■ **adjustment** N Tech réglage m; *(of person)* adaptation f; *(of salaries, prices)* réajustement m

ad-lib [ædˈlɪb] **1** *(pt & pp -bb-)* VI improviser **2** ADJ *(joke)* improvisé **3** ADV en improvisant

administer [ədˈmɪnɪstə(r)] VT *(manage, dispense)* administrer (**to** à) ■ **administration** [-ˈstreɪʃən] N administration f; *(government)* gouvernement m ■ **administrative** ADJ administratif, -ive ■ **administrator** N administrateur, -trice mf

admirable [ˈædmərəbəl] ADJ admirable ■ **admiration** [-ˈreɪʃən] N admiration f

admiral [ˈædmərəl] N amiral m

admire [ədˈmaɪə(r)] VT admirer (**for sth** pour qch; **for doing** de faire) ■ **admirer** N admirateur, -trice mf ■ **admiring** ADJ admiratif, -ive

admit [ədˈmɪt] *(pt & pp -tt-)* **1** VT *(let in)* laisser entrer; *(to hospital, college)* admettre; *(acknowledge)* reconnaître, admettre (**that** que) **2** VI **to a. to sth** avouer qch; *(mistake)* reconnaître qch ■ **admission** N *(entry to theatre)* entrée f (**to** à ou de); *(to club, school)* admission f; *(acknowledgement)* aveu m, **a. (charge)** *(prix m d')*entrée f ■ **admittance** N entrée f; **'no a.'** 'entrée interdite' ■ **admittedly** [-ɪdlɪ] ADV de l'aveu général; **a., it was dark** je dois convenir qu'il faisait sombre

adolescent [ædəˈlesənt] N adolescent, -ente mf ■ **adolescence** N adolescence f

adopt [əˈdɒpt] VT *(child, method, attitude)* adopter; *Pol (candidate)* choisir ■ **adopted** ADJ *(child)* adopté; *(son, daughter)* adoptif, -ive; *(country)* d'adoption ■ **adoption** N adoption f ■ **adoptive** ADJ *(parent)* adoptif, -ive

adore [əˈdɔː(r)] VT adorer (**doing** faire); **he adores being flattered** il adore qu'on le flatte ■ **adorable** ADJ adorable ■ **adoration** [ædəˈreɪʃən] N adoration f

adorn [əˈdɔːn] VT *(room, book)* orner (**with** de); *(person, dress)* parer (**with** de)

adrenalin(e) [əˈdrenəlɪn] N adrénaline f

Adriatic [eɪdrɪˈætɪk] N **the A.** l'Adriatique f

adrift [əˈdrɪft] ADJ & ADV *(boat)* à la dérive; **to come a.** *(of rope, collar)* se détacher; *Fig* **to turn sb a.** abandonner qn à son sort

adroit [əˈdrɔɪt] ADJ habile

adulation [ædjʊˈleɪʃən] N adulation f

adult [ˈædʌlt, əˈdʌlt] **1** N adulte mf **2** ADJ *(animal)* adulte; **a. class/film** classe f/film m pour adultes ■ **adulthood** N âge m adulte

adultery [əˈdʌltərɪ] N adultère m; **to commit a.** commettre l'adultère

advance [ədˈvɑːns] **1** N *(movement, money)* avance f; *(of science)* progrès mpl; **advances** *(of love, friendship)* avances fpl; **in a.** *(book, order, apply)* à l'avance; *(pay)* d'avance; *(arrive)* en avance **2** ADJ *(payment)* anticipé; **a. booking** réservation f **3** VT **(a)** *(put forward)* faire avancer; *(chess piece)* avancer **(b)** *(science, one's work)* faire progresser; *(opinion)* avancer **4** VI *(go forward, progress)* avancer ■ **advanced** ADJ avancé; *(studies, level)* supérieur; *(course)* de niveau supérieur; **a. in years** âgé; **she's very a. for her age** elle est très en avance pour son âge ■ **advancement** N *(progress, promotion)* avancement m

advantage [ədˈvɑːntɪdʒ] N avantage m (**over** sur); **to take a. of** *(situation)* profiter de; *(person)* exploiter; *(woman)* séduire; **to show sth (off) to a.** mettre qch en valeur; *Sport* **A. Federer** *(in tennis)* avantage Federer ■ **advantageous** [ædvənˈteɪdʒəs] ADJ avantageux, -euse (**to** pour)

advent [ˈædvent] N arrivée f, avènement m; *Rel* **A.** l'Avent m

adventure [ədˈventʃə(r)] **1** N aventure f **2** ADJ *(film)* d'aventures ■ **adventurous** ADJ aventureux, -euse

adverb [ˈædvɜːb] N adverbe m

adversary [ˈædvəsərɪ] *(pl -ies)* N adversaire mf

adverse [ˈædvɜːs] ADJ défavorable; *(effect)* négatif, -ive ■ **adversity** [ədˈvɜːsɪtɪ] N adversité f

advert [ˈædvɜːt] N *Br* pub f; *(private, in newspaper)* annonce f

advertise [ˈædvətaɪz] **1** VT *(commercially)* faire de la publicité pour; *(privately)* passer une annonce pour vendre; **he didn't want to a. his presence** il ne voulait pas se faire remarquer **2** VI faire de la publicité; *(privately)* passer une annonce (**for** pour trouver) ■ **advertiser** N annonceur, -euse mf ■ **advertising** N publicité f; **a. agency** agence f de publicité; **a. campaign** campagne f de publicité

> Note that the French verb **avertir** is a false friend and is never a translation for the English verb **to advertise**. Its most common meaning is **to warn**.

advertisement [*Br* ədˈvɜːtɪsmənt, *Am*

ædvər'taɪzmənt] **N** publicité f; *(private or in newspaper)* annonce f; *(poster)* affiche f; TV **the advertisements** la publicité

Note that the French noun **avertissement** is a false friend and is never a translation for the English noun **advertisement**. It means **warning**.

advice [əd'vaɪs] **N** conseil(s) m(pl); Com *(notification)* avis m; **a piece of a.** un conseil; **to ask sb's a.** demander conseil à qn; **to take sb's a.** suivre les conseils de qn

advise [əd'vaɪz] **VT** (a) *(counsel)* conseiller; *(recommend)* recommander; **to a. sb to do sth** conseiller à qn de faire qch; **to a. sb against doing sth** déconseiller à qn de faire qch (b) *(inform)* **to a. sb that…** aviser qn que… ■ **advisable** ADJ *(action)* à conseiller; **it's a. to wait/***etc* il est plus prudent d'attendre/*etc* ■ **adviser, advisor** **N** conseiller, -ère mf; **careers a.** conseiller, -ère mf d'orientation ■ **advisory** ADJ consultatif, -ive; **in an a. capacity** à titre consultatif

advocate 1 ['ædvəkət] **N** *(of cause)* défenseur m; *(lawyer)* avocat, -ate mf **2** ['ædvəkeɪt] **VT** préconiser

aerial ['eərɪəl] **1 N** Br antenne f **2** ADJ *(photo)* aérien, -ienne

aerobics [eə'rəʊbɪks] NPL aérobic m

aerodynamic [eərəʊdaɪ'næmɪk] ADJ aérodynamique

aeroplane ['eərəpleɪn] **N** Br avion m

aerosol ['eərəsɒl] **N** aérosol m

aesthetic [iːs'θetɪk], Am **esthetic** [es'θetɪk] ADJ esthétique

affable ['æfəbəl] ADJ affable

affair ['əfeə(r)] **N** *(matter, concern)* affaire f; **(love) a.** liaison f; **state of affairs** situation f

Note that the French word **affaire** is a false friend. It is never used to mean **love affair**.

affect [ə'fekt] **VT** *(concern)* concerner; *(move, pretend to have)* affecter; *(harm)* nuire à; *(influence)* influer sur; **to be deeply affected by sth** être très affecté par qch; **to be affected by a disease/famine** être atteint par une maladie/touché par la famine ■ **affected** ADJ *(manner)* affecté

affection [ə'fekʃən] **N** affection f *(for* pour) ■ **affectionate** ADJ affectueux, -ueuse

affiliate [ə'fɪlɪeɪt] **VT** affilier; **affiliated company** filiale f ■ **affili'ation** **N** affiliation f; **what are his political affiliations?** quels sont ses liens avec les différents partis politiques?

affinity [ə'fɪnɪtɪ] *(pl* **-ies)** **N** affinité f

affirm [ə'fɜːm] **VT** affirmer ■ **affirmation** **N**

affirmation f ■ **affirmative 1** ADJ affirmatif, -ive **2** **N** affirmative f; **to answer in the a.** répondre par l'affirmative

affix [ə'fɪks] **VT** *(stamp, signature)* apposer

afflict [ə'flɪkt] **VT** affliger **(with** de) ■ **affliction** **N** *(misery)* affliction f; *(disability)* infirmité f

affluent ['æfluənt] ADJ riche; **a. society** société f d'abondance ■ **affluence** **N** richesse f

afford [ə'fɔːd] **VT** (a) *(pay for)* **to be able to a. sth** avoir les moyens d'acheter qch, pouvoir se payer qch; **he can't a. the time (to read it)** il n'a pas le temps (de le lire); **I can a. to wait** je peux me permettre d'attendre (b) Formal *(provide)* fournir, donner; **to a. sb sth** fournir qch à qn ■ **affordable** ADJ *(price)* abordable

affront [ə'frʌnt] **1 N** affront m **2 VT** faire un affront à

Afghanistan [æf'gænɪstɑːn] **N** l'Afghanistan m

afield [ə'fiːld] ADV **further a.** plus loin

afloat [ə'fləʊt] ADV *(ship, swimmer, business)* à flot; *(awash)* submergé; **to stay a.** *(of ship)* rester à flot; *(of business)* se maintenir à flot

aforementioned [ə'fɔːmenʃənd] ADJ susmentionné

afraid [ə'freɪd] ADJ **to be a.** avoir peur **(of sb/sth** de qn/qch); **to be a. to do** or **of doing** avoir peur de faire; **I'm a. (that) he'll fall** j'ai peur qu'il (ne) tombe; **I'm a. he's out** *(I regret to say)* je regrette, il est sorti

afresh [ə'freʃ] ADV de nouveau; **to start a.** recommencer

Africa ['æfrɪkə] **N** l'Afrique f ■ **African 1** ADJ africain **2** **N** Africain, -aine mf

after ['ɑːftə(r)] **1** ADV après; **soon/long a.** peu/longtemps après; **the month a.** le mois d'après; **the day a.** le lendemain **2** PREP après; **a. three days** au bout de trois jours; **a. eating** après avoir mangé; **day a. day** jour après jour; **a. all** après tout; Am **ten a. four** quatre heures dix; **to be a. sb/sth** *(seek)* chercher qn/qch **3** CONJ après que; **a. he saw you** après qu'il t'a vu ■ **aftereffects** NPL suites fpl, séquelles fpl ■ **afterlife** **N** vie f après la mort ■ **aftermath** **N** suites fpl ■ **aftersales 'service** **N** service m après-vente ■ **after-shave (lotion)** **N** lotion f après-rasage, after-shave m inv ■ **aftertaste** **N** arrière-goût m ■ **afterthought** **N** réflexion f après coup; **to add/say sth as an a.** ajouter/dire qch après coup ■ **afterward(s)** ADV après, plus tard

afternoon [ɑːftə'nuːn] **N** après-midi m ou f inv; **in the a.** l'après-midi; **at three in the a.** à trois heures de l'après-midi; **every Monday a.** tous les lundis après-midi; **good a.!** *(hello)* bonjour!; *(goodbye)* au revoir! ■ **afternoons** ADV Am l'après-midi

again [ə'gen, ə'geɪn] ADV de nouveau, encore une fois; *(furthermore)* en outre; **she won't do it a.** elle ne le fera plus; **never a.** plus jamais; **a. and a.** bien des fois, maintes fois; **what's his name a.?** comment s'appelle-t-il déjà?

against [ə'genst, ə'geɪnst] PREP contre; **to lean a. sth** s'appuyer contre qch; **to go** *or* **be a. sth** s'opposer à qch; **a. the law** illégal; **a law a. drinking** une loi qui interdit de boire; **a. a background of** sur (un) fond de; **the pound rose a. the dollar** la livre est en hausse par rapport au dollar

age [eɪdʒ] **1** N âge m; *(old)* **a.** vieillesse f; **what a. are you?, what's your a.?** quel âge as-tu?; **five years of a.** âgé de cinq ans; **to be of a.** être majeur; **under a.** trop jeune, mineur; *Fam* **to wait (for) ages** attendre une éternité; **a. group** tranche f d'âge **2** VTI *(pres p* **ag(e)ing)** vieillir ■ **aged** ADJ **(a)** [eɪdʒd] âgé de dix ans **(b)** ['eɪdʒɪd] vieux (f vieille), âgé; **the a.** les personnes fpl âgées ■ **age-old** ADJ séculaire

agenda [ə'dʒendə] N ordre m du jour

Note that the French noun **agenda** is a false friend and is never a translation for the English noun **agenda**. It means **diary**.

agent ['eɪdʒənt] N agent m; *(car dealer)* concessionnaire mf ■ **agency** N **(a)** *(office)* agence f **(b)** **through the a. of sb** par l'intermédiaire de qn

aggravate ['ægrəveɪt] VT *(make worse)* aggraver; *Fam (person)* exaspérer ■ **aggra'vation** N aggravation f; *Fam (bother)* embêtements mpl

aggregate ['ægrɪgət] **1** ADJ global **2** N *(total)* ensemble m; **on a.** au total

aggression [ə'greʃən] N *(act)* agression f; *(aggressiveness)* agressivité f ■ **aggressive** ADJ agressif, -ive

aggrieved [ə'griːvd] ADJ *(offended)* blessé, froissé; *(tone)* peiné

aghast [ə'gɑːst] ADJ horrifié **(at** par)

agile [Br 'ædʒaɪl, Am 'ædʒəl] ADJ agile ■ **agility** [ə'dʒɪlɪtɪ] N agilité f

agitate ['ædʒɪteɪt] **1** VT *(worry)* agiter; **to be agitated** être agité **2** VI **to a. for sth** faire campagne pour qch ■ **agitation** [-'teɪʃən] N *(anxiety, unrest)* agitation f ■ **agitator** N *(political)* agitateur, -trice mf

agnostic [æg'nɒstɪk] ADJ & N agnostique *(mf)*

ago [ə'gəʊ] ADV **a year a.** il y a un an; **how long a.?** il y a combien de temps (de cela)?; **long a.** il y a longtemps; **as long a. as 1800** déjà en 1800; **a short time a.** il y a peu de temps

agonize ['ægənaɪz] VI se faire beaucoup de souci ■ **agonizing** ADJ *(pain)* atroce; *(situation)* angoissant

Note that the French verb **agoniser** is a false friend and is never a translation for the English verb **to agonize**. It means **to be dying**.

agony ['ægənɪ] *(pl* **-ies)** N *(pain)* douleur f atroce; *(anguish)* angoisse f; **to be in a.** être au supplice; **a. aunt** = responsable de la rubrique courrier du cœur; **a. column** *(in newspaper)* courrier m du cœur

Note that the French noun **agonie** is a false friend and is never a translation for the English noun **agony**. It means **death throes**.

agree [ə'griː] **1** VI *(come to an agreement)* se mettre d'accord; *(be in agreement)* être d'accord **(with** avec); *(of facts, dates)* *(of verb)* s'accorder; *(decide)* convenir de; **to a. to sth/to doing** consentir à qch/à faire **2** VT *(plan)* se mettre d'accord sur; *(date, price)* convenir de; *(figures, sums)* faire concorder; *(approve)* approuver; **to a. to do** accepter de faire; **to a. that...** admettre que... ■ **agreed** ADJ *(time, place)* convenu; **we are a.** nous sommes d'accord; **a.!** entendu! ■ **agreement** N *(contract, assent)* & Grammar accord m **(with** avec); **to be in a. with sb** être d'accord avec qn; **to be in a. with a decision** approuver une décision; **to come to an a.** se mettre d'accord

Note that the French noun **agrément** is a false friend and is never a translation for the English noun **agreement**. Its most common meaning is **pleasure** or **charm**.

agreeable [ə'griːəbəl] ADJ *(pleasant)* agréable; **to be a.** *(agree)* être d'accord; **to be a. to sth** consentir à qch

agriculture ['ægrɪkʌltʃə(r)] N agriculture f ■ **agri'cultural** ADJ agricole

aground [ə'graʊnd] ADV **to run a.** *(of ship)* (s')échouer

ah [ɑː] EXCLAM ah!

ahead [ə'hed] ADV *(in space)* en avant; *(leading)* en tête; *(in the future)* à l'avenir; **a. of** *(space)* devant; *(time)* avant; **one hour/etc a.** une heure/etc d'avance **(of** sur); **to be a. of schedule** être en avance; **to go a.** *(advance)* avancer; *(continue)* continuer; *(start)* commencer; **go a.!** allez-y!; **to think a.** prévoir

aid [eɪd] **1** N *(help)* aide f; *(device)* accessoire m; **with the a. of sb** avec l'aide de qn; **with the a. of sth** à l'aide de qch; **in a. of** *(charity)* au profit de; *Fam* **what's (all) this in a. of?** ça sert à quoi, tout ça? **2** VT aider **(sb to do** qn à faire)

aide [eɪd] N collaborateur, -trice mf

AIDS [eɪdz] *(abbr* **Acquired Immune Deficiency**

Syndrome) N SIDA m; **A. victim/virus** malade mf/virus m du SIDA

ailing ['eɪlɪŋ] ADJ *(ill)* souffrant; *(company)* en difficulté ■ **ailment** N (petit) ennui m de santé

aim [eɪm] **1** N but m; **to take a. (at)** viser; **with the a. of** dans le but de **2** VT *(gun)* braquer (**at** sur); *(lamp)* diriger (**at** vers); *(stone)* lancer (**at** à ou vers); *(blow, remark)* décocher (**at** à); aimed at children *(product)* destiné aux enfants **3** VI viser; **to a. at sb** viser qn; **to a. to do** or **at doing** avoir l'intention de faire ■ **'aimless** ADJ *(existence)* sans but

air [eə(r)] **1** N **(a)** *(atmosphère)* air m; **in the open a.** en plein air; **by a.** *(travel)* en ou par avion; *(send letter or goods)* par avion; **to be** or **go on the a.** *(of person)* passer à l'antenne; *(of programme)* être diffusé

(b) *(appearance, tune)* air m; **to put on airs** se donner des airs; **with an a. of sadness** d'un air triste

2 ADJ *(base)* aérien, -ienne; **a. bed** matelas m pneumatique; **a. fare** prix m du billet d'avion; **a. force** armée f de l'air

3 VT *(room)* aérer; *(views)* exposer; Br **airing cupboard** = placard où se trouve le chauffe-eau ■ **airborne** ADJ *(troops)* aéroporté; **to become a.** *(of aircraft)* décoller ■ **air-conditioned** ADJ climatisé ■ **air-conditioning** N climatisation f ■ **aircraft** N INV avion m; **a. carrier** porte-avions m inv ■ **airfield** N terrain m d'aviation ■ **air freshener** N désodorisant m *(pour la maison)* ■ **airgun** N Br carabine f à air comprimé ■ **airlift 1** N pont m aérien

2 VT transporter par avion ■ **airline** N compagnie f aérienne; **a. ticket** billet m d'avion ■ **airlock** N *(in submarine, spacecraft)* sas m; *(in pipe)* poche f d'air ■ **airmail** N poste f aérienne; **by a.** par avion ■ **airplane** N Am avion m ■ **airport** N aéroport m ■ **air-raid shelter** N abri m antiaérien ■ **airship** N dirigeable m ■ **airsick** ADJ **to be a.** avoir le mal de l'air ■ **airstrip** N terrain m d'atterrissage ■ **airtight** ADJ hermétique ■ **airway** N *(route)* couloir m aérien

airy ['eərɪ] **(-ier, -iest)** ADJ *(room)* clair et spacieux, -ieuse; Fig *(promise)* vain; *(manner)* désinvolte

aisle [aɪl] N *(in supermarket, cinema)* allée f; *(in plane)* couloir m; *(in church)* *(on side)* nef f latérale; *(central)* allée centrale

ajar [ə'dʒɑː(r)] ADJ & ADV *(door)* entrouvert

akin [ə'kɪn] ADJ **a. to** apparenté à

alarm [ə'lɑːm] **1** N *(warning, fear, device)* alarme f; *(mechanism)* sonnerie f (d'alarme); **false a.** fausse alerte f; **a. clock** réveil m **2** VT *(frighten)* alarmer; *(worry)* inquiéter; **to get alarmed** s'alarmer; **they were alarmed at the news** la nouvelle les a beaucoup inquiétés

alas [ə'læs] EXCLAM hélas!

Albania [æl'beɪnɪə] N l'Albanie f ■ **Albanian 1** ADJ albanais **2** N Albanais, -aise mf

albatross ['ælbətrɒs] N albatros m

albeit [ɔːl'biːɪt] CONJ Literary quoique (+ subjunctive)

albino [Br æl'biːnəʊ, Am æl'baɪnəʊ] *(pl -os)* N albinos mf

album ['ælbəm] N *(book, record)* album m

alcohol ['ælkəhɒl] N alcool m ■ **alco'holic 1** ADJ *(person)* alcoolique; **a. drink** boisson f alcoolisée **2** N *(person)* alcoolique mf ■ **alcoholism** N alcoolisme m

alcove ['ælkəʊv] N alcôve f

ale [eɪl] N bière f

alert [ə'lɜːt] **1** ADJ *(watchful)* vigilant; *(lively)* *(mind, baby)* éveillé **2** N alerte f; **on the a.** sur le qui-vive **3** VT alerter

A level ['eɪlevəl] N Br *(exam)* ≃ épreuve f de baccalauréat

algebra ['ældʒɪbrə] N algèbre f

Algeria [æl'dʒɪərɪə] N l'Algérie f ■ **Algerian 1** ADJ algérien, -ienne **2** N Algérien, -ienne mf

alias ['eɪlɪəs] **1** ADV alias **2** *(pl aliases)* N nom m d'emprunt

alibi ['ælɪbaɪ] N alibi m

alien ['eɪlɪən] **1** ADJ étranger, -ère (**to** à) **2** N Formal *(foreigner)* étranger, -ère mf; *(from outer space)* extraterrestre mf ■ **alienate** VT *(supporters, readers)* s'aliéner; **to a. sb** *(make unfriendly)* s'aliéner qn; **to feel alienated** se sentir exclu

alight[1] [ə'laɪt] ADJ *(fire)* allumé; *(building)* en feu; *(face)* éclairé; **to set sth a.** mettre le feu à qch

alight[2] [ə'laɪt] *(pt & pp alighted or alit)* VI **(a)** Formal *(from bus, train)* descendre (**from** de) **(b)** *(of bird)* se poser (**on** sur)

align [ə'laɪn] VT aligner; **to a. oneself with sb** s'aligner sur qn ■ **alignment** N alignement m; **in a. (with)** aligné (sur)

alike [ə'laɪk] **1** ADJ *(people, things)* semblables, pareils, -eilles; **to look** or **be a.** se ressembler **2** ADV de la même manière; **summer and winter a.** été comme hiver

alimony [Br 'ælɪmənɪ, Am 'ælɪməʊnɪ] N Law pension f alimentaire

alit [ə'lɪt] PT & PP of **alight**[2]

alive [ə'laɪv] ADJ vivant, en vie; **to stay a.** survivre; **to keep sb a.** maintenir qn en vie; **to keep a memory/custom a.** entretenir un souvenir/une tradition; **a. and well** bien portant; Fam **a. and kicking** plein de vie

all [ɔːl] **1** ADJ tout, toute, pl tous, toutes; **a. day** toute la journée; **a. men** tous les hommes; **a.**

the girls toutes les filles; **a. four of them** tous les quatre

2 PRON *(everyone)* tous *mpl*, toutes *fpl*; *(everything)* tout; **my sisters are a. here** toutes mes sœurs sont ici; **he ate it a., he ate a. of it** il a tout mangé; **take a. of it** prends (le) tout; **a. of us** nous tous; **a. together** tous ensemble; **a. in a.** à tout prendre; **anything at a.** quoi que ce soit; **if he comes at a.** s'il vient effectivement; **nothing at a.** rien du tout; **not at a.** pas du tout; *(after 'thank you')* il n'y a pas de quoi

3 ADV tout; **a. alone** tout seul; **a. bad** entièrement mauvais; **a. over** *(everywhere)* partout; *(finished)* fini; **a. too soon** bien trop tôt; *Sport* **six a.** six partout; *Fam* **not a. there** un peu fêlé; *Br Fam* **a. in** épuisé

4 N *Literary* **my a.** tout ce que j'ai ■ **all-'clear** N *Mil* fin f d'alerte; *Fig* feu m vert ■ **all-important** ADJ essentiel, -ielle m ■ **all-night** ADJ *(party)* qui dure toute la nuit; *(shop)* ouvert toute la nuit ■ **all-out** ADJ *(effort)* acharné; *(war, strike)* tous azimuts ■ **all-powerful** ADJ tout-puissant (f toute-puissante) ■ **all-purpose** ADJ *(tool)* universel, -elle ■ **all-round** ADJ *(knowledge)* approfondi; *(athlete)* complet, -ète ■ **all-'rounder** N personne f qui est forte en tout ■ **all-time** ADJ *(record)* jamais battu; **to reach an a. low/high** arriver à son point le plus bas/le plus haut

allay [əˈleɪ] VT *(fears)* calmer, apaiser; *(doubts)* dissiper

allegation [ælɪˈɡeɪʃən] N accusation f

allege [əˈledʒ] VT prétendre **(that** que) ■ **alleged** ADJ *(so-called)* *(crime, fact)* prétendu; *(author, culprit)* présumé; **he is a. to be...** on prétend qu'il est... ■ **allegedly** [-ɪdlɪ] ADV à ce qu'on dit

allegiance [əˈliːdʒəns] N *(to party, cause)* fidélité f (**to** à)

allergy [ˈælədʒɪ] *(pl* **-ies)** N allergie f (**to** à) ■ **allergic** [əˈlɜːdʒɪk] ADJ allergique (**to** à)

alleviate [əˈliːvɪeɪt] VT *(pain, suffering)* soulager; *(burden, task)* alléger; *(problem)* remédier à

alley [ˈælɪ] *(pl* **-eys)** N ruelle f; *(in park)* allée f; *Fam* **that's right up my a.** c'est mon rayon ■ **alleyway** N ruelle f

alliance [əˈlaɪəns] N alliance f

allied [ˈælaɪd] ADJ *(country)* allié; *(matters)* lié

alligator [ˈælɪɡeɪtə(r)] N alligator m

allocate [ˈæləkeɪt] VT *(assign)* affecter (**to** à); *(distribute)* répartir ■ **allocation** [-ˈkeɪʃən] N affectation f

allot [əˈlɒt] *(pt & pp* **-tt-)** VT *(assign)* attribuer (**to** à); *(distribute)* répartir; **in the allotted time** dans le temps imparti ■ **allotment** N **(a)** *(action)*

attribution f; *(share)* part f **(b)** *Br (land)* jardin m ouvrier

allow [əˈlaʊ] **1** VT permettre (**sb sth** qch à qn); *(give, grant)* accorder (**sb sth** qch à qn); *(request)* accéder à; **to a. sb to do** permettre à qn de faire; **to a. an hour/a metre/***etc (estimated period or quantity)* prévoir une heure/un mètre/*etc*; **it's not allowed** c'est interdit; **you're not allowed to go** on vous interdit d'y aller **2** VI **to a. for sth** tenir compte de qch ■ **allowable** ADJ *(acceptable)* admissible; *(expense)* déductible

allowance [əˈlaʊəns] N allocation f; *(for travel, housing, food)* indemnité f; *(for duty-free goods)* tolérance f; *(tax-free amount)* abattement m; **to make allowances for** *(person)* être indulgent envers; *(thing)* tenir compte de

alloy [ˈælɔɪ] N alliage m

all right [ɔːlˈraɪt] **1** ADJ *(satisfactory)* bien *inv*; *(unharmed)* sain et sauf; *(undamaged)* intact; *(without worries)* tranquille; **it's a.** ça va; **are you a.?** ça va?; **I'm a.** *(healthy)* je vais bien; *(financially)* je m'en sors; **the TV is a. now** *(fixed)* la télé marche maintenant **2** ADV *(well)* bien; **a.!** *(agreement)* d'accord!; **is it a. if I smoke?** ça ne vous dérange pas si je fume?

allude [əˈluːd] VI **to a. to** faire allusion à ■ **allusion** N allusion f

ally 1 [ˈælaɪ] *(pl* **-ies)** N allié, -iée *mf* **2** [əˈlaɪ] *(pt & pp* **-ied)** VT **to a. oneself with** s'allier à *ou* avec

almighty [ɔːlˈmaɪtɪ] **1** ADJ **(a)** *(powerful)* tout-puissant (f toute-puissante) **(b)** *Fam (enormous)* terrible, formidable **2** N **the A.** le Tout-Puissant

almond [ˈɑːmənd] N amande f

almost [ˈɔːlməʊst] ADV presque; **he a. fell** il a failli tomber

aloft [əˈlɒft] ADV *Literary* en haut

alone [əˈləʊn] ADJ & ADV seul; **an expert a. can...** seul un expert peut...; **I did it (all) a.** je l'ai fait (tout) seul; **to leave** *ou* **let a.** *(person)* laisser tranquille; *(thing)* ne pas toucher à; **to go it a.** faire cavalier seul; **they can't dance, let a. sing** ils ne savent pas danser, et encore moins chanter

along [əˈlɒŋ] **1** PREP **(all)** a. *(tout)* le long de; **to walk a. the shore** marcher le long du rivage; **to go** *or* **walk a. the street** marcher dans la rue; **a. here** par ici **2** ADV **to move a.** avancer; **come a.!** venez donc!; **to bring sth a.** apporter qch; **to bring sb a.** amener qn; **all a.** *(all the time)* dès le début; *(all the way)* d'un bout à l'autre; **a. with** ainsi que

alongside [əlɒŋˈsaɪd] PREP & ADV à côté (de); **a. the kerb** le long du trottoir

aloof [əˈluːf] **1** ADJ distant **2** ADV à distance; **to keep a. (from sth)** rester à l'écart (de qch)

aloud [əˈlaʊd] ADV à haute voix

alphabet [ˈælfəbet] N alphabet *m* ■ **alpha'betical** ADJ alphabétique

Alps [ælps] NPL **the A.** les Alpes *fpl* ■ **Alpine** [ˈælpaɪn] ADJ *(club, range)* alpin; *(scenery)* alpestre

already [ɔːlˈredɪ] ADV déjà

alright [ɔːlˈraɪt] ADV *Fam* = **all right**

Alsatian [ælˈseɪʃən] N *(dog)* berger *m* allemand

also [ˈɔːlsəʊ] ADV aussi, également; *(more-over)* de plus ■ **also-ran** N *(person)* perdant,-ante *mf*

altar [ˈɔːltə(r)] N autel *m*

alter [ˈɔːltə(r)] **1** VT changer; *(clothing)* retoucher **2** VI changer ■ **alteration** [-ˈreɪʃən] N changement *m* (**in** de); *(of clothing)* retouche *f*; **alterations** *(to building)* travaux *mpl*

alternate [ˈɔːltəneɪt] **1** [ɔːlˈtɜːnət] ADJ alterné; **on a. days** tous les deux jours **2** VT faire alterner **3** VI alterner (**with** avec); *El* **alternating current** courant *m* alternatif

alternative [ɔːlˈtɜːnətɪv] **1** ADJ *(other)* de remplacement; **an a. way** une autre façon; **a. answers** d'autres réponses (possibles); **a. energy** énergies *fpl* de substitution; **a. medicine** médecine *f* douce **2** N *(choice)* alternative *f*; **she had no a. but to obey** elle n'a pas pu faire autrement que d'obéir ■ **alternatively** ADV **(or) a.** *(or else)* ou alors, ou bien

although [ɔːlˈðəʊ] ADV bien que (+ *subjunctive*)

altitude [ˈæltɪtjuːd] N altitude *f*

altogether [ɔːltəˈɡeðə(r)] ADV *(completely)* tout à fait; *(on the whole)* somme toute; **how much a.?** combien en tout?

aluminium [ˈæljʊˈmɪniəm], *Am* **aluminum** [əˈluːmɪnəm] N aluminium *m*

alumnus [əˈlʌmnəs] *(pl* **-ni** [-naɪ]) N ancien(ienne) élève *mf*

always [ˈɔːlweɪz] ADV toujours; **he's a. criticizing** il est toujours à critiquer; **as a.** comme toujours

a.m. [eɪˈem] ADV du matin

am [æm, *unstressed* əm] ➤ **be**

amalgamate [əˈmælɡəmeɪt] VTI fusionner

amass [əˈmæs] VT *(riches)* amasser

amateur [ˈæmətə(r)] **1** N amateur *m* **2** ADJ *(interest, sports, performance)* d'amateur; **a. painter/actress** peintre *m*/actrice *f* amateur

amaze [əˈmeɪz] VT stupéfier ■ **amazed** ADJ stupéfait (**at sth** de qch); *(filled with wonder)* émerveillé; **a. at seeing** stupéfait de voir; **I was a. by his courage** son courage m'a stupéfié ■ **amazing** ADJ *(surprising)* stupéfiant; *(incredible)* extraordinaire ■ **amazingly** ADV extraordinairement; *(miraculously)* par miracle

amazement [əˈmeɪzmənt] N stupéfaction *f*; *(sense of wonder)* émerveillement *m*; **to my a.** à ma grande stupéfaction

ambassador [æmˈbæsədə(r)] N *(man)* ambassadeur *m*; *(woman)* ambassadrice *f*

amber [ˈæmbə(r)] N ambre *m*; **a. (light)** *(of traffic signal)* (feu *m)* orange *m*; **the lights are at a.** le feu est à l'orange

ambiguous [æmˈbɪɡjʊəs] ADJ ambigu (*f* ambiguë) ■ **ambiguity** [-ˈɡjuːɪtɪ] N ambiguïté *f*

ambition [æmˈbɪʃən] N ambition *f* ■ **ambitious** ADJ ambitieux, -ieuse

ambivalent [æmˈbɪvələnt] ADJ ambivalent

amble [ˈæmbəl] VI marcher d'un pas tranquille

ambulance [ˈæmbjʊləns] N ambulance *f*; **a. driver** ambulancier, -ière *mf*

ambush [ˈæmbʊʃ] **1** N embuscade *f* **2** VT tendre une embuscade à; **to be ambushed** tomber dans une embuscade

amenable [əˈmiːnəbəl] ADJ docile; **a. to** *(responsive to)* sensible à; **a. to reason** raisonnable

amend [əˈmend] VT *(text)* modifier; *Pol (law)* amender; *(conduct)* corriger ■ **amendment** N *Pol (to law, rule)* amendement *m*

amends [əˈmendz] NPL **to make a.** se racheter; **to make a. for sth** réparer qch

amenities [*Br* əˈmiːnɪtɪz, *Am* əˈmenɪtɪz] NPL *(pleasant things)* agréments *mpl*; *(of sports club)* équipement *m*; *(of town)* aménagements *mpl*; *(shops)* commerces *mpl*

America [əˈmerɪkə] N l'Amérique *f*; **North/South A.** l'Amérique du Nord/du Sud ■ **American 1** ADJ américain **2** N Américain, -aine *mf*

amethyst [ˈæməθɪst] N améthyste *f*

amiable [ˈeɪmɪəbəl] ADJ aimable

amicable [ˈæmɪkəbəl] ADJ amical

amid(st) [əˈmɪd(st)] PREP au milieu de, parmi

amiss [əˈmɪs] ADV & ADJ **to take sth a.** mal prendre qch; **something is a.** *(wrong)* quelque chose ne va pas; **that wouldn't go a.** ça ne ferait pas de mal

ammonia [əˈməʊnɪə] N *(gas)* ammoniac *m*; *(liquid)* ammoniaque *f*

ammunition [æmjʊˈnɪʃən] N munitions *fpl*

amnesia [æmˈniːzɪə] N amnésie *f*

amnesty [ˈæmnəstɪ] *(pl* **-ies)** N amnistie *f*

amok [əˈmɒk] ADV **to run a.** *(of crowd)* se déchaîner; *(of person, animal)* devenir fou furieux (*f* folle furieuse)

among(st) [əˈmʌŋ(st)] PREP *(amidst)* parmi; *(between)* entre; **a. the crowd/books/others/**etc parmi la foule/les livres/les autres/*etc*; **a. themselves/friends** entre eux/amis; **a. other things** entre autres (choses)

amoral [eɪˈmɒrəl] ADJ amoral

amorous ['æmərəs] ADJ *(look, words)* polisson, -onne; *(person)* d'humeur polissonne; *(adventure)* amoureux, -euse

amount [ə'maʊnt] **1** N quantité *f*; *(sum of money)* somme *f*; *(total figure of invoice, debt)* montant *m*; *(scope, size)* importance *f* **2** VI **to a. to** *(bill)* s'élever à; *Fig* **it amounts to blackmail** ce n'est rien d'autre que du chantage; **it amounts to the same thing** ça revient au même

amp [æmp] N *(unit of electricity)* ampère *m*; *Br* **3-a. plug** prise *f* avec fusible de 3 ampères

amphibian [æm'fɪbɪən] N & ADJ amphibie *(m)*

ample ['æmpəl] ADJ **(a)** *(plentiful)* abondant; **to have a. time to do sth** avoir largement le temps de faire qch; **that's (quite) a.** c'est largement suffisant **(b)** *(large) (woman, bosom)* fort **(c)** *(roomy) (garment)* large

amplify ['æmplɪfaɪ] *(pt & pp* **-ied)** VT *(essay, remarks)* développer; *(sound)* amplifier ■ **amplifier** N amplificateur *m*

amputate ['æmpjʊteɪt] VT amputer; **to a. sb's hand**/*etc* amputer qn de la main/*etc* ■ **amputation** [-'teɪʃən] N amputation *f*

amuck [ə'mʌk] ADV = **amok**

amuse [ə'mjuːz] VT amuser; **to keep sb amused** distraire qn ■ **amusement** N amusement *m*, divertissement *m*; *(pastime)* distraction *f*; **amusements** *(at fairground)* attractions *fpl*; *(gambling machines)* machines *fpl* à sous; **a. arcade** salle *f* de jeux; **a. park** parc *m* d'attractions ■ **amusing** ADJ amusant

an [æn, *unstressed* ən] ➤ **a²**

anaemia, *Am* **anemia** [ə'niːmɪə] N anémie *f* ■ **anaemic,** *Am* **anemic** ADJ anémique; **to become a.** faire de l'anémie

anaesthesia, *Am* **anesthesia** [ænɪs'θiːzɪə] N anesthésie *f* ■ **anaesthetic,** *Am* **anesthetic** [ænɪs'θetɪk] N *(process)* anesthésie *f*; *(substance)* anesthésique *m*; **under a.** sous anesthésie; **general/local a.** anesthésie générale/locale ■ **anaesthetize,** *Am* **anesthetize** [ə'niːsθɪtaɪz] VT anesthésier

anagram ['ænəgræm] N anagramme *f*

anal ['eɪnəl] ADJ anal

analogy [ə'nælədʒɪ] *(pl* **-ies)** N analogie *f* (**with** avec)

analyse ['ænəlaɪz] VT analyser ■ **analysis** [ə'næləsɪs] *(pl* **-yses** [-əsiːz])** N analyse *f*; *Fig* **in the final a.** en fin de compte ■ **analyst** [-lɪst] N analyste *mf* ■ **analytical** [-'lɪtɪkəl] ADJ analytique

anarchy ['ænəkɪ] N anarchie *f* ■ **anarchic** [æ'nɑːkɪk] ADJ anarchique ■ **anarchist** N anarchiste *mf*

anatomy [ə'nætəmɪ] N anatomie *f*

ancestor ['ænsestə(r)] N ancêtre *m* ■ **ancestral** [-'sestrəl] ADJ ancestral; **a. home** demeure *f* ancestrale ■ **ancestry** N *(lineage)* ascendance *f*; *(ancestors)* ancêtres *mpl*

anchor ['æŋkə(r)] **1** N ancre *f*; **to drop a.** jeter l'ancre; **to weigh a.** lever l'ancre **2** VT *(ship)* mettre à l'ancre **3** VI jeter l'ancre, mouiller ■ **anchored** ADJ ancré, à l'ancre

anchovy [*Br* 'æntʃəvɪ, *Am* æn'tʃəʊvɪ] *(pl* **-ies)** N anchois *m*

ancient ['eɪnʃənt] ADJ ancien, -ienne; *(pre-medieval)* antique; *Hum (person)* d'un grand âge; *Fig* **that's a. history!** c'est de l'histoire ancienne!

and [ænd, *unstressed* ən(d)] CONJ et; **a knife a. fork** un couteau et une fourchette; **my mother a. father** mon père et ma mère; **two hundred a. two** deux cent deux; **four a. three quarters** quatre trois quarts; **nice a. warm** bien chaud; **better a. better** de mieux en mieux; **she can read a. write** elle sait lire et écrire; **go a. see** va voir

anecdote ['ænɪkdəʊt] N anecdote *f*

anemia [ə'niːmɪə] N *Am* = **anaemia**

anemic [ə'niːmɪk] ADJ *Am* = **anaemic**

anemone [ə'nemənɪ] N anémone *f*

anesthesia [ænɪs'θiːzɪə] N *Am* = **anaesthesia**

anesthetic [ænɪs'θetɪk] N *Am* = **anaesthetic**

anesthetize [ə'niːsθɪtaɪz] VT *Am* = **anaesthetize**

anew [ə'njuː] ADV *Literary* de nouveau; **to start a.** recommencer

angel ['eɪndʒəl] N ange *m* ■ **angelic** [æn'dʒelɪk] ADJ angélique

anger ['æŋgə(r)] **1** N colère *f*; **in a., out of a.** sous le coup de la colère **2** VT mettre en colère

angina [æn'dʒaɪnə] N angine *f* de poitrine

angle¹ ['æŋgəl] N angle *m*; **at an a.** en biais; *Fig* **seen from this a.** vu sous cet angle

angle² ['æŋgəl] VI *(to fish)* pêcher à la ligne; *Fig* **to a. for** *(compliments)* quêter ■ **angler** N pêcheur, -euse *mf* à la ligne

Anglican ['æŋglɪkən] ADJ & N anglican, -ane *(mf)*

Anglo- ['æŋgləʊ] PREF anglo- ■ **Anglo-'Saxon** ADJ & N anglo-saxon, -onne *(mf)*

angora [æŋ'gɔːrə] N *(wool)* angora *m*; **a. sweater**/*etc* pull *m*/*etc* en angora

angry ['æŋgrɪ] *(*-ier, -iest*)* ADJ *(person)* en colère, fâché; *(look)* furieux, -ieuse; **an a. letter** une lettre indignée; **a. words** des paroles indignées; **to get a.** se fâcher (**with** contre) ■ **angrily** ADV *(leave)* en colère; *(speak)* avec colère

angst [æŋst] N angoisse *f*

anguish ['æŋgwɪʃ] N angoisse *f*

angular ['æŋgjʊlə(r)] ADJ *(face)* anguleux, -euse

animal ['ænɪməl] **1** ADJ *(kingdom, fat)* animal **2** N animal *m*

animate 1 ['ænɪmeɪt] VT animer **2** ['ænɪmət] ADJ *(alive)* animé ■ **animated** [-meɪtɪd] ADJ *(lively)* & *Cin* animé; **to become a.** s'animer ■ **animation** [-'meɪʃən] N *(liveliness)* & *Cin* animation *f*

animosity [ænɪ'mɒsɪtɪ] N animosité *f*

aniseed ['ænɪsiːd] N *(as flavouring)* anis *m*; **a. drink** boisson *f* à l'anis

ankle ['æŋkəl] N cheville *f*; **a. boot** bottine *f*; **a. sock** socquette *f*

annex[1] ['əneks] VT annexer

annex[2], *Br* **annexe** ['æneks] N *(building)* annexe *f*

annihilate [ə'naɪəleɪt] VT anéantir ■ **annihi'lation** N anéantissement *m*

anniversary [ænɪ'vɜːsərɪ] *(pl -ies)* N *(of event)* anniversaire *m*

annotate ['ænəteɪt] VT annoter

announce [ə'naʊns] VT annoncer; *(birth, marriage)* faire part de ■ **announcement** N *(statement)* annonce *f*; *(notice of birth, marriage, death)* avis *m*; *(private letter)* faire-part *m inv* ■ **announcer** N *(on TV)* speaker *m*, speakerine *f*

annoy [ə'nɔɪ] VT *(inconvenience)* ennuyer; *(irritate)* agacer ■ **annoyed** ADJ fâché; **to get a.** se fâcher (**with** contre) ■ **annoying** ADJ ennuyeux, -euse

> Note that the French verb **ennuyer** can be a false friend. Its most common meaning is **to bore**.

annual ['ænjʊəl] **1** ADJ annuel, -uelle **2** N *(yearbook)* annuaire *m*; *(children's)* album *m*; *(plant)* plante *f* annuelle ■ **annually** ADV *(every year)* tous les ans; *(per year)* par an

annuity [ə'njuːɪtɪ] *(pl -ies)* N *(of retired person)* pension *f* viagère

annul [ə'nʌl] *(pt & pp -ll-)* VT *(contract, marriage)* annuler ■ **annulment** N annulation *f*

anoint [ə'nɔɪnt] VT oindre (**with** de)

anomalous [ə'nɒmələs] ADJ anormal ■ **anomaly** *(pl -ies)* N anomalie *f*

anon [ə'nɒn] ADV *Literary or Hum* tout à l'heure

anonymous [ə'nɒnɪməs] ADJ anonyme; **to remain a.** garder l'anonymat

anorak ['ænəræk] N anorak *m*

anorexia [ænə'reksɪə] N anorexie *f* ■ **anorexic** ADJ & N anorexique *(mf)*

another [ə'nʌðə(r)] ADJ & PRON un(e) autre; **a. man** *(different)* un autre homme; **a. month** *(additional)* encore un mois; **a. ten** encore dix; **one a.** l'un(e) l'autre, *pl* les un(e)s les autres; **they love one a.** ils s'aiment

answer ['ɑːnsə(r)] **1** N réponse *f*; *(to problem, riddle)* & *Math* solution *f* (**to** de); *(reason)* explication *f*; **in a. to your letter** en réponse à votre lettre **2** VT *(person, question, letter)* répondre à; *(prayer, wish)* exaucer; **he answered 'yes'** il a répondu 'oui'; **to a. the door** ouvrir la porte; **to a. the phone** répondre au téléphone **3** VI répondre; **to a. back** *(rudely)* répondre, répliquer; **to a. for sb/sth** *(be responsible for)* répondre de qn/qch; **to a. (to) a description** *(of suspect)* correspondre à un signalement ■ **answering machine** N répondeur *m*

answerable ['ɑːnsərəbəl] ADJ responsable (**for sth** de qch; **to sb** devant qn)

ant [ænt] N fourmi *f*

antagonize [æn'tægənaɪz] VT provoquer (l'hostilité de)

Antarctic [æn'tɑːktɪk] **1** ADJ antarctique **2** N **the A.** l'Antarctique *m*

antecedent [æntɪ'siːdənt] N antécédent *m*

antelope ['æntɪləʊp] N antilope *f*

antenatal [æntɪ'neɪtəl] *Br* **1** ADJ prénatal; **a. classes** préparation *f* à l'accouchement **2** N examen *m* prénatal

antenna[1] [æn'tenə] *(pl -ae* [-iː]*)* N *(of insect)* antenne *f*

antenna[2] [æn'tenə] *(pl -as)* N *Am (for TV, radio)* antenne *f*

anthem ['ænθəm] N **national a.** hymne *m* national

anthology [æn'θɒlədʒɪ] *(pl -ies)* N anthologie *f*

anthropology [ænθrə'pɒlədʒɪ] N anthropologie *f*

anti- [*Br* 'æntɪ, *Am* 'æntaɪ] PREF anti-; *Fam* **to be anti sth** être contre qch ■ **antibiotic** [-baɪ'ɒtɪk] ADJ & N antibiotique *(m)* ■ **antibody** N anticorps *m* ■ **anticlimax** N déception *f* ■ **anticlockwise** ADV *Br* dans le sens inverse des aiguilles d'une montre ■ **antidote** N antidote *m* ■ **antifreeze** N *(for vehicle)* antigel *m* ■ **antihistamine** N *(drug)* antihistaminique *m* ■ **antiperspirant** N antisudoral *m* ■ **anti-Semitic** ADJ antisémite ■ **anti-Semitism** N antisémitisme *m* ■ **antiseptic** ADJ & N antiseptique *(m)* ■ **antisocial** ADJ *(misfit)* asocial; *(measure, principles)* antisocial; *(unsociable)* peu sociable

anticipate [æn'tɪsɪpeɪt] VT *(foresee)* anticiper; *(expect)* s'attendre à, prévoir; *(forestall)* devancer ■ **antici'pation** N *(expectation)* attente *f*; *(foresight)* prévision *f*; **in a. of** en prévision de; **in a. (thank, pay)** d'avance

antics ['æntɪks] NPL singeries *fpl*; **he's up to his a. again** il a encore fait des siennes

antipodes [æn'tɪpədiːz] NPL antipodes *mpl*

antiquated ['æntɪkweɪtɪd] ADJ *(expression,*

custom) vieillot, -otte; *(person)* vieux jeu *inv;* *(object, machine)* antédiluvien, -ienne

antique [æn'tiːk] **1** ADJ *(furniture)* ancien, -ienne; *(of Greek or Roman antiquity)* antique; **a. dealer** antiquaire *mf;* **a. shop** magasin *m* d'antiquités **2** N antiquité *f,* objet *m* d'époque ■ **antiquity** [-'tɪkwɪtɪ] N *(period)* antiquité *f*

antlers ['æntləz] NPL *(of deer)* bois *mpl*

Antwerp ['æntwɜːp] N Anvers *m ou f*

anus ['eɪnəs] N anus *m*

anvil ['ænvɪl] N enclume *f*

anxiety [æŋ'zaɪətɪ] *(pl* **-ies)** *(worry)* inquiétude *f* **(about** au sujet de); *(fear)* anxiété *f; (eagerness)* désir *m* **(to do** de faire; **for sth** de qch)

anxious ['æŋkʃəs] ADJ *(worried)* inquiet,-iète **(about/for** pour); *(troubled)* anxieux,-ieuse; *(causing worry)* angoissant; *(eager)* impatient **(to do** de faire); **I'm a. (that) he should leave** je tiens absolument à ce qu'il parte ■ **anxiously** ADV *(worriedly)* avec inquiétude; *(with impatience)* impatiemment

any ['enɪ] **1** ADJ **(a)** *(in questions)* du, de la, des; **have you a. milk/tickets?** avez-vous du lait/ des billets? **(b)** *(in negatives)* de; *(not the slightest)* aucun; **he hasn't got a. milk/tickets** il n'a pas de lait/de billets; **there isn't a. doubt/problem** il n'y a aucun doute/problème **(c)** *(no matter which)* n'importe quel; **ask a. doctor** demande à n'importe quel médecin **(d)** *(every)* tout; **at a. moment** à tout moment; **in a. case, at a. rate** de toute façon **2** PRON **(a)** *(no matter which one)* n'importe lequel; *(somebody)* quelqu'un; **if a. of you...** si l'un d'entre vous..., si quelqu'un parmi vous... **(b)** *(quantity)* en; **have you got a.?** en as-tu?; **I don't see a.** je n'en vois pas **3** ADV **not a. further/happier** pas plus loin/plus heureux, -euse; **I don't see him a. more** je ne le vois plus

anybody ['enɪbɒdɪ] PRON **(a)** *(somebody)* quelqu'un; **do you see a.?** tu vois quelqu'un?; **more than a.** plus que tout autre **(b)** *(in negatives)* personne; **he doesn't know a.** il ne connaît personne **(c)** *(no matter who)* n'importe qui; **a. would think that...** on croirait que...

anyhow ['enɪhaʊ] ADV *(at any rate)* de toute façon; *Fam (badly)* n'importe comment

anyone ['enɪwʌn] PRON = **anybody**

anyplace ['enɪpleɪs] ADV *Am* = **anywhere**

anything ['enɪθɪŋ] PRON **(a)** *(something)* quelque chose; **can you see a.?** tu vois quelque chose? **(b)** *(in negatives)* rien; **he doesn't do a.** il ne fait rien; **without a.** sans rien **(c)** *(everything)* tout; **a. you like** tout ce que tu veux **(d)** *(no matter what)* **a. (at all)** n'importe quoi

anyway ['enɪweɪ] ADV *(at any rate)* de toute façon

anywhere ['enɪweə(r)] ADV **(a)** *(no matter where)* n'importe où **(b)** *(everywhere)* partout; **a. you go** où que vous alliez, partout où vous allez; **a. you like** (là) où tu veux **(c)** *(somewhere)* quelque part; **is he going a.?** va-t-il quelque part? **(d)** *(in negatives)* nulle part; **he doesn't go a.** il ne va nulle part; **without a. to put it** sans un endroit où le/la mettre

apart [ə'pɑːt] ADV **(a)** *(separated)* **we kept them a.** nous les tenions séparés; **two years a.** à deux ans d'intervalle; **they are a metre a.** ils se trouvent à un mètre l'un de l'autre; **to come a.** *(of two objects)* se séparer; **to tell two things/ people a.** distinguer deux choses/personnes (l'une de l'autre) **(b)** *(to pieces)* **to tear a.** mettre en pièces; **to take a.** démonter **(c)** *(to one side)* à part; **joking a.** sans blague; **a. from** *(except for)* à part

apartheid [ə'pɑːteɪt] N apartheid *m*

apartment [ə'pɑːtmənt] N appartement *m;* **a. building** immeuble *m* (d'habitation)

apathy ['æpəθɪ] N apathie *f* ■ **apa'thetic** ADJ apathique

ape [eɪp] **1** N grand singe *m* **2** VT *(imitate)* singer

aperitif [əperɪ'tiːf] N apéritif *m*

aperture ['æpətʃʊə(r)] N ouverture *f*

aphrodisiac [æfrə'dɪzɪæk] ADJ & N aphrodisiaque *(m)*

apiece [ə'piːs] ADV chacun; **£1 a.** 1 livre pièce *ou* chacun

apocalypse [ə'pɒkəlɪps] N apocalypse *f*

apologetic [əpɒlə'dʒetɪk] ADJ *(letter)* plein d'excuses; **a. smile** sourire *m* d'excuse; **to be a.** **(about)** s'excuser (de)

apology [ə'pɒlədʒɪ] *(pl* **-ies)** N excuses *fpl; Fam Pej* **an a. for a dinner** un dîner minable ■ **apologize** VI s'excuser **(for** de); **he apologized for being late** il s'est excusé de son retard; **to a. to sb** faire ses excuses à qn **(for** pour)

Note that the French noun **apologie** is a false friend and is never a translation for the English verb **apology**. It means **defence**.

apostle [ə'pɒsəl] N apôtre *m*

apostrophe [ə'pɒstrəfɪ] N apostrophe *f*

appal, *Am* **appall** [ə'pɔːl] *(pt & pp* **-ll-)** VT consterner; **to be appalled (at)** être horrifié (par) ■ **appalling** ADJ épouvantable

apparatus [æpə'reɪtəs] N *(equipment, organization)* appareil *m; Br (in gym)* agrès *mpl*

apparent [ə'pærənt] ADJ *(seeming)* apparent; *(obvious)* évident; **it's a. that...** il est clair que...

■ **apparently** ADV apparemment; **a. she's going to Venice** il paraît qu'elle va à Venise
apparition [æpə'rɪʃən] N *(phantom)* apparition *f*

appeal [ə'piːl] **1** N *(charm)* attrait *m; (interest)* intérêt *m; (call)* appel *m; (pleading)* supplication *f; (to a court)* appel *m* **2** VT **to a. to sb** *(attract)* plaire à qn; *(interest)* intéresser qn; *(ask for help)* faire appel à qn; **to a. to sb's generosity** faire appel à la générosité de qn; **to a. to sb for sth** demander qch à qn; **to a. to sb to do sth** supplier qn de faire qch **3** VI *(in court)* faire appel; **to a. against a decision** faire appel d'une décision ■ **appealing** ADJ *(attractive)* (offer, idea) séduisant; *(begging) (look)* suppliant

> Note that the French verb **appeler** is a false friend and is never a translation for the English verb **to appeal**. Its most common meaning is **to call**.

appear [ə'pɪə(r)] VI *(become visible)* apparaître; *(seem, be published)* paraître; *(on stage, in film)* jouer; *(in court)* comparaître; **it appears that...** *(it seems)* il semble que... (+ subjunctive or indicative); *(it is rumoured)* il paraîtrait que... (+ indicative) ■ **appearance** N *(act)* apparition *f; (look)* apparence *f; (of book)* parution *f;* **to put in an a.** faire acte de présence; **to keep up appearances** sauver les apparences

appendix [ə'pendɪks] *(pl* **-ixes** [-ɪksɪz] *or* **-ices** [-ɪsiːz]) N *(in book, body)* appendice *m;* **to have one's a. out** se faire opérer de l'appendicite ■ **appendicitis** [-dɪ'saɪtɪs] N appendicite *f*

appetite ['æpɪtaɪt] N appétit *m;* **to take away sb's a.** couper l'appétit à qn ■ **appetizer** N *(drink)* apéritif *m; (food)* amuse-gueule *m inv* ■ **appetizing** ADJ appétissant

applaud [ə'plɔːd] **1** VT *(clap)* applaudir; *(approve of)* approuver, applaudir à **2** VI applaudir ■ **applause** N applaudissements *mpl*

apple ['æpəl] N pomme *f;* **cooking a.** pomme *f* à cuire; **eating a.** pomme de dessert; **a. core** trognon *m* de pomme; **a. pie** tarte *f* aux pommes; **a. tree** pommier *m*

appliance [ə'plaɪəns] N appareil *m*

applicable [ə'plɪkəbəl] ADJ *(rule)* applicable (**to** à); *(relevant)* pertinent

applicant ['æplɪkənt] N candidat, -ate *mf* (**for** à)

application [æplɪ'keɪʃən] N **(a)** *(request)* demande *f* (**for** de); *(for job)* candidature *f* (**for** de); *(for membership)* demande d'inscription; **a. (form)** *(for job)* formulaire *m* de candidature; *(for club)* formulaire d'inscription **(b)** *(diligence)* application *f*

apply [ə'plaɪ] *(pt & pp* **-ied)** **1** VT *(put on, carry out)* appliquer; *(brake of vehicle)* appuyer sur; **to a. oneself to** s'appliquer à **2** VI *(be relevant)* s'appliquer (**to** à); **to a. for** *(job)* poser sa candidature à; **to a. to sb** *(ask)* s'adresser à qn (**for** pour) ■ **applied** ADJ *(maths, linguistics)* appliqué

appoint [ə'pɔɪnt] VT *(person)* nommer (**to a post** à un poste; **to do** pour faire); *(director, minister)* nommer; *(secretary, clerk)* engager; *(time, place)* fixer; **at the appointed time** à l'heure dite; **well-appointed** *(kitchen)* bien équipé ■ **appointment** N nomination *f; (meeting)* rendez-vous *m inv; (post)* situation *f;* **to make an a. with** prendre rendez-vous avec

> Note that the French noun **appointements** is a false friend and is never a translation for the English noun **appointment**. It means **salary**.

appraise [ə'preɪz] VT évaluer ■ **appraisal** N évaluation *f*

appreciate [ə'priːʃɪeɪt] **1** VT *(enjoy, value, assess)* apprécier; *(understand)* comprendre; *(be grateful for)* être reconnaissant de **2** VI *(of goods)* prendre de la valeur ■ **appreciation** [-'eɪʃən] N **(a)** *(gratitude)* reconnaissance *f; (judgement)* appréciation *f* **(b)** *(rise in value)* augmentation *f* (de la valeur) ■ **appreciative** [-ʃɪətɪv] ADJ *(grateful)* reconnaissant (**of** de); *(favourable)* élogieux, -ieuse; **to be a. of** *(enjoy)* apprécier

apprehend [æprɪ'hend] VT *(seize, arrest)* appréhender

apprehension [æprɪ'henʃən] N *(fear)* appréhension *f* ■ **apprehensive** ADJ inquiet, -iète (**about** de au sujet de); **to be a. of** appréhender

apprentice [ə'prentɪs] **1** N apprenti, -ie *mf* **2** VT **to a. sb to sb** placer qn en apprentissage chez qn ■ **apprenticeship** N apprentissage *m*

approach [ə'prəʊtʃ] **1** N *(method)* façon *f* de s'y prendre; *(path, route)* voie *f* d'accès; *(of winter, vehicle)* approche *f;* **at the a. of** à l'approche de; **a. to a question** manière *f* d'aborder une question; **to make approaches to** faire des démarches auprès de; *(sexually)* faire des avances à **2** VT *(draw near to)* s'approcher de; *(go up to, tackle)* aborder; **to a. sb about sth** parler à qn de qch; **he's approaching forty** il va sur ses quarante ans **3** VI *(of person, vehicle)* s'approcher; *(of date)* approcher ■ **approachable** ADJ *(person)* d'un abord facile; *(place)* accessible (**by road** par la route)

appropriate 1 [ə'prəʊprɪət] ADJ *(place, clothes, means)* approprié (**to** à); *(remark, time)* opportun; **a. to** *or* **for** qui convient à **2** [ə'prəʊprɪeɪt] VT *(steal)* s'approprier; *(set aside)* affecter (**for** à) ■ **appropriately** ADV convenablement

approval [ə'pruːvəl] N approbation *f;* **on a.** *(goods)* à l'essai

approve [ə'pruːv] VT approuver; **to a. of** *(conduct, decision, idea)* approuver; **I don't a. of him** il ne me plaît pas; **I a. of his going** je trouve bon qu'il y aille; **I a. of his accepting** or **having accepted** je l'approuve d'avoir accepté ■ **approving** ADJ (look) approbateur, -trice

approximate 1 [ə'prɒksɪmət] ADJ approximatif, -ive **2** [ə'prɒksɪmeɪt] VI **to a. to sth** se rapprocher de qch ■ **approximately** ADV approximativement ■ **approxi'mation** N approximation f

apricot ['eɪprɪkɒt] N abricot m

April ['eɪprəl] N avril m; **A. fool!** poisson d'avril!

apron ['eɪprən] N (garment) tablier m

apt [æpt] ADJ (remark, reply, means) qui convient; (word, name) bien choisi; **she/it is a. to fall**/etc (likely) (in general) elle/ça a tendance à tomber/etc; (on a particular occasion) elle/ça pourrait bien tomber/etc; **a. at sth** (manual work) habile à qch; (intellectual) doué pour qch ■ **aptly** ADV (described) justement; (chosen) bien; **a. named** qui porte bien son nom

aptitude ['æptɪtjuːd] N aptitude f (**for** pour); (of student) don m (**for** pour)

aquarium [ə'kweərɪəm] N aquarium m

Aquarius [ə'kweərɪəs] N (sign) le Verseau; **to be (an) A.** être Verseau

aquatic [ə'kwætɪk] ADJ (plant) aquatique; (sport) nautique

aqueduct ['ækwɪdʌkt] N aqueduc m

Arab ['ærəb] **1** ADJ arabe **2** N Arabe mf ■ **Arabian** [ə'reɪbɪən] ADJ arabe ■ **Arabic** ADJ & N (language) arabe (m); **A. numerals** chiffres mpl arabes

arable ['ærəbəl] ADJ (land) arable

arbitrary ['ɑːbɪtrərɪ] ADJ (decision, arrest) arbitraire

arbitration [-'treɪʃən] N arbitrage m; **to go to a.** avoir recours à l'arbitrage

arc [ɑːk] N (of circle) arc m

arcade [ɑː'keɪd] N (for shops) (small) passage m couvert; (large) galerie f marchande

arch [ɑːtʃ] **1** N (of bridge) arche f; (of building) voûte f, arc m; (of foot) cambrure f **2** VT **to a. one's back** (inwards) se cambrer; (outwards) se voûter ■ **archway** N voûte f

arch- [ɑːtʃ] PREF (hypocrite) achevé, fini; **a.-enemy** ennemi m juré; **a.-rival** grand rival m

archaeology, Am **archeology** [ɑːkɪ'ɒlədʒɪ] N archéologie f ■ **archaeologist**, Am **archeologist** N archéologue mf

archaic [ɑː'keɪɪk] ADJ archaïque

archbishop [ɑːtʃ'bɪʃəp] N archevêque m

archeologist [ɑːkɪ'ɒlədʒɪst] N Am = **archaeologist**

archeology [ɑːkɪ'ɒlədʒɪ] N Am = **archaeology**

archer ['ɑːtʃə(r)] N archer m ■ **archery** N tir m à l'arc

archetype ['ɑːkɪtaɪp] N archétype m

archipelago [ɑːkɪ'peləgəʊ] (pl **-oes** or **-os**) N archipel m

architect ['ɑːkɪtekt] N architecte mf ■ **architecture** N architecture f

archives ['ɑːkaɪvz] NPL archives fpl

arctic ['ɑːktɪk] **1** ADJ arctique; (weather) polaire, glacial **2** N **the A.** l'Arctique m

ardent ['ɑːdənt] ADJ (supporter) ardent, chaud ■ **ardour**, Am **ardor** N ardeur f

arduous ['ɑːdjʊəs] ADJ pénible, ardu

are [ɑː(r)] ➤ **be**

area ['eərɪə] N (of country) région f; (of town) quartier m; Mil zone f; (surface) superficie f; Fig (of knowledge) domaine m; **dining a.** coin-repas m; **kitchen a.** coin-cuisine m; **play a.** (in house) coin-jeux m; (outdoors) aire f de jeux; Tel **a. code** indicatif m

arena [ə'riːnə] N (for sports) & Fig arène f

aren't [ɑːnt] = **are not**

Argentina [ɑːdʒən'tiːnə] N l'Argentine f ■ **Argentinian** [-'tɪnɪən] **1** ADJ argentin **2** N Argentin, -ine f

arguable ['ɑːgjʊəbəl] ADJ discutable ■ **arguably** ADV **it is a. the...** on peut dire que c'est le/la…

argue ['ɑːgjuː] **1** VT (matter) discuter (de); (position) défendre; **to a. that...** soutenir que… **2** VI (quarrel) se disputer (**with** avec; **about** au sujet de); (reason) raisonner (**with** avec; **about** sur); **to a. in favour of** plaider en faveur de; **don't a.!** ne discute pas!

argument ['ɑːgjʊmənt] N (quarrel) dispute f; (debate) discussion f; (point) argument m; **to have an a. with sb** (quarrel) se disputer avec qn ■ **argumentative** [-'mentətɪv] ADJ (person) querelleur, -euse

arid ['ærɪd] ADJ aride

Aries ['eəriːz] N (sign) le Bélier; **to be (an) A.** être Bélier

arise [ə'raɪz] (pt **arose**, pp **arisen** [ə'rɪzən]) VI (of problem, opportunity) se présenter; (of cry, objection) s'élever; (result) provenir (**from** de); Literary (get up) se lever

aristocracy [ærɪ'stɒkrəsɪ] N aristocratie f ■ **aristocrat** [Br 'ærɪstəkræt, Am ə'rɪstəkræt] N aristocrate mf ■ **aristocratic** [Br ærɪstə'krætɪk, Am ərɪstə'krætɪk] ADJ aristocratique

arithmetic [ə'rɪθmətɪk] N arithmétique f

ark [ɑːk] N **Noah's a.** l'arche f de Noé

arm¹ [ɑːm] N bras m; **a. in a.** bras dessus bras dessous; **with open arms** à bras ouverts ■ **armband** N brassard m ■ **armchair** N fauteuil *m* ■ **armpit** N aisselle *f* ■ **armrest** N accoudoir *m*

arm² [ɑːm] VT *(with weapon)* armer (**with** de) ■ **armaments** NPL armements *mpl*

armadillo [ɑːmə'dɪləʊ] *(pl* **-os)** N tatou *m*

armistice ['ɑːmɪstɪs] N armistice *m*

armour ['ɑːmə(r)], *Am* **armor** ['ɑːmər] N *(of knight)* armure *f*; *(of tank)* blindage *m* ■ **armoured**, *Am* **armored**, **armour-'plated**, *Am* **armor-plated** ADJ *(car)* blindé ■ **armoury**, *Am* **armory** N arsenal *m*

arms [ɑːmz] NPL *(weapons)* armes *fpl*; **the a. race** la course aux armements

army ['ɑːmɪ] **1** *(pl* **-ies)** N armée *f*; **to join the a.** s'engager; **the regular a.** l'armée active **2** ADJ *(uniform)* militaire

A road ['eɪrəʊd] N *Br* ≃ route *f* nationale

aroma [ə'rəʊmə] N arôme *m* ■ **aroma'therapy** N aromathérapie *f* ■ **aromatic** [ærə'mætɪk] ADJ aromatique

arose [ə'rəʊz] PP of **arise**

around [ə'raʊnd] **1** PREP autour de; *(approximately)* environ; **to travel a. the world** faire le tour du monde **2** ADV autour; **all a.** tout autour; **a. here** par ici; **to follow sb a.** suivre qn partout; **is Jack a.?** est-ce que Jack est dans le coin?; **he's still a.** il est encore là; **there's a lot of flu a.** beaucoup de gens ont la grippe en ce moment

arouse [ə'raʊz] VT *(suspicion, anger, curiosity)* éveiller; *(sexually)* exciter; **to a. sb from sleep** tirer qn du sommeil

arrange [ə'reɪndʒ] VT arranger; *(time, meeting)* fixer; **it was arranged that...** il était convenu que...; **to a. to do sth** s'arranger pour faire qch ■ **arrangement** N *(layout, agreement, for music)* arrangement *m*; **arrangements** *(preparations)* préparatifs *mpl*; *(plans)* projets *mpl*; **to make arrangements to do sth** prendre des dispositions pour faire qch

arrears [ə'rɪəz] NPL *(payment)* arriéré *m*; **to be in a.** avoir du retard dans ses paiements; **to be three months in a.** avoir trois mois de retard dans ses paiements; **to be paid monthly in a.** être payé à la fin du mois

arrest [ə'rest] **1** VT *(criminal, progress)* arrêter **2** N *(of criminal)* arrestation *f*; **under a.** en état d'arrestation

arrive [ə'raɪv] VI arriver; **to a. at** *(conclusion, decision)* arriver à, parvenir à ■ **arrival** N arrivée *f*; **on my a.** à mon arrivée; **new a.** nouveau venu *m*, nouvelle venue *f*; *(baby)* nouveau-né, -ée *mf*

arrogant ['ærəgənt] ADJ arrogant ■ **arrogance** N arrogance *f*

arrow ['ærəʊ] N flèche *f*

arse [ɑːs] N *Br very Fam* cul *m*

arsenal ['ɑːsənəl] N arsenal *m*

arson ['ɑːsən] N incendie *m* criminel ■ **arsonist** N incendiaire *mf*

art [ɑːt] N art *m*; **faculty of arts, arts faculty** faculté *f* des lettres; **arts degree** ≃ licence *f* ès lettres; **a. exhibition** exposition *f* d'œuvres d'art; **a. gallery** *(museum)* musée *m*; *(shop)* galerie *f* d'art; **a. school** école *f* des beaux-arts

artefact ['ɑːtɪfækt] N objet *m*

artery ['ɑːtərɪ] *(pl* **-ies)** N *(in body, main route)* artère *f*

arthritis [ɑː'θraɪtɪs] N arthrite *f*

artichoke ['ɑːtɪtʃəʊk] N **(globe) a.** artichaut *m*; **Jerusalem a.** topinambour *m*

article ['ɑːtɪkəl] N *(object, clause, in newspaper) & Grammar* article *m*; **a. of clothing** vêtement *m*; **articles of value** objets *mpl* de valeur; *Br* **articles** *(of lawyer)* contrat *m* de stage

articulate 1 [ɑː'tɪkjʊlət] ADJ *(person)* qui s'exprime clairement; *(speech)* clair **2** [ɑː'tɪkjʊleɪt] VTI *(speak)* articuler ■ **articulated lorry** N *Br* semi-remorque *m* ■ **articulation** [-'leɪʃən] N articulation *f*

artifact ['ɑːtɪfækt] N objet *m*

artifice ['ɑːtɪfɪs] N artifice *m*

artificial [ɑːtɪ'fɪʃəl] ADJ artificiel, -ielle

artillery [ɑː'tɪlərɪ] N artillerie *f*

artist ['ɑːtɪst] N artiste *mf* ■ **artiste** [ɑː'tiːst] N *(singer, dancer)* artiste *mf* ■ **ar'tistic** ADJ *(pattern, treasure)* artistique; *(person)* artiste

artless ['ɑːtləs] ADJ naturel, -elle

arty ['ɑːtɪ] ADJ *Pej* du genre artiste

as [æz, *unstressed* əz] **1** ADV (**a**) *(with manner)* comme; **as promised/planned** comme promis/prévu; **A as in Anne** A comme Anne; **such as** comme, tel que; **as much as I can** (au)tant que je peux; **to leave sth as it is** laisser qch comme ça *ou* tel quel; **it's late as it is** il est déjà tard; **as if, as though** comme si; **you look as if** *or* **as though you're tired** tu as l'air fatigué

(**b**) *(comparison)* **as tall as you** aussi grand que vous; **as white as a sheet** blanc (*f* blanche) comme un linge; **as much as you** autant que vous; **as much money as** autant d'argent que; **as many people as** autant de gens que; **twice as big as** deux fois plus grand que; **the same as** le même que

2 CONJ (**a**) *(time)* **as always** comme toujours; **as I was leaving, as I left** comme je partais; **as one grows older** à mesure que l'on vieillit; **as he slept** pendant qu'il dormait; **as from, as of** *(time)* à partir de

(**b**) *(reason)* puisque, comme; **as it's late...** puisqu'il est tard..., comme il est tard...

(**c**) *(though)* (**as**) **clever as he is...** si intelligent qu'il soit...

(**d**) *(concerning)* **as for that, as to that** quant à cela

(**e**) *(+ infinitive)* **so as to...** de manière à...; **so stupid as to...** assez bête pour...

3 PREP (**a**) comme; **she works as a cashier** elle est caissière, elle travaille comme caissière; **dressed up as a clown** déguisé en clown

(**b**) *(capacity)* **as a teacher** en tant que professeur

asap [eɪeseɪˈpiː] *(abbr* **as soon as possible)** dès que possible

ascend [əˈsend] **1 VT** *(throne)* accéder à; *(stairs, mountain)* gravir **2 VI** monter ■ **ascent N** ascension f *(of* de); *(slope)* côte f

ascertain [æsəˈteɪn] **VT** *(discover)* établir; *(truth)* découvrir; *(check)* s'assurer de; **to a. that...** s'assurer que...

ash [æʃ] **N** (**a**) *(of cigarette, fire)* cendre f, **A. Wednesday** mercredi m des Cendres (**b**) *(tree)* frêne m ■ **ashtray N** cendrier m

ashamed [əˈʃeɪmd] **ADJ** **to be/feel a.** avoir honte *(of sb/sth* de qn/qch); **to be a. of oneself** avoir honte; **to make sb a.** faire honte à qn

ashore [əˈʃɔː(r)] **ADV** à terre; **to go a.** débarquer; **to put sb a.** débarquer qn

Asia [ˈeɪʃə, ˈeɪʒə] **N** l'Asie f ■ **Asian 1 ADJ** asiatique; *Br (from India)* indien, -ienne **2 N** Asiatique mf; *Br (Indian)* Indien, -ienne mf

aside [əˈsaɪd] **1 ADV** de côté; **to draw a.** *(curtain)* écarter; **to take** or **draw sb a.** prendre qn à part; **to step a.** s'écarter; *Am* **a. from** en dehors de **2 N** *(in play, film)* aparté m

ask [ɑːsk] **1 VT** *(request, inquire about)* demander; *(invite)* inviter (**to sth** à qch); **to a. sb sth** demander qch à qn; **to a. sb about sb/sth** interroger qn sur qn/qch; **to a. (sb) a question** poser une question (à qn); **to a. sb the time/way** demander l'heure/son chemin à qn; **to a. sb to do** *(request)* demander à qn de faire; *(invite)* inviter qn à faire **2 VI** *(inquire)* se renseigner (**about** sur); *(request)* demander; **to a. for sb/sth** demander qn/qch; **to a. after** or **about sb** demander des nouvelles de qn; **the asking price** le prix demandé

askance [əˈskɑːns] **ADV** **to look a. at sb** regarder qn de travers

askew [əˈskjuː] **ADV** de travers

asleep [əˈsliːp] **ADJ** endormi; *(arm, leg)* engourdi; **to be a.** dormir; **to fall a.** s'endormir

asparagus [əˈspærəgəs] **N** *(plant)* asperge f; *(food)* asperges fpl

aspect [ˈæspekt] **N** aspect m; *(of house)* orientation f

asphyxiate [əsˈfɪksɪeɪt] **VT** asphyxier ■ **asphyx'iation N** asphyxie f

aspire [əˈspaɪə(r)] **VI to a. to** aspirer à ■ **aspiration** [æspəˈreɪʃən] **N** aspiration f

aspirin [ˈæsprɪn] **N** aspirine f

ass [æs] **N** (**a**) *(animal)* âne m; *Fam (person)* imbécile mf, âne (**b**) *Am very Fam* cul m

assail [əˈseɪl] **VT** assaillir (**with** de) ■ **assailant N** agresseur m

assassin [əˈsæsɪn] **N** assassin m ■ **assassinate VT** assassiner ■ **assassi'nation N** assassinat m

assault [əˈsɔːlt] **1 N** *(military)* assaut m; *(crime)* agression f **2 VT** *(attack)* agresser; **to be sexually assaulted** être victime d'une agression sexuelle

assemble [əˈsembəl] **1 VT** *(objects, ideas)* assembler; *(people)* rassembler; *(machine)* monter **2 VI** se rassembler ■ **assembly N** *(meeting)* assemblée f; *(of machine)* montage m, assemblage m; *(in school)* rassemblement m *(avant les cours);* **a. line** *(in factory)* chaîne f de montage

assent [əˈsent] **1 N** assentiment m **2 VI** consentir (**to** à)

assert [əˈsɜːt] **VT** affirmer (**that** que); *(rights)* faire valoir; **to a. oneself** s'affirmer ■ **assertion N** *(statement)* affirmation f; *(of rights)* revendication f ■ **assertive ADJ** *(forceful)* *(tone, person)* affirmatif, -ive; *(authoritarian)* autoritaire

assess [əˈses] **VT** *(value, damage)* évaluer; *(situation)* analyser; *(decide amount of)* fixer le montant de; *(person)* juger ■ **assessment N** évaluation f; *(of person)* jugement m

asset [ˈæset] **N** *(advantage)* atout m; **assets** *(of business)* avoir m

assign [əˈsaɪn] **VT** *(give)* attribuer; *(day, time)* fixer; *(appoint)* nommer; *(send, move)* affecter (**to** à) ■ **assignment N** *(task)* mission f; *(for student)* devoir m

assimilate [əˈsɪmɪleɪt] **1 VT** *(absorb)* assimiler **2 VI** *(of immigrants)* s'assimiler ■ **assimilation** [-ˈleɪʃən] **N** assimilation f

assist [əˈsɪst] **VTI** aider (**in doing** or **to do** à faire) ■ **assistance N** aide f; **to be of a. to sb** aider qn ■ **assistant 1 N** assistant, -ante mf; *Br (in shop)* vendeur, -euse mf **2 ADJ** adjoint

associate [əˈsəʊʃɪeɪt] **1 VT** associer (**with sth** à ou avec qch; **with sb** à qn) **2 VI to a. with sb** *(mix socially)* fréquenter qn; **to a. (oneself) with sb** *(in business venture)* s'associer à ou avec qn **3** [əˈsəʊʃɪət] **N & ADJ** associé, -iée *(mf)* ■ **association** [-ˈeɪʃən] **N** association f; **associations** *(memories)* souvenirs mpl

assorted [əˈsɔːtɪd] **ADJ** *(different)* variés; *(foods)* assortis; **a well-a. couple/***etc* un couple/*etc* bien assorti ■ **assortment N** *(of cheeses)* assortiment m; **an a. of people** des gens de toutes sortes

assume [ə'sjuːm] VT (**a**) *(suppose)* supposer (**that** que); **let us a. that...** supposons que… (+ *subjunctive*) (**b**) *(take on)* *(power, control)* prendre; *(responsibility, role)* assumer; *(attitude, name)* adopter ◼ **assumed** ADJ *(feigned)* faux (f fausse); **a. name** nom m d'emprunt ◼ **assumption** [ə'sʌmpʃən] N *(supposition)* supposition f; **on the a. that...** en supposant que… (+ *subjunctive*)

Note that the French verb **assumer** is a false friend and is never a translation for the English verb **to assume**. It never means **to suppose** or **to adopt**.

assurance [ə'ʃʊərəns] N (**a**) *(confidence, promise)* assurance f (**b**) *Br (insurance)* assurance f

assure [ə'ʃʊə(r)] VT assurer (**sb that** à qn que; **sb of sth** qn de qch)

asterisk ['æstərɪsk] N astérisque m

asthma [*Br* 'æsmə, *Am* 'æzmə] N asthme m ◼ **asthmatic** [-'mætɪk] ADJ & N asthmatique (mf)

astonish [ə'stɒnɪʃ] VT étonner; **to be astonished (at sth)** s'étonner (de qch) ◼ **astonishing** ADJ étonnant ◼ **astonishment** N étonnement m

astound [ə'staʊnd] VT stupéfier ◼ **astounding** ADJ stupéfiant

astray [ə'streɪ] ADV **to go a.** s'égarer; **to lead a.** détourner du droit chemin

astride [ə'straɪd] **1** ADV à califourchon **2** PREP à cheval sur

astringent [ə'strɪndʒənt] ADJ astringent; *Fig (harsh)* sévère

astrology [ə'strɒlədʒɪ] N astrologie f

astronaut ['æstrənɔːt] N astronaute mf

astronomy [ə'strɒnəmɪ] N astronomie f ◼ **astronomer** N astronome mf ◼ **astronomical** [æstrə'nɒmɪkəl] ADJ astronomique

astute [ə'stjuːt] ADJ *(crafty)* rusé; *(clever)* astucieux, -ieuse

asylum [ə'saɪləm] N asile m; *Pej* **lunatic a.** asile d'aliénés ◼ **asylum-seeker** N demandeur, -euse mf d'asile

at [æt, *unstressed* ət] PREP (**a**) à); **at the end** à la fin; **at school** à l'école; **at work** au travail; **at six (o'clock)** à six heures; **at Easter** à Pâques; **to drive at 10 mph** ≃ rouler à 15 km; **to buy/sell at 3 euros a kilo** acheter/vendre (à) 3 euros le kilo (**b**) *chez*; **at the doctor's** chez le médecin; **at home** chez soi, à la maison (**c**) en; **at sea** en mer; **at war** en guerre; **good at maths** fort en maths (**d**) contre; **angry at** fâché contre (**e**) sur; **to shoot at** tirer sur; **at my request** sur ma demande (**f**) de; **to laugh at sb/sth** rire de qn/qch; **surprised at sth** surpris de qch (**g**) (au)près de; **at the window** près de la fenêtre (**h**) par; **six**

at a time six par six (**i**) *(phrases)* **at night** la nuit; **to look at** regarder; **while you're at it** tant que tu y es (**j**) *Comptr (in e-mail addresses)* **at (sign)** arrobas m

ate [eɪt] PT *of* **eat**

atheism ['eɪθɪɪzəm] N athéisme m ◼ **atheist** N athée mf

Athens ['æθənz] N Athènes m *ou* f

athlete ['æθliːt] N athlète mf; **a.'s foot** *(disease)* mycose f ◼ **athletic** [-'letɪk] ADJ athlétique; **a. meeting** *Br* réunion f d'athlétisme; *Am* réunion f sportive ◼ **athletics** [-'letɪks] NPL *Br* athlétisme m; *Am* sport m

Atlantic [ət'læntɪk] **1** ADJ *(coast, ocean)* atlantique **2 the A.** l'Atlantique m

atlas ['ætləs] N atlas m

atmosphere ['ætməsfɪə(r)] N atmosphère f ◼ **atmospheric** [-'ferɪk] ADJ atmosphérique

atom ['ætəm] N atome m; **a. bomb** bombe f atomique ◼ **atomic** [ə'tɒmɪk] ADJ atomique

atrocious [ə'trəʊʃəs] ADJ atroce ◼ **atrocity** [ə'trɒsɪtɪ] N *(cruel action)* atrocité f

atrophy ['ætrəfɪ] *(pt & pp* -ied) VI *(of muscle)* s'atrophier

attach [ə'tætʃ] VT attacher (**to** à); *(document)* joindre (**to** à); **attached to sb** *(fond of)* attaché à qn ◼ **attachment** N (**a**) *(affection)* attachement m (**to sb** à qn) (**b**) *(tool)* accessoire m (**c**) *(to e-mail)* fichier m joint

attack [ə'tæk] **1** N *(military)* attaque f (**on** contre); *(on sb's life)* attentat m; *(of illness)* crise f; *(of fever)* accès m; **an a. of migraine** une migraine; **to launch an a. on** attaquer; **to be** *or* **come under a.** être attaqué **2** VT attaquer; *(problem, plan)* s'attaquer à **3** VI attaquer ◼ **attacker** N agresseur m

attain [ə'teɪn] VT *(aim)* atteindre; *(ambition)* réaliser; *(rank)* parvenir à

attempt [ə'tempt] **1** N tentative f; **to make an a. to do** tenter de faire; **they made no a. to help her** ils n'ont rien fait pour l'aider; **at the first a.** du premier coup **2** VT tenter; *(task)* entreprendre; **to a. to do** tenter de faire; **attempted murder** tentative d'assassinat

attend [ə'tend] **1** VT *(meeting)* assister à; *(course)* suivre; *(school, church)* aller à; *(patient)* soigner; *(wait on, serve)* servir; *(escort)* accompagner; **well-attended course** cours m très suivi; **the meeting was well attended** il y a eu du monde à la réunion **2** VI assister; **to a. to** *(take care of)* s'occuper de; *Literary (pay attention to)* prêter attention à ◼ **attendance** N présence f (**at** à); *(people)* assistance f; **(school) a.** scolarité f; **in a.** de service ◼ **attendant** N employé, -ée mf; *(in service station)* pompiste mf; *Br (in museum)* gardien, -ienne *mf*; **attendants** *(of prince, king)* suite *f*

attention [ə'tenʃən] N attention *f*; **to pay a.** faire *ou* prêter attention (**to** à); **for the a. of** à l'attention de; **to stand at a./to a.** *(of soldier)* être/se mettre au garde-à-vous; **a.!** garde-à-vous!; **a. to detail** minutie *f*

attentive [ə'tentɪv] ADJ *(heedful)* attentif, -ive (**to** à); *(thoughtful)* attentionné (**to** pour)

attest [ə'test] **1** VT *(certify, confirm)* confirmer **2** VI **to a. to** témoigner de

attic ['ætɪk] N grenier *m*

attire [ə'taɪə(r)] N *Literary* vêtements *mpl*

attitude ['ætɪtjuːd] N attitude *f*

attorney [ə'tɜːnɪ] *(pl* **-eys)** N *Am (lawyer)* avocat *m*

attract [ə'trækt] VT attirer ■ **attraction** N *(charm, appeal)* attrait *m*; *(place, person)* attraction *f*; *(between people)* attirance *f*; *Phys* attraction terrestre; **attractions** *(at funfair)* attractions *fpl* ■ **attractive** ADJ *(house, room, person, car)* beau *(f* belle*)*; *(price, offer)* intéressant; *(landscape)* attrayant; **do you find her a.?** elle te plaît?

attribute 1 ['ætrɪbjuːt] N *(quality)* attribut *m* **2** [ə'trɪbjuːt] VT *(ascribe)* attribuer (**to** à)

atypical [eɪ'tɪpɪkəl] ADJ atypique

aubergine ['əʊbəʒiːn] N *Br* aubergine *f*

auburn ['ɔːbən] ADJ *(hair)* auburn *inv*

auction ['ɔːkʃən] **1** N vente *f* aux enchères **2** VT **to a. (off)** vendre aux enchères ■ **auctioneer** N commissaire-priseur *m*

audacious [ɔː'deɪʃəs] ADJ audacieux, -ieuse ■ **audacity** [ɔː'dæsɪtɪ] N audace *f*

audible ['ɔːdɪbəl] ADJ *(sound, words)* audible

audience ['ɔːdɪəns] N **(a)** *(of speaker, musician, actor)* public *m*; *(of radio broadcast)* auditeurs *mpl*; **TV a.** téléspectateurs *mpl* **(b)** *(interview)* audience *f* (**with sb** avec qn)

audio ['ɔːdɪəʊ] ADJ *(cassette, system)* audio *inv*; **a. tape** cassette *f* audio ■ **audiotypist** N audiotypiste *mf* ■ **audio'visual** ADJ audiovisuel, -uelle

audit ['ɔːdɪt] **1** N audit *m* **2** VT *(accounts)* vérifier ■ **auditor** N commissaire *m* aux comptes

audition [ɔː'dɪʃən] **1** N audition *f* **2** VTI auditionner

auditorium [ɔːdɪ'tɔːrɪəm] N salle *f* de spectacle/de concert

augment [ɔːg'ment] VT augmenter (**with** *or* **by** de)

August ['ɔːgəst] N août *m*

aunt [ɑːnt] N tante *f* ■ **'auntie, 'aunty** *(pl* **aunties)** N *Fam* tata *f*

au pair [əʊ'peə(r)] **1** N **a. (girl)** jeune fille *f* au pair **2** ADV au pair

aura ['ɔːrə] N *(of place)* atmosphère *f*; *(of person)* aura *f*

austere [ɔː'stɪə(r)] ADJ austère ■ **austerity** [ɔː'sterɪtɪ] N austérité *f*

Australia [ɒ'streɪlɪə] N l'Australie *f* ■ **Australian 1** ADJ australien, -ienne **2** N Australien, -ienne *mf*

Austria ['ɒstrɪə] N l'Autriche *f* ■ **Austrian 1** ADJ autrichien, -ienne **2** N Autrichien, -ienne *mf*

authentic [ɔː'θentɪk] ADJ authentique ■ **authenticate** VT authentifier ■ **authenticity** [-'tɪsɪtɪ] N authenticité *f*

author ['ɔːθə(r)] N auteur *m*

authoritarian [ɔːθɒrɪ'teərɪən] ADJ & N autoritaire *(mf)*

authoritative [ɔː'θɒrɪtətɪv] ADJ *(report, book)* qui fait autorité; *(tone, person)* autoritaire

authority [ɔː'θɒrɪtɪ] *(pl* **-ies)** N autorité *f*; *(permission)* autorisation *f* (**to do** de faire); **to be in a.** *(in charge)* être responsable; **to be an a. on** faire autorité en ce qui concerne

authorize ['ɔːθəraɪz] VT autoriser (**to do** à faire) ■ **authori'zation** N autorisation *f* (**to do** de faire)

autistic [ɔː'tɪstɪk] ADJ autiste

auto ['ɔːtəʊ] *(pl* **-os)** N *Am* auto *f*

autobiography [ɔːtəʊbaɪ'ɒgrəfɪ] *(pl* **-ies)** N autobiographie *f* ■ **autobiographical** [-baɪə'græfɪkəl] ADJ autobiographique

autograph ['ɔːtəgrɑːf] **1** N autographe *m*; **a. book** album *m* d'autographes **2** VT dédicacer (**for sb** à qn)

automatic [ɔːtə'mætɪk] ADJ automatique ■ **automatically** ADV automatiquement

automobile ['ɔːtəməbiːl] N *Am* automobile *f*

autonomous [ɔː'tɒnəməs] ADJ autonome ■ **autonomy** N autonomie *f*

autopsy ['ɔːtɒpsɪ] *(pl* **-ies)** N autopsie *f*

autumn ['ɔːtəm] N automne *m*; **in a.** en automne ■ **autumnal** [ɔː'tʌmnəl] ADJ *(weather, day)* d'automne

auxiliary [ɔːg'zɪljərɪ] *(pl* **-ies)** ADJ & N auxiliaire *(mf)*; **a. (verb)** (verbe *m*) auxiliaire *m*

avail [ə'veɪl] **1** N **to no a.** en vain; **of no a.** inutile **2** VT **to a. oneself of** profiter de

available [ə'veɪləbəl] ADJ disponible; **a. to all** *(education, goal)* accessible à tous; **tickets are still a.** il reste des tickets; **this model is a. in black or green** ce modèle existe en noir et en vert ■ **availability** [-'bɪlɪtɪ] N *(of object)* disponibilité *f*; *(of education)* accessibilité *f*

avalanche ['ævəlɑːnʃ] N avalanche *f*

Ave *(abbr* **avenue)** N av.

avenge [ə'vendʒ] vt venger; **to a. oneself (on)** se venger (de)

avenue ['ævənjuː] n avenue f; Fig (way to a result) voie f

average ['ævərɪdʒ] **1** n moyenne f; **on a.** en moyenne; **above/below a.** au-dessus/au-dessous de la moyenne **2** ADJ moyen, -enne **3** vt (do) faire en moyenne; (reach) atteindre la moyenne de; (figures) faire la moyenne de

averse [ə'vɜːs] ADJ **to be a. to doing** répugner à faire ▪ **aversion** [ə'vɜːʃən] n (dislike) aversion f; **to have an a. to sth/to doing** avoir de la répugnance pour qch/à faire

avert [ə'vɜːt] vt (prevent) éviter; **to a. one's eyes** (turn away) détourner les yeux (**from** de)

aviary ['eɪvɪərɪ] (pl **-ies**) n volière f

aviation [eɪvɪ'eɪʃən] n aviation f ▪ **aviator** n aviateur, -trice mf

avid ['ævɪd] ADJ avide (**for** de)

avocado [ævə'kɑːdəʊ] (pl **-os**) n **a. (pear)** avocat m

avoid [ə'vɔɪd] vt éviter; **to a. doing** éviter de faire; **I can't a. doing it** je ne peux pas ne pas le faire ▪ **avoidable** ADJ évitable ▪ **avoidance** n **his a. of danger/**etc son désir d'éviter le danger/etc; **tax a.** évasion f fiscale

await [ə'weɪt] vt attendre

awake [ə'weɪk] **1** ADJ réveillé, éveillé; **(wide-)a.** (not feeling sleepy) éveillé; **he's (still) a.** il ne dort pas (encore); **to keep sb a.** empêcher qn de dormir, tenir qn éveillé; **to lie a.** être incapable de dormir **2** (pt awoke, pp awoken) vi se réveiller **3** vt (person) réveiller; Literary (old memories) éveiller, réveiller ▪ **awaken 1** vti = awake **2** vt **to a. sb to sth** faire prendre conscience de qch à qn ▪ **awakening** n réveil m; **a rude a.** (shock) un réveil brutal

award [ə'wɔːd] **1** n (prize) prix m, récompense f; (scholarship) bourse f **2** vt (money) attribuer; (prize) décerner; **to a. damages** (of judge) accorder des dommages-intérêts

aware [ə'weə(r)] ADJ **to be a. of** (conscious) être conscient de; (informed) être au courant de; (realize) se rendre compte de; **to become a. of/that** se rendre compte de/que; **to be a. that…** se rendre compte que… ▪ **awareness** n conscience f

awash [ə'wɒʃ] ADJ inondé (**with** de)

away [ə'weɪ] ADV (**a**) (distant) loin; **5 km a.** à 5 km (de distance) (**b**) (in time) **ten days a.** dans dix jours (**c**) (absent, gone) absent; **to drive a.** partir (en voiture) (**d**) (to one side) **to look** or **turn a.** détourner les yeux (**e**) (continuously) **to work/talk a.** travailler/parler sans arrêt (**f**) Br **to play a.** (of team) jouer à l'extérieur

awe [ɔː] n crainte f (mêlée de respect); **to be in a. of sb** éprouver pour qn une crainte mêlée de respect ▪ **awe-inspiring** ADJ (impressive) imposant ▪ **awesome** ADJ (impressive) impressionnant; (frightening) effrayant; Am Fam (excellent) super inv

awful ['ɔːfəl] ADJ affreux, -euse; (terrifying) effroyable; (ill) malade; Fam **an a. lot of** un nombre incroyable de; **I feel a. (about it)** j'ai vraiment honte ▪ **awfully** ADV (suffer) affreusement; (very) (good, pretty) extrêmement; (bad, late) affreusement; **thanks a.** merci infiniment

awhile [ə'waɪl] ADV quelque temps; (stay, wait) un peu

awkward ['ɔːkwəd] ADJ (**a**) (clumsy) (person, gesture) maladroit (**b**) (difficult) difficile; (cumbersome) gênant; (tool) peu commode; (time) mal choisi; (silence) gêné; **the a. age** l'âge ingrat; Fam **to be an a. customer** ne pas être commode ▪ **awkwardly** ADV (walk) maladroitement; (speak) d'un ton gêné; (placed, situated) à un endroit peu pratique

awning ['ɔːnɪŋ] n (of tent) auvent m; (over shop, window) store m; (canvas or glass canopy) marquise f

awoke [ə'wəʊk] PT of **awake**

awoken [ə'wəʊkən] PP of **awake**

axe, Am **ax** [æks] **1** n hache f; Fig (reduction) coupe f sombre; **to get the a.** (of project) être abandonné; (of worker) être mis à la porte; Fig **to have an a. to grind** agir dans un but intéressé **2** vt (costs) réduire; (job) supprimer; (project) abandonner

axis ['æksɪs] (pl **axes** ['æksiːz]) n axe m

axle ['æksəl] n essieu m

ay(e) [aɪ] **1** ADV oui **2** n **the ayes** (votes) les voix fpl pour

azalea [ə'zeɪlɪə] n (plant) azalée f

B, b [biː] N B, b m inv; **2B** (number) 2 ter

BA [biːˈeɪ] (abbr **Bachelor of Arts**) ➤ **bachelor**

babble [ˈbæbəl] **1** VI (mumble) bredouiller; (of baby, stream) gazouiller **2** VT **to b. (out)** (words) bredouiller **3** N INV (of voices) rumeur f; (of baby, stream) gazouillis m

baboon [bəˈbuːn] N babouin m

baby [ˈbeɪbɪ] **1** (pl **-ies**) N bébé m; **b. boy** petit garçon m; **b. girl** petite fille f; **b. tiger/**etc bébétigre/etc m; **b. clothes/toys/**etc vêtements mpl/jouets mpl/etc de bébé; Am **b. carriage** landau m **2** (pt & pp **-ied**) VT Fam dorloter ■ **baby-sit** (pt & pp **-sat**, pres p **-sitting**) VI faire du baby-sitting; **to b. for sb** garder les enfants de qn ■ **baby-sitter** N baby-sitter mf

bachelor [ˈbætʃələ(r)] N (a) (not married) célibataire m; Br **b. flat** garçonnière f (b) Univ **B. of Arts/of Science** (person) ≃ licencié, -iée mf ès lettres/ès sciences; (qualification) ≃ licence f de lettres/sciences

back¹ [bæk] N (of person, animal) dos m; (of chair) dossier m; (of hand) revers m; (of house, vehicle, train, head) arrière m; (of room) fond m; (of page) verso m; (of fabric) envers m; Football arrière m; **at the b. of the book** à la fin du livre; **in** or **at the b. of the car** à l'arrière de la voiture; **b. to front** devant derrière, à l'envers; Fam **to get sb's b. up** irriter qn ■ **backache** N mal m de dos ■ **back'bencher** N Br Pol député m de base ■ **backbone** N colonne f vertébrale; (of fish) grande arête f; Fig (main support) pivot m ■ **backbreaking** ADJ éreintant ■ **back'date** VT antidater ■ **back'handed** ADJ (compliment) équivoque ■ **backhander** N (stroke) revers m; Br Fam (bribe) pot-de-vin m ■ **backpack** N sac m à dos ■ **back'side** N Fam (buttocks) derrière m ■ **back'stage** ADV dans les coulisses ■ **backstroke** N (in swimming) dos m crawlé ■ **backtrack** VI rebrousser chemin ■ **backup** N appui m; Am (tailback) embouteillage m; Comptr sauvegarde f ■ **back'yard** N Br arrière-cour f; Am jardin m (à l'arrière d'une maison)

back² [bæk] ADJ (wheel, seat) arrière inv; **b. door** porte f de derrière; **b. pay** rappel m de salaire; **b. payments** arriéré m; **b. street** rue f écartée; **b. tooth** molaire f

back³ [bæk] ADV (behind) en arrière; **far b., a long way b.** loin derrière; **a month b.** il y a un mois; **to go b. and forth** aller et venir; **to come b.** revenir; **he's b.** il est de retour, il est rentré ou revenu; **the trip there and b.** le voyage aller et retour

back⁴ [bæk] **1** VT (with money) financer; (horse) parier sur; (vehicle) faire reculer; **to be backed with** (of curtain, picture) être renforcé de; **to b. sb (up)** (support) appuyer qn; Comptr **to b. up** sauvegarder **2** VI (move backwards) reculer; **to b. down** se retirer; (of vehicle) sortir en marche arrière; **to b. out** (withdraw) se retirer; (of vehicle) sortir en marche arrière; **to b. up** (of vehicle) faire marche arrière

backer [ˈbækə(r)] N (supporter) partisan m; (on horses) parieur, -ieuse mf; (financial) commanditaire m

backfire [bækˈfaɪə(r)] VI (a) (of vehicle) pétarader (b) Fig **to b. on sb** (of plot) se retourner contre qn

backgammon [ˈbækgæmən] N backgammon m

background [ˈbækgraʊnd] N fond m, arrière-plan m; (educational) formation f; (professional) expérience f; (environment) milieu m; (circumstances) contexte m; **to keep sb in the b.** tenir qn à l'écart; **b. music/noise** musique f/bruit m de fond

backing [ˈbækɪŋ] N (aid) soutien m; (material) support m

backlash [ˈbæklæʃ] N choc m en retour, retour m de flamme

backlog [ˈbæklɒg] N **b. of work** travail m en retard

backward [ˈbækwəd] **1** ADJ (person, country) arriéré; (glance) en arrière **2** ADV **= backwards** ■ **backwards** ADV en arrière; (to walk) à reculons; (to fall) à la renverse; **to go** or **move b.** reculer; **to go b. and forwards** aller et venir

bacon [ˈbeɪkən] N lard m; (in rashers) bacon m; **b. and eggs** œufs mpl au bacon

bacteria [bækˈtɪərɪə] NPL bactéries fpl

bad [bæd] (worse, worst) ADJ mauvais; (wicked) méchant; (sad) triste; (accident, wound) grave; (tooth) carié; (arm, leg) malade; (pain) violent; **to feel b.** (ill) se sentir mal; **to feel b. about**

sth s'en vouloir de qch; **to be b. at maths** être mauvais en maths; **things are b.** ça va mal; **it's not b.** ce n'est pas mal; **to go b.** (of fruit, meat) se gâter; (of milk) tourner; **too b.!** tant pis! ■ **bad-'mannered** ADJ mal élevé ■ **bad-'tempered** ADJ grincheux, -euse

bade [bæd] PT of **bid²**

badge [bædʒ] N (of plastic, bearing slogan or joke) badge m; (of metal, bearing logo) pin's m; (of postman, policeman) plaque f; (on school uniform) insigne m

badger ['bædʒə(r)] **1** N (animal) blaireau m **2** VT importuner

badly ['bædlɪ] ADV mal; (hurt) grièvement; **to be b. mistaken** se tromper lourdement; **b. off** dans la gêne; **to want sth b.** avoir grande envie de qch

badminton ['bædmɪntən] N badminton m

baffle ['bæfəl] VT (person) déconcerter

bag¹ [bæg] N sac m; **bags** (luggage) bagages mpl; (under eyes) poches fpl; Fam **bags of** (lots of) beaucoup de; Fam Pej **an old b.** une vieille taupe; Fam **in the b.** dans la poche; Fam **b. lady** clocharde f

bag² [bæg] (pt & pp **-gg-**) VT Fam (claim) accaparer

baggage ['bægɪdʒ] N bagages mpl; (of soldier) équipement m; Am **b. car** fourgon m; **b. handler** (in airport) bagagiste mf; Am **b. room** consigne f

baggy ['bægɪ] (**-ier, -iest**) ADJ (clothing) (out of shape) déformé; (deliberately loose) large

bagpipes ['bægpaɪps] NPL cornemuse f

Bahamas [bə'hɑːməz] NPL **the B.** les Bahamas fpl

bail [beɪl] **1** N Law caution f; **on b.** sous caution; **to grant sb b.** libérer qn sous caution **2** VT **to b. sb out** Law se porter garant de qn; Fig tirer qn d'affaire; **to b. a company out** renflouer une entreprise **3** VI **to b. out** (from aircraft) s'éjecter

bailiff ['beɪlɪf] N (law officer) huissier m; Br (of landowner) régisseur m

bait [beɪt] **1** N appât m **2** VT (a) (fishing hook) amorcer (b) (annoy) tourmenter

bake [beɪk] **1** VT (faire) cuire au four **2** VI (of cook) faire de la pâtisserie/du pain; (of cake) cuire (au four); Fam **we're** or **it's baking (hot)** on crève de chaleur ■ **baked** ADJ (potatoes, apples) au four; **b. beans** haricots mpl blancs à la tomate ■ **baking** N cuisson f; **to do some b.** faire de la pâtisserie/du pain; **b. powder** levure f chimique; **b. tin** moule m à pâtisserie

baker ['beɪkə(r)] N boulanger, -ère mf ■ **bakery** N boulangerie f

balaclava [bælə'klɑːvə] N Br **b. (helmet)** passe-montagne m

balance ['bæləns] **1** N (equilibrium) équilibre m; (of account) solde m; (remainder) reste m; (in accounting) bilan m; (for weighing) balance f; **to lose one's b.** perdre l'équilibre; **to strike a b.** trouver le juste milieu; **sense of b.** sens m de la mesure; **b. of payments** balance f des paiements; **b. sheet** bilan m **2** VT maintenir en équilibre (**on** sur); (budget, account) équilibrer; (compare) mettre en balance; **to b. (out)** (compensate for) compenser **3** VI (of person) se tenir en équilibre; (of accounts) être en équilibre, s'équilibrer; **to b. (out)** (even out) s'équilibrer

> Note that the French word **balance** is a false friend. Its most common meaning is **scales**.

balcony ['bælkənɪ] (pl **-ies**) N balcon m

bald [bɔːld] (**-er, -est**) ADJ chauve; (statement) brutal; (tyre) lisse; **b. patch** or **spot** tonsure f ■ **balding** ADJ **to be b.** perdre ses cheveux ■ **baldness** N calvitie f

bale [beɪl] **1** N (of cotton) balle f **2** VI **to b. out** (from aircraft) s'éjecter

balk [bɔːk] VI reculer (**at** devant)

Balkans ['bɔːlkənz] NPL **the B.** les Balkans fpl

ball¹ [bɔːl] N balle f; (inflated, for football, rugby) ballon m; Billiards bille f; (of string, wool) pelote f; (sphere) boule f; (of meat, fish) boulette f; Fam **to be on the b.** (alert) avoir de la présence d'esprit; (knowledgeable) connaître son affaire; **b. bearing** roulement m à billes; Am **b. game** match m de base-ball; Fig **it's a whole new b. game** c'est tout autre affaire

ball² [bɔːl] N (dance) bal m (pl bals)

ballad ['bæləd] N (poem) ballade f; (song) romance f

ballast ['bæləst] **1** N lest m **2** VT lester

ballerina [bælə'riːnə] N ballerine f

ballet [Br 'bæleɪ, Am bæ'leɪ] N ballet m

ballistic [bə'lɪstɪk] ADJ **b. missile** engin m balistique

balloon [bə'luːn] N (toy, airship) ballon m; (in cartoon) bulle f; **(weather) b.** ballon-sonde m

ballot ['bælət] **1** N (voting) scrutin m; **b. paper** bulletin m de vote; **b. box** urne f **2** VT (members) consulter (par un scrutin)

ballpoint (pen) ['bɔːlpɔɪnt(pen)] N stylo m à bille

ballroom ['bɔːlruːm] N salle f de danse; **b. dancing** danses fpl de salon

balm [bɑːm] N (oil, comfort) baume m ■ **balmy** (**-ier, -iest**) ADJ (a) (mild) doux (f douce); Literary (fragrant) embaumé (b) Br Fam = **barmy**

baloney [bə'ləʊnɪ] N Am Culin (sausage) saucisse f bolognaise; Fam (nonsense) âneries fpl

Baltic ['bɔːltɪk] N **the B.** la Baltique

bamboo [bæm'buː] N bambou m; **b. shoots** pousses fpl de bambou

ban [bæn] **1** N interdiction f; **to impose a b. on sth** interdire qch **2** (pt & pp **-nn-**) VT interdire; **to b. sb from doing sth** interdire à qn de faire qch; **to b. sb from** (club) exclure qn de

banal [bəˈnæl] ADJ banal (mpl -als)

banana [bəˈnɑːnə] N banane f; **b. skin** peau f de banane

band [bænd] **1** N (a) (strip) bande f; (of hat) ruban m; **rubber** or **elastic b.** élastique m (b) (group of people) bande f; (of musicians) (petit) orchestre m; (pop group) groupe m **2** VI **to b. together** se (re)grouper

bandage [ˈbændɪdʒ] **1** N (strip) bande f; (dressing) bandage m **2** VT **to b. (up)** (arm, leg) bander; (wound) mettre un bandage sur; **to b. sb's arm** bander le bras à qn

Band-aid® [ˈbændeɪd] N Am pansement m adhésif

B and B [biːəndˈbiː] (abbr **bed and breakfast**) N Br ➤ **bed**

bandit [ˈbændɪt] N bandit m

bandwagon [ˈbændwægən] N Fig **to jump on the b.** suivre le mouvement

bandy¹ [ˈbændɪ] (**-ier, -iest**) ADJ **to have b. legs** avoir les jambes arquées

bandy² [ˈbændɪ] (pt & pp **-ied**) VT **to b. about** (story, rumour) faire circuler

bane [beɪn] N Literary fléau m; Fam **he's the b. of my life** il m'empoisonne l'existence

bang¹ [bæŋ] **1** N (blow, noise) coup m (violent); (of gun) détonation f; (of door) claquement m **2** VT (hit) cogner, frapper; (door) (faire) claquer; **to b. one's head** se cogner la tête; **to b. down** (lid) rabattre (violemment) **3** VI cogner, frapper; (of door) claquer; (of gun) détoner; (of firework) éclater; **to b. into sb/sth** heurter qn/qch **4** EXCLAM vlan!, pan!; **to go b.** éclater

bang² [bæŋ] ADV Br Fam (exactly) exactement; **b. in the middle** en plein milieu; **b. on six** à six heures tapantes

banger [ˈbæŋə(r)] N Br (a) Fam (sausage) saucisse f; **bangers and mash** purée f avec des saucisses (b) (firecracker) pétard m (c) Fam **old b.** (car) vieille guimbarde f

Bangladesh [bæŋgləˈdeʃ] N le Bangladesh ■ **Bangladeshi 1** ADJ bangladeshi **2** N Bangladeshi, -e mf

bangle [ˈbæŋgəl] N bracelet m

bangs [bæŋz] NPL Am (of hair) frange f

banish [ˈbænɪʃ] N bannir

banister [ˈbænɪstə(r)] N **banister(s)** rampe f (d'escalier)

banjo [ˈbændʒəʊ] (pl **-os** or **-oes**) N banjo m

bank¹ [bæŋk] **1** N (of river) bord m, rive f; (raised) berge f; (of earth) talus m; (of sand) banc m; **the Left B.** (in Paris) la Rive gauche **2** VT **to b. (up)** (earth) amonceler; (fire) couvrir **3** VI (of aircraft) virer

bank² [bæŋk] **1** N (for money) banque f; **b. account** compte m en banque; **b. card** carte f d'identité bancaire; Br **b. holiday** jour m férié; Br **b. note** billet m de banque **2** VT (money) mettre à la banque **3** VI avoir un compte en banque (**with** à) ■ **banker** N banquier, -ière mf; Br **b.'s card** carte f d'identité bancaire ■ **banking 1** ADJ (transaction) bancaire **2** N (activity, profession) la banque

bank³ [bæŋk] VI **to b. on sb/sth** (rely on) compter sur qn/qch

bankrupt [ˈbæŋkrʌpt] **1** ADJ **to go b.** faire faillite; Fig **morally b.** qui a perdu toute crédibilité **2** VT mettre en faillite ■ **bankruptcy** N faillite f

banner [ˈbænə(r)] N banderole f; (military flag) & Fig bannière f

banns [bænz] NPL bans mpl; **to publish the b.** publier les bans

banquet [ˈbæŋkwɪt] N banquet m

banter [ˈbæntə(r)] **1** N plaisanteries fpl **2** VI plaisanter

baptism [ˈbæptɪzəm] N baptême m ■ **Baptist** N & ADJ baptiste (mf)

baptize [bæpˈtaɪz] VT baptiser

bar [bɑː(r)] **1** N (a) (of metal) barre f; (of gold) lingot m; (of chocolate) tablette f; (on window) barreau m; **b. of soap** savonnette f; (behind) **bars** (criminal) sous les verrous; Law **the B.** le barreau; **b. code** (on product) code-barres m (b) (pub) bar m; (counter) bar, comptoir m (c) (group of musical notes) mesure f **2** (pt & pp **-rr-**) VT (a) **to b. sb's way** barrer le passage à qn; **barred window** fenêtre f munie de barreaux (b) (prohibit) interdire (**sb from doing** à qn de faire); (exclude) exclure (**from** à) **3** PREP (except) sauf; **b. none** sans exception ■ **barmaid** N serveuse f de bar ■ **barman** (pl **-men**) N barman m ■ **bartender** N Am barman m

Barbados [bɑːˈbeɪdɒs] N la Barbade

barbaric [-ˈbærɪk] ADJ barbare

barbecue [ˈbɑːbɪkjuː] **1** N barbecue m **2** VT cuire au barbecue

barbed wire [bɑːbdˈwaɪə(r)] N fil m de fer barbelé; (fence) barbelés mpl

barber [ˈbɑːbə(r)] N coiffeur m pour hommes

bare [beə(r)] **1** (**-er, -est**) ADJ nu; (tree, hill) dénudé; (room, cupboard) vide; (mere) simple; **the b. necessities** le strict nécessaire; **with his b. hands** à mains nues **2** VT (arm, wire) dénuder; **to b. one's**

head se découvrir ■ **barefoot 1 ADV** nu-pieds **2 ADJ** aux pieds nus

barely ['beəlɪ] **ADV** *(scarcely)* à peine; **b. enough** tout juste assez

bargain ['bɑːgɪn] **1 N** *(deal)* marché *m*, affaire *f*; **a b.** *(cheap buy)* une occasion, une bonne affaire; **to make a b.** faire un marché **(with sb** avec qn); **into the b.** *(in addition)* par-dessus le marché; **b. price** prix *m* exceptionnel **2 VI** *(negotiate)* négocier; *(haggle)* marchander; **to b. for** or **on sth** *(expect)* s'attendre à qch; **he got more than he bargained for** il ne s'attendait pas à ça

barge [bɑːdʒ] **1 N** péniche *f* **2 VI** *(interrupt)* interrompre; **to b. in** *(enter room)* faire irruption; **to b. into** *(hit)* se cogner contre

bark[1] [bɑːk] **N** *(of tree)* écorce *f*

bark[2] [bɑːk] **1 N** aboiement *m* **2 VI** aboyer; *Fam Fig* **you're barking up the wrong tree** tu fais fausse route ■ **barking 1 N** aboiements *mpl* **2 ADJ** *Br Fam* **b. (mad)** complètement cinglé

barley ['bɑːlɪ] **N** orge *f*; **b. sugar** sucre *m* d'orge

barmy ['bɑːmɪ] (**-ier, -iest**) **ADJ** *Br Fam (crazy)* dingue

barn [bɑːn] **N** *(for crops)* grange *f*; *(for horses)* écurie *f*; *(for cattle)* étable *f* ■ **barnyard N** cour *f* de ferme

barometer [bə'rɒmɪtə(r)] **N** baromètre *m*

baron ['bærən] **N** baron *m*; *Fig (industrialist)* magnat *m*; **press/oil b.** magnat de la presse/du pétrole ■ **baroness N** baronne *f*

barracks ['bærəks] **NPL** caserne *f*

Note that the French word **baraque** is a false friend. Its most common translation is **shack**.

barrage [*Br* 'bærɑːʒ, *Am* bə'rɑːʒ] **N** *(across river)* barrage *m*; *Fig* **a b. of questions** un feu roulant de questions

barrel ['bærəl] **N** **(a)** *(cask)* tonneau *m*; *(of oil)* baril *m* **(b)** *(of gun)* canon *m* **(c) b. organ** orgue *m* de Barbarie

barren ['bærən] **ADJ** *(land, woman, ideas)* stérile; *(style)* aride

barricade ['bærɪkeɪd] **1 N** barricade *f* **2 VT** barricader; **to b. oneself (in)** se barricader *(dans)*

barrier ['bærɪə(r)] **N** *also Fig* barrière *f*; *Br* **(ticket) b.** *(of station)* portillon *m*; **sound b.** mur *m* du son

barring ['bɑːrɪŋ] **PREP** sauf

barrister ['bærɪstə(r)] **N** *Br* ≃ avocat *m*

barrow ['bærəʊ] **N** *(wheelbarrow)* brouette *f*; *(cart)* charrette *f* ou voiture *f* à bras

barter ['bɑːtə(r)] **1 N** troc *m* **2 VT** troquer **(for** contre)

base [beɪs] **1 N (a)** *(bottom, main ingredient)* base *f*; *(of tree, lamp)* pied *m*; **b. rate** *(of bank)* taux *m* de

base **(b)** *(military)* base *f* **2 ADJ (a)** *(dishonourable)* bas *(f* basse) **(b) b. metal** métal *m* vil **3 VT** baser, fonder **(on** sur); **based in London** *(person, company)* basé à Londres

baseball ['beɪsbɔːl] **N** base-ball *m*

basement ['beɪsmənt] **N** sous-sol *m*

bash [bæʃ] *Fam* **1 N** *(bang)* coup *m*; *Br* **to have a b.** *(try)* essayer un coup **2 VT** *(hit)* cogner; **b. (about)** *(ill-treat)* malmener; **to b. sb up** tabasser qn; **to b. in** or **down** *(door, fence)* défoncer

bashful ['bæʃfəl] **ADJ** timide

basic ['beɪsɪk] **1 ADJ** essentiel, -ielle, de base; *(elementary)* élémentaire; *(pay, food)* de base; *(room, house, meal)* tout simple **2 N** *Fam* **the basics** l'essentiel *m* ■ **basically** [-klɪ] **ADV** *(on the whole)* en gros; *(in fact)* en fait; *(fundamentally)* au fond

basil [*Br* 'bæzəl, *Am* 'beɪzəl] **N** *(herb)* basilic *m*

basin ['beɪsən] **N (a)** *(made of plastic)* bassine *f*; *(for soup, food)* (grand) bol *m*; *(portable washbasin)* cuvette *f*; *(sink)* lavabo *m* **(b)** *(of river)* bassin *m*

basis ['beɪsɪs] *(pl* **bases** [beɪsiːz]) **N** *(for discussion)* base *f*; *(for opinion, accusation)* fondement *m*; *(of agreement)* bases *fpl*; **on the b. of** d'après; **on that b.** dans ces conditions; **on a weekly b.** chaque semaine

bask [bɑːsk] **VI** *(in the sun)* se chauffer

basket ['bɑːskɪt] **N** panier *m*; *(for bread, laundry, litter)* corbeille *f* ■ **basketball N** basket(-ball) *m*

Basque [bæsk] **1 ADJ** basque **2 N** *(person)* Basque *mf* **3** *(language)* basque *m*

bass[1] [beɪs] **1 N** *Mus* basse *f* **2 ADJ** *(note, voice, instrument)* bas *(f* basse)

bass[2] [bæs] **N** *(sea fish)* bar *m*; *(freshwater fish)* perche *f*

bassoon [bə'suːn] **N** basson *m*

bastard ['bɑːstəd] **1 ADJ** *(child)* bâtard **2 N (a)** *(child)* bâtard, -arde *mf* **(b)** *Vulg (unpleasant person)* salaud *m*, salope *f*

bat[1] [bæt] **N** *(animal)* chauve-souris *f*

bat[2] [bæt] **1 N** *Cricket & Baseball* batte *f*; *(in table-tennis)* raquette *f*; **off my own b.** de ma propre initiative **2** *(pt & pp* **-tt-)* **VT (a)** *(ball)* frapper **(b) she didn't b. an eyelid** elle n'a pas sourcillé

batch [bætʃ] **N** *(of people)* groupe *m*; *(of letters)* paquet *m*; *(of books)* lot *m*; *(of loaves)* fournée *f*; *(of papers)* liasse *f*

bated ['beɪtɪd] **ADJ** **with b. breath** en retenant son souffle

bath [bɑːθ] **1** *(pl* **baths** [bɑːðz]) **N** bain *m*; *(tub)* baignoire *f*; **to have** or **take a b.** prendre un bain; **b. towel** drap *m* de bain; *Br* **swimming baths** piscine *f* **2 VT** *Br* baigner **3 VI** *Br* prendre un bain

■ **bathrobe** N *Br* peignoir *m* de bain; *Am* robe *f* de chambre ■ **bathroom** N salle *f* de bain(s); *Am (toilet)* toilettes *fpl* ■ **bathtub** N baignoire *f*

bathe [beɪð] **1** VT baigner; *(wound)* laver **2** VI se baigner; *Am* prendre un bain **3** N *Old-fashioned* bain *m* (de mer), baignade *f*; **to go for a b.** se baigner ■ **bathing** N baignade *fpl*; **b. suit**, *Br* **b. costume** maillot *m* de bain

baton [*Br* 'bætən, *Am* bə'tɒn] N *(of conductor)* baguette *f*; *(of policeman)* matraque *f*; *(of soldier, drum majorette)* bâton *m*; *(in relay race)* témoin *m*

battalion [bə'tæljən] N bataillon *m*

batter ['bætə(r)] **1** N pâte *f* à frire **2** VT *(strike)* cogner sur; *(person)* frapper; *(town)* pilonner; **to b. down** *(door)* défoncer ■ **battered** ADJ *(car, hat)* cabossé; *(house)* délabré; *(face)* meurtri; **b. child** enfant *m* martyr; **b. wife** femme *f* battue ■ **battering** N **to take a b.** souffrir beaucoup

battery ['bætərɪ] *(pl* **ies)** N *(in vehicle, of guns, for hens)* batterie *f*; *(in radio, appliance)* pile *f*; **b. hen** poule *f* de batterie

battle ['bætəl] **1** N bataille *f*; *(struggle)* lutte *f*; *Fam* **that's half the b.** la partie est à moitié gagnée **2** VI se battre, lutter ■ **battlefield** N champ *m* de bataille ■ **battleship** N cuirassé *m*

batty ['bætɪ] **(-ier, -iest)** ADJ *Br Fam* toqué

bawl [bɔːl] VTI **to b. (out)** brailler; *Am Fam* **to b. sb out** engueuler qn

bay¹ [beɪ] **1** N **(a)** *(part of coastline)* baie *f* **(b)** *(in room)* renfoncement *m*; **b. window** bow-window *m*, oriel *m* **(c)** *Br (for loading)* aire *f* de chargement **(d)** **at b.** *(animal, criminal)* aux abois; **to keep** *or* **hold at b.** *(enemy, wild dog)* tenir en respect; *(disease)* juguler **2** VI aboyer **3** ADJ *(horse)* bai

bay² [beɪ] N *(tree)* laurier *m*; **b. leaf** feuille *f* de laurier

bayonet ['beɪənɪt] N baïonnette *f*

bazaar [bə'zɑː(r)] N *(market, shop)* bazar *m*; *(charity sale)* vente *f* de charité

BBQ [biːbiː'kjuː] *(abbr* **barbecue)** N *Fam* barbecue *m*

BC [biː'siː] *(abbr* **before Christ)** ADV av. J.-C.

be [biː] *(present tense* **am, are, is**; *past tense* **was, were**; *pp* **been**; *pres p* **being)**

À l'oral et dans un style familier à l'écrit, le verbe **be** peut être contracté : **I am** devient **I'm**, **he/she/it is** deviennent **he's/she's/it's** et **you/we/they are** deviennent **you're/we're/they're**. Les formes négatives **is not/are not/was not** et **were not** se contractent respectivement en **isn't/aren't/wasn't** et **weren't**.

1 VI **(a)** *(gen)* être; **it is green/small/***etc* c'est vert/petit/*etc*; **he's a doctor** il est médecin; **he's an Englishman** c'est un Anglais; **it's him** c'est lui; **it's them** ce sont eux; **it's three (o'clock)** il est trois heures; **it's the sixth of May**, *Am* **it's May sixth** nous sommes le six mai

(b) *(with age, height)* avoir; **to be twenty** *(age)* avoir vingt ans; **to be 2 m high** avoir 2 m de haut; **to be 6 ft tall** ≃ mesurer 1,80 m; **to be hot/right/lucky** avoir chaud/raison/de la chance; **my feet are cold** j'ai froid aux pieds

(c) *(with health)* aller; **how are you?** comment vas-tu?; **I'm well/not well** je vais bien/mal

(d) *(with place, situation)* se trouver, être; **she's in York** elle se trouve *ou* elle est à York

(e) *(exist)* être; **the best painter there is** le meilleur peintre qui soit

(f) *(go, come)* **I've been to see her** je suis allé la voir; **he's (already) been** il est (déjà) venu

(g) *(with weather, calculations)* faire; **it's fine** il fait beau; **it's foggy** il y a du brouillard

(h) *(cost)* coûter, faire; **it's 20 pence** ça coûte 20 pence; **how much is it?** ça fait combien?, c'est combien?

2 V AUX **(a)** **I am/was doing** je fais/faisais; **I'll be staying** je vais rester; **I'm listening to the radio** je suis en train d'écouter la radio; **what has she been doing?** qu'est-ce qu'elle a fait?; **she's been there some time** elle est là depuis un moment; **he was killed** il a été tué; **I've been waiting (for) two hours** j'attends depuis deux heures

(b) *(in questions and answers)* **isn't it?/aren't you?/***etc* n'est-ce pas?, non?; **she's ill, is she?** *(surprise)* alors, comme ça, elle est malade?; **I am!/he is!/***etc* oui!

(c) *(+ infinitive)* **he is to come at once** *(must)* il doit venir tout de suite

(d) **there is/are** il y a; *(pointing)* voilà; **here is/are** voici; **there she is** la voilà; **here they are** les voici

beach [biːtʃ] N plage *f*

beacon ['biːkən] N *(for ship, aircraft)* balise *f*; *(lighthouse)* phare *m*

bead [biːd] N *(small sphere)* perle *f*; *(of rosary)* grain *m*; *(of sweat)* goutte *f*, gouttelette *f*; **(string of) beads** collier *m*

beak [biːk] N bec *m*

beaker ['biːkə(r)] N gobelet *m*

beam [biːm] **1** N **(a)** *(of wood)* poutre *f* **(b)** *(of light, sunlight)* rayon *m*; *(of headlight, flashlight)* faisceau *m* (lumineux) **2** VI *(of light)* rayonner; *(of sun, moon)* briller; *(smile broadly)* sourire largement; **to b. with pride/joy** rayonner de fierté/joie **3** VT *(signals, programme)* transmettre **(to** à) ■ **beaming** ADJ *(face, person, smile)* rayonnant

bean [biːn] N haricot *m*; *(of coffee)* grain *m*; *Fam* **to be full of beans** être plein d'énergie; **b. curd** pâte *f* de soja

bear¹ [beə(r)] N (animal) ours m; **b. cub** ourson m

bear² [beə(r)] **1** (pt **bore**, pp **borne**) VT (carry, show) porter; (endure) supporter; (resemblance) offrir; (comparison) soutenir; (responsibility) assumer; (child) donner naissance à; **I can't b. him/ it** je ne peux pas le supporter/supporter ça; **to b. sth in mind** (remember) se souvenir de qch; (take into account) tenir compte de qch **2** VI **to b. left/right** (turn) tourner à gauche/droite; **to b. north/etc** (go) aller en direction du nord/etc; **to b. with sb** être patient avec qn; **to b. up** tenir le coup; **b. up!** courage!

bearable ['beərəbəl] ADJ supportable

beard [bɪəd] N barbe f; **to have a b.** porter la barbe

bearer ['beərə(r)] N porteur, -euse mf

bearing ['beərɪŋ] N (relevance) rapport m (on avec); (posture, conduct) port m; (of ship, aircraft) position f; **to get one's bearings** s'orienter

beast [biːst] N bête f; Fam (person) brute f

beat [biːt] **1** N (of heart, drum) battement m; (of policeman) ronde f; (in music) rythme m **2** (pt **beat**, pp **beaten** [biːtən]) VT battre; **to b. a drum** battre du tambour; Fam **that beats me** ça me dépasse; Fam **b. it!** fiche le camp!; **to b. sb to it** devancer qn; **to b. down** (price) faire baisser; **to b. down** or **in** (door) défoncer; **Fam to b. sb up** tabasser qn **3** VI battre; (at door) frapper (**at** à); Fam **to b. about** or **around the bush** tourner autour du pot; **to b. down** (of rain) tomber à verse; (of sun) taper ■ **beating** N (blows, defeat) raclée f; (of heart, drums) battement m; **to take a b.** souffrir beaucoup

beater ['biːtə(r)] N (for eggs) fouet m

beautician [bjuː'tɪʃən] N esthéticienne f

beautiful ['bjuːtɪfəl] ADJ (très) beau (f belle); (superb) merveilleux, -euse ■ **beautifully** ADV (after verb) à merveille; (before adjective) merveilleusement

beauty ['bjuːtɪ] (pl **-ies**) N (quality, woman) beauté f; **it's a b.!** (car, house) c'est une merveille!; **the b. of it is (that)…** le plus beau, c'est que…; **b. parlour** or **salon** institut m de beauté; **b. spot** (on skin) grain m de beauté; Br (in countryside) endroit m pittoresque; **b. therapist** esthéticienne f

beaver ['biːvə(r)] **1** N castor m **2** VI **to b. away** travailler dur (**at sth** à qch)

became [bɪ'keɪm] PT of **become**

because [bɪ'kɒz] CONJ parce que; **b. of** à cause de

beck [bek] N **at sb's b. and call** aux ordres de qn

beckon ['bekən] VTI **to b. (to) sb** faire signe à qn (**to do** de faire)

become [bɪ'kʌm] **1** (pt **became**, pp **become**) VI devenir; **to b. a painter** devenir peintre; **to b. thin** maigrir; **to b. worried** commencer à s'inquiéter; **what has b. of her?** qu'est-elle devenue? **2** VT Formal **that hat becomes her** ce chapeau lui va bien ■ **becoming** ADJ (clothes) seyant; (modesty) bienséant

bed [bed] **1** N lit m; (flowerbed) parterre m; (of vegetables) carré m; (of sea) fond m; (of river) lit m; (of rock) couche f; **to go to b.** (aller) se coucher; **to put sb to b.** coucher qn; **in b.** couché; **to get out of b.** se lever; **to make the b.** faire le lit; **b. and breakfast** (in hotel) chambre f avec petit déjeuner; **to stay in a b. and breakfast** ≃ prendre une chambre d'hôte; Br **b. settee** (canapé m) convertible m **2** VI **to b. down** se coucher ■ **bedbug** N punaise f ■ **bedclothes** ■ **bedding** NPL, N couvertures fpl et draps mpl ■ **bedridden** ADJ alité ■ **bedroom** N chambre f à coucher ■ **bedside** N chevet m; **b. lamp/book/table** lampe f/livre m/table f de chevet ■ **bed'sit, bedsitter** N Br chambre f meublée ■ **bedspread** N dessus-de-lit m inv ■ **bedtime** N heure f du coucher; **b.!** c'est l'heure d'aller se coucher!; **b. story** histoire f (pour endormir les enfants)

bedlam ['bedlam] N Fam (noise) chahut m

bedraggled [bɪ'drægəld] ADJ (clothes, person) débraillé et tout trempé

bee [biː] N abeille f ■ **beehive** N ruche f

beech [biːtʃ] N (tree, wood) hêtre m

beef [biːf] **1** N bœuf m **2** VI Fam (complain) rouspéter (**about** contre) ■ **beefburger** N hamburger m

beekeeper ['biːkiːpə(r)] N apiculteur, -trice mf ■ **beekeeping** N apiculture f

beeline ['biːlaɪn] N Fam **to make a b. for** aller droit vers

been [biːn] PP of **be**

beep ['biːp] **1** N (of machine) bip m, signal m sonore; (of car horn) coup m de klaxon **2** VI (of machine) faire bip, émettre un signal sonore; (of car driver) klaxonner **3** VT **to b. the horn** klaxonner ■ **beeper** N récepteur m d'appels

beer [bɪə(r)] N bière f; **b. garden** ≃ jardin où les clients d'un pub peuvent consommer; **b. glass** chope f

beet [biːt] N betterave f ■ **beetroot** N betterave f

beetle ['biːtəl] **1** N scarabée m; (any beetle-like insect) bestiole f **2** VI Br **to b. off** Fam (run off) se sauver

before [bɪ'fɔː(r)] **1** ADV avant; (already) déjà; (in front) devant; **the month b.** le mois d'avant ou précédent; **the day b.** la veille; **I've seen it b.**

je l'ai déjà vu; **I've never done it b.** je ne l'ai (encore) jamais fait **2 PREP** *(time)* avant; *(place)* devant; **the year b. last** il y a deux ans; **b. my very eyes** sous mes yeux **3 CONJ** avant que (+ ne) *(+ subjunctive)*, avant de (+ *infinitive*); **b. he goes** avant qu'il ne parte; **b. going** avant de partir ■ **beforehand** ADV à l'avance; **check b.** vérifiez au préalable

befriend [bɪ'frend] VT **to b. sb** se prendre d'amitié pour qn

beg [beg] *(pt & pp* **-gg-***)* VT **to b. (for)** *(favour, help)* demander; *(bread, money)* mendier; **to b. sb to do sth** supplier qn de faire qch; **I b. to differ** permettez-moi de ne pas être d'accord; **to b. the question** esquiver la question **2** VI *(in street)* mendier; *(ask earnestly)* supplier; **to go begging** *(of food, articles)* ne pas trouver d'amateurs

began [bɪ'gæn] PT of **begin**

beggar ['begə(r)] N mendiant, -iante *mf; Br Fam (person)* type *m;* **lucky b.** veinard, -arde *mf*

begin [bɪ'gɪn] **1** *(pt* **began,** *pp* **begun,** *pres p* **beginning***)* VT commencer; *(fashion, campaign)* lancer; *(bottle, sandwich)* entamer; *(conversation)* engager; **to b. doing** *or* **to do sth** commencer *ou* se mettre à faire qch; **he began laughing** il s'est mis à rire **2** VI commencer **(with** par; **by doing** par faire); **to b. on sth** commencer qch; **beginning from** à partir de; **to b. with** *(first of all)* d'abord

beginner [bɪ'gɪnə(r)] N débutant, -ante *mf*

beginning [bɪ'gɪnɪŋ] N commencement *m,* début *m;* **in** *or* **at the b.** au début, au commencement

begrudge [bɪ'grʌdʒ] VT *(envy)* envier *(sb sth* qch à qn); *(reproach)* reprocher *(sb sth* qch à qn); *(give unwillingly)* donner à contrecœur; **to b. doing sth** faire qch à contrecœur

begun [bɪ'gʌn] PT of **begin**

behalf [bɪ'hɑːf] N **on b. of sb, on sb's b.** *(representing)* au nom de qn, de la part de qn; *(in the interests of)* en faveur de qn

behave [bɪ'heɪv] VI se conduire; *(of machine)* fonctionner; **to b. (oneself)** se tenir bien; *(of child)* être sage

behaviour, *Am* **behavior** [bɪ'heɪvjə(r)] N conduite *f,* comportement *m;* **to be on one's best b.** se tenir particulièrement bien

behind [bɪ'haɪnd] **1** PREP derrière; *(in terms of progress)* en retard sur; **what's b. all this?** qu'est-ce que ça cache? **2** ADV derrière; *(late)* en retard; **to be b. with the rent** être en retard pour payer le loyer; **to be b. with one's work** avoir du travail en retard **3** N *Fam (buttocks)* derrière *m*

beige [beɪʒ] ADJ & N beige *(m)*

Beijing [beɪ'dʒɪŋ] N Beijing *m ou f*

being ['biːɪŋ] N *(person, soul)* être *m;* **to come into b.** naître

belated [bɪ'leɪtɪd] ADJ tardif, -ive

belch [beltʃ] **1** N renvoi *m* **2** VI *(of person)* roter **3** VT **to b. (out)** *(smoke)* vomir

Belgium ['beldʒəm] N la Belgique ■ **Belgian** [-dʒən] **1** ADJ belge **2** N Belge *mf*

belief [bɪ'liːf] N *(believing, thing believed)* croyance *f* **(in sb** en qn; **in sth** à *ou* en qch); *(trust)* confiance *f,* foi *f* **(in** en); *(religious faith)* foi; **to the best of my b.** pour autant que je sache

believe [bɪ'liːv] **1** VT croire; **I don't b. it** c'est pas possible; **I b. I'm right** je crois avoir raison, je crois que j'ai raison **2** VI croire **(in sth** à qch; **in God/sb** en Dieu/qn); **I b. so/not** je crois que oui/que non; **to b. in doing sth** croire qu'il faut faire qch; **he doesn't b. in smoking** il désapprouve que l'on fume ■ **believable** ADJ crédible ■ **believer** N *(religious)* croyant, -ante *mf;* **to be a b. in sth** croire à qch

belittle [bɪ'lɪtəl] VT dénigrer

bell [bel] N *(large)* cloche *f;* *(of church)* cloche *f; (small)* clochette *f; (in phone, mechanism, alarm)* sonnerie *f; (on door, bicycle)* sonnette *f; (on tambourine, dog)* grelot *m;* **b. tower** clocher *m* ■ **bellboy, bellhop** N *Am* groom *m*

belligerent [bɪ'lɪdʒərənt] ADJ & N belligérant, -ante *(mf)*

bellow ['beləʊ] VI beugler, mugir

belly ['belɪ] *(pl* **-ies***)* N ventre *m; Fam* **b. button** nombril *m;* **b. dancing** danse *f* du ventre

belong [bɪ'lɒŋ] VI appartenir **(to** à); **to b. to a club** être membre d'un club; **that book belongs to me** ce livre m'appartient *ou* est à moi; **the cup belongs here** cette tasse se range ici; **he doesn't b.** il n'est pas à sa place ■ **belongings** NPL affaires *fpl*

beloved [bɪ'lʌvɪd] ADJ & N *Literary* bien-aimé, -ée *(mf)*

below [bɪ'ləʊ] **1** PREP *(lower than)* au-dessous de; *(under)* sous; *(with numbers)* moins de; *Fig (unworthy of)* indigne de **2** ADV en dessous; *(in text)* ci-dessous; **on the floor b.** à l'étage du dessous; **it's 10 degrees b.** il fait moins 10

belt [belt] **1** N ceinture *f; (in machine)* courroie *f; (area)* zone *f,* région *f* **2** VI **to b. up** *(fasten seat belt)* attacher sa ceinture; *Br Fam* **to b. (along)** *(rush)* filer à toute allure; *Br Fam* **b. up!** *(shut up)* boucle-la! **3** VT *Fam (hit) (ball)* cogner dans; *(person)* flanquer un gnon à

bemused [bɪ'mjuːzd] ADJ perplexe

bench [bentʃ] N *(seat)* banc *m; (work table)* établi *m; Law* **the B.** *(magistrates)* la magistrature *(assise); (court)* le tribunal; *Sport* **to be on the b.** être remplaçant(e)

bend [bend] **1 N** courbe *f*; *(in river, pipe)* coude *m*; *(in road)* virage *m*; *(of arm, knee)* pli *m*; *Fam* **round the b.** *(mad)* cinglé **2** *(pt & pp* **bent)** **VT** courber; *(leg, arm)* plier; **to b. one's head** baisser la tête; **to b. the rules** faire une entorse au règlement **3 VI** *(of branch)* plier; *(of road)* tourner; *(of river)* faire un coude; **to b. (down)** *(stoop)* se courber; **to b. (over** *or* **forward)** se pencher; *Fig* **to b. over backwards to do sth** se mettre en quatre pour faire qch ■ **bendy** **(-ier, -iest)** *Br Fam (road)* plein de virages; *(flexible)* souple

beneath [bɪˈniːθ] **1 PREP** sous; *(unworthy of)* indigne de **2 ADV** (au-)dessous

benefactor [ˈbenɪfæktə(r)] **N** bienfaiteur *m* ■ **benefactress** **N** bienfaitrice *f*

beneficial [benɪˈfɪʃəl] **ADJ** bénéfique

beneficiary [benɪˈfɪʃərɪ] *(pl* **-ies)** **N** bénéficiaire *mf*

benefit [ˈbenɪfɪt] **1 N** *(advantage)* avantage *m*; *(money)* allocation *f*; **benefits** *(of science, education)* bienfaits *mpl*; **to sb's b.** dans l'intérêt de qn; **for your (own) b.** pour vous, pour votre bien; **to be of b.** faire du bien **(to sb** à qn); **to give sb the b. of the doubt** accorder à qn le bénéfice du doute; **b. concert** concert *m* de bienfaisance **2 VT** faire du bien à; *(be useful to)* profiter à **3 VI to b. from doing sth** gagner à faire qch

Benelux [ˈbenɪlʌks] **N** Benelux *m*

benevolent [bɪˈnevələnt] **ADJ** bienveillant

benign [bɪˈnaɪn] **ADJ** *(kind)* bienveillant; *(climate)* doux *(f* douce); **b. tumour** tumeur *f* bénigne

bent [bent] **1 ADJ** *(nail, mind)* tordu; *Fam (dishonest)* pourri; **b. on doing sth** résolu à faire qch **2 N** *(talent)* aptitude *f* **(for** pour); *(inclination, liking)* penchant *m*, goût *m* **(for** pour); **to have a musical b.** avoir des dispositions pour la musique **3** *(pt & pp of* **bend)**

bequeath [bɪˈkwiːð] **VT** *Formal* léguer **(to** à) ■ **bequest** [bɪˈkwest] **N** *Formal* legs *m*

bereaved [bɪˈriːvd] **1 ADJ** endeuillé **2 NPL the b.** la famille du défunt/de la défunte ■ **bereavement** **N** deuil *m*

beret [*Br* ˈbereɪ, *Am* bəˈreɪ] **N** béret *m*

berk [bɜːk] **N** *Br Fam* andouille *f*

Berlin [bɜːˈlɪn] **N** Berlin *m ou f*; **the B. Wall** le mur de Berlin

Bermuda [bəˈmjuːdə] **N** les Bermudes *fpl*

berry [ˈberɪ] *(pl* **-ies)** **N** baie *f*

berserk [bəˈzɜːk] **ADJ to go b.** devenir fou furieux *(f* folle furieuse)

berth [bɜːθ] **1 N (a)** *(in ship, train)* couchette *f* **(b)** *(anchorage)* poste *m* à quai; *Fig* **to give sb a wide b.** éviter qn comme la peste **2 VI** *(of ship)* aborder à quai

beset [bɪˈset] *(pt & pp* **beset,** *pres p* **besetting)**

VT assaillir; **b. with obstacles** semé d'obstacles; **b. with difficulties** en proie à toutes sortes de difficultés

beside [bɪˈsaɪd] **PREP** à côté de; **that's b. the point** ça n'a rien à voir; **b. oneself** *(angry)* hors de soi; **to be b. oneself with joy/anger** être fou *(f* folle) de joie/de colère

besides [bɪˈsaɪdz] **1 PREP** *(in addition to)* en plus de; *(except)* excepté; **there are ten of us b. Paul** nous sommes dix sans compter Paul; **what else can you do b. singing?** que savez-vous faire à part chanter? **2 ADV** *(in addition)* en plus; *(moreover)* d'ailleurs; **there are more b.** il y en a d'autres encore

besiege [bɪˈsiːdʒ] **VT** *(of soldiers, crowd)* assiéger; *Fig (annoy)* assaillir **(with** de)

besotted [bɪˈsɒtɪd] **ADJ** *(drunk)* abruti; **b. with** *(infatuated)* entiché de

bespoke [bɪˈspəʊk] **ADJ** *(tailor)* à façon

best [best] **1 ADJ** meilleur; **my b. dress** ma plus belle robe; **the b. part of** *(most)* la plus grande partie de; **the b. thing to accept** le mieux c'est d'accepter; **'b. before...'** *(on product)* 'à consommer avant...'; **b. man** *(at wedding)* témoin *m* **2 N the b.** *(one)* le meilleur, la meilleure; **it's for the b.** c'est pour le mieux; **at b.** au mieux; **to do one's b.** faire de son mieux; **to look one's b., to be at one's b.** être à son avantage; **to the b. of my knowledge** autant que je sache; **to make the b. of sth** *(accept)* s'accommoder de qch; **to get the b. out of sth** tirer le meilleur parti de qch; **in one's Sunday b.** endimanché; **all the b.!** *(when leaving)* prends bien soin de toi!; *(good luck)* bonne chance! **3 ADV** *(play, sing)* le mieux; **to like sb/sth (the) b.** aimer qn/qch le plus; **the b. loved** le plus aimé; **I think it b. to wait** je juge prudent d'attendre ■ **best-'seller** **N** *(book)* best-seller *m*

bestow [bɪˈstəʊ] **VT** accorder **(on** à)

bet [bet] **1 N** pari *m* **2** *(pt & pp* **bet** *or* **betted,** *pres p* **betting)** **VT** parier **(on** sur; **that** que); *Fam* **you b.!** tu parles!

betray [bɪˈtreɪ] **VT** *(person, secret)* trahir; **to b. to sb** *(give away to)* livrer à qn ■ **betrayal** **N** *(disloyalty)* trahison *f*; *(disclosure)* *(of secret)* révélation *f*

better [ˈbetə(r)] **1 ADJ** meilleur **(than** que); **I need a b. car** j'ai besoin d'une meilleure voiture; **that's b.** c'est mieux; **she's (much) b.** *(in health)* elle va (beaucoup) mieux; **to get b.** *(recover)* se remettre; *(improve)* s'améliorer; **it's b. to go** il vaut mieux partir; **the b. part of** *(most)* la plus grande partie de **2 ADV** mieux **(than** que); **b. dressed/known/etc** mieux habillé/connu/etc; **to look b.** *(of ill person)* avoir meilleure mine; **b. and b.** de mieux en mieux; **so much the b., all the b.** tant mieux **(for** pour); **I had b. go** il vaut mieux que je parte; **to be b. off** *(financially)* être plus à l'aise **3** N **to get the b. of sb** l'emporter sur qn; **to change for the b.** *(of person)* changer en bien; *(of situation)* s'améliorer; **one's betters** ses supérieurs *mpl* **4** VT *(improve)* améliorer; *(do better than)* dépasser; **to b. oneself** améliorer sa condition; **to b. sb's results/etc** *(do better than)* dépasser les résultats/*etc* de qn

betting ['betɪŋ] N paris *mpl*; *Br* **b. shop** *or* **office** ≃ PMU *m*

between [bɪ'twiːn] **1** PREP entre; **we did it b. us** nous l'avons fait à nous deux/trois/etc; **this is strictly b. you and me** que cela reste entre nous; **in b.** entre **2** ADV **in b.** *(space)* au milieu; *(time)* dans l'intervalle

beverage ['bevərɪdʒ] N boisson *f*

bevy ['bevɪ] *(pl* **-ies)** N **a b. of** *(girls, reporters)* une nuée de

beware [bɪ'weə(r)] VI se méfier **(of** de); **b.!** attention!; **b. of falling** prenez garde de ne pas tomber, **'b. of the trains!'** 'attention aux trains!', **'b. of the dog!'** 'attention, chien méchant!'; **'danger b.!'** 'attention! danger!'

bewilder [bɪ'wɪldə(r)] VT dérouter, laisser perplexe ■ **bewildering** ADJ déroutant ■ **bewilderment** N perplexité *f*

bewitching [bɪ'wɪtʃɪŋ] ADJ enchanteur, -eresse

beyond [bɪ'jɒnd] **1** PREP **(a)** *(further than)* au-delà de; **b. a year** *(longer than)* plus d'un an; **b. reach/ doubt** hors de portée/de doute; **b. my/our/etc means** au-dessus de mes/nos/*etc* moyens **(b)** *(except)* sauf **2** ADV *(further)* au-delà

bias ['baɪəs] **1** N **(a)** *(inclination)* penchant *m* **(towards** pour); *(prejudice)* préjugé *m*, parti pris *m* **(towards/against** en faveur de/contre) **(b)** **cut on the b.** *(fabric)* coupé dans le biais **2** *(pt & pp* **-ss-** *or* **-s-)** VT influencer **(towards/against** en faveur de/contre) ■ **bias(s)ed** ADJ partial; **to be b. against** avoir des préjugés contre

bib [bɪb] N *(for baby)* bavoir *m*

bible ['baɪbəl] N bible *f*; **the B.** la Bible ■ **biblical** ['bɪblɪkəl] ADJ biblique

bibliography [bɪblɪ'ɒgrəfɪ] *(pl* **-ies)** N bibliographie *f*

bicarbonate [baɪ'kɑːbənət] N **b. of soda** bicarbonate *m* de soude

biceps ['baɪseps] N INV *(muscle)* biceps *m*

bicker ['bɪkə(r)] VI se chamailler

bicycle ['baɪsɪkəl] N bicyclette *f*; **by b.** à bicyclette

bid¹ [bɪd] **1** N **(a)** *(offer)* offre *f*; *(at auction)* enchère *f* **(for** pour) **(b)** *(attempt)* tentative *f*; **a b. for attention/love** une tentative pour attirer l'attention/se faire aimer; **to make a b. for power** *(legally)* viser le pouvoir; *(illegally)* faire une tentative de coup

d'État **2** *(pt & pp* **bid,** *pres p* **bidding)** VT *(sum of money)* offrir; *(at auction)* faire une enchère de **3** VI faire une offre **(for** pour); *(at auction)* faire une enchère **(for** sur) ■ **bidder** N *(at auction)* enchérisseur, -euse *mf*; **to the highest b.** au plus offrant ■ **bidding** N *(at auction)* enchères *fpl*

bid² [bɪd] *(pt* **bade,** *pp* **bidden** ['bɪdən] *or* **bid,** *pres p* **bidding)** VT *Literary (command)* commander **(sb to do** à qn de faire); *(say, wish)* dire, souhaiter; **to b. sb good day** souhaiter le bonjour à qn ■ **bidding** N **at sb's b.** sur les ordres de qn

bide [baɪd] VT **to b. one's time** attendre le bon moment

bifocals [baɪ'fəʊkəlz] NPL verres *mpl* à double foyer

big [bɪg] **1** *(bigger, biggest)* ADJ *(tall, large)* grand; *(fat)* gros *(f* grosse); *(drop, increase)* fort; **to get big(ger)** *(taller)* grandir; *(fatter)* grossir; **my b. brother** mon grand frère; **b. toe** gros orteil *m* **2** ADV *Fam* **to think b.** voir grand; **to talk b.** fanfaronner ■ **bighead** N *Fam* crâneur, -euse *mf* ■ **big'headed** ADJ *Fam* crâneur, -euse ■ **big-'hearted** ADJ généreux, -euse ■ **bigshot, bigwig** N *Fam* gros bonnet *m*

bigamy ['bɪgəmɪ] N bigamie *f* ■ **bigamist** N bigame *mf*

bigot ['bɪgət] N sectaire *mf*; *(religious)* bigot, -ote *mf* ■ **bigoted** ADJ sectaire; *(religious)* bigot ■ **bigotry** N sectarisme *m*; *(religious)* bigoterie *f*

Note that the French word **bigot** is a false friend. It is only used to describe an excessively religious person and has no overtones of sectarianism.

---

bike [baɪk] N *Fam* vélo *m*; *(motorbike)* moto *f*

bikini [bɪ'kiːnɪ] N Bikini® *m*; **b. briefs** mini-slip *m*, **b. top/bottoms** haut *m*/bas *m* de maillot

bilberry ['bɪlbərɪ] *(pl* **-ies)** N myrtille *f*

bilingual [baɪ'lɪŋgwəl] ADJ bilingue

bill¹ [bɪl] **1** N **(a)** *(invoice)* facture *f*; *(in restaurant)* addition *f*; *(in hotel)* note *f* **(b)** *Am (banknote)* billet *m* **(c)** *(bank draft)* effet *m*; **b. of sale** acte *m* de vente **(d)** *(notice)* affiche *f* **(e)** *Pol* projet *m* de loi; **B. of Rights** = les dix premiers amendements de la Constitution américaine **(f)** *(list)* **b. of fare** menu *m* **2** VT **(a)** **to b. sb** envoyer la facture à qn **(b)** *(publicize)* annoncer ■ **billboard** N *Am* panneau *m* d'affichage ■ **billfold** N *Am* portefeuille *m*

bill² [bɪl] N *(of bird)* bec *m*

billiards ['bɪljədz] N billard *m*

billion ['bɪljən] N milliard *m* ■ **billio'naire** N milliardaire *mf*

billow ['bɪləʊ] **1** N *(of smoke)* volute *f* **2** VI *(of* *smoke)* tourbillonner; *(of sea)* se soulever; *(of sail)* se gonfler; **billowing smoke** des volutes *fpl* de fumée

bimbo ['bɪmbəʊ] *(pl* -**os**) **N** *Fam* minette *f*

bimonthly [baɪ'mʌnθlɪ] **ADJ** *(every two weeks)* bimensuel, -uelle; *(every two months)* bimestriel, -ielle

bin [bɪn] **1 N** boîte *f*; *(for litter)* poubelle *f* **2** *(pt & pp* -**nn-**)* **VT** *Fam* mettre à la poubelle

binary ['baɪnərɪ] **ADJ** binaire

bind [baɪnd] **1** *(pt & pp* **bound**)* **VT** *(fasten)* attacher; *(book)* relier; *(fabric, hem)* border; *(unite)* lier; **to b. sb hand and foot** ligoter qn; **to b. sb to do sth** obliger qn à faire qch; **to be bound by sth** être lié par qch **2 N** *Fam (bore)* plaie *f* ■ **binding 1 N** *(of book)* reliure *f* **2 ADJ** *(contract)* qui lie; **to be b. on sb** *(legally)* lier qn

binder ['baɪndə(r)] **N** *(for papers)* classeur *m*

binge [bɪndʒ] **N** *Fam* **to go on a b.** *(drinking)* faire la bringue; *(eating)* se gaver

bingo ['bɪŋgəʊ] **N** ≃ loto *m*

binoculars [bɪ'nɒkjʊləz] **NPL** jumelles *fpl*

biochemistry [baɪəʊ'kemɪstrɪ] **N** biochimie *f* ■ **biochemical ADJ** biochimique

biodegradable [baɪəʊdɪ'greɪdəbəl] **ADJ** biodégradable

biography [baɪ'ɒgrəfɪ] *(pl* -**ies**)* **N** biographie *f* ■ **biographer N** biographe *mf* ■ **bio'graphical** [baɪə'græfɪkəl] **ADJ** biographique

biology [baɪ'ɒlədʒɪ] **N** biologie *f* ■ **biological** [baɪə'lɒdʒɪkəl] **ADJ** biologique; **b. warfare** guerre *f* bactériologique ■ **biologist N** biologiste *mf*

birch [bɜːtʃ] **1 N** *(silver)* **b.** bouleau *m*; **to give sb the b.** fouetter qn **2 VT** fouetter

bird [bɜːd] **N** *(a)* *(animal)* oiseau *m*; *(fowl)* volaille *f*; **b. of prey** oiseau de proie; **b. table** mangeoire *f* pour oiseaux; **b.'s-eye view** perspective *f* à vol d'oiseau; *Fig* vue *f* d'ensemble **(b)** *Br Fam (girl)* nana *f* ■ **birdseed N** graines *fpl* pour oiseaux

birth [bɜːθ] **N** naissance *f*; **to give b. to** donner naissance à; **b. certificate** acte *m* de naissance; **b. control** limitation *f* des naissances ■ **birthday N** anniversaire *m*; **happy b.!** joyeux anniversaire!; **b. party** fête *f* d'anniversaire; *Fig* **in one's b. suit** *(man)* en costume d'Adam; *(woman)* en costume d'Ève ■ **birthmark N** tache *f* de naissance ■ **birthplace N** lieu *m* de naissance; *(house)* maison *f* natale

biscuit ['bɪskɪt] **N** *Br* biscuit *m*, petit gâteau *m*; *Am* petit pain *m* au lait

bishop ['bɪʃəp] **N** évêque *m*; *(in chess)* fou *m*

bison ['baɪsən] **N INV** bison *m*

bit¹ [bɪt] **N (a)** *(of string, time)* bout *m*; **a b.** *(a little)*

un peu; **a tiny b.** un tout petit peu; **quite a b.** *(very)* très; *(a lot)* beaucoup; **a b. of luck** une chance; **b. by b.** petit à petit; **in bits (and pieces)** en morceaux **(b)** *(coin)* pièce *f* **(c)** *(of horse)* mors *m* **(d)** *(of drill)* mèche *f* **(e)** *Comptr* bit *m*

bit² [bɪt] **PT of bite**

bitch [bɪtʃ] **1 N** chienne *f*; *very Fam Pej (woman)* garce *f* **2 VI** *Fam (complain)* râler **(about** après)** ■ **bitchy** (-**ier**, -**iest**)* **ADJ** *Fam (remark, behaviour)* vache

bite [baɪt] **1 N (a)** *(wound)* morsure *f*; *(from insect)* piqûre *f*; *Fishing* touche *f* **(b)** *(mouthful)* bouchée *f*; **to have a b. to eat** manger un morceau **(c)** *Fig (of style, text)* mordant *m* **2** *(pt* **bit**, *pp* **bitten** ['bɪtən]* **VT** mordre; *(of insect)* piquer; **to b. one's nails** se ronger les ongles; **to b. sth off** arracher qch d'un coup de dents; **to b. off a piece of apple** mordre dans une pomme **3 VI** *(of person, dog)* mordre; *(of insect)* piquer; **to b. into sth** mordre dans qch ■ **biting ADJ** *(cold, irony)* mordant; *(wind)* cinglant

bitter ['bɪtə(r)] **1 N** *(beer)* = bière anglaise brune **2 ADJ** *(person, taste, irony)* amer, -ère; *(cold, wind)* glacial; *(criticism)* acerbe; *(shock, fate)* cruel *(f* cruelle); *(conflict)* violent; **to feel b. (about sth)** être plein d'amertume (à cause de qch); **to the b. end** jusqu'au bout ■ **bitterly ADV** **to cry/regret b.** pleurer/regretter amèrement; **b. disappointed** cruellement déçu; **it's b. cold** il fait un froid de canard ■ **bitterness N** amertume *f*; *(of the cold)* âpreté *f*; *(of conflict)* violence *f* ■ **bitter'sweet ADJ** doux-amer *(f* douce-amère)* ; *Am* **b. chocolate** chocolat *m* à croquer

bizarre [bɪ'zɑː(r)] **ADJ** bizarre

blab [blæb] *(pt & pp* -**bb-**)* **VI (a)** *(chatter)* jaser **(b)** *(betray secret)* vendre la mèche

black [blæk] **1** (-**er**, -**est**)* **ADJ** noir; **b. eye** œil *m* au beurre noir; **to give sb a b. eye** pocher l'œil à qn; *Av* **b. box** boîte *f* noire; *Br* **b. ice** verglas *m* **2 N** *(colour)* noir *m*; *(person)* Noir, -e *mf*; **it says here in b. and white** c'est écrit noir sur blanc **3 VT** noircir; *(refuse to deal with)* boycotter **4 VI to b. out** *(faint)* s'évanouir ■ **blackberry** *(pl* -**ies**)* **N** mûre *f* ■ **blackbird N** merle *m* (noir) ■ **blackboard N** tableau *m* (noir); **on the b.** au tableau ■ **black'currant N** cassis *m* ■ **blacken VTI** noircir ■ **blacklist 1 N** liste *f* noire **2 VT** mettre sur la liste noire ■ **blackmail 1 N** chantage *m* **2 VT** faire chanter; **to b. sb into doing** faire chanter qn pour qu'il/elle fasse ■ **blackout N** panne *f* d'électricité; *(during war)* black-out *m inv*; *(fainting fit)* évanouissement *m*; **(news) b.** blackout ■ **blacksmith N** forgeron *m*; *(working with horses)* maréchal-ferrant *m*

bladder ['blædə(r)] **N** vessie *f*

blade [bleɪd] N lame f; (of windscreen wiper) caoutchouc m; **b. of grass** brin m d'herbe

blame [bleɪm] **1** N responsabilité f; (criticism) blâme m; **to lay the b. (for sth) on sb** faire porter à qn la responsabilité (de qch); **to take the b. for sth** endosser la responsabilité de qch **2** VT rendre responsable, faire porter la responsabilité à (**for** de); **to b. sb for doing sth** reprocher à qn d'avoir fait qch; **you're to b.** c'est de ta faute; **I b. you for doing that** je considère que c'est toi qui es responsable de cela **▪ blameless** ADJ irréprochable

blanch [blɑːntʃ] **1** VT (vegetables) blanchir **2** VI (turn pale) blêmir

bland [blænd] (**-er, -est**) ADJ (person) terne; (food) insipide; (remark, joke) quelconque

blank [blæŋk] **1** ADJ (paper, page) blanc (f blanche), vierge; (cheque) en blanc; (look, mind) vide; (puzzled) ébahi; (refusal) absolu; Comptr (disk, screen) vide; (unformatted) vierge; **to leave b.** (on form) laisser en blanc; **b. tape** cassette f vierge **2** N (space) blanc m; (cartridge) cartouche f à blanc; **to fire blanks** tirer à blanc; **my mind's a b.** j'ai un trou **▪ blankly** ADV **to look b. at** (without expression) regarder, le visage inexpressif; (without understanding) regarder sans comprendre

blanket [ˈblæŋkɪt] **1** N (on bed) couverture f; (of snow, leaves) couche f **2** VT Fig (cover) recouvrir **3** ADJ (term, remark) général

blare [bleə(r)] **1** N (noise) beuglements mpl; (of trumpet) sonnerie f **2** VI **to b. (out)** (of radio) beugler; (of music, car horn) retentir

blasé [ˈblɑːzeɪ] ADJ blasé

blaspheme [blæsˈfiːm] VTI blasphémer **▪ blasphemous** [ˈblæsfəməs] ADJ (text) blasphématoire; (person) blasphémateur, -trice

blast [blɑːst] **1** N explosion f; (air from explosion) souffle m; (of wind) rafale f; (of trumpet) sonnerie f; **(at) full b.** (loud) à fond; (fast) à toute vitesse; **b. furnace** haut-fourneau m **2** VT (hole, tunnel) creuser (en dynamitant); Fam (criticize) démolir **3** EXCLAM Br Fam zut! **▪ blasted** ADJ Br Fam fichu **▪ blast-off** N (of spacecraft) mise f à feu

blatant [ˈbleɪtənt] ADJ (obvious) flagrant; (shameless) éhonté

blaze [bleɪz] **1** N (fire) feu m; (large) incendie m; Fig (splendour) éclat m; **a b. of colour** une explosion de couleurs; **b. of light** torrent m de lumière **2** VI (of fire, sun) flamboyer; (of light, eyes) être éclatant **3** VT Fig **to b. a trail** ouvrir la voie **▪ blazing** ADJ (burning) en feu; (sun) brûlant; Fig (argument) violent

blazer [ˈbleɪzə(r)] N blazer m

bleach [bliːtʃ] **1** N (household) eau f (de) Javel f; (for hair) décolorant m **2** VT (clothes) passer à l'eau de Javel; (hair) décolorer

bleak [bliːk] (**-er, -est**) ADJ (appearance, countryside, weather) morne; (outlook) lugubre; (prospect) peu encourageant

bleary [ˈblɪərɪ] ADJ (eyes) rouge

bleat [bliːt] VI bêler

bleed [bliːd] (pt & pp **bled** [bled]) **1** VI saigner; **to b. to death** saigner à mort; **her nose is bleeding** elle saigne du nez **2** VT (radiator) purger **▪ bleeding 1** ADJ (a) (wound) qui saigne (b) Br very Fam **a b. idiot** une espèce de con **2** N saignement; **has the b. stopped?** est-ce que ça saigne encore?

bleep [bliːp] **1** N bip m **2** VT appeler au bip **3** VI faire bip **▪ bleeper** N (pager) bip m

blemish [ˈblemɪʃ] **1** N (fault) défaut m; (mark) marque f; Fig **it left a b. on his reputation** ça a entaché sa réputation **2** VT Fig (reputation) entacher

> Note that the French verb **blêmir** is a false friend and is never a translation for the English verb **to blemish**. It means **to go pale**.

blend [blend] **1** N mélange m **2** VT mélanger (**with** à ou avec) **3** VI se mélanger; (of styles, colours) se marier (**with** avec); **everything blends (in)** (decor of room) tout est assorti **▪ blender** N mixer m

bless [bles] VT bénir; **to be blessed with sth** être doté de qch; **to be blessed with good health** avoir le bonheur d'être en bonne santé; **b. you!** (when sneezing) à vos souhaits! **▪ blessed** [ˈblesɪd] ADJ (a) (holy) béni (b) Fam (blasted) fichu; **the whole b. day** toute la sainte journée; **I can't see a b. thing** je n'y vois absolument rien **▪ blessing** N Rel bénédiction f; (benefit) bienfait m; **it was a b. in disguise** finalement, ça a été une bonne chose

blew [bluː] PT OF **blow²**

blind¹ [blaɪnd] **1** ADJ aveugle; **b. person** aveugle mf; **b. in one eye** borgne; Fig **to turn a b. eye to sth** fermer les yeux sur qch; **b. date** = rencontre arrangée avec quelqu'un qu'on ne connaît pas **2** NPL **the b.** les aveugles mpl **3** ADV **b. drunk** ivre mort **4** VT (dazzle, make blind) aveugler **▪ blindly** ADV Fig aveuglément **▪ blindness** N cécité f

blind² [blaɪnd] N Br (on window) store m

blindfold [ˈblaɪndfəʊld] **1** N bandeau m **2** VT bander les yeux à **3** ADV les yeux bandés

blink [blɪŋk] **1** N clignement m; Br Fam **on the b.** (machine) détraqué **2** VT **to b. one's eyes** cligner des yeux **3** VI (of person) cligner des yeux; (of eyes) cligner; (of light) clignoter

blinkers ['blɪŋkəz] NPL Br (of horse) œillères fpl; Fam (indicators of vehicle) clignotants mpl

bliss [blɪs] N félicité f ■ **blissful** ADJ (wonderful) merveilleux, -euse; (very happy) (person) aux anges ■ **blissfully** ADV (happy) merveilleusement; **to be b. unaware that…** ne pas se douter le moins du monde que…

blister ['blɪstə(r)] 1 N (on skin) ampoule f 2 VI se couvrir d'ampoules

blitz [blɪts] 1 N (air attack) raid m éclair; (bombing) bombardement m aérien; Fam (onslaught) offensive f 2 VT bombarder

blizzard ['blɪzəd] N tempête f de neige

bloated ['bləʊtɪd] ADJ (swollen) gonflé

blob [blɒb] N (of water) grosse goutte f; (of ink, colour) tache f

block [blɒk] 1 N (of stone) bloc m; (of buildings) pâté m de maisons; (in pipe) obstruction f; **b. of flats** immeuble m; Am **a b. away** une rue plus loin; **b. capitals** or **letters** majuscules fpl 2 VT (obstruct) bloquer; (pipe) boucher; (view) cacher; **to b. off** (road) barrer; **to b. up** (pipe, hole) boucher ■ **blockage** N obstruction f

blockade [blɒ'keɪd] 1 N blocus m 2 VT bloquer

blockbuster ['blɒkbʌstə(r)] N (film) film m à grand spectacle

blog [blɒg] 1 N blog m 2 VI bloguer ■ **blogger** N bloggeur(euse) m,f

bloke [bləʊk] N Br Fam type m

blond [blɒnd] ADJ & N blond (m) ■ **blonde** ADJ & N blonde (f)

blood [blʌd] N sang m; **b. bank** banque f du sang; **b. diamond** diamant m de la guerre; **b. donor** donneur, -euse mf de sang; **b. group** groupe m sanguin; **b. pressure** tension f artérielle; **high b. pressure** hypertension f; **to have high b. pressure** avoir de la tension; **b. test** prise f de sang ■ **bloodcurdling** ADJ à vous tourner le sang ■ **bloodhound** N (dog, detective) limier m ■ **bloodshed** N effusion f de sang ■ **bloodshot** ADJ (eye) injecté de sang ■ **bloodstained** ADJ taché de sang ■ **bloodstream** N sang m ■ **bloodsucker** N (insect, person) sangsue f ■ **bloodthirsty** ADJ sanguinaire

bloody ['blʌdɪ] 1 (-ier, -iest) ADJ (a) ensanglanté (b) Br very Fam foutu; **a b. liar** un sale menteur; **b. weather!** sale temps!; **you b. fool!** conard! 2 ADV Br Fam (very) vachement; **it's b. hot!** il fait une putain de chaleur! ■ **bloody-'minded** ADJ pas commode

bloom [bluːm] 1 N fleur f; **in b.** (tree) en fleur(s); (flower) éclos 2 VI (of tree, flower) fleurir; Fig (of person) s'épanouir ■ **blooming** ADJ (a) (in bloom) en fleur(s); (person) resplendissant; (thriving) florissant (b) Br Fam (for emphasis) sacré; **you b. idiot!** espèce d'idiot!

bloomer ['bluːmə(r)] N (a) Br Fam (mistake) gaffe f (b) (bread) ≈ bâtard m court

blossom ['blɒsəm] 1 N fleurs fpl 2 VI fleurir; **to b. (out)** (of person) s'épanouir

blot [blɒt] 1 N tache f 2 (pt & pp -tt-) VT (stain) tacher; (dry) sécher; **to b. sth out** (obliterate) effacer qch ■ **blotting paper** N (papier m) buvard m

blotch [blɒtʃ] N tache f ■ **blotchy** (-ier, -iest) ADJ couvert de taches; (face, skin) marbré

blouse [blaʊz] N chemisier m

> Note that the French word **blouse** is a false friend. Its most common meaning is **overall**.

blow[1] [bləʊ] N (hit, setback) coup m; **to come to blows** en venir aux mains

blow[2] [bləʊ] 1 (pt blew, pp blown) VT (of wind) pousser; (of person) (smoke, glass) souffler; (bubbles) faire; (trumpet) souffler dans; (kiss) envoyer (**to** à); Br Fam (money) claquer (**on sth** pour s'acheter); **to b. a fuse** faire sauter un plomb; **to b. one's nose** se moucher; **to b. a whistle** donner un coup de sifflet 2 VI (of wind, person) souffler; (of fuse) sauter; (of papers) (in wind) s'éparpiller ■ **blowout** N (a) (tyre) éclatement m (b) Br Fam (meal) gueuleton m ■ **blow-up** N (of photo) agrandissement m

▸ **blow away** 1 VT SEP (of wind) emporter 2 VI (of hat) s'envoler

▸ **blow down** 1 VT SEP (chimney, fence) faire tomber 2 VI (fall) tomber

▸ **blow off** VT SEP (hat) emporter; (arm) arracher

▸ **blow out** 1 VT SEP (candle) souffler; (cheeks) gonfler 2 VI (of light) s'éteindre

▸ **blow over** 1 VTI = blow down 2 VI (of quarrel) se tasser

▸ **blow up** 1 VT SEP (building) faire sauter; (pump up) gonfler; (photo) agrandir 2 VI (explode) exploser

blow-dry ['bləʊdraɪ] 1 N Brushing® m 2 VT **to b. sb's hair** faire un Brushing® à qn

blown [bləʊn] PP of **blow**[2]

blowtorch ['bləʊtɔːtʃ] N chalumeau m

blubber ['blʌbə(r)] N graisse f (de baleine)

bludgeon ['blʌdʒən] 1 N gourdin m 2 VT matraquer

blue [bluː] 1 (-er, -est) ADJ bleu; Fam **to feel b.** avoir le cafard; Fam **b. movie** film m porno 2 N bleu m; Fam **the blues** (depression) le cafard; (music) le blues; **out of the b.** (unexpectedly) sans crier gare ■ **bluebell** N jacinthe f des bois ■ **blueberry** (pl **-ies**) N airelle f ■ **bluebottle**

N mouche f de la viande ■ **blueprint** N Fig plan m

bluff [blʌf] 1 ADJ (person) direct 2 N bluff m 3 VTI bluffer

blunder ['blʌndə(r)] 1 N (mistake) gaffe f 2 VI faire une gaffe; **to b. along** (move awkwardly) avancer maladroitement

blunt [blʌnt] 1 (-er, -est) ADJ (edge) émoussé; (pencil) mal taillé; (question, statement) direct; (person) brusque 2 VT (blade) émousser; (pencil) épointer ■ **bluntly** ADV (say) franchement

blur [blɜː(r)] 1 N tache f floue 2 (pt & pp -rr-) VT (outline) brouiller ■ **blurred** ADJ (image, outline) flou

blurb [blɜːb] N (on book cover) notice f publicitaire

blurt [blɜːt] VT **to b. (out)** (secret) laisser échapper; (excuse) bredouiller

blush [blʌʃ] 1 N rougeur f; **with a b.** en rougissant; **to spare sb's blushes** éviter un embarras à qn 2 VI rougir (**with** de)

blustery ['blʌstərɪ] ADJ (weather) de grand vent; (wind) violent

BO [biːˈəʊ] (abbr body odour) N Fam **to have BO** sentir mauvais

boar [bɔː(r)] N (wild) **b.** sanglier m

board[1] [bɔːd] 1 N (piece of wood) planche f; (for notices) panneau m; (for games) tableau m; (cardboard) carton m; **on b. (a ship/plane)** à bord (d'un navire/avion); Fig **to take sth on b.** tenir compte de qch 2 VT (ship, plane) monter à bord de; (bus, train) monter dans; **to b. up** (door) condamner 3 VI **flight Z001 is now boarding** vol Z001, embarquement immédiat ■ **boarding** N (of passengers) embarquement m; **b. card/pass** carte f d'embarquement ■ **boardwalk** N Am (on beach) promenade f

board[2] [bɔːd] N (committee) conseil m; **b. (of directors)** conseil m d'administration; **b. (of examiners)** jury m (d'examen); **across the b.** (pay increase) global; (apply) globalement; **b. room** salle f du conseil

board[3] [bɔːd] 1 N (food) pension f; **b. and lodging,** Br **full b.** pension f complète; Br **half b.** demi-pension f 2 VI (lodge) être en pension (**with** chez); **boarding house** pension f de famille; **boarding school** pensionnat m ■ **boarder** N pensionnaire mf

boast [bəʊst] 1 N vantardise f 2 VT se glorifier de; **to b. that one can do sth** se vanter de pouvoir faire qch 3 VI se vanter (**about** or **of** de) ■ **boasting** N vantardise f

boastful ['bəʊstfəl] ADJ vantard

boat [bəʊt] N bateau m; (small) canot m; (liner) paquebot m; **by b.** en bateau; Fig **in the same b.** logé à la même enseigne; **b. race** course f d'aviron

bob [bɒb] (pt & pp -bb-) VI **to b. (up and down)** (on water) danser sur l'eau

bode [bəʊd] VI **to b. well/ill (for)** être de bon/mauvais augure (pour)

bodily ['bɒdɪlɪ] 1 ADJ (need) physique 2 ADV (lift, seize) à bras-le-corps; (carry) dans ses bras

body ['bɒdɪ] (pl -ies) N corps m; (of car) carrosserie f; (quantity) masse f; (institution) organisme m; **dead b.** cadavre m; **the main b. of the audience** le gros de l'assistance; **b. building** culturisme m; **b. piercing** piercing m; **b. warmer** gilet m matelassé ■ **bodyguard** N garde m du corps ■ **bodywork** N carrosserie f

bog [bɒg] 1 N (swamp) marécage m 2 VT **to get bogged down in** (mud, work) s'enliser (dans); (details) se perdre (dans)

bogus ['bəʊgəs] ADJ faux (f fausse)

boil[1] [bɔɪl] N (pimple) furoncle m

boil[2] [bɔɪl] 1 N **to come to the b.** bouillir; **to bring sth to the b.** amener qch à ébullition 2 VT **to b. (up)** faire bouillir; **to b. the kettle** mettre de l'eau à chauffer 3 VI bouillir; Fig **to b. down to** (of situation, question) revenir à; **to b. over** (of milk) déborder; Fig (of situation) empirer ■ **boiled** ADJ bouilli; **b. egg** œuf m à la coque ■ **boiling** N ébullition f; **to be at b. point** (of liquid) bouillir 2 ADJ **b. (hot)** bouillant; **it's b. (hot)** (weather) il fait une chaleur infernale

boiler ['bɔɪlə(r)] N chaudière f; Br **b. suit** bleus mpl de chauffe

boisterous ['bɔɪstərəs] ADJ (noisy) bruyant; (child) turbulent; (meeting) houleux, -euse

bold [bəʊld] (-er, -est) ADJ hardi; Typ **in b. (type)** en (caractères) gras

Bolivia [bəˈlɪvɪə] N la Bolivie ■ **Bolivian** 1 ADJ bolivien, -ienne 2 N Bolivien, -ienne mf

bollard ['bɒləd, 'bɒlɑːd] N Br (for traffic) borne f

bolster ['bəʊlstə(r)] 1 N (pillow) traversin m 2 VT (confidence, pride) renforcer, consolider

bolt [bəʊlt] 1 N (a) (on door) verrou m; (for nut) boulon m (b) (dash) **to make a b. for the door** se précipiter vers la porte (c) **b. of lightning** éclair m 2 ADV **b. upright** tout droit 3 VT (a) (door) verrouiller (b) (food) engloutir 4 VI (dash) se précipiter; (run away) détaler; (of horse) s'emballer

bomb [bɒm] 1 N bombe f; **b. scare** alerte f à la bombe; Fam **it costs a b.** ça coûte les yeux de la tête 2 VT (from the air) bombarder; (of terrorist) faire sauter une bombe dans ou à ■ **bomber** N (aircraft) bombardier m; (terrorist) poseur m de bombe ■ **bombing** N bombardement m; (terrorist) attentat m à la bombe ■ **bombshell** N **to come as a b.** faire l'effet d'une bombe

■ **bombsite** N zone f bombardée; *Fig* **to look like a b.** ressembler à un champ de bataille

bombard [bɒm'bɑːd] VT (*with bombs, questions*) bombarder (**with** de) ■ **bombardment** N bombardement m

bona fide [bəʊnəˈfaɪdɪ] ADJ véritable

bond [bɒnd] **1** N (*link*) lien m; (*agreement*) engagement m; *Fin* obligation f **2** VT (*of glue*) coller (**to** à) **3** VI (*form attachment*) créer des liens affectifs (**with** avec)

bone [bəʊn] **1** N os m; (*of fish*) arête f; **b. of contention** pomme f de discorde; **b. china** porcelaine f tendre **2** VT (*meat*) désosser; (*fish*) ôter les arêtes de **3** VI *Am Fam* **to b. up on** (*subject*) bûcher ■ **bone-dry** ADJ complètement sec (f sèche) ■ **bone-'idle** ADJ *Br* paresseux, -euse ■ **bony** (**-ier, -iest**) ADJ (*thin*) maigre; (*fish*) plein d'arêtes

bonfire [ˈbɒnfaɪə(r)] N (*for celebration*) feu m de joie; *Br* (*for dead leaves*) feu m (de jardin)

bonkers [ˈbɒŋkəz] ADJ *Br Fam* dingue

bonnet [ˈbɒnɪt] N (*hat*) bonnet m; *Br* (*of vehicle*) capot m

bonus [ˈbəʊnəs] (*pl* **-uses** [-əsɪz]) N prime f; **no claims b.** (*of car driver*) bonus m; **b. number** (*in lottery*) numéro m complémentaire

boo [buː] **1** EXCLAM (*to frighten*) hou! **2** N boos huées fpl **3** (*pt & pp* **booed**) VTI huer

boob [buːb] *Fam* **1** N (**a**) *Br* (*mistake*) gaffe f (**b**) **boobs** (*breasts*) nénés mpl **2** VI *Br* gaffer

booby-trap [ˈbuːbɪtræp] **1** N engin m piégé **2** (*pt & pp* **-pp-**) VT piéger

book¹ [bʊk] N livre m; (*record*) registre m; (*of tickets*) carnet m; (*for exercises and notes*) cahier m; **books** (*accounts*) comptes mpl; **b. club** club m du livre ■ **bookcase** N bibliothèque f ■ **bookend** N serre-livres m inv ■ **bookie** N *Br Fam* bookmaker m ■ **bookkeeping** N comptabilité f ■ **booklet** N brochure f ■ **bookmaker** N bookmaker m ■ **bookmark 1** N marque-page m; *Comptr* signet m **2** VT *Comptr* (*Web page*) créer un signet sur ■ **bookseller** N libraire mf ■ **bookshelf** N étagère f ■ **bookshop**, *Am* **bookstore** N librairie f ■ **bookstall** N kiosque m à journaux ■ **bookworm** N passionné, -ée mf de lecture

book² [bʊk] **1** VT **to b.** (*seat*) réserver; **fully booked** (*hotel, concert*) complet, -ète; (*person*) pris **2** VI **to b.** (**up**) réserver des places; **to b. in** (*to hotel*) signer le registre; **to b. into a hotel** prendre une chambre dans un hôtel ■ **booking** N réservation f; **b. clerk** guichetier, -ière mf; **b. office** bureau m de location

bookish [ˈbʊkɪʃ] ADJ (*word, theory*) livresque; (*person*) studieux, -ieuse

boom [buːm] **1** N (**a**) (*noise*) grondement m (**b**) (*economic*) boom m **2** VI (**a**) (*of thunder, gun*) gronder (**b**) (*of business, trade*) être florissant

boomerang [ˈbuːməræŋ] N boomerang m

boor [bʊə(r)] N rustre m

boost [buːst] **1** N **to give sb a b.** remonter le moral à qn **2** VT (*increase*) augmenter; (*product*) faire de la réclame pour; (*economy*) stimuler; **to b. sb's morale** remonter le moral à qn; **to b. sb (up)** (*push upwards*) soulever qn ■ **booster** N **b. (injection)** rappel m

boot¹ [buːt] **1** N (**a**) (*shoe*) botte f; *Fam* **to get the b.** être mis à la porte; **b. polish** cirage m (**b**) *Br* (*of vehicle*) coffre m (**c**) **to b.** (*in addition*) en plus **2** VT *Fam* (*kick*) donner un coup ou des coups de pied à; **to b. sb out** mettre qn à la porte

boot² [buːt] *Comptr* **1** VT amorcer **2** VI s'amorcer

booth [buːθ, buːð] N (*for phone, in language lab*) cabine f; (*at fair*) stand m; (*for voting*) isoloir m

booze [buːz] *Fam* **1** N alcool m **2** VI picoler ■ **boozer** N *Fam* (*person*) poivrot, -ote mf; *Br* (*pub*) pub m

border [ˈbɔːdə(r)] **1** N (*of country*) & *Fig* frontière f; (*edge*) bord m; (*of garden*) bordure f **2** ADJ (*town*) frontière inv; (*incident*) de frontière **3** VT (*street*) border; **to b. (on)** (*country*) avoir une frontière commune avec; **to b. (up)on** (*resemble, verge on*) être voisin de ■ **borderline** N frontière f; **b. case** cas m limite

bore¹ [bɔː(r)] **1** VT (*weary*) ennuyer; **to be bored** s'ennuyer; **I'm bored with that job** ce travail m'ennuie **2** N (*person*) raseur, -euse mf; **it's a b.** c'est ennuyeux *ou* rasoir ■ **boring** ADJ ennuyeux, -euse

bore² [bɔː(r)] **1** N (*of gun*) calibre m **2** VT (*hole*) percer; (*rock, well*) forer, creuser **3** VI forer

bore³ [bɔː(r)] PT of **bear²**

boredom [ˈbɔːdəm] N ennui m

born [bɔːn] ADJ né; **to be b.** naître; **he was b. in Paris/in 1980** il est né à Paris/en 1980

borne [bɔːn] PP of **bear²**

borough [ˈbʌrə] N circonscription f électorale urbaine

borrow [ˈbɒrəʊ] VT emprunter (**from** à)

Bosnia [ˈbɒznɪə] N la Bosnie

bosom [ˈbʊzəm] N (*chest, breasts*) poitrine f; (*breast*) sein m; *Fig* (*heart, soul*) sein; **b. friend** ami, -ie mf intime

boss [bɒs] **1** N patron, -onne mf **2** VT **to b. sb around** or **about** donner des ordres à qn ■ **bossy** (**-ier, -iest**) ADJ autoritaire

botany [ˈbɒtənɪ] N botanique f ■ **botanical** [bəˈtænɪkəl] ADJ botanique ■ **botanist** N botaniste mf

botch [bɒtʃ] VT Fam **to b. (up)** (spoil) bâcler; (repair badly) rafistoler

both [bəʊθ] **1** ADJ les deux; **b. brothers** les deux frères **2** PRON tous/toutes (les) deux; **b. of the boys** les deux garçons; **b. of us** tous les deux; **b. of them died** ils sont morts tous les deux **3** ADV (at the same time) à la fois; **b. in England and in France** en Angleterre comme en France; **b. you and I know that...** vous et moi, nous savons que...

bother ['bɒðə(r)] **1** N (trouble) ennui m; (effort) peine f; (inconvenience) dérangement m; Br **(oh) b.!** zut alors! **2** VT (annoy, worry) ennuyer; (disturb) déranger; (pester) importuner; (hurt, itch) (of foot, eye) gêner; **to b. doing** or **to do sth** se donner la peine de faire qch; **I can't be bothered!** ça m'embête! **3** VI **to b. about** (worry about) se préoccuper de; (deal with) s'occuper de; **don't b.!** ne prends pas cette peine!

Botox® ['bəʊtɒks] **1** N Botox® m; **to have B.** se faire faire des injections de Botox® **2** VT Fam faire des injections de Botox® à; **to get Botoxed** se faire faire des injections de Botox®

bottle ['bɒtəl] **1** N bouteille f; (small) flacon m; (wide-mouthed) bocal m; (for baby) biberon m; **b. bank** conteneur m pour verre usagé; **b. opener** ouvre-bouteilles m inv **2** VT (milk, wine) mettre en bouteilles; **to b. up** (feeling) refouler ■ **bottle-feed** (pt & pp **-fed**) VT nourrir au biberon ■ **bottleneck** N (in road) goulot m d'étranglement; (traffic hold-up) bouchon m

bottom ['bɒtəm] **1** N (of sea, box) fond m; (of page, hill) bas m; (of table) bout m; Fam (buttocks) derrière m; **to be (at the) b. of the class** être le dernier/la dernière de la classe **2** ADJ (shelf) inférieur, du bas; **b. floor** rez-de-chaussée m; **b. part** or **half** partie f inférieure ■ **bottomless** ADJ (funds) inépuisable; **b. pit** gouffre m

bought [bɔːt] PT & PP of **buy**

boulder ['bəʊldə(r)] N rocher m

bounce [baʊns] **1** N rebond m **2** VT (ball) faire rebondir **3** VI (of ball) rebondir (**off** contre); (of person) faire des bonds; Fam (of cheque) être sans provision

bouncer ['baʊnsə(r)] N Fam (doorman) videur m

bound¹ [baʊnd] ADJ (**a**) **b. to do** (obliged) obligé de faire; (certain) sûr de faire; **it's b. to snow** il va sûrement neiger; **to be b. for** (of person, ship) être en route pour; (of train, plane) être à destination de (**b**) **b. up with** (connected) lié à

bound² [baʊnd] N (leap) bond m **2** VI bondir

bound³ [baʊnd] PT & PP of **bind**

boundary ['baʊndərɪ] (pl **-ies**) N limite f

bounds [baʊndz] NPL limites fpl; **out of b.** (place) interdit

bounty ['baʊntɪ] (pl **-ies**) N (reward) prime f

bouquet [bəʊ'keɪ] N (of flowers, wine) bouquet m

bout [baʊt] N (of fever, coughing, violence) accès m; (of asthma, malaria) crise f; (session) séance f; (period) période f; Boxing combat m; **a b. of flu** une grippe

boutique [buː'tiːk] N boutique f (de mode)

bow¹ [bəʊ] N (weapon) arc m; (of violin) archet m; (knot) nœud m; **b. tie** nœud m papillon ■ **bow-legged** ['bəʊ'legɪd] ADJ aux jambes arquées

bow² [baʊ] **1** N (with knees bent) révérence f; (nod) salut m; **to take a b.** (of actor) saluer **2** VT **to b. one's head** incliner la tête **3** VI s'incliner (**to** devant); (nod) incliner la tête (**to** devant); **to b. down** (submit) s'incliner (**to** devant)

bow³ [baʊ] N (of ship) proue f

bowels ['baʊəlz] NPL intestins mpl; Literary **in the b. of the earth** dans les entrailles de la terre

bowl¹ [bəʊl] N (small dish) bol m; (for salad) saladier m; (for soup) assiette f creuse; (of toilet) cuvette f

bowl² [bəʊl] **1** N **bowls** (game) boules fpl **2** VI (in cricket) lancer la balle ■ **bowling** N (tenpin) b. bowling m; **b. alley** bowling; **b. ball** boule f de bowling; **b. green** terrain m de boules

▸ **bowl along** VI (of car, bicycle) rouler à toute vitesse

▸ **bowl over** VT SEP (knock down) renverser; Fig (astound) **to be bowled over by sth** être stupéfié par qch

bowler ['bəʊlə(r)] N Br **b. (hat)** chapeau m melon

box [bɒks] **1** N boîte f; (larger) caisse f; (of cardboard) carton m; (in theatre) loge f; (for horse, in stable) box m; Br Fam (television) télé f; **b. office** bureau m de location; Br **b. room** (for storage) débarras m; (bedroom) petite chambre f **2** VT (**a**) **to b. (up)** mettre en boîte/caisse; **to b. in** (enclose) enfermer (**b**) **to b. sb's ears** gifler qn **3** VI boxer; **to b. against sb** boxer contre qn ■ **boxing** N (**a**) boxe f; **b. gloves/match** gants mpl/combat m de boxe; **b. ring** ring m (**b**) Br **B. Day** le lendemain de Noël

boxer ['bɒksə(r)] N (fighter) boxeur m; (dog) boxer m

boy [bɔɪ] N garçon m; **English b.** jeune Anglais m; Br **old b.** (former pupil) ancien élève m; Fam **the boys** (pals) les copains mpl; **my dear b.** mon cher ami; **oh b.!** mon Dieu! ■ **boyfriend** N petit ami m ■ **boyhood** N enfance f

boycott ['bɔɪkɒt] **1** N boycottage m **2** VT boycotter

bra [brɑː] N soutien-gorge m

brace [breɪs] **1** N (dental) appareil m dentaire; (on leg, arm) appareil m orthopédique; (for fastening)

attache f; *Br* **braces** *(for trousers)* bretelles *fpl* **2** *vt*
to b. oneself for sth *(news, shock)* se préparer à
qch ■ **bracing** ADJ *(air)* vivifiant

bracelet ['breɪslɪt] N bracelet *m*

bracken ['brækən] N fougère *f*

bracket ['brækɪt] **1** N *(for shelves)* équerre *f; (round
sign)* parenthèse *f; (square sign)* crochet *m; (group)*
groupe *m; (for tax)* tranche *f;* **in brackets** entre
parenthèses/crochets **2** *vt* mettre entre paren-
thèses/crochets; **to b. together** mettre dans le
même groupe

brag [bræg] *(pt & pp* **-gg-)** *vi* se vanter (**about** *or*
of sth de qch; **about doing** de faire)

braid [breɪd] **1** N *(of hair)* tresse *f; (trimming)* galon
m **2** *vt (hair)* tresser; *(trim)* galonner

Braille [breɪl] N braille *m;* **in B.** en braille

brain [breɪn] **1** N cerveau *m; (of animal, bird)* cervelle *f; Fam* **to have brains** *(sense)* être intelligent;
b. damage lésions *fpl* cérébrales; **b. dead** dans
un coma dépassé; **b. drain** fuite *f* des cerveaux;
b. surgeon neurochirurgien, -ienne *mf* **2** *vt Fam
(hit)* assommer ■ **brainchild** ['breɪntʃaɪld]
N trouvaille *f* ■ **brainstorm** N *Br (mental
confusion)* aberration *f; Am (brilliant idea)* idée
f géniale ■ **brainstorming** N brainstorming
m ■ **brainwash** *vt* faire un lavage de cerveau
à ■ **brainwashing** N lavage *m* de cerveau
■ **brainwave** N idée *f* géniale ■ **brainy** (**-ier,
-iest**) ADJ *Fam* intelligent

brake [breɪk] **1** N frein *m;* **b. fluid** liquide *m* de
freins; **b. light** *(on vehicle)* stop *m* **2** *vi* freiner

bran [bræn] N son *m*

branch [brɑːntʃ] **1** N branche *f; (of road)* embranchement *m; (of river)* bras *m; (of store)* succursale
f; (of bank) agence *f;* **b. office** succursale **2** *vi* **to b.
off** *(of road)* bifurquer; **to b. out** *(of firm, person)*
étendre ses activités; *(of family, tree)* se ramifier

brand [brænd] **1** N *(on product, on cattle)* marque
f; (type) type *m,* style *m;* **b. name** marque **2** *vt
(mark)* marquer; *Fig* **to be branded as a liar/
coward** avoir une réputation de menteur/lâche

brandish ['brændɪʃ] *vt* brandir

brand-new [brænd'njuː] ADJ tout neuf *(f* toute
neuve)

brandy ['brændɪ] *(pl* **-ies**) N cognac *m; (made with
fruit)* eau-de-vie *f*

brash [bræʃ] ADJ exubérant

brass [brɑːs] N cuivre *m; (instruments in orchestra)*
cuivres *mpl; Fam* **the top b.** *(officers, executives)*
les huiles *fpl;* **b. band** fanfare *f*

brat [bræt] N *Pej (child)* morveux, -euse *mf; (badly
behaved)* sale gosse *mf*

brave [breɪv] **1** (**-er, -est**) ADJ courageux, -euse **2**
N *(native American)* brave *m* **3** *vt (danger)* braver

■ **bravely** ADV courageusement ■ **bravery** N
courage *m*

Note that the French word **brave** is a false friend.
Its most common meaning is **kind**.

bravo [brɑː'vəʊ] EXCLAM bravo!

brawl [brɔːl] **1** N *(fight)* bagarre *f* **2** *vi* se bagarrer

brawn [brɔːn] N *Fam* muscles *mpl*

brazen ['breɪzən] **1** ADJ *(shameless)* effronté; *(lie)*
éhonté **2** *vt* **to b. it out** s'en tirer au culot

Brazil [brə'zɪl] N le Brésil ■ **Brazilian 1** ADJ
brésilien, -ienne **2** N (**a**) *(person)* Brésilien, -ienne
mf (**b**) *(wax)* épilation *f* maillot brésilien

breach [briːtʃ] **1** N (**a**) *(of rule)* violation *f* (**of** de);
b. of contract rupture *f* de contrat; **b. of trust**
abus *m* de confiance (**b**) *(in wall)* brèche *f* **2** *vt*
(**a**) *(law, code)* enfreindre à; *(contract)* rompre (**b**)
(wall) ouvrir une brèche dans

bread [bred] N pain *m; Fam (money)* blé *m;* **loaf
of b.** pain; **(slice** *or* **piece of) b. and butter** pain
beurré; **b. knife** couteau *m* à pain ■ **breadbin,**
Am **breadbox** N boîte *f* à pain ■ **breadboard**
N planche *f* à pain ■ **breadcrumb** N miette *f*
de pain; **breadcrumbs** *(in cooking)* chapelure *f*
■ **breaded** ADJ pané ■ **breadline** N **on the b.**
indigent ■ **breadwinner** N **to be the b.** faire
bouillir la marmite

breadth [bretθ] N largeur *f*

break [breɪk] **1** N cassure *f; (in bone)* fracture *f;
(with person, group)* rupture *f; (in journey)* interruption *f; (rest)* repos *m; (in activity)* pause *f; (at
school)* récréation *f; (holidays)* vacances *fpl; Fam*
to have a lucky b. avoir de la veine; *Fam* **give
him a b.!** laisse-le tranquille!

2 *(pt* **broke,** *pp* **broken)** *vt* casser; *(into pieces,
with force)* briser; *(silence, spell, vow)* rompre; *(strike,
will, ice)* briser; *(agreement, promise)* manquer
à; *(treaty, law)* violer; *(record)* battre; *(journey)*
interrompre; *(news)* annoncer (**to** à); *(habit)* se
débarrasser de; **to b. one's arm** se casser le bras;
to b. sb's heart briser le cœur à qn; **to b. a fall**
amortir une chute; **to b. open** *(safe)* percer

3 *vi* se casser; *(into pieces, of heart, of voice)* se
briser; *(of boy's voice)* muer; *(of spell)* se rompre;
(of weather) changer; *(of news)* éclater; *(of day)* se
lever; *(of wave)* déferler; *(stop work)* faire la pause;
to b. in two se casser en deux; **to b. free** se
libérer ■ **breakable** ADJ fragile ■ **breakage**
N **were there any breakages?** est-ce qu'il y
a eu de la casse? ■ **breakaway** ADJ *(group)*
dissident ■ **breakdown** N *(of machine)* panne
f; (of argument, figures) analyse *f; (of talks)* échec
m; (of person) dépression *f* ■ *Br* **b. lorry** *or* **van**
dépanneuse *f* ■ **breaker** N *(wave)* déferlante
f ■ **break-in** N cambriolage *m* ■ **breaking-
point** N **at b.** *(person, patience)* à bout; *(marriage)*

au bord de la rupture ■ **breakthrough** N *(discovery)* découverte *f* fondamentale ■ **breakup** N fin *f*; *(in marriage, friendship)* rupture *f*

▸ **break away 1** VI se détacher **2** VT SEP détacher

▸ **break down 1** VT SEP *(door)* enfoncer; *(resistance)* briser; *(argument, figures)* analyser **2** VI *(of machine)* tomber en panne; *(of talks, negotiations)* échouer; *(of person)* *(collapse)* s'effondrer; *(have nervous breakdown)* craquer; *(start crying)* éclater en sanglots

▸ **break in 1** VI *(of burglar)* entrer par effraction; *(interrupt)* interrompre **2** VT SEP *(door)* enfoncer; *(horse)* dresser

▸ **break into** VT INSEP *(house)* entrer par effraction; *(safe)* forcer; **to b. into song/a run** se mettre à chanter/courir; **to b. into laughter/tears** éclater de rire/en sanglots

▸ **break off 1** VT SEP *(detach)* *(twig, handle)* détacher; *(relations)* rompre **2** VI *(become detached)* se casser; *(stop)* s'arrêter; **to b. off with sb** rompre avec qn

▸ **break out** VI *(of war, fire)* éclater; *(escape)* s'échapper **(of** de); **to b. out in a rash** se couvrir de boutons

▸ **break through 1** VI *(of sun, army)* percer **2** VT INSEP *(defences)* percer; *(barrier)* forcer; *(wall)* faire une brèche dans

▸ **break up 1** VT SEP *(reduce to pieces)* mettre en morceaux; *(marriage)* briser; *(fight)* mettre fin à **2** VI *(end)* prendre fin; *(of group)* se disperser; *(of marriage)* se briser; *(from school)* partir en vacances; **to b. up with sb** rompre avec qn

breakfast ['brekfəst] N petit déjeuner *m*; **to have b.** prendre le petit déjeuner; **b. TV** émissions *fpl* (télévisées) du matin

breakwater ['breɪkwɔːtə(r)] N brise-lames *m inv*

breast [brest] N *(of woman)* sein *m*; *(chest)* poitrine *f*; *(of chicken)* blanc *m* ■ **breastfeed** *(pt & pp* **-fed)** VT allaiter ■ **breaststroke** N *(in swimming)* brasse *f*

breath [breθ] N souffle *m*; **out of b.** à bout de souffle; **to take a deep b.** respirer profondément; **to hold one's b.** retenir son souffle ■ **breathalyser**® N Alcotest® *m* ■ **breathless** ADJ hors d'haleine ■ **breathtaking** ADJ à couper le souffle

breathe [briːð] **1** VI *(of person, animal)* respirer; **to b. in** inhaler; **to b. out** expirer **2** VT respirer; **to b. air into sth** souffler dans qch; **to b. a sigh of relief** pousser un soupir de soulagement ■ **breathing** N respiration *f*; *Fig* **b. space** moment *m* de repos

breather ['briːðə(r)] N *Fam* pause *f*; **to take a b.** faire une pause

bred [bred] **1** PT & PP of **breed 2** ADJ **well-b.** bien élevé

breed [briːd] **1** N race *f* **2** *(pt & pp* **bred)** VT *(animals)* élever; *Fig (hatred, violence)* engendrer **3** VI *(of animals)* se reproduire ■ **breeding** N *(of animals)* élevage *m*; *(procreation)* reproduction *f*; *Fig (manners)* éducation *f*

breeze [briːz] N brise *f* ■ **breezy** (**-ier, -iest**) ADJ (a) *(weather, day)* frais (*f* fraîche), venteux, -euse (b) *(cheerful)* jovial; *(relaxed)* décontracté

brew [bruː] **1** N *(drink)* breuvage *m*; *(of tea)* infusion *f* **2** VT *(beer)* brasser; *Fig (trouble, plot)* préparer; **to b. some tea** *(make)* préparer du thé **3** VI *(of beer)* fermenter; *(of tea)* infuser; *Fig (of storm)* se préparer; **something is brewing** il se trame quelque chose ■ **brewery** *(pl* **-ies)** N brasserie *f*

bribe [braɪb] **1** N pot-de-vin *m* **2** VT acheter, soudoyer; **to b. sb into doing sth** soudoyer qn pour qu'il fasse qch ■ **bribery** N corruption *f*

brick [brɪk] **1** N brique *f*; *(child's)* cube *m*; **b. wall** mur en briques; *Br Fam* **to drop a b.** faire une gaffe **2** VT **to b. up** *(gap, door)* murer ■ **bricklayer** N maçon *m* ■ **brickwork** N *(bricks)* briques *fpl*; *(construction)* ouvrage *m* en briques

bridal ['braɪdəl] ADJ *(ceremony, bed)* nuptial; **b. gown** robe *f* de mariée; **b. suite** *(in hotel)* suite *f* nuptiale

bride [braɪd] N mariée *f*; **the b. and groom** les mariés *mpl* ■ **bridegroom** N marié *m* ■ **bridesmaid** N demoiselle *f* d'honneur

bridge[1] [brɪdʒ] **1** N pont *m*; *(on ship)* passerelle *f*; *(of nose)* arête *f*; *(on teeth)* bridge *m* **2** VT **to b. a gap** combler une lacune

bridge[2] [brɪdʒ] N *(game)* bridge *m*

bridle ['braɪdəl] **1** N *(for horse)* bride *f*; **b. path** allée *f* cavalière **2** VT *(horse)* brider

brief[1] [briːf] (**-er, -est**) ADJ bref (*f* brève); **in b.** en résumé ■ **briefly** ADV *(quickly)* en vitesse; *(say)* brièvement; *(hesitate)* un court instant

brief[2] [briːf] **1** N *(instructions)* instructions *fpl*; *(legal)* dossier *m*; *Fig (task)* tâche *f* **2** VT donner des instructions à; *(inform)* mettre au courant (**on** de) ■ **briefing** N *(information)* instructions *fpl*; *(meeting)* briefing *m*

briefcase ['briːfkeɪs] N serviette *f*

briefs [briːfs] NPL *(underwear)* slip *m*

brigade [brɪ'ɡeɪd] N brigade *f*

bright [braɪt] **1** (**-er, -est**) ADJ *(star, eyes, situation)* brillant; *(light, colour)* vif (*f* vive); *(weather, room)* clair; *(clever)* intelligent; *(happy)* joyeux, -euse; *(future)* prometteur, -euse; *(idea)* génial; **b. interval** *(sunny period)* éclaircie *f* **2** ADV **b. and early** *(to get up)* de bon matin ■ **brightly** ADV *(shine)* avec éclat ■ **brightness** N éclat m; (of person) intelligence f

brighten ['braɪtən] 1 VT to b. (up) (room) égayer 2 VI to b. (up) (of weather) s'éclaircir; (of face) s'éclairer; (of person) s'égayer

brilliant ['brɪljənt] ADJ (light) éclatant; (person, idea, career) brillant; Br Fam (fantastic) super inv ■ **brilliance** N éclat m; (of person) intelligence f

brim [brɪm] 1 N (of hat, cup) bord m 2 (pt & pp -mm-) VI to b. over déborder (with de)

brine [braɪn] N saumure f

bring [brɪŋ] (pt & pp brought) VT (person, animal, car) amener; (object) apporter; (cause) provoquer; **it has brought me great happiness** cela m'a procuré un grand bonheur; **to b. tears to sb's eyes** faire venir les larmes aux yeux de qn; **to b. sth to sb's attention** attirer l'attention de qn sur qch; **to b. sth to an end** mettre fin à qch; **I can't b. myself to do it** je ne peux pas me résoudre à le faire

▸ **bring about** VT SEP provoquer

▸ **bring along** VT SEP (object) apporter; (person) amener

▸ **bring back** VT SEP (person) ramener; (object) rapporter; (memories) rappeler

▸ **bring down** VT SEP (object) descendre; (overthrow) faire tomber; (reduce) réduire; (shoot down) (plane) abattre

▸ **bring forward** VT SEP (in time or space) avancer; (witness) produire

▸ **bring in** VT SEP (object) rentrer; (person) faire entrer/venir; (introduce) introduire; (income) rapporter

▸ **bring off** VT SEP (task) mener à bien

▸ **bring out** VT SEP (object) sortir; (person) faire sortir; (meaning) faire ressortir; (book) publier; (product) lancer

▸ **bring round** VT SEP (revive) ranimer; (convert) convaincre; **she brought him round to her point of view** elle a su le convaincre

▸ **bring to** VT SEP to b. sb to ranimer qn

▸ **bring together** VT SEP (friends, members) réunir; (reconcile) réconcilier; (put in touch) mettre en contact

▸ **bring up** VT SEP (object) monter; (child) élever; (question) soulever; (subject) mentionner; (food) rendre

brink [brɪŋk] N bord m; **on the b. of sth** au bord de qch

brisk [brɪsk] (-er, -est) ADJ (lively) vif (f vive); **at a b. pace** vite; **trading is b.** le marché est actif; **business is b.** les affaires marchent bien

bristle ['brɪsəl] 1 N poil m 2 VI se hérisser; **bristling with difficulties** hérissé de difficultés

Britain ['brɪtən] N la Grande-Bretagne ■ **British** 1 ADJ britannique; **the B. Isles** les îles fpl Britanniques; **B. Summer Time** heure f d'été (en Grande-Bretagne) 2 NPL the B. les Britanniques mpl ■ **Briton** N Britannique mf

Brittany ['brɪtənɪ] N la Bretagne

brittle ['brɪtəl] ADJ cassant

broach [brəʊtʃ] VT (topic) aborder

broad[1] [brɔːd] (-er, -est) ADJ (wide) large; (accent) prononcé; **in b. daylight** en plein jour; **the b. outline of** (plan) les grandes lignes de; **b. bean** fève f; Am Sport **b. jump** saut m en longueur ■ **broadband** Tel & Comptr 1 N connexion f à haut débit ou à large bande 2 ADJ à haut débit, à large bande ■ **'broad-'minded** ADJ (person) à l'esprit large; **b.-minded views (on)** des idées fpl larges (sur) ■ **'broad-'shouldered** ADJ large d'épaules

broad[2] [brɔːd] N Am Fam (woman) gonzesse f

broadcast ['brɔːdkɑːst] 1 N émission f 2 (pt & pp broadcast) VT diffuser 3 VI (of station) émettre; (of person) parler à la radio/à la télévision ■ **broadcaster** N journaliste mf de radio/télévision ■ **broadcasting** N Radio radiodiffusion f; TV télévision f

broaden ['brɔːdən] 1 VT élargir 2 VI s'élargir

broadly ['brɔːdlɪ] ADV b. (speaking) en gros

broccoli ['brɒkəlɪ] N INV (plant) brocoli m; (food) brocolis mpl

brochure ['brəʊʃə(r)] N brochure f

broil [brɔɪl] VTI Am griller ■ **broiler** N Am poulet m (à rôtir); (apparatus) gril m

broke [brəʊk] 1 PT of break 2 ADJ Fam (penniless) fauché ■ **broken** 1 PP of break 2 ADJ (man, voice, line) brisé; (ground) accidenté; (spirit) abattu; **in b. English** en mauvais anglais; **b. home** famille f désunie

broker ['brəʊkə(r)] N (for shares, currency) agent m de change; (for goods, insurance) courtier, -ière mf

brolly ['brɒlɪ] (pl -ies) N Br Fam (umbrella) pépin m

bronchitis [brɒŋ'kaɪtɪs] N bronchite f

bronze [brɒnz] N bronze m; **b. statue** statue f en bronze

brooch [brəʊtʃ] N (ornament) broche f

brood [bruːd] 1 N couvée f 2 VI (of bird) couver; Fig **to b. over sth** (of person) ruminer qch ■ **broody** (-ier, -iest) ADJ (person) (sulky) maussade; (dreamy) rêveur, -euse; Br Fam (woman) en mal d'enfant

brook [brʊk] 1 N ruisseau m 2 VT Formal (tolerate) tolérer

broom [bruːm] 1 N (for sweeping) balai m 2 (plant) genêt m ■ **broomstick** N manche m à balai

broth [brɒθ] N (thin) bouillon m; (thick) potage m

brothel ['brɒθəl] N maison f close

brother ['brʌðə(r)] N frère m ■ **brother-in-law** (pl **brothers-in-law**) N beau-frère m ■ **brotherly** ADJ fraternel, -elle

brought [brɔːt] PT & PP of **bring**

brow [braʊ] N (a) (forehead) front m (b) (of hill) sommet m

brown [braʊn] 1 (**-er, -est**) ADJ marron inv; (hair) châtain; (tanned) bronzé 2 N marron m 3 VT (of sun) brunir; (food) faire dorer; Br Fam **to be browned off** en avoir marre 4 VI (of food) dorer

brownie ['braʊnɪ] N (cake) brownie m

Brownie ['braʊnɪ] N (girl scout) ≃ jeannette f

browse [braʊz] 1 VT Comptr **to b. the Web** naviguer sur le Web 2 VI (a) (in bookshop) feuilleter des livres; (in shop, supermarket) regarder; **to b. through** (book) feuilleter (b) (of animal) brouter

bruise [bruːz] 1 N bleu m, (on fruit) meurtrissure f 2 VT **to b. one's knee/hand** se faire un bleu au genou/à la main; **to b. a fruit** taler un fruit ■ **bruised** ADJ (covered in bruises) couvert de bleus ■ **bruising** N (bruises) bleus mpl

brunch [brʌntʃ] N Fam brunch m

brunette [bruːˈnet] N brunette f

brunt [brʌnt] N **to bear the b. of** (attack, anger) subir le plus gros de; (expense) assumer la plus grosse part de

brush [brʌʃ] 1 N (tool) brosse f; (for shaving) blaireau m; (for sweeping) balayette f; **to give sth a b.** donner un coup de brosse à qch 2 VT (teeth, hair) brosser; (clothes) donner un coup de brosse à; **to b. sth/sb aside** écarter qn/qch; **to b. sth away** or **off** enlever qch 3 VI **to b. against sb/sth** effleurer qn/qch ■ **brush-off** N Fam **to give sb the b.** envoyer promener qn

brusque [bruːsk] ADJ brusque

Brussels ['brʌsəlz] N Bruxelles m ou f; **B. sprouts** choux mpl de Bruxelles

brutal ['bruːtəl] ADJ brutal; (attack) sauvage ■ **bru'tality** [-ˈtælɪtɪ] N brutalité f; (of attack) sauvagerie f

brute [bruːt] 1 N (animal) bête f; (person) brute f 2 ADJ **by b. force** par la force

BSc [biːesˈsiː], Am **BS** [biːˈes] (abbr **Bachelor of Science**) ➤ **bachelor**

BSE [biːesˈiː] (abbr **bovine spongiform encephalopathy**) N EBS f, maladie f de la vache folle

bubble ['bʌbəl] 1 N (of air, soap) bulle f; **b. bath** bain m moussant; **b. gum** chewing-gum m 2 VI (of liquid) bouillonner; **to b. over (with)** déborder (de) ■ **bubbly** 1 ADJ (liquid) plein de bulles;

(person, personality) débordant de vitalité 2 N Fam Hum (champagne) champ m

buck [bʌk] 1 N (a) Am Fam dollar m (b) (of rabbit) mâle m (c) Fam **to pass the b. (to sb)** refiler le bébé (à qn) 2 VT Fam **to b. sb up** remonter le moral à qn 3 VI Fam **to b. up** (become livelier) reprendre du poil de la bête; (hurry) se grouiller

bucket ['bʌkɪt] N seau m

buckle ['bʌkəl] 1 N boucle f 2 VT (a) (fasten) boucler (b) (deform) déformer 3 VI (deform) se déformer; **to b. down to a task** s'atteler à une tâche

bud [bʌd] 1 N (on tree) bourgeon m; (on flower) bouton m 2 (pt & pp -**dd**-) VI bourgeonner; (of flower) pousser des boutons ■ **budding** ADJ (talent) naissant; (doctor) en herbe

Buddhist ['bʊdɪst] ADJ & N bouddhiste (mf)

buddy ['bʌdɪ] (pl -**ies**) N Am Fam pote m

budge [bʌdʒ] 1 VI bouger 2 VT faire bouger

budgerigar ['bʌdʒərɪgɑː(r)] N Br perruche f

budget ['bʌdʒɪt] 1 N budget m 2 ADJ économique, pour petits budgets; **b. airline** low-cost m ou f 3 VI dresser un budget; **to b. for sth** inscrire qch au budget

budgie ['bʌdʒɪ] N Br Fam perruche f

buff [bʌf] 1 ADJ **b.(-coloured)** chamois inv 2 N Fam (a) **jazz/film b.** fanatique mf de jazz/de cinéma (b) **in the b.** à poil 3 VT (polish) lustrer; **to b. one's nails** se polir les ongles

buffalo ['bʌfələʊ] (pl -**oes** or -**o**) N buffle m; (**American**) **b.** bison m

buffer ['bʌfə(r)] N (a) (on train) tampon m; (at end of track) butoir m; Fig (safeguard) protection f (**against** contre); **b. state** État m tampon (b) (for polishing) polissoir m

buffet¹ ['bʊfeɪ] N (meal, café) buffet m; **cold b.** viandes fpl froides; Br **b. car** (on train) wagon-restaurant m

buffet² ['bʌfɪt] VT (of waves) secouer; (of wind, rain) cingler

buffoon [bəˈfuːn] N bouffon m

bug¹ [bʌg] 1 N (a) (insect) bestiole f; (bedbug) punaise f; Fam (germ) microbe m; **the travel/skiing b.** le virus des voyages/du ski (b) (in machine) défaut m; Comptr bogue m (c) (listening device) micro m 2 (pt & pp -**gg**-) VT (room) installer des micros dans

bug² [bʌg] (pt & pp -**gg**-) VT Fam (nag) embêter

buggy ['bʌgɪ] (pl -**ies**) N Am (pram) landau m; Br (**baby**) **b.** (pushchair) poussette f

build [bɪld] 1 N (of person) carrure f 2 (pt & pp **built** [bɪlt]) VT construire; **to b. sth up** (increase) augmenter qch; (business) monter qch; **to b. up speed/one's strength** prendre de la vitesse/des forces **3** vt **to b. up** *(of tension, pressure)* augmenter; *(of dust, snow, interest)* s'accumuler; *(of traffic)* devenir dense ■ **builder** n *(skilled)* maçon m; *(unskilled)* ouvrier m; *(contractor)* entrepreneur m ■ **building** n bâtiment m; *(flats, offices)* immeuble m; *(action)* construction f; **b. site** chantier m ■ **build-up** n *(increase)* augmentation f; *(of dust)* accumulation f; *(of troops)* concentration f; *(for author, book)* publicité f; **the b. to Christmas** la période précédant Noël

built-in [bɪlt'ɪn] adj *(cupboard)* encastré; *(part of machine)* incorporé; Fig *(innate)* inné

built-up ['bɪltʌp] adj urbanisé; **b. area** agglomération f

bulb [bʌlb] n *(of plant)* bulbe m; *(of lamp)* ampoule f

bulbous ['bʌlbəs] adj *(shape, nose)* gros et rond *(f* grosse et ronde); *(table leg)* renflé

Bulgaria [bʌl'geərɪə] n la Bulgarie ■ **Bulgarian 1** adj bulgare **2** n Bulgare mf

bulge [bʌldʒ] **1** n renflement m; Fam *(increase)* augmentation f **2** vi **to b. (out)** bomber; *(of eyes)* sortir de la tête ■ **bulging** adj bombé; *(eyes)* protubérant; **to be b.** *(of bag, pocket)* être bourré *(with* de)

bulimia [bʊ'lɪmɪə] n boulimie f

bulk [bʌlk] n inv *(of building, parcel)* volume m; *(of person)* grosseur f; **the b. of sth** la majeure partie de qch; **in b.** *(buy, sell)* en gros ■ **bulky** (**-ier, -iest**) adj volumineux, -euse

bull [bʊl] n (**a**) *(animal)* taureau m (**b**) very Fam *(nonsense)* conneries fpl ■ **bullfight** n corrida f

bulldoze ['bʊldəʊz] vt *(site)* passer au bulldozer; *(building)* démolir au bulldozer ■ **bulldozer** n bulldozer m

bullet ['bʊlɪt] n balle f ■ **bulletproof** adj *(car)* blindé; **it's b. glass** la vitre est blindée; **b. vest** gilet m pare-balles inv

bulletin ['bʊlɪtɪn] n bulletin m; **b. board** panneau m d'affichage

bullion ['bʊljən] n **gold b.** lingots mpl d'or

bullock ['bʊlək] n bœuf m

bull's-eye ['bʊlzaɪ] n *(of target)* centre m; **to hit the b.** mettre dans le mille

bully ['bʊlɪ] **1** (pl **-ies**) n terreur f **2** (pt & pp **-ied**) vt *(ill-treat)* maltraiter; **to b. sb into doing sth** forcer qn à faire qch ■ **bullying** n brimades fpl

bum [bʌm] Fam **1** n (**a**) Br *(buttocks)* derrière m; **b. bag** banane f (**b**) Am *(tramp)* clochard, -arde mf; *(good-for-nothing)* bon m à rien, bonne f à rien **2** (pt & pp **-mm-**) vi **to b. (around)** *(be idle)* glander; *(travel)* vadrouiller **3** vt Am **to b. sth off sb** *(cigarette)* taxer qch à qn

bumblebee ['bʌmbəlbiː] n bourdon m

bump [bʌmp] **1** n *(impact)* choc m; *(jerk)* secousse f; *(on road, body)* bosse f **2** vt *(of car)* heurter; **to b. one's head/knee** se cogner la tête/le genou; **to b. into** *(of person)* se cogner contre; *(meet)* tomber sur **3** vt **to b. along** *(in car)* cahoter ■ **bumper 1** n *(of car)* pare-chocs m inv **2** adj *(crop, year)* exceptionnel, -elle; **b. cars** autos fpl tamponneuses

bumpy ['bʌmpɪ] (**-ier, -iest**) adj *(road, ride)* cahoteux, -euse; **we had a b. flight** on a traversé des trous d'air pendant le vol

bun [bʌn] n (**a**) *(cake)* petit pain m au lait (**b**) *(of hair)* chignon m

bunch [bʌntʃ] n *(of flowers)* bouquet m; *(of keys)* trousseau m; *(of bananas)* régime m; *(of grapes)* grappe f; *(of people)* bande f; Fam **a b. of books/ ideas** un tas de livres/d'idées; **to wear one's hair in bunches** porter des couettes

bundle ['bʌndəl] **1** n paquet m; *(of papers)* liasse f; *(of firewood)* fagot m **2** vt *(put)* fourrer (**into** dans); *(push)* pousser (**into** dans); **to b. up** *(newspapers, letters)* mettre en paquet; **to b. sb off** expédier qn **3** vi **to b. (oneself) up** *(bien)* se couvrir

bung [bʌŋ] **1** n *(stopper)* bonde f **2** vt (**a**) Br Fam *(toss)* balancer (**b**) **to b. up** boucher

bungalow ['bʌŋgələʊ] n pavillon m de plain-pied

bungee jumping ['bʌndʒiːdʒʌmpɪŋ] n saut m à l'élastique

bungle ['bʌŋgəl] **1** vt gâcher **2** vi se tromper

bunk [bʌŋk] n *(in ship, train)* couchette f; **b. beds** lits mpl superposés

bunker ['bʌŋkə(r)] n Mil & Golf bunker m; *(for coal)* coffre m à charbon

bunny ['bʌnɪ] (pl **-ies**) n Fam **b. (rabbit)** petit lapin m

buoy [bɔɪ] **1** n bouée f **2** vt Fig **to b. up** *(support)* soutenir

buoyant ['bɔɪənt] adj *(in water)* qui flotte; Fig *(economy, prices)* stable; Fig *(person, mood)* plein d'allant

burden ['bɜːdən] **1** n fardeau m; **the tax b.** la pression fiscale; Law **b. of proof** charge f de la preuve **2** vt charger (**with** de); Fig accabler (**with** de)

bureau ['bjʊərəʊ] (pl **-eaux** [-əʊz]) n *(office)* bureau m; Br *(desk)* secrétaire m; Am *(chest of drawers)* commode f

bureaucracy [bjʊə'rɒkrəsɪ] n bureaucratie f ■ **bureaucrat** ['bjʊərəkræt] n bureaucrate mf

burger ['bɜːgə(r)] n hamburger m

burglar ['bɜːglə(r)] n cambrioleur, -euse mf; **b. alarm** alarme f antivol ■ **burglarize** vt Am cambrioler ■ **burglary** (pl **-ies**) n cambriolage m ■ **burgle** vt Br cambrioler

burial ['berɪəl] **1** N enterrement m **2** ADJ *(service)* funèbre; **b. ground** cimetière m

burly ['bɜːlɪ] **(-ier, -iest)** ADJ costaud

Burma ['bɜːmə] N *Formerly* la Birmanie ■ **Burmese** [-'miːz] **1** ADJ birman **2** N Birman, -ane mf

burn [bɜːn] **1** N brûlure f **2** *(pt & pp* **burned** *or* **burnt)** VT brûler; **burnt alive** brûlé vif *(f* brûlée vive); **to b. sth down** incendier qch **3** VI brûler; **to b. down** *(of house)* être détruit par les flammes; **to b. out** *(of fire)* s'éteindre; *(of fuse)* sauter ■ **burning 1** ADJ en feu; *(fire)* allumé; *Fig (topic)* brûlant; *(fever)* dévorant **2** N **smell of b.** odeur f de brûlé

burner ['bɜːnə(r)] N *(on stove)* brûleur m; *Fig* **to put sth on the back b.** remettre qch à plus tard

burp [bɜːp] *Fam* **1** N rot m **2** VI roter

burrow ['bʌrəʊ] **1** N *(hole)* terrier m **2** VTI creuser

bursar ['bɜːsə(r)] N *(in school)* intendant, -ante mf

bursary ['bɜːsərɪ] *(pl* **-ies)** N *(scholarship)* bourse f

burst [bɜːst] **1** N *(of shell)* éclatement m, explosion f; *(of laughter)* éclat m; *(of applause)* salve f; *(of thunder)* coup m; *(surge)* élan m **2** *(pt & pp* **burst)** VT *(bubble, balloon, boil)* crever; *(tyre)* faire éclater; **to b. open** *(door)* ouvrir brusquement **3** VI *(of bubble, balloon, boil, tyre, cloud)* crever; *(with force) (of shell, boiler, tyre)* éclater; **to b. into a room** faire irruption dans une pièce; **to b. into flames** prendre feu; **to b. into tears** fondre en larmes; **to b. out laughing** éclater de rire

bury ['berɪ] *(pt & pp* **-ied)** VT *(body)* enterrer; *(hide)* enfouir; *(plunge)* plonger **(in** dans); **to b. one's face into one's hands** enfouir son visage dans ses mains; **buried in one's work** plongé dans son travail

bus [bʌs] **1** *(pl* **buses** *or* **busses)** N autobus m, bus m; *(long-distance)* autocar m, car m; **by b.** en bus/en car; **b. driver/ticket** chauffeur m/ticket m de bus/car; **b. station** gare f routière; **b. stop** arrêt m de bus **2** *(pt & pp* **bused** *or* **bussed)** VT *(children)* transporter en bus

bush [bʊʃ] N buisson m; **the b.** *(land)* la brousse; **a b. of hair** une tignasse ■ **bushy (-ier, -iest)** ADJ *(hair, tail)* touffu

bushed [bʊʃt] ADJ *Fam (tired)* crevé

business ['bɪznɪs] **1** N affaires fpl, commerce m; *(shop)* commerce m; *(company, task, concern, matter)* affaire f; **the textile/construction b.** l'industrie f du textile/de la construction; **to travel on b.** partir en voyage d'affaires; **to go out of b.** *(stop trading)* fermer; **to go about one's b.** vaquer à ses occupations; **it's your b. to...** c'est à vous de...; **that's none of your b.!, mind your own b.!** ça ne vous regarde pas! **2** ADJ commercial; *(meeting, trip, lunch)* d'affaires; **b. card** carte f de visite; **b. hours** *(office)* heures fpl de bureau; *(shop)* heures d'ouverture; **b. studies** études fpl de commerce ■ **businesslike** ADJ professionnel, -elle ■ **businessman** *(pl* **-men)** N homme m d'affaires ■ **businesswoman** *(pl* **-women)** N femme f d'affaires

busker ['bʌskə(r)] N *Br* musicien, -ienne mf des rues

bust [bʌst] **1** N *(statue)* buste m; *(of woman)* poitrine f **2** ADJ *Fam (broken)* fichu; **to go b.** *(bankrupt)* faire faillite **3** *(pt & pp* **bust** *or* **busted)** VT *Fam (break)* bousiller; *(arrest)* coffrer ■ **bust-up** N *Fam (quarrel)* engueulade f; *(break-up)* rupture f

bustle ['bʌsəl] **1** N animation f **2** VI **to b. (about)** s'affairer

busy ['bɪzɪ] **1** *(-ier, -iest)* ADJ occupé; *(active)* actif, -ive; *(day)* chargé; *(street)* animé; *Am (phone, line)* occupé; **to be b. doing** *(in the process of)* être occupé à faire; **to keep oneself b.** s'occuper; **the shops were very b.** il y avait plein de monde dans les magasins **2** VT **to b. oneself** s'occuper **(with sth** à qch; **doing** à faire) ■ **busybody** *(pl* **-ies)** N *Fam* fouineur, -euse mf

but [bʌt, *unstressed* bət] **1** CONJ mais **2** PREP *(except)* sauf; **b. for him** sans lui; **no one b. you** personne d'autre que toi; **the last b. one** l'avant-dernier, -ière mf **3** ADV *Formal (only)* ne...que, seulement; **he's b. a child** ce n'est qu'un enfant; **one can b. try** on peut toujours essayer

butcher ['bʊtʃə(r)] **1** N boucher m; **b.'s (shop)** boucherie f **2** VT *(people)* massacrer; *(animal)* abattre

butler ['bʌtlə(r)] N maître m d'hôtel

butt [bʌt] **1** N *(of cigarette)* mégot m; *(of gun)* crosse f; *Fig (of joke)* cible f; *Am Fam (buttocks)* derrière m **2** VT *(with head)* donner un coup de tête à **3** VI **to b. in** intervenir

butter ['bʌtə(r)] **1** N beurre m; *Br* **b. bean** = gros haricot blanc; **b. dish** beurrier m **2** VT beurrer; *Fam* **to b. sb up** passer de la pommade à qn ■ **butterscotch** N caramel m dur au beurre

buttercup ['bʌtəkʌp] N bouton-d'or m

butterfly ['bʌtəflaɪ] *(pl* **-ies)** N papillon m; *Fam* **to have butterflies** avoir l'estomac noué; **b. stroke** *(in swimming)* brasse f papillon

buttock ['bʌtək] N fesse f

button ['bʌtən] **1** N bouton m; *(of phone)* touche f; *Am (badge)* badge m **2** VT **to b. (up)** boutonner **3** VI **to b. (up)** *(of garment)* se boutonner ■ **buttonhole 1** N boutonnière f **2** VT *Fam (person)* coincer

buy [baɪ] **1** N **a good b.** une bonne affaire **2** *(pt & pp* **bought)** VT **(a)** *(purchase)* acheter **(from sb** à qn; **for sb** à *ou* pour qn); **to b. back** racheter; **to b. over** *(bribe)* corrompre; **to b. up** acheter en bloc (**b**) *Am Fam (believe)* avaler; **I'll b. that!** je veux bien le croire! ■ **buyer** N acheteur, -euse *mf*

buzz [bʌz] **1** N (**a**) *(noise)* bourdonnement *m* (**b**) *Fam (phone call)* **to give sb a b.** passer un coup de fil à qn **2** VT **to b. sb** *(using buzzer)* appeler qn **3** VI bourdonner; *Fam* **to b. off** se tirer ■ **buzzer** N *(internal phone)* Interphone® *m*; *(of bell, clock)* sonnerie *f*

by [baɪ] **1** PREP (**a**) *(agent)* par; de; **hit/chosen by** frappé/choisi par; **surrounded/followed by** entouré/suivi de; **a book/painting by…** un livre/tableau de… (**b**) *(manner, means)* par; en; à; de; **by sea** par mer; **by mistake** par erreur; **by car/train** en voiture/train; **by bicycle** à bicyclette; **by doing** en faisant; **one by one** un à un; **day by day** de jour en jour; **by sight/day** de vue/jour; **(all) by oneself** tout seul (**c**) *(next to)* à côté de;

(near) près de; **by the lake/sea** au bord du lac/de la mer; **to go** *or* **pass by the bank/school** passer devant la banque/l'école (**d**) *(before in time)* avant; **by Monday** avant lundi, d'ici lundi; **by now** à cette heure-ci; **by yesterday** (dès) hier (**e**) *(amount, measurement)* à; **by the kilo** au kilo; **taller by a metre** plus grand d'un mètre; **paid by the hour** payé à l'heure (**f**) *(according to)* à, d'après; **it's fine** *or* **OK** *or* **all right by me** je n'y vois pas d'objection **2** ADV **close by** tout près; **to go** *or* **pass by** passer ■ **by-law** N arrêté *m* (municipal) ■ **by-product** N sous-produit *m*

bye(-bye) [ˈbaɪ(ˈbaɪ)] EXCLAM *Fam* salut!, au revoir!; **b. for now!** à bientôt!

bypass [ˈbaɪpɑːs] **1** N rocade *f*; **(heart) b. operation** pontage *m* **2** VT *(town)* contourner; *Fig (ignore)* court-circuiter

bystander [ˈbaɪstændə(r)] N passant, -ante *mf*

byte [baɪt] N *Comptr* octet *m*

byword [ˈbaɪwɜːd] N **a b. for** un synonyme de

C, c¹ [siː] N C, c m inv

c² (abbr **cent**) ct

cab [kæb] N taxi m; (of train, lorry) cabine f; Hist (horse-drawn) fiacre m

cabaret ['kæbəreɪ] cabaret m

cabbage ['kæbɪdʒ] N chou m (pl choux)

cabbie, cabby ['kæbɪ] (pl **-ies**) N Fam chauffeur m de taxi

cabin ['kæbɪn] N (on ship, plane) cabine f; (hut) cabane f; Av **c. crew** équipage m

cabinet¹ ['kæbɪnɪt] N (cupboard) armoire f; (for display) vitrine f; **(filing) c.** classeur m (meuble)

cabinet² ['kæbɪnɪt] N (government ministers) gouvernement m; **c. meeting** ≃ Conseil m des ministres; **c. minister** ministre m

cable ['keɪbəl] **1** N câble m; **c. car** (with overhead cable) téléphérique m; (on tracks) funiculaire m; **c. television** la télévision par câble; Fam **to have c.** avoir le câble **2** VT (message) câbler (**to** à)

cactus ['kæktəs] (pl **-ti** [-taɪ] or **-tuses** [-təsɪz]) N cactus m

caddie ['kædɪ] N Golf caddie m

cadet [kə'det] N élève m officier

cadge [kædʒ] VT Fam (meal) se faire payer (**off sb** par qn); **to c. money from** or **off sb** taper qn

Caesarean, Am **Cesarean** [sɪ'zeərɪən] N **C. (section)** césarienne f

café ['kæfeɪ] N café m

cafeteria [kæfɪ'tɪərɪə] N cafétéria f

caffeine ['kæfiːn] N caféine f

cage [keɪdʒ] **1** N cage f **2** VT **to c. (up)** mettre en cage

cagey ['keɪdʒɪ] ADJ (evasive) évasif, -ive (**about** sur); (cautious) prudent

cahoots [kə'huːts] N Fam **in c.** de mèche (**with sb** avec qn)

Cairo ['kaɪərəʊ] N Le Caire

cajole [kə'dʒəʊl] VT enjôler

cake¹ [keɪk] N gâteau m; (small) pâtisserie f; **c. shop** pâtisserie; **c. of soap** savonnette f; **it's a piece of c.** c'est du gâteau

cake² [keɪk] VT **caked with blood/mud** couvert de sang/boue

calamity [kə'læmɪtɪ] (pl **-ies**) N calamité f

calcium ['kælsɪəm] N calcium m

calculate ['kælkjʊleɪt] VTI calculer; **to c. that…** (estimate) calculer que… ■ **calculated** ADJ (deliberate) délibéré; **a c. risk** un risque calculé ■ **calculating** ADJ (shrewd) calculateur, -trice ■ **calculation** [-'leɪʃən] N calcul m

calculator ['kælkjʊleɪtə(r)] N calculatrice f

calendar ['kælɪndə(r)] N calendrier m; (directory) annuaire m; Am (for engagements) agenda m; **c. month** mois m civil; **c. year** année f civile

calf [kɑːf] (pl **calves**) N **(a)** (animal) veau m **(b)** (part of leg) mollet m

calibre, Am **caliber** ['kælɪbə(r)] N calibre m

calico ['kælɪkəʊ] N (fabric) calicot m; Am (printed) indienne f

call [kɔːl] **1** N (on phone) appel m; (shout) cri m; (vocation) vocation f; (visit) visite f; **(telephone) c.** appel téléphonique; **to make a c.** téléphoner (**to** à); **to give sb a c.** téléphoner à qn; **to return sb's c.** rappeler qn; **on c.** (doctor) de garde; **there's no c. for that article** cet article n'est pas très demandé **2** VT (phone) appeler; (shout to) crier; (truce) demander; **he's called David** il s'appelle David; **to c. a meeting** décider d'organiser une réunion; **to c. sb a liar** traiter qn de menteur; **to c. sth into question** mettre qch en question **3** VI appeler; (cry out) crier; (visit) passer; **the train will c. at York** le train s'arrêtera à York ■ **call-up** N (of recruits) appel m (sous les drapeaux)

▸ **call back** VT SEP & VI rappeler

▸ **call by** VI (visit) passer

▸ **call for** VT INSEP (require) demander; (summon) appeler; (collect) passer prendre

▸ **call in 1** VT SEP (into room) faire entrer; (police) appeler; (product) rappeler **2** VI **to c. in** (on sb) (visit) passer (chez qn)

▸ **call off** VT SEP (cancel) annuler; (strike) mettre fin à; (dog) rappeler

▸ **call on** VT INSEP (visit) passer voir; (invoke) invoquer; **to c. (up)on sb to do** inviter qn à faire; (urge) sommer qn de faire

▸ **call out 1** VT SEP (shout) crier; (doctor) appeler; (workers) donner une consigne de grève à **2** VI (shout) crier; **to c. out to sb** interpeller qn; **to c. out for sth** demander qch à haute voix

▸ **call round** VI *(visit)* passer

▸ **call up** VT SEP *(phone)* appeler; *Mil (recruits)* appeler (sous les drapeaux); *(memories)* évoquer

caller ['kɔːlə(r)] N visiteur, -euse *mf*; *(on phone)* correspondant, -ante *mf*; *Tel* **c. ID** identification *f* d'appel

calling ['kɔːlɪŋ] N vocation *f*; *Am* **c. card** carte *f* de visite

callous ['kæləs] ADJ **(a)** *(cruel)* insensible **(b)** *(skin)* calleux, -euse

calm [kɑːm] **1** *(-er, -est)* ADJ calme, tranquille; **keep c.!** restez calme! **2** N calme *m* **3** VT to c. **(down)** calmer **4** VI to c. down se calmer ▪ **calmly** ADV calmement

Calor Gas® ['kælɔgæs] N *Br* Butagaz® *m*

calorie ['kælərɪ] N calorie *f*

calve [kɑːv] VI *(of cow)* vêler

calves [kɑːvz] PL of **calf**

camcorder ['kæmkɔːdə(r)] N Caméscope® *m*

came [keɪm] PT of **come**

camel ['kæməl] N chameau *m*

cameo ['kæmɪəʊ] *(pl* **-os)** N *(gem)* camée *m*; **c. role** *(in film)* brève apparition *f* (d'un acteur connu)

camera ['kæmrə] N appareil photo *m*; **(TV or film) c.** caméra *f* ▪ **cameraman** *(pl* **-men)** N cameraman *m*

camomile ['kæməmaɪl] N camomille *f*

camouflage ['kæməflɑːʒ] **1** N camouflage *m* **2** VT *also Fig* camoufler

camp¹ [kæmp] **1** N camp *m*, campement *m*; **c. bed** lit *m* de camp **2** VI to c. **(out)** camper ▪ **camper** N *(person)* campeur, -euse *mf*; *(vehicle)* camping-car *m* ▪ **campfire** N feu *m* de camp ▪ **camping** N camping; **c. site** (terrain *m* de) camping *m* ▪ **campsite** N camping *m*

camp² [kæmp] ADJ *(effeminate)* efféminé

campaign [kæm'peɪn] **1** N *(political, military)* campagne *f*; **press/publicity c.** campagne de presse/publicité **2** VI faire campagne **(for** pour; **against** contre) ▪ **campaigner** N militant, -ante *mf* **(for** pour)

campus ['kæmpəs] N *(of university)* campus *m*

can¹ [kæn, *unstressed* kən] *(pt* **could)**

Le verbe **can** n'a ni infinitif, ni gérondif, ni participe. Pour exprimer l'infinitif ou le participe, on aura recours à la forme correspondante de **be able to** (he wanted to be able to speak English; she has always been able to swim). La forme négative est **can't**, qui s'écrit **cannot** dans la langue soutenue.

V AUX *(be able to)* pouvoir; *(know how to)* savoir; **he couldn't help me** il ne pouvait pas m'aider; **she c. swim** elle sait nager; **he could do it**

tomorrow il pourrait le faire demain; **he could have done it** il aurait pu le faire; **you could be wrong** *(possibility)* tu as peut-être tort; **he can't be dead** *(probability)* il ne peut pas être mort; **that can't be right!** ce n'est pas possible!; **c. I come in?** *(permission)* puis-je entrer?

can² [kæn] **1** N *(for water)* bidon *m*; *(for food)* boîte *f*; *(for beer)* can(n)ette *f* **2** *(pt & pp* **-nn-)** VT mettre en boîte ▪ **canned** ADJ en boîte, en conserve; **c. beer** bière *f* en can(n)ette; **c. food** conserves *fpl* ▪ **'can-opener** N ouvre-boîtes *m inv*

Canada ['kænədə] N le Canada ▪ **Canadian** [kə'neɪdɪən] **1** ADJ canadien, -ienne **2** N Canadien, -ienne *mf*

canal [kə'næl] N canal *m*

canary [kə'neərɪ] *(pl* **-ies)** N canari *m*

cancel ['kænsəl] **1** *(Br* **-ll-,** *Am* **-l-)** VT *(flight, appointment)* annuler; *(goods, taxi)* décommander; *(train)* supprimer; *(word, paragraph)* biffer; *(cheque)* faire opposition à; **to c. a ticket** *(punch) (with date)* composter un billet; *(with hole)* poinçonner un billet; **to c. each other out** s'annuler **2** VI se décommander ▪ **cancellation** [-'leɪʃən] N annulation *f*; *(of train)* suppression *f*

cancer ['kænsə(r)] N cancer *m*; **stomach/skin c.** cancer de l'estomac/la peau; **c. patient** cancéreux, -euse *mf*; **c. specialist** cancérologue *mf*

Cancer ['kænsə(r)] N *(sign)* le Cancer; **to be (a) C.** être Cancer

candid ['kændɪd] ADJ franc *(f* franche)

Note that the French words **candide** and **candeur** are false friends and are never translations for the English words **candid** and **candour**. They mean **ingenuous** and **ingenuousness**.

candidate ['kændɪdeɪt] N candidat, -ate *mf* **(for** à); **to stand as a c.** être candidat

candle ['kændəl] N *(wax)* bougie *f*; *(tallow)* chandelle *f*; *(in church)* cierge *m*; **c. grease** suif *m* ▪ **candlelight** N **by c.** à la (lueur d'une) bougie; **to have dinner by c.** dîner aux chandelles ▪ **candlestick** N bougeoir *m*; *(taller)* chandelier *m*

candy ['kændɪ] *(pl* **-ies)** N *Am* bonbon *m*; *(sweets)* bonbons *mpl*; **(sugar) c.** sucre *m* candi; *Am* **c. store** confiserie *f* ▪ **candyfloss** N *Br* barbe *f* à papa

cane [keɪn] **1** N *(stick)* canne *f*; *(for basket)* rotin *m*; *(for punishment)* baguette *f* **2** VT *(punish)* frapper avec une baguette

canine ['keɪnaɪn] **1** ADJ *(tooth, race)* canin **2** N *(tooth)* canine *f*

canister ['kænɪstə(r)] N boîte *f* (en métal)

cannabis ['kænəbɪs] N *(drug)* cannabis m; *(plant)* chanvre m indien

cannibal ['kænɪbəl] N cannibale mf

cannon ['kænən] *(pl* **-s** *or* **cannon)** N canon m ■ **cannonball** N boulet m de canon

cannot ['kænɒt] = **can not**

canny ['kænɪ] (**-ier, -iest**) ADJ rusé

canoe [kə'nu:] 1 N canoë m; *(dugout)* pirogue f 2 VI faire du canoë-kayak ■ **canoeing** N to go c. faire du canoë-kayak ■ **canoeist** N canoéiste mf

canon ['kænən] N *(law)* & Fig canon m; *(priest)* chanoine m

canopy ['kænəpɪ] (*pl* **-ies**) N *(of baby carriage)* capote f; *(awning)* auvent m; *(over bed)* baldaquin m; *(over altar)* dais m; *(made of glass)* marquise f; Fig *(of tree branches)* canopée f

can't [kɑ:nt] = **can not**

canteen [kæn'ti:n] N *(in school, factory)* cantine f; *(flask)* gourde f; Br **c. of cutlery** ménagère f

canvas ['kænvəs] N **(a)** *(cloth)* (grosse) toile f; *(for embroidery)* canevas m; **under c.** *(in a tent)* sous la tente **(b)** Art toile f

canvass ['kænvəs] VT *(area)* faire du démarchage dans; *(opinions)* sonder; **to c. sb** *(seek votes)* solliciter le suffrage de qn; *(seek orders)* solliciter des commandes de qn ■ **canvassing** N *(for orders)* démarchage m; *(for votes)* démarchage électoral

canyon ['kænjən] N cañon m, canyon m

cap[1] [kæp] N **(a)** *(hat)* casquette f; *(for shower, of sailor)* bonnet m; *(of soldier)* képi m **(b)** *(of tube, valve)* bouchon m; *(of bottle)* capsule f; *(of pen)* capuchon m **(c)** *(of child's gun)* amorce f **(d)** **(Dutch) c.** *(contraceptive)* diaphragme m

cap[2] [kæp] *(pt & pp* **-pp-)** VT **(a)** *(outdo)* surpasser; **to c. it all...** pour couronner le tout... **(b)** Br *(spending)* limiter **(c)** *(cover)* **capped with** recouvert de; **capped with snow** coiffé de neige

capable ['keɪpəbəl] ADJ *(person)* capable **(of sth** de qch; **of doing** de faire) ■ **capa'bility** N capacité f

capacity [kə'pæsətɪ] (*pl* **-ies**) N *(of container)* capacité f; *(ability)* aptitude f, capacité f **(for sth** pour qch; **for doing** à faire); *(output)* rendement m; **in my c. as a doctor** en ma qualité de médecin; **in an advisory c.** à titre consultatif; **filled to c.** *(concert hall)* comble

cape [keɪp] N **(a)** *(cloak)* cape f; *(of cyclist)* pèlerine f **(b)** *(of coast)* cap m ■ **C. Town** Le Cap

caper[1] ['keɪpə(r)] N Culin câpre f

caper[2] ['keɪpə(r)] 1 N *(prank)* cabriole f 2 VI *(jump about)* faire des cabrioles

capital ['kæpɪtəl] 1 ADJ *(letter, importance)* capital; **c. punishment** peine f capitale 2 N **(a) c. (city)** capitale f; **c. (letter)** majuscule f **(b)** *(money)* capital m ■ **capitalism** N capitalisme m ■ **capitalist** ADJ & N capitaliste (mf) ■ **capitalize** VI **to c. on** tirer parti de

capitulate [kə'pɪtʃʊleɪt] VI capituler **(to** devant) ■ **capitu'lation** N capitulation f

cappuccino [kæpʊ'tʃiːnəʊ] N cappuccino m

Capricorn ['kæprɪkɔːn] N *(sign)* le Capricorne; **to be (a) C.** être Capricorne

capsize [kæp'saɪz] 1 VT faire chavirer 2 VI chavirer

capsule [Br 'kæpsjuːl, Am 'kæpsəl] N *(of medicine)* gélule f; **(space) c.** capsule f spatiale

captain ['kæptɪn] 1 N capitaine m 2 VT *(ship)* commander; *(team)* être le capitaine de

caption ['kæpʃən] N *(of illustration)* légende f; *(of film, article)* sous-titre m

captivate ['kæptɪveɪt] VT captiver ■ **captivating** ADJ captivant

captive ['kæptɪv] N captif, -ive mf; **to be taken c.** être fait prisonnier ■ **cap'tivity** N captivité f; **in c.** en captivité

capture ['kæptʃə(r)] 1 N capture f; *(of town)* prise f 2 VT *(person, animal, ship)* capturer; *(escaped prisoner or animal)* reprendre; *(town)* prendre; *(attention)* capter; Fig *(mood)* rendre

car [kɑː(r)] N voiture f, automobile f; *(train carriage)* wagon m, voiture; **c. insurance/industry** assurance f/industrie f automobile; **the c. door** la portière de la voiture; **c. crash** accident m de voiture; Br **c. hire** location f de voitures; Br **c. park** parking m; **c. radio** autoradio m; **c. rental** location f de voitures; **c. wash** *(machine)* = station de lavage automatique pour voitures; *(sign)* lavage m automatique ■ **carpool** N = groupe de personnes effectuant régulièrement un trajet dans la même voiture ■ **carpooling** N covoiturage m ■ **carport** N abri m pour voiture ■ **carsick** ADJ **to be c.** être malade en voiture

Note that the French word **car** is a false friend and is never a translation for the English word **car**. It means **coach**.

carafe [kə'ræf] N carafe f

caramel ['kærəməl] N caramel m

carat, Am **karat** ['kærət] N carat m; **18-c. gold** or m (à) 18 carats

caravan ['kærəvæn] N caravane f; *(horse-drawn)* roulotte f; **c. site** camping m pour caravanes

carbohydrates [kɑːbəʊ'haɪdreɪts] NPL hydrates mpl de carbone

carbon ['kɑːbən] N carbone m; **c. dioxide** dioxyde m de carbone, gaz m carbonique; **c. fibre** fibre f de carbone; **c. footprint** empreinte f carbone; **c. offsetting** compensation f carbone, compensation f en CO2; **c. paper** (papier m) carbone

carburettor [kɑːbjʊˈretə(r)], Am **carburetor** [ˈkɑːrbəreɪtər] n carburateur m

carcass [ˈkɑːkəs] n carcasse f

card [kɑːd] n carte f; (cardboard) carton m; **(index) c.** fiche f; **c. game** jeu m de cartes; **to play cards** jouer aux cartes ∎ **cardphone** n téléphone m à carte

cardboard [ˈkɑːdbɔːd] n carton m; **c. box** boîte f en carton, carton

cardiac [ˈkɑːdiæk] adj cardiaque; **c. arrest** arrêt m du cœur

cardigan [ˈkɑːdɪɡən] n cardigan m

cardinal [ˈkɑːdɪnəl] **1** adj (number, point) cardinal **2** n Rel cardinal m

care [keə(r)] **1** n (attention) soin m; (protection) soins mpl; (worry) souci m; **to take c. to do** veiller à faire; **to take c. not to do** faire attention à ne pas faire; **to take c. of sb/sth** s'occuper de qn/qch; **to take c. of oneself** (manage) savoir se débrouiller tout seul; (keep healthy) faire bien attention à soi **2** vt **I don't c. what he says** peu m'importe ce qu'il en dit; **would you c. to try?** voulez-vous essayer? **3** vi **I don't c.** ça m'est égal; **who cares?** qu'est-ce que ça peut faire?; **to c. about** (feel concern about) se soucier de; **to c. about** or **for sb** (be fond of) avoir de la sympathie pour qn; **to c. for sb** (look after) soigner qn

career [kəˈrɪə(r)] **1** n carrière f; **to make a c. in sth** faire carrière dans qch **2** adj (diplomat) de carrière; **the job has c. prospects** cet emploi offre des perspectives de carrière; **it's a good c. move** c'est bon pour ma/ta/etc carrière **3** vi **to c. along** aller à vive allure

carefree [ˈkeəfriː] adj insouciant

careful [ˈkeəfəl] adj (exact, thorough) soigneux, -euse (**about** de); (work) minutieux, -ieuse; (cautious) prudent; **c. (about** or **with money)** regardant (à la dépense); **to be c. of** or **with sth** faire attention à qch; **to be c. to do** veiller à faire; **to be c. not to do** faire attention à ne pas faire; **be c.!** (fais) attention! ∎ **carefully** adv (thoroughly) avec soin; (cautiously) prudemment

careless [ˈkeələs] adj négligent; (absentminded) étourdi; (work) peu soigné; **c. about one's work** peu soigneux dans son travail; **c. about one's appearance** négligé; **c. mistake** faute f d'étourderie ∎ **carelessness** n négligence f

carer [ˈkeərə(r)] n (relative) = personne s'occupant d'un parent malade ou âgé

caress [kəˈres] **1** n caresse f **2** vt (stroke) caresser; (kiss) embrasser

caretaker [ˈkeəteɪkə(r)] n gardien, -ienne mf, concierge mf

cargo [ˈkɑːɡəʊ] (pl **-oes** or **-os**) n cargaison f; **c. ship** cargo m

Note that the French word **cargo** is a false friend and is never a translation for the English word **cargo**. It means **cargo ship**.

Caribbean [Br kærɪˈbiːən, Am kəˈrɪbiən] **1** adj caraïbe **2 the C. (islands)** les Antilles fpl

caricature [ˈkærɪkətʊə(r)] **1** n caricature f **2** vt caricaturer

caring [ˈkeərɪŋ] **1** adj (loving) aimant; (understanding) très humain **2** n affection f

carnage [ˈkɑːnɪdʒ] n carnage m

carnation [kɑːˈneɪʃən] n œillet m

carnival [ˈkɑːnɪvəl] n carnaval m (pl -als)

carnivore [ˈkɑːnɪvɔː(r)] n carnivore m ∎ **carnivorous** [-ˈnɪvərəs] adj carnivore

carol [ˈkærəl] n chant m de Noël

carp [kɑːp] **1** n inv (fish) carpe f **2** vi se plaindre (**at** de)

carpenter [ˈkɑːpɪntə(r)] n (for house building) charpentier m; (for light woodwork) menuisier m ∎ **carpentry** n charpenterie f; (for light woodwork) menuiserie f

carpet [ˈkɑːpɪt] **1** n (rug) & Fig tapis m; (fitted) moquette f; **c. sweeper** balai m mécanique **2** vt recouvrir d'un tapis/d'une moquette; Fig (of snow) recouvrir

Note that the French word **carpette** is a false friend and is never a translation for the English word **carpet**. It means **small rug**.

carriage [ˈkærɪdʒ] n Br (of train) voiture f; (horse-drawn) voiture, équipage m; Br (transport of goods) transport m; (cost) frais mpl; (of typewriter) chariot m; Br **c. paid** port payé

carriageway [ˈkærɪdʒweɪ] n Br chaussée f

carrier [ˈkærɪə(r)] n (of illness) porteur, -euse mf; (company, airline) transporteur m; Br **c. (bag)** sac m en plastique; **c. pigeon** pigeon m voyageur

carrot [ˈkærət] n carotte f

carry [ˈkærɪ] (pt & pp **-ied**) **1** vt porter; (goods, passengers) transporter; (gun, money) avoir sur soi; (by wind) emporter; (sound) conduire; (disease) être porteur de; (sell) stocker; Pol (motion) faire passer, voter; Math (in calculation) retenir; **to c. water to** (of pipe) amener de l'eau à; **to c. responsibility** (of job) comporter des responsabilités; Fam **to c. the can** porter le chapeau; **to c. sth too far** pousser qch trop loin; **to c. oneself** se comporter **2** vi (of sound) porter ∎ **carrycot** n Br porte-bébé m inv

▸ **carry away** vt sep emporter; Fig (of idea) transporter; **to be** or **get carried away** (excited) s'emballer

‣ **carry back** vt sep (thing) rapporter; (person) ramener; (in thought) reporter

‣ **carry forward** vt sep (in bookkeeping) reporter

‣ **carry off** vt sep (take away) emporter; (kidnap) enlever; (prize) remporter; **she carried it off** elle s'en est bien sortie

‣ **carry on 1** vt sep (continue) continuer (**doing** à faire); (negotiations) mener; (conversation) poursuivre **2** vi (continue) continuer; Pej (behave badly) se conduire mal; (complain) se plaindre; **to c. on with sth** continuer qch

‣ **carry out** vt sep (plan, promise) mettre à exécution; (order) exécuter; (repair, reform) effectuer; (duty) accomplir; Am (meal) emporter

‣ **carry through** vt sep (plan) mener à bien

cart [kɑːt] **1** N (horse-drawn) charrette f; (handcart) voiture f à bras; Am (in supermarket) Caddie® m **2** vt (goods, people) transporter; Fam **to c. (around)** trimbaler; **to c. away** emporter

cartilage ['kɑːtɪlɪdʒ] N cartilage m

carton ['kɑːtən] N (box) carton m; (of milk, fruit juice) brique f; (of cigarettes) cartouche f; (of cream) pot m

cartoon [kɑːˈtuːn] N (in newspaper) dessin m humoristique; (film) dessin animé; **c. (strip)** bande f dessinée

cartridge ['kɑːtrɪdʒ] N cartouche f; **c. belt** cartouchière f

cartwheel ['kɑːtwiːl] N **to do a c.** faire la roue

carve [kɑːv] vt (cut) tailler (**out of** dans); (name) graver; (sculpt) sculpter; **to c. (up)** (meat) découper; **to c. up** (country) morceler; **to c. out a career for oneself** faire carrière ■ **carving 1** adj **c. knife** couteau m à découper **2** N (wood) **c.** sculpture f sur bois

cascade [kæsˈkeɪd] **1** N cascade f **2** vi tomber en cascade

case¹ [keɪs] N (instance, situation) & Med cas m; Law affaire f; Fig (arguments) arguments mpl; **in any c.** en tout cas; **in c. it rains** au cas où il pleuvrait; **in c. of** en cas de; **(just) in c.** au cas où

case² [keɪs] N (bag) valise f; (crate) caisse f; (for pen, glasses, camera, violin, cigarettes) étui m; (for jewels) écrin m

cash [kæʃ] **1** N (coins, banknotes) liquide m; Fam (money) sous mpl; **to pay (in) c.** payer en liquide; Br **c. desk** caisse f; **c. dispenser** or **machine** distributeur m de billets; **c. register** caisse f enregistreuse **2** vt **to c. a cheque** or Am **check** (of person) encaisser un chèque; (of bank) payer un chèque ■ **cashback** N Br = espèces retirées à la caisse d'un magasin lors d'un paiement par carte

cashew [ˈkæʃuː] N **c. (nut)** noix f de cajou

cashier [kæˈʃɪə(r)] N caissier, -ière mf

cashmere [ˈkæʃmɪə(r)] N cachemire m

casino [kəˈsiːnəʊ] (pl **-os**) N casino m

cask [kɑːsk] N fût m, tonneau m ■ **casket** N (box) coffret m; (coffin) cercueil m

casserole [ˈkæsərəʊl] N (covered dish) cocotte f; (stew) ragoût m

> Note that the French word **casserole** is a false friend and is never a translation for the English word **casserole**. It means **saucepan**.

cassette [kəˈset] N (audio, video) cassette f; (for camera) cartouche f; **c. player** lecteur m de cassettes; **c. recorder** magnétophone m à cassettes

cast [kɑːst] **1** N (actors) acteurs mpl; (list of actors) distribution f; (mould) moulage m; (of dice) coup m; (for broken bone) plâtre m; Med **in a c.** dans le plâtre **2** (pt & pp **cast**) vt (throw) jeter; (light, shadow) projeter; (blame) rejeter; (glance) jeter (**at** à ou sur); (metal) couler; (theatrical role) distribuer; (actor) donner un rôle à; **to c. doubt on sth** jeter le doute sur qch; **to c. a spell on sb** jeter un sort à qn; **to c. one's mind back** se reporter en arrière **3** vi **to c. off** (of ship) appareiller ■ **cast-'iron** adj (pan) en fonte; Fig (will) de fer; Fig (alibi, excuse) en béton

castaway [ˈkɑːstəweɪ] N naufragé, -ée mf

caste [kɑːst] N caste f

caster [ˈkɑːstə(r)] N (wheel) roulette f; Br **c. sugar** sucre m en poudre

castle [ˈkɑːsəl] N château m; (in chess) tour f

castoffs [ˈkɑːstɒfs] NPL vieux vêtements mpl

castor [ˈkɑːstə(r)] N (wheel) roulette f; **c. oil** huile f de ricin; Br **c. sugar** sucre m en poudre

castrate [kæˈstreɪt] vt châtrer

casual [ˈkæʒjʊəl] adj (offhand) (remark, glance) en passant; (relaxed, informal) décontracté; (conversation) à bâtons rompus; (clothes) sport inv; (careless) désinvolte; (meeting) fortuit; (employment, worker) temporaire ■ **casually** adv (remark, glance) en passant; (informally) avec décontraction; (dress) sport; (carelessly) avec désinvolture; (meet) par hasard

casualty [ˈkæʒjʊəltɪ] (pl **-ies**) N victime f; Br **c. (department)** (in hospital) (service m des) urgences fpl

cat [kæt] N chat m; (female) chatte f; **c. burglar** monte-en-l'air m inv; Br **c.'s eyes**® Cataphotes® mpl; **c. food** pâtée f

catalogue, Am **catalog** [ˈkætəlɒg] **1** N catalogue m **2** vt cataloguer

catalyst [ˈkætəlɪst] N Chem & Fig catalyseur m

catapult [ˈkætəpʌlt] **1** N (toy) lance-pierres m inv; (on aircraft carrier) catapulte f **2** vt catapulter

cataract ['kætərækt] N *Med* cataracte f

catarrh [kə'tɑː(r)] N *Br* gros rhume m

catastrophe [kə'tæstrəfɪ] N catastrophe f ■ **catastrophic** [kætə'strɒfɪk] ADJ catastrophique

catcall ['kætkɔːl] N sifflet m

catch [kætʃ] 1 N *(captured animal)* capture f, prise f; *(in fishing)* prise f; *(of a whole day)* pêche f; *(difficulty)* piège m; *(on door)* loquet m; **there's a c.** il y a un piège 2 *(pt & pp* **caught)** VT *(ball, thief, illness)* attraper; *(fish, train, bus)* prendre; *(grab)* prendre, saisir; *(surprise)* surprendre; *(understand)* saisir; *(garment)* accrocher (**on** à); **to c. one's fingers in the door** se prendre les doigts dans la porte; **to c. sb's eye** *or* **attention** attirer l'attention de qn; **to c. sight of sb/sth** apercevoir qn/qch; **to c. fire** prendre feu; **to c. one's breath** *(rest a while)* reprendre haleine; *(stop breathing)* retenir son souffle; **to c. sb doing** surprendre qn à faire; **to c. sb out** prendre qn en défaut; **to c. sb up** rattraper qn 3 VI *(of fire)* prendre; **her skirt (got) caught in the door** sa jupe s'est prise dans la porte; **to c. on** *(become popular)* prendre; *Fam (understand)* piger ■ **catching** ADJ *(illness)* contagieux, -ieuse

catchy ['kætʃɪ] *(-ier, -iest)* ADJ *Fam (tune, slogan)* facile à retenir

category ['kætɪgərɪ] *(pl* **-ies)** N catégorie f ■ **categorical** [-'gɒrɪkəl] ADJ catégorique ■ **categorize** VT classer (par catégories)

cater ['keɪtə(r)] VI *(provide food)* s'occuper des repas (**for** pour); **to c. to,** *Br* **to c. for** *(need, taste)* satisfaire; *(of book, newspaper)* s'adresser à ■ **caterer** N traiteur m ■ **catering** N restauration f; **to do the c.** s'occuper des repas

caterpillar ['kætəpɪlə(r)] N chenille f; **c. track** chenille

cathedral [kə'θiːdrəl] N cathédrale f

Catholic ['kæθlɪk] ADJ & N catholique *(mf)* ■ **Catholicism** [kə'θɒlɪsɪzəm] N catholicisme m

cattle ['kætəl] NPL bétail m

catty ['kætɪ] *(-ier, -iest)* ADJ *Fam (spiteful)* vache

catwalk ['kætwɔːk] N *Br (in fashion show)* podium m

caught [kɔːt] PT & PP of **catch**

cauliflower ['kɒlɪflaʊə(r)] N chou-fleur m; *Br* **c. cheese** chou-fleur au gratin

cause [kɔːz] 1 N *(origin, ideal, aim)* & *Law* cause f; *(reason)* raison f, motif m *(of* de); **c. for complaint/dispute** sujet m de plainte/dispute; **to have c. for complaint** avoir des raisons de se plaindre; **to have no c. to worry** n'avoir aucune raison de s'inquiéter 2 VT causer, occasionner; **to c. trouble for sb** créer *ou* causer des ennuis à qn; **to c. sb/sth to fall** faire tomber qn/qch

cauterize ['kɔːtəraɪz] VT *(wound)* cautériser

caution ['kɔːʃən] 1 N *(care)* prudence f; *(warning)* avertissement m 2 VT *(warn)* avertir; *Sport* donner un avertissement à; **to c. sb against sth** mettre qn en garde contre qch; **to c. sb against doing sth** déconseiller à qn de faire qch

> Note that the French noun **caution** is a false friend and is never a translation for the English noun **caution**. Its most common meanings are **deposit** or **guarantee**. Note also that the French verb **cautionner** is a false friend. It never means **to warn**.

cautious ['kɔːʃəs] ADJ prudent ■ **cautiously** ADV prudemment

cavalry ['kævəlrɪ] N cavalerie f

cave [keɪv] 1 N grotte f 2 VI **to c. in** *(of ceiling)* s'effondrer; *(of floor)* s'affaisser ■ **caveman** *(pl* **-men)** N homme m des cavernes

> Note that the French word **cave** is a false friend and is never a translation for the English word **cave**. It means **cellar**.

cavern ['kævən] N caverne f

caviar(e) ['kævɪɑː(r)] N caviar m

cavity ['kævɪtɪ] *(pl* **-ies)** N cavité f

CCTV [siːsiːtiː'viː] *(abbr* **closed-circuit television)** N télévision f en circuit fermé

CD [siː'diː] *(abbr* **compact disc)** N CD m; **CD burner** *or* **writer** graveur m de CD; **CD player** lecteur m de CD

CD-ROM [siːdiː'rɒm] *(abbr* **compact disc read-only memory)** N *Comptr* CD-ROM m inv

cease [siːs] 1 VT cesser *(doing* de faire); **to c. fire** cesser le feu 2 VI cesser *(from doing* de faire) ■ **cease-fire** N cessez-le-feu m inv ■ **ceaseless** ADJ incessant ■ **ceaselessly** ADV sans cesse

cedar ['siːdə(r)] N *(tree, wood)* cèdre m

ceiling ['siːlɪŋ] N *(of room)* & *Fig (limit)* plafond m; *Fam* **to hit the c.** piquer une crise

celebrate ['selɪbreɪt] 1 VT *(event)* célébrer, fêter; *(mass)* célébrer 2 VI faire la fête; **we should c.!** il faut fêter ça! ■ **celebration** [-'breɪʃən] N *(event)* fête f; **the celebrations** les festivités fpl

celebrity [sə'lebrɪtɪ] *(pl* **-ies)** N célébrité f

celery ['selərɪ] N céleri m; **stick of c.** branche f de céleri

celibate ['selɪbət] ADJ **to be c.** ne pas avoir de rapports sexuels; *(by choice)* être chaste ■ **celibacy** N absence f de rapports sexuels; *(by choice)* chasteté f

> Note that the French word **célibataire** is a false friend and is never a translation for the English word **celibate**. It means **unmarried**.

cell [sel] N cellule f; El élément m; Am **c. (phone)** portable m

cellar ['selə(r)] N cave f

Note that the French word **cellier** is a false friend. It means **storeroom**.

cello ['tʃeləʊ] (pl **-os**) N violoncelle m

cellophane® ['seləfeɪn] N Br Cellophane® f

cellular ['seljʊlə(r)] ADJ cellulaire; **c. blanket** couverture f en cellular; Am **c. phone** téléphone m portable

Celsius ['selsɪəs] ADJ Celsius inv

Celt [kelt] N Celte mf ■ **Celtic** ADJ celtique, celte

cement [sɪ'ment] 1 N ciment m; **c. mixer** bétonnière f 2 VT cimenter

cemetery ['semətrɪ] (pl **-ies**) N cimetière m

censor ['sensə(r)] 1 N censeur m 2 VT censurer ■ **censorship** N censure f

censure ['senʃə(r)] 1 N critique f; **c. motion, vote of c.** motion f de censure 2 VT (criticize) blâmer

Note that the French verb **censurer** is a false friend and is never a translation for the English verb **to censure**. It means **to censor**.

census ['sensəs] N recensement m

cent [sent] N (coin) cent m; Fam **not a c.** pas un sou

centenary [Br sen'ti:nərɪ, Am sen'tenərɪ] (pl **-ies**) N centenaire m

center ['sentə(r)] N Am = **centre**

centigrade ['sentɪgreɪd] ADJ centigrade

centimetre ['sentɪmi:tə(r)] N centimètre m

centipede ['sentɪpi:d] N mille-pattes m inv

central ['sentrəl] ADJ central; **C. London** le centre de Londres; **c. heating** chauffage m central; Br **c. reservation** (on motorway) terre-plein m central ■ **centralize** VT centraliser

centre, Am **center** ['sentə(r)] 1 N centre m; Football **c. forward** avant-centre m 2 VT (attention, interest) concentrer (**on** sur)

century ['sentʃərɪ] (pl **-ies**) N siècle m; **in the twenty-first c.** au vingt et unième siècle

ceramic [sə'ræmɪk] ADJ (tile) en céramique ■ **ceramics** 1 NPL (objects) céramiques fpl 2 N (art) céramique f

cereal ['sɪərɪəl] N céréale f; **(breakfast) c.** céréales fpl (pour petit déjeuner)

cerebral [Br 'serɪbrəl, Am sə'ri:brəl] ADJ cérébral

ceremony ['serɪmənɪ] (pl **-ies**) N (event) cérémonie f; **to stand on c.** faire des façons ■ **ceremonial** [-'məʊnɪəl] 1 ADJ **c. dress** tenue f de cérémonie 2 N cérémonial m

certain ['sɜːtən] ADJ (a) (sure) certain (**that** que); **she's c. to come, she'll come for c.** c'est certain qu'elle viendra; **to be c. of sth** être certain ou sûr de qch; **to make c. of sth** (find out) s'assurer de qch; (be sure to get) s'assurer qch; **for c.** (say, know) avec certitude (**b**) (particular, some) certain; **c. people** certaines personnes ■ **certainly** ADV (undoubtedly) certainement; (yes) bien sûr; (without fail) sans faute ■ **certainty** (pl **-ies**) N certitude f

certificate [sə'tɪfɪkɪt] N certificat m; (from university) diplôme m

certify ['sɜːtɪfaɪ] (pt & pp **-ied**) 1 VT (document, signature) certifier; **to c. sb (insane)** déclarer que l'état de santé de qn nécessite son internement psychiatrique; Am **certified letter** ≃ lettre f recommandée; Am **certified public accountant** expert-comptable m 2 VI **to c. to sth** attester qch

cervix ['sɜːvɪks] (pl **-vices** ['-vɪsiːz]) N Anat col m de l'utérus

Cesarean [sɪ'zeərɪən] N Am = **Caesarean**

chafe [tʃeɪf] VT (skin) irriter; (of shoes) blesser

chaffinch ['tʃæfɪntʃ] N (bird) pinson m

chain [tʃeɪn] 1 N (of rings, mountains) chaîne f; (of ideas) enchaînement m; (of events) suite f; (of lavatory) chasse f d'eau; **c. reaction** réaction f en chaîne; **c. saw** tronçonneuse f 2 VT **to c. (up)** (dog) mettre à l'attache ■ **chain-smoker** N **to be a c.** fumer cigarette sur cigarette

chair [tʃeə(r)] 1 N chaise f; (armchair) fauteuil m; Univ (of professor) chaire f; **the c.** (office of chairperson) la présidence; **c. lift** télésiège m 2 VT (meeting) présider ■ **chairman** (pl **-men**) N président, -ente mf

chalet ['ʃæleɪ] N chalet m

chalk [tʃɔːk] 1 N craie f; **they are like c. and cheese** c'est le jour et la nuit; Fam **not by a long c.** loin de là 2 VT marquer à la craie; Fig **to c. up** (success) remporter ■ **chalky** (**-ier, -iest**) ADJ crayeux, -euse

challenge ['tʃælɪndʒ] 1 N défi m; (task) challenge m, gageure f; **a c. for sth** (bid) une tentative d'obtenir qch 2 VT défier (**sb to do** qn de faire); (question, dispute) contester ■ **challenger** N Sport challenger m ■ **challenging** ADJ (book, job) stimulant

chamber ['tʃeɪmbə(r)] N (room, assembly, of gun) chambre f; Br Law **chambers** (of judge) cabinet m; **C. of Commerce** Chambre f de commerce; **c. music/orchestra** musique f/orchestre m de chambre; **c. pot** pot m de chambre ■ **chambermaid** N femme f de chambre

chameleon [kə'mi:lɪən] N caméléon m

champagne [ʃæm'peɪn] N champagne m

champion ['tʃæmpɪən] 1 N champion, -ionne mf; **c. skier, skiing c.** champion, -ionne de ski 2 VT (support) se faire le champion de ■ **championship** N championnat m

chance [tʃɑːns] **1** N (luck) hasard m; (possibility) chance f; (opportunity) occasion f; (risk) risque m; **by c.** par hasard; **by any c.** (possibly) par hasard; **to have the c. to do sth** or **of doing sth** avoir l'occasion de faire qch; **to give sb a c.** donner une chance à qn; **to take a c.** tenter le coup **2** ADJ (remark) fait au hasard; **c. meeting** rencontre f fortuite **3** VT **to c. doing sth** prendre le risque de faire qch; **to c. it** risquer le coup

Note that the French noun **chance** is a false friend. Its most common meaning is **luck**.

chancellor ['tʃɑːnsələ(r)] N Pol chancelier m

chandelier [ʃændə'lɪə(r)] N lustre m

Note that the French word **chandelier** is a false friend. It means **candlestick**.

change [tʃeɪndʒ] **1** N changement m; (money) monnaie f; **for a c.** pour changer; **to have a c. of heart** changer d'avis; **a c. of clothes** des vêtements de rechange **2** VT (modify) changer; (exchange) échanger (**for** pour ou contre); (money) changer (**into** en); (transform) changer, transformer (**into** en); **to c. trains/one's skirt** changer de train/de jupe; **to c. gear** (in vehicle) changer de vitesse; **to c. colour** changer de couleur; **to get changed** (put on other clothes) se changer **3** VI (alter) changer; (change clothes) se changer; **to c. into sth** (be transformed) se changer ou se transformer en qch; **she changed into a dress** elle a mis une robe ■ **changing** N Br **c. room** vestiaire m; (in shop) cabine f d'essayage

changeable ['tʃeɪndʒəbəl] ADJ (weather, mood) changeant

changeover ['tʃeɪndʒəʊvə(r)] N passage m (**from** de; **to** à)

channel ['tʃænəl] **1** N (on television) chaîne f; (for boats) chenal m; (groove) rainure f; (of communication, distribution) canal m; Geog **the C.** la Manche; **the C. Islands** les îles Anglo-Normandes; **the C. Tunnel** le tunnel sous la Manche **2** (Br **-ll-,** Am **-l-**) VT (energies, crowd, money) canaliser (**into** vers)

chant [tʃɑːnt] **1** N (of demonstrators) slogan m; (religious) psalmodie f **2** VT (slogan) scander **3** VI (of demonstrators) scander des slogans; (of monks) psalmodier

Note that the French words **chant** and **chanter** are false friends and are never translations for the English **chant** and **to chant**. They mean **song** and **to sing**.

chaos ['keɪɒs] N chaos m ■ **chaotic** [-'ɒtɪk] ADJ (situation, scene) chaotique; (room) sens dessus dessous

chap¹ [tʃæp] N Br Fam (fellow) type m; **old c.!** mon vieux!

chap² [tʃæp] (pt & pp **-pp-**) **1** VT gercer; **chapped hands/lips** des mains/lèvres gercées **2** VI se gercer

chapel ['tʃæpəl] N chapelle f; (nonconformist church) temple m

chaplain ['tʃæplɪn] N aumônier m

chapter ['tʃæptə(r)] N chapitre m

character ['kærɪktə(r)] N (a) (of person, place) caractère m; (in book, film) personnage m; (person) individu m; (unusual person) personnage m; **he's a bit of a c.** c'est un personnage; **c. reference** (for job) références fpl (b) (letter) caractère m; **in bold characters** en caractères gras

characteristic ['kærɪktərɪstɪk] ADJ & N caractéristique (f)

characterize [kærɪktə'raɪz] VT caractériser

charcoal ['tʃɑːkəʊl] N charbon m de bois; Art fusain m; **c. grey** anthracite inv

charge¹ [tʃɑːdʒ] **1** N (in battle) charge f; Law chef m d'accusation; (responsibility) responsabilité f, charge; (care) garde f; **to take c. of sth** prendre qch en charge; **to be in c. of** être responsable de; **the battery is on c.** la batterie est en charge **2** VT (battery, soldiers) charger; Law (accuse) inculper (**with** de) **3** VI (rush) se précipiter; (soldiers) charger; **to c. in/out** entrer/sortir en trombe ■ **charged** ADJ Fig **a highly c. atmosphere** une atmosphère très tendue ■ **charger** N (for battery) chargeur m

charge² [tʃɑːdʒ] **1** N (cost) prix m; **charges** (expenses) frais mpl; **there's a c. (for it)** c'est payant; **free of c.** gratuit; **extra c.** supplément m **2** VT (amount) demander (**for** pour); **to c. sb** faire payer qn; **how much do you c.?** combien demandez-vous?

chariot ['tʃærɪət] N char m

charisma [kə'rɪzmə] N charisme m

charity ['tʃærɪtɪ] (pl **-ies**) N (kindness, alms) charité f; (society) œuvre f de charité; **to give to c.** faire des dons à des œuvres de charité ■ **charitable** ADJ (person, action) charitable; (organization) caritatif, -ive

charm [tʃɑːm] **1** N (attractiveness, spell) charme m; (trinket) breloque f **2** VT charmer ■ **charming** ADJ charmant

charred [tʃɑːd] ADJ (burnt until black) carbonisé; (scorched) brûlé légèrement

chart [tʃɑːt] **1** N (map) carte f; (table) tableau m; (graph) graphique m; **charts** hit-parade m **2** VT (route) porter sur une carte; (make a graph of) faire le graphique de; (of graph) montrer; Fig (observe) suivre

charter ['tʃɑːtə(r)] **1** N (a) (aircraft) charter m;

the c. of *(hiring)* l'affrètement *m* de; **c. flight** vol *m* charter (**b**) *(document)* charte *f* **2** *vt (aircraft)* affréter ■ **chartered ac'countant** N *Br* expert-comptable *m*

chase [tʃeɪs] **1** N poursuite *f*; **to give c. to sb** se lancer à la poursuite de qn **2** *vt* poursuivre; **to c. sb away** *or* **off** chasser qn; *Fam* **to c. sth up** rechercher qch **3** *vi* **to c. after sb/sth** courir après qn/qch

Note that the French verb **chasser** is a false friend. It means **to hunt**.

chasm [ˈkæzəm] N *also Fig* abîme *m*, gouffre *m*

chassis [ˈʃæsɪ] N *(of vehicle)* châssis *m*

chaste [tʃeɪst] ADJ chaste ■ **chastity** [ˈtʃæstɪtɪ] N chasteté *f*

chat [tʃæt] **1** N petite conversation *f*; *Comptr* bavardage *m*; **to have a c.** causer (**with** avec) **2** *(pt & pp* **-tt-**) *vi* causer (**with** avec); *Comptr* bavarder **3** *vt Br Fam* **to c. sb up** draguer qn ■ **chatroom** N *Comptr* site *m* de bavardage

chatter [ˈtʃætə(r)] **1** N bavardage *m*; *(of birds)* jacassement *m* **2** *vi (of person)* bavarder; *(of birds, monkeys)* jacasser; **his teeth were chattering** il claquait des dents ■ **chatterbox** N pie *f*

chatty [ˈtʃætɪ] *(***-ier, -iest***)* ADJ *(person)* bavard; *(letter)* plein de détails

chauffeur [ˈʃəʊfə(r)] N chauffeur *m*

chauvinist [ˈʃəʊvɪnɪst] ADJ & N chauvin, -ine *(mf)*; *Pej* **(male) c.** macho *m*

cheap [tʃiːp] **1** *(***-er, -est***)* ADJ bon marché *inv*, pas cher *(f* pas chère); *(rate, fare)* réduit; *(worthless)* sans valeur; *(vulgar)* de mauvais goût; *(superficial) (emotion, remark)* facile; *(mean, petty)* mesquin; **cheaper** meilleur marché *inv*, moins cher *(f* moins chère); **to feel c.** se sentir minable **2** ADV *Fam (buy)* (à) bon marché, au rabais; **it was going c.** c'était bon marché **3** N **on the c.** à peu de frais ■ **cheaply** ADV (à) bon marché

cheat [tʃiːt] **1** N *(at games)* tricheur, -euse *mf*; *(crook)* escroc *m* **2** *vt (deceive)* tromper; *(defraud)* frauder; **to c. sb out of sth** escroquer qch à qn; **to c. on sb** tromper qn **3** *vi (at games)* tricher; *(defraud)* frauder

check[1] [tʃek] **1** ADJ *(pattern)* à carreaux **2** N **c. (pattern)** carreaux *mpl* ■ **checked** ADJ *(patterned)* à carreaux

check[2] [tʃek] **1** N vérification *f* **(on** de); *(inspection)* contrôle *m*; *(in chess)* échec *m*; *Am (tick)* ≃ croix *f*; *Am (receipt)* reçu *m*; *Am (restaurant bill)* addition *f*; *Am (cheque)* chèque *m*; **to keep a c. on sth** contrôler qch; **to keep sb in c.** tenir qn en échec **2** *vt (examine)* vérifier; *(inspect)* contrôler; *(mark off)* cocher; *(inflation)* enrayer; *(emotion, impulse, enemy advance)* contenir; *Am (baggage)* mettre à la consigne **3** *vi* vérifier; **to c. on sth** vérifier qch;

to c. on sb surveiller qn ■ **checkbook** N *Am* carnet *m* de chèques ■ **check-in** N *(at airport)* enregistrement *m* (des bagages) ■ **checking account** N *Am* compte *m* courant ■ **checklist** N liste *f* de contrôle; *Av* check-list *f* ■ **checkout** N *(in supermarket)* caisse *f* ■ **checkpoint** N poste *m* de contrôle ■ **checkroom** N *Am* vestiaire *m*; *Am (left-luggage office)* consigne *f* ■ **checkup** N *(medical)* bilan *m* de santé; **to have a c.** faire un bilan de santé

▸ **check in 1** *vt sep (luggage)* enregistrer **2** *vi (arrive)* arriver; *(sign in)* signer le registre; *(at airport)* se présenter à l'enregistrement

▸ **check off** *vt sep (from list)* cocher

▸ **check out 1** *vt sep (confirm)* confirmer **2** *vi (at hotel)* régler sa note

▸ **check up** *vi* vérifier

checkered [ˈtʃekərd] ADJ *Am* = **chequered**

checkers [ˈtʃekərz] NPL *Am* jeu *m* de dames

cheddar [ˈtʃedə(r)] N cheddar *m (fromage)*

cheek [tʃiːk] N joue *f*; *Br Fam (impudence)* culot *m* ■ **cheeky** *(***-ier, -iest***)* ADJ *Br (person, reply)* insolent

cheer [tʃɪə(r)] **1** N **cheers** *(shouts)* acclamations *fpl*; *Fam* **cheers!** *(when drinking)* à votre santé!; *Br (thanks)* merci! **2** *vt (applaud)* acclamer; **to c. sb (up)** *(comfort)* remonter le moral à qn; *(amuse)* faire sourire qn **3** *vi* applaudir; **to c. up** reprendre courage; **c. up!** (du) courage! ■ **cheering 1** ADJ *(encouraging)* réjouissant **2** N *(shouts)* acclamations *fpl*

cheerful [ˈtʃɪəfəl] ADJ gai ■ **cheerless** ADJ morne

cheerio [tʃɪərɪˈəʊ] EXCLAM *Br* salut!, au revoir!

cheese [tʃiːz] N fromage *m*; *Fam* **(say) c.!** *(for photograph)* souriez!, **c. board** plateau *m* de fromages; **c. sandwich** sandwich *m* au fromage ■ **cheeseburger** N cheeseburger *m* ■ **cheesecake** N tarte *f* au fromage blanc

cheesy [ˈtʃiːzɪ] *(***-ier, -iest***)* ADJ *Fam* ringard

cheetah [ˈtʃiːtə] N guépard *m*

chef [ʃef] N chef *m* (cuisinier)

chemical [ˈkemɪkəl] **1** ADJ chimique **2** N produit *m* chimique

chemist [ˈkemɪst] N *Br (pharmacist)* pharmacien, -ienne *mf*; *(scientist)* chimiste *mf*; *Br* **c.'s shop** pharmacie *f* ■ **chemistry** N chimie *f*

chemotherapy [kiːməʊˈθerəpɪ] N *Med* chimiothérapie *f*; **to have c.** faire de la chimiothérapie

cheque [tʃek] N *Br* chèque *m*; **c. card** carte *f* d'identité bancaire *(sans laquelle un chéquier n'est pas valable)* ■ **chequebook** N *Br* carnet *m* de chèques

chequered, *Am* **checkered** [ˈtʃekəd] ADJ *Br*

(pattern) à carreaux; *Fig (career)* en dents de scie; *Sport* **c. flag** drapeau *m* à damier

cherish ['tʃerɪʃ] *vt (hope)* nourrir, caresser; *(person, memory)* chérir

cherry ['tʃerɪ] **1** *(pl* **-ies)** *n* cerise *f; (tree)* cerisier *m;* **c. brandy** cherry *m* **2** *adj* **c.(-red)** cerise *inv*

chess [tʃes] *n* échecs *mpl* ■ **chessboard** *n* échiquier *m*

chest [tʃest] *n* **(a)** *(part of body)* poitrine *f; Fig* **to get it off one's c.** dire ce qu'on a sur le cœur **(b)** *(box)* coffre *m;* **c. of drawers** commode *f*

chestnut ['tʃestnʌt] **1** *n (nut)* châtaigne *f; (cooked)* châtaigne, marron *m;* **c. (tree)** châtaignier *m* **2** *adj (hair)* châtain

chew [tʃuː] **1** *vt* **to c. (up)** mâcher; **to c. one's nails** se ronger les ongles; *Fam* **to c. over** *(plan, problem)* réfléchir à **2** *vi* mastiquer ■ **chewing gum** *n* chewing-gum *m*

chewy ['tʃuːɪ] *adj (meat)* caoutchouteux, -euse; *(sweet)* mou *(f* molle)

chick [tʃɪk] *n* **(a)** *(chicken)* poussin *m; (bird)* oisillon *m* **(b)** *Fam (girl)* nana *f;* **c. flick** = film qui plaît particulièrement aux femmes

chicken ['tʃɪkɪn] **1** *n* poulet *m; Fam* **it's c. feed!** c'est trois fois rien! **2** *adj Fam (cowardly)* froussard **3** *vi Fam* **to c. out** se dégonfler ■ **chickenpox** *n* varicelle *f*

chickpea ['tʃɪkpiː] *n* pois *m* chiche

chicory ['tʃɪkərɪ] *n inv (for salad)* endive *f; (for coffee)* chicorée *f*

chief [tʃiːf] **1** *n* chef *m; Fam (boss)* patron *m; Mil* **c. of staff** chef d'état-major **2** *adj (most important)* principal; *Com* **c. executive** directeur *m* général ■ **chiefly** *adv* principalement, surtout

chilblain ['tʃɪlbleɪn] *n* engelure *f*

child [tʃaɪld] *(pl* **children)** *n* enfant *mf;* **c. abuse** mauvais traitements *mpl* à enfant, maltraitance *f;* **c. care** *(for working parents)* crèches *fpl* et garderies *fpl; Br* **c. minder** assistante *f* maternelle ■ **childbearing** *n (motherhood)* maternité *f;* **of c. age** en âge d'avoir des enfants ■ **childbirth** *n* accouchement *m* ■ **childhood** *n* enfance *f* ■ **childish** *adj* puéril ■ **childlike** *adj* enfantin ■ **childproof** *adj (lock, bottle)* que les enfants ne peuvent pas ouvrir

children ['tʃɪldrən] *pl of* **child**

Chile ['tʃɪlɪ] *n* le Chili

chill [tʃɪl] **1** *n* froid *m; (in feelings)* froideur *f; (illness)* refroidissement *m;* **to catch a c.** prendre froid **2** *vt (wine, melon)* mettre au frais; *(meat)* réfrigérer; **to c. sb** faire frissonner qn; **chilled dessert** dessert *m* frais ■ **chilled** *adj* **(a)** *(food, wine)* refroidi; **best served c.** servir très frais **(b)** *Fam (relaxed)* relax ■ **chilling** *adj (frightening)* qui fait

froid dans le dos ■ **chilly** **(-ier, -iest)** *adj* froid; **it's c.** il fait (un peu) froid

▸ **chill out** *vi Fam* se détendre; **c. out!** relax!

chilli ['tʃɪlɪ] *(pl* **-is** *or* **-ies)** *n (plant)* piment *m* (rouge); *(dish)* **c. (con carne)** chili *m* (con carne); **c. powder** ≃ poivre *m* de Cayenne

chime [tʃaɪm] **1** *n (of bells)* carillon *m; (of clock)* sonnerie *f* **2** *vi (of bell)* carillonner; *(of clock)* sonner; *Fam* **to c. in** *(interrupt)* interrompre

chimney ['tʃɪmnɪ] *(pl* **-eys)** *n* cheminée *f*

> Note that the French noun **cheminée** can be a false friend. It also means **fireplace** and **mantelpiece**.

chimpanzee [tʃɪmpæn'ziː] *n* chimpanzé *m*

chin [tʃɪn] *n* menton *m; Fig* **to keep one's c. up** tenir le coup

china ['tʃaɪnə] **1** *n inv* porcelaine *f* **2** *adj* en porcelaine

China ['tʃaɪnə] *n* la Chine ■ **Chinese** [tʃaɪ'niːz] **1** *adj* chinois; *Br* **C. leaves,** *Am* **C. cabbage** chou *m* chinois **2** *n (person)* Chinois, -oise *mf; (language)* chinois *m; Fam (meal)* repas *m* chinois; *Fam (restaurant)* restaurant *m* chinois

chink [tʃɪŋk] **1** *n* **(a)** *(slit)* fente *f* **(b)** *(sound)* tintement *m* **2** *vt* faire tinter **3** *vi (of glasses)* tinter

chip [tʃɪp] **1** *n (splinter)* éclat *m; (break)* ébréchure *f; (counter)* jeton *m; Comptr* puce *f;* **chips** *Br (French fries)* frites *fpl; Am (crisps)* chips *fpl; Br* **c. shop** = boutique où l'on vend du poisson pané et des frites; *Fig* **to have a c. on one's shoulder** en vouloir à tout le monde **2** *(pt & pp* **-pp-)** *vt (cup, blade)* ébrécher; *(table)* abîmer; *(paint)* écailler; *(cut at) (stone, wood)* tailler **3** *vi Fam* **to c. in** *(contribute)* contribuer; *(interrupt)* mettre son grain de sel

> Note that the French word **chips** is a false friend for British English speakers. It means **crisps**.

chip-and-pin *n (payment system)* paiement *m* par carte à puce; **c. card** carte *f* à puce

chiropodist [kɪ'rɒpədɪst] *n Br* pédicure *mf*

chirp [tʃɜːp] **1** *n* pépiement *m* **2** *vi (of bird)* pépier

chirpy ['tʃɜːpɪ] **(-ier, -iest)** *adj* d'humeur joyeuse

chisel ['tʃɪzəl] **1** *n* ciseau *m* **2** *(Br* **-ll-,** *Am* **-l-)** *vt* ciseler

chitchat ['tʃɪttʃæt] *n Fam* bavardage *m*

chivalry ['ʃɪvəlrɪ] *n (courtesy)* courtoisie *f; (towards women)* galanterie *f; Hist (of knights)* chevalerie *f*

chives [tʃaɪvz] *npl* ciboulette *f*

chlorine ['klɔːriːn] *n Chem* chlore *m*

chloroform ['klɒrəfɔːm] N *Chem* chloroforme m

choc-ice ['tʃɒkaɪs] N *Br* = glace individuelle enrobée de chocolat

chocolate ['tʃɒklɪt] 1 N chocolat m; **drinking c.** chocolat en poudre; **hot c.** chocolat chaud; **milk/plain c.** chocolat au lait/à croquer 2 ADJ *(made of chocolate)* en chocolat; *(chocolate-flavoured)* au chocolat; *(colour)* chocolat inv; **c. egg** œuf m en chocolat

choice [tʃɔɪs] 1 N choix m; **to make a c.** choisir; **I had no c.** je n'ai pas eu le choix 2 ADJ *(goods)* de choix

choir ['kwaɪə(r)] N chœur m ■ **choirboy** N jeune choriste m

choke [tʃəʊk] 1 N *(of car)* starter m 2 VT *(strangle)* étrangler; *(clog)* boucher 3 VI s'étrangler; **to c. with anger/laughter** s'étrangler de colère/de rire; **she choked on a fishbone** elle a failli s'étouffer avec une arête

cholera ['kɒlərə] N choléra m

cholesterol [kə'lestərɒl] N cholestérol m

choos(e)y ['tʃuːzi] (**choosier, choosiest**) ADJ *Fam* difficile (**about** sur)

choose [tʃuːz] 1 *(pt* **chose**, *pp* **chosen**) VT choisir; **to c. to do sth** choisir de faire qch 2 VI choisir; **as I/you/etc c.** comme il me/vous/etc plaît

chop [tʃɒp] 1 N *(of lamb, pork)* côtelette f; *Br Fam* **to get the c.** être flanqué à la porte 2 *(pt & pp* **-pp-**) VT *(wood)* couper (à la hache); *(food)* couper en morceaux; *(finely)* hacher; **to c. down** *(tree)* abattre; **to c. off** *(branch, finger)* couper; **to c. up** couper en morceaux 3 VI **to c. and change** changer sans cesse

choppy ['tʃɒpi] (**-ier, -iest**) ADJ *(sea, river)* agité

chopsticks ['tʃɒpstɪks] NPL baguettes fpl *(pour manger)*

choral ['kɔːrəl] ADJ choral; **c. society** chorale f

chord [kɔːd] N *Mus* accord m

chore [tʃɔː(r)] N corvée f; **(household) chores** travaux mpl du ménage; **to do the chores** faire le ménage

choreograph ['kɒrɪəgrɑːf] VT chorégraphier; *Fig* organiser ■ **choreographer** [-'ɒgrəfə(r)] N chorégraphe mf ■ **choreography** [-'ɒgrəfi] N chorégraphie f

chortle ['tʃɔːtəl] 1 N gloussement m (de joie) 2 VI *(laugh)* glousser (de joie)

chorus ['kɔːrəs] N *(of song)* refrain m; *(singers)* chœur m; *(dancers)* troupe f

chose [tʃəʊz] PT of **choose**

chosen ['tʃəʊzən] PP of **choose**

Christ [kraɪst] N le Christ ■ **Christian** ['krɪstʃən] ADJ & N chrétien, -ienne *(mf)*; **C. name** prénom m ■ **Christianity** [krɪstɪ'ænɪtɪ] N christianisme m

christen ['krɪsən] VT *(person, ship)* baptiser ■ **christening** N baptême m

Christmas ['krɪsməs] 1 N Noël m; **at C. (time)** à Noël; **Merry** or **Happy C.!** Joyeux Noël! 2 ADJ *(tree, card, day, party)* de Noël; **C. Eve** la veille de Noël

chrome [krəʊm], **chromium** ['krəʊmɪəm] N chrome m

chronic ['krɒnɪk] ADJ *(disease, state)* chronique; *Fam (bad)* atroce

chronicle ['krɒnɪkəl] 1 N chronique f 2 VT faire la chronique de

chronology [krə'nɒlədʒɪ] *(pl* **-ies**) N chronologie f ■ **chronological** [krɒnə'lɒdʒɪkəl] ADJ chronologique; **in c. order** par ordre chronologique

chrysanthemum [krɪ'sænθəməm] N chrysanthème m

chubby ['tʃʌbi] (**-ier, -iest**) ADJ *(person, hands)* potelé; *(cheeks)* rebondi

chuck [tʃʌk] VT *Fam (throw)* lancer; *(boyfriend, girlfriend)* plaquer; **to get chucked** se faire plaquer; **to c. away** *(old clothes)* balancer; *(money)* gaspiller; *(opportunity)* ficher en l'air; *Br* **to c. (in** or **up)** *(give up)* laisser tomber; **to c. out** *(throw away)* balancer; *(from house, school, club)* vider

chuckle ['tʃʌkəl] 1 N petit rire m 2 VI rire tout bas

chuffed [tʃʌft] ADJ *Br Fam* super content (**about** de)

chug [tʃʌg] *(pt & pp* **-gg-**) VI **to c. along** *(of vehicle)* avancer lentement; *(of train)* haleter

chum [tʃʌm] N *Fam* copain m, copine f

chunk [tʃʌŋk] N *(gros)* morceau m; *(of time)* partie f ■ **chunky** (**-ier, -iest**) ADJ *Fam (person)* trapu; *(coat, sweater, material)* gros *(f* grosse)

church [tʃɜːtʃ] N église f; *(French Protestant)* temple m; **to go to c.** aller à l'église/au temple; **in c.** à l'église; **c. hall** salle f paroissiale ■ **churchyard** N cimetière m

churn [tʃɜːn] 1 N *(for making butter)* baratte f; *(milk can)* bidon m 2 VT *Pej* **to c. out** *(books)* pondre (en série); *(goods)* produire en série

chute [ʃuːt] N *Br (in pool, playground)* toboggan m; *(for rubbish)* vide-ordures m inv

chutney ['tʃʌtni] N chutney m, = condiment épicé à base de fruits

CID [siːaɪ'diː] *(abbr* **Criminal Investigation Department**) N *Br* ≃ PJ f

cider ['saɪdə(r)] N cidre m

cigar [sɪ'gɑː(r)] N cigare m

cigarette [sɪgə'ret] N cigarette f; **c. end** mégot m; **c. lighter** briquet m

cinder ['sɪndə(r)] N cendre f; **burnt to a c.** carbonisé; Br **c. track** (for running) cendrée f

Cinderella [sɪndə'relə] N Cendrillon f

cinema ['sɪnəmə] N (art) cinéma m; Br (place) cinéma; Br **to go to the c.** aller au cinéma ■ **cinemagoer** N Br cinéphile mf

cinnamon ['sɪnəmən] N cannelle f

circle ['sɜːkəl] **1** N (shape, group, range) cercle m; (around eyes) cerne m; Theatre balcon m; **to sit in a c.** s'asseoir en cercle; Fig **to go round in circles** tourner en rond; **in political circles** dans les milieux mpl politiques **2** VT (move round) tourner autour de; (surround) entourer (**with** de) **3** VI (of aircraft, bird) décrire des cercles

circuit ['sɜːkɪt] N (electrical path, journey, for motor racing) circuit m; (of entertainers, judge) tournée f; El **c. breaker** disjoncteur m

circular ['sɜːkjʊlə(r)] **1** ADJ circulaire **2** N (letter) circulaire f; (advertisement) prospectus m

circulate ['sɜːkjʊleɪt] **1** VT faire circuler **2** VI circuler ■ **circulation** [-'leɪʃən] N (of air, blood, money) circulation f; (of newspaper) tirage m; Fam **to be in c.** (person) être dans le circuit

circumcised ADJ circoncis ■ **circumcision** [-'sɪʒən] N circoncision f

circumference [sɜː'kʌmfərəns] N circonférence f

circumflex ['sɜːkəmfleks] N & ADJ **c. (accent)** accent m circonflexe

circumstance ['sɜːkəmstæns] N circonstance f; **circumstances** (financial) situation f financière; **in** or **under the circumstances** étant donné les circonstances; **in** or **under no circumstances** en aucun cas ■ **circumstantial** [-'stænʃəl] ADJ Law **c. evidence** preuves fpl indirectes; **on c. evidence** sur la base de preuves indirectes

circumvent [sɜːkəm'vent] VT (rule, law, difficulty) contourner

circus ['sɜːkəs] N cirque m

cistern ['sɪstən] N citerne f; (for lavatory) réservoir m de chasse d'eau

cite [saɪt] VT (quote, commend) citer ■ **ci'tation** N citation f

citizen ['sɪtɪzən] N citoyen, -enne mf; (of city) habitant, -ante mf ■ **citizenship** N citoyenneté f; Br Sch instruction f civique

citrus ['sɪtrəs] ADJ **c. fruit(s)** agrumes mpl

city ['sɪtɪ] (pl **-ies**) N (grande) ville f, cité f; Br **the C.** la City (quartier des affaires de Londres); **c. centre** centre-ville m; **c. dweller** citadin, -ine mf; Am **c. hall** hôtel m de ville

civic ['sɪvɪk] ADJ (duty) civique; **c. centre** salle f municipale

civil ['sɪvəl] ADJ **(a)** (rights, war, marriage) civil; **c.**

servant fonctionnaire mf; **c. service** fonction f publique (**b**) (polite) civil

civilian [sɪ'vɪljən] ADJ & N civil, -ile (mf)

civilize ['sɪvɪlaɪz] VT civiliser ■ **civilization** [-'zeɪʃən] N civilisation f

clad [klæd] ADJ Literary vêtu (**in** de)

claim [kleɪm] **1** N (demand) (for damages, compensation) demande f d'indemnisation; (as a right) revendication f; (statement) affirmation f; (right) droit m (**to** à); (insurance) **c.** demande d'indemnité; **to lay c. to sth** revendiquer qch **2** VT (as a right) réclamer, revendiquer; (payment, benefit, reduction) demander à bénéficier de; **to c. damages (from sb)** réclamer des dommages et intérêts (à qn); **to c. that...** (assert) prétendre que... ■ **claimant** N Br (for social benefits, insurance) demandeur, -euse mf

clairvoyant [kleə'vɔɪənt] N voyant, -ante mf

clam [klæm] **1** N palourde f **2** (pt & pp **-mm-**) VI Fam **to c. up** (stop talking) se fermer comme une huître

clamber ['klæmbə(r)] VI **to c. up** grimper

clammy ['klæmɪ] (**-ier, -iest**) ADJ (hands) moite (et froid)

clamour, Am **clamor** ['klæmə(r)] **1** N clameur f **2** VI **to c. for sth** demander qch à grands cris

clamp [klæmp] **1** N (clip-like) pince f; (in carpentry) serre-joint m; (wheel) **c.** (for vehicle) sabot m (de Denver) **2** VT serrer; (vehicle) mettre un sabot à **3** VI Fam **to c. down on** sévir contre ■ **clampdown** N Fam coup m d'arrêt (**on** à)

clan [klæn] N also Fig clan m

clandestine [klæn'destɪn] ADJ clandestin

clang [klæŋ] N son m métallique

clap [klæp] **1** N battement m de mains; (on back) tape f; (of thunder) coup m **2** (pt & pp **-pp-**) VTI (applaud) applaudir; **to c. (one's hands)** applaudir; (once) frapper dans ses mains ■ **'clapped-'out** ADJ Br Fam (person) crevé; (car, machine) pourri ■ **clapping** N applaudissements mpl

claret ['klærət] N (wine) bordeaux m rouge

clarify ['klærɪfaɪ] (pt & pp **-ied**) VT clarifier ■ **clarification** [-ɪ'keɪʃən] N clarification f

clarinet [klærɪ'net] N clarinette f

clarity ['klærɪtɪ] N (of expression, argument) clarté f; (of sound) pureté f; (of water) transparence f

clash [klæʃ] **1** N (noise) fracas m; (of interests) conflit m; (of events) coïncidence f **2** VI (of objects) s'entrechoquer; (of interests, armies) s'affronter; (of colours) jurer (**with** avec); (coincide) tomber en même temps (**with** que)

clasp [klɑːsp] **1** N (fastener) fermoir m; (of belt) boucle f **2** VT (hold) serrer; **to c. one's hands** joindre les mains

class [klɑːs] **1** N classe f; (lesson) cours m; Br (university grade) mention f; Am **the c. of 2003** la promotion de 2003; **to have c.** avoir de la classe **2** VT classer (**as** comme) ■ **classmate** N camarade mf de classe ■ **classroom** N (salle f de) classe f

classic ['klæsɪk] **1** ADJ classique **2** N (writer, work) classique m ■ **classical** ADJ classique

classify ['klæsɪfaɪ] (pt & pp **-ied**) VT classer ■ **classification** [-fɪ'keɪʃən] N classification f ■ **classified** ADJ (information, document) confidentiel, -ielle; **c. advertisement** petite annonce f

classy ['klɑːsɪ] (**-ier, -iest**) ADJ Fam chic inv

clatter ['klætə(r)] N fracas m

clause [klɔːz] N (in sentence) proposition f; (in legal document) clause f

claustrophobia [klɔːstrə'fəʊbɪə] N claustrophobie f ■ **claustrophobic** ADJ (person) claustrophobe; (room, atmosphere) oppressant

claw [klɔː] **1** N (of lobster) pince f; (of cat, sparrow) griffe f; (of eagle) serre f **2** VT (scratch) griffer; **to c. back** (money) récupérer

clay [kleɪ] N argile f

clean [kliːn] **1** (**-er, -est**) ADJ propre; (clear-cut) net (f nette); (joke) pour toutes les oreilles; (game, fight) dans les règles; **to have a c. driving licence** avoir tous ses points sur son permis de conduire; **to come c.** tout avouer **2** ADV (utterly) complètement; **to cut c.** couper net **3** N **to give sth a c.** nettoyer qch **4** VT nettoyer; (wash) laver; **to c. one's teeth** se brosser ou se laver les dents; **to c. out** (room) nettoyer à fond; (empty) vider; Fig (reform) épurer **5** VI **to c. (up)** faire le nettoyage ■ **clean-cut** ADJ net (f nette) ■ **cleaner** N (in home) femme f de ménage; (dry) c. teinturier, -ière mf ■ **cleaning** N nettoyage m, (housework) ménage m; **c. lady** femme f de ménage ■ **cleanly** ADV (break, cut) net ■ **'clean-'shaven** ADJ (with no beard or moustache) glabre; (closely shaven) rasé de près ■ **clean-up** N Fig purge f

cleanliness ['klenlɪnɪs] N propreté f

cleanse [klenz] VT nettoyer; Fig (soul, person) purifier (**of** de); **cleansing cream** crème f démaquillante ■ **cleanser** N (for skin) démaquillant m

clear [klɪə(r)] **1** (**-er, -est**) ADJ (sky, water, sound, thought) clair; (glass) transparent; (outline, photo, skin, majority) net (f nette); (road) libre; (winner) incontesté; (obvious) évident, clair; (certain) certain; **on a c. day** par temps clair; **to make oneself (completely or abundantly) c.** se faire (bien) comprendre; **it is c. that…** il est évident ou clair que…; **to have a c. conscience** avoir la conscience tranquille **2** ADV **to keep** or **steer**

c. of se tenir à l'écart de; **to get c. of** (away from) s'éloigner de **3** VT (table) débarrasser; (road, area) dégager; (land) défricher; (fence) franchir (sans toucher); (obstacle) éviter; (accused person) disculper; (cheque) compenser; (debts, goods) liquider; (through customs) dédouaner; (for security) autoriser; **to c. one's throat** s'éclaircir la gorge **4** VI (of weather) s'éclaircir; (of fog) se dissiper ■ **clearing** N (in woods) clairière f ■ **clearly** ADV (explain, write) clairement; (see, understand) bien; (obviously) évidemment

▸ **clear away 1** VT SEP (remove) enlever **2** VI (of fog) se dissiper

▸ **clear off** VI Fam (leave) filer

▸ **clear out** VT SEP (empty) vider; (clean) nettoyer; (remove) enlever

▸ **clear up 1** VT SEP (mystery) éclaircir; (room) ranger **2** VI (of weather) s'éclaircir; (of fog) se dissiper; (tidy) ranger

clearance ['klɪərəns] N (sale) liquidation f; (space) dégagement m; (permission) autorisation f

clear-cut [klɪə'kʌt] ADJ net (f nette)

clear-headed [klɪə'hedɪd] ADJ lucide

clef [klef] N Mus clef f

cleft [kleft] **1** N fissure f **2** ADJ Anat **c. palate** palais m fendu

clementine ['kleməntaɪn] N clémentine f

clench [klentʃ] VT **to c. one's fist/teeth** serrer le poing/les dents

clergy ['klɜːdʒɪ] N clergé m ■ **clergyman** (pl **-men**) N ecclésiastique m

cleric ['klerɪk] N Rel ecclésiastique m ■ **clerical** ADJ (job) d'employé; (work) de bureau; (error) d'écriture; Rel clérical

clerk [Br klɑːk, Am klɜːk] N employé, -ée mf de bureau; Am (in store) vendeur, -euse mf; Law **c. of the court** greffier m

clever ['klevə(r)] (**-er, -est**) ADJ intelligent; (smart, shrewd) astucieux, -ieuse; (skilful) habile (**at sth** à qch; **at doing** à faire); (ingenious) (machine, plan) ingénieux, -ieuse; (gifted) doué; **c. at English** fort en anglais; **c. with one's hands** adroit de ses mains ■ **cleverly** ADV intelligemment; (ingeniously) astucieusement; (skilfully) habilement ■ **cleverness** N intelligence f; (ingenuity) astuce f; (skill) adresse f

cliché ['kliːʃeɪ] N cliché m

click [klɪk] **1** N bruit m sec; Comptr (of mouse) clic m **2** VT **to c. one's heels** claquer des talons; **to c. one's tongue** faire claquer sa langue **3** VI faire un bruit sec; Comptr (with mouse) cliquer; Fam (of lovers) se plaire du premier coup; Fam **it suddenly clicked** ça a fait tilt; Comptr **to c. on sth** cliquer sur qch

client ['klaɪənt] N client, -iente mf ■ **clientele** [kliːɑ̃n'tel] N clientèle f

cliff [klɪf] N falaise f

climate ['klaɪmɪt] N (weather) & Fig (conditions) climat m; **c. of opinion** opinion f générale ■ **climatic** [-'mætɪk] ADJ (changes) climatique

climax ['klaɪmæks] **1** N point m culminant; (sexual) orgasme m **2** VI atteindre son point culminant; (sexually) atteindre l'orgasme

climb [klaɪm] **1** N montée f **2** VT **to c. (up)** (steps, hill) gravir; (mountain) faire l'ascension de; (tree, ladder) grimper à; **to c. (up)** (wall) escalader; **to c. down (from)** (wall, tree) descendre de; (hill) descendre **3** VI (of plant) grimper; **to c. (up)** (steps, tree, hill) monter; **to c. down** descendre; Fig (back down) revenir sur sa décision ■ **climber** N grimpeur, -euse mf; (mountaineer) alpiniste mf; (on rocks) varappeur, -euse mf; (plant) plante f grimpante ■ **climbing** N montée f; **(mountain) c.** alpinisme m; **(rock-)c.** varappe f

climb-down ['klaɪmdaʊn] N reculade f

clinch [klɪntʃ] VT (deal) conclure

cling [klɪŋ] (pt & pp **clung**) VI s'accrocher (**to** à); (stick) adhérer (**to** à)

clingfilm ['klɪŋfɪlm] N Br film m alimentaire

clinic ['klɪnɪk] N Br (private) clinique f; (part of hospital) service m ■ **clinical** ADJ Med clinique; Fig (attitude) froid

clink [klɪŋk] **1** N tintement m **2** VT faire tinter **3** VI tinter

clip [klɪp] **1** N (a) (fastener) attache f; (for paper) trombone m; (of brooch, of cyclist, for hair) pince f (b) (of film) extrait m; Br Fam (blow) taloche f; Comptr **c. art** clipart m **2** (pt & pp **-pp-**) VT (paper) attacher (avec un trombone); (cut) couper; (hedge) tailler; (ticket) poinçonner; (sheep) tondre; **to c. sth out of** (newspaper) découper qch dans; **to c. (on)** (attach) attacher (**to** à) **3** VI **to c. together** s'emboîter ■ **clippers** NPL (for hair) tondeuse f; (for fingernails) coupe-ongles m inv ■ **clipping** N Am (from newspaper) coupure f

clique [kliːk] N Pej clique f

cloak [kləʊk] N cape f ■ **cloakroom** N vestiaire m; Br (lavatory) toilettes fpl

clock [klɒk] **1** N (large) horloge f; (small) pendule f; Br Fam (mileometer) compteur m; **round the c.** vingt-quatre heures sur vingt-quatre; **to put the clocks forward/back** (in spring, autumn) avancer/retarder les pendules; **c. tower** clocher m **2** VT (measure speed of) chronométrer **3** VI **to c. in** or **out** (of worker) pointer ■ **clockwise** ADV dans le sens des aiguilles d'une montre

clockwork ['klɒkwɜːk] **1** ADJ (toy) mécanique **2** N **to go like c.** marcher comme sur des roulettes

clog [klɒg] **1** N (shoe) sabot m **2** (pt & pp **-gg-**) VT **to c. (up)** (obstruct) boucher

cloister ['klɔɪstə(r)] **1** N cloître m **2** VT cloîtrer

clone [kləʊn] **1** N clone m **2** VT cloner ■ **cloning** N clonage m

close¹ [kləʊs] **1** (**-er, -est**) ADJ (in distance, time, relationship) proche; (collaboration, resemblance, connection) étroit; (friend) intime; (contest) serré; (study) rigoureux, -euse; Ling (vowel) fermé; Br **it's c.** (of weather) il fait lourd; **c. to** (near) près de, proche de; **c. to tears** au bord des larmes; **I'm very c. to her** (friendly) je suis très proche d'elle; **that was a c. shave** or **call** il s'en est fallu de peu **2** ADV **c. (by), c. at hand** tout près; **we stood/sat c. together** nous étions debout/assis serrés les uns contre les autres; **to follow c. behind** suivre de près; **to hold sb c.** tenir qn contre soi ■ **'close-'fitting** ADJ (clothes) ajusté ■ **'close-'knit** ADJ (group, family) très uni ■ **closely** ADV (follow, guard) de près; (listen, examine) attentivement; **c. linked** étroitement lié (**to** à); **c. contested** très disputé ■ **close-up** N gros plan m

close² [kləʊz] **1** N (end) fin f; **to bring to a c.** mettre fin à; **to draw to a c.** tirer à sa fin **2** VT (door, shop, account, eye) fermer; (discussion) clore; (opening) boucher; (road) barrer; (gap) réduire; (deal) conclure; **to c. the meeting** lever la séance **3** VI (of door) se fermer; (of shop) fermer; (of wound) se refermer; (of meeting, festival) se terminer ■ **closed** ADJ (door, shop) fermé; **c.-circuit television** télévision f en circuit fermé; **behind c. doors** à huis clos ■ **closing 1** N fermeture f; (of session) clôture f **2** ADJ (words, remarks) dernier, -ière; **c. date** (for application) date f limite; **c. time** heure f de fermeture ■ **closure** ['kləʊʒə(r)] N fermeture f (définitive)

▸ **close down 1** VT SEP (business, factory) fermer (définitivement) **2** VI (of TV station) terminer les émissions; (of business, factory) fermer (définitivement)

▸ **close in 1** VT SEP (enclose) enfermer **2** VI (approach) approcher; **to c. in on sb** se rapprocher de qn

▸ **close up 1** VT SEP fermer **2** VI (of shopkeeper) fermer; (of wound) se refermer; (of line of people) se resserrer

closet ['klɒzɪt] N Am (cupboard) placard m; (wardrobe) penderie f; Fig **to come out of the c.** révéler son homosexualité

clot [klɒt] **1** N (of blood) caillot m; Br Fam (person) andouille f **2** (pt & pp **-tt-**) VT (blood) coaguler **3** VI (of blood) (se) coaguler

cloth [klɒθ] N tissu m; (of linen) toile f; (for dusting) chiffon *m*; *(for dishes)* torchon *m*; *(tablecloth)* nappe *f*

clothe [kləʊð] **vt** vêtir **(in** de) ■ **clothing** **N** *(clothes)* vêtements *mpl*; **an article of c.** un vêtement

clothes [kləʊðz] **NPL** vêtements *mpl*; **to put one's c. on** s'habiller; **to take one's c. off** se déshabiller; **c. line** corde *f* à linge; *Br* **c. peg,** *Am* **c. pin** pince *f* à linge; **c. shop** magasin *m* de vêtements

cloud [klaʊd] **1 N** nuage *m*; *Fig (of arrows, insects)* nuée *f* **2 vt** *(window, mirror)* embuer; *(mind)* obscurcir; *(judgement)* affecter **3 vi** **to c. (over)** *(of sky)* se couvrir ■ **cloudy** **(-ier, -iest)** **ADJ** *(weather, sky)* nuageux, -euse; *(liquid)* trouble; **it's c., it's a c. day** le temps est couvert

clout [klaʊt] *Fam* **1 N** *(blow)* taloche *f*; *(influence)* influence *f*; **to have (plenty of) c.** avoir le bras long **2 vt** *(hit)* flanquer une taloche à

clove [kləʊv] **N** *(spice)* clou *m* de girofle; **c. of garlic** gousse *f* d'ail

clover ['kləʊvə(r)] **N** trèfle *m*

clown [klaʊn] **1 N** clown *m* **2 vi** **to c. around** *or* **about** faire le clown

club [klʌb] **1 N** **(a)** *(society)* club *m* **(b)** *(nightclub)* boîte *f* de nuit **(c)** *(weapon)* massue *f*, *(in golf)* club *m* **(d)** *Cards* **clubs** trèfle *m* **2** *(pt & pp* **-bb-)** **vt** frapper avec une massue **3 vi** **(a)** *Br* **to c. together** se cotiser **(to buy sth** pour acheter qch**) (b) to go clubbing** aller en boîte

cluck [klʌk] **vi** *(of hen)* glousser

clue [kluː] **N** indice *m*; *(of crossword)* définition *f*; *Fam* **I don't have a c.** je n'en ai pas la moindre idée ■ **clueless** **ADJ** *Br Fam* nul *(f* nulle)

clump [klʌmp] **N** *(of flowers, trees)* massif *m*

clumsy ['klʌmzɪ] **(-ier, -iest)** **ADJ** maladroit; *(tool)* peu commode

clung [klʌŋ] **PT & PP of** cling

cluster ['klʌstə(r)] **1 N** groupe *m*; *(of stars)* amas *m* **2 vi** se grouper

clutch [klʌtʃ] **1 N** **(a)** *(in car)* embrayage *m*, *(pedal)* pédale *f* d'embrayage; **to let in/out the c.** embrayer/débrayer **(b) to fall into/escape from sb's clutches** tomber dans les griffes/s'échapper des griffes de qn **2 vt** tenir fermement **3 vi** **to c. at** essayer de saisir

clutter ['klʌtə(r)] **1 N** *(objects)* désordre *m* **2 vt** **to c. (up)** *(room, table)* encombrer **(with** de)

cm *(abbr* **centimetre(s))** **N(PL)** cm *m(pl)*

Co [kəʊ] *(abbr* **company)** **N** Cie *f*

co- [kəʊ] **PREF** co-

c/o *(abbr* **care of)** *(on envelope)* chez

coach [kəʊtʃ] **1 N** **(a)** *Br (train carriage)* voiture *f*, wagon *m*; *Br (bus)* car *m*; *(horse-drawn)* carrosse *m* **(b)** *(for sports)* entraîneur, -euse *mf* **2 vt** *(sportsman, team)* entraîner; **to c. sb for an exam** préparer qn pour un examen *(en lui donnant des leçons particulières)*

coal [kəʊl] **1 N** charbon *m* **2 ADJ** *(merchant, fire)* de charbon; *(cellar, bucket)* à charbon; **c. industry** industrie *f* houillère ■ **coalmine** **N** mine *f* de charbon

coalition [kəʊə'lɪʃən] **N** coalition *f*

coarse [kɔːs] **(-er, -est)** **ADJ** *(person, manners)* grossier, -ière, vulgaire; *(accent)* vulgaire; *(surface, fabric)* grossier; **to have c. hair** avoir les cheveux épais; **c. salt** gros sel *m*

coast [kəʊst] **1 N** côte *f*; *Fig* **the c. is clear** la voie est libre **2 vi** **to c. (down** *or* **along)** *(of vehicle, bicycle)* descendre en roue libre ■ **coastal** **ADJ** côtier, -ière ■ **coastline** **N** littoral *m*

coaster ['kəʊstə(r)] **N** *(for glass)* dessous-de-verre *m inv*

coat [kəʊt] **1 N** manteau *m*; *(overcoat)* pardessus *m*; *(jacket)* veste *f*; *(of animal)* pelage *m*; *(of paint)* couche *f*; **c. hanger** cintre *m*; **c. of arms** armoiries *fpl* **2 vt** couvrir **(with** de); *(with chocolate, sugar)* enrober **(with** de) ■ **coating** **N** couche *f*

coax [kəʊks] **vt** enjôler; **to c. sb to do** *or* **into doing sth** amener qn à faire qch par des cajoleries; **she needed coaxing** elle s'est fait tirer l'oreille

cob [kɒb] **N** *(of corn)* épi *m*

cobbled ['kɒbəld] **ADJ** *(street)* pavé

cobra ['kəʊbrə] **N** *(snake)* cobra *m*

cobweb ['kɒbweb] **N** toile *f* d'araignée

Coca-Cola® ['kəʊkə'kəʊlə] **N** Coca-Cola® *m*

cocaine [kəʊ'keɪn] **N** cocaïne *f*

cock [kɒk] **1 N** *(rooster)* coq *m*; *(male bird)* mâle *m* **2 vt** *(gun)* armer; **to c. one's ears** *(listen carefully)* dresser l'oreille

cockatoo [kɒkə'tuː] **N** cacatoès *m*

cockerel ['kɒkərəl] **N** jeune coq *m*

cockle ['kɒkəl] **N** *(shellfish)* coque *f*

cockney ['kɒknɪ] **ADJ & N** cockney *(mf)* *(natif des quartiers est de Londres)*

cockpit ['kɒkpɪt] **N** *(of aircraft)* poste *m* de pilotage

cockroach ['kɒkrəʊtʃ] **N** cafard *m*

cocktail ['kɒkteɪl] **N** cocktail *m*; **fruit c.** macédoine *f* de fruits; **prawn c.** crevettes *fpl* à la mayonnaise; **c. party** cocktail *m*

cocky ['kɒkɪ] **(-ier, -iest)** **ADJ** *Fam* culotté

cocoa ['kəʊkəʊ] **N** cacao *m*

coconut ['kəʊkənʌt] **N** noix *f* de coco

cocoon [kə'kuːn] **N** cocon *m*

cod [kɒd] N morue f; (as food) cabillaud m ∎ **cod-liver 'oil** N huile f de foie de morue

code [kəʊd] **1** N code m; **in c.** (letter, message) codé; (for telephone) numéro m de code; **c. word** code m **2** VT coder ∎ **coding** N codage m

COD [siːəʊˈdiː] (abbr **cash on delivery**) N Br Com paiement m à la livraison **codeine** [ˈkəʊdiːn] N codéine f

co-educational [kəʊedjʊˈkeɪʃənəl] ADJ (school, teaching) mixte

coerce [kəʊˈɜːs] VT contraindre (**sb into doing** qn à faire)

coexist [kəʊɪgˈzɪst] VI coexister

coffee [ˈkɒfɪ] **1** N café m; **c. with milk, Br white c.** café au lait; Br **c. bar** or **shop** café; **c. break** pause-café f; **c. table** table f basse **2** ADJ **c. (-coloured)** café au lait inv

coffin [ˈkɒfɪn] N cercueil m

cog [kɒg] N dent f

cognac [ˈkɒnjæk] N cognac m

cohabit [kəʊˈhæbɪt] VI vivre en concubinage (**with** avec)

coherent [kəʊˈhɪərənt] ADJ (logical) cohérent; (way of speaking) compréhensible, intelligible ∎ **cohesion** [-ˈhiːʒən] N cohésion f

coil [kɔɪl] **1** N (of wire, rope) rouleau m; (single loop) (of hair) boucle f; (of snake) anneau m; (electrical) bobine f; (contraceptive) stérilet m **2** VT (rope, hair, hose) enrouler (**around** autour de) **3** VI (of snake) s'enrouler (**around** autour de)

coin [kɔɪn] **1** N pièce f (de monnaie); Am **c. bank** tirelire f **2** VT (money) frapper; Fig (word) inventer; **to c. a phrase…** pour ainsi dire…

coincide [kəʊɪnˈsaɪd] VI coïncider (**with** avec) ∎ **coincidence** [-ˈɪnsɪdəns] N coïncidence f ∎ **coincidental** [-sɪˈdentəl] ADJ (resemblance) fortuit; **it's c.** c'est une coïncidence

coke [kəʊk] N (fuel) coke m; (Coca-Cola®) Coca® m inv

colander [ˈkʌləndə(r)] N (for vegetables) passoire f

cold [kəʊld] **1** (-er, -est) ADJ froid; **to be** or **feel c.** (of person) avoir froid; **my hands are c.** j'ai froid aux mains; **it's c.** (of weather) il fait froid; **to get c.** (of weather) se refroidir; (of food) refroidir; Fam **to get c. feet** se dégonfler; **in c. blood** de sang-froid; Br **c. meats,** Am **c. cuts** viandes fpl froides; **c. sore** bouton m de fièvre **2** N (a) (temperature) froid m; **to be out in the c.** être dehors dans le froid (**b**) (illness) rhume m; **to have a c.** être enrhumé; **to catch a c.** attraper un rhume; **to get a c.** s'enrhumer ∎ **coldness** N froideur f

cold-blooded [ˈkəʊldblʌdɪd] ADJ (person) insensible; (murder) commis de sang-froid

cold-shoulder [kəʊldˈʃəʊldə(r)] VT snober

coleslaw [ˈkəʊlslɔː] N = salade de chou cru à la mayonnaise

collaborate [kəˈlæbəreɪt] VI collaborer (**on** à) ∎ **collaboration** [-ˈreɪʃən] N collaboration f ∎ **collaborator** N collaborateur, -trice mf

collage [ˈkɒlɑːʒ] N (picture) collage m

collapse [kəˈlæps] **1** N effondrement m; (of government) chute f **2** VI (of person, building) s'effondrer; (faint) se trouver mal; (of government) tomber ∎ **collapsible** ADJ (chair) pliant

collar [ˈkɒlə(r)] N (on garment) col m; (of dog) collier m; **to seize sb by the c.** saisir qn au collet ∎ **collarbone** N clavicule f

collate [kəˈleɪt] VT (documents) (gather) rassembler; (compare) collationner

collateral [kəˈlætərəl] **1** N Law & Fin (guarantee) nantissement m **2** ADJ parallèle; Law collatéral; **c. damage** dégâts mpl ou dommages mpl collatéraux

colleague [ˈkɒliːg] N collègue mf

collect [kəˈlekt] **1** VT (pick up) ramasser; (gather) rassembler; (information) recueillir; (taxes) percevoir; (rent) encaisser; (stamps) collectionner; **to c. money** (in street, church) quêter; **to c. sb** (pick up) passer prendre qn **2** VI (of dust) s'accumuler; (of people) se rassembler; (in street, church) quêter (**for** pour) **3** ADV Am **to call** or **phone sb c.** téléphoner à qn en PCV

collection [kəˈlekʃən] N (of objects, stamps) collection f; (of poems) recueil m; (of money for church) quête f; (of mail, taxes) levée f; Br (of twigs, rubbish) ramassage m

collective [kəˈlektɪv] ADJ collectif, -ive ∎ **collectively** ADV collectivement

collector [kəˈlektə(r)] N (of stamps) collectionneur, -euse mf

college [ˈkɒlɪdʒ] N Br (of further education) établissement m d'enseignement supérieur; Br (part of university) = association d'enseignants et d'étudiants d'une même université qui dispose d'une semi-autonomie administrative; Am (university) université f; Pol & Rel collège m; **to be at c.** être étudiant; **c. of music** conservatoire m de musique

collide [kəˈlaɪd] VI entrer en collision (**with** avec) ∎ **collision** [-ˈlɪʒən] N collision f

colloquial [kəˈləʊkwɪəl] ADJ familier, -ière

cologne [kəˈləʊn] N eau f de Cologne

colon [ˈkəʊlən] N (**a**) (punctuation mark) deux-points m (**b**) Anat côlon m

colonel [ˈkɜːnəl] N colonel m

colonial [kəˈləʊnɪəl] ADJ colonial

colonize [ˈkɒlənaɪz] VT coloniser

colony ['kɒlənɪ] (pl **-ies**) N colonie f

colossal [kə'lɒsəl] ADJ colosse

colour, Am **color** ['kʌlə(r)] **1** N couleur f **2** ADJ (photo, television) en couleurs; (television set) couleur inv; (problem) racial; **c. supplement** (of newspaper) supplément m en couleurs; **to be off c.** (of person) ne pas être dans son assiette **3** VT colorer; **to c. (in)** (drawing) colorier ■ **coloured,** Am **colored** ADJ (person, pencil) de couleur; (glass, water) coloré ■ **colouring,** Am **coloring** N (in food) colorant m; (complexion) teint m; (with crayons) coloriage m; (shade, effect) coloris m; (blend of colours) couleurs fpl; **c. book** album m de coloriages

colour-blind, Am **color-blind** ['kʌləblaɪnd] ADJ daltonien, -ienne ■ **colour-blindness,** Am **color-blindness** N daltonisme m

colourful, Am **colorful** ['kʌləfəl] ADJ (crowd, story) coloré; (person) pittoresque

column ['kɒləm] N colonne f; (newspaper feature) rubrique f

coma ['kəʊmə] N coma m; **in a c.** dans le coma

comb [kəʊm] **1** N peigne m **2** VT (hair) peigner; Fig (search) ratisser, passer au peigne fin; **to c. one's hair** se peigner

combat ['kɒmbæt] **1** N combat m; Br **c. trousers,** Am **c. pants** battle-dress m inv **2** VTI combattre (**for** pour)

combine[1] ['kɒmbaɪn] N (**a**) (commercial) association f; (cartel) cartel m (**b**) **c. harvester** (machine) moissonneuse-batteuse f

combine[2] [kəm'baɪn] **1** VT (activities, qualities, features, elements, sounds) combiner; (efforts) joindre, unir; **to c. business with pleasure** joindre l'utile à l'agréable; **our combined efforts have produced a result** en joignant nos efforts, nous avons obtenu un résultat; **combined wealth/etc** (put together) richesses/etc fpl réunies **2** VI (of teams, groups) s'unir; (of elements) se combiner; (of gases) s'associer ■ **combination** [kɒmbɪ'neɪʃən] N combinaison f; (of qualities) réunion f; **in c. with** en association avec; **c. lock** serrure f à combinaison

combustion [kəm'bʌstʃən] N combustion f

come [kʌm] (pt **came,** pp **come**) VI venir (**from** de; **to** à); **to c. home** rentrer (à la maison); **to c. first** (in race, exam) se classer premier; **c. and see me** viens me voir; **coming!** j'arrive!; **to come** or **close to doing sth** faillir faire qch; **to c. true** se réaliser; **in the years to c.** dans les années à venir; **nothing came of it** ça n'a abouti à rien; **c. to think of it...** maintenant que j'y pense... ■ **comeback** N **to make a c.** (of fashion) revenir; (of actor, athlete) faire un come-back

▸ **come about** VI (happen) arriver

▸ **come across 1** VI **to c. across well/badly** bien/mal passer **2** VT INSEP (find) tomber sur

▸ **come along** VI venir (**with** avec); (progress) (of work) avancer; (of student) progresser; **c. along!** allons, pressons!

▸ **come at** VT INSEP (attack) attaquer

▸ **come away** VI (leave, come off) partir (**from** de); **to c. away from sb/sth** (step or move back from) s'écarter de qn/qch

▸ **come back** VI revenir; (return home) rentrer

▸ **come by** VT INSEP (obtain) obtenir; (find) trouver

▸ **come down 1** VI descendre; (of rain, temperature, price) tomber; (of building) être démoli **2** VT INSEP (stairs, hill) descendre

▸ **come down with** VT INSEP (illness) attraper

▸ **come for** VT INSEP venir chercher

▸ **come forward** VI (make oneself known, volunteer) se présenter; **to c. forward with** (suggestion) offrir

▸ **come in** VI (enter) entrer; (of tide) monter; (of train, athlete) arriver; (of money) rentrer; **to c. in first** terminer premier; **to c. in useful** être bien utile

▸ **come in for** VT INSEP **to c. in for criticism** faire l'objet de critiques

▸ **come into** VT INSEP (room) entrer dans; (money) hériter de

▸ **come off 1** VI (of button) se détacher; (succeed) réussir; (happen) avoir lieu **2** VT INSEP (fall from) tomber de; (get down from) descendre de

▸ **come on** VI (make progress) (of work) avancer; (of student) progresser; **c. on!** allez!

▸ **come out** VI sortir; (of sun, book) paraître; (of stain) s'enlever, partir; (of secret) être révélé; (of photo) réussir; **to c. out (on strike)** se mettre en grève

▸ **come over 1** VI (visit) passer (**to** chez); **to c. over to** (approach) s'approcher de **2** VT INSEP **I don't know what came over me** je ne sais pas ce qui m'a pris

▸ **come round** VI (visit) passer (**to** chez); (of date) revenir; (regain consciousness) revenir à soi

▸ **come through 1** VI (survive) s'en tirer **2** VT INSEP (crisis) sortir indemne de

▸ **come to 1** VI (regain consciousness) revenir à soi **2** VT INSEP (amount to) revenir à; **to c. to a conclusion** arriver à une conclusion; **to c. to a decision** se décider; **to c. to an end** toucher à sa fin

▸ **come under** VT INSEP (heading) être classé sous; **to c. under sb's influence** subir l'influence de qn

▸ **come up 1** VI (rise) monter; (of question, job) se présenter **2** VT INSEP (stairs) monter

▸**come up against** VT INSEP *(problem)* se heurter à

▸**come up to** VT INSEP *(reach)* arriver jusqu'à; *(approach)* s'approcher de; **the film didn't c. up to my expectations** le film n'était pas à la hauteur de mes espérances

▸**come up with** VT INSEP *(idea, money)* trouver

▸**come upon** VT INSEP *(book, reference)* tomber sur

comedy ['kɒmɪdɪ] *(pl* **-ies)** N comédie *f* ■ **comedian** [kə'miːdɪən] N comique *mf*

Note that the French word **comédien** is a false friend. It means **actor**.

comet ['kɒmɪt] N comète *f*

comfort ['kʌmfət] **1** N *(ease)* confort *m*; *(consolation)* réconfort *m*, consolation *f*; **to be a c. to sb** être d'un grand réconfort à qn; *Am* **c. station** toilettes *fpl* publiques **2** VT consoler; *(cheer)* réconforter ■ **comfortable** ADJ *(chair, house)* confortable; *(rich)* aisé; **he's c.** *(in chair)* il est à son aise; *(of patient)* il ne souffre pas; **make yourself c.** mets-toi à ton aise ■ **comfortably** ADV *(sit)* confortablement; *(win)* facilement; **to live c.** avoir une vie aisée; **c. off** *(rich)* à l'aise financièrement ■ **comforting** ADJ *(reassuring)* réconfortant

comforter ['kʌmfətər] N *Am (quilt)* édredon *m*; *(for baby)* sucette *f*

comfy ['kʌmfɪ] **(-ier, -iest)** ADJ *Fam (chair)* confortable; **I'm c.** je suis bien

comic ['kɒmɪk] **1** ADJ comique **2** N *(actor)* comique *mf*; *Br (magazine)* bande *f* dessinée, BD *f*; **c. book** bande *f* dessinée; **c. strip** *(in newspaper)* bande *f* dessinée ■ **comical** ADJ comique

coming ['kʌmɪŋ] **1** ADJ *(future) (years, election, difficulties)* à venir; **the c. month** le mois prochain; **the c. days** les prochains jours **2** N **comings and goings** allées *fpl* et venues

comma ['kɒmə] N virgule *f*

command [kə'mɑːnd] **1** N *(order)* ordre *m*; *(authority)* commandement *m*; *(mastery)* maîtrise *f* (**of** de); *Comptr* commande *f*; **at one's c.** *(disposal)* à sa disposition; **to be in c. (of)** *(ship, army)* commander; *(situation)* être maître (de); **under the c. of** sous le commandement de **2** VT *(order)* commander (**sb to do** à qn de faire); *(control)* *(ship, army)* commander; *(dominate)* *(of building)* dominer; *(be able to use)* disposer de; *(respect)* forcer **3** VI *(of captain)* commander ■ **commanding** ADJ *(authoritative)* imposant; *(position)* dominant; **c. officer** commandant *m*

commander [kə'mɑːndər] N *Mil* commandant *m*; **c.-in-chief** commandant *m* en chef

commandment [kə'mɑːndmənt] N *Rel* commandement *m*

commando [kə'mɑːndəʊ] *(pl* **-os** or **-oes)** N *(soldiers, unit)* commando *m*

commemorate [kə'meməreɪt] VT commémorer ■ **commemoration** [-'reɪʃən] N commémoration *f* ■ **commemorative** [-rətɪv] ADJ commémoratif, -ive

commence [kə'mens] VTI *Formal* commencer (**doing** à faire)

commend [kə'mend] VT *(praise)* louer; *(recommend)* recommander ■ **commendable** ADJ louable

comment ['kɒment] **1** N commentaire *m* (**on** sur); **no c.!** sans commentaire! **2** VI faire des commentaires (**on** sur); **to c. on** *(text, event, news item)* commenter; **to c. that...** remarquer que... ■ **commentary** [-əntərɪ] *(pl* **-ies)** N commentaire *m*; **live c.** *(on TV or radio)* reportage *m* en direct ■ **commentate** [-ənteɪt] VI faire le commentaire; **to c. on sth** commenter qch ■ **commentator** [-ənteɪtə(r)] N commentateur, -trice *mf* (**on** de)

commerce ['kɒmɜːs] N commerce *m* ■ **commercial** [kə'mɜːʃəl] **1** ADJ commercial; **c. break** page *f* de publicité; **c. district** quartier *m* commerçant; *Br* **c. traveller** voyageur *m* de commerce **2** N *(advertisement)* publicité *f*; **the commercials** la publicité

commercialize [kə'mɜːʃəlaɪz] VT *Pej (event)* transformer en une affaire de gros sous ■ **commercialized** ADJ *(district)* devenu trop commercial

commiserate [kə'mɪzəreɪt] VI **to c. with sb** être désolé pour qn ■ **commiseration** [-'reɪʃən] N commisération *f*

commission [kə'mɪʃən] **1** N *(fee, group)* commission *f*; *(order for work)* commande *f*; **out of c.** *(machine)* hors service; *Mil* **to get one's c.** être nommé officier **2** VT *(artist)* passer une commande à; *(book)* commander; **to c. sb to do sth** charger qn de faire qch; *Mil* **to be commissioned** être nommé officier ■ **commissioner** N *Pol* commissaire *m*; *Br* **(police) c.** commissaire de police

commit [kə'mɪt] *(pt & pp* **-tt-)** VT *(crime)* commettre; *(bind)* engager; *(devote)* consacrer; **to c. suicide** se suicider; **to c. sth to memory** apprendre qch par cœur; **to c. sb to prison** incarcérer qn; **to c. oneself** *(make a promise)* s'engager (**to** à) ■ **commitment** N *(duty, responsibility)* obligation *f*; *(promise)* engagement *m*; *(devotion)* dévouement *m* (**to** à)

committee [kə'mɪtɪ] N comité *m*; *(parliamentary)* commission *f*

commodity [kə'mɒdɪtɪ] *(pl* **-ies)** N *Econ* marchandise *f*, produit *m*

common ['kɒmən] **1** (**-er, -est**) ADJ *(shared, vulgar)* commun; *(frequent)* courant, commun; **in c.** *(shared)* en commun (**with** avec); **to have nothing in c.** n'avoir rien de commun (**with** avec); **in c. with** *(like)* comme; **c. law** droit *m* coutumier; **c. room** *(for students)* salle *f* commune; *(for teachers)* salle *f* des professeurs; **c. sense** sens *m* commun, bon sens **2** N *(land)* terrain *m* communal; **the Commons** les Communes *fpl* ■ **commoner** N roturier, -ière *mf* ■ **commonly** ADV communément

commonplace ['kɒmənpleɪs] **1** ADJ courant **2** N banalité *f*

Commonwealth ['kɒmənwelθ] N *Br* **the C.** le Commonwealth

commotion [kə'məʊʃən] N *(disruption)* agitation *f*

communal [kə'mjuːnəl] ADJ *(shared) (bathroom, kitchen)* commun; *(of the community)* communautaire

commune 1 ['kɒmjuːn] N *(district)* commune *f*; *(group)* communauté *f* **2** [kə'mjuːn] VI **to c. with nature/God** être en communion avec la nature/Dieu ■ **co'mmunion** N communion *f* (**with** avec); **(Holy) C.** communion; **to take C.** communier

communicate [kə'mjuːnɪkeɪt] **1** VT communiquer; *(illness)* transmettre (**to** à) **2** VI *(of person, rooms)* communiquer (**with** avec) ■ **communication** [-'keɪʃən] N communication *f*; *Br* **c. cord** *(on train)* signal *m* d'alarme

communicative [kə'mjuːnɪkətɪv] ADJ communicatif, -ive

Communion [kə'mjuːnjən] N **(Holy) C.** communion; **to take C.** communier

communism ['kɒmjʊnɪzəm] N communisme *m* ■ **communist** ADJ & N communiste (*mf*)

community [kə'mjuːnɪtɪ] **1** (*pl* **-ies**) N communauté *f*; **the student c.** les étudiants *mpl* **2** ADJ *(rights, life, spirit)* communautaire; **c. centre** centre *m* socioculturel; **c. worker** animateur, -trice *mf* socioculturel(le)

commute [kə'mjuːt] **1** N *(journey)* trajet *m* **2** VT *Law* commuer (**to** en) **3** VI **to c. (to work)** faire la navette entre son domicile et son travail ■ **commuter** N banlieusard, -arde *mf*; **c. town** cité-dortoir *m*; **c. train** train *m* de banlieue

compact¹ [kəm'pækt] ADJ *(car, crowd, substance)* compact; *(style)* condensé; **c. disc** ['kɒmpækt] disque *m* compact

compact² ['kɒmpækt] N *(for face powder)* poudrier *m*

companion [kəm'pænjən] N *(person)* compagnon *m*, compagne *f*; *(handbook)* manuel *m* ■ **companionship** N camaraderie *f*

company ['kʌmpənɪ] (*pl* **-ies**) N *(companionship)* compagnie *f*; *(guests)* invités *mpl*, -ées *fpl*; *(people present)* assemblée *f*; *(business)* société *f*, compagnie *f*; **(theatre) c.** compagnie *f* (théâtrale); **to keep sb c.** tenir compagnie à qn; **in sb's c.** en compagnie de qn; **he's good c.** c'est un bon compagnon; **c. car** voiture *f* de société

comparable ['kɒmpərəbəl] ADJ comparable (**with** *or* **to** à)

comparative [kəm'pærətɪv] **1** ADJ *(method)* comparatif, -ive; *(law, literature)* comparé; *(relative) (costs, comfort)* relatif, -ive **2** N *Grammar* comparatif *m* ■ **comparatively** ADV relativement

compare [kəm'peə(r)] **1** VT comparer (**with** *or* **to** à); **compared to** *or* **with** en comparaison de **2** VI être comparable (**with** à) ■ **comparison** [-'pærɪsən] N comparaison *f* (**between** entre; **with** avec); **in c. with** en comparaison avec; **by** *or* **in c.** en comparaison; **there is no c.** il n'y a pas de comparaison

compartment [kəm'pɑːtmənt] N compartiment *m*

compass ['kʌmpəs] N **(a)** *(for finding direction)* boussole *f*; *(on ship)* compas *m* **(b)** **(pair of) compasses** compas *m*

compassion [kəm'pæʃən] N compassion *f* ■ **compassionate** ADJ compatissant; **on c. grounds** pour raisons personnelles

compatible [kəm'pætɪbəl] ADJ compatible

compatriot [kəm'pætrɪət, kəm'peɪtrɪət] N compatriote *mf*

compel [kəm'pel] (*pt* & *pp* **-ll-**) VT forcer, obliger; *(respect, obedience)* forcer (**from sb** chez qn); **to c. sb to do sth** forcer qn à faire qch ■ **compelling** ADJ *(film)* captivant; *(argument)* convaincant; *(urge)* irrésistible

compensate ['kɒmpənseɪt] **1** VT **to c. sb** *(with payment, reward)* dédommager qn (**for** de) **2** VI compenser; **to c. for sth** *(make up for)* compenser qch ■ **compensation** [-'seɪʃən] N *(financial)* dédommagement *m*; *(consolation)* compensation *f*; **in c. for** en dédommagement/compensation de

compère ['kɒmpeə(r)] **1** N animateur, -trice *mf* **2** VT animer

compete [kəm'piːt] VI *(take part in race)* concourir (**in** à); **to c. (with sb)** rivaliser (avec qn); *(in business)* faire concurrence (à qn); **to c. for sth** se disputer qch; **to c. in a race/rally** participer à une course/un rallye

competent ['kɒmpɪtənt] ADJ *(capable)* compétent (**to do** pour faire); *(sufficient) (knowledge)* suffisant ■ **competence** N compétence *f* ■ **competently** ADV avec compétence

competition [kɒmpə'tɪʃən] N **(a)** *(rivalry)* rivalité f; *(between companies)* concurrence f; **to be in c. with sb** être en concurrence avec qn (**b**) *(contest)* concours m; *(in sport)* compétition f

competitive [kəm'petɪtɪv] ADJ *(price, market)* compétitif, -ive; *(selection)* par concours; *(person)* qui a l'esprit de compétition; **c. examination** concours m ■ **competitor** N concurrent, -ente mf

compile [kəm'paɪl] VT *(list, catalogue)* dresser; *(documents)* compiler

complacent [kəm'pleɪsənt] ADJ content de soi ■ **complacence, complacency** N autosatisfaction f; **there is no room for c.** ce n'est pas le moment de faire de l'autosatisfaction

complain [kəm'pleɪn] VI se plaindre (**to sb** à qn; **of** *or* **about sb/sth** de qn/qch; **that** que); **to c. of** *or* **about being tired** se plaindre d'être fatigué ■ **complaint** N plainte f; *(in shop)* réclamation f; *(illness)* maladie f

complement 1 ['komplɪmənt] N complément m **2** ['komplɪment] VT compléter ■ **complementary** [-'mentərɪ] ADJ complémentaire; **c. medicine** médecines fpl douces

complete [kəm'pliːt] **1** ADJ *(whole)* complet, -ète; *(utter)* total; *(finished)* achevé; **he's a c. fool** il est complètement idiot **2** VT *(finish)* achever; *(form)* compléter ■ **completely** ADV complètement ■ **completion** N achèvement m; *(of contract, sale)* exécution f

complex ['kompleks] **1** ADJ complexe **2** N *(feeling, buildings)* complexe m ■ **complexity** [kəm'pleksɪtɪ] *(pl* **-ies***)* N complexité f

complexion [kəm'plekʃən] N *(of face)* teint m; Fig caractère m (**of** de)

compliance [kəm'plaɪəns] N *(agreement)* conformité f *(with* avec)

complicate ['komplɪkeɪt] VT compliquer (**with** de) ■ **complicated** ADJ compliqué ■ **complication** [-'keɪʃən] N complication f

compliment 1 ['komplɪmənt] N compliment m; **compliments** *(of author)* hommages mpl; **to pay sb a c.** faire un compliment à qn; **compliments of the season** meilleurs vœux pour Noël et le nouvel an **2** ['komplɪment] VT complimenter, faire des compliments à; **to c. sb on sth** *(bravery)* féliciter qn de qch; *(dress, haircut)* faire des compliments à qn sur qch ■ **complimentary** [-'mentərɪ] ADJ (**a**) *(praising)* élogieux, -ieuse (**b**) *(free)* gratuit; **c. ticket** billet m de faveur

comply [kəm'plaɪ] *(pt & pp* **-ied***)* VI *(obey)* obéir; **to c. with** *(order)* obéir à; *(rule)* se conformer à; *(request)* accéder à

component [kəm'pəʊnənt] **1** N *(of structure, self-assembly furniture, problem)* élément m; *(of machine)* pièce f; *(chemical, electronic)* composant m **2** ADJ **c. part** pièce f détachée

compose [kəm'pəʊz] VT composer; **to c. oneself** se calmer ■ **composed** ADJ calme ■ **composer** N *(of music)* compositeur, -trice mf ■ **composition** [kompə'zɪʃən] N *(in music, art, chemistry)* composition f; *(school essay)* rédaction f

compost ['kompɒst] N compost m

composure [kəm'pəʊzə(r)] N sang-froid m

compound 1 ['kompaʊnd] **1** N *(word)* & Chem *(substance)* composé m; *(area)* enclos m **2** ADJ *(word, substance)* & Fin *(interest)* composé; *(sentence, number)* complexe **3** [kəm'paʊnd] VT *(problem)* aggraver

comprehend [komprɪ'hend] VT comprendre ■ **comprehension** N compréhension f

comprehensive [komprɪ'hensɪv] **1** ADJ complet, -ète; *(study)* exhaustif, -ive; *(knowledge)* étendu; *(view, measure)* d'ensemble; *(insurance)* tous risques inv **2** ADJ & N Br **c. (school)** ≃ établissement m d'enseignement secondaire *(n'opérant pas de sélection à l'entrée)*

Note that the French word **compréhensif** is a false friend and is never a translation for the English word **comprehensive**. It means **understanding**.

compress 1 ['kompres] N Med compresse f **2** [kəm'pres] VT *(gas, air)* comprimer; Fig *(ideas, facts)* condenser ■ **compression** [-'preʃən] N compression f

comprise [kəm'praɪz] VT *(consist of)* comprendre; *(make up)* constituer; **to be comprised of** comprendre

compromise ['komprəmaɪz] **1** N compromis m; **c. solution** solution f de compromis **2** VT *(person, security)* compromettre; *(principles)* transiger sur; **to c. oneself** se compromettre **3** VI transiger (**on** sur) ■ **compromising** ADJ compromettant

compulsion [kəm'pʌlʃən] N *(urge)* besoin m; *(obligation)* contrainte f ■ **compulsive** ADJ *(behaviour)* compulsif, -ive; *(smoker, gambler, liar)* invétéré; **c. eater** boulimique mf

compulsory [kəm'pʌlsərɪ] ADJ obligatoire; **c. redundancy** licenciement m sec

compute [kəm'pjuːt] VT calculer ■ **computing** N informatique f

computer [kəm'pjuːtə(r)] **1** N ordinateur m **2** ADJ *(program, system, network)* informatique; *(course, firm)* d'informatique; **to be c. literate** avoir des connaissances en informatique; **c. game** jeu m électronique; **c. science** informatique f; **c. scientist** informaticien, -ienne mf ■ **computerized** ADJ informatisé

con [kɒn] *Fam* **1** N arnaque f; **c. man** arnaqueur m **2** (*pt & pp* **-nn-**) VT arnaquer; **to be conned** se faire arnaquer

concave [kɒn'keɪv] ADJ concave

conceal [kən'siːl] VT (*hide*) (*object*) dissimuler (**from sb** à qn); (*plan, news*) cacher (**from sb** à qn)

concede [kən'siːd] **1** VT concéder (**to** à; **that** que); **to c. defeat** s'avouer vaincu **2** VI s'incliner

conceit [kən'siːt] N vanité f ■ **conceited** ADJ vaniteux, -euse

conceive [kən'siːv] **1** VT (*idea, child*) concevoir **2** VI (*of woman*) concevoir; **to c. of sth** concevoir qch ■ **conceivable** ADJ concevable; **it's c. that…** il est concevable que… (+ *subjunctive*)

concentrate ['kɒnsəntreɪt] **1** VT concentrer (**on** sur) **2** VI se concentrer (**on** sur); **to c. on doing sth** s'appliquer à faire qch ■ **concentration** [-'treɪʃən] N concentration f; **to have a short c. span** ne pas avoir une grande capacité de concentration; **c. camp** camp m de concentration

concept ['kɒnsept] N concept m ■ **conception** [kən'sepʃən] N (*of child, idea*) conception f

concern [kən'sɜːn] **1** N (*matter*) affaire f; (*worry*) inquiétude f; **his c. for** son souci m; **it's no c. of mine** cela ne me regarde pas; (*business*) **c.** entreprise f **2** VT concerner; **to be concerned about** (*be worried*) s'inquiéter de; **as far as I'm concerned…** en ce qui me concerne… ■ **concerned** ADJ (*anxious*) inquiet, -iète (**about/at** au sujet de); **the department c.** (*relevant*) le service compétent ■ **concerning** PREP en ce qui concerne

concert ['kɒnsət] N concert m; **in c.** (*together*) de concert (**with** avec); **c. hall** salle f de concert; **c. pianist** concertiste mf

concerted [kən'sɜːtɪd] ADJ (*effort*) concerté

concerto [kən'tʃɜːtəʊ] (*pl* **-os**) N concerto m

concession [kən'seʃən] N concession f (**to** à)

conciliate [kən'sɪlɪeɪt] VT **to c. sb** (*win over*) se concilier qn; (*soothe*) apaiser qn ■ **conciliatory** [-lɪətərɪ, *Am* -tɔːrɪ] ADJ (*tone, person*) conciliant

concise [kən'saɪs] ADJ concis

conclude [kən'kluːd] **1** VT (*end, settle*) conclure; (*festival*) clore; **to c. that…** (*infer*) conclure que… **2** VI (*of event*) se terminer (**with** par); (*of speaker*) conclure ■ **concluding** ADJ (*remarks, speech*) final (*mpl* -als) ■ **conclusion** N conclusion f; **in c.** pour conclure; **to come to the c. that…** arriver à la conclusion que…

conclusive [kən'kluːsɪv] ADJ concluant ■ **conclusively** ADV de manière concluante

concoct [kən'kɒkt] VT (*dish, scheme*) concocter ■ **concoction** N (*dish, drink*) mixture f

concord ['kɒŋkɔːd] N concorde f

concourse ['kɒŋkɔːs] N (*in airport, train station*) hall m

concrete ['kɒŋkriːt] **1** N béton m; **c. wall** mur m en béton; **c. mixer** bétonnière f **2** ADJ (*ideas, example*) concret, -ète

concur [kən'kɜː(r)] (*pt & pp* **-rr-**) VI (**a**) (*agree*) être d'accord (**with** avec) (**b**) (*happen together*) coïncider; **to c. to** (*contribute*) concourir à

concurrent [kən'kʌrənt] ADJ simultané ■ **concurrently** ADV simultanément

concussion [kən'kʌʃən] N (*injury*) commotion f cérébrale

condemn [kən'dem] VT condamner (**to** à); (*building*) déclarer inhabitable; **condemned man** condamné m à mort

condense [kən'dens] **1** VT condenser **2** VI se condenser ■ **condensation** [kɒndən'seɪʃən] N condensation f (**of** de); (*mist*) buée f

condescend [kɒndɪ'send] VI condescendre (**to do** à faire)

condiment ['kɒndɪmənt] N condiment m

condition ['kəndɪʃən] **1** N (*stipulation, circumstance, rank*) condition f; (*state*) état m, condition f; (*disease*) maladie f; **on the c. that…** à la condition que… (+ *subjunctive*); **in good c.** en bon état; **in/out of c.** en bonne/mauvaise forme **2** VT (*influence*) conditionner; (*hair*) mettre de l'après-shampooing sur; **to c. sb** (*train*) conditionner qn (**to do** à faire) ■ **conditional 1** ADJ conditionnel, -elle; **to be c. upon** dépendre de **2** N *Grammar* conditionnel m

conditioner [kən'dɪʃənə(r)] N (*hair*) **c.** après-shampooing m

condo ['kɒndəʊ] (*pl* **-os**) N *Am* = **condominium**

condolences [kən'dəʊlənsɪz] NPL condoléances fpl

condom ['kɒndəm, -dɒm] N préservatif m

condominium [kɒndə'mɪnɪəm] N *Am* (*building*) immeuble m en copropriété; (*apartment*) appartement m en copropriété

condone [kən'dəʊn] VT (*overlook*) fermer les yeux sur; (*forgive*) excuser

conducive [kən'djuːsɪv] ADJ **to be c. to** être favorable à; **not to be c. to** ne pas inciter à

conduct 1 ['kɒndʌkt] N (*behaviour, directing*) conduite f **2** [kən'dʌkt] VT (*campaign, inquiry, experiment*) mener; (*orchestra*) diriger; (*electricity, heat*) conduire; **to c. one's business** diriger ses affaires; **to c. oneself** se conduire; **conducted tour** (*of building, region*) visite f guidée

conductor [kən'dʌktə(r)] N (*of orchestra*) chef m d'orchestre; *Br* (*on bus*) receveur m; *Am* (*on train*) chef m de train; (*metal, cable*) conducteur m

Note that the French word **conducteur** often is a false friend and is rarely a translation for the English word **conductor**.

cone [kəʊn] N cône m; (for ice cream) cornet m; (paper) c. cornet (de papier); **pine** or **fir** c. pomme f de pin; Br **traffic** c. cône de chantier

confectioner [kən'fekʃənə(r)] N (of sweets) confiseur, -euse mf; (of cakes) pâtissier, -ière mf ■ **confectionery** N (sweets) confiserie f; (cakes) pâtisserie f

Note that the French word **confectionneur** is a false friend and is not a translation for the English word **confectioner**. It means **clothes manufacturer**.

confer [kən'fɜ:(r)] (pt & pp **-rr-**) **1** VT (grant) octroyer (**on** à) **2** VI (talk together) se consulter (**on** or **about** sur); **to c. with sb** consulter qn

conference ['kɒnfərəns] N conférence f; (scientific, academic) congrès m; **press** or **news** c. conférence de presse; **in c. (with)** en conférence (avec); Tel **c. call** téléconférence f

confess [kən'fes] **1** VT avouer, confesser (**that** que; **to sb** à qn); Rel confesser **2** VI avouer; Rel se confesser; **to c. to sth** (crime) avouer ou confesser qch; (feeling) avouer qch ■ **confession** N aveu m, confession f; Rel confession; **to go to c.** aller à confesse

confetti [kən'feti] N confettis mpl

confide [kən'faid] **1** VT confier (**to** à; **that** que) **2** VI **to c. in sb** se confier à qn

confidence ['kɒnfidəns] N (trust) confiance f (**in** en); (secret) confidence f; (self-)c. confiance f en soi; **in c.** (adverb) en confidence; (adjective) confidentiel, -ielle; **in strict c.** (adverb) tout à fait confidentiellement; (adjective) tout à fait confidentiel ■ **confident** ADJ (smile, exterior) confiant; (self-)c. sûr de soi ■ **confidently** ADV avec confiance

confidential [kɒnfi'denʃəl] ADJ confidentiel, -ielle ■ **confidentially** ADV en confidence

configuration [kənfigjʊ'reiʃən] N configuration f

confine [kən'fain] VT (a) (limit) limiter (**to** à); **to c. oneself to doing sth** se limiter à faire qch (b) (keep prisoner) enfermer (**to/in** dans) ■ **confined** ADJ (atmosphere) confiné; (space) réduit; **c. to bed** alité; **c. to the house/one's room** obligé de rester chez soi/de garder la chambre

confirm [kən'fɜ:m] VT confirmer (**that** que); Rel **to be confirmed** recevoir la confirmation ■ **confirmation** [kɒnfə'meiʃən] N confirmation f; **it's subject to c.** c'est à confirmer ■ **confirmed** ADJ (bachelor) endurci; (smoker, habit) invétéré

confiscate ['kɒnfiskeit] VT confisquer (**from** à)

conflict 1 ['kɒnflikt] N conflit m **2** [kən'flikt] VI (of statement) être en contradiction (**with** avec); (of dates, events, programmes) tomber en même temps (**with** que) ■ **conflicting** ADJ (views, theories, evidence) contradictoire; (dates) incompatible

conform [kən'fɔ:m] VI (of person) se conformer (**to** or **with** à); (of ideas, actions) être en conformité (**to** with); (of product) être conforme (**to** or **with** à) ■ **conformity** N conformité f

confound [kən'faʊnd] VT (surprise, puzzle) laisser perplexe

confront [kən'frʌnt] VT (danger) affronter; (problem) faire face à; **to c. sb** (be face to face with) se trouver en face de qn; (oppose) s'opposer à qn; **to c. sb with sth** mettre qn face de qch ■ **confrontation** [kɒnfrən'teiʃən] N confrontation f

confuse [kən'fju:z] VT (make unsure) embrouiller; **to c. sb/sth with** (mistake for) confondre qn/qch avec; **to c. matters** or **the issue** embrouiller la question ■ **confused** ADJ (situation, noises, idea) confus; **to be c.** (of person) s'y perdre; **to get c.** s'embrouiller ■ **confusing** ADJ déroutant ■ **confusion** N (bewilderment) perplexité f; (disorder, lack of clarity) confusion f; **in (a state of) c.** en désordre

congeal [kən'dʒi:l] VI (of blood) (se) coaguler

congenital [kən'dʒenitəl] ADJ congénital

congested [kən'dʒestid] ADJ (street, town, lungs) congestionné; (nose) bouché ■ **congestion** N (traffic) encombrements mpl; (overcrowding) surpeuplement m

Congo ['kɒŋgəʊ] N (the) C. le Congo

congratulate [kən'grætʃʊleit] VT féliciter (**sb on sth** qn de qch; **sb on doing sth** qn d'avoir fait qch) ■ **congratulations** [-'leiʃənz] NPL félicitations fpl (**on** pour)

congregate ['kɒŋgrigeit] VI se rassembler ■ **congregation** [-'geiʃən] N (worshippers) fidèles mpl

congress ['kɒŋgres] N congrès m; Am Pol **C.** le Congrès (assemblée législative américaine) ■ **Congressional** [kən'greʃənəl] ADJ Am Pol (committee) du Congrès ■ **Congressman** (pl **-men**) N Am Pol membre m du Congrès

conical ['kɒnikəl] ADJ conique

conifer ['kɒnifə(r)] N conifère m

conjecture [kən'dʒektʃə(r)] **1** N conjecture f **2** VT supposer **3** VI faire des conjectures

conjugate ['kɒndʒʊgeit] Grammar **1** VT (verb) conjuguer **2** VI se conjuguer ■ **conju'gation** N conjugaison f

conjunction [kən'dʒʌŋkʃən] N Grammar conjonction f; **in c. with** conjointement avec

conjunctivitis [kəndʒʌŋktɪ'vaɪtɪs] N

conjonctivite *f*; **to have c.** avoir de la conjonctivite

conjure ['kʌndʒə(r)] **vt to c. (up)** *(by magic)* faire apparaître; *Fig* **to c. up** *(memories, images)* évoquer; **conjuring trick** tour *m* de prestidigitation ■ **conjurer** **n** prestidigitateur, -trice *mf*

conker ['kɒŋkə(r)] **n** *Br Fam (chestnut)* marron *m* (d'Inde)

connect [kə'nekt] **1 vt** relier *(with or to* à); *(telephone, washing machine)* brancher; **to c. sb with sb** *(on phone)* mettre qn en communication avec qn; **to c. sb/sth with sb/sth** établir un lien entre qn/qch et qn/qch **2 vi** *(be connected)* être relié *(of rooms)* communiquer; *(of roads)* se rejoindre; **to c. with** *(of train, bus)* assurer la correspondance avec ■ **connected** **adj** *(facts, events)* lié; **to be c. with** *(have to do with, relate to)* avoir un lien avec; *(by marriage)* être parent avec; **the two issues are not c.** les deux questions n'ont aucun rapport

connection [kə'nekʃən] **n** *(link)* rapport *m*, lien *m* **(with** avec); *(train, bus)* correspondance *f*; *(phone call)* communication *f*, *(between electrical wires)* contact *m*; *(between pipes)* raccord *m*; **connections** *(contacts)* relations *fpl*; **to have no c. with** n'avoir aucun rapport avec; **in c. with** à propos de; **in this** *or* **that c.** à ce propos; **there's a loose c.** *(in electrical appliance)* il y a un faux contact

connive [kə'naɪv] **vi to c. with sb** être de connivence avec qn; **to c. at sth** *(let happen)* laisser faire qch

connoisseur [kɒnə'sɜː(r)] **n** connaisseur *m*

connotation [kɒnə'teɪʃən] **n** connotation *f*

conquer ['kɒŋkə(r)] **vt** *(country, freedom)* conquérir; *(enemy, habit, difficulty)* vaincre ■ **conquering** **adj** victorieux, -ieuse ■ **conqueror** **n** vainqueur *m* ■ **conquest** ['kɒŋkwest] **n** conquête *f*

cons [kɒnz] **npl the pros and c.** le pour et le contre

conscience ['kɒnʃəns] **n** conscience *f*; **to have sth on one's c.** avoir qch sur la conscience

conscientious [kɒnʃɪ'enʃəs] **adj** consciencieux, -ieuse; **c. objector** objecteur *m* de conscience

conscious ['kɒnʃəs] **adj** *(awake)* conscient; **to make a c. effort to do sth** faire un effort particulier pour faire qch; **to make a c. decision to do sth** chercher délibérément à faire qch; **c. of sth** *(aware)* conscient de qch; **c. that…** conscient que… ■ **consciously** **adv** *(knowingly)* consciemment ■ **consciousness** **n** conscience *f* **(of** de); **to lose/regain c.** perdre/reprendre connaissance

conscript 1 ['kɒnskrɪpt] **n** *(soldier)* conscrit

m **2** [kən'skrɪpt] **vt** enrôler ■ **conscription** [kən'skrɪpʃən] **n** conscription *f*

consecutive [kən'sekjʊtɪv] **adj** consécutif, -ive

consensus [kən'sensəs] **n** consensus *m*

consent [kən'sent] **1 n** consentement *m*; **by common c.** de l'aveu de tous; **by mutual c.** d'un commun accord **2 vi** consentir *(to* à)

consequence ['kɒnsɪkwəns] **n** *(result)* conséquence *f*; *(importance)* importance *f*; **of no c.** sans importance ■ **consequently** **adv** par conséquent

conservative [kən'sɜːvətɪv] **1 adj** *(estimate)* modeste; *(view, attitude)* traditionnel, -elle; *(person)* traditionaliste; *Br Pol* conservateur, -trice; *Br Pol* **the C. Party** le Parti conservateur **2 n** *Br Pol* conservateur, -trice *mf* ■ **conservatism** **n** *(in behaviour)* & *Br Pol* conservatisme *m*

conservatory [kən'sɜːvətrɪ] *(pl* **-ies)** **n** *Br (room)* véranda *f*

conserve [kən'sɜːv] **vt** *(energy, water, electricity)* faire des économies de; *(monument, language, tradition)* préserver, **to c. one's strength** ménager ses forces ■ **conservation** [kɒnsə'veɪʃən] **n** *(of energy)* économies *fpl*; *(of nature)* protection *f* de l'environnement; **c. area** zone *f* naturelle protégée ■ **conservationist** [kɒnsə'veɪʃənɪst] **n** défenseur *m* de l'environnement

consider [kən'sɪdə(r)] **vt** *(think over)* considérer; *(take into account)* tenir compte de; *(offer)* étudier; **to c. doing sth** envisager de faire qch; **to c. that…** considérer que…; **I c. her as a friend** je la considère comme une amie; **he's being considered for the job** sa candidature est à l'étude pour ce poste

considerable [kən'sɪdərəbəl] **adj** *(large)* considérable; *(much)* beaucoup de; **after c. difficulty** après bien des difficultés ■ **considerably** **adv** considérablement

considerate [kən'sɪdərət] **adj** attentionné **(to** à l'égard de)

consideration [kənsɪdə'reɪʃən] **n** *(thought, thoughtfulness, reason)* considération *f*; **under c.** à l'étude; **out of c. for sb** par égard pour qn; **to take sth into c.** prendre qch en considération

considering [kən'sɪdərɪŋ] **1 prep** étant donné **2 conj c. (that)** étant donné que **3 adv** *Fam* **the result was good, c.** c'est un bon résultat après tout

consign [kən'saɪn] **vt** *(send)* expédier; *(give, entrust)* confier **(to** à) ■ **consignment** **n** *(goods)* envoi *m*; *(sending)* expédition *f*

consist [kən'sɪst] **vi** consister *(of* en; **in** en; **in doing** à faire)

consistent [kən'sɪstənt] **adj** *(unchanging)* *(loyalty, quality, results)* constant; *(coherent) (ideas,* *argument)* cohérent, logique; **to be c. with** *(of statement)* concorder avec ■ **consistency** N *(of substance, liquid)* consistance f; *(of ideas, arguments)* cohérence f ■ **consistently** ADV *(always)* constamment; *(regularly)* régulièrement; *(logically)* avec logique

Note that the French word **consistant** is a false friend and is never a translation for the English word **consistent**. It means **substantial**.

console¹ [kən'səʊl] VT consoler **(for** de) ■ **consolation** [kɒnsə'leɪʃən] N consolation f; **c. prize** lot m de consolation

console² ['kɒnsəʊl] N *(control desk)* console f

consolidate [kən'sɒlɪdeɪt] **1** VT consolider **2** VI se consolider

consonant ['kɒnsənənt] N consonne f

consortium [kən'sɔːtɪəm] *(pl* **-iums** *or* **-ia**) N Com consortium m

conspicuous [kən'spɪkjʊəs] ADJ *(noticeable)* bien visible; *(striking)* manifeste; *(showy)* voyant; **to look c.** ne pas passer inaperçu; **to be c. by one's absence** briller par son absence; **to make oneself c.** se faire remarquer; **in a c. position** bien en évidence ■ **conspicuously** ADV visiblement

conspire [kən'spaɪə(r)] VI conspirer **(against** contre); **to c. to do sth** comploter de faire qch; **circumstances conspired against me** les circonstances se sont liguées contre moi ■ **conspiracy** [-'spɪrəsɪ] *(pl* **-ies**) N conspiration f

constable ['kʌnstəbəl] N Br *(police)* **c.** agent m de police; Br **chief c.** commissaire m de police divisionnaire

constant ['kɒnstənt] **1** ADJ *(frequent)* incessant; *(unchanging)* constant; *(faithful)* fidèle **2** N Math constante f ■ **constantly** ADV constamment, sans cesse

constellation [kɒnstə'leɪʃən] N constellation f

constipated ['kɒnstɪˌpeɪtɪd] ADJ constipé ■ **consti'pation** N constipation f

constituent [kən'stɪtjʊənt] **1** ADJ *(element, part)* constitutif, -ive **2** N **(a)** *(part)* élément m constitutif **(b)** Pol *(voter)* électeur, -trice mf ■ **constituency** *(pl* **-ies**) N circonscription f électorale; *(voters)* électeurs mpl

constitute ['kɒnstɪtjuːt] VT constituer ■ **consti'tution** N constitution f ■ **constitutional** [-'tjuːʃənəl] ADJ Pol constitutionnel, -elle

constrain [kən'streɪn] VT **(a)** *(force)* contraindre **(sb to do sth** qn à faire) **(b)** *(of clothing)* gêner ■ **constraint** N contrainte f

constrict [kən'strɪkt] VT *(tighten, narrow)* resserrer; *(movement)* gêner

construct [kən'strʌkt] VT construire

■ **construction** N *(building, structure)* & Grammar construction f; **under c.** en construction; **c. site** chantier m ■ **constructive** ADJ constructif, -ive

construe [kən'struː] VT interpréter

consul ['kɒnsəl] N consul m ■ **consulate** [-sjʊlət] N consulat m

consult [kən'sʌlt] **1** VT consulter **2** VI **to c. with sb** discuter avec qn; Br **consulting room** *(of doctor)* cabinet m de consultation ■ **consultation** [kɒnsəl'teɪʃən] N consultation f; **in c. with** en consultation avec

consultancy [kən'sʌltənsɪ] *(pl* **-ies**) N **c.** *(firm)* cabinet-conseil m; **to do c. work** être consultant ■ **consultant** **1** N Br *(doctor)* spécialiste mf; *(adviser)* consultant m **2** ADJ *(engineer)* consultant

consume [kən'sjuːm] VT *(food, supplies)* consommer; *(of fire)* consumer; *(of grief, hate)* dévorer; **to be consumed by** *or* **with jealousy** brûler de jalousie; **consuming ambition/passion** ambition f/passion f dévorante ■ **consumer** N consommateur, -trice mf; **gas/electricity c.** abonné, -ée mf au gaz/à l'électricité; **c. goods/society** biens mpl/société f de consommation; **c. protection** défense f du consommateur ■ **consumerism** N consumérisme m ■ **consumption** [-'sʌmpʃən] N consommation f

contact ['kɒntækt] **1** N *(act of touching)* contact m; *(person)* relation f; **in c. with** en contact avec; **c. lenses** lentilles fpl de contact **2** VT contacter

contagious [kən'teɪdʒəs] ADJ *(disease)* contagieux, -ieuse; *(laughter)* communicatif, -ive

contain [kən'teɪn] VT *(enclose, hold back)* contenir; **to c. oneself** se contenir ■ **container** N *(box, jar)* récipient m; *(for transporting goods)* conteneur m

contaminate [kən'tæmɪneɪt] VT contaminer ■ **contamination** [-'neɪʃən] N contamination f

contemplate ['kɒntəmpleɪt] VT *(look at)* contempler; *(consider)* envisager **(doing** de faire) ■ **contemplation** [-'pleɪʃən] N contemplation f; **deep in c.** en pleine contemplation

contemporary [kən'tempərərɪ] **1** ADJ contemporain **(with** de); *(pattern, colour, style)* moderne **2** *(pl* **-ies**) N *(person)* contemporain, -aine mf

contempt [kən'tempt] N mépris m; **to hold sb/sth in c.** mépriser qn/qch ■ **contemptible** ADJ méprisable ■ **contemptuous** ADJ méprisant **(of** de); **to be c. of sth** mépriser qch

contend [kən'tend] **1** VI **to c. with** *(problem)* faire face à; **to c. with sb** *(struggle)* se battre avec qn **2** VT **to c. that...** *(claim)* soutenir que... ■ **contender** N *(in sport)* concurrent, -ente mf; *(in election, for job)* candidat, -ate mf

content¹ [kən'tent] **ADJ** *(happy)* satisfait (**with** de) ■ **contented** **ADJ** satisfait ■ **contentment** **N** contentement *m*

content² ['kɒntent] **N** *(of book, text, film) (subject matter)* contenu *m*; **contents** contenu *m*; **contents page** *(of book)* table *f* des matières; **alcoholic/iron c.** teneur *f* en alcool/fer

contention [kən'tenʃən] **N** **(a)** *(claim, belief)* affirmation *f* (**b**) *(disagreement)* désaccord *m*

contentious [kən'tenʃəs] **ADJ** *(issue, views)* controversé

contest 1 ['kɒntest] **N** *(competition)* concours *m*; *(fight)* lutte *f*; *Boxing* combat *m* **2** [kən'test] **VT** *(dispute)* contester; **to c. a seat** se porter candidat; **a fiercely contested election** une élection très disputée ■ **contestant** [kən'testənt] **N** concurrent, -ente *mf*; *(in fight)* adversaire *mf*

context ['kɒntekst] **N** contexte *m*; **in/out of c.** en/hors contexte

continent ['kɒntɪnənt] **N** continent *m*; **the C.** l'Europe *f* continentale; **on the C.** en Europe ■ **continental** [-'nentəl] **1 ADJ** *(of Europe)* européen, -enne; *(of other continents)* continental; **c. breakfast** petit déjeuner *m* à la française **2 N** Européen, -enne *m(f)*

contingent [kən'tɪndʒənt] **1 ADJ** contingent; **to be c. on sth** dépendre de qch **2 N** *(group)* contingent *m* ■ **contingency** *(pl* **-ies)** **N** éventualité *f*; **c. plan** plan *m* d'urgence

continual [kən'tɪnjʊəl] **ADJ** continuel, -uelle ■ **continually** **ADV** continuellement

continue [kən'tɪnju:] **1 VT** continuer (**to do** *or* **doing** à *ou* de faire); **to c. (with)** *(work, speech)* poursuivre; *(resume)* reprendre **2 VI** continuer; *(resume)* reprendre; **to c. in one's job** garder son emploi ■ **continuation** [-ʊ'eɪʃən] **N** continuation *f*; *(resumption)* reprise *f*; *(new episode)* suite *f* ■ **continued** **ADJ** *(interest, attention)* soutenu; *(presence)* continuel, -uelle; **to be c.** *(of story)* à suivre

continuity [kɒntɪ'nju:ɪtɪ] **N** continuité *f*

continuous [kən'tɪnjuəs] **ADJ** continu; *Sch & Univ* **c. assessment** contrôle *m* continu des connaissances ■ **continuously** **ADV** sans interruption

contort [kən'tɔ:t] **1 VT** *(twist)* tordre; **to c. oneself** se contorsionner **2 VI** se tordre (**with** de)

contour ['kɒntʊə(r)] **N** contour *m*; **c. (line)** *(on map)* courbe *f* de niveau

contraception [kɒntrə'sepʃən] **N** contraception *f* ■ **contraceptive** **N** contraceptif *m*

contract¹ ['kɒntrækt] **1 N** contrat *m*; **to be under c.** être sous contrat; **c. work** travail *m* en sous-traitance **2 VT** **to c. to do sth** s'engager (par un contrat) à faire qch; **to c. work out** sous-traiter

du travail **3 VI** **to c. out** *(of policy, pension plan)* arrêter de souscrire ■ **contractor** [kən'træktə(r)] **N** entrepreneur *m*

contract² [kən'trækt] **1 VT** *(illness, debt)* contracter **2 VI** *(shrink)* se contracter ■ **contraction** **N** contraction *f*

contradict [kɒntrə'dɪkt] **VT** *(person, statement)* contredire; *(deny)* démentir; **to c. oneself** se contredire ■ **contradiction** **N** contradiction *f* ■ **contradictory** **ADJ** contradictoire

contraption [kən'træpʃən] **N** *Fam* machin *m*

contrary ['kɒntrərɪ] **1 ADJ** **(a)** *(opposite)* contraire (**to** à) **(b)** [kən'treərɪ] *(awkward)* contrariant **2 ADV** **c. to** contrairement à **3 N** contraire *m*; **on the c.** au contraire; **unless you/I/etc hear to the c.** sauf avis contraire

contrast [kən'trɑ:st] **1** ['kɒntrɑ:st] **N** contraste *m*; **in c. to** par opposition à **2 VT** mettre en contraste **3 VI** contraster (**with** avec) ■ **contrasting** **ADJ** *(opinions)* opposé

contravene [kɒntrə'vi:n] **VT** *(law)* enfreindre ■ **contravention** [-'venʃən] **N in c. of a treaty** en violation d'un traité

contribute [kən'trɪbju:t] **1 VT** *(time, clothes)* donner (**to** à); *(article)* écrire (**to** pour); **to c. money to** verser de l'argent à **2 VI to c.** contribuer à; *(publication)* collaborer à; *(discussion)* prendre part à; *(charity)* donner à ■ **contribution** [kɒntrɪ-'bju:ʃən] **N** contribution *f* ■ **contributor** **N** *(to newspaper)* collaborateur, -trice *mf*; *(of money)* donateur, -trice *mf*

contrive [kən'traɪv] **VT to c. to do sth** trouver moyen de faire qch

contrived [kən'traɪvd] **ADJ** qui manque de naturel

control [kən'trəʊl] **1 N** contrôle *m*; *(authority)* autorité *f* (**over** sur); **(self-)c.** la maîtrise (de soi); **the situation** *or* **everything is under c.** je/il/etc contrôle la situation; **to lose c. of** *(situation, vehicle)* perdre le contrôle de; **out of c.** *(situation, crowd)* difficilement maîtrisable; **c. tower** *(at airport)* tour *f* de contrôle **2** *(pt & pp* **-ll-)** **VT** *(business, organization)* diriger; *(prices, quality)* contrôler; *(emotion, reaction)* maîtriser; *(disease)* enrayer; **to c. oneself** se contrôler

controversy ['kɒntrəvɜ:sɪ] *(pl* **-ies)** **N** controverse *f* ■ **controversial** [-'vɜ:ʃəl] **ADJ** controversé

conundrum [kə'nʌndrəm] **N** *(riddle)* devinette *f*; *(mystery)* énigme *f*

conurbation [kɒnɜ:'beɪʃən] **N** conurbation *f*

convalesce [kɒnvə'les] **VI** *(rest)* être en convalescence

convene [kən'vi:n] **1 VT** *(meeting)* convoquer **2 VI** *(meet)* se réunir

convenience [kən'viːnɪəns] N commodité f; **come at your (own) c.** venez quand vous voudrez; **all modern conveniences** tout le confort moderne; Br **(public) conveniences** toilettes fpl; **c. food(s)** plats mpl tout préparés; **c. store** magasin m de proximité

convenient [kən'viːnɪənt] ADJ commode, pratique; **to be c. (for)** (suit) convenir (à) ■ **conveniently** ADV (arrive, say) à propos; **c. situated** bien situé

convent ['kɒnvənt] N couvent m; **c. school** école f des sœurs

convention [kən'venʃən] N (custom) usage m; (agreement) convention f; (conference) convention, congrès m ■ **conventional** ADJ conventionnel, -elle

converge [kən'vɜːdʒ] VI converger (**on** sur) ■ **convergence** N convergence f ■ **converging** ADJ convergent

conversation [kɒnvə'seɪʃən] N conversation f (**with** avec) ■ **conversational** ADJ (tone) de la conversation; (person) loquace

converse 1 ['kɒnvɜːs] ADJ & N inverse (m) **2** [kən'vɜːs] VI s'entretenir (**with** avec) ■ **con'versely** [kən'vɜːslɪ] ADV inversement

convert 1 [kən'vɜːt] **1** ['kɒnvɜːt] N converti, -ie mf **2** VT (change) convertir (**into** or **to** en); (building) aménager (**into** or **to** en); Rel **to c. sb** convertir qn (**to** à) **3** VI (change religion) se convertir (**to** à) ■ **conversion** N conversion f; (of building) aménagement m; (in rugby) transformation f

convertible [kən'vɜːtəbəl] **1** ADJ (money, sofa) convertible **2** N (car) décapotable f

convex ['kɒnveks] ADJ convexe

convey [kən'veɪ] VT (transport) transporter; (communicate) transmettre ■ **conveyor belt** N tapis m roulant

convict 1 ['kɒnvɪkt] N détenu m **2** [kən'vɪkt] VT déclarer coupable (**of** de) ■ **con'viction** [kən'vɪkʃən] N (for crime) condamnation f; (belief) conviction f (**that** que)

convince [kən'vɪns] VT convaincre (**of sth** de qch; **sb to do sth** qn de faire qch); **I was convinced that I was right** j'étais convaincu d'avoir raison ■ **convincing** ADJ (argument, person) convaincant

convivial [kən'vɪvɪəl] ADJ (event) joyeux, -euse; (person) chaleureux, -euse

convoy ['kɒnvɔɪ] N convoi m

convulse [kən'vʌls] VT (shake) ébranler; (face) convulser; **to be convulsed with pain** se tordre de douleur ■ **convulsion** N Med convulsion f ■ **convulsive** ADJ convulsif, -ive

cook [kʊk] **1** N (person) cuisinier, -ière mf **2** VT (meal) préparer; (food) (faire) cuire; Fam **to c.** up inventer **3** VI (of food) cuire; (of person) faire la cuisine; Fam **what's cooking?** qu'est-ce qui se passe? ■ **cookbook** N livre m de cuisine ■ **cooker** N Br (stove) cuisinière f ■ **cookery** N cuisine f; Br **c. book** livre m de cuisine ■ **cooking** N (activity, food) cuisine f; (process) cuisson f; **to do the c.** faire la cuisine; **c. utensils** ustensiles mpl de cuisine

cookie ['kʊkɪ] N Am biscuit m

cool [kuːl] **1** (**-er, -est**) ADJ (weather, place, wind) frais (f fraîche); (tea, soup) tiède; (calm) calme; (unfriendly) froid; Fam (good) cool inv; Fam (trendy) branché; **a (nice) c. drink** une boisson (bien) fraîche; **the weather is c., it's c.** il fait frais; **to keep sth c.** tenir qch au frais **2** N (of evening) fraîcheur f; **to keep/lose one's c.** garder/perdre son sang-froid **3** VT **to c. (down)** refroidir, rafraîchir **4** VI **to c. (down** or **off)** (of hot liquid) refroidir; (of enthusiasm) se refroidir; (of angry person) se calmer ■ **cooler** N (for food) glacière f ■ **coolly** ADV (calmly) calmement; (welcome) froidement; (boldly) effrontément

coop [kuːp] **1** N (for chickens) poulailler m **2** VT **to c. up** (person, animal) enfermer; **I've been cooped up** je suis resté enfermé

co-op ['kəʊɒp] N coopérative f

cooperate [kəʊ'ɒpəreɪt] VI coopérer (**in** à; **with** avec) ■ **coope'ration** N coopération f

cooperative [kəʊ'ɒpərətɪv] **1** ADJ coopératif, -ive **2** N coopérative f

coordinate [kəʊ'ɔːdɪneɪt] VT coordonner ■ **coordination** [-'neɪʃən] N coordination f ■ **coordinator** N (of project) coordinateur, -trice mf

co-owner [kəʊ'əʊnə(r)] N copropriétaire mf

cop [kɒp] Fam **1** N (policeman) flic m **2** VI **to c. out** se défiler

cope [kəʊp] VI **to c. with** (problem, demand) faire face à; **to be able to c.** savoir se débrouiller; **I (just) can't c.** je n'y arrive plus

copier ['kɒpɪə(r)] N (photocopier) photocopieuse f

copilot ['kəʊpaɪlət] N copilote m

copious ['kəʊpɪəs] ADJ (meal) copieux, -ieuse; (sunshine, amount) abondant

copper ['kɒpə(r)] N (a) (metal) cuivre m; Br **coppers** (coins) petite monnaie f (b) Br Fam (policeman) flic m

coppice ['kɒpɪs], **copse** [kɒps] N taillis m

copy ['kɒpɪ] **1** (pl **-ies**) N (of letter, document) copie f; (of book, magazine) exemplaire m; (of photo) épreuve f; Comptr **c. and paste** copier-coller m **2** (pt & pp **-ied**) VT copier; **to c. out** or **down** (text, letter) copier; Comptr **to c. and paste sth** faire un copier-coller sur qch; Comptr **to c. sth to disk**

copier qch sur disquette **3 vi** copier ■ **copy-right** N copyright m

coral ['kɒrəl] N corail m

cord [kɔːd] N (a) (of curtain, bell, pyjamas) cordon m; (electrical) cordon électrique (b) (corduroy) velours m côtelé; **cords** (trousers) pantalon m en velours côtelé

cordial ['kɔːdɪəl] **1 ADJ** (friendly) cordial **2 N** Br (fruit) **c.** sirop m

cordless ['kɔːdləs] ADJ **c. phone** téléphone m sans fil

cordon ['kɔːdən] **1 N** cordon m **2 vT to c. off** (road) barrer; (area) boucler

corduroy ['kɔːdərɔɪ] N velours m côtelé

core [kɔː(r)] **1 N** (of apple) trognon m; (of problem) cœur m; (group of people) & Geol noyau m; **rotten to the c.** corrompu jusqu'à la moelle; Sch **c. curriculum** tronc m commun; **c. vocabulary** vocabulaire m de base **2 vT** (apple) évider

cork [kɔːk] **1 N** (material) liège m; (stopper) bouchon m **2 vT** (bottle) boucher ■ **corkscrew** N tire-bouchon m

corn[1] [kɔːn] N Br (wheat) blé m; Am (maize) maïs m; (seed) grain m; **c. on the cob** maïs en épi, Can blé m en Inde

corn[2] [kɔːn] N (on foot) cor m

corned beef [kɔːnd'biːf] N corned-beef m

corner ['kɔːnə(r)] **1 N** (of street, room, page, screen) coin m; (bend in road) virage m; Football corner m; Fig **in a (tight) c.** en situation difficile; **it's just round the c.** c'est juste au coin; Fig **Christmas is just round the c.** on est tout près de Noël; **c. shop** épicerie f du coin **2 vT** (person, animal) acculer; **to c. the market** monopoliser le marché **3 vi** (of car, driver) prendre un virage ■ **cornerstone** N pierre f angulaire

cornet ['kɔːnɪt] N Br (of ice cream) cornet m; (instrument) cornet m à pistons

cornflakes ['kɔːnfleɪks] NPL corn flakes mpl

cornflour ['kɔːnflaʊə(r)] N Br farine f de maïs, Maïzena® f

cornflower ['kɔːnflaʊə(r)] N bleuet m

cornstarch ['kɔːnstɑːtʃ] N Am = **cornflour**

Cornwall ['kɔːnwəl] N Cornouailles f

corny ['kɔːnɪ] (**-ier, -iest**) ADJ Fam (joke) nul (f nulle); (film) tarte

coronary ['kɒrənərɪ] (pl **-ies**) N infarctus m

coronation [kɒrə'neɪʃən] N couronnement m

corporal ['kɔːpərəl] **1 N** (in army) caporal-chef m **2 ADJ** corporel, -elle; **c. punishment** châtiment m corporel

corporate ['kɔːpərət] ADJ (budget) de l'entreprise; (decision) collectif, -ive; **c. image** image f de marque de l'entreprise

corporation [kɔːpə'reɪʃən] N (business) société f; Br (of town) conseil m municipal

corps [kɔː(r), pl kɔːz] N INV Mil & Pol corps m; **the press c.** les journalistes mpl

corpse [kɔːps] N cadavre m

correct [kə'rekt] **1 ADJ** (accurate) exact; (proper) correct; **he's a c.** il a raison; **the c. time** l'heure exacte **2 vT** corriger ■ **correctly** ADV correctement ■ **correction** N correction f; **c. fluid** liquide m correcteur

correlate ['kɒrəleɪt] **1 vT** mettre en corrélation (**with** avec) **2 vi** être en corrélation (**with** à) ■ **correlation** [-'leɪʃən] N corrélation f

correspond [kɒrɪ'spɒnd] **vi** correspondre ■ **corresponding** ADJ (matching) correspondant; (similar) semblable

correspondence [kɒrɪ'spɒndəns] N correspondance f; **c. course** cours m par correspondance ■ **correspondent** N correspondant, -ante mf

corridor ['kɒrɪdɔː(r)] N couloir m, corridor m

corrode [kə'rəʊd] **1 vT** (metal) corroder **2 vi** (of metal) se corroder ■ **corrosion** N corrosion f

corrugated ['kɒrəgeɪtɪd] ADJ ondulé

corrupt [kə'rʌpt] **1 ADJ** corrompu **2 vT** corrompre ■ **corruption** N corruption f

Corsica ['kɔːsɪkə] N la Corse ■ **Corsican 1 ADJ** corse **2 N** Corse mf

cosmetic [kɒz'metɪk] **1 ADJ** Fig (change) superficiel, -ielle; **c. surgery** chirurgie f esthétique **2 N** produit m de beauté

cosmopolitan [kɒzmə'pɒlɪtən] ADJ cosmopolite mf

cost [kɒst] **1 N** coût m; Econ **the c. of living** le coût de la vie; **at great c.** à grands frais; **at any c., at all costs** à tout prix **2** (pt & pp **cost**) vTI coûter; **how much does it c.?** ça coûte combien?; Fam **to c. the earth** or **an arm and a leg** coûter les yeux de la tête ■ **cost-effective** ADJ rentable ■ **costly** (**-ier, -iest**) ADJ (expensive) (car, trip) coûteux, -euse; (valuable) (jewel, antique) de (grande) valeur; **it was a c. mistake** c'est une erreur qui a coûté cher

co-star ['kəʊstɑː(r)] N (in film, play) partenaire mf

Costa Rica [kɒstə'riːkə] N le Costa Rica

costume ['kɒstjuːm] N costume m; (woman's suit) tailleur m; Br (swimming) **c.** maillot m de bain

cosy ['kəʊzɪ] **1** (**-ier, -iest**) ADJ Br (house) douillet, -ette; (atmosphere) intime; **make yourself (nice and) c.** mets-toi à l'aise; **we're c.** on est bien ici **2 N** (tea) **c.** couvre-théière m

cot [kɒt] N Br (for child) lit m d'enfant; Am (camp bed) lit de camp; Br **c. death** mort f subite du nourrisson

cottage ['kɒtɪdʒ] N petite maison f de campagne; **(thatched) c.** chaumière f; **c. cheese** fromage m blanc (maigre); **c. industry** industrie f artisanale; *(at home)* industrie familiale; Br **c. pie** ≈ hachis m Parmentier

cotton ['kɒtən] **1** N coton m; *(yarn)* fil m de coton; Br **c. wool,** Am **absorbent c.** coton m hydrophile, ouate f; **c. shirt** chemise f en coton; Am **c. candy** barbe f à papa **2** VI Fam **to c. on (to sth)** *(realize)* piger (qch)

couch [kaʊtʃ] **1** N *(sofa)* canapé m; *(for doctor's patient)* lit m **2** VT *(express)* formuler

couchette [ku:'ʃet] N Br *(on train)* couchette f

cough [kɒf] **1** N toux f; **c. syrup** or **medicine,** Br **c. mixture** sirop m pour la toux **2** VI tousser; Fam **to c. up** casquer **3** VT **to c. up** *(blood)* cracher; Fam *(money)* allonger

could [kʊd, unstressed kəd] PT of **can**[1]

couldn't ['kʊdənt] = **could not**

council ['kaʊnsəl] N *(assembly)* conseil m; *(local government)* municipalité f; **(town/city) c.** conseil m municipal; **C. of Europe** Conseil de l'Europe; Br **c. flat/house** ≈ HLM f; Br **c. tax** ≈ impôt regroupant taxe d'habitation et impôts locaux ■ **councillor** N conseiller, -ère mf; **(town) c.** conseiller m municipal

counsel ['kaʊnsəl] **1** N INV *(advice)* conseil m; Br *(lawyer)* avocat, -ate mf **2** (Br **-ll-,** Am **-l-**) VT conseiller **(sb to do** à qn de faire) ■ **counselling,** Am **counseling** N assistance f psychosociale ■ **counsellor,** Am **counselor** N conseiller, -ère mf

count[1] [kaʊnt] **1** N *(calculation)* compte m; Law *(charge)* chef m d'accusation; **to keep c. of sth** tenir le compte de qch **2** VT *(find number of, include)* compter; *(consider)* considérer; **to c. in** *(include)* inclure; **c. me in!** j'en suis!; **to c. out** *(exclude)* exclure; *(money)* compter; **c. me out!** ne compte pas sur moi! **3** VI compter; **to c. against sb** jouer contre qn; **to c. on sb/sth** *(rely on)* compter sur qn/qch ■ **countdown** N compte m à rebours

count[2] [kaʊnt] N *(title)* comte m

counter ['kaʊntə(r)] **1** N **(a)** *(in shop, bar)* comptoir m; *(in bank)* guichet m; **the food c.** *(in store)* le rayon alimentation; **over the c.** *(medicine)* en vente libre **(b)** *(in games)* jeton m **(c)** *(counting device)* compteur m **2** ADV **c. to** contrairement à; **to run c. to** aller à l'encontre de **3** VT *(threat)* répondre à; *(effects)* neutraliser; *(blow)* parer **4** VI riposter **(with** par)

counter- ['kaʊntə(r)] PREF contre-

counteract [kaʊntər'ækt] VT *(influence)* contrecarrer; *(effects)* neutraliser

counterattack ['kaʊntərətæk] **1** N contre-attaque f **2** VTI contre-attaquer

counterbalance ['kaʊntəbæləns] **1** N contrepoids m **2** VT contrebalancer

counterclockwise [kaʊntə'klɒkwaɪz] ADJ & ADV Am dans le sens inverse des aiguilles d'une montre

counterfeit ['kaʊntəfɪt] **1** ADJ faux (f fausse) **2** N faux m **3** VT contrefaire

counterpart ['kaʊntəpɑːt] N *(thing)* équivalent m; *(person)* homologue mf

counterproductive [kaʊntəprə'dʌktɪv] ADJ *(action)* contre-productif, -ive

countersign ['kaʊntəsaɪn] VT contresigner

countess ['kaʊntɪs] N comtesse f

countless ['kaʊntlɪs] ADJ innombrable; **on c. occasions** à maintes occasions

country ['kʌntrɪ] *(pl* **-ies)** **1** N pays m; *(region)* région f, pays; *(opposed to town)* campagne f; **in the c.** à la campagne **2** ADJ *(house, road)* de campagne; **c. and western music** country f; **c. dancing** danse f folklorique ■ **countryman** *(pl* **-men)** N *(fellow)* compatriote m ■ **countryside** N campagne f; **in the c.** à la campagne

county ['kaʊntɪ] *(pl* **-ies)** N comté m; **c. council** ≈ conseil m général; Br **c. town,** Am **c. seat** chef-lieu m de comté

coup [ku:, pl ku:z] N Pol coup m d'État

couple ['kʌpəl] **1** N *(of people)* couple m; **a c. of** deux ou trois; *(a few)* quelques **2** VT *(connect)* accoupler

coupon ['ku:pɒn] N *(for discount)* bon m; *(form)* coupon m

courage ['kʌrɪdʒ] N courage m ■ **courageous** [kə'reɪdʒəs] ADJ courageux, -euse

courgette [kʊə'ʒet] N Br courgette f

courier ['kʊrɪə(r)] N *(for tourists)* guide mf; *(messenger)* messager m

course [kɔːs] **1** N **(a)** *(of river, time, events)* cours m; *(of ship)* route f; *(means)* moyen m; **c. of action** ligne f de conduite; **to be on c.** Naut suivre le cap; Fig être en bonne voie; **in the c. of** au cours de; **in due c.** en temps utile **(b)** *(lessons)* cours m, **c. of lectures** série f de conférences **(c)** Med **c. of treatment** traitement m **(d)** *(of meal)* plat m, **first c.** entrée f; **main c.** plat principal **(e)** *(for race, parcours m; (for horseracing)* champ m de courses *(for golf)* terrain m **2** ADV **of c.!** bien sûr!

court[1] [kɔːt] N *(of king)* cour f; *(for trials)* cour, tribunal m; *(for tennis)* court m; **c. of law** tribunal; **to go to c.** aller en justice; **to take sb to c.** poursuivre qn en justice; Br **c. shoe** escarpin m ■ **courthouse** N Am palais m de justice ■ **courtroom** N Law salle f d'audience ■ **courtyard** N cour f

court² [kɔːt] **1** vt *(woman)* faire la cour à; *(danger)* aller au-devant de; *(death)* braver; *(friendship, favour)* rechercher **2** vi **to be courting** *(of couple)* se fréquenter

courteous ['kɜːtɪəs] ADJ poli, courtois ■ **courtesy** [-təsɪ] *(pl* **-ies)** N politesse *f*, courtoisie *f*; **c. car** = voiture mise à la disposition d'un client par un hôtel, un garage etc

cousin ['kʌzən] N cousin, -ine *mf*

cove [kəʊv] N crique *f*

cover ['kʌvə(r)] **1** N *(lid)* couvercle *m*; *(of book)* couverture *f*; *(for furniture, typewriter)* housse *f*; *(bedspread)* dessus-de-lit *m inv*; **the covers** *(blankets)* les couvertures *fpl*; **to take c.** se mettre à l'abri; **under c.** *(sheltered)* à l'abri; *Am* **c. letter** lettre *f* jointe **2** vt *(with* or *in* de); *(include)* englober; *(treat)* traiter; *(distance)* parcourir; *(event)* *(in newspaper, on TV)* couvrir; *(aim gun at)* tenir en joue; *(insure)* assurer **(against** contre); **to c. one's eyes** se couvrir les yeux; **to c. up** recouvrir; *(truth, tracks)* dissimuler; *(scandal)* étouffer **3** vi **to c. (oneself) up** *(wrap up)* se couvrir; **to c. up for sb** cacher la vérité pour protéger qn ■ **cover-up** N **there was a c.** on a étouffé l'affaire

coverage ['kʌvərɪdʒ] N *(on TV, in newspaper)* couverture *f* médiatique

covering ['kʌvərɪŋ] N *(wrapping)* enveloppe *f*; *(layer)* couche *f*; *Br* **c. letter** lettre *f* jointe

covert ['kəʊvɜːt, 'kʌvət] ADJ secret, -ète; *(look)* furtif, -ive

cow¹ [kaʊ] N vache *f*; *Fam Pej (nasty woman)* peau *f* de vache; **c. elephant** éléphante *f* ■ **cowboy** N cow-boy *m*

cow² [kaʊ] vt **to be cowed** *(frightened)* être intimidé **(by** par)

coward ['kaʊəd] N lâche *mf* ■ **cowardice** N lâcheté *f* ■ **cowardly** ADJ lâche

cower ['kaʊə(r)] vi *(crouch)* se tapir; *(with fear)* trembler; *(move back)* reculer (par peur)

coy [kɔɪ] **(-er, -est)** ADJ *(shy)* timide; *Pej (affectedly shy)* faussement timide

cozy ['kəʊzɪ] *Am* = **cosy**

crab [kræb] N **(a)** *(crustacean)* crabe *m* **(b) c. apple** pomme *f* sauvage

crabby ['kræbɪ] **(-ier, -iest)** ADJ *(person)* grincheux, -euse

crack¹ [kræk] **1** N *(split)* fente *f*; *(in glass, china, bone)* fêlure *f*; *(in skin)* crevasse *f*; *(noise)* craquement *m*; *(of whip)* claquement *m*; *(blow)* coup *m*; *Fam (joke)* plaisanterie *f* **(at** aux dépens de); *Fam* **to have a c. at doing sth** essayer de faire qch; **at the c. of dawn** au point du jour **2** vt *(glass, ice)* fêler; *(nut)* casser; *(ground, skin)* crevasser; *(whip)* faire claquer; *(problem)* résoudre; *(code)* déchiffrer; *(safe)* percer; *Fam (joke)* raconter **3** vi se fêler; *(of*

skin) se crevasser; *(of branch, wood)* craquer; *Fam* **to get cracking** *(get to work)* s'y mettre; *(hurry)* se grouiller

▸ **crack down** vi **to c. down on sth** prendre des mesures énergiques en matière de qch

▸ **crack up** *Fam* **1** vt SEP **to c. sb up** faire éclater qn de rire; **it's not as hard as it's cracked up to be** ce n'est pas aussi dur qu'on le dit **2** vi **to c. up** *(mentally)* craquer; *(laugh hysterically)* éclater de rire

crack² [kræk] ADJ *(first-rate)* *(driver, skier)* d'élite; **c. shot** fin tireur *m*

crack³ [kræk] N *(drug)* crack *m*

crackdown [krækdaʊn] N mesures *fpl* énergiques **(on** en matière de)

cracked [krækt] ADJ *Fam (crazy)* cinglé

cracker ['krækə(r)] N **(a)** *(biscuit)* biscuit *m* salé **(b)** *(firework)* pétard *m*; **Christmas c.** diablotin *m* **(c)** *Br Fam* **she's a c.** *(attractive)* elle est canon ■ **crackers** ADJ *Br Fam (mad)* cinglé ■ **crackpot** N *Br Fam* cinglé, -ée *mf*

crackle ['krækəl] **1** N *(of twigs)* craquement *m*; *(of fire)* crépitement *m*; *(of frying)* grésillement *m*; *(of radio)* crachotement *m* **2** vi *(of fire)* crépiter; *(of frying)* grésiller; *(of radio)* crachoter

cradle ['kreɪdəl] **1** N berceau *m* **2** vt bercer

craft¹ [krɑːft] **1** N *(skill)* art *m*; *(job)* métier *m* **2** vt façonner ■ **craftsman** *(pl* **-men)** N artisan *m* ■ **craftsmanship** N *(skill)* art *m*; **a fine piece of c.** une belle pièce

craft² [krɑːft] N *(cunning)* ruse *f*

craft³ [krɑːft] N INV *(boat)* bateau *m*

crafty ['krɑːftɪ] **(-ier, -iest)** ADJ astucieux, -ieuse; *Pej* rusé

crag [kræg] N rocher *m* à pic

cram [kræm] *(pt & pp* **-mm-)** **1** vt **to c. sth into** *(force)* fourrer qch dans; **to c. with** *(fill)* bourrer de **2** vi **to c. into** *(of people)* s'entasser dans; **to c. (for an exam)** bûcher

cramp [kræmp] N *(pain)* crampe *f* **(in** à)

cramped [kræmpt] ADJ *(surroundings)* exigu *(f* exiguë); **in c. conditions** à l'étroit; **to be c. for space** être à l'étroit

cranberry ['krænbərɪ] *(pl* **-ies)** N canneberge *f*

crane [kreɪn] N *(machine, bird)* grue *f* **2** vt **to c. one's neck** tendre le cou

crank¹ [kræŋk] **1** N *(handle)* manivelle *f* **2** vt **to c. (up)** *(vehicle)* faire démarrer à la manivelle

crank² [kræŋk] N *Fam (person)* excentrique *mf*; *(fanatic)* fanatique *mf*

crap [kræp] **1** N *Vulg (excrement)* merde *f*; *very Fam (nonsense)* conneries *fpl* **2** ADJ *very Fam (bad)* nul *(f* nulle)

crash [kræʃ] **1** N *(accident)* accident *m*; *(collapse* *of firm)* faillite *f*; *(noise)* fracas *m*; *(of thunder)* coup *m*; **c. course/diet** cours *m*/régime *m* intensif; **c. barrier** *(on road)* glissière *f* de sécurité **2** EXCLAM *(of fallen object)* patatras! **3** VT *(car)* avoir un accident avec; **to c. one's car into sth** rentrer dans qch (avec sa voiture) **4** VI *(of car, plane)* s'écraser; **to c. into** rentrer dans

crass [kræs] ADJ grossier, -ière; **c. stupidity** immense bêtise *f*; **c. ignorance** ignorance *f* crasse

crate [kreɪt] N *(large)* caisse *f*; *(small)* cageot *m*; *(for bottles)* casier *m*

crater ['kreɪtə(r)] N cratère *m*; **(bomb) c.** entonnoir *m*

cravat [krə'væt] N foulard *m*

crave [kreɪv] VI **to c. for** avoir un besoin terrible de ■ **craving** N envie *f* **(for** de)

crawl [krɔːl] **1** N *(swimming stroke)* crawl *m*; **to do the c.** nager le crawl; **to move at a c.** *(in vehicle)* avancer au pas **2** VI *(of snake, animal)* ramper; *(of child)* marcher à quatre pattes; *(of vehicle)* avancer au pas; **to be crawling with** grouiller de

crayon ['kreɪən] N *(wax)* crayon *m* gras

craze [kreɪz] N engouement *m* **(for** pour)

crazy ['kreɪzɪ] (**-ier, -iest**) ADJ fou *(f* folle); **to go c.** devenir fou; **to drive sb c.** rendre qn fou; **to be c. about sb/sth** être fou de qn/qch; **to run/ work like c.** courir/travailler comme un fou; **c. paving** dallage *m* irrégulier

creak [kriːk] VI *(of hinge)* grincer; *(of floor, timber)* craquer

cream [kriːm] **1** N *(of milk, lotion)* crème *f*; **c. of tomato soup** crème de tomates; **c. cake** gâteau *m* à la crème; **c. cheese** fromage *m* à tartiner; **c. tea** = thé servi avec des scones, de la crème fouettée et de la confiture **2** VT *(milk)* écrémer; *Fig* **they c. off the best students** ils sélectionnent les meilleurs étudiants ■ **creamy** (**-ier, -iest**) ADJ crémeux, -euse

crease [kriːs] **1** N pli *m* **2** VT froisser **3** VI se froisser

create [kriː'eɪt] VT créer; **to c. a good impression** faire bonne impression ■ **creation** N création *f* ■ **creator** N créateur, -trice *mf*

creative [kriː'eɪtɪv] ADJ *(person, activity)* créatif, -ive ■ **creativeness, crea'tivity** N créativité *f*

creature ['kriːtʃə(r)] N *(animal)* bête *f*; *(person)* créature *f*; **one's c. comforts** ses aises *fpl*

crèche [kreʃ] N *Br (nursery)* crèche *f*; *Am (nativity scene)* crèche

credentials [krɪ'denʃəlz] NPL *(proof of ability)* références *fpl*; *(identity)* pièce *f* d'identité; *(of diplomat)* lettres *fpl* de créance

credible ['kredɪbəl] ADJ crédible; **it is hardly c.**

that... on a peine à croire que… ■ **credi'bility** N crédibilité *f*

credit ['kredɪt] **1** N *(financial)* crédit *m*; *(merit)* mérite *m*; *(from university)* unité *f* de valeur; **credits** *(of film)* générique *m*; **to buy sth on c.** acheter qch à crédit; **to be in c.** *(of account)* être créditeur; *(of person)* avoir un solde positif; **she's a c. to the school** elle fait honneur à l'école; **to her c., she refused** c'est tout à son honneur d'avoir refusé; **c. balance** solde *m* créditeur; **c. card** carte *f* de crédit; **c. crunch** resserrement *m* de crédit, crise *f* de crédit **2** VT *(of bank)* créditer **(sb with sth** qn de qch); *(believe)* croire; **to c. sb/ sth with sth** *(qualities)* attribuer qch à qn/qch ■ **creditworthy** ADJ solvable

credulous ['kredjʊləs] ADJ crédule

creek [kriːk] N *(bay)* crique *f*; *Am (stream)* ruisseau *m*; *Br Fam* **to be up the c. (without a paddle)** être dans le pétrin

creep [kriːp] **1** N *Fam (unpleasant man)* type *m* répugnant; *(obsequious person)* lèche-bottes *mf inv*; *Fam* **it gives me the creeps** ça me fait froid dans le dos **2** *(pt & pp* **crept)** VI ramper; *(silently)* se glisser (furtivement); *(slowly)* avancer lentement; **it makes my flesh c.** ça me donne la chair de poule ■ **creepy** (**-ier, -iest**) ADJ *Fam* sinistre ■ **creepy-'crawly** *(pl* **-ies),** *Am* **creepy-crawler** N *Fam* bestiole *f*

cremate [krɪ'meɪt] VT incinérer ■ **cremation** N crémation *f*

crematorium [kremə'tɔːrɪəm] *(pl* **-ia** [-ɪə]), *Am* **crematory** ['kriːmətɔːrɪ] N crématorium *m*

crept [krept] PT & PP OF **creep**

crescent ['kresənt] N *(shape)* croissant *m*; *Br Fig (street)* rue *f* en demi-lune

cress [kres] N cresson *m*

crest [krest] N *(of wave, mountain, bird)* crête *f*; *(of hill)* sommet *m*; *(on seal, letters)* armoiries *fpl*

Crete [kriːt] N la Crète

cretin ['kretɪn] N *Fam* crétin, -ine *mf*

crevice ['krevɪs] N *(crack)* fente *f*

crew [kruː] N *(of ship, plane)* équipage *m*; *Fam (gang)* équipe *f*; **c. cut** coupe *f* en brosse

crib [krɪb] **1** N **(a)** *Am (cot)* lit *m* d'enfant; *(cradle)* berceau *m*; *(nativity scene)* crèche *f* **(b)** *Br Fam* **c. (sheet)** antisèche *f* **2** *(pt & pp* **-bb-)** VTI *Fam* pomper

cricket¹ ['krɪkɪt] N *(game)* cricket *m*; *Fig* **that's not c.!** ce n'est pas du jeu!

cricket² ['krɪkɪt] N *(insect)* grillon *m*

crime [kraɪm] N crime *m*; *Law* délit *m*; *(criminal practice)* criminalité *f*; **c. wave** vague *f* de criminalité

criminal ['krɪmɪnəl] **1** N criminel, -elle *mf* **2** ADJ criminel, -elle; **c. offence** *(minor)* délit *m; (serious)* crime *m;* **c. record** casier *m* judiciaire

crimson ['krɪmzən] ADJ & N cramoisi *(m)*

cringe [krɪndʒ] VI *(show fear)* avoir un mouvement de recul; *(be embarrassed)* avoir envie de rentrer sous terre

crinkle ['krɪŋkəl] 1 N *(in paper, fabric)* pli *m* 2 VT *(paper, fabric)* froisser

cripple ['krɪpəl] 1 N *(lame)* estropié, -iée *mf; (disabled)* infirme *mf* 2 VT *(disable)* rendre infirme; *Fig (nation, system)* paralyser ■ **crippled** ADJ infirme; *(ship)* désemparé

crisis ['kraɪsɪs] *(pl* **crises** ['kraɪsiːz]) N crise *f*

crisp [krɪsp] 1 **(-er, -est)** ADJ *(biscuit)* croustillant; *(apple, vegetables)* croquant; *(snow)* qui crisse sous les pas; *(air, style)* vif *(f* vive) 2 N *Br* chips *f;* **(potato) crisps** chips *fpl;* **packet of crisps** sachet *m* de chips ■ **crispbread** N pain *m* suédois

criss-cross ['krɪskrɒs] 1 ADJ *(lines)* entrecroisé; *(muddled)* enchevêtré 2 VI s'entrecroiser 3 VT sillonner (en tous sens)

criterion [kraɪ'tɪərɪən] *(pl* **-ia** [-ɪə]) N critère *m*

critic ['krɪtɪk] N *(reviewer)* critique *mf; (opponent)* détracteur, -trice *mf* ■ **critical** ADJ critique ■ **critically** ADV *(examine)* en critique; *(harshly)* sévèrement; **to be c. ill** être dans un état critique ■ **criticism** [-sɪzəm] N critique *f* ■ **criticize** [-saɪz] VTI critiquer ■ **critique** [krɪ'tiːk] N *(essay)* critique *f*

croak [krəʊk] 1 N croassement *m* 2 VI *(of frog)* croasser; *(of person)* parler d'une voix rauque

Croatia [krəʊ'eɪʃə] N la Croatie ■ **Croatian, Croat** ['krəʊæt] 1 ADJ croate 2 N *(person)* Croate *mf; (language)* croate *m*

crochet ['krəʊʃeɪ] 1 N *(travail* m au) crochet *m;* **c. hook** crochet 2 VT faire au crochet 3 VI faire du crochet

crockery ['krɒkərɪ] N vaisselle *f*

crocodile ['krɒkədaɪl] N crocodile *m*

crocus ['krəʊkəs] *(pl* **-uses** [-əsɪz]) N crocus *m*

crook [krʊk] N **(a)** *(thief)* escroc *m* **(b)** *(shepherd's stick)* houlette *f*

crooked ['krʊkɪd] ADJ *(hat, picture)* de travers; *(nose)* tordu; *(smile)* en coin; *(deal, person)* malhonnête

crop [krɒp] 1 N *(harvest)* récolte *f; (produce)* culture *f; Fig (of questions)* série *f; (of people)* groupe *m;* **c. of hair** chevelure *f;* **c. circle** = motif circulaire tracé dans un champ, attribué par certains à l'intervention d'extraterrestres 2 *(pt & pp* **-pp-**) VT *(hair)* couper ras 3 VI **to c. up** *(of issue)* survenir; *(of opportunity)* se présenter; *(of name)* être mentionné

cross[1] [krɒs] 1 N croix *f;* **a c. between** *(animal)* un croisement entre; *Fig* **it's a c. between a**

car and a van c'est un compromis entre une voiture et une camionnette 2 VT *(street, room)* traverser; *(barrier, threshold)* franchir; *(legs, animals)* croiser; *(oppose)* contrecarrer; *(cheque)* barrer; **to c. off** *or* **out** *(word, name)* rayer; **to c. over** *(road)* traverser 3 VI *(of paths)* se croiser; **to c. over** traverser ■ **crossbow** N arbalète *f* ■ **'cross'check** VT vérifier (par recoupement) ■ **'cross-'country** ADJ *(walk)* à travers champs; **c. race** cross *m;* **c. runner** coureur, -euse *mf* de fond ■ **'cross-ex'amine** VT *Law* soumettre à un contre-interrogatoire ■ **'cross-'eyed** ADJ qui louche ■ **crossfire** N feux *mpl* croisés ■ **cross-legged** [-'leg(ɪ)d] ADJ & ADV **to sit c.** être assis en tailleur ■ **'cross-'reference** N renvoi *m* ■ **crossroads** N carrefour *m* ■ **'cross-'section** N coupe *f* transversale; *(sample)* échantillon *m* représentatif ■ **crossword (puzzle)** N mots *mpl* croisés

cross[2] [krɒs] ADJ *(angry)* fâché **(with** contre); **to get c.** se fâcher **(with** contre)

crossing ['krɒsɪŋ] N *(of sea, river)* traversée *f; Br* **(pedestrian) c.** passage *m* clouté

crotch [krɒtʃ] N *(of garment, person)* entrejambe *m*

crouch [kraʊtʃ] VI **to c. (down)** *(of person)* s'accroupir; *(of animal)* se tapir

crow [krəʊ] 1 N corbeau *m;* **as the c. flies** à vol d'oiseau; **c.'s nest** *(on ship)* nid-de-pie *m* 2 VI *(of cock)* chanter; *Fig (boast)* se vanter **(about** de)

crowbar ['krəʊbɑː(r)] N levier *m*

crowd [kraʊd] 1 N foule *f; Fam (group of people)* bande *f; Fam (of things)* masse *f;* **there was quite a c.** il y avait beaucoup de monde 2 VT *(fill)* entasser; *(street)* envahir; **to c. people/objects into** entasser des gens/des objets dans 3 VI **to c. into** *(of people)* s'entasser dans; **to c. round sb/sth** se presser autour de qn/qch ■ **crowded** ADJ plein **(with** de); *(train, room)* bondé; *(city)* surpeuplé; **it's very c.** il y a beaucoup de monde

crown [kraʊn] 1 N *(of king)* couronne *f; (of head, hill)* sommet *m;* **the C.** *(monarchy)* la Couronne; *Br Law* **c. court** ≃ cour *f* d'assises; *Br* **c. jewels** joyaux *mpl* de la Couronne; **c. prince** prince *m* héritier 2 VT couronner

crucial ['kruːʃəl] ADJ crucial

crucify ['kruːsɪfaɪ] *(pt & pp* **-ied)** VT crucifier ■ **crucifix** [-fɪks] N crucifix *m* ■ **crucifixion** [-'fɪkʃən] N crucifixion *f*

crude [kruːd] **(-er, -est)** ADJ *(manners, person, language)* grossier, -ière; *(painting, work)* rudimentaire; *(fact)* brut; **c. oil** pétrole *m* brut

cruel [krʊəl] **(crueller, cruellest)** ADJ cruel *(f* cruelle) ■ **cruelty** N cruauté *f;* **an act of c.** une cruauté

cruise [kru:z] **1** N croisière f; **to go on a c.** partir en croisière; *Mil* **c. missile** missile m de croisière; **c. ship** navire m de croisière **2** VI *(of ship)* croiser; *(of vehicle)* rouler; *(of plane)* voler; *(of taxi)* marauder; *(of tourists)* faire une croisière; **cruising speed** *(of ship, plane)* vitesse f de croisière

crumb [krʌm] N miette f; *Fig (of comfort)* brin m

crumble ['krʌmbəl] **1** N crumble m *(dessert aux fruits recouvert de pâte sablée)* **2** VT *(bread)* émietter **3** VI *(of bread)* s'émietter; *(collapse) (of resistance)* s'effondrer; **to c. (away)** *(in small pieces)* s'effriter; *(become ruined) (of building)* tomber en ruine ■ **crumbly** ADJ *(pastry)* friable

crummy ['krʌmɪ] (**-ier, -iest**) ADJ *Fam* minable

crumpet ['krʌmpɪt] N *Br* = petite crêpe épaisse servie chaude et beurrée

crumple ['krʌmpəl] **1** VT froisser **2** VI se froisser

crunch [krʌntʃ] **1** N *Fam* **when it comes to the c.** au moment crucial **2** VT *(food)* croquer **3** VI *(of snow)* crisser ■ **crunchy** (**-ier, -iest**) ADJ *(apple, vegetables)* croquant; *(bread)* croustillant

crusade [kru:'seɪd] **1** N *Hist & Fig* croisade f **2** VI faire une croisade

crush [krʌʃ] **1** N *(crowd)* foule f; *(confusion)* bousculade f; *Fam* **to have a c. on sb** en pincer pour qn **2** VT écraser; *(hope)* détruire; *(clothes)* froisser; *(cram)* entasser (**into** dans) ■ **crushing** ADJ *(defeat)* écrasant

crust [krʌst] N croûte f ■ **crusty** (**-ier, -iest**) N *(bread)* croustillant

crutch [krʌtʃ] N (a) *(of invalid)* béquille f (b) *(crotch)* entrejambe m

crux [krʌks] N **the c. of the matter/problem** le nœud de l'affaire/du problème

cry [kraɪ] **1** (pl **cries**) N *(shout)* cri m; *Fam* **to have a good c.** pleurer un bon coup **2** (pt & pp **cried**) VT **to c. (out)** *(shout)* crier **3** VI *(weep)* pleurer; **to c. (out)** pousser un cri; **to c. for help** appeler au secours; **to be crying out for sth** *(of thing)* avoir grand besoin de qch; **to c. over sb/sth** pleurer qn/qch ■ **crying 1** ADJ **a c. need of sth** un besoin urgent de qch; **a c. shame** un scandale **2** N *(shouts)* cris mpl; *(weeping)* pleurs mpl

crypt [krɪpt] N crypte f

cryptic ['krɪptɪk] ADJ énigmatique; **c. crossword** = mots croisés dont les définitions sont des énigmes

crystal ['krɪstəl] N cristal m; **c. ball** boule f de cristal; **c. vase** vase m en cristal ■ **'crystal-'clear** ADJ *(water, sound)* cristallin; *(explanation)* clair comme de l'eau de roche

crystallize ['krɪstəlaɪz] **1** VT cristalliser **2** VI (se) cristalliser

cub [kʌb] N (a) *(of animal)* petit m (b) *(scout)* louveteau m

Cuba ['kju:bə] N Cuba f ■ **Cuban 1** ADJ cubain **2** N Cubain, -aine mf

cubbyhole ['kʌbɪhəʊl] N cagibi m

cube [kju:b] N cube m; *(of meat, vegetables)* dé m; *(of sugar)* morceau m ■ **cubic** ADJ *(shape)* cubique; **c. capacity** volume m; *(of engine)* cylindrée f; **c. metre** mètre m cube

cubicle ['kju:bɪkəl] N *(for changing clothes)* cabine f; *(in hospital, dormitory)* box m

cuckoo [*Br* 'kuku:, *Am* 'ku:ku:] (pl **-oos**) **1** N *(bird)* coucou m; **c. clock** coucou **2** ADJ *Fam (mad)* cinglé

cucumber ['kju:kʌmbə(r)] N concombre m

cuddle ['kʌdəl] **1** N câlin m; **to give sb a c.** faire un câlin à qn **2** VT *(hug)* serrer dans ses bras; *(caress)* câliner **3** VI *(of lovers)* se faire des câlins; **to (kiss and) c.** s'embrasser; **to c. up to sb** *(huddle)* se blottir contre qn ■ **cuddly** (**-ier, -iest**) ADJ *(person)* mignon, -onne à croquer; **c. toy** peluche f

cue[1] [kju:] N *(in theatre)* réplique f; *(signal)* signal m; *Fig* **(right) on c.** au bon moment

cue[2] [kju:] N *(billiard)* **c.** queue f de billard

cuff [kʌf] **1** N *(of shirt)* poignet m; *Am (of trousers)* revers m; **off the c.** *(remark)* impromptu; **c. link** bouton m de manchette **2** VT *(strike)* gifler

cul-de-sac ['kʌldəsæk] N *Br* impasse f

culinary ['kʌlɪnərɪ] ADJ culinaire

cull [kʌl] VT choisir (**from** dans); *(animals)* abattre sélectivement

culminate ['kʌlmɪneɪt] VI **to c. in** aboutir à ■ **culmination** [-'neɪʃən] N point m culminant

culprit ['kʌlprɪt] N coupable mf

cult [kʌlt] N culte m; **c. film** film m culte

cultivate ['kʌltɪveɪt] VT *(land, mind)* cultiver ■ **cultivated** ADJ cultivé

culture ['kʌltʃə(r)] N culture f ■ **cultural** ADJ culturel, -elle ■ **cultured** ADJ *(person, mind)* cultivé

cumbersome ['kʌmbəsəm] ADJ encombrant

cumulative ['kju:mjʊlətɪv] ADJ cumulatif, -ive; **c. effect** *(long-term)* effet m à long terme

cunning ['kʌnɪŋ] **1** ADJ *(ingenious)* astucieux, -ieuse; *(devious)* rusé **2** N astuce f; *Pej* ruse f

cup [kʌp] N tasse f; *(goblet, prize)* coupe f; *Fam* **it's not my c. of tea** ce n'est pas mon truc; *Football* **c. final** finale f de la coupe

cupboard ['kʌbəd] N *Br* armoire f; *(built into wall)* placard m

curate ['kjʊərɪt] N vicaire m

curator [kjʊə'reɪtə(r)] N *(of museum)* conservateur m

curb [kɜ:b] **1** N (a) *(limit)* **to put a c. on** mettre un frein à (**b**) *Am (kerb)* bord *m* du trottoir **2 vt** *(feelings)* refréner; *(ambitions)* modérer; *(expenses)* réduire

curd [kɜːd] **1 n curd(s)** lait *m* caillé; **c. cheese** fromage *m* blanc battu

curdle [ˈkɜːdəl] **1 vt** cailler **2 vi** se cailler

cure [ˈkjʊə(r)] **1 n** remède *m* (**for** contre) **2 vt** (**a**) *(person, illness)* guérir; *Fig (poverty)* éliminer; **to c. sb of** guérir qn de (**b**) *(meat, fish) (smoke)* fumer; *(salt)* saler; *(dry)* sécher ■ **curable adj** guérissable

curfew [ˈkɜːfjuː] **n** couvre-feu *m*

curiosity [kjʊərɪˈɒsɪtɪ] *(pl* **-ies**) **n** curiosité *f* (**about** de)

curious [ˈkjʊərɪəs] **adj** *(odd)* curieux, -ieuse; *(inquisitive)* curieux, -ieuse (**about** de); **to be c. to know/see** être curieux de savoir/voir ■ **curiously adv** *(oddly)* curieusement; *(inquisitively)* avec curiosité

curl [kɜːl] **1 n** *(in hair)* boucle *f*; *Fig (of smoke)* spirale *f* **2 vti** *(hair)* boucler; *(with small, tight curls)* friser **3 vi to c. up** *(shrivel)* se racornir; **to c. (oneself) up** *(into a ball)* se pelotonner ■ **curler n** bigoudi *m* ■ **curly** (**-ier, -iest**) **adj** *(hair)* bouclé; *(with small, tight curls)* frisé

currant [ˈkʌrənt] **n** *(dried grape)* raisin *m* de Corinthe; *(fruit)* groseille *f*

currency [ˈkʌrənsɪ] *(pl* **-ies**) **n** (**a**) *(money)* monnaie *f*; (**foreign**) **c.** devises *fpl* (étrangères) (**b**) **to gain c.** *(of ideas)* se répandre

current [ˈkʌrənt] **1 adj** *(fashion, trend)* actuel, -uelle; *(opinion, use, phrase)* courant; *(year, month)* en cours; **c. account** *(in bank)* compte *m* courant; **c. affairs** questions *fpl* d'actualité; **c. events** actualité *f*; **the c. issue** *(of magazine)* le dernier numéro **2 n** *(of river, air, electricity)* courant *m* ■ **currently adv** actuellement

curriculum [kəˈrɪkjʊləm] *(pl* **-la** [-lə]) **n** programme *m* scolaire; *Br* **c. vitae** curriculum vitae *m inv*

curry [ˈkʌrɪ] **1** *(pl* **-ies**) **n** *(dish)* curry *m*, cari *m*; **chicken c.** poulet *m* au curry **2** *(pt & pp* **-ied**) **vt to c. favour with sb** s'insinuer dans les bonnes grâces de qn

curse [kɜːs] **1 n** malédiction *f*; *(swearword)* juron *m*; *(scourge)* fléau *m* **2 vt** maudire; **cursed with sth** affligé de qch **3 vi** *(swear)* jurer

cursor [ˈkɜːsə(r)] **n** *Comptr* curseur *m*

cursory [ˈkɜːsərɪ] **adj** superficiel, -ielle

curt [kɜːt] **adj** brusque

curtail [kɜːˈteɪl] **vt** *(visit)* écourter; *(expenses)* réduire

curtain [ˈkɜːtən] **n** rideau *m*; **to draw the curtains** *(close)* tirer les rideaux; **c. call** *(in theatre)* rappel *m*

curts(e)y [ˈkɜːtsɪ] **1** *(pl* **-ies** or **-eys**) **n** révérence *f* **2** *(pt & pp* **-ied**) **n** faire une révérence (**to** à)

curve [kɜːv] **1 n** courbe *f*; *(in road)* virage *m* **2 vt** courber **3 vi** se courber; *(of road)* faire une courbe ■ **curved adj** *(line)* courbe ■ **curvy adj** *(line)* courbe; *(woman)* qui a des formes

cushion [ˈkʊʃən] **1 n** coussin *m* **2 vt** *(shock)* amortir

cushy [ˈkʊʃɪ] (**-ier, -iest**) **adj** *Fam (job, life)* pépère

custard [ˈkʌstəd] **n** crème *f* anglaise; *(when set)* crème renversée; **c. pie** tarte *f* à la crème

custody [ˈkʌstədɪ] **n** *(of child, important papers)* garde *f*; **in the c. of** sous la garde de qn; **to take sb into c.** placer qn en garde à vue

custom [ˈkʌstəm] **n** coutume *f*; *(of individual)* habitude *f*; *(customers)* clientèle *f* ■ **'custom-'built, customized adj** *(car)* (fait) sur commande ■ **customize vt** personnaliser

customary [ˈkʌstəmərɪ] **adj** habituel, -uelle; **it is c. to…** il est d'usage de…

customer [ˈkʌstəmə(r)] **n** client, -iente *mf*; *Pej (individual)* individu *m*

customs [ˈkʌstəmz] **npl** (**the**) **c.** la douane; **c. duties** droits *mpl* de douane; **c. officer** douanier *m*; **c. union** union *f* douanière

cut [kʌt] **1 n** *(mark)* coupure *f*; *(stroke)* coup *m*; *(of clothes, hair)* coupe *f*; *(in salary, prices)* réduction *f*; *(of meat)* morceau *m*; *Comptr* **c. and paste** couper-coller *m* **2** *(pt & pp* **cut**, *pres p* **cutting**) **vt** couper; *(meat, chicken)* découper; *(glass, diamond, tree)* tailler; *(hay)* faucher; *(salary, prices, profits)* réduire; **to have one's hair c.** se faire couper les cheveux; **to c. a corner** *(in vehicle)* prendre un virage à la corde; **to c. sth short** *(visit)* écourter qch; *Comptr* **to c. and paste sth** couper-coller qch **3 vi** *(of knife, scissors)* couper; **this cloth cuts easily** ce tissu se coupe facilement ■ **cutback n** réduction *f* ■ **cutout n** *(picture)* découpage *m*; *(electrical)* coupe-circuit *m*

▶ **cut away vt sep** *(remove)* enlever

▶ **cut back vt sep & vi** réduire

▶ **cut down 1 vt sep** (**a**) *(tree)* abattre (**b**) *(reduce)* réduire **2 vi** réduire

▶ **cut in vi** *(interrupt)* interrompre; *(in vehicle)* faire une queue de poisson (**on sb** à qn)

▶ **cut off vt sep** *(piece, limb, hair)* couper; *(isolate)* isoler

▶ **cut out 1 vt sep** *(article)* découper; *(garment)* tailler; *(remove)* enlever; *(eliminate)* supprimer; **to c. out drinking** *(stop)* s'arrêter de boire; *Fam* **c. it out!** ça suffit!; **c. out to be a doctor** fait pour être médecin **2 vi** *(of car engine)* caler

▶ **cut up vt sep** couper en morceaux; *(meat,*

chicken) découper; **to be very c. up about sth** *(upset)* être complètement chamboulé par qch

cute [kjuːt] **(-er, -est)** ADJ *Fam* mignon, -onne

cuticle ['kjuːtɪkəl] N cuticule *f*

cutlery ['kʌtlərɪ] N couverts *mpl*

cutlet ['kʌtlɪt] N côtelette *f*

cut-price [kʌt'praɪs] ADJ à prix réduit

cutting ['kʌtɪŋ] **1** N coupe *f*; *(of glass, diamond)* taille *f*; *(from newspaper)* coupure *f*; *(plant)* bouture *f*; *(for train)* voie *f* en déblai **2** ADJ *(wind, remark)* cinglant; **c. edge** tranchant *m*

CV [siːˈviː] *(abbr* **curriculum vitae)** N *Br* CV *m*

cyanide ['saɪənaɪd] N cyanure *m*

cybercafé ['saɪbəkæfeɪ] N cybercafé *m*

cyberspace ['saɪbəspeɪs] N *Comptr* cyberespace *m*

cycle¹ ['saɪkəl] **1** N *(bicycle)* bicyclette *f*; **c. lane** voie *f* réservée aux vélos; **c. path** piste *f* cyclable; **c. race** course *f* cycliste **2** VI aller à bicyclette **(to** à); *(as activity)* faire de la bicyclette ■ **cycling** N cyclisme *m* ■ **cyclist** N cycliste *mf*

cycle² ['saɪkəl] N *(series, period)* cycle *m*

cylinder ['sɪlɪndə(r)] N cylindre *m* ■ **cylindrical** [sɪ'lɪndrɪkəl] ADJ cylindrique

cymbal ['sɪmbəl] N cymbale *f*

cynic ['sɪnɪk] N cynique *mf* ■ **cynical** ADJ cynique ■ **cynicism** [-sɪzm] N cynisme *m*

Cyprus ['saɪprəs] N Chypre *f* ■ **Cypriot** ['sɪprɪət] **1** ADJ cypriote **2** N Cypriote *mf*

cyst [sɪst] N *Med* kyste *m*

cystitis [sɪ'staɪtəs] N *Med* cystite *f*

Czech [tʃek] **1** ADJ tchèque; **the C. Republic** la République tchèque **2** N *(person)* Tchèque *mf*; *(language)* tchèque *m*

D, d [diː] N D, d *m inv* ◾ **D.-day** N le jour J

dab [dæb] **1** N **a d. of** un petit peu de **2** (*pt & pp* **-bb-**) VT (*wound, brow*) tamponner; **to d. sth on sth** appliquer qch (à petits coups) sur qch

dabble ['dæbəl] VI **to d. in politics/journalism** faire vaguement de la politique/du journalisme

dad [dæd] N *Fam* papa *m* ◾ **daddy** (*pl* **-ies**) N *Fam* papa *m*; *Br* **d. longlegs** (*cranefly*) tipule *f*; *Am* (*spider*) faucheur *m*

daffodil ['dæfədɪl] N jonquille *f*

daft [dɑːft] (**-er, -est**) ADJ *Fam* bête

dagger ['dægə(r)] N dague *f*; **at daggers drawn** à couteaux tirés (**with** avec)

dahlia ['deɪlɪə] N dahlia *m*

daily ['deɪlɪ] **1** ADJ quotidien, -ienne; (*wage*) journalier, -ière; *Br* **d. help** (*cleaning woman*) femme *f* de ménage; **d. paper** quotidien *m* **2** ADV chaque jour, quotidiennement; **twice d.** deux fois par jour **3** (*pl* **-ies**) N quotidien *m*

dainty ['deɪntɪ] (**-ier, -iest**) ADJ délicat

dairy ['deərɪ] **1** (*pl* **-ies**) N (*factory*) laiterie *f*; (*shop*) crémerie *f* **2** ADJ laitier, -ière; **d. farm/cow** ferme *f*/vache *f* laitière; **d. product** produit *m* laitier; **d. produce** produits *mpl* laitiers

daisy ['deɪzɪ] (*pl* **-ies**) N pâquerette *f*; (*bigger*) marguerite *f*; *Fam* **to push up the daisies** manger les pissenlits par la racine

dale [deɪl] N *Literary* vallée *f*

dam [dæm] **1** N (*wall*) barrage *m* **2** (*pt & pp* **-mm-**) VT (*river*) construire un barrage sur

damage ['dæmɪdʒ] **1** N dégâts *mpl*; (*harm*) préjudice *m*; (*in court*) dommages-intérêts *mpl* **2** VT (*object*) endommager, abîmer; (*health*) nuire à; (*eyesight*) abîmer; (*plans, reputation*) compromettre ◾ **damaging** ADJ (*harmful*) préjudiciable (**to** à)

damn [dæm] **1** N *Fam* **he doesn't care** *or* **give a d.** il s'en fiche pas mal **2** ADJ *Fam* (*awful*) fichu; **that d. car** cette fichue bagnole **3** ADV *Fam* (*very*) vachement; *Br* **d. all** que dalle **4** VT (*condemn, doom*) condamner; (*of God*) damner; (*curse*) maudire; *Fam* **d. him!** qu'il aille se faire voir! **5** EXCLAM *Fam* **d. (it)!** mince! ◾ **damned 1** ADJ (**a**) (*soul*) damné (**b**) *Fam* (*awful*) fichu **2** ADV *Fam* vachement ◾ **damning** ADJ (*evidence*) accablant

damp [dæmp] **1** (**-er, -est**) ADJ humide; (*skin*) moite **2** N humidité *f* ◾ **damp(en)** VT humecter; **to d. (down)** (*enthusiasm, zeal*) refroidir; (*ambition*) freiner; **to d. sb's spirits** décourager qn

damper ['dæmpə(r)] N **to put a d. on** jeter un froid sur

damson ['dæmzən] N prune *f* de Damas

dance [dɑːns] **1** N danse *f*; (*social event*) bal *m* (*pl* bals); **d. floor** piste *f* de danse; **d. hall** dancing *m* **2** VT (*waltz, tango*) danser **3** VI danser; **to d. for joy** sauter de joie ◾ **dancer** N danseur, -euse *mf* ◾ **dancing** N danse *f*; **d. partner** cavalier, -ière *mf*

dandelion ['dændɪlaɪən] N pissenlit *m*

dandruff ['dændrʌf] N pellicules *fpl*

Dane [deɪn] N Danois, -oise *mf*

danger ['deɪndʒə(r)] N danger *m* (**to** pour); **in d.** en danger; **in d. of** (*threatened by*) menacé de; **to be in d. of doing sth** risquer de faire qch ◾ **dangerous** ADJ dangereux, -euse (**to** pour) ◾ **dangerously** ADV dangereusement; **d. ill** gravement malade

dangle ['dæŋgəl] **1** VT balancer; *Fig* **to d. sth in front of sb** faire miroiter qch à qn **2** VI (*hang*) pendre; (*swing*) se balancer

Danish ['deɪnɪʃ] **1** ADJ danois **2** N (*language*) danois *m*

dapper ['dæpə(r)] ADJ soigné

dare [deə(r)] **1** N défi *m*; **to do sth for a d.** faire qch par défi **2** VT **to d. (to) do sth** oser faire qch; **if you d. (to)** si tu l'oses; **to d. sb to do sth** défier qn de faire qch

daredevil ['deədevəl] N casse-cou *mf inv*

daring ['deərɪŋ] **1** ADJ audacieux, -ieuse **2** N audace *f*

dark [dɑːk] **1** (**-er, -est**) ADJ (*room, night*) & *Fig* sombre; (*colour, skin, hair, eyes*) foncé; **it's d. at six** il fait nuit à six heures; **d. glasses** lunettes *fpl* noires **2** N obscurité *f*; **after d.** une fois la nuit tombée; *Fig* **to keep sb in the d.** laisser qn dans l'ignorance (**about** de) ◾ **dark-'haired** ADJ aux cheveux bruns ◾ **dark-'skinned** ADJ (*person*) à peau brune

darken ['dɑːkən] **1** vt assombrir; *(colour)* foncer **2** vi s'assombrir; *(of colour)* foncer

darkness ['dɑːknəs] N obscurité f

darkroom ['dɑːkruːm] N *(for photography)* chambre f noire

darling ['dɑːlɪŋ] **1** ADJ chéri; *Fam (delightful)* adorable **2** N *(favourite)* chouchou, -oute mf; **(my) d.** (mon) chéri/(ma) chérie; **be a d.!** sois un ange!

darn [dɑːn] **1** vt *(mend)* repriser **2** EXCLAM **d. it!** bon sang!

dart [dɑːt] **1** N *(in game)* fléchette f; **darts** *(game)* fléchettes fpl; **to make a d.** se précipiter **(for** vers) **2** vi *(dash)* se précipiter **(for** vers) ▪ **dartboard** N cible f *(du jeu de fléchettes)*

dash [dæʃ] **1** N **(a)** *(run, rush)* ruée f; **to make a d. for sth** se ruer vers qch **(b) a d. of sth** un petit peu de qch; **a d. of milk** une goutte de lait **(c)** *(handwritten stroke)* trait m; *(punctuation sign)* tiret m **2** vt *(throw)* jeter; *Fig (destroy) (hopes)* briser; **to d. off** *(letter)* écrire en vitesse **3** vi se précipiter; *(of waves)* se briser **(against** contre); **to d. in/out** entrer/sortir en vitesse

dashboard ['dæʃbɔːd] N *(of vehicle)* tableau m de bord

dashing ['dæʃɪŋ] ADJ *(person)* fringant

data ['deɪtə] NPL informations fpl; *Comptr* données fpl; **d. bank/base** banque f/base f de données; **d. capture** saisie f de données; **d. processing** informatique f

date¹ [deɪt] **1** N *(day)* date f; *Fam (meeting)* rendez-vous m inv; *Fam (person)* ami, -ie mf; **d. of birth** date de naissance; **up to d.** *(in fashion)* à la mode; *(information)* à jour; *(well-informed)* au courant **(on** de); **out of d.** *(old-fashioned)* démodé; *(expired)* périmé; **to d.** à ce jour **2** vt *(letter)* dater; *(girl, boy)* sortir avec **3** vi *(go out of fashion)* dater; **to d. back to, to d. from** dater de; *(couple)* **they're dating** ils sortent ensemble

date² [deɪt] N *(fruit)* datte f

dated ['deɪtɪd] ADJ démodé

daughter ['dɔːtə(r)] N fille f ▪ **daughter-in-law** *(pl* **daughters-in-law)** N belle-fille f

daunt [dɔːnt] vt intimider

dawdle ['dɔːdəl] vi traînasser

dawn [dɔːn] **1** N aube f; **at d.** à l'aube **2** vi *(of day)* se lever; *(of new era, idea)* naître; **it dawned upon him that…** il s'est rendu compte que…

day [deɪ] N *(period of daylight, 24 hours)* jour m; *(referring to duration)* journée f; **all d. (long)** toute la journée; **what d. is it?** quel jour sommes-nous?; **the following** or **next d.** le lendemain; **the d. before** la veille; **the d. before yesterday** or **before last** avant-hier; **the d. after tomorrow** après-demain; **in those days** en ce temps-là; **these days** de nos jours;

Br **d. return** *(on train)* aller et retour m *(valable une journée)* ▪ **daybreak** ['deɪbreɪk] N point m du jour ▪ **daydream 1** N rêverie f **2** vi rêvasser ▪ **daylight** N (lumière f du) jour m; *(dawn)* point m du jour; **it's d.** il fait jour ▪ **daytime** N journée f, jour m ▪ **'day-to-'day** ADJ quotidien, -ienne; **on a d. basis** au jour le jour

daze [deɪz] **1** N **in a d.** étourdi; *(because of drugs)* hébété; *(astonished)* ahuri **2** vt *(by blow)* étourdir; *(of drug)* hébéter

dazzle ['dæzəl] vt éblouir

dead [ded] **1** ADJ mort; *(numb) (limb)* engourdi; *(party)* mortel, -elle; **the phone's d.** il n'y a pas de tonalité; **d. end** *(street)* & *Fig* impasse f; *Fam* **it's a d. loss** ça ne vaut rien; **the D. Sea** la mer Morte **2** NPL **the d.** les morts mpl; **in the d. of night/winter** au cœur de la nuit/l'hiver **3** ADV *(completely)* totalement; *(very)* très; *Fam* **d. drunk** ivre mort; **'d. slow'** *(on sign)* 'roulez au pas'; **to stop d.** s'arrêter net ▪ **deadbeat** N *Am Fam (sponger)* parasite m ▪ **deadline** N date f limite; *(hour)* heure f limite ▪ **deadlock** N *Fig* impasse f

deaden ['dedən] vt *(shock)* amortir; *(pain)* calmer; *(feeling)* émousser

deadly ['dedlɪ] **1** (**-ier, -iest**) ADJ *(poison, blow, enemy)* mortel, -elle; *(paleness, silence)* de mort; *Fam (boring)* mortel; **d. weapon** arme f meurtrière **2** ADV *(pale, boring)* mortellement

deaf [def] **1** ADJ sourd; **d. and dumb** sourd-muet *(f* sourde-muette); **d. in one ear** sourd d'une oreille; **to go d.** devenir sourd; **to be d. to sb's requests** rester sourd aux prières de qn **2** NPL **the d.** les sourds mpl ▪ **deafen** vt assourdir ▪ **deafness** N surdité f

deal¹ [diːl] N **a good** or **great d. (of)** *(a lot)* beaucoup (de)

deal² [diːl] **1** N *(in business)* marché m, affaire f; *Cards* donne f; **to make** or **do a d. (with sb)** conclure un marché (avec qn); **to give sb a fair d.** traiter qn équitablement; **it's a d.!** d'accord!; *Ironic* **big d.!** la belle affaire!; **it's no big d.** ce n'est pas bien grave **2** *(pt & pp* **dealt)** vt **to d. (out)** *(cards, money)* distribuer **3** vi *(trade)* traiter **(with sb** avec qn); **to d. in** faire le commerce de; **to d. with** *(take care of)* s'occuper de; *(concern) (of book)* traiter de, parler de ▪ **dealer** N marchand, -ande mf **(in** de); *(agent)* dépositaire mf; *(for cars)* concessionnaire mf; *(in drugs)* revendeur, -euse mf; *Cards* donneur, -euse mf ▪ **dealings** NPL relations fpl **(with** avec); *(in business)* transactions fpl

deal³ [diːl] N *(wood)* sapin m

dealt [delt] PT & PP of **deal²**

dear [dɪə(r)] **1** (**-er, -est**) ADJ *(loved, precious, expensive)* cher *(f* chère); *(price)* élevé; **D. Sir** *(in letter)*

Monsieur; **D. Sirs** Messieurs; **D. Uncle** (mon) cher oncle; **oh d.!** oh là là! **2 N (my) d.** *(darling)* (mon) chéri/(ma) chérie; *(friend)* mon cher/ma chère **3 ADV** *(cost, pay)* cher ■ **dearly ADV** *(love)* tendrement; *(very much)* beaucoup

dearth [dɜːθ] N pénurie *f*

death [deθ] N mort *f*; **to put sb to d.** mettre qn à mort; **to be bored to d.** s'ennuyer à mourir; **to be scared to d.** être mort de peur; **to be sick to d.** en avoir vraiment marre (**of** de); **there were many deaths** il y a eu de nombreux morts; **d. certificate** acte *m* de décès; **d. penalty** peine *f* de mort; **d. rate** (taux *m* de) mortalité *f* ■ **deathly ADJ** *(silence, pallor)* de mort

debate [dɪ'beɪt] **1 N** débat *m* **2 VTI** discuter; **he debated whether to do it** il se demandait s'il devait le faire ■ **debatable ADJ** discutable; **it's d. whether she will succeed** il est difficile de dire si elle réussira

debilitating [dɪ'bɪlɪteɪtɪŋ] ADJ débilitant

debit ['debɪt] **1 N** débit *m*; **in d.** *(account)* débiteur; **d. balance** solde *m* débiteur **2 VT** débiter (**sb with sth** qn de qch)

debris ['debriː] N *(of building)* décombres mpl; *(of plane, car)* débris mpl

debt [det] N dette *f*; **to be in d.** avoir des dettes; **to be 50 dollars in d.** devoir 50 dollars; **to run** *or* **get into d.** faire des dettes ■ **debtor N** débiteur, -trice mf

debut ['debjuː] N *(on stage)* début *m*; **to make one's d.** faire ses débuts

decade ['dekeɪd] N décennie *f*

Note that the French word **décade** is a false friend. It usually refers to a period of ten days.

decadent ['dekədənt] ADJ décadent ■ **decadence N** décadence *f*

decaffeinated [diː'kæfɪneɪtɪd] ADJ décaféiné

decant [dɪ'kænt] VT *(wine)* décanter ■ **decanter N** carafe *f*

decapitate [dɪ'kæpɪteɪt] VT décapiter

decathlon [dɪ'kæθlɒn] N Sport décathlon *m*

decay [dɪ'keɪ] **1 N** *(rot)* pourriture *f*; *(of building)* délabrement *m*; *(of tooth)* carie *f*; *(of nation)* déclin *m*; **to fall into d.** *(of building)* tomber en ruine **2 VI** *(go bad)* se gâter; *(rot)* pourrir; *(of tooth)* se carier; *(of building)* tomber en ruine; *Fig (decline)* *(of nation)* décliner ■ **decaying ADJ** *(meat, fruit)* pourrissant; *(nation)* sur le déclin

deceased [dɪ'siːst] **1 ADJ** décédé **2 the d.** le défunt/la défunte

deceit [dɪ'siːt] N tromperie *f* ■ **deceitful ADJ** *(person)* fourbe; *(behaviour)* malhonnête

deceive [dɪ'siːv] VTI tromper; **to d. oneself** se faire des illusions

Note that the French verb **décevoir** is a false friend and is never a translation for the English verb **to deceive**. It means **to disappoint**.

December [dɪ'sembə(r)] N décembre *m*

decent ['diːsənt] ADJ *(respectable)* convenable; *(good)* bon (f bonne); *(kind)* gentil, -ille; **that was d. (of you)** c'était chic de ta part ■ **decency N** décence *f*; *(kindness)* gentillesse *f*

deception [dɪ'sepʃən] N tromperie *f* ■ **deceptive ADJ** trompeur, -euse

Note that the French word **déception** is a false friend and is never a translation for the English word **deception**. It means **disappointment**.

decibel ['desɪbel] N décibel *m*

decide [dɪ'saɪd] **1 VT** *(outcome, future)* décider de; *(question, matter)* régler; **to d. to do sth** décider de faire qch; **to d. that…** décider que…; **to d. sb to do sth** décider qn à faire qch **2 VI** *(make decisions)* décider; *(make up one's mind)* se décider (**on doing** à faire); **to d. on sth** décider de qch; *(choose)* choisir qch; **the deciding factor** le facteur décisif ■ **decided ADJ** *(firm)* décidé; *(clear)* net (f nette) ■ **decidedly** [-ɪdlɪ] ADV *(firmly)* résolument; *(clearly)* nettement

Note that the French word **décidément** is a false friend and is never a translation for the English word **decidedly**.

decimal ['desɪməl] **1 ADJ** décimal; **d. point** virgule *f* **2 N** décimale *f*

decipher [dɪ'saɪfə(r)] VT déchiffrer

decision [dɪ'sɪʒən] N décision *f*

decisive [dɪ'saɪsɪv] ADJ *(action, event, tone)* décisif, -ive; *(person)* résolu

deck [dek] **1 N (a)** *(of ship)* pont *m*; **top d.** *(of bus)* impériale *f* **(b)** **d. of cards** jeu *m* de cartes **(c)** *(of record player)* platine *f* **2 VT to d. (out)** *(adorn)* orner ■ **deckchair N** chaise *f* longue

declare [dɪ'kleə(r)] VT déclarer (**that** que); *(verdict, result)* proclamer ■ **declaration** [deklə'reɪʃən] N déclaration *f*; *(of verdict)* proclamation *f*

decline [dɪ'klaɪn] **1 N** déclin *m*; *(fall)* baisse *f* **2 VT** *(offer)* décliner; **to d. to do sth** refuser de faire qch **3 VI** *(become less)* *(of popularity, birthrate)* être en baisse; *(deteriorate)* *(of health, strength)* décliner; *(refuse)* refuser; **to d. in importance** perdre de l'importance; **one's declining years** ses dernières années

decode [diː'kəʊd] VT *(message)* décoder ■ **decoder N** Comptr & TV décodeur *m*

decompose [diːkəm'pəʊz] **1 VT** *(chemical compound)* décomposer **2 VI** *(rot)* se décomposer

decontaminate [diːkən'tæmɪneɪt] VT décontaminer

decor ['deɪkɔː(r)] N décor m

decorate ['dekəreɪt] VT (cake, house, soldier) décorer (**with** de); (hat, skirt) orner (**with** de); (paint) peindre; (wallpaper) tapisser ■ **decorating** N **interior d.** décoration f d'intérieurs ■ **decoration** [-'reɪʃən] N décoration f ■ **decorative** [-rətɪv] ADJ décoratif, -ive ■ **decorator** N Br (house painter) peintre m décorateur; (**interior**) **d.** décorateur, -trice mf

decoy ['diːkɔɪ] N (artificial bird) appeau m; Fig leurre m; (**police**) **d.** policier m en civil

decrease 1 ['diːkriːs] N diminution f (**in** de) **2** [dɪ'kriːs] VTI diminuer

decree [dɪ'kriː] **1** N (by king) décret m; (by court) jugement m; (municipal) arrêté m **2** (pt & pp **-eed**) VT décréter (**that** que)

decrepit [dɪ'krepɪt] ADJ (building) en ruine; (person) décrépit

decry [dɪ'kraɪ] (pt & pp **-ied**) VT décrier

dedicate ['dedɪkeɪt] VT (devote) consacrer (**to** à); (book) dédier (**to** à); **to d. oneself to sth** se consacrer à qch ■ **dedicated** ADJ (teacher) consciencieux, -ieuse ■ **dedi'cation** N (in book) dédicace f; (devotion) dévouement m

deduce [dɪ'djuːs] VT (conclude) déduire (**from** de; **that** que)

deduct [dɪ'dʌkt] VT déduire (**from** de) ■ **deductible** ADJ (from invoice) à déduire (**from** de); (from income) (expenses) déductible ■ **deduction** N (subtraction, conclusion) déduction f

deed [diːd] N action f, acte m; (feat) exploit m; (legal document) acte m notarié

deem [diːm] VT Formal juger

deep [diːp] **1** (**-er, -est**) ADJ profond; (snow) épais (f épaisse); (voice) grave; (musical note) bas (f basse); (person) (difficult to understand) insondable; **to be 6 m d.** avoir 6 m de profondeur; **d. in thought** plongé dans ses pensées **2** ADV profondément; **she went in d.** (into water) elle alla (jusqu')où elle n'avait pas pied; **d. into the night** tard dans la nuit **3** N Literary **the d.** l'océan m ■ **deeply** ADV profondément ■ **'deep-'rooted, 'deep-'seated** ADJ profondément enraciné ■ **deep-sea 'diving** N plongée f sous-marine (en haute mer)

deepen ['diːpən] **1** VT (increase) augmenter; (canal, knowledge) approfondir **2** VI (of river, silence) devenir plus profond; (of mystery) s'épaissir; (of voice) devenir plus grave

deep-freeze [diːp'friːz] **1** N congélateur m **2** VT surgeler ■ **deep-frozen** ADJ surgelé

deep-fry [diːp'fraɪ] VT faire cuire dans la friture

deer [dɪə(r)] N INV cerf m

deface [dɪ'feɪs] VT (damage) dégrader; (daub) barbouiller

default [dɪ'fɔːlt] **1** N **by d.** par défaut; **to win by d.** gagner par forfait **2** VI Law (fail to appear in court) ne pas comparaître; **to d. on one's payments** être en rupture de paiement

defeat [dɪ'fiːt] **1** N défaite f **2** VT (opponent, army) vaincre; (plan, effort) faire échouer; **that defeats the purpose** or **object** ça va à l'encontre du but recherché ■ **defeatist** ADJ & N défaitiste (mf)

defect¹ ['diːfekt] N défaut m

defect² [dɪ'fekt] VI (of party member, soldier) déserter; **to d. to the enemy** passer à l'ennemi

defective [dɪ'fektɪv] ADJ (machine) défectueux, -ueuse

defence, Am defense [dɪ'fens] N défense f (**against** contre); **to speak in d. of sb** prendre la défense de qn; **in his d.** à sa décharge ■ **defenceless, Am defenseless** ADJ sans défense ■ **defend** [dɪ'fend] VTI défendre ■ **defendant** N (accused) prévenu, -ue mf ■ **defender** N défenseur m; (of sports title) tenant, -ante mf

defense [dɪ'fens] N Am = **defence**

defensible [dɪ'fensəbəl] ADJ défendable

defensive [dɪ'fensɪv] **1** ADJ défensif, -ive; **to be d.** être sur la défensive **2** N **on the d.** sur la défensive

defer [dɪ'fɜː(r)] (pt & pp **-rr-**) **1** VT (postpone) différer **2** VI **to d. to** s'en remettre à

defiant [dɪ'faɪənt] ADJ (tone) de défi; (person) provocant ■ **defiance** N (resistance) défi m (**of** à); **in d. of** (contempt) au mépris de

deficient [dɪ'fɪʃənt] ADJ (not adequate) insuffisant; (faulty) défectueux, -ueuse; **to be d. in** manquer de ■ **deficiency** (pl **-ies**) N (shortage) manque m; (in vitamins, minerals) carence f (**in** de); (flaw) défaut m

deficit ['defɪsɪt] N déficit m

define [dɪ'faɪn] VT définir

definite ['defɪnɪt] ADJ (exact) (date, plan, answer) précis; (clear) (improvement, advantage) net (f nette); (firm) (offer, order) ferme; (certain) certain; **it's d. that…** il est certain que… (+ indicative); **I was quite d.** j'ai été tout à fait formel; Grammar **d. article** article m défini ■ **definitely** ADV certainement; (improved, superior) nettement; (say) catégoriquement

definition [defɪ'nɪʃən] N définition f

definitive [dɪ'fɪnɪtɪv] ADJ définitif, -ive

deflate [dɪ'fleɪt] VT (tyre) dégonfler ■ **deflation** N dégonflement m; Econ déflation f

deflect [dɪ'flekt] **1** VT (bullet) faire dévier; **to d. sb from a plan/aim** détourner qn d'un projet/objectif **2** VI (of bullet) dévier

deformed [dɪ'fɔːmd] ADJ (body) difforme ■ **deformity** N difformité f

defraud [dɪ'frɔːd] vt (customs, State) frauder; **to d. sb of sth** escroquer qch à qn

defrost [diː'frɒst] vt (fridge) dégivrer; (food) décongeler

defunct [dɪ'fʌŋkt] adj défunt

defuse [diː'fjuːz] vt (bomb, conflict) désamorcer

defy [dɪ'faɪ] (pt & pp -ied) vt (person, death, logic) défier; (efforts) résister à; **to d. sb to do sth** défier qn de faire qch; **it defies description** cela défie toute description

degenerate 1 [dɪ'dʒenərət] adj & n dégénéré, -ée (mf) **2** [dɪ'dʒenəreɪt] vi dégénérer (**into** en) ■ **degeneration** [-'reɪʃən] n dégénérescence f

degrade [dɪ'greɪd] vt dégrader ■ **degrading** adj dégradant

degree [dɪ'griː] n (a) (angle, temperature, extent) degré m; **it's 20 degrees** il fait 20 degrés; **by degrees** peu à peu; **not in the slightest d.** pas du tout; **to some d., to a certain d.** jusqu'à un certain point; **to such a d.** à tel point (**that** que) (**b**) (from university) diplôme m; (Bachelor's) ≃ licence f; (Master's) ≃ maîtrise f; (PhD) ≃ doctorat m

dehydrated [diːhaɪ'dreɪtɪd] adj déshydraté; **to get d.** se déshydrater

de-ice [diː'aɪs] vt (car window) dégivrer

deign [deɪn] vt daigner (**to do** faire)

deity ['diːɪtɪ] (pl -ies) n dieu m

dejected [dɪ'dʒektɪd] adj abattu ■ **dejection** n abattement m

delay [dɪ'leɪ] **1** n (lateness) retard m; (waiting period) délai m; **without d.** sans tarder **2** vt retarder; (payment) différer; **to d. doing sth** tarder à faire qch; **to be delayed** avoir du retard **3** vi (be slow) tarder (**in doing** à faire); (linger) s'attarder; **don't d.!** faites vite! ■ **delaying** adj **d. tactics** or **actions** moyens mpl dilatoires

Note that the French word **délai** is a false friend and is never a translation for the English word **delay**.

delectable [dɪ'lektəbəl] adj délectable

delegate 1 ['delɪgət] n délégué, -ée mf **2** ['delɪgeɪt] vt déléguer (**to** à) ■ **dele'gation** n délégation f

delete [dɪ'liːt] vt supprimer ■ **deletion** [-ʃən] n suppression f

deliberate¹ [dɪ'lɪbərət] adj (intentional) délibéré; (cautious) réfléchi; (slow) mesuré ■ **deliberately** adv (intentionally) délibérément; (walk) avec mesure

deliberate² [dɪ'lɪbəreɪt] **1** vt (discuss) délibérer sur **2** vi délibérer (**on** sur)

delicate ['delɪkət] adj délicat ■ **delicacy** (pl -ies) n (quality) délicatesse f; (food) mets m délicat

delicatessen [delɪkə'tesən] n (shop) épicerie f fine

delicious [dɪ'lɪʃəs] adj délicieux, -ieuse

delight [dɪ'laɪt] **1** n (pleasure) plaisir m, joie f; (food) délice m; **delights** (pleasures, things) délices fpl; **to my (great) d.** à ma grande joie; **to be the d. of** faire les délices de; **to take d. in sth/in doing sth** se délecter de qch/à faire qch **2** vt ravir **3** vi **to d. in doing sth** prendre plaisir à faire qch ■ **delighted** adj ravi (**with sth** de qch; **to do** de faire; **that** que)

delightful [dɪ'laɪtfəl] adj charmant; (meal, perfume, sensation) délicieux, -ieuse

delinquent [dɪ'lɪŋkwənt] adj & n délinquant, -ante (mf)

delirious [dɪ'lɪrɪəs] adj délirant; **to be d.** délirer

deliver [dɪ'lɪvə(r)] vt (**a**) (goods) livrer; (letters) distribuer; (hand over) remettre (**to** à) (**b**) (rescue) délivrer (**from** de) (**c**) (give birth to) mettre au monde; **to d. a woman's baby** accoucher une femme (**d**) (speech) prononcer; (warning, ultimatum) lancer; (blow) porter

deliverance [dɪ'lɪvərəns] n délivrance f (**from** de)

delivery [dɪ'lɪvərɪ] (pl -ies) n (**a**) (of goods) livraison f; (of letters) distribution f; (handing over) remise f; **d. man** (pl -men) livreur m (**b**) (birth) accouchement m (**c**) (speaking) débit m

delude [dɪ'luːd] vt tromper; **to d. oneself** se faire des illusions ■ **delusion** n illusion f; (in mental illness) aberration f mentale

deluge ['deljuːdʒ] **1** n (rain) & Fig (of water, questions) déluge m **2** vt inonder (**with** de)

de luxe [dɪ'lʌks] adj de luxe

delve [delv] vi **to d. into** (question) creuser; (past, books) fouiller dans

demand [dɪ'mɑːnd] **1** n exigence f; (claim) revendication f; (for goods) demande f (**for** pour); **to be in (great) d.** être très demandé; **to make demands on sb** exiger beaucoup de qn **2** vt exiger (**sth from sb** qch de qn); (rights, more pay) revendiquer; **to d. that...** exiger que...; **to d. to know** insister pour savoir ■ **demanding** adj exigeant

demarcation [diːmɑː'keɪʃən] n démarcation f; **d. line** ligne f de démarcation

demeaning [dɪ'miːnɪŋ] adj dégradant

demeanour, Am **demeanor** [dɪ'miːnə(r)] n (behaviour) comportement m

demented [dɪ'mentɪd] adj dément

demise [dɪ'maɪz] n disparition f

demo ['deməʊ] (pl -os) n (**a**) Fam (demonstration)

manif f (**b**) (of musician) disque m/cassette f/vidéo f de démonstration; **d. tape** cassette f démo; Comptr **d. version** version f de démonstration

democracy [dɪ'mɒkrəsɪ] (pl **-ies**) N démocratie f ■ **democrat** ['deməkræt] N démocrate mf ■ **democratic** [demə'krætɪk] ADJ (institution) démocratique; (person) démocrate

demolish [dɪ'mɒlɪʃ] VT démolir ■ **demolition** [demə'lɪʃən] N démolition f

demon ['diːmən] N démon m

demonstrate ['demənstreɪt] 1 VT démontrer; (machine) faire une démonstration de; **to d. how to do sth** montrer comment faire qch 2 VI (protest) manifester ■ **demonstration** [-'streɪʃən] N démonstration f; (protest) manifestation f; **to hold** or **stage a d.** manifester ■ **demonstrator** N (protester) manifestant, -ante mf; (of machine) démonstrateur, -trice mf

demonstrative [dɪ'mɒnstrətɪv] 1 ADJ (person, attitude) démonstratif, -ive 2 ADJ & N Grammar démonstratif (m)

demoralize [dɪ'mɒrəlaɪz] VT démoraliser

demote [dɪ'məʊt] VT rétrograder

demure [dɪ'mjʊə(r)] ADJ réservé

den [den] N (of lion, person) antre m

denial [dɪ'naɪəl] N (of rumour, allegation) démenti m; (psychological) dénégation f; **to issue a d.** publier un démenti

denigrate ['denɪgreɪt] VT dénigrer

denim ['denɪm] N denim m; **denims** (jeans) jean m

Denmark ['denmɑːk] N le Danemark

denomination [dɪnɒmɪ'neɪʃən] N (religion) confession f; (of coin, banknote) valeur f

denominator [dɪ'nɒmɪneɪtə(r)] N Math & Fig dénominateur m; **lowest common d.** plus petit dénominateur m commun

denote [dɪ'nəʊt] VT dénoter

denounce [dɪ'naʊns] VT (person, injustice) dénoncer (**to** à); **to d. sb as a spy** accuser qn d'être un espion

dense [dens] (**-er, -est**) ADJ dense; Fam (stupid) lourd ■ **densely** ADV **d. populated** très peuplé ■ **density** N densité f

dent [dent] 1 N (in car, metal) bosse f; **full of dents** (car) cabossé; **to make a d. in sth** cabosser qch; **to make a d. in one's savings** (of purchase) faire un trou dans ses économies 2 VT cabosser

dental ['dentəl] ADJ dentaire; **d. appointment** rendez-vous m inv chez le dentiste; **d. surgeon** chirurgien-dentiste m

dentist ['dentɪst] N dentiste mf; **to go to the d.('s)** aller chez le dentiste

dentures ['dentʃəz] NPL dentier m

Note that the French word **denture** is a false friend and is never a translation for the English word **dentures**. It means **a set of teeth**.

deny [dɪ'naɪ] (pt & pp **-ied**) VT nier (**doing** avoir fait; **that** que); (rumour) démentir; (authority) rejeter; (disown) renier; **to d. sb sth** refuser qch à qn

deodorant [diː'əʊdərənt] N déodorant m

depart [dɪ'pɑːt] 1 VI partir; (deviate) s'écarter (**from** de) 2 VT Literary **to d. this world** quitter ce monde ■ **departed** 1 ADJ (dead) défunt 2 N **the d.** le défunt/la défunte

department [dɪ'pɑːtmənt] N département m; (in office) service m; (in shop) rayon m; (of government) ministère m; Fig **that's your d.** c'est ton rayon; **d. store** grand magasin m ■ **departmental** [diːpɑːt'mentəl] ADJ **d. manager** (in office) chef de service; (in shop) chef m de rayon

departure [dɪ'pɑːtʃə(r)] N départ m; Fig **a d. from the rule** une entorse au règlement; **to be a new d. for** constituer une nouvelle voie pour; **d. lounge** (in airport) salle f d'embarquement

depend [dɪ'pend] VI dépendre (**on** or **upon** de); **to d. (up)on** (rely on) compter sur (**for sth** pour qch); **you can d. on it!** tu peux compter là-dessus! ■ **dependable** ADJ (person, information) sûr; (machine) fiable ■ **dependant** N personne f à charge ■ **dependence** N dépendance f (**on** de) ■ **dependent** ADJ dépendant (**on** or **upon** de); (relative, child) à charge; **to be d. (up)on** dépendre de; **to be d. on sb** (financially) être à la charge de qn

depict [dɪ'pɪkt] VT (describe) décrire; (in pictures) représenter ■ **depiction** N (description) peinture f; (in picture form) représentation f

deplete [dɪ'pliːt] VT (use up) épuiser; (reduce) réduire ■ **depletion** N épuisement m; (reduction) réduction f

deplore [dɪ'plɔː(r)] VT déplorer ■ **deplorable** ADJ déplorable

deploy [dɪ'plɔɪ] VT (troops) déployer

deport [dɪ'pɔːt] VT (foreigner, criminal) expulser; Hist (to concentration camp) déporter ■ **deportation** [diːpɔː'teɪʃən] N expulsion f; Hist déportation f

depose [dɪ'pəʊz] VT (ruler) déposer

deposit [dɪ'pɒzɪt] 1 N (**a**) (in bank) dépôt m; (part payment) acompte m; (returnable) caution f; **d. account** compte m de dépôt (**b**) (sediment) dépôt m; (of gold, oil) gisement m 2 VT (object, money) déposer

depot [Br 'depəʊ, Am 'diːpəʊ] N (for goods) dépôt m; Am (railroad station) gare f; (**bus**) **d.** Br dépôt de bus; Am gare f routière

depraved [dɪˈpreɪvd] ADJ dépravé

depreciate [dɪˈpriːʃɪeɪt] **1** VT (reduce in value) déprécier **2** VI (fall in value) se déprécier ■ **depreciation** [-ˈeɪʃən] N dépréciation f

depress [dɪˈpres] VT (discourage) déprimer; (push down) appuyer sur ■ **depressed** ADJ (person, market) déprimé; (industry) (in decline) en déclin; (in crisis) en crise; **to get d.** se décourager ■ **depression** N dépression f

deprive [dɪˈpraɪv] VT priver (**of** de) ■ **deprivation** [deprɪˈveɪʃən] N (hardship) privations fpl; (loss) perte f ■ **deprived** ADJ (child) défavorisé

depth [depθ] N profondeur f; (of snow) épaisseur f; (of interest) intensité f; **in the depths of** (forest, despair) au plus profond de; (winter) au cœur de; Fig **to get out of one's d.** (be unable to cope) ne pas être à la hauteur; **in d.** en profondeur

deputy [ˈdepjʊtɪ] (pl -ies) N (replacement) remplaçant, -ante mf; (assistant) adjoint, -ointe mf; Am **d. (sheriff)** shérif m adjoint; **d. chairman** vice-président, -ente mf

derailed [dɪˈreɪld] ADJ **to be d.** (of train) dérailler

derby [Br ˈdɑːbɪ, Am ˈdɜːrbɪ] (pl -ies) N (a) Am (hat) chapeau m melon (b) Sport derby m

derelict [ˈderɪlɪkt] ADJ (building) abandonné

deride [dɪˈraɪd] VT tourner en dérision ■ **derision** [-ˈrɪʒən] N dérision f ■ **derisory** ADJ (amount) dérisoire

Note that the French word **dérider** is a false friend and is never a translation for the English word **deride**.

derive [dɪˈraɪv] **1** VT provenir (**from** de); **to d. pleasure from sth** prendre plaisir à qch; **to be derived from sth** provenir de **2** VI **to d. from** provenir de ■ **derivative** [dɪˈrɪvətɪv] **1** ADJ banal **2** N Ling & Chem dérivé (m)

dermatitis [dɜːməˈtaɪtɪs] N Med dermatite f

dermatologist [dɜːməˈtɒlədʒɪst] N dermatologiste mf, dermatologue mf ■ **dermatology** N dermatologie f

derogatory [dɪˈrɒɡətərɪ] ADJ (word) péjoratif, -ive; (remark) désobligeant (**to** pour)

descend [dɪˈsend] **1** VT (stairs, hill) descendre; **to be descended from** descendre de **2** VI descendre (**from** de); (of darkness, rain) tomber; **to d. upon** (of tourists) envahir; (attack) faire une descente sur; **in descending order** en ordre décroissant

descendant [dɪˈsendənt] N descendant, -ante mf

descent [dɪˈsent] N (a) (of aircraft) descente f (b) (ancestry) origine f; **to be of Norman d.** être d'origine normande

describe [dɪˈskraɪb] VT décrire ■ **description** [dɪˈskrɪpʃən] N description f; (on passport) signalement m; **of every d.** de toutes sortes ■ **descriptive** [dɪˈskrɪptɪv] ADJ descriptif, -ive

desert[1] [ˈdezət] N désert m; **d. climate** climat m désertique; **d. animal/plant** animal m/plante f du désert; **d. island** île f déserte

desert[2] [dɪˈzɜːt] **1** VT (person) abandonner; (place, cause) déserter **2** VI (of soldier) déserter ■ **deserted** ADJ désert ■ **deserter** N déserteur m

desertion [dɪˈzɜːʃən] N (by soldier) désertion f; (by spouse) abandon m du domicile conjugal

deserve [dɪˈzɜːv] VT mériter (**to do** faire) ■ **deservedly** [-ɪdlɪ] ADV à juste titre ■ **deserving** ADJ (person) méritant; (action, cause) méritoire; **to be d. of** (praise, love) être digne de

desiccated [ˈdesɪkeɪtɪd] ADJ desséché

design [dɪˈzaɪn] **1** N (a) (pattern) motif m; (sketch) plan m; (of dress, car, furniture) modèle m; (planning) conception f; **industrial d.** dessin m industriel; **to study d.** étudier le design (b) (aim) dessein m; **by d.** intentionnellement **2** VT (car, building) concevoir; (dress) créer; **designed to do sth/for sth** conçu pour faire qch/pour qch; **well designed** bien conçu ■ **designer** N (artistic) dessinateur, -trice mf; (industrial) concepteur-dessinateur m; (of clothes) styliste mf; (well-known) couturier m; **d. clothes** vêtements mpl de marque

designate [ˈdezɪɡneɪt] VT désigner ■ **designation** [-ˈneɪʃən] N désignation f

desire [dɪˈzaɪə(r)] **1** N désir m; **I've got no d. to do that** je n'ai aucune envie de faire cela **2** VT désirer (**to do** faire) ■ **desirable** ADJ désirable; **d. property** (in advertising) (très) belle propriété

desk [desk] N (in school) table f; (in office) bureau m; Br (in shop) caisse f; (reception) (in hotel) réception f; **the news d.** le service des informations; Am **d. clerk** (in hotel) réceptionniste mf; **d. job** travail m de bureau

desktop [ˈdesktɒp] N **d. computer** ordinateur m de bureau; **d. publishing** publication f assistée par ordinateur

desolate [ˈdesələt] ADJ (deserted) désolé; (in ruins) dévasté; (dreary, bleak) morne, triste; (person) abattu

despair [dɪˈspeə(r)] **1** N désespoir m; **to drive sb to d.** désespérer qn; **to be in d.** être au désespoir **2** VI désespérer (**of sb** de qn; **of doing** de faire) ■ **despairing** ADJ désespéré

despatch [dɪˈspætʃ] N & VT = **dispatch**

desperate [ˈdespərət] ADJ désespéré; **to be d. for** (money, love) avoir désespérément besoin de; (cigarette, baby) mourir d'envie d'avoir ■ **desperately** ADV (ill) gravement; (in love) éperdument

desperation [despə'reɪʃən] N désespoir m; **in d.** en désespoir de cause

despicable [dɪ'spɪkəbəl] ADJ méprisable

despise [dɪ'spaɪz] VT mépriser

despite [dɪ'spaɪt] PREP malgré

despondent [dɪ'spɒndənt] ADJ abattu

dessert [dɪ'zɜːt] N dessert m ■ **dessertspoon** N Br cuillère f à dessert

destabilize [diː'steɪbəlaɪz] VT déstabiliser

destination [destɪ'neɪʃən] N destination f

destine ['destɪn] VT destiner (**for** à; **to do** à faire); **it was destined to happen** ça devait arriver

destiny ['destɪnɪ] (pl **-ies**) N destin m, destinée f

destitute ['destɪtjuːt] ADJ (poor) indigent; **d. of** (lacking in) dénué de ■ **desti'tution** N dénuement m

destroy [dɪ'strɔɪ] VT détruire; (horse, monkey) abattre; (cat, dog) faire piquer ■ **destroyer** N (ship) contre-torpilleur m; (person) destructeur, -trice mf

destruction [dɪ'strʌkʃən] N destruction f ■ **destructive** ADJ (person, war) destructeur, -trice; (power) destructif, -ive

detach [dɪ'tætʃ] VT détacher (**from** de) ■ **detached** ADJ (indifferent) (person, manner) détaché; (without bias) (view) désintéressé; Br **d. house** maison f individuelle

detachable [dɪ'tætʃəbəl] ADJ amovible

detachment [dɪ'tætʃmənt] N (attitude, group of soldiers) détachement m; **the d. of** (action) la séparation de

detail ['diːteɪl] **1** N (a) (item of information) détail m; **in d.** en détail; **to go into d.** entrer dans les détails m Mil détachement m **2** VT (a) (describe) détailler (b) Mil **to d. sb to do sth** donner l'ordre à qn de faire qch ■ **detailed** ADJ (account) détaillé

detain [dɪ'teɪn] VT (delay) retenir; (prisoner) placer en détention; (in hospital) garder ■ **detainee** [diːteɪ'niː] N Pol & Law détenu, -ue mf ■ **detention** [dɪ'tenʃən] N (at school) retenue f; (in prison) détention f

detect [dɪ'tekt] VT détecter ■ **detection** N découverte f; (identification) identification f; (of mine) détection f

detective [dɪ'tektɪv] N (police officer) ≈ inspecteur m de police; (private) détective m privé; **d. film/novel** film m/roman m policier

detector [dɪ'tektə(r)] N détecteur m

deter [dɪ'tɜː(r)] (pt & pp **-rr-**) VT **to d. sb** dissuader qn (**from doing** de faire; **from sth** de qch)

detergent [dɪ'tɜːdʒənt] N détergent m

deteriorate [dɪ'tɪərɪəreɪt] VI se détériorer ■ **deterioration** [-'reɪʃən] N détérioration f

determine [dɪ'tɜːmɪn] VT (cause, date) déterminer; (price) fixer; **to d. to do sth** décider de faire qch; **to d. sb to do sth** décider qn à faire qch; **to d. that...** décider que... ■ **determined** ADJ (look, person, quantity) déterminé; **to be d. to do** or **on doing sth** être décidé à faire qch; **I'm d. she'll succeed** je suis bien décidé à ce qu'elle réussisse

deterrent [dɪ'terənt] N (military) force f de dissuasion; Fig **to be a d., to act as a d.** être dissuasif, -ive

detest [dɪ'test] VT détester (**doing** faire)

detonate ['detəneɪt] **1** VT faire exploser **2** VI exploser

detour ['diːtʊə(r)] N détour m; **to make a d.** faire un détour

detract [dɪ'trækt] VI **to d. from** (make less) diminuer ■ **detractor** N détracteur, -trice mf

detriment ['detrɪmənt] N **to the d. of** au détriment de ■ **detrimental** [-'mentəl] ADJ préjudiciable (**to** à)

devaluation [diːˌvæljʊ'eɪʃən] N (of money) dévaluation f

devastate ['devəsteɪt] VT (crop, village) dévaster; (person) anéantir ■ **devastating** ADJ (storm) dévastateur, -trice; (news, results) accablant; (shock) terrible; (charm) irrésistible

develop [dɪ'veləp] **1** VT (theory, argument) développer; (area, land) mettre en valeur; (habit, illness) contracter; (talent) manifester; (photo) développer; **to d. a liking for sth** prendre goût à qch **2** VI (grow) se développer; (of event, argument, crisis) se produire; (of talent, illness) se manifester; **to d. into** devenir ■ **developing 1** ADJ **d. country** pays m en voie de développement **2** N (of photos) développement m

developer [dɪ'veləpə(r)] N **(property) d.** promoteur m

development [dɪ'veləpmənt] N (growth, progress) développement m; (of land) mise f en valeur; **(housing) d.** lotissement m; (large) grand ensemble m; **a (new) d.** (in situation) un fait nouveau

deviate ['diːvɪeɪt] VI dévier (**from** de); **to d. from the norm** s'écarter de la norme ■ **deviant** [-ɪənt] ADJ (behaviour) anormal ■ **deviation** [-'eɪʃən] N déviation f

device [dɪ'vaɪs] N (instrument, gadget) dispositif m; (scheme) procédé m; **explosive/nuclear d.** engin m explosif/nucléaire; **safety d.** dispositif de sécurité; **left to one's own devices** livré à soi-même

devil ['devəl] N diable m; Fam **a** or **the d. of a problem** un problème épouvantable; Fam **a** or **the d. of a noise** un bruit infernal; Fam **I had a**

or **the d. of a job doing it** j'ai eu un mal fou à le faire; *Fam* **what/where/why the d....?** que/où/pourquoi diable…?; *Fam* **to run like the d.** courir comme un fou (*f* une folle) ■ **devilish** ADJ diabolique

devious ['di:vɪəs] ADJ *(mind, behaviour)* tortueux, -ueuse; **he's d.** il a l'esprit tortueux

devise [dɪ'vaɪz] VT imaginer; *(plot)* ourdir

devoid [dɪ'vɔɪd] ADJ **d. of** dénué *ou* dépourvu de; *(guilt)* exempt de

devolution [di:və'lu:ʃən] N *Pol* décentralisation *f*; **the d. of** *(power)* la délégation de

devote [dɪ'vəʊt] VT consacrer (**to** à) ■ **devoted** ADJ dévoué; *(admirer)* fervent

devotion [dɪ'vəʊʃən] N *(to friend, family, cause)* dévouement *m* (**to** sb à qn); *(religious)* dévotion *f*; **devotions** *(prayers)* prières *fpl*

devour [dɪ'vaʊə(r)] VT *(eat, engulf, read)* dévorer

devout [dɪ'vaʊt] ADJ dévot; *(supporter, prayer)* fervent

dew [dju:] N rosée *f*

dext(e)rous ['dekstərəs] ADJ adroit

diabetes [daɪə'bi:ti:z] N diabète *m* ■ **diabetic** [-'betɪk] **1** ADJ diabétique; **d. jam** confiture *f* pour diabétiques **2** N diabétique *mf*

diabolical [daɪə'bɒlɪkəl] ADJ diabolique; *Fam (very bad)* épouvantable

diagnose [daɪəg'nəʊz] VT diagnostiquer ■ **diagnosis** [-'nəʊsɪs] *(pl* **-oses** [-əʊsi:z]*)* N diagnostic *m*

diagonal [daɪ'ægənəl] **1** ADJ diagonal **2** N diagonale *f* ■ **diagonally** ADV en diagonale

diagram ['daɪəgræm] N schéma *m*; *(geometrical)* figure *f*

dial ['daɪəl] **1** N cadran *m* **2** *(Br* **-ll-,** *Am* **-l-)* VT *(phone number)* composer; *(person)* appeler ■ **dialling code** N *Br* indicatif *m* ■ **dialling tone** N *Br* tonalité *f* ■ **dial tone** N *Am* tonalité *f*

dialect ['daɪəlekt] N dialecte *m*

dialogue, *Am* **dialog** ['daɪəlɒg] N dialogue *m*; *Comptr* **d. box** boîte *f* de dialogue

diameter [daɪ'æmɪtə(r)] N diamètre *m*

diamond ['daɪəmənd] N **(a)** *(stone)* diamant *m*; *(shape)* losange *m*; *Am* **(baseball) d.** terrain *m* de baseball; **d. necklace** rivière *f* de diamants **(b)** *Cards* **diamond(s)** carreau *m*

diaper ['daɪpər] N *Am* couche *f*

diaphragm ['daɪəfræm] N diaphragme *m*

diarrhoea, *Am* **diarrhea** [daɪə'ri:ə] N diarrhée *f*; **to have d.** avoir la diarrhée

diary ['daɪərɪ] *(pl* **-ies)** N *Br (calendar)* agenda *m*; *(private)* journal *m* (intime)

dice [daɪs] **1** N INV dé *m* **2** VT *(food)* couper en dés

dicey ['daɪsɪ] *(*-**ier,** **-iest)** ADJ *Fam* risqué

Dictaphone® ['dɪktəfəʊn] N Dictaphone® *m*

dictate [dɪk'teɪt] **1** VT *(letter, conditions)* dicter (**to** à) **2** VI dicter; **to d. to sb** *(order around)* donner des ordres à qn ■ **dictation** N dictée *f*

dictator [dɪk'teɪtə(r)] N dictateur *m* ■ **dictatorship** N dictature *f*

dictionary ['dɪkʃənərɪ] *(pl* **-ies)** N dictionnaire *m*; **English d.** dictionnaire *m* d'anglais

did [dɪd] PT *of* **do**

die¹ [daɪ] *(pt & pp* **died,** *pres p* **dying)** VI mourir (**of** *or* **from** de); *Fig* **to be dying to do sth** mourir d'envie de faire qch; **to be dying for sth** avoir une envie folle de qch; **to d. down** *(of fire)* mourir; *(of storm)* se calmer; **to d. off** mourir (les uns après les autres); **to d. out** *(of custom)* mourir; *(of family)* s'éteindre

die² [daɪ] N **(a)** *(pl* **dice** [daɪs]*)* *(in games)* dé *m*; **the d. is cast** les dés sont jetés **(b)** *(mould)* matrice *f*

diesel ['di:zəl] ADJ & N **(engine)** *(moteur m)* diesel *m*; **d. (oil)** gazole *m*

diet ['daɪət] **1** N *(usual food)* alimentation *f*; *(restricted food)* régime *m*; **to go on a d.** faire un régime; **d. foods** aliments *mpl* allégés **2** VI être au régime ■ **dietary** ADJ alimentaire; **d. fibre** fibres *fpl* alimentaires

differ ['dɪfə(r)] VI différer (**from** de); *(disagree)* ne pas être d'accord (**from** avec)

difference ['dɪfərəns] N différence *f* (**in** de); **d. of opinion** différend *m*; **it makes no d.** ça n'a pas d'importance; **it makes no d. to me** ça m'est égal; **that will make a big d.** ça va changer pas mal de choses

different ['dɪfərənt] ADJ différent (**from** de); *(another)* autre; *(various)* divers ■ **differently** ADV différemment (**from** de)

differentiate [dɪfə'renʃɪeɪt] **1** VT différencier (**from** de) **2** VI faire la différence (**between** entre)

difficult ['dɪfɪkəlt] ADJ difficile (**to do** à faire); **it's d. for us to…** il nous est difficile de…; **the d. thing is to…** le plus difficile est de…

difficulty ['dɪfɪkəltɪ] *(pl* **-ies)** N difficulté *f*; **to have d. doing sth** avoir du mal à faire qch; **to be in d.** avoir des difficultés; **to have d.** *or* **difficulties with sb/sth** *(problems)* avoir des ennuis avec qn/qch

diffidence ['dɪfɪdəns] N manque *m* d'assurance

diffuse 1 [dɪ'fju:s] ADJ *(spread out, wordy)* diffus **2** [dɪ'fju:z] VT *(spread)* diffuser

dig [dɪg] **1** N *(in archaeology)* fouilles *fpl*; *(with spade)* coup *m* de bêche; *(with elbow)* coup de coude; *(with fist)* coup de poing; *Fam (remark)* pique *f* **2** *(pt & pp* **dug,** *pres p* **digging)** VT *(ground, garden)* bêcher; *(hole, grave)* creuser; **to d. sth into sth** *(push)* planter qch dans qch; **to d. out**

(animal, object) déterrer; *Fam (find)* dénicher; **to d. up** *(from ground)* déterrer; *(weed)* arracher; *(road)* excaver **3** vī *(dig a hole)* creuser; *(of pig)* fouiller; *Fam* **to d. in** *(eat)* attaquer; **to d. into** *(past)* fouiller dans

digest 1 ['daɪdʒest] N *(summary)* condensé *m* **2** [daɪ'dʒest] vīī digérer ■ **di'gestion** N digestion *f* ■ **digestive** [-'dʒestɪv] ADJ digestif, -ive

digger ['dɪgə(r)] N *(machine)* pelleteuse *f*

digit ['dɪdʒɪt] N *(number)* chiffre *m* ■ **digital** ADJ *(TV, camera, computer)* numérique; *(tape, recording)* audionumérique; *(watch, clock)* à affichage numérique

dignified ['dɪgnɪfaɪd] ADJ digne ■ **dignitary** *(pl* **-ies)** N dignitaire *m* ■ **dignity** N dignité *f*

digress [daɪ'gres] vī faire une digression; **to d. from** s'écarter de

dike [daɪk] N *Am* = **dyke**

dilapidated [dɪ'læpɪdeɪtɪd] ADJ *(house)* délabré

dilate [daɪ'leɪt] **1** vī dilater **2** vī se dilater

dilemma [daɪ'lemə] N dilemme *m*

diligent ['dɪlɪdʒənt] ADJ appliqué; **to be d. in doing sth** faire qch avec zèle ■ **diligence** N zèle *m*

dilute [daɪ'luːt] **1** vī diluer **2** ADJ dilué

dim [dɪm] **1** (**dimmer, dimmest**) ADJ *(light)* faible; *(colour)* terne; *(room)* sombre; *(memory, outline)* vague; *(person)* stupide **2** *(pt & pp* **-mm-**) vī *(light)* baisser; *(glory)* ternir; *(memory)* estomper; *Am* **to d. one's headlights** se mettre en code

dime [daɪm] N *Am* (pièce *f* de) dix cents *mpl*; **it's not worth a d.** ça ne vaut pas un clou; **a d. store** ≈ un Prisunic®, ≈ un Monoprix®

dimension [daɪ'menʃən] N dimension *f*

diminish [dɪ'mɪnɪʃ] vīī diminuer ■ **diminishing** ADJ décroissant

diminutive [dɪ'mɪnjʊtɪv] **1** ADJ *(tiny)* minuscule **2** ADJ & N *Grammar* diminutif *(m)*

dimple ['dɪmpəl] N fossette *f* ■ **dimpled** ADJ *(chin, cheek)* à fossettes

dimwit ['dɪmwɪt] N *Fam* andouille *f* ■ **'dim'witted** ADJ *Fam* tarte

din [dɪn] **1** N *(noise)* vacarme *m* **2** *(pt & pp* **-nn-**) vī **to d. into sb that…** rabâcher à qn que…

dine [daɪn] vī dîner **(on** *or* **off** de); **to d. out** dîner dehors ■ **diner** N *(person)* dîneur, -euse *mf*; *Am (restaurant)* petit restaurant *m* ■ **dining room** N salle *f* à manger

dinghy ['dɪŋgɪ] *(pl* **-ies)** N petit canot *m*; **(rubber) d.** canot pneumatique

dingy ['dɪndʒɪ] (**-ier, -iest**) ADJ *(room)* minable; *(colour)* terne

dinner ['dɪnə(r)] N *(evening meal)* dîner *m*; *(lunch)* déjeuner *m*; *(for dog, cat)* pâtée *f*; **to have d.**

dîner; **to have sb to d.** avoir qn à dîner; **it's d. time** c'est l'heure de dîner; *(lunch)* c'est l'heure de déjeuner; **d. jacket** smoking *m*

dinosaur ['daɪnəsɔː(r)] N dinosaure *m*

dint [dɪnt] N *Formal* **by d. of sth/of doing** à force de qch/de faire

dip [dɪp] **1** N *(in road)* petit creux *m*; **to go for a d.** *(swim)* faire trempette **2** *(pt & pp* **-pp-**) vī plonger; *Br* **to d. one's headlights** se mettre en code **3** vī *(of road)* plonger; *(of sun)* descendre; **to d. into** *(pocket, savings)* puiser dans; *(book)* feuilleter

diphthong ['dɪfθɒŋ] N *Ling* diphtongue *f*

diploma [dɪ'pləʊmə] N diplôme *m*

diplomacy [dɪ'pləʊməsɪ] N diplomatie *f*

diplomat ['dɪpləmæt] N diplomate *mf* ■ **diplo'matic** ADJ diplomatique; **to be d.** *(tactful)* être diplomate

dipstick ['dɪpstɪk] N jauge *f* de niveau d'huile

dire ['daɪə(r)] ADJ *(situation)* affreux, -euse; *(consequences)* tragique; *(poverty, need)* extrême; **to be in d. straits** être dans une mauvaise passe

direct[1] [daɪ'rekt] **1** ADJ *(result, flight, person)* direct; *(danger)* immédiat; *Br* **d. debit** prélèvement *m* automatique **2** ADV directement

direct[2] [daɪ'rekt] vī *(gaze, light, company, attention)* diriger **(at** sur); *(traffic)* régler; *(letter, remark)* adresser **(to** à); *(efforts)* consacrer **(towards** à); *(film)* réaliser; *(play)* mettre en scène; **to d. sb to** *(place)* indiquer à qn le chemin de; **to d. sb to do sth** charger qn de faire qch

direction [daɪ'rekʃən] N direction *f*, sens *m*; *(management)* direction; *(of film)* réalisation *f*; *(of play)* mise *f* en scène; **directions** *(orders)* indications *fpl*; **directions (for use)** mode *m* d'emploi; **in the opposite d.** en sens inverse

directly [daɪ'rektlɪ] **1** ADV *(without detour)* directement; *(exactly)* juste; *(at once)* tout de suite; *(speak)* franchement; **d. in front/behind** juste devant/derrière **2** CONJ *Br Fam (as soon as)* aussitôt que *(+ indicative)*

director [daɪ'rektə(r)] N directeur, -trice *mf*; *(board member)* administrateur, -trice *mf*; *(of film)* réalisateur, -trice *mf*; *(of play)* metteur *m* en scène

directory [daɪ'rektərɪ] *(pl* **-ies)** N *(phone book)* annuaire *m*; *(of streets)* guide *m*; *(of addresses)* & *Comptr* répertoire *m*; **telephone d.** annuaire *m* du téléphone; *Br* **d. enquiries** renseignements *mpl* téléphoniques

dirt [dɜːt] N saleté *f*; *(mud)* boue *f*; *(earth)* terre *f*; *Fig (talk)* obscénité(s) *f(pl)*; *Fam* **d. cheap** très bon marché; **d. road** chemin *m* de terre; *Sport* **d. track** cendrée *f*

dirty ['dɜːtɪ] **1** (**-ier, -iest**) ADJ sale; *(job)* salissant; *(word)* grossier, -ière; **to get d.** se salir; **to get sth**

d. salir qch; **a d. joke** une histoire cochonne; **a d. trick** un sale tour; **a d. old man** un vieux cochon **2 ADV** *(fight)* déloyalement **3 VT** salir; *(machine)* encrasser

disability [dɪsə'bɪlɪtɪ] *(pl* **-ies)** N *(injury)* infirmité f; *(condition)* invalidité f; *Fig* désavantage m

disable [dɪs'eɪbəl] VT rendre infirme ■ **disabled 1 ADJ** handicapé **2 NPL** the d. les handicapés mpl

disadvantage [dɪsəd'vɑːntɪdʒ] **1** N désavantage m **2** VT désavantager

disagree [dɪsə'griː] VI ne pas être d'accord (**with** avec); *(of figures, reports)* ne pas concorder; **to d. with sb** *(of food, climate, medicine)* ne pas réussir à qn ■ **disagreement** N désaccord m; *(quarrel)* différend m

disagreeable [dɪsə'griːəbəl] ADJ désagréable

disallow [dɪsə'laʊ] VT *Formal* rejeter

disappear [dɪsə'pɪə(r)] VI disparaître ■ **disappearance** N disparition f

disappoint [dɪsə'pɔɪnt] VT décevoir; **I'm disappointed with it** ça m'a déçu ■ **disappointing** ADJ décevant ■ **disappointment** N déception f

disapproval [dɪsə'pruːvəl] N désapprobation f

disapprove [dɪsə'pruːv] VI **to d. of sb/sth** désapprouver qn/qch; **I d.** je suis contre ■ **disapproving** ADJ *(look, tone)* désapprobateur, -trice

disarm [dɪs'ɑːm] VTI désarmer ■ **disarmament** N désarmement m

disarray [dɪsə'reɪ] N *(distress)* désarroi m; *(disorder)* désordre m; **in d.** *(army, political party)* en plein désarroi; *(clothes, hair)* en désordre

disaster [dɪ'zɑːstə(r)] N désastre m, catastrophe f; **d. area** région f sinistrée ■ **disastrous** ADJ désastreux, -euse

disband [dɪs'bænd] **1** VT dissoudre **2** VI se dissoudre

disbelief [dɪsbə'liːf] N incrédulité f

disc, *Am* disk [dɪsk] N disque m; **d. jockey** disc-jockey m

discard [dɪs'kɑːd] VT *(get rid of)* se débarrasser de; *(plan)* abandonner

discern [dɪ'sɜːn] VT discerner ■ **discerning** ADJ *(person)* averti

discernible [dɪ'sɜːnəbəl] ADJ perceptible

discharge 1 ['dɪstʃɑːdʒ] N *(of gun, electricity)* décharge f; *(of pus, liquid)* écoulement m; *(dismissal)* renvoi m; *(freeing)* libération f; *(of unfit soldier)* réforme f **2** [dɪs'tʃɑːdʒ] VT *(patient)* laisser sortir; *(employee)* renvoyer; *(soldier, prisoner)* libérer; *(unfit soldier)* réformer; *(gun)* décharger; *(liquid)* déverser

disciple [dɪ'saɪpəl] N disciple m

discipline ['dɪsɪplɪn] **1** N *(behaviour, subject)* discipline f **2** VT *(control)* discipliner; *(punish)* punir

disclose [dɪs'kləʊz] VT révéler ■ **disclosure** [-ʒə(r)] N révélation f

disco ['dɪskəʊ] *(pl* **-os)** N discothèque f ■ **discotheque** N discothèque f

discolour, *Am* discolor [dɪs'kʌlə(r)] **1** VT décolorer; *(teeth)* jaunir **2** VI se décolorer; *(of teeth)* jaunir

discomfort [dɪs'kʌmfət] N *(physical)* petite douleur f; *(mental)* malaise m

disconcerting [dɪskən'sɜːtɪŋ] ADJ déconcertant

disconnect [dɪskə'nekt] VT *(unfasten)* détacher; *(unplug)* débrancher; *(gas, telephone, electricity)* couper

discontent [dɪskən'tent] N mécontentement m ■ **discontented** ADJ mécontent (**with** de)

discontinue [dɪskən'tɪnjuː] VT interrompre

discord ['dɪskɔːd] N *(disagreement)* discorde f; *Mus* dissonance f

discount 1 ['dɪskaʊnt] N *(on article)* réduction f; *(on account paid early)* escompte m; **at a d.** *(buy, sell)* au rabais; **d. store** solderie f **2** [dɪs'kaʊnt] VT *(story)* ne pas tenir compte de

discourage [dɪs'kʌrɪdʒ] VT décourager (**sb from doing** qn de faire); **to get discouraged** se décourager

discover [dɪs'kʌvə(r)] VT découvrir (**that** que) ■ **discovery** *(pl* **-ies)** N découverte f

discredit [dɪs'kredɪt] **1** N discrédit m **2** VT *(cast slur on)* discréditer; *(refuse to believe)* ne pas croire ■ **discreditable** ADJ indigne

discreet [dɪ'skriːt] ADJ discret, -ète

discrepancy [dɪ'skrepənsɪ] *(pl* **-ies)** N décalage m (**between** entre)

discretion [dɪ'skreʃən] N *(tact)* discrétion f; **I'll use my own d.** je jugerai par moi-même

discriminate [dɪ'skrɪmɪneɪt] VI **to d. against** faire de la discrimination envers; **to be discriminated against** être victime de discrimination; **to d. between** distinguer entre ■ **discrimination** [-'neɪʃən] N *(bias)* discrimination f; *(judgement)* discernement m; *(distinction)* distinction f ■ **discriminatory** [-nətərɪ] ADJ discriminatoire

discus ['dɪskəs] N *Sport* disque m

discuss [dɪ'skʌs] VT discuter de ■ **discussion** N discussion f; **under d.** en discussion

disdain [dɪs'deɪn] **1** N dédain m **2** VT dédaigner (**to do** de faire)

disease [dɪ'ziːz] N maladie f ■ **diseased** ADJ malade

disembark [dɪsɪm'bɑːk] VTI débarquer

disembowel [dɪsɪm'baʊəl] (*Br* -ll-, *Am* -l-) vt éviscérer

disenchanted [dɪsɪn'tʃɑːntɪd] adj désenchanté

disfigured [dɪs'fɪɡəd] adj défiguré

disgrace [dɪs'ɡreɪs] 1 n (*shame*) honte *f* (**to** à); (*disfavour*) disgrâce *f* 2 vt déshonorer

disgraceful [dɪs'ɡreɪsfəl] adj honteux, -euse

Note that the French word **disgracieux** is a false friend and is never a translation for the English word **disgraceful**. It means **ungainly**.

disgruntled [dɪs'ɡrʌntəld] adj mécontent

disguise [dɪs'ɡaɪz] 1 n déguisement *m*; **in d.** déguisé 2 vt déguiser (**as** en)

disgust [dɪs'ɡʌst] 1 n dégoût *m* (**for** *or* **at** *or* **with** de); **in d.** dégoûté 2 vt dégoûter ▪ **disgusted** adj dégoûté (**at** *or* **by** *or* **with** de); **to be d. with sb** (*annoyed*) être fâché contre qn; **I was d. to hear that...** j'ai été indigné d'apprendre que... ▪ **disgusting** adj dégoûtant

dish [dɪʃ] 1 n (*container, food*) plat *m*; **the dishes** la vaisselle; **to do the dishes** faire la vaisselle 2 vt *Fam* **to d. out** (*money, advice*) distribuer; **to d. out** *or* **up** (*food*) servir ▪ **dishtowel** n torchon *m* (à vaisselle) ▪ **dishwasher** n lave-vaisselle *m inv*

dishcloth ['dɪʃklɒθ] n (*for washing*) lavette *f*; (*for drying*) torchon *m*

dishevelled, *Am* **disheveled** [dɪ'ʃevəld] adj (*person, hair*) ébouriffé

dishonest [dɪs'ɒnɪst] adj malhonnête ▪ **dishonesty** n malhonnêteté *f*

dishonourable [dɪs'ɒnərəbəl], *Am* **dishonorable** adj déshonorant

disillusion [dɪsɪ'luːʒən] 1 n désillusion *f* 2 vt décevoir; **to be disillusioned (with)** être déçu (de) ▪ **disillusionment** n désillusion *f*

disinclined [dɪsɪn'klaɪnd] adj peu disposé (**to do** à faire)

disinfect [dɪsɪn'fekt] vt désinfecter ▪ **disinfectant** adj & n désinfectant (*m*) ▪ **disinfection** n désinfection *f*

disinherit [dɪsɪn'herɪt] vt déshériter

disintegrate [dɪs'ɪntɪɡreɪt] 1 vt désintégrer 2 vi se désintégrer ▪ **disintegration** [-'ɡreɪʃən] n désintégration *f*

disinterested [dɪs'ɪntrɪstɪd] adj (*impartial*) désintéressé; *Fam* (*uninterested*) indifférent (**in** à)

disjointed [dɪs'dʒɔɪntɪd] adj (*words, style*) décousu

disk [dɪsk] n (a) *Am* = **disc** (b) *Comptr* disque *m*; (*floppy*) disquette *f*; **on d.** sur disque; **hard d.** disque *m* dur; **d. drive** unité *f* de disques ▪ **diskette** [dɪs'ket] n *Comptr* disquette *f*

dislike [dɪs'laɪk] 1 n aversion *f* (**for** *or* **of** pour); **to take a d. to sb/sth** prendre qn/qch en grippe; **our likes and dislikes** nos goûts *mpl* 2 vt ne pas aimer (**doing** faire); **he doesn't d. it** ça ne lui déplaît pas

dislocate ['dɪsləkeɪt] vt (*limb*) démettre; *Fig* (*disrupt*) désorganiser; **to d. one's shoulder** se démettre l'épaule ▪ **dislo'cation** n dislocation *f*

dislodge [dɪs'lɒdʒ] vt faire bouger, déplacer; (*enemy*) déloger

disloyal [dɪs'lɔɪəl] adj déloyal

dismal ['dɪzməl] adj lugubre ▪ **dismally** adv (*fail, behave*) lamentablement

dismantle [dɪs'mæntəl] vt (*machine*) démonter; (*organization*) démanteler

dismay [dɪs'meɪ] 1 n consternation *f* 2 vt consterner

dismiss [dɪs'mɪs] vt (*from job*) renvoyer (**from** de); (*official*) destituer; (*thought, suggestion*) écarter; **to d. an appeal** (*in court*) rejeter un appel; **to d. a case** (*of judge*) classer une affaire; **d.!** (*to soldiers*) rompez!; (*to class*) vous pouvez partir ▪ **dismissal** n renvoi *m*; (*of official*) destitution *f*

dismount [dɪs'maʊnt] 1 vi (*of person*) descendre (**from** de) 2 vt (*of horse*) désarçonner

disobedient [dɪsə'biːdjənt] adj désobéissant

disobey [dɪsə'beɪ] 1 vt désobéir à 2 vi désobéir

disorder [dɪs'ɔːdə(r)] n (*confusion*) désordre *m*; (*illness, riots*) troubles *mpl* ▪ **disorderly** adj (*behaviour, person, room*) désordonné; (*meeting, crowd*) houleux, -euse

disorientate [dɪs'ɔːrɪənteɪt], *Am* **disorient** [dɪs'ɔːrɪənt] vt désorienter

disown [dɪs'əʊn] vt renier

disparaging [dɪ'spærɪdʒɪŋ] adj (*remark*) désobligeant

disparate ['dɪspərət] adj disparate ▪ **disparity** [-'pærɪtɪ] (*pl* -ies) n disparité *f* (**between** entre)

dispassionate [dɪs'pæʃənət] adj (*unemotional*) calme; (*not biased*) impartial

dispatch [dɪ'spætʃ] 1 n (*sending*) expédition *f* (**of** de); (*message*) dépêche *f* 2 vt (*send, finish off*) expédier; (*troops, messenger*) envoyer

dispel [dɪ'spel] (*pt & pp* -ll-) vt dissiper

dispensary [dɪ'spensərɪ] (*pl* -ies) n (*in hospital*) pharmacie *f*; (*in chemist's shop*) officine *f*

dispense [dɪ'spens] 1 vt (*give out*) distribuer; (*justice*) administrer; (*medicine*) préparer; *Br* **dispensing chemist** pharmacien, -ienne *mf*; (*shop*) pharmacie *f* 2 vi **to d. with** (*do without*) se passer de; **that dispenses with the need for...** cela rend superflu... ▪ **dispensation** [-'seɪʃən] n distribution f; **special d.** (exemption) dérogation f ■ **dispenser** N (device) distributeur m

disperse [dɪ'spɜːs] **1** VT disperser **2** VI se disperser

dispirited [dɪ'spɪrɪtɪd] ADJ découragé

displace [dɪs'pleɪs] VT (shift) déplacer; (replace) supplanter; **displaced person** personne f déplacée

display [dɪ'spleɪ] **1** N (in shop) étalage m; (of paintings, handicrafts) exposition f; (of force) déploiement m; (of anger) manifestation f; **d. (unit)** (of computer) moniteur m; **on d.** exposé **2** VT (goods) exposer; (sign, notice) afficher; (emotion) manifester; (talent, concern, ignorance) faire preuve de

displease [dɪs'pliːz] VT mécontenter ■ **displeased** ADJ mécontent (**with** de)

displeasure [dɪs'pleʒə(r)] N mécontentement m

disposable [dɪ'spəʊzəbəl] ADJ Br (plate, nappy) jetable; (income) disponible

disposal [dɪ'spəʊzəl] N (sale) vente f; (of waste) évacuation f; **at the d. of** à la disposition de

dispose¹ [dɪ'spəʊz] VT **to d. of** (get rid of) se débarrasser de; (throw away) jeter; (matter, problem) régler; Fam (kill) liquider

Note that the French verb **disposer de** is a false friend. It only means **to have at one's disposal**.

dispose² [dɪ'spəʊz] VT **to d. sb to do** (make willing) disposer qn à faire; **to be disposed to do** être disposé à faire; **well-disposed towards** bien disposé envers

disposition [dɪspə'zɪʃən] N (placing) disposition f; (character) tempérament m; (readiness) inclination f

dispossess [dɪspə'zes] VT déposséder (**of** de)

disproportionate [ˌdɪsprə'pɔːʃənət] ADJ disproportionné

disprove [dɪs'pruːv] (pp **disproved,** Law **disproven** [-'prəʊvən]) VT réfuter

dispute [dɪ'spjuːt] **1** N (quarrel) dispute f; (debate) controverse f; (legal) litige m; **beyond d.** incontestable; **in d.** (matter) débattu; (facts, territory) contesté; (competence) en question; **(industrial) d.** conflit m social **2** VT (claim, will) contester

disqualify [dɪs'kwɒlɪfaɪ] (pt & pp **-ied**) VT (make unfit) rendre inapte (**from** à); Sport disqualifier; **to d. sb from driving** retirer son permis à qn ■ **disqualification** [-fɪ'keɪʃən] N Sport disqualification f; **his d. from driving** le retrait de son permis de conduire

disregard [dɪsrɪ'gɑːd] **1** N mépris m (**for** de) **2** VT ne tenir aucun compte de

disrepair [dɪsrɪ'peə(r)] N **in (a state of) d.** délabré

disreputable [dɪs'repjʊtəbəl] ADJ peu recommandable; (behaviour) honteux, -euse

disrepute [dɪsrɪ'pjuːt] N discrédit m; **to bring sb/sth into d.** discréditer qn/qch

disrespect [dɪsrɪ'spekt] N irrespect m ■ **disrespectful** ADJ irrespectueux, -ueuse (**to** envers)

disrupt [dɪs'rʌpt] VT (traffic, class) perturber; (communications) interrompre; (plan) déranger ■ **disruption** N perturbation f; (of communications) interruption f; (of plan) dérangement m

disruptive [dɪs'rʌptɪv] ADJ perturbateur, -trice

dissatisfied [dɪ'sætɪsfaɪd] ADJ mécontent (**with** de) ■ **dissatisfaction** [-'fækʃən] N mécontentement m (**with** devant)

dissect [daɪ'sekt] VT disséquer ■ **dissection** N dissection f

disseminate [dɪ'semɪneɪt] VT disséminer

dissent [dɪ'sent] **1** N désaccord m **2** VI être en désaccord (**from** avec)

dissertation [dɪsə'teɪʃən] N mémoire m

dissident ['dɪsɪdənt] ADJ & N dissident, -ente (mf)

dissimilar [dɪ'sɪmɪlə(r)] ADJ différent (**to** de)

dissipate ['dɪsɪpeɪt] VT (clouds, fog, fears) dissiper; (energy, fortune) gaspiller

dissociate [dɪ'səʊʃɪeɪt] VT dissocier (**from** de)

dissolute ['dɪsəluːt] ADJ dissolu

dissolve [dɪ'zɒlv] **1** VT dissoudre **2** VI se dissoudre ■ **dissolution** [dɪsə'luːʃən] N dissolution f

dissuade [dɪ'sweɪd] VT dissuader (**from doing** de faire); **to d. sb from sth** détourner qn de qch

distance ['dɪstəns] N distance f; **in the d.** au loin; **from a d.** de loin; **at a d.** assez loin; **it's within walking d.** on peut y aller à pied; **to keep one's d.** garder ses distances

distant ['dɪstənt] ADJ lointain; (relative) éloigné; (reserved) distant; **5 km d. from** à (une distance de) 5 km de

distasteful [dɪs'teɪstfʊl] ADJ déplaisant

distil [dɪ'stɪl] (pt & pp **-ll-**) VT distiller; **distilled water** (for battery, iron) eau f déminéralisée ■ **distillery** (pl **-ies**) N distillerie f

distinct [dɪ'stɪŋkt] ADJ (a) (clear) clair; (preference, improvement, difference) net (f nette) (b) (different) distinct (**from** de) ■ **distinctly** ADV (see, hear) distinctement; (remember) très bien; (better, easier) nettement; (stupid, ill-mannered) vraiment; **d. possible** tout à fait possible

distinction [dɪ'stɪŋkʃən] N distinction f; (in exam) mention f bien; **singer/writer of d.** chanteur, -euse mf/écrivain m réputé(e)

distinctive [dɪ'stɪŋktɪv] ADJ distinctif, -ive

distinguish [dɪ'stɪŋgwɪʃ] VTI distinguer (**from** de; **between** entre); **to d. oneself** se distinguer (**as** en tant que) ■ **distinguished** ADJ distingué

distort [dɪ'stɔːt] VT déformer ■ **distorted** ADJ déformé; (false) (idea) faux (f fausse) ■ **distortion** N (of features, sound) distorsion f; (of truth) déformation f

distract [dɪ'strækt] VT distraire (**from** de) ■ **distracted** ADJ préoccupé ■ **distracting** ADJ (noise) gênant

> Note that the French word **distrait** is a false friend. It means **absent-minded**.

distraction [dɪ'strækʃən] N (lack of attention, amusement) distraction f; **to drive sb to d.** rendre qn fou/folle

distraught [dɪ'strɔːt] ADJ éperdu

distress [dɪ'stres] 1 N (mental) détresse f; (physical) douleur f; (ship, soul) en détresse; **in (great) d.** (poverty) dans la détresse 2 VT bouleverser ■ **distressing** ADJ bouleversant

distribute [dɪ'strɪbjuːt] VT (give out) & Com (supply) distribuer; (spread evenly) répartir ■ **distribution** [-'bjuːʃən] N distribution f; (even spread) répartition f ■ **distributor** N (in car, of films) distributeur m; (of cars) concessionnaire mf

district ['dɪstrɪkt] N région f; (of town) quartier m; (administrative) district m; Am **d. attorney** ≈ procureur m de la République; Br **d. nurse** infirmière f visiteuse

distrust [dɪs'trʌst] 1 N méfiance f (**of** à l'égard de) 2 VT se méfier de

disturb [dɪ'stɜːb] VT (sleep, water) troubler; (papers, belongings) déranger; **to d. sb** (bother) déranger qn; (worry, alarm) troubler qn ■ **disturbed** ADJ (person) (worried, mentally unbalanced) perturbé; (sleep) agité ■ **disturbing** ADJ (worrying) inquiétant; (annoying, irksome) gênant

disturbance [dɪ'stɜːbəns] N (noise) tapage m; **disturbances** (riots) troubles mpl

disunity [dɪs'juːnɪtɪ] N désunion f

disuse [dɪs'juːs] N **to fall into d.** tomber en désuétude ■ **disused** [-'juːzd] ADJ (building) désaffecté

ditch [dɪtʃ] 1 N fossé m 2 VT Fam (get rid of) se débarrasser de; (plan) laisser tomber

ditto ['dɪtəʊ] ADV idem

diva ['diːvə] N (singer, star) diva f

divan [dɪ'væn] N divan m

dive [daɪv] 1 N (a) (of swimmer, goalkeeper) plongeon m; (of submarine) plongée f; (of aircraft) piqué m (b) Fam Pej (bar) boui-boui m 2 (pt

dived, Am dove) VI plonger; (of plane) piquer; **to d. for pearls** pêcher des perles; **to d. for the exit/into the pub** se précipiter vers la sortie/dans le pub ■ **diver** N plongeur, -euse mf; (deep-sea) scaphandrier m ■ **diving** N (underwater) plongée f sous-marine; **d. suit** scaphandre m; **d. board** plongeoir m

diverge [daɪ'vɜːdʒ] VI diverger (**from** de) ■ **divergence** N divergence f ■ **divergent** ADJ divergent

diverse [daɪ'vɜːs] ADJ divers ■ **diversify** (pt & pp **-ied**) 1 VT diversifier 2 VI (of firm) se diversifier ■ **diversity** N diversité f

diversion [daɪ'vɜːʃən] N Br (on road) déviation f; (amusement) distraction f; **to create a d.** faire diversion

divert [daɪ'vɜːt] VT (attention, suspicions, river, plane) détourner; Br (traffic) dévier; (amuse) divertir; **to d. sb from** détourner qn de

divide [dɪ'vaɪd] 1 VT Math diviser (**into** en; **by** par); (food, money, time) partager (**between** or **among** entre); **to d. sth (off) (from sth)** séparer qch (de qch); **to d. sth up** (share out) partager qch 2 VI (of group, road) se diviser (**into** en); **dividing line** ligne f de démarcation ■ **divided** ADJ divisé

dividend ['dɪvɪdend] N dividende m

divine [dɪ'vaɪn] ADJ divin ■ **divinity** [-'vɪnɪtɪ] (pl **-ies**) N (quality, god) divinité f; (study) théologie f

division [dɪ'vɪʒən] N division f; (distribution) partage m; (dividing object) séparation f; Sport **first d.** première division ■ **divisible** [-'vɪzɪbəl] ADJ divisible ■ **divisive** [-'vaɪsɪv] ADJ qui cause des dissensions

divorce [dɪ'vɔːs] 1 N divorce m 2 VT (husband, wife) divorcer de; Fig (idea) séparer (**from** de) 3 VI divorcer ■ **divorced** ADJ divorcé (**from** de); **to get a d.** divorcer ■ **divorcee** [Br dɪvɔː'siː, Am dɪvɔːr'seɪ] N divorcé, -ée mf

divulge [dɪ'vʌldʒ] VT divulguer

DIY [diːaɪ'waɪ] (abbr **do-it-yourself**) N Br bricolage m

dizzy ['dɪzɪ] (**-ier, -iest**) ADJ **to be** or **feel d.** avoir le vertige; **to make sb (feel) d.** donner le vertige à qn

DJ ['diːdʒeɪ] (abbr **disc jockey**) N DJ m

do [duː]

> Les formes négatives sont **don't/doesn't** et **didn't**, qui deviennent **do not/does not** et **did not** à l'écrit, dans un style plus soutenu.

1 (3rd person sing present tense **does**; pt **did**; pp **done**; pres p **doing**) V AUX **do you know?** savez-vous?, est-ce que vous savez?; **I do not** or **don't see** je ne vois pas; **he DID say so** (emphasis) il l'a bien dit; **you know him, don't you?** tu le connais, n'est-ce pas?; **better than I do** mieux que je ne le fais; **neither do I** moi non plus; **so do I** moi aussi; **don't!** non!

2 vt faire; **to do nothing but sleep** ne faire que dormir; **what does she do?** (in general), **what is she doing?** (now) qu'est-ce qu'elle fait?, que fait-elle?; **well done** (congratulations) bravo!; (steak) bien cuit; **it's over and done (with)** c'est fini; **that'll do me** (suit) ça m'ira; **he's hard done by** on le traite durement; Fam **I'm done (in)** (tired) je suis claqué; Fam **he's done for** il est fichu; **to do over** (redecorate) refaire; **to do up** (coat, buttons) boutonner; (zip) fermer; (house) refaire; (goods) emballer; **do yourself up (well)!** (wrap up) couvre-toi (bien)!

3 vi **to do well/badly** bien/mal se débrouiller; **do as you're told** fais ce qu'on te dit; **that will do** (be OK) ça ira; (be enough) ça suffit; **business is doing well** les affaires marchent bien; **how are you doing?** (comment) ça va?; **how do you do** (introduction) enchanté, (greeting) bonjour; **to make do** se débrouiller; **I could do with a coffee** (need, want) je prendrais bien un café; **to do without sb/sth** se passer de qn/qch

4 n (**a**) (pl **dos**) Br Fam (party) fête f
(**b**) **the do's and don'ts** les choses à faire et à ne pas faire

docile ['dəʊsaɪl] ADJ docile

dock[1] [dɒk] **1** n (**a**) (for ship) dock m (**b**) (in court) banc m des accusés **2** vi (of ship) (at quayside) accoster; (in port) relâcher; (of spacecraft) s'arrimer ■ **docker** n docker m ■ **dockyard** n chantier m naval

dock[2] [dɒk] vt (**a**) (wages) rogner; **to d. sth from** (wages) retenir qch sur (**b**) (animal's tail) couper

doctor ['dɒktə(r)] **1** n (medical) médecin m, docteur m; (having doctor's degree) docteur **2** vt (text, food) altérer; (cat) châtrer ■ **doctorate** n doctorat m (**in** ès/en)

doctrine ['dɒktrɪn] n doctrine f

document 1 ['dɒkjʊmənt] n document m **2** ['dɒkjʊment] vt (inform) documenter; (report in detail) (of film, author) rendre compte de; (support) étayer; **well-documented** (person) bien renseigné; (book) bien documenté ■ **documentary** [-'mentərɪ] **1** ADJ documentaire **2** (pl **-ies**) n (film) documentaire m

doddering ['dɒdərɪŋ] ADJ (senile) gâteux, -euse; (shaky) branlant

doddle ['dɒdəl] n Br Fam **it's a d.** c'est simple comme bonjour

dodge [dɒdʒ] **1** n (to one side) mouvement m de côté; Fig (trick) truc m **2** vt (question) esquiver; (person) éviter; (pursuer) échapper à; (tax) éviter de payer **3** vi (to one side) faire un saut de côté; **to**

d. out of sight s'esquiver; **to d. through** (crowd) se faufiler dans

Dodgems® ['dɒdʒəmz] NPL autos fpl tamponneuses

dodgy ['dɒdʒɪ] (**-ier, -iest**) ADJ Fam (suspect) louche; (not working properly) en mauvais état; (risky) risqué

doe [dəʊ] n (deer) biche f

does [dʌz] ➤ **do** ■ **doesn't** ['dʌzənt] = **does not**

dog[1] [dɒg] n chien m; (female) chienne f; **d. biscuit** biscuit m pour chien; **d. collar** collier m de chien; Fam (of clergyman) col m de pasteur; **d. days** canicule f; **d. food** nourriture f pour chien ■ **dog-eared** ADJ (page) corné

dog[2] [dɒg] (pt & pp **-gg-**) vt (follow) suivre de près

dogged ['dɒgɪd] ADJ obstiné ■ **doggedly** ADV obstinément

doghouse ['dɒghaʊs] n Am (kennel) niche f; Fam **to be in the d.** ne pas être en odeur de sainteté

dogsbody ['dɒgzbɒdɪ] (pl **-ies**) n Br Fam Pej factotum m

doing ['duːɪŋ] n **that's your d.** c'est toi qui as fait ça; Fam **doings** (activities) activités fpl

do-it-yourself [duːɪtjə'self] n Br bricolage m; **d. store/book** magasin m/livre m de bricolage

dole [dəʊl] **1** n Br **d. (money)** allocation f de chômage; **to go on the d.** s'inscrire au chômage **2** vt **to d. out** distribuer au compte-gouttes

doleful ['dəʊlfəl] ADJ triste

doll [dɒl] **1** n poupée f; Br **doll's house** maison f de poupée **2** vt Fam **to d. oneself up** se bichonner ■ **dollhouse** n Am maison f de poupée

dollar ['dɒlə(r)] n dollar m

dollop ['dɒləp] n (of cream, purée) grosse cuillerée f

dolly ['dɒlɪ] (pl **-ies**) n Fam (doll) poupée f

dolphin ['dɒlfɪn] n dauphin m

domain [dəʊ'meɪn] n (land, sphere) & Comptr domaine m; Comptr **d. name** nom m de domaine

dome [dəʊm] n dôme m

domestic [də'mestɪk] ADJ (appliance, use, tasks) ménager, -ère; (animal) domestique; (policy, flight, affairs) intérieur; (economy, currency) national; Br Sch **d. science** cours mpl de couture et de cuisine ■ **domesticated** ADJ **to be d.** (of person) se débrouiller plutôt bien avec les travaux ménagers; (of animal) être domestiqué

dominant ['dɒmɪnənt] ADJ dominant; (person) dominateur, -trice ■ **dominance** n prédominance f

dominate ['dɒmɪneɪt] vti dominer ■ **domination** [-'neɪʃən] n domination f

domineering [dɒmɪ'nɪərɪŋ] adj (person, character) dominateur, -trice

domino ['dɒmɪnəʊ] (pl **-oes**) n domino m; **dominoes** (game) dominos mpl

don [dɒn] 1 n Br Univ professeur m 2 (pt & pp **-nn-**) vt Literary (clothing) revêtir

donate [dəʊ'neɪt] 1 vt faire don de; (blood) donner 2 vi donner ■ **donation** n don m

done [dʌn] pp of do

donkey ['dɒŋkɪ] (pl **-eys**) n âne m; Br Fam **I haven't seen him for d.'s years** je ne l'ai pas vu depuis belle lurette; **d. work** travail m pénible

donor ['dəʊnə(r)] n donneur, -euse f

don't [dəʊnt] = do not

donut ['dəʊnʌt] n Am beignet m

doodle ['du:dəl] vi griffonner

doom [du:m] 1 n (fate) destin m; **to be all d. and gloom** voir tout en noir 2 vt condamner (**to** à); **to be doomed** (unlucky) être marqué par le destin; (about to die) être perdu; **to be doomed (to failure)** (of project) être voué à l'échec

door [dɔː(r)] n porte f; (of vehicle, train) portière f; **out of doors** dehors; **d.-to-d. salesman** démarcheur m ■ **doorbell** n sonnette f ■ **door handle** n poignée f de porte ■ **doorknob** n bouton m de porte ■ **doorknocker** n marteau m ■ **doorman** (pl **-men**) n (of hotel) portier m; (in block of flats) concierge m ■ **doormat** n paillasson m ■ **doorstep** n seuil m ■ **doorstop(per)** n butoir m ■ **doorway** n **in the d.** dans l'embrasure de la porte

dope [dəʊp] Fam 1 n (a) (drugs) drogue f; (for horse, athlete) dopant m (b) (idiot) andouille f 2 vt doper

dopey ['dəʊpɪ] (**-ier, -iest**) adj Fam (stupid) abruti; (sleepy) endormi

dorm [dɔːm] n Fam = dormitory

dormant ['dɔːmənt] adj (volcano) en sommeil

dormitory [Br 'dɔːmɪtrɪ, Am 'dɔːrmɪtɔːrɪ] (pl **-ies**) n dortoir m; Am (university residence) résidence f universitaire

dormouse ['dɔːmaʊs] (pl **-mice** [-maɪs]) n loir m

dose [dəʊs] 1 n dose f; (of illness) attaque f; **a d. of flu** une grippe 2 vt **to d. oneself (up)** se bourrer de médicaments ■ **dosage** ['dəʊsɪdʒ] n (amount) dose f

doss [dɒs] vi Br Fam **to d. down** crécher

dossier ['dɒsɪeɪ] n (papers) dossier m

dot [dɒt] 1 n point m; Fam **on the d.** à l'heure pile; Comptr **d. com** start-up f inv 2 (pt & pp **-tt-**) vt

(letter) mettre un point sur; **dotted with** parsemé de; **dotted line** pointillé m

dote [dəʊt] vt **to d. on** adorer

dotty ['dɒtɪ] (**-ier, -iest**) adj Br Fam cinglé

double ['dʌbəl] 1 adj double; **a d. bed** un grand lit; **a d. room** une chambre pour deux personnes; **d. 's'** deux 's'; **d. six** deux fois six 2 adv (twice) deux fois; (fold) en deux; **he earns d. what I earn** il gagne le double de moi; **to see d.** voir double 3 n double m; (person) double, sosie m; (stand-in in film) doublure f; **on** or **at the d.** au pas de course 4 vt doubler; **to d. sth back** or **over** (fold) replier qch; **to be doubled over in pain** être plié (en deux) de douleur 5 vi doubler; **to d. back** (of person) revenir en arrière ■ **double-bass** n Br (instrument) contrebasse f ■ **'double-'check** vti revérifier ■ **'double-'cross** vt doubler ■ **double-'decker (bus)** n autobus m à impériale ■ **double-'glazing** n (window) double vitrage m

doubly ['dʌblɪ] adv doublement

doubt [daʊt] 1 n doute m; **to be in d. about sth** avoir des doutes sur qch; **I have no d. about it** je n'en doute pas; **no d.** (probably) sans doute; **in d.** (result, career) dans la balance 2 vt douter de; **to d. whether** or **that** or **if...** douter que... (+ subjunctive)

doubtful ['daʊtfəl] adj (person, future, success) incertain; (dubious) (quality) douteux, -euse; **to be d. (about sth)** avoir des doutes (sur qch); **it's d. whether** or **that** or **if...** il n'est pas certain que... (+ subjunctive) ■ **doubtless** adv sans doute

dough [dəʊ] n pâte f; Fam (money) blé m

doughnut ['dəʊnʌt] n Br beignet m

douse [daʊs] vt arroser; Fam (light) éteindre

dove¹ [dʌv] n colombe f

dove² [dəʊv] Am pt of dive

Dover ['dəʊvə(r)] n Douvres m ou f

dovetail ['dʌvteɪl] 1 n (wood joint) queue-d'aronde f 2 vi Fig (fit) concorder (**with** avec)

dowdy ['daʊdɪ] (**-ier, -iest**) adj peu élégant

down¹ [daʊn] 1 adv en bas; (to the ground) à terre; **(lie) d.!** (to dog) couché!; **to come** or **go d.** descendre; **to come d. from** (place) arriver de; **to fall d.** tomber (par terre); **d. there** or **here** en bas; Fam **to feel d.** (depressed) avoir le cafard; **d. to** (in series, numbers, dates) jusqu'à; **d. payment** acompte m
2 prep (at bottom of) en bas de; (from top to bottom of) du haut en bas de; (along) le long de; **to go d.** (hill, street, stairs) descendre; **to live d. the street** habiter plus loin dans la rue
3 vt (shoot down) abattre; (knock down) terrasser; **to d. a drink** vider un verre ■ **down-and-out** ['daʊnən'aʊt] 1 adj sur le pavé

2 N clochard, -arde *mf* ■ **downcast** ADJ découragé ■ **downfall** N chute *f* ■ **downgrade** VT *(job)* déclasser; *(person)* rétrograder ■ **down-'hearted** ADJ découragé ■ **down'hill** ADV en pente; **to go d.** descendre; *(of sick person, business)* aller de plus en plus mal ■ **download** [daʊn'ləʊd] **1** VT télécharger

2 ['daʊnləʊd] N téléchargement *m* ■ **down-'market** ADJ *Br (car, furniture)* bas de gamme *inv*; *(neighbourhood, accent)* populaire; *(person, crowd)* ordinaire ■ **downpour** N averse *f* ■ **down-right 1** ADJ *(rogue)* véritable; *(refusal)* catégorique; *Br* **a d. nerve** *or* **cheek** un sacré culot

2 ADV *(rude, disagreeable)* franchement ■ **downstairs** ['daʊnsteəz] **1** ADJ *(room, neighbours) (below)* d'en bas; *(on the ground floor)* du rez-de-chaussée

2 [daʊn'steəz] ADV en bas/au rez-de-chaussée; **to come** *or* **go d.** descendre l'escalier ■ **down'stream** ADV en aval ■ **'down-to-'earth** ADJ terre-à-terre *inv* ■ **'down-'town** ADV en ville; **d. Chicago** le centre de Chicago ■ **downward** ADJ vers le bas; *(path)* qui descend; *(trend)* à la baisse ■ **downward(s)** ADV vers le bas

down² [daʊn] N *(on bird, person)* duvet *m*

Down's [daʊnz] ADJ **D. syndrome** trisomie *f* 21; **a D. baby** un bébé trisomique *ou* mongolien

downs [daʊnz] NPL *Br (hills)* collines *fpl*/**doze** [dəʊz] **1** N petit somme *m* **2** VI sommeiller; **to d. off** s'assoupir **2** VI *(-ier, -iest)* ADJ somnolent; *Br Fam (silly)* gourde

dozen ['dʌzən] N douzaine *f*; **a d. books/eggs** une douzaine de livres/d'œufs; *Fig* **dozens of** des dizaines de

Dr *(abbr* **Doctor)** Docteur

drab [dræb] ADJ terne; *(weather)* gris

draft¹ [drɑːft] **1** N **(a)** *(outline)* ébauche *f*; *(of letter)* brouillon *m*; *(commercial document)* traite *f* **(b)** *Am (military)* conscription *f*; *(men)* contingent *m*; **d. dodger** insoumis *m* **2** VT **(a)** **to d. (out)** *(sketch out)* faire le brouillon de; *(write out)* rédiger **(b)** *(conscript)* appeler sous les drapeaux

draft² [drɑːft] N *Am* = **draught**

drafty ['drɑːftɪ] *(-ier, -iest)* ADJ *Am* = **draughty**

drag [dræg] **1** N *Fam (boring task)* corvée *f*; *(boring person)* raseur, -euse *mf*; *(on cigarette)* taffe *f* **(on** de); **what a d.!** quelle barbe!; **to be in d.** être travesti **2** *(pt & pp* **-gg-**) VT traîner; *(river)* draguer; **to d. sb/sth along** (en)traîner qn/qch; **to d. sb away from** arracher qn à; **to d. sb into** entraîner qn dans **3** VI traîner; **to d. on** *or* **out** *(of film, day)* traîner en longueur

dragon ['drægən] N dragon *m*

dragonfly ['drægənflaɪ] *(pl* **-ies)** N libellule *f*

drain [dreɪn] **1** N *(sewer)* égout *m*; *(in street)* bouche *f* d'égout; **that's one year's work down the d.** voilà une année de travail perdue; **that's my holiday down the d.** mes vacances tombent à l'eau; **to be a d. on** *(resources, patience)* épuiser **2** VT *(glass, tank)* vider; *(vegetables)* égoutter; *(land)* drainer; *(resources)* épuiser; **to d. (off)** *(liquid)* faire écouler; **to feel drained** être épuisé **3** VI **to d. (off)** *(of liquid)* s'écouler; **to d. away** *(of strength)* s'épuiser ■ **drainage** N drainage *m* ■ **drainboard** N *Am* paillasse *f*

drainpipe ['dreɪnpaɪp] N tuyau *m* d'évacuation

drake [dreɪk] N canard *m* (mâle)

drama ['drɑːmə] N *(event)* drame *m*; *(dramatic art)* théâtre *m*; **d. critic** critique *m* dramatique; *Fam* **don't be such a d. queen!** arrête ton cinéma!

dramatic [drə'mætɪk] ADJ dramatique; *(very great, striking)* spectaculaire

dramatize ['dræmətaɪz] VT *(exaggerate)* dramatiser; *(novel)* adapter pour la scène/l'écran

drank [dræŋk] PT of **drink**

drape [dreɪp] VT *(person, shoulders)* draper **(with** de); *(wall)* tapisser (de tentures) ■ **drapes** NPL *Am (curtains)* rideaux *mpl*

drastic ['dræstɪk] ADJ *(change, measure)* radical; *(remedy)* puissant; **d. reductions** *(in shop)* soldes *mpl* ■ **drastically** ADV radicalement; **d. reduced prices** prix *mpl* cassés

draught, *Am* **draft** [drɑːft] N **(a)** *(wind)* courant *m* d'air; *(for fire)* tirage *m*; **d. excluder** bourrelet *m* **(b)** *Br* **draughts** *(game)* dames *fpl* ■ **draught 'beer** N bière *f* (à la) pression

draughty, *Am* **drafty** ['drɑːftɪ] *(-ier, -iest)* ADJ *(room)* plein de courants d'air

draw¹ [drɔː] **1** N *Sport* match *m* nul; *(of lottery)* tirage *m* au sort; *(attraction)* attraction *f* **2** *(pt* **drew,** *pp* **drawn)** VT **(a)** *(pull)* tirer; *(pass, move)* passer **(over** sur; **into** dans); **to d. out** *(meeting)* faire traîner en longueur; **to d. up** *(chair)* approcher; *(contract, list, plan)* dresser, rédiger **(b)** *(extract)* retirer; *(pistol, sword)* dégainer; *(water, wine)* tirer; *Fig (strength, comfort)* retirer, puiser **(from** de); *(applause)* provoquer **(c)** *(attract)* attirer; **to d. a smile** faire sourire **(from sb** qn) **(d)** *Sport* **to d. a match** faire match nul **3** VI *Sport* faire match nul; **to d. near (to)** s'approcher (de); *(of time)* approcher (de); **to d. to a close** tirer à sa fin; **to d. in** *(of days)* diminuer; *(of train)* arriver (en gare); **to d. up** *(of vehicle)* s'arrêter

draw² [drɔː] **1** *(pt* **drew,** *pp* **drawn)** VT *(picture)* dessiner; *(circle)* tracer; *Fig (parallel, distinction)* faire **(between** entre) **2** VI *(as artist)* dessiner

drawback ['drɔːbæk] N inconvénient *m*

drawbridge ['drɔːbrɪdʒ] N pont-levis *m*

drawer [drɔː(r)] N *(in furniture)* tiroir *m*

drawing ['drɔ:ɪŋ] N dessin m; **d. board** planche f à dessin; Br **d. pin** punaise f; **d. room** salon m

drawl [drɔ:l] **1** N voix f traînante **2** VI parler d'une voix traînante

drawn [drɔ:n] **1** PP of draw¹,² **2** ADJ (face) tiré, crispé; **d. match** or **game** match m nul

dread [dred] VT (exam) appréhender; **to d. doing sth** appréhender de faire qch

dreadful ['dredfəl] ADJ épouvantable; (child) insupportable; **I feel d.** (ill) je ne me sens vraiment pas bien; **I feel d. about it** j'ai vraiment honte ■ **dreadfully** ADV terriblement; **to be** or **feel d. sorry** regretter infiniment

dreadlocks ['dredlɒks] NPL dreadlocks fpl

dream [dri:m] **1** N rêve m; Fam (wonderful thing or person) merveille f; **to have a d.** faire un rêve (**about** de); **to have dreams of** rêver de; **a d. world** un monde imaginaire **2** (pt & pp **dreamed** or **dreamt** [dremt]) VT rêver (**that** que); **I never dreamt that…** (imagined) je n'aurais jamais songé que…; **to d. sth up** imaginer qch **3** VI rêver (**of** or **about sb/sth** de qn/qch; **of** or **about doing** de faire); **I wouldn't d. of it!** je n'y songerais même pas! ■ **dreamer** N rêveur,-euse mf

dreary ['drɪərɪ] (**-ier, -iest**) ADJ morne

dredge [dredʒ] **1** N drague f **2** VT (river) draguer

dregs [dregz] NPL (of wine) lie f; Fig **the d. of society** les bas-fonds mpl de la société

drench [drentʃ] VT tremper; **to get drenched** se faire tremper (jusqu'aux os)

dress [dres] **1** N (garment) robe f; (style of dressing) tenue f; **d. designer** styliste mf; (well-known) couturier m; **d. rehearsal** (in theatre) (répétition f) générale f **2** VT (person) habiller; (wound) panser; (salad) assaisonner; (chicken) préparer; **to get dressed** s'habiller; **dressed for tennis** en tenue de tennis **3** VI s'habiller; **to d. up** (smartly) bien s'habiller; (in disguise) se déguiser (**as** en)

dresser ['dresə(r)] N (a) Br (furniture) vaisselier m; Am (dressing table) coiffeuse f (b) **she's a good d.** elle s'habille toujours bien

dressing ['dresɪŋ] N (for wound) pansement m; (seasoning) assaisonnement m; Fam **to give sb a d.-down** passer un savon à qn; Br **d. gown** robe f de chambre; (of boxer) peignoir m; **d. room** (in theatre) loge f; (in store) cabine f d'essayage; **d. table** coiffeuse f

dressmaker ['dresmeɪkə(r)] N couturière f ■ **dressmaking** N couture f

drew [dru:] PT of draw¹,²

dribble ['drɪbəl] VI (a) (of baby) baver; (of liquid) tomber goutte à goutte (b) Football dribbler

dribs [drɪbz] NPL **in d. and drabs** par petites quantités; (arrive) par petits groupes

dried [draɪd] ADJ (fruit) sec (f sèche); (milk, eggs) en poudre; (flowers) séché

drier ['draɪə(r)] N = dry

drift [drɪft] **1** N (movement) mouvement m; (direction) sens m; (of events) cours m; (of snow) congère f; (meaning) sens général m **2** VI (through air) être emporté par le vent; (on water) être emporté par le courant; (of ship) dériver; Fig (of person, nation) aller à la dérive; (of snow) s'amonceler; **to d. about** (aimlessly) (walk around) se promener sans but; **to d. apart** (of husband and wife) devenir des étrangers l'un pour l'autre ■ **driftwood** N bois m flotté

drill [drɪl] **1** N (a) (tool) perceuse f; (bit) mèche f; (pneumatic) marteau m piqueur; (dentist's) roulette f; (for rock) foreuse f (b) (exercise) exercice m; (correct procedure) marche f à suivre **2** VT (a) (wood) percer; (tooth) fraiser; (oil well) forer (b) (of troops) faire faire l'exercice à **3** VI (a) **to d. for oil** faire de la recherche pétrolière (b) faire l'exercice

drily ['draɪlɪ] ADV (remark) sèchement, d'un ton sec

drink [drɪŋk] **1** N boisson f; **to give sb a d.** donner (quelque chose) à boire à qn; **to have a d.** boire quelque chose; (alcoholic) prendre un verre **2** (pt **drank**, pp **drunk**) VT boire; **he drank himself to death** c'est l'alcool qui l'a tué; **to d. sth up** finir (de boire) qch **3** VI boire (**out of** dans); **to d. up** finir son verre; **drinking chocolate** chocolat m en poudre; **drinking water** eau f potable ■ **drink-driving** N Br conduite f en état d'ivresse

drinkable ['drɪŋkəbəl] ADJ (fit for drinking) potable; (not unpleasant) buvable

drip [drɪp] **1** N (drop) goutte f; (sound) bruit m de l'eau qui goutte; (in hospital) goutte-à-goutte m inv; Fam (weak person) mou m, molle f; **to be on a d.** être sous perfusion **2** (pt & pp **-pp-**) VT (paint) laisser tomber goutte à goutte; **you're dripping water everywhere!** tu mets de l'eau partout! **3** VI (of water, rain) goutter; (of washing, vegetables) s'égoutter; (of tap) fuir

dripping ['drɪpɪŋ] **1** ADJ & ADV **d. (wet)** trempé **2** N (fat) graisse f de rôti

drive [draɪv] **1** N (in car) promenade f en voiture; (road to private house) allée f; (energy) énergie f; (campaign) campagne f; Comptr lecteur m; **an hour's d.** une heure de voiture; **left-hand d.** (vehicle) conduite f à gauche **2** (pt **drove**, pp **driven**) VT (vehicle, train, passenger) conduire (**to** à); (machine) actionner; (chase away) chasser; **to d. sb to do sth** pousser qn à faire qch; **to d. sb to despair** réduire qn au désespoir; **to d. sb mad** or **crazy** rendre qn fou/folle **3** VI (drive a car) conduire; (go by car) rouler; **to d. on the left**

rouler à gauche; **to d. to Paris** aller en voiture à Paris; **to d. to work** aller au travail en voiture

▸ **drive along** vi *(in car)* rouler

▸ **drive away 1** vt sep *(chase away)* chasser **2** vi *(in car)* partir en voiture

▸ **drive back 1** vt sep *(passenger)* ramener (en voiture); *(enemy)* repousser **2** vi *(in car)* revenir (en voiture)

▸ **drive in** vt sep *(nail, knife)* enfoncer

▸ **drive off** vi *(in car)* partir (en voiture)

▸ **drive on** vi *(in car)* continuer sa route

▸ **drive out** vt sep *(chase away)* chasser

▸ **drive over** vt insep *(crush)* écraser

▸ **drive up** vi *(in car)* arriver (en voiture)

drive-in ['draɪvɪn] adj *Am* accessible en voiture; **d. (movie theater)** drive-in *m inv*; **d. (restaurant)** = restaurant où l'on est servi dans sa voiture

drivel ['drɪvəl] n idioties *fpl*

driven ['drɪvən] pp of **drive**

driver ['draɪvə(r)] n *(of car)* conducteur, -trice *mf*; *(of taxi, truck)* chauffeur *m*; **(train or engine) d.** mécanicien *m*; **she's a good d.** elle conduit bien; *Am* **d.'s license** permis *m* de conduire

driveway ['draɪvweɪ] n *(road to house)* allée *f*

driving ['draɪvɪŋ] **1** n *(in car)* conduite *f*; **d. lesson** leçon *f* de conduite; *Br* **d. licence** permis *m* de conduire; **d. test** examen *m* du permis de conduire **2** adj *(forceful)* **d. force** moteur *m*; **d. rain** pluie *f* battante

drizzle ['drɪzəl] **1** n bruine *f* **2** vi bruiner

droll [drəʊl] adj drôle, comique

drone [drəʊn] **1** n (a) *(bee)* faux-bourdon *m* (b) *(hum)* bourdonnement *m*; *(purr)* ronronnement *m*; *Fig (of person)* débit *m* monotone **2** vi *(of engine)* ronronner; *(of bee)* bourdonner; *Fig* **to d. (on)** *(of person)* parler d'une voix monotone

drool [druːl] vi *(slaver)* baver; *Fig (talk nonsense)* radoter; *Fig* **to d. over sb/sth** baver d'admiration devant qn/qch

droop [druːp] vi *(of flower)* se faner; *(of head)* pencher; *(of eyelids, shoulders)* tomber

drop [drɒp] **1** n (a) *(of liquid)* goutte *f*; **eye/nose drops** gouttes *fpl* pour les yeux/le nez (b) *(fall)* baisse *f*, chute *f* (**in** de); *(distance of fall)* hauteur *f* de chute; *(slope)* descente *f*; *(of supplies from aircraft)* parachutage *m*

2 *(pt & pp -pp-)* vt laisser tomber; *(price, voice)* baisser; *(bomb)* larguer; *(passenger, goods from vehicle)* déposer; *(from boat)* débarquer; *(leave out)* faire sauter, omettre; *(remark)* laisser échapper; *(get rid of)* supprimer; *(habit)* abandonner; *(team member)* écarter; **to d. sb off** *(from vehicle)* déposer qn; **to d. a line/postcard to sb** écrire un petit mot/une carte postale à qn; **to d. a hint** faire une allusion

3 vi *(fall)* tomber; *(of person)* se laisser tomber; *(of price)* baisser; *Fam* **let it d.!** laisse tomber!; **to d. away** *(diminish)* diminuer; **to d. back** or **behind** rester en arrière; **to d. by** or **in** *(visit sb)* passer; **to d. off** *(fall asleep)* s'endormir; *(fall off)* tomber; *(of interest, sales)* diminuer; **to d. out** *(fall out)* tomber; *(withdraw)* se retirer; *(of student)* laisser tomber ses études; **to d. over** or **round** *(visit sb)* passer

dropout ['drɒpaʊt] n marginal, -ale *mf*; *(student)* étudiant, -iante *mf* qui abandonne ses études

droppings ['drɒpɪŋz] npl *(of animal)* crottes *fpl*; *(of bird)* fiente *f*

dross [drɒs] n *Fam* rebut *m*

drought [draʊt] n sécheresse *f*

drove [drəʊv] pt of **drive**

droves [drəʊvz] npl *(of people)* foules *fpl*; **in d. en foule**

drown [draʊn] **1** vt noyer; **to d. oneself, to be drowned** se noyer **2** vi se noyer ■ **drowning 1** adj *(person)* qui se noie **2** n *(death)* noyade *f*

drowsy ['draʊzɪ] *(-ier, -iest)* adj somnolent; **to be** or **feel d.** avoir sommeil; **to make sb (feel) d.** assoupir qn

drudge [drʌdʒ] **1** n *(man)* homme *m* de peine; *(woman)* bonne *f* à tout faire **2** vi trimer ■ **drudgery** n corvée *f*

drug [drʌg] **1** n *(against illness)* médicament *m*; *(narcotic)* drogue *f*; *Fig (activity, hobby)* drogue; **drugs** *(narcotics in general)* la drogue; **hard/soft drugs** drogues dures/douces; **to be on drugs, to take drugs** se droguer; **d. addict** drogué, -ée *mf*; **d. dealer** *(large-scale)* trafiquant *m* de drogue; *(small-scale)* petit trafiquant de drogue, dealer *m*; **d. taking** usage *m* de la drogue **2** *(pt & pp -gg-)* vt droguer; *(drink)* mettre un médicament dans

druggist ['drʌgɪst] n *Am* pharmacien, -ienne *mf*

drugstore ['drʌgstɔːr] n *Am* drugstore *m*

drum [drʌm] **1** n *Mus* tambour *m*; *(for oil)* bidon *m*; *Mus* **the big** or **bass d.** la grosse caisse; **the drums** *(of rock group)* la batterie **2** *(pt & pp -mm-)* vt **to d. sth into sb** enfoncer qch dans la tête de qn; **to d. up business** or **custom** attirer les clients **3** vi *(with fingers)* tambouriner ■ **drummer** n tambour *m*; *(in pop or jazz group)* batteur *m* ■ **drumstick** n *(for drum)* baguette *f* de tambour; *(of chicken)* pilon *m*

drunk [drʌŋk] **1** pp of **drink 2** adj ivre; **to get d.** s'enivrer; *Fig* **d. with power/success** grisé par le pouvoir/le succès **3** n ivrogne *mf* ■ **drunkard** n ivrogne *mf* ■ **drunken** adj *(person) (regularly)* ivrogne; *(driver)* ivre; *(quarrel, brawl)* d'ivrogne; **d. driving** conduite f en état d'ivresse

dry [draɪ] **1** **(drier, driest)** ADJ sec (f sèche); *(well, river)* à sec; *(day)* sans pluie; *(toast)* sans beurre; *(wit)* caustique; *(subject, book)* aride; **on d. land** sur la terre ferme; **to keep sth d.** tenir qch au sec; **to wipe sth d.** essuyer qch; *Am* **d. goods store** épicerie f **2** VT sécher; *(by wiping)* essuyer; *(clothes)* faire sécher; **to d. the dishes** essuyer la vaisselle; **to d. sth off** or **up** sécher qch **3** VI sécher; **to d. off** sécher; **to d. up** sécher; *(dry the dishes)* essuyer la vaisselle; *(of stream)* se tarir ■ **dryer** N *(for hair, clothes)* séchoir m; *(helmet-style for hair)* casque m

dry-clean [draɪ'kliːn] VT nettoyer à sec ■ **dry-cleaner** N teinturier, -ière mf; **the d.'s** *(shop)* le pressing, la teinturerie

dual ['djuːəl] ADJ double; *Br* **d. carriageway** route f à deux voies

dub [dʌb] *(pt & pp* **-bb-)** VT (a) *(film)* doubler (**into** en) (b) *(nickname)* surnommer ■ **dubbing** N *(of film)* doublage m

dubious ['djuːbɪəs] ADJ *(offer, person)* douteux, -euse; **I'm d. about going** or **about whether to go** je me demande si je dois y aller

duchess ['dʌtʃɪs] N duchesse f

duck [dʌk] **1** N canard m **2** VT *(head)* baisser subitement; **to d. sb** plonger qn dans l'eau; *Fig* **to d. the issue** se dérober **3** VI se baisser ■ **duckling** N caneton m

duct [dʌkt] N *(tube in body, pipe)* conduit m

dude [duːd] N *Am Fam* type m; **d. ranch** ranch(-hôtel) m

due¹ [djuː] **1** ADJ *(money, sum)* dû (f due) **(to** à); *(rent, bill)* à payer; *(fitting, proper)* qui convient; **she's d. for a pay rise** elle mérite une augmentation de salaire; **he's d. (to arrive)** il doit arriver d'un moment à l'autre; **when is the baby d.?** pour quand la naissance est-elle prévue?; **with all d. respect…** avec tout le respect que je vous dois…; **in d. course** *(when appropriate)* en temps voulu; *(eventually)* le moment venu; **d. to** par suite de, en raison de **2** N dû m; **dues** *(of club)* cotisation f; *(official charges)* droits mpl; **to give him his d.…** pour lui rendre justice…

due² [djuː] ADV **d. north/south** plein nord/sud

duel ['djuːəl] **1** N duel m **2** *(Br* **ll-,** *Am* **-l-)** VI se battre en duel

duet [djuː'et] N duo m

duffel, duffle ['dʌfəl] ADJ **d. bag** sac m de marin; **d. coat** duffel-coat m

dug [dʌg] PT & PP of **dig**

duke [djuːk] N duc m

dull [dʌl] **1** (**-er, -est**) ADJ *(boring)* ennuyeux, -euse; *(colour, character)* terne; *(weather)* maussade; *(sound, ache)* sourd; *(mind)* lent; *(edge, blade)* émoussé; *(hearing, sight)* faible **2** VT *(sound)* amortir; *(pain)* endormir; *(senses)* émousser; *(mind)* engourdir; *(colour)* ternir

duly ['djuːlɪ] ADV *(properly)* dûment; *(as expected)* comme prévu

dumb [dʌm] **(-er, -est)** ADJ muet (f muette); *Fam (stupid)* bête; **d. animals** les bêtes fpl

dumbbell ['dʌmbel] N haltère m

dumbfound [dʌm'faʊnd] VT sidérer

dummy ['dʌmɪ] **1** *(pl* **-ies)** N *Br (of baby)* tétine f; *(for displaying clothes)* mannequin m; *(of ventriloquist)* pantin m; *Fam (fool)* idiot, -iote mf **2** ADJ factice

dump [dʌmp] **1** N *(for refuse)* décharge f; *(for ammunition)* dépôt m; *Fam Pej (town)* trou m; *Fam Pej (house)* baraque f; *Fam* **to be (down) in the dumps** avoir le cafard; **d. truck** tombereau m **2** VT *(rubbish)* déposer; *(waste)* déverser; *(bricks)* décharger; *Comptr (memory)* vider; **to d. (down)** déposer; *Fam* **to d. sb** plaquer qn ■ **dumper** N *Br* **d. (truck)** tombereau m

dumpling ['dʌmplɪŋ] N *(in stew)* boulette f de pâte; *Scot* = sorte de plum-pudding

Dumpster® ['dʌmpstə(r)] N *Am* benne f à ordures

dumpy ['dʌmpɪ] **(-ier, -iest)** ADJ *Fam (person)* boulot, -otte

dunce [dʌns] N cancre m

dune [djuːn] N **(sand) d.** dune f

dung [dʌŋ] N *(of horse)* crottin m; *(of cattle)* bouse f; *(manure)* fumier m

dungarees [dʌŋgə'riːz] NPL *Br (of child, workman)* salopette f; *Am (jeans)* jean m

dungeon ['dʌndʒən] N cachot m

dunk [dʌŋk] VT tremper

dupe [djuːp] **1** N dupe f **2** VT duper

duplex ['djuːpleks] N *Am (apartment)* duplex m

duplicate 1 ['djuːplɪkət] N double m; **in d.** en deux exemplaires; **a d. copy** un duplicata; **a d. key** un double **2** ['djuːplɪkeɪt] VT *(key, map)* faire un double de; *(on machine)* photocopier ■ **duplication** [-'keɪʃən] N *(on machine)* reproduction f; *(of effort)* répétition f

durable ['djʊərəbəl] ADJ *(material, shoes)* résistant; *(friendship, love)* durable ■ **dura'bility** N résistance f; *(of friendship)* durabilité f

duration [djʊə'reɪʃən] N durée f

duress [djʊ'res] N **under d.** sous la contrainte

during ['djʊərɪŋ] PREP pendant, durant

dusk [dʌsk] N *(twilight)* crépuscule m

dust [dʌst] **1** N poussière f; *Am* **d. cloth** chiffon m; **d. cover** or **sheet** *(for furniture)* housse f; **d. cover** or **jacket** *(for book)* jaquette f **2** VT (a) *(furniture)* dépoussiérer (**b**) *(sprinkle)* saupoudrer (**with** de) **3** vi faire la poussière ■ **dustbin** N *Br* poubelle *f* ■ **dustcart** N *Br* benne *f* à ordures ■ **dustman** *(pl* **-men***)* N *Br* éboueur *m* ■ **dustpan** N pelle *f* (à poussière)

duster ['dʌstə(r)] N *Br* chiffon *m*

dusty ['dʌstɪ] *(***-ier***, ***-iest***)* ADJ poussiéreux, -euse

Dutch [dʌtʃ] **1** ADJ hollandais; *Fam* **to go D.** partager les frais (**with** avec) **2** N (**a**) **the D.** *(people)* les Hollandais *mpl* (**b**) *(language)* hollandais *m* ■ **Dutchman** *(pl* **-men***)* N Hollandais *m* ■ **Dutchwoman** *(pl* **-women***)* N Hollandaise *f*

dutiful ['dju:tɪfəl] ADJ *(son, child)* obéissant

duty ['dju:tɪ] *(pl* **-ies***)* N devoir *m*; *(tax)* droit *m*; **duties** *(responsibilities)* fonctions *fpl*; **to be on/ off d.** être/ne pas être de service ■ **duty-'free** ADJ *(goods, shop)* hors taxe *inv*

duvet ['du:veɪ] N *Br* couette *f*

DVD [di:vi:'di:] *(abbr* **Digital Video Disk, Digital Versatile Disk***)* N DVD *m inv*; **D. player** lecteur *m* (de) DVD

dwarf [dwɔ:f] **1** N nain *m*, naine *f* **2** vt *(of building, trees)* écraser; *(of person)* éclipser

dwell [dwel] *(pt & pp* **dwelt** [dwelt]*)* vi demeurer; **to d. (up)on** *(think about)* penser sans cesse à; *(speak about)* parler sans cesse de; *(insist on)* appuyer sur

dwindle ['dwɪndəl] vi diminuer (peu à peu) ■ **dwindling** ADJ *(interest, resources)* décroissant; *(supplies)* qui s'épuisent

dye [daɪ] **1** N teinture *f* **2** vt teindre; **to d. sth green** teindre qch en vert

dying ['daɪɪŋ] **1** PRES P of **die**[1] **2** ADJ *(person, animal)* mourant; *(custom)* qui se perd; *(wish, words)* dernier, -ière; **to my d. day** jusqu'à ma mort **3** N *(death)* mort *f*

dyke [daɪk] N *(wall)* digue *f*; *(ditch)* fossé *m*

dynamic [daɪ'næmɪk] ADJ dynamique ■ **dynamism** ['daɪnəmɪzəm] N dynamisme *m*

dynamite ['daɪnəmaɪt] **1** N dynamite *f* **2** vt dynamiter

dynamo ['daɪnəməʊ] *(pl* **-os***)* N dynamo *f*

dynasty [*Br* 'dɪnəstɪ, *Am* 'daɪnəstɪ] *(pl* **-ies***)* N dynastie *t*

dysentery ['dɪsəntrɪ] N *(illness)* dysenterie *f*

dyslexia [dɪs'leksɪə] N dyslexie *f* ■ **dyslexic** [-'leksɪk] ADJ & N dyslexique *(mf)*

E, e [i:] **N** (**a**) *(letter)* E, e m inv (**b**) *Mus* mi m (**c**) *Fam (ecstasy)* ecsta f, X f

each [i:tʃ] **1 ADJ** chaque; **e. one** chacun, -une; **e. one of us** chacun d'entre nous **2 PRON** chacun, -une; **e. other** l'un(e) l'autre, pl les un(e)s les autres; **to see/greet e. other** se voir/se saluer; **separated from e. other** séparés l'un de l'autre; **e. of us** chacun, -une d'entre nous

eager ['i:gə(r)] **ADJ** impatient (**to do** de faire); *(enthusiastic)* plein d'enthousiasme; **to be e. for sth** désirer qch vivement; **e. for money** avide d'argent; **to be e. to do** *(want)* tenir (beaucoup) à faire; **e. to help** empressé (à aider) ■ **eagerly ADV** *(work)* avec enthousiasme; *(await)* avec impatience

eagle ['i:gəl] **N** aigle m ■ **'eagle-'eyed ADJ** au regard d'aigle

ear¹ [ɪə(r)] **N** oreille f; **to be all ears** être tout ouïe; **up to one's ears in work** débordé de travail; **to play it by e.** improviser; **to give sb a thick e.** donner une gifle à qn ■ **earache N** mal m d'oreille ■ **eardrum N** tympan m ■ **earmuffs NPL** protège-oreilles m inv ■ **earphones NPL** écouteurs mpl ■ **earpiece N** écouteur m ■ **earplug N** boule f Quiès® ■ **earring N** boucle f d'oreille ■ **earshot N within e.** à portée de voix ■ **ear-splitting ADJ** assourdissant

ear² [ɪə(r)] **N** *(of corn)* épi m

early ['ɜːlɪ] **1** (**-ier, -iest**) **ADJ** *(first)* premier, -ière; *(fruit, season)* précoce; *(death)* prématuré; *(age)* jeune; *(painting, work)* de jeunesse; *(reply)* rapide; *(return, retirement)* anticipé; *(ancient)* ancien, -ienne; **it's e.** *(on clock)* il est tôt; *(referring to meeting, appointment)* c'est tôt; **it's too e. to get up** il est trop tôt pour se lever; **to be e.** *(ahead of time)* être en avance; *(in getting up)* être matinal; **to have an e. meal/night** manger/se coucher de bonne heure; **in the e. nineties** au début des années 90; **to be in one's e. fifties** avoir à peine plus de cinquante ans **2 ADV** tôt, de bonne heure; *(ahead of time)* en avance; *(die)* prématurément; **as e. as possible** le plus tôt possible; **earlier (on)** plus tôt; **at the earliest** au plus tôt; **as e. as yesterday** déjà hier

earmark ['ɪəmɑːk] **VT** *(funds)* assigner (**for** à)

earn [ɜːn] **VT** gagner; *(interest)* rapporter; **to e. one's living** gagner sa vie ■ **earnings NPL** *(wages)* salaire m; *(profits)* bénéfices mpl

earnest ['ɜːnɪst] **1 ADJ** *(serious)* sérieux, -ieuse; *(sincere)* sincère **2 N in e.** sérieusement; **it's raining in e.** il pleut pour de bon; **he's in e.** il est sérieux

earth [ɜːθ] **N** *(ground)* sol m; *(soil)* terre f; *Br (electrical wire)* terre, masse f; **the E.** *(planet)* la Terre; **to fall to e.** tomber à ou par terre; **nothing/nobody on e.** rien/personne au monde; *Fam* **where/what on e....?** où/que diable...?; *Fam* **how on e. should I know?** comment veux-tu que je le sache? ■ **earthquake N** tremblement m de terre

earthenware ['ɜːθənweə(r)] **N** terre f cuite

earthy ['ɜːθɪ] (**-ier, -iest**) **ADJ** *(taste, smell)* terreux, -euse; *Fig (person)* terre-à-terre inv

earwig ['ɪəwɪg] **N** *(insect)* perce-oreille m

ease [i:z] **1 N** *(facility)* facilité f; *(physical)* bien-être m; *(mental)* tranquillité f; **with e.** facilement; **to be at e.** être à l'aise; **to be ill at e.** être mal à l'aise **2 VT** *(pain)* soulager; *(mind)* calmer; *(tension)* réduire; *(restrictions)* assouplir; **to e. sth off/along** enlever/déplacer qch doucement; **to e. oneself through** se glisser par **3 VI to e.** (**off** or **up**) *(become less)* or *(of pressure)* diminuer; *(of demand)* baisser; *(of pain)* se calmer; *(not work so hard)* se relâcher; **the situation is easing** la situation se détend

easel ['i:zəl] **N** chevalet m

easily ['i:zɪlɪ] **ADV** facilement; **e. the best** de loin le meilleur/la meilleure; **that could e. be the case** ça pourrait bien être le cas ■ **easiness N** aisance f

east [i:st] **1 N** est m; **(to the) e. of** à l'est de; **the E.** *(Eastern Europe)* l'Est m; *(the Orient)* l'Orient m **2 ADJ** *(coast)* est inv; *(wind)* d'est; **E. Africa** l'Afrique f orientale **3 ADV** à l'est; *(travel)* vers l'est ■ **eastbound ADJ** *(traffic)* en direction de l'est; *Br (carriageway)* est inv ■ **easterly ADJ** *(point)* est inv; *(direction)* de l'est; *(wind)* d'est ■ **eastern ADJ** *(coast)* est inv; **E. France** l'est m de la France; **E. Europe** l'Europe f de l'est ■ **eastward(s) ADJ & ADV** vers l'est

Easter ['i:stə(r)] **N** Pâques fpl; **Happy E.!** joyeuses

Pâques!; **E. egg** œuf *m* de Pâques; **E. week** semaine *f* de Pâques

easy ['iːzɪ] **1** (**-ier, -iest**) ADJ *(not difficult)* facile; *(solution)* simple; *(pace)* modéré; *(manners)* naturel, -elle; *(style)* aisé; **an e. life** une vie tranquille; **it's e. to do** c'est facile à faire; **it's e. for them to do it** il leur est facile de faire ça; *Br Fam* **I'm e.** ça m'est égal **2** ADV doucement; **go e. on the salt** vas-y mollo avec le sel; **go e. on him** ne sois pas trop dur avec lui; **take it e.** *(rest)* repose-toi; *(work less)* ne te fatigue pas ▪ **'easy'going** ADJ *(carefree)* insouciant; *(easy to get along with)* facile à vivre

eat [iːt] (*pt* **ate** [*Br* et, eɪt, *Am* eɪt], *pp* **eaten** ['iːtən]) **1** VT manger; *(meal)* prendre; **to e. breakfast** prendre le petit déjeuner; **to e. one's words** se rétracter; **to e. sth up** *(finish)* finir qch; **eaten up with jealousy** dévoré de jalousie **2** VI manger; **to e. into one's savings** entamer ses économies; **to e. out** manger dehors ▪ **eater** N **big e.** gros mangeur *m*, grosse mangeuse *f*

eaves [iːvz] NPL avant-toit *m* ▪ **eavesdrop** (*pt & pp* **-pp-**) VT **to e. (on)** écouter avec indiscrétion

ebb [eb] **1** N reflux *m*; **the e. and flow** le flux et le reflux; **e. tide** marée *f* descendante; *Fig* **to be at a low e.** *(of patient, spirits)* être déprimé **2** VI refluer; *Fig* **to e. (away)** *(of strength)* décliner

ebony ['ebənɪ] N ébène *f*

e-book ['ibuk] N e-book *m*

EC [iː'siː] (*abbr* **European Community**) N *Formerly* CE *f*

eccentric [ɪk'sentrɪk] ADJ & N excentrique (*mf*)

ecclesiastic [ɪkliːzɪ'æstɪk] ADJ & N ecclésiastique *(m)* ▪ **ecclesiastical** ADJ ecclésiastique

echo ['ekəʊ] **1** (*pl* **-oes**) N écho *m* **2** (*pt & pp* **echoed**) VT *(sound)* répercuter; *Fig (repeat)* répéter **3** VI résonner (**with** de); **the explosion echoed** le bruit de l'explosion se répercuta; **the room echoes** il y a de l'écho dans cette pièce

eclectic [ɪ'klektɪk] ADJ éclectique

eclipse [ɪ'klɪps] **1** N *(of sun, moon)* & *Fig (loss of fame)* éclipse *f* **2** VT *also Fig* éclipser

eco- ['iːkəʊ] PREF éco- ▪ **ecofriendly** ADJ qui ne nuit pas à l'environnement ▪ **ecotourism** N écotourisme *m*

ecology [ɪ'kɒlədʒɪ] N écologie *f* ▪ **ecological** [iːkə'lɒdʒɪkəl] ADJ écologique ▪ **ecologist** N écologiste *mf*

e-commerce [iː'kɒmɜːs] N *Comptr* commerce *m* électronique

economic [iːkə'nɒmɪk] ADJ économique; *(profitable)* rentable ▪ **economical** ADJ économique; *(thrifty)* économe ▪ **economically** ADV économiquement ▪ **economics 1** N économie *f* **2** NPL *(profitability)* aspect *m* financier

economist [ɪ'kɒnəmɪst] N économiste *mf*

economize [ɪ'kɒnəmaɪz] VTI économiser (**on** sur)

economy [ɪ'kɒnəmɪ] (*pl* **-ies**) N *(saving, system, thrift)* économie *f*; **new e.** nouvelle économie; *Av* **e. class** classe *f* économique

ecstasy ['ekstəsɪ] (*pl* **-ies**) N *(state)* extase *f*; *(drug)* ecstasy *f* ▪ **ecstatic** [ɪk'stætɪk] ADJ fou *(f* folle) de joie; **to be e. about** s'extasier sur

Ecuador ['ekwədɔː(r)] N l'Équateur *m*

eczema ['eksɪmə] N *Med* eczéma *m*; **to have e.** avoir de l'eczéma

edge [edʒ] **1** N bord *m*; *(of forest)* lisière *f*; *(of town)* abords *mpl*; *(of page)* marge *f*; *(of knife, blade)* tranchant *m*; **to be on e.** *(of person)* être énervé; **to set sb's teeth on e.** crisper qn; *Fig* **to have the e.** *or* **a slight e.** être légèrement supérieur (**over** à) **2** VT *(clothing)* border (**with** de) **3** VI **to e. into** *(move)* se glisser dans; **to e. forward** avancer doucement

edgeways ['edʒweɪz], *Am* **edgewise** ['edʒwaɪz] ADV de côté; *Fam* **I can't get a word in e.** je ne peux pas en placer une

edgy ['edʒɪ] (**-ier, -iest**) ADJ énervé

edible ['edɪbəl] ADJ *(safe to eat)* comestible; *(fit to eat)* mangeable

edifice ['edɪfɪs] N *(building, organization)* édifice *m*

edify ['edɪfaɪ] (*pt & pp* **-ied**) VT édifier

Edinburgh ['edɪnbərə] N Édimbourg *m ou f*

edit ['edɪt] VT *(newspaper)* diriger; *(article)* corriger; *(prepare for publication)* préparer pour la publication; *(film)* monter; *Comptr* éditer; **to e. (out)** *(cut out)* couper

> Note that the French verb **éditer** is a false friend. It means **to publish**.

edition [ɪ'dɪʃən] N édition *f*

editor ['edɪtə(r)] N *(in charge of newspaper)* rédacteur, -trice *mf* en chef; *(in charge of magazine)* directeur, -trice *mf*; *(of section)* rédacteur, -trice *mf*; *(proofreader)* correcteur, -trice *mf*; *(of film)* monteur, -euse *mf*; *Comptr (software)* éditeur *m*; **sports e.** *(in newspaper)* rédacteur *m* sportif, rédactrice *f* sportive; **the e. in chief** *(of newspaper)* le rédacteur/la rédactrice en chef ▪ **editorial** [-'tɔːrɪəl] **1** ADJ de la rédaction; **e. staff** rédaction *f* **2** N éditorial *m*

educate ['edjʊkeɪt] VT *(bring up)* éduquer; *(in school)* instruire; *(mind)* former; **to be educated at** faire ses études à ▪ **educated** ADJ *(voice)* cultivé; **(well-)e.** *(person)* instruit

education [edjʊ'keɪʃən] N éducation *f*; *(teaching)* enseignement *m*; *(training)* formation *f*; *(university subject)* pédagogie *f*; **the e. system** le système éducatif ■ **educational** ADJ *(qualification)* d'enseignement; *(method, theory, content)* pédagogique; *(game, film, system)* éducatif, -ive; *(establishment)* scolaire; *(experience)* instructif, -ive; **e. qualifications** diplômes *mpl*

> Note that the French noun **éducation** can be a false friend. It refers both to education and to upbringing.

eel [iːl] N anguille *f*

eerie ['ɪərɪ] (**-ier, -iest**) ADJ sinistre

effect [ɪ'fekt] **1** N *(result, impression)* effet *m* (**on** sur); **to no e.** en vain; **in e.** en fait; **to put sth into e.** mettre qch en application; **to come into e., to take e.** *(of law)* entrer en vigueur; **to take e.** *(of medicine)* agir; **to have an e.** *(of medicine)* faire de l'effet; **or words to that e.** ou quelque chose d'approchant **2** VT *(change, rescue)* effectuer; *(saving, wish)* réaliser

effective [ɪ'fektɪv] ADJ *(efficient)* efficace; *(actual)* réel *(f* réelle*)*; **to become e.** *(of law)* prendre effet ■ **effectively** ADV *(efficiently)* efficacement; *(in fact)* effectivement ■ **effectiveness** N efficacité *f*

> Note that the French word **effectivement** is a false friend and is never used in the sense of **efficiently**. It means **actually**.

effeminate [ɪ'femɪnɪt] ADJ efféminé

effervescent [efə'vesənt] ADJ *(drink)* gazeux, -euse; *(mixture, liquid, youth)* effervescent

efficient [ɪ'fɪʃənt] ADJ efficace; *(productive)* performant ■ **efficiency** N efficacité *f*; *(of machine)* performances *fpl* ■ **efficiently** ADV efficacement; **to work e.** *(of machine)* bien fonctionner

effort ['efət] N effort *m*; **to make an e.** faire un effort (**to** pour); **it isn't worth the e.** ça n'en vaut pas la peine; **Fam his/her latest e.** sa dernière tentative ■ **effortless** ADJ *(victory, progress)* facile; *(skill, grace)* naturel, -elle; **with e. ease** sans effort ■ **effortlessly** ADV sans effort

effusive [ɪ'fjuːsɪv] ADJ *(person)* expansif, -ive; *(thanks, excuses)* fin

E-fit® ['iːfɪt] N *Comptr* portrait-robot *m* électronique

eg [iː'dʒiː] *(abbr* **exempli gratia)** p. ex.

egg¹ [eg] N œuf *m*; **e. timer** sablier *m* ■ **eggcup** N coquetier *m* ■ **eggplant** N *Am* aubergine *f* ■ **eggshell** N coquille f d'œuf

egg² [eg] VT **to e. sb on** encourager qn (**to do** à faire)

ego ['iːgəʊ] *(pl* **-os)** N **the e.** l'ego *m*; **to have an enormous e.** avoir très haute opinion de soi-même ■ **ego'centric** ADJ égocentrique

egoism ['iːgəʊɪzəm] N égoïsme *m* ■ **egoist** N égoïste *mf* ■ **ego'istic(al)** ADJ égoïste

egotism ['iːgətɪzəm] N égotisme *m* ■ **egotist** N égoïste *mf* ■ **egotistic(al)** [iːgə'tɪstɪk(əl)] ADJ égoïste

Egypt ['iːdʒɪpt] N l'Égypte *f* ■ **Egyptian** [ɪ'dʒɪpʃən] **1** ADJ égyptien, -ienne **2** N Égyptien, -ienne *mf*

eight [eɪt] ADJ & N huit *(m)* ■ **eighth** ADJ & N huitième *(mf)*; **an e.** un huitième

eighteen [eɪ'tiːn] ADJ & N dix-huit *(m)* ■ **eighteenth** ADJ & N dix-huitième *(mf)*

eighty ['eɪtɪ] ADJ & N quatre-vingts *(m)*; **e.-one** quatre-vingt-un; **in the eighties** dans les années 80 ■ **eightieth** ADJ & N quatre-vingtième *(mf)*

Eire ['eərə] N l'Eire *f*

either ['aɪðə(r)] **1** ADJ & PRON *(one or other)* l'un(e) ou l'autre; *(with negative)* ni l'un(e) ni l'autre; *(each)* chaque; **on e. side** des deux côtés; **I don't know e. man** *or* **e. of the men** je ne connais ni l'un ni l'autre de ces hommes **2** ADV **she can't swim e.** elle ne sait pas nager non plus; **I don't e.** (ni) moi non plus; **and it's not so far off e.** et ce n'est pas si loin d'ailleurs **3** CONJ **e... or** ou... ou, soit... soit; *(with negative)* ni... ni; **it isn't e. green or red** ce n'est ni vert ni rouge

eject [ɪ'dʒekt] **1** VT *(troublemaker)* expulser (**from** de); *(from aircraft, machine)* éjecter **2** VI *(of pilot)* s'éjecter

elaborate¹ [ɪ'læbərət] ADJ *(meal)* élaboré; *(scheme)* compliqué; *(description)* détaillé; *(preparation)* minutieux, -ieuse; *(style)* recherché

elaborate² [ɪ'læbəreɪt] **1** VT *(theory)* élaborer **2** VI entrer dans les détails (**on** de)

elapse [ɪ'læps] VI s'écouler

elastic [ɪ'læstɪk] **1** ADJ *also Fig* élastique; *Br* **e. band** élastique *m* **2** N *(fabric)* élastique *m* ■ **elasticity** [iːlæs'tɪsɪtɪ] N élasticité *f*

elated [ɪ'leɪtɪd] ADJ transporté de joie ■ **elation** N exaltation *f*

elbow ['elbəʊ] **1** N coude *m*; *Fam* **e. grease** huile f de coude **2** VT **to e. one's way** se frayer un chemin en jouant des coudes (**through** à travers)

elder¹ ['eldə(r)] ADJ & N *(of two people)* aîné, -ée *(mf)* ■ **eldest** ADJ & N aîné, -ée *(mf)*; **his/her brother** l'aîné de ses frères

elder² ['eldə(r)] N *(tree)* sureau *m*

elderly ['eldəlɪ] **1** ADJ âgé **2** NPL **the e.** les personnes *fpl* âgées

elect [ɪ'lekt] **1** VT *(by voting)* élire (**to** à); *Formal* **to e. to do sth** choisir de faire qch **2** ADJ **the president e.** le président élu

election [ɪ'lekʃən] **1** N élection *f*; **general e.** élections *fpl* législatives **2** ADJ *(campaign)* électoral; *(day, results)* des élections

elective [ɪ'lektɪv] *Univ* **1** ADJ *(course)* optionnel, -elle **2** N cours *m* optionnel

electoral [ɪ'lektərəl] ADJ électoral ■ **electorate** N électorat m

electric [ɪ'lektrɪk] ADJ électrique; **e. blanket** couverture f chauffante; Br **e. fire** radiateur m électrique; **e. shock** décharge f électrique; **e. shock treatment** électrochoc m ■ **electrical** ADJ électrique; **e. engineer** ingénieur m électricien

electrician [ɪlek'trɪʃən] N électricien m

electricity [ɪlek'trɪsɪtɪ] N électricité f

electrify [ɪ'lektrɪfaɪ] (pt & pp **-ied**) VT électrifier; Fig (excite) électriser

electrocute [ɪ'lektrəkjuːt] VT électrocuter

electrode [ɪ'lektrəʊd] N électrode f

electron [ɪ'lektrɒn] N électron m

electronic [ɪlek'trɒnɪk] ADJ électronique ■ **electronics** N (subject) électronique f

elegant ['elɪgənt] ADJ élégant ■ **elegance** N élégance f ■ **elegantly** ADV avec élégance

elegy ['elədʒɪ] (pl **-ies**) N élégie f

element ['eləmənt] N (component, chemical, person) élément m; (of heater, kettle) résistance f; **an e. of truth** une part de vérité; **the human/ chance e.** le facteur humain/chance; **the elements** (bad weather) les éléments mpl; **to be in one's e.** être dans son élément

elementary [elɪ'mentərɪ] ADJ élémentaire; Am (school) primaire

elephant ['elɪfənt] N éléphant m

elevate ['elɪveɪt] VT élever ■ **elevation** [-'veɪʃən] N élévation f (**of** de); (height) altitude f

elevator ['elɪveɪtə(r)] N Am ascenseur m

eleven [ɪ'levən] ADJ & N onze (m) ■ **eleventh** ADJ & N onzième (mf)

elf [elf] (pl **elves**) N lutin m

elicit [ɪ'lɪsɪt] VT tirer (**from** de)

eligible ['elɪdʒəbəl] ADJ (for post) admissible (**for** à); (for political office) éligible (**for** à); **to be e. for sth** avoir droit à qch; **an e. young man** un beau parti ■ **eligi'bility** N admissibilité f; Pol éligibilité f

eliminate [ɪ'lɪmɪneɪt] VT éliminer ■ **elimination** [-'neɪʃən] N élimination f

elite [eɪ'liːt] N élite f (**of** de)

elk [elk] N élan m

ellipse [ɪ'lɪps] N Math ellipse f

elm [elm] N orme m

elocution [elə'kjuːʃən] N élocution f

elongate ['iːlɒŋgeɪt] VT allonger ■ **elongated** ADJ allongé

elope [ɪ'ləʊp] VI (of lovers) s'enfuir (**with** avec)

eloquent ['eləkwənt] ADJ éloquent ■ **eloquence** N éloquence f

El Salvador [el'sælvədɔː(r)] N El Salvador m

else [els] ADV d'autre; **somebody/anybody e.** quelqu'un/n'importe qui d'autre; **everybody e.** tous les autres; **nobody/nothing e.** personne/ rien d'autre; **something e.** autre chose; **anything e. to add?** avez-vous quelque chose d'autre à ajouter?; **somewhere e.,** Am **someplace e.** ailleurs, autre part; **anywhere/nowhere e.** n'importe où/nulle part ailleurs; **what e.?** quoi d'autre?; **who e.?** qui d'autre?; **how e.?** de quelle autre façon? ■ **else'where** ADV ailleurs; **e. in the town** dans une autre partie de la ville

elude [ɪ'luːd] VT échapper à ■ **elusive** ADJ (person) insaisissable; (reply) évasif, -ive

elves [elvz] PL of **elf**

emaciated [ɪ'meɪsɪeɪtɪd] ADJ émacié

e-mail ['iːmeɪl] **1** N courrier m électronique, e-mail m, mél m; **to send sth by e.** envoyer qch par courrier électronique; **to check one's e.** consulter sa boîte à lettres électronique; **e. address** adresse f électronique **2** VT envoyer un courrier électronique ou un e-mail ou un mél à

emanate ['eməneɪt] VI émaner (**from** de)

emancipate [ɪ'mænsɪpeɪt] VT émanciper ■ **emancipation** [-'peɪʃən] N émancipation f

embankment [ɪm'bæŋkmənt] N (of path) talus m; (of river) berge f

embargo [ɪm'bɑːgəʊ] (pl **-oes**) N embargo m; **to impose an e. on** mettre l'embargo sur

embark [ɪm'bɑːk] **1** VT (passengers, goods) embarquer **2** VI (s')embarquer; **to e. on sth** s'embarquer dans qch ■ **embarkation** [embɑː'keɪʃən] N embarquement m

embarrass [ɪm'bærəs] VT embarrasser ■ **embarrassing** ADJ embarrassant ■ **embarrassment** N embarras m

embassy ['embəsɪ] (pl **-ies**) N ambassade f

embattled [ɪm'bætəld] ADJ assiégé de toutes parts

embedded [ɪm'bedɪd] ADJ (stick, bullet) enfoncé (**in** dans); (jewel) enchâssé; (in memory) gravé; (in stone) scellé

embellish [ɪm'belɪʃ] VT embellir

embers ['embəz] NPL braises fpl

embezzle [ɪm'bezəl] VT (money) détourner ■ **embezzler** N escroc m

emblem ['embləm] N emblème m

embody [ɪm'bɒdɪ] (pt & pp **-ied**) VT (express) exprimer; (represent) incarner

emboss [ɪm'bɒs] VT (paper) gaufrer; (metal) bosseler ■ **embossed** ADJ (pattern, characters) en relief; **e. paper** papier m gaufré

embrace [ɪm'breɪs] **1** N étreinte f **2** VT (person) étreindre; Fig (belief) embrasser **3** VI s'étreindre

embroider [ɪmˈbrɔɪdə(r)] vt (cloth) broder; Fig (story, facts) enjoliver ■ **embroidery** N broderie f

embryo [ˈembrɪəʊ] (pl **-os**) N embryon m ■ **embryonic** [-ɪˈdnɪk] ADJ Med & Fig à l'état embryonnaire

emerald [ˈemərəld] N émeraude f

emerge [ɪˈmɜːdʒ] vi apparaître (**from** de); (from hole) sortir; (from water) émerger; (of nation) naître; **it emerges that...** il apparaît que... ■ **emergence** N apparition f; (of state, leader) émergence f

emergency [ɪˈmɜːdʒənsɪ] 1 (pl **-ies**) N (situation, case) urgence f; **in an e.** en cas d'urgence 2 ADJ (measure, operation) d'urgence; **e. exit/brake** sortie f/frein m de secours; **e. services** services mpl d'urgence; **e. stop** arrêt m d'urgence; Br **e. ward**, Am **e. room** salle f des urgences

emigrant [ˈemɪgrənt] N émigrant, -ante mf ■ **emigrate** [-greɪt] vi émigrer ■ **emigration** [-ˈgreɪʃən] N émigration f

eminent [ˈemɪnənt] ADJ éminent ■ **eminence** N distinction f; **Your E.** (to cardinal) Votre Éminence

emission [ɪˈmɪʃən] N (of gas, light) émission f

emit [ɪˈmɪt] (pt & pp **-tt-**) vt (light, heat) émettre; (smell) dégager

emotion [ɪˈməʊʃən] N (strength of feeling) émotion f; (individual feeling) sentiment m

emotional [ɪˈməʊʃənəl] ADJ (person, reaction) émotif, -ive; (story, speech, plea) émouvant; (moment) d'intense émotion; **an e. state** un état émotionnel ■ **emotionally** ADV (to say) avec émotion; **to be e. unstable** avoir des troubles émotifs

emotive [ɪˈməʊtɪv] ADJ (word) affectif, -ive; (person) émotif, -ive; **an e. issue** une question sensible

empathy [ˈempəθɪ] N compassion f

emperor [ˈempərə(r)] N empereur m

emphasis [ˈemfəsɪs] (pl **-ases** [-əsiːz]) N (in word or phrase) accent m; (insistence) insistance f; **to lay** or **put e. on sth** mettre l'accent sur qch

emphasize [ˈemfəsaɪz] vt (importance) souligner; (word, fact) insister sur, souligner; (syllable) appuyer sur; **to e. that...** souligner que...

emphatic [emˈfætɪk] ADJ (denial, refusal) (clear) catégorique; (forceful) énergique; **to be e. about sth** insister sur qch; **she was e.** elle a été catégorique

empire [ˈempaɪə(r)] N empire m

empirical [emˈpɪrɪkəl] ADJ empirique

employ [ɪmˈplɔɪ] vt (person, means) employer ■ **employable** ADJ susceptible d'être employé; **qualifications make you more e.** il est plus facile de se faire embaucher quand on a des qualifications ■ **employee** [ɪmˈplɔɪiː, emplɔɪˈiː] N employé, -ée mf ■ **employer** N patron, -onne mf ■ **employment** N emploi m; **place of e.** lieu m de travail; **to be in the e. of** être employé par; **e. agency** bureau m de placement

empower [ɪmˈpaʊə(r)] vt autoriser (**to do** à faire)

empty [ˈemptɪ] 1 (**-ier, -iest**) ADJ vide; (threat, promise) vain; **on an e. stomach** à jeun; **to return e.-handed** revenir les mains vides 2 NPL **empties** (bottles) bouteilles fpl vides 3 (pt & pp **-ied**) vt (objects from box) sortir (**from** or **out of** de); **to e. (out)** (box, pocket, liquid) vider; (vehicle) décharger 4 vi (of building, tank) se vider; **to e. into** (of river) se jeter dans ■ **emptiness** N vide m; **I was surprised by the emptiness of the theatre** j'ai été surpris de trouver le théâtre vide

emulate [ˈemjʊleɪt] vt imiter

emulsion [ɪˈmʌlʃən] N (paint) peinture f acrylique (mate); Phot émulsion f

enable [ɪˈneɪbəl] vt **to e. sb to do sth** permettre à qn de faire qch

enact [ɪˈnækt] vt (law) promulguer; (play, part in play) jouer

enamel [ɪˈnæməl] 1 N émail m (pl émaux) 2 ADJ en émail 3 (Br **-ll-**, Am **-l-**) vt émailler

enamoured, Am **enamored** [ɪˈnæməd] ADJ **e. of** (thing) séduit par; (person) amoureux, -euse de

encapsulate [ɪnˈkæpsjʊleɪt] vt (ideas, views) résumer

encase [ɪnˈkeɪs] vt (cover) envelopper (**in** dans)

enchant [ɪnˈtʃɑːnt] vt enchanter ■ **enchanting** ADJ enchanteur, -eresse ■ **enchantment** N enchantement m

encircle [ɪnˈsɜːkəl] vt entourer; (of army, police) encercler

encl (abbr **enclosure(s)**) PJ

enclave [ˈenkleɪv] N enclave f

enclose [ɪnˈkləʊz] vt (send with letter) joindre (**in** or **with** à); (fence off) clôturer; **to e. sth with a wall** entourer qch d'un mur ■ **enclosed** ADJ (receipt, document) ci-joint; (market) couvert; **e. space** espace m clos; **please find e....** veuillez trouver ci-joint...

enclosure [ɪnˈkləʊʒə(r)] N (in letter) pièce f jointe; (place, fence) enceinte f

encompass [ɪnˈkʌmpəs] vt (include) inclure; (surround) entourer

encore [ˈɒŋkɔː(r)] 1 EXCLAM & N bis (m) 2 vt bisser

encounter [ɪnˈkaʊntə(r)] 1 N rencontre f 2 vt (person, resistance) rencontrer

encourage [ɪnˈkʌrɪdʒ] vt encourager (**to do** à

faire) ■ **encouragement** N encouragement *m*

encroach [ɪnˈkrəʊtʃ] VI empiéter (**on** or **upon** sur)

encyclop(a)edia [ɪnsaɪkləˈpiːdɪə] N encyclopédie *f*

end [end] **1** N *(extremity)* bout *m*, extrémité *f*; *(of month, meeting, book)* fin *f*; *(purpose)* but *m*; **at an e.** *(discussion, war)* fini; *(period of time)* écoulé; **my patience is at an e.** ma patience est à bout; **in the e.** à la fin; **to come to an e.** prendre fin; **to put an e. to sth**, **to bring sth to an e.** mettre fin à qch; **there's no e. to it** ça n'en finit plus; **to stand sth on e.** mettre qch debout **2** ADJ *(row, house)* dernier, -ière; **e. product** *(industrial)* produit *m* fini; *Fig* résultat *m* **3** VT finir, terminer **(with** par); *(rumour, speculation)* mettre fin à **4** VI finir, se terminer; **to e. in failure** se solder par un échec; **to e. up doing sth** finir par faire qch; **to e. up in London** se retrouver à Londres

endanger [ɪnˈdeɪndʒə(r)] VT mettre en danger; **endangered species** espèce *f* menacée

endear [ɪnˈdɪə(r)] VT faire aimer (**to** de); **that's what endears him to me** c'est cela qui me plaît en lui ■ **endearing** ADJ *(person)* attachant; *(quality)* qui inspire la sympathie ■ **endearment** N mot *m* tendre; **term of e.** terme *m* d'affection

endeavour, *Am* **endeavor** [ɪnˈdevə(r)] **1** N effort *m* **(to do** pour faire) **2** VI s'efforcer **(to do** de faire)

ending [ˈendɪŋ] N fin *f*; *(of word)* terminaison *f*; **a happy e.** *(in story)* un heureux dénouement

endive [ˈendaɪv] N *(curly)* chicorée *f*; *(smooth)* endive *f*

endless [ˈendləs] ADJ *(speech, series, list)* interminable; *(patience)* infini; *(countless)* innombrable

endorse [ɪnˈdɔːs] VT *(cheque)* endosser; *(action, plan)* approuver; *(claim, application)* appuyer ■ **endorsement** N *Br (on driving licence)* ≃ point(s) enlevé(s) sur le permis de conduire

endow [ɪnˈdaʊ] VT *(institution)* doter (**with** de); **to be endowed with** *(of person)* être doté de ■ **endowment** N dotation *f*

endurance [ɪnˈdjʊərəns] N endurance *f*; **e. test** épreuve *f* d'endurance

endure [ɪnˈdjʊə(r)] **1** VT *(violence)* endurer; *(person, insult)* supporter **2** VI *(last)* survivre ■ **enduring** ADJ durable

enemy [ˈenəmɪ] **1** *(pl* **-ies)** N ennemi, -ie *mf* **2** ADJ *(army, tank)* ennemi

energetic [enəˈdʒetɪk] ADJ énergique; **to feel e.** se sentir plein d'énergie

energy [ˈenədʒɪ] **1** *(pl* **-ies)** N énergie *f* **2** ADJ *(resources)* énergétique; **e. crisis** crise *f* de l'énergie

enforce [ɪnˈfɔːs] VT *(law)* faire respecter;

(discipline) imposer (**on** à) ■ **enforced** ADJ *(rest, silence)* forcé

engage [ɪnˈgeɪdʒ] **1** VT *(take on)* engager; **to sb in conversation** engager la conversation avec qn; *Br* **to e. the clutch** embrayer **2** VI **to e. in** *(launch into)* se lancer dans; *(be involved in)* être mêlé à

engaged [ɪnˈgeɪdʒd] ADJ **(a)** *(occupied) (person, toilet, phone)* occupé; **e. in doing sth** occupé à faire qch; **to be e. in business** être dans les affaires **(b)** **e. (to be married)** fiancé; **to get e.** se fiancer

engagement [ɪnˈgeɪdʒmənt] N *(to marry)* fiançailles *fpl*; *(meeting)* rendez-vous *m inv*; *(undertaking)* engagement *m*; **to have a prior e.** être déjà pris; **e. ring** bague *f* de fiançailles

engaging [ɪnˈgeɪdʒɪŋ] ADJ engageant

engender [ɪnˈdʒendə(r)] VT engendrer

engine [ˈendʒɪn] N *(of vehicle, aircraft)* moteur *m*; *(of train)* locomotive *f*; *(of ship)* machine *f*; *Br* **e. driver** *(of train)* mécanicien *m*

> Note that the French word **engin** is a false friend and is rarely a translation for the English word **engine**. Its most common meaning is **machine**.

engineer [endʒɪˈnɪə(r)] **1** N ingénieur *m*; *Br (repairer)* dépanneur *m*; *(on ship, train)* mécanicien *m*; **civil e.** ingénieur des travaux publics; **mechanical e.** ingénieur mécanicien **2** VT *(arrange secretly)* manigancer ■ **engineering** N ingénierie *f*; **(civil) e.** génie *m* civil; **(mechanical) e.** mécanique *f*; **e. factory** atelier *m* de construction mécanique

England [ˈɪŋglənd] N l'Angleterre *f* ■ **English 1** ADJ anglais; **E. teacher** professeur *m* d'anglais; **the E. Channel** la Manche **2** N *(language)* anglais *m*; **the E.** *(people)* les Anglais *mpl* ■ **Englishman** *(pl* **-men)** N Anglais *m* ■ **English-speaking** ADJ anglophone ■ **Englishwoman** *(pl* **-women)** N Anglaise *f*

engraving [ɪnˈgreɪvɪŋ] N gravure *f*

engrossed [ɪnˈgrəʊst] ADJ **e. in one's work** absorbé par son travail; **e. in one's book** absorbé dans sa lecture

engulf [ɪnˈgʌlf] VT engloutir

enhance [ɪnˈhɑːns] VT *(beauty, prestige)* rehausser; *(value)* augmenter

enigma [ɪˈnɪgmə] N énigme *f* ■ **enigmatic** [enɪgˈmætɪk] ADJ énigmatique

enjoy [ɪnˈdʒɔɪ] VT *(like)* aimer (**doing** faire); *(meal)* savourer; *(benefit from)* jouir de; **to e. the evening** passer une bonne soirée; **to e. oneself** s'amuser; **to e. being in London** se plaire à Londres ■ **enjoyable** ADJ agréable; *(meal)* excellent ■ **enjoyment** N plaisir *m*

enlarge [ɪnˈlɑːdʒ] **1** vt agrandir **2** vi s'agrandir; **to e. (up)on sth** s'étendre sur qch ■ **enlargement** N *(increase)* & *Phot* agrandissement *m*

enlighten [ɪnˈlaɪtən] vt éclairer (**sb on** *or* **about sth** qn sur qch) ■ **enlightening** ADJ instructif, -ive ■ **enlightenment** N *(explanations)* éclaircissements *mpl*; **an age of e.** une époque éclairée

enlist [ɪnˈlɪst] **1** vt *(recruit)* engager; *(supporter)* recruter; *(support)* s'assurer **2** vi *(in the army)* s'engager

enormous [ɪˈnɔːməs] ADJ énorme; *(explosion, blow)* terrible; *(patience, gratitude)* immense; **an e. success** un immense succès ■ **enormity** N *(vastness, extent)* énormité *f*; *(atrocity)* atrocité *f* ■ **enormously** ADV *(very much)* énormément; *(very)* extrêmement

enough [ɪˈnʌf] **1** ADJ assez de; **e. time/cups** assez de temps/de tasses **2** PRON assez; **to have e. to live on** avoir de quoi vivre; **to have e. to drink** avoir assez à boire; **to have had e. of sb/ sth** en avoir assez de qn/qch; **it's e. for me to see that…** il me suffit de voir que…; **that's e.** ça suffit **3** ADV *(work, sleep)* assez; **big/good e.** assez grand/bon (**to** pour); **strangely e., he left** chose curieuse, il est parti

enquire [ɪnˈkwaɪə(r)] vti = **inquire**

enquiry [ɪnˈkwaɪərɪ] N = **inquiry**

enrage [ɪnˈreɪdʒ] vt mettre en rage

enrich [ɪnˈrɪtʃ] vt enrichir; *(soil)* fertiliser

enrol, *Am* **enroll** [ɪnˈrəʊl] *(pt & pp* **-ll-)** **1** vt inscrire **2** vi s'inscrire (**in/for** à) ■ **enrolment**, *Am* **enrollment** N inscription *f*; *(people enrolled)* effectif *m*

ensemble [ɒnˈsɒmbəl] N *(musicians, clothes)* ensemble *m*

ensue [ɪnˈsjuː] vi s'ensuivre ■ **ensuing** ADJ *(in the past)* qui a suivi; *(in the future)* qui suivra

ensure [ɪnˈʃʊə(r)] vt assurer; **to e. that…** s'assurer que…

entail [ɪnˈteɪl] vt *(involve)* occasionner; *(difficulties)* comporter; **what does the job e.?** en quoi le travail consiste-t-il?

entangle [ɪnˈtæŋgəl] vt enchevêtrer; **to get entangled in sth** *(of person, animal)* s'empêtrer dans qch

enter [ˈentə(r)] **1** vt *(room, vehicle, army)* entrer dans; *(road)* s'engager dans; *(university)* entrer à; *(race, competition)* participer à; *(write down) (on list)* inscrire (**in** dans; **on** sur); *(in accounts book)* porter (**in** sur); *Comptr (data)* entrer; **to e. sb for an exam** inscrire qn à un examen; **to e. a painting in a competition** présenter un tableau à un concours; **it didn't e. my head** *or* **mind** ça ne m'est pas venu à l'esprit (**that** que) **2** vi entrer; **to e. for** *(exam)* se présenter à; *(race)* se faire inscrire à; **to e. into** *(relations)* entrer en; *(explanation)* entamer; *(contract)* passer (**with** avec); **to e. into a conversation with sb** engager une conversation avec qn; **to e. into** *or* **upon** *(career)* entrer dans; *(negotiations)* entamer; *(agreement)* conclure

enterprise [ˈentəpraɪz] N *(undertaking, firm)* entreprise *f*; *(spirit, initiative)* initiative *f* ■ **enterprising** ADJ *(person)* entreprenant

entertain [entəˈteɪn] **1** vt amuser, distraire; *(guest)* recevoir; *(idea, possibility)* envisager; *(doubt, hope)* nourrir; **to e. sb to a meal** recevoir qn à dîner **2** vi *(receive guests)* recevoir ■ **entertainer** N comique *mf* ■ **entertaining** ADJ amusant ■ **entertainment** N amusement *m*; *(show)* spectacle *m*

> Note that the French verb **entretenir** is a false friend and is never a translation for the English verb **to entertain**. Its most common meaning is **to maintain**.

enthral(l) [ɪnˈθrɔːl] *(pt & pp* **-ll-)** vt *(delight)* captiver

enthuse [ɪnˈθjuːz] vi **to e. over** s'enthousiasmer pour

enthusiasm [ɪnˈθjuːzɪæzəm] N enthousiasme *m* ■ **enthusiast** N enthousiaste *mf*; **jazz e.** passionné, -ée *mf* de jazz

enthusiastic [ɪnθjuːzɪˈæstɪk] ADJ enthousiaste; *(golfer, photographer)* passionné; **to get e.** s'emballer (**about** pour) ■ **enthusiastically** ADV avec enthousiasme

entice [ɪnˈtaɪs] vt attirer (**into** dans); **to e. sb to do sth** inciter qn à faire qch ■ **enticing** ADJ séduisant

entire [ɪnˈtaɪə(r)] ADJ entier, -ière ■ **entirely** ADV entièrement

entirety [ɪnˈtaɪərətɪ] N intégralité *f*; **in its e.** dans son intégralité

entitle [ɪnˈtaɪtəl] vt **to e. sb to do sth** donner à qn le droit de faire qch; **to e. sb to sth** donner à qn le droit à qch; **that entitles me to believe that…** ça m'autorise à croire que… ■ **entitled** ADJ (**a**) **to be e. to do sth** avoir le droit de faire qch; **to be e. to sth** avoir droit à qch (**b**) **a book e.…** un livre intitulé… ■ **entitlement** N **one's e.** son dû

entity [ˈentɪtɪ] *(pl* **-ies)** N entité *f*

entrails [ˈentreɪlz] NPL entrailles *fpl*

entrance[1] [ˈentrəns] N entrée *f* (**to** de); *(to university, school)* admission *f* (**to** à); **e. examination** examen *m* d'entrée; **e. fee** droit *m* d'entrée

entrance[2] [ɪnˈtrɑːns] vt *(charm)* transporter

entrant ['entrənt] N *(in race)* concurrent, -ente *mf*; *(for exam)* candidat, -ate *mf*

entrée ['ɒntreɪ] N *Br Culin* entrée *f*; *Am (main dish)* plat *m* principal

entrepreneur [ɒntrəprə'nɜː(r)] N entrepreneur *m*

entrust [ɪn'trʌst] VT confier (**to** à); **to e. sb with sth** confier qch à qn

entry ['entrɪ] N entrée *f*; *(in race)* concurrent, -ente *mf*; *(to be judged in competition)* objet *m*/ œuvre *f*/projet *m* soumis au jury; **to gain e. to** pénétrer dans; **e. form** feuille *f* d'inscription; **'no e.'** *(on door)* 'entrée interdite'; *(on road sign)* 'sens interdit'

enumerate [ɪ'njuːməreɪt] VT énumérer

enunciate [ɪ'nʌnsɪeɪt] VT *(word)* articuler; *(theory)* énoncer

envelop [ɪn'veləp] VT envelopper (**in** dans); **enveloped in mystery** entouré de mystère

envelope ['envələʊp] N enveloppe *f*

enviable ['envɪəbəl] ADJ enviable

envious ['envɪəs] ADJ envieux, -ieuse (**of** de); **to be e. of sb** envier qn

environment [ɪn'vaɪərənmənt] N *(social, moral)* milieu *m*; **the e.** *(natural)* l'environnement *m*; **e.-friendly product** produit *m* qui ne nuit pas à l'environnement ■ **environmental** [-'mentəl] ADJ *(policy)* de l'environnement; **e. disaster** catastrophe *f* écologique ■ **environmentalist** [-'mentəlɪst] N écologiste *mf* ■ **environmentally** [-'mentəlɪ] ADV écologiquement; **e. friendly** qui ne nuit pas à l'environnement

envisage [ɪn'vɪzɪdʒ], *Am* **envision** [ɪn'vɪʒən] VT *(imagine)* envisager; *(foresee)* prévoir; **to e. doing sth** envisager de faire qch

envoy ['envɔɪ] N *(messenger)* envoyé, -ée *mf*; *(diplomat)* ministre *m* plénipotentiaire

envy ['envɪ] 1 N envie *f* 2 *(pt & pp -ied)* VT envier; **to e. sb sth** envier qch à qn

ephemeral [ɪ'femərəl] ADJ éphémère

epic ['epɪk] 1 ADJ épique 2 N *(poem, novel)* épopée *f*; *(film)* film *m* à grand spectacle

epidemic [epɪ'demɪk] N épidémie *f*

epilepsy ['epɪlepsɪ] N épilepsie *f* ■ **epi'leptic** ADJ & N épileptique *(mf)*

epilogue ['epɪlɒg] N épilogue *m*

episode ['epɪsəʊd] N *(part of story)* épisode *m*; *(incident)* incident *m*

epitaph ['epɪtɑːf] N épitaphe *f*

epitome [ɪ'pɪtəmɪ] N **to be the e. of sth** être l'exemple même de qch ■ **epitomize** VT incarner

epoch ['iːpɒk] N époque *f*

equal ['iːkwəl] 1 ADJ égal (**to** à); **with e. hostility/**respect avec la même hostilité/le même respect; **to be e. to sth** *(in quantity)* égaler qch; *(good enough)* être à la hauteur de qch 2 N *(person)* égal, -ale *mf*; **to treat sb as an e.** traiter qn d'égal à égal; **he doesn't have his e.** il n'a pas son pareil 3 *(Br -ll-, Am -l-)* VT égaler (**in** en) ■ **equals sign** N signe *m* d'égalité

equality [ɪ'kwɒlɪtɪ] N égalité *f*

equalize ['iːkwəlaɪz] 1 VT égaliser; *(chances)* équilibrer 2 VI *(in sport)* égaliser

equally ['iːkwəlɪ] ADV *(to an equal degree, also)* également; *(divide)* en parts égales; **he's e. stupid** il est tout aussi bête

equate [ɪ'kweɪt] VT assimiler (**with** à)

equation [ɪ'kweɪʒən] N *Math* équation *f*

equator [ɪ'kweɪtə(r)] N équateur *m*; **at** or **on the e.** sous l'équateur ■ **equatorial** [ekwə'tɔːrɪəl] ADJ équatorial

equestrian [ɪ'kwestrɪən] ADJ équestre

equilibrium [iːkwɪ'lɪbrɪəm] N équilibre *m*

equinox ['iːkwɪnɒks, 'ekwɪnɒks] N équinoxe *m*

equip [ɪ'kwɪp] *(pt & pp -pp-)* VT *(provide with equipment)* équiper (**with** de); *(prepare)* préparer (**for** pour); **(well-)equipped with** pourvu de; **to be (well-)equipped to do** être compétent pour faire ■ **equipment** N équipement *m*; *(in factory)* matériel *m*

equity ['ekwɪtɪ] *(pl -ies)* N (a) *(fairness)* équité *f* (b) *Fin (of shareholders)* fonds *mpl* propres; *(of company)* capital *m* actions; **equities** *(shares)* actions *fpl* ordinaires ■ **equitable** ADJ équitable

equivalent [ɪ'kwɪvələnt] ADJ & N équivalent *(m)*

era [*Br* 'ɪərə, *Am* 'erə] N époque *f*; *(historical, geological)* ère *f*

eradicate [ɪ'rædɪkeɪt] VT éradiquer

erase [*Br* ɪ'reɪz, *Am* ɪ'reɪs] VT effacer; *(with eraser)* gommer ■ **eraser** N *Am* gomme *f*

erect [ɪ'rekt] 1 ADJ *(upright)* droit 2 VT *(building)* construire; *(statue, monument)* ériger; *(scaffolding)* monter; *(tent)* dresser ■ **erection** N construction *f*; *(of statue)* érection *f*

erode [ɪ'rəʊd] VT *(of sea)* éroder; *Fig (confidence)* miner ■ **erosion** [-ʒən] N érosion *f*

erotic [ɪ'rɒtɪk] ADJ érotique

err [ɜː(r)] VI *(be wrong)* faire erreur; *(sin)* pécher; **to e. on the side of caution** pécher par excès de prudence

errand ['erənd] N commission *f*, course *f*; **to run errands for sb** faire des courses pour qn; **e. boy** garçon *m* de courses

erratic [ɪ'rætɪk] ADJ *(unpredictable) (behaviour)* imprévisible; *(service, machine)* fantaisiste; *(person)* lunatique; *(irregular) (performance, results)* irrégulier, -ière

erroneous [ɪ'rəʊnɪəs] ADJ erroné

error ['erə(r)] N (mistake) erreur f; **to do sth in e.** faire qch par erreur; **typing/printing e.** faute f de frappe/d'impression

erudite ['erʊdaɪt] ADJ érudit

erupt [ɪ'rʌpt] VI (of volcano) entrer en éruption; (of pimples) apparaître; (of war, violence) éclater ▪ **eruption** N (of volcano, pimples) éruption f (**of** de); (of violence, anger) flambée f

escalate ['eskəleɪt] 1 VT intensifier 2 VI (of war, violence) s'intensifier; (of prices) monter en flèche ▪ **esca'lation** N escalade f; (of prices) montée f en flèche

escalator ['eskəleɪtə(r)] N escalier m roulant

escapade ['eskəpeɪd] N frasque f

escape [ɪ'skeɪp] 1 N (of gas, liquid) fuite f; (of person) évasion f; **he had a lucky** or **narrow e.** il l'a échappé belle 2 VT (death, punishment) échapper à; **her name escapes me** son nom m'échappe; **to e. notice** passer inaperçu 3 VI (of gas, animal) s'échapper (**from** de); (of prisoner) s'évader (**from** de); **to e. unhurt** s'en tirer indemne; **escaped prisoner** évadé, -ée mf

escort 1 ['eskɔːt] N (for convoy) escorte f; (for tourist) guide m; (of woman) cavalier m; **under e.** sous escorte; **it's dangerous – she needs an e.** c'est dangereux – il faut que quelqu'un l'accompagne 2 [ɪ'skɔːt] VT escorter; (prisoner) conduire sous escorte

Eskimo ['eskɪməʊ] 1 ADJ esquimau, -aude 2 (pl **-os**) N Esquimau, -aude mf

especially [ɪ'speʃəlɪ] ADV (in particular) surtout; (more than normally) particulièrement; (for purpose) (tout) spécialement; **e. as** d'autant plus que

espionage ['espɪənɑːʒ] N espionnage m

espresso [e'spresəʊ] (pl **-os**) N express m

Esq (abbr **Esquire**) Br **J. Smith Esq** = Monsieur J. Smith

essay ['eseɪ] N (in school) rédaction f; (in university) dissertation f (**on** sur)

essence ['esəns] N (distinctive quality) essence f; Culin (extract) extrait m; **the e. of sth** (main point) l'essentiel m de qch; **in e.** essentiellement

essential [ɪ'senʃəl] 1 ADJ (principal) essentiel, -ielle; (necessary) indispensable, essentiel; **it's e. that...** il est indispensable que... (+ subjunctive) 2 NPL (basic foodstuffs) les produits mpl de première nécessité; (of grammar) les éléments mpl; **the essentials** l'essentiel m (**of** de) ▪ **essentially** ADV essentiellement

establish [ɪ'stæblɪʃ] VT établir; (state, society, company) fonder; (post) créer ▪ **established** ADJ (well-)e. (company) solide; (fact) reconnu; (reputation) établi; **she's (well-)e.** (well-known)

elle a une réputation établie ▪ **establishment** N (institution, company) établissement m; **the e. of** (action) l'établissement de; (state) la fondation de; (post) la création de; **the E.** (dominant group) les classes fpl dirigeantes

estate [ɪ'steɪt] N (land) terres fpl, propriété f; (possessions) biens mpl; (property after death) succession f; Br **e. agency** agence f immobilière; Br **e. agent** agent m immobilier; Br **e. car** break m; Br **e. duty**, Am **e. tax** droits mpl de succession

esteem [ɪ'stiːm] 1 N estime f; **to hold sb in high e.** avoir qn en haute estime 2 VT estimer; **highly esteemed** très estimé

esthetic [es'θetɪk] ADJ Am = aesthetic

estimate 1 ['estɪmət] N évaluation f; Com devis m; **rough e.** chiffre m approximatif 2 ['estɪmeɪt] VT (value) estimer, évaluer; (consider) estimer (**that** que) ▪ **estimation** [-'meɪʃən] N jugement m; (esteem) estime f; (calculation) estimation f; **in my e.** à mon avis

Estonia [es'təʊnɪə] N Estonie f ▪ **Estonian** 1 ADJ estonien, -ienne 2 N (person) Estonien, -ienne mf; (language) estonien m

estranged [ɪ'streɪndʒd] ADJ **her e. husband** son mari, dont elle vit séparée

estuary ['estjʊərɪ] (pl **-ies**) N estuaire m

etc [et'setərə] (abbr **et cetera**) ADV etc

etch [etʃ] VTI graver à l'eau forte ▪ **etching** N (picture) eau-forte f

eternal [ɪ'tɜːnəl] ADJ éternel, -elle ▪ **eternity** N éternité f

ether ['iːθə(r)] N éther m

ethic ['eθɪk] N éthique f ▪ **ethical** ADJ moral, éthique ▪ **ethics** N éthique f, morale f; (of profession) déontologie f

Ethiopia [iːθɪ'əʊpɪə] N l'Éthiopie f ▪ **Ethiopian** 1 ADJ éthiopien, -ienne 2 N Éthiopien, -ienne mf

ethnic ['eθnɪk] ADJ ethnique; **e. cleansing** purification f ethnique; **e. minority** minorité f ethnique; **e. dancing** danses fpl traditionnelles; **e. music** musique f traditionnelle

ethos ['iːθɒs] N génie m

e-ticket [iː'tɪkɪt] N Comptr billet m électronique

etiquette ['etɪket] N étiquette f

etymology [etɪ'mɒlədʒɪ] N étymologie f

EU [iː'juː] (abbr **European Union**) N UE f

eucalyptus [juːkə'lɪptəs] N eucalyptus m

euphemism ['juːfəmɪzəm] N euphémisme m

euphoria [juː'fɔːrɪə] N euphorie f ▪ **euphoric** [-'fɒrɪk] ADJ euphorique

euro ['jʊərəʊ] (pl **-os**) N (currency) euro m; **e. area, e. zone** zone f euro

Euro- ['jʊərəʊ] PREF euro-

Europe ['jʊərəp] N l'Europe f ▪ **European**

[-'pi:ən] **1** ADJ européen, -éenne; **E. Commission** Commission f européenne; **E. Union** Union f européenne **2** N Européen, -éenne mf

euthanasia [ju:θə'neɪzɪə] N euthanasie f

evacuate [ɪ'vækjʊeɪt] VT évacuer ■ **evacuation** [-'eɪʃən] N évacuation f

evade [ɪ'veɪd] VT éviter, esquiver; (pursuer) échapper à; (law, question) éluder; **to e. tax** frauder le fisc

Note that the French verb **s'évader** is a false friend and is never a translation for the English verb **to evade**. It means **to escape**.

evaluate [ɪ'væljʊeɪt] VT évaluer (**at** à) ■ **evalu'ation** N évaluation f

evangelical [i:væn'dʒelɪkəl] ADJ évangélique ■ **evangelist** [ɪ'vændʒəlɪst] N évangéliste m

evaporate [ɪ'væpəreɪt] VI (of liquid) s'évaporer; (of hopes) s'évanouir; **evaporated milk** lait m condensé ■ **evapo'ration** N évaporation f

evasion [ɪ'veɪʒən] N (of pursuer, responsibilities, question) dérobade f; (escape) fuite f; **(tax) e.** évasion f fiscale

Note that the French word **évasion** is a false friend and is rarely a translation for the English word **evasion**. Its most common meaning is **escape**.

evasive [ɪ'veɪsɪv] ADJ évasif, -ive

eve [i:v] N **on the e. of** à la veille de

even ['i:vən] **1** ADJ (equal, flat) égal; (smooth) uni; (regular) régulier, -ière; (temperature) constant; (number) pair; **I'll get e. with him (for that)** je lui revaudrai ça; **we're e.** (morally) nous sommes quittes; (in score) nous sommes à égalité; **to break e.** (financially) s'y retrouver **2** ADV même; **e. better/more** encore mieux/plus; **e. if** or **though…** bien que… (+ subjunctive); **e. so** quand même **3** VT **to e. sth (out** or **up)** égaliser qch ■ **evenly** ADV (equally) de manière égale; (uniformly) uniformément; (regularly) régulièrement ■ **evenness** N (of surface, temper) égalité f

evening ['i:vnɪŋ] N soir m; (referring to duration, event) soirée f; **tomorrow/yesterday e.** demain/hier soir; **in the e.**, Am **evenings** le soir; **at seven in the e.** à sept heures du soir; **every Tuesday e.** tous les mardis soir; **all e.** toute la soirée; **good e.!** bonsoir!; **e. meal/paper** repas m/journal m du soir; **e. class** cours m du soir; (of woman) robe f du soir

event [ɪ'vent] N événement m; Sport épreuve f; **in the e. of fire** en cas d'incendie; **in any e.** en tout cas; **after the e.** après coup

eventful [ɪ'ventfəl] ADJ (day, journey, life) mouvementé; (occasion) mémorable

eventual [ɪ'ventʃʊəl] ADJ (final) final, définitif, -ive

■ **eventuality** [-tʃʊ'ælɪtɪ] (pl **-ies**) N éventualité f ■ **eventually** ADV finalement; (some day) par la suite; **he'll do it e.** il le fera un jour ou l'autre

Note that the French words **éventuel** and **éventuellement** are false friends and are never translations for the English words **eventual** and **eventually**. They mean **possible** and **possibly**.

ever ['evə(r)] ADV jamais; **have you e. been to Spain?** es-tu déjà allé en Espagne?; **has he e. seen it?** l'a-t-il jamais vu?; **more than e.** plus que jamais; **hardly e.** presque jamais; **e. ready** toujours prêt; **the first e.** le tout premier; **e. since (1990)** depuis (1990); **e. since then** depuis lors; **for e.** pour toujours; **the best son e.** le meilleur fils du monde; **e. so sorry** vraiment désolé; Br **thank you e. so much** merci mille fois; **she's e. so nice** elle est tellement gentille; **all she does is criticize** elle ne fait que critiquer; **why e. not?** mais pourquoi pas?

evergreen ['evəgri:n] N arbre m à feuilles persistantes

everlasting [evə'lɑ:stɪŋ] ADJ éternel, -elle

every ['evrɪ] ADJ chaque; **e. child** chaque enfant; **e. time** chaque fois (**that** que), **e. one** chacun, **e. single one** tous/toutes (sans exception); **e. second** or **other day** tous les deux jours; **her e. gesture** ses moindres gestes; **e. so often, e. now and then** de temps en temps

everybody ['evrɪbɒdɪ] PRON tout le monde; **e. in turn** chacun à son tour ■ **everyday** ADJ (happening, life) de tous les jours; (ordinary) banal (mpl -als); **in e. use** d'usage courant ■ **everyone** PRON = **everybody** ■ **everyplace** Am ADV = **everywhere** ■ **everything** PRON tout; **e. I have** tout ce que j'ai ■ **everywhere** ADV partout; **e. she goes** où qu'elle aille

evict [ɪ'vɪkt] VT expulser (**from** de) ■ **eviction** N expulsion f

evidence ['evɪdəns] N (proof) preuve(s) f(pl); (testimony) témoignage m; **to give e.** témoigner (**against** contre); **to accept the e.** se rendre à l'évidence; **to show e. of** donner des signes de; **in e.** (noticeable) (bien) en vue

Note that the French word **évidence** is a false friend and is never a translation for the English word **evidence**. It means **obviousness**.

evident ['evɪdənt] ADJ évident (**that** que); **it is e. from…** il apparaît de… (**that** que) ■ **evidently** ADV (clearly) manifestement; (apparently) apparemment

Note that the French word **évidemment** is a false friend and is never a translation for the English word **evidently**. It means **of course**.

evil ['iːvəl] **1** ADJ *(spell, influence, person)* malfaisant; *(deed, advice, system)* mauvais; *(consequence)* funeste **2** N mal *m*; **to speak e.** dire du mal (**about** *or* **of** de)

evocative [ɪˈvɒkətɪv] ADJ évocateur, -trice (**of** de)

evoke [ɪˈvəʊk] VT *(conjure up)* évoquer; *(provoke)* susciter

evolution [iːvəˈluːʃən] N évolution *f*

evolve [ɪˈvɒlv] **1** VT *(system)* mettre au point **2** VI *(of society, idea)* évoluer; *(of plan)* se développer

ewe [juː] N brebis *f*

ex [eks] N Fam *(former partner)* ex *mf*

ex- [eks] PREF ex-; **ex-wife** ex-femme *f*; **ex-minister** ancien ministre *m*

exacerbate [ɪkˈsæsəbeɪt] VT aggraver; *(pain)* exacerber

exact [ɪgˈzækt] **1** ADJ exact; **to be (more) e. about sth** préciser qch **2** VT *(demand)* exiger (**from** de); *(money, promise)* extorquer (**from** à) ■ **exactly** ADV exactement

exacting [ɪgˈzæktɪŋ] ADJ exigeant

exaggerate [ɪgˈzædʒəreɪt] VTI exagérer ■ **exaggeration** [-ˈreɪʃən] N exagération *f*

exalt [ɪgˈzɔːlt] VT Formal exalter

exam [ɪgˈzæm] *(abbr* **examination)** N examen *m*

examine [ɪgˈzæmɪn] VT *(evidence, patient, question)* examiner; *(accounts, luggage)* vérifier; *(passport)* contrôler; *(student)* interroger ■ **exami'nation** N examen *m*; *(of accounts)* vérification *f*; *(of passport)* contrôle *m*; **to take** *or* **sit an e.** passer un examen; **class e.** devoir *m* sur table ■ **examiner** N *(for school exam)* examinateur, -trice *mf*

example [ɪgˈzɑːmpəl] N exemple *m*; **for e.** par exemple; **to set an e.** *or* **a good e.** donner l'exemple (**to** à); **to set a bad e.** donner le mauvais exemple (**to** à); **to make an e. of sb** punir qn pour l'exemple

exasperate [ɪgˈzɑːspəreɪt] VT exaspérer; **to get exasperated** s'irriter (**at** de) ■ **exasperation** [-ˈreɪʃən] N exaspération *f*

excavate ['ekskəveɪt] VT *(dig)* creuser; *(uncover)* déterrer; *(site)* faire des fouilles dans ■ **excavation** [-ˈveɪʃən] N *(digging)* creusement *m*; *(archaeological)* fouilles *fpl*

exceed [ɪkˈsiːd] VT dépasser; *(one's powers)* excéder

exceedingly [ɪkˈsiːdɪŋlɪ] ADV extrêmement

excel [ɪkˈsel] *(pt & pp* **-ll-)** **1** VT *(be better than)* surpasser **2** VI **to e. in** *or* **at sth** exceller en qch; **to e. at** *or* **in doing sth** exceller à faire qch

excellent ['eksələnt] ADJ excellent ■ **excellence** N excellence *f*

except [ɪkˈsept] **1** PREP sauf, excepté; **e. for** à part; **e. that...** sauf que...; **e. if...** sauf si...; **to do nothing e. wait** ne rien faire sinon attendre **2** VT excepter (**de** from)

exception [ɪkˈsepʃən] N exception *f*; **with the e. of...** à l'exception de...; **to take e. to sth** *(object to)* trouver à redire de qch; *(be hurt by)* s'offenser de qch

exceptional [ɪkˈsepʃənəl] ADJ exceptionnel, -elle ■ **exceptionally** ADV exceptionnellement

excerpt ['eksɜːpt] N *(from film, book)* extrait *m*

excess ['ekses] N excès *m*; *(surplus)* excédent *m*; **to eat/drink to e.** manger/boire à l'excès; **a sum in e. of...** une somme qui dépasse...; **e. calories** des calories *fpl* en trop; **e. fare** supplément *m*; **e. baggage** excédent *m* de bagages

excessive [ɪkˈsesɪv] ADJ excessif, -ive ■ **excessively** ADV *(too much)* excessivement; *(very)* extrêmement; *(drink, eat)* à l'excès

exchange [ɪksˈtʃeɪndʒ] **1** N échange *m*; Fin *(of currency)* change *m*; **(telephone) e.** central *m* téléphonique; **in e.** en échange (**for** de); **e. rate** taux *m* de change **2** VT échanger (**for** contre)

Exchequer [ɪksˈtʃekə(r)] N Br Pol **Chancellor of the E.** ≃ Ministre *m* des Finances

excise ['eksaɪz] N taxe *f* (**on** sur)

excitable [ɪkˈsaɪtəbəl] ADJ nerveux, -euse

excite [ɪkˈsaɪt] VT *(get worked up)* surexciter; *(enthuse)* passionner; *(provoke, stimulate)* exciter ■ **excited** ADJ *(happy)* surexcité; *(nervous)* énervé; *(enthusiastic)* enthousiaste; **to get e. (about)** s'exciter (pour); *(angry)* s'énerver (contre) ■ **exciting** ADJ *(book, adventure)* passionnant

excitement [ɪkˈsaɪtmənt] N agitation *f*; *(enthusiasm)* enthousiasme *m*; **to cause great e.** faire sensation

exclaim [ɪkˈskleɪm] VTI s'écrier (**that** que) ■ **exclamation** [eksklaˈmeɪʃən] N exclamation *f*; Br **e. mark,** Am **e. point** point *m* d'exclamation

exclude [ɪkˈskluːd] VT exclure (**from** de); *(doubt, suspicion)* écarter; **excluding...** à l'exclusion de...

exclusive [ɪkˈskluːsɪv] ADJ *(right, interest, interview, design)* exclusif, -ive; *(club, group)* fermé; **e. of wine** vin non compris ■ **exclusively** ADV exclusivement

excrement ['ekskrəmənt] N excrément *m*

excruciating [ɪkˈskruːʃɪeɪtɪŋ] ADJ atroce

excursion [ɪkˈskɜːʃən] N excursion *f*

excuse 1 [ɪkˈskjuːs] N excuse *f*; **to make an e., to make excuses** se trouver une excuse **2** [ɪkˈskjuːz] VT *(forgive, justify)* excuser; *(exempt)* dispenser (**from** de); **e. me for asking** permettez-moi de demander; **e. me!** excusez-moi!, pardon!; **you're excused** *(you may go)* tu peux sortir

ex-directory [eksdaɪˈrektərɪ] ADJ *Br* **to be e.** être sur (la) liste rouge

execute [ˈeksɪkjuːt] VT *(prisoner, order)* exécuter; *(plan)* mettre à exécution ■ **exe'cution** N exécution *f* ■ **exe'cutioner** N bourreau *m*

executive [ɪgˈzekjʊtɪv] **1** ADJ *(job)* de cadre; *(car)* de luxe; *Br* **e. director** directeur *m* administratif **2** N *(person)* cadre *m*; *(committee)* bureau *m*; **the e.** *(part of government)* l'exécutif *m*; **senior e.** cadre *m* supérieur; **sales e.** cadre commercial

exemplary [ɪgˈzemplərɪ] ADJ exemplaire

exemplify [ɪgˈzemplɪfaɪ] *(pt & pp* **-ied)** VT illustrer

exempt [ɪgˈzempt] **1** ADJ *(person)* dispensé **(from** de) **2** VT dispenser **(from** de; **from doing** de faire) ■ **exemption** N dispense *f* **(from** de)

exercise [ˈeksəsaɪz] **1** N exercice *m*; **e. bike** vélo *m* d'appartement; **e. book** cahier *m* **2** VT exercer; *(dog, horse)* promener; *(caution, restraint)* user de **3** VI faire de l'exercice

exert [ɪgˈzɜːt] VT exercer; *(force)* employer; **to e. oneself** se donner du mal ■ **exertion** N effort *m*; *(of force)* emploi *m*

exhale [eksˈheɪl] VI expirer

exhaust [ɪgˈzɔːst] **1** N **e. (fumes)** gaz *mpl* d'échappement; **e. (pipe)** tuyau *m* d'échappement **2** VT *(person, resources)* épuiser ■ **exhausted** ADJ *(person, resources)* épuisé ■ **exhausting** ADJ épuisant

exhaustion [ɪgˈzɔːstʃən] N épuisement *m*

exhaustive [ɪgˈzɔːstɪv] ADJ *(list)* exhaustif, -ive; *(analysis)* détaillé; *(inquiry)* approfondi

exhibit [ɪgˈzɪbɪt] **1** N objet *m* exposé; *(in court)* pièce *f* à conviction **2** VT *(put on display)* exposer; *(ticket, courage)* montrer ■ **exhibition** [eksɪˈbɪʃən] N exposition *f*; *Fam* **to make an e. of oneself** se donner en spectacle ■ **exhibitionist** [eksɪˈbɪʃənɪst] N exhibitionniste *mf*

Note that the French word **exhibition** is a false friend and is never a translation for the English word **exhibition**. It means **flaunting**.

exhilarate [ɪgˈzɪləreɪt] VT stimuler; *(of air)* vivifier; *(make happy)* rendre fou *(f* folle) de joie ■ **exhilarating** ADJ *(experience)* grisant; *(air)* vivifiant

exile [ˈegzaɪl] **1** N *(banishment)* exil *m*; *(person)* exilé, -ée *mf* **2** VT exiler

exist [ɪgˈzɪst] VI exister; *(live)* survivre **(on** avec) ■ **existing** ADJ *(situation, circumstances)* actuel, -uelle; *(law)* existant

existence [ɪgˈzɪstəns] N existence *f*; **to come into e.** être créé; **to be in e.** exister

exit [ˈeksɪt, ˈegzɪt] **1** N sortie *f* **2** VI *(leave)* & *Comptr* sortir

exodus [ˈeksədəs] N INV exode *m*

exonerate [ɪgˈzɒnəreɪt] VT *(from blame)* disculper **(from** de)

exorbitant [ɪgˈzɔːbɪtənt] ADJ exorbitant

exorcize [ˈeksɔːsaɪz] VT exorciser ■ **exorcism** [-sɪzəm] N exorcisme *m*

exotic [ɪgˈzɒtɪk] ADJ exotique

expand [ɪkˈspænd] **1** VT *(production, influence)* accroître; *(knowledge)* étendre; *(trade, range, idea)* développer; *(mind)* élargir **2** VI *(of knowledge)* s'étendre; *(of trade)* se développer; *(of production)* augmenter; *(of gas)* se dilater; **to e. on** développer; **(fast** *or* **rapidly) expanding sector** secteur *m* en (pleine) expansion

expanse [ɪkˈspæns] N étendue *f*

expansion [ɪkˈspænʃən] N *(economic, colonial)* expansion *f*; *(of trade)* développement *m*; *(of production)* augmentation *f*; *(of gas)* dilatation *f*

expansive [ɪkˈspænsɪv] ADJ *(person)* expansif, -ive

expatriate [*Br* eksˈpætrɪət, *Am* eksˈpeɪtrɪət] ADJ & N expatrié, -iée *(mf)*

expect [ɪkˈspekt] VT *(anticipate)* s'attendre à; *(think)* penser **(that** que); *(await)* attendre; **to e. sth from sb/sth** attendre qch de qn/qch; **to e. to do sth** compter faire qch; **to e. that...** *(anticipate)* s'attendre à ce que... *(+ subjunctive)*; **to e. sb to do sth** *(anticipate)* s'attendre à ce que qn fasse qch; *(require)* attendre de qn qu'il/elle fasse qch; **to be expecting a baby** attendre un enfant; **as expected** comme prévu

expectancy [ɪkˈspektənsɪ] N attente *f*

expectant [ɪkˈspektənt] ADJ impatient; **e. mother** future mère *f*

expectation [ekspekˈteɪʃən] N espérance *f*; **in the e. of sth** dans l'attente de qch; **contrary to all expectations** contre toute attente; **to come up to expectations** se montrer à la hauteur

expedient [ɪksˈpiːdɪənt] **1** ADJ opportun **2** N expédient *m*

expedition [ekspɪˈdɪʃən] N expédition *f*

expel [ɪkˈspel] *(pt & pp* **-ll-)** VT expulser **(from** de); *(from school)* renvoyer

expend [ɪkˈspend] VT *(energy, money)* dépenser ■ **expendable** ADJ *(person)* qui n'est pas irremplaçable; *(troops)* que l'on peut sacrifier

expenditure [ɪkˈspendɪtʃə(r)] N *(of money, energy)* dépense *f*

expense [ɪkˈspens] N frais *mpl*, dépense *f*; *Com* **expenses** frais; **to go to some e.** faire des frais; **at the e. of sb/sth** aux dépens de qn/qch;

to laugh at sb's e. rire aux dépens de qn; **e. account** note f de frais

expensive [ɪkˈspensɪv] ADJ *(goods, hotel, shop)* cher (f chère); *(tastes)* de luxe; **to be e.** coûter cher; **an e. mistake** une faute qui coûte cher ■ **expensively** ADV **e. dressed/furnished** habillé/meublé luxueusement; **to do sth e.** faire qch à grands frais

experience [ɪkˈspɪərɪəns] **1** N expérience f; **from** or **by e.** par expérience; **I've had e. of driving** j'ai déjà conduit **2** VT *(emotion)* ressentir; *(hunger, success)* connaître; *(difficulty, remorse)* éprouver ■ **experienced** ADJ *(person)* expérimenté; *(eye, ear)* exercé; **to be e. in sth** s'y connaître en qch

experiment 1 [ɪkˈsperɪmənt] N expérience f **2** [ɪkˈsperɪment] VI expérimenter *(on* sur*)*; **to e. with sth** *(technique, drugs)* essayer qch ■ **experimental** [-ˈmentl] ADJ expérimental

expert [ˈekspɜːt] **1** N expert m *(on* or **in** en*)* **2** ADJ expert *(in sth* en qch; **in** or **at doing** à faire*)*; **e. advice** le conseil d'un expert; **an e. eye** l'œil d'un connaisseur ■ **expertise** [-ˈtiːz] N compétence f *(in* en*)*

expiration [ekspəˈreɪʃən] N Am = **expiry**

expire [ɪkˈspaɪə(r)] VI expirer ■ **expired** ADJ *(ticket, passport)* périmé

expiry [ɪkˈspaɪərɪ], Am **expiration** [ekspəˈreɪʃən] N expiration f; **e. date** *(on ticket)* date f d'expiration; *(on product)* date limite d'utilisation

explain [ɪkˈspleɪn] VT expliquer *(to* à; **that** que*)*; *(reasons)* exposer; *(mystery)* éclaircir; **e. yourself!** explique-toi!; **to e. sth away** justifier qch

explanation [ekspləˈneɪʃən] N explication f

explanatory [ɪkˈsplænətərɪ] ADJ explicatif, -ive

expletive [ɪkˈspliːtɪv] N juron m

explicit [ɪkˈsplɪsɪt] ADJ explicite ■ **explicitly** ADV explicitement

explode [ɪkˈspləʊd] **1** VT *(bomb)* faire exploser; *Fig (theory)* discréditer **2** VI *(of bomb)* exploser; *Fig* **to e. with laughter** éclater de rire

exploit 1 [ˈeksplɔɪt] N exploit m **2** [ɪkˈsplɔɪt] VT *(person, land)* exploiter ■ **exploitation** [eksplɔɪˈteɪʃən] N exploitation f

exploratory [ɪkˈsplɒrətərɪ] ADJ *(trip)* d'exploration; *(talks, step, surgery)* exploratoire

explore [ɪkˈsplɔː(r)] VT explorer; *(causes, possibilities)* examiner ■ **exploration** [ekspləˈreɪʃən] N exploration f

explorer [ɪkˈsplɔːrə(r)] N explorateur, -trice mf

explosion [ɪkˈspləʊʒən] N explosion f

explosive [ɪkˈspləʊsɪv] **1** ADJ *(weapon, situation, question)* explosif, -ive **2** N explosif m

exponent [ɪkˈspəʊnənt] N *(of theory)* avocat, -ate mf; *(of music)* interprète m

export 1 [ˈekspɔːt] N *(activity)* exportation f; **e. goods/permit** marchandises fpl/permis m d'exportation **2** [ɪkˈspɔːt] VT exporter *(to* vers; **from** de*)* ■ **exporter** N exportateur, -trice mf; *(country)* pays m exportateur

expose [ɪkˈspəʊz] VT *(to air, cold, danger)* & *Phot* exposer *(to* à*)*; *(wire)* dénuder; *(plot, scandal)* révéler; *(criminal)* démasquer; **to e. oneself** *(in public place)* s'exhiber

exposure [ɪkˈspəʊʒə(r)] N exposition f *(to* à*)*; *(of plot)* révélation f; *Phot* pose f; **to die of e.** mourir de froid; **to get a lot of e.** *(in the media)* faire l'objet d'une importante couverture médiatique

express¹ [ɪkˈspres] VT exprimer; **to e. oneself** s'exprimer

express² [ɪkˈspres] **1** ADJ *(letter, delivery)* exprès inv; *(train)* rapide, express inv; *(order)* exprès; **with the e. purpose of doing sth** dans le seul but de faire qch **2** ADV *(send)* en exprès **3** N *(train)* rapide m, express m inv ■ **expressly** ADV *(forbid)* expressément

expression [ɪkˈspreʃən] N expression f; **an e. of gratitude** un témoignage de gratitude

expressive [ɪkˈspresɪv] ADJ expressif, -ive

expressway [ɪkˈspresweɪ] N Am autoroute f

expulsion [ɪkˈspʌlʃən] N expulsion f; *(from school)* renvoi m

exquisite [ɪkˈskwɪzɪt] ADJ exquis

extend [ɪkˈstend] **1** VT *(in space)* étendre; *(in time)* prolonger *(by* de*)*; *(hand)* tendre *(to sb* à qn*)*; *(house)* agrandir; *(knowledge)* accroître; *(help, thanks)* offrir *(to* à*)*; **to e. an invitation to** faire une invitation à **2** VI *(in space)* s'étendre *(to* jusqu'à*)*; *(in time)* se prolonger

extension [ɪkˈstenʃən] N *(for table)* rallonge f; *(to building)* annexe f; *(for telephone)* poste m; *(in time)* prolongation f; *(for essay)* délai m supplémentaire; *(in space)* prolongement m; *(of meaning, powers, strike)* extension f

extensive [ɪkˈstensɪv] ADJ *(powers, forests)* vaste; *(repairs, damage)* important; **to make e. use of sth** faire un usage considérable de qch ■ **extensively** ADV *(very much)* énormément; **to use sth e.** se servir beaucoup de qch

extent [ɪkˈstent] N *(scope)* étendue f; *(size)* importance f; **to a large** or **great e.** dans une large mesure; **to some e.** or **a certain e.** dans une certaine mesure; **to such an e. that…** à tel point que…

extenuating [ɪkˈstenjʊeɪtɪŋ] ADJ **e. circumstances** circonstances fpl atténuantes

exterior [ɪkˈstɪərɪə(r)] ADJ & N extérieur *(m)*

exterminate [ɪkˈstɜːmɪneɪt] VT exterminer; *(disease)* éradiquer ■ **extermi'nation** N extermination f; *(of disease)* éradication f

external [ɪk'stɜːnəl] ADJ *(trade, debt, event)* extérieur; *(wall)* externe; **for e. use** *(on medicine)* à usage externe; *Pol* **e. affairs** affaires *fpl* étrangères

extinct [ɪk'stɪŋkt] ADJ *(volcano)* éteint; *(species, animal)* disparu ■ **extinction** N extinction *f*

extinguish [ɪk'stɪŋgwɪʃ] VT éteindre ■ **extinguisher** N *(fire)* **e.** extincteur *m*

extortion [ɪk'stɔːʃən] N *(crime)* extorsion *f* de fonds

extortionate [ɪk'stɔːʃənət] ADJ exorbitant; **that's e.!** c'est du vol!

extra ['ekstrə] **1** ADJ *(additional)* supplémentaire; **to be e.** *(spare)* être en trop; *(cost more)* être en supplément; **postage is e.** les frais d'envoi sont en sus; **e. care** un soin tout particulier; **e. charge** supplément *m* **2** ADV *(more than usual)* extrêmement; **to pay e.** payer un supplément; **wine costs** *or* **is 5 euros e.** il y a un supplément de 5 euros pour le vin; **e. large** *(clothing)* grand patron *m* **3** N *(perk)* à-côté *m*; *(actor in film)* figurant, -ante *mf*; *(on bill)* supplément *m*; **an optional e.** *(for car)* un accessoire en option

extra- ['ekstrə] PREF extra- ■ **extra-special** ADJ *(occasion)* très spécial; *(care)* tout particulier *(f* toute particulière) ■ **extra-strong** ADJ extra-fort

extract 1 ['ekstrækt] N extrait *m* **2** [ɪk'strækt] VT extraire **(from** de); *(promise)* arracher **(from** à); *(information, money)* soutirer **(from** à)

extra-curricular [ekstrəkə'rɪkjʊlə(r)] ADJ *Br Sch* extrascolaire

extradite ['ekstrədaɪt] VT extrader

extramarital [ekstrə'mærɪtəl] ADJ extraconjugal

extraneous [ɪk'streɪnɪəs] ADJ *Formal* accessoire

extraordinary [ɪk'strɔːdənərɪ] ADJ extraordinaire ■ **extraordinarily** ADV extraordinairement

extraterrestrial [ekstrətə'restrɪəl] ADJ & N extraterrestre *(mf)*

extravagant [ɪk'strævəgənt] ADJ *(behaviour, idea)* extravagant; *(wasteful)* dépensier, -ière; *(tastes)* dispendieux, -ieuse ■ **extravagance** N *(of behaviour)* extravagance *f*; *(wastefulness)* gaspillage *m*; *(thing bought)* folie *f*

extreme [ɪk'striːm] **1** ADJ extrême; **at the e. end** à l'extrémité; **of e. importance** de première importance; **e. sports** sports *mpl* extrêmes **2** N extrême *m*; **to carry** *or* **take sth to extremes** pousser qch à l'extrême; **extremes of temperature** températures *fpl* extrêmes ■ **extremely** ADV extrêmement

extremist [ɪk'striːmɪst] ADJ & N extrémiste *(mf)* ■ **extremism** N extrémisme *m*

extremity [ɪk'stremɪtɪ] *(pl* **-ies)** N extrémité *f*

extrovert ['ekstrəvɜːt] N extraverti, -ie *mf*

exuberant [ɪg'zjuːbərənt] ADJ exubérant ■ **exuberance** N exubérance *f*

exude [ɪg'zjuːd] VT *(health, honesty)* respirer

eye [aɪ] **1** N œil *m (pl* yeux); **as far as the e. can see** à perte de vue; **up to one's eyes in work** débordé de travail; **to have one's e. on sth** avoir qch en vue; **to keep an e. on sb/sth** surveiller qn/qch; **to lay** *or* **set eyes on sth** poser les yeux sur qch; **to take one's eyes off sb/sth** quitter qn/qch des yeux; **to catch sb's e.** attirer l'attention de qn; **to make e. contact with sb** regarder qn dans les yeux **2** VT regarder ■ **eyeball** N globe *m* oculaire ■ **eyebrow** N sourcil *m* ■ **eye-catching** ADJ *(title)* accrocheur, -euse ■ **eye drops** NPL gouttes *fpl* (pour les yeux) ■ **eyelash** N cil *m* ■ **eyelid** N paupière *f* ■ **eyeliner** N eye-liner *m* ■ **eye-opener** N **to be an e. for sb** être une révélation pour qn ■ **eyeshadow** N fard *m* à paupières ■ **eyesight** N vue *f* ■ **eyesore** N horreur *f* ■ **eye-witness** N témoin *m* oculaire

▸ **eye up** VT SEP reluquer

F, f [ef] N (**a**) (letter) F, f m inv (**b**) Mus fa m

fab [fæb] ADJ Br Fam super inv, génial

fable ['feɪbəl] N fable f

fabric ['fæbrɪk] N (cloth) tissu m, étoffe f; (of building) structure f; Fig **the f. of society** le tissu social

> Note that the French word **fabrique** is a false friend and is never a translation for the English word **fabric**. Its most common meaning is **factory**.

fabricate ['fæbrɪkeɪt] VT fabriquer ■ **fabri-'cation** N fabrication f

fabulous ['fæbjʊləs] ADJ (legendary, incredible) fabuleux, -euse

face [feɪs] **1** N (of person) visage m, figure f; (expression) mine f; (of clock) cadran m; (of building) façade f; (of cube, mountain) face f; (of cliff) paroi f; **she laughed in my f.** elle m'a ri au nez; **f. down(wards)** (person) face contre terre; (thing) à l'envers; **f. to f.** face à face; **in the f. of** devant; (despite) en dépit de; **to save/lose f.** sauver/perdre la face; **to make** or **pull faces** faire des grimaces; **f. value** (of stamp, coin) valeur f; Fig **to take sth at f. value** prendre qch au pied de la lettre; Br **f. cloth** gant m de toilette **2** VT (danger, enemy, problem) faire face à; **to f., to be facing** (be opposite) être en face de; (of window, door, room) donner sur; **faced with** (prospect, problem) confronté à; (defeat) menacé par; (bill) contraint à payer; **he can't f. leaving** il n'a pas le courage de partir **3** VI **to f. north** (of building) être orienté au nord; **to f. towards** (of person) se tourner vers; **to f. up to** (danger, problem) faire face à; (fact) accepter

faceless ['feɪsləs] ADJ anonyme

face-lift ['feɪslɪft] N (by surgeon) lifting m; (of building) ravalement m

facetious [fə'siːʃəs] ADJ (person) facétieux, -ieuse; **don't be f.!** ne plaisante pas!

facial ['feɪʃəl] **1** ADJ (expression) du visage **2** N soin m du visage

facilitate [fə'sɪlɪteɪt] VT faciliter

facility [fə'sɪlɪtɪ] (pl **-ies**) N (ease) facilité f; Comptr option f ■ **facilities** NPL (for sports, cooking) équipements mpl; (in harbour, airport) installations fpl; **shopping f.** magasins mpl; **transport f.** moyens mpl de transports; **special f.** conditions fpl spéciales (**for** pour)

fact [fækt] N fait m; **as a matter of f., in f.** en fait; **it's a f.** c'est une réalité; **is that a f.?** c'est vrai?; **to distinguish f. from fiction** distinguer la fiction de la réalité

faction ['fækʃən] N faction f

factor ['fæktə(r)] N facteur m

factory ['fæktərɪ] (pl **-ies**) N (large) usine f; (small) fabrique f; **arms/porcelain f.** manufacture f d'armes/de porcelaine; **f. farming** élevage m industriel

factual ['fæktʃʊəl] ADJ basé sur les faits

faculty ['fækəltɪ] (pl **-ies**) N (of mind, in university) faculté f

fad [fæd] N (fashion) mode f (**for** de); (personal habit) marotte f

fade [feɪd] **1** VT faner **2** VI (of flower, material, colour) se faner; (of light) baisser; **to f. (away)** (of memory, smile) s'effacer; (of sound) s'affaiblir; (of person) dépérir

fag [fæg] N (**a**) Br Fam (cigarette) clope m ou f; **f. end** mégot m (**b**) Am very Fam Pej (homosexual) pédé m

fail [feɪl] **1** N without **f.** sans faute **2** VT (exam) échouer à; (candidate) recaler; **to f. sb** (let down) laisser tomber qn, décevoir qn; **to f. to do** (forget) manquer de faire; (not be able) ne pas arriver à faire; **I f. to see the reason** je n'en vois pas la raison **3** VI (of person, plan) échouer; (of business) faire faillite; (of health, sight, light) baisser; (of memory, strength) défaillir; (of brakes) lâcher; (of engine) tomber en panne; (run short) (of supplies) manquer; (of gas, electricity) être coupé; **to f. in an exam** échouer à un examen ■ **failed** ADJ (attempt, poet) raté ■ **failing 1** N (fault) défaut m **2** PREP à défaut de; **f. this, f. that** à défaut

failure ['feɪljə(r)] N échec m; (of business) faillite f; (of engine, machine) panne f; (of gas) coupure f; (person) raté, -ée mf; **her f. to leave** le fait qu'elle ne soit pas partie; **to end in f.** se solder par un échec

faint [feɪnt] **1** (**-er, -est**) ADJ (weak) (voice, trace, *breeze, hope)* faible; *(colour)* pâle; *(idea)* vague; **I haven't got the faintest idea** je n'en ai pas la moindre idée; **to feel f.** se sentir mal **2 VI** s'évanouir (**with** or **from** de); **she fainted with hunger** elle s'est évanouie tellement elle avait faim ■ **faintly** ADV *(weakly)* faiblement; *(slightly)* légèrement

faint-hearted [feɪnt'hɑːtɪd] ADJ timoré

fair¹ [feə(r)] N *(trade fair)* foire f; Br *(funfair)* fête f foraine ■ **fairground** N parc m d'attractions

fair² [feə(r)] **1** (**-er, -est**) ADJ **(a)** *(just)* juste; *(game, fight)* loyal; **she's f. to him** elle est juste envers lui; **f. play** fair-play m inv; **f. enough!** *(OK)* d'accord!; *(rightly so)* ça se comprend!; **f. trade** commerce m équitable **(b)** *(rather good)* assez bon *(f* bonne); *(price)* raisonnable; **a f. amount (of)** *(a lot)* pas mal (de) **(c)** *(wind)* favorable; *(weather)* beau *(f* belle) **2** ADV *(fight)* loyalement; **to play f.** jouer franc jeu ■ **fairly** ADV **(a)** *(treat)* équitablement; *(act, fight, get)* loyalement **(b)** *(rather)* assez; **f. sure** presque sûr ■ **fairness¹** N justice f; *(of person, decision)* impartialité f; **in all f.** en toute justice

fair³ [feə(r)] ADJ *(hair, person)* blond; *(complexion, skin)* clair ■ **fair-'haired** ADJ blond ■ **fair-ness²** N *(of hair)* blondeur f; *(of skin)* pâleur f ■ **'fair-'skinned** ADJ à la peau claire

fairy ['feərɪ] *(pl* **-ies)** N fée f; Br **f. lights** guirlande f lumineuse *(de sapin de Noël)* ■ **fairytale** N conte m de fées

faith [feɪθ] N foi f; **to be of the Catholic/**etc **f.** être de religion catholique/etc; **to have f. in sb** avoir foi en qn; **to put one's f. in** *(justice, medicine)* avoir foi en; **in good/bad f.** *(act)* de bonne/ mauvaise foi; **f. healer** guérisseur, -euse mf

faithful ['feɪθfəl] ADJ fidèle ■ **faithfully** ADV fidèlement; Br **yours f.,** Am **f. yours** *(in letter)* veuillez agréer l'expression de mes sentiments distingués

fake [feɪk] **1** ADJ faux *(f* fausse); *(elections)* truqué **2** N *(object)* faux m; *(person)* imposteur m **3** VT *(signature)* contrefaire **4** VI *(pretend)* faire semblant

falcon ['fɔːlkən] N faucon m

fall [fɔːl] **1** N *(of person, snow, city)* chute f; *(in price, demand)* baisse f; **falls** *(waterfall)* chutes fpl; Am **the f.** *(season)* l'automne m **2** *(pt* **fell,** *pp* **fallen)** VI tomber; *(of price, temperature)* baisser; **the dollar is falling** le dollar est en baisse; **to f. into** *(hole, trap)* tomber dans; *(habit)* prendre; **to f. into several categories** se diviser en plusieurs catégories; **to f. off a bicycle** tomber d'une bicyclette; **to f. off** or **down a ladder** tomber d'une échelle; **to f. on a Monday** tomber un lundi; **the responsibility falls on you** c'est à vous qu'en incombe la responsabilité; **to f. short of sb's expectations** ne pas répondre à

l'attente de qn; **to f. asleep** s'endormir; **to f. ill** tomber malade

▸ **fall apart** VI *(of book, machine)* tomber en morceaux; *(of group)* se désagréger; *(of person)* s'effondrer

▸ **fall away** VI *(come off)* tomber; *(of numbers)* diminuer

▸ **fall back on** VT INSEP *(resort to)* se rabattre sur

▸ **fall behind** VI *(stay behind)* rester en arrière; *(in work, payments)* prendre du retard

▸ **fall down** VI tomber; *(of building)* s'effondrer

▸ **fall for** VT INSEP *(person)* tomber amoureux, -euse de; *(trick)* se laisser prendre à

▸ **fall in** VI *(collapse)* s'écrouler

▸ **fall in with** VT INSEP *(tally with)* cadrer avec; *(agree to)* accepter

▸ **fall off** VI *(come off)* tomber; *(of numbers)* diminuer

▸ **fall out** VI *(quarrel)* se brouiller (**with** avec)

▸ **fall over** VI tomber; *(of table, vase)* se renverser

▸ **fall through** VI *(of plan)* tomber à l'eau, échouer

fallacy ['fæləsɪ] *(pl* **-ies)** N erreur f

fallen ['fɔːlən] **1** PP of **fall 2** ADJ tombé; *(angel)* déchu; *(woman)* perdu; **f. leaf** feuille f morte

fallible ['fæləbəl] ADJ faillible

fallout ['fɔːlaʊt] N *(radioactive)* retombées fpl; **f. shelter** abri m antiatomique

false [fɔːls] ADJ faux *(f* fausse); **f. alarm** fausse alerte f; **f. bottom** double fond m; **f. friend** faux ami m; **f. teeth** dentier m ■ **falsehood** N mensonge m

falsify ['fɔːlsɪfaɪ] *(pt & pp* **-ied)** VT *(forge)* falsifier

falter ['fɔːltə(r)] VI *(of step, courage)* vaciller; *(of voice, speaker)* hésiter

fame [feɪm] N renommée f ■ **famed** ADJ renommé (**for** pour)

familiar [fə'mɪljə(r)] ADJ *(well-known)* familier, -ière (**to** à); **to be f. with sb/sth** bien connaître qn/qch; **I'm f. with her voice** sa voix m'est familière; **to make oneself f. with** se familiariser avec; **he looks f. (to me)** je l'ai déjà vu (quelque part)

familiarity [fəmɪlɪ'ærətɪ] N familiarité f (**with** avec); *(of event, sight)* caractère m familier

familiarize [fə'mɪljəraɪz] VT familiariser (**with** avec); **to f. oneself with sth** se familiariser avec qch

family ['fæmɪlɪ] **1** *(pl* **-ies)** N famille f; **to start a f.** fonder une famille **2** ADJ *(name, doctor, jewels)* de famille; *(planning, problems, business)* familial; **f. friend** ami m/amie f de la famille; **f. man** homme m attaché à sa famille; **f. tree** arbre m généalogique

famine ['fæmɪn] N famine f

famished ['fæmɪʃt] ADJ affamé

famous ['feɪməs] 1 ADJ célèbre (**for** pour) 2 NPL **the f.** les célébrités fpl ■ **famously** ADV Fam (very well) rudement bien

fan[1] [fæn] 1 N (held in hand) éventail m (pl -ails); (mechanical) ventilateur m; **f. belt** (of vehicle) courroie f de ventilateur; **f. heater** radiateur m soufflant 2 (pt & pp **-nn-**) VT (person) éventer; (fire, quarrel) attiser 3 VI **to f. out** se déployer (en éventail)

fan[2] [fæn] N (of person) fan mf; (of team) supporter m; **to be a jazz/sports f.** être passionné de jazz/ de sport; **f. mail** courrier m des admirateurs

fanatic [fə'nætɪk] N fanatique mf ■ **fanatical** ADJ fanatique

fanciful ['fænsɪfəl] ADJ fantaisiste

fancy ['fænsɪ] 1 (pl **-ies**) N (imagination) imagi- nation f; (whim) fantaisie f; **to take a f. to sb** se prendre d'affection pour qn; **I took a f. to it, it took my f.** j'en ai eu envie 2 ADJ (jewels, hat, but- ton) fantaisie inv; (car) de luxe; (house, restaurant) chic inv; (idea) fantaisiste; Br **f. dress** déguisement m 3 (pt & pp **-ied**) VT (a) Br Fam (want) avoir envie de; (like) aimer; **he fancies her** elle lui plaît; Fam **to f. oneself as a writer** se prendre pour un écrivain (b) **to f. that...** (imagine) se figurer que...; (think) croire que...; Fam **f. meeting you here!** si je m'attendais à vous rencontrer ici!

fanfare ['fænfeə(r)] N fanfare f

fang [fæŋ] N (of dog, wolf) croc m; (of snake) crochet m

fantastic [fæn'tæstɪk] ADJ fantastique; (price) astronomique; (wealth, size) prodigieux, -ieuse; (unbelievable) absurde; Fam (excellent) formida- ble

fantasy ['fæntəsɪ] (pl **-ies**) N (dream) chimère f; (fanciful, sexual) fantasme m; (imagination) fantai- sie f ■ **fantasize** VI fantasmer (**about** sur)

> Note that the French word **fantaisie** is a false friend and is rarely a translation for the English word **fantasy**.

far [fɑː(r)] 1 (farther or further, farthest or furthest) ADJ **the f. side/end** l'autre côté/bout; **it's a f. cry from...** ça n'a rien à voir avec...; **the F. East** l'Extrême-Orient m; Pol **the f. left/right** l'extrême gauche f/droite f

2 ADV (in distance) loin (**from** de); **how f. is it to Toulouse?** combien y a-t-il d'ici à Toulouse?; **is it f. to...?** sommes-nous/suis-je/etc loin de...?; **how f. are you going?** jusqu'où vas-tu?; **how f. has he got with his work?** où en est-il dans son travail?; **as f. as** jusqu'à; **as f.** or **so f. as I know** autant que je sache; **as f.** or **so f. as I'm concer- ned** en ce qui me concerne; **f. from doing sth** loin de faire qch; **f. away** or **off** au loin; **to be f. away** être loin (**from** de); **f. and wide** partout

(b) (in time) **as f. back as 1820** dès 1820; **so f.** jusqu'ici; **by f.** de loin; **f. into the night** jusqu'à une heure très avancée de la nuit

(c) (much) **f. bigger/more expensive** beaucoup plus grand/plus cher (f chère) (**than** que); **f. advanced** très avancé ■ **far-away** ADJ (country) lointain; (look) perdu dans le vague ■ **'far-'fetched** ADJ tiré par les cheveux ■ **'far-'reaching** ADJ de grande portée ■ **'far- 'sighted** ADJ clairvoyant

farce [fɑːs] N farce f ■ **farcical** ADJ grotesque

fare [feə(r)] 1 N (a) (for journey) (in train, bus) prix m du billet; (in taxi) prix de la course; (taxi passenger) client, -iente mf (b) Formal (food) chère f 2 VI (manage) se débrouiller

farewell [feə'wel] 1 N & EXCLAM adieu (m) 2 ADJ (party, speech) d'adieu

farm [fɑːm] 1 N ferme f; **to work on a f.** travailler dans une ferme 2 ADJ (worker, produce) agricole; **f. land** terres fpl cultivées 3 VT cultiver 4 VI être agriculteur, -trice ■ **farmer** N fermier, -ière mf, agriculteur, -trice mf ■ **farmhouse** N ferme f ■ **farming** N agriculture f; (breeding) élevage m ■ **farmyard** N cour f de ferme

fart [fɑːt] Fam 1 N pet m 2 VI péter

farther ['fɑːðə(r)] 1 COMPARATIVE of **far** 2 ADJ **at the f. end of** à l'autre bout de 3 ADV plus loin; **nothing is f. from the truth** rien n'est plus éloigné de la vérité; **f. forward** plus avancé; **to get f. away** s'éloigner ■ **farthest** 1 SUPERLATIVE of **far** 2 ADJ le plus éloigné 3 ADV le plus loin

fascinate ['fæsɪneɪt] VT fasciner ■ **fascinating** ADJ fascinant ■ **fasci'nation** N fascination f

fascism ['fæʃɪzəm] N fascisme m ■ **fascist** ADJ & N fasciste (mf)

fashion ['fæʃən] 1 N (a) (in clothes) mode f; **in f.** à la mode; **out of f.** démodé; **f. designer** styliste mf; (famous) couturier m; **f. show** défilé m de mode (b) (manner) façon f; **after a f.** tant bien que mal 2 VT (form) façonner; (make) confectionner ■ **fashionable** ADJ à la mode ■ **fashionably** ADV (dressed) à la mode

fast[1] [fɑːst] 1 (**-er, -est**) ADJ rapide; **to be f.** (of clock) avancer (**by** de); **f. food** restauration f rapide; **f. food restaurant** fast-food m 2 ADV (a) (quickly) vite; **how f.?** à quelle vitesse? (b) **f. asleep** profondément endormi (c) **to hold f.** (of person) tenir bon

fast[2] [fɑːst] 1 N jeûne m 2 VI jeûner

fasten ['fɑːsən] 1 VT attacher (**to** à); (door, win- dow) fermer; **to sth down** attacher qch 2 VI (of dress) s'attacher; (of door, window) se fermer ■ **fastener, fastening** N (clip) attache f; (hook) agrafe f; (press stud) bouton-pression m; (of bag) fermoir m

fat [fæt] **1** (**fatter, fattest**) ADJ gras (f grasse); (cheeks, salary, book) gros (f grosse); **to get f.** grossir; Fam Ironic **a f. lot of good that will do you!** ça te fera une belle jambe!; Fam **f. cat** (person) gros salaire m **2** N graisse f; (on meat) gras m

fatal ['feɪtəl] ADJ mortel, -elle ■ **fatally** ADV **f. wounded** mortellement blessé

> Note that the French word **fatalement** is a false friend and is never a translation for the English word **fatally**. It means **inevitably**.

fatality [fə'tælɪtɪ] (pl -ies) N (a) (person) victime f (b) (fate) fatalité f

fate [feɪt] N destin m, sort m ■ **fateful** ADJ (words, day) fatidique

father ['fɑːðə(r)] **1** N père m; **F. Christmas** le père Noël; **F. Martin** (priest) le Père Martin; **yes, F.** (to priest) oui, mon père **2** VT (child) engendrer ■ **father-in-law** (pl **fathers-in-law**) N beau-père m ■ **fatherhood** N paternité f ■ **fatherly** ADJ paternel, -elle

fathom ['fæðəm] **1** N (nautical measurement) brasse f (= 1,8 m) **2** VT **to f. (out)** (understand) comprendre

fatigue [fə'tiːg] **1** N (a) (tiredness) fatigue f (b) Mil **f. (duty)** corvée f **2** VT fatiguer

fatten ['fætən] VT **to f. (up)** engraisser ■ **fattening** ADJ (food) qui fait grossir

fatty ['fætɪ] **1** (-ier, -iest) ADJ (food) gras (f grasse); (tissue) adipeux, -euse **2** N Fam (person) gros m, grosse f

fatuous ['fætʃʊəs] ADJ stupide

faucet ['fɔːsɪt] N Am (tap) robinet m

fault [fɔːlt] **1** N (blame) faute f; (defect, failing) défaut m; Geol faille f; **to find f. (with)** trouver à redire (à); **to be at f.** être en faute; **it's your f.** c'est (de) ta faute **2** VT **to f. sb/sth** trouver des défauts chez qn/à qch

faultless ['fɔːltlɪs] ADJ irréprochable

faulty ['fɔːltɪ] (-ier, -iest) ADJ défectueux, -ueuse

fauna ['fɔːnə] N faune f

faux pas [fəʊ'pɑː] N INV gaffe f

favour, Am **favor** ['feɪvə(r)] **1** N (act of kindness) service m; (approval) faveur f; **to do sb a f.** rendre service à qn; **in f. (with sb)** bien vu (de qn); **it's in her f. to do that** elle a intérêt à faire cela; **in f. of** en faveur de; **to be in f. of sth** être partisan de qch **2** VT (encourage) favoriser; (support) être partisan de ■ **favourable,** Am **favorable** ADJ favorable (**to** à)

favourite, Am **favorite** ['feɪvərɪt] **1** ADJ favori,

-ite, préféré **2** N favori, -ite mf ■ **favouritism,** Am **favoritism** N favoritisme m

fawn¹ [fɔːn] **1** N (deer) faon m **2** ADJ & N (colour) fauve (m)

fawn² [fɔːn] VI **to f. (up)on sb** ramper devant qn

fax [fæks] **1** N (message) télécopie f, fax m; **f. (machine)** télécopieur m, fax m; Comptr **f. modem** fax modem m; **f. number** numéro m de fax **2** VT (message) faxer; **to f. sb** envoyer un fax à qn

fear [fɪə(r)] **1** N peur f; (worry) crainte f; **for f. of doing sth** de peur de faire qch; **for f. that...** de peur que... (+ ne + subjunctive); **there's no f. of his going** il ne risque pas d'y aller **2** VT craindre; **I f. that he might leave** je crains qu'il ne parte **3** VI **to f. for one's life/career** craindre pour sa vie/carrière ■ **fearful** ADJ (person) apeuré; (noise, pain, consequence) épouvantable ■ **fearless** ADJ intrépide ■ **fearsome** ADJ effrayant

feasible ['fiːzəbəl] ADJ faisable

feast [fiːst] **1** N festin m; (religious) fête f **2** VI **to f. on sth** se régaler de qch

feat [fiːt] N exploit m; **f. of skill** tour m de force

feather ['feðə(r)] **1** N plume f; **f. duster** plumeau m **2** VT Fig **to f. one's nest** faire son beurre

feature ['fiːtʃə(r)] **1** N (of face, person) trait m; (of thing, place, machine) caractéristique f; **f. (article)** article m de fond; **f. (film)** long métrage m; **to be a regular f.** (in newspaper) paraître régulièrement **2** VT (of newspaper, exhibition, film) (present) présenter; (portray) représenter; **a film featuring...** un film ayant pour vedette... **3** VI (appear) figurer (**in** dans)

February ['febrʊərɪ] N février m

fed [fed] **1** PT & PP of **feed 2** ADJ Fam **to be f. up** en avoir marre ou ras le bol (**with** de)

federal ['fedərəl] ADJ fédéral ■ **federation** [-'reɪʃən] N fédération f

fee [fiː] N **fee(s)** (of doctor, lawyer) honoraires mpl; (of artist) cachet m; (for registration, examination) droits mpl; (for membership) cotisation f; **to charge a f. (for a job)** se faire payer (pour un travail); **for a small f.** pour une petite somme; **school** or **tuition fees** frais mpl d'inscription; **f.-paying school** école f privée

feeble ['fiːbəl] (-er, -est) ADJ faible; (excuse, smile) pauvre; (attempt) peu convaincant

feed [fiːd] **1** N (animal food) nourriture f; (for baby) (from breast) tétée f; (from bottle) biberon m **2** (pt & pp **fed**) VT donner à manger à; (baby) (from breast) donner la tétée à; (from bottle) donner son biberon à; Fig (machine) alimenter; **to f. sb sth** faire manger qch à qn; **to f. sth into a machine** introduire qch dans une machine **3** VI (eat) man-

ger; **to f. on sth** se nourrir de qch ■ **feeding**
N alimentation f

feedback ['fiːdbæk] N (response) réactions fpl

feel [fiːl] **1** N (touch) toucher m; (feeling) sensation f
2 (pt & pp **felt**) VT (be aware of) sentir; (experience)
éprouver, ressentir; (touch) tâter; **to f. that...**
penser que…; **to f. one's way** avancer à tâtons
3 VI **to f. (about)** (grope) tâtonner; (in pocket)
fouiller (**for sth** pour trouver qch); **it feels hard**
c'est dur au toucher; **to f. tired/old** se sentir
fatigué/vieux (f vieille); **I f. hot/sleepy/hungry**
j'ai chaud/sommeil/faim; **she feels better** elle va
mieux; **he doesn't f. well** il ne se sent pas bien;
how are you feeling? comment te sens-tu?;
to f. like sth avoir envie de qch; **what do you
f. about…?** que pensez-vous de…?; **I f. bad
about it** ça m'ennuie; **to f. for sb** plaindre qn

feeler ['fiːlə(r)] N (of insect) antenne f; Fig **to put
out feelers** tâter le terrain

feeling ['fiːlɪŋ] N (emotion, impression) sentiment
m; (physical) sensation f; **(sense of) f.** toucher m;
to have a f. for (person) avoir de la sympathie
pour; (music, painting) être sensible à; **to hurt
sb's feelings** blesser qn; **no hard feelings!**
sans rancune!

feet [fiːt] PL of **foot**[1]

feign [feɪn] VT feindre

feisty ['faɪstɪ] (-ier, -iest) Fam ADJ (a) (lively) plein
d'entrain (b) (pugnacious) contestataire

feline ['fiːlaɪn] ADJ & N félin (m)

fell [fel] **1** PT of **fall 2** VT (tree) abattre; (opponent)
terrasser

fellow ['feləʊ] N (a) (man, boy) gars m (b) (companion) camarade mf; **f. being** semblable mf; **f.
citizen** concitoyen, -enne mf; **f. countryman/f.
countrywoman** compatriote mf; **f. passenger**
compagnon m de voyage, compagne f de
voyage; **f. worker** collègue mf (c) (of society)
membre m; (teacher) professeur m; (student)
boursier, -ière mf

fellowship ['feləʊʃɪp] N (friendship) camaraderie
f; (group) association f; (scholarship) bourse f de
recherche

felony ['felənɪ] (pl **-ies**) N Am Law crime m

felt[1] [felt] PT & PP of **feel**

felt[2] [felt] N feutre m ■ **'felt-'tip, 'felt-tip 'pen**
N crayon-feutre m

female ['fiːmeɪl] **1** ADJ (person, name, voice)
féminin; (animal) femelle; **the f. vote** le vote
des femmes; **f. student** étudiante f **2** N (woman)
femme f; (girl) fille f; (animal, plant) femelle f

feminine ['femɪnɪn] **1** ADJ féminin **2** N Grammar
féminin m ■ **feminist** ADJ & N féministe (mf)

fence [fens] **1** N (a) (barrier) clôture f; (more solid)
barrière f; (in race) obstacle m (b) Fam (person)

receleur, -euse mf **2** VT **to f. (in)** (land) clôturer **3**
VI (as sport) faire de l'escrime ■ **fencing** N Sport
escrime f

fend [fend] **1** VI **to f. for oneself** se débrouiller **2**
VT **to f. off** (blow) parer

fender ['fendə(r)] N (a) Am (of car) aile f (b) (for
fire) garde-feu m inv

fennel ['fenəl] N fenouil m

ferment 1 ['fɜːment] N (substance) ferment m;
Fig (excitement) effervescence f **2** [fə'ment] VI
fermenter ■ **fermentation** [fɜːmen'teɪʃən] N
fermentation f

fern [fɜːn] N fougère f

ferocious [fə'rəʊʃəs] ADJ féroce ■ **ferocity**
[fə'rɒsɪtɪ] N férocité f

ferret ['ferɪt] **1** N (animal) furet m **2** VT **to f. out**
(object, information) dénicher **3** VI **to f. about for
sth** fouiller pour trouver qch

ferry ['ferɪ] **1** (pl **-ies**) N ferry-boat m; (small, for
river) bac m **2** (pt & pp **-ied**) VT transporter

fertile [Br 'fɜːtaɪl, Am 'fɜːrtəl] ADJ (land, imagination) fertile; (person, animal) fécond ■ **fertility**
[-'tɪlɪtɪ] N fertilité f; **f. treatment** traitement m
de la stérilité

fertilize ['fɜːtɪlaɪz] VT (land) fertiliser; (egg, animal)
féconder ■ **fertilizer** N engrais m

fervent ['fɜːvənt] ADJ fervent ■ **fervour, Am
fervor** N ferveur f

fester ['festə(r)] VI (of wound) s'infecter; Fig (of
situation) s'envenimer

festival ['festɪvəl] N (of music, film) festival m (pl
-als); (religious) fête f

festive ['festɪv] ADJ de fête; (mood) festif,
-ive; **the f. season** les fêtes fpl de fin d'année
■ **fe'stivities** NPL festivités fpl

fetch [fetʃ] VT (a) (bring) aller chercher; **to f. sth in**
rentrer qch (b) (be sold for) rapporter; **it fetched a
high price** cela a atteint un prix élevé

fête [feɪt] **1** N Br fête f **2** VT fêter

fetish ['fetɪʃ] N (object) fétiche m

fetus ['fiːtəs] N Am = **foetus**

feud [fjuːd] N querelle f

fever ['fiːvə(r)] N fièvre f; **to have a f.** (temperature) avoir de la fièvre; **a high f.** une forte fièvre
■ **feverish** ADJ (person, activity) fiévreux, -euse

few [fjuː] **1** ADJ (a) (not many) peu de; **f. towns** peu
de villes; **f. of them** un petit nombre d'entre eux;
every f. days tous les trois ou quatre jours; **one
of the f. books** l'un des rares livres (b) (some) **a
f.** quelques-un(e)s (**of** de); **a f. towns** quelques
villes; **a f. of us** quelques-uns d'entre nous; **a f.
more books** encore quelques livres **2** PRON peu;
f. came peu sont venus

fewer ['fjuːə(r)] **1** ADJ moins de (**than** que); **f.**

houses moins de maisons (**than** que); **no f. than thirty** pas moins de trente; **to be f. (than)** être moins nombreux (que) **2 PRON** moins ▪ **fewest** ['fjuːɪst] **1 ADJ** le moins de **2 PRON** le moins

fiancé [fɪˈɒnseɪ] **N** fiancé *m*

fiancée [fɪˈɒnseɪ] **N** fiancée *f*

fiasco [fɪˈæskəʊ] (*pl* **-os,** *Am* **-oes**) **N** fiasco *m*

fib [fɪb] *Fam* **1 N** bobard *m* **2** (*pt & pp* **-bb-**) **VI** raconter des bobards ▪ **fibber** **N** *Fam* menteur, -euse *mf*

fibre, *Am* **fiber** ['faɪbə(r)] **N** fibre *f*; (*in diet*) fibres *fpl*; **high-f. diet** alimentation *f* riche en fibres; **f. optics** technologie *f* des fibres optiques ▪ **fibre-glass,** *Am* **fiberglass** **N** fibre *f* de verre

fickle ['fɪkəl] **ADJ** inconstant

fiction ['fɪkʃən] **N** (*imagination*) fiction *f*; (**works of**) **f.** livres *mpl* de fiction; **that's pure f.** ce sont des histoires ▪ **fictional** **ADJ** (*character*) fictif, -ive

fictitious [fɪkˈtɪʃəs] **ADJ** fictif, -ive

fiddle ['fɪdəl] **1 N** (**a**) (*violin*) violon *m* (**b**) *Br Fam* (*dishonest act*) combine *f*; **to be on the f.** traficoter **2 VT** *Br Fam* (*accounts*) truquer **3 VI** (**a**) (*play violin*) jouer du violon (**b**) **to f. about** (*waste time*) traînailler; **to f. (about) with sth** tripoter qch ▪ **fiddly** (**-ier, -iest**) **ADJ** *Br Fam* minutieux, -ieuse

fidelity [fɪˈdelɪtɪ] **N** fidélité *f* (**to** à)

fidget ['fɪdʒɪt] **1 N to be a f.** ne pas tenir en place **2 VI to f. (about)** gigoter; **to f. (about) with sth** tripoter qch ▪ **fidgety** **ADJ** agité

field [fiːld] **N** champ *m*; (*for sports*) terrain *m*; (*sphere*) domaine *m*; **to have a f. day** (*a good day*) s'en donner à cœur joie; **f. glasses** jumelles *fpl*; *Am* **f. hockey** hockey *m* (sur gazon); **f. marshal** ≃ maréchal *m* de France

fierce [fɪəs] (**-er, -est**) **ADJ** (*animal, warrior, tone*) féroce; (*attack, wind*) violent

fiery ['faɪərɪ] (**-ier, -iest**) **ADJ** (*person, speech*) fougueux, -ueuse; (*sun, eyes*) ardent; (*taste*) très épicé

fifteen [fɪfˈtiːn] **ADJ & N** quinze (*m*) ▪ **fifteenth** **ADJ & N** quinzième (*mf*)

fifth [fɪfθ] **ADJ & N** cinquième (*mf*); **a f.** un cinquième

fifty ['fɪftɪ] **ADJ & N** cinquante (*m*); **a f.-f. chance** une chance sur deux; **to split the profits f.-f.** partager les bénéfices moitié-moitié ▪ **fiftieth** **ADJ & N** cinquantième (*mf*)

fig [fɪg] **N** figue *f*; **f. tree** figuier *m*

fight [faɪt] **1 N** (*between people*) bagarre *f*; (*between boxers, soldiers*) combat *m*; (*struggle*) lutte *f* (**against/for** contre/pour); (*quarrel*) dispute *f*; **to put up a good f.** bien se défendre **2** (*pt & pp* **fought**) **VT** (*person*) se battre contre; (*decision,*

enemy) combattre; (*fire, temptation*) lutter contre; **to f. a battle** livrer bataille; **to f. back** (*tears*) retenir; **to f. off** (*attacker, attack*) repousser; (*illness*) lutter contre; **to f. it out** se bagarrer **3 VI** se battre (**against** contre); (*of soldiers*) combattre; (*struggle*) lutter; (*quarrel*) se disputer; **to f. back** (*retaliate*) se défendre; **to f. over sth** se disputer qch; **to f. against an illness/for a cause** lutter contre une maladie/pour une cause

fighter ['faɪtə(r)] **N** (*determined person*) battant, -ante *mf*; (*in brawl, battle*) combattant, -ante *mf*; (*boxer*) boxeur *m*; (*aircraft*) avion *m* de chasse

fighting ['faɪtɪŋ] **N** (*brawling*) bagarres *fpl*; *Mil* combat *m*; **f. spirit** combativité *f*; **f. troops** troupes *fpl* de combat

figment ['fɪgmənt] **N it's a f. of your imagination** c'est le fruit de ton imagination

figurative ['fɪgjʊrətɪv] **ADJ** (*meaning*) figuré; (*art*) figuratif, -ive

figure¹ [*Br* 'fɪgə(r), *Am* 'fɪgjə(r)] **N** (**a**) (*numeral*) chiffre *m*; **figures** (*arithmetic*) calcul *m* (**b**) (*shape*) forme *f*; (*outline*) silhouette *f*; **she has a nice f.** elle est bien faite (**c**) (*diagram*) figure *f*; *Br* **f. of eight,** *Am* **f. eight** huit *m* (**d**) (*expression, word*) **a f. of speech** une figure de rhétorique (**e**) (*important person*) personnage *m*

> Note that the French noun **figure** is a false friend when referring to the human body. It means **face**.

figure² [*Br* 'fɪgə(r), *Am* 'fɪgjə(r)] **1 VT** (*estimate*) supposer que…; **to f. that…** (*think*) penser que…; **to f. out** (*person, motive*) arriver à comprendre; (*answer*) trouver; (*amount*) calculer **2 VI** (**a**) (*appear*) figurer (**on** sur); **to f. on doing sth** compter faire qch (**b**) *Fam* **that figures!** (*makes sense*) ça se tient!

filch [fɪltʃ] **VT** *Fam* faucher (**from** à)

file¹ [faɪl] **1 N** (*tool*) lime *f* **2 VT to f. (down)** limer

file² [faɪl] **1 N** (*folder*) chemise *f*; (*documents*) dossier *m* (**on** sur); (*loose-leaf*) classeur *m*; *Comptr* fichier *m*; **to be on f.** figurer au dossier; *Comptr* **f. manager** gestionnaire *m* de fichiers **2 VT** (*document*) classer; (*complaint, claim*) déposer **3 VI to f. for divorce** demander le divorce ▪ **filing** **ADJ** (**a**) **f. cabinet** classeur *m* (*meuble*) (**b**) **f. clerk** documentaliste *mf*

file³ [faɪl] **1 N** (*line*) file *f*; **in single f.** en file indienne **2 VI to f. in/out** entrer/sortir à la queue leu leu; **to f. past sb/sth** défiler devant qn/qch

Filipino [fɪlɪˈpiːnəʊ] **1 ADJ** philippin, -ine **2 N** (*pl* **-os**) Philippin, -ine *mf*

fill [fɪl] **1 N to have had one's f. of sb/sth** en avoir assez de qn/qch **2 VT** remplir (**with** de); (*tooth*) plomber; (*time*) occuper; **to f. a vacancy** pourvoir à un poste vacant; **to f. in** (*form*) remplir; (*hole*) combler; (*door, window*) condamner; **to f. out**

(form) remplir; **to f. up** *(container, form)* remplir **3** vi **to f. (up)** se remplir **(with** de); **to f. in for sb** remplacer qn; **to f. out** *(get fatter)* grossir; **to f. up** *(with petrol)* faire le plein

fillet [Br 'fılıt, Am fı'leı] **1** N *(of fish, meat)* filet m **2** Am pt & pp [fı'leıd] vt *(fish)* découper en filets; *(meat)* désosser

filling ['fılıŋ] **1** ADJ *(meal)* nourrissant **2** N *(in tooth)* plombage m; *(in food)* garniture f; **f. station** station-service f

film [fılm] **1** N film m; *(for camera, layer)* pellicule f; *(for food)* film m plastique **2** ADJ *(studio, technician, critic)* de cinéma; **f. festival** festival m du film; **f. star** vedette f de cinéma **3** vt filmer **4** vi *(of film maker, actor)* tourner

Filofax® ['faıləfæks] N organiseur m

filter ['fıltə(r)] **1** N filtre m; Br *(traffic sign)* flèche f de dégagement; **f. coffee** café m filtre; Br Aut **f. lane** = voie réservée aux véhicules qui tournent; **f. tip** bout m filtre **2** vt filtrer **3** vi **to f. through** filtrer

filth [fılθ] N saleté f; Fig *(obscenities)* saletés fpl ■ **filthy** (-ier, -iest) **1** ADJ *(hands, shoes)* sale; *(language)* obscène; *(habit)* dégoûtant; Br Fam **f. weather** un sale temps **2** ADV Fam **f. riche** pourri de fric

fin [fın] N *(of fish, seal)* nageoire f; *(of shark)* aileron m; Am *(of swimmer)* palme f

final ['faınəl] **1** ADJ *(last)* dernier, -ière; *(definite)* définitif, -ive **2** N Sport finale f; Univ **finals** examens mpl de dernière année ■ **finalist** N finaliste mf ■ **finalize** vt *(plan)* mettre au point; *(date)* fixer définitivement; *(deal)* conclure ■ **finally** ADV *(lastly)* enfin; *(eventually)* finalement; *(irrevocably)* définitivement

finale [fı'nɑːlı] N *(musical)* finale m

finance ['faınæns] **1** N finance f; **finances** *(of person)* finances fpl; *(of company)* situation f financière; **f. company** société f financière **2** vt financer

financial [faı'nænʃəl] ADJ financier, -ière; **it was a f. success** ça a rapporté beaucoup d'argent; Br **f. year** exercice m comptable ■ **financially** ADV financièrement

financier [faı'nænsıə(r)] N financier m

find [faınd] **1** N *(discovery)* découverte f **2** *(pt & pp found)* vt trouver; **I f. that...** je trouve que...; **I found him waiting in the hall** je l'ai trouvé qui attendait dans le vestibule; **she was nowhere to be found** elle était introuvable; **he found it impossible to understand her** il avait beaucoup de mal à la comprendre

▸ **find out 1** vt *(secret, information)* découvrir; *(person)* prendre en défaut **2** vi *(inquire)* se rensei-

gner **(about** sur); **to f. out about sth** *(discover)* apprendre qch

findings ['faındıŋz] NPL conclusions fpl

fine¹ [faın] **1** N *(money)* amende f; *(for driving offence)* contravention f **2** vt **to f. sb £10** infliger une amende de 10 livres à qn

fine² [faın] **1** (-er, -est) ADJ **(a)** *(thin, not coarse)* *(hair, needle)* fin; *(gold, metal)* pur; *(feeling)* délicat; *(distinction)* subtil **(b)** *(very good)* excellent; *(beautiful)* *(weather, statue)* beau *(f* belle**)**; **it's f.** *(weather)* il fait beau; **he's f.** *(healthy)* il va bien; **f. arts** beaux-arts mpl **2** ADV **(a)** *(very well)* très bien; **f.!** très bien! **(b)** *(cut, write)* menu ■ **finely** ADV *(dressed)* magnifiquement; *(embroidered, ground)* finement; *(painted, expressed)* délicatement; **f. chopped** haché menu

finger ['fıŋgə(r)] **1** N doigt m; **to keep one's fingers crossed** croiser les doigts; **little f.** petit doigt m, auriculaire m; **middle f.** majeur m; **f. mark** trace f de doigt **2** vt tâter ■ **fingernail** N ongle m ■ **fingerprint** N empreinte f digitale ■ **fingertip** N bout m du doigt; **to have sth at one's fingertips** savoir qch sur le bout des doigts

finicky ['fınıkı] ADJ *(precise)* tatillon, -onne; *(difficult)* difficile **(about** sur)

finish ['fınıʃ] **1** N *(end)* fin f; *(of race)* arrivée f; *(of article, car)* finition f **2** vt **to f. sth (off** or **up)** finir qch; **to f. doing sth** finir de faire qch; **to f. sb off** *(kill)* achever qn **3** vi *(of meeting, event)* finir, se terminer; *(of person)* finir, terminer; **to f. first** terminer premier; **to have finished with** *(object)* ne plus avoir besoin de; *(situation, person)* en avoir fini avec; **to f. off** or **up** *(of person)* finir, terminer; **to f. up in** *(end up in)* se retrouver à; **to f. up doing sth** finir par faire qch ■ **finished** ADJ *(ended, complete, ruined)* fini

finite ['faınaıt] ADJ fini

Finland ['fınlənd] N la Finlande ■ **Finn** N Finlandais, -aise mf, Finnois, -oise mf ■ **Finnish 1** ADJ finlandais, finnois **2** N *(language)* finnois m

fir [fɜː(r)] N sapin m

fire ['faıə(r)] **1** N feu m; *(accidental)* incendie m; Br *(electric heater)* radiateur m; **to light** or **make a f.** faire du feu; **to set f. to sb/sth** mettre le feu à qn/qch; **to catch f.** prendre feu; **on f.** en feu; **f.!** *(alarm)* au feu!; *(to soldiers)* feu!; **to open f.** ouvrir le feu; Br **f. brigade,** Am **f. department** pompiers mpl; **f. engine** voiture f des pompiers; **f. exit** sortie f de secours; **f. station** caserne f des pompiers

2 vt *(cannon)* tirer; *(pottery)* cuire; Fig *(imagination)* enflammer; **to f. a gun** tirer un coup de fusil/de pistolet; **to f. sb** *(dismiss)* renvoyer qn

3 vi tirer **(at** sur); Fig Fam **f. away!** *(start speaking)* vas-y!; **firing squad** peloton m d'exécution

■ **firearm** N arme f à feu ■ **fireguard** N garde-feu m inv ■ **fireman** (pl **-men**) N sapeur-pompier m ■ **fireplace** N cheminée f ■ **fireproof** ADJ (door) ignifugé ■ **fireside** N **by the f.** au coin du feu ■ **firewall** N Comptr pare-feu m inv ■ **firewood** N bois m de chauffage ■ **firework** N fusée f; (firecracker) pétard m; Br **f. display** feu m d'artifice

firm[1] [fɜːm] N (company) entreprise f, firme f

firm[2] [fɜːm] **1** (**-er, -est**) ADJ (earth, decision) ferme; (foundations, faith) solide; (character) résolu; **to be f. with sb** être ferme avec qn **2** ADV **to stand f.** tenir bon ou ferme ■ **firmly** ADV (believe) fermement; (speak) d'une voix ferme; (shut) bien

first [fɜːst] **1** ADJ premier, -ière; **I'll do it f. thing in the morning** je le ferai dès le matin; **f. aid** premiers secours mpl **2** ADV d'abord; (for the first time) pour la première fois; **f. of all, f. and foremost** tout d'abord; **at f.** d'abord; **to come f.** (in race) arriver premier; (in exam) être premier **3** N (person, thing) premier, -ière mf, **f. (gear)** (of vehicle) première f; Br Univ **to get a f.** ≃ avoir une licence avec mention très bien ■ **'first-'class 1** ADJ excellent; (ticket) de première classe; (mail) ordinaire **2** ADV (travel) en première ■ **'first-'hand 1** ADJ (news) de première main; **to have (had) f. experience of sth** avoir fait l'expérience personnelle de qch ■ (hear news) de première main ■ **'first-'rate** ADJ excellent

firstly ['fɜːstlɪ] ADV premièrement

fiscal ['fɪskəl] ADJ fiscal

fish [fɪʃ] **1** (pl inv or **-es** [-ɪz]) N poisson m; **f. bone** arête f; **f. market** marché m aux poissons; **f. shop** poissonnerie f; **f. tank** aquarium m **2** VT **to f. sth out** (from water) repêcher qch **3** VI pêcher; **to f. for salmon** pêcher le saumon ■ **fishing** N pêche f; **to go f.** aller à la pêche; **f. boat** bateau m de pêche; **f. line** ligne f; **f. net** (of fisherman) filet m (de pêche); (of angler) épuisette f; Am **f. pole** canne f à pêche; **f. rod** canne f à pêche

fisherman ['fɪʃəmən] (pl **-men**) N pêcheur m

fishmonger ['fɪʃmʌŋgə(r)] N poissonnier, -ière mf

fishy ['fɪʃɪ] (**-ier, -iest**) ADJ (smell, taste) de poisson; Fig (suspicious) louche

fist [fɪst] N poing m ■ **fistful** N poignée f (of de)

fit[1] [fɪt] **1** (**fitter, fittest**) ADJ (a) (healthy) en forme; **to keep f.** se maintenir en forme (b) (suitable) propre (for à; to do à faire); (worthy) digne (for de; to do de faire); (able) apte (for à; to do à faire); **f. to eat** or **for eating** mangeable; **as you see f.** comme bon vous semblera (c) Br Fam (attractive) bien foutu **2** N **a good f.** (clothes) à la bonne taille; **a close** or **tight f.** (clothes) ajusté **3** (pt & pp **-tt-**) VT (be the right size for) aller bien à; (match) correspondre à; (put in) poser; (go in) aller dans;

(go on) aller sur; **to f. sth (on) to sth** (put) poser qch sur qch; (adjust) adapter qch à qch; (fix) fixer qch à qch; **to f. sth (out** or **up) with sth** équiper qch de qch; **to f. sth in** (install) poser qch; (insert) faire entrer qch **4** VI (of clothes, lid, key, plug) aller; **this shirt fits** cette chemise me/te/etc va; **to f. (in)** (go in) aller; (of facts, plans) cadrer (with avec); **he doesn't f. in** il n'est pas à sa place

fit[2] [fɪt] N (seizure) attaque f; **to have a f.** avoir une attaque; Fam (get angry) piquer une crise; **a f. of coughing** une quinte de toux; **a f. of crying** une crise de larmes; **a f. of enthusiasm** un accès d'enthousiasme; **in fits and starts** par à-coups

fitness ['fɪtnɪs] N (health) santé f; (of remark) à-propos m; (for job) aptitude f (for à)

fitted ['fɪtɪd] ADJ Br (cupboard) encastré; (garment) ajusté; **f. carpet** moquette f; **f. kitchen** cuisine f intégrée; **f. (kitchen) units** éléments mpl de cuisine

fitter ['fɪtə(r)] N Br (of machinery) monteur, -euse mf

fitting ['fɪtɪŋ] **1** ADJ (suitable) approprié (to à) **2** N (of clothes) essayage m; **f. room** cabine f d'essayage ■ **fittings** NPL (in house) installations fpl

five [faɪv] ADJ & N cinq (m) ■ **fiver** N Br Fam billet m de 5 livres

fix [fɪks] **1** VT (make firm, decide) fixer (to à); (mend) réparer; (deal with) arranger; (prepare) préparer; Fam (election) truquer; **to f. one's attention on sb/sth** fixer son attention sur qn/qch; **to f. one's hopes on sb/sth** mettre ses espoirs en qn/qch; **it's fixed in my mind** c'est gravé dans mon esprit; **to f. sth (on)** (lid) mettre qch en place; **to f. sth up** (trip) arranger qch **2** N Fam (of drug) dose f; Fam Fig **her daily chocolate f.** sa dose quotidienne de chocolat

fixation [fɪk'seɪʃən] N fixation f

fixed [fɪkst] ADJ (price) fixe; (resolution) inébranlable; (idea) bien arrêté; Fam **how's he f. for cash?** a-t-il de l'argent?; Fam **how are you f. for tomorrow?** qu'est-ce que tu fais demain?

fixer ['fɪksə(r)] N Fam combinard, -arde mf

fixture ['fɪkstʃə(r)] N (a) Sport rencontre f (b) **fixtures** (in house) installations fpl

fizz [fɪz] VI (of drink) pétiller ■ **fizzy** (**-ier, -iest**) ADJ gazeux, -euse

fizzle ['fɪzəl]
▸ **fizzle out** VI (of firework) rater; Fam (of plan) tomber à l'eau; Fam (of enthusiasm) retomber; Fam (of custom) disparaître

flabbergasted ['flæbəgɑːstɪd] ADJ Fam sidéré

flabby ['flæbɪ] (**-ier, -iest**) ADJ (person) bouffi; (skin, character) mou (f molle)

flag [flæg] **1** N drapeau m; Naut pavillon m; (for charity) insigne m **2** (pt & pp **-gg-**) VT marquer;

to f. (down) a taxi héler un taxi **3** vi *(of person, conversation)* faiblir; *(of plant)* dépérir ■ **flagpole** N mât m

flagrant ['fleɪɡrənt] ADJ flagrant

flagstone ['flæɡstəʊn] N dalle f

flair [fleə(r)] N *(intuition)* don m **(for** pour); **to have a f. for business** avoir le sens des affaires

flake [fleɪk] **1** N *(of snow)* flocon m; *(of paint)* écaille f; *(of soap, metal)* paillette f **2** vi **to f. (off)** *(of paint)* s'écailler ■ **flaky** ADJ Br **f. pastry** pâte f feuilletée

flamboyant [flæm'bɔɪənt] ADJ *(person)* extraverti

flame [fleɪm] **1** N flamme f; **to go up in flames** prendre feu; **to burst into flames** s'enflammer; **to be in flames** être en flammes **2** vi **to f. (up)** *(of fire, house)* flamber ■ **flaming 1** ADJ **(a)** *(sun)* flamboyant **(b)** Br Fam *(damn)* sacré N Comptr = échange d'insultes sur Internet

flamingo [flə'mɪŋɡəʊ] *(pl* -**os** *or* -**oes)** N flamant m

flammable ['flæməbəl] ADJ inflammable

flan [flæn] N tarte f

flank [flæŋk] **1** N flanc m **2** vt flanquer **(with** *or* **by** de)

flannel ['flænəl] N *(cloth)* flanelle f; Br *(face cloth)* gant m de toilette; Br **flannels** *(trousers)* pantalon m de flanelle

flap [flæp] **1** N *(noise)* battement m; *(of pocket, envelope)* rabat m; *(of table)* abattant m; *(of door)* battant m **2** *(pt & pp* -**pp-)** vt **to f. its wings** *(of bird)* battre des ailes **3** vi *(of wings, sail, shutter)* battre

flare [fleə(r)] **1** N **(a)** *(signal)* signal m lumineux; *(rocket)* fusée f éclairante **(b)** **(pair of) flares** pantalon m pattes d'éléphant **2** vi *(of fire)* flamboyer; **to f. up** *(of fire)* s'embraser; *(of violence, anger, trouble)* éclater

flared [fleəd] ADJ *(skirt)* évasé; *(trousers)* (à) pattes d'éléphant

flash [flæʃ] **1** N *(of light, genius)* éclair m; *(for camera)* flash m; **f. of lightning** éclair; **in a f.** en un clin d'œil **2** vt *(light)* projeter; *(aim)* diriger **(on/at** sur); *(smile, look)* jeter **(at** à); **to f. sth (around)** montrer qch rapidement **3** vi *(shine)* briller; *(on and off)* clignoter; **flashing lights** clignotants mpl ■ **flashback** N retour m en arrière ■ **flashlight** N Am *(torch)* lampe f électrique ■ **flashy** (-**ier**, -**iest**) ADJ tape-à-l'œil

flask [flɑːsk] N Thermos® m ou f inv; *(for alcohol)* flasque f; *(phial)* fiole f

flat[1] [flæt] **1** (**flatter, flattest**) ADJ plat; *(tyre, battery)* à plat; *(drink)* éventé; *(refusal)* net *(f* nette); **f. fee** prix m unique; **f. rate** tarif m unique; **to put sth (down) f.** mettre qch à plat **2** N *(puncture)*

crevaison f; *(of hand)* plat m; *(in music)* bémol m **3** ADV **to sing f.** chanter trop bas; **to fall f. on one's face** tomber à plat ventre; **to fall f.** *(of joke, play)* tomber à plat; **I told you f.** je le lui ai dit carrément; **in two minutes f.** en deux minutes pile; **f. out** *(work)* d'arrache-pied; *(run)* à toute vitesse ■ **flatly** ADV *(deny, refuse)* catégoriquement

flat[2] [flæt] N Br *(in building)* appartement m

flatmate ['flætmeɪt] N Br colocataire mf

flatten ['flætən] vt aplatir; *(crops)* coucher; *(town, buildings)* raser

flatter ['flætə(r)] vt flatter; *(of clothes)* avantager ■ **flattering** ADJ *(remark, words)* flatteur, -euse; *(clothes, colour)* qui avantage ■ **flattery** N flatterie f

flaunt [flɔːnt] vt *(show off)* faire étalage de

flavour, Am **flavor** ['fleɪvə(r)] **1** N *(taste)* goût m; *(of ice cream)* parfum m **2** vt *(food)* relever **(with** de); *(ice cream)* parfumer **(with** à); **lemon-flavoured** (parfumé) au citron ■ **flavouring,** Am **flavoring** N *(seasoning)* assaisonnement m; *(in cake, ice cream)* parfum m

flaw [flɔː] N défaut m ■ **flawed** ADJ qui a un défaut/des défauts ■ **flawless** ADJ parfait

flaxen ['flæksən] ADJ *(hair)* blond de lin inv

flea [fliː] N puce f; **f. market** marché m aux puces

fleck [flek] N *(mark)* petite tache f

fled [fled] PT & PP of **flee**

fledgling ['fledʒlɪŋ] N *(bird)* oisillon m

flee [fliː] **1** (*pt & pp* **fled**) vt *(place)* s'enfuir de; *(danger)* fuir **2** vi s'enfuir, fuir

fleece [fliːs] **1** N *(of sheep)* toison f; *(garment)* (fourrure f) polaire f **2** vt Fam *(overcharge)* écorcher; *(cheat)* arnaquer ■ **fleecy** (-**ier**, -**iest**) ADJ *(gloves)* molletonné

fleet [fliːt] N *(of ships)* flotte f; *(of taxis, buses)* parc m

fleeting ['fliːtɪŋ] ADJ *(visit, moment)* bref *(f* brève); *(beauty)* éphémère

Flemish ['flemɪʃ] **1** ADJ flamand **2** N *(language)* flamand m; **the F.** *(people)* les Flamands mpl

flesh [fleʃ] N chair f; **in the f.** en chair et en os; **he's your (own) f. and blood** *(child)* c'est la chair de ta chair; *(brother, cousin)* il est de ton sang; **f. wound** blessure f superficielle

flew [fluː] PT of **fly**[2]

flex [fleks] **1** N *(wire)* fil m; *(for telephone)* cordon m **2** vt *(limb)* fléchir; *(muscle)* faire jouer

flexible ['fleksɪbəl] ADJ flexible ■ **flexi'bility** N flexibilité f

flexitime ['fleksɪtaɪm] N horaires mpl flexibles ou à la carte

flick [flɪk] **1** N *(with finger)* chiquenaude f; *(with* whip) petit coup m; Br **f. knife** couteau m à cran d'arrêt **2** vt (with whip) donner un petit coup à; (with finger) donner une chiquenaude à; **to f. sth off** (remove) enlever qch d'une chiquenaude; **to f. a switch** pousser un bouton; **to f. on/off the light** allumer/éteindre **3** vi **to f. over** or **through** (pages) feuilleter

flicker ['flɪkə(r)] **1** n vacillement m; **f. of light** lueur f vacillante **2** vi (of flame, light) vaciller

flier ['flaɪə(r)] n (a) (leaflet) prospectus m (b) (person) = personne qui voyage en avion

flies [flaɪz] npl (of trousers) braguette f

flight [flaɪt] n (a) (of bird, aircraft) vol m; **f. to/from** vol à destination de/en provenance de; **to have a good f.** faire bon voyage; **f. path** trajectoire f de vol (b) (floor) étage m (c) (escape) fuite f (**from** de); **f. of stairs** escalier m; **to take f.** prendre la fuite

flighty ['flaɪtɪ] (-ier, -iest) adj volage

flimsy ['flɪmzɪ] (-ier, -iest) adj (cloth, structure) (light) (trop) léger, -ère; (thin) (trop) mince; (excuse) piètre

flinch [flɪntʃ] vi (with pain) tressaillir; **without flinching** (complaining) sans broncher

fling [flɪŋ] **1** n (affair) aventure f **2** (pt & pp flung) vt jeter; (ball) lancer; **to f. a door open** ouvrir brutalement une porte

flint [flɪnt] n (stone) silex m; (of lighter) pierre f

flip [flɪp] **1** n chiquenaude f; **f. chart** tableau m à feuilles **2** (pt & pp -pp-) vt (with finger) donner une chiquenaude à; **to f. a switch** pousser un bouton; **to f. a coin** jouer à pile ou face; **to f. sth over** retourner qch **3** vi **to f. through a book** feuilleter un livre **4** adj Am Fam (impudent) effronté

flip-flops ['flɪpflɒps] npl tongs fpl

flippant ['flɪpənt] adj désinvolte

flipper ['flɪpə(r)] n Br (of swimmer) palme f; (of animal) nageoire f

flirt [flɜːt] **1** n charmeur, -euse mf **2** vi flirter (**with** avec) ■ **flirtatious** adj (look, smile) charmeur, -euse; **to be f. with sb** flirter avec qn

flit [flɪt] (pt & pp -tt-) vi (fly) voltiger; Fig **to f. in and out** (of person) entrer et sortir rapidement

float [fləʊt] **1** n Fishing bouchon m; (for swimming) flotteur m; (in procession) char m **2** vt (ship) mettre à flot; (wood) faire flotter; (idea, rumour) lancer; (company) introduire en Bourse **3** vi flotter (**on** sur); **to f. down the river** descendre la rivière ■ **floating** adj (wood, debt) flottant; (population) fluctuant; **f. voters** électeurs mpl indécis

flock [flɒk] **1** n (of sheep) troupeau m; (of birds) volée f; (of people) foule f; (religious congregation) ouailles fpl **2** vi **to f. round sb** s'attrouper autour de qn; **people are flocking to the exhibition** les gens vont en foule voir l'exposition

flog [flɒg] (pt & pp -gg-) vt (beat) flageller; Br Fam (sell) vendre

flood [flʌd] **1** n inondation f; Fig (of light) flot m; **to be in floods of tears** verser des torrents de larmes **2** vt (land, bathroom, market) inonder (**with** de); **the river flooded its banks** la rivière est sortie de son lit; **to f. (out)** (house) inonder **3** vi (of river) déborder; **to f. in** (of people, money) affluer; **to f. into** (of tourists) envahir ■ **flooding** n inondation(s) f(pl)

floodlight ['flʌdlaɪt] **1** n projecteur m **2** (pt & pp -lit) vt illuminer

floor [flɔː(r)] **1** n (of room, forest) sol m; (wooden) plancher m; (storey) étage m; **on the f.** par terre; Br **on the first f.** au premier étage; Am (ground floor) au rez-de-chaussée; **f. polish** cire f; **f. show** spectacle m de cabaret **2** vt (knock down) envoyer au tapis; (puzzle) stupéfier

floorboard ['flɔːbɔːd] n latte f (de plancher)

flop [flɒp] **1** n Fam fiasco m; (play) four m **2** (pt & pp -pp-) vi (fail) (of business, efforts) échouer; (of play, film) faire un four; **to f. down** s'effondrer, **to f. about** s'agiter mollement

floppy ['flɒpɪ] (-ier, -iest) adj (soft) mou (f molle); (clothes) (trop) large; (ears) pendant; Comptr **f. disk** disquette f

floral ['flɔːrəl] adj (material, pattern) à fleurs

florist ['flɒrɪst] n fleuriste mf

floss [flɒs] n (dental) **f.** fil m dentaire

flounder ['flaʊndə(r)] **1** n (fish) carrelet m **2** vi (in water) patauger; Fig (in speech) perdre pied

flour ['flaʊə(r)] n farine f

flourish ['flʌrɪʃ] **1** n (gesture) grand geste m; (decoration) fioriture f **2** vt (wave) brandir **3** vi (of person, plant) prospérer; (of arts, business) être florissant ■ **flourishing** adj (plant) qui prospère; (business) florissant

flout [flaʊt] vt (rules, authority, person) défier

flow [fləʊ] **1** n (of river) courant m; (of tide) flux m; (of current, information, blood) circulation f; (of liquid) écoulement m; **f. of traffic** circulation f; **a f. of visitors/words** un flot de visiteurs/paroles **2** vi couler; (of electric current, information) circuler; (of hair, clothes) flotter; (of traffic) s'écouler; **to f. back** (of liquid) refluer; **to f. in** (of people, money) affluer; **to f. into the sea** (of river) se jeter dans la mer ■ **flowing** adj (movement, style) fluide; (hair, beard) flottant

flower ['flaʊə(r)] **1** n fleur f; **in f.** en fleur(s); **f. bed** parterre m; **f. pot** pot m de fleurs; **f. shop** fleuriste mf; **f. show** floralies fpl **2** vi fleurir ■ **flowering 1** n floraison f **2** adj (in bloom) en fleurs; (producing flowers) (shrub) à fleurs

flowery ['flaʊərɪ] adj (style) fleuri; (material) à fleurs

flown [fləʊn] **PP of fly²**

flu [fluː] N (influenza) grippe f

fluctuate ['flʌktʃʊeɪt] VI varier ■ **fluctuation** [-'eɪʃən] N variation f (**in** de)

flue [fluː] N (of chimney) tuyau m

fluent ['fluːənt] ADJ (style) fluide; **he's f. in Russian, his Russian is f.** il parle couramment le russe; **to be a f. speaker** s'exprimer avec facilité ■ **fluency** N facilité f ■ **fluently** ADV (write, express oneself) avec facilité; (speak language) couramment

fluff [flʌf] 1 N peluche f 2 VT Fam (bungle) rater ■ **fluffy** (**-ier, -iest**) ADJ (bird) duveteux, -euse; (toy) en peluche

fluid ['fluːɪd] 1 ADJ fluide; (plans) mal défini; **f. ounce** = 0,03 l 2 N fluide m, liquide m

fluke [fluːk] N Fam coup m de chance; **by a f.** par hasard

flung [flʌŋ] **PT & PP of fling**

flunk [flʌŋk] Am Fam 1 VT (exam) être collé à; (pupil) coller 2 VI (in exam) être collé

fluorescent [flʊə'resənt] ADJ fluorescent

fluoride ['flʊəraɪd] N fluorure m; **f. toothpaste** dentifrice m au fluor

flurry ['flʌrɪ] (pl **-ies**) N (of snow) bourrasque f; **a f. of activity** une soudaine activité

flush [flʌʃ] 1 ADJ (level) de niveau (**with** de); Fam (rich) plein aux as 2 N (a) (blush) rougeur f; (of youth, beauty) éclat m; **hot flushes** bouffées fpl de chaleur (b) (in cards) flush m (c) (in toilet) chasse f d'eau 3 VT **to f. sth (out)** (clean) nettoyer qch à grande eau; **to f. the toilet** tirer la chasse d'eau 4 VI (blush) rougir (**with** de) ■ **flushed** ADJ (cheeks) rouge; **f. with success** ivre de succès

fluster ['flʌstə(r)] VT démonter; **to get flustered** se démonter

flute [fluːt] N flûte f

flutter ['flʌtə(r)] 1 N Br Fam **to have a f.** (bet) jouer une petite somme (**on** sur) 2 VT **to f. its wings** (of bird) battre des ailes 3 VI (of bird, butterfly) voleter; (of heart) battre; (of flag) flotter

fly¹ [flaɪ] (pl **-ies**) N (insect) mouche f

fly² [flaɪ] 1 (pt **flew**, pp **flown**) VT (aircraft) piloter; (passengers) transporter; (airline) voyager par; (flag) arborer; (kite) faire voler; **to f. the French flag** battre pavillon français 2 VI (of bird, aircraft) voler; (of passenger) aller en avion; (of time) passer vite; (of flag) flotter; **to f. away** or **off** s'envoler; **to f. out** (of passenger) partir en avion; **to f. at sb** (attack) sauter sur qn; **to f. across** or **over** (country, city) survoler; **the door flew open** la porte s'ouvrit brusquement ■ **flyer** N = **flier** ■ **flying** 1 N (as pilot) pilotage m; (as passenger) voyage m en avion 2 ADJ (doctor, personnel) volant; **to succeed with f. colours** réussir haut

la main; **to get off to a f. start** prendre un très bon départ; **f. visit** visite f éclair inv ■ **flyover** N Br (bridge) Toboggan® m

fly³ [flaɪ] N Br (on trousers) braguette f

FM [ef'em] (abbr **frequency modulation**) N FM f

foal [fəʊl] N poulain m

foam [fəʊm] 1 N (on sea, mouth) écume f; (on beer) mousse f; **f. bath** bain m moussant; **f. rubber** caoutchouc m Mousse® 2 VI (of sea, mouth) écumer; (of beer, soap) mousser

fob [fɒb] (pt & pp **-bb-**) VT Fam **to f. sb off with an excuse** se débarrasser de qn en lui racontant des salades; **to f. sth off on (to) sb** refiler qch à qn

focal ['fəʊkəl] ADJ focal

focus ['fəʊkəs] 1 (pl **focuses** ['fəʊkəsəz] or **foci** ['fəʊkaɪ]) N (of attention, interest) centre m; (optical, geometrical) foyer m; **the photo is in f./out of f.** la photo est nette/floue; **f. group** groupe-témoin m 2 VT (image, camera) mettre au point; (attention, efforts) concentrer (**on** sur) 3 VI (converge) (of light) converger (**on** sur); **to f. on sb/sth** (with camera) faire la mise au point sur qn/qch 4 VTI **to f. (one's eyes) on sb/sth** fixer les yeux sur qn/qch; **to f. (one's attention) on sb/sth** se tourner vers qn/qch

fodder ['fɒdə(r)] N fourrage m

foe [fəʊ] N Literary ennemi, -ie mf

foetus, Am **fetus** ['fiːtəs] N fœtus m

fog [fɒg] 1 N brouillard m 2 (pt & pp **-gg-**) VT **to f. the issue** embrouiller la question ■ **foghorn** N corne f de brume ■ **foglamp, foglight** N (on vehicle) phare m anti-brouillard inv

fogey ['fəʊgɪ] N = **fogy**

foggy ['fɒgɪ] (**-ier, -iest**) ADJ brumeux, -euse; **it's f.** il y a du brouillard; **on a f. day** par un jour de brouillard; Fam **I haven't got the foggiest (idea)** je n'en ai pas la moindre idée

fogy ['fəʊgɪ] N old f. vieille baderne f

foible ['fɔɪbəl] N (habit) petite manie f; (weakness) point m faible

foil [fɔɪl] 1 N (a) (for cooking) papier m alu; (metal sheet) feuille f de métal (b) (person) repoussoir m (c) (sword) fleuret m 2 VT (plans) contrecarrer

-fold [fəʊld] 1 SUFF ADJ tenfold par dix 2 ADV tenfold dix fois

fold¹ [fəʊld] 1 N (in paper, cloth) pli m 2 VT plier; **to f. away** or **down** or **up** (chair) plier; **to f. back** or **over** (blanket) replier; **to f. one's arms** croiser les bras 3 VI (of chair) se plier; Fam (of business) fermer ses portes; **to f. away** or **down** or **up** (of chair) se plier; **to f. back** or **over** (of blanket) se replier ■ **folding** ADJ (chair, bed) pliant

fold² [fəʊld] N (for sheep) parc m à moutons; Fig **to return to the f.** rentrer au bercail

folder ['fəʊldə(r)] N *(file holder)* chemise f; *(for drawings)* carton m à dessins; *Comptr* répertoire m

foliage ['fəʊlɪɪdʒ] N feuillage m

folk [fəʊk] **1** *(Am* **folks)** NPL gens mpl; *Fam* **my folks** *(parents)* mes parents mpl; *Fam* **hi, folks!** salut tout le monde!; *Br* **old f.** les vieux mpl **2** ADJ *(dance, costume)* folklorique; **f. music** *(contemporary)* folk m

folklore ['fəʊklɔː(r)] N folklore m

follow ['fɒləʊ] **1** VT suivre; *(career)* poursuivre; **followed by** de suivi de; **to f. sb around** suivre qn partout; **to f. through** *(plan, idea)* mener à son terme; **to f. up** *(idea, story)* creuser; *(clue, case)* suivre; *(letter)* donner suite à; *(remark)* faire suivre **(with** de); *(advantage)* exploiter **2** VI *(of person, event)* suivre; **it follows that...** il s'ensuit que...; **to f. on** *(come after)* suivre ▪ **follow-up** N *Com (of orders)* suivi m **(to** de); *(letter)* rappel m; **f. visit** *(by doctor)* visite f de contrôle

follower ['fɒləʊə(r)] N *(of ideas, politician)* partisan m

following ['fɒləʊɪŋ] **1** ADJ suivant **2** N *(of ideas, politician)* partisans mpl; **to have a large f.** avoir de nombreux partisans; *(of programme)* être très suivi **3** PREP à la suite de

folly ['fɒlɪ] *(pl* **-ies)** N folie f

fond [fɒnd] **(-er, -est)** ADJ *(loving)* affectueux, -ueuse; *(memory, thought)* doux (f douce); **to be (very) f. of sb/sth** aimer beaucoup qn/qch; **with f. regards** *(in letter)* bien amicalement ▪ **fondly** ADV tendrement

fondle ['fɒndəl] VT caresser

font [fɒnt] N **(a)** *Rel* fonts mpl baptismaux **(b)** *Typ & Comptr* police f de caractères

food [fuːd] **1** N nourriture f; *(particular substance)* aliment m; *(cooking)* cuisine f; *(for cats, dogs, pigs)* pâtée f; *(for plants)* engrais m; **foods** *(foodstuffs)* aliments mpl **2** ADJ *(needs, industry)* alimentaire; **f. mile** kilomètre m alimentaire; **f. poisoning** intoxication f alimentaire; **f. value** valeur f nutritive

foodstuffs ['fuːdstʌfs] NPL denrées fpl alimentaires

fool [fuːl] **1** N imbécile mf; **(you) silly f.!** espèce d'imbécile!; **to make a f. of sb** *(ridicule)* ridiculiser qn; *(trick)* rouler qn; **to make a f. of oneself** se couvrir de ridicule **2** VT *(trick)* duper **3** VI **to f. about** *or* **around** faire l'imbécile; *(waste time)* perdre son temps

foolish ['fuːlɪʃ] ADJ bête ▪ **foolishly** ADV bêtement ▪ **foolishness** N bêtise f

foolproof ['fuːlpruːf] ADJ *(scheme)* infaillible

foot¹ [fʊt] *(pl* **feet)** N pied m; *(of animal)* patte f; *(unit of measurement)* = 30,48 cm, pied m; **at**

the f. of *(page, stairs)* au bas de; *(table)* au bout de; **on f.** à pied; **to be on one's feet** *(standing)* être debout; *(recovered from illness)* être sur pied ▪ **football** N *(soccer)* football m; *(American game)* football américain; *(ball)* ballon m ▪ **footballer** N *Br* joueur, -euse mf de football ▪ **footbridge** N passerelle f ▪ **foothills** NPL contreforts mpl ▪ **foothold** N prise f (de pied); *Fig* position f; **to gain a f.** *(of person)* prendre pied **(in** dans) ▪ **footloose** ADJ libre de toute attache ▪ **footnote** N note f de bas de page; *Fig (extra comment)* post-scriptum m inv ▪ **footpath** N sentier m ▪ **footprint** N empreinte f de pied ▪ **footstep** N pas m; **to follow in sb's footsteps** suivre les traces de qn ▪ **footstool** N petit tabouret m ▪ **footwear** N chaussures fpl

foot² [fʊt] VT *(bill)* payer

footage ['fʊtɪdʒ] N *Cin* séquences fpl

footing ['fʊtɪŋ] N **(a)** *(balance)* **to lose one's f.** perdre l'équilibre **(b)** *(level)* **to be on an equal f.** être sur un pied d'égalité **(with** avec)

for [fɔː(r), *unstressed* fə(r)] **1** PREP pour; *(for a distance or period of)* pendant; *(in spite of)* malgré; **f. you/me** pour toi/moi; **what's it f.?** ça sert à quoi?; **I did it f. love/pleasure** je l'ai fait par amour/par plaisir; **to swim/rush f.** *(towards)* nager/se précipiter vers; **a train f.** un train à destination de; **the road f. London** la route de Londres; **it's time f. breakfast** c'est l'heure du petit déjeuner; **to come f. dinner** venir dîner; **to sell sth f. 7 dollars** vendre qch 7 dollars; **what's the French f. 'book'?** comment dit-on 'book' en français?; **A f. Alice** A comme Alice; **she walked f. a kilometre** elle a marché pendant un kilomètre; **he was away f. a month** il a été absent pendant un mois; **he won't be back f. a month** il ne sera pas de retour avant un mois; **he's been here f. a month** il est ici depuis un mois; **I haven't seen him f. ten years** voilà dix ans que je ne l'ai vu, je ne l'ai pas vu depuis dix ans; **it's easy f. her to do it** il lui est facile de le faire **2** CONJ *(because)* car

forage ['fɒrɪdʒ] VI fouiller **(for** pour trouver)

forbad [fə'bæd] PT of **forbid**

forbade [fə'bæd, fə'beɪd] PT of **forbid**

forbid [fə'bɪd] *(pt* **forbad(e)**, *pp* **forbidden** [fə'bɪdən], *pres p* **forbidding)** VT interdire, défendre **(sb to do** à qn de faire); **to f. sb sth** interdire qch à qn; **God f.!** Dieu nous en préserve! ▪ **forbidden** ADJ *(fruit, region, palace)* défendu; **she is f. to leave** il lui est interdit de partir

force [fɔːs] **1** N force f; **the (armed) forces** les forces armées; **by f.** de force; **in f.** *(rule)* en vigueur; *(in great numbers)* en force **2** VT forcer **(to do** à faire); *(impose)* imposer **(on** à); *(door, lock)* forcer; *(confession)* arracher **(from** à); **to f. one's**

way into entrer de force dans; *(tears)* refouler; **to f. sth into sth** faire entrer qch de force dans qch; **to f. sth out** faire sortir qch de force ■ **forced** ADJ **f. to do** obligé *ou* forcé de faire; **a f. smile** un sourire forcé ■ **force-feed** *(pt & pp -fed)* VT nourrir de force

forceful ['fɔːsfəl] ADJ énergique

forceps ['fɔːseps] NPL forceps *m*

forcibly ['fɔːsəblɪ] ADV *(by force)* de force; *(argue, express)* avec force

ford [fɔːd] **1** N gué *m* **2** VT *(river)* passer à gué

fore [fɔː(r)] N **to come to the f.** *(of issue)* passer au premier plan

forearm ['fɔːrɑːm] N avant-bras *m inv*

foreboding [ˌfɔːˈbəudɪŋ] N *(feeling)* pressentiment *m*

forecast ['fɔːkɑːst] **1** N *(of weather)* prévisions *fpl*; *(in racing)* pronostic *m* **2** *(pt & pp* **forecast(ed))** VT prévoir; *(in racing)* pronostiquer

forecourt ['fɔːkɔːt] N *(of hotel)* avant-cour *f*; *(of petrol station)* devant *m*

forefinger ['fɔːfɪŋgə(r)] N index *m*

forefront ['fɔːfrʌnt] N **in the f. of** au premier plan de

forego [fɔːˈgəʊ] *(pp* **-gone)** VT renoncer à; **it's a foregone conclusion** c'est couru d'avance

foreground ['fɔːgraʊnd] N premier plan *m*

forehead ['fɒrɪd, 'fɔːhed] N front *m*

foreign ['fɒrɪn] ADJ *(language, person, country)* étranger, -ère; *(trade)* extérieur; *(travel, correspondent)* à l'étranger; *Med* **f. body** corps *m* étranger; **F. Minister,** *Br* **F. Secretary** ministre *m* des Affaires étrangères; *Br* **F. Office** ministère *m* des Affaires étrangères ■ **foreigner** N étranger, -ère *mf*

foreman ['fɔːmən] *(pl* **-men)** N *(worker)* contremaître *m*; *(of jury)* président *m*

foremost ['fɔːməʊst] ADJ principal

forensic [fəˈrensɪk] ADJ **f. medicine** médecine *f* légale

forerunner ['fɔːrʌnə(r)] N *(person)* précurseur *m*

foresee [fɔːˈsiː] *(pt* **-saw,** *pp* **-seen)** VT prévoir ■ **foreseeable** ADJ prévisible

foreshadow [fɔːˈʃædəʊ] VT annoncer

foresight ['fɔːsaɪt] N prévoyance *f*

forest ['fɒrɪst] N forêt *f*

forestall [fɔːˈstɔːl] VT devancer

foretell [fɔːˈtel] *(pt & pp* **-told)** VT prédire

forethought ['fɔːθɔːt] N prévoyance *f*

forever [fəˈrevə(r)] ADV *(for always)* pour toujours; *(continually)* sans cesse

forewarn [fɔːˈwɔːn] VT avertir

foreword ['fɔːwɜːd] N avant-propos *m inv*

forfeit ['fɔːfɪt] **1** N *(in game)* gage *m*; *Law* amende *f* **2** VT *(lose)* perdre

forge [fɔːdʒ] **1** N forge *f* **2** VT **(a)** *(metal, alliance)* forger **(b)** *(signature, money)* contrefaire; **to f. a passport** faire un faux passeport **3** VI **to f. ahead** *(progress)* aller de l'avant ■ **forged** ADJ faux *(f* fausse); **f. money** fausse monnaie *f*

forgery ['fɔːdʒərɪ] *(pl* **-ies)** N contrefaçon *f*

forget [fəˈget] **1** *(pt* **forgot,** *pp* **forgotten,** *pres p* **forgetting)** VT oublier **(to do** de faire); *Fam* **f. it!** *(when thanked)* pas de quoi!; *(it doesn't matter)* laisse tomber!; **to f. oneself** s'oublier **2** VI oublier; **to f. about sb/sth** oublier qn/qch ■ **forget-me-not** N myosotis *m*

forgetful [fəˈgetfəl] ADJ **to be f.** avoir une mauvaise mémoire ■ **forgetfulness** N manque *m* de mémoire; *(carelessness)* négligence *f*; **in a moment of f.** dans un moment d'oubli

forgive [fəˈgɪv] *(pt* **-gave,** *pp* **-given)** VT pardonner **(sb sth** qch à qn) ■ **forgiveness** N pardon *m* ■ **forgiving** ADJ indulgent

forgo [fɔːˈgəʊ] *(pp* **-gone)** VT renoncer à

forgot [fəˈgɒt] PT of **forget**

forgotten [fəˈgɒtən] PP of **forget**

fork [fɔːk] **1** N *(for eating)* fourchette *f*; *(for gardening, in road)* fourche *f* **2** *Fam* **to f. out** *(money)* allonger **3** VI *(of road)* bifurquer; *Fam* **to f. out** *(pay)* casquer **(on** pour) ■ **forked** ADJ *(branch, tongue)* fourchu ■ **forklift truck** N chariot *m* élévateur

forlorn [fəˈlɔːn] ADJ *(forsaken)* abandonné; *(unhappy)* triste

form [fɔːm] **1** N *(shape, type, style)* forme *f*; *(document)* formulaire *m*; *Br Sch* classe *f*; **it's good f.** c'est ce qui se fait; **in the f. of** sous forme de; **on f., in good** *or* **top f.** en (pleine) forme **2** VT *(group, basis, character)* former; *(clay)* façonner; *(habit)* contracter; *(obstacle)* constituer; **to f. part of sth** faire partie de qch; **to f. an opinion** se faire une opinion **(of** de) **3** VI *(appear)* se former

formal ['fɔːməl] ADJ *(person, tone)* cérémonieux, -ieuse; *(announcement, dinner, invitation)* officiel, -ielle; *(agreement)* en bonne et due forme; *(denial, logic)* formel, -elle; *(language)* soutenu; **f. dress** tenue *f* de soirée; **f. education** éducation *f* scolaire ■ **formality** [-ˈmælɪtɪ] *(pl* **-ies)** N *(procedure)* formalité *f* ■ **formally** ADV *(declare)* officiellement; **f. dressed** en tenue de soirée

Note that the French word **formellement** is a false friend. Its most common meaning is **strictly**.

format ['fɔːmæt] **1** N format *m* **2** *(pt & pp* **-tt-)** VT *Comptr* formater

formation [fɔːˈmeɪʃən] N formation *f*

formative ['fɔ:mətɪv] ADJ formateur, -trice

former ['fɔ:mə(r)] 1 ADJ (previous) (president, teacher, job, house) ancien, -ienne (before noun); (situation, life) antérieur; **her f. husband** son ex-mari; **in f. days** autrefois 2 PRON **the f.** celui-là, celle-là ■ **formerly** ADV autrefois

formidable ['fɔ:mɪdəbəl] ADJ effroyable

formula ['fɔ:mjʊlə] N (a) (pl **-as** or **-ae** [-i:]) (rule, symbols) formule f; Aut **f. 1** formule 1 (b) (pl **-as**) (baby food) lait m en poudre ■ **formulate** [-leɪt] VT formuler

fort [fɔ:t] N Mil fort m; Fam **to hold the f.** monter la garde

forth [fɔ:θ] ADV en avant; **from this day f.** désormais; **and so f.** et ainsi de suite; **to go back and f.** aller et venir

forthcoming [fɔ:θ'kʌmɪŋ] ADJ (a) (event) à venir; (book, film) qui va sortir; **my f. book** mon prochain livre (b) (available) disponible (c) (informative) expansif, -ive (**about** sur)

forthright ['fɔ:θraɪt] ADJ franc (f franche)

forthwith [fɔ:θ'wɪð] ADV Formal sur-le-champ

fortieth ['fɔ:tɪəθ] ADJ & N quarantième (mf)

fortify ['fɔ:tɪfaɪ] (pt & pp **-ied**) VT (strengthen) fortifier; **to f. sb** (of food, drink) réconforter qn, remonter qn ■ **fortification** [-fɪ'keɪʃən] N fortification f

fortnight ['fɔ:tnaɪt] N Br quinzaine f de jours ■ **fortnightly** 1 ADJ Br bimensuel, -uelle 2 ADV tous les quinze jours

fortress ['fɔ:trɪs] N forteresse f

fortunate ['fɔ:tʃənət] ADJ heureux, -euse; **to be f.** (of person) avoir de la chance; **to be f. enough to…** avoir la chance de…; **it's f. (for her) that…** c'est heureux (pour elle) que… (+ subjunctive) ■ **fortunately** ADV heureusement

Note that the French adjective **fortuné** is a false friend. It means **wealthy**.

fortune ['fɔ:tʃu:n] N (wealth) fortune f; (luck) chance f; **to have the good f. to do sth** avoir la chance de faire qch; **to tell sb's f.** dire la bonne aventure à qn; **to make one's f.** faire fortune; **to cost a f.** coûter une (petite) fortune ■ **fortune-teller** N diseur, -euse mf de bonne aventure

forty ['fɔ:tɪ] ADJ & N quarante (m)

forum ['fɔ:rəm] N forum m; Comptr **discussion f.** forum m de discussion; **online f.** forum m en-ligne

forward ['fɔ:wəd] 1 ADJ (position) avant inv; (movement) en avant; Fig (impudent) effronté 2 N Sport avant m 3 ADV en avant; **to go f.** avancer; **to put the clocks f.** avancer les pendules; **from this day f.** à partir d'aujourd'hui 4 VT (letter) faire suivre; (goods) expédier ■ **forward-looking** ADJ progressiste

forwards ['fɔ:wədz] ADV = **forward**

fossil ['fɒsəl] N fossile m; **f. fuel** combustible m fossile

foster ['fɒstə(r)] 1 VT (a) (music, art) encourager (b) (child) élever en famille d'accueil 2 ADJ **f. child** = enfant placé dans une famille d'accueil; **f. home** or **family** famille f d'accueil; **f. parents** parents mpl nourriciers

fought [fɔ:t] PT & PP of **fight**

foul [faʊl] 1 (**-er, -est**) ADJ (a) (smell, taste, weather, person) infect; (air) vicié; (breath) fétide; (language) grossier, -ière; (place) immonde; **to be in a f. mood** être d'une humeur massacrante; **to be f.-mouthed** avoir un langage grossier (b) Sport **f. play** jeu m irrégulier; Law acte m criminel 2 N Sport faute f 3 VT **to f. (up)** (get dirty) salir; (air) vicier; Fam **to f. up** (ruin) gâcher

found¹ [faʊnd] PT & PP of **find**

found² [faʊnd] VT (town, party) fonder; (opinion, suspicions) fonder, baser (**on** sur) ■ **founder¹** N fondateur, -trice mf

foundation [faʊn'deɪʃən] N (of city, organization) fondation f; (basis) fondement m; **the foundations** (of building) les fondations fpl; **without f.** sans fondement; **f. (cream)** fond m de teint

founder² ['faʊndə(r)] VI (of ship) s'échouer

foundry ['faʊndrɪ] (pl **-ies**) N fonderie f

fountain ['faʊntɪn] N fontaine f; **f. pen** stylo-plume m

four [fɔ:(r)] ADJ & N quatre (m); **on all fours** à quatre pattes; **f.-letter word** gros mot m ■ **fourth** ADJ & N quatrième (mf)

foursome ['fɔ:səm] N groupe m de quatre personnes

fourteen [fɔ:'ti:n] ADJ & N quatorze (m) ■ **fourteenth** ADJ & N quatorzième (mf)

fowl [faʊl] N INV volaille f

fox [fɒks] 1 N renard m 2 VT (puzzle) laisser perplexe; (deceive) duper ■ **foxy** ADJ Fam (sly) rusé; (sexy) sexy inv

foyer ['fɔɪeɪ] N (in theatre) foyer m; (in hotel) hall m

fraction ['frækʃən] N fraction f

fracture ['fræktʃə(r)] 1 N fracture f 2 VT fracturer; **to f. one's leg** se fracturer la jambe 3 VI se fracturer

fragile [Br 'frædʒaɪl, Am 'frædʒəl] ADJ fragile

fragment ['frægmənt] N fragment m

fragrant ['freɪgrənt] ADJ parfumé ■ **fragrance** N parfum m

frail [freɪl] (**-er, -est**) ADJ (person) frêle; (hope, health) fragile ■ **frailty** N fragilité f

frame [freɪm] **1** N *(of building)* charpente f; *(of person)* ossature f; *(of picture, bicycle)* cadre m; *(of door, window)* encadrement m; *(of car)* châssis m; *(of spectacles)* monture f; **f. of mind** état m d'esprit **2** VT *(picture)* encadrer; Fig *(proposals, ideas)* formuler; Fam **to f. sb** monter un coup contre qn ■ **framework** N structure f; **(with) in the f. of** *(context)* dans le cadre de

franc [fræŋk] N *(currency)* franc m

France [frɑːns] N la France

franchise ['fræntʃaɪz] N *(right to vote)* droit m de vote; *(right to sell product)* franchise f

Franco- ['fræŋkəʊ] PREF franco-

frank¹ [fræŋk] **(-er, -est)** ADJ *(honest)* franc (f franche) ■ **frankly** ADV franchement

frank² [fræŋk] VT *(letter)* affranchir

frantic ['fræntɪk] ADJ *(activity, shouts, pace)* frénétique; *(attempt, efforts)* désespéré; **f. with joy** fou (f folle) de joie ■ **frantically** ADV frénétiquement; *(run, search)* comme un fou/une folle; *(work)* avec frénésie

fraternal [frə'tɜːnəl] ADJ fraternel, -elle ■ **fraternity** *(pl -ies)* N *(brotherliness)* fraternité f; Am Univ = association d'étudiants; **the banking/medical f.** la confrérie des banquiers/médecins ■ **fraternize** ['frætənaɪz] VI fraterniser **(with** avec)

fraud [frɔːd] N **(a)** *(crime)* fraude f; **to obtain sth by f.** obtenir qch frauduleusement **(b)** *(person)* imposteur m ■ **fraudulent** ['frɔːdjʊlənt] ADJ frauduleux, -euse

fraught [frɔːt] ADJ *(situation)* tendu; **f. with** plein de

fray [freɪ] **1** N *(fight)* bagarre f **2** VT *(garment)* effilocher; *(rope)* user; **my nerves are frayed** j'ai les nerfs à vif; **tempers were frayed** on s'énervait **3** VI *(of garment)* s'effilocher; *(of rope)* s'user

freak [friːk] **1** N *(person)* monstre m; Fam **jazz f.** fana f de jazz **2** ADJ *(result, weather)* anormal; **f. accident** accident imprévisible

▸ **freak out** Fam **1** VT SEP *(shock, scare)* faire flipper **2** VI *(panic)* paniquer; *(get angry)* piquer une crise

freckle ['frekəl] N tache f de rousseur ■ **freckled** ADJ couvert de taches de rousseur

free [friː] **1 (freer, freest)** ADJ *(at liberty, not occupied)* libre; *(without cost)* gratuit; *(lavish)* généreux, -euse **(with** de); **to get f.** se libérer; **to be f. to do sth** être libre de faire qch; **to let sb go f.** relâcher qn; **to be f. of sb** être débarrassé de qn; **f. of charge** gratuit; **f. speech** liberté f d'expression; **f. trade** libre-échange m **2** ADV **f. (of charge)** gratuitement **3** *(pt & pp* **freed)** VT *(prisoner, country)* libérer; *(trapped person)* dégager; *(untie)* détacher ■ **Freefone®** N Br *(phone number)* ≃ numéro m vert ■ **free-for-'all** N bagarre f ■ **freehold** N Law propriété f foncière perpétuelle et libre ■ **freelance 1** ADJ indépendant **2** N travailleur, -euse mf indépendant(e) **3** ADV **to work f.** travailler en indépendant ■ **Freepost®** N Br ≃ correspondance-réponse f ■ **free-range** ADJ Br **f. chicken** poulet m fermier; Br **f. egg** œuf m de ferme ■ **freestyle** N *(in swimming)* nage f libre ■ **freeway** N Am autoroute f

freedom ['friːdəm] N liberté f; **f. of information** libre accès m à l'information; **f. of speech** liberté f d'expression; **f. from worry/responsibility** absence f de souci/de responsabilité; **f. fighter** guérillero m

freely ['friːlɪ] ADV *(speak, act, circulate)* librement; *(give)* sans compter

freeze [friːz] **1** N *(in weather)* gel m; *(of prices, salaries)* blocage m **2** *(pt* **froze,** *pp* **frozen)** VT *(food)* congeler; *(credits, river)* geler; *(prices, wages)* bloquer; **frozen food** surgelés mpl **3** VI geler; *(of person)* s'arrêter net; **f.!** ne bougez plus!; **to f. to death** mourir de froid; **to f. up** *or* **over** *(of lake)* geler ■ **freezer** N *(deep-freeze)* congélateur m; *(ice-box)* freezer m ■ **freezing 1** ADJ *(weather)* glacial; *(hands, feet)* gelé; **it's f.** il gèle; Fam **I'm f.!** je gèle! **2** N **it's 5 degrees below f.** il fait 5 degrés au-dessous de zéro **3** ADV **f. cold** très froid

freight [freɪt] Com **1** N *(transport)* fret m; *(goods)* cargaison f; **f. train** train m de marchandises **2** VT *(goods)* transporter ■ **freighter** N *(ship)* cargo m

French [frentʃ] **1** ADJ français; *(teacher)* de français; *(embassy)* de France; **F. fries** frites fpl; **F. loaf** baguette f **2** N *(language)* français m; **the F.** *(people)* les Français mpl ■ **Frenchman** *(pl -men)* N Français m ■ **French-speaking** ADJ francophone ■ **Frenchwoman** *(pl -women)* N Française f

frenzy ['frenzɪ] *(pl -ies)* N frénésie f ■ **frenzied** ADJ *(activity)* frénétique; *(person)* affolé; *(attack)* violent

frequency ['friːkwənsɪ] *(pl -ies)* N fréquence f

frequent 1 ['friːkwənt] ADJ fréquent; **f. flyer** = personne qui prend souvent l'avion; **f. visitor** habitué, -uée mf **(to** de) **2** [frɪ'kwent] VT fréquenter ■ **frequently** ADV fréquemment

fresh [freʃ] **1 (-er, -est)** ADJ frais (f fraîche); *(new)* nouveau (f nouvelle); Am Fam *(cheeky)* insolent; **to get some f. air** prendre l'air; **f.-water fish** poisson m d'eau douce **2** ADV **to be f. from** *(city, country)* arriver tout juste de; *(school, university)* sortir tout juste de ■ **freshly** ADV *(arrived, picked)* fraîchement

freshen ['freʃən] **1** VI *(of wind)* fraîchir; **to f. up** *(have a wash)* faire un brin de toilette **2** VT **to f.**

up *(house)* retaper; **to f. sb up** *(of bath, shower)* rafraîchir qn

freshman ['freʃmən] *(pl* **-men)** N *Am Univ* étudiant, -iante *mf* de première année

fret [fret] *(pt & pp* **-tt-)** VI *(worry)* se faire du souci

friction ['frɪkʃən] N friction *f*

Friday ['fraɪdeɪ] N vendredi *m;* **Good F.** le Vendredi saint

fridge [frɪdʒ] N frigo *m*

fried [fraɪd] **1** PT & PP of **fry¹ 2** ADJ frit; **f. egg** œuf *m* sur le plat

friend [frend] N ami, -ie *mf;* **to be friends with sb** être ami avec qn; **to make friends with sb** devenir ami avec qn ▪ **friendly** (**-ier, -iest**) **1** ADJ amical; **f. advice** conseils *mpl* d'ami; **to be f. with sb** être ami avec qn; **to be on f. terms with sb** être en bons termes avec qn **2** N *Sport* match *m* amical ▪ **friendship** N amitié *f*

fright [fraɪt] N peur *f;* **to take f.** prendre peur; **to give sb a f.** faire peur à qn; *Fam* **you look a f.!** tu es à faire peur!

frighten ['fraɪtən] VT effrayer, faire peur à; **to f. sb away** *or* **off** faire fuir qn ▪ **frightened** ADJ effrayé; **to be f.** avoir peur **(of** de) ▪ **frightening** ADJ effrayant

frightful ['fraɪtfəl] ADJ affreux, -euse ▪ **frightfully** ADV terriblement

frigid ['frɪdʒɪd] ADJ *(greeting, manner)* glacial; *(woman)* frigide

frill [frɪl] N volant *m;* **no frills** *(machine, holiday)* rudimentaire; *(ceremony)* sans chichis

fringe [frɪndʒ] N **(a)** *(of hair, on clothes)* frange *f* **(b)** *(of forest)* lisière *f;* *(of town)* abords *mpl;* **on the fringes of society** en marge de la société; **f. benefits** avantages *mpl* divers; **f. group** groupuscule *m;* *Br* **f. theatre** théâtre *m* expérimental

frisk [frɪsk] **1** VT *(search)* fouiller **2** VI **to f. (about)** gambader

frisky ['frɪskɪ] (**-ier, -iest**) ADJ *(lively)* vif *(f* vive)

fritter ['frɪtə(r)] **1** N *Culin* beignet *m* **2** VT **to f. away** gaspiller

frivolous ['frɪvələs] ADJ frivole ▪ **frivolity** [-'vɒlɪtɪ] (*pl* **-ies)** N frivolité *f*

frizzy ['frɪzɪ] ADJ *(hair)* crépu

fro [frəʊ] ADV **to go to and f.** aller et venir

frock [frɒk] N *(dress)* robe *f;* *(of monk)* froc *m*

frog [frɒg] N grenouille *f;* **f.'s legs** cuisses *fpl* de grenouille; *Fam* **to have a f. in one's throat** avoir un chat dans la gorge

frolic ['frɒlɪk] *(pt & pp* **-ck-)** VI **to f. (about)** gambader ▪ **frolics** NPL *(playing)* gambades *fpl;* *(pranks)* gamineries *fpl*

from [frɒm, *unstressed* frəm] PREP **(a)** *(expressing origin)* de; **a letter f. sb** une lettre de qn; **to**

suffer f. sth souffrir de qch; **where are you f.?** d'où êtes-vous?; **I come f. Portugal** je viens du Portugal; **a train f. Paris** un train en provenance de Paris; **to be 10 m (away) f. the house** être à 10 m de la maison; **f. York to London** de York à Londres **(b)** *(expressing time)* à partir de; **f. then on** depuis ce jour-là; **f. the beginning** dès le début **(c)** *(expressing range)* **f.... to...** de... à...; **they take children f. the age of five** ils acceptent les enfants à partir de cinq ans **(d)** *(expressing source)* de; **to take/borrow sth f. sb** prendre/emprunter qch à qn; **to drink f. a cup** boire dans une tasse **(e)** *(expressing removal)* de; **to take sth f. sb** prendre qch à qn; **to take sth f. the table** prendre qch sur la table **(f)** *(according to)* d'après; **f. what I saw...** d'après ce que j'ai vu... **(g)** *(on behalf of)* de la part de; **tell her f. me** dis-lui de ma part

front [frʌnt] **1** N devant *m;* *(of boat, car)* avant *m;* *(of building)* façade *f;* *(of crowd)* premier rang *m;* *Mil & Pol* front *m;* **In f. of sb/sth** devant qn/qch; **in f.** devant; *(further ahead)* en avant; *(in race)* en tête; **I sat in the f.** *(of car)* j'étais assis à l'avant **2** ADJ *(tooth, garden)* de devant; *(car seat)* avant *inv;* *(row, page)* premier, -ière; **f. door** porte *f* d'entrée; *Mil* **f. line** front *m;* **f. view** vue *f* de face **3** VT *(organization)* être à la tête de; *(government)* diriger; *(TV programme)* présenter **4** VI **to f. on to** *(of windows)* donner sur ▪ **frontrunner** N *Fig* favori, -ite *mf*

frontier ['frʌntɪə(r)] N frontière *f;* **f. town** ville *f* frontalière

frost [frɒst] **1** N gel *m* **2** VI **to f. up** *(of window)* se couvrir de givre

frostbite ['frɒstbaɪt] N gelure *f* ▪ **frostbitten** ADJ gelé

frosted ['frɒstɪd] ADJ **(a)** *(glass)* dépoli **(b)** *Am (cake)* glacé

frosting ['frɒstɪŋ] N *Am (icing on cake)* glaçage *m*

frosty ['frɒstɪ] (**-ier, -iest**) ADJ *(air, night)* glacé; *(window)* givré; *Fig (welcome)* glacial; **it's f.** il gèle

froth [frɒθ] **1** N *(on beer)* mousse *f;* *(on waves)* écume *f* **2** VI *(liquid)* mousser ▪ **frothy** (**-ier, -iest**) ADJ *(beer)* mousseux, -euse

frown [fraʊn] **1** N froncement *m* de sourcils **2** VI froncer les sourcils; *Fig* **to f. (up)on** désapprouver

froze [frəʊz] PT of **freeze**

frozen ['frəʊzən] PP of **freeze**

frugal ['fruːgəl] ADJ frugal

fruit [fruːt] N fruit *m;* **some f.** *(one item)* un fruit; *(more than one)* des fruits; **to like f.** aimer les fruits; **f. juice** jus *m* de fruit; **f. salad** salade *f* de fruits; **f. tree** arbre *m* fruitier ▪ **fruitcake** N cake *m*; *Br Fam* cinglé, -ée *mf*

fruitful ['fru:tfəl] ADJ *(meeting, discussion)* fructueux, -ueuse ▪ **fruitless** ADJ *(attempt, search)* infructueux, -ueuse

fruition [fru:'ɪʃən] N **to come to f.** *(of plan)* porter ses fruits

frustrate [frʌ'streɪt] VT *(person)* frustrer; *(plans)* contrarier ▪ **frustrated** ADJ *(person)* frustré ▪ **frustrating** ADJ frustrant ▪ **frustration** N frustration *f*

fry[1] [fraɪ] **1** *(pt & pp* **fried**) VT faire frire **2** VI frire ▪ **frying** N friture *f*; **f. pan** poêle *f* (à frire) ▪ **fry-up** N *Br Fam* = bacon, œufs, saucisses, tomates etc frits ensemble

fry[2] [fraɪ] N **small f.** *(people)* menu fretin *m*

ft *(abbr* **foot**) *(unit of measurement)* pied *m*

fudge [fʌdʒ] **1** N *(sweet)* caramel *m* mou **2** VT **to f. the issue** éluder une question

fuel ['fjʊəl] **1** N combustible *m*; *(for engine)* carburant *m*; **f. oil** mazout *m*; **f. tank** *(in vehicle)* réservoir *m* **2** *(Br* **-ll-,** *Am* **-l-)** VT *(stove)* alimenter; *(vehicle, plane, ship)* ravitailler (en combustible); *Fig (anger, hatred)* attiser; **to be fuelled by diesel** *(of engine)* marcher au gazole

fugitive ['fju:dʒɪtɪv] N fugitif, -ive *mf*

fulfil, *Am* **fulfill** [fʊl'fɪl] *(pt & pp* **-ll-**) VT *(ambition, dream)* réaliser; *(condition, duty)* remplir; *(desire, need)* satisfaire; **to f. oneself** s'épanouir ▪ **fulfilling** ADJ satisfaisant ▪ **fulfilment,** *Am* **fulfillment** N *(of ambition)* réalisation *f* (**of** de); *(satisfaction)* épanouissement *m*

full [fʊl] **1** *(-er, -est)* ADJ plein *(of* de); *(bus, theatre, hotel, examination)* complet, -ète; *(amount)* intégral; *(day, programme)* chargé; *(skirt)* bouffant; **to be f. (up)** *(of person)* n'avoir plus faim; *(of hotel)* être complet; **to pay (the) f. fare** *or* **price** payer plein tarif; **at f. speed** à toute vitesse; **f. house** *(in theatre)* salle *f* comble; **f. name** nom et prénom; *Br* **f. stop** point *m* **2** N **in f.** *(pay)* intégralement; *(read, publish)* en entier; *(write)* en toutes lettres; **the text in f.** le texte intégral; **to live life to the f.** vivre pleinement **3** ADV **to know f. well** savoir fort bien; **f. in the face** *(hit)* en pleine figure ▪ **full-back** N *Sport* arrière *m* ▪ **'full-'blown** ADJ *(row)* vrai; **to have f. AIDS** avoir le SIDA ▪ **'full-'grown** ADJ adulte ▪ **'full-'length** ADJ *(portrait)* en pied; *(dress)* long *(f* longue); **f. film** long métrage *m* ▪ **'full-'scale** ADJ *(model)* grandeur nature *inv*; *(operation)* de grande envergure ▪ **'full-'time** ADJ & ADV *(work)* à plein temps

fully ['fʊlɪ] ADV *(completely)* entièrement; *(understand)* parfaitement; *(at least)* au moins ▪ **'fully-'fledged,** *Am* **'full-'fledged** ADJ

(engineer, teacher) diplômé; *(member)* à part entière ▪ **'fully-'grown** ADJ adulte

fumble ['fʌmbəl] VI **to f. (about)** *(grope)* tâtonner; *(search)* fouiller (**for** pour trouver); **to f. (about) with sth** tripoter qch

fume [fju:m] VI **(a)** *(give off fumes)* fumer **(b)** **to be fuming** *(of person)* rager ▪ **fumes** NPL émanations *fpl*; *(from car)* gaz *mpl* d'échappement

> Note that the French verb **fumer** is a false friend. Its most common meaning is **to smoke**.

fun [fʌn] N plaisir *m*; **for f., for the f. of it** pour le plaisir; **to be (good** *or* **great) f.** être (très) amusant; **to have (some) f.** s'amuser; **to make f. of sb/sth** se moquer de qn/qch; **to spoil sb's f.** empêcher qn de s'amuser

function ['fʌŋkʃən] **1** N *(role, duty)* & *Comptr* fonction *f*; *(party)* réception *f*; *(ceremony)* cérémonie *f* **2** VI fonctionner; **to f. as** faire fonction de ▪ **functional** ADJ fonctionnel, -elle

fund [fʌnd] **1** N *(of money)* fonds *m*; *Fig (of information)* mine *f*; **funds** fonds *mpl*; **f. manager** gestionnaire *mf* de fonds **2** VT financer

fundamental [fʌndə'mentəl] **1** ADJ fondamental **2** NPL **fundamentals** principes *mpl*

funeral ['fju:nərəl] N enterrement *m*; *(grandiose)* funérailles *fpl*; **f. service/march** service *m*/marche *f* funèbre; *Br* **f. parlour,** *Am* **f. home** entreprise *f* de pompes funèbres

funfair ['fʌnfeə(r)] N *Br* fête *f* foraine

fungus ['fʌŋgəs] *(pl* **-gi** [-gaɪ]) N *(plant)* champignon *m*; *(on walls)* moisissure *f*

funky ['fʌŋkɪ] ADJ *Fam* cool *inv*

funnel ['fʌnəl] N **(a)** *(of ship)* cheminée *f* **(b)** *(for filling)* entonnoir *m*

funny ['fʌnɪ] *(-ier, -iest)* ADJ *(amusing)* drôle; *(strange)* bizarre; **a f. idea** une drôle d'idée; **there's some f. business going on** il y a quelque chose de louche; **to feel f.** ne pas se sentir très bien ▪ **funnily** ADV *(amusingly)* drôlement; *(strangely)* bizarrement; **f. enough, I was just about to...** bizarrement, j'étais sur le point de...

fur [fɜ:(r)] **1** N **(a)** *(of animal, for wearing)* fourrure *f*; *(of dog, cat)* poil *m*; **f. coat** manteau *m* de fourrure **(b)** *Br (in kettle, boiler)* tartre *m* **2** *(pt & pp* **-rr-**) VI *Br* **to f. (up)** *(of kettle)* s'entartrer

furious ['fjʊərɪəs] ADJ *(violent, angry)* furieux, -ieuse *(with* or *at* contre); *(efforts, struggle)* violent; **at a f. speed** à une allure folle ▪ **furiously** ADV furieusement; *(struggle)* avec acharnement; *(drive, rush)* à une allure folle

furlong ['fɜ:lɒŋ] N *(measurement)* = 201 m

furnace ['fɜ:nɪs] N *(forge)* fourneau *m*; *Fig (hot room)* fournaise *f*

furnish ['fɜːnɪʃ] **vt** (**a**) *(room, house)* meubler (**b**) *Formal (supply)* fournir (**sb with sth** qch à qn) ■ **furnishings NPL** ameublement *m*

furniture ['fɜːnɪtʃə(r)] **n** meubles *mpl*; **a piece of f.** un meuble; **f. shop** magasin *m* d'ameublement

> Note that the French noun **fourniture** is a false friend. Its most common meaning is **supplies**.

furrow ['fʌrəʊ] **n** *(in earth, on brow)* sillon *m*

furry ['fɜːrɪ] **ADJ** *(animal)* à poil; *(toy)* en peluche

further ['fɜːðə(r)] **1 ADV & ADJ =** **farther 2 ADJ** *(additional)* supplémentaire; **without f. delay** sans plus attendre; **until f. notice** jusqu'à nouvel ordre; **for f. information...** pour de plus amples renseignements... **3 ADV** *(more)* davantage; *Formal (besides)* en outre; **f. to my letter...** suite à ma lettre...; **he did not question us any f.** il ne nous a pas interrogés davantage **4 vt** *(cause, research, career)* promouvoir ■ **further'more ADV** *Formal* en outre ■ **furthest ADJ & ADV =** **farther**

furtive ['fɜːtɪv] **ADJ** sournois

fury ['fjʊərɪ] **n** *(violence, anger)* fureur *f*

fuse, *Am* **fuze** [fjuːz] **1 n** *(wire)* fusible *m*; *(of bomb)* amorce *f* **2 vt** *(melt)* fondre; *(join)* fusionner; *Br* **to f. the lights** faire sauter les plombs **3 vi** *(of metals)* fondre; *(of organizations)* fusionner; *Br* **the lights have fused** les plombs ont sauté

fusion ['fjuːʒən] **n** fusion *f*

fuss [fʌs] **1 n** histoires *fpl*; **what a (lot of) f.!** quelle histoire!; **to kick up** *or* **make a f.** faire des histoires; **to make a f. of sb** être aux petits soins pour qn **2 vi** faire des histoires; **to f. over sb** être aux petits soins pour qn ■ **fussy (-ier, -iest) ADJ** exigeant (**about** sur); **I'm not f.** *(I don't mind)* ça m'est égal

futile [*Br* 'fjuːtaɪl, *Am* 'fjuːtəl] **ADJ** *(remark)* futile; *(attempt)* vain ■ **fu'tility n** futilité *f*

futon ['fuːtɒn] **n** futon *m*

future ['fjuːtʃə(r)] **1 n** avenir *m*; *Grammar* futur *m*; **in (the) f.** à l'avenir **2 ADJ** futur; **my f. wife** ma future épouse; **the f. tense** le futur; **at a** *or* **some f. date** à une date ultérieure

fuze [fjuːz] **n & vti** *Am* **= fuse**

fuzz [fʌz] **n** *(on face, legs)* duvet *m*; *Am (of fabric)* peluches *fpl*

fuzzy ['fʌzɪ] **(-ier, -iest) ADJ** (**a**) *(unclear)* *(picture, idea)* flou (**b**) *Am (material, coat)* pelucheux, -euse (**c**) *(hair)* crépu

G, g [dʒiː] N (**a**) (*letter*) G, g m inv (**b**) *Mus* sol m ■ **G-string** N string m

gab [gæb] N *Fam* **to have the gift of the g.** (*be talkative*) avoir la langue bien pendue; (*speak persuasively*) avoir de la tchatche

gabble ['gæbəl] **1** N **a g. of conversation** un bruit de conversation **2** VI (*chatter*) jacasser; (*indistinctly*) bredouiller

gable ['geɪbəl] N pignon m

gadget ['gædʒɪt] N gadget m

Gaelic ['geɪlɪk, 'gælɪk] ADJ & N gaélique (m)

gaffe [gæf] N (*blunder*) gaffe f

gag [gæg] **1** N (**a**) (*on mouth*) bâillon m (**b**) *Fam* (*joke*) blague f **2** (*pt & pp* **-gg-**) VT (*person*) bâillonner; *Fig* (*press*) museler **3** VI (*choke*) s'étouffer (**on** avec); (*retch*) avoir des haut-le-cœur

gaily ['geɪlɪ] ADV gaiement

gain [geɪn] **1** N (*increase*) augmentation f (**in** de); (*profit*) gain m; *Fig* avantage m **2** VT (*obtain, win*) gagner; (*experience, reputation*) acquérir; **to g. speed/weight** prendre de la vitesse/du poids; **to g. support** (*of person, idea*) recueillir de plus en plus d'opinions favorables **3** VI (*of clock*) avancer; **to g. in popularity** devenir populaire; **to g. on sb** gagner du terrain sur qn; **to g. by sth** bénéficier de qch

gainful ['geɪnfəl] ADJ **g. employment** emploi m rémunéré

gait [geɪt] N démarche f

gala [*Br* 'gɑːlə, *Am* 'geɪlə] N gala m; *Br* **swimming g.** concours m de natation

galaxy ['gæləksɪ] (*pl* **-ies**) N galaxie f

gale [geɪl] N grand vent m

gallant ['gælənt] ADJ (*brave*) brave; (*polite*) galant

galleon ['gælɪən] N *Hist* (*ship*) galion m

gallery ['gælərɪ] (*pl* **-ies**) N (*room, shop, in theatre*) galerie f; (*museum*) musée m; (*for public, press*) tribune f

Gallic ['gælɪk] ADJ (*French*) français

gallon ['gælən] N gallon m (*Br = 4,5 l, Am = 3,8 l*)

gallop ['gæləp] **1** N galop m **2** VI galoper; **to g. away** (*rush off*) partir en vitesse; **galloping inflation** inflation f galopante

Gambia ['gæmbɪə] N **The G.** la Gambie

gamble ['gæmbəl] **1** N (*risk*) coup m risqué; **to take a g.** prendre un risque **2** VT (*bet*) parier, jouer; **to g. sth away** (*lose*) perdre qch au jeu **3** VI jouer (**on** sur; **with** avec); **to g. on the horses** jouer aux courses; **to g. on sth** (*count on*) miser sur qch ■ **gambler** N joueur, -euse mf ■ **gambling** N jeu m

game¹ [geɪm] N (**a**) (*activity*) jeu m; (*of football, cricket*) match m; (*of tennis, chess, cards*) partie f; **to have a g. of football/tennis** faire un match de football/une partie de tennis; *Br* **games** (*in school*) le sport; *Br* **games teacher** professeur m d'éducation physique; **g. show** jeu m télévisé (**b**) (*animals, birds*) gibier m; *Fig* **to be fair g. for sb** être une proie idéale pour qn

game² [geɪm] ADJ (*brave*) courageux, -euse; **to be g. (to do sth)** être partant (pour faire qch)

gammon ['gæmən] N *Br* jambon m

gang [gæŋ] **1** N (*of children, friends*) bande f; (*of workers*) équipe f; (*of criminals*) gang m **2** VI **to g. up on** or **against** se mettre à plusieurs contre

Ganges ['gændʒiːz] N **the G.** le Gange m

gangling ['gæŋglɪŋ] ADJ dégingandé

gangrene ['gæŋgriːn] N gangrène f

gangster ['gæŋstə(r)] N gangster m

gangway ['gæŋweɪ] N *Br* passage m; (*in train, plane*) couloir m; (*on ship*) passerelle f; (*in bus, cinema, theatre*) allée f; **g.!** dégagez!

gaol [dʒeɪl] N & VT *Br* = **jail**

gap [gæp] N (*space*) espace m; (*in wall, fence*) trou m; (*in time*) intervalle m; (*in knowledge*) lacune f; **the g. between** (*difference*) l'écart m entre; *Br* **g. year** = année que s'accorde un étudiant avant son entrée à l'université ou à la fin de ses études

gape [geɪp] VI (*stare*) rester bouche bée; **to g. at sb/sth** regarder qn/qch bouche bée ■ **gaping** ADJ béant

garage [*Br* 'gærɑː(d)ʒ, 'gærɪdʒ, *Am* gə'rɑːʒ] N garage m

garbage ['gɑːbɪdʒ] N *Am* ordures fpl; **g. can** poubelle f; **g. man** or **collector** éboueur m

garbled ['gɑːbəld] ADJ confus

garden ['gɑːdən] **1** N jardin m; **gardens** (*park*)

parc m; **g. centre** jardinerie f; **g. party** garden-party f; **g. produce** produits mpl maraîchers **2** vi jardiner, faire du jardinage ◼ **gardener** N jardinier, -ière mf ◼ **gardening** N jardinage m

gargle ['gɑːgəl] vi se gargariser

gargoyle ['gɑːgɔɪl] N *Archit* gargouille f

garish [Br 'geərɪʃ, Am 'gærɪʃ] ADJ *(clothes)* voyant; *(colour)* criard; *(light)* cru

garland ['gɑːlənd] N guirlande f

garlic ['gɑːlɪk] N ail m; **g. bread** = pain chaud à l'ail; **g. sausage** saucisson m à l'ail

garment ['gɑːmənt] N vêtement m

garnish ['gɑːnɪʃ] **1** N garniture f **2** vT garnir *(with* de*)*

garrison ['gærɪsən] N garnison f

garter ['gɑːtə(r)] N *(round leg)* jarretière f; *Am (attached to belt)* jarretelle f; *(for men)* fixe-chaussette m

gas [gæs] **1** N gaz m inv; *Am (gasoline)* essence f; *Med (for operation)* anesthésique m; *Br* **g. cooker** cuisinière f à gaz; *Br* **g. heater, g. fire** radiateur m à gaz; **g. heating** chauffage m au gaz; *Am* **g. station** station-service f; **g. stove** *(large)* cuisinière f à gaz; *(portable)* réchaud m à gaz; *Am* **g. tank** réservoir m à essence **2** *(pt & pp* **-ss-***)* vT *(person)* asphyxier; *(deliberately)* gazer **3** vi *Fam (talk)* bavarder

gash [gæʃ] **1** N entaille f **2** vT *(skin)* entailler; **to g. one's knee** se faire une blessure profonde au genou

gasket ['gæskɪt] N *(in engine)* joint m de culasse

gasoline ['gæsəliːn] N *Am* essence f

gasp [gɑːsp] **1** N halètement m; *(of surprise)* sursaut m **2** vT dire d'une voix pantelante **3** vi avoir le souffle coupé *(with* or *in* de*)*; **to g. for breath** haleter

gassy ['gæsɪ] *(***-ier, -iest***)* ADJ gazeux, -euse

gastric ['gæstrɪk] ADJ gastrique; **g. flu** grippe f gastro-intestinale

gastronomy [gæ'strɒnəmɪ] N gastronomie f

gate [geɪt] N *(in garden, field)* barrière f; *(made of metal)* grille f; *(of castle, city, airport)* porte f; *(at stadium)* entrée f; **gate(s)** *(of park)* grilles fpl

gâteau ['gætəʊ] *(pl* **-eaux** [-əʊz]*)* N *Br (cake)* gros gâteau m à la crème

gatecrash ['geɪtkræʃ] vT **to g. a party** s'inviter à une réception

gateway ['geɪtweɪ] N entrée f; **the g. to success** le chemin du succès

gather ['gæðə(r)] **1** vT **(a)** *(people, objects)* rassembler; *(pick up)* ramasser; *(flowers, fruit)* cueillir; *(information)* recueillir; **to g. speed** prendre de la vitesse; **to g. in** *(crops, harvest)* rentrer; *(exam papers)* ramasser; **to g. (up) one's strength** rassembler ses forces **(b)** *(understand)* **I g. that...** je crois comprendre que... **(c)** *(sew pleats in)* froncer **2** vi *(of people)* se rassembler; *(of clouds)* se former; *(of dust)* s'accumuler; **to g. round** *(come closer)* s'approcher; **to g. round sb** entourer qn

gathering ['gæðərɪŋ] N *(group)* rassemblement m

gaudy ['gɔːdɪ] *(***-ier, -iest***)* ADJ voyant

gauge [geɪdʒ] **1** N *(instrument)* jauge f; *(of railway track)* écartement m; *Fig* **to be a g. of sth** permettre de jauger qch **2** vT évaluer

gaunt [gɔːnt] ADJ décharné

gauntlet ['gɔːntlɪt] N gant m; **to run the g. of sth** s'exposer à qch

gauze [gɔːz] N gaze f

gave [geɪv] PT of **give**

gawk [gɔːk], **gawp** [gɔːp] vi **to g. at sb/sth** regarder qn/qch bouche bée

gay [geɪ] *(***-er, -est***)* **1** ADJ **(a)** *(homosexual)* homosexuel, -uelle, gay inv; **g. rights** les droits mpl des homosexuels **(b)** *Old-fashioned (cheerful)* gai **2** N homosexuel, -elle mf

gaze [geɪz] **1** N regard m **2** vi **to g. at sb/sth** regarder fixement qn/qch

gazelle [gə'zel] N gazelle f

gazump [gə'zʌmp] vT *Br* = revenir sur une promesse de vente pour accepter l'offre plus élevée d'une tierce personne

GB [dʒiː'biː] *(abbr* **Great Britain***)* N GB

GCSE [dʒiːsiːes'iː] *(abbr* **General Certificate of Secondary Education***)* N *Br* = diplôme de fin de premier cycle de l'enseignement secondaire, sanctionnant une matière déterminée

GDP [dʒiːdiː'piː] *(abbr* **gross domestic product***)* N *Econ* PIB m

gear [gɪə(r)] **1** N **(a)** *Fam (equipment)* attirail m; *(belongings)* affaires fpl; *(clothes)* fringues fpl **(b)** *(on car, bicycle)* vitesse f; **in g.** *(vehicle)* en prise; **not in g.** au point mort; *Br* **g. lever,** *Am* **g. shift** levier m de (changement de) vitesse **2** vT **to g. sth to sth** adapter qch à qch; **to be geared (up) to do sth** être prêt à faire qch ◼ **gearbox** N boîte f de vitesses

gee [dʒiː] EXCLAM *Am Fam* ça alors!

geek [giːk] *Fam* N ringard, -arde mf ◼ **geeky** *Fam* ADJ ringard, débile

geese [giːs] PL of **goose**

geezer ['giːzə(r)] N *Br Fam* type m

gel [dʒel] N gel m

gelatin(e) [Br 'dʒelətiːn, Am -tən] N gélatine f

gem [dʒem] N *(stone)* pierre f précieuse; *Fig (person)* perle f; *Fig (thing)* bijou m *(pl* -oux*)*; *Ironic (error)* perle f

Gemini ['dʒeminai] N *(sign)* les Gémeaux *mpl*; **to be (a) G.** être Gémeaux

gen [dʒen] *Br Fam* **1** N *(information)* tuyaux *mpl* **2** *(pt & pp* **-nn-***)* VI **to g. up on sb/sth** se rancarder sur qn/qch

gender ['dʒendə(r)] N *Grammar* genre *m*; *(of person)* sexe *m*; **g. discrimination** discrimination *f* fondée sur le sexe

gene [dʒiːn] N *Biol* gène *m*

genealogy [dʒiːnɪ'ælədʒɪ] N généalogie *f*

general ['dʒenərəl] **1** ADJ général; **in g.** en général; **the g. public** le grand public; **for g. use** à l'usage du public; *Am* **g. delivery** poste *f* restante; **g.-purpose tool** outil *m* universel **2** N *Mil* général *m*

generality [dʒenə'rælətɪ] *(pl* **-ies***)* N généralité *f*

generalize ['dʒenərəlaɪz] VTI généraliser; **to become generalized** se généraliser ■ **generalization** [-'zeɪʃən] N généralisation *f*

generally ['dʒenərəlɪ] ADV généralement; **g. speaking** de manière générale

generate ['dʒenəreɪt] VT *(fear, hope, unemployment) & Ling* engendrer; *(heat, electricity)* produire; *(interest, ideas)* faire naître; *(income, jobs)* créer

generation [dʒenə'reɪʃən] N *(of people, products)* génération *f*; *(of electricity)* production *f*; **from g. to g.** de génération en génération; **g. gap** conflit *m* des générations

generator ['dʒenəreɪtə(r)] N générateur *m*

generous ['dʒenərəs] ADJ généreux, -euse *(with* de*)*; *(helping, meal)* copieux, -ieuse ■ **generosity** [-'rɒsɪtɪ] N générosité *f* ■ **generously** ADV généreusement; *(serve with food)* copieusement

genesis ['dʒenəsɪs] N genèse *f*

genetic [dʒɪ'netɪk] ADJ génétique; **g. code** code *m* génétique; **g. engineering** génie *m* génétique; **g. fingerprint** empreinte *f* génétique; **g. fingerprinting** analyse *f* de l'empreinte génétique ■ **genetically** ADV **g. modified** génétiquement modifié ■ **genetics** N génétique *f*

Geneva [dʒɪ'niːvə] N Genève *m ou f*; **G. Convention** Convention *f* de Genève

genie ['dʒiːnɪ] N *(goblin)* génie *m*

genital ['dʒenɪtəl] ADJ génital ■ **genitals** NPL organes *mpl* génitaux

genius ['dʒiːnɪəs] N *(ability, person)* génie *m*; *Ironic* **to have a g. for sth/for doing sth** avoir le génie de qch/de faire qch

genocide ['dʒenəsaɪd] N génocide *m*

gent [dʒent] N *Br Fam* monsieur *m*; **gents' shoes** chaussures *fpl* pour hommes; **the gents** les toilettes *fpl* des hommes

gentle ['dʒentəl] *(-er, -est)* ADJ *(person, sound, slope)* doux *(f* douce*)*; *(hint)* discret, -ète; *(exercise,* *speed, progress)* modéré; **g. breeze** légère brise *f*; **to be g. to sb** traiter qn avec douceur; **be g. with your sister!** ne sois pas brutal avec ta sœur!; **to be g. with sth** faire attention à qch; **of g. birth** bien né ■ **gently** ADV doucement; *(remind)* gentiment; *(land)* en douceur

Note that the French word **gentil** is a false friend and is never a translation for the English word **gentle**. It means **kind**.

gentleman ['dʒentəlmən] *(pl* **-men***)* N monsieur *m*; *(well-bred)* gentleman *m*

genuine ['dʒenjuɪn] ADJ *(leather, diamond)* véritable; *(signature, work of art)* authentique; *(sincere)* sincère ■ **genuinely** ADV *(sincerely)* sincèrement; *(surprised)* véritablement

geography [dʒɪ'ɒɡrəfɪ] N géographie *f* ■ **geographical** [dʒɪə'ɡræfɪkəl] ADJ géographique

geology [dʒɪ'ɒlədʒɪ] N géologie *f* ■ **geological** [dʒɪə'lɒdʒɪkəl] ADJ géologique ■ **geologist** N géologue *mf*

geometry [dʒɪ'ɒmɪtrɪ] N géométrie *f* ■ **geometric(al)** [dʒɪə'metrɪk(əl)] ADJ géométrique

geranium [dʒɪ'reɪnɪəm] N géranium *m*

geriatric [dʒerɪ'ætrɪk] ADJ *(hospital)* gériatrique; **g. ward** service *m* de gériatrie

germ [dʒɜːm] N *(causing disease)* microbe *m*; *(seed of plant, idea)* germe *m*; **g. warfare** guerre *f* bactériologique

German ['dʒɜːmən] **1** ADJ allemand; **G. teacher** professeur *m* d'allemand; **G. measles** rubéole *f*; **G. shepherd** berger *m* allemand **2** N **(a)** *(person)* Allemand, -ande *mf* **(b)** *(language)* allemand *m* ■ **Germanic** [-'mænɪk] ADJ germanique ■ **Germany** N l'Allemagne *f*

germinate ['dʒɜːmɪneɪt] VI *(of seed, idea)* germer

gerund ['dʒerənd] N *Grammar* gérondif *m*

gestation [dʒe'steɪʃən] N gestation *f*; **g. period** période *f* de gestation

gesticulate [dʒe'stɪkjʊleɪt] VI gesticuler

gesture ['dʒestʃə(r)] **1** N geste *m* **2** VI **to g. to sb to do sth** faire signe à qn de faire qch

get [get] *(pt & Br pp* **got***, Am pp* **gotten***, pres p* **getting***)* **1** VT *(obtain)* obtenir, avoir; *(find)* trouver; *(buy)* acheter; *(receive)* recevoir; *(catch)* attraper; *(bus, train)* prendre; *(seize)* prendre, saisir; *(fetch)* aller chercher; *(put)* mettre; *(derive)* tirer *(***from** de*)*; *(prepare)* préparer; *(lead)* mener; *(hit with fist, stick)* atteindre; *(reputation)* se faire; *Fam (understand)* piger; *Fam (annoy)* énerver; **to g. sb to do sth** faire faire qch à qn; **to g. sth done** faire faire qch; **to g. sth clean/dirty** nettoyer/salir qch; **to g. sth to sb** *(send)* faire parvenir qch à qn; **to g. sb**

to the station amener qn à la gare; **can I g. you anything?** je te rapporte quelque chose?

2 vi (go) aller (**to** à); (arrive) arriver (**to** à); (become) devenir; **to g. old** vieillir; **to g. caught/run over** se faire prendre/écraser; **to g. dressed/washed** s'habiller/se laver; **to g. paid** être payé; **where have you got** or **Am gotten to?** où en es-tu?; **you've got to stay** (must) tu dois rester; **to g. to do sth** (succeed in doing) parvenir à faire qch; **to g. going** (leave) se mettre en route; (start) se mettre au travail ■ **getaway** N (escape) fuite f ■ **get-together** N Fam réunion f ■ **get-up** N Fam (clothes) accoutrement m

▸ **get about, get around** vi se déplacer; (of news) circuler

▸ **get across 1** vt sep (message) faire passer; **to g. sb across** faire traverser qn **2** vi traverser; (of speaker) se faire comprendre (**to** de); **to g. across to sb that...** faire comprendre à qn que…

▸ **get along** vi (manage) se débrouiller; (progress) avancer; (be on good terms) s'entendre (**with** avec); (leave) s'en aller

▸ **get at** vt insep (reach) atteindre; Fam (taunt) s'en prendre à; **what's he getting at?** où veut-il en venir?

▸ **get away** vi (leave) s'en aller; (escape) se sauver; **to g. away with a fine** s'en tirer avec une amende; **he got away with that crime** il n'a pas été inquiété pour ce crime; **there's no getting away from it** c'est comme ça

▸ **get back 1** vt sep (recover) récupérer **2** vi (return) revenir; **to g. back at sb, to g. one's own back on sb** (punish) se venger de qn

▸ **get by** vi (manage) se débrouiller

▸ **get down 1** vi (go down) descendre (**from** de); **to g. down to** (work) se mettre à **2** vt sep (bring down) descendre (**from** de), Fam **to g. sb down** (depress) déprimer qn **3** vt insep **to g. down the stairs/a ladder** descendre l'escalier/d'une échelle

▸ **get in 1** vt sep (stock up with) faire provision de; **to g. sb in** (call for) faire venir qn **2** vi (enter) entrer; (come home) rentrer; (enter vehicle or train) monter; (arrive) arriver; (be elected) être élu

▸ **get into** vt insep entrer dans; (vehicle, train) monter dans; (habit) prendre; **to g. into bed/a rage** se mettre au lit/en colère

▸ **get off 1** vt sep (remove) enlever; (send) expédier; (in court) faire acquitter; Fam **to g. off doing sth** se dispenser de faire qch **2** vi (leave) partir; (from vehicle or train) descendre (**from** de); (escape) s'en tirer

▸ **get on 1** vt sep (shoes, clothes) mettre **2** vt insep (bus, train) monter dans **3** vi (enter bus or train)

monter; (manage) se débrouiller; (succeed) réussir; (be on good terms) s'entendre (**with** avec); **how are you getting on?** comment ça va?; **how did you g. on?** (in exam) comment ça s'est passé?; **to be getting on (in years)** se faire vieux (f vieille); **to g. onto sb** (on phone) contacter qn; **to g. on with** (task) continuer

▸ **get out 1** vt sep (remove) enlever; (bring out) sortir **2** vi sortir; (from vehicle or train) descendre (**of** or **from** de); **to g. out of** (obligation) échapper à; (danger) se tirer de; (habit) perdre

▸ **get over 1** vt sep (ideas) faire passer; **let's g. it over with** finissons-en **2** vt insep (illness) se remettre de; (shock) revenir de

▸ **get round 1** vt insep (obstacle) contourner **2** vi (visit) passer; **to g. round to doing sth** trouver le temps de faire qch

▸ **get through 1** vt sep (communicate) **to g. sth through to sb** faire comprendre qch à qn **2** vt insep (hole) passer par; (task) venir à bout de; (exam, interview) survivre à; (food) consommer **3** vi (pass) passer; (finish) finir; (pass exam) être reçu; **to g. through to sb** (communicate with) se faire comprendre de qn; (on the phone) obtenir la communication avec qn

▸ **get together** vi (of people) se réunir

▸ **get up 1** vt sep **to g. sb up** (out of bed) faire lever qn; **to g. sth up** (bring up) monter qch **2** vt insep (ladder, stairs) monter **3** vi (rise, stand up) se lever (**from** de); **to g. up to something** or **to mischief** faire des bêtises; **where have you got up to?** (in book) où en es-tu?

Ghana ['gɑːnə] N le Ghana

ghastly ['gɑːstlɪ] (**-ier, -iest**) ADJ (horrible) épouvantable; (pale) blême

gherkin ['gɜːkɪn] N cornichon m

ghetto ['getəʊ] (pl **-oes** or **-os**) N ghetto m; Fam **g. blaster** radiocassette m

ghost [gəʊst] N fantôme m; **not the g. of a chance** pas la moindre chance; **g. ship** vaisseau m fantôme; **g. story** histoire f de fantômes; **g. town** ville f fantôme ■ **ghostly** ADJ spectral

giant ['dʒaɪənt] **1** ADJ (tree, packet) géant; (struggle, efforts) gigantesque; **with g. steps** à pas de géant **2** N géant m

gibberish ['dʒɪbərɪʃ] N baragouin m; **to talk g.** dire n'importe quoi

gibe [dʒaɪb] **1** N moquerie f **2** vi **to g. at sb** se moquer de qn

giddy ['gɪdɪ] (**-ier, -iest**) ADJ **to be** or **feel g.** avoir le vertige; **to make sb g.** donner le vertige à qn

gift [gɪft] N cadeau m; (talent, donation) don m; Br **g. voucher** or **token,** Am **g. certificate** chèque-cadeau m ■ **gifted** ADJ doué (**with** de; **for** pour); **g. child** surdoué, -ée mf

gift-wrapped ['gɪftræpt] ADJ sous paquet-cadeau

gig [gɪg] N *Fam (pop concert)* concert *m*

gigabyte ['dʒɪgəbaɪt] N *Comptr* gigaoctet *m*

gigantic [dʒaɪˈgæntɪk] ADJ gigantesque

giggle ['gɪgəl] **1** N petit rire *m* bête; **to have the giggles** avoir le fou rire **2** VI rire (bêtement)

gills [gɪlz] NPL *(of fish)* ouïes *fpl*

gilt [gɪlt] ADJ doré

gimmick ['gɪmɪk] N *(trick, object)* truc *m*

gin [dʒɪn] N *(drink)* gin *m*

ginger ['dʒɪndʒə(r)] **1** ADJ *(hair)* roux *(f* rousse*)* **2** N *(plant, spice)* gingembre *m*; **g. beer** limonade *f* au gingembre ■ **gingerbread** N pain *m* d'épice

gingerly ['dʒɪndʒəlɪ] ADV avec précaution

gipsy ['dʒɪpsɪ] *(pl* -ies*)* N bohémien, -ienne *mf*; *(Eastern European)* Tsigane *mf*; *(Spanish)* gitan, -ane *mf*

giraffe [dʒɪˈræf, *Br* dʒɪˈrɑːf] N girafe *f*

girder ['gɜːdə(r)] N *(metal beam)* poutre *f*

girdle ['gɜːdəl] N *(corset)* gaine *f*

girl [gɜːl] N *(child)* (petite) fille *f*, fillette *f*; *(young woman)* jeune fille *f*; **English g.** jeune Anglaise *f*; **g. band** girls band *m*; **G. Guide** éclaireuse *f* ■ **girlfriend** N *(of girl)* amie *f*; *(of boy)* petite amie *f* ■ **girlish** ADJ de (jeune) fille

giro ['dʒaɪrəʊ] *(pl* -os*)* N *Br* **bank g.** virement *m* bancaire; **g. account** compte *m* courant postal, CCP *m*

girth [gɜːθ] N *(of tree)* circonférence *f*; *(of person)* corpulence *f*

gist [dʒɪst] N **to get the g. of sth** saisir l'essentiel de qch

give [gɪv] **1** N *(of fabric)* élasticité *f* **2** *(pt* **gave**, *pp* **given)** VT donner; *(as present)* offrir; *(support)* apporter; *(smile, gesture, pleasure)* faire; *(sigh)* pousser; *(look)* jeter; *(blow)* porter; **to g. sth to sb, to g. sb sth** donner/offrir qch à qn; *Fam* **she doesn't g. a damn** elle s'en fiche pas mal; **to g. way** *(of branch, person)* céder; *(of roof)* s'effondrer; *(in vehicle)* céder la priorité *(to* à*)* **3** VI *(a)* *(donate)* donner *(b)* *(of shoes)* se faire; *(of support)* céder

▸ **give away** VT SEP *(prize)* distribuer; *(money)* donner; *(betray)* trahir

▸ **give back** VT SEP *(return)* rendre

▸ **give in 1** VT SEP *(hand in)* remettre **2** VI *(surrender)* céder *(to* à*)*

▸ **give off** VT SEP *(smell, heat)* dégager

▸ **give onto** VT INSEP donner sur

▸ **give out** VT SEP *(hand out)* distribuer; *(make known)* annoncer

▸ **give over 1** VT SEP *(devote)* consacrer *(to* à*)*; **to g. oneself over to** *(despair, bad habit)* s'abandonner à **2** VI *Br Fam* **g. over!** arrête!

▸ **give up 1** VT SEP *(possessions)* abandonner; *(activity)* renoncer à; *(seat)* céder *(to* à*)*; **to g. up smoking** cesser de fumer **2** VI abandonner

given ['gɪvən] **1** PP of **give 2** ADJ *(fixed)* donné; **at a g. time** à un moment donné; **to be g. to doing sth** avoir tendance à faire qch **3** CONJ *(considering)* étant donné; **g. that...** étant donné que...

glacier [*Br* 'glæsɪə(r), *Am* 'gleɪʃər] N glacier *m*

glad [glæd] ADJ *(person)* content **(of/about** de; **that** que + *subjunctive)*; **I'm g. to know/hear that...** je suis content de savoir/d'apprendre que...; **I would be g. to help you** je serais ravi de vous aider ■ **gladly** ADV volontiers

glamour, *Am* **glamor** ['glæmə(r)] N *(of person)* séduction *f*; *(of career)* prestige *m* ■ **glamorous** ADJ *(person, dress)* élégant; *(job)* prestigieux, -ieuse

glance [glɑːns] **1** N coup *m* d'œil **2** VI **to g. at sb/sth** jeter un coup d'œil à qn/qch; **to g. off sth** *(of bullet)* ricocher sur qch

gland [glænd] N glande *f* ■ **glandular 'fever** N *Br* mononucléose *f* infectieuse

glare [gleə(r)] **1** N *(of sun)* éclat *m* aveuglant; *(look)* regard *m* furieux **2** VI *(of sun)* briller d'un éclat aveuglant; **to g. at sb** foudroyer qn (du regard) ■ **glaring** ADJ *(light)* éblouissant; *(sun)* aveuglant; *(eyes)* furieux, -ieuse; **a g. mistake** une faute grossière

glass [glɑːs] **1** N verre *m* **2** ADJ *(bottle)* de verre; **g. door** porte *f* vitrée; **g. wool** laine *f* de verre ■ **glassful** N (plein) verre *m*

glasses ['glɑːsɪz] NPL *(spectacles)* lunettes *fpl*

glaze [gleɪz] **1** N *(on pottery)* vernis *m* **2** VT *(window)* vitrer; *(pottery)* vernisser

gleam [gliːm] **1** N lueur *f* **2** VI luire

glean [gliːn] VT *(information, grain)* glaner

glee [gliː] N joie *f* ■ **gleeful** ADJ joyeux, -euse

glen [glen] N *Scot* vallon *m*

glide [glaɪd] VI glisser; *(of aircraft, bird)* planer ■ **glider** N *(aircraft)* planeur *m* ■ **gliding** N *(sport)* vol *m* à voile

glimmer ['glɪmə(r)] **1** N *(light, of hope)* faible lueur *f* **2** VI luire (faiblement)

glimpse [glɪmps] **1** N aperçu *m*; **to catch** *or* **get a g. of sth** entrevoir qch **2** VT entrevoir

glint [glɪnt] **1** N éclat *m*; *(in eye)* étincelle *f* **2** VI *(of light, eye)* briller

glisten ['glɪsən] VI *(of wet surface)* briller; *(of water)* miroiter

glitch [glɪtʃ] N *Fam* problème *m* (technique)

glitter ['glɪtə(r)] **1** N scintillement *m*; *(for make-up, decoration)* paillettes *fpl* **2** VI scintiller

gloat [gləʊt] VI jubiler **(over** à l'idée de*)*

global ['gləʊbəl] ADJ *(universal)* mondial;

(comprehensive) global; **g. economy** économie *f* mondiale; **g. village** village *m* planétaire; **g. warming** réchauffement *m* de la planète ■ **globalization** N mondialisation *f*

globe [gləʊb] N globe *m*

gloom [gluːm] N *(sadness)* morosité *f*; *(darkness)* obscurité *f* ■ **gloomy** (**-ier, -iest**) ADJ *(sad)* morose; *(dark, dismal)* sombre

glorify ['glɔːrɪfaɪ] *(pt & pp **-ied**)* VT *(praise)* glorifier; *Br* **it's a glorified barn** ce n'est guère plus qu'une grange

glorious ['glɔːrɪəs] ADJ *(splendid)* magnifique; *(full of glory)* glorieux, -ieuse

glory ['glɔːrɪ] 1 N gloire *f*; *(great beauty)* splendeur *f* 2 VI **to g. in sth** se glorifier de qch

gloss [glɒs] 1 N *(shine)* lustre *m*; **g. paint** peinture *f* brillante; **g. finish** brillant *m* 2 VT **to g. over sth** glisser sur qch ■ **glossy** (**-ier, -iest**) ADJ brillant; *(photo)* glacé; *(magazine)* de luxe

glossary ['glɒsərɪ] *(pl **-ies**)* N glossaire *m*

glove [glʌv] N gant *m*; **g. compartment** *(in car)* boîte *f* à gants

glow [gləʊ] 1 N *(light)* lueur *f*; *(on cheeks)* couleurs *fpl* 2 VI *(of sky, fire, embers)* rougeoyer; *Fig (of eyes, person)* rayonner (**with** de) ■ **glowing** ADJ *(account, terms, reference)* enthousiaste

glucose ['gluːkəʊs] N glucose *m*

glue [gluː] 1 N colle *f* 2 VT coller (**to/on** à); *Fam* **to be glued to the television** être cloué devant la télévision ■ **glue-sniffing** N inhalation *f* de colle

glum [glʌm] (**glummer, glummest**) ADJ triste

glut [glʌt] 1 N *(of goods)* surplus *m* (**of** de) 2 VT **the market is glutted** le marché est saturé (**with** de)

glutton ['glʌtən] N goinfre *mf*; **g. for punishment** masochiste *mf*

glycerin ['glɪsərɪn], **glycerine** ['glɪsəriːn] N glycérine *f*

GM [dʒiːˈem] *(abbr = genetically modified)*

GMO [dʒiːemˈəʊ] *(abbr **genetically modified organism**)* N OGM *m*

GMT [dʒiːemˈtiː] *(abbr **Greenwich Mean Time**)* N GMT *m*

gnarled [nɑːld] ADJ noueux, -euse

gnash [næʃ] VT **to g. one's teeth** grincer des dents

gnat [næt] N moucheron *m*

gnaw [nɔː] VTI **to g. (at) sth** ronger qch

gnome [nəʊm] N gnome *m*; **garden g.** nain *m* de jardin

go [gəʊ] 1 *(pl **goes**)* N *(turn)* tour *m*; **to have a go at (doing) sth** essayer (de faire) qch; **at** *or* **in one go** d'un seul coup; **on the go** en mouvement;

to make a go of sth réussir qch 2 *(3rd person sing present tense **goes**; pt **went**; pp **gone**; pres p **going**)* VT *(make sound)* faire; **cows go moo** les vaches font meuh; **to go it alone** se lancer en solo 3 VI aller (**to** à; **from** de); *(depart)* partir, s'en aller; *(disappear)* disparaître; *(be sold)* se vendre; *(function)* marcher; *(progress)* aller; *(become)* devenir; *(of time)* passer; *(of hearing, strength)* baisser; *(of fuse)* sauter; *(of light bulb)* griller; *(of material)* s'user; *(of rope)* céder; **to go well/badly** *(of event)* se passer bien/mal; **it's going to rain** il va pleuvoir; **it's all gone** *(finished)* il n'y en a plus; **to go and get sb/sth** *(fetch)* aller chercher qn/qch; **to go and see** aller voir; **to go riding/on a trip** faire du cheval/un voyage; **to let go of sth** lâcher qch; **let's get going** allons-y; **two hours to go** encore deux heures

▸ **go about** VT INSEP *(task)* vaquer à; **to go about doing sth** s'y prendre pour faire qch

▸ **go about, go around** VI *(of person)* se promener; *(of rumour)* circuler

▸ **go across** 1 VT INSEP traverser 2 VI *(cross)* traverser; *(go)* aller (**to** à); **to go across to sb('s)** faire un saut chez qn

▸ **go after** VT INSEP *(chase)* poursuivre; *(seek)* rechercher; *(job)* essayer d'obtenir

▸ **go against** VT INSEP *(contradict)* aller à l'encontre de; *(be unfavourable to)* être défavorable à

▸ **go ahead** VI *(take place)* avoir lieu; *(go in front)* passer devant; **to go ahead of sb** devancer qn; **to go ahead with sth** entreprendre qch; **go ahead!** allez-y!

▸ **go along** VI *(proceed)* se dérouler; **to go along with sb/sth** être d'accord avec qn/qch; **we'll see as we go along** nous verrons au fur et à mesure

▸ **go away** VI partir, s'en aller

▸ **go back** VI *(return)* revenir; *(step back, retreat)* reculer; **to go back to sleep** se rendormir; **to go back to doing sth** se remettre à faire qch; **to go back to** *(in time)* remonter à; **to go back on one's promise** *or* **word** revenir sur sa promesse

▸ **go by** 1 VT INSEP *(act according to)* se fonder sur; *(judge from)* juger d'après; **to go by the rules** respecter les règles; **to go by the name of...** être connu sous le nom de... 2 VI passer

▸ **go down** 1 VT INSEP *(stairs, street)* descendre 2 VI descendre; *(fall down)* tomber; *(of ship)* sombrer; *(of sun)* se coucher; *(of temperature, price)* baisser; *(of tyre, balloon)* se dégonfler; **to go down well/badly** être bien/mal reçu; **he has gone down in history as a tyrant** l'histoire a retenu de lui l'image d'un tyran

▸ **go for** VT INSEP *(fetch)* aller chercher; *(attack)*

attaquer; *Fam (like)* avoir un faible pour; **the same goes for you** ça vaut aussi pour toi; *Fam* **g. for it!** vas-y!

▸ **go forward(s)** vi avancer

▸ **go in** vi (r)entrer; *(of sun)* se cacher; *Br* **to go in for** *(exam)* s'inscrire à; **she doesn't go in for cooking** elle n'est pas très portée sur la cuisine

▸ **go into** vt insep *(enter)* entrer dans; *(examine)* examiner

▸ **go off 1** vt insep *(lose liking for)* se lasser de **2** vi *(leave)* partir; *(go bad)* se gâter; *(of alarm)* se déclencher; *(of bomb)* exploser; **the gun went off** le coup est parti; **the light went off** la lumière s'est éteinte

▸ **go on** vi continuer (**doing** à faire); *(travel)* poursuivre sa route; *(happen)* se passer; *(last)* durer; **as time went on** avec le temps; **to go on to sth** passer à qch; *Fam* **to go on at sb** *(nag)* s'en prendre à qn; *Fam* **to go on about sb/sth** parler sans cesse de qn/qch

▸ **go out** vi *(of light, fire)* s'éteindre; *(of tide)* descendre; *(depart)* partir; *(date)* sortir ensemble; **to go out for a meal** aller au restaurant; **to go out with sb** *(date)* sortir avec qn; **to go out to work** travailler (hors de chez soi)

▸ **go over 1** vt insep **(a)** *(cross over)* traverser; **the ball went over the wall** la balle est passée par-dessus le mur **(b)** *(examine)* passer en revue; *(speech)* revoir; **to go over sth in one's mind** repasser qch dans son esprit **2** vi *(go)* aller (**to** à); *(to enemy)* passer (**to** à); **to go over to sb** aller vers qn; *(visit)* faire un saut chez qn

▸ **go round 1** vt insep **to go round a corner** tourner au coin; **to go round the shops** faire les magasins; **to go round the world** faire le tour du monde **2** vi *(turn)* tourner; *(make a detour)* faire le tour; *(of rumour)* circuler; **to go round to sb's** faire un saut chez qn; **there is enough to go round** il y en a assez pour tout le monde

▸ **go through 1** vt insep *(suffer, undergo)* subir; *(examine)* passer en revue; *(search)* fouiller; *(spend)* dépenser; *(wear out)* user; *(perform)* accomplir; **we've gone through six bottles of wine** nous avons bu six bouteilles de vin; **to go through with sth** aller jusqu'au bout de qch **2** vi passer; *(of deal)* être conclu

▸ **go under** vi *(of ship)* couler; *Fig (of firm)* faire faillite

▸ **go up 1** vt insep monter **2** vi monter; *(explode)* sauter; **to go up in sb's estimation** monter dans l'estime de qn; **to go up to sth** *(approach)* se diriger vers qch; *(reach)* aller jusqu'à qch

▸ **go with** vt insep aller de pair avec; **the company car goes with the job** le poste donne droit à une voiture de fonction

▸ **go without** vt insep se passer de

goad [gəʊd] vt **to g. sb (on)** aiguillonner qn

go-ahead ['gəʊəhed] **1** adj dynamique **2** n **to get the g.** avoir le feu vert; **to give sb the g.** donner le feu vert à qn

goal [gəʊl] n but m; **to score a g.** marquer un but ■ **goal-keeper** n *Sport* gardien m de but, goal m ■ **goalpost** n poteau m de but

goat [gəʊt] n chèvre f; *Fam* **to get sb's g.** énerver qn

goatee [gəʊ'tiː] n barbiche f

gobble ['gɒbəl] vt **to g. (up** or **down)** *(food)* engloutir

go-between ['gəʊbɪtwiːn] n intermédiaire mf

goblet ['gɒblɪt] n verre m à pied

> Note that the French noun **gobelet** is a false friend. It means **tumbler**.

god [gɒd] n dieu m; **G.** Dieu; *Fam* **oh G.!, my G.!** mon Dieu!; *Fam* **thank G.!** heureusement!; *Fam* **for G.'s sake!** pour l'amour de Dieu!; *Fam* **the gods** *(in theatre)* le poulailler ■ **godchild** *(pl* **-children)** n filleul, -eule mf ■ **goddaughter** n filleule f ■ **goddess** n déesse f ■ **godfather** n parrain m ■ **godforsaken** adj *(place)* perdu ■ **godmother** n marraine f ■ **godsend** n **to be a g.** être un don du ciel ■ **godson** n filleul m

goddam(n) ['gɒdæm] adj *Am Fam* foutu

goes [gəʊz] 3rd person sing present tense & npl of **go**

goggle ['gɒgəl] vi **to g. at sb/sth** regarder qn/qch avec des yeux ronds ■ **goggles** npl lunettes fpl *(de protection, de plongée)*

going ['gəʊɪŋ] **1** n *(condition of ground)* terrain m; **it's hard** or **heavy g.** c'est difficile **2** adj **the g. rate** le tarif en vigueur; **a g. concern** une affaire qui tourne ■ **goings-on** npl *Pej* activités fpl

go-kart ['gəʊkɑːt] n *(for racing)* kart m

gold [gəʊld] **1** n or m **2** adj *(watch)* en or; *(coin, dust)* d'or; *Sport* **g. medal** médaille f d'or ■ **golden** adj *(of gold colour)* doré; **g. rule** règle f d'or; **it's a g. opportunity** c'est une occasion en or ■ **goldmine** n mine f d'or ■ **gold-'plated** adj plaqué or ■ **goldsmith** n orfèvre m

goldfinch ['gəʊldfɪntʃ] n chardonneret m

goldfish ['gəʊldfɪʃ] n poisson m rouge

golf [gɒlf] n golf m; **g. club** *(stick, association)* club m de golf; **g. course** parcours m de golf ■ **golfer** n golfeur, -euse mf

gone [gɒn] **1** pp of **go 2** adj *Br Fam* **it's g. two** il est plus de deux heures ■ **goner** n *Fam* **to be a g.** être fichu

gong [gɒŋ] n gong m

goo [guː] n *Fam* truc m visqueux

good [gʊd] **1** (**better, best**) ADJ bon (f bonne); (kind) gentil, -ille; (well-behaved) sage; **my g. friend** mon cher ami; **g.!** bon!, bien!; **very g.!** (all right) très bien!; **that isn't g. enough** (bad) ça ne va pas; (not sufficient) ça ne suffit pas; **that's g. of you** c'est gentil de ta part; **to taste g.** avoir bon goût; **to feel g.** se sentir bien; **to be g. at French** être bon en français; **to be g. at swimming/ telling jokes** savoir bien nager/raconter des blagues; **to be g. with children** savoir s'y prendre avec les enfants; **a g. many, a g. deal (of)** beaucoup (de); **as g. as** (almost) pratiquement; **g. afternoon, g. morning** bonjour; (on leaving someone) au revoir; **g. evening** bonsoir; **g. night** bonsoir; (before going to bed) bonne nuit

2 N (advantage, virtue) bien m; **for her (own) g.** pour son bien; **for the g. of your family/ career** pour ta famille/carrière; **it will do you (some) g.** ça te fera du bien; **it's no g. crying/ shouting** ça ne sert à rien de pleurer/crier; **that's no g.** (worthless) ça ne vaut rien; (bad) ça ne va pas; **for g.** (leave, give up) pour de bon ■ **good-for-'nothing** N propre-à-rien mf ■ **'good-'humoured,** Am **-humored** ADJ détendu ■ **'good-'looking** ADJ beau (f belle) ■ **'good-'natured** ADJ (person) d'un caractère agréable

goodbye [gʊd'baɪ] EXCLAM & N au revoir (m inv)

goodness ['gʊdnɪs] N bonté f; **my g.!** mon Dieu!

goods [gʊdz] NPL marchandises fpl; **g. train** train m de marchandises

goodwill [gʊd'wɪl] N (willingness) bonne volonté f; (benevolence) bienveillance f

gooey ['gu:ɪ] ADJ Fam gluant

goose [gu:s] (pl **geese**) N oie f; **g.** Br **pimples** or Am **bumps** chair f de poule ■ **gooseflesh** N chair f de poule

gooseberry ['gʊzbərɪ] (pl **-ies**) N groseille f à maquereau

gorge [gɔ:dʒ] **1** N (ravine) gorge f **2** VT **to g. oneself** se gaver (**on** de)

gorgeous ['gɔ:dʒəs] ADJ magnifique

gorilla [gə'rɪlə] N gorille m

gormless ['gɔ:mləs] ADJ Br Fam balourd

gory ['gɔ:rɪ] (**-ier, -iest**) ADJ (bloody) sanglant; Fig (details) horrible

gosh [gɒʃ] EXCLAM Fam mince (alors)!

go-slow [gəʊ'sləʊ] N Br (strike) grève f du zèle

gospel ['gɒspəl] N évangile m

gossip ['gɒsɪp] **1** N (talk) bavardages mpl; (malicious) cancans mpl; (person) commère f; **g. column** (in newspaper) rubrique f mondaine; échos mpl **2** VI bavarder; (maliciously) colporter des commérages

got [gɒt] PT & Br PP of **get**

Gothic ['gɒθɪk] ADJ & N gothique (m)

gotten ['gɒtən] Am PP of **get**

gouge [gaʊdʒ] VT **to g. sb's eye out** arracher l'œil à qn

gourmet ['gʊəmeɪ] N gourmet m; **g. restaurant** restaurant m gastronomique

gout [gaʊt] N (illness) goutte f

govern ['gʌvən] **1** VT (rule) gouverner; (city, province) administrer; (emotion) maîtriser; (influence) déterminer **2** VI (rule) gouverner; **governing body** conseil m d'administration

government ['gʌvənmənt] **1** N gouvernement m; **local g.** administration f locale **2** ADJ (decision, policy) gouvernemental; **g. loan** emprunt m d'État

governor ['gʌvənə(r)] N gouverneur m; (of school) administrateur, -trice mf; (of prison) directeur, -trice mf

gown [gaʊn] N (of woman) robe f; Br (of judge, lecturer) toge f

GP [dʒi:'pi:] (abbr **general practitioner**) N Br généraliste mf

GPS [,dʒi:pi:'es] (abbr **global positioning system**) N GPS m (système de navigation par satellite)

grab [græb] (pt & pp **-bb-**) VT **to g.** (hold of) sb/ sth saisir qn/qch; **to g. sth from sb** arracher qch à qn; **I'll g. a sandwich later** j'avalerai un sandwich plus tard

grace [greɪs] **1** N (charm, goodwill, religious mercy) grâce f; Rel **to say g.** dire le bénédicité; **to be in sb's good graces** être dans les bonnes grâces de qn; **g.** (period) (extension) délai m de grâce; **ten days' g.** dix jours de grâce **2** VT (adorn) orner; (honour) honorer (**with** de) ■ **graceful** ADJ (movement, person) gracieux, -ieuse

gracious ['greɪʃəs] ADJ (kind) aimable (**to** envers); (elegant) élégant; Fam **good g.!** bonté divine!

grade [greɪd] **1** N (a) (rank) grade m; (in profession) échelon m; (quality) qualité f; (of eggs, fruit) calibre m; Am **g. crossing** passage m à niveau (b) Am Sch (mark) note f; (year) classe f; Am **g. school** école f primaire **2** VT (classify) classer; Am (exam) noter

gradient ['greɪdɪənt] N (slope) dénivellation f

gradual ['grædʒʊəl] ADJ progressif, -ive; (slope) doux (f douce) ■ **gradually** ADV progressivement

graduate[1] ['grædʒʊət] N Br (from university) ≃ licencié, -iée mf; Am (from high school) ≃ bachelier, -ière mf; Am Univ **g. studies** études fpl de troisième cycle **2** ['grædʒʊeɪt] VI Br (from university) ≃ obtenir sa licence; Am (from high school) ≃ obtenir son baccalauréat; **to g. from**

sth to sth passer de qch à qch ■ **graduation** [-'eɪʃən] N Univ remise f des diplômes

graduate² ['grædʒueɪt] VT (mark with degrees) graduer ■ **graduated** ADJ (tube, thermometer) gradué

graffiti [grə'fiːtɪ] NPL graffiti mpl

graft¹ [grɑːft] 1 N (technique) greffe f; (thing grafted) greffon m 2 VT greffer (**on to** à)

graft² [grɑːft] N (a) Am Fam (bribe) pot-de-vin m (b) Br Fam **hard g.** boulot m

grain [greɪn] N (a) (seed, particle) grain m; (cereals) céréales fpl; Fig **a g. of truth** une once de vérité (b) (in wood, leather, paper) grain m; (in cloth) fil m

gram [græm] N gramme m

grammar ['græmə(r)] N grammaire f; **g. (book)** grammaire f; **g. school** Br ≃ lycée m, Am ≃ école f primaire ■ **grammatical** [grə'mætɪkəl] ADJ grammatical

gramme [græm] N gramme m

gramophone ['græməfəʊn] N phonographe m

granary ['grænərɪ] (pl **-ies**) N grenier m; Br **g. bread** = pain complet

grand [grænd] 1 (**-er, -est**) ADJ (splendid) grandiose; Fam (excellent) excellent; **with a g. gesture** d'un geste majestueux; **g. piano** piano m à queue; **g. total** somme f totale 2 N INV Br Fam mille livres fpl; Am Fam mille dollars mpl ■ **grandchild** (pl **-children**) N petit-fils m, petite-fille f; **grandchildren** petits-enfants mpl ■ **grand(d)ad** N Fam papi m ■ **granddaughter** N petite-fille f ■ **grandfather** N grand-père m ■ **grandma** [-mɑː] N Fam mamie f ■ **grandmother** N grand-mère f ■ **grandpa** [-pɑː] N Fam papi m ■ **grandparents** NPL grands-parents mpl ■ **grandson** N petit-fils m

grandstand ['grændstænd] N tribune f

granite ['grænɪt] N granit m

granny ['grænɪ] (pl **-ies**) N Fam mamie f

grant [grɑːnt] 1 N subvention f; (for student) bourse f 2 VT accorder (**to** à); (request) accéder à; (prayer, wish) exaucer; (admit) admettre (**that** que); **to take sth for granted** considérer qch comme allant de soi; **to take sb for granted** considérer qn comme faisant partie du décor; **I take it for granted that...** je présume que...

granule ['grænjuːl] N granule m ■ **granulated sugar** [grænjʊleɪtɪd'ʃʊgə(r)] N sucre m semoule

grape [greɪp] N grain m de raisin; **some grapes** du raisin; **to eat (some) grapes** manger du raisin; **g. harvest** vendange f; **g. juice** jus m de raisin

Note that the French word **grappe** is a false friend. It means **bunch** or **cluster**.

grapefruit ['greɪpfruːt] N pamplemousse m

grapevine ['greɪpvaɪn] N Fig **on** or **through the g.** par le téléphone arabe

graph [græf, grɑːf] N graphique m; **g. paper** papier m millimétré

graphic ['græfɪk] ADJ (description) très détaillé; (language) cru; **in g. detail** de façon très détaillée; **g. artist** graphiste mf; **g. arts** arts mpl graphiques; **g. design** conception f graphique; **g. designer** (concepteur, -trice mf) graphiste (mf) ■ **graphics** NPL (computer) **g.** graphiques mpl

grapple ['græpəl] VI (with problem) se débattre (**with** avec)

grasp [grɑːsp] 1 N (hold) prise f; (understanding) compréhension f; **within sb's g.** à la portée de qn 2 VT (seize, understand) saisir ■ **grasping** ADJ (mean) avide

grass [grɑːs] N herbe f; (lawn) gazon m; Fig **the g. roots** (of organization) la base 2 VT Fam **to g. on sb** balancer qn ■ **grasshopper** N sauterelle f ■ **grassy** ADJ herbeux, -euse

grate [greɪt] 1 N (for fireplace) grille f 2 VT (cheese, carrot) râper 3 VI (of sound) grincer; **to g. on the ears** écorcher les oreilles; **to g. on sb's nerves** taper sur les nerfs de qn ■ **grater** N râpe f ■ **grating** 1 ADJ (sound) grinçant; (voice) éraillé 2 N (bars) grille f

grateful ['greɪtfəl] ADJ reconnaissant (**to** à; **for** de); (words, letter) de remerciement; **I would be g. if you could let me know** je vous serais reconnaissant de m'en informer ■ **gratefully** ADV avec reconnaissance

gratify ['grætɪfaɪ] (pt & pp **-ied**) VT (whim) satisfaire; **to g. sb** faire plaisir à qn ■ **gratified** ADJ (pleased) satisfait (**by** or **with** de; **to do** de faire) ■ **gratifying** ADJ très satisfaisant

gratis ['grætɪs, 'greɪtɪs] ADV gratis

gratitude ['grætɪtjuːd] N gratitude f (**for** de)

gratuitous [grə'tjuːɪtəs] ADJ (act) gratuit

gratuity [grə'tjuːɪtɪ] (pl **-ies**) N Formal (tip) pourboire m

Note that the French word **gratuité** is a false friend and is never a translation for the English word **gratuity**. It indicates something that is free of charge.

grave¹ [greɪv] N tombe f ■ **gravedigger** N fossoyeur m ■ **gravestone** N pierre f tombale ■ **graveyard** N cimetière m

grave² [greɪv] (**-er, -est**) ADJ (serious) grave; (manner, voice) solennel, -elle; **to make a g. mistake** se tromper lourdement

gravel ['grævəl] N gravier m; **g. path** allée f de gravier

gravitate ['græviteit] VI (move towards) se diriger vers qch; **to g. towards sth** (be drawn to) être attiré par qch

gravity ['græviti] N (a) Phys (force) pesanteur f (b) (seriousness) gravité f

gravy ['greivi] N = sauce à base de jus de viande

gray [grei] ADJ, N & VI Am = **grey**

graze¹ [greiz] 1 N (wound) écorchure f 2 VT (scrape) écorcher

graze² [greiz] VI (of cattle) paître

grease [gri:s] 1 N graisse f 2 VT graisser ■ **grease-proof 'paper** N Br papier m sulfurisé ■ **greasy** (**-ier, -iest**) ADJ graisseux, -euse; (hair, skin, food) gras (f grasse)

great [greit] (**-er, -est**) ADJ grand; (effort, heat, parcel) gros (f grosse), grand; Fam (very good) génial; **to be g. at tennis** être très doué pour le tennis; **a g. deal** or **number (of), a g. many** beaucoup (de); **Great Britain** la Grande-Bretagne; **Greater London/Manchester** le grand Londres/Manchester ■ **great-'grandfather** N arrière-grand-père m ■ **great-'grandmother** N arrière-grand-mère f

greatly ['greitli] ADV très; **you'll be g. missed** vous nous manquerez beaucoup

greatness ['greitnis] N (in size, importance) grandeur f; (in degree) intensité f

Greece [gri:s] N la Grèce ■ **Greek 1** ADJ grec (f grecque) **2** N (person) Grec m, Grecque f; (language) grec m

greed [gri:d] N avidité f (**for** de); (for food) gourmandise f

greedy ['gri:di] (**-ier, -iest**) ADJ avide (**for** de); (for food) gourmand

green [gri:n] **1** (**-er, -est**) ADJ vert; (pale) blême; Fig (immature) inexpérimenté; Fam (environmentally friendly) vert, écolo; Fig **to turn** or **go g.** (of traffic lights) passer au vert; (of person, garden, tree) verdir; Fig **g. with envy** vert de jalousie; Am **g. card** ≃ permis m de travail **2** N (colour) vert m; (grassy area) pelouse f; **greens** (vegetables) légumes mpl verts; Pol **the G. Party, the Greens** les Verts mpl ■ **greenery** N verdure f ■ **greengrocer** N Br marchand, -ande mf de fruits et légumes ■ **greenhouse** N serre f; **the g. effect** l'effet m de serre

Greenland ['gri:nlənd] N le Groenland

greet [gri:t] VT (say hello to) saluer; (welcome) accueillir ■ **greeting** N accueil m; (more formal) salutation f; **greetings** (for birthday, festival) vœux mpl; **greetings card** carte f de vœux

gregarious [grɪ'geərɪəs] ADJ sociable; (instinct, animal) grégaire

> Note that the French adjective **grégaire** is a false friend. It never means **sociable**.

grenade [grə'neɪd] N (bomb) grenade f

grew [gru:] PT of **grow**

grey [greɪ] **1** ADJ (**-er, -est**) gris; Fig (pale) morne; **to be going g.** grisonner; **g. matter** matière f grise **2** N gris m **3** VI (of hair) grisonner ■ **'grey-'haired** ADJ aux cheveux gris ■ **greyhound** N lévrier m

grid [grɪd] N (bars) grille f; (on map) quadrillage m; Br **the (national) g.** le réseau électrique national

griddle ['grɪdəl] N (for cooking) tôle f

gridlock ['grɪdlɒk] N (traffic jam) embouteillage m

grief [gri:f] N chagrin m; **to come to g.** échouer; Fam **good g.!** mon Dieu!

> Note that the French word **grief** is a false friend and is never a translation for the English word **grief**. It means **grievance**.

grievance ['gri:vəns] N grief m; **grievances** (complaints) doléances fpl; **to have a g. against sb** avoir à se plaindre de qn

grieve [gri:v] **1** VT affliger **2** VI **to g. for sb/over sth** pleurer qn/qch

grievous ['gri:vəs] ADJ Formal grave; Br Law **g. bodily harm** coups mpl et blessures fpl

grill [grɪl] **1** N (utensil) gril m; (dish) grillade f **2** VT griller; Fam (question) cuisiner

grille [grɪl] N (bars) grille f; (radiator) **g.** (of vehicle) calandre f

grim [grɪm] (**grimmer, grimmest**) ADJ (stern) sinistre; Fam (bad) lamentable; **g. determination** une volonté inflexible; **the g. truth** la triste vérité

grimace ['grɪməs] **1** N grimace f **2** VI grimacer

grime [graim] N crasse f ■ **grimy** (**-ier, -iest**) ADJ crasseux, -euse

grin [grɪn] **1** N large sourire m **2** (pt & pp **-nn-**) VI avoir un large sourire

grind [graind] **1** N Fam (work) corvée f; **the daily g.** le train-train quotidien **2** (pt & pp **ground**) VT (coffee, pepper) moudre; Am (meat) hacher; (blade, tool) aiguiser; **to g. one's teeth** grincer des dents **3** VI **to g. to a halt** s'immobiliser; **grinding poverty** la misère noire ■ **grinder** N **coffee g.** moulin m à café

grip [grɪp] **1** N (hold) prise f; (handle) poignée f; Fam (of subject) connaissance f; Fig **to lose one's g.** ne plus être à la hauteur; Fig **to get to grips with sth** s'attaquer à qch **2** (pt & pp **-pp-**) VT (seize) saisir; *(hold)* empoigner; *(of tyre)* adhérer à; **the audience was gripped by the play** la pièce a captivé les spectateurs **3** *vi (of tyre)* adhérer ■ **gripping** ADJ passionnant

grisly ['grɪzlɪ] ADJ *(gruesome)* horrible

gristle ['grɪsəl] N *(in meat)* nerfs *mpl*

grit [grɪt] **1** N **(a)** *(sand)* sable *m; (gravel)* gravillons *mpl* **(b)** *Fam (courage)* cran *m* **2** *(pt & pp -tt-)* VT **(a)** *(road)* sabler **(b) to g. one's teeth** serrer les dents

groan [grəʊn] **1** N *(of pain)* gémissement *m; (of dissatisfaction)* grognement *m* **2** VI *(with pain)* gémir; *(complain)* grogner

grocer ['grəʊsə(r)] N épicier, -ière *mf;* **g.'s shop** épicerie *f* ■ **groceries** NPL *(food)* provisions *fpl* ■ **grocery** *(pl -ies)* N *Am (shop)* épicerie *f*

groggy ['grɒgɪ] *(-ier, -iest)* ADJ *Fam* groggy *inv*

groin [grɔɪn] N aine *f*

groom [gruːm] **1** N **(a)** *(bridegroom)* marié *m* **(b)** *(for horses)* lad *m* **2** VT *(horse)* panser; **to g. sb for sth** préparer qn pour qch; **well-groomed** *(person)* très soigné

groove [gruːv] N *(in wood, metal)* rainure *f; (in record)* sillon *m*

grope [grəʊp] VI **to g. (about) for sth** chercher qch à tâtons

gross [grəʊs] **1** ADJ **(a)** *(total) (weight, income, profit)* brut; *Econ* **g. domestic product** produit *m* intérieur brut; *Econ* **g. national product** produit national brut **(b)** *(-er, -est) (coarse)* grossier, -ière; *(injustice)* flagrant; **g. error** erreur *f* grossière **(c)** *Fam (disgusting)* dégueulasse **2** N INV grosse *f* **3** VT gagner brut ■ **grossly** ADV *(negligent)* extrêmement; *(exaggerated)* grossièrement; *(unfair)* vraiment; **g. overweight** obèse

grotesque [grəʊ'tesk] ADJ grotesque

grotto ['grɒtəʊ] *(pl -oes or -os)* N grotte *f*

grotty ['grɒtɪ] *(-ier, -iest)* ADJ *Br Fam* minable

ground¹ [graʊnd] **1** N *(earth)* terre *f*, sol *m; (land)* terrain *m; (estate)* terres *fpl;* **grounds** *(gardens)* parc *m; Fig (reasons)* motifs *mpl;* **on the g.** *(lying, sitting)* par terre; **to gain/lose g.** gagner/perdre du terrain; *Br* **g. floor** rez-de-chaussée *m inv* **2** VT *(aircraft)* interdire de vol ■ **grounding** N *(basis)* fondement *m; (basic knowledge)* bases *fpl* **(in** de) ■ **groundless** ADJ sans fondement ■ **groundsheet** N tapis *m* de sol ■ **groundwork** N travail *m* préparatoire

ground² [graʊnd] **1** PT & PP of **grind 2** ADJ *(coffee)* moulu; *Am* **g. meat** viande *f* hachée **3** NPL **(coffee) grounds** marc *m* (de café)

group [gruːp] **1** N groupe *m;* **g. decision** décision *f* collective **2** VT **to g. (together)** grouper **3** VI se grouper ■ **grouping** N *(group)* groupe *m*

grouse¹ [graʊs] N INV *(bird)* tétras *m*

grouse² [graʊs] VI *Fam (complain)* rouspéter

grove [grəʊv] N bosquet *m*

grovel ['grɒvəl] *(Br -ll-, Am -l-)* VI *(be humble)* ramper, s'aplatir **(to** devant)

grow [grəʊ] **1** *(pt grew, pp grown)* VT *(vegetables)* cultiver; **to g. a beard** se laisser pousser la barbe **2** VI *(of person)* grandir; *(of plant, hair)* pousser; *(of economy, feeling)* croître; *(of firm, town)* se développer; *(of gap, family)* s'agrandir; **to g. old** vieillir; **to g. to like sth** finir par aimer qch; **when I g. up** quand je serai grand; **he's grown out of his shoes** ses chaussures sont maintenant trop petites pour lui; **it'll g. on you** *(of music, book)* tu finiras par t'y intéresser ■ **grower** N *(person)* cultivateur, -trice *mf* **(of** de) ■ **growing** ADJ *(child)* en pleine croissance; *(number, discontent)* grandissant ■ **grown** ADJ *(man, woman)* adulte ■ **grown-up** ['grəʊnʌp] **1** N grande personne *f* ['grəʊnʌp] ADJ *(ideas, behaviour)* d'adulte

growl [graʊl] **1** N grognement *m* **2** VI grogner **(at** contre)

grown [grəʊn] PP of **grow**

growth [grəʊθ] N croissance *f; (increase)* augmentation *f* **(in** de); *(lump)* grosseur *f* **(on** à); **a week's g. of beard** une barbe de huit jours

grub [grʌb] N **(a)** *Fam (food)* bouffe *f* **(b)** *(insect)* larve *f*

grubby ['grʌbɪ] *(-ier, -iest)* ADJ sale

grudge [grʌdʒ] **1** N rancune *f;* **to have a g. against sb** garder rancune à qn **2** VT **to g. sb sth** donner qch à qn à contrecœur; **to g. doing sth** faire qch à contrecœur; **he grudges her her success** il lui en veut parce qu'elle a réussi ■ **grudgingly** ADV à contrecœur

gruelling, *Am* **grueling** ['grʊəlɪŋ] ADJ *(journey, experience)* épuisant

gruesome ['gruːsəm] ADJ horrible

gruff [grʌf] *(-er, -est)* ADJ bourru

grumble ['grʌmbəl] VI *(complain)* grommeler; **to g. about sth** rouspéter contre qch

grumpy ['grʌmpɪ] *(-ier, -iest)* ADJ grincheux, -euse

grunt [grʌnt] **1** N grognement *m* **2** VTI grogner

guarantee [gærən'tiː] **1** N garantie *f* **2** VT garantir **(against** contre); *(vouch for)* se porter garant de; **to g. sb that...** garantir à qn que...

guard [gɑːd] **1** N *(supervision)* garde *f; (sentry)* garde *m; (on train)* chef *m* de train; **under g.** sous surveillance; **on one's g.** sur ses gardes; **on g. (duty)** de garde; **to catch sb off his g.** prendre qn au dépourvu **2** VT *(protect)* garder; **to g. sb from danger** protéger qn d'un danger **3** VT INSEP **to g. against** *(protect oneself)* se prémunir contre; *(prevent)* empêcher; **to g. against doing sth** se garder de faire qch ■ **guarded** ADJ *(cautious)* prudent

guardian ['gɑːdɪən] N *Law (of child)* tuteur, -trice *mf*; *(protector)* gardien, -ienne *mf*; **g. angel** ange *m* gardien

Guatemala [gwætɪ'mɑːlə] N le Guatemala

Guernsey ['gɜːnzɪ] N Guernesey *m ou f*

guerrilla [gə'rɪlə] N *(person)* guérillero *m*; **g. warfare** guérilla *f*

> Note that the French word **guérilla** is a false friend and is never a translation for the English word **guerrilla**. It means **guerrilla warfare**.

guess [ges] **1** N *(estimate)* estimation *f*; **to make** *or* **take a g.** deviner; **at a g.** à vue de nez **2** VT deviner (**that** que); *(suppose)* supposer, croire **3** VI deviner; **to g. right** deviner juste; **to g. wrong** se tromper ■ **guesswork** N conjecture *f*; **by g.** au jugé

guest [gest] N invité, -ée *mf*; *(in hotel)* client, -iente *mf*; *(at meal)* convive *mf*; **be my g.!** je t'en prie!; **g. room** chambre *mf* d'amis; **g. speaker** conférencier, -ière *mf* ■ **guesthouse** N pension *f* de famille

guidance ['gaɪdəns] N *(advice)* conseils *mpl*

guide [gaɪd] **1** N *(person)* guide *m*; *(indication)* indication *f*; **g. (book)** guide *m*; *Br* **G.** éclaireuse *f*; *Br* **g. dog** chien *m* d'aveugle **2** VT *(lead)* guider; **guiding principle** principe *m* directeur ■ **guided** ADJ *(missile, rocket)* guidé; **g. tour** visite *f* guidée ■ **guidelines** NPL directives *fpl*

guild [gɪld] N association *f*; *Hist* corporation *f*

guilt [gɪlt] N culpabilité *f* ■ **guilty** (**-ier, -iest**) ADJ coupable; **to find sb g./not g.** déclarer qn coupable/non coupable

guinea pig ['gɪnɪpɪg] N *(animal)* & *Fig* cobaye *m*

guise [gaɪz] N **under the g. of** sous l'apparence de

guitar [gɪ'tɑː(r)] N guitare *f* ■ **guitarist** N guitariste *mf*

gulf [gʌlf] N *(in sea)* golfe *m*; *(chasm)* gouffre *m* (**between** entre); **the G.** le golfe Persique; **the G. War** la guerre du Golfe

gull [gʌl] N mouette *f*

gullible ['gʌlɪbəl] ADJ crédule

gulp [gʌlp] **1** N **(a)** *(of drink)* gorgée *f*; **in** *or* **at one g.** d'un coup **(b)** *(of surprise)* serrement *m* de gorge **2** VT **to g. (down)** engloutir **3** VI *(with surprise)* avoir la gorge serrée

gum¹ [gʌm] N *(in mouth)* gencive *f*

gum² [gʌm] **1** N **(a)** *(glue)* colle *f*; *(from tree)* gomme *f* **(b)** *(for chewing)* chewing-gum *m* **2** *(pt & pp* **-mm-)** VT coller

gun [gʌn] **1** N *(pistol)* pistolet *m*; *(rifle)* fusil *m*; *(firing shells)* canon *m* **2** *(pt & pp* **-nn-)** VT SEP **to g. down** abattre ■ **gunfight** N fusillade *f* ■ **gunfire** N coups *mpl* de feu; *(in battle)* tir *m* d'artillerie ■ **gunman** *(pl* **-men)** N homme *m* armé ■ **gunpoint** N **to hold sb at g.** tenir qn sous la menace d'une arme ■ **gunpowder** N poudre *f* à canon ■ **gunshot** N coup *m* de feu; **g. wound** blessure *f* par balle

gurgle ['gɜːgəl] **1** N gargouillement *m*; *(of baby)* gazouillis *m* **2** VI *(of water)* gargouiller; *(of baby)* gazouiller

gush [gʌʃ] **1** N jaillissement *m* **2** VI **to g. (out)** jaillir (**of** de)

gust [gʌst] **1** N *(of wind)* rafale *f*; *(of hot air)* bouffée *f* **2** VI *(of wind)* souffler par rafales

gusto ['gʌstəʊ] N **with g.** avec entrain

gut [gʌt] **1** N *(inside body)* intestin *m*; *Fam* **guts** *(insides)* entrailles *fpl*; *(courage)* cran *m*; *Fam* **he hates your guts** il ne peut pas te sentir **2** *(pt & pp* **-tt-)** VT *(of fire)* ravager

gutter ['gʌtə(r)] N *(on roof)* gouttière *f*; *(in street)* caniveau *m* ■ **guttering** N gouttières *fpl*

guy [gaɪ] N *Fam (man)* type *m*

guzzle ['gʌzəl] VT *(eat)* engloutir; *(drink)* siffler

gym [dʒɪm] N gym *f*; *(gymnasium)* gymnase *m*; **g. shoes** chaussures *fpl* de gym ■ **gymnasium** [-'neɪzɪəm] N gymnase *m* ■ **gymnast** N gymnaste *mf* ■ **gym'nastics** N gymnastique *f*

gynaecology, *Am* **gynecology** [gaɪnɪ'kɒlədʒɪ] N gynécologie *f* ■ **gynaecologist,** *Am* **gynecologist** N gynécologue *mf*

gypsy ['dʒɪpsɪ] N = gipsy

gyrate [dʒaɪ'reɪt] VI tournoyer

H, h [eɪtʃ] N *(letter)* H, h *m inv;* **H bomb** bombe *f* H

haberdasher ['hæbədæʃə(r)] N *Br (selling sewing items)* mercier, -ière *mf; Am (men's outfitter)* chemisier *m* ■ **haberdashery** *(pl* **-ies)** N mercerie *f; Am* chemiserie *f*

habit ['hæbɪt] N **(a)** *(custom, practice)* habitude *f;* **to be in/get into the h. of doing sth** avoir/prendre l'habitude de faire qch; **to make a h. of doing sth** avoir pour habitude de faire qch **(b)** *Fam (addiction)* accoutumance *f;* **a h.-forming drug** une drogue qui crée une accoutumance **(c)** *(of monk, nun)* habit *m*

habitable ['hæbɪtəbəl] ADJ habitable ■ **habitat** [-tæt] N *(of animal, plant)* habitat *m* ■ **habi'tation** N habitation *f;* **fit for (human) h.** habitable

habitual [hə'bɪtʃʊəl] ADJ habituel, -uelle; *(smoker, drunk)* invétéré ■ **habitually** ADV habituellement

hack¹ [hæk] VT *(cut)* hacher ■ **hacker** N *Comptr* pirate *m* informatique

▸ **hack into** VT INSEP *Comptr* **to h. into a system** pirater un système

hack² [hæk] N *Pej* **h. (writer)** écrivaillon *m*

hackneyed ['hæknɪd] ADJ *(saying)* rebattu

had [hæd] PT & PP of **have**

haddock ['hædək] N aiglefin *m;* **smoked h.** haddock *m*

haemorrhage, *Am* **hemorrhage** ['hemərɪdʒ] N hémorragie *f*

haemorrhoids, *Am* **hemorrhoids** ['hemərɔɪdz] NPL *Med* hémorroïdes *fpl*

hag [hæg] N *Pej* **(old) h.** vieille taupe *f*

haggard ['hægəd] ADJ hâve

haggle ['hægəl] VI marchander; **to h. over sth** marchander qch; **to h. over the price of sth** chicaner sur le prix de qch ■ **haggling** N marchandage *m*

Hague [heɪg] N **The H.** La Haye

hail¹ [heɪl] **1** N grêle *f; Fig* **a h. of bullets** une pluie de balles **2** VI **it's hailing** il grêle ■ **hailstone** N grêlon *m*

hail² [heɪl] **1** VT *(greet)* saluer **(as** comme); *(taxi)*

héler **2** VT INSEP **to h. from** *(of person)* être originaire de; *(of ship, train)* être en provenance de

hair [heə(r)] N *(on head)* cheveux *mpl; (on body, of animal)* poils *mpl;* **a h.** *(on head)* un cheveu; *(on body, of animal)* un poil; **by a h.'s breadth** de justesse; **h. straighteners** défriseur *m* ■ **hairbrush** N brosse *f* à cheveux ■ **hairclip, hairslide** N *Br* barrette *f* ■ **haircut** N coupe *f* de cheveux; **to have a h.** se faire couper les cheveux ■ **hairdo** *(pl* **-dos)** N *Fam* coiffure *f* ■ **hairdresser** N coiffeur, -euse *mf* ■ **hairdryer** N sèche-cheveux *m inv* ■ **hairgrip** N pince *f* à cheveux ■ **hairnet** N résille *f* ■ **hairpin** N épingle *f* à cheveux; **h. bend** *(in road)* virage *m* en épingle à cheveux ■ **hair-raising** ADJ à faire dresser les cheveux sur la tête ■ **hairspray** N laque *f* ■ **hairstyle** N coiffure *f*

-haired [heəd] SUFF **long-/red-h.** aux cheveux longs/roux

hairy ['heərɪ] **(-ier, -iest)** ADJ *(person, animal, body)* poilu; *Fam (frightening)* effrayant

half [hɑːf] **1** *(pl* **halves)** N moitié *f; (part of match)* mi-temps *f; Br (half fare)* demi-tarif *m; Br (beer)* demi *m;* **h. (of) the apple** la moitié de la pomme; **h. past one** une heure et demie; **ten and a h.** dix et demi; **h. a dozen** une demi-douzaine; **to cut in h.** couper en deux

2 ADJ demi; **h. board** demi-pension *f;* **h. fare** demi-tarif *m;* **at h. price** à moitié prix

3 ADV *(dressed, full)* à moitié; **h.-asleep** à moitié endormi; **h. as much as** moitié moins que; **h. as much again** moitié plus ■ **halfback** N *Sport* demi *m* ■ **'half-'baked** ADJ *Fam (idea)* à la manque ■ **half-'dozen** N demi-douzaine *f* ■ **'half-'hearted** ADJ *(person, manner)* peu enthousiaste; *(effort)* timide ■ **half-'hour** N demi-heure *f* ■ **half-light** N demi-jour *m* ■ **'half-'open** ADJ entrouvert ■ **'half-'price** ADJ & ADV à moitié prix ■ **half-'term** N *Br Sch* congé *m* de milieu de trimestre ■ **half-'time** N *(in game)* mi-temps *f* ■ **'half-'way** ADV *(between places)* à mi-chemin **(between** entre); **to fill sth h.** remplir qch à moitié; **to be h. through a book** être à la moitié d'un livre ■ **halfwit** N imbécile *mf*

halibut ['hælɪbət] N *(fish)* flétan *m*

hall [hɔ:l] N *(room)* salle f; *(entrance room)* entrée f; *(of hotel)* hall m; *(mansion)* manoir m; *(for meals, in British university)* réfectoire m; Br Univ **h. of residence** résidence f universitaire

hallelujah [hælɪ'lu:jə] N & EXCLAM alléluia (m)

hallmark ['hɔ:lmɑ:k] N *(on metal)* poinçon m; Fig *(typical quality)* signe m

hallo [hə'ləʊ] EXCLAM = **hello**

Hallowe'en [hæləʊ'i:n] N Halloween m

hallucination [həlu:sɪ'neɪʃən] N hallucination f

hallway ['hɔ:lweɪ] N entrée f

halo ['heɪləʊ] *(pl* -oes *or* -os) N auréole f

halogen ['hælədʒən] N **h. lamp** lampe f halogène

halt [hɔ:lt] 1 N halte f; **to call a h. to sth** mettre fin à qch; **to come to a h.** s'arrêter 2 EXCLAM halte! 3 VT arrêter 4 VI *(of soldiers)* faire halte; *(of production)* s'arrêter ■ **halting** ADJ *(voice)* hésitant

halve [hɑ:v] VT *(reduce by half)* réduire de moitié; *(divide in two)* diviser en deux

ham [hæm] N **(a)** *(meat)* jambon m; **h. and eggs** œufs mpl au jambon; **h. sandwich** sandwich m au jambon **(b)** Pej *(actor)* cabotin, -ine mf

hamburger ['hæmbɜ:gə(r)] N hamburger m

ham-fisted [hæm'fɪstɪd] ADJ Fam maladroit

hamlet ['hæmlɪt] N hameau m

hammer ['hæmə(r)] 1 N marteau m 2 VT *(nail)* enfoncer **(into** dans); *(metal)* marteler; Fam *(defeat)* écraser; Fam *(criticize)* démolir; **to h. sth out** *(agreement, plan)* mettre au point qch 3 VI frapper (au marteau); **to h. on the door** frapper à la porte à coups redoublés ■ **hammered** ADJ Br Fam *(drunk)* bourré ■ **hammering** N Fam *(defeat)* raclée f

hammock ['hæmək] N hamac m

hamper ['hæmpə(r)] 1 N Br *(for food)* panier m; Am *(laundry basket)* panier m à linge 2 VT *(hinder)* gêner

hamster ['hæmstə(r)] N hamster m

hand¹ [hænd] 1 N **(a)** *(part of the body)* main f; **to hold sth in one's h.** tenir qch à la main; **to hold hands** se tenir par la main; **by h.** *(make, sew)* à la main; **at** *or* **to h.** *(within reach)* à portée de la main; **the situation is in h.** la situation est bien en main; **on the one h....** d'une part...; **on the other h....** d'autre part...; **to lend sb a (helping) h.** donner un coup de main à qn; **to get out of h.** *(of child)* devenir impossible; *(of situation)* devenir incontrôlable; **h. in h.** la main dans la main; **at first h.** de première main; **to win hands down** gagner haut la main **(b)** *(worker)* ouvrier, -ière mf; *(of clock)* aiguille f; Cards jeu m; *(style of writing)* écriture f

2 ADJ *(luggage, grenade)* à main; *(cream, lotion)* pour les mains ■ **handbag** N sac m à main ■ **handball** N handball m ■ **handbook** N *(manual)* manuel m; *(guide)* guide m ■ **handbrake** N frein m à main ■ **handcuff** VT passer les menottes à; **to be handcuffed** avoir les menottes aux poignets ■ **handcuffs** NPL menottes fpl ■ '**hand'made** ADJ fait à la main ■ '**hand'picked** ADJ *(team member)* trié sur le volet ■ **handshake** N poignée f de main ■ **hands-on** ADJ *(experience)* pratique ■ **handwriting** N écriture f ■ '**hand'written** ADJ écrit à la main

hand² [hænd] VT *(give)* donner **(to** à); **to h. sth down** *(give)* passer qch; **to h. sth in** remettre qch; **to h. sth out** distribuer qch; **to h. sth over** remettre qch; **to h. sth round** faire circuler qch

handful ['hændfʊl] N *(bunch, group)* poignée f; Fig **she's (quite) a h.** elle n'est pas facile

handicap ['hændɪkæp] 1 N *(disadvantage)* & Sport handicap m *(pt & pp* -**pp**-*)* VT handicaper ■ **handicapped** ADJ *(disabled)* handicapé

handicraft ['hændɪkrɑ:ft] N *(skill)* artisanat m; *(object)* objet m artisanal

handiwork ['hændɪwɜ:k] N travail m manuel; *(result)* ouvrage m

handkerchief ['hæŋkətʃɪf] *(pl* -**chiefs**) N mouchoir m

handle ['hændəl] 1 N *(of door)* poignée f; *(of knife)* manche m; *(of cup)* anse f; *(of saucepan)* queue f; *(of pump)* bras m 2 VT *(manipulate)* manier; *(touch)* toucher à; *(deal with)* s'occuper de; *(vehicle, ship)* manœuvrer; *(difficult child)* s'y prendre avec 3 VI **to h. well** *(of machine)* être maniable

handlebars ['hændəlbɑ:z] NPL guidon m

handout ['hændaʊt] N *(leaflet)* prospectus m; *(money)* aumône f

handsome ['hænsəm] ADJ *(person, building)* beau *(f* belle*)*; *(profit, sum)* considérable; *(gift)* généreux, -euse ■ **handsomely** ADV *(generously)* généreusement

handy ['hændɪ] (-**ier**, -**iest**) ADJ *(convenient)* commode; *(useful)* pratique; *(within reach)* à portée de la main; *(skilful)* habile **(at doing** à faire*)*; **to come in h.** être utile; **to keep sth h.** avoir qch sous la main; **the flat is h. for the shops** l'appartement est près des commerces ■ **handyman** *(pl* -**men**) N homme m à tout faire

hang¹ [hæŋ] 1 N Fam **to get the h. of sth** piger qch 2 *(pt & pp* **hung**) VT suspendre **(on/from** à*)*; *(on hook)* accrocher **(on** *or* **from** à*)*; *(wallpaper)* poser; **to h. sth with** *(decorate with)* orner qch de qch 3 VI *(dangle)* pendre; *(of threat)* planer; *(of fog, smoke)* flotter ■ **hanging** ADJ suspendu **(from** à*)*; **h. on the wall** accroché au mur ■ **hang-up** N Fam complexe m

▸ **hang about, hang around** vi *(loiter)* traîner; *Fam (wait)* poireauter

▸ **hang down** vi *(dangle)* pendre; *(of hair)* tomber

▸ **hang on 1** vi *(hold out)* tenir le coup; *Fam (wait)* patienter; **to h. on to sth** garder qch **2** vt insep *(depend on)* dépendre de

▸ **hang out 1** vt sep *(washing)* étendre **2** vi *(from pocket, box)* dépasser; *Fam (spend time)* traîner

▸ **hang together** vi *(of facts)* se tenir; *(of plan)* tenir debout

▸ **hang up 1** vt sep *(picture)* accrocher **2** vi *(on phone)* raccrocher

hang² [hæŋ] *(pt & pp* **hanged)** **1** vt *(criminal)* pendre **(for** pour) **2** vi *(of criminal)* être pendu ■ **hanging** n *(execution)* pendaison f

hangar ['hæŋə(r)] n hangar m

hanger ['hæŋə(r)] n **(coat) h.** cintre m

hang-glider ['hæŋglaɪdə(r)] n deltaplane m ■ **hang-gliding** n vol m libre

hangover ['hæŋəʊvə(r)] n *Fam (after drinking)* gueule f de bois

hankie, hanky ['hæŋkɪ] *(pl* **-ies)** n *Fam* mouchoir m

hanky-panky [hæŋkɪ'pæŋkɪ] n inv *Fam (sexual behaviour)* galipettes fpl; *(underhand behaviour)* entourloupettes fpl

haphazard [hæp'hæzəd] adj *(choice, decision)* pris au hasard; *(attempt)* mal organisé

hapless ['hæplɪs] adj *Literary* infortuné

happen ['hæpən] vi arriver, se produire; **to h. to sb** arriver à qn; **I h. to know, it (so) happens that I know** il se trouve que je le sais; **do you h. to have…?** est-ce que par hasard vous avez…?; **what happened?** que s'est-il passé?; **whatever happens** quoi qu'il arrive ■ **happening** n événement m

happily ['hæpɪlɪ] adv joyeusement; *(contentedly)* tranquillement; *(fortunately)* heureusement; **h. married couple** couple m heureux

happiness ['hæpɪnəs] n bonheur m

happy ['hæpɪ] *(-ier, -iest)* adj heureux, -euse **(to do** de faire; **about** de); **I'm not h. about it** ça ne me plaît pas; **H. New Year!** bonne année!; **h. birthday/Christmas!** joyeux anniversaire/Noël! ■ **'happy-go-'lucky** adj insouciant

harass [*Br* 'hærəs, *Am* hə'ræs] vt harceler ■ **harassment** n harcèlement m; **sexual h.** harcèlement m sexuel

Note that the French verb **harasser** is a false friend and is never a translation for the English verb **to harass**. It means **to exhaust**.

harbour, *Am* **harbor** ['hɑːbə(r)] **1** n port m **2** vt

(fugitive) cacher; *(hope, suspicion)* nourrir; **to h. a grudge against sb** garder rancune contre qn

hard [hɑːd] *(-er, -est)* **1** adj *(not soft, severe)* dur; *(difficult)* difficile, dur; *(water)* calcaire; **to be h. on sb** être dur avec qn; **to be h. of hearing** être dur d'oreille; *Fam* **h. up** *(broke)* fauché; *Comptr* **h. copy** copie f sur papier; *Comptr* **h. disk** disque m dur; **h. drugs** drogues fpl dures; **h. evidence** preuves fpl tangibles; **h. shoulder** *(on motorway)* bande f d'arrêt d'urgence; **h. worker** gros travailleur m **2** adv *(work)* dur; *(pull, push, hit)* fort; *(study)* assidûment; *(rain)* à verse; **to look h. at sb/sth** regarder fixement qn/qch; **to look h.** *(seek)* chercher bien; **to think h.** réfléchir bien; **to try h.** s'efforcer de bien faire; **h. at work** en plein travail ■ **'hardback** n livre m relié ■ **'hardboard** n aggloméré m ■ **'hard-'boiled** adj *(egg)* dur ■ **'hard-'earned** adj *(money)* durement gagné; *(rest)* bien mérité ■ **'hard'wearing** adj résistant ■ **'hard-'working** adj travailleur, -euse

harden ['hɑːdən] **1** vt endurcir; **to become hardened to sth** s'endurcir à qch **2** vi *(of substance, attitude)* durcir

hardly ['hɑːdlɪ] adv à peine; **h. had I arrived when…** j'étais à peine arrivé que…; **h. anyone/anything** presque personne/rien; **h. ever** presque jamais

hardship ['hɑːdʃɪp] n *(ordeal)* épreuve f; **to live in h.** vivre dans la misère

hardware ['hɑːdweə(r)] n inv quincaillerie f; *Comptr & Mil* matériel m; **h. shop** *or Am* **store** quincaillerie

hardy ['hɑːdɪ] *(-ier, -iest)* adj résistant

hare [heə(r)] n lièvre m

harm [hɑːm] **1** n *(hurt)* mal m; *(wrong)* tort m; **to do sb h.** faire du mal à qn; **he means no h.** il ne veut pas faire de mal; **she'll come to no h.** il ne lui arrivera rien; **out of h.'s way** en lieu sûr **2** vt *(physically)* faire du mal à; *(health, interests, cause)* nuire à; *(object)* abîmer ■ **harmful** adj *(influence)* néfaste; *(substance)* nocif, -ive ■ **harmless** adj *(person, treatment)* inoffensif, -ive; *(hobby, joke)* innocent

harmonica [hɑː'mɒnɪkə] n harmonica m

harmonize ['hɑːmənaɪz] **1** vt harmoniser **2** vi s'harmoniser

harmony ['hɑːmənɪ] *(pl* **-ies)** n harmonie f ■ **harmonious** [hɑː'məʊnɪəs] adj harmonieux, -ieuse

harness ['hɑːnɪs] **1** n *(for horse, baby)* harnais m **2** vt *(horse)* harnacher; *Fig (resources)* exploiter

harp [hɑːp] **1** n harpe f **2** vi *Fam* **to h. on about sth** revenir sans arrêt sur qch

harrowing ['hærəʊɪŋ] adj *(story, memory)*

poignant; *(experience)* très éprouvant; *(account, cry, sight)* déchirant

harsh [hɑːʃ] **(-er, -est)** ADJ *(person, treatment)* dur; *(winter, climate)* rude; *(sound, voice)* strident; *(light)* cru; **to be h. with sb** être dur envers qn

harvest ['hɑːvɪst] **1** N moisson *f*; *(of fruit)* récolte *f* **2** VT moissonner; *(fruit)* récolter

has [hæz] ➤ **have** ■ **has-been** N *Fam Pej* has been *mf inv*

hash [hæʃ] **1** N **(a)** *(food)* hachis *m*; *Fam* **to make a h. of sth** faire un beau gâchis de qch **(b)** *Fam (hashish)* hasch *m* **(c)** *Br Tel* **h. sign** dièse *m* **2** VT **to h. (up)** hacher

hashish ['hæʃiːʃ] N haschisch *m*

hassle ['hæsəl] *Fam* **1** N embêtements *mpl*; **it's too much h.** c'est trop compliqué **2** VT embêter

haste [heɪst] N hâte *f*; **in h.** à la hâte; **to make h.** se hâter

hasten ['heɪsən] **1** VT hâter **2** VI se hâter **(to do** de faire)

hasty ['heɪstɪ] **(-ier, -iest)** ADJ *(departure, removal)* précipité; *(visit)* rapide; *(decision, work)* hâtif, -ive ■ **hastily** ADV *(write, prepare)* hâtivement; *(say, eat)* précipitamment

hat [hæt] N chapeau *m*; *(woollen)* bonnet *m*; *Fam* **that's old h.** c'est vieux; *Sport* **to score** or **get a h. trick** *(of goals)* marquer trois buts au cours d'un match; **h. stand** portemanteau *m*

hatch [hætʃ] **1** N *(for food)* passe-plat *m* **2** VT faire éclore; *Fig (plot)* tramer **3** VI *(of chick, egg)* éclore

hatchback ['hætʃbæk] N *(car) (three-door)* trois-portes *f inv*; *(five-door)* cinq-portes *f inv*; *(door)* hayon *m*

hatchet ['hætʃɪt] N hachette *f*

hate [heɪt] **1** N haine *f* **2** VT haïr, détester; **to h. doing** or **to do sth** détester faire qch; **I h. to say it but…** ça m'ennuie de le dire mais… ■ **hateful** ADJ odieux, -ieuse ■ **hatred** ['heɪtrɪd] N haine *f*

haughty ['hɔːtɪ] **(-ier, -iest)** ADJ hautain

haul [hɔːl] **1** N *(fish caught)* prise *f*; *(of thief)* butin *m*; **a long h.** *(trip)* un long voyage **2** VT **(a)** *(pull)* tirer **(b)** *(goods)* transporter par camion ■ **haulier**, *Am* **hauler** N transporteur *m* routier

haunt [hɔːnt] **1** N *(place)* lieu *m* de rendez-vous; *(of criminal)* repaire *m* **2** VT hanter ■ **haunted** ADJ *(house)* hanté ■ **haunting** ADJ obsédant

have [hæv] **1** NPL **the haves and (the) have-nots** les riches *mpl* et les pauvres *mpl*
2 *(3rd person sing present tense* **has***; pt & pp* **had***; pres p* **having***)* VT avoir; *(meal, bath, lesson)* prendre; **he has (got) a big house** il a une grande maison; **she doesn't h.** or **hasn't got a car** elle n'a pas de voiture; **to h. a drink** prendre un verre;

to h. a walk/dream faire une promenade/un rêve; **to h. a wash** se laver; **to h. a pleasant holiday** passer d'agréables vacances; **to h. a party** faire une soirée; **to h. flu** avoir la grippe; **will you h. some tea?** est-ce que tu veux du thé?; **to h. sth to do** avoir qch à faire; **to let sb h. sth** donner qch à qn; **I won't h. this** *(allow)* je ne tolérerai pas ça; *Fam* **you've had it!** tu es fichu!; **to h. gloves/a dress on** porter des gants/une robe; **to h. a lot on** avoir beaucoup à faire; **to h. sb over** or **round** inviter qn chez soi

3 V AUX avoir; *(with* **entrer, monter, sortir** *etc & pronominal verbs)* être; **to h. decided** avoir décidé; **to h. gone** être allé; **to h. cut oneself** s'être coupé; **she has been punished** elle a été punie, on l'a punie; **I've just done it** je viens de le faire; **I haven't seen it yet,** *Formal* **I h. not seen it yet** je ne l'ai pas encore vu; **to h. to do sth** *(must)* devoir faire qch; **I've got to go, I h. to go** je dois partir, il faut que je parte; **to h. sth done** faire faire qch; **to h. one's hair cut** se faire couper les cheveux; **he's had his suitcase brought up** il a fait monter sa valise; **I've been doing it for months** je le fais depuis des mois; **you h. told him, haven't you?** tu le lui as dit, n'est-ce pas?; **you've seen this film before – no I haven't!** tu as déjà vu ce film – mais non!; **you haven't done the dishes – yes I h.!** tu n'as pas fait la vaisselle – mais si, je l'ai faite!

▸ **have on** VT SEP **(a)** *(be wearing)* porter **(b)** *Fam (fool)* **to h. sb on** faire marcher qn **(c)** *(have arranged)* **to h. a lot on** avoir beaucoup à faire; **to h. nothing on** n'avoir rien de prévu

▸ **have out** VT SEP **(a)** *(have removed)* **to h. a tooth out** se faire arracher une dent **(b)** *(resolve)* **to h. it out with sb** s'expliquer avec qn

haven ['heɪvən] N refuge *m*

haven't ['hævənt] = **have not**

havoc ['hævək] N ravages *mpl*; **to wreak** or **cause h.** faire des ravages; **to play h. with sth** *(plans)* chambouler qch

hawk¹ [hɔːk] N *(bird)* & *Pol* faucon *m*

hawk² [hɔːk] VT **to h. one's wares** *(from door to door)* faire du porte-à-porte

hawthorn ['hɔːθɔːn] N aubépine *f*

hay [heɪ] N foin *m* ■ **hayfever** N rhume *m* des foins ■ **haystack** N meule *f* de foin

haywire ['heɪwaɪə(r)] ADJ *(of plan)* mal tourner; **to go h.** *(of machine)* se détraquer

hazard ['hæzəd] **1** N risque *m*; **to be a health h.** présenter un risque pour la santé; **it's a fire h.** ça risque de provoquer un incendie; *Br Aut* **h. (warning) lights** feux *mpl* de détresse **2** VT *(fortune, remark)* risquer ■ **hazardous** ADJ dangereux, -euse

Note that the French word **hasard** is a false friend and is never a translation for the English word **hazard**. It means **chance**.

haze [heɪz] **1** N brume f; Fig **in a h.** (confused) dans le brouillard **2** VT Am Univ (student) bizuter

hazel ['heɪzəl] **1** N (tree) noisetier m **2** ADJ **to have h. eyes** avoir les yeux noisette ■ **hazelnut** N noisette f

hazy ['heɪzɪ] (**-ier, -iest**) ADJ (weather) brumeux, -euse; (photo, idea) flou; **h. sunshine** soleil m voilé; **to be h. about sth** (remember vaguely) n'avoir qu'un vague souvenir de qch

he [hiː] **1** PRON il; (stressed) lui; **he wants** il veut; **he's a happy man** c'est un homme heureux; **if I were he** si j'étais lui; **he and I** lui et moi **2** N Fam (male) mâle m; **he-bear** ours m mâle; Fam **it's a he** (baby) c'est un garçon

head [hed] **1** N (of person, hammer) tête f; (leader) chef m; Br (headmaster) directeur m; Br (headmistress) directrice f; (of bed) chevet m, tête f; (of arrow) pointe f; (subject heading) rubrique f; **h. of state** chef m d'État; **h. first** la tête la première; **at the h. of** (in charge of) à la tête de; **at the h. of the table** en bout de table; **it didn't enter my h.** ça ne m'est pas venu à l'esprit (**that** que); **to have a good h. for business** avoir le sens des affaires; **it's above my h.** ça me dépasse; **to keep one's h.** garder son sang-froid; **to lose one's h.** perdre la tête; **it's coming to a h.** (of situation) ça devient critique; **heads or tails?** pile ou face?; **per h., a h.** (each) par personne

2 ADJ **h. office** siège m social; **h. waiter** maître m d'hôtel; **to have a h. start over** avoir beaucoup d'avance sur

3 VT (group, firm) être à la tête de; (list, poll) être en tête de; (vehicle) diriger (**towards** vers); **to h. sb off** détourner qn de son chemin; **to h. sth off** éviter qch; Am **to be headed for** se diriger vers

4 VI **to h. for, to be heading for** (place) se diriger vers ■ **headache** N mal m de tête; Fig (problem) casse-tête m inv; **to have a h.** avoir mal à la tête ■ **headlamp, headlight** N (of vehicle) phare m ■ **headline** N (of newspaper, TV news) titre m; **to hit the headlines** faire la une des journaux ■ **headlong** ADV (fall) la tête la première; (rush) tête baissée ■ **head'master** N Br Sch directeur m ■ **head'mistress** N Br Sch directrice f ■ **'head-'on** ADV & ADJ de front ■ **headphones** NPL écouteurs mpl ■ **headquarters** NPL (of company, political party) siège m (social); (of army, police) quartier m général, QG m ■ **headrest** N appuie-tête m inv ■ **headscarf** (pl **-scarves**) N foulard m ■ **headstrong** ADJ têtu ■ **headway** N **to make h.** faire des progrès

-headed ['hedɪd] SUFF **two-h.** (monster) à deux têtes; **curly-h.** aux cheveux frisés

header ['hedə(r)] N Football (coup m de) tête f

headhunter ['hedhʌntə(r)] N Com chasseur m de têtes

heading ['hedɪŋ] N (of chapter, page) titre m; (of subject) rubrique f; (printed on letter) en-tête m

heady ['hedɪ] (**-ier, -iest**) ADJ (wine, perfume) capiteux, -euse; (atmosphere) enivrant

heal [hiːl] **1** VT (wound) cicatriser; Fig (person, sorrow) guérir **2** VI **to h. (up)** (of wound) cicatriser

health [helθ] N santé f; **in good/bad h.** en bonne/mauvaise santé; **h. care** soins mpl médicaux; **h. food shop** or Am **store** magasin m de produits biologiques; **h. resort** station f climatique; Br **the (National) H. Service** ≃ la Sécurité Sociale

healthy ['helθɪ] (**-ier, -iest**) ADJ (person) en bonne santé; (food, attitude) sain; (appetite) robuste

heap [hiːp] **1** N tas m; Fam **heaps of** (money, people) des tas de; Fam **to have heaps of time** avoir largement le temps **2** VT entasser; **to h. sth on sb** (praise, gifts) couvrir qn de qch; (insults, work) accabler qn de qch; **a heaped spoonful** une cuillerée bien pleine

hear [hɪə(r)] (pt & pp **heard** [hɜːd]) **1** VT entendre; (listen to) écouter; (learn) apprendre (**that** que); **I heard him come** or **coming** je l'ai entendu venir; **have you heard the news?** connais-tu la nouvelle?; **to h. it said that...** entendre dire que...; **I h. you're not well** j'ai appris que vous n'alliez pas bien **2** VI entendre; **to h. from sb** avoir des nouvelles de qn; **I've heard of** or **about him** j'ai entendu parler de lui; **I won't h. of it!** pas question! ■ **hearing** N (a) (sense) ouïe f; **hard of h.** dur d'oreille; **h. aid** audiophone m (b) (of committee) séance f; Law (inquiry) audition f; **to give sb a fair h.** laisser qn s'expliquer

hearsay ['hɪəseɪ] N **by h.** par ouï-dire; **it's only h.** ce ne sont que des on-dit

hearse [hɜːs] N corbillard m

heart [hɑːt] N cœur m; Cards **hearts** cœur; (**off) by h.** (know) par cœur; **at h.** au fond; **to lose h.** perdre courage; **to one's h.'s content** tout son soûl; **his h. is set on it** il y tient; **h. attack** crise f cardiaque; **h. disease** maladie f de cœur; **h. surgeon** chirurgien, -ienne mf cardiologue ■ **heartache** N chagrin m ■ **heartbeat** N battement m de cœur; (rhythm) pouls m ■ **heartbreaking** ADJ navrant ■ **heartbroken** ADJ inconsolable ■ **heartburn** N (indigestion) brûlures fpl d'estomac ■ **heartfelt** ADJ sincère ■ **heartthrob** N Fam idole f

heartening ['hɑːtənɪŋ] ADJ encourageant

hearth [hɑːθ] N foyer m

hearty ['hɑːtɪ] (**-ier, -iest**) ADJ (appetite, meal) gros (f grosse)

heat [hiːt] **1** N (a) chaleur f; (heating) chauffage m; (of oven) température f; **in the h. of the argument** dans le feu de la discussion; **at low h., on a low h.** (cook) à feu doux; **h. wave** vague f de chaleur (b) (in competition) éliminatoire f **2** VTI **to h. (up)** chauffer ■ **heated** ADJ (swimming pool) chauffé; (argument) animé; **the house is centrally h.** la maison a le chauffage central ■ **heating** N chauffage m; **central h.** chauffage m central

heater ['hiːtə(r)] N radiateur m

heath [hiːθ] N (land) lande f

heather ['heðə(r)] N bruyère f

heave [hiːv] **1** N (effort) effort m **2** VT (lift) soulever avec effort; (pull) tirer fort; (push) pousser fortement; Fam (throw) balancer; **to h. a sigh** pousser un soupir **3** VI (of stomach, chest) se soulever; Fam (feel sick) avoir du haut-le-cœur

heaven ['hevən] N paradis m, ciel m; **in h.** au paradis; Fig (overjoyed) aux anges; Fam **h. knows why...** Dieu sait pourquoi...; Fam **good heavens!** mon Dieu!; Fam **it was h.** c'était divin ■ **heavenly** ADJ Fam (pleasing) divin; **h. body** corps m céleste

heavily ['hevɪlɪ] ADV (walk, tax) lourdement; (breathe) bruyamment; (smoke, drink) beaucoup; **h. in debt** lourdement endetté; **to rain h.** pleuvoir à verse; **to depend h. on** dépendre beaucoup de; **to be h. defeated** subir une lourde défaite; **to be h. involved in sth** être lourdement impliqué dans qch

heavy ['hevɪ] (**-ier, -iest**) ADJ lourd; (work, cold) gros (f grosse); (blow) violent; (rain, concentration) fort; (traffic) dense; (film, text) difficile; (timetable, schedule) chargé; **how h. are you?** combien pesez-vous?; **to be a h. drinker/smoker** boire/ fumer beaucoup; **it's h. going** c'est difficile; Br **h. goods vehicle** poids m lourd ■ **heavyweight** N Boxing poids m lourd; Fig personnage m important

Hebrew ['hiːbruː] **1** ADJ hébraïque **2** N (language) hébreu m

Hebrides ['hebrɪdiːz] N **the H.** les Hébrides fpl

heck [hek] N Fam zut!; **what the h.!** et puis zut!; **a h. of a lot** des masses

heckle ['hekəl] VT interpeller ■ **heckling** N chahut m

hectic ['hektɪk] ADJ (busy) agité; (eventful) mouvementé; **h. life** vie f trépidante

he'd [hiːd] = **he had, he would**

hedge [hedʒ] **1** N (in garden, field) haie f **2** VI (answer evasively) ne pas se mouiller

hedgehog ['hedʒhɒg] N hérisson m

hedgerow ['hedʒrəʊ] N Br haie f

heed [hiːd] **1** N **to pay h. to sth, to take h. of sth** tenir compte de qch **2** VT tenir compte de

heel [hiːl] N (a) (of foot, shoe) talon m; Br **down at h.,** Am **down at the heels** (shabby) miteux, -euse; **h. bar** cordonnerie f express (b) Am Fam (person) salaud m

hefty ['heftɪ] (**-ier, -iest**) ADJ (large, heavy) gros (f grosse); (person) costaud

height [haɪt] N hauteur f; (of person) taille f; (of mountain, aircraft) altitude f; **to be afraid of heights** avoir le vertige; **the h. of** (success, fame, glory) l'apogée m de; (folly, pain) le comble de; **at the h. of** (summer, storm) au cœur de; **it's the h. of fashion** c'est la dernière mode

heighten ['haɪtən] VT (tension, interest) augmenter

heinous ['heɪnəs] ADJ Formal (crime) atroce

> Note that the French word **haineux** is a false friend and is never a translation for the English word **heinous**. It means **full of hatred**.

heir [eə(r)] N héritier m; **to be h. to sth** être l'héritier de qch ■ **heiress** N héritière f ■ **heirloom** N **a family h.** un objet de famille

held [held] PT & PP of **hold**

helicopter ['helɪkɒptə(r)] N hélicoptère m ■ **heliport** N héliport m

he'll [hiːl] = **he will, he shall**

hell [hel] N enfer m; Fam **a h. of a lot (of sth)** énormément (de qch); Fam **a h. of a nice guy** un type super; Fam **what the h. are you doing?** qu'est-ce que tu fous?; Fam **to h. with him!** qu'il aille se faire voir!; Fam **h.!** zut! ■ **hellbent** ADJ Br Fam **to be h. on doing** or **to do sth** vouloir à tout prix faire qch

hello [hə'ləʊ] EXCLAM bonjour!; (answering phone) allô!

helm [helm] N (of ship) barre f

helmet ['helmɪt] N casque m

help [help] **1** N aide f; Br (cleaning woman) femme f de ménage; (office or shop workers) employés, -ées mfpl; **with the h. of sth** à l'aide de qch; **to cry** or **shout for h.** appeler à l'aide; **h.!** au secours! **2** VT aider; **to h. sb do** or **to do sth** aider qn à faire qch; **to h. oneself (to sth)** se servir (de qch); **to h. sb out** aider qn; **to h. sb up** aider qn à monter; **I can't h. laughing** je ne peux pas m'empêcher de rire; **it can't be helped** on n'y peut rien **3** VI aider; **to h. out** donner un coup de main ■ **helper** N assistant, -ante mf ■ **helping** N (serving) portion f

helpful ['helpfəl] ADJ (person) serviable; (useful) utile

helpless ['helpləs] ADJ (powerless) impuissant; (disabled) impotent

helpline ['helplaɪn] N service m d'assistance téléphonique

helter-skelter [heltə'skeltə(r)] **1** N (slide) toboggan m **2** ADV **to run h.** courir comme un fou/une folle

hem [hem] **1** N ourlet m **2** (pt & pp **-mm-**) VT (garment) ourler; **to be hemmed in** (surrounded) être cerné (**by** de)

hemisphere ['hemɪsfɪə(r)] N hémisphère m

hemorrhage ['hemərɪdʒ] N Am = **haemorrhage**

hemorrhoids ['hemərɔɪdz] NPL Am = **haemorrhoids**

hemp [hemp] N chanvre m

hen [hen] N poule f; **h. bird** oiseau m femelle; Br **to have a h. night** or **party** enterrer sa vie de jeune fille

hence [hens] ADV (a) (thus) d'où (b) (from now) **ten years h.** d'ici dix ans

hepatitis [hepə'taɪtɪs] N Med hépatite f

her [hɜː(r)] **1** PRON la, l'; (after prep, 'than', 'it is') elle; **(to) h.** (indirect) lui; **I see h.** je la vois; **I saw h.** je l'ai vue; **I gave it to h.** je le lui ai donné; **with h.** avec elle **2** POSSESSIVE ADJ son, sa, pl ses; **h. husband** son mari; **h. sister** sa sœur; **h. parents** ses parents

herald ['herəld] VT annoncer

herb [Br hɜːb, Am ɜːb] N herbe f aromatique; Br **h. tea** tisane f ▪ **herbal** ADJ **h. tea** tisane f

herd [hɜːd] **1** N troupeau m **2** VT (cattle, people) rassembler

here [hɪə(r)] **1** ADV ici; **h. it/he is** le voici; **h. she comes!** la voilà!; **h. is a good example** voici un bon exemple; **h. are my friends** voici mes amis; **I won't be h. tomorrow** je ne serai pas là demain; **summer is h.** c'est l'été; **h. and there** çà et là; **h. you are!** (take this) tenez! **2** EXCLAM **h.!** (giving sb sth) tenez! ▪ **here'after** ADV Formal (below) ci-après; (in the future) dorénavant ▪ **hereby** ADV Formal (declare) par le présent acte; (in writing) par la présente ▪ **here'with** ADV Formal (with letter) ci-joint

hereditary [hɪ'redɪtərɪ] ADJ héréditaire

heresy ['herəsɪ] (pl -ies) N hérésie f

heritage ['herɪtɪdʒ] N patrimoine m

hermit ['hɜːmɪt] N ermite m

hernia ['hɜːnɪə] N Med hernie f

hero ['hɪərəʊ] (pl -oes) N héros m ▪ **heroic** [hɪ'rəʊɪk] ADJ héroïque ▪ **heroine** ['herəʊɪn] N héroïne f ▪ **heroism** ['herəʊɪzəm] N héroïsme m

heroin ['herəʊɪn] N (drug) héroïne f

heron ['herən] N héron m

herring ['herɪŋ] N hareng m; Fig **a red h.** une diversion

hers [hɜːz] POSSESSIVE PRON le sien, la sienne, pl les sien(ne)s; **this hat is h.** ce chapeau est à elle ou est le sien; **a friend of h.** un ami à elle

herself [hɜː'self] PRON elle-même; (reflexive) se, s'; (after prep) elle; **she did it h.** elle l'a fait elle-même; **she cut h.** elle s'est coupée; **she thinks of h.** elle pense à elle

hesitant ['hezɪtənt] ADJ hésitant ▪ **hesitantly** ADV avec hésitation

hesitate ['hezɪteɪt] **1** VT **to h. to do sth** hésiter à faire qch **2** VI hésiter (**over** or **about** sur) ▪ **hesi'tation** N hésitation f

heterosexual [hetərəʊ'seksjʊəl] ADJ & N hétérosexuel, -uelle (mf)

hexagon ['heksəgən] N hexagone m ▪ **hexagonal** [-'sægənəl] ADJ hexagonal

hey [heɪ] EXCLAM (calling sb) hé!, ohé!; (expressing surprise, annoyance) hé!

heyday ['heɪdeɪ] N apogée m; **in its h.** à son apogée; **in his h.** au sommet de sa gloire

hi [haɪ] EXCLAM Fam salut!

hibernate ['haɪbəneɪt] VI hiberner ▪ **hibernation** [-'neɪʃən] N hibernation f

hiccup, hiccough ['hɪkʌp] **1** N hoquet m; Fig (in plan) accroc m; **to have (the) hiccups** or **(the) hiccoughs** avoir le hoquet **2** VI hoqueter

hide¹ [haɪd] (pt **hid** [hɪd], pp **hidden** ['hɪdən]) **1** VT cacher (**from** à) **2** VI **to h.** (away or out) se cacher (**from** de) ▪ **hide-and-seek** N cache-cache m inv; **to play h.** jouer à cache-cache

hide² [haɪd] N (skin) peau f

hideaway ['haɪdəweɪ] N cachette f

hideous ['hɪdɪəs] ADJ (ugly) hideux, -euse; (horrific) horrible

hide-out ['haɪdaʊt] N cachette f

hiding¹ ['haɪdɪŋ] N **to go into h.** se cacher; **h. place** cachette f

hiding² ['haɪdɪŋ] N Fam **a good h.** (thrashing) une bonne raclée

hierarchy ['haɪərɑːkɪ] (pl -ies) N hiérarchie f

hi-fi ['haɪfaɪ] **1** N (system, equipment) chaîne f hi-fi; (sound reproduction) hi-fi f inv **2** ADJ hi-fi inv

high [haɪ] **1** (-er, -est) ADJ haut; (speed) grand; (price, standards) élevé; (number, ideal) grand, élevé; (voice, tone) aigu (f aiguë); (wind) violent; (meat, game) faisandé; Fam (on drugs) défoncé; **to be 5 m h.** avoir 5 m de haut; **it is h. time that you went** il est grand temps que tu y ailles; Sport **h. jump** saut m en hauteur; **h. noon** plein midi m; **h. priest** grand prêtre m; **h. school** ≃ lycée m; Am **h. school diploma** diplôme m de fin d'études secondaires; **h. spot** *(of visit, day)* point *m* culminant; *(of show)* clou *m*; *Br* **h. street** grand-rue *f*; **h. tea** = dîner pris tôt dans la soirée; **h. tide** marée *f* haute

2 ADV h. (up) *(fly, throw, aim)* haut; **feelings were running h.** la tension montait

3 N sommet *m*; **a new h., an all-time h.** *(peak)* un nouveau record; **to be on a h.** *(from drugs)* planer; *(from success)* être sur un petit nuage ■ **highchair** N chaise *f* haute ■ **'high-'class** ADJ *(service)* de premier ordre; *(building)* de luxe; *(person)* raffiné ■ **high-'five** N *Fam* = tape amicale donnée dans la paume de quelqu'un, bras levé, en signe de victoire ■ **'high-'pitched** ADJ *(sound)* aigu (*f* aiguë) ■ **'high-'powered** ADJ *(engine, car)* très puissant; *(job)* à hautes responsabilités ■ **'high-'profile** ADJ *(person)* très en vue; *(campaign)* de grande envergure ■ **'high-'rise** ADJ *Br* **h. building** tour *f* ■ **'high-'speed** ADJ ultrarapide; **h. train** train *m* à grande vitesse ■ **'high-'strung** ADJ *Am* nerveux, -euse ■ **'high-'tech** ADJ *(appliance)* perfectionné; *(industry)* de pointe

highbrow ['haɪbraʊ] ADJ & N intellectuel, -uelle (*mf*)

higher ['haɪə(r)] **1** ADJ *(number, speed, quality)* supérieur (**than** à); **h. education** enseignement *m* supérieur **2** ADV *(fly, aim)* plus haut (**than** que) **3** N *Scot Sch* **H.** = diplôme de fin d'études secondaires sanctionnant une matière déterminée

highlands ['haɪləndz] NPL régions *fpl* montagneuses

highlight ['haɪlaɪt] **1** N *(of visit, day)* point *m* culminant; *(of show)* clou *m*; **highlights** *(in hair)* mèches *fpl* **2** VT souligner; *(with marker)* surligner ■ **highlighter** N *(pen)* surligneur *m*

highly ['haɪlɪ] ADV *(very)* très; *(recommend)* chaudement; **h. paid** très bien payé; **to speak h. of sb** dire beaucoup de bien de qn; *Br* **h. strung** hypersensible

Highness ['haɪnɪs] N **His/Her Royal H.** Son Altesse *f*

highway ['haɪweɪ] N *Am (main road)* nationale *f*; *(motorway)* autoroute *f*; *Br* **public h.** voie *f* publique; *Br* **H. Code** code *m* de la route

hijack ['haɪdʒæk] **1** N détournement *m* **2** VT *(plane)* détourner ■ **hijacker** N *(of plane)* pirate *m* de l'air ■ **hijacking** N *(air piracy)* piraterie *f* aérienne; *(hijack)* détournement *m*

hike [haɪk] **1** N **(a)** *(walk)* randonnée *f* **(b)** *Fam (increase)* hausse *f* **2** VT *Fam (price)* augmenter **3** VI faire de la randonnée ■ **hiker** N randonneur, -euse *mf* ■ **hiking** N randonnée *f*; **to go h.** faire de la randonnée

hilarious [hɪ'leərɪəs] ADJ hilarant

hill [hɪl] N colline *f*; *(slope)* pente *f* ■ **hillside** N

on the h. à flanc de coteau ■ **hilly** (**-ier, -iest**) ADJ vallonné

hilt [hɪlt] N *(of sword)* poignée *f*; *Fig* **to the h.** au maximum

him [hɪm] PRON le, l'; *(after prep, 'than', 'it is')* lui; **(to) h.** *(indirect)* lui; **I see h.** je le vois; **I saw h.** je l'ai vu; **I gave it to h.** je le lui ai donné; **with h.** avec lui

himself [hɪm'self] PRON lui-même; *(reflexive)* se, s'; *(after prep)* lui; **he did it h.** il l'a fait lui-même; **he cut h.** il s'est coupé; **he thinks of h.** il pense à lui

hind [haɪnd] ADJ **h. legs** pattes *fpl* de derrière

hinder ['hɪndə(r)] VT *(obstruct)* gêner; *(delay)* retarder; **to h. sb from doing sth** empêcher qn de faire qch ■ **hindrance** N obstacle *m*

hindsight ['haɪndsaɪt] N **with h.** avec le recul

Hindu ['hɪnduː] **1** ADJ hindou **2** N Hindou, -oue *mf*

hinge [hɪndʒ] **1** N gond *m*, charnière *f* **2** VT INSEP **to h. on** *(depend on)* dépendre de ■ **hinged** ADJ à charnière(s)

hint [hɪnt] **1** N *(insinuation)* allusion *f*; *(sign)* signe *m*; *(clue)* indice *m*; **hints** *(advice)* conseils *mpl*; **to drop sb a h.** faire une allusion à l'intention de qn **2** VT laisser entendre (**that** que) **3** VT INSEP **to h. at sb/sth** faire allusion à qn/qch

hip[1] [hɪp] N hanche *f*

hip[2] [hɪp] ADJ *(trendy)* branché

hip-hop ['hɪphɒp] N *(music)* hip-hop *m inv*

hippie ['hɪpɪ] N hippie *mf*

hippopotamus [hɪpə'pɒtəməs] N hippopotame *m* ■ **hippo** N *Fam* hippopotame *m*

hire ['haɪə(r)] **1** N location *f*; **for h.** à louer; *Br (sign on taxi)* 'libre'; **on h.** en location; *Br* **h. purchase** achat *m* à crédit; *Br* **on h. purchase** à crédit **2** VT *(vehicle)* louer; *(worker)* engager; **to h. sth out** louer qch

his [hɪz] **1** POSSESSIVE PRON le sien, la sienne, *pl* les sien(ne)s; **this hat is h.** ce chapeau est à lui *ou* est le sien; **a friend of h.** un ami à lui **2** POSSESSIVE ADJ son, sa, *pl* ses

Hispanic [hɪ'spænɪk] *Am* **1** ADJ hispano-américain **2** N Hispano-Américain, -aine *mf*

hiss [hɪs] **1** N sifflement *m*; **hisses** *(booing)* sifflets *mpl* **2** VTI siffler

history ['hɪstərɪ] *(pl* **-ies**) N *(study, events)* histoire *f*; **to make h., to go down in h.** *(of event)* faire date; *(of person)* entrer dans l'histoire; **medical h.** antécédents *mpl* médicaux ■ **historian** [hɪ'stɔːrɪən] N historien, -ienne *mf* ■ **historic(al)** [hɪ'stɒrɪk(əl)] ADJ historique

hit [hɪt] **1** N *(blow)* coup *m*; *(in shooting)* tir *m* réussi; *(success)* succès *m*; *Comptr (visit to website)* hit *m*, contact *m*; **to score a direct h.** taper dans le mille; **h. (song)** hit *m* **2** (*pt & pp* **hit,** *pres p* **hitting**) vт (*beat*) frapper; (*bump into*) heurter; (*reach*) atteindre; (*affect*) toucher; (*problem, difficulty*) rencontrer; *Fam* **to h. it off** s'entendre bien (**with sb** avec qn) **3** vɪ frapper; **to h. back** riposter (**at** à); *Fam* **to h. out at sb** (*physically*) frapper qn; (*verbally*) s'en prendre à qn; **to h. (up)on sth** (*solution, idea*) trouver qch ■ **'hit-or-'miss** ADJ (*chancy, random*) aléatoire

hitch [hɪtʃ] **1** N (*difficulty*) problème *m* **2** vт (*fasten*) accrocher (**to** à) **3** vɪ тı **to h. (a ride),** *Br* **to h. a lift** faire du stop (**to** jusqu'à) ■ **hitchhike** vɪ faire du stop (**to** jusqu'à) ■ **hitchhiker** N auto-stoppeur, -euse *mf* ■ **hitchhiking** N auto-stop *m*

hitherto [hɪðə'tuː] ADV jusqu'ici

HIV [eɪtʃaɪ'viː] (*abbr* **human immunodeficiency virus**) N (*virus*) VIH *m*; **HIV positive/negative** séropositif, -ive/séronégatif, -ive

hive [haɪv] **1** N ruche *f* **2** vт **to h. off** (*separate*) séparer

hoard [hɔːd] **1** N réserve *f*; (*of money*) trésor *m* **2** vт amasser

hoarding ['hɔːdɪŋ] N *Br* (*for advertising*) panneau *m* d'affichage

hoarse [hɔːs] (**-er, -est**) ADJ enroué

hoax [həʊks] **1** N canular *m* **2** vт faire un canular à

hob [hɒb] N (*on stove*) plaque *f* chauffante

hobble ['hɒbəl] vɪ boitiller

hobby ['hɒbɪ] (*pl* **-ies**) N passe-temps *m inv*

hobnob ['hɒbnɒb] (*pt & pp* **-bb-**) vɪ *Fam* **to h. with sb** frayer avec qn

hockey ['hɒkɪ] N hockey *m*; *Br* (*field hockey*) hockey sur gazon; *Am* (*ice hockey*) hockey sur glace; **h. stick** crosse *f* de hockey

hoe [həʊ] **1** N binette *f*, houe *f* **2** (*pt & pp* **hoed**) vт biner

hog [hɒg] **1** N (*pig*) porc *m* châtré; *Fam* **to go the whole h.** aller jusqu'au bout **2** (*pt & pp* **-gg-**) vт *Fam* monopoliser

hoist [hɔɪst] **1** N (*device*) appareil *m* de levage **2** vт hisser

hold [həʊld] **1** N (*grip*) prise *f*; (*of ship*) cale *f*; (*of plane*) soute *f*; **to get h. of** (*grab*) saisir; (*contact*) joindre; (*find*) trouver; **to be on h.** (*of project*) être en suspens; (*on phone*) **to put sb on h.** (*on phone*) mettre qn en attente **2** (*pt & pp* **held**) vт tenir; (*heat, attention*) retenir; (*post*) occuper; (*record*) détenir; (*title, opinion*) avoir; (*party, exhibition*) organiser; (*ceremony, mass*) célébrer; (*contain*) contenir; (*keep*) garder; **to h. sb prisoner** retenir qn prisonnier; **to h. one's breath** retenir son souffle; **I h. that...** (*believe*) je maintiens que...; **to h. one's own** se défendre; **h. the line!** (*on phone*)

ne quittez pas!; **to be held** (*of event*) avoir lieu **3** vɪ (*of nail, rope*) tenir; (*of weather*) se maintenir ■ **hold-up** N (*attack*) hold-up *m inv*; *Br* (*traffic jam*) ralentissement *m*; (*delay*) retard *m*

▸ **hold back** vт sep (*restrain*) retenir; (*hide*) cacher (**from sb** à qn)

▸ **hold down** vт sep (*price*) bloquer; (*person on ground*) maintenir au sol; **to h. down a job** (*keep*) garder un emploi; (*occupy*) avoir un emploi

▸ **hold forth** vɪ *Pej* (*talk*) disserter

▸ **hold in** vт sep **to h. one's stomach in** rentrer son ventre

▸ **hold off 1** vт sep (*enemy*) tenir à distance **2** vɪ **if the rain holds off** s'il ne pleut pas

▸ **hold on 1** vт sep (*keep in place*) tenir en place **2** vɪ (*wait*) patienter; (*stand firm*) tenir bon; **h. on!** (*on phone*) ne quittez pas!; **h. on (tight)!** tenez bon!

▸ **hold on to** vт insep (*cling to*) tenir bien; (*keep*) garder

▸ **hold out 1** vт sep (*offer*) offrir; (*hand*) tendre **2** vɪ (*resist*) résister; (*last*) durer

▸ **hold over** vт sep (*postpone*) remettre

▸ **hold together** vт sep (*nation, group*) assurer l'union de

▸ **hold up** vт sep (*raise*) lever; (*support*) soutenir; (*delay*) retarder; (*rob*) attaquer

holdall ['həʊldɔːl] N *Br* fourre-tout *m inv*

holder ['həʊldə(r)] N (**a**) (*of passport, degree, post*) titulaire *mf*; (*of record, card, ticket*) détenteur, -trice *mf* (**b**) (*container*) support *m*

hole [həʊl] **1** N trou *m*; *Fam* (*town, village*) bled *m*, trou; *Fam* (*room*) baraque *f* **2** vт (*ship*) faire une brèche dans **3** vɪ *Fam* **to h. up** (*hide*) se terrer

holiday ['hɒlɪdeɪ] **1** N *Br* **holiday(s)** (*from work, school*) vacances *fpl*; **a h.** (*day off*) un congé; **a (public** *or* **bank) h.,** *Am* **a legal h.** un jour férié; **a religious h.** une fête; **on h.** en vacances; **to be/go on h.** être/partir en vacances **2** ADJ (*camp, clothes*) de vacances; **h. home** résidence *f* secondaire ■ **holidaymaker** N *Br* vacancier, -ière *mf*

Holland ['hɒlənd] N la Hollande

hollow ['hɒləʊ] **1** ADJ creux (*f* creuse); (*victory*) faux (*f* fausse); (*promise*) vain **2** N creux *m* **3** ADV **to sound h.** sonner creux **4** vт **to h. sth out** évider qch

holly ['hɒlɪ] N houx *m*

holster ['həʊlstə(r)] N étui *m* de revolver

holy ['həʊlɪ] (**-ier, -iest**) ADJ saint; (*bread, water*) bénit; (*ground*) sacré; **the H. Bible** la Sainte Bible

homage ['hɒmɪdʒ] N hommage *m*; **to pay h. to sb** rendre hommage à qn

home¹ [həʊm] **1** N maison f; (country) patrie f; (for old soldiers, sailors) foyer m; **at h.** à la maison, chez soi; **to feel at h.** se sentir chez soi; **make yourself at h.** faites comme chez vous; **to play at h.** (of football team) jouer à domicile; **far from h.** loin de chez soi; **a good h.** une bonne famille; **to make one's h. in France** s'installer en France; **my h. is here** j'habite ici

2 ADV à la maison, chez soi; **to go** or **come (back) h.** rentrer chez soi; **to be h.** être rentré; **to drive a nail h.** enfoncer complètement un clou

3 ADJ (pleasures, atmosphere, cooking) familial; (visit, match) à domicile; (product, market) national; **h. address** adresse f personnelle; **h. computer** ordinateur m domestique; **h. economics** économie f domestique; Br Pol **H. Office** ≈ ministère m de l'Intérieur; **h. owner** propriétaire mf; Comptr **h. page** page f d'accueil; Br Pol **H. Secretary** ≈ ministre m de l'Intérieur; **h. team** équipe f qui reçoit; **h. town** ville f natale ■ **homecoming** N retour m (au foyer) ■ **'home'grown** ADJ (fruit, vegetables) du jardin; (not grown abroad) du pays ■ **homeland** N patrie f ■ **'home'made** ADJ (fait) maison inv ■ **homesick** ADJ **to be h.** avoir le mal du pays ■ **homesickness** N mal m du pays

home² [həʊm] VI **to h. in on sth** se diriger automatiquement sur qch

homeless ['həʊmlɪs] **1** ADJ sans abri **2** NPL **the h.** les sans-abri mpl

homely ['həʊmlɪ] (**-ier, -iest**) ADJ (comfortable) agréable et sans prétention; Am (ugly) sans charme

homeward ['həʊmwəd] **1** ADJ (trip) de retour **2** ADV **h.-bound** sur le chemin de retour

homework ['həʊmwɜːk] N Sch devoirs mpl

homicide ['hɒmɪsaɪd] N homicide m

homosexual [həʊmə'sekʃʊəl] ADJ & N homosexuel, -uelle (mf) ■ **homosexuality** [-ʊ'ælɪtɪ] N homosexualité f

Honduras [hɒn'djʊərəs] N le Honduras

honest ['ɒnɪst] ADJ honnête (**with** avec); (profit, money) honnêtement gagné; **the h. truth** la vérité vraie; **to earn an h. living** gagner honnêtement sa vie; **to be h., I don't know** franchement, je ne sais pas ■ **honestly** ADV honnêtement; **h.!** (showing annoyance) vraiment! ■ **honesty** N honnêteté f

honey ['hʌnɪ] N miel m; esp Am Fam (person) chéri, -ie mf ■ **honeycomb** [-kəʊm] N rayon m de miel ■ **honeymoon** N voyage m de noces ■ **honeysuckle** N chèvrefeuille m

Hong Kong [hɒŋ'kɒŋ] N Hongkong m ou f

honk [hɒŋk] **1** N coup m de Klaxon® **2** VI (of driver) klaxonner

honorary ['ɒnərərɪ] ADJ (member) honoraire; (title) honorifique

honour, Am **honor** ['ɒnə(r)] **1** N honneur m; **in h. of** en l'honneur de; **to have the h. of doing sth** avoir l'honneur de faire qch; Br Univ **honours degree** diplôme m universitaire **2** VT honorer (**with** de)

honourable, Am **honorable** ['ɒnərəbəl] ADJ honorable

hood [hʊd] N (**a**) (of coat) capuche f; (with eye-holes) cagoule f; Br (of car, pram) capote f; Am (car bonnet) capot m; (above stove) hotte f (**b**) Am Fam (gangster) truand m ■ **hooded** ADJ (person) encapuchonné; (coat) à capuchon

hoodie ['hʊdɪ] N Fam (**a**) (top) sweat-shirt m à capuche (**b**) (person) = jeune qui porte un sweat-shirt à capuche

hoodlum ['huːdləm] N Fam voyou m (pl -ous)

hoof [huːf] (pl **hoofs** [huːfs] or **hooves** [huːvz]) N sabot m

hook [hʊk] **1** N crochet m; (on clothes) agrafe f; Fishing hameçon m; **off the h.** (phone) décroché; Fam **to let** or **get sb off the h.** tirer qn d'affaire **2** VT **to h. (on** or **up)** accrocher (**to** à) ■ **hooked** ADJ (nose, beak) crochu; (end, object) recourbé; Fam **to be h. on sth** être accro à qch; Fam **to be h. on sb** (infatuated with) être entiché de qn

hook(e)y ['hʊkɪ] N Am Fam **to play h.** sécher (les cours)

hooker ['hʊkə(r)] N Am Fam prostituée f

hooligan ['huːlɪgən] N hooligan m

hoop [huːp] N cerceau m

hoot [huːt] **1** N huée f; Br (of vehicle) coup m de Klaxon® **2** VTI (jeer) huer **3** VI Br (of vehicle) klaxonner; (of train) siffler; (of owl) hululer ■ **hooter** N Br (of vehicle) Klaxon® m; (of factory) sirène f; Fam (nose) pif m

hoover® ['huːvə(r)] **1** N Br aspirateur m **2** VT Br (room) passer l'aspirateur dans; (carpet) passer l'aspirateur sur; **to h. sth up** (dust, crumbs) enlever qch à l'aspirateur

hop [hɒp] **1** N (leap) saut m **2** (pt & pp **-pp-**) VI (jump) sautiller; (on one leg) sauter à cloche-pied; **h. in!** (to car) allez! grimpe!; **he hopped onto the first train** il a sauté dans le premier train **3** VT Fam **h. it!** fiche le camp!

hope [həʊp] **1** N espoir m **2** VT **to h. to do sth** espérer faire qch; **to h. that...** espérer que... **3** VI espérer; **to h. for sth** espérer qch; **I h. so/not** j'espère que oui/non ■ **hopeful** ['həʊpfʊl] **1** ADJ (person) optimiste; (situation) encourageant; **to be h. that...** avoir bon espoir que... **2** N **a young h.** un jeune espoir ■ **hopefully** ADV avec un peu de chance; **to do sth h.** faire qch plein d'espoir ■ **hopeless** ['həʊpləs] ADJ désespéré; *Fam (useless, bad)* nul (f nulle) ■ **hopelessly** ADV *(lost, out-of-date)* complètement; *(in love)* éperdument; *(live, act)* sans espoir

hops [hɒps] NPL *(for beer)* houblon m

hopscotch ['hɒpskɒtʃ] N marelle f

horde [hɔːd] N horde f

horizon [hə'raɪzən] N horizon m; **on the h.** à l'horizon ■ **horizontal** [hɒrɪ'zɒntəl] ADJ horizontal

hormone ['hɔːməʊn] N hormone f; **h. replacement therapy** hormonothérapie f de substitution

horn [hɔːn] 1 N *(of animal)* corne f; *(on vehicle)* Klaxon® m; *(musical instrument)* cor m 2 VI Am Fam **to h. in** mêler son grain de sel **(on** à); *(interrupt)* interrompre

hornet ['hɔːnɪt] N frelon m

horoscope ['hɒrəskəʊp] N horoscope m

horrendous [hɒ'rendəs] ADJ horrible

horrible ['hɒrəbəl] ADJ horrible ■ **horribly** ADV horriblement

horrid ['hɒrɪd] ADJ *(unpleasant)* affreux, -euse; *(unkind)* méchant

horrific [hə'rɪfɪk] ADJ horrible

horrify ['hɒrɪfaɪ] *(pt & pp* -ied) VT horrifier

horror ['hɒrə(r)] N horreur f; Fam **(little) h.** *(child)* petit monstre m; **h. film** film m d'horreur; **h. story** histoire f épouvantable

hors d'œuvre [ɔː'dɜːv] *(pl inv or* **hors d'œuvres)** N hors-d'œuvre m inv

horse [hɔːs] N **(a)** *(animal)* cheval m; **to go h. riding** faire du cheval; **h. racing** courses fpl; **h. show** concours m hippique **(b)** **h. chestnut** *(fruit)* marron m ■ **horseback** N on h. à cheval; Am **to go h. riding** faire du cheval ■ **horsepower** N *(unit)* cheval-vapeur m ■ **horseradish** N raifort m ■ **horseshoe** N fer m à cheval

horticulture ['hɔːtɪkʌltʃə(r)] N horticulture f

hose [həʊz] 1 N *(pipe)* tuyau m; **garden h.** tuyau d'arrosage 2 VT arroser (au jet d'eau); **to h. sth down** *(car)* laver qch au jet ■ **hosepipe** N Br tuyau m d'arrosage

hosiery [Br 'həʊzɪərɪ, Am 'həʊʒərɪ] N bonneterie f

hospice ['hɒspɪs] N *(hospital)* = établissement pour malades en phase terminale

hospitable [hɒ'spɪtəbəl] ADJ hospitalier, -ière **(to** envers) ■ **hospitality** [-'tælɪtɪ] N hospitalité f

hospital ['hɒspɪtəl] N hôpital m; **in h.,** Am **in the h.** à l'hôpital; **h. bed** lit m d'hôpital; **h. staff/ services** personnel m/services mpl hospitalier(s) ■ **hospitalize** VT hospitaliser

host[1] [həʊst] 1 N *(of guests)* hôte m; *(on TV or radio show)* présentateur, -trice mf; Comptr *(of Web site)* hébergeur, -euse mf; **h. country** pays m d'accueil 2 VT *(party)* donner; *(programme)* présenter; Comptr *(Web site)* héberger

host[2] [həʊst] N **a h. of** *(many)* une foule de

hostage ['hɒstɪdʒ] N otage m; **to take sb h.** prendre qn en otage; **to be held h.** être retenu en otage

hostel ['hɒstəl] N foyer m; **(youth) h.** auberge f de jeunesse

hostess ['həʊstɪs] N *(in house, nightclub)* hôtesse f; **(air) h.** hôtesse f *(de l'air)*

hostile [Br 'hɒstaɪl, Am 'hɒstəl] ADJ hostile **(to** or **towards** à) ■ **hostility** N hostilité f **(to** or **towards** envers); **hostilities** *(in battle)* hostilités fpl

hot[1] [hɒt] **(hotter, hottest)** ADJ chaud; *(spice)* fort; *(temperament)* passionné; Fam *(news)* dernier, -ière; **to be** or **feel h.** avoir chaud; **it's h.** il fait chaud; Fam **not so h.** *(bad)* pas fameux, -euse; **h. pants** mini-short m ■ **'hot-'blooded** ADJ passionné ■ **hotcake** N Am *(pancake)* crêpe f ■ **hotdog** N hot dog m ■ **'hot'headed** ADJ exalté ■ **hotly** ADV passionnément ■ **hotplate** N chauffe-plat m; *(on stove)* plaque f chauffante ■ **hotshot** 1 ADJ **a h. lawyer** un as du barreau 2 N *(expert)* as m; Br *(VIP)* gros bonnet m; Am *(show-off)* personne f suffisante ■ **hot-'water bottle** N bouillotte f

hot[2] [hɒt] *(pt & pp* -tt-) VI Fam **to h. up** *(increase)* s'intensifier; *(become dangerous or excited)* s'envenimer

hotchpotch ['hɒtʃpɒtʃ] N Fam fatras m

hotel [həʊ'tel] N hôtel m; **h. room/bed** chambre f/ lit m d'hôtel; **the h. trade** l'industrie f hôtelière

hound [haʊnd] 1 N *(dog)* chien m de chasse 2 VT *(pursue)* traquer; *(bother, worry)* harceler

hour ['aʊə(r)] N heure f; **half an h.** une demi-heure; **a quarter of an h.** un quart d'heure; **paid 20 euros an h.** payé 20 euros (de) l'heure; **10 miles an h.** 10 miles à l'heure; **open all hours** ouvert à toute heure

hourly ['aʊəlɪ] 1 ADJ *(rate, pay)* horaire; **an h. bus/ train** un bus/train toutes les heures 2 ADV toutes les heures; **h. paid, paid h.** payé à l'heure

house[1] [haʊs] *(pl* -ses [-zɪz]) N maison f; *(audience in theatre)* salle f, auditoire m; Br Pol **the H. of Commons** la Chambre des communes; Br Pol **the H. of Lords** la Chambre des lords; Br Pol **the Houses of Parliament** le Parlement; Am Pol **the H. of Representatives** la Chambre des représentants; **at/to my h.** chez moi; **on the h.** *(free of charge)* aux frais de la maison; **h. prices** prix mpl de l'immobilier; **h. wine** vin m de la maison

2 [haʊz] vt loger; *(of building)* abriter ■ **house-boat** N péniche f aménagée ■ **housebound** ADJ confiné chez soi ■ **household** N ménage m; **h. chores** tâches fpl ménagères; **a h. name** un nom très connu ■ **householder** N *(owner)* propriétaire mf ■ **househusband** N homme m au foyer ■ **housekeeper** N *(employee)* gouvernante f ■ **housekeeping** N ménage m ■ **house-proud** ADJ qui s'occupe méticuleusement de sa maison ■ **housetrained** ADJ Br *(pet)* propre ■ **housewife** *(pl -wives)* N ménagère f ■ **housework** N ménage m

housing [haʊzɪŋ] N logement m; *(houses)* logements mpl; **h. crisis** crise f du logement; Br **h. estate** lotissement m; *(council-owned)* cité f

hovel ['hɒvəl] N taudis m

hover ['hɒvə(r)] vi *(of bird, aircraft, danger)* planer; **to h. (around)** *(of person)* rôder

hovercraft ['hɒvəkrɑːft] N aéroglisseur m

how [haʊ] ADV comment; **h. kind!** comme c'est gentil!; **h. long/high is...?** quelle est la longueur/ hauteur de...?; **h. much?, h. many?** combien?; **h. much time?** combien de temps?; **h. many apples?** combien de pommes?; **h. about some coffee?** (si on prenait) du café?; **h. do you do** *(greeting)* bonjour; Fam **h.'s that?, h. so?, h. come?** comment ça?

howdy ['haʊdɪ] EXCLAM Am Fam salut!

however [haʊ'evə(r)] **1** ADV **h. big he may be** si grand soit-il; **h. she may do it, h. she does it** de quelque manière qu'elle la fasse; **h. that may be** quoi qu'il en soit; **h. did she find out?** comment bien a-t-elle pu l'apprendre? **2** CONJ cependant

howl [haʊl] **1** N hurlement m; *(of baby)* braillement m; *(of wind)* mugissement m; **h. of laughter** éclat m de rire **2** vi hurler; *(of baby)* brailler; *(of wind)* mugir

howler ['haʊlə(r)] N Fam *(mistake)* gaffe f

hp *(abbr* **horsepower)** CV

HP [eɪtʃ'piː] Br *(abbr* **hire purchase)** ➤ **hire**

HQ [eɪtʃ'kjuː] *(abbr* **headquarters)** N QG m

hub [hʌb] N *(of wheel)* moyeu m; Fig centre m ■ **hubcap** N *(of wheel)* enjoliveur m

hubbub ['hʌbʌb] N brouhaha m

huddle ['hʌdəl] vi **to h. (together)** se blottir (les uns contre les autres)

hue [hjuː] N (**a**) *(colour)* teinte f (**b**) **h. and cry** tollé m

huff [hʌf] N Fam **in a h.** *(offended)* fâché

hug [hʌg] **1** N **to give sb a h.** serrer qn (dans ses bras) **2** *(pt & pp* **-gg-)** vt *(person)* serrer dans ses bras; **to h. the kerb/coast** serrer le trottoir/la côte

huge [hjuːdʒ] ADJ énorme ■ **hugely** ADV énormément

hulk [hʌlk] N *(person)* mastodonte m

hullo [hʌ'ləʊ] EXCLAM Br bonjour!; *(answering phone)* allô!; *(surprise)* tiens!

hum [hʌm] **1** N *(of insect)* bourdonnement m **2** *(pt & pp* **-mm-)** vt *(tune)* fredonner **3** vi *(of insect)* bourdonner; *(of person)* fredonner; *(of engine)* ronronner

human ['hjuːmən] **1** ADJ humain; **h. being** être m humain; **h. rights** droits mpl de l'homme **2** N être m humain

humane [hjuː'meɪn] ADJ *(kind)* humain

humanitarian [hjuːmænɪ'teərɪən] ADJ & N humanitaire *(mf)*

humanity [hjuː'mænətɪ] N *(human beings, kindness)* humanité f

humble ['hʌmbəl] **1** ADJ humble **2** vt humilier

humdrum ['hʌmdrʌm] ADJ monotone

humid ['hjuːmɪd] ADJ humide ■ **hu'midity** N humidité f

humiliate [hjuː'mɪlɪeɪt] vt humilier ■ **humiliation** [-'eɪʃən] N humiliation f

humility [hjuː'mɪlətɪ] N humilité f

humorous ['hjuːmərəs] ADJ *(book, writer)* humoristique; *(person, situation)* drôle

humour, Am **humor** ['hjuːmə(r)] **1** N *(fun)* humour m; Formal *(temper)* humeur f; **to have a sense of h.** avoir le sens de l'humour; **in a good h.** de bonne humeur **2** vt **to h. sb** faire plaisir à qn

hump [hʌmp] **1** N *(lump, mound in road)* bosse f; Br Fam **to have the h.** *(be depressed)* avoir le cafard; *(be angry)* être en rogne **2** vt Fam *(carry)* trimbaler ■ **'humpback(ed) 'bridge** N Br pont m en dos d'âne

hunch [hʌntʃ] **1** N Fam *(intuition)* intuition f **2** vt **to h. one's shoulders** rentrer les épaules ■ **hunchback** N bossu, -ue mf

hundred ['hʌndrəd] ADJ & N cent *(m)*; **a h. pages** cent pages; **two h. pages** deux cents pages; **hundreds of** des centaines de ■ **hundredth** ADJ & N centième *(mf)*

hung [hʌŋ] PT & PP of **hang**[1]

Hungary ['hʌŋgərɪ] N la Hongrie ■ **Hungarian** [-'geərɪən] **1** ADJ hongrois **2** N *(person)* Hongrois, -oise mf; *(language)* hongrois m

hunger ['hʌŋgə(r)] N faim f; **h. strike** grève f de la faim ■ **hungry** *(-ier, -iest)* ADJ **to be** or **feel h.** avoir faim; **to go h.** souffrir de la faim; **to make sb h.** donner faim à qn; **h. for sth** avide de qch

hunk [hʌŋk] N gros morceau m

hunt [hʌnt] **1** N *(search)* recherche f *(for* de); *(for animals)* chasse f **2** vt *(animals)* chasser; *(pursue)* poursuivre; **to h. down** *(animal, fugitive)* traquer; **to h. out** *(information)* dénicher **3** vi *(kill animals)*

chasser; **to h. for sth** rechercher qch ■ **hunter**
N chasseur m ■ **hunting** N chasse f

hurdle ['hɜːdəl] N (fence in race) haie f; Fig (problem) obstacle m

hurl [hɜːl] vt (throw) jeter, lancer (**at** à); **to h. oneself at sb** se ruer sur qn; **to h. insults** or **abuse at sb** lancer des insultes à qn

hurray [hʊ'reɪ] EXCLAM hourra!

hurricane [Br 'hʌrɪkən, Am 'hʌrɪkeɪn] N ouragan m

hurry ['hʌrɪ] 1 N hâte f; **in a h.** à la hâte; **to be in a h.** être pressé; **to be in a h. to do sth** avoir hâte de faire qch; **there's no h.** rien ne presse 2 (pt & pp **-ied**) vt (person) presser; (work) hâter; **to h. one's meal** manger à toute vitesse; **to h. sb out** faire sortir qn à la hâte 3 vi se dépêcher, se presser (**to do** de faire); **to h. out** sortir à la hâte; **to h. towards sb/sth** se précipiter vers qn/qch ■ **hurried** ADJ (steps, decision) précipité; (work) fait à la hâte; (visit) éclair inv; **to be h.** (in a hurry) être pressé

hurt [hɜːt] 1 ADJ (wounded, offended) blessé 2 N (emotional) blessure f 3 (pt & pp **hurt**) vt (physically) faire du mal à; (causing a wound) blesser; (emotionally) faire de la peine à; (reputation, chances) nuire à; **to h. sb's feelings** blesser qn 4 vi faire mal; **where does it h.?** où avez-vous mal?; **his arm hurts (him)** son bras lui fait mal ■ **hurtful** ADJ (remark) blessant

hurtle ['hɜːtəl] vi **to h. along** aller à toute vitesse; **to h. down the street** dévaler la rue

husband ['hʌzbənd] N mari m

hush [hʌʃ] 1 N silence m 2 EXCLAM chut! 3 vt (person) faire taire; (baby) calmer; **to h. up** (scandal) étouffer ■ **hushed** ADJ (voice) étouffé; (silence) profond ■ **'hush-'hush** ADJ Fam top secret inv

husk [hʌsk] N (of rice, grain) enveloppe f

husky ['hʌskɪ] (**-ier, -iest**) ADJ (voice) rauque

hustle ['hʌsəl] 1 N **h. and bustle** effervescence f 2 vt (shove, push) to **h. sb away** emmener qn de force 3 vi Am (work busily) se démener (**to get sth** pour avoir qch)

hut [hʌt] N cabane f; (dwelling) hutte f

hutch [hʌtʃ] N (for rabbit) clapier m

hyacinth ['haɪəsɪnθ] N jacinthe f

hybrid ['haɪbrɪd] ADJ & N hybride (m)

hydrant ['haɪdrənt] N (fire) **h.** bouche f d'incendie

hydraulic [haɪ'drɔːlɪk] ADJ hydraulique

hydroelectric [haɪdrəʊ'lektrɪk] ADJ hydro-électrique

hydrogen ['haɪdrədʒən] N Chem hydrogène m

hyena [haɪ'iːnə] N (animal) hyène f

hygiene ['haɪdʒiːn] N hygiène f ■ **hy'gienic** ADJ hygiénique ■ **hygienist** N (dental) **h.** spécialiste mf de l'hygiène dentaire

hymn [hɪm] N cantique m

hype [haɪp] N Fam (publicity) battage m publicitaire

hyper- ['haɪpə(r)] PREF hyper- ■ **hyperlink** N Comptr hyperlien m ■ **hypermarket** N hypermarché m

hyphen ['haɪfən] N trait m d'union ■ **hyphenate** vt mettre un trait d'union à ■ **hyphenated** ADJ (word) à trait d'union

hypnosis [hɪp'nəʊsɪs] N hypnose f ■ **hypnotism** ['hɪpnətɪzəm] N hypnotisme m ■ **hypnotist** ['hɪpnətɪst] N hypnotiseur m ■ **hypnotize** ['hɪpnətaɪz] vt hypnotiser

hypochondriac [haɪpə'kɒndriæk] N hypocondriaque mf

hypocrisy [hɪ'pɒkrɪsɪ] N hypocrisie f ■ **hypocrite** ['hɪpəkrɪt] N hypocrite mf ■ **hypocritical** [hɪpə'krɪtɪkəl] ADJ hypocrite

hypodermic [haɪpə'dɜːmɪk] ADJ hypodermique

hypothermia [haɪpə'θɜːmɪə] N Med hypothermie f

hypothesis [haɪ'pɒθɪsɪs] (pl **-theses** [-θɪsiːz]) N hypothèse f ■ **hypothetical** [haɪpə'θetɪkəl] ADJ hypothétique

hysteria [hɪ'stɪərɪə] N hystérie f ■ **hysterical** [hɪ'sterɪkəl] ADJ (very upset) qui a une crise de nerfs; Fam (funny) tordant; **to become h.** avoir une crise de nerfs ■ **hysterics** [hɪ'sterɪks] NPL (tears) crise f de nerfs; (laughter) fou rire m; **to be in h.** avoir une crise de nerfs; (with laughter) être écroulé de rire; **he had us in h.** il nous a fait tordre de rire

I¹, i [aɪ] N (letter) I, i m inv

I² [aɪ] PRON je, j'; (stressed) moi; **I want** je veux; **she and I** elle et moi

ice¹ [aɪs] **1** N glace f; (on road) verglas m; Br **black i.** (on road) verglas **2** VI **to i. (over** or **up)** (of lake) geler; (of window) se givrer ■ **iceberg** N iceberg m ■ **icebox** N Am (fridge) réfrigérateur m; Br (in fridge) freezer m ■ **ice 'cream** N glace f ■ **ice cube** N glaçon m ■ **iced** ADJ (tea, coffee) glacé ■ **ice hockey** N hockey m sur glace ■ **ice-skating** N patinage m (sur glace)

ice² [aɪs] VT Br (cake) glacer ■ **icing** N Br (on cake) glaçage m

Iceland ['aɪslənd] N l'Islande f ■ **Icelandic** [-'lændɪk] **1** ADJ islandais **2** N (language) islandais m

icicle ['aɪsɪkəl] N glaçon m (de gouttière etc)

icon ['aɪkɒn] N icône f

icy ['aɪsɪ] (**-ier, -iest**) ADJ (road) verglacé; (ground) gelé; (water, hands) glacé

ID [aɪ'diː] N pièce f d'identité

I'd [aɪd] = I had, I would

idea [aɪ'dɪə] N idée f; **I have an i. that…** j'ai l'impression que…; **that's my i. of rest** c'est ce que j'appelle du repos; Fam **that's the i.!** c'est ça!; **not the slightest** or **foggiest i.** pas la moindre idée

ideal [aɪ'dɪəl] ADJ & N idéal (m)

idealism [aɪ'dɪəlɪzəm] N idéalisme m ■ **idealist** N idéaliste mf ■ **idea'listic** ADJ idéaliste

ideally [aɪ'dɪəlɪ] ADV idéalement; **i., we should stay** l'idéal, ce serait que nous restions

identical [aɪ'dentɪkəl] ADJ identique (**to** or **with** à)

identify [aɪ'dentɪfaɪ] (pt & pp **-ied**) VT identifier; **to i. (oneself) with** s'identifier avec ■ **identification** [-fɪ'keɪʃən] N identification f; **to have (some) i.** (document) avoir une pièce d'identité

identikit [aɪ'dentɪkɪt] N portrait-robot m

identity [aɪ'dentɪtɪ] (pl **-ies**) N identité f; **i. card** carte f d'identité; **i. disc** plaque f d'identité; **i. theft** vol m d'identité

ideology [aɪdɪ'ɒlədʒɪ] (pl **-ies**) N idéologie f ■ **ideological** [aɪdɪə'lɒdʒɪkəl] ADJ idéologique

idiocy ['ɪdɪəsɪ] N idiotie f

idiom ['ɪdɪəm] N (phrase) expression f idiomatique; (language) idiome m ■ **idio'matic** ADJ idiomatique

idiosyncrasy [ɪdɪə'sɪŋkrəsɪ] (pl **-ies**) N particularité f

idiot ['ɪdɪət] N idiot, -iote mf ■ **idiotic** [-'ɒtɪk] ADJ idiot, bête

idle ['aɪdəl] **1** ADJ (unoccupied) désœuvré; (lazy) oisif, -ive; (promise) vain; (pleasure, question) futile, vain; (rumour) sans fondement; **to lie i.** (of machine) être au repos; **an i. moment** un moment de loisir **2** VT **to i. away the** or **one's time** passer son temps à ne rien faire **3** VI (of engine, machine) tourner au ralenti ■ **idleness** N (inaction) inactivité f; (laziness) oisiveté f ■ **idler** N paresseux, -euse mf

idol ['aɪdəl] N idole f ■ **idolize** VT (adore) idolâtrer

idyllic [aɪ'dɪlɪk] ADJ idyllique

ie [aɪ'iː] (abbr **id est**) c'est à dire

if [ɪf] CONJ si; **if he comes** s'il vient; **even if** même si; **if so** si c'est le cas; **if not** sinon; **if only I were rich** si seulement j'étais riche; **as if nothing had happened** comme si de rien n'était; **if necessary** s'il le faut

igloo ['ɪgluː] (pl **-oos**) N igloo m

ignite [ɪg'naɪt] **1** VT mettre le feu à **2** VI prendre feu ■ **ignition** [-'nɪʃən] N (in vehicle) allumage m; **to switch on/off the i.** mettre/couper le contact; **i. key** clef f de contact

ignoramus [ɪgnə'reɪməs] N ignare mf

ignorance ['ɪgnərəns] N ignorance f (**of** de) ■ **ignorant** ADJ ignorant (**of** de)

ignore [ɪg'nɔː(r)] VT ignorer; **just i. him!** ne fais pas attention à lui!

iguana [ɪg'wɑːnə] N iguane m

ill [ɪl] **1** ADJ (sick) malade; (bad) mauvais; **i. will** malveillance f **2** NPL **ills** maux mpl **3** ADV mal; **to speak i. of sb** dire du mal de qn ■ **'ill-ad'vised** ADJ (person) malavisé; (decision) peu judicieux, -ieuse ■ **'ill-'fated** ADJ (day) fatal; (enterprise) malheureux, -euse ■ **'ill-gotten** ADJ **i. gains**

biens *mpl* mal acquis ▪ **'ill-in'formed** ADJ mal renseigné ▪ **ill-'mannered** ADJ mal élevé

I'll [aɪl] = I will, I shall

illegal [ɪ'liːɡəl] ADJ illégal

illegible [ɪ'ledʒəbəl] ADJ illisible

illegitimate [ɪlɪ'dʒɪtɪmət] ADJ illégitime

illicit [ɪ'lɪsɪt] ADJ illicite

illiterate [ɪ'lɪtərət] ADJ & N analphabète *(mf)*

illness ['ɪlnɪs] N maladie *f*

illogical [ɪ'lɒdʒɪkəl] ADJ illogique

illuminate [ɪ'luːmɪneɪt] VT *(monument)* illuminer; *(street, question)* éclairer ▪ **illumi'nation** N *(lighting)* éclairage *m*; *Br* **the illuminations** *(decorative lights)* les illuminations *fpl*

illusion [ɪ'luːʒən] N illusion *f* (**about** sur); **to have the i. that...** avoir l'illusion que...; **I'm not under any i. about...** je ne me fais aucune illusion sur...

illustrate ['ɪləstreɪt] VT *(with pictures, examples)* illustrer (**with** de) ▪ **illu'stration** N illustration *f*

illustrious [ɪ'lʌstrɪəs] ADJ illustre

image ['ɪmɪdʒ] N image *f*; **(public) i.** *(of company)* image *f* de marque; **he's the (living** or **spitting** or **very) i. of his brother** c'est tout le portrait de son frère ▪ **imagery** N imagerie *f*

imaginable [ɪ'mædʒɪnəbəl] ADJ imaginable; **the worst thing i.** le pire que l'on puisse imaginer

imaginary [ɪ'mædʒɪnərɪ] ADJ imaginaire

imagination [ɪmædʒɪ'neɪʃən] N imagination *f*

imaginative [ɪ'mædʒɪnətɪv] ADJ *(plan, novel)* original; *(person)* imaginatif, -ive

imagine [ɪ'mædʒɪn] VT imaginer (**that** que); **to i. sb doing sth** imaginer qn faisant qch; **you're imagining things!** tu te fais des idées!

imbalance [ɪm'bæləns] N déséquilibre *m*

imbecile [*Br* 'ɪmbəsiːl, *Am* 'ɪmbəsəl] ADJ & N imbécile *(mf)*

imitate ['ɪmɪteɪt] VT imiter ▪ **imi'tation** N imitation *f*; *Br* **i. jewellery,** *Am* **i. jewelry** faux bijoux *mpl*; **i. leather** similicuir *m*

imitator ['ɪmɪteɪtə(r)] N imitateur, -trice *mf*

immaculate [ɪ'mækjʊlət] ADJ impeccable

immaterial [ɪmə'tɪərɪəl] ADJ sans importance (**to** pour)

immature [ɪmə'tʃʊə(r)] ADJ *(person)* immature; *(fruit)* vert

immeasurable [ɪ'meʒərəbəl] ADJ incommensurable

immediate [ɪ'miːdɪət] ADJ immédiat ▪ **immediacy** N immédiateté *f* ▪ **immediately 1** ADV *(at once)* tout de suite, immédiatement; *(concern, affect)* directement; **it's i. above/below** c'est

juste au-dessus/en dessous **2** CONJ *Br (as soon as)* dès que

immense [ɪ'mens] ADJ immense ▪ **immensely** ADV *(rich)* immensément; *(painful)* extrêmement; **to enjoy oneself i.** s'amuser énormément

immerse [ɪ'mɜːs] VT *(in liquid)* plonger; *Fig* **to i. oneself in sth** se plonger dans qch ▪ **immersion** N immersion *f*; *Br* **i. heater** chauffe-eau *m inv* électrique

immigrate ['ɪmɪɡreɪt] VI immigrer ▪ **immigrant** ADJ & N immigré, -ée *(mf)* ▪ **immi'gration** N immigration *f*; **i. control** contrôle *m* de l'immigration

imminent ['ɪmɪnənt] ADJ imminent

immobile [*Br* ɪ'məʊbaɪl, *Am* ɪ'məʊbəl] ADJ immobile ▪ **immobilize** [-bɪlaɪz] VT immobiliser

immodest [ɪ'mɒdɪst] ADJ impudique

immoral [ɪ'mɒrəl] ADJ immoral

immortal [ɪ'mɔːtəl] ADJ immortel, -elle ▪ **immortality** [-'tælɪtɪ] N immortalité *f* ▪ **immortalize** VT immortaliser

immune [ɪ'mjuːn] ADJ *Med (to disease)* immunisé (**to** contre); **i. system** système *m* immunitaire; *Fig* **i. to criticism** imperméable à la critique ▪ **immunity** N immunité *f* ▪ **immunize** ['ɪmjʊnaɪz] VT immuniser (**against** contre)

immutable [ɪ'mjuːtəbəl] ADJ immuable

impact 1 ['ɪmpækt] N impact *m*; **on i.** au moment de l'impact; **to make an i. on sb/sth** avoir un impact sur qn/qch **2** [ɪm'pækt] VT *(collide with)* heurter; *(influence)* avoir un impact sur

impair [ɪm'peə(r)] VT *(sight, hearing)* diminuer, affaiblir; *(relations, chances)* compromettre

impartial [ɪm'pɑːʃəl] ADJ impartial

impassable [ɪm'pɑːsəbəl] ADJ *(road)* impraticable; *(river)* infranchissable

impasse [*Br* æm'pɑːs, *Am* 'ɪmpæs] N *(situation)* impasse *f*

impassive [ɪm'pæsɪv] ADJ impassible

impatient [ɪm'peɪʃənt] ADJ impatient (**to do** de faire); **to get i. (with sb)** s'impatienter (contre qn) ▪ **impatience** N impatience *f* ▪ **impatiently** ADV avec impatience, impatiemment

impeccable [ɪm'pekəbəl] ADJ *(manners, person)* impeccable

impede [ɪm'piːd] VT gêner; **to i. sb from doing** *(prevent)* empêcher qn de faire

impediment [ɪm'pedɪmənt] N obstacle *m*; **speech i.** défaut *m* d'élocution

impel [ɪm'pel] (**-ll-**) VT *(drive)* pousser; *(force)* obliger (**to do** à faire)

impending [ɪm'pendɪŋ] ADJ imminent

impenetrable [ɪm'penɪtrəbəl] ADJ *(forest, mystery)* impénétrable

imperative [ɪmˈperətɪv] **1** ADJ *(need, tone)* impérieux, -ieuse; **it is i. that he should come** il faut impérativement qu'il vienne **2** N *Grammar* impératif *m*

imperceptible [ɪmpəˈseptəbəl] ADJ imperceptible (**to** à)

imperfect [ɪmˈpɜːfɪkt] **1** ADJ imparfait; *(goods)* défectueux, -ueuse **2** ADJ & N *Grammar* **i. (tense)** imparfait *(m)* ▪ **imperfection** [-pəˈfekʃən] N imperfection *f*

imperial [ɪmˈpɪərɪəl] ADJ impérial; *Br* **i. measure** = système de mesure anglo-saxon utilisant les miles, les pints etc

impersonal [ɪmˈpɜːsənəl] ADJ impersonnel, -elle

impersonate [ɪmˈpɜːsəneɪt] VT *(pretend to be)* se faire passer pour; *(imitate)* imiter ▪ **imperso'nation** N imitation *f* ▪ **impersonator** N *(mimic)* imitateur, -trice *mf*

impertinent [ɪmˈpɜːtɪnənt] ADJ impertinent (**to** envers) ▪ **impertinence** N impertinence *f*

impervious [ɪmˈpɜːvɪəs] ADJ *also Fig* imperméable (**to** à)

impetuous [ɪmˈpetjʊəs] ADJ impétueux, -ueuse

impetus [ˈɪmpɪtəs] N impulsion *f*

impinge [ɪmˈpɪndʒ] VI **to i. on sth** *(affect)* affecter qch; *(encroach on)* empiéter sur qch

implant 1 [ˈɪmplɑːnt] N *Med* implant *m* **2** [ɪmˈplɑːnt] VT *Med* implanter (**in** dans); *(ideas)* inculquer (**in** à)

implement¹ [ˈɪmplɪmənt] N *(tool)* instrument *m*; *(utensil)* ustensile *m*; **farm implements** matériel *m* agricole

implement² [ˈɪmplɪment] VT *(carry out)* mettre en œuvre ▪ **implemen'tation** N mise *f* en œuvre

implicate [ˈɪmplɪkeɪt] VT impliquer (**in** dans) ▪ **impli'cation** N *(consequence)* conséquence *f*; *(involvement)* implication *f*; *(innuendo)* insinuation *f*; *(impact)* portée *f*; **by i.** implicitement

implicit [ɪmˈplɪsɪt] ADJ *(implied)* implicite; *(absolute)* absolu

implore [ɪmˈplɔː(r)] VT implorer (**sb to do** qn de faire)

imply [ɪmˈplaɪ] *(pt & pp* **-ied)** VT *(insinuate)* insinuer (**that** que); *(presuppose)* supposer (**that** que); *(involve)* impliquer (**that** que) ▪ **implied** ADJ implicite

impolite [ɪmpəˈlaɪt] ADJ impoli ▪ **impoliteness** N impolitesse *f*

import 1 [ˈɪmpɔːt] N **(a)** *(item, activity)* importation *f* **(b)** *Formal (importance)* importance *f* **2** [ɪmˈpɔːt] VT *(goods)* & *Comptr* importer (**from** de) ▪ **importer** N importateur, -trice *mf*

importance [ɪmˈpɔːtəns] N importance *f*; **to be of i.** avoir de l'importance; **of no i.** sans importance

important [ɪmˈpɔːtənt] ADJ important (**to/ for** pour); **it's i. that...** il est important que… *(+ subjunctive)*; **to become more i.** prendre de l'importance ▪ **importantly** ADV *(speak)* d'un air important; **but, more i....** mais, plus important…

> Note that the French adjective **important** can be a false friend. It also means **large**, **considerable**.

impose [ɪmˈpəʊz] **1** VT *(conditions, silence)* imposer (**on** à); *(fine, punishment)* infliger (**on sb** à qn); **to i. a tax on sth** taxer qch **2** VI *(take advantage)* s'imposer; **to i. on sb** abuser de la gentillesse de qn ▪ **imposition** [-pəˈzɪʃən] N imposition *f* (**of** de); *(inconvenience)* dérangement *m*

imposing [ɪmˈpəʊzɪŋ] ADJ imposant

impossible [ɪmˈpɒsəbəl] **1** ADJ impossible (**to do** à faire); **it is i. (for us) to do it** il (nous) est impossible de le faire; **it is i. that...** il est impossible que… *(+ subjunctive)*; **to make it i. for sb to do sth** mettre qn dans l'impossibilité de faire qch **2** N **to do the i.** faire l'impossible ▪ **impossi'bility** *(pl* **-ies)** N impossibilité *f*

impostor [ɪmˈpɒstə(r)] N imposteur *m*

impotent [ˈɪmpətənt] ADJ impuissant ▪ **impotence** N impuissance *f*

impound [ɪmˈpaʊnd] VT *(of police)* saisir; *(vehicle)* mettre à la fourrière

impoverished [ɪmˈpɒvərɪʃt] ADJ appauvri

impracticable [ɪmˈpræktɪkəbəl] ADJ impraticable, irréalisable

impractical [ɪmˈpræktɪkəl] ADJ peu réaliste

imprecise [ɪmprɪˈsaɪs] ADJ imprécis

impregnate [ˈɪmpregneɪt] VT *(soak)* imprégner (**with** de); *(fertilize)* féconder

impress [ɪmˈpres] VT *(person)* impressionner; **to i. sth on sb** faire comprendre qch à qn; **to i. sth on sth** imprimer qch sur qch; **to be impressed with** *or* **by sb/sth** être impressionné par qn/ qch

impression [ɪmˈpreʃən] N impression *f*; **to be under** *or* **have the i. that...** avoir l'impression que…; **to make a good/bad i. on sb** faire une bonne/mauvaise impression à qn ▪ **impressionable** ADJ *(person)* impressionnable; *(age)* où l'on est impressionnable

impressionist [ɪmˈpreʃənɪst] N *(mimic)* imitateur, -trice *mf*; *(artist)* impressionniste *mf*

impressive [ɪmˈpresɪv] ADJ impressionnant

imprint 1 [ˈɪmprɪnt] N empreinte *f* **2** [ɪmˈprɪnt] VT imprimer; **the words are imprinted on**

my memory ces mots restent gravés dans ma mémoire

imprison [ɪmˈprɪzən] **vt** emprisonner ■ **imprisonment** **n** emprisonnement *m*; **life i.** la prison à vie

improbable [ɪmˈprɒbəbəl] **adj** *(unlikely)* improbable; *(unbelievable)* invraisemblable

impromptu [ɪmˈprɒmptjuː] **1 adj** *(speech, party)* improvisé **2 adv** *(unexpectedly)* à l'improviste; *(ad lib)* au pied levé

improper [ɪmˈprɒpə(r)] **adj** **(a)** *(indecent)* indécent **(b)** *(use, purpose)* mauvais; *(behaviour)* déplacé; *Law* **i. practices** pratiques *fpl* malhonnêtes

improve [ɪmˈpruːv] **1 vt** améliorer; *(technique, invention)* perfectionner; **to i. sb's looks** embellir qn; **to i. one's chances** augmenter ses chances; **to i. one's English** se perfectionner en anglais **2 vi** s'améliorer; *(of business)* reprendre; **to i. on sth** *(do better than)* faire mieux que qch ■ **improvement** **n** amélioration *f* (**in** de); *(progress)* progrès *mpl*; **there has been some** *or* **an i.** il y a du mieux; **to be an i. on sth** *(be better than)* être meilleur que qch

improvise [ˈɪmprəvaɪz] **vti** improviser ■ **improvi'sation** **n** improvisation *f*

impudent [ˈɪmpjʊdənt] **adj** impudent ■ **impudence** **n** impudence *f*

impulse [ˈɪmpʌls] **n** impulsion *f*; **on i.** sur un coup de tête ■ **im'pulsive** **adj** *(person)* impulsif, -ive; *(remark)* irréfléchi

impunity [ɪmˈpjuːnɪtɪ] **n** impunité *f*; **with i.** impunément

impurity [ɪmˈpjʊərɪtɪ] *(pl* **-ies)** **n** impureté *f*

in [ɪn] **1 prep (a)** dans; **in the box/the school** dans la boîte/l'école; **in an hour('s time)** dans une heure; **in so far as** dans la mesure où

　(b) à; **in school** à l'école; **in Paris** à Paris; **in the USA** aux USA; **in fashion** à la mode; **in pencil** au crayon; **in my opinion** à mon avis; **in spring** au printemps; **the woman in the red dress** la femme à la robe rouge

　(c) en; **in summer/secret/French** en été/secret/français; **in Spain** en Espagne; **in May** en mai; **in 2008** en 2008; **in an hour** *(during an hour)* en une heure; **dressed in black** habillé en noir; **in all** en tout

　(d) de; **in a soft voice** d'une voix douce; **the best in the class** le meilleur/la meilleure de la classe; **an increase in salary** une augmentation de salaire; **at six in the evening** à six heures du soir

　(e) chez; **in children/adults/animals** chez les enfants/les adultes/les animaux; **in Shakespeare** chez Shakespeare

　(f) in the rain sous la pluie; **in the morning**

le matin; **he hasn't done it in months/years** ça fait des mois/années qu'il ne l'a pas fait; **in an hour** *(at the end of an hour)* au bout d'une heure; **one in ten** un sur dix; **in tens** dix par dix; **in hundreds/thousands** par centaines/milliers; **in here** ici; **in there** là-dedans

　2 adv **to be in** *(home)* être là; *(of train)* être arrivé; *(in fashion)* être en vogue; *(in power)* être au pouvoir; **day in, day out** jour après jour; **we're in for some rain/trouble** on va avoir de la pluie/des ennuis

　3 npl **the ins and outs of** les moindres détails de

in- [ɪn] **pref** in-

inability [ɪnəˈbɪlɪtɪ] *(pl* **-ies)** **n** incapacité *f* (**to do** de faire)

inaccessible [ɪnəkˈsesəbəl] **adj** inaccessible

inaccurate [ɪnˈækjʊrət] **adj** inexact

inactive [ɪnˈæktɪv] **adj** inactif, -ive

inadequate [ɪnˈædɪkwət] **adj** *(quantity)* insuffisant; *(person)* pas à la hauteur; *(work)* médiocre

inadmissible [ɪnədˈmɪsəbəl] **adj** inadmissible

inadvertently [ɪnədˈvɜːtəntlɪ] **adv** par inadvertance

inadvisable [ɪnədˈvaɪzəbəl] **adj** *(action)* à déconseiller; **it is i. to go out alone** il est déconseillé de sortir seul

inane [ɪˈneɪn] **adj** inepte

inanimate [ɪnˈænɪmət] **adj** inanimé

inappropriate [ɪnəˈprəʊprɪət] **adj** *(unsuitable)* *(place, clothes)* peu approprié; *(remark, moment)* inopportun

inarticulate [ɪnɑːˈtɪkjʊlət] **adj** *(person)* incapable de s'exprimer; *(sound)* inarticulé

inasmuch as [ɪnəzˈmʌtʃəz] **conj** *Formal (because)* dans la mesure où; *(to the extent that)* en ce sens que

inattentive [ɪnəˈtentɪv] **adj** inattentif, -ive (**to** à)

inaudible [ɪnˈɔːdɪbəl] **adj** inaudible

inauguration [ɪˌnɔːgjʊˈreɪʃən] **n** inauguration *f*; *(of official)* investiture *f*

inborn [ɪnˈbɔːn] **adj** inné

inbox [ˈɪnbɒks] **n** *Comptr (for e-mail)* boîte *f* de réception

inbred [ɪnˈbred] **adj** *(quality)* inné; *(person)* de parents consanguins

Inc *(abbr* **Incorporated)** *Am Com* ≈ SARL

incalculable [ɪnˈkælkjʊləbəl] **adj** incalculable

incapable [ɪnˈkeɪpəbəl] **adj** incapable (**of doing** de faire); **i. of pity** inaccessible à la pitié

incapacitate [ɪnkəˈpæsɪteɪt] **vt** rendre infirme

incarcerate [ɪnˈkɑːsəreɪt] **vt** incarcérer

incarnate 1 [ɪn'kɑːnət] ADJ incarné **2** [ɪn'kɑːneɪt] VT incarner ■ **incar'nation** N incarnation f
incense[1] ['ɪnsens] N (substance) encens m
incense[2] [ɪn'sens] VT rendre furieux, -ieuse

> Note that the French verb **encenser** is a false friend and is never a translation for the English word **to incense**. It means **to praise lavishly**.

incentive [ɪn'sentɪv] N motivation f; (payment) prime f; **to give sb an i. to work** encourager qn à travailler
incessant [ɪn'sesənt] ADJ incessant ■ **incessantly** ADV sans cesse

> Note that the French word **incessamment** is a false friend. It means **very shortly**.

incest ['ɪnsest] N inceste m ■ **in'cestuous** ADJ incestueux, -ueuse
inch [ɪntʃ] **1** N pouce m (=2,54 cm); **a few inches from the edge** à quelques centimètres du bord; **within an i. of death** à deux doigts de la mort; **i. by i.** petit à petit **2** VTI **to i. (one's way) forward** avancer tout doucement
incidence ['ɪnsɪdəns] N (frequency) taux m; (of disease) incidence f
incident ['ɪnsɪdənt] N incident m; (in book, film) épisode m
incidental [ɪnsɪ'dentəl] ADJ (additional) accessoire; **it's i. to the main plot** c'est secondaire par rapport à l'intrigue principale; **i. expenses** faux frais mpl; **i. music** (in film) musique f ■ **incidentally** ADV (by the way) au fait; (additionally) accessoirement
incinerate [ɪn'sɪnəreɪt] VT (refuse, leaves) incinérer ■ **incinerator** N incinérateur m
incision [ɪn'sɪʒən] N incision f
incisive [ɪn'saɪsɪv] ADJ incisif, -ive
incisor [ɪn'saɪzə(r)] N (tooth) incisive f
incite [ɪn'saɪt] VT inciter (**to do** à faire)
inclination [ɪnklɪ'neɪʃən] N (liking) inclination f; (desire) envie f (**to do** de faire); **to have no i. to do sth** n'avoir aucune envie de faire qch
incline 1 ['ɪnklaɪn] N (slope) pente f **2** [ɪn'klaɪn] VT (bend, tilt) incliner; **to be inclined to do sth** (feel a wish to) avoir bien envie de faire qch; (tend to) avoir tendance à faire qch; **to be inclined towards** (indulgence) pencher pour; (opinion) pencher pour; **to i. sb to do sth** inciter qn à faire qch **3** VI **to i. to or towards sth** pencher pour qch
include [ɪn'kluːd] VT (contain) comprendre, inclure; (in letter) joindre; **my invitation includes you** mon invitation s'adresse aussi à vous; **to be included** être compris; (on list) être inclus ■ **including** PREP y compris; **not i.** sans compter; **i. service** service m compris

inclusive [ɪn'kluːsɪv] ADJ inclus; **from the fourth to the tenth of May i.** du quatre au dix mai inclus; **to be i. of** comprendre; **i. of tax** toutes taxes comprises; **i. charge** or **price** prix m global
incognito [ɪnkɒg'niːtəʊ] ADV incognito
incoherent [ɪnkəʊ'hɪərənt] ADJ incohérent
income ['ɪnkʌm] N revenu m (**from** de); **private i.** rentes fpl; **i. support** ≃ RMI m; **i. tax** impôt m sur le revenu
incoming ['ɪnkʌmɪŋ] ADJ (tenant, president) nouveau (f nouvelle); **i. calls** (on telephone) appels mpl de l'extérieur; **i. mail** courrier m à l'arrivée; **i. tide** marée f montante
incomparable [ɪn'kɒmpərəbəl] ADJ incomparable
incompatible [ɪnkəm'pætəbəl] ADJ incompatible (**with** avec)
incompetent [ɪn'kɒmpɪtənt] ADJ incompétent ■ **incompetence** N incompétence f
incomplete [ɪnkəm'pliːt] ADJ incomplet, -ète
incomprehensible [ɪnkɒmprɪ'hensəbəl] ADJ incompréhensible
inconceivable [ɪnkən'siːvəbəl] ADJ inconcevable
inconclusive [ɪnkən'kluːsɪv] ADJ peu concluant
inconsiderate [ɪnkən'sɪdərət] ADJ (action, remark) inconsidéré; (person) sans égards pour les autres
inconsistent [ɪnkən'sɪstənt] ADJ (person) incohérent; (uneven) irrégulier, -ière; **to be i. with sth** ne pas concorder avec qch ■ **inconsistency** (pl **-ies**) N (in argument) incohérence f; (between reports) contradiction f; (uneven quality) irrégularité f

> Note that the French word **inconsistant** is a false friend. It means **thin** or **runny**.

inconsolable [ɪnkən'səʊləbəl] ADJ inconsolable
inconspicuous [ɪnkən'spɪkjʊəs] ADJ qui passe inaperçu
incontinent [ɪn'kɒntɪnənt] ADJ incontinent
inconvenience [ɪnkən'viːnɪəns] **1** N (bother) dérangement m; (disadvantage) inconvénient m **2** VT déranger
inconvenient [ɪnkən'viːnɪənt] ADJ (moment) mauvais; (arrangement) peu commode; (building) mal situé; **it's i. (for me) to...** ça me dérange de…; **that's very i.** c'est très gênant
incorporate [ɪn'kɔːpəreɪt] VT (contain) contenir; (introduce) incorporer (**into** dans); Am **incorporated society** société f anonyme, société à responsabilité limitée

incorrect [Inkə'rekt] ADJ incorrect; **you're i.** vous avez tort

increase 1 ['Inkri:s] N augmentation *f* (**in** *or* **of** de); **on the i.** en hausse **2** VT augmenter; **to i. one's efforts** redoubler d'efforts **3** VI augmenter; **to i. in weight** prendre du poids; **to i. in price** augmenter ▪ **increasing** ADJ croissant ▪ **increasingly** ADV de plus en plus

incredible [In'kredəbəl] ADJ incroyable ▪ **incredibly** ADV incroyablement

incredulous [In'kredjʊləs] ADJ incrédule

increment ['Inkrəmənt] N augmentation *f*

incriminate [In'krImIneIt] VT incriminer ▪ **incriminating** ADJ compromettant

incubate ['InkjʊbeIt] **1** VT (*eggs*) couver **2** VI (*of illness*) être en période d'incubation ▪ **incubator** N (*for baby*) couveuse *f*

incumbent [In'kʌmbənt] **1** N (*of administrative position*) titulaire *mf* **2** ADJ **it is i. upon him/her to…** il lui incombe de…

incur [In'kɜ:(r)] (*pt & pp* **-rr-**) VT (*expenses*) encourir; (*loss*) subir; (*debt*) contracter; (*criticism, anger*) s'attirer

incurable [In'kjʊərəbəl] ADJ incurable

indebted [In'detId] ADJ (*financially*) endetté; **i. to sb for sth/for doing sth** redevable à qn de qch/d'avoir fait qch

indecent [In'di:sənt] ADJ (*obscene*) indécent; *Br* **i. assault** attentat *m* à la pudeur ▪ **indecency** (*pl* **-ies**) N indécence *f*; *Br Law* outrage *m* à la pudeur

indecisive [IndI'saIsIv] ADJ (*person, answer*) indécis

indeed [In'di:d] ADV en effet; **very good i.** vraiment très bon; **yes i.!** bien sûr!; **thank you very much i.!** merci infiniment!

indefensible [IndI'fensəbəl] ADJ indéfendable

indefinable [IndI'faInəbəl] ADJ indéfinissable

indefinite [In'defInət] ADJ (*duration, number*) indéterminé; (*plan*) mal défini ▪ **indefinitely** ADV indéfiniment

indelicate [In'delIkət] ADJ indélicat

indemnity [In'demnətI] (*pl* **-ies**) N (*compensation*) indemnité *f*; **an i. against** (*protection*) une garantie contre

indented [In'dentId] ADJ (*edge, coastline*) découpé ▪ **inden'tation** N dentelure *f*, découpure *f*; *Typ* alinéa *m*

independence [IndI'pendəns] N indépendance *f*

independent [IndI'pendənt] ADJ indépendant (**of** de); (*opinions, reports*) de sources différentes ▪ **independently** ADV de façon indépendante; **i. of** indépendamment de

indescribable [IndI'skraIbəbəl] ADJ indescriptible

indestructible [IndI'strʌktəbəl] ADJ indestructible

indeterminate [IndI'tɜ:mInət] ADJ indéterminé

index ['Indeks] **1** N (*in book*) index *m*; (*in library*) fichier *m*; (*number, sign*) indice *m*; **i. card** fiche *f*; **i. finger** index *m* **2** VT (*classify*) classer

India ['IndIə] N l'Inde *f* ▪ **Indian 1** ADJ indien, -ienne **2** N Indien, -ienne *mf*

indicate ['IndIkeIt] VT indiquer (**that** que); **I was indicating right** (*in vehicle*) j'avais mis mon clignotant droit ▪ **indi'cation** N (*sign*) signe *m*; (*information*) indication *f*; **there is every i. that…** tout porte à croire que…

indicative [In'dIkətIv] **1** ADJ **to be i. of** (*symptomatic*) être symptomatique de **2** N *Grammar* indicatif *m*

indicator ['IndIkeItə(r)] N (*sign*) indication *f* (**of** de); *Br* (*in vehicle*) clignotant *m*

indict [In'daIt] VT *Law* inculper (**for** de) ▪ **indictment** N inculpation *f*

Indies ['IndIz] NPL **the West I.** les Antilles *fpl*

indifferent [In'dIfərənt] ADJ indifférent (**to** à); (*mediocre*) médiocre ▪ **indifference** N indifférence *f* (**to** à)

indigenous [In'dIdʒInəs] ADJ indigène

indigestion [IndI'dʒestʃən] N troubles *mpl* digestifs; (**an attack of**) **i.** une indigestion

indignant [In'dIgnənt] ADJ indigné (**at** *or* **about** de); **to become i.** s'indigner ▪ **indig'nation** N indignation *f*

indignity [In'dIgnItI] N indignité *f*

indirect [Indar'rekt] ADJ indirect ▪ **indirectly** ADV indirectement

indiscreet [IndI'skri:t] ADJ indiscret, -ète ▪ **indiscretion** [-'skreʃən] N indiscrétion *f*

indiscriminate [IndI'skrImInət] ADJ (*person*) qui manque de discernement; **to be i. in one's praise** distribuer les compliments à tort et à travers ▪ **indiscriminately** ADV (*at random*) au hasard; (*without discrimination*) sans discernement

indispensable [IndI'spensəbəl] ADJ indispensable (**to** à)

indisposed [IndI'spəʊzd] ADJ (*unwell*) indisposé

indisputable [IndI'spju:təbəl] ADJ incontestable

indistinct [IndI'stIŋkt] ADJ indistinct

indistinguishable [IndI'stIŋgwIʃəbəl] ADJ indifférenciable (**from** de)

individual [IndI'vIdʒʊəl] **1** ADJ (*separate,*

personal) individuel, -uelle; *(specific)* particulier, -ière **2** N *(person)* individu m ■ **individuality** [-ʊˈælɪtɪ] N *(distinctiveness)* individualité f ■ **individually** ADV *(separately)* individuellement; *(unusually)* de façon (très) personnelle

indivisible [ɪndɪˈvɪzəbəl] ADJ indivisible

Indo-China [ɪndəʊˈtʃaɪnə] N l'Indochine f

indoctrinate [ɪnˈdɒktrɪneɪt] VT endoctriner

indolent [ˈɪndələnt] ADJ indolent

Indonesia [ɪndəʊˈniːzɪə] N l'Indonésie f ■ **Indonesian 1** ADJ indonésien, -ienne **2** N *(person)* Indonésien, -ienne mf; *(language)* indonésien m

indoor [ˈɪndɔː(r)] ADJ *(games, shoes)* d'intérieur; *(swimming pool)* couvert ■ **in'doors** ADV à l'intérieur; **to go/come in.** rentrer

induce [ɪnˈdjuːs] VT *(persuade)* persuader (**to do** de faire); *(cause)* provoquer; **to i. labour** *(in pregnant woman)* déclencher l'accouchement

indulge [ɪnˈdʌldʒ] **1** VT *(sb's wishes)* satisfaire; *(child)* gâter; **to i. oneself** se faire plaisir **2** VI **to i. in sth** *(ice cream, cigar)* s'offrir qch; *(hobby, vice)* s'adonner à qch ■ **indulgence** N indulgence f ■ **indulgent** ADJ indulgent (**to** envers)

industrial [ɪnˈdʌstrɪəl] ADJ industriel, -ielle; *(legislation)* du travail; Br **i. action** grève f; Br **i. estate,** Am **i. park** zone f industrielle; **i. relations** relations fpl patronat-salariés; **i. tribunal** ≃ conseil m de prud'hommes ■ **industrialist** N industriel m ■ **industrialized** ADJ industrialisé

> Note that the French adjective **industriel** never refers to the relationship between employers and employees.

industrious [ɪnˈdʌstrɪəs] ADJ travailleur, -euse

industry [ˈɪndəstrɪ] (pl **-ies**) N *(economic sector)* industrie f; *(hard work)* application f

inebriated [ɪnˈiːbrɪeɪtɪd] ADJ ivre

inedible [ɪnˈedəbəl] ADJ immangeable

ineffective [ɪnɪˈfektɪv] ADJ *(measure)* inefficace; *(person)* incapable

ineffectual [ɪnɪˈfektʃʊəl] ADJ *(measure)* inefficace; *(person)* incompétent

inefficient [ɪnɪˈfɪʃənt] ADJ *(person, measure)* inefficace; *(machine)* peu performant

ineligible [ɪnˈelɪdʒəbəl] ADJ *(candidate)* inéligible; **to be i. for sth** *(scholarship)* ne pas avoir droit à qch

inept [ɪˈnept] ADJ *(incompetent)* incompétent; *(foolish)* inepte

inequality [ɪnɪˈkwɒlətɪ] (pl **-ies**) N inégalité f

inert [ɪˈnɜːt] ADJ inerte ■ **inertia** [-ʃə] N inertie f

inescapable [ɪnɪˈskeɪpəbəl] ADJ *(outcome)* inéluctable; *(conclusion)* incontournable

inevitable [ɪnˈevɪtəbəl] ADJ inévitable ■ **inevitably** ADV inévitablement

inexcusable [ɪnɪkˈskjuːzəbəl] ADJ inexcusable

inexpensive [ɪnɪkˈspensɪv] ADJ bon marché inv

inexperience [ɪnɪkˈspɪərɪəns] N inexpérience f ■ **inexperienced** ADJ inexpérimenté

inexplicable [ɪnɪkˈsplɪkəbəl] ADJ inexplicable

infallible [ɪnˈfæləbəl] ADJ infaillible

infamous [ˈɪnfəməs] ADJ *(well-known)* tristement célèbre; *(crime, rumour)* infâme

infancy [ˈɪnfənsɪ] N petite enfance f; **to be in its i.** *(of art, technique)* en être à ses premiers balbutiements

infant [ˈɪnfənt] N bébé m; Br **i. school** = école primaire pour enfants de cinq à sept ans

infantile [ˈɪnfəntaɪl] ADJ Pej infantile

infantry [ˈɪnfəntrɪ] N infanterie f

infatuated [ɪnˈfætʃʊeɪtɪd] ADJ entiché (**with** de)

infect [ɪnˈfekt] VT *(wound, person)* infecter; *(water, food)* contaminer; **to get** or **become infected** s'infecter; **to i. sb with sth** transmettre qch à qn ■ **infection** N infection f

infectious [ɪnˈfekʃəs] ADJ *(disease)* infectieux, -ieuse; *(person)* contagieux, -ieuse; *(laughter)* communicatif, -ive

infer [ɪnˈfɜː(r)] (pt & pp **-rr-**) VT déduire (**from** de; **that** que) ■ **inference** [ˈɪnfərəns] N déduction f; **by i.** par déduction; **to draw an i. from sth** tirer une conclusion de qch

inferior [ɪnˈfɪərɪə(r)] **1** ADJ inférieur (**to** à); *(goods, work)* de qualité inférieure **2** N *(person)* inférieur, -ieure mf ■ **inferiority** [-rɪˈɒrɪtɪ] N infériorité f; **i. complex** complexe m d'infériorité

infernal [ɪnˈfɜːnəl] ADJ infernal

inferno [ɪnˈfɜːnəʊ] (pl **-os**) N *(blaze)* brasier m; *(hell)* enfer m

infertile [Br ɪnˈfɜːtaɪl, Am ɪnˈfɜːrtəl] ADJ *(person, land)* stérile ■ **infertility** [-ˈtɪlɪtɪ] N stérilité f

infest [ɪnˈfest] VT infester (**with** de); **rat-/shark-infested** infesté de rats/requins

infidelity [ɪnfɪˈdelɪtɪ] (pl **-ies**) N infidélité f

infiltrate [ˈɪnfɪltreɪt] **1** VT infiltrer **2** VI s'infiltrer (**into** dans) ■ **infil'tration** N infiltration f; Pol noyautage m

infinite [ˈɪnfɪnɪt] ADJ & N infini (m) ■ **infinitely** ADV infiniment ■ **in'finity** N Math & Phot infini m; Math **to i.** à l'infini

infinitive [ɪnˈfɪnɪtɪv] N Grammar infinitif m

infirm [ɪnˈfɜːm] ADJ infirme

infirmary [ɪnˈfɜːmərɪ] (pl **-ies**) N *(hospital)* hôpital m; *(sickbay)* infirmerie f

inflame [ɪnˈfleɪm] VT enflammer ■ **inflamed**

ADJ *(throat, wound)* enflammé; **to become i.** s'enflammer

inflammable [ɪnˈflæməbəl] ADJ inflammable ■ **inflammation** [-fləˈmeɪʃən] N inflammation *f*

inflate [ɪnˈfleɪt] VT *(balloon, prices)* gonfler ■ **inflatable** ADJ gonflable

inflation [ɪnˈfleɪʃən] N *Econ* inflation *f*

inflection [ɪnˈflekʃən] N *Grammar* flexion *f; (of voice)* inflexion *f*

inflexible [ɪnˈfleksəbəl] ADJ inflexible

inflexion [ɪnˈflekʃən] N *Br* = **inflection**

inflict [ɪnˈflɪkt] VT *(punishment, defeat)* infliger **(on** à); *(wound, damage)* occasionner **(on** à); **to i. pain on sb** faire souffrir qn

influence [ˈɪnfluəns] **1** N influence *f* **(on** sur); **to have i. over sb** avoir de l'influence sur qn; **under the i. of drink/anger** sous l'empire de la boisson/de la colère **2** VT influencer ■ **influential** [-ˈenʃəl] ADJ influent

influenza [ɪnfluˈenzə] N grippe *f*

influx [ˈɪnflʌks] N afflux *m* **(of** de)

info [ˈɪnfəʊ] N *Fam* renseignements *mpl* **(on** sur)

inform [ɪnˈfɔːm] **1** VT informer **(of** *or* **about** de; **that** que) **2** VI **to i. on sb** dénoncer qn ■ **informed** ADJ *(person, public)* informé; **to keep sb i. of sth** tenir qn au courant de qch

informal [ɪnˈfɔːml] ADJ *(unaffected)* simple; *(casual)* décontracté; *(tone, language)* familier, -ière; *(unofficial)* officieux, -ieuse ■ **informally** ADV *(unaffectedly)* avec simplicité; *(casually)* avec décontraction; *(meet, discuss)* officieusement

informant [ɪnˈfɔːmənt] N informateur, -trice *mf*

information [ɪnfəˈmeɪʃən] N *(facts, news)* renseignements *mpl* **(about** *or* **on** sur); *Comptr* information *f;* **a piece of i.** un renseignement, une information; **to get some i.** se renseigner; **the i. superhighway** l'autoroute *f* de l'information; **i. technology** informatique *f*

informative [ɪnˈfɔːmətɪv] ADJ instructif, -ive

informer [ɪnˈfɔːmə(r)] N **(police) i.** indicateur, -trice *mf*

infrared [ɪnfrəˈred] ADJ infrarouge

infrequent [ɪnˈfriːkwənt] ADJ peu fréquent

infringe [ɪnˈfrɪndʒ] **1** VT *(rule, law)* enfreindre à **2** VT INSEP **to i. upon sth** empiéter sur qch ■ **infringement** N *(of rule, law)* infraction *f* **(of** à)

infuriate [ɪnˈfjʊərɪeɪt] VT exaspérer ■ **infuriating** ADJ exaspérant

infuse [ɪnˈfjuːz] VT *(tea)* (faire) infuser ■ **infusion** N *(drink)* infusion *f*

ingenious [ɪnˈdʒiːnɪəs] ADJ ingénieux, -ieuse

ingrained [ɪnˈɡreɪnd] ADJ *(prejudice, attitude)* enraciné; **i. dirt** crasse *f*

ingratiating [ɪnˈɡreɪʃɪeɪtɪŋ] ADJ *(person, smile)* doucereux, -euse

ingratitude [ɪnˈɡrætɪtjuːd] N ingratitude *f*

ingredient [ɪnˈɡriːdɪənt] N ingrédient *m*

inhabit [ɪnˈhæbɪt] VT habiter ■ **inhabitable** ADJ habitable ■ **inhabitant** N habitant, -ante *mf*

Note that the French words **inhabitable** and **inhabité** are false friends and are never translations for the English words **inhabitable** and **inhabited**. They mean respectively **uninhabitable** and **uninhabited**.

inhale [ɪnˈheɪl] VT *(gas, fumes)* inhaler; *(cigarette smoke)* avaler ■ **inhaler** N *(for medication)* inhalateur *m*

inherent [ɪnˈhɪərənt] ADJ inhérent **(in** à) ■ **inherently** ADV intrinsèquement

inherit [ɪnˈherɪt] VT hériter **(from** de); *(title)* accéder à ■ **inheritance** N héritage *m; (legal process)* succession *f;* **cultural i.** patrimoine *m*

inhibit [ɪnˈhɪbɪt] VT *(progress, growth)* entraver; *(of person)* inhiber; **to i. sb from doing sth** empêcher qn de faire qch ■ **inhibited** ADJ *(person)* inhibé ■ **inhi'bition** N inhibition *f*

inhospitable [ɪnhɒˈspɪtəbəl] ADJ inhospitalier, -ière

inhuman [ɪnˈhjuːmən] ADJ inhumain ■ **inhumane** [-ˈmeɪn] ADJ inhumain

inimitable [ɪˈnɪmɪtəbəl] ADJ inimitable

initial [ɪˈnɪʃəl] **1** ADJ initial **2** NPL **initials** *(letters)* initiales *fpl; (signature)* paraphe *m* **3** *(Br* **-ll-,** *Am* **-l-)* VT parapher ■ **initially** ADV au début, initialement

initiate [ɪˈnɪʃɪeɪt] VT *(reform, negotiations)* amorcer; *(attack, rumour, project)* lancer; *(policy, period)* inaugurer; **to i. sb into a gang** faire subir à qn les épreuves initiatiques d'un gang; *Law* **to i. proceedings against sb** entamer des poursuites contre qn ■ **initi'ation** N *(beginning)* amorce *f; (induction)* initiation *f;* **i. ceremony** rite *m* d'initiation

initiative [ɪˈnɪʃətɪv] N initiative *f*

inject [ɪnˈdʒekt] VT injecter **(into** dans); *Fig (enthusiasm)* communiquer **(into** à); **to i. sth into sb, to i. sb with sth** faire une piqûre de qch à qn; *Fig* **to i. new life into sth** donner un nouvel essor à qch ■ **injection** N injection *f,* piqûre *f;* **to give sb an i.** faire une piqûre à qn

injunction [ɪnˈdʒʌŋkʃən] N *Law* arrêt *m*

injure [ˈɪndʒə(r)] VT *(physically)* blesser; *(reputation, interest)* nuire à; **to i. one's foot** se blesser au pied; **to i. sb's feelings** blesser qn ■ **injured 1** ADJ blessé **2** NPL **the i.** les blessés *mpl*

Note that the French verb **injurier** is a false friend and is never a translation for the English verb **to injure**. It means **to insult**.

injurious [ɪnˈdʒʊərɪəs] ADJ préjudiciable (**to** à)

injury [ˈɪndʒərɪ] (pl **-ies**) N (physical) blessure f; Fig (wrong) préjudice m; Sport **i. time** arrêts mpl de jeu

Note that the French word **injure** is a false friend. It means **insult**.

injustice [ɪnˈdʒʌstɪs] N injustice f

ink [ɪŋk] N encre f

inlaid [ɪnˈleɪd] ADJ (with jewels) incrusté (**with** de); (with wood) marqueté

inland 1 [ˈɪnlənd, ˈɪnlænd] ADJ intérieur; Br **the I. Revenue** ≃ le fisc **2** [ɪnˈlænd] ADV (travel) vers l'intérieur; (live) dans les terres

in-laws [ˈɪnlɔːz] NPL belle-famille f

inlet [ˈɪnlet] N (of sea) crique f; **i. pipe** tuyau m d'arrivée

in-line skates [ɪnlaɪnˈskeɪts] NPL rollers mpl (en-ligne) ■ **in-line skating** N roller m (en-ligne)

inmate [ˈɪnmeɪt] N (of prison) détenu, -ue mf; (of asylum) interné, -ée mf

inn [ɪn] N auberge f

innate [ɪˈneɪt] ADJ inné

inner [ˈɪnə(r)] ADJ intérieur; (feelings) intime; (ear) interne; **i. circle** (of society) initiés mpl; **i. city** quartiers mpl déshérités du centre-ville; **i. tube** chambre f à air ■ **innermost** ADJ le plus profond (f la plus profonde); (thoughts) le plus secret (f la plus secrète)

inning [ˈɪnɪŋ] N Baseball tour m de batte ■ **innings** N INV Cricket tour m de batte; Fig **a good i.** une longue vie

innkeeper [ˈɪnkiːpə(r)] N aubergiste mf

innocent [ˈɪnəsənt] ADJ innocent ■ **innocence** N innocence f ■ **innocently** ADV innocemment

innocuous [ɪˈnɒkjʊəs] ADJ inoffensif, -ive

innovate [ˈɪnəveɪt] VI innover ■ **inno'vation** N innovation f ■ **innovator** N innovateur, -trice mf

innumerable [ɪˈnjuːmərəbəl] ADJ innombrable

inoculate [ɪˈnɒkjʊleɪt] VT vacciner (**against** contre) ■ **inocu'lation** N inoculation f

inoffensive [ɪnəˈfensɪv] ADJ inoffensif, -ive

inopportune [ɪnˈɒpətjuːn] ADJ inopportun

inordinate [ɪˈnɔːdɪnət] ADJ excessif, -ive

in-patient [ˈɪnpeɪʃənt] N Br malade mf hospitalisé(e)

input [ˈɪnpʊt] **1** N (contribution) contribution f; Comptr entrée f; (data) données fpl; El puissance f d'alimentation **2** (pt & pp **-put**) VT Comptr (data) entrer

inquest [ˈɪnkwest] N Law enquête f

inquire [ɪnˈkwaɪə(r)] **1** VT demander; **to i. how to get to...** demander le chemin de... **2** VI se renseigner (**about** sur); **to i. after sb** demander des nouvelles de qn; **to i. into sth** faire des recherches sur qch ■ **inquiring** ADJ (mind, look) curieux, -ieuse

inquiry [ɪnˈkwaɪərɪ] (pl **-ies**) N (request for infor-mation) demande f de renseignements; (official investigation) enquête f; **'inquiries'** (on sign) 'renseignements'; **to make inquiries** demander des renseignements; (of police) enquêter

inquisitive [ɪnˈkwɪzɪtɪv] ADJ curieux, -ieuse ■ **inqui'sition** N (inquiry) & Rel inquisition f

inroads [ˈɪnrəʊdz] NPL (attacks) incursions fpl (**into** dans); **to make i. into** (savings, capital) entamer; (market) pénétrer

insane [ɪnˈseɪn] ADJ dément, fou (f folle); **to go i.** perdre la raison; **to be i. with grief** être fou de chagrin ■ **insanity** [-ˈsænɪtɪ] N démence f

insatiable [ɪnˈseɪʃəbəl] ADJ insatiable

inscribe [ɪnˈskraɪb] VT inscrire; (book) dédicacer (**to** à) ■ **inscription** [-ˈskrɪpʃən] N inscription f; (in book) dédicace f

insect [ˈɪnsekt] N insecte m; **i. powder/spray** poudre f/bombe f insecticide; **i. repellent** anti-moustiques m inv ■ **in'secticide** N insecticide m

insecure [ɪnsɪˈkjʊə(r)] ADJ (unsafe) peu sûr; (job, future) précaire; (person) angoissé; **to be finan-cially i.** être dans une situation financièrement précaire ■ **insecurity** N (of job, future) précarité f; (of person) angoisse f

insemination [ɪnsemɪˈneɪʃən] N **artificial i.** insémination artificielle

insensitive [ɪnˈsensɪtɪv] ADJ (person) insensible (**to** à); (remark) indélicat

inseparable [ɪnˈsepərəbəl] ADJ inséparable (**from** de)

insert [ɪnˈsɜːt] VT insérer (**in** or **into** dans) ■ **in-sertion** N insertion f

inside 1 [ˈɪnsaɪd] ADJ intérieur; (information) obtenu à la source; **the i. lane** Br la voie de gau-che, Am la voie de droite **2** [ˈɪnsaɪd] N intérieur m; **on the i.** à l'intérieur (**of** de); **i. out** (clothes) à l'envers; (know, study) à fond; Fig **to turn everything i. out** tout chambouler **3** [ɪnˈsaɪd] ADV à l'intérieur; Fam (in prison) en taule; **come i.!** entrez! **4** [ɪnˈsaɪd] PREP à l'intérieur de, dans; (time) en moins de

insider [ɪnˈsaɪdə(r)] N initié, -iée mf; Fin **i. dealing** or **trading** délit m d'initié

insidious [ɪnˈsɪdɪəs] ADJ insidieux, -ieuse

insight [ˈɪnsaɪt] N perspicacité f; (into question) aperçu m; **to give sb an i. into** (sb's character) permettre à qn de comprendre; (question) donner à qn un aperçu de

insignificant [ɪnsɪg'nɪfɪkənt] ADJ insignifiant

insincere [ɪnsɪn'sɪə(r)] ADJ peu sincère

insinuate [ɪn'sɪnjʊeɪt] VT (suggest) insinuer (**that** que); **to i. oneself into sb's good favours** s'insinuer dans les bonnes grâces de qn

insipid [ɪn'sɪpɪd] ADJ insipide

insist [ɪn'sɪst] **1** VT (maintain) soutenir (**that** que); **I i. that you come** or **on your coming** (I demand it) j'insiste pour que tu viennes **2** VI insister; **to i. on sth** (demand) exiger qch; (assert) affirmer qch; **to i. on doing sth** tenir à faire qch

insistence [ɪn'sɪstəns] N insistance f; **her i. on seeing me** l'insistance qu'elle met à vouloir me voir

insistent [ɪn'sɪstənt] ADJ (person, request) pressant; **to be i. (that)** insister (pour que + subjunctive); **I was i. about it** j'ai insisté

insolent ['ɪnsələnt] ADJ insolent

insoluble [ɪn'sɒljʊbəl] ADJ insoluble

insolvent [ɪn'sɒlvənt] ADJ (financially) insolvable

insomnia [ɪn'sɒmnɪə] N insomnie f ■ **insomniac** [-nɪæk] N insomniaque mf

insomuch as [ɪnsəʊ'mʌtʃəz] ADV = **inasmuch as**

inspect [ɪn'spekt] VT inspecter; (tickets) contrôler; (troops) passer en revue ■ **inspection** N inspection f; (of tickets) contrôle m; (of troops) revue f ■ **inspector** N inspecteur, -trice mf; (on train) contrôleur, -euse mf

inspire [ɪn'spaɪə(r)] VT inspirer; **to i. sb to do sth** pousser qn à faire qch; **to i. sb with sth** inspirer qch à qn ■ **inspiration** [-spə'reɪʃən] N inspiration f; (person) source f d'inspiration ■ **inspired** ADJ inspiré ■ **inspiring** ADJ exaltant

instability [ɪnstə'bɪlɪtɪ] N instabilité f

install, Am **instal** [ɪn'stɔːl] VT installer ■ **installation** [-stə'leɪʃən] N installation f

instalment, Am **installment** [ɪn'stɔːlmənt] N (part payment) versement m; (of serial, story) épisode m; (of publication) fascicule m; **to pay by instalments** payer par versements échelonnés; Am **to buy on the i. plan** acheter à crédit

instance ['ɪnstəns] N (example) exemple m; (case) cas m; **for i.** par exemple; **in this i.** dans le cas présent; **in the first i.** en premier lieu

Note that the French noun **instance** is a false friend. It never means **example**.

instant ['ɪnstənt] **1** ADJ immédiat; **i. camera** appareil photo m à développement instantané; **i. coffee** café m instantané; Comptr **i. messaging** messagerie f instantanée **2** N (moment) instant m;

this (very) i. (at once) à l'instant; **the i. that I saw her** dès que je l'ai vue ■ **instantly** ADV immédiatement

instantaneous [ɪnstən'teɪnɪəs] ADJ instantané

instead [ɪn'sted] ADV (in place of sth) à la place; (in place of sb) à ma/ta/etc place; **i. of sth** au lieu de qch; **i. of doing sth** au lieu de faire qch; **i. of sb** à la place de qn; **i. of him/her** à sa place

instigate ['ɪnstɪgeɪt] VT provoquer ■ **insti'gation** N instigation f ■ **instigator** N instigateur, -trice mf

instil, Am **instill** [ɪn'stɪl] (pt & pp **-ll-**) VT (idea) inculquer (**into** à); (courage) insuffler (**into** à); (doubt) instiller (**in** à)

instinct ['ɪnstɪŋkt] N instinct m; **by i.** d'instinct ■ **in'stinctive** ADJ instinctif, -ive ■ **in'stinctively** ADV instinctivement

institute ['ɪnstɪtjuːt] **1** N institut m **2** VT (rule, practice) instituer; Law (inquiry) ordonner; Law **to i. proceedings against sb** entamer des poursuites contre qn

institution [ɪnstɪ'tjuːʃən] N (organization, custom) institution f; (public, financial, religious, psychiatric) établissement m ■ **institutional** ADJ institutionnel, -elle

instruct [ɪn'strʌkt] VT (teach) enseigner (**sb in sth** qch à qn); (inform) instruire qn de qch; **to i. sb to do** (order) charger qn de faire

instruction [ɪn'strʌkʃən] N (teaching) instruction f; **instructions** (orders) instructions fpl; **instructions (for use)** mode m d'emploi

instructive [ɪn'strʌktɪv] ADJ instructif, -ive

instructor [ɪn'strʌktə(r)] N (for judo, dance) professeur m; (for skiing, swimming) moniteur, -trice mf; (military) instructeur m; (in American university) maître-assistant, -ante mf; **driving i.** moniteur, -trice mf d'auto-école

instrument ['ɪnstrəmənt] N instrument m

instrumental [ɪnstrə'mentəl] ADJ (music) instrumental; **to be i. in sth/in doing sth** contribuer à qch/à faire qch

insubordinate [ɪnsə'bɔːdɪnət] ADJ insubordonné

insubstantial [ɪnsəb'stænʃəl] ADJ (argument, evidence) peu solide

insufferable [ɪn'sʌfərəbəl] ADJ intolérable

insufficient [ɪnsə'fɪʃənt] ADJ insuffisant ■ **insufficiently** ADV insuffisamment

insulate ['ɪnsjʊleɪt] VT (against cold) & El isoler; (against sound) insonoriser; Fig **to i. sb from sth** protéger qn de qch; **insulating tape** chatterton m ■ **insu'lation** N isolation f; (against sound) insonorisation f; (material) isolant m

insulin ['ɪnsjʊlɪn] N insuline f

insult 1 ['ɪnsʌlt] N insulte f (**to** à); **to add i. to injury** pour aggraver les choses **2** [ɪn'sʌlt] VT insulter ■ **in'sulting** ADJ (words, offer) insultant

insure [ɪn'ʃʊə(r)] VT (**a**) (house, car, goods) assurer (**against** contre) (**b**) Am = **ensure** ■ **insurance** N assurance f; **i. company** compagnie f d'assurances; **i. policy** police f d'assurance

insurgent [ɪn'sɜːdʒənt] N insurgé, -ée mf

insurmountable [ɪnsə'maʊntəbəl] ADJ insurmontable

intact [ɪn'tækt] ADJ intact

intake ['ɪnteɪk] N (of food) consommation f; (of students, schoolchildren) admissions fpl; (of recruits) contingent m; Tech (of gas, air) admission f

intangible [ɪn'tændʒəbəl] ADJ intangible

integral ['ɪntɪɡrəl] ADJ intégral; **to be an i. part of sth** faire partie intégrante de qch

integrate ['ɪntɪɡreɪt] **1** VT intégrer (**into** dans); **integrated school** école f où se pratique la déségrégation raciale **2** VI s'intégrer (**into** dans) ■ **inte'gration** N intégration f; (racial) **i.** déségrégation f raciale

integrity [ɪn'teɡrɪtɪ] N intégrité f

intellect ['ɪntɪlekt] N intelligence f, intellect m ■ **inte'llectual** ADJ & N intellectuel, -uelle (mf)

intelligence [ɪn'telɪdʒəns] N intelligence f; (information) renseignements mpl; **i. service** services mpl secrets

intelligent [ɪn'telɪdʒənt] ADJ intelligent

intelligible [ɪn'telɪdʒəbəl] ADJ intelligible

intend [ɪn'tend] VT (gift, remark) destiner (**for** à); **to be intended for sb** être destiné à qn; **to be intended to do sth** être destiné à faire qch; **to i. to do sth** avoir l'intention de faire qch; **I i. you to stay** mon intention est que vous restiez ■ **intended** ADJ (deliberate) voulu; (planned) prévu; (effect) escompté; **was that i.?** était-ce intentionnel?

intense [ɪn'tens] ADJ intense; (interest) vif (f vive); (person) passionné ■ **intensely** ADV (look at) intensément; Fig (very) extrêmement

intensify [ɪn'tensɪfaɪ] (pt & pp -**ied**) **1** VT intensifier **2** VI s'intensifier ■ **intensification** [-fɪ'keɪʃən] N intensification f

intensity [ɪn'tensɪtɪ] N intensité f

intensive [ɪn'tensɪv] ADJ intensif, -ive; **in i. care** en réanimation; **i. care unit** service m de réanimation

intent [ɪn'tent] **1** ADJ (look) intense; **to be i. on doing** être résolu à faire; **i. on one's task** absorbé par son travail **2** N intention f; **to all intents and purposes** quasiment

intention [ɪn'tenʃən] N intention f (**of doing**

de faire); **to have every i. of doing sth** avoir la ferme intention de faire qch

intentional [ɪn'tenʃənəl] ADJ intentionnel, -elle; **it wasn't i.** ce n'était pas fait exprès ■ **intentionally** ADV intentionnellement, exprès

inter [ɪn'tɜː(r)] (pt & pp -**rr**-) VT enterrer

inter- ['ɪntə(r)] PREF inter-

interact [ɪntər'ækt] VI (of person) communiquer (**with** avec); (of several people) communiquer entre eux/elles; (of ideas) être interdépendant(e)s; (of chemicals) réagir (**with** avec) ■ **interaction** N interaction f ■ **interactive** ADJ Comptr interactif, -ive

intercept [ɪntə'sept] VT intercepter

interchange ['ɪntətʃeɪndʒ] N Br (on road) échangeur m

interchangeable [ɪntə'tʃeɪndʒəbəl] ADJ interchangeable

inter-city [ɪntə'sɪtɪ] ADJ Br **i. service** grandes lignes fpl; Br **i. train** train m de grandes lignes

intercom ['ɪntəkɒm] N Interphone® m

interconnected [ɪntəkə'nektɪd] ADJ (facts) lié(e)s

intercourse ['ɪntəkɔːs] N (sexual) rapports mpl sexuels

interdependent [ɪntədɪ'pendənt] ADJ interdépendant; (parts of machine) solidaire

interest ['ɪntərest, 'ɪntrest] **1** N intérêt m; (hobby) centre m d'intérêt; (money) intérêts mpl; **to take an i. in sb/sth** s'intéresser à qn/qch; **to lose i. in sb/sth** se désintéresser de qn/qch; **to act in sb's i.** agir dans l'intérêt de qn; **it's in my i. to do it** j'ai tout intérêt à le faire; **to be of i.** être intéressant **2** VT intéresser ■ **interested** ADJ intéressé; **to seem i.** sembler intéressé (**in** par); **to be i. in sb/sth** s'intéresser à qn/qch; **I'm i. in doing that** ça m'intéresse de faire ça ■ **interest-free** ADJ (loan) sans intérêts; (credit) gratuit ■ **interesting** ADJ intéressant ■ **interestingly** ADV **i. (enough), she...** curieusement, elle…

interface ['ɪntəfeɪs] N Comptr interface f

interfere [ɪntə'fɪə(r)] VI (meddle) se mêler (**in** de); **to i. with sth** (hinder) gêner qch; (touch) toucher à qch; **don't i.!** ne te mêle pas de ce qui ne te regarde pas! ■ **interfering** ADJ (person) qui se mêle de tout

interference [ɪntə'fɪərəns] N ingérence f; TV & Radio parasites mpl

interim ['ɪntərɪm] **1** N **in the i.** entre-temps **2** ADJ (measure) provisoire; (post) intérimaire

interior [ɪn'tɪərɪə(r)] **1** ADJ intérieur; **i. decoration** décoration f (d'intérieurs) **2** N intérieur m; Am Pol **Department of the I.** ministère m de l'Intérieur

interjection [ɪntə'dʒekʃən] N interjection f

interlock [ɪntə'lɒk] vi *(of machine parts)* s'emboîter

interloper ['ɪntələʊpə(r)] n intrus, -use mf

interlude ['ɪntəluːd] n *(on TV)* interlude m; *(in theatre)* intermède m; *(period of time)* intervalle m

intermediary [ɪntə'miːdɪərɪ] *(pl* **-ies)** ADJ & N intermédiaire *(mf)*

intermediate [ɪntə'miːdɪət] ADJ intermédiaire; *(course, student)* de niveau moyen

interminable [ɪn'tɜːmɪnəbəl] ADJ interminable

intermission [ɪntə'mɪʃən] n entracte m

intermittent [ɪntə'mɪtənt] ADJ intermittent

intern 1 ['ɪntɜːn] *Am Med* interne mf **2** [ɪn'tɜːn] vt *(imprison)* interner **■ in'ternment** n *Pol* internement m

internal [ɪn'tɜːnəl] ADJ interne; *(flight, policy)* intérieur; **i. combustion engine** moteur m à combustion interne; *Am* **the I. Revenue Service** ≃ le fisc **■ internally** ADV intérieurement; **'not to be taken i.'** *(medicine)* 'à usage externe'

international [ɪntə'næʃənəl] **1** ADJ international **2** n *(match)* rencontre f internationale; *(player)* international m **■ internationally** ADV **i. famous** mondialement connu; **i. recognized** reconnu dans le monde entier

Internet ['ɪntənet] n *Comptr* **the I.** l'Internet m; **on the I.** sur Internet; **I. access** accès m (à l')Internet; **I. service provider** fournisseur m d'accès Internet; **I. user** internaute mf

interpret [ɪn'tɜːprɪt] **1** vt interpréter **2** vi *(translate for people)* faire l'interprète **■ interpre'tation** n interprétation f **■ interpreter** n interprète mf

interrelated [ɪntərɪ'leɪtɪd] ADJ lié

interrogate [ɪn'terəgeɪt] vt interroger **■ interro'gation** n interrogation f; *(by police)* interrogatoire m **■ interrogator** n interrogateur, -trice mf

interrogative [ɪntə'rɒgətɪv] ADJ & N *Grammar* interrogatif, -ive *(m)*

interrupt [ɪntə'rʌpt] **1** vt interrompre **2** vi **I'm sorry to i.** je suis désolé de vous interrompre **■ interruption** n interruption f

intersect [ɪntə'sekt] **1** vt couper **2** vi se couper **■ intersection** n intersection f; *(of roads)* croisement m

interspersed [ɪntə'spɜːst] ADJ **i. with sth** parsemé de qch; **weeks of work i. with visits to the theatre** des semaines de travail entrecoupées de sorties au théâtre

interval ['ɪntəvəl] n intervalle m; *Br (in theatre, cinema)* entracte m; **at intervals** *(time)* de temps à autre; *(space)* par intervalles; **at five-minute intervals** toutes les cinq minutes; **bright** or **sunny intervals** éclaircies fpl

intervene [ɪntə'viːn] vi *(of person)* intervenir **(in** dans); *(of event)* survenir; **ten years intervened** dix années s'écoulèrent; **if nothing intervenes** s'il n'arrive rien entre-temps **■ intervention** [-'venʃən] n intervention f

interview ['ɪntəvjuː] **1** n entretien m **(with** avec); *TV & Journ* interview m ou f; **to call sb for** or **to an i.** convoquer qn **2** vt *(for job)* faire passer un entretien à; *TV & Journ* interviewer **■ interviewer** n *TV & Journ* intervieweur, -euse mf; *(for research, in canvassing)* enquêteur, -euse mf

intestine [ɪn'testɪn] n intestin m

intimate¹ ['ɪntɪmət] ADJ intime; *(friendship)* profond; *(knowledge)* approfondi **■ intimacy** n intimité f **■ intimately** ADV intimement

intimate² ['ɪntɪmeɪt] vt *(hint at)* faire comprendre; *(make known)* signifier

intimidate [ɪn'tɪmɪdeɪt] vt intimider

into ['ɪntuː, *unstressed* 'ɪntə] PREP (a) dans; **to put sth i. sth** mettre qch dans qch; **to go i. a room** entrer dans une pièce; **to go i. detail** entrer dans les détails (b) en; **to translate i. French** traduire en français; **to change sb i. sth** changer qn en qch; **to break sth i. pieces** briser qch en morceaux (c) *Math* **three i. six goes two** six divisé par trois fait deux (d) *Fam* **to be i. jazz** être branché jazz

intolerable [ɪn'tɒlərəbəl] ADJ intolérable **(that** que + *subjunctive)*

intolerance [ɪn'tɒlərəns] n intolérance f **■ intolerant** ADJ intolérant; **to be i. of sb** être intolérant à l'égard de qn; **to be i. of sth** ne pas tolérer qch

intonation [ɪntə'neɪʃən] n intonation f

intoxicate [ɪn'tɒksɪkeɪt] vt enivrer **■ intoxicated** ADJ ivre; *Fig* **to be i. with fame** être ivre de gloire **■ intoxi'cation** n ivresse f

Intranet ['ɪntrənet] n *Comptr* Intranet m

intransigent [ɪn'trænsɪdʒənt] ADJ intransigeant

intransitive [ɪn'trænsɪtɪv] ADJ *Grammar* intransitif, -ive

intravenous [ɪntrə'viːnəs] ADJ *Med* intraveineux, -euse

intrepid [ɪn'trepɪd] ADJ intrépide

intricate ['ɪntrɪkət] ADJ compliqué

intrigue 1 ['ɪntriːg] n *(plot)* intrigue f **2** [ɪn'triːg] vt *(interest)* intriguer; **I'm intrigued to know…** je suis curieux de savoir… **■ intriguing** ADJ *(news, attitude)* curieux, -ieuse

introduce [ɪntrə'djuːs] vt *(bring in, insert)* introduire *(into* dans); *(programme, subject)* présenter; **to i. sb (to sb)** présenter qn (à qn); **to i. oneself (to sb)** se présenter (à qn); **to i. sb to**

Dickens/geography faire découvrir Dickens/la géographie à qn

introduction [ɪntrəˈdʌkʃən] N introduction f; *(of person to person)* présentation f; **i. to computing** initiation f à l'informatique; **her i. to life abroad** son premier contact avec la vie à l'étranger

introductory [ɪntrəˈdʌktərɪ] ADJ *(words, speech)* d'introduction; *(course)* d'initiation; **i. price** prix m de lancement

introspective [ɪntrəˈspektɪv] ADJ introspectif, -ive

introvert [ˈɪntrəvɜːt] N introverti, -ie mf

intrude [ɪnˈtruːd] VI *(of person)* déranger **(on sb** qn); **to i. on sb's time** abuser du temps de qn; **to i. on sb's privacy** s'immiscer dans la vie privée de qn ■ **intruder** N intrus, -use mf ■ **intrusion** N *(bother)* dérangement m; *(interference)* intrusion f *(into* dans); **forgive my i.** pardonnez-moi de vous avoir dérangé

intuition [ɪntjuːˈɪʃən] N intuition f ■ **in'tuitive** ADJ intuitif, -ive

Inuit [ˈɪnjuːɪt] 1 ADJ inuit *inv* 2 N Inuit mf inv

inundate [ˈɪnʌndeɪt] VT inonder **(with** de); **inundated with work/letters** submergé de travail/ lettres ■ **inun'dation** N inondation f

invade [ɪnˈveɪd] VT envahir; **to i. sb's privacy** s'immiscer dans la vie privée de qn ■ **invader** N envahisseur, -euse mf

invalid¹ [ˈɪnvəlɪd] ADJ & N malade *(mf)*; *(disabled person)* infirme *(mf)*

invalid² [ɪnˈvælɪd] ADJ *(ticket)* non valable ■ **invalidate** VT *(ticket)* annuler; *(election, law)* invalider; *(theory)* infirmer

invaluable [ɪnˈvæljʊəbəl] ADJ inestimable

invariable [ɪnˈveərɪəbəl] ADJ invariable ■ **invariably** ADV invariablement

invasion [ɪnˈveɪʒən] N invasion f; **i. of sb's privacy** atteinte f à la vie privée de qn

invent [ɪnˈvent] VT inventer ■ **invention** N invention f; *(creativity)* inventivité f ■ **inventive** ADJ inventif, -ive ■ **inventor** N inventeur, -trice mf

inventory [ˈɪnvəntərɪ] *(pl* **-ies)** N inventaire m

inverse [ɪnˈvɜːs] ADJ inverse; **in i. proportion to sth** inversement proportionnel, -elle à qch

invert [ɪnˈvɜːt] VT *(order)* intervertir; *(turn upside down)* renverser; *Br* **inverted commas** guillemets mpl ■ **inversion** N interversion f; *Grammar & Anat* inversion f

invest [ɪnˈvest] 1 VT *(money)* investir **(in** dans); *(time, effort)* consacrer **(in** à); **to i. sb with** *(right, power)* investir qn de 2 VI **to i. in** *(company)* investir dans; *Fig (car)* se payer ■ **investment** N investissement m ■ **investor** N *(in shares)* investisseur m

investigate [ɪnˈvestɪgeɪt] 1 VT *(examine)* examiner; *(crime)* enquêter sur 2 VI *Fam* **to go and i.** aller voir ce qui se passe ■ **investi'gation** N examen m, étude f; *(inquiry by journalist, police)* enquête f *(of* or *into* sur) ■ **investigator** N *(detective)* enquêteur, -euse mf; *(private)* détective m

invigilate [ɪnˈvɪdʒɪleɪt] VI *Br (in school)* être de surveillance à un examen ■ **invigilator** N *Br* surveillant, -ante mf *(à un examen)*

invigorate [ɪnˈvɪgəreɪt] VT revigorer ■ **invigorating** ADJ vivifiant

invincible [ɪnˈvɪnsəbəl] ADJ invincible

invisible [ɪnˈvɪzəbəl] ADJ invisible; **i. ink** encre f sympathique

invite 1 [ɪnˈvaɪt] VT inviter **(to do** à faire); *(ask for)* demander; *(criticism)* aller au devant de; **you're inviting trouble** tu cherches les ennuis; **to i. sb out** inviter qn (à sortir); **to i. sb over** inviter qn (à venir) 2 [ˈɪnvaɪt] N *Fam* invit' f ■ **invitation** [-vəˈteɪʃən] N invitation f ■ **in'viting** ADJ *(prospect)* engageant; *(food)* appétissant

invoice [ˈɪnvɔɪs] 1 N facture f 2 VT *(goods)* facturer; *(person)* envoyer la facture à

invoke [ɪnˈvəʊk] VT invoquer

involuntary [ɪnˈvɒləntərɪ] ADJ involontaire

involve [ɪnˈvɒlv] VT *(entail)* entraîner; **to i. sb in sth** impliquer qn dans qch; *(in project)* associer qn à qch; **the job involves going abroad** le poste nécessite des déplacements à l'étranger; **what does the job i.?** en quoi consiste le travail?

involved [ɪnˈvɒlvd] ADJ **(a) to be i. in sth** *(crime, affair)* être impliqué dans qch; **to be i. in an accident** avoir un accident; **fifty people were i. in the project** cinquante personnes ont pris part au projet; **the police became i.** la police est intervenue; **to be i. with sb** *(emotionally)* avoir une liaison avec qn; **I don't want to get i.** *(be a part of it)* je ne veux pas m'en mêler; *(emotionally)* je ne veux pas m'engager; **the factors i.** *(at stake)* les facteurs en jeu; **the person i.** *(concerned)* la personne en question **(b)** *(complicated)* compliqué

involvement [ɪnˈvɒlvmənt] N participation f **(in** à); *(commitment)* engagement m **(in** dans); **emotional i.** liaison f

invulnerable [ɪnˈvʌlnərəbəl] ADJ invulnérable

inward [ˈɪnwəd] 1 ADJ & ADV *(movement, move)* vers l'intérieur 2 ADJ *(inner) (happiness)* intérieur; *(thoughts)* intime ■ **inwardly** ADV *(laugh, curse)* intérieurement ■ **inwards** ADV vers l'intérieur

in-your-face [ɪnjəˈfeɪs] ADJ *(documentary, film)* sans fard; *(attitude)* agressif, -ive

iodine [*Br* ˈaɪədiːn, *Am* ˈaɪədaɪn] N *Chem* iode m; *(antiseptic)* teinture f d'iode

IOU [aɪəʊˈjuː] (abbr **I owe you**) N reconnaissance f de dette

IQ [aɪˈkjuː] (abbr **intelligence quotient**) N QI m inv

Iran [ɪˈrɑːn, ɪˈræn] N l'Iran m ▪ **Iranian** [ɪˈreɪnɪən, Am ɪˈrɑːnɪən] 1 ADJ iranien, -ienne 2 N Iranien, -ienne mf

Iraq [ɪˈrɑːk] N l'Irak m ▪ **Iraqi** 1 ADJ irakien, -ienne 2 N Irakien, -ienne mf

irate [aɪˈreɪt] ADJ furieux, -ieuse

Ireland [ˈaɪələnd] N l'Irlande f ▪ **Irish** [ˈaɪərɪʃ] 1 ADJ irlandais 2 N (language) irlandais m; **the I.** (people) les Irlandais mpl ▪ **Irishman** (pl -**men**) N Irlandais m ▪ **Irishwoman** (pl -**women**) N Irlandaise f

iris [ˈaɪərɪs] N (plant, of eye) iris m

irk [ɜːk] VT agacer

iron [ˈaɪən] 1 N fer m; (for clothes) fer à repasser; **i. and steel industry** sidérurgie f; **an i. will** une volonté de fer 2 VT (clothes) repasser; Fig **to i. out difficulties** aplanir les difficultés ▪ **ironing** N repassage m; **i. board** planche f à repasser

ironmonger [ˈaɪənmʌŋgə(r)] N quincaillier, -ière mf; **i.'s shop** quincaillerie f

irony [ˈaɪərənɪ] N ironie f ▪ **ironic(al)** [aɪˈrɒnɪk(əl)] ADJ ironique

irrational [ɪˈræʃənəl] ADJ irrationnel, -elle

irrefutable [ɪrɪˈfjuːtəbəl] ADJ (evidence) irréfutable

irregular [ɪˈregjʊlə(r)] ADJ irrégulier, -ière ▪ **irregularity** [-ˈlærɪtɪ] (pl -**ies**) N irrégularité f

irrelevant [ɪˈreləvənt] ADJ sans rapport (**to** avec); (remark) hors de propos; **that's i.** ça n'a rien à voir (avec la question)

irreparable [ɪˈrepərəbəl] ADJ (harm, loss) irréparable

irreplaceable [ɪrɪˈpleɪsəbəl] ADJ irremplaçable

irrepressible [ɪrɪˈpresəbəl] ADJ (laughter, urge) irrépressible

irreproachable [ɪrɪˈprəʊtʃəbəl] ADJ irréprochable

irresistible [ɪrɪˈzɪstəbəl] ADJ (person, charm) irrésistible

irresolute [ɪˈrezəluːt] ADJ irrésolu, indécis

irrespective [ɪrɪˈspektɪv] PREP **i. of** indépendamment de

irresponsible [ɪrɪˈspɒnsəbəl] ADJ (act) irréfléchi; (person) irresponsable

irretrievable [ɪrɪˈtriːvəbəl] ADJ (loss, mistake, situation) irréparable

irreverent [ɪˈrevərənt] ADJ irrévérencieux, -ieuse

irreversible [ɪrɪˈvɜːsəbəl] ADJ (process) irréversible; (decision) irrévocable

irrevocable [ɪˈrevəkəbəl] ADJ irrévocable

irrigate [ˈɪrɪgeɪt] VT irriguer ▪ **irri'gation** N irrigation f

irritable [ˈɪrɪtəbəl] ADJ (easily annoyed) irritable

irritant [ˈɪrɪtənt] N (to eyes, skin) irritant m

irritate [ˈɪrɪteɪt] VT (annoy, inflame) irriter ▪ **irritating** ADJ irritant

is [ɪz] ➤ **be**

Islam [ˈɪzlɑːm] N l'Islam m ▪ **Islamic** [ɪzˈlæmɪk] ADJ islamique

island [ˈaɪlənd] N île f; (**traffic**) **i.** refuge m (pour piétons) ▪ **islander** N insulaire mf

isle [aɪl] N île f; **the British Isles** les îles Britanniques

isn't [ˈɪzənt] = **is not**

isolate [ˈaɪsəleɪt] VT isoler (**from** de) ▪ **isolated** ADJ (remote, unique) isolé ▪ **iso'lation** N isolement m; **in i.** isolément

ISP [aɪesˈpiː] (abbr **Internet Service Provider**) N Comptr fournisseur m d'accès Internet

Israel [ˈɪzreɪl] N Israël m ▪ **Is'raeli** 1 ADJ israélien, -ienne 2 N Israélien, -ienne mf

issue [ˈɪʃuː] 1 N (of newspaper, magazine) numéro m; (matter) question f; (of stamps, banknotes) émission f; **at i.** (at stake) en cause; **to make an i.** or **a big i. of sth** faire toute une affaire de qch; **to take i. with sb** exprimer son désaccord à qn 2 VT (book) publier; (tickets) distribuer; (passport) délivrer; (order) donner; (warning) lancer; (stamps, banknotes) émettre; (supply) fournir (**with** de; **to** à); **to i. a statement** faire une déclaration 3 VI Formal **to i. from** (of smell, water) se dégager de; (of noise) provenir de

> Note that the French word **issue** is a false friend and is never a translation for the English word **issue**. It means **exit**.

IT [aɪˈtiː] (abbr **information technology**) N informatique f

it [ɪt] PRON (**a**) (subject) il, elle; (object) le, la, l'; (**to**) **it** (indirect object) lui; **it bites** (dog) il mord; **I've done it** je l'ai fait (**b**) (impersonal) il; **it's snowing** il neige; **it's hot** il fait chaud (**c**) (non-specific) ce, cela, ça; **it's good** c'est bon; **it was pleasant** c'était agréable; **who is it?** qui est-ce?; **that's it!** (I agree) c'est ça!; (it's done) ça y est!; **to consider it wise to do sth** juger prudent de faire qch; **it was Paul who...** c'est Paul qui...; **she's got it in her to succeed** elle est capable de réussir; **to have it in for sb** en vouloir à qn (**d**) **of it, from it, about it** en; **in it, to it, at it** y; **on it** dessus; **under it** dessous

italic [ɪˈtælɪk] ADJ italique ▪ **italics** NPL italique m; **in i.** en italique

Italy [ˈɪtəlɪ] N l'Italie f ▪ **Italian** [ɪˈtæljən] 1 ADJ italien, -ienne **2** N *(person)* Italien, -ienne *mf*; *(language)* italien *m*

itch [ɪtʃ] **1** N démangeaison *f*; **to have an i. to do sth** brûler d'envie de faire qch **2** VI *(of person)* avoir des démangeaisons; **his arm itches** son bras le *ou* lui démange; *Fig* **to be itching to do sth** brûler d'envie de faire qch ■ **itching** N démangeaisons *fpl* ■ **itchy** ADJ **I have an i. hand** j'ai la main qui me démange; **I'm (all) i.** j'ai des démangeaisons

item ['aɪtəm] N *(in collection, on list, in newspaper)* article *m*; *(matter)* question *f*; *(on entertainment programme)* numéro *m*; **i. of clothing** vêtement *m*; **news i.** information *f* ■ **itemize** VT *(invoice)* détailler

itinerant [aɪ'tɪnərənt] ADJ *(musician, actor)* ambulant; *(judge, preacher)* itinérant

itinerary [aɪ'tɪnərərɪ] *(pl* **-ies***)* N itinéraire *m*

its [ɪts] POSSESSIVE ADJ son, sa, *pl* ses ■ **it'self** PRON lui-même, elle-même; *(reflexive)* se, s'; **goodness i.** la bonté même; **by i.** tout seul

it's [ɪts] = **it is, it has**

I've [aɪv] = **I have**

IVF [aɪviː'ef] *(abbr* **in vitro fertilization***)* N FIV *f*

ivory ['aɪvərɪ] N ivoire *m*; **i. statuette** statuette *f* en ivoire

ivy ['aɪvɪ] N lierre *m*

J, j [dʒeɪ] N *(letter)* J, j m inv

jab [dʒæb] **1** N coup m; *Br Fam (injection)* piqûre f **2** (*pt & pp* **-bb-**) VT *(knife, stick)* enfoncer (**into** dans); *(prick)* piquer (**with** du bout de)

jabber ['dʒæbə(r)] *Fam* **1** VT **to j. out** *(excuse)* marmonner **2** VI marmonner

jack [dʒæk] N (**a**) *(for vehicle)* cric m (**b**) *Cards* valet m (**c**) **j. of all trades** homme m à tout faire

▸ **jack in** VT SEP *Br Fam (job)* plaquer

▸ **jack up** VT SEP *(vehicle)* soulever *(avec un cric)*; *Fig (price)* augmenter

jackdaw ['dʒækdɔ:] N choucas m

jacket ['dʒækɪt] N *(coat)* veste f; *(of book)* jaquette f; *Br* **j. potato** pomme f de terre en robe des champs

jackknife ['dʒæknaɪf] **1** (*pl* **-knives**) N couteau m de poche **2** VI *(of truck)* se mettre en travers de la route

jackpot ['dʒækpɒt] N gros lot m

Jacuzzi® [dʒə'ku:zɪ] N Jacuzzi® m

jade [dʒeɪd] N *(stone)* jade m

jaded ['dʒeɪdɪd] ADJ blasé

jagged ['dʒægɪd] ADJ déchiqueté

jaguar [*Br* 'dʒægjʊə(r), *Am* 'dʒægwɑːr] N jaguar m

jail, *Am* **gaol** [dʒeɪl] **1** N prison f **2** VT emprisonner (**for** pour); **to j. sb for ten years** condamner qn à dix ans de prison; **to j. sb for life** condamner qn à perpétuité ■ **jailer** N gardien, -ienne mf de prison

jam¹ [dʒæm] N *(preserve)* confiture f; **strawberry j.** confiture de fraises ■ **jamjar** N pot m à confiture

jam² [dʒæm] **1** N **(traffic) j.** embouteillage m; *Fam* **in a j.** *(trouble)* dans le pétrin **2** (*pt & pp* **-mm-**) VT *(squeeze, make stuck)* coincer; *(gun)* enrayer; *(street, corridor)* encombrer; *(broadcast, radio station)* brouiller; **to j. sth into sth** entasser qch dans qch; **to j. a stick into sth** enfoncer un bâton dans qch **3** VI (**a**) *(get stuck)* se coincer; *(of gun)* s'enrayer; *(of crowd)* s'entasser (**into** dans) (**b**) *(of musicians)* improviser ■ **jammed** ADJ *(machine)* coincé; *(street)* encombré ■ **'jam-'packed** ADJ *Br Fam (hall, train)* bourré

Jamaica [dʒə'meɪkə] N la Jamaïque

jangle ['dʒæŋgəl] **1** N cliquetis m **2** VI cliqueter

janitor ['dʒænɪtə(r)] N *Am & Scot (caretaker)* concierge m

January ['dʒænjʊərɪ] N janvier m

Japan [dʒə'pæn] N le Japon ■ **Japanese** [dʒæpə'niːz] **1** ADJ japonais **2** N *(person)* Japonais, -aise mf; *(language)* japonais m

jar¹ [dʒɑː(r)] N *(container)* pot m; *(large, glass)* bocal m

jar² [dʒɑː(r)] **1** N *(jolt)* choc m **2** (*pt & pp* **-rr-**) VT *(shake)* ébranler **3** VI *(of noise)* grincer; *(of musical note)* détonner; *(of colours, words)* jurer (**with** avec); **it jars on my nerves** ça me tape sur les nerfs; **it jars on my ears** cela m'écorche les oreilles ■ **jarring** ADJ *(noise, voice)* discordant

jargon ['dʒɑːgən] N jargon m

jasmine ['dʒæzmɪn] N jasmin m

jaundice ['dʒɔːndɪs] N *(illness)* jaunisse f

jaunt [dʒɔːnt] N *(journey)* balade f

jaunty ['dʒɔːntɪ] (**-ier, -iest**) ADJ *(carefree)* insouciant; *(cheerful, lively)* allègre; *(hat)* coquet, -ette

javelin ['dʒævlɪn] N javelot m

jaw [dʒɔː] **1** N *Anat* mâchoire f; *Fam* **to have a j.** tailler une bavette **2** VI *Fam (talk)* papoter

jay [dʒeɪ] N geai m

jaywalker ['dʒeɪwɔːkə(r)] N = piéton qui traverse en dehors des passages cloutés

jazz [dʒæz] **1** N jazz m **2** VT *Fam* **to j. sth up** *(clothes, room, style)* égayer qch; *(music)* jazzifier qch

jealous ['dʒeləs] ADJ jaloux, -ouse (**of** de) ■ **jealousy** N jalousie f

jeans [dʒiːnz] NPL **(pair of) j.** jean m

Jeep® [dʒiːp] N Jeep® f

jeer [dʒɪə(r)] **1** N raillerie f; **jeers** *(boos)* huées fpl **2** VT *(boo)* huer; *(mock)* se moquer de **3** VI **to j. at sb/sth** *(boo)* huer qn/qch; *(mock)* se moquer de qn/qch ■ **jeering 1** ADJ railleur, -euse **2** N *(mocking)* railleries fpl; *(of crowd)* huées fpl

jell [dʒel] VI *Fam (of ideas)* prendre tournure

jello® ['dʒeləʊ] N *Am (dessert)* gelée f

jelly ['dʒelɪ] (*pl* **-ies**) N *(preserve, dessert)* gelée f; **j. baby** = bonbon à base de gélatine, en forme de bébé ■ **jellyfish** N méduse f

jeopardy ['dʒepədi] N danger m, péril m ■ **jeopardize** VT mettre en danger

jerk¹ [dʒɜːk] **1** N secousse f **2** VT (pull) tirer brusquement; (in order to move) déplacer par à-coups **3** VI **to j. forward** (of car) faire un bond en avant

jerk² [dʒɜːk] N Am Fam (person) abruti, -ie mf

jerky ['dʒɜːkɪ] (-**ier, -iest**) ADJ (**a**) (movement, voice) saccadé (**b**) Am Fam (stupid) stupide, bête

jersey ['dʒɜːzɪ] (pl -**eys**) N (garment) tricot m; Football maillot m; (cloth) jersey m

Jersey ['dʒɜːzɪ] N Jersey m ou f

jest [dʒest] **1** N plaisanterie f; **in j.** pour rire **2** VI plaisanter ■ **jester** N Hist (**court**) **j.** fou m (du roi)

Jesus ['dʒiːzəs] N Jésus m; **J. Christ** Jésus-Christ m

jet [dʒet] **1** N (**a**) (plane) avion m à réaction; **j. engine** réacteur m, moteur m à réaction; **j. lag** fatigue f due au décalage horaire; **j. ski** scooter m des mers, jet-ski m (**b**) (steam. liquid) jet m **2** VI Fam **to j. off** s'envoler (**to** pour)

jet-black ['dʒet'blæk] ADJ (noir) de jais

jetfoil ['dʒetfɔɪl] N hydroglisseur m

jet-lagged [dʒetlægd] ADJ Fam qui souffre du décalage horaire

jetty ['dʒetɪ] (pl -**ies**) N jetée f; (landing place) embarcadère m

Jew [dʒuː] N (man) Juif m; (woman) Juive f ■ **Jewish** ADJ juif (f juive)

jewel ['dʒuːəl] N bijou m (pl -oux); (in watch) rubis m ■ **jeweller**, Am **jeweler** N bijoutier, -ière mf ■ **jewellery**, Am **jewelry** N bijoux mpl

jibe [dʒaɪb] N & VI = **gibe**

jiffy ['dʒɪfɪ] N Fam instant m

jig [dʒɪg] N (dance, music) gigue f

jigsaw ['dʒɪgsɔː] N **j. (puzzle)** puzzle m

jilt [dʒɪlt] VT (lover) laisser tomber

jingle ['dʒɪŋgəl] **1** N tintement m; (in advertisement) jingle m **2** VT faire tinter **3** VI (of keys, bell) tinter

jinx [dʒɪŋks] N (person, object) portemalheur m inv; (spell, curse) mauvais sort m

jitters ['dʒɪtəz] NPL Fam **to have the j.** être à cran ■ **jittery** ADJ Fam **to be j.** être à cran

job [dʒɒb] N (employment, post) travail m, emploi m; (task) tâche f; Fam (crime) coup m; Fam **to have a (hard) j. doing** or **to do sth** avoir du mal à faire qch; **to have the j. of doing sth** (unpleasant task) être obligé de faire qch; (for a living) être chargé de faire qch; Br Fam **it's a good j. (that)...** heureusement que... (+ indicative); **out of a j.** au chômage; **j. offer** offre f d'emploi

jobcentre ['dʒɒbsentə(r)] N Br ≃ agence f nationale pour l'emploi

jobless ['dʒɒbləs] ADJ au chômage

jock [dʒɒk] N Am Fam (sportsman) sportif m

jockey ['dʒɒkɪ] **1** (pl -**eys**) N jockey m **2** VI **to j. for position** jouer des coudes

jocular ['dʒɒkjʊlə(r)] ADJ jovial

jog [dʒɒg] **1** N (shake, jolt) secousse f; (nudge) coup m de coude **2** (pt & pp -**gg**-) VT (shake) secouer; (push) pousser; Fig (memory) rafraîchir **3** VI Sport faire du jogging; **to go jogging** aller faire un jogging; **to j. along** (of vehicle) cahoter; (of work) aller tant bien que mal; (of person) faire son petit bonhomme de chemin ■ **jogging** N Sport jogging m

john [dʒɒn] N Am Fam **the j.** (lavatory) le petit coin

join [dʒɔɪn] **1** N raccord m **2** VT (**a**) (put together) joindre; (wires, pipes) raccorder; (words, towns) relier; **to j. sth to sth** joindre qch à qch; (link) relier qch à qch; **to j. two things together** relier une chose à une autre; **to j. sb** (catch up with, meet) rejoindre qn; (associate oneself with, go with) se joindre à qn (**in doing** pour faire); **to j. forces** s'unir (**b**) (become a member of) s'inscrire à; (army, police, company) entrer dans; **to j. the queue** or Am **line** prendre la queue **3** VI (**a**) (of roads, rivers) se rejoindre; **to j. (together** or **up**) (of objects) se joindre (**with** à); **to j. in sth** prendre part à qch (**b**) (become a member) devenir membre; Mil **to j. up** s'engager

joiner ['dʒɔɪnə(r)] N Br menuisier m

joint [dʒɔɪnt] **1** N (**a**) (in body) articulation f; Br (meat) rôti m; Tech joint m; (in carpentry) assemblage m; **out of j.** (shoulder) déboîté (**b**) Fam (nightclub) boîte f (**c**) Fam (cannabis cigarette) joint m **2** ADJ (decision) commun; **j. account** compte m joint; **j. author** coauteur m, **j. efforts** efforts mpl conjugués ■ **jointly** ADV conjointement

joke [dʒəʊk] **1** N plaisanterie f; (trick) tour m; **it's no j.** (it's unpleasant) ce n'est pas drôle (**doing** de faire) **2** VI plaisanter (**about** sur) ■ **joker** N plaisantin m; Fam (fellow) type m; Cards joker m ■ **jokingly** ADV (say) en plaisantant

jolly¹ ['dʒɒlɪ] (-**ier, -iest**) ADJ (happy) gai; Fam (drunk) éméché

jolly² ['dʒɒlɪ] ADV Br Fam (very) rudement; **j. good!** très bien!

Note that the French word **joli** is a false friend and is never a translation for the English word **jolly**. It means **pretty**.

jolt [dʒəʊlt] **1** N secousse f **2** VT (shake) secouer; **to j. sb into action** secouer les puces à qn **3** VI **to j. (along)** (of vehicle) cahoter

Jordan ['dʒɔːdən] N la Jordanie

jostle ['dʒɒsəl] **1** VT (push) bousculer; **don't j.!** ne bousculez pas! **2** vi (push each other) se bousculer (**for sth** pour obtenir qch)

jot [dʒɒt] (pt & pp **-tt-**) vt **to j. sth down** noter qch ■ **jotter** N (notepad) bloc-notes m

journal ['dʒɜːnəl] N (periodical) revue f

journalism ['dʒɜːnəlɪzəm] N journalisme m ■ **journalist** N journaliste mf

journey ['dʒɜːnɪ] **1** (pl **-eys**) N (trip) voyage m; (distance) trajet m; **to go on a j.** partir en voyage **2** vi voyager

> Note that the French word **journée** is a false friend and is never a translation for the English word **journey**. It means **day**.

jovial ['dʒəʊvɪəl] ADJ jovial

joy [dʒɔɪ] N joie f; **the joys of** (countryside, motherhood) les plaisirs mpl de ■ **joyful, joyous** ADJ joyeux, -euse

joyride ['dʒɔɪraɪd] N = virée dans une voiture volée ■ **joyrider** N = chauffard qui conduit une voiture volée

joystick ['dʒɔɪstɪk] N (of aircraft) manche m à balai; (for computer) manette f (de jeu)

jubilant ['dʒuːbɪlənt] ADJ **to be j.** jubiler

jubilee ['dʒuːbɪliː] N (golden) **j.** jubilé m

Judaism ['dʒuːdeɪɪzəm] N judaïsme m

judder ['dʒʌdə(r)] **1** N vibration f **2** vi (shake) vibrer

judge [dʒʌdʒ] **1** N juge m **2** vti juger; **to j. sb by** or **on sth** juger qn sur ou d'après qch; **judging by...** à en juger par... ■ **judg(e)ment** N jugement m ■ **judg(e)mental** ADJ critique

judicial [dʒuː'dɪʃəl] ADJ judiciaire

judiciary [dʒuː'dɪʃərɪ] N magistrature f

judo ['dʒuːdəʊ] N judo m

jug [dʒʌg] N cruche f; (for milk) pot m

juggernaut ['dʒʌgənɔːt] N Br (truck) poids m lourd

juggle ['dʒʌgəl] **1** vt jongler avec **2** vi jongler (**with** avec) ■ **juggler** N jongleur, -euse mf

juice [dʒuːs] N jus m; (in stomach) suc m; **j. bar** = bar où l'on sert des jus de fruit; **j. extractor** centrifugeuse f ■ **juicer** N (manual) presse-fruits m inv; (electric) centrifugeuse f ■ **juicy** (**-ier, -iest**) ADJ (fruit) juteux, -euse; (meat) succulent, -euse; Fig (story) savoureux, -euse

jukebox ['dʒuːkbɒks] N juke-box m

July [dʒuː'laɪ] N juillet m

jumble ['dʒʌmbəl] **1** N (disorder) fouillis m; Br (unwanted articles) bric-à-brac m inv; Br **j. sale** (used clothes) vente f de charité **2** vt **to j. (up)** (objects, facts) mélanger

jumbo ['dʒʌmbəʊ] **1** ADJ (packet) géant **2** (pl **-os**) ADJ & N **j. (jet)** jumbo-jet (m)

jump [dʒʌmp] **1** N (leap) saut m; (start) sursaut m; (increase) hausse f soudaine; Br **j. leads** câbles mpl de démarrage **2** vt (ditch) sauter; **to j. the lights** (in car) griller un feu rouge; Br **to j. the queue** passer avant son tour, resquiller; Am **to j. rope** sauter à la corde **3** vi sauter (**at** sur); (start) sursauter; (of price, heart) faire un bond; **to j. about** sautiller; **to j. across sth** traverser qch d'un bond; **to j. to conclusions** tirer des conclusions hâtives; **to j. in** or **on** (train, vehicle, bus) sauter dans; **j. in** or **on!** montez!; **to j. off** or **out** sauter; (from bus) descendre; **to j. off sth, to j. out of sth** sauter de qch; **to j. out of the window** sauter par la fenêtre ■ **jumpy** ['dʒʌmpɪ] (**-ier, -iest**) ADJ nerveux, -euse

jumper ['dʒʌmpə(r)] N Br pull(-over) m; Am (dress) robe f chasuble; Am **j. cables** câbles mpl de démarrage

junction ['dʒʌŋkʃən] N (crossroads) carrefour m; (joining) jonction f; **j. 23** Br (on motorway) (exit) la sortie 23; (entrance) l'entrée f 23

juncture ['dʒʌŋktʃə(r)] N Formal **at this j.** à ce moment-là

June [dʒuːn] N juin m

jungle ['dʒʌŋgəl] N jungle f

junior ['dʒuːnɪə(r)] **1** ADJ (younger) plus jeune; (in rank, status) subalterne; (teacher, doctor) jeune; **to be sb's j., to be j. to sb** être plus jeune que qn; (in rank, status) être au-dessous de qn; **Smith j.** Smith fils; Br **j. school** école f primaire (entre 7 et 11 ans); Am **j. high (school)** ≃ collège m d'enseignement secondaire **2** N cadet, -ette mf; (in school) petit, -ite mf; Sport junior mf, cadet, -ette mf; **he's three years my j.** il a trois ans de moins que moi

junk [dʒʌŋk] **1** N (unwanted objects) bric-à-brac m inv; (inferior goods) camelote f; (bad film, book) navet m; (nonsense) idioties fpl; **j. food** malbouffe f; **j. mail** prospectus mpl; **j. shop** boutique f de brocanteur **2** vt Fam (get rid of) balancer

junkie ['dʒʌŋkɪ] N Fam drogué, -ée mf

jurisdiction [dʒʊərɪs'dɪkʃən] N juridiction f; **to be within the j. of** être sous la juridiction de

jury ['dʒʊərɪ] (pl **-ies**) N (in competition, court) jury m ■ **juror** N (in court) juré m

just [dʒʌst] **1** ADV (exactly, slightly) juste; (only) juste, seulement; (simply) (tout) simplement; **j. before/after** juste avant/après; **it's j. as I thought** c'est bien ce que je pensais; **she has/had j. left** elle vient/venait de partir; **I've j. come from...** j'arrive de...; **I'm j. coming!** j'arrive!; **he'll (only) j. catch the bus** il aura son bus de justesse; **he j. missed it** il l'a manqué de peu; **j. as big/light** tout aussi grand/léger (**as** que); **j. a moment!** un instant!; **j. over ten** un peu plus de dix; **j. one** un(e) seul(e) (**of** de); **j. about** (approximately) à peu près; *(almost)* presque; **to be j. about to do sth** être sur le point de faire qch **2** ADJ *(fair)* juste (**to** envers)

justice ['dʒʌstɪs] N justice *f*; *(judge)* juge *m*; **to do j. to a meal** faire honneur à un repas; **it doesn't do you j.** *(hat, photo)* cela ne vous avantage pas; *(attitude)* cela ne vous fait pas honneur; **J. of the Peace** juge *m* de paix

justify ['dʒʌstɪfaɪ] *(pt & pp* **-ied)** VT justifier; **to be justified in doing sth** *(have right)* être en droit de faire qch; *(have reason)* être fondé à faire

qch; *Typ & Comptr* **left/right justified** justifié à gauche/à droite ▪ **justifiable** ADJ justifiable ▪ **justification** [-fɪ'keɪʃən] N justification *f*

jut [dʒʌt] *(pt & pp* **-tt-)** VT **to j. out** faire saillie; **to j. out over sth** *(overhang)* surplomber qch

juvenile ['dʒuːvənaɪl, *Am* -ənəl] **1** N *Law* mineur, -eure *mf* **2** ADJ *(court, book)* pour enfants; *Pej (behaviour)* puéril; **j. delinquent** jeune délinquant, -ante *mf*

juxtapose [dʒʌkstə'pəʊz] VT juxtaposer

K, k [keɪ] N (letter) K, k m inv

kaleidoscope [kə'laɪdəskəʊp] N kaléidoscope m

kangaroo [kæŋgə'ruː] N kangourou m

karat [karət] N Am = **carat**

karate [kə'rɑːtɪ] N Sport karaté m

kebab [kə'bæb] N brochette f; **doner k.** sandwich m grec; **shish k.** chiche-kébab m

keel [kiːl] 1 N (of boat) quille f 2 VI **to k. over** (of boat) chavirer

keen [kiːn] ADJ (a) Br (eager, enthusiastic) plein d'enthousiasme; **to be k. on sth** (music, sport) être passionné de qch; **he is k. on her/the idea** elle/l'idée lui plaît beaucoup; **to be k. on doing sth** (habitually) adorer faire qch; (want to do) avoir très envie de faire qch; **to be k. to do sth** avoir très envie de faire qch (b) (edge, appetite) aiguisé; (interest, feeling) vif (f vive); (mind) pénétrant; (wind) glacial ■ **keenly** ADV Br (work) avec enthousiasme; (feel, interest) vivement

keep [kiːp] 1 (pt & pp **kept**) VT garder; (shop, car) avoir; (diary, promise) tenir; (family) entretenir; (rule) respecter; (feast day) célébrer; (birthday) fêter; (delay, detain) retenir; (put) mettre; **to k. doing sth** continuer à faire qch; **to k. sth clean** garder qch propre; **to k. sth from sb** dissimuler qch à qn; **to k. sb from doing sth** empêcher qn de faire qch; **to k. sb waiting/working** faire attendre/travailler qn; **to k. sth going** (engine, machine) laisser qch en marche; **to k. an appointment** se rendre à un rendez-vous 2 VI (remain) rester; (continue) continuer; (of food) se conserver; **how is he keeping?** comment va-t-il?; **to k. still** rester immobile; **to k. left** tenir sa gauche; **to k. from doing sth** s'abstenir de faire qch; **to k. going** continuer 3 N (food) subsistance f; Fam **for keeps** pour toujours

▸ **keep away** 1 VT (person) éloigner (**from** de) 2 VI ne pas s'approcher (**from** de)

▸ **keep back** 1 VT SEP (crowd) contenir; (delay, withhold) retarder; (hide) cacher (**from** à) 2 VI ne pas s'approcher (**from** de)

▸ **keep down** VT SEP (restrict) limiter; (control) maîtriser; (price, costs) maintenir bas

▸ **keep in** VT SEP empêcher de sortir

▸ **keep off** 1 VT SEP (person) éloigner; **k. your hands off!** n'y touche pas! 2 VT INSEP **'k. off the grass'** 'défense de marcher sur les pelouses' 3 VI (not go near) ne pas s'approcher; **if the rain keeps off** s'il ne pleut pas

▸ **keep on** 1 VT SEP (hat, employee) garder; **to k. on doing sth** continuer à faire qch 2 VI **to k. on at sb** harceler qn

▸ **keep out** 1 VT SEP empêcher d'entrer 2 VI rester en dehors (**of** de)

▸ **keep to** 1 VT INSEP (subject, path) ne pas s'écarter de; (room) garder 2 VI **to k. to the left** tenir la gauche; **to k. to oneself** rester à l'écart

▸ **keep up** 1 VT SEP (continue, maintain) continuer (**doing** à faire); (keep awake) empêcher de dormir; **to k. up appearances** sauver les apparences 2 VI (continue) continuer; (follow) suivre; **to k. up with sb** (follow) aller à la même allure que qn; (in quality of work) se maintenir à la hauteur de qn

keeper ['kiːpə(r)] N (in park, zoo) & Football gardien, -ienne mf

keeping ['kiːpɪŋ] N **in k. with** conformément à

keepsake ['kiːpseɪk] N souvenir m

keg [keg] N baril m

kennel ['kenəl] N Br niche f; (for boarding dogs) chenil m; Br **kennels** chenil

Kenya ['kiːnjə, 'kenjə] N le Kenya ■ **Kenyan 1** ADJ kenyan 2 N Kenyan, -ane mf

kept [kept] 1 PT & PP of **keep** 2 ADJ **well** or **nicely k.** (house) bien tenu

kerb [kɜːb] N Br bord m du trottoir

kernel ['kɜːnəl] N (of nut) amande f

kerosene ['kerəsiːn] N Am (paraffin) pétrole m (lampant); (aviation fuel) kérosène m

ketchup ['ketʃəp] N ketchup m

kettle ['ketəl] N bouilloire f; **the k. is boiling** l'eau bout; **to put the k. on** mettre l'eau à chauffer

key [kiː] 1 N clef f, clé f; (of piano, typewriter, computer) touche f 2 ADJ (industry, post) clef f inv, clé f inv; **k. person** pivot m; Br Sch **k. stage** étape f clé de la scolarité 3 VT **to k. in** (data) saisir ■ **keyboard 1** N (of piano, computer) clavier m; **k. operator** opérateur, -trice mf de saisie 2 VT (data) faire la saisie de ■ **keyhole** N trou m de serrure ■ **keynote** N (of speech) point m essentiel; **k. speech** discours m introductif ■ **keyring** N porte-clefs m inv

khaki ['kɑːkɪ] ADJ & N kaki (m inv)

kick [kɪk] **1** N coup m de pied; (of horse) ruade f; Fam **to get a k. out of doing sth** prendre son pied à faire qch; Fam **for kicks** pour le plaisir; **k. boxing** boxe f française **2** VT donner un coup de pied/des coups de pied à; (of horse) lancer une ruade à **3** VI donner des coups de pied; (of horse) ruer ■ **kickback** N Fam (bribe) pot-de-vin m ■ **kickoff** N Football coup m d'envoi

▸ **kick back** VT SEP (ball) renvoyer (du pied)

▸ **kick down**, **kick in** VT SEP (door) démolir à coups de pied

▸ **kick off** VI Football donner le coup d'envoi; Fam (start) démarrer

▸ **kick out** VT SEP Fam (throw out) flanquer dehors

▸ **kick up** VT SEP Br Fam **to k. up a fuss/row** faire des histoires/du vacarme

kid [kɪd] **1** N (a) Fam (child) gosse mf; Am Fam **my k. brother** mon petit frère (b) (goat) chevreau m **2** (pt & pp **-dd-**) VT I Fam (joke, tease) faire marcher; **to k. oneself** se faire des illusions; **to be kidding** plaisanter; **no kidding!** sans blague!

kidnap ['kɪdnæp] (pt & pp **-pp-**) VT kidnapper ■ **kidnapper** N ravisseur, -euse mf ■ **kidnapping** N enlèvement m

kidney ['kɪdnɪ] (pl **-eys**) N rein m; (as food) rognon m; **on a k. machine** sous rein artificiel; **k. failure** insuffisance f rénale; **k. bean** haricot m rouge

kill [kɪl] **1** N mise f à mort; (prey) tableau m de chasse **2** VT (person, animal, plant) tuer; Fig (rumour) étouffer; Fam (engine) arrêter; **to k. oneself** se tuer; Fam **my feet are killing me** j'ai les pieds en compote; **to k. time** tuer le temps; **to k. off** (bacteria) & Fig détruire **3** VI tuer; Fam **I'd k. for a beer** je me damnerais pour une bière ■ **killer** N tueur m, tueuse f; Fam (difficult question) colle f; Fam (tiring experience) **that walk was a k.!** cette promenade était vraiment crevante ■ **killing** N (of person) meurtre m; (of group) massacre m; (of animal) mise f à mort; **to make a k.** (financially) faire un bénéfice énorme

killjoy ['kɪldʒɔɪ] N rabat-joie m inv

kiln [kɪln] N four m

kilo ['kiːləʊ] (pl **-os**) N kilo m ■ **kilogram(me)** ['kɪləʊgræm] N kilogramme m

kilobyte ['kɪləbaɪt] N Comptr kilo-octet m

kilometre, Am **kilometer** [kɪˈlɒmɪtə(r)] N kilomètre m

kilowatt ['kɪləʊwɒt] N kilowatt m

kilt [kɪlt] N kilt m

kin [kɪn] N Formal (relatives) parents mpl; **one's next of k.** son plus proche parent

kind¹ [kaɪnd] N (sort, type) genre m, espèce f (**of** de); **to pay in k.** payer en nature; **what k. of drink is it?** qu'est-ce que c'est comme boisson?;

that's the k. of man he is il est comme ça; **it's the only one of its k., it's one of a k.** c'est unique en son genre

kind² [kaɪnd] (**-er**, **-est**) ADJ (helpful, pleasant) gentil, -ille (**to** avec); **that's k. of you** c'est gentil de votre part; **would you be so k. as to…?** auriez-vous la bonté de…? ■ **'kind-'hearted** ADJ qui a bon cœur

kindergarten ['kɪndəgɑːtən] N jardin m d'enfants

kindly ['kaɪndlɪ] **1** ADV gentiment; **not to take k. to sth** ne pas apprécier qch **2** ADJ (person) bienveillant

kindness ['kaɪndnɪs] N gentillesse f

kindred ['kɪndrɪd] ADJ du même genre, de la même nature; **k. spirits** âmes fpl sœurs

king [kɪŋ] N roi m ■ **king-size(d)** ADJ (pack) géant; (bed) grand format; (cigarette) long (f longue)

kingdom ['kɪŋdəm] N royaume m; **animal/plant k.** règne m animal/végétal

kingfisher ['kɪŋfɪʃə(r)] N martin-pêcheur m

kink [kɪŋk] N (in rope) boucle f

kinky ['kɪŋkɪ] (**-ier**, **-iest**) ADJ (person) qui a des goûts bizarres; (clothes, tastes) bizarre

kiosk ['kiːɒsk] N kiosque m; Br (telephone) k. cabine f téléphonique

kip [kɪp] (pt & pp **-pp-**) Br Fam **1** N (sleep) **to have a k.** piquer un roupillon **2** VI (sleep) roupiller

kipper ['kɪpə(r)] N hareng m salé et fumé

kiss [kɪs] **1** N baiser m; **the k. of life** (in first aid) le bouche-à-bouche **2** VT (person) embrasser; **to k. sb's hand** baiser la main de qn; **to k. sb goodbye** dire au revoir à qn en l'embrassant **3** VI s'embrasser

kit [kɪt] **1** N équipement m, matériel m; (set of articles) trousse f; Br (belongings) affaires fpl; Br (sports clothes) tenue f; **first-aid k.** trousse de pharmacie; **tool k.** trousse à outils; (**do-it-yourself**) **k.** kit m **2** (pt & pp **-tt-**) VT Br **to k. sb out** équiper qn (**with** de)

kitchen ['kɪtʃɪn] N cuisine f; **k. cabinet** buffet m de cuisine; **k. garden** jardin m potager; **k. sink** évier m; **k. units** éléments mpl de cuisine ■ **kitche'nette** N coin-cuisine m

kite [kaɪt] N (toy) cerf-volant m

kitten ['kɪtən] N chaton m

kitty ['kɪtɪ] (pl **-ies**) N (a) Fam (cat) minou m (b) (fund) cagnotte f

kiwi ['kiːwiː] N (bird, fruit) kiwi m

km (abbr **kilometre**) km

knack [næk] N (skill) talent m; **to have the k. of doing sth** avoir le don de faire qch

knackered ['nækəd] ADJ Br Fam (tired) crevé ■ **knackering** ADJ Br Fam crevant

knead [niːd] vt (dough) pétrir

knee [niː] n genou m; **to go down on one's knees** s'agenouiller; **k. pad** genouillère f ∎ **kneecap** n rotule f ∎ **'knee-'deep** ADJ (in water, snow) jusqu'aux genoux ∎ **knees-up** n Br Fam (party) soirée f

kneel [niːl] (pt & pp **knelt** or **kneeled**) vi **to k. (down)** s'agenouiller (**before** devant); **to be kneeling (down)** être à genoux

knell [nel] n Literary glas m

knelt [nelt] PT & PP of **kneel**

knew [n(j)uː] PT of **know**

knickers ['nɪkəz] NPL Br (underwear) culotte f (de femme)

knick-knack ['nɪknæk] n Fam babiole f

knife [naɪf] 1 (pl **knives**) n couteau m; (penknife) canif m 2 vt poignarder

knight [naɪt] 1 n chevalier m; Chess cavalier m 2 vt Br **to be knighted** être fait chevalier ∎ **knighthood** n titre m de chevalier

knit [nɪt] (pt & pp **-tt-**) 1 vt tricoter; **to k. one's brow** froncer les sourcils 2 vi tricoter; **to k. (together)** (of bones) se ressouder ∎ **knitting** n (activity, material) tricot m; **k. needle** aiguille f à tricoter ∎ **knitwear** n lainages mpl

knob [nɒb] n (on door) poignée f; (on cane) pommeau m; (on radio) bouton m; **k. of butter** noix f de beurre

knock [nɒk] 1 n (blow) coup m; **there's a k. at the door** on frappe à la porte; **I heard a k.** j'ai entendu frapper 2 vt (strike) frapper; (collide with) heurter; Fam (criticize) critiquer; **to k. sb to the ground** faire tomber qn en le frappant 3 vi (strike) frapper; **to k. against** or **into sth** heurter qch ∎ **knockdown** ADJ Br **k. price** prix m imbattable ∎ **knockout** n Boxing knock-out m inv; Fam **to be a k.** (of person, film) être formidable

▸ **knock about 1** vt sep (ill-treat) malmener **2** vi Fam (travel) bourlinguer; Fam (lie around, stand around) traîner

▸ **knock back** vt sep Br Fam (drink, glass) s'envoyer (derrière la cravate)

▸ **knock down** vt sep (object, pedestrian) renverser; (house, tree, wall) abattre; (price) baisser

▸ **knock off 1** vt sep (person, object) faire tomber (**from** de); Fam (do quickly) expédier; Br Fam (steal) piquer; **to k. £5 off (the price)** baisser le prix de 5 livres **2** vi Fam (stop work) s'arrêter de travailler

▸ **knock out** vt sep (make unconscious) assommer; Boxing mettre K.-O.; (beat in competition) éliminer; Fam **to k. oneself out** s'esquinter (**doing** à faire)

▸ **knock over** vt sep (pedestrian, object) renverser

▸ **knock up** vt sep Br Fam (meal) préparer en vitesse

knocker ['nɒkə(r)] n (for door) marteau m

knot [nɒt] 1 n (a) (in rope, hair) nœud m; **to tie a k.** faire un nœud; Fig **to tie the k.** se marier (b) Naut (unit of speed) nœud m 2 (pt & pp **-tt-**) vt nouer ∎ **knotty** (**-ier, -iest**) ADJ (rope, hair) plein de nœuds; (wood) noueux, -euse; Fig (problem) épineux, -euse

know [nəʊ] 1 n Fam **to be in the k.** être au courant

2 (pt **knew**, pp **known**) vt (facts, language) savoir; (person, place) connaître; (recognize) reconnaître (**by** à); **to k. that...** savoir que...; **to k. how to do sth** savoir faire qch; **I'll let you k.** je vous le ferai savoir; **to k. (a lot) about** (person, event) en savoir long sur; **to k. (a lot) about cars/sewing** s'y connaître en voitures/couture; **to get to k. (about) sth** apprendre qch; **to get to k. sb** apprendre à connaître qn

3 vi savoir; **I k.** je (le) sais; **I wouldn't k., I k. nothing about it** je n'en sais rien; **to k. about sth** être au courant de qch; **to k. of** (have heard of) avoir entendu parler de; **do you k. of a good dentist?** connais-tu un bon dentiste?; **you (should) k. better than to do that** tu es trop intelligent pour faire ça ∎ **know-all** n Fam Pej je-sais-tout mf inv ∎ **know-how** n Fam savoir-faire m inv ∎ **knowing** ADJ (smile, look) entendu ∎ **knowingly** ADV (consciously) sciemment ∎ **know-it-all** n Fam Pej je-sais-tout mf inv ∎ **known** ADJ connu; **a k. expert** un expert reconnu; **she is k. to be...** on sait qu'elle est...

knowledge ['nɒlɪdʒ] n (of fact) connaissance f; (learning) connaissances fpl, savoir m; **to (the best of) my k.** à ma connaissance; **without sb's k.** à l'insu de qn; **to have no k. of sth** ignorer qch; **general k.** culture f générale ∎ **knowledgeable** ADJ savant; **to be k. about sth** bien s'y connaître en qch

known [nəʊn] PP of **know**

knuckle ['nʌkəl] n articulation f (du doigt)

▸ **knuckle down** vi Fam se mettre au boulot; **to k. down to sth** se mettre à qch

Koran [kə'rɑːn] n **the K.** le Coran

Korea [kə'rɪə] n la Corée ∎ **Korean 1** ADJ coréen, -enne **2** n (person) Coréen, -enne mf; (language) coréen m

kosher ['kəʊʃə(r)] ADJ Rel (food) kasher inv; Fam (legitimate) réglo

kudos ['kjuːdɒs] n (glory) gloire f; (prestige) prestige m

Kuwait [kʊ'weɪt] n le Koweït ∎ **Kuwaiti 1** ADJ koweïtien, -ienne **2** n Koweïtien, -ienne mf

L, l [el] N *(letter)* L, l *m inv; Br* **L-plate** = plaque apposée sur une voiture pour signaler que le conducteur est en conduite accompagnée

lab [læb] N *Fam* labo *m* ▪ **laboratory** [*Br* lə'bɒrətərɪ, *Am* 'læbrətɔːrɪ] N laboratoire *m*; **l. assistant** laborantin, -ine *mf*

label ['leɪbəl] **1** N étiquette *f*; *(of record company)* label *m* **2** (*Br* -**ll**-, *Am* -**l**-) **v**t étiqueter; *Fig (person)* cataloguer; *Fig* **to l. sb as a liar** qualifier qn de menteur

laborious [lə'bɔːrɪəs] ADJ laborieux, -ieuse

labour, *Am* **labor** ['leɪbə(r)] **1** N *(work)* travail *m*; *(workers)* main-d'œuvre *f*; *Br* **L.** *(political party)* le parti travailliste; **in l.** *(woman)* en train d'accoucher **2** ADJ *(market)* du travail; *(relations)* ouvriers-patronat *inv*; **l. dispute** conflit *m* social; **l. force** effectifs *mpl* **3** **v**t **to l. a point** insister sur un point **4** **v**i *(toil)* peiner (**over** sur) ▪ **labourer,** *Am* **laborer** N *(on roads)* manœuvre *m*; *(on farm)* ouvrier *m* agricole

labyrinth ['læbərɪnθ] N labyrinthe *m*

lace [leɪs] **1** N (**a**) *(cloth)* dentelle *f* (**b**) *(of shoe)* lacet *m* **2** **v**t (**a**) **to l. (up)** *(tie up)* lacer (**b**) *(drink)* additionner (**with** de)

lack [læk] **1** N manque *m* (**of** de); **for l. of sth** à défaut de qch **2** **v**t manquer de **3** **v**i **to be lacking** manquer (**in** de); **they l. for nothing** ils ne manquent de rien

lacklustre, *Am* **lackluster** ['lækl^stə(r)] ADJ terne

lad [læd] N *Fam (young man)* jeune gars *m*; *(child)* garçon *m*; **when I was a l.** quand j'étais gamin; **come on lads!** allez les mecs!

ladder ['lædə(r)] **1** N échelle *f*; *Br (in tights)* maille *f* filée **2** **v**ti *Br* filer

laden ['leɪdən] ADJ chargé (**with** de)

ladle ['leɪdəl] N louche *f*

▸ **ladle out** **v**t SEP *(soup)* servir (avec une louche)

lady ['leɪdɪ] *(pl* -**ies**) N dame *f*; **a young l.** une jeune fille; *(married)* une jeune dame; **Ladies and Gentlemen!** Mesdames, Mesdemoiselles, Messieurs!; **l. friend** amie *f*; **the ladies' room,** *Br* **the ladies** les toilettes *fpl* pour dames

ladybird ['leɪdɪbɜːd], *Am* **ladybug** ['leɪdɪbʌg] N coccinelle *f*

ladylike ['leɪdɪlaɪk] ADJ *(manner)* distingué; **she's (very) l.** elle fait très grande dame

lag [læg] **1** N **time l.** *(between events)* décalage *m*; *(between countries)* décalage horaire **2** *(pt & pp* -**gg**-) **v**t *(pipe)* isoler **3** **v**i **to l. behind** *(in progress, work)* avoir du retard; *(dawdle)* être à la traîne; **to l. behind sb** être à la traîne derrière qn

lager ['lɑːgə(r)] N *Br* bière *f* blonde

lagoon [lə'guːn] N lagune *f*; *(of atoll)* lagon *m*

laid [leɪd] PT & PP of **lay³** ▪ **'laid-'back** ADJ *Fam* cool *inv*

lain [leɪn] PP of **lie²**

lair [leə(r)] N tanière *f*

lake [leɪk] N lac *m*

lamb [læm] N agneau *m* ▪ **lambswool** N lambswool *m*; **l. sweater** pull *m* en lambswool

lame [leɪm] (-**er**, -**est**) ADJ *(person, argument)* boiteux, -euse; *(excuse)* piètre; *Fam (stupid)* cloche, nouille; **to be l.** boiter; *Am Pol* **l. duck** = candidat sortant non réélu

lament [lə'ment] **1** N lamentation *f* **2** **v**t **to l. (over)** se lamenter sur

laminated ['læmɪneɪtɪd] ADJ *(glass)* feuilleté; *(wood, plastic)* stratifié

lamp [læmp] N lampe *f* ▪ **lamppost** N réverbère *m* ▪ **lampshade** N abat-jour *m inv*

lance [lɑːns] **1** N *(weapon)* lance *f* **2** **v**t *(abscess)* inciser

land [lænd] **1** N terre *f*; *(country)* pays *m*; **(plot of) l.** terrain *m*; **on dry l.** sur la terre ferme

2 ADJ *(transport, flora)* terrestre; *(reform, law)* agraire; *(tax)* foncier, -ière

3 **v**t *(passengers, cargo)* débarquer; *(aircraft)* poser; *(blow)* flanquer (**on** à); *Fam (job, prize)* décrocher; *Fam* **to be landed with** *(person)* avoir sur les bras; *(fine)* écoper de

4 **v**i *(of aircraft)* atterrir; *(of ship)* mouiller; *(of passengers)* débarquer; *(of bomb, missile)* tomber; **to l. up in a ditch/in jail** se retrouver dans un fossé/en prison ▪ **landing** N (**a**) *(of aircraft)* atterrissage *m*; *(of cargo, troops)* débarquement *m*; **l. stage** débarcadère *m* (**b**) *(of staircase)* palier *m* ▪ **landlady** *(pl* -**ies**) N propriétaire f; (of pub) patronne f ■ **landlocked** ADJ sans accès à la mer ■ **landlord** N propriétaire m; (of pub) patron m ■ **landmark** N point m de repère ■ **landowner** N propriétaire m foncier ■ **landslide** N (falling rocks) glissement m de terrain; (election victory) raz de marée m inv électoral

landed ['lændɪd] ADJ (owning land) terrien, -ienne

landscape ['lændskeɪp] N paysage m

lane [leɪn] N (in country) chemin m; (in town) ruelle f; (division of road) voie f; (line of traffic) file f; (for aircraft, shipping, swimming) couloir m; **'get in l.'** (traffic sign) 'prenez votre file'

language ['læŋgwɪdʒ] **1** N (of a people) langue f; (faculty, style) langage m **2** ADJ (laboratory) de langues; (teacher, studies) de langue(s)

languish ['læŋgwɪʃ] VI languir (**for** or **after** après)

lank [læŋk] ADJ (hair) plat et terne

lanky ['læŋkɪ] (-ier, -iest) ADJ dégingandé

lantern ['læntən] N lanterne f; **Chinese l.** lampion m

lap [læp] **1** N (**a**) (of person) genoux mpl; **in the l. of luxury** dans le luxe; **l. dancer** = entraîneuse qui danse nue pour un client (**b**) (in race) tour m de piste **2** (pt & pp **-pp-**) VT **to l. up** (drink) laper; Fam (like very much) se délecter de; Fam (believe) gober **3** VI (of waves) clapoter; **to l. over** (overlap) se chevaucher

lapdog ['læpdɒg] N chien m d'appartement; Fig toutou m

lapel [lə'pel] N revers m

lapse [læps] **1** N (**a**) (in concentration, standards) baisse f; **a l. of memory** un trou de mémoire; **a l. in behaviour** un écart de conduite (**b**) (interval) laps m de temps; **a l. of time** un intervalle (**between** entre) **2** VI (**a**) (of concentration, standards) baisser; (of person) retomber (**into** dans un travers); **to l. into silence** se taire; **to l. into bad habits** reprendre de mauvaises habitudes (**b**) (expire) (of ticket, passport, subscription) expirer

laptop ['læptɒp] ADJ & N **l. (computer)** ordinateur m portable

lard [lɑːd] N saindoux m

Note that the French word **lard** is a false friend. Its most common meaning is **bacon**.

larder ['lɑːdə(r)] N garde-manger m inv

large [lɑːdʒ] (-er, -est) ADJ (big) grand; (fat, bulky) gros (f grosse); (quantity) grand, important; **to become** or **grow** or **get l.** s'agrandir; (of person) grossir; **to a l. extent** en grande partie; **at l.** (of prisoner, animal) en liberté; (as a whole) en géné-

ral; **by and l.** dans l'ensemble ■ **'large-'scale** ADJ (operation, reform) de grande envergure

largely ['lɑːdʒlɪ] ADV en grande partie

Note that the French word **largement** is a false friend. It means **widely** or **generously** depending on the context.

lark[1] [lɑːk] N (bird) alouette f

lark[2] [lɑːk] Fam **1** N (joke) rigolade f **2** VI Br **to l. about** faire le fou/la folle

larva ['lɑːvə] (pl -**vae** [-viː]) N larve f

larynx ['lærɪŋks] N larynx m ■ **laryngitis** [-rɪn'dʒaɪtɪs] N Med laryngite f

lasagne [lə'zænjə] N lasagnes fpl

lascivious [lə'sɪvɪəs] ADJ lascif, -ive

laser ['leɪzə(r)] N laser m; **l. beam/printer/ pointer** rayon m/imprimante f/pointeur m laser; **l. surgery** chirurgie f au laser

lash[1] [læʃ] **1** N (with whip) coup m de fouet **2** VT (strike) fouetter; (tie) attacher (**to** à); **the dog lashed its tail** le chien donna un coup de queue **3** VI to **l. out** (spend wildly) claquer son argent; **to l. out at sb** (hit) donner des coups à qn; (insult) s'en prendre violemment à qn; (criticize) fustiger qn

lash[2] [læʃ] N (eyelash) cil m

lashings ['læʃɪŋz] NPL Br Fam **l. of cream/jam** une tonne de crème/confiture

lass [læs] N Br jeune fille f

lasso [læ'suː] **1** (pl **-oes** or **-os**) N lasso m **2** (pt & pp **-oed**) VT attraper au lasso

last[1] [lɑːst] **1** ADJ dernier, -ière; **the l. ten lines** les dix dernières lignes; **l. night** (evening) hier soir; (night) la nuit dernière **2** ADV (lastly) en dernier lieu; (on the last occasion) (pour) la dernière fois; **to leave l.** sortir le dernier; **when I saw him l.** la dernière fois que je l'ai vu **3** N (person, object) dernier, -ière mf; **l. but one** avant-dernier m (f avant-dernière); **that's the l. of the beer** on a fini la bière; **at (long) l.** enfin ■ **'last-'minute** ADJ (decision) de dernière minute

last[2] [lɑːst] VI durer; **to l. (out)** (endure, resist) tenir (le coup); (of money, supplies) suffire; **it lasted me ten years** ça m'a fait dix ans ■ **lasting** ADJ (impression, peace) durable

lastly ['lɑːstlɪ] ADV en dernier lieu

latch [lætʃ] **1** N loquet m; **the door is on the l.** la porte n'est pas fermée à clef **2** VT INSEP Fam **to l. onto** (understand) piger; (grab) s'accrocher à; (adopt) adopter

late[1] [leɪt] **1** (-er, -est) ADJ (not on time) en retard (**for** à); (meal, fruit, season, hour) tardif, -ive; (stage) avancé; (edition) dernier, -ière; **to be l. (for sth)** être en retard (pour qch); **he's an hour l.** il a une heure de retard; **it's l.** il est tard; **in l. June** fin juin;

in the l. nineties à la fin des années 90; **to be in one's l. forties** approcher de la cinquantaine; **a later edition** *(more recent)* une édition plus récente; **the latest edition** *(last)* la dernière édition; **at a later date** à une date ultérieure; **at the latest** au plus tard **2 ADV** *(in the day, season)* tard; *(not on time)* en retard; **it's getting l.** il se fait tard; **l. into the night** jusqu'à une heure avancée de la nuit; **l. in the year** vers la fin de l'année; **later (on)** plus tard; **of l.** récemment; **not** *or* **no later than** pas plus tard que

late² [leɪt] **ADJ the l. Mr Smith** feu Monsieur Smith; **our l. friend** notre regretté ami

latecomer [ˈleɪtkʌmə(r)] **N** retardataire *mf*

lately [ˈleɪtlɪ] **ADV** dernièrement

latent [ˈleɪtənt] **ADJ** *(disease, tendency)* latent

lateral [ˈlætərəl] **ADJ** latéral

lathe [leɪð] **N** *(machine)* tour *m*

lather [ˈlɑːðə(r)] **1 N** mousse *f* **2 VT** savonner **3 VI** mousser

Latin [ˈlætɪn] **1 ADJ** latin; **L. America** l'Amérique *f* latine **2 N** *(person)* Latin, -ine *mf*; *(language)* latin *m* ■ **Latin American 1 ADJ** d'Amérique latine **2 N** Latino-Américain, -aine *mf*

latitude [ˈlætɪtjuːd] **N** *(on map, freedom)* latitude *f*

latte [ˈlæteɪ] **N** café *m* au lait

latter [ˈlætə(r)] **1 ADJ** *(later, last-named)* dernier, -ière; *(second)* deuxième; **the l. part of June** la deuxième moitié du mois de juin **2 N the l.** le dernier (*f* la dernière); *(of two)* le second (*f* la seconde) ■ **latterly ADV** *(recently)* récemment, dernièrement

lattice [ˈlætɪs] **N** treillis *m*

Latvia [ˈlætvɪə] **N** Lettonie *f* ■ **Latvian 1 ADJ** letton, -onne **2 N** *(person)* Letton, -onne *mf*; *(language)* letton *m*

laudable [ˈlɔːdəbəl] **ADJ** louable

laugh [lɑːf] **1 N** rire *m*; **to have a good l.** bien rire **2 VT to l. sth off** tourner qch en plaisanterie; *Fam* **to l. one's head off** être mort de rire **3 VI** rire (**at/about** de); **to l. to oneself** rire en soi-même ■ **laughing ADJ** riant; **it's no l. matter** il n'y a pas de quoi rire; **to be the l. stock of** être la risée de

laughable [ˈlɑːfəbəl] **ADJ** ridicule

laughter [ˈlɑːftə(r)] **N** rire(s) *m(pl)*; **to roar with l.** rire aux éclats

launch [lɔːntʃ] **1 N (a)** *(motorboat)* vedette *f*; *(pleasure boat)* bateau *m* de plaisance **(b)** *(of ship, rocket, product)* lancement *m*; **l. pad** aire *f* de lancement **2 VT** *(ship, rocket, product)* lancer **3 VI to l. (out) into** *(begin)* se lancer dans

launder [ˈlɔːndə(r)] **VT** *(clothes, money)* blanchir

launderette [lɔːndəˈret], *Am* **Laundromat®** [ˈlɔːndrəmæt] **N** laverie *f* automatique

laundry [ˈlɔːndrɪ] **N** *(place)* blanchisserie *f*; *(clothes)* linge *m*; **to do the l.** faire la lessive

laurel [ˈlɒrəl] **N** laurier *m*; *Fig* **to rest on one's laurels** se reposer sur ses lauriers

lava [ˈlɑːvə] **N** lave *f*

lavatory [ˈlævətərɪ] *(pl* **-ies)** **N** toilettes *fpl*

lavender [ˈlævɪndə(r)] **N** lavande *f*

lavish [ˈlævɪʃ] **1 ADJ** prodigue (**with** de); *(meal, décor, gift)* somptueux, -ueuse; *(expenditure)* excessif, -ive **2 VT to l. sth on sb** couvrir qn de qch

law [lɔː] **N** *(rule, rules)* loi *f*; *(study, profession, system)* droit *m*; **against the l.** illégal; **to break the l.** enfreindre la loi; **court of l., l. court** cour *f* de justice; **l. and order** l'ordre *m* public; **l. firm** cabinet *m* d'avocat; *Am* **l. school** faculté *f* de droit ■ **law-abiding ADJ** respectueux, -ueuse des lois

lawful [ˈlɔːfəl] **ADJ** *(action, age)* légal; *(wife, claim)* légitime

lawless [ˈlɔːləs] **ADJ** *(country)* anarchique

lawn [lɔːn] **N** pelouse *f*, gazon *m*; **l. mower** tondeuse *f* à gazon; **l. tennis** tennis *m*

lawsuit [ˈlɔːsuːt] **N** procès *m*

lawyer [ˈlɔːjə(r)] **N** *(in court)* avocat, -ate *mf*; *(for wills, sales)* notaire *m*; *(legal expert, author)* juriste *m*

lax [læks] **ADJ** *(person)* laxiste; *(discipline, behaviour)* relâché; **to be l. in doing sth** négliger de faire qch

laxative [ˈlæksətɪv] **1 ADJ** laxatif, -ive **2 N** laxatif *m*

lay¹ [leɪ] **PT of lie²**

lay² [leɪ] **ADJ** *(non-religious)* laïque; *(non-specialized)* *(opinion)* d'un profane; **l. person** profane *mf* ■ **layman** *(pl* **-men)** **N** *(non-specialist)* profane *mf*

lay³ [leɪ] *(pt & pp* **laid)** **1 VT** *(put down, place)* poser; *(blanket)* étendre (**over** sur); *(trap)* tendre; *(money)* miser (**on** sur); *(accusation)* porter; *(ghost)* exorciser; *(egg)* pondre; **to l. sth flat** poser qch à plat; *Br* **to l. the table** mettre la table; **to l. sth bare** mettre qch à nu; **to l. one's hands on sth** mettre la main sur qch **2 VI** *(of bird)* pondre ■ **layabout N** *Fam* fainéant, -éante *mf* ■ **lay-by** *(pl* **-bys)** **N** *Br (for vehicles)* aire *f* de stationnement ■ **layout N** disposition *f*; *(of text)* mise *f* en page

▸ **lay down VT SEP** *(put down)* poser; *(arms)* déposer; *(principle, condition)* établir; **to l. down one's life** sacrifier sa vie (**for** pour); **to l. down the law** dicter sa loi (**to** à)

▸ **lay into VT INSEP** *Fam (physically)* rosser; *(verbally)* voler dans les plumes à

▸ **lay off 1** VT SEP **to l. sb off** (worker) licencier qn **2** VT INSEP Fam (stop) arrêter; Fam **to l. off sb** (leave alone) ficher la paix à **3** VI Fam (desist) arrêter; **l. off!** (don't touch) pas touche!

▸ **lay on** VT SEP Br (install) installer; (supply) fournir; Fam **to l. it on** (thick) y aller un peu fort

▸ **lay out** VT SEP (garden) dessiner; (house) concevoir; (prepare) préparer; (display) disposer; Fam (money) mettre (**on** dans)

layer ['leɪə(r)] N couche f

laze [leɪz] VI **to l.** (about or around) paresser

lazy ['leɪzɪ] (**-ier, -iest**) ADJ (person) paresseux, -euse; (afternoon) passé à ne rien faire ▪ **lazybones** N Fam flemmard, -arde mf

lb (abbr libra) livre f (unité de poids)

lead¹ [led] N (metal) plomb m; (of pencil) mine f; **l. pencil** crayon m à papier ▪ **leaded** ADJ (petrol) au plomb ▪ **'lead-'free** ADJ (petrol, paint) sans plomb

lead² [li:d] **1** N (distance or time ahead) avance f (**over** sur); (example) exemple m; (clue) indice m; (in film) rôle m principal; Br (for dog) laisse f; (electric wire) fil m électrique; **to take the l.** (in race) prendre la tête; (in match) mener (à la marque) **2** (pt & pp **led**) VT (guide, conduct, take) mener, conduire (**to** à); (team, government) diriger; (expedition, attack) commander; (procession) être en tête de; **to l. a happy life** mener une vie heureuse; **to l. sb in/out** faire entrer/sortir qn; **to l. the way** montrer le chemin **3** VI (of street, door) mener, conduire (**to** à); (in race) être en tête; (in match) mener (à la marque); (go ahead) aller devant; **to l. to sth** (result in) aboutir à qch; (cause) mener à qch; **to l. up to** (of street) conduire à, mener à; (precede) précéder; (approach gradually) en venir à

▸ **lead away** VT SEP emmener

▸ **lead back** VT SEP ramener

▸ **lead off** VT SEP emmener

▸ **lead on** VT SEP (deceive) tromper, duper

leader ['li:də(r)] N (**a**) chef m; (of country, party) dirigeant, -ante mf; (of strike, riot) meneur, -euse mf; (guide) guide m; **to be the l.** (in race) être en tête (**b**) Br (newspaper article) éditorial m ▪ **leadership** N direction f; (qualities) qualités fpl de chef; (leaders) (of country, party) dirigeants mpl

leading ['li:dɪŋ] ADJ (best, most important) principal; **the l. car** la voiture de tête; **a l. figure, a l. light** un personnage marquant; **the l. lady** (in film) le premier rôle féminin; Br **l. article** (in newspaper) éditorial m

leaf [li:f] **1** (pl **leaves**) N feuille f; (of book) feuillet m; (of table) rallonge f **2** VI **to l. through** (book) feuilleter ▪ **leafy** (**-ier, -iest**) ADJ (tree) feuillu

leaflet ['li:flɪt] N prospectus m; (containing instructions) notice f

league [li:g] N (**a**) (alliance) ligue f; Sport championnat m; Pej **in l. with** de connivence avec (**b**) Hist (measure) lieue f

leak [li:k] **1** N (in pipe, information) fuite f; (in boat) voie f d'eau **2** VT Fig (information) divulguer; **the pipe was leaking gas** du gaz fuyait du tuyau **3** VI (of liquid, pipe, tap) fuir; (of ship) faire eau; Fig **to l. out** (of information) être divulgué ▪ **leakage** [-ɪdʒ] N fuite f; (amount lost) perte f ▪ **leaky** (**-ier, -iest**) ADJ (kettle, pipe, tap) qui fuit; (roof) a une fuite

lean¹ [li:n] (**-er, -est**) ADJ (meat) maigre; (person) mince; (year) difficile

lean² [li:n] (pt & pp **leaned** or **leant** [lent]) **1** VT **to l. sth on/against sth** appuyer qch sur/contre qch **2** VI (of object) pencher; (of person) se pencher; **to l. against/on sth** (of person) s'appuyer contre/sur qch; **to l. back against** s'adosser à; **to l. forward** (of person) se pencher (en avant); **to l. over** (of person) se pencher; (of object) pencher ▪ **leaning** ADJ penché; **l. against** (resting) appuyé contre ▪ **leanings** NPL tendances fpl (**towards** à) ▪ **lean-to** (pl **-tos**) N Br (building) appentis m

leap [li:p] **1** N (jump) bond m, saut m; Fig (change, increase) bond m; **l. year** année f bissextile; **in leaps and bounds** à pas de géant **2** (pt & pp **leaped** or **leapt**) VI bondir, sauter; (of flames) jaillir; (of profits) faire un bond; **to l. for joy** sauter de joie; **to l. to one's feet, to l. up** se lever d'un bond

leapfrog ['li:pfrɒg] N saute-mouton m; **to play l.** jouer à saute-mouton

leapt [lept] PT & PP of **leap**

learn [lɜ:n] (pt & pp **learned** or **learnt** [lɜ:nt]) **1** VT apprendre (**that** que); **to l. (how) to do sth** apprendre à faire qch **2** VI apprendre; **to l. about sth** (study) étudier qch; (hear about) apprendre qch ▪ **learned** [-ɪd] ADJ savant ▪ **learner** N (beginner) débutant, -ante mf; (student) étudiant, -iante mf; **to be a quick/slow l.** apprendre vite/lentement ▪ **learning** N (of language) apprentissage m (**of** de); (knowledge) savoir m; **l. curve** courbe f d'assimilation

lease [li:s] **1** N bail m (pl baux); Fig **to give sb a new l. of life** or Am **on life** redonner à qn goût à la vie **2** VT (house) louer à bail (**from/to** à)

leash [li:ʃ] N (of dog) laisse f; **on a l.** en laisse

least [li:st] **1** ADJ **the l.** (smallest amount of) le moins de; **he has (the) l. talent** il a le moins de talent (**of all** de tous); **the l. effort/noise** le moindre effort/bruit **2** N **the l.** le moins; **at l.** du moins; (with quantity) au moins; **not in the l.** pas du tout **3** ADV (work, eat) le moins; **the l.**

difficult le/la moins difficile; **l. of all** *(especially not)* surtout pas

leather ['leðə(r)] N cuir m; **l. jacket** veste m en cuir; **(wash) l.** peau f de chamois

leave [liːv] 1 N *(holiday)* congé m; *(of soldier, permission)* permission f; **to be on l.** être en congé; *(of soldier)* être en permission 2 *(pt & pp* **left)** VT *(allow to remain, forget)* laisser; *(depart from)* quitter; **to l. the table** sortir de table; **to l. sb in charge of sb/sth** laisser à qn la garde de qn/qch; **to l. sth with sb** *(entrust, give)* laisser qch à qn; **to be left (over)** rester; **l. it to me!** laisse-moi faire!; **I'll l. it (up) to you** je m'en remets à toi 3 VI *(go away)* partir **(from** de; **for** pour)

▸ **leave behind** VT SEP **to l. sth behind** *(on purpose)* laisser qch; *(accidentally)* oublier qch; **to l. sb behind** *(not take)* partir sans qn; *(surpass)* dépasser qn; *(in race, at school)* distancer qn

▸ **leave off** 1 VT SEP *(lid)* ne pas remettre; *Fam* **to l. off doing sth** *(stop)* arrêter de faire qch 2 VI *Fam (stop)* s'arrêter

▸ **leave on** VT SEP *(clothes)* garder

▸ **leave out** VT SEP *(forget to put)* oublier de mettre; *(word, line)* sauter; *(exclude)* exclure

Lebanon ['lebanən] N le Liban ■ **Leba'nese** 1 ADJ libanais 2 N Libanais, -aise mf

lecherous ['letʃərəs] ADJ lubrique

lectern ['lektən] N *(for giving speeches)* pupitre m; *(in church)* lutrin m

lecture ['lektʃə(r)] 1 N *(public speech)* conférence f; *(as part of series at university)* cours m magistral; *Fam (scolding)* sermon m; **l. hall** *or* **theatre** amphithéâtre m 2 VT *Fam (scold)* faire la morale à 3 VI faire une conférence/un cours; **she lectures in chemistry** elle est professeur de chimie ■ **lecturer** N conférencier, -ière mf; *(at university)* enseignant, -ante mf

Note that the French word **lecture** is a false friend and is never a translation for the English word **lecture**. It means **reading**.

led [led] PT & PP of **lead²**

ledge [ledʒ] N *(on wall, window)* rebord m; *(on mountain)* saillie f

ledger ['ledʒə(r)] N grand livre m

leech [liːtʃ] N *(animal, person)* sangsue f

leek [liːk] N poireau m

leer [lɪə(r)] 1 N *(lustful)* regard m lubrique; *(cruel)* regard sadique 2 VI **to l. at sb** *(lustfully)* regarder qn d'un air lubrique; *(cruelly)* regarder qn d'un air sadique

leeway ['liːweɪ] N marge f *(de manœuvre)*

left¹ [left] PT & PP of **leave** ■ **left-'luggage office** N Br consigne f

left² [left] 1 ADJ *(side, hand)* gauche 2 N gauche f;

on *or* **to the l.** à gauche **(of** de) 3 ADV à gauche ■ **'left-'hand** ADJ de gauche; **on the l. side** à gauche **(of** de); **l. drive** conduite f à gauche ■ **'left-'handed** ADJ *(person)* gaucher, -ère ■ **'left-'wing** ADJ *(views, government)* de gauche

leftist ['leftɪst] N & ADJ Pol gauchiste *(mf)*

leftovers ['leftəʊvəz] NPL restes mpl

leg [leg] N jambe f; *(of dog, bird)* patte f; *(of table)* pied m; *(of journey)* étape f; **l. of chicken** cuisse f de poulet; **l. of lamb** gigot m d'agneau; **to pull sb's l.** *(make fun of)* mettre qn en boîte; *Fam* **on its last legs** *(machine, car)* prêt à claquer; *Fam* **to be on one's last legs** avoir un pied dans la tombe

legacy ['legəsɪ] *(pl* -**ies)** N Law & Fig legs m

legal ['liːgəl] ADJ *(lawful)* légal; *(affairs, adviser, mind)* juridique; *(error)* judiciaire; *Br* **l. aid** aide f judiciaire; **l. expert** juriste mf; **l. proceedings** procès m ■ **legality** [lɪ'gælɪtɪ] N légalité f ■ **legalization** N légalisation f ■ **legalize** VT légaliser ■ **legally** ADV légalement

legend ['ledʒənd] N *(story, inscription)* légende f ■ **legendary** ADJ légendaire

leggings ['legɪŋz] NPL *(of woman)* caleçon m; *(of cowboy)* jambières fpl

leggy ['legɪ] (-**ier**, -**iest)** ADJ *(person)* tout en jambes

legible ['ledʒɪbəl] ADJ lisible

legion ['liːdʒən] N légion f

legislate ['ledʒɪsleɪt] VI légiférer ■ **legis'lation** N *(laws)* législation f; *(action)* élaboration f des lois; **(piece of) l.** loi f

legislative ['ledʒɪslətɪv] ADJ législatif, -ive

legitimate [lɪ'dʒɪtɪmət] ADJ légitime ■ **legitimacy** N légitimité f

legless ['legləs] ADJ Br Fam *(drunk)* complètement bourré

legroom ['legruːm] N place f pour les jambes

leisure [Br 'leʒə(r), Am 'liːʒər] N **l. (time)** loisirs mpl; **l. activities** loisirs; **l. centre** *or* **complex** centre m de loisirs; **at (one's) l.** à tête reposée ■ **leisurely** ADJ *(walk, occupation)* peu fatigant; *(meal, life)* tranquille; **at a l. pace, in a l. way** sans se presser

lemon ['lemən] N citron m; *Br* **l. squash** citronnade f; **l. tea** thé m au citron; **l. tree** citronnier m ■ **lemo'nade** N Br *(fizzy)* limonade f; *Am (still)* citronnade f

lend [lend] *(pt & pp* **lent)** VT prêter **(to** à); *(support)* apporter **(to** à); *Fig (charm, colour)* donner **(to** à); **to l. an ear to sth** prêter l'oreille à qch; **to l. credibility to sth** rendre qch crédible ■ **lender** N prêteur, -euse mf ■ **lending** N prêt m; **l. library** bibliothèque f de prêt

length [leŋθ] N *(in space)* longueur f; *(of road, string)* tronçon m; *(of cloth)* métrage m; *(duration)* durée f; **a great l. of time** longtemps; **at l.** *(at last)* enfin; **at (great) l.** *(in detail)* dans le détail; *(for a long time)* longuement; **to go to great lengths** se donner beaucoup de mal **(to do** pour faire)

lengthen ['leŋθən] **1** VT *(garment)* allonger; *(holiday, visit)* prolonger **2** VI *(of days)* allonger ▪ **lengthwise** ADV dans le sens de la longueur ▪ **lengthy** **(-ier, -iest)** ADJ long *(f* longue)

lenient ['li:nɪənt] ADJ indulgent **(to** envers) ▪ **leniently** ADV avec indulgence

lens [lenz] *(pl* **lenses** [-zəz]) N lentille f; *(in spectacles)* verre m; *(of camera)* objectif m

lent [lent] PT & PP of **lend**

Lent [lent] N *Rel* carême m

lentil ['lentəl] N *(seed, plant)* lentille f

Leo ['li:əʊ] *(pl* **Leos**) N *(sign)* le Lion; **to be (a) L.** être Lion

leopard ['lepəd] N léopard m

leotard ['li:ətɑ:d] N justaucorps m

leper ['lepə(r)] N lépreux, -euse mf ▪ **leprosy** ['leprəsɪ] N lèpre f

lesbian ['lezbɪən] **1** ADJ lesbien, -ienne **2** N lesbienne f

lesion ['li:ʒən] N *Med* lésion f

less [les] **1** ADJ & PRON moins (de) **(than** que); **l. time** moins de temps; **she has l. (than you)** elle en a moins (que toi); **l. than a kilo/ten** moins d'un kilo/de dix **2** ADV moins **(than** que); **l. (often)** moins souvent; **l. and l.** de moins en moins; **one l.** un(e) de moins **3** PREP moins; **l. 2 euros** moins 2 euros

-less [ləs] SUFF sans; **childless** sans enfants

lessen ['lesən] VTI diminuer ▪ **lessening** N diminution f

lesser ['lesə(r)] **1** ADJ moindre **2** N **the l. of** le/la moindre de

lesson ['lesən] N leçon f; **an English l.** une leçon d'anglais; **I have lessons now** j'ai cours maintenant; *Fig* **he has learnt his l.** ça lui a servi de leçon

lest [lest] CONJ *Literary* de peur que… (+ ne + subjunctive)

let¹ [let] **1** *(pt & pp* **let**, *pres p* **letting)** VT *(allow)* **to l. sb do sth** laisser qn faire qch; **to l. sb have sth** donner qch à qn **2** V AUX **l. us eat/go, l.'s eat/go** mangeons/partons; **l.'s go for a stroll** allons nous promener; **l. him come** qu'il vienne ▪ **letdown** N déception f ▪ **letup** N répit m

▸ **let away** VT SEP *(allow to leave)* laisser partir

▸ **let down** VT SEP *(lower)* baisser; *(hair)* dénouer; *(dress)* rallonger; *(tyre)* dégonfler; **to l. sb down** *(disappoint)* décevoir qn; **don't l. me down** je compte sur toi; **the car l. me down** la voiture est tombée en panne

▸ **let in** VT SEP *(person, dog)* faire entrer; *(noise, light)* laisser entrer; *Br* **to l. in the clutch** *(in vehicle)* embrayer; **to l. sb in on sth** mettre qn au courant de qch; **to l. oneself in for a lot of expense** se laisser entraîner à des dépenses; **to l. oneself in for trouble** s'attirer des ennuis; **what are you letting yourself in for?** sais-tu à quoi tu t'exposes?

▸ **let off** VT SEP *(firework)* tirer; *(bomb)* faire exploser; *(gun)* faire partir; **to l. sb off** *(allow to leave)* laisser partir qn; *(not punish)* ne pas punir qn; *(clear of crime)* disculper qn; **to be l. off with a fine** s'en tirer avec une amende; **to l. sb off doing sth** dispenser qn de faire qch

▸ **let on** VI *Fam* **not to l. on** ne rien dire; *Fam* **to l. on that…** *(admit)* avouer que…; *(reveal)* dire que…

▸ **let out** VT SEP *(allow to leave)* laisser sortir; *(prisoner)* relâcher; *(cry, secret)* laisser échapper; *(skirt)* élargir; **my secretary will l. you out** ma secrétaire va vous reconduire; *Br* **to l. out the clutch** *(in vehicle)* débrayer

▸ **let up** VI *(of rain, person)* s'arrêter

let² [let] *(pt & pp* **let**, *pres p* **letting)** VT **to l. (off** or **out)** *(house, room)* louer ▪ **letting** N *(renting)* location f

lethal ['li:θəl] ADJ *(blow, dose)* mortel, -elle; *(weapon)* meurtrier, -ière

lethargy ['leθədʒɪ] N léthargie f ▪ **lethargic** [lɪ'θɑ:dʒɪk] ADJ léthargique

letter ['letə(r)] N *(message, part of word)* lettre f; **man of letters** homme m de lettres; **l. of introduction** lettre de recommandation; **l. bomb** lettre piégée; **l. opener** coupe-papier m *inv* ▪ **letterbox** N *Br* boîte f aux lettres ▪ **letterhead** N en-tête m ▪ **letterheaded** ADJ. **paper** papier m à en-tête ▪ **lettering** N *(letters)* lettres fpl; *(on tomb)* inscription f

lettuce ['letɪs] N laitue f

level ['levəl] **1** N niveau m; **at international l.** à l'échelon international; **at eye l.** à hauteur des yeux; *(honestly)* franchement **2** ADJ *(surface)* plat; *(equal in score)* à égalité **(with** avec); *(in height)* à la même hauteur **(with** que); *Br* **l. crossing** *(for train)* passage m à niveau **3** *(Br* **-ll-**, *Am* **-l-)** VT *(surface, differences)* aplanir; *(plane down)* raboter; *(building)* raser; *(gun)* braquer **(at** sur); *(accusation)* lancer **(at** contre) **4** VI **to l. off** or **out** *(of prices)* se stabiliser ▪ **'level-'headed** ADJ équilibré

lever [*Br* 'li:və(r), *Am* 'levər] N levier m ▪ **leverage** N *(power)* influence f

levity ['levɪtɪ] N légèreté f

levy ['levɪ] **1** (pl **-ies**) N (tax) impôt m (**on** sur) **2** (pt & pp **-ied**) VT (tax, troops) lever

lewd [luːd] (**-er, -est**) ADJ obscène

liability [laɪə'bɪlɪtɪ] N Law responsabilité f (**for** de); (disadvantage) handicap m; Fin **liabilities** (debts) passif m

liable ['laɪəbəl] ADJ **l. to** (dizziness) sujet, -ette à; (fine, tax) passible de; **to be l. to do sth** risquer de faire qch; **l. for sth** (responsible) responsable de qch

liaise [liː'eɪz] VI travailler en liaison (**with** avec) ■ **liaison** [liː'eɪzɒn] N (contact, love affair) & Mil liaison f

liar ['laɪə(r)] N menteur, -euse mf

libel ['laɪbəl] Law **1** N diffamation f; **l. action** procès m en diffamation **2** (Br **-ll-,** Am **-l-**) VT diffamer (par écrit)

liberal ['lɪbərəl] **1** ADJ (open-minded) & Pol libéral; (generous) généreux, -euse ■ N Pol libéral, -ale mf ■ **liberalism** N libéralisme m

liberate ['lɪbəreɪt] VT libérer ■ **libe'ration** N libération f

liberty ['lɪbətɪ] (pl **-ies**) N liberté f; **to be at l. to do sth** être libre de faire qch; **to take liberties with sb/sth** prendre des libertés avec qn/qch; Fam **what a l.!** (impudence) quel culot!

Libra ['liːbrə] N (sign) la Balance; **to be (a) L.** être Balance

library ['laɪbrərɪ] (pl **-ies**) N bibliothèque f; **l. card** carte f de bibliothèque ■ **librarian** [-'breərɪən] N bibliothécaire mf

Note that the French words **libraire** and **librairie** are false friends and are never translations for the English words **librarian** and **library**. They mean **bookseller** and **bookshop**.

libretto [lɪ'bretəʊ] (pl **-os**) N Mus livret m

Libya ['lɪbɪə] N la Libye ■ **Libyan 1** ADJ libyen, -enne **2** N Libyen, -enne mf

lice [laɪs] PL of **louse**

licence, Am **license** ['laɪsəns] N (**a**) (permit) permis m; (for trading) licence f; (for flying) brevet m; (TV **l.**) redevance f; **l. plate/number** (of vehicle) plaque f/numéro m d'immatriculation (**b**) (excessive freedom) licence f

Note that the French noun **licence** can be a false friend. It also means **bachelor's degree**.

license ['laɪsəns] **1** N Am = **licence 2** VT accorder un permis/une licence/un brevet à; **to be licensed to carry a gun** avoir un permis de port d'armes; Br **licensed premises** débit m de boissons; **licensing laws** lois fpl relatives aux débits de boissons

lick [lɪk] **1** N coup m de langue; **a l. of paint** un coup de peinture **2** VT lécher; Fam (defeat) écraser; **to l. one's lips** s'en lécher les babines ■ **licking** N Fam (defeat) déculottée f

licorice ['lɪkərɪʃ, 'lɪkərɪs] N réglisse f

lid [lɪd] N (**a**) (of box) couvercle m (**b**) (of eye) paupière f

lie¹ [laɪ] **1** N mensonge m; **to tell a l.** dire un mensonge; **to give the l. to sth** (show as untrue) démentir qch; **l. detector** détecteur m de mensonges **2** (pt & pp **lied,** pres p **lying**) VI (tell lies) mentir; **to l. through one's teeth** mentir effrontément

lie² [laɪ] (pt **lay,** pp **lain,** pres p **lying**) VI (**a**) (of person, animal) (be in a flat position) être allongé; (get down) s'allonger; **to be lying on the grass** être allongé sur l'herbe; **to l. in bed** rester au lit; **I lay awake all night** je n'ai pas dormi de la nuit; **she lay dead at my feet** elle était étendue morte à mes pieds; Fig **to l. low** garder un profil bas (**b**) (of object) être, se trouver; **snow lay on the hills** il y avait de la neige sur les collines; **to l. in ruins** (of building) être en ruines; (of career) être détruit; **the problem lies in that...** le problème réside dans le fait que... ■ **'lie-down** N Br **to have a l.** faire une sieste ■ **'lie-'in** N Br **to have a l.** faire la grasse matinée

▸ **lie about, lie around** VI (of objects, person) traîner

▸ **lie down** VI s'allonger; **to be lying down** être allongé

▸ **lie in** VI Br Fam faire la grasse matinée

lieu [luː] N **in l.** à la place; **in l. of sth** au lieu de qch

lieutenant [Br lef'tenənt, Am luː'tenənt] N lieutenant m

life [laɪf] (pl **lives**) N vie f; (of battery, machine) durée f de vie; **to come to l.** (of party, street) s'animer; **at your time of l.** à ton âge; **loss of l.** perte f en vies humaines; **true to l.** conforme à la réalité; **to take one's (own) l.** se donner la mort; **l. expectancy** espérance f de vie; **l. insurance** assurance-vie f; **l. jacket** gilet m de sauvetage; Am **l. preserver** ceinture f de sauvetage; **l. span** durée f de vie ■ **lifebelt** N ceinture f de sauvetage ■ **lifeboat** N canot m de sauvetage ■ **lifebuoy** N bouée f de sauvetage ■ **lifeguard** N maître nageur m ■ **lifeless** ADJ sans vie ■ **lifelike** ADJ très ressemblant ■ **life-line** N to be sb's l. être essentiel, -ielle à la survie de qn ■ **life-long** ADJ de toute sa vie; (friend) de toujours ■ **lifesaving** N sauvetage m ■ **lifesize(d)** ADJ grandeur nature inv ■ **lifestyle** N style m de vie ■ **life-sup'port machine** N respirateur m artificiel ■ **lifetime** N vie f; Fig éternité f; **in my l.** de mon vivant; **it's the chance of a l.** une telle chance ne se présente qu'une fois dans une vie; **the holiday of a l.** des vacances exceptionnelles; **a once-in-a-l. experience** une expérience inoubliable

lift [lɪft] **1 N** Br (elevator) ascenseur m; **to give sb a l.** emmener qn en voiture (**to** à) **2 VT** (heavy object) soulever; Fig (ban, siege) lever; Fig (steal) piquer (**from** à) **3 VI** (of fog) se lever ▪ **lift-off N** (of space vehicle) décollage m

▸ **lift down VT SEP** (take down) descendre (**from** de)

▸ **lift off 1 VT SEP** (take down) descendre (**from** de) **2 VI** (of spacecraft) décoller

▸ **lift out VT SEP** (take out) sortir

▸ **lift up VT SEP** (arm, object, eyes) lever; (heavy object) soulever

ligament ['lɪɡəmənt] **N** ligament m

light¹ [laɪt] **1 N** lumière f; (on vehicle) feu m; (vehicle headlight) phare m; **by the l. of sth** à la clarté de qch; **in the l. of...** (considering) à la lumière de...; **to bring sth to l.** mettre qch en lumière; **to come to l.** être découvert; **do you have a l.?** (for cigarette) est-ce que vous avez du feu?; **to set l. to sth** mettre le feu à qch; **turn right at the lights** tournez à droite après les feux; **l. bulb** ampoule f; **l. switch** interrupteur m **2 ADJ it will soon be l.** il fera bientôt jour **3** (pt & pp **lit** or **lighted**) **VT** (fire, candle, gas) allumer; (match) allumer, gratter; **to l. (up)** (room) éclairer; (cigarette) allumer **4 VI to l. up** (of window) s'allumer ▪ **lighting N** (act, system) éclairage m ▪ **light-year N** année-lumière f

light² [laɪt] **ADJ** (bright, not dark) clair; **a l. green jacket** une veste vert clair ▪ **lightness N** (brightness) clarté f

light³ [laɪt] **ADJ** (in weight, quantity, strength) léger, -ère; (task, exercise) facile; (low-fat) allégé; (low-calorie) pauvre en calories; **l. rain** pluie f fine; **to travel l.** voyager avec peu de bagages ▪ **light-'fingered ADJ** chapardeur, -euse ▪ **light-'headed ADJ** (giddy, foolish) étourdi ▪ **'light-'hearted ADJ** enjoué ▪ **lightness N** (in weight) légèreté f

lighten ['laɪtən] **1 VT** (a) (make less dark) éclaircir (b) (make less heavy) alléger; Fig **to l. sb's load** soulager qn **2 VI** (of sky) s'éclaircir; Fam **to l. up** se détendre

lighter ['laɪtə(r)] **N** briquet m; (for cooker) allume-gaz m inv

lighthouse ['laɪthaʊs] **N** phare m

lightly ['laɪtlɪ] **ADV** légèrement; **to get off l.** s'en tirer à bon compte

lightning ['laɪtnɪŋ] **1 N** (flashes of light) éclairs mpl; (charge) foudre f; **flash of l.** éclair m; **struck by l.** frappé par la foudre **2 ADJ** (speed) foudroyant;

(visit) éclair inv; Br **l. conductor,** Am **l. rod** paratonnerre m

lightweight ['laɪtweɪt] **1 ADJ** (shoes, fabric) léger, -ère; Fig & Pej (person) pas sérieux, -ieuse **2 N** Boxing poids m léger

like¹ [laɪk] **1 PREP** comme; **l. this** comme ça; **what's he l.?** (physically, as character) comment est-il?; **to be** or **look l. sb/sth** ressembler à qn/qch; **what was the book l.?** comment as-tu trouvé le livre?; **what does it smell l.?** cela sent quoi?; **I have one l. it** j'en ai un pareil **2 ADV** nothing l. as big loin d'être aussi grand **3 CONJ** Fam (as) comme; **it's l. I say** c'est comme je te le dis **4 N ...and the l.** ...et ainsi de suite; **the l. of which we shall never see again** comme on n'en reverra plus; **the likes of you** des gens de ton acabit

like² [laɪk] **1 VT** aimer (bien) (**to do** or **doing** faire); **I l. him** je l'aime bien; **she likes it here** elle se plaît ici; **to l. sb/sth best** aimer mieux qn/qch; **I'd l. to come** (want) j'aimerais bien venir; **I'd l. a kilo of apples** je voudrais un kilo de pommes; **would you l. an apple?** voulez-vous une pomme?; **if you l.** si vous voulez **2 NPL one's likes and dislikes** nos préférences fpl ▪ **liking N a l. for** (person) de la sympathie pour; (thing) du goût pour

likeable ['laɪkəbəl] **ADJ** sympathique

likely ['laɪklɪ] **1** (-**ier**, -**iest**) **ADJ** (result, event) probable; (excuse) vraisemblable; (place) propice; (candidate) prometteur, -euse; **it's l. (that) she'll come** il est probable qu'elle viendra; **he's l. to come** il viendra probablement; **he's not l. to come** il ne risque pas de venir **2 ADV very l.** très probablement ▪ **likelihood N** probabilité f; **there isn't much l. that...** il y a peu de chances que... (+ subjunctive)

liken ['laɪkən] **VT** comparer (**to** à)

likeness ['laɪknɪs] **N** (a) (similarity) ressemblance f; **a family l.** un air de famille; **it's a good l.** c'est très ressemblant (b) (portrait) portrait m

likewise ['laɪkwaɪz] **ADV** (similarly) de même

lilac ['laɪlək] **1 N** (flower, colour) lilas m **2 ADJ** (colour) lilas inv

Lilo® ['laɪləʊ] (pl -**os**) **N** Br matelas m pneumatique

lily ['lɪlɪ] (pl -**ies**) **N** lis m; **l. of the valley** muguet m

limb [lɪm] **N** (of body) membre m; Fig **to be out on a l.** (in dangerous position) être sur la corde raide

limber ['lɪmbə(r)] **VI to l. up** s'échauffer

lime¹ [laɪm] **N** (a) (fruit) citron m vert; **l. juice** jus m de citron vert (b) (tree) tilleul m

lime² [laɪm] **N** Chem chaux f

limelight ['laɪmlaɪt] **N** **to be in the l.** occuper le devant de la scène

limerick ['lɪmərɪk] **N** = poème humoristique de cinq vers

limit ['lɪmɪt] **1 N** limite f; *(restriction)* limitation f **(on** de); **within limits** jusqu'à un certain point **2 VT** limiter **(to** à); **to l. oneself to sth/doing sth** se borner à qch/faire qch ■ **limi'tation** **N** limitation f ■ **limited** **ADJ** *(restricted)* limité; *(edition)* à tirage limité; *(mind)* borné; *Br* **l. company** société f à responsabilité limitée; *Br* **(public) l. company** *(with shareholders)* société f anonyme; **to a l. degree** jusqu'à un certain point ■ **limitless** **ADJ** illimité

limousine [lɪmə'ziːn] *(car)* limousine f ■ **limo** **N** *Fam* limousine f

limp¹ [lɪmp] **1 N** **to have a l.** boiter **2 VI** *(of person)* boiter; *Fig* **to l. along** *(of vehicle, ship)* avancer tant bien que mal

limp² [lɪmp] **(-er, -est)** **ADJ** *(soft)* mou (f molle); *(flabby) (skin)* flasque; *(person, hat)* avachi

limpid ['lɪmpɪd] **ADJ** limpide

line¹ [laɪn] **1 N** ligne f; *(stroke)* trait m; *(of poem)* vers m; *(wrinkle)* ride f; *(track)* voie f; *(rope)* corde f, *(row)* rangée f; *(of vehicles)* file f; *Am (queue of people)* file, queue f; *(family)* lignée f; *(of goods)* ligne (de produits); **to be on the l.** *(at other end of phone line)* être au bout du fil; *(at risk) (of job)* être menacé; **hold the l.!** *(remain on phone)* ne quittez pas!; **the hot l.** le téléphone rouge; *Am* **to stand in l.** faire la queue; *Fig* **to step** or **get out of l.** refuser de se conformer; *(misbehave)* faire une incartade; **out of l. with** *(sb's ideas)* en désaccord avec; **in l. with sth** conforme à qch; **to be in l. for promotion** être sur la liste des promotions; **along the same lines** *(work, think, act)* de la même façon; **something along those lines** quelque chose dans ce genre-là; *Fam* **to drop a l.** *(send a letter)* envoyer un mot **(to** à); **where do we draw the l.?** où fixer les limites?; **what l. of business are you in?** vous travaillez dans quelle branche?

2 VT **to l. the street** *(of trees)* border la rue; *(of people)* s'aligner le long du trottoir; **to l. up** *(children, objects)* aligner; *(arrange)* organiser; **to have something lined up** *(in mind)* avoir quelque chose en vue

3 VI **to l. up** s'aligner; *Am (queue up)* faire la queue; **to l. up in twos** se mettre en rangs par deux ■ **line-up** **N** *(row of people)* file f; *Pol (of countries)* front m; *TV (of programmes)* programme m; *TV (of guests)* plateau m; *Am (identity parade)* séance f d'identification

line² [laɪn] **VT** *(clothes)* doubler; *Fig* **to l. one's pockets** se remplir les poches ■ **lining** **N** *(of clothes)* doublure f; **brake l.** garniture f de frein

lineage ['lɪnɪɪdʒ] **N** lignée f

linear ['lɪnɪə(r)] **ADJ** linéaire

linen ['lɪnɪn] **N** *(sheets)* linge m; *(material)* (toile f de) lin m; *Br* **l. basket** panier m à linge; *Br* **l. cupboard,** *Am* **l. closet** armoire f à linge; **l. sheet** drap m de lin

liner ['laɪnə(r)] **N (a) (ocean) l.** paquebot m **(b)** *Br* **(dust)bin l.,** *Am* **garbage can l.** sac m poubelle

linesman ['laɪnzmən] *(pl* **-men)** **N** *Football* juge m de touche

linger ['lɪŋgə(r)] **VI** **to l. (on)** *(of person)* s'attarder; *(of smell, memory)* persister; *(of doubt)* subsister; **a lingering death** une mort lente

linguist ['lɪŋgwɪst] **N** *(specialist)* linguiste mf; **to be a good l.** être doué pour les langues ■ **lin'guistic** **ADJ** linguistique ■ **lin'guistics** **N** linguistique f

link [lɪŋk] **1 N** *(connection)* & *Comptr* lien m; *(of chain)* maillon m; *(by road, rail)* liaison f **2 VT** *(connect)* relier **(to** à); *(relate, associate)* lier **(to** à); **to l. up** relier; *(computer)* connecter **3 VI** **to l. up** *(of companies, countries)* s'associer; *(of computers)* se connecter; *(of roads)* se rejoindre

lino ['laɪnəʊ] *(pl* **-os)** **N** *Br* lino m ■ **linoleum** [lɪ'nəʊlɪəm] **N** linoléum m

lint [lɪnt] **N** *(bandage)* tissu m ouaté; *(fluff)* peluches fpl

lion ['laɪən] **N** lion m; **l. cub** lionceau m; **l. tamer** dompteur, -euse mf de lions ■ **lioness** **N** lionne f

lip [lɪp] **N** *(of person, wound)* lèvre f; *(of cup)* bord m; *Fam (impudence)* culot m; **to pay l. service to sth** faire semblant de s'intéresser à qch; **l. balm, l. salve** baume m pour les lèvres; **l. gloss** brillant m à lèvres ■ **lip-read** *(pt & pp* **-read** [-red]) **VI** lire sur les lèvres ■ **lipstick** **N** rouge m à lèvres

liqueur [*Br* lɪ'kjʊə(r), *Am* lɪ'kɜːr] **N** liqueur f

liquid ['lɪkwɪd] **N & ADJ** liquide (m)

liquidate ['lɪkwɪdeɪt] **VT** *(debt, firm)* & *Fam (kill)* liquider ■ **liqui'dation** **N** liquidation f

liquidizer ['lɪkwɪdaɪzə(r)] **N** *Br (for fruit juices, purées)* mixeur m ■ **liquidize** **VT** *Br* passer au mixer

liquor ['lɪkə(r)] **N** *Am* alcool m; **l. store** magasin m de vins et de spiritueux

liquorice ['lɪkərɪʃ, 'lɪkərɪs] **N** *Br* réglisse f

lira ['lɪərə] *(pl* **lire** ['lɪəreɪ]) **N** lire f

lisp [lɪsp] **1 N** **to have a l.** zézayer **2 VI** zézayer

list [lɪst] **1 N** liste f **2 VT** *(things)* faire la liste de; *(names)* mettre sur la liste; *(name one by one)* énumérer; *Br* **listed building** monument m classé

listen ['lɪsən] **VI** écouter; **to l. to sb/sth** écouter qn/qch; **to l. (out) for** *(telephone, person)* guetter; **to l. in (to)** *(on radio)* écouter ■ **listener** N *(to radio)* auditeur, -trice *mf*; **to be a good l.** *(pay attention)* savoir écouter ■ **listening** N écoute *f* **(to** de)

listless ['lɪstləs] ADJ apathique

lit [lɪt] PT & PP *of* **light**[1]

liter ['li:tə(r)] *Am* = **litre**

literal ['lɪtərəl] ADJ littéral; *(not exaggerated)* réel *(f* réelle) ■ **literally** ADV littéralement; *(really)* réellement; **he took it l.** il l'a pris au pied de la lettre

literary ['lɪtərərɪ] ADJ littéraire

literate ['lɪtərət] ADJ qui sait lire et écrire; **highly l.** *(person)* très instruit ■ **literacy** N *(of country)* degré *m* d'alphabétisation; *(of person)* capacité *f* de lire et d'écrire

literature ['lɪtərətʃə(r)] N littérature *f*; *(pamphlets)* documentation *f*

lithe [laɪð] ADJ agile

Lithuania [lɪθjʊ'eɪnɪə] N Lituanie *f* ■ **Lithuanian 1** ADJ lituanien, -ienne **2** N *(person)* Lituanien, -ienne *mf*; *(language)* lituanien *m*

litigation [lɪtɪ'geɪʃən] N *Law* litige *m*

litre, *Am* **liter** ['li:tə(r)] N litre *m*

litter ['lɪtə(r)] **1** N *(rubbish)* détritus *mpl*; *(papers)* papiers *mpl*; *(young animals)* portée *f*; *(for cat)* litière *f*; *Fig (jumble, confusion)* fouillis *m*; *Br* **l. basket** *or* **bin** boîte *f* à ordures **2** VT *Br* **to be littered with sth** être jonché de qch

little ['lɪtəl] **1** N peu *m*; **I've l. left** il m'en reste peu; **she eats l.** elle mange peu; **to have l. to say** avoir peu de choses à dire; **I have a l.** j'en ai un peu **2** ADJ **(a)** *(small)* petit; **the l. ones** les petits; **a l. bit** un (petit) peu **(b)** *(not much)* peu de; **l. time/money** peu de temps/d'argent; **a l. time/money** un peu de temps/d'argent **3** ADV *(somewhat, rather)* peu; **by l. and l.** peu à peu; **as l. as possible** le moins possible; **a l. heavy** un peu lourd; **to work a l.** travailler un peu; **it's a l. better** c'est un peu mieux; **it's l. better** *(not much)* ce n'est guère mieux

live[1] [laɪv] **1** ADJ **(a)** *(electric wire)* sous tension; *(switch)* mal isolé; *(plugged in) (appliance)* branché; *(ammunition)* réel *(f* réelle), de combat; *(bomb)* non explosé; *(coal)* ardent **(b)** *(alive) (animal)* vivant; **a real l. king** un roi en chair et en os **2** ADJ & ADV *Radio & TV* en direct; **a l. broadcast** une émission en direct; **l. audience** public *m*; **a l. recording** un enregistrement public

live[2] [lɪv] **1** VT *(life)* mener, vivre; *(one's faith)* vivre pleinement; **to l. it up** mener la grande vie **2** VI vivre; **where do you l.?** où habitez-vous?; **to l. in Paris** habiter (à) Paris

▸ **live down** VT SEP faire oublier

▸ **live off, live on** VT INSEP *(eat)* vivre de; *(sponge off)* vivre aux crochets de

▸ **live on** VI *(of memory)* survivre

▸ **live through** VT INSEP *(experience)* vivre; **to l. through the winter** passer l'hiver

▸ **live up to** VT INSEP *(one's principles)* vivre selon; *(sb's expectations)* se montrer à la hauteur de

livelihood ['laɪvlɪhʊd] N moyens *mpl* de subsistance; **my l.** mon gagne-pain; **to earn one's** *or* **a l.** gagner sa vie

lively ['laɪvlɪ] **(-ier, -iest)** ADJ *(person, style)* plein de vie; *(street, story)* vivant; *(mind, colour)* vif *(f* vive); *(discussion, conversation)* animé; *(protest, campaign)* vigoureux, -euse

liven ['laɪvən] **1** VT **to l. up** *(person)* égayer; *(party)* animer **2** VI **to l. up** *(of person, party)* s'animer

liver ['lɪvə(r)] N foie *m*

livestock ['laɪvstɒk] N bétail *m*

livid ['lɪvɪd] ADJ *(angry)* furieux, -ieuse; *(pale)* livide; **l. with cold** blême de froid

living ['lɪvɪŋ] **1** ADJ *(alive)* vivant; **within l. memory** de mémoire d'homme; **l. or dead** mort ou vif *(f* morte ou vive); **the l.** les vivants *mpl* **2** N *(livelihood)* vie *f*; **to make** *or* **earn a** *or* **one's l.** gagner sa vie; **to work for a l.** travailler pour vivre; **l. conditions** conditions *fpl* de vie ■ **living room** N salle *f* de séjour

lizard ['lɪzəd] N lézard *m*

llama ['lɑːmə] N lama *m*

load [ləʊd] **1** N *(object carried, burden)* charge *f*; *(freight)* chargement *m*; *(strain, weight)* poids *m*; *Fam* **a l. of, loads of** *(people, money)* un tas de; **to take a l. off sb's mind** ôter un grand poids à qn **2** VT *(truck, gun)* charger **(with** de); **to l. sb down with** *(presents)* charger qn de; **to l. up** *(car, ship)* charger **(with** de) **3** VI **to l. (up)** prendre un chargement

loaded ['ləʊdɪd] ADJ *(gun, vehicle)* chargé; *Fam (rich)* plein aux as; **a l. question** une question piège; **the dice are l.** les dés sont pipés; **l. (down) with** *(debts)* accablé de

loaf [ləʊf] **1** *(pl* **loaves)** N pain *m* **2** VI **to l. (about)** fainéanter

loan [ləʊn] **1** N *(money lent)* prêt *m*; *(money borrowed)* emprunt *m*; **on l. from** prêté par; **(out) on l.** *(book)* sorti; **may I have the l. of…?** puis-je emprunter…? **2** VT *(lend)* prêter **(to** à)

loath [ləʊθ] ADJ **to be l. to do sth** répugner à faire qch

loathe [ləʊð] VT détester **(doing** faire)

lobby ['lɒbɪ] **1** *(pl* **-ies)** N **(a)** *(of hotel)* hall *m*; *(of theatre)* foyer *m* **(b)** *(in politics)* groupe *m* de pression **2** *(pt & pp* **-ied)** VT faire pression sur **3** VI **to l. for sth** faire pression pour obtenir qch

lobster ['lɒbstə(r)] N homard m; (spiny) langouste f

local ['ləʊkəl] 1 ADJ local; (regional) régional; (of the neighbourhood) du quartier; **are you l.?** êtes-vous du coin?; **the doctor is l.** le médecin est tout près d'ici; **a l. phone call** (within town) une communication urbaine 2 N Br Fam (pub) bistrot m du coin; **she's a l.** elle est du coin; **the locals** (people) les gens mpl du coin

locality [ləʊ'kælɪtɪ] (pl **-ies**) N (neighbourhood) environs mpl

locally ['ləʊkəlɪ] ADV dans le quartier

locate [ləʊ'keɪt] VT (find) repérer; (pain, noise, leak) localiser; (situate) situer; **to be located in Paris** être situé à Paris ■ **location** N (site) emplacement m; (act) repérage m; (of pain) localisation f; **on l.** (shoot a film) en extérieur

> Note that the French word **location** is a false friend and is never a translation for the English word **location**. It means **renting** or **rented accommodation** depending on the context.

lock¹ [lɒk] N (of hair) mèche f

lock² [lɒk] 1 N (a) (on door, chest) serrure f; (of gun) cran m de sûreté; **(anti-theft) l.** (on vehicle) antivol m; **under l. and key** (object) sous clef (b) (on canal) écluse f 2 VT (door, car) fermer à clef; **to l. the wheels** (of vehicle) bloquer les roues 3 VI fermer à clef

▸ **lock away** VT SEP (prisoner) enfermer; (jewels) mettre sous clef

▸ **lock in** VT SEP (person) enfermer; **to l. sb in sth** enfermer qn dans qch

▸ **lock out** VT SEP (person) enfermer dehors

▸ **lock up** 1 VT SEP (house, car) fermer à clef; (prisoner) enfermer; (jewels) mettre sous clef, enfermer 2 VI fermer à clef

locker ['lɒkə(r)] N (in school) casier m, (for luggage) (at station, airport) casier m de consigne automatique; (for clothes) vestiaire m (métallique); Am Sport **l. room** vestiaire

locket ['lɒkɪt] N médaillon m

locksmith ['lɒksmɪθ] N serrurier m

locomotive [ləʊkə'məʊtɪv] N locomotive f ■ **locomotion** [-'məʊʃən] N locomotion f

locust ['ləʊkəst] N sauterelle f

lodge [lɒdʒ] 1 N (house) pavillon m; (of porter) loge f 2 VT (person) loger; **to l. a complaint** porter plainte 3 VI (of bullet) se loger (**in** dans); **to be lodging** (accommodated) être logé (**with** chez)

lodger ['lɒdʒə(r)] N (room and meals) pensionnaire mf; (room only) locataire mf

lodging ['lɒdʒɪŋ] N (accommodation) logement m; **lodgings** (flat) logement m; (room) chambre f; **in lodgings** en meublé

loft [lɒft] N grenier m

lofty ['lɒftɪ] (**-ier, -iest**) ADJ (high, noble) élevé; (haughty, superior) hautain

log [lɒg] 1 N (tree trunk) tronc m d'arbre; (for fire) bûche f; **l. cabin** hutte f en rondin; **l. fire** feu m de bois 2 (pt & pp **-gg-**) VT (facts) noter; **to l. (up)** (distance) couvrir 3 VI **to l. in/out** entrer/sortir ■ **logbook** N (on ship) journal m de bord; (on plane) carnet m de vol; Br Comptr **to l.** ≃ carte f grise

logic ['lɒdʒɪk] N logique f ■ **logical** ADJ logique ■ **logically** ADV logiquement

logistics [lə'dʒɪstɪks] N logistique f

logo ['ləʊgəʊ] (pl **-os**) N logo m

loin [lɔɪn] N (meat) filet m; **l. chop** côtes fpl premières

loins [lɔɪnz] NPL (of person) reins mpl

loiter ['lɔɪtə(r)] VI traîner

loll [lɒl] VI (in armchair) se prélasser

lollipop ['lɒlɪpɒp] N sucette f; Br **l. man/lady** = contractuel qui aide les écoliers à traverser la rue ■ **lolly** (pl **-ies**) N (a) Fam sucette f; (ice) **l.** glace f à l'eau (b) Br Fam (money) fric m

London ['lʌndən] 1 N Londres m ou f 2 ADJ (taxi) londonien, -ienne ■ **Londoner** N Londonien, -ienne mf

lone [ləʊn] ADJ solitaire; Fig **l. wolf** solitaire mf ■ **loner** N solitaire mf

loneliness ['ləʊnlɪnəs] N solitude f ■ **lonely** (**-ier, -iest**) ADJ (road, house, life) solitaire; (person) seul

long¹ [lɒŋ] 1 (**-er, -est**) ADJ long (f longue); **to be 10 m l.** avoir 10 m de long; **to be six weeks l.** durer six semaines; **how l. is...?** quelle est la longueur de...?; (time) quelle est la durée de...?; **a l. time** longtemps; **in the l. run** à la longue; Sport **l. jump** saut m en longueur

2 ADV (a long time) longtemps; **l. before/after** longtemps avant/après; **has he been here l.?** il y a longtemps qu'il est ici?; **how l.?** (in time) combien de temps?; **how l. ago?** il y a combien de temps?; **not l.** peu de temps; **before l.** sous peu; **no longer** ne plus; **a bit longer** (wait) encore un peu; **I won't be l.** je n'en ai pas pour longtemps; **don't be l.** dépêche-toi; **at the longest** (tout) au plus; **l. live the queen!** vive la reine!; **as l. as, so l. as** (provided that) pourvu que (+ subjunctive); **as l. as I live** tant que je vivrai ■ **long-awaited** ADJ tant attendu ■ **'long-'distance** ADJ (race) de fond; (phone call) interurbain; (flight) long-courrier ■ **'long'haired** ADJ aux cheveux longs ■ **'long-'life** ADJ (battery) longue durée inv; (milk) longue conservation ■ **long-playing** ADJ **l. record** 33 tours m inv ■ **'long-'range** ADJ (forecast) à long terme ■ **'long-'sighted**

ADJ *(person)* presbyte ■ **'long'standing** ADJ de longue date ■ **long-term** ADJ à long terme ■ **'long'winded** ADJ *(speech, speaker)* verbeux, -euse

long² [lɒŋ] VI **to l. for sth** avoir très envie de qch; **to l. for sb** languir après qn; **to l. to do sth** avoir très envie de faire qch ■ **longing** N désir *m*

longevity [lɒnˈdʒevɪtɪ] N longévité *f*

longitude [ˈlɒndʒɪtjuːd] N longitude *f*

loo [luː] *(pl* **loos)** N *Br Fam* **the l.** le petit coin

look [lʊk] **1** N *(glance)* regard *m*; *(appearance)* air *m*, allure *f*; **good looks** beauté *f*; **to have a l. (at sth)** jeter un coup d'œil (à qch); **to have a l. (for sth)** chercher (qch); **to have a l. (a)round** regarder; *(walk)* faire un tour; **let me have a l.** fais voir **2** VI **to l. sb in the face** regarder qn dans les yeux **3** VI regarder; **to l. tired/happy** *(seem)* avoir l'air fatigué/heureux; **to l. pretty/ugly** *(be)* être joli/laid; **you l. like** *or* **as if** *or* **as though you're tired** tu as l'air fatigué; **it looks like** *or* **as if** *or* **as though she won't want to leave** elle n'a pas l'air de vouloir partir; **it looks like it** c'est probable; **to l. like a child** avoir l'air d'un enfant; **you l. like my brother** *(resemble)* tu ressembles à mon frère; **what does he l. like?** *(describe him)* comment est-il?; **to l. well** *or* **good** *(of person)* avoir bonne mine; **you l. good in that hat** ce chapeau te va très bien; **that looks bad** *(action)* ça fait mauvais effet

▸ **look after** VT INSEP *(take care of)* s'occuper de; *(keep safely)* garder **(for sb** pour qn); **to l. after oneself** *(keep healthy)* faire bien attention à soi; *(manage, cope)* se débrouiller

▸ **look around 1** VT INSEP *(town, shops)* faire un tour dans **2** VI *(have a look)* regarder; *(walk round)* faire un tour

▸ **look at** VT INSEP regarder; *(consider)* considérer; *(check)* vérifier

▸ **look away** VI détourner les yeux

▸ **look back** VI regarder derrière soi; *(in time)* regarder en arrière

▸ **look down** VI baisser les yeux; *(from a height)* regarder en bas; **to l. down on** *(consider scornfully)* regarder de haut

▸ **look for** VT INSEP *(seek)* chercher

▸ **look forward to** VT INSEP *(event)* attendre avec impatience; **to l. forward to doing sth** avoir hâte de faire qch

▸ **look in** VI regarder à l'intérieur; **to l. in on sb** passer voir qn

▸ **look into** VT INSEP *(examine)* examiner; *(find out about)* se renseigner sur

▸ **look on 1** VT INSEP *(consider)* considérer **(as** comme) **2** VI *(watch)* regarder

▸ **look out** VI *(be careful)* faire attention; **to l.**

out for sb/sth *(seek)* chercher qn/qch; *(watch)* guetter qn/qch; **to l. (out) on to** *(of window, house)* donner sur

▸ **look over** VT INSEP *(examine fully)* examiner; *(briefly)* parcourir; *(region, town)* parcourir, visiter

▸ **look round 1** VT INSEP *(visit)* visiter **2** VI *(have a look)* regarder; *(walk round)* faire un tour; *(look back)* se retourner; **to l. round for sb/sth** *(seek)* chercher qn/qch

▸ **look through** VT INSEP *(inspect)* passer en revue; **to l. straight through sb** *(not see)* regarder qn sans le voir; *(deliberately)* ignorer qn

▸ **look up 1** VT SEP *(word)* chercher; **to l. sb up** *(visit)* passer voir qn **2** VI *(of person)* lever les yeux; *(into the air or sky)* regarder en l'air; *(improve)* *(of situation)* s'améliorer; *Fig* **to l. up to sb** respecter qn

-looking [ˈlʊkɪŋ] SUFF **pleasant-/tired-l.** à l'air agréable/fatigué

looking-glass [ˈlʊkɪŋɡlɑːs] N miroir *m*

lookout [ˈlʊkaʊt] N *(soldier)* guetteur *m*; *(sailor)* vigie *f*; **l. (post)** observatoire *m*; *(on ship)* vigie; **to be on the l.** faire le guet; **to be on the l. for sb/sth** guetter qn/qch; *Fam* **that's your l.!** c'est ton problème!

loom [luːm] **1** N *(weaving machine)* métier *m* à tisser **2** VI **to l. (up)** *(of mountain)* apparaître indistinctement; *(of event)* paraître imminent

loony [ˈluːnɪ] *(pl* **-ies)** N & ADJ *Fam* dingue *(mf)*

loop [luːp] **1** N boucle *f* **2** VT **to l. the loop** *(in plane)* faire un looping

loophole [ˈluːphəʊl] N *(in law)* vide *m* juridique

loose [luːs] **1** **(-er, -est)** ADJ *(screw, belt, knot)* desserré; *(tooth, stone)* qui bouge; *(page)* détaché; *(clothes)* flottant; *(hair)* dénoué; *(flesh)* flasque; *(wording, translation, link)* vague; *(discipline)* relâché; *(articles for sale)* en vrac; *Br (cheese, tea)* au poids; *Pej (woman)* facile; **there's an animal/prisoner l.** *(having escaped)* il y a un animal échappé/un prisonnier évadé; **l. change** petite monnaie *f*; **l. connection** *(in appliance)* mauvais contact *m*; **to come** *or* **get l.** *(of knot, screw)* se desserrer; *(of page)* se détacher; *(of tooth)* se mettre à bouger; **to get l.** *(of dog)* se détacher; **to set** *or* **turn l.** *(dog)* lâcher **2** N **on the l.** *(prisoner)* en cavale; *(animal)* en liberté

loosely [ˈluːslɪ] ADV *(hang)* lâchement; *(hold, tie)* sans serrer; *(translate)* de façon approximative; *(link)* vaguement

loosen [ˈluːsən] **1** VT *(knot, belt, screw)* desserrer; *(rope)* détendre; **to l. one's grip** relâcher son étreinte **2** VI *Sport* **to l. up** faire des exercices d'assouplissement

loot [luːt] **1** N butin *m*; *Fam (money)* fric *m* **2** VT piller ■ **looting** N pillage *m*

lop [lɒp] (pt & pp **-pp-**) vt to l. (off) couper

lop-sided [lɒp'saɪdɪd] ADJ (crooked) de travers

lord [lɔːd] 1 N seigneur m; (British title) lord m; **the L.** (God) le Seigneur; **L. knows if...** Dieu sait si...; Fam **oh L.!, good L.!** mon Dieu!; Br **my l.** (to judge) Monsieur le juge 2 vt Fam **to l. it over sb** traiter qn de haut

lorry ['lɒrɪ] (pl **-ies**) N Br camion m; (heavy) poids m lourd; **l. driver** camionneur m; **(long-distance) l. driver** routier m

lose [luːz] (pt & pp **lost**) 1 vt perdre; **to l. interest in sth** se désintéresser de qch; **to l. one's life** trouver la mort (**in** dans); **to have nothing to l.** n'avoir rien à perdre; **to l. one's way, to get lost** (of person) se perdre; **the ticket got lost** on a perdu le billet; Fam **get lost!** fous le camp!; **I've lost my bearings** je suis désorienté; Fig **you've lost me** je ne vous suis plus; Fam **to l. it** (go mad) perdre la boule; (lose one's temper) péter les plombs 2 vi perdre; **to l. out** être perdant; **to l. to sb** (in contest) être battu par qn ■ **loser** N (in contest) perdant, -ante mf; Fam (failure in life) minable mf; **to be a good l.** être beau joueur ■ **losing** ADJ (number, team, horse) perdant; **to fight a l. battle** être battu d'avance

loss [lɒs] N perte f; **at a l.** (confused) perplexe; **to sell sth at a l.** vendre qch à perte; **at a l. to do sth** (unable) incapable de faire qch; **to be at a l. (to know) what to say** ne savoir que dire; **to make a l.** (financially) perdre de l'argent

lost [lɒst] 1 PT & PP of **lose** 2 ADJ perdu; Br **l. property,** Am **l. and found** objets mpl trouvés

lot¹ [lɒt] N (destiny) sort m; (batch) lot m; (plot of land) terrain m; **to draw lots** tirer au sort

lot² [lɒt] N **the l.** (everything) (le) tout; **the l. of you** vous tous; **a l. of, lots of** beaucoup de; **a l.** beaucoup; **quite a l.** pas mal (**of** de); **such a l.** tellement (**of** de); **what a l. of flowers/water!** regarde tous ces fleurs/toute cette eau!; **what a l. of flowers you have!** que vous avez de fleurs!; Fam **listen, you l.!** écoutez, vous tous!

lotion ['ləʊʃən] N lotion f

lottery ['lɒtərɪ] (pl **-ies**) N loterie f; **l. ticket** billet m de loterie

loud [laʊd] 1 (**-er, -est**) ADJ (voice, music) fort; (noise, cry) grand; (laugh) gros (f grosse); (gaudy) voyant; **the radio is too l.** la radio est trop forte 2 ADV (shout) fort; **out l.** tout haut ■ **loudly** ADV (speak, laugh, shout) fort ■ **loudmouth** N Fam (person) grande gueule f ■ **loudspeaker** N haut-parleur m; (for speaking to crowd) porte-voix m inv; (of stereo system) enceinte f

lounge [laʊndʒ] 1 N (in house, hotel) salon m; **airport l.** salle f d'aéroport; Br **l. suit** complet-

veston m 2 vi (loll in armchair) se prélasser; **to l. about** (idle) paresser; (stroll) flâner

louse [laʊs] 1 N (a) (pl **lice**) (insect) pou m (b) (pl **louses**) Fam (person) salaud m 2 vt Fam **to l. sth up** (spoil) foutre qch en l'air

lousy ['laʊzɪ] (**-ier, -iest**) ADJ Fam (bad) nul (f nulle); (food, weather) dégueulasse; **to feel l.** être mal fichu

lout [laʊt] N voyou m (pl **-ous**)

lovable ['lʌvəbəl] ADJ attachant

love [lʌv] 1 N (a) (feeling) amour m; **in l.** amoureux, -euse (**with** de); **they're in l.** ils s'aiment; **art is their l.** l'art est leur passion; **yes, my l.** oui mon amour; **give him/her my l.** (greeting) dis-lui bien des choses de ma part; **l. life** vie f sentimentale (b) Tennis rien m; **15 l.** 15 à rien 2 vt (person) aimer; (thing, activity) adorer (**to do** or **doing** faire) ■ **loving** ADJ affectueux, -euse

lovely ['lʌvlɪ] (**-ier, -iest**) ADJ (idea, smell) très bon (f bonne); (weather) beau (f belle); (pretty) joli; (charming) charmant; (kind) gentil, -ille; **the weather's l.** il fait beau; **l. to see you!** je suis ravi de te voir!; **l. and warm/dry** bien chaud/sec (f sèche)

lover ['lʌvə(r)] N (man) amant m; (woman) maîtresse f; **a l. of music/art** un amateur de musique/d'art; **a nature l.** un amoureux de la nature

lovesick ['lʌvsɪk] ADJ amoureux, -euse

low¹ [ləʊ] 1 (**-er, -est**) ADJ bas (f basse); (speed, income, intelligence) faible; (opinion, quality) mauvais; **she's l. on** (money) elle n'a plus beaucoup de; **to feel l.** (depressed) être déprimé; **in a l. voice** à voix basse; **lower** inférieur 2 (**-er, -est**) ADV bas; **to turn (down) l.** mettre plus bas; **to run l.** (of supplies) s'épuiser 3 N Met dépression f; Fig **to reach a new l.** or **an all-time l.** (of prices) atteindre leur niveau le plus bas ■ **low-'calorie** ADJ (diet) (a) basses calories ■ **low-'cost** ADJ bon marché inv; **low-cost airline** low-cost m ou f ■ **low-'cut** ADJ décolleté ■ **lowdown** N Fam (facts) tuyaux mpl ■ **low-down** ADJ méprisable ■ **low-'fat** ADJ (milk) écrémé; (cheese) allégé ■ **low-'key** ADJ (discreet) discret, -ète ■ **lowland(s)** N basses terres fpl ■ **low-'paid** ADJ mal payé

low² [ləʊ] vi (of cattle) meugler

lower ['ləʊə(r)] vt baisser; **to l. sb/sth** (by rope) descendre qn/qch; Fig **to l. oneself** s'abaisser

lowly ['ləʊlɪ] (**-ier, -iest**) ADJ humble

loyal ['lɔɪəl] ADJ loyal (**to** envers) ■ **loyalty** N loyauté f; **l. card** (for shop) carte f de fidélité

lozenge ['lɒzɪndʒ] N (tablet) pastille f; (shape) losange m

LP [el'piː] (abbr **long-playing record**) N 33 tours m inv

Ltd (*abbr* **Limited**) *Br Com*≃ SARL

lubricate [ˈluːbrɪkeɪt] **vt** lubrifier; *(machine, car wheels)* graisser ■ **lubricant** **n** lubrifiant *m* ■ **lubri'cation** **n** *(of machine)* graissage *m*

lucid [ˈluːsɪd] **adj** lucide

luck [lʌk] **n** *(chance)* chance *f*; *(good fortune)* (bonne) chance, bonheur *m*; **to be in l.** avoir de la chance; **to be out of l.** ne pas avoir de chance; **to wish sb l.** souhaiter bonne chance à qn; **to try one's l.** tenter sa chance; **bad l.** malchance *f*; **hard l.!, tough l.!** pas de chance!; **just my l.!** c'est bien ma chance!

luckily [ˈlʌkɪlɪ] **adv** heureusement

lucky [ˈlʌkɪ] (**-ier, -iest**) **adj** *(person)* chanceux, -euse; **to be l.** *(of person)* avoir de la chance; **to make a l. guess** tomber juste; **it's l. that...** c'est une chance que... *(+ subjunctive)*; **I've had a l. day** j'ai eu de la chance aujourd'hui; **l. charm** porte-bonheur *m inv*; **l. number** chiffre *m* porte-bonheur; **how l.!** quelle chance!

lucrative [ˈluːkrətɪv] **adj** lucratif, -ive

ludicrous [ˈluːdɪkrəs] **adj** ridicule

lug [lʌg] (*pt & pp* **-gg-**) **vt** *Fam* **to l. sth (around)** trimbaler qch

luggage [ˈlʌgɪdʒ] **n** bagages *mpl*; **a piece of l.** un bagage; **hand l.** bagages à main; **l. compartment** compartiment *m* à bagages; *Br* **l. van** *(on train)* fourgon *m*

lukewarm [ˈluːkwɔːm] **adj** tiède

lull [lʌl] **1 n** arrêt *m*; *(in storm)* accalmie *f* **2 vt** apaiser; **to l. sb to sleep** endormir qn en le/la berçant; **to l. sb into a false sense of security** endormir la méfiance de qn

lullaby [ˈlʌləbaɪ] (*pl* **-ies**) **n** berceuse *f*

lumber[1] [ˈlʌmbə(r)] **n** *(timber)* bois *m* de charpente; *Br (junk)* bric-à-brac *m inv* ■ **lumberjack** **n** bûcheron *m*

lumber[2] [ˈlʌmbə(r)] **vt** *Br Fam* **to l. sb with sb/ sth** coller qn/qch à qn; **he got lumbered with the job** il s'est appuyé la corvée

luminous [ˈluːmɪnəs] **adj** *(colour, paper, ink)* fluorescent; *(dial, clock)* lumineux, -euse

lump [lʌmp] **1 n** morceau *m*; *(in soup)* grumeau *m*; *(bump)* bosse *f*; *(swelling)* grosseur *f*; **l. sum** somme *f* forfaitaire **2 vt to l. together** réunir; *Fig & Pej* mettre dans le même sac ■ **lumpy** (**-ier, -iest**) **adj** *(soup)* grumeleux, -euse; *(surface)* bosselé

lunacy [ˈluːnəsɪ] **n** folie *f*; **it's (sheer) l.** c'est de la folie

lunar [ˈluːnə(r)] **adj** lunaire; **l. eclipse** éclipse *f* de lune; **l. module** module *m* lunaire

lunatic [ˈluːnətɪk] **1 adj** fou *(f* folle) **2 n** fou *m*, folle *f*

Note that the French word **lunatique** is a false friend and is never a translation for the English word **lunatic**. It means **moody**.

lunch [lʌntʃ] **1 n** déjeuner *m*; **to have l.** déjeuner; **l. break, l. hour, l. time** heure *f* du déjeuner **2 vi** déjeuner (**on** *or* **off** de) ■ **lunchbox** **n** = boîte dans laquelle on transporte son déjeuner

luncheon [ˈlʌntʃən] **n** déjeuner *m*; **l. meat** = tranches de viande à base de porc; *Br* **l. voucher** ticket-repas *m*, ticket-restaurant *m*

lung [lʌŋ] **n** poumon *m*; **l. cancer** cancer *m* du poumon

lunge [lʌndʒ] **1 n** mouvement *m* brusque en avant **2 vi to l. at sb** se ruer sur qn

lurch [lɜːtʃ] **1 n** *Fam* **to leave sb in the l.** laisser qn dans le pétrin **2 vi** *(of person)* tituber; *(of ship, car)* faire une embardée

lure [lʊə(r)] **1 n** *(attraction)* attrait *m* **2 vt** attirer (par la ruse) (**into** dans)

lurid [ˈlʊərɪd] **adj** *(story, description)* cru; *(gaudy)* voyant

lurk [lɜːk] **vi** *(hide)* être tapi (**in** dans); *(prowl)* rôder; *(of suspicion, fear)* subsister

luscious [ˈlʌʃəs] **adj** *(food)* appétissant

lush [lʌʃ] **1 adj** *(vegetation)* luxuriant; *(wealthy) (surroundings)* luxueux, -euse **2 n** *Fam (drunkard)* poivrot, -ote *mf*

lust [lʌst] **1 n** *(for person)* désir *m*; *(for object)* convoitise *f* (**for** de); *(for power, knowledge)* soif *f* (**for** de) **2 vi to l. after** *(object, person)* convoiter; *(power, knowledge)* avoir soif de

lustre, *Am* **luster** [ˈlʌstə(r)] **n** *(gloss)* lustre *m*

Luxembourg [ˈlʌksəmbɜːg] **n** le Luxembourg ■ **Luxembourgish 1 adj** luxembourgeois **2 n** *(language)* luxembourgeois ■ **Luxembourger** **n** Luxembourgeois, -oise *mf*

luxuriant [lʌgˈʒʊərɪənt] **adj** luxuriant

luxury [ˈlʌkʃərɪ] **1 n** luxe *m* **2 adj** *(goods, car, home)* de luxe ■ **luxurious** [lʌgˈʒʊərɪəs] **adj** luxueux, -ueuse

Note that the French word **luxure** is a false friend and is never a translation for the English word **luxury**. It means **lust**.

lychee [ˈlaɪtʃiː] **n** litchi *m*

lying [ˈlaɪɪŋ] **1 pres p of lie**[1,2] **2 n** mensonges *mpl* **3 adj** *(person)* menteur, -euse

lynch [lɪntʃ] **vt** lyncher

lyric [ˈlɪrɪk] **adj** lyrique ■ **lyrical adj** *(person) (effusive)* lyrique ■ **lyrics npl** *(of song)* paroles *fpl*

M, m¹ [em] **N** *(letter)* M, m *m inv*

m² **N** **(a)** *(abbr* **metre***)* mètre *m* **(b)** *(abbr* **mile***)* mile *m*

MA ['em'eɪ] *(abbr* **Master of Arts***)* **N** *Univ* **to have an MA in French** ≃ avoir une maîtrise de français; **John Smith MA** John Smith, titulaire d'une maîtrise *(en lettres, anglais, droit etc)*

mac [mæk] *(abbr* **mackintosh***)* **N** *Br Fam (raincoat)* imper *m*

macabre [mə'kɑːbrə] **ADJ** macabre

machine [mə'ʃiːn] **N** *(apparatus, car, system)* machine *f*; **change/cash m.** distributeur *m* de monnaie/billets; *Comptr* **m. code** code *m* machine; **m. gun** mitrailleuse *f*

machine-gun [mə'ʃiːngʌn] *(pt & pp* **-nn-***)* **VT** mitrailler

machinery [mə'ʃiːnərɪ] **N** *(machines)* machines *fpl*; *(works)* mécanisme *m*; *Fig (of organization)* rouages *mpl*

macho ['mætʃəʊ] *(pl* **-os***)* **ADJ & N** macho *(m) inv*

mackerel ['mækrəl] **N** maquereau *m*

macro ['mækrəʊ] *(pl* **-os***)* **N** *Comptr* macro-commande *f*

mad [mæd] *(**madder, maddest***)* **ADJ** fou *(f* folle*)*; **to go m.** devenir fou; **to be m. at sb** *(angry)* être furieux, -ieuse contre qn; *Fam* **to be m. about** or **m. keen on sb/sth** être fou de qn/qch; **to drive sb m.** rendre qn fou; *Fam* **to run/work like m.** courir/travailler comme un fou; **m. cow disease** maladie *f* de la vache folle ▪ **madhouse** **N** *Fam* maison *f* de fous ▪ **madly** **ADV** *(insanely, desperately)* comme un fou/une folle; *Fam (exciting, interested, jealous)* follement ▪ **mad-man** *(pl* **-men***)* **N** fou *m* ▪ **madness** **N** folie *f* ▪ **mad-woman** *(pl* **-women***)* **N** folle *f*

Madagascar [mædə'gæskə(r)] **N** Madagascar *f*

madam ['mædəm] **N** *(married)* madame *f*; *(unmarried)* mademoiselle *f*

made [meɪd] **PT & PP of make** ▪ **'made-to-'measure** **ADJ** *Br (garment)* (fait) sur mesure

Madeira [mə'dɪərə] **N** *(island)* Madère *f*; *(wine)* madère *m*

magazine [mægə'ziːn] **N** **(a)** *(periodical, TV/radio broadcast)* magazine *m* **(b)** *(of gun, slide projector)* magasin *m*

maggot ['mægət] **N** asticot *m*

magic ['mædʒɪk] **1** **ADJ** magique; **m. spell** sort *m*; **the m. word** la formule magique **2** **N** magie *f*; **as if by m.** comme par enchantement ▪ **magical** **ADJ** magique ▪ **magician** [mə'dʒɪʃən] **N** magicien, -ienne *mf*

magistrate ['mædʒɪstreɪt] **N** magistrat *m*

magnate ['mægneɪt] **N** magnat *m*

magnesium [mæg'niːzɪəm] **N** *Chem* magnésium *m*

magnet ['mægnɪt] **N** aimant *m* ▪ **magnetic** [-'netɪk] **ADJ** magnétique; **m. tape** bande *f* magnétique ▪ **magnetism** **N** magnétisme *m*

magnificent [mæg'nɪfɪsənt] **ADJ** magnifique

magnify ['mægnɪfaɪ] *(pt & pp* **-ied***)* **VT** *(image)* grossir; *(sound)* amplifier; *Fig (exaggerate)* exagérer; **magnifying glass** loupe *f*

magnitude ['mægnɪtjuːd] **N** ampleur *f*

magnolia [mæg'nəʊlɪə] **N** *(tree)* magnolia *m*

magpie ['mægpaɪ] **N** pie *f*

mahogany [mə'hɒgənɪ] **N** *(wood, colour)* acajou *m*

maid [meɪd] **N** *(servant)* bonne *f*; *Am* **m. of honor** *(at wedding)* première demoiselle *f* d'honneur

maiden ['meɪdən] **1** **N** *Old-fashioned* jeune fille *f* **2** **ADJ** *(flight, voyage)* inaugural; **m. name** nom *m* de jeune fille; **m. speech** *(of MP)* premier discours *m*

mail [meɪl] **1** **N** *(system)* poste *f*; *(letters)* courrier *m*; *(e-mails)* méls *mpl*, courrier *m* électronique **2** **ADJ** *(bag, train)* postal; **m. order** vente *f* par correspondance; *Br* **m. van** *(vehicle)* camion *m* des postes; *(in train)* fourgon *m* postal **3** **VT** poster; **mailing list** liste *f* d'adresses ▪ **mailbox** **N** *Am &* *Comptr* boîte *f* aux lettres ▪ **mailman** *(pl* **-men***)* **N** *Am* facteur *m*

maim [meɪm] **VT** mutiler

main¹ [meɪn] **ADJ** principal; **the m. thing is to...** l'essentiel est de...; **in the m.** *(generally)* en gros; **m. course** plat *m* de résistance; *Rail* **m. line** grande ligne *f*; **m. road** grande route *f* ▪ **mainland** **N** continent *m* ▪ **mainly** **ADV** principalement; **they were m. Spanish** la plupart étaient espagnols ▪ **mainstream** **N** tendance *f* dominante

main² [meɪn] N **water/gas m.** conduite f d'eau/de gaz; **the mains** *(electricity)* le secteur

mainstay ['meɪnsteɪ] N *(of family)* soutien m; *(of organization, policy)* pilier m

maintain [meɪn'teɪn] VT *(continue)* maintenir; *(machine, road)* entretenir; *(family)* subvenir aux besoins de; *(silence)* garder; **to m. law and order** faire respecter l'ordre public; **to m. that...** affirmer que... ■ **maintenance** ['meɪntənəns] N *(of vehicle, road)* entretien m; *(of tradition, prices, position)* maintien m; *Law (alimony)* pension f alimentaire

maize [meɪz] N *Br* maïs m

majesty ['mædʒəstɪ] N majesté f; **Your M.** Votre Majesté ■ **majestic** [mə'dʒestɪk] ADJ majestueux, -ueuse

major ['meɪdʒə(r)] **1** ADJ *(main, great)* & *Mus* majeur; *(accident)* très grave; **a m. road** une grande route **2** N **(a)** *Mil (officer)* commandant m **(b)** *Am Univ (subject of study)* dominante f **3** VI *Am Univ* **to m. in** se spécialiser en

Majorca [mə'jɔːkə] N Majorque f

majority [mə'dʒɒrɪtɪ] **1** *(pl* **-ies)** N majorité f **(of** de); **to be in the** *or* **a m.** être majoritaire; **the m. of people** la plupart des gens **2** ADJ *(vote)* majoritaire

make [meɪk] **1** *(pt & pp* made) VT faire; *(tool, vehicle)* fabriquer; **to m. a decision** prendre une décision; **to m. sb happy/sad** rendre qn heureux/triste; **to m. sb tired** fatiguer qn; **to m. sth ready** préparer qch; **to m. sb do sth** faire faire qch à qn; **to m. oneself heard** se faire entendre; **he'll m. a good doctor** il fera un bon médecin; *Fam* **to m. it** *(succeed)* réussir; **sorry I can't m. it to the meeting** désolé, je ne pourrai pas assister à la réunion; **what time do you m. it?** quelle heure avez-vous?; **I m. it five o'clock** j'ai cinq heures; **what do you m. of it?** qu'en penses-tu?; **I can't m. anything of it** je n'y comprends rien; *Fam* **she made the train** *(did not miss)* elle a eu le train; **he made 10 euros on it** ça lui a rapporté 10 euros; **to m. good** réussir; **to m. good the damage** réparer les dégâts; **to be made of wood** être en bois; **made in France** fabriqué en France

2 VI **to m. sure** *or* **certain of sth** s'assurer de qch; **to m. do** *(manage)* se débrouiller **(with** avec); **to m. do with sb/sth** *(be satisfied with)* se contenter de qn/qch; **to m. believe** *(pretend)* faire semblant

3 N *(brand)* marque f; **of French m.** de fabrication française ■ **make-believe** N **it's m.** *(story)* c'est pure invention; **to live in a world of m.** se bercer d'illusions ■ **makeover** N *(of person)* changement m de look; *(of building)* transformation f ■ **make-up** N *(for face)* maquillage m; *(of*

team, group) constitution f; *(of person)* caractère m; **to put on one's m.** se maquiller; **to wear m.** se maquiller

▸ **make for** VT INSEP *(go towards)* aller vers

▸ **make off** VI *Fam (leave)* filer

▸ **make out 1** VT SEP *(see, hear)* distinguer; *(understand)* comprendre; *(decipher)* déchiffrer; *(cheque, list)* faire; *Fam* **to m. out that...** *(claim)* prétendre que...; **you made me out to be stupid** tu m'as fait passer pour un idiot **2** VI *Fam (manage)* se débrouiller

▸ **make over** VT SEP *(transfer)* céder **(to** à); *(change, convert)* transformer **(into** en)

▸ **make up 1** VT SEP *(story)* inventer; *(put together)* *(list, collection, bed)* faire; *(prepare)* préparer; *(form)* former, composer; *(loss)* compenser; *(quantity)* compléter; *(quarrel)* régler; **to m. oneself up** se maquiller **2** VI *(of friends)* se réconcilier; **to m. up for** *(loss, damage, fault)* compenser; *(lost time, mistake)* rattraper

maker ['meɪkə(r)] N *(of product)* fabricant, -ante mf

makeshift ['meɪkʃɪft] ADJ *(arrangement, building)* de fortune

making ['meɪkɪŋ] N *(manufacture)* fabrication f; *(of dress)* confection f; **history in the m.** l'histoire en train de se faire; **the film was three years in the m.** le tournage du film a duré trois ans; **she has the makings of a pianist** elle a tout ce qu'il faut pour devenir pianiste

malaria [mə'leərɪə] N *Med* malaria f

Malaysia [mə'leɪzɪə] N la Malaisie

male [meɪl] **1** ADJ *(child, animal, hormone)* mâle; *(clothes, sex)* masculin; **m. nurse** infirmier m **2** N *(person)* homme m; *(animal)* mâle m

malevolent [mə'levələnt] ADJ malveillant

malfunction [mæl'fʌŋkʃən] **1** N mauvais fonctionnement m **2** VI fonctionner mal

malice ['mælɪs] N méchanceté f; **to bear sb m.** vouloir du mal à qn ■ **malicious** [mə'lɪʃəs] ADJ malveillant; *Law* **m. damage** dommage m causé avec intention de nuire

> Note that the French words **malice** and **malicieux** are false friends and are never translations for the English words **malice** and **malicious**. They mean respectively **mischief** and **mischievous**.

malignant [mə'lɪgnənt] ADJ *(person)* malveillant; **m. tumour** *or* **growth** tumeur f maligne

mall [mɔːl] N *Am* **(shopping) m.** centre m commercial

mallet ['mælɪt] N maillet m

malnutrition [mælnjuː'trɪʃən] N *(poor diet)*

malnutrition f; (lack of food) sous-alimentation f ■ **malnourished** ADJ sous-alimenté

malt [mɔːlt] N malt m; **m. vinegar** vinaigre m de malt

Malta ['mɔːltə] N Malte f ■ **Mal'tese 1** ADJ maltais **2** N (person) Maltais, -aise mf; (language) maltais m

mammal ['mæməl] N mammifère m

man [mæn] **1** (pl **men**) N (adult male) homme m; (player in sports team) joueur m; (humanity) l'homme m; Chess pièce f; **the m. in the street** l'homme de la rue; **a m.'s jacket** une veste d'homme; **a m. of God** un homme d'église; **a m. of the world** un homme d'expérience; **he's a Bristol m.** (by birth) il est de Bristol; **he took it like a m.** il a pris ça courageusement **2** (pt & pp -nn-) VT (be on duty at) être de service à; (machine) assurer le fonctionnement de; (plane, ship) être membre de l'équipage de; (guns) servir; **manned spacecraft** engin m spatial habité ■ **manhood** N (period) âge m d'homme ■ **manhunt** N chasse f à l'homme ■ **manly** (-ier, -iest) ADJ viril ■ '**man-'made** ADJ (lake, beach) artificiel, -ielle; (fibre) synthétique

manage ['mænɪdʒ] **1** VT (company, project) diriger; (shop, hotel) être le gérant de; (economy, money, time, situation) gérer; **to m. to do sth** (succeed) réussir ou arriver à faire qch; (by being smart) se débrouiller pour faire qch; **I'll m. it** j'y arriverai; **I can't m. three suitcases** je ne peux pas porter trois valises **2** VI (succeed) y arriver; (make do) se débrouiller (**with** avec); **to m. without sb/ sth** se passer de qn/qch; **managing director** directeur m général ■ **manageable** ADJ (parcel, car) maniable; (hair) facile à coiffer; (task) faisable ■ **management** N (running, managers) direction f; (of property, economy) gestion f; (executive staff) cadres mpl; **business m.** gestion f des affaires; **m. consultant** conseiller, -ère mf en ou de gestion

manager ['mænɪdʒə(r)] N (of shop, company) directeur, -trice mf; (of shop, café) gérant m; (of singer, boxer) manager m

mandarin ['mændərɪn] **1** ADJ & N M. (orange) mandarine (f) **2** N Br (official) mandarin m; **M. (Chinese)** (language) mandarin m

mandate ['mændeɪt] N mandat m

mandatory ['mændətərɪ] ADJ obligatoire

mane [meɪn] N crinière f

maneuver [mə'nuːvər] N & VTI Am = **manoeuvre**

mangle ['mæŋgəl] **1** N (for clothes) essoreuse f **2** VT (body) mutiler

mango ['mæŋgəʊ] (pl **-oes** or **-os**) N mangue f

mangy ['meɪndʒɪ] ADJ (animal) galeux, -euse

manhandle [mæn'hændəl] VT (person) malmener

manhole ['mænhəʊl] N bouche f d'égout; **m. cover** plaque f d'égout

mania ['meɪnɪə] N (liking) passion f; (psychological) manie f

maniac ['meɪnɪæk] N fou m, folle f

manic ['mænɪk] ADJ Fig (person) stressé; (activity) frénétique

manicure ['mænɪkjʊə(r)] **1** N manucure f **2** VT to **m. one's nails** se faire les ongles

manifest ['mænɪfest] **1** ADJ (plain) manifeste **2** VT (show) manifester

manifesto [mænɪ'festəʊ] (pl **-os** or **-oes**) N Pol manifeste m

manifold ['mænɪfəʊld] ADJ Literary multiple

manipulate [mə'nɪpjʊleɪt] VT manipuler ■ **manipu'lation** N manipulation f

mankind [mæn'kaɪnd] N l'humanité f

manner ['mænə(r)] N (way) manière f; (behaviour) comportement m; **manners** (social habits) manières fpl; **it's bad manners to stare** il est mal élevé de dévisager les gens; **in this m.** (like this) de cette manière; **all m. of people/things** toutes sortes de gens/choses; **to have good/ bad manners** être bien/mal élevé ■ **mannered** ['mænəd] ADJ maniéré ■ **mannerism** ['mænərɪzəm] N Pej tic m

manoeuvre, Am **maneuver** [mə'nuːvə(r)] **1** N manœuvre f **2** VTI manœuvrer

manor ['mænə(r)] N Br **m. (house)** manoir m

manpower ['mænpaʊə(r)] N (labour) main-d'œuvre f

mansion ['mænʃən] N (in town) hôtel m particulier; (in country) manoir m

manslaughter ['mænslɔːtə(r)] N Law homicide m involontaire

mantelpiece ['mæntəlpiːs] N dessus m de cheminée; **on the m.** sur la cheminée

manual ['mænjʊəl] **1** ADJ (work, worker) manuel, -uelle **2** N (book) manuel m

manufacture [mænjʊ'fæktʃə(r)] **1** N fabrication f; (of cars) construction f **2** VT fabriquer; (cars) construire ■ **manufacturer** N fabricant, -ante mf; (of cars) constructeur m

manure [mə'njʊə(r)] N fumier m

manuscript ['mænjʊskrɪpt] N manuscrit m

many ['menɪ] **1** ADJ beaucoup de; **m. people/ things** beaucoup de gens/choses; **very m., a good** or **great m.** un très grand nombre de; **(a good** or **great) m. of,** (**very) m. of** un (très) grand nombre de; **m. times** des fois; **m. kinds** toutes sortes (**of** de); **how m.?** combien (de)?; **too m.** trop de; **there were so m. people**

map 194 **mascara**

that... il y avait tant de monde que...; **as m. books as you like** autant de livres que tu veux **2 PRON** beaucoup; **m. came** beaucoup sont venus; **not m.** pas beaucoup; **too m.** trop; **m. of them** beaucoup d'entre eux; **there are too m. of them** ils sont trop nombreux; **as m. as fifty** (up to) jusqu'à cinquante

map [mæp] **1 N** carte f; (plan of town, underground) plan m **2** (pt & pp **-pp-**) **VT** (country, town) dresser une carte de; **to m. out** (road) tracer; Fig (plan, programme) élaborer

maple ['meɪpəl] **N** (tree, wood) érable m; **m. syrup** sirop m d'érable

mar [mɑː(r)] (pt & pp **-rr-**) **VT** gâcher

marathon ['mærəθən] **N** marathon m

marble ['mɑːbəl] **N** (substance) marbre m; (toy ball) bille f

march [mɑːtʃ] **1 N** marche f **2 VT to m. sb off to prison** emmener qn en prison **3 VI** (of soldiers, demonstrators) défiler; (walk in step) marcher au pas; **to m. past (sb/sth)** défiler (devant qn/qch); Fig **to m. in/out** entrer/sortir d'un pas décidé

March [mɑːtʃ] **N** mars m

mare [meə(r)] **N** jument f

margarine [mɑːdʒə'riːn] **N** margarine f

margin ['mɑːdʒɪn] **N** (on page) marge f; Com marge bénéficiaire; **to win by a narrow m.** gagner de justesse; **m. of error** marge d'erreur ■ **marginal ADJ** marginal; (unimportant) négligeable; Br Pol **m. seat** siège m à majorité précaire ■ **marginally ADV** très légèrement

marigold ['mærɪɡəʊld] **N** souci m

marijuana [mærɪ'wɑːnə] **N** marijuana f

marina [mə'riːnə] **N** marina f

marinade ['mærɪneɪd] Culin **1 N** marinade f **2 VTI** (faire) mariner ■ **marinate VTI** (faire) mariner

marine [mə'riːn] **1 ADJ** (life, flora) marin **2 N** (soldier) fusilier m marin; Am **marine** m

marital ['mærɪtəl] **ADJ** conjugal; **m. status** situation f de famille

maritime ['mærɪtaɪm] **ADJ** maritime

mark¹ [mɑːk] **1 N** (symbol) marque f; (stain, trace) tache f, marque; (token, sign) signe m; (in test, exam) note f; (target) but m; (model of machine, aircraft) série f; **as a m. of respect** en signe de respect; Fig **to make one's m.** (succeed) faire ses preuves; **on your marks! get set! go!** à vos marques! prêts! partez! **2 VT** marquer; (exam) noter; **m. my words** notez bien ce que je vais dire; **to m. a price down** baisser un prix; **to m. sth off** (separate) délimiter qch; (on list) cocher qch; **to m. sb out for promotion** désigner qn pour obtenir une promotion; **to m. a price up** augmenter un prix ■ **marked ADJ** (noticeable) marqué ■ **markedly ADV** visiblement

mark² [mɑːk] **N** Formerly (currency) mark m

marker ['mɑːkə(r)] **N** (pen) marqueur m; (flag) balise f; (bookmark) signet m; (person) correcteur, -trice mf

market ['mɑːkɪt] **1 N** marché m; **to put sth on the m.** mettre qch en vente; **on the open m.** en vente libre; **on the black m.** au marché noir; **(free) m. economy** économie f de marché; **m. survey** étude f de marché; **m. value** valeur f marchande **2 VT** commercialiser ■ **marketing N** marketing m, mercatique f ■ **marketplace N** (in village, town) place f du marché; Econ marché m; **in the m.** sur le marché

markings ['mɑːkɪŋz] **NPL** (on animal) taches fpl; (on road) signalisation f horizontale

marmalade ['mɑːməleɪd] **N** confiture f d'oranges

maroon [mə'ruːn] **ADJ** (colour) bordeaux inv

> Note that the French word **marron** is a false friend. When referring to a colour, it means **brown**.

marooned [mə'ruːnd] **ADJ** abandonné; (in snowstorm) bloqué (**by** par)

marriage ['mærɪdʒ] **N** mariage m; **to be related by m. to sb** être parent par alliance de qn; **m. bureau** agence f matrimoniale; **m. certificate** extrait m d'acte de mariage

marrow ['mærəʊ] **N** (a) (of bone) moelle f (b) Br (vegetable) courge f

marry ['mærɪ] **1** (pt & pp **-ied**) **VT** épouser, se marier avec; **to m. sb (off)** (of priest) marier qn **2 VI** se marier ■ **married ADJ** marié; **to get m.** se marier; **m. life** vie f maritale; **m. name** nom m de femme mariée

marsh [mɑːʃ] **N** marais m, marécage m ■ **marshland N** marécages mpl

marshal ['mɑːʃəl] **1 N** (army officer) maréchal m; Br (at public event) membre m du service d'ordre **2** (Br **-ll-**, Am **-l-**) **VT** (troops, vehicles) rassembler; (crowd) canaliser

marshmallow [mɑːʃ'mæləʊ] **N** guimauve f

martial ['mɑːʃəl] **ADJ** martial; **m. arts** arts mpl martiaux; **m. law** loi f martiale

Martian ['mɑːʃən] **N & ADJ** martien, -ienne (mf)

martyr ['mɑːtə(r)] **1 N** martyr, -yre mf **2 VT** martyriser

marvel ['mɑːvəl] **1 N** (wonder) merveille f; **it's a m. they survived** c'est un miracle qu'ils aient survécu **2** (Br **-ll-**, Am **-l-**) **VI** s'émerveiller (**at** de)

marvellous, Am **marvelous** ['mɑːvələs] **ADJ** merveilleux, -euse

Marxist ['mɑːksɪst] **ADJ & N** marxiste (mf)

marzipan ['mɑːzɪpæn] **N** pâte f d'amandes

mascara [mæ'skɑːrə] **N** mascara m

mascot ['mæskɒt] N mascotte f

masculine ['mæskjʊlɪn] ADJ masculin

mash [mæʃ] 1 N Br (potatoes) purée f (de pommes de terre); (for poultry, pigs) pâtée f 2 VT to m. (up) (vegetables) écraser (en purée); **mashed potatoes** purée f de pommes de terre

mask [mɑːsk] 1 N masque m 2 VT (cover, hide) masquer (**from** à)

masochist ['mæsəkɪst] N masochiste mf

mason ['meɪsən] N (stonemason, Freemason) maçon m ▪ **masonry** N maçonnerie f

mass¹ [mæs] 1 N Phys & (shapeless substance) masse f; **a m. of** (many) une multitude de; Fam **I've got masses of things to do** j'ai des tas de choses à faire; Fam **there's masses of room** il y a plein de place; Pol **the masses** le peuple 2 ADJ (demonstration, culture) de masse; (protests, departure) en masse; (unemployment, destruction) massif, -ive; **m. hysteria** hystérie f collective; **m. media** mass media mpl 3 VI (of troops, people) se masser ▪ **mass-pro'duce** VT fabriquer en série

mass² [mæs] N (church service) messe f

massacre ['mæsəkə(r)] 1 N massacre m 2 VT massacrer

massage ['mæsɑːʒ] 1 N massage m; Br **m. parlour,** Am **m. parlor** salon m de massage 2 VT masser; Fig **to m. the figures** manipuler les chiffres

massive ['mæsɪv] ADJ (increase, dose, vote) massif, -ive; (amount, building) énorme; (heart attack) foudroyant ▪ **massively** ADV (increase, reduce) considérablement

mast [mɑːst] N (of ship) mât m; (for TV, radio) pylône m

master ['mɑːstə(r)] 1 N maître m; Br (teacher) professeur m; **old m.** (painting) tableau m de maître; Univ **m.'s (degree)** maîtrise f (**in** de); **M. of Arts/Science** (qualification) ≃ maîtrise ès lettres/sciences; (person) ≃ maître mf ès lettres/sciences; **m. card** carte f maîtresse; **m. copy** original m 2 VT maîtriser; (subject, situation) dominer ▪ **mastery** N maîtrise f (**of** de)

mastermind ['mɑːstəmaɪnd] 1 N (person) cerveau m 2 VT organiser

masterpiece ['mɑːstəpiːs] N chef-d'œuvre m

masturbate ['mæstəbeɪt] VI se masturber ▪ **mastur'bation** N masturbation f

mat [mæt] N tapis m; (of straw) natte f; (at door) paillasson m; **(table) m.** (for plates) set m de table; (for dishes) dessous-de-plat m inv

match¹ [mætʃ] N (for lighting fire, cigarette) allumette f ▪ **matchbox** N boîte f d'allumettes ▪ **matchstick** N allumette f

match² [mætʃ] N (in sport) match m; **m. point** (in tennis) balle f de match

match³ [mætʃ] 1 N (equal) égal, -ale mf; (marriage) mariage m; **to be a good m.** (of colours, people) aller bien ensemble; **he's a good m.** (man to marry) c'est un bon parti; **to meet one's m.** trouver son maître 2 VT (of clothes, colour) être assorti à; (coordinate) assortir; (equal) égaler; **to m. up** (colours, clothes, plates) assortir; **to m. (up to)** (equal) égaler 3 VI (of colours, clothes) être assortis, -ies ▪ **matching** ADJ assorti

mate¹ [meɪt] 1 N (of animal) mâle m/femelle f; Br (friend) copain m, copine f; Br **builder's/electrician's m.** aide-maçon/-électricien m 2 VI (of animals) s'accoupler (**with** avec)

mate² [meɪt] Chess 1 N mat m 2 VT mettre mat

material [mə'tɪərɪəl] 1 ADJ (needs, world) matériel, -ielle; (important) essentiel, -ielle 2 N (substance) matière f; (cloth) tissu m; (for book) matériaux mpl; **material(s)** (equipment) matériel m; **building materials** matériaux de construction; **reading m.** de quoi lire ▪ **materia'listic** ADJ matérialiste

materialize [mə'tɪərɪəlaɪz] VI se matérialiser; (of hope, threat) se réaliser; (of event) avoir lieu

maternal [mə'tɜːnəl] ADJ maternel, -elle

maternity [mə'tɜːnɪtɪ] N maternité f; Br **m. allowance** or **benefit** allocation f de maternité; **m. dress** robe f de grossesse; **m. hospital, m. unit** maternité; **m. leave** congé m de maternité

mathematical [mæθə'mætɪkəl] ADJ mathématique

mathematician [mæθəmə'tɪʃən] N mathématicien, -ienne mf

mathematics [mæθə'mætɪks] N (subject) mathématiques fpl; (calculations) calculs mpl ▪ **maths,** Am **math** N Fam maths fpl

matinée ['mætɪneɪ] N (of play, film) matinée f

matrimony ['mætrɪmənɪ] N mariage m

matt [mæt] ADJ (paint, paper) mat

matted ['mætɪd] ADJ (hair) emmêlé

matter¹ ['mætə(r)] 1 N (substance) matière f; (issue, affair) question f; **that's a m. of taste** c'est une question de goût; **and to make matters worse...** et pour aggraver les choses...; **as a m. of fact** en fait; **no m. what she does** quoi qu'elle fasse; **no m. where you go** où que tu ailles; **no m. who you are** qui que vous soyez; **no m. when** quel que soit le moment; **what's the m.?** qu'est-ce qu'il y a?; **what's the m. with you?** qu'est-ce que tu as?; **there's something the m. with my leg** j'ai quelque chose à la jambe 2 VI (be important) importer (**to** à); **it doesn't m. if/when/who...** peu importe si/quand/qui...; **it**

doesn't m. ça ne fait rien; **it doesn't m. to me** ça m'est égal

matter² ['mætə(r)] N *Med* pus m

matter-of-fact [mætərəv'fækt] ADJ *(person, manner)* terre à terre *inv; (voice)* neutre

mattress ['mætrəs] N matelas m

mature [mə'tʃʊə(r)] **1** ADJ *(person, fruit)* mûr; *(cheese)* fort; *Univ* **m. student** = adulte qui reprend des études **2** VI *(person, fruit)* mûrir; *(of cheese)* se faire; *Fin (of interest)* arriver à échéance ■ **maturity** N maturité f

maul [mɔːl] VT *(of animal)* mutiler; *Fig (of person)* malmener

Mauritius [mə'rɪʃəs] N l'île f Maurice

maverick ['mævərɪk] N non-conformiste mf

maximize ['mæksɪmaɪz] VT maximaliser

maximum ['mæksɪməm] **1** *(pl* **-ima** [-ɪmə] *or* **-imums)** N maximum m **2** ADJ maximal

may [meɪ] *(pt* **might** [maɪt])

May et **might** peuvent s'utiliser indifféremment ou presque dans les expressions de la catégorie **(a)**.

V AUX **(a)** *(expressing possibility)* **he m. come** il se peut qu'il vienne; **I m.** *or* **might be wrong** je me trompe peut-être; **he m.** *or* **might have lost it** il se peut qu'il l'ait perdu; **I m.** *or* **might have forgotten it** je l'ai peut-être oublié; **we m.** *or* **might as well go** autant y aller; **she's afraid I m.** *or* **might get lost** elle a peur que je ne me perde **(b)** *Formal (for asking permission)* **m. I stay?** puis-je rester?; **m. I?** vous permettez? **(c)** *Formal (expressing wish)* **m. you be happy** sois heureux; **m. the best man win!** que le meilleur gagne!

May [meɪ] N mai m; **M. Day** le Premier Mai

maybe ['meɪbiː] ADV peut-être

mayday ['meɪdeɪ] N *(distress signal)* mayday m, SOS m

mayhem ['meɪhem] N *(chaos)* pagaille f

mayonnaise [meɪə'neɪz] N mayonnaise f

mayor [meə(r)] N maire m ■ **mayoress** ['meərɪs] N mairesse f; *(mayor's wife)* femme f du maire

maze [meɪz] N labyrinthe m

me [miː] PRON me, m'; *(after prep, 'than', 'it is')* moi; **(to) me** *(indirect)* me, m'; **she knows me** elle me connaît; **he helps me** il m'aide; **he gave it to me** il me l'a donné; **with me** avec moi

meadow ['medəʊ] N pré m, prairie f

meagre, *Am* **meager** ['miːgə(r)] ADJ maigre

meal¹ [miːl] N *(food)* repas m; *Am* **m. ticket** ticket-repas m, ticket-restaurant m

meal² [miːl] N *(flour)* farine f

mean¹ [miːn] *(pt & pp* **meant)** VT *(of word, event)* signifier; *(of person)* vouloir dire; *(result in)*

entraîner; *(represent)* représenter; **to m. to do sth** avoir l'intention de faire qch; **I know what you m.** je comprends; **I m. it, I m. what I say** je parle sérieusement; **it means a lot to me** c'est très important pour moi; **I didn't m. to!** je ne l'ai pas fait exprès!; **you were meant to come** vous étiez censé venir; **it's meant to be a good film** il paraît que c'est un bon film; **it was meant for you** ça t'était destiné

mean² [miːn] **(-er, -est)** ADJ *(miserly)* avare; *(petty)* mesquin; *(nasty)* méchant; *(shabby)* misérable; **she's no m. dancer** c'est une excellente danseuse

mean³ [miːn] **1** ADJ *(average)* moyen, -enne **2** N *(middle position)* milieu m; *Math (average, mid-point)* moyenne f

meander [mɪ'ændə(r)] VI *(of river)* faire des méandres

meaning ['miːnɪŋ] N sens m, signification f ■ **meaningful** ADJ significatif, -ive ■ **meaningless** ADJ vide de sens; *Fig (absurd)* insensé

means [miːnz] **1** N *(method)* moyen m *(to do or* **of doing** de faire); **by m. of...** au moyen de...; **by m. of hard work** à force de travail; **by all m.!** *(certainly)* je vous en prie!; **by no m.** nullement; **m. of communication/transport** moyen de communication/transport **2** NPL *(wealth)* moyens mpl; **to live beyond one's m.** vivre au-dessus de ses moyens

meant [ment] PT & PP of **mean¹**

meantime ['miːntaɪm] ADV & N **(in the) m.** *(at the same time)* pendant ce temps; *(between two events)* entre-temps

meanwhile ['miːnwaɪl] ADV *(at the same time)* pendant ce temps; *(between two events)* entre-temps

measles ['miːzəlz] N *Med* rougeole f

measly ['miːzlɪ] ADJ *Fam* minable

measure ['meʒə(r)] **1** N mesure f; *(ruler)* règle f; *Br* **made to m.** fait sur mesure **2** VT mesurer; **to m. sth out** *(ingredient)* mesurer qch; **to m. sth up** *(plank)* mesurer qch **3** VI **to m. up to** *(task)* être à la hauteur de ■ **measured** ADJ *(careful)* mesuré ■ **measuring** ADJ **m. jug** verre m gradué; **m. tape** mètre m ruban

measurement ['meʒəmənt] N mesure f; **hip/waist measurement(s)** tour m de hanches/de taille

meat [miːt] N viande f; *(of crab, lobster)* chair f; *Fig* substance f; **m. diet** régime m carné; **m. pie** pâté m en croûte ■ **meatball** N boulette f de viande

Mecca ['mekə] N La Mecque; *Fig* **a M. for antique-lovers** un paradis pour les passionnés d'objets anciens

mechanic [mɪˈkænɪk] N mécanicien, -ienne mf ■ **mechanical** ADJ mécanique; Fig (reply, gesture) machinal ■ **mechanics** N (science) mécanique f; **the m.** (working parts) le mécanisme

Note that the French word **mécanique** is a false friend and is never a translation for the English word **mechanics**. It means **mechanics**.

mechanism [ˈmekənɪzəm] N mécanisme m
mechanize [ˈmekənaɪz] VT mécaniser
medal [ˈmedəl] N médaille f
medallion [məˈdæljən] N médaillon m
meddle [ˈmedəl] VI (interfere) se mêler (**in** de); (tamper) toucher (**with** à)
media [ˈmiːdɪə] 1 NPL **the (mass) m.** les médias mpl; **m. circus** cirque m médiatique; **m. event** événement m médiatique; **m. studies** = études en communication et journalisme 2 PL of **medium**
mediaeval, medieval [medɪˈiːvəl] ADJ médiéval
median [ˈmiːdɪən] 1 ADJ médian 2 N Math médiane m; Am **m. (strip)** (on highway) bande f médiane
mediate [ˈmiːdɪeɪt] VI servir d'intermédiaire (**between** entre) ■ **medi'ation** N médiation f ■ **mediator** N médiateur, -trice mf
medical [ˈmedɪkəl] 1 ADJ médical; (school, studies) de médecine; (student) en médecine; **to seek m. advice** demander conseil à un médecin; **m. examination** examen m médical; **m. insurance** assurance f maladie 2 N (in school, army) visite f médicale; (private) examen m médical
medicated [ˈmedɪkeɪtɪd] ADJ **m. shampoo** shampooing m traitant
medication [medɪˈdɪəm] N médicaments mpl; **to take one's m.** prendre ses médicaments; **to be on m.** être en traitement
medicine [ˈmedəsən] N (substance) médicament m; (science) médecine f; **m. cabinet, m. chest** (armoire f à) pharmacie f

Note that the French word **médecine** never means **remedy**.

medieval [medɪˈiːvəl] ADJ médiéval
mediocre [miːdɪˈəʊkə(r)] ADJ médiocre
meditate [ˈmedɪteɪt] VI méditer (**on** sur) ■ **medi'tation** N méditation f
Mediterranean [medɪtəˈreɪnɪən] 1 ADJ méditerranéen, -éenne 2 N **the M.** la Méditerranée
medium [ˈmiːdɪəm] 1 ADJ (average, middle) moyen, -enne 2 N **(a)** (pl media [ˈmiːdɪə]) (of thought) véhicule m; Biol milieu m; (for conveying data or publicity) support m; **through the m. of sb/sth** par l'intermédiaire de qn/qch; **to find**

a happy m. trouver le juste milieu **(b)** (pl **mediums**) (person) médium m ■ **'medium-sized** ADJ de taille moyenne
medley [ˈmedlɪ] (pl **-eys**) N mélange m; (of songs, tunes) pot-pourri m
meet [miːt] 1 VT (pt & pp met) (person, team) rencontrer; (by arrangement) retrouver; (pass in street, road) croiser; (fetch) aller chercher; (wait for) attendre; (debt, enemy, danger) faire face à; (need) combler; **to arrange to m. sb** donner rendez-vous à qn; **have you met my husband?** connaissez-vous mon mari? 2 VI (of people, teams, looks) se rencontrer; (by arrangement) se retrouver; (of club, society) se réunir; (of rivers) se rejoindre; (of trains, vehicles) se croiser; **we've never met** nous ne nous connaissons pas 3 N Am Sport réunion f
▸ **meet up** VI (of people) se rencontrer; (by arrangement) se retrouver; **to m. up with sb** rencontrer qn; (by arrangement) retrouver qn
▸ **meet with** VT INSEP (problem, refusal) se heurter à; (loss) essuyer; (danger) affronter; (accident) avoir; Am **to m. with sb** rencontrer qn; (as arranged) retrouver qn
meeting [ˈmiːtɪŋ] N (for business) réunion f; (large) assemblée f; (by accident) rencontre f; (by arrangement) rendez-vous m inv; **to be in a m.** être en réunion; **m. place** lieu m de rendez-vous
megabyte [ˈmegəbaɪt] N Comptr mégaoctet m
megalomaniac [ˌmegələˈmeɪnɪæk] N mégalomane mf
megaphone [ˈmegəfəʊn] N porte-voix m inv
melancholy [ˈmelənkəlɪ] 1 ADJ mélancolique 2 N mélancolie f
mellow [ˈmeləʊ] 1 (-er, -est) ADJ (fruit) mûr; (wine) moelleux, -euse; (flavour) suave; (colour, voice) chaud; (person) détendu, serein 2 VI (of person) s'adoucir
melodrama [ˈmelədrɑːmə] N mélodrame m ■ **melodramatic** [-drəˈmætɪk] ADJ mélodramatique
melody [ˈmelədɪ] (pl **-ies**) N mélodie f ■ **melodic** [məˈlɒdɪk] ADJ mélodique ■ **melodious** [məˈləʊdɪəs] ADJ mélodieux, -ieuse
melon [ˈmelən] N melon m
melt [melt] 1 VT faire fondre; **to m. down** (metal object) fondre; **melting point** point m de fusion; Fig **melting pot** creuset m 2 VI fondre; **to m. away** (of snow) fondre complètement; **the green melts into the blue** le vert se fond dans le bleu ■ **meltdown** N Phys fusion f
member [ˈmembə(r)] N membre m; Br **M. of Parliament,** Am **M. of Congress** ≃ député m; **she's a m. of the family** elle fait partie de la famille; **m. state** État m membre ■ **membership** N (state) adhésion f (**of** à); (members) membres mpl;

(number) nombre *m* de membres; **m. card** carte *f* de membre; **m. fee** cotisation *f*

membrane ['membreɪn] N membrane *f*

memento [mə'mentəʊ] *(pl* **-os** *or* **-oes)** N souvenir *m*

memo ['meməʊ] *(pl* **-os)** N note *f* de service; **m. pad** bloc-notes *m* ■ **memorandum** [memə'rændəm] N *(in office)* note *f* de service; *Pol & Com* mémorandum *m*

memoir ['memwɑː(r)] N *(essay)* mémoire *m* ■ **memoirs** NPL *(autobiography)* mémoires *mpl*

memorabilia [memərə'bɪlɪə] NPL souvenirs *mpl*

memorable ['memərəbəl] ADJ mémorable

memorial [mə'mɔːrɪəl] **1** ADJ commémoratif, -ive; **m. service** commémoration *f* **2** N mémorial *m*

memorize ['meməraɪz] VT mémoriser

memory ['memərɪ] *(pl* **-ies)** N *(faculty)* & *Comptr* mémoire *f*; *(recollection)* souvenir *m*; **from m.** de mémoire; **to the** *or* **in m. of...** à la mémoire de... ■ **memory card** N *Comptr* carte *f* mémoire ■ **memory stick** N *Comptr* clé *f* USB

men [men] PL *of* **man** *Am* **the men's room** les toilettes *fpl* pour hommes

menace ['menɪs] **1** N *(danger)* danger *m*; *(threat)* menace *f*; *Fam (nuisance)* plaie *f* **2** VT menacer ■ **menacing** ADJ menaçant

mend [mend] **1** N *(in clothes)* raccommodage *m*; **to be on the m.** *(of patient)* aller mieux **2** VT *(repair)* réparer; *(clothes)* raccommoder; **to m. one's ways** s'amender

menial ['miːnɪəl] ADJ *(work)* subalterne

meningitis [menɪn'dʒaɪtɪs] N *Med* méningite *f*

menopause ['menəpɔːz] N ménopause *f*

menstruate ['menstrʊeɪt] VI avoir ses règles ■ **menstru'ation** N menstruation *f*

menswear ['menzweə(r)] N vêtements *mpl* pour hommes

mental ['mentəl] ADJ mental; *Br Fam (mad)* dingue; **m. arithmetic** calcul *m* mental; **m. block** blocage *m*; **m. breakdown** dépression *f* nerveuse; **m. hospital** hôpital *m* psychiatrique ■ **mentally** ADV mentalement; **he's m. handicapped** c'est un handicapé mental; **she's m. ill** c'est une malade mentale

mentality [men'tælətɪ] *(pl* **-ies)** N mentalité *f*

mention ['menʃən] **1** N mention *f* **2** VT mentionner; **not to m...** sans parler de...; **don't m. it!** il n'y a pas de quoi; **she has no savings worth mentioning** elle n'a pratiquement pas d'économies

mentor ['mentɔː(r)] **1** N mentor *m* **2** VT **to m. sb** assumer le rôle de mentor auprès de qn

menu ['menjuː] N *(in restaurant) (list)* carte *f*; *(for set meal)* & *Comptr* menu *m*; *Comptr* **m. bar** barre *f* de sélection

MEP [emiː'piː] *(abbr* **Member of the European Parliament)** N député *m* du Parlement européen

merchandise ['mɜːtʃəndaɪz] N marchandises *fpl*

merchant ['mɜːtʃənt] **1** N *(trader)* négociant, -iante *mf*; *(retailer)* commerçant, -ante *mf*; **wine m.** négociant, -iante en vins; *(retail)* marchand *m* de vins **2** ADJ *(navy)* marchand; *(seaman)* de la marine marchande; *Br* **m. bank** banque *f* d'affaires; **m. vessel** navire *m* marchand

merciless ['mɜːsɪləs] ADJ impitoyable

mercury ['mɜːkjʊrɪ] N *(metal)* mercure *m*

mercy ['mɜːsɪ] *(pl* **-ies)** N pitié *f*; *(of God)* miséricorde *f*; **to beg for m.** demander grâce; **at the m. of** à la merci de; **it's a m. that...** *(stroke of luck)* c'est une chance que...; **m. killing** acte *m* d'euthanasie

mere [mɪə(r)] ADJ simple; **she's a m. child** ce n'est qu'une enfant; **by m. chance** par pur hasard; **the m. sight of them...** leur seule vue... ■ **merely** ADV simplement

merge [mɜːdʒ] **1** VT *(companies)* & *Comptr* fusionner **2** VI *(blend)* se mêler *(with* à); *(of roads)* se rejoindre; *(of companies, banks)* fusionner ■ **merger** N *Com* fusion *f*

meridian [mə'rɪdɪən] N méridien *m*

meringue [mə'ræŋ] N meringue *f*

merit ['merɪt] **1** N mérite *m*; **to judge sth on its merits** juger qch objectivement **2** VT mériter

mermaid ['mɜːmeɪd] N sirène *f*

merry ['merɪ] *(***-ier, -iest)** ADJ *(happy, drunk)* gai; **M. Christmas!** Joyeux Noël! ■ **merry-go-round** N manège *m*

mesh [meʃ] N *(of net, sieve)* mailles *fpl*; *(fabric)* tissu *m* à mailles

mesmerize ['mezməraɪz] VT hypnotiser

mess¹ [mes] N *(confusion)* désordre *m*; *(muddle)* gâchis *m*; *(dirt)* saletés *fpl*; **in a m.** en désordre; *(in trouble)* dans le pétrin; *(in a sorry state)* dans un triste état; **my life's a m.** ma vie est un désastre; **to make a m. of sth** *(do sth badly, get sth dirty)* saloper qch

▸ **mess about, mess around** *Fam* **1** VT SEP **to m. sb about** *or* **around** *(bother, treat badly)* embêter qn **2** VI *(waste time)* traîner; *(play the fool)* faire l'imbécile; **to m. about** *or* **around with sth** *(fiddle with)* tripoter avec qch

▸ **mess up** VT SEP *Fam* **to m. sth up** *(plans)* ficher qch en l'air; *(hair, room, papers)* mettre qch en désordre

mess² [mes] N *Mil (room)* mess *m*

message ['mesɪdʒ] N message m; (noticeboard) & Comptr **m. board** tableau m d'affichage ▪ **messaging** N Comptr messagerie f électronique

messenger ['mesɪndʒə(r)] N messager, -ère mf; (in office, hotel) coursier, -ière mf

Messiah [mɪ'saɪə] N Rel Messie m

messy ['mesɪ] (**-ier, -iest**) ADJ (untidy) en désordre; (dirty) sale; (job) salissant; (handwriting) peu soigné; Fig (situation, solution) confus

met [met] PT & PP of **meet**

metal ['metəl] N métal m; **m. detector** détecteur m de métaux; **m. ladder** échelle f métallique ▪ **metallic** [mə'tælɪk] ADJ (sound) métallique; (paint) métallisé; **a m. green car** une voiture vert métallisé ▪ **metalwork** N (study, craft) travail m des métaux; (objects) ferronnerie f

metamorphosis [metə'mɔːfəsɪs] (pl **-oses** [-əsiːz]) N métamorphose f

metaphor ['metəfə(r)] N métaphore f ▪ **metaphorical** [-'fɒrɪkəl] ADJ métaphorique

meteor ['miːtɪə(r)] N météore m ▪ **meteoric** [-tɪ'ɒrɪk] ADJ **m. rise** (of politician, film star) ascension f fulgurante ▪ **meteorite** N météorite f

meteorology [miːtɪə'rɒlədʒɪ] N météorologie f ▪ **meteorological** [-rə'lɒdʒɪkəl] ADJ météorologique

meter¹ ['miːtə(r)] N (device) compteur m; **(parking) m.** parcmètre m; Am **m. maid** (for traffic) contractuelle f; Am **m. man** contractuel m

meter² ['miːtə(r)] N Am = **metre**

method ['meθəd] N méthode f ▪ **methodical** [mɪ'θɒdɪkəl] ADJ méthodique

Methodist ['meθədɪst] ADJ & N Rel méthodiste (mf)

methylated ['meθɪleɪtɪd] ADJ Br **m. spirit(s)** alcool m à brûler

meticulous [mɪ'tɪkjʊləs] ADJ méticuleux, -euse

metre, Am **meter** ['miːtə(r)] N mètre m ▪ **metric** ['metrɪk] ADJ métrique

metropolis [mə'trɒpəlɪs] N (chief city) métropole f ▪ **metropolitan** [metrə'pɒlɪtən] ADJ métropolitain; **the M. Police** la police de Londres

Mexico ['meksɪkəʊ] N le Mexique ▪ **Mexican 1** ADJ mexicain **2** N Mexicain, -aine mf

mezzanine ['mezəniːn] N **m. (floor)** mezzanine f

miaow [miː'aʊ] **1** N miaulement m **2** EXCLAM miaou! **3** VI miauler

mice [maɪs] PL of **mouse**

mickey ['mɪkɪ] N Br Fam **to take the m. out of sb** charrier qn

microbe ['maɪkrəʊb] N microbe m

microchip ['maɪkrəʊtʃɪp] N Comptr microprocesseur m

microfilm ['maɪkrəʊfɪlm] N microfilm m

microphone ['maɪkrəfəʊn] N micro m

microscope ['maɪkrəskəʊp] N microscope m ▪ **microscopic** [-'skɒpɪk] ADJ microscopique

microwave ['maɪkrəweɪv] **1** N micro-onde f; **m. (oven)** (four m à) micro-ondes m inv **2** VT faire cuire au micro-ondes

mid [mɪd] ADJ **(in) m. June** (à) la mi-juin; **in m. air** en plein ciel; **to be in one's m.-twenties** avoir environ vingt-cinq ans

midday [mɪd'deɪ] **1** N midi m; **at m.** à midi **2** ADJ (sun, meal) de midi

middle ['mɪdəl] **1** N milieu m; Fam (waist) taille f; **(right) in the m. of sth** au (beau) milieu de qch; **I was in the m. of saying…** j'étais en train de dire… **2** ADJ (central) du milieu; **the M. Ages** le Moyen Âge; **the Middle E.** le Moyen-Orient; **the m. class(es)** les classes moyennes ▪ **'middle-'aged** ADJ d'âge mûr ▪ **'middle-'class** ADJ bourgeois ▪ **'middle-of-the-'road** ADJ (politics, views) modéré; (music) grand public inv

midge [mɪdʒ] N moucheron m

midget ['mɪdʒɪt] **1** ADJ (tiny) minuscule **2** N (small person) nain m, naine f

Midlands ['mɪdləndz] NPL **the M.** les Midlands fpl

midnight ['mɪdnaɪt] N minuit m

midriff ['mɪdrɪf] N (belly) ventre m

midst [mɪdst] N **in the m. of** (middle) au milieu de; **in our/their m.** parmi nous/eux

midsummer [mɪd'sʌmə(r)] N milieu m de l'été; (solstice) solstice m d'été; **M.'s Day** la Saint-Jean

midterm ['mɪdtɜːm] ADJ Br Sch & Univ **m. holidays** vacances fpl de milieu de trimestre

midway [mɪd'weɪ] ADJ & ADV à mi-chemin

midweek [mɪd'wiːk] ADV en milieu de semaine

Midwest [mɪd'west] N Am **the M.** le Midwest

midwife ['mɪdwaɪf] (pl **-wives**) N sage-femme f

midwinter [mɪd'wɪntə(r)] N milieu m de l'hiver; (solstice) solstice m d'hiver

might¹ [maɪt] V AUX ➤ **may**

La forme négative **mightn't** s'écrit **might not** dans un style plus soutenu.

might² [maɪt] N (strength) force f ▪ **mighty** (**-ier, -iest**) **1** ADJ puissant; (ocean) vaste; Fam (very great) sacré **2** ADV Am Fam (very) rudement

migraine ['miːgreɪn, 'maɪgreɪn] N migraine f

migrate [maɪ'greɪt] VI (of people) émigrer; (of birds) migrer ▪ **migrant** ['maɪgrənt] ADJ & N **m. (worker)** (travailleur m) immigré m, (travailleuse f) immigrée f ▪ **migration** N (of birds) migration f; (of people) émigration f

mike [maɪk] N (abbr **microphone**) Fam micro m

mild [maɪld] (**-er, -est**) ADJ *(weather, cheese, soap, person)* doux (f douce); *(punishment)* léger, -ère; *(curry)* peu épicé ■ **mildly** ADV *(say)* doucement; *(moderately)* légèrement; **to put it m.** pour ne pas dire plus

mildew [ˈmɪldjuː] N moisissure f

mile [maɪl] N mile m (= 1,6 km); **to see for miles** voir à des kilomètres; **to walk for miles** marcher pendant des kilomètres; **he lives miles away** il habite très loin d'ici; *Br Fam* **miles better** vachement mieux ■ **mileage** N *(distance)* ≃ kilométrage m; *(rate of fuel consumption)* consommation f ■ **mileometer** [maɪˈlɒmɪtə(r)] N *Br* ≃ compteur m kilométrique ■ **milestone** N ≃ borne f kilométrique; *Fig (in history, career)* étape f importante

militant [ˈmɪlɪtənt] ADJ & N militant, -ante *(mf)*

military [ˈmɪlɪtərɪ] 1 ADJ militaire; **m. service** service m militaire 2 **the m.** les militaires mpl

milk [mɪlk] 1 N lait m; **m. bottle** bouteille f de lait; **m. chocolate** chocolat m au lait 2 VT *(cow)* traire; *Fig (exploit)* exploiter; *Fig* **to m. sb of sth** soutirer qch à qn ■ **milking** N traite f ■ **milkman** *(pl* **-men)** N laitier m ■ **milky** (**-ier, -iest**) ADJ *(diet)* lacté; *(coffee, tea)* au lait; *(colour)* laiteux, -euse; **the M. Way** la Voie lactée

mill [mɪl] 1 N *(for flour)* moulin m; *(textile factory)* filature f 2 VT *(grind)* moudre
▸ **mill around** VI *(of crowd)* grouiller

millennium [mɪˈleniəm] *(pl* **-nia** [-nɪə]) N millénaire m

milligram(me) [ˈmɪlɪgræm] N milligramme m

millimetre, *Am* **millimeter** [ˈmɪlimiːtə(r)] N millimètre m

million [ˈmɪljən] N million m; **a m. men** un million d'hommes; **two m.** deux millions; *Fam* **she's one in a m.** elle est unique ■ **millio'naire** N millionnaire mf

millstone [ˈmɪlstəʊn] N meule f; *Fig* **it's a m. around my neck** c'est un boulet que je traîne

milometer [maɪˈlɒmɪtə(r)] N *Br* ≃ compteur m kilométrique

mime [maɪm] 1 N *(actor)* mime mf; *(art)* mime m 2 VTI mimer; *(of singer)* chanter en play-back

mimic [ˈmɪmɪk] 1 N imitateur, -trice mf 2 *(pt & pp* **-ck-**) VT imiter

mince [mɪns] 1 N *(meat)* viande f hachée; **m. pie** *Br (containing meat)* tourte f à la viande; *(containing fruit)* = tartelette fourrée aux fruits secs et aux épices 2 VT hacher; **not to m. matters** *or* **one's words** ne pas mâcher ses mots ■ **mincemeat** N *Br (meat)* viande f hachée; *(dried fruit)* = mélange de fruits secs et d'épices utilisé en pâtisserie ■ **mincer** N *(machine)* hachoir m

mind[1] [maɪnd] N esprit m; *(sanity)* raison f; *Br* **to my m.** à mon avis; **to change one's m.** changer d'avis; **to speak one's m.** dire ce que l'on pense; *Br* **to be in two minds** *(undecided)* hésiter; **to bear** *or* **keep sth in m.** garder qch à l'esprit; **to have sb/sth in m.** avoir qn/qch en vue; **to make up one's m.** se décider; **to be bored out of one's m.** s'ennuyer à mourir; **to bring sth to m.** rappeler qch; **I couldn't get it off my m.** je ne pouvais pas m'empêcher d'y penser; **it's on my m.** cela me préoccupe; **my m. isn't on the job** je n'ai pas la tête à ce que je fais; **her m. is going** elle perd la raison

mind[2] [maɪnd] 1 VT *Br (pay attention to)* faire attention à; *(look after)* garder; **to m. one's language** surveiller son langage; *Br* **m. you don't fall** fais attention à ne pas tomber; **I don't m. the cold/noise** le froid/bruit ne me gêne pas; **I don't m. trying** je veux bien essayer; **I wouldn't m. a cup of tea** je prendrais bien une tasse de thé; **I m. that…** ça me gêne que…; **if you don't m. my asking…** si je peux me permettre…; **never m. the car** peu importe la voiture; **m. your own business!** occupe-toi de tes affaires! 2 VI **I don't m.** ça m'est égal; **do you m. if I smoke?** ça vous gêne si je fume?; **never m.!** ça ne fait rien!, tant pis!

mind-boggling [ˈmaɪndbɒglɪŋ] ADJ stupéfiant

-minded [ˈmaɪndɪd] SUFF **fair-m.** impartial; **like-m.** de même opinion

minder [ˈmaɪndə(r)] N *Fam (bodyguard)* gorille m

mindful [ˈmaɪndfəl] ADJ **m. of sth/doing** attentif, -ive à qch/à faire

mindless [ˈmaɪndləs] ADJ *(job, destruction)* stupide

mine[1] [maɪn] POSSESSIVE PRON le mien, la mienne, *pl* les mien(ne)s; **this hat is m.** ce chapeau est à moi *ou* est le mien; **a friend of m.** un ami à moi, un de mes amis

mine[2] [maɪn] 1 N **(a)** *(for coal, gold)* & *Fig* mine f **(b)** *(explosive)* mine f 2 VT **(a)** *(coal, gold)* extraire **(b)** *(beach, bridge)* miner 3 VI **to m. for coal** extraire du charbon ■ **minefield** N *Mil* champ m de mines; *Fig* terrain m miné ■ **miner** N mineur m ■ **mining** 1 N exploitation f minière 2 ADJ *(industry, region)* minier, -ière

mineral [ˈmɪnərəl] ADJ & N minéral *(m)*; **m. water** eau f minérale

mingle [ˈmɪŋgəl] VI *(of things)* se mêler (**with** à); *(of people)* parler un peu à tout le monde; **to m. with the crowd** se mêler à la foule

miniature [ˈmɪnɪtʃə(r)] 1 ADJ *(tiny)* minuscule; *(train, model)* miniature *inv* 2 N miniature f; **in m.** en miniature

minibus ['mɪnɪbʌs] N minibus m

minicab ['mɪnɪkæb] N Br radio-taxi m

minimal ['mɪnɪməl] ADJ minimal

minimize ['mɪnɪmaɪz] VT minimiser

minimum ['mɪnɪməm] 1 (pl **-ima** [-ɪmə] or **-imums**) N minimum m 2 ADJ minimal; **m. wage** salaire m minimum

mining ['maɪnɪŋ] N > **mine²**

miniskirt ['mɪnɪskɜːt] N minijupe f

minister¹ ['mɪnɪstə(r)] N Br (politician) ministre m; (of religion) pasteur m ■ **ministerial** [-'stɪərɪəl] ADJ Br Pol ministériel, -ielle ■ **ministry** (pl **-ies**) N Br Pol ministère m; Rel **to enter** or **join the m.** devenir pasteur

minister² ['mɪnɪstə(r)] VI **to m. to sb's needs** subvenir aux besoins de qn

mink [mɪŋk] N vison m

minor ['maɪnə(r)] 1 ADJ (unimportant) & Mus mineur; (operation) bénin, -igne; (road) secondaire 2 N Law (child) mineur, -eure mf, **to be a m.** être mineur(e)

Minorca [mɪ'nɔːkə] N Minorque f

minority [maɪ'nɒrɪtɪ] 1 (pl **-ies**) N minorité f; **to be in the** or **a m.** être minoritaire 2 ADJ minoritaire

mint¹ [mɪnt] 1 N **the (Royal) M.** ≃ l'hôtel m de la Monnaie; Fam **to make a m.** (of money) faire une petite fortune 2 ADJ **m. stamp** timbre m neuf; **in m. condition** à l'état neuf 3 VT (coins) frapper

mint² [mɪnt] N (herb) menthe f; (sweet) bonbon m à la menthe; **m. sauce** sauce f à la menthe; **m. tea** infusion f de menthe

minus ['maɪnəs] 1 ADJ & N **m. (sign)** (signe m) moins m 2 PREP (with numbers) moins; Fam (without) sans; **it's m. 10 (degrees)** il fait moins 10

minute¹ ['mɪnɪt] N (of time) minute f; **this (very) m.** (now) tout de suite; **any m. (now)** d'une minute à l'autre; **m. hand** (of clock) grande aiguille f ■ **minutes** NPL (of meeting) procès-verbal m

minute² [maɪ'njuːt] ADJ (tiny) minuscule; (detailed) minutieux, -ieuse

miracle ['mɪrəkəl] N miracle m; **to work miracles** faire des miracles; **by some m.** par miracle ■ **miraculous** [mɪ'rækjʊləs] ADJ miraculeux, -euse

mirage ['mɪrɑːʒ] N mirage m

mirror ['mɪrə(r)] 1 N miroir m, glace f; Fig (representation) miroir; **(rear view) m.** (of vehicle) rétroviseur m 2 VT (reflect) refléter

mirth [mɜːθ] N Literary gaieté f

misbehave [mɪsbɪ'heɪv] VI se conduire mal

miscalculate [mɪs'kælkjʊleɪt] 1 VT mal calculer 2 VI faire une erreur de calcul; Fig faire un mauvais calcul

miscarriage [mɪs'kærɪdʒ] N Med fausse couche f; **to have a m.** faire une fausse couche; Law **m.**

of justice erreur f judiciaire ■ **miscarry** (pt & pp **-ied**) VI (of woman) faire une fausse couche; Fig (of plan) avorter

miscellaneous [mɪsə'leɪnɪəs] ADJ divers

mischief ['mɪstʃɪf] N espièglerie f; **to get into m.** faire des bêtises; **to make m. for sb** créer des ennuis à qn; Br **to do oneself a m.** (harm oneself) se faire mal

mischievous ['mɪstʃɪvəs] ADJ (naughty) espiègle; (malicious) méchant

misconception [mɪskən'sepʃən] N idée f fausse

misconduct [mɪs'kɒndʌkt] N (bad behaviour) inconduite f; Com (bad management) mauvaise gestion f; **(professional) m.** faute f professionnelle

misdemeanour, Am **misdemeanor** [mɪsdɪ'miːnə(r)] N écart m de conduite; Am Law délit m

miser ['maɪzə(r)] N avare mf ■ **miserly** ADJ avare

miserable ['mɪzərəbəl] ADJ (wretched) misérable; (unhappy) malheureux, -euse; (awful) affreux, -euse; (derisory) (salary) dérisoire

Note that the French adjective **misérable** never means **unhappy**. Its most common meaning is **destitute** or **wretched**.

misery ['mɪzərɪ] (pl **-ies**) N (suffering) malheur m; (sadness) détresse f; Fam (sad person) grincheux, -euse mf; **his life is a m.** il est malheureux; **to put an animal out of its m.** achever un animal

Note that the French word **misère** is a false friend and is never a translation for the English word **misery**. It means **extreme poverty**.

misfire [mɪs'faɪə(r)] VI (of gun) faire long feu; (of engine) avoir des ratés; Fig (of plan) rater

misfit ['mɪsfɪt] N Pej inadapté, -ée mf

misfortune [mɪs'fɔːtʃuːn] N malheur m

misgivings [mɪs'gɪvɪŋz] NPL (doubts) doutes mpl (**about** sur); (fears) craintes fpl (**about** à propos de)

misguided [mɪs'gaɪdɪd] ADJ (attempt) malencontreux, -euse; (decision) peu judicieux, -ieuse; **to be m.** (of person) se tromper

mishandle [mɪs'hændəl] VT (device) mal utiliser; (situation) mal gérer; (person) malmener

mishap ['mɪshæp] N incident m; **without m.** sans encombre

misinform [mɪsɪn'fɔːm] VT mal renseigner

misinterpret [mɪsɪn'tɜːprɪt] VT mal interpréter

misjudge [mɪs'dʒʌdʒ] VT (person, distance) mal juger

mislay [mɪs'leɪ] (pt & pp **-laid**) VT égarer

mislead [mɪsˈliːd] (*pt & pp* **-led**) **vt** tromper ■ **misleading** **ADJ** trompeur, -euse

mismanage [mɪsˈmænɪdʒ] **vt** mal gérer ■ **mismanagement** **N** mauvaise gestion *f*

misogynist [mɪˈsɒdʒɪnɪst] **N** misogyne *mf*

misplace [mɪsˈpleɪs] **vt** (*lose*) égarer; (*trust*) mal placer ■ **misplaced** **ADJ** (*remark*) déplacé; **m. accent** accent *m* mal placé

misprint [ˈmɪsprɪnt] **N** faute *f* d'impression, coquille *f*

mispronounce [mɪsprəˈnaʊns] **vt** mal prononcer

misrepresent [mɪsreprɪˈzent] **vt** (*theory*) dénaturer; (*person*) présenter sous un faux jour

Miss [mɪs] **N** Mademoiselle *f*; **M. World** Miss Monde

miss [mɪs] **1 N** coup *m* raté; **that was** *or* **we had a near m.** on l'a échappé belle; *Fam* **I'll give it a m.** (*not go*) je n'y irai pas; (*not take or drink or eat*) je n'en prendrai pas **2 vt** (*train, target, opportunity*) manquer, rater; (*not see*) ne pas voir; (*not understand*) ne pas comprendre; (*feel the lack of*) regretter; **he misses Paris** Paris lui manque; **I m. you** tu me manques; **we'll be missed** on nous regrettera; **the table is missing a leg** il manque un pied à la table; **don't be seeing this play** il faut absolument que tu voies cette pièce; **to m. sth out** (*accidentally*) oublier qch; (*intentionally*) omettre qch **3 vi** manquer *ou* rater son coup; **to m. out** (*lose a chance*) rater l'occasion; **to m. out on sth** rater qch

misshapen [mɪsˈʃeɪpən] **ADJ** difforme

missile [*Br* ˈmɪsaɪl, *Am* ˈmɪsəl] **N** (*rocket*) missile *m*; (*object thrown*) projectile *m*

missing [ˈmɪsɪŋ] **ADJ** (*absent*) absent; (*in war, after disaster*) disparu; (*object*) manquant; **there are two cups/students m.** il manque deux tasses/deux étudiants; **nothing is m.** il ne manque rien; **to go m.** disparaître; *Mil* **m. in action** porté disparu

mission [ˈmɪʃən] **N** mission *f*

missionary [ˈmɪʃənərɪ] (*pl* **-ies**) **N** *Rel* missionnaire *m*

misspell [mɪsˈspel] (*pt & pp* **-ed** *or* **-spelt**) **vt** mal écrire

mist [mɪst] **1 N** (*fog*) brume *f*; (*on glass*) buée *f* **2 vi** **to m. over** *or* **up** s'embuer

mistake [mɪˈsteɪk] **1 N** erreur *f*, faute *f*; **to make a m.** faire une erreur; **by m.** par erreur **2** (*pt* **-took**, *pp* **-taken**) **vt** (*meaning, intention*) se tromper sur; **to m. the date/place** se tromper de date/ de lieu; **there's no mistaking his face** il est impossible de ne pas reconnaître son visage; **to m. sb for** prendre qn pour ■ **mistaken** **ADJ** (*belief, impression*) erroné; **to be m.** (*of person*) se tromper (**about** sur) ■ **mistakenly** **ADV** par erreur

Mister [ˈmɪstə(r)] **N** Monsieur *m*

mistletoe [ˈmɪsəltəʊ] **N** gui *m*

mistreat [mɪsˈtriːt] **vt** maltraiter

mistress [ˈmɪstrɪs] **N** maîtresse *f*; *Br* (*in secondary school*) professeur *m*

mistrust [mɪsˈtrʌst] **1 N** méfiance *f* **2 vt** se méfier de ■ **mistrustful** **ADJ** méfiant

misty [ˈmɪstɪ] (**-ier, -iest**) **ADJ** (*foggy*) brumeux, -euse; (*outline*) flou

misunderstand [mɪsʌndəˈstænd] (*pt & pp* **-stood**) **vti** mal comprendre ■ **misunderstanding** **N** (*disagreement*) mésentente *f*; (*misconception*) malentendu *m* ■ **misunderstood** **ADJ** (*person*) incompris

misuse 1 [mɪsˈjuːs] **N** (*of equipment, resources*) mauvais emploi *m*; (*of funds*) détournement *m*; (*of power*) abus *m* **2** [mɪsˈjuːz] **vt** (*equipment, resources*) mal employer; (*funds*) détourner; (*power*) abuser de

mitigate [ˈmɪtɪɡeɪt] **vt** atténuer; *Law* **mitigating circumstances** circonstances *fpl* atténuantes

mitt(en) [mɪt, ˈmɪtən] **N** (*glove*) moufle *f*; **baseball mitt** gant *m* de baseball

mix [mɪks] **1 N** (*mixture*) mélange *m* **2 vt** mélanger; (*cement, drink, cake*) préparer; (*salad*) remuer **3 vi** (*blend*) se mélanger; (*of colours*) aller ensemble; **to m. with sb** (*socially*) fréquenter qn; **she doesn't m.** elle n'est pas sociable

▸ **mix up** **vt insep** (*drinks, papers*) mélanger; (*mistake*) confondre (**with** avec); **I'm getting all mixed up** je ne sais plus où j'en suis; **to be mixed up in sth** être mêlé à qch

mixed [mɪkst] **ADJ** (*school, marriage*) mixte; (*results*) divers; (*nuts, chocolates*) assortis; **m. grill** assortiment *m* de grillades; **m. feelings** sentiments *mpl* mitigés; **to be (all) m. up** (*of person*) être désorienté; (*of facts, account*) être confus; **in m. company** en présence de personnes des deux sexes

mixer [ˈmɪksə(r)] **N** (**a**) (*for cooking*) mixeur *m*; *Br* **m. tap** (robinet *m*) mélangeur *m* (**b**) **to be a good m.** (*of person*) être sociable

mixture [ˈmɪkstʃə(r)] **N** mélange *m*

mix-up [ˈmɪksʌp] **N** confusion *f*

mm (*abbr* **millimetre**) mm

moan [məʊn] **1 N** (*sound*) gémissement *m*; (*complaint*) plainte *f* **2 vi** (*make sound*) gémir; (*complain*) se plaindre (**to** à; **about** de; **that** que)

moat [məʊt] **N** douve *f*

mob [mɒb] **1 N** (*crowd*) foule *f*; *Am Fam* **the M.** la Mafia **2** (*pt & pp* **-bb-**) **vt** prendre d'assaut

mobile [*Br* ˈməʊbaɪl, *Am* ˈməʊbəl] **1 ADJ** mobile;

Fam **to be m.** être motorisé; **m. home** mobile home *m*; **m. library** bibliobus *m*; **m. phone** téléphone *m* portable **2 N (a)** *Am* ['məubi:l] *(ornament)* mobile *m* **(b)** *(phone)* portable *m* ▪ **mobility** N mobilité *f*

mobilize ['məubɪlaɪz] VTI mobiliser

mock [mɒk] **1** ADJ *(false)* simulé; *Br Sch* **m. exam** examen *m* blanc **2** VT se moquer de; *(mimic)* singer ▪ **mocking** N moquerie *f* ▪ **mockery** N *(act)* moqueries *fpl*; *(farce, parody)* parodie *f*; **to make a m. of sth** tourner qch en ridicule

mock-up ['mɒkʌp] N maquette *f*

mod cons [mɒd'kɒnz] NPL *Fam* **with all m.** *(house)* tout confort *inv*

mode [məud] N *(manner, way)* & *Comptr* mode *m*; **m. of transport** mode de transport

model ['mɒdəl] **1** N *(example, person)* modèle *m*; *(small version)* maquette *f*; **(fashion) m.** mannequin *m*; **(scale) m.** modèle réduit **2** ADJ *(behaviour, factory, student)* modèle; *(car, plane)* modèle réduit *inv* **3** *(Br* **-ll-,** *Am* **-l-)** VT *(clay)* modeler; *(hats, dresses)* présenter; *Comptr* modéliser; **to m. sth on** modeler qch sur; **to m. oneself on sb** prendre exemple sur qn **4** VI *(for fashion)* être mannequin; *(pose for artist)* poser ▪ **modelling,** *Am* **modeling** N *(of statues, in clay)* modelage *m*; **to make a career in m.** faire une carrière de mannequin

modem ['məudəm] N *Comptr* modem *m*

moderate[1] ['mɒdərət] **1** ADJ modéré **2** N *Pol* modéré, -ée *mf* ▪ **moderately** ADV *(in moderation)* modérément; *(averagely)* moyennement

moderate[2] ['mɒdəreɪt] **1** VT *(diminish, tone down)* modérer **2** VI *(of wind)* se calmer ▪ **moder'ation** N modération *f*; **in m.** avec modération

modern ['mɒdən] ADJ moderne; **m. languages** langues *fpl* vivantes ▪ **modernism** N modernisme *m*

modernize ['mɒdənaɪz] **1** VT moderniser **2** VI se moderniser

modest ['mɒdɪst] ADJ *(unassuming, moderate)* modeste; *(chaste)* pudique ▪ **modesty** N *(of person)* modestie *f*

modify ['mɒdɪfaɪ] *(pt & pp* **-ied)** VT modifier ▪ **modification** [-fɪ'keɪʃən] N modification *f* **(to** à)

module ['mɒdju:l] N module *m*

moist [mɔɪst] **(-er, -est)** ADJ humide; *(skin, hand)* moite ▪ **moisten** ['mɔɪsən] VT humecter

moisture ['mɔɪstʃə(r)] N humidité *f*; *(on glass)* buée *f*

moisturize ['mɔɪstʃəraɪz] VT hydrater ▪ **moisturizer** N crème *f* hydratante

molar ['məulə(r)] N molaire *f*

mold [məuld] N & VT *Am* = **mould**[1,2]

mole [məul] N **(a)** *(on skin)* grain *m* de beauté **(b)** *(animal, spy)* taupe *f*

molecule ['mɒlɪkju:l] N molécule *f*

molest [mə'lest] VT *(annoy)* importuner; *Law (child, woman)* agresser (sexuellement)

mollusc ['mɒləsk] N mollusque *m*

molt [məult] VI *Am* = **moult**

molten ['məultən] ADJ *(metal, rock)* en fusion

mom [mɒm] N *Am Fam* maman *f* ▪ **mommy** N *Am Fam* maman *f*

moment ['məumənt] N moment *m*, instant *m*; **at the m.** en ce moment; **for the m.** pour le moment; **in a m.** dans un instant; **the m. she leaves** dès qu'elle partira; **any m. (now)** d'un instant à l'autre

momentary ['məuməntərɪ] ADJ momentané ▪ **momentarily** [-'terɪlɪ] ADV *(temporarily)* momentanément; *Am (soon)* tout de suite

momentous [məu'mentəs] ADJ capital

momentum [məu'mentəm] N *(speed)* élan *m*; **to gather** *or* **gain m.** *(of ideas)* gagner du terrain; *(of campaign)* prendre de l'ampleur

Monaco ['mɒnəkəu] N Monaco *m*

monarch ['mɒnək] N monarque *m* ▪ **monarchy** *(pl* **-ies)** N monarchie *f*

monastery ['mɒnəstərɪ] *(pl* **-ies)** N monastère *m*

Monday ['mʌndeɪ] N lundi *m*

monetary ['mʌnɪtərɪ] ADJ monétaire

money ['mʌnɪ] N argent *m*; **to make m.** *(of person)* gagner de l'argent; *(of business)* rapporter de l'argent; **to get one's m.'s worth** en avoir pour son argent; **he gets** *or* **earns good m.** il gagne bien sa vie; *Fam* **to be in the m.** rouler sur l'or; **m. order** mandat *m* ▪ **moneybox** N tirelire *f* ▪ **moneylender** N prêteur, -euse *mf*

Note that the French word **monnaie** is a false friend and is rarely a translation for the English word **money**. It means **change** or **currency** depending on the context.

Mongolia [mɒŋ'gəulɪə] N Mongolie *f* ▪ **Mongolian 1** ADJ mongol **2** N *(person)* Mongol, -ole *mf*; *(language)* mongol *m*

mongrel ['mʌŋgrəl] N bâtard *m*

monitor ['mɒnɪtə(r)] **1** N *Comptr, TV & Tech (screen, device)* moniteur *m* **2** VT *(broadcast, conversation)* écouter; *(check)* surveiller

monk [mʌŋk] N moine *m*

monkey ['mʌŋkɪ] *(pl* **-eys)** N singe *m*; *Fam* **little m.** *(child)* polisson, -onne *mf*; *Fam* **m. business** *(mischief)* singeries *fpl*; *(dishonest behaviour)* magouilles *fpl*; *Br* **m. nut** cacah(o)uète *f*; **m. wrench** clef *f* anglaise

▸ **monkey about, monkey around** VI *Fam* faire l'imbécile

mono ['mɒnəʊ] **1** ADJ *(record)* mono *inv* **2** N **in m.** en monophonie

monochrome ['mɒnəkrəʊm] ADJ & N monochrome *(m)*

monocle ['mɒnəkəl] N monocle *m*

monogamous [mə'nɒgəməs] ADJ monogame ■ **monogamy** N monogamie *f*

monologue ['mɒnəlɒg] N monologue *m*

monopoly [mə'nɒpəlɪ] N monopole *m* ■ **monopolize** VT monopoliser

monotone ['mɒnətəʊn] N **in a m.** sur un ton monocorde

monotony [mə'nɒtənɪ] N monotonie *f* ■ **monotonous** ADJ monotone

monster ['mɒnstə(r)] N monstre *m*

monstrous ['mɒnstrəs] ADJ monstrueux, -ueuse ■ **monstrosity** *(pl* **-ies)** N monstruosité *f*

month [mʌnθ] N mois *m*

monthly ['mʌnθlɪ] **1** ADJ mensuel, -uelle; **m. payment** mensualité *f* **2** *(pl* **-ies)** N *(periodical)* mensuel *m* **3** ADV tous les mois

Montreal [mɒntrɪ'ɔːl] N Montréal *m ou f*

monument ['mɒnjʊmənt] N monument *m* ■ **monumental** ADJ monumental

moo [muː] **1** *(pl* **moos)** N meuglement *m* **2** EXCLAM meuh! **3** *(pt & pp* **mooed)** VI meugler

mood [muːd] N *(of person)* humeur *f*; *(of country)* état *m* d'esprit; *Grammar* mode *m*; **in a good/ bad m.** de bonne/mauvaise humeur; **to be in the m. to do** *or* **for doing sth** être d'humeur à faire qch

moody ['muːdɪ] **(-ier, -iest)** ADJ *(bad-tempered)* maussade; *(changeable)* lunatique

moon [muːn] N lune *f*; **full m.** pleine lune; **once in a blue m.** *(rarely)* tous les trente-six du mois; *Br Fam* **over the m.** aux anges *(about de)* ■ **moonlight 1** N clair *m* de lune; **by m.** au clair de lune **2** VI *Fam* travailler au noir ■ **moonlit** ADJ *(landscape)* éclairé par la lune

moor [mʊə(r)] **1** N *(heath)* lande *f* **2** VT *(ship)* amarrer **3** VI *(of ship)* mouiller

moose [muːs] N INV *(animal)* élan *m*; *(Canadian)* orignal *m*

mop [mɒp] **1** N *(for floor)* balai *m* à franges; *(with sponge)* balai-éponge *m*; **dish m.** lavette *f*; *Fam* **m. of hair** tignasse *f* **2** *(pt & pp* **-pp-)** VT **to m. one's brow** s'essuyer le front; **to m. (up) the floor** laver par terre; **to m. sth up** *(liquid)* éponger qch

mope [məʊp] VI **to m. about** broyer du noir

moped ['məʊped] N Mobylette® *f*

moral ['mɒrəl] **1** ADJ moral **2** N *(of story)* morale *f*;

morals *(principles)* moralité *f* ■ **morale** [mə'rɑːl, *Br* mɒ'rɑːl] N moral *m* ■ **morality** [mə'rælɪtɪ] N moralité *f* ■ **morally** ADV moralement; **m. wrong** immoral

moratorium [mɒrə'tɔːrɪəm] N moratoire *m* **(on** sur)

morbid ['mɔːbɪd] ADJ morbide

more [mɔː(r)] **1** ADJ plus de; **m. cars** plus de voitures; **m. water** plus d'eau; **he has m. books than you** il a plus de livres que toi; **a few m. months** quelques mois de plus; **(some) m. tea** encore du thé; **(some) m. details** d'autres détails; **m. than a kilo/ten** plus d'un kilo/de dix **2** ADV *(to form comparative of adjectives and adverbs)* plus *(than* que); **m. interesting** plus intéressant; **m. easily** plus facilement; **m. and m.** de plus en plus; **m. or less** plus ou moins **3** PRON plus; **have some m.** reprenez-en; **she knows m. than you** elle en sait plus que toi; **she doesn't have any m.** elle n'en a plus; **the m. he shouts, the m. hoarse he gets** plus il crie, plus il s'enroue; **what's m.** qui plus est

moreover [mɔː'rəʊvə(r)] ADV de plus

morgue [mɔːg] N morgue *f*

morning ['mɔːnɪŋ] **1** N matin *m*; *(referring to duration)* matinée *f*; **in the m.** le matin; *(during the course of the morning)* pendant la matinée; *(tomorrow)* demain matin; **tomorrow/yesterday m.** demain/hier matin; **at seven in the m.** à sept heures du matin; **every Tuesday m.** tous les mardis matin; **in the early m.** au petit matin; **good m.!,** *Fam* **m.!** bonjour! **2** ADJ *(newspaper)* du matin; **m. sickness** *(of pregnant woman)* nausées *fpl* matinales ■ **mornings** ADV *Am* le matin

Morocco [mə'rɒkəʊ] N le Maroc ■ **Moroccan 1** ADJ marocain **2** N Marocain, -aine *mf*

moron ['mɔːrɒn] N *Fam* crétin, -ine *mf*

morose [mə'rəʊs] ADJ morose

morphine ['mɔːfiːn] N morphine *f*

Morse [mɔːs] N & ADJ **M. (code)** morse *m*

morsel ['mɔːsəl] N morceau *m*

mortal ['mɔːtəl] ADJ & N mortel, -elle *(mf)* ■ **mortality** [-'tælɪtɪ] N mortalité *f*

mortar ['mɔːtə(r)] N mortier *m*

mortgage ['mɔːgɪdʒ] **1** N *(from lender's viewpoint)* prêt *m* immobilier; *(from borrower's viewpoint)* emprunt *m* immobilier; **m. rate** taux *m* de crédit immobilier **2** VT *(house, one's future)* hypothéquer

mortuary ['mɔːtʃʊərɪ] *(pl* **-ies)** N morgue *f*

mosaic [məʊ'zeɪɪk] N mosaïque *f*

Moscow [*Br* 'mɒskəʊ, *Am* 'mɒskaʊ] N Moscou *m ou f*

Moses ['məʊzɪz] ADJ **M. basket** couffin *m*

Moslem ['mɒzlɪm] ADJ & N = **Muslim**

mosque [mɒsk] N mosquée f

mosquito [mɒ'ski:təʊ] (pl **-oes** or **-os**) N moustique m; **m. net** moustiquaire f

moss [mɒs] N mousse f

most [məʊst] 1 ADJ (a) (the majority of) la plupart de; **m. women** la plupart des femmes (b) (greatest amount of) **the m.** le plus de; **I have the m. books** j'ai le plus de livres 2 ADV (a) (to form superlative of adjectives and adverbs) plus; **the m. beautiful** le plus beau (f la plus belle) (**in/of** de); **to talk (the) m.** parler le plus; **what I want m.** ce que je veux par-dessus tout; **m. of all** (especially) surtout (b) (very) extrêmement; **it was m. interesting** c'était extrêmement intéressant 3 PRON (a) (the majority) la plupart; **m. of the people** la plupart des gens; **m. of the cake** la plus grande partie du gâteau; **m. of them** la plupart d'entre eux (b) (greatest amount) le plus; **he earns the m.** c'est lui qui gagne le plus; **to make the m. of sth** (situation, talent) tirer le meilleur parti de qch; (holiday) profiter au maximum de qch; **at (the very) m.** tout au plus ■ **mostly** ADV (in the main) surtout; (most often) le plus souvent

MOT [eməʊ'ti:] (abbr **Ministry of Transport**) N Br = contrôle obligatoire des véhicules de plus de trois ans

motel [məʊ'tel] N motel m

moth [mɒθ] N papillon m de nuit; (clothes) **m.** mite f ■ **mothball** N boule f de naphtaline ■ **moth-eaten** ADJ mité

mother ['mʌðə(r)] 1 N mère f; **M.'s Day** la fête des Mères; **m. tongue** langue f maternelle 2 VT materner ■ **motherhood** N maternité f ■ **mother-in-law** (pl **mothers-in-law**) N belle-mère f ■ **motherly** ADJ maternel, -elle ■ **mother-of-'pearl** N nacre f ■ **mother-to-'be** (pl **mothers-to-be**) N future mère f

motion ['məʊʃən] 1 N (of arm) mouvement m; (in meeting) motion f; **to set sth in m.** mettre qch en mouvement; **m. picture** film m 2 VTI **to m. (to) sb to do sth** faire signe à qn de faire qch ■ **motionless** ADJ immobile

motivate ['məʊtɪveɪt] VT (person, decision) motiver ■ **motivated** ADJ motivé ■ **moti'vation** N motivation f

motive ['məʊtɪv] N motif m (**for** de); Law mobile m (**for** de)

motor ['məʊtə(r)] 1 N (engine) moteur m; Br Fam (car) auto f 2 ADJ (industry, vehicle, insurance) automobile; (accident) d'auto; Br **m. mechanic** mécanicien-auto m; **m. racing** courses fpl automobiles; **m. show** salon m de l'automobile 3 VI Br (drive) voyager en auto ■ **motorbike** N moto f ■ **motorboat** N canot m à

moteur ■ **motorcade** N cortège m de voitures ■ **motorcycle** N moto f, motocyclette f ■ **motorcyclist** N motocycliste mf ■ **motoring** N Br conduite f ■ **motorist** N Br automobiliste mf ■ **motorway** N Br autoroute f

motto ['mɒtəʊ] (pl **-oes** or **-os**) N devise f

mould¹, Am **mold** [məʊld] 1 N (shape) moule m 2 VT (clay, person's character) modeler

mould², Am **mold** [məʊld] N (fungus) moisissure f ■ **mouldy**, Am **moldy** (**-ier**, **-iest**) ADJ moisi; **to go m.** moisir

moult, Am **molt** [məʊlt] VI muer

mound [maʊnd] N (of earth) tertre m; Fig (untidy pile) tas m

Mount [maʊnt] N **M. Everest** l'Everest; **M. Vesuvius** le Vésuve

mount [maʊnt] 1 N (frame for photo or slide) cadre m; (horse) monture f 2 VT (horse, hill, jewel, photo, demonstration) monter; (ladder, tree) monter à 3 VI (a) **to m. (up)** (on horse) se mettre en selle (b) (increase, rise) monter; **to m. up** (add up) chiffrer (**to** à); (accumulate) (of debts, bills) s'accumuler

mountain ['maʊntɪn] 1 N montagne f 2 ADJ (plant, shoes) de montagne; **m. bike** vélo m tout terrain; **m. range** chaîne f de montagnes; **m. rescue team** équipe f de secours en montagne ■ **mountai'neer** N alpiniste mf ■ **mountaineering** N alpinisme m ■ **mountainous** ADJ montagneux, -euse

mourn [mɔːn] VTI **to m. (for) sb, to m. the loss of sb** pleurer qn; **she's mourning** elle est en deuil ■ **mourner** N = personne assistant aux obsèques ■ **mournful** ADJ triste ■ **mourning** N deuil m; **in m.** en deuil

mouse [maʊs] (pl **mice** [maɪs]) N (animal) & Comptr souris f; Comptr **m. button** bouton m de souris; Comptr **m. mat** or **pad** tapis m de souris ■ **mousetrap** N souricière f

mousse [muːs] N mousse f; **chocolate m.** mousse au chocolat

moustache [mə'stɑːʃ], Am **mustache** ['mʌstæʃ] N moustache f

mousy ['maʊsɪ] (**-ier**, **-iest**) ADJ Br Pej (hair) châtain terne; Fig (shy) timide

mouth 1 [maʊθ] (pl **-s** [maʊðz]) N (of person, horse) bouche f; (of other animals) gueule f; (of river) embouchure f; (of cave, harbour) entrée f 2 [maʊð] VT Pej débiter ■ **mouthful** ['maʊθfəl] N (of food) bouchée f; (of liquid) gorgée f ■ **mouthpiece** N (of musical instrument) embouchure f; (spokesperson) porte-parole m inv ■ **mouthwash** N bain m de bouche ■ **mouth-watering** ADJ appétissant

movable ['muːvəbəl] ADJ mobile

move [muːv] 1 N mouvement m; (change of house)

déménagement m; (change of job) changement m d'emploi; (transfer of employee) mutation f; (in game) coup m; (step) pas m; **to make a m.** (leave) se préparer à partir; (act) passer à l'action; **to make a m. towards sb/sth** se diriger vers qn/qch; **it's your m.** (turn) c'est à toi de jouer **2 vt** déplacer; (arm, leg) remuer; (employee) muter; (piece in game) jouer; (propose in debate) proposer (**that** que); **to m. sb** (emotionally) émouvoir qn; (transfer in job) muter qn; **to m. sb to tears** émouvoir qn jusqu'aux larmes; **to m. house** déménager **3 vi** bouger; (change position) se déplacer (**to** à); (leave) partir; (act) agir; (play) jouer; (change house) déménager; **to m. to Paris** aller habiter Paris; **to m. into a house** emménager dans une maison

▸ **move about, move around** vi se déplacer; (fidget) remuer

▸ **move along** vi avancer

▸ **move away** vi (go away) s'éloigner; (move house) déménager

▸ **move back 1 vt sep** (chair) reculer; (to its original position) remettre en place **2 vi** (withdraw) reculer; (return) retourner (**to** à)

▸ **move down 1 vt sep** (take down) descendre **2 vi** (come down) descendre

▸ **move forward** vt sep & vi avancer

▸ **move in** vi (into house) emménager

▸ **move off** vi (go away) s'éloigner; (of vehicle) démarrer

▸ **move out** vi (out of house) déménager

▸ **move over 1 vt sep** pousser **2 vi** (make room) se pousser

▸ **move up** vi (on seats) se pousser

moveable ['muːvəbəl] ADJ mobile; Law **m. goods, moveables** biens mpl meubles

movement ['muːvmənt] N mouvement m

movie ['muːvɪ] N film m; **the movies** (cinema) le cinéma; **m. camera** caméra f; **m. star** vedette f de cinéma; Am **m. theater** cinéma m

moving ['muːvɪŋ] ADJ en mouvement; (vehicle) en marche; (touching) émouvant; **m. part** (of machine) pièce f mobile

mow [məʊ] (pp **mown** [məʊn] or **mowed**) vt (field, wheat) faucher; **to m. the lawn** tondre le gazon; Fig **to m. down** (kill) faucher ▪ **mower** N (lawn) m. tondeuse f (à gazon)

Mozambique [məʊzæm'biːk] N le Mozambique

MP [em'piː] (abbr **Member of Parliament**) N Br député m

MP3 [empiː'θriː] N Comptr MP3 m inv; **M. file** fichier m MP3; **M. player** lecteur m (de) MP3

mph [empiː'eɪtʃ] (abbr **miles per hour**) ≃ km/h

Mr ['mɪstə(r)] N Mr Brown M. Brown

Mrs ['mɪsɪz] N Mrs Brown Mme Brown

Ms [mɪz] N Ms Brown ≃ Mme Brown (ne renseigne pas sur le statut de famille)

MS [em'es] (a) (abbr **multiple sclerosis**) Med sclérose f en plaques (b) (abbr **Master of Science**) Am Univ = **MSc**

MSc [emes'siː] (abbr **Master of Science**) N Univ **to have an M. in chemistry** avoir une maîtrise de chimie; **John Smith M.** John Smith, titulaire d'une maîtrise (en sciences, chimie etc)

much [mʌtʃ]

> Hormis dans la langue soutenue et dans certaines expressions, ne s'utilise que dans des structures négatives ou interrogatoires.

1 ADJ beaucoup de; **not m. time/money** pas beaucoup de temps/d'argent; **how m. sugar do you want?** combien de sucre voulez-vous?; **as m. wine as** autant de vin que; **twice as m. traffic** deux fois plus de circulation; **too m. work** trop de travail; **so m. time** tant ou tellement de temps; **this m. wine** ça de vin

2 ADV beaucoup; **very m.** beaucoup; **not (very) m.** pas beaucoup; **m. better** bien meilleur; **m. more difficult** beaucoup plus difficile; **I love him so m.** je l'aime tellement; **she doesn't say very m.** elle ne dit pas grand-chose

3 PRON beaucoup; **not m.** pas beaucoup; **there isn't m. left** il n'en reste pas beaucoup; **it's not m. of a garden** ce n'est pas terrible comme jardin; **twice as m.** deux fois plus; **as m. as possible** autant que possible; **as m. as you like** autant que tu veux; **he knows as m. as you do** il en sait autant que toi; **so m. so that...** à tel point que...; **he had drunk so m. that...** il avait tellement bu que...

muck [mʌk] N (manure) fumier m; Fig (filth) saleté f ▪ **mucky** (-ier, -iest) ADJ Fam sale

▸ **muck about, muck around** Br Fam **1 vt sep to m. sb about** or **around** faire perdre son temps à qn **2 vi** (waste time) traîner; (play the fool) faire l'imbécile; Br Fam **to m. about** or **around with sth** (fiddle with) tripoter qch

▸ **muck in** vi Br Fam (help) s'y mettre

▸ **muck up** vt sep Br Fam (task) bâcler; (plans) chambouler

mucus ['mjuːkəs] N mucosités fpl

mud [mʌd] N boue f ▪ **muddy** (-ier, -iest) ADJ (water, road) boueux (f boueuse); (hands) couvert de boue ▪ **mudguard** N garde-boue m inv

muddle ['mʌdəl] **1 N** confusion f; **to be in a m.** (person) ne plus s'y retrouver; (of things) être en désordre **2 vt** (person, facts) mélanger; **to get muddled** s'embrouiller

▸ **muddle through** vi *Fam* se débrouiller

▸ **muddle up** vt sep *(person, facts)* mélanger; **to get muddled up** s'embrouiller

muesli ['mjuːzlɪ] N muesli *m*

muffin ['mʌfɪn] N *Br (teacake)* = petite galette servie chaude et beurrée; *Am (cake)* muffin *m*

muffle ['mʌfəl] vt *(noise)* assourdir ■ **muffled** ADJ *(noise)* sourd ■ **muffler** N *Am (on vehicle)* silencieux *m*

mug¹ [mʌg] N **(a)** *(for tea, coffee)* grande tasse *f*; **(beer) m.** chope *f* **(b)** *Fam (face)* gueule *f*; **m. shot** photo *f* d'identité judiciaire **(c)** *Br Fam (fool)* poire *f*

mug² [mʌg] *(pt & pp* **-gg-**) vt *(attack in street)* agresser ■ **mugger** N agresseur *m* ■ **mugging** N agression *f*

muggy ['mʌgɪ] *(-ier, -iest)* ADJ *(weather)* lourd

mulberry ['mʌlbərɪ] *(pl* **-ies**) N *(fruit)* mûre *f*

mule [mjuːl] N *(male)* mulet *m*; *(female)* mule *f*

mull [mʌl]

▸ **mull over** vt sep *(think over)* ruminer

mulled wine ['mʌld'waɪn] N vin *m* chaud épicé

mullet ['mʌlɪt] N *(fish)* mulet *m*; *Fam (hairstyle)* = coupe *f* de cheveux longue sur la nuque, courte sur les côtés et en brosse longue sur le dessus; **red m.** rouget *m*

multicoloured, *Am* **multicolored** ['mʌltɪkʌləd] ADJ multicolore

multicultural [mʌltɪ'kʌltʃər(ə)l] ADJ multiculturel, -elle

multimedia [mʌltɪ'miːdɪə] ADJ multimédia

multimillionaire [mʌltɪmɪljə'neə(r)] N multimillionnaire *mf*

multinational [mʌltɪ'næʃənəl] N & ADJ **m. (company)** multinationale *(f)*

multiple ['mʌltɪpəl] **1** ADJ multiple; *Med* **m. sclerosis** sclérose *f* en plaques **2** N *Math* multiple *m*

multiple-choice ['mʌltɪpəl'tʃɔɪs] ADJ à choix multiple

multiply ['mʌltɪplaɪ] *(pt & pp* **-ied**) **1** vt multiplier **2** vi *(of animals, insects)* se multiplier ■ **multiplication** [-plɪ'keɪʃən] N multiplication *f*

multiracial [mʌltɪ'reɪʃəl] ADJ multiracial

multistorey [mʌltɪ'stɔːrɪ], *Am* **multistoried** [ˌmʌltɪ'stɔːrɪd] ADJ *(car park)* à plusieurs niveaux

multitude ['mʌltɪtjuːd] N multitude *f*

mum [mʌm] *Fam* **1** N *Br* maman *f* **2** ADJ **to keep m. (about sth)** ne pas souffler mot *(de qch)* ■ **mummy¹** *(pl* **-ies**) N *Br Fam* maman *f*

mumble ['mʌmbəl] vti marmotter

mumbo jumbo ['mʌmbəʊ'dʒʌmbəʊ] N *(nonsense)* âneries *fpl*

mummy² ['mʌmɪ] *(pl* **-ies**) N *(embalmed body)* momie *f*

mumps [mʌmps] N *Med* oreillons *mpl*

munch [mʌntʃ] vti *(chew)* mâcher

mundane [mʌn'deɪn] ADJ banal *(mpl* **-als**)

> Note that the French word **mondain** is a false friend and is never a translation for the English word **mundane**. It refers to people and events in high society.

municipal [mjuː'nɪsɪpəl] ADJ municipal ■ **municipality** [-'pælɪtɪ] *(pl* **-ies**) N municipalité *f*

munitions [mjuː'nɪʃənz] NPL munitions *fpl*

mural ['mjʊərəl] **1** ADJ mural **2** N peinture *f* murale

murder ['mɜːdə(r)] **1** N meurtre *m*; *Fam* **it's m.** *(dreadful)* c'est affreux **2** vt *(kill)* assassiner; *Fig (spoil)* massacrer ■ **murderer** N meurtrier, -ière *mf*, assassin *m* ■ **murderous** ADJ meurtrier, -ière

murky ['mɜːkɪ] *(-ier, -iest)* ADJ *(water, business, past)* trouble; *(weather)* nuageux, -euse

murmur ['mɜːmə(r)] **1** N murmure *m*; *(of traffic, conversation)* bourdonnement *m*; **(heart) m.** souffle *m* au cœur **2** vti murmurer

muscle ['mʌsəl] **1** N muscle *m* **2** vi **to m. in** intervenir **(on** dans**)** ■ **muscular** ['mʌskjʊlə(r)] ADJ *(person, arm)* musclé; *(tissue, pain)* musculaire

muse [mjuːz] vi songer **(on** à**)**

museum [mjuː'zɪəm] N musée *m*

mush [mʌʃ] N *(pulp)* bouillie *f*; *Fig (sentimentality)* mièvrerie *f* ■ **mushy** *(-ier, -iest)* ADJ *(food)* en bouillie; *Fig (sentimental)* mièvre

mushroom ['mʌʃrʊm] **1** N champignon *m* **2** vi *(of buildings, towns)* pousser comme des champignons; *(of problems)* se multiplier

music ['mjuːzɪk] N musique *f*; **m. critic** critique *m* musical; **m. lover** mélomane *mf* ■ **musical 1** ADJ musical; **m. instrument** instrument *m* de musique; **to be (very) m.** être (très) musicien **2** N *(film, play)* comédie *f* musicale ■ **musician** [-'zɪʃən] N musicien, -ienne *mf*

Muslim ['mʊzlɪm], **Moslem** ['mɒzlɪm] ADJ & N musulman, -ane *(mf)*

muslin ['mʌzlɪn] N mousseline *f*

mussel ['mʌsəl] N moule *f*

must [mʌst] **1** N **this is a m.** c'est indispensable; **this film is a m.** il faut absolument voir ce film **2** v AUX **(a)** *(expressing necessity)* **you m. obey** tu dois obéir, il faut que tu obéisses **(b)** *(expressing probability)* **she m. be clever** elle doit être intelligente; **I m. have seen it** j'ai dû le voir; **you m. be joking!** tu veux rire!

mustache ['mʌstæʃ] N *Am* = **moustache**

mustard ['mʌstəd] N moutarde *f*

muster ['mʌstə(r)] **1 vt** *(gather)* rassembler; *(sum)* réunir **2 vi** se rassembler

mustn't ['mʌsənt] = **must not**

musty ['mʌstɪ] (**-ier, -iest**) **ADJ** *(smell, taste)* de moisi; **it smells m., it's m.** ça sent le moisi

mutant ['mjuːtənt] **N & ADJ** *Biol* mutant *m* ▪ **mu'tation** **N** *Biol* mutation *f*

mute [mjuːt] **1 ADJ** *(silent)* & *Ling* muet (*f* muette) **2 vt** *(sound)* assourdir ▪ **muted** **ADJ** *(criticism)* voilé; *(colour)* sourd

mutilate ['mjuːtɪleɪt] **vt** mutiler ▪ **muti'lation** **N** mutilation *f*

mutiny ['mjuːtɪnɪ] **1** (*pl* **-ies**) **N** mutinerie *f* **2** (*pt &
pp* **-ied**) **vi** se mutiner

mutter ['mʌtə(r)] **vti** marmonner

mutton ['mʌtən] **N** *(meat)* mouton *m*; **leg of m.** gigot *m*

mutual ['mjuːtʃʊəl] **ADJ** *(help, love)* mutuel, -uelle; *(friend)* commun; *Am Fin* **m. fund** fonds *m* commun de placement ▪ **mutually** **ADV** mutuellement

muzzle ['mʌzəl] **1 N** *(device for dog)* muselière *f*; *(snout)* museau *m*; *(of gun)* gueule *f* **2 vt** *(animal, the press)* museler

my [maɪ] **POSSESSIVE ADJ** mon, ma, *pl* mes

myself [maɪ'self] **PRON** moi-même; *(reflexive)* me, m'; *(after prep)* moi; **I did it m.** je l'ai fait moi-même; **I wash m.** je me lave; **I think of m.** je pense à moi

mystery ['mɪstərɪ] (*pl* **-ies**) **N** mystère *m* ▪ **mysterious** [mɪ'stɪərɪəs] **ADJ** mystérieux, -ieuse

mystic ['mɪstɪk] **ADJ & N** mystique *(mf)* ▪ **mystical** **ADJ** mystique ▪ **mysticism** [-tɪsɪzəm] **N** mysticisme *m*

mystify ['mɪstɪfaɪ] (*pt & pp* **-ied**) **vt** *(bewilder)* déconcerter; *(fool)* mystifier

Note that the French verb **mystifier** is a false friend. It means **to fool, to take in**.

myth [mɪθ] **N** mythe *m* ▪ **mythical** **ADJ** mythique ▪ **mytho'logical** **ADJ** mythologique ▪ **my'thology** (*pl* **-ies**) **N** mythologie *f*

N, n [en] N *(letter)* N, n *m inv;* **the nth time** la énième fois

nab [næb] *(pt & pp* **-bb-)** VT *Fam (catch, arrest)* coffrer

nag [næg] *(pt & pp* **-gg-)** VTI **to n. (at) sb** *(of person)* être sur le dos de qn

nail [neɪl] **1** N **(a)** *(of finger, toe)* ongle *m;* **n. brush** brosse *f* à ongles; **n. file** lime *f* à ongles; **n. polish,** *Br* **n. varnish** vernis *m* à ongles **(b)** *(metal)* clou *m* **2** VT clouer; **to n. sth down** *(lid)* clouer qch

naïve [naɪ'iːv] ADJ naïf *(f* naïve)

naked ['neɪkɪd] ADJ *(person)* nu; **to see sth with the n. eye** voir qch à l'œil nu; **n. flame** flamme *f* nue

name [neɪm] **1** N nom *m; (reputation)* réputation *f;* **my n. is...** je m'appelle...; **in the n. of** au nom de; **to put one's n. down for** *(school, course)* s'inscrire à; **to call sb names** insulter qn; **first n., given n.** prénom *m; Fig* **to have a good/ bad n.** avoir une bonne/mauvaise réputation **2** VT nommer; *(ship, street)* baptiser; *(date, price)* fixer; **to n. sb to do sth** nommer qn pour faire qch

namely ['neɪmlɪ] ADV à savoir

namesake ['neɪmseɪk] N homonyme *mf*

nanny ['nænɪ] *(pl* **-ies)** N nurse *f; Fam (grandmother)* mamie *f;* **n. goat** chèvre *f*

nap [næp] **1** N *(sleep)* petit somme *m;* **to have or take a n.** faire un petit somme **2** *(pt & pp* **-pp-)** VI faire un somme; *Fig* **to catch sb napping** prendre qn au dépourvu

napkin ['næpkɪn] N *(at table)* serviette *f* ■ **nappy** *(pl* **-ies)** N *Br (for baby)* couche *f;* **n. rash** érythème *m* fessier

narcotic [nɑː'kɒtɪk] ADJ & N narcotique *(m),* stupéfiant*(m); Am* **narcotics (branch)** *(of police force)* brigade *f* des stupéfiants

narrate [nə'reɪt] VT raconter ■ **narrative** ['nærətɪv] N récit *m* ■ **narrator** N narrateur, -trice *mf*

narrow ['nærəʊ] **1** *(-er, -est)* ADJ étroit; *(majority)* faible **2** VT **to n. (down)** *(choice, meaning)* limiter **3** VI *(of path)* se rétrécir ■ **narrowly** ADV *(only just)* de peu; *(strictly)* strictement; **he n. escaped or missed being killed** il a bien failli être tué

narrow-minded [nærəʊ'maɪndɪd] ADJ borné

nasty ['nɑːstɪ] *(-ier, -iest)* ADJ *(bad)* mauvais; *(spiteful)* méchant **(to** *or* **towards)** avec)

nation ['neɪʃən] N nation *f* ■ **nation'wide** ADJ & ADV dans tout le pays

national ['næʃənəl] **1** ADJ national; **n. anthem** hymne *m* national; *Br* **N. Health Service** ≃ Sécurité *f* sociale; *Br* **n. insurance** contributions *fpl* sociales **2** N *(citizen)* ressortissant, -ante *mf* ■ **nationalist** N nationaliste *mf* ■ **nationa'listic** ADJ *Pej* nationaliste ■ **nationally** ADV dans tout le pays

nationality *(pl* **-ies** [næʃə'nælɪtɪ]) N nationalité *f*

nationalize ['næʃənəlɪːz] VT nationaliser

native ['neɪtɪv] **1** ADJ *(country)* natal *(mpl* -als), *(tribe, plant)* indigène; **n. language** langue *f* maternelle; **to be an English n. speaker** avoir l'anglais comme langue maternelle **2** N *(person)* indigène *mf;* **to be a n. of** être originaire de

Nativity [nə'tɪvɪtɪ] N *Rel* **the N.** la Nativité; **N. play** = pièce jouée par des enfants et représentant l'histoire de la Nativité; **N. scene** crèche *f*

NATO ['neɪtəʊ] *(abbr* **North Atlantic Treaty Organization)** N *Mil* OTAN *f*

natter ['nætə(r)] *Br Fam* **1** N **to have a n.** bavarder **2** VI bavarder

natural ['nætʃərəl] **1** ADJ naturel, -elle; *(talent)* inné **2** N *Fam* **to be a n. for sth** être fait pour qch; **he's a n.** *(as actor)* c'est un acteur né ■ **naturalist** N naturaliste *mf* ■ **naturally** ADV *(unaffectedly, of course)* naturellement; *(by nature)* de nature

nature ['neɪtʃə(r)] N *(world, character)* nature *f;* **by n.** de nature; **n. reserve** réserve *f* naturelle; **n. study** sciences *fpl* naturelles

naturist ['neɪtʃərɪst] N naturiste *mf* ■ **naturism** N naturisme *m*

naughty ['nɔːtɪ] *(-ier, -iest)* ADJ *(child)* vilain; *(joke, story)* coquin

nausea [*Br* 'nɔːzɪə, *Am* 'nɔːʃə] N nausée *f* ■ **nauseate** [-zɪeɪt] VT écœurer ■ **nauseous** [*Br* 'nɔːzɪəs, *Am* 'nɔːʃəs] ADJ *(smell)* nauséabond; *Am* **to feel n.** *(sick)* avoir envie de vomir

nautical ['nɔːtɪkəl] ADJ nautique

naval ['neɪvəl] ADJ naval *(mpl* -als); *(hospital, power)* maritime; *(officer)* de marine

navel ['neɪvl] N nombril m

navigate ['nævɪgeɪt] **1** VT (boat) piloter; (river) naviguer sur; Comptr naviguer sur **2** VI naviguer ■ **navigator** N (on aircraft, boat) navigateur m

navy ['neɪvɪ] **1** (pl -ies) N marine f **2** ADJ N. (blue) bleu marine inv

Nazi ['nɑːtsɪ] ADJ & N Pol & Hist nazi, -ie (mf)

NB [en'biː] (abbr nota bene) NB

near [nɪə(r)] **1** (-er, -est) PREP N. (to) près de; **n. the bed** près du lit; **to be n. (to) victory/death** frôler la victoire/la mort; **n. (to) the end** vers la fin; **to come n. sb** s'approcher de qn **2** (-er, -est) ADV près; **quite n., n. at hand** tout près; **n. to sth** près de qch; **to come n. to being killed** manquer d'être tué; **n. enough** (more or less) plus ou moins **3** (-er, -est) ADJ proche; **the nearest hospital** l'hôpital le plus proche; **the nearest way** la route la plus directe; **in the n. future** dans un avenir proche; **to the nearest euro** (calculate) à un euro près **4** VT (approach) approcher de; **nearing completion** presque terminé

nearby 1 [nɪə'baɪ] ADV tout près **2** ['nɪəbaɪ] ADJ proche

nearly ['nɪəlɪ] ADV presque; **she (very) n. fell** elle a failli tomber; **not n. as clever as** loin d'être aussi intelligent que

near-sighted [nɪə'saɪtɪd] ADJ myope

neat [niːt] (-er, -est) ADJ (clothes, work) soigné; (room) bien rangé; (style) élégant; Am Fam (good) super inv; **to drink one's whisky n.** boire son whisky sec ■ **neatly** ADV (carefully) avec soin; (skilfully) habilement

necessary ['nesɪsərɪ] **1** ADJ nécessaire; **it's n. to do it** il faut le faire; **to make it n. for sb to do sth** mettre qn dans la nécessité de faire qch; **to do what's n.** faire le nécessaire (**for** pour) **2** N Fam **to do the n.** faire le nécessaire ■ **necessarily** [-'serəlɪ] ADV **not n.** pas forcément

necessity [nɪ'sesɪtɪ] (pl -ies) N (obligation, need) nécessité f; **out of n.** par nécessité; **to be a n.** être indispensable; **the necessities** (things needed) le nécessaire ■ **necessitate** VT nécessiter

neck [nek] N cou m; (of dress) encolure f; (of bottle) goulot m; **low n.** (of dress) décolleté m; **to finish n. and n.** (in race) finir au coude à coude ■ **necklace** N collier m ■ **neckline** N encolure f ■ **necktie** N Am cravate f

nectarine ['nektəriːn] N (fruit) nectarine f, brugnon m

need [niːd] **1** N besoin m; **in n.** dans le besoin; **to be in n. of sth** avoir besoin de qch; **there's no n. (for you) to do that** tu n'as pas besoin de faire cela **2** VT avoir besoin de; **you n. it** tu en as besoin; **it needs an army** or **an army is needed**

to do that il faut une armée pour faire cela; **this sport needs patience** ce sport demande de la patience **3** V AUX n. **I say more?** ai-je besoin d'en dire plus?; **I needn't have rushed** ce n'était pas la peine de me presser; **you needn't worry** inutile de t'inquiéter ■ **needy** (-ier, -iest) ADJ nécessiteux, -euse

La forme modale de **need** est la même à toutes les personnes, et s'utilise sans **do/does** (**he need only worry about himself**; **need she go?**; **it needn't matter**).

needle ['niːdəl] **1** N aiguille f; (of record player) saphir m **2** VT Fam (irritate) agacer ■ **needlework** N couture f; (object) ouvrage m

needless ['niːdləs] ADJ inutile ■ **needlessly** ADV inutilement

negate [nɪ'geɪt] VT (nullify) annuler; (deny) nier ■ **ne'gation** N (denial) & Grammar négation f

negative ['negətɪv] **1** ADJ négatif, -ive **2** N (of photo) négatif m; (word, word group) négation f; (grammatical form) forme f négative; **to answer in the n.** répondre par la négative

neglect [nɪ'glekt] **1** N (of person) négligence f; (of duty) manquement m (**of** à); **in a state of n.** (garden, house) mal tenu **2** VT (person, health, work) négliger; (garden, car) ne pas s'occuper de; (duty) manquer à; **to n. to do sth** négliger de faire qch ■ **neglected** ADJ (appearance, person) négligé; (garden, house) mal tenu; **to feel n.** se sentir abandonné

negligent ['neglɪdʒənt] ADJ négligent

negligible ['neglɪdʒəbəl] ADJ négligeable

negotiate [nɪ'gəʊʃɪeɪt] **1** VTI (discuss) négocier **2** VT (fence, obstacle) franchir; (bend) (in vehicle) négocier ■ **negotiable** ADJ négociable ■ **negoti'ation** N négociation f; **in n. with** en pourparlers avec ■ **negotiator** N négociateur, -trice mf

neigh [neɪ] **1** N hennissement m **2** VI hennir

neighbour, Am **neighbor** ['neɪbə(r)] N voisin, -ine mf ■ **neighbourhood,** Am **neighborhood** N (district) quartier m, voisinage m; (neighbours) voisinage m ■ **neighbouring,** Am **neighboring** ADJ voisin ■ **neighbourly,** Am **neighborly** ADJ (feeling) de bon voisinage; **they're n. (people)** ils sont bons voisins

neither ['naɪðə(r), 'niːðə(r)] **1** CONJ **n… nor…** ni… ni…; **n. you nor me** ni toi ni moi; **he n. sings nor dances** il ne chante ni ne danse **2** ADV **n. will I go** je n'y irai pas non plus; **n. do I/n. can I** (ni) moi non plus **3** ADJ **n. boy came** aucun des deux garçons n'est venu; **on n. side** ni d'un côté ni de l'autre **4** PRON **n. (of them)** aucun(e) (des deux)

neon ['niːɒn] N néon m; **n. lighting/sign** éclairage m/enseigne f au néon

nephew ['nevju:, 'nefju:] N neveu m

nerve [nɜ:v] N nerf m; *(courage)* courage m; Fam *(impudence)* culot m; Fam **he gets on my nerves** il me tape sur les nerfs; **to have an attack of nerves** *(fear, anxiety)* avoir le trac; Fam **she's a bundle** or **mass** or **bag of nerves** c'est un paquet de nerfs; **n. centre** centre m nerveux ▪ **nerve-racking** ADJ éprouvant

nervous ['nɜ:vəs] ADJ *(apprehensive)* nerveux, -euse; **to be n. about sth/doing sth** être nerveux à l'idée de qch/de faire qch; **to have a n. breakdown** faire une dépression nerveuse ▪ **nervously** ADV nerveusement

nest [nest] 1 N nid m; Fig **n. egg** pécule m; **n. of tables** tables fpl gigognes 2 VI *(of bird)* nicher

nestle ['nesəl] VI se pelotonner **(up to** contre)

Net [net] N Comptr **the N.** le Net; **N. user** internaute mf

net¹ [net] 1 N filet m; **n. curtain** voilage m 2 *(pt & pp* **-tt-)** VT *(fish)* prendre au filet

net² [net] *(profit, weight, value)* net *(f* nette) 2 *(pt & pp* **-tt-)** VT *(of person, company)* gagner net

Netherlands ['neðələndz] NPL **the N.** les Pays-Bas mpl

nettle ['netəl] N ortie f

network ['netwɜ:k] 1 N réseau m 2 VI *(make contacts)* établir un réseau de contacts

neurotic [njʊ'rɒtɪk] ADJ & N névrosé, -ée *(mf)*

neuter ['nju:tə(r)] 1 ADJ & N Grammar neutre *(m)* 2 VT *(cat)* châtrer

neutral ['nju:trəl] 1 ADJ neutre; *(policy)* de neutralité 2 N *(electrical wire)* neutre m; **in n. (gear)** *(vehicle)* au point mort ▪ **neutrality** [-'trælɪtɪ] N neutralité f ▪ **neutralize** VT neutraliser

never ['nevə(r)] ADV *(not ever)* (ne) jamais; **she n. lies** elle ne ment jamais; **n. in (all) my life** jamais de ma vie; **n. again** plus jamais; Fam **well I n.!** ça alors! ▪ **'never-'ending** ADJ interminable

nevertheless [nevəðə'les] ADV néanmoins

new [nju:] ADJ (a) **(-er, -est)** nouveau *(f* nouvelle); *(brand-new)* neuf *(f* neuve); **to be n. to** *(job)* être nouveau dans; *(city)* être un nouveau-venu *(f* nouvelle-venue) dans; **n. look** *(of person)* nouveau look m; *(of company)* nouvelle image f; **it's as good as n.** c'est comme neuf; Fam **what's n.?** quoi de neuf? (b) *(different)* **a n. glass/pen** un autre verre/stylo ▪ **newborn** ADJ **a n. baby** un nouveau-né, une nouveau-née ▪ **newcomer** [-kʌmə(r)] N nouveau-venu m, nouvelle-venue f **(to** dans) ▪ **newly** ADV nouvellement ▪ **newlyweds** N jeunes mariés mpl

news [nju:z] N nouvelles fpl; *(in the media)* informations fpl; **a piece of n.** une nouvelle; **sports n.** *(newspaper column)* rubrique f sportive; **n. agency** agence f de presse; **n. stand** kiosque m

à journaux ▪ **newsagent** N Br marchand, -ande mf de journaux ▪ **newsdealer** N Am marchand, -ande mf de journaux ▪ **newsflash** N flash m d'informations ▪ **newsletter** N *(of club, group)* bulletin m ▪ **newspaper** N journal m ▪ **newsprint** N papier m journal ▪ **newsreader** N Br présentateur, -trice mf de journal ▪ **newsworthy** ADJ d'intérêt médiatique

newt [nju:t] N triton m

New Zealand [nju:'zi:lənd] 1 N la Nouvelle-Zélande 2 ADJ néo-zélandais ▪ **New Zealander** N Néo-Zélandais, -aise mf

next [nekst] 1 ADJ prochain; *(room, house)* d'à côté; *(following)* suivant; **n. month** *(in the future)* le mois prochain; **he returned the n. month** il revint le mois suivant; **the n. day** le lendemain; **the n. morning** le lendemain matin; **within the n. ten days** d'ici dix jours; **who's n.?** c'est à qui?; **you're n.** c'est ton tour; **n. (please)!** au suivant!; **the n. size up** la taille au-dessus; **to live n. door** habiter à côté **(to** de**) 2** N *(in series)* suivant, -ante mf; **from one year to the n.** d'une année sur l'autre **3** ADV *(afterwards)* ensuite, après; *(now)* maintenant; **n. to** *(beside)* à côté de; **n. to nothing** presque rien

NHS [eneɪtʃ'es] *(abbr* **National Health Service)** N Br ≃ Sécurité f sociale

nib [nɪb] N *(of pen)* plume f

nibble ['nɪbəl] 1 N **to have a n. of sth** grignoter qch; Fam **nibbles** amuse-gueules mpl 2 VTI grignoter

Nicaragua [nɪkə'rægjʊə] N le Nicaragua

nice [naɪs] **(-er, -est)** ADJ *(pleasant)* agréable; *(tasty)* bon *(f* bonne); *(physically attractive)* beau *(f* belle); *(kind)* gentil, -ille **(to** avec); **n. and warm** bien chaud; **n. and easy** très facile; **have a n. day!** bonne journée! ▪ **nicely** ADV *(kindly)* gentiment; *(well)* bien

niceties ['naɪsətɪz] NPL subtilités fpl

niche [Br niːʃ, Am nɪtʃ] N *(recess)* niche f; **to make a n. for oneself** faire son trou; *(market)* **n. créneau** m

nick [nɪk] 1 N (a) *(on skin, wood)* entaille f; *(in blade, crockery)* brèche f; **in the n. of time** juste à temps; Br Fam **in good n.** en bon état (b) Br Fam *(prison)* taule f 2 VT Br Fam *(steal)* piquer; *(arrest)* pincer

nickel ['nɪkəl] N *(metal)* nickel m; Am *(coin)* pièce f de 5 cents

nickname ['nɪkneɪm] 1 N *(informal)* surnom m; *(short form)* diminutif m 2 VT surnommer

nicotine ['nɪkətiːn] N nicotine f; **n. patch** patch m anti-tabac

niece [niːs] N nièce f

nifty ['nɪftɪ] **(-ier, -iest)** ADJ Fam *(idea, device)* génial; *(agile)* vif *(f* vive)

Nigeria [naɪˈdʒɪərɪə] N le Nigéria ■ **Nigerian 1** ADJ nigérian **2** N Nigérian, -iane mf

niggling [ˈnɪɡlɪŋ] ADJ (trifling) insignifiant; (irksome) irritant; (doubt) persistant

night [naɪt] **1** N nuit f; (evening) soir m; **at n.** la nuit; **by n.** de nuit; **last n.** (evening) hier soir; (night) cette nuit; **to have an early/a late n.** se coucher tôt/tard; **to have a good n.'s sleep** bien dormir **2** ADJ (work, flight) de nuit; **n. school** cours mpl du soir; **n. shift** (job) poste m de nuit; (workers) équipe f de nuit ■ **nightcap** N (drink) = boisson alcoolisée ou chaude prise avant de se coucher ■ **nightclub** N boîte f de nuit ■ **nightdress, nightgown,** Br Fam **nightie** N chemise f de nuit ■ **nightfall** N at n. à la tombée de la nuit ■ **nightlife** N vie f nocturne ■ **night-time** N nuit f

nightingale [ˈnaɪtɪŋɡeɪl] N rossignol m

nightly [ˈnaɪtlɪ] **1** ADV chaque nuit/soir **2** ADJ de chaque nuit/soir

nightmare [ˈnaɪtmeə(r)] N cauchemar m

nil [nɪl] N (nothing) & Br Sport zéro m; **two n.** deux à zéro; **the risk is n.** le risque est nul

Nile [naɪl] N the N. le Nil

nimble [ˈnɪmbəl] (-er, -est) ADJ (person) souple

nine [naɪn] ADJ & N neuf (m)

nineteen [naɪnˈtiːn] ADJ & N dix-neuf (m)

ninety [ˈnaɪntɪ] ADJ & N quatre-vingt-dix (m)

ninth [ˈnaɪnθ] ADJ & N neuvième (mf); **a n.** un neuvième

nip [nɪp] **1** N pinçon m; **there's a n. in the air** il fait frisquet **2** (pt & pp -pp-) VT (pinch) pincer; **to n. sth in the bud** étouffer qch dans l'œuf **3** VI Br Fam **to n. round to sb's house** faire un saut chez qn; **to n. out** sortir un instant

nipper [ˈnɪpə(r)] N Br Fam (child) gosse mf

nipple [ˈnɪpəl] N mamelon m; Am (on baby's bottle) tétine f

nippy [ˈnɪpɪ] (-ier, -iest) ADJ Fam (a) (chilly) frais (f fraîche); **it's n.** ça pince (c) Br **to be n. (about it)** faire vite

nit [nɪt] N (louse) lente f

nitrogen [ˈnaɪtrədʒən] N azote m

nitty-gritty [ˈnɪtɪˈɡrɪtɪ] N Fam **to get down to the n.** entrer dans le vif du sujet

no [nəʊ] **1** (pl noes or nos) N non m inv; **she won't take no for an answer** elle n'accepte pas qu'on lui dise non **2** ADJ (not any) pas de; **there's no bread** il n'y a pas de pain; **I have no idea** je n'ai aucune idée; **I have no time to play** je n'ai pas le temps de jouer; **of no importance** sans importance; **with no gloves/hat on** sans gants/chapeau; **there's no knowing...** impossible de savoir...; **'no smoking'** 'défense de fumer'; Fam **no way!** pas question! **3** ADV (interjection) non; **no**

more time plus de temps; **no more/less than ten** pas plus/moins de dix

noble [ˈnəʊbəl] (-er, -est) ADJ noble; (building) majestueux, -ueuse ■ **nobility** N noblesse f

nobody [ˈnəʊbɒdɪ] **1** PRON (ne) personne; **n. came** personne n'est venu; **he knows n.** il ne connaît personne; **n.!** personne! **2** N **a n.** une nullité

nocturnal [nɒkˈtɜːnəl] ADJ nocturne

nod [nɒd] **1** N signe m de tête **2** (pt & pp -dd-) VTI **to n. (one's head)** faire un signe de tête **3** VI Fam **to n. off** s'assoupir

no-fly zone [nəʊˈflaɪzəʊn] N zone f d'exclusion aérienne

noise [nɔɪz] N bruit m; **to make a n.** faire du bruit

noisy [ˈnɔɪzɪ] (-ier, -iest) ADJ (person, street) bruyant ■ **noisily** ADV bruyamment

nominal [ˈnɒmɪnəl] ADJ nominal; (rent, salary) symbolique

nominate [ˈnɒmɪneɪt] VT (appoint) nommer; (propose) proposer (**for** comme candidat à) ■ **nomi'nation** N (appointment) nomination f; (proposal) candidature f

nonchalant [ˈnɒnʃələnt] ADJ désinvolte

non-committal [nɒnkəˈmɪtəl] ADJ (answer) de Normand; **to be n.** ne pas s'engager

nondescript [ˈnɒndɪskrɪpt] ADJ très ordinaire

none [nʌn] **1** PRON aucun(e) mf; (in filling out a form) néant; **n. of them** aucun d'eux; **she has n. (at all)** elle n'en a pas (du tout); **n. came** pas un(e) seul(e) n'est venu(e); **n. can tell** personne ne peut le dire **2** ADV **n. too hot** pas très chaud; **he's n. the wiser (for it)** il n'est pas plus avancé ■ **nonethe'less** ADV néanmoins

nonentity [nɒˈnentɪtɪ] (pl -ies) N (person) nullité f

nonexistent [nɒnɪɡˈzɪstənt] ADJ inexistant

non-fiction [nɒnˈfɪkʃən] N ouvrages mpl généraux

nonflammable [nɒnˈflæməbəl] ADJ ininflammable

no-nonsense [nəʊˈnɒnsəns] ADJ direct

nonsense [ˈnɒnsəns] N bêtises fpl; **that's n.** c'est absurde ■ **nonsensical** [-ˈsensɪkəl] ADJ absurde

non-smoker [nɒnˈsməʊkə(r)] N (person) non-fumeur, -euse mf ■ **non-smoking** ADJ (area) non-fumeurs

nonstick [nɒnˈstɪk] ADJ (pan) qui n'attache pas

non-stop [ˈnɒnˈstɒp] **1** ADJ sans arrêt; (train, flight) sans escale **2** ADV (work) sans arrêt; (fly) sans escale

noodles [ˈnuːdəlz] NPL nouilles fpl; (in soup) vermicelles mpl

noon [nu:n] **1 N** midi *m*; **at n.** à midi **2 ADJ** *(sun)* de midi

no-one ['nəʊwʌn] **PRON** = **nobody**

noose [nu:s] **N** nœud *m* coulant

nor [nɔ:(r)] **CONJ** ni; **neither you n. me** ni toi ni moi; **she neither drinks n. smokes** elle ne fume ni ne boit; **n. do I/n. can I/**etc (ni) moi non plus; **n. will I (go)** je n'y irai pas non plus

norm [nɔ:m] **N** norme *f*

normal ['nɔ:məl] **1 ADJ** normal **2 N above/below n.** au-dessus/au-dessous de la normale ▪ **normality** [-'mælɪtɪ] **N** normalité *f* ▪ **normally ADV** normalement

Norman ['nɔ:mən] **ADJ** normand ▪ **Normandy N** la Normandie

north [nɔ:θ] **1 N** nord *m*; **(to the) n. of** au nord de **2 ADJ** *(coast)* nord *inv*; *(wind)* du nord; **N. America/Africa** Amérique *f*/Afrique *f* du Nord; **N. American** *(adj)* nord américain; *(n)* Nord-Américain, -aine *mf* **3 ADV** au nord; *(travel)* vers le nord ▪ **northbound ADJ** *(traffic)* en direction du nord; *Br (carriageway)* nord *inv* ▪ **'north-'east N & ADJ** nord-est *(m)* ▪ **northerly** ['nɔ:ðəlɪ] **ADJ** *(point)* nord *inv*; *(direction, wind)* du nord ▪ **northern** ['nɔ:ðən] **ADJ** *(coast)* nord *inv*; *(town)* du nord; **n. France** le nord de la France; **n. Europe** l'Europe *f* du Nord; **N. Ireland** l'Irlande *f* du Nord ▪ **northerner** ['nɔ:ðənə(r)] **N** habitant, -ante *mf* du Nord ▪ **northward(s) ADJ & ADV** vers le nord ▪ **north-'west N & ADJ** nord-ouest *(m)*

Norway ['nɔ:weɪ] **N** la Norvège ▪ **Norwegian** [-'wi:dʒən] **1 ADJ** norvégien, -ienne **2 N** *(person)* Norvégien, -ienne *mf*; *(language)* norvégien *m*

nose [nəʊz] **1 N** nez *m*; **her n. is bleeding** elle saigne du nez; *Fig* **to turn one's n. up** faire le dégoûté **(at** devant) **2 VI** *Fam* **to n. about** fouiner ▪ **nosebleed N** saignement *m* de nez; **to have a n.** saigner du nez

nosey ['nəʊzɪ] **(-ier, -iest) ADJ** *Fam* indiscret, -ète

nosh [nɒʃ] *Br Fam* **1 N** *(light meal)* en-cas *m*; *(food)* bouffe *f* **2 VI** *(have a light meal)* grignoter; *(eat)* bouffer

no-smoking [nəʊ'sməʊkɪŋ] **ADJ** *(carriage, area)* non-fumeurs

nostalgia [nɒ'stældʒɪə] **N** nostalgie *f* ▪ **nostalgic ADJ** nostalgique

nostril ['nɒstrəl] **N** narine *f*

nosy ['nəʊzɪ] **ADJ** = **nosey**

not [nɒt]

À l'oral, et à l'écrit dans un style familier, on utilise généralement **not** à la forme contractée lorsqu'il suit un modal ou un auxiliaire (**don't go!**; **she wasn't there**; **he couldn't see me**).

ADV (a) (ne) pas; **he's n. there, he isn't there** il

n'est pas là; **n. yet** pas encore; **why n.?** pourquoi pas?; **n. one reply** pas une seule réponse; **n. at all** pas du tout; *(after 'thank you')* je vous en prie **(b)** non; **I think/hope n.** je pense/j'espère que non; **isn't she?/don't you?/**etc non?

notable ['nəʊtəbəl] **ADJ & N** notable *(m)* ▪ **notably ADV** *(noticeably)* notablement; *(particularly)* notamment

notch [nɒtʃ] **1 N** *(in wood)* encoche *f*; *(in belt, wheel)* cran *m* **2 VT** **to n. up** *(points)* marquer; *(victory)* remporter

note [nəʊt] **1 N** *(information, reminder)* & *Mus* note *f*; *Br (banknote)* billet *m*; *(letter)* mot *m*; **to take (a) n. of sth, to make a n. of sth** prendre note de qch; **actor of n.** acteur *m* remarquable **2 VT** *(notice)* remarquer, noter; **to n. sth down** *(word, remark)* noter qch ▪ **notebook N** carnet *m*; *(for school)* cahier *m*; *(pad)* bloc-notes *m* ▪ **notepad N** bloc-notes *m* ▪ **notepaper N** papier *m* à lettres

noted ['nəʊtɪd] **ADJ** éminent; **to be n. for one's beauty** être connu pour sa beauté

noteworthy ['nəʊtwɜ:ðɪ] **ADJ** remarquable

nothing ['nʌθɪŋ] **1 PRON** (ne) rien; **he knows n.** il ne sait rien; **n. happened** il ne s'est rien passé; **n. at all** rien du tout; **n. big** rien de grand; **n. much** pas grand-chose; **n. but problems** rien que des problèmes; **to have n. to do** n'avoir rien à faire; **I've got n. to do with it** je n'y suis pour rien; **for n.** *(in vain, free of charge)* pour rien; **to have n. on** être tout nu **2 ADV to look n. like sb** ne ressembler nullement à qn; **n. like as large** loin d'être aussi grand **3 N a (mere) n.** *(person)* une nullité, *(thing)* un rien; **to come to n.** être anéanti

notice ['nəʊtɪs] **1 N** *(notification)* avis *m*; *(in newspaper)* annonce *f*; *(sign)* pancarte *f*, écriteau *m*; *(poster)* affiche *f*; *(review of film)* critique *f*; **(advance) n.** préavis *m*; **to give sb (advance) n.** *(inform)* avertir qn **(of** de); **n. (to quit), n. (of dismissal)** congé *m*; **to give (in) one's n.** *(resign)* donner sa démission; **to take n.** faire attention **(of** à); **to bring sth to sb's n.** porter qch à la connaissance de qn; **until further n.** jusqu'à nouvel ordre; **at short n.** au dernier moment **2 VT** remarquer **(that** que); **to get noticed** se faire remarquer **3 VI** remarquer ▪ **noticeboard N** *Br* tableau *m* d'affichage

Note that the French word **notice** is a false friend and is never a translation for the English word **notice**. Its most common meaning is **directions for use**.

noticeable ['nəʊtɪsəbəl] **ADJ** perceptible

notify ['nəʊtɪfaɪ] *(pt & pp -ied)* **VT** *(inform)* avertir **(sb of sth** qn de qch); *(announce)* notifier **(to** à) ▪ **notification** [-fɪ'keɪʃən] **N** avis *m*

notion ['nəʊʃən] **N** notion f; **to have some n. of sth** avoir quelques notions de qch; **to have a n. that...** avoir dans l'idée que... ■ **notions** NPL *Am (sewing articles)* mercerie f

notorious [nəʊ'tɔ:rɪəs] ADJ tristement célèbre; *(stupidity, criminal)* notoire ■ **notoriety** [-tə'raɪətɪ] **N** triste notoriété f

notwithstanding [nɒtwɪð'stændɪŋ] *Formal* **1** PREP en dépit de **2** ADV néanmoins

nought [nɔ:t] *Br Math* zéro m; *Br* **noughts and crosses** *(game)* ≃ morpion m

noun [naʊn] **N** *Grammar* nom m

nourish ['nʌrɪʃ] **VT** nourrir ■ **nourishing** ADJ nourrissant ■ **nourishment** **N** nourriture f

novel ['nɒvəl] **1** **N** roman m **2** ADJ *(new)* nouveau (f nouvelle), original ■ **novelist** **N** romancier, -ière mf ■ **novelty** **N** nouveauté f

> Note that the French noun **nouvelle** is a false friend. It means **short story**.

November [nəʊ'vembə(r)] **N** novembre m

novice ['nɒvɪs] **N** *(beginner)* débutant, -ante mf *(at* en)

now [naʊ] **1** ADV maintenant; **right n.** en ce moment; **for n.** pour le moment; **even n.** encore maintenant; **from n. on** désormais; **until n., up to n.** jusqu'ici, jusqu'à maintenant; **before n.** avant; **n. and then** de temps à autre; **she ought to be here by n.** elle devrait déjà être ici **2** CONJ **n. (that)...** maintenant que...

nowadays ['naʊədeɪz] ADV de nos jours

nowhere ['nəʊweə(r)] ADV nulle part; **n. else** nulle part ailleurs; **it's n. I know** ce n'est pas un endroit que je connais; **n. near the house** loin de la maison; **n. near enough** loin d'être assez

nozzle ['nɒzəl] **N** embout m; *(of hose)* jet m; *(of petrol pump)* pistolet m

nuance ['nju:ɑ:ns] **N** nuance f

nuclear ['nju:klɪə(r)] ADJ nucléaire; **n. bomb** bombe f atomique; **n. power** (énergie f) nucléaire f; *Br* **n. power station**, *Am* **n. power plant** centrale f nucléaire; **n. scientist** chercheur, -euse mf en physique nucléaire

nucleus ['nju:klɪəs] *(pl* **-clei** [-klɪaɪ]*)* **N** noyau m *(pl* -aux)

nude [nju:d] **1** ADJ nu **2** **N** nu m; **in the n.** tout nu *(f* toute nue)

nudge [nʌdʒ] **1** **N** coup m de coude **2** **VT** pousser du coude.

nudism ['nju:dɪzəm] **N** nudisme m ■ **nudist** **N** nudiste mf; **n. camp** camp m de nudistes

nudity ['nju:dɪtɪ] **N** nudité f

nugget ['nʌgɪt] **N** *(of gold)* pépite f

nuisance ['nju:səns] **N to be a n.** être embêtant

null [nʌl] ADJ **n. (and void)** nul (et non avenu) *(f* nulle (et non avenue))

numb [nʌm] **1** ADJ *(stiff)* *(hand)* engourdi; *Fig (with fear)* paralysé; *(with shock, horror)* hébété; **n. with cold** engourdi par le froid **2** **VT** engourdir; *Fig (of fear)* paralyser; *(of shock)* hébéter ■ **numbness** **N** *(of hand)* engourdissement m

number ['nʌmbə(r)] **1** **N** nombre m; *(of page, house, telephone)* numéro m; *(song)* chanson f; **a/any n. of** un certain/grand nombre de **2** **VT** *(assign number to)* numéroter; *(count)* compter ■ **numbering** **N** numérotage m ■ **number- plate** **N** *Br* plaque f d'immatriculation

numeral ['nju:mərəl] **1** **N** chiffre m **2** ADJ numéral

numerate ['nju:mərət] ADJ **to be n.** savoir compter

numerical [nju:'merɪkəl] ADJ numérique

numerous ['nju:mərəs] ADJ nombreux, -euse

nun [nʌn] **N** religieuse f

nurse [nɜ:s] **1** **N** infirmière f; *(for children)* nurse f **2** **VT** *(look after)* soigner; *(suckle)* allaiter; *(cradle)* bercer; *Fig (feeling)* nourrir ■ **nursing** **1** ADJ **the n. staff** le personnel soignant **2** **N** *(care)* soins mpl; *(job)* profession f d'infirmière; *Br* **n. home** *(for old people)* maison f de retraite

nursery ['nɜ:sərɪ] *(pl* **-ies***)* **N** *(children's room)* chambre f d'enfants; *(for plants, trees)* pépinière f; **(day) n.** *(school)* garderie f; *Br* **n. education** enseignement m en maternelle; *Br* **n. nurse** puéricultrice f; **n. rhyme** comptine f; **n. school** école f maternelle

nurture ['nɜ:tʃə(r)] **VT** *(educate)* éduquer

nut[1] [nʌt] **N** *(fruit)* = noix, noisette ou autre fruit sec de cette nature; **Brazil n.** noix f du Brésil ■ **nut- crackers** NPL casse-noix m inv ■ **nutshell** **N** coquille f de noix; *Fig* **in a n.** en un mot

nut[2] [nʌt] **N** *(for bolt)* écrou m; *Fam (head)* caboche f

nut[3] [nʌt] **N** *Fam (crazy person)* cinglé, -ée mf ■ **nutcase** **N** *Fam* cinglé, -ée mf ■ **nuts** ADJ *Fam (crazy)* cinglé ■ **nutter** **N** *Br Fam (crazy person)* cinglé, -eé mf

nutmeg ['nʌtmeg] **N** muscade f

nutrient ['nju:trɪənt] **N** élément m nutritif

nutrition [nju:'trɪʃən] **N** nutrition f ■ **nutri- tional** ADJ nutritionnel, -elle

nutritious [nju:'trɪʃəs] ADJ nutritif, -ive

nylon ['naɪlɒn] **N** Nylon® m

nymph [nɪmf] **N** nymphe f ■ **nymphomaniac** [nɪmfə'meɪnɪæk] **N** nymphomane f

O, o [əʊ] N (letter) O, o m inv; Br Sch Formerly **O-level** = diplôme de fin de premier cycle de l'enseignement secondaire sanctionnant une matière particulière

oaf [əʊf] N balourd m

oak [əʊk] N (tree, wood) chêne m; **o. table** table f en chêne

OAP [əʊeɪ'piː] (abbr **old age pensioner**) N Br retraité, -ée mf

oar [ɔː(r)] N aviron m, rame f

oasis [əʊ'eɪsɪs] (pl **oases** [əʊ'eɪsiːz]) N oasis f

oath [əʊθ] (pl **-s** [əʊðz]) N (promise) serment m; (profanity) juron m; **to take an o. to do sth** faire le serment de faire qch

oatmeal ['əʊtmiːl] N Br (flour) farine f d'avoine; Am (porridge) bouillie f d'avoine

oats [əʊts] NPL avoine f; **(porridge) o.** flocons mpl d'avoine

obedient [ə'biːdɪənt] ADJ obéissant ▪ **obedience** N obéissance f (**to** à)

obese [əʊ'biːs] ADJ obèse ▪ **obesity** N obésité f

obey [ə'beɪ] 1 VT obéir à; **to be obeyed** être obéi 2 VI obéir

obituary [ə'bɪtʃʊərɪ] (pl **-ies**) N nécrologie f

object[1] ['ɒbdʒɪkt] N (thing) objet m; (aim) but m, objet; Grammar complément m d'objet; **money is no o.** le prix importe peu

object[2] [əb'dʒekt] 1 VT **to o. that...** objecter que... 2 VI émettre une objection; **to o. to sth/ to doing sth** ne pas être d'accord avec qch/pour faire qch; **I o.!** je proteste!; **she didn't o. when...** elle n'a fait aucune objection quand...

objection [əb'dʒekʃən] N objection f; **I've got no o.** je n'y vois pas d'objection

objectionable [əb'dʒekʃənəbəl] ADJ déplaisant

objective [əb'dʒektɪv] 1 ADJ (impartial) objectif, -ive 2 N (aim, target) objectif m ▪ **objectively** ADV objectivement ▪ **objectivity** [ɒbdʒek'tɪvɪtɪ] N objectivité f

obligation [ɒblɪ'geɪʃən] N obligation f; **to be under an o. to do sth** être dans l'obligation de faire qch; **to be under an o. to sb** avoir une dette envers qn ▪ **obligatory** ADJ obligatoire

oblige [ə'blaɪdʒ] VT **(a)** (compel) obliger; **to o. sb to do sth** obliger qn à faire qch **(b)** (help) rendre service à; **to be obliged to sb** être reconnaissant à qn (**for** de); **much obliged!** merci infiniment! ▪ **obliging** ADJ serviable

oblique [ə'bliːk] ADJ (line, angle, look) oblique; (reference, route) indirect

obliterate [ə'blɪtəreɪt] VT effacer

oblivion [ə'blɪvɪən] N oubli m ▪ **oblivious** ADJ inconscient (**to** or **of** de)

oblong ['ɒblɒŋ] 1 ADJ (elongated) oblong (f oblongue); (rectangular) rectangulaire 2 N rectangle m

obnoxious [əb'nɒkʃəs] ADJ (person, behaviour) odieux, -ieuse; (smell) nauséabond

oboe ['əʊbəʊ] N hautbois m

obscene [əb'siːn] ADJ obscène ▪ **obscenity** [əb'senətɪ] (pl **-ies**) N obscénité f

obscure [əb'skjʊə(r)] 1 ADJ obscur 2 VT (hide) cacher; (confuse) obscurcir ▪ **obscurity** N obscurité f

observation [ɒbzə'veɪʃən] N (observing, remark) observation f; (by police) surveillance f; **under o.** (hospital patient) en observation ▪ **observant** ADJ observateur, -trice

observatory [əb'zɜːvətərɪ] (pl **-ies**) N observatoire m

observe [əb'zɜːv] VT observer; **to o. the speed limit** respecter la limitation de vitesse ▪ **observer** N observateur, -trice mf

obsess [əb'ses] VT obséder ▪ **obsession** N obsession f; **to have an o. with** or **about sth** avoir l'obsession de qch; **to have an o. with sb** être obsédé par qn ▪ **obsessive** ADJ (memory, idea) obsédant; (person) obsessionnel, -elle; **to be o. about sth** être obsédé par qch

obsolete ['ɒbsəliːt] ADJ obsolète; (design, model) dépassé

obstacle ['ɒbstəkəl] N obstacle m; **o. course** parcours m d'obstacles; Fig parcours du combattant

obstetrician [ɒbstə'trɪʃən] N Med obstétricien, -ienne mf ▪ **ob'stetrics** [ɒb'stetrɪks] N Med obstétrique f

obstinate ['ɒbstɪnət] ADJ obstiné; **to be o. about doing sth** s'obstiner à vouloir faire qch

obstruct [əb'strʌkt] VT (block) (road, pipe) obstruer; (view) cacher; (hinder) gêner ■ **obstruction** N (action) & Med, Pol & Sport obstruction f; (obstacle) obstacle m; (in pipe) bouchon m; (traffic jam) encombrement m ■ **obstructive** ADJ **to be o.** faire de l'obstruction

obtain [əb'teɪn] **1** VT obtenir **2** VI Formal (of practice) avoir cours

obtuse [əb'tjuːs] ADJ (angle, mind) obtus

obvious ['ɒbvɪəs] ADJ évident (**that** que); **the o. thing to do is…** la seule chose à faire, c'est de… ■ **obviously** ADV (of course) évidemment; (conspicuously) manifestement

occasion [ə'keɪʒən] **1** N (a) (time, opportunity) occasion f; (event) événement m; **on the o. of…** à l'occasion de…; **on o.** parfois; **on one o.** une fois; **on several occasions** à plusieurs reprises (b) Formal (cause) raison f **2** VT Formal occasionner

occasional [ə'keɪʒənəl] ADJ occasionnel, -elle; (showers) intermittent; **she drinks the o. whisky** elle boit un whisky de temps en temps ■ **occasionally** ADV de temps en temps; **very o.** de temps en temps

occupant ['ɒkjʊpənt] N (of house, car) occupant, -ante mf; (of bus, plane) passager, -ère mf

occupation [ɒkjʊ'peɪʃən] N (a) (pastime) occupation f; (profession) métier m (b) (of house, land) occupation f; **fit for o.** habitable ■ **occupational** ADJ **o. hazard** risque m du métier; **o. disease** maladie f professionnelle; **o. therapy** ergothérapie f

occupier ['ɒkjʊpaɪə(r)] N (of house) occupant, -ante mf; (of country) occupant m

occupy ['ɒkjʊpaɪ] (pt & pp -ied) VT (space, time, attention) occuper; **to keep oneself occupied** s'occuper (**doing** à faire)

occur [ə'kɜː(r)] (pt & pp -rr-) VI (happen) avoir lieu; (of opportunity) se présenter; (be found) se trouver; **it occurs to me that…** il me vient à l'esprit que…; **the idea occurred to her to…** l'idée lui est venue de…

occurrence [ə'kʌrəns] N (a) (event) événement m (b) (of disease) incidence f; Ling (of word) occurrence f

ocean ['əʊʃən] N océan m; Am **the o.** la mer ■ **oceanic** [əʊʃɪ'ænɪk] ADJ océanique

o'clock [ə'klɒk] ADV (it's) **three o.** (il est) trois heures

octagon ['ɒktəgən] N octogone m ■ **oc'tagonal** ADJ octogonal

octave ['ɒktɪv, 'ɒkteɪv] N Mus octave f

October [ɒk'təʊbə(r)] N octobre m

octopus ['ɒktəpəs] N pieuvre f

OD [əʊ'diː] VI Fam faire une overdose (**on** de)

odd [ɒd] ADJ (a) (strange) bizarre, curieux, -ieuse (b) (number) impair (c) **to be the o. man out** être à part; **an o. glove/sock** un gant/une chaussette dépareillé(e); **sixty o.** soixante et quelques (d) (occasional) **to find the o. mistake** trouver de temps en temps une erreur; **o. jobs** petits travaux mpl ■ **oddly** ADV bizarrement; **o. enough, he was elected** chose curieuse, il a été élu

oddity ['ɒdɪtɪ] (pl -ies) N (person) excentrique mf; (object) curiosité f; **oddities** (of language, situation) bizarreries fpl

odds [ɒdz] NPL (a) (in betting) cote f; (chances) chances fpl; **we have heavy o. against us** nous avons très peu de chances de réussir; Fam **it makes no o.** ça n'a pas d'importance (b) (expressions) **to be at o. (with sb)** être en désaccord (avec qn); Fam **o. and ends** des bricoles fpl

odious ['əʊdɪəs] ADJ odieux, -ieuse

odour, Am **odor** ['əʊdə(r)] N odeur f ■ **odourless,** Am **odorless** ADJ inodore

of [əv, stressed ɒv] PREP de, d'; **of the table** de la table; **of the boy** du garçon; **of the boys** des garçons; **of a book** d'un livre; **of wood/paper** de ou en bois/papier; **she has a lot of it/of them** elle en a beaucoup; **I have ten of them** j'en ai dix; **there are ten of us** nous sommes dix; **a friend of his** un ami à lui, un de ses amis; **of no value/interest** sans valeur/intérêt; **a man of fifty** un homme de cinquante ans

off [ɒf] **1** ADJ (light, gas, radio) éteint; (tap) fermé; (switched off at mains) coupé; (gone away) parti; (removed) enlevé; (cancelled) annulé; (not fit to eat or drink) mauvais; (milk, meat) tourné; **the strike's o.** la grève est annulée; **I'm o. today** j'ai congé aujourd'hui

2 ADV **to be o.** (leave) partir; **with my/his/etc gloves o.** sans gants; **a day o.** (holiday) un jour de congé; **time o.** du temps libre; **5 percent o.** une réduction de 5 pour cent; **hands o.!** pas touche!

3 PREP (from) de; (distant) éloigné de; **to fall o. the wall/ladder** tomber du mur/de l'échelle; **to get o. the bus** descendre du bus; **to take sth o. the table** prendre qch sur la table; **to eat o. a plate** manger dans une assiette; **to keep** or **stay o. the grass** ne pas marcher sur la pelouse; **she's o. her food** elle ne mange plus rien; **it's o. limits** c'est interdit ■ **off the o.** à tout hasard ■ **off-'colour,** Am **off-color** ADJ Br (ill) patraque; Am (indecent) d'un goût douteux ■ **'off-'duty** ADJ qui n'est pas de service ■ **'off'hand 1** ADJ désinvolte

2 ADV (immediately) au pied levé ■ **off-licence** N Br ≃ magasin m de vins et de spiritueux ■ **'off-'line** ADJ Comptr (computer) autonome; (printer)

déconnecté ■ **off-'load** VT *(vehicle)* décharger; **to o. sth onto sb** *(task)* se décharger de qch sur qn ■ **'off-'peak** ADJ *(traffic)* aux heures creuses; *(rate, price)* heures creuses *inv*; **o. hours** heures *fpl* creuses ■ **'off-'putting** ADJ *Br Fam* peu engageant ■ **offshore** ADJ *(waters)* proche de la côte; *Fin (account, investment)* offshore ■ **off'side** ADJ *Football* **to be o.** être hors jeu ■ **offspring** N progéniture *f* ■ **'off-the-'cuff 1** ADJ impromptu

2 ADV au pied levé ■ **'off-the-'peg,** *Am* **'off-the-'rack** ADJ *(clothes)* de confection ■ **'off-the-'record** ADJ officieux, -ieuse ■ **'off-the-'wall** ADJ *Fam* loufoque ■ **'off-'white** ADJ blanc cassé *inv*

offal [ˈɒfəl] N abats *mpl*

offence, *Am* **offense** [əˈfens] N *Law* infraction *f*; *(more serious)* délit *m*; **to take o.** s'offenser **(at** de); **to give o. (to sb)** offenser (qn)

offend [əˈfend] VT offenser; **to o. the eye/ear** choquer la vue/l'oreille; **to be offended (at sth)** s'offenser (de qch) ■ **offender** N *Law (criminal)* délinquant, -ante *mf* ■ **offending** ADJ *(object, remark)* incriminé

offense [əˈfens] N *Am* = **offence**

offensive [əˈfensɪv] **1** ADJ *(language)* choquant; *(smell)* repoussant; **to be o. to sb** se montrer blessant envers qn; *Law* **o. weapon** arme *f* offensive **2** N offensive *f*; **to be on the o.** être passé à l'offensive

offer [ˈɒfə(r)] **1** N offre *f*; **to make sb an o.** faire une offre à qn; **on (special) o.** en promotion; **o. of marriage** demande *f* en mariage **2** VT offrir; *(explanation)* donner; *(apologies)* présenter; **to o. sb sth, to o. sth to sb** offrir qch à qn; **to o. to do sth** proposer *ou* offrir de faire qch ■ **offering** N *(gift)* offrande *f*; *(act)* offre *f*

office [ˈɒfɪs] N **(a)** *(room)* bureau *m*; *Am (of doctor)* cabinet *m*; *(of lawyer)* étude *f*; **o. block** *or* **building** immeuble *m* de bureaux; **o. hours** heures *fpl* de bureau; **o. manager** chef *m* de bureau; **o. worker** employé, -ée *mf* de bureau **(b)** *(position)* fonctions *fpl*; **to be in o.** être au pouvoir

officer [ˈɒfɪsə(r)] N *(in the army, navy)* officier *m*; **(police) o.** agent *m* de police

official [əˈfɪʃəl] **1** ADJ officiel, -ielle **2** N responsable *mf*; *(civil servant)* fonctionnaire *mf* ■ **officially** ADV officiellement

offset [ˈɒfset, ɒfˈset] *(pt & pp* **offset,** *pres p* **offsetting)** VT *(compensate for)* compenser

often [ˈɒf(t)ən] ADV souvent; **how o.?** combien de fois?; **how o. do they run?** *(trains, buses)* il y en a tous les combien?; **every so o.** de temps en temps

ogle [ˈəʊɡəl] VT *Pej* reluquer

ogre [ˈəʊɡə(r)] N ogre *m*

oh [əʊ] EXCLAM oh!, ah!; *(in pain)* aïe!; **oh yes!** mais oui!; **oh yes?** ah oui?, ah bon?

OHP [əʊeɪtʃˈpiː] *(abbr* **overhead projector)** N rétroprojecteur *m*

oil [ɔɪl] **1** N *(for machine, cooking)* huile *f*; *(petroleum)* pétrole *m*; *(fuel)* mazout *m*; **to paint in oils** faire de la peinture à l'huile **2** ADJ *(industry, product)* pétrolier, -ière; *(painting, paint)* à l'huile; **o. change** *(in vehicle)* vidange *f*; **o. slick** *(on sea)* nappe *f* de pétrole; *(on beach)* marée *f* noire; **o. tanker** *(ship)* pétrolier *m*; *(lorry)* camion-citerne *m* **3** VT *(machine)* huiler ■ **oilcan** N burette *f* ■ **oilfield** N gisement *m* de pétrole ■ **oily (-ier, -iest)** ADJ *(hands, rag)* graisseux, -euse; *(skin, hair)* gras *(f* grasse); *(food)* huileux, -euse

ointment [ˈɔɪntmənt] N pommade *f*

OK, okay [əʊˈkeɪ] **1** ADJ & ADV = **all right 2** *(pt & pp* **OKed, okayed,** *pres p* **OKing, okaying)** VT donner le feu vert à

old [əʊld] **1** **(-er, -est)** ADJ vieux *(f* vieille*)*; *(former)* ancien, -ienne; **how o. is he?** quel âge a-t-il?; **he's ten years o.** il a dix ans; **he's older than me** il est plus âgé que moi; **an older son** un fils aîné, **the oldest son** le fils aîné; **o. enough to marry/vote** en âge de se marier/de voter; **to get** *or* **grow old(er)** vieillir; **o. age** vieillesse *f*; **o. man** vieillard *m*, vieil homme *m*; **o. people** les personnes *fpl* âgées; **o. people's home** maison *f* de retraite; **o. woman** vieille femme *f* **2** NPL **the o.** les personnes *fpl* âgées

old-fashioned [əʊldˈfæʃənd] ADJ *(out-of-date)* démodé; *(person)* vieux jeu *inv*; *(traditional)* d'autrefois

old-timer [əʊldˈtaɪmə(r)] N *Fam (old man)* ancien *m*

olive [ˈɒlɪv] **1** N *(fruit)* olive *f* **2** ADJ **o. (green)** vert olive *inv*; **o. oil** huile *f* d'olive; **o. tree** olivier *m*

Olympic [əˈlɪmpɪk] ADJ **the O. Games** les jeux *mpl* Olympiques

omelet(te) [ˈɒmlɪt] N omelette *f*; **cheese o.** omelette au fromage

omen [ˈəʊmən] N augure *m*

ominous [ˈɒmɪnəs] ADJ inquiétant; *(event)* de mauvais augure; *(tone, sky)* menaçant; *(noise)* sinistre

omit [əʊˈmɪt] *(pt & pp* **-tt-)** VT omettre **(to do** de faire) ■ **omission** N omission *f*

on [ɒn] **1** PREP **(a)** *(expressing position)* sur; **on the chair** sur la chaise; **on page 4** à la page 4; **on the right/left** à droite/gauche; **to look out on to sth** donner sur qch
(b) *(about)* sur; **an article on sth** un article sur qch
(c) *(expressing manner or means)* **on foot** à pied;

on the blackboard au tableau; **on the radio** à la radio; **on the train/plane** dans le train/l'avion; **to be on** (course) suivre; (project) travailler à; (salary) toucher; (team, committee) faire partie de; **to keep** or **stay on** (road, path) suivre

(d) (with time) **on Monday** lundi; **on Mondays** le lundi; **on May 3rd** le 3 mai; **on the evening of May 3rd** le 3 mai au soir; **on my arrival** à mon arrivée

(e) (+ present participle) en; **on learning that…** en apprenant que…; **on seeing this** en voyant ceci

2 ADV (ahead) en avant; (in progress) en cours; (lid, brake) mis; (light, radio) allumé; (gas, tap) ouvert; (machine) en marche; **she has her hat on** elle a mis son chapeau; **he has something/nothing on** il est habillé/tout nu; **I've got something on** (I'm busy) je suis pris; **what's on?** (on TV) qu'est-ce qu'il y a à la télé?; (in theatre, cinema) qu'est-ce qu'on joue?; **is the meeting still on?** la réunion doit-elle toujours avoir lieu?; **to play on** continuer à jouer; **he went on and on** il n'en finissait pas; **to be on to sb** (of police) être sur la piste de qn; **to be on at sb** s'en prendre à qn (**to do** pour qu'il fasse) ■ **on-coming** ADJ (vehicle) qui vient en sens inverse ■ **'on'going** ADJ (project, discussion) en cours

once [wʌns] **1** ADV (on one occasion) une fois; (formerly) autrefois; **o. a month** une fois par mois; **o. again, o. more** encore une fois; **o. and for all** une fois pour toutes; **o. upon a time** il était une fois; **at o.** (immediately) tout de suite **2** CONJ une fois que; **o. he reached home, he collapsed** une fois arrivé chez lui, il s'effondra ■ **once-over** N Fam **to give sth the o.** jeter un coup d'œil à qch

one [wʌn] **1** ADJ (a) un, une; **o. man** un homme; **o. woman** une femme; **page o.** la page un; **twenty-o.** vingt et un

(b) (only) seul; **my o. (and only) aim** mon seul (et unique) but

(c) (same) le même (f la même); **in the o. bus** dans le même bus

2 PRON (a) un, une; **do you want o.?** en veux-tu (un)?; **he's o. of us** il est des nôtres; **o. of them** l'un d'eux, l'une d'elles; **a big/small o.** un grand/petit; **this book is o. that I've read** ce livre est parmi ceux que j'ai lus; **I'm a teacher and she's o. too** je suis professeur et elle aussi; **this o.** celui-ci, celle-ci; **that o.** celui-là, celle-là; **the o. who/which…** celui/celle qui…; **another o.** un(e) autre

(b) (impersonal) on; **o. knows** on sait; **it helps o.** ça vous aide; **o.'s family** sa famille ■ **one-man** ADJ (business, office) pour un seul homme; **o. show** one-man-show m inv ■ **one-night stand** N Fam (sexual encounter) rencontre m sans

lendemain ■ **'one-'off,** Am **'one-of-a-'kind** ADJ Fam unique ■ **one-parent 'family** N famille f monoparentale ■ **'one-'sided** ADJ (biased) partial; (contest) inégal; (decision) unilatéral ■ **one-time** ADJ (former) ancien, -ienne ■ **'one-to-'one,** Am **'one-on-'one** ADJ (discussion) en tête-à-tête ■ **one-way** ADJ (street) à sens unique; (traffic) en sens unique; **o. ticket** billet m simple

onerous [ˈəʊnərəs] ADJ (task) difficile; (taxes) lourd

Note that the French word **onéreux** is a false friend and is never a translation for the English word **onerous**. It means **expensive**.

oneself [wʌnˈself] PRON soi-même; (reflexive) se, s'; **to cut o.** se couper; **to do sth all by o.** faire qch tout seul

onion [ˈʌnjən] N oignon m

online, on-line [ɒnˈlaɪn] ADJ Comptr en ligne; **to go o.** se connecter; **o. banking** banque f par Internet; **o. forum** forum m de discussion; **o. shopping** achats mpl sur Internet

onlooker [ˈɒnlʊkə(r)] N spectateur, -trice mf

only [ˈəʊnlɪ] **1** ADJ seul; **the o. house** la seule maison; **the o. one** le seul, la seule; **an o. son** un fils unique **2** ADV seulement, ne… que; **I o. have ten, I have ten o.** je n'en ai que dix, j'en ai dix seulement; **if o.** si seulement; **not o.** non seulement; **I have o. just seen it** je viens tout juste de le voir; **o. he knows** lui seul le sait **3** CONJ Fam (but) mais

onset [ˈɒnset] N (of disease, winter) début m; (of old age) approche f

onslaught [ˈɒnslɔːt] N attaque f (**on** contre)

onto [ˈɒntuː, unstressed ˈɒntə] PREP = **on to**

onward(s) [ˈɒnwəd(z)] ADV en avant; **from that day o.** à partir de ce jour-là

ooze [uːz] **1** VT laisser suinter **2** VI **to o. (out)** suinter

opal [ˈəʊpəl] N opale f

opaque [əʊˈpeɪk] ADJ opaque; Fig (unclear) obscur

open [ˈəʊpən] **1** ADJ ouvert; (site, view, road) dégagé; (meeting) public, -ique; (competition) ouvert à tous; (post, job) vacant; (attempt, envy) manifeste; (airline ticket) open inv; **in the o. air** au grand air; **to be o. to** (criticism, attack) exposé à; (ideas, suggestions) ouvert à; **I've got an o. mind on it** je n'ai pas d'opinion arrêtée là-dessus; **to leave sth o.** (date) ne pas préciser qch

2 N (out) **in the o.** (outside) dehors; **to sleep (out) in the o.** dormir à la belle étoile

3 VT ouvrir; (conversation) entamer; (arms, legs)

écarter; **to o. sth out** *(paper, map)* ouvrir qch; **to o. sth up** *(door, shop)* ouvrir qch
4 VI *(of flower, door, eyes)* s'ouvrir; *(of shop, office, person)* ouvrir; *(of play)* débuter; *(of film)* sortir; **to o. on to sth** *(of window)* donner sur qch; **to o. up** *(of flower, person)* s'ouvrir; *(of shopkeeper, shop)* ouvrir ■ **'open-'air** ADJ *(pool)* en plein air ■ **'open-'minded** ADJ à l'esprit ouvert ■ **'open-'necked** ADJ *(shirt)* sans cravate ■ **'open-'plan** ADJ *(office)* paysager, -ère

opening ['əʊpnɪŋ] **1** N ouverture *f*; *(of flower)* éclosion *f*; *(job, trade outlet)* débouché *m*; *(opportunity)* occasion *f* favorable; **late-night o.** *(of shops)* nocturne *f* **2** ADJ *(time, hours, speech)* d'ouverture; **o. night** *(of play, musical)* première *f*

openly ['əʊpənlɪ] ADV ouvertement

opera ['ɒprə] N opéra *m*; **o. glasses** jumelles *fpl* de théâtre; **o. house** opéra

operate ['ɒpəreɪt] **1** VT *(machine)* faire fonctionner; *(service)* assurer **2** VI **a) to o. on sb (for sth)** *(of surgeon)* opérer qn (de qch); **to be operated on** se faire opérer **(b)** *(of machine)* fonctionner; *(of company)* opérer ■ **operating** ADJ **o. costs** frais *mpl* d'exploitation; *Br* **o. theatre,** *Am* **o. room** salle *f* d'opération

operation [ɒpə'reɪʃən] N *Med, Mil & Math* opération *f*; *(of machine)* fonctionnement *m*; **in o.** *(machine)* en service; *(plan)* en vigueur; **to have an o.** se faire opérer **(on or for** de) ■ **operational** ADJ opérationnel, -elle

operative ['ɒpərətɪv] **1** ADJ *(scheme, measure, law)* en vigueur; *Med* opératoire **2** N *(worker)* ouvrier, -ière *mf*

operator ['ɒpəreɪtə(r)] N *(on phone, machine)* opérateur, -trice *mf*

opinion [ə'pɪnjən] N opinion *f*; **to form an o.** se faire une opinion; **in my o.** à mon avis ■ **opinionated** ADJ dogmatique

opium ['əʊpɪəm] N opium *m*

opponent [ə'pəʊnənt] N adversaire *mf*

opportune ['ɒpətjuːn] ADJ opportun

opportunity [ɒpə'tjuːnɪtɪ] *(pl* **-ies)** N occasion *f* **(to do** *or* **of doing** de faire); **to take the o. to do sth** profiter de l'occasion pour faire qch; **opportunities** *(prospects)* perspectives *fpl*; **equal opportunities** égalité *f* des chances; **to take the o. to do sth** profiter de l'occasion pour faire qch

oppose [ə'pəʊz] VT s'opposer à ■ **opposed** ADJ opposé **(to** à); **as o. to...** par opposition à... ■ **opposing** ADJ *(characters, viewpoints)* opposé; *(team)* adverse

opposite ['ɒpəzɪt] **1** ADJ *(side)* opposé; *(house, page)* d'en face; **in the o. direction** en sens

inverse; **o. number** homologue *mf* **2** ADV en face; **the house o.** la maison d'en face **3** PREP **o. (to)** en face de **4** N **the o.** le contraire

opposition [ɒpə'zɪʃən] N opposition *f* **(to** à); **the o.** *(rival camp)* l'adversaire *m*; *(in business)* la concurrence; **he put up no/considerable o.** il n'a opposé aucune résistance/a fait preuve d'une résistance acharnée

oppress [ə'pres] VT *(treat cruelly)* opprimer; *(of heat, anguish)* oppresser ■ **oppressed** NPL **the o.** les opprimés *mpl* ■ **oppression** N oppression *f* ■ **oppressive** ADJ *(heat)* accablant, étouffant; *(weather)* étouffant; *(ruler, regime)* oppressif, -ive ■ **oppressor** N oppresseur *m*

opt [ɒpt] VI **to o. for sth** opter pour qch; **to o. to do sth** choisir de faire qch; **to o. out** se désengager **(of** de)

optical ['ɒptɪkəl] ADJ optique; *(instrument, illusion)* d'optique; *Comptr* **o. character reader** lecteur *m* optique de caractères

optician [ɒp'tɪʃən] N *(dispensing)* opticien, -ienne *mf*

optimism ['ɒptɪmɪzəm] N optimisme *m* ■ **optimist** N optimiste *mf* ■ **opti'mistic** ADJ optimiste **(about** quant à)

optimum ['ɒptɪməm] ADJ & N optimum *(m)* ■ **optimal** ADJ optimal

option ['ɒpʃən] N *(choice)* choix *m*; *(school subject)* matière *f* à option; **she has no o.** elle n'a pas le choix ■ **optional** ADJ facultatif, -ive; **o. extra** *(on car)* option *f*

opulent ['ɒpjʊlənt] ADJ opulent ■ **opulence** N opulence *f*

or [ɔː(r)] CONJ ou; **one or two** un ou deux; **he doesn't drink or smoke** il ne boit ni ne fume; **ten or so** environ dix

oracle ['ɒrəkəl] N oracle *m*

oral ['ɔːrəl] **1** ADJ oral **2** N *(exam)* oral *m*

orange ['ɒrɪndʒ] **1** N *(fruit)* orange *f*; **o. drink** boisson *f* à l'orange; **o. juice** jus *m* d'orange; **o. tree** oranger *m* **2** ADJ & N *(colour)* orange *(m) inv*

orbit ['ɔːbɪt] **1** N *(of planet, sphere of influence)* orbite *f* **2** VT être en orbite autour de

orchard ['ɔːtʃəd] N verger *m*

orchestra ['ɔːkɪstrə] N orchestre *m*; *Am* **the o.** *(in theatre)* l'orchestre *m* ■ **orchestral** [ɔː'kestrəl] ADJ *(music)* orchestral; *(concert)* symphonique ■ **orchestrate** VT *(organize) & Mus* orchestrer

orchid ['ɔːkɪd] N orchidée *f*

ordain [ɔː'deɪn] VT *(priest)* ordonner; *Formal* **to o. that...** décréter que...

ordeal [ɔː'diːl] N épreuve *f*

order ['ɔːdə(r)] **1** N *(instruction, arrangement) & Rel* ordre *m*; *(purchase)* commande *f*; **in o.** *(passport)* en règle; *(drawer, room)* en ordre; **in numerical o.** en ordre numérique; **in working o.** en état de marche; **in o. of age** par ordre d'âge; **in o. to do sth** afin de faire qch; **in o. that…** afin que… (+ *subjunctive)*; **out of o.** *(machine)* en panne; *(telephone)* en dérangement; *Com* **to make** *or* **place an o. (with sb)** passer une commande (à qn) **2** **VT** *(meal, goods)* commander; *(taxi)* appeler; **to o. sb to do sth** ordonner à qn de faire qch; **to o. sb around** commander qn **3** **VI** *(in a café)* commander; **are you ready to o.?** avez-vous choisi?

orderly [ˈɔːdəlɪ] **1** **ADJ** *(tidy)* *(room, life)* ordonné; *(mind)* méthodique; *(crowd)* discipliné; **in an o. fashion** calmement **2** *(pl **-ies**)* **N** *(soldier)* planton *m*; *(in hospital)* aide-soignant, -ante *mf*

ordinal [ˈɔːdɪnəl] **ADJ** ordinal

ordinary [ˈɔːdənrɪ] **ADJ** ordinaire; **in o. use** d'usage courant; **in the o. course of events** en temps normal; **in the o. way** normalement; **it's out of the o.** ça sort de l'ordinaire; **she was just an o. tourist** c'était une touriste comme une autre

ore [ɔː(r)] **N** minerai *m*

oregano [ɒrɪˈgɑːnəʊ] **N** origan *m*

organ [ˈɔːgən] **N** **(a)** *(part of body, newspaper)* organe *m* **(b)** *(musical instrument)* orgue *m*

organic [ɔːˈgænɪk] **ADJ** organique; *(vegetables, farming)* biologique

organism [ˈɔːgənɪzəm] **N** organisme *m*

organization [ɔːgənaɪˈzeɪʃən] **N** organisation *f*

organize [ˈɔːgənaɪz] **VT** organiser ▪ **organizer** **N** *(person)* organisateur, -trice *mf*; **(personal) o.** *(diary)* agenda *m*; *(electronic)* agenda électronique

orgasm [ˈɔːgæzəm] **N** orgasme *m*

Orient [ˈɔːrɪənt] **N** **the O.** l'Orient *m* ▪ **oriental** [ɔːrɪˈentəl] **1** **ADJ** oriental **2** **N** Oriental, -ale *mf*

orientate [ˈɔːrɪənteɪt], *Am* **orient** [ˈɔːrɪənt] **VT** orienter

orifice [ˈɒrɪfɪs] **N** orifice *m*

origin [ˈɒrɪdʒɪn] **N** origine *f*

original [əˈrɪdʒɪnəl] **1** **ADJ** *(novel, innovative)* original; *(first)* d'origine **2** **N** *(document, painting)* original *m* ▪ **originality** [-ˈnælɪtɪ] **N** originalité *f* ▪ **originally** **ADV** *(at first)* à l'origine; *(in an innovative way)* de façon originale; **where do you come from o.?** d'où êtes-vous originaire?

originate [əˈrɪdʒɪneɪt] **1** **VT** être à l'origine de **2** **VI** *(begin)* prendre naissance **(in** dans); **to o. from** *(of idea)* émaner de; *(of person)* être originaire de

Orkneys [ˈɔːknɪz] **NPL** **the O.** les Orcades *fpl*

ornament [ˈɔːnəmənt] **N** ornement *m* ▪ **ornamental** [-ˈmentəl] **ADJ** ornemental

ornate [ɔːˈneɪt] **ADJ** très orné

orphan [ˈɔːfən] **N** orphelin, -ine *mf* ▪ **orphanage** **N** orphelinat *m*

orthodox [ˈɔːθədɒks] **ADJ** orthodoxe ▪ **orthodoxy** **N** orthodoxie *f*

orthopaedic, *Am* **orthopedic** [ɔːθəˈpiːdɪk] **ADJ** orthopédique ▪ **orthopaedics,** *Am* **orthopedics** **N** orthopédie *f*

Oscar [ˈɒskə(r)] **N** *Cin* oscar *m*; **the Oscars** *(ceremony)* les oscars *mpl*

oscillate [ˈɒsɪleɪt] **VI** osciller

ostentatious [ˌɒstənˈteɪʃəs] **ADJ** prétentieux, -ieuse

ostracize [ˈɒstrəsaɪz] **VT** frapper d'ostracisme

ostrich [ˈɒstrɪtʃ] **N** autruche *f*

other [ˈʌðə(r)] **1** **ADJ** autre; **o. doctors** d'autres médecins; **the o. one** l'autre *mf* **2** **PRON** **the o.** l'autre *mf*; **(some) others** d'autres; **some do, others don't** les uns le font, les autres ne le font pas **3** **ADV** **o. than** autrement que; **the colour's odd, but o. than that, it's fine** la couleur est bizarre, mais à part ça, ça va ▪ **otherwise 1** **ADV & CONJ** autrement **2** **ADJ** *(different)* autre

OTT [əʊtiːˈtiː] *(abbr* **over the top)** **ADJ** *Br Fam* trop *inv*

otter [ˈɒtə(r)] **N** loutre *f*

ouch [aʊtʃ] **EXCLAM** aïe!

ought [ɔːt]

La forme négative **ought not** s'écrit **oughtn't** en forme contractée.

V AUX **(a)** *(expressing obligation, desirability)* **you o. to leave** tu devrais partir; **I o. to have done it** j'aurais dû le faire; **he said he o. to stay** il a dit qu'il devait rester **(b)** *(expressing probability)* **it o. to be ready** ça devrait être prêt

ounce [aʊns] **N** *(unit of weight)* = 28,35 g, once *f*; *Fig (bit)* once *f* **(of** de)

our [aʊə(r)] **POSSESSIVE ADJ** notre, *pl* nos

ours [aʊəz] **POSSESSIVE PRON** le nôtre, la nôtre, *pl* les nôtres; **this book is o.** ce livre est à nous *ou* est le nôtre; **a friend of o.** un de nos amis

ourselves [aʊəˈselvz] **PRON** nous-mêmes; *(reflexive and after prep)* nous; **we wash o.** nous nous lavons; **we told you o.** nous vous l'avons dit nous-mêmes

oust [aʊst] **VT** évincer **(from** de)

out [aʊt] **1** **ADV** *(outside)* dehors; *(not at home)* sorti; *(light, fire)* éteint; *(flower)* ouvert; *(book)* publié; *(not in fashion)* passé de mode; **to go o. a lot** sortir beaucoup; **to have a day o.** sortir pour la journée; **the sun's o.** il fait soleil; **the secret is o.** on a révélé le secret; **you're o.** *(wrong)* tu t'es trompé; *(in game)* tu es éliminé **(of** de); **I was £10 o.** *(over)* j'avais 10 livres de trop; *(under)* il me manquait 10 livres; **to be o. to do sth** chercher à faire qch; **the journey o.** l'aller *m*; **o. here** ici; **o. there** là-bas

2 PREP o. of *(outside)* hors de; **5 km o. of** *(away from)* à 5 km de; **to be o. of the country** être à l'étranger; **to look/jump o. of the window** regarder/sauter par la fenêtre; **to drink/take/copy o. of sth** boire/prendre/copier dans qch; **to feel o. of place** ne pas se sentir à sa place; **made o. of wood** fait en bois; **to make sth o. of a box/rag** faire qch avec une boîte/un chiffon; **o. of danger** hors de danger; **o. of pity/love** par pitié/amour; **four o. of five** quatre sur cinq ■ **'out-and-'out** ADJ *(cheat, liar)* achevé; *(failure)* total ■ **out-of-date** ADJ *(expired)* périmé; *(old-fashioned)* démodé ■ **out-of-'doors** ADV dehors ■ **'out-of-the-'way** ADJ *(place)* isolé

outbox ['aʊtbɒks] N *Comptr (for e-mail)* boîte *f* d'envoi

outbreak ['aʊtbreɪk] N *(of war, epidemic)* début *m*; *(of violence)* flambée *f*; *(of hostilities)* déclenchement *m*; *(of fever)* accès *m*

outburst ['aʊtbɜːst] N *(of anger, joy)* explosion *f*; *(of violence)* flambée *f*; *(of laughter)* éclat *m*

outcast ['aʊtkɑːst] N **(social) o.** paria *m*

outcome ['aʊtkʌm] N résultat *m*, issue *f*

outcry ['aʊtkraɪ] *(pl* -ies*)* N tollé *m*

outdated [aʊt'deɪtɪd] ADJ démodé

outdo [aʊt'duː] *(pt* -did, *pp* -done*)* VT surpasser **(in** en*)*

outdoor ['aʊtdɔː(r)] ADJ *(life)* au grand air; *(game)* de plein air; *(pool, market)* découvert ■ **out'doors 2** N **the great o.** les grands espaces *mpl*

outer ['aʊtə(r)] ADJ extérieur; **O. London** la grande banlieue de Londres; **o. space** l'espace *m* intersidéral

outfit ['aʊtfɪt] N *(clothes)* ensemble *m*; *Fam (group, gang)* bande *f*; *Fam (company)* boîte *f*; **sports/ski o.** tenue *f* de sport/de ski

outgoing ['aʊtɡəʊɪŋ] ADJ **(a)** *(minister)* sortant; *(mail, ship)* en partance; **o. calls** *(on phone)* appels *mpl* vers l'extérieur **(b)** *(sociable)* sociable ■ **outgoings** NPL *(expenses)* dépenses *fpl*

outgrow [aʊt'ɡrəʊ] *(pt* -grew, *pp* -grown*)* VT *(habit)* passer l'âge de; **to o. sb** grandir plus vite que qn; **she's outgrown her jacket** sa veste est devenue trop petite pour elle

outing ['aʊtɪŋ] N *(excursion)* sortie *f*

outlast [aʊt'lɑːst] VT *(object)* durer plus long-temps que; *(person)* survivre à

outlaw ['aʊtlɔː] **1** N hors-la-loi *m inv* **2** VT *(ban)* proscrire; *(person)* mettre hors la loi

outlay ['aʊtleɪ] N *(expense)* dépenses *fpl*

outlet ['aʊtlet] N *(shop)* point *m* de vente; *(market for goods)* débouché *m*; *(for liquid, of tunnel)* sortie

f; *(electrical)* prise *f* de courant; *(for feelings, energy)* exutoire *m*; **factory o.** magasin d'usine; **retail o.** point de vente, magasin *m*

outline ['aʊtlaɪn] **1** N *(shape)* contour *m*; *(of play, novel)* résumé *m*; **rough o.** *(of article, plan)* esquisse *f*; **the broad** *or* **general** *or* **main o.** *(of plan, policy)* les grandes lignes **2** VT *(plan, situation)* esquisser; *(book, speech)* résumer; **to be outlined against sth** se profiler sur qch

outlive [aʊt'lɪv] VT survivre à

outlook ['aʊtlʊk] N **INV** *(for future)* perspectives *fpl*; *(point of view)* façon *f* de voir les choses; *(of weather)* prévisions *fpl*

outlying ['aʊtlaɪɪŋ] ADJ *(remote)* isolé

outmoded [aʊt'məʊdɪd] ADJ démodé

outnumber [aʊt'nʌmbə(r)] VT l'emporter en nombre sur

outpatient ['aʊtpeɪʃənt] N *Br* malade *mf* en consultation externe

outpost ['aʊtpəʊst] N *Mil* avant-poste *m*

output ['aʊtpʊt] **1** N *(of goods)* production *f*; *(computer data)* données *fpl* de sortie; *(computer process)* sortie *f* **2** *(pt & pp* -put*)* VT produire; *(data, information)* sortir

outrage ['aʊtreɪdʒ] **1** N *(scandal)* scandale *m*; *(anger)* indignation *f* **(at** face à*)*; *(crime)* atrocité *f* **2** VT *(make indignant)* scandaliser

outrageous [aʊt'reɪdʒəs] ADJ *(shocking)* scandaleux, -euse; *(atrocious)* atroce; *(dress, hat)* grotesque

outright 1 [aʊt'raɪt] ADV *(say, tell)* franchement; *(refuse)* catégoriquement; *(be killed)* sur le coup; **to buy sth o.** acheter qch au comptant **2** ['aʊtraɪt] ADJ *(failure)* total; *(refusal)* catégorique; *(folly)* pur; *(winner)* incontesté

outset ['aʊtset] N **at the o.** au début; **from the o.** dès le départ

outside 1 [aʊt'saɪd] ADV dehors, à l'extérieur; **to go o.** sortir **2** PREP à l'extérieur de, en dehors de; *(in front of)* devant; *(apart from)* en dehors de; **o. my room** *or* **door** à la porte de ma chambre; **o. office hours** en dehors des heures de bureau **3** N extérieur *m* **4** ['aʊtsaɪd] ADJ extérieur; *(bus or train seat)* côté couloir *inv*; *Br* **the o. lane** *(on road)* la voie de droite, *Am* la voie de gauche; **an o. chance** une petite chance

outsider [aʊt'saɪdə(r)] N *(stranger)* étranger, -ère *mf*; *(horse in race)* outsider *m*

outskirts ['aʊtskɜːts] NPL banlieue *f*

outspoken [aʊt'spəʊkən] ADJ *(frank)* franc *(f* franche*)*

outstanding [aʊt'stændɪŋ] ADJ exceptionnel, -elle; *(problem, business)* en suspens; *(debt)* impayé

outstay [aʊt'steɪ] VT to o. one's welcome abuser de l'hospitalité de son hôte

outstretched [aʊt'stretʃt] ADJ (arm) tendu; (wings) déployé

outward ['aʊtwəd] ADJ (sign, appearance) extérieur; (movement, look) vers l'extérieur; **o. journey** or **trip** aller m ■ **outward(s)** ADV vers l'extérieur

outweigh [aʊt'weɪ] VT (be more important than) l'emporter sur

outwit [aʊt'wɪt] (pt & pp -tt-) VT être plus malin,-igne que

oval ['əʊvəl] ADJ & N ovale (m); Am Pol **the O. Office** = le bureau du Président des États-Unis

ovary ['əʊvərɪ] (pl -ies) N Anat ovaire m

ovation [əʊ'veɪʃən] N ovation f; **to give sb a standing o.** se lever pour applaudir qn

oven ['ʌvən] N four m; Fig (hot place) fournaise f; Br **o. glove** Am **o. mitt** gant m isolant ■ **oven-proof** ADJ (dish) allant au four

over ['əʊvə(r)] **1** PREP (on) sur; (above) au-dessus de; (on the other side of) par-dessus; **the bridge o. the river** le pont qui traverse le fleuve; **to jump/look o. sth** sauter/regarder par-dessus qch; **to fall o. the balcony** tomber du balcon; **o. it** (on) dessus; (above) au-dessus; **to jump o. it** sauter par-dessus; **to fight o. sth** se battre pour qch; **o. the phone** au téléphone; **o. ten days** (more than) plus de dix jours; **men o. sixty** les hommes de plus de soixante ans **2** ADV (above) par-dessus; **jump o.!** sautez par-dessus!; **o. here** ici; **o. there** là-bas; **he's o. in Italy** il est en Italie; **to ask sb o.** inviter qn; **to be (all) o.** être terminé; **to start all o. (again)** recommencer à zéro; **o. and o. (again)** (often) à plusieurs reprises; **to do sth all o. again** refaire qch; **three times o.** trois fois; **famous the world o.** célèbre dans le monde entier ■ **over-fa'miliar** ADJ trop familier, -ière ■ **overin'dulge** VT (desires, whims) céder trop facilement à; (person) trop gâter

overall ['əʊvərɔːl] **1** ADJ (measurement, length) total; (result, effort) global **2** [əʊvər'ɔːl] ADV dans l'ensemble **3** N (protective coat) blouse f; Am (boiler suit) bleu m de travail ■ **overalls** NPL Br (boiler suit) bleu m de travail; Am (dungarees) salopette f

overbalance [əʊvə'bæləns] VI (of person) perdre l'équilibre; (of pile, load) se renverser

overbearing [əʊvə'beərɪŋ] ADJ autoritaire

overboard ['əʊvəbɔːd] ADV par-dessus bord; **man o.!** un homme à la mer!

overcast [əʊvə'kɑːst] ADJ (sky) nuageux, -euse

overcharge [əʊvə'tʃɑːdʒ] VT to o. sb for sth faire payer qch trop cher à qn

overcoat ['əʊvəkəʊt] N pardessus m

overcome [əʊvə'kʌm] (pt -came, pp -come) VT (problem, disgust) surmonter; (shyness, fear, enemy) vaincre; **to be o. by grief** être accablé de chagrin; **he was o. by emotion** l'émotion eut raison de lui

overcook [əʊvə'kʊk] VT faire cuire trop

overcrowded [əʊvə'kraʊdɪd] ADJ (house, country) surpeuplé; (bus, train) bondé ■ **over-crowding** N surpeuplement m

overdo [əʊvə'duː] (pt -did, pp -done) VT exagérer; (overcook) faire cuire trop; **to o. it** se surmener

overdose ['əʊvədəʊs] **1** N overdose f **2** VI faire une overdose (**on** de); Fam **to o. on chocolate** exagérer avec le chocolat

overdraft ['əʊvədrɑːft] N Fin découvert m ■ **over'drawn** ADJ (account) à découvert

overdress [əʊvə'dres] VI s'habiller avec trop de recherche

overdue [əʊvə'djuː] ADJ (train, bus) en retard; (bill) impayé; (book) qui n'a pas été rendu

overestimate [əʊvər'estɪmeɪt] VT surestimer

overexcited [əʊvərɪk'saɪtɪd] ADJ surexcité

overflow 1 ['əʊvəfləʊ] N (outlet) trop-plein m; Fig (of people, objects) excédent m **2** [əʊvə'fləʊ] VI (of river, bath) déborder; **to be overflowing with sth** (of town, shop, house) regorger de qch

overgrown [əʊvə'grəʊn] ADJ envahi par la végétation; **o. with weeds** envahi par les mauvaises herbes; Fig & Pej **you're an o. schoolgirl** tu as la mentalité d'une écolière

overhaul 1 ['əʊvəhɔːl] N révision f **2** [əʊvə'hɔːl] VT (vehicle, schedule, text) réviser

overhead ['əʊvəhed] **1** [əʊvə'hed] ADV au-dessus **2** ADJ (cable) aérien, -ienne **3** N Am = **overheads** ■ **overheads** NPL Br (expenses) frais mpl généraux

overhear [əʊvə'hɪə(r)] (pt & pp -heard) VT (conversation) surprendre; (person) entendre

overheat [əʊvə'hiːt] **1** VT surchauffer **2** VI (of engine) chauffer

overjoyed [əʊvə'dʒɔɪd] ADJ fou (f folle) de joie

overland ['əʊvəlænd] ADJ & ADV par voie de terre

overlap [əʊvə'læp] **1** ['əʊvəlæp] N chevauche-ment m **2** (pt & pp -pp-) VT chevaucher **3** VI se chevaucher

overleaf [əʊvə'liːf] ADV au verso

overload [əʊvə'ləʊd] VT surcharger

overlook [əʊvə'lʊk] VT (a) (not notice) ne pas remarquer; (forget) oublier; (disregard) fermer les yeux sur (b) (of window, house) donner sur; (of tower, fort) dominer

overly ['əʊvəlɪ] ADV excessivement

overnight 1 [əʊvəˈnaɪt] ADV *(during the night)* pendant la nuit; *Fig (suddenly)* du jour au lendemain; **to stay o.** passer la nuit **2** [ˈəʊvənaɪt] ADJ *(train, flight)* de nuit; *(stay)* d'une nuit; *(clothes)* pour une nuit; **o. bag** (petit) sac *m* de voyage

overpass [ˈəʊvəpɑːs] N *Am (bridge)* Toboggan® *m*

overpopulated [əʊvəˈpɒpjʊleɪtɪd] ADJ surpeuplé

overpower [əʊvəˈpaʊə(r)] VT maîtriser ■ **overpowering** ADJ *(heat, smell)* suffocant; *(charm, desire)* irrésistible

overpriced [əʊvəˈpraɪst] ADJ trop cher *(f* trop chère)

overrated [əʊvəˈreɪtɪd] ADJ surfait

overreach [əʊvəˈriːtʃ] VT **to o. oneself** trop présumer de ses forces

overreact [əʊvərɪˈækt] VI réagir excessivement

override [əʊvəˈraɪd] *(pt* **-rode,** *pp* **-ridden)* VT *(be more important than)* l'emporter sur; *(invalidate)* annuler; *(take no notice of)* passer outre à ■ **over'riding** ADJ *(importance)* capital; *(factor)* prédominant

overrule [əʊvəˈruːl] VT *(decision)* annuler; *(argument, objection)* rejeter

overrun [əʊvəˈrʌn] *(pt* **-ran,** *pp* **-run,** *pres p* **-running)* VT *(invade)* envahir; *(go beyond)* dépasser

overseas 1 [ˈəʊvəsiːz] ADJ d'outre-mer; *(trade, debt)* extérieur **2** [əʊvəˈsiːz] ADV à l'étranger

oversee [əʊvəˈsiː] *(pt* **-saw,** *pp* **-seen)* VT *(work)* superviser ■ **overseer** [ˈəʊvəsɪə(r)] N *(foreman)* contremaître *m*

overshadow [əʊvəˈʃædəʊ] VT *(make less important)* éclipser; *(make gloomy)* assombrir

oversight [ˈəʊvəsaɪt] N oubli *m,* omission *f*

oversleep [əʊvəˈsliːp] *(pt & pp* **-slept)* VI ne pas se réveiller à temps

overspend [əʊvəˈspend] *(pt & pp* **-spent)* VI dépenser trop

overstate [əʊvəˈsteɪt] VT exagérer

overstay [əʊvəˈsteɪ] VT **to o. one's welcome** abuser de l'hospitalité de son hôte

overstep [əʊvəˈstep] *(pt & pp* **-pp-)* VT outrepasser; *Fig* **to o. the mark** dépasser les bornes

overt [ˈəʊvɜːt] ADJ manifeste

overtake [əʊvəˈteɪk] *(pt* **-took,** *pp* **-taken)* **1** VT dépasser; *(overtaken by nightfall)* surpris par la nuit **2** VI *(in vehicle)* doubler, dépasser

overthrow 1 [ˈəʊvəθrəʊ] N renversement *m* **2** [əʊvəˈθrəʊ] *(pt* **-threw,** *pp* **-thrown)* VT renverser

overtime [ˈəʊvətaɪm] **1** N heures *fpl* supplémentaires **2** ADV **to work o.** faire des heures supplémentaires

overturn [əʊvəˈtɜːn] **1** VT *(chair, table, car)* renverser; *(boat)* faire chavirer; *Fig (decision)* annuler **2** VI *(of car)* capoter; *(of boat)* chavirer

overweight [əʊvəˈweɪt] ADJ trop gros *(f* trop grosse)

overwhelm [əʊvəˈwelm] VT *(of feelings, heat)* accabler; *(enemy, opponent)* écraser; *(amaze)* bouleverser ■ **overwhelmed** ADJ *(overjoyed)* ravi *(by* or *with* de); **o. with** *(work, offers)* submergé de; **o. with grief** accablé par le chagrin; **o. by** *(kindness, gift)* vivement touché par ■ **overwhelming** ADJ *(heat, grief)* accablant; *(majority, defeat)* écrasant; *(desire)* irrésistible; *(impression)* dominant; **the o. majority of people** l'écrasante majorité des gens ■ **overwhelmingly** ADV *(vote, reject)* en masse; *(utterly)* carrément

overwork [əʊvəˈwɜːk] **1** N surmenage *m* **2** VT *(person)* surcharger de travail **3** VI se surmener

overwrite [əʊvəˈraɪt] *(pt* **-wrote,** *pp* **-written)* **1** *Comptr* N **o. mode** mode *m* de superposition **2** VT *(file)* écraser

owe [əʊ] VT devoir; **to o. sb sth, to o. sth to sb** devoir qch à qn; **I'll o. it to you** je te le devrai; **to o. it to oneself to do sth** se devoir de faire qch ■ **owing 1** ADJ **the money o. to me** l'argent que l'on me doit **2** PREP **o. to** à cause de

owl [aʊl] N hibou *m (pl* -oux)

own [əʊn] **1** ADJ propre; **my o. house** ma propre maison **2** PRON **my o.** le mien, la mienne; **a house of his o.** sa propre maison, sa maison à lui; **it's my (very) o.** c'est à moi (tout seul); **to be (all) on one's o.** être tout seul; **to get one's o. back (on sb)** se venger (de qn) **3** VT *(possess)* posséder; **who owns this ball?** à qui appartient cette balle? **4** VI **to o. up** *(confess)* avouer; **to o. up to sth** avouer qch

own-brand [ˈəʊnbrænd] ADJ *Com* vendu sous la marque du distributeur

owner [ˈəʊnə(r)] N propriétaire *mf* ■ **ownership** N possession *f*; **to encourage home o.** encourager l'accession à la propriété; *Econ* **to be in public o.** appartenir au secteur public

ox [ɒks] *(pl* **oxen** [ˈɒksən]) N bœuf *m* ■ **oxtail** N *Culin* queue *f* de bœuf

oxide [ˈɒksaɪd] N *Chem* oxyde *m*

oxygen [ˈɒksɪdʒən] N oxygène *m*; **o. mask/tent** masque *m*/tente *f* à oxygène

oyster [ˈɔɪstə(r)] N huître *f*

Oz [ɒz] N *Fam* Australie *f* ■ **Ozzie** N *Fam* Australien, -ienne *mf*

oz *(abbr* **ounce)** once *f*

ozone [ˈəʊzəʊn] N *Chem* ozone *m*; **o. friendly** *(product)* qui préserve la couche d'ozone; **o. layer** couche *f* d'ozone

P, p[1] [piː] **N**(letter) P, p m inv

p[2] [piː] **N** (abbr **penny, pence**) Br penny m/pence mpl

PA [piːˈeɪ] **N**(a) (abbr **personal assistant**) secrétaire mf de direction (b) (abbr **public address**) **PA (system)** système m de sonorisation

pace [peɪs] **1 N**(speed) allure f; (step, measure) pas m; **to set the p.** donner l'allure; **to keep p. with sb** (follow) suivre qn; (in quality of work) se maintenir à la hauteur de qn **2 vi**to **p. up and down** faire les cent pas **3 vt**(room) arpenter

pacemaker [ˈpeɪsmeɪkə(r)] **N**(for heart) stimulateur m cardiaque

Pacific [pəˈsɪfɪk] **ADJ**(coast) pacifique; **the P. (Ocean)** le Pacifique, l'océan m Pacifique

pacifist [ˈpæsɪfɪst] **N & ADJ**pacifiste (mf)

pacify [ˈpæsɪfaɪ] (pt & pp **-ied**) **vt**(country) pacifier; (crowd, person) calmer ▪ **pacifier N**Am (of baby) tétine f

pack [pæk] **1 N**(a) (of cigarettes, washing powder) paquet m; (of beer, milk) & Rugby pack m; (of cards) jeu m; (of hounds, wolves) meute f; (of runners, cyclists) peloton m; (of thieves) bande f; **a p. of lies** un tissu de mensonges; **p. animal** animal m de bât (b) (rucksack) sac m à dos; (of soldier) paquetage m **2** (fill) remplir (**with** de); (excessively) bourrer; (object into box, suitcase) mettre; (make into package) empaqueter; (crush, compress) tasser; **to p. one's bags** faire ses valises **3 vi**(fill one's bags) faire sa valise/ses valises ▪ **packed ADJ**(bus, room) bondé; Br **p. lunch** = déjeuner que l'on emporte à l'école ou au bureau ▪ **packing N**(material, action) emballage m; **to do one's p.** faire sa valise/ses valises

▸ **pack away vt sep**(tidy away) ranger

▸ **pack down vt sep**(crush, compress) tasser

▸ **pack in vt sep** Br Fam (stop) arrêter; (give up) laisser tomber; **p. it in!** laisse tomber!

▸ **pack into 1 vt sep**(cram) entasser dans; (put) mettre dans **2 vt insep**(crowd into) s'entasser dans

▸ **pack off vt sep**Fam (person) expédier

▸ **pack up 1 vt sep**(put into box) emballer; (put into suitcase) mettre dans sa valise; Fam (give up) laisser tomber **2 vi**faire sa valise/ses valises; Fam (stop) s'arrêter; (of machine, vehicle) tomber en panne

package [ˈpækɪdʒ] **1 N**paquet m; (contract) contrat m global; Br **p. deal** or **holiday** forfait m (comprenant au moins transport et logement); **p. tourism** tourisme m organisé **2 vt**emballer ▪ **packaging N**(material, action) emballage m

packet [ˈpækɪt] **N**paquet m; Fam **to cost a p.** coûter les yeux de la tête; Fam **to make a p.** se faire un fric fou

pact [pækt] **N**pacte m

pad [pæd] **1 N**(of cotton wool) tampon m; (for writing) bloc m; Fam (home) piaule f; **ink p.** tampon encreur; **shin p.** jambière f; **shoulder p.** (in jacket) épaulette f **2** (pt & pp **-dd-**) **vt**(furniture) capitonner (**with** avec); (clothes) matelasser; **to p. out** (speech, essay) étoffer ▪ **padded ADJ**(armchair) capitonné; (jacket) matelassé ▪ **padding N**(material) rembourrage m; (in speech, essay) remplissage m

paddle [ˈpædəl] **1 N**(for canoe) pagaie f; **p. boat** bateau m à aubes; **to have a p.** patauger **2 vi**to **p. a canoe** pagayer **3 vi**(in canoe) pagayer; (walk in water) patauger ▪ **paddling pool N**Br (inflatable) piscine f gonflable; (in park) pataugeoire f

padlock [ˈpædlɒk] **1 N**cadenas m **2 vt**cadenasser

paediatrician,Am **pediatrician**[piːdɪəˈtrɪʃən] **N**pédiatre mf ▪ **paediatrics** [-dɪˈætrɪks], Am **pediatrics N**pédiatrie f

paedophile [ˈpiːdəfaɪl], Am **pedophile** [ˈpedəfaɪl] **N** pédophile mf ▪ **paedophilia** [-ˈfɪlɪə], Am **pedophilia N**pédophilie f

page[1] [peɪdʒ] **N** (of book) page f; **on p. 6** à la page 6

page[2] [peɪdʒ] **N**Hist (at court) page m; **p. (boy)** (in hotel) groom m; (at wedding) garçon m d'honneur

page[3] [peɪdʒ] **vt**to **p. sb** faire appeler qn; (by electronic device) biper qn ▪ **pager N**récepteur m d'appel

pageant[ˈpædʒənt] **N**grand spectacle m

pagoda [pəˈgəʊdə] **N**pagode f

paid [peɪd] **1** PT & PP of**pay 2 ADJ**(person, work)

rémunéré; *Br* **to put p. to sb's hopes** anéantir les espoirs de qn; *Br* **to put p. to sb** (*ruin*) couler qn

pain [peɪn] **1** N (*physical*) douleur *f*; (*emotional*) peine *f*; **to have a p. in one's arm** avoir une douleur au bras; **to be in p.** souffrir; **to go to** *or* **take (great) pains to do sth** se donner du mal pour faire qch; **to go to** *or* **take (great) pains not to do sth** prendre bien soin de ne pas faire qch **2** VT peiner ■ **painful** ADJ (*physically*) douloureux, -euse; (*emotionally*) pénible; *Fam (bad)* nul (*f* nulle) ■ **painfully** ADV (*walk*) avec difficulté; *Fig p.* **shy** d'une timidité maladive; *Fig* **p. boring** ennuyeux, -euse à mourir ■ **painless** ADJ (*not painful*) indolore; *Fam (easy)* facile

painkiller ['peɪnkɪlə(r)] N calmant *m*; **on painkillers** sous calmants

painstaking ['peɪnzteɪkɪŋ] ADJ minutieux, -ieuse

paint [peɪnt] **1** N peinture *f*; **'wet p.'** (*on sign*) 'peinture fraîche'; **p. stripper** décapant *m* **2** VT peindre; **to p. sth blue** peindre qch en bleu **3** VI peindre ■ **painter** N peintre *m*; *Br* **p. and decorator**, *Am* **(house) p.** peintre-tapissier *m* ■ **painting** N (*activity*) la peinture; (*picture*) tableau *m*, peinture *f*

paintball ['peɪntbɔːl] N paintball *m*

paintbrush ['peɪntbrʌʃ] N pinceau *m*

paintwork ['peɪntwɜːk] N (*of building, vehicle*) peinture *f*

pair [peə(r)] **1** N paire *f*; **a p. of shorts** un short **2** VT **to p. sb with sb** mettre qn avec qn **3** VI **to p. off** (*of people*) se mettre deux par deux

Pakistan [pɑːkɪ'stɑːn] N le Pakistan ■ **Pakistani 1** ADJ pakistanais **2** N Pakistanais, -aise *mf*

pal [pæl] N *Fam* copain *m*, copine *f*

palace ['pælɪs] N palais *m*

Note that the French word **palace** is a false friend and is never a translation for the English word **palace**. It means **luxury hotel**.

palate ['pælɪt] N (*in mouth*) palais *m*

palaver [pə'lɑːvə(r)] N *Br Fam (fuss*) histoire *f*

pale [peɪl] **1** (**-er, -est**) ADJ pâle; *Br* **p. ale** = bière blonde **2** VI pâlir

Palestine ['pæləstaɪn] N la Palestine ■ **Palestinian** [-'stɪnɪən] **1** ADJ palestinien, -ienne **2** N Palestinien, -ienne *mf*

palette ['pælɪt] N (*of artist*) palette *f*

palm¹ [pɑːm] **1** N (*of hand*) paume *f* **2** VT *Fam* **to p. sth off on sb** refiler qch à qn

palm² [pɑːm] N (*symbol*) palme *f*; **p. (tree)** palmier *m*; **p. (leaf)** palme *f*; **P. Sunday** le Dimanche des Rameaux

palpable ['pælpəbəl] ADJ (*obvious*) manifeste

palpitation [,pælpɪ'teɪʃən] N palpitation *f*; **to have** *or* **get palpitations** avoir des palpitations

paltry ['pɔːltrɪ] (**-ier, -iest**) ADJ (*sum*) dérisoire; (*excuse*) piètre

pamper ['pæmpə(r)] VT dorloter; **to p. oneself** se dorloter

pamphlet ['pæmflɪt] N brochure *f*; (*political*) pamphlet *m*

Note that the French word **pamphlet** can be a false friend. It always refers to a satirical tract.

pan [pæn] **1** N (*saucepan*) casserole *f*; (*for frying*) poêle *f*; *Br* (*of lavatory*) cuvette *f*; *Fam* **to go down the p.** (*work, plans*) s'en aller en fumée **2** (*pt & pp* **-nn-**) VT *Fam* (*criticize*) descendre en flammes **3** VI *Fam* **to p. out** (*turn out*) marcher

Panama ['pænəmɑː] N le Panama; **the P. Canal** le canal de Panama

pancake ['pænkeɪk] N crêpe *f*; *Br* **P. Day** mardi *m* gras

pancreas ['pæŋkrɪəs] N *Anat* pancréas *m*

panda ['pændə] N panda *m*

pandemonium [pændɪ'məʊnɪəm] N (*confusion*) chaos *m*; (*uproar*) vacarme *m*

pander ['pændə(r)] VI **to p. to sb/sth** flatter qn/qch

pane [peɪn] N vitre *f*

panel ['pænəl] N **(a)** (*of door*) panneau *m*; **(instrument) p.** (*in aircraft, vehicle*) tableau *m* de bord **(b)** (*of judges*) jury *m*; (*of experts*) comité *m*; (*of TV or radio guests*) invités *mpl*; **p. game** (*on TV*) jeu *m* télévisé; (*on radio*) jeu radiodiffusé ■ **panellist**, *Am* **panelist** ['pænəlɪst] N (*on radio, TV*) invité, -ée *mf*

pangs [pæŋz] NPL **p. of conscience** remords *mpl*; **p. of hunger** tiraillements *mpl* d'estomac; **p. of jealousy** affres *fpl* de la jalousie

panic ['pænɪk] **1** N panique *f*; **to get into a p.** paniquer **2** (*pt & pp* **-ck-**) VI paniquer ■ **panicky** ADJ *Fam* **to get p.** paniquer

panorama [pænə'rɑːmə] N panorama *m* ■ **panoramic** [-'ræmɪk] ADJ panoramique

pansy ['pænzɪ] (*pl* **-ies**) N **(a)** (*flower*) pensée *f* **(b)** *Pej* (*effeminate man*) tante *f*

pant [pænt] VI haleter

panther ['pænθə(r)] N panthère *f*

pantomime ['pæntəmaɪm] N *Br* (*show*) = spectacle de Noël

Note that the French word **pantomime** is a false friend and is never a translation for the English word **pantomime**. It means **mime**.

pantry ['pæntrɪ] (*pl* **-ies**) N (*larder*) garde-manger *m inv*; (*storeroom in hotel, ship*) office *m*

pants [pænts] **1** NPL *Br* (*underwear*) slip *m*; *Am* *(trousers)* pantalon *m* **2** ADJ *Br Fam* nul (*f* nulle) **3** EXCLAM *Br Fam* **oh, p.!** mince!

pantyhose ['pæntɪhəʊz] *N Am (tights)* collant *m*

paparazzi [pæpə'rætsɪ] NPL paparazzi *mpl*

papaya [pə'paɪə] *N(fruit)* papaye *f; (tree)* papayer *m*

paper ['peɪpə(r)] **1** N papier *m; (newspaper)* journal *m; (wallpaper)* papier peint; *(exam)* épreuve *f* écrite; *(student's exercise)* copie *f; (scholarly study, report)* article *m;* **a piece of p.** un bout de papier; **to put sth down on p.** mettre qch par écrit; **papers** *(documents)* papiers *2* ADJ *(bag)* en papier; *(cup, plate)* en carton; **p. round** tournée *f* de distribution des journaux; *Br* **p. shop** marchand *m* de journaux; *Comptr* **p. tray** chariot *m* d'alimentation en papier ▪ **p. (room, wall)** tapisser ▪ **paperback** N livre *m* de poche ▪ **paperboy** N *(delivering papers)* livreur *m* de journaux ▪ **paperclip** N trombone *m* ▪ **paperweight** N presse-papiers *m inv* ▪ **paperwork** N *(in office)* écritures *fpl; Pej (red tape)* paperasserie *f*

paprika ['pæprɪkə, pə'priːkə] N paprika *m*

par [pɑː(r)] *N Golf* par *m;* **to be under/over p.** être en dessous/au-dessus du par; *Fam* **that's p. for the course** c'est ce à quoi il faut s'attendre; *Fig* **on a p.** au même niveau *(with* que); *Fam* **to feel under p.** ne pas être dans son assiette

paracetamol [pærə'siːtəmɒl] N paracétamol *m;* **take two p.** prenez deux cachets de paracétamol

parachute ['pærəʃuːt] **1** N parachute *m;* **p. jump** saut *m* en parachute **2** VT parachuter **3** VI sauter en parachute

parade [pə'reɪd] **1** N **(a)** *(procession)* défilé *m;* **to make a p. of sth** faire étalage de qch; *Mil* **p. ground** terrain *m* de manœuvres **(b)** *Br (street)* avenue *f* **2** VT *(troops)* faire défiler; *Fig (wealth, knowledge)* faire étalage de **3** VI *(of troops)* défiler; **to p. about** *(of person)* se pavaner

paradise ['pærədaɪs] N paradis *m*

paradox ['pærədɒks] N paradoxe *m* ▪ **para'doxically** ADV paradoxalement

paraffin ['pærəfɪn] N *Br* pétrole *m* lampant; *Am (wax)* paraffine *f; Br* **p. lamp** lampe *f* à pétrole

paragliding ['pærəglaɪdɪŋ] N parapente *m;* **to go p.** faire du parapente

paragraph ['pærəgrɑːf] N paragraphe *m;* **'new p.'** *(in dictation)* 'à la ligne'

Paraguay ['pærəgwaɪ] N le Paraguay

parallel ['pærəlel] **1** ADJ *Math* parallèle *(with or* **to** à); *Fig (comparable)* semblable *(with or* **to** à); **to run p. to** *or* **with sth** être parallèle à qch **2** N *Math (line)* parallèle *f; Fig (comparison)* & *Geog* parallèle *m* **3** VT être semblable à

paralyse, *Am* **paralyze** ['pærəlaɪz] VT paralyser

paralysis [pə'ræləsɪs] *(pl* **-yses** [-əsiːz]) N paralysie *f* ▪ **paralytic** [pærə'lɪtɪk] **1** ADJ & N paralytique *(mf)* **2** ADJ *Br Fam (very drunk)* ivre mort

paramedic [pærə'medɪk] N auxiliaire *mf* médical(e)

parameter [pə'ræmɪtə(r)] N paramètre *m*

paramilitary [pærə'mɪlɪtrɪ] ADJ & N paramilitaire *(mf)*

paramount ['pærəmaʊnt] ADJ **of p. importance** de la plus haute importance

paranoia [pærə'nɔɪə] N paranoïa *f* ▪ **'paranoid** ADJ & N paranoïaque *mf*

parapet ['pærəpɪt] N parapet *m*

paraphernalia [pærəfə'neɪlɪə] N attirail *m*

paraphrase ['pærəfreɪz] **1** N paraphrase *f* **2** VT paraphraser

paraplegic [pærə'pliːdʒɪk] N paraplégique *mf*

parasite ['pærəsaɪt] N *(person, organism)* parasite *m*

parasol ['pærəsɒl] N *(over table, on beach)* parasol *m; (lady's umbrella)* ombrelle *f*

paratrooper ['pærətruːpə(r)] N parachutiste *m*

parboil [pɑː'bɔɪl] VT *Culin* faire cuire à demi

parcel ['pɑːsəl] **1** N colis *m*, paquet *m;* **to be part and p. of sth** faire partie intégrante de qch; **p. bomb** colis piégé **2** *(Br* **-ll-**, *Am* **-l-**) VT **to p. sth out** répartir; **to p. sth up** empaqueter

parch [pɑːtʃ] VT dessécher; **to be parched** *(of person)* être assoiffé

parchment ['pɑːtʃmənt] N parchemin *m*

pardon ['pɑːdən] **1** N *(forgiveness)* pardon *m; Law* grâce *f;* **I beg your p.** *(apologizing)* je vous prie de m'excuser; **p.?** *(not hearing)* pardon? **2** VT *Law* gracier; **to p. sb (for sth)** pardonner (qch) à qn; **p. (me)!** *(sorry)* pardon!

parent ['peərənt] N père *m*/mère *f;* **parents** parents *mpl;* **p. company**, *Br* **p. firm** maison *f* mère ▪ **parental** [pə'rentəl] ADJ parental

parenthesis [pə'renθəsɪs] *(pl* **-eses** [-əsiːz]) N parenthèse *f*

Paris ['pærɪs] N Paris *m ou f* ▪ **Parisian** [*Br* pə'rɪzɪən, *Am* pə'riːʒən] **1** ADJ parisien, -ienne **2** N Parisien, -ienne *mf*

parish ['pærɪʃ] **1** N *(religious)* paroisse *f; (civil)* ≃ commune *f* **2** ADJ *(church, register, hall)* paroissial; **p. council** conseil *m* municipal

park¹ [pɑːk] N *(garden)* parc *m;* **p. keeper** gardien, -ienne *mf* de parc; **business/science p.** zone *f* commerciale/scientifique; **national p.** parc national

park² [pɑːk] **1** VT *(vehicle)* garer **2** VI *(of vehicle)* se garer; *(remain parked)* stationner ▪ **parking** N stationnement *m;* **'no p.'** 'défense de stationner';

Br **p. lights** *(on car)* feux *mpl* de position; *Am* **p. lot** parking *m*; **p. meter** parcmètre *m*; **p. place** *or* **space** place de parking; **p. ticket** contravention *f*

parka [ˈpɑːkə] N parka *f* ou *m*

parliament [ˈpɑːləmənt] N parlement *m* ▪ **parliamentary** [-ˈmentəri] ADJ parlementaire

parody [ˈpærədɪ] **1** *(pl* **-ies)** N parodie *f* **2** *(pt & pp* **-ied)** VT parodier

parole [pəˈrəʊl] N *Law* **to be (out) on p.** être en liberté conditionnelle

parrot [ˈpærət] N perroquet *m*; *Pej* **p. fashion** comme un perroquet

parsley [ˈpɑːslɪ] N persil *m*

parsnip [ˈpɑːsnɪp] N panais *m*

parson [ˈpɑːsən] N pasteur *m*

part¹ [pɑːt] **1** N partie *f*; *(quantity in mixture)* mesure *f*; *(of machine)* pièce *f*; *(of serial)* épisode *m*; *(role in play, film)* rôle *m*; *(in hair)* raie *f*; **to take p.** participer **(in** à); **to be a p. of sth** faire partie de qch; **in p.** en partie; **for the most p.** dans l'ensemble; **for my p.** pour ma part; **in these parts** dans ces parages; **p. owner** copropriétaire *mf*; **p. payment** paiement *m* partiel **2** ADV *(partly)* en partie; **p. silk, p. cotton** soie et coton

part² [pɑːt] **1** VT *(separate)* séparer; *(crowd)* écarter; **to p. one's hair** se faire une raie; **to p. company with sb** *(leave sb)* quitter qn **2** VI *(of friends)* se quitter; *(of married couple)* se séparer; **to p. with sth** se défaire de qch ▪ **parting** N *(separation)* séparation *f*; *Br (in hair)* raie *f*

partial [ˈpɑːʃəl] ADJ *(not total)* partiel, -ielle; *(biased)* partial **(towards** envers); **to be p. to sth** avoir un faible pour qch ▪ **partiality** [-ʃɪˈælɪtɪ] *(pl* **-ies)** N *(bias)* partialité *f*; *(liking)* faible *m*

participate [pɑːˈtɪsɪpeɪt] VI participer **(in** à) ▪ **participant** N participant, -ante *mf* ▪ **partici'pation** N participation *f*

participle [pɑːˈtɪsɪpəl] N *Grammar* participe *m*

particle [ˈpɑːtɪkəl] N *(of atom, dust, name)* particule *f*; *(of truth)* grain *m*

particular [pəˈtɪkjʊlə(r)] **1** ADJ *(specific, special)* particulier, -ière; *(exacting)* méticuleux, -euse; **this p. book** ce livre en particulier; **to be p. about sth** faire très attention à qch **2** N **in p.** en particulier ▪ **particularly** ADV particulièrement ▪ **particulars** NPL *(details)* détails *mpl*; **to go into p.** entrer dans les détails; **to take down sb's p.** noter les coordonnées de qn

partisan [*Br* pɑːtɪˈzæn, *Am* ˈpɑːtɪzən] N partisan *m*

partition [pɑːˈtɪʃən] **1** N *(of room)* cloison *f*; *Pol (of country)* partition *f* **2** VT *(country)* partager; **to p. sth off** cloisonner qch

partly [ˈpɑːtlɪ] ADV en partie

partner [ˈpɑːtnə(r)] N *(in game)* partenaire *mf*; *(in business)* associé, -iée *mf*; *(of racing driver)* coéquipier, -ière *mf*; *(in relationship)* compagnon *m*, compagne *f*; **(dancing) p.** cavalier, -ière *mf* ▪ **partnership** N association *f*; **to take sb into p.** prendre qn comme associé(e); **in p. with** en association avec

partridge [ˈpɑːtrɪdʒ] N perdrix *f*

part-time [pɑːtˈtaɪm] ADJ & ADV à temps partiel

party [ˈpɑːtɪ] *(pl* **-ies)** N **(a)** *(gathering)* fête *f*; **to have** *or* **throw a p.** donner une fête **(b)** *(group)* groupe *m*; *(political)* parti *m*; *Law (in contract, lawsuit)* partie *f*; **to be (a) p. to sth** être complice de qch; **p. line** *(telephone line)* ligne *f* commune *(à plusieurs abonnés)*; *Pol* ligne du parti

pass¹ [pɑːs] N *(over mountains)* col *m*

pass² [pɑːs] N *(entry permit)* laissez-passer *m inv*; *(for travel)* carte *f* d'abonnement; *(in sport)* passe *f*; *Fam* **to make a p. at sb** faire des avances à qn; *Br* **to get a p.** *(in exam)* avoir la moyenne; **p. mark** *(in exam)* moyenne

pass³ [pɑːs] **1** VT *(move, give)* passer **(to** à); *(go past)* passer devant; *(vehicle, runner)* dépasser; *(exam)* être reçu à; *(bill, law)* voter; **to p. sb** *(in street)* croiser qn; **to p. the time** passer le temps; **to p. judgement on sb** porter un jugement sur qn; *Law* **to p. sentence** prononcer le verdict **2** VI *(go past, go away)* passer **(to** à; **through** par); *(overtake in vehicle)* dépasser; *(in exam)* avoir la moyenne; *(of time)* passer; **he can p. for thirty** on lui donnerait trente ans

▸ **pass along** VI passer

▸ **pass away** VI décéder

▸ **pass by 1** VT INSEP *(building)* passer devant; **to p. by sb** *(in street)* croiser qn **2** VI passer à côté

▸ **pass off** VT SEP **to p. oneself off as sb** se faire passer pour qn

▸ **pass on 1** VT SEP *(message, illness, title)* transmettre **(to** à) **2** VI **to p. on to sth** *(move on to)* passer à qch

▸ **pass out 1** VT SEP *(hand out)* distribuer **2** VI *(faint)* s'évanouir

▸ **pass over** VT INSEP *(ignore)* passer sur

▸ **pass round** VT SEP *(cakes, document)* faire passer; *(hand out)* distribuer

▸ **pass through** VI passer

▸ **pass up** VT SEP *(opportunity)* laisser passer

passable [ˈpɑːsəbəl] ADJ *(not bad)* passable; *(road)* praticable; *(river)* franchissable

passage [ˈpæsɪdʒ] N **(a)** *(act of passing, way through)* passage *m*; *(corridor)* couloir *m*; *(by boat)* traversée *f*; **with the p. of time** avec le temps **(b)** *(of text)* passage *m*

passbook [ˈpɑːsbʊk] N livret *m* de caisse d'épargne

passenger ['pæsɪndʒə(r)] N passager, -ère mf; (on train) voyageur, -euse mf

passer-by [pɑːsə'baɪ] (pl **passers-by**) N passant, -ante mf

passing ['pɑːsɪŋ] 1 ADJ (vehicle) qui passe; (beauty) passager, -ère; **p. place** (on road) aire f de croisement 2 N (of vehicle, visitor) passage m; (of time) écoulement m; (death) disparition f; **in p.** en passant

passion ['pæʃən] N passion f; **to have a p. for sth** adorer qch; **p. fruit** fruit m de la passion ■ **passionate** ADJ passionné ■ **passionately** ADV passionnément

passive ['pæsɪv] 1 ADJ passif, -ive; **p. smoking** tabagisme m passif 2 N Grammar passif m; **in the p.** au passif

Passover ['pɑːsəʊvə(r)] N Rel la Pâque juive

passport ['pɑːspɔːt] N passeport m; **p. control** contrôle m des passeports; **p. photo** photo f d'identité

password ['pɑːswɜːd] N mot m de passe

past [pɑːst] 1 N passé m; **in the p.** autrefois; **it's a thing of the p.** ça n'existe plus 2 ADJ (gone by) passé; (former) ancien, -ienne; **these p. months** ces derniers mois; Grammar **in the p. tense** au passé 3 PREP (in front of) devant; (after) après; (beyond) au-delà de; **it's p. four o'clock** il est quatre heures passées; **to be p. fifty** avoir cinquante ans passés; Fam **I wouldn't put it p. him** il en est bien capable 4 ADV devant; **to go p.** passer

pasta ['pæstə] N pâtes fpl

paste [peɪst] 1 N (a) (mixture) pâte f; (of meat, fish) pâté m (b) (glue) colle f 2 VT coller; **to p. sth up** coller qch

pastel [Br 'pæstəl, Am pæ'stel] 1 N pastel m 2 ADJ (drawing) au pastel; **p. shade** ton m pastel inv

pasteurized ['pæstʃəraɪzd] ADJ **p. milk** lait m pasteurisé

pastille [Br 'pæstɪl, Am pæ'stiːl] N pastille f

pastime ['pɑːstaɪm] N passe-temps m inv

pastor ['pɑːstə(r)] N Rel pasteur m

pastry ['peɪstrɪ] (pl **-ies**) N (dough) pâte f; (cake) pâtisserie f

pasture ['pɑːstʃə(r)] N pré m, pâture f

pasty¹ ['pæstɪ] (pl **-ies**) N (pie) feuilleté m

pasty² ['peɪstɪ] (**-ier, -iest**) ADJ (complexion) terreux, -euse

pat [pæt] 1 N (tap) petite tape f; (of animal) caresse f 2 ADV **to answer p.** avoir la réponse toute prête; **to know sth off p.** savoir qch sur le bout du doigt 3 (pt & pp **-tt-**) VT (tap) tapoter; (animal) caresser

patch [pætʃ] 1 N (for clothes) pièce f; (over eye) bandeau m; (tyre) Rustine® f; (of colour) tache f; (of fog) nappe f; (of ice) plaque f; **a cabbage p.** un carré de choux; Fig **to be going through a bad p.** traverser une mauvaise passe 2 VT **to p. (up)** (clothing) rapiécer; **to p. sth up** (marriage, friendship) raccommoder; **to p. things up** (after argument) se raccommoder

patchwork ['pætʃwɜːk] N patchwork m; **p. quilt** couverture f en patchwork

patchy ['pætʃɪ] (**-ier, -iest**) ADJ inégal

patent 1 ['peɪtənt] ADJ manifeste; **p. leather** cuir m verni 2 ['peɪtənt, 'pætənt] N brevet m d'invention 3 VT (faire) breveter ■ **patently** ADV manifestement; **it's p. obvious** c'est absolument évident

paternal [pə'tɜːnəl] ADJ paternel, -elle ■ **paternity** N paternité f; **p. leave** congé m de paternité; **p. test** test m de paternité

path [pɑːθ] (pl **-s** [pɑːðz]) N chemin m; (narrow) sentier m; (in park) allée f; (of river) cours m; (of bullet, rocket, planet) trajectoire f; **the storm destroyed everything in its p.** la tempête a tout détruit sur son passage

pathetic [pə'θetɪk] ADJ (useless) lamentable

Note that the French word **pathétique** is never used to mean **useless**. It only means **moving**.

pathology [pə'θɒlədʒɪ] N pathologie f

pathway ['pɑːθweɪ] N sentier m

patience ['peɪʃəns] N (a) (quality) patience f; **to lose p.** perdre patience (**with sb** avec qn); **I have no p. with him** il m'énerve (b) Br (card game) réussite f; **to play p.** faire une réussite

patient ['peɪʃənt] 1 ADJ patient 2 N patient, -iente mf ■ **patiently** ADV patiemment

patio ['pætɪəʊ] (pl **-os**) N patio m; Br **p. doors** portes f vitrées (donnant sur un patio)

patriot ['pætrɪət, 'peɪtrɪət] N patriote mf ■ **patriotic** [-rɪ'ɒtɪk] ADJ (views, speech) patriotique; (person) patriote ■ **patriotism** N patriotisme m

patrol [pə'trəʊl] 1 N patrouille f; **to be on p.** être de patrouille; **p. boat** patrouilleur m; **p. car** voiture f de police 2 (pt & pp **-ll-**) VT patrouiller dans 3 VI patrouiller ■ **patrolman** (pl **-men**) N Am (policeman) agent m de police

patron ['peɪtrən] N (of arts) protecteur, -trice mf; (of charity) patron, -onne mf; (customer) client, -iente mf; (of theatre) spectateur, -trice mf; Rel **p. saint** patron, -onne mf

Note that the French word **patron** is a false friend and is rarely a translation for the English word **patron**. Its most common meaning is **boss**.

patronize [Br 'pætrənaɪz, Am 'peɪtrənaɪz] VT (a) (be condescending towards) traiter avec condescendance (**b**) *(store, hotel)* fréquenter; *(arts)* protéger ◾ **patronizing** [Br 'pætrənaızıŋ, Am 'peıtrənaızıŋ] ADJ condescendant

patter¹ ['pætə(r)] **1** N *(of footsteps)* petit bruit m; *(of rain, hail)* crépitement m **2** VI *(of rain, hail)* crépiter

patter² ['pætə(r)] N *Fam (of salesman)* baratin m

pattern ['pætən] N *(design)* dessin m, motif m; *(in sewing)* patron m; *(in knitting)* & *Fig (norm)* modèle m; *(tendency)* tendance f; *Fig* **to set a p.** créer un modèle; **p. book** catalogue m d'échantillons ◾ **patterned** ADJ *(fabric)* à motifs

paunch [pɔːntʃ] N ventre m

pauper ['pɔːpə(r)] N indigent, -ente mf

pause [pɔːz] **1** N pause f; *(in conversation)* silence m **2** VI *(stop)* faire une pause; *(hesitate)* hésiter

pave [peɪv] VT *(road)* paver *(with* de); *Fig* **to p. the way for sth** ouvrir la voie à qch ◾ **paved** ADJ pavé ◾ **paving** N *(with tiles)* carrelage m; *(with slabs)* dallage m; **p. stone** pavé m

pavement ['peɪvmənt] N *Br (beside road)* trottoir m; *Am (roadway)* chaussée f

pavilion [pə'vɪljən] N pavillon m

paw [pɔː] **1** N *(of animal)* & *Fam (of person)* patte f; *Fam* **keep your paws off!** bas les pattes! **2** VT *(of animal)* donner un coup/des coups de patte à; *Fam (of person)* tripoter

pawn¹ [pɔːn] N *Chess* pion m

pawn² [pɔːn] **1** N **in p.** en gage **2** VT mettre en gage ◾ **pawnbroker** N prêteur, -euse mf sur gages ◾ **pawnshop** N mont-de-piété m

pay [peɪ] **1** N paie f, salaire m; *(of soldier)* solde f; *Br* **p. cheque** chèque m de paie; **p. packet** enveloppe f de paie; **p. rise** augmentation f de salaire

2 *(pt & pp paid)* VT *(person, money, bill)* payer; *(sum, deposit)* verser; *(yield) (of investment)* rapporter; **I paid £5 for it** je l'ai payé 5 livres; **to p. sb to do sth** *or* **for doing sth** payer qn pour qu'il fasse qch; **to p. sb for sth** payer qch à qn; **to p. money into one's account** *or* **the bank** verser de l'argent sur son compte; **to p. attention** faire attention *(to* à); **to p. sb a visit** rendre visite à qn; **to p. sb a compliment** faire un compliment à qn

3 VI payer; **to p. a lot** payer cher ◾ **payable** ADJ *(due)* payable; **to make a cheque p. to sb** libeller un chèque à l'ordre de qn ◾ **pay-as-you-go** N *Br Tel (for mobile phone)* paiement m par carte prépayée; *Comptr (for Internet acces)* facturation f à la durée ◾ **paycheck** N *Am* chèque m de paie ◾ **payday** N jour m de paie ◾ **paying** ADJ *(guest)* payant; *(profitable)* rentable ◾ **payment** N paiement m; *(of deposit)* versement m; *(reward)* récompense f; **on p. of 20 euros** moyennant 20 euros ◾ **payoff** N *Fam (reward)* récompense f; *(bribe)* pot-de-vin m ◾ **payphone** N téléphone m public ◾ **payroll** N **to be on the p.** faire partie du personnel; **to have twenty workers on the p.** employer vingt ouvriers

▸ **pay back** VT SEP *(person, loan)* rembourser; *Fig* **I'll p. you back for this!** tu me le paieras!

▸ **pay for** VT INSEP payer

▸ **pay in** VT SEP *(cheque, money)* verser sur un compte

▸ **pay off 1** VT SEP *(debt, person)* rembourser; *(in instalments)* rembourser par acomptes; *(staff, worker)* licencier **2** VI *(of work, effort)* porter ses fruits

▸ **pay out** VT SEP *(spend)* dépenser

▸ **pay up** VI payer

PC [piː'siː] **1** *(abbr* **personal computer)** N PC m **2** *(abbr* **politically correct)** ADJ politiquement correct

PE [piː'iː] *(abbr* **physical education)** N *Br* EPS f

pea [piː] N pois m; **peas**, *Br* **garden** *or* **green peas** petits pois mpl

peace [piːs] N paix f; **p. of mind** tranquillité f d'esprit; **in p.** en paix; **at p.** en paix *(with* avec); **I'd like to have some p. and quiet** j'aimerais un peu de silence; **p. treaty** traité m de paix ◾ **peacekeeping** ADJ *(force)* de maintien de la paix; *(measure)* de pacification

peaceful ['piːsfəl] ADJ *(calm)* paisible; *(non-violent)* pacifique ◾ **peacefully** ADV paisiblement

peach [piːtʃ] **1** N *(fruit)* pêche f; **p. (tree)** pêcher m **2** ADJ *(colour)* pêche inv

peacock ['piːkɒk] N paon m

peak [piːk] **1** N *(mountain top)* sommet m; *(mountain)* pic m; *(of cap)* visière f; *Fig (of fame, success)* apogée m; **the traffic has reached** *or* **is at its p.** la circulation est à son maximum **2** ADJ *(hours, period)* de pointe; *(demand, production)* maximum **3** VI culminer à

peal [piːl] **1** N *(of bells)* sonnerie f; *(of thunder)* coup m; **peals of laughter** éclats mpl de rire **2** VI **to p. (out)** *(of bells)* sonner à toute volée

peanut ['piːnʌt] N cacah(o)uète f; *Fam* **to earn peanuts** gagner des clopinettes; **p. butter** beurre m de cacah(o)uètes; **p. oil** huile f d'arachide

pear [peə(r)] N poire f; **p. tree** poirier m

pearl [pɜːl] N perle f; **p. necklace** collier m de perles ◾ **pearly** (**-ier, -iest**) ADJ *(colour)* nacré

peasant ['pezənt] N & ADJ paysan, -anne (mf)

peat [piːt] N tourbe f; **p. bog** tourbière f

pebble ['pebəl] N *(stone)* caillou m *(pl* -oux); *(on beach)* galet m

pecan ['piːkən] N *(nut)* noix f de pécan

peck [pek] **1** N coup m de bec; *(kiss)* bise f **2** VTI **to**

p. (at) *(bird)* picorer; *(person)* donner un coup de bec à; *Fig* **the pecking order** la hiérarchie

peckish ['pekɪʃ] ADJ *Br Fam* **to be p.** avoir un petit creux

peculiar [pɪ'kjuːlɪə(r)] ADJ *(strange)* bizarre; *(special, characteristic)* particulier, -ière (**to** à)

pedal ['pedəl] **1** N pédale *f*; **p. bin** poubelle *f* à pédale; **p. boat** Pédalo® *m*; **p. pushers** *(trousers)* corsaire *m* **2** *(Br* **-ll-,** *Am* **-l-)* VT **to p. a bicycle** être à bicyclette **3** VI pédaler

pedant ['pedənt] N pédant, -ante *mf* ▪ **pedantic** [pɪ'dæntɪk] ADJ pédant

peddle ['pedəl] VT *(goods, ideas, theories)* colporter; *(drugs)* faire du trafic de ▪ **peddler** N *(door-to-door)* colporteur, -euse *mf*; *(in street)* camelot *m*; **(drug) p.** trafiquant, -ante *mf* de drogue

pedestal ['pedɪstəl] N piédestal *m*; *Fig* **to put sb on a p.** mettre qn sur un piédestal

pedestrian [pə'destrɪən] **1** N piéton *m*; *Br* **p. crossing** passage *m* pour piétons; *Br* **p. precinct** zone *f* piétonnière **2** ADJ *(speech, style)* prosaïque

pediatrician [piːdɪə'trɪʃən] N *Am* **= paediatrician** ▪ **pediatrics** [-dɪ'ætrɪks] *Am* N **= paediatrics**

pedicure ['pedɪkjʊə(r)] N soins *mpl* des pieds

pedigree ['pedɪgriː] **1** N *(of animal)* pedigree *m*; *(of person)* ascendance *f* **2** ADJ *(animal)* de race

pedlar ['pedlə(r)] N *(door-to-door)* colporteur, -euse *mf*; *(in street)* camelot *m*

pedophile ['pedəfaɪl] N *Am* **= paedophile** ▪ **pedophilia** [-də'fɪlɪə] *Am* N **= paedophilia**

pee [piː] *Fam* **1** N **to have a p.** faire pipi **2** VI faire pipi

peek [piːk] **1** N **to have a p. (at)** jeter un coup d'œil furtif (à) **2** VI jeter un coup d'œil furtif (**at** à)

peel [piːl] **1** N *(of vegetable, fruit)* peau *f*; *(of orange, lemon)* écorce *f* **2** VT *(vegetable)* éplucher; *(fruit)* peler; **to keep one's eyes peeled** ouvrir l'œil; **to p. sth off** *(label)* décoller qch **3** VI *(of skin, person)* peler; *(of paint)* s'écailler; **to p. easily** *(of fruit)* se peler facilement ▪ **peeler** N *(potato)* **p.** épluche-légumes *m inv* ▪ **peelings** NPL épluchures *fpl*

peep [piːp] **1** N **to have a p. (at)** jeter un coup d'œil furtif à **2** VI jeter un coup d'œil furtif (**at** à); **to p. out** se montrer **3** VI *(of bird)* pépier

peer [pɪə(r)] **1** N *(equal)* & *Br (nobleman)* pair *m*; **p. pressure** influence *f* du groupe **2** VI **to p. at sb/sth** scruter qn/qch du regard; **to p. into the darkness** scruter l'obscurité

peeved [piːvd] ADJ en rogne

peevish ['piːvɪʃ] ADJ irritable

peg [peg] **1** N *(for coat, hat)* patère *f*; *(for clothes)* pince *f* à linge; *(for tent)* piquet *m*; *(wooden)* cheville *f*; *(metal)* fiche *f*; *Br* **to buy sth off the p.** acheter qch en prêt-à-porter **2** *(pt & pp* **-gg-)** VT *(clothes)* accrocher; *(prices)* stabiliser

pejorative [pɪ'dʒɒrətɪv] ADJ péjoratif, -ive

Peking [piː'kɪŋ] N Pékin *m ou f*; *Culin* **p. duck** canard *m* laqué

pelican ['pelɪkən] N pélican *m*; *Br* **p. crossing** feux *mpl* à commande manuelle

pellet ['pelɪt] N *(of paper, bread)* boulette *f*; *(for gun)* plomb *m*

pelmet ['pelmɪt] N *(fabric, wood)* cantonnière *f*

pelt [pelt] **1** N *(skin)* peau *f*; *(fur)* fourrure *f* **2** VT bombarder (**with** de) **3** VI *Fam* **(a)** **it's pelting down** il pleut à verse **(b)** *(go fast)* aller à toute allure

pelvis ['pelvɪs] N *Anat* pelvis *m*

pen¹ [pen] **1** N *(for writing)* stylo *m*; **to live by one's p.** vivre de sa plume; **p. friend** *or* **pal** correspondant, -ante *mf*; **p. name** nom *m* de plume; *Pej* **p. pusher** gratte-papier *m inv* **2** *(pt & pp* **-nn-)** VT écrire

pen² [pen] N *(for sheep, cattle)* parc *m*

penal ['piːnəl] ADJ *(code, law)* pénal; *(colony)* pénitentiaire ▪ **penalize** VT pénaliser

penalty ['penəltɪ] *(pl* **-ies)** N *(prison sentence)* peine *f*; *(fine)* amende *f*; *Football* penalty *m*; *Rugby* pénalité *f*; *Fig* **to pay the p. for sth** subir les conséquences de qch

penance ['penəns] N pénitence *f*

pence [pens] *Br* PL of **penny**

pencil ['pensəl] **1** N crayon *m*; **in p.** au crayon; **p. case** trousse *f*; **p. sharpener** taille-crayon *m* *(Br* **-ll-,** *Am* **-l-)** VT *(draw)* dessiner au crayon; *(write)* écrire au crayon; *Fig* **to p. sth in** fixer qch provisoirement

pendant ['pendənt] N *(around neck)* pendentif *m*

pending ['pendɪŋ] **1** ADJ *(matter, business)* en attente; *(trial)* en instance **2** PREP *(until)* en attendant

pendulum ['pendjʊləm] N pendule *m*

penetrate ['penɪtreɪt] **1** VT *(substance)* pénétrer; *(secret, plan)* découvrir; *(mystery)* percer **2** VTI **to p. (into)** *(forest)* pénétrer dans; *(group)* s'infiltrer dans ▪ **penetrating** ADJ *(mind, cold)* pénétrant ▪ **penetration** N pénétration *f*

penguin ['peŋgwɪn] N manchot *m*

penicillin [penɪ'sɪlɪn] N pénicilline *f*; **to be on p.** prendre de la pénicilline

peninsula [pə'nɪnsjʊlə] N presqu'île *f*; *(larger)* péninsule *f*

penis ['piːnɪs] N pénis *m*

penitence ['penɪtəns] N pénitence *f*

penitentiary [penɪ'tenʃərɪ] (pl **-ies**) N Am prison f centrale

penknife ['pennaɪf] (pl **-knives**) N canif m

penniless ['penɪləs] ADJ sans le sou

penny ['penɪ] N (**a**) (pl **-ies**) Br (coin) penny m; Am & Can (cent) cent m; Fig **I don't have a p.** je n'ai pas un sou; **you won't get a p.** tu n'auras pas un sou; **it was worth every p.** ça valait vraiment le coup (**b**) (pl **pence**) Br (value, currency) penny m; **a ten/fifty pence piece** une pièce de dix/cinquante pence

pension ['penʃən] **1** N pension f; (**retirement**) **p.** retraite f; Br **old age p.** pension de vieillesse; **p. fund** fonds m de retraite **2** VT **to p. sb off** mettre qn à la retraite ■ **pensioner** N retraité, -ée mf; Br **old age p.** retraité, -ée mf

pensive ['pensɪv] ADJ pensif, -ive

Pentagon ['pentəgən] N Am Pol **the P.** le Pentagone

pentathlon [pen'tæθlən] N Sport pentathlon m

penthouse ['penthaʊs] N = appartement de luxe au dernier étage d'un immeuble

pent-up ['pent'ʌp] ADJ (energy, feelings) refoulé

penultimate [pɪ'nʌltɪmət] ADJ avant-dernier, -ière

peony ['pi:ənɪ] (pl **-ies**) N (plant) pivoine f

people ['pi:pəl] **1** N (nation) peuple m **2** NPL (as group) gens mpl; (as individuals) personnes fpl; **the p.** (citizens) le peuple; **two p.** deux personnes; **English p.** les Anglais mpl; **a lot of p.** beaucoup de gens **3** VT peupler (**with** de)

pep [pep] Fam **1** N entrain m; **p. talk** petit discours m d'encouragement **2** (pt & pp **-pp-**) VT **to p. sb up** ragaillardir qn

pepper ['pepə(r)] **1** N poivre m; (vegetable) poivron m, **p. mill** moulin m à poivre; **p. pot** poivrière f **2** VT poivrer ■ **peppercorn** N grain m de poivre ■ **peppermint** N (flavour) menthe f; (sweet) bonbon m à la menthe

per [pɜː(r)] PREP par; **p. annum** par an; **p. head, p. person** par personne; **50 pence p. kilo** 50 pence le kilo; **40 km p. hour** 40 km à l'heure; Formal **as p. your instructions** conformément à vos instructions

perceive [pə'siːv] VT (see, hear) percevoir; (notice) remarquer (**that** que)

percentage [pə'sentɪdʒ] N pourcentage m ■ **percent** ADV pour cent

perception [pə'sepʃən] N perception f (**of** de) ■ **perceptible** ADJ perceptible ■ **perceptive** ADJ (person) perspicace; (study, remark) pertinent

perch¹ [pɜːtʃ] **1** N (for bird) perchoir m **2** VI se percher

perch² [pɜːtʃ] N (fish) perche f

percolate ['pɜːkəleɪt] **1** VT (coffee) passer; **percolated coffee** = café préparé dans une cafetière à pression **2** VI (of liquid) passer (**through** par) ■ **percolator** N cafetière f à pression; (in café, restaurant) percolateur m

percussion [pə'kʌʃən] N Mus percussion f

perennial [pə'renɪəl] **1** ADJ (plant) vivace; (worry) perpétuel, -uelle; (beauty) éternel, -elle **2** N plante f vivace

perfect 1 ['pɜːfɪkt] ADJ parfait **2** ADJ & N Grammar **p. (tense)** parfait m **3** [pə'fekt] VT parfaire; (one's French) parfaire ses connaissances en ■ **perfectly** ADV parfaitement

perfection [pə'fekʃən] N (quality) perfection f; (of technique) mise f au point (**of** de); **to p.** à la perfection ■ **perfectionist** N perfectionniste mf

perforate ['pɜːfəreɪt] VT perforer ■ **perfo'ration** N perforation f

perform [pə'fɔːm] **1** VT (task, miracle) accomplir; (duty, function) remplir; (play, piece of music) jouer; **to p. an operation on sb** opérer qn **2** VI (act, play) jouer; (sing) chanter; (dance) danser; (of machine, vehicle) marcher; **to p. well/badly** (in job) bien/mal s'en tirer ■ **performing 1** ADJ (dog, seal) savant; **p. arts** arts mpl du spectacle **2** N (of play, piece of music) représentation f

performance [pə'fɔːməns] N (**a**) (of play) représentation f (**b**) (of actor, musician) interprétation f; (of athlete) performance f; (of machine) performances fpl; (of company) résultats mpl; Fam **to make a p.** faire toute une histoire; **p. art** performance f

performer [pə'fɔːmə(r)] N (entertainer) artiste mf; (in play, of music) interprète mf (**of** de)

perfume 1 ['pɜːfjuːm] N parfum m **2** [pə'fjuːm] VT parfumer

perhaps [pə'hæps] ADV peut-être; **p. not/so** peut-être que non/que oui; **p. she'll come** peut-être qu'elle viendra, elle viendra peut-être

peril ['perɪl] N péril m, danger m; **at your p.** à vos risques et périls ■ **perilous** ADJ périlleux, -euse

perimeter [pə'rɪmɪtə(r)] N périmètre m

period ['pɪərɪəd] **1** N (**a**) (stretch of time) période f; (historical) époque f; (school lesson) heure f de cours; **in the p. of a month** en l'espace d'un mois; (menstruation) règles fpl; **to have one's p.** avoir ses règles (**b**) Am (full stop) point m; **I refuse, p.!** je refuse, un point c'est tout! **2** ADJ (furniture, costume) d'époque; TV **p. drama** drame m historique ■ **periodic** [-rɪ'ɒdɪk] ADJ périodique ■ **periodical** [-rɪ'ɒdɪkəl] N (magazine) périodique m ■ **periodically** [-rɪ'ɒdɪkəlɪ] ADV périodiquement

peripheral[pə'rɪfərəl] ADJ*(area, vision) & Comptr* périphérique; *(question)* sans rapport direct (**to** avec); *(issue, importance)* accessoire

periscope['perɪskəʊp] N périscope *m*

perish ['perɪʃ] VI *(of person)* périr; *(of rubber, leather)* se détériorer; *(of food)* s'avarier; **p. the thought!** loin de moi cette pensée!

perishable ['perɪʃəbəl] ADJ *(food)* périssable ■ **perishables** NPL denrées *fpl* périssables

perjure['pɜːdʒə(r)] VT *Law* **to p. oneself** faire un faux témoignage ■ **perjurer** N *Law* faux témoin *m* ■ **perjury** N *Law* faux témoignage *m*; **to commit p.** faire un faux témoignage

perk[pɜːk] 1 N *Br Fam (in job)* avantage *m* 2 VT **to p. sb up** *(revive)* ragaillardir qn; *(cheer up)* remonter le moral à qn 3 VI **to p. up** reprendre du poil de la bête

perm[pɜːm] 1 N permanente *f* 2 VT **to have one's hair permed** se faire faire une permanente

permanent ['pɜːmənənt] ADJ permanent; *(address)* fixe; *(ink)* indélébile; **she's p. here** *(of worker)* elle est ici à titre permanent ■ **permanently** ADV à titre permanent

permeable ['pɜːmɪəbəl] ADJ perméable

permeate ['pɜːmɪeɪt] VT *(of ideas)* se répandre dans; **to p. (through) sth** *(of liquid)* pénétrer qch

permissible[pə'mɪsəbəl] ADJ permis

permission[pə'mɪʃən] N permission *f*, autorisation *f* (**to do** de faire); **to ask for p. (to do sth)** demander la permission (de faire qch); **to give sb p. (to do sth)** donner la permission à qn (de faire qch)

permissive[pə'mɪsɪv] ADJ permissif, -ive

permit[pə'mɪt] 1['pɜːmɪt] N permis *m* 2 *(pt & pp* **-tt-)** VT permettre (**sb to do** à qn de faire) 3 VI **weather permitting** si le temps le permet

permutation[pɜːmjʊ'teɪʃən] N permutation *f*

peroxide[pə'rɒksaɪd] 1 N *Chem* peroxyde *m* 2 ADJ *(hair)* oxygéné; **p. blonde** blonde *f* décolorée

perpendicular [pɜːpən'dɪkjʊlə(r)] ADJ & N perpendiculaire *(f)*

perpetrate ['pɜːpɪtreɪt] VT *(crime)* perpétrer ■ **perpetrator** N auteur *m*

perpetual [pə'petʃʊəl] ADJ perpétuel, -uelle ■ **perpetually** ADV perpétuellement ■ **perpetuate** [-ʊeɪt] VT perpétuer ■ **perpetuity** [pɜːpɪ'tjuːɪtɪ] N perpétuité *f*

perplex [pə'pleks] VT rendre perplexe ■ **perplexed** ADJ perplexe

persecute ['pɜːsɪkjuːt] VT persécuter ■ **perse'cution** N persécution *f*

persevere [pɜːsɪ'vɪə(r)] VI persévérer (**with** dans) ■ **perseverance** N persévérance *f*

Persian ['pɜːʃən, 'pɜːʒən] 1 ADJ *(language, cat)* persan; **P. carpet** tapis *m* persan; **the P. Gulf** le golfe Persique 2 N *(language)* persan *m*

persist [pə'sɪst] VI persister (**in doing** à faire; **in sth** dans qch); **to p. in one's belief that…** persister à croire que… ■ **persistence** N *(of person)* ténacité *f*; *(of fog, belief)* persistance *f* ■ **persistent** ADJ *(person)* tenace; *(fever, smell, rumours)* persistant; *(noise, attempts)* continuel, -uelle; *Law* **p. offender** récidiviste *mf*

person['pɜːsən] N personne *f*; **in p.** en personne; **a p. to p. call** *(on telephone)* une communication avec préavis

personable[pɜːsənəbəl] ADJ charmant

personal['pɜːsənəl] ADJ personnel, -elle; *(friend)* intime; *(life)* privé; *(indiscreet)* indiscret, -ète; **p. assistant, p. secretary** secrétaire *m* particulier, secrétaire *f* particulière; **p. computer** ordinateur *m* individuel; **p. hygiene** hygiène *f*; **p. organizer** agenda *m*; **p. trainer** entraîneur, -euse *mf* personnel(elle)

personality[pɜːsə'nælɪtɪ] *(pl* **-ies)** N *(character, famous person)* personnalité *f*; **a television p.** une vedette de la télévision; **p. disorder** trouble *m* de la personnalité; **p. test** test *m* de personnalité

personalize['pɜːsənəlaɪz] VT personnaliser

personally['pɜːsənəlɪ] ADV personnellement; *(in person)* en personne; **don't take it p.** n'en faites pas une affaire personnelle

personify [pə'sɒnɪfaɪ] *(pt & pp* **-ied)** VT personnifier ■ **personification** [-fɪ'keɪʃən] N personnification *f*

personnel[pɜːsə'nel] N *(staff)* personnel *m*; **p. department** service *m* du personnel; **p. management** direction *f* du personnel

perspective[pə'spektɪv] N perspective *f*; *Fig* **in (its true) p.** sous son vrai jour

Perspex®['pɜːspeks] N *Br* Plexiglas® *m*

perspire[pə'spaɪə(r)] VI transpirer ■ **perspiration**[pɜːspə'reɪʃən] N transpiration *f*

persuade[pə'sweɪd] VT persuader (**sb to do** qn de faire) ■ **persuasion** N persuasion *f*; *(religious beliefs)* religion *f*; *(political beliefs)* opinions *fpl* politiques ■ **persuasive** ADJ *(person, argument)* persuasif, -ive

pert[pɜːt] ADJ **(a)** *(nose, breasts)* pointu; *(bottom)* petit et ferme **(b)** *(cheeky)* espiègle

pertain [pə'teɪn] VI *Formal* **to p. to** *(relate)* se rapporter à; *(belong)* appartenir à

pertinent ['pɜːtɪnənt] ADJ pertinent

perturb[pə'tɜːb] VT troubler

Peru[pə'ruː] N le Pérou ■ **Peruvian 1** ADJ péruvien, -ienne **2** N Péruvien, -ienne *mf*

peruse[pə'ruːz] VT *Formal (read carefully)* lire attentivement; *(skim through)* parcourir ■ **perusal** N *Formal* lecture *f*

pervade [pə'veɪd] VT imprégner ■ **pervasive** ADJ *(feeling)* général; *(smell)* envahissant; *(influence)* omniprésent

perverse [pə'vɜːs] ADJ *(awkward)* contrariant; *(sexually deviant)* pervers ■ **perversion** [*Br* -ʃən, *Am* -ʒən] N *(sexual)* perversion *f*; *(of justice, truth)* travestissement *m*

pervert 1 ['pɜːvɜːt] N *(sexual deviant)* pervers, -erse *mf* **2** [pə'vɜːt] VT pervertir; *(mind)* corrompre; *Law* **to p. the course of justice** entraver le bon fonctionnement de la justice

pessimism ['pesɪmɪzəm] N pessimisme *m* ■ **pessimist** N pessimiste *mf* ■ **pessi'mistic** ADJ pessimiste

pest [pest] N *(animal)* animal *m* nuisible; *(insect)* insecte *m* nuisible; *Fam (person)* plaie *f*

pester ['pestə(r)] VT tourmenter; **to p. sb to do sth** harceler qn pour qu'il fasse qch; **to p. sb for sth** harceler qn jusqu'à ce qu'il donne qch

pesticide ['pestɪsaɪd] N pesticide *m*

pet [pet] **1** N animal *m* domestique; *(favourite person)* chouchou, -oute *mf*; *(term of address)* petit chou *m*; **to have** *or* **keep a p.** avoir un animal chez soi **2** ADJ *(dog, cat)* domestique; *(tiger)* apprivoisé; *(favourite)* favori, -ite; *Br* **p. hate** bête *f* noire; **p. name** petit nom *m*; **p. shop** animalerie *f*; **p. subject** dada *m* **3** *(pt & pp* **-tt-***)* VT *(fondle)* caresser **4** VI *Fam* se peloter

petal ['petəl] N pétale *m*

peter ['piːtə(r)] VI **to p. out** *(of conversation, enthusiasm)* tarir; *(of scheme)* n'aboutir à rien; *(of path, stream)* disparaître

petition [pə'tɪʃən] **1** N *(signatures)* pétition *f*; *(request to court of law)* requête *f*; *Law* **p. for divorce** demande *f* en divorce **2** VT adresser une pétition/une requête à **(for sth** pour demander qch) **3** VI **to p. for sth** faire une pétition pour qch; *Law* **to p. for divorce** faire une demande de divorce

petrify ['petrɪfaɪ] *(pt & pp* **-ied***)* VT pétrifier

petrol ['petrəl] N *Br* essence *f*; **I've run out of p.** je suis tombé en panne d'essence; **p. can** bidon *m* d'essence; **p. station** station-service *f*; **p. tank** réservoir *m* d'essence

Note that the French word **pétrole** is a false friend and is never a translation for the English word **petrol**. It means **oil**.

petroleum [pə'trəʊlɪəm] N pétrole *m*; **p. jelly** vaseline *f*

petticoat ['petɪkəʊt] N jupon *m*

petty ['petɪ] *(***-ier, -iest***)* ADJ *(trivial)* insignifiant; *(mean)* mesquin; **p. cash** petite caisse *f*; **p.**

criminal petit délinquant *m*; **p. officer** *(on ship)* second maître *m*

petulant ['petjʊlənt] ADJ irritable

Note that the French word **pétulant** is a false friend and is never a translation for the English word **petulant**. It means **exuberant**.

petunia [pɪ'tjuːnɪə] N pétunia *m*

pew [pjuː] N banc *m* d'église; *Fam* **take a p.!** assieds-toi!

pewter ['pjuːtə(r)] N étain *m*

phantom ['fæntəm] N fantôme *m*

pharmacy ['fɑːməsɪ] *(pl* **-ies***)* N pharmacie *f* ■ **pharmaceuticals** [-'sjuːtɪkəl] NPL produits *mpl* pharmaceutiques ■ **pharmacist** N pharmacien, -ienne *mf*

pharynx ['færɪŋks] N *Anat* pharynx *m*

phase [feɪz] N phase *f*; **it's just a p.** ça lui passera ■ **phased** ADJ progressif, -ive

▸ **phase in** VT SEP introduire progressivement

▸ **phase out** VT SEP supprimer progressivement

PhD [piːeɪtʃ'diː] *(abbr* **Doctor of Philosophy***)* N *(degree)* doctorat *m* **(in** de); *(person)* docteur *m*

pheasant ['fezənt] N faisan *m*

phenomenon [fɪ'nɒmɪnən] *(pl* **-ena** [-ɪnə]*)* N phénomène *m* ■ **phenomenal** ADJ phénoménal

phew [fjuː] EXCLAM *(in relief)* ouf!; *(when hot)* pfff!

philanthropist [fɪ'lænθrəpɪst] N philanthrope *mf*

Philippines ['fɪlɪpiːnz] NPL **the P.** les Philippines *fpl*

philistine ['fɪlɪstaɪn] N béotien, -ienne *mf*, philistin *m*

philosophy [fɪ'lɒsəfɪ] *(pl* **-ies***)* N philosophie *f* ■ **philosopher** N philosophe *mf* ■ **philosophical** [fɪlə'sɒfɪkəl] ADJ philosophique; *Fig (stoical, resigned)* philosophe

phlegm [flem] N *(in throat)* glaires *fpl*; *Fig (calmness)* flegme *m*

phobia ['fəʊbɪə] N phobie *f*

phone [fəʊn] **1** N téléphone *m*; **to be on the p.** *(be talking)* être au téléphone; *(have a telephone)* avoir le téléphone; **p. call** coup *m* de téléphone; **to make a p. call** téléphoner **(to** à**)**; **p. book** annuaire *m*; **p. box,** *Br* **p. booth** cabine *f* téléphonique; **p. number** numéro *m* de téléphone **2** VT téléphoner **(to** à**)**; **to p. sb (up)** téléphoner à qn; **to p. sb back** rappeler qn **3** VI **to p. (up)** téléphoner; **to p. back** rappeler ■ **phonecard** N *Br* carte *f* de téléphone

phonetic [fə'netɪk] ADJ phonétique; **p. alphabet** alphabet *m* phonétique ■ **phonetics 1** N *(science)* phonétique f **2** NPL*(words)* transcription f phonétique

phoney ['fəʊnɪ] *Fam* **1** (-ier, -iest) ADJ*(jewels, writer)* faux (f fausse); *(company, excuse)* bidon *inv*; *(attitude)* de faux jeton **2** N*(impostor)* imposteur *m*; *(insincere person)* faux jeton *m*; **it's a p.** *(jewel, coin)* c'est du faux

phosphate ['fɒsfeɪt] NChem phosphate *m*

phosphorus ['fɒsfərəs] NChem phosphore *m*

photo ['fəʊtəʊ] *(pl* -os) Nphoto *f*; **to take sb's p.** prendre qn en photo; **to have one's p. taken** se faire prendre en photo; **p. album** album *m* de photos

photocopy ['fəʊtəʊkɒpɪ] **1***(pl* -ies) Nphotocopie *f* **2** *(pt & pp* -ied) VTphotocopier ■ **photocopier** Nphotocopieuse *f*

photogenic [fəʊtəʊ'dʒenɪk] ADJ photogénique

photograph ['fəʊtəgrɑːf] **1** Nphotographie *f* **2** VTphotographier **3** VTto p. well être photogénique ■ **photographer** [fə'tɒgrəfə(r)] N photographe *mf* ■ **photographic** [-'græfɪk] ADJ photographique ■ **photography** [fə'tɒgrəfɪ] N*(activity)* photographie *f*

> Note that the French word **photographe** is a false friend and is never a translation for the English word **photograph**. It means **photographer**.

phrase [freɪz] **1** N*(saying)* expression *f*; *(idiom) & Grammar* locution *f*; **p. book** manuel *m* de conversation **2** VT*(verbally)* exprimer; *(in writing)* rédiger

> Note that the French noun **phrase** is a false friend. It means **sentence**.

physical ['fɪzɪkəl] **1** ADJphysique; **p. education** éducation *f* physique; **p. examination** visite *f* médicale **2** N*(examination)* visite *f* médicale ■ **physically** ADV physiquement; **it's p. impossible** c'est matériellement impossible

physician [fɪ'zɪʃən] Nmédecin *m*

> Note that the French word **physicien** is a false friend and is never a translation for the English word **physician**. It means **physicist**.

physics ['fɪzɪks] N*(science)* physique *f* ■ **physicist** ['fɪzɪsɪst] Nphysicien, -ienne *mf*

physiology [fɪzɪ'ɒlədʒɪ] Nphysiologie *f* ■ **physiological** [fɪzɪə'lɒdʒɪkəl] ADJphysiologique

physiotherapy [fɪzɪəʊ'θerəpɪ] Nkinésithérapie *f* ■ **physiotherapist** Nkinésithérapeute *mf*

physique [fɪ'ziːk] Nphysique *m*

piano [pɪ'ænəʊ] *(pl* -os) Npiano *m* ■ **pianist** ['pɪənɪst] Npianiste *mf*

pick¹ [pɪk] **1** N*(choice)* choix *m*; **to take one's p.**

choisir **2** VT*(choose)* choisir; *(flower, fruit)* cueillir; *(hole)* faire (**in** dans); *(pimple)* tripoter; *(lock)* crocheter; **to p. one's nose** se mettre les doigts dans le nez; **to p. a fight** chercher la bagarre (**with** avec) **3** VITO p. and choose se permettre de choisir

▸ **pick at** VT INSEPto p. at one's food picorer

▸ **pick off** VT SEP*(remove)* enlever

▸ **pick on** VT INSEP*(nag, blame)* s'en prendre à

▸ **pick out** VT SEP *(choose)* choisir; *(identify)* repérer

▸ **pick up 1** VT SEP *(lift up)* ramasser; *(to upright position)* relever; *(person into air, weight)* soulever; *(baby)* prendre dans ses bras; *(cold)* attraper; *(habit, accent, speed)* prendre; *(fetch, collect)* passer prendre; *(radio programme)* capter; *(survivor)* recueillir; *(arrest)* arrêter; *(learn)* apprendre; **to p. up the phone** décrocher le téléphone **2** VI *(improve)* s'améliorer; *(of business)* reprendre; *(of patient)* se remettre; **let's p. up where we left off** reprenons (là où nous en étions restés)

pick² [pɪk] N*(tool)* pic *m*; **ice p.** pic à glace

pickaxe, *Am* **pickax** ['pɪkæks] Npioche *f*

picket ['pɪkɪt] **1** N**(a)** *(stake)* piquet *m* **(b)** *(in strike)* **p. (line)** piquet *m* de grève **2** VT*(factory)* installer un piquet de grève aux portes de

pickings ['pɪkɪŋz] NPL *(leftovers)* restes *mpl*; *(profits)* bénéfices *mpl*; **rich p.** gros bénéfices

pickle ['pɪkəl] **1** N= condiment à base de légumes conservés dans du vinaigre; **pickles** *(vegetables) Br* conserves *fpl* (au vinaigre); *Am* concombres *mpl*, cornichons *mpl*; *Fam* **to be in a p.** être dans le pétrin **2** VTconserver dans du vinaigre; **pickled onion** oignon *m* au vinaigre

pick-me-up ['pɪkmiːʌp] NFam remontant *m*

pickpocket ['pɪkpɒkɪt] Npickpocket *m*

pick-up ['pɪkʌp] N **p. (truck)** pick-up *m inv* *(petite camionnette à plateau);* **p. point** *(for goods, passengers)* point *m* de ramassage

picky ['pɪkɪ] (-ier, -iest) ADJFam *(choosy)* difficile (**about** sur)

picnic ['pɪknɪk] **1** Npique-nique *m*; *Br* **p. basket, p. hamper** panier *m* à pique-nique **2** *(pt & pp* -ck-) VIpique-niquer

picture ['pɪktʃə(r)] **1** Nimage *f*; *(painting)* tableau *m*; *(drawing)* dessin *m*; *(photo)* photo *f*; *Fig (situation)* situation *f*; *Br Fam (film)* film *m*; *Br Fam* **the pictures** le cinéma; **p. frame** cadre *m*; *Tel* **p. message** message *m* image **2** VT*(in painting, photo)* représenter; *Fig (in words)* décrire; **to p. sth** s'imaginer qch; **to p. sb doing sth** s'imaginer qn en train de faire qch

picturesque [pɪktʃə'resk] ADJpittoresque

pidgin ['pɪdʒɪn] Npidgin *m*; **p. English/French** ≃ petit nègre *m*

pie [paɪ] N (open) tarte f; (with pastry on top) tourte f; **p. chart** camembert m

piece [piːs] **1** N morceau m; (smaller) bout m; (in chess, puzzle) pièce f; **in pieces** en morceaux; **to take sth to pieces** démonter qch; **to come to pieces** se démonter; **a p. of news/advice/luck** une nouvelle/un conseil/une chance; **in one p.** (object) intact; (person) indemne **2** VT **to p. together** (facts) reconstituer; (one's life) refaire

pier [pɪə(r)] N (for walking, with entertainments) jetée f; (for landing) embarcadère m

pierce [pɪəs] VT percer; (of cold, bullet, sword) transpercer; **to have one's ears/nose pierced** se faire percer les oreilles/le nez ■ **piercing 1** ADJ (voice, look) perçant; (wind) vif (f vive) **2** N **(body) p.** piercing m

pig [pɪg] **1** N (animal) cochon m, porc m; Fam (greedy person) goinfre m; Fam (unpleasant man) salaud m **2** (pt & pp **-gg-**) VI Am Fam **to p. out** (overeat) se goinfrer (**on** de) ■ **piggy** ADJ Fam (greedy) goinfre; **p. eyes** des yeux de cochon ■ **piggy bank** N tirelire f (en forme de cochon) ■ **pig-'headed** ADJ têtu

pigeon ['pɪdʒɪn] N pigeon m

pigeonhole ['pɪdʒɪnhəʊl] **1** N casier m **2** VT (classify, label) classer; (person) étiqueter; (shelve) mettre en suspens

piggyback ['pɪgɪbæk] N **to give sb a p.** porter qn sur son dos

pigment ['pɪgmənt] N pigment m ■ **pigmen'tation** N pigmentation f

pigsty ['pɪgstaɪ] (pl **-ies**) N porcherie f

pigtail ['pɪgteɪl] N (hair) natte f

pike [paɪk] N (fish) brochet m

pilchard ['pɪltʃəd] N pilchard m

pile¹ [paɪl] **1** N (heap) tas m; (stack) pile f; Fam **to have piles of** or **a p. of things to do** avoir un tas de choses à faire; Fam **to have piles** or **a p. of work to do** avoir des tonnes de travail à faire; Fam **to make one's p.** faire fortune **2** VT entasser; (stack) empiler **3** VI Fam **to p. into a car** s'entasser dans une voiture
▸ **pile up 1** VT SEP entasser; (stack) empiler **2** VI (accumulate) s'accumuler

pile² [paɪl] N (of carpet) poils mpl

piles [paɪlz] NPL (illness) hémorroïdes fpl

pile-up ['paɪlʌp] N Fam (on road) carambolage m

pilfer ['pɪlfə(r)] VTI chaparder

pilgrim ['pɪlgrɪm] N pèlerin m; **the P. fathers** les Pères Pèlerins mpl ■ **pilgrimage** N pèlerinage m

pill [pɪl] N pilule f; **to be on the p.** (for contracep-

tion) prendre la pilule; **to come off the p.** arrêter la pilule

pillage ['pɪlɪdʒ] **1** N pillage m **2** VTI piller

pillar ['pɪlə(r)] N pilier m; Br **p. box** boîte f aux lettres

pillow ['pɪləʊ] N oreiller m ■ **pillowcase, pillowslip** N taie f d'oreiller

pilot ['paɪlət] **1** N (of plane, ship) pilote m **2** ADJ **p. light** veilleuse f; **p. scheme** projet-pilote m **3** VT (plane, ship) piloter

pimple ['pɪmpəl] N bouton m

PIN [pɪn] (abbr **personal identification number**) N Br **P. (number)** code m confidentiel

pin [pɪn] **1** N épingle f; (for surgery) broche f; Br (drawing pin) punaise f; (in machine, grenade) goupille f; **to have pins and needles** avoir des fourmis (**in** dans) **2** (pt & pp **-nn-**) VT (attach) épingler (**to** à); (to wall) punaiser (**to** or **on** à); **to p. one's hopes on sb/sth** mettre tous ses espoirs en qn/qch; **to p. the blame on sb** rejeter la responsabilité sur qn; **to p. down** (immobilize) immobiliser; (fix) fixer; (trap) coincer; **to p. sth up** (notice) fixer qch au mur

pinafore ['pɪnəfɔː(r)] N Br (apron) tablier m; (dress) robe f chasuble

pinball ['pɪnbɔːl] N flipper m; **p. machine** flipper

pincers ['pɪnsəz] NPL (tool) tenailles fpl

pinch [pɪntʃ] **1** N (action) pincement m; (of salt) pincée f; **to give sb a p.** pincer qn; Br **at a p.,** Am **in a p.** à la rigueur; Fig **to feel the p.** être gêné **2** VT pincer; Br Fam (steal) piquer (**from** à); Fam (arrest) pincer **3** VI (of shoes) serrer

pine [paɪn] **1** N (tree, wood) pin m; **p. forest** pinède f; **p. nut** pignon m **2** VI **to p. for sb/sth** se languir de qn/qch; **to p. away** languir

pineapple ['paɪnæpəl] N ananas m

ping-pong ['pɪŋpɒŋ] N ping-pong m; **p. table** table f de ping-pong

pink [pɪŋk] ADJ & N (colour) rose (m)

pinnacle ['pɪnəkəl] N Fig (of fame, career) apogée m

pinpoint ['pɪnpɔɪnt] VT (locate) repérer; (identify) identifier

pinstripe ['pɪnstraɪp] ADJ (suit) rayé

pint [paɪnt] N pinte f (Br = 0,57 l, Am = 0,47 l); **a p. (of beer)** ≃ un demi

pioneer [paɪə'nɪə(r)] **1** N pionnier, -ière mf **2** VT **to p. sth** être le premier/la première à mettre au point qch

pious ['paɪəs] ADJ (person, deed) pieux (f pieuse)

pip [pɪp] N Br (of fruit) pépin m; Br **the pips** (on radio) les bips mpl sonores

pipe [paɪp] **1** N tuyau m; (for smoking) pipe f;

(musical instrument) pipeau m; **to smoke a p.** fumer la pipe; **p. dream** chimère f **2 vt** *(water, oil)* transporter par canalisation **3 vi** *Fam* **to p. down** *(shut up)* se taire ■ **piping 1** n *(pipes)* canalisations fpl; **length of p.** tuyau m **2 adv p. hot** très chaud

pipeline ['paɪplaɪn] n *(for oil)* pipeline m; *Fig* **to be in the p.** être en préparation

pirate ['paɪərət] **1** n pirate m **2 adj** *(radio, ship)* pirate ■ **piracy** n *(of ships)* piraterie f; *(of videos, software)* piratage m ■ **pirated adj** *(book, video, CD)* pirate

Pisces ['paɪsiːz] n *(sign)* les Poissons mpl; **to be (a) P.** être Poissons

piss [pɪs] *very Fam* **1** n pisse f; **to have a p.** pisser; **to take the p. out of sb** se foutre (de la gueule) de qn **2 vi** pisser; **it's pissing down** or **with rain** il pleut comme vache qui pisse ■ **pissed adj** *Br Fam (drunk)* bourré; *Am Fam (angry)* en rogne

▸ **piss off** *very Fam* **1 vt sep** *(annoy)* faire chier; **to be pissed off with sb/sth** en avoir ras le bol de qn/qch; **to be pissed off at sb/about sth** être en pétard contre qn/à cause de qch **2 vi** *(go away)* se casser; **p. off!** fous le camp!

pistachio [pɪ'stæʃɪəʊ] *(pl -os)* n *(nut, flavour)* pistache f

pistol ['pɪstəl] n pistolet m

piston ['pɪstən] n *(of engine)* piston m

pit¹ [pɪt] n *(hole)* fosse f; *(mine)* mine f; *(of stomach)* creux m; *Br (in theatre)* parterre m; **the pits** *(in motor racing)* les stands mpl de ravitaillement; *Fam* **it's the pits** c'est complètement nul

pit² [pɪt] n *Am (stone of fruit)* noyau m *(pl -aux)*; *(smaller)* pépin m

pit³ [pɪt] *(pt & pp -tt-)* vt **to p. oneself against sb** se mesurer à qn

pitch¹ [pɪtʃ] **1** n **(a)** *Football* terrain m; *(in market)* place f **(b)** *(degree)* degré m; *(of voice)* hauteur f; *(musical)* ton m **2 vt** *(tent)* dresser; *(camp)* établir; *(ball)* lancer; **a pitched battle** *(between armies)* une bataille rangée; *Fig* une belle bagarre **3 vi** *(of ship)* tanguer **4 vi** *Fam* **to p. in** *(cooperate)* mettre du sien; **to p. into sb** attaquer qn

pitch² [pɪtʃ] n *(tar)* poix f ■ **pitch-'black, pitch-'dark adj** noir comme dans un four

pitcher¹ ['pɪtʃə(r)] n pichet m

pitcher² ['pɪtʃə(r)] n *Sport (in baseball)* lanceur m

pitchfork ['pɪtʃfɔːk] n fourche f

pitfall ['pɪtfɔːl] n *(trap)* piège m

pith [pɪθ] n *(of orange)* peau f blanche; *Fig (essence)* moelle f ■ **pithy** *(-ier)* *(-iest)* **adj** concis

pitiful ['pɪtɪfəl] **adj** pitoyable ■ **pitiless adj** impitoyable

pitta ['pɪtə] **adj & n p. (bread)** pita m

pittance ['pɪtəns] n *(income)* salaire m de misère; *(sum)* somme f dérisoire

Note that the French word **pitance** is a false friend and is never a translation for the English word **pittance**. It means **sustenance**.

pitted ['pɪtɪd] **adj (a)** *(face)* grêlé; **p. with rust** piqué de rouille **(b)** *Am (fruit)* dénoyauté

pity ['pɪtɪ] **1** n pitié f; **to take** or **have p. on sb** avoir pitié de qn; **what a p.!** quel dommage!; **it's a p. that…** c'est dommage que… *(+ subjunctive)* **2** *(pt & pp -ied)* vt plaindre

pivot ['pɪvət] **1** n pivot m **2 vi** pivoter *(on sur)*

pizza ['piːtsə] n pizza f; *Br* **p. parlour,** *Am* **p. parlor** pizzeria f

placard ['plækɑːd] n *(on wall)* affiche f; *(hand-held)* pancarte f

Note that the French word **placard** is a false friend and is never a translation for the English word **placard**. Its most common meaning is **cupboard**.

place [pleɪs] **1** n endroit m, lieu m; *(in street name)* rue f; *(seat, position, rank)* place f; *Fam* **my p.** chez moi; **to lose one's p.** *(in queue)* perdre sa place; *(in book)* perdre sa page; **to change** or **swap** or **trade places** changer de place; **to take the p. of sb/sth** remplacer qn/qch; **to take p.** *(happen)* avoir lieu; *Am* **some p.** *(somewhere)* quelque part; *Am* **no p.** *(nowhere)* nulle part; **all over the p.** un peu partout; **in the first p.** *(firstly)* en premier lieu; **in p. of** à la place de; **out of p.** *(remark)* déplacé; *(object)* pas à sa place; **p. of work** m de travail **2 vt** *(put, situate, invest)* & *Sport* placer; **to be placed third** se classer troisième; **to p. an order with sb** passer une commande à qn; **to p. sb** *(remember, identify)* remettre qn

placement ['pleɪsmənt] n stage m

placid ['plæsɪd] **adj** placide

plagiarize ['pleɪdʒəraɪz] vt plagier ■ **plagiarism** n plagiat m

plague [pleɪg] **1** n *(disease)* peste f; *(of insects)* invasion f; **to avoid sb/sth like the p.** éviter qn/qch comme la peste **2 vt** *(of person)* harceler *(with de)*

plaice [pleɪs] n *(fish)* carrelet m

plain¹ [pleɪn] **1** *(-er, -est)* **adj** *(clear, obvious)* clair; *(simple)* simple; *(without a pattern)* uni; *(not beautiful)* quelconque; **in p. English** clairement; **in p. clothes** en civil; **to make it p. to sb that…** faire comprendre à qn que…; **p. chocolate** chocolat m noir; **p. flour** farine f *(sans levure)* **2 adv** *Fam (utterly)* complètement ■ **plainly adv** *(clearly)* clairement; *(frankly)* franchement

plain² [pleɪn] n *(land)* plaine f

plaintiff ['pleɪntɪf] N Law plaignant, -ante mf

plait [plæt] 1 N tresse f, natte f 2 VT tresser, natter

plan [plæn] 1 N (proposal, intention) projet m; (of building, town, essay) plan m; **the best p. would be to...** le mieux serait de...; **to go according to p.** se passer comme prévu; **to have no plans** (be free) n'avoir rien de prévu; **to change one's plans** (decide differently) changer d'idée 2 (pt & pp **-nn-**) VT (arrange) projeter; (crime) comploter; (building, town) faire le plan de; (economy) planifier; **to p. to do** or **on doing sth** (intend) projeter de faire or de faire qch; **as planned** comme prévu 3 VI faire des projets; **to p. for the future** faire des projets d'avenir

plane¹ [pleɪn] N (aircraft) avion m

plane² [pleɪn] 1 N (tool) rabot m 2 VT raboter

plane³ [pleɪn] N **p. (tree)** platane m

plane⁴ [pleɪn] N (level, surface) & Fig plan m

planet ['plænɪt] N planète f ■ **planetarium** [-'teərɪəm] N planétarium m

plank [plæŋk] N planche f

planner ['plænə(r)] N planificateur, -trice mf; **(town) p.** urbaniste mf

planning ['plænɪŋ] N conception f; **family p.** planning m familial; **p. permission** permis m de construire

plant [plɑːnt] 1 N **(a)** (living thing) plante f **(b)** (factory) usine f; (machinery) matériel m 2 VT (tree, flower) planter; (crops, field) semer (**with** en); Fig (bomb) poser; **to p. sth on sb** (hide) cacher qch dans les affaires de qn (pour le compromettre) ■ **plan'tation** N (trees, land) plantation f

plaque [plæk] N (sign) plaque f; (on teeth) plaque f dentaire

plasma ['plæzmə] N plasma m; Comptr **p. screen** écran m plasma

plaster ['plɑːstə(r)] 1 N **(a)** (on wall) plâtre m; **p. of Paris** plâtre de Paris; **to put sb's leg in p.** mettre la jambe de qn dans le plâtre; **p. cast** (for broken bone) plâtre **(b)** Br **(sticking) p.** pansement m adhésif 2 VT (wall) plâtrer; **to p. sth with** (cover) couvrir qch de ■ **plasterer** N plâtrier m

plastic ['plæstɪk] 1 ADJ (object) en plastique; (bullet) de plastique; **p. bag** sac m en plastique; **p. explosive** plastic m; **p. surgery** (cosmetic) chirurgie f esthétique; (to repair damage) chirurgie plastique 2 N plastique m; Fam **do they take p.?** est-ce qu'ils acceptent les cartes de crédit?

Plasticine® ['plæstɪsiːn] N Br pâte f à modeler

plate [pleɪt] 1 N (dish) assiette f; (metal sheet) plaque f; (book illustration) gravure f; Fam **to have a lot on one's p.** avoir du pain sur la planche; **p. glass** vitrage m très épais 2 VT (with gold) plaquer en or; (with silver) plaquer en argent

plateau ['plætəʊ] (pl **-eaus** [-əʊz] or **-eaux**) N (flat land) plateau m

platform ['plætfɔːm] N (raised surface) plateforme f; (in train station) quai m; (for speaker) estrade f; (political programme) programme m; **p. shoes** = chaussures à grosses semelles et à talons hauts, typiques des années 70

platinum ['plætɪnəm] 1 N (metal) platine m 2 ADJ **p. (blond(e)) hair** cheveux mpl blond platine

platoon [plə'tuːn] N Mil section f

platter ['plætə(r)] N (dish) plat m

plausible ['plɔːzəbəl] ADJ (argument, excuse) plausible; (person) convaincant

play [pleɪ] 1 N (drama) pièce f (de théâtre); (amusement, looseness) jeu m; **to come into p.** entrer en jeu; **a p. on words** un jeu de mots 2 VT (part, tune, card) jouer; (game) jouer à; (instrument) jouer de; (match) disputer (**with** avec); (team, opponent) jouer contre; (record, compact disc) passer; (radio, tape recorder) faire marcher; Fig **to p. a part in doing/in sth** contribuer à faire/à qch; Fam **to p. it cool** garder son sang-froid 3 VI jouer (**with** avec; **at** à); (of record player, tape recorder) marcher; Fam **what are you playing at?** à quoi tu joues? ■ **playboy** N play-boy m ■ **playground** N Br (in school) cour f de récréation; (in park) terrain m de jeux ■ **playgroup** N garderie f ■ **playmate** N camarade mf de jeu ■ **playpen** N parc m (pour bébé) ■ **playroom** N (in house) salle f de jeux ■ **playschool** N garderie f ■ **playtime** N (in school) récréation f ■ **playwright** N dramaturge mf

▸ **play about, play around** VI jouer, s'amuser

▸ **play back** VT SEP (tape) réécouter

▸ **play down** VT SEP minimiser

▸ **play on** VT INSEP (feelings, fears) jouer sur

▸ **play out** VT SEP (scene, fantasy) jouer; Fam **to be played out** (of idea, method) être périmé ou vieux jeu inv

▸ **play up** Fam 1 VI (of child, machine) faire des siennes; **to p. up to sb** faire de la lèche à qn 2 VT SEP **to p. sb up** (of child) faire enrager qn

player ['pleɪə(r)] N (in game, of instrument) joueur m, joueuse f; (in theatre) acteur m, actrice f; **clarinet p.** joueur/joueuse f de clarinette

playful ['pleɪfəl] ADJ (mood, tone) enjoué; (child, animal) joueur (f joueuse)

playing ['pleɪɪŋ] N jeu m; **p. card** carte f à jouer; **p. field** terrain m de jeux

plc [piːel'siː] (abbr public limited company) N Br Com ≃ SARL f

plea [pliː] N (request) appel m; (excuse) excuse f; Law **to enter a p. of guilty** plaider coupable

plead [pliːd] 1 VT (argue) plaider; (as excuse)

alléguer; *Law* **to p. sb's case** plaider la cause de qn **2** *vi (in court)* plaider; **to p. with sb (to do sth)** implorer qn (de faire qch); *Law* **to p. guilty** plaider coupable

pleasant ['plezənt] ADJ agréable (**to** avec) ■ **pleasantly** ADV *(smile, behave)* aimablement; *(surprised)* agréablement

please [pliːz] **1** ADV s'il te/vous plaît; **p. sit down** asseyez-vous, je vous prie; **p. do!** bien sûr!, je vous en prie!; **'no smoking p.'** *(on sign)* 'prière de ne pas fumer' **2** VT **to p. sb** faire plaisir à qn; *(satisfy)* contenter qn; **easy/hard to p.** facile/difficile (à contenter) **3** VI plaire; **do as you p.** fais comme tu veux; **as much/as many as you p.** autant qu'il vous plaira ■ **pleased** ADJ content (**with** de); **to be p. to do sth** faire qch avec plaisir; **p. to meet you!** enchanté!; **I'd be p. to!** avec plaisir!; **I'm p. to say that…** je suis heureux/heureuse de vous dire que… ■ **pleasing** ADJ agréable, plaisant

pleasure ['pleʒə(r)] N plaisir *m*; **p. boat** bateau *m* de plaisance

pleat [pliːt] **1** N pli *m* **2** VT plisser ■ **pleated** ADJ plissé

pledge [pledʒ] **1** N *(promise)* promesse *f* (**to do** de faire); *(object)* gage *m* **2** VT promettre (**to do** de faire); *(as security, pawn)* engager

plenty ['plenti] N abondance *f*; **p. of** beaucoup de; **that's p.** *(of food)* merci, j'en ai assez ■ **plentiful** ADJ abondant

pliable ['plaɪəbəl] ADJ souple

pliers ['plaɪəz] NPL pince *f*

plight [plaɪt] N *(crisis)* situation *f* critique; **to be in a sorry p.** être dans une situation désespérée

plimsolls ['plɪmsəʊlz] NPL *Br* tennis *mpl*

plinth [plɪnθ] N socle *m*

plod [plɒd] *(pt & pp* **-dd-**) VI **to p. (along)** *(walk)* avancer laborieusement; *(work)* travailler laborieusement; **to p. through a book** se forcer à lire un livre

plonk[1] [plɒŋk] **1** EXCLAM *(thud)* vlan!; *(splash)* plouf! **2** VT *Fam* **to p. sth (down)** *(drop)* poser qch

plonk[2] [plɒŋk] N *Br Fam (wine)* pinard *m*

plot [plɒt] **1** N *(conspiracy)* complot *m*; *(of novel, film)* intrigue *f*; **p. of land** parcelle *f* de terrain; **(vegetable) p.** potager *m* **2** *(pt & pp* **-tt-**) VTI comploter (**to do** de faire) **3** VT **to p. (out)** *(route)* déterminer; *(diagram, graph)* tracer; *(one's position)* relever

plough, *Am* **plow** [plaʊ] **1** N charrue *f*; **the P.** *(constellation)* le Grand Chariot **2** VT *(field)* labourer; *Fig (money)* réinvestir; **to p. money back into sth** réinvestir de l'argent dans qch **3** VI labourer; *Fig* **to p. into sth** *(crash into)* percuter qch; *Fig* **to p. through sth** *(snow, work)* avancer péniblement dans qch ■ **ploughman** *(pl*

-men) N laboureur *m*; *Br* **p.'s lunch** = assiette de fromage ou jambon avec du pain, de la salade et des condiments

ploy [plɔɪ] N stratagème *m*

pluck [plʌk] **1** N courage *m* **2** VT *(hair, feathers)* arracher; *(flower)* cueillir; *(fowl)* plumer; *(eyebrows)* épiler; *(string of guitar)* pincer; **to p. up the courage to do sth** trouver le courage de faire qch ■ **plucky** **(-ier, -iest)** ADJ courageux, -euse

plug [plʌg] **1** N **(a)** *(of cotton wool, wood)* tampon *m*; *(for sink, bath)* bonde *f*; **(wall) p.** *(for screw)* cheville *f* **(b)** *(electrical) (on device)* fiche *f*; *(socket)* prise *f* (de courant); *Aut* **(spark) p.** bougie *f* **(c)** *Fam (publicity)* pub *f* **2** *(pt & pp* **-gg-**) VT **(a)** **to p. (up)** *(gap, hole)* boucher; **to p. sth in** *(appliance)* brancher qch (**b**) *Fam (promote)* faire de la pub pour; **to p. away** s'acharner (**at** sur) ■ **plughole** N trou *m* d'écoulement

plum [plʌm] N prune *f*; *Fam* **a p. job** un boulot en or

plumage ['pluːmɪdʒ] N plumage *m*

plumb [plʌm] **1** VT *Fig* **to p. the depths** toucher le fond **2** ADV *Am Fam (crazy)* complètement; **p. in the middle** en plein centre

▸ **plumb in** VT SEP *(washing machine)* brancher

plumber ['plʌmə(r)] N plombier *m* ■ **plumbing** N *(job, system)* plomberie *f*

plume [pluːm] N *(feather)* plume *f*; *(on hat)* aigrette *f*; **a p. of smoke** une volute de fumée

plummet ['plʌmɪt] VI *(of prices)* s'effondrer; *(of aircraft)* plonger

plump [plʌmp] **1** **(-er, -est)** ADJ *(person, arm)* potelé; *(chicken)* dodu; *(cushion, cheek)* rebondi **2** VI *Fam* **to p. for sth** se décider pour qch

plunder ['plʌndə(r)] **1** N *(act)* pillage *m*; *(goods)* butin *m* **2** VT piller

plunge [plʌndʒ] **1** N *(dive)* plongeon *m*; *Fig (decrease)* chute *f*; *Fam* **to take the p.** *(take on difficult task)* se jeter à l'eau; *Fam (get married)* se marier **2** VT *(thrust)* plonger (**into** dans) **3** VI *(dive)* plonger (**into** dans); *Fig (decrease)* chuter ■ **plunger** N *(for clearing sink)* ventouse *f*

plural ['plʊərəl] **1** ADJ *(form)* pluriel, -ielle; *(noun)* au pluriel **2** N pluriel *m*; **in the p.** au pluriel

plus [plʌs] **1** PREP plus; *(as well as)* en plus de; **two p. two** deux plus deux **2** ADJ *(factor, quantity)* & *El* positif, -ive; **twenty p.** plus de vingt **3** *(pl* **plusses** ['plʌsɪz]**)** N **p. (sign)** *(signe m)* plus *m*; **that's a p.** c'est un plus

plush [plʌʃ] **(-er, -est)** ADJ *Fam* luxueux, -ueuse

plutonium [pluːˈtəʊnɪəm] N *Chem* plutonium *m*

ply [plaɪ] *(pt & pp* **plied**) VT *(trade)* exercer; **to p. sb with drink** ne pas arrêter de verser à boire à qn; **to p. sb with questions** bombarder qn de questions

PM [piː'em] (abbr **Prime Minister**) N Premier ministre m

p.m. [piː'em] ADV (afternoon) de l'après-midi; (evening) du soir

PMT [piːem'tiː] (abbr **premenstrual tension**) N Br syndrome m prémenstruel

pneumatic [njuː'mætɪk] ADJ **p. drill** marteau-piqueur m

pneumonia [njuː'məʊnɪə] N pneumonie f

poach [pəʊtʃ] **1** VT (egg) pocher; (employee) débaucher **2** VI (hunt) braconner

PO Box [piː'əʊbɒks] (abbr **Post Office Box**) N boîte f postale, BP f

pocket ['pɒkɪt] **1** N poche f; **to be out of p.** en être de sa poche; **p. calculator** calculette f; **p. money** argent m de poche **2** VT (put in pocket) empocher; Fam (steal) rafler ■ **pocketbook** N (notebook) carnet m; Am (handbag) sac m à main ■ **pocketful** N **a p. of** une pleine poche de

pod [pɒd] N gousse f

podcast ['pɒdkɑːst] N podcast m ■ **podcasting** N podcasting m

podgy ['pɒdʒɪ] (**-ier, -iest**) ADJ grassouillet, -ette

podium ['pəʊdɪəm] N podium m

poem ['pəʊɪm] N poème m ■ **poet** N poète m ■ **poetic** [pəʊ'etɪk] ADJ poétique ■ **poetry** N poésie f

poignant ['pɔɪnjənt] ADJ poignant

point [pɔɪnt] **1** N (a) (of knife, needle) pointe f; Br **points** (for train) aiguillage m; Br (power) **p.** prise f (de courant)

(b) (dot, score, degree, argument) point m; (location) endroit m; (importance) intérêt m; **the highest p.** le point le plus haut; **to make a p.** faire une remarque; **to make a p. of doing sth** mettre un point d'honneur à faire qch; **I take your p.** je comprends ce que tu veux dire; **you have a p.** tu as raison; **what's the p.?** à quoi bon?; **there's no p. (in) staying** ça ne sert à rien de rester; **that's not the p.** il ne s'agit pas de ça; **to the p.** (relevant) pertinent; **to get to the p.** en arriver au fait; **his good points** ses qualités fpl; **his bad points** ses défauts mpl; **p. of view** point de vue

(c) Math **three p. five** trois virgule cinq

2 VT (aim) diriger; (camera, gun) braquer (**at** sur); **to p. the way** montrer le chemin (**to** à); Fig montrer la voie (**to** à); **to p. one's finger at sb** montrer qn du doigt; **to p. sth out** (show) montrer qch; (error, fact) signaler qch

3 VI **to p. at or to sb/sth** (with finger) montrer qn/qch du doigt; **to p. north** (of arrow, compass) indiquer le nord; **to be pointing at sb/sth** (of gun) être braqué sur qn/qch; **to be pointing towards sth** (of car, chair) être face à qch

point-blank [pɔɪnt'blæŋk] **1** ADJ (refusal) catégorique; **at p. range** à bout portant **2** ADV (fire) à bout portant; (refuse) (tout) net; (request) de but en blanc

pointed ['pɔɪntɪd] ADJ pointu; (beard) en pointe; Fig (remark, criticism) pertinent; (incisive) mordant ■ **pointedly** ADV (meaningfully) de façon insistante; (markedly) de façon marquée ou prononcée

pointer ['pɔɪntə(r)] N (on dial) aiguille f; (stick) baguette f; (clue) indice m; Fam (advice) tuyau m

pointless ['pɔɪntləs] ADJ inutile

poise [pɔɪz] **1** N (composure) assurance f; (grace) grâce f; (balance) équilibre m **2** VT (balance) tenir en équilibre ■ **poised** ADJ (composed) calme; (hanging) suspendu; (balanced) en équilibre; **to be p. to do sth** (ready) être prêt à faire qch

poison ['pɔɪzən] **1** N poison m; (of snake) venin m; **p. gas** gaz m toxique **2** VT empoisonner; **to p. sb's mind** corrompre qn ■ **poisoning** N empoisonnement m ■ **poisonous** ADJ (fumes, substance) toxique; (snake) venimeux, -euse; (plant) vénéneux, -euse

poke [pəʊk] **1** N petit coup m **2** VT (person) donner un coup à; (object) tâter; (fire) attiser; **to p. sb in the eye** mettre le doigt dans l'œil à qn; **to p. one's finger at sb** pointer son doigt vers qn; Fig **to p. one's nose into sth** mettre son nez dans qch; **to p. sb's eye out** crever l'œil à qn **3** VI **to p. at sth** (with finger, stick) tâter qch; **to p. about or around in sth** fouiner dans qch

poker¹ ['pəʊkə(r)] N (for fire) tisonnier m

poker² ['pəʊkə(r)] N Cards poker m ■ **poker-faced** ADJ Fam au visage impassible

poky ['pəʊkɪ] (**-ier, -iest**) ADJ Br (small) (house, room) riquiqui inv; Am (slow) lent

Poland ['pəʊlənd] N la Pologne ■ **Pole** N Polonais, -aise mf ■ **Polish** ['pəʊlɪʃ] **1** ADJ polonais **2** N (language) polonais m

polarize ['pəʊləraɪz] VT (opinion, country) diviser

Polaroid® ['pəʊlərɔɪd] N (camera, photo) Polaroid® m

pole¹ [pəʊl] N (rod) perche f; (fixed) poteau m; (for flag) hampe f; Sport **p. vault(ing)** saut m à la perche

pole² [pəʊl] N Geog pôle m; **North/South P.** pôle Nord/Sud; **the P. Star** l'étoile f polaire ■ **polar** ADJ polaire; **p. bear** ours m blanc

police [pə'liːs] **1** N police f; **a hundred p.** cent policiers mpl **2** ADJ (inquiry, dog, State) policier, -ière; (protection, intervention) de la police; **p. car** voiture f de police; Am **p. chief, chief of p.**

commissaire *m* de police; *Am* **the p. department** service *m* de police; **p. force** police; **p. officer** agent *m* de police (*f* femme agent de police); **p. station** poste *m* de police **3** **vt** *(city, area)* maintenir l'ordre dans; *(frontier)* contrôler ■ **policeman** (*pl* **-men**) **n** agent *m* de police ■ **policewoman** (*pl* **-women**) **n** femme *f* agent de police

policy ['pɒlɪsɪ] (*pl* **-ies**) **n** **(a)** *(of government, organization)* politique *f*; **it's a matter of p.** c'est une question de principe **(b)** **(insurance) p.** police *f* (d'assurance); **p. holder** assuré, -ée *mf*

polio ['pəʊlɪəʊ] **n** polio *f*; **p. victim** polio *mf*

polish ['pɒlɪʃ] **1** **n** *(for shoes)* cirage *m*; *(for floor, furniture)* cire *f*; *(for nails)* vernis *m*; *Fig* raffinement *m*; **to give sth a p.** faire briller qch **2** **vt** *(floor, table, shoes)* cirer; *(metal)* astiquer; *(rough surface)* polir; *Fig (manners)* raffiner; *Fig (style)* polir; *Fam* **to p. off** *(food)* avaler; *(drink)* descendre; *(work)* expédier; **to p. up one's French** travailler son français

polite [pə'laɪt] (**-er, -est**) **adj** poli (**to** or **with** avec); **in p. society** chez les gens bien ■ **politely** **adv** poliment

political [pə'lɪtɪkəl] **adj** politique; **p. asylum** asile *m* politique; **p. correctness** le politiquement correct; **p. prisoner** prisonnier politique ■ **politically** **adv** politiquement; **p. correct** politiquement correct

politician [pɒlɪ'tɪʃən] **n** homme *m*/femme *f* politique

politics ['pɒlɪtɪks] **n** politique *f*; **office p.** intrigues *fpl* de bureau

polka [*Br* 'pɒlkə, *Am* 'pəʊlkə] **n** polka *f*; **p. dot** pois *m*

poll [pəʊl] **1** **n** *(voting)* scrutin *m*; **to go to the polls** aller aux urnes; **(opinion) p.** sondage *m* (d'opinion) **2** **vt** *(votes)* obtenir; *(people)* sonder ■ **polling** **n** *(election)* élections *fpl*; **p. booth** isoloir *m*; *Br* **p. station,** *Am* **p. place** bureau *m* de vote

pollen ['pɒlən] **n** pollen *m*

pollute [pə'luːt] **vt** polluer ■ **pollutant** **n** polluant *m* ■ **pollution** **n** pollution *f*; **noise p.** pollution sonore

polo ['pəʊləʊ] **n** *Sport* polo *m*; **p. neck** *(sweater, neckline)* col *m* roulé; **p. shirt** polo *m*

polyester [pɒlɪ'estə(r)] **n** polyester *m*; **p. shirt** chemise *f* en polyester

Polynesia [pɒlɪ'niːʒə] **n** la Polynésie

polythene ['pɒlɪθiːn] **n** *Br* polyéthylène *m*; **p. bag** sac *m* en plastique

pomegranate ['pɒmɪgrænɪt] **n** *(fruit)* grenade *f*

pompous ['pɒmpəs] **adj** pompeux, -euse

poncho ['pɒntʃəʊ] (*pl* **-os**) **n** poncho *m*

pond [pɒnd] **n** étang *m*; *(smaller)* mare *f*; *(artificial)* bassin *m*

ponder ['pɒndə(r)] **1** **vt** réfléchir à **2** **vi to p. (over sth)** réfléchir (à qch)

pong [pɒŋ] *Br Fam* **1** **n** *(smell)* puanteur *f* **2** **vi** puer

pony ['pəʊnɪ] (*pl* **-ies**) **n** poney *m* ■ **ponytail** **n** queue *f* de cheval

poo [puː] **n** *Fam* caca *m*; **to do** or *Br* **have a p.** faire caca

poodle ['puːdəl] **n** caniche *m*

poof [pʊf] **n** *Br very Fam Pej* pédé *m*, = terme injurieux désignant un homosexuel

pool¹ [puːl] **n** *(puddle)* flaque *f*; *(of blood)* mare *f*; *(pond)* étang *m*; *(for swimming)* piscine *f*

pool² [puːl] **1** **n** *(of money, helpers)* réserve *f*; *(of typists)* pool *m*; *Br* **the (football) pools** = concours de pronostics des matchs de football **2** **vt** *(share)* mettre en commun

pool³ [puːl] **n** *(game)* billard *m* américain

poor [pʊə(r)] **1** (**-er, -est**) **adj** *(not rich)* pauvre; *(bad)* mauvais; *(chances)* maigre; *(harvest, reward)* faible; **to be in p. health** ne pas bien se porter; **p. thing!** le/la pauvre! **2** **npl** **the p.** les pauvres *mpl* ■ **poorly 1** **adv** mal; *(clothed, furnished)* pauvrement **2** **adj** *Br Fam* malade

pop¹ [pɒp] **1** **exclam** pan! **2** **n** *(noise)* bruit *m* sec; **to go p.** faire pan **3** (*pt & pp* **-pp-**) **vt** **(a)** *(balloon)* crever; *(cork, button)* faire sauter **(b)** *Fam (put)* mettre **4** **vi** **(a)** *(burst)* éclater; *(of cork)* sauter; *(of ears)* se déboucher **(b)** *Br Fam* **to p. in** passer; **to p. out** sortir (un instant); **to p. over** or **round (to sb's house)** faire un saut (chez qn); **to p. up** surgir

pop² [pɒp] **1** **n** *(music)* pop *f* **2** **adj** *(concert, singer, group)* pop *inv*; **p. art** pop art *m*

pop³ [pɒp] **n** *Am Fam (father)* papa *m*

pop⁴ [pɒp] **n** *(fizzy drink)* soda *m*

popcorn ['pɒpkɔːn] **n** pop-corn *m*

pope [pəʊp] **n** pape *m*

poplar ['pɒplə(r)] **n** *(tree, wood)* peuplier *m*

popper ['pɒpə(r)] **n** *Br (fastener)* pression *f*

poppy ['pɒpɪ] (*pl* **-ies**) **n** *(red, wild)* coquelicot *m*; *(cultivated)* pavot *m*

Popsicle® ['pɒpsɪkəl] **n** *Am (ice lolly)* ≃ Esquimau® *m*

popular ['pɒpjʊlə(r)] **adj** populaire; *(fashionable)* à la mode; *(restaurant)* qui a beaucoup de succès; **to be p. with** plaire beaucoup à ■ **popularity** [-'lærɪtɪ] **n** popularité *f* (**with** auprès de)

populate ['pɒpjʊleɪt] **vt** peupler; **highly/sparsely populated** très/peu peuplé; **populated by** or **with** peuplé de

population [pɒpjʊ'leɪʃən] **n** population *f*

populous ['pɒpjuləs] ADJ populeux, -euse

pop-up ['pɒpʌp] 1 N Comptr (advert) pop-up m 2 ADJ **p. book** livre m en relief; Comptr **p. menu** menu m local

porcelain ['pɔːsəlɪn] N porcelaine f

porch [pɔːtʃ] N porche m; Am (veranda) véranda f

porcupine ['pɔːkjʊpaɪn] N porc-épic m

pore [pɔː(r)] 1 N (of skin) pore m 2 VI **to p. over sth** (book, question) étudier qch de près ■ **porous** ADJ poreux, -euse

pork [pɔːk] N (meat) porc m; **p. pie** ≈ pâté m en croûte

pornography [pɔːˈnɒɡrəfɪ] N pornographie f ■ **porn** N & ADJ Fam porno (m) inv ■ **pornographic** [-nəˈɡræfɪk] ADJ pornographique

porpoise ['pɔːpəs] N marsouin m

porridge ['pɒrɪdʒ] N porridge m; **p. oats** flocons mpl d'avoine

port¹ [pɔːt] 1 N (harbour) port m; **p. of call** escale f 2 ADJ (authorities, installations) portuaire

port² [pɔːt] N Naut (left-hand side) bâbord m

port³ [pɔːt] N (wine) porto m

portable ['pɔːtəbəl] ADJ portable

portal ['pɔːtəl] N Comptr portail m

porter ['pɔːtə(r)] N (for luggage) porteur m; (door attendant) chasseur m; (in hospital) brancardier m

portfolio [pɔːtˈfəʊlɪəʊ] (pl -os) N (for documents) porte-documents m inv; (of shares, government minister) portefeuille m

porthole ['pɔːthəʊl] N hublot m

portion ['pɔːʃən] 1 N partie f; (share, helping) portion f 2 VT **to p. sth out** partager qch

portrait ['pɔːtreɪt, 'pɔːtrɪt] N portrait m; **p. painter** portraitiste mf

portray [pɔːˈtreɪ] VT (describe) dépeindre; (of actor) interpréter ■ **portrayal** N (description) tableau m; (by actor) interprétation f

Portugal ['pɔːtjʊɡəl] N le Portugal ■ **Portuguese** [-ˈɡiːz] 1 ADJ portugais 2 N (person) Portugais, -aise mf; (language) portugais m; **the P.** (people) les Portugais

pose [pəʊz] 1 N (position) pose f 2 VT (question) poser; (threat) représenter 3 VI poser (**for** pour); **to p. as a lawyer** se faire passer pour un avocat

posh [pɒʃ] ADJ Fam (smart) chic inv; (snobbish) snob inv

position [pəˈzɪʃən] 1 N (place, posture, opinion) position f; (of building, town) emplacement m; (job, circumstances) situation f; (window in bank) guichet m; **in a p. to do sth** en mesure de faire qch; **in a good p. to do sth** bien placé pour

faire qch; **in p.** en place 2 VT (put) placer; (troops) poster

positive ['pɒzɪtɪv] ADJ (person, answer, test) positif, -ive; (progress, change) réel (f réelle); (evidence) formel, -elle; (tone) assuré; (certain) sûr, certain (**of** de; **that** que); Fam **a p. genius** un véritable génie ■ **positively** ADV (identify) formellement; (think, react) de façon positive; (for emphasis) véritablement; **to reply p.** (saying yes) répondre par l'affirmative

possess [pəˈzes] VT posséder ■ **possession** N (ownership) possession f; (thing possessed) bien m; **to be in p. of sth** être en possession de qch; **to take p. of sth** prendre possession de qch

possessive [pəˈzesɪv] 1 ADJ possessif, -ive 2 ADJ & N Grammar possessif (m)

possibility [pɒsɪˈbɪlɪtɪ] (pl -ies) N possibilité f; **there is some p. of...** il y a quelques chances de...; **it's a distinct p.** c'est bien possible

possible ['pɒsəbəl] 1 ADJ possible, **it is p. (for us) to do it** il (nous) est possible de le faire; **it is p. that...** il est possible que... (+ subjunctive); **as soon as p.** dès que possible; **as much/as many as p.** autant que possible; **if p.** si possible 2 N Fam (person) candidat m possible; (thing) option f

possibly ['pɒsɪblɪ] ADV (a) (perhaps) peut-être (b) (for emphasis) **to do all one p. can** faire tout son possible (**to do** pour faire); **if you p. can** si cela t'est possible; **he cannot p. stay** il ne peut absolument pas rester

post- [pəʊst] PREF post-; **post-1800** après 1800

post¹ [pəʊst] 1 N Br (postal system) poste f; (letters) courrier m; **by p.** par la poste; **to catch/miss the p.** avoir/manquer la levée; **p. office** (bureau m de) poste; **the P. Office** (government department) ≈ la Poste 2 VT (letter) poster; **to keep sb posted** tenir qn au courant ■ **postbox** N Br boîte f aux lettres ■ **postcard** N carte f postale ■ **postcode** N Br code m postal ■ **postman** (pl -men) N Br facteur m ■ **postmark** 1 N cachet m de la poste 2 VT oblitérer

post² [pəʊst] 1 N (job, place) poste m 2 VT (sentry, guard) poster; Br (employee) affecter (**to** à)

post³ [pəʊst] 1 N (pole) poteau m; (of door, bed) montant m; **finishing** or **winning p.** (in race) poteau m d'arrivée 2 VT **to p. (up)** (notice) afficher

postage ['pəʊstɪdʒ] N affranchissement m (**to** pour); **p. paid** port m payé; **p. stamp** timbre-poste m

postal ['pəʊstəl] ADJ (services) postal; (inquiries) par la poste; (vote) par correspondance; **p. district** secteur m postal; Br **p. order** mandat m postal

postdate [pəʊstˈdeɪt] VT postdater

poster ['pəʊstə(r)] N affiche f; (for decoration) poster m

posterior [pɒˈstɪərɪə(r)] N *Hum (buttocks)* postérieur m

postgraduate [pəʊstˈɡrædjʊət] **1** ADJ de troisième cycle **2** N étudiant, -iante mf de troisième cycle

posthumous [ˈpɒstjʊməs] ADJ posthume; **to receive a p. award** recevoir un prix à titre posthume

postmortem [pəʊstˈmɔːtəm] ADJ & N **p. (examination)** autopsie f (**on** de)

postnatal [ˈpəʊstneɪtəl] ADJ postnatal (mpl -als)

postpone [pəʊsˈpəʊn] VT reporter

postscript [ˈpəʊstskrɪpt] N post-scriptum m inv

postulate [ˈpɒstjʊleɪt] VT poser comme hypothèse

posture [ˈpɒstʃə(r)] **1** N *(of body)* posture f; Fig attitude f **2** VI Pej prendre des poses

postwar [ˈpəʊstwɔː(r)] ADJ d'après-guerre

posy [ˈpəʊzɪ] *(pl* **-ies)** N petit bouquet m

pot¹ [pɒt] **1** N pot m; *(for cooking)* casserole f; **pots and pans** casseroles fpl; **jam p.** pot à confiture; Fam **to go to p.** aller à la ruine; Fam **gone to p.** *(person, plans)* fichu **2** *(pt & pp* **-tt-)** VT mettre en pot ■ **pothole** [ˈpɒthəʊl] N *(in road)* nid-de-poule m; *(cave)* caverne f ■ **pot'luck** N **to take p.** prendre ce que l'on trouve

pot² [pɒt] N Fam *(drug)* hasch m

potassium [pəˈtæsɪəm] N potassium m

potato [pəˈteɪtəʊ] *(pl* **-oes)** N pomme f de terre; Br **p. crisps,** Am **p. chips** chips fpl; **p. peeler** éplucheur m

potent [ˈpəʊtənt] ADJ puissant; *(drink)* fort

potential [pəˈtenʃəl] **1** ADJ potentiel, -ielle **2** N potentiel m; **to have p.** avoir du potentiel ■ **potentially** ADV potentiellement

potion [ˈpəʊʃən] N potion f

potted [ˈpɒtɪd] ADJ **(a)** *(plant)* en pot; *(food)* en terrine **(b)** Br *(version)* abrégé

potter [ˈpɒtə(r)] **1** N potier, -ière mf **2** VI Br **to p. about** *(do odd jobs)* bricoler ■ **pottery** N *(art)* poterie f; *(objects)* poteries fpl; **a piece of p.** une poterie

potty¹ [ˈpɒtɪ] N *(for baby)* pot m; **p. training** apprentissage m de la propreté

potty² [ˈpɒtɪ] **(-ier, -iest)** ADJ Br Fam *(mad)* dingue

pouch [paʊtʃ] N bourse f; *(for tobacco)* blague f; *(of kangaroo)* poche f

poultry [ˈpəʊltrɪ] N volaille f

pounce [paʊns] VI *(of animal)* bondir (**on** sur); *(of person)* se précipiter (**on** sur)

pound¹ [paʊnd] N **(a)** *(weight)* livre f (= 453,6 g) **(b)**
p. (sterling) livre f (sterling) **(c)** Am Tel **p. sign** *(on telephone)* dièse m

pound² [paʊnd] N *(for cars, dogs)* fourrière f

pound³ [paʊnd] **1** VT *(spices, nuts)* piler; *(meat)* attendrir; *(town)* pilonner **2** VI *(of heart)* battre à tout rompre; **to p. on the door** cogner à la porte

pour [pɔː(r)] **1** VT verser; **to p. sb a drink** verser à boire à qn; **to p. money into sth** investir beaucoup d'argent dans qch **2** VI **it's pouring (with rain)** il pleut à verse

▸ **pour down** VI **it's pouring down** il pleut à verse

▸ **pour in 1** VT SEP *(liquid)* verser **2** VI *(of water, rain, sunshine)* entrer à flots; Fig *(of people, money)* affluer

▸ **pour off** VT SEP *(liquid)* vider

▸ **pour out 1** VT SEP *(liquid)* verser; Fig *(anger, grief)* déverser **2** VI *(of liquid)* se déverser; Fig *(of people)* sortir en masse (**from** de); *(of smoke)* s'échapper (**from** de)

pout [paʊt] **1** N moue f **2** VI faire la moue

poverty [ˈpɒvətɪ] N pauvreté f; **extreme p.** la misère; **p. line** seuil m de pauvreté ■ **poverty-stricken** ADJ *(person)* indigent; *(neighbourhood, conditions)* misérable

powder [ˈpaʊdə(r)] **1** N poudre f; Fig **p. keg** *(dangerous place)* poudrière f; **p. puff** houppette f; **p. room** toilettes fpl pour dames **2** VT *(body, skin)* poudrer; **to p. one's face** or **nose** se poudrer ■ **powdered** ADJ *(milk, eggs)* en poudre ■ **powdery** ADJ *(snow)* poudreux, -euse; *(face)* couvert de poudre

power [ˈpaʊə(r)] **1** N *(ability, authority)* pouvoir m; *(strength, nation)* puissance f; *(energy)* énergie f; *(electric current)* courant m; **to be in p.** être au pouvoir; **three to the p. of ten** trois puissance dix; **p. of speech** usage m de la parole; Br **p. station,** Am **p. plant** centrale f électrique; Aut **p. steering** direction f assistée **2** VT *(provide with power)* actionner

powerful [ˈpaʊəfəl] ADJ puissant; *(drug)* fort ■ **powerfully** ADV puissamment ■ **powerless** ADJ impuissant (**to do** à faire)

PR [piːˈɑː(r)] *(abbr* **public relations)** N RP fpl; **PR agency** agence f conseil en communication

practical [ˈpræktɪkəl] ADJ *(tool, knowledge, solution)* pratique; *(of person)* avoir l'esprit pratique; **p. joke** farce f ■ **practicality** [-ˈkælɪtɪ] N *(of person)* sens m pratique; **practicalities** *(of situation, scheme)* détails mpl pratiques

practically [ˈpræktɪkəlɪ] ADV *(almost)* pratiquement

practice [ˈpræktɪs] **1** N *(action, exercise, custom)* pratique f; *(in sport)* entraînement m; *(of* *profession)* exercice m (**of** de); *(surgery)* centre m médical; **in p.** *(in reality)* dans la ou en pratique; **to put sth into p.** mettre qch en pratique; **to be out of p.** avoir perdu l'habitude; **to make a p. of doing sth** se faire une règle de faire qch; **to be good/bad p.** être conseillé/déconseillé **2 vti** Am = **practise**

practise, Am **practice** ['præktɪs] **1 vt** *(sport, language, art, religion)* pratiquer; *(medicine, law)* exercer; *(musical instrument)* travailler **2 vi** *(of musician)* s'exercer; *(of sportsperson)* s'entraîner; *(of doctor, lawyer)* exercer ■ **practised** ADJ *(experienced)* expérimenté; *(ear, eye)* exercé ■ **practising** ADJ *(doctor, lawyer)* en exercice; *Rel* pratiquant

practitioner [præk'tɪʃənə(r)] N praticien, -ienne mf; **general p.** (médecin m) généraliste m

pragmatic [præg'mætɪk] ADJ pragmatique

prairie ['preərɪ] N prairie f; **the P.** *(in USA)* la Grande Prairie; *(in Canada)* les Prairies fpl

praise [preɪz] **1** N éloges mpl **2 vt** faire l'éloge de; *(God)* louer; **to p. sb for doing** or **having done sth** louer qn d'avoir fait qch

pram [præm] N Br landau m (pl -aus)

prank [præŋk] N farce f

prat [præt] N Br Fam andouille f

prattle ['prætəl] vi papoter (**about** de)

prawn [prɔːn] N crevette f rose; **p. cocktail** cocktail m de crevettes; **p. cracker** beignet m de crevette

pray [preɪ] **1 vt** to **p. that…** prier pour que… (+ subjunctive) **2 vi** prier; **to p. to God** prier Dieu

prayer [preə(r)] N prière f

pre- [priː] PREF **pre-1800** avant 1800

preach [priːtʃ] vti prêcher; **to p. to sb** prêcher qn; *Fig* faire la morale à qn; **to p. a sermon** faire un sermon ■ **preacher** N prédicateur, -trice mf ■ **preaching** N prédication f

prearrange [priːə'reɪndʒ] vt arranger à l'avance

precarious [prɪ'keərɪəs] ADJ précaire

precaution [prɪ'kɔːʃən] N précaution f; **as a p.** par précaution

precede [prɪ'siːd] vti précéder ■ **preceding** ADJ précédent

precedence ['presɪdəns] N *(priority)* priorité f; *(in rank)* préséance f; **to take p. over sb** avoir la préséance sur qn; **to take p. over sth** passer avant qch

precedent ['presɪdənt] N précédent m; **to create** or **set a p.** créer un précédent

precept ['priːsept] N précepte m

precinct ['priːsɪŋkt] N *(of convent, palace)* enceinte f; *(boundary)* limite f; Br *(for shopping)* zone

f commerçante piétonnière; Am *(electoral district)* circonscription f; Am *(police district)* secteur m; Am **p. station** *(police station)* commissariat m de quartier

precious ['preʃəs] **1** ADJ précieux, -ieuse; *Ironic* **her p. little bike** son cher petit vélo **2** ADV **p. little** très peu (de)

precipice ['presɪpɪs] N précipice m

precipitate [prɪ'sɪpɪteɪt] vt *(hasten, throw)* & *Chem* précipiter ■ **precipi'tation** N *(haste)* & *Chem* précipitation f; *(rainfall)* précipitations fpl

precise [prɪ'saɪs] ADJ *(exact)* précis; *(meticulous)* méticuleux, -euse ■ **precisely** ADV précisément; **at three o'clock p.** à trois heures précises ■ **precision** [-'sɪʒən] N précision f

preclude [prɪ'kluːd] vt *(prevent)* empêcher (**from doing** de faire); *(possibility)* exclure

precocious [prɪ'kəʊʃəs] ADJ précoce

preconceived [priːkən'siːvd] ADJ préconçu ■ **preconception** N idée f préconçue

precondition [priːkən'dɪʃən] N condition f préalable

precursor [priː'kɜːsə(r)] N précurseur m

predate [priː'deɪt] vt *(precede)* précéder; *(put earlier date on)* antidater

predator ['predətə(r)] N prédateur m ■ **predatory** ADJ prédateur, -trice

predecessor ['priːdɪsesə(r)] N prédécesseur m

predicament [prɪ'dɪkəmənt] N situation f difficile

predicate ['predɪkət] N *Grammar* prédicat m

predict [prɪ'dɪkt] vt prédire ■ **predictable** ADJ prévisible ■ **prediction** N prédiction f

predispose [priːdɪs'pəʊz] vt prédisposer (**to do** à faire)

predominant [prɪ'dɒmɪnənt] ADJ prédominant ■ **predominantly** ADV en majorité

predominate [prɪ'dɒmɪneɪt] vi prédominer (**over** sur)

pre-empt [priː'empt] vt devancer

prefab ['priːfæb] N Br Fam préfabriqué m

preface ['prefɪs] **1** N *(of book)* préface f **2 vt** commencer (**with** par)

prefect ['priːfekt] N Br Sch = élève chargé de la surveillance

prefer [prɪ'fɜː(r)] *(pt & pp -rr-)* vt préférer (**to** à); **to p. to do sth** préférer faire qch; *Law* **to p. charges** porter plainte

preferable ['prefərəbəl] ADJ préférable (**to** à) ■ **preferably** ADV de préférence

preference ['prefərəns] N préférence f (**for** pour); **in p. to** plutôt que ■ **preferential** [-'renʃəl] ADJ *(terms, price)* préférentiel, -ielle; **p. treatment** traitement m de faveur

prefix ['priːfɪks] N *Grammar* préfixe *m*

pregnant ['pregnənt] ADJ *(woman)* enceinte; *(animal)* pleine; **five months p.** enceinte de cinq mois ▪ **pregnancy** *(pl* **-ies)** N grossesse *f*; **p. test** test *m* de grossesse

prehistoric [priːhɪ'stɒrɪk] ADJ préhistorique

prejudge [priː'dʒʌdʒ] VT *(question)* préjuger de; *(person)* juger sans connaître

prejudice ['predʒədɪs] **1** N *(bias)* préjugé *m*; *Law* **without p. to** sans préjudice de **2** VT *(bias)* prévenir **(against/in favour of** contre/en faveur de); *(harm)* nuire à ▪ **prejudiced** ADJ *(idea)* partial; **to be p.** avoir des préjugés **(against/in favour of** contre/en faveur de) ▪ **preju'dicial** ADJ *Law* préjudiciable **(to** à)

preliminary [prɪ'lɪmɪnərɪ] ADJ préliminaire ▪ **preliminaries** NPL préliminaires *mpl*

prelude ['preljuːd] N prélude *m* **(to** à)

premarital [priː'mærɪtəl] ADJ avant le mariage

premature [*Br* 'premətʃʊə(r), *Am* priːmə'tʃʊər] ADJ prématuré ▪ **prematurely** ADV prématurément

premeditate [priː'medɪteɪt] VT préméditer

premenstrual [priː'menstruəl] ADJ prémenstruel, -elle; *Br* **p. tension,** *Am* **p. syndrome** syndrome *m* prémenstruel

premier [*Br* 'premɪə(r), *Am* prɪ'mɪər] **1** ADJ premier, -ière **2** N Premier ministre *m*

première [*Br* 'premɪeə(r), *Am* prɪ'mɪər] N *(of play, film)* première *f*

premise ['premɪs] N *Phil* prémisse *f*

premises ['premɪsɪz] NPL locaux *mpl*; **on the p.** sur place; **off the p.** en dehors de l'établissement

Note that the French word **prémices** is a false friend. It never refers to a location.

premium ['priːmɪəm] N *Fin (for insurance)* prime *f*; *(additional sum)* supplément *m*; **at a p.** au prix fort; *Br* **p. bonds** ≃ obligations *fpl* à lots

premonition [*Br* premə'nɪʃən, *Am* priːmə'nɪʃən] N prémonition *f*

prenatal [priː'neɪtəl] ADJ *Am* prénatal

prenuptial [priː'nʌpʃəl] ADJ prénuptial; **p. agreement** contrat *m* de mariage ▪ **prenup** N *Fam* contrat *m* de mariage

preoccupy [priː'ɒkjʊpaɪ] *(pt & pp* **-ied)** VT préoccuper au plus haut point; **to be preoccupied** être préoccupé **(with** par) ▪ **preoccu'pation** N préoccupation *f* **(with** pour); **to have a p. with sth** être préoccupé par qch

prep [prep] **1** ADJ **p. school** *Br* école *f* primaire privée; *Am* école secondaire privée **2** N *(homework)* devoirs *mpl*

pre-packed [priː'pækt] ADJ *(meat, vegetables)* préemballé

prepaid [priː'peɪd] ADJ prépayé

preparation [prepə'reɪʃən] N préparation *f*; **preparations** préparatifs *mpl* **(for** de)

preparatory [prə'pærətərɪ] ADJ préparatoire; **p. school** *Br* école *f* primaire privée; *Am* école secondaire privée

prepare [prɪ'peə(r)] **1** VT préparer *(sth for* qch pour; *sb for* qn à) **2** VI se préparer pour; **to p. to do sth** se préparer à faire qch ▪ **prepared** ADJ *(made in advance)* préparé à l'avance; *(ready)* prêt **(to do** à faire); **to be p. for sth** s'attendre à qch

preposition [prepə'zɪʃən] N préposition *f*

preposterous [prɪ'pɒstərəs] ADJ ridicule

prerecorded [priːrɪ'kɔːdɪd] ADJ préenregistré

prerequisite [priː'rekwɪzɪt] N *(condition f)* préalable *m*

prerogative [prɪ'rɒgətɪv] N prérogative *f*

Presbyterian [prezbɪ'tɪərɪən] ADJ & N *Rel* presbytérien, -ienne *(mf)*

preschool ['priːskuːl] ADJ préscolaire

prescribe [prɪ'skraɪb] VT *(of doctor)* prescrire ▪ **prescribed** ADJ *(textbook)* (inscrit) au programme ▪ **prescription** N *(for medicine)* ordonnance *f*; *(order)* prescription *f*; **on p.** sur ordonnance; **p. charge** = prix payé sur un médicament prescrit sur ordonnance

presence ['prezəns] N présence *f*; **in the p. of** en présence de; **p. of mind** présence d'esprit

present¹ ['prezənt] **1** ADJ **(a)** *(in attendance)* présent **(at** à; **in** dans); **those p.** les personnes présentes **(b)** *(current)* actuel, -uelle; *Grammar* **the p. tense** le présent **2** N **the p.** *(time, tense)* le présent; **for the p.** pour l'instant; **at p.** en ce moment ▪ **'present-'day** ADJ actuel, -uelle ▪ **presently** ADV *(soon)* bientôt; *Am (now)* actuellement

present² **1** ['prezənt] N *(gift)* cadeau *m* **2** [prɪ'zent] VT *(show, introduce)* présenter **(to** à); *(concert, film)* donner; *(proof)* fournir; **to p. sb with** *(gift)* offrir à qn; *(prize)* remettre à qn ▪ **presentable** [prɪ'zentəbəl] ADJ *(person, appearance)* présentable ▪ **presenter** [prɪ'zentə(r)] N présentateur, -trice *mf*

presentation [prezən'teɪʃən] N présentation *f*; *(of prize)* remise *f*

preservation [prezə'veɪʃən] N *(of building)* conservation *f*; *(of species)* protection *f*

preservative [prɪ'zɜːvətɪv] N conservateur *m*

Note that the French word **préservatif** is a false friend and is never a translation for the English word **preservative**. It means **condom**.

preserve [prɪ'zɜːv] **1** N *(jam)* confiture *f*; *(sphere)* domaine *m* **2** VT *(keep, maintain)* conserver; *(fruit)* mettre en conserve; **to p. from** *(protect)* préserver de

preside [prɪ'zaɪd] VI présider; **to p. over** or **at a meeting** présider une réunion

presidency ['prezɪdənsɪ] *(pl* **-ies)** N présidence *f*

president ['prezɪdənt] N *(of country)* président, -ente *mf* ■ **presidential** [-'denʃəl] ADJ présidentiel, -ielle

press[1] [pres] N **(a) the p.** la presse; **p. conference** conférence *f* de presse; **p. release** communiqué *m* de presse **(b)** *(machine)* presse *f*; *(for making wine)* pressoir *m*; **(printing) p.** presse *f*; **to go to p.** *(of newspaper)* partir à l'impression

press[2] [pres] **1** N pression *f*; **to give sth a p.** repasser qch; **p. stud** bouton-pression *m* **2** VT *(button, doorbell)* appuyer sur; *(tube, lemon)* presser; *(hand)* serrer; *(clothes)* repasser; *(pressurize)* faire pression sur; *Law* **to p. charges** engager des poursuites **(against** contre**) 3** VI *(push)* appuyer **(on** sur**)**; *(of weight)* faire pression **(on** sur**)** ■ **press-up** N *(exercise)* pompe *f*

▸ **press down** VT INSEP *(button)* appuyer sur

▸ **press for** VT SEP *(demand)* exiger

▸ **press on** VI *(carry on)* continuer; **to p. on with one's work** continuer de travailler

pressed [prest] ADJ **to be hard p.** *(in difficulties)* être en difficultés; *(busy)* être débordé; **to be p. for time** être pressé par le temps

pressing ['presɪŋ] ADJ *(urgent)* pressant

pressure ['preʃə(r)] **1** N pression *f*; **the p. of work** le stress lié au travail; **to be under p.** être stressé; **to put p. on sb (to do sth)** faire pression sur qn (pour qu'il fasse qch); **p. group** groupe *m* de pression **2** VT **to p. sb to do sth** or **into doing sth** faire pression sur qn pour qu'il fasse qch

pressurize ['preʃəraɪz] VT *(aircraft)* pressuriser; **pressurized cabin** cabine *f* pressurisée; **to p. sb (into doing sth)** faire pression sur qn (pour qu'il fasse qch)

prestige [pre'stiːʒ] N prestige *m* ■ **prestigious** [*Br* pre'stɪdʒəs, *Am* -'stiːdʒəs] ADJ prestigieux, -ieuse

presume [prɪ'zjuːm] VT *(suppose)* présumer **(that** que**)**; **to p. to do sth** se permettre de faire qch ■ **presumably** ADV sans doute; **p. she'll come** je suppose qu'elle viendra ■ **presumption** [-'zʌmpʃən] N présomption *f*

presumptuous [prɪ'zʌmptʃuəs] ADJ présomptueux, -ueuse

presuppose [priːsə'pəʊz] VT présupposer **(that** que**)**

pretence, *Am* **pretense** [prɪ'tens] N *(sham)* simulation *f*; *(claim, affectation)* prétention *f*; **to**

make a p. of sth/of doing sth feindre qch/de faire qch; **on** or **under false pretences** sous des prétextes fallacieux

pretend [prɪ'tend] **1** VT *(make believe)* faire semblant **(to do** de faire**)**; *(claim, maintain)* prétendre **(to do** faire; **that** que**) 2** VI faire semblant; **to p. to sth** prétendre à qch

pretense [prɪ'tens] N *Am* = **pretence**

pretentious [prɪ'tenʃəs] ADJ prétentieux, -euse

pretext ['priːtekst] N prétexte *m*; **on the p. of/that** sous prétexte de/que

pretty ['prɪtɪ] **1** **(-ier, -iest)** ADJ joli **2** ADV *Fam (rather, quite)* assez; **p. well, p. much, p. nearly** *(almost)* pratiquement

prevail [prɪ'veɪl] VI *(predominate)* prédominer; *(be successful)* l'emporter **(over** sur**)**; **to p. (up)on sb to do sth** persuader qn de faire qch ■ **prevailing** ADJ prédominant; *(wind)* dominant

prevalent ['prevələnt] ADJ très répandu ■ **prevalence** N *(predominance)* prédominance *f*; *(frequency)* fréquence *f*

prevent [prɪ'vent] VT empêcher **(from doing** de faire**)** ■ **preventable** ADJ évitable ■ **prevention** N prévention *f*

preview ['priːvjuː] N *(of film, painting)* avant-première *f*; *Fig (overall view)* aperçu *m*

previous ['priːvɪəs] **1** ADJ précédent; **to have p. experience** avoir une expérience préalable; **to have a p. engagement** être déjà pris **2** ADV **p. to** avant ■ **previously** ADV auparavant

pre-war ['priːwɔː(r)] ADJ d'avant-guerre

prey [preɪ] **1** N proie *f*; **to be (a) p. to** être en proie à **2** VI **to p. on** *(person)* prendre pour cible; *(fears, doubts)* exploiter; **to p. on sb's mind** tourmenter qn

price [praɪs] **1** N prix *m*; **to pay a high p. for sth** payer cher qch; *Fig* payer chèrement qch; **he wouldn't do it at any p.** il ne le ferait à aucun prix **2** ADJ *(control, war, rise)* des prix; **p. list** tarif *m* **3** VT mettre un prix à; **it's priced at £5** ça coûte 5 livres

priceless ['praɪsləs] ADJ *(invaluable)* qui n'a pas de prix; *Fam (funny)* impayable

pricey ['praɪsɪ] **(-ier, -iest)** ADJ *Fam* cher *(f* chère**)**

prick [prɪk] **1** N *(of needle)* piqûre *f* **2** VT *(jab)* piquer **(with** avec**)**; *(burst)* crever; **to p. up one's ears** *(of animal)* dresser les oreilles; *(of person)* tendre l'oreille

prickly ['prɪkəlɪ] **(-ier, -iest)** ADJ *(plant)* à épines; *(animal)* couvert de piquants; *(beard)* piquant; *Fig (subject)* épineux, -euse; *Fig (person)* susceptible

pride [praɪd] **1** N *(satisfaction)* fierté *f*; *(self-esteem)* amour-propre *m*; *Pej (vanity)* orgueil *m*; **to take**

p. in sth mettre toute sa fierté dans qch; **to take p. in doing sth** mettre toute sa fierté à faire qch; **to have p. of place** trôner **2** *vt* **to p. oneself on sth/on doing sth** s'enorgueillir de qch/de faire qch

priest [priːst] N prêtre *m*

prim [prɪm] (**primmer, primmest**) ADJ **p. (and proper)** (*person, expression*) collet monté *inv*; (*manner*) guindé

primarily [*Br* 'praɪmərəlɪ, *Am* praɪ'merəlɪ] ADV essentiellement

primary ['praɪmərɪ] **1** ADJ (*main*) principal; (*initial*) primaire; **of p. importance** de première importance; **p. education** enseignement *m* primaire; *Br* **p. school** école *f* primaire **2** (*pl* **-ies**) N *Am* (*election*) primaire *f*

primate ['praɪmeɪt] N (*animal*) primate *m*

prime [praɪm] **1** ADJ (*principal*) principal; (*importance*) capital; (*excellent*) excellent; **P. Minister** Premier ministre *m*; *Math* **p. number** nombre *m* premier; **p. quality** de premier choix **2** N **in the p. of life** dans la fleur de l'âge **3** *vt* (*gun, pump*) amorcer; (*surface*) apprêter ■ **primer** N (**a**) (*book*) manuel *m* élémentaire (**b**) (*paint*) apprêt *m*

primitive ['prɪmɪtɪv] ADJ (*original*) primitif, -ive; (*basic*) de base

primrose ['prɪmrəʊz] N (*plant*) primevère *f*

prince [prɪns] N prince *m*; **the P. of Wales** le prince de Galles ■ **prin'cess** N princesse *f*

principal ['prɪnsɪpəl] **1** ADJ (*main*) principal **2** N (*of school*) proviseur *m*; (*of university*) ≃ président, -ente *mf*

principle ['prɪnsɪpəl] N principe *m*; **in p.** en principe; **on p.** par principe

print [prɪnt] **1** N (*of finger, foot*) empreinte *f*; (*letters*) caractères *mpl*; (*engraving*) estampe *f*; (*photo*) épreuve *f*; (*fabric*) imprimé *m*; **in p.** (*book*) disponible en librairie; **out of p.** (*book*) épuisé **2** *vt* (*book, newspaper*) imprimer; (*photo*) tirer; (*write*) écrire en script; **to p. 5,000 copies of a book** tirer un livre à 5000 exemplaires; **to have a book printed** publier un livre; *Comptr* **to p. out** imprimer ■ **printed** ADJ imprimé; **p. matter** imprimés *mpl* ■ **printing** N (*technique, industry*) imprimerie *f*; (*action*) tirage *m*; **p. error** faute *f* d'impression ■ **printout** N *Comptr* sortie *f* papier

printer ['prɪntə(r)] N (*person*) imprimeur *m*; (*machine*) imprimante *f*

prior ['praɪə(r)] **1** ADJ antérieur; (*experience*) préalable **2** ADV **p. to sth** avant qch; **p. to doing sth** avant de faire qch

priority [praɪ'ɒrɪtɪ] (*pl* **-ies**) N priorité *f* (**over** sur)

priory ['praɪərɪ] (*pl* **-ies**) N *Rel* prieuré *m*

prise [praɪz] *vt* *Br* **to p. sth off/open** retirer/ouvrir qch en forçant

prism ['prɪzəm] N prisme *m*

prison ['prɪzən] **1** N prison *f*; **in p.** en prison **2** ADJ (*life, system*) pénitentiaire; (*camp*) de prisonniers; **p. officer** gardien, -ienne *mf* de prison ■ **prisoner** N prisonnier, -ière *mf*; **to take sb p.** faire qn prisonnier; **p. of conscience** prisonnier d'opinion; **p. of war** prisonnier de guerre

prissy ['prɪsɪ] (**-ier, -iest**) ADJ *Fam* collet monté *inv*

pristine ['prɪstiːn] ADJ (*immaculate*) impeccable; **in p. condition** en parfait état

privacy ['praɪvəsɪ, *Br* 'prɪvəsɪ] N intimité *f*; **to give sb some p.** laisser qn seul

private ['praɪvɪt] **1** ADJ privé; (*lesson, car*) particulier, -ière; (*report, letter*) confidentiel, -ielle; (*personal*) personnel, -elle; (*dinner, wedding*) intime; **p. detective, p. eye, p. investigator** détective *m* privé; **p. property** propriété *f* privée **2** N (**a**) **in p.** (*not publicly*) en privé; (*have dinner, get married*) dans l'intimité (**b**) (*soldier*) simple soldat *m*

privately ['praɪvɪtlɪ] ADV (*in private*) en privé; (*in one's heart of hearts*) en son for intérieur; (*personally*) à titre personnel; **p. owned** (*company*) privé; (*hotel*) familial; **to be educated p.** faire sa scolarité dans le privé; **to be treated p.** ≃ se faire soigner par un médecin non conventionné

privatize ['praɪvətaɪz] *vt* privatiser ■ **privati'zation** N privatisation *f*

privet ['prɪvɪt] N troène *m*

privilege ['prɪvɪlɪdʒ] N privilège *m* ■ **privileged** ADJ privilégié; **to be p. to do sth** avoir le privilège de faire qch

prize¹ [praɪz] N prix *m*; (*in lottery*) lot *m*; **the first p.** (*in lottery*) le gros lot ■ **prizegiving** N distribution *f* des prix ■ **prizewinner** N (*in contest*) lauréat, -éate *mf*; (*in lottery*) gagnant, -ante *mf*

prize² [praɪz] *vt* (*value*) attacher de la valeur à; **my most prized possession** mon bien le plus précieux

prize³ [praɪz] *vt* *Am* = **prise**

pro [prəʊ] (*pl* **pros**) N *Fam* (*professional*) pro *mf*

proactive [prəʊ'æktɪv] ADJ qui fait preuve d'initiative

probable ['prɒbəbəl] ADJ probable (**that** que) ■ **proba'bility** (*pl* **-ies**) N probabilité *f*; **in all p.** selon toute probabilité ■ **probably** ADV probablement

probation [prə'beɪʃən] N **on p.** (*criminal*) en liberté surveillée; (*in job*) en période d'essai; **p. officer** agent *m* de probation

probe [prəʊb] **1** N (*device*) sonde *f*; (*inquiry*) enquête *f* (**into** dans) **2** *vt* (*prod*) sonder; (*inquire* *into)* enquêter sur **3** *vi* **to p. into sth** *(past, private life)* fouiller dans qch ■ **probing** ADJ *(question)* perspicace

problem ['prɒbləm] N problème m; **he's got a drug/a drink p.** c'est un drogué/un alcoolique; *Fam* **no p.!** pas de problème!; **p. child** enfant *mf* à problèmes; **p. page** courrier *m* du cœur ■ **proble'matic** ADJ problématique

procedure [prə'si:dʒə(r)] N procédure f

proceed [prə'si:d] *vi (go on)* se poursuivre; **to p. to sth** passer à qch; **to p. with sth** poursuivre qch; **to p. to do sth** se mettre à faire qch

proceedings [prə'si:dɪŋz] NPL *(events)* opérations *fpl; (minutes of meeting)* actes *mpl;* **to take (legal) p.** intenter un procès (**against** contre)

proceeds ['prəusi:dz] NPL recette f

process ['prəuses] **1** N *(method)* procédé m; **by a p. of elimination** par élimination; **in p.** *(work)* en cours; **in the p. of doing sth** en train de faire qch **2** *vt (food, data)* traiter; *(film)* développer; **processed food** aliments *mpl* conditionnés ■ **processing** N traitement m; *(of photo)* développement m

> Note that the French noun **procès** is a false friend. It only means **trial**.

procession [prə'seʃən] N défilé m

processor ['prəusesə(r)] N *Comptr* processeur m; **food p.** robot m de cuisine

proclaim [prə'kleɪm] *vt* proclamer (**that** que); **to p. sb king** proclamer qn roi

procrastinate [prə'kræstɪneɪt] *vi* atermoyer ■ **procrasti'nation** N atermoiements *mpl*

prod [prɒd] **1** N petit coup m **2** *(pt & pp* -dd-) *vti (poke)* donner un petit coup (dans); *Fig* **to p. sb into doing sth** pousser qn à faire qch

prodigy ['prɒdɪdʒɪ] *(pl* -ies) N prodige m; **child p.** enfant *mf* prodige

produce¹ [prə'dju:s] *vt (create)* produire; *(machine)* fabriquer; *(passport, ticket)* présenter; *(documents, alibi)* fournir; *(from bag, pocket)* sortir; *(film, play, programme)* produire; *(reaction)* entraîner ■ **producer** N producteur, -trice *mf*

produce² ['prɒdju:s] N *(products)* produits *mpl*

product ['prɒdʌkt] N *(article, creation)* & *Math* produit m

production [prə'dʌkʃən] N production f; *(of play)* mise f en scène; *Radio* réalisation f; **to work on the p. line** travailler à la chaîne

productive [prə'dʌktɪv] ADJ productif, -ive ■ **productivity** [prɒdʌk'tɪvɪtɪ] N productivité f

profess [prə'fes] *vt (declare)* professer; **to p. to be** prétendre être

profession [prə'feʃən] N profession f; **the**

medical p. le corps médical; **by p.** de profession ■ **professional 1** ADJ professionnel, -elle; *(man, woman)* qui exerce une profession libérale; *(army)* de métier; *(diplomat)* de carrière; *(piece of work)* de professionnel **2** N professionnel, -elle *mf* ■ **professionally** ADV professionnellement; *(perform, play)* en professionnel

professor [prə'fesə(r)] N *Br* ≃ professeur m d'université; *Am* = enseignant d'université

proffer ['prɒfə(r)] *vt Formal (advice)* offrir

proficient [prə'fɪʃənt] ADJ compétent (**in** en) ■ **proficiency** N compétence f (**in** en)

profile ['prəufaɪl] N *(of person, object)* profil m; *(description)* portrait m; **in p.** de profil; *Fig* **to keep a low p.** garder un profil bas

profit ['prɒfɪt] **1** N profit m, bénéfice m; **to sell at a p.** vendre à profit; **p. margin** marge f bénéficiaire **2** *vi* **to p. by** *or* **from sth** tirer profit de qch ■ **profit-making** ADJ *(aiming to make profit)* à but lucratif; *(profitable)* rentable; **non** *or* **not p.** à but non lucratif

profitable ['prɒfɪtəbəl] ADJ *(commercially)* rentable; *Fig (worthwhile)* profitable

profound [prə'faund] ADJ profond ■ **profoundly** ADV profondément

profuse [prə'fju:s] ADJ abondant ■ **profusely** ADV *(bleed)* abondamment; *(flow)* à profusion; *(thank)* avec effusion; **to apologize p.** se confondre en excuses

programme, *Am* **program** ['prəugræm] **1** N *(for play, political party, computer)* programme m; *(on TV, radio)* émission f **2** *(pt & pp* -mm-) *vt (machine)* programmer ■ **programmer** N **(computer) p.** programmeur, -euse *mf* ■ **programming** N **(computer) p.** programmation f

progress 1 ['prəugres] N progrès m; **to make (good) p.** faire des progrès; **to make p. in sth** progresser dans qch; **in p.** en cours **2** [prə'gres] *vi (advance, improve)* progresser; *(of story, meeting)* se dérouler

progressive [prə'gresɪv] ADJ *(gradual)* progressif, -ive; *(company, ideas, political party)* progressiste

prohibit [prə'hɪbɪt] *vt* interdire (**sb from doing** à qn de faire) ■ **prohibitive** ADJ prohibitif, -ive

project 1 ['prɒdʒekt] N *(plan, undertaking)* projet m; *(at school)* dossier m; *Am* **(housing) p.** ≃ cité f HLM **2** [prə'dʒekt] *vt (plan)* prévoir; *(propel, show)* projeter **3** *vi (protrude)* dépasser ■ **projected** ADJ *(planned, forecast)* prévu

projection [prə'dʒekʃən] N projection f; *(protruding part)* saillie f ■ **projector** N projecteur m

proliferate [prə'lɪfəreɪt] *vi* proliférer ■ **prolife'ration** N prolifération f

prolific [prə'lɪfɪk] ADJ prolifique

prologue ['prəulɒg] N prologue m (**to** de)

prolong [prəˈlɒŋ] VT prolonger

prom [prɒm] (abbr **promenade**) N (a) Br (at seaside) promenade f (b) Am (dance) bal m d'étudiants

promenade [prɒməˈnɑːd] N Br (at seaside) front m de mer

prominent [ˈprɒmɪnənt] ADJ (important) important; (nose, chin) proéminent; (tooth) en avant; (peak, landscape) en saillie; **in a p. position** en évidence ■ **prominence** N (importance) importance f ■ **prominently** ADV bien en vue

promiscuous [prəˈmɪskjʊəs] ADJ qui a de multiples partenaires

promise [ˈprɒmɪs] 1 N promesse f; **to show p., to be full of p.** promettre 2 VT promettre (**to do** de faire); **to p. sth to sb, to p. sb sth** promettre qch à qn 3 VI **I p.!** je te le promets!; **p.?** promis? ■ **promising** ADJ prometteur, -euse; **that looks p.** ça s'annonce bien

promote [prəˈməʊt] VT (raise in rank, encourage) promouvoir; (advertise) faire la promotion de ■ **promoter** N (of theory) défenseur, -euse mf; (of boxing match, show) organisateur, -trice mf; Com promoteur m ■ **promotion** N promotion f

prompt[1] [prɒmpt] 1 ADJ (speedy) rapide; (punctual) ponctuel, -uelle; **p. to act** prompt à agir 2 ADV **at eight o'clock p.** à huit heures précises ■ **promptly** ADV (rapidly) rapidement; (punctually) ponctuellement; (immediately) immédiatement

prompt[2] [prɒmpt] 1 VT (a) (cause) provoquer; **to p. sb to do sth** pousser qn à faire qch (b) (actor) souffler à 2 N Comptr invite f

prone [prəʊn] ADJ (a) **to be p. to sth** être sujet, -ette à qch; **to be p. to do sth** avoir tendance à faire qch (b) Formal (lying flat) sur le ventre

prong [prɒŋ] N (of fork) dent f

pronoun [ˈprəʊnaʊn] N Grammar pronom m

pronounce [prəˈnaʊns] 1 VT (say, articulate) prononcer; **to p. that…** déclarer que…; **he was pronounced dead** on l'a déclaré mort 2 VI (articulate) prononcer; (give judgement) se prononcer (**on** sur) ■ **pronunciation** [-nʌnsɪˈeɪʃən] N prononciation f

proof [pruːf] 1 N (evidence) preuve f; (of book, photo) épreuve f; (of drink) teneur f en alcool; **to give p. of sth** prouver qch; **p. of identity** pièce f d'identité 2 ADJ **to be p. against sth** être résistant à qch ■ **proofreader** N correcteur, -trice mf

prop [prɒp] 1 N (physical support) support m; Fig (emotional support) soutien m; Theatre accessoire m 2 (pt & pp **-pp-**) VT **to p. sth (up)** appuyer qch contre qch; **to p. sth up** (building, tunnel) étayer qch; Fig (economy, regime) soutenir qch

propaganda [prɒpəˈɡændə] N propagande f

propagate [ˈprɒpəɡeɪt] 1 VT propager 2 VI se propager

propel [prəˈpel] (pt & pp **-ll-**) VT propulser ■ **propeller** N hélice f

proper [ˈprɒpə(r)] ADJ (a) (correct) vrai; (word) correct; **the village p.** le village proprement dit; Grammar **p. noun** nom m propre (b) (appropriate) bon (f bonne); (equipment) adéquat; (behaviour) convenable; **in the p. way** comme il faut (c) **p. to sb/sth** (characteristic of) propre à qn/qch (d) Br (downright) véritable ■ **properly** ADV (suitably) convenablement; (correctly) correctement

property [ˈprɒpətɪ] 1 (pl **-ies**) N (a) (land, house) propriété f; (possessions) biens mpl (b) (quality) propriété f 2 ADJ (speculator) immobilier, -ière; (tax) foncier, -ière; **p. developer** promoteur m immobilier; **p. market** marché m immobilier; **p. owner** propriétaire m foncier

prophecy [ˈprɒfɪsɪ] (pl **-ies**) N prophétie f ■ **prophesy** [-ɪsaɪ] (pt & pp **-ied**) VT prédire

prophet [ˈprɒfɪt] N prophète m

proportion [prəˈpɔːʃən] 1 N (ratio, part) proportion f; **proportions** (size) proportions fpl; **in p.** proportionné (**to** avec); **out of p.** disproportionné (**to** par rapport à) 2 VT proportionner (**to** à); **well** or **nicely proportioned** bien proportionné ■ **proportional, proportionate** ADJ proportionnel, -elle (**to** à); Pol **proportional representation** proportionnelle f

proposal [prəˈpəʊzəl] N proposition f; (plan) projet m; (for marriage) demande f en mariage ■ **proposition** [prɒpəˈzɪʃən] N proposition f

propose [prəˈpəʊz] 1 VT proposer; **to p. to do sth, to p. doing sth** (suggest) proposer de faire qch; (intend) se proposer de faire qch 2 VI **to p. to sb** demander qn en mariage

proprietor [prəˈpraɪətə(r)] N propriétaire mf ■ **proprietary** ADJ (article, goods) de marque déposée; **p. name** marque f déposée

propriety [prəˈpraɪətɪ] N (behaviour) bienséance f; (of conduct, remark) justesse f; **to observe the proprieties** observer les convenances

Note that the French word **propriété** is a false friend and is never a translation for the English word **propriety**. It means **property**.

pros [prəʊz] NPL **the p. and cons** le pour et le contre

proscribe [prəʊˈskraɪb] VT proscrire

prose [prəʊz] N prose f; Br Sch (translation) thème m; **French p. (translation)** thème m français

prosecute [ˈprɒsɪkjuːt] VT Law poursuivre (en justice) ■ **prosecution** N Law poursuites fpl judiciaires; **the p.** (lawyers) ≃ le ministère public ■ **prosecutor** N Law **(public) p.** procureur m

prospect¹ ['prɒspekt] N (expectation, thought) perspective f; (chance, likelihood) perspectives fpl; (view) vue f; **(future) prospects** perspectives d'avenir ■ **prospective** [prə'spektɪv] ADJ (potential) potentiel, -ielle; (future) futur

prospect² [prə'spekt] 1 VT (land) prospecter 2 VI **to p. for gold** chercher de l'or ■ **prospector** N prospecteur, -trice mf

prospectus [prə'spektəs] N (publicity leaflet) prospectus m; Br Univ guide m de l'étudiant

prosper ['prɒspə(r)] VI prospérer ■ **prosperity** [-'sperɪtɪ] N prospérité f ■ **prosperous** ADJ prospère

prostate ['prɒsteɪt] N Anat **p. (gland)** prostate f

prostitute ['prɒstɪtjuːt] 1 N (woman) prostituée f; **male p.** prostitué m 2 VT **to p. oneself** se prostituer ■ **prostitution** N prostitution f

prostrate 1 ['prɒstreɪt] ADJ (prone) sur le ventre 2 [prɒ'streɪt] VT **to p. oneself** se prosterner (**before** devant)

protagonist [prəʊ'tægənɪst] N protagoniste mf

protect [prə'tekt] VT protéger (**from** or **against** de) ■ **protection** N protection f ■ **protective** ADJ (clothes, screen) de protection; (person, attitude) protecteur, -trice (**to** or **towards** envers); Econ (barrier) protecteur; **to be too** or **over p. towards** (child) surprotéger ■ **protector** N protecteur, -trice mf

protein ['prəʊtiːn] N protéine f

protest [prə'test] 1 ['prəʊtest] N protestation f (**against** contre); **in p.** en signe de protestation (**at** contre); **under p.** contre son gré; **p. vote** vote m de protestation 2 VT protester contre; (one's innocence) protester de; **to p. that...** protester en disant que... 3 VI protester (**against** contre) ■ **protester** [prə'testə(r)] N contestataire mf

Protestant ['prɒtɪstənt] ADJ & N protestant, -ante (mf)

protocol ['prəʊtəkɒl] N protocole m

proton ['prəʊtɒn] N Phys proton m

prototype ['prəʊtəʊtaɪp] N prototype m

protracted [prə'træktɪd] ADJ prolongé

protractor [prə'træktə(r)] N rapporteur m

protrude [prə'truːd] VI dépasser (**from** de); (of tooth) avancer; (of balcony, cliff) faire saillie ■ **protruding** ADJ (chin, veins, eyes) saillant; (tooth) qui avance

proud [praʊd] (**-er, -est**) 1 ADJ (person) fier (f fière) (**of** de) 2 ADV **to do sb p.** faire honneur à qn ■ **proudly** ADV fièrement

prove [pruːv] 1 VT prouver (**that** que); **to p. sb wrong** prouver que qn a tort; **to p. oneself** faire ses preuves 2 VI **to p. (to be) difficult** s'avérer difficile ■ **proven** ADJ (method) éprouvé

proverb ['prɒvɜːb] N proverbe m

provide [prə'vaɪd] 1 VT **(a)** (supply) fournir; (service) offrir (**to** à); **to p. sb with sth** fournir qch à qn **(b)** (stipulate) stipuler 2 VI **to p. for sb** (sb's needs) pourvoir aux besoins de qn; (sb's future) assurer l'avenir de qn; **to p. for sth** (make allowance for) prévoir qch ■ **provided** CONJ **p. (that)...** pourvu que... (+ subjunctive) ■ **providing** CONJ **p. (that)...** pourvu que... (+ subjunctive)

province ['prɒvɪns] N province f; Fig (field of knowledge) domaine m; **in the provinces** en province ■ **provincial** [prə'vɪnʃəl] ADJ & N provincial, -iale (mf)

provision [prə'vɪʒən] N (clause) disposition f; **the p. of sth** (supplying) l'approvisionnement m en qch; **the provisions** (supplies) les provisions fpl

provisional [prə'vɪʒənəl] ADJ provisoire

provocative [prə'vɒkətɪv] ADJ provocateur, -trice ■ **provocation** N provocation f

provoke [prə'vəʊk] VT provoquer; **to p. sb into doing sth** pousser qn à faire qch ■ **provoking** ADJ (annoying) agaçant

prowl [praʊl] 1 N **to be on the p.** rôder 2 VI **to p. (around)** rôder

proximity [prɒk'sɪmɪtɪ] N proximité f

proxy ['prɒksɪ] (pl **-ies**) N procuration f; **by p.** par procuration

prude [pruːd] N prude f ■ **prudish** ADJ pudibond

prudent ['pruːdənt] ADJ prudent ■ **prudence** N prudence f

prune¹ [pruːn] N (dried plum) pruneau m

> Note that the French word **prune** is a false friend and is never a translation for the English word **prune**. It means **plum**.

prune² [pruːn] VT (tree, bush) tailler; Fig (article, speech) élaguer

pry [praɪ] 1 (pt & pp **pried**) VT Am **to p. open** forcer (avec un levier) 2 VI être indiscret, -ète; **to p. into sth** (meddle) mettre son nez dans qch; (sb's reasons) chercher à découvrir qch ■ **prying** ADJ indiscret, -ète; **safe from p. eyes** à l'abri des regards indiscrets

PS [piː'es] (abbr **postscript**) N PS m

psalm [sɑːm] N psaume m

pseudonym ['sjuːdənɪm] N pseudonyme m

psychiatry [saɪ'kaɪətrɪ] N psychiatrie f ■ **psychiatric** [-kɪ'ætrɪk] ADJ psychiatrique ■ **psychiatrist** N psychiatre mf

psychic ['saɪkɪk] 1 ADJ (paranormal) paranormal;

Fam **I'm not p.** je ne suis pas devin **2 N** médium *m*

psycho- ['saɪkəʊ] PREF psycho- ■ **psychoanalysis** [-ə'næləsɪs] N psychanalyse *f* ■ **psychoanalyst** [-'ænəlɪst] N psychanalyste *mf*

psychology [saɪ'kɒlədʒɪ] N psychologie *f* ■ **psychological** [-kə'lɒdʒɪkəl] ADJ psychologique ■ **psychologist** N psychologue *mf*

psychopath ['saɪkəʊpæθ] N psychopathe *mf*

psychotherapy [saɪkəʊ'θerəpɪ] N psychothérapie *f* ■ **psychotherapist** N psychothérapeute *mf*

psychotic [saɪ'kɒtɪk] N & ADJ psychotique (*mf*)

PTO (*abbr* **please turn over**) TSVP

pub [pʌb] N *Br* pub *m*; **p. quiz** = jeu de culture générale dans un pub

puberty ['pjuːbətɪ] N puberté *f*

pubic ['pjuːbɪk] ADJ du pubis

public ['pʌblɪk] **1** ADJ public, -ique; (*library, swimming pool*) municipal; **to make sth p.** rendre qch public; **to go p. with sth** préveler qch (*à la presse*); **in the p. eye** très en vue; **p. figure** personnalité *f* en vue; **p. holiday** jour *m* férié; **p. opinion** l'opinion *f* publique; **p. relations** relations *fpl* publiques; *Br* **p. school** école *f* privée; *Am* école publique; **p. transport** transports *mpl* en commun **2** N public *m*; **in p.** en public

publication [pʌblɪ'keɪʃən] N publication *f*

publicity [pʌ'blɪsɪtɪ] N publicité *f*

publicize ['pʌblɪsaɪz] VT faire connaître au public

publicly ['pʌblɪklɪ] ADV publiquement; **p. owned** à capitaux publics

public-spirited [pʌblɪk'spɪrɪtɪd] ADJ **to be p.** avoir le sens civique

publish ['pʌblɪʃ] VT publier; **'published weekly'** (*of magazine*) 'paraît toutes les semaines' ■ **publisher** N éditeur, -trice *mf* ■ **publishing** N édition *f*; **the p. of** la publication de; **p. house** maison *f* d'édition

pudding ['pʊdɪŋ] N (*dish*) pudding *m*; *Br* (*dessert*) dessert *m*

puddle ['pʌdəl] N flaque *f* (d'eau)

puerile [*Br* 'pjʊəraɪl, *Am* 'pjʊərəl] ADJ puéril

Puerto Rico [pwɜːtəʊ'riːkəʊ] N Porto Rico *f*

puff [pʌf] **1** N (*of smoke*) bouffée *f*; (*of wind, air*) souffle *m*; *Fam* **to be out of p.** être essoufflé; **p. pastry,** *Am* **p. paste** pâte *f* feuilletée **2** VT (*smoke*) souffler (**into** dans); **to p. sth out** (*cheeks, chest*) gonfler qch **3** VI (*of person*) souffler; (*of steam engine*) lancer des bouffées de vapeur; **to p. at a cigar** tirer sur un cigare ■ **puffy** (**-ier, -iest**) ADJ gonflé

puke [pjuːk] VI *Fam* dégueuler

pull [pʊl] **1** N (*attraction*) attraction *f*; (*of water current*) force *f*; *Fam* (*influence*) influence *f*; **to give sth a p.** tirer qch **2** VT (**a**) (*draw, tug*) tirer; (*tooth*) arracher; (*stopper*) enlever; (*trigger*) appuyer sur; (*muscle*) se froisser; *Fig* **to p. sth apart** *or* **to bits** *or* **to pieces** démolir qch; **to p. a face** faire la grimace; *Fig* **to (get sb to) p. strings** se faire pistonner (par qn) (**b**) *Br Fam* (*sexual partner*) emballer **3** VI (**a**) (*tug*) tirer (**on** sur); **to p. into the station** (*of train*) entrer en gare; **to p. clear of sth** s'éloigner de qch (**b**) *Br Fam* (*find sexual partner*) faire une touche

▸ **pull along** VT SEP (*drag*) traîner (**to** jusqu'à)

▸ **pull away 1** VT SEP (*move*) éloigner; (*snatch*) arracher (**from** à) **2** VI (*in vehicle*) démarrer; **to p. away from** s'éloigner de

▸ **pull back 1** VT SEP retirer; (*curtains*) ouvrir **2** VI (*withdraw*) se retirer

▸ **pull down** VT SEP (*lower*) baisser; (*knock down*) faire tomber; (*demolish*) démolir

▸ **pull in 1** VT SEP (*drag into room*) faire entrer (de force); (*rope*) ramener; (*stomach*) rentrer; (*crowd*) attirer **2** VI (*arrive*) arriver; (*stop in vehicle*) s'arrêter

▸ **pull off** VT SEP (*remove*) enlever; *Fig* (*plan, deal*) réaliser; **to p. it off** réussir son coup

▸ **pull on** VT SEP (*boots, clothes*) mettre

▸ **pull out 1** VT SEP (*tooth, hair*) arracher; (*cork, pin*) enlever (**from** de); (*from pocket, bag*) sortir (**from** de); (*troops*) retirer **2** VI (*of car*) déboîter; (*of train*) partir; (*withdraw*) se retirer (**from** de)

▸ **pull over 1** VT SEP (*drag*) traîner (**to** jusqu'à); (*knock down*) faire tomber **2** VI (*in vehicle*) s'arrêter

▸ **pull round** VI (*recover*) se remettre

▸ **pull through** VI (*recover*) s'en tirer

▸ **pull together** VT SEP **to p. oneself together** se ressaisir

▸ **pull up 1** VT SEP (*socks, blinds*) remonter; (*haul up*) hisser; (*plant, tree*) arracher; (*stop*) arrêter; *Fig* **to p. one's socks up** se ressaisir **2** VI (*of car*) s'arrêter

pulley ['pʊlɪ] (*pl* **-eys**) N poulie *f*

pull-out ['pʊlaʊt] N (*in newspaper*) supplément *m* détachable

pullover ['pʊləʊvə(r)] N pull-over *m*

pulp [pʌlp] N (*of fruit*) pulpe *f*; **to reduce sth to a p.** écraser qch; **p. fiction** romans *mpl* de gare

pulpit ['pʊlpɪt] N chaire *f*

pulsate [pʌl'seɪt] VI (*beat*) palpiter; (*vibrate*) vibrer

pulse [pʌls] N *Med* pouls *m*; (*of light, sound*) vibration *f* ■ **pulses** NPL (*seeds*) légumineuses *fpl*

pulverize ['pʌlvəraɪz] VT pulvériser

pump[1] [pʌmp] **1** N (*machine*) pompe *f*; *Br* **petrol**

p., *Am* **gas p.** pompe *f* à essence **2** *vt* pomper; *Fig (money, resources)* injecter (**into** dans); *Fam* **to p. sb for information** tirer les vers du nez à qn; **to p. sth in** *(liquid)* refouler qch; **to p. sth out** *(liquid)* pomper qch (**of** de); **to p. air into sth, to p. sth up** *(mattress)* gonfler qch **3** *vi* pomper; *(of heart)* battre

pump² [pʌmp] **N** *(flat shoe)* escarpin *m*; *(for sports)* tennis *m ou f*

pumpkin ['pʌmpkɪn] **N** potiron *m*; *Am* **p. pie** tarte *f* au potiron

pun [pʌn] **N** jeu *m* de mots

punch¹ [pʌntʃ] **1** **N** *(blow)* coup *m* de poing; *Fig (energy)* punch *m*; *Boxing & Fig* **to pack a p.** avoir du punch; **p. line** *(of joke, story)* chute *f* **2** *vt* *(person)* donner un coup de poing à; *(sb's nose)* donner un coup de poing sur; *(ball)* frapper d'un coup de poing ▪ **punch-up** **N** *Br Fam* bagarre *f*

punch² [pʌntʃ] **1 N** *(for paper)* perforeuse *f*; *(tool)* poinçon *m*; *(for tickets)* poinçonneuse *f*; *Comptr* **p. card** carte *f* perforée **2** *vt* *(ticket)* poinçonner; *(with date)* composter; *(paper, card)* perforer; **to p. a hole in sth** faire un trou dans qch

punch³ [pʌntʃ] **N** *(drink)* punch *m*

punctual ['pʌŋktʃʊəl] **ADJ** ponctuel, -uelle ▪ **punctually** **ADV** à l'heure

punctuate ['pʌŋktʃʊeɪt] *vt* ponctuer (**with** de) ▪ **punctu'ation** **N** ponctuation *f*; **p. mark** signe *m* de ponctuation

puncture ['pʌŋktʃə(r)] **1 N** *(in tyre)* crevaison *f*; **to have a p.** crever **2** *vt* *(tyre)* crever; *(metal)* perforer; *(blister)* percer **3** *vi* *(of tyre)* crever

pungent ['pʌndʒənt] **ADJ** âcre

punish ['pʌnɪʃ] *vt* punir (**for** de); **to p. sb for doing sth** punir qn pour avoir fait qch ▪ **punishment** **N** punition *f*; *Law* peine *f*; **as (a) p. for** en punition de; *Fig* **to take a lot of p.** être mis à rude épreuve

punitive ['pjuːnɪtɪv] **ADJ** punitif, -ive

punk [pʌŋk] **1 N (a)** *(music)* punk *mf*; **p. (rock)** le punk **(b)** *Am Fam (hoodlum)* voyou *m* *(pl* -ous*)* **2 ADJ** punk *inv*

punt¹ [pʌnt] **1 N** barque *f* à fond plat **2 vi** **to go punting** faire de la barque ▪ **punter** **N** *Br (gambler)* parieur, -ieuse *mf*; *Fam (customer)* client *m*, cliente *f*

punt² [pʌnt] **N** *Formerly (currency)* livre *f* irlandaise

puny ['pjuːnɪ] (-ier, -iest) **ADJ** chétif, -ive

pup [pʌp] **N** *(dog)* chiot *m*

pupil¹ ['pjuːpəl] **N** *(student)* élève *mf*

pupil² ['pjuːpəl] **N** *(of eye)* pupille *f*

puppet ['pʌpɪt] **1 N** marionnette *f*; **p. show** spectacle *m* de marionnettes **2 ADJ** *(government, leader)* fantoche

puppy ['pʌpɪ] *(pl* -ies*)* **N** *(dog)* chiot *m*

purchase ['pɜːtʃɪs] **1 N** *(action, thing bought)* achat *m* **2** *vt* acheter (**from** à qn); **purchasing power** pouvoir *m* d'achat ▪ **purchaser** **N** acheteur, -euse *f*

> Note that the French word **pourchasser** is a false friend and is never a translation for the English word **purchase**. It means **to chase**.

pure [pjʊə(r)] (**-er, -est**) **ADJ** pur

purée ['pjʊəreɪ] **N** purée *f*

purely ['pjʊəlɪ] **ADV** purement; **p. and simply** purement et simplement

purge [pɜːdʒ] **1 N** purge *f* **2** *vt* purger (**of** de)

purify ['pjʊərɪfaɪ] *(pt & pp* **ied**) *vt* purifier ▪ **purification** [-fɪ'keɪʃən] **N** purification *f*

purist ['pjʊərɪst] **N** puriste *mf*

puritanical [-'tænɪkəl] **ADJ** puritain

purity ['pjʊərɪtɪ] **N** pureté *f*

purple ['pɜːpəl] **1 ADJ** violet, -ette; **to go** *or* **turn p.** *(of person)* devenir cramoisi **2 N** violet *m*

purport [pɜː'pɔːt] *vt* *Formal* **to p. to be sth** prétendre être qch

purpose ['pɜːpəs] **N (a)** *(aim)* but *m*; **on p.** exprès; **to no p.** inutilement; **to serve no p.** ne servir à rien; **for the purposes of** pour les besoins de **(b)** *(determination)* résolution *f*; **to have a sense of p.** savoir ce que l'on veut

purposely ['pɜːpəslɪ] **ADV** exprès

purr [pɜː(r)] **1 N** ronron *m* **2 vi** ronronner

purse [pɜːs] **1 N** *(for coins)* porte-monnaie *m inv*; *Am (handbag)* sac *m* à main **2 vt** **to p. one's lips** pincer les lèvres

pursue [pə'sjuː] *vt* poursuivre, *(fame, pleasure)* rechercher; *(profession)* exercer ▪ **pursuit** **N** *(of person)* poursuite *f*; *(of pleasure, glory)* quête *f*; *(activity)* occupation *f*; **to go in p. of sb/sth** se lancer à la poursuite de qn/qch

pus [pʌs] **N** pus *m*

push [pʊʃ] **1 N** *(act of pushing, attack)* poussée *f*; **to give sb/sth a p.** pousser qn/qch; **at a p.** à la rigueur **2 vt** pousser (**to** *or* **as far as** jusqu'à); *(button)* appuyer sur; *(lever)* abaisser; *(product)* faire la promotion de; *(theory)* promouvoir; *Fam (drugs)* vendre; **to p. sth into/between** enfoncer qch dans/entre; *Fig* **to p. sb into doing sth** pousser qn à faire qch; **to p. sth off the table** faire tomber qch de la table (en le poussant); **to p. one's way through the crowd** se frayer un chemin à travers la foule; **to p. a door open** ouvrir une porte (en poussant) **3 vi** pousser; *(on button)* appuyer (**on** sur) ▪ **push-button** **N** bouton *m*; *(of phone)* touche *f*; **p. controls**

commandes *fpl* automatiques ■ **pushchair** N *Br* poussette *f* ■ **pushover** N *(person)* être un adversaire facile; *Fam* **to be a p.** *(task)* être un jeu d'enfant ■ **push-up** N *Am (exercise)* pompe *f*

▸ **push about, push around** VT SEP *Fam* **to p. sb about** faire de qn ce que l'on veut

▸ **push aside** VT SEP écarter

▸ **push away, push back** VT SEP repousser

▸ **push down** VT SEP *(button)* appuyer sur; *(lever)* abaisser

▸ **push for** VT INSEP faire pression pour obtenir

▸ **push in** VI *Br (in queue)* resquiller

▸ **push off** VI *Fam* ficher le camp

▸ **push on** VI *(go on)* continuer; **to p. on with sth** continuer qch

▸ **push over** VT SEP faire tomber

▸ **push through** VT SEP *(law)* faire adopter

▸ **push up** VT SEP *(lever, collar)* relever; *(sleeves)* remonter; *(increase)* augmenter

pushed [pʊʃt] ADJ **to be p. for time** être très pressé

pushy ['pʊʃɪ] (**-ier, -iest**) ADJ *Fam* batailleur, -euse

puss [pʊs], **pussy** ['pʊs] (*pl* **-ies**) N *Fam (cat)* minou *m*

put [pʊt] (*pt & pp* **put**, *pres p* **putting**) **1** VT mettre; *(on flat surface)* poser; *(problem, argument)* présenter (**to** à); *(question)* poser (**to** à); *(say)* dire; *(estimate)* évaluer (**at** à); **to p. pressure on sb/sth** faire pression sur qn/qch; **to p. a mark on sth** faire une marque sur qch; **to p. money on a horse** parier sur un cheval; **to p. a lot of work into sth** beaucoup travailler à qch **2** VI **to p. to sea** prendre la mer

▸ **put across** VT SEP *(message, idea)* faire comprendre (**to** à)

▸ **put aside** VT SEP *(money, object)* mettre de côté

▸ **put away** VT SEP *(tidy away)* ranger; **to p. sb away** *(criminal)* mettre qn en prison; *(insane person)* enfermer qn

▸ **put back** VT SEP *(replace, postpone)* remettre; *(telephone receiver)* raccrocher; *(clock, schedule)* retarder

▸ **put by** VT SEP *(money)* mettre de côté

▸ **put down** VT SEP *(on floor, table)* poser; *(deposit)* verser; *(revolt)* réprimer; *(write down)* inscrire; *(attribute)* attribuer (**to** à); *(kill)* faire piquer; **to p. oneself down** se rabaisser

▸ **put forward** VT SEP *(clock, meeting, argument)* avancer; *(opinion)* exprimer; *(candidate)* proposer (**for** à)

▸ **put in 1** VT SEP *(into box)* mettre dedans; *(insert)* introduire; *(add)* ajouter; *(install)* installer; *(claim, application)* soumettre; *(time)* passer (**doing** à faire) **2** VI **to p. in for sth** *(new job, transfer)* faire une demande de qch; **to p. in (at)** *(of ship)* faire escale (à)

▸ **put off** VT SEP *(postpone)* remettre (à plus tard); *(dismay)* déconcerter; *(make wait)* faire attendre; **to p. off doing sth** retarder le moment de faire qch; **to p. sb off sth** dégoûter qn de qch; **to p. sb off doing sth** ôter à qn l'envie de faire qch

▸ **put on** VT SEP *(clothes, shoe, record)* mettre; *(accent)* prendre; *(play, show)* monter; *(gas, radio)* allumer; *(clock)* avancer; **to p. on weight** prendre du poids; *Am* **to p. sb on** *(tease)* faire marcher qn; **she p. me on to you** elle m'a donné votre adresse; **p. me on to him!** *(on phone)* passez-le-moi!

▸ **put out** VT SEP *(take outside)* sortir; *(arm, leg, hand)* tendre; *(gas, light)* éteindre; *(inconvenience)* déranger; *(upset)* vexer; *(report, statement)* publier; **to p. one's shoulder out** se démettre l'épaule

▸ **put through** VT SEP **to p. sb through (to sb)** *(on phone)* passer qn (à qn)

▸ **put together** VT SEP *(assemble)* assembler; *(meal, team)* composer; *(file, report)* préparer; *(collection)* rassembler; *Fig* **to p. two and two together** tirer ses conclusions

▸ **put up** VT SEP *(lift)* lever; *(tent, fence)* monter; *(statue, ladder)* dresser; *(flag)* hisser; *(building)* construire; *(umbrella)* ouvrir; *(picture, poster)* mettre; *(price, sales, numbers)* augmenter; *(resistance, plea, suggestion)* offrir; *(candidate)* présenter (**for** à); *(guest)* loger; **to p. sth up for sale** mettre qch en vente

▸ **put up with** VT INSEP supporter

putrid ['pjuːtrɪd] ADJ putride

putting ['pʌtɪŋ] N *Golf* putting *m*; **p. green** green *m*

putty ['pʌtɪ] N mastic *m*

puzzle ['pʌzəl] **1** N *(jigsaw)* puzzle *m*; *(game)* casse-tête *m inv*; *(mystery)* mystère *m* **2** VT laisser perplexe **3** VI **to p. over sth** essayer de comprendre qch ■ **puzzled** ADJ perplexe ■ **puzzling** ADJ bizarre

PVC [piːviːˈsiː] N PVC *m*; **P. belt** ceinture *f* en PVC

pyjama, *Am* **pajama** [pəˈdʒɑːmə] ADJ *(jacket)* de pyjama ■ **pyjamas,** *Am* **pajamas** NPL pyjama *m*; **a pair of p.** un pyjama; **to be in (one's) p.** être en pyjama

pylon ['paɪlən] N pylône *m*

pyramid ['pɪrəmɪd] N pyramide *f*

Pyrex® ['paɪreks] N Pyrex® *m*; **P. dish** plat *m* en Pyrex®

python ['paɪθən] N python *m*

Q, q [kjuː] N(letter) Q, q m inv

QC [kjuːsiː] (abbr **Queen's Counsel**) N Br Law = membre haut placé du barreau

quack[1] [kwæk] N(of duck) coin-coin m inv

quack[2] [kwæk] N Pej (doctor) charlatan m

quadruple[kwɒˈdruːpəl] VTquadrupler

quail[kweɪl] N INV(bird) caille f

quaint [kweɪnt] (**-er, -est**) ADJ (picturesque) pittoresque; (old-fashioned) vieillot, -otte; (odd) bizarre

quake[kweɪk] **1** NFam tremblement m de terre **2** VItrembler (**with** de)

Quaker['kweɪkə(r)] N Rel quaker, -eresse mf

qualification [kwɒlɪfɪˈkeɪʃən] N (diploma) diplôme m; (skill) compétence f; (modification) précision f; (for competition) qualification f; **on q.** une fois le diplôme obtenu

qualify ['kwɒlɪfaɪ] (pt & pp **-ied**) **1** VT(**a**) (make competent) & Sport qualifier (**for sth** pour qch); **to q. sb to do sth** donner à qn les compétences nécessaires pour faire qch (**b**) (modify) nuancer; Grammar qualifier **2** VISport se qualifier (**for** pour); **to q. as a doctor** obtenir son diplôme de médecin; **to q. for sth** (be eligible) avoir droit à qch ■ **qualified** ADJ(competent) compétent; (having diploma) diplômé; (opinion) nuancé; (support) mitigé; **to be q. to do sth** (be competent) avoir les compétences requises pour faire qch; (have diploma) avoir les diplômes requis pour faire qch; **a q. success** un demi-succès ■ **qualifying** ADJ **q. exam** examen m d'entrée; Sport **q. round** épreuve f éliminatoire

quality['kwɒlɪtɪ] (pl **-ies**) Nqualité f; **q. product** produit m de qualité

qualms [kwɑːmz] NPL **to have no q. about doing sth** (scruples) n'avoir aucun scrupule à faire qch; (doubts) ne pas hésiter une seconde avant de faire qch

quantify ['kwɒntɪfaɪ] (pt & pp **-ied**) VTévaluer

quantity ['kwɒntɪtɪ] (pl **-ies**) Nquantité f; **in q.** (purchase) en grande(s) quantité(s); **q. surveyor** métreur m vérificateur

quarantine['kwɒrəntiːn] **1** Nquarantaine f **2** VT mettre en quarantaine

quarrel['kwɒrəl] **1** Ndispute f, querelle f; **to pick a q. with sb** chercher querelle à qn **2**(Br **-ll-,** Am **-l-**) VIse disputer (**with** avec); **to q. with sth** ne pas être d'accord avec qch

quarry[1]['kwɒrɪ] (pl **-ies**) N(for stone) carrière f

quarry[2]['kwɒrɪ] (pl **-ies**) N(prey) proie f

quart [kwɔːt] N(liquid measurement) Br = 1,14 l, Am = 0,95 l

quarter[1]['kwɔːtə(r)] **1** Nquart m; (of fruit, moon) quartier m; (division of year) trimestre m; Am & Can (money) pièce f de 25 cents; **to divide sth into quarters** diviser qch en quatre; **q. (of a) pound** quart de livre; Br **a q. past nine,** Am **a q. after nine** neuf heures et quart; Br **a q. to nine,** Am **a q. of nine** neuf heures moins le quart **2** VT partager en quatre

quarter[2]['kwɔːtə(r)] **1** N (district) quartier m; **quarters** (circles) milieux mpl; **(living) quarters** logements mpl; (of soldier) quartiers mpl; **from all quarters** de toutes parts **2** VT(troops) loger

quarterfinal[kwɔːtəˈfaɪnəl] N Sport quart m de finale

quarterly['kwɔːtəlɪ] **1** ADJ(magazine, payment) trimestriel, -ielle **2** ADVtous les trimestres **3** (pl **-ies**) Npublication f trimestrielle

quartet(te) [kwɔːˈtet] N(music, players) quatuor m; **(jazz) q.** quartette m

quartz [kwɔːts] **1** Nquartz m **2** ADJ (watch) à quartz

quash [kwɒʃ] VT(rebellion) réprimer; Law (sentence) annuler

quasi-['kweɪzaɪ] PREFquasi-

quay [kiː] Nquai m ■ **quayside** Non **the q.** sur les quais

queasy['kwiːzɪ] (**-ier, -iest**) ADJto feel or be q. avoir mal au cœur

Quebec[kwɪˈbek] Nle Québec

queen [kwiːn] Nreine f; **the Q. Mother** la reine mère

queer ['kwɪə(r)] **1** (**-er, -est**) ADJ (**a**) (strange) bizarre (**b**) Fam Pej (homosexual) pédé **2** N Fam Pej (homosexual) pédé m, = terme injurieux désignant un homosexuel

quell[kwel] VT(revolt) réprimer

quench [kwentʃ] **vt** *(fire)* éteindre; *(thirst)* étancher

query ['kwɪərɪ] **1** *(pl* **-ies)** **n** question *f* **2** *(pt & pp* **-ied) vt** mettre en question

quest [kwest] **n** quête *f* **(for** de**); in q. of sth** en quête de qch

question ['kwestʃən] **1 n** question *f*; **there's no q. of it, it's out of the q.** c'est hors de question; **without q.** incontestablement; **the matter/ person in q.** l'affaire/la personne en question; **q. mark** point *m* d'interrogation **2 vt** interroger **(about** sur**);** *(doubt)* mettre en question; **to q. whether...** douter que... *(+ subjunctive)* ■ **questioning 1 adj** *(look)* interrogateur, -trice **2 n** interrogation *f*

questionable ['kwestʃənəbəl] **adj** discutable

questionnaire [kwestʃə'neə(r)] **n** questionnaire *m*

queue [kjuː] *Br* **1 n** *(of people)* queue *f*; *(of cars)* file *f*; **to form a q., to stand in a q.** faire la queue **2 vi to q. (up)** faire la queue

quibble ['kwɪbəl] **vi** chipoter **(over** à propos de**)**

quiche [kiːʃ] **n** quiche *f*

quick [kwɪk] **1** *(**-er, -est**)* **adj** *(rapid)* rapide; *(clever)* vif *(f* vive**); q. to react** prompt à réagir; **be q.!** fais vite!; **to have a q. shower/meal** se doucher/ manger en vitesse; **to be a q. worker** travailler vite **2** *(**-er, -est**)* **adv** *Fam* vite **3 n** *Fig* **to cut sb to the q.** piquer qn au vif ■ **'quick-'tempered adj** emporté ■ **'quick'witted adj** vif *(f* vive**)**

quicken ['kwɪkən] **1 vt** accélérer **2 vi** s'accélérer

quickly ['kwɪklɪ] **adv** vite

quicksand ['kwɪksænd] **n** sables *mpl* mouvants

quid [kwɪd] **n inv** *Br Fam (pound)* livre *f*

quiet ['kwaɪət] **1** *(**-er, -est**)* **adj** *(silent, still, peaceful)* tranquille, calme; *(machine, vehicle)* silencieux, -ieuse; *(person, voice, music)* doux *(f* douce**); to be or keep q.** *(say nothing)* se taire; *(make no noise)* ne pas faire de bruit; **to keep q. about sth, to keep sth q.** ne rien dire au sujet de qch; **q.!** silence!; **a q. wedding** un mariage célébré dans l'intimité **2 n** *Fam* **on the q.** *(secretly)* en cachette

quieten ['kwaɪətən] *Br* **1 vt to q. (down)** calmer **2 vi to q. down** se calmer

quietly ['kwaɪətlɪ] **adv** tranquillement; *(gently, not loudly)* doucement; *(silently)* silencieusement; *(secretly)* en cachette; *(discreetly)* discrètement

quilt [kwɪlt] **n** *(cover)* édredon *m*; *Br (duvet)* couette *f*

quip [kwɪp] **1 n** boutade *f* **2** *(pt & pp* **-pp-) vti** plaisanter

quirk [kwɜːk] **n** *(of character)* particularité *f*; *(of fate)* caprice *m* ■ **quirky (-ier, -iest) adj** bizarre

quit [kwɪt] *(pt & pp* **quit** or **quitted,** *pres p* **quitting) 1 vt** *(leave)* quitter; *Comptr* sortir de; **to q. doing sth** arrêter de faire qch **2 vi** *(give up)* abandonner; *(resign)* démissionner; *Comptr* sortir

quite [kwaɪt] **adv** *(entirely)* tout à fait; *(really)* vraiment; *(fairly)* assez; **I q. understand** je comprends parfaitement; **q. enough** bien assez; **q. another matter** une tout autre affaire; **q. good** *(not bad)* pas mal du tout; **q. (so)!** exactement!; **q. a lot** pas mal **(of** de**); q. a long time ago** il y a pas mal de temps

quits [kwɪts] **adj** quitte **(with** envers**); to call it q.** en rester là

quiver ['kwɪvə(r)] **vi** *(of person)* frémir **(with** de**);** *(of voice)* trembler; *(of flame)* vaciller

quiz [kwɪz] **1** *(pl* **-zz-) n** *(on radio)* jeu *m* radiophonique; *(on TV)* jeu télévisé; *(in magazine)* questionnaire *m*; **q. show** *(on radio)* jeu radiophonique; *(on TV)* jeu télévisé **2** *(pt & pp* **-zz-) vt** interroger

quizzical ['kwɪzɪkəl] **adj** *(look, air)* interrogateur, -trice

quota ['kwəʊtə] **n** quota *m*

quotation [kwəʊ'teɪʃən] **n** *(from author)* citation *f*; *(estimate)* devis *m*; *(on Stock Exchange)* cote *f*; **q. marks** guillemets *mpl*; **in q. marks** entre guillemets

quote [kwəʊt] **1 n** *(from author)* citation *f*; *(estimate)* devis *m*; **in quotes** entre guillemets **2 vt** *(author, passage)* citer; *(reference number)* rappeler; *(price)* indiquer; *Fin* **quoted company** société *f* cotée en Bourse **3 vi to q. from** *(author, book)* citer

quotient ['kwəʊʃənt] **n** *Math* quotient *m*

R, r [ɑː(r)] N *(lettre)* R, r m inv

rabbi ['ræbaɪ] N rabbin m; **chief r.** grand rabbin

rabbit ['ræbɪt] N lapin m

rabble ['ræbəl] N foule f bruyante

rabies ['reɪbiːz] N rage f ■ **rabid** ['ræbɪd] ADJ *(animal)* enragé; *Fig (communist)* fanatique

raccoon [rə'kuːn] N raton m laveur

race¹ [reɪs] **1** N *(contest)* course f **2** VT *(horse)* faire courir; **to r. (against** *or* **with) sb** faire une course avec qn **3** VI *(run)* courir; *(of engine)* s'emballer; *(of pulse)* battre la chamade ■ **racecourse** N champ m de courses ■ **racehorse** N cheval m de course ■ **racetrack** N *Br (for cars, bicycles)* piste f; *Am (for horses)* champ m de courses ■ **racing** N courses fpl; **r. car/bike** voiture f/vélo m de course; **r. driver** coureur m automobile

race² [reɪs] **1** N *(group)* race f **2** ADJ *(prejudice)* racial; **r. relations** relations fpl interraciales ■ **racial** ['reɪʃəl] ADJ racial ■ **racism** N racisme m ■ **racist** ADJ & N raciste *(mf)*

rack [ræk] **1** N *(for bottles, letters, records)* casier m; *(for plates)* égouttoir m; *(set of shelves)* étagère f; **(luggage) r.** porte-bagages m inv; **(roof) r.** *(of car)* galerie f; **(drying) r.** séchoir m à linge **(b)** *(expression)* **to go to r. and ruin** aller de mal en pis **2** VT **to r. one's brains** se creuser la cervelle

racket¹ ['rækɪt] N *(for tennis)* raquette f

racket² ['rækɪt] N *Fam* **(a)** *(din)* vacarme m **(b)** *(criminal activity)* racket m

racy ['reɪsɪ] (**-ier, -iest**) ADJ *(lively)* savoureux, -euse; *(risqué)* osé

radar ['reɪdɑː(r)] N radar m; **r. control** contrôle m radar inv; **r. operator** radariste mf

radiant ['reɪdɪənt] ADJ *(person, face)* resplendissant **(with** de); *(sun)* éclatant

radiate ['reɪdɪeɪt] **1** VT *(heat, light)* dégager; *Fig (joy, health)* être rayonnant de **2** VI rayonner **(from** de) ■ **radiation** N *(of heat)* rayonnement m **(of** de); *(radioactivity)* radiation f; **r. sickness** mal m des rayons

radiator ['reɪdɪeɪtə(r)] N *(heater)* radiateur m

radical ['rædɪkəl] ADJ & N radical, -ale *(mf)*

radio ['reɪdɪəʊ] **1** (*pl* **-os**) N radio f; **on the r.** à la radio; **r. cassette (player)** radiocassette m; **r. operator** radio m; **r. wave** onde f hertzienne **2** (*pt & pp* **-oed**) VT *(message)* transmettre par radio **(to** à); **to r. sb** contacter qn par radio ■ **'radio-con'trolled** ADJ radioguidé ■ **radiographer** [-'ɒɡrəfə(r)] N radiologue mf ■ **radiography** [-'ɒɡrəfɪ] N radiographie f ■ **radiology** [-'ɒlədʒɪ] N radiologie f

radioactive [reɪdɪəʊ'æktɪv] ADJ radioactif, -ive ■ **radioac'tivity** N radioactivité f

radish ['rædɪʃ] N radis m

radius ['reɪdɪəs] (*pl* **-dii**) N rayon m; **within a r. of 10 km** dans un rayon de 10 km

RAF [ɑːreɪ'ef] (*abbr* **Royal Air Force**) N = armée de l'air britannique

raffle ['ræfəl] N tombola f

raft [rɑːft] N radeau m

rag [ræɡ] N **(a)** *(piece of old clothing)* chiffon m; **in rags** *(clothes)* en loques; *(person)* en haillons **(b)** *Fam Pej (newspaper)* torchon m **(c)** *Br Univ* **r. week** = semaine de divertissements organisés par les étudiants au profit d'œuvres de charité

rage [reɪdʒ] **1** N *(of person)* rage f; *(of sea)* furie f; **to fly into a r.** entrer dans une rage folle; *Fam* **to be all the r.** *(of fashion)* faire fureur **2** VI *(be angry)* être furieux, -ieuse; *(of storm, battle)* faire rage ■ **raging** ADJ *(storm, fever, fire)* violent; **in a r. temper** furieux, -ieuse

ragged ['ræɡɪd] ADJ *(clothes)* en loques; *(person)* en haillons; *(edge)* irrégulier, -ière

raid [reɪd] **1** N *(military)* raid m; *(by police)* descente f; *(by thieves)* hold-up m inv; **air r.** raid m aérien **2** VT faire un raid/une descente/un hold-up dans; *Hum* **to r. the fridge** faire la razzia dans le frigo ■ **raider** N *(criminal)* malfaiteur m; **raiders** *(soldiers)* commando m

rail [reɪl] **1** N **(a)** *(for train)* rail m; **by r.** par le train; **to go off the rails** *(of train)* dérailler **(b)** *(rod on balcony)* balustrade f; *(on stairs, for spotlight)* rampe f; *(curtain rod)* tringle f **2** ADJ *(ticket)* de chemin de fer; *(network)* ferroviaire; *(strike)* des cheminots ■ **railcard** N carte f d'abonnement de train

railings ['reɪlɪŋz] NPL grille f

railroad ['reɪlrəʊd] *Am* **1** N *(system)* chemin m de fer; *(track)* voie f ferrée **2** ADJ *(ticket)* de chemin de fer; *(timetable, employee)* des chemins de fer;

(network, company) ferroviaire; **r. car** voiture *f*; **r. line** ligne *f* de chemin de fer; **r. station** gare *f*

railway ['reɪlweɪ] *Br* **1** N *(system)* chemin *m* de fer; *(track)* voie *f* ferrée **2** ADJ *(ticket)* de chemin de fer; *(timetable, employee)* des chemins de fer; *(network, company)* ferroviaire; **r. carriage** voiture *f*; **r. line** ligne *f* de chemin de fer; **r. station** gare *f*

rain [reɪn] **1** N pluie *f*; **in the r.** sous la pluie **2** VI pleuvoir; **to r. (down)** *(of blows, bullets)* pleuvoir; **it's raining** il pleut ■ **rainbow** ['-bəʊ] N arc-en-ciel *m* ■ **raincheck** N *Am Fam* **I'll take a r.** *(for invitation)* ce sera pour une autre fois ■ **raincoat** N imperméable *m* ■ **raindrop** N goutte *f* de pluie ■ **rainfall** N *(amount)* précipitations *fpl* ■ **rainforest** N forêt *f* tropicale humide ■ **rainstorm** N pluie *f* torrentielle ■ **rainwater** N eau *f* de pluie ■ **rainy** N **(-ier, -iest)** ADJ pluvieux, -ieuse; *(day)* de pluie; **the r. season** la saison des pluies

raise [reɪz] **1** VT *(lift)* lever; *(child, family, voice, statue)* élever; *(crops)* cultiver; *(salary, price)* augmenter; *(temperature)* faire monter; *(question, protest)* soulever; *(taxes, blockade)* lever; **to r. a smile/a laugh** *(in others)* faire sourire/rire; **to r. sb's hopes** donner trop d'espoir à qn; **to r. money** réunir des fonds; **to r. the alarm** donner l'alarme **2** N *Am (pay rise)* augmentation *f* (de salaire)

raisin ['reɪzən] N raisin *m* sec

Note that the French word **raisin** is a false friend and is never a translation for the English word **raisin**. It means **grapes**.

rake [reɪk] **1** N râteau *m* **2** VT *(garden)* ratisser; **to r. (up)** *(leaves)* ratisser; *Fam* **to r. money in** ramasser l'argent à la pelle; **to r. through** *(drawers, papers)* fouiller dans; **to r. up sb's past** fouiller dans le passé de qn

rally ['rælɪ] **1** *(pl -ies)* N *(political)* rassemblement *m*; *(car rally)* rallye *m*; *(in tennis)* échange *m* **2** *(pt & pp -ied)* VT *(unite, win over)* rallier **(to** à); **to r. support** rallier des partisans **(for** autour de); *Fig* **to r. one's strength** reprendre ses forces **3** VI se rallier **(to** à); *(recover)* reprendre ses forces; *(of share prices)* se redresser; **to r. round sb** venir en aide à qn; **rallying point** point *m* de ralliement

RAM [ræm] *(abbr* **random access memory)** N *Comptr* mémoire *f* vive

ram [ræm] **1** N *(animal)* bélier *m* **2** *(pt & pp -mm-)* VT *(vehicle)* emboutir; *(ship)* aborder; **to r. sth into sth** enfoncer qch dans qch

ramble ['ræmbəl] **1** N *(hike)* randonnée *f* **2** VI faire une randonnée; **to r. on** divaguer ■ **rambler** N randonneur, -euse *mf*

rambling ['ræmblɪŋ] ADJ **(a)** *(house)* plein de

coins et de recoins; *(spread out)* vaste; *(rose)* grimpant **(b)** *(speech)* décousu

ramification [ræmɪfɪ'keɪʃən] N ramification *f*

ramp [ræmp] N *(for wheelchair)* rampe *f* d'accès; *(in garage)* pont *m* (de graissage); *(to plane)* passerelle *f*; *(on road)* petit dos *m* d'âne

rampage ['ræmpeɪdʒ] N **to go on the r.** *(lose control)* se déchaîner; *(loot)* tout saccager

rampant ['ræmpənt] ADJ endémique

ran [ræn] PT OF **run**

ranch [rɑːntʃ] N ranch *m*

rancid ['rænsɪd] ADJ rance

rancour, *Am* **rancor** ['ræŋkə(r)] N rancœur *f*

random ['rændəm] **1** N **at r.** au hasard **2** ADJ *(choice)* (fait) au hasard; *(sample)* prélevé au hasard; *(pattern)* irrégulier, -ière; *Comptr* **r. access memory** mémoire *f* vive; **r. check** *(by police)* contrôle-surprise *m*

randy ['rændɪ] **(-ier, -iest)** ADJ *Br Fam* excité

rang [ræŋ] PT OF **ring²**

range [reɪndʒ] **1** N **(a)** *(of gun, voice)* portée *f*; *(of singer's voice)* registre *m*; *(of aircraft, ship)* rayon *m* d'action; *(of colours, prices, products)* gamme *f*; *(of sizes)* choix *m*; *(of temperature)* variations *fpl*; *Fig (sphere)* champ *m* **(b)** *(of mountains)* chaîne *f* **(c)** *(stove)* fourneau *m* **(d) (shooting) r.** champ *m* de tir **2** VI *(vary)* varier **(from** de; **to** à); *(extend)* s'étendre

ranger ['reɪndʒə(r)] N **(forest) r.** garde *m* forestier

rank¹ [ræŋk] **1** N *(position, class)* rang *m*; *(military grade)* grade *m*; *(row)* rangée *f*; *(for taxis)* station *f*; *Mil* **the ranks** les hommes *mpl* du rang **2** VT placer **(among** parmi) **3** VI compter **(among** parmi)

rank² [ræŋk] **(-er, -est)** ADJ **(a)** *(foul-smelling)* fétide; *Br Fam (disgusting)* dégueulasse **(b)** *(absolute)* total; **he's a r. outsider** il n'est vraiment pas dans la course

ransack ['rænsæk] VT *(house)* mettre sens dessus dessous; *(shop, town)* piller

ransom ['rænsəm] **1** N rançon *f*; **to hold sb to r.** rançonner qn **2** VT rançonner

rant [rænt] VI *Fam* **to r. and rave** tempêter **(at** contre)

rap [ræp] **1** N **(a)** *(blow)* coup *m* sec **(b) r. (music)** rap *m* **2** *(pt & pp -pp-)* VT *(window, door)* frapper à; *Fig* **to r. sb over the knuckles** taper sur les doigts de qn **3** VI *(hit)* frapper **(on** à); *(sing)* faire du rap ■ **rapper** N *(singer)* rappeur, -euse *mf*

rape [reɪp] **1** N viol *m* **2** VT violer ■ **rapist** N violeur *m*

rapid ['ræpɪd] ADJ rapide ■ **rapidly** ADV rapidement

rapids ['ræpɪdz] NPL *(of river)* rapides *mpl*

rapture ['ræptʃə(r)] N extase *f*; **to go into raptures** s'extasier (**about** sur)

rare [reə(r)] ADJ **(a)** *(-er, -est)* rare; **it's r. for her to do it** il est rare qu'elle le fasse **(b)** *(meat)* bleu; **(medium) r.** saignant ■ **rarely** ADV rarement ■ **rarity** *(pl -ies)* N *(quality, object)* rareté *f*

raring ['reərɪŋ] ADJ **r. to do sth** impatient de faire qch

rascal ['rɑːskəl] N coquin, -ine *mf*

rash[1] [ræʃ] N *(on skin) (red patches)* rougeurs *fpl*; *(spots)* (éruption *f* de) boutons *mpl*; **to come out in a r.** faire une éruption de boutons

rash[2] [ræʃ] *(-er, -est)* ADJ *(imprudent)* irréfléchi ■ **rashly** ADV sans réflexion

rasher ['ræʃə(r)] N *Br* tranche *f (de bacon)*

raspberry ['rɑːzbərɪ] *(pl -ies)* N *(fruit)* framboise *f*; **r. (bush)** framboisier *m*

rat [ræt] 1 N rat *m*; **r. poison** mort-aux-rats *f*; *Fig* **rat race** foire *f* d'empoigne 2 *(pt & pp -tt-)* VI *Fam* **to r. on sb** *(denounce)* dénoncer qn

rate [reɪt] 1 N *(level, percentage)* taux *m*; *(speed)* rythme *m*; *(price)* tarif *m*; **exchange/interest r.** taux de change/d'intérêt; **at the r. of** au rythme de; *(amount)* à raison de; **at this r.** *(slow speed)* à ce train-là; **at any r.** en tout cas 2 VT *(regard)* considérer (**as** comme); *(deserve)* mériter; **to r. sb/sth highly** tenir qn/qch en haute estime

rather ['rɑːðə(r)] ADV *(preferably, quite)* plutôt; **I'd r. stay** j'aimerais mieux rester (**than** que); **I'd r. you came** j'aimerais mieux que vous veniez; **r. than leave** plutôt que de partir; **r. more tired** un peu plus fatigué (**than** que); **I r. liked it** j'ai bien aimé

ratify ['rætɪfaɪ] *(pt & pp -ied)* VT ratifier

rating ['reɪtɪŋ] N *(classification)* classement *m*; **the ratings** *(for TV, radio)* l'indice *m* d'écoute

ratio ['reɪʃɪəʊ] *(pl -os)* N rapport *m*

ration ['ræʃən] 1 N ration *f*; **rations** *(food)* vivres *mpl* 2 VT rationner ■ **rationing** N rationnement *m*

rational ['ræʃənəl] ADJ *(sensible)* raisonnable; *(sane)* rationnel, -elle ■ **rationalize** VT *(organize)* rationaliser; *(explain)* justifier ■ **rationally** ADV *(behave)* raisonnablement

rattle ['rætəl] 1 N **(a)** *(for baby)* hochet *m* **(b)** *(noise)* cliquetis *m*; *(of gunfire)* crépitement *m* 2 VT *(window)* faire vibrer; *(keys, chains)* faire cliqueter; *Fam* **to r. sb** *(make nervous)* démonter qn; *Fam* **to r. sth off** débiter qch 3 VI *(of window)* vibrer; *(of chains, keys)* cliqueter; *(of gunfire)* crépiter

ratty ['rætɪ] *(-ier, -iest)* ADJ *Fam* **(a)** *Am (shabby)* minable **(b)** *Br* **to get r.** *(annoyed)* prendre la mouche

raucous ['rɔːkəs] ADJ *(noisy, rowdy)* bruyant

raunchy ['rɔːntʃɪ] *(-ier, -iest)* ADJ *Fam (lewd)* cochon, -onne; *(sexy)* sexy *inv*

ravage ['rævɪdʒ] VT ravager

rave [reɪv] 1 ADJ *(review)* dithyrambique 2 N rave *f* 3 VI *(talk nonsense)* délirer; **to r. about sb/sth** *(enthuse)* ne pas tarir d'éloges sur qn/qch ■ **raving** ADJ **to be r. mad** être complètement fou *(f* folle)

raven ['reɪvən] N corbeau *m*

ravenous ['rævənəs] ADJ **to be r.** avoir une faim de loup

ravine [rə'viːn] N ravin *m*

ravioli [rævɪ'əʊlɪ] N ravioli(s) *mpl*

ravishing ['rævɪʃɪŋ] ADJ *(beautiful)* ravissant

raw [rɔː] *(-er, -est)* ADJ *(vegetable)* cru; *(sugar, data)* brut; *(skin)* écorché; *(wound)* à vif; *(immature)* inexpérimenté; *(weather)* rigoureux, -euse; **r. material** matière *f* première; *Fam* **to get a r. deal** être mal traité

ray[1] [reɪ] N *(of light, sun)* rayon *m*; *Fig (of hope)* lueur *f*

ray[2] [reɪ] N *(fish)* raie *f*

rayon ['reɪɒn] 1 N rayonne *f* 2 ADJ en rayonne

raze [reɪz] VT **to r. sth to the ground** raser qch

razor ['reɪzə(r)] N rasoir *m*; **r. blade** lame *f* de rasoir

Rd *(abbr* **road)** rue *f*

re [riː] PREP *Com* en référence à; **re your letter** suite à votre lettre

reach [riːtʃ] 1 N portée *f*; **within r. of** à portée de; *(near)* à proximité de; **within (easy) r.** *(object)* à portée de main; *(shops)* tout proche 2 VT *(place, aim, distant object)* atteindre, arriver à; *(decision)* prendre; *(agreement)* aboutir à; *(contact)* joindre; **to r. a conclusion** arriver à une conclusion 3 VI *(extend)* s'étendre (**to** jusqu'à); *(of voice)* porter; **to r. for sth** tendre le bras pour prendre qch; **to r. out** tendre le bras (**for** pour prendre)

react [rɪ'ækt] VI réagir (**against** contre; **to** à) ■ **reaction** N réaction *f*

reactionary [rɪ'ækʃənərɪ] *(pl -ies)* ADJ & N réactionnaire *(mf)*

reactor [rɪ'æktə(r)] N réacteur *m*

read [riːd] 1 *(pt & pp* **read** [red]) VT lire; *(meter)* relever; *(of instrument)* indiquer; *Br Univ (study)* étudier; **the sign reads...** sur le panneau, on peut lire... 2 VI *(of person)* lire *(about* sur); **to r. well** *(of text)* se lire bien; **to r. to sb** faire la lecture à qn 3 N **to be a good r.** être agréable à lire ■ **readable** ADJ *(handwriting)* lisible; *(book)* facile à lire

▸ **read back** VT SEP relire

▸ **read for** VT INSEP *Br (university degree)* préparer

▸ **read out** VT SEP lire (à haute voix)

▸ **read over** VT SEP relire

▸ **read through** VT SEP *(skim)* parcourir

▸ **read up (on)** VT INSEP *(study)* étudier

reader ['riːdə(r)] N lecteur, -trice *mf*; *(book)* livre *m* de lecture ■ **readership** N nombre *m* de lecteurs

readily ['redɪlɪ] ADV *(willingly)* volontiers; *(easily)* facilement ■ **readiness** N empressement *m* (**to do** à faire)

reading ['riːdɪŋ] N lecture *f*; *(of meter)* relevé *m*; **it's light/heavy r.** c'est facile/difficile à lire; **r. book/room** livre *m*/salle *f* de lecture; **r. glasses** lunettes *fpl* de lecture; **r. lamp** *(on desk)* lampe *f* de bureau; *(at bedside)* lampe *f* de chevet; **r. matter** de quoi lire

readjust [riːə'dʒʌst] **1** VT *(instrument)* régler; *(salary)* réajuster **2** VI *(of person)* se réadapter (**to** à)

ready ['redɪ] **1** (-**ier**, -**iest**) ADJ prêt (**to do** à faire; **for sth** pour qch); **to get sb/sth r.** préparer qn/qch; **to get r.** se préparer (**for sth** pour qch; **to do** à faire) **2** N **to be at the r.** être tout prêt (*f* toute prête) ■ '**ready-'made** ADJ *(food)* tout prêt (*f* toute prête); *(excuse)* tout fait (*f* toute faite); **r. clothes** le prêt-à-porter ■ '**ready-to-'wear** ADJ **r. clothes** le prêt-à-porter

real [rɪəl] **1** ADJ vrai; *(leather)* véritable; *(world, fact, danger)* réel (*f* réelle); **in r. life** dans la réalité; *Am* **r. estate** immobilier *m* **2** ADV *Fam* vraiment; **r. stupid** vraiment bête **3** N *Fam* **for r.** pour de vrai

realism ['rɪəlɪzəm] N réalisme *m* ■ **realist** N réaliste *mf* ■ **rea'listic** ADJ réaliste

reality [rɪ'ælətɪ] *(pl -***ies***)* N réalité *f*; **in r.** en réalité; **r. television** télé-réalité *f*

realize ['rɪəlaɪz] VT **(a)** *(become aware of)* se rendre compte de; **to r. that...** se rendre compte que... **(b)** *(carry out, convert into cash)* réaliser ■ **reali'zation** N **(a)** *(awareness)* prise *f* de conscience **(b)** *(of dream, plan, assets)* réalisation *f*

really ['rɪəlɪ] ADV vraiment; **is it r. true?** est-ce bien vrai?

realm [relm] N *(kingdom)* royaume *m*; *Fig (field)* domaine *m*

realtor ['rɪəltə(r)] N *Am* agent *m* immobilier

ream [riːm] N *(of paper)* rame *f*

reap [riːp] VT *(field, crop)* moissonner; *Fig (profits)* récolter

reappear [riːə'pɪə(r)] VI réapparaître

rear¹ [rɪə(r)] **1** N *(back part)* arrière *m*; *(of military column)* queue *f*; **in** *or* **at the r.** à l'arrière (**of** de); **from the r.** par derrière **2** ADJ *(entrance, legs)* de derrière; *(lights, window)* arrière *inv* ■ **rearview 'mirror** N rétroviseur *m*

rear² [rɪə(r)] **1** VT *(child, animals)* élever; *(one's head)* relever **2** VI **to r. (up)** *(of horse)* se cabrer

rearrange [riːə'reɪndʒ] VT *(hair, room)* réarranger; *(plans)* changer

reason ['riːzən] **1** N *(cause, sense)* raison *f*; **the r. for/why** la raison de/pour laquelle; **the r. that...** la raison pour laquelle...; **for no r.** sans raison; **within r.** dans des limites raisonnables; **to have every r. to believe that...** avoir tout lieu de croire que... **2** VT **to r. that...** estimer que... **3** VI raisonner (**about** sur); **to r. with sb** raisonner qn ■ **reasoning** N raisonnement *m*

reasonable ['riːzənəbəl] ADJ *(fair)* raisonnable; *(quite good)* passable ■ **reasonably** ADV *(behave, act)* raisonnablement; *(quite)* plutôt; **r. fit** en assez bonne forme

reassess [riːə'ses] VT reconsidérer

reassure [riːə'ʃʊə(r)] VT rassurer ■ **reassurance** N réconfort *m* ■ **reassuring** ADJ rassurant

reawaken [riːə'weɪkən] **1** VT *(interest, feeling)* faire renaître **2** VI *(of person)* se réveiller de nouveau

rebate ['riːbeɪt] N *(discount)* rabais *m*; *(refund)* remboursement *m*

rebel ['rebəl] **1** N rebelle *mf* **2** ADJ *(camp, chief, attack)* des rebelles **3** [rɪ'bel] *(pt & pp* -**ll**-*)* VI se rebeller (**against** contre) ■ **rebellion** [rɪ'beljən] N rébellion *f* ■ **rebellious** [rɪ'beljəs] ADJ rebelle

reboot [riː'buːt] *Comptr* **1** VT réamorcer, redémarrer **2** VI se réamorcer, redémarrer

rebound 1 ['riːbaʊnd] N *(of ball)* rebond *m*; *Fig* **to marry sb on the r.** épouser qn à la suite d'une déception sentimentale **2** [rɪ'baʊnd] VI *(of ball)* rebondir; *Fig (of lies, action)* se retourner (**on** contre)

rebuff [rɪ'bʌf] **1** N rebuffade *f* **2** VT repousser

rebuild [riː'bɪld] *(pt & pp* -**built***)* VT reconstruire

rebuke [rɪ'bjuːk] **1** N réprimande *f* **2** VT réprimander

recall [rɪ'kɔːl] **1** N *(calling back)* rappel *m*; **my powers of r.** *(memory)* ma mémoire **2** VT *(remember)* se rappeler (**that** que; **doing** avoir fait); *(call back)* rappeler; **to r. sth to sb** rappeler qch à qn

recap ['riːkæp] **1** N récapitulation *f* **2** *(pt & pp* -**pp**-*)* VI récapituler ■ **recapitulate** [-kə'pɪtʃʊleɪt] VTI récapituler

recapture [riː'kæptʃə(r)] **1** N *(of prisoner)* capture *f* **2** VT *(prisoner)* capturer; *(town)* reprendre; *(recreate)* recréer

recede [rɪ'siːd] VI *(into the distance)* s'éloigner; *(of floods)* baisser ■ **receding** ADJ *(forehead, chin)* fuyant; **his hairline is r.** son front se dégarnit

receipt [rɪ'siːt] N *(for payment, object)* reçu *m* (**for** de); *(in shop, bar)* ticket *m* de caisse; *(for letter, parcel)* récépissé *m*; **receipts** *(at box office)* recette *f*; **on r. of sth** dès réception de qch

receive [rɪ'siːv] vt recevoir; *(stolen goods)* receler ■ **receiving** N *(of stolen goods)* recel *m*

receiver [rɪ'siːvə(r)] N **(a)** *(of phone)* combiné *m*; *(radio)* récepteur *m*; **to pick up** or **lift the r.** *(of phone)* décrocher **(b)** *(of stolen goods)* receleur, -euse *mf*; *Br Fin (in bankruptcy)* administrateur *m* judiciaire

recent ['riːsənt] ADJ récent; *(development)* dernier, -ière; **in r. months** au cours des derniers mois ■ **recently** ADV récemment; **as r. as yesterday** pas plus tard qu'hier

receptacle [rɪ'septəkəl] N récipient *m*

reception [rɪ'sepʃən] N *(party, of radio)* réception *f*; *(welcome)* accueil *m*; **r. (desk)** réception ■ **receptionist** N réceptionniste *mf*

receptive [rɪ'septɪv] ADJ réceptif, -ive **(to** à)

recess [*Br* rɪ'ses, *Am* 'riːses] N **(a)** *(holiday)* vacances *fpl*; *Am (between classes)* récréation *f* **(b)** *(in wall)* renfoncement *m (smaller)* & *Fig* recoin *m*

recession [rɪ'seʃən] N récession *f*

recharge [riː'tʃɑːdʒ] vt *(battery)* recharger ■ **rechargeable** ADJ *(battery)* rechargeable

recipe ['resɪpɪ] N *(for food)* & *Fig* recette *f* **(for sth** de qch; **for doing** pour faire)

recipient [rɪ'sɪpɪənt] N *(of gift, letter)* destinataire *mf*; *(of award)* lauréat, -éate *mf*

Note that the French word **récipient** is a false friend and is never a translation for the English word **recipient**. It means **container**.

reciprocal [rɪ'sɪprəkəl] ADJ réciproque

reciprocate [rɪ'sɪprəkeɪt] **1** vt retourner **2** vi rendre la pareille

recital [rɪ'saɪtəl] N *(of music)* récital *m (pl* -als)

recite [rɪ'saɪt] vt *(poem)* réciter; *(list)* énumérer

reckless ['rekləs] ADJ *(rash)* imprudent; **r. driver** chauffard *m*

reckon ['rekən] **1** vt *(calculate)* calculer; *(consider)* considérer; *Fam (think)* penser **(that** que) **2** vi calculer; compter; **to r. with** *(take into account)* compter avec; *(deal with)* avoir affaire à; **to r. on/ without sb/sth** compter sur/sans qn/qch; **to r. on doing sth** compter faire qch ■ **reckoning** N calcul *m*

reclaim [rɪ'kleɪm] **1** vt *(lost property, waste material, luggage)* récupérer; *(expenses)* se faire rembourser; **to r. land from the sea** gagner du terrain sur la mer **2** N '**baggage r.'** *(in airport)* 'retrait des bagages'

Note that the French word **réclamer** is a false friend and is never a translation for the English verb **to reclaim**. It means **to claim** or **to demand**.

recline [rɪ'klaɪn] **1** vt *(head)* appuyer **(on** sur) **2** vi *(of person)* être allongé

recluse [rɪ'kluːs] N reclus, -use *mf*

recognition [rekəg'nɪʃən] N reconnaissance *f*; **to change beyond** or **out of all r.** devenir méconnaissable; **to gain r.** être reconnu

recognize ['rekəgnaɪz] vt reconnaître ■ **recognizable** ADJ reconnaissable

recoil [rɪ'kɔɪl] vi *(of gun)* reculer; *(of person)* avoir un mouvement de recul

recollect [rekə'lekt] vt se souvenir de ■ **recollection** N souvenir *m*

recommend [rekə'mend] vt *(praise, support, advise)* recommander **(to** à; **for** pour); **to r. sb to do sth** recommander à qn de faire qch ■ **recommen'dation** N recommandation *f*

recompense ['rekəmpens] **1** N récompense *f* **2** vt *(reward)* récompenser

reconcile ['rekənsaɪl] vt *(person)* réconcilier **(with** or **to** avec); *(opinions, facts)* concilier; **to r. oneself to sth** se résigner à qch ■ **reconciliation** [-sɪlɪ'eɪʃən] N réconciliation *f*

reconditioned [riːkən'dɪʃənd] ADJ *(engine, machine)* remis à neuf

reconnaissance [rɪ'kɒnɪsəns] N *Mil* reconnaissance *f*

reconsider [riːkən'sɪdə(r)] **1** vt réexaminer **2** vi réfléchir

reconstruct [riːkən'strʌkt] vt reconstruire; *(crime)* reconstituer

record 1 N ['rekɔːd] **(a)** *(disc)* disque *m*; **r. company** maison *f* de disques; **r. player** électrophone *m* **(b)** *Sport (best performance)* record *m* **(c)** *(report)* rapport *m*; *(background)* antécédents *mpl*, *(file)* dossier *m*; **to make** or **keep a r. of sth** garder une trace écrite de qch; **to have a good safety r.** avoir une bonne réputation en matière de sécurité; **the highest figures on r.** les chiffres les plus élevés jamais enregistrés; **(police) r.** casier *m* judiciaire **2** ADJ record *inv*; **in r. time** en un temps record; **to be at a r. high/low** être à son taux le plus haut/bas **3** [rɪ'kɔːd] vt *(on tape, in register)* enregistrer; *(in diary)* noter; *(relate)* rapporter **(that** que) **4** vi *(on tape, of tape recorder)* enregistrer ■ **record-holder** N détenteur, -trice *mf* du record

recorded [rɪ'kɔːdɪd] ADJ enregistré; *(fact)* attesté; *(TV broadcast)* en différé; *Br* **to send sth (by) r. delivery** ≃ envoyer qch en recommandé avec accusé de réception

recorder [rɪ'kɔːdə(r)] N *(musical instrument)* flûte *f* à bec

recording [rɪ'kɔːdɪŋ] N enregistrement *m*; **r. studio** studio *m* d'enregistrement

recount [rɪ'kaʊnt] vt *(relate)* raconter

re-count ['ri:kaʊnt] N (of votes) deuxième décompte m

recoup [rɪ'ku:p] VT récupérer

recourse ['ri:kɔ:s] N recours m; **to have r. to** avoir recours à

recover [rɪ'kʌvə(r)] **1** VT (get back) récupérer; (one's appetite, balance) retrouver **2** VI (from illness, shock, surprise) se remettre (**from** de); (of economy, country, stock market) se redresser; (of currency) remonter; (of sales) reprendre ■ **recovery** (pl **-ies**) N (a) (from illness) rétablissement m; (of economy, stock market) redressement m; **to make a r.** se rétablir (b) (of goods) récupération f; Br **r. vehicle** dépanneuse f

re-create [ri:krɪ'eɪt] VT recréer

recreation [rekrɪ'eɪʃən] N Sch (break) récréation f, **r. ground** terrain m de jeux ■ **recreational** ADJ (activity) de loisir; **r. drug** drogue f à usage récréatif; Am **r. vehicle** camping-car m

recrimination [rɪkrɪmɪ'neɪʃən] N récrimination f

recruit [rɪ'kru:t] **1** N recrue f **2** VT recruter ■ **recruitment** N recrutement m; **r. agency** agence f de recrutement

rectangle ['rektæŋgəl] N rectangle m ■ **rectangular** [-'tæŋgʊlə(r)] ADJ rectangulaire

rectify ['rektɪfaɪ] (pt & pp **-ied**) VT rectifier

rector ['rektə(r)] N (priest) pasteur m anglican; Scot Sch≈ proviseur m

rectum ['rektəm] N rectum m

recuperate [rɪ'ku:pəreɪt] VI (from illness) récupérer

recur [rɪ'kɜ:(r)] (pt & pp **-rr-**) VI (of event, problem) se reproduire; (of illness) réapparaître; (of theme) revenir ■ **recurrence** [-'kʌrəns] N récurrence f ■ **recurrent** [-'kʌrənt] ADJ récurrent ■ **recurring** ADJ (event, problem) récurrent; (illness) qui réapparaît; (theme, dream) qui revient souvent; **six point six r.** six virgule six à l'infini

recycle [ri:'saɪkəl] VT recycler; **recycled paper** papier m recyclé; Comptr **r. bin** corbeille f ■ **recyclable** ADJ recyclable ■ **recycling** N recyclage m; **r. facility** installation f de recyclage; **r. plant** usine f de recyclage

red [red] **1** (**redder, reddest**) ADJ rouge; (hair) roux (f rousse); **to turn** ou **go r.** rougir; Football **r. card** carton m rouge; **the R. Cross** la Croix-Rouge; **r. light** (traffic light) feu m rouge **2** N (colour) rouge m; **in the r.** (in debt) dans le rouge ■ **'red-'handed** ADV **to be caught r.** être pris la main dans le sac ■ **redhead** N roux m, rousse f ■ **'red-'hot** ADJ brûlant ■ **redness** N rougeur f; (of hair) rousseur f

redcurrant [red'kʌrənt] N groseille f

redecorate [ri:'dekəreɪt] VT (repaint) refaire la peinture de

redeem [rɪ'di:m] VT (restore to favour, buy back, free) racheter; (debt, loan) rembourser; (gift token, coupon) échanger; **his one redeeming feature is…** la seule chose qui le rachète, c'est… ■ **redemption** [-'dempʃən] N rachat m; (of debt, loan) remboursement m; Rel rédemption f

redial [ri:'daɪəl] (Br **-ll-,** Am **-l-**) Tel **1** ['ri:daɪəl] rappel m du dernier numéro **2** VT recomposer **3** VI recomposer le numéro

redirect [ri:daɪ'rekt] VT (mail) faire suivre; (plane, traffic) dévier

redo [ri:'du:] (pt **-did,** pp **-done**) VT refaire

redolent ['redələnt] ADJ **to be r. of** (smell of) sentir; (suggest) avoir un parfum de

redress [rɪ'dres] N **to seek r.** demander réparation (**for** de)

reduce [rɪ'dju:s] VT réduire (**to** à; **by** de); (temperature, price) baisser; **at a reduced price** à prix réduit; **to r. speed** ralentir; **to r. sb to silence** réduire qn au silence; **to r. sb to tears** faire pleurer qn; **to be reduced to doing sth** en être réduit à faire qch ■ **reduction** [-'dʌkʃən] N (of temperature, price) baisse f; (discount) réduction f (**in/on** de/sur)

redundant [rɪ'dʌndənt] ADJ (not needed) superflu; Br **to make sb r.** licencier qn; **to be made r.** être licencié ■ **redundancy** (pl **-ies**) N Br (of worker) licenciement m; **r. pay(ment)** prime f de licenciement

reed [ri:d] N (a) (plant) roseau m (b) (of musical instrument) anche f

reef [ri:f] N récif m

reek [ri:k] **1** N relent m **2** VI **to r. (of sth)** puer (qch)

reel [ri:l] **1** N (of thread, film) bobine f; (for fishing line) moulinet m **2** VT SEP **to r. off** (names, statistics) débiter **3** VI (stagger) chanceler; Fig **my head is reeling** la tête me tourne

re-elect [ri:ɪ'lekt] VT réélire

re-establish [ri:ɪ'stæblɪʃ] VT rétablir

ref [ref] (abbr **referee**) N Fam Sport arbitre m

refectory [rɪ'fektərɪ] (pl **-ies**) N réfectoire m

refer [rɪ'fɜ:(r)] (pt & pp **-rr-**) **1** VT **to r. sth to sb** (submit) soumettre qch à qn; **to r. sb to a specialist** envoyer qn voir un spécialiste **2** VT INSEP **to r. to** (allude to) faire allusion à; (mention) parler de; (apply to) s'appliquer à; (consult) consulter

referee [refə'ri:] **1** N Sport arbitre m; **to give the names of two referees** (for job) fournir deux références **2** VTI arbitrer

reference ['refərəns] N (source, consultation) référence f; (allusion) allusion f (**to** à); (mention) mention f (**to** de); (for employer) lettre f de référence; **with** or **in r. to** concernant; **Com with or in r. to your letter** suite à votre lettre; **for future r.** à titre d'information; **r. book** ouvrage m de référence; **r. point** point m de repère

referendum [refə'rendəm] N référendum m

refill 1 ['riːfɪl] N *(for notebook)* feuillets mpl de rechange; *(for pen)* cartouche f; *(for lighter)* recharge f; **would you like a r.?** *(of drink)* je te ressers? 2 [riː'fɪl] VT *(glass)* remplir à nouveau; *(lighter, pen)* recharger

refine [rɪ'faɪn] 1 VT *(oil, sugar, manners)* raffiner; *(technique, machine)* perfectionner 2 VI **to r. upon sth** parfaire qch ■ **refined** ADJ *(person, manners, sugar)* raffiné ■ **refinement** N *(of person, manners)* raffinement m; *(of sugar, oil)* raffinage m; *(of technique)* perfectionnement m; **refinements** *(technical improvements)* améliorations fpl

reflect [rɪ'flekt] 1 VT **(a)** *(light, image)* refléter, réfléchir; *Fig (portray)* refléter; **to be reflected (in)** *(of light)* se refléter (dans) **(b) to r. that...** se dire que... 2 VI **(a) to r. on sb, to be reflected on sb** *(of prestige, honour)* rejaillir sur qn; **to r. badly on sb** faire du tort à qn; **to r. well on sb** faire honneur à qn **(b)** *(think)* réfléchir **(on** à)

reflection [rɪ'flekʃən] N **(a)** *(image)* & *Fig* reflet m; *Fig* **it is no r. on your own capabilities** cela ne remet pas en cause vos compétences **(b)** *(thought, criticism)* réflexion **(on** sur); **on r.** tout bien réfléchi

reflector [rɪ'flektə(r)] N *(on bicycle, vehicle)* catadioptre m

reflex ['riːfleks] N & ADJ réflexe *(m)*; **r. action** réflexe m

reflexion [rɪ'flekʃən] N *Br* = **reflection**

reflexive [rɪ'fleksɪv] ADJ *Grammar* réfléchi

reform [rɪ'fɔːm] 1 N réforme f; *Am* **r. school** centre m d'éducation surveillée 2 VT réformer; *(person, conduct)* corriger 3 VI *(of person)* se réformer ■ **reformer** N réformateur, -trice mf

refrain [rɪ'freɪn] 1 N *(of song)* & *Fig* refrain m 2 VI s'abstenir **(from sth** de qch; **from doing** de faire)

refresh [rɪ'freʃ] VT *(of drink)* rafraîchir; *(of bath)* revigorer; *(of sleep, rest)* reposer; **to r. oneself** *(drink)* se rafraîchir; **to r. one's memory** se rafraîchir la mémoire ■ **refreshing** ADJ *(drink)* rafraîchissant; *(bath)* revigorant; *(sleep)* reposant; *(original)* nouveau *(f* nouvelle*)* ■ **refreshments** NPL rafraîchissements mpl

refresher course [rɪ'freʃəkɔːs] N cours m de recyclage

refrigerate [rɪ'frɪdʒəreɪt] VT réfrigérer ■ **refrigerator** N *(domestic)* réfrigérateur m

refuel [riː'fjʊəl] 1 *(Br* **-ll-,** *Am* **-l-)* VT *(aircraft)* ravi-

tailler en carburant 2 VI *(of aircraft)* se ravitailler en carburant

refuge ['refjuːdʒ] N refuge m; **to take r.** se réfugier **(in** dans)

refugee [refjʊ'dʒiː] N réfugié, -iée mf; **r. camp** camp m de réfugiés

refund 1 ['riːfʌnd] N remboursement m 2 [riː'fʌnd] VT rembourser

refurbish [riː'fɜːbɪʃ] VT rénover

refusal [rɪ'fjuːzəl] N refus m

refuse¹ [rɪ'fjuːz] 1 VT refuser; **to r. to do sth** refuser de faire qch; **to r. sb sth** refuser qch à qn 2 VI refuser

refuse² ['refjuːs] N *Br (rubbish)* ordures fpl; *(industrial waste materials)* déchets mpl; **r. collection** ramassage m des ordures; **r. dump** dépôt m d'ordures

refute [rɪ'fjuːt] VT réfuter

regain [rɪ'geɪn] VT *(lost ground, favour)* regagner; *(health, sight)* retrouver; *(power)* reconquérir; **to r. one's strength** reprendre des forces; **to r. consciousness** reprendre connaissance; **to r. possession of sth** reprendre possession de qch

regal ['riːgəl] ADJ royal

regard [rɪ'gɑːd] 1 N *(admiration)* respect m; *(consideration)* égard m; **to hold sb in high r.** tenir qn en haute estime; **with r. to** en ce qui concerne; **without r. to** sans tenir compte de; **to give** or **send one's regards to sb** transmettre son meilleur souvenir à qn 2 VT *(admire, respect)* estimer; **to r. sb/sth as...** considérer qn/qch comme...; **as regards...** en ce qui concerne... ■ **regarding** PREP en ce qui concerne

Note that the French words **regard** and **regarder** are false friends and are never translations for the English words **regard** and **to regard**. They mean **look** and **to look at**.

regardless [rɪ'gɑːdləs] 1 ADJ **r. of...** *(without considering)* sans tenir compte de... 2 ADV *(all the same)* quand même

regenerate [rɪ'dʒenəreɪt] 1 VT régénérer 2 VI se régénérer

reggae ['regeɪ] 1 N *(music)* reggae m 2 ADJ *(group, musician)* reggae inv

régime [reɪ'ʒiːm] N régime m

regiment 1 ['redʒɪmənt] N régiment m 2 ['redʒɪment] VT régimenter ■ **regimentation** [-men'teɪʃən] N discipline f draconienne

region ['riːdʒən] N région f; *Fig* **in the r. of** *(about)* environ ■ **regional** ADJ régional

register ['redʒɪstə(r)] 1 N registre m; *(in school)* cahier m d'appel; **electoral r.** liste f électorale 2 VT *(birth, death)* déclarer; *(record, note, speed)* enregistrer; *(vehicle)* immatriculer; *(complaint)* déposer; *(astonishment, displeasure)* manifester; *Fam (realize)* réaliser **3** vi *(enrol)* s'inscrire (**for a course** à un cours); *(at hotel)* signer le registre; *(of voter)* s'inscrire sur les listes électorales; *Fam* **I told him but it didn't r.** je lui ai dit mais il n'a pas enregistré ■ **registered** ADJ *(member)* inscrit; *(letter, package)* recommandé; *(charity)* agréé; **to send sth by r. post** *or Am* **mail** envoyer qch en recommandé; **r. trademark** marque f déposée

registrar [redʒɪ'strɑː(r)] N *Br (record keeper)* officier m de l'état civil; *(in university)* responsable m des inscriptions; *(in hospital)* chef m de clinique

registration [redʒɪ'streɪʃən] N *(enrolment)* inscription f; *(of complaint)* enregistrement m; *Br* **r. (number)** *(of vehicle)* numéro m d'immatriculation; *Br* **r. document** *(of vehicle)* ≃ carte f grise

registry ['redʒɪstrɪ] ADJ & N *Br* **r. (office)** bureau m de l'état civil; **to get married in a r. office** se marier à la mairie

regress [rɪ'gres] vi régresser ■ **regression** N régression f

regret [rɪ'gret] **1** N regret m **2** (pt & pp **-tt-**) VT regretter (**to do** de faire; **that** que); *(+ subjunctive)*; **I r. to hear that…** j'ai le regret d'apprendre que…; **to r. doing sth** regretter d'avoir fait qch

regrettable [rɪ'gretəbəl] ADJ regrettable (**that** que + *subjunctive*)

regroup [riː'gruːp] **1** VT regrouper **2** vi se regrouper

regular ['regjʊlə(r)] **1** ADJ **(a)** *(steady, even)* & *Grammar* régulier, -ière; *(usual)* habituel, -uelle; *(price)* normal; *(size)* moyen, -enne; *(listener, reader)* fidèle; *(staff)* permanent; *Fam (for emphasis)* vrai; **on a r. basis** régulièrement; *Am Fam* **a r. guy** un type sympa **(b)** *(army, soldier)* régulier, -ière **2** N *(in bar)* habitué, -uée mf ■ **regularity** [-'lærɪtɪ] N régularité f ■ **regularly** ADV régulièrement

regulate ['regjʊleɪt] VT *(adjust)* régler; *(control)* réglementer ■ **regu'lation 1** N **(a)** **regulations** *(rules)* règlement m **(b)** *(regulating)* réglage m **2** ADJ *(statutory)* réglementaire

rehabilitate [riːhə'bɪlɪteɪt] VT réhabiliter ■ **rehabili'tation** N réadaptation f

rehearse [rɪ'hɜːs] VTI répéter ■ **rehearsal** N répétition f

reign [reɪn] **1** N règne m; **in** *or* **during the r. of** sous le règne de **2** vi régner (**over** sur)

reimburse [riːɪm'bɜːs] VT rembourser (**for** de) ■ **reimbursement** N remboursement m

rein [reɪn] N **to give sb free r. to do sth** donner carte blanche à qn pour qu'il fasse qch

reincarnation [riːɪnkɑː'neɪʃən] N réincarnation f

reindeer ['reɪndɪə(r)] N INV renne m

reinforce [riːɪn'fɔːs] VT renforcer (**with** de); **reinforced concrete** béton m armé ■ **reinforcement** N renforcement m (**of** de); **reinforcements** *(troops)* renforts mpl

reins [reɪnz] NPL *(for horse)* rênes fpl; *(for baby)* bretelles fpl de sécurité

reinstate [riːɪn'steɪt] VT réintégrer

reissue [riː'ɪʃuː] VT *(book)* rééditer

reiterate [riː'ɪtəreɪt] VT réitérer

reject 1 ['riːdʒekt] N *(object)* rebus m; *Fam (person)* inadapté, -ée mf; **r. article** article m de deuxième choix; *Br* **r. shop** solderie f **2** [rɪ'dʒekt] VT rejeter; *(candidate, goods, offer)* refuser ■ **rejection** [rɪ'dʒekʃən] N rejet m; *(of candidate, goods, offer)* refus m

rejoice [rɪ'dʒɔɪs] vi se réjouir (**over** *or* **at** de) ■ **rejoicing** N réjouissance f

rejoin¹ [rɪ'dʒɔɪn] VT **(a)** *(join up with)* rejoindre **(b)** *(join again)* réintégrer

rejoin² [rɪ'dʒɔɪn] vi *(retort)* répliquer

rejuvenate [rɪ'dʒuːvəneɪt] VT rajeunir

rekindle [riː'kɪndəl] VT raviver

relapse 1 ['riːlæps] N rechute f **2** [rɪ'læps] vi rechuter; *Fig* **to r. into** retomber dans

relate [rɪ'leɪt] **1** VT **(a)** *(narrate)* raconter (**that** que); *(report)* rapporter (**that** que) **(b)** *(connect)* mettre en rapport (**to** avec) **2** vi **to r. to** *(apply to)* avoir rapport à; *(person)* avoir des affinités avec ■ **related** ADJ *(linked)* lié (**to** à); *(languages, styles)* apparenté; **to be r. to sb** *(by family)* être parent de qn

relation [rɪ'leɪʃən] N **(a)** *(relative)* parent, -ente mf; **what r. are you to him?** quel est ton lien de parenté avec lui? **(b)** *(relationship)* rapport m; **international relations** relations fpl internationales; **sexual relations** rapports mpl sexuels

relationship [rɪ'leɪʃənʃɪp] N *(within family)* lien m de parenté; *(between people)* relation f; *(between countries)* relations fpl; *(connection)* rapport m; **to have a good r. with sb** bien s'entendre avec qn

relative ['relətɪv] **1** N parent, -ente mf **2** ADJ *(comparative)* relatif, -ive; *(respective)* respectif, -ive; **r. to** relativement à; **to be r. to** *(depend on)* être fonction de ■ **relatively** ADV relativement

Note that the French word **relatif** is a false friend. It is never used to refer to members of one's family.

relax [rɪ'læks] **1** VT *(person, mind)* détendre; *(grip, pressure)* relâcher; *(law, control)* assouplir **2** vi *(of person)* se détendre; *(of muscle)* se relâcher; **r.!** *(calm down)* du calme! ■ **relaxed** ADJ détendu ■ **relaxing** ADJ délassant

relaxation [riːlæk'seɪʃən] N **(a)** *(of person)* détente f; *(of discipline)* relâchement m; *(of law,* *control)* assouplissement *m* (**b**) *(as therapy)* relaxation *f*

relay 1 ['ri:leɪ] N*(of workers)* équipe *f* de relais; **to work in relays** se relayer; **r. (race)** (course *f* de) relais *m* **2** [ri:'leɪ] V*T*retransmettre; *(information)* transmettre (**to** à)

release [rɪ'li:s] **1** N *(of prisoner)* libération *f*; *(of film, book)* sortie *f* (**of** de); *(film)* nouveau film *m*; *(record)* nouveau disque *m*; *(emotional)* soulagement *m*; *Br* **to be on general r.** *(of film)* passer dans toutes les grandes salles **2** V*T*(*person)* libérer (**from** de); *(bomb)* lâcher; *(brake)* desserrer; *(smoke, funds)* dégager; *(film, record)* sortir; *(news, facts)* communiquer; **to r. sb's hand** lâcher la main de qn

relegate ['relɪgeɪt] V*T*reléguer (**to** à); *Br Sport* **to be relegated** *(of team)* descendre en division inférieure

relent [rɪ'lent] V*I(of storm, wind)* se calmer; *(of person)* céder

relentless [rɪ'lentləs] ADJimplacable

relevant ['relǝvǝnt] ADJ (**a**) *(apt)* pertinent; **to be r. to sth** avoir rapport à qch; **that's not r.** ça n'a rien à voir (**b**) *(appropriate) (chapter)* correspondant; *(authorities)* compétent; *(qualifications)* requis (**c**) *(topical)* d'actualité ■ **relevance** N pertinence *f* (**to** à); *(connection)* rapport *m* (**with** avec)

reliable [rɪ'laɪǝbǝl] ADJ*(person, machine)* fiable; *(information)* sûr ■ **relia'bility** N *(of person)* sérieux *m*; *(of machine)* fiabilité *f*

reliance [rɪ'laɪǝns] N*(dependence)* dépendance *f* (**on** vis-à-vis de); *(trust)* confiance *f* (**on** en) ■ **reliant** ADJ**to be r. on** *(dependent)* dépendre de; *(trusting)* avoir confiance en

relic ['relɪk] Nrelique *f*; *Fig* **relics** vestiges *mpl*

relief [rɪ'li:f] **1** N*(comfort)* soulagement *m*; *(help)* secours *m*; *(in art)* relief *m* **2** ADJ*(train, bus)* supplémentaire; *(work, troops)* de secours; **r. map** carte *f* en relief; *Br* **r. road** route *f* de délestage

relieve [rɪ'li:v] V*T*(alleviate)* soulager; *(boredom)* tromper; *(replace)* remplacer; *(free)* libérer; **to r. sb of sth** débarrasser qn de qch; **to r. sb of his duties** relever qn de ses fonctions; **to r. congestion in** *(street)* décongestionner; *Hum* **to r. oneself** se soulager

religion [rɪ'lɪdʒǝn] Nreligion *f* ■ **religious** ADJ religieux, -ieuse; *(war)* de religion ■ **religiously** ADVreligieusement

relinquish [rɪ'lɪŋkwɪʃ] V*T*(hope, habit, thought)* abandonner; *(share, claim)* renoncer à

relish ['relɪʃ] **1** N*(pickle)* condiments *mpl*; *(liking)* goût *m* (**for** pour); *(pleasure)* plaisir *m*; **to do sth with r.** faire qch avec délectation **2** V*T*savourer

reload [ri:'lǝʊd] V*T*(gun, camera)* recharger

relocate [*Br* ri:lǝʊ'keɪt, *Am* ri:'lǝʊkeɪt] V*I (of company)* être transféré; *(of person)* se déplacer

reluctant [rɪ'lʌktǝnt] ADJ*(greeting, gift, promise)* accordé à contrecœur; **to be r. (to do sth)** être réticent (à faire qch) ■ **reluctantly** ADV à contrecœur

rely [rɪ'laɪ] *(pt & pp* -**ied**) V*I***to r. (up)on** *(count on)* compter sur; *(be dependent on)* dépendre de

remain [rɪ'meɪn] V*I (stay behind, continue to be)* rester; *(be left)* subsister ■ **remaining** ADJ restant ■ **remains** NPLrestes *mpl*; **mortal r.** dépouille *f* mortelle

remainder [rɪ'meɪndǝ(r)] **1** Nreste *m*; *(book)* invendu *m* soldé **2** V*T(book)* solder

remand [rɪ'mɑ:nd] *Law* **1** Non **r.** en détention préventive; *Br* **r. centre** centre *m* de détention préventive **2** V*T***to r. sb (in custody)** placer qn en détention préventive

remark [rɪ'mɑ:k] **1** N remarque *f* **2** V*T* faire remarquer **3** V*I***to r. on sth** *(comment)* faire un commentaire sur qch; *(criticize)* faire des remarques sur qch ■ **remarkable** ADJremarquable ■ **remarkably** ADVremarquablement

---

Note that the French verb **remarquer** is a false friend and is never a translation for the English verb **to remark**. It means **to notice**.

---

remarry [ri:'mærɪ] *(pt & pp* -**ied**) V*I*se remarier

remedy ['remɪdɪ] **1** *(pl* -**ies**) Nremède *m* **2** *(pt & pp* -**ied**) V*T*remédier à

remember [rɪ'membǝ(r)] **1** V*T*se souvenir de, se rappeler; *(commemorate)* commémorer; **to r. that/doing** se rappeler que/d'avoir fait; **to r. to do sth** penser à faire qch; **to r. sb to sb** rappeler qn au bon souvenir de qn **2** V*I*se souvenir, se rappeler ■ **remembrance** N*Formal (memory)* souvenir *m*; **in r. of** en souvenir de; *Br & Can* **R. Day** *or* **Sunday** ≃ le 11 novembre *(commémoration de la fin des deux guerres mondiales)*

remind [rɪ'maɪnd] V*T*to r. sb of sth** rappeler qch à qn; **to r. sb to do sth** rappeler à qn de faire qch; **that** *or* **which reminds me…** à propos… ■ **reminder** N*(of event, letter)* rappel *m*; **it's a r. (for him/her) that…** c'est pour lui rappeler que…

reminisce [remɪ'nɪs] V*I*évoquer des souvenirs; **to r. about sth** évoquer qch ■ **reminiscent** ADJ**r. of** qui rappelle

remission [rɪ'mɪʃǝn] N*Law* remise *f* de peine; *Med* **to be in r.** être en rémission

remit [rɪ'mɪt] *(pt & pp* -**tt**-) V*T(money)* envoyer ■ **remittance** [rɪ'mɪtǝns] N*(sum)* paiement *m*

remix 1 ['ri:mɪks] N remix *m* **2** [ri:'mɪks] V*T* remixer

remnant ['remnǝnt] N *(remaining part)* reste

m; *(of civilization, building)* vestige m; *(of fabric)* coupon m; *(oddment)* fin f de série

remodel [riː'mɒdəl] *(Br -ll-, Am -l-)* vt remodeler **(on** sur)

remonstrate ['remənstreit] vi **to r. with sb** faire des remontrances à qn

remorse [riː'mɔːs] n remords m; **to feel r.** avoir du *ou* des remords ■ **remorseless** ADJ impitoyable

remote [riː'məut] *(-er, -est)* ADJ (a) *(far-off)* *(in space)* éloigné **(from** de); *(in time)* lointain **(from** de); *Fig (aloof)* distant; **r. control** télécommande f (b) *(slight)* vague; **not the remotest idea** pas la moindre idée ■ **remotely** ADV *(slightly)* vaguement; **r. situated** isolé; **not r. aware** nullement conscient

removable [riː'muːvəbəl] ADJ *(lining)* amovible

removal [riː'muːvəl] n (a) *(of control, threat)* suppression f; *(of politician)* renvoi m (b) *Br (moving house)* déménagement m; *Br* **r. man** déménageur m; *Br* **r. van** camion m de déménagement

remove [riː'muːv] vt *(clothes, stain, object)* enlever **(from sb** à qn; **from sth** de qch); *Br (furniture)* déménager; *(obstacle, threat, word)* supprimer; *(fear, doubt)* dissiper; *(politician)* renvoyer; **(far) removed from** loin de

remover [riː'muːvə(r)] n *(for nail polish)* dissolvant m; *(for paint)* décapant m; *(for stains)* détachant m

remunerate [riː'mjuːnəreit] vt rémunérer ■ **remune'ration** n rémunération f

renaissance [rəˈneisəns] n renouveau m

rename [riː'neim] vt rebaptiser; *Comptr (file)* renommer

render ['rendə(r)] vt *Formal (give, make)* rendre; *(piece of music)* interpréter; **to r. assistance to sb** prêter main-forte à qn

rendezvous ['rɒndivuː, pl -vuːz] n INV rendez-vous m inv

renegade ['renigeid] n renégat, -ate mf

renege [riː'niːg, *Br* riː'neig] vi **to r. on sth** revenir sur qch

renew [riː'njuː] vt renouveler; *(resume)* reprendre; *(library book)* renouveler le prêt de ■ **renewed** ADJ *(efforts)* renouvelé; *(attempt)* nouveau *(f* nouvelle); **with r. vigour** avec un regain de vigueur

renewable [riː'njuːəbəl] ADJ renouvelable

renewal [riː'njuːəl] n renouvellement m; *(of activity, negotiations)* reprise f; *(of optimism, strength)* regain m

renounce [riː'nauns] vt *(give up)* renoncer à; *(disown)* renier

renovate ['renəveit] vt *(house)* rénover; *(pain-*

ting) restaurer ■ **reno'vation** n rénovation f; *(of painting)* restauration f

renown [riː'naun] n renommée f ■ **renowned** ADJ renommé **(for** pour)

rent [rent] **1** n *(for house, flat)* loyer m; **for r.** à louer; **to r. out** louer; **rented car** voiture f de location

rental ['rentəl] n *(of television, car)* location f; *(of telephone)* abonnement m

reopen [riː'əupən] vti rouvrir ■ **reopening** n réouverture f

reorganize [riː'ɔːgənaiz] vt réorganiser

rep [rep] *(abbr* **representative)** n *Fam (for large company)* représentant, -ante mf, VRP m; **sales r.** représentant de commerce, VRP

repair [riː'peə(r)] **1** n réparation f; **beyond r.** irréparable; **under r.** en travaux; **in good/bad r.** en bon/mauvais état **2** vt réparer ■ **repairman** *(pl* -**men)** n réparateur m

repay [riː'pei] *(pt & pp* -**paid)** vt *(pay back)* rembourser; *(kindness)* payer de retour; *(reward)* remercier **(for** de) ■ **repayment** n remboursement m

repeal [riː'piːl] *Law* **1** n abrogation f **2** vt abroger

repeat [riː'piːt] **1** n *(of event)* répétition f; *(on TV, radio)* rediffusion f; **r. performance** *(of play)* deuxième représentation f **2** vt répéter **(that** que); *(promise, threat)* réitérer; *(class)* redoubler; *(TV programme)* rediffuser; **to r. oneself** se répéter **3** vi répéter; **r. after me** répétez après moi; **I r., you're wrong** je le répète, vous avez tort ■ **repeated** ADJ *(attempts)* répété; *(efforts)* renouvelé ■ **repeatedly** ADV à maintes reprises

repel [riː'pel] *(pt & pp* -**ll-)** vt repousser ■ **repellent 1** ADJ *(disgusting)* repoussant **2** n **insect r.** insecticide m

repent [riː'pent] vi se repentir **(of** de) ■ **repentant** ADJ repentant

repercussions [riːpə'kʌʃənz] NPL répercussions fpl **(on** sur)

repertoire ['repətwɑː(r)] n *Theatre & Fig* répertoire m ■ **repertory** [-təri] *(pl* -**ies)** n *Theatre & Fig* répertoire m; **r. (theatre)** théâtre m de répertoire

repetition [repi'tiʃən] n répétition f ■ **repetitive** [riː'petitiv] ADJ répétitif, -ive

rephrase [riː'freiz] vt reformuler

replace [riː'pleis] vt *(take the place of)* remplacer **(by** or **with** par); *(put back)* remettre (à sa place); **to r. the receiver** *(on phone)* raccrocher ■ **replacement** n *(substitution)* remplacement m **(of** de); *(person)* remplaçant, -ante mf; *(machine part)* pièce f de rechange

replay 1 ['riːplei] n *Sport* nouvelle rencontre f; **(instant** or **action) r.** *(on TV)* = répétition d'une séquence précédente **2** [ri:'pleɪ] vt *(match)* rejouer

replenish [rɪ'plenɪʃ] vt *(refill)* remplir (de nouveau) (**with** de); **to r. one's supplies** se réapprovisionner

replica ['replɪkə] n réplique *f*

reply [rɪ'plaɪ] **1** *(pl* **-ies)** n réponse *f*; **in r.** en réponse (**to** à) **2** *(pt & pp* **-ied)** vti répondre (**to** à; **that** que)

report [rɪ'pɔːt] **1** n **(a)** *(analysis)* rapport *m*; *(account)* compte rendu *m*; *(in media)* reportage *m*; *Br (school)* **r.,** *Am* **r. card** bulletin *m* scolaire **(b)** *(of gun)* détonation *f* **2** vt *(information)* rapporter; *(accident, theft)* signaler (**to** à); **to r. sb missing** signaler la disparition de qn; **to r. sb to the police** dénoncer qn à la police; **to r. one's findings** faire un rapport (**on** sur); *(of journalist)* faire un reportage (**on** sur); *(go)* se présenter (**to** à); **to r. to sb** *(be accountable)* rendre compte à qn ■ **reported** adj *Grammar* **r. speech** discours *m* indirect; **it is r. that…** on dit que…; **to be r. missing** être porté disparu ■ **reportedly** adv à ce qu'on dit ■ **reporter** n reporter *m*

Note that the French words **report** and **reporter** are false friends and are never translations for the English words **report** and **to report**. Their most common meanings are **postponement** and **to postpone**.

repository [rɪ'pɒzɪtərɪ] *(pl* **-ies)** n dépôt *m*

repossess [ri:pə'zes] vt saisir

represent [reprɪ'zent] vt représenter ■ **represen'tation** n représentation *f*

representative [reprɪ'zentətɪv] **1** adj représentatif, -ive (**of** de) **2** n représentant, -ante *mf*; *Am Pol*≃ député *m*

repress [rɪ'pres] vt réprimer; *(memory, feeling)* refouler; **to be repressed** *(of person)* être un(e) refoulé(e) ■ **repressive** adj *(régime)* répressif, -ive; *(measures)* de répression

reprieve [rɪ'priːv] *Law* **1** n *(cancellation)* commutation *f* de la peine capitale *(temporary) & Fig* sursis *m* **2** vt **to r. sb** *(cancel punishment of)* commuer la peine capitale de qn en réclusion à perpétuité; *(postpone punishment of)* accorder un sursis à qn

reprimand ['reprɪmaːnd] **1** n réprimande *f* **2** vt réprimander

reprint 1 ['riːprɪnt] n réimpression *f* **2** [riː'prɪnt] vt réimprimer

reprisal [rɪ'praɪzəl] n représailles *fpl*; **as a r. for, in r. for** en représailles de

reproach [rɪ'prəʊtʃ] **1** n *(blame)* reproche *m*;

beyond r. irréprochable **2** vt faire des reproches à; **to r. sb with sth** reprocher qch à qn

reprocess [riː'prəʊses] vt retraiter

reproduce [riːprə'djuːs] **1** vt reproduire **2** vi se reproduire ■ **reproduction** [-'dʌkʃən] n reproduction *f* ■ **reproductive** [-'dʌktɪv] adj reproducteur, -trice

reptile ['reptaɪl] n reptile *m*

republic [rɪ'pʌblɪk] n république *f* ■ **republican** adj & n républicain, -aine *(mf)*

repugnant [rɪ'pʌgnənt] adj répugnant; **he's r. to me** il me répugne

repulse [rɪ'pʌls] vt repousser ■ **repulsive** adj repoussant

reputable ['repjʊtəbəl] adj de bonne réputation ■ **reputed** [rɪ'pjuːtɪd] adj **she's r. to be wealthy** on la dit riche

reputation [repjʊ'teɪʃən] n réputation *f*; **to have a r. for being frank** or **for frankness** avoir la réputation d'être franc

request [rɪ'kwest] **1** n demande *f* (**for** de); **on r.** sur demande; **at sb's r.** à la demande de qn; **by popular r.** à la demande générale; *Br* **r. stop** *(for bus)* arrêt *m* facultatif **2** vt demander; **to r. sb to do sth** prier qn de faire qch

require [rɪ'kwaɪə(r)] vt *(of task, problem, situation)* requérir; *(of person)* avoir besoin de; **to be required to do sth** être tenu de faire qch; **if required** si besoin est/était; **the required qualities** les qualités *fpl* requises ■ **requirement** n *(need)* exigence *f*; *(condition)* condition *f* (requise)

requisite ['rekwɪzɪt] **1** adj requis **2** n élément *m* essentiel

resale ['riːseɪl] n revente *f*

reschedule [*Br* riː'ʃedjuːl, *Am* riː'skedʒʊəl] vt changer la date/l'heure de

rescue ['reskjuː] **1** n *(action)* sauvetage *m* (**of** de); *(help, troops)* secours *mpl*; **to go/come to sb's r.** aller/venir au secours de qn; **to the r.** à la rescousse **2** adj *(team, operation, attempt)* de sauvetage **3** vt *(save)* sauver; *(set free)* délivrer (**from** de) ■ **rescuer** n sauveteur *m*

research [rɪ'sɜːtʃ] **1** n recherches *fpl* (**on** or **into** sur); **some r.** des recherches; **to do r.** faire de la recherche; **to do r. into sth** faire des recherches sur qch **2** vi faire des recherches (**on** or **into** sur) ■ **researcher** n chercheur, -euse *m*

resemble [rɪ'zembəl] vt ressembler à ■ **resemblance** n ressemblance *f* (**to** avec)

resent [rɪ'zent] vt ne pas aimer ■ **resentful** adj **to be r.** éprouver du ressentiment ■ **resentment** n ressentiment *m*

Note that the French verb **ressentir** is a false friend. It means **to feel, to experience**.

reservation [rezə'veɪʃən] N (a) (booking) réservation f; **to make a r.** réserver; **do you have a r.?** avez-vous réservé? (b) (doubt) réserve f (c) (land for Indians, animals) réserve f

reserve [rɪ'zɜːv] 1 N (a) (reticence) réserve f (b) (land, stock) réserve f; **r. (player)** (in team) remplaçant, -ante mf; Mil **the reserves** les réservistes mpl; **in r.** en réserve; **r. tank** (of vehicle, aircraft) réservoir m de secours 2 VT (room, decision) réserver; (right) se réserver; **to r. one's strength** ménager ses forces ■ **reserved** ADJ (person, room) réservé

reservoir ['rezəvwɑː(r)] N (of water) réservoir m; Fig réserve f

reset [riː'set] VT (clock, watch) mettre à l'heure; (counter) remettre à zéro

reshape [riː'ʃeɪp] VT réorganiser

reshuffle [riː'ʃʌfəl] N réorganisation f; Pol **(cabinet) r.** remaniement m (ministériel)

reside [rɪ'zaɪd] VI résider

residence ['rezɪdəns] N (home) résidence f; (of students) foyer m; Br (students on campus) sur le campus; Br (in halls of residence) rentrés; **to take up r.** s'installer; **in r.** (doctor) sur place; Br **r. permit** permis m de séjour

resident ['rezɪdənt] 1 N (of country, street) habitant, -ante mf; (of hotel) pensionnaire mf; (foreigner) résident, -ente mf; Am (doctor) interne mf 2 ADJ résidant, qui habite sur place; (doctor, nurse) à demeure; **to be r. in London** résider à Londres

residential [rezɪ'denʃəl] ADJ (neighbourhood) résidentiel, -ielle

residue ['rezɪdjuː] N Chem résidu m; (remainder) reste m ■ **residual** [rɪ'zɪdjuəl] ADJ résiduel, -uelle; (pain, doubt) qui persiste

resign [rɪ'zaɪn] 1 VT (job) démissionner de; **to r. oneself to sth/to doing sth** se résigner à qch/à faire qch 2 VI démissionner (**from** de) ■ **resigned** ADJ résigné

resignation [rezɪg'neɪʃən] N (from job) démission f; (attitude) résignation f

resilient [rɪ'zɪlɪənt] ADJ élastique; Fig (person) résistant ■ **resilience** N élasticité f; Fig résistance f

resin ['rezɪn] N résine f

resist [rɪ'zɪst] 1 VT résister à; **to r. doing sth** s'empêcher de faire qch; **she can't r. cakes** elle ne peut pas résister devant les gâteaux 2 VI résister ■ **resistance** N résistance f (**to** à); **r. fighter** résistant, -ante mf ■ **resistant** ADJ résistant (**to** à); **to be r. to sth** résister à qch

resit Br Sch & Univ 1 ['riːsɪt] N **to do a r.** repasser un examen; **resits** session f de rattrapage 2 [riː'sɪt] VT (pt & pp -sat, pres p -sitting) (exam) repasser

resolute ['rezəluːt] ADJ résolu ■ **reso'lution** N résolution f

resolve [rɪ'zɒlv] 1 N résolution f 2 VT (problem) résoudre; **to r. to do sth** (of person) se résoudre de faire qch; (of committee) décider de faire qch

resonant ['rezənənt] ADJ qui résonne; **to be r. with** résonner de ■ **resonance** N résonance f

resonate ['rezəneɪt] VI résonner

resort [rɪ'zɔːt] 1 N (a) (holiday place) lieu m de villégiature; Br **seaside r.,** Am **beach r.** station f balnéaire; **ski r.** station de ski (b) (recourse) recours m (**to** à); **as a last r., in the last r.** en dernier ressort 2 VI **to r. to sth** avoir recours à qch; **to r. to doing sth** finir par faire qch

resound [rɪ'zaʊnd] VI résonner (**with** de); Fig Literary avoir du retentissement ■ **resounding** ADJ (noise, failure) retentissant; (success) éclatant

resource [rɪ'sɔːs, rɪ'zɔːs] N ressource f ■ **resourceful** ADJ ingénieux, -ieuse ■ **resource-fulness** N ingéniosité f

respect [rɪ'spekt] 1 N respect m (**for** pour); (aspect) égard m; **in many respects** à bien des égards; **with r. to, in r. of** en ce qui concerne; **with all due r.** sans vouloir vous/te vexer 2 VT respecter

respectable [rɪ'spektəbəl] ADJ (decent, fairly large) respectable; (fairly good) honorable ■ **respectability** N respectabilité f

respectful [rɪ'spektfəl] ADJ respectueux, -ueuse (**to** envers; **of** de)

respective [rɪ'spektɪv] ADJ respectif, -ive ■ **respectively** ADV respectivement

respiration [respɪ'reɪʃən] N respiration f

respite ['respɪt, Br 'respaɪt] N répit m

respond [rɪ'spɒnd] VI (answer) répondre (**to** à); (react) réagir (**to** à); **to r. to treatment** bien réagir (au traitement) ■ **response** N (answer) réponse f; (reaction) réaction f; **in r. to** en réponse à

responsible [rɪ'spɒnsəbəl] ADJ responsable (**for** de); (job) à responsabilités ■ **responsi'bility** (pl **-ies**) N responsabilité f (**for** de) ■ **responsibly** ADV de façon responsable

responsive [rɪ'spɒnsɪv] ADJ (reacting) qui réagit bien; (alert) éveillé; **r. to** (kindness) sensible à; (suggestion) réceptif, -ive à

rest[1] [rest] 1 N (relaxation) repos m; (support) support m; Mus (pause) silence m; **to have** or **take a r.** se reposer; **to set** or **put sb's mind at r.** tranquilliser qn; Am **r. room** toilettes fpl 2 VT (lean) poser (**on** sur); (base) fonder (**on** sur); (horse) laisser reposer; **to r. one's eyes** se reposer les yeux 3 VI (relax) se reposer; (be buried) reposer; (lean) être posé (**on** sur); **to r. on** (of argument, roof) reposer sur; **resting place** lieu m de repos

rest[2] [rest] 1 N (remainder) reste m (**of** de); **the r.**

(others) les autres *mfpl*; **the r. of the men** le reste des hommes **2** *vi(remain)* **r. assured** soyez assuré (**that** que); **to r. with sb** *(of decision, responsibility)* incomber à qn

restaurant ['restərɒnt] N restaurant *m*; *Br* **r. car** *(on train)* wagon-restaurant *m*

restful ['restfəl] ADJ reposant

restless ['restləs] ADJ agité

restore [rɪ'stɔː(r)] VT *(give back)* rendre (**to** à); *(order, peace, rights)* rétablir; *(building, painting, monarchy)* restaurer; **to r. sb to health** redonner la santé à qn

restrain [rɪ'streɪn] VT *(person, dog)* maîtriser; *(crowd, anger)* contenir; *(passions)* refréner; **to r. sb from doing sth** retenir qn pour qu'il ne fasse pas qch; **to r. oneself (from doing sth)** se retenir (de faire qch) ▪ **restrained** ADJ *(feelings)* contenu; *(tone)* mesuré; *(manner)* réservé ▪ **restraint** N *(moderation)* mesure *f*; *(restriction)* restriction *f*

restrict [rɪ'strɪkt] VT restreindre; **to r. oneself to sth/doing sth** se limiter à qch/à faire qch ▪ **restricted** ADJ restreint; **r. area** *Mil* zone *f* interdite; *(for parking)* ≃ zone bleue ▪ **restriction** N restriction *f* (**on** à) ▪ **restrictive** ADJ restrictif, -ive

result [rɪ'zʌlt] **1** N *(outcome, success)* résultat *m*; **as a r.** en conséquence; **as a r. of** à la suite de **2** VI résulter (**from** de); **to r. in sth** aboutir à qch

resume [rɪ'zjuːm] VTI reprendre; **to r. doing sth** se remettre à faire qch ▪ **resumption** [-'zʌmpʃən] N reprise *f*

résumé ['rezjumeɪ] N *(summary)* résumé *m*; *Am* curriculum vitae *m inv*

resurgence [rɪ'sɜːdʒəns] N réapparition *f*

resurrect [rezə'rekt] VT *Rel* ressusciter; *Fig (fashion)* remettre au goût du jour ▪ **resurrection** N *Rel* résurrection *f*

resuscitate [rɪ'sʌsɪteɪt] VT *Med* ranimer ▪ **resusci'tation** N réanimation *f*

Note that the French word **ressusciter** is a false friend and is never a translation for the English verb **to resuscitate**. It means **to resurrect**.

retail ['riːteɪl] **1** N (vente *f* au) détail *m* **2** ADJ *(price, shop)* de détail **3** VT vendre au détail **4** VI se vendre (au détail) (**at** à) ▪ **retailer** N détaillant *m*

retain [rɪ'teɪn] VT *(keep)* conserver; *(hold in place)* retenir; *(remember)* maintenir

retaliate [rɪ'tælɪeɪt] VI riposter ▪ **retali'ation** N représailles *fpl*; **in r. for** en représailles à

retarded [rɪ'tɑːdɪd] ADJ **(mentally) r.** arriéré

retch [retʃ] VI avoir des haut-le-cœur

rethink [riː'θɪŋk] *(pt & pp* **-thought**) VT repenser

reticent ['retɪsənt] ADJ peu communicatif, -ive

Note that the French word **réticent** is a false friend and is never a translation for the English word **reticent**. It means **hesitant**.

retina ['retɪnə] N *Anat* rétine *f*

retire [rɪ'taɪə(r)] **1** VT mettre à la retraite **2** VI **(a)** *(from work)* prendre sa retraite **(b)** *(withdraw)* se retirer *(from* de; **to** à); *(go to bed)* aller se coucher ▪ **retired** ADJ *(no longer working)* retraité ▪ **retirement** N retraite *f*; **to take early r.** partir en retraite anticipée; **r. age** l'âge *m* de la retraite; **r. home** maison *f* de retraite ▪ **retiring** ADJ **(a)** *(official, president)* sortant; **r. age** l'âge *m* de la retraite **(b)** *(reserved)* réservé

retort [rɪ'tɔːt] **1** N réplique *f* **2** VTI rétorquer

retrace [riː'treɪs] VT *(past event)* se remémorer; **to r. one's steps** revenir sur ses pas

retract [rɪ'trækt] **1** VT **(a)** *(statement)* revenir sur **(b)** *(claws, undercarriage)* rentrer **2** VI *(of person)* se rétracter

retrain [riː'treɪn] **1** VT recycler **2** VI se recycler ▪ **retraining** N recyclage *m*

retreat [rɪ'triːt] **1** N *(withdrawal)* retraite *f*; *(place)* refuge *m* **2** VI se réfugier; *(of troops)* battre en retraite

retrial [riː'traɪəl] N *Law* nouveau procès *m*

retribution [retrɪ'bjuːʃən] N châtiment *m*

Note that the French word **rétribution** is a false friend and is never a translation for the English word **retribution**. It means **reward**.

retrieve [rɪ'triːv] VT *(recover)* récupérer; *Comptr (file)* ouvrir ▪ **retrieval** N récupération *f* (**of** de)

retrospect ['retrəspekt] N **in r.** rétrospectivement

retrospective [retrə'spektɪv] **1** ADJ rétrospectif, -ive; *(law, effect)* à effet rétroactif **2** N *(exhibition)* rétrospective *f*

retune [riː'tjuːn] **1** VT *(radio, TV)* régler **2** VI **to r. to** *(radio station, wavelength)* régler la radio sur

return [rɪ'tɜːn] **1** N retour *m*; *(of goods)* renvoi *m*; *Fin (on investment)* rapport *m*; **returns** *(profits)* bénéfices *mpl*; *Br* **r. (ticket)** (billet *m*) aller et retour *m*; **on my r.** à mon retour; **in r.** en échange (**for** de); **by r. of post** par retour du courrier **2** ADJ *(trip, flight)* (de) retour; **r. match** match *m* retour **3** VT *(give back)* rendre; *(put back)* remettre; *(bring back)* rapporter; *(send back)* renvoyer; *(greeting)* répondre à; *Fin (profit)* rapporter; **to r. sb's call** *(on phone)* rappeler qn; *Law* **to r. a verdict of guilty** déclarer l'accusé coupable **4** VI *(come back)* revenir; *(go back)* retourner; *(go back home)* rentrer; **to r. to** *(subject)* revenir à ▪ **returnable** ADJ *(bottle)* consigné

reunion [riː'juːnɪən] N réunion *f* ▪ **reu'nite** VT

réconcilier; **to be reunited with sb** retrouver qn; **they reunited him with his family** ils lui ont fait retrouver sa famille

reuse [riːˈjuːz] vt réutiliser

rev [rev] Fam **1** n (of car engine) tour m; **r. counter** compte-tours m inv **2** (pt & pp **-vv-**) vt **to r. the engine (up)** faire monter le régime

revamp [riːˈvæmp] vt Fam (image) rajeunir; (company) restructurer

reveal [rɪˈviːl] vt (make known) révéler (**that** que); (make visible) laisser voir ■ **revealing** ADJ (sign, comment) révélateur, -trice; (clothing) qui ne cache pas grand-chose

revel [ˈrevəl] (Br **-ll-**, Am **-l-**) vi faire la fête; **to r. in sth** savourer qch

revelation [revəˈleɪʃən] n révélation f

revenge [rɪˈvendʒ] **1** n vengeance f; Sport revanche f; **to have** or **get one's r. (on sb)** se venger (de qn); **in r.** pour se venger **2** vt venger

revenue [ˈrevənjuː] n (income) revenu m; (from sales) recettes fpl

reverberate [rɪˈvɜːbəreɪt] vi (of sound) se répercuter; (of news) se propager

revere [rɪˈvɪə(r)] vt révérer

reverence [ˈrevərəns] n révérence f

reverend [ˈrevərənd] **1** ADJ Rel **r. father** révérend père m **2** n **R. Smith** (Anglican) le révérend Smith; (Catholic) l'abbé m Smith; (Jewish) le rabbin Smith

reversal [rɪˈvɜːsəl] n (of situation, roles) renversement m; (of policy, opinion) revirement m; **r. (of fortune)** revers m (de fortune)

reverse [rɪˈvɜːs] **1** ADJ (opposite) contraire; (image) inverse; **in r. order** dans l'ordre inverse; **r. side** (of coin) revers m; (of paper) verso m **2** n contraire m; (of coin) revers m; (of fabric) envers m; (paper) verso m; Fig (setback) revers; **in r. (gear)** (when driving) en marche arrière **3** vt (situation) renverser; (order, policy) inverser; (decision) revenir sur; **to r. the car** faire marche arrière; Br **to r. the charges** (when phoning) téléphoner en PCV **4** vi Br (in car) faire marche arrière; **to r. in/out** rentrer/sortir en marche arrière

reversible [rɪˈvɜːsəbəl] ADJ (fabric) réversible

revert [rɪˈvɜːt] vi **to r. to** revenir à

review [rɪˈvjuː] **1** n (a) (of book, film) critique f; (of troops) revue f; (of salary, opinion) révision f; **to be under r.** faire l'objet d'une révision (b) (magazine) revue f **2** vt (book, film) faire la critique de; (troops) passer en revue; (situation) faire le point sur; (salary, opinion) réviser ■ **reviewer** n critique m

revise [rɪˈvaɪz] **1** vt (opinion, notes, text) réviser **2** vi (for exam) réviser (**for** pour) ■ **revision** [-ˈvɪʒən] n révision f

revitalize [riːˈvaɪtəlaɪz] vt (person) revigorer

revival [rɪˈvaɪvəl] n (of custom, business, play) reprise f; (of hopes) renaissance f; (of faith, fashion, arts) renouveau m

revive [rɪˈvaɪv] **1** vt (person, memory, conversation) ranimer; (custom, industry) faire renaître; (fashion) relancer **2** vi (of person) reprendre connaissance; (of industry) connaître un renouveau; (of hope, interest) renaître

revoke [rɪˈvəʊk] vt (law) abroger; (decision) revenir sur; (contract) résilier

revolt [rɪˈvəʊlt] **1** n révolte f **2** vt (disgust) révolter **3** vi (rebel) se révolter (**against** contre) ■ **revolting** ADJ dégoûtant; (injustice) révoltant

revolution [revəˈluːʃən] n révolution f ■ **revolutionary** (pl **-ies**) ADJ & n révolutionnaire (mf) ■ **revolutionize** vt révolutionner

revolve [rɪˈvɒlv] vi tourner (**around** autour de) ■ **revolving** ADJ **r. chair** fauteuil m pivotant; **r. door(s)** porte f à tambour

revolver [rɪˈvɒlvə(r)] n revolver m

revulsion [rɪˈvʌlʃən] n (disgust) dégoût m

reward [rɪˈwɔːd] **1** n récompense f (**for** de) **2** vt récompenser (**for** de ou pour) ■ **rewarding** ADJ intéressant

rewind [riːˈwaɪnd] (pt & pp **-wound**) **1** vt (tape, film) rembobiner **2** vi (of tape) se rembobiner

rewrite [riːˈraɪt] (pt **-wrote**, pp **-written**) vt réécrire

rhetoric [ˈretərɪk] n rhétorique f ■ **rhetorical** [rɪˈtɒrɪkəl] ADJ **r. question** question f de pure forme

rheumatism [ˈruːmətɪzəm] n rhumatisme m; **to have r.** avoir des rhumatismes ■ **rheumatic** [-ˈmætɪk] ADJ (pain) rhumatismal; (person) rhumatisant

Rhine [raɪn] n **the R.** le Rhin

rhinoceros [raɪˈnɒsərəs] n rhinocéros m ■ **rhino** [ˈraɪnəʊ] n Fam rhinocéros m

rhododendron [rəʊdəˈdendrən] n rhododendron m

Rhône [rəʊn] n **the R.** le Rhône

rhubarb [ˈruːbɑːb] n rhubarbe f

rhyme [raɪm] **1** n rime f; (poem) vers mpl **2** vi rimer (**with** avec)

rhythm [ˈrɪðəm] n rythme m ■ **rhythmic** [ˈrɪðmɪk] ADJ rythmé

rib [rɪb] n (bone) côte f; **to have a broken r.** avoir une côte cassée ■ **ribbed** ADJ (fabric, jumper) à côtes

ribbon [ˈrɪbən] n ruban m; **to tear sth to ribbons** déchiqueter qch

rice [raɪs] n riz m; **white/brown/wild r.** riz blanc/complet/sauvage; **basmati r.** riz basmati; **r. pudding** riz au lait

rich [rɪtʃ] **1** (**-er, -est**) ADJ (person, food) riche; **to be r. in sth** être riche en qch **2** NPL **the r.** les riches mpl ■ **riches** NPL richesses fpl ■ **richness** N richesse f

rickets ['rɪkɪts] N Med rachitisme m

rid [rɪd] (pt & pp **rid**, pres p **ridding**) VT débarrasser (**of** de); **to get r. of, to r. oneself of** se débarrasser de ■ **riddance** ['rɪdəns] N Fam **good r.!** bon débarras!

ridden ['rɪdən] PP of **ride**

-ridden ['rɪdən] SUFF **debt-r.** criblé de dettes; **disease-r.** en proie à la maladie

riddle ['rɪdəl] **1** N (puzzle) devinette f; (mystery) énigme f **2** VT cribler (**with** de); **riddled with mistakes** truffé de fautes

ride [raɪd] **1** N (on horse) promenade f; (on bicycle, in car) tour m; (in taxi) course f; (on merry-go-round) tour; **to go for a r.** aller faire un tour; **to give sb a r.** (in car) emmener qn en voiture; **to have a r. on** (bicycle) monter sur; **it's only a short r. away** ce n'est pas très loin **2** (pt **rode**, pp **ridden**) VT (horse, bicycle) monter à; (a particular horse) monter; (bus, train) prendre; **to know how to r. a bicycle** savoir faire de la bicyclette **3** VI (on horse) faire du cheval; (on bicycle) faire de la bicyclette; **to go riding** (on horse) faire du cheval; **to r. up** (of skirt) remonter

rider ['raɪdə(r)] N (**a**) (on horse) cavalier, -ière mf; (cyclist) cycliste mf (**b**) Law (to document) annexe f; (to bill) clause f additionnelle

ridge [rɪdʒ] N (of mountain) crête f

ridicule ['rɪdɪkjuːl] **1** N ridicule m; **to hold sb/ sth up to r.** tourner qn/qch en ridicule; **object of r.** objet m de risée **2** VT tourner en ridicule, ridiculiser ■ **ridiculous** ADJ ridicule

riding ['raɪdɪŋ] N (**horse**) **r.** équitation f; **r. boots** bottes fpl de cheval; **r. school** école f d'équitation

rife [raɪf] ADJ (widespread) répandu

riffraff ['rɪfræf] N racaille f

rifle ['raɪfəl] **1** N fusil m **2** VT **to r. (through) sth** fouiller dans qch

rift [rɪft] N (in political party) scission f; (disagreement) désaccord m; (crack in rock) fissure f

rig [rɪg] **1** N (oil) **r.** derrick m; (at sea) plate-forme f pétrolière **2** (pt & pp **-gg-**) VT Fam (result, election) truquer; **to r. up** (equipment) installer; Fam (meeting) arranger; Br Fam **to be rigged out in** être attifé de

rigging ['rɪgɪŋ] N (on ship) gréement m

right¹ [raɪt] **1** ADJ (**a**) (correct) bon (f bonne), exact; (word) juste; **to be r.** (of person) avoir raison (**to do** de faire); **it's the r. time** c'est l'heure exacte; **that's r.** c'est ça; **r.!** bon!

(**b**) (appropriate) bon (f bonne); **the r. thing to do** la meilleure chose à faire

(**c**) (morally good) bien inv; **to do the r. thing** faire ce qu'il faut

(**d**) (mentally, physically well) **it doesn't look r.** il y a quelque chose qui ne va pas

(**e**) Br Fam (for emphasis) véritable; **I felt a r. fool** je me suis vraiment senti stupide

(**f**) Math **r. angle** angle m droit

2 ADV (straight) (tout) droit; (completely) tout à fait; (correctly) correctement; **to put sth r.** (rectify) corriger qch; (fix) arranger qch; **to put things r.** arranger les choses; **to put sb r.** détromper qn; **r. round** tout autour (**sth** de qch); **r. behind** juste derrière; **r. here** ici même; **r. away, r. now** tout de suite; **I'll be r. back** je reviens tout de suite

3 N **to be in the r.** avoir raison; **r. and wrong** le bien et le mal

4 VT (error, wrong, boat, car) redresser

right² [raɪt] **1** ADJ (not left) (hand, side) droit **2** ADV à droite **3** N droite f; **on** or **to the r.** à droite (**of** de) ■ **'right-'hand** ADJ de droite; **on the r. side** à droite (**of** de); **to be sb's r. man** être le bras droit de qn ■ **'right-'handed** ADJ (person) droitier, -ière ■ **'right-'wing** ADJ Pol de droite

right³ [raɪt] N (entitlement) droit m (**to do** de faire); **to have a r. to sth** avoir droit à qch; **he's famous in his own r.** il est lui-même célèbre; **to have the r. of way** (on road) avoir la priorité

righteous ['raɪtʃəs] ADJ (person) vertueux, -ueuse; (cause, indignation) juste

rightful ['raɪtfəl] ADJ légitime

rightly ['raɪtlɪ] ADV (correctly) bien; (justifiably) à juste titre; **r. or wrongly** à tort ou à raison

rigid ['rɪdʒɪd] ADJ rigide

rigour, Am **rigor** ['rɪgə(r)] N rigueur f ■ **rigorous** ADJ rigoureux, -euse

rile [raɪl] VT (annoy) agacer

rim [rɪm] N (of cup) bord m; (of wheel) jante f; (of spectacles) monture f

rind [raɪnd] N (of cheese) croûte f; (of bacon) couenne f; (of melon, lemon) écorce f

ring¹ [rɪŋ] **1** N (for finger, curtain) anneau m; (for finger, with stone) bague f; (for napkin) rond m; (on stove) brûleur m; (of people, chairs) cercle m; (of criminals) bande f; (at circus) piste f; Boxing ring m; **to have rings under one's eyes** avoir les yeux cernés; Gym **the rings** les anneaux; Br **r. road** périphérique m **2** VT **to r. (round)** (surround) entourer (**with** de)

ring² [rɪŋ] **1** N (sound) sonnerie f; **there's a r. at the door** on sonne à la porte; Fam **to give sb a r.** passer un coup de fil à qn **2** (pt **rang**, pp **rung**) VT (bell) sonner; (alarm) déclencher; **to r. sb** (on phone) téléphoner à qn; **to r. the bell** sonner;

to r. the doorbell sonner à la porte; *Fam* **that rings a bell** ça me dit quelque chose **3** *vi(of bell, phone, person)* sonner; *(of sound, words)* retentir; *(of ears)* bourdonner; *(make a phone call)* téléphoner ▪ **ringing 1** ADJ*Br* **r. tone** *(on phone)* sonnerie **2** N*(of bell)* sonnerie *f*; **a r. in one's ears** un bourdonnement dans les oreilles

▸ **ring back 1** VT SEP**to r. sb back** rappeler qn **2** VI rappeler

▸ **ring off** VI*(on phone)* raccrocher

▸ **ring out** VI*(of bell)* sonner; *(of voice, shout)* retentir

▸ **ring up 1** VT SEP**to r. sb up** téléphoner à qn **2** VI téléphoner

ringleader ['rɪŋliːdə(r)] N*Pej (of gang)* chef *m* de bande; *(of rebellion, strike)* meneur, -euse *mf*

rink [rɪŋk] N*(for ice-skating)* patinoire *f*; *(for roller-skating)* piste *f*

rinse [rɪns] **1** N rinçage *m*; **to give sth a r.** rincer qch **2** VT rincer; **to r. one's hands** se rincer les mains; **to r. out** rincer

riot ['raɪət] **1** N *(uprising)* émeute *f*; *Fig* **a r. of colour** une explosion de couleurs; **to run r.** se déchaîner; **the r. police** ≃ les CRS *mpl* **2** VI*(rise up)* faire une émeute; *(of prisoners)* se mutiner ▪ **rioter** N émeutier, -ière *mf*; *(vandal)* casseur *m* ▪ **rioting** N émeutes *fpl*

riotous ['raɪətəs] ADJ *(crowd, party)* tapageur, -euse; **r. living** vie *f* dissolue

rip [rɪp] **1** N déchirure *f* **2** *(pt & pp* -**pp**-*)* VT déchirer; **to r. sth off** arracher qch **(from** de); *Fam (steal)* faucher qch; *Fam* **to r. sb off** *(deceive)* rouler qn; **to r. sth up** déchirer qch **3** VI*(of fabric)* se déchirer; **the explosion ripped through the building** l'explosion souffla dans tout le bâtiment ▪ **rip-off** N*Fam* arnaque *f*

ripe [raɪp] *(*-**er**, -**est***)* ADJ *(fruit)* mûr; *(cheese)* fait ▪ **ripen** VTI mûrir

ripple ['rɪpəl] **1** N*(on water)* ride *f*; *Fig (of laughter)* cascade *f* **2** VI*(of water)* se rider

rise [raɪz] **1** N *(in price, pressure)* hausse *f* **(in** de); *(in river)* crue *f*; *(slope in ground)* montée *f*; *(hill)* éminence *f*; *(of leader, party)* ascension *f*; *(of technology, industry)* essor *m*; **his r. to power** son accession au pouvoir; *Br* **(pay) r.** augmentation *f* (de salaire) **2** *(pt* **rose**, *pp* **risen** ['rɪzən]*)* VI*(of temperature, balloon, price)* monter; *(in society)* s'élever; *(of hope)* grandir; *(of sun, theatre curtain, wind)* se lever; *(of dough)* lever; *(get up from chair or bed)* se lever; **to r. to the surface** remonter à la surface; **to r. (up)** *(rebel)* se soulever **(against** contre); **to r. to power** accéder au pouvoir

rising ['raɪzɪŋ] **1** N*(of curtain in theatre)* lever *m*; *(revolt)* soulèvement *m*; *(of river)* crue *f* **2** ADJ*(sun)*

levant; *(tide)* montant; *(number)* croissant; *(prices)* en hausse; *(artist, politician)* qui monte

risk [rɪsk] **1** N risque *m*; **at r.** *(person)* en danger; *(job)* menacé; **at your own r.** à tes risques et périls; **to run the r. of doing sth** courir le risque de faire qch **2** VT*(life, reputation)* risquer; **I can't r. going** je ne peux pas prendre le risque d'y aller; **we can't r. it** nous ne pouvons pas prendre ce risque ▪ **risky** *(*-**ier**, -**iest***)* ADJ risqué

rite [raɪt] N rite *m*; *Rel* **the last rites** les derniers sacrements *mpl* ▪ **ritual** ['rɪtʃʊəl] **1** ADJ rituel, -uelle **2** N rituel *m*

rival ['raɪvəl] **1** ADJ rival **2** N rival, -ale *mf* **3** *(Br* -**ll**-, *Am* -**l**-*)* VT *(compete with)* rivaliser avec **(in** de); *(equal)* égaler **(in** en) ▪ **rivalry** *(pl* -**ies***)* N rivalité *f* **(between** entre)

river ['rɪvə(r)] **1** N *(small)* rivière *f*; *(flowing into sea)* fleuve *m*; *Fig (of lava, tears)* flot *m*; **the R. Thames** la Tamise **2** ADJ*(port, navigation)* fluvial; **r. bank** rive *f*; **r. bed** lit *m* de rivière/de fleuve ▪ **riverside 1** N bord *m* de l'eau **2** ADJ au bord de l'eau

rivet ['rɪvɪt] **1** N rivet *m* **2** VT riveter; *Fig (eyes)* fixer **(on** sur); **to be riveted to the TV set** être cloué devant la télé ▪ **riveting** ADJ*Fig* fascinant

Riviera [rɪvɪ'eərə] N **the (French) R.** la Côte d'Azur

roach [rəʊtʃ] N*Am (cockroach)* cafard *m*

road [rəʊd] **1** N route *f*; *(small)* chemin *m*; *(in town)* rue *f*; *(roadway)* chaussée *f*; **the Paris r.** la route de Paris; **by r.** par la route; **down/up the r.** un peu plus loin dans la rue **2** ADJ*(map, safety)* routier, -ière; *(accident)* de la route; **r. sign** panneau *m* de signalisation; *Br* **r. works**, *Am* **r. work** travaux *mpl* de voirie ▪ **roadblock** N barrage *m* routier ▪ **roadside 1** N bord *m* de la route **2** ADJ **r. bar** bar *m* situé en bord de route ▪ **roadworthy** ADJ*(vehicle)* en état de rouler

roam [rəʊm] **1** VT parcourir **2** VI errer; **to r. (about) the streets** traîner dans les rues

roar [rɔː(r)] **1** N*(of lion)* rugissement *m*; *(of person)* hurlement *m*; *(of thunder)* grondement *m* **2** VT **to r. sth (out)** hurler qch **3** VI*(of lion, wind, engine)* rugir; *(of person, crowd)* hurler; *(of thunder)* gronder; **to r. with laughter** hurler de rire; **to r. past** *(of truck)* passer dans un bruit de tonnerre ▪ **roaring** ADJ **a r. fire** une belle flambée; **a r. success** un succès fou; **to do a r. trade** faire des affaires en or

roast [rəʊst] **1** N *(meat)* rôti *m* **2** ADJ rôti; **r. beef** rosbif *m* **3** VT *(meat, potatoes)* faire rôtir; *(coffee)* faire griller **4** VI*(of meat)* rôtir; *Fam* **it's roasting in here** on cuit ici

rob [rɒb] *(pt & pp* -**bb**-*)* VT *(person)* voler; *(shop, bank)* dévaliser; *(house)* cambrioler; **to r. sb of**

sth voler qch à qn; *Fig (deprive)* priver qn de qch ■ **robber** N voleur, -euse *mf* ■ **robbery** (*pl* **-ies**) N vol *m*; **it's daylight r.!** c'est du vol pur et simple!; **armed r.** vol à main armée

robe [rəʊb] N *(dressing gown)* robe *f* de chambre; *(of priest, judge)* robe

robin ['rɒbɪn] N *(bird)* rouge-gorge *m*

robot ['rəʊbɒt] N robot *m* ■ **ro'botic** ADJ robotique ■ **ro'botics** N robotique *f*

robust [rəʊ'bʌst] ADJ robuste

rock¹ [rɒk] **1** N *(music)* rock *m* **2** VT *(boat)* balancer; *(building)* secouer; **to r. a baby to sleep** bercer un bébé pour qu'il s'endorme **3** VI *(sway)* se balancer; *(of building, ground)* trembler ■ **rocking chair** N fauteuil *m* à bascule ■ **rocking horse** N cheval *m* à bascule

rock² [rɒk] N *(substance)* roche *f*; *(boulder, rock face)* rocher *m*; *Am (stone)* pierre *f*; *Br (sweet)* = sucrerie en forme de bâton parfumée à la menthe; **on the rocks** *(whisky)* avec des glaçons; *(marriage)* en pleine débâcle; **r. climbing** varappe *f*; **r. face** paroi *f* rocheuse

rocket ['rɒkɪt] **1** N **(a)** *(missile)* fusée *f* **(b)** *Culin* roquette *f* **2** VI *(of prices, unemployment)* monter en flèche

rocky ['rɒkɪ] (**-ier, -iest**) ADJ *(road)* rocailleux, -euse; *(hill)* rocheux, -euse; *Fig (relationship)* instable

rod [rɒd] N *(wooden)* baguette *f*; *(metal)* tige *f*; *(of curtain)* tringle *f*; *(for fishing)* canne *f* à pêche

rode [rəʊd] PT OF **ride**

rodent ['rəʊdənt] N rongeur *m*

rodeo [*Br* 'rəʊdɪəʊ, *Am* rəʊ'deɪəʊ] (*pl* **-os**) N *Am* rodéo *m*

rogue [rəʊg] N *(dishonest)* crapule *f*; *(mischievous)* coquin, -ine *mf*

role [rəʊl] N rôle *m*; **r. model** modèle *m*

roll [rəʊl] **1** N *(of paper)* rouleau *m*; *(of fat, flesh)* bourrelet *m*; *(of drum, thunder)* roulement *m*; *(of ship)* roulis *m*; *(bread)* petit pain *m*; *(list)* liste *f*; **r. of film** pellicule *f*; **to have a r. call** faire l'appel; **r. neck** col *m* roulé **2** VT *(cigarette)* rouler; *(ball)* faire rouler **3** VI *(of ball, ship)* rouler; *(of camera)* tourner; *(of thunder)* gronder; **to r. into a ball** *(of animal)* se rouler en boule; *Fam* **to be rolling in money**, **to be rolling in it** rouler sur l'or ■ **rolling** ADJ *(hills)* ondulant; *(sea)* gros (*f* grosse); **r. pin** rouleau *m* à pâtisserie

▸ **roll down** VT SEP *(car window)* baisser; *(sleeves)* redescendre

▸ **roll in** VI *Fam (flow in)* affluer; *(of person)* s'amener

▸ **roll on 1** VT SEP *(paint)* appliquer au rouleau **2** VI *Fam* **r. on tonight!** vivement ce soir!

▸ **roll out** VT SEP *(dough)* étaler

▸ **roll over 1** VT SEP retourner **2** VI *(many times)* se rouler; *(once)* se retourner

▸ **roll up 1** VT SEP *(map, cloth)* rouler; *(sleeve)* retrousser **2** VI *Fam (arrive)* s'amener

roller ['rəʊlə(r)] N *(for hair, painting)* rouleau *m*; **r. coaster** montagnes *fpl* russes; **r. skate** patin *m* à roulettes ■ **roller-skating** N patin *m* à roulettes; **to go r.** faire du patin à roulettes ■ **rollerblades** NPL rollers *mpl* ■ **rollerblading** N roller *m*; **to go r.** faire du roller

ROM [rɒm] (*abbr* **read only memory**) N *Comptr* mémoire *f* morte

Roman ['rəʊmən] **1** ADJ romain **2** N Romain, -aine *mf* **3** ADJ & N **R. Catholic** catholique *(mf)*

romance [rəʊ'mæns] **1** N *(love)* amour *m*; *(affair)* aventure *f* amoureuse; *(story)* histoire *f* d'amour; *(charm)* poésie *f* **2** ADJ **R. language** langue *f* romane

Romania [rəʊ'meɪnɪə] N la Roumanie ■ **Romanian 1** ADJ roumain **2** N *(person)* Roumain, -aine *mf*; *(language)* roumain *m*

romantic [rəʊ'mæntɪk] **1** ADJ *(of love, tenderness)* romantique; *(fanciful, imaginary)* romanesque **2** N romantique *mf*

romp [rɒmp] **1** N **to have a r.** chahuter **2** VI s'ébattre; **to r. through an exam** avoir un examen les doigts dans le nez

rompers ['rɒmpəz] NPL *(for baby)* barboteuse *f*

roof [ru:f] N *(of building, vehicle)* toit *m*; *(of tunnel, cave)* plafond *m*; **r. of the mouth** voûte *f* du palais; **r. rack** *(of car)* galerie *f* ■ **rooftop** N toit *m*

rook [rʊk] N *(bird)* freux *m*; *Chess* tour *f*

room [ru:m, rʊm] N **(a)** *(in house)* pièce *f*; *(bedroom)* chambre *f*; *(large, public)* salle *f*; *Am* **men's r., ladies' r.** toilettes *fpl* **(b)** *(space)* place *f*; **to make r.** faire de la place **(for** pour**)**; **there's r. for doubt** le doute est permis; **no r. for doubt** aucun doute possible ■ **roommate** N *Br (sharing a room)* camarade *mf* de chambre; *Am (sharing a flat)* colocataire *mf* ■ **roomy** (**-ier, -iest**) ADJ spacieux, -ieuse; *(clothes)* ample

roost [ru:st] **1** N perchoir *m* **2** VI se percher

rooster ['ru:stə(r)] N coq *m*

root [ru:t] **1** N *(of plant, tooth, hair)* & *Math* racine *f*; *Fig (origin)* origine *f*; *(cause)* cause *f*; **to pull sth up by the root(s)** déraciner qch; **to take r.** *(of plant, person)* prendre racine; *Fig* **to put down (new) roots** *(of person)* s'intégrer; **r. cause** cause *f* première **2** VT **to r. sth out** supprimer qch **3** VI *(of plant cutting)* s'enraciner; **to r. about** *or* **around for sth** fouiller pour trouver qch; *Fam* **to r. for sb** appuyer qn ■ **rooted** ADJ **deeply r.** bien enraciné **(in** dans**)**; **r. to the spot** *(immobile)* cloué sur place

rop(e)y ['rəupɪ] (**-ier**, **-iest**) ADJ *Br Fam (thing)* minable; *(person)* patraque

rope [rəup] **1** N corde f; *(on ship)* cordage m; *Fam* **to know the ropes** connaître son affaire **2** VT *(tie)* lier; *Fam* **to r. sb in** recruter qn; **to r. sth off** *(of police)* interdire l'accès de qch

rosary ['rəuzərɪ] *(pl* **-ies**) N *Rel* rosaire m

rose[1] [rəuz] N **(a)** *(flower)* rose f; **r. bush** rosier m **(b)** *(of watering can)* pomme f

rose[2] [rəuz] PT of **rise**

rosemary ['rəuzmərɪ] N *(plant, herb)* romarin m

rosette [rəu'zet] N rosette f

roster ['rɒstə(r)] N *(duty)* **r.** liste f de service

rostrum ['rɒstrəm] N tribune f; *(for prizewinner)* podium m

rosy ['rəuzɪ] (**-ier**, **-iest**) ADJ *(pink)* rose; *Fig (future)* prometteur, -euse

rot [rɒt] **1** N pourriture f; *Br Fam (nonsense)* inepties fpl **2** *(pt & pp* **-tt-**) VT I pourrir ■ **rotting** ADJ *(meat, fruit)* qui pourrit

rota ['rəutə] N roulement m

rotary ['rəutərɪ] **1** ADJ rotatif, -ive **2** *(pl* **-ies**) N *Am (for traffic)* rond-point m ■ **ro'tation** N rotation f; **in r.** à tour de rôle

rotate [rəu'teɪt] **1** VT faire tourner; *(crops)* alterner **2** VI tourner

rote [rəut] N **by r.** machinalement

rotten ['rɒtən] ADJ *(fruit, egg, wood)* pourri; *Fam (bad)* nul *(f* nulle); *Fam (weather)* pourri; *Fam* **to feel r.** *(ill)* être mal fichu

rough[1] [rʌf] **1** (**-er**, **-est**) ADJ *(surface)* rugueux, -ueuse; *(ground)* accidenté; *(manners)* fruste; *(climate, life, voice)* rude; *(wine)* âpre; *(neighbourhood)* dur; *(sea)* agité; *(diamond)* brut; *(brutal)* brutal; *Br (justice)* sommaire; *Fig* **to feel r.** *(ill)* être mal fichu **2** ADV *Br* **to sleep/live r.** coucher/vivre à la dure **3** VT *Fam* **to r. it** vivre à la dure; *Fam* **to r. sb up** tabasser qn ■ **rough-and-'ready** ADJ *(solution)* rudimentaire; *(meal, accommodation)* sommaire ■ **roughen** VT rendre rugueux, -ueuse ■ **roughly**[1] ADV *(brutally)* brutalement; *(crudely)* grossièrement

rough[2] [rʌf] **1** (**-er**, **-est**) ADJ *(approximate)* approximatif, -ive; **I have a r. idea of what he wants** j'ai une petite idée de ce qu'il veut; **r. guess**, **r. estimate** approximation f; **r. copy**, **r. draft** brouillon m **2** VT **to r. sth out** *(plan)* ébaucher ■ **roughly**[2] ADV *(approximately)* à peu près; **r. speaking** en gros

round [raund] **1** (**-er**, **-est**) ADJ rond; *Am* **r. trip** aller (et) retour m **2** ADV autour; **all r.**, **right r.** tout autour; **all year r.** toute l'année; **the wrong way r.** à l'envers; **the other way r.** dans l'autre sens; **to go r. to sb's** passer chez qn **3** PREP autour de; **r. here** par ici; **r. about** *(approximately)* environ;

r. (about) midday vers midi; **to go r. the corner** tourner le coin; **it's just r. the corner** c'est juste au coin **4** N *Br (slice)* tranche f; *Br (sandwich)* sandwich m; *(in competition)* manche f; *(of golf)* partie f; *Boxing* round m; *(of talks)* série f; *(of drinks, visits)* tournée f; **to be on one's round(s), to do one's round(s)** *(of milkman)* faire sa tournée; *(of doctor)* faire ses visites; *(of policeman)* faire sa ronde; **r. of applause** salve f d'applaudissements **5** VT *(corner)* **to r. a corner** *(in car)* prendre un virage; **to r. sth off** *(meal, speech)* terminer qch **(with** par); **to r. up** *(gather)* rassembler; *(price)* arrondir au chiffre supérieur ■ **rounded** ADJ arrondi

roundabout ['raundəbaut] **1** ADJ *(method, route)* indirect **2** N *Br (at funfair)* manège m; *(road junction)* rond-point m

rounders ['raundəz] NPL *Br* = jeu similaire au base-ball

rouse [rauz] VT *(awaken)* éveiller; **roused (to anger)** en colère; **to r. sb to action** inciter qn à agir ■ **rousing** ADJ *(welcome)* enthousiaste; *(speech)* vibrant; *(music)* allègre

route[1] [ruːt] **1** N itinéraire m; *(of aircraft, ship)* route f; **bus r.** ligne f d'autobus **2** VT *(train)* fixer l'itinéraire de

route[2] [raut] N *Am (delivery round)* tournée f

routine [ruː'tiːn] **1** N *(habit)* routine f; *(on stage)* numéro m; *Comptr* sous-programme m; **the daily r.** le train-train quotidien; **as a matter of r.** de façon systématique **2** ADJ *(inquiry, work)* de routine; *Pej* routinier, -ière

rove [rəuv] **1** VT parcourir **2** VI rôder

row[1] [rəu] N *(line)* rangée f; **two days in a r.** deux jours d'affilée

row[2] [rəu] **1** N **to go for a r.** canoter; *Am* **r. boat** bateau m à rames **2** VT *(boat)* faire aller à la rame; *(person)* transporter en canot **3** VI *(in boat)* ramer ■ **rowing** N canotage m; *(as sport)* aviron m; *Br* **r. boat** bateau m à rames

row[3] [rau] **1** N *(noise)* vacarme m; *(quarrel)* dispute f **2** VI se disputer **(with** avec)

rowdy ['raudɪ] **1** (**-ier**, **-iest**) ADJ chahuteur, -euse **2** *(pl* **-ies**) N chahuteur, -euse mf

royal ['rɔɪəl] **1** ADJ royal; **the R. Air Force** = l'armée de l'air britannique **2** NPL *Fam* **the royals** la famille royale ■ **royalty 1** N *(rank, position)* royauté f; *(person)* membre m de la famille royale **2** NPL **royalties** *(from book)* droits mpl d'auteur; *(from invention, on oil)* royalties fpl

rpm [ɑːpiː'em] *(abbr* **revolutions per minute)** *Aut* tours/minute

rub [rʌb] **1** N *(massage)* friction f; **to give sth a r.** frotter qch **2** *(pt & pp* **-bb-**) VT frotter; *Fig* **to r. shoulders with** côtoyer; *Fam* **to r. sb up the**

wrong way prendre qn à rebrousse-poil **3** vi frotter

▸ **rub away** vt sep *(mark)* effacer; *(tears)* essuyer

▸ **rub down** vt sep *(person)* frictionner; *(wood, with sandpaper)* poncer

▸ **rub in** vt sep *(cream)* faire pénétrer (en massant); *Fam* **to r. it in** retourner le couteau dans la plaie

▸ **rub off 1** vt sep *(mark)* effacer **2** vi *(of mark)* partir; *Fig (of manners)* déteindre (**on** sur)

▸ **rub out** vt sep *(mark)* effacer

rubber ['rʌbə(r)] n *(substance)* caoutchouc m; *Br (eraser)* gomme f; *Am Fam (condom)* capote f; **r. band** élastique m; **r. stamp** tampon m ■ **rubber-'stamp** vt *Pej* approuver (sans discuter) ■ **rubbery** adj caoutchouteux, -euse

rubbish ['rʌbɪʃ] **1** n *Br (waste)* ordures fpl; *(industrial)* déchets mpl; *(junk)* cochonneries fpl; *Fig (nonsense)* idioties fpl; *Fam* **that's r.** *(absurd)* c'est absurde; *(worthless)* ça ne vaut rien; **r. bin** poubelle f; **r. dump** décharge f publique **2** vt *Fam* **to r. sb/sth** *(criticize)* dénigrer qn/qch ■ **rubbishy** adj *Br Fam (book, film)* nul (f nulle); *(goods)* de mauvaise qualité

rubble ['rʌbəl] n décombres mpl

ruby ['ruːbɪ] *(pl* **-ies)** n *(gem)* rubis m

rucksack ['rʌksæk] n sac m à dos

rudder ['rʌdə(r)] n gouvernail m

ruddy ['rʌdɪ] **(-ier, -iest)** adj *(complexion)* rose; *Br Fam (bloody)* fichu

rude [ruːd] **(-er, -est)** adj *(impolite)* impoli (**to** envers); *(coarse, insolent)* grossier, -ière (**to** envers); *(indecent)* obscène; *(shock)* violent ■ **rudeness** n *(impoliteness)* impolitesse f; *(coarseness)* grossièreté f

Note that the French word **rude** is a false friend and is never a translation for the English word **rude**. It means **harsh** or **rough**.

rudimentary [ruːdɪ'ment(ə)rɪ] adj rudimentaire ■ **rudiments** ['ruːdɪmənts] npl rudiments mpl

ruffian ['rʌfɪən] n voyou m *(pl* -ous)

rug [rʌg] n tapis m; *(over knees)* plaid m; **(bedside) r.** descente f de lit

rugby ['rʌgbɪ] n rugby m; **r. league** rugby à treize; **r. player** rugbyman m; **r. union** rugby à quinze

rugged ['rʌgɪd] adj *(surface)* rugueux, -ueuse; *(terrain, coast)* accidenté; *(features, manners)* rude; *Fig (determination)* farouche

ruin ['ruːɪn] **1** n *(destruction, rubble, building)* ruine f; **in ruins** *(building)* en ruine **2** vt *(health, country, person)* ruiner; *(clothes)* abîmer; *(effect, meal, party)* gâcher ■ **ruined** adj *(person, country)* ruiné; *(building)* en ruine

rule [ruːl] **1** n **(a)** *(principle)* règle f; *(regulation)* règlement m; *(government)* autorité f; *Br* **against the rules** *or Am* **r.** contraire au règlement; **as a r.** en règle générale; **it's the** *or* **a r. that...** il est de règle que... *(+ subjunctive)* **(b)** *(for measuring)* règle f **2** vt *(country)* gouverner; *(decide) of judge, referee)* décider **(that** que); **to r. sth out** *(exclude)* exclure qch **3** vi *(of king)* régner **(over** sur); *(of judge)* statuer **(against** contre; **on** sur) ■ **ruled** adj *(paper)* réglé ■ **ruling 1** adj *(passion, fear)* dominant; **the r. class** la classe dirigeante; *Pol* **the r. party** le parti au pouvoir **2** n *(of judge, referee)* décision f

ruler ['ruːlə(r)] n **(a)** *(for measuring)* règle f **(b)** *(king, queen)* souverain, -aine mf; *(political leader)* dirigeant, -ante mf

rum [rʌm] n rhum m

Rumania [ruː'meɪnɪə] n = **Romania**

rumble ['rʌmbəl] **1** n grondement m; *(of stomach)* gargouillement m **2** vi *(of train, thunder, gun)* gronder; *(of stomach)* gargouiller

ruminate ['ruːmɪneɪt] vi *Formal* **to r. over sth** *(scheme)* ruminer qch

rummage ['rʌmɪdʒ] vi **to r. (about)** farfouiller

rumour, *Am* **rumor** ['ruːmə(r)] n rumeur f ■ **rumoured,** *Am* **rumored** adj **it is r. that...** on dit que...

rump [rʌmp] n *(of horse)* croupe f; *(of fowl)* croupion m; **r. steak** romsteck m

run [rʌn] **1** n *(series)* série f; *(period)* période f; *(running)* course f; *(outing)* tour m; *(journey)* trajet m; *(rush)* ruée f **(on** sur); *(for skiing)* piste f; *(in cricket, baseball)* point m; *Cards* suite f; *(in stocking)* maille f filée; **to go for a r.** aller courir; **on the r.** *(prisoner)* en fuite; **in the long/short r.** à long/court terme

2 *(pt* **ran,** *pp* **run,** *pres p* **running)** vt *(distance, race)* courir; *(machine)* faire fonctionner; *(test)* effectuer; *(business, country)* diriger; *(courses, events)* organiser; *Comptr (program)* exécuter; *(newspaper article)* publier **(on** sur); *(bath)* faire couler; **to r. a temperature** avoir de la fièvre; **to r. one's hand over** passer la main sur; **to r. one's eye over sth** jeter un coup d'œil à qch; **to r. its course** *(of illness)* suivre son cours

3 vi courir; *(flee)* fuir; *(of river, nose, pen, tap)* couler; *(of colour in washing)* déteindre; *(of ink)* baver; *(melt)* fondre; *(function) of machine)* marcher; *(idle) of engine)* tourner; *(of stocking, tights)* filer; **to r. down/in/out** descendre/entrer/sortir en courant; **to go running** faire du jogging; *Am* **to r. for president** être candidat à la présidence; **to r. between** *(of bus)* faire le service entre; **the river runs into the sea** le fleuve se jette dans la mer; **it runs in the family** ça tient de famille

▸ **run about, run around** vi courir çà et là

▸ **run across** vt insep *(meet)* tomber sur

▸ **run along** vi **r. along!** filez!

▸ **run away** vi *(flee)* s'enfuir (**from** de)

▸ **run back** vt sep *(person in vehicle)* ramener (**to** à)

▸ **run down** vt sep *(pedestrian)* renverser; *(knock over and kill)* écraser; *Fig (belittle)* dénigrer; *(restrict)* limiter peu à peu

▸ **run in** vt sep *Br (engine)* roder

▸ **run into** vt insep *(meet)* tomber sur; *(crash into) (of vehicle, train)* percuter; **to r. into debt** s'endetter

▸ **run off** 1 vt sep *(print)* tirer 2 vi *(flee)* s'enfuir (**with** avec)

▸ **run out** 1 vt sep **to r. sb out of** *(chase)* chasser qn de 2 vi *(of stocks)* s'épuiser; *(of lease)* expirer; *(of time)* manquer; **to r. out of time/money** manquer de temps/d'argent; **we've r. out of coffee** on n'a plus de café; **I ran out of petrol** *or Am* **gas** je suis tombé en panne d'essence

▸ **run over** 1 vt sep *(kill)* écraser; *(knock down)* renverser 2 vt insep *(notes, text)* revoir 3 vi *(of liquid)* déborder

▸ **run round** vt insep *(surround)* entourer

▸ **run through** vt insep *(recap)* revoir

▸ **run up** vt sep *(debts, bill)* laisser s'accumuler

runaway ['rʌnəweɪ] 1 n fugitif, -ive mf 2 adj *(car, horse)* fou *(f* folle*)*; *(inflation)* galopant; *(victory)* remporté haut la main

run-down [rʌn'daʊn] adj *(weak, tired)* fatigué; *(district)* délabré

rung[1] [rʌŋ] n *(of ladder)* barreau m

rung[2] [rʌŋ] pp of **ring**[2]

runner ['rʌnə(r)] n *(athlete)* coureur m; *Br* **r. bean** haricot m d'Espagne

runner-up [rʌnər'ʌp] n *(in race)* second, -onde mf

running ['rʌnɪŋ] 1 n course f; *(of machine)* fonctionnement m; *(of business, country)* gestion f; **to be in/out of the r.** être/ne plus être dans la course 2 adj **six days r.** six jours de suite; **r. water** eau f courante; **to give a r. commentary (on)** *(on TV)* faire un commentaire en direct (de);

r. costs *(of factory)* frais mpl d'exploitation; *(of car)* dépenses fpl courantes

runny ['rʌnɪ] (**-ier, -iest**) adj *(cream, sauce)* liquide; *(nose)* qui coule; **r. omelet(te)** omelette f baveuse

run-up ['rʌnʌp] n **in the r. to** *(elections, Christmas)* dans la période qui précède

runway ['rʌnweɪ] n *(for aircraft)* piste f (d'envol); *Am (for fashion show)* podium m

rupture ['rʌptʃə(r)] 1 n *(hernia)* hernie f; **the r. of** *(breaking)* la rupture de 2 vt rompre; **to r. oneself** se faire une hernie

rural ['rʊərəl] adj rural

ruse [ruːz] n ruse f

rush[1] [rʌʃ] 1 n *(demand)* ruée f (**for** vers; **on** sur); *(confusion)* bousculade f; **to be in a r.** être pressé (**to do** de faire); **to leave in a r.** partir en vitesse; **the gold r.** la ruée vers l'or; **r. hour** heures fpl de pointe 2 vt *Mil (attack)* prendre d'assaut; **to r. sb** *(hurry)* bousculer qn; **to r. sb to hospital** *or Am* **the hospital** transporter qn d'urgence à l'hôpital; **to be rushed into a decision** être forcé à prendre une décision à la hâte 3 vi *(move fast, throw oneself)* se ruer (**at** sur; **towards** vers); *(of blood)* affluer (**to** à); *(hurry)* se dépêcher (**to do** de faire); *(of vehicle)* foncer; **to r. out** sortir précipitamment

rush[2] [rʌʃ] n *(plant)* jonc m

rusk [rʌsk] n *Br* biscotte f

Russia ['rʌʃə] n la Russie ■ **Russian 1** adj russe **2** n *(person)* Russe mf; *(language)* russe m

rust [rʌst] 1 n rouille f 2 vi rouiller ■ **rustproof** adj inoxydable ■ **rusty** (**-ier, -iest**) adj rouillé

rustic ['rʌstɪk] adj rustique

rustle[1] ['rʌsəl] 1 n bruissement m 2 vt *Fam* **to r. sth up** *(meal, snack)* improviser qch; **to r. up support** rassembler des partisans 3 vi *(of leaves)* bruire

rustle[2] ['rʌsəl] vt *Am (steal)* voler

rut [rʌt] n ornière f; *Fig* **to be (stuck) in a r.** être encroûté

ruthless ['ruːθləs] adj impitoyable

rye [raɪ] n seigle m; **r. bread** pain m de seigle

S, s [es] N *(letter)* S, s m inv

Sabbath ['sæbəθ] N *(Jewish)* sabbat m; *(Christian)* jour m du seigneur

sabotage ['sæbətɑːʒ] **1** N sabotage m **2** VT saboter ■ **saboteur** [-'tɜː(r)] N saboteur, -euse mf

sachet ['sæʃeɪ] N sachet m

sack [sæk] **1** N *(bag)* sac m; *Fam* **to get the s.** se faire virer; *Fam* **to give sb the s.** virer qn; *Fam* **to hit the s.** se pieuter **2** VT *(town)* mettre à sac; *Fam (dismiss)* virer

sacred ['seɪkrɪd] ADJ sacré

sacrifice ['sækrɪfaɪs] **1** N sacrifice m **2** VT sacrifier *(to* à)

sad [sæd] *(sadder, saddest)* ADJ triste ■ **sadden** VT attrlster ■ **sadly** ADV *(unhappily)* tristement; *(unfortunately)* malheureusement; **to be s. mistaken** se tromper lourdement ■ **sadness** N tristesse f

saddle ['sædəl] **1** N selle f; *Fig* **to be in the s.** *(in control)* être aux commandes **2** VT *(horse)* seller; *Fam* **to s. sb with sb/sth** refiler qn/qch à qn ■ **saddlebag** N sacoche f

sadism ['seɪdɪzəm] N sadisme m ■ **sadist** N sadique mf ■ **sadistic** [sə'dɪstɪk] ADJ sadique

sae [eseɪ'iː] *(abbr Br* **stamped addressed envelope,** *Am* **self-addressed envelope)** N enveloppe f timbrée *(libellée à ses noms et adresse)*

safari [sə'fɑːrɪ] N safari m; **to go on s.** faire un safari; **s. park** réserve f d'animaux sauvages

safe [seɪf] **1** *(-er, -est)* ADJ *(person)* en sécurité; *(equipment, animal)* sans danger; *(place, investment, method)* sûr; *(winner)* assuré; **s. (and sound)** sain et sauf *(f* saine et sauve); **in s. hands** entre de bonnes mains; **to be s. from** être à l'abri de; **... to be on the s. side** ... pour plus de sûreté; **it's s. to go out** on peut sortir sans danger; **the safest thing to do is...** le plus sûr est de... **2** N *(for money, valuables)* coffre-fort m ■ **safe-de'posit box** N *(in bank)* coffre m ■ **safeguard 1** N garantie f *(against* contre) **2** VT sauvegarder **3** VI **to s. against sth** se protéger contre qch ■ **safe-'keeping** N **to give sb sth for s.** donner qch à la garde de qn

safely ['seɪflɪ] ADV *(without risk)* en toute sécu-rité; *(drive)* prudemment; *(with certainty)* avec certitude; **to arrive s.** bien arriver

safety ['seɪftɪ] **1** N sécurité f **2** ADJ *(belt, device, screen, margin)* de sécurité; *(pin, chain, valve)* de sûreté; **s. curtain** *(in theatre)* rideau m de fer; **s. net** *(in circus)* filet m; *Fig (safeguard)* mesure f de sécurité

saffron ['sæfrən] N safran m

sag [sæg] *(pt & pp* **-gg-)** VI *(of roof, ground, bed)* s'af-faisser; *(of breasts)* tomber; *(of flesh)* être flasque; *(of prices)* baisser

saga ['sɑːgə] N saga f

sage[1] [seɪdʒ] N *(plant, herb)* sauge f

sage[2] [seɪdʒ] N *(wise man)* sage m

Sagittarius [sædʒɪ'teərɪəs] N *(sign)* le Sagittaire; **to be (a) S.** être Sagittaire

Sahara [sə'hɑːrə] **the S. (desert)** le Sahara

said [sed] PT & PP of **say**

sail [seɪl] **1** N *(on boat)* voile f; *(of mill)* aile f; **to set s.** prendre la mer **2** VT *(boat)* commander; *(seas)* parcourir **3** VI *(of person, ship)* naviguer; *(leave)* prendre la mer; *(do as sport)* faire de la voile; **to s. round the world** faire le tour du monde en bateau; *Fam* **to s. through an exam** réussir un examen haut la main ■ **sailboat** N *Am* voilier m ■ **sailing** N *(sport)* voile f; *(departure)* appareillage m; **to go s.** faire de la voile; *Br* **s. boat** voilier m

sailor ['seɪlə(r)] N marin m

saint [seɪnt] N saint m, sainte f; **S. John** saint Jean; **All Saints' Day** la Toussaint

sake [seɪk] N **for my/your/his s.** pour moi/toi/lui; **for heaven's** *or* **God's s.!** pour l'amour de Dieu!; **for your own s.** pour ton bien; **(just) for the s. of eating** simplement pour manger

salad ['sæləd] N salade f; **s. bowl** saladier m; *Br* **s. cream** = sorte de mayonnaise; **s. dressing** = sauce pour salade

salami [sə'lɑːmɪ] N salami m

salary ['sælərɪ] *(pl* **-ies)** N salaire m ■ **salaried** ADJ salarié

sale [seɪl] N *(action, event)* vente f; *(at reduced price)* solde m; **the sales** les soldes; **on s.** en vente; **(up) for s.** à vendre; **to put sth up for s.** mettre qch en vente; **s. price** prix m de vente; *Br* **sales assistant** vendeur, -euse mf; **sales department**

service *m* commercial ■ **salesclerk** N *Am* vendeur, -euse *mf* ■ **salesman** (*pl* -**men**) N (*in shop*) vendeur *m*; (*for company*) représentant *m* ■ **saleswoman** (*pl* -**women**) N (*in shop*) vendeuse *f*; (*for company*) représentant *f*

salient ['seɪlɪənt] ADJ (*feature, fact*) marquant

saliva [sə'laɪvə] N salive *f* ■ **salivate** ['sælɪveɪt] VI saliver

salmon ['sæmən] N INV saumon *m*; **s. trout** truite *f* saumonée

salmonella [sælmə'nelə] N salmonelle *f*

salon ['sælɒn] N **beauty s.** institut *m* de beauté; **hairdressing s.** salon *m* de coiffure

saloon [sə'luːn] N (*room*) salle *f*; *Am* (*bar*) bar *m*; *Br* **s. car** berline *f*

salt [sɔːlt] **1** N sel *m*; **s. beef** bœuf *m* salé; **s. mine** mine *f* de sel; **s. water** eau *f* salée **2** VT saler ■ **saltcellar** N *Br* salière *f* ■ **saltshaker** N *Am* salière *f* ■ **saltwater** ADJ (*lake*) salé; (*fish*) de mer ■ **salty** (-**ier**, -**iest**) ADJ salé

salute [sə'luːt] **1** N salut *m* **2** VT (*greet*) & *Mil* saluer **3** VI faire un salut

salvage ['sælvɪdʒ] **1** N (*of ship*) sauvetage *m*; (*of waste material*) récupération *f*; **s. operation** opération *f* de sauvetage **2** VT (*ship*) sauver; (*waste material*) récupérer

salvation [sæl'veɪʃən] N salut *m*; **the S. Army** l'Armée *f* du salut

same [seɪm] **1** ADJ même; **the (very) s. house as...** (exactement) la même maison que... **2** PRON **the s.** le même, la même, *pl* les mêmes; **I would have done the s.** j'aurais fait la même chose; **it's all the s. to me** ça m'est égal **3** ADV **to look the s.** (*of two things*) sembler pareils; **all the s.** (*nevertheless*) tout de même

sample ['sɑːmpəl] **1** N échantillon *m*; (*of blood*) prélèvement *m* **2** VT (*wine, cheese*) goûter; (*public opinion*) sonder; (*piece of music*) sampler

sanction ['sæŋkʃən] **1** N (*penalty*) sanction *f*; *Formal* (*consent*) consentement *m* **2** VT *Formal* (*approve*) sanctionner

sanctuary [*Br* 'sæŋktʃʊərɪ, *Am* -erɪ] (*pl* -**ies**) N *Rel* sanctuaire *m*; (*for fugitive, refugee*) refuge *m*; (*for wildlife*) réserve *f*

sand [sænd] **1** N sable *m*; **s. castle** château *m* de sable; **s. dune** dune *f* **2** VT (*road*) sabler; **to s. (down)** (*wood*) poncer ■ **sandbag** N sac *m* de sable ■ **sandpaper 1** N papier *m* de verre **2** VT (*wood*) poncer ■ **sandpit** N *Br* bac *m* à sable ■ **sandstorm** N tempête *f* de sable

sandal ['sændəl] N sandale *f*

sandwich ['sænwɪdʒ] **1** N sandwich *m*; **cheese s.** sandwich au fromage; *Br* **s. bar** snack *m* (*qui ne vend que des sandwichs*); *Br* **s. course** formation *f* professionnelle en alternance **2** VT **to be**

sandwiched between (*of layer*) être intercalé entre; (*of person, building*) être coincé entre

sandy ['sændɪ] (-**ier**, -**iest**) ADJ (a) (*beach*) de sable; (*road, ground*) sablonneux, -euse; (*water*) sableux, -euse (b) (*hair*) blond roux *inv*

sane [seɪn] (-**er**, -**est**) ADJ (*person*) sain d'esprit; (*action, remark*) sensé

sang [sæŋ] PT of **sing**

sanitary [*Br* 'sænɪtərɪ, *Am* -erɪ] ADJ (*fittings, conditions*) sanitaire; (*clean*) hygiénique; *Br* **s. towel**, *Am* **s. napkin** serviette *f* hygiénique

sanitation [sænɪ'teɪʃən] N hygiène *f* publique; (*plumbing*) installations *fpl* sanitaires; *Am* **s. department** service *m* de collecte des ordures ménagères

sanity ['sænɪtɪ] N santé *f* mentale

sank [sæŋk] PT of **sink²**

Santa Claus ['sæntəklɔːz] N le père Noël

sap [sæp] **1** N (*of tree, plant*) sève *f* **2** (*pt & pp* -**pp**-) VT (*weaken*) saper

sapphire ['sæfaɪə(r)] N (*jewel, needle*) saphir *m*

sarcasm ['sɑːkæzəm] N sarcasme *m* ■ **sar'castic** ADJ sarcastique

sardine [sɑː'diːn] N sardine *f*

Sardinia [sɑː'dɪnɪə] N la Sardaigne

sarong [sə'rɒŋ] N paréo *m*

sash [sæʃ] N (*on dress*) ceinture *f*; (*of mayor*) écharpe *f*; **s. window** fenêtre *f* à guillotine

sat [sæt] PT & PP of **sit** ■ **sat nav** N *Fam* navigation *f* GPS

Satan ['seɪtən] N Satan *m*

satchel ['sætʃəl] N cartable *m*

satellite ['sætəlaɪt] N satellite *m*; **s. (country)** pays *m* satellite; **s. dish** antenne *f* parabolique, parabole *f*; **s. picture** (*for weather*) animation *f* satellite; **s. television** télévision *f* par satellite

satin ['sætɪn] N satin *m*; **s. dress** robe *f* de *ou* en satin

satire ['sætaɪə(r)] N satire *f* (**on** contre) ■ **satirical** [sə'tɪrɪkəl] ADJ satirique

satisfaction [sætɪs'fækʃən] N satisfaction *f* ■ **satisfactory** ADJ satisfaisant

satisfy ['sætɪsfaɪ] (*pt & pp* -**ied**) VT satisfaire; (*convince*) persuader (**that** que); (*condition*) remplir; **to s. oneself that...** s'assurer que...; **to be satisfied (with)** être satisfait (de) ■ **satisfying** ADJ satisfaisant; (*meal, food*) substantiel, -ielle

satsuma [sæt'suːmə] N *Br* mandarine *f*

saturate ['sætʃəreɪt] VT saturer (**with** de) ■ **satu'ration** N saturation *f*; **to reach s. point** arriver à saturation

Saturday ['sætədeɪ] N samedi *m*

sauce [sɔːs] N (a) sauce *f*; **mint s.** sauce à la menthe; **s. boat** saucière *f* (b) *Fam* (*impudence*) toupet m ■ **saucy** (**-ier, -iest**) ADJ Fam (impudent) insolent; (risqué) coquin

saucepan ['sɔːspən] N casserole f

saucer ['sɔːsə(r)] N soucoupe f

Saudi Arabia [saʊdɪəˈreɪbɪə] N l'Arabie f Saoudite

sauna ['sɔːnə] N sauna m

saunter ['sɔːntə(r)] VI flâner

sausage ['sɒsɪdʒ] N saucisse f; Br **s. roll** feuilleté m à la viande

savage ['sævɪdʒ] **1** ADJ (animal, person) féroce; (attack, criticism) violent **2** N Old-fashioned sauvage mf **3** VT attaquer

save[1] [seɪv] **1** VT (rescue) sauver (**from** de); (keep) garder; (money) économiser; (time) gagner; Comptr sauvegarder; **to s. sb's life** sauver la vie de qn; **to s. sb from doing sth** empêcher qn de faire qch; **to s. up** mettre de l'argent de côté (**for** pour) **2** VI **to s. (up)** faire des économies (**for/on** pour/sur) **3** N Football arrêt m ■ **saving** N (of time, money) économie f; **savings** (money saved) économies fpl; **savings account** compte m d'épargne; **savings bank** caisse f d'épargne

save[2] [seɪv] PREP Formal (except) hormis

saviour, Am **savior** ['seɪvjə(r)] N sauveur m

savour, Am **savor** ['seɪvə(r)] **1** N saveur f **2** VT savourer ■ **savoury**, Am **savory** ADJ (not sweet) salé; Fig (conduct) honorable

saw[1] [sɔː] **1** N scie f **2** (pt sawed, pp sawn or sawed) VT scier; **to s. sth off** scier qch; **a** Br **sawn-off** or Am **sawed-off shotgun** un fusil à canon scié ■ **sawdust** N sciure f

saw[2] [sɔː] PT of **see**[1]

sawn [sɔːn] PP of **saw**[1]

saxophone ['sæksəfəʊn] N saxophone m

say [seɪ] **1** (pt & pp **said**) VT dire (**to** à; **that** que); (of dial, watch) indiquer; **to s. again** répéter; **it is said that...** on dit que...; **let's s. tomorrow** disons demain; **to s. the least** c'est le moins que l'on puisse dire; **to s. nothing of...** sans parler de...; **that is to s.** c'est-à-dire **2** VI dire; Fam **you don't s.!** sans blague!; **that goes without saying** ça va sans dire **3** N **to have one's s.** avoir son mot à dire; **to have no s.** ne pas avoir voix au chapitre (**in** concernant)

saying ['seɪɪŋ] N maxime f

scab [skæb] N (of wound) croûte f; Fam (strikebreaker) jaune mf

scaffold ['skæfəld] N (gallows) échafaud m; (for construction work) échafaudage m ■ **scaffolding** N échafaudage m

scald [skɔːld] **1** N brûlure f **2** VT ébouillanter ■ **scalding** ADJ brûlant

scale[1] [skeɪl] **1** N (of instrument, map) échelle f; (of salaries) barème m; Fig (of problem) étendue f; **on a small/large s.** sur une petite/grande échelle; **s. model** modèle m réduit **2** VT **to s. sth down** revoir qch à la baisse

scale[2] [skeɪl] **1** N (on fish) écaille f; (in kettle) dépôt m calcaire **2** VT (fish) écailler

scale[3] [skeɪl] VT (climb) escalader

scales [skeɪlz] NPL (for weighing) balance f; **(bathroom) s.** pèse-personne m; **(baby) s.** pèse-bébé m

scallion ['skæljən] N Am (onion) oignon m blanc

scallop ['skɒləp] N coquille f Saint-Jacques

scalp [skælp] N cuir m chevelu

scalpel ['skælpəl] N scalpel m

scam [skæm] N Fam arnaque f

scamp [skæmp] N coquin, -ine mf

scamper ['skæmpə(r)] VI **to s. off** or **away** détaler

scampi ['skæmpɪ] N scampi mpl

scan [skæn] **1** N Med **to have a s.** (of pregnant woman) passer une échographie **2** (pt & pp **-nn-**) VT (read quickly) parcourir; (scrutinize) scruter; Comptr passer au scanner ■ **scanner** N Med & Comptr scanner m

scandal ['skændəl] N (outrage) scandale m; (gossip) ragots mpl; **to cause a s.** faire scandale ■ **scandalous** ADJ scandaleux, -euse

Scandinavia [skændɪˈneɪvɪə] N la Scandinavie ■ **Scandinavian 1** ADJ scandinave **2** N Scandinave mf

scant [skænt] ADJ insuffisant ■ **scantily** ADV insuffisamment; **s. dressed** légèrement vêtu ■ **scanty** (**-ier, -iest**) ADJ insuffisant

scapegoat ['skeɪpɡəʊt] N bouc m émissaire

scar [skɑː(r)] **1** N cicatrice f; **s. tissue** tissu m cicatriciel **2** (pt & pp **-rr-**) VT marquer d'une cicatrice; Fig (of experience) marquer; Fig **to be scarred for life** être marqué à vie

scarce [skeəs] (**-er, -est**) ADJ rare; **to make oneself s.** filer ■ **scarceness, scarcity** N pénurie f

scarcely ['skeəslɪ] ADV à peine; **he could s. breathe** il pouvait à peine respirer; **s. anything** presque rien; **s. ever** presque jamais

scare [skeə(r)] **1** N frayeur f; **to give sb a s.** faire peur à qn **2** VT faire peur à; **to s. sb off** faire fuir qn ■ **scared** ADJ effrayé; **to be s. of sb/sth** avoir peur de qn/qch; **to be s. stiff** être mort de peur ■ **scary** (**-ier, -iest**) ADJ Fam effrayant; **it's s.** ça fait peur

scarecrow ['skeəkrəʊ] N épouvantail m

scarf [skɑːf] (pl **scarves**) N (long) écharpe f; (square) foulard m

scarlet ['skɑːlət] ADJ écarlate; **s. fever** scarlatine f

scathing ['skeɪðɪŋ] ADJ (remark) acerbe; **to be s. about sb/sth** faire des remarques acerbes sur qn/qch

scatter ['skætə(r)] **1** VT (clouds, demonstrators) disperser; (corn, seed) jeter à la volée; (papers) laisser traîner **2** VI (of crowd) se disperser

scatty ['skætɪ] (-ier, -iest) ADJ Br Fam écervelé

scavenge ['skævɪndʒ] VI **to s. for sth** fouiller pour trouver qch ■ **scavenger** N (animal) charognard m

scenario [sɪ'nɑːrɪəʊ] (pl -os) N (of film) scénario m

scene [siːn] N (in book, film, play) scène f; (of event, crime, accident) lieu m; (fuss) scandale m; also Fig **behind the scenes** dans les coulisses; **on the s.** sur les lieux; **a s. of devastation** un spectacle de désolation; **to make a s.** faire un scandale

scenery ['siːnərɪ] (pl -ies) N (landscape) paysage m; (in play, film) décors mpl; Fam **I need a change of s.** j'ai besoin de changer d'air

scenic ['siːnɪk] ADJ pittoresque; **s. route** route f touristique

scent [sent] **1** N (smell) odeur f; (perfume) parfum m; (in hunting) fumet m; **she threw her pursuers off the s.** elle sema ses poursuivants **2** VT (perfume) parfumer (**with** de); (smell) flairer

sceptic, Am **skeptic** ['skeptɪk] ADJ & N sceptique (mf) ■ **sceptical,** Am **skeptical** ADJ sceptique ■ **scepticism,** Am **skepticism** N scepticisme m

schedule [Br 'ʃedjuːl, Am 'skedʒul] **1** N (plan) programme m; (for trains, buses) horaire m; (list) liste f; **to be on s.** (train, bus) être à l'heure; (person) être dans les temps; **to be ahead of s.** être en avance sur le programme; **to be behind s.** être en retard sur le programme; **according to s.** comme prévu **2** VT prévoir; (event) fixer la date/l'heure de ■ **scheduled** ADJ (planned) prévu; (service, flight, train) régulier, -ière; **she's s. to leave at eight** son départ est prévu pour huit heures

scheme [skiːm] **1** N (plan) plan m (**to do** pour faire); (plot) complot m; (arrangement) arrangement m; (housing) **s.** lotissement m **2** VI Pej comploter ■ **scheming** Pej **1** ADJ intrigant **2** N machinations fpl

schizophrenia [skɪtsəʊ'friːnɪə] N schizophrénie f ■ **schizophrenic** [-'frenɪk] ADJ & N schizophrène (mf)

scholar ['skɒlə(r)] N érudit, -ite mf ■ **scholarly** ADJ érudit ■ **scholarship** N (learning) érudition f; (grant) bourse f d'études

school [skuːl] **1** N école f; (within university) département m; Am Fam (college) université f;
in or at s. à l'école; Br **secondary s.,** Am **high s.** établissement m d'enseignement secondaire **2** ADJ (year, book, equipment) scolaire; **s. bag** cartable m; **s. bus** car m de ramassage scolaire; **s. hours** les heures fpl de cours ■ **schoolboy** N écolier m ■ **schoolchildren** NPL écoliers mpl ■ **schoolfriend** N camarade mf de classe ■ **schoolgirl** N écolière f ■ **schooling** N scolarité f ■ **schoolmate** N camarade mf de classe ■ **schoolteacher** N (primary) instituteur, -trice mf; (secondary) professeur m

science ['saɪəns] N science f; **to study s.** étudier les sciences; **s. teacher** professeur m de sciences; **s. fiction** science-fiction f ■ **scien'tific** ADJ scientifique ■ **scientist** N scientifique mf

sci-fi ['saɪfaɪ] N Fam SF f

Scilly Isles ['sɪlɪaɪlz] NPL **the S.** les Sorlingues fpl

scissors ['sɪzəz] NPL ciseaux mpl; **a pair of s.** une paire de ciseaux

scoff [skɒf] **1** VT to **s. at sb/sth** se moquer de qn/qch **2** VTI Br Fam (eat) bouffer

scold [skəʊld] VT gronder (**for doing** pour avoir fait)

scone [skəʊn, skɒn] N Br scone m

scoop [skuːp] **1** N (for flour, sugar) pelle f; (for ice cream) cuillère f; Fam (in newspaper) scoop m; **at one s.** d'un seul coup **2** VT to **s. sth out** évider qch; **to s. sth up** ramasser qch

scooter ['skuːtə(r)] N (for child) trottinette f; (motorcycle) scooter m

scope [skəʊp] N (range) étendue f; (of action) possibilité f; **to give s. for...** (interpretation) laisser le champ libre à...

scorch [skɔːtʃ] **1** N **s. (mark)** brûlure f **2** VT roussir ■ **scorcher** N Br Fam jour m de canicule ■ **scorching** ADJ (day) caniculaire; (sun, sand) brûlant

score¹ [skɔː(r)] **1** N (in sport) score m; (in music) partition f; (of film) musique f **2** VT (point, goal) marquer; (exam mark) avoir; (piece of music) adapter (**for** pour); **3** VI (score a goal) marquer; (count points) marquer les points ■ **scoreboard** N tableau m d'affichage ■ **scorer** N marqueur m

score² [skɔː(r)] N **a s.** (twenty) vingt; Fam **scores of** des tas de

score³ [skɔː(r)] VT (cut line in) entailler; **to s. sth off** or **out** (delete) biffer

scorn [skɔːn] **1** N mépris m **2** VT mépriser ■ **scornful** ADJ méprisant; **to be s. of sb/sth** considérer qn/qch avec mépris

Scorpio ['skɔːpɪəʊ] N (sign) le Scorpion; **to be (a) S.** être Scorpion

scorpion ['skɔːpɪən] N scorpion m

Scot [skɒt] N Écossais, -aise mf ■ **Scotland** N

l'Écosse f ■ **Scotsman** (pl -men) N Écossais m ■ **Scotswoman** (pl -women) N Écossaise f ■ **Scottish** ADJ écossais

Scotch [skɒtʃ] N (whisky) scotch m

scotch¹ [skɒtʃ] ADJ Am **S. tape®** Scotch® m

scotch² [skɒtʃ] VT (rumour) étouffer

scoundrel ['skaʊndrəl] N crapule f

scour ['skaʊə(r)] VT (pan) récurer; Fig (streets, house) ratisser (**for** à la recherche de) ■ **scourer** N tampon m à récurer

scout [skaʊt] 1 N (soldier) éclaireur m; (boy) s. scout m, éclaireur; Am (girl) s. éclaireuse f 2 VI to s. round for sth chercher qch; to s. for talent dénicher les talents

scowl [skaʊl] VI lancer des regards noirs (**at** à)

scrabble ['skræbəl] VI to s. around for sth chercher qch à tâtons

scram [skræm] (pt & pp -mm-) VI Fam se tirer

scramble ['skræmbəl] 1 N (rush) ruée f (**for** vers); (struggle) bousculade t (**for** pour) 2 VT (signal) brouiller; **scrambled eggs** œufs mpl brouillés 3 VI to s. for sth se ruer vers qch; to s. up a hill gravir une colline en s'aidant des mains

scrap¹ [skræp] 1 N (a) (piece) bout m (**of** de); (of information) bribe f; **scraps** (food) restes mpl; **not a s. of** (truth, good sense) pas une once de (b) s. (metal) ferraille f; s. heap tas m de ferraille; s. dealer, s. merchant ferrailleur m; s. yard casse f 2 (pt & pp -pp-) VT (get rid of) se débarrasser de; (car) envoyer à la casse; Fig (plan, idea) abandonner

scrap² [skræp] N Fam (fight) bagarre f; to get into a s. with sb en venir aux mains avec qn

scrapbook ['skræpbʊk] N album m (de découpages)

scrape [skreɪp] 1 N (on skin) éraflure f; (sound) raclement m; Fam to get into a s. se mettre dans le pétrin 2 VT gratter; (skin) érafler; to s. a living arriver tout juste à vivre 3 VI to s. against sth frotter contre qch ■ **scraper** N racloir m ■ **scraping** N (of butter) mince couche f

▸ **scrape along** VI (financially) se débrouiller

▸ **scrape away, scrape off** VT SEP racler

▸ **scrape through** VT INSEP & VI to s. through (an exam) passer de justesse (à un examen)

▸ **scrape together** VT SEP (money, people) parvenir à rassembler

scratch [skrætʃ] 1 N (mark, injury) éraflure f; (on glass, wood) rayure f; Fam to start from s. repartir de zéro; it isn't up to s. ce n'est pas au niveau; he isn't up to s. il n'est pas à la hauteur 2 VT (to relieve itching) gratter; (by accident) érafler; (glass) rayer; (with claw) griffer; (write, draw) griffonner (**on** sur) 3 VI (of person) se gratter; (of pen, clothes)

gratter ■ **scratchcard** N (lottery card) carte f à gratter

scrawl [skrɔːl] 1 N gribouillis m 2 VT gribouiller

scrawny ['skrɔːnɪ] (-ier, -iest) ADJ maigrichon, -onne

scream [skriːm] 1 N hurlement m 2 VT hurler 3 VI hurler; to s. at sb crier après qn; to s. with pain hurler de douleur

screech [skriːtʃ] 1 N cri m strident 2 VTI hurler

screen [skriːn] 1 N (of TV set, computer) écran m; (folding) s. paravent m; Comptr on s. à l'écran; Comptr s. saver économiseur m d'écran; Cin s. test bout m d'essai 2 VT (hide) cacher (**from sb** à qn); (protect) protéger (**from** de); (film) projeter; (visitors, calls) filtrer; (for disease) faire subir un test de dépistage à; to s. off (hide) cacher ■ **screening** N (of film) projection f; (selection) tri m; (for disease) dépistage m ■ **screenplay** N (of film) scénario m

screw [skruː] 1 N vis f; Fam to have a s. loose avoir une case de moins 2 VT visser (**to** à); to s. sth down or on visser qch; to s. sth up (paper) chiffonner qch; very Fam (spoil) foutre qch en l'air; to s. up one's eyes plisser les yeux ■ **screwdriver** N tournevis m

scribble ['skrɪbəl] 1 N griffonnage m 2 VTI griffonner

script [skrɪpt] N (a) (of film) script m; (of play) texte m; (in exam) copie f (b) (handwriting) script m

Scripture(s) ['skrɪptʃə(z)] N(PL) Rel les saintes Écritures fpl

scroll [skrəʊl] 1 N rouleau m; (book) manuscrit m 2 VI Comptr défiler; to s. down/up défiler vers le bas/haut

scrounge [skraʊndʒ] 1 VT (meal) se faire payer (**off** or **from sb** par qn); (steal) taper (**off** or **from sb** à qn); to s. money off or from sb taper qn 2 VI vivre en parasite; Pej to s. around for sth essayer de mettre la main sur qch ■ **scrounger** N Fam parasite m

scrub [skrʌb] 1 N (a) to give sth a s. bien frotter qch; Am s. brush brosse f dure (b) (land) broussailles fpl 2 (pt & pp -bb-) VT (surface) frotter; (pan) récurer; Fig (cancel) annuler; to s. sth off (remove) enlever qch (à la brosse ou en frottant); Fig to s. sth out (erase) effacer qch

scruff [skrʌf] N (person) individu m peu soigné; by s. of the neck par la peau du cou ■ **scruffy** (-ier, -iest) ADJ (person) peu soigné

scrum [skrʌm] N Rugby mêlée f

scruple ['skruːpəl] N scrupule m ■ **scrupulous** [-pjʊləs] ADJ scrupuleux, -euse

scrutinize ['skruːtɪnaɪz] VT (document) éplucher; (votes) vérifier ■ **scrutiny** N examen m minutieux; to come under s. être examiné

scuba ['skuːbə] N **s. diver** plongeur, -euse mf; **s. diving** la plongée sous-marine

scuff [skʌf] VT to s. (up) (shoe) érafler

scuffle ['skʌfəl] N bagarre f

scullery ['skʌləri] N Br arrière-cuisine f

sculpt [skʌlpt] VTI sculpter ■ **sculptor** N sculpteur, -trice mf ■ **sculpture 1** N (art, object) sculpture f **2** VTI sculpter

scum [skʌm] N (a) (of dirt) crasse f; (froth) écume f (b) Fam Pej (people) racaille f; (person) ordure f; **the s. of the earth** le rebut de la société

scurry ['skʌri] VI (rush) courir; **to s. off** se sauver

sea [siː] **1** N mer f; **(out) at s.** en mer; **by s.** par mer; **by** or **beside the s.** au bord de la mer; Fig **to be all at s.** nager complètement **2** ADJ (level, breeze) de la mer; (water, fish, salt) de mer; (air) marin; (battle) naval (mpl -als); (route) maritime; **s. bed, s. floor** fond m de la mer; **s. horse** hippocampe m; **s. lion** otarie f; **s. urchin** oursin m ■ **seafood** N fruits mpl de mer ■ **seafront** N Br front m de mer ■ **seagull** N mouette f ■ **seaman** (pl -men) N marin m ■ **seaport** N port m maritime ■ **seashell** N coquillage m ■ **seashore** N rivage m ■ **seasick** ADJ **to be s.** avoir le mal de mer ■ **seasickness** N mal m de mer ■ **seaside** N Br bord m de la mer; **s. resort** station f balnéaire; **s. town** ville f au bord de la mer ■ **seaweed** N algues fpl

seal¹ [siːl] N (animal) phoque m

seal² [siːl] **1** N (stamp) sceau m; (device for sealing) joint m d'étanchéité; (on medicine bottle, food container) = fermeture garantissant la fraîcheur d'un produit; **to give one's s. of approval to sth** donner son approbation à qch **2** VT (document, container) sceller; (stick down) cacheter; (make airtight) fermer hermétiquement; **to s. sb's fate** décider du sort de qn; **to s. off an area** boucler un quartier

seam [siːm] N (in cloth) couture f; (of coal, quartz) veine f

search [sɜːtʃ] **1** N recherches fpl (**for** de); (of place) fouille f; **in s. of** à la recherche de; Comptr **s. engine** moteur m de recherche; **s. party** équipe f de secours; Law **s. warrant** mandat m de perquisition **2** VT (person, place) fouiller (**for** pour trouver); **to s. (through) one's papers for sth** chercher qch dans ses papiers; Comptr **to s. a file** rechercher dans un fichier **3** VI chercher; **to s. for sth** chercher qch ■ **searching** ADJ (look) pénétrant; (examination) minutieux, -ieuse ■ **searchlight** N projecteur m

season¹ ['siːzən] N saison f; (of films) cycle m; **in the peak s., in (the) high s.** en haute saison; **in the low** or **off s.** en basse saison; **'season's**

greetings' (on Christmas card) 'meilleurs vœux de fin d'année'; **s. ticket** abonnement m

season² ['siːzən] VT Culin (food) assaisonner; (with spice) épicer ■ **seasoning** N Culin assaisonnement m

seasonal ['siːzənəl] ADJ (work, change) saisonnier, -ière

seasoned ['siːzənd] ADJ (a) **a highly s. dish** un plat très relevé (b) (person) expérimenté; (soldier) aguerri

seat [siːt] **1** N siège m; (of trousers) fond m; **to take** or **have a s.** s'asseoir; **s. belt** ceinture f de sécurité **2** VT (at table) placer; (on one's lap) asseoir; **the bus seats 50** il y a 50 places assises dans ce bus; **be seated!** asseyez-vous! ■ **seated** ADJ (sitting) assis ■ **seating** N (seats) places fpl assises; (positioning) placement m; **s. capacity** nombre m de places assises; **s. plan** plan m de table

-seater ['siːtə(r)] SUFF **two-seater (car)** voiture f à deux places

secluded [sɪ'kluːdɪd] ADJ (remote) isolé ■ **seclusion** N solitude f

second¹ ['sekənd] **1** ADJ deuxième, second; **every s. week** une semaine sur deux; Aut **in s. (gear)** en seconde; **s. to none** sans égal; **to be s. in command** commander en second **2** ADV (say) deuxièmement; **to come s.** (in competition) se classer deuxième; **the s. biggest** le deuxième en ordre de grandeur **3** N (in series) deuxième mf, second, -onde mf; (in month) deux m; **Louis the S.** Louis Deux; **seconds** (goods) articles mpl défectueux; **anyone for seconds?** (at meal) est-ce que quelqu'un veut du rab? **4** VT (motion, proposal) appuyer ■ **'second-'class** ADJ (ticket on train) de seconde (classe); (mail) non urgent; (product) de qualité inférieure ■ **secondly** ADV deuxièmement ■ **'second-'rate** ADJ médiocre

second² ['sekənd] N (part of minute) seconde f; **s. hand** (of clock, watch) trotteuse f

second³ [sɪ'kɒnd] VT Br (employee) détacher (**to** à)

secondary ['sekəndəri] ADJ secondaire; Br **s. school** établissement m secondaire

second-hand ['sekənd'hænd] **1** ADJ & ADV (not new) d'occasion **2** ADJ (report, news) de seconde main

secrecy ['siːkrəsi] N (discretion, silence) secret m; **in s.** en secret; **to swear sb to s.** faire jurer le silence à qn

secret ['siːkrɪt] **1** ADJ secret, -ète; **s. agent** agent m secret; **s. service** services mpl secrets **2** N secret m; **in s.** en secret; **it's no s.** tout le monde le sait ■ **secretive** ADJ (person) secret, -ète; **to**

be s. about sth faire des cachotteries à propos de qch ■ **secretly** ADV secrètement

secretary [Br 'sekrətəri, Am -eri] (pl **-ies**) N secrétaire mf; Br **Foreign S.,** Am **S. of State** ≃ ministre m des Affaires étrangères ■ **secretarial** [-'teəriəl] ADJ (work) administratif, -ive; (job, course) de secrétariat

secrete [sı'kri:t] VT (discharge) sécréter ■ **secretion** N sécrétion f

sect [sekt] N secte f ■ **sectarian** [-'teəriən] ADJ & N sectaire (mf)

section ['sekʃən] 1 N partie f; (of road) tronçon m; (of machine) élément m; (of organization) département m; (of soldiers) section f; **the sports s.** (of newspaper) la rubrique sportive 2 VT sectionner

sector ['sektə(r)] N secteur m

secular ['sekjulə(r)] ADJ (teaching) laïque; (music, art) profane

secure [sı'kjuə(r)] 1 ADJ (person) en sécurité; (investment, place) sûr; (foothold) solide; (door, window) bien fermé; (nomination) assuré; **I feel s. knowing that...** je suis tranquille car je sais que... 2 VT (fasten) attacher; (window, door) bien fermer; (position, future) assurer; (support, promise) procurer; **to s. sth against sth** protéger qch de qch; **to s. sth (for oneself)** se procurer qch ■ **securely** ADV (firmly) solidement; (safely) en sûreté

security [sı'kjuərətɪ] (pl **-ies**) N sécurité f; Fin (for loan, bail) garantie f; **job s.** sécurité de l'emploi; **to tighten s.** renforcer les mesures de sécurité; **S. Council** Conseil m de sécurité; **s. guard** garde m

sedan [sı'dæn] N Am (saloon) berline f

sedate [sı'deɪt] 1 ADJ calme 2 VT mettre sous calmants ■ **sedation** N under s. sous calmants ■ **sedative** N calmant m

sedentary ['sedəntərı] ADJ sédentaire

sediment ['sedımənt] N sédiment m

seduce [sı'dju:s] VT séduire ■ **seduction** [-'dʌkʃən] N séduction f ■ **seductive** [-'dʌktɪv] ADJ (person, offer) séduisant

see¹ [si:] (pt **saw**, pp **seen**) VTI voir; **we'll s.** on verra; **I s. what you mean** je vois ce que tu veux dire; **I can s. a hill** je vois une colline; **I don't s. the point** je ne vois pas l'intérêt; **I'll go and s.** je vais voir; **I saw him run(ning)** je l'ai vu courir; **s. you (later)!** à tout à l'heure!; **s. you (soon)!** à bientôt!; **to s. that...** (make sure that) faire en sorte que... (+ subjunctive); (check) s'assurer que... (+ indicative)

▸ **see about** VT INSEP (deal with) s'occuper de; (consider) songer à

▸ **see in** VT SEP **to s. in the New Year** fêter le Nouvel An

▸ **see off** VT SEP (say goodbye to) dire au revoir à

▸ **see out** VT SEP accompagner jusqu'à la porte

▸ **see through** 1 VT SEP (task) mener à bien 2 VT INSEP **to s. through sb** percer qn à jour

▸ **see to** VT INSEP (deal with) s'occuper de; (mend) réparer; **to s. to it that...** (make sure that) faire en sorte que... (+ subjunctive); (check) s'assurer que... (+ indicative)

see² [si:] N Rel évêché m

seed [si:d] N graine f; (of fruit) pépin m; Fig (source) germe m; Tennis tête f de série; **to go to s.** (of plant) monter en graine ■ **seedling** N plant m

seedy ['si:dɪ] (**-ier, -iest**) ADJ miteux, -euse

seeing ['si:ɪŋ] CONJ **s. (that)** vu que

seek [si:k] (pt & pp **sought**) VT chercher (**to do** à faire); (ask for) demander (**from** à); **to s. (after)** rechercher; **to s. sb out** dénicher qn

seem [si:m] VI sembler (**to do** faire); **it seems that...** (impression) il semble que... (+ subjunctive); **it seems to me that...** il me semble que... (+ indicative); **we s. to know each other** il me semble qu'on se connaît; **I can't s. to do it** je n'arrive pas à le faire

seeming ['si:mɪŋ] ADJ apparent ■ **seemingly** ADV apparemment

seemly ['si:mlɪ] ADJ Formal bienséant

seen [si:n] PP of **see**¹

seep [si:p] VI suinter; **to s. into sth** s'infiltrer dans qch

seesaw ['si:sɔ:] N balançoire f à bascule

seethe [si:ð] VI **to s. with anger** bouillir de colère; **to s. with people** (of street) grouiller de monde

see-through ['si:θru:] ADJ transparent

segment ['segmənt] N segment m; (of orange) quartier m

segregate ['segrıgeɪt] VT séparer (**from** de) ■ **segre'gation** N ségrégation f

seize [si:z] 1 VT saisir; (power, land) s'emparer de 2 VI **to s. (up)on** (offer) sauter sur; **to s. up** (of engine) se bloquer

seizure ['si:ʒə(r)] N Law (of goods, property) saisie f; Med crise f; **s. of power** prise f de pouvoir

seldom ['seldəm] ADV rarement

select [sı'lekt] 1 VT sélectionner 2 ADJ (exclusive) sélect ■ **selection** N sélection f; **a wide s.** un grand choix ■ **selective** ADJ sélectif, -ive

self [self] (pl **selves** [selvz]) N **the s.** le moi; Fam **he's back to his old s.** il est redevenu comme avant ■ **'self-addressed 'envelope** N Am enveloppe f timbrée (libellée à ses noms et adresse) ■ **'self-as'surance** N assurance f ■ **'self-as'sured** ADJ sûr de soi ■ **'self-'catering** ADJ Br (holiday) en appartement meublé; *(accommodation)* meublé ■ **'self-'centred, Am -centered** ADJ égocentrique ■ **'self-con'fessed** ADJ *(liar)* de son propre aveu ■ **'self-'confidence** N confiance f en soi ■ **'self-'confident** ADJ sûr de soi ■ **'self-'conscious** ADJ gêné ■ **'self-con'tained** ADJ *(flat)* indépendant ■ **'self-con'trol** N maîtrise f de soi ■ **'self-de'fence, Am -defense** N *Law* légitime défense f; **in s.** en état de légitime défense ■ **'self-'discipline** N autodiscipline f ■ **'self-em'ployed** ADJ indépendant ■ **'self-es'teem** N confiance f en soi ■ **'self-'evident** ADJ évident ■ **'self-ex'planatory** ADJ qui se passe d'explications ■ **'self-im'portant** ADJ suffisant ■ **'self-in'dulgent** ADJ complaisant ■ **'self-'interest** N intérêt m personnel ■ **'self-o'pinionated** ADJ entêté ■ **'self-'pity** N **to be full of s.** s'apitoyer sur son propre sort ■ **'self-'portrait** N autoportrait m ■ **self-'raising flour, Am self-'rising flour** N = farine contenant de la levure chimique ■ **'self-re'spect** N amour-propre m ■ **'self-'righteous** ADJ suffisant ■ **'self-'sacrifice** N abnégation f ■ **'self-'satisfied** ADJ content de soi ■ **'self-'service** N & ADJ libre-service *(m inv)* ■ **'self-'starter** N *(person)* personne f très motivée ■ **'self-suf'ficient** ADJ indépendant ■ **'self-'tan** N *(cream)* autobronzant m ■ **'self-'taught** ADJ autodidacte

selfish ['selfɪʃ] ADJ égoïste; *(motive)* intéressé ■ **selfishness** N égoïsme m ■ **selfless** ADJ désintéressé

sell [sel] **1** *(pt & pp sold)* VT vendre; *Fig (idea)* faire accepter; **to s. sb sth, to s. sth to sb** vendre qch à qn; **she sold it to me for £20** elle me l'a vendu 20 livres **2** VI *(of product)* se vendre; *(of person)* vendre ■ **sell-by date** N date f limite de vente ■ **seller** N vendeur, -euse mf ■ **sellout** N **(a) it was a s.** *(of play, film)* tous les billets ont été vendus **(b)** *(betrayal)* trahison f

▸ **sell back** VT SEP revendre
▸ **sell off** VT SEP liquider
▸ **sell out** VT INSEP **to have** *or* **be sold out of sth** n'avoir plus de qch; **to be sold out** *(of book, item)* être épuisé; *(of show, concert)* afficher complet
▸ **sell up** VI *(sell home, business)* tout vendre

Sellotape® ['seləteɪp] N *Br* Scotch® m

semantic [sɪ'mæntɪk] ADJ sémantique ■ **semantics** N sémantique f

semblance ['sembləns] N semblant m

semen ['siːmən] N sperme m

semester [sɪ'mestə(r)] N semestre m

semi ['semɪ] N *Br Fam (house)* maison f jumelée

semi- ['semɪ] PREF semi-, demi- ■ **semicircle** N demi-cercle m ■ **semicolon** N pointvirgule m ■ **'semi-'conscious** ADJ à demi conscient ■ **'semi-de'tached** ADJ *Br* **s. house** maison f jumelée ■ **'semi'final** N demi-finale f ■ **'semi-'skimmed** ADJ *(milk)* demi-écrémé

seminar ['semɪnɑː(r)] N séminaire m

semolina [semə'liːnə] N semoule f

senate ['senɪt] N *Am Pol* **the S.** le Sénat ■ **senator** [-nətə(r)] N *Am Pol* sénateur m

send [send] *(pt & pp sent)* VT envoyer **(to** à); **to s. sth to sb, to s. sb sth** envoyer qch à qn; **to s. sb home** renvoyer qn chez soi; *Fam* **to s. sb packing** envoyer promener qn ■ **sender** N expéditeur, -trice mf ■ **send-off** N *Fam* **to give sb a good s.** faire des adieux en règle à qn

▸ **send away 1** VT SEP *(person)* renvoyer **2** VI **to s. away for sth** se faire envoyer qch
▸ **send back** VT SEP renvoyer
▸ **send for** VT INSEP envoyer chercher; *(doctor)* faire venir
▸ **send in** VT SEP *(form, invoice, troops)* envoyer; *(person)* faire entrer
▸ **send off 1** VT SEP *(letter)* envoyer **(to** à); *(player)* expulser **2** VI **to s. off for sth** se faire envoyer qch
▸ **send on** VT SEP *(letter)* faire suivre
▸ **send out 1** VT SEP envoyer **2** VI **to s. out for sth** envoyer chercher qch
▸ **send up** VT SEP *Br Fam (parody)* se moquer de

senile ['siːnaɪl] ADJ sénile

senior ['siːnɪə(r)] **1** ADJ *(in age)* aîné; *(in position, rank)* supérieur; **to be sb's s., to be s. to sb** être l'aîné de qn; *(in rank, status)* être le supérieur de qn; **Brown s.** Brown père; **s. citizen** personne f âgée; **s. partner** associé m principal; *Am* **s. year** *(in school, college)* dernière année f **2** N aîné, -ée mf; *Am (in last year of school or college)* étudiant, -iante mf de dernière année; *Sport* senior mf

sensation [sen'seɪʃən] N sensation f ■ **sensational** ADJ sensationnel, -elle

sense [sens] **1** N *(faculty, awareness, meaning)* sens m; **s. of smell** l'odorat m; **s. of hearing** l'ouïe f; **a s. of warmth/pleasure** une sensation de chaleur/plaisir; **s. of direction** sens de l'orientation; **a s. of time** la notion de l'heure; **to have a s. of humour** avoir le sens de l'humour; **to have the s. to do sth** avoir l'intelligence de faire qch; **to bring sb to his senses** ramener qn à la raison; **to make s.** être logique **2** VT sentir **(that** que); *(have a foreboding of)* pressentir

senseless ['sensləs] ADJ *(pointless)* absurde; *(unconscious)* sans connaissance

sensibility [sensɪ'bɪlɪtɪ] N sensibilité f; **sensibilities** *(touchiness)* susceptibilité f

sensible ['sensəbəl] ADJ *(wise)* sensé; *(clothes, shoes)* pratique

Note that the French word **sensible** is a false friend and is almost never a translation for the English word **sensible**. It means **sensitive**.

sensitive ['sensɪtɪv] ADJ *(person)* sensible (**to** à); *(skin, question)* délicat; *(information)* confidentiel, -ielle ■ **sensi'tivity** N sensibilité *f*; *(touchiness)* susceptibilité *f*

sensor ['sɒnsə(r)] N détecteur *m*

sensory ['sensərɪ] ADJ sensoriel, -ielle

sensual ['senʃʊəl] ADJ sensuel, -uelle ■ **sensuous** ADJ sensuel, -uelle

sent [sent] PT & PP of **send**

sentence ['sentəns] 1 N (a) *(words)* phrase *f* (b) *(in prison)* peine *f*; **to pass s.** prononcer la sentence; **to serve a s.** purger une peine 2 VT *(criminal)* condamner; **to s. sb to three years (in prison)/to death** condamner qn à trois ans de prison/à mort

sentiment ['sentɪmənt] N sentiment *m* ■ **sentimental** [-'mentəl] ADJ sentimental

separate ['sepəreɪt] 1 ['sepərət] ADJ *(distinct)* séparé; *(organization)* indépendant; *(occasion, entrance)* différent; *(room)* à part; **they went their s. ways** ils sont partis chacun de leur côté 2 VT séparer (**from** de) 3 VI se séparer (**from** de) ■ **separately** ['sepərətlɪ] ADV séparément ■ **sepa'ration** N séparation *f*

separates ['sepərəts] NPL *(clothes)* coordonnés *mpl*

separatist ['sepərətɪst] N séparatiste *mf*

September [sep'tembə(r)] N septembre *m*

septic ['septɪk] ADJ septique; *(wound)* infecté; **to go s.** s'infecter; **s. tank** fosse *f* septique

sequel ['si:kwəl] N *(book, film)* suite *f*

sequence ['si:kwəns] N *(order)* ordre *m*; *(series)* succession *f*; *(in film)* & Comptr, Mus & Cards séquence *f*; **in s.** dans l'ordre

sequin ['si:kwɪn] N paillette *f*

Serb [sɜ:b] 1 ADJ serbe 2 N Serbe *mf* ■ **Serbia** N la Serbie ■ **Serbo-Croat** 1 ADJ serbo-croate 2 N *(person)* Serbo-croate *mf*; *(language)* serbo-croate *m*

serenade [serə'neɪd] 1 N sérénade *f* 2 VT chanter la sérénade à

serene [sə'ri:n] ADJ serein ■ **serenity** [-'renɪtɪ] N sérénité *f*

sergeant ['sɑ:dʒənt] N Mil sergent *m*; *(in police)* brigadier *m*

serial ['sɪərɪəl] N *(story, film)* feuilleton *m*; **s. killer** tueur *m* en série; **s. number** numéro *m* de série ■ **serialize** VT *(in newspaper)* publier en feuilleton; *(on television or radio)* adapter en feuilleton

series ['sɪəri:z] N INV série *f*

serious ['sɪərɪəs] ADJ *(person)* sérieux, -ieuse; *(illness, mistake)* grave; *(damage)* important; **to be s. about doing sth** envisager sérieusement de faire qch; Fam **s. money** un bon paquet d'argent ■ **seriously** ADV sérieusement; *(ill, damaged)* gravement; **to take sb/sth s.** prendre qn/qch au sérieux ■ **seriousness** N sérieux *m*; *(of illness, situation)* gravité *f*; *(of damage)* importance *f*; **in all s.** sérieusement

sermon ['sɜ:mən] N sermon *m*

serrated [sə'reɪtɪd] ADJ en dents de scie

serum ['sɪərəm] N sérum *m*

servant ['sɜ:vənt] N domestique *mf*

serve [sɜ:v] 1 N Tennis service *m* 2 VT *(country, cause, meal, customer)* servir; *(be useful to)* servir à; *(prison sentence)* purger; *(apprenticeship)* faire; **to s. a purpose** avoir une utilité; **it has served me well** ça m'a fait de l'usage; Fam **(it) serves you right!** ça t'apprendra!; **to s. up** *or* **out a meal** servir un repas 3 VI servir (**as** de); **to s. on** *(committee, jury)* être membre de ■ **server** N Tennis serveur, -euse *mf*; Comptr serveur *m*; **network s.** serveur de réseau

service ['sɜ:vɪs] 1 N *(with army, firm, in restaurant)* & Rel & Tennis service *m*; *(of machine)* entretien *m*; *(of car)* révision *f*; **to be at sb's s.** être au service de qn; **to be of s. to sb** être utile à qn; **the (armed) services** les forces *fpl* armées; **s. charge** service; **s. station** station-service *f* 2 VT *(machine)* entretenir; *(car)* réviser

serviceman ['sɜ:vɪsmən] *(pl* **-men**) N militaire *m*

serviette [sɜ:vɪ'et] N Br serviette *f* de table

servile ['sɜ:vaɪl] ADJ servile

serving ['sɜ:vɪŋ] N *(of food)* portion *f*; **s. dish** plat *m*

session ['seʃən] N *(meeting, period)* séance *f*; *(university term)* trimestre *m*; *(university year)* année *f* universitaire; **to be in s.** siéger; **the parliamentary s.** la session parlementaire

set [set] 1 N *(of keys, needles, tools)* jeu *m*; *(of stamps, numbers)* série *f*; *(of people)* groupe *m*; *(of facts, laws)* & Math ensemble *m*; *(of books)* collection *f*; *(of dishes)* service *m*; *(of tyres)* train *m*; *(kit)* trousse *f*; *(in theatre)* décor *m*; *(for film)* plateau *m*; Tennis set *m*; **construction s.** jeu de construction; **film s.** plateau de tournage; **radio s.** poste *m* de radio; **television s., TV s.** téléviseur *m*

2 ADJ *(time, price)* fixe; *(lunch)* à prix fixe; *(school book)* au programme; *(ideas, purpose)* déterminé; **to be s. on doing sth** être résolu à faire qch; **to be s. on sth** avoir fixé son choix sur qch; **to be s. in one's ways** tenir à ses habitudes; **to be all s.** être prêt (**to do** pour faire); **to be s. back from**

the road *(of house)* être en retrait de la route; **s. phrase** expression f figée

3 *(pt & pp* **set**, *pres p* **setting**) vt *(put)* mettre, poser; *(date, limit, task)* fixer; *(homework)* donner (**for sb** à qn); *(jewel)* sertir; *(watch)* régler; *(alarm clock)* mettre (**for** pour); *(bone fracture)* réduire; *(trap)* tendre (**for** à); **to s. a record** établir un record; **to s. a precedent** créer un précédent; **to s. sb free** libérer qn; **to s. sth on fire** mettre le feu à qch

4 vi *(of sun)* se coucher; *(of jelly)* prendre; *(of bone)* se ressouder

▸ **set about** vt insep *(begin)* se mettre à; **to s. about doing sth** se mettre à faire qch

▸ **set back** vt sep *(in time)* retarder; *Fam (cost)* coûter

▸ **set down** vt sep *(object)* poser

▸ **set in** vi *(of winter)* s'installer; *(of fog)* tomber

▸ **set off 1** vt sep *(bomb)* faire exploser; *(mechanism)* déclencher; *Fig (beauty, complexion)* rehausser; **to s. sb off crying** faire pleurer qn **2** vi *(leave)* partir

▸ **set out 1** vt sep *(display, explain)* exposer; *(arrange)* disposer **2** vi *(leave)* partir; **to s. out to do sth** avoir l'intention de faire qch

▸ **set up 1** vt sep *(tent, statue)* dresser; *(roadblock)* mettre en place; *(company)* créer; *(meeting)* organiser; *(inquiry)* ouvrir; **to s. sb up in business (as)** installer qn (comme) **2** vi **to s. up in business (as)** s'installer (comme)

▸ **set upon** vt insep *(attack)* attaquer

setback ['setbæk] n revers m

settee [se'ti:] n canapé m

setting ['setɪŋ] n *(surroundings)* cadre m; *(of sun)* coucher m; *(on machine)* réglage m; *Comptr* **settings** paramètres mpl

settle ['setəl] **1** vt *(put in place)* installer; *(decide, arrange, pay)* régler; *(date, venue)* fixer; *(nerves)* calmer; *(land)* coloniser; **to s. a matter out of court** régler une affaire à l'amiable; **that settles it!** c'est décidé! **2** vi *(of person, family)* s'installer; *(of dust)* se déposer; *(of bird)* se poser; **to s. into an armchair** s'installer confortablement dans un fauteuil; **to s. into one's job** s'habituer à son travail ■ **settled** adj *(weather, period)* stable; *(life)* rangé

▸ **settle down** vi *(in chair, house)* s'installer; *(become quieter)* s'assagir; *(of situation)* se calmer; **to s. down in one's job** s'habituer à son travail; **to s. down with sb** mener une vie stable avec qn; **to s. down to work** se mettre au travail

▸ **settle for** vt insep se contenter de

▸ **settle in** vi *(in new home)* s'installer; *(in new school)* s'adapter

▸ **settle up** vi *(pay)* régler; **to s. up with sb** régler qn

settlement ['setəlmənt] n *(agreement)* accord m; *(payment)* règlement m; *(colony)* colonie f

settler ['setlə(r)] n colon m

setup ['setʌp] n *Fam (arrangement)* système m

seven ['sevən] adj & n sept (m) ■ n **seventh** adj & n septième (mf)

seventeen ['sevəntiːn] adj & n dix-sept (m) ■ **seventeenth** adj & n dix-septième (mf)

seventy ['sevəntɪ] adj & n soixante-dix (m); **s.-one** soixante et onze ■ **seventieth** adj & n soixante-dixième (mf)

sever ['sevə(r)] vt couper; *Fig (relations)* rompre

several ['sevərəl] adj & pron plusieurs (**of** d'entre)

severe [sə'vɪə(r)] adj *(person, punishment, tone)* sévère; *(winter, training)* rigoureux, -euse; *(illness, injury)* grave; *(blow, pain)* violent; *(cold, frost)* intense; *(weather)* très mauvais; **to have a s. cold** avoir un gros rhume ■ **severely** adv *(criticize, punish)* sévèrement; *(damaged, wounded)* grave-ment; **to be s. handicapped** *or* **disabled** être gravement handicapé ■ **severity** [-'verɪtɪ] n sévérité f; *(of winter)* rigueur f; *(of injury)* gravité f; *(of blow)* violence f

sew [səʊ] *(pt* **sewed**, *pp* **sewn** *or* **sewed**) vt coudre; **to s. a button on a shirt** coudre un bouton à une chemise; **to s. sth up** recoudre qch ■ **sewing** n couture f; **s. machine** machine f à coudre

sewage ['suːɪdʒ] n eaux fpl d'égout ■ **sewer** ['suːə(r)] n égout m

sewn [səʊn] pp of **sew**

sex [seks] **1** n sexe m; **to have s. with sb** coucher avec qn **2** adj *(education, life, act)* sexuel, -uelle; **s. appeal** sex-appeal m; **s. maniac** obsédé m sexuel, obsédée f sexuelle; **s. symbol** sex-symbol m ■ **sexism** n sexisme m ■ **sexist** adj & n sexiste (mf) ■ **sexy** (**-ier, -iest**) adj *Fam* sexy inv

sexual ['seksjʊəl] adj sexuel, -uelle; **s. assault** agression f sexuelle; **s. harassment** harcèlement m sexuel ■ **sexuality** [-ʃʊ'ælɪtɪ] n sexualité f ■ **sexually** adv sexuellement; **s. transmitted disease** *or* **infection** maladie f sexuellement transmissible

Seychelles [seɪ'ʃelz] npl **the S.** les Seychelles fpl

sh [ʃ] exclam chut!

shabby ['ʃæbɪ] (**-ier, -iest**) adj miteux, -euse; *(behaviour, treatment)* mesquin

shack [ʃæk] **1** n cabane f **2** vi *Fam* **to s. up with sb** vivre à la colle avec qn

shade [ʃeɪd] **1** n ombre f; *(of colour, meaning,*

opinion) nuance *f*; **in the s.** à l'ombre; **a s. faster/ taller** un rien plus vite/plus grand; *Fam* **shades** *(glasses)* lunettes *fpl* de soleil **2** *(of tree)* ombrager; *(protect)* abriter (**from** de) ■ **shady (-ier, -iest)** ADJ *(place)* ombragé; *Fig (person, business)* louche

shadow ['ʃædəʊ] **1** N ombre *f*; **to cast a s.** projeter une ombre; *Fig* **to cast a s. over sth** jeter une ombre sur qch **2** ADJ *Br Pol* **s. cabinet** cabinet *m* fantôme; **the S. Education Secretary** = le porte-parole de l'opposition sur les questions de l'éducation **3** VT **to s. sb** *(follow)* filer qn ■ **shadowy (-ier, -iest)** ADJ *(form)* vague

shaft [ʃɑːft] N **(a)** *(of tool)* manche *m*; **s. of light** rayon *m* de lumière **(b)** *(of mine)* puits *m*; *(of lift)* cage *f*

shaggy ['ʃægɪ] **(-ier, -iest)** ADJ *(hairy)* hirsute

shake¹ [ʃeɪk] **1** N secousse *f*; **to give sth a s.** secouer qch; **with a s. of his head** en secouant la tête **2** *(pt* **shook**, *pp* **shaken)** VT *(move up and down)* secouer; *(bottle, fist)* agiter; *(building)* faire trembler; *Fig (belief, resolution)* ébranler; **to s. one's head** *(to say no)* faire non de la tête; **to s. hands with sb** serrer la main à qn; **we shook hands** nous nous sommes serré la main; **to s. off** *(dust)* secouer; *Fig (illness, pursuer)* se débarrasser de; **to s. up** *(reorganize)* réorganiser de fond en comble **3** VI *(of person, windows, voice)* trembler (**with** de) ■ **shake-up** N *Fam (reorganization)* chambardement *m*

shake² [ʃeɪk] N *(milk shake)* milk-shake *m*

shaken ['ʃeɪkən] PP OF **shake¹**

shaky [ʃeɪkɪ] **(-ier, -iest)** ADJ *(voice)* tremblant; *(table, chair)* branlant; *(handwriting)* tremblé; *(health)* précaire

shall [ʃæl, *unstressed* ʃəl]

On trouve généralement **I/you/he/***etc* shall sous leurs formes contractées **I'll/you'll/he'll/***etc*. La forme négative contractée **shan't**, que l'on écrira **shall not** dans des contextes formels.

V AUX **(a)** *(expressing future tense)* **I s. come, I'll come** je viendrai; **we s. not come, we shan't come** nous ne viendrons pas **(b)** *(making suggestion)* **s. I leave?** veux-tu que je parte?; **let's go in, s. we?** entrons, tu veux bien? **(c)** *Formal (expressing order)* **he s. do it if I order it** il le fera si je l'ordonne

shallot [ʃə'lɒt] N *Br* échalote *f*

shallow ['ʃæləʊ] **(-er, -est) 1** ADJ *(water, river)* peu profond; *Fig & Pej (argument, person)* superficiel, -ielle **2** NPL **the shallows** *(of river)* le bas-fond

sham [ʃæm] **1** N *(pretence)* comédie *f*; *(person)* imposteur *m*; **to be a s.** *(of jewel)* être faux *(f* fausse); **it's a s.!** *(election promises)* c'est du bidon! **2** ADJ *(false)* faux *(f* fausse); *(illness, emotion)* feint **3** *(pt & pp* **-mm-)** VT feindre **4** VI faire semblant

shambles ['ʃæmbəlz] N pagaille *f*; **this place is a s.!** quelle pagaille!

shame [ʃeɪm] **1** N *(guilt, disgrace)* honte *f*; **it's a s.** c'est dommage (**to do** de faire); **it's a s. (that)...** c'est dommage que... (+ *subjunctive)*; **s. on you!** tu devrais avoir honte!; **what a s.!** quel dommage!; **to put sb to s.** faire honte à qn **2** VT *(make ashamed)* faire honte à

shameful ['ʃeɪmfəl] ADJ honteux, -euse

shameless ['ʃeɪmləs] ADJ impudique; **to be s. about doing sth** n'avoir aucun scrupule à faire qch

shampoo [ʃæm'puː] **1** N shampooing *m* **2** VT *(carpet)* shampouiner; **to s. sb's hair** faire un shampooing à qn

shandy ['ʃændɪ] N *Br* panaché *m*

shan't [ʃɑːnt] = **shall not**

shanty¹ ['ʃæntɪ] N *(hut)* baraque *f*; **s. town** bidonville *m*

shanty² ['ʃæntɪ] N **sea s.** chanson *f* de marins

shape [ʃeɪp] **1** N forme *f*; **what s. is it?** quelle forme cela a-t-il?; **in the s. of a pear/bell** en forme de poire/cloche; **to take s.** *(of plan)* prendre forme; **to be in good/bad s.** *(of person)* être en bonne/mauvaise forme; *(of business)* marcher bien/mal; **to keep in s.** garder la forme **2** VT *(clay)* modeler; *(wood)* façonner (**into** en); *Fig (events, future)* influencer **3** VI **to s. up** *(of person)* progresser; *(of teams, plans)* prendre forme ■ **-shaped** SUFF **pearshaped** en forme de poire ■ **shapeless** ADJ informe ■ **shapely (-ier, -iest)** ADJ bien fait

share [ʃeə(r)] **1** N part *f* (**of** *or* **in** de); *Fin (in company)* action *f*; **to have one's (fair) s. of sth** avoir sa part de qch; **to do one's (fair) s.** mettre la main à la pâte **2** VT partager; *(characteristic)* avoir en commun; **to s. sth out** partager qch **3** VI partager; **to s. in sth** avoir sa part de qch ■ **shareholder** N *Fin* actionnaire *mf*

shark [ʃɑːk] N *(fish, crook)* requin *m*

sharp [ʃɑːp] **1** **(-er, -est)** ADJ *(knife)* bien aiguisé; *(pencil)* bien taillé; *(razor)* qui coupe bien; *(point)* aigu *(f* aiguë); *(claws)* acéré; *(rise, fall)* brusque; *(focus)* net *(f* nette); *(contrast)* marqué; *(eyesight, sound)* perçant; *(taste)* acide; *(intelligent)* vif *(f* vive) **2** ADV **to stop s.** s'arrêter net; **five o'clock s.** cinq heures pile; **to turn s. right/left** tourner tout de suite à droite/à gauche; *Fam* **look s.!** grouille-toi! **3** N *Mus* dièse *m* ■ **sharply** ADV *(rise, fall, speak)* brusquement; *(contrast)* nettement ■ **sharpness** N *(of blade)* tranchant *m*; *(of picture)* netteté *f*

sharpen ['ʃɑːpən] VT *(pencil)* tailler; *(knife)* aiguiser

■ **sharpener** N *(for pencils)* taille-crayon m; *(for blades)* aiguisoir m

shatter ['ʃætə(r)] **1** VT *(glass)* faire voler en éclats; *(career, health, hopes)* briser **2** VI *(of glass)* voler en éclats ■ **shattered** ADJ *Br Fam (exhausted)* crevé ■ **shattering** ADJ *(defeat)* accablant; *(news, experience)* bouleversant

shave [ʃeɪv] **1** N to have a s. se raser; *Fig* that was a close s. c'était moins une **2** VT *(person, head)* raser; to s. one's legs se raser les jambes; to s. off one's beard se raser la barbe **3** VI se raser ■ **shaven** ADJ rasé (de près) ■ **shaver** N rasoir m électrique ■ **shaving** N *(strip of wood)* copeau m; s. brush blaireau m; s. cream, s. foam mousse f à raser

shawl [ʃɔːl] N châle m

she [ʃiː] **1** PRON elle; s. wants elle veut; she's a happy woman c'est une femme heureuse; s. and I elle et moi **2** N *Fam (female)* femelle f; s.-bear ourse f; it's a s. *(of baby)* c'est une fille

sheaf [ʃiːf] *(pl* **sheaves** [ʃiːvz]*)* N *(of corn)* gerbe f; *(of paper)* liasse f

shear [ʃɪə(r)] **1** VT tondre **2** NPL **shears** cisaille f

sheath [ʃiːθ] *(pl* **-s** [ʃiːðz]*)* N *(for sword)* fourreau m; *(for electric cable)* gaine f; *(contraceptive)* préservatif m

she'd [ʃiːd] = she had, she would

shed¹ [ʃed] N *(in garden)* abri m; *(in factory)* atelier m

shed² [ʃed] *(pt & pp* **shed***, pres p* **shedding***)* VT *(leaves)* perdre; *(tears, blood)* verser; to s. its skin *(of snake)* muer; *Fig* to s. light on sth éclairer qch

sheep [ʃiːp] N INV mouton m ■ **sheepdog** N chien m de berger ■ **sheepskin** N peau f de mouton; s. jacket veste f en peau de mouton

sheepish ['ʃiːpɪʃ] ADJ penaud

sheer [ʃɪə(r)] ADJ *(pure)* pur; *(stockings)* très fin; *(cliff)* à pic; by s. chance tout à fait par hasard

sheet [ʃiːt] N *(on bed)* drap m; *(of paper)* feuille f; *(of glass, ice)* plaque f; s. metal tôle f

shelf [ʃelf] *(pl* **shelves** [ʃelvz]*)* N étagère f; *(in shop)* rayon m; *(on cliff)* rebord m; set of shelves étagères fpl; *Com* s. life durée f de conservation avant vente

she'll [ʃiːl] = she will, she shall

shell [ʃel] **1** N (a) *(of egg, snail, nut)* coquille f; *(of tortoise, lobster)* carapace f; *(on beach)* coquillage m; *(of peas)* cosse f; *(of building)* carcasse f (b) *(explosive)* obus m **2** VT (a) *(peas)* écosser; *(nut, shrimp)* décortiquer (b) *(town)* bombarder (c) *Fam* to s. out a lot of money sortir pas mal d'argent

shellfish ['ʃelfɪʃ] **1** N INV *(crustacean)* crustacé m;

(mollusc) coquillage m **2** NPL *Culin (as food)* fruits mpl de mer

shelter ['ʃeltə(r)] **1** N *(place, protection)* abri m; to take s. se mettre à l'abri (**from** de); to seek s. chercher un abri **2** VT abriter (**from** de); *(criminal)* accueillir **3** VI s'abriter (**from** de) ■ **sheltered** ADJ *(place)* abrité; she's had a s. life elle a eu une enfance très protégée

shelve [ʃelv] VT *(postpone)* mettre au placard

shelving ['ʃelvɪŋ] N rayonnages mpl

shepherd ['ʃepəd] **1** N berger m; *Br* s.'s pie ≃ hachis m Parmentier **2** VT to s. sb in faire entrer qn; to s. sb around piloter qn

sherbet ['ʃɜːbət] N *Br (powder)* poudre f acidulée; *Am (sorbet)* sorbet m

sheriff ['ʃerɪf] N *Am* shérif m

sherry ['ʃerɪ] N sherry m, xérès m

Shetlands [ʃetləndz] NPL the S. les Shetland fpl

shield [ʃiːld] **1** N bouclier m; *(police badge)* badge m; human s. bouclier humain **2** VT protéger (**from** de)

shift [ʃɪft] **1** N *(change)* changement m (**of** *or* **in** de); *(period of work)* poste m; *(workers)* équipe f; s. key *(on computer, typewriter)* touche f des majuscules **2** VT *(move)* déplacer; *(stain)* enlever; *(employee)* muter (to à); to s. places changer de place; to s. the blame on to sb rejeter la responsabilité sur qn; *Am* to s. gear(s) *(in vehicle)* changer de vitesse **3** VI bouger; *(of stain)* partir ■ **shiftwork** N travail m posté

shifty ['ʃɪftɪ] (**-ier, -iest**) ADJ *(person)* louche; *(look)* fuyant

shimmer ['ʃɪmə(r)] **1** N *(of silk)* chatoiement m; *(of water)* miroitement m **2** VI *(of silk)* chatoyer; *(of water)* miroiter

shin [ʃɪn] N tibia m; s. pad *(of hockey player)* jambière f

shindig ['ʃɪndɪg] N *Fam* nouba f

shine [ʃaɪn] **1** N brillant m; *(on metal)* éclat m **2** *(pt & pp* **shone***)* VT *(polish)* faire briller; *(light, torch)* braquer **3** VI briller; to s. with joy *(of face)* rayonner de joie; *(of eyes)* briller de joie ■ **shining** ADJ brillant; a s. example of un parfait exemple de ■ **shiny** (**-ier, -iest**) ADJ brillant

shingle ['ʃɪŋgəl] N *(on beach)* galets mpl; *(on roof)* bardeau m

shingles ['ʃɪŋgəlz] N *Med* zona m

ship [ʃɪp] **1** N navire m **2** *(pt & pp* **-pp-***)* VT *(send)* expédier; *(transport)* transporter; *(take on board)* embarquer (**on to** sur) ■ **shipment** N cargaison f ■ **shipping** N *(traffic)* navigation f; *(ships)* navires mpl; s. agent agent m maritime; s. line compagnie f de navigation ■ **shipshape** ADJ & ADV en ordre ■ **shipwreck** N naufrage m

■ **shipwrecked** ADJ naufragé; **to be s.** faire naufrage ■ **shipyard** N chantier m naval

shire [ˈʃaɪə(r)] N Br comté m; **s. horse** shire m

shirk [ʃɜːk] **1** VT (duty) se dérober à; (work) éviter de faire **2** VI tirer au flanc

shirt [ʃɜːt] N chemise f; (of woman) chemisier m; (of sportsman) maillot m ■ **shirtsleeves** NPL **in (one's) s.** en bras de chemise

shiver [ˈʃɪvə(r)] **1** N frisson m; **to send shivers down sb's spine** donner le frisson à qn **2** VI frissonner (**with** de) ■ **shivery** ADJ **to be s.** frissonner

shoal [ʃəʊl] N (of fish) banc m

shock [ʃɒk] **1** N (impact, emotional blow) choc m; (of earthquake) secousse f; (**electric**) **s.** décharge f (électrique); **to be in s.** être en état de choc; **the news came as a s. to me** la nouvelle m'a stupéfié **2** ADJ (wave, tactics, troops) de choc; **s. absorber** amortisseur m; **s. therapy** électrochocs mpl **3** VT (offend) choquer; (surprise) stupéfier ■ **shocking** ADJ (outrageous) choquant; (very bad) atroce ■ **shockproof** ADJ antichoc inv

shoddy [ˈʃɒdɪ] (**-ier, -iest**) ADJ (goods) de mauvaise qualité

shoe [ʃuː] **1** N chaussure f; (for horse) fer m à cheval; Fig **I wouldn't like to be in your shoes** je n'aimerais pas être à ta place; **s. polish** cirage m; **s. repair shop** cordonnerie f; **s. shop** magasin m de chaussures **2** (pt & pp **shod**) VT (horse) ferrer ■ **shoehorn** N chausse-pied m ■ **shoelace** N lacet m ■ **shoemaker** N fabricant m de chaussures; (cobbler) cordonnier m ■ **shoestring** N Fam **on a s.** avec trois fois rien

shone [Br ʃɒn, Am ʃəʊn] PT & PP of shine

shoo [ʃuː] **1** (pt & pp **shooed**) VT **to s. (away)** chasser **2** EXCLAM ouste!

shook [ʃʊk] PT of shake[1]

shoot [ʃuːt] **1** N (of plant) pousse f **2** (pt & pp **shot**) VT (bullet) tirer; (arrow) lancer; (film, scene) tourner; **to s. sb** (kill) tuer qn par balle; (wound) blesser qn par balle; (execute) fusiller qn **3** VI (with gun) tirer (**at** sur); Football shooter ■ **shooting 1** N (shots) coups mpl de feu; (incident) fusillade f; (of film, scene) tournage m **2** ADJ **s. star** étoile f filante ■ **shoot-out** N Fam fusillade f

▸ **shoot away** VI (of vehicle, person) partir à toute vitesse

▸ **shoot back** VI (return fire) riposter

▸ **shoot down** VT SEP (plane) abattre

▸ **shoot off** VI (leave quickly) filer

▸ **shoot out** VI (spurt out) jaillir

▸ **shoot up** VI (of price) monter en flèche; (of plant, child) pousser vite; (spurt) jaillir; (of rocket) s'élever; Fam (inject drugs) se shooter

shop [ʃɒp] **1** N magasin m; (small) boutique f; (workshop) atelier m; **at the baker's s.** à la boulangerie, chez le boulanger; Br **s. assistant** vendeur, -euse mf; Br **s. floor** (workers) ouvriers mpl; **s. window** vitrine f **2** (pt & pp **-pp-**) VT Br Fam **to s. sb** balancer qn **3** VI faire ses courses (**at** chez); **to s. around** comparer les prix ■ **shopkeeper** N commerçant, -ante mf ■ **shoplifter** N voleur, -euse mf à l'étalage ■ **shoplifting** N vol m à l'étalage ■ **shopper** N (customer) client m, cliente f; Br (bag) sac m à provisions ■ **shopping 1** N (goods) achats mpl; **to go s.** faire des courses; **to do one's s.** faire ses courses **2** ADV (street, district) commerçant; **s. bag/basket** sac m/panier m à provisions; **s. centre** centre m commercial; **s. list** liste f des commissions

shore [ʃɔː(r)] **1** N (of sea) rivage m; (of lake) bord m; **on s.** à terre **2** VT **to s. up** (wall) étayer; Fig (company, economy) consolider

shorn [ʃɔːn] ADJ (head) tondu; Literary **s. of** (stripped of) dénué de

short [ʃɔːt] **1** (**-er, -est**) ADJ court; (person, distance) petit; (syllable) bref (f brève); (impatient, curt) brusque; **to be s. of sth** être à court de qch; **we're s. of ten men** il nous manque dix hommes; **money/time is s.** l'argent/le temps manque; **in a s. time** or **while** dans un petit moment; **a s. time** or **while ago** il y a peu de temps; **I'll stay for a s. time** or **while** je resterai un petit moment; **Tony is s. for Anthony** Tony est le diminutif d'Anthony; **in s.** bref; Br **s. list** liste f de candidats retenus; **s. story** nouvelle f

2 ADV **to cut s.** (hair) couper court; (visit) abréger; (person) couper la parole à; **to be running s. of sth** n'avoir presque plus de qch; **to fall s. of sth** ne pas atteindre qch

3 N Fam El court-circuit m ■ **shortbread** N sablé m ■ **'short-'change** VT (buyer) ne pas rendre assez de monnaie à ■ **'short-'circuit 1** N court-circuit m

2 VT court-circuiter

3 VI se mettre en court-circuit ■ **shortcoming** N défaut m ■ **short cut** N raccourci m ■ **shortfall** N manque m ■ **shorthand** N sténo f; **in s.** en sténo; **s. typist** sténodactylo f ■ **short-'handed** ADJ à court de personnel ■ **short-'lived** ADJ de courte durée ■ **short-'sighted** ADJ myope; Fig (in one's judgements) imprévoyant ■ **short-'sightedness** N myopie f; Fig imprévoyance f ■ **'short-'sleeved** ADJ à manches courtes ■ **short-'staffed** ADJ à court de personnel ■ **short-'tempered** ADJ irascible ■ **'short-'term** ADJ à court terme

shortage [ˈʃɔːtɪdʒ] N pénurie f; **to have no s. of sth** ne pas manquer de qch

shorten [ˈʃɔːtən] VT raccourcir

shortly [ˈʃɔːtlɪ] ADV (soon) bientôt; **s. before/after** peu avant/après

shorts [ʃɔːts] NPL **(a pair of) s.** un short; **boxer s.** caleçon m

shot [ʃɒt] **1** PT & PP of **shoot 2** N *(from gun)* coup m; *(with camera)* prise f de vues; *Football* coup de pied; *Fam (injection)* piqûre f; **to fire a s.** tirer; **to be a good s.** *(of person)* être bon tireur; **to have a s. at sth/doing sth** essayer qch/de faire qch; **it's a long s.** c'est un coup à tenter; *Fig* **like a s.** sans hésiter ■ **shotgun** N fusil m de chasse

should [ʃʊd, *unstressed* ʃəd]

La forme négative **should not** s'écrit **shouldn't** en forme contractée.

V AUX **(a)** *(expressing obligation)* **you s. do it** vous devriez le faire; **I s. have stayed** j'aurais dû rester **(b)** *(expressing possibility)* **the weather s. improve** le temps devrait s'améliorer **(c)** *(expressing preferences)* **I s. like to stay** j'aimerais bien rester; **I s. hope so** j'espère bien **(d)** *(in subordinate clauses)* **it's strange (that) she s. say no** il est étrange qu'elle dise non; **he insisted that she s. meet her parents** il a insisté pour qu'elle rencontre ses parents **(e)** *(in conditional clauses)* **if he s. come, s. he come** s'il vient **(f)** *(in rhetorical questions)* **why s. you suspect me?** pourquoi me soupçonnez-vous?

shoulder [ˈʃəʊldə(r)] **1** N épaule f; *Fig* **to be looking over one's s.** être constamment sur ses gardes; **s.-length hair** cheveux mpl mi-longs; **s. blade** omoplate f; **s. pad** épaulette f; **s. strap** *(of garment)* bretelle f **2** VT *(responsibility)* endosser

shout [ʃaʊt] **1** N cri m; **to give sb a s.** appeler qn **2** VT **to s. sth (out)** crier qch **3** VI **to s. to sb to do sth** crier à qn de faire qch; **to s. at sb** crier après qn ■ **shouting** N *(shouts)* cris mpl

shove [ʃʌv] **1** N poussée f; **to give sb/sth a s.** pousser qn/qch **2** VT pousser; *Fam* **to s. sth into sth** fourrer qch dans qch; *Fam* **to s. sb around** chahuter qn **3** VI pousser; *Fam* **to s. off** *(leave)* dégager; *Fam* **to s. over** *(move over)* se pousser

shovel [ˈʃʌvəl] **1** N pelle f **2** *(Br* **-ll-,** *Am* **-l-)** VT pelleter; **to s. snow up** *or* **away** enlever la neige à la pelle; **to s. leaves up** ramasser des feuilles à la pelle; *Fam* **to s. sth into sth** fourrer qch dans qch

show [ʃəʊ] **1** N *(concert, play)* spectacle m; *(on TV)* émission f; *Cin* séance f; *(exhibition)* exposition f; *(of force, friendship)* démonstration f; *(pretence)* semblant m **(of** de); **to be on s.** être exposé; **to put sth on s.** exposer qch; **it's (just) for s.** c'est pour épater la galerie; **to make a s. of being angry** faire semblant d'être en colère; **business** le monde du spectacle; **s. girl** girl f; **s. jumping** jumping m **2** *(pt* **showed,** *pp* **shown)** VT montrer **(to** à; **that** que); *(in exhibition)* exposer;

(film) passer; *(indicate)* indiquer; **to s. sb sth, to s. sth to sb** montrer qch à qn; **to s. sb to the door** reconduire qn; **to s. sb how to do sth** montrer à qn comment faire qch; **it (just) goes to s. that...** ça montre bien que... **3** VI *(be visible)* se voir; *(of film)* passer; **'now showing'** *(film)* 'à l'affiche' ■ **showcase** N vitrine f ■ **showdown** N confrontation f ■ **show-off** N *Pej* crâneur, -euse mf ■ **showroom** N magasin m ■ **showy** **(-ier, -iest)** ADJ voyant

▸ **show around** VT SEP **to s. sb around the town** faire visiter la ville à qn; **she was shown around the house** on lui a fait visiter la maison

▸ **show in** VT SEP *(visitor)* faire entrer

▸ **show off 1** VT SEP *Pej (display)* étaler; *(highlight)* faire valoir **2** VI *Pej* crâner

▸ **show out** VT SEP *(visitor)* reconduire

▸ **show round** VT SEP = **show around**

▸ **show up 1** VT SEP *(embarrass)* faire honte à; *(reveal)* faire ressortir **2** VI *(stand out)* ressortir **(against** contre); *(of error)* être visible; *Fam (of person)* se présenter

shower [ˈʃaʊə(r)] **1** N *(bathing, device)* douche f; *(of rain)* averse f; *(of blows)* déluge m; *Am (party)* réception f *(avec remise de cadeaux)*; **to have** *or* **take a s.** prendre une douche; **s. curtain** rideau m de douche; **s. gel** gel m de douche; **s. head** pomme f de douche **2** VT **to s. sb with** *(gifts, abuse)* couvrir qn de ■ **showery** ADJ pluvieux, -ieuse

showing [ˈʃəʊɪŋ] N *(film show)* séance f; *(of team, player)* performance f

shown [ʃəʊn] PP of **show**

shrank [ʃræŋk] PT of **shrink**

shrapnel [ˈʃræpnəl] N éclats mpl d'obus

shred [ʃred] **1** N lambeau m; **to tear sth to shreds** mettre qch en lambeaux; *Fig* **not a s. of truth** pas une once de vérité; *Fig* **not a s. of evidence** pas la moindre preuve **2** *(pt & pp* **-dd-)** VT mettre en lambeaux; *(documents)* déchiqueter; *(food)* couper grossièrement

shrew [ʃruː] N *(animal)* musaraigne f; *Pej (woman)* mégère f

shrewd [ʃruːd] **(-er, -est)** ADJ *(person, plan)* astucieux, -ieuse

shriek [ʃriːk] **1** N cri m strident **2** VI pousser un cri strident; **to s. with pain/laughter** hurler de douleur/de rire

shrill [ʃrɪl] **(-er, -est)** ADJ aigu *(f* aiguë)

shrimp [ʃrɪmp] N crevette f; *Pej (small person)* nabot, -ote mf

shrine [ʃraɪn] N *(place of worship)* lieu m saint; *(tomb)* tombeau m

shrink [ʃrɪŋk] **1** N *Am Fam (psychiatrist)* psy mf **2** *(pt* **shrank** *or Am* **shrunk,** *pp* **shrunk** *or* **shrunken)**

vt *(of clothes)* faire rétrécir **3 vi** rétrécir; **to s. from doing sth** répugner à faire qch; **to s. from an obligation** se dérober devant une obligation ■ **'shrink-'wrapped** ADJ emballé sous film plastique

shrivel ['ʃrɪvəl] (*Br* **-ll-,** *Am* **-l-**) **1 vt to s. (up)** dessécher **2 vi to s. (up)** se dessécher

shroud [ʃraʊd] **1 n** linceul m; *Fig* **a s. of mystery** un voile de mystère **2 vt to be shrouded in sth** être enveloppé de qch

Shrove Tuesday [ʃrəʊv'tjuːzdɪ] **n** *Br* Mardi m gras

shrub [ʃrʌb] **n** arbuste m

shrug [ʃrʌg] **1 n** haussement m d'épaules **2** (*pt & pp* **-gg-**) **vt to s. one's shoulders** hausser les épaules; **to s. sth off** dédaigner qch

shrunk(en) ['ʃrʌŋk(ən)] PP of **shrink**

shudder ['ʃʌdə(r)] **1 n** frémissement m; *(of machine)* vibration f **2 vi** *(of person)* frémir (**with** de); *(of machine)* vibrer; **i s. to think of it** j'ai des frissons quand j'y pense

shuffle ['ʃʌfəl] **1 vt** *(cards)* battre **2 vti to s. (one's feet)** traîner les pieds

shun [ʃʌn] (*pt & pp* **-nn-**) **vt** fuir, éviter

shush [ʃʊʃ] EXCLAM chut!

shut [ʃʌt] (*pt & pp* **shut,** *pp* **shutting**) **vt** fermer; **to s. one's finger in a door** se prendre le doigt dans une porte **2 vi** *(of door)* se fermer; *(of shop, museum)* fermer; **the door doesn't s.** la porte ne ferme pas ■ **shutdown** n *(of factory)* fermeture f

▸ **shut away** vt sep *(lock away)* enfermer

▸ **shut down 1** vt sep fermer (définitivement) **2** vi fermer (définitivement)

▸ **shut in** vt sep *(lock in)* enfermer

▸ **shut off** vt sep *(gas, electricity)* couper; *(engine)* arrêter; *(road)* fermer; *(isolate)* isoler

▸ **shut out** vt sep *(keep outside)* empêcher d'entrer; *(exclude)* exclure (**of** or **from** de); *(view)* boucher; **to s. sb out** enfermer qn dehors

▸ **shut up 1** vt sep *(close)* fermer; *(confine)* enfermer; *Fam (silence)* faire taire **2** vi *Fam (be quiet)* se taire

shutter ['ʃʌtə(r)] **n** *(on window)* volet m; *(of shop)* store m; *(of camera)* obturateur m

shuttle ['ʃʌtəl] **1 n** *(bus, train, plane)* navette f; **s. service** navette **2 vt** transporter **3 vi** faire la navette

shy [ʃaɪ] **1** (**-er, -est**) ADJ timide; **to be s. of doing sth** éviter de faire qch à tout prix **2 vi to s. away from sb/from doing sth** éviter qch/de faire qch

Siamese [saɪə'miːz] ADJ **S. cat** chat m siamois;

S. twins *(boys)* frères mpl siamois; *(girls)* sœurs fpl siamoises

sibling ['sɪblɪŋ] **n** *(brother)* frère m; *(sister)* sœur f

Sicily ['sɪsɪlɪ] **n** la Sicile ■ **Si'cilian 1** ADJ sicilien, -ienne **2 n** Sicilien, -ienne mf

sick [sɪk] **1** (**-er, -est**) ADJ *(ill)* malade; *(humour)* de mauvais goût; **to be s.** *(be ill)* être malade; *(vomit)* vomir; **to feel s.** avoir mal au cœur; **to be s. of sb/sth** en avoir assez de qn/qch; **to be s. and tired of sb/sth** en avoir ras le bol de qn/qch; **to have a s. mind** avoir l'esprit dérangé; *Fig* **he makes me s.** il m'écœure; *Br* **s. note** mot m d'absence *(pour cause de maladie)*; **s. pay** indemnité f de maladie **2 n** *Br Fam (vomit)* vomi m **3** NPL **the s.** *(sick people)* les malades mpl ■ **sickbed** n lit m de malade

sicken ['sɪkən] **1 vt** écœurer **2 vi** *Br* **to be sickening for something** couver quelque chose ■ **sickening** ADJ écœurant

sickie ['sɪkɪ] **n** *Br Fam* **to take** or **pull a s.** se faire porter pâle *(lorsqu'on est bien portant)*

sickly ['sɪklɪ] (**-ier, -iest**) ADJ maladif, -ive; *(pale, faint)* pâle; *(taste)* écœurant

sickness ['sɪknɪs] **n** *(illness)* maladie f; *(vomiting)* vomissements mpl; *Br* **s. benefit** indemnité f journalière

side [saɪd] **1 n** côté m; *(of hill, animal)* flanc m; *(of road, river)* bord m; *(of beef)* quartier m; *(of question, character)* aspect m; *(team)* équipe f; **the right s.** *(of fabric)* l'endroit m; **the wrong s.** *(of fabric)* l'envers m; **at** or **by the s. of** *(nearby)* à côté de; **at** or **by my s.** à côté de moi, à mes côtés; **s. by s.** l'un à côté de l'autre; **to move to one s.** s'écarter; **to take sides with sb** se ranger du côté de qn; **she's on our s.** elle est de notre côté

2 ADJ *(lateral)* latéral; *(view, glance)* de côté; *(street)* transversal; *(effect, issue)* secondaire

3 vi **to s. with sb** se ranger du côté de qn ■ **sideboard** n buffet m ■ **sideburns** NPL *(hair)* pattes fpl ■ **sidecar** n side-car m ■ **-sided** SUFF **ten-sided** à dix côtés ■ **sidekick** n *Fam* acolyte m ■ **sidelight** n *Br (on vehicle)* feu m de position ■ **sideline** n *(activity)* activité f secondaire; *(around playing field)* ligne f de touche ■ **sidestep** (*pt & pp* **-pp-**) **vt** éviter ■ **sidetrack** vt distraire; **to get sidetracked** s'écarter du sujet ■ **sidewalk** n *Am* trottoir m ■ **sideways 1** ADV *(look, walk)* de côté **2** ADJ **a s. look/move** un regard/mouvement de côté

siege [siːdʒ] **n** *(by soldiers, police)* siège m; **to lay s. to a town** assiéger une ville; **under s.** assiégé

siesta [sɪ'estə] **n** sieste f; **to take** or **have a s.** faire la sieste

sieve [sɪv] **1 n** tamis m; *(for liquids)* passoire f; *(for gravel, ore)* crible m **2 vt** tamiser ■ **sift 1 vt** *(flour)* tamiser; *(stones)* cribler; *Fig* **to s. out the truth** dégager la vérité **2** vi **to s. through** *(papers)* examiner (à la loupe)

sigh [saɪ] **1** N soupir *m* **2** vi soupirer; **to s. with relief** pousser un soupir de soulagement **3** vt **'yes', she sighed** 'oui', soupira-t-elle

sight [saɪt] **1** N *(faculty)* vue *f*; *(thing seen)* spectacle *m*; *(on gun)* viseur *m*; **to lose s. of sb/sth** perdre qn/qch de vue; **to catch s. of sb/sth** apercevoir qn/qch; **to come into s.** apparaître; **by s.** de vue; **on** *or* **at s.** à vue; **in s.** *(target, end, date)* en vue; **out of s.** *(hidden)* caché; *(no longer visible)* disparu; **to disappear out of s.** *or* **from s.** disparaître; **keep out of s.!** ne te montre pas!; **it's a lovely s.** c'est beau à voir; **the (tourist) sights** les attractions *fpl* touristiques; **to set one's sights on** *(job)* viser **2** vt *(land)* apercevoir

sightseer ['saɪtsiːə(r)] N touriste *mf* ■ **sightseeing** N **to go s., to do some s.** faire du tourisme

sign [saɪn] **1** N signe *m*; *(notice)* panneau *m*; *(over shop, pub)* enseigne *f*; **no s. of** aucune trace de; **s. language** langage *m* des sourds-muets **2** vt *(put signature to)* signer; *(in sign language)* dire en langage des sourds-muets **3** vi *(write signature)* signer; *(use sign language)* signer dans le langage des sourds-muets

▸ **sign away** vt sep *(rights, property)* renoncer à qch

▸ **sign for** vt insep *(letter, delivery)* signer pour accuser réception de

▸ **sign in** vi *(in hotel)* signer le registre (à l'entrée); *(at work)* pointer (en arrivant)

▸ **sign off** vi *(say goodbye)* dire au revoir

▸ **sign on** vi *Br Fam (register for unemployment benefit)* s'inscrire au chômage

▸ **sign out** vi *(of hotel)* signer le registre (à la sortie); *(at work)* pointer (en sortant)

▸ **sign up** vi *(of soldier, worker)* s'engager; *(for course)* s'inscrire

signal ['sɪgnəl] **1** N signal *m*; *Rail Br* **s. box**, *Am* **s. tower** poste *m* d'aiguillage **2** *(Br* **-ll-**, *Am* **-l-)** vt *(be a sign of)* indiquer; *(make gesture to)* faire signe à **3** vi *(make gesture)* faire signe (**to** à); *(of driver)* mettre son clignotant; **to s. (to) sb to do sth** faire signe à qn de faire qch

signature ['sɪgnətʃə(r)] N signature *f*; *Comptr* **digital s.** signature électronique *ou* numérique; **s. tune** indicatif *m* ■ **signatory** [-tərɪ] *(pl* **-ies)** N signataire *mf*

significant [sɪg'nɪfɪkənt] ADJ *(important, large)* important; *(meaningful)* significatif, -ive ■ **significance** N *(meaning)* signification *f*; *(importance)* importance *f* ■ **significantly** ADV *(appreciably)* sensiblement; **s., he…** fait significatif, il…

signify ['sɪgnɪfaɪ] *(pt & pp* **-ied)** vt *(mean)* signifier (**that** que); *(make known)* signifier (**to** à)

signpost ['saɪnpəʊst] **1** N poteau *m* indicateur **2** vt signaliser

Sikh [siːk] ADJ & N sikh *(mf)*

silence ['saɪləns] **1** N silence *m*; **in s.** en silence **2** vt faire taire

silent ['saɪlənt] ADJ silencieux, -ieuse; *(film, anger)* muet *(f* muette); **to keep** *or* **be s.** garder le silence (**about** sur) ■ **silently** ADV silencieusement

silhouette [sɪluː'et] N silhouette *f*

silicon ['sɪlɪkən] N silicium *m*; **s. chip** puce *f* électronique; **S. Valley** Silicon Valley *f (centre de l'industrie électronique américaine, situé en Californie)*

silicone ['sɪlɪkəʊn] N silicone *f*; **s. implant** implant *m* mammaire en silicone

silk [sɪlk] N soie *f*; **s. dress** robe *f* de *ou* en soie ■ **silky** (**-ier, -iest**) ADJ soyeux, -euse

sill [sɪl] N *(of window)* rebord *m*

silly ['sɪlɪ] **1** (**-ier, -iest**) ADJ bête, idiot; **to do something s.** faire une bêtise; **to look s.** avoir l'air ridicule; **to laugh oneself s.** mourir de rire **2** ADV *(act, behave)* bêtement ■ **silliness** N bêtise *f*

silt [sɪlt] N vase *f*

silver ['sɪlvə(r)] **1** N argent *m*; *(plates)* argenterie *f*; *Br* **£5 in s.** 5 livres en pièces d'argent **2** ADJ *(spoon)* en argent, d'argent; *(hair, colour)* argenté; **s. jubilee** vingt-cinquième anniversaire *m*; *Br* **s. paper** papier *m* d'argent; **s. plate** *(articles)* argenterie *f* ■ **'silver-'plated** ADJ plaqué argent

SIM card [sɪm-] N *(in mobile phone)* carte *f* SIM

similar ['sɪmɪlə(r)] ADJ semblable (**to** à) ■ **similarity** [-'lærɪtɪ] *(pl* **-ies)** N ressemblance *f* (**between** entre; **to** avec) ■ **similarly** ADV de la même façon; *(likewise)* de même

simile ['sɪmɪlɪ] N comparaison *f*

simmer ['sɪmə(r)] **1** vt *(vegetables)* mijoter; *(water)* laisser frémir **2** vi *(of vegetables)* mijoter; *(of water)* frémir; *Fig (of revolt, hatred)* couver; **to s. with rage** bouillir de rage; *Fam* **to s. down** se calmer

simper ['sɪmpə(r)] vi minauder

simple ['sɪmpəl] (**-er, -est**) ADJ *(easy)* simple; *(unintelligent)* simplet, -ette ■ **'simple-'minded** ADJ simple d'esprit ■ **sim'plicity** N simplicité *f*

simplify ['sɪmplɪfaɪ] *(pt & pp* **-ied)** vt simplifier

simplistic [sɪm'plɪstɪk] ADJ simpliste

simply ['sɪmplɪ] ADV *(plainly, merely)* simplement; *(absolutely)* absolument

simulate ['sɪmjʊleɪt] vt simuler

simultaneous [*Br* sɪməl'teɪnɪəs, *Am* saɪməl'teɪnɪəs] ADJ simultané ■ **simultaneously** ADV simultanément

sin [sɪn] **1** N péché *m* **2** *(pt & pp* **-nn-)** vi pécher

■ **sinful** ADJ (act) coupable; (waste) scandaleux, -euse; **that's s.** c'est un péché ■ **sinner** N pécheur, -eresse mf

since [sɪns] **1** PREP (in time) depuis; **s. 2003/my departure** depuis 2003/mon départ; **s. then** depuis **2** CONJ (in time) depuis que; (because) puisque; **s. she's been here** depuis qu'elle est ici; **it's a year s. I saw him** ça fait un an que je ne l'ai pas vu **3** ADV (ever) s. depuis

sincere [sɪn'sɪə(r)] ADJ sincère ■ **sincerely** ADV sincèrement; Br **yours s.,** Am **s.** (in letter) veuillez agréer, Madame/Monsieur, l'expression de mes salutations distinguées ■ **sincerity** [-'serɪtɪ] N sincérité f

sinew ['sɪnjuː] N Anat tendon m

sing [sɪŋ] (pt sang, pp sung) VTI chanter; **to s. up** chanter plus fort ■ **singer** N chanteur, -euse mf ■ **singing** N (of bird, musical technique) chant m; (way of singing) façon f de chanter; **s. lesson/ teacher** leçon f/professeur m de chant

Singapore [sɪŋgə'pɔː(r)] N Singapour m ou f

singe [sɪndʒ] VT (cloth) roussir; (hair) brûler

single [sɪŋgəl] **1** ADJ (only one) seul; (room, bed) pour une personne; (unmarried) célibataire; **not a s. book** pas un seul livre; (record) single m; **every s. day** tous les jours sans exception; Br **s. ticket** aller m simple; **s. parent** père m/mère f célibataire; **s.-parent family** famille f monoparentale **2** N Br (ticket) aller m simple; (record) single m; Tennis **singles** simples mpl; **singles bar** bar m pour célibataires **3** VT to **s. sb out** sélectionner qn ■ **'single-'handedly** ADV tout seul (f toute seule) ■ **'single-'minded** ADJ (person) résolu; (determination) farouche

singly ['sɪŋglɪ] ADV (one by one) un à un

singsong ['sɪŋsɒŋ] **1** N to get together for **a s.** se réunir pour chanter **2** ADJ (voice, tone) chantant

singular ['sɪŋgjʊlə(r)] **1** ADJ Grammar singulier, -ière; (remarkable) remarquable **2** N singulier m; **in the s.** au singulier

sinister ['sɪnɪstə(r)] ADJ sinistre

sink¹ [sɪŋk] N (in kitchen) évier m; (in bathroom) lavabo m

sink² [sɪŋk] (pt sank, pp sunk) **1** VT (ship) couler; (well) creuser; **to s. a knife into sth** enfoncer un couteau dans qch; **to s. money into a company** investir de l'argent dans une société **2** VI (of ship, person) couler; (of water level, sun, price) baisser; (collapse) s'affaisser; **my heart sank** j'ai eu un pincement de cœur; **to s. (down) into** (mud) s'enfoncer dans; (armchair) s'affaler dans; **to s. in** (of ink, water) pénétrer; Fam (of fact, idea) être assimilé

sinus [saɪnəs] N Anat sinus m ■ **sinusitis**

[-'saɪtəs] N Med sinusite f; **to have s.** avoir une sinusite

sip [sɪp] **1** N petite gorgée f **2** (pt & pp -pp-) VT siroter

siphon ['saɪfən] **1** N siphon m **2** VT to **s. sth off** (liquid) siphonner qch; (money) détourner qch

sir [sɜː(r)] N monsieur m; **S. Walter Raleigh** (title) sir Walter Raleigh

siren ['saɪərən] N sirène f

sissy ['sɪsɪ] N Fam (boy, man) femmelette f

sister ['sɪstə(r)] N sœur f; (nurse) infirmière-chef f ■ **sister-in-law** (pl sisters-in-law) N belle-sœur f ■ **sisterly** ADJ fraternel, -elle

sit [sɪt] (pt & pp sat, pres p sitting) **1** VT (child on chair) asseoir; Br (exam) se présenter à **2** VI (of person) s'asseoir; (for artist) poser (for pour); (of assembly) siéger; **to s. at home** rester chez soi; **to be sitting** (of person, cat) être assis, **to be sitting on its perch** (of bird) être sur son perchoir; **she was sitting reading, she sat reading** elle était assise à lire

▸ **sit around** VI rester assis à ne rien faire

▸ **sit back** VI (in chair) se caler; (rest) se détendre; (do nothing) ne rien faire

▸ **sit down 1** VT to **s. sb down** asseoir qn **2** VI s'asseoir; **to be sitting down** être assis

▸ **sit for** VT INSEP Br (exam) se présenter à

▸ **sit in on** VT INSEP (lecture) assister à

▸ **sit on** VT INSEP (jury) être membre de; Fam (fact) garder pour soi

▸ **sit out** VT SEP (event, dance) ne pas prendre part à; (film) rester jusqu'au bout de

▸ **sit through** VT INSEP (film) rester jusqu'au bout de

▸ **sit up** VI to **s. up (straight)** s'asseoir (bien droit); (straighten one's back) se redresser; **to s. up waiting for sb** veiller jusqu'au retour de qn

sitcom ['sɪtkɒm] N sitcom m

site [saɪt] **1** N (position) emplacement m; (archaeological) site m; **(building) s.** chantier m (de construction); Comptr **(web) s.** site m (Web) **2** VT (building) placer

sitter ['sɪtə(r)] N (for child) baby-sitter mf

sitting ['sɪtɪŋ] **1** N séance f; (in restaurant) service m **2** ADJ (committee) en séance; Fam **s. duck** cible f facile; **s. tenant** locataire mf dans les lieux ■ **sitting room** N salon m

situate ['sɪtʃueɪt] VT situer; **to be situated** être situé ■ **situ'ation** N situation f

six [sɪks] ADJ & N six (m) ■ **sixth** ADJ & N sixième (mf); Br Sch **(lower) s. form** ≃ classe f de première; Br Sch **(upper) s. form** ≃ classe f terminale; **a s.** (fraction) un sixième

sixteen [sɪk'stiːn] ADJ & N seize (m) ▪ **sixteenth** ADJ & N seizième (mf)

sixty ['sɪkstɪ] ADJ & N soixante (m) ▪ **sixtieth** ADJ & N soixantième (mf)

size [saɪz] **1** N (of person, animal, clothes) taille f; (of shoes, gloves) pointure f; (of shirt) encolure f; (measurements) dimensions fpl; (of fruit, packet) grosseur f; (of book) grandeur f; (of town, damage, problem) étendue f; (of sum) montant m; **hip/chest s.** tour m de hanches/de poitrine; **it's the s. of…** c'est grand comme… **2** VT **to s. up** (person) jauger; (situation) évaluer

sizeable ['saɪzəbəl] ADJ non négligeable

sizzle ['sɪzəl] VI grésiller ▪ **sizzling** ADJ **s. (hot)** brûlant

skate¹ [skeɪt] **1** N patin m; Fam **to get one's skates on** se dépêcher **2** VI (on ice skates) faire du patin à glace; (on roller skates) faire du roller ▪ **skateboard 1** N planche f à roulettes, skateboard m **2** VI faire du skateboard ▪ **skateboarder** N personne f pratiquant le skateboard ▪ **skater** N (on skates) patineur, -euse mf; (on skateboard) personne f pratiquant le skateboard ▪ **skating** N patinage m; **to go s.** faire du patinage; **s. rink** (for ice-skating) patinoire f; (for roller-skating) piste f

skate² [skeɪt] N (fish) raie f

skeleton ['skelɪtən] N squelette m; Fig **to have a s. in the closet** avoir un secret honteux; **s. key** passe-partout m inv; **s. staff** personnel m minimum

skeptic ['skeptɪk] ADJ & N Am sceptique (mf) ▪ **skeptical** ADJ Am sceptique ▪ **skepticism** N Am scepticisme m

sketch [sketʃ] **1** N (drawing) croquis m; (comic play) sketch m; **a rough s. of the situation** un résumé rapide de la situation **2** VT **to s. (out)** (idea, view) exposer brièvement; Fig **to s. in** esquisser **3** VI faire un/des croquis ▪ **sketchbook** N carnet m de croquis ▪ **sketchy** (-ier, -iest) ADJ vague

skewer ['skjuːə(r)] **1** N (for large piece of meat) broche f; (for kebab) brochette f **2** VT (large piece of meat) embrocher; (small pieces of meat, vegetables) mettre sur une brochette

ski [skiː] **1** (pl **skis**) N ski m; **s. boot** chaussure f de ski; **s. lift** remonte-pente m; **s. mask** cagoule f, passe-montagne m; **s. pass** forfait m de remonte-pente; **s. resort** station f de ski; **s. run** or **slope** piste f de ski **2** (pt **skied** [skiːd], pres p **skiing**) VI skier, faire du ski ▪ **skier** N skieur, -ieuse mf ▪ **skiing 1** N (sport) ski m **2** ADJ (school, clothes) de ski; Br **s. holiday**, Am **s. vacation** vacances fpl de neige

skid [skɪd] **1** N dérapage m **2** ADJ Am Fam **to be on**

s. row être à la rue **3** (pt & pp **-dd-**) VI déraper; **to s. into sth** déraper et heurter qch

skill [skɪl] N (ability) qualités fpl; (technique) compétence f ▪ **skilful,** Am **skillful** ADJ habile (**at doing** à faire; **at sth** en qch) ▪ **skilled** ADJ habile (**at doing** à faire; **at sth** en qch); (worker) qualifié; (work) de spécialiste

skim [skɪm] (pt & pp **-mm-**) **1** VT (milk) écrémer; (soup) écumer; **to s. (over) sth** (surface) effleurer qch; **to s. stones** (on water) faire des ricochets **2** VT INSEP **to s. through** (book) parcourir **3** ADJ **s. milk** lait m écrémé ▪ **skimmed** ADJ **s. milk** lait m écrémé

skimp [skɪmp] VI (on food, fabric) lésiner (**on** sur) ▪ **skimpy** (-ier, -iest) ADJ (clothes) étriqué; (meal) maigre

skin [skɪn] **1** N peau f; Fig **he has thick s.** c'est un dur; **s. cancer** cancer m de la peau; **s. diving** plongée f sous-marine; **s. test** cuti-(réaction) f **2** (pt & pp **-nn-**) VT (fruit) peler; (animal) écorcher ▪ **'skin-'tight** ADJ moulant

skinflint ['skɪnflɪnt] N avare mf

skinhead ['skɪnhed] N Br skinhead mf

skinny ['skɪnɪ] (-ier, -iest) ADJ maigre

skint [skɪnt] ADJ Br Fam (penniless) fauché

skip¹ [skɪp] **1** N petit saut m **2** (pt & pp **-pp-**) VT (miss, omit) sauter; **to s. classes** sécher les cours **3** VI (hop about) sautiller; Br (with rope) sauter à la corde; Fam **to s. off** filer; Br **skipping rope** corde f à sauter

skip² [skɪp] N Br (for rubbish) benne f

skipper ['skɪpə(r)] N (of ship, team) capitaine m

skirmish ['skɜːmɪʃ] N accrochage m

skirt [skɜːt] **1** N jupe f **2** VT **to s. round sth** (bypass, go round) contourner qch ▪ **skirting board** N Br plinthe f

skittle ['skɪtəl] N Br quille f; **skittles** (game) jeu m de quilles; **to play skittles** jouer aux quilles

skive [skaɪv] VI Br Fam tirer au flanc; **to s. off** (slip away) se défiler ▪ **skiver** N Br Fam tire-au-flanc m inv

skivvy ['skɪvɪ] (pl **-ies**) N Br Fam Pej bonne f à tout faire

skulk [skʌlk] VI **to s. (about)** rôder

skull [skʌl] N crâne m ▪ **skullcap** N calotte f

skunk [skʌŋk] N (animal) moufette f; Pej (person) mufle m

sky [skaɪ] N ciel m ▪ **'sky-'blue** ADJ bleu ciel inv ▪ **skydiving** N parachutisme m en chute libre ▪ **skylight** N lucarne f ▪ **skyline** N (horizon) horizon m ▪ **skyscraper** N gratte-ciel m inv

slab [slæb] N (of concrete) bloc m; (thin, flat) plaque f; (of chocolate) tablette f; (of meat) tranche f épaisse; (paving stone) dalle f

slack [slæk] **1** (**-er, -est**) ADJ *(not tight)* mou (*f* molle); *(careless)* négligent; **to be s.** *(of rope)* avoir du mou; **trade is s.** le commerce va mal; **in s. periods** en périodes creuses **2** VI **to s. off** *(in effort)* se relâcher

slacken ['slækən] **1** VT **to s. (off)** *(rope)* relâcher; *(pace, effort)* ralentir **2** VI **to s. (off)** *(in effort)* se relâcher; *(of production, demand, speed, enthusiasm)* diminuer

slag[1] [slæg] N *(from mine)* déchets *mpl* miniers; *(from steelworks)* crasse *f*; **s. heap** *(near mine)* terril *m*; *(near steelworks)* crassier *m*

slag[2] [slæg] *Br very Fam* **1** N *(woman)* salope *f* **2** VT **to s. sb off** *(criticize)* débiner qn

slain [sleɪn] PP of **slay**

slalom ['slɑːləm] N *(ski race)* slalom *m*

slam [slæm] **1** N claquement *m* **2** *(pt & pp* **-mm-***)* VT *(door, lid)* claquer; *(hit)* frapper violemment; *Fam (criticize)* éreinter; **to s. the door in sb's face** claquer la porte au nez de qn; **to s. sth (down)** *(put down)* poser qch violemment **3** VI *(of door)* claquer; **to s. on the brakes** écraser la pédale de frein

slander ['slɑːndə(r)] **1** N calomnie *f* **2** VT calomnier ■ **slanderous** ADJ calomnieux, -ieuse

slang [slæŋ] **1** N argot *m* **2** ADJ *(word)* d'argot, argotique; **s. expression** expression *f* argotique

slant [slɑːnt] **1** N pente *f*; *Fig (point of view)* perspective *f*; *Fig (bias)* parti *m* pris; **on a s.** penché; *(roof)* en pente **2** VT *(writing)* incliner; *Fig (news)* présenter de façon partiale **3** VI *(of roof, handwriting)* être incliné ■ **slanted, slanting** ADJ penché; *(roof)* en pente

slap [slæp] **1** N *(with hand)* claque *f*; **a s. in the face** une gifle **2** *(pt & pp* **-pp-***)* VT *(person)* donner une claque à; **to s. sb's face** gifler qn; **to s. sb's bottom** donner une fessée à qn; **to s. some paint on sth** passer un coup de peinture sur qch **3** ADV *Fam* **s. in the middle** en plein milieu

slapdash ['slæpdæʃ] **1** ADJ *(person)* négligent; *(task)* fait à la va-vite **2** ADV *(carelessly)* à la va-vite

slapstick ['slæpstɪk] ADJ & N **s. (comedy)** grosse farce *f*

slap-up ['slæpʌp] ADJ *Br Fam* **s. meal** gueuleton *m*

slash [slæʃ] **1** N entaille *f* **2** VT *(cut)* taillader; *(reduce)* réduire considérablement; **prices slashed** prix *mpl* sacrifiés

slat [slæt] N latte *f*

slate [sleɪt] **1** N ardoise *f* **2** VT *Br Fam (book)* démolir

slaughter ['slɔːtə(r)] **1** N *(of people)* massacre *m*; *(of animal)* abattage *m* **2** VT *(people)* massacrer; *(animal)* abattre; *Fam (defeat)* massacrer ■ **slaughterhouse** N abattoir *m*

Slav [slɑːv] **1** ADJ slave **2** N Slave *mf* ■ **Slavic** ADJ slave ■ **Slavonic** [slə'vɒnɪk] ADJ *(language)* slave

slave [sleɪv] **1** N esclave *mf*; *Hist* **the s. trade** la traite des Noirs; *Fig & Pej* **s. driver** négrier *m* **2** VI **to s. (away)** trimer; **to s. away doing sth** s'escrimer à faire qch ■ **slavery** N esclavage *m*

slay [sleɪ] *(pt* **slew**, *pp* **slain***)* VT *Literary* tuer

sleazy ['sliːzɪ] (**-ier, -iest**) ADJ *Fam* sordide

sledge [sledʒ], *Am* **sled** [sled] N *Br* luge *f*; *(horsedrawn)* traîneau *m*

sledgehammer ['sledʒhæmə(r)] N masse *f*

sleek [sliːk] (**-er, -est**) ADJ *(smooth)* lisse et brillant; *Pej (manner)* mielleux, -euse

sleep [sliːp] **1** N sommeil *m*; **to have a s., to get some s.** dormir; **to go to s.** *(of person)* s'endormir; *Fam (of arm, foot, hand)* s'engourdir; **to put sb to s.** endormir qn; **to put an animal to s.** *(kill)* faire piquer un animal; *Fig* **to send sb to s.** *(bore)* endormir qn **2** *(pt & pp* **slept***)* VI dormir; **to s. rough** dormir à la dure; *Euph* **to s. with sb** coucher avec qn; **s. tight** or **well!** dors bien! **3** VT **this flat sleeps six** on peut dormir à six dans cet appartement; **I haven't slept a wink all night** je n'ai pas fermé l'œil de la nuit ■ **sleeping** ADJ *(asleep)* endormi; **s. bag** sac *m* de couchage; **s. car** wagon-lit *m*; **s. pill** somnifère *m* ■ **sleepover (party)** N = soirée entre copines, où les invitées restent dormir chez leur hôte

sleeper ['sliːpə(r)] N (**a**) **to be a light/sound s.** avoir le sommeil léger/lourd (**b**) *Br Rail (on track)* traverse *f*; *(bed in train)* couchette *f*; *(train)* train-couchettes *m* ■ **sleepless** ADJ *(night)* d'insomnie; *(hours)* sans sommeil

sleepwalker ['sliːpwɔːkə(r)] N somnambule *mf* ■ **sleepwalking** N somnambulisme *m*

sleepy ['sliːpɪ] (**-ier, -iest**) ADJ *(town, voice)* endormi; **to be s.** *(of person)* avoir sommeil

sleet [sliːt] **1** N neige *f* fondue; *Am (sheet of ice)* verglas *m* **2** VI **it's sleeting** il tombe de la neige fondue

sleeve [sliːv] N *(of shirt, jacket)* manche *f*; *(of record)* pochette *f*; **long-/short-sleeved** à manches longues/courtes; *Fig* **he still has something up his s.** il n'a pas dit son dernier mot

sleigh [sleɪ] N traîneau *m*; **s. bell** grelot *m* (de traîneau)

slender ['slendə(r)] ADJ *(person)* svelte; *(neck, hand, waist)* fin; *Fig (small, feeble)* faible

slept [slept] PT & PP of **sleep**

sleuth [sluːθ] N *Hum (detective)* limier *m*

slew [sluː] **1** N *Am Fam* **a s. of** un tas de **2** PT of **slay**

slice [slaɪs] **1** N tranche *f*; *Fig (portion)* part *f* **2** VT

to s. sth (up) couper qch en tranches; **to s. sth off** couper qch

slick [slɪk] **1** (**-er, -est**) ADJ *(campaign)* bien mené; *(reply, person)* habile; *(surface, tyre)* lisse **2** N *(on beach)* marée *f* noire

slide [slaɪd] **1** N *(in playground)* toboggan *m*; *(for hair)* barrette *f*; *Phot* diapositive *f*; *(of microscope)* lamelle *f*; *(in prices, popularity)* baisse *f* **2** (*pt & pp* **slid** [slɪd]) VT glisser (**into** dans); *(table, chair)* faire glisser; **s. the lid off** faites glisser le couvercle **3** VI glisser; **to s. into a room** se glisser dans une pièce ▪ **sliding** ADJ *(door, panel)* coulissant; **s. roof** toit *m* ouvrant; **s. scale** échelle *f* mobile

slight [slaɪt] **1** (**-er, -est**) ADJ *(small, unimportant)* léger, -ère; *(chance)* faible; *(person)* menu; **the slightest thing** la moindre chose; **not in the slightest** pas le moins du monde **2** N affront *m* (**on** à) **3** VT *(offend)* offenser; *(ignore)* bouder

slightly ['slaɪtlɪ] ADV légèrement; **to know sb s.** connaître qn un peu; **s. built** fluet (*f* fluette)

slim [slɪm] **1** (**slimmer, slimmest**) ADJ mince **2** (*pt & pp* **-mm-**) VI *Br* suivre un régime ▪ **slimming** ADJ *Br* **s. diet** régime *m* amaigrissant

slime [slaɪm] N vase *f*; *(of snail)* bave *f* ▪ **slimy** (**-ier, -iest**) ADJ *(muddy)* boueux (*f* boueuse); *Fig (sticky, smarmy)* visqueux, -euse

sling [slɪŋ] **1** N *(weapon)* fronde *f*; *(for injured arm)* écharpe *f*; **in a s.** en écharpe **2** (*pt & pp* **slung**) VT *(throw)* lancer; **to s. sth over one's shoulder** mettre qch sur son épaule; *Fam* **to s. away** or **out** *(throw out)* balancer ▪ **slingshot** N *Am* lance-pierres *m inv*

slip [slɪp] **1** N *(mistake)* erreur *f*; *(garment)* combinaison *f*; *(fall)* chute *f*; **a s. of paper** un bout de papier; *(printed)* un bordereau; **a s. of the tongue** un lapsus; **to give sb the s.** fausser compagnie à qn **2** (*pt & pp* **-pp-**) VT *(slide)* glisser (**to** à; **into** dans); **it slipped her notice** ça lui a échappé; **it slipped my mind** ça m'est sorti de l'esprit; **to have a slipped disc** avoir une hernie discale **3** VI glisser; *Fam (of popularity, ratings)* baisser; **to let sth s.** *(chance, oath, secret)* laisser échapper qch

> Note that the French noun **slip** is a false friend and is never a translation for the English noun **slip**. It means **underpants**.

▸ **slip away** VI *(escape)* s'éclipser

▸ **slip back** VI retourner furtivement

▸ **slip in** VI *(enter)* entrer furtivement

▸ **slip into** VT INSEP *(room)* se glisser dans; *(bathrobe)* passer; *(habit)* prendre

▸ **slip off** VT SEP *(coat)* enlever

▸ **slip on** VT SEP *(coat)* mettre

▸ **slip out** VI *(leave)* sortir furtivement; *(for a moment)* sortir (un instant); *(of secret)* s'éventer

▸ **slip past** VT INSEP *(guard)* passer sans être vu de

▸ **slip through** **1** VT INSEP **to s. through the crowd** se faufiler parmi la foule **2** VI *(of error)* échapper à l'attention de

▸ **slip up** VI *Fam* se planter

slipper ['slɪpə(r)] N pantoufle *f*

slippery ['slɪpərɪ] ADJ glissant

slip-up ['slɪpʌp] N *Fam* gaffe *f*

slit [slɪt] **1** N fente *f* **2** (*pt & pp* **slit**, *pres p* **slitting**) VT *(cut)* couper; *(tear)* déchirer; **to s. open** *(sack)* éventrer

slither ['slɪðə(r)] VI glisser; *(of snake)* se couler

sliver ['slɪvə(r)] N *(of wood)* éclat *m*; *(of cheese)* fine tranche *f*

slob [slɒb] N *Fam (lazy person)* gros fainéant *m*; *(dirty person)* porc *m*

slobber ['slɒbə(r)] **1** N bave *f* **2** VI *(of dog, baby)* baver

slog [slɒg] *Br Fam* **1** N **a (hard) s.** *(effort)* un gros effort; **it was a bit of a s.** ça a été dur **2** (*pt & pp* **-gg-**) VT *(ball, person)* donner un grand coup à **3** VI **to s. (away)** trimer

slogan ['sləʊgən] N slogan *m*

slop [slɒp] **1** (*pt & pp* **-pp-**) VT renverser **2** VI **to s. (over)** se renverser

slope [sləʊp] **1** N pente *f*; *(of mountain)* versant *m*; *(for skiing)* piste *f*; *(slant of handwriting, pipe)* inclinaison *f* **2** VI *(of ground, roof)* être en pente; *(of handwriting)* pencher; **to s. down** *(of path)* descendre en pente ▪ **sloping** ADJ *(roof)* en pente; *(handwriting)* penché

sloppy ['slɒpɪ] (**-ier, -iest**) ADJ *(work, appearance)* négligé; *(person)* négligent; *(sentimental)* sentimental

slot [slɒt] **1** N *(slit)* fente *f*; *(in schedule, list)* créneau *m*; **s. machine** *(for vending)* distributeur *m* automatique; *(for gambling)* machine *f* à sous **2** (*pt & pp* **-tt-**) VT *(insert)* insérer (**into** dans) **3** VI s'insérer (**into** dans)

sloth [sləʊθ] N *(animal)* paresseux *m*; *Literary (laziness)* paresse *f*

slouch [slaʊtʃ] **1** N **to have a s.** avoir le dos voûté **2** VI ne pas se tenir droit; *(have a stoop)* avoir le dos voûté; *(in chair)* être avachi; **don't s.!** tenez-vous droit!; **he slouched out of the room** il est sorti de la pièce en traînant les pieds

Slovakia [sləʊ'vækɪə] N la Slovaquie ▪ **Slovak 1** ADJ slovaque **2** N *(person)* Slovaque *mf*; *(language)* slovaque *m*

Slovenia [sləʊ'vi:nɪə] N la Slovénie ▪ **Slovenian 1** ADJ slovène **2** N *(person)* Slovène *mf*; *(language)* slovène *m*

slovenly ['slʌvənlɪ] ADJ négligé

slow [sləʊ] **1** (-er, -est) ADJ lent; **at (a) s. speed** à vitesse réduite; **in s. motion** au ralenti; **to be a s. walker** marcher lentement; **to be s.** (of clock, watch) retarder; **to be s. to do sth** être lent à faire qch; **business is s.** les affaires tournent au ralenti **2** ADV lentement **3** VT **to s. sth down** or **up** ralentir qch; (delay) retarder qch **4** VI **to s. down** or **up** ralentir ▪ **slowcoach** N Br Fam lambin, -ine mf ▪ **slowly** ADV lentement; (bit by bit) peu à peu

sludge [slʌdʒ] N gadoue f

slug [slʌg] **1** N (a) (mollusc) limace f (b) Am Fam (bullet) pruneau m **2** (pt & pp **-gg-**) VT Am Fam (hit) frapper

sluggish ['slʌgɪʃ] ADJ (person) amorphe; (business) au ralenti

slum [slʌm] **1** N (house) taudis m; **the slums** les quartiers mpl délabrés **2** (pt & pp **-mm-**) VT Fam **to s. it** s'encanailler

slump [slʌmp] **1** N baisse f soudaine (**in** de); (in prices) effondrement m; (economic depression) crise f **2** VI (of person, prices) s'effondrer

slung [slʌŋ] PT & PP of **sling**

slur [slɜː(r)] **1** N (insult) insulte f; **to cast a s. on sb's reputation** entacher la réputation de qn; **to speak with a s.** manger ses mots **2** (pt & pp **-rr-**) VT mal articuler; **to s. one's words** manger ses mots ▪ **slurred** ADJ (speech) indistinct

slush [slʌʃ] N (snow) neige f fondue; (mud) gadoue f; Fam (sentimentality) sensiblerie f; Fam Pol **s. fund** caisse f noire ▪ **slushy** (-ier, -iest) ADJ (road) couvert de neige fondue; Fam (novel, film) guimauve

slut [slʌt] N Fam Pej (immoral woman) salope f

sly [slaɪ] **1** (-er, -est) ADJ (deceitful) sournois; (cunning, crafty) rusé **2** N **on the s.** en douce

smack [smæk] **1** N (blow) claque f; (on bottom) fessée f **2** VT (person) donner une claque à; **to s. sb's face** gifler qn; **to s. sb('s bottom)** donner une fessée à qn **3** VI **to s. of** (be suggestive of) avoir des relents de **4** ADV Fam **s. in the middle** en plein milieu

small [smɔːl] **1** (-er, -est) ADJ petit; **in the s. hours** au petit matin; **s. change** petite monnaie f; **s. talk** banalités fpl **2** ADV (cut, chop) menu; (write) petit **3** N **the s. of the back** la chute des reins ▪ **'small-'minded** ADJ à l'esprit étroit ▪ **small-scale** ADJ (model) réduit; (research) à petite échelle ▪ **small-time** ADJ Fam (crook, dealer) petit

smallpox ['smɔːlpɒks] N variole f

smarmy ['smɑːmɪ] (-ier, -iest) ADJ Fam Pej obséquieux, -ieuse

smart¹ [smɑːt] (-er, -est) ADJ (in appearance) élégant; (clever) intelligent; (astute) astucieux, -ieuse;

(quick) rapide; Fam **s. aleck** je-sais-tout mf inv; **s. card** carte f à puce ▪ **smartly** ADV (dressed) avec élégance; (cleverly) avec intelligence; (astutely) astucieusement; (quickly) en vitesse

smart² [smɑːt] VI (sting) brûler

smarten ['smɑːtən] **1** VT **to s. sth up** égayer qch **2** VTI **to s. (oneself) up** se faire beau (f belle)

smash [smæʃ] **1** N (accident) collision f; (noise) fracas m; (blow) coup m; Tennis smash m; Fam **s. hit** gros succès m **2** VT (break) briser; (shatter) fracasser; (record) pulvériser; (enemy) écraser; **to s. sth to pieces** fracasser qch; Fam **to s. sb's face (in)** casser la gueule à qn **3** VI **to s. into sth** s'écraser contre qch; **to s. into pieces** éclater en mille morceaux ▪ **smash-up** N collision f

▸ **smash down, smash in** VT SEP (door) enfoncer

▸ **smash into** VT INSEP (of vehicle) entrer dans

▸ **smash up** VT SEP (vehicle) esquinter; (room) saccager

smashing ['smæʃɪŋ] ADJ (blow) violent; Br Fam (wonderful) génial

smattering ['smætərɪŋ] N **a s. of French** quelques notions fpl de français

smear [smɪə(r)] **1** N (mark) trace f; (stain) tache f; Med **s. (test)** frottis m (vaginal); **a s. on sb's reputation** une atteinte à la réputation de qn; **s. campaign** campagne f de diffamation; **to use s. tactics** avoir recours à la diffamation **2** VT (coat) enduire (**with** de); (stain) tacher (**with** de); (smudge) faire une trace sur; **to s. sb** calomnier qn

smell [smel] **1** N odeur f; (sense of) **s.** odorat m **2** (pt & pp **smelled** or **smelt**) VT sentir; (of animal) flairer **3** VI (stink) sentir mauvais; (have a smell) sentir; **to s. of smoke** sentir la fumée; **smelling salts** sels mpl ▪ **smelly** (-ier, -iest) ADJ **to be s.** sentir mauvais

smelt¹ [smelt] PT & PP of **smell**

smelt² [smelt] VT (ore) fondre; **smelting works** fonderie f

smidgen ['smɪdʒən] N Fam **a s.** (a little) un brin (**of** de)

smile [smaɪl] **1** N sourire m **2** VI sourire (**at sb** à qn; **at sth** de qch) ▪ **smiling** ADJ souriant ▪ **smiley 1** ADJ souriant **2** N Comptr souriant m, émoticon m

smirk [smɜːk] N (smug) sourire m suffisant; (scornful) sourire m goguenard

smock [smɒk] N blouse f

smog [smɒg] N smog m

smoke [sməʊk] **1** N fumée f; **to have a s.** fumer une cigarette; **s. alarm** or **detector** détecteur m de fumée; Fig **s. screen** rideau m de fumée **2** VT (cigarette) fumer; **to s. a room out** enfumer une pièce; **smoked salmon** saumon *m* fumé **3** **vi** fumer; **to s. like a chimney** *(of person)* fumer comme un pompier; **'no smoking'** défense de fumer ■ **smoker** **N** fumeur, -euse *mf*; *(train compartment)* compartiment *m* fumeurs ■ **smoky** (**-ier, -iest**) **ADJ** *(room, air)* enfumé; *(ceiling, wall)* noirci par la fumée; **it's s. here** il y a de la fumée ici

smolder ['sməuldə(r)] **vi** *Am* = **smoulder**

smooth [smuːð] **1** (**-er, -est**) **ADJ** *(surface, skin)* lisse; *(cream, sauce)* onctueux, -ueuse; *(sea, flight)* calme; *Pej (person, manners)* doucereux, -euse; **the s. running of** *(machine, service, business)* la bonne marche de; **to be a s. talker** être beau parleur **2** **vt** **to s. sth down** *(hair, sheet, paper)* lisser qch; **to s. sth out** *(paper, sheet, dress)* lisser qch; *(crease)* faire disparaître qch ■ **smoothly** **ADV** sans problèmes

smother ['smʌðə(r)] **vt** *(stifle)* étouffer; **to s. sth in sth** recouvrir qch de qch; *Fig* **to s. sb with kisses** couvrir qn de baisers

smoulder, *Am* **smolder** ['sməuldə(r)] **vi** *Fig (of fire, passion)* couver

smudge [smʌdʒ] **1** **N** tache *f* **2** **vt** *(paper)* faire des taches sur; *(ink)* étaler

smug [smʌg] (**smugger, smuggest**) **ADJ** *(smile)* béat; *(person)* content de soi

smuggle ['smʌgəl] **vt** passer en fraude; **smuggled goods** contrebande *f* ■ **smuggler** **N** contrebandier, -ière *mf*; *(of drugs)* trafiquant *m* ■ **smuggling** **N** contrebande *f*

smut [smʌt] **N** **INV** *(obscenity)* cochonneries *fpl* ■ **smutty** (**-ier, -iest**) **ADJ** *(joke)* cochon, -onne

snack [snæk] **1** **N** *(meal)* casse-croûte *m* *inv*; **to eat a s.** *or* **snacks** grignoter quelque chose; **s. bar** snack-bar *m* **2** **vi** manger entre les repas; **to s. on sth** grignoter qch

snag [snæg] **N** *(hitch)* problème *m*; *(in cloth)* accroc *m*

snail [sneɪl] **N** escargot *m*; **at a s.'s pace** comme un escargot; *Fam* **s. mail** courrier *m* escargot, = courrier papier

snake [sneɪk] **1** **N** serpent *m*; **snakes and ladders** ≃ jeu *m* de l'oie **2** **vi** *(of river)* serpenter ■ **snakebite** **N** morsure *f* de serpent

snap [snæp] **1** **N** *(sound)* craquement *m*; *Fam (photo)* photo *f*; **cold s.** coup *m* de froid **2** **ADJ** *(judgement, decision)* hâtif, -ive **3** *(pt & pp* **-pp-**) **vt** *(break)* casser net; *(fingers, whip)* faire claquer; **to s. up a bargain** sauter sur une occasion **4** **vi** se casser net; *(of whip)* claquer; *Fig (of person)* parler sèchement *(at* à); **to s. at sb** *(of dog)* essayer de mordre qn; **to s. off** se casser net; *Fam* **s. out of it!** secoue-toi!

snapshot ['snæpʃɒt] **N** *Fam* photo *f*

snare [sneə(r)] **1** **N** piège *m* **2** **vt** prendre au piège

snarl [snɑːl] **1** **N** grognement *m* **2** **vi** grogner (en montrant les dents)

snatch [snætʃ] **vt** *(grab)* saisir; *(steal)* arracher; **to s. sth from sb** arracher qch à qn; **to s. some sleep** dormir un peu

snatches ['snætʃɪz] **NPL** *(bits)* fragments *mpl* (**of** de)

snazzy ['snæzɪ] (**-ier, -iest**) **ADJ** *Fam (smart)* chic; **she's a s. dresser** elle s'habille chic

sneak [sniːk] **1** **N** *Br Fam (telltale)* mouchard, -arde *mf*; **to get a s. preview of sth** voir qch en avant-première **2** *(pt & pp* **sneaked** *or Am* **snuck**) **vi** *Br Fam (tell tales)* rapporter; **to s. in/out** entrer/sortir furtivement; **to s. off** s'esquiver ■ **sneaky** (**-ier, -iest**) **ADJ** *Fam* sournois

sneaker ['sniːkə(r)] **N** *Am (shoe)* chaussure *f* de sport

sneer [snɪə(r)] **1** **N** ricanement *m* **2** **vi** ricaner; **to s. at sb/sth** se moquer de qn/qch

sneeze [sniːz] **1** **N** éternuement *m* **2** **vi** éternuer

snicker ['snɪkə(r)] **N & vi** *Am* = **snigger**

snide [snaɪd] **ADJ** méprisant

sniff [snɪf] **1** **N** **to give sth a s.** renifler qch; **to take a s. at sth** renifler qch **2** **vt** renifler; **to s. glue** sniffer de la colle; *Fam* **it's not to be sniffed at** il ne faut pas cracher dessus **3** **vi** renifler

sniffle ['snɪfəl] **1** **N** *Fam* **to have a s.** *or* **the sniffles** avoir un petit rhume **2** **vi** renifler

snigger ['snɪgə(r)] **1** **N** *(petit)* ricanement *m* **2** **vi** ricaner

snip [snɪp] **1** **N** *(cut)* petite entaille *f*; *(piece)* bout *m*; *Br Fam (bargain)* bonne affaire *f* **2** *(pt & pp* **-pp-**) **vt** **to s. sth (off)** couper qch

snippet ['snɪpɪt] **N** *(of conversation)* bribe *f*

snivel ['snɪvəl] *(Br* **-ll-***, Am* **-l-**) **vi** pleurnicher

snob [snɒb] **N** snob *mf* ■ **snobbish** **ADJ** snob *inv*

snooker ['snuːkə(r)] **N** *(game)* = billard qui se joue avec vingt-deux billes

snoop [snuːp] **vi** **to s. (around)** fourrer son nez partout; **to s. on sb** espionner qn

snooze [snuːz] **1** **N** petit somme *m*; **to have a s.** faire un petit somme **2** **vi** faire un petit somme

snore [snɔː(r)] **1** **N** ronflement *m* **2** **vi** ronfler ■ **snoring** **N** ronflements *mpl*

snorkel ['snɔːkəl] **1** **N** tuba *m* **2** *(Br* **-ll-***, Am* **-l-**) **vi** nager sous l'eau avec un tuba ■ **snorkelling** **N** plongée *f* avec un tuba; **to go s.** faire de la plongée avec un tuba

snort [snɔːt] **1** **N** *(of person)* grognement *m*; *(of horse)* ébrouement *m* **2** **vi** *(of person)* grogner; *(of horse)* s'ébrouer

snot [snɒt] N *Fam* morve f ■ **snotty** (**-ier, -iest**) ADJ *Fam* (nose) qui coule; (handkerchief) plein de morve; (child) morveux, -euse; (arrogant) arrogant

snout [snaʊt] N museau m

snow [snəʊ] 1 N neige f 2 VI neiger; **it's snowing** il neige 3 VT **to be snowed in** être bloqué par la neige; *Fig* **to be snowed under with work** être submergé de travail ■ **snowball** 1 N boule f de neige 2 VI (increase) faire boule de neige ■ **snowboard** N planche f de snowboard ■ **snowboarder** N snowboardeur m, surfeur, -euse m,f de neige ■ **snow-capped** ADJ couronné de neige ■ **snowdrift** N congère f ■ **snowdrop** N (flower) perce-neige m ou f inv ■ **snowfall** N chute f de neige ■ **snowflake** N flocon m de neige ■ **snowman** (pl **-men**) N bonhomme m de neige ■ **snowplough,** Am **snowplow** N chasse-neige m inv ■ **snow-shoe** N raquette f ■ **snowstorm** N tempête f de neige ■ **'Snow 'White** N Blanche-Neige f ■ **snowy** (**-ier, -iest**) ADJ (weather, hills) neigeux, -euse; (day) de neige

snub [snʌb] 1 N rebuffade f 2 (pt & pp **-bb-**) VT (offer) rejeter; **to s. sb** snober qn

snuck [snʌk] Am PT & PP of **sneak**

snuff [snʌf] N tabac m à priser 2 VT **to s. (out)** (candle) moucher

snuffle ['snʌfəl] N & VI = **sniffle**

snug [snʌg] (**snugger, snuggest**) ADJ (house) douillet, -ette; (garment) bien ajusté; **s. in bed** bien au chaud dans son lit

snuggle ['snʌgəl] VI **to s. up to sb** se blottir contre qn

so [səʊ] 1 ADV (to such a degree) si, tellement (**that** que); (thus) ainsi, comme ça; **to work/drink so much that...** travailler/boire tellement que...; **so much courage** tellement de courage (**that** que); **so many books** tant de livres (**that** que); **ten or so** environ dix; **and so on** et ainsi de suite; **I think so** je crois que oui; **is that so?** c'est vrai?; **so am I** moi aussi; **you're late – so I am** tu es en retard – ah oui! tu as raison; **I told you so** je vous l'avais bien dit 2 CONJ (therefore) donc; (in that case) alors; **so what?** et alors?; **so that...** pour que... (+ subjunctive); **so as to do sth** pour faire qch ■ **So-and-so** N Mr S. Monsieur Untel ■ **so-called** ADJ soi-disant inv ■ **so-so** ADJ & ADV *Fam* comme ci comme ça

soak [səʊk] 1 N **to give sth a s.** faire tremper qch 2 VT (drench) tremper; (washing, food) faire tremper; **to be soaked through** or **to the skin** être trempé jusqu'aux os; **to s. sth up** absorber qch 3 VI (of washing) tremper; **to s. in** (of liquid) s'infiltrer ■ **soaked** ADJ trempé ■ **soaking** 1

ADJ & ADV **s. (wet)** trempé 2 N **to get a s.** se faire tremper

soap [səʊp] 1 N savon m; **s. opera** feuilleton m populaire; **s. powder** lessive f 2 VT **to s. sth (down)** savonner qch ■ **soapsuds** NPL mousse f de savon

soar [sɔː(r)] VI (of bird) s'élever; (of price) monter en flèche

sob [sɒb] 1 N sanglot m; *Fam Pej* **s. story** histoire f à vous fondre le cœur 2 (pt & pp **-bb-**) VI sangloter

sober ['səʊbə(r)] 1 ADJ (sensible) sobre; **he's s.** (not drunk) il n'est pas ivre 2 VTI **to s. up** dessoûler ■ **sobering** ADJ qui dégrise; **it's a s. thought** ça vous fait réfléchir

soccer ['sɒkə(r)] N *esp Am* football m

sociable ['səʊʃəbəl] ADJ (person) sociable; (evening) amical

social ['səʊʃəl] 1 ADJ social; **to have a good s. life** sortir beaucoup; **s. evening** soirée f; *Comptr* **s. networking site** site m de réseaux sociaux; **s. science(s)** sciences fpl humaines; **S. Security** ≃ la Sécurité sociale; **s. security** (aid) aide f sociale; Am (retirement pension) pension f de retraite; **the s. services** les services mpl sociaux; **s. worker** assistant, -ante mf social(e) 2 N (party) fête f

socialism ['səʊʃəlɪzəm] N socialisme m ■ **socialist** ADJ & N socialiste (mf)

socialize ['səʊʃəlaɪz] VI fréquenter des gens; **to s. with sb** fréquenter qn

socially ['səʊʃəlɪ] ADV socialement; (meet, behave) en société; **to see sb s.** fréquenter qn

society [sə'saɪətɪ] 1 (pl **-ies**) N (community, club, companionship) société f; (school/university club) club m; (high) **s.** haute société f 2 ADJ (wedding, news) mondain

sociology [səʊsɪ'ɒlədʒɪ] N sociologie f ■ **sociological** [-sɪə'lɒdʒɪkəl] ADJ sociologique ■ **sociologist** N sociologue mf

sock [sɒk] 1 N chaussette f 2 VT *Fam* (hit) donner un coup de poing à

socket ['sɒkɪt] N Br (of electric plug) prise f de courant; Br (of lamp) douille f; (of eye) orbite f

soda ['səʊdə] N *Chem* soude f; **baking s.** bicarbonate m de soude; Am **s. (pop)** boisson f gazeuse; **s. (water)** eau f de Seltz

sodden ['sɒdən] ADJ (ground) détrempé

sodium ['səʊdɪəm] N *Chem* sodium m

sofa ['səʊfə] N canapé m; **s. bed** canapé-lit m

soft [sɒft] (**-er, -est**) ADJ (gentle, not stiff) doux (f douce); (butter, ground, paste, snow) mou (f molle); (wood, heart, colour) tendre; (easy) facile; (indulgent) indulgent; *Fam* (cowardly) poltron, -onne; *Fam* (stupid) ramolli; **to have a s. spot for sb** avoir un faible pour qn; **s. cheese** fromage m frais; **s. drink** boisson f non alcoolisée; **s. drugs**

drogues *fpl* douces; **s. toy** peluche *f* ▪ **'soft-'boiled** ADJ *(egg)* à la coque ▪ **'soft-'spoken** ADJ qui a une voix douce

soften ['sɒfən] **1** VT *(object)* ramollir; *(colour, light, voice, skin)* adoucir **2** VI ramollir; *(of colour)* s'adoucir ▪ **softener** N adoucissant *m*

softie ['sɒftɪ] N *Fam (gentle person)* bonne pâte *f*; *(weakling)* mauviette *f*

softly ['sɒftlɪ] ADV doucement ▪ **softness** N douceur *f*; *(of butter, ground, paste)* mollesse *f*

software ['sɒftweə(r)] N INV *Comptr* logiciel *m*; **s. package** progiciel *m*

soggy ['sɒgɪ] (**-ier, -iest**) ADJ trempé

soil [sɔɪl] **1** N *(earth)* terre *f* **2** VT *(dirty)* salir **3** VI *(of fabric)* se salir

solar ['səʊlə(r)] ADJ solaire; **s. plexus** plexus *m* solaire; **s. power** énergie *f* solaire; **s. system** système *m* solaire

sold [səʊld] PT & PP of **sell**

soldier ['səʊldʒə(r)] **1** N soldat *m* **2** VI **to s. on** persévérer

sole¹ [səʊl] **1** N *(of shoe)* semelle *f*; *(of foot)* plante *f* **2** VT *(shoe)* ressemeler

sole² [səʊl] ADJ *(only)* unique; *(rights, representative, responsibility)* exclusif, -ive ▪ **solely** ADV uniquement; **you're s. to blame** tu es seul coupable

sole³ [səʊl] N *(fish)* sole *f*; **lemon s.** limande *f*

solemn ['sɒləm] ADJ solennel, -elle

solicit [sə'lɪsɪt] **1** VT *(seek)* solliciter **2** VI *(of prostitute)* racoler

solicitor [sə'lɪsɪtə(r)] N *Br* notaire *m*

solid ['sɒlɪd] **1** ADJ *(not liquid)* solide; *(not hollow)* plein; *(gold, silver)* massif, -ive; **s. line** ligne *f* continue **2** ADV **frozen s.** complètement gelé; **ten days s.** dix jours d'affilée **3** N solide *m*; **solids** *(food)* aliments *mpl* solides ▪ **solidly** ADV *(built)* solidement; *(support, vote)* en masse; *(work)* sans interruption

solidarity [sɒlɪ'dærətɪ] N solidarité *f* (**with** avec)

solitary ['sɒlɪtərɪ] ADJ *(lonely, alone)* solitaire; *(only)* seul; **s. confinement** isolement *m* cellulaire ▪ **solitude** N solitude *f*

solo ['səʊləʊ] **1** (*pl* **-os**) N *Mus* solo *m* **2** ADJ *(guitar, violin)* solo *inv* **3** ADV *(play, sing)* en solo; *(fly)* en solitaire ▪ **soloist** N *Mus* soliste *mf*

soluble ['sɒljʊbəl] ADJ *(substance, problem)* soluble

solution [sə'luːʃən] N **(a)** *(to problem)* solution *f* (**to** de) **(b)** *(liquid)* solution *f*

solve [sɒlv] VT *(problem)* résoudre

solvent ['sɒlvənt] **1** ADJ *(financially)* solvable **2** N *Chem* solvant *m*; **s. abuse** = usage de solvants comme stupéfiants

Somalia [sə'mɑːlɪə] N la Somalie

somber ['sɒmbə(r)] adj *Am* = **sombre**

sombre, *Am* **somber** ['sɒmbə(r)] ADJ sombre

some [sʌm] **1** ADJ **(a)** *(a certain quantity of)* du, de la, des; **s. wine** du vin; **s. glue** de la colle; **s. water** de l'eau; **s. dogs** des chiens; **s. pretty flowers** de jolies fleurs
(b) *(unspecified)* un, une; **s. man (or other)** un homme (quelconque); **s. other way** un autre moyen; **for s. reason or other** pour une raison ou pour une autre; **I have been waiting s. time** ça fait un moment que j'attends
(c) *(a few)* quelques; *(in contrast to others)* certains; **s. days ago** il y a quelques jours; **s. people think that…** certains pensent que…
2 PRON **(a)** *(a certain quantity)* en; **I want s.** j'en veux; **do you have s.?** en as-tu?; **s. of the time** une partie du temps
(b) *(as opposed to others)* certain(e)s; **some say…** certains disent…; **s. of the guests** certains invités
3 ADV *(about)* environ; **s. ten years** environ dix ans ▪ **somebody** PRON = **someone** ▪ **someday** ADV un jour ▪ **somehow** ADV *(in some way)* d'une manière ou d'une autre; *(for some reason)* on ne sait pourquoi ▪ **someone** PRON quelqu'un; **s. small** quelqu'un de petit ▪ **someplace** *Am* = **somewhere** ADV ▪ **something 1** PRON quelque chose; **s. awful** quelque chose d'affreux; **he's s. of a liar** il est plutôt menteur
2 ADV **she plays s. like…** elle joue un peu comme…; **it was s. awful** c'était vraiment affreux ▪ **sometime 1** ADV un jour; **s. in May** au mois de mai
2 ADJ *(former)* ancien, -ienne ▪ **sometimes** ADV quelquefois, parfois ▪ **somewhat** ADV quelque peu, assez ▪ **somewhere** ADV quelque part; **s. about fifteen** *(approximately)* environ quinze

somersault ['sʌməsɔːlt] **1** N *(on ground)* roulade *f*; *(in air)* saut *m* périlleux **2** VI faire une roulade; *(in air)* faire un saut périlleux

son [sʌn] N fils *m* ▪ **son-in-law** (*pl* **sons-in-law**) N gendre *m*

sonar ['səʊnɑː(r)] N sonar *m*

sonata [sə'nɑːtə] N sonate *f*

song [sɒŋ] N chanson *f*; *(of bird)* chant *m*

sonic ['sɒnɪk] ADJ **s. boom** bang *m*

soon [suːn] (**-er, -est**) ADV *(in a short time)* bientôt; *(quickly)* vite; *(early)* tôt; **he s. forgot about it** il l'oublia vite; **s. after** peu après; **as s. as…** aussitôt que…; **no sooner had he spoken than…** à peine avait-il parlé que…; **I'd sooner leave** je préférerais partir; **I'd just as s. leave** j'aimerais autant partir; **sooner or later** tôt ou tard

soot [sʊt] N suie *f*

soothe [suːð] vt calmer ■ **soothing** ADJ calmant

sophisticated [sə'fɪstɪkeɪtɪd] ADJ (person, taste) raffiné; (machine, method, technology) sophistiqué

sophomore ['sɒfəmɔː(r)] N Am Univ étudiant, -iante mf de deuxième année

sopping [sɒpɪŋ] ADJ & ADV s. (wet) trempé

soppy ['sɒpɪ] (-ier, -iest) ADJ Br Fam (sentimental) sentimental

soprano [sə'prɑːnəʊ] (pl -os) N (singer) soprano mf; (voice) soprano m

sorcerer ['sɔːsərə(r)] N sorcier m ■ **sorcery** N sorcellerie f

sordid ['sɔːdɪd] ADJ sordide

sore [sɔː(r)] 1 (-er, -est) ADJ (painful) douloureux, -euse; Am (angry) fâché (at contre); Am (angry) il est toujours fâché; to have a s. throat avoir mal à la gorge; he's still s. (In pain) Il a encore mal, Fig it's a s. point c'est un sujet délicat 2 N (wound) plaie f ■ **sorely** ADV (tempted) très; (regretted) amèrement; it's s. needed on en a grand besoin

sorrow ['sɒrəʊ] N chagrin m ■ **sorrowful** ADJ triste

sorry ['sɒrɪ] (-ier, -iest) ADJ (sight, state) triste; to be s. (about sth) (regret) être désolé (de qch); to feel or be s. for sb plaindre qn; I'm s. she can't come je regrette qu'elle ne puisse pas venir; s.! pardon!; s. to keep you waiting désolé de vous faire attendre; to say s. demander pardon (to à)

sort¹ [sɔːt] N sorte f; a s. of une sorte de; all sorts of toutes sortes de; what s. of drink is it? qu'est-ce que c'est comme boisson?; Br Fam he's a good s. c'est un brave type; s. of sad (somewhat) plutôt triste

sort² [sɔːt] 1 vt (papers) trier; to s. out (classify, select) trier; (separate) séparer (from de); (organize) ranger; (problem) régler 2 vi to s. through letters/magazines trier des lettres/magazines; Br **sorting office** (for mail) centre m de tri

sought [sɔːt] PT & PP of seek

soul [səʊl] N âme f; not a living s. pas âme qui vive; Fig a good s. un brave type; s. mate âme f sœur

sound¹ [saʊnd] 1 N son m; (noise) bruit m; I don't like the s. of it ça ne me plaît pas du tout; s. barrier mur m du son; s. bite petite phrase f; s. effects bruitage m; s. engineer ingénieur m du son; s. recording enregistrement m sonore; s. wave onde f sonore 2 vt (bell, alarm) sonner; (bugle, horn) sonner de; (letter, syllable) prononcer; to s. one's horn (in vehicle) klaxonner 3 vi (of trumpet, bugle) sonner; (seem) sembler; to s. like sembler être; (resemble) ressembler à; it sounds like or as if... il semble que… (+ subjunctive or indicative); (it) sounds good! bonne idée!; (complain) se plaindre (de qch)

sound² [saʊnd] 1 (-er, -est) ADJ (healthy) sain; (in good condition) en bon état; (basis) solide; (argument) valable; (advice) bon (f bonne); (investment) sûr; a s. beating une bonne correction 2 ADV s. asleep profondément endormi ■ **soundly** ADV (asleep, sleep) profondément; (reasoned) solidement; (beaten) complètement

sound³ [saʊnd] vt (test, measure) sonder; to s. sb out sonder qn (about sur)

soundproof ['saʊndpruːf] 1 ADJ insonorisé 2 vt insonoriser

soundtrack ['saʊndtræk] N (of film) bande f sonore

soup [suːp] N soupe f; s. dish or plate assiette f creuse; s. kitchen soupe f populaire; Fam to be in the s. (in trouble) être dans le pétrin

sour ['saʊə(r)] 1 (-er, -est) ADJ aigre; (milk) tourné; to turn s. (of wine) s'aigrir; (of milk) tourner; (of friendship) se détériorer; (of conversation) tourner au vinaigre; s. cream crème f aigre; Fig s. grapes dépit m 2 vi (of temper) s'aigrir

source [sɔːs] N (origin) source f; s. of energy source d'énergie

south [saʊθ] 1 N sud m; (to the) s. of au sud de 2 ADJ (coast) sud inv; (wind) du sud; S. Africa/America f l'Afrique/l'Amérique f du Sud; S. African (adj) sudafricain; (n) Sud-Africain, -aine mf; S. American (adj) sud-américain; (n) Sud-Américain, -aine mf 3 ADV au sud; (travel) vers le sud ■ **southbound** ADJ (traffic) en direction du sud; Br (carriageway) sud inv ■ **'south-'east** N & ADJ sud-est (m) ■ **southerly** ['sʌðəlɪ] ADJ (point) sud inv; (direction, wind) du sud ■ **southern** ['sʌðən] ADJ (town) du sud; (coast) sud inv; s. Italy le sud de l'Italie; S. Africa l'Afrique f australe ■ **southerner** ['sʌðənə(r)] N habitant, -ante mf du sud ■ **southward(s)** ADJ & ADV vers le sud ■ **'south-'west** N & ADJ sud-ouest (m)

souvenir [suːvə'nɪə(r)] N souvenir m

sovereign ['sɒvrɪn] 1 N souverain, -aine mf 2 ADJ (State, authority) souverain; (rights) de souveraineté ■ **sovereignty** [-rəntɪ] N souveraineté f

Soviet ['səʊvɪət] ADJ soviétique; Formerly the S. Union l'Union f soviétique

sow¹ [saʊ] N (pig) truie f

sow² [səʊ] (pt sowed, pp sowed or sown [səʊn]) vt (seeds, doubt) semer; (land) ensemencer (with de)

soya ['sɔɪə] N Br soja m; s. bean graine f de soja; s. sauce, soy sauce sauce f de soja ■ **soybean** N Am graine f de soja

spa [spɑː] N *(town)* station f thermale; *(spring)* source f thermale

space [speɪs] 1 N *(gap, emptiness, atmosphere)* espace m; *(for parking)* place f; **in the s. of two hours** en l'espace de deux heures; **to take up s.** prendre de la place; **blank s.** espace, blanc m; **s. bar** *(on keyboard)* barre f d'espacement 2 ADJ *(voyage, capsule)* spatial; **s. shuttle** navette f spatiale 3 VT espacer; **evenly spaced** régulièrement espacés ■ **spacecraft** N INV vaisseau m spatial ■ **spaceship** N vaisseau m spatial ■ **spacing** N Typ **in double/single s.** à double/simple interligne

▸ **space out** VT SEP espacer; Fam **to be spaced out** *(dazed)* être dans le coaltar; *(after taking drugs)* planer

spacious ['speɪʃəs] ADJ spacieux, -ieuse

spade [speɪd] N **(a)** *(for garden)* bêche f; *(of child)* pelle f **(b)** Cards **spade(s)** pique m

spaghetti [spə'getɪ] N spaghettis mpl; **s. bolognaise** spaghettis bolognaise

Spain [speɪn] N l'Espagne f

spam [spæm] Comptr 1 N messages mpl publicitaires, pourriels mpl; **a s. e-mail** un message publicitaire, un pourriel 2 VT spammer

span [spæn] 1 N *(of arch)* portée f; *(of wings)* envergure f; Fig *(of life)* durée f 2 *(pt & pp* **-nn-***)* VT *(of bridge)* enjamber; Fig *(in time)* couvrir

Spaniard ['spænjəd] N Espagnol, -ole mf ■ **Spanish** 1 ADJ espagnol 2 N *(language)* espagnol m ■ **Spanish-A'merican** 1 ADJ hispano-américain 2 N Hispano-Américain, -aine mf

spaniel ['spænjəl] N épagneul m

spank [spæŋk] 1 N **to give sb a s.** donner une fessée à qn 2 VT donner une fessée à ■ **spanking** N fessée f

spanner ['spænə(r)] N Br *(tool)* clef f; **adjustable s.** clef f à molette

spar [spɑː(r)] *(pt & pp* **-rr-***)* VI *(of boxer)* s'entraîner **(with** avec)

spare¹ [speə(r)] 1 ADJ *(extra, surplus)* de ou en trop; *(reserve)* de rechange; *(wheel)* de secours; *(available)* disponible; **s. room** chambre f d'ami; **s. time** loisirs mpl 2 N **s. (part)** *(for vehicle, machine)* pièce f détachée 3 VT *(do without)* se passer de; *(efforts, sb's feelings)* ménager; **to s. sb** *(not kill)* épargner qn; **to s. sb sth** *(grief, details)* épargner qch à qn; *(time)* accorder qch à qn; **I can't s. the time** je n'ai pas le temps; **five to s.** *(extra)* cinq de trop; **with five minutes to s.** avec cinq minutes d'avance

spare² [speə(r)] ADJ *(lean)* maigre

sparing ['speərɪŋ] ADJ **her s. use of** l'usage modéré qu'elle fait de; **to be s. with the butter**

utiliser le beurre avec modération ■ **sparingly** ADV en petite quantité

spark [spɑːk] 1 N étincelle f; **s. plug** *(for vehicle)* bougie f 2 VT **to s. off** *(cause)* provoquer

sparkle ['spɑːkəl] 1 N éclat m 2 VI étinceler; *(of wine, water, eyes)* pétiller ■ **sparkling** ADJ *(diamond, metal)* étincelant; *(wine, water, eyes)* pétillant

sparrow ['spærəʊ] N moineau m

sparse [spɑːs] ADJ clairsemé ■ **sparsely** ADV *(populated, wooded)* peu; **s. furnished** à peine meublé

spasm ['spæzəm] N *(of muscle)* spasme m; Fig *(of coughing, jealousy)* accès m

spat [spæt] PT & PP of **spit¹**

spate [speɪt] N **a s. of sth** *(of letters, calls)* une avalanche de qch; *(of crimes)* une vague de qch

spatter ['spætə(r)] 1 VT *(clothes, person)* éclabousser **(with** de) 2 VI **to s. over sb** *(of mud)* éclabousser qn

spatula ['spætjʊlə] N spatule f

spawn [spɔːn] 1 N *(of fish)* frai m 2 VT Fig *(bring about)* engendrer 3 VI frayer

speak [spiːk] 1 *(pt* **spoke,** *pp* **spoken***)* VT *(language)* parler; *(say)* dire; **to s. one's mind** dire ce que l'on pense 2 VI parler **(about** or **of** de); *(formally, in assembly)* prendre la parole; **so to s.** pour ainsi dire; **that speaks for itself** c'est évident; **to s. well of sb/sth** dire du bien de qn/qch; **Bob speaking!** *(on telephone)* Bob à l'appareil!; **to s. out** or **up** *(boldly)* parler franchement; **to s. up** *(more loudly)* parler plus fort ■ **speaking** 1 N **public s.** l'art m oratoire 2 ADJ *(toy, robot)* parlant; **they're not on s. terms** ils ne se parlent plus; **English-/French-s.** anglophone/francophone

speaker ['spiːkə(r)] N *(at meeting)* intervenant, -ante mf; *(at conference)* conférencier, -ière mf; *(loudspeaker)* enceinte f; **to be a Spanish s.** parler espagnol

spear [spɪə(r)] N lance f ■ **spearhead** VT *(attack, campaign)* être le fer de lance de

spearmint ['spɪəmɪnt] 1 N *(plant)* menthe f verte 2 ADJ *(sweet)* à la menthe; *(flavour)* de menthe; *(chewing gum)* mentholé

spec [spek] N Br Fam **on s.** à tout hasard

special ['speʃəl] 1 ADJ spécial; *(care, attention)* particulier, -ière; *(favourite)* préféré; Pol *(measures)* extraordinaire; Br **by s. delivery** en exprès; **s. effects** effets mpl spéciaux; **s. offer** offre f spéciale 2 N **today's s.** *(in restaurant)* le plat du jour

Note that the French adjective **spécial** can be a false friend. It also means **peculiar**, **odd**.

specialist ['speʃəlɪst] 1 N spécialiste mf **(in** de) 2 ADJ *(dictionary, knowledge)* spécialisé; *(equipment)* de spécialiste ■ **speciality** [speʃɪ'ælɪtɪ] *Am* **specialty** ['speʃəltɪ] (*pl* **-ies**) N spécialité *f*

specialize ['speʃəlaɪz] VI se spécialiser (**in** dans) ■ **specialized** ADJ spécialisé

specially ['speʃəlɪ] ADV (*specifically*) spécialement; (*particularly*) particulièrement

specialty ['speʃəltɪ] (*pl* **-ies**) *Am* = **speciality**

species ['spiːʃiːz] N INV espèce *f*

specific [spə'sɪfɪk] ADJ précis ■ **specifically** ADV (*explicitly*) expressément; (*exactly*) précisément; (*specially*) spécialement

specify ['spesɪfaɪ] (*pt & pp* **-ied**) VT (*state exactly*) préciser; (*stipulate*) stipuler ■ **specification** [-fɪ'keɪʃən] N spécification *f*

specimen ['spesɪmɪn] N (*individual example*) spécimen *m*; (*of urine, blood*) échantillon *m*; **s. signature** spécimen de signature; **s. copy** (*of book*) spécimen

speck [spek] N (*stain*) petite tache *f*, (*of dust*) grain *m*; (*dot*) point *m*

speckled ['spekəld] ADJ tacheté

specs [speks] NPL *Br Fam* lunettes *fpl*

spectacle ['spektəkəl] N (*sight*) spectacle *m* ■ **spectacles** NPL (*glasses*) lunettes *fpl*

spectacular [spek'tækjʊlə(r)] ADJ spectaculaire ■ **spectacularly** ADV de façon spectaculaire

spectator [spek'teɪtə(r)] N spectateur, -trice *mf*

spectre ['spektə(r)] N spectre *m* (**of** de)

spectrum ['spektrəm] (*pl* **-tra** [-trə]) N spectre *m*; *Fig* (*range*) gamme *f*

speculate ['spekjʊleɪt] **1** VT **to s. that…** (*guess*) conjecturer que… **2** VI *Fin & Phil* spéculer; **to s. about** (*make guesses*) faire des suppositions sur ■ **specu'lation** N suppositions *fpl*; *Fin & Phil* spéculation *f* ■ **speculative** [-lətɪv] ADJ *Fin & Phil* spéculatif, -ive

sped [sped] PT & PP of **speed**

speech [spiːtʃ] N (*talk, lecture*) discours *m* (**on** or **about** sur); (*faculty*) parole *f*; (*diction*) élocution *f*; (*spoken language of group*) langue *f*; **to make a s.** faire un discours; **part of s.** partie *f* du discours; *Grammar* **direct/indirect s.** discours *m* direct/indirect ■ **speechless** ADJ muet (*f* muette) (**with** de)

speed [spiːd] **1** N (**a**) (*rapidity, gear*) vitesse *f*; **at top** or **full s.** à toute vitesse; *Tel* **s. dial** numérotation *f* abrégée; **s. limit** (*on road*) limitation *f* de vitesse; **s. skating** patinage *m* de vitesse (**b**) *Fam* (*amphetamines*) speed *m*, amphés *fpl* **2** (*pt & pp* **sped**) VT **to s. sth up** accélérer qch **3** VI (**a**) **to s. up** (*of person*) aller plus vite; (*of pace*) s'accélérer; **to s. past sth** passer à toute vitesse devant qch (**b**) (*pt & pp* **speeded**) (*exceed speed limit*) faire un excès de vitesse ■ **speedboat** N vedette *f* ■ **speeding** N (*in vehicle*) excès *m* de vitesse

■ **speedometer** [spɪ'dɒmɪtə(r)] N *Br* (*in vehicle*) compteur *m* de vitesse

speedy ['spiːdɪ] (**-ier, -iest**) ADJ rapide

spell[1] [spel] N (*magic words*) formule *f* magique; **to cast a s. on sb** jeter un sort à qn; **to be under a s.** être envoûté ■ **spellbound** ADJ fasciné

spell[2] [spel] N (*period*) période *f*; **cold s.** vague *f* de froid

spell[3] [spel] (*pt & pp* **spelled** or **spelt** [spelt]) VT (*write*) écrire; (*say aloud*) épeler; (*of letters*) former; *Fig* (*mean*) signifier; **to be able to s.** savoir l'orthographe; **how do you s. it?** comment ça s'écrit?; **to s. sth out** (*word*) épeler qch; *Fig* (*explain*) expliquer clairement qch ■ **spell-checker** N *Comptr* correcteur *m* d'orthographe ■ **spelling** N orthographe *f*; **s. mistake** faute *f* d'orthographe

spend [spend] (*pt & pp* **spent**) VT (*money*) dépenser (**on** pour/en); (*time*) passer (**on sth** sur qch; **doing** à faire); (*energy*) consacrer (**on sth** à qch; **doing** à faire) ■ **spender** N **to be a big s.** dépenser beaucoup ■ **spending** N dépenses *fpl*; **s. money** argent *m* de poche ■ **spendthrift** N **to be a s.** être dépensier, -ière

spent [spent] **1** PT & PP of **spend 2** ADJ (*used*) utilisé; **to be a s. force** ne plus avoir d'influence

sperm [spɜːm] N sperme *m*; **s. bank** banque *f* de sperme; **s. donor** donneur *m* de sperme

spew [spjuː] VT *Fam* vomir

sphere [sfɪə(r)] N (*of influence, action*) & *Math & Pol* sphère *f*; **it's outside my s.** ça n'est pas dans mes compétences; **s. of influence** sphère d'influence ■ **spherical** ['sferɪkəl] ADJ sphérique

sphinx [sfɪŋks] N sphinx *m*

spice [spaɪs] **1** N épice *f*; *Fig* (*interest*) piquant *m* **2** VT (*food*) épicer; **to s. sth (up)** (*add interest to*) ajouter du piquant à qch ■ **spicy** (**-ier, -iest**) ADJ épicé

spick-and-span [spɪkən'spæn] ADJ (*clean*) impeccable

spider ['spaɪdə(r)] N araignée *f*; **s.'s web** toile *f* d'araignée

spike [spaɪk] **1** N (*of metal*) pointe *f* **2** VT (*pierce*) transpercer ■ **spiky** (**-ier, -iest**) ADJ (*stem, stick*) garni de piquants; (*hair*) en épis

spill [spɪl] (*pt & pp* **spilled** or **spilt** [spɪlt]) **1** VT (*liquid*) renverser; *Fam* **to s. the beans** vendre la mèche **2** VI se répandre

▸ **spill out** VT SEP (*empty*) vider

▸ **spill over** VI (*of liquid*) déborder

spin [spɪn] **1** N (*motion*) tournoiement *m*; (*on ball*) effet *m*; *Fam* **to go for a s.** (*in car*) aller faire un tour **2** (*pt & pp* **spun**, *pres p* **spinning**) VT (*wool, cotton*) filer; (*wheel, top*) faire tourner; (*spin-dry*) essorer; **to s. sth out** (*speech*) faire durer qch

3 vi tourner; **to s. round** *(of dancer, wheel, top, planet)* tourner; **my head's spinning** j'ai la tête qui tourne

spinach ['spinidʒ] N épinards *mpl*

spindle ['spindəl] N fuseau *m*

spindly ['spindli] (**-ier, -iest**) ADJ *(legs, arms)* grêle

spin-dry ['spin'drai] vt essorer ▪ **spin-dryer** N essoreuse *f*

spine [spain] N *(backbone)* colonne *f* vertébrale; *(of book)* dos *m*; *(of plant)* épine *f* ▪ **spinal** ADJ **s. column** colonne *f* vertébrale; **s. cord** moelle *f* épinière; **s. injury** blessure *f* à la colonne vertébrale

spin-off ['spinɒf] N *(result)* retombée *f*; *(TV programme)* = feuilleton tiré d'un film ou d'un autre feuilleton

spinster ['spinstə(r)] N vieille fille *f*

spiral ['spaiərəl] **1** N spirale *f* **2** ADJ en spirale; *(staircase)* en colimaçon **3** (*Br* **-ll-,** *Am* **-l-**) vi *(of prices)* s'envoler

spire ['spaiə(r)] N *(of church)* flèche *f*

spirit ['spirit] **1** N *(soul, ghost, mood)* esprit *m*; *Fig (determination)* courage *m*; **spirits** *(drink)* spiritueux *mpl*; **in good spirits** de bonne humeur; *Fam* **that's the s.!** à la bonne heure! **2** ADJ *(lamp)* à alcool; **s. level** niveau *m* (à bulle) **3** vt **to s. away** *(person)* faire disparaître (mystérieusement); *Hum (steal)* subtiliser ▪ **spirited** ADJ *(campaign, attack)* vigoureux, -euse; *(person, remark)* énergique

spiritual ['spiritʃʊəl] **1** ADJ spirituel, -uelle **2** *Mus* **(Negro) s.** negro spiritual *m* ▪ **spiritualism** [-ʊlizəm] N spiritisme *m*

spit¹ [spit] **1** N *(on ground)* crachat *m*; *(in mouth)* salive *f* **2** (*pt & pp* **spat** *or* **spit,** *pres p* **spitting**) vt cracher; **to s. sth out** cracher qch; **to be the spitting image of sb** être le portrait (tout craché) de qn **3** vi cracher; *(splutter) (of fat, fire)* crépiter

spit² [spit] N *(for meat)* broche *f*

spite [spait] **1** N *(dislike)* dépit *m*; **in s. of sb/sth** malgré qn/qch; **in s. of the fact that...** bien que... (+ *subjunctive)* **2** vt vexer ▪ **spiteful** ADJ vexant

spittle ['spitəl] N crachat *m*; *(in mouth)* salive *f*

splash [splæʃ] **1** N *(of liquid)* éclaboussure *f*; *(sound)* plouf *m*; *Fig (of colour)* tache *f*; *Fam* **to make a s.** faire sensation **2** vt *(spatter)* éclabousser (**with** de); **to s. one's face with water** se passer le visage à l'eau **3** vi *(of mud, ink)* faire des éclaboussures; *(of waves)* clapoter; **to s. over sb/ sth** éclabousser qn/qch; **to s. (about)** *(in river, mud)* patauger; *(in bath)* barboter; *Fam* **to s. out** *(spend money)* claquer des ronds

spleen [spli:n] N *Anat* rate *f*

splendid ['splendid] ADJ splendide ▪ **splendour,** *Am* **splendor** N splendeur *f*

splint [splint] N attelle *f*

splinter ['splintə(r)] N *(of wood, glass)* éclat *m*; *(in finger)* écharde *f*; *Pol* **s. group** groupe *m* dissident

split [split] **1** N fente *f*; *(tear)* déchirure *f*; *(of couple)* rupture *f*; *(in political party)* scission *f*; **to do the splits** faire le grand écart **2** ADJ **in a s. second** en une fraction de seconde; **s. ends** *(in hair)* fourches *fpl*; **s. personality** dédoublement *m* de la personnalité **3** (*pt & pp* **split,** *pres p* **splitting**) vt *(break apart)* fendre; *(tear)* déchirer; **to s. (up)** *(group)* diviser; *(money, work)* partager (**between** entre); **to s. one's head open** s'ouvrir la tête; **to s. hairs** *(make trivial distinctions)* couper les cheveux en quatre **4** vi se fendre; *(tear)* se déchirer; **to s. (up)** *(of group)* se diviser (**into** en); **to s. up** *(because of disagreement) (of couple, friends)* se séparer; **to s. up with sb** rompre avec qn

splitting ['splitiŋ] ADJ **to have a s. headache** avoir un mal de tête épouvantable

spoil [spɔil] (*pt & pp* **spoilt** *or* **spoiled**) vt *(ruin)* gâcher; *(indulge)* gâter; **to s. sb's appetite** couper l'appétit à qn; **to be spoilt for choice** avoir l'embarras du choix ▪ **spoilsport** N rabat-joie *m inv*

spoilt [spɔilt] PT & PP of **spoil**

spoke¹ [spəʊk] N *(of wheel)* rayon *m*

spoke² [spəʊk] PT of **speak** ▪ **spoken 1** PP of **speak 2** ADJ *(language)* parlé; **to be softly s.** avoir la voix douce ▪ **spokesman** (*pl* **-men**), **spokesperson** (*pl* **-people**) N porte-parole *m inv* (**for** *or* **of** de) ▪ **spokeswoman** (*pl* **-women**) N porte-parole *f inv*

sponge [spʌndʒ] **1** N éponge *f*; *Br* **s. bag** trousse *f* de toilette; **s. cake** génoise *f* **2** vt **to s. sth down/ off** laver/enlever qch avec une éponge; *Fam* **to s. sth off sb** taper qn de qch **3** vi *Fam* **to s. off** *or* **on sb** vivre aux crochets de qn ▪ **sponger** N *Fam* parasite *m*

sponsor ['spɒnsə(r)] **1** N sponsor *m*; *(for membership)* parrain *m*/marraine *f* **2** vt sponsoriser; *(student)* financer les études de; *(member)* parrainer ▪ **sponsorship** N sponsoring *m*; *(of member)* parrainage *m*

spontaneous [spɒn'teiniəs] ADJ spontané ▪ **spontaneity** [-tə'neiəti] N spontanéité *f* ▪ **spontaneously** ADV spontanément

spoof [spu:f] N *Fam (parody)* parodie *f* (**on** de)

spooky ['spu:ki] (**-ier, -iest**) ADJ *Fam* qui donne le frisson

spool [spu:l] N bobine *f*

spoon [spu:n] N cuillère f ■ **spoonful** N cuillerée f

sporadic [spə'rædɪk] ADJ sporadique

sport[1] [spɔ:t] N sport m; Fam **a (good) s.** (man) un chic type; (woman) une chic fille; **to do** or **play** Br **s.** or Am **sports** faire du sport; **sports club** club m de sport; **sports car/ground** voiture f/terrain m de sport ■ **sporting** ADJ (attitude, conduct, person) sportif, -ive; Fig **that's s. of you** c'est chic de ta part ■ **sportsman** (pl **-men**) N sportif m ■ **sportsmanship** N sportivité f ■ **sportswear** N vêtements mpl de sport ■ **sportswoman** (pl **-women**) N sportive f ■ **sporty** (**-ier, -iest**) ADJ sportif, -ive

sport[2] [spɔ:t] VT (wear) arborer

spot[1] [spɒt] N (stain, mark) tache f; (dot) point m; (polka dot) pois m; (drop) goutte f; (pimple) bouton m; (place) endroit m; (advertising) spot m publicitaire; Fam **a s. of bother** de petits problèmes; **to have a soft s. for sb** avoir un faible pour qn; **on the s.** sur place; (at once) sur le coup; Br **(accident) black s.** (on road) point m noir; **blind s.** (in vehicle) angle m mort; **s. check** contrôle m surprise

spot[2] [spɒt] (pt & pp **-tt-**) VT (notice) apercevoir; **well spotted!** bien vu!

spotless ['spɒtləs] ADJ (clean) impeccable

spotlight ['spɒtlaɪt] N projecteur m; (for photography) spot m; **to be in the s.** être sous le feu des projecteurs

spot-on ['spɒt'ɒn] ADJ Br Fam tout à fait exact

spotted ['spɒtɪd] ADJ (fur) tacheté; (dress) à pois; (stained) taché

spotty ['spɒtɪ] (**-ier, -iest**) ADJ (face, person) boutonneux, -euse; Am (patchy) inégal

spouse [spaʊs, spaʊz] N époux m, épouse f

spout [spaʊt] **1** N (of teapot, jug) bec m; Br Fam **to be up the s.** être fichu **2** VT Pej (say) débiter **3** VI **to s. (out)** (of liquid) jaillir

sprain [spreɪn] N entorse f; **to s. one's ankle/ wrist** se fouler la cheville/le poignet

sprang [spræŋ] PT of **spring**[1]

sprawl [sprɔ:l] **1** N **the urban s.** les banlieues fpl tentaculaires **2** VI (of town, person) s'étaler ■ **sprawling** ADJ (city) tentaculaire; (person) affalé

spray [spreɪ] **1** N **(a)** (can, device) vaporisateur m; (water drops) gouttelettes fpl; (from sea) embruns mpl **(b)** (of flowers) petit bouquet m **2** VT (liquid, surface) vaporiser; (plant, crops) pulvériser; (car) peindre à la bombe

spread [spred] **1** N (of idea, religion, language) diffusion f; (of disease) propagation f; Fam (meal) festin m; **cheese/chocolate s.** fromage m/ chocolat m à tartiner; **full-page s.** (in newspaper)

double page f **2** (pt & pp **spread**) VT (stretch, open out) étendre; (legs, fingers) écarter; (paint, payment, visits, cards) étaler; (sand, fear, knowledge) répandre; (news, germ, illness) propager; **to s. out** (map, payments, visits) étaler; (fingers) écarter; **to be s. out** (of city) s'étendre **3** VI (of town, fog) s'étendre; (of fire, epidemic, fear) se propager; (of news, fear) se répandre; **to s. out** (of people) se disperser ■ **spread-'eagled** ADJ bras et jambes écartés ■ **spreadsheet** N Comptr tableur m

spree [spri:] N **to go on a spending s.** faire des folies dans les magasins

sprig [sprɪg] N (of parsley) brin m; (of holly) branche f

sprightly ['spraɪtlɪ] (**-ier, -iest**) ADJ alerte

spring[1] [sprɪŋ] **1** N (device) ressort m; (leap) bond m **2** (pt **sprang**, pp **sprung**) VT (news) annoncer brusquement (**on** à); (surprise) faire (**on** à); **to s. a leak** (of boat) commencer à prendre l'eau **3** VI (leap) bondir; **to s. to mind** venir à l'esprit; **to s. into action** passer rapidement à l'action; **to s. from** (stem from) provenir de; **to s. up** (appear) surgir ■ **springboard** N tremplin m ■ **springy** (**-ier, -iest**) ADJ souple

spring[2] [sprɪŋ] N (season) printemps m; **in (the) s.** au printemps; Br **s. onion** oignon m nouveau ■ **spring-cleaning** N nettoyage m de printemps ■ **springtime** N printemps m

spring[3] [sprɪŋ] N (of water) source f; **s. water** eau f de source

sprinkle ['sprɪŋkəl] VT (sand) répandre (**on** or **over** sur); **to s. sth with water, to s. water on sth** arroser qch; **to s. sth with sth** (sugar, salt, flour) saupoudrer qch de qch ■ **sprinkler** N (in garden) arroseur m

sprint [sprɪnt] **1** N (race) sprint m **2** VI (run) sprinter ■ **sprinter** N sprinter m, sprinteuse f

sprout [spraʊt] **1** N (Brussels) **s.** chou m de Bruxelles **2** VT (leaves) pousser; Fig (beard, whiskers) se laisser pousser **3** VI (of seed, bulb) pousser; **to s. up** (grow) pousser vite; (appear) surgir

spruce[1] [spru:s] **1** (**-er, -est**) ADJ (neat) impeccable **2** VT **to s. oneself up** se faire beau (f belle)

spruce[2] [spru:s] N (tree) épicéa m

sprung [sprʌŋ] **1** PP of **spring**[1] **2** ADJ (mattress, seat) à ressorts

spud [spʌd] N Fam (potato) patate f

spun [spʌn] PT & PP of **spin**

spur [spɜ:(r)] **1** N (of horse rider) éperon m; Fig (stimulus) aiguillon m; **to do sth on the s. of the moment** faire qch sur un coup de tête **2** (pt & pp **-rr-**) VT **to s. sb on** (urge on) aiguillonner qn

spurious ['spjʊərɪəs] ADJ faux (f fausse)

spurn [spɜ:n] VT rejeter

spurt [spɜ:t] **1** N (of liquid) giclée f; (of energy)

regain *m*; **to put on a s.** foncer **2** VI *(of liquid)* gicler; *(of person)* foncer; **to s. out** *(of liquid)* gicler

spy [spaɪ] **1** *(pl* **-ies)** N espion, -ionne *mf* **2** ADJ *(story, film)* d'espionnage; **s. hole** judas *m*; **s. ring** réseau *m* d'espionnage **3** *(pt & pp* **-ied)** VT *(notice)* repérer **4** VI espionner; **to s. on sb** espionner qn ■ **spying** N espionnage *m*

sq *(abbr* **square)** carré

squabble ['skwɒbəl] **1** N querelle *f* **2** VI se quereller **(over** à propos de)

squad [skwɒd] N *(of workmen, footballers)* équipe *f*; *(of soldiers)* section *f*; *(of police)* brigade *f*; *Br* **s. car** voiture *f* de police

squalid ['skwɒlɪd] ADJ sordide ■ **squalor** N *(poverty)* misère *f*

squall [skwɔːl] N *(of wind)* rafale *f*

squander ['skwɒndə(r)] VT *(money, resources)* gaspiller; *(time)* perdre

square ['skweə(r)] **1** N carré *m*; *(on chessboard, map)* case *f*; *(in town)* place *f*; *Br (drawing implement)* équerre *f*; *Fam (unfashionable person)* ringard, -arde *mf*; *Fig* **to be back to s. one** être de retour à la case départ **2** ADJ carré; *Fam (unfashionable person)* ringard; **to be s. with sb** être honnête avec qn; *Fam* **we're (all) s.** nous sommes quittes; **s. corner** angle *m* droit; *Math* **s. root** racine *f* carrée **3** VT *(settle)* régler; *Math (number)* élever au carré; **to s. sth with sb** arranger qch avec qn **4** VI *(tally)* cadrer **(with** avec); **to s. up to sb/sth** faire face à qn/qch

squash [skwɒʃ] **1** N *(game)* squash *m*; *Am (vegetable)* courge *f*; *Br* **lemon/orange s.** ≃ sirop *m* de citron/d'orange **2** VT écraser

squat [skwɒt] **1** N *(dwelling)* squat *m* **2** ADJ *(person, object, building)* trapu **3** *(pt & pp* **-tt-)** VI squatter; **to s. (down)** s'accroupir; **to be squatting (down)** être accroupi ■ **squatter** N squatter *m*

squawk [skwɔːk] **1** N cri *m* rauque **2** VI pousser un cri rauque

squeak [skwiːk] **1** N *(of animal, person)* cri *m* aigu; *(of door)* grincement *m* **2** VI *(of person)* pousser un cri aigu; *(of door)* grincer ■ **squeaky** (**-ier, -iest)** ADJ *(door)* grinçant; *(shoe)* qui craque; **s. clean** impeccable

squeal [skwiːl] **1** N cri *m* perçant **2** VI pousser un cri perçant; *(of tyres)* crisser; *Fam* **to s. on sb** balancer qn

squeamish ['skwiːmɪʃ] ADJ de nature délicate

squeeze [skwiːz] **1** N **to give sth a s.** presser qch; **to give sb's hand/arm a s.** serrer la main/le bras à qn; **to give sb a s.** serrer qn dans ses bras **2** VT *(press)* presser; **to s. sb's hand** serrer la main à qn; **to s. sth into sth** faire rentrer qch dans qch; **to s. the juice (out)** faire sortir le jus **(of** de) **3** VI **to s. through/into sth** *(force oneself)* se glisser

par/dans qch; **to s. in** trouver de la place; **to s. up** se serrer **(against** contre)

squelch [skweltʃ] VI patauger

squid [skwɪd] N INV calmar *m*

squiggle ['skwɪɡəl] N gribouillis *m*

squint [skwɪnt] **1** N *(eye defect)* strabisme *m*; **to have a s.** loucher **2** VI loucher; *(in the sunlight)* plisser les yeux

squirm [skwɜːm] VI *(wriggle)* se tortiller; **to s. in pain** se tordre de douleur

squirrel [*Br* 'skwɪrəl, *Am* 'skwɜːrəl] N écureuil *m*

squirt [skwɜːt] **1** N giclée *f*; *Fam* **little s.** *(person)* petit(e) morveux, -euse *mf* **2** VT *(liquid)* faire gicler **3** VI *(of liquid)* gicler

Sri Lanka [sriː'læŋkə] N le Sri Lanka

St N **(a)** *(abbr* **Street)** rue *f* **(b)** *(abbr* **Saint)** St *m* *(f* Ste)

stab [stæb] **1** N **s. (wound)** coup *m* de couteau **2** *(pt & pp* **-bb-)** VT *(with knife)* poignarder; **to s. sb to death** tuer qn d'un coup de couteau ■ **stabbing** N **there has been a s.** quelqu'un a été poignardé; **a s. pain** une douleur lancinante

stability [stə'bɪlɪtɪ] N stabilité *f*

stabilize ['steɪbəlaɪz] **1** VT stabiliser **2** VI se stabiliser ■ **stabilizer** N *(on bicycle)* stabilisateur *m*

stable[1] ['steɪbəl] (**-er, -est)** ADJ stable

stable[2] ['steɪbəl] N écurie *f*

> Note that the French word **étable** is a false friend and is never a translation for the English word **stable**. It means **cowshed**.

stack [stæk] **1** N **(a)** *(heap)* tas *m*; *Fam* **stacks of** *(lots of)* des tas de **(b)** **chimney s.** *(of factory)* tuyau *m* de cheminée **2** NPL **the stacks** *(in library)* la réserve **3** VT **to s. (up)** entasser

stadium ['steɪdɪəm] N stade *m*

staff [stɑːf] **1** N personnel *m*; *(of school, university)* professeurs *mpl*; *(of army)* état-major *m*; *Literary (stick)* bâton *m*; **to be on the s.** faire partie du personnel; **member of s., s. member** *(in office)* employé, -ée *mf*; *(in school)* professeur *m*; *Br* **s. meeting** *(in school, university)* conseil *m* des professeurs; *Br* **s. room** *(in school)* salle *f* des professeurs **2** VT pourvoir en personnel; **the desk is staffed at all times** il y a toujours quelqu'un au bureau

stag [stæɡ] N cerf *m*; *Br* **s. party** or **night** enterrement *m* de la vie de garçon; **to have a s. party** or **night** enterrer sa vie de garçon

stage[1] [steɪdʒ] **1** N *(platform)* scène *f*; **the s.** *(profession)* le théâtre; **on s.** sur scène; **s. door** entrée *f* des artistes; **s. fright** trac *m* **2** VT *(play)* monter; *Fig* organiser; **it was staged** *(not real)* c'était un coup monté

stage[2] [steɪdʒ] N *(phase)* stade *m*; **to do sth in**

(easy) stages faire qch par étapes; **at an early s.** au début (**of** de); **at this s. in the work** à ce stade des travaux; **at this s.** *(at this moment)* à l'heure qu'il est

Note that the French word **stage** is a false friend and is never a translation for the English word **stage**. It means **training course**.

stagger ['stægə(r)] **1** VT *(holidays)* échelonner; *(astound)* stupéfier **2** VI *(reel)* chanceler ■ **staggering** ADJ stupéfiant

stagnant ['stægnənt] ADJ stagnant ■ **stag'nate** VI stagner ■ **stag'nation** N stagnation *f*

staid [steɪd] ADJ collet monté *inv*

stain [steɪn] **1** N *(mark)* tache *f*; *(dye)* teinture *f*; **s. remover** détachant *m* **2** VT *(mark)* tacher (**with** de); *(dye)* teinter; **stained-glass window** vitrail *m (pl* vitraux)

stair [steə(r)] N **a s.** *(step)* une marche; **the stairs** *(staircase)* l'escalier *m* ■ **staircase, stairway** N escalier *m* ■ **stairwell** N cage *f* d'escalier

stake [steɪk] **1** N **(a)** *(post)* pieu *m*; *(for plant)* tuteur *m* **(b)** *(betting)* enjeu *m*; **to have a s. in sth** *(share)* avoir des intérêts dans qch; **at s.** en jeu; **there's a lot at s.** l'enjeu est considérable **2** VT **(a)** **to s. (out)** *(land)* délimiter; **to s. a claim to sth** revendiquer qch **(b)** *(bet)* jouer (**on** sur)

stale [steɪl] (-er, -est) ADJ *(bread)* rassis; *(beer)* éventé; *(air)* vicié; *(smell)* âcre; *(news)* vieux *(f* vieille); *(joke)* éculé; *(person)* blasé

stalemate ['steɪlmeɪt] N *Chess* pat *m*; *Fig* impasse *f*

stalk [stɔːk] **1** N *(of plant)* tige *f*; *(of fruit)* queue *f* **2** VT *(animal, criminal)* traquer; *(celebrity)* harceler **3** VI **to s. out** *(walk angrily)* sortir d'un air furieux mais digne ■ **stalker** N = admirateur obsessionnel qui harcèle une célébrité ou une de ses connaissances

stall [stɔːl] **1** N *(in market)* étal *m*; *Br (for newspapers, flowers)* kiosque *m*; *(in stable)* stalle *f*; *Br* **the stalls** *(in cinema, theatre)* l'orchestre *m* **2** VT *(engine, car)* caler **3** VI *(of car)* caler; **to s. (for time)** chercher à gagner du temps

stallion ['stæljən] N étalon *m*

stamina ['stæmɪnə] N résistance *f* physique

stammer ['stæmə(r)] **1** N bégaiement *m*; **to have a s.** être bègue **2** VI bégayer **3** VT **to s. out an apology** balbutier des excuses

stamp [stæmp] **1** N *(for letter)* timbre *m*; *(mark)* cachet *m*; *(device)* tampon *m*; *Fig* **to bear the s. of sth** porter l'empreinte de qch; **to be given the s. of approval** être approuvé; **s. collector** philatéliste *mf* **2** VT *(document)* tamponner; *(letter)* timbrer; *(metal)* estamper; **to s. one's foot** taper du pied; *Fig* **to s. sth out** *(rebellion, evil)*

écraser qch; *(disease)* éradiquer qch; *Br* **stamped addressed envelope** enveloppe *f* timbrée *(libellée à ses noms et adresse)* **3** VI **to s. on sth** écraser qch

stampede [stæm'piːd] **1** N débandade *f* **2** VI se ruer

stance [stɑːns] N position *f*

stand [stænd] **1** N *(opinion)* position *f*; *(support)* support *m*; *(stall)* étal *m*; *(at exhibition)* stand *m*; *(at sports ground)* tribune *f*; **to take a s.** prendre position **2** *(pt & pp* stood) VT *(pain, journey)* supporter; *(put straight)* mettre debout; **to s. a chance** avoir des chances; **to s. one's ground** tenir bon; **I can't s. him** je ne peux pas le supporter; **I can't s. it** je ne supporte pas ça **3** VI *(be upright)* se tenir debout; *(get up)* se mettre debout; *(remain)* rester debout; *(of building)* se trouver; *(of object)* être; **to s. still** se tenir immobile; **to leave sth to s.** *(liquid)* laisser qch reposer; **the offer still stands** l'offre tient toujours

▸ **stand about, stand around** VI *(in street)* traîner

▸ **stand aside** VI s'écarter

▸ **stand back** VI reculer

▸ **stand by 1** VT INSEP *(opinion)* s'en tenir à; *(person)* soutenir **2** VI *(do nothing)* rester sans rien faire; *(be ready)* être prêt

▸ **stand down** VI *(withdraw)* se retirer

▸ **stand for** VT INSEP *(mean)* signifier; *(represent)* représenter; *(be candidate for)* être candidat à; *(tolerate)* supporter

▸ **stand in for** VT INSEP *(replace)* remplacer

▸ **stand out** VI *(be visible)* ressortir (**against** sur)

▸ **stand over** VT INSEP *(watch closely)* surveiller

▸ **stand up 1** VT SEP mettre debout; *Fam* **to s. sb up** poser un lapin à qn **2** VI *(get up)* se lever

▸ **stand up for** VT INSEP *(defend)* défendre

▸ **stand up to** VT INSEP *(resist)* résister à; *(defend oneself against)* tenir tête à

standard ['stændəd] **1** N *(norm)* norme *f*; *(level)* niveau *m*; *(of weight, gold)* étalon *m*; **standards** principes *mpl* moraux; **to be** *or* **come up to s.** *(of person)* être à la hauteur; *(of work)* être au niveau; **s. of living, living standards** niveau de vie **2** ADJ *(average)* ordinaire; *(model, size)* standard *inv*; *(weight)* étalon *inv*; *(dictionary, book)* classique; **it's s. practice** c'est une pratique courante; *Br* **s. lamp** lampadaire *m* ■ **standardize** VT standardiser

stand-by ['stændbaɪ] **1** *(pl* -bys) N **on s.** *(troops, emergency services)* prêt à intervenir; **s. mode** *(of appliance)* mode *f* veille; **in s. mode** en veille **2** ADJ *(battery)* de réserve; *(plane ticket)* en standby

stand-in ['stændɪn] N remplaçant, -ante mf (**for** de); (actor) doublure f (**for** de)

standing ['stændɪŋ] 1 ADJ (upright) debout; (permanent) permanent; **I have a s. invitation** je peux y aller quand je veux; **s. joke** plaisanterie f classique; Br **s. order** virement m automatique 2 N (reputation) réputation f; (social, professional) rang m; **a friendship of six years' s.** une amitié de six ans; **of long s.** de longue date

stand-offish [stænd'ɒfɪʃ] ADJ distant

standpoint ['stændpɔɪnt] N point m de vue

standstill ['stændstɪl] N **to bring sth to a s.** immobiliser qch; **to come to a s.** s'immobiliser; **at a s.** immobile; (negotiations, industry) paralysé

stand-up ['stændʌp] 1 N (comedy) spectacle m comique; **to do s.** faire des spectacles comiques 2 VT **s. comic** or **comedian** comique mf de scène

stank [stæŋk] PT of **stink**

stanza ['stænzə] N strophe f

staple[1] ['steɪpəl] ADJ (basic) de base; **s. food** or **diet** nourriture f de base

staple[2] ['steɪpəl] 1 N (for paper) agrafe f 2 VT agrafer ■ **stapler** N (for paper) agrafeuse f

star [stɑː(r)] 1 N étoile f; (famous person) star f; **the Stars and Stripes** (flag) la bannière étoilée; **the S.-Spangled Banner** (flag) la bannière étoilée; (song) l'hymne m national des États-Unis; Br **four-s.** (petrol) du super; **s. player** vedette f; **s. sign** signe m du zodiaque 2 (pt & pp **-rr-**) VT (of film) avoir pour vedette 3 VI (of actor, actress) être la vedette (**in** de)

starboard ['stɑːbəd] N Naut tribord m

starch [stɑːtʃ] 1 N amidon m 2 VT amidonner

stare [steə(r)] 1 N regard m fixe 2 VT **to be staring sb in the face** (be obvious) crever les yeux à qn 3 VI **to s. at sb/sth** fixer qn/qch (du regard)

starfish ['stɑːfɪʃ] N étoile f de mer

stark [stɑːk] 1 (**-er, -est**) ADJ (place) désolé; (fact, reality) brutal; **to be in s. contrast to** contraster nettement avec; **the s. truth** la vérité toute nue 2 ADV **s. naked** complètement nu ■ **starkers** ADJ Br Fam à poil

starling ['stɑːlɪŋ] N étourneau m

starlit ['stɑːlɪt] ADJ étoilé

starry ['stɑːrɪ] (**-ier, -iest**) ADJ étoilé

start[1] [stɑːt] 1 N début m; (of race) départ m; **for a s.** pour commencer; **from the s.** dès le début; **to make a s.** commencer 2 VT commencer; (packet, conversation) entamer; (fashion, campaign, offensive) lancer; (engine, vehicle) mettre en marche; (business) fonder; **to s. a fire** (deliberately) (in grate) allumer un feu; (accidentally) provoquer un incendie; **to s. doing** or **to do sth** commencer à faire qch 3 VI commencer (**with sth** par qch;

by doing par faire); (of vehicle) démarrer; (leave) partir (**for** pour); (in job) débuter; **to s. with** (firstly) pour commencer; **starting from now/10 euros** à partir de maintenant/10 euros ■ **starting** ADJ (point, line, salary) de départ; **s. place** point m de départ ■ **start-up** N (of computer) démarrage m; (of business) ouverture f

▸ **start off** 1 VT SEP **to s. sb off** (in business) aider qn à démarrer 2 VI (leave) partir (**for** pour); (in job) débuter

▸ **start out** VI (begin) débuter; (on journey) se mettre en route

▸ **start up** 1 VT SEP (engine, vehicle) mettre en marche; (business) fonder 2 VI (of engine, vehicle) démarrer

start[2] [stɑːt] 1 N (movement) sursaut m; **to give sb a s.** faire sursauter qn 2 VI sursauter

starter ['stɑːtə(r)] N (in vehicle) démarreur m; (in meal) entrée f; (runner) partant, -ante mf; (official in race) starter m; Fam **for starters** (firstly) pour commencer

startle ['stɑːtəl] VT faire sursauter

starvation [stɑː'veɪʃən] 1 N faim f 2 ADJ (wage, ration) de misère; **to be on a s. diet** (to lose weight) suivre un régime draconien

starve [stɑːv] 1 VT (make suffer) faire souffrir de la faim; Fig (deprive) priver (**of** de); **to s. sb to death** laisser qn mourir de faim 2 VI (suffer) souffrir de la faim; **to s. to death** mourir de faim; Fam **I'm starving!** je meurs de faim!

stash [stæʃ] VT Fam **to s. away** (hide) cacher; (save up) mettre de côté

state[1] [steɪt] 1 N (a) (condition) état m; (situation) situation f; **not in a (fit) s. to...**, **in no (fit) s. to...** hors d'état de...; **in (quite) a s.** (bad shape) dans un drôle d'état (b) S. (nation) État m; Fam **the States** les États-Unis mpl 2 ADJ (secret, document) d'État; (security) de l'État; Br (school, education) public, -ique; **s. visit** voyage m officiel; Am **S. Department** ≃ ministère m des Affaires étrangères ■ **'state-'owned** ADJ étatisé

state[2] [steɪt] VT déclarer (**that** que); (opinion) formuler; (problem) exposer; (time, date) fixer

statement ['steɪtmənt] N déclaration f; (in court) déposition f; (bank) s., **s. of account** relevé m de compte

state-of-the-art ['steɪtəvðiː'ɑːt] ADJ (technology) de pointe; (computer, television) ultramoderne

statesman ['steɪtsmən] (pl **-men**) N homme m d'État

static ['stætɪk] 1 ADJ statique 2 N électricité f statique

station ['steɪʃən] 1 N (for trains) gare f; (underground) station f; (position) & Mil poste m; (social) rang m; **coach s.** gare f routière; **police s.** poste m de police; **space/radio s.** station f spatiale/de radio; **Am s. wagon** break m **2** vt *(position)* placer; **to be stationed at/in** *(of troops)* être en garnison à/en

stationary ['steɪʃənəri] ADJ *(vehicle)* à l'arrêt; *(person)* immobile

stationery ['steɪʃənəri] N *(articles)* articles mpl de bureau; *(paper)* papier m ■ **stationer** N papetier, -ière mf; **s.'s (shop)** papeterie f

statistic [stə'tɪstɪk] N *(fact)* statistique f; **statistics** *(science)* la statistique

statue ['stætʃuː] N statue f

stature ['stætʃə(r)] N *(height)* stature f; *Fig (importance)* envergure f

status ['steɪtəs] N *(position)* situation f; *(legal, official)* statut m; *(prestige)* prestige m; **s. symbol** marque f de prestige; **s. quo** statu quo m inv

statute ['stætʃuːt] N *(law)* loi f; **statutes** *(of institution, club)* statuts mpl ■ **statutory** ['stætʃʊtəri] ADJ *(right, duty)* statutaire; *Br* **s. holiday** fête f légale

staunch [stɔːntʃ] (**-er, -est**) ADJ *(resolute)* convaincu; *(supporter)* ardent

stave [steɪv] **1** N *Mus* portée f **2** vt **to s. sth off** *(disaster, danger)* conjurer qch; **to s. off hunger** tromper la faim

stay [steɪ] **1** N *(visit)* séjour m **2** vi *(remain)* rester; *(reside)* loger; *(visit)* séjourner; **to s. put** ne pas bouger

▸ **stay away** vi ne pas s'approcher (**from** de); **to s. away from school** ne pas aller à l'école

▸ **stay behind** vi rester en arrière

▸ **stay in** vi *(at home)* rester à la maison; *(of nail, screw, tooth)* tenir

▸ **stay out** vi *(outside)* rester dehors; *(not come home)* ne pas rentrer; **to s. out of sth** *(not interfere in)* ne pas se mêler de qch; *(avoid)* éviter qch

▸ **stay up** vi *(at night)* ne pas se coucher; *(of fence)* tenir, **to s. up late** se coucher tard

▸ **stay with** vt INSEP *(plan, idea)* ne pas lâcher

St Bernard [*Br* sənt'bɜːnəd, *Am* seɪntbər'nɑːrd] N *(dog)* saint-bernard m inv

STD [estiː'diː] *(abbr* **sexually transmitted disease)** N MST f

stead [sted] N **to stand sb in good s.** être bien utile à qn; **in sb's s.** à la place de qn

steadfast ['stedfɑːst] ADJ *(devoted)* dévoué; *(opponent)* constant

steady ['stedɪ] **1** (**-ier, -iest**) ADJ *(firm, stable)* stable; *(hand, voice)* assuré; *(progress, speed, demand)* constant; *(relationship)* durable; **a s. flood** or **stream of insults** un flot ininterrompu d'insultes; **to be s. on one's feet** être solide sur

ses jambes **2** ADV *Fam* **to go s. with sb** sortir avec qn **3** vt faire tenir; **to s. one's nerves** se calmer; **to s. oneself** retrouver son équilibre ■ **steadily** ADV *(gradually)* progressivement; *(regularly)* régulièrement; *(continuously)* sans arrêt; *(walk)* d'un pas assuré

steak [steɪk] N *(beef)* steak m; *Br* **s. and kidney pie** = tourte aux rognons et à la viande de bœuf

steal[1] [stiːl] *(pt* **stole,** *pp* **stolen)** vti voler (**from sb** à qn)

steal[2] [stiːl] *(pt* **stole,** *pp* **stolen)** vi **to s. in/out** entrer/sortir furtivement ■ **stealth** [stelθ] N **by s.** furtivement ■ **stealthy** ['stelθɪ] (**-ier, -iest**) ADJ furtif, -ive

steam [stiːm] **1** N vapeur f; *(on glass)* buée f; *Fam* **to let off s.** se défouler; **s. engine/iron** locomotive f/fer m à vapeur **2** vt *(food)* cuire à la vapeur; **to get steamed up** *(of glass)* se couvrir de buée; *Fam (of person)* s'énerver **3** vi *(give off steam)* fumer; **to s. up** *(of glass)* s'embuer ■ **steamer** N bateau m à vapeur; *(for food)* panier m pour cuisson à la vapeur

steamroller ['stiːmrəʊlə(r)] N rouleau m compresseur

steamy ['stiːmɪ] (**-ier, -iest**) ADJ plein de vapeur; *(window)* embué; *Fam (love affair, relationship)* torride

steel [stiːl] **1** N acier m; **s. industry** sidérurgie f; **s. mill** aciérie f **2** vt **to s. oneself** s'armer de courage; **to s. oneself against failure** s'endurcir contre l'échec

steep [stiːp] **1** (**-er, -est**) ADJ *(stairs, slope)* raide; *(hill, path)* escarpé; *Fig (price)* excessif, -ive **2** vt *(soak)* tremper (**in** dans); *Fig* **steeped in** *(history, prejudice)* imprégné de ■ **steeply** ADV *(rise)* en pente raide; *Fig (of prices)* excessivement

steeple ['stiːpəl] N clocher m

steeplechase ['stiːpəltʃeɪs] N steeple-chase m

steer [stɪə(r)] **1** vt diriger **2** vi *(of person)* conduire; *(of ship)* se diriger (**for** vers); **to s. towards** faire route vers; **to s. clear of sb/sth** éviter qn/qch ■ **steering** N *(in vehicle)* direction f; **s. wheel** volant m

stem [stem] **1** N *(of plant)* tige f; *(of glass)* pied m; *Biol* **s. cell** cellule f souche **2** *(pt & pp* **-mm-)** vt *(stop)* arrêter; **to s. the flow** or **tide of sth** endiguer le flot de qch **3** vi **to s. from sth** provenir de qch

stench [stentʃ] N puanteur f

step [step] **1** N *(movement, sound)* pas m; *(of stairs)* marche f; *(on train, bus)* marchepied m; *(doorstep)* pas de la porte; *Fig (action)* mesure f; **(flight of) steps** *(indoors)* escalier m; *(outdoors)* perron m; **s. by s.** pas à pas; **to keep in s.** marcher au pas **2** *(pt*

& pp **-pp-**) vi *(walk)* marcher (**on** sur); **s. this way!** *(venez)* par ici! ■ **stepbrother** N demi-frère m ■ **stepdaughter** N belle-fille f ■ **stepfather** N beau-père m ■ **stepmother** N belle-mère f ■ **stepsister** N demi-sœur f ■ **stepson** N beau-fils m

‣ **step aside** vi s'écarter

‣ **step back** vi reculer

‣ **step down** vi descendre (**from** de); *Fig (withdraw)* se retirer

‣ **step forward** vi faire un pas en avant

‣ **step in** vi *(enter)* entrer; *(into car)* monter; *Fig (intervene)* intervenir

‣ **step into** vt insep *(car)* monter dans

‣ **step off** vt insep *(chair)* descendre de

‣ **step out** vi *(of car)* descendre (**of** de)

‣ **step over** vt insep *(obstacle)* enjamber

‣ **step up** vt sep *(increase)* augmenter; *(speed up)* accélérer

stepladder ['steplædə(r)] N escabeau m

stepping-stone ['stepɪŋstəʊn] N *(in river)* pierre f; *Fig (in career)* tremplin m

stereo ['sterɪəʊ] **1** *(pl* **-os)** N *(hi-fi, record player)* chaîne f stéréo; *(sound)* stéréo f; **in s.** en stéréo **2** adj *(record)* stéréo inv; *(broadcast)* en stéréo

stereotype ['sterɪətaɪp] **1** N stéréotype m **2** vt stéréotyper

sterile *[Br* 'sterarl, *Am* 'sterəl] adj stérile

sterilize ['sterəlaɪz] vt stériliser ■ **sterili'zation** N stérilisation f

sterling ['stɜːlɪŋ] **1** N *Br (currency)* livre f sterling **2** adj *(silver)* fin; *Fig (quality, person)* sûr

stern[1] [stɜːn] **(-er, -est)** adj sévère

stern[2] [stɜːn] N *(of ship)* arrière m

steroid ['stɪərɔɪd] N stéroïde m

stethoscope ['steθəskəʊp] N stéthoscope m

stew [stjuː] **1** N ragoût m; *Fig* **to be in a s.** être dans le pétrin **2** vt *(meat)* faire cuire en ragoût; *(fruit)* faire de la compote de; **stewed fruit** compote f **3** vi cuire

steward ['stjuːəd] N *(on plane, ship)* steward m ■ **stewardess** N *(on plane)* hôtesse f

stick[1] [stɪk] N *(piece of wood, chalk, dynamite)* bâton m; *(for walking)* canne f; *(laugh at)* se payer la tête de qn; *Fam Pej* **in the sticks** *(countryside)* à la cambrousse; *Br Fam* **to give sb s.** *(criticize)* taper sur les doigts de qn; *Br Fam* **to get** or **take a lot of s.** *(be criticized)* se faire taper sur les doigts; *(be mocked)* se faire mettre en boîte

stick[2] [stɪk] **1** *(pt & pp* **stuck)** vt *(glue)* coller; *Fam (put)* fourrer; *Fam (tolerate)* supporter; **to s. sth into sth** fourrer qch dans qch; *Fig* **to s. to one's guns** ne pas en démordre **2** vi coller (**to** à); *(of food in pan)* attacher (**to** dans); *(of drawer)* se

coincer; **to s. to the facts** s'en tenir aux faits; **to s. to one's principles** rester fidèle à ses principes ■ **sticking plaster** N *Br* sparadrap m

‣ **stick around** vi *Fam (hang around)* rester dans les parages

‣ **stick by** vt insep rester fidèle à

‣ **stick down** vt sep *(envelope, stamp)* coller; *Fam (put down)* poser

‣ **stick on** vt sep *(stamp, label)* coller

‣ **stick out 1** vt sep *(tongue)* tirer; *Fam (head or arm from window)* sortir; *Fam* **to s. it out** *(resist)* tenir bon **2** vi *(of shirt)* dépasser; *(of tooth)* avancer

‣ **stick up** vt sep *(notice)* coller; *Fam (hand)* lever

‣ **stick up for** vt insep défendre

sticker ['stɪkə(r)] N autocollant m

stick-up ['stɪkʌp] N *Fam* braquage m

sticky ['stɪkɪ] **(-ier, -iest)** adj collant; *(label)* adhésif, -ive; *Fig (problem, matter)* délicat

stiff [stɪf] **(-er, -est)** adj raide; *(joint)* ankylosé; *(brush, paste)* dur; *Fig (person)* guindé; *(difficult)* difficile; *(price)* élevé; *(whisky)* bien tassé; **to have a s. neck** avoir un torticolis; **to feel s.** être courbaturé; *Fam* **to be bored s.** s'ennuyer à mourir; *Fam* **frozen s.** complètement gelé

stiffen ['stɪfən] **1** vt raidir **2** vi se raidir

stifle ['staɪfəl] **1** vt *(feeling, person)* étouffer **2** vi **it's stifling** on étouffe

stigma ['stɪgmə] N *(moral stain)* flétrissure f; **there's no s. attached to...** il n'y a aucune honte à…

stile [staɪl] N échalier m

stiletto [stɪ'letəʊ] *Br* **1** *(pl* **-os** or **-oes)** N *(shoe)* talon m aiguille **2** adj **s. heels** talons mpl aiguille

still[1] [stɪl] adv encore, toujours; *(even)* encore; *(nevertheless)* tout de même; **better s., s. better** encore mieux

still[2] [stɪl] **1** **(-er, -est)** adj *(not moving)* immobile; *(calm)* calme; *Br (drink)* non gazeux, -euse; **to stand s.** rester tranquille; **s. life** nature f morte **2** N *(photo of film)* photo f *(tirée d'un film)*; **in the s. of the night** dans le silence de la nuit ■ **stillborn** adj *(baby)* mort-né *(f* mort-née)

still[3] [stɪl] N *(distilling equipment)* alambic m

stilt [stɪlt] N *(for walking)* échasse f

stilted ['stɪltɪd] adj *(speech, person)* guindé

stimulate ['stɪmjʊleɪt] vt stimuler ■ **stimulant** N stimulant m ■ **stimu'lation** N stimulation f ■ **stimulus** *(pl* **-li** [-laɪ]) N *(encouragement)* stimulant m; *(physiological)* stimulus m inv

sting [stɪŋ] **1** N piqûre f; *(insect's organ)* dard m **2** *(pt & pp* **stung)** vt *(of insect, ointment, wind)* piquer; *Fig (of remark)* blesser **3** vi piquer ■ **stinging** adj *(pain)* cuisant; *(remark)* cinglant

stingy ['stɪndʒɪ] **(-ier, -iest)** adj avare; **to be s.**

with *(money, praise)* être avare de; *(food, wine)* lésiner sur

stink [stɪŋk] **1** N puanteur *f*; *Fam* **to cause** or **make a s.** *(trouble)* faire tout un foin **2** *(pt & pp* **stank** or **stunk**, *pp* **stunk**) vi puer; *Fam (of book, film)* être infect; **to s. of smoke** empester la fumée **3** vt **to s. out** *(room)* empester ■ **stinker** N *Fam (person)* peau *f* de vache; *(question, task)* vacherie *f*

stint [stɪnt] **1** N *(period)* période *f* de travail; *(share)* part *f* de travail **2** vi **to s. on sth** lésiner sur qch

stipulate ['stɪpjʊleɪt] vt stipuler **(that** que) ■ **stipu'lation** N stipulation *f*

stir [stɜː(r)] **1** N agitation *f*; **to give sth a s.** remuer qch; *Fig* **to cause a s.** faire du bruit **2** *(pt & pp* **-rr-)** vt *(coffee, leaves)* remuer; *Fig (excite)* exciter; *(incite)* inciter **(sb to do** qn à faire); **to s. oneself** se secouer; **to s. up trouble** semer la zizanie; **to s. things up** envenimer les choses **3** vi *(move)* remuer, bouger ■ **stirring** ADJ *(speech)* émouvant

stirrup ['stɪrəp] N étrier *m*

stitch [stɪtʃ] **1** N point *m*; *(in knitting)* maille *f*; *(in wound)* point de suture; *(sharp pain)* point de côté; *Fam* **to be in stitches** être plié (de rire) **2** vt **to s. (up)** *(sew up)* coudre; *Med* recoudre, *Fam* **to s. sb up** *(incriminate)* faire porter le chapeau à qn

stoat [stəʊt] N hermine *f*

stock [stɒk] **1** N *(supply)* provisions *fpl*; *Com* stock *m*; *Fin* valeurs *fpl*; *(soup)* bouillon *m*; *(cattle)* bétail *m*; *Fin* **stocks and shares** valeurs mobilières; **in s.** *(goods)* en stock; **out of s.** *(goods)* épuisé; *Fig* **to take s.** faire le point **(of** de); **s. reply/size** réponse *f*/taille *f* classique; **s. phrase** expression *f* toute faite; **the S. Exchange** or **Market** la Bourse **2** vt *(sell)* vendre; *(keep in store)* stocker; **to s. (up)** *(shop)* approvisionner; *(fridge, cupboard)* remplir; **well-stocked** *(shop)* bien approvisionné; *(fridge)* bien rempli **3** vi **to s. up** s'approvisionner **(with** en) ■ **stockbroker** ['stɒkbrəʊkə(r)] N agent *m* de change ■ **stockholder** N *Fin* actionnaire *mf* ■ **stockpile** vt faire des réserves de ■ **stockroom** N réserve *f*, magasin *m* ■ **stocktaking** N *Br Com* inventaire *m*

stocking ['stɒkɪŋ] N *(garment)* bas *m*

stocky ['stɒkɪ] **(-ier, -iest)** ADJ trapu

stodge [stɒdʒ] N *Fam (food)* étouffe-chrétien *m inv* ■ **stodgy** **(-ier, -iest)** ADJ *Fam (food)* bourratif, -ive; *Fig (book)* indigeste

stoic ['stəʊɪk] ADJ & N stoïque *(mf)* ■ **stoical** ADJ stoïque

stole[1] [stəʊl] N *(shawl)* étole *f*

stole[2] [stəʊl] PT of **steal**[1,2]

stolen ['stəʊlən] PP of **steal**[1,2]

stomach ['stʌmək] **1** N ventre *m*; *(organ)* estomac

m **2** vt *(put up with)* supporter ■ **stomach-ache** N mal *m* de ventre; **to have (a) s.** avoir mal au ventre

stone [stəʊn] **1** N pierre *f*; *(pebble)* caillou *m*; *(in fruit)* noyau *m*; *(in kidney)* calcul *m*; *Br (unit of weight)* = 6,348 kg; *Fig* **it's a stone's throw away** c'est à deux pas d'ici **2** vt *(person)* lapider; *(fruit)* dénoyauter

stone- [stəʊn] PREF complètement ■ **'stone-'cold** ADJ glacé ■ **'stone-'deaf** ADJ sourd comme un pot

stoned [stəʊnd] ADJ *Fam (on drugs)* défoncé

stony ['stəʊnɪ] **(-ier, -iest)** ADJ *(path)* caillouteux, -euse; *Br Fam* **s. broke** fauché

stood [stʊd] PT & PP of **stand**

stool [stuːl] N tabouret *m*

stoop[1] [stuːp] N *Am (in front of house)* perron *m*; **to have a s.** être voûté

stoop[2] [stuːp] vi se baisser; *Fig* **to s. to doing/to sth** s'abaisser à faire/à qch

stop [stɒp] **1** N *(place, halt)* arrêt *m*; *(for plane, ship)* escale *f*; **to put a s. to sth** mettre fin à qch; **to make a s.** *(of vehicle)* s'arrêter; *(of plane)* faire escale; **to come to a s.** s'arrêter; **without a s.** sans arrêt; *Br* **s. light** *(on vehicle)* stop *m*; **s. sign** *(on road)* stop **2** *(pt & pp* **-pp-)** vt arrêter; *(end)* mettre fin à; *(cheque)* faire opposition à; **to s. sb/sth from doing sth** empêcher qn/qch de faire qch **3** vi s'arrêter; *(of pain, bleeding)* cesser; *(stay)* rester; **to s. eating** s'arrêter de manger; **to s. snowing** cesser de neiger ■ **stopgap 1** N bouche-trou *m* **2** ADJ *(solution)* intérimaire ■ **stopoff** N halte *f*; *(in plane journey)* escale *f* ■ **stopover** N arrêt *m*; *(in plane journey)* escale *f*; **to make a s.** faire halte; *(of plane)* faire escale ■ **stopwatch** N chronomètre *m*

▸ **stop by** vi *(visit)* passer **(sb's** chez qn)

▸ **stop off, stop over** vi *(on journey)* s'arrêter

▸ **stop up** vt SEP *(sink, pipe, leak)* boucher

stoppage ['stɒpɪdʒ] N *(of flow, traffic)* arrêt *m*; *(strike)* débrayage *m*; *Br (in pay)* retenue *f*; *(blockage)* obstruction *f*; *Sport* **s. time** arrêts *mpl* de jeu

stopper ['stɒpə(r)] N bouchon *m*

store [stɔː(r)] **1** N *(supply)* provision *f*; *Fig (of knowledge)* fonds *m*; *(warehouse)* entrepôt *m*; *Br (shop)* grand magasin *m*, *Am* magasin *m*; **to have sth in s. for sb** réserver qch à qn; **to keep sth in s.** garder qch en réserve; **to set great s. by sth** faire grand cas de qch **2** vt *(in warehouse)* stocker; *(furniture)* entreposer; *(food)* ranger; *(heat)* emmagasiner; *Comptr (in memory)* mettre en mémoire ■ **storage** [-rɪdʒ] N emmagasinage *m*; **s. space** espace *m* de rangement; *Comptr* **s. capacity** capacité *f* de mémoire

▸ **store away** VT SEP *(put away, file away)* ranger; *(furniture)* entreposer

▸ **store up** VT SEP accumuler

storekeeper ['stɔːkiːpə(r)] N *Am (shopkeeper)* commerçant, -ante *mf*; *Br (warehouseman)* magasinier *m*

storeroom ['stɔːruːm] N *(in house)* débarras *m*; *(in office, shop)* réserve *f*

storey, *Am* **story** ['stɔːrɪ] *(pl* **-eys)** N *Br (of building)* étage *m*

stork [stɔːk] N cigogne *f*

storm [stɔːm] **1** N *(bad weather)* tempête *f*; *(thunderstorm)* orage *m*; **s. cloud** nuée *f* d'orage; *Fam* **to go down a s.** faire un tabac **2** VT *(of soldiers, police)* prendre d'assaut **3** VI **to s. out** *(angrily)* sortir comme une furie ■ **stormy** (**-ier, -iest**) ADJ *(weather, meeting)* orageux, -euse; *(wind)* d'orage

story[1] ['stɔːrɪ] *(pl* **-ies)** N histoire *f*; *(newspaper article)* article *m*; **s. line** *(plot)* intrigue *f* ■ **storybook** N livre *m* d'histoires

story[2] ['stɔːrɪ] *(pl* **-ies)** N *Am* = **storey**

stout [staʊt] **1** (**-er, -est**) ADJ *(person)* corpulent; *(resistance)* acharné; *(shoes)* solide **2** N *Br (beer)* bière *f* brune

stove [stəʊv] N *(for cooking)* cuisinière *f*; *(for heating)* poêle *m*

stow [stəʊ] **1** VT *(cargo)* arrimer; **to s. sth away** *(put away)* ranger qch **2** VI **to s. away** *(on ship)* voyager clandestinement ■ **stowaway** N *(on ship)* passager, -ère *mf* clandestin(e)

straddle ['strædəl] VT *(chair, fence)* se mettre à califourchon sur; *(step over, span)* enjamber

straggle ['strægəl] VI **(a)** *(of hair)* pendouiller **(b)** *(lag behind)* être à la traîne; **to s. in** entrer par petits groupes ■ **straggler** N retardataire *mf*

straight [streɪt] **1** (**-er, -est**) ADJ droit; *(hair)* raide; *(honest)* honnête; *(answer)* clair; *(consecutive)* consécutif, -ive; *(conventional)* conformiste; *Fam (heterosexual)* hétéro; **let's get this s.** comprenons-nous bien; **to keep a s. face** garder son sérieux **2** N **the s.** *(on racetrack)* la ligne droite **3** ADV *(in straight line)* droit; *(directly)* directement; *(immediately)* tout de suite; **s. away** *(at once)* tout de suite; **s. out, s. off** sans hésiter; **s. opposite** juste en face; *Br* **s. ahead** or **on** *(walk)* tout droit

straightaway [streɪtə'weɪ] ADV tout de suite

straighten ['streɪtən] VT **to s. (out)** *(wire)* redresser; **to s. (up)** *(tie, hair, room)* arranger; **to s. things out** arranger les choses

straight-faced ['streɪt'feɪst] ADJ impassible

straightforward [streɪt'fɔːwəd] ADJ *(easy, clear)* simple; *(frank)* franc *(f* franche)

strain[1] [streɪn] **1** N tension *f*; *(mental stress)* stress *m*; *(on ankle)* foulure *f* **2** VT **(a)** *(rope, wire)* tendre excessivement; *(muscle)* se froisser; *(ankle, wrist)* se fouler; *(eyes)* fatiguer; *(voice)* forcer; *Fig (patience, friendship)* mettre à l'épreuve; **to s. one's ears** tendre l'oreille; **to s. one's back** se faire mal au dos; **to s. oneself** *(hurt oneself)* se faire mal; *(tire oneself)* se fatiguer **(b)** *(soup)* passer; *(vegetables)* égoutter **3** VI faire un effort *(to do* pour faire); **to s. at a rope** tirer sur une corde

strain[2] [streɪn] N *(of plant)* variété *f*; *(of virus)* souche *f*; *(streak)* tendance *f*

strained [streɪnd] ADJ *(muscle)* froissé; *(ankle, wrist)* foulé; *(relations)* tendu; *(laugh)* forcé

strainer ['streɪnə(r)] N passoire *f*

strait [streɪt] N *Geog* **strait(s)** détroit *m*; **in financial straits** dans l'embarras

straitjacket ['streɪtdʒækɪt] N camisole *f* de force

strand [strænd] N *(of wool)* brin *m*; *(of hair)* mèche *f*; *Fig (of story)* fil *m*

stranded ['strændɪd] ADJ *(person, vehicle)* en rade

strange [streɪndʒ] (**-er, -est**) ADJ *(odd)* bizarre; *(unknown)* inconnu ■ **strangely** ADV étrangement; **s. (enough), she...** chose étrange, elle…

stranger ['streɪndʒə(r)] N *(unknown)* inconnu, -ue *mf*; *(outsider)* étranger, -ère *mf*; **he's a s. here** il n'est pas d'ici; **she's a s. to me** elle m'est inconnue

strangle ['stræŋgəl] VT étrangler

strap [stræp] **1** N sangle *f*; *(on dress)* bretelle *f*; *(on watch)* bracelet *m*; *(on sandal)* lanière *f* **2** *(pt & pp* **-pp-)** VT **to s. (down** or **in)** attacher *(avec une sangle)*

▸ **strap in** VT SEP attacher avec une ceinture de sécurité

strapping ['stræpɪŋ] ADJ robuste

strategy ['strætədʒɪ] *(pl* **-ies)** N stratégie *f* ■ **strategic** [strə'tiːdʒɪk] ADJ stratégique

straw [strɔː] N *(from wheat, for drinking)* paille *f*; **that's the last s.!** c'est le comble!

strawberry ['strɔːbərɪ] **1** *(pl* **-ies)** N fraise *f* **2** ADJ *(flavour, ice cream)* à la fraise; *(jam)* de fraises; *(tart)* aux fraises

stray [streɪ] **1** ADJ *(animal, bullet)* perdu; **a few s. cars** quelques rares voitures; **s. dog** chien *m* errant **2** N *(dog)* chien *m* errant; *(cat)* chat *m* égaré **3** VI s'égarer; **to s. from** *(subject, path)* s'écarter de; **don't s. too far** ne t'éloigne pas

streak [striːk] N *(of paint, dirt)* traînée *f*; *(of light)* rai *m*; *(in hair)* mèche *f*; **to have a mad s.** avoir une tendance à la folie; **to be on a winning s.** être dans une période de chance; **s. of lightning** éclair *m* ■ **streaked** ADJ *(marked)* strié; *(stained)* taché (**with** de)

stream [striːm] **1** N *(brook)* ruisseau m; *(current)* courant m; *(of light, blood)* jet m; *(of tears)* torrent m; *(of people)* flot m **2** VT **to s. blood** ruisseler de sang; *Br Sch* **to s. pupils** répartir des élèves par niveaux **3** VI ruisseler (**with** de); **to s. in** *(of sunlight, people)* entrer à flots

streamer ['striːmə(r)] N *(banner)* banderole f; *(for parties)* serpentin m

streamline ['striːmlaɪn] VT *(work, method)* rationaliser ■ **streamlined** ADJ *(shape)* aérodynamique; *(industry, production)* rationalisé

street [striːt] N rue f; *Br Fam* **that's (right) up my s.** c'est mon rayon; **s. lamp, s. light** lampadaire m; **s. map** plan m des rues ■ **streetcar** N *Am (tram)* tramway m ■ **streetwise** ADJ *Fam* dégourdi

strength [streŋθ] N force f; *(of wood, fabric)* solidité f; *Fig* **on the s. of** sur la base de; **in** or **at full s.** *(of troops)* au (grand) complet ■ **strengthen** VT *(building, position)* renforcer; *(body, soul, limb)* fortifier

strenuous ['strenjuəs] ADJ *(effort, exercise)* vigoureux, -euse; *(work)* fatigant; *(denial)* énergique

stress [stres] **1** N *(physical)* tension f; *(mental)* stress m; *(emphasis)* & *Grammar* accent m; **under s.** *(person)* stressé, sous pression; *(relationship)* tendu **2** VT insister sur; *(word)* accentuer; **to s. that…** souligner que… ■ **stressed 1** ADJ *Fam* **to be s. (out)** être stressé **2** VI *Fam* stresser ■ **stressful** ADJ stressant

stretch [stretʃ] **1** N *(area, duration)* étendue f; *(period of time)* période f; *(of road)* tronçon m; **ten hours at a s.** dix heures d'affilée; **for a long s. of time** *(pendant)* longtemps **2** VT *(rope, neck)* tendre; *(shoe, rubber)* étirer; *Fig (meaning)* forcer; *(income, supplies)* faire durer; **to s. (out)** *(arm, leg)* tendre; *Fig* **to s. one's legs** se dégourdir les jambes; **we're fully stretched at the moment** nous sommes au maximum de nos capacités en ce moment **3** VI *(of person, elastic)* s'étirer; *(of influence)* s'étendre; **to s. (out)** *(of rope, plain)* s'étendre

stretcher ['stretʃə(r)] N brancard m

strew [struː] *(pt strewed, pp strewed or strewn [struːn])* VT *(scatter)* éparpiller; **strewn with** *(covered)* jonché de

stricken ['strɪkən] ADJ *(town, region)* sinistré; **s. with grief** accablé par le chagrin; **s. with illness** atteint de maladie

strict [strɪkt] *(-er, -est)* ADJ *(severe, absolute)* strict ■ **strictly** ADV strictement; **s. forbidden** formellement interdit

stride [straɪd] N pas m; *Fig* **to make great strides** faire de grands progrès **2** *(pt strode)* VI **to s. across** or **over** enjamber; **to s. along/out**

avancer/sortir à grands pas; **to s. up and down a room** arpenter une pièce

strife [straɪf] N INV conflits mpl

strike [straɪk] **1** N *(of workers)* grève f; *(of ore, oil)* découverte f; *Mil* raid m; **to go (out) on s.** se mettre en grève **2** *(pt & pp struck)* VT *(hit, impress)* frapper; *(collide with)* heurter; *(gold, oil)* trouver; *(coin)* frapper; *(match)* craquer; **to s. the time** *(of clock)* sonner l'heure; **to s. a blow** donner un coup; **to s. a balance** trouver un équilibre; *Fam* **to s. it rich** faire fortune; **it strikes me that…** il me semble que… (+ *indicative*) **3** VI *(of workers)* faire grève; *(attack)* attaquer; *Fig* **to s. home** faire mouche

▸ **strike at** VT INSEP *(attack)* attaquer

▸ **strike back** VI *(retaliate)* riposter

▸ **strike down** VT SEP *(of illness)* terrasser; *(of bullet)* abattre

▸ **strike off** VT SEP *(from list)* rayer (**from** de); **to be struck off** *(of doctor)* être radié

▸ **strike out** VI **to s. out at sb** essayer de frapper qn

▸ **strike up** VT SEP **to s. up a friendship** se lier d'amitié (**with sb** avec qn)

striker ['straɪkə(r)] N *(worker)* gréviste mf; *Football* buteur m

striking ['straɪkɪŋ] ADJ *(impressive)* frappant

string [strɪŋ] **1** N ficelle f; *(of apron)* cordon m; *(of violin, racket)* corde f; *(of onions)* chapelet m; *(of questions)* série f; **s. of beads** collier; *(for praying)* chapelet; *Fig* **to pull strings** faire jouer ses relations **2** ADJ *(instrument, quartet)* à cordes; **s. bean** haricot m vert **3** *(pt & pp strung)* VT *(beads)* enfiler **4** VI *Fam* **to s. along** *(follow)* suivre ■ **stringed** ADJ *(musical instrument)* à cordes ■ **stringy** (*-ier, -iest*) ADJ *(meat, vegetables)* filandreux, -euse

stringent ['strɪndʒənt] ADJ rigoureux, -euse

strip [strɪp] **1** N *(piece)* bande f; *(of metal)* lame f; *(of sports team)* tenue f; **landing s.** piste f d'atterrissage; **s. club** boîte f de strip-tease **2** *(pt & pp -pp-)* VT *(undress)* déshabiller; *(bed)* défaire; *(deprive)* dépouiller (**of** de); **stripped to the waist** torse nu; **to s. (down)** *(machine)* démonter; **to s. off** *(remove)* enlever **3** VI **to s. (off)** *(get undressed)* se déshabiller ■ **stripper** N *(woman)* strip-teaseuse f; **(male) s.** strip-teaseur m; **(paint) s.** décapant m ■ **strip-search 1** N fouille f d'une personne dévêtue **2** VI **to s. sb** faire déshabiller qn pour le/la fouiller ■ **striptease** N strip-tease m

stripe [straɪp] N rayure f; *(indicating rank)* galon m ■ **striped** ADJ rayé (**with** de) ■ **stripy** ADJ *(fabric, pattern)* rayé

strive [straɪv] *(pt strove, pp striven ['strɪvən])* VI s'efforcer (**to do** de faire; **for** d'obtenir)

strobe [strəʊb] ADJ **s. lighting** éclairage *m* stroboscopique

strode [strəʊd] PT of **stride**

stroke [strəʊk] **1** N *(movement)* coup *m*; *(of pen)* trait *m*; *(of brush)* touche *f*; *(caress)* caresse *f*; Med *(illness)* attaque *f*; **(swimming) s.** nage *f*; **at a s.** d'un coup; **on the s. of nine** à neuf heures sonnantes; **s. of luck** coup de chance; **you haven't done a s. of work** tu n'as rien fait **2** VT *(caress)* caresser

stroll [strəʊl] **1** N promenade *f* **2** VI se promener; **to s. in** entrer sans se presser

stroller ['strəʊlə(r)] N Am *(for baby)* poussette *f*

strong [strɒŋ] **1** *(-er, -est)* ADJ fort; *(interest)* vif *(f* vive*)*; *(measures)* énergique; *(supporter)* ardent; **they were sixty s.** ils étaient au nombre de soixante **2** ADV **to be going s.** aller toujours bien ■ **strong-box** N coffre-fort *m* ■ **stronghold** N bastion *m* ■ **strongly** ADV *(protest, defend)* énergiquement; *(advise, remind, desire)* fortement; **s. built** solide; **to feel s. about sth** être convaincu de qch ■ **'strong-'willed** ADJ résolu

strove [strəʊv] PT of **strive**

struck [strʌk] PT & PP of **strike**

structure ['strʌktʃə(r)] N structure *f*; *(building)* édifice *m* ■ **structural** ADJ structural; *(building defect)* de construction; **s. damage** *(to building)* dégâts *mpl* de structure; **s. engineer** ingénieur *m* civil

struggle ['strʌgəl] **1** N *(fight)* lutte *f* **(to do** pour faire*)*; **to put up a s.** résister; **to have a s. doing** *or* **to do sth** avoir du mal à faire qch **2** VI *(fight)* lutter **(with** avec*)*; **to be struggling** *(financially)* avoir du mal; **to s. to do sth** s'efforcer de faire qch; **to s. into** entrer péniblement dans

strung [strʌŋ] PT & PP of **string**

strut[1] [strʌt] *(pt & pp* **-tt-)** VI **to s. (about** *or* **around)** se pavaner

strut[2] [strʌt] N *(for frame)* étai *m*

stub [stʌb] **1** N *(of pencil, cigarette)* bout *m*; *(of cheque)* talon *m* **2** *(pt & pp* **-bb-)** VT **to s. one's toe** se cogner l'orteil **(on** *or* **against** contre*)*; **to s. out** *(cigarette)* écraser

stubble ['stʌbəl] N *(on face)* barbe *f* de plusieurs jours

stubborn ['stʌbən] ADJ *(person)* têtu; *(determination)* farouche; *(stain)* rebelle

stuck [stʌk] **1** PT & PP of **stick**[2] **2** ADJ *(caught, jammed)* coincé; **s. in bed/indoors** cloué au lit/chez soi; **to get s.** être coincé; **I'm s. for an answer** je ne sais que répondre; **to be s. with sb/sth** se farcir qn/qch

stuck-up [stʌ'kʌp] ADJ Fam snob *inv*

stud[1] [stʌd] N *(on football boot)* crampon *m*; *(earring)* clou *m* d'oreille; **(collar) s.** bouton *m* de col ■ **studded** ADJ *(boots, tyres)* clouté; Fig **s. with** *(covered)* constellé de

stud[2] [stʌd] N *(farm)* haras *m*; *(stallion)* étalon *m*; Fam *(virile man)* mâle *m*

student ['stjuːdənt] **1** N *(at university)* étudiant, -iante *mf*; *(at school)* élève *mf*; **music s.** étudiant, -iante en musique **2** ADJ *(life, protest)* étudiant; *(restaurant, residence, grant)* universitaire

studied ['stʌdɪd] ADJ *(deliberate)* étudié

studio ['stjuːdɪəʊ] *(pl* **-os)** N studio *m*; *(of artist)* atelier *m*; **s. audience** public *m* présent lors de l'enregistrement; Br **s. flat,** Am **s. apartment** studio

studious ['stjuːdɪəs] ADJ *(person)* studieux, -ieuse

study ['stʌdɪ] **1** *(pl* **-ies)** N étude *f*; *(office)* bureau *m* **2** *(pp & pp* **-ied)** VT *(learn, observe)* étudier **3** VI étudier; **to s. to be a doctor** faire des études de médecine; **to s. for an exam** préparer un examen

stuff [stʌf] **1** N *(possessions)* affaires *fpl*; *(cloth)* étoffe *f*; Fam **some s.** *(substance)* un truc; Fam **he knows his s.** il connaît son affaire **2** VT *(pocket)* remplir **(with** de*)*; *(cushion)* rembourrer **(with** avec*)*; *(animal)* empailler; *(chicken, tomatoes)* farcir; **to s. sth into sth** fourrer qch dans qch ■ **stuffing** N *(padding)* bourre *f*; *(for chicken, tomatoes)* farce *f*

stuffy ['stʌfɪ] *(-ier, -iest)* ADJ *(room)* qui sent le renfermé; *(person)* vieux jeu *inv*

stumble ['stʌmbəl] VI trébucher; **to s. across** *or* **on** *(find)* tomber sur; **stumbling block** pierre *f* d'achoppement

stump [stʌmp] N *(of tree)* souche *f*; *(of limb)* moignon *m*; *(of pencil)* bout *m*; *(in cricket)* piquet *m*

stun [stʌn] *(pt & pp* **-nn-)** VT *(make unconscious)* assommer; Fig *(amaze)* stupéfier ■ **stunned** ADJ *(amazed)* stupéfait **(by** par*)* ■ **stunning** ADJ *(news)* stupéfiant; Fam *(excellent)* excellent; Fam *(beautiful)* superbe

stung [stʌŋ] PT & PP of **sting**

stunk [stʌŋk] PT & PP of **stink**

stunt[1] [stʌnt] N *(in film)* cascade *f*; *(for publicity)* coup *m* de pub; **s. man** cascadeur *m*; **s. woman** cascadeuse *f*

stunt[2] [stʌnt] VT *(growth)* retarder ■ **stunted** ADJ *(person)* rabougri

stupefy ['stjuːpɪfaɪ] *(pt & pp* **-ied)** VT *(of drink)* abrutir; Fig *(amaze)* stupéfier

stupendous [stjuː'pendəs] ADJ fantastique

stupid ['stjuːpɪd] ADJ stupide; **to do/say a s.**

thing faire/dire une stupidité ■ **stu'pidity** N stupidité f ■ **stupidly** ADV bêtement

stupor ['stjuːpə(r)] N (daze) stupeur f

sturdy ['stɜːdɪ] (-ier, -iest) ADJ (person, shoe) robuste

sturgeon ['stɜːdʒən] N esturgeon m

stutter ['stʌtə(r)] 1 N bégaiement m; **to have a s.** être bègue 2 VI bégayer

sty[1] [staɪ] N (for pigs) porcherie f

sty[2], **stye** [staɪ] N (on eye) orgelet m

style [staɪl] 1 N style m; (sophistication) classe f; **to have s.** avoir de la classe; **to live in s.** mener grand train 2 VT (design) créer; **to s. sb's hair** coiffer qn ■ **stylist** N (for fashion) styliste mf; **(hair) s.** coiffeur, -euse mf

stylish ['staɪlɪʃ] ADJ chic inv

stylistic [staɪ'lɪstɪk] ADJ stylistique

suave [swɑːv] (-er, -est) ADJ courtois; Pej doucereux, -euse

Note that the French word **suave** is a false friend and is almost never a translation for the English word **suave**. It means **sweet**.

sub- [sʌb] PREF sous-, sub-

subconscious [sʌb'kɒnʃəs] ADJ & N subconscient (m) ■ **subconsciously** ADV inconsciemment

subcontract [sʌbkən'trækt] VT sous-traiter

subdivide [sʌbdɪ'vaɪd] VT subdiviser (**into** en) ■ **subdivision** [-'vɪʒən] N subdivision f

subdue [səb'djuː] VT (country, people) soumettre; (feelings) maîtriser ■ **subdued** ADJ (light) tamisé; (voice, tone) bas (f basse); (person) inhabituellement calme

subheading ['sʌbhedɪŋ] N sous-titre m

subject[1] ['sʌbdʒɪkt] N (a) (matter) & Grammar sujet m; (at school, university) matière f; **s. matter** (topic) sujet; (content) contenu m (b) (of monarch) sujet, -ette mf; (in experiment) sujet m

subject[2] 1 ['sʌbdʒekt] ADJ **to be s. to depression/jealousy** avoir tendance à la dépression/à la jalousie; **it's s. to my agreement** c'est sous réserve de mon accord; **prices are s. to change** les prix peuvent être modifiés 2 [səb'dʒekt] VT soumettre (**to** à) ■ **subjection** [səb'dʒekʃən] N soumission f (**to** à)

subjective [səb'dʒektɪv] ADJ subjectif, -ive ■ **subjectively** ADV subjectivement

subjunctive [səb'dʒʌŋktɪv] N Grammar subjonctif m

sublet [sʌb'let] (pt & pp **-let**, pres p **-letting**) VT sous-louer

sublime [sə'blaɪm] 1 ADJ sublime; (utter) suprême 2 N sublime m; **to go from the s. to the ridiculous** passer du sublime au grotesque

submarine ['sʌbməriːn] N sous-marin m

submerge [səb'mɜːdʒ] 1 VT (flood, overwhelm) submerger; (immerse) immerger (**in** dans) 2 VI (of submarine) s'immerger

submit [səb'mɪt] 1 (pt & pp **-tt-**) VT soumettre (**to** à) 2 VI se soumettre (**to** à) ■ **submission** N soumission f (**to** à) ■ **submissive** ADJ (person) soumis; (attitude) de soumission

subordinate [sə'bɔːdɪnət] 1 ADJ subalterne; **s. to** subordonné à; Grammar **s. clause** proposition f subordonnée 2 N subordonné, -ée mf 3 [sə'bɔːdɪneɪt] VT subordonner (**to** à)

subscribe [səb'skraɪb] 1 VT (money) donner (**to** à) 2 VI (pay money) cotiser (**to** à); **to s. to a newspaper** s'abonner à un journal; **to s. to an opinion** souscrire à une opinion ■ **subscriber** N (to newspaper, telephone) abonné, -ée mf ■ **subscription** [-'skrɪpʃən] N (to newspaper) abonnement m; (to club) cotisation f

subsequent ['sʌbsɪkwənt] ADJ ultérieur (**to** à); **our s. problems** les problèmes que nous avons eus par la suite; **s. to** (as a result of) consécutif, -ive à ■ **subsequently** ADV par la suite

subside [səb'saɪd] VI (of ground, building) s'affaisser; (of wind, flood, fever) baisser; (of threat, danger) se dissiper ■ **subsidence** N (of ground) affaissement m

subsidiary [Br səb'sɪdɪərɪ, Am -dɪerɪ] 1 ADJ subsidiaire 2 (pl **-ies**) N (company) filiale f

subsidize ['sʌbsɪdaɪz] VT subventionner ■ **subsidy** (pl **-ies**) N subvention f

subsist [səb'sɪst] VI (of doubts) subsister; **to s. on sth** vivre de qch ■ **subsistence** N subsistance f

substance ['sʌbstəns] N substance f; (solidity, worth) fondement m; **s. abuse** usage m de stupéfiants

substantial [səb'stænʃəl] ADJ important; (meal) substantiel, -ielle ■ **substantially** ADV considérablement; **s. true** (to a great extent) en grande partie vrai; **s. different** très différent

substitute ['sʌbstɪtjuːt] 1 N (thing) produit m de remplacement; (person) remplaçant, -ante mf (**for** de); **s. teacher** suppléant, -éante mf; **there's no s. for...** rien ne peut remplacer... 2 VT **to s. sb/sth for substituer** qn/qch à 3 VI **to s. for sb** remplacer qn ■ **substi'tution** N substitution f

subtitle ['sʌbtaɪtəl] 1 N (of film) sous-titre m 2 VT (film) sous-titrer

subtle ['sʌtəl] (-er, -est) ADJ subtil ■ **subtlety** N subtilité f ■ **subtly** ADV subtilement

subtotal [sʌb'təʊtəl] N sous-total m

subtract [səb'trækt] VT soustraire (**from** de) ■ **subtraction** N soustraction f

suburb ['sʌbɜːb] N banlieue f; **the suburbs** la banlieue; **in the suburbs** en banlieue ■ **suburban** [sə'bɜːbən] ADJ *(train, house)* de banlieue; *(accent)* de la banlieue ■ **suburbia** [sə'bɜːbɪə] N la banlieue; **in s.** en banlieue

subversive [səb'vɜːsɪv] ADJ subversif, -ive ■ **subvert** VT *(system)* bouleverser; *(person)* corrompre

subway ['sʌbweɪ] N *Br (under road)* passage m souterrain; *Am (railroad)* métro m

succeed [sək'siːd] 1 VT **to s. sb** succéder à qn 2 VI réussir (**in doing** à faire; **in sth** dans qch); **to s. to the throne** monter sur le trône ■ **succeeding** ADJ *(in past)* suivant; *(in future)* futur; *(consecutive)* consécutif, -ive

success [sək'ses] N succès m, réussite f; **to make a s. of sth** mener qch à bien; **he was a s.** il a eu du succès; **it was a s.** c'était réussi; **her s. in the exam** sa réussite à l'examen; **s. story** réussite

successful [sək'sesfəl] ADJ *(effort, venture)* couronné de succès; *(outcome)* heureux, -euse; *(company, businessman)* prospère; *(candidate in exam)* admis, reçu; *(candidate in election)* élu; *(writer, film)* à succès; **to be s.** réussir; **to be s. in doing sth** réussir à faire qch ■ **successfully** ADV avec succès

succession [sək'seʃən] N succession f; **in s.** successivement; **ten days in s.** dix jours consécutifs; **in rapid s.** coup sur coup ■ **successive** ADJ successif, -ive; **ten s. days** dix jours consécutifs ■ **successor** N successeur m (**to** de)

succinct [sək'sɪŋkt] ADJ succinct

succulent ['sʌkjʊlənt] ADJ succulent

succumb [sə'kʌm] VI succomber (**to** à)

such [sʌtʃ] 1 ADJ *(of this or that kind)* tel (f telle); **s. a car** une telle voiture; **s. happiness/noise** tant de bonheur/bruit; **there's no s. thing** ça n'existe pas; **I said no s. thing** je n'ai rien dit de tel; **s. as** comme, tel que; **s. and s. a/an** tel ou tel 2 ADV *(so very)* si; *(in comparisons)* aussi; **s. a large helping** une si grosse portion; **s. a kind woman as you** une femme aussi gentille que vous 3 PRON **s. was my idea** telle était mon idée ■ **suchlike** PRON & ADJ **...and s.** ...et autres

suck [sʌk] 1 VT sucer; *(of baby)* téter; **to s. (up)** *(with straw, pump)* aspirer; **to s. up** or **in** *(absorb)* absorber 2 VI *(of baby)* téter; **to s. at** *(pencil)* sucer; **to s. at its mother's breast** *(of baby)* téter sa mère; *very Fam* **this city sucks** cette ville est merdique
▸ **suck up to** VT INSEP lécher les bottes à

suckle ['sʌkəl] 1 VT *(of woman)* allaiter 2 VI *(of baby)* téter

suction ['sʌkʃən] N succion f

Sudan [suː'dɑːn, -'dæn] N (**the) S.** le Soudan

■ **Sudanese** 1 ADJ soudanais, soudanien, -ienne 2 N Soudanais, -aise, Soudanien, -ienne

sudden ['sʌdən] ADJ soudain; **all of a s.** tout à coup ■ **suddenly** ADV tout à coup, soudain; *(die)* subitement

suds [sʌdz] NPL mousse f de savon

sue [suː] 1 VT poursuivre (en justice) 2 VI engager des poursuites judiciaires

suede [sweɪd] N daim m; **s. coat/shoes** manteau m/chaussures fpl de daim

suet ['suːɪt] N graisse f de rognon

suffer ['sʌfə(r)] 1 VT *(loss, damage, defeat)* subir; *(pain)* ressentir; *(tolerate)* supporter 2 VI souffrir (**from** de); **your work will s.** ton travail s'en ressentira ■ **sufferer** N *(from misfortune)* victime f; **AIDS s.** malade mf du SIDA; **asthma s.** asthmatique mf ■ **suffering** N souffrance f

suffice [sə'faɪs] VI suffire

sufficient [sə'fɪʃənt] ADJ suffisant; **s. money** *(enough)* suffisamment d'argent; **to be s.** suffire ■ **sufficiently** ADV suffisamment

suffix ['sʌfɪks] N *Grammar* suffixe m

suffocate ['sʌfəkeɪt] 1 VT étouffer 2 VI suffoquer ■ **suffo'cation** N étouffement m; **to die of s.** mourir asphyxié

sugar ['ʃʊgə(r)] 1 N sucre m; **s. beet/cane/tongs** betterave f/canne f/pince f à sucre; **s. bowl** sucrier m; **s. lump** morceau m de sucre 2 VT *(tea)* sucrer ■ **sugar-free** ADJ sans sucre

suggest [sə'dʒest] VT *(propose)* suggérer; *(imply)* indiquer ■ **suggestion** N suggestion f ■ **suggestive** ADJ suggestif, -ive; **to be s. of** évoquer

suicide ['suːɪsaɪd] N suicide m; **to commit s.** se suicider; **s. bomber** terroriste mf suicidaire ■ **sui'cidal** ADJ suicidaire

suit[1] [suːt] N (**a**) *(man's)* costume m; *(woman's)* tailleur m; **flying/diving/ski s.** combinaison f de vol/plongée/ski (**b**) *Cards* couleur f; *Fig* **to follow s.** faire de même (**c**) *(lawsuit)* procès m

suit[2] [suːt] VT *(please, be acceptable to)* convenir à; *(of dress, colour)* aller (bien) à; *(adapt)* adapter (**to** à); **it suits me to stay** ça m'arrange de rester; **s. yourself!** comme tu voudras!; **suited to** *(job, activity)* fait pour; *(appropriate to)* qui convient à; **they are well suited** *(of couple)* ils sont faits l'un pour l'autre

suitability [suːtə'bɪlətɪ] N *(of remark)* à-propos m; *(of person)* aptitude f (**for** pour)

suitable ['suːtəbəl] ADJ convenable (**for** à); *(candidate, date)* adéquat; *(example)* approprié; **this film is not s. for children** ce film n'est pas pour les enfants

suitcase ['suːtkeɪs] N valise f

suite [swiːt] N (rooms) suite f; **bedroom s.** (furniture) chambre f à coucher

suitor ['suːtə(r)] N soupirant m

sulfur ['sʌlfə(r)] N Am =**sulphur**

sulk [sʌlk] VI bouder ▪ **sulky** (**-ier, -iest**) ADJ boudeur, -euse

sullen ['sʌlən] ADJ maussade

sulphur, Am **sulfur** ['sʌlfə(r)] N Chem soufre m

sultana [sʌl'tɑːnə] N raisin m de Smyrne

sultry ['sʌltrɪ] (**-ier, -iest**) ADJ (heat) étouffant; Fig sensuel, -uelle

sum [sʌm] 1 N (amount of money) somme f; (mathematical problem) problème m; **to do sums** (arithmetic) faire du calcul; **s. total** somme totale 2 (pt & pp **-mm-**) VT **to s. up** (summarize) résumer; (assess) évaluer 3 VI **to s. up** résumer

summarize ['sʌməraɪz] VT résumer ▪ **summary** (pl **-ies**) 1 N résumé m 2 ADJ (brief) sommaire

summer ['sʌmə(r)] 1 N été m; **in (the) s.** en été; **Indian s.** été indien 2 ADJ d'été; Am **s. camp** colonie f de vacances; **s. school** cours mpl d'été; Br **s. holidays,** Am **s. vacation** grandes vacances fpl ▪ **summertime** N été m; **in (the) s.** en été ▪ **summery** ADJ (weather, temperature) estival; (dress, day) d'été

summit ['sʌmɪt] N sommet m

summon ['sʌmən] VT (call) appeler; (meeting, person) convoquer (**to** à); **to s. sb to do sth** sommer qn de faire qch; **to s. up courage/strength** rassembler son courage/ses forces

summons ['sʌmənz] Law 1 N assignation f à comparaître 2 VT assigner à comparaître

sumptuous ['sʌmptʃʊəs] ADJ somptueux, -ueuse

sun [sʌn] 1 N soleil m; **in the s.** au soleil; **the s. is shining** il fait soleil 2 (pt & pp **-nn-**) VT **to s. one-self** prendre le soleil ▪ **sunbathe** VI prendre un bain de soleil ▪ **sunbeam** N rayon m de soleil ▪ **sunbed** N lit m à ultraviolets ▪ **sunblock** N (cream) écran m total ▪ **sunburn** N coup m de soleil ▪ **sunburnt** ADJ brûlé par le soleil ▪ **suncream** N crème f solaire ▪ **sundial** N cadran m solaire ▪ **sunflower** N tournesol m ▪ **sunglasses** NPL lunettes fpl de soleil ▪ **sunhat** N chapeau m de soleil ▪ **sunlamp** N lampe f à bronzer ▪ **sunlight** N lumière f du soleil ▪ **sunlit** ADJ ensoleillé ▪ **sunrise** N lever m du soleil ▪ **sunroof** N (in car) toit m ouvrant ▪ **sunscreen** N crème f solaire ▪ **sunset** N coucher m du soleil ▪ **sunshade** N (on table) parasol m; (portable) ombrelle f ▪ **sunshine** N soleil m ▪ **sunstroke** N insolation f ▪ **suntan** N bronzage m; **s. lotion/oil** crème f/huile f solaire ▪ **suntanned** ADJ bronzé

sundae ['sʌndeɪ] N coupe f glacée

Sunday ['sʌndeɪ] N dimanche m; **S. school** ≃ catéchisme m; **in one's S. best** dans ses habits du dimanche

sundry ['sʌndrɪ] 1 ADJ divers 2 N **all and s.** tout le monde ▪ **sundries** NPL Com articles mpl divers

sung [sʌŋ] PP of **sing**

sunk [sʌŋk] 1 PP of **sink**[2] 2 ADJ Fam **I'm s.** je suis fichu ▪ **sunken** ADJ (rock, treasure) submergé; (eyes) cave

sunny ['sʌnɪ] (**-ier, -iest**) ADJ (day) ensoleillé; **it's s.** il fait soleil; **s. periods** or **intervals** éclaircies fpl

super ['suːpə(r)] ADJ Fam super inv

super- ['suːpə(r)] PREF super-

superb [suː'pɜːb] ADJ superbe

superficial [suːpə'fɪʃəl] ADJ superficiel, -ielle

superfluous [suː'pɜːflʊəs] ADJ superflu

superfood ['suːpəfuːd] N superaliment m, = aliment exceptionnellement bon pour la santé

superglue ['suːpəgluː] N colle f extra-forte

superintendent [suːpərɪn'tendənt] N (in police force) commissaire m; (manager) directeur, -trice mf

superior [suː'pɪərɪə(r)] 1 ADJ supérieur (**to** à); (goods) de qualité supérieure 2 N (person) supérieur, -ieure mf ▪ **superiority** [-rɪ'ɒrɪtɪ] N supériorité f

superlative [suː'pɜːlətɪv] 1 ADJ sans pareil 2 ADJ & N Grammar superlatif (m)

superman ['suːpəmæn] (pl **-men**) N surhomme m

supermarket ['suːpəmɑːkɪt] N supermarché m

supermodel ['suːpəmɒdəl] N supermodel m

supernatural [suːpə'nætʃərəl] ADJ & N surnaturel, -elle (m)

superpower ['suːpəpaʊə(r)] N Pol superpuissance f

supersede [suːpə'siːd] VT supplanter

supersonic [suːpə'sɒnɪk] ADJ supersonique

superstar ['suːpəstɑː(r)] N (in films) superstar f

superstition [suːpə'stɪʃən] N superstition f ▪ **superstitious** ADJ superstitieux, -ieuse

superstore ['suːpəstɔːr] N hypermarché m

supervise ['suːpəvaɪz] VT (person, work) surveiller; (office, research) superviser ▪ **supervision** [-'vɪʒən] N (of person) surveillance f; (of office) supervision f ▪ **supervisor** N surveillant, -ante mf; (in office) chef m de service; (in store) chef de rayon; Br (in university) directeur, -trice mf de thèse

supper ['sʌpə(r)] N *(meal)* dîner m; *(snack)* = casse-croûte pris avant d'aller se coucher

supple ['sʌpəl] ADJ souple

supplement 1 ['sʌplɪmənt] N supplément m **(to** à) **2** ['sʌplɪment] VT compléter; **to s. one's income** arrondir ses fins de mois ■ **supplementary** [-'mentərɪ] ADJ supplémentaire

supplier [sə'plaɪə(r)] N Com fournisseur m; **'obtainable from your supplier's.'** 'disponible chez votre fournisseur habituel'

Note that the French word **supplier** is a false friend and is never a translation for the English word **supplier**. It means **to beg**.

supply [sə'plaɪ] **1** *(pl* **-ies)** N *(stock)* provision f; **the s. of** *(act)* la fourniture de; **the s. of gas/ electricity/water to…** l'alimentation f en gaz/ électricité/eau de…; **to be in short s.** manquer; **(food) supplies** vivres mpl; **s. and demand** l'offre f et la demande; Br **s. teacher** suppléant, -éante mf **2** *(pt & pp* **-ied)** VT *(provide)* fournir; *(with gas, electricity, water)* alimenter **(with** en); *(equip)* équiper **(with** de); **to s. a need** subvenir à un besoin; **to s. sb with sth, to s. sth to sb** fournir qch à qn

support [sə'pɔːt] **1** N *(backing, person supporting)* soutien m; *(thing supporting)* support m; **in s. of** *(person)* en faveur de; *(evidence, theory)* à l'appui de; **s. tights** bas mpl de contention **2** VT *(bear weight of)* supporter; *(help, encourage)* soutenir; *(theory, idea)* appuyer; *(family, wife, husband)* subvenir aux besoins de ■ **supporting** ADJ *(film)* qui passe en première partie; **s. cast** seconds rôles mpl

supporter [sə'pɔːtə(r)] N partisan m; Football supporter m

supportive [sə'pɔːtɪv] ADJ **to be s. of sb** être d'un grand soutien à qn

suppose [sə'pəʊz] VTI supposer **(that** que); **I'm supposed to be working** je suis censé travailler; **he's supposed to be rich** on le dit riche; **I s. (so)** je pense; **you're tired, I s.** vous êtes fatigué, je suppose; **s. or supposing we go** *(suggestion)* et si nous partions ■ **supposed** ADJ prétendu ■ **supposedly** [-ɪdlɪ] ADV soi-disant; **he went away, s. to get help** il est parti, soi-disant pour chercher de l'aide

suppress [sə'pres] VT *(revolt, feelings, smile)* réprimer; *(fact, evidence)* faire disparaître ■ **suppression** N *(of revolt, feelings)* répression f; *(of fact)* dissimulation f

Note that the French verb **supprimer** is a false friend and is almost never a translation for the English verb **to suppress**. Its most common meaning is **to cancel**.

supreme [suː'priːm] ADJ suprême ■ **supremacy** [sə'preməsɪ] N suprématie f **(over** sur)

surcharge ['sɜːtʃɑːdʒ] N *(extra charge)* supplément m; *(on stamp)* surcharge f; *(tax)* surtaxe f

sure [ʃʊə(r)] **(-er, -est)** ADJ sûr **(of** de; **that** que); **she's s. to accept** c'est sûr qu'elle acceptera; **it's s. to snow** il va sûrement neiger; **to make s. of sth** s'assurer de qch; **for s.** à coup sûr; **s. enough** *(in effect)* en effet; **be s. to do it!** ne manquez pas de le faire! ■ **surely** ADV *(certainly)* sûrement; **s. he didn't refuse?** il n'a quand même pas refusé?

surf [sɜːf] **1** N *(waves)* ressac m **2** VT Comptr **to s. the Net** naviguer sur l'Internet **3** VI Sport faire du surf ■ **surfboard** N Sport planche f de surf ■ **surfer** N Sport surfeur, -euse mf; Comptr **(Internet) s.** internaute mf, surfeur, -euse ■ **surfing** N Sport surf m; **to go s.** faire du surf

surface ['sɜːfɪs] **1** N surface f; **s. area** superficie f; **s. mail** courrier m par voie(s) de terre; **on the s.** *(of water)* à la surface; Fig *(to all appearances)* en apparence **2** VT *(road)* revêtir **3** VI *(of swimmer)* remonter à la surface; Fam *(of person, thing)* réapparaître

surfeit ['sɜːfɪt] N *(excess)* excès m **(of** de)

surge ['sɜːdʒ] **1** N *(of enthusiasm)* vague f; *(of anger, pride)* bouffée f; *(rise)* (of prices) montée f; *(in electrical current)* surtension f **2** VI *(of crowd, hatred)* déferler; *(of prices)* monter (soudainement); **to s. forward** *(of person)* se lancer en avant

surgeon ['sɜːdʒən] N chirurgien m ■ **surgery** [-dʒərɪ] N Br *(doctor's office)* cabinet m; *(period, sitting)* consultation f; *(science)* chirurgie f; **to have heart s.** se faire opérer du cœur ■ **surgical** ADJ chirurgical; **s. appliance** appareil m orthopédique; Br **s. spirit** alcool m à 90°

surly ['sɜːlɪ] **(-ier, -iest)** ADJ revêche

surmise [sə'maɪz] VT conjecturer **(that** que)

surmount [sə'maʊnt] VT surmonter

surname ['sɜːneɪm] N nom m de famille

Note that the French word **surnom** is a false friend and is never a translation for the English word **surname**. It means **nickname**.

surpass [sə'pɑːs] VT surpasser **(in** en)

surplus ['sɜːpləs] **1** N surplus m **2** ADJ *(goods)* en surplus; **some s. material** *(left over)* un surplus de tissu; **s. stock** surplus mpl

surprise [sə'praɪz] **1** N surprise f; **to give sb a s.** faire une surprise à qn; **to take sb by s.** prendre qn au dépourvu; **s. visit/result** visite f/ résultat m inattendu(e) **2** VT étonner, surprendre ■ **surprised** ADJ surpris **(that** que + *subjunctive*; **at sth** de qch; **at seeing** de voir); **I'm s. at his stupidity** sa bêtise m'étonne; **I'm s. to see you**

je suis surpris de te voir ■ **surprising** ADJ surprenant ■ **surprisingly** ADV étonnamment; **s. (enough), he...** chose étonnante, il...

surreal [səˈrɪəl] ADJ *(surrealist)* surréaliste; *Fam (strange)* délirant ■ **surrealism** N surréalisme *m* ■ **surrealist** ADJ & N surréaliste *(mf)*

surrender [səˈrendə(r)] **1** N *(of soldiers)* reddition *f* **2** VT *(town)* livrer; *(right, claim)* renoncer à **3** VI *(give oneself up)* se rendre **(to)** à

surreptitious [sʌrəpˈtɪʃəs] ADJ furtif, -ive

surrogate [ˈsʌrəgət] N substitut *m*; **s. mother** mère *f* porteuse

surround [səˈraʊnd] VT entourer **(with** de); *(of army, police)* cerner; **surrounded by** entouré de; **s. sound** son *m* 3D ■ **surrounding** ADJ environnant ■ **surroundings** NPL *(of town)* environs *mpl*; *(setting)* cadre *m*

surveillance [sɜːˈveɪləns] N surveillance *f*

survey **1** [ˈsɜːveɪ] N *(investigation)* enquête *f*; *(of opinion)* sondage *m*; *(of house)* inspection *f*; **a (general) s. of** une étude générale de **2** [səˈveɪ] VT *(look at)* regarder; *(review)* passer en revue; *(house)* inspecter; *(land)* faire un relevé de ■ **surveyor** [səˈveɪə(r)] N *(of land)* géomètre *m*; *(of house)* expert *m*

Note that the French verb **surveiller** is a false friend and is never a translation for the English verb **to survey**. Its most common meaning is **to supervise**.

survive [səˈvaɪv] **1** VT survivre à **2** VI survivre ■ **survival** N *(act)* survie *f*; *(relic)* vestige *m* ■ **survivor** N survivant, -ante *mf*

susceptible [səˈseptəbəl] ADJ *(sensitive)* sensible **(to** à); **s. to colds** prédisposé aux rhumes ■ **suscepti'bility** N sensibilité *f*, *(to colds)* prédisposition *f*

suspect **1** [ˈsʌspekt] N & ADJ suspect, -ecte *(mf)* **2** [səˈspekt] VT soupçonner **(sb of sth** qn de qch; **sb of doing** qn d'avoir fait); *(have intuition of)* se douter de; **I suspected as much** je m'en doutais

suspend [səˈspend] VT **(a)** *(hang)* suspendre **(from** à) **(b)** *(service, employee, player)* suspendre; *(pupil)* renvoyer temporairement; *Law* **suspended sentence** condamnation *f* avec sursis

suspender [səˈspendə(r)] N *Br (for stocking)* jarretelle *f*; *Am* **suspenders** *(for trousers)* bretelles *fpl*; *Br* **s. belt** porte-jarretelles *m inv*

suspense [səˈspens] N *(uncertainty)* incertitude *f*; *(in film, book)* suspense *m*; **to keep sb in s.** tenir qn en haleine

suspension [səˈspenʃən] N **(a)** *(of car)* suspension *f*; **s. bridge** pont *m* suspendu **(b)** *(of service,*

employee, player) suspension *f*; *(of pupil)* renvoi *m*

suspicion [səˈspɪʃən] N soupçon *m*; **to arouse s.** éveiller les soupçons; **to be under s.** être soupçonné

suspicious [səˈspɪʃəs] ADJ *(person)* soupçonneux, -euse; *(behaviour)* suspect; **s.-looking** suspect; **to be s. of** or **about sth** se méfier de qch ■ **suspiciously** ADV *(behave)* de manière suspecte; *(consider)* avec méfiance

suss [sʌs] VT *Br Fam* **to s. out** piger

sustain [səˈsteɪn] VT *(effort, theory)* soutenir; *(weight)* supporter; *(life)* maintenir; *(damage, loss, attack)* subir; **to s. an injury** être blessé; **a proper breakfast will s. you until lunchtime** un bon petit déjeuner vous permettra de tenir jusqu'à midi ■ **sustainable** ADJ *(growth)* durable

sustenance [ˈsʌstənəns] N *(means)* subsistance *f*; *(nourishment)* valeur *f* nutritive

swab [swɒb] N *(pad)* tampon *m*, *(specimen)* prélèvement *m*

swagger [ˈswægə(r)] **1** N démarche *f* de fanfaron **2** VI *(walk)* se pavaner

swallow¹ [ˈswɒləʊ] **1** VT avaler; **to s. sth down** or **up** avaler qch; *Fig* **to s. a country up** engloutir un pays **2** VI avaler

swallow² [ˈswɒləʊ] N *(bird)* hirondelle *f*

swam [swæm] PT of **swim**

swamp [swɒmp] **1** N marais *m* **2** VT *(flood, overwhelm)* submerger **(with** de)

swan [swɒn] N cygne *m*

swap [swɒp] **1** N échange *m* **2** *(pt & pp* -**pp**-) VT échanger **(for** contre); **to s. seats** or **places** changer de place **3** VI échanger

swarm [swɔːm] **1** N *(of bees, people)* essaim *m* **2** VI *(of streets, insects, people)* fourmiller **(with** de); **to s. in** *(of people)* accourir en masse

swat [swɒt] *(pt & pp* -**tt**-) VT écraser

sway [sweɪ] **1** N balancement *m*; *Fig* influence *f* **2** VT balancer; *Fig (person, public opinion)* influencer **3** VI se balancer

swear [sweə(r)] **1** *(pt* swore, *pp* sworn) VT *(promise)* jurer **(to do** de faire; **that** que); **to s. an oath** prêter serment; **to s. sb to secrecy** faire jurer le silence à qn; **sworn enemies** ennemis *mpl* jurés **2** VI *(take an oath)* jurer **(to sth** de qch); **to s. at sb** injurier qn; **she swears by this lotion** elle ne jure que par cette lotion ■ **swearword** N juron *m*

▸ **swear in** VT SEP *Law* **to s. sb in** *(jury, witness)* faire prêter serment à qn

sweat [swet] **1** N sueur *f*; *Fam* **no s.!** pas de problème! **2** VI suer ■ **sweatshirt** N sweat-shirt *m* ■ **sweatshop** N = atelier de confection où les ouvriers sont exploités ■ **sweaty** (**-ier, -iest**) ADJ *(person)* en sueur; *(clothing)* plein de sueur

▸ **sweat out** VT SEP **to s. out a cold** se débarrasser d'un rhume *(en transpirant)*

sweater ['swetə(r)] N pull m

swede [swiːd] N *Br (vegetable)* rutabaga m

Swede [swiːd] N Suédois, -oise mf ■ **Sweden** N la Suède ■ **Swedish 1** ADJ suédois **2** N *(language)* suédois m

sweep [swiːp] **1** N *(with broom)* coup m de balai; *(movement)* geste m large; *(of road, river)* courbe f; Fig **at one s.** d'un seul coup; **to make a clean s.** *(win everything)* tout gagner **2** *(pt & pp* **swept**) VT *(with broom)* balayer; *(chimney)* ramoner; *(river)* draguer **3** VI balayer

▸ **sweep along** VT SEP *(carry off)* emporter

▸ **sweep aside** VT SEP *(opposition, criticism)* écarter

▸ **sweep away** VT SEP *(leaves)* balayer; *(carry off)* emporter

▸ **sweep off** VT SEP **to s. sb off** *(take away)* emmener qn *(to à)*; **to s. sb off their feet** faire perdre la tête à qn

▸ **sweep out** VT SEP *(room)* balayer

▸ **sweep through** VT INSEP *(of fear)* saisir; *(of disease)* ravager

▸ **sweep up** VT SEP & VI balayer

sweeping ['swiːpɪŋ] ADJ *(gesture)* large; *(change)* radical; *(statement)* trop général

sweepstake ['swiːpsteɪk] N sweepstake m

sweet [swiːt] **1** (**-er, -est**) ADJ doux (f douce); *(tea, coffee, cake)* sucré; *(smell)* agréable; *(pretty, kind)* adorable; **to have a s. tooth** aimer les sucreries; **s. potato** patate f douce; Fam **s. talk** cajoleries fpl, douceurs fpl **2** N Br *(piece of confectionery)* bonbon m; Br *(dessert)* dessert m; Br **s. shop** confiserie f ■ **'sweet-and-'sour** ADJ aigre-doux, -douce ■ **sweetcorn** N Br maïs m ■ **'sweet-'smelling** ADJ **to be s.** sentir bon

sweeten ['swiːtən] VT *(food)* sucrer; Fig *(offer, task)* rendre plus alléchant; *(person)* amadouer ■ **sweetener** N *(in food)* édulcorant m

sweetheart ['swiːthɑːt] N petit(e) ami(e) mf; *(darling)* chéri, -ie mf

sweetness ['swiːtnɪs] N douceur f

swell[1] [swel] **1** (*pt* **swelled**, *pp* **swollen** or **swelled**) VT *(river, numbers)* grossir **2** VI *(of hand, leg)* enfler; *(of wood)* gonfler; *(of sails)* se gonfler; *(of river, numbers)* grossir; **to s. up** *(of body part)* enfler ■ **swelling** N *(on body)* enflure f

swell[2] [swel] **1** N *(of sea)* houle f **2** ADJ Am Fam *(excellent)* super inv

swelter ['sweltə(r)] VI étouffer ■ **sweltering** ADJ étouffant; **it's s.** on étouffe

swept [swept] PT & PP of **sweep**

swerve [swɜːv] VI *(of vehicle)* faire une embardée; *(of player)* faire un écart

swift [swɪft] **1** (**-er, -est**) ADJ rapide; **to be s. to act** être prompt à agir **2** N *(bird)* martinet m ■ **swiftly** ADV rapidement

swig [swɪg] N Fam lampée f; **to take a s.** avaler une lampée

swill [swɪl] VT Fam *(drink)* écluser; **to s. (out** or **down)** rincer à grande eau

swim [swɪm] **1** N **to go for a s.** aller nager **2** (*pt* **swam**, *pp* **swum**, *pres p* **swimming**) VT *(river)* traverser à la nage; *(length, crawl)* nager **3** VI nager; *(as sport)* faire de la natation; **to go swimming** aller nager ■ **swimmer** N nageur, -euse mf ■ **swimming** N natation f; Br **s. costume** maillot m de bain; Br **s. pool** piscine f; **s. trunks** slip m de bain ■ **swimsuit** N maillot m de bain

swindle ['swɪndəl] **1** N escroquerie f **2** VT escroquer; **to s. sb out of money** escroquer de l'argent à qn ■ **swindler** N escroc m

swine [swaɪn] N Pej *(person)* salaud m ■ **swine flu** N grippe f porcine

swing [swɪŋ] **1** N *(in playground)* balançoire f; *(movement)* balancement m; *(of pendulum)* oscillation f; *(in opinion)* revirement m; Golf swing m; **to be in full s.** *(of party)* battre son plein; Fam **to get into the s. of things** se mettre dans le bain **2** (*pt & pp* **swung**) VT *(arms, legs)* balancer; *(axe)* brandir; Fam *(influence)* influencer; **to s. round** *(car)* faire tourner **3** VI *(sway)* se balancer; *(of pendulum)* osciller; *(turn)* virer; **to s. round** *(turn suddenly)* se retourner; **to s. into action** passer à l'action

swipe [swaɪp] **1** N grand coup m **2** VT *(card)* passer dans un lecteur de cartes; Fam **to s. sth** *(steal)* faucher qch **(from sb** à qn) **3** VI **to s. at sth** essayer de frapper qch

swirl [swɜːl] **1** N tourbillon m **2** VI tourbillonner

Swiss [swɪs] **1** ADJ suisse; Br Culin **S. roll** roulé m; **S. army knife** couteau m suisse **2** N INV Suisse m, Suissesse f; **the S.** les Suisses mpl

switch [swɪtʃ] **1** N *(electrical)* interrupteur m; *(change)* changement m *(in* de); *(reversal)* revirement m *(in* de) **2** VT *(money, employee)* transférer *(to* à); *(support, affection)* reporter *(to* sur); *(exchange)* échanger **(for** contre); **to s. buses** changer de bus; **to s. places** or **seats** changer de place **3** VI **to s. to** *(change to)* passer à ■ **switchboard** N Tel standard m; **s. operator** standardiste mf

▸ **switch off 1** VT SEP *(lamp, gas, radio)* éteindre; *(engine)* arrêter; *(electricity)* couper; **to s. itself off** *(of heating)* s'éteindre tout seul **2** VI *(of appliance)* s'éteindre

▸ **switch on 1** VT SEP *(lamp, gas, radio)* allumer; *(engine)* mettre en marche **2** VI *(of appliance)* s'allumer

▸ **switch over** VI *(change TV channels)* changer de chaîne; **to s. over to** *(change to)* passer à

Switzerland ['swɪtsələnd] N la Suisse

swivel ['swɪvəl] **1** *(Br* **-ll-,** *Am* **-l-)* VI **to s. (round)** *(of chair)* pivoter **2** ADJ **s. chair** chaise *f* pivotante

swollen ['swəʊlən] **1** PP of **swell¹ 2** ADJ *(leg)* enflé; *(stomach)* gonflé

swoon [swuːn] VI *Literary* se pâmer

swoop [swuːp] **1** N *(of police)* descente *f* **2** VI faire une descente **(on** dans); **to s. (down) on** *(of bird)* fondre sur

swop [swɒp] N & VTI = **swap**

sword [sɔːd] N épée *f* ■ **swordfish** N espadon *m*

swore [swɔː(r)] PT of **swear**

sworn [swɔːn] PP of **swear**

swot [swɒt] *Br Fam Pej* **1** N bûcheur, -euse *mf* **2** *(pt & pp* **-tt-)** VTI **to s. (up)** bûcher; **to s. (up) for an exam** bûcher un examen; **to s. up on sth** bûcher qch

swum [swʌm] PP of **swim**

swung [swʌŋ] PT & PP of **swing**

sycamore ['sɪkəmɔː(r)] N *(maple)* sycomore *m*; *Am (plane tree)* platane *m*

sycophant ['sɪkəfænt] N *Literary* flagorneur, -euse *mf* ■ **sycophantic** ADJ flagorneur, -euse

syllable ['sɪləbəl] N syllabe *f*

syllabus ['sɪləbəs] N programme *m*

symbol ['sɪmbəl] N symbole *m* ■ **symbolic** [-'bɒlɪk] ADJ symbolique ■ **symbolism** N symbolisme *m* ■ **symbolize** VT symboliser

symmetry ['sɪmɪtrɪ] N symétrie *f* ■ **symmetrical** [-'metrɪkəl] ADJ symétrique

sympathetic [sɪmpə'θetɪk] ADJ *(showing pity)* compatissant; *(understanding)* compréhensif, -ive; **s. to sb/sth** *(favourable)* bien disposé à l'égard de qn/qch

Note that the French adjective **sympathique** is a false friend and is never a translation for the English adjective **sympathetic**. It means **friendly**.

sympathize ['sɪmpəθaɪz] VI **I s. with you** *(pity)* je suis désolé (pour vous); *(understanding)* je vous comprends ■ **sympathizer** N *Pol* sympathisant, -ante *mf*

Note that the French verb **sympathiser avec** is a false friend and is almost never a translation for the English verb **to sympathize with**. It means **to be friendly with**.

sympathy ['sɪmpəθɪ] N *(pity)* compassion *f*; *(understanding)* compréhension *f*; **to have s. for sb** éprouver de la compassion pour qn; **to be in s. with sb's opinion** être en accord avec les opinions de qn

Note that the French noun **sympathie** is a false friend and is rarely a translation for the English noun **sympathy**. It is usually used to convey the idea of liking somebody.

symphony ['sɪmfənɪ] **1** *(pl* **-ies)** N symphonie *f* **2** ADJ *(orchestra, concert)* symphonique ■ **symphonic** [-'fɒnɪk] ADJ symphonique

symptom ['sɪmptəm] N *Med & Fig* symptôme *m* ■ **symptomatic** ADJ symptomatique **(of** de)

synagogue ['sɪnəgɒg] N synagogue *f*

synchronize ['sɪŋkrənaɪz] VT synchroniser

syndicate ['sɪndɪkət] N syndicat *m*

syndrome ['sɪndrəʊm] N *Med & Fig* syndrome *m*

synonym ['sɪnənɪm] N synonyme *m* ■ **synonymous** [-'nɒnɪməs] ADJ synonyme **(with** de)

synopsis [sɪ'nɒpsɪs] *(pl* **-opses** [-ɒpsiːz]) N résumé *m*; *(of film)* synopsis *m*

synthesis ['sɪnθəsɪs] *(pl* **-theses** [-θəsiːz]) N synthèse *f*

synthetic [sɪn'θetɪk] ADJ synthétique

syphon ['saɪfən] N & VT = **siphon**

Syria ['sɪrɪə] N la Syrie ■ **Syrian 1** ADJ syrien, -ienne **2** N Syrien, -ienne *mf*

syringe [sə'rɪndʒ] N seringue *f*

syrup ['sɪrəp] N sirop *m*; *Br* **(golden) s.** mélasse *f* raffinée

system ['sɪstəm] N *(structure) & Comptr* système *m*; *(human body)* organisme *m*; *(method)* méthode *f*, *Fam* **to get sth out of one's s.** se sortir qch de la tête; **the digestive s.** l'appareil *m* digestif; *Comptr* **s. disk** disque *m* système; *Comptr* **s. software** logiciel *m* système *ou* d'exploitation; **systems analyst** analyste *m* programmeur

systematic [sɪstə'mætɪk] ADJ systématique ■ **systematically** ADV systématiquement

T, t [tiː] N *(letter)* T, t m inv

ta [tɑː] EXCLAM *Br Fam* merci!

tab [tæb] N **(a)** *(label)* étiquette f; *(on file, dictionary)* onglet m; *Fam* **to keep tabs on sb** avoir qn à l'œil **(b)** *Am Fam (bill)* addition f; **to pick up the t.** payer l'addition **(c)** *(on computer, typewriter)* tabulateur m; **t. key** touche f de tabulation

table¹ [ˈteɪbəl] N **(a)** *(furniture)* table f; **card/operating t.** table de jeu/d'opération; *Br* **to set** *or* **lay/clear the t.** mettre/débarrasser la table; **(sitting) at the t.** à table; **t. tennis** tennis m de table **(b)** *(list)* table f; **t. of contents** table des matières ■ **tablecloth** N nappe f ■ **table mat** N set m de table ■ **tablespoon** N ≃ cuillère f à soupe ■ **tablespoonful** N ≃ cuillerée f à soupe

table² [ˈteɪbəl] VT *Br (motion)* présenter; *Am (postpone)* ajourner

tablet [ˈtæblɪt] N **(a)** *(pill)* comprimé m **(b)** *(inscribed stone)* tablette f

tabloid [ˈtæblɔɪd] N *(newspaper)* tabloïd m; *Pej* **the t. press** = la presse populaire à scandales

taboo [təˈbuː] *(pl -oos)* ADJ & N tabou *(m)*

tacit [ˈtæsɪt] ADJ tacite

tack [tæk] **1** N *(nail)* clou m; *Am (thumbtack)* punaise f; *Naut (course)* bordée f; *Fig* **to change t.** changer de tactique; *Fig* **to get down to brass tacks** en venir aux faits **2** VT **to t. (down)** clouer; *Fig* **to t. sth on** rajouter qch **3** VI *Naut* louvoyer

tackle [ˈtækəl] **1** N *(gear)* matériel m; *Rugby* placage m; *Football* tacle m **2** VT *(task, problem)* s'attaquer à; *(subject)* aborder; *Rugby* plaquer; *Football* tacler

tacky [ˈtækɪ] *(-ier, -iest)* ADJ *(sticky)* collant; *Fam (person)* vulgaire; *(remark)* de mauvais goût

tact [tækt] N tact m ■ **tactful** ADJ *(remark)* diplomatique; **to be t.** *(of person)* avoir du tact ■ **tactless** ADJ *(person, remark)* qui manque de tact

tactic [ˈtæktɪk] N **a t.** une tactique; **tactics** la tactique ■ **tactical** ADJ tactique

tactile [ˈtæktaɪl] ADJ tactile

tadpole [ˈtædpəʊl] N têtard m

tag [tæg] **1** N *(label)* étiquette f; **electronic t.** *(for offender)* bracelet m électronique *ou* de cheville **2** *(pt & pp -gg-)* VT *(label)* étiqueter; *(offender)* mettre

un bracelet électronique *ou* de cheville à; *Fam* **to t. sth on** *(add)* rajouter qch **(to** à) **3** VI **to t. along with sb** venir avec qn

Tahiti [təˈhiːtɪ] N Tahiti f

tail [teɪl] **1** N *(of animal)* queue f; *(of shirt)* pan m; **tails, t. coat** queue-de-pie f; **the t. end** *(of film)* la fin **(of** de); *(of cloth, string)* le bout **(of** de) **2** VT *Fam (follow)* filer **3** VI **to t. off** *(lessen)* diminuer; *Br* **the traffic is tailing back (for miles)** ça bouchonne (sur des kilomètres) ■ **tailback** N *Br (of traffic)* bouchon m ■ **tailgate 1** N *Br (of car)* hayon m **2** VT *Am* **to t. sb** *(in vehicle)* coller au pare-chocs de qn ■ **taillight** N *Am (of vehicle)* feu m arrière inv

tailor [ˈteɪlə(r)] **1** N *(person)* tailleur m **2** VT *(garment)* faire; *Fig (adjust)* adapter **(to** à) ■ **tailored** ADJ ajusté

tainted [ˈteɪntɪd] ADJ *(air)* pollué; *(food)* gâté; *Fig (reputation, system)* souillé

Taiwan [taɪˈwɑːn] N Taïwan m *ou* f ■ **Taiwanese 1** ADJ taïwanais **2** N Taïwanais, -aise mf

take [teɪk] **1** N *(recording of film)* prise f **2** *(pt* **took,** *pp* **taken)** VT prendre; *(bring)* amener **(to** à); *(by car)* conduire **(to** à); *(escort)* accompagner **(to** à); *(lead away)* emmener **(to** à); *(of road)* mener **(to** à); *(prize)* remporter; *(exam)* passer; *(credit card)* accepter; *(contain)* avoir une capacité de; *(tolerate)* supporter; *Math (subtract)* soustraire **(from** de); **to t. sth to sb** apporter qch à qn; **to t. sb (out) to the theatre** emmener qn au théâtre; **to t. sth with one** emporter qch; **to t. sb home** ramener qn; **it takes an army/courage** il faut une armée/du courage **(to do** pour faire); **I took an hour to do it** *or* **over it** j'ai mis une heure à le faire **3** VI *(of vaccination, fire)* prendre ■ **takeaway** *Br* **1** ADJ *(meal)* à emporter **2** N *(shop)* restaurant m qui fait des plats à emporter; *(meal)* plat m à emporter ■ **takeoff** N *(of plane)* décollage m ■ **take-out** *Am* ADJ & N = **takeaway** ■ **takeover** N *(of company)* rachat m; *(of government, country)* prise f de pouvoir; **t. bid** offre f publique d'achat, OPA f

‣ **take after** VT INSEP **to t. after sb** ressembler à qn

‣ **take along** VT SEP *(object)* emporter; *(person)* emmener

▸ **take apart** VT SEP *(machine)* démonter

▸ **take away** VT SEP *(thing)* emporter; *(person)* emmener; *(remove)* enlever (**from** à); *Math (subtract)* soustraire (**from** de)

▸ **take back** VT SEP reprendre; *(return)* rapporter; *(statement)* retirer; *(accompany)* ramener (**to** à)

▸ **take down** VT SEP *(object)* descendre; *(notes)* prendre

▸ **take in** VT SEP *(chair, car)* rentrer; *(orphan)* recueillir; *(skirt)* reprendre; *(distance)* couvrir; *(include)* inclure; *(understand)* saisir; *Fam (deceive)* rouler

▸ **take off 1** VT SEP *(remove)* enlever; *(train, bus)* supprimer; *(lead away)* emmener; *(mimic)* imiter; *Math (deduct)* déduire (**from** de) **2** VI *(of aircraft)* décoller

▸ **take on** VT SEP *(work, staff, passenger, shape)* prendre

▸ **take out** VT SEP *(from pocket)* sortir; *(stain)* enlever; *(tooth)* arracher; *(insurance policy, patent)* prendre; **to t. sb out to the theatre** emmener qn au théâtre; *Fam* **to t. it out on sb** passer sa colère sur qn

▸ **take over 1** VT SEP *(become responsible for)* reprendre; *(buy out)* racheter; *(overrun)* envahir; **to t. over sb's job** remplacer qn **2** VI *(relieve)* prendre la relève (**from** de); *(succeed)* prendre la succession (**from** de); *(of dictator, general)* prendre le pouvoir

▸ **take round** VT SEP *(bring)* apporter (**to** à); *(distribute)* distribuer; *(visitor)* faire visiter

▸ **take to** VT INSEP **to t. to doing sth** se mettre à faire qch; **I didn't t. to him/it** Il/ça ne m'a pas plu

▸ **take up 1** VT SEP *(carry up)* monter; *(continue)* reprendre; *(space, time)* prendre; *(offer)* accepter; *(hobby)* se mettre à; *(hem)* raccourcir **2** VI **to t. up with sb** se lier avec qn

taken ['teɪkən] ADJ *(seat)* pris; *(impressed)* impressionné (**with** *or* **by** par); **to be t. ill** tomber malade

taking ['teɪkɪŋ] N *(capture of town)* prise *f*; **takings** *(money)* recette *f*; **it's yours for the t.** tu n'as plus qu'à accepter

talc [tælk], **talcum powder** ['tælkəmpaʊdə(r)] N talc *m*

tale [teɪl] N *(story)* histoire *f*; *(legend)* conte *m*; *(lie)* salades *fpl*; **to tell tales** rapporter (**on sb** sur qn)

talent ['tælənt] N talent *m*; **to have a t. for** avoir du talent pour ■ **talented** ADJ talentueux, -ueuse

talk [tɔːk] **1** N *(conversation)* conversation *f* (**about** à propos de); *(lecture)* exposé *m* (**on** sur); **talks** *(negotiations)* pourparlers *mpl*; **to have a t. with**

sb parler avec qn; **there's t. of...** on parle de... **2** VT *(nonsense)* dire; **to t. politics** parler politique; **to t. sb into doing/out of doing sth** persuader qn de faire/de ne pas faire qch; **to t. sth over** discuter (de) qch; **to t. sb round** persuader qn **3** VI parler (**to/about** à/de); *(gossip)* jaser; **to t. down to sb** parler à qn sur un ton de supériorité ■ **talkative** ADJ bavard

talker ['tɔːkə(r)] N causeur, -euse *mf*; **she's a good t.** elle parle bien

tall [tɔːl] (-er, -est) ADJ *(person)* grand; *(tree, house)* haut; **how t. are you?** combien mesures-tu?; *Fig* **a t. story** une histoire invraisemblable

tally ['tælɪ] *(pt & pp -ied)* VI correspondre (**with** à)

talon ['tælən] N serre *f*

tambourine [tæmbə'riːn] N tambourin *m*

tame [teɪm] **1** (-er, -est) ADJ *(animal)* apprivoisé; *Fig (person)* docile; *(book, play)* fade **2** VT *(animal)* apprivoiser; *Fig (emotions)* maîtriser

tamper ['tæmpə(r)] VT INSEP **to t. with** *(lock, car)* essayer de forcer; *(machine)* toucher à; *(documents)* trafiquer

tampon ['tæmpɒn] N tampon *m* (hygiénique)

tan [tæn] **1** N *(suntan)* bronzage *m* **2** ADJ *(colour)* marron clair *inv* **3** *(pt & pp -nn-)* VT *(skin)* hâler; *(leather)* tanner **4** VI *(of person, skin)* bronzer

tandem ['tændəm] N *(bicycle)* tandem *m*; **in t.** en tandem; **in t. with sth** parallèlement à qch

tangent ['tændʒənt] N *Math* tangente *f*; **to go off at a t.** changer de sujet

tangerine [tændʒə'riːn] N mandarine *f*

tangible ['tændʒəbəl] ADJ tangible

tangle ['tæŋɡəl] N enchevêtrement *m*; **to get into a t.** *(of rope)* s'enchevêtrer; *(of hair)* s'emmêler; *Fig (of person)* s'embrouiller ■ **tangled** ADJ enchevêtré; *(hair)* emmêlé

tango ['tæŋɡəʊ] *(pl -os)* N tango *m*

tangy ['tæŋɪ] (-ier, -iest) ADJ acidulé

tank [tæŋk] N *(container)* réservoir *m*; *(military vehicle)* tank *m*

tanker ['tæŋkə(r)] N *(lorry)* camion-citerne *m*; **(oil) t.** *(ship)* pétrolier *m*

Tannoy® ['tænɔɪ] N *Br* **over the T.** au haut-parleur

tantalizing ['tæntəlaɪzɪŋ] ADJ alléchant

tantrum ['tæntrəm] N caprice *m*; **to have** *or* **throw a t.** faire un caprice

Tanzania [tænzə'nɪə] N la Tanzanie

tap¹ [tæp] **1** N *Br (for water)* robinet *m*; *Fig* **on t.** disponible; **t. water** eau *f* du robinet **2** *(pt & pp -pp-)* VT *(resources)* puiser dans; *(phone)* placer sur écoute

tap² [tæp] **1** N *(blow)* petit coup m; **t. dancing** claquettes fpl **2** *(pt & pp* **-pp-***)* vt *(hit)* tapoter

tape [teɪp] **1** N **(a)** *(ribbon)* ruban m; **(sticky** or **adhesive) t.** ruban adhésif; **t. measure** mètre m (à) ruban **(b)** *(for recording)* bande f; *(cassette)* cassette f; **t. deck** platine f cassette; **t. recorder** magnétophone m **2** vt **(a)** *(stick)* scotcher **(b)** *(record)* enregistrer

taper ['teɪpə(r)] **1** N *(candle)* bougie f filée **2** vi s'effiler; Fig **to t. off** diminuer

tapestry ['tæpɪstrɪ] N tapisserie f

tapeworm ['teɪpwɜːm] N ver m solitaire

tar [tɑː(r)] **1** N goudron m **2** *(pt & pp* **-rr-***)* vt goudronner

tarantula [tə'ræntjʊlə] *(pl* **-as***)* N tarentule f

target ['tɑːgɪt] **1** N cible f; *(objective)* objectif m; **t. audience** audience f cible **2** vt *(campaign, product)* destiner **(at** à); *(age group)* viser

tariff ['tærɪf] N *(tax)* tarif m douanier; Br *(price list)* tarif

tarmac ['tɑːmæk] N Br *(on road)* macadam m; *(runway)* piste f

tarnish ['tɑːnɪʃ] vt ternir

tarpaulin [tɑː'pɔːlɪn] N bâche f

tarragon ['tærəgən] N estragon m

tart [tɑːt] **1** *(-er, -est)* ADJ *(sour)* aigre **2** N **(a)** *(pie)* *(large)* tarte f; *(small)* tartelette f **(b)** Br Fam Pej *(prostitute)* pute f **3** vt Br Fam Pej **to t. up** *(decorate)* retaper ▪ **tarty** *(-ier, -iest)* ADJ Br Fam Pej *(clothes etc)* vulgaire; **to look t.** avoir l'air d'une pute

tartan ['tɑːtən] **1** N tartan m **2** ADJ *(skirt, tie)* écossais

tartar¹ ['tɑːtə(r)] ADJ **t. sauce** sauce f tartare

tartar² ['tɑːtə(r)] N *(on teeth)* tartre m

task [tɑːsk] N tâche f; **to take sb to t. for sth** reprocher qch à qn ▪ **taskforce** N Mil corps m expéditionnaire; Pol commission f spéciale

tassel ['tæsəl] N gland m

taste [teɪst] **1** N goût m; **in good/bad t.** de bon/ mauvais goût; **to have a t. of sth** goûter à qch; **to get a t. for sth** prendre goût à qch; **t. bud** papille f gustative **2** vt *(detect flavour of)* sentir; *(sample)* goûter; Fig *(experience)* goûter à **3** vi **to t. of** or **like sth** avoir un goût de qch; **to t. good** être bon *(f* bonne) ▪ **tasty** *(-ier, -iest)* ADJ savoureux, -euse

tasteful ['teɪstfəl] ADJ de bon goût ▪ **tastefully** ADV avec goût ▪ **tasteless** ADJ *(food)* insipide; Fig *(joke)* de mauvais goût

tat¹ [tæt] ➤ **tit¹**

tat² [tæt] N Br Fam *(junk)* camelote f ▪ **tatty** *(-ier, -iest)* ADJ Br Fam miteux, -euse

tattered ['tætəd] ADJ *(clothes)* en lambeaux;

(person) déguenillé ▪ **tatters** NPL **in t.** *(clothes)* en lambeaux

tattoo¹ [tæ'tuː] **1** *(pl* **-oos***)* N *(design)* tatouage m; **to get a t.** se faire tatouer **2** *(pt & pp* **-ooed***)* vt tatouer

tattoo² [tæ'tuː] *(pl* **-oos***)* N Mil spectacle m militaire

taught [tɔːt] PT & PP of **teach**

taunt [tɔːnt] **1** N raillerie f **2** vt railler

Taurus ['tɔːrəs] N *(sign)* le Taureau; **to be (a) T.** être Taureau

taut [tɔːt] ADJ tendu

tawdry ['tɔːdrɪ] *(-ier, -iest)* ADJ Pej tape-à-l'œil inv

tawny ['tɔːnɪ] ADJ *(colour)* fauve; **t. owl** *(chouette f)* hulotte f

tax¹ [tæks] **1** N *(on goods)* taxe f, impôt m; Br **road t.** ≃ vignette f automobile **2** ADJ fiscal; **t. collector** percepteur m; **t. return** déclaration f d'impôt **3** vt *(person)* imposer; *(goods)* taxer ▪ **taxable** ADJ imposable ▪ **tax'ation** N *(taxes)* impôts mpl; *(act)* imposition f; **the burden of t.** le poids de l'impôt ▪ **'tax-'free** ADJ exempt d'impôts ▪ **taxman** *(pl* **-men***)* N Br Fam percepteur m ▪ **taxpayer** N contribuable mf

tax² [tæks] vt *(put under strain)* mettre à l'épreuve ▪ **taxing** ADJ *(journey)* éprouvant

taxi ['tæksɪ] **1** N taxi m; **t. cab** taxi; Br **t. rank,** Am **t. stand** station f de taxis **2** vi *(of aircraft)* rouler

TB [tiː'biː] *(abbr* **tuberculosis***)* N tuberculose f

tea [tiː] N *(plant, drink)* thé m; Br *(snack)* goûter m; Br *(evening meal)* repas m du soir; **to have t.** prendre le thé; **t. cloth** torchon m; **t. party** thé m; Br **t. towel** torchon m ▪ **teabag** N sachet m de thé ▪ **teacup** N tasse f à thé ▪ **teapot** N théière f ▪ **tearoom** N salon m de thé ▪ **teashop** N Br salon m de thé ▪ **teaspoon** N petite cuillère f ▪ **teaspoonful** N cuillerée f à café ▪ **teatime** N l'heure f du thé

teach [tiːtʃ] **1** *(pt & pp* **taught***)* vt apprendre *(sb sth* qch à qn; *that* que); *(in school, at university)* enseigner *(sb sth* qch à qn); **to t. sb (how) to do sth** apprendre à qn à faire qch; **to t. oneself sth** apprendre qch tout seul; Am **to t. school** enseigner **2** vi enseigner ▪ **teaching 1** N enseignement m **2** ADJ *(staff)* enseignant; *(method, material)* pédagogique; Br **t. hospital** centre m hospitalo-universitaire; **the t. profession** l'enseignement m; *(teachers)* le corps enseignant

teacher ['tiːtʃə(r)] N professeur m; *(in primary school)* instituteur, -trice mf; Br **t. training college** ≃ IUFM m

teak [tiːk] N teck m; **a t. sideboard** un buffet en teck

team [tiːm] **1** N équipe f; *(of horses, oxen)* attelage m; **to be a t. player** avoir l'esprit d'équipe; **t. mate** coéquipier, -ière mf **2 VI to t. up** faire équipe (**with sb** avec qn) ■ **teamwork** N travail m d'équipe

tear¹ [teə(r)] **1 N** déchirure f **2** (pt **tore**, pp **torn**) **VT** (rip) déchirer; (snatch) arracher (**from** à); Fig **torn between** tiraillé entre; **to t. sb away from sth** arracher qn à qch; **to t. down** (house) démolir; **to t. off** or **out** arracher; **to t. up** déchirer **3 VI** (of cloth) se déchirer

tear² [tɪə(r)] **N** larme f; **in tears** en larmes; **close to** or **near (to) tears** au bord des larmes ■ **tearful** **ADJ** (eyes) larmoyant; (person) en larmes; **in a t. voice** avec des larmes dans la voix ■ **tear gas** N gaz m lacrymogène

tearaway ['teərəweɪ] N Br Fam casse-cou m inv

tease [tiːz] **1 N** (person) taquin, -ine mf **2 VT** taquiner ■ **teasing** **ADJ** (remark) taquin

teat [tiːt] N Br (of animal) trayon m; (of baby's bottle) tétine f

technical ['teknɪkəl] **ADJ** technique; Br **t. college** = institut m universitaire, **t. drawing** dessin m industriel ■ **technicality** [-'kælɪtɪ] N (detail) détail m technique ■ **technically** **ADV** techniquement

technician [tek'nɪʃən] N technicien, -ienne mf

technique [tek'niːk] N technique f

technology [tek'nɒlədʒɪ] (pl **-ies**) N technologie f ■ **technological** [-nə'lɒdʒɪkəl] **ADJ** technologique

teddy ['tedɪ] N **t. (bear)** ours m en peluche

tedious ['tiːdɪəs] **ADJ** fastidieux, -ieuse

teem [tiːm] **VI** (swarm) grouiller (**with** de); **to t. (with rain)** pleuvoir à torrents

teenage ['tiːneɪdʒ] **ADJ** (boy, girl, behaviour) adolescent; (fashion, magazine) pour adolescents ■ **teenager** N adolescent, -ente mf ■ **teens** **NPL to be in one's t.** être adolescent

teeny(-weeny) ['tiːnɪ('wiːnɪ)] **ADJ** Fam (tiny) minuscule

tee-shirt ['tiːʃɜːt] N tee-shirt m

teeth [tiːθ] **PL of tooth**

teethe [tiːð] **VI** faire ses dents ■ **teething** N poussée f dentaire; Fig **t. troubles** difficultés fpl de mise en route

teetotal [tiː'təʊtəl] **ADJ to be t.** ne jamais boire d'alcool ■ **teetotaller,** Am **teetotaler** N personne f qui ne boit jamais d'alcool

tele- [telɪ] **PREF** télé-

telecommunications [telɪkəmjuːnɪ'keɪʃənz] **NPL** télécommunications fpl

telegram ['telɪgræm] N télégramme m

telegraph ['telɪgrɑːf] **ADJ t. pole/wire** poteau m/fil m télégraphique

telepathy [tɪ'lepəθɪ] N télépathie f ■ **telepathic** **ADJ** télépathique

telephone ['telɪfəʊn] **1 N** téléphone m; **to be on the t.** (speaking) être au téléphone **2 ADJ** (call, line, message) téléphonique; Br **t. booth, t. box** cabine f téléphonique; **t. directory** annuaire m du téléphone; **t. number** numéro m de téléphone **3 VT** (message) téléphoner (**to** à); **to t. sb** téléphoner à qn **4 VI** téléphoner

telesales ['telɪseɪlz] N télévente f

telescope ['telɪskəʊp] N télescope m ■ **telescopic** [-'skɒpɪk] **ADJ** télescopique

teletext ['telɪtekst] N télétexte m

television [telɪ'vɪʒən] **1 N** télévision f; **on (the) t.** à la télévision; **to watch (the) t.** regarder la télévision **2 ADJ** (programme, screen) de télévision; (interview, report) télévisé; **t. set** téléviseur m ■ **televise** **VT** téléviser

telex ['teleks] **1 N** (service, message) télex m **2 VT** (message) télexer

tell [tel] **1** (pt & pp **told**) **VT** dire (**sb sth** qch à qn; **that** que); (story) raconter; (distinguish) distinguer (**from** de); **to t. sb to do sth** dire à qn de faire qch; **to know how to t. the time** savoir lire l'heure; **to t. the difference** voir la différence (**between** entre); **I could t. she was lying** je savais qu'elle mentait; Fam **to t. sb off** disputer qn **2 VI** dire; (have an effect) se faire sentir; **to t. of** or **about sb/sth** parler de qn/qch; **it's hard to t.** c'est difficile à dire; **you can never t.** on ne sait jamais

telling ['telɪŋ] **ADJ** (revealing) révélateur, -trice; (decisive) qui porte

telltale ['telteɪl] **1 ADJ** révélateur, -trice **2 N** rapporteur, -euse mf

telly ['telɪ] N Br Fam télé f; **on (the) t.** à la télé

temp [temp] Br Fam **1 N** intérimaire mf **2 VI** faire de l'intérim

temper ['tempə(r)] **1 N** (mood, nature) humeur f; (bad mood) mauvaise humeur; **in a bad t.** de mauvaise humeur; **to have a (bad) t.** avoir un caractère de cochon; **to lose one's t.** se mettre en colère **2 VT** (moderate) tempérer; (steel) tremper

temperament ['tempərəmənt] N tempérament m ■ **temperamental** [-'mentəl] **ADJ** (person, machine) capricieux, -ieuse; (inborn) inné

temperate ['tempərət] **ADJ** (climate) tempéré

temperature ['tempərətʃə(r)] N température f; Br **to have a t.** avoir de la température

template ['templət, -pleɪt] N gabarit m; Comptr modèle m

temple¹ ['tempəl] N (religious building) temple m

temple² ['tempəl] N Anat tempe f

tempo ['tempəʊ] (pl **-os**) N (of life, work) rythme m; Mus tempo m

temporary [Br 'tempərəri, Am -eri] ADJ temporaire; (secretary) intérimaire ■ **temporarily** [Br 'tempərəili, Am tempə'reərili] ADV temporairement

tempt [tempt] VT tenter; **tempted to do sth** tenté de faire qch; **to t. sb to do sth** inciter qn à faire qch ■ **temp'tation** N tentation f ■ **tempting** ADJ tentant

ten [ten] ADJ & N dix (m)

tenable ['tenəbəl] ADJ défendable; **the post is t. for three years** ce poste peut être occupé pendant trois ans

tenacious [tə'neɪʃəs] ADJ tenace ■ **tenacity** [-'næsɪtɪ] N ténacité f

tenant ['tenənt] N locataire mf ■ **tenancy** N (lease) location f; (period) occupation f

tend[1] [tend] VI **to t. to do sth** avoir tendance à faire qch; **to t. towards** incliner vers ■ **tendency** (pl **-ies**) N tendance f (**to do** à faire)

tend[2] [tend] VT (look after) s'occuper de

tender[1] ['tendə(r)] ADJ (soft, delicate, loving) tendre; (painful) sensible ■ **tenderness** N tendresse f; (pain) (petite) douleur f; (of meat) tendreté f

tender[2] ['tendə(r)] 1 N Com (bid) soumission f (**for** pour); **to be legal t.** (of money) avoir cours 2 VT (offer) offrir; **to t. one's resignation** donner sa démission

tendon ['tendən] N Anat tendon m

tenement ['tenəmənt] N immeuble m d'habitation

tenner ['tenə(r)] N Br Fam billet m de 10 livres

tennis ['tenɪs] N tennis m; **t. court** court m de tennis

tenor ['tenə(r)] N (a) Formal (sense, course) teneur f (b) Mus ténor m

tenpin ['tenpɪn] ADJ Br **t. bowling** bowling m

tense[1] [tens] 1 (**-er, -est**) ADJ (person, muscle, situation) tendu 2 VT tendre; (muscle) contracter 3 VI **to t. (up)** (of person, face) se crisper ■ **tension** N tension f

tense[2] [tens] N Grammar temps m; **in the future t.** au futur

tent [tent] N tente f; Br **t. peg**, Am **t. stake** piquet m de tente; **t. pole** mât m de tente

tentacle ['tentəkəl] N tentacule m

tentative ['tentətɪv] ADJ (not definite) provisoire; (hesitant) timide ■ **tentatively** ADV provisoirement; (hesitantly) timidement

tenterhooks ['tentəhʊks] NPL **to be on t.** être sur des charbons ardents

tenth [tenθ] ADJ & N dixième (mf); **a t.** un dixième

tenuous ['tenjʊəs] ADJ (link, suspicion) ténu

tepid ['tepɪd] ADJ (liquid) and Fig tiède

term [tɜːm] 1 N (word) terme m; (period) période f; Br (of school or university year) trimestre m; Am (semester) semestre m; Pol **t. (of office)** mandat m; **terms** (conditions) conditions fpl; (of contract) termes mpl; **to be on good/bad terms** être en bons/mauvais termes (**with sb** avec qn); **to buy sth on easy terms** acheter qch avec facilités de paiement; **in terms of** (speaking of) sur le plan de; **in real terms** dans la pratique; **to come to terms with sth** se résigner à qch; **in the long/short/medium t.** à long/court/moyen terme 2 VT appeler

terminal ['tɜːmɪnəl] 1 N (electronic) & Comptr terminal m; (of battery) borne f; **(air) t.** aérogare f; **(oil) t.** terminal pétrolier 2 ADJ (patient, illness) en phase terminale; **in its t. stage** (illness) en phase terminale ■ **terminally** ADV **t. ill** (patient) en phase terminale

terminate ['tɜːmɪneɪt] 1 VT mettre fin à; (contract) résilier; (pregnancy) interrompre 2 VI se terminer ■ **termi'nation** N fin f; (of contract) résiliation f; (of pregnancy) interruption f

terminology [tɜːmɪ'nɒlədʒɪ] (pl **-ies**) N terminologie f

terminus ['tɜːmɪnəs] N terminus m

termite ['tɜːmaɪt] N (insect) termite m

terrace ['terɪs] N (next to house, on hill) terrasse f; Br (houses) = rangée de maisons attenantes; Br **the terraces** (at football ground) les gradins mpl ■ **terrace house, terraced house** N Br = maison située dans une rangée d'habitations attenantes

terracotta [terə'kɒtə] N (substance) terre f cuite; (colour) ocre m foncé

terrain [tə'reɪn] N Mil and Geol terrain m

terrestrial [tə'restrɪəl] ADJ terrestre; **t. television, t. broadcasting** diffusion f hertzienne ou terrestre

terrible ['terəbəl] ADJ terrible ■ **terribly** ADV (badly) affreusement mal; (injured) très gravement

terrier ['terɪə(r)] N (dog) terrier m

terrific [tə'rɪfɪk] ADJ Fam (excellent) super inv ■ **terrifically** ADV Fam (extremely) terriblement; (extremely well) terriblement bien

terrify ['terɪfaɪ] (pt & pp **-ied**) VT terrifier; **to be terrified of sb/sth** avoir une peur bleue de qn/qch ■ **terrifying** ADJ terrifiant

territory ['terɪtərɪ] (pl **-ies**) N territoire m ■ **territorial** [-'tɔːrɪəl] ADJ territorial; Br **the T. Army** = armée de réserve, constituée de volontaires

terror ['terə(r)] N terreur f; Fam **that child is a t.** cet enfant est une vraie terreur ■ **terrorism** N

terrorisme *m* ■ **terrorist** N & ADJ terroriste (mf)
■ **terrorize** VT terroriser

terse [tɜːs] ADJ laconique

tertiary ['tɜːʃərɪ] ADJ tertiaire; **t. education** enseignement *m* supérieur

test [test] 1 N (trial) essai *m*; (of product) test *m*; Sch & Univ interrogation f; (by doctor) examen *m*; (of blood) analyse f; **to put sb to the t.** mettre qn à l'épreuve; **eye t.** examen de la vue; **driving t.** examen du permis de conduire 2 ADJ **t. pilot/flight** pilote *m*/vol *m* d'essai; **t. drive** or **run** essai *m* sur route; **t. tube** éprouvette f; **t. tube baby** bébé-éprouvette *m* 3 VT (try) essayer; (product, machine) tester; (pupil) interroger; (of doctor) examiner; (blood) analyser; Fig (try out) mettre à l'épreuve; **to t. sb for AIDS** faire subir à qn un test de dépistage du SIDA 4 VI **to t. positive** (for drugs) être positif, -ive

testament ['testəmənt] N (will) testament *m*; (tribute) preuve f; Rel **the Old/New T.** l'Ancien/le Nouveau Testament

testicle ['testɪkəl] N Anat testicule *m*

testify ['testɪfaɪ] (pt & pp -ied) Law 1 VT **to t. that...** témoigner que... 2 VI témoigner (**against** contre); **to t. to sth** (be proof of) témoigner de qch ■ **testimony** ['testɪmənɪ] (pl -ies) N témoignage *m*

tetanus ['tetənəs] N Med tétanos *m*

tetchy ['tetʃɪ] (-ier, -iest) ADJ irritable

tether ['teðə(r)] 1 N **at the end of one's t.** à bout 2 VT (animal) attacher

text [tekst] 1 N texte *m*; Tel **t. (message)** texto *m*, SMS *m* 2 VT **to t. sb** envoyer un texto ou un SMS à qn ■ **textbook** N manuel *m*

textile ['tekstaɪl] ADJ & N textile (m)

texture ['tekstʃə(r)] N (of fabric, cake) texture f; (of paper, wood) grain *m*

Thai [taɪ] 1 ADJ thaïlandais 2 N Thaïlandais, -aise *mf* ■ **Thailand** N la Thaïlande

Thames [temz] N **the T.** la Tamise

than [ðən, stressed ðæn] CONJ que; **happier t. me** plus heureux que moi; **less happy t. you** moins heureux que toi; **he has more/less t. you** il en a plus/moins que toi; **she has fewer oranges t. plums** elle a moins d'oranges que de prunes; **more t. six** plus de six

thank [θæŋk] VT remercier (**for sth** de qch; **for doing** d'avoir fait); **t. you** merci; **no, t. you** (non) merci; **t. God!, t. heavens!, t. goodness!** Dieu merci! ■ **thanks** NPL remerciements *mpl*; **(many) t.!** merci (beaucoup)!; **t. to** (because of) grâce à

thankful ['θæŋkfəl] ADJ reconnaissant (**for** de); **to be t. that...** être heureux, -euse que... (+ subjunctive) ■ **thankfully** ADV (gratefully) avec

reconnaissance; (fortunately) heureusement
■ **thankless** ADJ ingrat

thanksgiving [θæŋks'gɪvɪŋ] N action f de grâce; Am **T. (Day)** = 4ème jeudi de novembre, commémorant la première action de grâce des colons anglais

that [ðət, stressed ðæt]

> On peut omettre le pronom relatif **that** sauf s'il est en position sujet.

1 CONJ (souvent omise) que; **she said (t.) she would come** elle a dit qu'elle viendrait

2 RELATIVE PRON (subject) qui; (object) que; (with preposition) lequel, laquelle, pl lesquel(le)s; **the boy t. left** le garçon qui est parti; **the book (t.) I read** le livre que j'ai lu; **the carpet (t.) I put it on** le tapis sur lequel je l'ai mis; **the house (t.) she told me about** la maison dont elle m'a parlé; **the day/morning (t.) she arrived** le jour/matin où elle est arrivée

3 (pl **those**) DEMONSTRATIVE ADJ ce, cet (before vowel or mute h), cette; (opposed to 'this') ce...-là (f cette...-là); **t. woman** cette femme(-là); **t. day** ce jour-là; **t. one** celui-là *m*, celle-là f

4 (pl **those**) DEMONSTRATIVE PRON cela, Fam ça; **give me t.** donne-moi ça; **before t.** avant cela; **t.'s right** c'est exact; **who's t.?** qui est-ce?; **t.'s the house** voilà la maison; **what do you mean by t.?** qu'entends-tu par là?; **t. is (to say)...** c'est-à-dire...

5 ADV Fam (so) si; **not t. good** pas si bon que ça; **t. high** (pointing) haut comme ça; **it cost t. much** ça a coûté tant que ça

thatch [θætʃ] N chaume *m* ■ **thatched** ADJ (roof) de chaume; **t. cottage** chaumière f

thaw [θɔː] 1 N dégel *m* 2 VT (snow, ice) faire fondre; **to t. (out)** (food) se décongeler 3 VI dégeler; (of snow, ice) fondre; (of food) décongeler; Fig **to t. (out)** (of person) se dérider

the [ðə, before vowel ðɪ, stressed ðiː] DEFINITE ARTICLE le, l', pl les; **t. roof** le toit; **t. man** l'homme; **t. moon** la lune; **t. orange** l'orange; **t. boxes** les boîtes; **t. smallest** le plus petit (f la plus petite); **of t., from t.** du, de l', de la, pl des; **to t., at t.** au, à l', à la, pl aux

theatre, Am **theater** ['θɪətə(r)] N (place, art) théâtre *m*; Br (operating) s. (in hospital) salle f d'opération; Mil **t. of operations** théâtre des opérations ■ **theatrical** [θɪˈætrɪkəl] ADJ théâtral; **t. company** troupe f de théâtre

theft [θeft] N vol *m*

their [ðeə(r)] POSSESSIVE ADJ leur, pl leurs; **t. house** leur maison f ■ **theirs** POSSESSIVE PRON le leur, la leur, pl les leurs; **this book is t.** ce livre est à eux ou est le leur; **a friend of t.** un ami à eux

them [ðəm, stressed ðem] PRON les; (after prep,

'than', 'it is') eux mpl, elles fpl; **(to) t.** (indirect) leur; **I see t.** je les vois; **I gave it to t.** je le leur ai donné; **with t.** avec eux/elles; **ten of t.** dix d'entre eux/ elles; **all of t. came** tous sont venus, toutes sont venues; **all of t.** je les aime tous/toutes

theme [θiːm] N thème m; **t. song** or **tune** chanson f de générique; **t. park** parc m à thème

themselves [ðəmˈselvz, stressed ðemˈselvz] PRON eux-mêmes mpl, elles-mêmes fpl; (reflexive) se, s'; (after prep) eux mpl, elles fpl; **they did it t.** ils/elles l'ont fait eux-mêmes/elles-mêmes; **they cut t.** ils/elles se sont coupé(e)s; **they wash t.** ils/ elles se lavent; **they think of t.** ils pensent à eux/ elles pensent à elles

then [ðen] **1** ADV (at that time) à cette époque-là, alors; (just a moment ago) à ce moment-là; (next) ensuite, puis; (therefore) donc, alors; **from t. on** dès lors; **before t.** avant cela; **until t.** jusque-là, jusqu'alors **2** ADJ **the t. mayor** le maire d'alors

theology [θɪˈɒlədʒɪ] N théologie f ■ **theological** [θɪəˈlɒdʒɪkəl] ADJ théologique

theorem [ˈθɪərəm] N théorème m

theory [ˈθɪərɪ] (pl -ies) N théorie f; **in t.** en théorie ■ **theo'retical** ADJ théorique ■ **theo'retically** ADV théoriquement ■ **theorist** N théoricien, -ienne mf

therapy [ˈθerəpɪ] (pl -ies) N thérapeutique f; (psychological) psychothérapie f; **to be in t.** faire une psychothérapie; **speech t.** orthophonie f ■ **therapeutic** [-ˈpjuːtɪk] ADJ thérapeutique ■ **therapist** N thérapeute mf; (psychological) psychothérapeute mf; **speech t.** orthophoniste mf

there [ðeə(r)] ADV là; **(down** or **over) t.** là-bas; **on t.** là-dessus; **she'll be t.** elle y sera; **t. is, t. are** il y a; (pointing) voilà; **t. he is** le voilà; **t. she is** la voilà; **t. they are** les voilà; **that man t.** cet homme-là; **t. (you are)!** (take this) tenez!; **t., (t.,)** don't cry! allons, allons, ne pleure pas! ■ **therea'bouts** ADV dans les environs; (in amount) à peu près ■ **there'after** ADV Formal après cela ■ **thereby** ADV Formal ainsi ■ **therefore** ADV donc ■ **thereu'pon** ADV Formal sur ce

thermal [ˈθɜːməl] ADJ (underwear) en Thermolactyl®; (energy, unit) thermique

thermometer [θəˈmɒmɪtə(r)] N thermomètre m

Thermos® [ˈθɜːməs] (pl -moses [-məsəz]) N **T. (flask)** Thermos® m ou f

thermostat [ˈθɜːməstæt] N thermostat m

thesaurus [θɪˈsɔːrəs] N dictionnaire m de synonymes

these [ðiːz] (sing **this**) **1** DEMONSTRATIVE ADJ ces; (opposed to 'those') ces...-ci; **t. men** ces hommes(-ci); **t. ones** ceux-ci mpl, celles-ci fpl **2**

DEMONSTRATIVE PRON ceux-ci mpl, celles-ci fpl; **t. are my friends** ce sont mes amis

thesis [ˈθiːsɪs] (pl **theses** [ˈθiːsiːz]) N thèse f

they [ðeɪ] PRON **(a)** (subject) ils mpl, elles fpl; (stressed) eux mpl, elles fpl; **t. go** ils/elles vont; **t. are doctors** ce sont des médecins **(b)** (people in general) on; **t. say** on dit ■ **they'd = they had, they would** ■ **they'll = they will**

thick [θɪk] **1** (**-er, -est**) ADJ épais (f épaisse); Br Fam (stupid) lourd **2** ADV (spread) en couche épaisse; (grow) dru **3** N **in the t. of battle** au cœur de la bataille ■ **thickly** ADV (spread) en couche épaisse; (grow) dru; **t. populated/wooded** très peuplé/boisé

thicken [ˈθɪkən] **1** VT épaissir **2** VI (of fog) s'épaissir; (of cream, sauce) épaissir ■ **thickness** N épaisseur f

thickset [θɪkˈset] ADJ (person) trapu ■ **'thick-'skinned** ADJ (person) peu susceptible

thief [θiːf] (pl **thieves**) N voleur, -euse mf; **stop t.!** au voleur! ■ **thieving 1** ADJ voleur, -euse **2** N vol m

thigh [θaɪ] N cuisse f

thimble [ˈθɪmbəl] N dé m à coudre

thin [θɪn] **1** (**thinner, thinnest**) ADJ (person, slice, paper) mince; (soup) peu épais (f peu épaisse); (crowd, hair) clairsemé; (powder) fin; Fig (excuse, profit) maigre **2** ADV (spread) en couche mince; (cut) en tranches minces **3** (pt & pp **-nn-**) VT **to t. (down)** (paint) diluer **4** VI **to t. out** (of crowd, mist) s'éclaircir ■ **thinly** ADV (spread) en couche mince; (cut) en tranches minces; **t. disguised** à peine déguisé; **t. populated/wooded** peu peuplé/boisé

thing [θɪŋ] N chose f; **one's things** (belongings, clothes) ses affaires fpl; **it's a funny t.** c'est drôle; **how are things?,** Fam **how's things?** comment ça va?; **I'll think things over** j'y réfléchirai; **for one t.... and for another t....** d'abord... et ensuite... ■ **thingamabob** [ˈθɪŋəməbɒb], Br **thingummy** [ˈθɪŋəmɪ], **thingy** [ˈθɪŋɪ] N Fam truc m, machin m

think [θɪŋk] **1** (pt & pp **thought**) VT penser (**that** que); **I t. so** je pense ou crois que oui; **what do you t. of him?** que penses-tu de lui?; **I thought it difficult** j'ai trouvé ça difficile; **to t. it out** (plan, method) élaborer; (reply) réfléchir sérieusement à; **to t. sth over** réfléchir à qch; **to t. sth through** réfléchir à qch sous tous les angles; **to t. sth up** (invent) inventer qch **2** VI penser (**about/of** à); **to t. (carefully)** réfléchir (**about/of** à); **to t. of doing sth** penser à faire qch; **she doesn't t. much of it** ça ne lui dit pas grand-chose; **to t. better of it** se raviser **3** N Fam **to have a t.** réfléchir (**about** à) ■ **thinker** N penseur, -euse mf ■ **thinking 1** ADJ **t. person** personne f intelligente **2** N *(opinion)* opinion f; **to my t.** à mon avis

third [θɜːd] **1** ADJ troisième; **t. party** or **person** tiers m; **t.-party insurance** assurance f au tiers; **the T. World** le tiers-monde **2** N troisième mf; **a t.** *(fraction)* un tiers **3** ADV **to come t.** *(in race)* se classer troisième ■ **thirdly** ADV troisièmement

'third-'rate ADJ très inférieur

thirst [θɜːst] N soif f *(for* de) ■ **thirsty (-ier, -iest)** ADJ **to be** or **feel t.** avoir soif; **to make sb t.** donner soif à qn; *Fig* **to be t. for power** être assoiffé de pouvoir

thirteen [θɜːˈtiːn] ADJ & N treize (m) ■ **thirteenth** ADJ & N treizième *(mf)*

thirty [ˈθɜːtɪ] ADJ & N trente (m) ■ **thirtieth** ADJ & N trentième *(mf)*

this [ðɪs] **1** *(pl* **these)** DEMONSTRATIVE ADJ ce, cet *(before vowel or mute h),* cette; *(opposed to 'that')* ce…-ci; **t. book** ce livre(-ci); **t. man** cet homme(-ci); **t. photo** cette photo(-ci); **t. one** celui-ci m, celle-ci f **2** *(pl* **these)** DEMONSTRATIVE PRON *(subject)* ce, ceci; *(object)* ceci, **give me t.** donne-moi ceci; **I prefer t.** je préfère celui-ci; **before t.** avant ceci; **who's t.?** qui est-ce?; **t. is Paul** c'est Paul; *(pointing)* voici Paul **3** ADV *(so)* **t. high** *(pointing)* haut comme ceci; **t. far** *(until now)* jusqu'ici

thistle [ˈθɪsəl] N chardon m

thong [θɒŋ] N *(strip of leather)* lanière f; *(underwear)* string m; *Am* **thongs** *(sandals)* tongs mpl

thorax [ˈθɔːræks] N *Anat* thorax m

thorn [θɔːn] N épine f ■ **thorny (-ier, -iest)** ADJ *(bush, problem)* épineux, -euse

thorough [ˈθʌrə] ADJ *(search, cleaning, preparation)* minutieux, -ieuse; *(knowledge, examination)* approfondi; **to give sth a t. wash** laver qch à fond ■ **thoroughly** ADV *(completely)* tout à fait; *(carefully)* avec minutie; *(know, clean, wash)* à fond

thoroughbred [ˈθʌrəbred] N *(horse)* pur-sang m inv

thoroughfare [ˈθʌrəfeə(r)] N voie f de communication; *Br* **'no t.'** 'passage interdit'

those [ðəʊz] **1** *(sing* **that)** DEMONSTRATIVE ADJ ces; *(opposed to 'these')* ces-là; **t. men** ces hommes(-là); **t. ones** ceux-là mpl, celles-là fpl **2** *(sing* **that)** DEMONSTRATIVE PRON ceux-là mpl, celles-là fpl; **t. are my friends** ce sont mes amis

though [ðəʊ] **1** CONJ bien que (+ subjunctive); **(even) t.** même si; **as t.** comme si; **strange t. it may seem** si étrange que cela puisse paraître **2** ADV *(however)* pourtant

thought [θɔːt] **1** PT & PP of **think 2** N pensée f; **(careful) t.** réflexion f; **to have second thoughts** changer d'avis; *Br* **on second thoughts,** *Am* **on**

second t. à la réflexion; **I didn't give it another t.** je n'y ai plus pensé

thoughtful [ˈθɔːtfəl] ADJ *(considerate, kind)* attentionné; *(pensive)* pensif, -ive ■ **thoughtfulness** N *(consideration)* gentillesse f; *(pensiveness)* méditation

thoughtless [ˈθɔːtləs] ADJ *(ill-considered)* irréfléchi; *(inconsiderate)* **t. of others** qui manque d'égards pour les autres ■ **thoughtlessness** N *(lack of forethought)* irréflexion f; *(lack of consideration)* manque f d'égards

thousand [ˈθaʊzənd] ADJ & N mille (m) inv; **a t. pages** mille pages; **two t. pages** deux mille pages; **thousands of** des milliers de; **they came in their thousands** ils sont venus par milliers

thrash [θræʃ] **1** VT **to t. sb** donner une correction à qn; *(defeat)* écraser qn; **to t. out** *(plan)* discuter de **2** VI **to t. around** or **about** *(struggle)* se débattre ■ **thrashing** N *(beating)* correction f

thread [θred] **1** N *(yarn)* & *Fig* fil m; *(of screw)* filetage m **2** VT *(needle, beads)* enfiler; **to t. one's way between…** se faufiler entre…

threat [θret] N menace f ■ **threaten 1** VT menacer **(to do** de faire); **with sth** de qch) **2** VI menacer ■ **threatening** ADJ menaçant

three [θriː] ADJ & N trois (m); *Br* **t.-piece suite** canapé m et deux fauteuils assortis ■ **three-di'mensional** ADJ à trois dimensions ■ **threefold 1** ADJ triple **2** ADV **to increase t.** tripler ■ **three-point 'turn** N *Aut* demi-tour m en trois manœuvres ■ **'three-'quarters 1** N **t. (of)** les trois quarts mpl (de) **2** ADV **it's t. full** c'est aux trois quarts plein

threshold [ˈθreʃhəʊld] N seuil m; **pain t.** seuil de résistance à la douleur

threw [θruː] PT of **throw**

thrift [θrɪft] N économie f; *Am* **t. store** = magasin vendant des articles d'occasion au profit d'œuvres charitables ■ **thrifty (-ier, -iest)** ADJ économe

thrill [θrɪl] **1** N frisson m; **to get a t. out of doing sth** prendre plaisir à faire qch **2** VT *(delight)* réjouir; *(excite)* faire frissonner ■ **thrilled** ADJ ravi **(with sth** de qch; **to do** de faire) ■ **thriller** N thriller m ■ **thrilling** ADJ passionnant

thrive [θraɪv] VI *(of business, person, plant)* prospérer; **to t. on sth** avoir besoin de qch pour s'épanouir ■ **thriving** ADJ *(business)* prospère

throat [θrəʊt] N gorge f; **to clear one's t.** se racler la gorge ■ **throaty** ADJ *(voice)* rauque; *(person)* à la voix rauque

throb [θrɒb] **1** N *(of heart)* battement m; *(of engine)* vibration f; *(of pain)* élancement m **2** *(pt & pp* **-bb-)** VI *(of heart)* palpiter; *(of engine)* vibrer; **my head is throbbing** j'ai une douleur lancinante dans la tête

throes [θrəʊz] NPL **in the t. of** au milieu de; *(illness, crisis)* en proie à; **in the t. of doing sth** en train de faire qch; **death t.** les affres *fpl* de la mort

throne [θrəʊn] N trône *m*

throng [θrɒŋ] 1 N *Literary* foule *f* 2 VT *(station, street)* se presser dans; **it was thronged with people** c'était noir de monde 3 VI *(rush)* affluer

throttle ['θrɒtəl] 1 N *(valve)* papillon *m* des gaz; *(accelerator)* manette *f* des gaz 2 VT *(strangle)* étrangler

through [θruː] 1 PREP *(place)* à travers; *(by means of)* par; *(because of)* à cause de; **t. the window/door** par la fenêtre/porte; **t. ignorance** par ignorance; **all t. his life** toute sa vie; **halfway t. the book** à la moitié du livre; **to go** *or* **get t.** *(forest)* traverser; *(hole)* passer par; *(wall)* passer à travers; *Am* **Tuesday t. Saturday** de mardi à samedi 2 ADV à travers; **to go t.** *(of bullet, nail)* traverser; **to let sb t.** laisser passer qn; *Am* **to be t. with sb/ sth** *(finished)* en avoir fini avec qn/qch; **to sleep all night t.** dormir toute la nuit; **t. to** *or* **till** jusqu'à; **French t. and t.** français jusqu'au bout des ongles; **I'll put you t. (to him)** *(on telephone)* je vous le passe 3 ADJ *(train, ticket)* direct; *Br* **'no t. road'** *(no exit)* 'voie sans issue'

throughout [θruːˈaʊt] 1 PREP **t. the neighbourhood** dans tout le quartier; **t. the day** pendant toute la journée 2 ADV *(everywhere)* partout; *(all the time)* tout le temps

throw [θrəʊ] 1 N *(of stone)* jet *m*; *Sport* lancer *m*; *(of dice)* coup *m* 2 *(pt* **threw,** *pp* **thrown)** VT jeter **(to/at** à); *(javelin, discus)* lancer; *(image, shadow)* projeter; *(of horse)* désarçonner; *(party)* donner; *Fam (baffle)* déconcerter

▸ **throw away** VT SEP *(discard)* jeter; *Fig (life, chance)* gâcher

▸ **throw back** VT SEP *(ball)* renvoyer **(to** à); *(one's head)* rejeter en arrière

▸ **throw in** VT SEP *Fam (include as extra)* donner en prime

▸ **throw off** VT SEP *(get rid of)* se débarrasser de

▸ **throw out** VT SEP *(unwanted object)* jeter; *(suggestion)* repousser; *(expel)* mettre à la porte

▸ **throw over** VT SEP *(abandon)* abandonner

▸ **throw up** VI *Fam (vomit)* vomir

throwaway ['θrəʊəweɪ] ADJ *(disposable)* jetable

thrown [θrəʊn] PP of **throw**

thrush¹ [θrʌʃ] N *(bird)* grive *f*

thrush² [θrʌʃ] N *Med* muguet *m*

thrust [θrʌst] 1 N *(movement)* mouvement *m* en avant; *(of argument)* idée *f* principale; *(of engine)* poussée *f* 2 *(pt & pp* **thrust)** VT **to t. sth into sth** enfoncer qch dans qch; **to t. sb/sth aside** écarter qn/qch; *Fig* **to t. sth (up)on sb** imposer qch à qn

thud [θʌd] N bruit *m* sourd

thug [θʌg] N voyou *m* *(pl* -ous)

thumb [θʌm] 1 N pouce *m*; **with a t. index** *(book)* à onglets 2 VT *Fam* **to t. a lift** *or* **a ride** faire du stop 3 VI **to t. through a book** feuilleter un livre ■ **thumbtack** N *Am* punaise *f*

thump [θʌmp] 1 N *(blow)* coup *m*; *(noise)* bruit *m* sourd 2 VT *(hit)* frapper; *(put down heavily)* poser lourdement; **to t. one's head** se cogner la tête **(on** contre) 3 VI frapper, cogner **(on** sur); *(of heart)* battre la chamade

thunder ['θʌndə(r)] 1 N tonnerre *m* 2 VI tonner; **to t. past** *(of train, truck)* passer dans un bruit de tonnerre ■ **thunderbolt** N éclair *m* suivi d'un coup de tonnerre ■ **thunderstorm** N orage *m*

Thursday ['θɜːzdeɪ] N jeudi *m*

thus [ðʌs] ADV ainsi

thwart [θwɔːt] VT contrecarrer

thyme [taɪm] N thym *m*

thyroid ['θaɪrɔɪd] ADJ & N *Anat* thyroïde (f)

Tibet [tɪˈbet] N le Tibet

tic [tɪk] N tic *m*

tick¹ [tɪk] 1 N *(of clock)* tic-tac *m inv*; *(mark)* ≃ croix *f*; *Fam (moment)* instant *m* 2 VT **to t. sth (off)** *(on list)* cocher qch; *Fam* **to t. sb off** passer un savon à qn 3 VI faire tic-tac; *Br* **to t. over** *(of engine, factory)* tourner au ralenti ■ **ticking** N *(of clock)* tic-tac *m inv*

tick² [tɪk] N *(insect)* tique *f*

tick³ [tɪk] ADV *Br Fam* **on t.** à crédit

ticket ['tɪkɪt] N billet *m*; *(for bus, metro)* ticket *m*; *Fam (for parking, speeding)* contravention *f*; *Am Pol (list of candidates)* liste *f* électorale; **(price) t.** étiquette *f*; **t. collector** contrôleur, -euse *mf*; **t. holder** personne *f* munie d'un billet; **t. office** guichet *m*

tickle ['tɪkəl] 1 N chatouillement *m* 2 VT chatouiller; *Fig (amuse)* amuser ■ **ticklish** ADJ *(person)* chatouilleux, -euse; *Fig (problem)* délicat

tidal ['taɪdəl] ADJ *(river)* régi par les marées; **t. wave** raz de marée *m inv*

tidbit ['tɪdbɪt] N *Am* = **titbit**

tide [taɪd] 1 N marée *f*; *Fig* **against the t.** à contre-courant; **the rising t. of discontent** le mécontentement grandissant 2 VT **to t. sb over** dépanner qn ■ **tidemark** N *Br Fig & Hum (on neck, in bath)* ligne *f* de crasse

tidy ['taɪdɪ] 1 (-**ier,** -**iest**) ADJ *(place, toys)* bien rangé; *(clothes, hair)* soigné; *(person) (methodical)* ordonné; *(in appearance)* soigné; **to make sth t.** ranger qch 2 VT **to t. sth (up** *or* **away)** ranger qch; **to t. sth out** mettre de l'ordre dans qch; **to t. oneself up** s'arranger **3** vt **to t. up** ranger ■ **tidily** ADV *(put away)* soigneusement, avec soin ■ **tidiness** N *(of drawer, desk)* ordre m; *(of appearance)* soin m

tie [taɪ] **1** N *(garment)* cravate f; *(link)* lien m; Am *(on railroad track)* traverse f; Sport égalité f; *(drawn match)* match m nul **2** vt *(fasten)* attacher **(to** à); *(knot)* faire **(in** à); *(shoe)* lacer **3** vi Sport être à égalité; Football faire match nul; *(in race)* être ex aequo

▸ **tie down** vt SEP attacher; **to t. sb down to a date** obliger qn à accepter une date

▸ **tie in** vi *(of facts)* concorder

▸ **tie up** vt SEP *(animal)* attacher; *(parcel)* ficeler; *(deal)* conclure; *(money)* immobiliser; Fig **to be tied up** *(busy)* être occupé

tier [tɪə(r)] N *(of seats)* gradin m; *(of cake)* étage m

tiff [tɪf] N Fam petite querelle f

tiger ['taɪgə(r)] N tigre m

tight [taɪt] **1** (-**er**, -**est**) ADJ *(clothes, knot, race, bend)* serré; *(control)* strict; Fam *(mean)* radin; Fam *(drunk)* bourré; Fam **a t. spot** or **corner** une mauvaise passe; **it's a t. squeeze** il y a juste la place **2** ADV *(hold, shut)* bien; *(squeeze)* fort; **to sit t.** ne pas bouger; **sleep t.!** dors bien! ■ '**tight**'**fisted** ADJ Fam radin ■ '**tight**-'**fitting** ADJ *(garment)* ajusté ■ '**tight**'**knit** ADJ *(community)* uni ■ **tightly** ADV *(hold)* bien; *(squeeze)* fort ■ **tightrope** N corde f raide

tighten ['taɪtən] **1** vt **to t. (up)** *(bolt)* serrer; *(rope)* tendre; Fig *(security)* renforcer **2** vi **to t. up on sth** se montrer plus strict à l'égard de qch

tights [taɪts] NPL Br *(garment)* collant m

tile [taɪl] **1** N *(on roof)* tuile f; *(on wall, floor)* carreau m **2** vt *(wall, floor)* carreler ■ **tiled** ADJ *(roof)* de tuiles; *(wall, floor)* carrelé

till¹ [tɪl] PREP & CONJ = **until**

till² [tɪl] N Br *(for money)* caisse f enregistreuse

till³ [tɪl] vt *(land)* labourer

tilt [tɪlt] **1** N inclinaison f; **(at) full t.** à toute vitesse **2** vti pencher

timber ['tɪmbə(r)] **1** N Br *(wood)* bois m *(de construction)* **2** ADJ Br *(house)* de bois

time [taɪm] **1** N temps m; *(period, moment)* moment m; *(age)* époque f; *(on clock)* heure f; *(occasion)* fois f; Mus mesure f; **in t., with t.** avec le temps; **it's t. to do sth** il est temps de faire qch; **I have no t. to play** je n'ai pas le temps de jouer; **I have no t. to waste** je n'ai pas de temps à perdre; **some of the t.** *(not always)* une partie du temps; **most of the t.** la plupart du temps; **all (of) the t.** tout le temps; **in a year's t.** dans un an; **a long t.** longtemps; **a short t.** peu de temps; **to have a good** or **a nice t.** s'amuser

(bien); **to have t. off** avoir du temps libre; **in no t. (at all)** en un rien de temps; **(just) in t.** *(arrive)* à temps **(for sth** pour qch; **to do** pour faire); **from t. to t.** de temps en temps; **what t. is it?** quelle heure est-il?; **on t.** à l'heure; **at the same t.** en même temps **(as** que); *(simultaneously)* à la fois; **for the t. being** pour le moment; **at the** or **that t.** à ce moment-là; **at the present t.** à l'heure actuelle; **at times** parfois; **this t. tomorrow** demain à cette heure-ci; **(the) next t. you come** la prochaine fois que tu viendras; **(the) last t.** la dernière fois; **one at a t.** un à un; **t. and (t.) again, t. after t.** encore et encore; **ten times ten** dix fois dix; **t. difference** décalage m horaire; **t. limit** délai m; **t. zone** fuseau m horaire **2** vt *(sportsman, worker)* chronométrer; *(activity, programme)* minuter; *(choose the time of)* choisir le moment de; *(plan)* prévoir ■ **time-consuming** ADJ qui prend du temps ■ **time-share** N multipropriété f

timeless ['taɪmləs] ADJ intemporel, -elle

timely ['taɪmlɪ] ADJ à propos

timer ['taɪmə(r)] N *(device)* minuteur m; *(sand-filled)* sablier m; *(built into appliance)* programmateur m; *(plugged into socket)* prise f programmable

timescale ['taɪmskeɪl] N période f

timetable ['taɪmteɪbəl] N horaire m; *(in school)* emploi m du temps

timid ['tɪmɪd] ADJ timide

timing ['taɪmɪŋ] N *(of sportsman)* chronométrage m; *(of election)* moment m choisi; *(of musician)* sens m du rythme; **what (good) t.!** quelle synchronisation!

tin [tɪn] N *(metal)* étain m; Br *(can)* boîte f; **cake t.** moule m à gâteaux; **t. opener** ouvre-boîtes m inv; **t. plate** fer-blanc m; **t. soldier** soldat m de plomb ■ **tinfoil** N papier m aluminium

tinge [tɪndʒ] N pointe f ■ **tinged** ADJ **t. with sth** teinté de qch

tingle ['tɪŋgəl] vi picoter; **it's tingling** ça me picote ■ **tingly** ADJ **t. feeling** sensation f de picotement

tinker ['tɪŋkə(r)] vi **to t. (about** or **around) with sth** bricoler qch

tinkle ['tɪŋkəl] **1** N tintement m; Br Fam **to give sb a t.** *(phone sb)* passer un coup de fil à qn **2** vi tinter

tinned [tɪnd] ADJ Br **t. pears/salmon** poires fpl/saumon m en boîte; **t. food** conserves fpl

tinny ['tɪnɪ] (-**ier**, -**iest**) ADJ *(sound)* métallique

tinsel ['tɪnsəl] N guirlandes fpl de Noël

tint [tɪnt] N teinte f; *(for hair)* rinçage m ■ **tinted** ADJ *(paper, glass)* teinté

tiny ['taɪnɪ] (-**ier**, -**iest**) ADJ minuscule

tip¹ [tɪp] N *(end)* bout m; *(pointed)* pointe f; *Fig* **the t. of the iceberg** la partie visible de l'iceberg

tip² [tɪp] **1** N *Br (rubbish dump)* décharge f; *Fam* **this room is a real t.** cette pièce est un vrai dépotoir **2** *(pt & pp* **-pp-)** VT *(pour)* déverser; **to t. sth up** or **over** renverser qch; **to t. sth out** *(liquid, load)* déverser qch **(into** dans) **3** VI **to t. (up** or **over)** *(tilt)* se renverser; *(overturn)* basculer

tip³ [tɪp] **1** N *(money)* pourboire m; *(advice)* conseil m; *(information)* tuyau m **2** *(pt & pp* **-pp-)** VT *(waiter)* donner un pourboire à; **to t. a horse** donner un cheval gagnant; **to t. off** *(police)* prévenir

tipple ['tɪpəl] *Fam* **1** N *(drink)* **what's your t.?** qu'est-ce que vous prenez habituellement? **2** VI *(drink)* picoler

tipsy ['tɪpsɪ] *(-ier, -iest)* ADJ *(drunk)* éméché, gai

tiptoe ['tɪptəʊ] **1** N **on t.** sur la pointe des pieds **2** VI marcher sur la pointe des pieds; **to t. into/out of a room** entrer dans une pièce/sortir d'une pièce sur la pointe des pieds

tire¹ ['taɪə(r)] **1** VT fatiguer; **to t. sb out** épuiser qn **2** VI se fatiguer ■ **tired** ADJ fatigué; **to be t. of sth/doing** en avoir assez de qch/de faire; **to get t. of doing sth** se lasser de faire qch ■ **tiredness** N fatigue f ■ **tireless** ADJ infatigable ■ **tiresome** ADJ ennuyeux, -euse ■ **tiring** ADJ fatigant

tire² ['taɪə(r)] N *Am* = **tyre**

tissue ['tɪʃuː] N *(handkerchief)* mouchoir m en papier; *Biol* tissu m; **t. paper** papier m de soie

tit¹ [tɪt] N **to give t. for tat** rendre coup pour coup

tit² [tɪt] N *(bird)* mésange f

tit³ [tɪt] N *Br very Fam (breast)* nichon m; *(idiot)* imbécile mf

titbit ['tɪtbɪt], *Am* **tidbit** ['tɪdbɪt] N *Br (food)* bon morceau m

titillate ['tɪtɪleɪt] VT exciter

title ['taɪtəl] **1** N *(name, claim)* & *Sport* titre m; **t. deeds** titres mpl de propriété; **t. role** *(in film, play)* rôle-titre m **2** VT intituler

titter ['tɪtə(r)] VI rire bêtement

tittle-tattle ['tɪtəltætəl] N *Fam* cancans mpl

T-junction ['tiːdʒʌŋkʃən] N *Br (of roads)* intersection f en T

to [tə, *stressed* tuː] **1** PREP **(a)** *(towards)* à; *(until)* jusqu'à; **give it to him/her** donne-le-lui; **to go to town** aller en ville; **to go to France/Portugal** aller en France/au Portugal; **to go to the butcher's** aller chez le boucher; **the road to London** la route de Londres; **the train to Paris** le train pour Paris; **kind/cruel to sb** gentil/cruel envers qn; **to my surprise** à ma grande surprise; **from bad to worse** de mal en pis; **it's ten (minutes) to one** il est une heure moins

dix; **ten to one** *(proportion)* dix contre un; **one person to a room** une personne par chambre **(b)** *(with infinitive)* **to say/jump** dire/sauter; *(in order)* **to do sth** pour faire qch; **she tried to** elle a essayé **(c)** *(with adjective)* **I'd be happy to do it** je serais heureux de le faire; **it's easy to do** c'est facile à faire **2** ADV **to go** or **walk to and fro** aller et venir

toad [təʊd] N crapaud m

toadstool ['təʊdstuːl] N champignon m vénéneux

toast¹ [təʊst] **1** N *(bread)* pain m grillé; **piece** or **slice of t.** tranche f de pain grillé **2** VT *(bread)* faire griller ■ **toaster** N grille-pain m inv

toast² [təʊst] **1** N *(drink)* toast m **2** VT *(person)* porter un toast à; *(success, event)* arroser

tobacco [tə'bækəʊ] *(pl* **-os)** N tabac m; *Am* **t. store** *(bureau m de)* tabac ■ **tobacconist** [-kənɪst] N buraliste mf; *Br* **t.'s (shop)** *(bureau m de)* tabac m

toboggan [tə'bɒgən] N luge f

> Note that the French word **toboggan** is a false friend. Its most common meaning is **slide** (in a playground).

today [tə'deɪ] ADV aujourd'hui; **t.'s date** la date d'aujourd'hui

toddle ['tɒdəl] VI *Br Fam* **to t. off** ficher le camp

toddler ['tɒdlə(r)] N enfant mf *(en bas âge)*

toddy ['tɒdɪ] N **(hot) t.** grog m

toe [təʊ] **1** N orteil m; *Fig* **on one's toes** vigilant **2** VT **to t. the line** bien se tenir; **to t. the party line** respecter la ligne du parti ■ **toenail** N ongle m de pied

toffee ['tɒfɪ] N *Br* caramel m *(dur)*; **t. apple** pomme f d'amour

together [tə'geðə(r)] ADV ensemble; *(at the same time)* en même temps; **t. with** ainsi que

toil [tɔɪl] **1** N labeur m **2** VI travailler dur

toilet ['tɔɪlɪt] N *Br (room)* toilettes fpl; *(bowl, seat)* cuvette f des toilettes; *Br* **to go to the t.** aller aux toilettes; **t. flush** chasse f d'eau; **t. paper** papier m hygiénique; **t. roll** rouleau m de papier hygiénique; **t. soap** savon m de toilette ■ **toiletries** NPL articles mpl de toilette ■ **toilet-trained** ADJ *(child)* propre

token ['təʊkən] **1** N *(for vending machine)* jeton m; *(symbol)* signe m; **as a t. of respect** en signe de respect; **by the same t.** de même; *Br* **book t.** chèque-livre m **2** ADJ symbolique

told [təʊld] **1** PT & PP of **tell 2** ADV **all t.** *(taken together)* en tout

tolerable ['tɒlərəbəl] ADJ *(bearable)* tolérable; *(fairly good)* acceptable

tolerant ['tɒlərənt] ADJ tolérant (**of** à l'égard de) ■ **tolerance** N tolérance f

tolerate ['tɒləreɪt] VT tolérer

toll [təʊl] **1** N (**a**) *(fee)* péage m; **t. road/bridge** route f/pont m à péage (**b**) **the death t.** le nombre de morts; *Fig* **to take its t.** faire des dégâts **2** VI *(of bell)* sonner ■ **'toll-'free** *Am* **1** ADJ **t. number** ≃ numéro m vert **2** ADV *(call)* gratuitement

tomato [*Br* tə'mɑːtəʊ, *Am* tə'meɪtəʊ] *(pl* **-oes**) N tomate f; **t. sauce** sauce f tomate

tomb [tuːm] N tombeau m ■ **tombstone** N pierre f tombale

tomboy ['tɒmbɔɪ] N garçon m manqué

tomcat ['tɒmkæt] N matou m

tomorrow [tə'mɒrəʊ] ADV & N demain (*m*); **t. morning/evening** demain matin/soir; **the day after t.** après-demain; **a week from t.,** *Br* **a week t.** demain en huit

ton [tʌn] N tonne f; **metric t.** tonne f; *Fam* **tons of** *(lots of)* des tonnes de

tone [təʊn] **1** N ton m; *(of telephone, radio)* tonalité f; *(of answering machine)* signal m sonore; *Br* **the engaged t.** *(on telephone)* la sonnerie 'occupé'; **to set the t.** donner le ton **2** VT **t. sth down** atténuer qch; **to t. up** *(muscles, skin)* tonifier **3** VI **to t. in** *(blend in)* s'harmoniser (**with** avec)

tongs [tɒŋz] NPL pinces fpl; **curling t.** fer m à friser; **sugar t.** pince f à sucre

tongue [tʌŋ] N *(in mouth, language)* langue f; **to say sth t. in cheek** dire qch en plaisantant; **t. twister** = mot ou phrase imprononçable ■ **tongue-tied** ADJ muet (f muette)

tonic ['tɒnɪk] N *(medicine)* fortifiant m; **t. (water)** Schweppes® m; **gin and t.** gin-tonic m

tonight [tə'naɪt] ADV & N *(this evening)* ce soir (*m*), *(during the night)* cette nuit (*f*)

tonne [tʌn] N *(metric)* tonne f

tonsil ['tɒnsəl] N amygdale f ■ **tonsillitis** [-'laɪtəs] N to have une angine

too [tuː] ADV (**a**) *(excessively)* trop; **t. tired to play** trop fatigué pour jouer; **t. much, t. many** trop; **t. much salt** trop de sel; **t. many people** trop de gens (**b**) *(also)* aussi; *(moreover)* en plus

took [tʊk] PT of **take**

tool [tuːl] N outil m; **t. bag, t. kit** trousse f à outils; **t. shed** remise f ■ **toolbar** N *Comptr* barre f d'outils

tooth [tuːθ] *(pl* **teeth**) N dent f; **front t.** dent de devant; **back t.** molaire f; **milk/wisdom t.** dent de lait/de sagesse; **t. decay** carie f dentaire; **to have a sweet t.** aimer les sucreries ■ **toothache** N mal m de dents; **to have t.** avoir mal aux dents ■ **toothbrush** N brosse f à dents

■ **toothpaste** N dentifrice m ■ **toothpick** N cure-dents m inv

top¹ [tɒp] **1** N *(of mountain, tower, tree)* sommet m; *(of wall, ladder, page)* haut m; *(of table, box, surface)* dessus m; *(of list)* tête f; *(of bottle, tube)* bouchon m; *(bottle cap)* capsule f; *(of pen)* capuchon m; (**at the**) **t. of the class** le premier/la première de la classe; **on t.** dessus; *(in bus)* en haut; **on t. of** sur; *Fig (in addition to)* en plus de; **from t. to bottom** de fond en comble; *Fam* **over the t.** *(excessive)* exagéré **2** ADJ *(drawer, shelf)* du haut; *(step, layer)* dernier, -ière; *(upper)* supérieur; *(in rank, exam)* premier, -ière; *(chief)* principal; *(best)* meilleur; **on the t. floor** au dernier étage; **in t. gear** *(vehicle)* en quatrième vitesse; **at t. speed** à toute vitesse ■ **'top-'heavy** ADJ trop lourd du haut ■ **'top-'level** ADJ *(talks)* au sommet ■ **'top-'ranking** ADJ *(official)* haut placé ■ **'top-'secret** ADJ top secret inv

top² [tɒp] *(pt & pp* **-pp-**) VT *(exceed)* dépasser; *(mobile phone)* recharger le compte de; *Br* **to t. up** *(glass)* remplir *(de nouveau)*; **and to t. it all...** et pour comble...; **topped with cream** nappé de crème; **topped with cherries** décoré de cerises ■ **topping** N *(of pizza)* garniture f; **with a t. of cream** nappé de crème

top³ [tɒp] N **(spinning) t.** toupie f

topic ['tɒpɪk] N sujet m ■ **topical** ADJ d'actualité

topple ['tɒpəl] **1** VT **to t. sth (over)** faire tomber qch **2** VI **to t. (over)** tomber

topsy-turvy [tɒpsɪ'tɜːvɪ] ADJ & ADV sens dessus dessous

top-up ['tɒpʌp] N *Br (for mobile phone)* rechargement m; **would you like a t.?** *(when serving drinks)* vous en reprendriez bien un peu?; *Br Tel* **t. card** *(for mobile phone)* carte f de recharge; *Br Univ* **t. fees** = frais de scolarité complémentaires déterminés par chaque université, venant s'ajouter aux frais fixes payés par tous les étudiants britanniques

torch [tɔːtʃ] N *Br (electric)* lampe f de poche; *(flame)* torche f ■ **torchlight** **1** N **by t.** à la lumière d'une lampe de poche **2** ADJ **t. procession** retraite f aux flambeaux

tore [tɔː(r)] PT of **tear¹**

torment 1 ['tɔːment] N supplice m **2** [tɔː'ment] VT tourmenter

torn [tɔːn] PP of **tear¹**

tornado [tɔː'neɪdəʊ] *(pl* **-oes**) N tornade f

torpedo [tɔː'piːdəʊ] **1** *(pl* **-oes**) N torpille f; **t. boat** torpilleur m **2** VT torpiller

torrent ['tɒrənt] N torrent m ■ **torrential** [tə'renʃəl] ADJ **t. rain** pluie f torrentielle

torso ['tɔːsəʊ] *(pl* **-os**) N torse m

tortoise ['tɔːtəs] N tortue f

tortuous ['tɔːtʃʊəs] ADJ tortueux, -ueuse

torture ['tɔːtʃə(r)] 1 N torture f; Fig **it's (sheer) t.!** quel supplice! 2 VT torturer ■ **torturer** N tortionnaire mf

Tory ['tɔːrɪ] Br Pol 1 N tory m 2 ADJ tory inv

toss [tɒs] 1 N **with a t. of the head** d'un mouvement brusque de la tête 2 VT (throw) lancer (**to** à); (pancake) faire sauter; **to t. sb (about)** (of boat, vehicle) ballotter qn; **to t. a coin** jouer à pile ou face; **to t. back one's head** rejeter la tête en arrière 3 VI **to t. (about), to t. and turn** (in bed) se tourner et se retourner; **let's t. up, let's t. (up) for it** jouons-le à pile ou face ■ **toss-up** N Fam **it's a t. whether she leaves or stays** on ne sait vraiment pas si elle va partir

tot [tɒt] 1 N **(tiny) t.** tout-petit m; Br **a t. of whisky** une goutte de whisky 2 (pt & pp **-tt-**) VT Fam **to t. up** (total) additionner

total ['təʊtəl] 1 ADJ total; **the t. sales** le total des ventes 2 N total m; **in t.** au total 3 (Br **-ll-**, Am **-l-**) VT (of sum) s'élever à; Am Fam (car) bousiller; **to t. (up)** (find the total of) totaliser; **that totals $9** ça fait 9 dollars en tout ■ **totally** ADV totalement

totalitarian [təʊtælɪ'teərɪən] ADJ Pol totalitaire

tote [təʊt] 1 N Br Fam Sport pari m mutuel 2 VT Fam (carry) trimballer

totter ['tɒtə(r)] VI chanceler

touch [tʌtʃ] 1 N (contact) contact m; (sense) toucher m; (of painter) & Football & Rugby touche f; **a t. of** (small amount) une pointe de; **to have a t. of flu** être un peu grippé; **to be/get in t. with sb** être/se mettre en contact avec qn; **to stay in/lose t. with sb** rester en/perdre contact avec qn 2 VT toucher; (interfere with, eat) toucher à; **I don't t. the stuff** (I hate it) je n'en bois/mange jamais 3 VI (of lines, hands, ends) se toucher; **don't t.!** ne touche pas! ■ **touchdown** N (of aircraft) atterrissage m; American Football but m ■ **touched** ADJ (emotionally) touché (**by** de); Fam (crazy) cinglé ■ **touching** ADJ (moving) touchant ■ **touchline** N ligne f de touche

▸ **touch down** VI (of plane) atterrir

▸ **touch on** VT INSEP aborder

▸ **touch up** VT SEP (photo) retoucher

touchy ['tʌtʃɪ] (**-ier, -iest**) ADJ (sensitive) susceptible (**about** à propos de)

tough [tʌf] 1 (**-er, -est**) ADJ (strict, hard) dur; (sturdy) solide; **t. guy** dur m à cuire; Fam **t. luck!** pas de chance! 2 N dur m ■ **toughen** VT (body, person) endurcir; (conditions) durcir ■ **toughness** N (hardness) dureté f; (sturdiness) solidité f; (strength) force f

toupee ['tuːpeɪ] N postiche m

tour [tʊə(r)] 1 N (journey) voyage m; (visit) visite f;

(by artist) tournée f; (on bicycle, on foot) randonnée f; **to be on a t.** (of tourist) faire un voyage organisé; **to go on t.** (of artist) être en tournée; **(package) t.** voyage organisé; **t. guide** guide mf; **t. operator** voyagiste m 2 VT visiter; (of artist) être en tournée en/dans

tourism ['tʊərɪzəm] N tourisme m ■ **tourist** 1 N touriste mf 2 ADJ (region) touristique; Av **t. class** classe f touriste; **t. office** syndicat m d'initiative ■ **touristy** ADJ Fam (trop) touristique

tournament ['tʊənəmənt] N Sport & Hist tournoi m

tout [taʊt] 1 N racoleur, -euse mf 2 VI **to t. for trade** racoler des clients

tow [təʊ] 1 N Br **'on t.',** Am **'in t.'** 'en remorque'; Am **t. truck** dépanneuse f 2 VT remorquer; **to t. a car away** (of police) mettre une voiture à la fourrière ■ **towrope** N câble m de remorque

toward(s) [tə'wɔːd(z)] PREP vers; (of feelings) envers; **cruel t. sb** cruel envers qn; **the money is going to a new car** l'argent servira à l'achat d'une nouvelle voiture

towel ['taʊəl] N serviette f (de toilette); Br **t. rail,** Am **t. rack** porte-serviettes m inv ■ **towelling,** Am **toweling** N tissu-éponge m; Am **(kitchen) t.** essuie-tout m inv

tower ['taʊə(r)] 1 N tour f; Br **t. block** tour; Fig **ivory t.** tour d'ivoire 2 VI **to t. over sb/sth** dominer qn/qch

town [taʊn] N ville f; **to go into t.** aller en ville; **t. centre** centre-ville m; Br **t. council** conseil m municipal; Br **t. hall** mairie f; Br **t. planning** urbanisme m

toxic ['tɒksɪk] ADJ toxique ■ **toxin** N toxine f

toy [tɔɪ] 1 N jouet m 2 ADJ (gun) d'enfant; (house, car, train) miniature 3 VI **to t. with an idea** caresser une idée ■ **toy shop** N magasin m de jouets

trace [treɪs] 1 N trace f; **without t.** sans laisser de traces; Chem **t. element** oligoélément m 2 VT (diagram, picture) tracer; (person) retrouver la trace de; (history) retracer; **to t. sth back to...** faire remonter qch à... ■ **tracing** N (drawing) calque m; **t. paper** papier-calque m

track [træk] 1 N (mark) trace f; (trail) piste f; (path) chemin m, piste; (for trains) voie f; (of rocket) trajectoire f; (of record) morceau m; Am Sch classe f (de niveau); Am (racetrack) champ m de courses; **to keep t. of sth** surveiller qch; **to lose t. of** (friend) perdre de vue; (argument) perdre le fil de; **to be on the right t.** être sur la bonne voie; **off the beaten t.** loin des sentiers battus; Sport **t. event** épreuve f sur piste; Fig **t. record** passé m 2 VT **to t. (down)** (find) retrouver ■ **tracksuit** N survêtement m

tract [trækt] N (stretch of land) étendue f

traction ['trækʃən] N Tech traction f

tractor ['træktə(r)] N tracteur m

trade [treɪd] **1** N commerce m; (job) métier m; (exchange) échange m **2** ADJ (fair, balance, route) commercial; (price) de (demi-)gros; (secret) de fabrication; (barrier) douanier, -ière; Br **t. union** syndicat m; Br **t. unionist** syndicaliste mf **3** VT (exchange) échanger (**for** contre); **to t. sth in** (old article) faire reprendre qch **4** VI faire du commerce (**with** avec); **to t. in** (sugar) faire le commerce de ■ **trade-in** N Com reprise f ■ **trademark** N marque f de fabrique ■ **trade-off** N (compromise) compromis m ■ **trader** N Br (shopkeeper) commerçant, -ante mf; (on Stock Exchange) opérateur, -trice mf; Br **street t.** vendeur, -euse mf de rue ■ **tradesman** (pl **-men**) N Br commerçant m

trading ['treɪdɪŋ] **1** N commerce m **2** ADJ (port, debts, activity) commercial; (nation) commerçant; Br **t. estate** zone f industrielle

tradition [trə'dɪʃən] N tradition f ■ **traditional** ADJ traditionnel, -elle ■ **traditionally** ADV traditionnellement

traffic ['træfɪk] **1** N (a) (on road) circulation f; (air, sea, rail) trafic m; Am **t. circle** rond-point m; **t. jam** embouteillage m; **t. lights** feux mpl (de signalisation); **t. warden** contractuel, -uelle mf (b) Pej (trade) trafic m (**in** de); **drug t.** trafic m de la drogue **2** (pt & pp **-ck-**) VI trafiquer (**in** de) ■ **trafficker** N Pej trafiquant, -ante mf

tragedy ['trædʒədɪ] (pl **-ies**) N tragédie f ■ **tragic** ADJ tragique

trail [treɪl] **1** N (of smoke, blood, powder) traînée f; (path) piste f, sentier m; **in its t.** (wake) dans son sillage **2** VT (drag) traîner; (caravan) tracter; (follow) suivre **3** VI (drag) traîner; (of plant) ramper; (move slowly) se traîner; Sport **to be trailing (behind)** être mené ■ **trailer** N (a) (for car) remorque f; Am (caravan) caravane f; Am (camper) camping-car m (b) (advertisement for film) bande f annonce

train [treɪn] **1** N (a) (engine, transport) train m; (underground) rame f; **t. set** (toy) petit train m (b) (procession) file f; (of events) suite f; (of dress) traîne f **2** VT (person) former (**to do** à faire); Sport entraîner; (animal) dresser (**to do** à faire); (ear) exercer; **to t. oneself to do sth** s'entraîner à faire qch; **to t. sth on sb/sth** braquer qch sur qn/qch **3** VI Sport s'entraîner; **to t. as a nurse** faire une formation d'infirmière ■ **trained** ADJ (skilled) qualifié; (nurse, engineer) diplômé; (animal) dressé; (ear) exercé ■ **training** N formation f; Sport entraînement m; (of animal) dressage m; Sport **to be in t.** s'entraîner

trainee [treɪ'niː] N & ADJ stagiaire (mf)

trainer ['treɪnə(r)] N (of athlete, racehorse) en-

traîneur m; (of animals) dresseur m; Br **trainers** (shoes) chaussures fpl de sport

traipse [treɪps] VI Fam **to t. around** (tiredly) traîner les pieds; (wander) se balader; **to t. in** se pointer, se ramener

trait [treɪt] N trait m (de caractère)

traitor ['treɪtə(r)] N traître m, traîtresse f

trajectory [trə'dʒektərɪ] (pl **-ies**) N trajectoire f

tram [træm] N tram(way) m

tramp [træmp] **1** N Br (vagrant) clochard, -arde mf; Fam Pej (woman) traînée f; (sound) pas mpl lourds **2** VT (country) parcourir **3** VI marcher d'un pas lourd

trample ['træmpəl] VTI **to t. sth (underfoot), to t. on sth** piétiner qch

trampoline [træmpə'liːn] N trampoline m

trance [trɑːns] N **to be in a t.** être en transe; **to go into a t.** entrer en transe

tranquil ['træŋkwɪl] ADJ tranquille ■ **tran'quillity,** Am **tran'quility** N tranquillité f ■ **tranquillizer,** Am **tranquilizer** N tranquillisant m

transaction [træn'zækʃən] N opération f, transaction f

transatlantic [trænzət'læntɪk] ADJ transatlantique

transcend [træn'send] VT transcender

transcript ['trænskrɪpt] N transcription f ■ **tran'scription** N transcription f

transfer [træns'fɜː(r)] **1** ['trænsfɜː(r)] N transfert m (**to** à); (of political power) passation f; Br (picture, design) décalcomanie f; **credit t.** virement m bancaire **2** (pt & pp **-rr-**) VT transférer (**to** à); (political power) faire passer (**to** à); Br **to t. the charges** téléphoner en PCV **3** VI être transféré (**to** à) ■ **trans'ferable** ADJ '**not t.**' (on ticket) 'titre de transport nominal'

transform [træns'fɔːm] VT transformer (**into** en) ■ **transformation** [-fə'meɪʃən] N transformation f ■ **transformer** N El transformateur m

transfusion [træns'fjuːʒən] N (blood) **t.** transfusion f (sanguine)

transient ['trænzɪənt] ADJ éphémère

transistor [træn'zɪstə(r)] N (device) transistor m; **t. (radio)** transistor

transit ['trænzɪt] N transit m; **in t.** en transit; Br **t. lounge** (in airport) salle f de transit

transition [træn'zɪʃən] N transition f ■ **transitional** ADJ de transition

transitive ['trænzɪtɪv] ADJ Grammar transitif

transitory ['trænzɪtərɪ] ADJ transitoire

translate [træns'leɪt] VT traduire (**from** de; **into** en) ■ **translation** N traduction f ■ **translator** N traducteur, -trice mf

transmit [trænz'mɪt] **1** (*pt & pp* **-tt-**) **vt** transmettre **2** **vti** (*broadcast*) émettre ■ **transmission** **n** transmission *f*; (*broadcast*) émission *f* ■ **transmitter** **n** *Radio & TV* émetteur *m*

transparent [træn'spærənt] **adj** transparent ■ **transparency** **n** transparence *f*; *Br* (*photographic slide*) diapositive *f*

transpire [træn'spaɪə(r)] **vi** (*of secret*) s'ébruiter; *Fam* (*happen*) arriver; **it transpired that...** il s'est avéré que...

Note that the French word **transpirer** is a false friend. Its most common meaning is **to sweat**.

transplant 1 ['trænsplɑːnt] **n** (*surgical*) greffe *f*, transplantation *f* **2** [træns'plɑːnt] **vt** transplanter

transport 1 ['trænspɔːt] **n** transport *m* (**of** de); **do you have t.?** es-tu motorisé?; *Br* **t. café** routier *m* (*restaurant*) **2** [træn'spɔːt] **vt** transporter ■ **transpor'tation** **n** transport *m*

transpose [træn'spəʊz] **vt** transposer

transsexual [trænz(z)'seksjʊəl] **adj & n** transsexuel, -uelle (*mf*)

transvestite [trænz'vestaɪt] **n** travesti *m*

trap [træp] **1** **n** piège *m*; *Fam* (*mouth*) gueule *f* **2** (*pt & pp* **-pp-**) **vt** prendre au piège; **to t. one's finger** se coincer le doigt (**in** dans); **to t. sb into doing sth** faire faire qch à qn en usant de ruse ■ **trapdoor** **n** trappe *f*

trapeze [trə'piːz] **n** trapèze *m*; **t. artist** trapéziste *mf*

trappings ['træpɪŋz] **npl** signes *mpl* extérieurs

trash [træʃ] **n** (*nonsense*) bêtises *fpl*; (*junk*) bric-à-brac *m inv*; *Am* (*waste*) ordures *fpl*; *Am* (*riffraff*) racaille *f* ■ **trash can** **n** *Am* poubelle *f* ■ **trashy** (**-ier, -iest**) **adj** *Fam* de pacotille; (*magazine, novel*) de bas étage

trauma ['trɔːmə, 'traʊmə] **n** traumatisme *m* ■ **traumatic** [-'mætɪk] **adj** traumatisant ■ **traumatize** **vt** traumatiser

travel ['trævəl] **1** **n** voyage *m*; **t. agency/agent** agence *f*/agent *m* de voyages; **t. book** récit *m* de voyages; **t. documents** titre *m* de transport; **t. insurance** assurance *f* voyage **2** (*Br* **-ll-,** *Am* **-l-**) **vt** (*country, distance, road*) parcourir **3** **vi** (*of person*) voyager; (*of vehicle, light, sound*) se déplacer ■ **travelled,** *Am* **traveled adj** **to be well** *or* **widely t.** avoir beaucoup voyagé ■ **traveller,** *Am* **traveler** **n** voyageur, -euse *mf*; *Br* **t.'s cheque,** *Am* **t.'s check** chèque *m* de voyage ■ **travelling,** *Am* **traveling 1** **n** voyages *mpl* **2** **adj** (*bag, clothes*) de voyage; (*expenses*) de déplacement; (*musician, circus*) ambulant

travesty ['trævəstɪ] (*pl* **-ies**) **n** parodie *f*; **a t. of justice** un simulacre de justice

trawler ['trɔːlə(r)] **n** (*ship*) chalutier *m*

tray [treɪ] **n** plateau *m*; (*in office*) corbeille *f*; **baking t.** plaque *f* de four

treacherous ['tretʃərəs] **adj** (*road, conditions*) très dangereux, -euse; (*journey*) parsemé d'embûches; (*person, action*) traître ■ **treachery** (*pl* **-ies**) **n** traîtrise *f*

treacle ['triːkəl] **n** *Br* mélasse *f*

tread [tred] **1** **n** (*footstep*) pas *m*; (*step of stairs*) marche *f*; (*of tyre*) chape *f* **2** (*pt* **trod,** *pp* **trodden**) **vt** marcher sur; **to t. sth into a carpet** étaler qch sur un tapis (avec ses chaussures); **to t. sth underfoot** fouler qch au pied **3** **vi** (*walk*) marcher (**on** sur)

treadmill ['tredmɪl] **n** tapis *m* roulant de jogging; *Pej & Fig* routine *f*

treason ['triːzən] **n** trahison *f*

treasure ['treʒə(r)] **1** **n** trésor *m*; **t. hunt** chasse *f* au trésor **2** **vt** (*value*) tenir beaucoup à ■ **treasurer** **n** trésorier, -ière *mf* ■ **Treasury** **n** *Br Pol* **the T.** ≃ le ministère des Finances

treat [triːt] **1** **n** (*pleasure*) plaisir *m*; (*gift*) cadeau *m*; **to give sb a t.** faire plaisir à qn; *Fam* **to work a t.** marcher à merveille **2** **vt** (*person, illness, product*) traiter; **to t. sb/sth with care** prendre soin de qn/qch; **to t. sb like a child** traiter qn comme un enfant; **to t. sb to sth** offrir qch à qn

treatment ['triːtmənt] **n** traitement *m*; **his t. of her** la façon dont il la traite/traitait

treaty ['triːtɪ] (*pl* **-ies**) **n** (*international*) traité *m*

treble ['trebəl] **1** **adj** triple; *Mus* **t. clef** clef *f* de sol; *Mus* **t. voice** voix *f* de soprano **2** **n** le triple; **it's t. the price** c'est le triple du prix **3** **vti** tripler

tree [triː] **n** arbre *m* ■ **tree trunk** **n** tronc *m* d'arbre

trek [trek] **1** **n** (*long walk*) randonnée *f*; *Fig* **it's quite a t. to the shops** ça fait loin à pied jusqu'aux magasins **2** (*pt & pp* **-kk-**) **vi** faire de la randonnée; *Fig* **to t. to the shops** se taper le chemin à pied jusqu'aux magasins

trellis ['trelɪs] **n** treillage *m*, treillis *m*

tremble ['trembəl] **vi** trembler (**with** de) ■ **tremor** **n** tremblement *m*

tremendous [trə'mendəs] **adj** (*huge*) énorme; (*excellent*) formidable ■ **tremendously adv** (*very*) extrêmement

trench [trentʃ] **n** *Mil* tranchée *f*

trend [trend] **n** tendance *f* (**towards** à); (*fashion*) mode *f*; **to set a** *or* **the t.** lancer une mode ■ **trendy** (**-ier, -iest**) **adj** *Br Fam* branché

trepidation [trepɪ'deɪʃən] **n** *Formal* inquiétude *f*

trespass ['trespəs] **vi** s'introduire illégalement dans une propriété privée; **'no trespassing'** 'entrée interdite'

Note that the French verb **trépasser** is a false friend and is never a translation for the English verb **to trespass**. It means **to die**.

trestle ['tresəl] N tréteau m

trial ['traɪəl] **1** N Law procès m; (test) essai m; (ordeal) épreuve f; **to go** or **be on t., to stand t.** passer en jugement; **to put sb on t.** juger qn; **to be on t.** (of product) être à l'essai; **by t. and error** par tâtonnements **2** ADJ (period, flight, offer) d'essai; **t. run** essai m

triangle ['traɪæŋgəl] N triangle m; Am (set-square) équerre f ■ **triangular** [-'æŋgjʊlə(r)] ADJ triangulaire

tribe [traɪb] N tribu f ■ **tribal** ADJ tribal

tribulations [trɪbjʊ'leɪʃənz] NPL trials and t. tribulations fpl

tribunal [traɪ'bjuːnəl] N tribunal m

tributary [Br 'trɪbjʊtərɪ, Am -erɪ] (pl -ies) N affluent m

tribute ['trɪbjuːt] N hommage m; **to pay t. to** rendre hommage à

trick [trɪk] **1** N (joke, deception, of conjurer) tour m; (clever method) astuce f; (in card game) pli m; **card t.** tour de cartes; **to play a t. on sb** jouer un tour à qn; **t. question** question f piège **2** VT (deceive) duper; **to t. sb into doing sth** amener qn à faire qch par la ruse ■ **trickery** N ruse f

trickle ['trɪkəl] **1** N (of liquid) filet m; Fig **a t. of** (letters, people) un petit nombre de **2** VI (of liquid) couler goutte à goutte; Fig **to t. in** (of letters, people) arriver en petit nombre

tricky ['trɪkɪ] (**-ier, -iest**) ADJ (problem) délicat

tricycle ['traɪsɪkəl] N tricycle m

trifle ['traɪfəl] **1** N (insignificant thing) bagatelle f; Br (dessert) = dessert où alternent génoise, fruits en gelée et crème anglaise **2** ADV **a t. wide** un tantinet trop large **3** VI **to t. with** plaisanter avec ■ **trifling** ADJ insignifiant

trigger ['trɪgə(r)] **1** N (of gun) détente f **2** VT **to t. sth (off)** déclencher qch ■ **trigger-happy** ADJ (person) qui a la gâchette facile

trilogy ['trɪlədʒɪ] (pl -ies) N trilogie f

trim [trɪm] **1** (**trimmer, trimmest**) ADJ (neat) soigné; (slim) svelte **2** N **to give sb's hair a t.** faire une coupe d'entretien à qn; **to keep in t.** garder la forme **3** (pt & pp -mm-) VT couper (un peu); **to t. sth with sth** orner qch de qch ■ **trimmings** NPL (on clothes) garniture f; (of meal) accompagnements mpl traditionnels

Trinity ['trɪnɪtɪ] N Rel **the T.** la Trinité

trinket ['trɪŋkɪt] N babiole f

trio ['triːəʊ] (pl -os) N trio m

trip [trɪp] **1** N (journey) voyage m; (outing) excursion f; (stumble) faux pas m; **to take a t. to the shops** aller dans les magasins **2** (pt & pp -pp-) VT **to t. sb up** faire trébucher qn **3** VI (walk gently) marcher d'un pas léger; **to t. (over** or **up)** trébucher; **to t. over sth** trébucher sur qch

tripe [traɪp] N (food) tripes fpl; Fam (nonsense) bêtises fpl

triple ['trɪpəl] **1** ADJ triple **2** VTI tripler ■ **triplets** NPL (children) triplés, -ées mfpl

triplicate ['trɪplɪkət] N **in t.** en trois exemplaires

tripod ['traɪpɒd] N trépied m

trite [traɪt] ADJ banal (mpl -als)

triumph ['traɪəmf] **1** N triomphe m (**over** sur) **2** VI triompher (**over** de) ■ **triumphant** [traɪ'ʌmfənt] ADJ triomphant; (success, welcome, return) triomphal

trivia ['trɪvɪə] NPL vétilles fpl ■ **trivial** ADJ (unimportant) insignifiant; (trite) banal (mpl -als)

Note that the French word **trivial** is a false friend. It means **vulgar**.

trod [trɒd] PT of **tread**

trodden ['trɒdən] PP of **tread**

trolley ['trɒlɪ] (pl -eys) N Br chariot m; Br (tea) t. table f roulante; Am **t. (car)** tramway m

trombone [trɒm'bəʊn] N trombone m

troop [truːp] **1** N bande f; (of soldiers) troupe f; **the troops** (soldiers) les troupes fpl **2** VI **to t. in/out** entrer/sortir en groupe ■ **trooper** N Am (state) **t.** membre m de la police montée

trophy ['trəʊfɪ] (pl -ies) N trophée m

tropic ['trɒpɪk] N tropique m; **in the tropics** sous les tropiques ■ **tropical** ADJ tropical

trot [trɒt] **1** N trot m; Fam **on the t.** (consecutively) de suite **2** (pt & pp -tt-) VT Fam **to t. sth out** débiter qch **3** VI trotter; Br Fam Hum **to t. off** or **along** (leave) se sauver

trouble ['trʌbəl] **1** N (difficulty) ennui m; (inconvenience) problème m; (social unrest, illness) trouble m; **to be in t.** avoir des ennuis; **to get into t.** s'attirer des ennuis; **to have t. with sb/sth** avoir des problèmes avec qn/qch; **to have t. doing sth** avoir du mal à faire qch; **the t. with you is...** l'ennui avec toi, c'est que…; **it's no t.** pas de problème **2** VT (inconvenience) déranger; (worry) inquiéter; **to t. oneself** se déranger ■ **troubled** ADJ (person) inquiet, -iète; (period, region) agité ■ **'trouble-'free** ADJ sans souci ■ **troublesome** ADJ pénible

troublemaker ['trʌbəlmeɪkə(r)] N (in school) élément m perturbateur; (political) fauteur m de troubles

trough [trɒf] N (for drinking) abreuvoir m; (for feeding) auge f; **t. of low pressure** (in weather front) dépression f

troupe [tru:p] N (of actors) troupe f

trousers ['trauzəz] NPL Br pantalon m; **a pair of t., some t.** un pantalon; **short t.** culottes fpl courtes

trout [traut] N INV truite f

trowel ['trauəl] N (for cement or plaster) truelle f; (for plants) déplantoir m

truant ['tru:ənt] N (pupil) élève mf qui fait l'école buissonnière; **to play t.** faire l'école buissonnière

Note that the French word **truand** is a false friend. It means **crook**.

truce [tru:s] N Mil trêve f

truck [trʌk] N (lorry) camion m; Br Rail wagon m; **t. driver** camionneur m; Am **t. farmer** maraîcher, -ère mf; Am **t. stop** (restaurant) routier m ■ **trucker** N Am camionneur m

trudge [trʌdʒ] VI marcher péniblement

true [tru:] (-er, -est) ADJ vrai; (genuine) véritable; (accurate) exact; (faithful) fidèle (**to** à); **to come t.** se réaliser; **to hold t.** être vrai (**for** de); **t. love** grand amour m ■ **truly** ADV vraiment; **well and t.** bel et bien; **yours t.** (in letter) je vous prie, Madame/Monsieur, d'agréer l'expression de mes sentiments distingués; Fam Hum mézigue

truffle ['trʌfəl] N truffe f

trump [trʌmp] 1 N Cards & Fig atout m; **spades are trumps** atout pique 2 VT **to t. sth up** inventer qch de toutes pièces

trumpet ['trʌmpɪt] N trompette f; **t. player** trompettiste mf

truncheon ['trʌntʃən] N Br matraque f

trundle ['trʌndəl] VTI **to t. along** rouler bruyamment

trunk [trʌŋk] N (of tree, body) tronc m; (of elephant) trompe f; (case) malle f; Am (of vehicle) coffre m; **trunks** (for swimming) slip m de bain; Br **t. road** route f nationale

trust [trʌst] 1 N (faith) confiance f (**in** en); Fin trust m; Law fidéicommis m; **to take sth on t.** accepter qch de confiance 2 VT (believe in) faire confiance à; **to t. sb with sth, to t. sth to sb** confier qch à qn; **to t. sb to do sth** laisser à qn le soin de faire qch; Fam **t. him to say that!** c'est bien de lui! 3 VI **to t. in sb** faire confiance à qn ■ **trusted** ADJ (method) éprouvé; **he is a t. friend** c'est un ami en qui j'ai une confiance totale ■ **trusting** ADJ qui fait confiance aux gens

trustworthy ['trʌstwɜ:ðɪ] ADJ digne de confiance

truth [tru:θ] (pl -s [tru:ðz]) N vérité f; **to tell the t.** dire la vérité; **there's some t. in...** il y a du vrai dans... ■ **truthful** ADJ (story) véridique; (person) sincère ■ **truthfully** ADV sincèrement

try [traɪ] 1 (pl -ies) N (attempt) & Rugby essai m; **to have a t. at sth/doing sth** essayer qch/de faire qch; **at (the) first t.** du premier coup; **it's worth a t.** ça vaut la peine d'essayer 2 (pt & pp -ied) VT (attempt, sample) essayer; (food, drink) goûter à; Law (person) juger (**for** pour); **to t. doing** or **to do sth** essayer de faire qch; **to t. sb's patience** mettre à l'épreuve la patience de qn 3 VI essayer; **to t. hard** faire un gros effort; **t. and come!** essaie de venir! ■ **trying** ADJ difficile

▸ **try on** VT SEP (clothes, shoes) essayer

▸ **try out** VT SEP (car, method, recipe) essayer; (person) mettre à l'essai

tsar [zɑ:(r)] N tsar m

T-shirt ['ti:ʃɜ:t] N tee-shirt m

tub [tʌb] N (basin) baquet m; esp Am (bath) baignoire f; Br (for ice cream) pot m; Br (for flower, bush) bac m

tuba ['tju:bə] N tuba m

tubby ['tʌbɪ] (-ier, -iest) ADJ Fam grassouillet, -ette

tube [tju:b] N tube m; (of tyre) chambre f à air; Br Fam **the t.** (underground railway) le métro; **to go down the tubes** (of money) être foutu en l'air ■ **tubular** ADJ tubulaire

tuberculosis [tju:bɜ:kju'ləusɪs] N Med tuberculose f

tuck [tʌk] 1 N (in garment) pli m 2 VT (put) mettre; **to t. sth away** (put) ranger qch; (hide) cacher qch; **to t. in** (shirt, blanket) rentrer; (child) border 3 VI Br Fam **to t. in** (start eating) attaquer; **to t. into a meal** attaquer un repas

Tuesday ['tju:zdeɪ] N mardi m

tuft [tʌft] N touffe f

tug [tʌg] 1 N **to give sth a t.** tirer sur qch 2 (pt & pp -gg-) VT (pull) tirer sur 3 VI tirer (**at** or **on** sur)

tuition [tju:'ɪʃən] N (lessons) cours mpl; (fee) frais mpl de scolarité

tulip ['tju:lɪp] N tulipe f

tumble ['tʌmbəl] 1 N (fall) chute f; **to take a t.** faire une chute; Fig (of prices) chuter 2 VI (of person) faire une chute; Fig (of prices) chuter; **to t. down** s'écrouler ■ **tumble-'dryer, tumble-'drier** N Br sèche-linge m inv

tumbler ['tʌmblə(r)] N verre m droit

tummy ['tʌmɪ] N Fam ventre m; **to have a t. ache** avoir mal au ventre

tumour, Am **tumor** ['tju:mə(r)] N tumeur f

tumult ['tju:mʌlt] N tumulte m ■ **tumultuous** [-'mʌltjuəs] ADJ tumultueux, -ueuse

tuna ['tju:nə] N **t. (fish)** thon m

tune [tju:n] 1 N (melody) air m; **in t.** (instrument) accordé; **out of t.** (instrument) désaccordé; **to be** or **sing in t./out of t.** chanter juste/faux; Fig **to**

be in t. with sb/sth être en harmonie avec qn/qch **2** vt **to t. (up)** *(instrument)* accorder; *(engine)* régler **3** vi **to t. in** brancher son poste (**to** sur) ■ **tuning** n *(of engine)* réglage m; *Mus* **t. fork** diapason m

tuner ['tjuːnə(r)] n *(on TV, radio)* tuner m

tunic ['tjuːnɪk] n tunique f

Tunisia [tjuː'nɪzɪə] n la Tunisie ■ **Tunisian 1** adj tunisien, -ienne **2** n Tunisien, -ienne mf

tunnel ['tʌnəl] **1** n tunnel m; *(in mine)* galerie f **2** (Br -ll-, Am -l-) vi creuser un tunnel (**into** dans)

turban ['tɜːbən] n turban m

turbine [Br 'tɜːbaɪn, Am 'tɜːrbɪn] n turbine f

turbulence ['tɜːbjʊləns] n *(of crowd)* agitation; *(when flying)* turbulence f ■ **turbulent** adj *(crowd)* agité; *(flight)* turbulent

tureen [Br tjuː'riːn, Am tə'riːn] n *(soup)* **t.** soupière f

turf [tɜːf] **1** n *(grass)* gazon m; **the t.** *(horseracing)* le turf; Br **t. accountant** bookmaker m **2** vt Br Fam **to t. sb out** *(get rid of)* jeter qn dehors

turgid ['tɜːdʒɪd] adj *(style)* ampoulé

turkey ['tɜːkɪ] *(pl* -eys*)* n *(bird)* dinde f

Turkey ['tɜːkɪ] n la Turquie ■ **Turk** n Turc m, Turque f ■ **Turkish 1** adj turc *(f* turque); **T. bath/coffee** bain m/café m turc; **T. delight** loukoum m **2** n *(language)* turc m

turmoil ['tɜːmɔɪl] n *(of person)* émoi m; *(of country)* agitation f; **to be in t.** *(of person)* être dans tous ses états; *(of country)* être en ébullition

turn [tɜːn] **1** n *(of wheel, in game, queue)* tour m; *(in road)* tournant m; *(of events, mind)* tournure f; *(performance)* numéro m; Br Fam *(fit)* crise f; **to take it in turns to do sth** se relayer pour faire qch; **in t.** à tour de rôle; **in one's t.** à son tour; **by turns** tour à tour; **it's your t. (to play)** c'est à toi (de jouer); **t. of phrase** tournure de phrase **2** vt tourner; *(mechanically)* faire tourner; *(mattress, pancake)* retourner; **to t. sb/sth into sth** changer qn/qch en qn/qch; **to t. sth red/black** rougir/noircir qch; **to t. sth on sb** *(aim)* braquer qch sur qn; **she has turned twenty** elle a vingt ans passés

3 vi *(of wheel, driver)* tourner; *(of person)* se retourner; **to t. red/black** rougir/noircir; **to t. nasty** *(of person)* devenir méchant; *(of situation)* mal tourner; **to t. to sb** se tourner vers qn; **to t. into sb/sth** devenir qn/qch; **to t. against sb** se retourner contre qn ■ **turn-off** n *(on road)* sortie f; Fam **to be a t.** être rébarbatif, -ive; *(sexually)* couper l'envie ■ **turn-on** n Fam **it's a real t.** *(sexually)* c'est excitant ■ **turnout** n *(people)* assistance f; *(at polls)* participation f ■ **turnover** n Com *(sales)* chiffre m d'affaires; *(of stock)* rotation f; *(of staff)* renouvellement m; Br **apple**

t. chausson m aux pommes ■ **turn-up** n Br *(on trousers)* revers m

▸ **turn around** vi *(of person)* se retourner; *(in vehicle)* faire demi-tour

▸ **turn away 1** vt sep *(eyes)* détourner (**from** de); *(person)* refuser **2** vi se détourner

▸ **turn back 1** vt sep *(sheets)* rabattre; *(person)* refouler; *(clock)* retarder **2** vi *(return)* faire demi-tour

▸ **turn down** vt sep *(gas, radio)* baisser; *(fold down)* rabattre; *(refuse)* rejeter

▸ **turn in 1** vt sep *(lost property)* rapporter à la police; *(person)* livrer à la police **2** vi Fam *(go to bed)* aller au pieu

▸ **turn off 1** vt sep *(light, radio)* éteindre; *(tap)* fermer; *(machine)* arrêter; Fam **to t. sb off** dégoûter qn **2** vi *(leave road)* sortir

▸ **turn on 1** vt sep *(light, radio)* allumer; *(tap)* ouvrir; *(machine)* mettre en marche; Fam **to t. sb on** *(sexually)* exciter qn **2** vi **to t. on sb** *(attack)* attaquer qn

▸ **turn out 1** vt sep *(light)* éteindre; *(pocket, box)* vider; *(produce)* produire **2** vi *(appear, attend)* se déplacer; **it turns out that...** il s'avère que...; **she turned out to be...** elle s'est révélée être...

▸ **turn over 1** vt sep *(page)* tourner **2** vi *(of vehicle, person)* se retourner; *(of car)* faire un tonneau

▸ **turn round 1** vt sep *(head)* tourner; *(object)* retourner; *(situation)* renverser **2** vi *(of person)* se retourner; *(in vehicle)* faire demi-tour

▸ **turn up 1** vt sep *(radio, heat)* mettre plus fort; *(collar)* remonter **2** vi *(arrive)* arriver; *(be found)* être retrouvé

turning ['tɜːnɪŋ] n Br *(street)* petite rue f; *(bend in road)* tournant m; Br Aut **t. circle** rayon m de braquage; Fig **t. point** tournant m

turnip ['tɜːnɪp] n navet m

turnpike ['tɜːnpaɪk] n Am autoroute f à péage

turnstile ['tɜːnstaɪl] n tourniquet m

turntable ['tɜːnteɪbəl] n platine f

turpentine ['tɜːpəntaɪn] n térébenthine f

turquoise ['tɜːkwɔɪz] adj turquoise inv

turret ['tʌrɪt] n tourelle f

turtle ['tɜːtəl] n Br tortue f de mer; Am tortue f ■ **turtleneck 1** adj *(sweater)* à col montant **2** n col m montant

tusk [tʌsk] n défense f

tussle ['tʌsəl] n bagarre f

tutor ['tjuːtə(r)] **1** n professeur m particulier; *(in British university)* directeur, -trice mf d'études; *(in American university)* assistant, -ante mf **2** vt donner des cours particuliers à ■ **tutorial** [-'tɔːrɪəl] n Univ ≈ travaux mpl dirigés

tuxedo [tʌk'si:dəʊ] (pl -os) N Am smoking m

TV [ti:'vi:] N télé f; **on TV** à la télé

twee [twi:] ADJ Br Fam Pej cucul (la praline) inv

tweed [twi:d] N tweed m; **t. jacket** veste f en tweed

tweezers ['twi:zəz] NPL pince f à épiler

twelve [twelv] ADJ & N douze (m) ■ **twelfth** ADJ & N douzième (mf)

twenty ['twentɪ] ADJ & N vingt (m) ■ **twentieth** ADJ & N vingtième (mf)

twerp [twɜ:p] N Br Fam crétin, -ine mf

twice [twaɪs] ADV deux fois; **t. as heavy (as...)** deux fois plus lourd (que...); **t. a month, t. monthly** deux fois par mois

twiddle ['twɪdəl] VTI **to t. (with) sth** tripoter qch; **to t. one's thumbs** se tourner les pouces

twig[1] [twɪg] N (of branch) brindille f

twig[2] [twɪg] (pt & pp -gg-) VTI Br Fam piger

twilight ['twaɪlaɪt] N crépuscule m

twin [twɪn] **1** N jumeau m, jumelle f; **identical t.** vrai jumeau, vraie jumelle; **t. beds** lits mpl jumeaux; **t. brother** frère m jumeau; **t. sister** sœur f jumelle; Br **t. town** ville f jumelée **2** (pt & pp -nn-) VT (town) jumeler

twine [twaɪn] **1** N (string) ficelle f **2** VI (twist) s'enrouler (**round** autour de)

twinge [twɪndʒ] N **a t. (of pain)** un élancement; **a t. of remorse** un peu de remords

twinkle ['twɪŋkəl] **1** N scintillement m; (in eye) pétillement m **2** VI (of star) scintiller; (of eye) pétiller

twirl [twɜ:l] **1** VT faire tournoyer; (moustache) tortiller **2** VI tournoyer

twist [twɪst] **1** N (action) tour m; (bend) tortillement m; (in road) tournant m; Fig (in story) tour inattendu; **t. of lemon** rondelle f de citron; **twists and turns** (of road) tours et détours mpl; (of events) rebondissements mpl **2** VT (wire, arm) tordre; (roll) enrouler (**round** autour de); (weave together) entortiller; **to t. one's ankle** se tordre la cheville; Fig **to t. sb's arm** forcer la main à qn; **to**

t. sth off (lid) dévisser qch **3** VI (wind) s'entortiller (**round sth** autour de qch); (of road, river) serpenter ■ **twisted** ADJ (person, mind, logic) tordu

twit [twɪt] N Br Fam andouille f

twitch [twɪtʃ] **1** N (jerk) secousse f; (nervous) tic m **2** VI (of person) avoir un tic; (of muscle) se contracter nerveusement

twitter ['twɪtə(r)] **1** N (of bird) pépiement m **2** VI pépier

two [tu:] ADJ & N deux (m) ■ **'two-di'mensional** ADJ à deux dimensions ■ **'two-'faced** ADJ Fig hypocrite ■ **'two-'legged** [-legɪd] ADJ bipède ■ **two-piece** ADJ (suit, swimsuit) deux pièces ■ **two-'seater** N (car) voiture f à deux places ■ **two-way** ADJ **t. mirror** miroir m sans tain; **t. radio** émetteur-récepteur m; **t. traffic** circulation f dans les deux sens

twofold ['tu:fəʊld] **1** ADJ double **2** ADV **to increase t.** doubler

twosome ['tu:səm] N couple m

tycoon [taɪ'ku:n] N magnat m

type[1] [taɪp] N **(a)** (sort) genre m, type m; **blood t.** groupe m sanguin **(b)** (print) caractères mpl; **in large t.** en gros caractères

type[2] [taɪp] **1** VTI (write) taper (à la machine) **2** VT **to t. sth in** (on computer) entrer qch au clavier; **to t. sth out** (letter) taper qch ■ **typewriter** N machine f à écrire ■ **typewritten** ADJ dactylographié ■ **typing** N dactylographie f; **a page of t.** une page dactylographiée; **t. error** faute f de frappe ■ **typist** N dactylo f

typhoid ['taɪfɔɪd] N Med **t. (fever)** typhoïde f

typhoon [taɪ'fu:n] N typhon m

typical ['tɪpɪkəl] ADJ typique (**of** de); **that's t. (of him)!** c'est bien lui! ■ **typically** ADV typiquement ■ **typify** (pt & pp -ied) VT caractériser

typo ['taɪpəʊ] (pl -os) N Fam (misprint) coquille f

tyranny ['tɪrənɪ] N tyrannie f ■ **tyrant** ['taɪərənt] N tyran m

tyre ['taɪə(r)] N Br pneu m; **t. pressure** pression f des pneus

U, u [juː] N *(letter)* U, u m inv

ubiquitous [juːˈbɪkwɪtəs] ADJ omniprésent

UFO [juːefˈəʊ, ˈjuːfəʊ] *(pl* **UFOs**) *(abbr* **unidentified flying object)** N OVNI m

Uganda [juːˈɡændə] N l'Ouganda m ■ **Ugandan 1** ADJ ougandais **2** N Ougandais, -aise

ugh [ʌx] EXCLAM berk!

ugly [ˈʌɡlɪ] (**-ier, -iest**) ADJ laid ■ **ugliness** N laideur f

UK [juːˈkeɪ] *(abbr* **United Kingdom**) N RU m, Royaume-Uni m

Ukraine [juːˈkreɪn] N **the U.** l'Ukraine f

ulcer [ˈʌlsə(r)] N ulcère m

ulterior [ʌlˈtɪərɪə(r)] ADJ ultérieur; **u. motive** arrière-pensée f

ultimate [ˈʌltɪmət] ADJ *(last)* final; *(supreme, best)* absolu; **the u. holidays** les vacances fpl idéales ■ **ultimately** ADV *(finally)* finalement; *(basically)* en fin de compte

ultimatum [ʌltɪˈmeɪtəm] N ultimatum m; **to give sb an u.** lancer un ultimatum à qn

ultra- [ˈʌltrə] PREF ultra-

ultrasound [ˈʌltrəsaʊnd] N ultrason m; *Fam* **to have an u.** passer une échographie

ultraviolet [ʌltrəˈvaɪələt] ADJ ultraviolet, -ette

umbrella [ʌmˈbrelə] N parapluie m; **u. stand** porte-parapluies m inv

> Note that the French word **ombrelle** is a false friend. It means **sunshade**.

umpire [ˈʌmpaɪə(r)] **1** N arbitre m **2** VT arbitrer

umpteen [ʌmpˈtiːn] ADJ *Fam* **u. times** je ne sais combien de fois ■ **umpteenth** ADJ *Fam* énième

UN [juːˈen] *(abbr* **United Nations)** N ONU f

unabated [ʌnəˈbeɪtɪd] ADJ **to continue u.** continuer avec la même intensité

unable [ʌnˈeɪbəl] ADJ **to be u. to do sth** être incapable de faire qch; **he's u. to swim** il ne sait pas nager

unabridged [ʌnəˈbrɪdʒd] ADJ intégral

unacceptable [ʌnəkˈseptəbəl] ADJ inacceptable; **it's u. that...** il est inacceptable que... *(+ subjunctive)*

unaccompanied [ʌnəˈkʌmpənɪd] ADJ *(person)* non accompagné; *(singing)* sans accompagnement

unaccounted [ʌnəˈkaʊntɪd] ADJ **to be u. for** rester introuvable

unaccustomed [ʌnəˈkʌstəmd] ADJ inaccoutumé; **to be u. to sth/to doing sth** ne pas être habitué à qch/à faire qch

unaided [ʌnˈeɪdɪd] ADV sans aide

unanimous [-ˈnænɪməs] ADJ unanime ■ **unanimously** ADV à l'unanimité

unannounced [ʌnəˈnaʊnst] **1** ADJ non annoncé **2** ADV sans prévenir

unappetizing [ʌnˈæpɪtaɪzɪŋ] ADJ peu appétissant

unapproachable [ʌnəˈprəʊtʃəbəl] ADJ inaccessible

unarmed [ʌnˈɑːmd] ADJ non armé; **u. combat** combat m à mains nues

unashamed [ʌnəˈʃeɪmd] ADJ *(person)* sans honte; *(look, curiosity)* non dissimulé; **she's u. about it** elle n'en a pas honte ■ **unashamedly** [-ɪdlɪ] ADV sans aucune honte

unassuming [ʌnəˈsjuːmɪŋ] ADJ sans prétention

unattached [ʌnəˈtætʃt] ADJ *(not connected)* détaché; *(without partner)* sans attaches

unattainable [ʌnəˈteɪnəbəl] ADJ inaccessible

unattended [ʌnəˈtendɪd] ADV **to leave sb/sth u.** laisser qn/qch sans surveillance

unattractive [ʌnəˈtræktɪv] ADJ peu attrayant

unauthorized [ʌnˈɔːθəraɪzd] ADJ non autorisé

unavailable [ʌnəˈveɪləbəl] ADJ non disponible; **to be u.** ne pas être disponible

unavoidable [ʌnəˈvɔɪdəbəl] ADJ inévitable

unaware [ʌnəˈweə(r)] ADJ **to be u. of sth** ignorer qch; **to be u. that...** ignorer que... ■ **unawares** ADV **to catch sb u.** prendre qn au dépourvu

unbalanced [ʌnˈbælənst] ADJ *(mind, person)* instable

unbearable [ʌnˈbeərəbəl] ADJ insupportable

unbeatable [ʌnˈbiːtəbəl] ADJ imbattable

■ **unbeaten** ADJ (player) invaincu; (record) jamais battu

unbeknown [ʌnbɪ'nəʊn] ADJ u. to sb à l'insu de qn

unbelievable [ʌnbɪ'liːvəbəl] ADJ incroyable

unbias(s)ed [ʌn'baɪəst] ADJ impartial

unblock [ʌn'blɒk] VT (sink, pipe) déboucher

unbolt [ʌn'bəʊlt] VT (door) déverrouiller

unborn ['ʌn'bɔːn] ADJ u. child enfant mf à naître

unbreakable [ʌn'breɪkəbəl] ADJ incassable

■ **unbroken** ADJ (intact) intact; (continuous) continu; (record) jamais battu

unbutton [ʌn'bʌtən] VT déboutonner

uncalled-for [ʌn'kɔːldfɔː(r)] ADJ déplacé

uncanny [ʌn'kænɪ] (-ier, -iest) ADJ étrange

uncertain [ʌn'sɜːtən] ADJ incertain; **to be u. about sth** ne pas être certain de qch; **it's u. whether** or **that...** il n'est pas certain que... (+ subjunctive); **I'm u. whether to stay (or not)** je ne sais pas très bien si je dois rester (ou pas) ■ **uncertainty** (pl -ies) N incertitude f

unchanged [ʌn'tʃeɪndʒd] ADJ inchangé ■ **unchanging** ADJ immuable

uncharitable [ʌn'tʃærɪtəbəl] ADJ peu charitable

unchecked [ʌn'tʃekt] ADV sans que rien ne soit fait

uncivilized [ʌn'sɪvɪlaɪzd] ADJ non civilisé

unclaimed [ʌn'kleɪmd] ADJ (luggage) non réclamé

uncle ['ʌŋkəl] N oncle m

unclear [ʌn'klɪə(r)] ADJ vague; (result) incertain; **it's u. whether...** on ne sait pas très bien si...

uncomfortable [ʌn'kʌmftəbəl] ADJ inconfortable; (heat, experience) désagréable; (silence) gêné; **to feel u.** (physically) ne pas être à l'aise; (ill at ease) être mal à l'aise

uncommon [ʌn'kɒmən] ADJ peu commun ■ **uncommonly** ADV (very) extraordinairement; **not u.** (fairly often) assez souvent

uncommunicative [ʌnkə'mjuːnɪkətɪv] ADJ peu communicatif, -ive

uncompromising [ʌn'kɒmprəmaɪzɪŋ] ADJ intransigeant

unconditional [ʌnkən'dɪʃənəl] ADJ sans condition

unconfirmed [ʌnkən'fɜːmd] ADJ non confirmé

unconnected [ʌnkə'nektɪd] ADJ sans lien

unconscious [ʌn'kɒnʃəs] 1 ADJ (person) sans connaissance; (desire) inconscient; **to be u. of sth** ne pas avoir conscience de qch 2 N **the u.** l'inconscient m ■ **unconsciously** ADV inconsciemment

uncontrollable [ʌnkən'trəʊləbəl] ADJ incontrôlable

unconventional [ʌnkən'venʃənəl] ADJ non conformiste

unconvinced [ʌnkən'vɪnst] ADJ **to be** or **remain u.** ne pas être convaincu (of de) ■ **unconvincing** ADJ peu convaincant

uncooked [ʌn'kʊkt] ADJ cru

uncooperative [ʌnkəʊ'ɒpərətɪv] ADJ peu coopératif, -ive

uncouth [ʌn'kuːθ] ADJ fruste

uncover [ʌn'kʌvə(r)] VT découvrir

undaunted [ʌn'dɔːntɪd] ADJ nullement impressionné

undecided [ʌndɪ'saɪdɪd] ADJ (person) indécis (**about** sur); **I'm u. whether to do it or not** je n'ai pas décidé si je le ferai ou non

undefeated [ʌndɪ'fiːtɪd] ADJ invaincu

undeniable [ʌndɪ'naɪəbəl] ADJ indéniable

under ['ʌndə(r)] 1 PREP sous; (less than) moins de; **children u. nine** les enfants de moins de neuf ans; **u. there** là-dessous; **u. it** dessous; **u. (the command of) sb** sous les ordres de qn; **u. the terms of the agreement** selon l'accord; **u. the circumstances** dans ces circonstances; **to be u. age** être mineur; **to be u. way** (in progress) être en cours; (on the way) être en route; **to get u. way** (of campaign) démarrer; **to be u. the impression that...** avoir l'impression que... 2 ADV au-dessous

undercharge [ʌndə'tʃɑːdʒ] VT se tromper dans l'addition de; (à l'avantage du client) **I undercharged him (for it)** je ne (le) lui ai pas fait payer assez

underclothes ['ʌndəkləʊðz] NPL sous-vêtements mpl

undercoat ['ʌndəkəʊt] N sous-couche f

undercooked [ʌndə'kʊkt] ADJ pas assez cuit

undercover ['ʌndəkʌvə(r)] ADJ secret, -ète

undercurrent ['ʌndəkʌrənt] N (in sea) courant m sous-marin; **an u. of discontent** un mécontentement sous-jacent

undercut [ʌndə'kʌt] (pt & pp **-cut,** pres p **-cutting**) VT vendre moins cher que

underdeveloped [ʌndədɪ'veləpt] ADJ (country, region) sous-développé

underdog ['ʌndədɒg] N (politically, socially) opprimé, -ée mf; (likely loser) outsider m

underdone [ʌndə'dʌn] ADJ (food) pas assez cuit; (steak) saignant

underestimate [ʌndər'estɪmeɪt] VT sousestimer

underfed [ʌndə'fed] ADJ sous-alimenté

underfoot [ʌndə'fʊt] ADV sous les pieds; **to trample sth u.** piétiner qch

undergo [ʌndə'gəʊ] (pt **-went**, pp **-gone**) VT subir; **to u. surgery** être opéré

undergraduate [ʌndə'grædʒʊət] N étudiant, -iante mf de licence

underground [ʌndə'graʊnd] 1 ADJ souterrain; Fig (secret) clandestin 2 N Br (railway) métro m; Pol (organization) résistance f 3 [ʌndə'graʊnd] ADV sous terre; Fig **to go u.** (of fugitive) passer dans la clandestinité

undergrowth ['ʌndəgrəʊθ] N brousailles fpl

underhand [ʌndə'hænd] ADJ sournois

underlie [ʌndə'laɪ] (pt **-lay**, pp **-lain**, pres p **-lying**) VT sous-tendre ■ **underlying** ADJ sous-jacent

underline [ʌndə'laɪn] VT souligner

undermine [ʌndə'maɪn] VT (weaken) saper

underneath [ʌndə'niːθ] 1 PREP sous 2 ADV (en) dessous; **the book u.** le livre d'en dessous 3 N **the u. (of)** le dessous (de)

undernourished [ʌndə'nʌrɪʃt] ADJ sous-alimenté

underpants ['ʌndəpænts] NPL (male underwear) slip m

underpass ['ʌndəpɑːs] N (for pedestrians) passage m souterrain; (for vehicles) passage inférieur

underpay [ʌndə'peɪ] VT sous-payer ■ **underpaid** ADJ sous-payé

underprivileged [ʌndə'prɪvɪlɪdʒd] ADJ défavorisé

underrate [ʌndə'reɪt] VT sous-estimer

underscore [ʌndə'skɔː(r)] VT souligner

underside ['ʌndəsaɪd] N **the u. (of)** le dessous (de)

understaffed [ʌndə'stɑːft] ADJ (office, organization) **to be u.** manquer de personnel

understand [ʌndə'stænd] (pt & pp **-stood**) VTI comprendre; **I u. that...** je crois comprendre que...; **I've been given to u. that...** on m'a fait comprendre que...; **to make oneself understood** se faire comprendre ■ **understanding 1** N (act, faculty) compréhension f; (agreement) accord m, entente f; (sympathy) entente; **on the u. that...** à condition que... (+ subjunctive) 2 ADJ (person) compréhensif, -ive ■ **understood** ADJ (agreed) entendu; (implied) sous-entendu

understandable [ʌndə'stændəbəl] ADJ compréhensible ■ **understandably** ADV naturellement

understatement ['ʌndəsteɪtmənt] N euphémisme m

undertake [ʌndə'teɪk] (pt **-took**, pp **-taken**) VT (task) entreprendre; (responsibility) assumer; **to u.**

to do sth entreprendre de faire qch ■ **undertaking** N (task) entreprise f; (promise) promesse f

undertaker ['ʌndəteɪkə(r)] N entrepreneur m de pompes funèbres

undertone ['ʌndətəʊn] N **in an u.** à mi-voix; Fig **an u. of** (criticism, sadness) une nuance de

underwater 1 ['ʌndəwɔːtə(r)] ADJ de plongée 2 [ʌndə'wɔːtə(r)] ADV sous l'eau

underwear ['ʌndəweə(r)] N sous-vêtements mpl

underweight [ʌndə'weɪt] ADJ (person) trop maigre

underworld ['ʌndəwɜːld] N **the u.** (criminals) la pègre

undesirable [ʌndɪ'zaɪərəbəl] ADJ & N indésirable (mf)

undignified [ʌn'dɪgnɪfaɪd] ADJ indigne

undisciplined [ʌn'dɪsɪplɪnd] ADJ indiscipliné

undiscovered [ʌndɪ'skʌvəd] ADJ **to remain u.** (of crime, body) ne pas être découvert

undisputed [ʌndɪ'spjuːtɪd] ADJ incontesté

undistinguished [ʌndɪ'stɪŋgwɪʃt] ADJ médiocre

undivided [ʌndɪ'vaɪdɪd] ADJ **my u. attention** toute mon attention

undo [ʌn'duː] (pt **-did**, pp **-done**) VT défaire; (bound person) détacher; (parcel) ouvrir; (mistake, damage) réparer; Comptr (command) annuler ■ **undoing** N ruine f ■ **undone** [ʌn'dʌn] ADJ **to come u.** (of knot) se défaire; **to leave sth u.** (work) ne pas faire qch

undoubtedly [ˌʌn'daʊtɪdlɪ] ADV indubitablement

undress [ʌn'dres] 1 VT déshabiller; **to get undressed** se déshabiller 2 VI se déshabiller

undrinkable [ʌn'drɪŋkəbəl] ADJ imbuvable

undue [ʌn'djuː] ADJ excessif, -ive ■ **unduly** ADV excessivement

unearth [ʌn'ɜːθ] VT (from ground) déterrer; Fig (discover) dénicher

unearthly [ʌn'ɜːθlɪ] ADJ mystérieux, -ieuse; Fam **at an u. hour** à une heure impossible

uneasy [ʌn'iːzɪ] ADJ (person) mal à l'aise; (sleep) agité; (silence) gêné

uneconomic(al) [ʌniːkə'nɒmɪk(əl)] ADJ peu économique

uneducated [ʌn'edjʊkeɪtɪd] ADJ (person) sans éducation; (accent) populaire

unemployed [ʌnɪm'plɔɪd] 1 ADJ au chômage 2 NPL **the u.** les chômeurs mpl ■ **unemployment** N chômage m; **u. rate** taux m de chômage

unenthusiastic [ʌnɪnθjuːzɪ'æstɪk] ADJ peu enthousiaste

unenviable [ʌn'envɪəbəl] ADJ peu enviable

unequal [ʌn'i:kwəl] ADJ inégal; **to be u. to the task** ne pas être à la hauteur de la tâche ▪ **unequalled,** Am **unequaled** ADJ (incomparable) inégalé

unequivocal [ʌnɪ'kwɪvəkəl] ADJ sans équivoque

unerring [ʌn'ɜ:rɪŋ] ADJ infaillible

unethical [ʌn'eθɪkəl] ADJ contraire à l'éthique

uneven [ʌn'i:vən] ADJ inégal

uneventful [ʌnɪ'ventfəl] ADJ sans histoires

unexpected [ʌnɪk'spektɪd] ADJ inattendu ▪ **unexpectedly** ADV (arrive) à l'improviste; (fail, succeed) contre toute attente

unexplained [ʌnɪk'spleɪnd] ADJ inexpliqué

unfailing [ʌn'feɪlɪŋ] ADJ (optimism, courage) à toute épreuve; (supply) inépuisable

unfair [ʌn'feə(r)] ADJ injuste (**to sb** envers qn); (competition) déloyal ▪ **unfairly** ADV injustement

unfaithful [ʌn'feɪθfəl] ADJ infidèle (**to** à)

unfamiliar [ʌnfə'mɪlɪə(r)] ADJ inconnu; **to be u. with sth** ne pas connaître qch

unfashionable [ʌn'fæʃənəbəl] ADJ démodé

unfasten [ʌn'fɑ:sən] VT défaire

unfavourable, Am **unfavorable** [ʌn'feɪvərəbəl] ADJ défavorable

unfinished [ʌn'fɪnɪʃt] ADJ inachevé; **to have some u. business** avoir une affaire à régler

unfit [ʌn'fɪt] ADJ (unsuitable) inapte; (in bad shape) pas en forme; **to be u. to do sth** être incapable de faire qch; **u. for human consumption** impropre à la consommation; **u. mother** mère f indigne

unflappable [ʌn'flæpəbəl] ADJ Br Fam imperturbable

unflattering [ʌn'flætərɪŋ] ADJ peu flatteur, -euse

unflinching [ʌn'flɪntʃɪŋ] ADJ (courage) inépuisable; (resolve, loyalty, support) à toute épreuve

unfold [ʌn'fəʊld] **1** VT déplier; (wings) déployer; Fig (intentions, plan) dévoiler **2** VI (of story, view) se dérouler

unforeseeable [ʌnfɔ:'si:əbəl] ADJ imprévisible ▪ **unforeseen** ADJ imprévu

unforgettable [ʌnfə'getəbəl] ADJ inoubliable

unforgivable [ʌnfə'gɪvəbəl] ADJ impardonnable ▪ **unforgiving** ADJ impitoyable

unfortunate [ʌn'fɔ:tʃənət] ADJ malchanceux, -euse; (event) fâcheux, -euse; **you were u.** tu n'as pas eu de chance ▪ **unfortunately** ADV malheureusement

unfounded [ʌn'faʊndɪd] ADJ (rumour, argument) sans fondement

unfriendly [ʌn'frendlɪ] ADJ peu aimable (**to** avec)

unfulfilled [ʌnfʊl'fɪld] ADJ (desire) insatisfait; (plan, dream) non réalisé; (condition) non rempli

unfurnished [ʌn'fɜ:nɪʃt] ADJ non meublé

ungainly [ʌn'geɪnlɪ] ADJ (clumsy) gauche

ungrateful [ʌn'greɪtfəl] ADJ ingrat

unhappy [ʌn'hæpɪ] (**-ier, -iest**) ADJ (sad, unfortunate) malheureux, -euse; (not pleased) mécontent; **to be u. about doing sth** ne pas vouloir faire qch

unharmed [ʌn'hɑ:md] ADJ indemne

unhealthy [ʌn'helθɪ] (**-ier, -iest**) ADJ (person) maladif, -ive; (climate, place, job) malsain; (lungs) malade

unheard-of [ʌn'hɜ:dɒv] ADJ (unprecedented) inouï

unhelpful [ʌn'helpfəl] ADJ (person) peu serviable; (advice) peu utile

unhinged [ʌn'hɪndʒd] ADJ (person, mind) déséquilibré

unhook [ʌn'hʊk] VT (picture, curtain) décrocher; (dress) dégrafer

unhurried [ʌn'hʌrɪd] ADJ (movement) lent; (stroll, journey) fait sans hâte

unhurt [ʌn'hɜ:t] ADJ indemne

unhygienic [ʌnhaɪ'dʒi:nɪk] ADJ contraire à l'hygiène

unicorn ['ju:nɪkɔ:n] N licorne f

unidentified [ʌnaɪ'dentɪfaɪd] ADJ **u. flying object** objet m volant non identifié

uniform ['ju:nɪfɔ:m] **1** N uniforme m **2** ADJ (regular) uniforme; (temperature) constant ▪ **uniformed** ADJ (police officer) en uniforme ▪ **uniformly** ADV uniformément

unify ['ju:nɪfaɪ] (pt & pp **-ied**) VT unifier

unilateral [ju:nɪ'lætərəl] ADJ unilatéral

unimaginable [ʌnɪ'mædʒɪnəbəl] ADJ inimaginable ▪ **unimaginative** ADJ (person, plan) qui manque d'imagination

unimpaired [ʌnɪm'peəd] ADJ intact

unimportant [ʌnɪm'pɔ:tənt] ADJ sans importance

uninformative [ʌnɪn'fɔ:mətɪv] ADJ peu instructif, -ive

uninhabitable [ʌnɪn'hæbɪtəbəl] ADJ inhabitable ▪ **uninhabited** ADJ inhabité

uninhibited [ʌnɪn'hɪbɪtɪd] ADJ (person) sans complexes

uninitiated [ʌnɪ'nɪʃɪeɪtɪd] NPL **the u.** les non-initiés mpl

uninjured [ʌn'ɪndʒəd] ADJ indemne

uninspiring [ʌnɪnˈspaɪərɪŋ] ADJ (subject) pas très inspirant

unintelligible [ʌnɪnˈtelɪdʒəbəl] ADJ inintelligible

unintended [ʌnɪnˈtendɪd] ADJ involontaire

unintentional [ʌnɪnˈtenʃənəl] ADJ involontaire

uninterested [ʌnˈɪntrɪstɪd] ADJ indifférent (**in** à) ■ **uninteresting** ADJ inintéressant

uninterrupted [ʌnɪntəˈrʌptɪd] ADJ ininterrompu

uninvited [ʌnɪnˈvaɪtɪd] ADV (arrive) sans invitation ■ **uninviting** ADJ peu attrayant

union [ˈjuːnɪən] 1 N union f; (trade union) syndicat m 2 ADJ syndical; **u. member** syndicaliste mf; **the U. Jack** = le drapeau britannique ■ **unionist** N Br **trade u.**, Am **labor u.** syndicaliste mf

unique [juːˈniːk] ADJ unique ■ **uniquely** ADV (remarkably) exceptionnellement

unisex [ˈjuːnɪseks] ADJ (clothing, hairdresser's) unisexe

unison [ˈjuːnɪsən] N **in u.** à l'unisson (**with** de)

unit [ˈjuːnɪt] N unité f; (of furniture) élément m; (system) bloc m; (group, team) groupe m; **psychiatric/heart u.** (of hospital) service m de psychiatrie/cardiologie; **research u.** centre m de recherche; Br Fin **u. trust** fonds m commun de placement

unite [juːˈnaɪt] 1 VT unir; (country, party) unifier; **the United Kingdom** le Royaume-Uni; **the United Nations** les Nations fpl unies; **the United States (of America)** les États-Unis mpl (d'Amérique) 2 VI s'unir

unity [ˈjuːnɪtɪ] N (cohesion) unité f; Fig (harmony) harmonie f

universal [juːnɪˈvɜːsəl] ADJ universel, -elle ■ **universally** ADV universellement

universe [ˈjuːnɪvɜːs] N univers m

university [juːnɪˈvɜːsɪtɪ] 1 (pl -ies) N université f; **to go to u.** aller à l'université; Br **at u.** à l'université 2 ADJ (teaching, town, restaurant) universitaire; (student, teacher) d'université

unjust [ʌnˈdʒʌst] ADJ injuste

unjustified [ʌnˈdʒʌstɪfaɪd] ADJ injustifié

unkempt [ʌnˈkempt] ADJ négligé

unkind [ʌnˈkaɪnd] ADJ pas gentil (f pas gentille) (**to sb** avec qn)

unknowingly [ʌnˈnəʊɪŋlɪ] ADV inconsciemment

unknown [ʌnˈnəʊn] 1 ADJ inconnu; **u. to me, he had left** il était parti, ce que j'ignorais 2 N (person) inconnu, -ue mf; Phil **the u.** l'inconnu m; Math & Fig **u. (quantity)** inconnue f

unlawful [ʌnˈlɔːfəl] ADJ illégal

unleaded [ʌnˈledɪd] ADJ sans plomb

unleash [ʌnˈliːʃ] VT (dog) détacher; Fig (emotion) susciter

unless [ʌnˈles] CONJ à moins que (+ subjunctive); **u. she comes** à moins qu'elle ne vienne; **u. you work harder, you'll fail** à moins de travailler plus dur, vous échouerez

unlike [ʌnˈlaɪk] PREP **to be u. sb/sth** ne pas être comme qn/qch; **u. her brother, she...** à la différence de son frère, elle...; **it's very u. him to...** ça ne lui ressemble pas du tout de...

unlikely [ʌnˈlaɪklɪ] ADJ improbable; (unbelievable) invraisemblable; **she's u. to win** il est peu probable qu'elle gagne; **in the u. event of an accident...** dans le cas fort peu probable d'un accident...

unlimited [ʌnˈlɪmɪtɪd] ADJ illimité

unlisted [ʌnˈlɪstɪd] ADJ Am (phone number) sur (la) liste rouge

unload [ʌnˈləʊd] VTI décharger

unlock [ʌnˈlɒk] VT ouvrir

unlucky [ʌnˈlʌkɪ] (-ier, -iest) ADJ (person) malchanceux, -euse; (number, colour) qui porte malheur; **you're u.** tu n'as pas de chance ■ **unluckily** ADV malheureusement

unmade [ʌnˈmeɪd] ADJ (bed) défait

unmanageable [ʌnˈmænɪdʒəbəl] ADJ (child) difficile; (hair) difficile à coiffer; (package, large book, size) peu maniable

unmarked [ʌnˈmɑːkt] ADJ (grave) sans inscription; Br **u. police car** voiture f banalisée

unmarried [ʌnˈmærɪd] ADJ non marié

unmistakable [ʌnmɪˈsteɪkəbəl] ADJ (obvious) indubitable; (face, voice) caractéristique

unmitigated [ʌnˈmɪtɪgeɪtɪd] ADJ (disaster) absolu; (folly) pur

unmoved [ʌnˈmuːvd] ADJ **to be u. by sth** rester insensible à qch

unnatural [ʌnˈnætʃərəl] ADJ (abnormal) anormal; (love) contre nature; (affected) affecté

unnecessary [ʌnˈnesəsərɪ] ADJ inutile; (superfluous) superflu

unnerve [ʌnˈnɜːv] VT troubler

Note that the French verb **énerver** is a false friend. It means **to irritate** or **to make nervous** depending on the context.

unnoticed [ʌnˈnəʊtɪst] ADV **to go u.** passer inaperçu

unobtainable [ʌnəbˈteɪnəbəl] ADJ impossible à obtenir

unobtrusive [ʌnəbˈtruːsɪv] ADJ discret, -ète

unoccupied [ʌnˈɒkjʊpaɪd] ADJ (house, person) inoccupé; (seat) libre

unofficial [ʌnə'fɪʃəl] ADJ officieux, -ieuse; *(visit)* privé; *(strike)* sauvage

unorthodox [ʌn'ɔːθədɒks] ADJ peu orthodoxe

unpack [ʌn'pæk] **1** VT *(suitcase)* défaire; *(contents)* déballer; *(box)* ouvrir **2** VI défaire sa valise

unpaid [ʌn'peɪd] ADJ *(bill, sum)* impayé; *(work, worker)* bénévole; *(leave)* non payé

unparalleled [ʌn'pærəleld] ADJ sans égal

unperturbed [ʌnpə't3ːbd] ADJ nullement déconcerté

unplanned [ʌn'plænd] ADJ imprévu

unpleasant [ʌn'plezənt] ADJ désagréable (**to sb** avec qn)

unplug [ʌn'plʌg] *(pt & pp* **-gg-)** VT *(appliance)* débrancher; *(unblock)* déboucher

unpopular [ʌn'pɒpjʊlə(r)] ADJ impopulaire; **to be u. with sb** ne pas plaire à qn

unprecedented [ʌn'presɪdentɪd] ADJ sans précédent

unpredictable [ʌnprɪ'dɪktəbəl] ADJ imprévisible; *(weather)* indécis

unprepared [ʌnprɪ'peəd] ADJ *(meal, room)* non préparé; *(speech)* improvisé; **to be u. for sth** *(not expect)* ne pas s'attendre à qch

unprofessional [ʌnprə'feʃənəl] ADJ *(person, behaviour)* pas très professionnel, -elle

unprovoked [ʌnprə'vəʊkt] ADJ gratuit

unpublished [ʌn'pʌblɪʃt] ADJ *(text, writer)* inédit

unpunished [ʌn'pʌnɪʃt] ADV **to go u.** rester impuni

unqualified [ʌn'kwɒlɪfaɪd] ADJ *(teacher)* non diplômé; *(support)* sans réserve; *(success, liar)* parfait; **to be u. to do sth** ne pas être qualifié pour faire qch

unquestionable [ʌn'kwestʃənəbəl] ADJ incontestable

unravel [ʌn'rævəl] *(Br* **-ll-,** *Am* **-l-)** VT *(threads)* démêler; *Fig (mystery)* éclaircir

unreal [ʌn'rɪəl] ADJ irréel, -éelle

unrealistic [ʌn'rɪəlɪstɪk] ADJ irréaliste

unreasonable [ʌn'riːzənəbəl] ADJ *(person, attitude)* déraisonnable; *(price)* excessif, -ive

unrecognizable [ʌn'rekəgnaɪzəbəl] ADJ méconnaissable

unrelated [ʌnrɪ'leɪtɪd] ADJ *(facts)* sans rapport (**to** avec); **we're u.** il n'y a aucun lien de parenté entre nous

unrelenting [ʌnrɪ'lentɪŋ] ADJ incessant; *(person)* tenace

unreliable [ʌnrɪ'laɪəbəl] ADJ peu fiable

unremarkable [ʌnrɪ'mɑːkəbəl] ADJ quelconque

unrepentant [ʌnrɪ'pentənt] ADJ impénitent; **the murderer was u.** le meurtrier n'a manifesté aucun remords

unreservedly [ʌnrɪ'z3ːvɪdlɪ] ADV sans réserve

unrest [ʌn'rest] N agitation *f,* troubles *mpl*

unrestricted [ʌnrɪ'strɪktɪd] ADJ illimité; **u. access** libre accès *m* (**to** à)

unrewarding [ʌnrɪ'wɔːdɪŋ] ADJ ingrat; *(financially)* peu rémunérateur, -trice

unrivalled, *Am* **unrivaled** [ʌn'raɪvəld] ADJ hors pair *inv*

unroll [ʌn'rəʊl] **1** VT dérouler **2** VI se dérouler

unruly [ʌn'ruːlɪ] *(***-ier, -iest***)* ADJ indiscipliné

unsafe [ʌn'seɪf] ADJ *(place, machine)* dangereux, -euse; *(person)* en danger; **u. sex** rapports *mpl* sexuels non protégés

unsaid [ʌn'sed] ADJ **to leave sth u.** passer qch sous silence

unsatisfactory [ʌnsætɪs'fæktərɪ] ADJ peu satisfaisant ■ **un'satisfied** ADJ insatisfait; **u. with sb/sth** peu satisfait de qn/qch

unscheduled [*Br* ʌn'ʃedjuːld, *Am* ʌn'skedjʊld] ADJ imprévu

unscrew [ʌn'skruː] VT dévisser

unscrupulous [ʌn'skruːpjʊləs] ADJ *(person)* peu scrupuleux, -euse; *(action)* malhonnête

unseemly [ʌn'siːmlɪ] ADJ inconvenant

unseen [ʌn'siːn] **1** ADJ invisible **2** N *Br Sch & Univ* traduction *f* à vue **3** ADV **to do sth u.** faire qch sans qu'on vous voie

unselfish [ʌn'selfɪʃ] ADJ *(person, motive)* désintéressé

unsettle [ʌn'setəl] VT *(person)* troubler ■ **unsettled** ADJ *(weather, situation)* instable; *(person)* troublé; *(in a job)* mal à l'aise

unshak(e)able [ʌn'ʃeɪkəbəl] ADJ inébranlable

unshaven [ʌn'ʃeɪvən] ADJ pas rasé

unsightly [ʌn'saɪtlɪ] ADJ laid

unskilled [ʌn'skɪld] ADJ non qualifié

unsociable [ʌn'səʊʃəbəl] ADJ peu sociable

unsocial [ʌn'səʊʃəl] ADJ **to work u. hours** travailler en dehors des heures de bureau

unsolved [ʌn'sɒlvd] ADJ *(mystery)* inexpliqué; *(crime)* dont l'auteur n'est pas connu

unsophisticated [ʌnsə'fɪstɪkeɪtɪd] ADJ simple

unsound [ʌn'saʊnd] ADJ *(construction)* peu solide; *(method)* peu sûr; *(decision)* peu judicieux, -ieuse; *Law* **to be of u. mind** ne pas jouir de toutes ses facultés mentales

unspeakable [ʌn'spiːkəbəl] ADJ indescriptible

unspecified [ʌn'spesɪfaɪd] ADJ non spécifié

unsporting [ʌn'spɔ:tɪŋ] ADJ qui n'est pas fair-play

unstable [ʌn'steɪbəl] ADJ instable

unsteady [ʌn'stedɪ] ADJ *(hand, voice, step)* mal assuré; *(table, ladder)* bancal *(mpl* -als) ■ **unsteadily** ADV *(walk)* d'un pas mal assuré

unstinting [ʌn'stɪntɪŋ] ADJ *(generosity)* sans bornes; *(praise)* sans réserve

unstuck [ʌn'stʌk] ADJ *Br Fam (of person, plan)* se casser la figure; **to come u.** *(of stamp)* se décoller

unsuccessful [ʌnsək'sesfəl] ADJ *(attempt)* infructueux, -ueuse; *(outcome, candidate)* malheureux, -euse; *(application)* non retenu; **to be u.** ne pas réussir **(in doing** à faire); *(of book, film, artist)* ne pas avoir de succès ■ **unsuccessfully** ADV en vain, sans succès

unsuitable [ʌn'su:təbəl] ADJ qui ne convient pas **(for** à); *(example)* peu approprié; *(manners, clothes)* peu convenable; **to be u. for sth** ne pas convenir à qch ■ **unsuited** ADJ **to be u. to sth** ne pas être fait pour qch; **they're u. to each other** ils ne sont pas compatibles

unsupervised [ʌn'su:pəvaɪzd] ADV *(play)* sans surveillance

unsure [ʌn'ʃʊə(r)] ADJ incertain **(of** or **about** de)

unsuspecting [ʌnsə'spektɪŋ] ADJ qui ne se doute de rien

unswerving [ʌn'swɜ:vɪŋ] ADJ à toute épreuve

unsympathetic [ʌnsɪmpə'θetɪk] ADJ peu compatissant **(to** à); **u. to a cause/request** insensible à une cause/requête

untangle [ʌn'tæŋgəl] VT *(rope, hair)* démêler

untapped [ʌn'tæpt] ADJ *(resources)* inexploité

unthinkable [ʌn'θɪŋkəbəl] ADJ impensable, inconcevable

untidy [ʌn'taɪdɪ] (-ier, -iest) ADJ *(clothes, hair)* peu soigné; *(room)* en désordre; *(person)* désordonné

untie [ʌn'taɪ] VT *(person, hands)* détacher; *(knot, parcel)* défaire

until [ʌn'tɪl] **1** PREP jusqu'à; **u. now** jusqu'à présent; **u. then** jusque-là; **not u. tomorrow** pas avant demain; **I didn't see her u. Monday** c'est seulement lundi que je l'ai vue **2** CONJ jusqu'à ce que *(+ subjunctive)*; **u. she comes** jusqu'à ce qu'elle vienne; **do nothing u. I come** ne fais rien avant que j'arrive

untimely [ʌn'taɪmlɪ] ADJ *(remark, question)* inopportun; *(death)* prématuré

untold [ʌn'təʊld] ADJ *(wealth, quantity)* incalculable; *(beauty)* immense

untoward [ʌntə'wɔ:d] ADJ fâcheux, -euse

untrue [ʌn'tru:] ADJ faux *(f* fausse) ■ **untruthful** ADJ *(person)* menteur, -euse; *(statement)* mensonger, -ère

unusable [ʌn'ju:zəbəl] ADJ inutilisable

unused¹ [ʌn'ju:zd] ADJ *(new)* neuf *(f* neuve); *(not in use)* inutilisé

unused² [ʌn'ju:st] ADJ **u. to sth/to doing** peu habitué à qch/à faire

unusual [ʌn'ju:ʒʊəl] ADJ *(not common)* inhabituel, -uelle; *(strange)* étrange ■ **unusually** ADV exceptionnellement

unveil [ʌn'veɪl] VT dévoiler ■ **unveiling** N *(ceremony)* inauguration f

unwanted [ʌn'wɒntɪd] ADJ non désiré

unwarranted [ʌn'wɒrəntɪd] ADJ injustifié

unwavering [ʌn'weɪvərɪŋ] ADJ inébranlable

unwelcome [ʌn'welkəm] ADJ *(news)* fâcheux, -euse; *(gift, visit)* inopportun; *(person)* importun

unwell [ʌn'wel] ADJ souffrant

unwieldy [ʌn'wi:ldɪ] ADJ *(package)* encombrant; *(system)* lourd

unwilling [ʌn'wɪlɪŋ] ADJ **to be u. to do sth** être réticent à faire qch ■ **unwillingly** ADV à contrecœur

unwind [ʌn'waɪnd] *(pt & pp* -wound) **1** VT *(thread)* dérouler **2** VI se dérouler; *Fam (relax)* décompresser

unwise [ʌn'waɪz] ADJ imprudent

unwitting [ʌn'wɪtɪŋ] ADJ involontaire ■ **unwittingly** ADV involontairement

unworthy [ʌn'wɜ:ðɪ] ADJ indigne **(of** de)

unwrap [ʌn'ræp] *(pt & pp* -pp-) VT déballer

unwritten [ʌn'rɪtən] ADJ *(agreement)* verbal

unzip [ʌn'zɪp] *(pt & pp* -pp-) VT *(clothes)* ouvrir (la fermeture Éclair® de); *Comptr (file)* dézipper, décompresser

up [ʌp] **1** ADV en haut; **to come/go up** monter; **to walk up and down** marcher de long en large; **up there** là-haut; **up above** au-dessus; **up on the roof** sur le toit; **further** or **higher up** plus haut; **up to** *(as far as)* jusqu'à; **to be a goal up** avoir un but d'avance; **it's up to you** *(you decide)* c'est à toi de décider; **where are you up to?** *(in book)* où en es-tu?; *Fam* **what are you up to?** que fais-tu?

2 PREP **up a hill** en haut d'une colline; **up a tree** dans un arbre; **up a ladder** sur une échelle; **to go up the stairs** monter les escaliers; **to live up the street** habiter plus loin dans la rue; *Fig* **to be up against sth** avoir affaire à qch

3 ADJ *(out of bed)* levé; **we were up all night** nous sommes restés debout toute la nuit; **the two weeks were up** les deux semaines étaient terminées; *Fam* **what's up?** qu'est-ce qu'il y a?

4 NPL **ups and downs** des hauts et des bas *mpl*

5 (*pt & pp* **-pp-**) VT *Fam (price, offer)* augmenter ■ **'up-and-'coming** ADJ qui monte ■ **'up'beat** ADJ *Fam* optimiste ■ **upbringing** N éducation *f* ■ **upcoming** ADJ *Am* imminent ■ **update** ['ʌpdeɪt] **1** N mise *f* à jour

2 [ʌp'deɪt] VT mettre à jour ■ **upgrade** ['ʌpgreɪd] **1** N *(new model)* nouvelle version *f*; *Comptr (hardware)* augmentation *f* de puissance; *(software)* mise *f* à jour

2 [ʌp'greɪd] VT *(improve)* améliorer; *(promote)* promouvoir; *Comptr (hardware)* augmenter la puissance de; *(software)* mettre à jour

3 VI **to u. to a new model** *(of car, computer, mobile phone)* passer à un modèle supérieur ■ **uphill** [ʌp'hɪl] **1** ADV **to go u.** monter

2 ['ʌphɪl] ADJ *Fig (struggle, task)* pénible ■ **up'hold** (*pt & pp* **-held**) VT *(decision)* maintenir ■ **upkeep** N entretien *m* ■ **uplift** ['ʌplɪft] **1** N élévation *f* spirituelle

2 [ʌp'lɪft] VT élever ■ **up'lifting** ADJ édifiant ■ **'up-'market** ADJ *Br (car, product)* haut de gamme *inv*; *(area, place)* chic *inv* ■ **upright 1** ADV *(straight)* droit

2 ADJ *(vertical, honest)* droit

3 N *(post)* montant *m* ■ **uprising** N insurrection *f* ■ **up'root** VT *(plant, person)* déraciner ■ **upside 'down** ADV à l'envers; **to turn sth u.** retourner qch; *Fig* mettre qch sens dessus dessous ■ **upstairs** [ʌp'steəz] **1** ADV en haut; **to go u.** monter

2 ['ʌpsteəz] ADJ *(people, room)* du dessus ■ **up'stream** ADV en amont ■ **upsurge** N *(of interest)* recrudescence *f*; *(of anger)* accès *m* ■ **uptake** N *Fam* **to be quick on the u.** piger vite ■ **'up'tight** ADJ *Fam (tense)* crispé; *(inhibited)* coincé ■ **'up-to-'date** ADJ moderne; *(information)* à jour; *(well-informed)* au courant (**on** de) ■ **'up-to-the-'minute** ADJ *(news, information)* de dernière minute; *(style, fashion)* dernier cri *inv* ■ **upturn** N *(improvement)* amélioration *f* (**in** de) ■ **upward** ADJ *(movement)* ascendant; *(path)* qui monte; *(trend)* à la hausse ■ **upwards** ADV vers le haut; **from 5 euros u.** à partir de 5 euros; **u. of fifty** cinquante et plus

upheaval [ʌp'hiːvəl] N bouleversement *m*

upholstery [ˌʌp'həʊlstərɪ] N *(padding)* rembourrage *m*; *(covering)* revêtement *m*; *(in car)* sièges *mpl*

upon [ə'pɒn] PREP sur

upper ['ʌpə(r)] **1** ADJ supérieur; **u. class** aristocratie *f*; **to have/get the u. hand** avoir/prendre le dessus; *Br Theatre* **u. circle** deuxième balcon *m* **2** N *(of shoe)* empeigne *f* ■ **'upper-'class** ADJ aristocratique ■ **uppermost** ADJ le plus haut

(f la plus haute); **it was u. in my mind** c'était la première de mes préoccupations

uproar ['ʌprɔː(r)] N tumulte *m*

upset [ʌp'set] **1** (*pt & pp* **-set**, *pres p* **-setting**) VT *(knock over, spill)* renverser; *(person, plans, schedule)* bouleverser **2** ADJ *(unhappy)* bouleversé (**about** par); **to have an u. stomach** avoir l'estomac dérangé **3** ['ʌpset] N *(disturbance)* bouleversement *m*; *(surprise)* défaite *f*; **to have a stomach u.** avoir l'estomac dérangé ■ **upsetting** ADJ bouleversant

upshot ['ʌpʃɒt] N résultat *m*

upstate [ʌp'steɪt] *Am* **1** ADJ du nord; *(d'un État)* **u. New York** le nord de l'État de New York **2** ADV **to go u.** aller vers le nord *(d'un État)*

uptight [ʌp'taɪt] ADJ *(nervous)* nerveux, -euse; *(inhibited)* coincé

uranium [jʊ'reɪnɪəm] N uranium *m*

urban ['ɜːbən] ADJ urbain

urbane [ɜː'beɪn] ADJ courtois

urge [ɜːdʒ] **1** N forte envie *f*; **to have an u. to do sth** avoir très envie de faire qch **2** VT **to u. sb to do sth** presser qn de faire qch; **to u. sb on to do sth** encourager qn à faire qch

urgency ['ɜːdʒənsɪ] N urgence *f*; *(of tone, request)* insistance *f*; **it's a matter of u.** il y a urgence ■ **urgent** ADJ urgent; **to be in u. need of sth** avoir un besoin urgent de qch ■ **urgently** ADV d'urgence

urinal [jʊ'raɪnəl] N urinoir *m*

urine ['jʊərɪn] N urine *f* ■ **urinate** VI uriner

urn [ɜːn] N urne *f*; *(for coffee or tea)* fontaine *f*

Uruguay ['jʊərəgwaɪ] N l'Uruguay *m*

us [əs, *stressed* ʌs] PRON nous; **(to) us** *(indirect)* nous; **she sees us** elle nous voit; **she saw us** elle nous a vus; **he gave it to us** il nous l'a donné; **with us** avec nous; **all of us** nous tous; **let's** *or* **let us eat!** mangeons!

US [juː'es] (*abbr* **United States**) N **the US** les USA *mpl*

USA [juːes'eɪ] (*abbr* **United States of America**) N **the U.** les USA *mpl*

usage ['juːsɪdʒ] N usage *m*

use 1 [juːs] N *(utilization)* emploi *m*, usage *m*; *(ability, permission to use)* emploi; **to have the u. of sth** avoir l'usage de qch; **to make (good) u. of sth** faire (bon) usage de qch; **to be of u. to sb** être utile à qn; **in u.** en usage; **not in u., out of u.** hors d'usage; **ready for u.** prêt à l'emploi; **it's no u. crying** ça ne sert à rien de pleurer; **what's the u. of worrying?** à quoi bon s'inquiéter?; *Fam* **he's no u.** il est nul **2** [juːz] VT *(utilize)* utiliser, se servir de; *(force, diplomacy)* avoir recours à; *(electricity)* consommer; **it's used to do** *or* **for doing sth** ça sert à faire qch; **it's used as...** ça sert de...; **to**

u. sth up *(food, fuel)* finir; *(money)* dépenser **3 v**
AUX ■ used to [ˈjuːstə] **I used to sing** avant, je
chantais; **she u. to jog every Sunday** elle faisait
du jogging tous les dimanches **■ use-by date**
[ˈjuːz-] **N** date *f* limite de consommation

used 1 [juːzd] **ADJ** *(second-hand)* d'occasion;
(stamp) oblitéré **2** [juːst] **ADJ to be u. to sth/to
doing sth** être habitué à qch/à faire qch; **to get
u. to sb/sth** s'habituer à qn/qch

useful [ˈjuːsfəl] **ADJ** utile **(to** à); **to come in u.**
être utile; **to make oneself u.** se rendre utile
■ useless ADJ inutile; *(unusable)* inutilisable;
(person) nul *(f* nulle) **(at** en)

user [ˈjuːzə(r)] **N** *(of train, telephone)* usager *m*;
(of road, machine, dictionary) utilisateur, -trice *mf*;
end u. utilisateur final **■ 'user-'friendly ADJ**
convivial

> Note that the French verb **user** is a false friend. Its
> most common meaning is **to wear out**.

usher [ˈʌʃə(r)] **1 N** *(in church, theatre)* ouvreur *m*;
(in court) huissier *m* **2 VT to u. sb in** faire entrer
qn

usherette [ˌʌʃəˈret] **N** ouvreuse *f*

usual [ˈjuːʒuəl] **1 ADJ** habituel, -uelle; **as u.** comme
d'habitude; **you're not your u. self today** tu
n'es pas aussi gai que d'habitude aujourd'hui **2**
N *Fam* **the u.** *(food, excuse)* la même chose que
d'habitude **■ usually ADV** d'habitude

usurp [juːˈzɜːp] **VT** usurper

utensil [juːˈtensəl] **N** ustensile *m*; **kitchen u.**
ustensile de cuisine

uterus [ˈjuːtərəs] **N** *Anat* utérus *m*

utility [juːˈtɪlətɪ] **N** *(usefulness)* utilité *f*; **(public)
utilities** services *mpl* publics; *Am* **utilities** *(service
charges)* charges *fpl*; *Comptr* **u. (program)** utilitaire *m*; **u. room** pièce *f* de rangement

utilize [ˈjuːtɪlaɪz] **VT** utiliser

utmost [ˈʌtməʊst] **1 ADJ the u. ease** *(greatest)*
la plus grande facilité; **the u. danger/limit**
(extreme) un danger/une limite extrême; **it is of
the u. importance that…** il est de la plus haute
importance que… *(+ subjunctive)* **2 N to do one's
u.** faire de son mieux **(to do** pour faire)

utopia [juːˈtəʊpɪə] **N** utopie *f*

utter¹ [ˈʌtə(r)] **ADJ** total; *(folly, lie)* pur; **it's u. nonsense** c'est complètement absurde **■ utterly
ADV** complètement

utter² [ˈʌtə(r)] **VT** *(cry, sigh)* pousser; *(word)*
prononcer; *(threat)* proférer **■ utterance N**
(act) énonciation *f*; *(words spoken)* déclaration *f*;
Ling énoncé *m*

U-turn [ˈjuːtɜːn] **N** *(in vehicle)* demi-tour *m*; *Fig*
(change of policy) virage *m* à 180°

V, v [viː] N (letter) V, v m inv

vacant ['veɪkənt] ADJ (room, seat) libre; (post) vacant; (look) absent; Br **'situations v.'** (in newspaper) 'offres d'emploi' ■ **vacancy** (pl **-ies**) N (post) poste m vacant; (room) chambre f libre; **'no vacancies'** (in hotel) 'complet'

> Note that the French word **vacances** is a false friend. It means **holiday**.

vacate [Br və'keɪt, Am 'veɪkeɪt] VT quitter

vacation [veɪ'keɪʃən] N Am vacances fpl; **to take a v.** prendre des vacances

vaccinate ['væksɪneɪt] VT vacciner ■ **vacci'nation** N vaccination f ■ **vaccine** [-'siːn] N vaccin m

vacuum ['vækjʊəm] 1 N vide m; **v. cleaner** aspirateur m; Br **v. flask** Thermos® m ou f 2 VT (room) passer l'aspirateur dans; (carpet) passer l'aspirateur sur

vagabond ['vægəbɒnd] N vagabond, -onde mf

vagina [və'dʒaɪnə] N Anat vagin m

vagrant ['veɪgrənt] N Law vagabond, -onde mf

vague [veɪg] (**-er, -est**) ADJ vague; (outline, photo) flou; **I haven't got the vaguest idea** je n'en ai pas la moindre idée; **he was v. (about it)** il est resté vague ■ **vaguely** ADV vaguement

vain [veɪn] (**-er, -est**) ADJ (a) (attempt, hope) vain; **in v.** en vain; **her efforts were in v.** ses efforts ont été inutiles (b) (conceited) vaniteux, -euse

valentine ['væləntaɪn] N (card) carte f de la Saint-Valentin; **(Saint) V.'s Day** la Saint-Valentin

valiant ['væljənt] ADJ vaillant

valid ['vælɪd] ADJ valable ■ **validate** VT valider ■ **validity** [və'lɪdɪtɪ] N validité f

valley ['vælɪ] (pl **-eys**) N vallée f

valuable ['væljʊəbəl] 1 ADJ (object) de valeur; Fig (help, time) précieux, -ieuse 2 NPL **valuables** objets mpl de valeur

value ['væljuː] 1 N valeur f; **to be of v.** avoir de la valeur; **to be good v. (for money)** être d'un bon rapport qualité-prix; Br **v.-added tax** taxe f sur la valeur ajoutée 2 VT (appreciate) apprécier; (assess) évaluer ■ **valuation** [-jʊ'eɪʃən] N (assessment) évaluation f; (by expert) expertise f

valve [vælv] N (of machine, car) soupape f; (of pipe, tube) valve f; (of heart) valvule f

vampire ['væmpaɪə(r)] N vampire m

van [væn] N (vehicle) camionnette f, fourgonnette f; Br Rail fourgon m

vandal ['vændəl] N vandale mf ■ **vandalism** N vandalisme m ■ **vandalize** VT saccager

vanilla [və'nɪlə] 1 N vanille f 2 ADJ (ice cream) à la vanille; **v. flavour** parfum m vanille

vanish ['vænɪʃ] VI disparaître; **to v. into thin air** se volatiliser

vanity ['vænɪtɪ] N vanité f; **v. case** vanity-case m

vapour, Am **vapor** ['veɪpə(r)] N vapeur f

variable ['veərɪəbəl] ADJ & N variable (f)

variant ['veərɪənt] 1 ADJ différent 2 N variante f

variation [veərɪ'eɪʃən] N variation f

varicose ['værɪkəʊs] ADJ **v. veins** varices fpl

variety [və'raɪətɪ] N (a) (diversity) variété f; **a v. of** toutes sortes de; **a v. of articles/products** toute une gamme d'articles/de produits (b) (entertainment) variétés fpl; **v. show** spectacle m de variétés

various ['veərɪəs] ADJ divers

varnish ['vɑːnɪʃ] 1 N vernis m 2 VT vernir

vary ['veərɪ] (pt & pp **-ied**) VTI varier (**in/with** en/selon) ■ **varied** ADJ varié ■ **varying** ADJ variable

vase [Br vɑːz, Am veɪs] N vase m

vast [vɑːst] ADJ immense ■ **vastly** ADV à l'extrême; (superior) infiniment

VAT [viːeɪ'tiː, væt] (abbr **value added tax**) N Br TVA f

vat [væt] N cuve f

Vatican ['vætɪkən] N **the V.** le Vatican

vault¹ [vɔːlt] N (roof) voûte f; (tomb) caveau m; (cellar) cave f; (in bank) salle f des coffres

vault² [vɔːlt] VTI (jump) sauter

VCR [viːsiːˈɑː(r)] (abbr **video cassette recorder**) N magnétoscope m

VDU [viːdiːˈjuː] (abbr **visual display unit**) N Comptr moniteur m

veal [viːl] N veau m

veer [vɪə(r)] VI (of car) virer; (of wind) tourner; (of

road) décrire un virage; **to v. off the road** quitter la route

veg [vedʒ] NPL *Br Fam* légumes *mpl*

vegan ['viːgən] ADJ & N végétalien, -ienne (*mf*)

vegetable ['vedʒtəbəl] N légume *m*; **v. fat** graisse *f* végétale; **v. garden** potager *m*; **v. kingdom** règne *m* végétal; **v. oil** huile *f* végétale ■ **vegetation** [vedʒɪ'teɪʃən] N végétation *f*

vegetarian [vedʒɪ'teərɪən] ADJ & N végétarien, -ienne (*mf*) ■ **veggie** ['vedʒɪ] ADJ & N *Br Fam* végétarien, -ienne (*mf*)

vehement ['viːəmənt] ADJ véhément

vehicle ['viːɪkəl] N véhicule *m*

veil [veɪl] 1 N *(covering)* & *Fig* voile *m* 2 VT voiler ■ **veiled** ADJ voilé

vein [veɪn] N *(in body, rock)* veine *f*; *(in leaf)* nervure *f*; *Fig* **in a similar v.** de la même veine

Velcro® ['velkrəʊ] N Velcro® *m*

velocity [vɪ'lɒsɪtɪ] N vélocité *f*

velvet ['velvɪt] 1 N velours *m* 2 ADJ de velours ■ **velvety** ADJ velouté

vending machine ['vendɪŋməʃiːn] N distributeur *m* automatique

vendor ['vendə(r)] N vendeur, -euse *mf*

veneer [və'nɪə(r)] N *(wood)* placage *m*; *Fig (appearance)* vernis *m*

venerable ['venərəbəl] ADJ vénérable

venetian [və'niːʃən] ADJ **v. blind** store *m* vénitien

Venezuela [venɪ'zweɪlə] N le Venezuela

vengeance ['vendʒəns] N vengeance *f*; **to take v. on sb** se venger de qn; *Fig* **with a v.** de plus belle

venison ['venɪsən] N venaison *f*

venom ['venəm] N *(poison)* & *Fig* venin *m* ■ **venomous** ADJ *(snake, speech)* venimeux, -euse

vent [vent] 1 N conduit *m*; *Fig* **to give v. to sth** donner libre cours à qch 2 VT **to v. one's anger on sb** décharger sa colère sur qn

ventilate ['ventɪleɪt] VT ventiler, aérer ■ **venti'lation** N ventilation *f*, aération *f* ■ **ventilator** N ventilateur *m*; *Med* respirateur *m*; *Med* **to be on a v.** être branché sur un respirateur

ventriloquist [ven'trɪləkwɪst] N ventriloque *mf*

venture ['ventʃə(r)] 1 N entreprise *f* (hasardeuse); *Fin* **v. capital** capital-risque *m* 2 VT risquer; **to v. to do sth** se risquer à faire qch 3 VI s'aventurer (**into** dans)

venue ['venjuː] N *(for meeting, concert)* salle *f*; *(for football match)* stade *m*

Note that the French word **venue** is a false friend and is never a translation for the English word **venue**. It means **arrival**.

veranda(h) [və'rændə] N véranda *f*

verb [vɜːb] N verbe *m* ■ **verbal** ADJ verbal

verdict ['vɜːdɪkt] N verdict *m*

verge [vɜːdʒ] 1 N *Br (of road)* bord *m*; **on the v. of ruin/tears** au bord de la ruine/des larmes; **on the v. of a discovery** à la veille d'une découverte; **to be on the v. of doing sth** être sur le point de faire qch 2 VI **to v. on** friser; *(of colour)* tirer sur

verify ['verɪfaɪ] *(pt & pp* **-ied)** VT vérifier ■ **verification** [-fɪ'keɪʃən] N vérification *f*

vermin ['vɜːmɪn] N *(animals)* animaux *mpl* nuisibles; *(insects, people)* vermine *f*

versatile [*Br* 'vɜːsətaɪl, *Am* 'vɜːrsətəl] ADJ polyvalent

Note that the French word **versatile** is a false friend and is never a translation for the English word **versatile**. It means **changeable**.

verse [vɜːs] N *(poetry)* vers *mpl*; *(stanza)* strophe *f*; *(of Bible)* verset *m*

versed [vɜːst] ADJ **(well) v. in sth** versé dans qch

version [*Br* 'vɜːʃən, *Am* 'vɜːrʒən] N version *f*

versus ['vɜːsəs] PREP *(in sport, law)* contre; *(compared to)* comparé à

vertical ['vɜːtɪkəl] 1 ADJ vertical 2 N verticale *f* ■ **vertically** ADV verticalement

vertigo ['vɜːtɪgəʊ] N vertige *m*

verve [vɜːv] N verve *f*

very ['verɪ] 1 ADV très; **v. little** très peu; **v. much** beaucoup; **I'm v. hot** j'ai très chaud; **the v. first** le tout premier (*f* la toute première); **the v. next day** le lendemain même; **at the v. least/most** tout au moins/plus; **at the v. latest** au plus tard 2 ADJ *(emphatic use)* **this v. house** cette maison même; **at the v. end** tout à la fin

vessel ['vesəl] N *(ship)* vaisseau *m*; *(container)* récipient *m*

vest [vest] N *Br* maillot *m* de corps; *Am (waistcoat)* gilet *m*

Note that the French word **veste** is a false friend and is never a translation for the English word **vest**. It means **jacket**.

vested ['vestɪd] ADJ **to have a v. interest in sth** avoir un intérêt personnel dans qch

vestige ['vestɪdʒ] N vestige *m*; **not a v. of truth** pas une once de vérité

vet¹ [vet] N vétérinaire *mf* ■ **veterinarian** [vetərɪ'neərɪən] N *Am* vétérinaire *mf* ■ **veterinary** ['vetərɪnərɪ] ADJ vétérinaire; *Br* **v. surgeon** vétérinaire *mf*

vet² [vet] *(pt & pp* **-tt-)** VT *Br* faire une enquête sur

vet³ [vet] N *Am Fam Mil* ancien combattant *m*

veteran ['vetərən] **1** N *Mil* ancien combattant *m*; *Fig* vétéran *m* **2** ADJ de longue date; **v. golfer** golfeur expérimenté

veto ['viːtəʊ] **1** (*pl* **-oes**) N veto *m inv*; **right** *or* **power of v.** droit *m* de veto **2** (*pt & pp* **-oed**) VT mettre son veto à

via [*Br* 'vaɪə, *Am* 'viːə] PREP via, par

viable ['vaɪəbəl] ADJ viable ■ **via'bility** N viabilité *f*

viaduct ['vaɪədʌkt] N viaduc *m*

vibrant ['vaɪbrənt] ADJ (*person*) plein de vie; (*speech*) vibrant; (*colour*) vif (*f* vive)

vibrate [vaɪ'breɪt] VI vibrer ■ **vibration** N vibration *f*

vicar ['vɪkə(r)] N (*in Church of England*) pasteur *m* ■ **vicarage** [-rɪdʒ] N presbytère *m*

vice- [vaɪs] PREF vice- ■ **vice-'chancellor** N (*of British university*) président *m* ■ **vice'president** N vice-président, -ente *mf*

vice¹, *Am* **vise** [vaɪs] N (*tool*) étau *m*

vice² [vaɪs] N (*depravity, fault*) vice *m*; **the v. squad** ≈ la brigade des mœurs

vice versa [vaɪs(ɪ)'vɜːsə] ADV vice versa

vicinity [və'sɪnɪtɪ] N environs *mpl*; **in the v. of** aux environs de

vicious ['vɪʃəs] ADJ (*malicious*) méchant; (*violent*) brutal; **v. circle** cercle *m* vicieux ■ **viciously** ADV (*spitefully*) méchamment; (*violently*) brutalement

Note that the French word **vicieux** is a false friend. It means **depraved** or **underhand** depending on the context.

victim ['vɪktɪm] N victime *f*; **to be the v. of** être victime de; **to fall v. to a disease** contracter une maladie

victimize ['vɪktɪmaɪz] VT persécuter

Victorian [vɪk'tɔːrɪən] **1** ADJ victorien, -ienne **2** N Victorien, -ienne *mf*

victory ['vɪktərɪ] (*pl* **-ies**) N victoire *f* ■ **victor** N *Old-fashioned* vainqueur *m* ■ **victorious** [-'tɔːrɪəs] ADJ victorieux, -ieuse

video ['vɪdɪəʊ] **1** (*pl* **-os**) N (*medium*) vidéo *f*; (*cassette*) cassette *f* vidéo; (*recorder*) magnétoscope *m*; **to make a v. of** faire une cassette vidéo de **2** ADJ (*camera*) vidéo *inv*; **v. cassette** cassette *f* vidéo; **v. game** jeu *m* vidéo; **v. recorder** magnétoscope *m*; **v. shop** (*for renting videos*) vidéoclub *m* **3** (*pt & pp* **-oed**) VT (*on camcorder*) filmer en vidéo; (*on video recorder*) enregistrer (sur magnétoscope) ■ **videotape 1** N bande *f* vidéo **2** VT enregistrer sur magnétoscope

vie [vaɪ] (*pres p* **vying**) VI **to v. with sb (for sth/ to do sth)** rivaliser avec qn (pour qch/pour faire qch)

Vienna [vɪ'enə] N Vienne *m ou f*

Vietnam [*Br* vjet'næm, *Am* -'nɑːm] N le Viêt Nam ■ **Vietnamese** [-nə'miːz] **1** ADJ vietnamien, -ienne **2** N Vietnamien, -ienne *mf*

view [vjuː] **1** N vue *f*; (*opinion*) opinion *f*; **to come into v.** apparaître; **in my v.** (*opinion*) à mon avis; **in v. of** (*considering*) étant donné; **with a v. to doing sth** dans l'intention de faire qch **2** VT (*regard*) considérer; (*look at*) voir; (*house*) visiter ■ **viewer** N (**a**) *TV* téléspectateur, -trice *mf* (**b**) (*for slides*) visionneuse *f* ■ **viewfinder** N (*in camera*) viseur *m* ■ **viewpoint** N point *m* de vue

vigil ['vɪdʒɪl] N veillée *f*

Note that the French word **vigile** is a false friend. Its most common meaning is **security guard**.

vigilant ['vɪdʒɪlənt] ADJ vigilant ■ **vigilance** N vigilance *f*

vigour, *Am* **vigor** ['vɪɡə(r)] N vigueur *f* ■ **vigorous** ADJ vigoureux, -euse

vile [vaɪl] (**-er, -est**) ADJ (*unpleasant*) abominable; (*food, drink*) infect

villa ['vɪlə] N villa *f*

village ['vɪlɪdʒ] N village *m* ■ **villager** N villageois, -oise *mf*

villain ['vɪlən] N (*scoundrel*) scélérat *m*; (*in story, play*) méchant *m*

vindicate ['vɪndɪkeɪt] VT justifier

vindictive [vɪn'dɪktɪv] ADJ vindicatif, -ive

vine [vaɪn] N vigne *f*; **v. grower** viticulteur, -trice *mf* ■ **vineyard** ['vɪnjəd] N vigne *f*

vinegar ['vɪnɪɡə(r)] N vinaigre *m*

vintage ['vɪntɪdʒ] **1** N (*year*) année *f*; (*wine*) cru *m* **2** ADJ (*wine*) de cru; (*car*) de collection (*datant généralement des années 1920*)

vinyl ['vaɪnəl] N vinyle *m*; **the album is available on v.** l'album existe sur vinyle; **v. seats** sièges *mpl* en vinyle

viola [vɪ'əʊlə] N alto *m*

violate ['vaɪəleɪt] VT (*agreement*) violer ■ **vio'lation** N violation *f*

violence ['vaɪələns] N violence *f* ■ **violent** ADJ violent; **to take a v. dislike to sb/sth** se prendre d'une aversion violente pour qn/qch ■ **violently** ADV violemment; *Br* **to be v. sick** être pris de violents vomissements

violet ['vaɪələt] **1** ADJ (*colour*) violet, -ette **2** N (*colour*) violet *m*; (*plant*) violette *f*

violin [vaɪə'lɪn] N violon *m*; **v. concerto** concerto *m* pour violon ■ **violinist** N violoniste *mf*

VIP [viːaɪ'piː] (*abbr* **very important person**) N VIP *mf*

viper ['vaɪpə(r)] N vipère *f*

viral ['vaɪrəl] ADJ viral

virgin ['vɜːdʒɪn] **1** N vierge f; **to be a v.** être vierge **2** ADJ (territory, forest) vierge; **v. snow** neige f d'une blancheur virginale ■ **vir'ginity** N virginité f; **to lose one's v.** perdre sa virginité

Virgo ['vɜːɡəʊ] N (sign) la Vierge; **to be (a) V.** être Vierge

virile [Br 'vɪraɪl, Am 'vɪrəl] ADJ viril

virtual ['vɜːtʃʊəl] ADJ quasi; Comptr virtuel, -uelle; **v. reality** réalité f virtuelle ■ **virtually** ADV (in fact) en fait; (almost) quasiment

virtue ['vɜːtʃuː] N (goodness, chastity) vertu f; (advantage) mérite m; **by v. of** en vertu de ■ **virtuous** [-tʃʊəs] ADJ vertueux, -ueuse

virulent ['vɪrʊlənt] ADJ virulent

virus ['vaɪərəs] N Med & Comptr virus m

visa ['viːzə] N visa m

Visa® ['viːzə] N **V. (card)** carte f Visa®

viscous ['vɪskəs] ADJ visqueux, -euse

vise [vaɪs] N Am = **vice¹**

visible ['vɪzəbəl] ADJ visible ■ **visi'bility** N visibilité f ■ **visibly** ADV visiblement

vision ['vɪʒən] N (eyesight) vue f; (foresight) clairvoyance f; (apparition) vision f; Fig **a man of v.** un homme clairvoyant ■ **visionary** (pl **-ies**) ADJ & N visionnaire (mf)

visit ['vɪzɪt] **1** N visite f; **to pay sb a v.** rendre visite à qn **2** VT (place) visiter; (person) rendre visite à **3** VI **to be visiting** être de passage; Br **v. hours/card** heures fpl/carte f de visite ■ **visitor** N visiteur, -euse mf; (guest) invité, -ée mf

visor ['vaɪzə(r)] N visière f

visual ['vɪʒʊəl] ADJ visuel, -uelle; **v. aid** support m visuel; **v. arts** arts mpl plastiques; Comptr **v. display unit** console f de visualisation ■ **visualize** VT (imagine) visualiser; (foresee) envisager

vital ['vaɪtəl] ADJ vital; **it's v. that...** il est vital que... (+ subjunctive); **of v. importance** d'une importance vitale; Hum **v. statistics** (of woman) mensurations fpl ■ **vitally** ADV **v. important** d'une importance vitale

vitality [vaɪ'tælɪtɪ] N vitalité f

vitamin [Br 'vɪtəmɪn, Am 'vaɪtəmɪn] N vitamine f; **with added vitamins** vitaminé; **v. pill** comprimé m de vitamines

vivacious [vɪ'veɪʃəs] ADJ enjoué

vivid ['vɪvɪd] ADJ vif (f vive); (description) vivant; (memory) clair

V-neck [viː'nek] **1** ADJ à col en V **2** N col m en V

vocabulary [Br və'kæbjʊlərɪ, Am -erɪ] N vocabulaire m

vocal ['vəʊkəl] **1** ADJ (cords, music) vocal; (outspoken) franc (f franche); (noisy, critical) qui se fait entendre **2** N **on vocals** au chant

vocation [vəʊ'keɪʃən] N vocation f ■ **vocational** ADJ professionnel, -elle; **v. course** (short) stage m de formation professionnelle; (longer) enseignement m professionnel; **v. school** établissement m d'enseignement professionnel; **v. training** formation f professionnelle

vociferous [və'sɪfərəs] ADJ bruyant

vodka ['vɒdkə] N vodka f; **v. and orange** vodka orange

vogue [vəʊɡ] N vogue f; **in v.** en vogue

voice [vɔɪs] **1** N voix f; **at the top of one's v.** à tue-tête; **I've lost my v.** je n'ai plus de voix **2** VT (opinion, feelings) exprimer ■ **voiceless** ADJ Med aphone ■ **voicemail** N Tel (service) messagerie f vocale; (message) message m vocal

void [vɔɪd] **1** N vide m **2** ADJ Law (deed, contract) nul (f nulle); Literary **v. of** dépourvu de

volatile [Br 'vɒlətaɪl, Am 'vɒlətəl] ADJ (person) inconstant; (situation) explosif, -ive

volcano [vɒl'keɪnəʊ] (pl **-oes**) N volcan m ■ **volcanic** [-'kænɪk] ADJ volcanique

volition [və'lɪʃən] N Formal **of one's own v.** de son propre gré

volley ['vɒlɪ] N (of gunfire) salve f; (of blows) volée f; Fig (of insults) bordée f; Tennis volée f ■ **volleyball** N Sport volley(-ball) m

volt [vəʊlt] N volt m ■ **voltage** [-tɪdʒ] N voltage m

volume ['vɒljuːm] N (book, capacity, loudness) volume m; **at full v.** (TV, radio) à fond; **v. control** (on TV, radio) bouton m de réglage du volume

voluntary [Br 'vɒləntərɪ, Am -erɪ] ADJ volontaire; (unpaid) bénévole; **v. redundancy** départ m volontaire ■ **voluntarily** ADV volontairement; (on an unpaid basis) bénévolement

volunteer [vɒlən'tɪə(r)] **1** N volontaire mf; (for charity) bénévole mf **2** VT (information) donner spontanément **3** VI se porter volontaire (**for sth** pour qch; **to do** pour faire); (for the army) s'engager (**for** dans)

voluptuous [və'lʌptʃʊəs] ADJ voluptueux, -ueuse

vomit ['vɒmɪt] **1** N vomi m **2** VTI vomir

voracious [və'reɪʃəs] ADJ vorace

vote [vəʊt] **1** N (choice) vote m; (election) scrutin m; (paper) voix f; **to put sth to the v.** soumettre qch au vote; **to take a v. on sth** voter sur qch; **to have the v.** avoir le droit de vote; **they got 12 percent of the v.** ils ont obtenu 12 pour cent des voix **2** VT (funds, bill) voter; (person) élire; **to v. sb in** élire qn; **to be voted president** être élu président **3** VI voter; **to v. Labour/Democrat** voter travailliste/démocrate ■ **voter** N (elector) électeur, -trice mf ■ **voting** N (of funds) vote m (**of** de); (polling) scrutin m

vouch [vaʊtʃ] vi **to v. for sb/sth** répondre de qn/qch

voucher ['vaʊtʃə(r)] N *Br* coupon *m*, bon *m*; **gift v.** chèque-cadeau *m*

vow [vaʊ] **1** N vœu *m* **2** vt jurer (**to** à); **to v. to do sth** jurer de faire qch

vowel ['vaʊəl] N voyelle *f*

voyage ['vɔɪɪdʒ] N voyage *m*

vulgar ['vʌlgə(r)] ADJ vulgaire

vulnerable ['vʌlnərəbəl] ADJ vulnérable ■ **vulnera'bility** N vulnérabilité *f*

vulture ['vʌltʃə(r)] N vautour *m*

W, w [ˈdʌbəljuː] N *(letter)* W, w *m inv*

wacky [ˈwækɪ] (**-ier, -iest**) ADJ *Fam* farfelu

wad [wɒd] N *(of papers, banknotes)* liasse *f*; *(of cotton wool)* morceau *m*

waddle [ˈwɒdəl] VI *Fig (of duck, person)* se dandiner

wade [weɪd] VI **to w. through** *(mud, water)* patauger dans; *Fig (book)* venir péniblement à bout de

wafer [ˈweɪfə(r)] N *(biscuit)* gaufrette *f*; *Rel* hostie *f*; **w.-thin** *(slice)* mince comme du papier à cigarette

waffle¹ [ˈwɒfəl] N *(cake)* gaufre *f*

waffle² [ˈwɒfəl] *Br Fam* **1** N remplissage *m* **2** VI faire du remplissage

waft [wɒft] VI *(of smell, sound)* parvenir

wag(g)on [ˈwægən] N *Br (of train)* wagon *m* (découvert); *(horse-drawn)* charrette *f*; *Fam* **to be on the w.** *(no longer drinking)* être au régime sec; *Fam* **to fall off the w.** *(start drinking again)* se remettre à boire

wag¹ [wæg] *(pt & pp* **-gg-**) **1** VT remuer, agiter; **to w. one's finger at sb** menacer qn du doigt **2** VI remuer; **its tail was wagging** *(of dog)* il remuait la queue; *Fam* **tongues are wagging** les langues vont bon train

wag² [wæg] N *Fam (joker)* farceur, -euse *mf*

wage [weɪdʒ] **1** N **wage(s)** salaire *m*, paie *f*; **a living w.** un salaire qui permet de vivre; **w. earner** salarié, -iée *mf*; **w. freeze** gel *m* des salaires; **w. increase** augmentation *f* de salaire **2** VT **to w. war** faire la guerre *(on* à); **to w. a campaign against smoking** mener une campagne antitabac

wager [ˈweɪdʒə(r)] **1** N pari *m* **2** VT parier *(that* que)

waggle [ˈwægəl] VTI remuer

waif [weɪf] N *(child)* enfant *mf* abandonné(e); *(very thin girl)* fille *f* excessivement maigre

wail [weɪl] **1** N *(of person)* gémissement *m*; *(of siren)* hurlement *m* **2** VI *(of person)* gémir; *(of siren)* hurler

waist [weɪst] N taille *f* **■ waistcoat** N *Br* gilet *m* **■ waistline** N taille *f*

wait [weɪt] **1** N attente *f*; **to lie in w. for sb** guetter qn **2** VT attendre; **to w. one's turn** attendre son tour **3** VI (a) attendre; **to w. for sb/sth** attendre qn/qch; **to keep sb waiting** faire attendre qn; **w. till** *or* **until I've gone, w. for me to go** attends que je sois parti; **w. and see!** tu verras bien!; **I can't w. to see her** j'ai vraiment hâte de la voir (b) **to w. on sb** servir qn **■ waiting 1** N attente *f*; *Br* **'no w.'** *(on sign)* 'arrêt interdit' **2** ADJ **w. list/room** liste *f*/salle *f* d'attente

▸ **wait about, wait around** VI attendre; **to w. about** *or* **around for sb/sth** attendre qn/qch

▸ **wait behind** VI rester

▸ **wait up** VI veiller; **to w. up for sb** attendre le retour de qn pour aller se coucher

waiter [ˈweɪtə(r)] N serveur *m* **■ waitress** N serveuse *f*

waive [weɪv] VT *(renounce)* renoncer à; **to w. a requirement for sb** dispenser qn d'une condition requise

wake¹ [weɪk] *(pt* **woke**, *pp* **woken**) **1** VT **to w. sb (up)** réveiller qn **2** VI **to w. (up)** se réveiller; **to w. up to sth** prendre conscience de qch **■ waking** ADJ **to spend one's w. hours working** passer ses journées à travailler

wake² [weɪk] N *(of ship)* sillage *m*; *Fig* **in the w. of sth** à la suite de qch

wake³ [weɪk] N *(before funeral)* veillée *f* mortuaire

Wales [weɪlz] N le pays de Galles

walk [wɔːk] **1** N *(short)* promenade *f*; *(long)* marche *f*; *(gait)* démarche *f*; *(pace)* pas *m*; *(path)* avenue *f*; **to go for a w., to take a w.** aller se promener; **to take sb for a w.** emmener qn se promener; **five minutes' w. (away)** à cinq minutes à pied **2** VT **to w. the dog** promener le chien; **to w. sb home** raccompagner qn; **to w. sb to** *(place)* accompagner qn à; **I walked 3 miles** j'ai fait presque 5 km à pied **3** VI marcher; *(as opposed to cycling, driving)* aller à pied; *(for exercise, pleasure)* se promener; **to w. home** rentrer à pied **■ walker** N marcheur, -euse *mf*; *(for pleasure)* promeneur, -euse *mf* **■ walking 1** N marche *f* (à pied) **2** ADJ *Fig* **a w. corpse/dictionary** *(person)* un cadavre/dictionnaire ambulant; **at a w. pace** au pas; **w. shoes** chaussures *fpl* de marche; **w. stick** canne *f*

■ **walkover** N *Fam* **it was a w.** c'était du gâteau
■ **walkway** N passage m couvert; **moving w.** trottoir m roulant

▸ **walk away** VI s'en aller (**from** de); *Fig* **to w. away with a prize** remporter un prix

▸ **walk in** VI entrer; **to w. into a tree** rentrer dans un arbre; **to w. into a trap** tomber dans un piège

▸ **walk off** VI s'en aller; **to w. off with sth** (*steal*) partir avec qch; (*win easily*) remporter qch

▸ **walk out** VI (*leave*) sortir; *Br* (*of workers*) se mettre en grève; **to w. out on sb** quitter qn

▸ **walk over** VI **to w. over to** (*go up to*) s'approcher de **2** VT INSEP *Fam* **to w. over sb** marcher sur les pieds de qn

Walkman® ['wɔːkmən] (*pl* **-mans**) N baladeur m

wall [wɔːl] **1** N mur m; (*of cabin, tunnel, stomach*) paroi f; *Fig* **a. of smoke** un rideau de fumée; *Fig* **to go to the w.** faire faillite **2** ADJ (*map, hanging*) mural **3** VT **to w. a door up** murer une porte ■ **walled** ADJ **w. city** ville f fortifiée ■ **wallflower** N (*plant*) giroflée f; *Fig* **to be a w.** (*of person*) faire tapisserie ■ **wallpaper 1** N papier m peint **2** VT tapisser

wallet ['wɒlɪt] N portefeuille m

wallow ['wɒləʊ] VI se vautrer; *Fig* **to w. in self-pity** s'apitoyer sur son sort

wally ['wɒlɪ] (*pl* **-ies**) N *Br Fam* (*idiot*) andouille f

walnut ['wɔːlnʌt] N (*nut*) noix f; (*tree, wood*) noyer m

walrus ['wɔːlrəs] (*pl* **-ruses** [-rəsəz]) N morse m

waltz [*Br* wɔːls, *Am* wɒlts] **1** N valse f **2** VI valser

wan [wɒn] ADJ blême

wand [wɒnd] N (*magic*) **w.** baguette f magique

wander ['wɒndə(r)] **1** VT **to w. the streets** errer dans les rues **2** VI (*of thoughts*) vagabonder; (*of person*) errer, vagabonder; **to w. from** (*path, subject*) s'écarter de; **to w. around the town** se promener dans la ville; **to w. in/out** entrer/sortir tranquillement; **my mind's wandering** je suis distrait ■ **wanderer** N vagabond, -onde mf

▸ **wander about, wander around** VI (*roam*) errer, vagabonder; (*stroll*) flâner

▸ **wander off** VI (*go away*) s'éloigner; **to w. off the path/the subject** s'écarter du chemin/du sujet

wane [weɪn] **1** N **to be on the w.** (*of moon*) décroître; (*of fame, enthusiasm, power*) décliner **2** VI (*of moon*) décroître; (*of fame, strength*) décliner

wangle ['wæŋgəl] VT *Br Fam* (*obtain*) se débrouiller pour avoir; (*through devious means*) carotter (**from** à)

want [wɒnt] **1** N (*lack*) manque m (**of** de); (*poverty*) besoin m; **for w. of** par manque de; **for w. of money/time** faute d'argent/de temps; **for w. of anything better** faute de mieux **2** VT vouloir (**to do** faire); *Fam* (*need*) avoir besoin de; **I w. him to go** je veux qu'il parte; **you're wanted on the phone** on vous demande au téléphone **3** VI **to w. for nothing** ne manquer de rien ■ **wanted** ADJ (*criminal, man*) recherché par la police; **to feel w.** sentir qu'on vous aime

wanton ['wɒntən] ADJ (*gratuitous*) gratuit; *Old-fashioned* (*immoral*) impudique

WAP [wæp] (*abbr* **wireless applications protocol**) N *Tel* WAP m

war [wɔː(r)] **1** N guerre f; **at w.** en guerre (**with** avec); **to go to w.** entrer en guerre (**with** avec); **the First/Second World W.** la Première/Deuxième Guerre mondiale **2** ADJ (*wound, crime, criminal, correspondent*) de guerre; **w. memorial** monument m aux morts ■ **warfare** N guerre f ■ **wartime** N **in w.** en temps m de guerre

warble ['wɔːbəl] VI gazouiller

ward¹ [wɔːd] N (*in hospital*) salle f; *Br* (*electoral division*) circonscription f électorale; *Law* **w. of court** pupille mf sous tutelle judiciaire

ward² [wɔːd] VT **to w. off** (*blow, anger*) éviter; (*danger*) chasser

warden ['wɔːdən] N (*of institution, hostel*) directeur, -trice mf; *Br* (*of park*) gardien, -ienne mf

warder ['wɔːdə(r)] N *Br* gardien m (de prison)

wardrobe ['wɔːdrəʊb] N (*cupboard*) penderie f; (*clothes*) garde-robe f

warehouse ['weəhaʊs] (*pl* **-ses** [-zɪz]) N entrepôt m

wares [weəz] NPL marchandises fpl

warm [wɔːm] **1** (**-er, -est**) ADJ chaud; *Fig* (*welcome, thanks*) chaleureux, -euse; **to be** or **feel w.** avoir chaud; **to get w.** (*of person, room*) se réchauffer; (*of food, water*) chauffer; **it's w.** (*of weather*) il fait chaud **2** VT (faire) chauffer; **to w. oneself by the fire** se chauffer près du feu; **to w. some water** faire chauffer de l'eau **3** VI *Fig* **to w. to sb** se prendre de sympathie pour qn ■ **warmly** ADV (*dress*) chaudement; *Fig* (*welcome, thank*) chaleureusement ■ **warmth** N chaleur f ■ **warm-up** N (*of athlete*) échauffement m

▸ **warm up 1** VT (*person, food*) réchauffer; (*engine*) faire chauffer **2** VI (*of person, room, engine*) se réchauffer; (*of athlete*) s'échauffer; (*of food, water*) chauffer; (*of weather*) faire plus chaud

warn [wɔːn] VT avertir, prévenir (**that** que); **to w. sb against** or **of sth** mettre qn en garde contre qch; **to w. sb against doing sth** déconseiller à qn de faire qch ■ **warning** N (*caution*) avertissement m; (*advance notice*) avis m; **without w.** sans prévenir; **gale/storm w.** avis de coup de vent/de tempête; **a word** or **note of w.** une mise en garde

warp [wɔːp] **1** vt (wood) gauchir; Fig (judgement, person) pervertir; **a warped mind** un esprit tordu **2** vi (of door) gauchir

warpath [ˈwɔːpɑːθ] **N** Fam **to be on the w.** en vouloir à tout le monde

warrant [ˈwɒrənt] **1** **N** Law mandat m; **I have a w. for your arrest** j'ai un mandat d'arrêt contre vous; **search w.** mandat de perquisition **2** vt (justify) justifier; **I w. you that...** je vous assure que... ■ **warranty** (pl **-ies**) **N** Com garantie f; **under w.** sous garantie

warren [ˈwɒrən] **N** (rabbit) **w.** garenne f

warrior [ˈwɒrɪə(r)] **N** guerrier, -ière mf

Warsaw [ˈwɔːsɔː] **N** Varsovie m ou f

warship [ˈwɔːʃɪp] **N** navire m de guerre

wart [wɔːt] **N** verrue f

wary [ˈweərɪ] (**-ier, -iest**) ADJ prudent; **to be w. of sb/sth** se méfier de qn/qch; **to be w. of doing sth** hésiter beaucoup à faire qch

was [wəz, stressed wɒz] PT OF **be**

wash [wɒʃ] **1** **N** (action) lavage m; (of ship) remous m; **to have a w.** se laver; **to give sth a w.** laver qch **2** vt laver; (of sea) baigner; **to w. one's hands** se laver les mains (**of sth** de qch) **3** vi (have a wash) se laver; Fam **that won't w.!** ça ne marche pas! ■ **washbasin** **N** Br lavabo m ■ **washcloth** **N** Am gant m de toilette ■ **washed-'up** ADJ Fam (tired) lessivé ■ **washed-'out** ADJ Fam (all) w. (person, plan) fichu ■ **washroom** **N** Am toilettes fpl

▸ **wash away** **1** vt sep (stain) faire partir (en lavant); **to w. sb/sth away** (of sea) emporter qn/qch **2** vi (of stain) partir (au lavage)

▸ **wash down** vt sep (car, deck) laver à grande eau; (food) arroser (**with** de)

▸ **wash off 1** vt sep enlever **2** vi partir

▸ **wash out 1** vt sep (bowl, cup) rincer; (stain) faire partir (en lavant) **2** vi (of stain) partir (au lavage)

▸ **wash up 1** vt sep Br (dishes, forks) laver **2** vi Br (do the dishes) faire la vaisselle; Am (have a wash) se débarbouiller

washable [ˈwɒʃəbəl] ADJ lavable

washer [ˈwɒʃə(r)] **N** (ring) joint m

washing [ˈwɒʃɪŋ] **N** (action) lavage m; (clothes) linge m; **to do the w.** faire la lessive; **w. line** corde f à linge; **w. machine** machine f à laver; Br **w. powder** lessive f ■ **washing-'up** **N** Br vaisselle f; **to do the w.** faire la vaisselle; **w. liquid** liquide m vaisselle

washout [ˈwɒʃaʊt] **N** Fam (event) bide m

wasp [wɒsp] **N** guêpe f

waste [weɪst] **1** **N** gaspillage m; (of time) perte f;

(rubbish) déchets mpl; **wastes** (land) étendues fpl désertiques; **w. land** (uncultivated) terres fpl incultes; (in town) terrain vague; **w. material** or **products** déchets **2** vt (money, food) gaspiller; (time) perdre; (opportunity) gâcher; **to w. no time doing sth** ne pas perdre de temps pour faire qch; **to w. one's life** gâcher sa vie **3** vi **to w. away** dépérir ■ **wasted** ADJ (effort) inutile; (body) émacié; Fam (drunk) bourré; Fam (drugged) défoncé

wastebin [ˈweɪstbɪn] **N** (in kitchen) poubelle f

wasteful [ˈweɪstfəl] ADJ (person) gaspilleur, -euse; (process) peu économique

wastepaper [weɪstˈpeɪpə(r)] **N** vieux papiers mpl; **w. basket** corbeille f à papier

watch [wɒtʃ] **1** **N** (**a**) (clock) montre f (**b**) (over suspect, baby) garde f; (guard) sentinelle f; (on ship) quart m; **to keep a close w. on sb/sth** surveiller qn/qch de près; **to keep w.** faire le guet; **to be on w.** monter la garde **2** vt regarder, (observe) observer; (suspect, baby, luggage) surveiller; (be careful of) faire attention à; **w. it!** attention! **3** vi regarder; **to w. out for sb/sth** guetter qn/qch; **to w. out** (take care) faire attention (**for** à); **w. out!** attention!; **to w. over** surveiller ■ **watchdog** **N** chien m de garde ■ **watchstrap** **N** bracelet m de montre

watchful [ˈwɒtʃfəl] ADJ vigilant

water [ˈwɔːtə(r)] **1** **N** eau f; **under w.** (road, field) inondé; (swim) sous l'eau; Fig **in hot w.** dans le pétrin; **w. cannon** canon m à eau; **w. chestnut** macre f; **w. heater** chauffe-eau m inv; **w. lily** nénuphar m; **w. main** conduite f d'eau; **w. pistol** pistolet m à eau; **w. power** énergie f hydraulique; **w. skiing** ski m nautique; **w. tank** réservoir m d'eau; **w. tower** château m d'eau **2** vt (plant) arroser; **to w. sth down** (wine) diluer qch; (text) édulcorer qch **3** vi (of eyes) larmoyer; **it makes my mouth w.** ça me met l'eau à la bouche ■ **watercolour, Am -color** **N** aquarelle f ■ **watercress** **N** cresson m (de fontaine) ■ **waterfall** **N** cascade f ■ **waterfront** **N** (by sea) front m de mer; (by river) bord m de l'eau ■ **watering** **N** (of plant) arrosage m; **w. can** arrosoir m ■ **waterlogged** ADJ (clothes) trempé; (land) détrempé ■ **watermark** **N** filigrane m ■ **watermelon** **N** pastèque f ■ **waterproof** ADJ imperméable; (watch) étanche ■ **watertight** ADJ (container) étanche ■ **waterway** **N** voie f navigable ■ **waterworks** **N** station f hydraulique

watery [ˈwɔːtərɪ] ADJ (soup) trop liquide; (coffee, tea) insipide; (colour) délavé; (eyes) larmoyant

watt [wɒt] **N** watt m

wave [weɪv] **1** **N** (of water, crime) vague f; (in hair) ondulation f; (sign) signe m (de la main); Radio

& *Phys* onde *f*; *Fig* **to make waves** faire des vagues **2** (*arm, flag*) agiter; (*stick*) brandir; **to w. goodbye to sb** faire au revoir de la main à qn; **to w. sth aside** (*objection*) écarter qch **3** VI (*of person*) faire signe (de la main); (*of flag*) flotter; **to w. to sb** (*signal*) faire signe de la main à qn; (*greet*) saluer qn de la main ■ **waveband** N *Radio* bande *f* de fréquences ■ **wavelength** N *Radio* longueur *f* d'onde; *Fig* **on the same w.** sur la même longueur d'onde

waver ['weɪvə(r)] VI (*of person, flame*) vaciller

wavy ['weɪvɪ] (**-ier, -iest**) ADJ (*line*) qui ondule; (*hair*) ondulé

wax¹ [wæks] **1** N cire *f*; (*for ski*) fart *m* **2** ADJ (*candle, doll*) de cire; **w. crayon** crayon *m* (gras); *Am* **w. paper** (*for wrapping*) papier *m* paraffiné **3** VT cirer; (*ski*) farter; (*car*) lustrer; (*legs*) épiler ■ **waxwork** N (*dummy*) moulage *m* de cire; **waxworks** musée *m* de cire

wax² [wæks] VI (*of moon*) croître; *Literary* **to w. lyrical** devenir lyrique

way [weɪ] **1** N **(a)** (*path, road*) chemin *m* (**to** de); (*direction*) sens *m*, direction *f*; (*street*) rue *f*; **the w. in** l'entrée *f*; **the w. out** la sortie; **the w. to the station** le chemin pour aller à la gare; **to ask sb the w.** demander son chemin à qn; **to show sb the w.** montrer le chemin à qn; **to lose one's w.** se perdre; **I'm on my w.** (*coming*) j'arrive; (*going*) je pars; **to stand in sb's w.** barrer le passage à qn; **to make one's w. towards** se diriger vers; **to make w. for sb** faire de la place à qn; **to get out of the w.** s'écarter; *Fig* **to go out of one's w. to help sb** se mettre en quatre pour aider qn; **to go part of the w.** faire un bout de chemin; **to go all the w.** aller jusqu'au bout; **we talked all the w.** nous avons parlé pendant tout le chemin; **to give w.** céder; *Br* (*in vehicle*) céder le passage (**to** à); **it's a long w. away** or **off** c'est très loin; **it's the wrong w. up** c'est dans le mauvais sens; **do it the other w. round** fais le contraire; **this w.** par ici; **that w.** par là; **which w.?** par où?

(b) (*manner*) manière *f*; **in this w.** de cette manière; **in a w.** d'une certaine manière; **by w. of** (*via*) par; *Fig* (*as*) comme; **by the w.** à propos; **to get one's w.** arriver à ses fins; **to be in a good/bad w.** aller bien/mal; **w. of life** mode *m* de vie

2 ADV *Fam* **w. behind** très en arrière; **w. ahead** très en avance (**of** sur)

waylay [weɪ'leɪ] (*pt & pp* **-laid**) VT (*attack*) agresser; *Fig* (*stop*) arrêter au passage

wayward ['weɪwəd] ADJ difficile

WC [dʌbəljuː'siː] N W.-C. *mpl*

we [wiː] PRON nous; (*indefinite*) on; **we go** nous allons; **we teachers** nous autres professeurs; **WE are right, not you** (*stressed*) nous, nous avons

raison, pas vous; **we all make mistakes** tout le monde peut se tromper

weak [wiːk] (**-er, -est**) ADJ faible; (*tea, coffee*) léger, -ère; **to have a w. heart** avoir le cœur fragile; **to be w. at sth** (*school subject*) être faible en qch ■ **weakness** N faiblesse *f*; (*of heart*) fragilité *f*; (*fault*) point *m* faible; **to have a w. for sb/sth** avoir un faible pour qn/qch

weaken ['wiːkən] **1** VT affaiblir **2** VI s'affaiblir

weakling ['wiːklɪŋ] N (*in body*) mauviette *f*; (*in character*) faible *mf*

weal [wiːl] N trace *f* de coup

wealth [welθ] N richesse *f*; *Fig* **a w. of sth** une abondance de qch ■ **wealthy** (**-ier, -iest**) ADJ **1** riche **2** NPL **the w.** les riches *mpl*

wean [wiːn] VT (*baby*) sevrer

weapon ['wepən] N arme *f*; **weapons of mass destruction** armes *fpl* de destruction massive; **weapons inspector** inspecteur, -trice *mf* du désarmement

wear [weə(r)] **1** N **(a)** **men's w.** vêtements *mpl* pour hommes; **evening w.** tenue *f* de soirée **(b)** (*use*) usure *f*; **to get a lot of w. out of sth** porter qch longtemps **2** (*pt* **wore**, *pp* **worn**) VT (*garment, glasses*) porter; *Fig* (*patience*) user; **to w. black** porter du noir; **to have nothing to w.** n'avoir rien à se mettre **3** VI (*of clothing*) s'user; *Fig* **that excuse is wearing thin** cette excuse ne prend plus ■ **wearing** ADJ lassant

▸ **wear away 1** VT SEP (*clothes, patience*) user **2** VI (*of material*) s'user; (*of colours, ink*) s'effacer

▸ **wear down 1** VT SEP user; *Fig* **to w. sb down** avoir qn à l'usure **2** VI s'user

▸ **wear off** VI (*of colour, pain*) disparaître

▸ **wear on** VI (*of time*) s'écouler

▸ **wear out 1** VT SEP (*clothes, patience*) user; **to w. sb out** épuiser qn **2** VI (*of clothes*) s'user; *Fig* (*of patience*) s'épuiser

weary ['wɪərɪ] **1** (**-ier, -iest**) ADJ las (*f* lasse) (**of doing** de faire) **2** VI se lasser (**of** de)

weasel ['wiːzəl] N belette *f*

weather ['weðə(r)] **1** N temps *m*; **what's the w. like?** quel temps fait-il?; **in hot/cold w.** par temps chaud/froid; **under the w.** (*ill*) patraque **2** ADJ **w. forecast** prévisions *fpl* météorologiques; **w. report** (*bulletin m*) météo *f* **3** VT (*storm, hurricane*) essuyer; *Fig* (*crisis*) surmonter ■ **weatherman** (*pl* **-men**) N (*on TV, radio*) présentateur *m* météo ■ **weathervane** N girouette *f*

weave [wiːv] **1** N (*style*) tissage *m* **2** (*pt* **wove**, *pp* **woven**) VT (*cloth, plot*) tisser; (*basket, garland*) tresser **3** VI tisser; *Fig* **to w. in and out of** (*crowd, cars*) se faufiler entre

web [web] N (*of spider*) toile *f*; *Fig* (*of lies*) tissu *m*; *Comptr* **the W.** le Web, la Toile; **w. designer**

concepteur, -trice *mf* de sites Web; **w. page** page *f* Web; **w. site** site *m* Web ■ **webcam** N *Comptr* Webcam *m*, caméra *f* Internet

webinar ['webɪnɑː(r)] N séminaire *f* en ligne

wed [wed] (*pt & pp* **-dd-**) **1** VT (*marry*) épouser; *Fig* (*qualities*) allier (**to** à) **2** VI se marier

we'd [wiːd] = **we had, we would**

wedding ['wedɪŋ] **1** N mariage *m*; **golden/silver w.** noces *fpl* d'or/d'argent **2** ADJ (*anniversary, present, cake*) de mariage; (*dress*) de mariée; (*night*) de noces; **his/her w. day** le jour de son mariage; *Br* **w. ring**, *Am* **w. band** alliance *f*

wedge [wedʒ] **1** N (*of wheel, table*) cale *f*; (*for splitting*) coin *m*; (*of cake*) part *f*; **w. heel** (*of shoe*) semelle *f* compensée **2** VT (*wheel, table*) caler; (*push*) enfoncer (**into** dans); **to w. a door open** maintenir une porte ouverte avec une cale; **wedged (in) between** coincé entre

Wednesday ['wenzdeɪ] N mercredi *m*

wee¹ [wiː] ADJ *Scot Fam* (*tiny*) tout petit (*f* toute petite)

wee² [wiː] *Br Fam* **1** N pipi *m*; **to do** *or* **have a w.** faire pipi **2** VI faire pipi

weed [wiːd] **1** N (*plant*) mauvaise herbe *f*; *Fam* (*weak person*) mauviette *f* **2** VTI désherber; *Fig* **to w. sth out** éliminer qch (**from** de) ■ **weedkiller** N désherbant *m* ■ **weedy** (**-ier, -iest**) ADJ *Fam* (*person*) malingre

week [wiːk] N semaine *f*; **the w. before last** pas la semaine dernière, celle d'avant; **the w. after next** pas la semaine prochaine, celle d'après; **tomorrow w.** demain en huit ■ **weekday** N jour *m* de semaine

weekend [wiːk'end] N week-end *m*; **at** *or* **over** *or Am* **on the w.** ce week-end; (*every weekend*) le week-end

weekly ['wiːklɪ] **1** ADJ hebdomadaire **2** ADV toutes les semaines **3** N (*magazine*) hebdomadaire *m*

weep [wiːp] (*pt & pp* **wept**) VTI pleurer; **to w. for sb** pleurer qn ■ **weeping 'willow** N saule *m* pleureur

weigh [weɪ] **1** VT peser; **to w. sb/sth down** (*with load*) surcharger qn/qch (**with** de); **to be weighed down by** (*of branch*) plier sous le poids de; **to w. up** (*goods, chances*) peser **2** VI peser; **how much do you w.?** combien pèses-tu?; **it's weighing on my mind** ça me tracasse; **to w. down on sb** (*of worries*) accabler qn ■ **weighing-machine** N balance *f*

weight [weɪt] **1** N poids *m*; **by w.** au poids; **to put on w.** grossir; **to lose w.** maigrir; *Fig* **to pull one's w.** faire sa part du travail **2** VT **to w. sth (down)** (*hold down*) faire tenir qch avec un poids; **to w. sb/sth down with sth** (*overload*) surcharger qn/

qch de qch ■ **weightlifter** N haltérophile *mf* ■ **weightlifting** N haltérophilie *f*

weightless ['weɪtləs] ADJ (*in space*) en apesanteur

weighty ['weɪtɪ] (**-ier, -iest**) ADJ (*heavy*) lourd; *Fig* (*serious, important*) grave

weir [wɪə(r)] N barrage *m*

weird [wɪəd] (**-er, -est**) ADJ bizarre ■ **weirdo** ['wɪədəʊ] (*pl* **-os**) N *Fam* type *m* bizarre

welcome ['welkəm] **1** ADJ (*person, news, change*) bienvenu; **to make sb w.** faire un bon accueil à qn; **to feel w.** se sentir le/la bienvenu(e); **w.!** bienvenue!; **w. home!** ça fait plaisir de te revoir!; **you're w.!** (*after 'thank you'*) il n'y a pas de quoi! **2** N accueil *m*; **to give sb a warm w.** faire un accueil chaleureux à qn **3** VT (*person*) souhaiter la bienvenue à; (*news, change*) accueillir favorablement ■ **welcoming** ADJ accueillant; (*speech, words*) de bienvenue

weld [weld] **1** N soudure *t* **2** VT souder ■ **welder** N soudeur, -euse *mf* ■ **welding** N soudure *f*

welfare ['welfeə(r)] N (*wellbeing*) bien-être *m*; *Am Fam* **to be on w.** recevoir l'aide sociale; *Br* **the W. State** l'État *m* providence; **w. work** assistance *f* sociale

well¹ [wel] **1** N (*for water, oil*) puits *m*; (*of stairs, lift*) cage *f* **2** VI **to w. up** (*tears*) monter

well² [wel] **1** (**better, best**) ADJ bien; **to be w.** aller bien; **to get w.** se remettre; **it's just as w....** heureusement que…

2 ADV bien; **w. before/after** bien avant/après; **to speak w. of sb** dire du bien de qn; **she might (just) as w. have left** elle aurait mieux fait de partir; **to be w. aware of sth** avoir parfaitement conscience de qch; **it's w. worth the effort** ça vaut vraiment la peine; **w. done!** bravo!; **as w.** (*also*) aussi; **as w. as** aussi bien que; **as w. as two cats, he has…** en plus de deux chats, il a…

3 EXCLAM eh bien!; **huge, w. quite big** énorme, enfin, assez grand ■ **'well-be'haved** ADJ sage ■ **'well-'being** N bien-être *m* ■ **'well-'built** ADJ (*person, car*) solide ■ **'well-'dressed** ADJ bien habillé ■ **'well-'fed** ADJ bien nourri ■ **'well-'founded** ADJ fondé ■ **'well-'heeled** ADJ *Fam* cossu ■ **'well-in'formed** ADJ bien informé ■ **'well-'known** ADJ (bien) connu ■ **'well-'mannered** ADJ bien élevé ■ **'well-'matched** ADJ assorti ■ **'well-'meaning** ADJ bien intentionné ■ **'well-'off** ADJ riche ■ **'well-'paid** ADJ bien payé ■ **'well-'read** ADJ instruit ■ **'well-'spoken** ADJ qui parle bien ■ **'well-'timed** ADJ opportun ■ **'well-to-'do** ADJ aisé ■ **'well-'trodden** ADJ (*path*) battu ■ **wellwisher** N sympathisant, -ante *mf* ■ **'well-'worn** ADJ (*clothes, carpet*) très usé

we'll [wiːl] = **we will, we shall** **wellington**

['welɪŋtən] N *Br* **w. (boot)** botte f de caoutchouc

Welsh [welʃ] **1** ADJ gallois; *Br* **W. rabbit** *or* **rarebit**
= toast au fromage **2** N *(language)* gallois m; **the
W.** *(people)* les Gallois mpl ■ **Welshman** *(pl
-men)* N Gallois m ■ **Welshwoman** *(pl* **-wo-
men**)* N Galloise f

went [went] PT *of* **go**

wept [wept] PT & PP *of* **weep**

were [wə(r), *stressed* wɜː(r)] PT *of* **be**

we're [wɪə(r)] = **we are**

werewolf ['weəwʊlf] *(pl* **-wolves**) N loup-garou
m

west [west] **1** N ouest m; **(to the) w. of** à l'ouest
de; *Pol* **the W.** l'Occident m **2** ADJ *(coast)* ouest
inv; *(wind)* d'ouest; **W. Africa** l'Afrique f occi-
dentale; **W. Indian** *(adj)* antillais; *(n)* Antillais,
-aise mf; **the W. Indies** les Antilles fpl **3** ADV à
l'ouest; *(travel)* vers l'ouest ■ **westbound** ADJ
(traffic) en direction de l'ouest; *(carriageway)*
ouest inv ■ **westerly** ADJ *(point)* ouest inv;
(direction) de l'ouest; *(wind)* d'ouest ■ **western
1** ADJ *(coast)* ouest inv; *Pol (culture)* occidental; **W.
Europe** l'Europe f de l'Ouest **2** N *(film)* western m
■ **westerner** N habitant, -ante mf de l'Ouest;
Pol occidental, -ale mf ■ **westernize** VT occi-
dentaliser ■ **westward** ADJ & ADV vers l'ouest
■ **westwards** ADV vers l'ouest

wet [wet] **1** *(wetter, wettest)* ADJ mouillé;
(weather) pluvieux, -ieuse; *(day)* de pluie; *Fam
(feeble)* minable; **to get w.** se mouiller; **to be w.
through** être trempé; **it's w.** *(raining)* il pleut; **the
ink is w.** l'encre est fraîche; **w. suit** combinaison
f de plongée **2** N **the w.** *(rain)* la pluie; *(damp)*
l'humidité f **3** *(pt & pp* **-tt-**) VT mouiller

we've [wiːv] = **we have**

whack [wæk] *Fam* **1** N *(blow)* grand coup m **2** VT
donner un grand coup à

whale [weɪl] N baleine f

wharf [wɔːf] *(pl* **wharfs** *or* **wharves**) N *(for ships)*
quai m

what [wɒt] **1** ADJ quel, quelle, *pl* quel(le)s; **w.
book?** quel livre?; **w. a fool!** quel idiot!; **I know
w. book it is** je sais quel livre c'est **2** PRON **(a)** *(in
questions) (subject)* qu'est-ce qui; *(object)* (qu'est-
ce) que; **w.'s happening?**
qu'est-ce qui se passe?; **w. does he do?** qu'est-ce
qu'il fait?, que fait-il?; **w. is it?** qu'est-ce que c'est?;
w.'s that book? c'est quoi, ce livre?; **w.!** *(surprise)*
quoi!, comment!; **w.'s it called?** comment ça
s'appelle?; **w. for?** pourquoi?; **w. about me?**
et moi?; **w. about leaving?** si on partait? **(b)** *(in relative construction) (subject)* ce
qui; *(object)* ce que; **I know w. will happen/w.
she'll do** je sais ce qui arrivera/ce qu'elle fera;

w. happens is... ce qui arrive, c'est que...; **w. I
need...** ce dont j'ai besoin...

whatever [wɒt'evə(r)] **1** ADJ **w. (the) mistake**
quelle que soit l'erreur; **of w. size** de n'importe
quelle taille; **no chance w.** pas la moindre
chance; **nothing w.** rien du tout **2** PRON *(no
matter what)* quoi que (+ subjunctive); **w. you do**
quoi que tu fasses; **do w. is important** fais tout
ce qui est important; **do w. you want** fais tout
ce que tu veux

whatsit ['wɒtsɪt] N *Fam* machin m

whatsoever [wɒtsəʊ'evə(r)] ADJ **for no reason
w.** sans aucune raison; **none w.** aucun

wheat [wiːt] N blé m

wheedle ['wiːdəl] VT **to w. sb** enjôler qn **(into
doing** pour qu'il/elle fasse); **to w. sth out of sb**
obtenir qch de qn par la flatterie

wheel [wiːl] **1** N roue f; **to be at the w.** être au
volant **2** VT *(push)* pousser **3** VI *(turn)* tourner; *(of
person)* se retourner brusquement; *Fam* **to w.
and deal** faire des combines ■ **wheelbarrow**
N brouette f ■ **wheelchair** N fauteuil m roulant
■ **wheelclamp** N sabot m de Denver

wheeze [wiːz] **1** N *(noise)* respiration f sifflante; *Br
Fam (trick)* combine f **2** VI respirer bruyamment
■ **wheezy** *(-ier, -iest)* ADJ poussif, -ive

when [wen] **1** ADV quand **2** CONJ *(with time)* quand,
lorsque; *(whereas)* alors que; **w. I came into the
room** quand *ou* lorsque je suis entré dans la
pièce; **w. I finish, w. I've finished** quand j'aurai
fini; **the day/moment w.** le jour/moment où;
Fam **say w.!** *(when pouring drink)* dis-moi stop!

whenever [wen'evə(r)] **1** ADV n'importe quand
2 CONJ *(at whatever time)* quand; *(each time that)*
chaque fois que

where [weə(r)] **1** ADV où; **w. are you from?** d'où
êtes-vous? **2** CONJ où; *(whereas)* alors que; **the
place/house w. I live** l'endroit/la maison où
j'habite; **that's w. you'll find it** c'est là que tu
le trouveras ■ **whereabouts** [weərə'baʊts] **1**
ADV où **2** ['weərəbaʊts] N his **w.** l'endroit m où
il est ■ **where'as** CONJ alors que ■ **where'by**
ADV *Formal* par quoi ■ **whereu'pon** ADV *Literary*
sur quoi

wherever [weər'evə(r)] **1** ADV n'importe où **2**
CONJ *(everywhere)* partout où tu iras,
où que tu ailles; **I'll go w. you like** j'irai (là) où
vous voudrez

whet [wet] *(pt & pp* **-tt-**) VT *(appetite, desire)*
aiguiser

whether ['weðə(r)] CONJ si; **I don't know w.
to leave** je ne sais pas si je dois partir; **w. she
does it or not** qu'elle le fasse ou non; **w. now
or tomorrow** que ce soit maintenant ou demain;

it's doubtful w.... il est douteux que... (+ subjunctive)

which [wɪtʃ] **1** ADJ (in questions) quel, quelle, pl quel(le)s; **w. hat?** quel chapeau?; **w. one?** lequel/laquelle?; **in w. case** auquel cas

2 RELATIVE PRON (subject) qui; (object) que; (after prep) lequel, laquelle, pl lesquel(le)s; (referring to a whole clause) ce qui; (object) ce que; **the house w. is old...** la maison qui est vieille…; **the book w. I like...** le livre que j'aime…; **the table w. I put it on...** la table sur laquelle je l'ai mis…; **the film of w. she was speaking** le film dont ou duquel elle parlait; **she's ill, w. is sad** elle est malade, ce qui est triste; **he lies, w. I don't like** il ment, ce que je n'aime pas; **after w.** (whereupon) après quoi

3 INTERROGATIVE PRON (in questions) lequel, laquelle, pl lesquel(le)s; **w. of us?** lequel/laquelle d'entre nous?; **w. are the best of the books?** quels sont les meilleurs de ces livres?

4 PRON **w. (one)** (the one that) (subject) celui qui, celle qui, pl ceux qui, celles qui(object) celui que; **I know w. (ones) you want** je sais ceux/celles que vous désirez

whichever [wɪtʃˈevə(r)] **1** ADJ (no matter which) **take w. books interest you** prenez les livres qui vous intéressent; **take w. one you like** prends celui/celle que tu veux **2** PRON (no matter which) quel que soit celui qui (f quelle que soit celle qui); **w. you choose...** quel que soit celui que tu choisiras…; **take w. you want** prends celui/celle que tu veux

whiff [wɪf] N odeur f

while [waɪl] **1** CONJ (when) pendant que; (although) bien que (+ subjunctive); (as long as) tant que; (whereas) tandis que; **w. eating** en mangeant **2** N **a w.** un moment; **all the w.** tout le temps; **it's not worth my w.** ça n'en vaut pas la peine **3** VT **to w. away the time** passer le temps (**doing** à faire) ■ **whilst** [waɪlst] Br CONJ = **while**

whim [wɪm] N caprice m; **on a w.** sur un coup de tête

whimper [ˈwɪmpə(r)] **1** N gémissement m; **without a w.** sans broncher **2** VI gémir

whimsical [ˈwɪmzɪkəl] ADJ (look, idea) bizarre; (person) fantasque

whine [waɪn] **1** N gémissement m **2** VI gémir

whip [wɪp] **1** N fouet m; Br Pol chef m de file **2** (pt & pp **-pp-**) VT fouetter; Fam (defeat) battre à plates coutures; **whipped cream** crème f fouettée

▸ **whip off** VT SEP Fam (clothes) enlever rapidement

▸ **whip out** VT SEP Fam sortir brusquement (**from** de)

▸ **whip round** VI Fam (turn quickly) se retourner brusquement

▸ **whip up** VT SEP (interest) susciter; (eggs) fouetter; Fam (meal) préparer rapidement

whirl [wɜːl] **1** N tourbillon m **2** VT **to w. sb/sth (round)** faire tourbillonner qn/qch **3** VI **to w. (round)** tourbillonner ■ **whirlpool** N tourbillon m ■ **whirlwind** N tourbillon m

whirr [wɜː(r)] **1** N ronflement m **2** VI ronfler

whisk [wɪsk] **1** N (for eggs) fouet m **2** VT battre; **to w. away** or **off** (object) enlever rapidement; (person) emmener rapidement

whiskers [ˈwɪskəz] NPL (of animal) moustaches fpl; (of man) favoris mpl

whisky, Am **whiskey** [ˈwɪskɪ] N whisky m

whisper [ˈwɪspə(r)] **1** N chuchotement m **2** VTI chuchoter; **to w. sth to sb** chuchoter qch à l'oreille de qn, **w. to me!** chuchote à mon oreille!

whistle [ˈwɪsəl] **1** N sifflement m, (object) sifflet m; **to blow the** or **one's w.** siffler, donner un coup de sifflet; **to give a w.** siffler **2** VTI siffler; **to w. for** (dog, taxi) siffler

Whit [wɪt] ADJ Br **W. Sunday** la Pentecôte

white [waɪt] **1** (**-er, -est**) ADJ blanc (f blanche); **to go** or **turn w.** blanchir; **w. lie** pieux mensonge m; **w. spirit** white-spirit m **2** N (colour, of egg, eye) blanc m; (person) Blanc m, Blanche f ■ **whitewash 1** N (paint) badigeon m à la chaux; Fig (of events, faults) camouflage m **2** VT (paint) badigeonner à la chaux; Fig (person) blanchir; Fig (events, faults) camoufler

Whitsun [ˈwɪtsən] N Br la Pentecôte

whizz [wɪz] **1** VI (rush) aller à toute vitesse; **to w. past** or **by** passer à toute vitesse; **to w. through the air** (of bullet, spear) fendre l'air **2** ADJ Fam **w. kid** petit prodige m

who [huː] PRON qui; **w. did it?** qui (est-ce qui) a fait ça?; **the woman w. came** la femme qui est venue; **w. did you see?** qui as-tu vu?; **w. were you talking to?** à qui est-ce que tu parlais?

whodunit [huːˈdʌnɪt] N Fam polar m

whoever [huːˈevə(r)] PRON (no matter who) (subject) qui que ce soit qui; (object) qui que ce soit que; **w. has seen this** (anyone who) quiconque a vu cela; **w. you are** qui que vous soyez; **this man, w. he is** cet homme, quel qu'il soit; **w. did that?** qui donc a fait ça?

whole [həʊl] **1** ADJ entier, -ière; **the w. time** tout le temps; **the w. apple** toute la pomme, la pomme tout entière; **the w. truth** toute la vérité; **the w. world** le monde entier; **the w. lot** le tout **2** N totalité f; **the w. of the village** le village tout entier, tout le village; **the w. of the night** toute la nuit; **on the w., as a w.** dans l'ensemble

■ **wholefood** N aliment m complet ■ **'whole-'hearted** ADJ sans réserve ■ **wholemeal**, Am **wholewheat** ADJ (bread) complet, -ète ■ **wholesome** ADJ (food, climate) sain

wholesale ['həʊlseɪl] **1** N **to deal in w.** faire de la vente en gros **2** ADJ (price) de gros; Fig (destruction) en masse; **w. business** or **trade** commerce m de gros **3** ADV (buy or sell one article) au prix de gros; (in bulk) en gros; Fig (destroy) en masse ■ **wholesaler** N grossiste mf

wholly ['həʊlɪ] ADV entièrement

whom [huːm] PRON Formal (object) que; (in questions and after prep) qui; **w. did she see?** qui a-t-elle vu?; **the man w. you know** l'homme que tu connais; **with w.** avec qui; **the man of w. we were speaking** l'homme dont nous parlions

whoops [wʊps] EXCLAM houp-là!

whopping ['wɒpɪŋ] ADJ Br Fam (big) énorme ■ **whopper** N Br Fam chose f énorme

whore [hɔː(r)] N very Fam putain f

whose [huːz] POSSESSIVE PRON & ADJ à qui, de qui; **w. book is this?, w. is this book?** à qui est ce livre?; **w. daughter are you?** de qui es-tu la fille?; **the woman w. book I have** la femme dont j'ai le livre; **the man w. mother I spoke to** l'homme à la mère de qui j'ai parlé

why [waɪ] **1** ADV pourquoi; **w. not?** pourquoi pas? **2** CONJ **the reason w. they…** la raison pour laquelle ils… **3** NPL **the whys and wherefores** le pourquoi et le comment **4** EXCLAM (surprise) tiens!

wick [wɪk] N (of candle, lighter, oil lamp) mèche f; Br Fam **it/she gets on my w.** ça/elle me tape sur les nerfs

wicked ['wɪkɪd] ADJ (evil) méchant; Fig (dreadful) affreux, -euse; Br Fam (excellent) génial

wicker ['wɪkə(r)] N osier m; **w. basket** panier m d'osier; **w. chair** fauteuil m en osier

wicket ['wɪkɪt] N (cricket stumps) guichet m

wide [waɪd] **1** (-er, -est) ADJ large; (ocean, desert) vaste; (choice, variety, knowledge) grand; **to be 3 m w.** avoir 3 m de large **2** ADV (fall, shoot) loin du but; **w. open** (eyes, mouth, door) grand ouvert; **w. awake** complètement réveillé ■ **widely** ADV (travel) beaucoup; (broadcast, spread) largement; **w. different** très différent; **it's w. thought that…** on pense généralement que… ■ **widen 1** VT élargir **2** VI s'élargir

widespread ['waɪdspred] ADJ répandu

widow ['wɪdəʊ] N veuve f ■ **widowed** ADJ **to be w.** (of man) devenir veuf; (of woman) devenir veuve; **her w. uncle** son oncle qui est veuf ■ **widower** N veuf m

width [wɪdθ] N largeur f

wield [wiːld] VT (brandish) brandir; (handle) manier; Fig **to w. power** exercer le pouvoir

wife [waɪf] (pl **wives**) N femme f, épouse f

WiFi ['waɪfaɪ] (abbr **wireless fidelity**) Comptr ADJ & N WiFi (m)

wig [wɪg] N perruque f

wiggle ['wɪgəl] **1** VT remuer **2** VI (of worm) se tortiller; (of tail) remuer

wild [waɪld] **1** (-er, -est) ADJ (animal, flower, region) sauvage; (sea) déchaîné; (idea) fou (f folle); (enthusiasm) délirant; **w. with joy/anger** fou de joie/colère; **to be w.** (of person) mener une vie agitée; **to be w. about sb** (very fond of) être dingue de qn **2** ADV **to grow w.** (of plant) pousser à l'état sauvage; **to run w.** (of animals) courir en liberté; (of crowd) se déchaîner **3** N **in the w.** à l'état sauvage ■ **wild-'goose chase** N fausse piste f ■ **wildlife** N nature f

wilderness ['wɪldənəs] N région f sauvage; (overgrown garden) jungle f

wildly ['waɪldlɪ] ADV (cheer) frénétiquement; (guess) au hasard; (for emphasis) extrêmement

wilful, Am **willful** ['wɪlfəl] ADJ (intentional, obstinate) volontaire

will¹ [wɪl]

On trouve généralement **I/you/he**/etc **will** sous leurs formes contractées **I'll/you'll/he'll**/etc. La forme négative correspondante est **won't**, que l'on écrira **will not** dans des contextes formels.

V AUX (expressing future tense) **he w. come, he'll come** il viendra; **you w. not come, you won't come** tu ne viendras pas; **w. you be quiet!** veux-tu te taire!; **yes I w.!** ouil; **it won't open** ça ne s'ouvre pas

will² [wɪl] **1** N (resolve, determination) volonté f; (legal document) testament m; **ill w.** mauvaise volonté; **free w.** libre arbitre m; **of one's own free w.** de son plein gré; **against one's w.** à contrecœur; **at w.** à volonté; (cry) à la demande **2** VT Old-fashioned (intend, wish) vouloir (**that** que + subjunctive); **to w. oneself to do sth** faire un effort de volonté pour faire qch

willing ['wɪlɪŋ] ADJ (helper, worker) plein de bonne volonté; (help, advice) spontané; **to be w. to do sth** bien vouloir faire qch; **to show w.** faire preuve de bonne volonté ■ **willingly** ADV (with pleasure) volontiers; (voluntarily) de son plein gré ■ **willingness** N bonne volonté f; **her w. to do sth** (enthusiasm) son empressement m à faire qch

willow ['wɪləʊ] N (tree, wood) saule m

willowy ['wɪləʊɪ] ADJ (person) svelte

willpower ['wɪlpaʊə(r)] N volonté f

willy-nilly [wɪlɪ'nɪlɪ] ADV bon gré mal gré

wilt [wɪlt] vɪ (of plant) dépérir; Fig (of enthusiasm) décliner

wily [waɪlɪ] (**-ier, -iest**) ADJ rusé

wimp [wɪmp] N Fam (weakling) mauviette f ■ **wimpy** ADJ Fam (physically) malingre; (mentally) poule mouillée inv; **he's so w.!** quelle mauviette!

win [wɪn] **1** N (victory) victoire f **2** (pt & pp **won**, pres p **winning**) vT (money, race, prize) gagner; (victory) remporter; (fame) acquérir; (friends) se faire; Br to **w. sb over** or **round** gagner qn (**to** à) **3** vɪ gagner ■ **winning 1** ADJ (number, horse) gagnant; (team) victorieux, -ieuse; (goal) décisif, -ive; (smile) engageant **2** NPL **winnings** gains mpl

wince [wɪns] vɪ faire une grimace; **without wincing** sans sourciller

winch [wɪntʃ] **1** N treuil m **2** vT to **w. (up)** hisser

wind[1] [wɪnd] **1** N vent m; (breath) souffle m; to **have w.** (in stomach) avoir des gaz; to **get w. of sth** avoir vent de qch; Mus **w. instrument** instrument m à vent **2** vT to **w. sb** (of blow) couper le souffle à qn ■ **windbreak** N brise-vent m inv ■ **windcheater**, Am **windbreaker** N coupe-vent m inv ■ **windfall** N (piece of fruit) fruit m abattu par le vent; Fig (unexpected money) aubaine f ■ **windmill** N moulin m à vent ■ **windpipe** N Anat trachée f ■ **windscreen**, Am **windshield** N (of vehicle) pare-brise m inv; **w. wiper** essuie-glace m ■ **windsurfer** N (person) véliplanchiste mf; (board) planche f à voile ■ **windsurfing** N to **go w.** faire de la planche à voile ■ **windswept** ADJ (street) balayé par le vent ■ **windy** (**-ier, -iest**) ADJ **it's w.** (of weather) il y a du vent; **w. day** jour m de grand vent

wind[2] [waɪnd] **1** (pt & pp **wound**) vT (roll) enrouler (**round** autour de); (clock) remonter; to **w. a cassette back** rembobiner une cassette **2** vɪ (of river, road) serpenter ■ **winding** ADJ (road) sinueux, -ueuse; (staircase) en colimaçon

▸ **wind down 1** vT SEP (car window) baisser **2** vɪ Fam (relax) se détendre

▸ **wind up 1** vT SEP (clock) remonter; (meeting, speech) terminer; Br Fam to **w. sb up** (tease) faire marcher qn; (irritate) foutre en rogne **2** vɪ (end up) finir (**doing** par faire); to **w. up with sb/sth** se retrouver avec qn/qch

window [wɪndəʊ] N fenêtre f; (pane) vitre f; (of shop) vitrine f; (counter) guichet m; to **go w.-shopping** faire du lèche-vitrines; **w. of opportunity** ouverture f; Br **w. cleaner**, Am **w. washer** laveur, -euse mf de vitres; Br **w. ledge** rebord m de fenêtre; Am **w. shade** store m ■ **windowpane** N vitre f, carreau m ■ **windowsill** N rebord m de fenêtre

wind-up [waɪndʌp] N Br Fam **is this a w.?** c'est une plaisanterie?

wine [waɪn] **1** N vin m; **w. bar/bottle** bar m/bouteille f à vin; **w. cellar** cave f à vin; **w. list** carte f des vins; **w. tasting** dégustation f **2** vT to **w. and dine sb** inviter qn dans de bons restaurants ■ **wineglass** N verre m à vin

wing [wɪŋ] N aile f; **the wings** (in theatre) les coulisses fpl; Fig to **take sb under one's w.** prendre qn sous son aile ■ **winger** N Football ailier m

wink [wɪŋk] **1** N clin m d'œil **2** vɪ faire un clin d'œil (**at** à); (of light) clignoter

winkle [wɪŋkəl] N bigorneau m

winner [wɪnə(r)] N gagnant, -ante mf; Fam **that book is a w.** ce livre est assuré d'avoir du succès

winter [wɪntə(r)] **1** N hiver m; **in (the) w.** en hiver; **a w.'s day** un jour d'hiver **2** ADJ d'hiver ■ **wintertime** N hiver m ■ **wintry** ADJ hivernal; **w. day** jour m d'hiver

wipe [waɪp] **1** N lingette f; to **give sth a w.** essuyer qch **2** vT essuyer; to **w. one's feet/hands** s'essuyer les pieds/les mains; to **w. sth away** or **off** or **up** (liquid) essuyer qch; to **w. sth out** (clean) essuyer qch; (destroy) anéantir qch; (erase) effacer qch **3** vɪ to **w. up** (dry the dishes) essuyer la vaisselle ■ **wiper** N essuie-glace m

wire [waɪə(r)] **1** N fil m; **w. mesh** or **netting** toile f métallique **2** vT to **w. (up)** (house) faire l'installation électrique de; to **w. sth (up) to sth** (connect electrically) relier qch à qch; to **w. a hall (up) for sound** sonoriser une salle ■ **wiring** N (system) installation f électrique; (wires) fils mpl électriques

wireless [waɪələs] **1** N Old-fashioned (set) Br TSF f **2** ADJ Comptr sans fil

wisdom [wɪzdəm] N sagesse f; **w. tooth** dent f de sagesse

wise [waɪz] (**-er, -est**) ADJ (in knowledge) sage; (advisable) prudent; (learned) savant; to **be none the wiser** ne pas être plus avancé; Fam to **be w. to** être au courant de; Fam **w. guy** gros malin m ■ **wisecrack** N Fam (joke) vanne f ■ **wisely** ADV sagement

-wise [waɪz] SUFF (with regard to) **health-w./ money-w.** côté santé/argent

wish [wɪʃ] **1** N (specific) souhait m, vœu m; (general) désir m; to **make a w.** faire un vœu; to **do sth against sb's wishes** faire qch contre le souhait de qn; **best wishes, all good wishes** (on greetings card) meilleurs vœux; (in letter) amitiés fpl; **send him my best wishes** fais-lui mes amitiés **2** vT souhaiter (**to do** faire); to **w. sb well** souhaiter à qn que tout se passe bien; **I w. (that) you could help me** je voudrais que vous m'aidiez; **I w. she could come** j'aurais bien aimé qu'elle vienne; **I w. I hadn't done that** je regrette d'avoir fait ça; **I w. I could** si seulement je pouvais **3** vi **to w. for sth** souhaiter qch; **I wished for him to recover quickly** j'ai souhaité qu'il se rétablisse vite; **as you w.** comme vous voudrez ■ **wishbone** N bréchet m ■ **wishful** ADJ **it's w. thinking** tu prends tes désirs pour des réalités

wishy-washy ['wɪʃɪwɒʃɪ] ADJ (taste, colour) délavé

wisp [wɪsp] N (of smoke) traînée f; (of hair) mèche f; (of straw) brin m; Hum **a (mere) w. of a girl** une fillette toute menue ■ **wispy** ADJ (hair) fin; (clouds) vaporeux, -euse

wisteria [wɪ'stɪərɪə] N glycine f

wistful ['wɪstfəl] ADJ nostalgique

wit [wɪt] N (humour) esprit m; (person) homme m/ femme f d'esprit; **wits** (intelligence) intelligence f; **he didn't have the w. to do it** il n'a pas eu l'intelligence de le faire; **to be at one's wits' or w.'s end** ne plus savoir que faire; **to have/keep one's wits about one** avoir/conserver toute sa présence d'esprit

witch [wɪtʃ] N sorcière f; **w. doctor** sorcier m guérisseur (f sorcière guérisseuse) ■ **witchcraft** N sorcellerie f

with [wɪð] PREP **(a)** (expressing accompaniment) avec; **come w. me** viens avec moi; **w. no hat/ gloves** sans chapeau/gants; **I'll be right w. you** je suis à vous dans une seconde **(b)** (at the house, flat of) chez; **she's staying w. me** elle loge chez moi **(c)** (expressing cause) de; **to tremble w. fear** trembler de peur; **to be ill w. measles** être malade de la rougeole **(d)** (expressing instrument, means) **to write w. a pen** écrire avec un stylo; **to fill w. sth** remplir de qch; **w. my own eyes** de mes propres yeux; **w. two hands** à deux mains **(e)** (in description) à; **a woman w. blue eyes** une femme aux yeux bleus **(f)** (despite) malgré; **w. all his faults** malgré tous ses défauts

withdraw [wɪð'drɔː] **1** (pt **-drew**, pp **-drawn**) VT retirer (**from** de) **2** VI se retirer (**from** de) ■ **withdrawal** N retrait m; **to suffer from w. symptoms** (of drug addict) être en manque ■ **withdrawn** ADJ (person) renfermé

wither ['wɪðə(r)] VI (of plant) se flétrir ■ **withered** ADJ (plant) flétri; (limb) atrophié; (old man) desséché

withhold [wɪð'həʊld] (pt & pp **-held**) VT (permission, help) refuser (**from** à); (decision) différer; (money) retenir (**from** de); (information) cacher (**from** à)

within [wɪð'ɪn] **1** PREP (inside) à l'intérieur de; **w. 10 km (of)** (less than) à moins de 10 km (de); (inside an area of) dans un rayon de 10 km (de); **w. a month** (return) avant un mois; (finish) en moins d'un mois; **it's w. my means** c'est dans mes

moyens; **to live w. one's means** vivre selon ses moyens; **w. sight** en vue **2** ADV à l'intérieur

without [wɪð'aʊt] **1** PREP sans; **w. a tie** sans cravate; **w. doing sth** sans faire qch; **to do w. sth** se passer de qch **2** ADV **to do w.** se priver

withstand [wɪð'stænd] (pt & pp **-stood**) VT résister à

witness ['wɪtnɪs] **1** N (person) témoin m; **to bear w. to sth** témoigner de qch; Br **w. box**, Am **w. stand** barre f des témoins **2** VT (accident) être témoin de; (document) signer (pour attester l'authenticité de)

witty ['wɪtɪ] (**-ier, -iest**) ADJ spirituel, -uelle

wizard ['wɪzəd] N magicien m; Fig (genius) as m ■ **wizardry** N Fig génie m

wobble ['wɒbəl] VI (of chair) branler; (of jelly, leg) trembler; (of wheel) tourner de façon irrégulière; (of person) chanceler ■ **wobbly** ADJ (table, chair) branlant; (person) chancelant

woe [wəʊ] N malheur m ■ **woeful** ADJ affligé

wok [wɒk] N wok m

woke [wəʊk] PT of **wake**[1]

woken ['wəʊkən] PP of **wake**[1]

wolf [wʊlf] **1** (pl **wolves**) N loup m; **w. whistle** = sifflement admiratif au passage de quelqu'un **2** VT **to w. (down)** (food) engloutir

woman ['wʊmən] (pl **women**) N femme f; **young w.** jeune femme; **she's a London w.** c'est une Londonienne; **women's** (clothes, attitudes, magazine) féminin; **women's rights** droits mpl des femmes ■ **womanhood** N (quality) féminité f; **to reach w.** devenir une femme ■ **womanizer** N Pej coureur m de jupons ■ **womanly** ADJ féminin

womb [wuːm] N Anat utérus m

women ['wɪmɪn] PL of **woman**

won [wʌn] PT & PP of **win**

wonder ['wʌndə(r)] **1** N (marvel) merveille f; (feeling) émerveillement m; **in w.** avec émerveillement; **it's no w.** ce n'est pas étonnant (**that** que + subjunctive); **it's a w. she wasn't killed** c'est un miracle qu'elle n'ait pas été tuée **2** VT (ask oneself) se demander (**if** si; **why** pourquoi); **I w. that...** je m'étonne que... (+ subjunctive) **3** VI **(a)** (ask oneself questions) s'interroger (**about** au sujet de ou sur); **I was just wondering** je réfléchissais **(b)** Literary (be amazed) s'étonner (**at** de)

wonderful ['wʌndəfəl] ADJ merveilleux, -euse ■ **wonderfully** ADV (+ adj) merveilleusement; (+ verb) à merveille

wonky ['wɒŋkɪ] (**-ier, -iest**) ADJ Br Fam (table) déglingué; (hat, picture) de travers

won't [wəʊnt] = **will not**

woo [wu:] (*pt & pp* **wooed**) **VT** (*woman*) courtiser; (*voters*) chercher à plaire à

wood [wʊd] **N** (*material, forest*) bois *m*; *Fig* **we're not out of the woods yet** nous ne sommes pas encore tirés d'affaire ■ **woodcut** **N** gravure *f* sur bois ■ **wooded** **ADJ** boisé ■ **wooden** **ADJ** en bois; *Fig* (*manner, dancer, actor*) raide ■ **woodland** **N** région *f* boisée ■ **woodlouse** (*pl* **-lice**) **N** cloporte *m* ■ **woodpecker** **N** pic *m* ■ **woodwind** **N** **the w.** (*musical instruments*) les bois *mpl* ■ **woodwork** **N** (*school subject*) menuiserie *f* ■ **woodworm** **N** (*larvae*) ver *m* du bois; **it has w.** c'est vermoulu ■ **woody** (**-ier, -iest**) **ADJ** (*hill*) boisé, (*stem*) ligneux, -euse

wool [wʊl] **N** laine *f*; **w. cloth/garment** tissu *m*/vêtement *m* de laine ■ **woollen,** *Am* **woolen** **1 ADJ** (*dress*) en laine **2 NPL woollens,** *Am* **woolens** (*garments*) lainages *mpl* ■ **woolly** (**-ier, -iest**) **1 ADJ** en laine; *Fig* (*unclear*) nébuleux, -euse **2 N** *Br Fam* (*garment*) lainage *m*

word [wɜ:d] **1 N** *mot m*; (*promise*) parole *f*; **words** (*of song*) paroles *fpl*; **to have a w. with sb** parler à qn; **to keep one's w.** tenir sa promesse; **in other words** autrement dit; **w. for w.** (*report*) mot pour mot; (*translate*) mot à mot; **by w. of mouth** de bouche à oreille; **the last w. in** (*latest development*) le dernier cri en matière de **2 VT** (*express*) formuler ■ **wording** **N** termes *mpl* ■ **wordy** (**-ier, -iest**) **ADJ** prolixe

wore [wɔ:(r)] **PT of wear**

work [wɜ:k] **1 N** travail *m*; (*literary, artistic*) œuvre *f*; **works** (*construction*) travaux *mpl*; **to be at w.** travailler; **it's hard w. (doing that)** ça demande beaucoup de travail (de faire ça); **to be out of w.** être sans travail; **a day off w.** un jour de congé; **he's off w. today** il n'est pas allé travailler aujourd'hui; **w. permit** permis *m* de travail; **w. of art** œuvre *f* d'art **2 VT** (*person*) faire travailler; (*machine*) faire marcher; (*mine*) exploiter; (*metal, wood*) travailler **3 VI** (*of person*) travailler; (*of machine*) marcher, fonctionner; (*of drug*) agir; **to w. towards** (*result, agreement, aim*) travailler à ■ **workaholic** [-ə'hɒlɪk] **N** *Fam* bourreau *m* de travail ■ **workforce** **N** main-d'œuvre *f* ■ **workload** **N** charge *f* de travail ■ **workman** (*pl* **-men**) **N** ouvrier *m* ■ **workmanship** **N** travail *m* ■ **workmate** **N** *Br* camarade *mf* de travail ■ **workout** **N** *Sport* séance *f* d'entraînement ■ **workshop** **N** (*place, study course*) atelier *m* ■ **workshy** [-ʃaɪ] **ADJ** *Br* peu enclin au travail

▸ **work at VT INSEP** (*improve*) travailler

▸ **work off VT SEP** (*debt*) payer en travaillant; (*excess fat*) se débarrasser de (par l'exercice); (*anger*) passer

▸ **work on 1 VT INSEP** (*book, problem*) travailler à; (*French*) travailler **2 VI** continuer à travailler

▸ **work out 1 VT SEP** (*calculate*) calculer; (*problem*) résoudre; (*plan*) préparer; (*understand*) comprendre **2 VI** (*succeed*) marcher; (*do exercises*) s'entraîner; **it works out at 50 euros** ça fait 50 euros

▸ **work up 1 VT SEP to w. up enthusiasm** s'enthousiasmer (**for** pour); **I worked up an appetite** ça m'a ouvert l'appétit; **to w. one's way up** (*rise socially*) faire du chemin; **to get worked up** s'énerver **2 VI to w. up to sth** se préparer à qch

worker ['wɜ:kə(r)] **N** travailleur, -euse *mf*; (*manual*) ouvrier, -ière *mf*; (*office*) **w.** employé, -ée *mf* (de bureau); **blue-collar w.** col *m* bleu

working ['wɜ:kɪŋ] **1 ADJ** (*day, clothes*) de travail; *Br* **Monday is a w. day** on travaille le lundi; **in w. order** en état de marche; **w. class** classe *f* ouvrière; **w. conditions** conditions *fpl* de travail **2 NPL the workings of** (*clock*) le mécanisme de ■ **'working-'class** **ADJ** ouvrier, -ière

world [wɜ:ld] **1 N** monde *m*; **all over the w.** dans le monde entier; **the richest in the w.** le/la plus riche du monde; **it did me the** *or* **a w. of good** ça m'a beaucoup fait du bien; **why in the w....?** pourquoi diable…? **2 ADJ** (*war, production*) mondial; (*champion, record*) du monde; *Football* **the W. Cup** la Coupe du monde; **W. Health Organization** Organisation *f* mondiale de la santé; **W. Trade Organization** Organisation mondiale du Commerce ■ **'world-'famous** **ADJ** de renommée mondiale ■ **worldly** (*pleasures*) de ce monde; (*person*) qui a l'expérience du monde ■ **'world'wide 1 ADJ** mondial; **the W. Web** le Worldwide Web **2 ADV** dans le monde entier

worm [wɜ:m] **1 N** ver *m* **2 VT to w. one's way into** s'insinuer dans; **to w. sth out of sb** soutirer qch à qn

worn [wɔ:n] **1 PP of wear 2 ADJ** (*clothes, tyre*) usé ■ **'worn-'out** **ADJ** (*object*) complètement usé; (*person*) épuisé

worry ['wʌrɪ] **1 N** (*pl* **-ies**) **N** souci *m*; **it's a w.** ça me cause du souci; *Fam* **no worries!** pas de problème! **2** (*pt & pp* **-ied**) **VT** inquiéter; **to w. oneself sick** se ronger les sangs **3 VI** s'inquiéter (**about sth** de qch; **about sb** pour qn) ■ **worried** **ADJ** inquiet, -iète (**about** au sujet de); **to be w. sick** se ronger les sangs ■ **worrier** **N** anxieux, -ieuse *mf* ■ **worrying** **ADJ** inquiétant

worse [wɜ:s] **1 ADJ** pire (**than** que); **to get w.** se détériorer; **he's getting w.** (*in health*) il va de plus en plus mal; (*in behaviour*) se conduit de plus en plus mal **2 ADV** plus mal (**than** que); **to go from bad to w.** aller de mal en pis; **she's w. off (than before)** sa situation est pire (qu'avant); (*financially*) elle est encore plus pauvre (qu'avant) **3 N there's w. to come** le pire reste à venir

worsen ['wɜ:sən] **1 VT** aggraver **2 VI** empirer

worship ['wɜːʃɪp] **1** N culte m; Br **his W. the Mayor** Monsieur le Maire **2** (pt & pp **-pp-**) VT (person, god) adorer; Pej (money) avoir le culte de **3** VI (pray) faire ses dévotions (**at** à) ▪ **worshipper** N (in church) fidèle mf; (of person) adorateur, -trice mf

worst [wɜːst] **1** ADJ pire; **the w. book I've ever read** le plus mauvais livre que j'aie jamais lu **2** ADV (the) **w.** le plus mal **3** N **the w. (one)** (object, person) le/la pire, le/la plus mauvais(e); **the w. (thing) is that…** le pire, c'est que…; **at (the) w.** au pire; **the situation is at its w.** la situation est on ne peut plus mauvaise; **the w. is yet to come** on n'a pas encore vu le pire

worth [wɜːθ] **1** ADJ **to be w. sth** valoir qch; **how much** or **what is it w.?** ça vaut combien?; **the film's (well) w. seeing** le film vaut la peine d'être vu **2** N valeur f; **to buy 50 pence w. of chocolates** acheter pour 50 pence de chocolats; **to get one's money's w.** en avoir pour son argent ▪ **worthless** ADJ qui ne vaut rien

worthwhile ['wɜːθ'waɪl] ADJ (book, film) qui vaut la peine d'être lu/vu; (activity) qui vaut la peine; (plan, contribution) valable; (cause) louable; (satisfying) qui donne des satisfactions

worthy ['wɜːðɪ] **1** (**-ier, -iest**) ADJ (person) digne; (cause, act) louable; **to be w. of sb/sth** être digne de qn/qch **2** N (person) notable m

would [wʊd, unstressed wəd]

On trouve souvent **I/you/he**/etc **would** sous leurs formes contractées **I'd/you'd/ he'd**/etc. La forme négative correspondante est **wouldn't**, que l'on écrira **would not** dans des contextes formels.

V AUX (**a**) (expressing conditional tense) **I w. stay if I could** je resterais si je le pouvais; **he w. have done it** il l'aurait fait; **I said she'd come** j'ai dit qu'elle viendrait (**b**) (willingness, ability) **w. you help me, please?** veux-tu bien m'aider?; **she wouldn't help me** elle n'a pas voulu m'aider; **the car wouldn't start** la voiture ne démarrait pas (**c**) (expressing past habit) **I w. see her every day** je la voyais chaque jour ▪ **would-be** ADJ (musician, actor) en puissance

wound¹ [wuːnd] **1** N blessure f **2** VT (hurt) blesser; **the wounded** les blessés mpl

wound² [waʊnd] PT & PP of **wind²**

wove [wəʊv] PT of **weave**

woven ['wəʊvən] PP of **weave**

wow [waʊ] EXCLAM Fam oh là là!

wrap [ræp] **1** N (shawl) châle m; Am **plastic w.** film m plastique **2** (pt & pp **-pp-**) VT **to w. (up)** (parcel) emballer; Fig **wrapped up in** (engrossed) absorbé par **3** VTI **to w. (oneself) up** (dress warmly) s'emmitoufler ▪ **wrapper** N (of

sweet) papier m ▪ **wrapping** N (action, material) emballage m; **w. paper** papier m d'emballage

wrath [rɒθ] N Literary courroux m

wreak [riːk] VT **to w. vengeance on** se venger de; **to w. havoc** faire des ravages

wreath [riːθ] (pl **-s** [riːðz]) N couronne f

wreck [rek] **1** N (ship) épave f; (sinking) naufrage m; (train) train m accidenté; (person) épave f (humaine); **to be a nervous w.** être à bout de nerfs **2** VT (break, destroy) détruire; (ship) provoquer le naufrage de; Fig (spoil) gâcher; Fig (career, hopes) briser ▪ **wreckage** [-ɪdʒ] N (of plane, train) débris mpl

wren [ren] N (bird) roitelet m

wrench [rentʃ] **1** N faux mouvement m; Fig (emotional) déchirement m; Am (tool) clef f (à écrous); **(adjustable) w.** clef à molette **2** VT (tug at) tirer sur; **to w. sth from sb** arracher qch à qn; **to w. one's ankle** se tordre la cheville

wrestle ['resəl] VI lutter (**with sb** avec qn); Fig **to w. with a problem** se débattre avec un problème ▪ **wrestler** N lutteur, -euse mf; (in all-in wrestling) catcheur, -euse mf ▪ **wrestling** N lutte f; **(all-in) w.** (with relaxed rules) catch m

wretch [retʃ] N (unfortunate person) malheureux, -euse mf; (rascal) misérable mf ▪ **wretched** [-ɪd] ADJ (poor, pitiful) misérable; (dreadful) affreux, -euse; Fam (annoying) maudit

wriggle ['rɪgəl] **1** VT (toes, fingers) tortiller; **to w. one's way out of a situation** se sortir d'une situation **2** VI **to w. (about)** se tortiller; (of fish) frétiller; **to w. out of sth** couper à qch

wring [rɪŋ] (pt & pp **wrung**) VT **to w. (out)** (clothes) essorer; **to w. one's hands** se tordre les mains; Fam **I'll w. your neck** je vais te tordre le cou; Fig **to w. sth out of sb** arracher qch à qn; **to be wringing wet** être trempé

wrinkle ['rɪŋkəl] **1** N (on skin) ride f; (in cloth, paper) pli m **2** VT (skin) rider; (cloth, paper) plisser **3** VI (of skin) se rider; (of cloth) faire des plis ▪ **wrinkled** ADJ (skin) ridé; (cloth) froissé

wrist [rɪst] N poignet m ▪ **wristwatch** N montre-bracelet f

write [raɪt] (pt **wrote**, pp **written**) VTI écrire; **to w. to sb** écrire à qn ▪ **write-off** N Br **to be a (complete) w.** (of vehicle) être bon pour la casse ▪ **write-up** N (of play) critique f

‣ **write away for** VT INSEP (details) écrire pour demander

‣ **write back** VI répondre

‣ **write down** VT SEP noter

‣ **write in 1** VT SEP (insert) inscrire **2** VI (send letter) écrire

‣ **write off** VT SEP (debt) annuler

▸ **write out** VT SEP (list, recipe) noter; (cheque) faire

▸ **write up** VT SEP (notes) rédiger; (diary) tenir

writer ['raɪtə(r)] N auteur m (**of** de); (literary) écrivain m

writhe [raɪð] VI (in pain) se tordre (**in** de)

writing ['raɪtɪŋ] N (handwriting, action, profession) écriture f; **writings** (of author) écrits mpl; **to put sth (down) in w.** mettre qch par écrit; **w. desk** secrétaire m; **w. pad** bloc-notes m; **w. paper** papier m à lettres

written ['rɪtən] PP of **write**

wrong [rɒŋ] **1** ADJ (sum, idea) faux (f fausse); (direction, time) mauvais; (unfair) injuste; **to be w.** (of person) avoir tort (**to do** de faire); **it's the w. road** ce n'est pas la bonne route; **the clock's w.** la pendule n'est pas à l'heure; **something's w.** quelque chose ne va pas; **something's w. with the phone** le téléphone ne marche pas bien; **something's w. with her leg** elle a quelque chose à la jambe; **what's w. with you?** qu'est-ce que tu as? **2** ADV mal; **to go w.** (of plan) mal tourner; (of vehicle, machine) tomber en panne; (of clock, watch, camera) se détraquer; (of person) se tromper; **to get the date w.** se tromper de date; **to get the w. number** (on phone) se tromper de numéro **3** N (injustice) injustice f; (evil) mal m; **to be in the w.** être dans son tort; **right and w.** le bien et le mal **4** VT faire du tort à ■ **wrongdoer** N (criminal) malfaiteur m ■ **wrongful** ADJ (accusation) injustifié; **w. arrest** arrestation f arbitraire ■ **wrongly** ADV (inform, translate) mal; (accuse, condemn, claim) à tort

wrote [rəʊt] PT of **write**

wrought [rɔːt] ADJ **w. iron** fer m forgé

wrung [rʌŋ] PT & PP of **wring**

wry [raɪ] (**wryer, wryest**) ADJ ironique; **to pull a w. face** grimacer

WTO [dʌb(ə)ljuːtiː'əʊ] (abbr **World Trade Organization**) N OMC f

WWW [dʌb(ə)ljuːdʌb(ə)ljuː'dʌb(ə)ljuː] (abbr **World Wide Web**) N Comptr WWW m

X, x [eks] N (letter) X, x m inv

xenophobia [Br zenə'fəubɪə, Am zi:nəu-] N xénophobie f ▪ **xenophobic** ADJ xénophobe

Xerox® ['zɪərɒks] 1 N (copy) photocopie f 2 VT photocopier

Xmas ['krɪsməs] N Fam Noël m

X-ray ['eksreɪ] 1 N (picture) radio f; (radiation) rayon m X; **to have an X.** passer une radio 2 VT radiographier

xylophone ['zaɪləfəun] N xylophone m

Y, y [waɪ] N (letter) Y, y m inv ▪ **Y-fronts** slip m ouvert

yacht [jɒt] N (sailing boat) voilier m; (large private boat) yacht m ▪ **yachting** N voile f

yank [jæŋk] Fam 1 N coup m sec 2 VT tirer d'un coup sec; **to y. sth off** or **out** arracher qch

yap [jæp] (pt & pp -**pp**-) VI (of dog) japper; Fam (of person) jacasser

yard[1] [jɑːd] N (of house, farm, school, prison) cour f; (for working) chantier m; (for storage) dépôt m de marchandises; Am (garden) jardin m; Br (**builder's**) **y.** chantier de construction

yard[2] [jɑːd] N (measure) yard m (= 91,44 cm)

yarn [jɑːn] N (thread) fil m; Fam (tale) histoire f à dormir debout

yawn [jɔːn] 1 N bâillement m 2 VI bâiller

yeah [jeə] ADV Fam ouais

year [jɪə(r)] N an m, année f; (of wine) année f; **school/tax y.** année scolaire/fiscale; **this y.** cette année; **in the y. 2010** en (l'an) 2010; **years ago** il y a des années; **he's ten years old** il a dix ans; **New Y.** Nouvel An; **New Y.'s Day** le jour de l'An; **New Y.'s Eve** la Saint-Sylvestre ▪ **yearbook** N almanach m ▪ **yearly 1** ADJ annuel, -uelle **2** ADV annuellement; **twice y.** deux fois par an

yearn [jɜːn] VI **to y. for sb** languir après qn; **to y. for sth** désirer ardemment qch; **to y. to do sth** brûler de faire qch ▪ **yearning** N (desire) désir m ardent; (nostalgia) nostalgie f

yeast [jiːst] N levure f

yell [jel] 1 N hurlement m 2 VTI **to y. (out)** hurler; **to y. at sb** (scold) crier après qn

yellow ['jeləu] 1 ADJ (in colour) jaune; Fam (cowardly) trouillard; Football **y. card** carton m jaune; Med **y. fever** fièvre f jaune; **the Y. Pages**® les pages fpl jaunes **2** N jaune m **3** VI jaunir

yelp [jelp] 1 N jappement m 2 VI japper

Yemen ['jemən] N le Yémen

yen[1] [jen] N **to have a y. for sth/to do sth** avoir envie de qch/de faire qch

yen[2] [jen] N (currency) yen m

yes [jes] 1 ADV oui; (after negative question) si; **aren't you coming? – y.(, I am)!** tu ne viens pas? – mais si! **2** N oui m inv

yesterday ['jestədeɪ] 1 ADV hier **2** N hier m; **y. morning/evening** hier matin/soir; **the day before y.** avant-hier

yet [jet] 1 ADV (a) (still) encore; (already) déjà; **she hasn't arrived (as) y.** elle n'est pas encore arrivée; **y. more complicated** *(even more)* encore plus compliqué; **not (just) y.** pas pour l'instant (**b**) *(in questions)* **has he come y.?** est-il arrivé? **2 conj** *(nevertheless)* pourtant

yew [juː] N *(tree, wood)* if m

Yiddish ['jɪdɪʃ] N & ADJ yiddish *(m)* inv

yield [jiːld] **1** N *(of field, shares)* rendement m; *(of mine)* production f **2 vt** *(result)* donner; *(interest)* rapporter; *(territory, right)* céder; **to y. a profit** rapporter **3 vi** *(surrender)* se rendre; **to y. to force** céder devant la force; **to y. to temptation** céder à la tentation; *Am* **'y.'** *(road sign)* 'cédez le passage'

yob [jɒb], **yobbo** ['jɒbəʊ] *(pl* **yob(bo)s)** N *Br Fam* loubard m

yog(h)urt [*Br* 'jɒgət, *Am* 'jəʊgərt] N yaourt m

yoga ['jəʊgə] N yoga m

yoke [jəʊk] N *(for oxen)* & *Fig* joug m

yolk [jəʊk] N jaune m *(d'œuf)*

you [juː] PRON (**a**) *(subject)* *(pl, polite form sing)* vous; *(familiar form sing)* tu; *(object)* vous; te, t'; *pl* vous; *(after prep, 'than', 'it is')* toi; *pl* vous; **(to) y.** *(indirect)* vous; te, t'; *pl* vous; **y. are** vous êtes/tu es; **I gave it to y.** je vous/te l'ai donné; **with y.** avec vous/toi; **y. idiot!** espèce d'imbécile! (**b**) *(indefinite)* on; *(object)* vous; te, t'; *pl* vous; **y. never know** on ne sait jamais; **it surprises y.** cela surprend ■ **you'd = you had, you would** ■ **you'll = you will, you shall**

young [jʌŋ] **1** (**-er, -est**) ADJ jeune; **she's two years younger than me** elle a deux ans de moins que moi; **my young(er) brother** mon (frère) cadet; **my young(er) sister** ma (sœur) cadette; **the youngest son/daughter** le cadet/ la cadette; **to be y. at heart** être jeune d'esprit; **y. people** les jeunes *mpl* **2** N *(of animals)* petits *mpl*; **the y.** *(people)* les jeunes *mpl*; **she's my youngest** *(daughter)* c'est ma petite dernière ■ **youngster** N jeune *mf*

your [jɔː(r)] POSSESSIVE ADJ *(polite form sing, polite and familiar form pl)* votre, *pl* vos; *(familiar form sing)* ton, ta, *pl* tes; *(one's)* son, sa, *pl* ses

yours [jɔːz] POSSESSIVE PRON le vôtre, la vôtre, *pl* les vôtres; *(familiar form sing)* le tien, la tienne, *pl* les tien(ne)s; **this book is y.** ce livre est à vous *ou* est le vôtre/ce livre est à toi *ou* est le tien; **a friend of y.** un ami à vous/toi

yourself [jɔː'self] PRON *(polite form)* vous-même; *(familiar form)* toi-même; *(reflexive)* vous; te, t'; *(after prep)* vous; toi; **you wash y.** tu te laves/vous vous lavez ■ **yourselves** PRON PL vous-mêmes; *(reflexive and after prep)* vous; **did you cut y.?** est-ce que vous vous êtes coupés?

youth [juːθ] *(pl* **-s** [juːðz]) N *(age)* jeunesse f; *(young man)* jeune m; **y. club** centre m de loisirs pour les jeunes; **y. hostel** auberge f de jeunesse ■ **youthful** ADJ *(person)* jeune; *(quality, smile)* juvénile

you've [juːv] **= you have**

yo-yo ['jəʊjəʊ] *(pl* **yo-yos)** N Yo-Yo® m inv

yuck [jʌk] EXCLAM *Fam* berk!

yummy ['jʌmɪ] **(-ier, iest)** ADJ *Fam* super bon *(f* super bonne)

yuppie ['jʌpɪ] N yuppie *mf*; **y. area** quartier m riche et branché

Z, z [*Br* zed, *Am* ziː] N *(letter)* Z, z m inv

zany ['zeɪnɪ] **(-ier, -iest)** ADJ loufoque

zap [zæp] *(pt & pp* **-pp-)** vt *Fam Comptr* effacer

zeal [ziːl] N zèle m ■ **zealous** ['zeləs] ADJ zélé; *(supporter)* ardent

zebra ['ziːbrə, *Br* 'zebrə] N zèbre m; *Br* **z. crossing** passage m pour piétons

zenith ['zenɪθ] N zénith m

zero ['zɪərəʊ] *(pl* **-os)** N zéro m; *Fig* **z. hour** *(for military operation)* l'heure f H; *Pol* **z. tolerance** tolérance f zéro

zest [zest] N *(enthusiasm)* enthousiasme m; *(of lemon, orange)* zeste m

zigzag ['zɪgzæg] **1** N zigzag m **2** ADJ & ADV en zigzag **3** *(pt & pp* **-gg-)** vi zigzaguer

Zimbabwe [zɪm'bɑːbweɪ] N le Zimbabwe

zinc [zɪŋk] N zinc m

zip [zɪp] 1 N (a) *Br* z. **(fastener)** fermeture f Éclair®; *Comptr* z. **drive** lecteur m Zip®; z. **file** fichier m zippé (b) *Fam (vigour)* punch m 2 ADJ *Am* z. **code** code m postal 3 (*pt & pp* **-pp-**) VT **to z. sth (up)** remonter la fermeture Éclair® de qch; *Comptr* **to z. a file** zipper *ou* compresser un fichier 4 VI **to z. past** *(of car)* passer en trombe; *(of bullet)* passer en sifflant ▪ **zipper** N *Am* fermeture f Éclair® ▪ **zippy** ADJ plein de punch

zit [zɪt] N *Fam (pimple)* bouton m

zodiac ['zəʊdɪæk] N zodiaque m

zombie ['zɒmbɪ] N *Fam* zombi m

zone [zəʊn] N zone f

zoo [zuː] (*pl* **zoos**) N zoo m ▪ **zoological** [zuːə'lɒdʒɪkəl] ADJ zoologique ▪ **zoologist** [zuː'ɒlədʒɪst] N zoologiste mf ▪ **zoology** [zuː'ɒlədʒɪ] N zoologie f

zoom [zuːm] 1 N z. **lens** zoom m 2 VI **to z. in** *(of camera)* faire un zoom avant (**on** sur); *Fam* **to z. past** passer comme une flèche

zucchini [zuː'kiːnɪ] (*pl* **-ni** *or* **-nis**) N *Am* courgette f

Verbes anglais irréguliers

Infinitif	Prétérit	Participe passé
arise	arose	arisen
awake	awoke	awoken
awaken	awoke, awakened	awakened, awoken
be	were/was	been
bear	bore	borne
beat	beat	beaten
become	became	become
begin	began	begun
bend	bent	bent
beseech	besought, beseeched	besought, beseeched
bet	bet, betted	bet, betted
bid	bade, bid	bidden, bid
bind	bound	bound
bite	bit	bitten
bleed	bled	bled
blow	blew	blown
break	broke	broken
breed	bred	bred
bring	brought	brought
build	built	built
burn	burnt, burned	burnt, burned
burst	burst	burst
bust	bust, busted	bust, busted
buy	bought	bought
cast	cast	cast
catch	caught	caught
chide	chided, chid	chided, chidden
choose	chose	chosen
cleave	cleaved, cleft, clove	cleaved, cleft, cloven
cling	clung	clung
clothe	clad, clothed	clad, clothed
come	came	come
cost	cost	cost
creep	crept	crept
crow	crowed, crew	crowed
cut	cut	cut
deal	dealt	dealt
dig	dug	dug
dive	dived, *Am* dove	dived

Infinitif	Prétérit	Participe passé
do	did	done
draw	drew	drawn
dream	dreamt, dreamed	dreamt, dreamed
drink	drank	drunk
drive	drove	driven
dwell	dwelt	dwelt
eat	ate	eaten
fall	fell	fallen
feed	fed	fed
feel	felt	felt
fight	fought	fought
find	found	found
flee	fled	fled
fling	flung	flung
fly	flew	flown
forget	forgot	forgotten
forgive	forgave	forgiven
forsake	forsook	forsaken
freeze	froze	frozen
get	got	got, *Am* gotten
gild	gilded, gilt	gilded, gilt
gird	girded, girt	girded, girt
give	gave	given
go	went	gone
grind	ground	ground
grow	grew	grown
hang	hung/hanged	hung/hanged
have	had	had
hear	heard	heard
hew	hewed	hewn, hewed
hide	hid	hidden
hit	hit	hit
hold	held	held
hurt	hurt	hurt
keep	kept	kept
kneel	knelt	knelt
knit	knitted, knit	knitted, knit
know	knew	known
lay	laid	laid
lead	led	led
lean	leant, leaned	leant, leaned
leap	leapt, leaped	leapt, leaped
learn	learnt, learned	learnt, learned
leave	left	left
lend	lent	lent
let	let	let
lie	lay	lain

Infinitif	Prétérit	Participe passé
light	lit	lit
lose	lost	lost
make	made	made
mean	meant	meant
meet	met	met
mow	mowed	mown
pay	paid	paid
plead	pleaded, *Am* pled	pleaded, *Am* pled
prove	proved	proved, proven
put	put	put
quit	quit	quit
read	read	read
rend	rent	rent
rid	rid	rid
ride	rode	ridden
ring	rang	rung
rise	rose	risen
run	ran	run
saw	sawed	sawn, sawed
say	said	said
see	saw	seen
seek	sought	sought
sell	sold	sold
send	sent	sent
set	set	set
sew	sewed	sewn
shake	shook	shaken
shear	sheared	shorn, sheared
shed	shed	shed
shine	shone	shone
shit	shitted, shat	shitted, shat
shoe	shod	shod
shoot	shot	shot
show	showed	shown
shrink	shrank	shrunk
shut	shut	shut
sing	sang	sung
sink	sank	sunk
sit	sat	sat
slay	slew	slain
sleep	slept	slept
slide	slid	slid
sling	slung	slung
slink	slunk	slunk
slit	slit	slit
smell	smelled, smelt	smelled, smelt
smite	smote	smitten

Infinitif	Prétérit	Participe passé
sow	sowed	sown, sowed
speak	spoke	spoken
speed	sped, speeded	sped, speeded
spell	spelt, spelled	spelt, spelled
spend	spent	spent
spill	spilt, spilled	spilt, spilled
spin	span	spun
spit	spat, *Am* spit	spat, *Am* spit
split	split	split
spoil	spoilt, spoiled	spoilt, spoiled
spread	spread	spread
spring	sprang	sprung
stand	stood	stood
stave in	staved in, stove in	staved in, stove in
steal	stole	stolen
stick	stuck	stuck
sting	stung	stung
stink	stank, stunk	stunk
strew	strewed	strewed, strewn
stride	strode	stridden
strike	struck	struck
string	strung	strung
strive	strove	striven
swear	swore	sworn
sweep	swept	swept
swell	swelled	swollen, swelled
swim	swam	swum
swing	swung	swung
take	took	taken
teach	taught	taught
tear	tore	torn
tell	told	told
think	thought	thought
thrive	thrived, throve	thrived
throw	threw	thrown
thrust	thrust	thrust
tread	trod	trodden
wake	woke	woken
wear	wore	worn
weave	wove, weaved	woven, weaved
weep	wept	wept
wet	wet, wetted	wet, wetted
win	won	won
wind	wound	wound
wring	wrung	wrung
write	wrote	written

French Verb Conjugations

Regular verbs

	-ER verbs	-IR verbs	-RE verbs
Infinitive	*donn/er*	*fin/ir*	*vend/re*
1 Present	je donne	je finis	je vends
	tu donnes	tu finis	tu vends
	il donne	il finit	il vend
	nous donnons	nous finissons	nous vendons
	vous donnez	vous finissez	vous vendez
	ils donnent	ils finissent	ils vendent
2 Imperfect	je donnais	je finissais	je vendais
	tu donnais	tu finissais	tu vendais
	il donnait	il finissait	il vendait
	nous donnions	nous finissions	nous vendions
	vous donniez	vous finissiez	vous vendiez
	ils donnaient	ils finissaient	ils vendaient
3 Past historic	je donnai	je finis	je vendis
	tu donnas	tu finis	tu vendis
	il donna	il finit	il vendit
	nous donnâmes	nous finîmes	nous vendîmes
	vous donnâtes	vous finîtes	vous vendîtes
	ils donnèrent	ils finirent	ils vendirent
4 Future	je donnerai	je finirai	je vendrai
	tu donneras	tu finiras	tu vendras
	il donnera	il finira	Il vendra
	nous donnerons	nous finirons	nous vendrons
	vous donnerez	vous finirez	vous vendrez
	ils donneront	ils finiront	ils vendront
5 Subjunctive	je donne	je finisse	je vende
	tu donnes	tu finisses	tu vendes
	il donne	il finisse	il vende
	nous donnions	nous finissions	nous vendions
	vous donniez	vous finissiez	vous vendiez
	ils donnent	ils finissent	ils vendent
6 Imperative	donne	finis	vends
	donnons	finissons	vendons
	donnez	finissez	vendez
7 Present participle	donnant	finissant	vendant
8 Past participle	donné	fini	vendu

Note The conditional is formed by adding the following endings to the infinitive: **-ais**, **-ais**, **-ait**, **-ions**, **-iez**, **-aient**. The final **e** is dropped in infinitives ending **-re**.

Irregular French verbs

Listed below are those verbs considered to be the most useful. Forms and tenses not given are fully derivable, such as the third person singular of the present tense which is normally formed by substituting 't' for the final 's' of the first person singular, eg 'crois' becomes 'croit', 'dis' becomes 'dit'. Note that the endings of the past historic fall into three categories, the 'a' and 'i' categories shown at *donner*, and at *finir* and *vendre*, and the 'u' category which has the following endings: -us, -ut, -ûmes, -ûtes, -urent. Most of the verbs listed below form their past historic with 'u'. The imperfect may usually be formed by adding -ais, -ait, -ions, -iez, -aient to the stem of the first person plural of the present tense, eg 'je buvais' etc may be derived from 'nous buvons' (stem 'buv-' and ending '-ons'); similarly, the present participle may generally be formed by substituting -ant for -ons (eg buvant). The future may usually be formed by adding -ai, -as, -a, -ons, -ez, -ont to the infinitive or to an infinitive without final 'e' where the ending is -re (eg *conduire*). The imperative usually has the same forms as the second persons singular and plural and first person plural of the present tense.

1 = Present **2** = Imperfect **3** = Past historic **4** = Future **5** = Subjunctive
6 = Imperative **7** = Present participle **8** = Past participle n = nous v = vous
† verbs conjugated with **être** only

abattre	*like*	**battre**
absoudre		**1** j'absous, n absolvons **2** j'absolvais **3** j'absolus (*rarely used*) **5** j'absolve **7** absolvant **8** absous, absoute
s'abstenir†	*like*	**tenir**
abstraire		**1** j'abstrais, n abstrayons **2** j'abstrayais **3** none **5** j'abstraie **7** abstrayant **8** abstrait
accourir	*like*	**courir**
accroître	*like*	**croître** *except* **8** accru
accueillir	*like*	**cueillir**
acquérir		**1** j'acquiers, n acquérons **2** j'acquérais **3** j'acquis **4** j'acquerrai **5** j'acquière **7** acquérant **8** acquis
adjoindre	*like*	**joindre**
admettre	*like*	**mettre**
advenir	*like*	**venir** (*third person only*)
aller†		**1** je vais, tu vas, il va, n allons, v allez, ils vont **4** j'irai **5** j'aille, n allions, ils aillent **6** va, allons, allez (*but note* vas-y)
apercevoir	*like*	**recevoir**
apparaître	*like*	**connaître**
appartenir	*like*	**tenir**
apprendre	*like*	**prendre**
asseoir		**1** j'assieds, il assied, n asseyons, ils asseyent **2** j'asseyais **3** j'assis **4** j'assiérai **5** j'asseye **7** asseyant **8** assis
astreindre	*like*	**atteindre**

atteindre	1 j'atteins, n atteignons, ils atteignent 2 j'atteignais 3 j'atteignis 4 j'atteindrai 5 j'atteigne 7 atteignant 8 atteint
avoir	1 j'ai, tu as, il a, n avons, v avez, ils ont 2 j'avais 3 j'eus 4 j'aurai 5 j'aie, il ait, n ayons, ils aient 6 aie, ayons, ayez 7 ayant 8 eu
battre	1 je bats, il bat, n battons 5 je batte
boire	1 je bois, n buvons, ils boivent 2 je buvais 3 je bus 5 je boive, n buvions 7 buvant 8 bu
bouillir	1 je bous, n bouillons, ils bouillent 2 je bouillais 3 je bouillis 5 je bouille 7 bouillant
braire	(*defective*) 1 il brait, ils braient 4 il braira, ils brairont
circonscrire	*like* **écrire**
circonvenir	*like* **tenir**
clore	*like* **éclore**
combattre	*like* **battre**
commettre	*like* **mettre**
comparaître	*like* **connaître**
complaire	*like* **plaire**
comprendre	*like* **prendre**
compromettre	*like* **mettre**
concevoir	*like* **recevoir**
conclure	1 je conclus, n concluons, ils concluent 5 je conclue
concourir	*like* **courir**
conduire	1 je conduis, n conduisons 3 je conduisis 5 je conduise 8 conduit
confire	*like* **suffire**
connaître	1 je connais, il connaît, n connaissons 3 je connus 5 je connaisse 7 connaissant 8 connu
conquérir	*like* **acquérir**
consentir	*like* **mentir**
construire	*like* **conduire**
contenir	*like* **tenir**
contraindre	*like* **craindre**
contredire	*like* **dire** *except* 1 v contredisez
convaincre	*like* **vaincre**
convenir	*like* **tenir**
corrompre	*like* **rompre**
coudre	1 je couds, ils coud, n cousons, ils cousent 3 je cousis 5 je couse 7 cousant 8 cousu

courir	1 je cours, n courons 3 je courus 4 je courrai 5 je coure 8 couru
couvrir	1 je couvre, n couvrons 2 je couvrais 5 je couvre 8 couvert
craindre	1 je crains, n craignons, ils craignent 2 je craignais 3 je craignis 4 je craindrai 5 je craigne 7 craignant 8 craint
croire	1 je crois, n croyons, ils croient 2 je croyais 3 je crus 5 je croie, n croyions 7 croyant 8 cru
croître	1 je crois, il croît, n croissons 2 je croissais 3 je crûs 5 je croisse 7 croissant 8 crû, crue
cueillir	1 je cueille, n cueillons 2 je cueillais 4 je cueillerai 5 je cueille 7 cueillant
cuire	1 je cuis, n cuisons 2 je cuisais 3 je cuisis 5 je cuise 7 cuisant 8 cuit
débattre	*like* **battre**
décevoir	*like* **recevoir**
déchoir	(*defective*) 1 je déchois 2 *none* 3 je déchus 4 je déchoirai 6 *none* 7 *none* 8 déchu
découdre	*like* **coudre**
découvrir	*like* **couvrir**
décrire	*like* **écrire**
décroître	*like* **croître** *except* 8 décru
se dédire†	*like* **dire**
déduire	*like* **conduire**
défaillir	1 je défaille, n défaillons 2 je défaillais 3 je défaillis 5 je défaille 7 défaillant 8 défailli
défaire	*like* **faire**
démentir	*like* **mentir**
démettre	*like* **mettre**
se départir†	*like* **mentir**
dépeindre	*like* **atteindre**
déplaire	*like* **plaire**
déteindre	*like* **atteindre**
détenir	*like* **tenir**
détruire	*like* **conduire**
devenir†	*like* **tenir**
se dévêtir†	*like* **vêtir**
devoir	1 je dois, n devons, ils doivent 2 je devais 3 je dus 4 je devrai 5 je doive, n devions 6 *not used* 7 devant 8 dû, due, *pl* dus, dues

dire		**1** je dis, n disons, v dites **2** je disais **3** je dis **5** je dise **7** disant **8** dit
disconvenir	*like*	**tenir**
disjoindre	*like*	**joindre**
disparaître	*like*	**connaître**
dissoudre	*like*	**absoudre**
distraire	*like*	**abstraire**
dormir	*like*	**mentir**
échoir[†]		(*defective*) **1** il échoit **2** *none* **3** il échut, ils échurent **4** il échoira **6** *none* **7** échéant **8** échu
éclore		**1** il éclôt, ils éclosent **8** éclos
éconduire	*like*	**conduire**
écrire		**1** j'écris, n écrivons **2** j'écrivais **3** j'écrivis **5** j'écrive **7** écrivant **8** écrit
élire	*like*	**lire**
émettre	*like*	**mettre**
émouvoir	*like*	**mouvoir** *except* **8** ému
enclore	*like*	**éclore**
encourir	*like*	**courir**
endormir	*like*	**mentir**
enduire	*like*	**conduire**
enfreindre	*like*	**atteindre**
s'enfuir[†]	*like*	**fuir**
enjoindre	*like*	**joindre**
s'enquérir[†]	*like*	**acquérir**
s'ensuivre[†]	*like*	**suivre** (*third person only*)
entreprendre	*like*	**prendre**
entretenir	*like*	**tenir**
entrevoir	*like*	**voir**
entrouvrir	*like*	**couvrir**
envoyer		**4** j'enverrai
s'éprendre[†]	*like*	**prendre**
équivaloir	*like*	**valoir**
éteindre	*like*	**atteindre**
être		**1** je suis, tu es, il est, n sommes, v êtes, ils sont **2** j'étais **3** je fus **4** je serai **5** je sois, n soyons, ils soient **6** sois, soyons, soyez **7** étant **8** été
étreindre	*like*	**atteindre**
exclure	*like*	**conclure**
extraire	*like*	**abstraire**

faillir	(*defective*) **3** je faillis **4** je faillirai **8** failli
faire	**1** je fais, n faisons, v faites, ils font **2** je faisais **3** je fis **4** je ferai **5** je fasse **7** faisant **8** fait
falloir	(*impersonal*) **1** il faut **2** il fallait **3** il fallut **4** il faudra **5** il faille **6** *none* **7** *none* **8** fallu
feindre	*like* **atteindre**
foutre	**1** je fous, n foutons **2** je foutais **3** *none* **5** je foute **7** foutant **8** foutu
frire	(*defective*) **1** je fris, tu fris, il frit **4** je frirai **6** fris **8** frit (*for other persons and tenses use* faire frire)
fuir	**1** je fuis, n fuyons, ils fuient **2** je fuyais **3** je fuis **5** je fuie **7** fuyant **8** fui
geindre	*like* **atteindre**
haïr	**1** je hais, il hait, n haïssons
inclure	*like* **conclure**
induire	*like* **conduire**
inscrire	*like* **écrire**
instruire	*like* **conduire**
interdire	*like* **dire** *except* **1** v interdisez
interrompre	*like* **rompre**
intervenir	*like* **tenir**
introduire	*like* **conduire**
joindre	**1** je joins, n joignons, ils joignent **2** je joignais **3** je joignis **4** je joindrai **5** je joigne **7** joignant **8** joint
lire	**1** je lis, n lisons **2** je lisais **3** je lus **5** je lise **7** lisant **8** lu
luire	*like* **nuire**
maintenir	*like* **tenir**
maudire	**1** je maudis, n maudissons **2** je maudissais **3** je maudis **4** je maudirai **5** je maudisse **7** maudissant **8** maudit
méconnaître	*like* **connaître**
médire	*like* **dire** *except* **1** v médisez
mentir	**1** je mens, n mentons **2** je mentais **5** je mente **7** mentant
mettre	**1** je mets, n mettons **2** je mettais **3** je mis **5** je mette **7** mettant **8** mis
moudre	**1** je mouds, il moud, n moulons **2** je moulais **3** je moulus **5** je moule **7** moulant **8** moulu
mourir†	**1** je meurs, n mourons, ils meurent **2** je mourais **3** je mourus **4** je mourrai **5** je meure, n mourions **7** mourant **8** mort
mouvoir	**1** je meus, n mouvons, ils meuvent **2** je mouvais **3** je mus **4** je mouvrai **5** je meuve, n mouvions **8** mû, mue, *pl* mus, mues

naître[†]		**1** je nais, il naît, n naissons **2** je naissais **3** je naquis **4** je naîtrai **5** je naisse **7** naissant **8** né
nuire		**1** je nuis, n nuisons **2** je nuisais **3** je nuisis **5** je nuise **7** nuisant **8** nui
obtenir	*like*	**tenir**
offrir	*like*	**couvrir**
omettre	*like*	**mettre**
ouvrir	*like*	**couvrir**
paître		(*defective*) **1** il paît **2** ils paissait **3** *none* **4** il paîtra **5** il paisse **7** paissant **8** *none*
paraître	*like*	**connaître**
parcourir	*like*	**courir**
parfaire	*like*	**faire** (*present tense, infinitive and past participle only*)
partir[†]	*like*	**mentir**
parvenir[†]	*like*	**tenir**
peindre	*like*	**atteindre**
percevoir	*like*	**recevoir**
permettre	*like*	**mettre**
plaindre	*like*	**craindre**
plaire		**1** je plais, il plaît, n plaisons **2** je plaisais **3** je plus **5** je plaise **7** plaisant **8** plu
pleuvoir		(*impersonal*) **1** il pleut **2** il pleuvait **3** il plut **4** il pleuvra **5** il pleuve **6** *none* **7** pleuvant **8** plu
poindre		(*defective*) **1** il point **4** il poindra **8** point
poursuivre	*like*	**suivre**
pourvoir	*like*	**voir** *except* **3** je pourvus *and* **4** je pourvoirai
pouvoir		**1** je peux *or* je puis, tu peux, il peut, n pouvons, ils peuvent **2** je pouvais **3** je pus **4** je pourrai **5** je puisse **6** *not* used **7** pouvant **8** pu
prédire	*like*	**dire** *except* v prédisez
prendre		**1** je prends, il prend, n prenons, ils prennent **2** je prenais **3** je pris **5** je prenne **7** prenant **8** pris
prescrire	*like*	**écrire**
pressentir	*like*	**mentir**
prévaloir	*like*	**valoir** *except* **5** je prévale
prévenir	*like*	**tenir**
prévoir	*like*	**voir** *except* **4** je prévoirai
produire	*like*	**conduire**
promettre	*like*	**mettre**
promouvoir	*like*	**mouvoir** *except* **8** promu
proscrire	*like*	**écrire**

provenir[†]	*like*	tenir
rabattre	*like*	battre
rasseoir	*like*	asseoir
réapparaître	*like*	connaître
recevoir	**1** je reçois, n recevons, ils reçoivent **2** je recevais **3** je reçus **4** je recevrai **5** je reçoive, n recevions, ils reçoivent **7** recevant **8** reçu	
reconduire	*like*	conduire
reconnaître	*like*	connaître
reconquérir	*like*	acquérir
reconstruire	*like*	conduire
recoudre	*like*	coudre
recourir	*like*	courir
recouvrir	*like*	couvrir
récrire	*like*	écrire
recueillir	*like*	cueillir
redevenir[†]	*like*	tenir
redire	*like*	dire
réduire	*like*	conduire
réécrire	*like*	écrire
réélire	*like*	lire
refaire	*like*	faire
rejoindre	*like*	joindre
relire	*like*	lire
reluire	*like*	nuire
remettre	*like*	mettre
renaître	*like*	naître
rendormir	*like*	mentir
renvoyer	*like*	envoyer
se repaître[†]	*like*	paître
reparaître	*like*	connaître
repartir[†]	*like*	mentir
repeindre	*like*	atteindre
repentir	*like*	mentir
reprendre	*like*	prendre
reproduire	*like*	conduire
résoudre	**1** je résous, n résolvons **2** je résolvais **3** je résolus **5** je résolve **7** résolvant **8** résolu	
ressentir	*like*	mentir
resservir	*like*	mentir

ressortir	*like*	**mentir**
restreindre	*like*	**atteindre**
retenir	*like*	**tenir**
retransmettre	*like*	**mettre**
revenir	*like*	**tenir**
revêtir	*like*	**vêtir**
revivre	*like*	**vivre**
revoir	*like*	**voir**

rire 1 je ris, n rions   2 je riais   3 je ris   5 je rie, n riions   7 riant 8 ri

rompre *regular except* 1 il rompt

rouvrir	*like*	**couvrir**
satisfaire	*like*	**faire**

savoir 1 je sais, n savons, il savent   2 je savais   3 je sus   4 je saurai 5 je sache   6 sache, sachons, sachez   7 sachant   8 su

séduire	*like*	**conduire**
sentir	*like*	**mentir**
servir	*like*	**mentir**
sortir	*like*	**mentir**
souffrir	*like*	**couvrir**
soumettre	*like*	**mettre**
sourire	*like*	**rire**
souscrire	*like*	**écrire**
soustraire	*like*	**abstraire**
soutenir	*like*	**tenir**
se souvenir†	*like*	**tenir**
subvenir	*like*	**tenir**

suffire 1 je suffis, n suffisons   2 je suffisais   3 je suffis   5 je suffise 7 suffisant   8 suffi

suivre 1 je suis, n suivons   2 je suivais   3 je suivis   6 je suive 7 suivant   8 suivi

surprendre	*like*	**prendre**
survenir	*like*	**tenir**
survivre	*like*	**vivre**

taire 1 je tais, n taisons   2 je taisais   3 je tus   5 je taise   7 taisant 8 tu

teindre	*like*	**atteindre**

tenir 1 je tiens, ne tenons, ils tiennent   2 je tenais
3 je tins, tu tins, il tint, n tînmes, v tîntes, ils tinrent
4 je tiendrai   5 je tienne   7 tenant   8 tenu

traduire	*like*	**conduire**
traire	*like*	**abstraire**
transcrire	*like*	**écrire**
transmettre	*like*	**mettre**
transparaître	*like*	**connaître**
tressaillir	*like*	**défaillir**

vaincre 1 je vaincs, il vainc, n vainquons   2 je vainquais   3 je vainquis
5 je vainque   7 vainquant   8 vaincu

valoir 1 je vaux, il vaut, n valons   2 je valais   3 je valus   4 je vaudrai
5 je vaille   6 *not used*   7 valant   8 valu

venir[†] *like* **tenir**

vêtir 1 je vêts, n vêtons   2 je vêtais   5 je vête   7 vêtant   8 vêtu

vivre 1 je vis, n vivons   2 je vivais   3 je vécus   5 je vive   7 vivant
8 vécu

voir 1 je vois, n voyons   2 je voyais   3 je vis   4 je verrai
5 je voie, n voyions   7 voyant   8 vu

vouloir 1 je veux, il veut, n voulons, ils veulent   2 je voulais
3 je voulus   4 je voudrai   5 je veuille
6 veuille, veuillons, veuillez   7 voulant   8 voulu

Grammaire anglaise

■ les articles

Quand employer *a / an* ?

a / an *(un, une)* + dénombrables singuliers.

> **a** devant un nom commençant par un « son consonne » :
> **a house, a train, a European, a year**

> **an** devant un nom commençant par un « son voyelle »:
> **an apple, an answer, an hour [h muet], an MP**

- chose / personne mentionnée pour la première fois
  We need a new car. I'm going to a concert tonight.
- pour dire ce qu'est quelque chose / quelqu'un

> *i* Avec les noms de professions (contrairement au français) :
> **He is a doctor.** *Il est ⊘ docteur.*
> **He works as a doctor.** *Il travaille comme ⊘ docteur.*
> **I became a vegetarian.** *Je suis devenu ⊘ végétarien.*

Quand employer *the* ?

the *(le, la, l', les)* + dénombrables et indénombrables.

- chose / personne spécifique ou identifiée
  She's the girl I was talking to.
- pays de forme plurielle ou avec **Kingdom, Union, Republic**
  the Netherlands, the United States, the United Kingdom
- fleuves, mers, océans, chaînes de montagnes, régions
  the Amazon, the Atlantic, the Alps, the Lake District

Quand omettre l'article ?

⊘ *(le, la, l', les)* + dénombrables pluriels ou indénombrables.

- personnes / choses considérées d'une manière générale
  ⊘ **Computers are essential.** ⊘ **Life is too short.**
- continents, pays, États, lacs, montagnes
  ⊘ **France,** ⊘ **Texas,** ⊘ **Mount Everest**

- titres suivis d'un nom propre
  ⊘ **King Arthur,** ⊘ **Professor Hudson**

   Noms souvent employés sans article (après une préposition) :
  school, **hospital**, **home**, **bed**, **work**.
  I was at ⊘ **home.** *J'étais à la maison.*

- repas, mois, jours de la semaine
  ⊘ **Breakfast is my favourite meal.** ⊘ **Summer is over.**

- avec un génitif
  ⊘ **David's letter** *la lettre de David*

■ pluriel des noms

Comme en français, le pluriel des noms se forme en ajoutant un **-s** final : **book** →
books.

exceptions	exemples
Pluriel en -es noms se terminant par -ch, -o, -s, -sh, -x, -z	**match** → **matches** **tomato** → **tomatoes** (*mais* : **pianos**, **photos**, **radios**, **videos**…)
Pluriel en -ies noms se terminant par consonne + -y	**city** → **cities** **party** → **parties**
Pluriel en -ves noms se terminant par -fe ou -f	**wife** → **wives** **leaf** → **leaves** (*sauf* : **beliefs**, **chiefs**, **cliffs**, **roofs**, **proofs**)
Noms d'origine grecque ou latine	**crisis** → **crises** **erratum** → **errata** **criterion** → **criteria**
Quelques pluriels irréguliers	**child** → **children** **penny** → **pence** **man, woman** → **men, women** **mouse** → **mice** **tooth** → **teeth** **foot** → **feet**

■ singulier ou pluriel ?

Les pièges à éviter :

Noms invariables

Ils ont la même forme au singulier et au pluriel.
Ex : **fish**, **sheep**, **series**, **species**.
There is a new series on TV. *Il y a une nouvelle série à la télé.*
I watched two series in a row. *J'ai regardé deux séries à la suite.*

Noms toujours suivis d'un verbe au singulier

- noms en **-ics**

Ex : **acoustics**, **economics**, **mathematics**, **politics**.

Acoustics is a fascinating subject. *L'acoustique est une discipline passionnante.*

 On accorde au pluriel s'il ne s'agit pas de la discipline :
The acoustics of the room are good. *La pièce possède une bonne acoustique.*

- noms abstraits, notions

Ex : **business**, **freedom**, **peace**, **progress**, **weather**, **work**.

How is business? *Comment vont les affaires ?*

- noms représentant un ensemble

Ex : **advice** *(conseils)*, **fruit** *(fruits)*, **furniture** *(meubles)*, **information** *(renseignements)*, **luggage** *(bagages)*, **news** *(nouvelles)*, **rubbish** *(ordures)*.

I have too much furniture. *J'ai trop de meubles.*

The United States is a big country. *Les États-Unis sont un grand pays.*

Pour isoler un élément de l'ensemble, on emploie **a piece of** :

How much luggage do you have? *Combien de bagages avez-vous ?*
→ **Only one piece of luggage.** *Seulement un bagage.*

Noms toujours suivis d'un verbe au pluriel

- paires

Ex : **glasses** *(lunettes)*, **scissors** *(ciseaux)*, **jeans** *(jean)*, **pyjamas** *(pyjama)*, **tights** *(collant)*, **trousers** *(pantalon)*.

My jeans are too tight. *Mon jean est trop étroit.*

I bought a new pair of jeans. *J'ai acheté un nouveau jean.*

I only have two pairs of jeans. *Je n'ai que deux jeans.*

- noms représentant un ensemble d'éléments

Ex : **cattle** *(bétail)*, **police** *(police, policiers)*, **clothes** *(vêtements)*, **greens** *(légumes verts)*, **stairs** *(escalier)*, **valuables** *(objets de valeur)*.

These stairs are dangerous. *Cet escalier est dangereux.*

■ le génitif

Les règles de base

nom + **'s**	nom + **'**
Nom singulier	Nom au pluriel en -s
my friend's bike *le vélo de mon ami*	**my friends' bikes** *les vélos de mes amis*
the boss's duty *le devoir du patron*	**the bosses' duty** *le devoir des patrons*
Chris's shirt *la chemise de Chris*	**the Smiths' party** *la soirée des Smith*

Nom au pluriel sans -s (pluriel irrégulier)
men's trousers *pantalons pour hommes*

Quand omettre le deuxième nom ?

I went to the butcher's [shop]. *J'ai été à la boucherie.*
She's at her sister's [place]. *Elle est chez sa sœur.*
Is it my turn? No, it's Jane's [turn]. *Est-ce que c'est mon tour ? Non c'est celui de Jane.*

Repérez le possesseur !

- relations multiples
He's Tom's sister's husband. *C'est le mari de la sœur de Tom.*

- 's ou ' toujours en fin de groupe nominal
The Members of Parliament's decision. *La décision des membres du Parlement.*
The bride-to-be's mother. *La mère de la future mariée.*
- double génitif
She's a friend of Chris's. = She's one of Chris's friends. *C'est une amie de Chris.*

Génitif ou forme en *of* ?

- génitif
  → êtres animés : **John's bed, the bird's nest.**
  → expressions de temps : **Saturday's meeting, five hours' walk.**
- complément du nom (forme en *of*)
  → êtres inanimés : **the edge of the table.**
  → propositions ou groupes nominaux longs : **The brother of the woman who used to live next door to me.**

■ la comparaison

Distinction adjectifs courts / adjectifs longs

- adjectifs d'une syllabe : adjectifs COURTS (**young**).
- adjectifs de deux syllabes : adjectifs LONGS pour la plupart (**useful**).

> ❗ Sauf ceux finissant en **-y** (**busy**), **-le** (**simple**), **-er** (**clever**) ou **-ow** (**narrow**) et l'adjectif **quiet** : adjectifs COURTS.

- adjectifs de trois syllabes ou plus : adjectifs LONGS (**difficult**).

Comparatifs et superlatifs réguliers

comparatifs	de supériorité	adj. court + -er (+ than)	more + adj. long (+ than)
		brighter (than)	**more difficult (than)**
	d'infériorité	less + adj. (+ than)	
		less bright (than)	**less difficult (than)**
	d'égalité	as + adj. + as	
		as bright as	**as difficult as**
superlatifs	de supériorité	the + adj. court + -est	the most + adj. long
		the brightest	**the most difficult**
	d'infériorité	the least + adj.	
		the least bright	**the least difficult**

Modifications orthographiques

- Adjectifs courts finissant par « consonne + -y »
  → **-y** devient **-i** : **dry** → **drier, driest.**
- Adjectifs d'une syllabe finissant par « voyelle + consonne »
  → doublement de la consonne : **hot** → **hotter, hottest.**
- Adjectifs courts finissant par -e
  → chute du **-e** : **large** → **larger, largest.**

Comparatifs et superlatifs irréguliers

good → **better, best**   **bad** → **worse, worst**   **far** → **further, furthest**
old → **older, oldest** *(le) plus vieux* ≠ **elder, eldest** *(l')aîné*

Usages

- **It's not as difficult as / so difficult as I thought.** *Ce n'est pas aussi difficile que je le pensais.*
- **The days are getting shorter and shorter.** *Les journées sont de plus en plus courtes.*
- **The most popular books of the year.** *(de l'année)*
- **The best singer in the world.** *(du monde)*

■ pour indiquer des quantités

no, every, each, either, neither	+ nom dénombrable singulier (**friend**, **book**)
any, some, no, all, many, few, a few, a lot of, lots of, enough, several, more, most, both	+ nom dénombrable pluriel (**friends**, **books**)
any, some, no, all, much, little, a little, a lot of, lots of, enough, more	+ nom indénombrable (**help**, **coffee**)

Every, each et *all*

• **Every** et **all** pour insister sur la totalité :
Every child needs / All children need a good education. *Tous les enfants doivent recevoir une bonne éducation.*

> Ils ont un sens différent dans les expressions de temps :
> **I've walked all day.** → *durée (pendant toute la journée)*
> **I walk to work every day.** → *fréquence (tous les jours)*

• **Each** pour individualiser :
Each child received a present. *Chaque enfant a reçu un cadeau.*

Some, any et *no*

• **Any** dans les phrases interrogatives et conditionnelles.

• **Some** quand on considère que ce dont on parle existe.

> 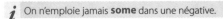 On n'emploie jamais **some** dans une négative.

• **No** ou **not any** dans les phrases négatives.

Composés de *some, any* et *no*

On peut employer indifféremment :
someone et **somebody** ; **anybody** et **anyone** ; **nobody** et **no one**.

> Notez la différence :
> **Not everybody was pleased.** ≠ **Nobody was pleased.**
> *Tout le monde n'était pas content.* ≠ *Personne n'était content.*
> Attention aux négation / affirmation :
> **I didn't tell anybody.** = **I told nobody.** *Je ne l'ai dit à personne.*

Much, many, a lot of, lots of

• **Much** et **many** dans les affirmatives après **so**, **too** et **as**, et dans les négatives et les interrogatives.

• **A lot of** et **lots of** dans les autres affirmatives.

Few, little, a few, a little

- **Few** (= **not many**) et **little** (= **not much**) indiquent une quantité insuffisante *(peu de)*.
- **A few** (= **some**) et **a little** (= **some**) signifient *quelques, un peu de*.

Do you want some wine? *Est-ce que tu veux du vin ?*	**Just a little.** *Juste un peu.*
I've already had some. *J'en ai déjà eu.*	**Is there any wine left?** *Est-ce qu'il reste du vin ?*

There isn't any wine left. = **There's no wine left.** *Il n'y a plus de vin.*

Were there many / a lot of / lots of guests? *Y avait-il beaucoup d'invités ?*

Too many. Trop.	**A lot.** Beaucoup.	**Very few.** Très peu.	**Just a few.** Juste quelques-uns.

I have very little time. = **I don't have much time.** *Je n'ai pas beaucoup de temps.*

■ such, so, what, how

Such et what

- + **a / an** (+ adjectif) + dénombrable singulier
  It was such a (complete) shock! = **What a (complete) shock!**
- (+ adjectif) + dénombrable pluriel ou indénombrable
  How can you say such things?   We can't possibly go out in such weather!

So et how

- + adjectif seul ou adverbe
  It was so funny!
  He speaks so quickly (that) I can hardly understand him.
La construction avec **how** en début de phrase exclamative est plus formelle ou vieillie.
Ex : **How funny!**

> **!** Notez les constructions suivantes :
> **such + a lot of** + nom :
> **There's such a lot of work to do.**
> **so + much / many / little / few** + nom :
> **There's so much work to do.**

> Dans le langage courant, ce type d'exclamations peut être remplacé par des « question tags » (**He's funny, isn't he!**) ou un intensificateur comme **really** (**He's really funny!**).

■ **pronoms relatifs**

Pronom relatif sujet

- animé
  The man who / that rescued her got a medal. *L'homme qui l'a sauvée a reçu une médaille.*

- inanimé
  The film which / that is on is a classic. *Le film qui est projeté est un classique.*

Pronom relatif complément

Le pronom relatif complément est souvent omis (⊘).

- animé
  The man who / that / ⊘ I was talking to is my teacher. *L'homme à qui je parlais est mon professeur.*

  > ! Après une préposition, seul **whom** peut être employé :
  > **The man to whom I was talking is our teacher.** *(formulation plus soutenue que dans l'exemple précédent)*

- inanimé
  The film which / that / ⊘ we saw is a classic.

  > *which ou that ?*
  > Seul **which** peut être employé après une préposition :
  > **Read the article in which he defends his view.**
  > *Lis l'article dans lequel il défend son opinion.*

Pronom relatif complément du nom

He's the guy whose father works for NASA. *C'est le type dont le père travaille pour la NASA.*

Autres relatifs

- **What**, qui signifie « the thing(s) that », n'est jamais précédé d'un antécédent.
  I know what you need. What you need is a good night's sleep.
  Je sais ce dont tu as besoin. Ce qu'il te faut, c'est une bonne nuit de sommeil.

- **Whatever, whoever, whichever**
  I'll do whatever you want. *Je ferai tout ce que tu veux.*

- **When, where, why**
  That was the day when I lost my keys.
  Is there a café where we can meet?
  Is there any reason why I should come?

■ le présent

Présent des auxiliaires

be → I am ('m), you / we / they are ('re), he / she / it is ('s).
→ am not ('m not), are not ('re not / aren't), is not ('s not / isn't).

have → I / you / we / they have ('ve), he / she / it has.
→ have not (haven't), has not (hasn't).

Formes
V = infinitif sans to

	affirmative	négative	interrogative
présent simple	V (+ -s à la 3e pers. du sing.)	do au présent + not + V	do au présent + sujet + V
	I play, he plays	I don't / he doesn't play	do I / does he play?
présent progressif	be au présent + V-ing	be au présent + not + V-ing	be au présent + sujet + V-ing
	I am / you are / he is playing	I'm not / you're not / he's not playing	am I / are you / is he playing?

 Verbes finissant par une consonne + -y : to cry → he cries.
Verbes en -s, -x, -z, -ch ou -sh : to miss → she misses.

Emplois du présent simple

· généralités, situations permanentes, habitudes
I swim every Sunday morning.

 Verbes rarement employés au présent progressif :
perception : **appear, see, seem, sound, taste…**
réaction, opinion : **agree, believe, forget, know, like, promise, think, understand, want…**
vérité générale : **contain, include, mean.**

· instructions, conseils
How do I open a file? – Just double-click on the file name.

· événements programmés (sens futur)
My plane leaves in half an hour.

Emplois du présent progressif

· ce qui se passe maintenant ou vient de commencer
Is something burning?

· ce qui a lieu au moment où l'on parle
Where's Mum? – She's sitting in the car.

- changement, évolution
The situation is getting worse.

- intention, futur proche
I'm having lunch with Joan tomorrow.

■ l'expression du futur

will + V

> Formes contractées : **will → 'll, will not → won't**.

- intention
I won't tell him. *Je ne lui dirai pas.*
I'll have a coffee please. *Je prendrai un café s'il vous plaît.*

- prévision
They won't be disappointed. *Ils ne seront pas déçus.*

will be + V-*ing*

- action en cours dans le futur
I'll be having lunch around 1 pm. *Je déjeunerai vers 13 h.*

- arrangement préalable
Will you be working tonight? *Est-ce que tu travailles ce soir ?*

présent progressif : *be* + V-*ing*

- intention
I'm not telling you. *Je ne te le dirai pas.*

- arrangement prévu à l'avance
I'm having lunch with Sarah tomorrow. *Je déjeune avec Sarah demain.*

be going to + V

- intention
I'm going to look for a job. *Je vais chercher un travail.*

- prévision
It's going to rain. *Il va pleuvoir.*

présent simple

- programme établi, horaire
The train leaves at 8 am. *Le train part à 8 h.*

- propositions temporelles ou conditionnelles

> On emploie le présent et non le futur après **when, as soon as, until, after**
> et **if** :
> **I'll be there when you arrive.** *Je serai là quand tu arriveras.*

be about to

- futur imminent
  Hurry up! The train is about to leave. *Dépêche-toi ! Le train est prêt à partir.*

shall

- suggestion (uniquement avec **I** ou **we**)
  Shall we go to the cinema? *Si on allait au cinéma ?*

■ l'expression du passé

Prétérit des auxiliaires

be → I / he / she / it **was**, you / we / they **were**. → was not (wasn't), were not (weren't).

have → **had** ; dans une question : **did + sujet + have.** → had not (hadn't)

Formes regulières
V = infinitif sans to

	affirmative	négative	interrogative
prétérit simple	V -ed	do au prétérit + not + V	do au prétérit + sujet + V
	I played	**I didn't play**	**did I play?**
prétérit progressif	be au prétérit + V-ing	be au prétérit + not + V-ing	be au prétérit + sujet + V-ing
	I was / you were playing	**I wasn't / you weren't playing**	**was I / were you playing?**
present perfect simple	have au présent + part. passé	have au présent + not + part. pass	have au présent + sujet + part. passé
	I have / he has played	**I haven't / he hasn't played**	**have I / has he played?**
present perfect progressif	have au présent + been + V-ing	have au présent + not + been + V-ing	have au présent + sujet + been + V-ing
	I have / he has been playing	**I haven't / he hasn't been playing**	**have I / has he been playing?**
past perfect simple	have au prétérit + part. passé	have au prétérit + not + part. passé	have au prétérit + sujet + part. passé
	I / he had played	**I / he hadn't played**	**had I / he played?**
past perfect progressif	have au prétérit + been + V-ing	have au prétérit + not + been + V-ing	have au prétérit + sujet + been + V-ing
	I / he had been playing	**I / he hadn't been playing**	**had I / he been playing?**

> ! Ne confondez pas : **He's old.** (is) ≠ **He's gone.** (has)
> **I'd never seen him before.** (had) ≠ **I'd practise every day.** (would)

Prétérit simple

- récit d'un fait passé
  He didn't say a word at the meeting.

- habitudes, faits répétés passés
  He never played football as a boy.

Prétérit progressif

- fait en cours dans le passé
  What were you doing last night?

- fait très récent
  He was just telling me a joke.

> *Contraste entre prétérit simple et progressif*
> **I was watching the news when the phone rang.**
> *J'étais en train de regarder les nouvelles quand le téléphone a sonné.*
> → *(activité en cours interrompue par un événement soudain)*

Present perfect

D'une manière ou d'une autre, le present perfect est relié au présent. Il s'agit de trouver le lien !

- fait passé qui se poursuit dans le présent
  He has always been a hard worker. *(= et l'est toujours)*

- fait passé qui a une incidence sur le présent
  He has broken a leg and can no longer compete. *Il s'est cassé la jambe et ne peut plus faire de compétition.*

> *i* On emploie le present perfect avec **already**, **before**, **ever**, **never** et **yet**.
> Ex : I haven't finished yet.

> *Prétérit ou present perfect ?*
> **He has just arrived.** *Il vient d'arriver.* → *(il est là maintenant)*
> **He arrived a moment ago.** *Il est arrivé il y a un instant.*
> → *(accent mis sur le moment de son arrivée)*

Present perfect progressif

- situation jusqu'à maintenant
  Sorry I'm late! Have you been waiting long? *Désolé d'être en retard ! Tu es là depuis longtemps ?*

• activité récente, considérée pour son résultat présent
I've been reading your report and I'm very impressed. *J'ai lu votre rapport et je suis très impressionné.*

 Le present perfect (simple ou progressif) peut se traduire par le présent en français :
I've lived / I've been living here for 10 years. *Je vis ici depuis 10 ans.*

Past perfect simple

• passé antérieur au passé auquel il est fait référence
I felt ill. I had eaten far too much. *Je ne me sentais pas bien. J'avais beaucoup trop mangé.*

 Comparez ces deux phrases :
She had left when I arrived. *Elle était partie quand je suis arrivé.* (→ *partie avant mon arrivée*)
She left when I arrived. *Elle est partie quand je suis arrivé* (→ *au même moment*)

• situations non réelles ou non réalisées

 Après **if, if only, I wish, I would rather**, etc.

I wish I hadn't said / you hadn't said anything. *J'aurais préféré ne rien dire / que tu ne dises rien.*
I'd rather they hadn't come. *J'aurais préféré qu'ils ne viennent pas.*

Past perfect progressif

• même emploi que le present perfect progressif mais au passé
Her eyes were red. She had obviously been crying.

Used to et *would*

• habitudes passées
Notez que **used to** et **would** se traduisent par un imparfait.
On Sundays we used to go to my grandmother's. *(langage courant)*
On Sundays we would go to my grandmother's. *(langue écrite)*

Ago, for et *since*

• **Ago**, toujours employé avec le prétérit, indique il y a combien de temps quelque chose s'est passé.
• **For**, suivi d'une durée (nombre d'heures, d'années, etc), indique combien de temps une situation a duré.
• **Since**, suivi d'une date de départ, indique combien de temps une situation a duré.

Si l'on est en 2010 et que vous avez le même travail depuis 2005, toutes les phrases suivantes sont correctes :
I started this job five years ago. *(prétérit)*
I've worked here for five years. *(present perfect) (et non :* **I worked here for 5 years***, qui suggèrerait que je n'y travaille plus)*
I've been doing this job for five years. *(present perfect progressif)*
I've been doing this job since 2005. *(present perfect progressif)*

■ les modaux

Formes

Les modaux sont : **can, could, may, might, will, would, shall, should, must, need, ought to**.

Ils ont toujours la même forme et sont suivis d'un infinitif sans **to** (sauf la construction **ought to**).

Les formes contractées sont très courantes :
- affirmatives : **'ll** (**will**), **'d** (**would**).
- négatives : **can't, couldn't, won't** (**will not**), **wouldn't, shan't** (**shall not**), **shouldn't, mustn't, needn't**.
- Les formes de remplacement **be able to, be allowed to** et **have to** se conjuguent normalement.

Différents degrés de certitude

- certitude
  You must be joking! *Vous voulez rire !*
  We must have met before. *On a dû déjà se rencontrer.*
  You can't miss it, it's just opposite the station. *Vous ne pouvez pas le rater, c'est juste en face de la gare.*

- probabilité et possibilité
  You may change your mind when you see it! *Tu changeras peut-être d'avis quand tu le verras !*
  I might join you later. *Je vous rejoindrai peut-être plus tard.*
  They might have forgotten altogether. *Ils ont peut-être carrément oublié.*
  They should have arrived by now. *Ils devraient être arrivés maintenant.*

- fait généralement ou parfois vrai
  The roads can get dangerous in the winter. *Les routes sont parfois dangereuses en hiver.*

- certitude liée à certaines conditions
  If I had the time, I would take Chinese lessons. *Si j'avais le temps, je prendrais des cours de chinois.*

Obligation ou nécessité

I must / have to / 've got to be in London by Monday. *Je dois être à Londres pour lundi.*

Absence d'obligation ou de nécessité

You needn't worry so much. *Ce n'est pas la peine de te faire autant de souci.*
You don't have to come if you don't want to. *Tu n'es pas obligé de venir si tu n'en as pas envie.*

Interdiction

Children must not run near the swimming pool. *Les enfants ne doivent pas courir au bord de la piscine.*
Drinks may not be taken into the cinema. *Les boissons sont interdites dans la salle de cinéma.*
I'm afraid you can't smoke in here. *Je regrette mais il est interdit de fumer ici.*
Dogs are not allowed. *Les chiens ne sont pas autorisés.*

Permission

Can I borrow your pen, please? *Est-ce que je peux t'emprunter ton stylo ?*

Could est plus poli et **may** plus formel.

Candidates may / are allowed to leave after one hour. *Les candidats sont autorisés à partir après une heure.*

Suggestion

• conseil

You ought to / should see a doctor. *Tu devrais aller voir un docteur.*
Shall I open the window? *Voulez-vous que j'ouvre la fenêtre ?*

Should est moins insistant et **ought to** plus formel.

• invitation

You must come and see me some time. *Il faut que tu viennes me voir.*

Notez ici l'emploi de **must** : il s'agit bien d'une invitation et non d'un ordre.

I'll give you a lift if you want. *Je peux te déposer si tu veux.*
Can I get you a drink? *Je t'offre quelque chose à boire ?*

• proposition

Would you like a drink? *Est-ce que tu veux quelque chose à boire ?*
Can you pass me the salt, please? *Veux-tu me passer le sel s'il te plaît ?*
Shall we go to the cinema instead? *Et si on allait au cinéma à la place ?*

Capacité

He can be very irritating. *Il peut être vraiment agaçant quelquefois.*
You could have warned me! *Tu aurais pu me prévenir !*

It's great **being able to** send files by e-mail. *C'est génial de pouvoir envoyer des fichiers par e-mail.*

■ gérondif ou *to* + infinitif ?

Gérondif

 Le radical de certains verbes change au gérondif :
to swim → swimming   to take → taking

• après des verbes de goût ou d'opinion
Ex : **dislike, enjoy, hate, imagine, mind, prefer, suggest**.
  I don't mind staying a bit longer. *Ça ne me dérange pas de rester un peu plus longtemps.*

• après des verbes indiquant la continuation ou l'achèvement
Ex : **finish, give up, keep (on), spend** [time].
  He keeps talking when I'm trying to work. *Il n'arrête pas de parler alors que j'essaie de travailler.*

• après des prépositions ou des verbes prépositionnels
Prépositions : **after, at, by, for, from, in, instead of, of, on, to, with, without**…
Phrasal verbs : **feel like, keep from, look forward to, think of**…
  I'm not very good at speaking in public. *Je ne suis pas très doué pour parler en public.*
  I'm tired of watching TV. *J'en ai assez de regarder la télé.*

to + infinitif

 Notez l'ordre des éléments dans la phrase :
He asked me to come. *Il m'a demandé de venir.*
She's decided not to go. *Elle a décidé de ne pas y aller.*

• après des verbes indiquant une intention, un but
Ex : **agree, ask, decide, expect, hope, learn, promise, refuse, remind, tend, want, wish**.
  Remind me to take the tickets. *Rappelle-moi de prendre les billets.*

 Parfois, les deux formes sont possibles :
  • avec un sens équivalent (avec **like, hate, plan, can't bear**) :
  I can't bear seeing you like this. = **I can't bear to see you like this.** *Je ne peux pas supporter de te voir comme ça.*
  • avec un sens différent (avec **forget, remember, regret, stop, go on**) :
  He stopped talking. ≠ **He stopped to talk.** *Il s'est arrêté de parler.* ≠ *Il s'est arrêté pour parler.*

French Grammar

■ articles

Use of the definite article
le, la, les *(the)*

- for a particular person or thing
  Les amis dont je t'ai parlés.

- for a noun used in a general sense
  Le sucre est mauvais pour les dents.

- for geographical names, seasons, languages, subjects and parts of the body
  la France, l'automne, le français, les maths, ouvrez la bouche

- for names following an adjective and titles
  le petit Pierre, le docteur Coste

- for days of the week (to describe regular occurrences)
  Que fais-tu le samedi ?

- for prices and quantities
  C'est combien le kilo/la douzaine/la bouteille ?

  > ! Note that **le** and **la** become **l'** before a word beginning with a vowel or silent
  > h: **l'enfant, l'histoire**

Use of the indefinite article
un, une, des *(a/an/one/some/any)*

- for a general person or thing
  un homme, une femme, des livres

- for abstract nouns followed by an adjective
  avec une patience remarquable

  > ! In negative sentences, **de** or **d'** is used instead of **un, une, des**:
  > **Je n'ai pas d'amis.**
  > **Je n'ai plus de voiture.**

When to omit the article

- for professions
  Elle est ⊘ médecin.

  > ! Note that the article *is* used after **c'est**, **c'était** etc:
  > **C'est un acteur célèbre.**

- after **quel** in exclamations
  Quelle ⊘ surprise !
- for abstract nouns with no adjective
  Avec ⊘ plaisir.

Use of the partitive article
du, **de la**, **des** *(some/any)*

- to mean *some/any*
  As-tu du vin ? *Do you have any wine?*
  Il a de la glace. *He's got some ice-cream.*
- the partitive article is not always translated in English
  Tu veux de la soupe ? *Do you want (any) soup?*

> **!** Note that the partitive article is replaced by **de** or **d'**:
>
> - after negative expressions:
> **Il n'y a plus de café.**
> - after expressions of quantity:
> **Il gagne assez d'argent.**
> - after **avoir besoin de**:
> **Tu as besoin de timbres ?**
> - when an adjective precedes a plural noun:
> **de petites villes**

> *partitive or definite article?*
> When no article is used in English, it is not always clear which article to use in French. If *some/any* can be inserted before the English noun, use the partitive article:
> **Tu as acheté du poisson ?**
> *Did you buy fish? (= any fish)*
> **J'aime le poisson.**
> *I like fish. (= fish in general)*

■ nouns

Typical masculine endings
There are some typical masculine noun endings for words of more than one syllable:
le chauffage, le travail, le bateau, le navet, le communisme, le collège, le problème, le vêtement

Typical feminine endings
la tendance, la danse, la nation, la cuisine, la carotte, la nourriture

Feminine of nouns

There is often a separate word for the feminine form of a noun:

frère → sœur, fils → fille

When there is no separate word, most feminine nouns are formed by adding **-e** to the masculine noun: **ami → amie**. In certain cases this alters the masculine form:

masculine ending	feminine ending	examples
-t	-te	**chat → chatte**
-n	-ne	**chien → chienne**
-er	-ère	**ouvrier → ouvrière**
-eur	-euse/-eresse	**vendeur → vendeuse** **pécheur → pécheresse**
-teur	-teuse/-trice	**chanteur → chanteuse** **lecteur → lectrice**
-f	-ve	**veuf → veuve**
-x	-se	**époux → épouse**
-eau	-elle	**jumeau → jumelle**

 Note that there are also several irregular feminine forms, for example:
hôte → hôtesse, Grec → Grecque, héros → héroïne

Plural of nouns

As in English, the plural form of a noun is usually formed by adding **-s**: **chanson → chansons**. Note that the final **-s** is not pronounced.

exceptions	examples
Plural form -x nouns ending in –au, -eau, eu some nouns ending in -ou	**tuyau → tuyaux** **bateau → bateaux** **neveu → neveux** **genou → genoux** (*but:* **landaus, pneus, clous**…)
Plural form -aux nouns ending in –al nouns ending in -ail	**journal → journaux** **travail → travaux** (*but:* **festivals, détails**…)
Plural form unchanged nouns ending is –s, -z, -x	**radis** **nez** **prix**
Some irregular plurals	**œil → yeux** **ciel → cieux**

> ! Note that family names are invariable:
> **J'ai recontré les Leblanc.**

■ adjectives

Noun + adjective

In French, adjectives agree with nouns in number and gender and usually go after the noun:

J'aime le vin blanc.

Ce sont des rues étroites.

Adjective + noun

A few very common adjectives always go before the noun:

bon/bonne → un bon repas

beau/belle → une belle maison

mauvais(e) → du mauvais temps

grand(e) → un grand bâtiment

gros/grosse → une grosse somme

petit(e) → un petit garçon

Feminine of adjectives

The feminine of adjectives is usually formed by adding **-e**: **froid → froide**. There are some common patterns of exceptions:

masculine ending	feminine ending	examples
-c	-che	**blanc → blanche**
-x	-se	**heureux → heureuse**
-er	-ère	**léger → légère**
-eau	-elle	**beau → belle**
-ou	-olle	**fou → folle**

Plural of adjectives

The plural of adjectives is formed by adding **-s** in the same way as for nouns: **des gants verts**

■ comparison

Regular comparatives and superlatives

comparative	more ... (than); ...er (than)	plus ... (que) **plus long (que)**
	less ... (than); not as ... (as)	moins ... (que) **moins récent (que)**
	as ... (as)	aussi ... (que) **aussi important (que)**
superlative	the most ...; the ...est	le/la/les plus ... **le plus grand**
	the least ...	le/la/les moins ... **la moins difficile**

Irregular comparatives and superlatives

bon → meilleur, le meilleur
mauvais → pire, le pire → plus mauvais, le plus mauvais
petit → moindre, le moindre → plus petit, le plus petit

> **Pire** and **le pire** are used to mean *the worst*, while **plus mauvais** and **le plus mauvais** indicate comparison:
>
> **C'est la pire chose qui pouvait lui arriver.**
> *It's the worst thing that could happen to him.*
>
> **Ma note est plus mauvaise que la tienne.**
> *My mark is worse than yours.*
>
> **Moindre** and **le moindre** are used to mean 'less in importance', whereas **plus petit** and **le plus petit** mean 'less in size':
>
> **Le moindre de mes soucis.**
> *The least of my worries.*
>
> **Elle est plus petite que moi.**
> *She is smaller than me.*

■ personal pronouns

Subject pronouns

je *(I)*

tu *(you)*

il *(he, it)*, **elle** *(she, it)*

nous *(we)*

vous *(you)*

ils/elles *(they)*

Tu is used informally when speaking to one person only. **Vous** can be singular or plural; it is used when speaking to more than one person (plural) or to one person you do not know well (formal singular).

 Il/ils and **elle/elles** may refer to people or things and must be the same gender as the noun they replace:
Ton stylo ? Il est là.
Ta montre ? Elle est là.

Object pronouns

Object pronouns replace a noun which directly follows the verb.

me *(I)*   **nous** *(us)*
te *(you)*   **vous** *(you)*
le *(him, it)*, **la** *(her, it)*   **les** *(them)*
Je les ai trouvés. *I found them.*

 When the verb takes a preposition, the 3rd person object pronouns become **lui** *(him, her, it)* and **leur** *(them)*.

Order of object pronouns

- before the verb
me te nous vous
la la les
lui leur
  Il me l'a donné.
  Ne la leur vends pas.

- after the verb
le la les
moi toi nous vous
lui leur
  Apporte-les-moi !
  Rends-la-leur !

 Moi and **toi** are used instead of **me** and **te** with the imperative.

■ *en* and *y*

The pronoun *en*

En replaces **de** + noun and can be used:

- to mean *of it/them, with it/them, about it/them, from it/them, out of it/them*
  Tu es sûr du prix ? – J'en suis sûr.
  Are you sure of the price? – I'm sure of it.

- with verbal constructions
  Il a envie de ce livre. Il en a envie.
  He wants this book. He wants it.
  Tu as besoin de ces papiers ? Tu en as besoin ?
  Do you need these papers? Do you need them?

- to replace the partitive article (**du**, **de la**, **des**)
  Tu veux du café ? – Non, je n'en veux pas.
  Do you want (any) coffee? – No, I don't want any.

- to replace expressions of quantity not followed by a noun
  Vous avez combien de frères ? – J'en ai deux.
  How many brothers do you have? – I've got two.

The pronoun *y*

The pronoun **y** replaces **à** + noun but never when referring to a person. It can be used:

- to replace the indirect object of a verb
  Tu joues au tennis ? – Non j'y joue rarement.
  Do you play tennis? – No, I seldom play (it).

   Since the preposition **à** can be translated many different ways in English, **y** may also have a variety of meanings:
  J'y pense souvent. *I often think about it.*
  Il s'y intéresse. *He's interested in it.*

- to mean *there*
  Il est allé en Grèce. Il y est allé.
  He went to Greece. He went there.

   Note that **y** must always be used with the verb **aller** when the place is not mentioned. It is often not translated in English:
  Comment vas-tu à l'école? – J'y vais en bus.
  How do you get to school? – I go (there) by bus.

- to replace **en**, **dans**, **sur** + noun to mean *there, in it/them, on it/them*
  Sur la table ? – Non je ne l'y vois pas.
  On the table? – No , I don't see it there.

■ possessives

Possessive adjectives

Possessive adjectives agree with the noun that follows, unlike in English where they agree with the possessor.
mon, **ma**, **mes** *(my)*
ton, **ta**, **tes** *(your)*
son, **sa**, **ses** *(his, her, its)*

notre, nos *(our)*
votre, vos *(your)*
leur, leurs *(their)*
> **Il a perdu son agenda.** *He's lost his diary.*
> **Notre rue est assez calme.** *Our street is fairly quiet.*

Possessive pronouns

Possessive pronouns replace a possessive adjective + noun.
le mien/la mienne, les miens/les miennes *(mine)*
le tien/la tienne, les tiens/les tiennes *(yours)*
le sien/la sienne, les siens/les siennes *(his, hers, its)*
le/la nôtre, les nôtres *(ours)*
le/la vôtre, les vôtres *(yours)*
le/la leur, les leurs *(theirs)*
> **J'aime bien ton appartement, mais je préfère le mien.**
> *I like your flat, but I prefer mine.*

■ relative pronouns

Qui
Qui *(that, who, which)* replaces the subject in a relative clause:
> **Ce n'est pas lui qui a menti.** *He's not the one who lied.*

Que
Que *(that, who, which)* replaces the object in a relative clause:
> **La fille que j'aime ne m'aime pas.** *The girl (that) I love doesn't love me.*

Lequel
lequel, laquelle, lesquels, lesquelles *(which)*
The relative pronoun **lequel** combines with the prepositions **à** and **de** as follows:

à + **lequel** → **auquel**	**de** + **lequel** → **duquel**
à + **lesquels** → **auxquels**	**de** + **lesquels** → **desquels**
à + **lesquelles** → **auxquelles**	**de** + **lesquelles** → **desquelles**

> **Quels sont les sports auxquels tu t'intéresses ?**
> *What sports are you interested in?*
> **Voilà le village auprès duquel on campait.**
> *Here's the village which we camped near.*

> ### *qui or lequel?*
> **Qui** is generally used after a preposition when referring to people:
> ### La fille avec qui j'ai dansé.
> *The girl (who) I danced with.*
> **Lequel** is often used after a preposition when referring to objects, or when referring to people after the prepositions **entre** and **parmi**:
> ### L'immeuble dans lequel j'habite est très moderne.
> *The building (which) I live in is very modern.*
> ### Il y avait deux candidates, entre lesquels nous avons dû choisir.
> *There were two candidates, between whom we had to choose.*

Dont

- = *of which/of whom*
  Un métier dont il est fier. *A job (which) he is proud of.*

   Note that **dont** is not always translated in English.
  Voilà les choses dont j'ai besoin.
  Here are the things ⊘ I need.

- = *whose*
  Mon copain, dont le père a eu un accident.
  My friend, whose father had an accident.

- **dont** replaces **que** when the verb takes the preposition **de**
  C'est ce dont j'avais peur. (avoir peur de)
  That's what I was afraid of.

Other relative pronouns

- **où** – *where* or *when*
  L'hôtel où on a logé était très confortable.
  The hotel where we stayed was very comfortable.
  Le jour où j'ai eu mon permis de conduire.
  The day (when) I got my driving licence.

- **ce** + **qui/que** = *what* (when there is no specific noun)
  Fais ce que tu veux. *Do what you want.*
  Ce qui s'est passé ne vous regarde pas. *What happened is none of your business.*

- **quoi** replaces **que** when the verb takes a preposition:
  C'est ce à quoi je pensais. *That's what I was thinking about.*
  Voici ce sur quoi il devra s'éxpliquer. *This is what he'll have to explain.*

■ reflexive verbs

Reflexive verbs reflect the action back onto the subject and always have a reflexive pronoun. Compare:

Je lave la voiture. **Je me lave.**
I'm washing the car. *I'm washing (myself).*

Reflexive pronouns

me *(myself)* **nous** *(ourselves)*
te *(yourself)* **vous** *(yourselves)*
se *(himself, herself, itself)* **se** *(themselves)*

- French reflexive pronouns are not always translated in English:
  Je me demande si ... *I wonder if ...*

- reflexive pronouns can be translated by *each other* or *one another*:
  Nous nous détestons. *We hate each other.*

- **se** can mean *ourselves* or *each other* when used with the pronoun **on**:
  On s'est perdu. *We got lost.*
  On se connaît. *We know each other.*

Use

- reflexive verbs are conjugated with the auxiliary verb **être** in compound tenses (see 410):
  Il s'est trompé. *He made a mistake.*

- the past participle agrees with the reflexive pronoun when it is a direct object
  Elle s'est endormie. *She fell asleep.*
  Ils se sont excusés. *They apologized.*

> The past participle is unchanged when:
>
> - the reflexive pronoun is an indirect object:
>   **Elle se l'est acheté.** *She bought it for herself.*
>
> - the reflexive verb has a direct object that is not the reflexive pronoun:
>   **Vous vous êtes lavé les mains, les filles ?**
>   *Did you wash your hands, girls?*

■ present tense

Regular verbs in the present tense

Regular verbs in the present tense are conjugated by taking the stem of the infinitive + the present tense endings:

-ER verbs	-IR verbs	-RE verbs
parler	finir	attendre
je parl-**e**	**je** fin-**is**	**j'**attend-**s**
tu parl-**es**	**tu** fin-**is**	**tu** attend-**s**
il/elle parl-**e**	**il/elle** fin-**it**	**il/elle** attend
nous parl-**ons**	**nous** fin-**issons**	**nous** attend-**ons**
vous parl-**ez**	**vous** fin-**issez**	**vous** attend-**ez**
ils/elles parl-**ent**	**ils/elles** fin-**issent**	**ils/elles** attend-**ent**

Irregular verbs in the present tense

For irregular verbs in the present tense see the verb tables on p. 373.

Use of the present tense

- for general truths
  La vie est dure. *Life is hard.*

- for regular actions
  Il travaille dans un bureau. *He works in an office.*

- for continuous actions
  Ne le dérangez pas, il travaille. *Don't disturb him, he's working.*

  > Note that there is no present continuous tense in French:
  > **Je mange.** = *I eat/I am eating.*
  > A continuous action can also be expressed by **être en train de**:
  > **Je suis en train de cuisiner.** *I'm (busy) cooking.*

- to express the immediate future
  Je pars demain. *I'm leaving tomorrow.*

■ future tense

Regular verbs in the future tense

Regular verbs in the future tense are conjugated with the infinitive + the future endings:
-ai, -as, -a, -ons, -ez, -ont

  > For **-re** verbs, the final **-e** is omitted.

Irregular verbs in the future tense

Some verbs have an irregular stem but still take the future endings, for example:
être → je serai, tu seras, il/elle sera, nous serons, vous serez, ils/elles seront
avoir → j'aurai, tu auras, il/elle aura, nous aurons, vous aurez, ils/elles auront
For other irregular verbs in the future tense see the verb tables on p. 373.

Use of the future tense

The future tense is used to describe what someone will do/be doing or something that will happen/be happening

Je ferai la vaisselle demain. *I'll do the dishes tomorrow.*

Il arrivera tard. *He'll be arriving late.*

> ❕ The verb **aller** + infinitive can be used to express the immediate future:
> **Il va démenager la semaine prochaine.** *He's moving house next week.*

■ imperfect tense

Regular verbs in the imperfect tense

Regular verbs are conjugated in the imperfect tense by taking the stem of the first person plural present tense (**nous** minus the ending **-ons**) + the imperfect endings:
-ais, -ais, -ait, -ions, -iez, -aient

Irregular verbs in the imperfect tense

Only one verb is irregular in the imperfect tense:
être → j'étais, tu étais, il/elle était, nous étions, vous étiez, ils/elles étaient

Use of the imperfect tense

- to describe continuous actions in the past
  Il prenait un bain quand le téléphone a sonné.
  He was having a bath when the phone rang.

- to describe regular actions in the past
  Quand il était jeune, il voyageait beaucoup.
  When he was younger he used to travel a lot.

- for description in the past
  C'était formidable ! *It was great!*

■ present perfect tense

The present perfect tense is formed with an auxiliary verb (**avoir** or **être**) + a past participle.

Auxiliary verbs

- **avoir** is the auxiliary for most verbs:
  J'ai marqué un but. *I scored a goal.*

- **être** is the auxiliary for verbs of motion and change of state:
aller, arriver, descendre, entrer, monter, mourir, naître, partir, passer, rester, retourner, sortir, tomber, venir

When a verb forms the present perfect tense with **être**, the past participle agrees with the subject of the verb:

Les élèves sont sortis à midi. *The pupils came out at midday.*
Elle n'est pas encore descendue. *She hasn't come down yet*

> ! Note that **être** takes the auxiliary verb **avoir** in the present perfect tense.

Past participle of regular verbs

The past participle of regular verbs is formed by taking the stem of the infinitive + the following endings:

-ER verbs	-IR verbs	-RE verbs
parl(er) + é	**fin(ir) + i**	**attend(re) + u**
parlé	**fini**	**attendu**

Past participle of irregular verbs

Some of the most common verbs have an irregular past participle, for example:

avoir → eu   devoir → dû   être → été

For other irregular past participles see the verb tables on p. 373.

Use of the present perfect tense

The present perfect tense is used for single completed actions in the past:

J'ai lu toute la journée. *I've been reading all day.*
Tu as déjà mangé ? *Have you eaten?*

■ pluperfect tense

The pluperfect tense is formed by taking the imperfect of the auxiliary verb (**avoir** or **être**) + a past participle:

aimer → j'avais aimé etc   **devenir → j'étais devenu(e)** etc

Use of the pluperfect tense

The pluperfect tense is used to describe what someone had done/had been doing or something that had happened/had been happening:

Il n'avait pas voulu aller avec eux. *He hadn't wanted to go with them.*

> ! The verb **venir + de** + infinitive can be used in the present or imperfect to describe something that has/had just happened:
> **L'avion vient d'arriver.** *The plane has just arrived.*
> **Le film venait de commencer.** *The film had just started.*

■ subjunctive mood

Regular verbs in the subjunctive mood

The subjunctive mood is formed by taking the stem of the first person plural present tense (**nous** minus the ending **-ons**) + the subjunctive endings:

-e, -es, -e, -ions, -iez, -ent

Irregular verbs in the subjunctive mood

For irregular verbs in the subjunctive mood, see the verb tables on p. 373.

Perfect subjunctive mood

The perfect subjunctive mood is formed by taking the present subjunctive of **avoir** or **être** + past participle.

Le meilleur choix que j'aie fait. *The best choice I've made.*

Je ne crois pas qu'il soit venu. *I don't think he came.*

Use of the subjunctive mood

The subjunctive always follows **que** in subordinate clauses where the subject is different from the subject of the main verb:

- after verbs of emotion, wishing and willing
  Je serais très étonné qu'il mente. *I would be very surprised if he was lying.*

- after impersonal constructions expressing necessity, possibility, doubt or preference
  Il semble qu'elle ait raison. *She appears to be right.*

- after some verbs and impersonal constructions expressing uncertainty
  Je doute qu'il veuille t'aider. *I doubt he'll want to help you.*

- after **attendre que**
  Attendons qu'il revienne. *Let's wait until he comes back.*

- after some subordinating conjunctions
  Il est allé travailler bien qu'il soit malade. *He went to work even though he was ill.*

- after superlatives and adjectives such as **premier**, **dernier**, **seul**
  C'était le coureur le plus rapide que j'aie jamais vu.
  He was the fastest runner I ever saw.

- after negative and indefinite pronouns
  Ils cherchent quelqu'un qui puisse garder le bébé.
  They're looking for someone who can look after the baby.

■ conditional mood

Conditional present

The conditional present is formed with the infinitive + conditional endings:
-ais, **-ais**, **-ait**, **-ions**, **-iez**, **-aient**

- For **-re** verbs, the final **-e** is omitted.
- Irregular verbs in the conditional present have the same stems as irregular verbs in the future tense.

Use of the conditional present

The conditional present is used to describe what someone would do/would be doing or what would happen (if something else were to happen):

Si j'avais de l'argent, je ferais le tour du monde.
If I had money, I would travel around the world.

Conditional perfect
The conditional perfect is formed with the conditional present of an auxiliary verb (**avoir** or **être**) + past participle:

finir → j'aurais fini etc

Use of the conditional perfect
The conditional perfect is used to describe what someone would have done or would have been doing or what would have happened (if something else had happened):

Si j'avais su, je n'aurais rien dit.
If I had known, I wouldn't have said anything.

> *Si + imperfect or pluperfect?*
> Conditional present + **si** + imperfect
> **Je te le dirais, si je le savais.**
> *I would tell you if I knew.*
> Conditional perfect + **si** + pluperfect
> **Je te l'aurais dit, si je l'avais su.**
> *I would have told you, if I had known.*

■ use of tenses with *il y a, depuis, pendant*

Il y a

- present perfect tense + **il y a** + period of time = *ago*
  J'ai vu le film il y a trois semaines. *I saw the film three weeks ago.*

- **il y a ... que** + present tense = *for*
  Il y a dix minutes que ça sonne. *It's been ringing for ten minutes.*

  > **Voilà que** can also be used to express *for*:
  > **Voilà dix minutes que ça sonne.** *It's been ringing for ten minutes.*

- **il y avait ... que** + imperfect tense = *for*
  Il y avait longtemps qu'elle habitait seule.
  She'd been living alone for a long time.

Depuis

- **depuis** + present tense = *for* or *since* (when an action is ongoing)
  Il habite ici depuis trois ans. *He's been living here for three years.*
  Elle t'attende depuis ce matin. *She's been waiting for you since this morning*

Depuis must be used with the present perfect tense when the clause is negative or the action is complete:

Il n'a pas pris de vacances depuis longtemps.

He hasn't taken any holidays for a long time.

- **depuis** + imperfect tense = *for* or *since* (when an action started in the past and was still ongoing at a certain time)

Elle le connaissait depuis son enfance.

She had known him since her childhood.

Il attendait depuis trois heures quand on est arrivé.

He had been waiting for three hours when we arrived.

 Depuis must be used with the pluperfect tense when the clause is negative or the action is complete:

Je n'étais pas allé au cinéma depuis des années.

I hadn't been to the cinema for years.

Il était parti depuis peu. *He had been gone for a short while.*

- **depuis que** + present tense = *since* (when a clause is introduced by *since*)

Elle dort depuis que vous êtes parties.

She's been sleeping since you left.

- **depuis que** + imperfect tense = *since*

Il pleuvait depuis que nous étions en vacances.

It had been raining since we'd been on holiday.

 Depuis que must be used with the pluperfect tense when the action is complete:

Il pleuvait depuis que nous étions arrivés.

It had been raining since we arrived.

Pendant

- **pendant** + noun = *during*

J'ai vu un film pendant mon séjour.

I saw a film during my stay.

- **pendant** + period of time = *for* (in any tense)

Il a vécu ici pendant deux mois.

He lived here for two months.

J'y avais travaillé pendant un an.

I had worked there for a year.

Je vais habiter en France pendant deux ans.

I'm going to live in France for two months.

 Pour can also be used to express *for* in the future tense:

Je vais habiter en France pour deux ans.

> *Depuis or pendant?*
> **Depuis** is used to refer to the starting point of an action in the past and **pendant** is used to refer to the duration of an action in the past or future.

■ modal auxiliary verbs

The five modal auxiliary verbs **devoir**, **pouvoir**, **savoir**, **vouloir** and **falloir** are always followed by a verb in the infinitive.

Devoir

Devoir can be used to express obligation, probability, intention or expectation.

Nous devons arriver à temps. *We must arrive in time.*

Il doit être en train de dormir. *He must be sleeping. (He's probably sleeping).*

Je dois aller chez le dentiste. *I am supposed to go to the dentist.*

In the conditional, **devoir** can be used to give advice:

Tu n'aurais pas dû manger ces champignons. *You shouldn't have eaten those mushrooms.*

 Note that the French infinitive is translated by a past participle in English: **manger = eaten**

Pouvoir

Pouvoir can be used to express ability, permission or probability.

Il ne pouvait pas sortir de son lit. *He couldn't get out of bed.*

Puis-je entrer ? *May I come in?*

Cela peut arriver. *It can happen.*

In the conditional, **pouvoir** expresses something that could or might be/have been.

Tu pourrais t'excuser. *You might apologize.*

 With verbs of perception (**entendre**, **sentir**, **voir** etc) **pouvoir** is often omitted:

J'entendais le bruit des vagues. *I could hear the sound of the waves.*

Savoir

Savoir can be used to express 'know how to'.

Je sais/savais conduire une moto. *I can/used to be able to ride a motorbike.*

 Note that **savoir** is often translated as *can* in English.

Vouloir

Vouloir can be used to express desire, wish or intention.

Je veux partir. *I want to go.*

Je voudrais trouver un travail intéressant. *I'd like to find an interesting job.*

Il a voulu sauter par la fenêtre. *He tried to jump out of the window.*

Falloir

Falloir can be used to express necessity.

Il faudrait y aller tout de suite. *We should go right away.*

> **Falloir** can also be followed by a noun or the subjunctive mood:
> **Il faut deux heures pour aller à Paris.** *It takes two hours to get to Paris.*
> **Il faut que tu parles à Papa.** *You have to speak to Dad.*

■ present participle

The present participle is formed with the first person plural present tense (**nous** minus the ending -**ons**) + -**ant** (similar to the English –*ing*):

Three verbs have irregular present participles:

avoir → ayant　　　**être → étant**　　　　　**savoir → sachant**

Use as an adjective

The present participle agrees with its noun or pronoun:

Ils sont très exigeants. *They're very demanding.*

Use as a verb

- to mean –*ing*

  Pensant bien faire, j'ai insisté. *Thinking I was doing the right thing, I insisted.*

- **en** + present participle to express simultaneous actions or manner

  Il est tombé en descendant l'escalier. *He fell as he was going downstairs.*

  J'ai trouvé du travail en lisant les petites annonces. *I found a job by reading the classified ads.*

- **en** + present participle to express phrasal verbs of motion

  Il est sorti du magasin en courant. *He ran out of the shop. (to run out)*

- **ayant/étant** + past participle to express that one action occurred before another

  Ayant fini, je suis parti. *Having finished, I left.*

  Étant arrivé en retard, il a manqué le train. *Having arrived late, he missed the train.*

> ! Both **ayant** and **étant** translate as *having* in English.

100 expressions anglaises à connaître

L'amour et l'affection

she is the apple of his eye	*il tient à elle comme à la prunelle de ses yeux*

L'expression anglaise est toujours au singulier (**the apple of his/her eye**) et s'applique toujours à une personne, jamais à une chose.

to sweep someone off his/her feet	*faire perdre la tête à quelqu'un*
to fall head over heels for someone	*tomber follement amoureux de quelqu'un*

Aimer / ne pas aimer

to be in someone's good books	*être dans les petits papiers de quelqu'un*
to get on like a house on fire	*s'entendre à merveille*
to turn one's nose up at something	*dédaigner quelque chose*
to give someone the cold shoulder	*snober quelqu'un*
to get up someone's nose	*taper sur les nerfs à quelqu'un*

S'amuser

to let one's hair down	*se détendre, se laisser aller*

Cette expression fait référence au fait qu'autrefois les femmes ne laissaient retomber leurs cheveux que dans l'intimité.

to have a blast	*s'éclater*
to paint the town red	*faire la noce*

Le bonheur

to be on top of the world	*être en pleine forme*
to be on cloud nine	*être ravi, être aux anges*
to be over the moon	*être ravi, être aux anges*

La tristesse

to hit rock bottom	*toucher le fond*
to be down in the mouth	*être déprimé*

La colère

to hit the ceiling/roof	*péter les plombs*
to blow one's top	*sortir de ses gonds*
to get hot under the collar	*se mettre en rogne*
to be at the end of one's tether	*être à bout*

Littéralement : avoir atteint le bout de sa longe. Quand l'herbe à portée de l'animal attaché est épuisée, il tire sur sa longe pour tenter de brouter plus loin.
Attention : cette expression n'est pas l'équivalent du français « être au bout du rouleau ».

Les critiques

the pot calling the kettle black	*l'hôpital qui se moque de la charité*
to cut someone down to size	*remettre quelqu'un à sa place*
to pick holes in something	*relever des erreurs dans quelque chose*

Les réprimandes

to throw the book at someone	*passer un savon à quelqu'un*

L'expression fait référence au code pénal.

to bite someone's head off	*rembarrer quelqu'un*
to have someone's guts for garters	*massacrer quelqu'un*

Cette expression s'emploie toujours sous forme de menace.

La peur

to get cold feet	*avoir la frousse*
to scare the pants off someone	*faire une peur bleue à quelqu'un*
to have one's heart in one's mouth	*avoir le cœur qui bat la chamade*

Les opinions

to get on one's soapbox	*haranguer les foules*

Littéralement : monter sur sa caisse à savon (**soapbox**), c'est-à-dire sur une tribune improvisée, pour faire un discours.

to see eye to eye (with someone)	*voir les choses du même œil (que quelqu'un)*
to have a change of heart	*changer d'avis*
to stick to one's guns	*rester sur ses positions, tenir bon*

▌ L'expression fait référence au soldat qui continue à tirer au lieu de s'enfuir devant l'ennemi.

| to stick one's oar in | *mettre son grain de sel* |

Le contrôle et la manipulation

to have someone eating out of one's hand	*faire faire ce qu'on veut à quelqu'un*
to wrap someone round one's little finger	*faire ce qu'on veut de quelqu'un*
to twist someone's arm	*exercer une pression sur quelqu'un*

La tromperie

to lead someone up the garden path	*duper quelqu'un, faire marcher quelqu'un*
a wolf in sheep's clothing	*un loup déguisé en agneau*
to pull the wool over someone's eyes	*faire croire n'importe quoi à quelqu'un*

▌ **The wool** était une perruque portée autrefois par les riches. Un voleur ou un plaisantin pouvait les désorienter en tirant la perruque sur leur visage.

L'âge

to have been around the block a few times	*ne plus être de la première jeunesse*
to be over the hill	*commencer à se faire vieux*
to be long in the tooth	*ne plus être tout jeune*

▌ On peut estimer l'âge d'un cheval à la longueur de ses dents. En général, plus les dents sont longues, plus le cheval est âgé.

L'entraide

to bend over backwards	*se mettre en quatre*
to give someone a hand	*donner un coup de main à quelqu'un*
to get someone off the hook	*tirer quelqu'un d'affaire*

L'apparence

to look like death warmed up	*avoir une mine de déterré*
to look like something the cat brought in	*être en piteux état*
to be knee-high to a grasshopper	*être haut comme trois pommes*

L'argent

to be made of money	*être plein aux as, rouler sur l'or*
to bring home the bacon	*faire bouillir la marmite*
to cost an arm and a leg	*coûter les yeux de la tête*
to push the boat out	*ne pas regarder à la dépense*

La boisson et l'ivresse

to drink like a fish	*boire comme un trou*
to be on the wagon	*être au régime sec*

À l'origine, cette expression d'origine américaine était **on the water wagon**, terme qui désignait le chariot qui transportait la citerne d'eau.

to be three sheets to the wind	*avoir du vent dans les voiles*

Les ressemblances et les différences

to be as alike as two peas in a pod	*se ressembler comme deux gouttes d'eau*
it's a different kettle of fish	*c'est une autre affaire*
to be like chalk and cheese	*c'est le jour et la nuit*

La supériorité

to have someone for breakfast	*ne faire qu'une bouchée de quelqu'un*
to wipe the floor with someone	*ne faire qu'une bouchée de quelqu'un*
to make mincemeat of someone	*démolir quelqu'un, écraser quelqu'un*

La compréhension et l'incompréhension

to get one's head around something	*piger quelque chose*
the penny dropped	*j'ai / il a / etc. fini par comprendre*
to get the wrong end of the stick	*mal comprendre*

S'informer

to pick someone's brains	*avoir recours aux lumières de quelqu'un*
to have one's ear to the ground	*se tenir aux écoutes*

Les Indiens d'Amérique sont souvent représentés l'oreille au sol en train d'estimer la position de personnes ou d'animaux.

to put out feelers	*tâter le terrain*

Les **feelers** sont les antennes d'un insecte.

Savoir

to know one's onions	*connaître son affaire*

Cette expression n'a rien à voir avec « s'occuper de ses oignons ».

to know something like the back of one's hand	*connaître quelque chose comme sa poche*
to hear something on the grapevine	*apprendre quelque chose par le téléphone arabe*

Les premières lignes télégraphiques aux États-Unis étaient si mal installées que parfois les fils s'entremêlaient et l'ensemble ressemblait à des pieds de vigne. D'où le terme **grapevine telegraph** qui est à l'origine de l'expression.

to read someone like a book	*savoir toujours ce que pense quelqu'un*
to be in the picture	*être au courant*

Les difficultés et les problèmes

to go to hell and back	*connaître des moments très difficiles (mais s'en sortir)*
to paint oneself into a corner	*se mettre dans une impasse*
to shoot oneself in the foot	*faire une gaffe*
to pull the rug from under someone's feet	*faire capoter les projets de quelqu'un*

La vanité

to be too big for one's boots	*avoir les chevilles qui enflent*
to blow one's own trumpet	*chanter ses propres louanges*
to think one is the bee's knees	*ne pas se prendre pour n'importe qui*

La parole

to talk the hind legs off a donkey	*être bavard comme une pie*
to put a sock in it	*la fermer*
to spill the beans	*révéler un secret*

▋ Il faut noter que l'expression anglaise ne signifie pas nécessairement « trahir un secret ».

La folie

to be out to lunch	*débloquer*
to have a screw loose	*avoir une case de vide*
to be barking mad	*être complètement cinglé*
to lose one's marbles	*perdre la boule*

Les relations

to tie the knot	*se marier*
to take the plunge	*se marier*
to have been left on the shelf	*être en passe de devenir vieille fille*

Les secrets et les confidences

to be in on something	*être au courant de quelque chose*
mum's the word	*motus et bouche cousue*
to keep something under wraps	*garder quelque chose secret*

Le travail

to be up to one's eyeballs	*être débordé de travail*
to work one's finger to the bone	*se tuer à la tâche*
to pull one's weight	*faire sa part de travail*
to burn the midnight oil	*travailler tard dans la nuit*

La mort

to pop one's clogs	*casser sa pipe*
to be pushing up the daisies	*manger les pissenlits par la racine*
to kick the bucket	*casser sa pipe*

Essential French Idioms

Anger

péter les plombs	*to blow one's top*

▌ Here, the word **plombs** refers to the fuses that melt in order to avoid a short-circuit.

prendre la mouche	*to fly off the handle*

▌ This expression is close to **quelle mouche vous a piqué ?** (what's with you?). The idea is that a person's sudden outburst is the result of having been stung by an insect.

être hors de soi	*to be beside oneself (with rage)*
être soupe au lait	*to flare up very easily*

▌ This expression comes from the fact that soup with added milk boils over quickly.

se lever du pied gauche	*to get out of bed on the wrong side*

Telling someone off

remonter les bretelles à quelqu'un	*to bawl someone out*

▌ The image is that of someone shaking someone else violently by their braces.

passer un savon à quelqu'un	*to give someone a telling-off*

Criticizing

casser du sucre sur le dos de quelqu'un	*to bad-mouth someone*
être une langue de vipère	*to be a malicious gossip*

Annoyance

casser les pieds à quelqu'un	*to do someone's head in*
courir sur le haricot à quelqu'un	*to get up someone's nose*
faire tourner quelqu'un en bourrique	*to drive someone round the bend*

Getting along (and not)

être comme cul et chemise	*to be inseparable*

être dans les petits papiers de quelqu'un	to be in someone's good books

Here **petits papiers** refers to fictitious notes that people would keep about who they liked and disliked.

il y a de l'eau dans le gaz	there's trouble brewing

Love

avoir un cœur d'artichaut	to be fickle (in love)

The full form of this expression used to be **cœur d'artichaut, une feuille pour tout le monde** (in an artichoke heart, there's a leaf for everyone), suggesting fickleness in love.

avoir le coup de foudre	to fall in love at first sight
avoir un faible pour quelqu'un	to have a soft spot for someone

Truth and lies

être raconteur des salades	to tell fibs
mener quelqu'un en bateau	to take someone for a ride
ne pas savoir si c'est du lard ou du cochon	to wonder what to make of it

This expression – the literal meaning of which is 'not to know if this is bacon or pork' – is used in situations where the significance of an event is open to a few different interpretations.

une histoire à dormir debout	a cock-and-bull story

Appearance

être haut comme trois pommes	to be knee-high to a grasshopper
avoir un œil qui dit merde à l'autre	to have a squint
se mettre sur son trente-et-un	to get all dressed up
être tiré à quatre épingles	to be dressed up to the nines

This is a reference to the fact that four pins are needed to stretch a piece of fabric and eliminate creases.

Fear and worry

serrer les fesses	to have the wind up
avoir les jetons	to have the jitters
avoir une peur bleue	to be scared to death
donner la chair de poule à quelqu'un	to make one's flesh creep

Directness

ne pas y aller par quatre chemins	*to get straight to the point*
ne pas tourner autour du pot	*not to beat around the bush*

This expression evokes the directness of someone going straight to the cooking pot to check its contents instead of wondering what's for dinner.

ne pas y aller de main morte	*not to pull one's punches*

Speaking and keeping silent

tenir la jambe à quelqu'un	*to bore someone with one's talk*
avoir la langue bien pendue	*to have the gift of the gab*
ne pas avoir sa langue dans sa poche	*never to be at a loss for words*
vendre la mèche	*to give the game away*
tenir sa langue	*to keep a secret*

Surprise

en boucher un coin à quelqu'un	*to take the wind out of someone's sails*
tomber des nues	*to be flabbergasted*
il y a de quoi tomber à la renverse	*it's staggering*

Happiness

être au septième ciel	*to be in seventh heaven*
être aux anges	*to be walking on air*
être heureux comme un poisson dans l'eau	*to be in one's element*

Sadness

avoir une tête d'enterrement	*to look sombre*
avoir le cafard	*to feel down*
avoir le moral à zéro	*to be feeling down in the dumps*
pleurer comme une madeleine	*to cry one's heart out*

This expression has nothing to do with the fairy cakes called **madeleines** but is a biblical allusion to Mary Magdalene, who cried over the body of Christ after his crucifixion.

Laughter

s'en payer une tranche	*to have the time of one's life*
être plié en deux	*to be doubled up with laughter*
rire comme un bossu/une baleine	*to laugh one's head off*

It is believed that **rire comme une baleine** (to laugh like a whale) might have derived from **se tordre comme une baleine de parapluie retourné**, playing on the words **se tordre** which means both 'to bend' and 'to laugh' (in colloquial language), and **baleine**, which of course means 'whale', but which also means the rib of an umbrella.

rire à s'en décrocher la mâchoire	*to split one's sides (laughing)*

Madness

il ne tourne pas rond	*he's not all there*
perdre la boule	*to go round the bend*
être marteau	*to be nuts*
être tombé sur la tête	*to have a screw loose*

Stupidity

il n'a pas inventé l'eau chaude/la poudre	*he'll never set the Thames on fire*
avoir une case vide	*to have a screw loose*
être dur à la détente	*to be slow on the uptake*

The image here is that of a weapon that is difficult to fire because of a stiff trigger.

en tenir une couche	*to be thick as two short planks*
ce n'est pas une flèche	*he'll never set the Thames on fire*

Eating and drinking

avoir l'estomac dans les talons	*to be ravenous*
avoir la dalle	*to be hungry*
avoir une faim de loup	*to be ravenous*
tu as les yeux plus grands que le ventre	*your eyes are bigger than your belly*
boire comme un trou	*to drink like a fish*
avoir la gueule de bois	*to be hungover*

Doing things easily

ce n'est pas la mer à boire	*it's no big deal*
c'est du gâteau	*it's a piece of cake*
c'est simple comme bonjour	*it's as easy as pie*
faire quelque chose les doigts dans le nez	*to do something very easily*

Leaving

prendre ses jambes à son cou	*to take to one's heels*
prendre la poudre d'escampette	*to make off*

The word **escampette** only occurs in this expression and derives from **escamper**, an old French verb which means 'to flee'.

se faire la malle	*to clear off*
prendre ses cliques et ses claques	*to pack one's bags and go*

Work and laziness

donner un coup de main à quelqu'un	*to give someone a hand*
mettre la main à la pâte	*to lend a hand*

In this expression the word **pâte** refers to the dough prepared and kneaded by bakers.

ne pas avoir les deux pieds dans le même sabot	*to have a lot of initiative*
avoir un poil dans la main	*to be workshy*
se tourner les pouces	*to twiddle one's thumbs*

Success and failure

marcher comme sur des roulettes	*to be going very smoothly*
faire un malheur	*to be a sensation*
avoir le vent en poupe	*to have the wind in one's sails*
battre de l'aile	*to be in a bad way*
tomber à l'eau	*to fall through*

Vanity

avoir la grosse tête	*to be big-headed*

| elle a les chevilles qui enflent | *she's getting too big for her boots* |
| il pète plus haut que son cul | *he thinks he's the business* |

Similarities and differences

être le jour et la nuit	*to be chalk and cheese*
c'est du pareil au même	*it's the same difference*
c'est une autre paire de manches	*that's another kettle of fish*
c'est kif-kif	*it's all the same*

This expression comes from the Arabic 'kif', which means 'like', and entered the French language via the colonial soldiers stationed in North Africa.

Money

être près de ses sous	*to be a penny-pincher*
coûter les yeux de la tête/la peau des fesses	*to cost an arm and a leg*
jeter l'argent par les fenêtres	*to throw money down the drain*
rouler sur l'or	*to be rolling in money*
s'en mettre plein les poches	*to make a packet*

Death

| casser sa pipe | *to kick the bucket* |
| passer l'arme à gauche | *to snuff it* |

The expression **passer l'arme à gauche** meaning 'to die' comes from military terminology, referring to the position in which soldiers hold their weapons when they stand at ease; this is because in French the expression for 'to stand at ease' is **être au repos** which can also mean 'to be at rest', ie dead.

| manger les pissenlits par la racine | *to be pushing up the daisies* |

A, a¹ [a] NM INV A, a; **connaître un sujet de A à Z** to know a subject inside out; **A1** *(autoroute)* Br ≃ M1, Am ≃ I1

a² [a] ➤ **avoir**

à [a] PRÉP

> à + le = **au** [o], à + les = **aux** [o]

(a) *(indique la direction)* to; **aller à Paris** to go to Paris; **partir au Venezuela** to leave for Venezuela; **au lit!** off to bed!

(b) *(indique la position)* at; **être au bureau/à la ferme/à Paris** to be at *or* in the office/on *or* at the farm/in Paris; **à la maison** at home

(c) *(dans l'expression du temps)* **à 8 heures** at 8 o'clock; **au vingt-et-unième siècle** in the twenty-first century; **à mon arrivée** on (my) arrival; **à lundi!** see you (on) Monday!

(d) *(dans les descriptions)* **l'homme à la barbe** the man with the beard; **verre à liqueur** liqueur glass

(e) *(introduit le complément d'objet indirect)* **donner qch à qn** to give sth to sb, to give sb sth; **penser à qn/qch** to think about *or* of sb/sth

(f) *(devant infinitif)* **apprendre à lire** to learn to read; **avoir du travail à faire** to have work to do; **maison à vendre** house for sale; **'à louer'** Br 'to let', Am 'to rent'; **prêt à partir** ready to leave

(g) *(indique l'appartenance)* **un ami à moi** a friend of mine; **c'est (son livre) à lui** it's his (book); **c'est à vous de…** *(il vous incombe de)* it's up to you to…; *(c'est votre tour)* it's your turn to…

(h) *(indique le moyen, la manière)* **à bicyclette** by bicycle; **à pied** on foot; **à la main** by hand; **au crayon** in pencil; **deux à deux** two by two

(i) *(indique la conséquence)* **laid à faire peur** hideously ugly; **c'était à mourir de rire** it was hilarious

(j) *(prix)* **pain à 1 euro** loaf for 1 euro

(k) *(poids)* **vendre au kilo** to sell by the kilo

(l) *(vitesse)* **100 km à l'heure** 100 km an *or* per hour

(m) *(pour appeler)* **au voleur!** (stop) thief!; **au feu!** (there's a) fire!

(n) *(avec de)* to; **de Paris à Lyon** from Paris to Lyons; **du lundi au vendredi** from Monday to Friday, Am Monday through Friday

abaisser [abese] **1** VT *(levier, pont-levis)* to lower; *(store)* to pull down; **a. qn** to humiliate sb **2 s'abaisser** VPR **(a)** *(barrière)* to lower; **s'a. à faire qch** to stoop to doing sth **(b)** *(être en pente)* to slope down

abandon [abɑ̃dɔ̃] NM *(d'un enfant, d'un projet)* abandonment; *(d'un lieu)* neglect; *(de sportif)* withdrawal; *(nonchalance)* abandon; Ordinat abort; **à l'a.** in a neglected state; **a. de poste** desertion of one's post

abandonner [abɑ̃dɔne] **1** VT *(personne, animal, lieu)* to desert, to abandon; *(pouvoir, combat)* to give up; *(projet)* to abandon; *(cours)* to withdraw from; **a. ses études** to drop out (of school); **a. le navire** to abandon ship; **a. qch à qn** to give sb sth **2** VI *(renoncer)* to give up; *(sportif)* to withdraw **3 s'abandonner** VPR *(se détendre)* to let oneself go; **s'a. au sommeil** to drift off to sleep

abasourdi, -ie [abazurdi] ADJ stunned

abat-jour [abaʒur] NM INV lampshade

abats [aba] NMPL offal; *(de volaille)* giblets

abattoir [abatwar] NM slaughterhouse

abattre* [abatr] **1** VT *(mur)* to knock down; *(arbre)* to cut down; *(personne, gros gibier)* to kill; *(animal de boucherie)* to slaughter; *(animal blessé ou malade)* to destroy; *(avion)* to shoot down; Fig *(déprimer)* to demoralize; Fig *(épuiser)* to exhaust **2 s'abattre** VPR *(tomber)* to crash down **(sur** on); *(pluie)* to pour down **(sur** on); *(oiseau)* to swoop down **(sur** on) ■ **abattement** NM *(faiblesse)* exhaustion; *(désespoir)* dejection; **a. fiscal** tax allowance

> Il faut noter que le nom anglais **abatement** est un faux ami. Il signifie **apaisement**.

abattu, -ue [abaty] ADJ *(triste)* dejected; *(faible)* exhausted

abbaye [abei] NF abbey

abbé [abe] NM *(d'abbaye)* abbot; *(prêtre)* priest

abcès [apsɛ] NM abscess

abdiquer [abdike] VTI to abdicate ■ **abdication** NF abdication

abdomen [abdomen] NM abdomen ■ **abdominal, -e, -aux, -ales** ADJ abdominal

■ **abdominaux** NMPL abdominal muscles; **faire des a.** to do abdominal exercises

abeille [abɛj] NF bee

aberrant, -ante [aberɑ̃, -ɑ̃t] ADJ absurd ■ **aberration** NF (*égarement*) aberration; (*idée*) ludicrous idea; **dire des aberrations** to talk utter nonsense

abîme [abim] NM abyss; *Fig* **être au bord de l'a.** to be on the brink of disaster

abîmer [abime] **1** VT to spoil, to damage **2 s'abîmer** VPR (*object*) to get spoilt; (*fruit*) to go bad; **s'a. les yeux** to ruin one's eyesight; *Littéraire* **s'a. en mer** to be engulfed by the sea

abject, -e [abʒɛkt] ADJ despicable

ablation [ablasjɔ̃] NF removal

abolir [abɔlir] VT to abolish ■ **abolition** NF abolition

abominable [abɔminabl] ADJ appalling

abondant, -ante [abɔ̃dɑ̃, -ɑ̃t] ADJ plentiful, abundant ■ **abondance** NF abundance (**de** of); **en a.** in abundance; **des années d'a.** years of plenty ■ **abonder** VI to be plentiful; **a. en qch** to abound in sth; **a. dans le sens de qn** to agree entirely with sb

abonné, -ée [abɔne] NMF (*d'un journal, du téléphone*) subscriber; (*de train, d'un théâtre*) & *Sport* season-ticket holder; (*du gaz*) consumer ■ **abonnement** NM (*de journal*) subscription; (*de téléphone*) line rental; (*de train, de théâtre*) season ticket ■ **s'abonner** VPR (*à un journal*) to subscribe (**à** to); *Rail* & *Théâtre* to buy a season ticket

abord [abɔr] NM (**a**) (*accès*) **d'un a. facile** easy to approach; **abords** (*d'un bâtiment*) surroundings; (*d'une ville*) outskirts; **aux abords de la ville** on the outskirts of the town (**b**) (*vue*) **au premier a., de prime a.** at first sight; **d'a., tout d'a.** (*pour commencer*) at first, to begin with; (*premièrement*) first (and foremost) ■ **abordable** ADJ (*prix, marchandises*) affordable; (*personne*) approachable

aborder [abɔrde] **1** VT (*personne, lieu, virage*) to approach; (*problème*) to tackle; (*navire*) (*attaquer*) to board; (*se mettre le long de*) to come alongside **2** VI to land ■ **abordage** NM (*d'un bateau*) (*assaut*) boarding; (*pour s'amarrer*) coming alongside

aborigène [abɔriʒɛn] NM (*d'un pays*) native; **les Aborigènes d'Australie** the (Australian) Aborigines

aboutir [abutir] VI (**a**) (*réussir*) to be successful; **nos efforts n'ont abouti à rien** our efforts came to nothing (**b**) **a. à qch** (*avoir pour résultat*) to result in sth; **a. à un endroit** to lead to a place ■ **aboutissement** NM (*résultat*) outcome; (*succès*) success

aboyer [abwaje] VI to bark ■ **aboiement** NM bark; **aboiements** barking

abréger [abreʒe] VT (*récit*) to shorten; (*visite*) to cut short; (*mot*) to abbreviate ■ **abrégé** NM (*d'un texte*) summary; (*livre*) abstract; **en a.** (*mot*) in abbreviated form

abreuvoir [abrœvwar] NM (*lieu*) watering place; (*récipient*) drinking trough

abréviation [abrevjasjɔ̃] NF abbreviation

abri [abri] NM shelter; **mettre qn/qch à l'a.** to shelter sb/sth; **se mettre à l'a.** to take shelter; **être à l'a. de qch** to be sheltered from sth; **sans a.** homeless; **a. de jardin** garden shed

Abribus® [abribys] NM bus shelter

abricot [abriko] NM apricot

abriter [abrite] **1** VT (*protéger*) to shelter (**de** from); (*loger*) to house **2 s'abriter** VPR (to) shelter (**de** from); **s'a. du soleil** to shade oneself from the sun

abroger [abrɔʒe] VT *Jur* to repeal

abrupt, -e [abrypt] ADJ (*pente, rocher*) steep; *Fig* (*personne*) abrupt

abrutir [abrytir] VT (*hébéter*) to daze; **a. qn de travail** to work sb to the point of exhaustion ■ **abruti, -ie 1** ADJ *Fam* (*bête*) idiotic; **a. par l'alcool** stupefied with drink **2** NMF idiot ■ **abrutissant, -ante** ADJ mind-numbing

absence [apsɑ̃s] NF (*d'une personne*) absence; (*manque*) lack ■ **absent, -ente 1** ADJ (*personne*) absent (**de** from); (*chose*) missing; **avoir un air a.** to be miles away **2** NMF absentee ■ **absentéisme** NM absenteeism ■ **s'absenter** VPR to go away

absolu, -ue [apsɔly] ADJ absolute ■ **absolument** ADV absolutely; **il faut a. y aller** you simply MUST go

absolution [apsɔlysjɔ̃] NF *Rel* absolution

absorber [apsɔrbe] VT (*liquid*) to absorb; (*nourriture*) to eat; (*boisson*) to drink; (*médicament*) to take; **son travail l'absorbe** she is engrossed in her work ■ **absorbant, -ante** ADJ (*papier*) absorbent; (*travail, lecture*) absorbing ■ **absorption** NF (*de liquide*) absorption; (*de nourriture*) eating; (*de boisson*) drinking; (*de médicament*) taking

abstenir* [apstənir] **s'abstenir** VPR (*ne pas voter*) to abstain; **s'a. de qch/de faire qch** to refrain from sth/from doing sth ■ **abstention** NF *Pol* abstention

abstinence [apstinɑ̃s] NF abstinence

abstrait, -aite [apstrɛ, -ɛt] ADJ abstract ■ **abstraction** NF abstraction; **faire a. de qch** to disregard sth

absurde [apsyrd] **1** ADJ absurd **2** NM **l'a. de cette situation** the absurdity of this situation

■ **absurdité** NFabsurdity; **dire des absurdités** to talk nonsense

abus [aby] NM *(excès)* overindulgence (**de** in); *(pratique)* abuse (**de** of); **a. de pouvoir** abuse of power; **a. d'alcool** alcohol abuse; **a. de confiance** breach of trust; *Fam* **il y a de l'a.** that's going too far! ■ **abuser 1** vIto go too far; **a. de** *(situation, personne)* to take unfair advantage of; *(autorité)* to abuse; *(nourriture)* to overindulge in **2 s'abuser** VPR**si je ne m'abuse** if I am not mistaken

Il faut noter que le verbe anglais **to abuse** est un faux ami. Il ne s'emploie jamais dans le sens d'**exagérer**.

abusif, -ive [abyzif, -iv] ADJexcessive; *(mère)* possessive; **emploi a.** *(d'un mot)* improper use

acabit [akabi] NM*Péj* **de cet a.** of that type

académie [akademi] NF academy; *(administration scolaire)* ≃ local education authority; **a. de musique** school of music; **l'A. française** = learned society responsible for promoting the French language and imposing standards ■ **académicien, -ienne** NMF= member of the "Académie française"

acajou [akaʒu] NMmahogany

accabler [akable] vTto overwhelm (**de** with); **a. qn de travail** to overload sb with work; **a. qn de reproches** to heap criticism on sb; **accablé de dettes** (over)burdened with debt; **accablé de chaleur** overcome by heat ■ **accablant, -ante** ADJ *(chaleur)* oppressive; *(témoignage)* damning

accalmie [akalmi] NFlull

accaparer [akapare] vT*(personne, conversation)* to monopolize

accéder [aksede] vIa. **à** *(lieu)* to reach; *(responsabilité, rang)* to gain; *(requête)* to comply with; *Ordinat (programme)* to access; **a. au trône** to accede to the throne

accélérer [akselere] **1** vT*(travaux)* to speed up; *(allure, pas)* to quicken; *Fig* **a. le mouvement** to get a move on **2** vI*(en voiture)* to accelerate **3 s'accélérer** VPRto speed up ■ **accélérateur** NM *(de voiture, d'ordinateur)* accelerator ■ **accélération** NF acceleration; *(de travaux)* speeding up

accent [aksã] NMaccent; *(sur une syllabe)* stress; *Fig* **mettre l'a. sur qch** to stress sth; **a. aigu/ circonflexe/grave** acute/circumflex/grave (accent); **a. tonique** stress ■ **accentuation** NF *(sur lettre)* accentuation; *(de phénomène)* intensification ■ **accentuer 1** vT*(syllabe)* to stress; *(lettre)* to put an accent on; *Fig (renforcer)* to emphasize **2 s'accentuer** VPRto become more pronounced

accepter [aksepte] vTto accept; **a. de faire qch** to agree to do sth ■ **acceptable** ADJ*(recevable)* acceptable ■ **acceptation** NFacceptance

acception [aksepsjɔ̃] NF*(de mot)* meaning; **sans a. de race** irrespective of race

accès [akse] NM **(a)** *(approche)* & *Ordinat* access (**à** to); **avoir a. à qch** to have access to sth; **'a. interdit'** 'no entry'; **'a. aux quais'** 'to the trains' **(b)** *Ordinat (à une page Web)* hit **(c)** *(de folie, colère)* fit; *(de fièvre)* bout ■ **accessible** ADJ*(lieu, livre)* accessible; *(personne)* approachable ■ **accession** NFaccession (**à** to); **a. à la propriété** home ownership

accessoire [akseswar] ADJminor ■ **accessoires** NMPL*(de théâtre)* props; *(de mode, de voiture)* accessories; **a. de toilette** toiletries ■ **accessoirement** ADVif necessary; *(en plus)* also

accident [aksidã] NMaccident; **a. de chemin de fer** train crash; **a. de la route** road accident; **a. du travail** industrial accident; **a. de parcours** hitch; **par a.** by accident, by chance ■ **accidenté, -ée 1** ADJ *(terrain)* uneven; *(voiture)* damaged **2** NMFaccident victim ■ **accidentel, -elle** ADJaccidental ■ **accidentellement** ADV *(par hasard)* accidentally

acclamer [aklame] vTto cheer ■ **acclamations** NFPLcheers

acclimater [aklimate] **1** vTto acclimatize, *Am* to acclimate (**à** to) **2 s'acclimater** VPRto become acclimatized *or Am* acclimated (**à** to) ■ **acclimatation** NFacclimatization, *Am* acclimation (**à** to)

accolade [akɔlad] NF *(embrassade)* embrace; *(signe)* curly bracket

accommoder [akɔmɔde] **1** vT *(nourriture)* to prepare; *(restes)* to use up **2** vI*(œil)* to focus **3 s'accommoder** VPR**s'a. de qch** to put up with sth ■ **accommodant, -ante** ADJaccommodating

Il faut noter que le verbe anglais **to accommodate** est un faux ami. Il ne signifie jamais **accommoder**.

accompagner [akɔ̃paɲe] vT *(personne)* to accompany; **a. qn à la gare** *(en voiture)* to take sb to the station; **a. qn au piano** to accompany sb on the piano ■ **accompagnateur, -trice** NMF*(musical)* accompanist; *(de touristes)* guide ■ **accompagnement** [-əmã] NM*Mus* accompaniment

accomplir [akɔ̃plir] vT *(tache)* to carry out; *(exploit)* to accomplish; *(terminer)* to complete ■ **accompli, -ie** ADJaccomplished

accord [akɔr] NM*(traité, entente)* & *Grammaire* agreement; *(autorisation)* consent; *(musical)* chord; **arriver à un a.** to reach an agreement; **être d'a.** to agree (**avec** with); **d'a.!** all right!

accordéon [akɔʀdeɔ̃] NM accordion; *Fig* **en a.** *(chaussette)* at half-mast

accorder [akɔʀde] **1** VT *(instrument)* to tune; **a. qch à qn** *(faveur)* to grant sb sth; *(augmentation)* to award sb sth; *(prêt)* to authorize sth to sb; **a. la plus grande importance à qch** to attach the utmost importance to sth; *Formel* **il est timide, je vous l'accorde** he is shy, I must admit **2 s'accorder** VPR *(se mettre d'accord)* to agree (**avec** with; **sur** on); *Grammaire (mots)* to agree (**avec** with); **s'a. qch** to allow oneself sth

accoster [akɔste] **1** VT *(personne)* to approach **2** VI *Naut* to dock

accotement [akɔtmɑ̃] NM *(de route)* verge; *(de voie ferrée)* shoulder

accoucher [akuʃe] **1** VT **a. qn** to deliver sb's baby **2** VI to give birth (**de** to); *Fam* **accouche!** spit it out! ■ **accouchement** NM delivery

accouder [akude] **s'accouder** VPR **s'a. à** *ou* **sur qch** to lean one's elbows on sth ■ **accoudoir** NM armrest

accoupler [akuple] **s'accoupler** VPR *(animaux)* to mate ■ **accouplement** [-əmɑ̃] NM *(d'animaux)* mating

accourir* [akuʀiʀ] VI to run up

accoutrement [akutʀəmɑ̃] NM *Péj* rig-out

accoutumer [akutyme] **1** VT **a. qn à qch** to accustom sb to sth **2 s'accoutumer** VPR to get accustomed (**à** to) ■ **accoutumance** NF *(adaptation)* familiarization (**à** with); *Méd (dépendance)* addiction ■ **accoutumé, -ée** ADJ usual; **comme à l'accoutumée** as usual

accro [akʀo] ADJ *Fam (drogué)* addicted (**à** to)

accroc [akʀo] NM *(déchirure)* tear; *(difficulté)* hitch; **sans a.** without a hitch

accrocher [akʀoʃe] **1** VT *(déchirer)* to catch; *(fixer)* to hook (**à** onto); *(suspendre)* to hang up (**à** on); *(pare-chocs)* to clip **2** VI *(achopper)* to hit a stumbling block; *(se remarquer)* to grab one's attention **3 s'accrocher** VPR *(se fixer)* to fasten; *Fam (persévérer)* to stick at it; *Fam (se disputer)* to clash; **s'a. à qn/qch** *(s'agripper)* to cling to sb/sth; *Fam* **accroche-toi, tu n'as pas tout entendu!** brace yourself, you haven't heard everything yet! ■ **accrochage** NM *(de véhicules)* minor accident; *Fam (dispute)* clash ■ **accrocheur, -euse** *(personne)* tenacious; *(titre, slogan)* catchy

accroître* [akʀwatʀ] **1** VT to increase **2 s'accroître** VPR to increase ■ **accroissement** NM increase (**de** in)

accroupir [akʀupiʀ] **s'accroupir** VPR to squat (down) ■ **accroupi, -ie** ADJ squatting

accueil [akœj] NM reception ■ **accueillant, -ante** ADJ welcoming ■ **accueillir*** VT *(personne, proposition)* to greet; *(sujet: hôtel)* to accommodate

acculer [akyle] VT **a. qn à qch** to drive sb to sth; **acculé à la faillite** forced into bankruptcy

accumuler [akymyle] VT **s'accumuler** VPR to accumulate ■ **accumulateur** NM battery ■ **accumulation** NF accumulation

accuser [akyze] **1** VT *(dénoncer)* to accuse; *(tendance, baisse)* to show; *(faire ressortir)* to bring out; **a. qn de qch/de faire qch** to accuse sb of sth/of doing sth; **a. réception** to acknowledge receipt (**de** of); *Fig* **a. le coup** to be obviously shaken **2 s'accuser** VPR *(se déclarer coupable)* to confess (**de** to) ■ **accusateur, -trice 1** ADJ *(regard)* accusing **2** NMF accuser ■ **accusation** NF accusation; **porter une a. contre qn** to make an accusation against sb ■ **accusé, -ée 1** ADJ *(trait)* prominent **2** NMF **l'a.** the accused; *(au tribunal)* the defendant

acerbe [asɛʀb] ADJ acerbic; **d'un ton a.** sharply

achalandé, -ée [aʃalɑ̃de] ADJ **bien a.** *(magasin)* well-stocked

acharner [aʃaʀne] **s'acharner** VPR **s'a. sur** *ou* **contre qn** *(persécuter)* to be always after sb; **s'a. sur qn** *(sujet: meurtrier)* to savage sb; *(sujet: examinateur)* to give sb a hard time; **s'a. à faire qch** to try very hard to do sth ■ **acharné, -ée** ADJ *(effort, travail)* relentless; *(combat)* fierce ■ **acharnement** [-əmɑ̃] NM relentlessness; *(dans un combat)* fury; **avec a.** relentlessly

achat [aʃa] NM purchase; **faire l'a. de qch** to buy sth; **achats** *(provisions, paquets)* shopping; **aller faire ses achats** to go shopping

acheminer [aʃmine] **1** VT *(marchandises)* to ship (**vers** to); *(courrier)* to handle **2 s'acheminer** VPR **s'a. vers qch** to make one's way towards sth

acheter [aʃte] **1** VTI to buy; **a. qch à qn** *(faire une transaction)* to buy sth from sb; *(faire un cadeau)* to buy sth for sb **2 s'acheter** VPR **je vais m'acheter une glace** I'm going to buy (myself) an ice cream ■ **acheteur, -euse** NMF buyer; *(dans un magasin)* shopper

achever [aʃve] **1** VT **(a)** *(finir)* to end; *(travail)* to complete; **a. de faire qch** to finish doing sth **(b)** *(tuer)* *(animal blessé ou malade)* to put out of its misery; **a. qn** to finish sb off **2 s'achever** VPR to end ■ **achèvement** [-ɛvmɑ̃] NM completion

Il faut noter que les termes anglais **achievement** et **to achieve** sont des faux amis. Le premier signifie **réussite** et le second ne se traduit jamais par **achever**.

acide [asid] **1** ADJ acid(ic); *(au goût)* sour **2** NM acid ■ **acidité** NF acidity; *(au goût)* sourness

acier [asje] NM steel; **a. inoxydable** stainless steel ■ **aciérie** NF steelworks

acné [akne] NF acne

acolyte [akɔlit] NM Péj accomplice

acompte [akɔ̃t] NM down payment; **verser un a.** to make a down payment

à-coup [aku] (pl **à-coups**) NM jolt; **sans à-coups** smoothly; **par à-coups** (avancer, travailler) in fits and starts

acoustique [akustik] **1** ADJ acoustic **2** NF (qualité) acoustics (pluriel)

acquérir* [akerir] VT (acheter) to purchase; (obtenir, prendre) to acquire; **a. de la valeur** to increase in value; **tenir qch pour acquis** to take sth for granted ■ **acquéreur** NM purchaser ■ **acquis** NM experience; **les a. sociaux** social benefits ■ **acquisition** NF (action) acquisition; (bien acheté) purchase

acquit [aki] NM receipt; **'pour a.'** paid'; **par a. de conscience** to ease one's conscience

acquitter [akite] **1** VT (accusé) to acquit; (dette) to pay **2 s'acquitter** VPR **s'a. d'un devoir** to fulfil a duty; **s'a. envers qn** to repay sb ■ **acquittement** NM (d'un accusé) acquittal; (d'une dette) payment

âcre [ɑkr] ADJ (goût) bitter; (odeur) acrid

acrobate [akrɔbat] NMF acrobat ■ **acrobatie** [-basi] NF acrobatics (sing); **acrobaties aériennes** aerobatics (sing) ■ **acrobatique** ADJ acrobatic

acrylique [akrilik] ADJ & NM acrylic

acte [akt] NM (action) & Théâtre act; Jur deed; **faire a. de candidature à un emploi** to apply for a job; **prendre a. de qch** to take note of sth; **a. terroriste** terrorist act; **a. unique européen** Single European Act; **actes** (de procès) proceedings; Jur **a. d'accusation** bill of indictment; **a. de naissance** birth certificate; **a. de vente** bill of sale

acteur [aktœr] NM actor

actif, -ive [aktif, -iv] **1** ADJ active **2** NM Grammaire active; Com (d'une entreprise) assets; **avoir qch à son a.** to have sth to one's name

action [aksjɔ̃] NF action; (en Bourse) share; **bonne a.** good deed; **passer à l'a.** to take action ■ **actionnaire** NMF Fin shareholder

actionner [aksjɔne] VT (mettre en marche) to start up; (faire fonctionner) to operate

activer [aktive] **1** VT (accélérer) to speed up; (feu) to stoke; Ordinat (option) to select **2 s'activer** VPR (être actif) to be busy; Fam (se dépêcher) to get a move on

activité [aktivite] NF activity; **en a.** (personne) working; (volcan) active

actrice [aktris] NF actress

actualisation [aktɥalizasjɔ̃] NF (de texte) updating

actualité [aktɥalite] NF (d'un problème) topicality; **l'a.** current affairs; **les actualités** (à la radio, à la télévision) the news; **d'a.** topical

actuel, -elle [aktɥel] ADJ (présent) present; (d'actualité) topical; **l'a. président** the President in office ■ **actuellement** ADV at present

Il faut noter que les termes anglais **actual** et **actually** sont des faux amis. Le premier ne signifie jamais **actuel** et le second se traduit par **en fait**.

acupuncture [akypɔ̃ktyr] NF acupuncture ■ **acupuncteur, -trice** NMF acupuncturist

adapter [adapte] **1** VT to adapt (**à** to) **2 s'adapter** VPR (s'acclimater) to adapt (**à** to); **s'a. à qn/ qch** to get used to sb/sth ■ **adaptateur, -trice** NMF adapter ■ **adaptation** NF adaptation; **faculté d'a.** adaptability

additif [aditif] NM (substance) additive

addition [adisjɔ̃] NF addition (**à** to); (au restaurant) Br bill, Am check ■ **additionner 1** VT to add (up) (**à** to) **2 s'additionner** VPR to add up

adepte [adept] NMF follower; **faire des adeptes** to attract a following

adéquat, -ate [adekwa, -wat] ADJ appropriate; (quantité) adequate

adhérer [adere] VI **a. à qch** (coller) to stick to sth; (s'inscrire) to join sth; **a. à la route** (pneus) to grip the road ■ **adhérent, -ente** NMF member

adhésif, -ive [adezif, -iv] **1** ADJ adhesive **2** NM adhesive ■ **adhésion** NF (inscription) joining (**à** of); (accord) support (**à** for)

adieu, -x [adjø] EXCLAM & NM farewell; **faire ses adieux** to say one's goodbyes

adjacent, -ente [adʒasɑ̃, -ɑ̃t] ADJ adjacent (**à** to)

adjectif [adʒɛktif] NM adjective

adjoint, -ointe [adʒwɛ̃, -ɛ̃t] ADJ & NMF assistant; **a. au maire** deputy mayor

adjonction [adʒɔ̃ksjɔ̃] NF **sans a. de sucre** no added sugar

adjudant [adʒydɑ̃] NM warrant officer

adjuger [adʒyʒe] **1** VT **a. qch à qn** (prix, contrat) to award sth to sb; (aux enchères) to knock sth down to sb **2 s'adjuger** VPR **s'a. qch** to appropriate sth

admettre* [admetr] VT (accueillir, reconnaître) to admit; (autoriser) to allow; **être admis à un examen** to pass an examination

administrer [administre] VT (gérer) to administer; (pays) to govern; (justice) to dispense ■ **administrateur, -trice** NMF (de société) director ■ **administratif, -ive** ADJ administrative ■ **administration** NF administration; **l'A.**

(service public) ≃ the Civil Service; *(fonctionnaires)* civil servants

admirer [admire] **VT** to admire ■ **admirable** **ADJ** admirable ■ **admirateur, -trice** **NMF** admirer ■ **admiratif, -ive** **ADJ** admiring ■ **admiration** **NF** admiration; **être en a. devant qn/ qch** to be filled with admiration for sb/sth

admissible [admisibl] **ADJ** *(tolérable)* acceptable, admissible; *Scol & Univ* **candidats admissibles** = candidates who have qualified for the oral examination ■ **admission** **NF** admission **(à/ dans** to)

ADN [adeɛn] *(abrév* **acide désoxyribonucléi- que)** **NM** DNA

adolescent, -ente [adɔlesɑ̃, -ɑ̃t] **1 ADJ** teenage **2 NMF** adolescent, teenager ■ **adolescence** **NF** adolescence

adonner [adɔne] **s'adonner** **VPR** **s'a. à qch** to devote oneself to sth; **s'a. à la boisson** to be an alcoholic

adopter [adɔpte] **VT** to adopt ■ **adoptif, -ive** **ADJ** *(enfant, patrie)* adopted; *(parents)* adoptive ■ **adoption** **NF** adoption; **pays d'a.** adopted country

adorer [adɔre] **1 VT** *(dieu)* to worship; *(chose, personne)* to adore; **a. faire qch** to adore doing sth **2 s'adorer** **VPR** **ils s'adorent** they adore each other ■ **adorable** **ADJ** adorable

adosser [adose] **1 VT a. qch à qch** to lean sth against sth **2 s'adosser** **VPR** **s'a. à qch** to lean (back) against sth

adoucir [adusir] **1 VT** *(voix, traits, peau)* to soften; *(chagrin)* to ease **2 s'adoucir** **VPR** *(temps)* to turn milder; *(voix)* to soften; *(caractère)* to mellow

adrénaline [adrenalin] **NF** adrenalin(e)

adresse [adrɛs] **NF (a)** *(domicile)* address; **a. électronique** e-mail address **(b)** *(habileté)* skill

adresser [adrese] **1 VT** *(lettre, remarque)* to address **(à** to); **a. qch à qn** *(lettre)* to send sth sth; *(compliment)* to present sb with sth; **a. la parole à qn** to speak to sb; **on m'a adressé à vous** I have been referred to you **2 s'adresser** **VPR** **s'a. à qn** *(parler)* to speak to sb; *(aller trouver)* to go and see sb; *(être destiné à)* to be aimed at sb

Adriatique [adriatik] **NF l'A.** the Adriatic

adroit, -oite [adrwa, -wat] **ADJ** *(habile)* skilful; *(réponse)* clever

ADSL [adeɛsɛl] *(abrév* **Asynchronous Digital Subscriber Line)** **NF** ADSL

adulte [adylt] **1 ADJ** *(personne, animal, attitude)* adult **2 NMF** adult, grown-up

adultère [adylter] **NM** adultery

advenir* [advǝnir] *(aux* **être)** **V IMPERSONNEL** to

happen; **a. de qn** *(devenir)* to become of sb; **advienne que pourra** come what may

adverbe [adverb] **NM** adverb

adversaire [adverser] **NMF** opponent ■ **ad- verse** **ADJ** opposing

aérer [aere] **1 VT** *(pièce, lit, linge)* to air **2 s'aérer** **VPR** to get some fresh air ■ **aération** **NF** ventilation ■ **aéré, -ée** **ADJ** *(pièce)* airy; *(texte)* nicely spaced

aérien, -ienne [aerjɛ̃, -jɛn] **ADJ** *(transport, attaque, défense)* air; *(photo)* aerial; *(câble)* over- head; *(léger)* airy

affable [afabl] **ADJ** affable

affaiblir [afeblir] **VT s'affaiblir** **VPR** to weaken ■ **affaiblissement** **NM** weakening

affaire [afer] **NF** *(question)* matter, affair; *(marché)* deal; *(firme)* concern, business; *(histoire, scandale)* affair; *(procès)* case; **affaires** *(commerce)* business *(sing)*; *(effets personnels)* belongings; **les Affaires étrangères** *Br* ≃ the Foreign Office, *Am* ≃ the State Department; **avoir a. à qn/qch** to have to deal with sb/sth; **faire une bonne a.** to get a bargain; **tirer qn d'affaire** to get sb out of trou- ble; **c'est mon a.** that's my business; **ça fera l'a.** that will do nicely; **a. de cœur** love affair

affairer [afere] **s'affairer** **VPR** to busy oneself; **s'a. autour de qn** to fuss around sb ■ **affairé, -ée** **ADJ** busy

affaisser [afese] **s'affaisser** **VPR** *(personne, bâtiment)* to collapse; *(sol)* to subside ■ **affais- sement** [-ɛsmɑ̃] **NM** *(du sol)* subsidence

affaler [afale] **s'affaler** **VPR** to collapse; **affalé dans un fauteuil** slumped in an armchair

affamé, -ée [afame] **ADJ** starving

affecter [afɛkte] **VT (a)** *(employé)* to appoint **(à** to); *(soldat)* to post **(à** to); *(fonds, crédits, locaux)* to assign **(à** to) **(b)** *(feindre, émouvoir, frapper)* to affect; **a. de faire qch** to pretend to do sth ■ **af- fectation** **NF** *(d'employé)* appointment **(à** to); *(de soldat)* posting **(à** to); *(de fonds)* assignment **(à** to); *Péj (pose, simulacre)* affectation ■ **affecté, -ée** **ADJ** *Péj (manières, personne)* affected

affection [afɛksjɔ̃] **NF** *(attachement)* affection; *(maladie)* ailment; **avoir de l'a. pour qn** to be fond of sb ■ **affectionner** **VT** to be fond of

affectueux, -ueuse [afɛktɥø, -ɥøz] **ADJ** af- fectionate

affiche [afiʃ] **NF** notice; *(publicitaire)* poster; **être à l'a.** *(spectacle)* to be on ■ **affichage** **NM** bill- posting; *Ordinat* display; **'a. interdit'** 'post no bills' ■ **afficher** **VT** *(avis, affiche)* to put up; *(prix, horaire, résultat & Ordinat message)* to display; *Péj (sentiment)* to show; **a. complet** *(spectacle)* to be sold out

affilée [afile] **d'affilée** **ADV** in a row

affilier [afilje] **s'affilier vpr s'a. à qch** to join sth ■ **affiliation** nf affiliation

affiner [afine] **1** vt *(métal, goût)* to refine **2 s'affiner** vpr *(goût)* to become more refined; *(visage)* to get thinner

affinité [afinite] nf affinity

affirmatif, -ive [afirmatif, -iv] **1** adj *(réponse)* & *Grammaire* affirmative; **il a été a. à ce sujet** he was quite positive about it **2** nf **répondre par l'affirmative** to answer yes

affirmer [afirme] **1** vt *(manifester)* to assert; *(soutenir)* to maintain **2 s'affirmer** vpr *(personne)* to assert oneself; *(tendance)* to be confirmed ■ **affirmation** nf assertion

affliger [afliʒe] vt *(peiner)* to distress; *(atteindre)* to afflict (**de** with)

affluence [aflyɑ̃s] nf *(de personnes)* crowd; *(de marchandises)* abundance

affluent [aflyɑ̃] nm tributary

affluer [aflye] vi *(sang)* to rush (**à** to); *(gens)* to flock (**vers** to)

afflux [afly] nm *(de sang)* rush; *(de visiteurs)* flood; *(de capitaux)* influx

affoler [afɔle] **1** vt to throw into a panic **2 s'affoler** vpr to panic ■ **affolant, -ante** adj terrifying ■ **affolement** nm panic

affranchir [afrɑ̃ʃir] vt *(timbrer)* to put a stamp on; *(émanciper)* to free ■ **affranchissement** nm *(tarif)* postage

affréter [afrete] vt to charter

affreux, -euse [afrø, -øz] adj *(laid)* hideous; *(atroce)* dreadful; *Fam (épouvantable)* awful ■ **affreusement** adv horribly; *(en intensif)* awfully

affront [afrɔ̃] nm insult; **faire un a. à qn** to insult sb

affronter [afrɔ̃te] **1** vt to confront; *(mauvais temps)* to brave; **a. la colère de qn** to brave the wrath of sb **2 s'affronter** vpr *(ennemis, équipes)* to clash ■ **affrontement** nm confrontation

affût [afy] nm *Fig* **à l'a. de** on the lookout for

affûter [afyte] vt to sharpen

Afghanistan [afganistɑ̃] nm **l'A.** Afghanistan ■ **afghan, -ane 1** adj Afghan **2** nmf **A., Afghane** Afghan

afin [afɛ̃] **1** prép **a. de faire qch** in order to do sth **2** conj **a. que...** (+ *subjunctive*) so that...

Afrique [afrik] nf **l'A.** Africa ■ **africain, -aine 1** adj African **2** nmf **A., Africaine** African

agacer [agase] vt *(personne)* to irritate ■ **agaçant, -ante** adj irritating

âge [ɑʒ] nm age; **quel â. as-tu?** how old are you?; **d'un certain â.** middle-aged; **l'â. adulte** adulthood ■ **âgé, -ée** adj old; **être â. de six**

ans to be six years old; **un enfant â. de six ans** a six-year-old child

agence [aʒɑ̃s] nf agency; *(de banque)* branch; **a. de recrutement** recruitment agency; **a. de voyage** travel agent's; **a. immobilière** *Br* estate agent's, *Am* real estate office; **a. matrimoniale** dating agency

agencer [aʒɑ̃se] vt to arrange; **bien agencé** *(maison, pièce)* well laid-out; *(phrase)* well put-together ■ **agencement** nm *(de maison)* layout

agenda [aʒɛ̃da] nm *Br* diary, *Am* datebook; **a. électronique** electronic organizer

> Il faut noter que le nom anglais **agenda** est un faux ami. Il signifie **ordre du jour**.

agenouiller [aʒnuje] **s'agenouiller** vpr to kneel (down); **être agenouillé** to be kneeling (down)

agent [aʒɑ̃] nm *(employé, espion)* agent; **a. (de police)** police officer; **a. de change** stockbroker; **a. immobilier** *Br* estate agent, *Am* real estate agent; **a. secret** secret agent

aggraver [agrave] **1** vt *(situation, maladie)* to make worse; *(difficultés)* to increase **2 s'aggraver** vpr *(situation, maladie)* to get worse; *(état de santé)* to deteriorate; *(difficultés)* to increase ■ **aggravation** nf *(de maladie)* aggravation; *(de conflit)* worsening

agile [aʒil] adj agile, nimble ■ **agilité** nf agility, nimbleness

agir [aʒir] **1** vi to act; *Jur* **a. au nom de qn** to act on behalf of sb **2 s'agir** v impersonnel **de quoi s'agit-il?** what is it about?; **il s'agit d'argent** it's a question of money; **il s'agit de se dépêcher** we have to hurry

agitation [aʒitɑsjɔ̃] nf *(inquiétude)* agitation; *(bougeotte)* restlessness; *(troubles)* unrest

agiter [aʒite] **1** vt *(remuer)* to stir; *(secouer)* to shake; *(brandir)* to wave; *(troubler)* to agitate **2 s'agiter** vpr *(enfant)* to fidget; **s'a. dans son sommeil** to toss and turn in one's sleep ■ **agitateur, -trice** nmf agitator ■ **agité, -ée** adj *(mer)* rough; *(personne)* restless; *(enfant)* fidgety; *(period)* unsettled

agneau, -x [aɲo] nm lamb

agonie [agɔni] nf death throes; **être à l'a.** to be at death's door ■ **agoniser** vi to be dying

> Il faut noter que les termes anglais **agony** et **to agonize** sont des faux amis. Le premier signifie **douleur atroce** ou **angoisse** selon le contexte, et le second se traduit par **se faire beaucoup de souci**.

agrafe [agraf] nf *(pour vêtement)* hook; *(pour*

papiers) staple ■ **agrafer** **VT** *(vêtement)* to fasten; *(papiers)* to staple ■ **agrafeuse** **NF** stapler

agrandir [agrɑ̃dir] **1 VT** *(rendre plus grand)* to enlarge; *(grossir)* to magnify; **ça agrandit la pièce** it makes the room look bigger **2 s'agrandir** **VPR** *(entreprise)* to expand; *(ville)* to grow ■ **agrandissement** **NM** *(d'entreprise)* expansion; *(de ville)* growth; *(de maison)* extension; *(de photo)* enlargement

agréable [agreabl] **ADJ** pleasant ■ **agréablement** [-əmɑ̃] **ADV** pleasantly

agréer [agree] **VT** *(fournisseur)* to approve; **veuillez a. l'expression de mes salutations distinguées** *(dans une lettre)* Br yours faithfully, yours sincerely, Am faithfully yours, sincerely yours ■ **agréé, -ée** **ADJ** *(fournisseur, centre)* approved

agrégation [agregasjɔ̃] **NF** = competitive examination for recruitment of lycée and university teachers ■ **agrégé, -ée** **NMF** = teacher who has passed the "agrégation"

agrès [agrɛ] **NMPL** *(de voilier)* tackle; *(de gymnastique)* Br apparatus, Am equipment

agresser [agrese] **VT** to attack; *(peau)* to damage; **se faire a.** to be attacked; *(pour son argent)* to be mugged ■ **agresseur** **NM** attacker; *(dans un conflit)* aggressor ■ **agression** **NF** attack; *(pour de l'argent)* mugging; *(d'un État)* aggression; **être victime d'une a.** to be attacked; *(pour son argent)* to be mugged; **a. sexuelle** sexual assault

agressif, -ive [agresif, -iv] **ADJ** aggressive ■ **agressivité** **NF** aggressiveness

agricole [agrikɔl] **ADJ** agricultural; *(ouvrier, machine)* farm; *(peuple)* farming; **travaux agricoles** farm work

agriculteur [agrikyltœr] **NM** farmer ■ **agriculture** **NF** farming, agriculture

agripper [agripe] **1 VT** to clutch **2 s'agripper** **VPR** **s'a. à qn/qch** to cling on to sb/sth

agronomie [agrɔnɔmi] **NF** agronomics *(sing)*

agrume [agrym] **NM** citrus fruit

aguerri, -ie [ageri] **ADJ** seasoned, hardened

aguets [age] **aux aguets** **ADV** on the lookout

ahurir [ayrir] **VT** *(étonner)* to astound; **avoir l'air ahuri** to look astounded ■ **ahuri, -ie** **NMF** idiot

ai [ɛ] ➤ **avoir**

aide [ɛd] **1 NF** help, assistance; **à l'a. de qch** with the aid of sth; **appeler à l'a.** to call for help; **venir en a. à qn** to help sb; **a. humanitaire** aid **2 NMF** *(personne)* assistant; **a. familiale** Br home help, Am mother's helper; **a. de camp** aide-de-camp ■ **aide-mémoire** **NM INV** notes ■ **aide-soignante** *(mpl* **aides-soignants,** *fpl* **aides-soignantes)** **NF** Br nursing auxiliary, Am nurse's aid

aider [ede] **1 VT** to help; **a. qn à faire qch** to help sb to do sth **2 s'aider** **VPR** **s'a. de qch** to use sth

aïe [aj] **EXCLAM** ouch!

aie(s), aient [ɛ] ➤ **avoir**

aïeul, -e [ajœl] **NMF** Littéraire grandfather, f grandmother

aigle [ɛgl] **NM** eagle

aigre [ɛgr] **ADJ** *(acide)* sour; *(parole)* cutting; **d'un ton a.** sharply ■ **aigreur** **NF** *(de goût)* sourness; *(de ton)* sharpness; **aigreurs d'estomac** heartburn

aigu, -uë [egy] **ADJ** *(douleur, crise, accent)* acute; *(son)* high-pitched

aiguille [egɥij] **NF** *(à coudre)* needle; *(de montre)* hand; *(de balance)* pointer; **a. (rocheuse)** peak; **a. de pin** pine needle

aiguiller [egɥije] **VT** *(train)* Br to shunt, Am to switch; Fig *(personne)* to steer (**vers** towards) ■ **aiguillage** **NM** *(appareil)* Br points, Am switches ■ **aiguilleur** **NM** *(de trains)* signalman; **a. du ciel** air-traffic controller

aiguiser [egize] **VT** *(outil)* to sharpen; Fig *(appétit)* to whet

ail [aj] **NM** garlic

aile [ɛl] **NF** wing; *(de moulin)* sail; *(de voiture)* Br wing, Am fender; Fig **battre de l'a.** to be struggling ■ **ailé, -ée** [ele] **ADJ** winged ■ **aileron** **NM** *(de requin)* fin; *(d'avion)* aileron; *(d'oiseau)* pinion ■ **ailier** [elje] **NM** Football winger; Rugby wing

aille(s), aillent [aj] ➤ **aller¹**

ailleurs [ajœr] **ADV** somewhere else, elsewhere; **partout a.** everywhere else; **d'a.** *(du reste)* besides, anyway; **par a.** *(en outre)* moreover; *(par d'autres côtés)* in other respects

aimable [ɛmabl] **ADJ** *(gentil)* kind; **vous êtes bien a.** it's very kind of you ■ **aimablement** [-əmɑ̃] **ADV** kindly

aimant¹ [ɛmɑ̃] **NM** magnet ■ **aimanter** **VT** to magnetize

aimant², -ante [emɑ̃, -ɑ̃t] **ADJ** loving

aimer [eme] **1 VT** to love; **a. bien qn/qch** to like sb/sth; **a. faire qch** to like doing sth; **j'aimerais qu'il vienne** I would like him to come; **a. mieux** to prefer; **j'aimerais mieux qu'elle reste** I'd rather she stayed **2 s'aimer** **VPR** **ils s'aiment** they're in love

aine [ɛn] **NF** groin

aîné, -ée [ene] **1 ADJ** *(de deux enfants)* elder; *(de plus de deux)* eldest **2 NMF** *(de deux enfants)* elder; *(de plus de deux)* eldest; **c'est mon a.** he's older than me

ainsi [ɛ̃si] **ADV** *(de cette façon)* in this way; *(alors)* so;

a. que... as well as...; **et a. de suite** and so on; **pour a. dire** so to speak; *Rel* **a. soit-il!** amen!

air [ɛr] NM **(a)** *(gaz, ciel)* air; **prendre l'a.** to get some fresh air; **au grand a.** in the fresh air; **en plein a.** outside; **en l'a.** *(jeter)* (up) in the air; *(paroles, menaces)* empty; **regarder en l'a.** to look up; **dans l'a.** *(grippe, idées)* about, around **(b)** *(expression)* look, appearance; **avoir l'a. fatigué/content** to look tired/happy; **avoir l'a. de s'ennuyer** to look bored; **a. de famille** family likeness **(c)** *(mélodie)* tune

Air Bag® [ɛrbag] NM *Aut* airbag

aire [ɛr] NF *(surface)* & *Math* area; *(d'oiseau)* eyrie; **a. d'atterrissage** landing strip; **a. de jeux** (children's) play area; **a. de lancement** launch pad; **a. de repos** *(sur autoroute)* rest area; **a. de stationnement** lay-by

aisance [ɛzɑ̃s] NF *(facilité)* ease; *(prospérité)* affluence

aise [ɛz] NF **à l'a.** *(dans un vêtement)* comfortable, *(dans une situation)* at ease; *(fortuné)* comfortably off; **aimer ses aises** to like one's comforts; **mal à l'a.** uncomfortable, ill at ease ■ **aisé, -ée** [eze] ADJ *(fortuné)* comfortably off; *(facile)* easy ■ **aisément** ADV easily

aisselle [ɛsɛl] NF armpit

ait [ɛ] ➤ **avoir**

ajourner [aʒurne] VT to postpone; *(après le début de la séance)* to adjourn

ajout [aʒu] NM addition (**à** to) ■ **ajouter** 1 VTI to add (**à** to) 2 **s'ajouter** VPR **s'a. à qch** to add to sth

ajuster [aʒyste] VT *(appareil, outil)* to adjust; *(coiffure)* to arrange; *(vêtement)* to aim; *(adapter)* to fit (**à** to); *(vêtement)* to alter ■ **ajusté, -ée** ADJ *(vêtement)* close- or tight-fitting

alarme [alarm] NF alarm; **sonner l'a.** to sound the alarm; **a. antivol/d'incendie** burglar/fire alarm ■ **alarmer** 1 VT to alarm 2 **s'alarmer** VPR **s'a. de qch** to become alarmed at sth

Albanie [albani] NF **l'A.** Albania ■ **albanais, -aise** 1 ADJ Albanian 2 NMF **A., Albanaise** Albanian

albâtre [albɑtr] NM alabaster

albatros [albatros] NM albatross

albinos [albinos] NMF & ADJ INV albino

album [albɔm] NM album; **a. de photos** photo album

alcool [alkɔl] NM *Chim* alcohol; *(spiritueux)* spirits; **a. à 90°** *Br* surgical spirit, *Am* rubbing alcohol; **a. à brûler** *Br* methylated spirits, *Am* wood alcohol; **a. de poire** pear brandy ■ **alcoolique** ADJ & NMF alcoholic ■ **alcoolisée** ADJ F **boisson a.** alcoholic drink; **boisson non a.** soft drink

■ **alcoolisme** NM alcoholism ■ **Alcootest®** NM breath test; *(appareil)* Breathalyzer ®

alcôve [alkov] NF alcove

aléas [alea] NMPL hazards ■ **aléatoire** ADJ *(résultat)* uncertain; *(sélection, nombre)* & *Ordinat* random

alentour [alɑ̃tur] ADV round about, around; **les villages a.** the surrounding villages ■ **alentours** NMPL surroundings; **aux a. de la ville** in the vicinity of the town; **aux a. de midi** around midday

alerte [alɛrt] 1 ADJ *(leste)* sprightly; *(éveillé)* alert 2 NF alarm; **en état d'a.** on the alert; **donner l'a.** to give the alarm; **a. à la bombe** bomb scare; **fausse a.** false alarm ■ **alerter** VT to alert (**sur** to)

algèbre [alʒɛbr] NF algebra

Alger [alʒe] NM ou F Algiers

Algérie [alʒeri] NF **l'A.** Algeria ■ **algérien, -ienne** 1 ADJ Algerian 2 NMF **A., Algérienne** Algerian

algues [alg] NFPL seaweed

alias [aljɑs] ADV alias

alibi [alibi] NM alibi

aliéner [aljene] 1 VT to alienate 2 **s'aliéner** VPR **s'a. qn** to alienate sb

aligner [aline] 1 VT to line up; *(politique)* to align (**sur** with) 2 **s'aligner** VPR *(personnes)* to line up; *(pays)* to align oneself (**sur** with) ■ **alignement** [-əmɑ̃] NM alignment; **être dans l'a. de qch** to be in line with sth

aliment [alimɑ̃] NM food ■ **alimentaire** ADJ *(ration, industrie)* food; **produits alimentaires** foodstuffs ■ **alimentation** NF *(action)* feeding; *(en eau, électricité)* supply(ing); *(régime)* diet; *(nourriture)* food; **magasin d'a.** grocer's, grocery store; **a. papier** *(d'imprimante)* paper feed ■ **alimenter** VT *(nourrir)* to feed; *(fournir)* to supply (**en** with); *(débat, feu)* to fuel

alité, -ée [alite] ADJ bedridden

allaiter [alete] VT *(femme)* to breast-feed; *(sujet: animal)* to suckle

allécher [aleʃe] VT to tempt

allée [ale] NF *(de parc)* path; *(de ville)* avenue; *(de cinéma, de supermarché)* aisle; *(devant une maison)* driveway; **allées et venues** comings and goings

allégation [alegasjɔ̃] NF allegation

alléger [aleʒe] VT *(impôt)* to reduce; *(fardeau)* to lighten ■ **allégé, -ée** ADJ *(fromage)* low-fat

allégorie [alegori] NF allegory

allègre [alɛgr] ADJ lively, cheerful ■ **allégresse** NF joy

alléluia [aleluja] NM hallelujah

Allemagne [alman] NF l'A. Germany ▪ **allemand, -ande 1** ADJ German **2** NMF A., **Allemande** German **3** NM (langue) German

aller¹* [ale] **1** (aux être) VI to go; **a. à Paris** to go to Paris; **a. à la pêche** to go fishing; **a. faire qch** to go and do sth; **a. à qn** (convenir à) to suit sb; **a. avec** (vêtement) to go with; **a. bien/mieux** (personne) to be well/better; **comment vas-tu?, (comment) ça va?** how are you?; **ça va!** all right!, fine!; **allez-y** go ahead; **allons (donc)!** come on!, come off it!; **ça va de soi** that's obvious **2** V AUX (futur proche) **a. faire qch** to be going to do sth; **il va venir** he'll come; **il va partir** he's about to leave **3** s'en aller VPR (personne) to go away; (tache) to come out

aller² [ale] NM outward journey; **a. (simple)** Br single (ticket); Am one-way (ticket); **a. (et) retour** Br return (ticket), Am round-trip (ticket)

allergie [alɛrʒi] NF allergy ▪ **allergique** ADJ allergic (à to)

alliage [aljaʒ] NM alloy

alliance [aljɑ̃s] NF (anneau) wedding ring; (mariage) marriage; (de pays) alliance

allier [alje] **1** VT (associer) to combine (à with); (pays) to ally (à with); (famille) to unite by marriage; **a. l'intelligence à la beauté** to combine intelligence and beauty **2** s'allier VPR (couleurs) to combine; (pays) to become allied (à with); **s'a. contre qn/qch** to unite against sb/sth ▪ **allié, -ée** NMF ally

alligator [aligatɔr] NM alligator

allô [alo] EXCLAM hello!

allocation [alɔkasjɔ̃] NF (somme) allowance; **a. (de) chômage** unemployment benefit; **a. (de) logement** housing benefit; **allocations familiales** child benefit

allocution [alɔkysjɔ̃] NF address

allonger [alɔ̃ʒe] **1** VT (bras) to stretch out; (jupe) to lengthen; (sauce) to thin; **a. le pas** to quicken one's pace **2** VI (jours) to get longer **3** s'allonger VPR (jours) to get longer; (personne) to lie down ▪ **allongé, -ée** ADJ (étiré) elongated; **être a.** to be lying down

allouer [alwe] VT **a. qch à qn** (ration) to allocate sb sth; (indemnité) to grant sb sth

allumer [alyme] **1** VT (feu, pipe) to light; (électricité, radio) to switch on; (incendie) to start; Fig (passion) to arouse; **laisser la cuisine allumée** to leave the light on in the kitchen **2** s'allumer VPR (lumière, lampe) to come on; **où est-ce que ça s'allume?** where does it switch on? ▪ **allumage** NM (de feu) lighting; (de moteur) ignition

allumette [alymɛt] NF match

allure [alyr] NF (vitesse) speed; (démarche) gait, walk; (maintien) bearing; **à toute a.** at top speed; **avoir de l'a.** to look stylish; **avoir des allures de malfrat** to look like a crook

Il faut noter que le nom anglais **allure** est un faux ami. Il signifie **attrait**.

allusion [alyzjɔ̃] NF allusion (à to); (voilée) hint; **faire a. à qch** to allude to sth; (en termes voilés) to hint at sth

almanach [almana] NM almanac

aloi [alwa] NM **de bon a.** (succès) deserved; (plaisanterie) in good taste

alors [alɔr] ADV (donc) so; (à ce moment-là) then; (dans ce cas) in that case; **a. que...** (lorsque) when...; (tandis que) whereas...; **et a.?** so what?; **a., tu viens?** are you coming then?

alouette [alwɛt] NF (sky)lark

alourdir [alurdir] **1** VT (chose) to make heavier; Fig (phrase) to make cumbersome; (charges) to increase **2** s'alourdir VPR to get heavy

alpage [alpaʒ] NM mountain pasture ▪ **Alpes** NFPL **les A.** the Alps ▪ **alpestre, alpin, -ine** ADJ alpine

alphabet [alfabe] NM alphabet; **a. phonétique** phonetic alphabet ▪ **alphabétique** ADJ alphabetical ▪ **alphabétisation** NF teaching of literacy

alphanumérique [alfanymerik] ADJ alphanumeric

alpinisme [alpinism] NM mountaineering; **faire de l'a.** to go mountaineering ▪ **alpiniste** NMF mountaineer

altercation [altɛrkasjɔ̃] NF altercation

altérer [altere] **1** VT (a) (viande, vin) to spoil; (santé) to damage (b) (changer) to affect **2** s'altérer VPR (santé, relations) to deteriorate

alternatif, -ive [altɛrnatif, -iv] ADJ (successif) alternating; (de remplacement) alternative ▪ **alternative** NF alternative ▪ **alternativement** ADV alternately

alterner [altɛrne] **1** VT (crops) to rotate **2** VI (se succéder) to alternate (avec with); (personnes) to take turns (avec with) ▪ **alternance** NF alternation; **en a.** alternately

Altesse [altɛs] NF **son A. royale** His/Her Royal Highness

altier, -ière [altje, -jɛr] ADJ haughty

altitude [altityd] NF altitude; **en a.** at altitude; **prendre de l'a.** to climb

alto [alto] NM (instrument) viola

altruisme [altrɥism] NM altruism ▪ **altruiste** ADJ altruistic

aluminium [alyminjɔm] NM Br aluminium, Am aluminum; **papier (d')a.** tinfoil

amabilité [amabilite] NF kindness; **auriez-vous l'a. de...?** would you be so kind as to...?

amaigrir [amɛgrir] **vt** to make thin(ner); **régime amaigrissant** slimming *or* weight loss diet ▪ **amaigri, -ie ADJ** thin(ner)

amande [amɑ̃d] **NF** almond

amant [amɑ̃] **NM** lover

amarre [amar] **NF** (mooring) rope; **amarres** moorings ▪ **amarrer vt** (*bateau*) to moor

amas [amɑ] **NM** heap, pile ▪ **amasser 1 vt** to amass **2 s'amasser vpr** (*preuves, foule*) to build up; (*neige*) to pile up

amateur [amatœr] **1 NM** (*non professionnel*) amateur; **a. de tennis** tennis enthusiast; **a. d'art** art lover; **faire de la photo en a.** to be an amateur photographer; *Péj* **c'est du travail d'a.** it's amateurish work **2 ADJ une équipe a.** an amateur team

amazone [amazon] **NF** horsewoman; **monter en a.** to ride sidesaddle

ambages [ɑ̃baʒ] **sans ambages ADV** without beating about the bush

ambassade [ɑ̃basad] **NF** embassy ▪ **ambassadeur, -drice NMF** ambassador; **l'a. de France au Japon** the French ambassador to Japan

ambiance [ɑ̃bjɑ̃s] **NF** atmosphere; *Fam* **mettre de l'a.** to liven things up ▪ **ambiant, -ante ADJ** surrounding; (*gaieté, enthousiasme*) pervading; **température a.** room temperature

ambidextre [ɑ̃bidɛkstr] **ADJ** ambidextrous

ambigu, -uë [ɑ̃bigy] **ADJ** ambiguous ▪ **ambiguïté** [-gɥite] **NF** ambiguity

ambitieux, -ieuse [ɑ̃bisjø, -jøz] **ADJ** ambitious ▪ **ambition NF** ambition ▪ **ambitionner vt** to aspire to; **il ambitionne de faire/d'être...** his ambition is to do/be...

ambre [ɑ̃br] **NM** (*résine*) amber

ambulance [ɑ̃bylɑ̃s] **NF** ambulance ▪ **ambulancier, -ière NMF** ambulance driver

ambulant, -ante [ɑ̃bylɑ̃, -ɑ̃t] **ADJ** *Br* travelling, *Am* traveling, itinerant; **marchand a.** (street) hawker

âme [ɑm] **NF** soul; **de toute mon â.** with all my heart; **en mon â. et conscience** to the best of my knowledge and belief; **rendre l'â.** to give up the ghost; **â. sœur** soul mate

améliorer [ameljɔre] **vt s'améliorer vpr** to improve ▪ **amélioration NF** improvement

amen [amɛn] **ADV** amen

aménager [amenaʒe] **vt** (*changer*) to adjust; (*maison*) to convert (**en** into) ▪ **aménagement NM** (*changement*) adjustment; (*de pièce*) conversion (**en** into); **a. du temps de travail** flexibility of working hours; **a. du territoire** regional development

amende [amɑ̃d] **NF** fine; **infliger une a. à qn** to impose a fine on sb; **faire a. honorable** to apologize

amender [amɑ̃de] **1 vt** (*texte de loi*) to amend **2 s'amender vpr** to mend one's ways

amener [amne] **1 vt** (*apporter*) to bring; (*causer*) to bring about; (*tirer à soi*) to pull in; **a. qn à faire qch** (*sujet: personne*) to get sb to do sth; **ce qui nous amène à parler de...** which brings us to the issue of... **2 s'amener vpr** *Fam* to turn up

amenuiser [amənɥize] **s'amenuiser vpr** to dwindle; (*écart*) to get smaller

amer, -ère [amɛr] **ADJ** bitter ▪ **amèrement ADV** bitterly

Amérique [amerik] **NF** l'**A.** America; l'**A. du Nord/du Sud** North/South America; l'**A. latine** Latin America ▪ **américain, -aine 1 ADJ** American **2 NMF** A., **Américaine** American

amertume [amɛrtym] **NF** bitterness

améthyste [ametist] **NF** amethyst

ameublement [amœbləmɑ̃] **NM** (*meubles*) furniture

ami, -ie [ami] **1 NMF** friend; **petit a.** boyfriend; **petite amie** girlfriend **2 ADJ** friendly; **être a. avec qn** to be friends with sb

amiable [amjabl] **à l'amiable 1 ADJ** amicable **2 ADV** amicably

amiante [amjɑ̃t] **NM** asbestos

amical, -e, -aux, -ales [amikal, -o] **ADJ** friendly ▪ **amicale NF** association ▪ **amicalement ADV** in a friendly manner

amidon [amidɔ̃] **NM** starch

amincir [amɛ̃sir] **1 vt** to make thin(ner); **cette robe t'amincit** that dress makes you look thinner **2 s'amincir vpr** to become thinner

amiral, -aux [amiral, -o] **NM** admiral

amitié [amitje] **NF** friendship; **prendre qn en a.** to befriend sb; **faites-moi l'a. de le lui dire** would you be so kind as to tell him?; **mes amitiés à votre mère** best wishes to your mother

ammoniaque [amɔnjak] **NF** (*liquide*) ammonia

amnésie [amnezi] **NF** amnesia ▪ **amnésique ADJ** amnesic

amniocentèse [amnjosɛ̃tɛz] **NF** *Méd* amniocentesis

amnistie [amnisti] **NF** amnesty

amoindrir [amwɛ̃drir] **vt s'amoindrir vpr** to diminish

amonceler [amɔ̃sle] **vt s'amonceler vpr** to pile up; (*preuves*) to accumulate ▪ **amoncellement** [-sɛlmɑ̃] **NM** heap, pile

amont [namɔ̃] **ADV en amont** upstream (**de** from)

amoral, -e, -aux, -ales [amɔral, -o] **ADJ** amoral

amorce [amɔrs] NF *(début)* start; *(de pêcheur)* bait; *(détonateur)* detonator; *(de pistolet d'enfant)* cap ■ **amorcer 1** VT *(commencer)* to start; *(hameçon)* to bait; *(bombe)* to arm; *Ordinat* to boot up **2 s'amorcer** VPR to start

amorphe [amɔrf] ADJ listless, apathetic

amortir [amɔrtir] VT *(coup)* to absorb; *(bruit)* to deaden; *(chute)* to break; *(achat)* to recoup the costs of; *Fin (dette)* to pay off; *Football* to trap ■ **amortissement** NM *(d'un emprunt)* redemption ■ **amortisseur** NM *(de véhicule)* shock absorber

amour [amur] NM *(sentiment, liaison)* love; **avec a.** lovingly; **faire qch par a. pour qn** to do sth out of love for sb; **faire l'a. avec qn** to make love with sb; **pour l'a. du ciel!** for heaven's sake!; **mon a.** my darling, my love ■ **s'amouracher** VPR *Péj* to become infatuated (**de** with) ■ **amoureux, -euse 1** ADJ **être a. de qn** to be in love with sb; **tomber a. de qn** to fall in love with sb; **vie amoureuse** love life **2** NM boyfriend; **un couple d'a.** a pair of lovers ■ **amour-propre** NM self-respect

amovible [amɔvibl] ADJ removable, detachable

amphétamine [ɑ̃fetamin] NF amphetamine

amphi [ɑ̃fi] NM *Fam Univ* lecture hall

amphithéâtre [ɑ̃fiteɑtr] NM *(romain)* amphitheatre; *(à l'université)* lecture hall *or Br* theatre

ample [ɑ̃pl] ADJ *(vêtement)* full; *(geste)* sweeping; **de plus amples renseignements** more detailed information; **jusqu'à plus a. informé** until further information is available ■ **amplement** [-əmɑ̃] ADV amply, fully; **c'est a. suffisant** it is more than enough ■ **ampleur** NF *(de vêtement)* fullness; *(importance)* scale, extent; **prendre de l'a.** to grow in size

amplifier [ɑ̃plifje] **1** VT *(son)* to amplify; *(phénomène)* to intensify **2 s'amplifier** VPR *(son)* to increase; *(phénomène)* to intensify ■ **amplificateur** NM amplifier ■ **amplification** NF *(de son)* amplification; *(de phénomène)* intensification

amplitude [ɑ̃plityd] NF *(de désastre)* magnitude; *(variation)* range

ampoule [ɑ̃pul] NF *(électrique)* (light) bulb; *(sur la peau)* blister; *(de médicament)* phial

amputer [ɑ̃pyte] VT *(membre)* to amputate; *Fig* to slash; **a. qn de la jambe** to amputate sb's leg ■ **amputation** NF *(de membre)* amputation

amuse-gueule [amyzgœl] NM INV appetizer

amuser [amyze] **1** VT to amuse; **cette histoire l'a beaucoup amusé** he found the story very amusing **2 s'amuser** VPR to amuse oneself; **s'a. avec qn/qch** to play with sb/sth; **s'a. à faire qch** to amuse oneself doing sth; **bien s'a.** to have a good time ■ **amusant, -ante** ADJ amusing ■ **amusement** NM amusement

amygdales [amidal] NFPL tonsils

an [ɑ̃] NM year; **il a dix ans** he's ten (years old); **par a.** per year; **en l'an 2000** in the year 2000; **bon a., mal a.** on average over the years

anabolisant [anabɔlizɑ̃] NM anabolic steroid

anachronisme [anakrɔnism] NM anachronism ■ **anachronique** ADJ anachronistic

anagramme [anagram] NF anagram

analogie [analɔʒi] NF analogy ■ **analogue** ADJ similar (**à** to)

analphabète [analfabɛt] ADJ & NMF illiterate ■ **analphabétisme** NM illiteracy

analyse [analiz] NF analysis; **a. grammaticale** parsing; **a. du sang/d'urine** blood/urine test; **être en a.** *(en traitement)* to be in analysis ■ **analyser** VT to analyse; *(phrase)* to parse

ananas [anana(s)] NM pineapple

anarchie [anarʃi] NF anarchy ■ **anarchique** ADJ anarchic ■ **anarchiste 1** ADJ anarchistic **2** NMF anarchist

anatomie [anatɔmi] NF anatomy ■ **anatomique** ADJ anatomical

ancestral, -e, -aux, -ales [ɑ̃sɛstral, -o] ADJ ancestral

ancêtre [ɑ̃sɛtr] NM ancestor

anchois [ɑ̃ʃwa] NM anchovy

ancien, -ienne [ɑ̃sjɛ̃, -jɛn] **1** ADJ *(vieux)* old; *(meuble)* antique; *(qui n'est plus)* former, old; *(dans une fonction)* senior; **dans l'a. temps** in the old days; **a. élève** *Br* former pupil, *Am* alumnus; **a. combattant** *Br* ex-serviceman, *Am* veteran **2** NMF *(par l'âge)* elder; **c'est un a. de la maison** he's been in the firm for a long time ■ **anciennement** ADV formerly ■ **ancienneté** NF *(âge)* age; *(expérience)* seniority

ancre [ɑ̃kr] NF anchor; **jeter l'a.** to (cast) anchor; **lever l'a.** to weigh anchor ■ **ancrer** VT **(a)** *(navire)* to anchor; **être ancré** to be at anchor **(b)** *Fig (idée, sentiment)* to become rooted; **ancré dans** rooted in

Andorre [ɑ̃dɔr] NF Andorra

andouille [ɑ̃duj] NF **(a)** *Culin* chitterlings sausage **(b)** *Fam (idiot)* twit

âne [ɑn] NM *(animal)* donkey; *Péj (personne)* ass

anéantissement [aneɑ̃tismɑ̃] NM *(de ville)* destruction; *(d'espoir)* shattering; **dans un état d'a. total** utterly crushed

anecdote [anɛkdɔt] NF anecdote ■ **anecdotique** ADJ anecdotal

anémie [anemi] NF an(a)emia ■ **anémique** ADJ an(a)emic

anémone [anemɔn] NF anemone

ânerie [ɑnri] NF *(parole)* stupid remark; *(action)* stupid act

anesthésie [anɛstezi] NF an(a)esthesia; **être sous a.** to be under ana(e)sthetic; **a. générale/locale** general/local an(a)esthetic ■ **anesthésier** VT to an(a)esthetize ■ **anesthésiste** NMF *Br* an(a)esthetist, *Am* anesthesiologist

ange [ɑ̃ʒ] NM angel; **être aux anges** to be in seventh heaven; **a. gardien** guardian angel ■ **angélique 1** ADJ angelic **2** NF *Culin* angelica

angine [ɑ̃ʒin] NF sore throat; **a. de poitrine** angina (pectoris)

anglais, -aise [ɑ̃glɛ, -ɛz] **1** ADJ English **2** NMF **A., Anglaise** Englishman, Englishwoman; **les A.** the English **3** NM *(langue)* English **4** NF *Fam* **filer à l'anglaise** to slip away

angle [ɑ̃gl] NM *(point de vue)* & *Math* angle; *(coin de rue)* corner; **la maison qui fait l'a.** the house on the corner; *Aut* **a. mort** blind spot

Angleterre [ɑ̃glətɛr] NF **l'A.** England

anglican, -ane [ɑ̃glikɑ̃, -an] ADJ & NMF Anglican

anglicisme [ɑ̃glisism] NM Anglicism

anglo- [ɑ̃glo] PRÉF Anglo- ■ **anglo-normand, -ande** ADJ **les îles anglo-normandes** the Channel Islands ■ **anglophone 1** ADJ English-speaking **2** NMF English speaker ■ **anglo-saxon, -onne** *(mpl* **anglo-saxons**, *fpl* **anglo-saxonnes**) ADJ & NMF Anglo-Saxon

angoisse [ɑ̃gwas] NF anguish; **une crise d'a.** an anxiety attack; *Fam* **c'est l'a.!** what a drag! ■ **angoissant, -ante** ADJ *(nouvelle)* distressing; *(attente)* agonizing; *(livre)* frightening ■ **angoissé, -ée** ADJ *(personne)* anxious; *(cri, regard)* anguished ■ **angoisser 1** VT **a. qn** to make sb anxious **2** VI *Fam* to get worked up **3** **s'angoisser** VPR to get anxious

angora [ɑ̃gora] NM *(laine)* angora; **pull en a.** angora sweater

anguille [ɑ̃gij] NF eel

animal, -aux [animal, -o] **1** NM animal; **a. domestique** pet **2** ADJ *(règne, graisse)* animal

animateur, -trice [animatœr, -tris] NMF *(de télévision, de radio)* presenter; *(de club)* leader

animer [anime] **1** VT *(débat, groupe)* to lead; *(jeu télévisé)* to present; *(désir, ambition)* to drive; **la joie qui animait son visage** the joy which made his/her face light up **2** **s'animer** VPR *(rue)* to come to life; *(visage)* to light up; *(conversation)* to get more lively ■ **animation** NF *(vie)* life; *(divertissement)* event; *Cin* animation; **parler avec a.** to speak animatedly; **mettre de l'a. dans une soirée** to liven up a party ■ **animé, -ée** ADJ *(personne, réunion, conversation)* lively; *(rue, quartier)* busy

animosité [animozite] NF animosity

anis [ani(s)] NM *(boisson, parfum)* aniseed; **boisson à l'a.** aniseed drink ■ **anisette** NF anisette

annales [anal] NFPL annals; *Fig* **rester dans les a.** to go down in history

anneau, -x [ano] NM *(bague)* ring; *(de chaîne)* link; *Gym* **les anneaux** the rings

année [ane] NF year; **les années 90** the nineties; **bonne a.!** Happy New Year!

annexe [anɛks] **1** NF *(bâtiment)* annexe; *(de lettre)* enclosure; *(de livre)* appendix; **document en a.** enclosed document **2** ADJ *(pièces)* enclosed; *(revenus)* supplementary; **bâtiment a.** annex(e) ■ **annexer** VT *(pays)* to annex; *(document)* to append

annihiler [aniile] VT *(ville, armée)* to annihilate

anniversaire [anivɛrsɛr] **1** NM *(d'événement)* anniversary; *(de naissance)* birthday; **gâteau d'a.** birthday cake **2** ADJ **date a.** anniversary

annonce [anɔ̃s] NF *(déclaration)* announcement; *(publicitaire)* advertisement; *(indice)* sign; **passer une a. dans un journal** to put an advert in a newspaper; **petites annonces** classified advertisements, *Br* small ads, *Am* want ads ■ **annoncer 1** VT *(déclarer)* to announce; *(dans la presse)* *(soldes, exposition)* to advertise; *(indiquer)* to herald; **a. qn** *(visiteur)* to show sb in **2** **s'annoncer** VPR **ça s'annonce bien/mal** things aren't looking too bad/good ■ **annonceur** NM *(publicitaire)* advertiser ■ **annonciateur, -trice** ADJ **signes annonciateurs de crise** signs that a crisis is on the way

Annonciation [anɔ̃sjasjɔ̃] NF **l'A.** Annunciation

annoter [anɔte] VT to annotate ■ **annotation** NF annotation

annuaire [anɥɛr] NM *(d'organisme)* yearbook; *(liste d'adresses)* directory; **a. téléphonique** telephone directory; **a. électronique** electronic phone directory

annuel, -elle [anɥɛl] ADJ annual, yearly ■ **annuellement** ADV annually ■ **annuité** NF *(d'emprunt)* annual repayment

annulaire [anɥlɛr] NM ring finger

annuler [anɥle] **1** VT *(commande, rendez-vous)* & *Ordinat* to cancel; *(dette)* to write off; *(mariage)* to annul; *(jugement)* to quash; *Ordinat (opération)* to undo **2** **s'annuler** VPR to cancel each other out ■ **annulation** NF *(de commande, de rendez-vous)* cancellation; *(de dette)* writing off; *(de mariage)* annulment; *(de jugement)* quashing; *Ordinat* deletion

anodin, -ine [anɔdɛ̃, -in] ADJ *(remarque)* harmless; *(personne)* insignificant; *(blessure)* slight

anomalie [anɔmali] NF *(bizarrerie)* anomaly; *(difformité)* abnormality

anonymat [anɔnima] NM anonymity; **garder l'a.** to remain anonymous ■ **anonyme** ADJ & NMF anonymous

anorak [anɔrak] NM anorak

anorexie [anɔrɛksi] NF *Méd* anorexia ■ **anorexique** ADJ & NMF *Méd* anorexic

anormal, -e, -aux, -ales [anɔrmal, -o] ADJ *(non conforme)* abnormal; *(mentalement)* mentally handicapped; *(injuste)* unfair

ANPE [aɛnpeø] *(abrév* **agence nationale pour l'emploi)** NF = French State employment agency

anse [ɑ̃s] NF **(a)** *(de tasse, de panier)* handle **(b)** *(baie)* cove

antagonisme [ɑ̃tagɔnism] NM antagonism

antan [ɑ̃tɑ̃] **d'antan** ADJ *Littéraire* of yesteryear

antarctique [ɑ̃tarktik] **1** ADJ Antarctic **2** NM **l'A.** the Antarctic, Antarctica

antécédent [ɑ̃tesedɑ̃] NM *Grammaire* antecedent; **antécédents** *(de personne)* past record; **antécédents médicaux** medical history

antenne [ɑ̃tɛn] NF *(de radio, de satellite)* aerial, antenna; *(d'insecte)* antenna, feeler; *(société)* branch; **être à l'a.** to be on the air; **rendre l'a.** to hand over; **hors a.** off the air; *Mil* **a. chirurgicale** field hospital; **a. parabolique** satellite dish

antérieur, -e [ɑ̃terjœr] ADJ *(période)* former; *(année)* previous; *(date)* earlier; *(placé devant)* front; **membre a.** forelimb; **a. à qch** prior to sth ■ **antérieurement** ADV previously

anthologie [ɑ̃tɔlɔʒi] NF anthology

anthropologie [ɑ̃trɔpɔlɔʒi] NF anthropology

anthropophage [ɑ̃trɔpɔfaʒ] NM cannibal

antiaérien, -ienne [ɑ̃tiaerjɛ̃, -jɛn] ADJ **canon a.** anti-aircraft gun; **abri a.** air-raid shelter

antiatomique [ɑ̃tiatɔmik] ADJ **abri a.** fallout shelter

antibiotique [ɑ̃tibjɔtik] NM antibiotic; **sous antibiotiques** on antibiotics

antibrouillard [ɑ̃tibrujar] ADJ & NM **(phare) a.** fog lamp

anticancéreux, -euse [ɑ̃tikɑ̃serø, -øz] ADJ **centre a.** cancer hospital

antichambre [ɑ̃tiʃɑ̃br] NF antechamber

antichoc [ɑ̃tiʃɔk] ADJ INV shock-proof

anticiper [ɑ̃tisipe] VTI **a. (sur)** to anticipate ■ **anticipation** NF anticipation; **par a.** in advance; **d'a.** *(roman, film)* science-fiction ■ **anticipé, -ée** ADJ *(retraite, retour)* early; *(paiement)* advance; **avec mes remerciements anticipés** thanking you in advance

anticlérical, -e, -aux, -ales [ɑ̃tiklerikal, -o] ADJ anticlerical

anticommuniste [ɑ̃tikɔmynist] ADJ anticommunist

anticonformiste [ɑ̃tikɔ̃fɔrmist] ADJ & NMF nonconformist

anticonstitutionnel, -elle [ɑ̃tikɔ̃stitysjɔnɛl] ADJ unconstitutional

anticorps [ɑ̃tikɔr] NM antibody

anticyclone [ɑ̃tisiklon] NM anticyclone

antidépresseur [ɑ̃tidepresœr] NM antidepressant

antidérapant, -ante [ɑ̃tiderapɑ̃, -ɑ̃t] ADJ *(surface, pneu)* non-skid; *(semelle)* non-slip

antidopage [ɑ̃tidɔpaʒ] ADJ **contrôle a.** drug test

antidote [ɑ̃tidɔt] NM antidote

antigel [ɑ̃tiʒɛl] NM antifreeze

antihistaminique [ɑ̃tiistaminik] ADJ *Méd* antihistamine

anti-inflammatoire [ɑ̃tiɛ̃flamatwar] ADJ *Méd* anti-inflammatory

Antilles [ɑ̃tij] NFPL **les A.** the West Indies ■ **antillais, -aise 1** ADJ West Indian **2** NMF **A., Antillaise** West Indian

antilope [ɑ̃tilɔp] NF antelope

antimite [ɑ̃timit] NM **de l'a.** mothballs

antimondialiste [ɑ̃timɔ̃djalist] ADJ & NMF antiglobalist ■ **antimondialisme** NM antiglobalization

antinucléaire [ɑ̃tinykleɛr] ADJ anti-nuclear

antioxydant, -ante [ɑ̃tiɔksidɑ̃, -ɑ̃t] ADJ & NM antioxydant

antipathique [ɑ̃tipatik] ADJ unpleasant; **elle m'est a.** I find her unpleasant

antipelliculaire [ɑ̃tipelikylɛr] ADJ **shampooing a.** anti-dandruff shampoo

antipodes [ɑ̃tipɔd] NMPL antipodes; **être aux a. de** to be on the other side of the world from; *Fig* to be the exact opposite of

antique [ɑ̃tik] ADJ *(de l'Antiquité)* ancient ■ **antiquaire** NMF antique dealer ■ **antiquité** NF *(objet ancien)* antique; **l'a. grecque/romaine** ancient Greece/Rome; **antiquités** *(dans un musée)* antiquities

antirabique [ɑ̃tirabik] ADJ *Méd* anti-rabies

antireflet [ɑ̃tirəflɛ] ADJ INV non-reflecting

antirides [ɑ̃tirid] ADJ INV anti-wrinkle

antisémite [ɑ̃tisemit] ADJ anti-Semitic ■ **antisémitisme** NM anti-Semitism

antiseptique [ɑ̃tisɛptik] ADJ & NM antiseptic

antisocial, -e, -aux, -ales [ɑ̃tisɔsjal, -o] ADJ antisocial

antitabac [ātitaba] ADJ INV **lutte a.** anti-smoking campaign

antiterroriste [ātiterɔrist] ADJ anti-terrorist

antithèse [ātitɛz] NF antithesis

antivol [ātivɔl] NM anti-theft device

anus [anys] NM anus

Anvers [āver(s)] NM OU F Antwerp

anxiété [āksjete] NF anxiety ■ **anxieux, -ieuse 1** ADJ anxious **2** NMF worrier

août [u(t)] NM August

apaiser [apeze] **1** VT (personne) to calm (down); (douleur) to soothe; (craintes) to allay **2 s'apaiser** VPR (personne, colère) to calm down; (tempête, douleur) to subside ■ **apaisant, -ante** ADJ soothing

apanage [apanaʒ] NM prerogative

aparté [aparte] NM Théâtre aside; (dans une réunion) private exchange; **en a.** in private

apartheid [aparted] NM apartheid

apathie [apati] NF apathy ■ **apathique** ADJ apathetic

apatride [apatrid] NMF stateless person

apercevoir* [apersəvwar] **1** VT to see; (brièvement) to catch a glimpse of **2 s'apercevoir** VPR **s'a. de qch** to realize sth; **s'a. que...** to realize that... ■ **aperçu** NM (idea) general idea; **donner à qn un a. de la situation** to give sb a general idea of the situation

apéritif [aperitif] NM aperitif; **prendre un a.** to have a drink before lunch/dinner ■ **apéro** NM Fam aperitif

apesanteur [apəzātœr] NF weightlessness

à-peu-près [apøprɛ] NM INV rough approximation

apeuré, -ée [apœre] ADJ frightened, scared

aphone [afɔn] ADJ voiceless; **je suis a. aujourd'hui** I've lost my voice today

aphorisme [afɔrism] NM aphorism

aphrodisiaque [afrɔdizjak] NM & ADJ aphrodisiac

aphte [aft] NM mouth ulcer ■ **aphteuse** ADJ F **fièvre a.** foot-and-mouth disease

apiculture [apikyltyr] NF beekeeping ■ **apiculteur, -trice** NMF beekeeper

apitoyer [apitwaje] **1** VT **a. qn** to move sb to pity **2 s'apitoyer** VPR **s'a. sur qn** to feel sorry for sb; **s'a. sur son sort** to feel sorry for oneself

aplanir [aplanir] VT (terrain, route) to level; (difficulté) to iron out

aplatir [aplatir] **1** VT to flatten **2 s'aplatir** VPR (être plat) to be flat; (devenir plat) to go flat; **s'a. contre qch** to flatten oneself against sth; Fam **s'a. devant qn** to grovel to sb ■ **aplati, -ie** ADJ flat

aplomb [aplɔ̃] NM (assurance) self-confidence; Péj cheek; **mettre qch d'a.** to stand sth up straight; **je ne me sens pas d'a. aujourd'hui** I'm not feeling myself today

apnée [apne] NF **plonger en a.** to dive without breathing apparatus

apocalypse [apɔkalips] NF apocalypse; **d'a.** (vision) apocalyptic

apogée [apɔʒe] NM (d'orbite) apogee; Fig **être à l'a. de sa carrière** to be at the height of one's career

apolitique [apɔlitik] ADJ apolitical

apoplexie [apɔplɛksi] NF apoplexy

apostrophe [apɔstrɔf] NF **(a)** (signe) apostrophe **(b)** (interpellation) rude remark ■ **apostropher** VT (pour attirer l'attention) to shout at

apothéose [apɔteoz] NF (consécration) crowning glory; **finir en a.** to end spectacularly

apôtre [apotr] NM apostle

apparaître* [aparɛtr] (aux être) VI (se montrer, sembler) to appear; **il m'est apparu en rêve** he appeared to me in a dream; **il m'apparaît comme le seul capable d'y parvenir** he seems to me to be the only person capable of doing it

appareil [aparɛj] NM (instrument, machine) apparatus; (téléphone) telephone; (avion) aircraft; **qui est à l'a.?** (au téléphone) who's speaking?; **a. (dentaire)** (correctif) brace; Anat **a. digestif** digestive system; **a. photo** camera; **appareils ménagers** household appliances

apparence [aparãs] NF appearance; **en a.** outwardly; **sous l'a. de** under the guise of; **sauver les apparences** to keep up appearances ■ **apparemment** [-amã] ADV apparently ■ **apparent, -ente** ADJ apparent

apparenter [aparãte] **s'apparenter** VPR (ressembler) to be akin (**à** to) ■ **apparenté, -ée** ADJ (allié) related; (semblable) similar

apparition [aparisjɔ̃] NF (manifestation) appearance; (fantôme) apparition; **faire son a.** (personne) to make one's appearance

appartement [apartəmã] NM Br flat, Am apartment

appartenir* [apartənir] **1** VI to belong (**à** to) **2** V IMPERSONNEL **il vous appartient de prendre la décision** it's up to you to decide ■ **appartenance** NF (de groupe) belonging (**à** to); (de parti) membership (**à** of)

appât [apɑ] NM (amorce) bait; Fig (attrait) lure; **l'a. du gain** the lure of money ■ **appâter** VT (hameçon) to bait; (animal) to lure; Fig (personne) to entice

appauvrir [apovrir] **1** VT to impoverish **2 s'appauvrir** VPR to become impoverished ■ **appauvrissement** NM impoverishment

appel [apɛl] NM (cri, attrait) call; (invitation) & Jur appeal; (invitation) & Jur appeal; (pour sauter) take-off; **faire l'a.** (à l'école) to take the register; Mil to have a roll call; **faire a. à qn** to appeal to sb; (plombier, médecin) to send for sb; Jur **faire a. d'une décision** to appeal against a decision; Com **lancer un a. d'offre** to invite bids; **a. au secours** call for help; **a. gratuit** Br freefone call, Am toll-free call; **a. téléphonique** telephone call

appeler [aple] 1 VT (personne, nom) to call; (en criant) to call out to; Mil (recruter) to call up; (nécessiter) to call for; **a. qn à l'aide** to call to sb for help; **a. qn au téléphone** to call sb; **a. un taxi** to call for a taxi; **en a. à** to appeal to 2 **s'appeler** VPR to be called; **comment vous appelez-vous?** what's your name?; **je m'appelle David** my name is David ■ **appellation** [apɛlasjɔ̃] NF (nom) term; **a. contrôlée** (de vin) guaranteed vintage ■ **appelé** NM Mil conscript

Il faut noter que le verbe anglais **to appeal** est un faux ami. Il ne signifie jamais **appeler**.

appendice [apɛ̃dis] NM (du corps, de livre) appendix; (d'animal) appendage ■ **appendicite** NF appendicitis

appesantir [apəzɑ̃tir] **s'appesantir** VPR to become heavier; **s'a. sur** (sujet) to dwell upon

appétit [apeti] NM appetite (de for); **mettre qn en a.** to whet sb's appetite; **couper l'a. à qn** to spoil sb's appetite; **manger de bon a.** to tuck in; **bon a.!** enjoy your meal! ■ **appétissant, -ante** ADJ appetizing

applaudir [aplodir] VTI to applaud; **a. à qch** (approuver) to applaud sth ■ **applaudissements** NMPL applause

applicable [aplikabl] ADJ applicable (à to) ■ **application** NF (action, soin) application; (de loi) enforcement; **mettre une théorie en a.** to put a theory into practice; **mettre une loi en a.** to enforce a law; **entrer en a.** to come into force

applique [aplik] NF wall light

appliquer [aplike] 1 VT to apply (à/sur to); (loi, décision) to enforce 2 **s'appliquer** VPR (se concentrer) to apply oneself (à to); **s'a. à faire qch** to take pains to do sth; **cette décision s'applique à...** (concerne) this decision applies to... ■ **appliqué, -ée** ADJ (personne) hard-working; (écriture) careful; (sciences) applied

appoint [apwɛ̃] NM (a) **faire l'a.** to give the exact money (b) **radiateur d'a.** extra radiator; **salaire d'a.** extra income

apport [apɔr] NM contribution (à to)

apporter [apɔrte] VT to bring (à to); (preuve) to provide; (modification) to bring about; **je te l'ai apporté** I brought it to you

apposer [apoze] VT (sceau, signature) to affix (à to); (affiche) to put up

apprécier [apresje] VT (aimer, percevoir) to appreciate; (évaluer) to estimate; Fam **je n'ai pas apprécié** I wasn't too pleased ■ **appréciable** ADJ appreciable ■ **appréciation** NF (opinion de professeur) comment (**sur** on); (évaluation) valuation; (augmentation de valeur) appreciation; **laisser qch à l'a. de qn** to leave sth to sb's discretion

appréhender [apreɑ̃de] VT (craindre) to dread (**de faire** doing); (arrêter) to arrest; (comprendre) to grasp ■ **appréhension** NF (crainte) apprehension (**de** about)

apprendre* [aprɑ̃dr] VTI (étudier) to learn; (nouvelle) to hear; (mariage, mort) to hear of; **a. à faire qch** to learn to do sth; **a. qch à qn** (enseigner) to teach sb sth; (informer) to tell sb sth; **a. à qn à faire qch** to teach sb to do sth; **a. que...** to learn that...; (être informé) to hear that...

apprenti, -ie [aprɑ̃ti] NMF apprentice ■ **apprentissage** NM (professionnel) training; (chez un artisan) apprenticeship; (d'une langue) learning (**de** of); Fig **faire l'a. de qch** to learn about sth

apprivoiser [aprivwaze] 1 VT to tame 2 **s'apprivoiser** VPR to become tame ■ **apprivoisé, -ée** ADJ tame

approbation [aprɔbasjɔ̃] NF approval ■ **approbateur, -trice** ADJ approving

approche [aprɔʃ] NF approach; **approches** (de ville) outskirts; **à l'a. de la vieillesse** as old age draws/drew nearer

approcher [aprɔʃe] 1 VT (objet) to bring up; (personne) to approach, to get close to; **a. qch de qn** to bring sth near to sb 2 VI to approach, to get closer; **a. de qn/qch** to approach sb/sth; **la nuit approchait** it was beginning to get dark 3 **s'approcher** VPR to approach, to get closer; **s'a. de qn/qch** to approach sb/sth; **il s'est approché de moi** he came up to me

approfondir [aprɔfɔ̃dir] VT (trou, puits) to dig deeper; (question, idée) to go thoroughly into ■ **approfondi, -ie** ADJ (étude, examen) thorough

approprié, -ée [aprɔprije] ADJ appropriate (à for)

approprier [aprɔprije] **s'approprier** VPR **s'a. qch** to appropriate sth

approuver [apruve] VT (facture, contrat) to approve; (décision, choix) to approve of

approvisionner [aprɔvizjɔne] 1 VT (ville, armée) to supply (**en** with); (magasin) to stock (**en** with); (compte bancaire) to pay money into; **le compte n'est plus approvisionné** the account is no longer in credit 2 **s'approvisionner** VPR to

get supplies (**en** of) ■ **approvisionnement**
NM (*d'une ville, d'une armée*) supplying (**en** with);
(*d'un magasin*) stocking (**en** with)

approximatif, -ive [apʀɔksimatif, -iv] ADJ approximate ■ **approximation** NF approximation
■ **approximativement** ADV approximately

appui [apɥi] NM support; **prendre a. sur qch**
to lean on sth; **à l'a. de qch** in support of sth;
preuves à l'a. with supporting evidence; **a. de
fenêtre** window sill ■ **appui-tête** (*pl* **appuis-
tête**) NM headrest

appuyer [apɥije] **1** VT (*poser*) to lean, to rest; *Fig*
(*candidat*) to support, to back; *Fig* (*proposition*) to
second; **a. qch sur qch** (*poser*) to rest sth on sth;
(*presser*) to press sth on sth **2** VI (*presser*) to press;
a. sur un bouton to press a button; **a. sur la
pédale de frein** to put one's foot on the brake,
to apply the brake **3 s'appuyer** VPR **s'a. sur qch**
to lean on sth, to rest on sth; *Fig* (*compter*) to rely
on sth; *Fig* (*être basé sur*) to be based on sth

âpre [ɑpʀ] ADJ sour; *Fig* (*concurrence, lutte*)
fierce; **être â. au gain** to be money-grabbing
■ **âpreté** [-əte] NF sourness; *Fig* (*concurrence,
lutte*) fierceness

après [apʀɛ] **1** PRÉP (*dans le temps*) after; (*dans
l'espace*) beyond; **a. coup** after the event; **a.
tout** after all; **a. avoir mangé** after eating; **a.
qu'il t'a vu** after he saw you; **jour a. jour**
day after day; **d'a.** (*selon*) according to **2** ADV
after(wards); **l'année d'a.** the following year; **et
a.?** (*et ensuite*) and then what?; (*et alors*) so what?
■ **après-demain** ADV the day after tomorrow
■ **après-guerre** NM post-war period; **d'a.**
post-war ■ **après-midi** NM ou F INV afternoon;
trois heures de l'a. three o'clock in the afternoon ■ **après-rasage** (*pl* **après-rasages**)
NM aftershave ■ **après-shampooing** NM INV
conditioner ■ **après-ski** (*pl* **après-skis**) NM
snow-boot ■ **après-vente** ADJ INV *Com* **service
a.** aftersales service

Il faut noter que le nom anglais **après-ski** est un
faux ami. Il désigne les activités récréatives
auxquelles on se livre après une séance de ski.

a priori [apʀijɔʀi] ADV in principle

à-propos [apʀopo] NM aptness; **avoir l'esprit
d'a.** to have presence of mind

apte [apt] ADJ **a. à qch/à faire qch** fit for sth/for
doing sth; *Mil* **a. au service** fit for military service
■ **aptitude** NF aptitude (**à** *ou* **pour** for); **avoir
des aptitudes pour qch** to have an aptitude
for sth

aquagym [akwaʒim] NF aquarobics (*sing*)

aquarelle [akwaʀɛl] NF *Br* watercolour, *Am*
watercolor

aquarium [akwaʀjɔm] NM aquarium

aquatique [akwatik] ADJ aquatic

aqueduc [akədyk] NM aqueduct

arabe [aʀab] **1** ADJ (*peuple, monde, littérature*) Arab;
(*langue*) Arabic; **chiffres arabes** Arab numerals
2 NMF **A.** Arab **3** NM (*langue*) Arabic ■ **Arabie** NF
l'A. Arabia; **l'A. Saoudite** Saudi Arabia

arabesque [aʀabɛsk] NF arabesque

arable [aʀabl] ADJ arable

arachide [aʀaʃid] NF peanut, groundnut

araignée [aʀeɲe] NF spider

arbalète [aʀbalɛt] NF crossbow

arbitraire [aʀbitʀɛʀ] ADJ arbitrary

arbitre [aʀbitʀ] NM *Football* referee; *Tennis* umpire;
Jur arbitrator; (*maître absolu*) arbiter; *Phil* **libre a.**
free will ■ **arbitrage** NM *Football* refereeing;
Tennis umpiring; *Jur* arbitration ■ **arbitrer** VT
(*match de football*) to referee; (*partie de tennis*) to
umpire; (*litige*) to arbitrate

arborer [aʀbɔʀe] VT (*insigne, vêtement*) to sport

arbre [aʀbʀ] NM (*végétal*) tree; *Tech* shaft; **a. fruitier**
fruit tree; **a. à cames** camshaft; **a. de transmission** transmission shaft ■ **arbrisseau, -x**
shrub ■ **arbuste** NM shrub

arc [aʀk] NM (*arme*) bow; (*voûte*) arch; (*de cercle*) arc
■ **arcade** NF archway; **arcades** (*de place*) arcade;
l'a. sourcilière the arch of the eyebrows

arc-boutant [aʀkbutɑ̃] (*pl* **arcs-boutants**) NM
flying buttress

arc-en-ciel [aʀkɑ̃sjɛl] (*pl* **arcs-en-ciel**) NM
rainbow

archaïque [aʀkaik] ADJ archaic

arche [aʀʃ] NF (*voûte*) arch; **l'a. de Noé** Noah's
ark

archéologie [aʀkeɔlɔʒi] NF archaeology
■ **archéologique** ADJ archaeological ■ **archéologue** NMF archaeologist

archet [aʀʃɛ] NM (*de violon*) bow

archevêque [aʀʃəvɛk] NM archbishop

archi-connu [aʀʃikɔny] ADJ *Fam* very well-
known

archipel [aʀʃipɛl] NM archipelago

architecte [aʀʃitɛkt] NM architect ■ **architecture** NF architecture

archives [aʀʃiv] NFPL archives, records ■ **archi-
viste** NMF archivist

arctique [aʀktik] **1** ADJ arctic **2** NM **l'A.** the Arctic

ardent, -ente [aʀdɑ̃, -ɑ̃t] ADJ (*tempérament*)
fiery; (*désir*) burning; (*soleil*) scorching ■ **ardeur**
NF (*énergie*) *Br* fervour, *Am* fervor; (*du soleil*) intense
heat

ardoise [aʀdwaz] NF slate

ardu, -ue [aʀdy] ADJ arduous

arène [aʀɛn] NF (*pour taureaux*) bullring; (*romaine*)

arena; **arènes** bullring; *(romaines)* amphitheatre; Fig **a. politique** political arena

arête [arɛt] NF *(de poisson)* bone; *(de cube, dé)* edge; *(de montagne)* ridge

argent [arʒɑ̃] **1** NM *(métal)* silver; *(monnaie)* money; **a. liquide** cash; **a. de poche** pocket money **2** ADJ *(couleur)* silver ■ **argenté, -ée** ADJ *(plaqué)* silver-plated; *(couleur)* silvery ■ **argenterie** NF silverware

Argentine [arʒɑ̃tin] NF l'A. Argentina ■ **argentin, -ine 1** ADJ Argentinian **2** NMF A., **Argentine** Argentinian

argile [arʒil] NF clay

argot [argo] NM slang ■ **argotique** ADJ *(terme)* slang; *(texte)* full of slang

argument [argymɑ̃] NM argument

argumenter [argymɑ̃te] VI to argue

aride [arid] ADJ *(terre)* arid, barren; *(sujet)* dry

aristocrate [aristɔkrat] NMF aristocrat ■ **aristocratie** [-asi] NF aristocracy ■ **aristocratique** ADJ aristocratic

arithmétique [aritmetik] **1** ADJ arithmetical **2** NF arithmetic

armateur [armatœr] NM shipowner

armature [armatyr] NF *(charpente)* framework; *(de lunettes, de tente)* frame

arme [arm] NF weapon; **prendre les armes** to take up arms; Fig **à armes égales** on equal terms; **a. à feu** firearm; **a. biologique** biological weapon; **a. blanche** knife; **a. nucléaire** nuclear weapon ■ **armes** NFPL *(blason)* (coat of) arms

armée [arme] NF army; **être dans l'armée** to be in the army; **être à l'a.** to be doing one's military service; **a. de l'air** air force; **a. de terre** army; **a. active/de métier** regular/professional army

armer [arme] **1** VT *(personne)* to arm (**de** with); *(fusil)* to cock; *(appareil photo)* to set; *(navire)* to commission **2** s'**armer** VPR to arm oneself (**de** with); **s'a. de patience** to summon up one's patience ■ **armements** [-əmɑ̃] NMPL *(armes)* armaments

armistice [armistis] NM armistice

armoire [armwar] NF *(penderie)* Br wardrobe, Am closet; **a. à pharmacie** medicine cabinet

armoiries [armwari] NFPL (coat of) arms

armure [armyr] NF Br armour, Am armor

arnaque [arnak] NF Fam rip-off ■ **arnaquer** VT Fam to rip off; **se faire a.** to get ripped off

aromathérapie [arɔmaterapi] NF aromatherapy

arôme [arom] NM *(goût)* Br flavour, Am flavor; *(odeur)* aroma ■ **aromate** NM *(herbe)* herbe; *(épice)* spice ■ **aromatique** ADJ aromatic

arpenter [arpɑ̃te] VT *(mesurer)* to survey; *(parcourir)* to pace up and down

arqué, -ée [arke] ADJ *(sourcil)* arched; *(nez)* hooked; **jambes arquées** bow legs

arraché [araʃe] NM **gagner à l'a.** to snatch victory

arrache-pied [araʃpje] **d'arrache-pied** ADV relentlessly

arracher [araʃe] VT *(plante, arbre)* to uproot; *(pommes de terre)* to lift; *(clou, dent, mauvaise herbe)* to pull out; *(page)* to tear out; *(vêtement, masque)* to tear off; **a. qch à qn** *(objet, enfant)* to snatch sth from sb; *(aveu, argent, promesse)* to force sth out of sb; **a. un bras à qn** *(obus)* to blow sb's arm off; **a. qn de son lit** to drag sb out of bed; **se faire a. une dent** to have a tooth out

arranger [arɑ̃ʒe] **1** VT *(meuble, fleurs)* to arrange; *(maison)* to put in order; *(col)* to straighten; *(réparer)* to repair; *(organiser)* to arrange, to organize; *(différend)* to settle; Fam **a. qn** *(maltraiter)* to give sb a going over; **je vais a. ça** I'll fix that; **ça m'arrange** that suits me (fine) **2** s'**arranger** VPR *(se mettre d'accord)* to come to an agreement; *(finir bien)* to turn out fine; *(s'organiser)* to manage; **arrangez-vous pour être là** make sure you're there ■ **arrangement** NM *(disposition)* & Mus arrangement; *(accord)* agreement

arrestation [arɛstasjɔ̃] NF arrest

arrêt [arɛ] NM *(halte, endroit)* stop; *(action)* stopping; Jur judgement; **temps d'a.** pause; **à l'a.** stationary; **sans a.** continuously; **a. du cœur** cardiac arrest; Sport **a. de jeu** stoppage; **a. de mort** death sentence; **a. de travail** *(grève)* stoppage; *(congé)* sick leave ■ **arrêt-maladie** NM sick leave

arrêté¹ [arete] NM *(décret)* order, decree

arrêté², -ée [arete] ADJ *(idées, projet)* fixed; *(volonté)* firm

arrêter [arete] **1** VT *(personne, animal, véhicule)* to stop; *(criminel)* to arrest; *(moteur)* to turn off; *(date)* to fix; *(études)* to stop; **a. de faire qch** to stop doing sth; **il n'arrête pas de critiquer** he's always criticizing **3** s'**arrêter** VPR to stop; **s'a. de faire qch** to stop doing sth

arrhes [ar] NFPL *(acompte)* deposit

arrière [arjɛr] **1** NM *(de maison)* back, rear; *(de bateau)* stern; Football full back; **à l'a.** in/at the back **2** ADJ INV *(siège)* back, rear; **feu a.** rear light **3** ADV **en a.** *(marcher, tomber)* backwards; *(rester)* behind; *(regarder)* back, behind; **en a. de qn/qch** behind sb/sth ■ **arrière-goût** *(pl* **arrière-goûts***)* NM aftertaste ■ **arrière-grand-mère** *(pl* **arrière-grands-mères***)* NF great-grandmother ■ **arrière-grand-père**

(pl **arrière-grands-pères**) NM great-grandfather ■ **arrière-pays** NM INV hinterland ■ **arrière-pensée** (pl **arrière-pensées**) NF ulterior motive ■ **arrière-plan** NM background; **à l'a.** in the background ■ **arrière-saison** (pl **arrière-saisons**) NF late autumn, Am late fall

arriéré, -ée [arjere] **1** ADJ (dans ses idées, dans son développement) backward; (impayé) (loyer) in arrears; (dette) outstanding **2** NM (dette) arrears

arrimer [arime] VT (fixer) to rope down; Naut to stow

arriver [arive] **1** (aux être) VI (venir) to arrive; **a. à** (lieu) to reach; (résultat) to achieve; **a. à faire qch** to manage to do sth; **en a. à faire qch** to get to the point of doing sth **2** V IMPERSONNEL (survenir) to happen; **a. à qn** to happen to sb; **qu'est-ce qu'il t'arrive?** what's wrong with you? ■ **arrivage** NM consignment ■ **arrivée** NF arrival; (ligne, poteau) winning post ■ **arriviste** NMF Péj social climber

arrogant, -ante [arɔgɑ̃, -ɑ̃t] ADJ arrogant ■ **arrogance** NF arrogance

arroger [arɔʒe] **s'arroger** VPR (droit) to claim

arrondir [arɔ̃dir] VT (somme, chiffre, angle, jupe) to round off; **a. qch** to make sth round, **a. à l'euro supérieur/inférieur** to round up/down to the nearest euro; Fam **a. ses fins de mois** to supplement one's income ■ **arrondi, -ie** ADJ round

arrondissement [arɔ̃dismɑ̃] NM = administrative subdivision of Paris, Lyons and Marseilles

arroser [aroze] VT (terre, plante) to water; (pelouse) to sprinkle; (repas) to wash down; (succès) to drink to ■ **arrosage** NM (de terre, de plante) watering; (de pelouse) sprinkling ■ **arrosoir** NM watering can

arsenal, -aux [arsənal, -o] NM Mil arsenal; Fam (panoplie) gear

arsenic [arsənik] NM arsenic

art [ar] NM art; **film/critique d'a.** art film/critic; **arts martiaux** martial arts; **arts ménagers** home economics; **arts plastiques** fine arts; **arts du spectacle** performing arts

Arte [arte] NF = French-German TV channel showing cultural programmes

artère [arter] NF (veine) artery; (rue) main road

artichaut [artiʃo] NM artichoke; **fond d'a.** artichoke heart

article [artikl] NM (de presse, de contrat, de traité) & Grammaire article; Com item; **à l'a. de la mort** at death's door; **a. de fond** feature (article); **articles de toilette** toiletries; **articles de voyage** travel goods

articuler [artikyle] **1** VT (mot) to articulate **2 s'articuler** VPR (membre) to articulate; (idées) to connect; **s'a. autour de qch** (théorie) to

centre on ■ **articulation** NF (de membre) joint; (prononciation) articulation

artifice [artifis] NM trick

artificiel, -ielle [artifisjɛl] ADJ artificial

artillerie [artijri] NF artillery ■ **artilleur** NM artilleryman

artisan [artizɑ̃] NM craftsman, artisan ■ **artisanal, -e, -aux, -ales** ADJ métier a. craft; **objet a.** object made by craftsmen; **bombe artisanale** homemade bomb ■ **artisanat** NM craft industry

artiste [artist] NMF artist; (acteur, musicien) performer ■ **artistique** ADJ artistic

as [ɑs] NM (carte, champion) ace; **a. du volant/de la mécanique** crack driver/mechanic; Fam **être plein aux as** to be loaded

ascendant [asɑ̃dɑ̃] **1** ADJ ascending; (mouvement) upward **2** NM (influence) influence; **ascendants** ancestors ■ **ascendance** NF (ancêtres) ancestry

ascenseur [asɑ̃sœr] NM Br lift, Am elevator

ascension [asɑ̃sjɔ̃] NF (escalade) ascent; Rel **l'A.** Ascension Day

Asie [azi] NF **l'A.** Asia ■ **asiatique 1** ADJ Asian **2** NMF **A.** Asian

asile [azil] NM (abri) refuge, shelter; (pour vieillards) home; Péj **a. (d'aliénés)** (lunatic) asylum; **a. politique** (political) asylum; **a. de paix** haven of peace

aspect [aspe] NM (air) appearance; (angle) point of view; (perspective) & Grammaire aspect

asperger [asperʒe] **1** VT (par jeu ou accident) to splash (**de** with); (pour humecter) to spray (**de** with); **se faire a.** to get splashed **2 s'asperger** VPR **s'a. de parfum** to splash oneself with perfume

asperges [asperʒ] NFPL asparagus

aspérité [asperite] NF (de surface) rough part

asphalte [asfalt] NM asphalt

asphyxie [asfiksi] NF asphyxiation ■ **asphyxier 1** VT to asphyxiate **2 s'asphyxier** VPR to suffocate; (volontairement) to suffocate oneself

aspirateur [aspiratœr] NM vacuum cleaner, Br Hoover®; **passer l'a. dans la maison** to vacuum or Br hoover the house

aspirer [aspire] **1** VT (liquide) to suck up; (air, parfum) to breathe in, to inhale **2** VI **a. à qch** (bonheur, gloire) to aspire to sth ■ **aspiration** NF (inhalation) inhalation; (ambition) aspiration (**à** for) ■ **aspiré, -ée** ADJ (son, lettre) aspirate(d)

aspirine [aspirin] NF aspirin

assagir [asaʒir] **s'assagir** VPR to settle down

assaillir [asajir] VT to attack; **a. qn de questions**

to bombard sb with questions ■ **assaillant** NM attacker, assailant

assainir [asenir] VT *(purifier)* to clean up; *(marché, économie)* to stabilize

assaisonner [asezɔne] VT to season ■ **assaisonnement** NM seasoning

assassin [asasɛ̃] NM murderer; *(de politicien)* assassin ■ **assassinat** NM murder; *(de politicien)* assassination ■ **assassiner** VT to murder; *(politicien)* to assassinate

assaut [aso] NM attack, assault; Mil charge; **donner l'a. à** to storm; **prendre qch d'a.** Mil to take sth by storm; Fig *(buffet)* to make a run for sth

assécher [aseʃe] **1** VT to drain **2 s'assécher** VPR to dry up

assemblée [asɑ̃ble] NF *(personnes réunies)* gathering; *(réunion)* meeting; **a. générale** *(de compagnie)* annual general meeting; **l'A. nationale** Br ≃ the House of Commons, Am ≃ the House of Representatives

assembler [asɑ̃ble] **1** VT to put together, to assemble **2 s'assembler** VPR to gather ■ **assemblage** NM *(montage)* assembly; *(réunion d'objets)* collection

asséner [asene] VT **a. un coup à qn** to deliver a blow to sb

asseoir* [aswar] **1** VT *(personne)* to seat **(sur** on); Fig *(autorité, réputation)* to establish **2** VI **faire a. qn** to ask sb to sit down **3 s'asseoir** VPR to sit (down)

assermenté, -ée [asɛrmɑ̃te] ADJ sworn; *(témoin)* under oath

asservir [asɛrvir] VT to enslave

assez [ase] ADV **(a)** *(suffisamment)* enough; **a. de pain/de gens** enough bread/people; **j'en ai a.** I've had enough (**de** of); **a. grand/intelligent** big/clever enough (**pour faire** to do) **(b)** *(plutôt)* quite, rather

assidu, -ue [asidy] ADJ *(toujours présent)* regular; *(appliqué)* diligent; **a. auprès de qn** attentive to sb ■ **assiduité** NF *(d'élève)* regularity; **poursuivre qn de ses assiduités** to force one's attention on sb ■ **assidûment** ADV *(régulièrement)* regularly; *(avec application)* diligently

assiéger [asjeʒe] VT *(ville, magasin, guichet)* to besiege; *(personne)* to pester

assiette [asjɛt] NF **(a)** *(récipient)* plate; Culin **a. anglaise** Br *(assorted)* cold meats, Am cold cuts **(b)** *(à cheval)* seat; Fam **il n'est pas dans son a.** he's feeling out of sorts ■ **assiettée** NF plateful

assigner [asiɲe] VT *(attribuer)* to assign **(à** to); *(en justice)* to summon; **a. qn à résidence** to place sb under house arrest ■ **assignation** NF Jur summons

assimiler [asimile] **1** VT *(aliments, connaissances,*

immigrés) to assimilate **2 s'assimiler** VPR *(immigré)* to assimilate

assis, -ise[1] [asi, -iz] PP ➤ **asseoir** ADJ sitting (down), seated; *(situation)* secure; **rester a.** to remain seated; **place assise** seat

assise[2] [asiz] NF *(base)* foundation; **assises** *(d'un parti)* congress; Jur **les assises** Assize Court, Br ≃ crown court, Am ≃ circuit court

assistance [asistɑ̃s] NF **(a)** *(public)* audience **(b)** *(aide)* assistance; **être à l'A. publique** *(enfant)* to be in care

assister [asiste] **1** VT *(aider)* to assist **2** VI **a. à** *(réunion, cours)* to attend; *(accident)* to witness ■ **assistant, -ante** NMF assistant; **a. personnel** personal assistant; **a. social** social worker; **a. maternel** Br child minder, Am baby-sitter ■ **assisté, -ée** ADJ **a. par ordinateur** computer-assisted, computer-aided

Il faut noter que le verbe anglais **to assist** est un faux ami. Il n'a jamais le sens de **être présent** (à un événement).

association [asɔsjɑsjɔ̃] NF association; Com partnership; **a. de parents d'élèves** parent-teacher association; **a. sportive** sports club

associer [asɔsje] **1** VT *(personne)* to associate (**à** with); **a. qn à** *(travaux, affaire)* to involve sb in; *(profits)* to give sb a share in **2 s'associer** VPR to join forces (**à** *ou* **avec** with); Com **s'a. avec qn** to enter into partnership with sb; **s'a. à un projet** to join in a project; **s'a. à la peine de qn** to share sb's grief ■ **associé, -ée 1** NMF partner, associate **2** ADJ **membre a.** associate member

assoiffé, -ée [aswafe] ADJ thirsty (**de** for)

assombrir [asɔ̃brir] **1** VT *(obscurcir)* to darken; *(attrister)* to cast a shadow over **2 s'assombrir** VPR *(ciel, visage)* to cloud over; *(personne)* to become gloomy

assommer [asɔme] VT **a. qn** to knock sb unconscious; Fig *(ennuyer)* to bore sb to death ■ **assommant, -ante** ADJ deadly boring

Assomption [asɔ̃psjɔ̃] NF Rel **l'A.** the Assumption

assortir [asɔrtir] VT *(harmoniser)* to match; Com *(magasin)* to stock ■ **assorti, -ie** ADJ *(objet semblable)* matching; *(bonbons)* assorted; **époux bien assortis** well-matched couple; **bien a.** *(magasin)* well-stocked; **a. de** accompanied by ■ **assortiment** NM assortment

assoupir [asupir] **s'assoupir** VPR to doze off

assouplir [asuplir] **1** VT *(cuir, chaussure, muscles)* to make supple; Fig *(réglementation)* to relax **2 s'assouplir** VPR *(personne, chaussure, cuir)* to get supple ■ **assouplissement** NM **exercices d'a.** stretching exercises

assouvir [asuvir] **vt** to satisfy

assujettir [asyʒetir] **vt** (soumettre) to subject (**à** to); (peuple) to subjugate; (objet) to fix (**à** to); **être assujetti à l'impôt** to be liable for tax

assumer [asyme] **1 vt** (tâche, rôle, responsabilité) to assume, to take on; (risque, conséquences) to take **2 vi** Fam **tu vas devoir a.** you'll have to live with it **3 s'assumer vpr** to come to terms with oneself

> Il faut noter que le verbe anglais **to assume** est un faux ami. Il signifie le plus souvent **supposer**.

assurance [asyrɑ̃s] **nf** (confiance) (self-)assurance; (promesse) assurance; (contrat) insurance; **prendre une a.** to take out insurance; **a. au tiers/tous risques** third-party/comprehensive insurance; **a. maladie/vie** health/life insurance

assurer [asyre] **1 vt** (garantir) Br to ensure, Am to insure; (par un contrat) to insure; (fixer) to secure; **a. qn de qch, a. qch à qn** to assure sb of sth; **a. à qn que…** to assure sb that…; **un service régulier est assuré** there is a regular service **2 s'assurer vpr** (par un contrat) to insure oneself; **s'a. de qch/que…** to make sure of sth/that… ▪ **assuré, -ée 1 adj** (succès) guaranteed; (pas, voix) firm; (air, personne) confident **2 nmf** policyholder ▪ **assurément adv** certainly

astérisque [asterisk] **nm** asterisk

asthme [asm] **nm** asthma; **crise d'a.** asthma attack ▪ **asthmatique adj & nmf** asthmatic

asticot [astiko] **nm** Br maggot, Am worm

astiquer [astike] **vt** to polish

astre [astr] **nm** star

astreindre* [astrɛ̃dr] **1 vt a. qn à faire qch** to compel sb to do sth **2 s'astreindre vpr s'a. à un régime sévère** to stick to a strict diet; **s'a. à faire qch** to force oneself to do sth ▪ **astreignant, -ante adj** exacting ▪ **astreinte nf** constraint

astrologie [astrɔlɔʒi] **nf** astrology ▪ **astrologue nm** astrologer

astronaute [astrɔnot] **nmf** astronaut ▪ **astronautique nf** space travel

astronomie [astrɔnɔmi] **nf** astronomy ▪ **astronome nm** astronomer ▪ **astronomique adj** astronomical

astuce [astys] **nf** (truc) trick; (plaisanterie) witticism; (jeu de mots) pun; (finesse) astuteness; **il y a une a.** there's a trick to it; **je ne saisis pas l'a.** I don't get it ▪ **astucieux, -ieuse adj** clever

atelier [atəlje] **nm** (d'ouvrier) workshop; (de peintre) studio; (personnel) workshop staff; (groupe de travail) work-group; **a. de carrosserie** bodyshop; **a. de montage** assembly shop; **a. de réparation** repair shop

athée [ate] **1 adj** atheistic **2 nmf** atheist ▪ **athéisme nm** atheism

athénée [atene] **nm** Belg Br secondary school, Am high school

Athènes [atɛn] **nm ou f** Athens

athlète [atlɛt] **nmf** athlete ▪ **athlétique adj** athletic ▪ **athlétisme nm** athletics (sing)

atlantique [atlɑ̃tik] **1 adj** Atlantic **2 nm l'A.** the Atlantic

atlas [atlɑs] **nm** atlas

atmosphère [atmɔsfɛr] **nf** atmosphere ▪ **atmosphérique adj** atmospheric

atome [atom] **nm** atom; Fig **avoir des atomes crochus avec qn** to hit it off with sb ▪ **atomique** [atɔmik] **adj** atomic

atomiser [atɔmize] **vt** (liquide) to spray ▪ **atomiseur nm** spray

atout [atu] **nm** trump; Fig (avantage) asset; **a. cœur** hearts are trumps; Fig **avoir tous les atouts dans son jeu** to hold all the winning cards

âtre [ɑtr] **nm** (foyer) hearth

atroce [atrɔs] **adj** atrocious; (douleur) excruciating; (rêve) dreadful ▪ **atrocité nf** (cruauté) atrociousness; **les atrocités de la guerre** wartime atrocities

attabler [atable] **s'attabler vpr** to sit down at a/the table

attache [ataʃ] **nf** (lien) fastener; **attaches** (amis) links; **être sans attaches** to be unattached; **je n'avais plus aucune a. dans cette ville** there was nothing to keep me in this town

attaché-case [ataʃekɛz] (pl **attachés-cases**) **nm** attaché case

attachement [ataʃmɑ̃] **nm** (affection) attachment (**à** to)

attacher [ataʃe] **1 vt a. qch à qch** to fasten sth to sth; (avec de la ficelle) to tie sth to sth; (avec une chaîne) to chain sth to sth; **a. ses lacets** to do one's shoelaces up; **a. de l'importance/de la valeur à qch** to attach great importance/value to sth **2 vi** (en cuisant) to stick to the pan **3 s'attacher vpr** (se fixer) to be fastened; **s'a. à qn** to get attached to sb ▪ **attachant, -ante adj** engaging ▪ **attaché, -ée 1 adj** (fixé) fastened; (chien) chained up; **être a. à qn** to be attached to sb **2 nmf** attaché; **a. culturel/militaire** cultural/military attaché; **a. de presse** press officer

attaque [atak] **nf** attack; **passer à l'a.** to go on the offensive; Fam **d'a.** on top form; **a. aérienne** air raid; **a. à main armée** armed robbery

attaquer [atake] **1 vt** (physiquement, verbalement) to attack; (difficulté, sujet) to tackle; (morceau de musique) to strike up; Jur **a. qn en justice** to bring an action against sb **2 vi** to attack **3 s'atta-**

quer vpr **s'a. à** (adversaire) to attack; (problème) to tackle ■ **attaquant, -ante** nmf attacker

attarder [atarde] **s'attarder** vpr to linger; **s'a. à des détails** to dwell over details; **ne nous attardons pas sur ce point** let's not dwell on that point ■ **attardé, -ée** adj (enfant) mentally retarded; **il ne restait plus que quelques passants attardés** there were only a few people still about

atteindre* [atɛdr] **1** vt (parvenir à) to reach; (cible) to hit; (idéal) to achieve; **être atteint d'une maladie** to be suffering from a disease; **le poumon est atteint** the lung is affected; Fig **rien ne l'atteint** nothing affects him/her; Fam **il est très atteint** (fou) he's completely bonkers **2** vi **a. à la perfection** to be close to perfection

atteinte [atɛt] nf attack (**à** on); **porter a. à** to undermine; **hors d'a.** (objet, personne) out of reach

atteler [atle] **1** vt (bêtes) to harness; **a. une voiture** to hitch up horses to a carriage **2** **s'atteler** vpr **s'a. à une tâche** to apply oneself to a task ■ **attelage** nm (bêtes) team

attenant, -ante [atnɑ̃, -ɑ̃t] adj **a. (à)** adjoining

attendre [atɑ̃dr] **1** vt (personne, train) to wait for, to await; **a. son tour** to wait one's turn; **elle attend un bébé** she's expecting a baby; **le bonheur qui nous attend** the happiness that awaits us; **a. que qn fasse qch** to wait for sb to do sth; **a. qch de qn** to expect sth from sb; **se faire a.** (personne) to keep people waiting; (réponse, personne) to be a long time coming **2** vi to wait; **faire a. qn** to keep sb waiting; **en attendant** meanwhile; **en attendant que...** (+ subjunctive) until... **3 s'attendre** vpr **s'a. à qch/à faire qch** to expect sth/to do sth; **s'a. à ce que qn fasse qch** to expect sb to do sth ■ **attendu, -ue** **1** adj (prévu) expected; (avec joie) eagerly-awaited **2** prép Formel considering

attendrir [atɑ̃drir] **1** vt (émouvoir) to move; (viande) to tenderize **2** **s'attendrir** vpr to be moved (**sur** by) ■ **attendri, -ie** adj compassionate ■ **attendrissant, -ante** adj moving

attentat [atɑ̃ta] nm attack; **a. à la bombe** bombing; Jur **a. à la pudeur** indecent assault

attente [atɑ̃t] nf (fait d'attendre) waiting; (période) wait; **en a.** (au téléphone) on hold; **être dans l'a. de** to be waiting for; **dans l'a. de vous rencontrer** (dans une lettre) I look forward to meeting you; **contre toute a.** against all expectations; **répondre aux attentes de qn** to live up to sb's expectations

attentif, -ive [atɑ̃tif, -iv] adj attentive; **a. à qch** to pay attention to sth; **écouter d'une oreille attentive** to listen attentively ■ **attentivement** adv attentively

attention [atɑ̃sjɔ̃] nf (soin, amabilité) attention; **faire a. à qch** to pay attention to sth; **faire a. à sa santé** to look after one's health; **faire a. (à ce) que...** (+ subjunctive) to be careful that...; **a.!** watch out!; **a. à la voiture!** watch out for the car!; **à l'a. de qn** (sur lettre) for the attention of sb; **être plein d'attentions envers qn** to be very attentive towards sb ■ **attentionné, -ée** adj considerate

atténuer [atenɥe] **1** vt (effet, douleur) to reduce; (lumière) to dim **2 s'atténuer** vpr (douleur) to ease; (lumière) to fade

atterrer [atere] vt to appal

atterrir [aterir] vi to land; **a. en catastrophe** to make an emergency landing; Fam **a. dans un bar** to land up in a bar ■ **atterrissage** nm landing; **a. forcé** forced landing

attester [ateste] vt to testify to; **a. que...** to testify that... ■ **attestation** nf (document) certificate

attifer [atife] vt Fam to dress (**de** in)

attirail [atiraj] nm equipment; Fam Péj gear

attirance [atirɑ̃s] nf attraction (**pour** for)

attirer [atire] **1** vt (sujet: aimant, planète, personne) to attract; (sujet: matière, pays) to appeal to; **a. l'attention de qn** to catch sb's attention; **a. l'attention de qn sur qch** to draw sb's attention to sth; **a. des ennuis à qn** to cause trouble for sb; **a. qn dans un piège** to lure sb into a trap **2 s'attirer** vpr (mutuellement) to be attracted to each other; **s'a. des ennuis** to get oneself into trouble ■ **attirant, -ante** adj attractive

attiser [atize] vt (feu) to poke; Fig (désir, colère) to stir up

attitré, -ée [atitre] adj (représentant) appointed; (marchand) regular

attitude [atityd] nf (conduite, position) attitude; (affectation) pose

attraction [atraksjɔ̃] nf (force, centre d'intérêt) attraction

attrait [atrɛ] nm attraction

attrape-nigaud [atrapnigo] (pl **attrape-nigauds**) nm (ruse) trick

attraper [atrape] **1** vt (ballon, maladie, voleur, train) to catch; **a. froid** to catch cold; **se faire a.** to be caught; Fam (gronder) to get a good talking to; **se laisser a.** (duper) to get taken in **2 s'attraper** vpr (maladie) to be caught

attrayant, -ante [atrɛjɑ̃, -ɑ̃t] adj attractive

attribuer [atribɥe] **1** vt (allouer) to assign (**à** to); (prix, bourse) to award (**à** to); (œuvre, crime) to attribute (**à** to); **a. de l'importance à qch** to attach importance to sth **2 s'attribuer** vpr to claim ■ **attribution** nf (allocation) assigning (**à** to); (de prix) awarding (**à** to); (d'une œuvre, d'un *crime)* attribution (**à** to); **attributions** *(fonctions)* duties; **entrer dans les attributions de qn** to be part of sb's duties

attribut [atriby] **NM** *(adjectif)* predicate adjective; *(caractéristique)* attribute

attrister [atriste] **VT** to sadden

attrouper [atrupe] **VT s'attrouper** **VPR** to gather ■ **attroupement** **NM** *(de manifestants etc)* crowd

au [o] ➤ **à**

aubaine [oben] **NF** (**bonne**) **a.** godsend

aube [ob] **NF** dawn; **dès l'a.** at the crack of dawn

aubépine [obepin] **NF** hawthorn

auberge [oberʒ] **NF** inn; *Fam* **on n'est pas sorti de l'a.** we're not out of the woods yet; **a. de jeunesse** youth hostel

aubergine [oberʒin] **NF** *Br* aubergine, *Am* eggplant

aucun, -une [okœ̃, -yn] **1** **ADJ** no, not any; **il n'a a. talent** he has no talent; **a. professeur n'est venu** no teacher came **2** **PRON** none; **il n'en a a.** he has none (at all); **a. d'entre nous** none of us; **a. des deux** neither of the two

audace [odas] **NF** *(courage)* daring, boldness; *(impudence)* audacity; **audaces** *(de style)* daring innovations; **avoir toutes les audaces** to do the most daring things ■ **audacieux, -ieuse** **ADJ** *(courageux)* daring, bold

au-dehors [odəɔr] **ADV** outside

au-delà [odəla] **1** **ADV** beyond; **100 euros mais pas a.** 100 euros but no more **2** **PRÉP** **a. de** beyond **3** **NM l'a.** the next world

au-dessous [odəsu] **1** **ADV** *(à l'étage inférieur)* downstairs; *(moins, dessous)* below, under **2** **PRÉP** **a. de** *(dans l'espace)* below, under, beneath; *(âge, prix)* under; *(température)* below; *Fig* **être a. de tout** to be beneath contempt

au-dessus [odəsy] **1** **ADV** above; *(à l'étage supérieur)* upstairs **2** **PRÉP** **a. de** above; *(âge, température, prix)* over; *(posé sur)* on top of; **vivre a. de ses moyens** to live beyond one's means

au-devant [odəvã] **PRÉP** **aller a. de** *(personne)* to go to meet; *(danger)* to court; *(désirs de qn)* to anticipate

audible [odibl] **ADJ** audible

audience [odjãs] **NF** *(entretien)* audience; *(de tribunal)* hearing; *Jur* **l'a. est suspendue** the case is adjourned

audio [odjo] **ADJ INV** *(cassette)* audio ■ **audiovisuel, -elle** **1** **ADJ** *(méthodes)* audiovisual; *(de la radio, de la télévision)* radio and television **2** **NM l'a.** radio and television

auditeur, -trice [oditœr, -tris] **NMF** *(de radio)*

listener; *Univ* **a. libre** auditor *(student allowed to attend classes but not to sit examinations)*

audition [odisjɔ̃] **NF** *(ouïe)* hearing; *(d'acteurs)* audition; **passer une a.** to have an audition; *Jur* **a. des témoins** examination of the witnesses ■ **auditionner** **VTI** to audition ■ **auditoire** **NM** audience ■ **auditorium** **NM** concert hall; *(studio)* recording studio

auge [oʒ] **NF** *(feeding)* trough

augmenter [ogmãte] **1** **VT** to increase *(de* by); **a. qn** to give sb a *Br* rise *or Am* raise **2** **VI** to increase *(de* by); *(prix, population)* to rise ■ **augmentation** **NF** increase *(de* in/of); **a. de salaire** *Br* (pay) rise, *Am* raise; **être en a.** to be on the increase

augure [ogyr] **NM** *(présage)* omen; *(devin)* augur; **être de bon/mauvais a.** to be a good/bad omen ■ **augurer** **VT** **a. bien/mal de qch** to augur well/ill for sth

aujourd'hui [oʒurdɥi] **ADV** today; *(de nos jours)* nowadays, today; **a. en quinze** two weeks from today; **jusqu'à a.** to this very day; **les problèmes d'a.** today's problems

aumône [omon] **NF** alms; **faire l'a. à qn** to give alms to sb

auparavant [oparavã] **ADV** *(avant)* before(hand); *(d'abord)* first

auprès [oprɛ] **auprès de** **PRÉP** *(assis, situé)* by, next to; *(en comparaison de)* compared to; **se renseigner a. de qn** to ask sb; **ambassadeur a. des Nations unies** ambassador to the United Nations

auquel [okɛl] ➤ **lequel**

aura [ora], **aurait** [ore] ➤ **avoir**

auréole [oreol] **NF** *(de saint)* halo; *(tache)* ring

auriculaire [orikylɛr] **NM** little finger

aurore [oror] **NF** dawn, daybreak; **à l'a.** at dawn; *Fam* **aux aurores** at the crack of dawn

ausculter [oskylte] **VT** *(malade, cœur)* to listen to

auspices [ospis] **NMPL** **sous les a. de** under the auspices of

aussi [osi] **1** **ADV** **(a)** *(comparaison)* as; **a. lourd que...** as heavy as... **(b)** *(également)* too, as well; **moi a.** so do/can/am I; **a. bien que...** as well as... **(c)** *(tellement)* so; **un repas a. délicieux** such a delicious meal **(d)** *(quelque)* **a. bizarre que cela paraisse** however odd this may seem **2** **CONJ** *(donc)* therefore

aussitôt [osito] **ADV** immediately, straight away; **a. que...** as soon as...; **a. habillé, il partit** as soon as he was dressed, he left; **a. dit, a. fait** no sooner said than done

austère [ostɛr] **ADJ** *(vie, style)* austere; *(vêtement)* severe ■ **austérité** **NF** *(de vie, de style)* austerity;

(de vêtement) severity; **mesure d'a.** austerity measures

austral, -e, -als, -ales [ostral] ADJ southern

Australie [ostrali] NF **l'A.** Australia ■ **australien, -ienne 1** ADJ Australian **2** NMF **A., Australienne** Australian

autant [otã] ADV **(a) a. de... que** *(quantité)* as much... as; *(nombre)* as many... as; **il a a. d'argent/de pommes que vous** he has as much money/as many apples as you **(b) a. de** *(tant de)* so much; *(nombre)* so many; **je n'ai jamais vu a. d'argent/de pommes** I've never seen so much money/so many apples; **pourquoi manges-tu a.?** why are you eating so much? **(c) a. que** *(quantité)* as much as; *(nombre)* as many as; **il lit a. que vous/que possible** he reads as much as you/as possible; **il n'a jamais souffert a.** he's never suffered so much; **a. que je sache** as far as I know **(d)** *(expressions)* **d'a. (plus) que...** all the more (so) since...; **a. avouer** we/you might as well confess; **en faire a.** to do the same; **pour a.** *(malgré cela)* for all that; **j'aimerais a. aller au musée** I'd just as soon go to the museum

autel [otɛl] NM altar

auteur [otœr] NM *(de livre)* author, writer; *(de chanson)* composer; *(de tableau)* painter; *(de crime)* perpetrator; *(d'accident)* cause

authenticité [otãtisite] NF authenticity ■ **authentifier** VT to authenticate ■ **authentique** ADJ genuine, authentic

autiste [otist] ADJ autistic

autobiographie [otobjɔgrafi] NF autobiography ■ **autobiographique** ADJ autobiographical

autobronzant, -e [otobrõzã, -ãt] **1** ADJ self-tanning **2** NM *(crème)* self-tan

autobus [otobys] NM bus

autocar [otokar] NM bus, *Br* coach

autochtone [otɔktɔn] ADJ & NMF native

autocollant, -ante [otokɔlã, -ãt] **1** ADJ self-adhesive; *(enveloppe, timbre)* self-seal **2** NM sticker

autocuiseur [otokɥizœr] NM pressure cooker

autodéfense [otodefãs] NF self-defence

autodidacte [otodidakt] NMF self-taught person

auto-école [otoekɔl] *(pl* **auto-écoles)** NF driving school

autographe [otograf] NM autograph

automatique [ɔtomatik] ADJ automatic ■ **automatiquement** ADV automatically

automatiser [ɔtomatize] VT to automate

automédication [otomedikasjõ] NF selfmedication

automne [otɔn] NM autumn, *Am* fall

automobile [otomɔbil] **1** ADJ *(véhicule)* self-propelling **2** NF car; **l'a.** *(industrie)* the car industry ■ **automobiliste** NMF motorist

autonettoyant, -ante [otonetwajã, -ãt] ADJ **four a.** self-cleaning oven

autonome [otonɔm] ADJ *(région)* autonomous, self-governing; *Fig (personne)* self-sufficient; *Ordinat* **calculateur a.** stand-alone (computer) ■ **autonomie** NF *(de région)* autonomy; *(de personne)* self-sufficiency; **a. de vol** *(d'avion)* range

autopsie [ɔtɔpsi] NF autopsy, post-mortem

autoradio [otoradjo] NM car radio

autoriser [ɔtorize] VT **a. qn à faire qch** to authorize *or* permit sb to do sth ■ **autorisation** NF *(permission)* permission, authorization; *(document)* authorization; **demander à qn l'a. de faire qch** to ask sb permission to do sth; **donner à qn l'a. de faire qch** to give sb permission to do sth; *Admin* **a. de sortie du territoire** = parental authorization for a minor to travel abroad ■ **autorisé, -ée** ADJ *(qualifié)* authoritative; *(permis)* permitted, allowed

autorité [ɔtorite] NF *(fermeté, domination, personne)* authority; **faire qch d'a.** to do sth on one's own authority; **faire a. en qch** *(personne)* to be an authority on; **ce livre fait a.** this book is the authoritative work; **les autorités** the authorities ■ **autoritaire** ADJ authoritarian

autoroute [otorut] NF *Br* motorway, *Am* highway, freeway; **a. à péage** *Br* toll motorway, *Am* turnpike (road); *Ordinat* **a. de l'information** information superhighway

auto-stop [otostɔp] NM hitchhiking; **faire de l'a.** to hitchhike ■ **auto-stoppeur, -euse** NMF hitchhiker

autour [otur] **1** ADV around; **tout a.** all around **2** PRÉP **a. de** around, round; *(environ)* around, round about

autre [otr] ADJ & PRON other; **un a. livre** another book; **un a.** another (one); **d'autres** others; **d'autres médecins/livres** other doctors/books; **quelqu'un d'a.** somebody else; **personne/rien d'a.** no one/nothing else; **a. chose/part** something/somewhere else; **qui/quoi d'a.?** who/what else?; **l'un l'a., les uns les autres** each other; **l'un et l'a.** both (of them); **l'un ou l'a.** either (of them); **ni l'un ni l'a.** neither (of them); **les uns... les autres** some... others

autrefois [otrəfwa] ADV in the past, once

autrement [otrəmã] ADV *(différemment)* differently; *(sinon)* otherwise; *(plus)* far more (**que** than); **pas a. satisfait** not particularly satisfied

Autriche [otriʃ] NF **l'A.** Austria ■ **autrichien,**

-ienne 1 ADJ Austrian **2** NMF A., **Autrichienne** Austrian

autruche [otryʃ] NF ostrich

autrui [otrɥi] PRON others, other people

auvent [ovɑ̃] NM (toit) porch roof; (de tente, magasin) awning, canopy

aux [o] ➤ **à**

auxiliaire [ɔksiljɛr] **1** ADJ (verbe, machine, troupes) auxiliary **2** NM (verbe) auxiliary **3** NMF (aide) assistant; (dans les hôpitaux) auxiliary; (dans l'administration) temporary worker

auxquels, -elles [okɛl] ➤ **lequel**

av. (abrév **avenue**) Ave

avait [avɛ] ➤ **avoir**

aval [aval] NM downstream section; **en a.** downstream (**de** from); Fig **donner l'a. à un projet** to give one's support to a project

avalanche [avalɑ̃ʃ] NF avalanche; Fig (de lettres) flood

avaler [avale] **1** VT to swallow; Fig (livre) to devour; **a. la fumée** to inhale; Fig **a. ses mots** to mumble; Fig **a. les kilomètres** to eat up the miles **2** VI to swallow; **j'ai avalé de travers** it went down the wrong way

avance [avɑ̃s] NF (progression, acompte) advance; (avantage) lead; **faire une a. à qn** (donner de l'argent) to give sb an advance; **faire des avances à qn** (chercher à séduire) to make advances to sb; **avoir de l'a. sur qn** to be ahead of sb; **prendre de l'a. sur qn** to take the lead over sb; **à l'a., d'a., par a.** in advance; **en a.** (arriver, partir) early; (avant l'horaire prévu) ahead (of time); **avoir une heure d'a.** to be an hour early; Scol **avoir un an d'a.** to be a year ahead

avancé, -ée [avɑ̃se] ADJ advanced; **à un âge/ stade a.** at an advanced age/stage; **à une heure avancée de la nuit** late at night; Fig **te voilà bien a.!** a lot of good that's done you!

avancée [avɑ̃se] NF (saillie) projection; (progression, découverte) advance

avancement [avɑ̃smɑ̃] NM (de personne) promotion; (de travail) progress

avancer [avɑ̃se] **1** VT (dans le temps) to bring forward; (dans l'espace) to move forward; (pion, thèse) to advance; (montre) to put forward; **a. de l'argent à qn** to lend sb money **2** VI (aller de l'avant) to move forward; (armée) to advance; (faire des progrès) to progress; (faire saillie) to jut out (**sur** over); **a. d'un pas** to take a step forward; **a. (de cinq minutes)** (montre) to be (five minutes) fast; **ça n'avance à rien de pleurer** crying won't help; **faire a. les choses** to get things moving **3 s'avancer** VPR to move forward; **s'a. vers qch** to head towards sth

avant [avɑ̃] **1** PRÉP before; **a. de faire qch** before

doing sth; **je vous verrai a. de partir** I'll see you before I leave; **je vous verrai a. que vous (ne) partiez** I'll see you before you leave; **a. huit jours** within a week; **a. tout** above all; **la famille passe a. tout** family comes first

2 ADV (auparavant) before; (d'abord) beforehand; **a. j'avais les cheveux longs** I used to have long hair; **en a.** (mouvement) forward; (en tête) ahead; **en a. de** in front of; **la nuit d'a.** the night before

3 NM (de navire, de voiture) front; Football (joueur) forward; **à l'a.** in (the) front; **monter à l'a.** to go in (the) front; **aller de l'a.** to get on with it

4 ADJ INV (pneu, roue) front ■ **avant-bras** NM INV forearm ■ **avant-centre** (pl **avants-centres**) NM Football centre-forward ■ **avant-dernier, -ière** (mpl **avant-derniers**, fpl **avant-dernières**) ADJ & NMF last but one ■ **avant-garde** (pl **avant-gardes**) NF (d'armée) advance guard; **d'a.** (idée, film) avant-garde ■ **avant-hier** [avɑ̃tjɛr] ADV the day before yesterday ■ **avant-première** (pl **avant-premières**) NF preview ■ **avant-propos** NM INV foreword ■ **avant-veille** (pl **avant-veilles**) NF **l'a. (de)** two days before

avantage [avɑ̃taʒ] NM advantage; **être/tourner à l'a. de qn** to be/turn to sb's advantage; **tirer a. de qch** to turn sth to one's advantage; **avantages en nature** benefits in kind; **avantages sociaux** social security benefits ■ **avantager** VT **a. qn** (favoriser) to give sb an advantage over; (faire valoir) to show sb off to advantage

avantageux, -euse [avɑ̃taʒø, -øz] ADJ (offre) attractive; (prix) reasonable; (ton) superior

avare [avar] **1** ADJ miserly; Fig **il n'est pas a. de compliments** he's generous with his compliments **2** NMF miser ■ **avarice** NF miserliness, avarice

avaries [avari] NF damage; **subir une a.** to be damaged ■ **avarié, -iée** ADJ (aliment) rotten

avec [avɛk] **1** PRÉP with; **méchant/aimable a. qn** nasty/kind to sb; **a. enthousiasme** with enthusiasm, enthusiastically; **diminuer a. l'âge** to decrease with age; Fam **et a. ça?** (dans un magasin) anything else? **2** ADV Fam **il est venu a.** (son parapluie, ses gants) he came with it/them

avenant, -ante [avnɑ̃, -ɑ̃t] **1** ADJ (personne, manières) pleasing **2** NM **à l'a.** in keeping (**de** with)

avènement [avɛnmɑ̃] NM (d'une ère) advent; (d'un roi) accession

avenir [avnir] NM future; **à l'a.** (désormais) in future; **d'a.** (métier) with good prospects; **assurer l'a. de qn** to make provision for sb

aventure [avɑ̃tyr] NF adventure; (en amour) affair; **partir à l'a.** to set off in search of adventure; (sans préparation) to set out without making plans; **dire la bonne a. à qn** to tell sb's fortune ■ **s'aventurer** VPR to venture (**dans** into) ■ **aventureux, -euse** ADJ (personne, vie) adventurous; (projet) risky ■ **aventurier, -ière** NMF adventurer

avenue [avny] NF avenue

avérer [avere] **s'avérer** VPR (se révéler) to prove to be; **il s'avère que...** it turns out that... ■ **avéré, -ée** ADJ (fait) established

averse [avɛrs] NF shower

aversion [avɛrsjɔ̃] NF aversion (**pour** to)

avertir [avɛrtir] VT **a. qn de qch** (informer) to inform sb of sth; (danger) to warn sb of sth ■ **avertissement** NM warning; (de livre) foreword

> Il faut noter que les termes anglais **to advertise** et **advertisement** sont des faux amis. Le premier ne signifie jamais **avertir** et le second se traduit par **publicité** ou **annonce**.

aveu, -x [avø] NM confession; **passer aux aveux** to make a confession; **de l'a. de tout le monde...** it is commonly acknowledged that...

aveugle [avœgl] **1** ADJ blind; **devenir a.** to go blind; **avoir une confiance a. en qn** to trust sb implicitly **2** NMF blind man, f blind woman; **les aveugles** the blind ■ **aveuglément** [-emã] ADV blindly

aveugler [avœgle] VT (éblouir) & Fig to blind; **aveuglé par la colère** blind with rage ■ **aveuglement** [-əmã] NM (moral, mental) blindness

aveuglette [avœglɛt] **à l'aveuglette** ADV blindly; **chercher qch à l'a.** to grope for sth

aviateur, -trice [avjatœr, -tris] NMF aviator ■ **aviation** NF (secteur) aviation; (armée de l'air) air force; (activité) flying

avide [avid] ADJ (cupide) greedy; (passionné) eager (**de** for); **a. de sang** bloodthirsty; **a. d'apprendre** eager to learn ■ **avidement** ADV (voracement) greedily; (avec passion) eagerly ■ **avidité** NF (voracité, cupidité) greed; (passion) eagerness

avilir [avilir] VT to degrade

avion [avjɔ̃] NM plane, aircraft inv, Br aeroplane, Am airplane; **par a.** (sur lettre) airmail; **en a., par a.** (voyager) by plane, by air; **a. à réaction** jet; **a. de chasse** fighter (plane); **a. de tourisme** private plane

aviron [avirɔ̃] NM oar; **l'a.** (sport) rowing; **faire de l'a.** to row

avis [avi] NM opinion; (communiqué) notice; (conseil) advice; **à mon a.** in my opinion, to my mind; **être de l'a. de qn** to be of the same

opinion as sb; **être d'a. de faire qch** to be of a mind to do sth; **changer d'a.** to change one's mind; **sauf a. contraire** unless I/you/etc hear to the contrary

aviser [avize] **1** VT **a. qn de qch/que...** to inform sb of sth/that... **2** **s'aviser** VPR **s'a. de qch** to become aware of sth; **s'a. que...** to notice that...; **ne t'avise pas de recommencer!** don't you dare start again! ■ **avisé, -ée** ADJ wise (**de faire** to do); **bien/mal a.** well-/ill-advised

avocat¹, -ate [avɔka, -at] NMF Jur lawyer; Fig advocate

avocat² [avɔka] NM (fruit) avocado (pear)

avoine [avwan] NF oats

avoir* [avwar] **1** V AUX to have; **je l'ai vu** I have or I've seen him **2** VT (posséder) to have; (obtenir) to get; (porter) to wear; Fam (tromper) to take for a ride; **qu'est-ce que tu as?** what's the matter with you?; **j'ai à faire** I have things to do; **il n'a qu'à essayer** he only has to try; **a. faim/chaud** to be or feel hungry/hot; **a. cinq ans** to be five (years old); **a. du diabète** to be diabetic; **j'en ai pour dix minutes** this will take me ten minutes; (ne bougez pas) I'll be with you in ten minutes; **j'en ai eu pour dix euros** it cost me ten euros; **en a. après** ou **contre qn** to have a grudge against sb; Fam **se faire a.** to be conned **3** V IMPERSONNEL **il y a** there is, pl there are; **il y a six ans** six years ago; **il n'y a pas de quoi!** (en réponse à 'merci') don't mention it!; **qu'est-ce qu'il y a?** what's the matter? **4** NM assets, property; (d'un compte) credit

avoisiner [avwazine] VT (dans l'espace) to border on; (en valeur) to be close to ■ **avoisinant, -ante** ADJ Br neighbouring, Am neighboring, nearby

avorter [avɔrte] VI (subir une IVG) to have an abortion; (faire une fausse couche) to miscarry; Fig (projet) to fall through; **(se faire) a.** (femme) to have an abortion ■ **avortement** [-əmã] NM abortion; Fig (de projet) failure

avouer [avwe] **1** VT (crime) to confess to; **il a fini par a.** he finally confessed; **il faut a. que...** it must be admitted that... **2** **s'avouer** VPR **s'a. vaincu** to acknowledge defeat

avril [avril] NM April

axe [aks] NM (géométrique) axis; (essieu) axle; **les grands axes** (routes) the main roads; Fig **les grands axes d'une politique** the main thrust of a policy ■ **axer** VT to Br centre or Am center (**sur** on)

ayant [ɛjã], **ayez** [ɛje], **ayons** [ɛjɔ̃] ➤ **avoir**

azote [azot] NM nitrogen

B, b [be] NM INV B, b

baba¹ [baba] NM **b. au rhum** rum baba

baba² [baba] ADJ INV *Fam* flabbergasted

babiller [babije] VI *(enfant)* to babble

babines [babin] NFPL *(lèvres)* chops

babiole [babjɔl] NF *(objet)* knick-knack; *(futilité)* trifle

bâbord [babɔr] NM port (side); **à b.** to port

babouin [babwɛ̃] NM baboon

baby-foot [babifut] NM INV table football

baby-sitting [babisitiŋ] NM baby-sitting; **faire du b.** to baby-sit ■ **baby-sitter** (*pl* **baby-sitters**) NMF baby-sitter

bac¹ [bak] NM *(bateau)* ferry(boat); *(cuve)* tank; **b. à glace** ice tray; **b. à légumes** salad drawer; **b. à sable** sandpit

bac² [bak] *(abrév* **baccalauréat**) NM *Fam* **passer le b.** to take or *Br* sit one's baccalauréat

baccalauréat [bakalɔrea] NM = secondary school examination qualifying for entry to university, *Br* ≃ A-levels, *Am* ≃ high school diploma

bâche [baʃ] NF *(de toile)* tarpaulin, *(de plastique)* plastic sheet ■ **bâcher** VT to cover *(with a tarpaulin or plastic sheet)*

bachelier, -ière [baʃəlje, -jɛr] NMF = student who has passed the "baccalauréat"

bâcler [bakle] VT *Fam* to botch (up)

bactérie [bakteri] NF bacterium ■ **bactériologique** ADJ bacteriological; **la guerre b.** germ warfare

badaud, -aude [bado, -od] NMF *(promeneur)* stroller; *(curieux)* onlooker

badge [badʒ] NM *Br* badge, *Am* button

badigeonner [badiʒɔne] VT *(surface)* to daub *(de* with); *(mur)* to whitewash; Culin to brush *(de* with); *(plaie)* to paint *(de* with)

badin, -ine¹ [badɛ̃, -in] ADJ playful ■ **badiner** VI to jest; **il ne badine pas avec la ponctualité** he's very strict about punctuality

badine² [badin] NF switch *(small stick)*

baffe [baf] NF *Fam* clout

baffle [bafl] NM speaker

bafouer [bafwe] VT *(person)* to jeer at; *(autorité)* to flout

bafouiller [bafuje] VTI to stammer

bâfrer [bafre] VI *très Fam* to stuff oneself

bagage [bagaʒ] NM *Fig (connaissances)* knowledge *(en* of); **bagages** *(sacs, valises)* luggage, baggage; **faire ses bagages** to pack (one's bags); **plier bagages** to pack one's bags; **b. à main** piece of hand luggage

bagarre [bagar] NF *Fam* fight, brawl; **chercher la b.** to look for a fight; **des bagarres éclatèrent** fighting broke out ■ **se bagarrer** VPR *Fam* to fight ■ **bagarreur, -euse** ADJ *Fam (personne, caractère)* aggressive

bagatelle [bagatɛl] NF trifle; **pour la b. de 50 euros** for a mere 50 euros

bagnole [baɲɔl] NF *Fam* car

bague [bag] NF *(anneau)* ring; *(de cigare)* band; **passer à qn la b. au doigt** to marry sb; **b. de fiançailles** engagement ring ■ **baguer** VT *(oiseau, arbre)* to ring

baguette [bagɛt] NF *(canne)* stick; *(de chef d'orchestre)* baton; *(pain)* French stick; **baguettes** *(de tambour)* drumsticks; *(pour manger)* chopsticks; **mener qn à la b.** to rule sb with a rod of iron; **b. magique** magic wand

bahut [bay] NM *(coffre)* chest; *(buffet)* sideboard; *Fam (lycée)* school

baie¹ [bɛ] NF *Géog* bay

baie² [bɛ] NF *(fruit)* berry

baie³ [bɛ] NF **b. vitrée** picture window

baignade [bɛɲad] NF *(activité)* swimming, *Br* bathing; *(endroit)* bathing place; **'b. interdite'** *(sur panneau)* 'no swimming'

baigner [beɲe] **1** VT *(pied, blessure)* to bathe; *(enfant) Br* to bath, *Am* to bathe; *(sujet: mer)* to wash; **être baigné de sueur/lumière** to be bathed in sweat/light; **un visage baigné de larmes** a face streaming with tears **2** VI *(tremper)* to soak *(dans* in); **les légumes baignent dans la sauce** the vegetables are swimming in the sauce; **il baignait dans son sang** he was lying in a pool of blood; *Fam* **tout baigne (dans l'huile)** everything's hunky dory! **3 se baigner** VPR *(nager)* to have a swim; *(se laver)* to have or take a bath ■ **baigneur, -euse 1** NMF swimmer, *Br* bather **2** NM *(poupée)* baby doll ■ **baignoire** NF bath (tub)

bail [baj] (pl **baux** [bo]) NM lease; Fam **ça fait un b. que je ne l'ai pas vu** I haven't seen him for ages ■ **bailleur** NM **b. de fonds** financial backer

bâiller [baje] VI to yawn; (col) to gape; (porte) to be ajar; Fam **b. à se décrocher la mâchoire** to yawn one's head off ■ **bâillement** NM (de personne) yawn

bâillon [bajɔ̃] NM gag; **mettre un b. à qn** to gag sb ■ **bâillonner** VT (victime, presse) to gag

bain [bɛ̃] NM bath; (de mer, de rivière) swim, Br bathe; **prendre un b.** to have or take a bath; **prendre un b. de soleil** to sunbathe; **petit/grand b.** (de piscine) small/large pool; **b. de bouche** mouthwash; **b. moussant** bubble bath ■ **bain-marie** (pl **bains-marie**) NM bain-marie (cooking pan set over a second pan of boiling water)

baïonnette [bajɔnɛt] NF bayonet

baiser[1] [beze] NM kiss

baiser[2] [beze] 1 VT (a) Littéraire **b. qn au front/sur la joue** to kiss sb on the forehead/cheek (b) Vulg (duper, coucher avec) to screw 2 VI Vulg to screw

baisse [bes] NF fall, drop (**de** in); **en b.** (température) falling; (popularité) declining

baisser [bese] 1 VT (rideau, vitre, prix) to lower; (radio, chauffage) to turn down; **b. la tête** to lower one's head; **b. les yeux** to look down; **b. la voix** to lower one's voice; Fig **b. les bras** to give in 2 VI (prix, niveau, température) to fall; (marée) to ebb; (malade) to get weaker; (vue, mémoire) to fail; (popularité, qualité) to decline; **le jour baisse** night is falling 3 **se baisser** VPR to bend down; (pour éviter qch) to duck

baissier [besje] ADJ M Fin **marché b.** bear market

bal [bal] (pl **bals**) NM (élégant) ball; (populaire) dance; **b. costumé, b. masqué** fancy dress ball; **b. musette** = dance to accordion music; **b. populaire** = dance, usually outdoors, open to the public

balade [balad] NF Fam (à pied) walk; (en voiture) drive; **faire une b.** (à pied) to go for a walk; (en voiture) to go for a drive ■ **balader 1** VT Fam (personne) to take for a walk/drive; (objet) to drag around 2 VI **envoyer qn b.** to send sb packing 3 **se balader** VPR Fam (à pied) to go for a walk; (en voiture) to go for a drive ■ **baladeur** NM personal stereo

balafre [balafr] NF (cicatrice) scar; (coupure) gash ■ **balafrer** VT to gash; **visage balafré** scarred face

balai [bale] NM broom; **donner un coup de b.** to give the floor a sweep; Fam **avoir quarante balais** to be forty; Fam **du b.!** clear off!; **b. mécanique** carpet sweeper

balance [balɑ̃s] NF (a) (instrument) (pair of) scales; Écon balance; Fig **ça pèse dans la b.** it carries some weight; **b. commerciale** balance of trade (b) **la B.** (signe) Libra; **être B.** to be (a) Libra (c) Fam (mouchard) squealer

Il faut noter que le nom anglais **balance** est un faux ami. Il signifie le plus souvent **équilibre** et ne s'emploie jamais pour désigner un instrument de mesure.

balancer [balɑ̃se] 1 VT (bras, jambe) to swing; (hanches) to sway; Fin (compte) to balance; Fam (lancer) to chuck; Fam (se débarrasser de) to chuck out; Fam (dénoncer) to squeal on; Fam **elle a tout balancé** (tout abandonné) she's chucked it all in or given it all up 2 **se balancer** VPR (arbre, bateau) to sway; (sur une balançoire) to swing; **se b. d'un pied sur l'autre** to rock from one foot to the other; Fam **je m'en balance!** I don't give Br a toss or Am a rat's ass! ■ **balancé, -ée** ADJ Fam **être bien b.** (personne) to have a good figure ■ **balancement** NM swaying

balancier [balɑ̃sje] NM (d'horloge) pendulum; (de funambule) balancing pole

balançoire [balɑ̃swar] NF (suspendue) swing; (bascule) seesaw

balayer [baleje] VT (pièce) to sweep; (feuilles, saletés) to sweep up; Fig (objections) to brush aside; (sujet: projecteurs) to sweep; **le vent a balayé les nuages** the wind swept the clouds away; Fig **b. devant sa porte** to put one's own house in order ■ **balayage** NM (nettoyage) sweeping; (coiffure) highlighting ■ **balayeur, -euse**[1] NMF (personne) road-sweeper ■ **balayeuse**[2] NF (véhicule) road-sweeper

balbutier [balbysje] VTI to stammer ■ **balbutiement** NM **balbutiement(s)** stammering; **en être à ses premiers balbutiements** (science) to be in its infancy

balcon [balkɔ̃] NM balcony; (de théâtre) circle, Am mezzanine; **premier/deuxième b.** dress/upper circle

Baléares [balear] NFPL **les B.** the Balearic Islands

baleine [balɛn] NF (animal) whale; (de corset) whalebone; (de parapluie) rib

balèze [balɛz] ADJ Fam (grand et fort) hefty; (intelligent) brainy; **b. en maths** brilliant at maths

balise [baliz] NF Naut beacon; Av light; (de piste de ski) marker; Ordinat tag; Naut **b. flottante** buoy ■ **balisage** NM (signaux) Naut beacons; Av lights ■ **baliser** VT (chenal) to beacon; (aéroport) to equip with lights; (route) to mark out with beacons; (piste de ski) to mark out

balivernes [balivern] NFPL twaddle, nonsense

Balkans [balkɑ̃] NMPL **les B.** the Balkans

ballant, -ante [balɑ̃, -ɑ̃t] ADJ *(bras, jambes)* dangling

ballast [balast] NM *(de route, de voie ferrée)* ballast

balle[1] [bal] NF *(pour jouer)* ball; *(d'arme)* bullet; *Ancienneté Fam* **balles** *(francs)* francs; **jouer à la b.** to play ball; **b. de tennis** tennis ball; **b. à blanc** blank; **b. perdue** stray bullet

balle[2] [bal] NF *(de coton, de laine)* bale

ballet [balɛ] NM ballet ▪ **ballerine** NF *(danseuse)* ballerina; *(chaussure)* pump

ballon [balɔ̃] NM *(balle, dirigeable)* balloon; *(verre)* round glass wine; **gonfler le b.** to play with a ball; **souffler dans le b.** *(pour l'Alcootest®)* to blow into the bag; *Fig* **être un b. d'oxygène pour qn** to be a lifesaver for sb; **b. d'essai** pilot balloon; **b. de football** *Br* football, *Am* soccer ball

ballonné [balɔne] ADJ M *(ventre, personne)* bloated

ballot [balo] NM *(paquet)* bundle; *Fam (imbécile)* idiot

ballottage [balɔtaʒ] NM *Pol* **il y a b.** there will be a second ballot

ballotter [balɔte] VTI *(bateau)* to toss about; *(passagers)* to shake about; *Fig* **un enfant ballotté entre son père et sa mère** a child passed backwards and forwards between its mother and father

balluchon [balyʃɔ̃] NM *Fam* **faire son b.** to pack one's bags

balnéaire [balneɛr] ADJ **station b.** *Br* seaside resort, *Am* beach resort

balourd, -ourde [balur, -urd] **1** ADJ oafish **2** NMF clumsy oaf

balte [balt] ADJ **les États baltes** the Baltic states

Baltique [baltik] NF **la (mer) B.** the Baltic (Sea)

baluchon [balyʃɔ̃] NM ➤ **balluchon**

balustrade [balystrad] NF *(clôture)* railing

bambin [bɑ̃bɛ̃] NM *Fam* toddler

bambou [bɑ̃bu] NM bamboo

ban [bɑ̃] NM *(applaudissements)* round of applause; **bans** *(de mariage)* banns; **être au b. de la société** to be an outcast from society; **un b. pour...** three cheers for...

banal, -e, -als, -ales [banal] ADJ *(objet, gens)* ordinary; *(accident)* common; *(idée, remarque)* trite, banal; **pas b.** unusual ▪ **banalité** NF *(d'objet, de gens)* ordinariness; *(d'idée, de remarque)* triteness; *(d'accident)* commonness; **banalités** *(propos)* platitudes

banalisation [banalizasjɔ̃] NF **la b. de qch** the way sth is becoming more common ▪ **banaliser** VT *(rendre commun)* to trivialize; **voiture banalisée** unmarked (police) car

banane [banan] NF *(fruit)* banana; *(petit sac) Br* bum bag, *Am* fanny pack; *(coiffure)* quiff ▪ **bananier** NM *(arbre)* banana tree

banc [bɑ̃] NM *(siège)* bench; *(établi)* work(-bench); *(de poissons)* shoal; **b. des accusés** dock; **b. d'église** pew; **b. d'essai** *Ind* test bed; *Ordinat* benchtest; *Fig* testing ground; *Can* **b. de neige** snowbank; **b. de sable** sandbank

bancaire [bɑ̃kɛr] ADJ *(opération)* banking; *(chèque, compte)* bank

bancal, -e, -als, -ales [bɑ̃kal] ADJ *(meuble)* wobbly; *Fig (raisonnement)* unsound

bandage [bɑ̃daʒ] NM *(pansement)* bandage

bande [bɑ̃d] NF **(a)** *(de tissu, de papier, de terre)* strip; *(pansement)* bandage; *(motif)* stripe; *(pellicule) Radio* band; **b. (magnétique)** tape; *Aut* **b. d'arrêt d'urgence** *Br* hard shoulder, *Am* shoulder; **b. dessinée** comic strip; *Cin* **b. originale** original soundtrack; *Cin* **b. sonore** sound track **(b)** *(de personnes)* band, group; *(de voleurs)* gang; *(de loups)* pack; *(d'oiseaux)* flock; **une b. d'imbéciles** a bunch of idiots; **faire b. à part** *(agir seul)* to do one's own thing ▪ **bande-annonce** *(pl* **bandes-annonces)** NF *Cin* trailer **(de** for**)** ▪ **bande-son** *(pl* **bandes-son)** NF *Cin* soundtrack

bandeau, -x [bɑ̃do] NM *(pour les cheveux)* headband; *(pour les yeux)* blindfold

bander [bɑ̃de] VT *(blessure, main)* to bandage; *(ressort)* to tighten; *(arc)* to bend; **b. les yeux à qn** to blindfold sb

banderole [bɑ̃drɔl] NF *(de manifestants)* banner; *(publicitaire)* streamer

bandit [bɑ̃di] NM *(escroc)* crook; **b. de grand chemin** highwayman

bandoulière [bɑ̃duljɛr] NF *(de sac)* shoulder strap; **en b.** slung across the shoulder

banlieue [bɑ̃ljø] NF suburbs; **la b. parisienne** the suburbs of Paris; **la grande/proche b.** the outer/inner suburbs; **en b.** in the suburbs; **de b.** *(maison, magasin)* suburban; **train de b.** commuter train ▪ **banlieusard, -arde** NMF *(habitant)* suburbanite; *(voyageur)* commuter

bannière [banjɛr] NF banner; **la b. étoilée** the Star-spangled Banner

bannir [banir] VT *(personne, idée)* to banish **(de** from**)**

banque [bɑ̃k] NF *(établissement)* bank; **la b.** *(activité)* banking; **employé de b.** bank clerk; **faire sauter la b.** *(au jeu)* to break the bank; *Ordinat* **b. de données** data bank; *Méd* **b. du sang/du sperme** blood/sperm bank

banqueroute [bɑ̃krut] NF *Jur* bankruptcy; **faire b.** to go bankrupt

banquet [bɑ̃kɛ] NM banquet

banquette [bɑ̃kɛt] NF (siège) (bench) seat; **b. arrière** (d'une voiture) back seat

banquier, -ière [bɑ̃kje, -jɛr] NMF banker

banquise [bɑ̃kiz] NF ice floe

baptême [batɛm] NM Rel christening, baptism; Fig (de navire) naming; **b. de l'air** first flight; **b. du feu** baptism of fire ■ **baptiser** VT Rel to christen, to baptize; Fig (appeler) to name

baquet [bakɛ] NM (cuve) tub

bar¹ [bar] NM (café, comptoir) bar

bar² [bar] NM (poisson) bass

baragouiner [baragwine] Fam 1 VT (langue) to speak badly; **qu'est-ce qu'il baragouine?** what's he jabbering (on) about? 2 VI to jabber

baraque [barak] NF (cabane) hut, shack; (de foire) stall; Fam (maison) place ■ **baraqué, -ée** ADJ Fam hefty ■ **baraquement** NM shacks; Mil camp

> Il faut noter que le nom anglais **barracks** est un faux ami. Il signifie **caserne**.

baratin [baratɛ̃] NM Fam (verbiage) waffle; (de séducteur) sweet talk; (de vendeur) sales talk, spiel ■ **baratiner** VT Fam (pour essayer de séduire) Br to chat up, Am to hit on

barbant, -ante [barbɑ̃, -ɑ̃t] ADJ Fam boring

barbare [barbar] 1 ADJ (cruel, sauvage) barbaric 2 NMF barbarian ■ **barbarie** NF (cruauté) barbarity

barbe [barb] NF beard; **b. de trois jours** stubble; Fig **à la b. de** right under sb's nose; **rire dans sa b.** to laugh up one's sleeve; Fam **quelle b.!** what a drag!; **b. à papa** Br candyfloss, Am cotton candy

barbecue [barbəkju] NM barbecue; **faire un b.** to have a barbecue

barbelé [barbəle] ADJ M **fil de fer b.** barbed wire ■ **barbelés** NMPL barbed wire

barber [barbe] 1 VT Fam **b. qn** to bore sb stiff 2 **se barber** VPR to be bored stiff

barbiche [barbiʃ] NF goatee (beard)

barbiturique [barbityrik] NM barbiturate

barboter [barbɔte] 1 VI to splash about 2 VT Fam (voler) to pinch ■ **barboteuse** NF romper-suit

barbouiller [barbuje] VT (salir) to smear (**de** with); (peindre) to daub; Fam **avoir l'estomac barbouillé** to feel queasy

barbu, -ue [barby] 1 ADJ bearded 2 NM bearded man

barder¹ [barde] VT Culin to bard; Fig **bardé de décorations** covered with decorations

barder² [barde] V IMPERSONNEL Fam **ça va b.!** there's going to be trouble!

barème [barɛm] NM (de notes, de salaires, de prix) scale; (pour calculer) ready reckoner

baril [baril] NM (de pétrole, de vin) barrel; (de lessive) drum; **b. de poudre** powder keg

bariolé, -ée [barjɔle] ADJ Br multicoloured, Am multicolored

barjo(t) [barʒo] 1 ADJ INV Fam (fou) crazy 2 NMF Br nutter, Am nut

barman [barman] (pl **-men** [-men] ou **-mans**) NM Br barman, Am bartender

baromètre [barɔmɛtr] NM barometer

baron [barɔ̃] NM baron; Fig **b. de la finance** financial tycoon ■ **baronne** NF baroness

baroque [barɔk] 1 ADJ (édifice, style, musique) baroque; (idée) bizarre 2 NM Archit & Mus **le b.** the baroque

baroudeur [barudœr] NM Fam (combattant) fighter; (voyageur) keen traveller

barque [bark] NF (small) boat ■ **barquette** NF (de fruit) punnet; (de plat cuisiné) container

barrage [baraʒ] NM (sur l'eau) dam; **tir de b.** barrage fire; **b. de police** police roadblock; **b. routier** roadblock

barre [bar] NF (de fer, de bois) bar; (de danse) barre; (trait) line, stroke; Naut (volant de bateau) helm; **b. chocolatée** ou **de chocolat** bar of chocolate; Mus **b. de mesure** bar (line); Jur **b. des témoins** Br witness box, Am witness stand; **b. d'appui** (de fenêtre) rail; **b. d'espacement** (de clavier) space bar; Ordinat **b. d'outils** tool bar; Ordinat **b. de sélection** menu bar; Sport **b. fixe** horizontal bar; Sport **barres parallèles** parallel bars

barreau, -x [baro] NM (de fenêtre, de cage) bar; (d'échelle) rung; Jur **le b.** the bar; Jur **être reçu** ou **admis au b.** to be called to the bar; **être derrière les barreaux** (en prison) to be behind bars

barrer [bare] 1 VT (route, passage, chemin) to block off; (porte, fenêtre) to bar; (chèque) to cross; (mot, phrase) to cross out; Naut (bateau) to steer; **b. le passage** ou **la route à qn** to bar sb's way; **'route barrée'** (sur panneau) 'road closed'; Fam **on est mal barrés!** things don't look good! 2 **se barrer** VPR Fam to beat it

barrette [barɛt] NF (pour les cheveux) Br (hair)slide, Am barrette

barricade [barikad] NF barricade ■ **barricader** 1 VT (rue, porte) to barricade 2 **se barricader** VPR to barricade oneself (**dans** in)

barrière [barjɛr] NF (obstacle) barrier; (de passage à niveau) gate; (clôture) fence; Com **barrières douanières** trade barriers

barrique [barik] NF (large) barrel

barrir [barir] VI (éléphant) to trumpet

baryton [baritɔ̃] NM Mus baritone

bas¹, basse [bɑ, bɑs] 1 ADJ (dans l'espace, en quantité, en intensité) & Mus low; (origine) lowly;

Péj (acte) mean, low; *(besogne)* menial; **à b. prix** cheaply; **enfant en b. âge** young child; **avoir la vue basse** to be short-sighted; *Boxe & Fig* **coup b.** blow below the belt **2 ADV** *(dans l'espace)* low (down); *(dans une hiérarchie)* low; *(dans un bâtiment)* downstairs; *(parler)* quietly; **plus b.** further or lower down; **voir plus b.** *(sur document)* see below; **en b.** at the bottom; **en b. de** at the bottom of; **mettre b.** *(sujet: animal)* to give birth; **à b. les dictateurs!** down with dictators! **3 NM** *(partie inférieure)* bottom; **l'étagère du b.** the bottom shelf; **au b. de** at the bottom of; **de b. en haut** upwards

bas² [bɑ] **NM** *(chaussette)* stocking; **b. de contention** elastic stockings

basané, -ée [bazane] **ADJ** *(bronzé)* tanned

bas-côté [bɑkote] *(pl* **bas-côtés)** **NM** *(de route)* verge; *(d'église)* (side)aisle

bascule [baskyl] **NF** *(balançoire)* seesaw; *(balance)* weighing machine; **cheval/fauteuil à b.** rocking horse/chair ■ **basculer 1 VT** *(chargement)* to tip over; *(benne)* to tip up **2 VI** *(tomber)* to topple over; **faire b.** *(personne)* to knock over; *(chargement)* to tip over; **le pays a basculé dans l'anarchie** the country tipped over into anarchy

base [bɑz] **NF** *(partie inférieure)* & *Chim, Math, Mil* base; *(de parti politique)* rank and file; *(principe)* basis; **avoir de bonnes bases en anglais** to have a good grounding in English; **produit à b. de lait** milk-based product; **de b.** basic; **salaire de b.** basic pay; *Ordinat* **b. de données** database ■ **baser 1 VT** to base **(sur** on) **2 se baser VPR se b. sur qch** to base oneself on sth; **sur quoi te bases-tu pour dire cela?** what basis do you have for saying that?

bas-fond [bafɔ̃] *(pl* **bas-fonds)** **NM** *(de mer, de rivière)* shallow; *Péj* **les bas-fonds** *(de ville)* the rough areas

basic [bazik] **NM** *Ordinat* BASIC

basilic [bazilik] **NM** *(plante, aromate)* basil

basilique [bazilik] **NF** basilica

basket-ball [basketbol], *Fam* **basket** [baskɛt] **NM** basketball ■ **basketteur, -euse** **NMF** basketball player

baskets [baskɛt] **NMPL OU NFPL** *(chaussures)* baseball boots; *Fam* **bien dans ses b.** very together, *Br* sorted

basque¹ [bask] **1 ADJ** Basque **2 NMF B.** Basque

basque² [bask] **NFPL** *(de veste)* tail; *Fig* **être toujours pendu aux basques de qn** to always be at sb's heels

basse¹ [bɑs] ➤ **bas¹**

basse² [bɑs] **NF** *Mus (contrebasse)* (double) bass; *(guitare)* bass (guitar)

basse-cour [bɑskur] *(pl* **basses-cours)** **NF** *(court)* Br farmyard, Am barnyard

bassesse [basɛs] **NF** *(d'une action)* lowness; *(action)* low act

bassin [basɛ̃] **NM (a)** *(pièce d'eau)* ornamental lake; *(de fontaine)* basin; *(de port)* dock; *(récipient)* bowl, basin; **petit b.** *(de piscine)* children's pool; **grand b.** *(de piscine)* large pool **(b)** *(du corps)* pelvis **(c)** *(région)* basin; **b. houiller** coal basin; **le b. parisien** the Paris Basin ■ **bassine** **NF** *(en plastique)* bowl

basson [basɔ̃] **NM** *(instrument)* bassoon; *(musicien)* bassoonist

bastion [bastjɔ̃] **NM** *aussi Fig* bastion

baston [bastɔ̃] **NM OU F** *Fam* punch-up

bas-ventre [bavɑ̃tr] **NM** lower abdomen

bat [ba] ➤ **battre**

bataille [batɑj] **NF** *(lutte)* battle; *(jeu de cartes)* beggar-my-neighbour; **cheveux en b.** dishevelled hair ■ **batailler** **VI** *Fam* **b. pour faire qch** to fight to do sth ■ **batailleur, -euse** **ADJ** aggressive

bataillon [batajɔ̃] **NM** *Mil* battalion

bâtard, -arde [batar, -ard] **1 ADJ** *(enfant)* illegitimate; *Péj* bastard; *(solution)* hybrid **2 NMF** *(enfant)* illegitimate child; *Péj* bastard; *(chien)* mongrel; *(pain)* = small French stick

bateau, -x [bato] **1 NM** *(embarcation)* boat; *(grand)* ship; **faire du b.** to go boating; **b. à moteur** motorboat; **b. à voiles** *Br* sailing boat, *Am* sailboat; **b. de pêche** fishing boat; **b. de plaisance** pleasure boat **2 ADJ INV** *Fam (question, sujet)* hackneyed; **col b.** boat neck ■ **bateau-mouche** *(pl* **bateaux-mouches)** **NM** river boat *(on the Seine)*

bâtiment [batimɑ̃] **NM** *(édifice)* building; *(navire)* vessel; **le b., l'industrie du b.** the building trade; **b. de guerre** warship

bâtir [batir] **VT** *(construire)* to build; *Couture* to tack; **terrain à b.** building site ■ **bâti, -ie 1 ADJ** **bien b.** *(personne)* well-built **2 NM** *(charpente)* frame; *Couture* tacking ■ **bâtisse** **NF** *Péj* ugly building

bâton [batɔ̃] **NM** *(canne)* stick; *(de maréchal)* baton; *(d'agent de police)* Br truncheon, Am nightstick; *(trait)* vertical line; **donner des coups de b. à qn** to beat sb (with a stick); *Fig* **parler à bâtons rompus** to talk about this and that; *Fig* **mettre des bâtons dans les roues à qn** to put a spoke in sb's wheel; **b. de rouge à lèvres** lipstick; **bâtons de ski** ski sticks *or* poles ■ **bâtonnet** **NM** stick

battage [bataʒ] **NM** *(du blé)* threshing; *Fam (publicité)* hype

battant¹ [batɑ̃] **NM (a)** *(de cloche)* tongue; *(de porte, de volet)* leaf; **porte à deux battants** double door **(b)** *(personne)* fighter

battant², -ante [batɑ̃, -ɑ̃t] **ADJ** **pluie b.** driving rain; **porte b.** *Br* swing door, *Am* swinging door; **le cœur b.** with a pounding heart

battement [batmɑ̃] NM (**a**) *(de tambour)* beat(ing); *(de porte)* banging; *(de paupières)* blink(ing); *(d'ailes)* flapping; **j'entendais les battements de son cœur** I could hear his/her heart beating (**b**) *(délai)* gap; **une heure de b.** an hour gap

batterie [batri] NF *(d'orchestre)* drums; *(ensemble & Mil, Él)* battery; *(de tests, de questions)* series; **être à la b.** *(sujet: musicien)* to be on drums; **élevage en b.** battery farming; **b. de cuisine** kitchen utensils

batteur [batœr] NM *(musicien)* drummer; *(de cuisine)* mixer

battre* [batr] **1** VT *(frapper, vaincre)* to beat; *(œufs)* to whisk; *(beurre)* to churn; *(blé)* to thresh; *(record)* to break; *(cartes)* to shuffle; *Mus* **b. la mesure** to beat time **2** VI *(cœur)* to beat; *(porte, volet)* to bang; **b. des mains** to clap one's hands; **b. des cils** to flutter one's eyelashes; **b. des ailes** to flap its wings; **j'ai le cœur qui bat** *(d'émotion)* my heart is pounding **3 se battre** VPR to fight (**avec** with); **se b. au couteau** to fight with a knife

battu [baty] ADJ *(femme, enfant)* battered

battue [baty] NF *(à la chasse)* beat; *(pour retrouver qn)* search

baume [bom] NM *aussi Fig* balm; *Fig* **mettre du b. au cœur de qn** to be a consolation for sb; **b. pour les lèvres** lip balm *or* salve

baux [bo] ➤ **bail**

bavard, -arde [bavar, -ard] **1** ADJ *(qui parle beaucoup)* chatty; *(indiscret)* indiscreet **2** NMF *(qui parle beaucoup)* chatterbox; *(indiscret)* gossip ■ **bavardage** NM *(action)* chatting; *(commérage)* gossiping; **bavardages** *(paroles)* chats ■ **bavarder** VI *(parler)* to chat; *(commérer)* to gossip

bave [bav] NF *(de personne)* dribble; *(de chien)* slaver; *(de chien enragé)* froth; *(de limace)* slime ■ **baver 1** VT *Fam* **qu'est-ce que tu baves?** what are you rambling *or Br* wittering on about?; *Fam* **en b.** to have a rough time (of it) **2** VI *(personne)* to dribble; *(chien)* to slaver; *(chien enragé)* to foam at the mouth; *(stylo)* to leak

bavette [bavɛt] NF *(de bébé)* bib; *(de bœuf)* skirt (of beef); *Fam* **tailler une b.** to have a chat

baveux, -euse [bavø, -øz] ADJ *(bouche)* dribbling; *(omelette)* runny

bavoir [bavwar] NM bib

bavure [bavyr] NF *(tache)* smudge; *(erreur)* slip-up; **sans b.** faultless; **b. policière** case of police misconduct

bayer [baje] VI **b. aux corneilles** to stare into space

bazar [bazar] NM *(marché)* bazaar; *(magasin)* general store; *Fam (désordre)* shambles *(sing)*;

Fam (affaires) gear; *Fam* **mettre du b. dans qch** to make a mess of sth; *Fam* **quel b.!** what a shambles!

BCBG [besebeʒe] *(abrév* **bon chic bon genre**) ADJ INV *Br* ≃ Sloany, *Am* ≃ preppy

BCG [beseʒe] NM *Méd* BCG

BD [bede] *(abrév* **bande dessinée**) NF comic strip; *(livre)* comic book

bd *(abrév* **boulevard**) **béant, -ante** [beɑ̃, -ɑ̃t] ADJ *(plaie)* gaping; *(gouffre)* yawning

béat, -e [bea, -at] ADJ *Hum (heureux)* blissful; *Péj (niais)* inane; **être b. d'admiration** to be open-mouthed in admiration ■ **béatement** ADV *(sourire)* inanely

beau, belle [bo, bɛl] *(pl* **beaux, belles**)

> **bel** is used before masculine singular nouns beginning with a vowel or h mute.

1 ADJ (**a**) *(femme, enfant, fleur, histoire)* beautiful; *(homme)* handsome, good-looking; *(spectacle, discours)* fine; *(maison, voyage, temps)* lovely; **une belle somme** a tidy sum; **se faire b.** to smarten oneself up; **c'est trop b. pour être vrai** it's too good to be true; **c'est le plus b. jour de ma vie!** it's the best day of my life!; **j'ai eu une belle peur** I had an awful fright; *très Fam* **un b. salaud** a real bastard

(**b**) *(expressions)* **au b. milieu de** right in the middle of; **de plus belle** with a vengeance; **bel et bien** *(complètement)* well and truly

2 ADV **il fait b.** it's fine; **j'ai b. crier...** it's no use (my) shouting...

3 NM **le b.** *(la beauté)* beauty; **faire le b.** *(chien)* to sit up and beg; *Fam Ironic* **c'et du b.!** that's great!

4 NF **belle** *(aux cartes)* decider ■ **beau-fils** *(pl* **beaux-fils**) NM *(gendre)* son-in-law; *(après remariage)* stepson ■ **beau-frère** *(pl* **beaux-frères**) NM brother-in-law ■ **beau-père** *(pl* **beaux-pères**) NM *(père du conjoint)* father-in-law; *(après remariage)* stepfather ■ **beaux-arts** NMPL fine arts; **école des b., les B.** art school ■ **beaux-parents** NMPL parents-in-law

beaucoup [boku] ADV *(intensément, en grande quantité)* a lot; **aimer b. qch** to like sth very much; **s'intéresser b. à qch** to be very interested in sth; **il reste encore b. à faire** there's still a lot to do; **b. d'entre nous** many of us; **b. pensent que...** a lot of people think that...; **b. de** *(quantité)* a lot of; *(nombre)* many, a lot of; **pas b. d'argent** not much money; **pas b. de gens** not many people; **avec b. de soin** with great care; **j'en ai b.** *(quantité)* I have a lot; *(nombre)* I have lots; **b. plus/moins** much more/less, a lot more/less (**que** than); *(nombre)* many *or* a lot more/a lot fewer (**que** than); **b. trop** *(quantité)* much too much; *(nombre)* much too many; **beaucoup trop petit** much too small; **de b.** by far

beauf [bof] *Fam (beau-frère)* brother-in-law; *Péj* = stereotypical narrow-minded, average Frenchman

beauté [bote] NF *(qualité, femme)* beauty; **en b.** *(gagner, finir)* magnificently; **être en b.** to be looking magnificent; **de toute b.** magnificent; **se refaire une b.** to put one's face on

bébé [bebe] NM baby; **faire le b.** to behave like a baby; **b. gazelle/lapin** baby gazelle/rabbit ▪ **bébé-éprouvette** *(pl* **bébés-éprouvette)** NM test-tube baby

bébête [bebɛt] ADJ *Fam* silly

bec [bɛk] NM *(d'oiseau)* beak, bill; *(de pot)* lip; *(de flûte)* mouthpiece; *Fam (bouche)* mouth; *Fam* **clouer le b. à qn** to shut sb up; **b. de gaz** gas lamp; **b. verseur** spout ▪ **bec-de-lièvre** *(pl* **becs-de-lièvre)** NM harelip

bécane [bekan] NF *Fam (vélo)* bike

bécasse [bekas] NF *(oiseau)* woodcock; *Fam (idiote)* silly thing

bêche [bɛʃ] NF spade ▪ **bêcher** [beʃe] VT to dig

bée [be] ADJ F **bouche b.** open-mouthed; **j'en suis resté bouche b.** I was speechless

beffroi [befrwa] NM belfry

bégayer [begeje] VI to stutter, to stammer ▪ **bégaiement** NM stuttering, stammering

bégonia [begɔnja] NM begonia

bègue [bɛg] **1** ADJ **être b.** to stutter, to stammer **2** NMF stutterer, stammerer

beige [bɛʒ] ADJ & NM beige

beigne [bɛɲ] NF *Fam* clout

beignet [bɛɲɛ] NM *Culin* fritter; *(à la confiture) Br* doughnut; *Am* donut; **b. aux pommes** apple fritter

Beijing [beidʒiŋ] NM OU F Beijing

bel [bɛl] ▶ **beau**

bêler [bɛle] VI to bleat ▪ **bêlement** NM bleat; **bêlements** bleating

belette [bəlɛt] NF weasel; *Fam (jeune femme)* chick, *Br* bird

Belgique [bɛlʒik] NF **la B.** Belgium ▪ **belge 1** ADJ Belgian **2** NMF **B.** Belgian

bélier [belje] NM *(animal, machine)* ram; **le B.** *(signe)* Aries; **être B.** to be (an) Aries

belle [bɛl] ▶ **beau** ▪ **belle-famille** *(pl* **belles-familles)** NF in-laws ▪ **belle-fille** *(pl* **belles-filles)** NF *(épouse du fils)* daughter-in-law; *(après remariage)* stepdaughter ▪ **belle-mère** *(pl* **belles-mères)** NF *(mère du conjoint)* mother-in-law; *(après remariage)* stepmother ▪ **belle-sœur** *(pl* **belles-sœurs)** NF sister-in-law

belligérant, -ante [beliʒerɑ̃, -ɑ̃t] **1** ADJ belligerent **2** NM **les belligérants** the warring nations

belote [bəlɔt] NF = card game

belvédère [belvedɛr] NM *(construction)* gazebo; *(sur site naturel)* viewpoint

bémol [bemɔl] NM *Mus* flat

ben [bɛ̃] ADV *Fam* **b. oui!** well, yes!; **b. voilà, euh…** yeah, well, er…

bénédiction [benediksjɔ̃] NF *Rel & Fig* blessing

bénéfice [benefis] NM *(financier)* profit; *(avantage)* benefit; **accorder le b. du doute à qn** to give sb the benefit of the doubt; **au b. de** *(œuvre de charité)* in aid of

bénéficiaire [benefisjɛr] **1** NMF *(de chèque)* payee; *Jur* beneficiary **2** ADJ *(entreprise)* profit-making; *(compte)* in credit; **marge b.** profit margin

bénéficier [benefisje] VI **b. de qch** *(profiter de)* to benefit from sth; *(avoir)* to have sth; **b. de conditions idéales** to enjoy ideal conditions; **faire b. qn de son expérience** to give sb the benefit of one's experience

bénéfique [benefik] ADJ beneficial *(à to)*

Bénélux [benelyks] NM **le B.** the Benelux

bénévole [benevɔl] **1** ADJ *(travail, infirmière)* voluntary **2** NMF volunteer, voluntary worker ▪ **bénévolat** NM voluntary work

bénin, -igne [benɛ̃, -iɲ] ADJ *(accident, opération)* minor; *(tumeur)* benign

bénir [benir] VT to bless; **(que) Dieu te bénisse!** (may) God bless you! ▪ **bénit, -ite** ADJ **eau bénite** holy water; **pain b.** consecrated bread

benjamin, -ine [bɛ̃ʒamɛ̃, -in] NMF youngest child; *Sport* junior

benne [bɛn] NF *(de camion)* tipping body; *(de mine)* tub; *(de téléphérique)* cable car; **b. à ordures** dustbin lorry

BEP [beəpe] *(abrév* **brevet d'études professionnelles)** NM *Scol* = vocational diploma taken at 18

BEPC [beəpese] *(abrév* **brevet d'études du premier cycle)** NM *Scol* = school leaving certificate taken at 15

béquille [bekij] NF *(canne)* crutch; *(de moto)* stand; **marcher avec des béquilles** to be on crutches

berceau, -x [bɛrso] NM *(de bébé)* cradle; *Fig (de civilisation)* birthplace

bercer [bɛrse] **1** VT *(bébé)* to rock; *Fig* **b. qn de promesses** to delude sb with promises **2 se bercer** VPR **se b. d'illusions** to delude oneself ▪ **berceuse** NF lullaby

béret [berɛ] NM beret

berge¹ [bɛrʒ] NF *(rive)* bank

berge² [bɛrʒ] NF *Fam* **avoir trente berges** to be thirty

berger, -ère [bɛrʒe] NMF shepherd; **b. allemand**

German shepherd, *Br* Alsatian ■ **bergère** NF shepherdess ■ **bergerie** NF sheepfold

berline [bɛrlin] NF *(voiture) Br* (four-door) saloon, *Am* sedan

berlingot [bɛrlɛ̃go] NM *(bonbon) Br* boiled sweet, *Am* hard candy; *(de lait)* carton

bermuda [bɛrmyda] NM Bermuda shorts

Bermudes [bɛrmyd] NFPL **les B.** Bermuda

berner [bɛrne] VT to fool

besace [bəzas] NF *(de mendiant)* bag; **sac b.** = large, soft bag

besogne [bəzɔɲ] NF job, task; *Fig & Péj* **aller vite en b.** to jump the gun

besoin [bəzwɛ̃] NM need; **avoir b. de qn/qch** to need sb/sth; **avoir b. de faire qch** to need to do sth; **au b., si b. est** if necessary, if need be; **être dans le b.** *(très pauvre)* to be in need; **faire ses besoins** *(personne)* to relieve oneself; *(animal)* to do its business

bestial, -e, -iaux, -iales [bɛstjal, -jo] ADJ bestial ■ **bestiaux** NMPL livestock

bestiole [bɛstjɔl] NF *(insecte) Br* creepycrawly, *Am* creepy-crawler

bêta, -asse [bɛta, -as] ADJ *Fam* silly

bétail [betaj] NM livestock

bête¹ [bɛt] ADJ stupid, silly; **ce n'est pas b.** *(suggestion)* it's not a bad idea; **c'est b., on a loupé le film!** what a shame, we've missed the film! ■ **bêtement** ADV stupidly; **tout b.** quite simply ■ **bêtise** [betiz] NF *(manque d'intelligence)* stupidity; *(action, parole)* stupid thing; *(bagatelle)* mere trifle; **faire/dire une b.** to do/say something stupid; **dire des bêtises** to talk nonsense

bête² [bɛt] NF animal; *(insecte)* bug; *Fig* **chercher la petite b.** to nit-pick; **b. de somme** beast of burden; **b. féroce** wild animal; **b. noire** *Br* pet hate, *Am* pet peeve

béton [betɔ̃] NM *(a) (matériau)* concrete; **mur en b.** concrete wall; **alibi en b.** cast-iron alibi; **b. armé** reinforced concrete *(b) Fam* **laisse b.!** drop it!, forget it!

bette [bɛt] NF Swiss chard

betterave [betrav] NF *(plante) Br* beetroot, *Am* beet; **b. sucrière** sugar beet

beugler [bøgle] VI *(taureau)* to bellow; *(vache)* to moo; *Fig (radio)* to blare

beur [bœr] NMF *Fam* = North African born in France of immigrant parents

beurre [bœr] NM butter; **au b.** *(pâtisserie)* made with butter; *Fig* **ça mettra du b. dans les épinards** that will make life a bit easier; *Fig* **il veut le b. et l'argent du b.** he wants to have his cake and eat it; *Fam* **ça compte pour du b.** that doesn't count; **b. d'anchois** anchovy paste ■ **beurré** ADJ *très Fam (ivre)* plastered

■ **beurrer** VT to butter ■ **beurrier** NM butter dish

beuverie [bøvri] NF drinking session

bévue [bevy] NF slip-up

biais [bjɛ] NM *(de mur)* slant; *(moyen)* way; *(aspect)* angle; **regarder qn de b.** to look sideways at sb; **traverser en b.** to cross at an angle; **par le b. de** through

biaiser [bjeze] VI *(ruser)* to dodge the issue

bibelot [biblo] NM curio, *Br* knick-knack

biberon [bibrɔ̃] NM *(feeding)* bottle; **nourrir un bébé au b.** to bottle-feed a child

bible [bibl] NF bible; **la B.** the Bible ■ **biblique** ADJ biblical

bibliobus [biblijɔbys] NM mobile library

bibliographie [bibljɔgrafi] NF bibliography

bibliothèque [bibljɔtɛk] NF *(bâtiment, salle)* library; *(meuble)* bookcase; **b. municipale** public library ■ **bibliothécaire** NMF librarian

Bic® [bik] NM ballpoint *(pen)*, *Br* biro®

bicarbonate [bikarbonat] NM *Chim* bicarbonate; **b. de soude** bicarbonate of soda

bicentenaire [bisãtnɛr] NM *Br* bicentenary, *Am* bicentennial

biceps [bisɛps] NM biceps; *Fam* **avoir des b.** to have muscles

biche [biʃ] NF *(animal)* female deer, doe; **ma b.** *(ma chérie)* darling

bicolore [bikɔlɔr] ADJ *Br* two-coloured, *Am* two-colored

bicyclette [bisiklɛt] NF bicycle; **la b.** *(sport)* cycling; **faire de la b.** to go cycling; **aller en ville à b.** to cycle to town; **je ne sais pas faire de la b.** I can't ride a bicycle

bide [bid] NM *Fam (ventre)* belly; **avoir/prendre du b.** to have/develop a belly; **faire un b.** *(film, roman)* to bomb, *Br* to flop

bidet [bidɛ] NM *(cuvette)* bidet

bidon [bidɔ̃] **1** NM *(d'essence, d'huile)* can; *(de lait)* churn; *Fam (ventre)* belly; *Fam* **c'est du b.** it's a load of tosh; **b. d'essence** petrol can, jerry can **2** ADJ INV *Fam (simulé)* phoney, fake

bidonner [bidɔne] **se bidonner** VPR *Fam* to laugh one's head off

bidonville [bidɔ̃vil] NF shantytown

bidule [bidyl] NM *Fam (chose)* whatsit, thingummy; **B.** *(personne)* what's-his-name, *f* what's-her-name

bien [bjɛ̃] **1** ADV *(a) (convenablement)* well; **il joue b.** he plays well; **je vais b.** I'm fine *or* well; **écoutez-moi b.!** listen carefully; *Ironique* **ça commence b.!** that's a good start!

(b) (moralement) right; **b. se conduire** to behave (well); **vous avez b. fait** you did the right

thing; **tu ferais b. de te méfier** you would be wise to behave

(**c**) *(très)* very; **vous arrivez b. tard** you're very late

(**d**) *(beaucoup)* a lot, a great deal; **b. plus/moins** much more/less; **b. des gens** a lot of people; **b. des fois** many times; **tu as b. de la chance** you're really lucky!; **merci b.!** thanks very much!

(**e**) *(en intensif)* **regarder qn b. en face** to look sb right in the face; **je sais b.** I'm well aware of it; **je vous l'avais b. dit** I told you so!; **nous verrons b.!** we'll see!; **c'est b. fait pour lui** it serves him right; **c'est b. ce que je pensais** that's what I thought; **c'est b. cela** that's right; **c'est b. compris?** is that quite understood?; **c'est b. toi?** is it really you?

(**f**) *(locutions)* **b. que...** (+ subjunctive) although, though; **b. entendu, b. sûr** of course; **b. sûr que non!** of course, not!; **b. sûr que je viendrai!** of course, I'll come!

2 ADJ INV *(satisfaisant)* good; *(à l'aise)* comfortable; *(en forme)* well; *(moral)* decent; *(beau)* attractive; **être b. avec qn** *(en bons termes)* to be on good terms with sb; **on est b. ici** it's nice here; **ce n'est pas b. de mentir** it's not nice to lie; **elle est b. sur cette photo** she looks good on this photo

3 EXCLAM fine!, right!; **eh b.!** well!

4 NM *Phil & Rel* good; *(chose, capital)* possession; *Jur* asset; **le b. et le mal** good and evil; *Jur* **biens** property; **faire le b.** to do good; **ça te fera du b.** it will do you good; **dire du b. de qn** to speak well of sb; **c'est pour ton b.** it's for your own good; **biens de consommation** consumer goods, **biens immobiliers** real estate or property ▪ **bien-aimé, -ée** (mpl **bien-aimés**, fpl **bien-aimées**) ADJ & NMF beloved ▪ **bien-être** NM well-being ▪ **bien-fondé** NM validity

bienfaisance [bjɛ̃fəzɑ̃s] NF **œuvre de b.** charity

bienfaisant, -ante [bjɛ̃fəzɑ̃, -ɑ̃t] ADJ *(remède)* beneficial; *(personne)* charitable

bienfait [bjɛ̃fɛ] NM *(acte)* kindness; *(avantage)* benefit

bienfaiteur, -trice [bjɛ̃fɛtœr, -tris] NMF benefactor

bienheureux, -euse [bjɛ̃nœrø, -øz] ADJ blissful; *Rel* blessed

bientôt [bjɛ̃to] ADV soon; **à b.!** see you soon!; **il est b. dix heures** it's nearly ten o'clock; *Fam* **tu n'as pas b. fini?** have you quite finished?

bienveillant, -ante [bjɛ̃vɛjɑ̃, -ɑ̃t] ADJ kind ▪ **bienveillance** NF kindness; **avec b.** kindly

bienvenu, -ue [bjɛ̃vny] **1** ADJ *(repos, explication)* welcome **2** NMF **soyez le b.!** welcome!; **tu seras toujours le b. chez nous** you'll always be welcome here ▪ **bienvenue** NF welcome; **souhaiter la b. à qn** to welcome sb

bière[1] [bjɛr] NF *(boisson)* beer; **b. blonde** lager; **b. brune** *Br* brown ale, *Am* dark beer; **b. pression** *Br* draught beer, *Am* draft beer

bière[2] [bjɛr] NF *(cercueil)* coffin

biffer [bife] VT to cross out

bifteck [biftɛk] NM steak; *Fam* **gagner son b.** to earn one's bread and butter; **b. haché** *Br* mince, *Am* mincemeat

bifurquer [bifyrke] VI *(route, chemin)* to fork; *(automobiliste)* to turn off ▪ **bifurcation** NF junction

bigame [bigam] ADJ bigamous ▪ **bigamie** NF bigamy

bigarré, -ée [bigare] ADJ *(étoffe)* *Br* multicoloured, *Am* multicolored; *(foule)* motley

bigorneau, -x [bigɔrno] NM winkle

bigoudi [bigudi] NM *(hair)* curler or roller

bijou, -x [biʒu] NM jewel; *Fig* gem ▪ **bijouterie** [-tri] NF *(boutique)* *Br* jeweller's shop, *Am* jewelry shop; *(commerce, fabrication)* jeweller's trade ▪ **bijoutier, -ière** NMF *Br* jeweller, *Am* jeweler

bilan [bilɑ̃] NM *(de situation)* assessment; *(résultats)* results; *(d'un accident)* toll; **faire le b. de la situation** to take stock of the situation; *Com* **déposer son b.** to file one's petition for bankruptcy; **b. de santé** complete check-up; *Fin* **b. (comptable)** balance sheet

bilatéral, -e, -aux, -ales [bilateral, -o] ADJ bilateral

bile [bil] NF bile; *Fam* **se faire de la b. (pour qch)** to fret (about sth)

bilingue [bilɛ̃g] ADJ bilingual

billard [bijar] NM *(jeu)* billiards; *(table)* billiard table; *Fam* **passer sur le b.** to go under the knife; **b. américain** pool; **b. électrique** pinball

bille [bij] NF *(de verre)* marble; *(de billard)* billiard ball; **jouer aux billes** to play marbles; *Fam* **reprendre ses billes** to pull out

billet [bijɛ] NM ticket; **b. (de banque)** *Br* (bank)note, *Am* bill; **b. d'avion/de train** plane/train ticket; **b. électronique** e-ticket; **b. de première/seconde** first-class/second-class ticket; **b. aller retour** *Br* return ticket, *Am* round trip ticket; **b. simple** single ticket, *Am* one-way ticket

billetterie [bijɛtri] NF *(lieu)* ticket office; **b. automatique** *(de billet de transport)* ticket machine

billion [biljɔ̃] NM trillion

billot [bijo] NM block

bimensuel, -elle [bimɑ̃sɥɛl] ADJ bimonthly, *Br* fortnightly

bimoteur [bimɔtœr] ADJ twin-engined

binaire [binɛr] ADJ *Math* binary

biner [bine] VT to hoe

binocle [binɔkl] NM pince-nez

biochimie [bjɔʃimi] NF biochemistry

biodégradable [bjɔdegradabl] ADJ biodegradable

biodiversité [bjɔdiversite] NF biodiversity

biographie [bjɔgrafi] NF biography ■ **biographe** NMF biographer ■ **biographique** ADJ biographical

bio-industrie [bjoɛ̃dystri] (pl **bio-industries**) NF biotechnology industry

biologie [bjɔlɔʒi] NF biology ■ **biologique** ADJ biological; (sans engrais chimiques) organic ■ **biologiste** NM biologist

biotechnologie [bjɔtɛknɔlɔʒi] NF biotechnology

bip [bip] NM (son) beep; (appareil) beeper; **faire b.** to beep

bipède [biped] NM biped

Birmanie [birmani] NF **la B.** Burma ■ **birman, -ane 1** ADJ Burmese **2** NMF **B.**, **Birmane** Burmese

bis¹ [bis] ADV (au théâtre) encore; (en musique) repeat; **4 bis** (adresse) ≈ 4A

bis², bise [bi, biz] ADJ Br greyish-brown, Am grayish-brown

biscornu, -ue [biskɔrny] ADJ (objet) oddly shaped; Fam (idée) cranky

biscotte [biskɔt] NF rusk

biscuit [biskɥi] NM (sucré) Br biscuit, Am cookie; **biscuits salés** crackers

bise¹ [biz] NF (vent) north wind

bise² [biz] NF Fam (baiser) kiss; **faire la b. à qn** to give sb a kiss; **grosses bises** (sur une lettre) love and kisses

bisexuel, -uelle [bisɛksɥɛl] ADJ bisexual

bison [bizɔ̃] NM bison

bisou [bizu] NM Fam kiss; **bisous** (sur une lettre) love

bissextile [bisɛkstil] ADJ F **année b.** leap year

bistouri [bisturi] NM lancet

bistro(t) [bistro] NM Fam bar

bitume [bitym] NM (revêtement) asphalt

bizarre [bizar] ADJ odd ■ **bizarrement** ADV oddly

blafard, -arde [blafar, -ard] ADJ pallid

blague [blag] NF (plaisanterie) joke; **faire une b. à qn** to play a joke on sb; **raconter des blagues** (mensonges) to lie; **sans b.?** no kidding? ■ **blaguer** VI Fam to joke ■ **blagueur, -euse** NMF joker

blaireau, -x [blɛro] NM (animal) badger; (brosse) shaving brush

blairer [blere] VT Fam **je ne peux pas le b.** I can't stand or Br stick him

blâme [blɑm] NM (reproche) blame; (sanction) reprimand ■ **blâmer** VT (désapprouver) to blame; (sanctionner) to reprimand

blanc, blanche [blɑ̃, blɑ̃ʃ] **1** ADJ white; (peau) pale; (page) blank; **d'une voix blanche** in a toneless voice **2** NM (couleur) white; (espace, domino) blank; (vin) white wine; **(article de) b.** (linge) linen; **en b.** (chèque) blank; **tirer à b.** to fire blanks; **chauffé à b.** white-hot; **b. d'œuf** egg white; **b. de poulet** chicken breast; **b. cassé** off-white **3** NF (note de musique) Br minim, Am half-note **4** NMF **B.** (personne) White man, f White woman; **les B.** the Whites ■ **blanchâtre** ADJ whitish ■ **blancheur** NF whiteness

blanchiment [blɑ̃ʃimɑ̃] NM (d'argent) laundering

blanchir [blɑ̃ʃir] **1** VT to whiten; (mur) to whitewash; (linge) to launder; Culin to blanch; Fig (argent) to launder; **b. qn** (disculper) to clear sb **2** VI to turn white ■ **blanchiment** NM (d'argent) laundering ■ **blanchisserie** NF (lieu) laundry

blanquette [blɑ̃kɛt] NF **b. de veau** = veal stew in white sauce; **b. de Limoux** = sparkling white wine from Limoux

blasé, -ée [blɑze] ADJ blasé

blason [blazɔ̃] NM coat of arms

blasphème [blasfɛm] NF blasphemy ■ **blasphémer** VI to blaspheme

blatte [blat] NF cockroach

blazer [blazœr] NM blazer

bld (abrév **boulevard**)

blé [ble] NM wheat, Br corn; Fam (argent) dough

bled [blɛd] NM Fam (lieu isolé) dump; **dans un b. perdu** in the middle of nowhere

blême [blɛm] ADJ sickly pale; **b. de colère** livid with anger ■ **blêmir** VI to turn pale

Il faut noter que le verbe anglais **to blemish** est un faux ami. Il ne signifie jamais **devenir pâle**.

blesser [blese] **1** VT (dans un accident) to injure, to hurt; (par arme) to wound; (offenser) to hurt **2 se blesser** VPR (par accident) to hurt or injure oneself; (avec une arme) to wound oneself; **se b. au bras** to hurt one's arm ■ **blessant, -ante** ADJ hurtful ■ **blessé, -ée** NMF (victime d'accident) injured person; (victime d'aggression) wounded person; **les blessés** the injured/wounded ■ **blessure** NF (dans un accident) injury; (par arme) wound

blette [blɛt] NF ➤ **bette**

bleu, -e [blø] (mpl **-s**) **1** ADJ blue; (steak) very rare **2** NM (couleur) blue; (ecchymose) bruise; (fromage) blue cheese; Fam (novice) novice; **b. de travail** Br overalls, Am overall; **se faire un b. au genou** to bruise one's knee; **b. ciel** sky blue; **b. marine** navy blue; **b. roi** royal blue ■ **bleuâtre** ADJ bluish ■ **bleuté, -ée** ADJ bluish

bleuet [blœɛ] NM (plante) cornflower

blinder [blɛ̃de] VT (véhicule) to Br armour-plate or Am armor-plate ■ **blindé, -ée 1** ADJ Mil Br armoured, armour-plated, Am armored, armor-plated; (voiture) bulletproof; **porte blindée** steel security door; Fam **je suis b.** I'm hardened to it **2** NM Mil Br armoured or Am armored vehicle

bloc [blɔk] NM (de pierre, de bois) block; (de papier) pad; (de maison) & Pol bloc; (masse compacte) unit; **faire b. contre qn** to join forces against sb; **en b.** (démissionner) all together; **tout refuser en b.** to reject everything in its entirety; **à b.** (visser, serrer) as tightly as possible; **b. opératoire** Br operating theatre, Am operating room ■ **bloc-notes** (pl **blocs-notes**) NM notepad

blocage [blɔkaʒ] NM (de mécanisme) jamming; (de freins, de roues) locking; **b. des prix** price freeze; **faire un b. psychologique** to have a mental block

blocus [blɔkys] NM blockade; **lever le b.** to raise the blockade

blog [blɔg] NM Ordinat blog ■ **bloguer** VI to blog, to write a blog ■ **blogueur, -euse** NMF blogger

blond, -onde [blɔ̃, -ɔ̃d] **1** ADJ (cheveux, personne) blond; (sable) golden **2** NM (homme) fair-haired man; (couleur) blond; **b. cendré** ash blond; **b. vénitien** strawberry blond **3** NF (femme) fair-haired woman, blonde ■ **blondeur** NF fairness, blondness

bloquer [blɔke] **1** VT (route, ballon, compte) to block; (porte, mécanisme) to jam; (roue) to lock; (salaires, prix, crédits) to freeze; (grouper) to group together; **b. le passage à qn** to block sb's way; **bloqué par la neige** snowbound; Fam **je suis bloqué à l'hôpital** I'm stuck in hospital **2 se bloquer** VPR (machine) to get stuck

blottir [blɔtir] **se blottir** VPR to snuggle up; **se b. contre qn** to snuggle up to sb; **blottis les uns contre les autres** huddled up together

blouse [bluz] NF (tablier) overall; (corsage) blouse; **b. blanche** (de médecin, de biologiste) white coat ■ **blouson** NM (lumber-)jacket; (plus léger) blouson; **b. en cuir** leather jacket; **b. d'aviateur** bomber jacket

bluff [blœf] NM bluff ■ **bluffer** VTI (aux cartes) & Fam to bluff

blush [blœʃ] NM blusher

boa [bɔa] NM (serpent, tour de cou) boa

bobard [bɔbar] NM Fam tall story

bobine [bɔbin] NF (de ruban, de fil) reel; (de machine à coudre) bobbin; (de film, de papier) roll; (de machine à écrire) spool; Él coil; Fam (visage) mug

bocage [bɔkaʒ] NM bocage (countryside with many hedges, trees and small fields)

bocal, -aux [bɔkal, -o] NM jar; (aquarium) bowl

bœuf [bœf] (pl **-fs** [bø]) **1** NM (animal) bullock; (de trait) ox (pl oxen); (viande) beef **2** ADJ INV Fam **faire un effet b.** to make a big impression

bof [bɔf] EXCLAM Fam **ça te plaît? – b.! pas tellement** do you like it? – not really, no; **il est chouette, mon nouveau pull – b.** my new sweater's great – I suppose so

bogue [bɔg] NM Ordinat bug

bohème [bɔɛm] ADJ & NMF bohemian ■ **bohémien, -ienne** ADJ & NMF gypsy

boire* [bwar] **1** VT (sujet: personne) to drink; (sujet: plante) to soak up; Fig **b. les paroles de qn** to drink in sb's every word **2** VI (sujet: personne) to drink; (sujet: plante) to soak in; Fam **b. un coup** to have a drink; **b. à la bouteille** to drink from the bottle; **b. au succès de qn** to drink to sb's success; **donner à b. à qn** to give sb a drink; **faire b. les chevaux** to water the horses **3 se boire** VPR to be drunk **4** NM **le b. et le manger** food and drink

bois [bwa] NM (matériau, forêt) wood; (de raquette) frame; **en ou de b.** wooden; **les b.** (d'un cerf) the antlers; (d'un orchestre) woodwind instruments; **b. de chauffage** firewood; **b. de construction** timber; **b. de lit** bed frame; **b. mort** dead wood ■ **boisé, -ée** ADJ wooded ■ **boiseries** NFPL Br panelling, Am paneling

boisson [bwasɔ̃] NF drink

boit [bwa] ➤ **boire**

boîte [bwat] NF **(a)** (récipient) box; **b. d'allumettes** (pleine) box of matches; (vide) matchbox; **des haricots en b.** canned or Br tinned beans; **b. à bijoux** jewel box; **b. à gants** glove compartment; **b. à ou aux lettres** Br postbox, Am mailbox; **b. à musique** music box; **b. à outils** toolbox; **b. de conserve** can, Br tin; Aut **b. de vitesse** gearbox; **b. postale** Post Office Box; Ordinat **b. d'envoi** (de messages électroniques) outbox; Ordinat **b. de réception** (de messages électroniques) inbox, mailbox; Tél **b. vocale** voice mail **(b)** Fam (entreprise) firm; **b. de jazz** jazz club; **b. de nuit** nightclub ■ **boîtier** NM (de montre) case

boiter [bwate] VI to limp ■ **boiteux, -euse** ADJ (personne) lame; Fig (raisonnement) shaky

boive [bwav] SUBJONCTIF ➤ **boire**

bol [bɔl] NM (récipient, contenu) bowl; **prendre un b. d'air** to get a good breath of fresh air; Fam **avoir du b.** to be lucky; Fam **coup de b.** stroke of luck

bolide [bɔlid] NM (voiture) racing car

Bolivie [bɔlivi] NF **la B.** Bolivia ■ **bolivien, -ienne 1** ADJ Bolivian **2** NMF **B., Bolivienne** Bolivian

bombarder [bɔ̃barde] VT (avec des bombes) to bomb; (avec des obus) to shell; **b. de qn de**

questions to bombard sb with questions ■ **bombardement** [-əmɑ̃] NM *(avec des bombes)* bombing; *(avec des obus)* shelling ■ **bombardier** NM *(avion)* bomber

bombe [bɔ̃b] NF (a) *(explosif)* bomb; *Fig* **faire l'effet d'une b.** to be a bombshell; **b. atomique** atom(ic) bomb; **b. à eau** water bomb; **b. à retardement** time bomb (b) *(atomiseur)* spray (can) (c) *(chapeau)* riding hat

bomber [bɔ̃be] **1** VT **b. le torse** to stick out one's chest **2** VI *(mur)* to bulge; *(planche)* to warp ■ **bombé, -ée** ADJ bulging

bon¹, bonne [bɔ̃, bɔn] **1** ADJ (a) *(satisfaisant)* good; **c'est b.** *(d'accord)* that's fine

(b) *(agréable)* nice, good; **passer une bonne soirée** to spend a pleasant evening; **il fait b. se reposer** it's nice *or* good to rest; **b. anniversaire!** happy birthday!; **bonne année!** Happy New Year!

(c) *(charitable)* kind, good (**avec qn** to sb)

(d) *(correct)* right; **le b. choix/moment/livre** the right choice/moment/book

(e) *(apte)* fit; **b. à manger** fit to eat; **elle n'est bonne à rien** she's useless

(f) *(prudent)* wise, good; **juger b. de partir** to think it wise to leave

(g) *(compétent)* good; **b. en français** good at French

(h) *(profitable)* *(investissement, conseil, idée)* good; **c'est b. à savoir** it's worth knowing

(i) *(valable)* valid; **le lait est-il encore b.?** is that milk still all right to drink?

(j) *(en intensif)* **un b. rhume** a bad cold; **dix bonnes minutes** a good ten minutes; **j'ai mis un b. moment à comprendre** it took me a while to understand

(k) *(locutions)* **à quoi b.?** what's the point?; **quand b. vous semble** whenever you like; **pour de b.** *(partir, revenir)* for good; **tenir b.** *(personne)* to hold out; **elle est bien b.!** that's a good one! **2** NM **avoir du b.** to have some good points; **un b. à rien** a good-for-nothing; **les bons et les méchants** the goodies and the baddies **3** ADV **sentir b.** to smell good; **il fait b.** it's nice and warm **4** EXCLAM **b.! on y va?** right, shall we go?; **ah b., je ne le savais pas** really? I didn't know!; **ah b.?** is that so?

bon² [bɔ̃] NM *(papier)* coupon, *Br* voucher; *Fin (titre)* bond; **b. d'achat** *Br* gift voucher, *Am* gift certificate; **b. de commande** order form; **b. de réduction** money-off coupon; *Fin* **b. du Trésor** treasury bond

bonbon [bɔ̃bɔ̃] NM *Br* sweet, *Am* candy; **b. à la menthe** mint

bonbonne [bɔ̃bɔn] NF *(bouteille)* demijohn; *(de gaz)* cylinder

bond [bɔ̃] NM leap, jump; *(de balle)* bounce; **faire un b.** to leap up; *Fig (prix)* to shoot up; **se lever d'un b.** *(du lit)* to jump out of bed; *(d'une chaise)* to leap up; **faire faux b. à qn** to leave sb in the lurch

bonde [bɔ̃d] NF *(bouchon)* plug; *(trou)* plughole

bondé, -ée [bɔ̃de] ADJ packed, crammed

bondir [bɔ̃diʀ] VI to leap, to jump; **b. sur qn/qch** to pounce on sb/sth; *Fig* **ça me fait b.** it makes me hopping mad

bon enfant [bɔ̃nɑ̃fɑ̃] ADJ INV easy-going

bonheur [bɔnœʀ] NM *(bien-être)* happiness; *(chance)* good fortune; **faire le b. de qn** to make sb happy; **porter b. à qn** to bring sb luck; **par b.** luckily; **au petit b.** at random

bonhomie [bɔnɔmi] NF good-naturedness

bonhomme [bɔnɔm] *(pl* **bonshommes** [bɔ̃zɔm]) NM fellow, guy; **aller son petit b. de chemin** to be jogging along nicely; **b. de neige** snowman

bonjour [bɔ̃ʒuʀ] NM & EXCLAM *(le matin)* good morning; *(l'après-midi)* good afternoon; **dire b. à qn** to say hello to sb; *Fam* **b. l'ambiance!** there was one hell of an atmosphere!

bonne¹ [bɔn] ➤ **bon¹**

bonne² [bɔn] NF *(domestique)* maid; **b. d'enfants** nanny

bonnement [bɔnmɑ̃] ADV **tout b.** simply

bonnet [bɔnɛ] NM *(coiffure)* hat; *(de soutien-gorge)* cup; *Fig* **c'est b. blanc blanc b.** it's six of one and half a dozen of the other; *Fam* **gros b.** bigshot; **b. d'âne** *Br* dunce's cap, *Am* dunce cap; **b. de bain** bathing cap ■ **bonneterie** [-ɛtʀi] NF *(bas)* hosiery

bonsoir [bɔ̃swaʀ] NM & EXCLAM *(en rencontrant qn)* good evening; *(en quittant qn)* goodbye; *(au coucher)* goodnight

bonté [bɔ̃te] NF kindness, goodness; **avoir la b. de faire qch** to be so kind as to do sth

bonus [bɔnys] NM *(de salaire)* bonus; *(d'assurance)* no-claims bonus

bon vivant [bɔ̃vivɑ̃] ADJ M **être b.** to enjoy life

bord [bɔʀ] NM *(limite)* edge; *(de chapeau)* brim; *(de verre)* rim; **le b. du trottoir** *Br* the kerb, *Am* the curb; **au b. de la route** at the side of the road; **au b. de la rivière** beside the river; **au b. de la mer** at the seaside; **au b. des larmes** on the verge of tears; **à bord d'un bateau/d'un avion** on board a boat/a plane; **monter à b.** to go on board; **par-dessus b.** overboard

bordeaux [bɔʀdo] **1** NM *(vin)* Bordeaux (wine); *(rouge)* claret **2** ADJ INV maroon

bordée [bɔʀde] NF *Naut (salve)* broadside; *Fig (d'injures)* torrent

bordel [bɔʀdɛl] NM *très Fam (lieu)* brothel;

(désordre) mess; **mettre le b. dans qch** to make a mess of sth ■ **bordélique** ADJ *très Fam* (organisation, pièce) shambolic; **être b.** (personne) to be a slob

border [bɔrde] VT (lit) to tuck in; (sujet: arbres) to line; **b. qch de qch** to edge sth with sth; **b. qn dans son lit** to tuck sb in

bordereau, -x [bɔrdəro] NM Com & Fig note

bordure [bɔrdyr] NF (bord) edge; (de vêtement) border; **en b. de route** by the roadside

borgne [bɔrɲ] ADJ (personne) one-eyed; (louche) shady

borne [bɔrn] NF (limite) boundary marker; (pierre) boundary stone; Él terminal; Fam (kilomètre) kilometer; Fig **sans bornes** boundless; Fig **dépasser les bornes** to go too far; **b. kilométrique** ≃ milestone

borner [bɔrne] 1 VT (terrain) to mark out 2 se **borner** VPR **se b. à qch/à faire qch** (personne) to restrict oneself to sth/to doing sth; **se b. à qch** (chose) to be limited to sth ■ **borné, -ée** ADJ (personne) narrow-minded; (esprit) narrow

Bosnie [bɔzni] NF **la B.** Bosnia

bosquet [bɔskɛ] NM grove

bosse [bɔs] NF (de bossu, de chameau) hump; (enflure) bump, lump; (de terrain) bump; **se faire une b.** to get a bump; Fam **avoir la b. du commerce** to have a good head for business; Fam **il a roulé sa b.** he's knocked about a bit

bosseler [bɔsle] VT (déformer) to dent

bosser [bɔse] VI Fam to work ■ **bosseur, -euse** Fam 1 ADJ hard-working 2 NMF hard worker

bossu, -ue [bɔsy] 1 ADJ (personne) hunchbacked 2 NMF hunchback

botanique [bɔtanik] 1 ADJ botanical 2 NF botany

botte [bɔt] NF (chaussure) boot; (de fleurs, de radis) bunch; **bottes en caoutchouc** rubber boots ■ **botter** VT botté de cuir wearing leather boots; Fam **b. le derrière à qn** to boot sb up the backside; Fam **ça me botte** I like it ■ **bottillon** NM, ■ **bottine** NF ankle boot

Bottin® [bɔtɛ̃] NM phone book; **B. mondain** ≃ Who's Who

bouc [buk] NM (animal) billy goat; (barbe) goatee; **b. émissaire** scapegoat

boucan [bukɑ̃] NM Fam din, row; **faire du b.** to kick up a row

bouche [buʃ] NF mouth; **de b. à oreille** by word of mouth; **b. d'égout** manhole; **b. d'incendie** Br fire hydrant, Am fireplug; **b. de métro** métro entrance ■ **bouche-à-bouche** NM mouth-to-mouth resuscitation ■ **bouchée** NF mouthful

boucher¹ [buʃe] 1 VT (fente, trou) to fill in; (conduite, fenêtre) to block up; (vue, rue, artère) to

block; (bouteille) to cork; Fam **ça m'en a bouché un coin** it took the wind out of my sails 2 se **boucher** VPR (conduite) to get blocked up; **se b. le nez** to hold one's nose ■ **bouché, -ée** ADJ (conduite) blocked; (temps) overcast; Fam (personne) dense; **j'ai le nez b.** my nose is stuffed up ■ **bouche-trou** (pl **bouche-trous**) NM Fam stopgap

boucher², -ère [buʃe, -ɛr] NMF butcher ■ **boucherie** NF butcher's (shop); Fig (carnage) butchery

bouchon [buʃɔ̃] NM (a) (à vis) cap, top; (de tonneau) stopper; (de liège) cork; (de canne à pêche) float (b) (embouteillage) traffic jam ■ **bouchonner** VT Fam **ça bouchonne** (sur la route) the traffic's bad

boucle [bukl] NF (de ceinture) buckle; (de cheveu) curl; (méandre) loop; **écouter un disque en b.** to listen to a record over and over again; **b. d'oreille** earring

boucler [bukle] 1 VT (ceinture, valise) to buckle; (quartier) to seal off; (maison) to lock up; Fam (travail) to finish off; Fam (prisonnier) to bang up; **b. ses valises** (se préparer à partir) to pack one's bags; **b. la boucle** Av to loop the loop; Fig to come full circle; Fam **boucle-la!** belt up! 2 VI (cheveux) to be curly ■ **bouclé, -ée** ADJ (cheveux) curly

bouclier [buklije] NM shield; **b. humain** human shield

bouddhiste [budist] ADJ & NMF Buddhist ■ **bouddhisme** NM Buddhism

bouder [bude] 1 VI to sulk 2 VT (personne) to refuse to talk to; **b. une élection** to refuse to vote ■ **boudeur, -euse** ADJ sulky

boudin [budɛ̃] NM **b. noir** Br black pudding, Am blood sausage; **b. blanc** white pudding

boue [bu] NF mud ■ **boueux, -euse** 1 ADJ muddy 2 NM Fam Br dustman, Am garbage collector

bouée [bwe] NF Naut buoy; **b. de sauvetage** lifebelt; **b. (gonflable)** (d'enfant) (inflatable) rubber ring

bouffe [buf] NF Fam (nourriture) grub ■ **bouffer¹** VTI Fam (manger) to eat

bouffée [bufe] NF (de fumée) puff; (de parfum) whiff; Fig (de colère) outburst; **une b. d'air pur** a breath of fresh air; Méd **b. de chaleur** Br hot flush, Am hot flash

bouffer² [bufe] VI (cheveux) to have body; (manche, jupe) to puff out ■ **bouffant, -ante** ADJ (cheveux) bouffant; (vêtements) baggy; **manche bouffante** puff(ed) sleeve ■ **bouffi, -ie** ADJ (yeux, visage) puffy

bouffon, -onne [bufɔ̃, -ɔn] 1 ADJ farcical

2 NM buffoon ■ **bouffonneries** NFPL (actes) clowning around

bougeoir [buʒwar] NM candlestick

bougeotte [buʒɔt] NF Fam **avoir la b.** to be fidgety

bouger [buʒe] **1** VTI to move; **rester sans b.** to keep still **2 se bouger** VPR Fam (se déplacer) to move; (s'activer) to get a move on

bougie [buʒi] NF (en cire) candle; (de moteur) spark plug

bougrement [-əmã] ADV Fam damned, Br bloody; **il fait b. froid** it's damn or Br bloody cold

bouillabaisse [bujabɛs] NF = provençal fish soup

bouillie [buji] NF (pour bébé) baby food; (à base de céréales) baby cereal; **réduire qch en b.** to mash sth

bouillir* [bujir] VI to boil; **faire b. qch** to boil sth; **b. de colère** to seethe with anger ■ **bouillant, -ante** ADJ (qui bout) boiling; (très chaud, fiévreux) boiling hot ■ **bouilli, -ie** ADJ boiled

bouilloire [bujwar] NF kettle

bouillon [bujɔ̃] NM (aliment) stock; (bulles) bubbles; **bouillir à gros bouillons** to boil hard; **b. de culture** culture medium ■ **bouillonner** VI to bubble

bouillotte [bujɔt] NF hot-water bottle

boulanger, -ère [bulãʒe, -ɛr] NMF baker ■ **boulangerie** NF baker's (shop)

boule [bul] NF (sphère) ball; **boules** (jeu) bowls; Fam **perdre la b.** to go off one's head; Fam **avoir les boules** (être énervé) to be pissed off; (avoir peur) to be wetting oneself; **b. de neige** snowball; Fig **faire b. de neige** to snowball; **b. puante** stink bomb; **boules Quiès®** earplugs

bouleau, -x [bulo] NM (silver) birch; (bois) birch(wood)

bouledogue [buldɔg] NM bulldog

boulet [bulɛ] NM (de forçat) ball and chain; **b. de canon** cannonball

boulette [bulɛt] NF (de papier) ball; (de viande) meatball; Fam (gaffe) Br boob, Am blooper

boulevard [bulvar] NM boulevard

bouleverser [bulvɛrse] VT (émouvoir) to move deeply; (perturber) to distress; (projets, habitudes) to disrupt; (vie) to turn upside down ■ **bouleversant, -ante** ADJ (émouvant) deeply moving; (perturbant) distressing ■ **bouleversement** [-əmã] NM (de projets, d'habitudes) disruption; (de personne) emotion; **bouleversements économiques** economic upheavals

boulimie [bulimi] NF Méd bulimia ■ **boulimique** ADJ **être b.** to have bulimia

boulon [bulɔ̃] NM bolt

boulot¹ [bulo] NM Fam (emploi) job; (travail) work

boulot², -otte [bulo, -ɔt] ADJ Fam tubby

boum [bum] **1** EXCLAM & NM bang **2** NF (fête) party (for teenagers)

bouquet [bukɛ] NM (fleurs) bunch of flowers; (d'arbres) clump; (de vin) bouquet; Fig **c'est le b.!** that takes the Br biscuit or Am cake!; **b. final** (de feu d'artifice) grand finale

bouquin [bukɛ̃] NM Fam book ■ **bouquiner** VTI Fam to read ■ **bouquiniste** NMF second-hand bookseller

bourde [burd] NF Fam (gaffe) blunder; **faire une b.** to put one's foot in it

bourdon [burdɔ̃] NM (insecte) bumblebee ■ **bourdonnement** NM (d'insecte) buzz(ing); **avoir des bourdonnements d'oreilles** to have a buzzing in one's ears ■ **bourdonner** VI (insecte, oreilles) to buzz

bourg [bur] NM market town ■ **bourgade** NF village

bourgeois, -oise [burʒwa, -waz] **1** ADJ middle-class **2** NMF middle-class person ■ **bourgeoisie** NF middle class

bourgeon [burʒɔ̃] NM bud ■ **bourgeonner** VI to bud

bourgmestre [burgmɛstr] NM (en Belgique, en Suisse) burgomaster, town's chief magistrate

Bourgogne [burgɔɲ] NF (région) Burgundy

bourrage [buraʒ] NM Fam **b. de crâne** brain-washing

bourrasque [burask] NF squall, gust of wind; **souffler en bourrasques** to gust

bourratif, -ive [buratif, -iv] ADJ Fam stodgy

bourre [bur] NF (pour rembourrer) stuffing; Fam **à la b.** in a rush

bourreau, -x [buro] NM executioner; Hum **b. des cœurs** ladykiller; **b. de travail** workaholic

bourrelet [burlɛ] NM (contre les courants d'air) weather strip; **b. de graisse** spare Br tyre or Am tire

bourrer [bure] **1** VT (coussin) to stuff (**de** with); (sac) to cram (**de** with); (pipe) to fill; Fam **b. le crâne à qn** (gaver) to fill sb up with sth; Fam **b. le crâne à qn** (élève) to stuff sb's head with facts **2 se bourrer** VPR **se b. de qch** (se gaver) to stuff oneself up with; très Fam **se b. la gueule** to get Br pissed or Am wasted ■ **bourré, -ée** ADJ (**a**) (plein) **b. à craquer** full to bursting (**b**) très Fam (ivre) Br pissed, Am wasted

bourrique [burik] NF she-ass; Fam **faire tourner qn en b.** to drive sb crazy

bourru, -ue [bury] ADJ surly

bourse [burs] NF (sac) purse; **sans b. délier** without spending a penny; Scol & Univ **b. (d'étude)**

grant; **la B.** the Stock Exchange ■ **boursier, -ière 1** ADJ **opération boursière** Stock Exchange transaction **2** NMF *(élève, étudiant)* grant holder

boursouflé, -ée [bursufle] ADJ *(visage, yeux)* puffy

bous [bu] **>** **bouillir**

bousculer [buskyle] **1** VT *(pousser)* to jostle; *(presser)* to rush; Fig *(habitudes)* to disrupt **2 se bousculer** *(foule)* to push and shove; **les idées se bousculaient dans sa tête** his/her head was buzzing with ideas ■ **bousculade** NF *(agitation)* pushing and shoving

bouse [buz] NF **de la b. de vache** cow dung

bousiller [buzije] VT Fam to wreck

boussole [busɔl] NF compass

bout¹ [bu] **>** **bouillir**

bout² [bu] NM *(extrémité)* end; *(de langue, de doigt)* tip; *(morceau)* bit; **un b. de temps** a little while; **faire un b. de chemin** to go part of the way; **d'un b. à l'autre** from one end to the other; **au b. de la rue** at the end of the street; **au b. d'un moment** after a while; Fam **au b. du fil** *(au téléphone)* on the other end; **jusqu'au b.** *(lire, rester)* (right) to the end; **à b. de forces** exhausted; **à b. de souffle** out of breath; **à b. de bras** at arm's length; **pousser qn à b.** to push sb too far; **à b. portant** point-blank; **à tout b. de champ** at every possible opportunity; Fig **voir le b. du tunnel** to see the light at the end of the tunnel; Cin **b. d'essai** screen test

boutade [butad] NF *(plaisanterie)* quip

boute-en-train [butɑ̃trɛ̃] NM INV *(personne)* live wire; **être le b. de la soirée** to be the life and soul of the party

bouteille [butɛj] NF bottle; *(de gaz)* cylinder

boutique [butik] NF Br shop, Am store; *(de couturier)* boutique; **fermer b.** to shut up shop ■ **boutiquier, -ière** NMF Br shopkeeper, Am storekeeper

bouton [butɔ̃] NM *(bourgeon)* bud; *(au visage)* spot; *(de vêtement)* button; *(de porte, de télévision)* knob; **b. de manchette** cufflink; Ordinat **b. de souris** mouse button ■ **bouton-d'or** *(pl boutons-d'or)* NM buttercup ■ **bouton-pression** *(pl boutons-pression)* NM Br press-stud, Am snap fastener ■ **boutonner** VT, **se boutonner** VPR *(vêtement)* to button (up) ■ **boutonnière** NF buttonhole

bouture [butyr] NF cutting

bovin, -ine [bɔvɛ̃, -in] ADJ bovine ■ **bovins** NMPL cattle

bowling [boliŋ] NM *(jeu)* Br tenpin bowling, Am tenpins; *(lieu)* bowling alley

box [bɔks] *(pl* **boxes)** NM *(d'écurie)* stall; *(de dortoir)* cubicle; *(garage)* lock-up garage; Jur **b. des accusés** dock

boxe [bɔks] NF boxing; **b. française** kick boxing ■ **boxer** VI to box ■ **boxeur** NM boxer

boyau, -x [bwajo] NM *(intestin)* gut; *(corde)* catgut; *(de vélo)* tubular Br tyre or Am tire; *(de mine)* narrow gallery

boycotter [bɔjkɔte] VT to boycott ■ **boycottage** NM boycott

boys band [bɔjzbɑ̃d] NM INV boyband

BP [bepe] *(abrév* **boîte postale)** NF PO Box

bracelet [braslɛ] NM *(bijou)* bracelet; *(rigide)* bangle; *(de montre)* Br strap, Am band; **b. électronique** ou **de cheville** electronic tag *(for offenders)* ■ **bracelet-montre** *(pl* **bracelets-montres)** NM wristwatch

braconner [brakɔne] VI to poach ■ **braconnage** NM poaching ■ **braconnier** NM poacher

brader [brade] VT to sell off cheaply ■ **braderie** NF clearance sale

braguette [bragɛt] NF *(de pantalon)* fly, Br flies

braille [braj] NM Braille; **en b.** in Braille

brailler [braje] VTI to yell

braire* [brɛr] VI *(âne)* to bray

braise(s) [brɛz] NF(PL) embers ■ **braiser** [breze] VT Culin to braise

brancard [brɑ̃kar] NM *(civière)* stretcher; *(de charrette)* shaft

branche [brɑ̃ʃ] NF *(d'arbre, d'une science)* branch; *(de compas)* leg; *(de lunettes)* side piece ■ **branchages** NMPL *(des arbres)* branches; *(coupés)* cut branches

branché, -ée [brɑ̃ʃe] ADJ Fam *(à la mode)* cool, hip

brancher [brɑ̃ʃe] **1** VT *(à une prise)* to plug in; *(à un réseau)* to connect; Fam *(plaire à)* **ça me branche** I'm really into it; Fam **on va en boîte ce soir, ça te branche?** fancy going clubbing tonight? **2 se brancher** VPR **se b. sur** *(station de radio)* to tune in to ■ **branchement** NM *(assemblage de fils)* connection

brandir [brɑ̃dir] VT to brandish

branle [brɑ̃l] NM **mettre qch en b.** to set sth in motion ■ **branlant, -ante** ADJ *(chaise, escalier)* rickety ■ **branle-bas** NM INV **b. (de combat)** commotion ■ **branler** VI *(chaise, escalier)* to be rickety

braquer [brake] **1** VT *(diriger)* to point **(sur** at); *(regard)* to fix **(sur** on); Fam *(banque)* to hold up; **b. qn contre qn/qch** to turn sb against sb/sth **2** VI Aut to turn the steering wheel ■ **braquage** NM *(de roues)* turning; Fam *(vol)* hold-up; **(angle de) b.** steering lock

braquet [brakɛ] NM gear ratio

bras [bra] NM arm; **b. dessus b. dessous** arm in

arm; **les b. croisés** with one's arms folded; **à tour de b.** with all one's might; **en b. de chemise** in one's shirtsleeves; *Fig* **avoir le b. long** to have a lot of influence; *Fig* **se retrouver avec qch sur les b.** to be left with sth on one's hands; *Fam* **faire un b. d'honneur à qn** ≃ to stick two fingers up at sb; **prendre qn à b.-le-corps** to seize sb round the waist; **b. de mer** arm of the sea; *Fig* **b. droit** *(assistant)* right-hand man

brasier [brɑzje] NM blaze, inferno

brassard [brasar] NM armband

brasse [bras] NF *(nage)* breaststroke; *(mouvement)* stroke; **b. papillon** butterfly stroke

brassée [brase] NF armful

brasser [brase] VT *(mélanger)* to mix; *(bière)* to brew ■ **brassage** NM *(mélange)* mixing; *(de la bière)* brewing ■ **brasserie** NF *(usine)* brewery; *(café)* brasserie

brassière [brasjɛr] NF *(de bébé)* Br vest, Am undershirt

bravade [bravad] NF **par b.** out of bravado

brave [brav] 1 ADJ *(courageux)* brave; *(bon)* good 2 NM *(héros)* brave man ■ **bravement** ADV *(courageusement)* bravely

braver [brave] VT *(personne, lois)* to defy; *(danger, mort)* to brave

bravo [bravo] 1 EXCLAM bravo! 2 NM bravos cheers

bravoure [bravur] NF bravery

break [brek] NM *(voiture)* Br estate car, Am station wagon

brebis [brəbi] NF ewe; **lait/fromage de b.** ewe's milk/ewe's-milk cheese; *Fig* **b. galeuse** black sheep

brèche [brɛʃ] NF gap; *(dans la coque d'un bateau)* hole; **battre qch en b.** to demolish sth

bredouille [brəduj] ADJ empty-handed

bredouiller [brəduje] VTI to mumble

bref, brève [brɛf, brɛv] 1 ADJ brief, short 2 ADV in short; **enfin b....** in short…

Brésil [brezil] NM **le B.** Brazil ■ **brésilien, -ienne** 1 ADJ Brazilian 2 NMF B., Brésilienne Brazilian

Bretagne [brətaɲ] NF **la B.** Brittany ■ **breton, -onne** 1 ADJ Breton 2 NMF B., Bretonne Breton

bretelle [brətɛl] NF strap; **bretelles** *(de pantalon)* Br braces, Am suspenders; **b. (d'accès)** *(route)* access road

breuvage [brœvaʒ] NM potion

brève [brɛv] ⟩ **bref**

brevet [brəvɛ] NM *(certificat)* certificate; *(diplôme)* diploma; *Scol* **b. des collèges** = general exam taken at 15; **b. (d'invention)** patent ■ **breveter** VT to patent

bribes [brib] NFPL **b. de conversation** snatches of conversation

bric-à-brac [brikabrak] NM INV *(vieux objets)* bric-à-brac, odds and ends

bricole [brikɔl] NF *(objet, futilité)* trifle; *Fam* **il va lui arriver des bricoles** he's/she's going to get into a pickle

bricoler [brikɔle] 1 VT *(construire)* to put together; *(réparer)* to tinker with 2 VI to do do-it-yourself or *Br* DIY ■ **bricolage** NM *(travail)* do-it-yourself, *Br* DIY; **faire du b.** to do some DIY ■ **bricoleur, -euse** 1 ADJ **être b.** to be good with one's hands 2 NMF handyman, *f* handywoman

bride [brid] NF *(de cheval)* bridle; **aller à b. abattue** to ride full tilt ■ **brider** VT *(cheval)* to bridle; *(personne, désir)* to curb; **avoir les yeux bridés** to have slanting eyes

bridge [bridʒ] NM *(jeu, prothèse)* bridge

brièvement [brievmɑ̃] ADV briefly ■ **brièveté** NF brevity

brigade [brigad] NF *(de gendarmerie)* squad; *Mil* brigade; **b. anti-gang** organized crime squad; **b. des stupéfiants** *ou Fam* **des stups** drug squad ■ **brigadier** NM *(de police)* police sergeant; *Mil* corporal

brigand [brigɑ̃] NM *(bandit)* brigand; *(personne malhonnête)* crook

briguer [brige] VT *(honneur, poste)* to sollicit

brillant, -ante [brijɑ̃, -ɑ̃t] 1 ADJ *(luisant)* shining; *(couleur)* bright; *(cheveux, cuir)* shiny; *Fig (remarquable)* brilliant 2 NM shine; *(diamant)* diamond; **b. à lèvres** lip gloss ■ **brillamment** [-amɑ̃] ADV brilliantly

briller [brije] VI to shine; **faire b.** *(chaussures)* to polish; **b. de colère** to shine with anger; **b. par son absence** to be conspicuous by one's absence; **b. de mille feux** to sparkle brilliantly

brimer [brime] VT to bully ■ **brimade** NF *(d'élèves)* bullying; *Fig (humiliation)* vexation

brin [brɛ̃] NM *(d'herbe)* blade; *(de persil)* sprig; *(de muguet)* spray; *(de corde, de fil)* strand; *Fig* **un b. de qch** a bit of sth; **faire un b. de toilette** to have a quick wash

brindille [brɛ̃dij] NF twig

bringue¹ [brɛ̃g] NF *Fam* **faire la b.** to party

bringue² [brɛ̃g] NF *Fam* **grande b.** *(fille)* beanpole

brio [brijo] NM brilliance; **avec b.** brilliantly

brioche [brijɔʃ] NF brioche; *Fam (ventre)* paunch ■ **brioché** ADJ **pain b.** = milk bread

brique [brik] NF **(a)** *(de construction)* brick; **mur de briques** brick wall **(b)** *Anciennement Fam* **10 000 francs)** 10,000 francs

briquer [brike] VT *(nettoyer)* to scrub down

briquet [brikɛ] NM *(cigarette)* lighter

bris [bri] NM *(de verre)* breaking; **b. de glaces** broken windows

brise [briz] NF breeze

briser [brize] **1** VT to break; *(opposition, résistance)* to crush; *(espoir, carrière)* to wreck; *(fatiguer)* to exhaust; **la voix brisée par l'émotion** his/her voice choked by emotion; **c'est à vous b. le cœur** it's heartbreaking **2 se briser** VPR to break ■ **brise-glace** NM INV *(navire)* ice breaker ■ **brise-lames** NM INV breakwater

britannique [britanik] **1** ADJ British **2** NMF **B.** Briton; **les Britanniques** the British

broc [bro] NM pitcher, jug

brocante [brɔkɑ̃t] NF *(commerce)* second-hand trade ■ **brocanteur, -euse** NMF secondhand dealer

broche [brɔʃ] NF *(pour rôtir)* spit; *(bijou)* brooch; *(pour fracture)* pin; **faire cuire qch à la b.** to spit-roast sth ■ **brochette** NF *(tige)* skewer; *(plat)* kebab

broché, -ée [brɔʃe] ADJ **livre b.** paperback

brochet [brɔʃe] NM pike

brochure [brɔʃyr] NF brochure, pamphlet

brocolis [brɔkɔli] NMPL broccoli

broder [brɔde] VT to embroider **(de** with) ■ **broderie** NF *(activité)* embroidery; **faire de la b.** to embroider; **des broderies** embroidery

broncher [brɔ̃ʃe] VI **sans b.** without batting an eyelid; **il n'a pas bronché** he didn't bat an eyelid

bronches [brɔ̃ʃ] NFPL bronchial tubes ■ **bronchite** NF bronchitis; **avoir une b.** to have bronchitis

bronze [brɔ̃z] NM bronze

bronzer [brɔ̃ze] VI to tan ■ **bronzage** NM *(sun)* tan

brosse [brɔs] NF brush; **donner un coup de b. à qch** to give sth a brush; **cheveux en b.** crew cut; **b. à dents** toothbrush ■ **brosser 1** VT *(tapis, cheveux)* to brush; **b. un tableau de qch** to give an outline of sth **2 se brosser** VPR **se b. les dents/les cheveux** to brush one's teeth/ one's hair

brouette [bruɛt] NF wheelbarrow

brouhaha [bruaa] NM hubbub

brouillard [brujar] NM fog; **il y a du b.** it's foggy

brouille [bruj] NF disagreement, quarrel

brouiller [bruje] **1** VT *(idées)* to muddle up; *(vue)* to blur; *(émission radio)* to jam; **les yeux brouillés de larmes** eyes blurred with tears; *Fig* **b. les pistes** to cover one's tracks **2 se brouiller** VPR *(idées)* to get muddled up; *(vue)* to get blurred; *(se disputer)* to fall out **(avec** with); **le temps se brouille** it's clouding over ■ **brouillé, -ée** ADJ

(teint) blotchy; **être b. avec qn** to have fallen out with sb

brouillon, -onne [brujɔ̃, -ɔn] **1** ADJ *(mal organisé)* disorganized; *(mal présenté)* untidy **2** NM rough draft; **(papier) b.** *Br* scrap paper, *Am* scratch paper

broussailles [brusaj] NFPL scrub

brousse [brus] NF **la b.** the bush

brouter [brute] VTI to graze

broyer [brwaje] VT to grind; *(doigt, bras)* to crush; *Fig* **b. du noir** to be down in the dumps

bru [bry] NF daughter-in-law

brugnon [bryɲɔ̃] NM nectarine

bruine [brɥin] NF drizzle ■ **bruiner** V IMPERSONNEL to drizzle; **il bruine** it's drizzling

bruissement [brɥismɑ̃] NM *(de feuilles)* rustle, rustling

bruit [brɥi] NM noise, sound; *(nouvelle)* Br rumour, Am rumor, **faire du b.** to make a noise ■ **bruitage** NM Cin sound effects

brûlant, -ante [brylɑ̃, -ɑ̃t] ADJ *(objet, soupe)* burning hot; *(soleil)* scorching; *Fig* *(sujet)* burning

brûlé, -ée [bryle] NM **odeur de b.** burnt smell; **sentir le b.** to smell burnt

brûle-pourpoint [brylpurpwɛ̃] **à brûle-pourpoint** ADV point-blank

brûler [bryle] **1** VT *(sujet: flamme, acide)* to burn; *(électricité, combustible)* to use; *(feu rouge)* to go through; **être brûlé vif** *(être supplicié)* to be burnt at the stake **2** VI to burn; *Fig* **b. d'envie de faire qch** to be dying to do sth; **attention, ça brûle!** careful, it's hot! **3 se brûler** VPR to burn oneself; **se b. la langue** to burn one's tongue ■ **brûlure** NF burn; **brûlures d'estomac** heartburn

brume [brym] NF mist, haze ■ **brumeux, -euse** ADJ misty, hazy; *Fig* *(obscur)* hazy

brun, brune [brœ̃, bryn] **1** ADJ *(cheveux)* dark, brown; *(personne)* dark-haired **2** NM *(couleur)* brown **3** NMF dark-haired man, *f* dark-haired woman ■ **brunette** NF brunette ■ **brunir** VI *(personne, peau)* to tan; *(cheveux)* to darken

brushing® [brœʃiŋ] NM blow-dry; **faire un b. à qn** to blow-dry sb's hair

brusque [brysk] ADJ abrupt ■ **brusquement** [-əmɑ̃] ADV abruptly ■ **brusquer** VT *(décision)* to rush ■ **brusquerie** NF abruptness

brut, -e [bryt] ADJ *(pétrole)* crude; *(diamant)* rough; *(soie)* raw; *(poids, salaire)* gross; *(champagne)* extra-dry; **à l'état b.** in its raw state

brutal, -e, -aux, -ales [brytal, -o] ADJ *(personnes, manières, paroles)* brutal; *(choc)* violent; *(franchise, réponse)* crude, blunt; *(changement)* abrupt; **être b. avec qn** to be rough with sb ■ **brutalement** ADV *(violemment)* brutally; *(avec brusquerie)* roughly; *(soudainement)* abruptly

■ **brutaliser** VT to ill-treat ■ **brutalité** NF *(violence, acte)* brutality; *(soudaineté)* abruptness ■ **brute** NF brute

Bruxelles [brysɛl] NM OU F Brussels

bruyant, -ante [brɥijã, -ãt] ADJ noisy ■ **bruyamment** [-amã] ADV noisily

bruyère [brɥjɛr] NF *(plante)* heather; *(terrain)* heath

BTS [betees] *(abrév* **brevet de technicien supérieur)** NM *Scol* = advanced vocational training certificate

bu, -e [by] PP ➤ **boire**

buanderie [bɥãdri] NF *(lieu)* laundry

bûche [byʃ] NF *(bois)* log; *Fam* **prendre une b.** *Br* to come a cropper, *Am* to take a spill; **b. de Noël** Yule log ■ **bûcher¹** NM *(à bois)* woodshed; *(de supplice)* stake

bûcher² [byʃe] *Fam* **1** VT *(étudier)* to bone up on, *Br* to swot up **2** VI *Br* to swot, *Am* to grind ■ **bûcheur, -euse** NMF *Fam Br* swot, *Am* grind

bûcheron [byʃrɔ] NM woodcutter, *Am* lumberjack

budget [bydʒɛ] NM budget ■ **budgétaire** ADJ budgetary; *(année)* financial; **déficit b.** budget deficit

buée [bɥe] NF *(sur vitre)* condensation; *(sur miroir)* mist

buffet [byfɛ] NM *(meuble bas)* sideboard; *(meuble haut)* dresser; *(repas)* buffet

buffle [byfl] NM buffalo

buis [bɥi] NM *(arbre)* box; *(bois)* boxwood

buisson [bɥisɔ] NM bush

buissonnière [bɥisɔnjɛr] ADJ F **faire l'école b.** to play *Br* truant *or Am* hookey

bulbe [bylb] NM bulb

Bulgarie [bylgari] NF **la B.** Bulgaria ■ **bulgare 1** ADJ Bulgarian **2** NMF **B.** Bulgarian

bulldozer [byldozœr] NM bulldozer

bulle [byl] NF *(d'air, de savon)* bubble; *(de bande dessinée)* balloon; *(décret du pape)* bull; **faire des bulles** to blow bubbles

bulletin [byltɛ] NM *(communiqué, revue)* bulletin; *(météo)* report; **b. d'informations** news bulletin; **b. de paie** ou **de salaire** *Br* pay slip, *Am* pay stub; **b. de santé** medical bulletin; **b. de vote** ballot paper; **b. météo** weather report; **b. scolaire** *Br* school report, *Am* report card

bureau, -x [byro] NM *(table)* desk; *(lieu)* office; *(comité)* committee; **b. de change** bureau de change; **b. de poste** post office; **b. de tabac** *Br* tobacconist's (shop), *Am* tobacco store

bureaucrate [byrokrat] NMF bureaucrat ■ **bureaucratie** [-asi] NF bureaucracy ■ **bureaucratique** ADJ bureaucratic

Bureautique® [byrotik] NF office automation

burette [byrɛt] NF *(pour huile)* oilcan; *(de chimiste)* burette

burin [byrɛ] NM *(de graveur)* burin; *(pour découper)* (cold) chisel

buriné, -ée [byrine] ADJ *(visage)* lined

burlesque [byrlɛsk] ADJ *(idée)* ludicrous; *(genre)* burlesque

bus¹ [bys] NM bus

bus² [by] PT ➤ **boire**

buste [byst] NM *(torse)* chest; *(sculpture)* bust ■ **bustier** NM *(corsage)* bustier

but¹ [by(t)] NM *(objectif)* aim, goal; *(intention)* purpose; *Football* goal; *Fig* **aller droit au b.** to go straight to the point; **dire qch de b. en blanc** to say sth straight out; **c'est le b. de l'opération** that's the point of the operation

but² [by] PT ➤ **boire**

butane [bytan] NM butane

buter [byte] **1** VT (a) **b. qn** to put sb's back up (b) *très Fam (tuer)* to bump off **2** VI **b. contre qch** *(cogner)* to bump into sth; *(trébucher)* to stumble over sth; *Fig (difficulté)* to come up against sth **3 se buter** VPR *(s'entêter)* to dig one's heels in ■ **buté, -ée** ADJ obstinate

butin [bytɛ] NM *(de voleur)* loot; *(de pillards)* spoils; *(d'armée)* booty

butiner [bytine] VI *(abeille)* to gather pollen and nectar

butoir [bytwar] NM *(pour train)* buffer; *(de porte)* stopper, *Br* stop

butte [byt] NF hillock; *Fig* **être en b. à qch** to be exposed to sth

buvard [byvar] ADJ & NM **(papier) b.** blotting paper

buvette [byvɛt] NF refreshment bar

buviez [byvje] ➤ **boire**

C, c [se] NM INV C, c

c' [s] ➤ **ce¹**

ça [sa] (abrév **cela**) PRON DÉMONSTRATIF (pour désigner) that; (plus près) this; (sujet indéfini) it, that; **c'est qui/quoi ça?** who's/what's that?; **où/quand/comment ça?** where?/when?/how?; **ça dépend** it depends; **ça m'amuse** I find it amusing; **ça va?** how are things?; **ça va!** fine!, OK!; **ça alors!** my goodness!; **ça y est, j'ai fini** that's it, I'm finished; **c'est ça** that's right

çà [sa] **çà et là** ADV here and there

cabane [kaban] NF (baraque) hut; (en rondin) cabin; (de jardin) shed; **c. à outils** tool shed; **c. à lapins** rabbit hutch

cabaret [kabarɛ] NM cabaret

cabas [kaba] NM shopping bag

cabillaud [kabijo] NM (fresh) cod

cabine [kabin] NF (de bateau) cabin; (de camion) cab; (d'ascenseur) Br cage, Am car; **c. de bain** (de plage) Br beach hut, Am cabana; (de piscine) cubicle; **c. d'essayage** fitting room; **c. de pilotage** cockpit; (d'un grand avion) flight deck; **c. téléphonique** phone box

cabinet [kabinɛ] NM (de médecin) Br surgery, Am office; (de ministre) departmental staff; **c. de toilette** (small) bathroom; **c. de travail** study; Fam **les cabinets** Br the loo, Am the john; **c. dentaire** dental surgery; **c. juridique** law firm

câble [kɑbl] NM cable; TV **le c.** the cable ■ **câblé** ADJ Fam (à la page) hip ■ **câbler** VT TV (ville, quartier) to install cable television in

caboche [kabɔʃ] NF Fam (tête) nut

cabosser [kabɔse] VT (métal, voiture) to bash up

cabrer [kabre] **se cabrer** VPR (cheval) to rear (up); Fig (personne) to recoil

cabriole [kabrijɔl] NF (saut) caper; **faire des cabrioles** to caper about

cabriolet [kabrijɔlɛ] NM (auto) convertible

caca [kaka] NM Fam (en langage enfantin) Br poo, Am poop; **faire c.** to do a number two or Br a poo

cacah(o)uète [kakawɛt] NF peanut

cacao [kakao] NM (boisson) cocoa

cachalot [kaʃalo] NM sperm whale

cache [kaʃ] NF hiding place; **c. d'armes** arms cache ■ **cache-cache** NM INV **jouer à c.** to play hide and seek ■ **cache-nez** NM INV scarf

cachemire [kaʃmir] NM (laine) cashmere

cacher [kaʃe] **1** VT to hide (**à** from); **je ne vous cache pas que j'ai été surpris** I won't pretend I wasn't surprised; **pour ne rien vous c.** to be completely open with you **2 se cacher** VPR to hide; **sans se c.** openly; **je ne m'en cache pas** I make no secret of it

cachet [kaʃɛ] NM (sceau) seal; (de fabrication) stamp; (comprimé) tablet; (d'acteur) fee; (originalité) distinctive character; **c. de la poste** postmark ■ **cacheter** VT to seal

cachette [kaʃɛt] NF hiding place; **en c.** in secret; **en c. de qn** without sb knowing

cachot [kaʃo] NM dungeon

cachotteries [kaʃɔtri] NFPL **faire des cachotteries** to be secretive

cacophonie [kakɔfɔni] NF cacophony

cactus [kaktys] NM cactus

cadavre [kadɑvr] NM corpse ■ **cadavérique** ADJ (teint) deathly pale

caddie® [kadi] NM Br trolley, Am cart (for shopping)

cadeau, -x [kado] NM present, gift; **faire un c. à qn** to give sb a present; **faire c. de qch à qn** to make sb a present of sth

cadenas [kadnɑ] NM padlock

cadence [kadɑ̃s] NF (taux, vitesse) rate; (de chanson) rhythm

cadet, -ette [kadɛ, -ɛt] **1** ADJ (de deux) younger; (de plus de deux) youngest **2** NMF (de deux) younger (one); (de plus de deux) youngest (one); Sport junior; **c'est le c. de mes soucis!** that's the least of my worries

cadran [kadrɑ̃] NM (de téléphone) dial; (de montre) face; **faire le tour du c.** to sleep round the clock; **c. solaire** sundial

cadre [kɑdr] NM (**a**) (de photo, de vélo) frame; (décor) setting; (d'imprimé) box; **dans le c. de** within the framework of; **c. de vie** environment (**b**) (d'entreprise) executive, manager; **les cadres** the management; Mil the officers

cadrer [kɑdre] **1** VT (photo) to Br centre or Am center **2** VI (correspondre) to tally (**avec** with)

caduc, -uque [kadyk] ADJ *(feuille)* deciduous; *Jur (accord)* lapsed; *(loi)* null and void

cafard, -arde [kafar, -ard] NM *(insecte)* cockroach; *Fam* **avoir le c.** to feel low

café [kafe] NM *(produit, boisson)* coffee; *(bar)* café; **c. au lait, c. crème** *Br* white coffee, *Am* coffee with milk; **c. noir** black coffee; **c. soluble** ou **instantané** instant coffee; **c. tabac** = café-cum-tobacconist's; **c.-théâtre** *Br* ≃ pub theatre ■ **caféine** NF caffeine ■ **cafétéria** NF cafeteria ■ **cafetier** NM café owner ■ **cafetière** NF *(récipient)* coffeepot; *(électrique)* coffee machine; **c. à piston** cafetiere

cage [kaʒ] NF *(d'oiseau, de zoo)* cage; *(d'ascenseur)* shaft; *Football* goal; **c. d'escalier** stairwell; *Anat* **c. thoracique** rib cage

cageot [kaʒo] NM crate

cagneux [kaɲø] ADJ **avoir les genous c.** to have knock-knees

cagnotte [kaɲɔt] NF *(caisse commune)* kitty; *(de jeux)* pool

cagoule [kagul] NF *(de bandit)* hood; *(d'enfant) Br* balaclava, *Am* ski mask

cahier [kaje] NM notebook; *(d'écolier)* exercise book; **c. de brouillon** *Br* rough book, *Am* ≃ scratch pad; *Scol* **c. d'appel** register

cahin-caha [kaɛ̃kaa] ADV *Fam* **aller c.** *(se déplacer)* to struggle along

cahot [kao] NM jolt

caille [kaj] NF *(oiseau)* quail

cailler [kaje] 1 VI *(lait)* to curdle; *Fam* **ça caille** it's freezing 2 **se cailler** VPR *Fam* **on se (les) caille** it's freezing ■ **caillot** [kajo] NM *(de sang)* clot

caillou, -x [kaju] NM stone; *(sur la plage)* pebble; *Fam* **il n'a plus un poil sur le c.** he's as bald as a coot

Caire [kɛr] NM **le C.** Cairo

caisse [kɛs] NF (a) *(boîte)* case; *(d'outils)* box; *(cageot)* crate; *(de véhicule)* body; *Fam (voiture)* car; *Mus* **la grosse c.** the bass drum (b) *(coffre)* cash box; *(de magasin)* cash desk; *(de supermarché)* checkout; *(argent)* cash (in hand); **faire sa c.** to do the till; **c. d'épargne** savings bank; **c. de retraite** pension fund; **c. enregistreuse** cash register

caissier, -ière [kesje, -jɛr] NMF cashier; *(de supermarché)* checkout operator

cajoler [kaʒɔle] VT to cuddle

cajou [kaʒu] NM **noix de c.** cashew nut

cake [kɛk] NM fruit cake

calamité [kalamite] NF *(fléau)* calamity; *(malheur)* great misfortune

calcaire [kalkɛr] 1 ADJ *(eau)* hard; *(terrain)* chalky 2 NM *Géol* limestone; *(dépôt)* fur

calciné, -ée [kalsine] ADJ burnt to a cinder

calcium [kalsjɔm] NM calcium

calcul [kalkyl] NM (a) *(opérations, estimation)* calculation; *Scol* **le c.** arithmetic; **faire un c.** to make a calculation; *Fig* **faire un mauvais c.** to miscalculate; **c. mental** mental arithmetic (b) *Méd* stone; **c. rénal** kidney stone

calculatrice [kalkylatris] NF **c. (de poche)** (pocket) calculator

calculer [kalkyle] VT *(prix, superficie)* to calculate; *(chances, conséquences)* to weigh (up)

calculette [kalkylɛt] NF (pocket) calculator

cale [kal] NF (a) *(de meuble, de porte)* wedge (b) *(de navire)* hold; **c. sèche** dry dock

calé, -ée [kale] ADJ *(problème)* tough; **être c. en qch** to be well up in sth

calèche [kalɛʃ] NF barouche

caleçon [kalsɔ̃] NM boxer shorts; **c. long** long johns

calembour [kalɑ̃bur] NM pun, play on words

calendrier [kalɑ̃drije] NM *(mois et jours)* calendar; *(programme)* timetable

calepin [kalpɛ̃] NM notebook

caler [kale] 1 VT *(meuble, porte)* to wedge; *(chargement)* to secure; *Fam* **ça cale (l'estomac)** it fills you up; *Fam* **je suis calé** I'm stuffed or full 2 VI *(moteur)* to stall; *Fam (abandonner)* to give up 3 **se caler** VPR *(dans un fauteuil)* to settle oneself comfortably

calfeutrer [kalføtre] 1 VT *(brèches)* to block up 2 **se calfeutrer** VPR **se c. chez soi** to shut oneself away

calibre [kalibr] NM *(diamètre)* calibre; *(d'œuf, de fruit)* grade; *(outil)* gauge

Californie [kalifɔrni] NF **la C.** California

califourchon [kalifurʃɔ̃] **à califourchon** ADV astride; **se mettre à c. sur qch** to sit astride sth

câlin, -ine [kalɛ̃, -in] 1 ADJ affectionate 2 NM cuddle; **faire un c. à qn** to give sb a cuddle

calligraphie [kaligrafi] NF calligraphy

calmant [kalmɑ̃] NM *(pour les nerfs)* sedative; *(la douleur)* painkiller

calmar [kalmar] NM squid

calme [kalm] 1 ADJ *(flegmatique)* calm, cool; *(tranquille)* quiet; *(mer)* calm 2 NM calm(ness); **garder/perdre son c.** to keep/lose one's calm; **dans le c.** *(travailler, étudier)* in peace and quiet; **du c.!** *(taisez-vous)* keep quiet!; *(pas de panique)* keep calm!

calmer [kalme] 1 VT *(douleur)* to soothe; *(inquiétude)* to calm; *(fièvre)* to reduce; *(faim)* to appease; **c. qn** to calm sb down 2 **se calmer** VPR *(personne)* to calm down; *(vent)* to die down; *(mer)* to become calm; *(douleur, fièvre)* to subside

calomnie [kalɔmni] NF *(en paroles)* slander; *(par écrit)* libel ■ **calomnier** VT *(en paroles)* to slander; *(par écrit)* to libel ■ **calomnieux, -euse ADJ** *(paroles)* slanderous; *(écrits)* libellous

calorie [kalɔri] **NF** calorie

calotte [kalɔt] **NF** *(chapeau rond)* skullcap; *Fam (gifle)* clout; *Géol* **c. glaciaire** ice cap

calque [kalk] **NM** *(copie)* tracing; *Fig (imitation)* exact copy; **(papier-)c.** tracing paper ■ **calquer VT** *(reproduire)* to trace; *Fig (imiter)* to copy; **il calque sa conduite sur celle de son frère** he models his behaviour on his brother's

calvaire [kalvɛr] **NM** *Rel* calvary; *Fig* ordeal

calvitie [kalvisi] **NF** baldness

camarade [kamarad] **NMF** friend; *Pol* comrade; **c. de classe** classmate; **c. d'école** school friend; **c. de jeu** playmate ■ **camaraderie NF** camaraderie

Cambodge [kɑ̃bɔdʒ] **NM le C.** Cambodia

cambouis [kɑ̃bwi] **NM** dirty oil, grease

cambrer [kɑ̃bre] **1 VT** to arch; **c. les reins** to arch one's back **2 se cambrer VPR** to arch one's back ■ **cambrure NF** *(du pied, du dos)* arch

cambrioler [kɑ̃brijɔle] **VT** *Br* to burgle, *Am* to burglarize ■ **cambriolage NM** burglary ■ **cambrioleur, -euse NMF** burglar

camée [kame] **NM** cameo

caméléon [kameleɔ̃] **NM** chameleon

camelot [kamlo] **NM** street peddler *or Br* hawker, *Am* huckster ■ **camelote NF** *(pacotille)* junk; *(marchandise)* stuff

camembert [kamɑ̃bɛr] **NM** *(fromage)* Camembert (cheese)

camer [kame] **se camer VPR** *très Fam* to do drugs ■ **came NF** *très Fam* dope, drugs

caméra [kamera] **NF** TV *or* film *or* video camera; **c. Internet** webcam ■ **cameraman** *(pl* **-mans** *ou* **-men)** **NM** cameraman

Caméscope® [kameskɔp] **NM** camcorder

camion [kamjɔ̃] **NM** *Br* lorry, *Am* truck; **c. de déménagement** *Br* removal van, *Am* moving van; **c. frigorifique** refrigerated lorry ■ **camion-citerne** *(pl* **camions-citernes)** **NM** *Br* tanker, *Am* tank truck ■ **camionnette NF** van ■ **camionneur NM** *(conducteur)* *Br* lorry driver, *Am* truck driver; *(entrepreneur)* *Br* haulier, *Am* trucker

camisole [kamizɔl] **NF c. de force** straitjacket

camomille [kamɔmij] **NF** *(plante)* camomile; *(tisane)* camomile tea

camoufler [kamufle] **VT** *Mil* to camouflage; *Fig (vérité)* to disguise ■ **camouflage NM** *Mil* camouflage; *Fig (de vérité)* disguising

camp [kɑ̃] **NM** *(campement)* camp; *(de parti, de jeu)* side; **lever le c.** to strike camp; **c. de concentration** concentration camp; **c. de prisonniers** prison camp; **c. de réfugiés** refugee camp

campagne [kɑ̃paɲ] **NF (a)** *(par opposition à la ville)* country; *(paysage)* countryside; **à la c.** in the country; **en pleine c.** deep in the countryside; **en rase c.** in the open country **(b)** *Mil, Com & Pol* campaign; *Pol* **entrer en c.** to go on the campaign trail; **c. de presse/publicité** press/publicity campaign ■ **campagnard, -arde ADJ** country

camper [kɑ̃pe] **1 VI** to camp **2 VT** *(chapeau)* to plant; **c. un personnage** *(sujet: acteur)* to play a part effectively **3 se camper VPR** to plant oneself **(devant** in front of) ■ **campement NM** camp; **établir un c.** to pitch camp ■ **campeur, -euse NMF** camper

camping [kɑ̃piŋ] **NM** *(activité)* camping; *(terrain)* camp(ing) site; **faire du c.** to go camping; **c. sauvage** unauthorized camping ■ **camping-car** *(pl* **camping-cars)** **NM** camper

campus [kɑ̃pys] **NM** campus

Canada [kanada] **NM le C.** Canada ■ **canadien, -ienne 1 ADJ** Canadian **2 NMF C., Canadienne** Canadian

canaille [kanaj] **1 NF** scoundrel **2 ADJ** *(manière, accent)* vulgar

canal, -aux [kanal, -o] **NM** *(cours d'eau)* canal; *(conduite)* conduit; *Anat & Bot* duct; *Tél, Com & Fig* channel; *Fig* **par le c. de la poste** through the post

canaliser [kanalize] **VT** *(rivière, fleuve)* to canalize; *Fig (foule, énergie)* to channel ■ **canalisation NF** *(conduite)* pipe

canapé [kanape] **NM (a)** *(siège)* sofa, couch **(b)** *(pour l'apéritif)* canapé ■ **canapé-lit** *(pl* **canapés-lits)** **NM** sofa bed

canard [kanar] **NM** duck; *(mâle)* drake; *(fausse note)* false note; *Fam (journal)* rag; *Culin* **c. à l'orange** duck à l'orange

canari [kanari] **NM** canary

cancans [kɑ̃kɑ̃] **NMPL** gossip ■ **cancaner VI** to gossip

cancer [kɑ̃ser] **NM** *(maladie)* cancer; **avoir un c.** to have cancer; **c. de l'estomac/du poumon** stomach/lung cancer; **le C.** *(signe)* Cancer; **être C.** to be (a) Cancer ■ **cancéreux, -euse 1 ADJ** cancerous **2 NMF** cancer patient ■ **cancérigène ADJ** carcinogenic ■ **cancérologue NMF** cancer specialist

cancre [kɑ̃kr] **NM** *Fam* dunce

candeur [kɑ̃dœr] **NF** guilelessness ■ **candide ADJ** guileless

Il faut noter que les termes anglais **candour** et **candid** sont des faux amis. Ils signifient respectivement **franchise** et **franc**.

candidat, -ate [kɑ̃dida, -at] **NMF** *(d'examen)* candidate **(à** for); *(de poste)* applicant **(à** for);

être c. aux élections to stand for election ▪ **candidature** NF *(à un poste)* application *(à* for); *(aux élections)* candidature *(à* for); **poser sa c.** to apply *(à* for); **c. spontanée** unsolicited *or* speculative application

cane [kan] NF (female) duck ▪ **caneton** NM duckling

canette [kanɛt] NF *(bouteille)* bottle; *(boîte)* can; *(bobine)* spool

canevas [kanva] NM *(toile)* canvas; *(de film, de roman)* outline

caniche [kaniʃ] NM poodle

canicule [kanikyl] NF heatwave

canif [kanif] NM penknife

canine [kanin] 1 ADJ F *(espèce, race)* canine; **exposition c.** dog show 2 NF *(dent)* canine (tooth)

caniveau, -x [kanivo] NM gutter

cannabis [kanabis] NM cannabis

canne [kan] NF *(tige)* cane; *(pour marcher)* (walking) stick; **c. à pêche** fishing rod; **c. à sucre** sugar cane; **c. blanche** white stick

cannelle [kanɛl] NF cinnamon

cannette [kanɛt] NF ➤ **canette**

cannibale [kanibal] 1 NMF cannibal 2 ADJ *(tribu)* cannibalistic ▪ **cannibalisme** NM cannibalism

canoë-kayak [kanɔekajak] NM canoeing

canon¹ [kanɔ̃] NM gun; *(ancien, à boulets)* cannon; *(de fusil)* barrel

canon² [kanɔ̃] 1 NM Rel & Fig *(règle)* canon; *Fam (personne)* stunner 2 ADJ INV *Fam (beau)* gorgeous ▪ **canoniser** VT *Rel* to canonize

canot [kano] NM boat; **c. de sauvetage** lifeboat; **c. pneumatique** rubber dinghy

cantate [kɑ̃tat] NF *Mus* cantata

cantatrice [kɑ̃tatris] NF opera singer

cantine [kɑ̃tin] NF **(a)** *(réfectoire)* canteen; *(d'école)* dining hall; **manger à la c.** to have *Br* school dinners *or Am* school lunch **(b)** *(coffre)* trunk

canton [kɑ̃tɔ̃] NM *(en France)* canton *(division of a department)*; *(en Suisse)* canton *(semi-autonomous region)*

cantonade [kɑ̃tɔnad] **à la cantonade** ADV to everyone present

cantonner [kɑ̃tɔne] 1 VT *(troupes)* to quarter; **c. qn dans/à** to confine sb to 2 **se cantonner** VPR **se c. dans/à** to confine oneself to

canular [kanylar] NM *Fam* hoax

canyon [kajɔ̃] NM canyon

CAO [seao] *(abrév* **conception assistée par ordinateur)** NF *Ordinat* CAD

caoutchouc [kautʃu] NM rubber; *(élastique)* rubber band; *(plante)* rubber plant; **c. Mousse®** foam rubber

CAP [seape] *(abrév* **certificat d'aptitude professionnelle)** NM *Scol* = vocational training certificate **cap** [kap] NM *Géog* cape, headland; *Naut (direction)* course; **mettre le c. sur...** to set course for...; **changer de c.** to change course; **franchir** *ou* **doubler un c.** to round a cape; **franchir le c. de la trentaine** to turn thirty; **franchir le c. des mille employés** to pass the thousand-employee mark

capable [kapabl] ADJ capable, able; **c. de qch** capable of sth; **c. de faire qch** able to do sth, capable of doing sth; **elle est bien c. de les oublier!** she's quite capable of forgetting them! ▪ **capacité** NF capacity; *(aptitude)* ability; **c. d'accueil** *(d'hôtel)* accommodation capacity; **c. de concentration** attention span

cape [kap] NF cape; *(grande)* cloak; **roman de c. et d'épée** swashbuckling novel

CAPES [kapɛs] *(abrév* **certificat d'aptitude professionnelle à l'enseignement secondaire)** NM *Univ* = postgraduate teaching certificate

capillaire [kapilɛr] ADJ **huile/lotion c.** hair oil/lotion

capitaine [kapitɛn] NM captain

capital, -e, -aux, -ales [kapital, -o] 1 ADJ *(essentiel)* major 2 ADJ F **lettre capitale** capital letter 3 NM *Fin* capital ▪ **capitale** NF *(lettre, ville)* capital

capitalisme [kapitalism] NM capitalism ▪ **capitaliste** ADJ & NMF capitalist

capiteux, -euse [kapitø, -øz] ADJ *(vin, parfum)* heady

capitonné, -ée [kapitone] ADJ padded

capituler [kapityle] VI to surrender ▪ **capitulation** NF surrender

caporal, -aux [kapɔral, -o] NM *Mil* corporal

capot [kapo] NM *Aut Br* bonnet, *Am* hood

capote [kapɔt] NF *Aut (de décapotable) Br* hood, *Am* top; *(manteau de soldat)* greatcoat; *Fam (préservatif)* condom, *Am* rubber

capoter [kapɔte] VI *(véhicule)* to overturn; *Fam (échouer)* to fall through

cappuccino [kaputʃino] NM cappuccino

câpre [kɑpr] NF caper

caprice [kapris] NM whim; **faire un c.** to throw a tantrum ▪ **capricieux, -euse** ADJ *(personne)* capricious; *(moteur)* temperamental

Capricorne [kaprikɔrn] NM **le C.** *(signe)* Capricorn; **être C.** to be (a) Capricorn

capsule [kapsyl] NF *(spatiale, de médicament)* capsule; *(de bouteille)* cap

capter [kapte] VT *(signal, radio)* to pick up; *(attention)* to capture; *(eaux)* to harness; *Fam (comprendre)* to get

captif, -ive [kaptif, -iv] ADJ & NMF captive ■ **captivité** NF captivity; **en c.** in captivity

captiver [kaptive] VT to captivate ■ **captivant, -ante** ADJ captivating

capture [kaptyr] NF capture ■ **capturer** VT to capture

capuche [kapyʃ] NF hood ■ **capuchon** NM *(de manteau)* hood; *(de moine)* cowl; *(de stylo, de tube)* cap, top

caqueter [kakte] VI *(poule)* to cackle

car¹ [kar] CONJ because, for

car² [kar] NM bus, *Br* coach; **c. de police** police van; **c. de ramassage scolaire** school bus

Il faut noter que le nom anglais **car** est un faux ami. Il signifie **voiture**.

carabine [karabin] NF rifle; **c. à air comprimé** *Br* airgun, *Am* BB gun

caractère¹ [karakter] NM *(lettre)* character; **en petits caractères** in small print; **en caractères gras** in bold characters; **caractères d'imprimerie** block letters

caractère² [karakter] NM *(tempérament, nature)* character, nature; *(attribut)* characteristic; **avoir bon c.** to be good-natured; **avoir mauvais c.** to be bad-tempered

caractériel, -ielle [karakterjel] 1 ADJ *(troubles)* emotional; **enfant c.** problem child 2 NMF emotionally disturbed person

caractériser [karakterize] 1 VT to characterize 2 se caractériser VPR se c. par to be characterized by

caractéristique [karakteristik] ADJ & NF characteristic

carafe [karaf] NF *(pour l'eau, le vin)* carafe; *(pour le whisky)* decanter

carambolage [karɑ̃bɔlaʒ] NM pile-up

caramel [karamel] NM caramel; **des caramels** *(mous)* fudge; *(durs)* *Br* toffee, *Am* taffy ■ **caraméliser** VTI to caramelize

carapace [karapas] NF *(de tortue)* & *Fig* shell

carat [kara] NM *Br* carat, *Am* karat; **or à 18 carats** *Br* 18-carat or *Am* 18-karat gold

caravane [karavan] NF *(pour camper)* *Br* caravan, *Am* trailer; *(dans le désert)* caravan ■ **caravaning, caravanage** NM caravanning; **faire du c.** to go caravanning

carbone [karbɔn] NM carbon; **(papier) c.** carbon (paper) ■ **carbonique** ADJ **gaz c.** carbon dioxide; **neige c.** dry ice

carbonisé, -ée [karbɔnize] ADJ *(nourriture)* burnt to a cinder; **mourir carbonisé** to burn to death

carburant [karbyrɑ̃] NM fuel ■ **carburateur** NM *Aut* *Br* carburettor, *Am* carburetor

carburer [karbyre] VI **mal c.** to be badly tuned; *Fam* **il carbure au café** coffee keeps him going

carcasse [karkas] NF *(os)* carcass; *(d'immeuble)* shell; *Fam (de personne)* body

carcéral, -e, -aux, -ales [karseral, -o] ADJ prison

cardiaque [kardjak] 1 ADJ *(arrêt, massage)* cardiac; **être c.** to have a heart condition 2 NMF heart patient

cardigan [kardigɑ̃] NM cardigan

cardinal, -e, -aux, -ales [kardinal, -o] 1 ADJ *(nombre, point, vertu)* cardinal 2 NM *Rel* cardinal

cardiologie [kardjɔlɔʒi] NF cardiology ■ **cardiologue** NMF cardiologist; **chirurgien c.** heart surgeon

carême [karem] NM *Rel* **le c.** Lent

carence [karɑ̃s] NF *(manque)* deficiency; **c. alimentaire** nutritional deficiency

caresse [kares] NF caress; **faire des caresses à** *(personne)* to caress; *(animal)* to stroke

caresser [karese] VT *(personne)* to caress; *(animal)* to stroke; *Fig (espoir)* to cherish

cargaison [kargezɔ̃] NF cargo ■ **cargo** NM *Naut* freighter

Il faut noter que le nom anglais **cargo** est un faux ami. Il signifie **cargaison**.

caricature [karikatyr] NF caricature ■ **caricatural, -e, -aux, -ales** ADJ caricatured

carie [kari] NF **c. (dentaire)** tooth decay; **avoir une c.** to have a cavity ■ **cariée** ADJ F **dent c.** decayed tooth

carillon [karijɔ̃] NM *(sonnerie)* chimes; *(horloge)* chiming clock; *(de porte)* door chime

caritatif, -ive [karitatif, -iv] ADJ charitable

carlingue [karlɛ̃g] NF *(d'avion)* cabin

carnage [karnaʒ] NM carnage

carnassier, -ière [karnasje, -jer] 1 ADJ flesh-eating 2 NM carnivore

carnaval, -als [karnaval] NM carnival

carnet [karne] NM notebook; *(de timbres, chèques, adresses)* book; *(de tickets de métro)* = book of ten tickets; **c. d'adresses** address book; **c. de notes** *Br* school report, *Am* report card; **c. de route** logbook; **c. de santé** health record

carnivore [karnivɔr] 1 ADJ carnivorous 2 NM carnivore

carotte [karɔt] 1 NF carrot; *Fam* **les carottes sont cuites** we've/he's/*etc* had it 2 ADJ INV **roux c.** *(cheveux)* carroty

carpe [karp] NF carp

carpette [karpet] NF rug; *Fam Péj* **c'est une vraie c.** he's a doormat

Il faut noter que le nom anglais **carpet** est un faux ami. Il signifie **moquette**.

carré, -ée [kare] **1** ADJ square; *(épaules)* square, broad; **mètre c.** square metre **2** NM *Géom & Math* square; **avoir une coupe au c.** to have one's hair in a bob; *Culin* **c. d'agneau** rack of lamb; *Cartes* **c. de valets** four jacks

carreau, -x [karo] NM *(motif)* square; *(sur tissu)* check; *(de céramique)* tile; *(vitre)* (window) pane; *Cartes (couleur)* diamonds; **tissu à carreaux** check(ed) material; *Fam* **se tenir à c.** to keep a low profile; *Fam* **rester sur le c.** to be killed; *(être blessé)* to be badly injured; *(être éliminé)* to be given the boot

carrefour [karfur] NM crossroads *(sing)*; **c. giratoire** *Br* roundabout, *Am* traffic circle

carreler [karle] VT to tile ■ **carrelage** NM *(sol)* tiled floor; *(carreaux)* tiles

carrelet [karlɛ] NM *Br* plaice, *Am* flounder

carrément [karemɑ̃] ADV *Fam (franchement)* straight out; *(très)* really

carrière [karjɛr] NF **(a)** *(lieu)* quarry **(b)** *(métier)* career; **faire c. dans** to make a career in

carriole [karjɔl] NF light cart

carrosse [karos] NM *Hist* (horse-drawn) carriage ■ **carrosserie** NF *(de véhicule)* bodywork

carrure [karyr] NF *(de personne)* build; *(de vêtement)* width across the shoulders

cartable [kartabl] NM school bag, satchel

carte [kart] NF **(a)** *(carton, document officiel, informatisé & Ordinat)* card; *(géographique)* map; *(marine, météo)* chart; *Fig* **avoir c. blanche** to have a free hand; **c. (à jouer)** (playing) card; **jouer aux cartes** to play cards; **c. à gratter** *(de loterie)* scratchcard; **c. à puce** smart card; **c. de crédit** credit card; **c. de fidélité** loyalty card; **c. d'identité** identity card; *Tél* **c. de recharge** *(pour téléphone portable)* *Br* top-up card, *Am* refill card; **c. de séjour** residence permit; *Tél* **c. SIM** SIM card; *Tél* **c. de téléphone** phonecard; **c. de visite** *Br* business card, *Am* calling card; *(professionnelle)* business card; **c. de vœux** greetings card; *Aut* **c. grise** ≃ vehicle registration document; **C. Orange** = combined monthly season ticket for the métro, bus and RER; **c. postale** postcard; *Tél* **c. prépayée** *(pour téléphone portable)* *Br* top-up card, *Am* refill card; **c. routière** road map **(b)** *(de restaurant)* menu; **manger à la c.** to eat à la carte; **c. des vins** wine list

cartel [kartɛl] NM *Écon* cartel

cartilage [kartilaʒ] NM cartilage

carton [kartɔ̃] NM *(matière)* cardboard; *(boîte)* cardboard box; **faire un c.** *(au tir)* to have a shot; *Fam (à un examen)* to pass with flying colours;

c. à dessin portfolio; *Football* **c. jaune/rouge** yellow/red card

cartouche [kartuʃ] NF cartridge; *(de cigarettes)* carton

cas [kɑ] NM case; **en tout c.** in any case; **en aucun c.** on no account; **en c. de besoin** if need be; **en c. d'accident** in the event of an accident; **en c. d'urgence** in an emergency; **au c. où elle tomberait** if she should fall

casanier, -ière [kazanje, -jɛr] ADJ homeloving; *Péj* stay-at-home

cascade [kaskad] NF **(a)** *(d'eau)* waterfall; **en c.** in succession **(b)** *(de cinéma)* stunt ■ **cascadeur, -euse** NMF stunt man, f stunt woman

case [kɑz] NF **(a)** *(de tiroir)* compartment; *(d'échiquier)* square; *(de formulaire)* box; *Fam* **il a une c. de vide** he's got a screw loose **(b)** *(hutte)* hut

caser [kaze] **1** VT *(placer)* to fit in; *Fam* **c. qn** *(établir)* to fix sb up with a job; *(marier)* to marry sb off **2 se caser** VPR *(se marier)* to get married and settle down

caserne [kazɛrn] NF barracks; **c. de pompiers** fire station

casier [kazje] NM compartment; *(pour le courrier)* pigeonhole; *(pour les vêtements etc)* locker; **c. à bouteilles** bottle/record rack; *Jur* **c. judiciaire** criminal *or* police record

casino [kazino] NM casino

casque [kask] NM helmet; *(de coiffeur)* hairdryer; **c. (à écouteurs)** headphones; **les Casques bleus** the Blue Berets

casquer [kaske] VI *Fam* to fork out

casquette [kaskɛt] NF cap

cassation [kɑsɑsjɔ̃] NF *Jur* annulment

casse¹ [kɑs] NF **(a)** *(objets cassés)* breakages; **aller à la c.** to go for scrap; *Fam* **il va y avoir de la c.** something will get broken **(b)** *(d'imprimerie)* case; **haut/bas de c.** upper/lower case

casse² [kɑs] NM *très Fam (cambriolage)* break-in

casser [kɑse] **1** VT **(a)** *(briser)* to break; *(noix)* to crack; *(voix)* to strain; *Fam* **c. les pieds à qn** *(agacer)* to get on sb's nerves; *Fam* **c. les oreilles à qn** to deafen sb; *Fam* **c. la figure à qn** to smash sb's face in; *Fam* **c. sa pipe** to kick the bucket **(b)** *Jur (verdict)* to quash; *(mariage)* to annul **2** VI to break **3 se casser** VPR to break; *Fam (partir)* to clear off; **se c. la jambe** to break one's leg; *Fam* **se c. la figure** *(tomber)* to fall flat on one's face; *Fam* **se c. la tête** to rack one's brains ■ **cassant, -ante** ADJ *(fragile)* brittle; *(brusque)* curt, abrupt ■ **casse-cou** NMF INV *(personne)* daredevil ■ **casse-croûte** NM INV *Fam* snack ■ **casse-noisettes, casse-noix** NM INV nutcrackers ■ **casse-pieds** NMF INV *Fam (personne)* pain in the neck ■ **casse-tête** NM INV (*problème*) headache; (*jeu*) puzzle ■ **casseur** NM (*manifestant*) rioter

casserole [kasʁɔl] NF (sauce)pan

> Il faut noter que le nom anglais **casserole** est un faux ami. Il signifie **ragoût** ou **cocotte** selon le contexte.

cassette [kasɛt] NF (*magnétique*) cassette, tape; **enregistrer qch sur c.** to tape sth; **c. vidéo** video (cassette)

cassis [kasis] NM (*fruit*) blackcurrant; (*boisson*) blackcurrant liqueur

cassoulet [kasulɛ] NM *Culin* cassoulet, = stew of beans, pork and goose

cassure [kɑsyʁ] NF break; *Géol* fault

castagnettes [kastaɲɛt] NFPL castanets

caste [kast] NF caste

castor [kastɔʁ] NM beaver

castrer [kastʁe] VT to castrate; (*chat, chien*) to neuter

cataclysme [kataklism] NM cataclysm

catacombes [katakɔ̃b] NFPL catacombs

catalogue [katalɔg] NM *Br* catalogue, *Am* catalog ■ **cataloguer** VT *Br* to catalogue, *Am* catalog; *Fig & Péj* to label

catalyseur [katalizœʁ] NM *Chim & Fig* catalyst

catalytique [katalitik] ADJ *Aut* **pot c.** catalytic converter

catapulte [katapylt] NF catapult

cataracte [kataʁakt] NF (*maladie, cascade*) cataract

catastrophe [katastʁɔf] NF disaster, catastrophe; **en c.** (*à toute vitesse*) in a panic ■ **catastrophé, -ée** *Fam* stunned ■ **catastrophique** ADJ disastrous, catastrophic

catch [katʃ] NM wrestling ■ **catcheur, -euse** NMF wrestler

catéchisme [kateʃism] NM *Rel* catechism

catégorie [kategɔʁi] NF category; (*d'hôtel*) grade

catégorique [kategɔʁik] ADJ categorical; **c'est lui, je suis c.** I'm positive it's him ■ **catégoriquement** ADV categorically

cathédrale [katedʁal] NF cathedral

catholique [katɔlik] ADJ & NMF (Roman) Catholic; *Fam* **pas (très) c.** shady, *Br* dodgy ■ **catholicisme** NM Catholicism

catimini [katimini] **en catimini** ADV on the sly

cauchemar [koʃmaʁ] NM *aussi Fig* nightmare; **faire un c.** to have a nightmare

cause [koz] NF (*origine*) cause; (*procès, parti*) case; **à c. de qn/qch** because of sb/sth; **pour c. de décès** due to bereavement; **être en c.** (*sujet à caution*) to be in question; **mettre qn en c.** (*impliquer*) to implicate sb; **mettre qn hors de c.** to clear sb; **en tout état de c.** in any case

causer¹ [koze] VT (*provoquer*) to cause

causer² [koze] VI (*bavarder*) to chat (**de** about); (*cancaner*) to talk; *Ironique* **cause toujours(, tu m'intéresses!)** riveting! ■ **causant, -ante** ADJ *Fam* chatty ■ **causerie** NF talk ■ **causette** NF *Fam* **faire la c.** to have a little chat

caustique [kostik] ADJ (*substance, esprit*) caustic

caution [kosjɔ̃] NF (*d'appartement*) deposit; *Jur* bail; (*personne*) guarantor; *Fig* (*appui*) backing; *Jur* **sous c.** on bail; **sujet à c.** unconfirmed ■ **cautionner** VT *Fig* (*approuver*) to back

> Il faut noter que le nom anglais **caution** est un faux ami. Il signifie **prudence**.

cavale [kaval] NF *Fam* **en c.** on the run ■ **cavaler** VI *Fam* (*se démener*) to rush around; **c. après qn** to chase after sb

cavalerie [kavalʁi] NF *Mil* cavalry

cavalier, -ière [kavalje, -jɛʁ] **1** NMF (*à cheval*) rider; *Échecs* knight; (*de bal*) partner, escort; *Fig* **faire c. seul** to go it alone **2** ADJ (*manière, personne*) cavalier

cave¹ [kav] NF cellar ■ **caveau, -x** NM (*sépulture*) burial vault

cave² [kav] ADJ (*yeux*) sunken, hollow

> Il faut noter que le nom anglais **cave** est un faux ami. Il signifie **grotte**.

caverne [kavɛʁn] NF cave, cavern; **homme des cavernes** caveman

caviar [kavjaʁ] NM caviar

cavité [kavite] NF hollow, cavity

CCP [sesepe] (*abrév* **compte chèque postal**) NM *Br* ≃ PO Giro account, *Am* ≃ Post Office checking account

CD [sede] (*abrév* **disque compact**) NM INV CD ■ **CD-Rom** NM INV *Ordinat* CD-ROM

CDI [sedei] (*abrév* **centre de documentation et d'information**) NM INV school library (with special resources on how to find information)

CE [seə] **1** (*abrév* **cours élémentaire**) NM *Scol* **CE1** = second year of primary school; **CE2** = third year of primary school **2** (*abrév* **Communauté européenne**) NF *Anciennement* EC

ce¹ [sə]

> ce becomes c' before a vowel.

PRON DÉMONSTRATIF (**a**) (*pour désigner, pour qualifier*) it, that; **c'est facile** it's easy; **c'est exact** that's right; **c'est mon père** that's my father; (*au téléphone*) it's my father; **c'est un médecin** he's a doctor; **ce sont eux qui...** they are the people who...; **qui est-ce?** (*en général*) who is it?; (*en* *désignant)* who is that?; **ce faisant** in so doing; **sur ce** thereupon (**b**) *(après une proposition)* **ce que..., ce qui...** what...; **je sais ce qui est bon/ce que tu veux** I know what is good/what you want; **elle est malade, ce qui est triste/ ce que je ne savais pas** she's ill, which is sad/ which I didn't know; **ce que c'est beau!** it's so beautiful!

ce², cette, ces [sə, sɛt, se]

cet is used before a masculine singular adjective beginning with a vowel or mute h.

ADJ DÉMONSTRATIF this, that, *pl* these, those; **cet homme** this/that man; **cet homme-ci** this man; **cet homme-là** that man

ceci [səsi] PRON DÉMONSTRATIF this; **c. étant dit** having said this

cécité [sesite] NF blindness

céder [sede] **1** VT *(donner)* to give up (**à** to); *(par testament)* to leave (**à** to); **c. sa place à qn** to give up one's seat to sb; **c. du terrain** to give ground; **'cédez le passage'** *(sur panneau)* Br 'give way', Am 'yield'; **'à céder'** 'for sale' **2** VI *(personne)* to give in (**à/devant** to); *(branche, chaise)* to give way

cédérom [sederɔm] NM *Ordinat* CD-ROM

cédille [sedij] NF cedilla

cèdre [sɛdr] NM *(arbre, bois)* cedar

CEE [seøø] *(abrév* **Communauté économique européenne)** NF *Anciennement* EEC

CEI [seøi] *(abrév* **Communauté d'États Indépendants)** NF CIS

ceinture [sɛ̃tyr] NF *(accessoire)* belt; *(taille)* waist; **la petite C.** = circular bus route around the centre of Paris; **c. de sécurité** *(de véhicule)* seatbelt

cela [s(ə)la] PRON DÉMONSTRATIF *(pour désigner)* that; *(sujet indéfini)* it, that; **c. m'attriste que...** it saddens me that...; **quand/comment c.?** when?/ how?; **c'est c.** that is so

célèbre [selɛbr] ADJ famous ■ **célébrité** NF fame; *(personne)* celebrity

célébrer [selebre] VT to celebrate ■ **célébration** NF celebration (**de** of)

céleri [sɛlri] NM celery

céleste [selɛst] ADJ celestial, heavenly

célibat [seliba] NM *(de prêtre)* celibacy ■ **célibataire 1** ADJ *(non marié)* single, unmarried **2** NMF bachelor, *f* single woman

Il faut noter que l'adjectif anglais **celibate** est un faux ami. Il signifie **chaste**.

celle ➤ celui

cellier [selje] NM storeroom

Cellophane® [selɔfan] NF cellophane®; **sous c.** cellophane-wrapped

cellule [selyl] NF *(de prison)* & Biol cell; **c. souche**

stem cell ■ **cellulaire** ADJ Biol cell; **téléphone c.** cellular phone

cellulite [selylit] NF cellulite

cellulose [selyloz] NF cellulose

celui, celle, ceux, celles [səlɥi, sɛl, sø, sɛl] PRON DÉMONSTRATIF the one, *pl* those, the ones; **c. de Jean** Jean's (one); **ceux de Jean** Jean's (ones), those of Jean; **c. qui appartient à Jean** the one that belongs to Jean; **c.-ci** this one; *(le dernier)* the latter; **c. -là** that one; *(le premier)* the former; **elle alla voir son amie, mais celle-ci était absente** she went to see her friend but she was out

cendre [sɑ̃dr] NF ash

cendrier [sɑ̃drije] NM ashtray

Cendrillon [sɑ̃drijɔ̃] NF Cinderella

censé, -ée [sɑ̃se] ADJ **être c. faire qch** to be supposed to do sth

censeur [sɑ̃sœr] NM *(de films, de journaux)* censor; *(de lycée)* Br deputy head, Am assistant principal ■ **censure** NF *(activité)* censorship; *(comité)* board of censors ■ **censurer** VT *(film)* to censor

Il faut noter que le verbe anglais **to censure** est un faux ami. Il signifie **critiquer**.

cent [sɑ̃] ADJ & NM a hundred; *(pièce)* cent; **c. pages** a or one hundred pages; **deux cents pages** two hundred pages; **deux c. trois pages** two hundred and three pages; **cinq pour c.** five per cent ■ **centaine** NF **une c. (de)** about a hundred; **des centaines de** hundreds of; **plusieurs centaines de gens** several hundred people ■ **centenaire 1** ADJ hundred-year-old; **être c.** to be a hundred **2** NMF centenarian **3** NM *(anniversaire)* centenary ■ **centième** ADJ & NMF hundredth

centigrade [sɑ̃tigrad] ADJ centigrade

centime [sɑ̃tim] NM centime; *(d'euro)* cent

centimètre [sɑ̃timɛtr] NM Br centimetre, Am centimeter; *(ruban)* tape measure

central, -e, -aux, -ales [sɑ̃tral, -o] **1** ADJ central **2** NM **c. téléphonique** telephone exchange ■ **centrale** NF **c. électrique** Br power station, Am power plant; **c. nucléaire** nuclear Br power station or Am power plant; **c. d'achat** purchasing group ■ **centraliser** VT to centralize

centre [sɑ̃tr] NM Br centre, Am center; Football *(passe)* cross; **c. de loisirs** leisure centre; **c. de vacances** holiday centre; **c. aéré** outdoor activity centre; **c. commercial** shopping centre; **c. hospitalo-universitaire** ≃ teaching hospital ■ **centre-ville** *(pl* **centres-villes)** NM Br town centre, Am downtown; *(de grande ville)* Br city centre, Am downtown ■ **centrer** VT to Br centre or Am center

centrifuge [sɑ̃trifyʒ] ADJ centrifugal

centuple [sãtypl] NM **x est le c. de y** x is a hundred times y; **au c.** a hundredfold

cep [sɛp] NM vine-stock

cependant [səpãdã] CONJ however, yet

céramique [seramik] NF *(matière)* ceramic; *(art)* ceramics *(sing)*; **de ou en c.** ceramic

cerceau, -x [sɛrso] NM hoop

cercle [sɛrkl] NM *(forme, groupe)* circle; **le c. polaire arctique** the Arctic Circle; **c. vicieux** vicious circle

cercueil [sɛrkœj] NM coffin

céréale [sereal] NF cereal

cérébral, -e, -aux, -ales [serebral, -o] ADJ cerebral

cérémonie [seremɔni] NF ceremony; **tenue de c.** ceremonial dress; **sans c.** *(inviter, manger)* informally; *Fam* **faire des cérémonies** to stand on ceremony

cerf [sɛr] NM stag ■ **cerf-volant** *(pl* **cerfs volants)** NM *(jeu)* kite

cerise [səriz] NF cherry ■ **cerisier** NM cherry tree

cerne [sɛrn] NM ring ■ **cerner** VT to surround; *(problème)* to define; **avoir les yeux cernés** to have rings under one's eyes

certain, -aine [sɛrtɛ̃, -ɛn] **1** ADJ *(sûr)* certain; **il est c. que tu réussiras** you're certain to succeed; **je suis c. de réussir** I'm certain I'll be successful *or* of being successful; **être c. de qch** to be certain of sth **2** ADJ INDÉFINI *(avant nom)* certain; **un c. temps** a while; **il a un c. charme** he has a certain charm **3** PRON INDÉFINI **certains pensent que...** some people think that...; **certains d'entre nous** some of us ■ **certainement** ADV most probably

Il faut noter que l'adverbe anglais **certainly** est un faux ami. Il signifie **sans aucun doute**.

certes [sɛrt] ADV of course, certainly; **c., tout espoir n'est pas perdu...** we/I/*etc* haven't given up hope, of course, but...

certificat [sɛrtifika] NM certificate

certifier [sɛrtifje] VT to certify; **je vous certifie que...** I assure you that...

certitude [sɛrtityd] NF certainty; **avoir la c. que...** to be certain that...

cerveau, -x [sɛrvo] NM *(organe)* brain; *(intelligence)* mind, brain(s); *Fam (de projet)* mastermind

cervelle [sɛrvɛl] NF *(substance)* brain; *(plat)* brains; **se faire sauter la c.** to blow one's brains out

CES [seəɛs] (*abrév* **collège d'enseignement secondaire**) NM *Anciennement* = secondary school for pupils aged 12 to 15

ces ➤ **ce²**

César [sezar] NM *Cin* = French cinema award

césarienne [sezarjɛn] NF *Br* Caesarean *or Am* Cesarian (section)

cesser [sese] VTI to stop; **faire c. qch** to put a stop to sth; **c. de faire qch** to stop doing sth ■ **cesse** NF **sans c.** constantly, non-stop ■ **cessez-le-feu** NM INV cease-fire

c'est-à-dire [setadir] CONJ that is (to say)

cet, cette ➤ **ce²**

ceux ➤ **celui**

chacal, -als [ʃakal] NM jackal

chacun, -e [ʃakœ̃, -yn] PRON INDÉFINI each (one), every one; *(tous le monde)* everyone; **(à) c. son tour!** wait your turn!

chagrin [ʃagrɛ̃] **1** NM grief, sorrow; **avoir du c.** to be upset; **faire du c. à qn** to distress sb **2** ADJ *Littéraire* woeful ■ **chagriner** VT *(peiner)* to grieve; *(contrarier)* to bother

chahut [ʃay] NM *Fam* racket ■ **chahuter** *Fam* **1** VI to make a racket **2** VT *(professeur)* to bait; **se faire c.** *(professeur)* to get baited

chaîne [ʃɛn] NF *(attache, décoration, série)* chain; *(de montagnes)* chain, range; *(d'étoffe)* warp; **réaction en c.** chain reaction; **travailler à la c.** to work on the assembly line; **faire la c.** to form a chain; *Aut* **chaînes** (snow) chains; **c. de montage** assembly line; **c. de télévision** television channel; **c. de vélo** bicycle chain; **c. (hi-fi)** hi-fi (system) ■ **chaînette** NF (small) chain ■ **chaînon** NM link

chair [ʃɛr] NF flesh; **(couleur) c.** *Br* fleshcoloured, *Am* fleshcolored; **en c. et en os** in the flesh; **bien en c.** plump; **avoir la c. de poule** to have *Br* goose pimples *or Am* goose bumps; **c. à saucisses** sausagemeat

chaire [ʃɛr] NF *(d'université)* chair; *(d'église)* pulpit

chaise [ʃɛz] NF chair; **c. longue** deckchair; **c. d'enfant, c. haute** high chair; **c. roulante** wheelchair

châle [ʃal] NM shawl

chalet [ʃalɛ] NM chalet

chaleur [ʃalœr] NF heat; *(de personne, de couleur, de voix)* warmth; **coup de c.** heatstroke; **les grandes chaleurs** the hot season; **c. humaine** human warmth ■ **chaleureux, -euse** ADJ warm ■ **chaleureusement** ADV warmly

challenge [ʃalãʒ] NM *Sport* tournament; *(défi)* challenge

chaloupe [ʃalup] NF launch

chalumeau, -x [ʃalymo] NM blowtorch

chalutier [ʃalytje] NM trawler

chamailler [ʃamaje] **se chamailler** VPR to squabble

chambre [ʃãbr] NF bedroom; *(de tribunal)* division; **c. (d'hôtel)** (hotel) room; **auriez-vous une c. libre?** do you have any vacancies?; **c. à**

coucher (pièce) bedroom; (mobilier) bedroom suite; **c. d'ami** spare room; **c. d'hôte** ≃ guest house, bed and breakfast; Jur **c. d'accusation** Court of Criminal Appeal; **C. de commerce** Chamber of Commerce; **c. à air** inner tube; **c. forte** strongroom; **c. froide** cold store; **c. noire** darkroom ■ **chambrer** VT (vin) to bring to room temperature; Fam **c. qn** to pull sb's leg

chameau, -x [ʃamo] NM camel

chamois [ʃamwa] NM (animal) chamois; **peau de c.** chamois (leather)

champ [ʃɑ̃] NM (étendue) & Él, Ordinat field; Fig (portée) scope; **c. de blé** field of wheat, wheatfield; Fig **laisser le c. libre à qn** to leave the field free for sb; **c. de bataille** battlefield; **c. de courses** Br racecourse, Am racetrack; **c. magnétique** magnetic field; **c. visuel** field of vision

champagne [ʃɑ̃paɲ] NM champagne

champêtre [ʃɑ̃petr] ADJ rustic

champignon [ʃɑ̃piɲɔ̃] NM (végétal) mushroom; Méd fungus; Fam **appuyer sur le c.** Br to put one's foot down, Am to step on the gas; **c. atomique** mushroom cloud; **c. de Paris** button mushroom; **c. vénéneux** toadstool, poisonous mushroom

champion, -onne [ʃɑ̃pjɔ̃, -jɔn] 1 NMF champion 2 ADJ **l'équipe championne du monde** the world champions ■ **championnat** NM championship

chance [ʃɑ̃s] NF (sort favorable) luck; (possibilité) chance; **avoir de la c.** to be lucky; **ne pas avoir de c.** to be unlucky; **tenter sa c.** to try one's luck; **avoir peu de chances de faire qch** to have little chance of doing sth; **il y a de fortes chances que...** there's every chance that...; **quelle c.!** what a stroke of luck!; **par c.** luckily ■ **chanceux, -euse** ADJ lucky

Il faut noter que le nom anglais **chance** ne signifie jamais **bonne fortune**.

chanceler [ʃɑ̃sle] VI to stagger; Fig (courage, détermination) to falter ■ **chancelant, -ante** ADJ (pas) unsteady; (mémoire) shaky; (santé) delicate

chancelier [ʃɑ̃səlje] NM Pol chancellor

chandail [ʃɑ̃daj] NM sweater

Chandeleur [ʃɑ̃dlœr] NF Rel **la C.** Candlemas

chandelier [ʃɑ̃dəlje] NM (à une branche) candlestick; (à plusieurs branches) candelabra

Il faut noter que le nom anglais **chandelier** est un faux ami. Il signifie **lustre**.

chandelle [ʃɑ̃del] NF candle; Gym shoulder stand; Fig **voir trente-six chandelles** to see stars

change [ʃɑ̃ʒ] NM Fin exchange; Fig **gagner au c.** to gain on the exchange; Fig **donner le c. à qn** to put sb off the scent

changer [ʃɑ̃ʒe] 1 VT (modifier, remplacer, convertir) to change; **c. un bébé** to change a baby; **c. qn/qch en qn/qch** to change sb/sth into sb/sth; **c. qch de place** to move sth; **ça va les c.!** it'll be a change for them! 2 VI to change; **c. de voiture/d'adresse** to change one's car/address; **c. de train/de côté** to change trains/sides; **c. de vitesse/de couleur** to change gear/colour; Ironique **pour c.** for a change 3 se **changer** VPR to change (one's clothes); Fam **se les idées** to take one's mind off things; **se c. en qch** to change into sth ■ **changeant, -ante** ADJ (temps) unsettled; **d'humeur changeante** moody ■ **changement** NM change; Aut **c. de vitesse** (levier) Br gear lever, Am gear shift

chanson [ʃɑ̃sɔ̃] NF song ■ **chant** NM (art) singing; (chanson) song; **c. de Noël** Christmas carol

chanter [ʃɑ̃te] 1 VT (chanson) to sing; (exploits) to sing of; Fam **qu'est-ce que vous me chantez là?** what are you on about? 2 VI (personne, oiseau) to sing; (coq) to crow; **faire c. qn** to blackmail sb; Fam **si ça te chante** if you feel like it ■ **chantage** NM blackmail ■ **chanteur, -euse** NMF singer

Il faut noter que le verbe anglais **to chant** est un faux ami. Il signifie **scander**.

chantier [ʃɑ̃tje] NM (building) site; (sur route) roadworks; **mettre qch en c.** to get sth under way; Fam **quel c.!** (désordre) what a mess!; **c. naval** shipyard

chantilly [ʃɑ̃tiji] NF whipped cream

chantonner [ʃɑ̃tɔne] VTI to hum

chaos [kao] NM chaos ■ **chaotique** ADJ chaotic

chaparder [ʃaparde] VT Fam (voler) to pinch

chapeau, -x [ʃapo] NM hat; (de champignon) cap; Fig **tirer son c. à qn** to raise one's hat; **c.!** well done!; **c. de paille** straw hat; **c. melon** bowler hat

chapelet [ʃaplɛ] NM rosary; Fig **un c. d'injures** a stream of abuse

chapelle [ʃapɛl] NF chapel; **c. ardente** chapel of rest

chapelure [ʃaplyr] NF Culin breadcrumbs

chapiteau, -x [ʃapito] NM (de cirque) big top; (pour expositions) tent, Br marquee; Archit (de colonne) capital

chapitre [ʃapitr] NM (de livre) & Rel chapter; Fig **sur le c. de** on the subject of; Fig **avoir voix au c.** to have a say in the matter

chaque [ʃak] ADJ each, every; **c. chose en son temps** all in good time

char [ʃar] NM (romain) chariot; (de carnaval) float; Can Fam (voiture) car; Fam **arrête ton c.!** come off it!; Mil **c. (d'assaut)** tank; **c. à voile** sand yacht

charabia [ʃarabja] NM Fam gibberish

charade [ʃarad] NF riddle (with verbal clues corresponding to each syllable of a word to be guessed)

charbon [ʃarbɔ̃] NM coal; (pour dessiner) & Méd charcoal; **c. de bois** charcoal; Fig **sur des charbons ardents** on tenterhooks

charcuter [ʃarkyte] VT Fam Péj (opérer) to hack up

charcuterie [ʃarkytri] NF (magasin) pork butcher's shop; (aliments) cooked (pork) meats ■ **charcutier, -ière** NMF pork butcher

chardon [ʃardɔ̃] NM (plante) thistle

charge [ʃarʒ] NF (poids) load; (responsabilité) responsibility, (d'une arme) & Él, Mil charge; (fonction) office; **être en c. de qch** to be in charge of sth; **prendre qn/qch en c.** to take charge of sb/sth; **être à la c. de qn** (personne) to be dependent on sb; (frais) to be payable by sb; **charges (locatives)** maintenance charges; **charges sociales** Br national insurance contributions, Am Social Security contributions

charger [ʃarʒe] **1** VT (véhicule, marchandises, arme) & Ordinat to load; (batterie) & Mil to charge; **c. qn de qch** to entrust sb with; **c. qn de faire qch** to give sb the responsibility of doing sth **2** VI Ordinat to load up; Mil to charge **3 se charger** VPR (s'encombrer) to weigh oneself down; **se c. de qn/qch** to take care of sb/sth; **se c. de faire qch** to undertake to do sth ■ **chargé, -ée 1** ADJ (véhicule) loaded (**de** with); (arme) loaded; (journée, programme) busy; **être c. de faire qch** to be responsible for doing sth **2** NMF Univ **c. de cours** = part-time lecturer ■ **chargement** [-əmɑ̃] NM (action) loading; (marchandises) load; (de bateau) cargo ■ **chargeur** NM (d'arme) magazine; Él (battery) charger

chariot [ʃarjo] NM (de supermarché) Br trolley, Am cart; (de ferme) waggon; (de machine à écrire) carriage; **c. à bagages** luggage trolley

charisme [karism] NM charisma

charitable [ʃaritabl] ADJ charitable (**envers** towards)

charité [ʃarite] NF (vertu) charity; **faire la c.** to give to charity; **demander la c.** to ask for charity

charlatan [ʃarlatɑ̃] NM Péj (escroc) charlatan; (médecin) quack

charme [ʃarm] NM (attrait) charm; (magie) spell; **avoir du c.** to have charm; **faire du c. à qn** to turn on the charm with sb; **être sous le c.** to be under the spell; Fig **se porter comme un c.** to be as fit as a fiddle

charmer [ʃarme] VT to charm ■ **charmant, -ante** ADJ charming ■ **charmeur, -euse 1** ADJ (sourire, air) charming **2** NMF charmer; **c. de serpents** snake charmer

charnel, -elle [ʃarnɛl] ADJ carnal

charnier [ʃarnje] NM mass grave

charnière [ʃarnjɛr] NF hinge; Fig **à la c. de deux grandes époques** at the junction of two great eras; **époque c.** transitional period

charnu, -ue [ʃarny] ADJ fleshy

charogne [ʃarɔɲ] NF carrion

charpente [ʃarpɑ̃t] NF framework; (de personne) build ■ **charpentier, -ière** NMF carpenter

charpie [ʃarpi] NF **mettre qch en c.** to tear sth to shreds

charrette [ʃarɛt] NF cart ■ **charrier 1** VT (transporter) to cart; (rivière) to carry along; Fam (taquiner) to tease **2** VI Fam **faut pas c.!** come off it!

charrue [ʃary] NF Br plough, Am plow

charte [ʃart] NF charter

charter [ʃartɛr] NM (vol) charter (flight); (avion) charter plane

chasse¹ [ʃas] NF (activité) hunting; (évènement) hunt; (poursuite) chase; **aller à la c.** to go hunting; **c. à courre** hunting; **c. à l'homme** manhunt; **c. au trésor** treasure hunt; **c. gardée** private hunting ground

Il faut noter que le nom anglais **chase** est un faux ami. Il signifie **poursuite**.

chasse² [ʃas] NF **c. d'eau** flush; **tirer la c.** to flush the toilet

chassé-croisé [ʃasekrwaze] (pl **chassés-croisés**) NM (de personnes) comings and goings

chasser [ʃase] **1** VT (animal) to hunt; (faisan, perdrix) to shoot; (papillon) to chase; **c. qn** (expulser) to chase sb away; (employé) to dismiss sb **2** VI to hunt; Aut to skid ■ **chasse-neige** NM INV Br snowplough, Am snowplow ■ **chasseur, -euse 1** NMF hunter; **c. de têtes** headhunter **2** NM (d'hôtel) Br pageboy, Am bellboy; (avion) fighter

Il faut noter que le verbe anglais **to chase** est un faux ami. Il signifie **poursuivre**.

châssis [ʃɑsi] NM frame; (d'automobile) chassis

chat¹ [ʃa] NM cat; Fig **avoir un c. dans la gorge** to have a frog in one's throat; **c. de gouttière** alley cat; **c. perché** (jeu) tag; **c. sauvage** wildcat

chat² [tʃat] NM Ordinat chat

châtaigne [ʃatɛɲ] NF chestnut ■ **châtaignier** NM chestnut tree ■ **châtain** ADJ (cheveux) (chestnut) brown; (personne) brown-haired

château, -x [ʃato] NM (forteresse) castle; (manoir) mansion; Fig **bâtir des châteaux en Espagne** to build castles in the air or sky; Fig **c. de cartes** house of cards; **c. d'eau** water tower; **c. fort** fortified castle

châtelain, -aine [ʃatlɛ̃, -ɛn] NMF Hist lord of the manor, f lady of the manor

châtiment [ʃatimɑ̃] NM punishment; **c. corporel** corporal punishment

chaton [ʃatɔ̃] NM **(a)** *(chat)* kitten **(b)** *(d'arbre)* catkin

chatouilles [ʃatuj] NFPL **faire des c. à qn** to tickle sb ■ **chatouiller** VT to tickle; *Fig (curiosité)* to arouse ■ **chatouilleux, -euse** ADJ ticklish; *Fig (pointilleux)* sensitive (**sur** about)

chatoyer [ʃatwaje] VI to shimmer; *(pierre)* to sparkle

châtrer [ʃatre] VT to castrate

chatte [ʃat] NF (she-)cat

chaud, -e [ʃo, ʃod] **1** ADJ **(a)** *(modérément)* warm; *(intensément)* hot **(b)** *Fig (couleur)* warm; *(voix)* sultry; *(discussion)* heated; *(partisan)* keen; **elle n'est pas chaude pour le projet** she's not keen on the plan **2** ADV **j'aime manger c.** I like my food hot **3** NM *(modéré)* warmth; *(intense)* heat; **avoir c.** to be hot; *Fam (échapper de justesse)* to have a narrow escape; **il fait c.** it's hot ■ **chaudement** ADV *(s'habiller, féliciter)* warmly

chaudière [ʃodjɛr] NF boiler

chauffage [ʃofaʒ] NM heating; *(de voiture)* heater

chauffard [ʃofar] NM reckless driver

chauffer [ʃofe] **1** VT to heat (up); *(moteur)* to warm up **2** VI to heat (up); *(s'échauffer) (moteur)* to overheat; **faire c. qch** to heat sth up; *Fam* **ça va c. s'il est en retard!** there'll be trouble if he's late! **3** se chauffer VPR to warm oneself; **se c. au mazout** to have oil-fired heating ■ **chauffant, -ante couverture chauffante** electric blanket; **plaque chauffante** hot plate ■ **chauffé, -ée** ADJ *(piscine)* heated ■ **chauffe-eau** NM INV water heater ■ **chauffe-plat** *(pl* **chauffe-plats)** NM hotplate ■ **chaufferie** NF boiler room

chauffeur [ʃofœr] NM *(de véhicule)* driver; *(employé)* chauffeur; **c. de taxi** taxi driver

chaume [ʃom] NM *(pour toits)* thatch; *(des céréales)* stubble; **toit de c.** thatched roof ■ **chaumière** NF *(à toit de chaume)* thatched cottage; *(maison pauvre)* cottage

chaussée [ʃose] NF road(way)

chausser [ʃose] **1** VT *(chaussures, lunettes, skis)* to put on; *(aller à)* to fit; **c. qn** to put shoes on sb; **c. du 40** to take a size 40 shoe; **souliers qui chaussent bien** shoes that fit well **2** se chausser VPR to put one's shoes on

chaussette [ʃosɛt] NF sock; **en chaussettes** in one's socks

chausson [ʃosɔ̃] NM *(pantoufle)* slipper; *(de danse)* ballet shoe; *(de bébé)* bootee; *Culin* **c. aux pommes** apple turnover

chaussure [ʃosyr] NF shoe; **chaussures à lacets** lace-up shoes; **chaussures à semelles compensées** platform shoes; **chaussures à talons** high-heeled shoes; **chaussures de marche** walking boots; **chaussures de ski** ski boots; **chaussures de sport** sports shoes

chauve [ʃov] **1** ADJ bald **2** NM bald(-headed) man

chauve-souris [ʃovsuri] *(pl* **chauves-souris)** NF bat

chauvin, -ine [ʃovɛ̃, -in] **1** ADJ chauvinistic **2** NMF chauvinist ■ **chauvinisme** NM chauvinism

Il faut noter que le nom anglais **chauvinism** est un faux ami. Il signifie le plus souvent **phallocratie**.

chaux [ʃo] NF lime; **blanchir qch à la c.** to whitewash sth; **c. vive** quick lime

chavirer [ʃavire] VTI *(bateau)* to capsize; **faire c. un bateau** to capsize a boat

chef [ʃɛf] NM **(a)** *(de parti, de bande)* leader; *(de tribu)* chief; *Fam (patron)* boss; **rédacteur en c.** editor in chief; **le c. du gouvernement** the head of government; **c. de bureau** office manager; **c. d'entreprise** company head; **c. d'équipe** foreman; **c. d'État** head of state; **c. de famille** head of the family; **c. de file** leader; **c. de gare** stationmaster; **c. d'orchestre** conductor; **c. de service** departmental head **(b)** *(cuisinier)* chef **(c)** *Jur* **c. d'accusation** charge **(d)** **de son propre c.** on one's own authority

chef-d'œuvre [ʃedœvr] *(pl* **chefs-d'œuvre)** NM masterpiece

chef-lieu [ʃefljø] *(pl* **chefs-lieux)** NM = administrative centre of a département

chemin [ʃəmɛ̃] NM *(route étroite)* path, track; *(itinéraire)* way **(de)**; *Fig (de la gloire)* road; **à mi-c.** half-way; **en c., c. faisant** on the way; **avoir beaucoup de c. à faire** to have a long way to go; *Fig* **suivre le droit c.** to stay on the straight and narrow; **c. de grande randonnée** hiking trail; **c. de terre** track; **c. de traverse** path across the fields ■ **chemin de fer** *(pl* **chemins de fer)** NM *Br* railway, *Am* railroad

cheminée [ʃəmine] NF *(âtre)* fireplace; *(encadrement)* mantelpiece; *(sur le toit)* chimney; *(de navire)* funnel

Il faut noter que le nom anglais **chimney** ne signifie jamais **âtre** ou **encadrement**.

cheminot [ʃəmino] NM *Br* railwayman, *Am* railroader

chemise [ʃəmiz] NF *(vêtement)* shirt; *(classeur)* folder; *Fig* **changer de qch comme de c.** to change sth at the drop of a hat; **c. de nuit** *(de femme)* nightdress ■ **chemisette** NF short-sleeved shirt ■ **chemisier** NM *(corsage)* blouse

chenal, -aux [ʃənal, -o] NM channel

chêne [ʃɛn] NM *(arbre, bois)* oak

chenil [ʃəni(l)] NM *Br* kennels, *Am* kennel

chenille [ʃənij] NF *(insecte)* caterpillar; *(de char)* caterpillar track

cheptel [ʃɛptɛl] NM livestock

chèque [ʃɛk] NM *Br* cheque, *Am* check; **faire un c. à qn** to write sb a cheque; **payer qch par c.** to pay sth by cheque; *Fam* **c. en bois** rubber cheque; **c. sans provision** bad cheque; **c. de voyage** *Br* traveller's cheque, *Am* traveler's check ■ **chèque-cadeau** *(pl* **chèque-cadeaux)** NM *Br* gift voucher, *Am* gift certificate ■ **chèque-repas** *(pl* **chèques-repas)**, **chèque-restaurant** *(pl* **chèques-restaurant)** NM *Br* luncheon voucher, *Am* meal ticket ■ **chéquier** NM *Br* cheque book, *Am* checkbook

cher, chère¹ [ʃɛr] **1** ADJ **(a)** *(aimé)* dear **(à** to); **il a retrouvé son c. bureau** he's back in his beloved office; **C. Monsieur** *(dans une lettre)* Dear Mr X; *(officiel)* Dear Sir **(b)** *(coûteux)* expensive, dear; *Fam* **pas c.** cheap **2** ADV **coûter c.** to be expensive; **payer qch c.** to pay a high price for sth; *Fig* **payer c. une erreur** to pay dearly for a mistake **3** NMF **mon c., ma chère** my dear ■ **chère²** NF *Littéraire* **aimer la bonne c.** to be a lover of good food ■ **chèrement** ADV *(à un prix élevé)* dearly; *Fig* **il a payé c. sa liberté** his freedom cost him dearly

chercher [ʃɛrʃe] **1** VT to look for; *(secours, paix)* to seek; *(dans ses souvenirs)* to try to think of; *(dans un dictionnaire)* to look up; **c. ses mots** to search for words; **aller c. qn/qch** to (go and) fetch sb/sth; **venir c. qn/qch** to (come and) fetch sb/sth; **c. à faire qch** to try to do sth; **tu l'as bien cherché!** you asked for it!; *Fam* **tu me cherches?** are you looking for a fight? **2** se **chercher** VPR *(chercher son identité)* to try to find oneself ■ **chercheur, -euse** NMF *(scientifique)* researcher; **c. d'or** gold digger

chérir [ʃerir] VT to cherish ■ **chéri, -ie 1** ADJ dear **2** NMF darling

chétif, -ive [ʃetif, -iv] ADJ *(personne)* puny

cheval, -aux [ʃəval, -o] NM horse; **à c.** on horseback; **faire du c.** *Br* to go horse riding, *Am* to go horseback riding; **être à c. sur qch** to straddle sth; *Fig* **être à c. sur les principes** to be a stickler for principle; *Sport* **c. d'arçons** vaulting horse; **c. à bascule** rocking horse; **chevaux de bois** merry-go-round; **c. de course** racehorse; **c. de trait** carthorse; *Aut* **c. (-vapeur)** horsepower

chevaleresque [ʃəvalrɛsk] ADJ chivalrous

chevalet [ʃəvalɛ] NM *(de peintre)* easel; *(de menuisier)* trestle

chevalier [ʃəvalje] NM knight

chevalière [ʃəvaljɛr] NF signet ring

chevaline [ʃəvalin] ADJ F **boucherie c.** horse butcher's (shop)

chevaucher [ʃəvoʃe] **1** VT to straddle **2** VI se **chevaucher** VPR to overlap

chevelu, -ue [ʃəvly] ADJ long-haired ■ **chevelure** NF (head of) hair

chevet [ʃəvɛ] NM head of the bed; **rester au c. de qn** to stay at sb's bedside; **lampe de c.** bedside lamp; **table de c.** *Br* bedside table, *Am* nightstand

cheveu, -x [ʃəvø] NM **un c.** a hair; **cheveux** hair; **avoir les cheveux noirs** to have black hair; *Fig* **couper les cheveux en quatre** to split hairs; *Fig* **tiré par les cheveux** *(argument)* far-fetched

cheville [ʃəvij] NF *(partie du corps)* ankle; *(pour accrocher)* peg; *(pour boucher un trou)* plug; *Fam* **être en c. avec qn** to be in cahoots with sb; *Fig* **elle ne vous arrive pas à la c.** she can't hold a candle to you; *Fig* **c. ouvrière** mainspring

chèvre [ʃɛvr] **1** NF goat; *Fam* **rendre qn c.** to drive sb round the bend **2** NM goat's cheese ■ **chevreau, -x** NM kid

chèvrefeuille [ʃɛvrəfœj] NM honeysuckle

chevreuil [ʃəvrœj] NM roe deer; *(viande)* venison

chevron [ʃəvrɔ̃] NM *(poutre)* rafter; *Mil* stripe, chevron; **à chevrons** *(tissu, veste)* herringbone

chevronné, -ée [ʃəvrɔne] ADJ experienced

chewing-gum [ʃwiŋɡɔm] *(pl* **chewing-gums)** NM chewing gum; **un c.** a piece of chewing gum

chez [ʃe] PRÉP **c. qn** at sb's place; **il n'est pas c. lui** he isn't at home; **elle est rentrée c. elle** she's gone home; **faites comme c. vous** make yourself at home; **c. les Suisses/les jeunes** among the Swiss/the young; **c. Camus** in (the work of) Camus; **c. les mammifères** in mammals; **c'est devenu une habitude c. elle** it's become a habit with her; **c. Mme Dupont** *(adresse)* c/o Mme Dupont ■ **chez-soi** NM INV **son petit c.** one's own little home

chialer [ʃjale] VI *très Fam (pleurer)* to blubber

chiant, -ante [ʃjɑ̃, -ɑ̃t] ADJ *très Fam (énervant)* bloody annoying; *(ennuyeux)* deadly boring

chic [ʃik] **1** ADJ INV smart, stylish; *Fam (gentil)* decent **2** NM *(élégance)* style; **avoir le c. pour faire qch** to have the knack of doing sth

chicaner [ʃikane] VI **c. sur qch** to quibble over sth

chiche [ʃiʃ] ADJ *(repas)* scanty; *Fam* **tu n'es pas c. d'y aller!** I bet you don't go!; *Fam* **c.!** *(pour défier)* I dare you!; *(pour relever le défi)* you're on!

chicorée [ʃikɔre] NF *(en poudre)* chicory; **c. sauvage** chicory *inv;* **c. frisée** endive

chien, chienne [ʃjɛ̃, ʃjɛn] NMF dog, *f* bitch;

Fam **quel temps de c.!** what foul weather!; **c. d'aveugle** *Br* guide dog, *Am* seeing-eye dog; **c. de berger** sheepdog; **c. de chasse** retriever; **c. de garde** guard dog; **c. policier** police dog; **c. de traîneau** husky

chiendent [ʃjɛ̃dɑ̃] NM *(plante)* couch grass; **brosse de c.** scrubbing brush

chiffon [ʃifɔ̃] NM rag; **passer un coup de c. sur qch** to give sth a dust; **c. (de poussière)** *Br* duster, *Am* dustcloth ■ **chiffonner** VT to crumple; *Fig (ennuyer)* to bother

chiffre [ʃifr] NM *(nombre)* figure, number; *(total)* total; **chiffres romains/arabes** Roman/Arabic numerals; **c. d'affaires** turnover ■ **chiffrer 1** VT *(montant)* to work out; *(réparations)* to assess; **message chiffré** coded message **2 se chiffrer** VPR **se c. à** to amount to

chignon [ʃiɲɔ̃] NM bun, chignon; **se faire un c.** to put one's hair in a bun

Chili [ʃili] NM **le C.** Chile ■ **chilien, -ienne 1** ADJ Chilean **2** NMF **C., Chilienne** Chilean

chimie [ʃimi] NF chemistry ■ **chimique** ADJ chemical ■ **chimiste** NMF *(research)* chemist

chimiothérapie [ʃimjoterapi] NF *Méd* chemotherapy

chimpanzé [ʃɛ̃pɑ̃ze] NM chimpanzee

Chine [ʃin] NF **la C.** China ■ **chinois, -oise 1** ADJ Chinese **2** NMF **C., Chinoise** Chinese; **les C.** the Chinese **3** NM *(langue)* Chinese

chiot [ʃjo] NM puppy, pup

chiper [ʃipe] VT *Fam* to swipe, *Br* to pinch (**à** from)

chipie [ʃipi] NF *Fam (femme)* bad-tempered woman; *(petite fille)* little minx; **vieille c.** old cow

chipoter [ʃipote] VI *(contester)* to quibble (**sur** about); *(picorer)* to pick at one's food

chips [ʃips] NF *Br* (potato) crisp, *Am* (potato) chip

Il faut noter que le nom anglais britannique **chips** est un faux ami. Il signifie **frites**.

chirurgie [ʃiryrʒi] NF surgery; **c. esthétique** plastic surgery; **c. au laser** laser surgery ■ **chirurgical, -e, -aux, -ales** ADJ surgical ■ **chirurgien** NM surgeon ■ **chirurgien-dentiste** *(pl* **chirurgiens-dentistes)** NM dental surgeon

chlem [ʃlɛm] NM *Sport* **le grand c.** the grand slam

chlinguer [ʃlɛ̃ge] VI *très Fam* to stink

chlore [klor] NM chlorine

chloroforme [kloroform] NM chloroform

choc [ʃok] **1** NM *(coup)* impact; *(forte émotion) Méd* shock; *Fig (conflit)* clash; **faire un c. à qn** to give sb a shock; **être sous le c.** to be in shock;

c. pétrolier oil crisis **2** ADJ **image-c.** shocking image; **'prix-chocs'** *(dans un magasin)* 'drastic reductions'

chocolat [ʃokola] **1** NM chocolate; **gâteau au c.** chocolate cake; **c. à croquer** *Br* plain chocolate, *Am* bittersweet chocolate; **c. au lait** milk chocolate; **c. chaud** hot chocolate; **c. glacé** *Br* choc-ice, *Am* (chocolate) ice-cream bar **2** ADJ INV *Br* chocolate(-coloured), *Am* chocolate(-colored) ■ **chocolaté, -ée** ADJ chocolate

chœur [kœr] NM *Rel (chanteurs, nef)* choir; *(d'opéra)* & *Fig* chorus; **en c.** *(chanter, répéter)* in chorus

choisir [ʃwazir] VT to choose, to pick; **c. de faire qch** to choose to do sth ■ **choisi, -ie** ADJ *(œuvres)* selected; *(termes, langage)* careful

choix [ʃwa] NM choice; *(assortiment)* selection; **avoir le c.** to have a choice; **faire son c.** to take one's pick; **laisser le c. à qn** to let sb choose; **viande ou poisson au c.** *(sur menu)* choice of meat or fish; **de premier/second c.** top-/second-grade

choléra [kolera] NM *Méd* cholera

cholestérol [kolesterol] NM *Méd* cholesterol; *Fam* **avoir du c.** to have high cholesterol

chômer [ʃome] VI to be unemployed; *Fig* to do nothing; **vous n'avez pas chômé!** you've not been idle!; **jour chômé** (public) holiday ■ **chômage** NM unemployment; **être au c.** to be unemployed; **être en c. technique** to have been laid off; **s'inscrire au c.** to sign on ■ **chômeur, -euse** NMF unemployed person; **les chômeurs** the unemployed

chope [ʃop] NF *(verre)* beer mug, *Br* tankard; *(contenu)* pint

choquer [ʃoke] VT *(scandaliser)* to shock; **c. qn** *(commotionner)* to shake sb badly ■ **choquant, -ante** ADJ shocking

choral, -e, -aux *ou* **-als, -ales** [koral] ADJ choral ■ **chorale** NF *(club)* choral society; *(chanteurs)* choir ■ **choriste** NMF chorister

chorégraphe [koregraf] NMF choreographer ■ **chorégraphie** NF choreography

chose [ʃoz] **1** NF thing; **je vais te dire une c.** I'll tell you something; **dis bien des choses de ma part à…** remember me to…; **avant toute c.** first of all **2** NM *Fam* **monsieur C.** Mr What's-his-name **3** ADJ INV *Fam* **se sentir tout c.** to feel a bit funny

chou, -x [ʃu] NM cabbage; **choux de Bruxelles** Brussels sprouts; **mon petit c.!** my darling!; **c. à la crème** cream puff ■ **chou-fleur** *(pl* **choux-fleurs)** NM cauliflower

chouchou, -oute [ʃuʃu, -ut] NMF *Fam (favori)* pet

choucroute [ʃukrut] NF sauerkraut

chouette [ʃwɛt] **1** NF *(oiseau)* owl **2** ADJ *Fam (chic)* great **3** EXCLAM great!

choyer [ʃwaje] VT to pamper

chrétien, -ienne [kretjɛ̃, -jɛn] ADJ & NMF Christian **■ Christ** [krist] NM **le C.** Christ **■ christianisme** NM Christianity

chrome [krom] NM chromium; **chromes** *(de voitures)* chrome

chromosome [kromozom] NM chromosome

chronique¹ [kronik] ADJ *(malade, chômage)* chronic

chronique² [kronik] NF *(de journal)* column; *(annales)* chronicle

chronologie [kronoloʒi] NF chronology **■ chronologique** ADJ chronological

chronomètre [kronometr] NM chronometer; *(pour le sport)* stopwatch **■ chronométrer** VT *Sport* to time

chrysanthème [krizɑ̃tɛm] NM chrysanthemum

CHU [seaʃy] *(abrév* **centre hospitalo-universitaire**) NM INV teaching hospital

chuchoter [ʃyʃote] VTI to whisper **■ chuchotement** NM whisper; **des chuchotements** whispering

chuinter [ʃwɛ̃te] VI *(siffler)* to hiss

chut [ʃyt] EXCLAM sh!, shush!

chute [ʃyt] NF fall; *(d'histoire drôle)* punchline; *(de tissu)* scrap; **prévenir la c. des cheveux** to prevent hair loss; **c. d'eau** waterfall; **c. de neige** snowfall, **c. libre** free fall **■ chuter** VI *(diminuer)* to fall, to drop; *Fam (tomber)* to fall

Chypre [ʃipr] NM OU F Cyprus **■ chypriote 1** ADJ Cypriot **2** NMF **C.** Cypriot

ci [si] PRON DÉM **comme ci comme ça** so so

-ci [si] ADV **(a) par-ci, par-là** here and there **(b) ➤ ce²**, **celui**

ci-après [siaprɛ] ADV below; *Jur* hereinafter **■ ci-contre** ADV opposite **■ ci-dessous** ADV below **■ ci-dessus** ADV above **■ ci-joint, -jointe** *(mpl* **ci-joints***, fpl* **ci-jointes**) **1** ADJ **le document c.** the enclosed document **2** ADV **vous trouverez c. copie de…** please find enclosed a copy of…

cible [sibl] NF target; **audience/marché c.** target audience/market **■ ciblé, -ée** ADJ well targeted

ciboulette [sibulet] NF chives *(pluriel)*

cicatrice [sikatris] NF scar

cicatriser [sikatrize] VTI **se cicatriser** VPR to heal **■ cicatrisation** NF healing

cidre [sidr] NM cider; **c. doux/brut** sweet/dry cider

Cie *(abrév* **compagnie**) Co

ciel [sjɛl] NM **(a)** *(pl* **cieux** [sjø]*)* sky; **à c. ouvert** open-

air; **c. de lit** canopy **(b)** *(pl* **cieux** [sjø]*) (paradis)* heaven; **sous d'autres cieux** in other climes

cierge [sjɛrʒ] NM candle *(in church)*; **c. magique** sparkler

cigale [sigal] NF cicada

cigare [sigar] NM cigar **■ cigarette** NF cigarette

cigogne [sigɔɲ] NF stork

cil [sil] NM eyelash

cime [sim] NF *(d'arbre)* top; *(de montagne)* peak

ciment [simɑ̃] NM cement

cimetière [simtjɛr] NM cemetery; *(d'église)* graveyard; **c. de voitures** scrapyard

ciné [sine] NM *Fam Br* pictures, *Am* movies **■ cinéaste** NM film maker **■ ciné-club** *(pl* **ciné-clubs***)* NM film club **■ cinéphile** NMF *Br* film or *Am* movie enthusiast

cinéma [sinema] NM *(art, industrie)* Br cinema, *Am* movies; *(salle)* Br cinema, *Am* movie theater; **faire du c.** to be a film actor/actress; **aller au c.** to go to the *Br* cinema or *Am* movies; *Fam* **arrête ton c.!** stop making such a fuss!; **c. d'art et d'essai** art films; **c. muet** silent films **■ cinémathèque** NF film library **■ cinématographique** ADJ film; **industrie c.** film industry

cinglé, -ée [sɛ̃gle] ADJ *Fam* crazy

cingler [sɛ̃gle] VT to lash **■ cinglant, -ante** ADJ *(pluie)* lashing; *(vent, remarque)* cutting

cinoche [sinɔʃ] NM *Fam Br* cinema, *Am* movie theater

cinq [sɛ̃k] **1** ADJ INV five **2** NM INV five; **recevoir qn c. sur c.** to receive sb loud and clear **■ cinquième** ADJ & NMF fifth; **un c.** a fifth

cinquante [sɛ̃kɑ̃t] ADJ & NM INV fifty **■ cinquantaine** NF **une c. (de)** about fifty; **avoir la c.** to be about fifty **■ cinquantenaire** NM *(anniversaire)* fiftieth anniversary **■ cinquantième** ADJ & NMF fiftieth

cintre [sɛ̃tr] NM coathanger

cirage [siraʒ] NM *(shoe)* polish; *Fam* **être dans le c.** to be feeling woozy

circoncis [sirkɔ̃si] ADJ M circumcised

circoncision [sirkɔ̃siziɔ̃] NF circumcision

circonférence [sirkɔ̃ferɑ̃s] NF circumference

circonflexe [sirkɔ̃flɛks] ADJ ➤ **accent**

circonscription [sirkɔ̃skripsjɔ̃] NF division, district; **c. (électorale)** *Br* constituency, *Am* district

circonscrire* [sirkɔ̃skrir] VT *(encercler)* to encircle; *(incendie)* to contain

circonspect, -ecte [sirkɔ̃spɛ, -ɛkt] ADJ cautious, circumspect **■ circonspection** NF caution

circonstance [sirkɔ̃stɑ̃s] NF circumstance; **pour/en la c.** for/on this occasion; **en pareilles**

circonstances under such circumstances; **de c.** *(habit, parole)* appropriate; *Jur* **circonstances atténuantes** extenuating circumstances

circuit [sirkɥi] NM *(électrique, sportif)* circuit; *(chemin)* way; **c. automobile** racing circuit; **c. de distribution** distribution network; **c. touristique** (organized) tour

circulaire [sirkylɛr] **1** ADJ circular **2** NF *(lettre)* circular

circulation [sirkylɑsjɔ̃] NF *(du sang, de l'information, de billets)* circulation; *(d'autos, d'avions)* traffic; **retirer un produit de la c.** to take a product off the market; **c. routière/aérienne** road/air traffic ■ **circuler** VI *(sang, air, rumeur, lettre)* to circulate; *(voyageur)* to travel; *(train, bus)* to run; **on circule très mal dans Paris** it's very difficult to drive about in Paris; **circulez!** keep moving!

cire [sir] NF wax; *(pour meubles)* polish ■ **ciré** NM *(vêtement)* oilskin(s) ■ **cirer** VT to polish; *très Fam* **il n'en a rien à c.!** he doesn't give a damn! ■ **cireux, -euse** ADJ waxy

cirque [sirk] NM *(spectacle)* circus; *Fig* **c. médiatique** media circus

cirrhose [siroz] NF **c. (du foie)** cirrhosis (of the liver)

ciseler [sizle] VT to chisel; *(or, argent)* to chase

citadelle [sitadɛl] NF citadel ■ **citadin, -ine 1** ADJ city; **vie citadine** city life **2** NMF city dweller

cité [site] NF *(ville)* city; *(immeubles) Br* housing estate, *Am* housing development; **c. universitaire** *Br* (students') halls of residence, *Am* university dormitory complex

citer [site] VT *(auteur, texte)* to quote; *(énumérer)* to name; *Jur* to summons; *(témoin)* to subpoena; *Mil (soldat)* to mention; **c. qn en exemple** to quote sb as an example ■ **citation** NF quotation; *Jur* **c. à comparaître** *(d'accusé)* summons; *(de témoin)* subpoena

citerne [sitɛrn] NF tank

citoyen, -enne [sitwajɛ̃, -ɛn] NMF citizen ■ **citoyenneté** NF citizenship

citron [sitrɔ̃] NM lemon; **c. pressé** = freshly squeezed lemon juice served with water and sugar; **c. vert** lime ■ **citronnade** NF *Br* lemon squash, *Am* lemonade ■ **citronnier** NM lemon tree

citrouille [sitruj] NF pumpkin

civet [sivɛ] NM *Culin (de gibier etc)* stew

civière [sivjɛr] NF stretcher

civil, -e [sivil] **1** ADJ *(guerre, mariage, droits)* civil; *(non militaire)* civilian; *(courtois)* civil; **année civile** calendar year **2** NM civilian; **dans le c.** in civilian life; **en c.** *(policier)* in plain clothes; *(soldat)* in civilian clothes ■ **civilité** NF civility

civilisation [sivilizɑsjɔ̃] NF civilization ■ **civilisé, -ée** ADJ civilized

civique [sivik] ADJ civic; *Scol* **instruction c.** *Br* ≃ citizenship, *Am* ≃ civics ■ **civisme** NM good citizenship

clair, -e [klɛr] **1** ADJ *(net, limpide, évident)* clear; *(éclairé, pâle)* light; *(soupe)* thin; **bleu/vert c.** light blue/green; **par temps c.** on a clear day **2** ADV *(voir)* clearly; **il fait c.** it's light **3** NM **tirer qch au c.** to clarify sth; **en c.** in plain laguage; **émission en c.** non-crypted broadcast; **c. de lune** moonlight ■ **clairement** ADV clearly

clairière [klɛrjɛr] NF clearing

clairon [klɛrɔ̃] NM *(instrument)* bugle; *(soldat)* bugler

clairsemé, -ée [klɛrsəme] ADJ *(cheveux, auditoire, population)* sparse

clairvoyant, -ante [klɛrvwajɑ̃, -ɑ̃t] ADJ perceptive

clameur [klamœr] NF *Br* clamour, *Am* clamor

clan [klɑ̃] NM *(tribu)* clan; *Péj (groupe)* clique

clandestin, -ine [klɑ̃dɛstɛ̃, -in] ADJ *(rencontre)* clandestine; *(journal, mouvement)* underground; *(travailleur)* illegal; **passager c.** stowaway ■ **clandestinité** NF **entrer dans la c.** to go underground

clapier [klapje] NM *(rabbit)* hutch

clapoter [klapɔte] VI *(vagues)* to lap

claque [klak] NF slap; **une paire de claques** a slap; *Fam* **j'en ai ma c.** I've had it up to here!

claquer [klake] **1** VT *(porte)* to slam; *Fam (dépenser)* to blow **2** VI *(porte)* to slam; *(drapeau)* to flap; *(talons)* to click; *(coup de feu)* to ring out; *Fam (mourir)* to kick the bucket; **c. des doigts** to snap one's fingers; **elle claque des dents** her teeth are chattering; **faire c. sa langue** to click one's tongue **3** **se claquer** VPR **se un muscle** to pull a muscle ■ **claquement** NM *(de porte)* slam(ming); *(de drapeau)* flap(ping)

claquettes [klakɛt] NFPL tap dancing; **faire des c.** to do tap dancing

clarifier [klarifje] VT to clarify ■ **clarification** NF clarification

clarinette [klarinɛt] NF clarinet

clarté [klarte] NF *(lumière)* light; *(transparence)* clearness; *Fig (d'explications)* clarity; **avec c.** clearly

classe [klɑs] **1** NF *(catégorie, qualité, leçon, élèves)* class; **en c. de sixième** *Br* in the first year, *Am* in fifth grade; **aller en c.** to go to school; *Mil* **faire ses classes** to undergo basic training; **avoir de la c.** *(personne)* to have class; **(salle de) c.** classroom; **c. de neige** = school study trip to the mountains; **c. verte** = school study trip to the countryside; **de première c.** *(billet,* *compartiment)* first-class; **c. affaire/économique** business/economy class; **c. ouvrière/moyenne** working/middle class; **c. sociale** social class **2 ADJ INV** *Fam* classy

classer [klɑse] **1 VT** *(photos, spécimens)* to classify; *(papiers)* to file; *(étudiants)* to grade; **c. une affaire** to consider a matter closed **2 se classer VPR se c. parmi les meilleurs** to rank among the best; *Sport* **se c. troisième** to be placed third ■ **classé, -ée** ADJ *(monument)* listed ■ **classement** NM classification, filing; *(rang)* place; *Football, Rugby* table ■ **classeur** NM *(meuble)* filing cabinet; *(portefeuille)* ring binder

classifier [klɑsifje] **VT** to classify ■ **classification** NF classification

classique [klɑsik] **1** ADJ *(période)* classical; *(typique, conventionnel)* classic **2** NM *(œuvre)* classic; *(auteur)* classical author ■ **classicisme** NM classicism

clause [kloz] NF *Jur* clause

claustrophobe [klostrofob] ADJ claustrophobic

clavecin [klavsɛ̃] NM harpsichord

clavicule [klavikyl] NF collarbone

clavier [klavje] NM keyboard

clé, clef [kle] **1** NF *(de porte)* key; *(outil)* Br spanner, Am wrench; **fermer qch à c.** to lock sth; **c. de contact** ignition key; *Mus* **c. de sol** treble clef; *Fig* **c. de voûte** cornerstone; *Ordinat* **c. USB** memory stick **2** ADJ key; **poste/industrie c.** key post/industry

clément, -ente [klemɑ̃, -ɑ̃t] ADJ *(juge)* clement; *(temps)* mild ■ **clémence** NF *(de juge)* clemency; *(de temps)* mildness

clémentine [klemɑ̃tin] NF clementine

clerc [klɛr] NM *Rel* cleric; **c. de notaire** ≃ solicitor's clerk ■ **clergé** NM clergy ■ **clérical, -e, -aux, -ales** ADJ clerical

cliché [kliʃe] NM *(photo)* photo; *(negative)* negative; *(idée)* cliché

client, -ente [klijɑ̃, -ɑ̃t] NMF *(de magasin)* customer; *(d'avocat)* client; *(de médecin)* patient; *(d'hôtel)* guest; *(de taxi)* fare ■ **clientèle** NF *(de magasin)* customers; *(d'avocat, de médecin)* practice; **accorder sa c. à** to give one's custom to

cligner [kliɲe] VI **c. des yeux** to blink; **c. de l'œil** to wink

clignoter [kliɲɔte] VI *(lumière, voyant)* to flash; *(étoile)* to twinkle ■ **clignotant** NM *(de voiture)* Br indicator, Am flasher; **mettre son c.** to indicate

climat [klima] NM *(de région)* & *Fig* climate ■ **climatique** ADJ climatic

climatisation [klimatizɑsjɔ̃] NF air conditioning ■ **climatisé, -ée** ADJ air-conditioned

clin d'œil [klɛ̃dœj] *(pl* **clins d'œil***)* NM wink; **faire**

un c. d'œil à qn to wink at sb; **en un c. d'œil** in a flash

clinique [klinik] **1** ADJ clinical **2** NF *(hôpital)* clinic

clinquant, -ante [klɛ̃kɑ̃, -ɑ̃t] ADJ flashy

clip [klip] NM *(vidéo)* (music) video; *(bijou)* clip

cliquer [klike] VI *Ordinat* to click; **c. sur qch** to click on sth; **c. deux fois** to double-click

cliqueter [klikte] VI *(monnaie, clefs)* to jingle; *(épées)* to clink; *(chaînes)* to rattle ■ **cliquetis** NM *(de monnaie, de clefs)* jingling; *(d'épées)* clinking; *(de chaînes)* rattling

clivage [klivaʒ] NM *(dans la société)* divide; *(dans un parti)* split

clochard, -arde [klɔʃar, -ard] NMF tramp

cloche [klɔʃ] **1** NF *(d'église)* bell; *Fam (imbécile)* twit; **déménager à la c. de bois** to do a moonlight flit; **c. à fromage** covered cheese dish **2** ADJ *Fam* stupid ■ **clocher 1** NM *(d'église)* bell tower, steeple **2** VI *Fam* **il y a quelque chose qui cloche** there's something wrong somewhere ■ **clochette** NF *(cloche)* small bell

cloche-pied [klɔʃpje] **à cloche-pied** ADV **sauter à c.** to hop

cloison [klwazɔ̃] NF *(entre pièces)* partition

cloître [klwatr] NM *(partie de monastère)* cloister; *(bâtiment pour moines)* monastery; *(pour religieuses)* convent

clonage [klonaʒ] NM *Biol* cloning; **c. humain** human cloning ■ **clone** NM *Biol* clone ■ **cloner** VT *Biol* to clone

clope [klɔp] NF *Fam* Br fag, Am smoke

clopin-clopant [klɔpɛ̃klɔpɑ̃] ADV **aller c.** to hobble along

cloque [klɔk] NF *(au pied)* blister

clore* [klɔr] VT *(réunion, lettre)* to conclude; *(débat)* to close; *Ordinat* **c. une session** to log off ■ **clos, -e 1** ADJ *(porte, volets)* closed; **l'incident est c.** the matter is closed; **espace c.** enclosed space **2** NM enclosure

clôture [klotyr] NF *(barrière)* fence; *(de réunion)* conclusion; *(de débat)* closing; *(de Bourse)* close ■ **clôturer** VT *(terrain)* to enclose; *(session, débats)* to close

clou [klu] NM *(pointe)* nail; *(de spectacle)* main attraction; **les clous** *(passage)* Br the pedestrian crossing, Am the crosswalk; **c. de girofle** clove ■ **clouer** VT *(au mur)* to nail up; *(ensemble)* to nail together; *(caisse)* to nail down; **cloué au lit** confined to (one's) bed; **cloué sur place** rooted to the spot

clown [klun] NM clown; **faire le c.** to clown around

club [klœb] NM *(association)* & *Golf* club

CM [seɛm] *(abrév* **cours moyen***)* NM *Scol* CM1 =

fourth year of primary school; **CM2** = fifth year of primary school

cm (abrév **centimètre**) cm

coaguler [kɔagyle] **vti se coaguler vpr**(sang) to clot

coalition [kɔalisjɔ̃] NF coalition

coasser [kɔase] **vi**(grenouille) to croak

cobaye [kɔbaj] NM (animal) & Fig guinea pig

cobra [kɔbra] NM cobra

cocaïne [kɔkain] NF cocaine

cocasse [kɔkas] ADJ Fam comical

coccinelle [kɔksinɛl] NF (insecte) Br ladybird, Am ladybug; (voiture) beetle

cocher[1] [kɔʃe] **vt**Br to tick (off), Am to check

cocher[2] [kɔʃe] NM coachman

cochon, -onne [kɔʃɔ̃, -ɔn] **1** NM (animal) pig; (viande) pork; **c. d'Inde** guinea pig **2** NMF (personne sale) pig **3** ADJ (histoire, film) dirty ■ **cochonnerie** NF (chose sans valeur) trash, Br rubbish; (obscénité) smutty remark; (mauvaise nourriture) muck; **faire des cochonneries** to make a mess

cocktail [kɔktɛl] NM (boisson) cocktail; (réunion) cocktail party; **c. de fruits/de crevettes** fruit/ prawn cocktail

coco [kɔko] NM (a) **noix de c.** coconut (b) Fam **un drôle de c.** a strange character ■ **cocotier** NM coconut palm

cocon [kɔkɔ̃] NM cocoon

cocorico [kɔkɔriko] EXCLAM & NM cock-a-doodle-doo; Fam **faire c.** to crow

cocotte [kɔkɔt] NF (marmite) casserole dish; **C. minute®** pressure cooker

cocu, -e [kɔky] **1** ADJ **il est c.** his wife's cheating on him **2** NM cuckold

code [kɔd] NM (symboles, lois) & Ordinat code; **passer le c.** (examen du permis de conduire) to sit the written part of one's driving test; **codes** Br dipped headlights, Am low beams; **le C. de la route** Br the Highway Code, Am the Rules of the Road; Jur **c. civil/pénal** civil/penal code; **c. confidentiel** security code; (de carte bancaire) PIN; **c. postal** Br postcode, Am zip code ■ **code-barres** (pl **codes-barres**) NM bar code ■ **coder vt** to code

coefficient [kɔefisjã] NM coefficient

coéquipier, -ière [kɔekipje, -jɛr] NMF teammate

cœur [kœr] NM heart; Cartes (couleur) hearts; **avoir mal au c.** to feel sick; **avoir le c. gros** to have a heavy heart; **avoir bon c.** to be kind-hearted; **ça me tient à c.** that's close to my heart; **au c. de la ville** in the heart of the town; **au c. de l'hiver** in the depths of winter; **par c.** (off) by heart; **de bon c.** (volontiers) willingly; (rire) heartily; **c. d'artichaut** artichoke heart

coexister [kɔɛgziste] **vi**to coexist

coffre [kɔr] NM (meuble) chest; (pour objets de valeur) safe; (de voiture) Br boot, Am trunk; **c. à bagages** (d'avion) baggage compartment; **c. à jouets** toy box ■ **coffre-fort** (pl **coffres-forts**) NM safe ■ **coffret** NM (petit coffre) box; **c. à bijoux** Br jewellery or Am jewelry box

cogiter [kɔʒite] **vi**Hum to cogitate

cognac [kɔɲak] NM cognac

cogner [kɔɲe] **1** **vt**(heurter) to knock; Fam **c. qn** (battre) to knock about **2** **vi**(buter) to bang (**sur/contre** on); **c. à une porte** to bang on a door **3** **se cogner vpr**to bang oneself; **se c. la tête contre qch** to bang one's head on sth; **se c. à qch** to bang into sth

cohabiter [kɔabite] **vi**to live together; **c. avec qn** to live with sb ■ **cohabitation** NF living together; Pol cohabitation

cohérent, -ente [kɔerã, -ãt] ADJ (discours) coherent; (attitude) consistent ■ **cohérence** NF (de discours) coherence; (d'attitude) consistency ■ **cohésion** NF cohesion

cohue [kɔy] NF crowd; **dans la c.** amidst the general pushing and shoving

coiffe [kwaf] NF headdress

coiffer [kwafe] **1** **vt**Fig (surmonter) to cap; (service) to head; **c. qn** to do sb's hair; **c. qn de qch** to put sth on sb's head; **elle est bien coiffée** her hair is lovely **2** **se coiffer vpr**to do one's hair; **se c. de qch** to put on ■ **coiffeur, coiffeuse**[1] NMF hairdresser ■ **coiffeuse**[2] NF (meuble) dressing table ■ **coiffure** NF (chapeau) headgear; (coupe de cheveux) hairstyle; (métier) hairdressing

coin [kwɛ̃] NM (angle) corner; (endroit) spot; (parcelle) patch; (cale) wedge; **faire le c.** to be on the corner; **du c.** (magasin, gens) local; **dans le c.** in the (local) area; Fam **le petit c.** (toilettes) the smallest room in the house

coincer [kwɛse] **1** **vt**(mécanisme, tiroir) to jam; (caler) to wedge; Fam **c. qn** (arrêter) to nick sb **2** **vi**(mécanisme, tiroir) to jam **3** **se coincer vpr** (mécanisme) to jam; **se c. le doigt dans la porte** to catch one's finger in the door ■ **coincé, -ée** ADJ (mécanisme, tiroir) stuck, jammed; Fam (inhibé) hung up; Fam **être c.** (dans un embouteillage) to be stuck; (être occupé) to be tied up

coïncider [kɔɛ̃side] **vi**to coincide (**avec** with) ■ **coïncidence** NF coincidence

coing [kwɛ̃] NM quince

coke [kɔk] NM (combustible) coke

col [kɔl] NM (de chemise) collar; (de bouteille) neck; Géog col; **c. en V** V-neck; **c. roulé** Br polo neck, Am turtleneck; Anat **c. de l'utérus** cervix

colère [kɔlɛr] NF anger; **être en c. (contre qn)** to be angry (with sb); **mettre qn en c.** to make sb angry; **se mettre en c.** to get angry (**contre** with); **elle est partie en c.** she left angrily; **faire une c.** *(enfant)* to throw a tantrum ■ **coléreux, -euse, colérique** ADJ *(personne)* quick-tempered

colimaçon [kɔlimasɔ̃] NM **escalier en c.** spiral staircase

colin [kɔlɛ̃] NM *(merlu)* hake; *(lieu noir)* coley

colique [kɔlik] NF *(douleurs)* severe stomach pains; *(de bébé)* colic

colis [kɔli] NM parcel

collaborer [kɔlabɔre] VI collaborate (**avec** with); **c. à qch** *(projet)* to take part in sth; *(journal)* to contribute to sth ■ **collaborateur, -trice** NMF *(aide)* assistant; *(de journal)* contributor ■ **collaboration** NF *(aide)* collaboration; *(à un journal)* contribution

collage [kɔlaʒ] NM *(œuvre, jeu)* collage

collant, -ante [kɔlɑ̃, -ɑ̃t] **1** ADJ *(papier)* sticky; *(vêtement)* skin-tight; *Fam* **qu'est-ce qu'il est c.!** you just can't shake him off! **2** NM *Br* tights, *Am* pantyhose

collation [kɔlasjɔ̃] NF *(repas)* snack

colle [kɔl] NF *(transparente)* glue; *(blanche)* paste; *Fam (question)* poser; *Fam (interrogation)* oral test; *Fam (retenue)* detention

collecte [kɔlɛkt] NF collection ■ **collecter** VT to collect

collectif, -ive [kɔlɛktif, -iv] ADJ collective; **billet c.** group ticket; **hystérie/démission collective** mass hysteria/resignation ■ **collectivité** NF *(groupe)* community

collection [kɔlɛksjɔ̃] NF *(de timbres, de vêtements)* collection; **faire la c. de qch** to collect sth ■ **collectionner** VT to collect ■ **collectionneur, -euse** NMF collector

collège [kɔlɛʒ] NM *(école)* school; *Anciennement* **c. d'enseignement secondaire** = secondary school for pupils aged 12 to 15 ■ **collégien, -ienne** NMF schoolboy, *f* schoolgirl

collègue [kɔlɛg] NMF colleague

coller [kɔle] **1** VT *(timbre)* to stick; *(à la colle transparente)* to glue; *(à la colle blanche)* to paste; *(enveloppe)* to stick (down); *(deux objets)* to stick together; *(affiche)* to stick up; *(papier peint)* to hang; **c. son oreille contre qch** to press one's ear against sth; *Fam* **c. un élève** *(en punition)* to keep a pupil in, *Fam* **être collé** *(à un examen)* to fail **2** VI *Fam (coïncider)* to tally (**avec** with) **3 se coller** VPR **se c. contre un mur** to flatten oneself against a wall

collier [kɔlje] NM *(bijou)* necklace; *(de chien, de tuyau)* collar; **c. (de barbe)** fringe of beard

colline [kɔlin] NF hill

collision [kɔlizjɔ̃] NF *(de véhicules)* collision; **entrer en c. avec qch** to collide with sth

colloque [kɔlɔk] NM *(conférence)* seminar

colmater [kɔlmate] VT to fill in

colocataire [kɔlɔkatɛr] NMF *Br* flatmate, *Am* roommate

colombe [kɔlɔ̃b] NF dove

Colombie [kɔlɔ̃bi] NF **la C.** Columbia ■ **colombien, -ienne 1** ADJ Columbian **2** NMF **C., Colombienne** Columbian

colon [kɔlɔ̃] NM *(pionnier)* settler, colonist; *(enfant)* child at camp

colonel [kɔlɔnɛl] NM *(d'infanterie)* colonel

colonial, -e, -aux, -ales [kɔlɔnjal, -jo] ADJ colonial ■ **colonialisme** NM colonialism

colonie [kɔlɔni] NF colony; **c. de vacances** *Br* (children's) holiday camp, *Am* summer camp

coloniser [kɔlɔnize] VT to colonize ■ **colonisation** NF colonization

colonne [kɔlɔn] NF column; **en c. par deux** in columns of two; *Anat* **c. vertébrale** spine

colorer [kɔlɔre] VT to *Br* colour *or Am* color; **c. qch en vert** to colour sth green ■ **colorant, -ante 1** ADJ *Br* colouring, *Am* coloring **2** NM *(pour teindre)* colorant; *(alimentaire) Br* colouring, *Am* coloring ■ **coloré, -ée** ADJ *Br* coloured, *Am* colored; *(teint)* ruddy; *Fig (style) Br* colourful, *Am* colorful ■ **coloriage** NM *(action) Br* colouring, *Am* coloring; *(dessin)* drawing; **album de coloriages** *Br* colouring *or Am* coloring book ■ **colorier** VT *(dessin)* to *Br* colour *or Am* color (in) ■ **coloris** NM *(nuance)* shade

colosse [kɔlos] NM giant ■ **colossal, -e, -aux, -ales** ADJ colossal

colporter [kɔlpɔrte] VT *(marchandises)* to hawk; *(rumeur)* to spread ■ **colporteur** NM hawker

colza [kɔlza] NM rape; **huile de c.** rapeseed oil

coma [kɔma] NM coma; **être dans le c.** to be in a coma

combat [kɔ̃ba] NM *(bataille) & Fig* fight; *(activité)* combat; **c. de boxe** boxing match ■ **combatif, -ive** ADJ combative

combattre* [kɔ̃batr] **1** VT *(personne, incendie)* to fight (against); *(maladie, inflation)* to fight **2** VI to fight ■ **combattant, -ante 1** ADJ *(unité, troupe)* fighting **2** NMF combattant; **anciens combattants** veterans

combien [kɔ̃bjɛ̃] **1** ADV **(a)** *(en quantité)* how much; *(en nombre)* how many; **c. d'argent** how much money; **c. de temps** how long; **c. de personnes** how many people **(b)** *(comme)* how; **tu verras c. il est bête** you'll see how silly he is **2** NM INV *Fam* **le c. sommes-nous?** what's the date?; **tous les c.?** how often?

combinaison [kɔ̃binɛzɔ̃] NF *(assemblage)* combination; *(vêtement de travail) Br* boiler suit,

Am coveralls; *(vêtement de femme)* catsuit; *(sous-vêtement)* slip; **c. de plongée/ski** wet/ski suit

combine [kɔ̃bin] NF *Fam* trick

combiner [kɔ̃bine] **1** VT *(unir)* to combine; *Fam (plan)* to concoct **2 se combiner** VPR to combine ■ **combiné** NM *(de téléphone)* receiver

comble [kɔ̃bl] **1** ADJ *(salle, bus)* packed; *Théâtre* **faire salle c.** to have a full house **2** NM **le c. du bonheur** the height of happiness; **pour c. de malheur** to cap it all; **c'est un** *ou* **le c.!** that's the last straw! ■ **combles** NMPL *(mansarde)* attic

combler [kɔ̃ble] VT *(trou)* to fill in; *(perte)* to make good; *(découvert)* to pay off; *(lacune)* to fill; *(désir)* to satisfy; **c. son retard** to make up for lost time; **c. qn de cadeaux** to shower sb with gifts; **c. qn de joie** to fill sb with joy; **je suis comblé** I have all I could wish for

combustible [kɔ̃bystibl] **1** ADJ combustible **2** NM fuel; **c. fossile** fossil fuel ■ **combustion** NF combustion

comédie [kɔmedi] NF comedy; **jouer la c.** to act; *Fig* to put on an act; **pas de c.!** stop your nonsense!; **c. musicale** musical ■ **comédien, -ienne** NMF actor, *f* actress

Il faut noter que le nom anglais **comedian** est un faux ami. Il signifie **comique**.

comestible [kɔmestibl] ADJ edible

comète [kɔmɛt] NF comet

comique [kɔmik] **1** ADJ *(amusant)* funny, comical; *(acteur, rôle)* comedy; **auteur c.** comedy writer **2** NM *(genre)* comedy; *(acteur)* comic actor; **c. de situation** situation comedy

comité [kɔmite] NM committee; **en petit c.** in a small group; **c. d'entreprise** works council

commandant [kɔmɑ̃dɑ̃] NM *(de navire)* captain; *(grade) (dans l'infanterie)* major; *(dans l'aviation)* squadron leader; *Av* **c. de bord** captain

commande [kɔmɑ̃d] NF **(a)** *(achat)* order; **sur c.** to order; **passer une c.** to place an order **(b)** *Tech (action, manette)* control; *Ordinat* command; **prendre les commandes** to take over the controls; *Fig (d'une entreprise)* to take control; **c. à distance** remote control; **à c. vocale** voice-activated

commandement [kɔmɑ̃dmɑ̃] NM *(ordre, autorité)* command; *Rel* Commandment

commander [kɔmɑ̃de] **1** VT *(diriger, exiger)* to command; *(marchandises)* to order **(à** from); *(machine)* to control **2** VI **c. à qn de faire qch** to command sb to do sth; **qui est-ce qui commande ici?** who's in charge here?

commando [kɔmɑ̃do] NM commando

comme [kɔm] **1** ADV **(a)** *(devant nom, pronom)* like; **c. moi/elle** like me/her; **c. cela** like that; **qu'as-tu c. diplômes?** what do you have in the way of certificates?; **les femmes c. les hommes** men and women alike; **P c. pomme** p as in pomme; **c. par hasard** as if by chance; **c. quoi** *(disant que)* to the effect that; *(ce qui prouve que)* so, which goes to show that **(b)** *(devant proposition)* as; **il écrit c. il parle** he writes as he speaks; **c. si** as if; **c. pour faire qch** as if to do sth **2** ADV *(exclamatif)* **regarde c. il pleut!** look at the rain!; **c. c'est petit!** isn't it small! **3** CONJ *(cause)* as, since; **c. tu es mon ami…** as *or* since you're my friend…; **c. elle entrait** (just) as she was coming in

commémorer [kɔmemɔre] VT to commemorate ■ **commémoration** NF commemoration

commencer [kɔmɑ̃se] VTI to begin, to start **(à faire** to do/doing; **par qch** with sth; **par faire** by doing); **pour c.** to begin with ■ **commencement** NM beginning, start; **au c.** at the beginning *or* start

comment [kɔmɑ̃] ADV how; **c. le sais-tu?** how do you know?; **c. t'appelles-tu?** what's your name?; **c. est-il?** what is he like?; **c. va-t-il?** how is he?; **c. faire?** what's to be done?; **c.?** *(pour faire répéter)* I beg your pardon?; **et c.!** you bet!

commentaire [kɔmɑ̃tɛr] NM *(remarque)* comment; *(de radio, de télévision)* commentary ■ **commentateur, -trice** NMF commentator ■ **commenter** VT to comment (up)on

commérages [kɔmeraʒ] NMPL gossip

commerçant, -ante [kɔmɛrsɑ̃, -ɑ̃t] **1** NMF trader; *(de magasin)* shopkeeper **2** ADJ **rue/quartier commerçant(e)** shopping street/area

commerce [kɔmɛrs] NM *(activité, secteur)* trade; *(affaires, magasin)* business; **faire du c. avec** to do business with; **c. intérieur/extérieur** home/foreign trade; **c. de détail/gros** retail/wholesale trade; *Ordinat* **c. électronique** e-commerce; **c. équitable** fair trade ■ **commercial, -e, -iaux, -iales** ADJ commercial ■ **commercialisation** NF marketing ■ **commercialiser** VT *(produit)* to market; *(art)* to commercialize

commère [kɔmɛr] NF gossip

commettre* [kɔmɛtr] VT *(délit)* to commit; *(erreur)* to make

commis [kɔmi] NM *(de magasin)* shop assistant; *(de bureau)* clerk

commissaire [kɔmisɛr] NMF *(de course)* steward, *f* stewardess; **c. (de police)** *Br* ≃ police superintendent, *Am* ≃ police captain; **c. aux comptes** government auditor ■ **commissariat** NM **c. (de police)** (central) police station

commission [kɔmisjɔ̃] NF *(course)* errand; *(message)* message; *(comité)* commission, commission; *Com (pourcentage)* commission **(sur** on); **faire les commissions** to go shopping; **c. d'enquête** board of inquiry

commode [kɔmɔd] **1** ADJ *(pratique)* handy; *(heure,*

lieu) convenient; **pas c.** *(pas aimable)* awkward; *(difficile)* tricky **2** NF*Br* chest of drawers, *Am* dresser ■ **commodité** NF convenience; **pour plus de c.** for greater convenience

commun, -e [kɔmœ̃, -yn] **1** ADJ *(non exclusif, répandu, vulgaire)* common; *(frais, cuisine)* shared; *(démarche)* joint; **peu c.** uncommon; **ami c.** mutual friend; **en c.** in common; **mettre qch en c.** to share sth; **vivre/travailler en c.** to live/work together; **ils n'ont rien en c.** they have nothing in common **2** NM **le c. des mortels** ordinary mortals; **hors du c.** out of the ordinary

communauté [kɔmynote] NF *(collectivité)* community; **la C. économique européenne** the European Economic Community; **la C. d'États indépendants** the Commonwealth of Independent States ■ **communautaire** ADJ *(de la CE)* Community; **vie c.** community life

commune [kɔmyn] NF *(municipalité)* commune ■ **communal, -e, -aux, -ales** ADJ*Br* ≃ council, *Am* ≃ district; **école communale** ≈ local *Br* primary or *Am* grade school

communicatif, -ive [kɔmynikatif, -iv] ADJ *(personne)* communicative; *(rire)* infectious; **peu c.** uncommunicative

communication [kɔmynikɑsjɔ̃] NF communication; **c. téléphonique** telephone call; **je vous passe la c.** I'll put you through; **la c. est mauvaise** the line is bad

communier [kɔmynje] VI *Rel* to receive Communion ■ **communion** NF communion; *Rel* (Holy) Communion

communiquer [kɔmynike] **1** VT to communicate (**à** to); *(maladie)* to pass on (**à** to) **2** VI *(personne, pièces)* to communicate (**avec** with) **3 se communiquer** VPR to spread (**à** to) ■ **communiqué** NM *(avis)* communiqué; **c. de presse** press release

communisme [kɔmynism] NM communism ■ **communiste** ADJ & NMF communist

commutateur [kɔmytatœr] NM *(bouton)* switch

compact, -e [kɔ̃pakt] **1** ADJ *(foule, amas)* dense; *(appareil, véhicule)* compact **2** NM *(CD)* compact disc

compagne [kɔ̃paɲ] NF *(camarade)* companion; *(concubine)* partner

compagnie [kɔ̃paɲi] NF *(présence, société, soldats)* company; **tenir c. à qn** to keep sb company; **en c. de qn** in the company of sb

compagnon [kɔ̃paɲɔ̃] NM companion; *(concubin)* partner; **c. de jeu** playmate; **c. de route** travelling companion

comparaître* [kɔ̃paretr] VI *(devant tribunal)* to appear (in court) (**devant** before)

comparer [kɔ̃pare] VT to compare (**à** to/with)

■ **comparable** ADJ comparable (**à** to, with)
■ **comparaison** NF comparison (**avec** with); *(métaphore)* simile; **en c. de...** in comparison with...

compartiment [kɔ̃partimɑ̃] NM compartment; **c. à bagages** *(de bus)* luggage compartment; **c. fumeurs** smoking compartment; **c. non-fumeurs** no-smoking compartment

comparution [kɔ̃parysjɔ̃] NF *Jur* appearance

compas [kɔ̃pa] NM *Math Br* (pair of) compasses, *Am* compass; *Naut* compass

compassion [kɔ̃pasjɔ̃] NF compassion

compatible [kɔ̃patibl] ADJ compatible (**avec** with) ■ **compatibilité** NF compatibility

compatir [kɔ̃patir] VI to sympathize; **c. à la douleur de qn** to share in sb's grief ■ **compatissant, -ante** ADJ compassionate, sympathetic

compatriote [kɔ̃patrijɔt] NMF compatriot

compenser [kɔ̃pɑ̃se] **1** VT *(perte, défaut)* to make up for, to compensate for **2** VI to compensate; **pour c.** to make up for it, to compensate ■ **compensation** NF *(de perte)* compensation; **en c.** in compensation (**de** for); **c. carbone** carbon offsetting

compétent, -ente [kɔ̃petɑ̃, -ɑ̃t] ADJ competent ■ **compétence** NF competence; **compétences** *(connaissances)* skills, abilities

compétition [kɔ̃petisjɔ̃] NF *(rivalité)* competition; *(épreuve sportive)* event; **être en c. avec qn** to compete with sb; **sport de c.** competitive sport ■ **compétitif, -ive** ADJ competitive

compiler [kɔ̃pile] VT to compile

complaire* [kɔ̃plɛr] **se complaire** VPR SE **c. dans qch/à faire qch** to delight in sth/in doing sth

complaisant, -ante [kɔ̃plɛzɑ̃, -ɑ̃t] ADJ *(bienveillant)* kind, obliging; *(satisfait)* complacent ■ **complaisance** NF *(bienveillance)* kindness; *(vanité)* complacency

complément [kɔ̃plemɑ̃] NM *(reste)* rest; *Grammaire* complement; **un c. d'information** additional information; **c. circonstanciel** adverbial phrase; **c. d'agent** agent; **c. d'objet direct/indirect** direct/indirect object ■ **complémentaire** ADJ complementary; *(détails)* additional

complet, -ète [kɔ̃ple, -et] **1** ADJ *(entier, absolu)* complete; *(train, hôtel, théâtre)* full; *(pain)* wholemeal **2** NM *(costume)* suit; **la famille au grand c.** the whole family ■ **complètement** ADV completely

compléter [kɔ̃plete] **1** VT *(collection, formation)* to complete; *(formulaire)* to fill in; *(somme)* to make up **2 se compléter** VPR to complement each other

complexe [kɔ̃plɛks] **1 ADJ** complex **2 NM** (sentiment, construction) complex; **avoir des complexes** to have a hang-up ■ **complexé, -ée ADJ** Fam hung up (**par** about) ■ **complexité NF** complexity

complication [kɔ̃plikɑsjɔ̃] **NF** (ennui) & Méd complication; (complexité) complexity

complice [kɔ̃plis] **1 NM** accomplice **2 ADJ** (regard) knowing; (silence) conniving; **être c. de qch** to be a party to sth ■ **complicité NF** complicity

compliment [kɔ̃plimɑ̃] **NM** compliment; **faire des compliments à qn** to pay sb compliments; **mes compliments!** congratulations! ■ **complimenter VT** to compliment (**sur** on)

compliquer [kɔ̃plike] **1 VT** to complicate **2 se compliquer VPR** (situation) to get complicated; **se c. la vie** to make life complicated for oneself ■ **compliqué, -ée ADJ** complicated

complot [kɔ̃plo] **NM** conspiracy (**contre** against) ■ **comploter** [kɔ̃plɔte] **VTI** to plot (**de faire** to do)

comporter [kɔ̃pɔrte] **1 VT** (contenir) to contain; (inconvénient) to involve; (être constitué de) to consist of **2 se comporter VPR** (personne) to behave; (voiture) to handle ■ **comportement** [-əmɑ̃] **NM** Br behaviour, Am behavior

composer [kɔ̃poze] **1 VT** (faire partie de) to make up; (musique, poème) to compose; (numéro de téléphone) to dial; Typ to set; **être composé de qch** to be made up or composed of sth **2 VI** (étudiant) to take a test; **c. avec** (ennemi) to compromise with **3 se composer VPR se c. de qch** to be made up or composed of sth ■ **composant NM** (chimique, électronique) component ■ **composante NF** (d'une idée, d'un ensemble) component

compositeur, -trice [kɔ̃pozitœr, -tris] **NMF** (musicien) composer; (typographe) typesetter

composition [kɔ̃pozisjɔ̃] **NF** (de musique, de poème) composing; Typ typesetting; (éléments) composition; (d'aliment) ingredients; (examen) test; **être de bonne c.** to be good-natured

composter [kɔ̃pɔste] **VT** (billet) to cancel

compote [kɔ̃pɔt] **NF** Br stewed fruit, Am sauce; **c. de pommes** Br stewed apples, Am applesauce

compréhensible [kɔ̃preɑ̃sibl] **ADJ** (justifié) understandable; (clair) comprehensible ■ **compréhensif, -ive ADJ** understanding ■ **compréhension NF** understanding

Il faut noter que l'adjectif anglais **comprehensive** est un faux ami. Il signifie le plus souvent **complet**.

comprendre* [kɔ̃prɑ̃dr] **1 VT** (par l'esprit) to understand; (être composé de) to consist of; (comporter) to include; **mal c. qch** to misunderstand

sth; **je n'y comprends rien** I can't make head o tail of it; **se faire c.** to make oneself understood **2 se comprendre VPR ça se comprend** that's understandable

compresse [kɔ̃prɛs] **NF** compress

comprimé [kɔ̃prime] **NM** (médicament) tablet

comprimer [kɔ̃prime] **VT** (gaz, artère) to com press; (dépenses) to reduce; Ordinat (fichier) to compress, to zip

compris, -ise [kɔ̃pri, -is] **1 PP ➤ comprendre 2 ADJ** (inclus) included (**dans** in); **y c.** including **c. entre** between

compromettre* [kɔ̃prɔmetr] **VT** (personne) to compromise; (sécurité) to jeopardize ■ **compro mis NM** compromise

comptabiliser [kɔ̃tabilize] **VT** (compter) to count

comptable [kɔ̃tabl] **NMF** accountant ■ **comp tabilité NF** (comptes) accounts; (science book-keeping, accounting; (service) account department

comptant [kɔ̃tɑ̃] **1 ADV payer c.** to pay (in) cash **2 NM acheter au c.** to buy for cash

compte [kɔ̃t] **NM** (a) (de banque, de commerçan account; (calcul) calculation; **avoir un c. e banque** to have a bank account; **faire se comptes** to do one's accounts; **c. courant** current account, Am checking account; **c. à re bours** countdown (b) (expressions) **pour le c. d** on behalf of; **en fin de c.** all things considered **s'en tirer à bon c.** to get off lightly; **demande des comptes à qn** to ask sb for an explanation **avoir un c. à régler avec qn** to have a score t settle with sb; **tenir c. de qch** to take sth int account; **c. tenu de** considering sth; **entre en ligne de c.** to be taken into account; **se ren dre c. de qch** to realize sth; **rendre c. de qc** (exposer) to report on sth; (justifier) to accoun for sth; **travailler à son c.** to be self-employe ■ **compte-gouttes NM INV** dropper; Fig **au ɑ** in dribs and drabs

compter [kɔ̃te] **1 VT** (calculer) to count; (prévo to allow; (inclure) to include; **c. faire qch** (espère to expect to do sth; (avoir l'intention de) to inten to do sth; **c. qch à qn** (facturer) to charge sb fo sth; **sans c....** (sans parler de) not to mention. **2 VI** (calculer, être important) to count; **c. sur qi qch** to count or rely on sb/sth; **c. avec qn/qc** to reckon with sb/sth; **c. parmi les meilleurs** t rank among the best; **à c. de demain** as fro tomorrow **3 se compter VPR ses membre se comptent par milliers** it has thousands ɑ members ■ **compteur NM** meter; **c. de ga** gas meter; **c. Geiger** Geiger counter; Aut **kilométrique** Br mileometer, Am odometer; A **c. de vitesse** speedometer

compte rendu [kɔ̃trɑ̃dy] (*pl* **comptes rendus**) **NM** report; (*de livre, de film*) review

comptoir [kɔ̃twar] **NM** (*de magasin*) counter; (*de café*) bar; (*dans un pays éloigné*) trading post; **c. de réception** reception desk

comte [kɔ̃t] **NM** (*noble*) count; (*en Grande-Bretagne*) earl ■ **comtesse NF** countess

con, conne [kɔ̃, kɔn] *très Fam* **1** **ADJ** (*idiot*) *Br* bloody stupid, *Am* goddamn stupid; **c'est pas c.!** that's pretty smart! **2** **NMF** stupid bastard, *f* stupid cow

concave [kɔ̃kav] **ADJ** concave

concéder [kɔ̃sede] **VT** (*victoire, but*) to concede; **c. qch à qn** to grant sb sth

concentrer [kɔ̃sɑ̃tre] **1** **VT** to concentrate; (*attention, énergie*) to focus **2 se concentrer VPR** (*réfléchir*) to concentrate ■ **concentration NF** concentration ■ **concentré, -ée 1** **ADJ** (*lait*) condensed; (*solution*) concentrated; (*attentif*) concentrating (hard) **2 NM c. de tomates** tomato purée

concentrique [kɔ̃sɑ̃trik] **ADJ** concentric

concept [kɔ̃sɛpt] **NM** concept ■ **conception NF** (*d'idée*) conception; (*création*) design; **c. assistée par ordinateur** computer-aided design; **c. graphique** graphic design; **c. de sites Web** web design

concerner [kɔ̃sɛrne] **VT** to concern; **en ce qui me concerne** as far as I'm concerned ■ **concernant PRÉP** concerning

concert [kɔ̃sɛr] **NM** (*de musique*) concert; *Fig* (*de protestations*) chorus; **de c.** (*agir*) together

concerter [kɔ̃sɛrte] **1** **VT** (*projet*) to devise together **2 se concerter VPR** to consult together ■ **concertation NF** consultation

concerto [kɔ̃sɛrto] **NM** *Mus* concerto

concession [kɔ̃sesjɔ̃] **NF** (*compromis*) concession (**à** to); (*terrain*) plot ■ **concessionnaire NMF** dealer

concevoir [kɔ̃səvwar] **1** **VT** (*enfant, plan, idée*) to conceive; (*produit*) to design; (*comprendre*) to understand **2 se concevoir VPR ça se conçoit** that's understandable ■ **concevable ADJ** conceivable

concierge [kɔ̃sjɛrʒ] **NMF** caretaker, *Am* janitor

concilier [kɔ̃silje] **1** **VT** (*choses*) to reconcile **2 se concilier VPR SE c. la faveur de qn** to win sb's goodwill ■ **conciliant, -ante ADJ** conciliatory

concis, -ise [kɔ̃si, -is] **ADJ** concise ■ **concision NF** concision

conclure [kɔ̃klyr] **1** **VT** (*terminer*) to conclude; (*accord*) to finalize; (*marché*) to clinch; **c. que...** (*déduire*) to conclude that... **2 VI c. à la culpabilité de qn** to conclude that sb is guilty ■ **concluant, -ante ADJ** conclusive

■ **conclusion NF** conclusion; **tirer une c. de qch** to draw a conclusion from sth

concombre [kɔ̃kɔ̃br] **NM** cucumber

concordance [kɔ̃kɔrdɑ̃s] **NF** (*de preuves*) tallying; *Grammaire* **c. des temps** sequence of tenses

concorder [kɔ̃kɔrde] **VI** (*preuves, dates, témoignages*) to tally (**avec** with)

concourir [kɔ̃kurir] **VI** *Sport* to compete (**pour** for); (*converger*) to converge; **c. à qch/faire qch** to contribute to sth/to do sth

concours [kɔ̃kur] **NM** (*examen*) competitive examination; (*jeu*) competition; (*aide*) assistance; **c. de beauté** beauty contest; **c. circonstances** combination of circumstances; **c. hippique** horse show

concret, -ète [kɔ̃krɛ, -ɛt] **ADJ** concrete ■ **concrétiser 1** **VT** (*rêve*) to realize; (*projet*) to carry out **2 se concrétiser VPR** to materialize

conçu, -ue [kɔ̃sy] **1** **PP ➤ concevoir 2 ADJ c. pour faire qch** designed to do sth; **bien c.** well designed

concubine [kɔ̃kybin] **NF** *Jur* cohabitant ■ **concubinage NM** cohabitation; **vivre en c.** to cohabit

concurrent, -ente [kɔ̃kyrɑ̃, -ɑ̃t] **NMF** competitor ■ **concurrence NF** competition; **faire c. à** to compete with; **jusqu'à c. de 100 euros** up to the amount of 100 euros ■ **concurrencer VT** to compete with

condamnation [kɔ̃danɑsjɔ̃] **NF** *Jur* (*jugement*) conviction (**pour** for); (*peine*) sentence (**à** to); (*critique*) condemnation; **c. à mort** death sentence

condamner [kɔ̃dane] **VT** (*blâmer*) to condemn; *Jur* to sentence (**à** to); (*porte*) to block up; (*pièce*) to seal up; **c. qn à une amende** to fine sb; **c. qn à qch** (*forcer à*) to force sb into sth ■ **condamné, -ée 1** **ADJ** (*malade*) terminally ill **2 NMF** convicted person

condenser [kɔ̃dɑ̃se] **VT se condenser VPR** to condense ■ **condensation NF** condensation

condescendance [kɔ̃desɑ̃dɑ̃s] **NF** condescension

condiment [kɔ̃dimɑ̃] **NM** condiment

condition [kɔ̃disjɔ̃] **NF** (*état, stipulation, sort*) condition; (*classe sociale*) station; **conditions** (*circonstances*) conditions; (*d'accord, de vente*) terms; **être en bonne c. physique** to be in good shape; **à c. de faire qch, à c. que l'on fasse qch** providing *or* provided (that) one does sth; **sans c.** (*capitulation*) unconditional; (*se rendre*) unconditionally ■ **conditionnel, -elle 1 ADJ** conditional **2 NM** *Grammaire* conditional

conditionner [kɔ̃disjone] **VT** (*être la condition de*) to govern; (*emballer*) to package; (*personne*) to condition ■ **conditionnement NM** (*emballage*) packaging; (*de personne*) conditioning

condoléances [kɔ̃dɔleɑ̃s] NFPL condolences; **présenter ses c. à qn** to offer one's condolences to sb

conducteur, -trice [kɔ̃dyktœr, -tris] **1** NMF *(de véhicule, de train)* driver **2** ADJ & NM *Él* **(corps) c.** conductor; **(fil) c.** lead (wire)

Il faut noter que le nom anglais **conductor** est un faux ami. Il signifie **chef d'orchestre** ou **contrôleur** selon le contexte.

conduire* [kɔ̃dyir] **1** VT *(troupeau)* to lead; *(voiture)* to drive; *(moto)* to ride; *(eau)* to carry; *(électricité)* to conduct; **c. qn à** *(accompagner)* to take sb to; **c. qn au suicide** to drive sb to suicide **2** VI *(en voiture)* to drive; **c. à** *(lieu)* to lead to **3 se conduire** VPR to behave

conduit [kɔ̃dyi] NM *(tuyau)* pipe

conduite [kɔ̃dyit] NF *(de véhicule)* driving *(de* of); *(d'entreprise, d'opération)* management; *(tuyau)* pipe; *(comportement)* conduct, *Br* behaviour, *Am* behavior; **c. à gauche/droite** *(volant)* left-hand/right-hand drive; **sous la c. de qn** under the guidance of sb; **c. de gaz** gas main

cône [kon] NM cone

confection [kɔ̃fɛksjɔ̃] NF *(de vêtement, de repas)* making *(de* of); *(industrie)* clothing industry; **vêtements de c.** ready-to-wear clothes ■ **confectionner** VT to make

Il faut noter que le mot anglais **confectioner** est un faux ami. Il signifie **confiseur** ou **pâtissier**.

confédération [kɔ̃federasjɔ̃] NF confederation

conférence [kɔ̃ferɑ̃s] NF *(réunion)* conference; *(exposé)* lecture; **c. de presse** press conference

conférer [kɔ̃fere] VT *(titre)* to confer *(à* on)

confesser [kɔ̃fese] *Rel* **1** VT to confess **2 se confesser** VPR to confess *(à* to) ■ **confession** NF confession

confettis [kɔ̃feti] NMPL confetti

confiance [kɔ̃fjɑ̃s] NF confidence; **faire c. à qn, avoir c. en qn** to trust sb; **de c.** *(mission)* of trust; *(personne)* trustworthy; **en toute c.** *(acheter, dire)* quite confidently; **c. en soi** self-confidence; **avoir c. en soi** to be self-confident ■ **confiant, -ante** ADJ *(qui fait confiance)* trusting; *(optimiste)* confident; *(qui a confiance en soi)* self-confident

confidence [kɔ̃fidɑ̃s] NF confidence; **faire une c. à qn** to confide in sb ■ **confident, -ente** NMF confidant, *f* confidante ■ **confidentiel, -ielle** ADJ confidential

confier [kɔ̃fje] **1** VT **c. qch à qn** *(laisser)* to entrust sb with sth; *(dire)* to confide sth to sb **2 se confier** VPR **se c. à qn** to confide in sb

configuration [kɔ̃figyrasjɔ̃] NF *(disposition)* layout; *Ordinat* configuration

confiner [kɔ̃fine] **1** VT to confine **2** VI **c. à** to border on **3 se confiner** VPR **se c. chez soi** to shut oneself up indoors

confins [kɔ̃fɛ̃] NMPL confines; **aux c. de** on the edge of

confirmer [kɔ̃firme] **1** VT to confirm *(que* that); **c. qn dans son opinion** to confirm sb in his/her opinion **2 se confirmer** VPR *(nouvelle)* to be confirmed; *(tendance)* to continue ■ **confirmation** NF confirmation

confiserie [kɔ̃fizri] NF *(magasin)* *Br* sweetshop, *Am* candy store; **confiseries** *(bonbons)* *Br* sweets, *Am* candy ■ **confiseur, -euse** NMF confectioner

confisquer [kɔ̃fiske] VT to confiscate *(à qn* from sb)

confit, -e [kɔ̃fi] **1** ADJ *(fruits)* candied **2** NM **c. d'oie** potted goose

confiture [kɔ̃fityr] NF jam; **c. de fraises** strawberry jam

conflit [kɔ̃fli] NM conflict; **conflits sociaux** industrial disputes ■ **conflictuel, -elle** ADJ *(intérêts)* conflicting; **situation conflictuelle** situation of potential conflict

confondre [kɔ̃fɔ̃dr] **1** VT *(choses, personnes)* to mix up, to confuse; *(consterner)* to astound; *(démasquer)* to confound; **c. qn/qch avec qn/qch** to mistake sb/sth for sb/sth **2 se confondre** VPR *(couleurs, intérêts)* to merge; **se c. en excuses** to apologize profusely

conforme [kɔ̃fɔrm] ADJ **c. à** in accordance with; *(modèle)* true to; **copie c. à l'original** exact copy ■ **conformément** ADV **c. à** in accordance with

conformer [kɔ̃fɔrme] **1** VT to model **2 se conformer** VPR to conform *(à* to)

conformisme [kɔ̃fɔrmism] NM conformism ■ **conformiste** ADJ & NMF conformist ■ **conformité** NF conformity *(à* with)

confort [kɔ̃fɔr] NM comfort ■ **confortable** ADJ comfortable

confrère [kɔ̃frɛr] NM *(de profession)* colleague

confronter [kɔ̃frɔ̃te] VT *(personnes)* to confront; *(expériences, résultats)* to compare; **confronté à** *(difficulté)* confronted with ■ **confrontation** NF *(face-à-face)* confrontation; *(comparaison)* comparison

confus, -use [kɔ̃fy, -yz] ADJ *(esprit, situation, explication)* confused; *(bruit)* indistinct; *(gêné)* embarrassed ■ **confusion** NF *(désordre, méprise)* confusion; *(gêne)* embarrassment

Il faut noter que l'adjectif anglais **confus** est un faux ami. Il signifie **désorienté**.

congé [kɔ̃ʒe] NM *(vacances)* *Br* holiday, *Am* vacation; *(arrêt de travail)* leave; *(avis de renvoi,* notice; **donner son c. à qn** *(employé, locataire)* to give notice to sb; **prendre c. de qn** to take one's leave of sb; **c. de maladie** sick leave; **c. de maternité** maternity leave; **c. de paternité** paternity leave; **congés payés** *Br* paid holidays, *Am* paid vacation

congédier [kɔ̃ʒedje] **vt** to dismiss

congeler [kɔ̃ʒle] **vt** to freeze ■ **congélateur nm** freezer ■ **congélation nf** freezing

congénital, -e, -aux, -ales [kɔ̃ʒenital, -o] **adj** congenital

congère [kɔ̃ʒɛr] **nf** snowdrift

congestion [kɔ̃ʒɛstjɔ̃] **nf** congestion; **c. cérébrale** stroke

Congo [kɔ̃go] **nm le C.** Congo ■ **congolais, -aise 1 adj** Congolese **2 nmf C., Congolaise** Congolese

congratuler [kɔ̃gratyle] **vt** to congratulate (**sur** on)

congrès [kɔ̃grɛ] **nm** conference; **le C.** *(aux États-Unis)* Congress

conifère [kɔnifɛr] **nm** conifer

conique [kɔnik] **adj** conical

conjoint, -ointe [kɔ̃ʒwɛ̃, -wɛ̃t] **1 adj** joint **2 nm** spouse; **conjoints** husband and wife

conjonction [kɔ̃ʒɔ̃ksjɔ̃] **nf** *(union)* union; *Grammaire* conjunction

conjonctivite [kɔ̃ʒɔ̃ktivit] **nf** *Méd* conjunctivitis

conjoncture [kɔ̃ʒɔ̃ktyr] **nf** circumstances; **la c. économique** the economic situation

conjugal, -e, -aux, -ales [kɔ̃ʒygal, -o] **adj** *(bonheur)* marital; *(vie)* married; *(devoir)* conjugal

conjuguer [kɔ̃ʒyge] **1 vt** *(verbe)* to conjugate; *(efforts)* to combine **2 se conjuguer vpr** *(verbe)* to be conjugated ■ **conjugaison nf** *Grammaire* conjugation

conjurer [kɔ̃ʒyre] **vt** *(danger)* to avert; *(mauvais sort)* to ward off; **c. qn de faire qch** to beg sb to do sth ■ **conjuré, -ée nmf** conspirator

connaissance [kɔnɛsɑ̃s] **nf** *(savoir)* knowledge; *(personne)* acquaintance; **à ma c.** to my knowledge; **en c. de cause** with full knowledge of the facts; **faire la c. de qn** to make sb's acquaintance; **faire c. avec qn** to get to know sb; **prendre c. de qch** to acquaint oneself with sth; **perdre/reprendre c.** to lose/regain consciousness; **sans c.** unconscious ■ **connaisseur nm** connoisseur

connaître* [kɔnɛtr] **1 vt** *(personne, endroit, faits, amour)* to know; *(rencontrer)* to meet; *(famine, guerre)* to experience; **faire c. qch** to make sth known; **faire c. qn** *(présenter)* to introduce sb; *(rendre célèbre)* to make sb known; **ne pas c. de limites** to know no bounds **2 se connaître vpr**

nous nous connaissons déjà we've met before; **s'y c. en qch** to know all about sth

connecter [kɔnɛkte] **1 vt** *(appareil électrique)* to connect; *Ordinat* **connecté** on line **2 se connecter vpr** *(appareils électriques)* to be connected; *Ordinat (internaute)* to go on line; **se c. à un système** to log on to a system ■ **connexion nf** connection

connerie [kɔnri] **nf** *très Fam (bêtise)* (damn) stupidity; *(action)* (damn) stupid thing; **dire des conneries** to talk (a load of) crap

connu, -ue [kɔny] **1 pp ➤ connaître 2 adj** *(célèbre)* well-known

conquérir* [kɔ̃kerir] **vt** *(pays, sommet)* to conquer; *(marché)* to capture; **conquis par son charme** won over by his/her charm ■ **conquérant, -ante nmf** conqueror ■ **conquête nf** conquest; **faire la c. de** *(pays)* to conquer

consacrer [kɔ̃sakre] **1 vt** *(temps, vie)* to devote (**à** to); *(église)* to consecrate; *(entériner)* to establish **2 se consacrer vpr se c. à** to devote oneself to

consciemment [kɔ̃sjamɑ̃] **adv** consciously

conscience [kɔ̃sjɑ̃s] **nf** (a) *(esprit)* consciousness; **avoir/prendre c. de qch** to be/become aware of sth; **perdre c.** to lose consciousness (b) *(morale)* conscience; **avoir bonne/mauvaise c.** to have a clear/guilty conscience; **c. professionnelle** professional integrity ■ **consciencieux, -euse adj** conscientious

conscient, -ente [kɔ̃sjɑ̃, -ɑ̃t] **adj** *(lucide)* conscious; **c. de qch** aware or conscious of sth

conscrit [kɔ̃skri] **nm** *Mil* conscript

consécutif, -ive [kɔ̃sekytif, -iv] **adj** consecutive; **c. à** following upon

conseil [kɔ̃sɛj] **nm** (a) **un c.** *(recommandation)* a piece of advice; **des conseils** advice (b) *(assemblée)* council, committee; **c. d'administration** board of directors; *Scol* **c. de classe** = staff meeting with participation of class representatives; *Pol* **c. des ministres** cabinet meeting

conseiller¹ [kɔ̃seje] **vt** *(guider)* to advise; **c. qch à qn** to recommend sth to sb; **c. à qn de faire qch** to advise sb to do sth

conseiller², -ère [kɔ̃seje, -jɛr] **nmf** *(expert)* consultant, adviser; **c. de gestion** management consultant; **c. d'orientation** careers adviser

consentir* [kɔ̃sɑ̃tir] **1 vic. à qch/à faire qch** to consent to sth/to do sth **2 vt** *(prêt)* to grant (**à** to) ■ **consentement nm** consent

conséquence [kɔ̃sekɑ̃s] **nf** consequence; **en c.** accordingly; **agir en c.** to take appropriate action; **sans c.** *(sans importance)* of no importance

conséquent, -ente [kɔ̃sekɑ̃, -ɑ̃t] **adj** *(cohérent)* consistent; *Fam (somme)* tidy; **par c.** consequently

conservateur, -trice [kɔ̃sɛrvatœr, -tris] **1** ADJ & NMF *Pol* Conservative **2** NMF *(de musée)* curator; *(de bibliothèque)* librarian **3** NM *(alimentaire)* preservative ∎ **conservatisme** NM conservatism

conservatoire [kɔ̃sɛrvatwar] NM school, academy

conserve [kɔ̃sɛrv] NF **conserves** canned or *Br* tinned food; **en c.** canned, *Br* tinned

conserver [kɔ̃sɛrve] **1** VT to keep; *(droits)* to retain; *(fruits, tradition)* to preserve; **c. son calme** to keep one's calm **2 se conserver** VPR *(aliment)* to keep

considérable [kɔ̃siderabl] ADJ considerable ∎ **considérablement** [-əmɑ̃] ADV considerably

considérer [kɔ̃sidere] VT to consider *(que* that); **c. qn/qch comme...** to consider sb/sth as...; **tout bien considéré** all things considered ∎ **considération** NF *(respect)* regard, esteem; **considérations** *(remarques)* observations; **prendre qch en c.** to take sth into consideration

consigne [kɔ̃siɲ] NF *(instructions)* orders; *Mil (punition)* confinement to barracks; *(de bouteille)* deposit; **c. (à bagages)** *Br* left-luggage office, *Am* checkroom; **c. automatique** lockers ∎ **consigner** VT *(bouteille)* to charge a deposit on; *(bagages)* *Br* to deposit in the left-luggage office, *Am* to check; *(écrire)* to record; *(punir) (élève)* to keep in; *(soldat)* to confine to barracks

consistant, -ante [kɔ̃sistɑ̃, -ɑ̃t] ADJ *(sauce, bouillie)* thick; *(repas)* substantial ∎ **consistance** NF *(de corps)* consistency

> Il faut noter que l'adjectif anglais **consistent** est un faux ami. Il signifie le plus souvent **cohérent**.

consister [kɔ̃siste] VI **c. en qch** to consist of sth; **c. à faire qch** to consist in doing sth

consœur [kɔ̃sœr] NF female colleague

console [kɔ̃sɔl] NF *(d'ordinateur, de jeux)* console

consoler [kɔ̃sɔle] **1** VT to comfort, to console **2 se consoler** VPR **se c. de qch** to get over sth ∎ **consolation** NF comfort, consolation

consolider [kɔ̃sɔlide] VT *(mur, position)* to strengthen ∎ **consolidation** NF strengthening

consommateur, -trice [kɔ̃sɔmatœr, -tris] NMF consumer; *(au café)* customer ∎ **consommation** NF *(de nourriture, d'électricité)* consumption; *(de voiture)* fuel consumption; *(boisson)* drink

consommer [kɔ̃sɔme] **1** VT *(aliment, carburant)* to consume; *(mariage)* to consummate **2** VI *(au café)* to drink

consonne [kɔ̃sɔn] NF consonant

consortium [kɔ̃sɔrsjɔm] NM *(entreprises)* consortium

conspirer [kɔ̃spire] VI *(comploter)* to conspire *(contre* against); **c. à faire qch** *(concourir)* to

conspire to do sth ∎ **conspirateur, -trice** NMF conspirator ∎ **conspiration** NF conspiracy

constant, -ante [kɔ̃stɑ̃, -ɑ̃t] ADJ constant **2** NF *Math* **constante** constant ∎ **constamment** [-amɑ̃] ADV constantly ∎ **constance** NF *(en amour)* constancy

constat [kɔ̃sta] NM *(official)* report; **faire un c. d'échec** to acknowledge failure

constater [kɔ̃state] **1** VT *(observer)* to note *(que* that); *Jur (enregistrer)* to record; *(décès)* to certify **2** VI **je ne fais que c.** I'm merely stating a fact ∎ **constatation** NF *(remarque)* observation

constellation [kɔ̃stɛlasjɔ̃] NF constellation

consterner [kɔ̃stɛrne] VT to dismay

constipation [kɔ̃stipasjɔ̃] NF constipation

constituer [kɔ̃stitɥe] **1** VT *(composer)* to make up; *(équivalir à)* to constitute; *(former)* to form; **constitué de** made up of **2 se constituer** VPR **se c. prisonnier** to give oneself up

constitution [kɔ̃stitysjɔ̃] NF *(santé, lois)* constitution; *(de gouvernement)* formation ∎ **constitutionnel, -elle** ADJ constitutional

constructeur [kɔ̃stryktœr] NM *(bâtisseur)* builder; *(fabricant)* maker *(de* of); **c. automobile** car manufacturer ∎ **constructif, -ive** ADJ constructive ∎ **construction** NF *(de pont, de route, de maison)* building, construction *(de* of); *(de phrase)* structure; *(édifice)* building; **en c.** under construction

construire* [kɔ̃strɥir] VT *(maison, route)* to build; *(phrase)* to construct

consul [kɔ̃syl] NM consul ∎ **consulat** NM consulate

consulter [kɔ̃sylte] **1** VT to consult **2** VI *(médecin)* to see patients **3 se consulter** VPR to consult each other ∎ **consultation** NF consultation; **être en c.** *(médecin)* to be with a patient

consumer [kɔ̃syme] VT *(brûler)* to consume

contact [kɔ̃takt] NM *(relation, personne, toucher)* & *Él, Aut* contact; **être en c. avec qn** to be in contact with sb; **entrer en c. avec qn** to come into contact with sb; **prendre c.** to get in touch *(avec* with); *Aut* **mettre/couper le c.** to switch on/off ∎ **contacter** VT to contact

contagieux, -euse [kɔ̃taʒjø, -øz] ADJ *(maladie, personne)* contagious; *(enthousiasme)* infectious

contaminer [kɔ̃tamine] VT to contaminate ∎ **contamination** NF contamination

conte [kɔ̃t] NM tale; **c. de fées** fairy tale

contempler [kɔ̃tɑ̃ple] VT to gaze at, to contemplate

contemporain, -aine [kɔ̃tɑ̃pɔrɛ̃, -ɛn] ADJ & NMF contemporary

contenance [kɔ̃tnɑ̃s] NF **(a)** *(de récipient)* capacity (**b**) *(allure)* bearing; **perdre c.** to lose one's composure

contenir* [kɔ̃tnir] **1** vt *(renfermer)* to contain; *(contrôler)* to hold back, to contain; **le théâtre contient mille places** the theatre seats a thousand **2 se contenir** vpr to contain oneself ■ **contenant** nm container ■ **conteneur** nm container

content, -ente [kɔ̃tɑ̃, -ɑ̃t] **1** adj pleased, happy (**de** with; **de faire** to do); **être c. de soi** to be pleased with oneself; **non c. de mentir...** not content with lying... **2 nm avoir son c.** to have had one's fill (**de** of)

contenter [kɔ̃tɑ̃te] **1** vt *(satisfaire)* to satisfy; *(faire plaisir à)* to please **2 se contenter** vpr se c. de qch to content oneself with sth ■ **contentement** nm contentment, satisfaction

contentieux [kɔ̃tɑ̃sjø] nm *(querelles)* dispute; *Jur* litigation; *(service)* legal department

contenu [kɔ̃tny] nm *(de paquet, de bouteille)* contents; *(de lettre, de film)* content

conter [kɔ̃te] vt to tell (**à** to) ■ **conteur, -euse** nmf storyteller

contestable [kɔ̃testabl] adj debatable

contestataire [kɔ̃testater] **1** adj *Pol* anticstablishment; **étudiant c.** student protester **2** nmf *Pol* protester ■ **contestation** nf protest; **faire de la c.** to protest; **sans c. possible** beyond dispute

conteste [kɔ̃test] **sans conteste** adv indisputably

contester [kɔ̃teste] **1** vt to dispute **2** vi faire qch **sans c.** to do sth without protest ■ **contesté, -ée** adj *(théorie, dirigeant)* controversial

contexte [kɔ̃tekst] nm context

contigu, -uë [kɔ̃tigy] adj *(maisons)* adjoining; **c. à qch** adjoining sth

continent [kɔ̃tinɑ̃] nm continent; *(opposé à une île)* mainland ■ **continental, -e, -aux, -ales** adj *(climat, plateau)* continental

contingent [kɔ̃tɛ̃ʒɑ̃] nm *Mil* contingent; *(quota)* quota

continu, -ue [kɔ̃tiny] adj continuous ■ **continuel, -elle** adj *(ininterrompu)* continuous; *(qui se répète)* continual ■ **continuellement** adv *(de façon ininterrompue)* continuously; *(de façon répétitive)* continually

continuer [kɔ̃tinɥe] **1** vt *(études, efforts, politique)* to continue, to carry on with; **c. à** ou **de faire qch** to continue or carry on doing sth **2** vi to continue, to go on ■ **continuation** nf continuation; *Fam* **bonne c.!** all the best!, good luck with everything! ■ **continuité** nf continuity

contorsion [kɔ̃tɔrsjɔ̃] nf contortion ■ **se contorsionner** vpr to contort oneself

contour [kɔ̃tur] nm outline

contourner [kɔ̃turne] vt to go round; *Fig (difficulté, loi)* to get round

contraception [kɔ̃trasepsjɔ̃] nf contraception ■ **contraceptif, -ive** adj & nm contraceptive

contracter [kɔ̃trakte] **1** vt *(muscle, habitude, dette)* to contract; *(personne)* to tense up ■ **contraction** nf contraction

contractuel, -elle [kɔ̃traktɥel] **1** adj *(politique)* contractual **2** nmf *Br* ≃ traffic warden, *Am* ≃ traffic policeman, *f* traffic policewoman

contradiction [kɔ̃tradiksjɔ̃] nf contradiction; **être en c. avec qch** to contradict sth, **avoir l'esprit de c.** to be contrary ■ **contradictoire** adj contradictory; **débat c.** debate

contraindre* [kɔ̃trɛ̃dr] **1** vt to compel, to force (**à faire** to do) **2 se contraindre** vpr to compel or force oneself (**à faire** to do) ■ **contraignant, -ante** adj restricting ■ **contrainte** nf *(obligation, limitation)* constraint; **sous la c.** under duress; **obtenir qch par la c.** to obtain sth by force

contraire [kɔ̃trer] **1** adj *(opposé)* conflicting; **c. à qch** contrary to sth; **en sens c.** in the opposite direction **2** nm opposite; **(bien) au c.** on the contrary ■ **contrairement** adv **c. à** contrary to; **c. à qn** unlike sb

contrarier [kɔ̃trarje] vt *(projet, action)* to thwart; *(personne)* to annoy ■ **contrariant, -ante** adj *(situation)* annoying; *(personne)* annoying ■ **contrariété** nf annoyance

contraste [kɔ̃trast] nm contrast ■ **contraster** vi to contrast (**avec** with)

contrat [kɔ̃tra] nm contract; **passer un c.** to enter into an agreement; **c. emploi-solidarité** = short-term contract subsidized by the French government; **c. de mariage** pre-nuptial agreement

contravention [kɔ̃travɑ̃sjɔ̃] nf *(amende)* fine; *(pour stationnement interdit)* parking ticket

contre [kɔ̃tr] **1** prép against; *(en échange de)* (in exchange) for; **échanger qch c. qch** to exchange sth for sth; **fâché c. qn** angry with sb; **six voix c. deux** six votes to two; **Nîmes c. Arras** *(match)* Nîmes versus or against Arras; **sirop c. la toux** cough mixture; **par c.** on the other hand **2** nm (**a**) **le pour et le c.** the pros and cons (**b**) *(au volley, au basket)* block ■ **contre-attaque** *(pl* **contre-attaques)** nf counter-attack ■ **contre-attaquer** vt to counter-attack

contrebalancer [kɔ̃trəbalɑ̃se] vt to counterbalance; *Fig (compenser)* to offset

contrebande [kɔ̃trəbɑ̃d] nf *(activité)* smuggling; *(marchandises)* contraband; **tabac de c.** smuggled tobacco; **faire de la c.** to smuggle goods; **faire entrer qch en c.** to smuggle in sth ■ **contrebandier, -ière** NMF smuggler

contrebas [kɔ̃trəba] **en contrebas** ADV (down) below; **en c. de** below

contrebasse [kɔ̃trəbas] NF (instrument) double-bass

contrecarrer [kɔ̃trəkare] VT to thwart

contrecœur [kɔ̃trəkœr] **à contrecœur** ADV reluctantly

contrecoup [kɔ̃trəku] NM repercussions

contre-courant [kɔ̃trəkurɑ̃] (pl **contre-courants**) **à contre-courant** ADV (nager) against the current

contredire* [kɔ̃trədir] 1 VT to contradict 2 **se contredire** VPR (soi-même) to contradict oneself; (l'un l'autre) to contradict each other

contrée [kɔ̃tre] NF Littéraire (region) region; (pays) land

contre-espionnage [kɔ̃trɛspjɔnaʒ] NM counter-espionage

contrefaçon [kɔ̃trəfasɔ̃] NF (pratique) counterfeiting; (produit) fake ■ **contrefaire*** VT (voix, écriture) to disguise; (pièce) to counterfeit; (signature) to forge

contre-indication [kɔ̃trɛ̃dikasjɔ̃] (pl **contre-indications**) NF contraindication

contre-jour [kɔ̃trəʒur] NM **à c.** (tableau, photo) against the light; **un effet de c.** a backlit effect

contremaître [kɔ̃trəmɛtr] NM foreman

contre-offensive [kɔ̃trɔfɑ̃siv] (pl **contre-offensives**) NF counter-offensive

contrepartie [kɔ̃trəparti] NF compensation; **en c. (de)** in return (for)

contre-pied [kɔ̃trəpje] NM **prendre le c. de qch** (dire le contraire de) to take the opposite view to sth; Sport **prendre son adversaire à c.** to wrongfoot one's opponent

contreplaqué [kɔ̃trəplake] NM plywood

contrepoids [kɔ̃trəpwa] NM counterbalance; **faire c. à qch** to counterbalance sth

contrepoison [kɔ̃trəpwazɔ̃] NM antidote

contrer [kɔ̃tre] VT (personne, attaque) to counter

contresens [kɔ̃trəsɑ̃s] NM misinterpretation; (en traduisant) mistranslation; **à c.** (en voiture) the wrong way; **prendre une rue à c.** to go down/up a street the wrong way

contresigner [kɔ̃trəsiɲe] VT to countersign

contretemps [kɔ̃trətɑ̃] NM hitch, mishap; Mus offbeat; **à c.** off the beat; Fig at the wrong moment

contrevenir* [kɔ̃trəvnir] VI **c. à** to contravene

contribuer [kɔ̃tribɥe] VI to contribute (**à** to); **c. à faire qch** to help (to) do sth ■ **contribuable** NMF taxpayer ■ **contribution** NF contribution

(**à** to); (impôt) tax; **contributions** (administration) tax office; **mettre qn à c.** to use sb's services

contrôle [kɔ̃trol] NM (vérification) checking (**de** of); (surveillance) monitoring; (maîtrise) control; Scol test; **avoir le c. de qch** to have control of sth; **le c. des naissances** birth control; **c. d'identité** identity check; **c. de soi** self-control; **c. fiscal** tax inspection

contrôler [kɔ̃trole] 1 VT (vérifier) to check; (surveiller) to monitor; (maîtriser) to control 2 **se contrôler** VPR to control oneself ■ **contrôleur, -euse** NMF (de train, de bus) ticket inspector; **c. aérien** air-traffic controller

controverse [kɔ̃trɔvɛrs] NF controversy ■ **controversé, -ée** ADJ controversial

contumace [kɔ̃tymas] NF Jur non-appearance in court; **par c.** in absentia

contusion [kɔ̃tyzjɔ̃] NF bruise

convaincre* [kɔ̃vɛ̃kr] VT to convince (**de** of); **c. qn de faire qch** to persuade sb to do sth ■ **convaincant, -ante** ADJ convincing ■ **convaincu, -e** ADJ convinced (**de** of; **que** that); (partisan) committed; **être c. de meurtre** to be found guilty of murder

convalescent, -ente [kɔ̃valesɑ̃, -ɑ̃t] ADJ & NMF convalescent ■ **convalescence** NF convalescence; **être en c.** to be convalescing

convenable [kɔ̃vnabl] ADJ (approprié) suitable; (acceptable, décent) decent ■ **convenablement** [-əmɑ̃] ADV (s'habiller, être payé) decently

convenance [kɔ̃vnɑ̃s] NF **faire qch à sa c.** to do sth at one's own convenience; **pour c. personnelle** for personal reasons; **les convenances** (usages) the proprieties

convenir* [kɔ̃vnir] 1 VI **c. à** (être fait pour) to be suitable for; (plaire à, aller à) to suit; **c. de qch** (lieu, prix) to agree upon sth; **c. de faire qch** to agree to do sth; **c. que...** to admit that... 2 VI IMPERSONNEL **il convient de...** it is advisable to...; (selon les usages) it is proper to...; **il fut convenu que...** (décidé) it was agreed that... ■ **convenu, -ue** ADJ (décidé) agreed; Péj (peu original) conventional; **comme c.** as agreed

convention [kɔ̃vɑ̃sjɔ̃] NF (accord) agreement; (règle) convention; Pol (assemblée) assembly; **c. collective** collective agreement; **de c.** (sourire) superficial

conventionné, -ée [kɔ̃vɑ̃sjɔne] ADJ (médecin, clinique) attached to the health system, Br ≈ NHS; **médecin non c.** private doctor

conventionnel, -elle [kɔ̃vɑ̃sjɔnɛl] ADJ conventional

conversation [kɔ̃vɛrsasjɔ̃] NF conversation; **engager la c.** to start a conversation

conversion [kɔ̃vɛrsjɔ̃] NF (changement) conversion (**en** into); (à une doctrine) conversion (**à** to)

■ **convertible 1** ADJconvertible (**en** into) **2** NM sofa bed ■ **convertir 1** VT(changer) to convert (**en** into); (à une doctrine) to convert (**à** to) **2 se convertir** VPR(à une doctrine) to be converted (**à** to)

convexe[kõveks] ADJconvex

conviction[kõviksjõ] NF(certitude, croyance) conviction; **avoir la c. que...** to be convinced that...

convier[kõvje] VTFormel to invite (**à** to; **à faire** to do)

convive[kõviv] NMFguest

convivial, -e, -aux, -ales[kõvivjal, -jo] ADJ convivial; Ordinat user-friendly

convoi[kõvwa] NM(véhicules, personnes) convoy; (train) train; **c. funèbre** funeral procession

convoiter [kõvwate] VT (poste, richesses) to covet

convoquer[kõvɔke] VT(témoin) to summon; (employé, postulant) to call in; (assemblée) to convene; **c. qn à un examen** to notify sb of an examination ■ **convocation** NF(lettre) notice to attend; (d'assemblée) convening; Jur summons; **c. à un examen** notification of an examination

convoyer [kõvwaje] VT(troupes) to convoy; (fonds) to transport under armed guard

convulsion[kõvylsjõ] NFconvulsion

coopérer[kɔɔpere] VIto co-operate (**à** in; **avec** with) ■ **coopératif, -ive** ADJ & NFcooperative ■ **coopération** NF co-operation (**entre** between); Pol overseas development

coordonner[kɔɔrdɔne] VTto co-ordinate (**à** ou **avec** with) ■ **coordination** NFco-ordination ■ **coordonnées** NFPL(adresse, téléphone) address and phone number; Math co-ordinates

copain[kɔpɛ̃] NMFam (camarade) pal; (petit ami) boyfriend; **être c. avec qn** to be pals with sb

copeau, -x[kɔpo] NM(de bois) shaving

copie [kɔpi] NF (manuscrit, double) copy; Scol (devoir, examen) paper; **c. double** double sheet of paper ■ **copier** VT(texte, musique, document) & Scol (à un examen) to copy (**sur** from); Ordinat **c. qch sur diskette** to copy sth to disk ■ **copier-coller** NM INVOrdinat copy and paste; **faire un c. qch** to copy and paste sth ■ **copieur, -euse 1** NMF(élève) copier **2** NM(machine) photocopier

copieux, -euse[kɔpjø, -øz] ADJ(repas) copious; (portion) generous

copilote [kɔpilɔt] NMAv co-pilot

copine [kɔpin] NF Fam (camarade) pal; (petite amie) girlfriend; **être c. avec qn** to be pals with sb

copropriété [kɔprɔprijete] NF joint owner-ship; (immeuble en) c. Br block of flats in joint ownership, Am condominium

coq[kɔk] NMcock, Am rooster; **c. au vin** coq au vin (chicken cooked in red wine); **passer du c. à l'âne** to jump from one subject to another

coque[kɔk] NF(de noix) shell; (de navire) hull; (fruit de mer) cockle

coquelet[kɔklε] NMcockerel

coquelicot[kɔkliko] NMpoppy

coqueluche[kɔklyʃ] NF(maladie) whooping cough; Fig **être la c. de** to be the darling of

coquet, -ette[kɔkε, -εt] ADJ(intérieur) charming; Fam (somme) tidy; (person) conscious of one's appearance ■ **coquetterie** NF(vestimentaire) consciousness of one's appearance

coquetier[kɔktje] NMegg-cup

coquille [kɔkij] NF shell; (faute d'imprimerie) misprint; Culin **c. Saint-Jacques** scallop ■ **coquillage** NM(mollusque) shellfish inv; (coquille) shell

coquin, -e[kɔkɛ̃, -in] **1** ADJ(sourire, air) mischievous; (sous-vêtements) naughty **2** NMFrascal

cor [kɔr] NM (instrument) horn; (durillon) corn; **réclamer qch à c. et à cri** to clamour for sth

corail, -aux[kɔraj, -o] NMcoral

Coran[kɔrɑ̃] NMle C. the Koran

corbeau, -x[kɔrbo] NM(oiseau) crow

corbeille [kɔrbεj] NF (panier) basket; Ordinat wastebasket, recycle bin, Am trash; Ordinat **c. d'arrivé** (pour courrier électronique) in-box; **c. de fruits** fruit basket; **c. à pain** breadbasket; **c. à papier** wastepaper basket (**b**) (à la Bourse) trading floor (**c**) Théâtre dress circle

corbillard[kɔrbijar] NMhearse

cordage [kɔrdaʒ] NM(corde) rope; (de raquette) stringing

corde[kɔrd] NF(lien) rope; (de raquette, de violon) string; **monter à la c.** to climb up a rope; **tenir la c.** (coureur) to be on the inside; **c. à linge** washing ou clothes line; **c. à sauter** Br skipping rope, Am jump-rope; **c. raide** tightrope; **cordes vocales** vocal cords ■ **cordée** NF(d'alpinistes) roped party ■ **corder** VT(raquette) to string

cordial, -e, -aux, -ales[kɔrdjal, -jo] **1** ADJ (accueil, personne) cordial **2** NM(remontant) tonic

cordon [kɔrdõ] NM (de tablier, de sac) string; (de rideau) cord; (de policiers) cordon; Anat **c. ombilical** umbilical cord ■ **cordon-bleu** (pl **cordons-bleus**) NMFam first-class cook

cordonnier[kɔrdɔnje] NMshoe repairer ■ **cordonnerie** NF(métier) shoe-repairing; (boutique) shoe repairer's shop

Corée [kɔre] NFla C. Korea ■ **coréen, -enne 1** ADJKorean **2** NMFC., Coréenne Korean

coriace[kɔrjas] ADJ(viande, personne) tough

corne [kɔrn] NF (d'animal, matière, instrument) horn; (au pied, à la main) hard skin; **faire une c. à une page** to turn down the corner of a page; **c. de brume** foghorn

cornée [kɔrne] NF Anat cornea

corneille [kɔrnɛj] NF crow

cornemuse [kɔrnəmyz] NF bagpipes

corner¹ [kɔrne] VT (page) to turn down the corner of; (abîmer) to make dog-eared

corner² [kɔrner] NM Football corner; **tirer un c.** to take a corner

cornet [kɔrnɛ] NM (glace) cone, Br cornet; **c. (de papier)** (paper) cone; Mus **c. (à pistons)** cornet

corniche [kɔrniʃ] NF (de rocher) ledge; (route) coast road; (en haut d'un mur) cornice

cornichon [kɔrniʃɔ̃] NM gherkin

cornu, -ue [kɔrny] ADJ (diable, animal) horned

corporation [kɔrpɔrasjɔ̃] NF corporate body

corporel, -elle [kɔrpɔrɛl] ADJ (besoin) bodily; (hygiène) personal

corps [kɔr] NM (organisme, cadavre) & Chim body; (partie principale) main part; **c. et âme** body and soul; **c. d'armée/diplomatique** army/diplomatic corps; **c. électoral** electorate; **c. enseignant** teaching profession; **c. gras** fat

corpulent, -ente [kɔrpylɑ̃, -ɑ̃t] ADJ stout, corpulent ■ **corpulence** NF stoutness, corpulence

correct, -e [kɔrɛkt] ADJ (exact, courtois) correct; Fam (acceptable) reasonable ■ **correctement** [-əmɑ̃] ADV (sans faire de fautes, décemment) correctly; Fam (de façon acceptable) reasonably; **gagner c. sa vie** to make a reasonable living

correcteur, -trice [kɔrɛktœr, -tris] 1 ADJ **verres correcteurs** corrective lenses 2 NMF (d'examen) examiner; (en typographie) proofreader 3 NM Ordinat **c. d'orthographe** spellchecker

correction [kɔrɛksjɔ̃] NF (rectification) correction; (punition) beating; (décence, courtoisie) correctness; Scol (de devoirs, d'examens) marking; **c. d'épreuves** proofreading

correctionnel, -elle [kɔrɛksjɔnɛl] 1 ADJ **tribunal c.** criminal court 2 NF **correctionnelle** criminal court; **passer en c.** to go before a criminal court

correspondance [kɔrɛspɔ̃dɑ̃s] NF (relation, lettres) correspondence; (de train, d'avion) Br connection, Am transfer

correspondre [kɔrɛspɔ̃dr] VI **c. à qch** to correspond to sth; **c. avec qn** (par lettres) to correspond with sb ■ **correspondant, -ante** 1 ADJ corresponding (à to) 2 NMF (reporter) correspondent; (par lettres) pen friend, pen pal; (au téléphone) caller; **c. de guerre** war correspondent

corrida [kɔrida] NF bullfight

corridor [kɔridɔr] NM corridor

corriger [kɔriʒe] 1 VT (texte, erreur, myopie, injustice) to correct; (exercice, devoir) to mark; **c. qn** to give sb a beating; **c. qn de qch** to cure sb of sth 2 **se corriger** VPR to mend one's ways; **se c. de qch** to cure oneself of sth ■ **corrigé** NM (d'exercice) correct answers (**de** to)

corroborer [kɔrɔbɔre] VT to corroborate

corrompre* [kɔrɔ̃pr] VT (personne, goût) to corrupt; (soudoyer) to bribe ■ **corrompu, -e** ADJ corrupt ■ **corruption** NF (par l'argent) bribery; (vice) corruption

corrosion [kɔrozjɔ̃] NF corrosion

corsage [kɔrsaʒ] NM blouse

corsaire [kɔrsɛr] NM (a) Hist (marin) corsair (b) (pantalon) pedal pushers

Corse [kɔrs] NF **la C.** Corsica ■ **corse 1** ADJ Corsican 2 NMF **C.** Corsican

corser [kɔrse] 1 VT (plat) to spice up; Fig (récit) to liven up 2 **se corser** VPR **ça se corse** things are getting complicated ■ **corsé, -ée** ADJ (café) Br full-flavoured, Am full-flavored; (vin) full-bodied; Fig (histoire) spicy

corset [kɔrsɛ] NM corset

cortège [kɔrtɛʒ] NM (défilé) procession; **c. funèbre** funeral cortège

corvée [kɔrve] NF chore; Mil fatigue duty

cosmétique [kɔsmetik] ADJ & NM cosmetic

cosmopolite [kɔsmɔpɔlit] ADJ cosmopolitan

cosmos [kɔsmɔs] NM (univers) cosmos; (espace) outer space ■ **cosmique** ADJ cosmic ■ **cosmonaute** NMF cosmonaut

cossu, -e [kɔsy] ADJ (personne) well-to-do; (maison, intérieur) opulent

costard [kɔstar] NM Fam suit

costaud, -aude [kɔsto, -od] 1 ADJ (personne) sturdy; (alcool, épice) strong 2 NM sturdy man

costume [kɔstym] NM (habit) costume; (complet) suit

cotation [kɔtasjɔ̃] NF **c. (en Bourse)** quotation (on the Stock Exchange)

cote [kɔt] NF (marque de classement) classification mark; (valeur) quotation; (liste) share index; (de cheval) odds; (altitude) altitude; Fam **avoir la c.** to be popular; **c. d'alerte** danger level; **c. de popularité** popularity rating

côte [kot] NF (a) (os) rib; **à côtes** (étoffe) ribbed; **c. à c.** side by side; **c. d'agneau/de porc** lamb/pork chop; **c. de bœuf** rib of beef (b) (de montagne) slope (c) (littoral) coast; **la C. d'Azur** the French Riviera

côté [kote] NM side; **de l'autre c.** on the other side (**de** of); (direction) the other way; **de ce c.** (passer) this way; **du c. de** (près de) near; **à c.** close by, nearby; (pièce) in the other room; (maison) nex door; **la maison d'à c.** the house next door; **à c. de qn/qch** next to sb/sth; *(en comparaison de)* compared to sb/sth; **passer à c.** *(balle)* to fall wide **(de** of); **à mes côtés** by my side; **mettre qch de c.** to put sth aside; **d'un c....d'un autre c....** on the one hand... on the other hand...; **de mon c.** for my part; **le bon c. de qch** the bright side of sth; *Fam* **c. argent** moneywise

coteau, -x [kɔto] **NM** hill; *(versant)* hillside

côtelé, -ée [kotle] **ADJ velours c.** corduroy

côtelette [kotlɛt] **NF** *(d'agneau, de porc)* chop

coter [kɔte] **VT** *(prix, action)* to quote ■ **coté, -ée ADJ bien c.** highly rated; **c. en Bourse** quoted on the Stock Market

côtier, -ière [kotje, -jɛr] **ADJ** coastal; *(pêche)* inshore

cotiser [kɔtize] **1 VI** *(à un cadeau, pour la retraite)* to contribute **(à** to; **pour** towards) **2 se cotiser VPR** *Br* to club together, *Am* to club in ■ **cotisation NF** *(de club)* dues, subscription; *(de retraite, de chômage)* contribution

coton [kɔtɔ̃] **NM** cotton; **c. hydrophile** *Br* cotton wool, *Am* absorbent cotton

côtoyer [kotwaje] **VT** *(personnes)* to mix with; *Fig (rivière, forêt)* to border on

cou [ku] **NM** neck; **sauter au c. de qn** to throw one's arms around sb; *Fam* **endetté jusqu'au c.** up to one's ears in debt

couche [kuʃ] **NF** **(a)** *(épaisseur)* layer; *(de peinture)* coat; **couches sociales** levels of society; **la c. d'ozone** the ozone layer; *Fam* **il en tient une c.!** he's really stupid **(b)** *(linge de bébé)* *Br* nappy, *Am* diaper ■ **couche-culotte** *(pl* **couches-culottes)** **NF** *Br* disposable nappy, *Am* disposable diaper

coucher [kuʃe] **1 NM** *(moment)* bedtime; **l'heure du c.** bedtime; **au c.** at bedtime; **c. de soleil** sunset **2 VT** *(allonger)* to lay down; **c. qn** to put sb to bed **3 VI** to sleep **(avec** with) **4 se coucher VPR** *(personne)* to go to bed; *(s'allonger)* to lie down; *(soleil)* to set, to go down; **aller se c.** to go to bed ■ **couchant 1 ADJ** **soleil c.** setting sun **2 NM le c.** *(ouest)* the west ■ **couché, -ée ADJ** **être c.** to be in bed; *(étendu)* to be lying (down)

couchette [kuʃɛt] **NF** *(de train)* couchette; *(de bateau)* bunk

couci-couça [kusikusa] **ADV** *Fam* so-so

coucou [kuku] **1 NM** *(oiseau)* cuckoo; *(pendule)* cuckoo clock; *(fleur)* cowslip **2 EXCLAM** *(me voilà)* peek-a-boo!; *(pour dire bonjour)* cooee!

coude [kud] **NM** elbow; *(tournant)* bend; **donner un coup de c. à qn** to nudge sb; **pousser qn du c.** to nudge sb; **être au c. à c.** to be neck and neck; *Fig* **se serrer les coudes** to stick together

cou-de-pied [kudpje] *(pl* **cous-de-pied)** **NM** instep

coudre [kudr] **VTI** to sew

couenne [kwan] **NF** *(de lard)* rind

couette¹ [kwɛt] **NF** *(édredon)* duvet

couette² [kwɛt] **NF** *Fam (coiffure)* bunch; **se faire des couettes** to put one's hair in bunches

couffin [kufɛ̃] **NM** *(de bébé)* *Br* Moses basket, *Am* bassinet

couillon, -onne [kujɔ̃, -ɔn] **NMF** *très Fam* twat

coulée [kule] **NF c. de lave** lava flow; **c. de boue** mudslide

couler [kule] **1 VT** **(a)** *(métal, statue)* to cast; *(liquide, ciment)* to pour **(b)** *(navire)* to sink; *Fig* **c. qn** to bring sb down **2 VI** **(a)** *(eau, rivière)* to flow; *(nez, sueur)* to run; *(robinet)* to leak; *Fig* **faire c. un bain** to run a bath **(b)** *(bateau, nageur)* to sink **3 se couler VPR SE c. dans** *(passer)* to slip into; *Fam* **se la c. douce** to take things easy

couleur [kulœr] **NF** *(teinte)* *Br* colour, *Am* color; *(colorant)* paint; *(pour cheveux)* dye; *Cartes* suit; **couleurs** *(de drapeau, de club)* *Br* colours; **de quelle c. est...?** what colour is...?; **prendre des couleurs** to get some colour in one's cheeks; **homme de c.** coloured man; **photo en couleurs** colour photo; **télévision c.** *ou* **en couleurs** colour television set

couleuvre [kulœvr] **NF** grass snake

coulis [kuli] **NM C. de tomates** tomato coulis

coulisse [kulis] **NF** *(de porte)* runner; **porte à c.** sliding door; *Théâtre* **les coulisses** the wings; *Théâtre & Fig* **dans les coulisses** behind the scenes ■ **coulissant, -ante ADJ** *(porte, panneau)* sliding

couloir [kulwar] **NM** *(de maison, de train)* corridor; *(en natation, en athlétisme)* lane; **c. aérien** air corridor; **c. de bus** bus lane

coup [ku] **NM (a)** *(choc)* blow; *(essai)* attempt, go; *Échecs* move; **donner un c. à qn** to hit sb; **se donner un c. contre qch** to knock against sth; **donner un c. de couteau à qn** to knife sb; **c. de pied** kick; **donner un c. de pied à qn** to kick sb; **c. de poing** punch; **donner un c. de poing à qn** to punch sb; *Fig* **donner un c. de main à qn** to give sb a hand; **c. de tête** header; **mauvais c.** piece of mischief; *Fam* **c. dur** nasty blow

(b) *(action soudaine, événement soudain)* **c. de vent** gust of wind; **donner un c. de frein** to brake; **prendre un c. de soleil** to get sunburned; *Fam* **avoir un c. de barre** *Br* to feel shattered *or* *Am* beat all of a sudden; *Fig* **ça a été le c. de foudre** it was love at first sight; **c. de chance** stroke of luck; **c. d'État** coup; **c. de théâtre** coup de théâtre

(c) *(bruit)* **c. de feu** shot; **c. de fusil** shot; **c. de sifflet** whistle; **c. de sonnette** ring; **c. de tonnerre** clap of thunder; **l'horloge sonna deux coups** the clock struck two

(d) *(expressions)* **après c.** after the event; **sur le c.** *(alors)* at the time; **tué sur le c.** killed outright; **à c. sûr** for certain; **c. sur c.** one after the other; **tout à c., tout d'un c.** suddenly; **d'un seul c.** *(avaler)* in one go; *(soudain)* all of a sudden; **du premier c.** at the first attempt; *Fam* **du c.** and so; **sous le c. de la colère** in a fit of anger; **tenir le c.** to hold out; **tomber sous le c. de la loi** to be an offence; *Fam* **réussir son c.** to be a great success; *Fam* **il est dans le c.** he's in the know; *Football & Rugby* **c. d'envoi** kickoff; **c. de maître** masterstroke; *Tennis* **c. droit** forehand; *Football* **c. franc** free kick; **c. monté** put-up job

coupable [kupabl] **1** ADJ guilty **(de** of); *(négligence)* culpable; **se sentir c.** to feel guilty **2** NMF culprit

coupe[1] [kup] NF *(trophée)* cup; *(récipient)* bowl; **la C. du monde** the World Cup; **c. à champagne** champagne glass

coupe[2] [kup] NF *(de vêtement)* cut; *(plan)* section; *Fig* **être sous la c. de qn** to be under sb's thumb; **c. de cheveux** haircut ■ **coupe-ongles** NM INV nail clippers ■ **coupe-papier** NM INV paper knife, letter opener ■ **coupe-vent** NM INV *(blouson)* Br windcheater, Am Windbreaker®

couper [kupe] **1** VT *(trancher, supprimer)* to cut; *(arbre)* to cut down; **c. le courant** *(pour réparation)* to switch off the current; *(pour non-paiement)* to cut off the power; **c. la parole à qn** to cut sb short; **c. l'appétit à qn** to spoil sb's appetite; **être coupé du monde** to be cut off from the outside world; **nous avons été coupés** *(au téléphone)* we were cut off **2** VI *(être tranchant)* to be sharp; *(aux cartes)* to cut; *(prendre un raccourci)* to take a short cut; **c. à travers champs** to cut across country; **c. court à qn** to cut sth short; *Fam* **c. à qch** *(se dérober)* to get out of sth; **ne coupez pas!** *(au téléphone)* hold the line! **3** **se couper** VPR *(routes)* to intersect; **se c. au doigt** to cut one's finger; **se c. les cheveux** to cut one's hair ■ **coupant, -ante** ADJ sharp ■ **coupé** NM *(voiture)* coupé ■ **couper-coller** NM INV Ordinat cut and paste

couperet [kuprɛ] NM *(de boucher)* cleaver; *(de guillotine)* blade

couple [kupl] NM couple

couplet [kuplɛ] NM verse

coupole [kupɔl] NF dome

coupon [kupɔ̃] NM *(tissu)* remnant; **c. de réduction** money-off coupon; **c.-réponse** reply coupon

coupure [kupyr] NF *(blessure)* cut; **5000 euros en petites coupures** 5,000 euros in small notes; **c. d'électricité** *ou* **de courant** blackout, Br power cut; **c. de presse** newspaper cutting

cour [kur] NF **(a)** *(de maison, de ferme)* yard; **c. de récréation** Br playground, Am schoolyard **(b)** *(de roi, tribunal)* court; **c. d'appel** court of appeal; **c. d'assises** Assize Court, Br ≃ crown court, Am ≃ circuit court; **c. de cassation** ≃ Supreme Court of Appeal **(c)** **faire la c. à qn** to court sb

courage [kuraʒ] NM courage; **perdre c.** to lose heart; **s'armer de c.** to pluck up courage; **bon c.!** good luck! ■ **courageux, -euse** ADJ *(brave)* courageous; *(énergique)* spirited ■ **courageusement** ADV *(bravely)* courageously

couramment [kuramɑ̃] ADV *(parler)* fluently; *(généralement)* commonly

courant, -ante [kurɑ̃, -ɑ̃t] **1** ADJ *(commun)* common; *(en cours)* current **2** NM *(de rivière)* current; **dans le c. du mois** during the course of the month; **être au c. de qch** to know about sth; **mettre qn au c. de qch** to tell sb about sth; **c. d'air** Br draught, Am draft; **c. électrique** electric current

> Il faut noter que l'adjectif anglais **current** est un faux ami. Il signifie **actuel**.

courbature [kurbatyr] NF ache; **avoir des courbatures** to be aching (all over)

courbe [kurb] **1** ADJ curved **2** NF curve; **c. de niveau** contour line ■ **courber 1** VTI to bend **2 se courber** VPR *(personne)* to bend down; **se c. en deux** to bend double

courge [kurʒ] NF Br marrow, Am squash ■ **courgette** NF Br courgette, Am zucchini

courir* [kurir] **1** VI to run; *(à une course automobile)* to race; **c. après qn/qch** to run after sb/sth; **c. à sa perte** to be heading for disaster; **descendre une colline en courant** to run down a hill; **faire c. un bruit** to spread a rumour; **le bruit court que...** rumour has it that... **2** VT **c. un risque** to run a risk; **c. le 100 mètres** to run the 100 Br metres *or* Am meters; **c. les théâtres** to go to the theatre all the time ■ **coureur, -euse** NMF *(sportif)* runner; *(cycliste)* cyclist; **c. automobile** racing driver; **c. de jupons** womanizer

couronne [kurɔn] NF *(de roi, de reine)* crown; *(pour enterrement)* wreath; *(de dent)* crown ■ **couronnement** [-əmɑ̃] NM *(de roi)* coronation; *Fig (réussite)* crowning achievement ■ **couronner** VT *(roi)* to crown; *(auteur, ouvrage)* to award a prize to; **leurs efforts furent couronnés de succès** their efforts were crowned with success; **et pour c. le tout...** and to crown it all...

courriel [kurjɛl] *(abrév* **courrier électronique)** NM Can Ordinat e-mail

courrier [kurje] NM *(lettres)* mail, Br post; **j'ai du c. à faire** I have (some) letters to write; **par retour du c.** Br by return of post, Am by return mail; *Journ* **c. du cœur** problem page; **c. électronique** e-mail; *Fam* **c. escargot** snail mail

courroie [kurwa] NF *(attache)* strap

cours [kur] NM **(a)** *(de rivière, d'astre)* course; *(de monnaie)* currency; *Fin (d'action)* price; **suivre son c.** to run its course; **avoir c.** *(monnaie)* to be legal tender; *(pratique)* to be current; **en c.** *(travail)* in progress; *(année)* current; *(affaires)* outstanding; **en c. de route** on the way; **au c. de qch** in the course of sth; **c. d'eau** river, stream **(b)** *(leçon)* class; *(série de leçons)* course; *(conférence)* lecture; *(établissement)* school; **faire c.** to teach; **aller en c.** to go to school; **suivre un c.** to take a course; **c. magistral** lecture; **c. particulier** private lesson; **c. du soir** evening class; *Scol* **c. moyen** = fourth and fifth years of primary school; *Scol* **c. préparatoire** = first year of primary school **(c)** *(allée)* avenue

course¹ [kurs] NF *(action de courir)* running; *Sport (épreuve)* race; *(discipline)* racing; *(trajet en taxi)* journey; *(de projectile, de planète)* course; **les courses de chevaux** the races; **faire la c. avec qn** to race sb; *Fam* **il n'est plus dans la c.** he's out of touch; **c. automobile** motor race; **c. cycliste** cycle race

course² [kurs] NF *(commission)* errand; **courses** *(achats)* shopping; **faire une c.** to get something from the shops; **faire des courses** to go shopping; **faire les courses** to do the shopping

coursier, -ière [kursje, -jɛr] NMF messenger, courier

court, -e [kur, kurt] **1** ADJ short; *Fam* **c'est un peu c.** that's not very much **2** ADV short; **prendre qn de c.** *(en lui laissant peu de temps)* to give sb short notice; **pris de c.** caught unawares; **à c. d'argent** short of money **3** NM **c. (de tennis)** tennis court ■ **court-bouillon** *(pl* **courts-bouillons)** NM court-bouillon ■ **court-circuit** *(pl* **courts-circuits)** NM short-circuit

courtier, -ière [kurtje, -jɛr] NMF broker

courtisan [kurtizã] NM *Hist* courtier ■ **courtiser** VT *(femme)* to court

courtois, -oise [kurtwa, -waz] ADJ courteous ■ **courtoisie** NF courtesy

couru, -e [kury] ADJ *(spectacle, lieu)* popular; *Fam* **c'est c. d'avance** it's a sure thing

couscous [kuskus] NM couscous

cousin, -ine [kuzɛ̃, -in] **1** NMF cousin; **c. germain** first cousin **2** NM *(insecte)* mosquito

coussin [kusɛ̃] NM cushion; **c. d'air** air cushion

cousu, -e [kuzy] ADJ sewn; **c. main** hand-sewn

coût [ku] NM cost; **le c. de la vie** the cost of living ■ **coûter** VTI to cost; **ça coûte combien?** how much is it?, how much does it cost?; *Fig* **ça coûte les yeux de la tête** it costs the earth *or* an arm and a leg; *Fig* **cette erreur va vous c. cher** that error will cost you dearly; **coûte que coûte** at all costs

couteau, -x [kuto] NM knife; *Fig* **être à couteaux tirés avec qn** to be at daggers drawn with sb; *Fig* **retourner le c. dans la plaie** to rub it in; **c. à pain** breadknife; **c.-scie** serrated knife; **c. suisse** Swiss army knife

coûteux, -euse [kutø, -øz] ADJ costly, expensive

coutume [kutym] NF *(habitude, tradition)* custom; **avoir c. de faire qch** to be accustomed to doing sth; **comme de c.** as usual

couture [kutyr] NF *(activité)* sewing, needlework; *(raccord)* seam; **faire de la c.** to sew ■ **couturier** NM fashion designer ■ **couturière** NF dressmaker

couvent [kuvã] NM *(de religieuses)* convent; *(de moines)* monastery; *(pensionnat)* convent school

couver [kuve] **1** VT *(œufs)* to sit on; *Fig (personne)* to mollycoddle; *(maladie)* to be coming down with **2** VI *(poule)* to brood; *(feu)* Br to smoulder, Am to smolder; *(mal, complot)* to be brewing ■ **couveuse** NF *(pour nouveaux-nés)* incubator

couvercle [kuvɛrkl] NM lid; *(vissé)* cap

couvert¹ [kuvɛr] NM **(a)** **mettre le c.** to set *or* Br lay the table; **table de cinq couverts** table set *or* Br laid for five; **couverts** *(ustensiles)* cutlery **(b)** **sous le c. de** *(sous l'apparence de)* under cover of; **se mettre à c.** to take cover

couvert², -e [kuvɛr, -ɛrt] **1** PP ➤ **couvrir 2** ADJ covered *(de* with *or* in); *(ciel)* overcast; **être bien c.** *(habillé chaudement)* to be warmly dressed

couverture [kuvɛrtyr] NF *(de lit)* blanket; *(de livre, de magazine)* cover; *(de bâtiment)* roofing; *Journ* coverage; **c. chauffante** electric blanket; **c. sociale** social security cover

couvrir* [kuvrir] **1** VT to cover *(de* with); *(bruit)* to drown; **c. qn de cadeaux** to shower sb with gifts **2 se couvrir** VPR *(s'habiller)* to wrap up; *(se coiffer)* to cover one's head; *(ciel)* to cloud over; **se c. de ridicule** to cover oneself with ridicule ■ **couvre-feu** *(pl* **couvre-feux)** NM curfew ■ **couvre-lit** *(pl* **couvre-lits)** NM bedspread

covoiturage [kovwatyraʒ] NM car-pooling

cow-boy [kɔbɔj] NM *(pl* **cow-boys)** NM cowboy

crabe [krab] NM crab

crac [krak] EXCLAM *(objet qui casse)* snap!

cracher [kraʃe] **1** VT to spit out; **c. du sang** to spit blood **2** VI *(personne)* to spit; *(stylo)* to splutter; *(radio)* to crackle; *Fam* **c. dans la soupe** to bite the hand that feeds one ■ **crachat** NM gob of spit; **crachats** spit ■ **craché** ADJ *Fam* **c'est sa mère tout c.** he's the spitting image of his mother

crachin [kraʃɛ̃] NM *(fine)* drizzle

crack [krak] NM *Fam (champion)* ace; *(drogue)* crack

crade [krad], **cradingue** [kradɛ̃g] ADJ *Fam* filthy, *Br* grotty

craie [krɛ] NF *(matière)* chalk; *(bâton)* stick of chalk; **écrire qch à la c.** to write sth in chalk

craignos [krɛɲos] ADJ *Fam (louche)* shady, *Br* dodgy

craindre* [krɛ̃dr] **1** VT *(redouter)* to be afraid of, to fear; *(chaleur, froid)* to be sensitive to; **c. de faire qch** to be afraid of doing sth; **je crains qu'elle ne soit partie** I'm afraid she's left; **ne craignez rien** *(n'ayez pas peur)* don't be afraid; *(ne vous inquiétez pas)* don't worry **2** VI *Fam* **ça craint!** *(c'est ennuyeux)* what a pain!; *(c'est louche)* it's dodgy

crainte [krɛ̃t] NF fear; **de c. de faire qch** for fear of doing sth; **de c. qu'on ne l'entende** for fear of being overheard ■ **craintif, -ive** ADJ timid

cramoisi, -ie [kramwazi] ADJ crimson

crampe [krɑ̃p] NF cramp

crampon [krɑ̃pɔ̃] NM *(de chaussure)* stud; *(pour l'alpinisme)* crampon

cramponner [krɑ̃pɔne] **se cramponner** VPR to hold on; **se c. à qn/qch** to hold on to sb/sth

cran [krɑ̃] NM **(a)** *(entaille)* notch; *(de ceinture)* hole; *Fig* **avancer d'un c.** to go up a notch; **c. d'arrêt** *ou* **de sûreté** safety catch **(b)** *Fam (courage)* guts; **avoir du c.** to have guts **(c)** *Fam* **être à c.** *(excédé)* to be wound up

crâne [krɑn] NM skull; *Fam* **mets-toi ça dans le c.!** get that into your head! ■ **crânien, -ienne** ADJ *Anat* cranial; **boîte crânienne** skull, cranium

crâner [krɑne] VI *Fam* to show off

crapaud [krapo] NM toad

crapule [krapyl] NF villain, scoundrel

Il faut noter que l'adjectif anglais **crapulous** est un faux ami. Il signifie **intempérant**.

craquer [krake] **1** VT *(allumette)* to strike **2** VI *(branche)* to crack; *(escalier)* to creak; *(se casser)* to snap; *(se déchirer)* to rip; *Fam (personne)* to crack up ■ **craquements** NMPL cracking/creaking

crasse [kras] **1** NF filth **2** ADJ *(ignorance)* crass ■ **crasseux, -euse** ADJ filthy

cratère [krater] NM crater

cravache [kravaʃ] NF riding crop

cravate [kravat] NF tie

crawl [krol] NM crawl; **nager le c.** to do the crawl ■ **crawlé** ADJ M **dos c.** backstroke

crayon [krɛjɔ̃] NM *(en bois)* pencil; **c. de couleur** coloured pencil; *(en cire)* crayon; **c. à lèvres** lip pencil

créateur, -trice [kreatœr, -tris] **1** ADJ creative **2** NMF creator, designer ■ **créatif, -ive** ADJ creative ■ **création** NF creation; **1000 créations d'emplois** 1,000 new jobs

créature [kreatyr] NF *(être vivant)* creature

crèche [krɛʃ] NF *(de Noël)* manger, *Br* crib; *(garderie)* (day) nursery, *Br* crèche

crédible [kredibl] ADJ credible ■ **crédibilité** NF credibility

crédit [kredi] NM *(prêt, influence)* credit; **crédits** *(somme d'argent)* funds; **à c.** on credit; **faire c. à qn** to give sb credit ■ **créditer** VT *(compte)* to credit (**de** with); *Fig* **c. qn de qch** to give sb credit for sth ■ **créditeur, -trice** ADJ **solde c.** credit balance; **être c.** to be in credit

crédule [kredyl] ADJ credulous ■ **crédulité** NF credulity

créer [kree] VT to create

crémaillère [kremajer] NF **pendre la c.** to have a housewarming (party)

crématoire [krematwar] ADJ **four c.** *Br* crematorium, *Am* crematory

crématorium [krematɔrjɔm] NM *Br* crematorium, *Am* crematory

crème [krem] **1** NF *(de lait, dessert, cosmétique)* cream; **c. anglaise** custard; **c. Chantilly** whipped cream; **c. glacée** ice cream; **c. à raser** shaving cream; **c. solaire** sun cream, suntan cream **2** ADJ INV *Br* cream(-coloured), *Am* cream(-colored) **3** NM *Fam* coffee with milk, *Br* white coffee ■ **crémerie** NF *(magasin)* dairy ■ **crémeux, -euse** ADJ creamy

créneau, -x [kreno] NM *Com* niche; *TV, Radio* slot; **créneaux** *(de château)* *Br* crenellations, *Am* crenelations; **faire un c.** *(pour se garer)* to reverse into a parking space

créole [kreɔl] **1** ADJ creole **2** NMF Creole **3** NM *(langue)* Creole

crêpe [krɛp] **1** NF pancake **2** NM *(tissu)* crepe; *(caoutchouc)* crepe (rubber) ■ **crêperie** NF crêperie, pancake restaurant

crépi, -e [krepi] ADJ & NM roughcast

crépiter [krepite] VI *(feu)* to crackle ■ **crépitement** NM *(du feu)* crackling

crépu, -e [krepy] ADJ *(cheveux)* frizzy

crépuscule [krepyskyl] NM twilight

cresson [kresɔ̃] NM cress; **c. de fontaine** watercress

Crète [krɛt] NF **la C.** Crete

crête [krɛt] NF *(de montagne, d'oiseau, de vague)* crest; **c. de coq** cockscomb

crétin, -e [kretɛ̃, -in] NMF *Fam* cretin

creuser [krøze] **1** VT *(trou, puits)* to dig; *(évider)* to hollow (out); *Fig (idée)* to look into; **c. la terre** to dig **2** VI to dig; *Fam* **ça creuse** it whets the appetite **3** **se creuser** VPR *(joues)* to become hollow; *Fig (abîme)* to form; *Fam* **se c. la tête** *ou* **la cervelle** to rack one's brains

creux, -euse [krø, -øz] **1** ADJ *(tube, joues, arbre,* *paroles)* hollow; *(sans activité)* slack; **assiette creuse** soup plate; *Fam* **avoir le ventre c.** to be hungry **2 NM** hollow; *(moment)* slack period; **le c. des reins** the small of the back; *Fig* **être au c. de la vague** to have hit rock bottom

crevaison [krəvɛzɔ̃] **NF** *(de pneu)* flat, *Br* puncture

crevasse [krəvas] **NF** *(trou)* crack; *(de glacier)* crevasse; **avoir des crevasses aux mains** to have chapped hands

crever [krəve] **1 VT** *(ballon, bulle)* to burst; *Fam (épuiser)* to wear out **2 VI** *(bulle, ballon, pneu)* to burst; **c. de jalousie** to be bursting with jealousy; *Fam* **c. d'ennui/de froid** to be bored/to freeze to death; *Fam* **c. de faim** to be starving ■ **crevant, -ante** *ADJ Fam (fatigant)* exhausting ■ **crevé, -ée** *ADJ (ballon, pneu)* burst; *Fam (fatigué)* worn out, *Br* dead beat

crevette [krəvɛt] **NF** *(grise)* shrimp; *(rose)* prawn

cri [kri] **NM** *(de personne)* cry, shout; *(perçant)* scream; *(d'animal)* cry; **c. de guerre** war cry ■ **criard, -arde** *ADJ (son)* shrill; *(couleur)* loud

crible [kribl] **NM** sieve

crier [krije] **1 VT** *(injure, ordre)* to shout (**à** to); **c. vengeance** to cry out for vengeance; **c. son innocence** to protest one's innocence **2 VI** *(personne)* to shout, to cry out; *(fort)* to scream; *(parler très fort)* to shout; **c. au scandale** to protest; **c. au secours** to shout for help; *Fam* **c. après qn** to shout at sb

crime [krim] **NM** crime; *(assassinat)* murder; **crimes de guerre** war crimes ■ **criminalité** **NF** crime ■ **criminel, -elle 1 ADJ** criminal **2 NMF** criminal; *(assassin)* murderer

crinière [krinjɛr] **NF** mane

crique [krik] **NF** creek

criquet [krikɛ] **NM** locust

crise [kriz] **NF** crisis; *(de maladie)* attack; *Fam* **faire ou piquer une c.** to throw a fit; **c. de colère** fit of anger; **c. de conscience** *(moral)* dilemma; **c. de nerfs** fit of hysteria; **c. du crédit** credit crunch, credit crisis

crisper [krispe] **1 VT** *(poing)* to clench; *(muscle)* to tense; *Fam* **c. qn** to irritate sb **2 se crisper** **VPR** *(visage)* to tense; *(personne)* to get tense ■ **crispé, -ée** *ADJ (personne)* tense

crisser [krise] **VI** *(pneu, roue)* to squeal; *(neige)* to crunch

cristal, -aux [kristal, -o] **NM** crystal; **cristaux** *(objets)* crystal(ware); *(de sels)* crystals; *Tech* **cristaux liquides** liquid crystal ■ **cristallin, -ine** *ADJ (eau, son)* crystal-clear

critère [kritɛr] **NM** criterion

critique [kritik] **1 ADJ** *(situation, phase)* critical **2 NF** *(reproche)* criticism; *(de film, de livre)* review;

faire la c. de *(film)* to review; **affronter la c.** to confront the critics **3 NM** critic ■ **critiquer VT** to criticize

croasser [krɔase] **VI** to caw

Croatie [krɔasi] **NF** la C. Croatia ■ **croate** [krɔat] **1 ADJ** Croat, Croatian **2 NMF C.** Croat, Croatian **3 NM** *(langue)* Croat, Croatian

croc [kro] **NM** *(crochet)* hook; *(dent)* fang; *Fam* **avoir les crocs** to be starving

croc-en-jambe [krɔkɑ̃ʒɑ̃b] *(pl* **crocs-en-jambe)** **NM** trip; **faire un c. à qn** to trip sb up

croche [krɔʃ] **NF** *Mus Br* quaver, *Am* eighth (note)

croche-pied [krɔʃpje] **NM** trip; **faire un c. à qn** to trip sb up

crochet [krɔʃɛ] **NM** *(pour accrocher)* & *Boxe* hook; *(aiguille)* crochet hook; *(parenthèse)* square bracket; **faire du c.** to crochet; **faire un c.** *(détour)* to make a detour; *(route)* to make a sudden turn; *Fam* **vivre aux crochets de qn** to live off sb ■ **crocheter VT** *(serrure)* to pick

crochu, -e [krɔʃy] **ADJ** *(nez)* hooked; *(doigts)* claw-like

crocodile [krɔkɔdil] **NM** crocodile

croire* [krwar] **1 VT** to believe; *(penser)* to think (**que** that); **j'ai cru la voir** I thought saw her; **je crois que oui** I think or believe so; **je n'en crois pas mes yeux** I can't believe my eyes; **à l'en c.** according to him/her **2 VI** *(personne, talent, Dieu)* to believe (**à** *ou* **en** in) **3 se croire** **VPR il se croit malin** he thinks he's smart

croisé¹ [krwaze] **NM** *Hist* crusader ■ **croisade** **NF** *Hist* crusade

croiser [krwaze] **1 VT** *(passer)* to pass; *(ligne)* to cross; *(espèce)* to crossbreed; **c. les jambes** to cross one's legs; **c. les bras** to fold one's arms; **c. le regard de qn** to meet sb's gaze; *Fig* **c. les doigts** to keep one's fingers crossed **2 VI** *(navire)* to cruise **3 se croiser** **VPR** *(voitures)* to pass each other; *(lignes, routes)* to cross, to intersect; *(lettres)* to cross; *(regards)* to meet ■ **croisé², -ée** *ADJ (bras)* folded; *(veston)* double-breasted ■ **croisement** **NM** *(de routes)* crossroads *(sing)*, intersection; *(d'animaux)* crossing

croisière [krwazjɛr] **NF** cruise; **faire une c.** to go on a cruise; **navire de c.** cruise ship

croître* [krwatr] **VI** *(plante)* to grow; *(augmenter)* to grow, to increase (**de** by); *(lune)* to wax ■ **croissance** **NF** growth ■ **croissant, -ante** **1 ADJ** *(nombre)* growing **2 NM** crescent; *(pâtisserie)* croissant

croix [krwa] **NF** cross; **la C.-Rouge** the Red Cross

croquer [krɔke] **1 VT** *(manger)* to crunch; *(peindre)* to sketch; **joli à c.** pretty as a picture **2 VI** *(fruit)* to be crunchy; **c. dans qch** to bite into sth ■ **croquant, -ante** *ADJ* crunchy ■ **croque-**

monsieur NM INV = toasted cheese and ham sandwich ■ **croquette** NF Culin croquette

croquis [krɔki] NM sketch; **faire un c. de qch** to make a sketch of sth

crosse [krɔs] NF (de fusil) butt; (de hockey) stick; (d'évêque) crook

crotte [krɔt] NF (de mouton, de lapin) droppings; **c. de chien** dog dirt ■ **crottin** NM dung; (fromage) small goat's-milk cheese

crouler [krule] VI (édifice) to crumble; **c. sous le poids de qch** to give way under the weight of sth; **c. sous le travail** to be snowed under with work ■ **croulant, -ante 1** ADJ (mur) crumbling **2** NM Fam **vieux c.** old wrinkly

croupe [krup] NF rump; **monter en c.** to ride behind ■ **croupion** NM (de poulet) Br parson's nose, Am pope's nose

croupier [krupje] NM croupier

croupir [krupir] VI (eau) to stagnate; **c. en prison** to rot in prison

croustiller [krustije] VI to be crunchy; (pain) to be crusty ■ **croustillant, -ante** ADJ crunchy; (pain) crusty; Fig (histoire) spicy

croûte [krut] NF (de pain) crust; (de fromage) rind; (de plaie) scab; Fam **casser la c.** to have a snack; Fam **gagner sa c.** to earn one's bread and butter ■ **croûton** NM (de pain) end; **croûtons** (pour la soupe) croûtons

croyable [krwajabl] ADJ credible, believable; **pas c.** unbelievable, incredible ■ **croyance** NF belief (**en** in) ■ **croyant, -ante 1** ADJ **être c.** to be a believer **2** NMF believer

CRS [seeres] (abrév **compagnie républicaine de sécurité**) NM = French riot policeman; **les CRS** = French riot police

cru¹, crue¹ [kry] PP ➤ **croire**

cru², crue² [kry] **1** ADJ (aliment) raw; (lait) unpasteurized; (lumière) garish; (propos) crude; **monter à c.** to ride bareback **2** NM (vignoble) vineyard; **un grand c.** (vin) a vintage wine; **vin du c.** local wine

cruauté [kryote] NF cruelty (**envers** to)

cruche [kryʃ] NF pitcher, jug

crucial, -e, -aux, -ales [krysjal, -jo] ADJ crucial

crucifier [krysifje] VT to crucify ■ **crucifix** [krysifi] NM crucifix ■ **crucifixion** NF crucifixion

crue³ [kry] NF (montée) swelling; (inondation) flood; **en c.** (rivière, fleuve) in spate

cruel, -elle [kryɛl] ADJ cruel (**envers** ou **avec** to) ■ **cruellement** ADV cruelly; **faire c. défaut** to be sadly lacking

crûment [krymã] ADV (sans détour) bluntly; (grossièrement) crudely

crustacés [krystase] NMPL Culin shellfish inv

crypte [kript] NF crypt

crypté, -ée [kripte] ADJ (message) & TV coded

Cuba [kyba] NF Cuba ■ **cubain, -aine 1** ADJ Cuban **2** NMF **C., Cubaine** Cuban

cube [kyb] **1** NM cube; (de jeu) building block **2** ADJ **mètre c.** cubic metre ■ **cubique** ADJ cubic

cueillir* [kœjir] VT to pick, to gather; Fam **c. qn** to arrest sb ■ **cueillette** NF picking, gathering; (fruits) harvest

cuiller, cuillère [kɥijɛr] NF spoon; (mesure) spoonful; **c. à café, petite c.** teaspoon; **c. à soupe** tablespoon ■ **cuillerée** NF spoonful; **c. à café** teaspoonful; **c. à soupe** tablespoonful

cuir [kɥir] NM leather; (d'éléphant) hide; **pantalon en c.** leather trousers; **c. chevelu** scalp

cuirassé [kɥirase] NM Naut battleship

cuire* [kɥir] **1** VT (aliment, plat) to cook; **c. qch à l'eau** to boil sth; **c. qch au four** to bake sth; (viande) to roast sth **2** VI (aliment) to cook; **faire c. qch** to cook sth; **faire trop c. qch** to overcook sth; Fam **on cuit!** it's baking hot

cuisant, -ante [kɥizã, -ãt] ADJ (douleur) burning; (affront, blessure) stinging

cuisine [kɥizin] NF (pièce) kitchen; (art) cookery, cooking; Fam (intrigues) scheming; **faire la c.** to do the cooking; **faire de la bonne c.** to be a good cook ■ **cuisiner** VTI to cook; Fam **c. qn** (interroger) to grill sb ■ **cuisinier, -ière¹** NMF cook ■ **cuisinière²** NF (appareil) stove, Br cooker

cuisse [kɥis] NF thigh; **c. de poulet** chicken leg; **cuisses de grenouilles** frogs' legs

cuisson [kɥisɔ̃] NM (d'aliments) cooking; (de pain) baking

cuit, -e [kɥi, kɥit] **1** PP ➤ **cuire 2** ADJ cooked; **bien c.** well done; **trop c.** overcooked; **pas assez c.** undercooked; Fam **nous sommes cuits** we're finished; Fam **c'est cuit!** we've had it!

cuite [kɥit] NF Fam **prendre une c.** to get Br pissed or Am wasted

cuivre [kɥivr] NM (rouge) copper; (jaune) brass; Mus **les cuivres** the brass ■ **cuivré, -ée** ADJ Br copper-coloured, Am copper-colored

cul [ky] NM Fam (derrière) Br arse, Am ass; (de bouteille, de verre) bottom; **rester sur le c.** to be flabbergasted; **c'est à se taper le c. par terre** it's an absolute scream; **avoir du c.** to be jammy ■ **cul-de-sac** (pl **culs-de-sac**) NM dead end, Br cul-de- sac

culasse [kylas] NF (de moteur) cylinder head; (de fusil) breech

culbuter [kylbyte] VI (personne) to take a tumble

culinaire [kyliner] ADJ culinary

culminer [kylmine] **VI** *(tension, crise)* to peak; **la montagne culmine à 3000 mètres** the mountain is 3,000 metres at its highest point ■ **culminant ADJ** point c. *(de montagne)* highest point

culot [kylo] **NM** *(d'ampoule, de lampe)* base; *Fam (audace)* nerve, *Br* cheek ■ **culotté, -ée ADJ** *Fam Br* cheeky, *Am* sassy

culotte [kylɔt] **NF** *(de femme)* knickers, *Am* panties; *(d'enfant)* pants; **culottes courtes** *Br* short trousers, *Am* short pants; **c. de cheval** jodhpurs

culpabiliser [kylpabilize] **1 VT** c. qn to make sb feel guilty **2 se culpabiliser VPR** to feel guilty ■ **culpabilité NF** guilt

culte [kylt] **1 NM** *(de dieu)* worship; *(religion)* religion; *Fig* **vouer à qn un c.** to worship sb; **c. de la personnalité** personality cult **2 ADJ** film c. cult film

cultiver [kyltive] **1 VT** *(terre, amitié)* to cultivate; *(plantes)* to grow **2 se cultiver VPR** to improve one's mind ■ **cultivateur, -trice NMF** farmer ■ **cultivé, -ée ADJ** *(terre)* cultivated; *(esprit, personne)* cultured, cultivated

culture [kyltyr] **NF** **(a)** *(action)* farming, cultivation; *(de plantes)* growing; **cultures** *(terres)* fields under cultivation; *(plantes)* crops **(b)** *(éducation, civilisation)* & Biol culture; **c. générale** general knowledge; **c. physique** physical training ■ **culturel, -elle ADJ** cultural

culturisme [kyltyrism] **NM** body-building

cumin [kymɛ̃] **NM** cumin

cumul [kymyl] **NM** c. des mandats plurality of offices ■ **cumulatif, -ive ADJ** cumulative ■ **cumuler VT** c. deux fonctions to hold two offices

cupide [kypid] **ADJ** avaricious

cure [kyr] **NF** **(a)** *(traitement)* (course of) treatment; **faire une c. de repos** to go/be on a rest cure; **c. d'amaigrissement** slimming treatment; **c. thermale** spa cure **(b)** *(fonction)* office of a parish priest ■ **curatif, -ive ADJ** *(traitement)* curative

curé [kyre] **NM** parish priest

curer [kyre] **1 VT** to clean out **2 se curer VPR** se c. les dents to pick one's teeth; se c. les ongles to clean one's nails ■ **cure-dents NM INV** toothpick

curieux, -euse [kyrjø, -jøz] **1 ADJ** *(bizarre)* curious; *(indiscret)* inquisitive, curious **(de** about); **je serais c. de savoir** I'd be curious to know **2 NMF** inquisitive person; *(badaud)* onlooker ■ **curieusement ADV** curiously ■ **curiosité NF** curiosity; *(chose)* curio; **les curiosités d'une ville** the interesting sights of a town

curriculum vitae [kyrikylɔmvite] **NM INV** *Br* curriculum vitae, *Am* résumé

curseur [kyrsœr] **NM** Ordinat cursor

cutané, -ée [kytane] **ADJ** maladie cutanée skin condition ■ **cuti NF** skin test

cuve [kyv] **NF** *(réservoir)* & Photo tank; *(de fermentation)* vat ■ **cuvée NF** *(récolte)* vintage ■ **cuver VT** *Fam* c. son vin to sleep it off ■ **cuvette NF** *(récipient)* & Géog basin; *(des toilettes)* bowl

CV [seve] *(abrév* **curriculum vitae**) **NM** *Br* CV, *Am* résumé

cyanure [sjanyr] **NM** cyanide

cybercafé [siberkafe] **NM** cybercafé

cybernétique [sibernetik] **NF** cybernetics *(sing)*

cycle [sikl] **NM** **(a)** *(série, mouvement)* cycle **(b)** **premier/second c.** *Scol* = lower/upper classes in secondary school; *Univ* = first/last two years of a degree course **(c)** *(bicyclette)* cycle ■ **cyclable ADJ** piste c. cycle path

cyclisme [siklism] **NM** cycling ■ **cycliste 1 NMF** cyclist **2 ADJ** course c. cycle race; champion c. cycling champion; coureur c. racing cyclist

cyclomoteur [siklɔmɔtœr] **NM** moped

cyclone [siklɔn] **NM** cyclone

cyclotourisme [sikloturism] **NM** bicycle touring

cygne [siɲ] **NM** swan

cylindre [silɛ̃dr] **NM** cylinder; *(rouleau)* roller ■ **cylindrée NF** *(cubic)* capacity ■ **cylindrique ADJ** cylindrical

cymbale [sɛ̃bal] **NF** cymbal

cynique [sinik] **1 ADJ** cynical **2 NMF** cynic ■ **cynisme NM** cynicism

cyprès [sipre] **NM** cypress

cypriote [siprijɔt] **1 ADJ** Cypriot **2 NMF** C. Cypriot

D, d [de] NM INV (**a**) D, d (**b**) (*abrév* **route départementale**) = designation of a secondary road

dactylo [daktilo] NF (*personne*) typist; (*action*) typing

dahlia [dalja] NM dahlia

daigner [deɲe] VT **d. faire qch** to deign to do sth

daim [dɛ̃] NM (*animal*) fallow deer; (*mâle*) buck; (*cuir*) suede

dalle [dal] NF (*de pierre*) paving stone; (*de marbre*) slab; *Fam* **que d.** (*rien*) zilch, *Br* sod all; *Fam* **crever la d.** to be starving ■ **dallage** NM (*action, surface*) paving

daltonien, -ienne [daltɔnjɛ̃, -jɛn] ADJ *Br* colour-blind, *Am* color-blind

dame [dam] NF (*femme*) lady; *Échecs & Cartes* queen; (*au jeu de dames*) king; **dames** (*jeu*) *Br* draughts, *Am* checkers ■ **damier** NM *Br* draughtboard, *Am* checkerboard

damner [dane] **1** VT to damn **2 se damner** VPR to damn oneself

dandiner [dɑ̃dine] **se dandiner** VPR to waddle

Danemark [danmark] NM **le D.** Denmark ■ **danois, -oise 1** ADJ Danish **2** NMF **D., Danoise** Dane **3** NM (*langue*) Danish

danger [dɑ̃ʒe] NM danger; **en d.** in danger; **mettre qn en d.** to endanger sb; **en d. de mort** in mortal danger ■ **dangereusement** ADV dangerously ■ **dangereux, -euse** ADJ dangerous (**pour** to)

dans [dɑ̃] PRÉP (**a**) in; (*changement de lieu*) into; (*à l'intérieur de*) inside; **d. un rayon de...** within (a radius of)...; **marcher d. les rues** to walk through *or* around the streets (**b**) (*provenance*) from, out of; **boire d. un verre** to drink out of a glass (**c**) (*exprime la temporalité*) in; **d. deux jours** in two days, in two days' time (**d**) (*exprime une approximation*) **d. les dix euros** about ten euros

danse [dɑ̃s] NF (*mouvement, musique*) dance; **la d.** (*art*) dancing; **d. classique** ballet ■ **danser** VTI to dance ■ **danseur, -euse** NMF dancer; **danseuse étoile** prima ballerina; **en danseuse** (*cycliste*) standing on the pedals

Danube [danyb] NM **le D.** the Danube

dard [dar] NM (*d'insecte*) sting

date [dat] NF date; **amitié de longue d.** long-standing friendship; **faire d.** to be a landmark; **d. d'expiration** *Br* expiry date, *Am* expiration date; **d. de naissance** date of birth; **d. limite** deadline; **d. limite de vente** sell-by date ■ **datation** NF dating ■ **dater 1** VT (*lettre*) to date **2** VI **à d. du 15** as from the 15th

datte [dat] NF date

daube [dob] NF **bœuf en d.** braised beef stew

dauphin [dofɛ̃] NM (*animal*) dolphin

daurade [dorad] NF sea bream

davantage [davɑ̃taʒ] ADV more; **d. de temps/ d'argent** more time/money; **nous ne resterons pas d.** we won't stay any longer

de¹ [də]

> **de** becomes **d'** before vowel and h mute; de + le = **du**, de + les = **des**.

PRÉP (**a**) (*complément d'un nom*) of; **le livre de Paul** Paul's book; **un livre de Flaubert** a book by Flaubert; **un pont de fer** an iron bridge; **le train de Londres** the London train; **une augmentation de salaire** an increase in salary

(**b**) (*complément d'un adjectif*) **digne de qn** worthy of sb; **content de qn/qch** pleased with sb/sth; **heureux de partir** happy to leave

(**c**) (*complément d'un verbe*) **parler de qn/qch** to speak of sb/sth; **se souvenir de qn/qch** to remember sb/sth; **décider de faire qch** to decide to do sth; **empêcher qn de faire qch** to stop sb from doing sth; **traiter qn de lâche** to call sb a coward

(**d**) (*indique la provenance*) from; **venir/dater de...** to come/date from...; **le train de Londres** the train from London; **sortir de qch** to come out of sth

(**e**) (*introduit agent*) **accompagné de qn** accompanied by sb; **entouré de qch** surrounded by *or* with sth

(**f**) (*introduit le moyen*) **armé de qch** armed with sth; **se nourrir de...** to live on...

(**g**) (*introduit la manière*) **d'une voix douce** in a gentle voice

(**h**) (*introduit la cause*) **puni de son impatience**

punished for his/her impatience; **mourir de faim** to die of hunger

(i) *(introduit le temps)* **travailler de nuit/de jour** to work by night/by day; **six heures du matin** six o'clock in the morning

(j) *(mesure)* **avoir six mètres de haut, être haut de six mètres** to be six metres high; **retarder qn/qch de deux heures** to delay sb/ sth by two hours; **homme de trente ans** thirty-year-old man; **gagner vingt euros de l'heure** to earn twenty euros an hour

de² [də] ART PARTITIF some; **elle boit du vin** she drinks (some) wine; **il ne boit pas de vin** he doesn't drink (any) wine; **est-ce que vous buvez du vin?** do you drink (any) wine?; **elle achète des épinards** she buys (some) spinach; **un(e) de trop** one too many

dé [de] NM *(à jouer)* dice; *(à coudre)* thimble; **jouer aux dés** to play dice; Fig **les dés sont jetés** the die is cast; **couper qch en dés** to dice sth **de³** [də] ART INDÉFINIE, **des** some; **des fleurs** (some) flowers; **de jolies fleurs** (some) pretty flowers; **d'agréables soirées** (some) pleasant evenings; **je n'ai plus de problème** I haven't got a problem any more

déambuler [deãbyle] VI to stroll

débâcle [debakl] NF *(d'une armée)* rout; *(des glaces)* breaking up; Fig *(de monnaie)* collapse

déballer [debale] VT to unpack; Fam *(sentiments)* to pour out

débandade [debãdad] NF rout

débarbouiller [debarbuje] **1** VT **d. qn** to wash sb's face **2 se débarbouiller** VPR to wash one's face

débardeur [debardœr] NM *(vêtement)* vest (top)

débarquer [debarke] **1** VT *(passagers)* to land; *(marchandises)* to unload **2** VI *(passagers)* to disembark; Fam *(être naïf)* to be not quite with it; Fam **d. chez qn** to turn up suddenly at sb's place ■ **débarquement** [-əmã] NM *(de passagers, de troupes)* landing; *(de marchandises)* unloading

débarras [debara] NM Br lumber room, Am storeroom; Fam **bon d.!** good riddance! ■ **débarrasser 1** VT *(chambre, table)* to clear (**de** of); **d. qn de qch** to relieve sb of sth **2 se débarrasser** VPR se **d. de qn/qch** to get rid of sb/sth

débat [deba] NM debate; Pol **débats (parlementaires)** (parliamentary) proceedings ■ **débattre* 1** VT to discuss, to debate; **d. de qch** to discuss sth; **prix à d.** price negotiable **2 se débattre** VPR to struggle

débaucher [deboʃe] VT **d. qn** *(licencier)* to lay sb off; *(inciter à la débauche)* to corrupt sb

débile [debil] **1** ADJ *(faible)* weak; Fam stupid **2** NMF Fam *(imbécile)* moron

débit [debi] NM Fin debit; *(ventes)* turnover; *(de fleuve)* flow; *(d'orateur)* delivery; Ordinat rate; Ordinat **à haut d.** broadband; **d. de boissons** bar; **d. de tabac** Br tobacconist's (shop), Am tobacco store

débiter [debite] VT *(découper)* to cut up (**en** into); *(vendre)* to sell; *(fournir)* to produce; *(compte)* to debit; Péj *(dire)* to spout ■ **débiteur, -trice 1** NMF debtor **2** ADJ Fin **solde d.** debit balance; **son compte est d.** his/her account is in debit

débloquer [debloke] **1** VT *(mécanisme)* to unjam; *(compte, prix)* to unfreeze; Fin **d. des crédits** to release funds **2** VI Fam *(dire n'importe quoi)* to talk nonsense

déboires [debwar] NMPL *(déceptions)* disappointments

déboiser [debwaze] VT *(terrain)* to clear of trees

déboîter [debwate] **1** VI *(tuyau)* to disconnect **2** VI *(véhicule)* to pull out **3 se déboîter** VPR se **d. l'épaule** to dislocate one's shoulder

déborder [deborde] **1** VI *(fleuve, liquide)* to overflow; *(en bouillant)* to boil over; *(en coloriant)* to go over the edge; **l'eau déborde du vase** the vase is overflowing; Fig **d. de joie** to be overflowing with joy; **d. de vie** to be bursting with vitality **2** VT *(dépasser)* to go beyond; *(faire saillie)* to stick out from; **débordé de travail** snowed under with work

débouché [debuʃe] NM *(carrière)* opening; *(marché pour produit)* outlet

déboucher [debuʃe] **1** VT *(bouteille)* to uncork; *(bouchon vissé)* to uncap; *(lavabo, tuyau)* to unblock **2** VI *(surgir)* to emerge (**de** from); **d. sur** *(rue)* to lead out onto/into; Fig *(aboutir à)* to lead to

débouler [debule] VI Fam *(arriver)* to turn up

débourser [deburse] VT *(argent)* to lay out; **sans rien d.** without spending a penny

debout [dəbu] ADV *(personne)* standing; *(objet)* upright; **mettre qch d.** to stand sth up; **se mettre d.** to stand up; **se tenir ou rester d.** to stand; Fig **ça ne tient pas d.** *(théorie)* that doesn't make sense; **être d.** *(hors du lit)* to be up; **d.!** get up!

déboutonner [debutone] **1** VT to unbutton **2 se déboutonner** VPR *(personne)* to undo one's coat/jacket/etc

débraillé, -ée [debraje] ADJ slovenly

débrancher [debrãʃe] VT to unplug

débrayer [debreje] VI **(a)** Aut to release the clutch **(b)** *(se mettre en grève)* to stop work ■ **débrayage (a)** Aut declutching **(b)** *(grève)* stoppage

débridé, -ée [debride] ADJ *(passion)* unbridled

débris [debri] NMPL *(de voiture, d'avion)* debris; *(de verre, de bois)* fragments

débrouiller [debruje] **1** VT *(fil, mystère)* to unravel **2 se débrouiller** VPR *Fam* to manage; *(en langues, en math)* to get by; **se d. pour faire qch** to manage (somehow) to do sth ■ **débrouillard, -arde** ADJ *Fam* resourceful

début [deby] NM beginning, start; **au d. (de)** at the beginning (of); **au tout d.** at the very beginning; **dès le d.** (right) from the start *or* beginning; *Théâtre* **faire ses débuts** to make one's debut

débuter [debyte] VI to start, to begin *(par* with); *(dans une carrière)* to start out; *Théâtre* to make one's debut ■ **débutant, -ante 1** NMF beginner **2** ADJ novice

deçà [dəsa] **1** ADV **en deçà** (on) this side **2** PRÉP **en d. de** (on) this side of; *Fig* **être en d. de la vérité** to be some way from the truth

décadent, -ente [dekadã, -ãt] ADJ decadent ■ **décadence** NF *(état)* decadence; *(processus)* decline

décaféiné, -ée [dekafeine] ADJ decaffeinated

décaler [dekale] **1** VT *(dans le temps)* to change the time of; *(dans l'espace)* to shift, to move **2 se décaler** VPR to move, to shift ■ **décalage** NM *(écart)* gap **(entre** between); *(entre des faits, des idées)* discrepancy; **d. horaire** time difference; **souffrir du d. horaire** to have jet lag

décalquer [dekalke] VT to trace

décamper [dekãpe] VI *Fam* to clear off

décaper [dekape] VT *(avec un produit)* to strip; *(au papier de verre)* to sand (down); *(four)* to clean ■ **décapant, -ante** ADJ *Fig (humour)* caustic; **produit d.** stripper ■ **décapant** NM *(pour peinture)* paint stripper; *(pour four)* oven cleaner

décapiter [dekapite] VT *(personne)* to decapitate

décapotable [dekapɔtabl] ADJ & NF convertible

décapsuler [dekapsyle] VT to take the top off ■ **décapsuleur** NM bottle opener

décarcasser [dekarkase] **se décarcasser** VPR *Fam* to sweat blood **(pour faire** to do)

décathlon [dekatlɔ̃] NM *Sport* decathlon

déceler [desle] VT *(trouver)* to detect; *(indiquer)* to indicate

décembre [desãbr] NM December

décence [desãs] NF *(de comportement)* propriety; *(d'habillement)* decency; **avoir la d. de faire qch** to have the decency to do sth ■ **décemment** [-samã] ADV *(se comporter)* properly; *(s'habiller)* decently ■ **décent, -ente** ADJ *(comportement)* proper; *(vêtements)* decent

décennie [deseni] NF decade

décentraliser [desãtralize] VT to decentralize ■ **décentralisation** NF decentralization

déception [desɛpsjɔ̃] NF disappointment

> Il faut noter que le nom anglais **deception** est un faux ami. Il signifie **tromperie**.

décerner [deserne] VT *(prix)* to award *(à* to)

décès [desɛ] NM death

décevoir* [desəvwar] VT to disappoint ■ **décevant, -ante** ADJ disappointing

> Il faut noter que le verbe anglais **to deceive** est un faux ami. Il signifie **tromper**.

déchaîner [deʃene] **1** VT *(colère, violence)* to unleash; **d. l'hilarité** to provoke laughter **2 se déchaîner** VPR *(tempête, vent)* to rage; *(personne)* to fly into a rage **(contre** with) ■ **déchaîné, -ée** ADJ *(mer, vent)* raging; *(personne)* wild

déchanter [deʃãte] VI *Fam* to become disillusioned

décharge [deʃarʒ] NF *Jur (d'accusé)* acquittal; **d. (électrique)** (electric) shock; **d. (publique)** *Br* (rubbish) dump, *Am* (garbage) dump; *Fig* **à la d. de qn** in sb's *Br* defence *or Am* defense

décharger [deʃarʒe] **1** VT *(camion, navire, cargaison)* to unload; **d. qn de qch** *(tâche, responsabilité)* to relieve sb of; *Jur (d'accusation)* to acquit sb of sth; **d. son arme sur qn** to fire one's weapon at sb **2 se décharger** VPR *(batterie)* to go flat; **se d. sur qn d'une tâche** to offload a task onto sb ■ **déchargement** [-əmã] NM unloading

décharné, -ée [deʃarne] ADJ *(visage, corps)* emaciated

déchausser [deʃose] **1** VT **d. qn** to take sb's shoes off **2 se déchausser** VPR *(personne)* to take one's shoes off; **avoir les dents qui se déchaussent** to have receding gums

déchéance [deʃeãs] NF *(déclin)* decline

déchet [deʃɛ] NM **il y a du d.** there's some wastage; **déchets** scraps; **déchets radioactifs** radioactive waste

déchiffrer [deʃifre] VT *(message, écriture)* to decipher; *(signaux)* to interpret; *Mus* to sight-read

déchiqueter [deʃikte] VT to tear to shreds ■ **déchiqueté, -ée** ADJ *(tissu)* torn to shreds; *(côte)* jagged

déchirer [deʃire] **1** VT *(accidentellement)* to tear; *(volontairement)* to tear up; *(enveloppe)* to tear open; *(pays, groupe)* to tear apart; **un cri déchira le silence** a loud cry pierced the silence; **un bruit qui déchire le tympan** an ear-splitting noise **2 se déchirer** VPR *(tissu, papier)* to tear; *Fig (couple)* to tear each other apart; **se d. un muscle** to tear a muscle ■ **déchirant, -ante** ADJ *(spectacle, adieux)* heartrending ■ **déchirure** NF tear; **d. musculaire** torn muscle

déchoir* [deʃwar] **vi** *(personne)* to demean oneself ■ **déchu, -ue** **adj** **ange d.** fallen angel; **être d. de qch** to be stripped of sth

décibel [desibɛl] **nm** decibel

décidé, -ée [deside] **adj** *(personne, air)* determined; *(fixé)* settled; **d'un ton d.** in a decisive tone; **être d. à faire qch** to be determined to do sth

décidément [desidemɑ̃] **adv** really

> Il faut noter que l'adverbe anglais **decidedly** est un faux ami. Il signifie le plus souvent **vraiment**.

décider [deside] **1 vt d. quand/que...** to decide when/that…; **d. qn à faire qch** to persuade sb to do sth **2 vi d. de qch** to decide on sth; **d. de faire qch** to decide to do sth **3 se décider vpr se d. (à faire qch)** to make up one's mind (to do sth); **se d. pour qch** to decide on sth

décilitre [desilitr] **nm** decilitre

décimal, -e, -aux, -ales [desimal, -o] **adj** decimal ■ **décimale** **nf** decimal

décimer [desime] **vt** to decimate

décimètre [desimetr] **nm** *Br* decimetre, *Am* decimeter; **double d.** ruler

décisif, -ive [desizif, -iv] **adj** *(bataille)* decisive; *(moment)* critical ■ **décision** **nf** decision; *(fermeté)* determination; **prendre une d.** to make a decision; **avec d.** decisively

déclaration [deklarasjɔ̃] **nf** *(annonce)* statement; *(de naissance, de décès)* registration; *(à la police)* report; **faire sa d.** to report; **d. d'amour** declaration of love; **d. d'impôts** *ou* **de revenus** income tax return; **d. de guerre** declaration of war

déclarer [deklare] **1 vt** *(annoncer)* to declare **(que** that); *(naissance, décès, vol)* to register; **d. qn coupable** to find sb guilty **(de** of); **d. la guerre** to declare war **(à** on); *Sport* **d. forfait** to scratch; **rien à d.** *(en douane)* nothing to declare **2 se déclarer vpr** *(incendie, maladie)* to break out; *(avouer son amour)* to declare one's love; **se d. pour/contre qch** to declare oneself in favour of/against sth

déclencher [deklɑ̃ʃe] **1 vt** *(appareil)* to start; *(mécanisme)* to activate; *(sonnerie)* to set off; *(révolte, grève, conflit)* to trigger off; *Mil (attaque)* to launch **2 se déclencher vpr** *(alarme, sonnerie)* to go off; *(incendie)* to start

déclic [deklik] **nm** *(bruit)* click; *Fig (prise de conscience)* **il s'est produit un d. et elle a trouvé la solution** something suddenly clicked and she found the answer

déclin [deklɛ̃] **nm** decline; *(du jour)* close; *(de la lune)* wane; **être en d.** to be in decline

déclinaison [deklinɛzɔ̃] **nf** *Grammaire* declension

décliner [dekline] **1 vi** *(forces)* to decline; *(jour)* to draw to a close **2 vt** *Formel (refuser)* to decline; *(identité)* to state; **d. toute responsabilité** to accept no liability

décocher [dekɔʃe] **vt** *(flèche)* to shoot; *Fig (remarque)* to fire off **(à** at); *Fig (sourire)* to flash **(à** at)

décoder [dekɔde] **vt** to decode; *TV (chaîne)* to decode, to unscramble ■ **décodeur** **nm** *TV* decoder; **d. numérique** set-top box

décoiffer [dekwafe] **1 vt d. qn** to mess up sb's hair; **tu es tout décoiffé** your hair's (in) a mess **2 se décoiffer vpr** *(se dépeigner)* to mess up one's hair; *(ôter son chapeau)* to remove one's hat

décoincer [dekwɛ̃se] **vt se décoincer vpr** *(tiroir, mécanisme)* to loosen; *Fam (personne)* to loosen up

décoller [dekɔle] **1 vt** *(timbre)* to peel off **2 vi** *(avion, économie)* to take off; *Fam* **je ne décollerai pas d'ici tant que...** I'm not budging until… **3 se décoller vpr** to peel off ■ **décollage** **nm** *(d'avion)* takeoff

décolleté, -ée [dekɔlte] **1 adj** *(robe)* low-cut **2 nm** *(de robe)* low neckline; *(haut des seins)* cleavage

décolorer [dekɔlore] **1 vt** *(tissu)* to fade; *(cheveux)* to bleach **2 se décolorer vpr** *(tissu)* to fade; **se d. les cheveux** to bleach one's hair ■ **décoloration** **nf** *(de tissu)* fading; *(de cheveux)* bleaching

décombres [dekɔ̃br] **nmpl** ruins, debris

décommander [dekɔmɑ̃de] **1 vt** *(marchandises, invitation)* to cancel; *(invité)* to put off **2 se décommander vpr** to cancel

décomposer [dekɔ̃poze] **1 vt** *Chim* to decompose; *(phrase)* to break down **(en** into); **il est arrivé complètement décomposé** *(par l'émotion)* he arrived quite distraught **2 se décomposer vpr** *(pourrir)* to decompose; *Fig (visage)* to become distorted ■ **décomposition** **nf** decomposition

décompresser [dekɔ̃prese] **1 vt** to decompress; *Ordinat (fichier)* to unzip **2 vi** *Fam (se détendre)* to unwind ■ **décompression** **nf** decompression

décompte [dekɔ̃t] **nm** *(soustraction)* deduction; *(détail)* breakdown ■ **décompter** **vt** to deduct **(de** from)

déconcentrer [dekɔ̃sɑ̃tre] **se déconcentrer vpr** to lose concentration

déconcerter [dekɔ̃serte] **vt** to disconcert

décongeler [dekɔ̃ʒle] **vt** to thaw, to defrost

décongestionner [dekɔ̃ʒestjɔne] vt *(rue, poumons)* to relieve congestion in

déconnecter [dekɔnɛkte] vt *(appareil, fil)* to disconnect

déconner [dekɔne] vi *très Fam (mal fonctionner)* to play up; *(dire des bêtises)* to talk garbage; **faire qch pour d.** to do sth for a laugh; **sans d.!** *(réponse)* no kidding!

déconseiller [dekɔ̃seje] vt **d. qch à qn** to advise sb against sth; **d. à qn de faire qch** to advise sb against doing sth; **il est déconseillé de…** it is not advisable to…

déconsidérer [dekɔ̃sidere] vt to discredit

décontaminer [dekɔ̃tamine] vt to decontaminate

décontracter [dekɔ̃trakte] **1** vt *(muscle)* to relax **2 se décontracter** vpr to relax ▪ **décontracté, -ée** adj *(ambiance, personne)* relaxed; *(vêtement)* casual ▪ **décontraction** nf relaxation

décor [dekɔr] nm *(de maison)* decor; *(paysage)* surroundings; **décors** *(de théâtre, de cinéma)* scenery, set; *Fam* **aller dans le d.** *(véhicule, automobiliste)* to go off the road

décorer [dekɔre] vt *(maison, soldat)* to decorate (**de** with) ▪ **décorateur, -trice** nmf *(interior)* decorator; *Théâtre* stage designer; *Cin* set designer ▪ **décoratif, -ive** adj decorative ▪ **décoration** nf *(action, ornement, médaille)* decoration

décortiquer [dekɔrtike] vt *(riz, orge)* to hull; *(crevette, noisette)* to shell; *Fam (texte)* to dissect

découdre* [dekudr] **1** vt *(ourlet, vêtement)* to unstitch; *(bouton)* to take off **2** vi *Fam* **en d. (avec qn)** to fight it out (with sb) **3 se découdre** vpr *(ourlet, vêtement)* to come unstitched; *(bouton)* to come off

découler [dekule] vi **d. de** to follow from; **il en découle que…** it follows that…

découper [dekupe] **1** vt *(viande)* to carve; *(gâteau, papier)* to cut up; **d. un article dans un journal** to cut an article out of a newspaper **2 se découper** vpr **se d. sur qch** to stand out against sth ▪ **découpage** nm *(de gâteau)* cutting up; *(de viande)* carving; *(image)* cutout ▪ **découpé, -ée** adj *(irrégulier)* jagged

décourager [dekuraʒe] **1** vt *(dissuader)* to discourage (**de faire** from doing); *(démoraliser)* to dishearten, to discourage **2 se décourager** vpr to get discouraged *or* disheartened ▪ **découragement** nm discouragement

décousu, -ue [dekuzy] adj *(ourlet, vêtement)* unstitched; *Fig (propos)* disjointed

découvert, -erte [dekuvɛr, -ɛrt] **1** adj *(terrain)* open; *(tête, épaule)* bare **2** nm *(de compte)* overdraft; **être à d.** to be overdrawn; **compte à d.** overdrawn account; **agir à d.** to act openly

découverte [dekuvɛrt] nf discovery; **partir** *ou* **aller à la d. de qch** to go off to explore sth; **faire une d.** to make a discovery

découvrir* [dekuvrir] **1** vt *(trouver, apprendre à connaître)* to discover; *(secret, vérité, statue)* to uncover; *(casserole)* to take the lid off; *(bras, épaule)* to bare; *(voir)* to have a view of; **d. que…** to discover that…; **faire d. qch à qn** to introduce sb to sth **2 se découvrir** vpr *(dans son lit)* to push the bedcovers off; *(enlever son chapeau)* to take one's hat off; *(ciel)* to clear

décret [dekrɛ] nm decree ▪ **décréter** vt *Jur* to decree

décrire* [dekrir] vt *(représenter)* to describe

décrocher [dekrɔʃe] **1** vt *(détacher)* to unhook; *(tableau, rideau)* to take down; *Fam (prix, poste)* to land; **d. (le téléphone)** *(pour répondre)* to pick up the phone; *(pour ne pas être dérangé)* to take the phone off the hook **2** vi *Fam (ne plus se concentrer)* to switch off **3 se décrocher** vpr *(tableau, rideau)* to come unhooked

décroître* [dekrwatr] vi *(forces, nombre, mortalité)* to decrease; *(eaux)* to subside; *(jours)* to get shorter; **aller en décroissant** to be decreasing

décrypter [dekripte] vt to decipher; *TV* to decode, to unscramble

déçu, -ue [desy] **1** pp ➤ **décevoir 2** adj disappointed

décupler [dekyple] vti to increase tenfold

dédaigner [dedɛɲe] vt *(offre, richesse)* to scorn; *(conseil, injure)* to disregard ▪ **dédaigneux, -euse** adj scornful, disdainful (**de** of)

dédain [dedɛ̃] nm scorn, disdain (**pour/de** for)

dédale [dedal] nm maze

dedans [dədɑ̃] **1** adv inside; **de d.** from (the) inside; **en d.** on the inside; **tomber d.** *(trou)* to fall in (it); *Fam* **je me suis fait rentrer d.** *(par un automobiliste)* someone drove straight into me **2** nm **le d.** the inside

dédicace [dedikas] nf dedication ▪ **dédicacer** vt *(signer)* to sign (**à** for); *(chanson)* to dedicate (**à** to)

dédier [dedje] vt to dedicate (**à** to)

dédommager [dedɔmaʒe] vt to compensate (**de** for) ▪ **dédommagement** nm compensation

dédouaner [dedwane] vt *(marchandises)* to clear through customs; *(personne)* to clear

dédramatiser [dedramatize] vt **d. qch** to make sth less dramatic

déduire* [dedɥir] vt *(retirer)* to deduct (**de** from); *(conclure)* to deduce (**de** from) ▪ **déductible**

ADJdeductible ■ **déduction** NF*(raisonnement, décompte)* deduction

déesse [dɛɛs] NFgoddess

défaillir* [defajir] VI*(s'évanouir)* to faint; *(forces, mémoire)* to fail ■ **défaillance** NF*(évanouissement)* fainting fit; *(faiblesse)* weakness; *(panne)* failure; **avoir une d.** *(s'évanouir)* to faint; *(faiblir)* to feel weak; **d. cardiaque** heart failure

défaire* [defɛr] 1 VT*(nœud)* to undo; *(valises)* to unpack; *(installation)* to take down; *(coiffure)* to mess up 2 **se défaire** VPR*(nœud)* to come undone; **se d. de qch** to get rid of sth ■ **défait, -aite** ADJ*(lit)* unmade; *(cheveux)* Br dishevelled, Am disheveled; *(visage)* haggard; *(armée)* defeated

défaite [defɛt] NFdefeat

défaut [defo] NM*(de personne)* fault, shortcoming; *(de machine)* defect; *(de diamant, de verre, de raisonnement)* flaw; *(désavantage)* drawback; **faire d.** to be lacking; **l'argent lui fait d.** he/she is short of money; **à d. de qch** for lack of sth; **ou, à d....** or, failing that...; **d. de fabrication** manufacturing fault; **d. de prononciation** speech impediment

défection [defɛksjɔ̃] NF*(de soldat, d'espion)* defection; **faire d.** *(ne pas venir)* to fail to turn up

défectueux, -ueuse [defɛktɥø, -ɥøz] ADJ faulty, defective

défendre [defɑ̃dr] 1 VT*(protéger, soutenir)* to defend (**contre** against); **d. à qn de faire qch** to forbid sb to do sth; **d. qch à qn** to forbid sb sth 2 **se défendre** VPRto defend oneself; **se d. de faire qch** to refrain from doing sth; Fam **je me défends en anglais** I can get by in English

défense¹ [defɑ̃s] NF *(protection)* Br defence, Am defense; **prendre la d. de qn** to come to sb's defence; **en état de légitime d.** acting in self-defence; **sans d.** Br defenceless, Am defenseless; **'d. de fumer'** 'no smoking'; **'d. (absolue) d'entrer'** '(strictly) no entry'

défense² [defɑ̃s] NF*(d'éléphant)* tusk

défenseur [defɑ̃sœr] NMdefender; Jur counsel for the defence

défensif, -ive [defɑ̃sif, -iv] 1 ADJdefensive 2 NF **sur la défensive** on the defensive

déferler [defɛrle] VI *(vagues)* to break; **les vacanciers déferlent sur les routes** Br holidaymakers or Am vacationers are taking to the roads in droves

défi [defi] NMchallenge (**à** to); **lancer un d. à qn** to challenge sb; **mettre qn au d. de faire qch** to defy sb to do sth; **relever un d.** to take up a challenge

défiance [defjɑ̃s] NFmistrust

déficit [defisit] NMdeficit; **être en d.** to be in

deficit; **d. commercial** trade deficit ■ **déficitaire** ADJ*(budget)* in deficit; *(entreprise)* loss-making; *(compte)* in debit

défier [defje] 1 VT*(provoquer)* to challenge; *(danger, mort)* to defy; **d. qn à la course** to challenge sb to a race; **d. qn de faire qch** to defy sb to do sth; **des prix qui défient toute concurrence** unbeatable prices 2 **se défier** VPRse d. de to mistrust ■ **défiance** NFmistrust

défigurer [defigyre] VT*(personne, paysage)* to disfigure; Fig *(vérité)* to distort ■ **défiguré, -ée** ADJ*(personne)* disfigured

défilé [defile] NM*(cortège)* procession; *(de manifestants)* march; *(de visiteurs)* stream; Mil parade; Géog pass; **d. de mode** fashion show

défiler¹ [defile] VI*(chars de carnaval)* to drive in procession; *(manifestants)* to march; *(touristes)* to stream; *(paysage, jours)* to pass by; *(images)* to flash by; Mil to parade

défiler² [defile] **se défiler** VPRFam *(se dérober)* to slope off

définir [definir] VTto define ■ **défini, -ie** ADJ definite ■ **définition** NFdefinition; *(de mots croisés)* clue

définitif, -ive [definitif, -iv] 1 ADJ*(jugement, version)* final; *(séparation, fermeture)* permanent 2 NFen **définitive** in the final analysis ■ **définitivement** ADV*(partir, exclure)* for good

déflagration [deflagrasjɔ̃] NFexplosion

défoncer [defɔ̃se] 1 VT*(porte, mur)* to smash in; *(trottoir, route)* to break up 2 **se défoncer** VPR Fam *(faire un gros effort)* to sweat blood (**pour faire qch** to do sth); *(drogué)* to get high (**à** on) ■ **défoncé, -ée** ADJ*(route)* bumpy; Fam *(drogué)* high, stoned

déformation [deformasjɔ̃] NF *(de membre)* deformation; *(de fait)* distortion; **d. professionnelle** habits acquired through the type of work one does

déformer [deforme] 1 VT*(membre)* to deform; *(vêtement, chaussures)* to put out of shape; *(faits, image)* to distort; *(propos)* to twist 2 **se déformer** VPRto lose its shape ■ **déformé, -ée** ADJ *(objet)* misshapen; *(corps)* deformed

défouler [defule] **se défouler** VPRFam to let off steam; **se d. sur qn** to take it out on sb

défricher [defrife] VT*(terrain)* to clear; Fig *(sujet)* to open up; Fig **d. le terrain** to prepare the ground

défriser [defrize] VT*(cheveux)* to straighten; Fam *(personne)* to bug

défroisser [defrwase] VTto smooth out

défunt, -unte [defœ̃, -œ̃t] 1 ADJ*(mort)* departed; **son d. mari** her late husband 2 NMFle **d., la défunte** the deceased

dégager [degaʒe] **1** vt (passage, voie) to clear (**de** of); (odeur, chaleur) to emit; (credit) to release; Fig (impression) to give off; **d. qn de** (décombres) to free sb from; (promesse) to release sb from; Football **d. le ballon en touche** to kick the ball into touch; Fam **dégage!** clear off! **2 se dégager** vpr (odeur, gaz) to be given off; (rue, ciel) to clear; **se d. de** (personne) to free oneself from ■ **dégagé, -ée** ADJ (ciel) clear; (allure, ton) casual; (vue) open ■ **dégagement** NM (action) clearing; (d'odeur, de chaleur) emission; Football clearance

dégaine [degɛn] NF Fam (apparence) strange appearance

dégainer [degɛne] VTI to draw

dégarnir [degarnir] **1** vt to empty **2 se dégarnir** vpr (personne) to go bald; (salle) to empty ■ **dégarni, -ie** ADJ (personne) balding; **avoir le front d.** to have a receding hairline

dégâts [degɑ] NMPL damage; Fig **limiter les d.** to limit the damage; **d. collatéraux** collateral damage

dégel [deʒɛl] NM thaw ■ **dégeler 1** vt to thaw; (surgelé) to defrost; (crédits) to unfreeze **2** vi to thaw; **faire d. qch, mettre qch à d.** (surgelé) to defrost sth **3** v IMPERSONNEL to thaw; **il dégèle** it's thawing **4 se dégeler** vpr Fig (atmosphère) to become less chilly

dégénérer [deʒenere] vi to degenerate (**en** into)

dégivrer [deʒivre] vt (réfrigérateur) to defrost; (voiture, avion) to de-ice

déglinguer [deglɛ̃ge] **se déglinguer** vpr Fam to fall to bits; (appareil) to go wrong

dégobiller [degɔbije] vt très Fam to puke

dégonfler [degɔ̃fle] **1** vt (pneu) to let the air out of **2 se dégonfler** vpr (pneu) to go flat; Fam (personne) to chicken out ■ **dégonflé, -ée 1** ADJ (pneu) flat; Fam (lâche) chicken **2** NMF Fam chicken

dégot(t)er [degɔte] vt Fam to dig up

dégouliner [deguline] vi to trickle

dégourdir [degurdir] **1** vt (doigts) to take the numbness out of; Fig **d. qn** to teach sb a thing or two **2 se dégourdir** vpr to learn a thing or two; **se d. les jambes** to stretch one's legs ■ **dégourdi, -ie** ADJ (malin) smart

dégoût [degu] NM disgust; **le d. de la vie** world-weariness; **éprouver du d. pour qch** to be disgusted by sth

dégoûter [degute] vt (moralement) to disgust; (physiquement) to turn sb's stomach; **d. qn de qch** to put sb off sth ■ **dégoûtant, -ante** ADJ disgusting ■ **dégoûté, -ée 1** ADJ disgusted; **être d. de qch** to be sick of sth; Ironique **il n'est**

pas d.! he's not too fussy **2** NM **faire le d.** to turn up one's nose

dégradation [degradɑsjɔ̃] NF (de monument) defacement; (de matériel) damage (**de** to); Fig (de santé, de situation) deterioration

dégrader [degrade] **1** vt (monument) to deface; (matériel) to damage; Mil to demote; Fig (avilir) to degrade **2 se dégrader** vpr (édifice, santé, situation) to deteriorate; (maison) to fall into disrepair; Fig (s'avilir) to degrade oneself ■ **dégradant, -ante** ADJ degrading ■ **dégradé** NM (de couleurs) gradation

dégrafer [degrafe] **1** vt (vêtement, bracelet) to undo **2 se dégrafer** vpr (vêtement, bracelet) to come undone

degré [dəgre] NM (d'angle, de température) degree; (d'alcool) proof; (niveau) stage; (d'escalier) step; (d'échelle) rung; **au plus haut d.** in the extreme

dégrèvement [degrɛvmã] NM **d. fiscal** tax relief

dégriffé [degrife] NM = reduced-price designer item with its label removed

dégringoler [degrɛ̃gɔle] Fam **1** vt (escalier) to rush down **2** vi (personne) to tumble (down); (prix) to slump

dégrossir [degrosir] vt (travail) to rough out; Fig **d. qn** to knock the rough edges off sb

déguerpir [degerpir] vi Fam to clear off

dégueulasse [degœlas] ADJ très Fam (crasseux) filthy; (mauvais, désagréable) disgusting ■ **dégueulasser** vt très Fam to mess up

dégueuler [degœle] vi très Fam to puke

déguiser [degize] **1** vt (pour tromper) to disguise; **d. qn en** (costumer) to dress sb up as **2 se déguiser** vpr (pour s'amuser) to dress up (**en** as); (pour tromper) to disguise oneself (**en** as) ■ **déguisement** NM disguise; (de bal costumé) fancy dress

déguster [degyste] **1** vt (goûter) to taste; (savourer) Br savour or Am savor **2** vi Fam **tu vas d.!** you're in for it! ■ **dégustation** NF tasting

déhancher [deãʃe] **se déhancher** vpr to swing one's hips

dehors [dəɔr] **1** ADV outside; (pas chez soi) out; (en plein air) out of doors; **en d. de la maison** outside the house; **en d. de la ville** out of town; Fig **en d. de** (excepté) apart from; Fam **mettre qn d.** to throw sb out; (employé) to fire sb **2** NM (extérieur) outside; **au d.** on the outside; (se pencher) out; **sous des d. timides** beneath an outward appearance of shyness

déjà [deʒa] ADV already; **est-il d. parti?** has he left yet or already?; **elle l'a d. vu** she's seen it before, she's already seen it; Fam **c'est d. pas mal** that's not bad at all; *Fam* **quand partez-vous, d.?** when did you say you're leaving?

déjeuner[deʒœne] **1** nm lunch; **petit d.** breakfast; **prendre son d.** to have lunch/breakfast **2** vi *(à midi)* to have lunch; *(le matin)* to have breakfast

déjouer[deʒwe] vt *(intrigue, plans)* to foil

délacer[delase] **1** vt *(chaussure)* to untie **2 se délacer** vpr *(chaussure)* to come untied

délai[delɛ] nm *(laps de temps)* time allowed; *(sursis)* extension; **respecter les délais** to meet the deadline; **dans un d. de dix jours** within ten days; **sans d.** without delay; **dans les plus brefs délais** as soon as possible; **dernier d.** final date

> Il faut noter que le nom anglais **delay** est un faux ami. Il signifie **retard**.

délaisser[delese] vt *(négliger)* to neglect; *(abandonner)* to abandon

délasser[delase] vt **se délasser** vpr to relax

délavé, -ée [delave] adj *(tissu, jean)* faded; *(couleur, ciel)* watery

délayer [deleje] vt *(poudre)* to add water to; *(liquide)* to water down; *Fig (discours, texte)* to pad out

délecter[delɛkte] **se délecter** vpr se d. **qch/à faire qch** to take delight in sth/in doing sth

déléguer[delege] vt to delegate (**à** to) ■ **délégation** nf delegation ■ **délégué, -ée** nmf delegate; *Scol* **d. de classe** = class representative at class meetings

délicat, -ate[delika, -at] adj *(santé, travail)* delicate; *(question)* tricky, delicate; *(peau)* sensitive; *(geste)* tactful; *(exigeant)* fussy; **des procédés peu délicats** unscrupulous methods ■ **délicatement** adv *(légèrement)* delicately; *(avec tact)* tactfully ■ **délicatesse** nf *(de fleur, de couleur)* delicacy; *(tact)* tact

délice[delis] nm delight ■ **délicieux, -euse** adj *(mets, sensation)* delicious; *(endroit, parfum)* delightful

délier[delje] **1** vt to untie; *Fig (langue)* to loosen; **d. qn de qch** to release sb from sth **2 se délier** vpr **les langues se délient** people start talking

délimiter[delimite] vt *(terrain)* to mark off; *(sujet)* to define

délinquant, -ante[delɛ̃kɑ̃, -ɑ̃t] adj & nmf delinquent ■ **délinquance** nf delinquency

délire[delir] nm *Méd* delirium; *(exaltation)* frenzy; *Fam* **c'est du d.** it's utter madness ■ **délirant, -ante** adj *(malade)* delirious; *(joie)* frenzied; *(déraisonnable)* utterly absurd ■ **délirer** vi *(patient)* to be delirious; *(dire n'importe quoi)* to rave

délit[deli] nm *Br* offence, *Am* offense; **d. d'initié** insider trading *or* dealing

délivrer[delivre] vt **(a)** *(captif)* to rescue; *(ville)* to liberate; *(peuple)* to set free; **d. qn de qch** to rid sb of sth **(b)** *(marchandises)* to deliver; *(passeport, billet)* to issue (**à** to) ■ **délivrance** nf *(soulagement)* relief; *(de passeport)* issue

déloger[deloʒe] vt *(envahisseur)* to drive out (**de** from); *(locataire)* to evict

déloyal, -e, -aux, -ales[delwajal, -jo] adj disloyal; *(concurrence)* unfair

delta[dɛlta] nm *(de fleuve)* delta

deltaplane[dɛltaplan] nm hang-glider; **faire du d.** to go hang-gliding

déluge[delyʒ] nm flood; *(de pluie)* downpour; *Fig (d'injures)* flood, deluge; *Fig (de coups)* shower

déluré, -ée[delyre] adj *(vif)* smart, sharp; *Péj (provocant)* forward

démagogie[demagɔʒi] nf demagogy ■ **démagogue** nmf demagogue

demain[dəmɛ̃] adv tomorrow; **d. soir** tomorrow evening; **à d.!** see you tomorrow!; *Fam* **ce n'est pas d. la veille** that won't happen for a long time yet

demande[dəmɑ̃d] nf *(requête)* request (**de** for); *Écon* demand; **faire une d. de qch** *(prêt, permis)* to apply for sth; **sur d.** on request; **d. en mariage** proposal of marriage; **demandes d'emploi** *(dans le journal)* jobs wanted, *Br* situations wanted

> Il faut noter que le nom anglais **demand** est un faux ami. Il signifie le plus souvent **exigence**.

demander[dəmɑ̃de] **1** vt to ask for; *(prix, raison)* to ask; *(exiger)* to demand; *(nécessiter)* to require; **d. le chemin/l'heure** to ask the way/the time; **d. qch à qn** to ask sb for sth; **d. à qn de faire qch** to ask sb to do sth; **d. si/où...** to ask *or* inquire whether/where...; **ça demande du temps** it takes time; **d. qn en mariage** to propose (marriage) to sb; **on te demande!** you're wanted! **2 se demander** vpr to wonder, to ask oneself (**pourquoi** why; **si** if) ■ **demandeur, -euse** nmf **d. d'emploi** job seeker

> Il faut noter que le verbe anglais **to demand** est un faux ami. Il signifie **exiger**.

démanger[demɑ̃ʒe] vti to itch; **le bras me démange** my arm's itching; **ça me démange de lui dire...** *(j'ai très envie de)* I'm itching to tell him/her... ■ **démangeaison** nf itch; **avoir des démangeaisons** to be itching; **j'ai une d. au bras** my arm's itching

démanteler[demɑ̃tle] vt to break up

démaquiller[demakije] **se démaquiller** vpr to remove one's make-up ■ **démaquillant** nm cleanser

démarcation[demarkasjɔ̃] nf demarcation

démarche[demarʃ] nf *(allure)* walk, gait; *(requête)*

step; **faire les démarches nécessaires pour...** to take the necessary steps to...; **faire une d. auprès de qn** to approach sb; **d. intellectuelle** thought process

démarcheur, -euse [demarʃœr, -øz] NMF (*vendeur*) door-to-door salesperson

démarquer [demarke] **1** VT (*marchandises*) to mark down **2 se démarquer** VPR *Sport* to lose one's marker; *Fig* **se d. de qn** to distinguish from sb

démarrer [demare] **1** VI (*moteur*) to start; (*voiture*) to move off; *Fig* (*entreprise*) to get off the ground **2** VT *Fam* (*moteur, travaux*) to start; *Ordinat* to start up, to boot up ■ **démarrage** NM (*de moteur*) starting; (*d'ordinateur*) start; **au d.** when moving off; **d. en côte** hill start ■ **démarreur** NM *Aut* starter

démasquer [demaske] VT to unmask

démêler [demele] VT to untangle; *Fig* **d. le vrai du faux** to disentangle the truth from the lies ■ **démêlé** NM (*dispute*) disagreement; **avoir des démêlés avec la justice** to be in trouble with the law

déménager [demenaʒe] **1** VI to move; *Fam* (*musique*) to be mind-blowing **2** VT (*meubles*) to move ■ **déménagement** NM move ■ **déménageur** NM *Br* removal man, *Am* (furniture) mover

démener [demne] **se démener** VPR (*s'agiter*) to thrash about; **se d. pour faire qch** to spare no effort to do sth

dément, -ente [demɑ̃, -ɑ̃t] **1** ADJ insane; *Fam* (*formidable*) fantastic **2** NMF lunatic ■ **démentiel, -ielle** ADJ insane

démentir [demɑ̃tir] VT (*nouvelle, fait*) to deny; (*être en contradiction avec*) to belie ■ **démenti** NM denial; **opposer un d. à qch** to make a formal denial of sth

démerder [demɛrde] **se démerder** VPR *très Fam* to get by; **se d. pour faire qch** to manage to do sth

démettre* [demɛtr] **1** VT **d. qn de ses fonctions** to remove sb from his/her post **2 se démettre** VPR **se d. l'épaule** to dislocate one's shoulder; **se d. de ses fonctions** to resign from one's post

demeurant [dəmœrɑ̃] **au demeurant** ADV (*malgré tout*) for all that; (*d'ailleurs*) after all

demeure [dəmœr] NF (*belle maison*) mansion; **à d.** permanently; **mettre qn en d. de faire qch** to instruct sb to do sth

demeurer [dəmœre] VI (**a**) (*aux être*) (*rester*) to remain; **en d. là** (*affaire*) to rest there (**b**) (*aux avoir*) *Formel* (*habiter*) to reside

demi, -ie [dəmi] **1** ADJ half; **une heure et demie** an hour and a half; (*à l'horloge*) half past one, one-thirty

2 ADV (**à**) **d. plein** half-full; **dormir à d.** to be half asleep

3 NMF (*moitié*) half

4 NM *Br* ≃ a half-pint; *Football* midfielder; **un d.** (*bière*) a beer, *Rugby* **d. de mêlée** scrum half

5 NF **à la demie** (*à l'horloge*) at half-past ■ **demi-cercle** (*pl* **demi-cercles**) NM semicircle ■ **demi-douzaine** (*pl* **demi-douzaines**) NF **une d. (de)** half a dozen ■ **demi-écrémé** ADJ (*lait*) *Br* semi-skimmed, *Am* semi-skim ■ **demi-finale** (*pl* **demi-finales**) NF *Sport* semifinal ■ **demi-frère** (*pl* **demi-frères**) NM half brother ■ **demi-heure** (*pl* **demi-heures**) NF **une d.** half an hour ■ **demi-journée** (*pl* **demi-journées**) NF half-day ■ **demi-pension** NF *Br* half-board, *Am* breakfast and one meal ■ **demi-pensionnaire** (*pl* **demi-pensionnaires**) NMF *Scol Br* day boarder, *Am* day student ■ **demi-sœur** (*pl* **demi-sœurs**) NF half sister ■ **demi-tarif** (*pl* **demi-tarifs**) NM half-price ■ **demi-tour** (*pl* **demi-tours**) NM *Br* about turn, *Am* about face; (*en voiture*) U-turn; **faire d.** (*à pied*) to turn back; (*en voiture*) to do a U-turn

démission [demisjɔ̃] NF resignation; **donner sa d.** to hand in one's resignation ■ **démissionner** VI to resign

démobiliser [demɔbilize] VT to demobilize

démocrate [demɔkrat] **1** ADJ democratic **2** NMF democrat ■ **démocratie** [-asi] NF democracy ■ **démocratique** ADJ democratic

démodé, -ée [demɔde] ADJ old-fashioned

démographie [demɔgrafi] NF demography ■ **démographique** ADJ demographic

demoiselle [dəmwazɛl] NF (*jeune fille*) young lady; (*célibataire*) single woman; **d. d'honneur** (*de mariée*) bridesmaid

démolir [demɔlir] VT (*maison*) to pull down, to demolish; (*jouet*) to wreck; *Fig* (*théorie, adversaire*) to demolish; *Fam* **d. le portrait à qn** to smash sb's face in ■ **démolition** NF demolition; **en d.** being demolished

démon [demɔ̃] NM demon; **le d.** the Devil

démonstratif, -ive [demɔ̃stratif, -iv] **1** ADJ demonstrative **2** NM *Grammaire* demonstrative

démonstration [demɔ̃strɑsjɔ̃] NF demonstration; *Math* **faire la d. de qch** to demonstrate sth; **être en d.** (*appareil*) to be a display model; **d. de force** show of force

démonter [demɔ̃te] **1** VT (*mécanisme, tente*) to dismantle; (*pneu*) to remove; *Fam* (*déconcerter*) to throw; **une mer démontée** a raging sea **2 se démonter** VPR (*mécanisme*) to come apart; *Fam* **elle ne s'est pas démontée pour si peu** she wasn't so easily thrown

démontrer[demõtre] **vt**to demonstrate

démoraliser[demɔralize] **1 vt**to demoralize **2 se démoraliser vpr**to become demoralized

démordre[demɔrdr] **vi**ne pas d. de qch to stick to sth

démouler[demule] **vt***(gâteau)* to turn out

démuni, -e[demyni] **adj**penniless

démunir[demynir] **1 vt**d. qn de qch to deprive sb of sth **2 se démunir vpr**se d. de qch to part with sth

démystifier[demistifje] **vt**to demystify

dénicher [denife] **vt** *Fam (objet)* to unearth; *(personne)* to track down

dénier [denje] **vt***(responsabilité, faute)* to deny; **d. qch à qn** to deny sb sth

dénigrer[denigre] **vt**to denigrate ■ **dénigrement**[-əmã] **nm**denigration

dénivellation [denivelɑsjõ] **nf**difference in level; **dénivellations** *(relief)* bumps

dénombrer[denõbre] **vt**to count

dénominateur [denɔminatœr] **nm** *Math* denominator; **plus petit d. commun** lowest common denominator

dénommer[denɔme] **vt**to name

dénoncer [denõse] **1 vt***(injustice, abus, malfaiteur)* to denounce (**à** to); *(élève)* to tell on (**à** to) **2 se dénoncer vpr***(malfaiteur)* to give oneself up (**à** to); *(élève)* to own up (**à** to)

dénoter[denɔte] **vt**to denote

dénouement[denumã] **nm***(de livre)* ending; *(de pièce de théâtre)* dénouement; *(d'affaire)* outcome

dénouer[denwe] **1 vt***(nœud, corde)* to undo, to untie; *(cheveux)* to let down, to undo; *Fig (intrigue)* to unravel **2 se dénouer vpr***(nœud)* to come undone; *(cheveux)* to come down

denrée [dãre] **nf** foodstuff; **denrées alimentaires** foodstuffs; **denrées périssables** perishable goods

dense[dãs] **adj**dense ■ **densité nf**density

dent [dã] **nf**tooth *(pl* teeth); *(de roue)* cog; *(de fourchette)* prong; *(de timbre-poste)* perforation; **d. de lait/sagesse** milk/wisdom tooth; **faire ses dents** *(enfant)* to be teething; **n'avoir rien à se mettre sous la d.** to have nothing to eat; *Fam* **avoir une d. contre qn** to have a grudge against sb; **en dents de scie** serrated; *Fig (résultats)* uneven ■ **dentaire adj**dental

dentelé, -ée[dãtle] **adj***(côte, feuille)* jagged

dentelle[dãtɛl] **nf**lace

dentier[dãtje] **nm***(set of)* false teeth, dentures

dentifrice[dãtifris] **nm**toothpaste

dentiste[dãtist] **nmf**dentist

Il faut noter que le nom anglais **dentures** est un faux ami. Il signifie **dentier**.

dénuder [denyde] **vt**to (lay) bare ■ **dénudé, -ée adj**bare

dénué, -ée[denɥe] **adj**d. de sens/d'intérêt devoid of sense/interest

dénuement[denymã] **nm**destitution; **dans le d.** poverty-stricken

déodorant[deɔdɔrã] **nm**deodorant

dépanner [depane] **vt** *(machine)* to repair; *Fam* **d. qn** to help sb out ■ **dépannage nm** (emergency) repairs; **voiture/service de d.** breakdown vehicle/service ■ **dépanneur nm** *(de télévision)* repairman; *(de voiture)* breakdown mechanic ■ **dépanneuse nf***(voiture)* Br breakdown lorry, Am wrecker

dépareillé, -ée[depareje] **adj***(chaussure)* odd; *(collection)* incomplete

départ[depar] **nm**departure; *(de course)* start; **les grands départs** the great holiday exodus; **point/ligne de d.** starting point/post; **au d.** at the outset, at the start; **dès le d.** (right) from the start; **au d. de Paris** *(excursion)* leaving from Paris; **à mon d. de Paris** when I left Paris

départager[departaʒe] **vt**to decide between

département [departəmã] **nm** department *(division of local government)* ■ **départemental, -e, -aux, -ales adj**departmental; **route départementale** secondary road, Br ≈ B road

départir*[departir] **se départir vpr**il ne s'est jamais départi de son calme his calm never deserted him

dépasser[depase] **1 vt***(véhicule)* Br to overtake, Am to pass; *(endroit)* to go past; *(prévisions, vitesse)* to exceed; **d. qn** *(en hauteur)* to be taller than sb; *(surclasser)* to be ahead of sb; *Fig* **ça me dépasse** that's beyond me **2 vi***(jupon, clou)* to stick out ■ **dépassé, -ée adj***(démodé)* outdated; *(incapable)* unable to cope

dépayser[depeize] **vt***Br* to disorientate, Am to disorient ■ **dépaysement nm**disorientation

dépecer[depase] **vt***(animal)* to cut up

dépêche[depɛʃ] **nf**dispatch ■ **dépêcher 1 vt** to dispatch **2 se dépêcher vpr**to hurry (up); **se d. de faire qch** to hurry to do sth

dépendant, -ante[depãdã, -ãt] dependent (**de** on) ■ **dépendance nf**dependence; **sous la d. de qn** under sb's domination ■ **dépendances nfpl***(bâtiments)* outbuildings

dépendre[depãdr] **vi**to depend (**de** on/upon); **d. de** *(appartenir à)* to belong to; *(être soumis à)* to be dependent on; **ça dépend de toi** that's up to you

dépens[depã] **nmpl**aux d. de at the expense

of; **apprendre qch à ses d.** to learn sth to one's cost

dépense [depɑ̃s] NF (frais) expense, expenditure; **faire des dépenses** to spend money; **d. physique** physical exertion ▪ **dépenser 1** VT (argent) to spend; (électricité) to use; (forces) to exert **2 se dépenser** VPR to burn up energy

dépensier, -ière [depɑ̃sje, -jɛr] ADJ extravagant

dépérir [deperir] VI (personne) to waste away; (plante) to wither

dépeupler [depœple] **1** VT to depopulate **2 se dépeupler** VPR to become depopulated

dépilatoire [depilatwar] **1** ADJ crème d. hair-removing cream **2** NM hair-remover

dépister [depiste] VT (criminel) to track down; (maladie) to detect ▪ **dépistage** NM (de maladie) screening

dépit [depi] NM spite; **par d.** out of spite; **en d. de** in spite of; **en d. du bon sens** (mal) atrociously

dépité, -ée [depite] ADJ annoyed

déplacement [deplasmɑ̃] NM (voyage) trip; (d'ouragan, de troupes) movement; **être en d.** (homme d'affaires) to be on a business trip; **frais de d.** Br travelling or Am traveling expenses

déplacer [deplase] **1** VT (objet) to move; (fonctionnaire) to transfer **2 se déplacer** VPR (aiguille d'une montre) to move; (personne, animal) to move (about); (marcher) to walk (around); (voyager) to travel ▪ **déplacé, -ée** ADJ (mal à propos) out of place; **personne déplacée** (réfugié) displaced person

déplaire* [depler] **1** VI **d. à qn** to displease sb; **ça me déplaît** I don't like it; Ironique **n'en déplaise à...** with all due respect to... **2 se déplaire** VPR **il se déplaît à Paris** he doesn't like it in Paris ▪ **déplaisant, -ante** ADJ unpleasant

déplier [deplije] VT to open out, to unfold ▪ **dépliant** NM (prospectus) leaflet

déplorer [deplore] VT (regretter) to deplore; **d. que...** (+ subjunctive) to deplore the fact that...; **d. la mort de qn** to mourn sb's death ▪ **déplorable** ADJ deplorable

déployer [deplwaje] **1** VT (ailes) to spread; (journal, carte) to unfold; (troupes) to deploy **2 se déployer** VPR (drapeau) to unfurl ▪ **déploiement** NM (démonstration) display; (d'une armée) deployment

dépoli, -ie [depɔli] ADJ verre d. frosted glass

déporter [depɔrte] VT **d. qn** to send sb to a concentration camp ▪ **déportation** NF internment ▪ **déporté, -ée** NMF internee

déposer [depoze] **1** VT (poser) to put down; (gerbe) to lay; (brevet) to register; (projet de loi) to introduce; (souverain) to depose; **d. qn** (en voiture)

to drop sb off; **d. une lettre à la poste** to mail a letter; **d. de l'argent sur un compte** to deposit money in an account; **d. les armes** to lay down one's arms; **d. une plainte contre qn** to lodge a complaint against sb **2** VI Jur to testify; (liquide) to leave a deposit **3 se déposer** VPR (poussière, lie) to settle

dépositaire [depoziter] NMF (vendeur) agent; (de secret) custodian

déposséder [deposede] VT to deprive, to dispossess (**de** of)

dépôt [depo] NM (de vin) deposit, sediment; (argent) deposit; (entrepôt) depot; (prison) jail; **d. calcaire** (de bouilloire) fur; **mettre qch en d.** to put sth in storage; **d. de munitions** munitions depot; **d. d'ordures** Br rubbish dump, Am garbage dump; **d.-vente** Br =secondhand clothes shop, Am thrift store

dépotoir [depotwar] NM dump; Fam (classe) dumping ground

dépouille [depuj] NF (d'animal) hide, skin; **les dépouilles** (butin) the spoils; **d. (mortelle)** (de défunt) mortal remains

dépouiller [depuje] **1** VT (animal) to skin; (analyser) to go through; **d. qn de qch** to deprive sb of sth; **d. un scrutin** to count the votes **2 se dépouiller** VPR se d. de qch to rid oneself of sth ▪ **dépouillé, -ée** ADJ (arbre) bare; (style) austere ▪ **dépouillement** NM (de documents) analysis; (privation) deprivation; (sobriété) austerity; **d. du scrutin** counting of the votes

dépourvu, -ue [depurvy] ADJ d. de qch devoid of sth; **prendre qn au d.** to catch sb off guard

dépoussiérer [depusjere] VT to dust

dépraver [deprave] VT to deprave

déprécier [depresje] **1** VT to undervalue **2 se déprécier** VPR (valeurs, marchandises) to depreciate ▪ **dépréciation** NF depreciation

dépression [depresjɔ̃] NF (creux, maladie) depression; **zone de d. atmosphérique** trough of low pressure; **d. économique** slump; **d. nerveuse** nervous breakdown; **faire de la d.** to be suffering from depression ▪ **dépressif, -ive** ADJ depressive

déprime [deprim] NF Fam depression; **avoir un petit coup de d.** to feel a bit low ▪ **déprimé, -ée** ADJ depressed ▪ **déprimer 1** VT to depress **2** VI Fam to be feeling low

depuis [dəpɥi] **1** PRÉP since; **d. lundi/2005** since Monday/2005; **j'habite ici d. un mois** I've been living here for a month; **d. quand êtes-vous là?, d. combien de temps êtes-vous là?** how long have you been here?; **d. peu/longtemps** for a short/long time; **d. Paris jusqu'à Londres** from

Paris to London **2 ADV** since (then), ever since **3 CONJ d. que** since

député [depyte] **NM** *Pol* deputy, *Br* ≃ MP, *Am* ≃ representative; **d. du Parlement européen** Member of the European Parliament

déraciner [derasine] **VT** *(arbre, personne)* to uproot

dérailler [deraje] **VI** *(train)* to leave the rails; *Fam (personne)* to talk drivel; **faire d. un train** to derail a train

déranger [derãʒe] **1 VT** *(affaires)* to disturb; *(projets)* to upset; *(vêtements)* to mess up; **je viendrai si ça ne te dérange pas** I'll come if that' all right with you; **ça vous dérange si je fume?** do you mind if I smoke?; **avoir l'estomac dérangé** to have an upset stomach; **il a l'esprit dérangé** he's deranged **2 se déranger VPR** to put oneself to a lot of trouble (**pour faire** to do); *(se déplacer)* to move; **ne te dérange pas!** don't bother! **■ dérangement NM** *(gêne)* trouble, **en d.** *(téléphone)* out of order

déraper [derape] **VI** *(véhicule)* to skid; *Fam (personne)* to slip **■ dérapage NM** skid; *Fig* **le d. des prix** spiralling prices

dérégler [deregle] **1 VT** *(mécanisme)* to cause to malfunction **2 se dérégler VPR** *(mécanisme)* to go wrong **■ dérèglement** [-ɛglǝmã] **NM** *(de mécanisme)* malfunctioning

dérider [deride] **VT se dérider VPR** to cheer up

Il faut noter que le verbe anglais **to deride** est un faux ami. Il signifie le plus souvent **ridiculiser**.

dérision [derizjɔ̃] **NF** derision; **tourner qch en d.** to deride sth; **par d.** derisively **■ dérisoire ADJ** *(somme)* derisory

dériver [derive] **1 VT** *(cours d'eau)* to divert **2 VI** *Naut* to drift; **d. de** *(mot)* to be derived from **■ dérive NF** *Naut* drift; **à la d.** adrift **■ dérivé NM** *(mot, substance)* derivative

dernier, -ière [dɛrnje, -jɛr] **1 ADJ** *(ultime)* last; *(marquant la fin)* final; *(nouvelles, mode)* latest; *(étage)* top; *(degré)* highest; **le d. rang** the back or last row; **ces derniers mois** these past few months; **les dix dernières minutes** the last ten minutes; **de la dernière importance** of (the) utmost importance; **en d.** last **2 NMF** last; **ce d.** *(de deux)* the latter; *(de plusieurs)* the last-mentioned; **être le d. de la classe** to be (at the) bottom of the class; **le d. de mes soucis** the least of my worries; **avoir le d. mot** to have the last word **■ dernièrement ADV** recently

dérober [derɔbe] **1 VT** *(voler)* to steal (**à** from); *(cacher)* to hide (**à** from) **2 se dérober VPR** *(s'esquiver)* to slip away; *(éviter de répondre)* to dodge the issue; **se d. à la curiosité de qn** to

avoid sb's prying eyes; **se d. aux regards** to hide from view; **ses jambes se sont dérobées sous lui** his legs gave way beneath him

dérogation [derɔgasjɔ̃] **NF** exemption (**à** from)

déroger [derɔʒe] **VI d. à une règle** to depart from a rule

dérouler [derule] **1 VT** *(tapis)* to unroll; *(fil)* to unwind **2 se dérouler VPR** *(tapis)* to unroll; *(fil)* to unwind; *Fig (événement)* to take place **■ déroulement NM** *(d'action)* unfolding

déroute [derut] **NF** *(d'armée)* rout

dérouter [derute] **VT** *(avion, navire)* to divert, to reroute; *(poursuivant)* to throw off the scent; *Fig (étonner)* to throw

derrière [dɛrjɛr] **1 PRÉP & ADV** behind; **d. moi** behind me; **assis d.** *(dans une voiture)* sitting in the back; **par d.** *(attaquer)* from behind, from the rear **2 NM** *(de maison)* back, rear; *(fesses)* behind; **patte de d.** hind leg; **roue de d.** back or rear wheel

des [de] **➤ de²,³, un**

dès [dɛ] **PRÉP** from; **d. le début** (right) from the start; **d. maintenant** from now on; **d. l'enfance** since or from childhood; **d. le VIᵉ siècle** as early as or as far back as the sixth century; **d. lors** *(dans le temps)* from then on; *(en conséquence)* consequently; **d. leur arrivée** as soon as they arrive/arrived; **d. qu'elle viendra** as soon as she comes

désabusé, -ée [dezabyze] **ADJ** disillusioned

désaccord [dezakɔr] **NM** disagreement; **être en d. avec qn** to disagree with sb

désaffecté, -ée [dezafɛkte] **ADJ** disused

désaffection [dezafɛksjɔ̃] **NF** disaffection (**à l'égard de** with)

désagréable [dezagreabl] **ADJ** unpleasant

désagréger [dezagreʒe] **VT se désagréger VPR** to disintegrate

désagrément [dezagremã] **NM** *(gêne)* trouble; *(souci, aspect négatif)* problem

désaltérer [dezaltere] **1 VT d. qn** to quench sb's thirst **2 se désaltérer VPR** to quench one's thirst

désamorcer [dezamɔrse] **VT** *(bombe, conflit)* to defuse

désapprouver [dezapruve] **1 VT** to disapprove of **2 VI** to disapprove **■ désapprobateur, -trice ADJ** disapproving **■ désapprobation NF** disapproval

désarçonner [dezarsɔne] **VT** *(jockey)* to throw, to unseat; *Fig (déconcerter)* to throw

désarmer [dezarme] **1 VT** *(soldat, nation)* to disarm; *Fig* **d. qn** *(franchise, attitude)* to disarm sb **2 VI** *(pays)* to disarm; **il ne désarme pas** he won't give up ▪ **désarmement** [-əmã] **NM** (de nation) disarmament

désarroi [dezarwa] **NM** confusion; **être en plein d.** to be in a state of utter confusion

désastre [dezastr] **NM** disaster ▪ **désastreux, -euse** **ADJ** disastrous

désavantage [dezavãtaʒ] **NM** disadvantage ▪ **désavantager** **VT** to put at a disadvantage

désavouer [dezavwe] **VT** (renier) to disown

désaxé, -ée [dezakse] **1** **ADJ** (psychiquement) unbalanced **2** **NMF** unbalanced person

desceller [desele] **1** **VT** (pierre) to loosen **2 se desceller** **VPR** to come loose

descendant, -ante [desãdã, -ãt] **1** **ADJ** descending **2** **NMF** descendant ▪ **descendance** **NF** (enfants) descendants; (origine) descent

descendre [desãdr] **1** (aux **être**) **VI** to come/go down (**de** from); (d'un train) to get off (**de** from); (d'un arbre) to climb down (**de** from); (nuit, thermomètre) to fall; (marée) to go out; **d. de cheval** to dismount; **d. à l'hôtel** to put up at a hotel; **d. chez un ami** to stay with a friend; **d. de** (être issu de) to be descended from **2** (aux **avoir**) **VT** (escalier) to come/go down; (objet) to bring/take down; Fam **d. qn** (tuer) to bump sb off

descente [desãt] **NF** (d'avion) descent; (en parachute) drop; (pente) slope; (de police) raid (**dans** upon); **il fut accueilli à sa d. d'avion** he was met as he got off the plane; **d. de lit** bedside rug

descriptif, -ive [deskriptif, -iv] **ADJ** descriptive ▪ **description** **NF** description

désemparé, -ée [dezãpare] **ADJ** (personne) at a loss

désemplir [dezãplir] **VI** **ce magasin ne désemplit pas** this shop is always crowded

désenchanté, -ée [dezãʃãte] **ADJ** disillusioned ▪ **désenchantement** **NM** disenchantment

déséquilibre [dezekilibr] **NM** imbalance; **en d.** unsteady ▪ **déséquilibré, -ée** **1** **ADJ** unbalanced **2** **NMF** unbalanced person ▪ **déséquilibrer** **VT** to throw off balance; Fig (esprit, personne) to unbalance

désert, -erte [dezɛr, -ɛrt] **1** **ADJ** (lieu) deserted; (région) uninhabited; **île déserte** desert island **2** **NM** desert ▪ **désertique** **ADJ** **région d.** desert region

déserter [dezɛrte] **VTI** to desert ▪ **déserteur** **NM** deserter ▪ **désertion** **NF** desertion

désespérer [dezɛspere] **1** **VT** to drive to despair **2** **VI** to despair (**de** of) **3 se désespérer** **VPR** to despair ▪ **désespérant, -ante** **ADJ** (situation, personne) hopeless ▪ **désespéré, -ée** **1** **ADJ** (personne) in despair; (cas, situation, efforts) desper-

ate **2** **NMF** desparate person ▪ **désespérément** **ADV** desperately

désespoir [dezɛspwar] **NM** despair; **au d.** in despair; **en d. de cause** in desperation

déshabiller [dezabije] **VT se déshabiller** **VPR** to undress

désherber [dezɛrbe] **VTI** to weed ▪ **désherbant** **NM** weedkiller

déshériter [dezerite] **VT** to disinherit ▪ **déshérité, -ée** **ADJ** (pauvre) deprived

déshonneur [dezɔnœr] **NM** Br dishonour, Am dishonor

déshonorer [dezɔnɔre] **VT** to disgrace ▪ **déshonorant, -ante** **ADJ** Br dishonourable, Am dishonorable

déshydrater [dezidrate] **1** **VT** to dehydrate **2 se déshydrater** **VPR** to become dehydrated

désigner [dezine] **VT** (montrer) to point to; (choisir) to choose; (nommer) to appoint; (signifier) to designate; **il est tout désigné pour ce travail** he's just the person for the job ▪ **désignation** **NF** designation

désillusion [dezilyzjɔ̃] **NF** disillusion ▪ **désillusionner** **VT** to disillusion

désinfecter [dezɛ̃fɛkte] **VT** to disinfect ▪ **désinfectant, -ante** **NM & ADJ** disinfectant ▪ **désinfection** **NF** disinfection

désinformation [dezɛ̃fɔrmasjɔ̃] **NF** disinformation

désintégrer [dezɛ̃tegre] **se désintégrer** **VPR** to disintegrate ▪ **désintégration** **NF** disintegration

désintéresser [dezɛ̃terese] **se désintéresser** **VPR** **se d. de qch** to lose interest in sth ▪ **désintéressé, -ée** **ADJ** (altruiste) disinterested ▪ **désintérêt** **NM** lack of interest

désintoxication [dezɛ̃tɔksikasjɔ̃] **NF** detoxification, Fam detox; **faire une cure de d.** to undergo treatment for alcoholism/drug addiction ▪ **désintoxiquer** **1** **VT** (alcoolique, drogué) to treat for alcoholism/drug abuse **2 se désintoxiquer** (alcoolique, drogué) to come off alcohol/drugs

désinvolte [dezɛ̃vɔlt] **ADJ** (dégagé) casual; (insolent) offhand ▪ **désinvolture** **NF** casualness; (insolence) offhandedness

désir [dezir] **NM** desire; **prendre ses désirs pour des réalités** to indulge in wishful thinking ▪ **désirable** **ADJ** desirable ▪ **désirer** **VT** to wish; (convoiter) to desire; **je désire venir** I wish to come; **je désire que tu viennes** I want you to come; **ça laisse à d.** it leaves a lot to be desired

désireux, -euse [deziró, -óz] **ADJ** **d. de faire qch** anxious to do sth

désister[deziste] **se désister** VPRto withdraw ■ **désistement**[-əmɑ̃] NMwithdrawal

désobéir[dezobeir] VIto disobey; **d. à qn** to disobey sb ■ **désobéissance** NFdisobedience (**à** to) ■ **désobéissant, -ante** ADJdisobedient

désobligeant, -ante [dezobliʒɑ̃, -ɑ̃t] ADJ disagreeable

désodorisant[dezodorizɑ̃] NMair freshener

désœuvré, -ée[dezœvre] ADJidle

désoler[dezole] **1** VTto upset **2 se désoler** VPRto be upset (**de** at) ■ **désolant, -ante** ADJ upsetting ■ **désolé, -ée** ADJ(région) desolate; (affligé) upset; **être d. que...** (+ subjunctive) to be sorry that...; **je suis d. de vous déranger** I'm sorry to disturb you

désolidariser[desolidarize] **se désolidariser** VPRto dissociate oneself (**de** from)

désopilant, -ante [dezopilɑ̃, -ɑ̃t] ADJhilarious

désordonné, -ée[dezordone] ADJ(personne, chambre) untidy

désordre[dezordr] NM(manque d'ordre) mess; (manque d'organisation) disorder; **en d.** untidy, messy; **de graves désordres** (émeutes) serious disturbances

désorganiser [dezorganize] VTto disorganize ■ **désorganisation** NF disorganization ■ **désorganisé, -ée** ADJdisorganized

désorienter [dezorjɑ̃te] VTd. **qn** to bewilder sb

désormais [dezormɛ] ADV from now on, in future

despote[despot] NMdespot

desquels, desquelles[dekɛl] ➤ **lequel**

dessaisir[desezir] **se dessaisir** VPRse d. de **qch** to relinquish sth

dessaler[desale] VT(poisson) to remove the salt from (by soaking)

dessécher[deseʃe] **1** VT(peau) to dry up; (végétation) to wither **2 se dessécher** VPR(peau) to dry up; (végétation) to wither

dessein[desɛ̃] NM intention; **dans le d. de faire qch** with the intention of doing sth; **à d.** intentionally

desserrer [desere] **1** VT (ceinture) to loosen; (poing) to unclench; (frein) to release; Fig **il n'a pas desserré les dents** he didn't open his mouth **2 se desserrer** VPR(ceinture) to come loose

dessert [desɛr] NMdessert, Br pudding

desserte [desɛrt] NFassurer la d. de (village) to provide a service to

desservir[desɛrvir] VT(table) to clear (away); **d. qn** to do sb a disservice; **le car dessert ce village** the bus stops at this village; **ce quartier est bien desservi** this district is well served by public transport

dessin[desɛ̃] NMdrawing; (rapide) sketch; (motif) design, pattern; (contour) outline; **d. animé** cartoon; **d. humoristique** (de journal) cartoon

dessinateur, -trice [desinatœr, -tris] NMF drawer; **d. humoristique** cartoonist; **d. de modes** dress designer; **d. industriel** Br draughtsman, Am draftsman

dessiner [desine] **1** VTto draw; (rapidement) to sketch; (meuble, robe) to design; (indiquer) to outline; **d. (bien) la taille** (vêtement) to show off or draw attention to the waist **2 se dessiner** VPR (colline) to stand out; (projet) to take shape

dessoûler[desule] VTIFam to sober up

dessous[dəsu] **1** ADVunderneath; **en d.** underneath; **en d. de** below **2** NMunderside; (du pied) bottom; **des d.** (sous-vêtements) underwear; **drap de d.** bottom sheet; **les gens du d.** the people downstairs or below ■ **dessous-de-plat** NM INVtable mat ■ **dessous-de-table** NM INV bribe, Br backhander

dessus[dəsy] **1** ADV(marcher, écrire) on it/them; (monter) on top (of it/them), on it/them; (passer) over it/them; **de d. la table** off or from the table **2** NMtop; (de chaussure) upper; **drap de d.** top sheet; **les gens du d.** the people upstairs or above; **avoir le d.** to have the upper hand; **reprendre le d.** (se remettre) to get over it ■ **dessus-de-lit** NM INVbedspread

déstabiliser [destabilize] VTto destabilize

destin [destɛ̃] NMfate, destiny ■ **destinée** NF destiny

destinataire[destinater] NMFaddressee

destination[destinasjɔ̃] NF(lieu) destination; **trains à d. de...** trains to...; **arriver à d.** to reach one's destination

destiner [destine] **1** VTd. **qch à qn** to intend sth for sb; **d. qn à** (carrière, fonction) to intend or destine sb for; **destiné à mourir** (condamné) destined or fated to die **2 se destiner** VPRse d. **à** (carrière) to intend to take up

destituer[destitɥe] VT(fonctionnaire) to remove from office

destructeur, -trice [destryktœr, -tris] ADJ destructive

destruction[destryksjɔ̃] NFdestruction

désuet, -uète [desɥe, -ɥɛt] ADJ obsolete ■ **désuétude** NFtomber en d. (expression) to become obsolete

désunir [dezynir] VT(famille, personnes) to divide

détachant[detaʃɑ̃] NMstain remover

détachement[detaʃmɑ̃] NM(a) (indifférence)

detachment (**b**) *(de fonctionnaire)* secondment; *(de troupes)* detachment

détacher¹ [detaʃe] **1** vt *(ceinture, vêtement)* to undo; *(mains, personne)* to untie; *(ôter)* to take off; *(mots)* to pronounce clearly; **d. qn** *(libérer)* to untie sb; *(affecter)* to transfer sb (on assignment) (**à** to) **2 se détacher** vpr *(chien, prisonnier)* to break loose; *(se dénouer)* to come undone; **se d. (de qch)** *(fragment)* to come off (sth); **se d. de ses amis** to break away from one's friends; **se d. (sur)** *(ressortir)* to stand out (against) ■ **détaché, -ée** adj *(nœud)* loose, undone; *(air, ton)* detached

détacher² [detaʃe] vt *(linge)* to remove the stains from

détail [detaj] nm detail; **en d.** in detail; **entrer dans les détails** to go into detail; **le d. de** *(dépenses)* a breakdown of; **magasin/prix de d.** retail store/price; **vendre au d.** to sell retail

détaillant [detajɑ̃] nm retailer

détailler [detaje] vt *(énumérer)* to detail ■ **détaillé, -ée** adj *(récit, description)* detailed; *(facture)* itemized

détaler [detale] vi Fam to take off

détartrer [detartre] vt *(chaudière, dents)* to scale

détaxer [detakse] vt to exempt from tax; **produit détaxé** duty-free article

détecter [detɛkte] vt to detect ■ **détecteur** nm *(appareil)* detector; **d. de fumée** smoke detector

détective [detɛktiv] nm **d. (privé)** (private) detective

déteindre* [detɛ̃dr] vi *(couleur, tissu)* to run; **ton tablier bleu a déteint sur ma chemise** the blue of your apron has come off on(to) my shirt; Fig **d. sur qn** *(influencer)* to leave one's mark on sb

détendre [detɑ̃dr] **1** vt *(corde)* to slacken; *(arc)* to unbend; **d. l'atmosphère** to make the atmosphere less tense; **d. qn** to relax sb **2 se détendre** vpr *(corde)* to slacken; *(arc)* to unbend; *(atmosphère)* to become less tense; *(personne)* to relax ■ **détendu, -ue** adj *(visage, atmosphère)* relaxed; *(ressort, câble)* slack

détenir* [detənir] vt *(record, pouvoir, titre, prisonnier)* to hold; *(secret, objet volé)* to be in possession of ■ **détenteur, -trice** *(de record)* holder ■ **détention** nf *(d'armes)* possession; *(captivité)* detention; **d. provisoire** detention pending trial ■ **détenu, -ue** nmf prisoner

détente [detɑ̃t] nf (**a**) *(repos)* relaxation; *(entre deux pays)* détente (**b**) *(saut)* spring (**c**) *(gâchette)* trigger

détergent [detɛrʒɑ̃] nm detergent

détériorer [deterjɔre] **1** vt to damage **2 se détériorer** vpr to deteriorate ■ **détérioration** nf damage (**de** to); *(d'une situation)* deterioration (**de** in)

détermination [determinasjɔ̃] nf *(fermeté)* determination; *(de date, de lieu)* fixing

déterminer [determine] **1** vt *(préciser)* to determine; *(causer)* to bring about; **d. qn à faire qch** to induce sb to do sth **2 se déterminer** vpr **se d. à faire qch** to make up one's mind to do sth ■ **déterminant, -ante 1** adj decisive **2** nm Grammaire determiner ■ **déterminé, -ée** adj *(précis)* specific; *(résolu)* determined

déterrer [detere] vt to dig up

détester [detɛste] vt to hate, to detest; **d. faire qch** to hate doing or to do sth ■ **détestable** adj foul

détonateur [dnatœr] nm detonator ■ **détonation** nf explosion; *(d'arme)* bang

détonner [detɔne] vi *(contraster)* to clash

détour [detur] nm *(crochet)* detour; *(de route)* bend, curve; **sans d.** *(parler)* without beating about the bush; **faire un d.** to make a detour; **faire des détours** *(route)* to wind

détourner [deturne] **1** vt *(dévier)* to divert; *(avion)* to hijack; *(conversation, sens)* to change; *(fonds)* to embezzle; *(coup)* to ward off; **d. la tête** to turn one's head away; **d. les yeux** to look away; **d. qn de** *(son devoir, ses amis)* to take sb away from; *(sa route)* to lead sb away from **2 se détourner** vpr to turn away ■ **détourné, -ée** adj *(chemin, moyen)* roundabout, indirect ■ **détournement** [-əmɑ̃] nm *(de cours d'eau)* diversion; **d. d'avion** hijack(ing); **d. de fonds** embezzlement

détracteur, -trice [detraktœr, -tris] nmf detractor

détraquer [detrake] **1** vt *(mécanisme)* to put out of order **2 se détraquer** vpr *(machine)* to go wrong; **se d. l'estomac** to upset one's stomach; **se d. la santé** to ruin one's health ■ **détraqué, -ée 1** adj *(appareil)* out of order; *(cerveau)* deranged **2** nmf *(obsédé)* sex maniac

détremper [detrɑ̃pe] vt to soak; **des terres détrempées** waterlogged ground

détresse [detrɛs] nf distress; **en d.** *(navire, âme)* in distress; **dans la d.** *(misère)* in (great) distress

détriment [detrimɑ̃] nm **au d. de** to the detriment of; **je l'ai appris à mon d.** I found it out to my cost

détritus [detritys] nmpl Br rubbish, Am garbage

détroit [detrwa] nm strait

détromper [detrɔ̃pe] **1** vt **d. qn** to put sb right **2 se détromper** vpr **détrompez-vous!** don't you believe it!

détrôner [detrone] VT *(souverain)* to dethrone; *(supplanter)* to supersede

détruire* [detrɥir] VT *(ravager)* to destroy; *(tuer)* to kill; *(santé)* to ruin, to wreck

dette [dɛt] NF debt; **avoir des dettes** to be in debt; **faire des dettes** to run into debt

DEUG [dœg] *(abrév* **diplôme d'études universitaires générales)** NM = degree gained after two years' study at university

deuil [dœj] NM *(affliction, vêtements)* mourning; *(décès)* bereavement; **être en d., porter le d.** to be in mourning; **faire son d. de qch** to give sth up as lost

deux [dø] ADJ INV & NM INV two; **d. fois** twice; **mes d. sœurs** both my sisters, my two sisters; **tous (les) d.** both; *Fam* **en moins de d.** in no time (at all) ■ **deux-pièces** NM INV *(maillot de bain)* bikini; *(appartement)* two-room(ed) *Br* flat *or Am* apartment ■ **deux-points** NM INV colon ■ **deux-roues** NM INV two-wheeled vehicle

deuxième [døzjɛm] ADJ & NMF second ■ **deuxièmement** ADV secondly

dévaler [devale] 1 VT *(escalier)* to hurtle down 2 VI *(personne, pièces)* to hurtle down; *(eau, lave)* to rush down

dévaliser [devalize] VT *(personne, banque)* to rob; *(maison)* to burgle

dévaloriser [devalɔrize] 1 VT *(monnaie, diplôme)* to devalue; *(personne, politique)* to discredit 2 **se dévaloriser** VPR *(monnaie)* to depreciate; *(personne)* to put oneself down ■ **dévalorisation** NF *(de diplôme)* loss of value

dévaluer [devalɥe] VT *(monnaie)* to devalue ■ **dévaluation** NF *Fin* devaluation

devancer [dəvɑ̃se] VT *(concurrent)* to be ahead of; *(question)* to anticipate; *(arriver avant)* to arrive before; *Mil* **d. l'appel** to enlist before call-up

devant [dəvɑ̃] 1 PRÉP & ADV in front (of); **passer d. (l'église)** to go past (the church); **marcher d. (qn)** to walk in front (of sb); **assis d.** *(dans une voiture)* sitting in the front; **par d.** from *or* at the front; **loin d.** a long way ahead *or* in front; **d. le danger** *(confronté à)* in the face of danger; **d. mes yeux/la loi** before my eyes/the law; **l'avenir est d. toi** the future is ahead of you 2 NM front; **roue/porte de d.** front wheel/door; **patte de d.** foreleg; **prendre les devants** *(action)* to take the initiative

devanture [dəvɑ̃tyr] NF *(vitrine)* window; *(façade)* front

dévaster [devaste] VT to devastate ■ **dévastation** NF devastation

développer [devlɔpe] VT **se développer** VPR to develop ■ **développement** NM development; *(de photo)* developing; **d. durable**

sustainable development; **en plein d.** *(entreprise, pays)* growing fast

devenir* [dəvnir] *(aux* **être)** VI to become; **d. médecin** to become a doctor; **d. un papillon/ un homme** to grow into a butterfly/a man; **d. vieux** to get *or* grow old; **d. tout rouge** to go all red; **qu'est-il devenu?** what has become of him/it?

déverser [devɛrse] 1 VT *(liquide)* to pour out; *(bombes, ordures)* to dump 2 **se déverser** VPR *(liquide, rivière)* to empty (**dans** into)

dévêtir [devetir] VT **se dévêtir** VPR to undress

dévier [devje] 1 VT *(circulation)* to divert; *(coup, rayons)* to deflect 2 VI *(balle)* to deflect; *(véhicule)* to veer; **d. de sa route** to veer off course ■ **déviation** NF *(itinéraire provisoire) Br* diversion, *Am* detour; *(modification)* deviation

devin [dəvɛ̃] NM soothsayer; *Fam* **je ne suis pas d.** I can't predict what will happen

deviner [dəvine] VT to guess (**que** that); *(avenir)* to predict; *(pensée)* to read ■ **devinette** NF riddle

devis [dəvi] NM estimate; **faire faire un d. pour qch** to get an estimate for sth

dévisager [devizaʒe] VT **d. qn** to stare at sb

devise [dəviz] NF *(légende)* motto; *(monnaie)* currency; **devises étrangères** foreign currency

dévisser [devise] 1 VT to unscrew 2 VI *(en montagne)* to fall 3 **se dévisser** VPR *(bouchon)* to unscrew; *(par accident)* to come unscrewed

dévoiler [devwale] 1 VT *(statue)* to unveil; *Fig (secret)* to disclose 2 **se dévoiler** VPR *(mystère)* to come to light

devoir*[1] [dəvwar] V AUX **(a)** *(indique la nécessité)* **je dois refuser** I must refuse, I have (got) to refuse; **j'ai dû refuser** I had to refuse **(b)** *(indique une forte probabilité)* **il doit être tard** it must be late; **elle a dû oublier** she must have forgotten; **il ne doit pas être bête** he can't be stupid; **cela devait arriver** it had to happen **(c)** *(indique l'obligation)* **tu dois apprendre tes leçons** you must learn your lessons; **vous devriez rester** you should stay, you ought to stay; **il aurait dû venir** he should have come, he ought to have come **(d)** *(indique l'intention)* **elle doit venir** she's supposed to be coming, she's due to come; **le train devait arriver à midi** the train was due (to arrive) at noon; **je devais le voir** I was (due) to see him

devoir*[2] [dəvwar] 1 VT to owe; **d. qch à qn** to owe sb sth, to owe sth to sb; **l'argent qui m'est dû** the money due to *or* owing to me, the money owed (to) me 2 **se devoir** VPR **comme il se doit** as is proper 3 NM *(obligation)* duty; **présenter ses devoirs à qn** to pay one's respects to sb; *Scol* **devoirs** homework; **faire ses devoirs** to do one's homework; **d. sur table** class examination

dévorer [devɔre] **VT** *(manger)* to devour; *Fig (kilomètres)* to eat up; **d. qn/qch du regard** to devour sb/sth with one's eyes; **être dévoré par la jalousie** to be consumed by jealousy

dévouer [devwe] **se dévouer** **VPR** *(se sacrifier)* to volunteer; *(se consacrer)* to devote oneself (à to) ■ **dévoué, -ée** **ADJ** *(ami, femme)* devoted (à to) ■ **dévouement** [-umɑ̃] **NM** devotion; *(de héros)* devotion to duty

dextérité [dɛksterite] **NF** dexterity, skill

diabète [djabɛt] **NM** *Méd* diabetes; **avoir du d.** to have diabetes ■ **diabétique** **ADJ & NMF** diabetic

diable [djɑbl] **NM** devil; **le d.** the Devil; **se débattre comme un beau d.** to struggle with all one's might; **où/pourquoi d....?** where/why the devil...? ■ **diabolique** **ADJ** diabolical

diadème [djadɛm] **NM** tiara

diagnostic [djagnɔstik] **NM** diagnosis ■ **diagnostiquer** **VT** to diagnose

diagonal, -e, -aux, -ales [djagɔnal, -o] **ADJ** diagonal ■ **diagonale** **NF** diagonal (line); **en d.** diagonally; *Fam* **lire qch en d.** to skim through sth

diagramme [djagram] **NM** diagram

dialecte [djalɛkt] **NM** dialect

dialogue [djalɔg] **NM** *Br* dialogue, *Am* dialog; *(conversation)* conversation ■ **dialoguer** **VI** to communicate; *Ordinat* to interact

diamant [djamɑ̃] **NM** diamond

diamètre [djamɛtr] **NM** diameter

diapason [djapazɔ̃] **NM** *Mus (appareil)* tuning fork; *Fig* **se mettre au d.** to fall in with the others

diaphragme [djafragm] **NM** diaphragm

diapositive [djapɔzitiv], *Fam* **diapo** [djapo] **NF** slide

diarrhée [djare] **NF** diarrhoea; **avoir la d.** to have diarrhoea

dictateur [diktatœr] **NM** dictator ■ **dictatorial, -e, -aux, -ales** **ADJ** dictatorial ■ **dictature** **NF** dictatorship

dicter [dikte] **VT** to dictate (à to) ■ **dictée** **NF** dictation; **prendre qch sous la d. de qn** to take sth down at sb's dictation

diction [diksjɔ̃] **NF** diction

dictionnaire [diksjɔnɛr] **NM** dictionary

dicton [diktɔ̃] **NM** saying

dièse [djɛz] **1** **ADJ & NM** *Mus* sharp **2** **NM** *Ordinat & Tél Br* hash (sign), *Am* pound (sign)

diesel [djezɛl] **ADJ & NM** **(moteur) d.** diesel (engine)

diète [djɛt] **NF** *(partielle)* diet; *(totale)* fast; **être à la d.** to be on a diet/to be fasting

diététicien, -ienne [djetetisjɛ̃, -jɛn] **NMF** dietician ■ **diététique** **1** **NF** dietetics (sing) **2** **ADJ** **aliment** *ou* **produit d.** health food; **magasin/ restaurant d.** health-food shop/restaurant

dieu, -x [djø] **NM** god; **D.** God; **le bon D.** God; **D. merci!** thank God!, thank goodness!; *Fam* **laisse-moi tranquille, bon D.!** leave me alone, for God's sake!

diffamation [difamɑsjɔ̃] **NF** *(en paroles)* slander; *(par écrit)* libel; **procès en d.** slander/libel trial ■ **diffamatoire** **ADJ** *(paroles)* slanderous; *(écrit)* libellous

différé [difere] **NM** **en d.** *(émission)* prerecorded

différence [diferɑ̃s] **NF** difference (de in); **à la d. de qn/qch** unlike sb/sth; **faire la d. entre** to make a distinction between

différencier [diferɑ̃sje] **1** **VT** to differentiate (de from) **2** **se différencier** **VPR** to differ (de from)

différend [diferɑ̃] **NM** difference of opinion

différent, -ente [diferɑ̃, -ɑ̃t] **ADJ** different; **différents** *(divers)* different, various; **d. de** different from ■ **différemment** [-amɑ̃] **ADV** differently (de from)

différer [difere] **1** **VT** *(remettre)* to postpone; *(paiement)* to defer **2** **VI** to differ (de from)

difficile [difisil] **ADJ** difficult; *(exigeant)* fussy; **c'est d. à faire** it's hard *or* difficult to do; **il nous est d. d'accepter** it's hard *or* difficult for us to accept ■ **difficilement** **ADV** with difficulty; **d. lisible** not easy to read

difficulté [difikylte] **NF** difficulty (à faire in doing); **en d.** in a difficult situation; **avoir de la d. à faire qch** to have difficulty (in) doing sth

difforme [difɔrm] **ADJ** deformed, misshapen ■ **difformité** **NF** deformity

diffus, -use [dify, -yz] **ADJ** *(lumière)* diffuse; *(impression)* vague

diffuser [difyze] **VT** *(émission)* to broadcast; *(nouvelle)* to spread; *(lumière, chaleur)* to diffuse; *(livre)* to distribute ■ **diffusion** **NF** *(d'émission)* broadcasting; *(de lumière, de chaleur)* diffusion; *(de livre)* distribution; **d. terrestre** terrestrial broadcasting

digérer [diʒere] **1** **VT** to digest; *Fam (endurer)* to stomach **2** **VI** to digest; **avoir du mal à d.** to have trouble digesting

digestif, -ive [diʒɛstif, -iv] **1** **ADJ** *(tube, sucs)* digestive **2** **NMF** after-dinner liqueur

digestion [diʒɛstjɔ̃] **NF** digestion

Digicode® [diʒikɔd] **NM** entry code *(for building)*

digital¹, -ale, -aux, -ales [diʒital, -o] **ADJ** *Ordinat* digital; **affichage d.** digital display

digital², -ale, -aux, -ales [diʒital, -o] ➤ **empreinte**

digne [diɲ] ADJ (air, attitude) dignified; **d. de qn/qch** worthy of sb/sth; **d. d'admiration** worthy of or deserving of admiration; **d. de foi** reliable; **il n'est pas d. d'exister** he's not fit to live ■ **dignement** [-əmɑ̃] ADV with dignity; **être d. récompensé** to be justly rewarded

dignitaire [diɲiter] NM dignitary

dignité [diɲite] NF dignity

digression [digresjɔ̃] NF digression

digue [dig] NF dike, dyke; (en bord de mer) sea wall

dilapider [dilapide] VT to squander

dilater [dilate] VT **se dilater** VPR (pupille) to dilate ■ **dilatation** NF (de pupille) dilation

dilemme [dilɛm] NM dilemma

diluer [dilɥe] VT (liquide, substance) to dilute (**dans** in)

dimanche [dimɑ̃ʃ] NM Sunday

dimension [dimɑ̃sjɔ̃] NF (mesure, aspect) dimension; (taille) size; **à deux dimensions** two-dimensional; **prendre les dimensions de qch** to take the measurements of sth

diminuer [diminɥe] 1 VT to reduce, to decrease; (affaiblir) to weaken; **d. qn** (rabaisser) to belittle sb; **il est très diminué depuis l'accident** he has been far less able-bodied since the accident 2 VI (réserves, nombre) to decrease, to diminish; (jours) to get shorter; (prix, profits) to decrease, to drop ■ **diminution** NF reduction, decrease (**de** in)

diminutif, -ive [diminytif, -iv] NM (nom) diminutive

dinde [dɛ̃d] NF (volaille, viande) turkey ■ **dindon** NM turkey (cock)

dîner [dine] 1 NM (repas du soir) dinner; (repas de midi) lunch; (soirée) dinner party 2 VI to have dinner, Belg, Can to have lunch

dingue [dɛ̃g] Fam 1 ADJ crazy, nuts; **être d. de qn/qch** to be crazy about sb/sth 2 NMF nutcase; **être un d. de moto** to be a motorbike nut

dinosaure [dinozɔr] NM dinosaur

diplomate [diplɔmat] 1 ADJ diplomatic 2 NMF diplomat ■ **diplomatie** [-asi] NF (tact) diplomacy; (carrière) diplomatic service ■ **diplomatique** ADJ diplomatic

diplôme [diplom] NM diploma; (d'université) degree ■ **diplômé, -ée** 1 ADJ qualified; Univ **être d.** (de) to be a graduate (of) 2 NMF holder of a diploma; Univ graduate

dire* [dir] 1 NM **au d. de** according to; **selon ses dires** according to him/her
2 VT (mot, avis) to say; (vérité, secret, heure) to tell; **d. des bêtises** to talk nonsense; **d. qch à qn** to

tell sb sth, to say sth to sb; **d. à qn que...** to tell sb that..., to say to sb that...; **d. à qn de faire qch** to tell sb to do sth; **d. du mal/du bien de qn** to speak ill/well of sb; **on dirait un château** it looks like a castle; **on dirait du Mozart** it sounds like Mozart; **on dirait du cabillaud** it tastes like cod; **que diriez-vous d'un verre de vin?** what would you say to a glass of wine?; **qu'est-ce que tu en dis?** what do you think?; **on dirait que...** it would seem that...; **ça ne me dit rien de manger chinois** I don't really fancy Chinese food; **ce nom ne me dit rien** that name doesn't ring a bell; **ça vous dit de rester?** do you feel like staying?; **ça va sans d.** that goes without saying; **c'est beaucoup d.** that's going too far; **dites donc!** look here!; **autrement dit** in other words; **ceci dit** having said this; **à vrai d.** to tell the truth; **à l'heure dite** at the agreed time

3 **se dire** VPR **il se dit malade** he says he's ill; **comment ça se dit en anglais?** how do you say that in English?

direct, -e [dirɛkt] 1 ADJ direct 2 NM Radio & TV live broadcasting; **en d. (de)** live (from); Boxe **d. du gauche** straight left ■ **directement** [-əmɑ̃] ADV (sans intermédiaire) directly, (sans détour) straight

directeur, -trice [dirɛktœr, -tris] 1 NMF director; (de magasin, de service) manager; (de journal) editor; (d'école) Br headmaster, f headmistress, Am principal; **d. commercial** sales director 2 ADJ (principe) guiding; (idées) main; (équipe) management

direction [dirɛksjɔ̃] NF (a) (sens) direction; **train en d. de...** train to (b) (de société, de club) running, management; (de parti) leadership; Aut steering; **sous la d. de** under the supervision of; (orchestre) conducted by; **la d.** (l'équipe dirigeante) the management; **un poste de d.** a management post; **d. du personnel** personnel department

directive [dirɛktiv] NF directive

dirigeable [diriʒabl] ADJ & NM **(ballon) d.** airship, dirigible

dirigeant, -ante [diriʒɑ̃, -ɑ̃t] 1 ADJ (classe) ruling 2 NM (de pays) leader; (d'entreprise, de club) manager

diriger [diriʒe] 1 VT (entreprise, club) to run, to manage; (pays, parti, cheval) to lead; (séance, orchestre) to conduct; (travaux, études) to supervise; (acteur) to direct; (orienter) to turn (**vers** to); (arme, lumière) to point (**sur** at); (véhicule) to steer 2 **se diriger** VPR **se d. vers** (lieu, objet) to head for; (personne) to go up to; (dans une carrière) to go into

dis [di], **disant** [dizɑ̃] ➤ **dire**

discerner [disɛrne] VT (voir) to make out;

(différencier) to distinguish (**de** from) ■ **discernement** [-əmā] NMdiscernment; **sans d.** rashly

disciple [disipl] NMdisciple

discipline [disiplin] NF*(règle, matière)* discipline ■ **disciplinaire** ADJdisciplinary

discipliner [disipline] **1** VT*(enfant)* to control **2 se discipliner** VPR to discipline oneself ■ **discipliné, -ée** ADJwell-disciplined

discontinu, -ue [diskɔ̃tiny] ADJ*(ligne)* broken; *(bruit)* intermittent ■ **discontinuer** VISans d. without stopping

discorde [diskɔrd] NFdiscord ■ **discordant, -ante** ADJ*(son)* discordant; *(témoignages)* conflicting; *(couleurs)* clashing

discothèque [diskɔtɛk] NF*(organisme)* record library; *(club)* disco; **aller en d.** to go to a disco ■ **disco** NFFam *(club)* disco; *(musique)* **d.** disco *(music)*

discours [diskur] NM speech; *(écrit littéraire)* discourse; **faire un d.** to make a speech; **tenir de longs d. à qn sur qch** to go on and on to sb about sth

discréditer [diskredite] **1** VTto discredit **2 se discréditer** VPR*(personne)* to discredit oneself

discret, -ète [diskrɛ, -ɛt] ADJ*(personne, manière)* discreet; *(vêtement)* simple ■ **discrètement** ADV*(avec retenue)* discreetly; *(sobrement)* simply

discrétion [diskresjɔ̃] NFdiscretion; **laisser qch à la d. de qn** to leave sth to sb's discretion; **vin/ pain à d.** unlimited bread/wine

discrimination [diskriminasjɔ̃] NFdiscrimination

disculper [diskylpe] VTto exonerate (**de** from)

discussion [diskysjɔ̃] NFdiscussion; **avoir une d. (sur)** to have a discussion (about); **pas de d.!** no argument!

discutable [diskytabl] ADJquestionable

discuter [diskyte] **1** VTto discuss; *(contester)* to question **2** VIto discuss; *(protester)* to argue; **d. de qch avec qn** to discuss sth with sb **3 se discuter** VPRça se discute that's debatable

dise, disent [diz] ➤ **dire**

disgrâce [disgras] NFtomber en d. to fall into disfavour ■ **disgracier** VTto disgrace ■ **disgracieux, -ieuse** ADJungainly

Il faut noter que l'adjectif anglais **disgraceful** est un faux ami. Il signifie **honteux**.

disjoncter [disʒɔ̃kte] VI*(circuit électrique)* to fuse; Fam *(s'effondrer)* to crack up ■ **disjoncteur** NM circuit breaker

dislocation [dislɔkasjɔ̃] NF*(de membre)* dislocation

disloquer [dislɔke] **1** VT*(membre)* to dislocate;

(empire) to break up **2 se disloquer** VPR*(empire)* to break up; **se d. le bras** to dislocate one's arm

disons [dizɔ̃] ➤ **dire**

disparaître* [disparɛtr] VIto disappear; *(être porté manquant)* to go missing; *(mourir)* to die; *(coutume)* to die out; **d. en mer** to be lost at sea; **faire d. qch** to get rid of sth ■ **disparition** NF disappearance; *(mort)* death ■ **disparu, -ue 1** ADJ*(personne)* missing; **être porté d.** to be reported missing **2** NMF*(absent)* missing person; *(mort)* departed

disparate [disparat] ADJill-matched, disparate; *(couleurs)* clashing

disparité [disparite] NF disparity (**entre/de** between)

dispensaire [dispɑ̃sɛr] NMcommunity health Br centre or Am center

dispense [dispɑ̃s] NF*(d'obligation)* exemption ■ **dispenser 1** VT*(soins, bienfaits)* to dispense; **d. qn de qch** to exempt sb from sth; **d. qn de faire qch** to exempt sb from doing sth; **je vous dispense de vos réflexions** you can keep your comments to yourselves **2** VPRse d. de faire qch to get out of sth; **se d. de faire qch** to get out of doing sth

disperser [disperse] **1** VT*(papiers, foule)* to scatter; *(brouillard)* to disperse; *(collection)* to break up **2 se disperser** VPR*(foule)* to scatter, to disperse; **elle se disperse trop** she tries to do too many things at once ■ **dispersion** NF*(d'armée, de manifestants, de brouillard)* dispersal

disponible [dispɔnibl] ADJ *(article, place, personne)* available; **es-tu ce soir?** are you free tonight? ■ **disponibilité** NFavailability; **mise en d.** *(d'un fonctionnaire)* (extended) leave; **disponibilités** *(fonds)* available funds

dispos [dispo] ADJ M*(personne)* fit and well

disposé, -ée [dispoze] ADJbien/mal d. in a good/bad mood; **bien d. envers** ou **à l'égard de qn** well disposed towards sb; **d. à faire qch** disposed to do sth

disposer [dispoze] **1** VT*(objets)* to arrange; *(table)* to lay; **d. qn à (faire) qch** to dispose sb to (do) sth **2** VId. de qch to have sth at one's disposal **3 se disposer** VPRse d. à faire qch to prepare to do sth

Il faut noter que le verbe anglais **to dispose of** est un faux ami. Il signifie **se débarrasser de**.

dispositif [dispozitif] NM*(mécanisme)* device; **d. policier** police presence

disposition [dispozisjɔ̃] NF arrangement; *(tendance)* tendency (**à** to); *(de maison, de page)* layout; Jur *(de loi)* clause; **être** ou **rester** ou **se tenir à la d. de qn** to be or remain at sb's disposal; **dispositions*** *(aptitudes)* ability, aptitude (**pour**

for); **prendre ses** ou **des dispositions** to make arrangements; *(pour l'avenir)* to make provision; **dans de bonnes dispositions à l'égard de qn** well disposed towards sb

disproportion [dispropɔrsjɔ̃] NF disproportion ■ **disproportionné, -ée** ADJ disproportionate

dispute [dispyt] NF quarrel ■ **disputer 1** VT *(match)* to play; *(rallye)* to compete in; *(combat de boxe)* to fight; *(droit)* to contest; **d. qch à qn** *(prix, première place)* to fight with sb for or over sth; *Fam* **d. qn** *(gronder)* to tell sb off **2 se disputer** VPR to quarrel (**avec** with); *(match)* to take place; **se d. qch** to fight over sth

disqualifier [diskalifje] VT *(équipe, athlète)* to disqualify ■ **disqualification** NF disqualification

disque [disk] NM *(de musique)* record; *(cercle)* Br disc, Am disk; Ordinat disk; Sport discus; **mettre un d.** to play a record; **d. compact** Br compact disc, Am compact disk; **d. dur** hard disk ■ **disquaire** NMF record dealer ■ **disquette** NF Ordinat floppy (disk), diskette

disséminer [disemine] VT *(graines, mines)* to scatter ■ **dissémination** NF scattering

disséquer [diseke] VT to dissect

dissertation [disertasjɔ̃] NF essay

dissident, -ente [disidã, -ãt] ADJ & NMF dissident

dissimuler [disimyle] **1** VT *(cacher)* to conceal (**à** from) **2 se dissimuler** VPR to be hidden ■ **dissimulation** NF concealment; *(duplicité)* deceit

dissiper [disipe] **1** VT *(nuages)* to disperse; *(brouillard)* to clear; *(malentendu)* to clear up; *(craintes)* to dispel; **d. qn** to lead sb astray **2 se dissiper** VPR *(nuage)* to disperse; *(brume)* to clear; *(craintes)* to vanish; *(élève)* to misbehave ■ **dissipé, -ée** ADJ *(élève)* unruly

dissocier [disɔsje] VT to dissociate (**de** from)

dissolu, -ue [disɔly] ADJ *(vie)* dissolute

dissolution [disɔlysjɔ̃] NF dissolution

dissolvant, -ante [disɔlvã, -ãt] ADJ & NM **(produit) d.** solvent; *(pour vernis à ongles)* nail polish remover

dissoudre* [disudr] VT **se dissoudre** VPR to dissolve

dissuader [disɥade] VT to dissuade (**de qch** from sth; **de faire** from doing) ■ **dissuasif, -ive** ADJ deterrent; **avoir un effet d.** to be a deterrent ■ **dissuasion** NF dissuasion; Mil **force de d.** deterrent

distance [distãs] NF distance; **à deux mètres de d.** two metres apart; **à d.** at or from a distance; **garder ses distances** to keep one's distance

(vis-à-vis de from); **commandé à d.** remote-controlled; **à quelle d. se trouve la poste?** how far is it to the post office?

distancer [distãse] VT to outstrip; **se laisser d.** to fall behind

distant, -ante [distã, -ãt] ADJ distant; *(personne)* aloof, distant; **d. de dix kilomètres** *(éloigné)* ten kilometres away; *(à intervalles)* ten kilometres apart

distendre [distãdr] VT **se distendre** VPR to stretch

distiller [distile] VT to distil ■ **distillation** NF distillation ■ **distillerie** NF *(lieu)* distillery

distinct, -incte [distɛ̃, -ɛ̃kt] ADJ *(différent)* distinct, separate (**de** from); *(net)* clear, distinct ■ **distinctif, -ive** ADJ distinctive ■ **distinction** NF *(différence, raffinement)* distinction

distinguer [distɛ̃ge] **1** VT *(différencier)* to distinguish; *(voir)* to make out; *(choisir)* to single out; **d. le bien du mal** to tell good from evil **2 se distinguer** VPR *(s'illustrer)* to distinguish oneself; **se d. de qn/qch (par)** to be distinguishable from sb/sth (by); **se d. par sa beauté** to be conspicuous for one's beauty ■ **distingué, -ée** ADJ *(bien élevé, éminent)* distinguished

distorsion [distɔrsjɔ̃] NF distortion

distraction [distraksjɔ̃] NF *(étourderie)* absent-mindedness; **ça manque de distractions** there's nothing to do ■ **distraire*** **1** VT *(divertir)* to entertain; **d. qn (de qch)** to distract sb (from sth) **2 se distraire** VPR to amuse oneself ■ **distrait, -aite** ADJ absent-minded ■ **distraitement** ADV absent-mindedly ■ **distrayant, -ante** ADJ entertaining

Il faut noter que l'adjectif anglais **distracted** est un faux ami. Il signifie **préoccupé**.

distribuer [distribɥe] VT *(donner)* & Com to distribute; *(courrier)* to deliver; *(cartes)* to deal; *(tâches)* to allocate; *(eau)* to supply

distributeur [distribytœr] NM Com distributor; **d. automatique** vending machine; **d. de billets** *(de train)* ticket machine; *(de billets de banque)* cash machine, ATM

distribution [distribysjɔ̃] NF distribution; *(du courrier)* delivery; *(de l'eau)* supply; *(acteurs de cinéma)* cast; **d. des prix** prizegiving

district [distrikt] NM district

dit¹, dite [di, dit] **1** PP ➤ **dire 2** ADJ *(convenu)* agreed; *(surnommé)* called

dit², dites [di, dit] ➤ **dire**

divaguer [divage] VI *(dérailler)* to rave

divan [divã] NM divan, couch

divergent, -ente [diverʒã, -ãt] ADJ *(lignes)* divergent; *(opinions)* differing ■ **divergence**

NF *(de lignes)* divergence; *(d'opinions)* difference ■ **diverger** **VI** to diverge (**de** from)

divers, -erse [diver, -ers] **ADJ** *(varié)* varied; **divers(es)** *(plusieurs)* various

diversifier [diversifje] **VT se diversifier** **VPR** to diversify

diversion [diversjɔ̃] **NF** diversion; **faire d.** to create a diversion

diversité [diversite] **NF** diversity

divertir [divertir] **1 VT** to entertain **2 se divertir** **VPR** to enjoy oneself ■ **divertissement** **NM** entertainment, amusement

dividende [dividɑ̃d] **NM** *Math & Fin* dividend

divin, -ine [divɛ̃, -in] **ADJ** divine ■ **divinité** **NF** divinity

diviser [divize] **VT se diviser** **VPR** to divide (**en** into) ■ **division** **NF** division

divorce [divɔrs] **NM** divorce ■ **divorcer** **VI** to get divorced; **d. d'avec qn** to divorce sb ■ **divorcé, -ée 1** **ADJ** divorced (**d'avec** from) **2** **NMF** divorcee

divulguer [divylge] **VT** to divulge

dix [dis] (**[di]** *before consonant,* **[diz]** *before vowel*) **ADJ & NM** ten ■ **dixième** [dizjɛm] **ADJ & NMF** tenth; **un d.** a tenth ■ **dix-huit** **ADJ & NM** eighteen ■ **dix-huitième** **ADJ & NMF** eighteenth ■ **dix-neuf** [diznœf] **ADJ & NM** nineteen ■ **dix-neuvième** **ADJ & NMF** nineteenth ■ **dix-sept** [disset] **ADJ & NM** seventeen ■ **dix-septième** **ADJ & NMF** seventeenth

dizaine [dizen] **NF** une d. (de) about ten

do [do] **NM INV** *(note)* C

docile [dɔsil] **ADJ** docile ■ **docilité** **NF** docility

docteur [dɔktœr] **NM** *(en médecine, d'université)* doctor (**ès/en** of) ■ **doctorat** **NM** doctorate, ≃ PhD (**ès/en** in)

doctrine [dɔktrin] **NF** doctrine

document [dɔkymɑ̃] **NM** document ■ **documentaire** **ADJ & NM** documentary ■ **documentaliste** **NMF** archivist; *(à l'école)* (school) librarian

documentation [dɔkymɑ̃tasjɔ̃] **NF** *(documents)* documentation; *(brochures)* literature ■ **se documenter** **VPR** to gather information *or* material (**sur** on)

dodo [dodo] **NM** *Fam (en langage enfantin)* **faire d.** to sleep; **aller au d.** to go beddy-byes

dodu, -ue [dody] **ADJ** chubby, plump

dogmatisme [dɔgmatism] **NM** dogmatism

doigt [dwa] **NM** finger; **d. de pied** toe; **petit d.** little finger, *Am & Scot* pinkie; **un d. de vin** a drop of wine; **à deux doigts de** within an ace of sb; **montrer qn du d.** to point one's finger at sb; **savoir qch sur le bout des d.** to have sth at one's finger tips

doigté [dwate] **NM** *Mus* fingering; *(savoir-faire)* tact

dois, doit [dwa] ➤ **devoir**[1,2]

doléances [dɔleɑ̃s] **NFPL** *(plaintes)* grievances

dollar [dɔlar] **NM** dollar

domaine [dɔmen] **NM** *(terres)* estate, domain; *(matière)* field, domain; *Ordinat* domain; **être du d. public** to be in the public domain; *Ordinat* **nom de d.** domain name

dôme [dom] **NM** dome

domestique [dɔmestik] **1** **ADJ** *(vie, marché, produit, querelle)* domestic; **travaux domestiques** housework; **à usage d.** for domestic use **2** **NMF** servant ■ **domestiquer** **VT** to domesticate

domicile [dɔmisil] **NM** home; *(demeure légale)* abode; **travailler à d.** to work from home; **livrer à d.** to deliver (to the house); **dernier d. connu** last known address; **sans d. fixe** of no fixed abode; *Jur* **d. conjugal** marital home ■ **domicilié, -ée** **ADJ** resident (**à/chez** at)

dominateur, -trice [dɔminatœr, -tris] **ADJ** domineering ■ **domination** **NF** domination

dominer [dɔmine] **1 VT** to dominate; *(situation, sentiment)* to master; *(être supérieur à)* to surpass; **d. la situation** to keep the situation under control; **d. le monde** to rule the world **2** **VI** *(être le plus fort)* to be dominant; *(être le plus important)* to predominate **3 se dominer** **VPR** to control oneself ■ **dominant, -ante** **ADJ** dominant

dominicain, -aine [dɔminikɛ̃, -ɛn] **1** **ADJ & NMF** *Rel* Dominican **2** **ADJ** *Géog* Dominican; **la République dominicaine** the Dominican Republic **3** **NMF** **D., Dominicaine** Dominican

dominical, -e, -aux, -ales [dɔminikal, -o] **ADJ** **repos d.** Sunday rest

domino [dɔmino] **NM** domino; **dominos** *(jeu)* dominoes

dommage [dɔmaʒ] **NM** *(tort)* harm; **dommages** *(dégâts)* damage; **(c'est) d.!** it's a pity, it's a shame! **(que** that); **quel d.!** what a pity, what a shame!; **dommages collatéraux** collateral damage; **dommages-intérêts** damages

dompter [dɔ̃te] **VT** *(animal)* to tame; *(passions, rebelles)* to subdue

DOM-TOM [dɔmtɔm] *(abrév* **départements et territoires d'outre-mer)** **NMPL** = French overseas departments and territories

don [dɔ̃] **NM** *(cadeau, aptitude)* gift; *(à un musée, à une œuvre)* donation; **faire d. de qch** to give sth; **avoir le d. de faire qch** to have the knack for doing sth; **d. du sang** blood donation

donateur, -trice [dɔnatœr, -tris] **NMF** donor ■ **donation** **NF** donation

donc [dɔ̃(k)] **CONJ** so, then; *(par conséquent)* so, therefore; **asseyez-vous d.!** *(intensif)* do sit down!; **qui/quoi d.?** who?/what?; **allons d.!** come on!; *Fam* **dis d.!** excuse me!

donjon [dɔ̃ʒɔ̃] NM keep

données [dɔne] NFPL *Ordinat* data; *(de problème)* facts; **avoir toutes les données du problème** to have all the information on the problem

donner [dɔne] **1** VT to give; *(récolte, résultat)* to produce; *(sa place)* to give up; *(cartes)* to deal; *(pièce, film)* to put on; **pourriez-vous me d. l'heure?** could you tell me the time?; **d. un coup à qn** to hit sb; **d. le bonjour à qn** to say hello to sb; **d. qch à réparer** to take sth (in) to be repaired; **d. à manger à qn** *(animal, enfant)* to feed sb; **d. raison à qn** to say sb is right; **elle m'a donné de ses nouvelles** she told me how she was doing; **ça donne soif/faim** it makes you thirsty/hungry; **je lui donne trente ans** I'd say he/she was thirty; **étant donné** *(la situation)* considering, in view of; **étant donné que...** seeing (that), considering (that)...; **à un moment donné** at some stage **2** VI **d. sur** *(fenêtre)* to overlook, to look out onto; *(porte)* to open onto; *Fam* **ne plus savoir où d. de la tête** not to know which way to turn **3 se donner** VPR *(se consacrer)* to devote oneself (**à** to); **se d. du mal** to go to a lot of trouble (**pour faire** to do); **s'en d. à cœur joie** to have a whale of a time

donneur, -euse [dɔnœr, -øz] NMF *(de sang, de sperme, d'organe)* donor; *Cartes* dealer

dont [dɔ̃] PRON RELATIF *(personne)* of whom; *(chose)* of which; *(appartenance: personne)* whose, of whom; *(appartenance: chose)* of which, whose; **une mère d. le fils est malade** a mother whose son is ill; **la fille d. il est fier** the daughter he is proud of *or* of whom he is proud; **les outils d. j'ai besoin** the tools I need; **la façon d. elle joue** the way (in which) she plays; **cinq enfants d. deux filles** five children two of whom are daughters, five children including two daughters; **voici ce d. il s'agit** here's what it's about

doper [dɔpe] **1** VT to dope **2 se doper** VPR to take drugs ■ **dopage** NM *(action)* doping; *(de sportif)* drug-taking

dorénavant [dɔrenavɑ̃] ADV from now on

dorer [dɔre] **1** VT *(objet)* to gild; *Fig* **d. la pilule à qn** to sugar the pill for sb **2** VI *(à la cuisson)* to brown **3 se dorer** VPR **se d. au soleil** to sunbathe ■ **doré, -ée** ADJ *(objet)* gilt, gold; *(couleur)* golden

dorloter [dɔrlɔte] VT to pamper, to coddle

dormir* [dɔrmir] VI to sleep; *(être endormi)* to be asleep; *Fig (argent)* to lie idle; **avoir envie de d.** to feel sleepy; **dormez tranquille!** set your mind at rest!, rest easy!; **histoire à d. debout** tall story, cock-and-bull story; **eau dormante** stagnant water

dortoir [dɔrtwar] NM dormitory

dos [do] NM *(de personne, d'animal)* back; *(de livre)* spine; **'voir au d.'** *(verso)* 'see over'; **voir qn de d.** to have a back view of sb; *Fam* **mettre qch sur le d. de qn** *(accuser qn)* to pin sth on sb; *Fam* **avoir qn sur le d.** to have sb on one's back; *Fam* **j'en ai plein le d.** I'm sick of it

dose [doz] NF dose; *(dans un mélange)* proportion; *Fig* **forcer la d.** to overdo it ■ **dosage** NM *(de médicament)* dosage; *(d'ingrédients)* proportioning ■ **doser** VT *(médicament, ingrédients)* to measure out

dossard [dɔsar] NM *(de sportif)* number *(worn by player/competitor)*

dossier [dɔsje] NM *(de siège)* back; *(documents)* file, dossier; *(classeur)* folder, file

dot [dɔt] NF dowry

doter [dɔte] VT *(équiper)* to equip (**de** with); **elle est dotée d'une grande intelligence** she's endowed with great intelligence

douane [dwan] NF customs; **passer la d.** to go through customs ■ **douanier, -ière 1** NM customs officer **2** ADJ **union douanière** customs union

doublage [dublaʒ] NM *(de film)* dubbing

double [dubl] **1** ADJ double; *(rôle, avantage)* twofold, double; **en d. exemplaire** in duplicate; **fermer une porte à d. tour** to double-lock a door; **doubles rideaux** lined curtains, *Am* (thick) drapes **2** ADV double **3** NM *(de personne)* double; *(copie)* copy, duplicate; *(de timbre)* swap, duplicate; **le d. (de)** *(quantité)* twice as much (as); **je l'ai en d.** I have two of them ■ **double-clic** NM *Ordinat* double click ■ **doublement** [-əmɑ̃] **1** ADV doubly **2** NM *(de nombres, de lettres)* doubling

doubler [duble] **1** VT *(augmenter)* to double, *(vêtement)* to line; *(film)* to dub; *(acteur)* to dub the voice of; *(classe à l'école)* to repeat; *(cap)* *(en bateau)* to round **2** VI *(augmenter)* to double; **d. de volume** to double in volume **3** VTI *(en voiture)* *Br* to overtake, *Am* to pass **4 se doubler** VPR **se d. de** to be coupled with

doublure [dublyr] NF *(étoffe)* lining; *(au théâtre)* understudy; *(au cinéma)* stand-in

douce [dus] ➤ **doux** ■ **doucement** ADV *(délicatement)* gently; *(bas)* softly; *(lentement)* slowly; *(sans bruit)* quietly; *Fam (assez bien)* so-so ■ **douceur** NF *(de miel)* sweetness; *(de peau)* softness; *(de temps)* mildness; *(de personne)* gentleness; **douceurs** *(sucreries)* *Br* sweets, *Am* candy; **la voiture a démarré en d.** the car started smoothly

douche [duʃ] NF shower; **prendre une d.** to have *or* take a shower; **être sous la d.** to be in the shower ■ **doucher 1** VT **d. qn** to give sb a shower **2 se doucher** VPRto have or take a shower

doué, -ée [dwe] ADJgifted, talented (**en** at); **d. de raison** gifted with reason; **être d. pour qch** to have a gift for sth

douille [duj] NF(d'ampoule) socket; (de cartouche) case

douillet, -ette [dujɛ, -ɛt] ADJ(lit) Br cosy, Am cozy; (délicat) **tu es d.** you're such a baby

douleur [dulœr] NF(mal) pain; (chagrin) sorrow, grief ▪ **douloureux, -euse** ADJ (maladie, membre, décision, perte) painful

doute [dut] NM doubt; **sans d.** no doubt, probably; **sans aucun d.** without (any) doubt; **mettre qch en d.** to cast doubt on sth; **dans le d.** doubtful; **ça ne fait pas de d.** there is no doubt about it

douter [dute] **1** VIto doubt; **d. de qn/qch** to doubt sb/sth; Fam **ne d. de rien** to have plenty of self-confidence **2** VTje doute qu'il soit assez fort I doubt (whether) he's strong enough **3 se douter** VPRse **d. de qch** to suspect sth; **je m'en doutais bien** I suspected as much

douteux, -euse [dutø, -øz] ADJ doubtful; (louche, médiocre) dubious

douve [duv] NF(de château) moat

Douvres [duvr] NM ou FDover

doux, douce [du, dus] ADJ(miel, son) sweet; (peau, lumière, drogue) soft; (temps, climat) mild; (personne, pente) gentle; (émotion, souvenir) pleasant; **d. comme un agneau** as gentle as a lamb; Fam **faire qch en douce** to do sth on the quiet

douze [duz] ADJ & NMtwelve ▪ **douzaine** NF (douze) dozen; (environ) about twelve; **une d. d'œufs** a dozen eggs ▪ **douzième** ADJ & NMF twelfth; **un d.** a twelfth

draconien, -ienne [drakɔnjɛ̃, -jɛn] ADJ (mesures) drastic

dragée [draʒe] NFsugared almond; Fig **tenir la d. haute à qn** to stand up to sb

dragon [dragɔ̃] NM(animal, personne acariâtre) dragon; Hist (soldat) dragoon

draguer [drage] VT(rivière) to dredge; Fam **d. qn** Br to chat sb up, Am to hit on sb ▪ **drague** NF Fam Br chatting up, Am hitting on; **un lieu de d. idéal** an ideal place for Br chatting people up or Am hitting on people ▪ **dragueur, -euse** **1** NM(bateau) dredger; **d. de mines** minesweeper **2** NMFFam **c'est un d.** he's always Br chatting up or Am hitting on women

drainer [drene] VTto drain

drame [dram] NM(genre littéraire) drama; (catastrophe) tragedy ▪ **dramatique 1** ADJdramatic; **critique d.** drama critic; **auteur d.** playwright,

dramatist **2** NF drama ▪ **dramaturge** NMF dramatist

Il faut noter que le nom anglais **drama** est un faux ami. Il s'utilise uniquement dans un contexte théâtral.

drap [dra] NM(de lit) sheet; (tissu) cloth; **d.-housse** fitted sheet; **d. de bain** bath towel; Fam **être dans de beaux draps** to be in a fine mess

drapeau, -x [drapo] NM flag; **être sous les drapeaux** (soldat) to be doing one's military service

dresser [drese] **1** VT(échelle, statue) to put up, to erect; (liste) to draw up; (piège) to set, to lay; (animal) to train; **d. les oreilles** to prick up one's ears **2 se dresser** VPR(personne) to stand up; (statue, montagne) to rise up ▪ **dressage** NM training ▪ **dresseur, -euse** NMFtrainer

drogue [drɔg] NF(stupéfiant) drug; Péj (médicament) medicine; **d. dure/douce** hard/soft drug ▪ **drogué, -ée** NMFdrug addict ▪ **droguer 1** VT(victime) to drug; (malade) to dose up **2 se droguer** VPRto take drugs

droguerie [drɔgri] NFhardware Br shop or Am store ▪ **droguiste** NMFhardware dealer

droit¹ [drwa] NM(privilège) right; (d'inscription) fee(s); **le d.** (science juridique) law; **avoir d. à qch** to be entitled to sth; **avoir le d. de faire qch** to be entitled to do sth, to have the right to do sth; **droits d'auteur** royalties; **droits de douane** (customs) duty; **droits de l'homme** human rights

droit², droite¹ [drwa, drwat] **1** ADJ(route, ligne) straight; (angle) right; (veston) single-breasted; Fig (honnête) upright **2** ADVstraight; **tout d.** straight or right ahead; **aller d. au but** to go straight to the point ▪ **droite²** NF(ligne) straight line

droit³, droite³ [drwa, drwat] **1** ADJ(côté, bras) right **2** NMBoxe (coup) right ▪ **droite⁴** NFla d. (côté) the right (side); Pol the right (wing); **à d.** (tourner) (to) the right; (rouler, se tenir) on the right, on the right(-hand) side; **de d.** (fenêtre) right-hand; (candidat) right-wing; **à d. de** on or to the right of; **à d. et à gauche** (voyager) here, there and everywhere

droitier, -ière [drwatje, -jɛr] **1** ADJright-handed **2** NMFright-handed person

droiture [drwatyr] NFrectitude

drôle [drol] ADJfunny; **d. d'air/de type** funny look/fellow; **faire une d. de tête** to pull a face ▪ **drôlement** ADVfunnily; Fam (extrêmement) terribly, dreadfully

dromadaire [drɔmadɛr] NMdromedary

dru, drue [dry] **1** ADJ(herbe) thick, dense **2** ADV **tomber d.** (pluie) to pour down heavily; **pousser d.** to grow thick(ly)

du [dy] ➤ **de**[1,2]

dû, due [dy] **1** ADJ **d. à qch** due to sth; **en bonne et due forme** in due form **2** NM due

dubitatif, -ive [dybitatif, -iv] ADJ doubtful

duc [dyk] NM duke ■ **duchesse** NF duchess

duel [dɥɛl] NM duel

dûment [dymɑ̃] ADV duly

dune [dyn] NF (sand) dune

duo [dɥo] NM Mus duet; **d. comique** comic duo

dupe [dyp] **1** ADJ **être d. de** to be taken in by; **il n'est pas d.** he's well aware of it **2** NF dupe ■ **duper** VT to fool, to dupe

duplex [dyplɛks] NM Br maisonette; Am duplex; TV **(émission en) d.** link-up

duplicata [dyplikata] NM INV duplicate

duquel [dykɛl] ➤ **lequel**

dur, dure [dyr] **1** ADJ (substance) hard; (difficile) hard, tough; (viande) tough; (hiver, ton) harsh; (personne) hard, harsh; (œuf) hard-boiled; (brosse, carton) stiff; **d. d'oreille** hard of hearing; Fam **d. à cuire** hard-bitten, tough **2** ADV (travailler) hard; **croire à qch d. comme fer** to have a cast-iron belief in sth **3** NM Fam (personne) tough guy ■ **durement** ADV harshly ■ **dureté** NF (de substance) hardness; (d'hiver, de ton) harshness; (de viande) toughness

durable [dyrabl] ADJ lasting

durant [dyrɑ̃] PRÉP during; **d. l'hiver** during the winter; **des heures d.** for hours and hours

durcir [dyrsir] VTI **se durcir** VPR to harden ■ **durcissement** NM hardening

durée [dyre] NF (de film, d'événement) length; (période) duration; (de pile électrique) life; **de longue d.** (bonheur) lasting; **chômage de longue d.** long-term unemployment; **disque de longue d.** long-playing record; **pile longue d.** long-life battery; **de courte d.** (attente) short; (bonheur) short-lived

durer [dyre] VI to last; **ça dure depuis…** it's been going on for…

duvet [dyvɛ] NM (d'oiseau, de visage) down; (sac) sleeping bag

DVD [devede] (abrév **Digital Versatile Disk, Digital Video Disk**) NM INV DVD

dynamique [dinamik] **1** ADJ dynamic **2** NF (force) dynamic force, thrust ■ **dynamisme** NM dynamism

dynamite [dinamit] NF dynamite

dynamo [dinamo] NF dynamo

dynastie [dinasti] NF dynasty

dyslexique [dislɛksik] ADJ dyslexic

E, e [ə] NM INV E, e

EAO [əao] (abrév **enseignement assisté par ordinateur**) NM INV CAL

eau, -x [o] NF water; **prendre l'e.** to let in water; *Fam* **tomber à l'e.** (projet) to fall through; **ça lui fait venir l'e. à la bouche** it makes his/her mouth water; **sports d'e. vive** white-water sports; **e. de Cologne** eau de Cologne; **e. de toilette** toilet water; **e. du robinet** tap water; **e. douce** fresh water; **e. plate** still water; **e. salée** salt water ◾ **eau-de-vie** (pl **eaux-de-vie**) NF brandy

ébahir [ebair] VT to astound

ébattre [ebatr] **s'ébattre** VPR to frolic ◾ **ébats** NMPL frolicking

ébauche [eboʃ] NF (esquisse) rough sketch; (de roman) outline; (début) beginnings; **l'é. d'un sourire** the ghost of a smile ◾ **ébaucher** VT (tableau, roman) to rough out; (lettre) to draft; **é. un sourire** to give a faint smile

ébène [ebɛn] NF ebony ◾ **ébéniste** NMF cabinet-maker

éblouir [ebluir] VT to dazzle

e-book [ibuk] NM e-book

éboueur [ebwœr] NM Br dustman, Am garbage collector

ébouillanter [ebujɑ̃te] **1** VT to scald **2 s'ébouillanter** VPR to scald oneself

ébouler [ebule] **s'ébouler** VPR (falaise) to collapse; (tunnel) to cave in ◾ **éboulement** NM (écroulement) collapse; (de mine) cave-in

ébouriffé, -ée [eburife] ADJ (personne, cheveux) Br dishevelled, Am disheveled

ébranler [ebrɑ̃le] **1** VT (mur, confiance, personne) to shake; (santé) to weaken **2 s'ébranler** VPR (train, cortège) to move off

ébrécher [ebreʃe] VT (assiette) to chip; (lame) to nick

ébriété [ebrijete] NF **en état d'é.** under the influence of drink

ébrouer [ebrue] **s'ébrouer** VPR (chien) to shake itself; (cheval) to snort

ébruiter [ebrɥite] VT (nouvelle) to spread

EBS [øbees] (abrév **encéphalopathie bovine spongiforme**) NF BSE

ébullition [ebylisjɔ̃] NF boiling; **être en é.** (eau) to be boiling; *Fig* (ville) to be in turmoil; **porter qch à é.** to bring sth to the boil

écaille [ekaj] NF (de poisson) scale; (de tortue, d'huître) shell ◾ **écailler 1** VT (poisson) to scale; (huître) to shell **2 s'écailler** VPR (peinture) to peel (off)

écarlate [ekarlat] ADJ scarlet

écarquiller [ekarkije] VT **é. les yeux** to open one's eyes wide

écart [ekar] NM (intervalle) gap, distance; (différence) difference (**de** in; **entre** between); **faire le grand é.** to do the splits; **à l'é.** out of the way; **à l'é. de** away from; **écarts de conduite** misbehaviour

écartelé, -ée [ekartəle] ADJ **é. entre** (tiraillé) torn between

écartement [ekartəmɑ̃] NM (espace) gap, distance (**de** between)

écarter [ekarte] **1** VT (objets, personnes) to move apart; (jambes, doigts) to spread; (rideaux) to draw (back); (crainte, idée) to brush aside; (candidat, proposition) to turn down; **é. qch de qch** to move sth away from sth **2 s'écarter** VPR (a) (se séparer) (personnes) to move apart (**de** from); (foule) to part (b) (piéton) to move away (**de** from); (voiture) to swerve; **s'é. du sujet** to wander from the subject ◾ **écarté, -ée** ADJ (endroit) remote; **les jambes écartées** with his/her legs (wide) apart

ecchymose [ekimoz] NF bruise

ecclésiastique [eklezjastik] **1** ADJ ecclesiastical **2** NM clergyman

écervelé, -ée [esɛrvəle] **1** ADJ scatterbrained **2** NMF scatterbrain

échafaud [eʃafo] NM scaffold

échafaudage [eʃafodaʒ] NM scaffolding; **des échafaudages** scaffolding ◾ **échafauder** VT (empiler) to pile up

échalote [eʃalɔt] NF shallot

échancré, -ée [eʃɑ̃kre] ADJ low-cut ◾ **échancrure** NF low neckline

échange [eʃɑ̃ʒ] NM exchange; **en é.** in exchange

(**de** for) ■ **échanger** vt to exchange (**contre** for)

échangeur [eʃɑ̃ʒœr] nm interchange

échantillon [eʃɑ̃tijɔ̃] nm sample

échappatoire [eʃapatwar] nf way out

échappement [eʃapmɑ̃] nm (de véhicule) **tuyau d'é.** exhaust pipe; **pot d'é.** exhaust

échapper [eʃape] 1 vi é. à qn to escape from sb; é. à la mort/un danger to escape death/danger; son nom m'échappe his/her name escapes me; ça lui a échappé (des mains) it slipped out of his/her hands; laisser é. (cri) to let out; (objet, occasion) to let slip 2 vt il l'a échappé belle he had a narrow escape 3 s'échapper vpr (personne, gaz, eau) to escape (de from) ■ échappée nf (de cyclistes) breakaway; (vue) vista

écharde [eʃard] nf splinter

écharpe [eʃarp] nf scarf; (de maire) sash; **avoir le bras en é.** to have one's arm in a sling

échasse [eʃas] nf (bâton) stilt

échauffer [eʃofe] 1 vt (moteur) to overheat; **é. les esprits** to get people worked up 2 s'échauffer vpr (discussion, sportif) to warm up ■ échauffement nm (de moteur) overheating; (de sportif) warm(ing)-up

échauffourée [eʃofure] nf (bagarre) clash, brawl, skirmish

échéance [eʃeɑ̃s] nf (de facture, de dette) date of payment; **à brève/longue é.** (projet, emprunt) short-/long-term; **faire face à ses échéances** to meet one's financial obligations

échéant [eʃeɑ̃] **le cas échéant** adv if need be

échec [eʃɛk] nm (insuccès) failure; **faire é. à qch** to hold sth in check; **les échecs** (jeu) chess; **é.!** check!; **é. et mat!** checkmate!

échelle [eʃɛl] nf (a) (marches) ladder; **faire la courte é. à qn** to give sb Br a leg up or Am a boost (b) (de carte) scale; **à l'é. nationale** on a national scale

échelon [eʃlɔ̃] nm (d'échelle) rung; (de fonctionnaire) grade; (d'organisation) echelon; **à l'é. régional/national** on a regional/national level

échelonner [eʃlɔne] 1 vt (paiements) to spread 2 s'échelonner vpr to be spread out

échevelé, -ée [eʃəv(ə)le] adj (ébouriffé) Br dishevelled, Am disheveled; Fig (course, danse) wild

échine [eʃin] nf Anat backbone, spine; **courber l'é. devant qn** to submit to sb

échiquier [eʃikje] nm (plateau) chessboard

écho [eko] nm (d'un son) echo; **échos** (dans la presse) gossip column; **avoir des échos de qch** to hear some news about sth; **se faire l'é. de qch** to echo sth

échographie [ekografi] nf (ultrasound) scan; **passer une é.** to have a scan

échoir* [eʃwar] vi é. à qn to fall to sb

échouer [eʃwe] 1 vi to fail; é. à (examen) to fail; **faire é. un projet** to wreck a plan; **faire é. un complot** to foil a plot 2 vi s'échouer vpr (navire) to run aground

éclabousser [eklabuse] vt to splash, to spatter (**avec** with) ■ **éclaboussure** nf splash

éclair [eklɛr] 1 nm (a) (lumière) flash; (d'orage) flash of lightning; **un é. de génie** a flash or stroke of genius (b) (gâteau) éclair 2 adj inv **visite/raid é.** lightning visit/raid

éclairage [eklɛraʒ] nm lighting

éclaircie [eklɛrsi] nf sunny spell

éclaircir [eklɛrsir] 1 vt (couleur) to lighten; (teint) to clear; (mystère) to clear up; (sauce) to thin out 2 s'éclaircir vpr (ciel) to clear; (mystère) to be cleared up; (cheveux) to thin; **s'é. la voix** to clear one's throat ■ **éclaircissement** nm (explication) explanation; **demander des éclaircissements sur qch** to ask for an explanation of sth

éclairer [eklere] 1 vt (pièce) to light (up); é. qn (avec une lampe) to give sb some light; (informer) to enlighten sb (**sur** about) 2 vi (lampe) to give light; **é. bien/mal** to give good/poor light 3 s'éclairer vpr (visage) to light up; **s'é. à la bougie** to use candlelight ■ **éclairé, -ée** adj (averti) enlightened; **bien/mal é.** (illuminé) well/badly lit

éclaireur, -euse [eklerœr, -øz] 1 nmf (boy) scout, f (girl) guide 2 nm (soldat) scout

éclat [ekla] nm (a) (de lumière) brightness; (de phare) glare; (de diamant) flash; (splendeur) brilliance, radiance; Fig **l'é. de la jeunesse** the bloom of youth (b) (de verre, de bois) splinter; **é. d'obus** shrapnel; **é. de rire** burst of laughter; **éclats de voix** noisy outbursts, shouts

éclatant, -ante [eklatɑ̃, -ɑ̃t] adj (lumière, couleur, succès) brilliant; (beauté, santé) radiant; (rire) loud; **être é. de santé** to be glowing with health

éclater [eklate] vi (pneu, obus) to burst; (bombe, pétard) to go off, to explode; (verre) to shatter; (guerre, incendie) to break out; (orage, scandale) to break; (parti) to break up; **é. de rire** to burst out laughing; **é. en sanglots** to burst into tears ■ **éclatement** nm (de pneu) bursting; (de bombe) explosion; (de parti) break-up

éclectique [eklɛktik] adj eclectic

éclipse [eklips] nf (de soleil, de lune) eclipse ■ **éclipser** 1 vt to eclipse 2 s'éclipser vpr (soleil) to be eclipsed; Fam (partir) to slip away

éclore* [eklɔr] vi (œuf) to hatch; (fleur) to open (out), to blossom

écluse [eklyz] **NF** *(de canal)* lock

écœurer [ekœre] **VT é. qn** *(aliment)* to make sb feel sick; *(au moral)* to sicken sb ■ **écœurant, -ante ADJ** disgusting, sickening ■ **écœurement NM** *(nausée)* nausea; *(indignation)* disgust

école [ekɔl] **NF** school; *(militaire)* academy; **à l'é.** at school; **faire é.** to gain a following; **les grandes écoles** = university-level colleges specializing in professional training; **é. de danse/dessin** dancing/art school; **é. normale** *Br* ≃ teacher training college, *Am* ≃ teachers' college; **é. privée** private school; **é. publique** *Br* state school, *Am* public school ■ **écolier, -ière NMF** schoolboy, *f* schoolgirl

écolo [ekɔlo] **ADJ & NMF** *Fam* green

écologie [ekɔlɔʒi] **NF** ecology ■ **écologique ADJ** ecological, environmental ■ **écologiste ADJ & NMF** environmentalist

économe [ekɔnɔm] **1 ADJ** thrifty, economical **2 NMF** *(de collège)* bursar

économie [ekɔnɔmi] **NF** *(activité, vertu)* economy; **économies** *(argent)* savings; **une é. de** *(gain)* a saving of; **faire des économies** to save (up); **faire des économies d'énergie** to conserve *or* save energy; **é. de marché** market economy; **é. dirigée** planned economy; **é. libérale** open-market economy ■ **économique ADJ** (**a**) *(relatif à l'économie)* economic; **science é.** economics *(sing)* (**b**) *(avantageux)* economical ■ **économiquement ADV** economically ■ **économiste NMF** economist

économiser [ekɔnɔmize] **1 VT** *(forces, argent, énergie)* to save **2 VI** to economize (**sur** on) ■ **économiseur d'écran NM** *Ordinat* screensaver

écoper [ekɔpe] **1 VT** *(bateau)* to bail out, *Br* to bale out **2 VI** *Fam* **é. de qch** *(punition, amende)* to get sth

écorce [ekɔrs] **NF** *(d'arbre)* bark; *(de fruit)* peel; **l'é. terrestre** the earth's crust

écorcher [ekɔrʃe] **1 VT** *(érafler)* to graze; *(animal)* to flay; *Fig (nom)* to mispronounce; **é. les oreilles à qn** to grate on sb's ears **2 s'écorcher VPR** to graze oneself; **s'é. le genou** to graze one's knee ■ **écorchure NF** graze

Écosse [ekɔs] **NF l'É.** Scotland ■ **écossais, -aise 1 ADJ** Scottish; *(tissu)* tartan; *(whisky)* Scotch **2 NMF É., Écossaise** Scot

écotourisme [ekɔturism] **NM** ecotourism

écouler [ekule] **1 VT** *(se débarrasser de)* to dispose of **2 s'écouler VPR** *(eau)* to flow out, to run out; *(temps)* to pass ■ **écoulé, -ée ADJ** *(années)* past ■ **écoulement NM** *(de liquide)* flow; *(de temps)* passage; *(de marchandises)* sale

écourter [ekurte] **VT** *(séjour, discours)* to cut short; *(texte, tige)* to shorten

écoute [ekut] **NF** listening; **être à l'é.** to be listening in (**de** to); **rester à l'é.** to keep listening; **être à l'é. de qn** to listen (sympathetically) to sb; **heure de grande é.** *Radio* peak listening time; *TV* peak viewing time; **écoutes téléphoniques** phone tapping

écouter [ekute] **1 VT** to listen to; **faire é. qch à qn** *(disque)* to play sb sth **2 s'écouter VPR si je m'écoutais** if I did what I wanted; **il s'écoute parler** he likes the sound of his own voice ■ **écouteur NM** *(de téléphone)* earpiece; **écouteurs** *(casque)* headphones

écran [ekrã] **NM** screen; **à l'é.** on screen; **le petit é.** television; **é. publicitaire** commercial break; **é. total** sun block

écraser [ekraze] **1 VT** *(broyer, vaincre)* to crush; *(fruit, insecte)* to squash; *(cigarette)* to put out; *(piéton)* to run over; **se faire é. par une voiture** to get run over by a car; *Fam* **se faire é.** to be clobbered **2 s'écraser VPR** *(avion)* to crash (**contre** into) ■ **écrasant, -ante ADJ** *(victoire, chaleur)* overwhelming

écrémer [ekreme] **VT** *(lait)* to skim; *Fig (choisir)* to cream off the best from ■ **écrémé, -ée ADJ** *(lait)* *Br* skimmed, *Am* skim

écrevisse [ekrəvis] **NF** crayfish *inv*

écrier [ekrije] **s'écrier VPR** to exclaim, to cry out (**que** that)

écrin [ekrẽ] **NM** *(jewel)* case

écrire* [ekrir] **1 VT** to write; *(noter)* to write down; **é. à la machine** to type **2 VI** to write **3 s'écrire VPR** *(mot)* to be spelt; **comment ça s'écrit?** how do you spell it? ■ **écrit NM** written document; *(examen)* written examination; **par é.** in writing; **écrits** *(œuvres)* writings

écriteau, -x [ekrito] **NM** notice, sign

écriture [ekrityr] **NF** *(système)* writing; *(personnelle)* (hand)writing; *Com* **écritures** accounts; **les Écritures** *(la Bible)* the Scriptures

écrivain [ekrivẽ] **NM** writer

écrou [ekru] **NM** *(de boulon)* nut

écrouer [ekrue] **VT** to imprison

écrouler [ekrule] **s'écrouler VPR** *(édifice, blessé)* to collapse; **être écroulé de fatigue** to be dropping with exhaustion; *Fam* **être écroulé (de rire)** to be doubled up (with laughter) ■ **écroulement NM** collapse

écru, -ue [ekry] **ADJ** *(beige)* écru; *(naturel)* unbleached

écueil [ekœj] **NM** *(rocher)* reef; *Fig (obstacle)* pitfall

écuelle [ekɥɛl] **NF** bowl

écume [ekym] **NF** *(de mer, bave d'animal)* foam;

(de pot-au-feu) scum ■ **écumer 1** vt *(pot-au-feu)* to skim; *(piller)* to plunder **2** vi to foam (**de rage** with anger)

écureuil [ekrœj] nm squirrel

écurie [ekyri] nf stable

écusson [ekysɔ̃] nm *(en étoffe)* badge

écuyer, -ère [ekɥije, -ɛr] nmf *(cavalier)* rider

eczéma [ɛgzema] nm Méd eczema

EDF [ədeɛf] *(abrév* **Électricité de France)** nf = French electricity company

édifice [edifis] nm edifice ■ **édifier** vt *(bâtiment)* to erect; *(théorie)* to construct; **é. qn** *(moralement)* to edify sb

Édimbourg [edɛ̃bur] nm ou f Edinburgh

éditer [edite] vt *(publier)* to publish; *(annoter)* & Ordinat to edit ■ **éditeur, -trice** nmf *(dans l'édition)* publisher; *(commentateur)* editor ■ **édition** nf *(livre, journal)* edition; *(métier, diffusion)* publishing

Il faut noter que le verbe anglais **to edit** est un faux ami. Il ne s'emploie jamais pour dire **publier**.

Il faut noter aussi que le nom anglais **edition** est un faux ami. Il ne désigne jamais l'industrie du livre.

éditorial, -iaux [editɔrjal, -jo] nm *(article)* editorial, Br leader ■ **éditorialiste** nmf editorial or Br leader writer

édredon [edrədɔ̃] nm eiderdown

éducateur, -trice [edykatœr, -tris] nmf educator

éducatif, -ive [edykatif, -iv] adj educational

éducation [edykasjɔ̃] nf *(enseignement)* education; *(par les parents)* upbringing; **avoir de l'é.** to have good manners; **l'É. nationale** ≃ the Department of Education; **é. physique** physical education or training; **é. sexuelle** sex education ■ **éduquer** vt *(à l'école)* to educate; *(à la maison)* to bring up

Il faut noter que le nom anglais **education** ne fait référence qu'à l'instruction scolaire et à l'enseignement et non à la façon dont on est élevé.

EEE [əəə] *(abrév* **Espace économique européen)** nm EEA

effacé, -ée [efase] adj *(modeste)* self-effacing

effacer [efase] **1** vt *(gommer)* to rub out, to erase; *(en lavant)* to wash out; *(avec un chiffon)* to wipe away; Fig *(souvenir)* to blot out, to erase **2 s'effacer** vpr *(souvenir, couleur)* to fade; *(se placer en retrait)* to step aside

effarer [efare] vt to astound ■ **effarant, -ante** adj astounding

effaroucher [efaruʃe] **1** vt to scare away **2 s'effaroucher** vpr to take fright

effectif, -ive [efɛktif, -iv] **1** adj *(réel)* effective **2** nm *(de classe)* size; *(d'une armée)* (total) strength; *(employés)* staff ■ **effectivement** adv *(en effet)* actually

Il faut noter que l'adverbe anglais **effectively** est un faux ami. Il signifie **efficacement**.

effectuer [efɛktɥe] vt *(expérience, geste difficile)* to carry out, to perform; *(paiement, trajet)* to make

efféminé, -ée [efemine] adj effeminate

effervescent, -ente [efɛrvesɑ̃, -ɑ̃t] adj *(médicament)* effervescent ■ **effervescence** nf *(exaltation)* excitement

effet [efɛ] nm *(résultat)* effect; *(impression)* impression (**sur** on); **en e.** indeed, in fact; **à cet e.** to this end, for this purpose; **sous l'e. de la colère** *(agir)* in anger, out of anger; **faire de l'e.** *(remède)* to be effective; Tennis **donner de l'e. à une balle** to put spin on a ball; **e. de serre** greenhouse effect; **e. secondaire** side effect; Cin **effets spéciaux** special effects

efficace [efikas] adj *(mesure)* effective; *(personne)* efficient ■ **efficacité** nf *(de mesure)* effectiveness; *(de personne)* efficiency

effigie [efiʒi] nf effigy; **à l'e. de qn** bearing the image of sb

effilocher [efilɔʃe] **s'effilocher** vpr to fray

effleurer [eflœre] vt *(frôler)* to touch lightly; Fig *(question)* to touch on; **e. qn** *(pensée)* to cross sb's mind

effondrer [efɔ̃dre] **s'effondrer** vpr *(édifice, Bourse)* to collapse; *(plan)* to fall through; *(personne)* to go to pieces; **avoir l'air effondré** to look completely dejected ■ **effondrement** nm *(d'édifice, de la Bourse)* collapse; *(de personne)* dejection

efforcer [efɔrse] **s'efforcer** vpr **s'e. de faire qch** to try hard to do sth

effort [efɔr] nm effort; **sans e.** *(réussir)* effortlessly; **faire des efforts** to make an effort; **allons! encore un petit e.!** come on, try again!

effraction [efraksjɔ̃] nf **entrer par e.** to break in; **vol avec e.** housebreaking

effrayer [efreje] **1** vt to frighten, to scare **2 s'effrayer** vpr to be frightened or scared ■ **effrayant, -ante** adj frightening, scary

effriter [efrite] **s'effriter** vpr to crumble

effronté, -ée [efrɔ̃te] adj *(personne)* impudent

effroyable [efrwajabl] adj dreadful

effusion [efyzjɔ̃] nf *(manifestation)* effusiveness; **avec e.** effusively; **e. de sang** bloodshed

égal, -e, -aux, -ales [egal, -o] **1** adj equal (**à** to); *(uniforme, régulier)* even; **ça m'est é.** it's all the same to me **2** NMF *(personne)* equal; **traiter qn d'é. à é.** *ou* **en é.** to treat sb as an equal ▪ **également** ADV *(au même degré)* equally; *(aussi)* also, as well ▪ **égaler** VT to equal, to match (**en** in); **3 plus 4 égale(nt) 7** 3 plus 4 equals 7

égaliser [egalize] **1** VT *(salaire)* to equalize; *(terrain)* to level **2** VI *Sport* to equalize

égalité [egalite] NF equality; *(régularité)* evenness; *Tennis* deuce; *Sport* **à é. (de score)** even, equal (in points) ▪ **égalitaire** ADJ egalitarian

égard [egar] NM **à l'é. de** *(envers)* towards; *(concernant)* with respect *or* regard to; **à cet é.** in this respect; **à certains égards** in some respects; **eu é. à** considering, in consideration of; **par é. pour qn** out of consideration for sb

égarer [egare] **1** VT *(objet)* to mislay; *(personne)* to mislead; *(soupçons)* to avert **2 s'égarer** VPR *(personne, lettre)* to get lost; *(objet)* to go astray; *(sortir du sujet)* to wander from the point

égayer [egeje] **1** VT *(pièce)* to brighten up; **é. qn** *(réconforter, amuser)* to cheer sb up **2 s'égayer** VPR *(s'animer)* to cheer up

égide [eʒid] NF **sous l'é. de** under the aegis of

église [egliz] NF church

égocentrique [egosɑ̃trik] ADJ egocentric

égoïsme [egoism] NM selfishness ▪ **égoïste 1** ADJ selfish **2** NMF selfish person

égorger [egorʒe] VT to cut *or* slit the throat of

égout [egu] NM sewer; **eaux d'é.** sewage

égoutter [egute] **1** VT to drain **2** VI **s'égoutter** VPR to drain ▪ **égouttoir** NM *(panier)* drainer

égratigner [egratiɲe] **1** VT to scratch **2 s'égratigner** VPR to scratch oneself ▪ **égratignure** NF scratch

Égypte [eʒipt] NF **l'É.** Egypt ▪ **égyptien, -ienne** [-sjɛ̃, -sjɛn] **1** ADJ Egyptian **2** NMF **É., Égyptienne** Egyptian

eh [e] EXCLAM hey!; **eh bien!** well!

éhonté, -ée [eɔ̃te] ADJ shameless; **mensonge é.** barefaced lie

éjecter [eʒɛkte] VT to eject; *Fam* **se faire é.** to get thrown out

élaborer [elabore] VT *(plan, idée)* to develop ▪ **élaboration** NF *(de plan, d'idée)* development

élaguer [elage] VT *(arbre, texte)* to prune

élan[1] [elɑ̃] NM *(vitesse)* momentum; *(course)* run-up; *Fig (impulsion)* boost; **un é. de tendresse** a surge of affection; **prendre son é.** to take a run-up; **d'un seul é.** in one go

élan[2] [elɑ̃] NM *(animal)* elk

élancé, -ée [elɑ̃se] ADJ *(personne, taille)* slender

élancer [elɑ̃se] **1** VI *(abcès)* to give shooting pains **2 s'élancer** VPR *(bondir)* to rush forward; *Sport*

to take a run-up ▪ **élancement** NM shooting pain

élargir [elarʒir] **1** VT *(chemin)* to widen; *(vêtement)* to let out; *(esprit, débat)* to broaden **2 s'élargir** VPR *(sentier)* to widen out; *(vêtement)* to stretch

élastique [elastik] **1** ADJ *(objet, gaz, métal)* elastic; *(règlement, notion)* flexible, supple **2** NM *(lien)* rubber band, *Br* elastic band; *(pour la couture)* elastic ▪ **élasticité** NF elasticity

élection [elɛksjɔ̃] NF election; **é. partielle** by-election ▪ **électeur, -trice** NMF voter, elector ▪ **électoral, -e, -aux, -ales** ADJ **campagne électorale** election campaign; **liste électorale** electoral roll ▪ **électorat** NM *(électeurs)* electorate, voters

électricien, -ienne [elɛktrisjɛ̃, -jɛn] NMF electrician ▪ **électricité** NF electricity ▪ **électrifier** VT *(voie ferrée)* to electrify ▪ **électrique** ADJ *(pendule, décharge)* & *Fig* electric; *(courant, fil)* electric(al)

électrochoc [elɛktrɔʃɔk] NM *(traitement)* electric shock treatment

électrocuter [elɛktrɔkyte] VT to electrocute

électrode [elɛktrɔd] NF *Él* electrode

électroménager [elɛktrɔmenaʒe] **1** ADJ M **appareil é.** household electrical appliance **2** NM household appliances

électron [elɛktrɔ̃] NM electron ▪ **électronique 1** ADJ electronic; **microscope é.** electron microscope **2** NF electronics *(sing)*

élégant, -ante [elegɑ̃, -ɑ̃t] ADJ *(bien habillé)* smart, elegant; *(solution)* neat ▪ **élégance** NF elegance; **avec é.** elegantly

élément [elemɑ̃] NM *(composante, personne)* & *Chim* element; *(de meuble)* unit; *Math* member; *Fig* **être dans son é.** to be in one's element

élémentaire [elemɑ̃tɛr] ADJ basic; *(cours, école)* elementary

éléphant [elefɑ̃] NM elephant

élevage [elvaʒ] NM *(production)* breeding (**de** of); *(ferme)* cattle farm; **faire l'é. de** to breed

élève [elɛv] NMF *(à l'école)* pupil

élevé, -ée [elve] ADJ *(haut)* high; *(noble)* noble; **bien/mal é.** well-/bad- *or* ill-mannered

élever [elve] **1** VT *(prix, voix, objection)* to raise; *(enfant)* to bring up; *(animal)* to breed; *(âme)* to uplift **2 s'élever** VPR *(prix, ton, montagne)* to rise; *(cerf-volant)* to rise into the sky; *(monument)* to stand; **un cri s'éleva dans la foule** a shout went up from the crowd; **s'é. à** *(prix)* to amount to; **s'é. contre** to rise up against

éleveur, -euse [elvœr, -øz] NMF breeder

éliminer [elimine] VT to eliminate ▪ **élimination** NF elimination ▪ **éliminatoire** ADJ **épreuve é.** *Sport* qualifying round, heat; *Scol* qualifying exam; *Scol* **note é.** disqualifying mark ▪ **éliminatoires** NFPL *Sport* qualifying rounds

élire* [elir] VT to elect (**à** to)

élite [elit] NF elite (**de** of); **les élites** the elite; **troupes d'é.** crack *or* elite troops

elle [εl] PRON PERSONNEL (**a**) *(sujet)* she; *(chose, animal)* it; **elles** they; **e. est** she is/it is; **elles sont** they are (**b**) *(complément)* her; *(chose, animal)* it; **elles** them; **pour e.** for her; **pour elles** for them; **plus grande qu'e./qu'elles** taller than her/them ▪ **elle-même** PRON herself; *(chose, animal)* itself; **elles-mêmes** themselves

élocution [elɔkysjɔ̃] NF diction

éloge [elɔʒ] NM *(compliment)* praise; *(panégyrique)* eulogy; **faire l'é. de** to praise; **é. funèbre** funeral oration ▪ **élogieux, -ieuse** ADJ laudatory

éloigné, -ée [elwaɲe] ADJ *(lieu)* far away, remote; *(date, parent)* distant; **é. de** *(village, maison)* far (away) from; *(très différent)* far removed from

éloignement [elwaɲəmɑ̃] NM remoteness, distance; *(absence)* separation (**de** from); **avec l'é.** *(avec le recul)* with time

éloigner [elwaɲe] **1** VT *(chose, personne)* to move away (**de** from); *(moustiques)* to keep away; *(crainte, idée)* to banish; **é. qn de** *(sujet, but)* to take sb away from **2 s'éloigner** VPR *(partir)* to move away (**de** from); *(dans le passé)* to become (more) remote; **s'é. de** *(sujet, but)* to wander from

élongation [elɔ̃gasjɔ̃] NF *Méd* pulled muscle; **se faire une é.** to pull a muscle

éloquent, -ente [elɔkɑ̃, -ɑ̃t] ADJ eloquent ▪ **éloquence** NF eloquence

élu, -ue [ely] **1** PP ▸ **élire 2** ADJ *Rel* **le peuple é.** the chosen people **3** NMF *Pol* elected member *or* representative; *Rel* **les élus** the chosen ones; **l'heureux é./l'heureuse élue** *(futur mari, future femme)* the lucky man/woman

élucider [elyside] VT to elucidate

Élysée [elize] NM **(le palais de) l'É.** the Élysée palace *(French President's residence)*

e-mail [imεl] NM e-mail; **envoyer un e. à qn** to send sb an e-mail, to e-mail sb

émail, -aux [emaj, -o] NM enamel; **casserole en é.** enamel saucepan

émanciper [emɑ̃sipe] **1** VT *(femmes)* to emancipate **2 s'émanciper** VPR to become emancipated ▪ **émancipation** NF emancipation; **l'é. de la femme** the emancipation of women

émaner [emane] VT **é. de** to emanate from

emballer [ɑ̃bale] **1** VT **(a)** *(dans une caisse)* to pack; *(dans du papier)* to wrap (up) **(b)** *(moteur)* to race; *Fam* **e. qn** *(passionner)* to grab sb **2 s'emballer** VPR *Fam (personne)* to get carried away; *(cheval)* to

bolt; *(moteur)* to race ▪ **emballage** NM *(action)* packing; *(dans du papier)* wrapping; *(caisse)* packaging; **papier d'e.** wrapping paper ▪ **emballé, -ée** ADJ *Fam* enthusiastic

embarcadère [ɑ̃barkader] NM landing stage

embarcation [ɑ̃barkasjɔ̃] NF *(small)* boat

embargo [ɑ̃bargo] NM embargo; **imposer/lever un e.** to impose/lift an embargo

embarquer [ɑ̃barke] **1** VT *(passagers)* to take on board; *(marchandises)* to load; *Fam (voler)* to walk off with; *Fam* **e. qn** *(au commissariat)* to cart sb off **2** VI **s'embarquer** VPR to (go on) board; *Fam* **s'e. dans** *(aventure)* to embark on ▪ **embarquement** [-əmɑ̃] NM *(de passagers)* boarding

embarras [ɑ̃bara] NM *(gêne, malaise)* embarrassment; *(difficulté)* difficulty, trouble; **dans l'e.** in an awkward situation; *(financièrement)* in financial difficulties; **n'avoir que l'e. du choix** to be spoilt for choice

embarrasser [ɑ̃barase] **1** VT *(encombrer)* to clutter up; **e. qn** *(empêcher le passage de)* to be in sb's way; *(gêner)* to embarrass sb **2 s'embarrasser** VPR **s'e. de** to burden oneself with; *(se soucier)* to bother oneself about ▪ **embarrassant, -ante** ADJ *(paquet)* cumbersome; *(question)* embarrassing

embauche [ɑ̃boʃ] NF *(action)* hiring; *(travail)* work; **bureau d'e.** employment office ▪ **embaucher** VT *(ouvrier)* to hire, to take on

embaumer [ɑ̃bome] **1** VT *(parfumer)* to give a sweet smell to; *(cadavre)* to embalm **2** VI to smell sweet

embellir [ɑ̃belir] **1** VT *(pièce, personne)* to make more attractive; *(texte, vérité)* to embellish **2** VI *(jeune fille)* to grow more attractive

embêter [ɑ̃bete] *Fam* **1** VT *(agacer)* to annoy; *(ennuyer)* to bore **2 s'embêter** VPR to get bored ▪ **embêtant, -ante** ADJ *Fam* annoying ▪ **embêtement** [-εtmɑ̃] NM *Fam* problem; **des embêtements** bother, trouble

emblée [ɑ̃ble] **d'emblée** ADV right away

emblème [ɑ̃blεm] NM emblem

emboîter [ɑ̃bwate] **1** VT to fit together; *Fig (imiter)* to follow in sb's footsteps; **e. le pas à qn** to follow close on sb's heels **2 s'emboîter** VPR to fit together

embonpoint [ɑ̃bɔ̃pwε̃] NM stoutness; **avoir de l'e.** to be stout

embouchure [ɑ̃buʃyr] NF *(de fleuve)* mouth; *(d'un instrument à vent)* mouthpiece

embourber [ɑ̃burbe] **s'embourber** VPR *(véhicule)* & *Fig* to get bogged down

embout [ɑ̃bu] NM *(de canne)* tip; *(de tuyau)* nozzle

embouteillage [ɑ̃butɛjaʒ] NMtraffic jam

emboutir [ɑ̃butir] vt(voiture) to crash into; (métal) to stamp; **il a eu l'arrière embouti** someone crashed into the back of his car

embranchement [ɑ̃brɑ̃ʃmɑ̃] NM (de voie) junction

embraser [ɑ̃braze] **1** vtto set ablaze **2 s'embraser** vpr(prendre feu) to flare up

embrasser [ɑ̃brase] **1** vte. qn (donner un baiser à) to kiss sb; (serrer contre soi) to embrace or hug sb; **e. une croyance** to embrace a belief; **e. qch du regard** to take sth in at one glance **2 s'embrasser** vprto kiss (each other)

> Il faut noter que le verbe anglais **to embrace** est un faux ami. Il ne signifie jamais **donner un baiser**.

embrasure [ɑ̃brazyr] NF (de fenêtre, de porte) aperture; **dans l'e. de la porte** in the doorway

embrayer [ɑ̃breje] viAut to engage the clutch ■ **embrayage** [-ɛjaʒ] NM (mécanisme, pédale) clutch

embrouiller [ɑ̃bruje] **1** vt(fils) to tangle (up); (papiers) to mix up, to muddle (up); **e. qn** to confuse sb, to get sb muddled; **tu vas m'e. les idées** you're going to get me confused **2 s'embrouiller** vprto get confused or muddled (**dans** in or with) ■ **embrouille** NFFam muddle; **un sac d'embrouilles** a muddle of the first order

embroussaillé, -ée [ɑ̃brusaje] ADJ (barbe, chemin) bushy

embruns [ɑ̃brœ̃] NMPL(sea) spray

embryon [ɑ̃brijɔ̃] NMembryo

embûches [ɑ̃byʃ] NFPL(difficultés) traps, pitfalls; **tendre des e. à qn** to set traps for sb; **semé d'e.** full of pitfalls

embuer [ɑ̃bɥe] vt(vitre, yeux) to mist up; **des yeux embués de larmes** eyes misted over with tears

embusquer [ɑ̃byske] **s'embusquer** vprto lie in ambush ■ **embuscade** NFambush

éméché, -ée [emeʃe] ADJFam (ivre) tipsy

émeraude [emrod] NF & ADJ INVemerald

émerger [emɛrʒe] vito emerge (**de** from)

émerveiller [emɛrveje] **1** vtto amaze, to fill with wonder **2 s'émerveiller** vprto marvel, to be filled with wonder (**de** at)

émettre* [emɛtr] vt(lumière, son) to give out, to emit; (message radio) to broadcast; (timbre, monnaie) to issue; (opinion, vœu) to express; (cri) to utter; (chèque) to draw; (emprunt) to float ■ **émetteur** ADJ & NM Radio **(poste) é.** transmitter

émeute [emøt] NFriot

émietter [emjete] vt s'émietter vpr(pain) to crumble

émigrer [emigre] vi (personne) to emigrate ■ **émigrant, -ante** NMFemigrant ■ **émigration** NFemigration ■ **émigré, -ée 1** NMFexile, émigré **2** ADJtravailleur é. migrant worker

éminent, -ente [eminɑ̃, -ɑ̃t] ADJ eminent ■ **éminence** NF(colline) hill; **son É. (le cardinal)** (titre honorifique) his Eminence (the Cardinal); Fig **une é. grise** (conseiller) an éminence grise

émir [emir] NMemir

émissaire [emisɛr] NMemissary

émission [emisjɔ̃] NF (de radio) programme; (diffusion) transmission; (de timbre, monnaie) issue; (de lumière, de son) emission (**de** of)

emmagasiner [ɑ̃magazine] vtto store (up); Fig **e. de l'énergie/des souvenirs** to store energy/ memories

emmanchure [ɑ̃mɑ̃ʃyr] NFarmhole

emmêler [ɑ̃mele] **1** vt(fil, cheveux) to tangle (up) **2 s'emmêler** vprto get tangled

emménager [ɑ̃menaʒe] vi(dans un logement) to move in; **e. dans** to move into

emmener [ɑ̃mne] vtto take (**à** to); (prisonnier) to take away; **e. qn faire une promenade** to take sb for a walk; **e. qn en voiture** to give sb a Br lift or Am ride

emmerder [ɑ̃mɛrde] très Fam **1** vt **e. qn** (agacer) to get on sb's nerves; (ennuyer) to bore sb stiff **2 s'emmerder** vprto get bored stiff ■ **emmerdement** [-ɑ̃mɑ̃] NMtrès Fam bloody nuisance ■ **emmerdeur, -euse** NMFtrès Fam (personne) pain in the Br arse or Am ass

emmitoufler [ɑ̃mitufle] **s'emmitoufler** vpr to wrap (oneself) up (**dans** in)

émotion [emosjɔ̃] NF (sentiment) emotion; (frayeur) fright; **donner des émotions à qn** to give sb a real fright; **aimer les émotions fortes** to love thrills ■ **émotif, -ive** ADJemotional

émouvoir* [emuvwar] **1** vt(affecter) to move, to touch **2 s'émouvoir** vprto be moved or touched ■ **émouvant, -ante** ADJ moving, touching

empailler [ɑ̃paje] vt(animal) to stuff

empaqueter [ɑ̃pakte] vtto pack

emparer [ɑ̃pare] **s'emparer** vprs'e. de (lieu, personne, objet) to seize; (sujet: émotion) to take hold of

empêcher [ɑ̃peʃe] vtto prevent, to stop; **e. qn de faire qch** to prevent or stop sb from doing sth; **elle ne peut pas s'e. de rire** she can't help laughing; Fig **ça ne m'empêche pas de dormir** I don't lose any sleep over it; Fam **n'empêche qu'elle a raison** all the same, she's right ■ **em-**

pêchement [-ɛʃmɑ̃] NM hitch; **il a/j'ai eu un e.** something came up

empereur [ɑ̃prœr] NM emperor

empester [ɑ̃pɛste] **1** VT (tabac) to stink of; (pièce) to stink out; **e. qn** to stink sb out **2** VI to stink

empêtrer [ɑ̃petre] **s'empêtrer** VPR to get entangled (**dans** in)

emphase [ɑ̃faz] NF pomposity

empiéter [ɑ̃pjete] VI **e. sur** to encroach (up)on

empiffrer [ɑ̃pifre] **s'empiffrer** VPR Fam to stuff oneself (**de** with)

empiler [ɑ̃pile] **1** VT to pile up (**sur** on) **2** **s'empiler** VPR to pile up (**sur** on); **s'e. dans** (passagers) to cram into

empire [ɑ̃pir] NM (territoires) empire; (autorité) hold, influence; **sous l'e. de la peur** in the grip of fear

empirer [ɑ̃pire] VI to worsen, to get worse

emplacement [ɑ̃plasmɑ̃] NM (de construction) site, location; (de stationnement) place

emplette [ɑ̃plɛt] NF purchase; **faire des emplettes** to do some shopping

emplir [ɑ̃plir] VT **s'emplir** VPR to fill (**de** with)

emploi [ɑ̃plwa] NM (**a**) (usage) use; **e. du temps** timetable (**b**) (travail) job; **sans e.** unemployed; **la situation de l'e.** the employment situation

employer [ɑ̃plwaje] **1** VT (utiliser) to use; **e. qn** (occuper) to employ sb **2** **s'employer** VPR (expression) to be used ■ **employé, -ée** NMF employee; **e. de banque** bank clerk; **e. de bureau** office worker; **e. de maison** domestic employee ■ **employeur, -euse** NMF employer

empocher [ɑ̃pɔʃe] VT to pocket

empoigner [ɑ̃pwaɲe] **1** VT (saisir) to grab **2** **s'empoigner** VPR to come to blows

empoisonner [ɑ̃pwazɔne] **1** VT (personne, aliment, atmosphère) to poison; (empester) to stink out; Fam **e. qn** to get on sb's nerves; Fam **e. la vie à qn** to make sb's life a misery **2** **s'empoisonner** VPR (par accident) to be poisoned; (volontairement) to poison oneself; Fam (s'ennuyer) to get bored stiff ■ **empoisonnement** NM poisoning; Fam (ennui) problem

emporter [ɑ̃pɔrte] **1** VT (prendre) to take (**avec soi** with one); (transporter) to take away; (prix, trophée) to carry off; (décision) to carry; (entraîner) to carry along or away; (par le vent) to blow off or away; (par les vagues) to sweep away; (par la maladie) to carry off; **pizza à e.** takeaway pizza; **l'e. sur qn** to get the upper hand over sb; **il l'a emporté** he won **2** **s'emporter** VPR to lose one's temper (**contre** with)

empoté, -ée [ɑ̃pɔte] ADJ Fam clumsy

empreinte [ɑ̃prɛ̃t] NF (marque) & Fig mark; **e. carbone** carbon footprint; **e. digitale** fingerprint; **e. de pas** footprint

empresser [ɑ̃prese] **s'empresser** VPR **s'e. de faire qch** to hasten to do sth; **s'e. auprès de qn** to be attentive to sb

emprise [ɑ̃priz] NF hold (**sur** over)

emprisonner [ɑ̃prizɔne] VT to imprison ■ **emprisonnement** NM imprisonment

emprunt [ɑ̃prœ̃] NM (argent) loan; Ling (mot) borrowing; **faire un e.** (auprès d'une banque) to take out a loan; **d'e.** borrowed; **nom d'e.** assumed name ■ **emprunter** VT (argent, objet) to borrow (**à qn** from sb); (route) to take

ému, -ue [emy] **1** PP ➤ **émouvoir 2** ADJ (attendri) moved; (attristé) upset; (apeuré) nervous; **une voix émue** a voice charged with emotion

émule [emyl] NMF emulator

en[1] [ɑ̃] PRÉP (**a**) (indique le lieu) in; (indique la direction) to; **être en ville/en France** to be in town/in France; **aller en ville/en France** to go (in)to town/to France (**b**) (indique le temps) in; **en février** in February; **d'heure en heure** from hour to hour (**c**) (indique le moyen) by; (indique l'état) in; **en avion** by plane; **en fleur** in flower; **en congé** on leave; **en groupe** in a group; **en guerre** at war (**d**) (indique la matière) in; **en bois** made of wood, wooden; **chemise en Nylon®** nylon shirt; **c'est en or** it's (made of) gold (**e**) (domaine) **étudiant en lettres** humanities or Br arts student; **docteur en médecine** doctor of medicine (**f**) (comme) **en cadeau** as a present; **en ami** as a friend (**g**) (+ participe présent) **en mangeant/chantant** while eating/singing; **en apprenant que...** on hearing that...; **en souriant** smiling, with a smile; **en ne disant rien** by saying nothing; **sortir en courant** to run out (**h**) (transformation) into; **traduire en français** to translate into French

en[2] [ɑ̃] PRON (**a**) (indique la provenance) from there; **j'en viens** I've just come from there (**b**) (remplace les compléments introduits par 'de') **il en est content** he's pleased with it/him/them; **en parler** to talk about it; **en mourir** to die of or from it; **il s'en souviendra** he'll remember it (**c**) (partitif) some; **j'en ai** I have some; **en veux-tu?** do you want some?; **donne-lui-en** give some to him/her; **je t'en supplie** I beg you (to)

ENA [ena] (abrév **École nationale d'administration**) NF = university-level college preparing students for senior positions in law and economics ■ **énarque** NMF = graduate from ENA

encadrer [ɑ̃kadre] VT (tableau) to frame; (entourer d'un trait) to circle; (étudiants, troupes) to supervise; (personnel) to manage; (prisonnier, accusé) to flank; Fam **je ne peux pas l'e.** I can't stand him/her ■ **encadrement** NM *(action)* framing; *(d'étudiants)* supervision; *(de personnel)* management; *(de porte, de photo)* frame; **personnel d'e.** training and supervisory staff

encaissé, -ée [ãkese] ADJ *(vallée)* deep

encaisser [ãkese] VT *(argent, loyer)* to collect; *(chèque)* to cash; *Fam (coup)* to take; *Fam* **je ne peux pas l'e.** I can't stand him/her

encart [ãkar] NM *(feuille)* insert; **e. publicitaire** publicity insert

encastrer [ãkastre] VT to build in (**dans** to) ■ **encastré, -ée** ADJ built-in

enceinte¹ [ãsɛ̃t] ADJ F *(femme)* pregnant; **e. de six mois** six months pregnant

enceinte² [ãsɛ̃t] NF *(muraille)* surrounding wall; *(espace)* enclosure; **dans l'e. de** within, inside; **e. (acoustique)** speakers

encens [ãsã] NM incense ■ **encensoir** NM censer

encercler [ãsɛrkle] VT *(lieu, ennemi)* to surround, to encircle; *(mot)* to circle

enchaîner [ãʃene] **1** VT *(animal, prisonnier)* to chain up; *(idées)* to link (up) **2** VI *(continuer à parler)* to continue **3 s'enchaîner** VPR *(idées)* to be linked (up) ■ **enchaînement** [-ɛnmã] NM *(succession)* chain, series; *(liaison)* link(ing) *(de* between *or* of); *(en gymnastique, en danse)* enchaînement

enchanter [ãʃãte] VT *(ravir)* to delight, to enchant; *(ensorceler)* to bewitch ■ **enchanté, -ée** ADJ *(ravi)* delighted (**de** with; **que** + *subjunctive* that); *(magique)* enchanted; **e. (de faire votre connaissance)!** pleased to meet you! ■ **enchantement** NM *(ravissement)* delight; *(sortilège)* magic spell; **comme par e.** as if by magic

enchère [ãʃɛr] NF *(offre)* bid; **vente aux enchères** auction; **mettre qch aux enchères** to put sth up for auction, to auction sth ■ **enchérir** VI to make a higher bid; **e. sur qn** to outbid sb

enchevêtrer [ãʃvetre] **1** VT to (en)tangle **2 s'enchevêtrer** VPR to get entangled (**dans** in)

enclave [ãklav] NF enclave

enclencher [ãklãʃe] VT *Tech* to engage

enclin, -ine [ãklɛ̃, -in] ADJ **e. à** inclined to

enclos [ãklo] NM *(terrain, clôture)* enclosure

enclume [ãklym] NF anvil

encoche [ãkɔʃ] NF notch (**à** in)

encolure [ãkɔlyr] NF *(de cheval, vêtement)* neck; *(tour du cou)* collar (size); **robe à e. carrée** square-neck(ed) dress

encombre [ãkɔ̃br] **sans encombre** ADV without a hitch

encombrer [ãkɔ̃bre] **1** VT *(pièce, couloir)* to clutter up (**de** with); *(rue, passage)* to block; **e. qn** to hamper sb **2 s'encombrer** VPR **s'e. de** to load oneself down with ■ **encombrant, -ante** ADJ *(paquet)* bulky, cumbersome; *(présence)* awkward ■ **encombré, -ée** ADJ *(lignes téléphoniques, route)* jammed ■ **encombrement** [-əmã] NM *(d'objets)* clutter; *(embouteillage)* traffic jam; *(volume)* bulk(iness)

encontre [ãkɔ̃trə] **à l'encontre de** PRÉP against

encore [ãkɔr] ADV **(a)** *(toujours)* still; **tu es e. là?** are you still here? **(b)** *(avec négation)* **pas e.** not yet; **je ne suis pas e. prêt** I'm not ready yet **(c)** *(de nouveau)* again; **essaie e.** try again **(d)** *(de plus, en plus)* **e. un café** another coffee, one more coffee; **e. une fois** (once) again, once more; **e. un** another (one), one more; **e. du pain** (some) more bread; **que veut-il e.?** what else *or* more does he want?; **e. quelque chose** something else; **qui/quoi e.?** who/what else? **(e)** *(avec comparatif)* even, still; **e. mieux** even better, better still **(f)** *(aussi)* **mais e.** but also **(g)** **si e.** *(si seulement)* if only; **je le ferais e. prêt** I'm not ready yet but just; **et e.** *(à peine)* if that, only just **(h)** **e. que...** *(+ subjunctive)* although…

encourager [ãkuraʒe] VT to encourage (**à faire** to do) ■ **encourageant, -ante** ADJ encouraging ■ **encouragement** NM encouragement

encrasser [ãkrase] **1** VT to clog up (with dirt) **2 s'encrasser** VPR to get clogged up

encre [ãkr] NF ink; **faire couler beaucoup d'e.** to be much written about; **e. de Chine** *Br* Indian ink, *Am* India ink; **e. sympathique** invisible ink

encyclopédie [ãsiklopedi] NF encyclopedia ■ **encyclopédique** ADJ encyclopedic

endetter [ãdete] **1** VT **e. qn** to get sb into debt **2 s'endetter** VPR to get into debt ■ **endettement** NM debts

endimanché, -ée [ãdimãʃe] ADJ in one's Sunday best

endive [ãdiv] NF chicory *inv*, endive

endoctriner [ãdɔktrine] VT to indoctrinate ■ **endoctrinement** NM indoctrination

endolori, -ie [ãdɔlɔri] ADJ painful

endommager [ãdɔmaʒe] VT to damage

endormir* [ãdɔrmir] **1** VT *(enfant)* to put to sleep; *(ennuyer)* to send to sleep; *(soupçons)* to lull; *(douleur)* to deaden **2 s'endormir** VPR to fall asleep, to go to sleep ■ **endormi, -ie** ADJ asleep, sleeping; *Fam (indolent)* sluggish

endosser [ãdose] VT *(vêtement)* to put on; *(responsabilité)* to assume; *(chèque)* to endorse

endroit [ãdrwa] NM **(a)** *(lieu)* place, spot; **à cet e. du récit** at this point in the story; **par endroits** in places **(b)** *(de tissu)* right side; **à l'e.** *(vêtement)* the right way round

enduire* [ɑ̃dɥir] **VT** to smear, to coat (**de** with) ■ **enduit** **NM** coating; (de mur) plaster

endurant, -ante [ɑ̃dyrɑ̃, -ɑ̃t] **ADJ** hardy, tough ■ **endurance** **NF** stamina; **épreuve d'e.** endurance trial

endurcir [ɑ̃dyrsir] **1 VT** **e. qn à** (douleur) to harden sb to **2 s'endurcir** **VPR** (moralement) to become hard; (physiquement) to toughen up ■ **endurci, -ie** **ADJ** (insensible) hardened; **célibataire e.** confirmed bachelor

endurer [ɑ̃dyre] **VT** to endure, to bear

énergie [enɛrʒi] **NF** energy; **avec é.** (protester) forcefully ■ **énergétique** **ADJ** **aliment é.** energy food; **ressources énergétiques** energy resources ■ **énergique** **ADJ** (dynamique) energetic; (remède) powerful; (mesure, ton) forceful ■ **énergiquement** **ADV** (protester) energetically

énerver [enɛrve] **1 VT** **é. qn** (irriter) to get on sb's nerves, (rendre nerveux) to make sb nervous **2 s'énerver** **VPR** to get worked up ■ **énervé, -ée** **ADJ** (agacé) irritated; (excité) on edge, agitated

Il faut noter que le verbe anglais **to unnerve** est un faux ami. Il signifie **troubler**.

enfance [ɑ̃fɑ̃s] **NF** childhood; **petite e.** infancy, early childhood; *Fam* **c'est l'e. de l'art** it's child's play ■ **enfantillages** **NMPL** childish *Br* behaviour *or* *Am* behavior ■ **enfantin, -ine** **ADJ** (voix, joie) childlike; (langage) children's; (puéril) childish; (simple) easy

enfant [ɑ̃fɑ̃] **NMF** child (pl children), **attendre un e.** to be expecting a baby; **c'est un jeu d'e.** it's child's play; **e. en bas âge** infant; *Rel* **e. de chœur** altar boy; **e. gâté** spoilt child; **e. prodige** child prodigy; **e. prodigue** prodigal son; **e. unique** only child

enfer [ɑ̃fɛr] **NM** hell; **d'e.** (bruit, vision) infernal; **à un train d'e.** at breakneck speed; *Fam* **un plan d'e.** a hell of a (good) plan

enfermer [ɑ̃fɛrme] **1 VT** (personne, chose) to shut up; **e. qn/qch à clef** to lock sb/sth up **2 s'enfermer** **VPR** **s'e. dans** (chambre) to shut oneself (up) in; *Fig* (attitude) to maintain stubbornly; **s'e. à clef** to lock oneself in

enfiler [ɑ̃file] **VT** (aiguille) to thread; (perles) to string; (vêtement) to slip on

enfin [ɑ̃fɛ̃] **ADV** (à la fin) finally, at last; (en dernier lieu) lastly; (en somme) in a word; (de résignation) well; *Fam* **e. bref...** (en somme) in a word…; **mais e.** but; (mais) **e.!** for heaven's sake!; **il est grand, e. pas trop petit** he's tall, well, at least he's not too short

enflammer [ɑ̃flame] **1 VT** to set fire to; (allumette) to light; (irriter) to inflame; (imagination) to stir **2 s'enflammer** **VPR** to catch fire

enfler [ɑ̃fle] **1 VT** (rivière, membre) to swell **2 VI** (membre) to swell (up) ■ **enflure** **NF** swelling

enfoncer [ɑ̃fɔ̃se] **1 VT** (clou) to bang in; (pieu) to drive in; (porte, voiture) to smash in; (chapeau) to push down; **e. dans qch** (couteau, mains) to plunge into sth **2 VI** (s'enliser) to sink (**dans** into); (couteau) to go in **3 s'enfoncer** **VPR** (s'enliser) to sink (**dans** into); (couteau) to go in; **s'e. dans** (pénétrer) to disappear into

enfouir [ɑ̃fwir] **VT** to bury

enfourcher [ɑ̃furʃe] **VT** (cheval) to mount

enfourner [ɑ̃furne] **VT** to put in the oven

enfreindre* [ɑ̃frɛ̃dr] **VT** to infringe

enfuir* [ɑ̃fɥir] **s'enfuir** **VPR** to run away (**de** from)

enfumer [ɑ̃fyme] **VT** (pièce) to fill with smoke; (personne) to smoke out

engager [ɑ̃gaʒe] **1 VT** (discussion, combat) to start; (bijou) to pawn; (parole) to pledge; (clef) to insert (**dans** into); **e. qn** (embaucher) to hire sb; (lier) to bind sb; **e. qn dans** (affaire) to involve sb in; **e. qn à faire qch** to urge sb to do sth; **e. la partie** to start the match **2 s'engager** **VPR** (dans l'armée) to enlist; (prendre position) to commit oneself; (partie) to start; **s'e. à faire qch** to undertake to do sth; **s'e. dans** (voie) to enter; (affaire) to get involved in ■ **engagé, -ée** **ADJ** (écrivain) committed ■ **engageant, -ante** **ADJ** engaging ■ **engagement** **NM** (promesse) commitment; (de soldats) enlistment; (commencement) start; *Football* kick-off; **sans e. de votre part** without obligation (on your part)

Il faut noter que l'adjectif anglais **engaged** est un faux ami. Il ne s'utilise jamais dans un contexte politique.

engelure [ɑ̃ʒlyr] **NF** chilblain

engendrer [ɑ̃ʒɑ̃dre] **VT** (causer) to generate, to engender; (procréer) to father

engin [ɑ̃ʒɛ̃] **NM** (machine) machine; (outil) device; **e. explosif** explosive device; **e. spatial** spacecraft

Il faut noter que le nom anglais **engine** est un faux ami. Il signifie **moteur**.

englober [ɑ̃glɔbe] **VT** to include

engloutir [ɑ̃glutir] **VT** (nourriture) to wolf down; (bateau, village) to submerge

engorger [ɑ̃gɔrʒe] **VT** to block up, to clog

engouement [ɑ̃gumɑ̃] **NM** craze (**pour** for)

engouffrer [ɑ̃gufre] **1 VT** *Fam* (avaler) to wolf down **2 s'engouffrer** **VPR** **s'e. dans** to rush into

engourdir [ãgurdir] **1** vt *(membre)* to numb; *(esprit)* to dull **2 s'engourdir** vpr *(membre)* to go numb; *(esprit)* to become dull(ed)

engrais [ãgrɛ] nm fertilizer

engraisser [ãgrese] **1** vt *(animal, personne)* to fatten up **2** vi Fam to get fat

engrenage [ãgrənaʒ] nm Tech gears; Fig chain; Fig **pris dans l'e.** caught (up) in the system

engueuler [ãgœle] Fam **1** vt e. **qn** to yell at sb, to bawl out sb; **se faire e.** to get bawled out **2 s'engueuler** vpr to have a row ■ **engueulade** nf Fam *(réprimande)* bawling out; *(dispute)* row, Br slanging match

énième [enjɛm] adj Fam umpteenth

énigme [enigm] nf *(devinette)* riddle; *(mystère)* enigma ■ **énigmatique** adj enigmatic

enjamber [ãʒãbe] vt to step over; *(sujet: pont, rivière)* to span ■ **enjambée** nf stride

enjeu, -x [ãʒø] nm *(mise)* stake; Fig *(de guerre)* stakes; **quel est l'e.?** what is at stake?

enjoliver [ãʒɔlive] vt to embellish

enjoué, -ée [ãʒwe] adj playful

enlacer [ãlase] vt *(mêler)* to entwine; *(embrasser)* to clasp

enlaidir [ãledir] **1** vt to make ugly **2** vi to grow ugly

enlevé, -ée [ãlve] adj *(style, danse)* lively

enlever [ãl(ə)ve] **1** vt to remove; *(meubles)* to take away, to remove; *(vêtement, couvercle)* to take off, to remove; *(tapis)* to take up; *(rideau)* to take down; *(enfant)* to kidnap, to abduct; *(ordures)* to collect **2 s'enlever** vpr *(tache)* to come out; *(vernis)* to come off ■ **enlèvement** [-ɛvmã] nm *(d'enfant)* kidnapping, abduction; *(d'un objet)* removal; *(des ordures)* collection

enliser [ãlize] **s'enliser** vpr *(véhicule)* & Fig to get bogged down *(dans* in)

enneigé, -ée [ãneʒe] adj snow-covered

ennemi, -ie [enmi] **1** nmf enemy **2** adj *(personne)* hostile *(de* to); **pays/soldat e.** enemy country/ soldier

ennui [ãnɥi] nm *(lassitude)* boredom; *(souci)* problem; **avoir des ennuis** *(soucis)* to be worried; *(problèmes)* to have problems; **l'e., c'est que...** the annoying thing is that...

ennuyer [ãnɥije] **1** vt *(agacer)* to annoy; *(préoccuper)* to bother; *(lasser)* to bore; **si ça ne t'ennuie pas** if you don't mind **2 s'ennuyer** vpr to get bored ■ **ennuyé, -ée** adj *(air)* bored; **je suis très é.** *(confus)* I feel bad (about it) ■ **ennuyeux, -euse** adj *(contrariant)* annoying; *(lassant)* boring

Il faut noter que le verbe anglais **to annoy** ne signifie jamais **lasser**. Il signifie **importuner** ou **irriter**.

énorme [enɔrm] adj enormous, huge ■ **énormément** adv *(travailler, pleurer)* an awful lot; **je le regrette é.** I'm awfully sorry about it; **il n'a pas é. d'argent** he hasn't got a huge amount of money ■ **énormité** nf *(de demande, de crime, de somme)* enormity; *(faute)* glaring mistake

enquête [ãkɛt] nf *(de policiers, de journalistes)* investigation; *(judiciaire, administrative)* inquiry; *(sondage)* survey ■ **enquêter** [ãkete] vi *(policier, journaliste)* to investigate; **e. sur qch** to investigate sth

enquiquiner [ãkikine] vt Fam to annoy

enraciner [ãrasine] **s'enraciner** vpr to take root; **enraciné dans** *(personne, souvenir)* rooted in; **bien enraciné** *(préjugé)* deep-rooted

enrager [ãraʒe] vi to be furious *(de faire* about doing); **faire e. qn** to get on sb's nerves ■ **enragé, -ée** adj *(chien)* rabid; Fam *(joueur)* fanatical *(de* about)

enrayer [ãreje] **1** vt *(maladie)* to check **2 s'enrayer** vpr *(fusil)* to jam

enregistrer [ãr(ə)ʒistre] vt *(par écrit, sur bande)* to record; *(sur registre)* to register; *(constater)* to register; **(faire) e. ses bagages** *(à l'aéroport)* to check in, to check one's bags in ■ **enregistrement** [-əmã] nm *(d'un acte)* registration; *(sur bande)* recording; **l'e. des bagages** *(à l'aéroport)* *(baggage)* check-in; **se présenter à l'e.** to check in ■ **enregistreur, -euse** adj appareil e. recording apparatus; **caisse enregistreuse** cash register

enrhumer [ãryme] **s'enrhumer** vpr to catch a cold; **être enrhumé** to have a cold

enrichir [ãriʃir] **1** vt to enrich *(de* with) **2 s'enrichir** vpr *(personne)* to get rich

enrober [ãrɔbe] vt to coat *(de* in); **enrobé de chocolat** chocolate-coated

enrouer [ãrwe] **s'enrouer** vpr to get hoarse ■ **enroué, -ée** adj hoarse

enrouler [ãrule] **1** vt *(fil)* to wind; *(tapis, cordage)* to roll up **2 s'enrouler** vpr s'e. **dans qch** *(couvertures)* to wrap oneself up in sth; **s'e. sur** ou **autour de qch** to wind round sth

ensabler [ãsable] vt **s'ensabler** vpr *(port)* to silt up

ensanglanté, -ée [ãsãglãte] adj bloodstained

enseigne [ãsɛɲ] nf *(de magasin)* sign; Fig **logés à la même e.** in the same boat; **e. lumineuse** neon sign

enseigner [ãseɲe] **1** vt to teach; **e. qch à qn** to

teach sb sth **2 vi** to teach ■ **enseignant, -ante** [-ɑ̃ɲɑ̃, -ɑ̃t] **1 nmf** teacher **2 adj corps e.** teaching profession ■ **enseignement** [-ɑ̃ɲəmɑ̃] **nm** education; *(action, métier)* teaching; **être dans l'e.** to be a teacher; **e. privé** private education; **e. public** *Br* state *or Am* public education

ensemble [ɑ̃sɑ̃bl] **1 adv** together; **aller (bien) e.** *(couleurs)* to go together; *(personnes)* to be well-matched **2 nm** *(d'objets)* group, set; *Math* set; *(vêtement)* outfit; *Mus* ensemble; *(harmonie)* unity; **l'e. du personnel** *(totalité)* the whole (of the) staff; **l'e. des enseignants** all (of) the teachers; **dans l'e.** on the whole

ensevelir [ɑ̃səvlir] **vt** to bury

ensoleillé, -ée [ɑ̃sɔleje] **adj** *(endroit, journée)* sunny

ensommeillé, -ée [ɑ̃sɔmeje] **adj** sleepy

ensorceler [ɑ̃sɔrsəle] **vt** *(envoûter, séduire)* to bewitch

ensuite [ɑ̃sɥit] **adv** *(puis)* next, then; *(plus tard)* afterwards

ensuivre* [ɑ̃sɥivr] **s'ensuivre v impersonnel il s'ensuit que…** it follows that…; **et tout ce qui s'ensuit** and all the rest of it; **jusqu'à ce que mort s'ensuive** until death

entaille [ɑ̃taj] **nf** *(fente)* notch; *(blessure)* gash, slash ■ **entailler vt** to notch; *(blesser)* to gash, to slash

entamer [ɑ̃tame] **vt** *(pain, peau)* to cut into; *(bouteille, boîte)* to open; *(négociations)* to enter into; *(capital)* to eat or break into; *(métal, plastique)* to damage; *(résolution, réputation)* to shake

entartrer [ɑ̃tartre] **vt s'entartrer vpr** *(chaudière) Br* to fur up, *Am* to scale

entasser [ɑ̃tase] **vt s'entasser vpr** *(objets)* to pile up, to heap up

entendre [ɑ̃tɑ̃dr] **1 vt** to hear; *(comprendre)* to understand; *(vouloir)* to intend; **e. parler de qn/qch** to hear of sb/sth; **e. dire que…** to hear (it said) that…; **laisser e. à qn que…** to give sb to understand that… **2 s'entendre vpr** *(être entendu)* to be heard; *(être compris)* to be understood; **s'e. (sur)** *(être d'accord)* to agree (on); **(bien) s'e. avec qn** to get along *or Br* on with sb; **on ne s'entend plus!** *(à cause du bruit)* we can't hear ourselves speak!

entendu, -ue [ɑ̃tɑ̃dy] **adj** *(convenu)* agreed; *(compris)* understood; *(sourire, air)* knowing; **e.!** all right!; **bien e.** of course

entente [ɑ̃tɑ̃t] **nf** *(accord)* agreement, understanding; **(bonne) e.** *(amitié)* harmony

entériner [ɑ̃terine] **vt** to ratify

enterrer [ɑ̃tere] **vt** *(défunt)* to bury; *Fig (projet)* to scrap ■ **enterrement** [-ɛrmɑ̃] **nm** burial; *(funérailles)* funeral

en-tête [ɑ̃tɛt] *(pl* **en-têtes) nm** *(de papier)* heading; **papier à e.** *Br* headed paper, *Am* letterhead

entêter [ɑ̃tete] **s'entêter vpr** to persist (**à faire** in doing) ■ **entêté, -ée adj** stubborn ■ **entêtement** [ɑ̃tɛtmɑ̃] **nm** stubbornness; **e. à faire qch** persistence in doing sth

enthousiasme [ɑ̃tuzjasm] **nm** enthusiasm ■ **enthousiasmant, -ante adj** exciting ■ **enthousiasmer 1 vt** to fill with enthusiasm **2 s'enthousiasmer vpr s'e. pour qch** to get enthusiastic about sth ■ **enthousiaste adj** enthusiastic

enticher [ɑ̃tiʃe] **s'enticher vpr s'e. de qn/qch** to become infatuated with sb/sth

entier, -ière [ɑ̃tje, -jɛr] **1 adj** *(total)* whole, entire; *(intact)* intact; *(absolu)* absolute, complete; *(caractère, personne)* uncompromising; **payer place entière** to pay full price; **le pays tout e.** the whole *or* entire country **2 nm** *(unité)* whole; **en e., dans son e.** in its entirety, completely ■ **entièrement adv** entirely

entonner [ɑ̃tɔne] **vt** *(air)* to start singing

entonnoir [ɑ̃tɔnwar] **nm** funnel

entorse [ɑ̃tɔrs] **nf** *Méd* sprain; **se faire une e. à la cheville** to sprain one's ankle; *Fig* **faire une e. au règlement** to bend the rules

entortiller [ɑ̃tɔrtije] **1 vt** to wrap (**dans** in); *Fam* **e. qn** to dupe sb **2 s'entortiller vpr** *(lierre)* to coil (**autour de** round)

entourage [ɑ̃turaʒ] **nm** *(proches)* circle of family and friends

entourer [ɑ̃ture] **1 vt** to surround (**de** with); *(envelopper)* to wrap (**de** in); **entouré de** surrounded by; **e. qn de ses bras** to put one's arms round sb; **il est très entouré** *(soutenu)* he has lots of supportive people around him **2 s'entourer vpr s'e. de** to surround oneself with

entracte [ɑ̃trakt] **nm** *(de théâtre) Br* interval, *Am* intermission

entraide [ɑ̃trɛd] **nf** mutual aid ■ **s'entraider** [sɑ̃trede] **vpr** to help each other

entrain [ɑ̃trɛ̃] **nm** get-up-and-go; **plein d'e.** lively; **sans e.** lifeless

entraînant, -ante [ɑ̃trɛnɑ̃, -ɑ̃t] **adj** *(musique)* lively

entraîner [ɑ̃trene] **1 vt** (a) *(charrier)* to carry away; *(causer)* to bring about; *(dépenses, modifications)* to entail; *Tech (roue)* to drive; **e. qn** *(emmener)* to lead sb away; *(de force)* to drag sb away; *(attirer)* to lure sb; **e. qn à faire qch** to lead sb to do sth; **se laisser e.** to allow oneself to be led astray (b) *(athlète, cheval)* to train (**à** for) **2 s'entraîner vpr** to train oneself (**à faire qch** to do sth); *Sport* to train ■ **entraînement** [-ɛnmɑ̃] **nm** *Sport* training; *(élan)* impulse; *Tech* drive ■ **entraîneur** [-ɛnœr] NM*(d'athlète)* coach; *(de cheval)* trainer

entraver [ɑ̃trave] VTto hinder, to hamper

entre [ɑ̃tr] PRÉPbetween; *(parmi)* among(st); **l'un d'e. vous** one of you; **(soit dit) e. nous** between you and me; **e. deux âges** middle-aged; **se dévorer e. eux** *(réciprocité)* to devour each other; **e. deux âges** middle-aged; **e. autres (choses)** among other things

entrebâiller [ɑ̃trəbaje] VT *(porte)* to open slightly

entrechoquer [ɑ̃trəʃɔke] **s'entrechoquer** VPR*(bouteilles)* to knock against each other

entrecôte [ɑ̃trəkot] NFrib steak

entrecouper [ɑ̃trəkupe] VT *(entremêler)* to punctuate (**de** with)

entrée [ɑ̃tre] NF*(action)* entry, entrance; *(porte)* entrance; *(vestibule)* entrance hall, entry; *(accès)* admission, entry (**de** to); *Ordinat* input; *(plat)* starter; **faire son e.** to make one's entrance; **'e. interdite'** 'no entry', 'no admittance'; **'e. libre'** 'admission free'; **e. en matière** *(d'un discours)* opening, introduction; **e. en vigueur** *(d'une loi)* date of application; *Scol* **e. en sixième** *Br* ≃ entering the first form, *Am* ≃ entering the sixth grade; **e. de service** service *or Br* tradesmen's entrance; **e. des artistes** stage door

entrejambe [ɑ̃trəʒɑ̃b] NMcrotch

entrelacer [ɑ̃trəlase] VT **s'entrelacer** VPRto intertwine

entremêler [ɑ̃trəmele] VT **s'entremêler** VPR to intermingle

entremets [ɑ̃trəmɛ] NM*(plat)* dessert, *Br* sweet

entreposer [ɑ̃trəpoze] VTto store ■ **entrepôt** NMwarehouse

entreprendre* [ɑ̃trəprɑ̃dr] VT*(travail, voyage)* to undertake; **e. de faire qch** to undertake to do sth ■ **entreprenant, -ante** [-ɑ̃nɑ̃] ADJ enterprising; *(galant)* forward

entrepreneur [ɑ̃trəprənœr] NM*(en bâtiment)* contractor

entreprise [ɑ̃trəpriz] NF*(firme)* company, firm; *(opération)* undertaking

entrer [ɑ̃tre] 1 VI*(aux* **être**) *(aller)* to go in, to enter; *(venir)* to come in, to enter; **e. dans** to go into; *(pièce)* to come/go into, to enter; *(club)* to join; *(carrière)* to enter, to go into; **e. à l'université** to start university; **e. en action** to go into action; **e. dans les détails** to go into detail; **faire/ laisser e. qn** to show/let sb in; **entrez!** come in! 2 VT*Ordinat* **e. des données** to enter data (**dans** into)

entresol [ɑ̃trəsɔl] NMmezzanine floor

entre-temps [ɑ̃trətɑ̃] ADVmeanwhile

entretenir* [ɑ̃trət(ə)nir] 1 VT*(voiture, maison, famille)* to maintain; *(relations, souvenir)* to keep;

(sentiment) to entertain; **e. sa forme/sa santé** to keep fit/healthy; **e. qn de qch** to talk to sb about sth 2 **s'entretenir** VPRS'e. de to talk about (**avec** with) ■ **entretenu, -ue** ADJbien/ **mal e.** *(maison)* well-kept/badly kept; **femme entretenue** kept woman

---

Il faut noter que le verbe anglais **to entertain** est un faux ami. Il signifie le plus souvent **divertir**.

---

entretien [ɑ̃trətjɛ̃] NM*(de route, de maison)* maintenance, upkeep; *(dialogue)* conversation; *(entrevue)* interview; **entretiens** *(négociations)* talks

entrevoir* [ɑ̃trəvwar] VT*(rapidement)* to catch a glimpse of; *(pressentir)* to foresee

entrevue [ɑ̃trəvy] NFinterview

entrouvrir* [ɑ̃truvrir] VT **s'entrouvrir** VPR to half-open ■ **entrouvert, -erte** ADJ*(porte, fenêtre)* half-open

énumérer [enymere] VTto list ■ **énumération** NFlisting

envahir [ɑ̃vair] VT*(pays)* to invade; *(marché)* to flood; **e. qn** *(doute, peur)* to overcome sb ■ **envahissant, -ante** ADJ *(voisin)* intrusive ■ **envahisseur** NMinvader

enveloppant, -ante [ɑ̃vlɔpɑ̃, -ɑ̃t] ADJ*(séduisant)* captivating

enveloppe [ɑ̃vlɔp] NF*(pour lettre)* envelope; *(de colis)* wrapping; *(de pneu)* casing; *Fig (apparence)* exterior; **mettre qch sous e.** to put sth in an envelope; **e. timbrée à votre adresse** *Br* stamped addressed envelope, *Am* stamped self-addressed envelope

envelopper [ɑ̃vlɔpe] 1 VTto wrap (up) (**dans** in); **e. la ville** *(brouillard)* to blanket *or* envelop the town; **enveloppé de mystère** shrouded in mystery 2 **s'envelopper** VPRto wrap oneself (up) (**dans** in)

envenimer [ɑ̃v(ə)nime] 1 VT *(plaie)* to make septic; *Fig (querelle)* to embitter 2 **s'envenimer** VPR*(plaie)* to turn septic; *Fig* to become acrimonious

envergure [ɑ̃vergyr] NF*(d'avion, d'oiseau)* wingspan; *(de personne)* calibre; *(ampleur)* scope; **de grande e.** *(réforme)* far-reaching

envers [ɑ̃ver] 1 PRÉP*Br* towards, *Am* toward(s), to; **e. et contre tous** in the face of all opposition 2 NM*(de tissu)* wrong side; *(de médaille)* reverse side; **à l'e.** *(chaussette)* inside out; *(pantalon)* back to front; *(la tête en bas)* upside down; *(à contresens)* the wrong way

envie [ɑ̃vi] NF*(jalousie)* envy; *(désir)* desire; *Fam (des ongles)* hangnail; **avoir e. de qch** to want sth; **j'ai e. de faire qch** I feel like doing sth; **elle meurt d'e. de faire qch** she's dying to do sth; **ça me fait e.** I really like that ■ **envier** VTto envy (**qch à qn** sb sth) ■ **envieux, -ieuse** ADJ envious; **faire des e.** to make people envious

environ [ãvirɔ̃] ADV *(à peu près)* about ■ **environs** NMPL outskirts, surroundings; **aux e. de** *(Paris, Noël, 10 euros)* around, in the vicinity of

environnement [ãvirɔnmã] NM environment

envisager [ãvizaʒe] VT *(considérer)* to consider; *(projeter)* Br to envisage, Am to envision; **e. de faire qch** to consider doing sth

envoi [ãvwa] NM *(action)* sending; *(paquet)* package; *(marchandises)* consignment

envoûter [ãvute] VT to bewitch

envoyer* [ãvwaje] **1** VT *(personne)* to send; *(lancer)* to throw; Fam *(gifle)* to give; **e. chercher qn** to send for sb; Fam **e. promener qn** to send sb packing **2 s'envoyer** VPR Fam *(repas)* to put *or* stash away ■ **envoyé, -ée** NMF envoy; **e. spécial** *(reporter)* special correspondent ■ **envoyeur** NM sender; **'retour à l'e.'** *(sur une enveloppe)* 'return to sender'

épagneul, -eule [epaɲœl] NMF spaniel

épais, -aisse [epɛ, -ɛs] ADJ thick ■ **épaisseur** NF thickness; **avoir 1 m d'é.** to be 1 m thick ■ **épaissir** [epesir] **1** VT to thicken **2** VI **s'épaissir** VPR to thicken; *(grossir)* to fill out; **le mystère s'épaissit** the mystery is deepening

épanouir [epanwir] **s'épanouir** VPR *(fleur)* to bloom; Fig *(personne)* to blossom; *(visage)* to beam ■ **épanoui, -ouie** ADJ *(fleur, personne)* in full bloom; *(visage)* beaming ■ **épanouissement** NM *(de fleur)* full bloom; *(de personne)* blossoming

épargne [eparɲ] NF *(action, vertu)* saving; *(sommes)* savings ■ **épargnant, -ante** NMF saver ■ **épargner** VT *(argent, provisions)* to save; *(ennemi)* to spare; **e. qch à qn** *(ennuis, chagrin)* to spare sb sth

éparpiller [eparpije] VT **s'éparpiller** VPR to scatter; *(efforts)* to dissipate

épater [epate] VT Fam to astound ■ **épatant, -ante** ADJ Fam splendid

épaule [epol] NF shoulder ■ **épauler 1** VT *(fusil)* to raise (to one's shoulder); **é. qn** *(aider)* to back sb up **2** VI to take aim ■ **épaulette** NF *(de veste)* shoulder pad

épave [epav] NF *(bateau, personne)* wreck

épée [epe] NF sword

épeler [ep(ə)le] VT to spell

éperon [eprɔ̃] NM *(de cavalier, de coq)* spur

éphémère [efemɛr] ADJ short-lived, ephemeral

épi [epi] NM *(de blé)* ear; *(de cheveux)* tuft of hair

épice [epis] NF spice ■ **épicé, -ée 1** ADJ *(plat, récit)* spicy **2** ADV **manger é.** to eat spicy food ■ **épicer** VT to spice

épicier, -ière [episje, -jɛr] NMF grocer ■ **épicerie** NF *(magasin)* Br grocer's (shop), Am grocery (store); **é. fine** delicatessen

épidémie [epidemi] NF epidemic

épiderme [epidɛrm] NM skin

épier [epje] VT *(observer)* to watch closely; *(occasion)* to watch out for; **é. qn** to spy on sb

épilepsie [epilɛpsi] NF Méd epilepsy ■ **épileptique** ADJ & NMF epileptic

épiler [epile] **1** VT *(jambes)* to remove unwanted hair from; *(sourcils)* to pluck **2 s' épiler** VPR **s'é. les jambes (à la cire)** to wax one's legs; **s'é. les sourcils** to pluck one's eyebrows ■ **épilation** NF *(des jambes)* removal of unwanted hair; *(des sourcils)* plucking

épilogue [epilɔg] NM epilogue

épinard [epinar] NM *(plante)* spinach; **épinards** spinach

épine [epin] NF *(de plante)* thorn; *(d'animal)* spine, prickle; Anat **é. dorsale** spine ■ **épineux, -euse** ADJ *(tige, question)* thorny; *(poisson)* spiny

épingle [epɛ̃gl] NF pin; **é. à cheveux** hairpin; **é. de** *ou* **à nourrice, é. de sûreté** safety pin; **é. à linge** Br clothes peg, Am clothes pin ■ **épingler** VT to pin; Fam **é. qn** *(arrêter)* to nab sb

Épiphanie [epifani] NF **l'É.** Epiphany

épique [epik] ADJ epic

épiscopal, -e, -aux, -ales [episkɔpal, -o] ADJ episcopal

épisode [epizɔd] NM episode; **feuilleton en six épisodes** serial in six episodes, six-part serial ■ **épisodique** ADJ *(intermittent)* occasional; *(accessoire)* minor

épitaphe [epitaf] NF epitaph

épithète [epitɛt] NF epithet; Grammaire attribute

éplucher [eplyʃe] VT *(carotte, pomme)* to peel; *(salade)* to clean; Fig *(texte)* to dissect ■ **épluchure** NF peeling

éponge [epɔ̃ʒ] NF sponge; Fig **jeter l'é.** to throw in the towel ■ **éponger 1** VT *(liquide)* to mop up; *(surface)* to sponge down; *(dette)* to absorb **2 s'éponger** VPR **s'é. le front** to mop one's brow

époque [epɔk] NF *(date)* time, period; *(historique)* age; **meubles d'é.** period furniture; **à l'é.** at the *or* that time

épouse [epuz] NF wife

épouser [epuze] VT to marry; Fig *(cause)* to espouse; Fig **é. la forme de qch** to take on the exact shape of sth

épousseter [epuste] VT to dust

époustoufler [epustufle] VT Fam to astound ■ **époustouflant, -ante** ADJ *Fam* astounding

épouvantable [epuvɑ̃tabl] ADJ appalling

épouvantail [epuvɑ̃taj] NM *(de jardin)* scarecrow

épouvante [epuvɑ̃t] NF terror ■ **épouvanter** VT to terrify

époux [epu] NM husband; **les é.** the husband and wife

éprendre* [eprɑ̃dr] **s'éprendre** VPR **s'é. de qn** to fall in love with sb

épreuve [eprœv] NF *(essai, examen)* test; *(sportive)* event; *(malheur)* ordeal, trial; *(photo)* print; *(texte imprimé)* proof; **mettre qn/qch à l'é.** to put sb/sth to the test; **à toute é.** *(patience)* unfailing; *(nerfs)* rock-solid; **à l'é. des balles/du feu** bulletproof/fireproof

éprouver [epruve] VT *(méthode, personne, courage)* to test; *(sentiment)* to feel; *(difficultés)* to meet with ■ **éprouvant, -ante** ADJ *(pénible)* trying

éprouvette [epruvɛt] NF test tube

EPS [əpeɛs] *(abrév* **éducation physique et sportive)** NF *Scol* PE

épuiser [epɥize] **1** VT *(personne, provisions, sujet)* to exhaust **2 s'épuiser** VPR *(réserves, patience)* to run out; **s'é. à faire qch** to exhaust oneself doing sth ■ **épuisant, -ante** ADJ exhausting ■ **épuisé, -ée** ADJ exhausted; *(marchandise)* sold out; *(édition)* out of print ■ **épuisement** NM exhaustion

épuisette [epɥizɛt] NF landing net

épurer [epyre] VT *(eau, gaz)* to purify; *(minerai)* to refine ■ **épuration** NF purification; *(de minerai)* refining; **station d'é.** purification *Br* works or *Am* plant

équateur [ekwatœr] NM equator; **sous l'é.** at the equator ■ **équatorial, -e, -iaux, -iales** ADJ equatorial

équation [ekwasjɔ̃] NF *Math* equation

équerre [ekɛr] NF **é. (à dessin)** *Br* set square, *Am* triangle; **d'é.** straight, square

équestre [ekɛstr] ADJ *(statue, sports)* equestrian

équilibre [ekilibr] NM balance; **mettre qch en é.** to balance sth **(sur** on); **se tenir en é.** to keep one's balance; **garder/perdre l'é.** to keep/lose one's balance ■ **équilibriste** NMF tightrope walker

équilibrer [ekilibre] **1** VT *(charge, composition, budget)* to balance **2 s'équilibrer** VPR *(équipes)* to balance each other out; *(comptes)* to balance

équinoxe [ekinɔks] NM equinox

équipage [ekipaʒ] NM *(de navire, d'avion)* crew

équipe [ekip] NF team; *(d'ouvriers)* gang; **faire é.**

avec qn to team up with sb; **é. de nuit** night shift; **é. de secours** rescue team ■ **équipier, -ière** NMF team member

équiper [ekipe] **1** VT to equip **(de** with) **2 s'équiper** VPR to equip oneself **(de** with) ■ **équipement** NM equipment

équitation [ekitasjɔ̃] NF *Br* (horse) riding, *Am* (horseback) riding; **faire de l'é.** to go riding

équité [ekite] NF fairness ■ **équitable** ADJ fair, equitable ■ **équitablement** [-əmɑ̃] ADV fairly

équivalent, -ente [ekivalɑ̃, -ɑ̃t] ADJ & NM equivalent ■ **équivalence** NF equivalence ■ **équivaloir*** VI **é. à qch** to be equivalent to sth

équivoque [ekivɔk] **1** ADJ *(ambigu)* equivocal; *(douteux)* dubious **2** NF ambiguity; **sans é.** *(déclaration)* unequivocal

érable [erabl] NM *(arbre, bois)* maple

érafler [erafle] VT to graze, to scratch ■ **éraflure** NF graze, scratch

ère [ɛr] NF era; **avant notre è.** BC; **en l'an 800 de notre è.** in the year 800 AD

éreinter [erɛ̃te] **1** VT *(fatiguer)* to exhaust; *(critiquer)* to tear to pieces **2 s'éreinter** VPR **s'é. à faire qch** to wear oneself out doing sth

ériger [eriʒe] **1** VT to erect **2 s'ériger** VPR **s'é. en qch** to set oneself up as sth

ermite [ermit] NM hermit

érosion [erozjɔ̃] NF erosion ■ **éroder** VT to erode

érotique [erɔtik] ADJ erotic ■ **érotisme** NM eroticism

errer [ere] VI to wander ■ **errant, -ante** ADJ wandering; **chien/chat e.** stray dog/cat

erreur [erœr] NF *(faute)* mistake, error; **par e.** by mistake; **dans l'e.** mistaken; **e. de calcul** miscalculation; **e. judiciaire** miscarriage of justice

érudit, -ite [erydi, -it] **1** ADJ scholarly, erudite **2** NMF scholar ■ **érudition** NF scholarship, erudition

éruption [erypsjɔ̃] NF *(de volcan)* eruption; *(de boutons)* rash

es [ɛ] ➤ **être**

ès [ɛs] PRÉP of; **licencié/docteur ès lettres** ≃ BA/PhD

escabeau, -x [ɛskabo] NM *(marchepied)* stepladder, *Br* (pair of) steps; *(tabouret)* stool

escadrille [ɛskadrij] NF *Av* (unité) flight

escadron [ɛskadrɔ̃] NM squadron

escalade [ɛskalad] NF climbing; *(de prix, de violence, de guerre)* escalation ■ **escalader** VT to climb, to scale

escale [ɛskal] NF *Av* stopover; *Naut* (lieu) port of call; **faire e. à** *(avion)* to stop (over) at; *(navire)* to put in at; **vol sans e.** non-stop flight; **e. technique** refuelling stop

escalier [εskalje] NM *(marches)* stairs; *(cage)* staircase; **l'e., les escaliers** the stairs; **e. mécanique** *ou* **roulant** escalator; **e. de secours** fire escape; **e. de service** service stairs

escalope [εskalɔp] NF escalope

escamoter [εskamɔte] VT *(faire disparaître)* to make vanish; *(esquiver)* to dodge

escapade [εskapad] NF jaunt; **faire une e.** to go on a jaunt

escargot [εskargo] NM snail

escarpé, -ée [εskarpe] ADJ steep ■ **escarpement** [-əmã] NM *(côte)* steep slope

escarpin [εskarpɛ̃] NM *(soulier)* pump, *Br* court shoe

escient [εsjã] **à bon e.** ADV wisely

esclaffer [εsklafe] **s'esclaffer** VPR to roar with laughter

esclave [εsklav] NMF slave; **être l'e. de qn/qch** to be a slave to sb/sth ■ **esclavage** NM slavery

escompte [εskɔ̃t] NM discount; **taux d'e.** bank discount rate ■ **escompter** VT *(espérer)* to anticipate *(faire* doing), to expect *(faire* to do)

escorte [εskɔrt] NF escort; **sous bonne e.** under escort ■ **escorter** VT to escort

escrime [εskrim] NF *Sport* fencing; **faire de l'e.** to fence ■ **escrimeur, -euse** NMF fencer

escrimer [εskrime] **s'escrimer** VPR **s'e. à faire qch** to struggle to do sth

escroc [εskro] NM crook, swindler ■ **escroquer** VT **e. qn** to swindle sb; **e. qch à qn** to swindle sb out of sth ■ **escroquerie** NF *(action)* swindling; *(résultat)* swindle; *Fam* **c'est de l'e.!** it's a rip-off!

espace [εspas] NM space; **e. aérien** air space; **e. vert** garden, park ■ **espacer 1** VT to space out; **espacés d'un mètre** one metre apart **2 s'espacer** VPR *(maisons, visites)* to become less frequent

espadrille [εspadrij] NF espadrille, rope-soled sandal

Espagne [εspaɲ] NF **l'E.** Spain ■ **espagnol, -ole 1** ADJ Spanish **2** NMF **E., Espagnole** Spaniard **3** NM *(langue)* Spanish

espèce [εspɛs] NF *(race)* species; *(genre)* kind, sort; *Fam* **une e. d'idiot/une e. d'idiote** an idiot; *Fam* **e. d'idiot!** you idiot! ■ **espèces** NFPL *(argent)* cash; **en e.** in cash

espérance [εsperãs] NF hope; **au-delà de nos espérances** beyond our expectations; **répondre aux espérances de qn** to live up to sb's expectations; **e. de vie** life expectancy

espérer [εspere] **1** VT to hope for; **e. que...** to hope that...; **e. faire qch** to hope to do sth **2** VI

to hope; **e. en qn/qch** to trust in sb/sth; **j'espère (bien)!** I hope so!

espiègle [εspjεgl] ADJ mischievous

espion, -ionne [εspjɔ̃, -jɔn] NMF spy ■ **espionnage** NM spying, espionage ■ **espionner 1** VT to spy on **2** VI to spy

esplanade [εsplanad] NF esplanade

espoir [εspwar] NM hope; **avoir l'e. de faire qch** to have hopes of doing sth; **il n'y a plus d'e.** *(il va mourir)* there's no hope for him; **sans e.** *(cas)* hopeless; **les espoirs de la danse** the young hopefuls of the dancing world

esprit [εspri] NM *(attitude, fantôme)* spirit; *(intellect)* mind; *(humour)* wit; **venir à l'e. de qn** to cross sb's mind; **avoir de l'e.** to be witty; **avoir l'e. large/étroit** to be broad-/narrow-minded; **perdre l'e.** to go out of one's mind

esquimau, -aude, -aux, -audes [εskimo, -od] **1** ADJ Eskimo, *Am* Inuit **2** NMF **E., Esquimaude** Eskimo, *Am* Inuit **3** NM **E.®** *(glace) Br* ≃ choc-ice *(on a stick)*, *Am* ≃ ice-cream bar

esquinter [εskɛ̃te] *Fam* **1** VT *(voiture)* to damage; *(blesser)* to hurt **2 s'esquinter** VPR **s'e. la jambe** to hurt one's leg; **s'e. la santé** to damage one's health; **s'e. à faire qch** to wear oneself out doing sth

esquisse [εskis] NF *(croquis, plan)* sketch ■ **esquisser** VT to sketch; **e. un geste** to make a (slight) gesture

esquiver [εskive] **1** VT *(coup, problème)* to dodge **2 s'esquiver** VPR to slip away

essai [εsε] NM *(test)* test, trial; *(tentative)* & *Rugby* try; *(ouvrage)* essay; **à l'e.** *(objet)* on a trial basis; **coup d'e.** first attempt

essaim [εsε̃] NM swarm

essayer [εseje] **1** VT to try *(de faire* to do); *(vêtement)* to try on; *(méthode, restaurant)* to try out **2 s'essayer** VPR **s'e. à qch/à faire qch** to try one's hand at sth/at doing sth ■ **essayage** [-εjaʒ] NM *(de vêtement)* fitting

essence [εsãs] NF *(carburant) Br* petrol, *Am* gas; *(extrait)* & *Phil* essence; **par e.** essentially; **e. sans plomb** unleaded; **e. ordinaire** *Br* two-star petrol, *Am* regular gas

essentiel, -ielle [εsãsjεl] **1** ADJ essential *(à/pour* for) **2** NM **l'e.** *(le plus important)* the main thing; *(le minimum)* the essentials; **l'e. de** the majority of ■ **essentiellement** ADV essentially

essieu, -x [εsjø] NM axle

essor [εsɔr] NM *(d'oiseau)* flight; *(de pays, d'entreprise)* rapid growth; **en plein e.** booming; **prendre son e.** to take off

essorer [εsɔre] VT *(linge)* to wring; *(dans une essoreuse)* to spin-dry; *(dans une machine à laver)* to spin

essouffler [esufle] **1** vt to make out of breath **2 s'essouffler** vpr to get out of breath

essuyer [esɥije] **1** vt (objet, surface) to wipe; (liquide) to wipe up; (larmes) to wipe away; (défaite) to suffer; (refus) to meet with; **e. la vaisselle** to dry the dishes **2 s'essuyer** vpr to wipe oneself; **s'e. les yeux** to wipe one's eyes ■ **essuie-glace** (pl **essuie-glaces**) NM Br windscreen wiper, Am windshield wiper ■ **essuie-mains** NM INV hand towel

est¹ [ɛ] ➤ **être**

est² [ɛst] **1** NM east; **à l'e.** in the east; (direction) (to the) east (**de** of); **d'e.** (vent) east(erly); **de l'e.** eastern **2** ADJ INV (côte) east(ern)

estampe [ɛstɑ̃p] NF print

estampille [ɛstɑ̃pij] NF (de produit) mark; (de document) stamp

esthéticienne [ɛstetisjɛn] NF beautician

esthétique [ɛstetik] ADJ Br aesthetic, Am esthetic

estime [ɛstim] NF esteem, regard

estimer [ɛstime] **1** vt (tableau) to value (**à** at); (prix, distance, poids) to estimate; (dommages, besoins) to assess; (juger) to consider (**que** that); **e. dangereux de faire qch** to consider it dangerous to do sth; **e. qn** to esteem sb **2 s'estimer** vpr **s'e. heureux** to consider oneself happy ■ **estimable** ADJ respectable ■ **estimation** NF (de mobilier) valuation; (de prix, de distance, de poids) estimation; (de dommages, de besoins) assessment

estival, -e, -aux, -ales [ɛstival, -o] ADJ travail **e.** summer work ■ **estivant, -ante** NMF (summer) Br holidaymaker or Am vacationer

estomac [ɛstɔma] NM stomach

estomper [ɛstɔ̃pe] **1** vt (rendre flou) to blur **2 s'estomper** vpr to become blurred

Estonie [ɛstɔni] NF Estonia ■ **estonien, -ienne 1** ADJ Estonian **2** NMF **E., Estonienne** Estonian **3** NM (langue) Estonian

estrade [ɛstrad] NF platform

estragon [ɛstʁagɔ̃] NM (plante, condiment) tarragon

estuaire [ɛstɥɛʁ] NM estuary

esturgeon [ɛstyʁʒɔ̃] NM sturgeon

et [e] CONJ and; **vingt et un** twenty-one; **et moi?** what about me?

étable [etabl] NF cowshed

établi [etabli] NM workbench

établir [etabliʁ] **1** vt (paix, relations, principe) to establish; (agence) to set up; (liste) to draw up; (record) to set; (démontrer) to establish, to prove **2 s'établir** vpr (pour habiter) to settle; (pour exercer un métier) to set up in business

■ **établissement** NM (de paix, de relations, de principe) establishment; (entreprise) business, firm; **é. scolaire** school

étage [etaʒ] NM (d'immeuble) floor, Br storey, Am story; (de fusée) stage; **à l'é.** upstairs; **au premier é.** on the Br first or Am second floor; **maison à deux étages** Br two-storeyed or Am two-storied house

étagère [etaʒɛʁ] NF shelf; (meuble) shelving unit

étain [etɛ̃] NM (métal) tin; (de gobelet) pewter

étais, était [etɛ] ➤ **être**

étal [etal] (pl **étals**) NM (au marché) stall

étalage [etalaʒ] NM display; (vitrine) display window; **faire é. de son savoir** to show off one's knowledge

étaler [etale] **1** vt (disposer) to lay out; (en vitrine) to display; (beurre) to spread; (vacances, paiements) to stagger; Fig (érudition) to show off **2 s'étaler** vpr Fam (s'affaler) to sprawl; **s'é. sur** (congés, paiements) to be spread over; Fam **s'é. de tout son long** to fall flat on one's face ■ **étalement** NM (de vacances, de paiements) staggering

étalon [etalɔ̃] NM (cheval) stallion; (modèle) standard; **é.-or** gold standard

étanche [etɑ̃ʃ] ADJ watertight; (montre) waterproof

étancher [etɑ̃ʃe] vt (sang) to stop the flow of; (soif) to quench

étang [etɑ̃] NM pond

étant [etɑ̃] P PRÉS ➤ **être**

étape [etap] NF (de voyage) stage; (lieu) stop(over); **faire é. à** to stop off or over at; **par (petites) étapes** in (easy) stages; Fig **brûler les étapes** (dans sa carrière) to shoot to the top

état [eta] NM (a) (condition, manière d'être) state; (inventaire) statement; **à l'é. brut** in a raw state; **à l'é. neuf** as new; **de son é.** (métier) by trade; **en bon é.** in good condition; **en é. de marche** in working order; **en é. de faire qch** in a position to do sth; **hors d'é. de faire qch** not in a position to do sth; **faire é. de qch** to mention sth; **(ne pas) être dans son é. normal** (not) to be one's usual self; Fam **être dans tous ses états** to be in a state; **remettre qch en é.** to repair sth; **é. d'âme** mood; **é. d'esprit** state or frame of mind; **é. de santé** state of health; **é. des lieux** inventory of fixtures; **é. civil** register office (b) (autorité centrale) **É.** (nation) State

état-major [etamaʒɔʁ] (pl **états-majors**) NM Mil (general) staff; (de parti) senior staff

États-Unis [etazyni] NMPL **les É. (d'Amérique)** the United States (of America)

étau, -x [eto] NM (instrument) Br vice, Am vise

été¹ [ete] NM summer

été² [ete] PP ➤ **être**

éteindre* [etɛ̃dr] **1 vt** (feu, cigarette) to put out, to extinguish; (lampe) to switch off; (gaz) to turn off **2 vi** to switch off **3 s'éteindre vpr** (feu) to go out; (personne) to pass away; (race) to die out; (amour) to die ■ **éteint, -einte adj** (feu, bougie) out; (lampe, lumière) off; (volcan, race, famille) extinct; (voix) faint

étendard [etɑ̃dar] **nm** (drapeau) standard

étendre [etɑ̃dr] **1 vt** (linge) to hang out; (nappe) to spread out; (beurre) to spread; (agrandir) to extend; **é. le bras** to stretch out one's arm **2 s'étendre vpr** (personne) to lie down; (plaine) to stretch; (feu) to spread; (pouvoir) to extend; **s'é. sur qch** (sujet) to dwell on sth ■ **étendu, -ue adj** (forêt, vocabulaire) extensive; (personne) lying ■ **étendue nf** (importance) extent; (surface) area; (d'eau) expanse

éternel, -elle [etɛrnɛl] **adj** eternal ■ **éternellement adv** eternally, for ever ■ **s'éterniser vpr** (débat) to drag on endlessly; Fam (visiteur) to stay for ever ■ **éternité nf** eternity

éternuer [etɛrnɥe] **vi** to sneeze ■ **éternuement** [-ymɑ̃] **nm** sneeze

êtes [ɛt] ➤ **être**

éther [etɛr] **nm** ether

Éthiopie [etjɔpi] **nf** l'É. Ethiopia ■ **éthiopien, -ienne 1 adj** Ethiopian **2 nmf** É., Éthiopienne Ethiopian

éthique [etik] **1 adj** ethical **2 nf** Phil ethics (sing); **l'é. puritaine** the Puritan ethic

ethnie [ɛtni] **nf** ethnic group ■ **ethnique adj** ethnic

étinceler [etɛ̃s(ə)le] **vi** to sparkle ■ **étincelle nf** spark; Fam **ça va faire des étincelles** sparks will fly

étiquette [etiket] **nf** (a) (marque) label (b) (protocole) (diplomatic or court) etiquette ■ **étiqueter vt** to label

étirer [etire] **1 vt** to stretch **2 s'étirer vpr** to stretch (oneself)

étoffe [etɔf] **nf** material, fabric; **avoir l'é. d'un héros** to be the stuff heroes are made of

étoffer [etɔfe] **1 vt** (personne, texte) to flesh out **2 s'étoffer vpr** (personne) to fill out

étoile [etwal] **nf** star; **à la belle é.** in the open; **être né sous une bonne é.** to be born under a lucky star; **é. de mer** starfish; **é. filante** shooting star

étonner [etɔne] **1 vt** to surprise **2 s'étonner vpr** to be surprised (**de qch** at sth; **que** + subjunctive that) ■ **étonnant, -ante adj** (ahurissant) surprising; (remarquable) amazing ■ **étonnement nm** surprise

étouffer [etufe] **1 vt** (tuer) to suffocate; (bruit) to muffle; (feu) to smother; Fig (révolte, sentiment) to stifle; Fig (scandale) to hush up **2 vi** to suffocate; **on étouffe!** it's stifling!; **é. de colère** to choke with anger **3 s'étouffer vpr** (en mangeant) to choke (**avec** on); (mourir) to suffocate ■ **étouffant, -ante adj** (air) stifling

étourdi, -ie [eturdi] **1 adj** scatterbrained **2 nmf** scatterbrain ■ **étourderie nf** absent-mindedness; **une é.** a thoughtless blunder

étrange [etrɑ̃ʒ] **adj** strange, odd ■ **étrangement adv** strangely, oddly

étranger, -ère [etrɑ̃ʒe, -ɛr] **1 adj** (d'un autre pays) foreign; (non familier) strange (**à** to); **il m'est é.** he's unknown to me **2 nmf** (d'un autre pays) foreigner; (inconnu) stranger; **à l'é.** abroad; **de l'é.** from abroad

étrangler [etrɑ̃gle] **1 vt é. qn** (tuer) to strangle sb; (col) to choke sb **2 s'étrangler vpr** (de colère, en mangeant) to choke ■ **étranglé, -ée adj** (voix) choking; (passage) constricted

être* [ɛtr] **1 vi** to be; **il est professeur** he's a teacher; **est-ce qu'elle vient?** is she coming?; **Il vient, n'est-ce pas?** he's coming, isn't he?; **est-ce qu'il aime le thé?** does he like tea?; **nous sommes dix** there are ten of us; **nous sommes le dix** today is the tenth; **où en es-tu?** how far have you Br got or Am gotten?; **il a été à Paris** (il y est allé) he has been to Paris; **elle est de Paris** she's from Paris; **il est cinq heures** it's five (o'clock); **il était une fois...** once upon a time, there was...; **c'est à lire pour demain** (obligation) this has to be read for tomorrow; **c'est à lui** this is his; **il n'est plus** (il est mort) he is dead; **si j'étais vous** if I were or was you; **cela étant** that being so

2 v aux (avec 'venir', 'partir') to have/to be; **elle est (déjà) arrivée** she has (already) arrived; **elle est née en 1980** she was born in 1980; **nous y sommes toujours bien reçus** (passif) we are always well received

3 nm (personne) being; **les êtres chers** the loved ones; **ê. humain** human being; **ê. vivant** living being

étreindre* [etrɛ̃dr] **vt** to grip; (avec amour) to embrace

étrenner [etrene] **vt** to use for the first time; (vêtement) to wear for the first time

étrennes [etren] **nfpl** New Year gift; (gratification) ≃ Christmas tip or Br box

étrier [etrije] **nm** stirrup; **mettre le pied à l'é. à qn** to help sb get off to a good start

étriqué, -ée [etrike] **adj** (vêtement) tight; Fig (esprit, vie) narrow

étroit, -oite [etrwa, -at] **adj** narrow; (vêtement) tight; (lien, collaboration) close; **être à l'é.** to be cramped ■ **étroitesse nf** narrowness; (de lien) closeness; **é. d'esprit** narrow-mindedness

étude [etyd] NF *(action, ouvrage)* study; *(de notaire)* office; *Scol (pièce)* study room; *(période)* study period; **à l'é.** *(projet)* under consideration; **faire des études de français** to study French; **faire une é. de marché** to do market research; **é. de cas** case study

étudiant, -iante [etydjã, -jãt] **1** NMF student; **être é. en droit** to be a law student **2** ADJ *(vie)* student

étudier [etydje] VT to study

étui [etɥi] NM *(à lunettes, à cigarettes)* case; *(de revolver)* holster

étymologie [etimɔlɔʒi] NF etymology

eu, eue [y] PP ➤ **avoir**

eucalyptus [økaliptys] NM eucalyptus

eugénisme [øʒenism] NM eugenics *(sing)*

euh [ø] EXCLAM er!, well!

euphémisme [øfemism] NM euphemism

eurent [yr] ➤ **avoir**

euro [øro] NM *(monnaie)* euro

euro- [øro] PRÉF Euro-

eurodéputé [ørodepyte] NM Euro MP

Europe [ørɔp] NF l'E. Europe; **l'E. (des vingt-sept)** the European Union *(comprising twenty-seven member states)* ■ **européen, -éenne 1** ADJ European **2** NMF E., Européenne European

eut [y] ➤ **avoir**

euthanasie [øtanazi] NF euthanasia

eux [ø] PRON PERSONNEL *(sujet)* they; *(complément)* them; *(réfléchi, emphase)* themselves ■ **eux-mêmes** PRON themselves

évacuer [evakɥe] VT to evacuate; *(liquide)* to drain off ■ **évacuation** NF evacuation

évader [evade] **s'évader** VPR to escape *(de* from) ■ **évadé, -ée** NMF escaped prisoner

Il faut noter que le verbe anglais **to evade** est un faux ami. Il signifie **éviter**.

évaluer [evalɥe] VT *(fortune)* to estimate; *(meuble)* to value ■ **évaluation** NF estimation; *(de meuble)* valuation

évangile [evãʒil] NM gospel; **l'É.** the Gospel; *Fig* **parole d'é.** gospel (truth)

évanouir [evanwir] **s'évanouir** VPR *(personne)* to faint; *(espoir, crainte)* to vanish ■ **évanoui, -ouie** ADJ unconscious ■ **évanouissement** NM *(syncope)* fainting fit

évaporer [evapɔre] **s'évaporer** VPR to evaporate; *Fig (disparaître)* to vanish into thin air ■ **évaporation** NF evaporation

évasé, -ée [evaze] ADJ *(jupe)* flared

évasif, -ive [evazif, -iv] ADJ evasive

évasion [evazjɔ̃] NF escape *(de* from); *(hors de la réalité)* escapism; **é. de capitaux** flight of capital; **é. fiscale** tax evasion

Il faut noter que le nom anglais **evasion** est un faux ami. Il signifie le plus souvent **dérobade**.

éveil [evɛj] NM awakening; **être en é.** to be alert; **donner l'é. à qn** to alert sb; *Scol* **activité d'é.** early-learning activity

éveiller [eveje] **1** VT *(susciter)* to arouse; **é. qn** to awaken sb **2** **s'éveiller** VPR to awaken *(à* to); *(intelligence)* to develop ■ **éveillé, -ée** ADJ awake; *(vif)* alert

événement [evɛnmã] NM event

éventail [evãtaj] NM *(instrument)* fan; *(choix)* range; **en é.** *(orteils)* spread out

éventrer [evãtre] VT *(oreiller)* to rip open; *(animal)* to open up

éventuel, -uelle [evãtɥɛl] ADJ possible ■ **éventualité** NF possibility; **dans l'é. de** in the event of; **parer à toute é.** to be prepared for all eventualities ■ **éventuellement** ADV possibly

Il faut noter que les termes anglais **eventual** et **eventually** sont des faux amis. Ils signifient respectivement **final** et **finalement**.

évêque [evɛk] NM bishop

évertuer [evɛrtɥe] **s'évertuer** VPR s'é. à faire **qch** to endeavour to do sth

éviction [eviksjɔ̃] NF *(de concurrent, de président)* ousting; *(de locataire)* eviction

évident, -ente [evidã, -ãt] ADJ obvious *(que* that); *Fam (facile)* easy ■ **évidemment** [-amã] ADV obviously ■ **évidence** NF obviousness; **une é.** an obvious fact; **nier l'é.** to deny the obvious; **en é.** in a prominent position; **mettre qch en é.** to highlight sth;; **à l'é.** obviously

Il faut noter que les termes anglais **evidently** et **evidence** sont des faux amis. Le premier signifie **manifestement** et le second signifie le plus souvent **preuve**.

évier [evje] NM *(kitchen)* sink

évincer [evɛ̃se] VT *(concurrent, président)* to oust *(de* from); *(locataire)* to evict *(de* from)

éviter [evite] VT to avoid *(de faire* doing); **é. qch à qn** to spare *or* save sb sth; **je voulais é. que vous ne vous déplaciez pour rien** I wanted to save you coming for nothing

évoluer [evɔlɥe] VI *(changer)* to develop; *(société, idée, situation)* to evolve; *(se déplacer)* to move around; **é. dans un milieu artistique** to move in artistic circles ■ **évolué, -uée** ADJ *(pays)* advanced; *(personne)* enlightened ■ **évolution** NF *(changement)* development; *Biol* evolution; **évolutions** *(mouvements)* movements

évoquer [evɔke] VT to evoke

ex [ɛks] NMF *Fam (mari, femme)* ex

ex- [ɛks] PRÉF ex-; **ex-mari** ex-husband

exact, -e [ɛgzakt] ADJ *(quantité, poids, nombre)* exact, precise; *(rapport, description)* exact, accurate; *(mot)* right, correct; *(ponctuel)* punctual ■ **exactement** [-əmɑ̃] ADV exactly ■ **exactitude** NF *(précision, fidélité)* exactness; *(justesse)* correctness; *(ponctualité)* punctuality

ex æquo [ɛgzeko] **1** ADJ INV Sport **être classés e.** to tie, to be equally placed **2** ADV **être troisième e.** to tie for third place

exagérer [ɛgzaʒere] **1** VT to exaggerate **2** VI *(parler)* to exaggerate; *(agir)* to go too far ■ **exagération** NF exaggeration ■ **exagéré, -ée** ADJ excessive

exalter [ɛgzalte] VT *(glorifier)* to exalt; *(passionner)* to stir ■ **exaltant, -ante** ADJ stirring ■ **exalté, -ée 1** ADJ *(sentiment)* impassioned **2** NMF Péj fanatic

examen [ɛgzamɛ̃] NM examination; **e. blanc** mock exam; **e. médical** medical examination; **e. de la vue** eye test ■ **examinateur, -trice** NMF examiner ■ **examiner** VT *(considérer, regarder)* to examine

exaspérer [ɛgzaspere] VT *(personne)* to exasperate; Fig *(douleur)* to aggravate

exaucer [ɛgzose] VT *(désir)* to grant; **e. qn** to grant sb's wish

excavation [ɛkskavɑsjɔ̃] NF *(trou, action)* excavation

excéder [ɛksede] VT *(dépasser)* to exceed; **é. qn** *(énerver)* to exasperate sb ■ **excédent** NM surplus, excess; **e. de bagages** excess baggage ■ **excédentaire** ADJ **poids e.** excess weight

excellent, -ente [ɛkselɑ̃, -ɑ̃t] ADJ excellent ■ **excellence** NF excellence; **c'est le chercheur par e.** he's the researcher par excellence; **E.** *(titre)* Excellency ■ **exceller** VI to excel **(en** at)

excentrique [ɛksɑ̃trik] ADJ & NMF eccentric

excepté, -ée [ɛksɛpte] **1** PRÉP except **2** ADJ except (for); **les femmes exceptées** except (for) the women

exception [ɛksɛpsjɔ̃] NF exception; **à l'e. de** except (for), with the exception of; **faire e.** to be an exception ■ **exceptionnel, -elle** ADJ exceptional ■ **exceptionnellement** ADV exceptionally

excès [ɛksɛ] NM excess; **faire des e. (de table)** to overindulge; **e. de vitesse** speeding; **faire un e. de vitesse** to speed ■ **excessif, -ive** ADJ excessive

excitation [ɛksitɑsjɔ̃] NF *(agitation)* excitement; **e. à** *(haine)* incitement to

exciter [ɛksite] **1** VT *(faire naître)* to arouse; **e. qn** *(énerver)* to excite sb; **e. qn à la révolte** to incite sb to revolt **2 s'exciter** VPR *(devenir nerveux)* to get excited ■ **excitant, -ante 1** ADJ Fam exciting **2** NM stimulant ■ **excité, -ée** ADJ excited

exclamer [ɛksklame] **s'exclamer** VPR to exclaim ■ **exclamation** NF exclamation

exclure* [ɛksklyr] VT *(écarter)* to exclude **(de** from); *(chasser)* to expel **(de** from); **e. qch** *(rendre impossible)* to preclude sth ■ **exclu, -ue** ADJ *(solution)* out of the question; *(avec une date)* exclusive

exclusif, -ive [ɛksklyzif, -iv] ADJ *(droit, modèle, préoccupation)* exclusive ■ **exclusivement** ADV exclusively ■ **exclusivité** NF Com exclusive rights; *(dans la presse)* scoop; **en e.** *(film)* having an exclusive showing **(à** at)

exclusion [ɛksklyzjɔ̃] NF exclusion; **à l'e. de** with the exception of

excommunier [ɛkskɔmynje] VT to excommunicate

excréments [ɛkskremɑ̃] NMPL excrement

excursion [ɛkskyrsjɔ̃] NF trip, excursion; *(de plusieurs jours)* tour; **faire une e.** to go on a trip/tour

excuse [ɛkskyz] NF *(prétexte)* excuse; **excuses** *(regrets)* apology; **faire des excuses** to apologize **(à** to); **toutes mes excuses** (my) sincere apologies ■ **excuser 1** VT *(justifier, pardonner)* to excuse **(qn d'avoir fait/qn de faire** sb for doing) **2 s'excuser** VPR to apologize **(de** for; **auprès de** to); **excusez-moi, je m'excuse!** excuse me!

exécrer [ɛgzekre] VT to loathe ■ **exécrable** ADJ atrocious

exécuter [ɛgzekyte] **1** VT *(travail, projet, tâche)* to carry out; *(peinture)* to execute; Mus *(jouer)* to perform; Ordinat to run; **e. qn** to execute sb **2 s'exécuter** VPR to comply ■ **exécutant, -ante** NMF *(musicien)* performer; *(ouvrier, employé)* subordinate ■ **exécution** NF *(de travail)* carrying out; *(de musique)* performance; *(de peinture, de condamné)* & Ordinat execution; **mettre qch à e.** to carry sth out

exécutif [ɛgzekytif] **1** ADJ M **pouvoir e.** executive power **2** NM **l'e.** the executive

exemplaire [ɛgzɑ̃plɛr] **1** ADJ exemplary **2** NM *(livre)* copy; **photocopier un document en double e.** to make two photocopies of a document

exemple [ɛgzɑ̃pl] NM example; **par e.** for example, for instance; **donner l'e.** to set an example **(à** to); **prendre e. sur qn** to follow sb's example; **c'est un e. de vertu** he's a model of virtue; Fam **(ça) par e.!** good heavens!

exempt, -empte [ɛgzɑ̃, -ɑ̃t] ADJ **e. de** *(dispensé de)* exempt from; *(sans)* free from ■ **exempter**

[egzãte] **vt** to exempt (**de** from) ■ **exemption**
NF exemption

exercer [egzɛrse] **1 vt** *(voix, droits)* to exercise;
(autorité, influence) to exert (**sur** on); *(profession)*
Br to practise, *Am* to practice; **e. qn à qch** to train
sb in sth; **e. qn à faire qch** to train sb to do
sth **2 vi** *(médecin) Br* to practise, *Am* to practice
3 s'exercer **vpr** *(s'entraîner)* to train; **s'e. à qch**
to *Br* practise *or Am* practice sth; **s'e. à faire qch**
to *Br* practise *or Am* practice doing sth

exercice [egzɛrsis] **nm** *(physique)* & *Scol* exercise;
Mil drill; *(de métier)* practice; **l'e. de** *(pouvoir)* the
exercise of; **en e.** *(fonctionnaire)* in office; *(médecin)* in practice; **dans l'e. de ses fonctions** in the
exercise of one's duties; **faire de l'e., prendre
de l'e.** to (take) exercise

exhaustif, -ive [egzostif, -iv] **adj** exhaustive

exhiber [egzibe] **vt** *(documents, passeport)* to
produce; *Péj (savoir, richesses)* to show off, to
flaunt ■ **exhibitionniste** **nmf** exhibitionist

Il faut noter que le nom anglais **exhibition** est un
faux ami. Il signifie le plus souvent **exposition**.

exhumer [egzyme] **vt** *(corps)* to exhume; *(vestiges)* to dig up

exiger [egziʒe] **vt** *(exiger)* to demand (**de** from);
(nécessiter) to require; **e. que qch soit fait** to demand that sth be done ■ **exigeant, -ante** **adj**
demanding, exacting ■ **exigence** **nf** *(caractère)*
exacting nature; *(condition)* demand

exigu, -uë [egzigy] **adj** cramped, tiny

exil [egzil] **nm** exile ■ **exilé, -ée** **nmf** *(personne)*
exile ■ **exiler 1 vt** to exile **2 s'exiler** **vpr** to go
into exile

existence [egzistãs] **nf** *(fait d'exister)* existence;
(vie) life; **moyen d'e.** means of existence ■ **existant, -ante** **adj** existing ■ **existentialisme**
nm existentialism ■ **exister 1 vi** to exist **2 v**
impersonnel **il existe…** there is/there are…

exode [egzɔd] **nm** exodus; **e. rural** rural depopu-
lation

exonérer [egzɔnere] **vt** to exempt (**de** from);
exonéré d'impôts exempt from tax ■ **exonération** **nf** exemption

exorbitant, -ante [egzɔrbitã, -ãt] **adj** exorbitant

exorbité, -ée [egzɔrbite] **adj** **yeux exorbités**
bulging eyes

exotique [egzɔtik] **adj** exotic ■ **exotisme** **nm**
exoticism

expansif, -ive [ekspãsif, -iv] **adj** expansive

expansion [ekspãsjɔ̃] **nf** *(de commerce, de
pays, de gaz)* expansion; **en (pleine) e.** *(rapidly)*
expanding

expatrier [ekspatrije] **s'expatrier** **vpr** to

leave one's country ■ **expatrié, -iée** **adj** & **nmf**
expatriate

expectative [ekspɛktativ] **nf** **être dans l'e.** to
be waiting to see what happens

expédier [ekspedje] **vt** *(envoyer)* to send, to
dispatch; *(affaires, client)* to deal promptly with
■ **expéditeur, -trice** **nmf** sender ■ **expé-
ditif, -ive** **adj** hasty ■ **expédition** **nf** *(envoi)*
dispatch; *(voyage)* expedition

expérience [eksperjãs] **nf** *(connaissance)*
experience; *(scientifique)* experiment; **faire l'e.
de qch** to experience sth; **avoir de l'e.** to have
experience; **être sans e.** to have no experience;
un homme d'e. a man of experience

expérimenter [eksperimãte] **vt** *(remède, vaccin)*
to try out ■ **expérimental, -e, -aux, -ales**
adj experimental ■ **expérimenté, -ée** **adj**
experienced

expert, -erte [ekspɛr, -ɛrt] **1 adj** expert,
skilled (**en** in); **être e. en la matière** to be an
expert on the subject **2 nm** expert (**en** on *or* in);
(d'assurances) valuer ■ **expert-comptable**
(pl experts-comptables*)* **nm** *Br* ≃ chartered
accountant, *Am* ≃ certified public accountant
■ **expertise** **nf** *(évaluation)* valuation; *(rapport)*
expert's report; *(compétence)* expertise

expier [ekspje] **vt** *(péchés, crime)* to expiate, to
atone for

expirer [ekspire] **1 vt** to breathe out **2 vi** *(mourir)*
to pass away; *(finir, cesser)* to expire ■ **expiration** **nf** *(respiration)* breathing out; *(échéance) Br*
expiry, *Am* expiration; **arriver à e.** to expire

explication [eksplikasjɔ̃] **nf** explanation; *(mise
au point)* discussion; *Scol* **e. de texte** textual
analysis

explicite [eksplisit] **adj** explicit

expliquer [eksplike] **1 vt** to explain (**à** to; **que**
that) **2 s'expliquer** **vpr** to explain oneself;
(discuter) to talk things over (**avec** with); **s'e. qch**
(comprendre) to understand sth; **ça s'explique**
that is understandable ■ **explicatif, -ive** **adj**
explanatory

exploit [eksplwa] **nm** feat

exploiter [eksplwate] **vt** *(champs)* to farm;
(ferme, entreprise) to run; *(mine)* to work; *Fig & Péj
(personne, situation)* to exploit ■ **exploitant,
-ante** **nmf** operator; *(directeur)* manager; **e.
agricole** farmer ■ **exploitation** **nf** *(de champs)*
farming; *(de ferme)* running; *(de mine)* working;
Péj exploitation; *Ordinat* **système d'e.** operating
system; **e. agricole** farm; **e. minière** mine

explorer [eksplɔre] **vt** to explore ■ **explorateur, -trice** **nmf** explorer ■ **exploration** **nf**
exploration

exploser [eksploze] **vi** *(gaz, bombe, personne)* to

explode; **faire e. qch** to explode sth ■ **explosif, -ive** ADJ & NM explosive ■ **explosion** NF explosion; *(de colère, joie)* outburst

exporter [ɛkspɔrte] VT to export (**vers** to; **de** from) ■ **exportateur, -trice 1** NMF exporter **2** ADJ exporting ■ **exportation** NF *(produit)* export; *(action)* export(ation); *Ordinat (de fichier)* exporting

exposer [ɛkspoze] **1** VT *(tableau)* to exhibit; *(marchandises)* to display; *(raison, théorie)* to set out; *(vie, réputation)* to risk, to endanger; *Phot (film)* to expose; **je leur ai exposé ma situation** I explained my situation to them **2 s'exposer** VPR **s'e. au danger** to put oneself in danger; **s'e. à la critique** to lay oneself open to criticism ■ **exposé, -ée 1** ADJ **e. au sud** facing south **2** NM *(compte rendu)* account (**de** of); *(présentation)* talk; *Scol* paper

exposition [ɛkspozisjɔ̃] NF *(d'objets d'art)* exhibition; *(de marchandises)* display; *(au danger)* & *Phot* exposure (**à** to); *(de maison)* aspect

exprès¹ [ɛksprɛ] ADV on purpose, intentionally; *(spécialement)* specially; **comme (par) un fait e.** almost as if it was meant to be

exprès², -esse [ɛksprɛs] ADJ *(ordre, condition)* express ■ **expressément** ADV expressly

exprès³ [ɛksprɛs] ADJ INV **lettre/colis e.** special delivery letter/parcel

express [ɛksprɛs] ADJ & NM INV *(train)* express; *(café)* espresso

expressif, -ive [ɛkspresif, -iv] ADJ expressive ■ **expression** NF *(phrase, mine)* expression; *Fig* **réduire qch à sa plus simple e.** to reduce sth to its simplest form ■ **exprimer 1** VT to express **2 s'exprimer** VPR to express oneself

exproprier [ɛksprɔprije] VT to expropriate

expulser [ɛkspylse] VT to expel (**de** from); *(joueur)* to send off; *(locataire)* to evict ■ **expulsion** NF expulsion; *(de joueur)* sending off; *(de locataire)* eviction

exquis, -ise [ɛkski, -iz] ADJ *(nourriture)* exquisite

extase [ɛkstɑz] NF ecstasy; **tomber en e. devant qch** to be in raptures over sth ■ **s'extasier** VPR to be in raptures (**sur** over or about)

extensible [ɛkstɑ̃sibl] ADJ *(métal)* tensile; *(tissu)* stretch ■ **extension** NF *(de muscle)* stretching; *(de durée, de contrat)* extension; *(essor)* expansion; **par e.** by extension

extérieur, -ieure [ɛksterjœr] **1** ADJ *(monde)* outside; *(surface)* outer, external; *(signe)* outward,

external; *(politique)* foreign; **e. à qch** external to sth; **signe e. de richesse** outward sign of wealth **2** NM outside, exterior; **à l'e. (de)** outside; **à l'e.** *(match)* away; **tourner un film en e.** to shoot a film on location ■ **extérieurement** ADV externally; *(en apparence)* outwardly ■ **extérioriser** VT to express

exterminer [ɛkstɛrmine] VT to exterminate

externat [ɛkstɛrna] NM *(école)* day school

externe [ɛkstɛrn] **1** ADJ external **2** NMF *(élève)* day pupil; *Méd* = non-resident hospital medical student, *Am* extern

extincteur [ɛkstɛ̃ktœr] NM fire extinguisher ■ **extinction** NF *(de feu)* extinguishing; *(de race)* extinction; **e. de voix** loss of voice

extorquer [ɛkstɔrke] VT to extort (**à** from) ■ **extorsion** NF extortion; **e. de fonds** extortion

extra [ɛkstra] **1** ADJ INV *Fam (très bon)* top quality **2** NM INV *Culin (gâterie)* (extra-special) treat; *(serviteur)* extra hand

extra- [ɛkstra] PRÉF extra- ■ **extrafin, -ine** ADJ extra-fine

extradition [ɛkstradisjɔ̃] NF extradition ■ **extrader** VT to extradite

extraire* [ɛkstrɛr] VT to extract (**de** from); *(charbon)* to mine ■ **extrait** NM extract; **e. de compte** statement of account, bank statement; **e. de naissance** birth certificate

extralucide [ɛkstralysid] ADJ & NMF clairvoyant

extranet [ɛkstranɛt] NM *Ordinat* extranet

extraordinaire [ɛkstraɔrdinɛr] ADJ extraordinary; **si par e.** if by some remote chance

extraterrestre [ɛkstraterɛstr] ADJ & NMF extraterrestrial

extravagant, -ante [ɛkstravagɑ̃, -ɑ̃t] ADJ *(idée, comportement)* extravagant ■ **extravagance** NF extravagance

extraverti, -ie [ɛkstravɛrti] ADJ & NMF extrovert

extrême [ɛkstrɛm] **1** ADJ extreme; *Pol* **l'e. droite/gauche** the far or extreme right/left **2** NM extreme; **pousser qch à l'e.** to take or carry sth to extremes ■ **extrêmement** ADV extremely ■ **Extrême-Orient** NM l'E. the Far East ■ **extrémiste** ADJ & NMF extremist ■ **extrémité** NF *(bout)* extremity, end; **extrémités** *(pieds et mains)* extremities; **être à la dernière e.** to be on the point of death

exubérant, -ante [ɛgzyberɑ̃, -ɑ̃t] ADJ exuberant ■ **exubérance** NF exuberance

exulter [ɛgzylte] VI to exult, to rejoice

F¹, f [ɛf] NM INV F, f

F² *abrév* **franc(s)**

fa [fa] NM *(note de musique)* F

fable [fabl] NF fable

fabricant, -ante [fabrikɑ̃, -ɑ̃t] NMF manufacturer ■ **fabrication** NF manufacture; **f. artisanale** production by craftsmen; **de f. artisanale** hand-made; **de f. française** made in France

fabrique [fabrik] NF factory

> Il faut noter que le nom anglais **fabric** est un faux ami. Il signifie le plus souvent **tissu**.

fabriquer [fabrike] VT *(objet)* to make; *(en usine)* to manufacture; *Péj (récit)* to fabricate, to make up; *Fam* **qu'est-ce qu'il fabrique?** what's he up to?

fabuleux, -euse [fabylø, -øz] ADJ *(légendaire, incroyable)* fabulous

fac [fak] NF *Fam* university; **à la f.** *Br* at university, *Am* at school, in college

façade [fasad] NF façade

face [fas] NF *(visage)* face; *(de cube, de montagne)* side; *(de pièce de monnaie)* head; **en f.** opposite; **en f. de** opposite, facing; *(en présence de)* in front of; **f. à** *(vis-à-vis)* facing; **f. à f.** face to face; **faire f. à un problème** faced with a problem; **faire f. à** *(situation)* to face up to; **regarder qn en f.** to look sb in the face; **sauver/perdre la f.** to save/lose face; **photo de f.** full-face (photo)

facette [fasɛt] NF *(de diamant, de problème)* facet

fâcher [faʃe] **1** VT to anger **2 se fâcher** VPR to get angry *(**contre** with)*; **se f. avec qn** to fall out with sb ■ **fâché, -ée** ADJ *(air)* angry; *(amis)* on bad terms; **f. avec** *ou* **contre qn** angry with sb; *Fam* **être f. avec l'orthographe** to be a hopeless speller; **f. de qch** sorry about sth

facho [faʃo] ADJ & NMF *Fam* fascist

facile [fasil] ADJ easy; *(caractère, humeur)* easygoing; *Péj (banal)* facile; **c'est f. à faire** it's easy to do; **il nous est f. de faire ça** it's easy for us to do that; **f. à vivre** easy to get along with ■ **facilement** ADV easily ■ **facilité** NF *(simplicité)* easiness; *(aisance)* ease; *Com* **facilités de paiement** payment facilities; **avoir des facilités pour qch** to have an aptitude for sth ■ **faciliter** VT to make easier, to facilitate

façon [fasɔ̃] NF **(a)** *(manière)* way; **la f. dont elle parle** the way (in which) she talks; **de quelle f.?** how?; **façons** *(comportements)* manners; **une f. de parler** a manner of speaking; **à la f. de** in the fashion of; **de toute f.** anyway, anyhow; **d'une certaine f.** in some way; **de f. à** so as to; **d'une f. ou d'une autre** one way or another; **à ma f.** my way, (in) my own way; **faire des façons** to make a fuss; **accepter qch sans f.** to accept sth without fuss; **f. cuir** imitation leather **(b)** *(coupe de vêtement)* cut, style

façonner [fasɔne] VT *(travailler, former)* to shape; *(fabriquer)* to make

facteur [faktœr] NM **(a)** *(employé)* Br postman, Am mailman **(b)** *(élément)* factor ■ **factrice** NF Br postwoman, Am mailwoman

facture [faktyr] NF *Com* bill, invoice ■ **facturer** VT to bill, to invoice

facultatif, -ive [fakyltatif, -iv] ADJ *(travail)* optional; *Scol* **matière/épreuve facultative** Br optional *or* Am elective subject/test paper

faculté [fakylte] NF **(a)** *(aptitude)* faculty; **une grande f. de travail** a great capacity for work; **facultés mentales** faculties **(b)** *(d'université)* faculty; **à la f.** Br at university, Am at school, in college

fade [fad] ADJ insipid

fagot [fago] NM bundle of firewood

faible [fɛbl] **1** ADJ weak, feeble; *(bruit, voix)* faint; *(vent, chances)* slight; *(quantité, revenus)* small; **f. en anglais** poor at English **2** NM weakling; **les faibles** the weak; **f. d'esprit** feeble-minded person; **avoir un f. pour qn** to have a soft spot for sb; **avoir un f. pour qch** to have a weakness for sth ■ **faiblement** [-əmɑ̃] ADV *(protester)* weakly; *(éclairer)* faintly ■ **faiblesse** NF *(physique, morale)* weakness; *(de vent)* lightness; *(de revenus)* smallness

faiblir [fɛblir] VI *(forces)* to weaken; *(courage, vue)* to fail; *(vent)* to drop

faïence [fajɑ̃s] NF *(matière)* earthenware; **faïences** *(objets)* earthenware

faille¹ [faj] NF *Géol* fault; *Fig* flaw

faille² [faj] ➤ **falloir**

faillir* [fajir] VI **il a failli tomber** he almost or nearly fell; **f. à un devoir** to fail in a duty

faillite [fajit] NF *Com* bankruptcy; *Fig* failure; **faire f.** to go bankrupt

faim [fɛ̃] NF hunger; **avoir f.** to be hungry; **donner f. à qn** to make sb hungry; **manger à sa f.** to eat one's fill; **rester sur sa f.** to remain hungry; **mourir de f.** to die of starvation; *Fig (avoir très faim)* to be starving

fainéant, -éante [feneɑ̃, -eɑ̃t] 1 ADJ idle 2 NMF idler ■ **fainéantise** NF idleness

faire* [fɛr] 1 VT *(bruit, faute, gâteau, voyage, repas)* to make; *(devoir, ménage, dégâts)* to do; *(rêve, chute)* to have; *(sourire)* to give; *(promenade, sieste)* to have, to take; *(guerre)* to wage, to make; **ça fait 10 m de large** it's 10 m wide; **ça fait 10 euros** it's or that's 10 euros; **2 et 2 font 4** 2 and 2 are 4; **qu'a-t-il fait de…?** what's he done with…?; **que f.?** what's to be done?; **f. du tennis/du piano** to play tennis/the piano; **f. du droit/de la médecine** to study law/medicine; **f. du bien à qn** to do sb good; **f. du mal à qn** to hurt or harm sb; **f. l'idiot** to act or play the fool; **ça ne fait rien** that doesn't matter; **comment as-tu fait pour…?** how did you manage to…?; **il ne fait que travailler** he does nothing but work; **'oui', fit-elle** 'yes', she said

2 VI *(agir)* to do; *(paraître)* to look; **f. comme chez soi** to make oneself at home; **elle ferait bien de partir** she'd do well to leave; **il fait vieux** he looks old; **il ne fait pas son âge** he doesn't look his age

3 V IMPERSONNEL **il fait beau/froid** it's fine/cold; **il fait du vent/soleil** it's windy/sunny; **quel temps fait-il?** what's the weather like?; **ça fait deux ans que je ne l'ai pas vu** I haven't seen him for two years, it's (been) two years since I saw him; **ça fait un an que je suis là** I've been here for a year

4 V AUX *(+ infinitive)* **f. construire une maison** to have a house built (**à qn** for sb; **par qn** by sb); **f. crier/souffrir qn** to make sb shout/suffer

5 se faire VPR *(fabrication)* to be made; *(activité)* to be done; **se f. couper les cheveux** to have one's hair cut; **se f. tuer/renverser** to get killed/knocked down; **se f. des amis** to make friends; **il se fait tard** it's getting late; **comment se fait-il que…?** how is it that…?; **ça se fait beaucoup** people do that a lot; **se f. à** to get used to; **ne t'en fais pas!** don't worry! ■ **faire-part** NM INV announcement

fais, fait [fɛ] ➤ **faire**

faisable [fəzabl] ADJ feasible

faisan [fəzɑ̃] NM pheasant

faisceau, -x [fɛso] NM *(rayons)* beam; *Fig* **un f. de preuves** a body of proof; **f. lumineux** beam of light

fait, -e [fɛ, fɛt] 1 PP ➤ **faire** ADJ *(fromage)* ripe; *(yeux)* made up; *(ongles)* polished; *(homme)* grown; **tout f.** ready made; **bien f.** *(jambes, corps)* shapely; **c'est bien f. (pour toi)!** it serves you right! 2 NM *(événement)* event; *(donnée, réalité)* fact; **du f. de** on account of; **au f.** *(à propos)* by the way; **en f.** in fact; **en f. de** *(en guise de)* by way of; *(au lieu de)* instead of; **prendre qn sur le f.** to catch sb red-handed or in the act; **aller au f., en venir au f.** to get to the point; **faits et gestes** actions; **mettre qn devant un f. accompli** to present sb with a fait accompli; *Journ* **faits divers** ≃ news in brief

faîte [fɛt] NM *(haut)* top; *Fig (apogée)* height

faites [fɛt] ➤ **faire**

falaise [falɛz] NF cliff

falloir* [falwar] 1 V IMPERSONNEL **il faut qn/qch** I/you/we/*etc* need sb/sth; **il lui faut un stylo** he/she needs a pen; **il faut partir** I/you/we/*etc* have to go; **il faut que je parte** I have to go; **il faudrait qu'elle reste** she ought to stay; **il faut un jour** it takes a day (**pour faire** to do); **comme il faut** proper(ly); **s'il le faut** if need be 2 s'en falloir VPR **il s'en est fallu de peu qu'il ne pleure, peu s'en est fallu qu'il ne pleure** he almost cried

falsifier [falsifje] VT *(texte)* to falsify

famé, -ée [fame] ADJ **mal f.** of ill repute

fameux, -euse [famø, -øz] ADJ *(célèbre)* famous; *Fam (excellent)* first-class; *Fam* **pas f.** not much good

familial, -e, -iaux, -iales [familjal, -jo] ADJ *(atmosphère, ennuis)* family; *(entreprise)* family-run

familier, -ière [familje, -jɛr] 1 ADJ *(connu)* familiar (**à** to); *(désinvolte)* informal (**avec** with); *(locution)* colloquial 2 NM *(de club)* regular visitor (**de** to) ■ **familiariser** 1 VT to familiarize (**avec** with) 2 se familiariser VPR to familiarize oneself (**avec** with) ■ **familiarité** NF *(désinvolture)* informality; *Péj* **familiarités** liberties

famille [famij] NF family; **en f.** with one's family

famine [famin] NF famine

fan [fan], **fana** [fana] NMF *Fam* fan; **être f. de** to be crazy about

fanatique [fanatik] 1 ADJ fanatical 2 NMF fanatic ■ **fanatisme** NM fanaticism

faner [fane] **se faner** VPR *(fleur, beauté)* to fade ■ **fané, -ée** ADJ faded

fanfare [fɑ̃far] NF *(orchestre)* brass band; *Fam* **réveil en f.** brutal awakening

fanfaron, -onne [fɑ̃farɔ̃, -ɔn] **1** ADJ boastful **2** NMF boaster

fantaisie [fɑ̃tezi] NF (caprice) whim; (imagination) imagination; **bijoux f.** costume Br jewellery or Am jewelry ■ **fantaisiste** ADJ (pas sérieux) fanciful; (excentrique) unorthodox

> Il faut noter que le nom anglais **fantasy** est un faux ami. Il signifie **rêve**.

fantasme [fɑ̃tasm] NM fantasy ■ **fantasmer** VI to fantasize (**sur** about)

fantasque [fɑ̃task] ADJ whimsical

fantastique [fɑ̃tastik] ADJ (imaginaire, excellent) fantastic

fantôme [fɑ̃tom] **1** NM ghost, phantom **2** ADJ **ville/train f.** ghost town/train; **firme f.** bogus company or firm

faon [fɑ̃] NM fawn

FAQ [ɛfaky] (abrév **foire aux questions, frequently asked questions**) NF Ordinat FAQ

farce¹ [fars] NF (tour) practical joke, prank; (pièce de théâtre) farce; **faire une f. à qn** to play a practical joke or a prank on sb; **magasin de farces et attrapes** joke shop ■ **farceur, -euse** NMF (blagueur) practical joker

farce² [fars] NF Culin stuffing ■ **farcir** VT (poulet) to stuff; Fam **se f. qn** to put up with sb; **se f. qch** to get landed with sth

fard [far] NM make-up ■ **farder 1** VT (maquiller) to make up **2 se farder** VPR (se maquiller) to put on one's make-up; **se f. les yeux** to put on eyeshadow on

fardeau, -x [fardo] NM burden, load

farfelu, -ue [farfəly] Fam **1** ADJ weird **2** NMF weirdo

farfouiller [farfuje] VI Fam to rummage (**dans** through)

farine [farin] NF (de blé) flour; **f. d'avoine** oatmeal

farouche [faruʃ] ADJ (personne) shy; (animal) timid; (haine, regard) fierce ■ **farouchement** ADV fiercely

fascicule [fasikyl] NM (de publication) instalment; (brochure) brochure

fasciner [fasine] VT to fascinate ■ **fascination** NF fascination

fascisme [faʃism] NM fascism ■ **fasciste** ADJ & NMF fascist

fasse(s), fassent [fas] > **faire**

faste [fast] **1** NM Br splendour, Am splendor **2** ADJ **jour/période f.** lucky day/period

fastidieux, -ieuse [fastidjø, -jøz] ADJ tedious

> Il faut noter que l'adjectif anglais **fastidious** est un faux ami. Il signifie **pointilleux**.

fatal, -e, -als, -ales [fatal] ADJ (mortel) fatal; (inévitable) inevitable; (moment, ton) fateful; **c'était f.!** it was bound to happen! ■ **fatalement** ADV inevitably ■ **fataliste 1** ADJ fatalistic **2** NMF fatalist ■ **fatalité** NF (destin) fate ■ **fatidique** ADJ (jour, date) fateful

> Il faut noter que les termes anglais **fatally** et **fatality** sont des faux amis. Ils signifient respectivement **mortellement** ou **irrémédiablement**, et **victime**.

fatigant, -ante [fatigɑ̃, -ɑ̃t] ADJ (épuisant) tiring; (ennuyeux) tiresome

fatigue [fatig] NF tiredness; **tomber de f.** to be dead tired

fatiguer [fatige] **1** VT (épuiser) to tire; (yeux) to strain; (ennuyer) to bore **2** VI (personne) to get tired; (moteur) to Br labour or Am labor **3 se fatiguer** VPR (s'épuiser, se lasser) to get tired (**de** of); **se f. à faire qch** to tire oneself out doing sth; **se f. les yeux** to strain one's eyes ■ **fatigué, -ée** ADJ tired (**de** of)

faubourg [fobur] NM suburb

fauché, -ée [foʃe] ADJ Fam (sans argent) broke

faucher [foʃe] VT (herbe) to mow; (blé) to reap; Fam (voler) to snatch, Br to pinch; Fig **f. qn** (faire tomber brutalement) to mow sb down

faucille [fosij] NF sickle

faucon [fokɔ̃] NM hawk, falcon

faudra [fodra], **faudrait** [fodrɛ] > **falloir**

faufiler [fofile] **se faufiler** VPR to work one's way (**dans** through or into; **entre** between)

faune [fon] NF wildlife, fauna; Péj (gens) set

faussaire [fosɛr] NM forger

fausse [fos] > **faux¹** ■ **faussement** ADV falsely

fausser [fose] VT (réalité) to distort; (clé) to buckle; **f. compagnie à qn** to give sb the slip

fausseté [foste] NF (de raisonnement) falseness; (hypocrisie) duplicity

faut [fo] > **falloir**

faute [fot] NF (erreur) mistake; (responsabilité) & Tennis fault; Football foul; Fam **c'est de ta f., c'est ta f.** it's your fault; **f. de temps** for lack of time; **f. de mieux** for want of anything better; **en f.** at fault; **sans f.** without fail; **faire une f.** to make a mistake

fauteuil [fotœj] NM armchair; (de président) chair; Fam **arriver dans un f.** to win hands down; Théâtre **f. d'orchestre** seat in the Br stalls or Am orchestra; **f. pivotant** swivel chair; **f. roulant** wheelchair

fautif, -ive [fotif, -iv] ADJ (personne) at fault; (erroné) faulty

fauve [fov] **1** NM big cat; **chasse aux grands**

fauves big game hunting **2** ADJ & NM *(couleur)* fawn

faux¹, fausse [fo, fos] **1** ADJ *(pas vrai)* false, untrue; *(inexact)* wrong; *(inauthentique)* false; *(monnaie)* forged; *(tableau)* fake; **faire fausse route** to take the wrong road; *Fig* to be on the wrong track; **faire un f. mouvement** to make a sudden (awkward) movement; **faire une fausse couche** to have a miscarriage; *Fam* **avoir tout f.** to get it all wrong; *Ling* **f. ami** false friend; **f. col** detachable collar; **f. départ** false start; **f. nez** false nose **2** ADV *(chanter)* out of tune **3** NM *(tableau)* fake; *(document)* forgery ■ **faux-filet** *(pl* **faux-filets)** NM sirloin ■ **faux-monnayeur** *(pl* **faux-monnayeurs)** NM counterfeiter

faux² [fo] NF *(instrument)* scythe

faveur [favœr] NF *Br* favour, *Am* favor; **en f. de** *(au profit de)* in aid of; **être en f. de qch** to be in favour of sth; **de f.** *(billet)* complimentary; *(traitement, régime)* preferential ■ **favorable** ADJ *Br* favourable, *Am* favorable (**à** to) ■ **favori, -ite** ADJ & NMF *Br* favourite, *Am* favorite ■ **favoriser** VT *Br* to favour, *Am* to favor ■ **favoritisme** NM *Br* favouritism, *Am* favoritism

fax [faks] NM *(appareil, message)* fax; *Ordinat* **f. modem** fax modem ■ **faxer** VT *(message)* to fax

fécond, -onde [fekɔ̃, -ɔ̃d] ADJ *(femme, idée)* fertile ■ **fécondation** NF fertilization; **f. in vitro** in vitro fertilization ■ **fécondité** NF fertility

fécule [fekyl] NF starch ■ **féculents** NMPL *(aliments)* starchy food

fédéral, -e, -aux, -ales [federal, -o] ADJ federal ■ **fédération** NF federation

fée [fe] NF fairy ■ **féerique** ADJ *(personnage, monde)* fairy; *(vision)* enchanting

feindre* [fɛ̃dr] VT to feign; **f. de faire qch** to pretend to do sth ■ **feint, -e** ADJ feigned ■ **feinte** NF *(ruse)* ruse; *Football & Rugby* dummy run

fêler [fele] VT **se fêler** VPR to crack ■ **fêlure** NF crack

féliciter [felisite] **1** VT to congratulate (**de** *ou* **sur** on) **2 se féliciter** VPR **se f. de qch** to congratulate oneself on sth ■ **félicitations** NFPL congratulations (**pour** on)

félin, -ine [felɛ̃, -in] ADJ & NM feline

femelle [fəmɛl] ADJ & NF female

féminin, -ine [feminɛ̃, -in] ADJ *(prénom, hormone)* female; *(trait, intuition, pronom)* feminine; *(mode, revue, équipe)* women's ■ **féministe** ADJ & NMF feminist ■ **féminité** NF femininity

femme [fam] NF woman *(pl* women); *(épouse)* wife; **f. d'affaires** businesswoman; **f. de chambre** (chamber)maid; **f. de ménage** cleaning lady; **f. au foyer** housewife; *Fam* **bonne f.** woman

fémur [femyr] NM thighbone, femur

fendiller [fɑ̃dije] **se fendiller** VPR to crack

fendre [fɑ̃dr] **1** VT *(bois)* to split; *(foule)* to force one's way through; *(air)* to cleave; *Fig (cœur)* to break; **jupe fendue** slit skirt **2 se fendre** VPR *(se fissurer)* to crack; *Fam* **se f. de 50 euros** to fork out 50 euros; *Fam* **se f. la gueule** to laugh one's head off

fenêtre [fənɛtr] NF window

fenouil [fənuj] NM fennel

fente [fɑ̃t] NF *(de tirelire, palissade, jupe)* slit; *(de rocher)* split, crack

féodal, -e, -aux, -ales [feɔdal, -o] ADJ feudal

fer [fɛr] NM iron; *(partie métallique de qch)* metal (part); **boîte en f.** can, *Br* tin; *Fig* **santé de f.** cast-iron constitution; *Fig* **main/volonté de f.** iron hand/will; **f. à cheval** horseshoe; **f. forgé** wrought iron; **f. à friser** curling tongs; **f. à repasser** iron ■ **fer-blanc** *(pl* **fers-blancs)** NM tin(-plate)

fera [fəra], **ferait** [fərɛ] *etc* ➤ **faire**

férié [ferje] ADJ M **jour f.** (public) holiday

ferme¹ [fɛrm] NF farm; *(maison)* farm(house)

ferme² [fɛrm] **1** ADJ *(beurre, décision)* firm; *(pas, voix)* steady; *(pâte)* stiff; *(autoritaire)* firm (**avec** with) **2** ADV *(discuter)* keenly; *(travailler, boire)* hard; **s'ennuyer f.** to be bored stiff ■ **fermement** [-əmɑ̃] ADV firmly

fermenter [fɛrmɑ̃te] VI to ferment

fermer [fɛrme] **1** VT to close, to shut; *(gaz, radio)* to turn *or* switch off; *(vêtement)* to do up; *(passage)* to block; **f. qch à clef** to lock sth; **f. un magasin** *(définitivement)* to close *or* shut (down) a shop; **f. la marche** to bring up the rear; *Fam* **ferme-la!, la ferme!** shut up! **2** VI **se fermer** VPR to close, to shut ■ **fermé, -ée** ADJ *(porte, magasin)* closed, shut; *(route, circuit)* closed; *(gaz)* off

fermeté [fɛrməte] NF firmness; *(de geste, de voix)* steadiness

fermeture [fɛrmətyr] NF closing, closure; *(heure)* closing time; *(mécanisme)* catch; **f. annuelle** annual closure; **f. Éclair®** *Br* zip (fastener), *Am* zipper

fermier, -ière [fɛrmje, -jɛr] **1** NMF farmer **2** ADJ **poulet f.** free-range chicken

fermoir [fɛrmwar] NM clasp

féroce [ferɔs] ADJ ferocious ■ **férocité** NF ferocity

feront [fərɔ̃] ➤ **faire**

ferraille [fɛraj] NF scrap iron; **mettre qch à la f.** to scrap sth

ferronnerie [fɛrɔnri] NF ironwork

ferroviaire [fɛrɔvjɛr] ADJ **compagnie f.** *Br* railway company, *Am* railroad company; **catastrophe f.** rail disaster

ferry [feri] (pl **ferrys** ou **ferries**) NM ferry

fertile [fertil] ADJ (terre, imagination) fertile; **f. en incidents** eventful ■ **fertiliser** VT to fertilize ■ **fertilité** NF fertility

fesse [fes] NF buttock; **fesses** Br bottom, Am butt ■ **fessée** NF spanking

festin [festɛ̃] NM feast

festival, -als [festival] NM festival; Fig **nous avons assisté à un vrai f.** we witnessed a dazzling performance

festivités [festivite] NFPL festivities

fête [fet] NF (civile) holiday; (religieuse) festival, feast; (entre amis) party; **air de f.** festive air; **les fêtes (de Noël et du nouvel an)** the Christmas holidays; **faire la f.** to have a good time; **c'est sa f.** it's his/her saint's day; **f. de famille** family celebration; **la f. des Mères** Mother's Day; **la f. du Travail** Labour Day; **f. du village** village fair or fête; **f. nationale** national holiday ■ **fêter** VT (événement) to celebrate

fétiche [fetiʃ] NM (objet de culte) fetish; Fig (mascotte) mascot

fétide [fetid] ADJ fetid

feu[1], -x [fø] NM fire; (de réchaud) burner; Aut, Naut & Av (lumière) light; **tous feux éteints** (rouler) without lights; **en f.** on fire, ablaze; **mettre le f. à qch** to set fire to sth; **faire du f.** to light or make a fire; **prendre f.** to catch fire; **avez-vous du f.?** have you got a light?; **faire cuire qch à f. doux** to cook sth on a low heat; Fig **mettre le f. aux poudres** to spark things off; Fig **donner le f. vert** to give the go-ahead (**à** to); **au f.!** (there's a) fire!; Mil **f.!** fire!; **feux de croisement** Br dipped headlights, Am low beams; **feux de détresse** (hazard) warning lights; **feux de position** parking lights; Aut **f. rouge** (lumière) red light; (objet) traffic lights; **feux tricolores** traffic lights

feu[2], -e [fø] ADJ late; **f. ma tante** my late aunt

feuille [fœj] NF leaf; (de papier) sheet; (de température) chart; (de journal) newssheet; **f. d'impôt** tax form or return; **f. de maladie** = form given by doctor to patient for claiming reimbursement from Social Security; **f. de paie** Br pay slip, Am pay stub; Scol **f. de présence** attendance sheet ■ **feuillage** NM leaves, foliage ■ **feuillu, -ue** ADJ leafy

feuillet [fœjɛ] NM (de livre) leaf ■ **feuilleté** NM **f. au fromage** cheese pastry ■ **feuilleter** VT (livre) to flip through

feuilleton [fœjtɔ̃] NM (roman, film) serial; **f. télévisé** television serial

feutre [føtr] NM felt; (chapeau) felt hat; **(crayon) f.** felt-tip(ped) pen ■ **feutré, -ée** ADJ (lainage) matted; (bruit) muffled; **à pas feutrés** silently

fève [fɛv] NF (broad) bean; (de la galette des Rois) charm

février [fevrije] NM February

fiable [fjabl] ADJ reliable ■ **fiabilité** NF reliability

fiacre [fjakr] NM Hist hackney carriage

fiancer [fjɑ̃se] **se fiancer** VPR to become engaged (**avec** to) ■ **fiançailles** NFPL engagement ■ **fiancé** NM fiancé; **fiancés** engaged couple ■ **fiancée** NF fiancée

fiasco [fjasko] NM fiasco

fibre [fibr] NF fibre; **f. de verre** fibreglass; **fibres optiques** optical fibres; **câble en fibres optiques** fibre-optic cable

ficelle [fisɛl] NF (de corde) string; (pain) = long thin loaf; **les ficelles du métier** the tricks of the trade ■ **ficeler** VT to tie up

fiche [fiʃ] NF (a) (carte) index card; (papier) form; **f. d'état civil** = administrative record of birth details and marital status; **f. de paie** Br pay slip, Am pay stub; **f. technique** data record (b) Él (broche) pin; (prise) plug

fiche(r) [fiʃe] (pp **fichu**) Fam **1** VT (faire) to do; (donner) to give; (jeter) to throw; (mettre) to put; **f. le camp** to shove off; **fiche-moi la paix!** leave me alone! **2 se ficher** VPR **se f. de qn** to make fun of sb; **je m'en fiche!** I don't give a damn!; **je me suis fichu dedans** I goofed

ficher [fiʃe] VT (enfoncer) to drive in; (mettre sur fiche) to put on file

fichier [fiʃje] NM card index, file; Ordinat file; Ordinat **f. MP3** MP3 file; Ordinat **f. de sauvegarde** backup file

fichu[1], -ue [fiʃy] ADJ Fam (mauvais) lousy, rotten; (capable) able (**de faire** to do); **c'est f.** (abîmé) it's had it

fichu[2] [fiʃy] NM (étoffe) (head)scarf

fictif, -ive [fiktif, -iv] ADJ fictitious ■ **fiction** NF fiction

fidèle [fidɛl] **1** ADJ faithful (**à** to) **2** NMF faithful supporter; (client) regular (customer); **les fidèles** (croyants) the faithful; (à l'église) the congregation ■ **fidèlement** ADV faithfully ■ **fidélité** NF fidelity, faithfulness

fier[1] [fje] **se fier** VPR **se f. à qn/qch** to trust sb/sth

fier[2], fière [fjɛr] ADJ proud (**de** of) ■ **fièrement** ADV proudly ■ **fierté** NF pride

fièvre [fjɛvr] NF (maladie) fever; (agitation) frenzy; **avoir de la f.** to have a temperature or a fever ■ **fiévreux, -euse** ADJ feverish

figer [fiʒe] **1** VT (liquide) to congeal; Fig **f. qn** to paralyse sb **2 se figer** VPR (liquide) to congeal; Fig (sourire, personne) to freeze

fignoler [fiɲɔle] **vt** *Fam* to put the finishing touches to

figue [fig] **nf** fig ■ **figuier** **nm** fig tree

figurant, -ante [figyrã, -ãt] **nmf** *(de film)* extra

figure [figyr] **nf** *(visage)* face; *(personnage, illustration)* & *Math* figure; **faire f. de favori** to be considered the favourite; **f. de style** stylistic device; **figures imposées** compulsory figures; **figures libres** freestyle ■ **figurine** **nf** statuette

Il faut remarquer que le nom anglais **figure** est un faux ami lorsqu'il s'applique à une personne. Il signifie **silhouette**.

figurer [figyre] **1 vt** to represent **2 vi** to appear **3 se figurer** **vpr** to imagine; **figurez-vous que…?** would you believe that…? ■ **figuré, -ée 1 adj** *(sens)* figurative **2 nm au f.** figuratively

fil [fil] **nm** **(a)** *(de coton, de pensée)* thread; *(lin)* linen; **de f. en aiguille** bit by bit; **f. dentaire** dental floss **(b)** *(métallique)* wire; *Ordinat* **sans f.** wireless; **t. de fer** wire; **f. à plomb** plumbline **(c)** *(de couteau)* edge **(d)** *(expressions)* **au f. de l'eau/des jours** with the current/the passing of time; **au bout du f.** *(au téléphone)* on the line

filament [filamã] **nm** *Biol* & *Él* filament

file [fil] **nf** line; *Aut* *(couloir)* lane; **f. d'attente** *Br* queue, *Am* line; **en f. indienne** in single file; **être en double f.** to be double-parked

filer [file] **1 vt** *(coton)* to spin; **f. qn** to shadow sb; *Fam* **f. qch à qn** to give sb sth **2 vi** *(partir)* to rush off; *(aller vite)* to speed along; *(temps)* to fly; *(bas, collant)* to run, *Br* to ladder; **f. doux** to be obedient; **filez!** beat it!

filet [filɛ] **nm** **(a)** *(en maille)* net; **coup de f.** *(opération de police)* police haul; **f. à bagages** luggage rack; **f. à provisions** string bag **(b)** *(d'eau)* trickle **(c)** *(de poisson, de viande)* fillet

filial, -e, -iaux, -iales [filjal, -jo] **adj** filial ■ **filiale** **nf** subsidiary (company)

filière [filjɛr] **nf** *(voie obligée)* channels; *(domaine d'études)* field of study; *(organisation clandestine)* network; **suivre la f. normale** to go through the official channels; *(employé)* to work one's way up; *Scol* **suivre la f. scientifique** to study scientific subjects; **remonter la f.** *(police)* to go back through the network (to reach the person at the top)

filigrane [filigran] **nm** *(sur papier)* watermark

fille [fij] **nf** *(enfant)* girl; *(descendante)* daughter; **petite f.** (little *or* young) girl; **jeune f.** girl, young lady; *Péj* **vieille f.** old maid ■ **fillette** **nf** little girl

filleul [fijœl] **nm** godson ■ **filleule** **nf** god-daughter

film [film] **nm** *(œuvre)* film, movie; *(pour photo)* film; **f. d'aventures** adventure film; **f. muet/parlant** silent/talking film; **f. policier** thriller; **f. plastique** *Br* clingfilm, *Am* plastic wrap ■ **filmer** **vt** *(personne, scène)* to film

filou [filu] **nm** *(escroc)* rogue

fils [fis] **nm** son; **f. à papa** daddy's boy

filtre [filtr] **nm** filter; **(à bout) f.** *(cigarette)* filter-tipped; **(bout) f.** filter (tip) ■ **filtrer 1 vt** to filter; *(personne, nouvelles)* to screen **2 vi** *(liquide)* to filter (through); *(nouvelle)* to leak out

fin[1] [fɛ̃] **nf** **(a)** *(conclusion)* end; **mettre f. à qch** to put an end to sth; **prendre f.** to come to an end; **tirer à sa f.** to draw to a close; **sans f.** endless; **à la f.** in the end, **f. mai** at the end of May; **f. de semaine** weekend **(b)** *(but)* end, aim; **arriver à ses fins** to achieve one's ends

fin[2]**, fine** [fɛ̃, fin] **1 adj** *(pointe, tissu)* fine; *(peu épais)* thin; *(plat)* delicate; *(esprit, oreille)* sharp; *(observation)* sharp, fine; *(intelligent)* clever; **au fin fond de** in the depths of; **jouer au plus f. avec qn** to try and be smarter than sb **2 adv** *(couper, moudre)* finely; *(écrire)* small

final, -e, -aux *ou* **-als, -ales** [final, -o] **adj** final ■ **finale 1 nf** *Sport* final **2 nm** *Mus* finale ■ **finalement** **adv** finally ■ **finaliste** **nmf** *Sport* finalist

finance [finãs] **nf** finance ■ **financement** **nm** financing ■ **financer** **vt** to finance

financier, -ière [finãsje, -jɛr] **1 adj** financial **2 nm** financier ■ **financièrement** **adv** financially

finement [finmã] **adv** *(couper, broder)* finely; *(agir)* cleverly; **f. joué** nicely played

finesse [finɛs] **nf** *(de pointe)* fineness; *(de taille)* thinness; *(de plat)* delicacy; *(d'esprit, de goût)* finesse; **finesses** *(de langue)* niceties

finir [finir] **1 vt** to finish; *(discours, vie)* to end, to finish **2 vi** to finish; to end; **f. bien/mal** to have a happy/an unhappy ending; **f. de faire qch** to finish doing sth; **f. par faire qch** to end up doing sth; **f. par qch** to finish (up) *or* end (up) with sth; **en f. avec qch/qn** to have done with sb/sth; **elle n'en finit pas de pleurer** there's nothing that can make her stop crying ■ **fini, -ie 1 adj** *(produit)* finished; *(univers)* & *Math* finite; **c'est f.** it's over *or* finished **2 nm** *(d'objet manufacturé)* finish ■ **finition** **nf** *Tech* *(action)* finishing; *(résultat)* finish

Finlande [fɛ̃lãd] **nf la F.** Finland ■ **finlandais, -aise 1 adj** Finnish **2 nmf F., Finlandaise** Finn ■ **finnois, -oise 1 adj** Finnish **2 nmf F., Finnoise** Finn **3 nm** *(langue)* Finnish

firme [firm] **nf** firm

fisc [fisk] **nm** *Br* ≃ Inland Revenue, *Am* ≃ Internal Revenue ■ **fiscal, -e, -aux, -ales** **adj** droit f.

tax law; **charges fiscales** taxes; **fraude fiscale** tax fraud *or* evasion ■ **fiscalité** NF tax system

fissure [fisyr] NF crack ■ **se fissurer** VPR to crack

fiston [fistɔ̃] NM *Fam* son, lad

FIV [ɛfive] (*abrév* **fécondation in vitro**) NF IVF

fixation [fiksɑsjɔ̃] NF (*action*) fixing; (*dispositif*) fastening, binding; (*idée fixe*) fixation; **faire une f. sur qn/qch** to be fixated on sb/sth

fixe [fiks] **1** ADJ fixed; (*prix, heure*) set, fixed; **être au beau f.** (*temps*) to be set fair **2** NM (*paie*) fixed salary ■ **fixement** [-əmɑ̃] ADV **regarder qn/qch f.** to stare at sb/sth

fixer [fikse] **1** VT (*attacher*) to fix (**à** to); (*choix*) to settle; (*date, règle*) to decide, to fix; **f. qn/qch (du regard)** to stare at sb/sth; **être fixé** (*décidé*) to be decided; **comme ça, on est fixé!** (*renseigné*) we've got the picture! **2 se fixer** VPR (*regard*) to become fixed; (*s'établir*) to settle

flacon [flakɔ̃] NM small bottle

flageolet [flaʒɔlɛ] NM (*haricot*) flageolet bean

flagrant, -ante [flagrɑ̃, -ɑ̃t] ADJ (*injustice*) flagrant, blatant; **pris en f. délit** caught in the act *or* red-handed

flair [flɛr] NM (*d'un chien*) (sense of) smell, scent; (*clairvoyance*) intuition, flair ■ **flairer** VT to smell, to sniff at; *Fig* (*discerner*) to smell

flamand, -ande [flamɑ̃, -ɑ̃d] **1** ADJ Flemish **2** NMF **F., Flamande** Fleming **3** NM (*langue*) Flemish

flamant [flamɑ̃] NM **f. (rose)** flamingo

flambant [flɑ̃bɑ̃] ADV **f. neuf** brand new

flambeau, -x [flɑ̃bo] NM torch

flamber [flɑ̃be] **1** VT *Méd* (*aiguille*) to sterilize; *Culin* to flambé; (*poulet*) to singe; **crêpes flambées** flambéed pancakes **2** VI to blaze; *Fam* (*jouer*) to gamble for big money

flamboyer [flɑ̃bwaje] VI to blaze

flamme [flam] NF flame; *Fig* (*ardeur*) fire; **en flammes** on fire

flan [flɑ̃] NM baked custard

flanc [flɑ̃] NM side; (*d'armée, d'animal*) flank; *Fam* **tirer au f.** to shirk

flancher [flɑ̃ʃe] VI *Fam* to give in

Flandre [flɑ̃dr] NF **la F., les Flandres** Flanders

flanelle [flanɛl] NF flannel

flâner [flɑne] VI to stroll

flanquer [flɑ̃ke] **1** VT to flank (**de** with); *Fam* (*jeter*) to chuck; *Fam* (*donner*) to give; *Fam* **f. qn à la porte** to kick sb out **2 se flanquer** VPR **se f. par terre** to fall flat on one's face

flaque [flak] NF (*d'eau*) puddle; (*de sang*) pool

flash [flaʃ] (*pl* **flashes**) NM *Phot* flashlight; *Radio &*

TV **f. d'informations** (news)flash ■ **flasher** VI *Fam* **f. sur qn/qch** to fall for sb/sth in a big way

flasque [flask] ADJ flabby

flatter [flate] **1** VT to flatter **2 se flatter** VPR **se f. de faire qch** to flatter oneself on doing sth ■ **flatté, -ée** ADJ flattered (**de qch** by sth; **de faire** to do; **que** that) ■ **flatterie** NF flattery ■ **flatteur, -euse 1** ADJ flattering **2** NMF flatterer

fléau, -x [fleo] NM (*catastrophe*) scourge; *Fig* (*personne*) pain; *Agr* flail

flèche [flɛʃ] NF arrow; (*d'église*) spire; **monter en f.** (*prix*) to shoot up ■ **flécher** VT to signpost (with arrows) ■ **fléchette** NF dart; **fléchettes** (*jeu*) darts

fléchir [fleʃir] **1** VT (*membre*) to bend; *Fig* **f. qn** to sway sb **2** VI (*membre*) to bend; (*poutre*) to sag; (*faiblir*) to give way; (*baisser*) to fall

flegme [flɛgm] NM composure ■ **flegmatique** ADJ phlegmatic

flemme [flɛm] NF *Fam* laziness; **il a la f.** he can't be bothered ■ **flemmard, -arde** *Fam* **1** ADJ lazy **2** NMF lazybones

flétrir [fletrir] VT **se flétrir** VPR to wither

fleur [flœr] NF flower; (*d'arbre, d'arbuste*) blossom; **en fleur(s)** in flower, in bloom; (*arbre*) in blossom; **à fleurs** (*tissu*) floral; **avoir les nerfs à f. de peau** to be all on edge; **la fine f. de la marine française** the cream of the French navy; *Fam* **faire une f. à qn** to do sb a favour

fleurir [flœrir] **1** VT (*table*) to decorate with flowers; (*tombe*) to lay flowers on **2** VI (*plante*) to flower, to bloom; (*arbre*) to blossom; *Fig* (*art, commerce*) to flourish ■ **fleuri, -ie** ADJ (*fleur, jardin*) in bloom; (*tissu*) floral; (*style*) flowery, florid

fleuriste [flœrist] NMF florist

fleuve [flœv] NM river

flexible [flɛksibl] ADJ flexible ■ **flexibilité** NF flexibility

flic [flik] NM *Fam* cop

flingue [flɛ̃g] NM *Fam* gun ■ **flinguer** VT *Fam* **f. qn** to gun sb down

flipper [flipœr] NM (*jeu*) pinball; (*appareil*) pinball machine

flocon [flɔkɔ̃] NM flake; **il neige à gros flocons** big flakes of snow are falling; **f. de neige** snowflake; **flocons d'avoine** porridge oats

floraison [flɔrɛzɔ̃] NF flowering; **en pleine f.** in full bloom ■ **floral, -e, -aux, -ales** ADJ floral

flore [flɔr] NF flora

florissant, -ante [flɔrisɑ̃, -ɑ̃t] ADJ flourishing

flot [flo] NM (*de souvenirs, de larmes*) flood, stream; **les flots** (*la mer*) the waves; **à f.** (*bateau, personne*) afloat; *Fig* **remettre qn à f.** to restore sb's fortunes; *Fig* **couler à flots** *(argent, vin)* to flow freely; **le soleil entrait à flots** the sun was streaming in

flotte [flɔt] NF *(de bateaux, d'avions)* fleet; *Fam (pluie)* rain; *Fam (eau)* water

flotter [flɔte] VI *(bateau)* to float; *(drapeau)* to fly; *(cheveux)* to flow; *Fam (pleuvoir)* to rain ■ **flotteur** NM float

flou, -e [flu] **1** ADJ *(photo)* fuzzy, blurred; *(idée)* vague **2** NM fuzziness; *Fig* vagueness; *Phot* **f. artistique** soft focus (effect)

fluctuant, -uante [flyktɥɑ̃, -ɥɑ̃t] ADJ *(prix, opinions)* fluctuating ■ **fluctuations** NFPL fluctuation(s) **(de** in)

fluet, -uette [flɥɛ, -ɥɛt] ADJ thin, slender

fluide [flɥid] **1** ADJ *(liquide)* & *Fig* fluid **2** NM *(liquide)* fluid ■ **fluidité** NF fluidity

fluorescent, -ente [flyɔresɑ̃, -ɑ̃t] ADJ fluorescent ■ **fluo** ADJ INV *Fam* fluorescent

flûte [flyt] **1** NF *(instrument)* flute; *(verre)* champagne glass **2** EXCLAM *Fam* damn! ■ **flûtiste** NMF *Br* flautist, *Am* flutist

fluvial, -e, -iaux, -iales [flyvjal, -jo] ADJ river; **navigation/pêche fluviale** river navigation/ fishing

flux [fly] NM *(abondance)* flow; **f. et reflux** ebb and flow

fœtus [fetys] NM *Br* foetus, *Am* fetus

foi [fwa] NF faith; **sur la f. de** on the strength of; **être de bonne/mauvaise f.** to be sincere/ insincere; **avoir la f.** to have faith; **ma f., oui!** yes, indeed!

foie [fwa] NM liver; **f. gras** foie gras; **crise de f.** bout of indigestion

foin [fwɛ̃] NM hay; *Fam* **faire du f.** *(scandale)* to kick up a fuss

foire [fwar] NF fair; *Fam* **faire la f.** to muck about

fois [fwa] NF time; **une f.** once; **deux f.** twice; **trois f.** three times; **deux f. trois** two times three; **payer qch en plusieurs f.** to pay for sth in several instalments; **chaque f. que…** whenever…, each time (that)…; **une f. qu'il sera arrivé** *(dès que)* once he has arrived; **une f. pour toutes** once and for all; **à la f.** at the same time, at once; **à la f. riche et heureux** both rich and happy; *Fam* **des f.** sometimes

foisonner [fwazɔne] VI to abound **(de** ou **en** in)

fol [fɔl] ➤ **fou**

folie [fɔli] NF madness; **faire une f.** to do a foolish thing; *(dépense)* to be very extravagant; **faire des folies pour qn** to do anything for sb; **aimer qn à la f.** to be madly in love with sb; **la f. des grandeurs** delusions of grandeur

folklore [fɔlklɔr] NM folklore ■ **folklorique** ADJ *(costume)* traditional; *(danse)* folk; *Fam (endroit, soirée)* bizarre

folle [fɔl] ➤ **fou** ■ **follement** ADV madly

foncé, -ée [fɔ̃se] ADJ dark

foncer [fɔ̃se] **1** VI *(aller vite)* to tear or charge along; *Fam (s'y mettre)* to get one's head down; **f. sur qn/qch** to swoop on sb/sth **2** VTI *(couleur)* to darken

foncier, -ière [fɔ̃sje, -jɛr] ADJ *(fondamental)* fundamental, basic; *(impôt)* land; **crédit f.** land loan ■ **foncièrement** ADV fundamentally

fonction [fɔ̃ksjɔ̃] NF *(rôle)* & *Math* function; *(emploi)* office; **en f. de** according to; **faire f. de** *(personne)* to act as; *(objet)* to serve or act as; **prendre ses fonctions** to take up one's duties; **la f. publique** the civil service; *Ordinat* **f. recherche et remplacement** search and replace function ■ **fonctionnaire** NMF civil servant; **haut f.** high-ranking civil servant ■ **fonctionnel, -elle** ADJ functional

fonctionner [fɔ̃ksjɔne] VI *(machine)* to work, to function; *Ordinat* to run; **faire f. qch** to operate sth ■ **fonctionnement** NM *(de machine)* working; **en état de f.** in working order; *Ordinat* **f. en réseau** networking

fond [fɔ̃] NM *(de boîte, de jardin, de vallée)* bottom; *(de salle, d'armoire)* back; *(arrière-plan)* background; **au f. de** *(boîte, jardin)* at the bottom of; *(salle)* at the back of; *Fig* **au f., dans le f.** basically; **à f.** *(connaître)* thoroughly; *Fam* **à f. la caisse** *(très vite)* hell for leather; **de f. en comble** from top to bottom; **course/coureur de f.** long-distance race/runner; **ski de f.** cross-country skiing; **bruits de f.** background noise; **f. de bouteille** *(contenu)* dregs; **f. de teint** foundation (cream); **f. sonore** background music

fondamental, -e, -aux, -ales [fɔ̃damɑ̃tal, -o] ADJ fundamental, basic

fonder [fɔ̃de] **1** VT *(ville)* to found; *(commerce)* to set up; *(famille)* to start; **f. qch sur qch** to base sth on sth; **bien fondé** well-founded **2** se **fonder** VPR se **f. sur qch** *(sujet: théorie, remarque)* to be based on sth; **sur quoi se fonde-t-il pour…?** what are his grounds for…? ■ **fondateur, -trice 1** NMF founder **2** ADJ **membre f.** founding member ■ **fondation** NF *(création, œuvre)* foundation **(de** of); **fondations** *(de bâtiment)* foundations ■ **fondement** NM foundation

fonderie [fɔ̃dri] NF foundry

fondre [fɔ̃dr] **1** VT *(métal)* to melt down; *(neige)* to melt; *(cloche)* to cast; *Fig (couleurs)* to blend **(avec** with); **faire f. qch** *(sucre)* to dissolve sth **2** VI *(se liquéfier)* to melt; *(sucre)* to dissolve; **f. en larmes** to burst into tears; **f. sur qch** to swoop on sth **3** se **fondre** VPR se **f. dans qch** *(brume)* to merge into sth ■ **fondant, -ante 1** ADJ which melts in the mouth **2** NM (bonbon) **un fondant au chocolat** a chocolate fondant

fonds [fɔ̃] **1** NM (organisme) fund; (de bibliothèque) collection; **f. de commerce** business; **F. monétaire international** International Monetary Fund **2** NMPL (argent) funds; **être en f.** to be in funds

fondue [fɔ̃dy] NF Culin fondue; **f. bourguignonne** beef fondue; **f. savoyarde** cheese fondue

font [fɔ̃] ➤ **faire**

fontaine [fɔ̃tɛn] NF (construction) fountain; (source) spring

fonte [fɔ̃t] NF (a) (de neige) melting; (d'acier) smelting (b) (alliage) cast iron; **en f.** (poêle) cast-iron (c) Typ font

football [futbol] NM Br football, Am soccer; **f. américain** Br American football, Am football ■ **footballeur, -euse** NMF Br footballer, Am soccer player

footing [futiŋ] NM Sport jogging; **faire du f.** to go jogging

forage [fɔraʒ] NM drilling, boring

forain [fɔrɛ̃] NM fairground stallholder

forçat [fɔrsa] NM (prisonnier) convict

force [fɔrs] NF (violence) & Phys force; (vigueur) strength; **de toutes ses forces** with all one's strength; **de f.** by force, forcibly; **en f.** (attaquer, venir) in force; **à f. de volonté** through sheer willpower; **à f. de faire qch** through doing sth; **dans la f. de l'âge** in the prime of life; **par la f. des choses** through force of circumstance; **les forces armées** the armed forces; **les forces de l'ordre** the police; **f. de frappe** strike force

forcé, -ée [fɔrse] ADJ forced (de faire to do); Fam **c'est f.** it's inevitable ■ **forcément** ADV inevitably; **pas f.** not necessarily

forcer [fɔrse] **1** VT (obliger) to force; (porte) to force open; (voix) to strain; **f. qn à faire qch** to force sb to do sth; **f. la main à qn** to force sb's hand; Fam **f. la dose** to overdo it **2** VI (appuyer, tirer) to force it; (se surmener) to overdo it **3 se forcer** VPR to force oneself (à faire to do)

forer [fɔre] VT to drill, to bore

forêt [fɔrɛ] NF forest; **f.-noire** (gâteau) Black Forest gateau; **f. vierge** virgin forest

forfait [fɔrfɛ] NM (a) (prix) all-in price; (de ski) pass; **f. week-end** weekend package (b) (crime) heinous crime ■ **forfaitaire** ADJ (indemnités) basic; **prix f.** all-in price

forge [fɔrʒ] NF forge ■ **forger** VT (métal, liens) to forge; Fig (caractère) to form; Fig (histoire) to make up ■ **forgeron** [-ərɔ̃] NM (black)smith

formaliser [fɔrmalize] **se formaliser** VPR to take offence (de at)

formalité [fɔrmalite] NF formality

format [fɔrma] NM format; **f. de poche** pocket format

formater [fɔrmate] VT Ordinat to format ■ **formatage** NM Ordinat formatting

formation [fɔrmasjɔ̃] NF (de roche, de mot) formation; (éducation) education; **f. permanente** continuing education; **f. professionnelle** vocational training ■ **formateur, -trice 1** ADJ formative **2** NMF trainer

forme [fɔrm] NF (contour) shape, form; (manière, bonne santé) form; **formes** (de femme) curves; **en f. de qch** in the shape of sth; **en f. de poire** pear-shaped; **sous f. de qch** in the form of sth; **dans les formes** in the accepted way; **en bonne et due f.** in due form; **en (pleine) f.** (en bonne santé) on (top) form; **prendre f.** to take shape

formel, -elle [fɔrmɛl] ADJ (structure, logique) formal; (démenti) flat; (personne, preuve) positive; (interdiction) strict ■ **formellement** ADV (interdire) strictly

former [fɔrme] **1** VT (groupe, caractère) to form; (apprenti) to train **2 se former** VPR (apparaître) to form; (association, liens) to be formed; (apprendre son métier) to train oneself

formidable [fɔrmidabl] ADJ (fantastique) great; (gigantesque) tremendous

Il faut noter que l'adjectif anglais **formidable** est un faux ami. Il signifie **redoutable**.

formulaire [fɔrmyler] NM form

formule [fɔrmyl] NF Math formula; (phrase) expression; (solution) method; **nouvelle f.** (abonnement, menu) new-style; **f. magique** magic formula; **f. de politesse** (au début d'une lettre) standard opening; (à la fin d'une lettre) standard closure ■ **formulation** NF formulation ■ **formuler** VT to formulate

fort¹, -e [fɔr, fɔrt] **1** ADJ (vigoureux) strong; (gros, important) large; (pluie, mer, chute de neige) heavy; (voix) loud; (fièvre) high; (pente) steep; **être f. en qch** (doué) to be good at sth; **il y a de fortes chances que ça réussisse** there's a good chance it will work; **c'est plus f. qu'elle** she can't help it **2** ADV (a) (frapper) hard; (pleuvoir) hard, heavily; (parler) loud(ly); (serrer) tight; **sentir f.** to have a strong smell; **respirer f.** to breathe heavily; Fam **faire très f.** (très bien) to do really brilliantly (b) Littéraire (très) very; (beaucoup) very much **3** NM (spécialité) strong point; **au plus f. de qch** (hiver) in the depths of sth; (épidémie) at the height of sth ■ **fortement** [-əmã] ADV (désirer, influencer) strongly; (tirer, pousser) hard; (impressionner) greatly

fort² [fɔr] NM Hist & Mil fort ■ **forteresse** NF fortress

fortifié, -iée [fɔrtifje] ADJ (ville, camp) fortified ■ **fortification** NF fortification

fortifier [fɔrtifje] VT (mur, ville) to fortify; (corps) to strengthen ■ **fortifiant** NM tonic

fortune [fɔrtyn] NF (richesse, hasard) fortune; **moyens de f.** makeshift means; **faire f.** to make one's fortune; **dîner à la f. du pot** to take pot luck; **faire contre mauvaise f. bon cœur** to make the best of it

> Il faut noter que l'adjectif anglais **fortunate** signifie uniquement **qui a de la chance**.

forum [fɔrɔm] NM forum; Ordinat **f. de discussion** discussion forum; **f. en-ligne** online forum

fosse [fos] NF (trou) pit; (tombe) grave; **f. d'aisances** cesspool; **f. d'orchestre** orchestra pit; **f. commune** mass grave

fossé [fose] NM ditch; (de château) moat; Fig (désaccord) gulf

fossette [fosɛt] NF dimple

fossile [fosil] NM & ADJ fossil; Fam **un vieux f.** an old fossil ■ **fossilisé, -ée** ADJ fossilized

fossoyeur [foswajœr] NM gravedigger

fou, folle [fu, fɔl]

> **fol** is used before masculine singular nouns beginning with a vowel or h mute.

1 ADJ (personne, projet) mad, insane; (succès, temps) tremendous; (envie) wild, mad; (espoir) foolish; (cheval, camion) runaway; **f. à lier** raving mad; **f. de qch** (musique, personne) mad about sth; **f. de joie** beside oneself with joy; **avoir le f. rire** to have the giggles **2** NMF madman, f madwoman **3** NM (bouffon) jester; Échecs bishop

foudre [fudr] NF **la f.** lightning ■ **foudroyant, -ante** ADJ (succès, vitesse) staggering; (regard) withering ■ **foudroyer** VT to strike; **f. qn du regard** to give sb a withering look

fouet [fwɛ] NM whip; Culin (egg-)whisk; **coup de f.** lash (with a whip); **de plein f.** head-on ■ **fouetter** VT to whip; (œufs) to whisk; (sujet: pluie) to lash (against); **crème fouettée** whipped cream

fougère [fuʒɛr] NF fern

fougue [fug] NF fire, spirit ■ **fougueux, -euse** ADJ fiery, ardent

fouille [fuj] **1** NF (de personne, de bagages) search **2** NFPL **fouilles archéologiques** excavations, dig ■ **fouillé, -ée** ADJ detailed ■ **fouiller 1** VT (personne, maison) to search **2** VI **f. dans qch** (tiroir) to search through sth **3** VTI (creuser) to dig

fouillis [fuji] NM jumble

fouine [fwin] NF stone marten

fouiner [fwine] VI Fam to nose about (**dans** in)

foulard [fular] NM (head)scarf

foule [ful] NF crowd; **en f.** in mass; **une f. de** (objets) a mass of; **bain de f.** walkabout

foulée [fule] NF (de coureur, de cheval) stride; Fam **dans la f., j'ai vérifié les comptes** while I was at it, I checked the accounts

fouler [fule] **1** VT (raisin) to press; (sol) to tread; **f. qch aux pieds** to trample sth underfoot **2 se fouler** VPR **se f. la cheville** to sprain one's ankle; Fam **il ne se foule pas** he doesn't exactly exert himself ■ **foulure** NF sprain

four [fur] NM (de cuisine) oven; (de potier) kiln; Fam (fiasco) flop; **faire un f.** to flop; **petit f.** (gâteau) petit four, small fancy cake

fourche [furʃ] NF (outil, embranchement) fork; **faire une f.** to fork ■ **fourcher** VI (arbre) to fork; **ma langue a fourché** I made a slip of the tongue ■ **fourchette** NF (pour manger) fork; (de salaires) bracket ■ **fourchu, -ue** ADJ forked; **avoir les cheveux fourchus** to have split ends

fourgon [furgɔ̃] NM (camion) van; **f. cellulaire** Br prison van, Am patrol wagon; **f. funéraire** hearse; **f. postal** Br postal van, Am mail car ■ **fourgonnette** NF (small) van

fourmi [furmi] NF (insecte) ant; **avoir des fourmis dans les jambes** to have pins and needles in one's legs ■ **fourmilière** NF anthill ■ **fourmiller** VI to teem, to swarm (**de** with)

fourneau, -x [furno] NM (de cuisine) stove; (de verrier) furnace

fournir [furnir] **1** VT (approvisionner) to supply (**en** with); (alibi, preuve, document) to provide; (effort) to make; **f. qch à qn** to provide sb with sth; **pièces à f.** required documents **2 se fournir** VPR **se f. en qch** to get in supplies of sth; **se f. chez qn** to get one's supplies from sb ■ **fourni, -ie** ADJ (barbe) bushy; **bien f.** (boutique) well-stocked ■ **fournisseur** NM (commerçant) supplier; Ordinat **f. d'accès** access provider ■ **fourniture** NF (action) supply(ing) (**de** of); **fournitures de bureau** office supplies; **fournitures scolaires** school stationery

> Il faut noter que le mot anglais **furniture** est un faux ami. Il signifie **meubles**.

fourrage [furaʒ] NM fodder

fourré, -ée [fure] **1** ADJ (gant) fur-lined; (gâteau) jam-/cream-filled; Fam **coup f.** (traîtrise) stab in the back **2** NM Bot thicket

fourreau, -x [furo] NM (gaine) sheath

fourrer [fure] **1** VT (gâteau, chou) to fill; (vêtement) to fur-line; Fam (mettre) to stick; Fam **f. son nez dans qch** to poke one's nose into sth **2 se fourrer** VPR Fam to put oneself (**dans** in); **se f. dans une sale affaire** to get involved in a nasty business; **se f. le doigt dans l'œil** to kid oneself; **où est-il allé se f.?** where's he got to?

■ **fourre-tout** NM INV *(pièce)* junk room; *(sac)* Br holdall, *Am* carryall

fourrière [furjɛr] NF *(lieu)* pound; **mettre à la f.** *(voiture)* to impound; *(chien)* to put in the pound

fourrure [furyr] NF fur; **manteau de f.** fur coat

fourvoyer [furvwaje] **se fourvoyer** VPR *Littéraire & Fig* to go astray

foutoir [futwar] NM *Fam* dump

foutre* [futr] *très Fam* **1** VT *(mettre)* to stick; *(faire)* to do; *(donner)* to give; **f. qn à la porte** to kick sb out; **f. qch en l'air** *(faire échouer)* to screw up; **f. le camp** to piss off; **ne rien f.** to do damn all *or Br* bugger all; **je n'en ai rien à f.!** I don't give a damn!, *Br* I don't give a toss! **2 se foutre** VPR **se f. du monde** to take the piss; **se f. de la gueule de qn** to take the piss out of sb; **je m'en fous** I don't give a damn ■ **foutu, -ue** ADJ *Fam (maudit)* damn; **être f.** *(en mauvais état)* to have had it; **être bien f.** *(beau)* to have a nice body; *(bien conçu)* to be well designed; **être f. de faire qch** to be quite likely to do sth

foyer [fwaje] NM *(maison)* home; *(d'étudiants)* residence; *(de travailleurs)* hostel; *(de théâtre)* foyer; *(de lunettes)* focus; *(de chaleur, d'infection)* source; *(d'incendie)* seat; *(âtre)* hearth; *(famille)* family; **fonder un f.** to start a family

fracas [fraka] NM crash ■ **fracassant, -ante** ADJ *(nouvelle, révélation)* shattering ■ **fracasser** VT, **se fracasser** VPR to smash

fraction [fraksjɔ̃] NF fraction; *(partie)* part ■ **fractionner** VT **se fractionner** VPR to split (up)

fracture [fraktyr] NF fracture; *Fig* **f. sociale** social fracture ■ **fracturer 1** VT *(porte)* to break open; *(os)* to fracture **2 se fracturer** VPR **se f. la jambe** to fracture one's leg

fragile [fraʒil] ADJ *(objet, matériau)* fragile; *(santé, équilibre)* delicate; *(personne) (physiquement)* frail; *(mentalement)* sensitive ■ **fragilité** NF *(d'objet, de matériau)* fragility; *(de personne) (physique)* frailty; *(mentale)* sensitivity

fragment [fragmã] NM fragment

frais¹, fraîche [frɛ, frɛʃ] **1** ADJ *(aliment, fleurs, teint)* fresh; *(vent, air)* cool, fresh; *(nouvelles)* recent; *(peinture)* wet **2** ADV **servir f.** *(vin)* to serve chilled **3** NM **prendre le f.** to get some fresh air; **mettre qch au f.** to put sth in a cool place; *(au réfrigérateur)* to refrigerate sth; **il fait f.** it's cool ■ **fraîcheur** NF *(d'aliments, du teint)* freshness; *(de température, d'accueil)* coolness ■ **fraîchir** VI *(temps)* to freshen

frais² [frɛ] NMPL expenses; **à mes f.** at my (own) expense; **à grands f.** at great expense; **faire des f., se mettre en f.** to go to great expense; **faire les f.** to bear the cost (**de** of); **f. d'inscription** *(d'université)* registration fees; *(de club)* enrolment fee(s); **f. de scolarité** school fees; **f. généraux** *Br* overheads, *Am* overhead

fraise [frɛz] NF *(fruit)* strawberry; *(de dentiste)* drill ■ **fraisier** NM *(plante)* strawberry plant; *(gâteau)* strawberry cream cake

framboise [frãbwaz] NF raspberry ■ **framboisier** NM raspberry bush

franc¹, franche [frã, frãʃ] ADJ (**a**) *(sincère)* frank; *(visage)* open (**b**) *(net) (couleur)* pure; *(cassure)* clean (**c**) *(zone, ville, port)* free ■ **franchement** ADV *(sincèrement)* frankly; *(vraiment)* really; *(sans ambiguïté)* clearly

franc² [frã] NM *(monnaie)* franc

France [frãs] NF **la F.** France ■ **français, -aise 1** ADJ French **2** NMF **F.** Frenchman; **Française** Frenchwoman; **les F.** the French **3** NM *(langue)* French

franchir [frãʃir] VT *(obstacle, difficulté)* to get over; *(fossé)* to jump over; *(frontière, ligne d'arrivée)* to cross; *(porte)* to go through; *(distance)* to cover; *Fig (seuil, limite)* to exceed

franchise [frãʃiz] NF *(sincérité)* frankness; *(exonération)* exemption; *Com* franchise; **en toute f.** quite frankly; **f. postale** ≃ postage paid

franc-maçon [frãmasɔ̃] *(pl* **francs-maçons)** NM freemason

francophone [frãkɔfɔn] **1** ADJ French-speaking **2** NMF French speaker ■ **francophonie** NF **la f.** the French-speaking world

franc-parler [frãparle] NM **avoir son f.** to speak one's mind

frange [frãʒ] NF *(de cheveux) Br* fringe, *Am* bangs; *(de vêtement)* fringe

frangin [frãʒɛ̃] NM *Fam* brother ■ **frangine** NF *Fam* sister

frappe [frap] NF *(sur machine à écrire)* typing; *(sur ordinateur)* keying; *(de monnaie)* minting; *Football* kick; **faute de f.** typing error; *Mil* **force de f.** strike force

frapper [frape] **1** VT *(battre)* to strike, to hit; *(monnaie)* to mint; **f. qn** *(impressionner)* to strike sb; *(impôt, mesure)* to hit sb **2** VI *(donner un coup)* to strike, to hit; **f. du pied** to stamp (one's foot); **f. du poing sur la table** to bang (on) the table; **f. dans ses mains** to clap one's hands; **f. à une porte** to knock on a door; **'entrez sans f.'** *(sur une porte)* 'go straight in' **3 se frapper** VPR *Fam (s'inquiéter)* to get oneself worked up ■ **frappant, -ante** ADJ striking ■ **frappé, -ée** ADJ *(vin)* chilled; *Fam (fou)* crazy; **f. de stupeur** astounded, flabbergasted

fraternel, -elle [fratɛrnɛl] ADJ fraternal, brotherly ■ **fraternité** NF fraternity, brotherhood

fraude [frod] NF fraud; **passer qch en f.** to

smuggle sth in; **f. électorale** electoral fraud; **f. fiscale** tax evasion ■ **frauder 1** vt to defraud; **f. le fisc** to evade tax **2** vi to cheat (**sur** on) ■ **fraudeur, -euse** nmf defrauder ■ **frauduleux, -euse** adj fraudulent

frayer [frɛje] **1** vi (poisson) to spawn **2 se frayer** vpr **se f. un chemin** to clear a way (**à travers/dans** through)

frayeur [frɛjœr] nf fright

fredonner [frədɔne] vti to hum

freezer [frizœr] nm freezer compartment

frein [frɛ̃] nm brake; **donner un coup de f.** to put on the brakes; Fig **mettre un f. à qch** to curb sth; **f. à main** handbrake ■ **freiner 1** vt (véhicule) to slow down; (chute) to break; Fig (inflation, production) to curb **2** vi to brake

frelaté, -ée [frəlate] adj (vin) & Fig adulterated

frêle [frɛl] adj frail

frelon [frəlɔ̃] nm hornet

frémir [fremir] vi (personne) to tremble (**de** with); (feuilles) to rustle; (eau chaude) to simmer ■ **frémissement** nm (de peur) shudder; (de plaisir) thrill; (de colère) quiver; (de feuilles) rustle; (d'eau chaude) simmering

frêne [frɛn] nm (arbre, bois) ash

fréquent, -ente [frekã, -ãt] adj frequent ■ **fréquemment** [-amã] adv frequently ■ **fréquence** nf frequency

fréquenter [frekãte] **1** vt (lieu) to frequent; **f. qn** to see sb regularly **2 se fréquenter** vpr (se voir régulièrement) to see each other socially ■ **fréquentation** nf (de lieu) frequenting; **fréquentations** (relations) company; **avoir de mauvaises fréquentations** to keep bad company ■ **fréquenté, -ée** adj très f. very busy; **mal f.** of ill repute; **bien f.** reputable, of good repute

frère [frɛr] nm brother

fresque [frɛsk] nf fresco

fret [frɛ] nm freight

friable [frijabl] adj crumbly

friand, -e [frijã, -ãd] **1** adj **f. de qch** fond of sth **2** nm (salé) = small savoury pastry ■ **friandise** nf Br titbit, Am tidbit

fric [frik] nm Fam (argent) dough

friche [friʃ] nf fallow land; **laisser une terre en f.** to let a piece of land lie fallow

friction [friksjɔ̃] nf (massage) rubdown; (de cuir chevelu) scalp massage; (désaccord) friction ■ **frictionner** vt (partie du corps) to rub; (personne) to rub down

Frigidaire® [friʒidɛr] nm fridge ■ **frigo** nm Fam fridge

frileux, -euse [frilø, -øz] adj **être f.** to feel the cold

frime [frim] nf Fam show ■ **frimer** vi Fam to show off

fringale [frɛ̃gal] nf Fam hunger; **avoir la f.** to be starving

fringues [frɛ̃g] nfpl Fam (vêtements) clothes, gear ■ **se fringuer** vpr Fam to get dressed

friper [fripe] **1** vt to crumple **2 se friper** vpr to get crumpled ■ **fripé, -ée** adj crumpled

fripouille [fripuj] nf Fam rogue

friqué, -ée [frike] adj Fam (riche) loaded

frire* [frir] **1** vt to fry **2** vi to fry; **faire f. qch** to fry sth

frise [friz] nf frieze

friser [frize] **1** vt (cheveux) to curl; (effleurer) to skim; **f. les cheveux à qn** to curl sb's hair; **f. la trentaine** to be close to thirty; **f. la catastrophe** to come within an inch of disaster **2** vi (cheveux) to curl; (personne) to have curly hair ■ **frisé, -ée** adj (cheveux) curly; (personne) curly-haired

frisquet, -ette [friskɛ, -ɛt] adj Fam chilly; **il fait f.** it's chilly

frisson [frisɔ̃] nm (de froid, de peur) shiver; (de plaisir) thrill; **avoir des frissons** to shiver; **donner le f. à qn** to give sb the shivers ■ **frissonner** vi (de froid, de peur) to shiver

frit, -e [fri, -it] **1** pp ➤ **frire 2** adj fried ■ **frites** nfpl Br chips, Am French fries ■ **friteuse** nf (deep) frier, Br chip pan; **f. électrique** electric frier ■ **friture** nf (mode de cuisson) frying; (corps gras) frying fat; (aliment) fried food; Radio & Tél (bruit) crackling

frivole [frivɔl] adj frivolous

froc [frɔk] nm Fam (pantalon) Br trousers, Am pants

froid, -e [frwa, frwad] **1** adj cold **2** nm cold; **avoir/prendre f.** to be/catch cold; **avoir f. aux mains** to have cold hands; **démarrer à f.** (véhicule) to start (from) cold; **être en f.** to be on bad terms (**avec qn** with sb); Fam **jeter un f.** to cast a chill (**dans** over); **il fait f.** it's cold ■ **froidement** adv (accueillir) coldly; (abattre) cold-bloodedly; (répondre) coolly ■ **froideur** nf coldness

froisser [frwase] **1** vt (tissu) to crumple, to crease; Fig **f. qn** to offend sb **2 se froisser** vpr (tissu) to crease, to crumple; Fig to take offence (**de** at); **se f. un muscle** to strain a muscle

frôler [frole] vt (effleurer) to brush against, to touch lightly; Fig (la mort, la catastrophe) to come close to

fromage [frɔmaʒ] nm cheese; **f. de chèvre** goat's cheese; **f. de tête** Br brawn, Am headcheese; **f. blanc** fromage frais; **f. frais** soft cheese ■ **fromager, -ère 1** adj cheese; **industrie**

fromagère cheese industry 2 NMF *(fabricant)* cheesemaker; *(commerçant)* cheese seller ■ **fromagerie** NF *(magasin)* cheese shop

froment [frɔmɑ̃] NM wheat

froncer [frɔ̃se] VT *(tissu)* to gather; **f. les sourcils** to frown

fronde [frɔ̃d] NF *(arme)* sling; *(sédition)* revolt

front [frɔ̃] NM *(du visage)* forehead; *(avant, Mil & Pol)* front; **de f.** *(heurter)* head-on; *(côte à côte)* abreast; *(à la fois)* (all) at once; **faire f. à qn/qch** to face up to sb/sth; **f. de mer** sea front ■ **frontal, -e, -aux, -ales** ADJ *(collision)* head-on

frontière [frɔ̃tjɛr] 1 NF *(entre pays)* border, frontier 2 ADJ INV **ville f.** border town ■ **frontalier, -ière** 1 ADJ **ville frontalière** border or frontier town 2 NMF *(habitant)* inhabitant of the border or frontier zone; *(travailleur)* cross-border commuter

fronton [frɔ̃tɔ̃] NM *(de monument)* pediment

frotter [frɔte] 1 VT to rub; *(plancher)* to scrub; *(allumette)* to strike 2 VI to rub (**contre** against) 3 **se frotter** VPR to rub oneself; **se f. le dos** to scrub one's back; *Fig* **se f. à qn** *(l'attaquer)* to meddle with sb ■ **frottement** NM rubbing; *Tech* friction

frousse [frus] NF *Fam* fear; **avoir la f.** to be scared ■ **froussard, -arde** NMF *Fam* chicken

fructifier [fryktifje] VI *(arbre, capital)* to bear fruit; **faire f. son capital** to make one's capital grow ■ **fructueux, -ueuse** ADJ fruitful

frugal, -e, -aux, -ales [frygal, -o] ADJ frugal

fruit [frɥi] NM fruit; **des fruits** fruit; **un f.** a piece of fruit; **porter ses fruits** *(placement)* to bear fruit; **fruits de mer** seafood; **fruits rouges** red berries and currants; **fruits secs** dried fruit ■ **fruité, -ée** ADJ fruity ■ **fruitier, -ière** 1 ADJ **arbre f.** fruit tree 2 NMF fruit seller, *Br* fruiterer

frustrer [frystre] VT **f. qn** to frustrate sb; **f. qn de qch** to deprive sb of sth ■ **frustration** NF frustration ■ **frustré, -ée** ADJ frustrated

fuel [fjul] NM fuel oil

fugitif, -ive [fyʒitif, -iv] 1 ADJ *(passager)* fleeting 2 NMF runaway, fugitive

fugue [fyg] NF *(œuvre musicale)* fugue; **faire une f.** *(enfant)* to run away ■ **fuguer** VI *Fam* to run away

fuir* [fɥir] 1 VT *(pays)* to flee; *(personne)* to run away from; *(guerre)* to escape; *(responsabilités)* to shirk 2 VI *(s'échapper)* to run away (**devant** from); *(gaz, robinet, stylo)* to leak; *Littéraire (temps)* to fly ■ **fuite** NF *(évasion)* flight (**devant** from); *(de gaz)* leak; **en f.** on the run; **prendre la f.** to take flight; **f. des cerveaux** brain drain

fulgurant, -ante [fylgyrɑ̃, -ɑ̃t] ADJ *(progrès)* spectacular; *(vitesse)* lightning; *(douleur)* searing

fumée [fyme] NF smoke; *(vapeur)* steam

fumer [fyme] 1 VT *(cigarette, poisson)* to smoke; **f. la pipe** to smoke a pipe 2 VI *(fumeur, feu, moteur)* to smoke; *(liquide brûlant)* to steam ■ **fumé, -ée** ADJ *(poisson, verre)* smoked ■ **fumeur, -euse** NMF smoker

Il faut noter que le verbe anglais **to fume** est un faux ami. Il signifie **fulminer**.

fumeux, -euse [fymø, -øz] ADJ *Fig (idée)* hazy

fumier [fymje] NM *(engrais)* manure, dung

funambule [fynɑ̃byl] NMF tightrope walker

funèbre [fynɛbr] ADJ *(lugubre)* gloomy; **service/marche f.** funeral service/march ■ **funérailles** NFPL funeral ■ **funéraire** ADJ *(frais)* funeral

funiculaire [fynikylɛr] NM funicular

fur [fyr] **au fur et à mesure** ADV as one goes along; **au f. et à mesure de vos besoins** as your needs dictate; **au f. et à mesure que...** as...

furent [fyr] ➤ **être**

furoncle [fyrɔ̃kl] NM boil

fuseau, -x [fyzo] NM *(pantalon)* ski pants; *Tex* spindle; **f. horaire** time zone

fusée [fyze] NF *(projectile)* rocket; **f. de détresse** flare, distress signal; **f. éclairante** flare

fuselage [fyzlaʒ] NM *(d'avion)* fuselage

fusible [fyzibl] NM *Br* fuse, *Am* fuze

fusil [fyzi] NM rifle, gun; *(de chasse)* shotgun; **un bon f.** *(personne)* a good shot ■ **fusillade** NF *(tirs)* gunfire ■ **fusiller** VT *(exécuter)* to shoot; *Fam (abîmer)* to wreck; *Fam* **f. qn du regard** to look daggers at sb

fusion [fyzjɔ̃] NF **(a)** *(de métal)* melting; *Phys* fusion; **point de f.** melting point; **métal en f.** molten metal **(b)** *(de sociétés)* merger ■ **fusionner** VTI *(sociétés)* to merge

fut [fy] ➤ **être**

futé, -ée [fyte] ADJ crafty

futile [fytil] ADJ *(personne)* frivolous; *(occupation, prétexte)* trivial ■ **futilité** NF triviality

futur, -ure [fytyr] 1 ADJ future; **un f. artiste** a budding artist; **f. client** prospective client; **future mère** mother-to-be 2 NMF **mon f./ma future** my intended 3 NM *(avenir)* future; *Grammaire* future (tense)

fuyant [fɥijɑ̃] P PRÉS ➤ **fuir** ■ **fuyant, -ante** ADJ *(front, ligne)* receding; *(personne)* evasive; *(yeux)* shifty ■ **fuyard** NM runaway

G, g [ʒe] NM INV G, g

gabarit [gabari] NM *(dimension)* size

gâcher [gaʃe] VT *(gâter)* to spoil; *(gaspiller)* to waste; *(plâtre)* to mix; **g. sa vie** to waste one's life ■ **gâchis** NM waste

gâchette [gaʃɛt] NF trigger; **appuyer sur la g.** to pull the trigger

gadget [gadʒɛt] NM gadget

gadoue [gadu] NF mud

gaffe [gaf] NF *Fam (bévue)* blunder; **faire une g.** to put one's foot in it; **faire g.** to pay attention; **fait g.!** look out!

gag [gag] NM gag

gage [gaʒ] NM *(garantie)* guarantee; *(au jeu)* forfeit; *(de prêteur sur gages)* pledge; *(preuve)* token; **mettre qch en g.** to pawn sth; **donner qch en g. de fidélité** to give sth as a token of one's fidelity

gageure [gaʒyr] NF *Littéraire* wager

gagnant, -ante [gaɲɑ̃, -ɑ̃t] **1** ADJ *(billet, cheval)* winning **2** NMF winner

gagner [gaɲe] **1** VT *(par le travail)* to earn; *(par le jeu)* to win; *(obtenir)* to gain; *(atteindre)* to reach; *(sujet: feu, épidémie)* to spread to; **g. sa vie** to earn one's living; **g. du temps** *(aller plus vite)* to save time; *(temporiser)* to gain time; **g. du terrain/du poids** to gain ground/weight; **g. de la place** to save space; **g. qn** *(sommeil, faim, panique)* to overcome sb; *Fam* **c'est toujours ça de gagné** that's something, anyway **2** VI *(être vainqueur)* to win; *(croître)* to increase; **g. à être connu** to improve with acquaintance ■ **gagne-pain** NM INV livelihood

gai, -e [ge] ADJ cheerful; *Fam* **être un peu g.** to be tipsy ■ **gaiement** ADV cheerfully ■ **gaieté** NF cheerfulness; **je ne le fais pas de g. de cœur** I don't enjoy doing it

gaillard, -arde [gajar, -ard] **1** ADJ *(fort)* vigorous; *(grivois)* bawdy **2** NM *(homme)* hearty type; **un grand g.** a strapping man

gain [gɛ̃] NM *(profit)* gain, profit; *(succès)* winning; **gains** *(à la Bourse)* profits; *(au jeu)* winnings; **un g. de temps** a saving of time; **obtenir g. de cause** to win one's case

gaine [gɛn] NF *(sous-vêtement)* girdle; *(étui)* sheath

gala [gala] NM gala

galant, -ante [galɑ̃, -ɑ̃t] ADJ *(homme)* gallant; *(rendez-vous)* romantic ■ **galanterie** NF gallantry

galaxie [galaksi] NF galaxy

galerie [galri] NF *(passage, salle)* gallery; *(de taupe)* tunnel; *Théâtre* balcony; *Aut (porte-bagages)* roof rack; *Fam* **épater la g.** to show off; **g. d'art** art gallery; **g. marchande** *Br* shopping centre, *Am* (shopping) mall

galet [galɛ] NM pebble; **plage de galets** shingle beach

galette [galɛt] NF *(gâteau)* butter biscuit; *(crêpe)* buckwheat pancake; **g. des Rois** Twelfth Night cake

Galles [gal] NFPL **pays de G.** Wales ■ **gallois, -oise 1** ADJ Welsh **2** NMF **G.** Welshman; **Galloise** Welshwoman **3** NM *(langue)* Welsh

galon [galɔ̃] NM *(ruban)* braid; *(de soldat)* stripe; *Fam* **prendre du g.** to get promoted

galop [galo] NM gallop; **aller au g.** to gallop; *Fig* **g. d'essai** trial run ■ **galoper** VI *(cheval)* to gallop; *(personne)* to rush; **inflation galopante** galloping inflation

gambader [gɑ̃bade] VI to leap or frisk about

gambas [gɑ̃bas] NFPL large prawns

Gambie [gɑ̃bi] NF **la G.** The Gambia

gamelle [gamɛl] NF *(de chien)* bowl; *(d'ouvrier)* billy(can); *(de soldat)* mess tin; *Fam* **se prendre une g.** *Br* to come a cropper, *Am* to take a spill

gamin, -ine [gamɛ̃, -in] **1** NMF *Fam (enfant)* kid **2** ADJ *(puéril)* childish

gamme [gam] NF *Mus* scale; *(éventail)* range; **téléviseur haut/bas de g.** top-of-the-range/bottom-of-the-range television

gang [gɑ̃g] NM gang ■ **gangster** NM gangster

Gange [gɑ̃ʒ] NM **le G.** the Ganges

gangrène [gɑ̃grɛn] NF *Méd* gangrene

gant [gɑ̃] NM glove; *Fig* **aller comme un g. à qn** *(vêtement)* to fit sb like a glove; *Fig* **jeter/relever le g.** to throw down/take up the gauntlet; **g. de boxe** boxing glove; **g. de toilette** *Br* ≈ facecloth, *Am* ≈ washcloth

garage [gaʀaʒ] NM *(pour véhicules)* garage ■ **garagiste** NMF *(mécanicien)* garage mechanic; *(propriétaire)* garage owner

garant, -ante [gaʀɑ̃, -ɑ̃t] NMF *Jur (personne)* guarantor; **se porter g. de qn** to stand guarantor for sb; **se porter g. de qch** to vouch for sth

garantie [gaʀɑ̃ti] NF guarantee; *Fig (précaution)* safeguard; **être sous g.** to be under guarantee ■ **garantir** VT to guarantee; *(emprunt)* to secure; **g. à qn que...** to give sb the guarantee that…; **g. qch de qch** to protect sth from sth; **je te le garantis** I can vouch for it

garce [gaʀs] NF *Fam Péj* bitch

garçon [gaʀsɔ̃] NM boy; *(jeune homme)* young man; *(serveur)* waiter; **de g.** *(comportement)* boyish; **vieux g.** (old) bachelor; **g. de café** waiter; **g. d'honneur** best man; **g. manqué** tomboy ■ **garçonnet** NM little boy

garde [gaʀd] **1** NM *(gardien)* guard; *(soldat)* guardsman; **g. du corps** bodyguard; **g. des Sceaux** Justice Minister

2 NF (a) *(d'enfants, de bagages)* care, custody *(de* of); **avoir la g. de** to be in charge of; **prendre g.** to pay attention *(à qch* to sth); **prendre g. de ne pas faire qch** to be careful not to do sth; **mettre qn en g.** to warn sb *(contre* against); **mise en g.** warning; **être de g.** to be on duty; *(soldat)* to be on guard duty; **médecin de g.** duty doctor; **monter la g.** to mount guard; **être sur ses gardes** to be on one's guard; **g. à vue** police custody

(b) *(escorte, soldats)* guard

3 NMF **g. d'enfants** childminder; **g. de nuit** *(de malade)* night nurse ■ **garde-à-vous** NM INV *Mil* (position of) attention; **se mettre au g.** to stand to attention ■ **garde-boue** NM INV *Br* mudguard, *Am* fender ■ **garde-chasse** *(pl* **gardes-chasses)** NM gamekeeper ■ **garde-côte** *(pl* **garde-côtes)** NM *(bateau)* coastguard vessel ■ **garde-fou** *(pl* **garde-fous)** NM *(rambarde)* railings; *(mur)* parapet ■ **garde-manger** NM INV *(armoire)* food safe; *(pièce)* pantry, *Br* larder ■ **garde-robe** *(pl* **garde-robes)** NF *(habits, armoire)* wardrobe, *Am* closet

garder [gaʀde] **1** VT *(conserver)* to keep; *(vêtement)* to keep on; *(habitude)* to keep up; *(surveiller)* to look after; *(défendre)* to protect; **g. qn à dîner** to get sb to stay for dinner **2 se garder** VPR *(aliment)* to keep; **se g. de qch** to beware of sth; **se g. de faire qch** to take care not to do sth

garderie [gaʀdəʀi] NF *Br* (day) nursery, *Am* daycare center

gardien, -ienne [gaʀdjɛ̃, -jɛn] NMF *(d'immeuble, d'hôtel)* caretaker, *Am* janitor; *(de prison)* (prison) guard, *Br* warder; *(de zoo, parc)* keeper; *(de musée)* *Br* attendant, *Am* guard; *Fig* **g. de** *(libertés)* guardian of; *Football* **g. de but** goalkeeper; **g.** childminder, baby-sitter; **g. de nuit** night watchman; **g. de la paix** policeman

gardon [gaʀdɔ̃] NM roach; *Fig* **frais comme un g.** fresh as a daisy

gare¹ [gaʀ] NF *(pour trains)* station; **g. routière** bus or *Br* coach station

gare² [gaʀ] EXCLAM **g. à toi si on l'apprend** woe betide you if anyone finds out; **g. aux orties!** mind the nettles!; **sans crier g.** without warning

garer [gaʀe] **1** VT *(voiture)* to park **2 se garer** VPR *(automobiliste)* to park; **se g. de qch** *(se protéger)* to steer clear of sth

gargariser [gaʀgaʀize] **se gargariser** VPR to gargle

gargouiller [gaʀguje] VI *(fontaine, eau)* to gurgle; *(ventre)* to rumble

garnement [gaʀnəmɑ̃] NM rascal

garnir [gaʀniʀ] VT *(équiper)* to fit out *(de* with); *(couvrir)* to cover; *(remplir)* to fill; *(magasin)* to stock *(de* with); *(tiroir)* to line; *(robe, chapeau)* to trim *(de* with); *Culin* to garnish ■ **garni, -ie** ADJ *(plat)* served with vegetables; *Fig* **bien g.** *(portefeuille)* well-lined ■ **garniture** NF *Culin* garnish; *Aut* **g. de frein** brake lining; **g. de lit** bedding

garnison [gaʀnizɔ̃] NF garrison

gars [gɑ] NM *Fam* fellow, guy

gaspiller [gaspije] VT to waste ■ **gaspillage** NM waste

gastrique [gastʀik] ADJ gastric

gastronome [gastʀɔnɔm] NMF gourmet ■ **gastronomie** NF gastronomy

gâteau, -x [gɑto] NM cake; *Fam* **c'était du g.** *(facile)* it was a piece of cake; **g. de riz** rice pudding; **g. sec** *Br* biscuit, *Am* cookie

gâter [gɑte] **1** VT to spoil **2 se gâter** VPR *(aliment, dent)* to go bad; *(temps, situation)* to take a turn for the worse; *(relations)* to turn sour ■ **gâté, -ée** ADJ *(dent, fruit)* bad

gâteux, -euse [gɑtø, -øz] ADJ senile

gauche¹ [goʃ] **1** ADJ *(côté, main)* left **2** NF **la g.** *(côté)* the left (side); *Pol* the left (wing); **à g.** *(tourner)* (to the) left; *(marcher, se tenir)* on the left, on the left(-hand) side; **de g.** *(fenêtre)* left-hand; *(parti, politique)* left-wing; **à g. de** on or to the left of ■ **gaucher, -ère 1** ADJ left-handed **2** NMF left-hander ■ **gauchiste** ADJ & NMF *Pol* (extreme) leftist

gauche² [goʃ] ADJ *(maladroit)* awkward

gaufre [gofʀ] NF waffle ■ **gaufrette** NF wafer (biscuit)

Gaule [gol] NF *Hist* **la G.** *(pays)* Gaul ■ **gaulois,**

-oise 1 ADJ Gallic; Fig (propos) bawdy **2** NMPL Hist **les G.** the Gauls

gaver [gave] **1** VT (animal) to force-feed; Fig (personne) to stuff (**de** with) **2 se gaver** VPR to stuff oneself (**de** with)

gaz [gaz] NM INV gas; **réchaud/masque à g.** gas stove/mask; **avoir des g.** to have wind; **g. carbonique** carbon dioxide; **g. d'échappement** exhaust fumes; **g. lacrymogène** tear gas ■ **gazeux, -euse** ADJ (état) gaseous; (boisson, eau) Br fizzy, carbonated

Gaza [gaza] NF Gaza; **la bande de G.** the Gaza Strip

gaze [gaz] NF gauze

gazelle [gazɛl] NF gazelle

gazinière [gazinjɛr] NF Br gas cooker, Am gas stove

gazoduc [gazɔdyk] NM gas pipeline

gazole [gazɔl] NM diesel oil

gazon [gazõ] NM (herbe) grass; (surface) lawn

gazouiller [gazuje] VI (oiseau) to chirp; (bébé, ruisseau) to babble

GDF [ʒedeɛf] (abrév **Gaz de France**) NM = French gas company

geai [ʒɛ] NM jay

géant, -e [ʒeã, -ãt] ADJ & NMF giant

geindre* [ʒɛ̃dr] VI (gémir) to moan; Fam (se plaindre) to whine

gel [ʒɛl] NM (**a**) (temps, glace) frost; Écon **g. des salaires** wage freeze (**b**) (pour cheveux) gel ■ **gelé, -ée** ADJ frozen; Méd (doigts, mains, pieds) frostbitten ■ **gelée** NF (**a**) frost; **g. blanche** ground frost (**b**) (de viande) jelly; (de fruits) Br jelly, Am jello ■ **geler 1** VT to freeze **2** VI to freeze; **on gèle ici** it's freezing here **3** V IMPERSONNEL **il gèle** it's freezing

gélatine [ʒelatin] NF gelatine

gélule [ʒelyl] NF capsule

Gémeaux [ʒemo] NMPL **les G.** (signe) Gemini; **être G.** to be (a) Gemini

gémir [ʒemir] VI to groan, to moan ■ **gémissement** NM groan, moan

gencive [ʒãsiv] NF gum

gendarme [ʒãdarm] NM gendarme, policeman; **g. couché** sleeping policeman ■ **gendarmerie** NF (corps) police force; (local) police headquarters

gendre [ʒãdr] NM son-in-law

gène [ʒɛn] NM gene

gêne [ʒɛn] NF (trouble physique) discomfort; (confusion) embarrassment; (dérangement) inconvenience; **dans la g.** (à court d'argent) in financial difficulties

généalogie [ʒenealɔʒi] NF genealogy

■ **généalogique** ADJ genealogical; **arbre g.** family tree

gêner [ʒene] **1** VT (déranger, irriter) to bother; (troubler) to embarrass; (mouvement, action) to hamper; (circulation) to hold up; **g. qn** (vêtement) to be uncomfortable on sb; (par sa présence) to be in sb's way; **ça ne me gêne pas** I don't mind (**si** if) **2 se gêner** VPR (se déranger) to put oneself out; **ne te gêne pas pour moi!** don't mind me! ■ **gênant, -ante** ADJ (objet) cumbersome; (présence, situation) awkward; (bruit, personne) annoying ■ **gêné, -ée** ADJ (intimidé) embarrassed; (silence, sourire) awkward; (sans argent) short of money

général, -e, -aux, -ales [ʒeneral, -o] **1** ADJ general; **en g.** in general **2** NM Mil general; **oui, mon g.!** yes, general! ■ **généralement** ADV generally; **g. parlant** broadly or generally speaking ■ **généralité** NF generality

généralisation [ʒeneralizasjõ] NF generalization ■ **généraliser 1** VTI to generalize **2 se généraliser** VPR to become widespread ■ **généraliste** NMF (médecin) general practitioner, GP

générateur [ʒeneratœr] NM Él generator

génération [ʒenerasjõ] NF generation

génératrice [ʒeneratris] NF Él generator

générer [ʒenere] VT to generate

généreux, -euse [ʒenerø, -øz] ADJ generous (**de** with) ■ **généreusement** ADV generously ■ **générosité** NF generosity

générique [ʒenerik] **1** NM (de film) credits **2** ADJ **produit g.** generic product

genêt [ʒ(ə)nɛ] NM broom

génétique [ʒenetik] **1** NF genetics (sing) **2** ADJ genetic; **manipulation g.** genetic engineering ■ **génétiquement** ADV **g. modifié** genetically modified

Genève [ʒ(ə)nɛv] NM OU F Geneva

génial, -e, -iaux, -iales [ʒenjal, -jo] ADJ (personne, invention) brilliant; Fam (formidable) great, fantastic

Il faut noter que l'adjectif anglais **genial** est un faux ami. Il signifie **cordial**.

génie [ʒeni] NM (**a**) (aptitude, personne) genius; **inventeur de g.** inventor of genius; **avoir le g. pour faire/de qch** to have a genius for doing/for sth (**b**) **g. civil** civil engineering; **g. génétique/informatique** genetic/computer engineering (**c**) (esprit) genie, spirit; **bon/mauvais g.** good/evil genie

génital, -e, -aux, -ales [ʒenital, -o] ADJ genital; **organes génitaux** genitals

génocide [ʒenɔsid] NM genocide

genou, -x [ʒ(ə)nu] NM knee; **être à genoux** to be kneeling (down); **se mettre à genoux** to kneel (down); **prendre qn sur ses genoux** to take sb on one's lap or knee; **écrire sur ses genoux** to write on one's lap

genre [ʒɑ̃r] NM (espèce) kind, sort; (attitude) manner; Littérature & Cin genre; Grammaire gender; **en tous genres** of all kinds; **ce n'est pas son g.** that's not like him; **le g. humain** mankind

gens [ʒɑ̃] NMPL people; **jeunes g.** young people; (hommes) young men; **de petites g.** people of humble means; **g. de maison** domestic servants

gentil, -ille [ʒɑ̃ti, -ij] ADJ (aimable) nice (**avec** to); (sage) good; **une gentille somme** a nice little sum ■ **gentillesse** NF kindness; **avoir la g. de faire qch** to be kind enough to do sth ■ **gentiment** ADV (aimablement) kindly; (sagement) nicely

Il faut noter que les termes anglais **genteel** et **gentle** sont des faux amis. Le premier signifie **respectable** ou **affecté**, le second signifie **doux**.

géographie [ʒeɔgrafi] NF geography ■ **géographique** ADJ geographical

geôlier, -ière [ʒolje, -jɛr] NMF jailer

géologie [ʒeɔlɔʒi] NF geology ■ **géologique** ADJ geological ■ **géologue** NMF geologist

géomètre [ʒeɔmɛtr] NM surveyor

géométrie [ʒeɔmetri] NF geometry; Fig **à g. variable** ever-changing ■ **géométrique** ADJ geometric(al)

géranium [ʒeranjɔm] NM geranium

gérant, -ante [ʒerɑ̃, -ɑ̃t] NMF manager ■ **gérance** NF (gestion) management

gerbe [ʒɛrb] NF (de blé) sheaf; (de fleurs) bunch; (d'eau) spray; (d'étincelles) shower

gercer [ʒɛrse] VI **se gercer** VPR (peau, lèvres) to chap; **avoir les lèvres gercées** to have chapped lips ■ **gerçure** NF chap, crack; **avoir des gerçures aux mains** to have chapped hands

gérer [ʒere] VT to manage

germain, -aine [ʒɛrmɛ̃, -ɛn] ADJ ➤ cousin

germe [ʒɛrm] NM (microbe) germ; (de plante) shoot; Fig (d'une idée) seed, germ ■ **germer** VI (graine) to start to grow; (pomme de terre) to sprout; Fig (idée) to germinate

gérondif [ʒerɔ̃dif] NM Grammaire gerund

gestation [ʒɛstasjɔ̃] NF gestation

geste [ʒɛst] NM gesture; **ne pas faire un g.** (ne pas bouger) not to make a move; **faire un g. de la main** to wave one's hand; **faire un g.** (bouger, agir) to make a gesture ■ **gesticuler** VI to gesticulate

gestion [ʒɛstjɔ̃] NF (action) management; **g. du personnel/de patrimoine/des affaires** personnel/property/business management ■ **gestionnaire** NMF administrator

geyser [ʒezɛr] NM geyser

Ghana [gana] NM **le G.** Ghana

ghetto [gɛto] NM ghetto

gibier [ʒibje] NM game; **le gros g.** big game; Fig **g. de potence** gallows bird

giboulée [ʒibule] NF sudden shower; **giboulées de mars** ≃ April showers

gicler [ʒikle] VI (liquide) to spurt out; (boue) to splash up

gifle [ʒifl] NF slap in the face ■ **gifler** VT **g. qn** to slap sb in the face

gigantesque [ʒigɑ̃tɛsk] ADJ gigantic

gigot [ʒigo] NM leg of mutton/lamb

gigoter [ʒigɔte] VI Fam to wriggle, to fidget

gilet [ʒilɛ] NM (cardigan) cardigan; (de costume) Br waistcoat, Am vest; **g. pare-balles** bulletproof vest; **g. de sauvetage** life jacket, life vest

gin [dʒin] NM gin

gingembre [ʒɛ̃ʒɑ̃br] NM ginger

girafe [ʒiraf] NF giraffe

giratoire [ʒiratwar] NM Br roundabout, Am traffic circle

girofle [ʒirɔfl] NM **clou de g.** clove

girouette [ʒirwɛt] NF Br weathercock, Am weathervane

gisement [ʒizmɑ̃] NM (de minerai) deposit; **g. de pétrole** oilfield

gitan, -ane [ʒitɑ̃, -an] NMF gipsy

gîte [ʒit] NM (abri) resting place; **donner le g. et le couvert à qn** to give sb room and board; **g. rural** gîte, = self-catering holiday cottage or apartment

givre [ʒivr] NM frost ■ **givré, -ée** ADJ frost-covered; Fam (fou) nuts, crazy

glace [glas] NF (a) (eau gelée) ice; (crème glacée) ice cream (b) (vitre) window; (miroir) mirror; Fig **briser la g.** to break the ice; **il est resté de g.** he showed no emotion

glacer [glase] 1 VT (durcir) to freeze; (gâteau) to ice; Fig (sang) to chill; **à vous g. le sang** spine-chilling 2 **se glacer** VPR **mon sang s'est glacé dans mes veines** my blood ran cold ■ **glaçage** NM (de gâteau) icing ■ **glacé, -ée** ADJ (eau, pièce) ice-cold, icy; (vent) freezing, icy; (thé, café) iced; (fruit) candied; (papier) glazed; Fig (accueil) icy, chilly; **avoir les pieds glacés** to have icy or frozen feet

glacial, -e, -iaux, -iales [glasjal, -jo] ADJ icy

glacier [glasje] NM (a) Géol glacier (b) (vendeur) ice-cream seller

glacière [glasjɛr] NF *(boîte)* icebox

glaçon [glasɔ̃] NM *Culin* ice cube; *Géol* block of ice; *(sur toit)* icicle

glaïeul [glajœl] NM gladiolus

glaise [glɛz] NF clay

gland [glɑ̃] NM *Bot* acorn; *(pompon)* tassel

glande [glɑ̃d] NF gland

glander [glɑ̃de] VI *très Fam* to laze around

glandouiller [glɑ̃duje] VI *très Fam* to laze around

glaner [glane] VT *(blé, renseignement)* to glean

glas [glɑ] NM *(de cloche)* knell; **on sonne le g.** the bell is tolling

glisse [glis] NF **(sports de) g.** = sports involving sliding motion, eg skiing, surfing etc

glisser [glise] **1** VT *(introduire)* to slip **(dans** into); *(murmurer)* to whisper **2** VI *(involontairement)* to slip; *(volontairement) (sur glace)* to slide; *(sur l'eau)* to glide; **se laisser g. le long de la gouttière** to slide down the drainpipe; **ça glisse** it's slippery; **ça m'a glissé des mains** it slipped out of my hands **3 se glisser** VPR **se g. dans/sous qch** to slip into/under sth ■ **glissade** NF *(involontaire)* slip; *(volontaire)* slide ■ **glissant, -ante** ADJ slippery ■ **glissement** NM **g. de terrain** landslide

glissière [glisjɛr] NF *Tech* runner, slide; **porte à g.** sliding door; *Aut* **g. de sécurité** crash barrier

global, -e, -aux, -ales [glɔbal, -o] ADJ total, global; **somme globale** lump sum; *Scol* **méthode globale** word recognition method ■ **globalement** ADV overall

globe [glɔb] NM globe; **g. oculaire** eyeball; **g. terrestre** *(mappemonde)* globe

globule [glɔbyl] NM *(d'air, d'eau)* globule; *(de sang)* blood cell; **globules blancs/rouges** white/red blood cells

globuleux, -euse [glɔbylø, -øz] ADJ **yeux g.** bulging eyes

gloire [glwar] NF *(renom)* glory; *(personne célèbre)* celebrity; **tirer g. de qch** to glory in sth; **à la g. de qn** in praise of sb ■ **glorieux, -ieuse** ADJ glorious ■ **glorifier 1** VT to glorify **2 se glorifier** VPR **se g. de qch** to glory in sth

glossaire [glɔsɛr] NM glossary

glousser [gluse] VI *(poule)* to cluck; *(personne)* to chuckle ■ **gloussement** NM clucking; *(de personne)* chuckling

glouton, -onne [glutɔ̃, -ɔn] **1** ADJ greedy, gluttonous **2** NMF glutton

gluant, -e [glyɑ̃, -ɑ̃t] ADJ sticky

glucose [glykoz] NM glucose

glycérine [gliserin] NF glycerine

glycine [glisin] NF *(plante)* wisteria

goal [gol] NM *Football* goalkeeper

gobelet [gɔblɛ] NM tumbler; *(de plastique, de papier)* cup

gober [gɔbe] VT *(œuf, mouche)* to gulp down; *Fam (croire)* to swallow

godasse [gɔdas] NF *Fam* shoe

godet [gɔdɛ] NM *(récipient)* pot; *Fam (verre)* drink

goéland [gɔelɑ̃] NM *(sea)gull

gogo¹ [gogo] NM *Fam (homme naïf)* sucker

gogo² [gogo] **à gogo** ADV *Fam* **whisky à g.** whisky galore

goguenard, -arde [gɔgnar, -ard] ADJ mocking

goinfre [gwɛ̃fr] NMF *Fam (glouton)* pig ■ **se goinfrer** VPR *Fam* to stuff oneself **(de** with); to pig out **(de** on)

golf [gɔlf] NM *Sport* golf; *(terrain)* golf course ■ **golfeur, -euse** NMF golfer

golfe [gɔlf] NM gulf, bay

gomme [gɔm] NF *(substance)* gum; *(à effacer)* eraser, *Br* rubber; *Fam* **mettre la g.** *(accélérer)* to get a move on; *(en voiture)* to step on it; *Fam* **à la g.** useless ■ **gommer** VT *(effacer)* to rub out, to erase

gond [gɔ̃] NM *(de porte)* hinge; *Fig* **sortir de ses gonds** to fly off the handle

gondole [gɔ̃dɔl] NF *(barque, présentoir)* gondola

gondoler [gɔ̃dɔle] **1** VI *(planche)* to warp; *(papier)* to crinkle **2 se gondoler** VPR *(planche)* to warp; *(papier)* to crinkle; *Fam (rire)* to fall about laughing

gonflable [gɔ̃flabl] ADJ inflatable

gonfler [gɔ̃fle] **1** VT to swell; *(pneu)* to inflate; *très Fam (énerver)* to get up sb's nose **2** VI to swell **3 se gonfler** VPR to swell ■ **gonflé, -ée** ADJ swollen; *Fam* **être g.** *(courageux)* to have plenty of pluck; *(insolent)* to have a lot of nerve ■ **gonflement** [-əmɑ̃] NM swelling

gorge [gɔrʒ] NF throat; *Littéraire (poitrine)* bosom; *Géog* gorge; **avoir la g. serrée** to have a lump in one's throat; **rire à g. déployée** to roar with laughter; *Fig* **faire des gorges chaudes de qch** to have a field day pouring scorn on sth

gorgé, -ée [gɔrʒe] ADJ **g. de** *(saturé)* gorged with

gorgée [gɔrʒe] NF mouthful; **petite g.** sip; **d'une seule g.** in one gulp

gorger [gɔrʒe] **1** VT *(remplir)* to stuff **(de** with) **2 se gorger** VPR **se g. de** to gorge oneself with

gorille [gɔrij] NM *(animal)* gorilla; *Fam (garde du corps)* bodyguard

gosier [gozje] NM throat

gosse [gɔs] NMF *Fam (enfant)* kid

gothique [gɔtik] ADJ & NM Gothic

gouache [gwaʃ] NF *(peinture)* gouache

goudron [gudrɔ̃] NM tar ■ **goudronner** VT to tar

gouffre [gufr] NM abyss

goulot [gulo] NM *(de bouteille)* neck; **boire au g.** to drink from the bottle

goulu, -ue [guly] ADJ greedy

goupille [gupij] NF *(de grenade)* pin

gourde [gurd] NF *(à eau)* water bottle, flask; *Fam Péj (femme niaise)* dope

gourdin [gurdɛ̃] NM club, cudgel

gourer [gure] **se gourer** VPR *Fam* to make a mistake

gourmand, -ande [gurmɑ̃, -ɑ̃d] **1** ADJ fond of food; *Fig (intéressé)* greedy; **g. de qch** fond of sth **2** NMF hearty eater ■ **gourmandise** NF fondness for food; **gourmandises** *(mets)* delicacies

gourmet [gurmɛ] NM gourmet; **fin g.** gourmet

gourmette [gurmɛt] NF *(bracelet)* chain

gousse [gus] NF **g. d'ail** clove of garlic

goût [gu] NM taste; **de bon g.** in good taste; **sans g.** tasteless; **par g.** by choice; **avoir du g.** *(personne)* to have good taste; **avoir un g. de noisette** to taste of hazelnut; **prendre g. à qch** to take a liking to sth

goûter [gute] **1** VT *(aliment)* to taste; *(apprécier)* to enjoy; **g. à qch** to taste (a little of) sth **2** VI to have an afternoon snack, *Br* to have tea **3** NM afternoon snack, *Br* tea

goutte [gut] NF **(a)** *(de liquide)* drop; **couler g. à g.** to drip **(b)** *Méd* gout ■ **goutte-à-goutte** NM INV *Méd* drip ■ **gouttelette** NF droplet ■ **goutter** VI to drip

gouttière [gutjɛr] NF *(le long du toit)* gutter; *(le long du mur)* drainpipe

gouvernail [guvɛrnaj] NM *(pale)* rudder; *(barre)* helm

gouvernante [guvɛrnɑ̃t] NF governess

gouvernement [guvɛrnəmɑ̃] NM government ■ **gouvernemental, -e, -aux, -ales** ADJ political; **politique gouvernementale** government policy; **l'équipe gouvernementale** the government

gouverner [guvɛrne] VTI *Pol & Fig* to govern, to rule ■ **gouvernants** NMPL rulers ■ **gouverneur** NM governor

GPS [ʒepeɛs] *(abrév* **global positioning system)** NM GPS

grâce [grɑs] **1** NF *(charme)* & *Rel* grace; *Littéraire (faveur) Br* favour, *Am* favor; *(acquittement)* pardon; **de bonne/mauvaise g.** with good/bad grace; **crier g.** to beg for mercy; **faire g. de qch à qn** to spare sb sth; **délai de g.** period of grace; **g. présidentielle** presidential pardon **2** PRÉP **g. à** thanks to

gracier [grasje] VT *(condamné)* to pardon

gracieux, -ieuse [grasjø, -jøz] ADJ *(élégant)* graceful; *(aimable)* gracious; *(gratuit)* gratuitous; **à titre g.** free (of charge) ■ **gracieusement** ADV gracefully; *(aimablement)* graciously; *(gratuitement)* free (of charge)

grade [grad] NM *(militaire)* rank; **monter en g.** to be promoted ■ **gradé** NM *Mil* non-commissioned officer

gradins [gradɛ̃] NMPL *(d'amphithéâtre)* rows of seats; *(de stade) Br* terraces, *Am* bleachers

graduel, -uelle [graduɛl] ADJ gradual

graduer [gradye] VT *(règle)* to graduate; *(augmenter)* to increase gradually

graffiti [grafiti] NMPL graffiti

grain [grɛ̃] NM **(a)** *(de blé)* & *Fig* grain; *(de café)* bean; *(de poussière)* speck; *(de chapelet)* bead; **le g.** *(de cuir, de papier)* the grain; *Fam* **avoir un g.** to be not quite right in the head; *Fam* **mettre son g. de sel** to stick one's oar in; **g. de beauté** mole; *(sur le visage)* beauty spot; **g. de raisin** grape **(b)** *(averse)* shower

graine [grɛn] NF seed; **mauvaise g.** *(enfant)* rotten egg, *Br* bad lot; **en prendre de la g.** to learn from someone's example

graisse [grɛs] NF fat; *(lubrifiant)* grease ■ **graisser** VT to grease ■ **graisseux, -euse** ADJ *(vêtement)* greasy, oily; *(bourrelets, tissu)* fatty

grammaire [gramɛr] NF grammar; **livre de g.** grammar (book) ■ **grammatical, -e, -aux, -ales** ADJ grammatical

gramme [gram] NM gram(me)

grand, -e [grɑ̃, grɑ̃d] **1** ADJ big, large; *(en hauteur)* tall; *(chaleur, découverte, âge, mérite, ami)* great; *(bruit)* loud; *(différence)* big, great; *(adulte, mûr, plus âgé)* grown-up, big; *(âme)* noble; *(illustre)* great; **g. frère** *(plus âgé)* big brother; **le g. air** the open air; **il est g. temps que je parte** it's high time that I left; **il n'y avait pas g. monde** there were not many people **2** ADV **g. ouvert** *(yeux, fenêtre)* wide open; **ouvrir g.** to open wide; **en g.** on a grand *or* large scale **3** NMF *(à l'école)* senior; *(adulte)* grown-up ■ **grandement** ADV *(beaucoup)* greatly; *(généreusement)* grandly ■ **grand-mère** *(pl* **grands-mères)** NF grandmother ■ **grand-père** *(pl* **grands-pères)** NM grandfather ■ **grands-parents** NMPL grandparents

grand-chose [grɑ̃ʃoz] PRON **pas g.** not much

Grande-Bretagne [grɑ̃dbrətaɲ] NF **la G.** Great Britain

grandeur [grɑ̃dœr] NF *(importance, gloire)* greatness; *(dimension)* size; *(majesté, splendeur)* grandeur; **avoir la folie des grandeurs** to have delusions of grandeur; **g. d'âme** magnanimity; **g. nature** life-size

grandiose [grɑ̃djoz] ADJimposing

grandir [grɑ̃dir] **1** VI *(en taille)* to grow; *(en âge)* to grow up; *(bruit)* to grow louder; **g. de 2 cm** to grow 2 cm **2** VT **g. qn** *(faire paraître plus grand)* to make sb look taller

grange [grɑ̃ʒ] NFbarn

granit(e) [granit] NMgranite

graphique [grafik] **1** ADJ*(signe, art)* graphic **2** NM graph; *Ordinat* graphic

grappe [grap] NF*(de fruits)* cluster; **g. de raisin** bunch of grapes

> Il faut noter que le nom anglais **grape** est un faux ami. Il signifie **grain de raisin**.

grappin [grapɛ̃] NM *Fam* **mettre le g. sur qn/qch** to get one's hands on sb/sth

gras, grasse [grɑ, grɑs] **1** ADJ*(personne, ventre)* fat; *(aliment)* fatty; *(graisseux)* greasy, oily; *(plante, contour)* thick; *(rire)* throaty; *(toux)* loose; **faire la grasse matinée** to have a lie-in **2** NM*(de viande)* fat ■ **grassement** ADV**g. payé** handsomely paid ■ **grassouillet, -ette** ADJplump

gratifier [gratifje] VT**g. qn de qch** to present sb with sth ■ **gratification** NF*(prime)* bonus

gratin [gratɛ̃] NM *Culin (plat)* = baked dish with a cheese topping; *Fam (élite)* upper crust; **chou-fleur au g.** cauliflower cheese; **g. dauphinois** = sliced potatoes baked with milk; **g. de macaronis** *Br* macaroni cheese, *Am* macaroni and cheese ■ **gratiner** VTto brown

gratis [gratis] ADVfree (of charge)

gratitude [gratityd] NFgratitude

gratte-ciel [gratsjɛl] NM INVskyscraper

gratter [grate] **1** VT*(avec un outil)* to scrape; *(avec les ongles, les griffes)* to scratch; *(boue)* to scrape off; *(effacer)* to scratch out; *Fam* **ça me gratte** it itches **2** VI *(à la porte)* to scratch; *(tissu)* to be scratchy **3 se gratter** VPRto scratch oneself

gratuit, -uite [gratчi, -чit] ADJ*(billet, entrée)* free; *(hypothèse, acte)* gratuitous ■ **gratuité** NF**la g. de l'enseignement** free education ■ **gratuitement** ADV*(sans payer)* free (of charge); *(sans motif)* gratuitously

> Il faut noter que le nom anglais **gratuity** est un faux ami. Il signifie **pourboire**.

gravats [grava] NMPLrubble, debris

grave [grav] ADJ*(maladie, faute)* serious; *(juge, visage)* grave; *(voix)* deep, low; **ce n'est pas g.!** it's not important! ■ **gravement** ADV*(malade, menacé)* seriously; *(dignement)* gravely

graver [grave] VT*(sur métal)* to engrave; *(sur bois)* to carve; *(disque)* to cut; *(dans sa mémoire)* to engrave ■ **graveur** NMengraver; **g. de CD** CD burner *or* writer

gravier [gravje] NMgravel ■ **gravillon** NMpiece of gravel; **gravillons** gravel, *Br* (loose) chippings

gravir [gravir] VTto climb; *Fig* **g. les échelons** to climb the ladder

gravité [gravite] NF*(de situation)* seriousness; *(solennité)* & *Phys* gravity; **accident sans g.** minor accident; *Phys* **centre de g.** centre of gravity

graviter [gravite] VIto revolve (**autour** around) ■ **gravitation** NFgravitation

gravure [gravyr] NF*(image)* print; *(action, art)* engraving; **g. sur bois** *(action)* woodcarving; *(objet)* woodcut

gré [gre] NM**à son g.** *(goût)* to his/her taste; *(désir)* as he/she pleases; **de son plein g.** of one's own free will; **de bon g.** willingly; **contre le g. de qn** against sb's will; **bon g. mal g.** whether we/you/*etc* like it or not; **de g. ou de force** one way or another; *Formel* **savoir g. de qch à qn** to be thankful to sb for sth

Grèce [grɛs] NF**la G.** Greece ■ **grec, grecque 1** ADJ Greek **2** NMF**G., Grecque** Greek **3** NM *(langue)* Greek

greffe [grɛf] **1** NF*(de peau, d'arbre)* graft; *(d'organe)* transplant **2** NM*Jur* record office ■ **greffer** VT *(peau)* & *Bot* to graft (**à** on to); *(organe)* to transplant ■ **greffier** NM*Jur* clerk (of the court)

grégaire [greger] ADJgregarious

> Il faut noter que lorsque l'adjectif anglais **gregarious** s'emploie à propos de personnes, il signifie **sociable**.

grêle¹ [grɛl] NF hail; *Fig* **g. de balles** hail of bullets ■ **grêler** V IMPERSONNELto hail; **il grêle** it's hailing ■ **grêlon** NMhailstone

grêle² [grɛl] ADJ*(jambes)* skinny; *(tige)* slender; *(voix)* shrill

grelot [grəlo] NM*(small)* bell

grelotter [grəlɔte] VIto shiver (**de** with)

grenade [grənad] NF*(fruit)* pomegranate; *(projectile)* grenade ■ **grenadine** NFgrenadine

grenat [grəna] ADJ INV*(couleur)* dark red

grenier [grənje] NM *(de maison)* attic; *(pour le fourrage)* granary

grenouille [grənuj] NFfrog

grès [grɛ] NM*(roche)* sandstone; *(poterie)* stoneware

grésiller [grezije] VI*(huile)* to sizzle; *(feu, radio)* to crackle

grève¹ [grɛv] NF*(arrêt du travail)* strike; **se mettre en g.** to go out on strike; **faire g.** to be on strike; **g. de la faim** hunger strike; **g. du zèle** *Br* work-to-rule, *Am* rule-book slow-down ■ **gréviste** NMFstriker

grève² [grɛv] NF*(de mer)* shore; *(de rivière)* bank

gribouiller [gribuje] VTI to scribble ■ **gribouillis** NM scribble

grief [grijɛf] NM (plainte) grievance; **faire g. de qch à qn** to hold sth against sb

> Il faut noter que le nom anglais **grief** est un faux ami. Il signifie **chagrin**.

grièvement [grijɛvmɑ̃] ADV seriously, badly

griffe [grif] NF (ongle) claw; (de couturier) (designer) label; Fig (style) stamp; Fig **arracher qn des griffes de qn** to snatch sb out of sb's clutches ■ **griffé, -ée** ADJ **vêtements griffés** designer clothes ■ **griffer** VT to scratch

griffonner [grifɔne] VT to scribble, to scrawl

grignoter [griɲɔte] VTI to nibble

gril [gril] NM (ustensile de cuisine) Br grill, Am broiler ■ **grillade** [grijad] NF (viande) Br grilled meat, Am broiled meat ■ **grille-pain** NM INV toaster ■ **griller 1** VT (viande) Br to grill, Am to broil; (pain) to toast; (café) to roast; (ampoule électrique) to blow; (brûler) to scorch; Fam (cigarette) to smoke; Fam **g. un feu rouge** to jump the lights; Fam **il est grillé** his game's up **2** VI (viande) to grill; (pain) to toast; **mettre qch à g.** to put sth on the grill, Am to broil sth; **g. d'impatience** to be burning with impatience

grille [grij] NF (clôture) railings; (porte) gate; (de fourneau, de foyer) grate; Aut (de radiateur) grille; Fig (des salaires) scale; **g. des horaires** schedule; **g. de mots croisés** crossword puzzle grid ■ **grillage** NM wire mesh or netting

grillon [grijɔ̃] NM cricket

grimace [grimas] NF (pour faire rire) (funny) face; (de douleur) grimace; **faire la g.** to pull a face ■ **grimacer** VI to make a face; (de douleur) to wince (**de** with)

grimer [grime] **1** VT (acteur, visage) to make up **2 se grimer** VPR to put one's make-up on

grimper [grɛ̃pe] **1** VI to climb (**à qch** up sth); Fam (prix) to rocket **2** VT (escalier) to climb ■ **grimpant, -ante** ADJ **plante grimpante** climbing plant

grincer [grɛ̃se] VI to creak; **g. des dents** to grind one's teeth ■ **grincement** NM creaking; **grincements de dents** grinding of teeth

grincheux, -euse [grɛ̃ʃø, -øz] ADJ grumpy

grippe [grip] NF (maladie) flu, influenza; **g. intestinale** gastric flu; **g. porcine** swine flu; **prendre qn/qch en g.** to take a strong dislike to sb/sth

gripper [gripe] **se gripper** VPR (moteur) to seize up

gris, -e [gri, griz] **1** ADJ Br grey, Am gray; (temps) dull, grey; (ivre) tipsy **2** NM Br grey, Am gray ■ **grisaille** NF (caractère morne) dreariness ■ **grisâtre** ADJ Br greyish, Am grayish

grisonner [grizɔne] VI (cheveux, personne) to go Br grey or Am gray ■ **grisonnant, -ante** ADJ Br greying, Am graying; **avoir les tempes grisonnantes** to be going grey at the temples

grive [griv] NF thrush

grivois, -oise [grivwa, -waz] ADJ bawdy

Groenland [grɔɛnlɑ̃d] NM **le G.** Greenland

grog [grɔg] NM hot toddy

grogner [grɔɲe] VI (personne) to grumble (**contre** at); (cochon) to grunt ■ **grogne** NF Fam discontent ■ **grognement** [-əmɑ̃] NM (de personne) growl; (de cochon) grunt ■ **grognon, -onne** ADJ grumpy

groin [grwɛ̃] NM snout

grommeler [grɔm(ə)le] VTI to mutter

gronder [grɔ̃de] **1** VT (réprimander) to scold, to tell off **2** VI (chien) to growl; (tonnerre, camion) to rumble ■ **grondement** NM (de chien) growl; (de tonnerre) rumble

gros, grosse [gro, gros] **1** ADJ (corpulent, important) big; (gras) fat; (épais) thick; (effort, progrès) great; (somme, fortune) large; (averse, rhume, mer) heavy; (faute) serious, gross; (bruit) loud; (traits, laine, fil) coarse; **g. mot** swearword **2** ADV **gagner g.** to earn big money; **risquer g.** to take a big risk; **écrire g.** to write big; **en g.** (globalement) roughly; (écrire) in big letters; (vendre) in bulk, wholesale **3** NMF (personne) fat man, f fat woman **4** NM **le g. de** the bulk of; **commerce/prix de g.** wholesale trade/prices

groseille [grozɛj] NF redcurrant; **g. à maquereau** gooseberry

grossesse [grosɛs] NF pregnancy

grosseur [grosœr] NF (volume) size; (tumeur) lump

grossier, -ière [grosje, -jɛr] ADJ (tissu, traits) rough, coarse; (personne, manières) rude, coarse; (erreur) gross; (idée, solution) rough, crude; (ruse, instrument) crude; **être g. envers qn** to be rude to sb ■ **grossièrement** ADV (calculer) roughly; (répondre) coarsely, rudely; (se tromper) grossly ■ **grossièreté** NF (incorrection, vulgarité) coarseness; (mot) rude word

grossir [grosir] **1** VT (sujet: verre, loupe) to magnify; Fig (exagérer) to exaggerate **2** VI (personne) to put on weight; (fleuve) to swell; (bosse, foule, nombre) to get bigger; (bruit) to get louder ■ **grossissement** NM (augmentation de taille) increase in size; (de microscope) magnification

grossiste [grosist] NMF Com wholesaler

grosso modo [grosomɔdo] ADV (en gros) roughly

grotesque [grɔtɛsk] ADJ ludicrous

grotte [grɔt] NF cave

grouiller [gruje] **1** VI (se presser) to swarm around;

g. de to swarm with **2 se grouiller** VPR *Fam (se hâter)* to get a move on

groupe [grup] NM group; **g. sanguin** blood group; **g. scolaire** *(bâtiments)* school block; **g. témoin** focus group ■ **groupement** NM *(action)* grouping; *(groupe)* group ■ **grouper 1** VT to group (together) **2 se grouper** VPR *(en association)* to form a group; **restez groupés** keep together

grue [gry] NF *(machine, oiseau)* crane

grumeau, -x [grymo] NM *(dans une sauce)* lump

gruyère [gryjɛr] NM Gruyère (cheese)

GSM [ʒeɛsɛm] *(abrév* **global system for mobile communications)** NM *Tél* GSM; *Belg (téléphone portable)* Br mobile (phone), Am cell (phone); **réseau G.** GSM network

Guadeloupe [gwadlup] NF **la G.** Guadeloupe

Guatemala [gwatemala] NM **le G.** Guatemala

gué [ge] NM ford; **passer à g.** to ford

guenilles [gənij] NFPL rags (and tatters)

guenon [gənɔ̃] NF female monkey

guépard [gepar] NM cheetah

guêpe [gɛp] NF wasp

guère [gɛr] ADV **(ne...) g.** *(pas beaucoup)* not much; *(pas longtemps)* hardly, scarcely; **il n'a g. d'amis** he hasn't got many friends; **il ne sort g.** he hardly or scarcely goes out; **il n'y a g. plus de six ans** just over six years ago

guérilla [gerija] NF guerrilla warfare

> Il faut noter que le nom anglais **guerrilla** est un faux ami. Il signifie **guérillero**.

guérir [gerir] **1** VT *(personne, maladie)* to cure (**de** of); *(blessure)* to heal **2** VI *(personne)* to get better, to recover; *(blessure)* to heal; *(rhume)* to get better **3 se guérir** VPR to get better ■ **guéri, -ie** ADJ cured; *Fig* **être g. de qn/qch** to have got over sb/sth ■ **guérison** NF *(rétablissement)* recovery ■ **guérisseur, -euse** NMF faith healer

Guernesey [gɛrn(ə)zɛ] NF Guernsey

guerre [gɛr] NF war; *(technique)* warfare; **en g.** at war (**avec** with); **faire la g.** to wage or make war (**à** on or against); *(soldat)* to fight; **crime/cri de g.** war crime/cry; **g. d'usure** war of attrition ■ **guerrier, -ière 1** ADJ **danse guerrière** war dance; **chant g.** battle song; **nation guerrière** warlike nation **2** NMF warrior

guet [gɛ] NM **faire le g.** to be on the lookout

guetter [gete] VT *(occasion)* to watch out for; *(gibier)* to lie in wait for

guet-apens [gɛtapɑ̃] *(pl* **guets-apens)** NM ambush

gueule [gœl] NF *(d'animal, de canon)* mouth; *Fam (de personne)* mouth; *Fam (visage)* face; *Fam* **avoir la g. de bois** to have a hangover; *Fam* **faire la g.** to sulk; *Fam* **faire une g. d'enterrement** to look really Br pissed off or Am pissed ■ **gueuler** VTI *très Fam* to bawl ■ **gueuleton** NM *Fam (repas)* feast, Br blowout

gui [gi] NM mistletoe

guichet [giʃɛ] NM *(de gare, de banque)* window; *(de théâtre)* box office; *Théâtre* **on joue à guichets fermés** the performance is sold out; **g. automatique** *(de banque)* cash dispenser ■ **guichetier, -ière** NMF *(de banque)* Br counter clerk, Am teller; *(à la gare)* ticket clerk

guide [gid] **1** NM *(personne, livre)* guide; **g. touristique** tourist guide **2** NF *(éclaireuse)* (Girl) Guide ■ **guider** VT to guide

guidon [gidɔ̃] NM handlebars

guigne [giɲ] NF *Fam (malchance)* bad luck

guignol [giɲɔl] NM *(spectacle)* ≃ Punch and Judy show; *Fam* **faire le g.** to clown around

guillemets [gijmɛ] NMPL *Typ* inverted commas, quotation marks; **entre g.** in inverted commas, in quotation marks

guillotine [gijɔtin] NF guillotine ■ **guillotiner** VT to guillotine

guimauve [gimov] NF *(confiserie)* marshmallow

guindé, -ée [gɛ̃de] ADJ *(peu naturel)* stiff; *(style)* stilted

Guinée [gine] NF **la G.** Guinea

guirlande [girlɑ̃d] NF garland; **g. de Noël** piece of tinsel; **g. lumineuse** string of (fairy) lights

guise [giz] NF **agir à sa g.** to do as one pleases; **n'en faire qu'à sa g.** to do just as one pleases; **en g. de** by way of

guitare [gitar] NF guitar ■ **guitariste** NMF guitarist

Guyane [gɥijan] NF **la G.** Guiana

gymnase [ʒimnɑz] NM gymnasium ■ **gymnaste** NMF gymnast ■ **gymnastique** NF gymnastics *(sing)*

gynécologie [ʒinekɔlɔʒi] NF Br gynaecology, Am gynecology ■ **gynécologue** NMF Br gynaecologist, Am gynecologist

gyrophare [ʒirofar] NM flashing light

H, h [aʃ] NM INV H, h; **l'heure H** zero hour; **bombe H** H-bomb

habile [abil] ADJ skilful, *Am* skillful (**à qch** at sth; **à faire** at doing); **h. de ses mains** good with one's hands ■ **habilement** ADV skilfully, *Am* skillfully ■ **habileté** NF skill

habilité, -ée [abilite] ADJ (legally) authorized (**à faire** to do)

habiller [abije] **1** VT *(vêtir)* to dress (**de** in); *(fournir en vêtements)* to clothe; *(garnir)* to cover (**de** with); **h. qn en soldat** to dress sb up as a soldier; **un rien l'habille** he/she looks good in anything **2 s'habiller** VPR to dress, to get dressed; *(avec élégance)* to dress up; **s'h. chez Dior** to buy one's clothes from Dior ■ **habillé, -ée** ADJ dressed (**de** in; **en** as); *(costume, robe)* smart; **soirée habillée** formal occasion ■ **habillement** NM *(vêtements)* clothes

habit [abi] NM *(tenue de soirée)* evening dress, tails; **habits** *(vêtements)* clothes

habitable [abitabl] ADJ (in)habitable; *(maison)* fit to live in

habitat [abita] NM *(d'animal, de plante)* habitat; *(conditions)* housing conditions

habitation [abitɑsjɔ̃] NF *(lieu)* dwelling; *(fait de résider)* living

habiter [abite] **1** VT *(maison, région)* to live in; *(planète)* to inhabit **2** VI to live (**à/en** in) ■ **habitant, -ante** NMF *(de pays)* inhabitant; *(de maison)* occupant ■ **habité, -ée** ADJ *(région)* inhabited; *(maison)* occupied

habitude [abityd] NF habit; **avoir l'h. de qch** to be used to sth; **avoir l'h. de faire qch** to be used to doing sth; **prendre l'h. de faire qch** to get into the habit of doing sth; **prendre de mauvaises habitudes** to pick up (some) bad habits; **d'h.** usually; **comme d'h.** as usual

habituel, -uelle [abityɛl] ADJ usual, customary ■ **habituellement** ADV usually

habituer [abitɥe] **1** VT **h. qn à qch** to accustom sb to sth; **être habitué à qch/à faire qch** to be used to sth/to doing sth **2 s'habituer** VPR **s'h. à qn/qch** to get used to sb/sth ■ **habitué, -uée** NMF regular; *(de maison)* regular visitor

hache [aʃ] NF axe, *Am* ax

hacher [aʃe] VT *(au couteau)* to chop up; *(avec un appareil)* Br to mince, *Am* to grind ■ **haché, -ée** ADJ *(viande)* Br minced, *Am* ground; *(légumes)* chopped; *(style)* jerky ■ **hachis** NM *(viande)* Br mince, *Am* ground meat; **h. Parmentier** ≃ cottage pie

hachurer [aʃyre] VT *(dessin, gravure)* to hatch

haie [ɛ] NF *(clôture)* hedge; *(rangée)* row; *(en athlétisme)* hurdle; *(en équitation)* fence; **400 mètres haies** *(en athlétisme)* 400-metre hurdles; **course de haies** *(en équitation)* steeplechase; **h. d'honneur** guard of honour

haillons [ɑjɔ̃] NMPL rags; **en h.** in rags

haine [ɛn] NF hatred, hate; *Fam* **avoir la h.** *(être révolté)* to be full of rage ■ **haineux, -euse** ADJ full of hatred

Il faut noter que l'adjectif anglais **heinous** est un faux ami. Il signifie **atroce**.

haïr* [air] VT to hate ■ **haïssable** ADJ hateful

hâle [ɑl] NM suntan ■ **hâlé, -ée** ADJ suntanned

haleine [alɛn] NF breath; **hors d'h.** out of breath; **perdre h.** to get out of breath; **reprendre h.** to get one's breath back; **tenir qn en h.** to keep sb in suspense; **travail de longue h.** long job

haleter [al(ə)te] VI to pant, to gasp ■ **haletant, -ante** ADJ panting, gasping

hall [ol] NM *(de maison)* entrance hall; *(d'hôtel)* lobby; *(d'aéroport)* lounge; **h. de gare** station concourse

halle [al] NF (covered) market; **les halles** the central food market

hallucination [alysinɑsjɔ̃] NF hallucination ■ **hallucinant, -ante** ADJ incredible ■ **halluciner** VI to hallucinate; *Fam* **j'hallucine!** I don't believe it!

halogène [aloʒɛn] NM *(lampe)* halogen lamp

halte [alt] **1** NF *(arrêt)* stop, *Mil* halt; *(lieu)* stopping place, *Mil* halting place; **faire h.** to stop; **h. routière** (roadside) rest area **2** EXCLAM stop!, *Mil* halt!

haltère [altɛr] NM dumbbell ■ **haltérophile** NMF weightlifter ■ **haltérophilie** NF weight-lifting

hamac [amak] NM hammock

hamburger [ɑ̃bœrɡœr] NM burger

hameau, -x ['amo] NM hamlet

hameçon [amsɔ̃] NM (fish-)hook; *Fig* **mordre à l'h.** to swallow the bait

hamster ['amstɛr] NM hamster

hanche ['ɑ̃ʃ] NF hip

handball ['ɑ̃dbal] NM *Sport* handball

handicap ['ɑ̃dikap] NM (physique, mental) disability; *Fig* handicap ■ **handicapé, -ée 1** ADJ disabled **2** NMF disabled person; **h. moteur** person with motor impairment; **h. physique/mental** physically/mentally handicapped person

hangar ['ɑ̃gar] NM (entrepôt) shed; (pour avions) hangar; (pour bus) depot

hanter ['ɑ̃te] VT (sujet: fantôme, souvenir) to haunt; *Fig* (bars) to hang around ■ **hanté, -ée** ADJ (maison) haunted ■ **hantise** NF avoir la h. de **qch** to really dread sth

happer ['ape] VT (saisir) to snatch; (par la gueule) to snap up

harasser ['arase] VT to exhaust

Il faut noter que le verbe anglais **to harass** est un faux ami. Il signifie **harceler**.

harceler ['arsəle] VT (importuner) to harass; (insister auprès de) to pester; **h. qn de questions** to pester sb with questions ■ **harcèlement** NM harassment; **h. sexuel** sexual harassment

hardi, -ie ['ardi] ADJ bold

harem ['arɛm] NM harem

hareng ['arɑ̃] NM herring; **h. saur** smoked herring

hargne ['arɲ] NF bad temper ■ **hargneux, -euse** ADJ bad-tempered

haricot ['ariko] NM bean; *Fam* **c'est la fin des haricots** It's all over!; **h. blanc** haricot bean; **h. rouge** kidney bean; **h. vert** green bean; *Br* French bean

harmonica [armɔnika] NM harmonica, mouth organ

harmonie [armɔni] NF harmony ■ **harmonieux, -ieuse** ADJ harmonious ■ **harmoniser** VT **s'harmoniser** VPR to harmonize

harnais [arnɛ] NM (de cheval, de bébé) harness

harpe ['arp] NF harp

harpon ['arpɔ̃] NM harpoon

hasard ['azar] NM **le h.** chance; **un h.** a coincidence; **un heureux h.** a stroke of luck; **par h.** by chance; **au h.** (choisir, répondre) at random; (marcher) aimlessly; **à tout h.** (par précaution) just in case; (pour voir) on the off chance; **si par h.** if by any chance ■ **hasarder 1** VT (remarque, démarche) to venture **2 se hasarder** VPR **se h. dans** to venture into; **se h. à faire qch** to

risk doing sth ■ **hasardeux, -euse** ADJ risky, hazardous

Il faut noter que le nom anglais **hazard** est un faux ami. Il signifie uniquement **danger**.

haschisch ['aʃiʃ] NM hashish

hâte ['ɑt] NF haste; **à la h.** hastily; **en (toute) h.** hurriedly; **avoir h. de faire qch** to be eager to do sth ■ **hâter 1** VT (pas, départ) to hasten **2 se hâter** VPR to hurry (**de faire** to do) ■ **hâtif, -ive** ADJ (trop rapide) hasty

hausse ['os] NF rise (**de** in); **en h.** rising ■ **hausser 1** VT (prix, voix) to raise; (épaules) to shrug **2 se hausser** VPR **se h. sur la pointe des pieds** to stand on tiptoe

haut, -e ['o, 'ot] **1** ADJ high; (en taille) tall; (dans le temps) early; **h. de 5 m** 5 m high or tall; **à haute voix, à voix haute** aloud; **en haute mer** out at sea; **la mer est haute** it's high tide; **la haute couture** high fashion; **la haute société** high society; **un instrument de haute précision** a precision instrument; **un renseignement de la plus haute importance** news of the utmost importance; **avoir une haute opinion de qn** to have a high opinion of sb; **haute trahison** high treason

2 ADV (dans l'espace) & *Mus* high; (dans une hiérarchie) highly; (parler) loud, loudly; **tout h.** (lire, penser) out loud; **h. placé** (personne) in a high position; **plus h.** (dans un texte) above

3 NM (partie haute) top; **en h. de** at the top of; **en h.** (loger) upstairs; (regarder) up; (mettre) on (the) top; **d'en h.** (de la partie haute, du ciel) from high up, from above; **avoir 5 mètres de h.** to be 5 metres high or tall; *Fig* **des hauts et des bas** ups and downs ■ **haut-de-forme** (pl **hauts-de-forme**) NM top hat ■ **haut-le-cœur** NM INV **avoir un h.** to retch ■ **haut-parleur** (pl **haut-parleurs**) NM *Br* loudspeaker, *Am* bullhorn

hautain, -aine ['otɛ̃, -ɛn] ADJ haughty

hautbois ['obwa] NM oboe

hautement ['otmɑ̃] ADV (très) highly ■ **hauteur** NF height; (colline) hill; *Péj* (orgueil) haughtiness; *Mus* pitch; **à h. de 10 000 euros** for a sum of 10,000 euros; **à la h. de** (objet) level with; (rue) opposite; **arriver à la h. de qch** (mesurer) to reach (the level of) sth; **à la h. de la situation** up to or equal to the situation; **il n'est pas à la h.** he isn't up to it

havre ['avr] NM *Littéraire* haven; **h. de paix** haven of peace

Haye ['ɛ] NF **La H.** The Hague

hé ['e] EXCLAM (appel) hey!; **hé! hé!** (appréciation, moquerie) well, well!

hebdomadaire [ɛbdɔmadɛr] ADJ & NM weekly

héberger [eberʒe] VT (invités) to put up; *Ordinat*

(site Web) to host ∎ **hébergement** [-əmɑ̃] NM putting up; **centre d'h.** shelter

hébété, -ée [ebete] ADJ dazed

hébreu, -x [ebrø] **1** ADJ M Hebrew **2** NM *(langue)* Hebrew

Hébrides [ebrid] NFPL **les H.** the Hebrides

hécatombe [ekatɔ̃b] NF slaughter

hectare [ɛktar] NM hectare *(= 2.47 acres)*

hein [ˈɛ̃] EXCLAM *Fam (surprise, interrogation)* eh?; **ne fais plus jamais ça, h.?** don't ever do that again, OK?

hélas [ˈelɑs] EXCLAM unfortunately

héler [ele] VT *(taxi)* to hail

hélice [elis] NF *(d'avion, de navire)* propeller

hélicoptère [elikɔptɛr] NM helicopter

helvétique [ɛlvetik] ADJ Swiss

hémicycle [emisikl] NM *Pol* **l'h.** *(de l'Assemblée nationale)* the chamber

hémisphère [emisfɛr] NM hemisphere

hémophile [emɔfil] **1** ADJ haemophilic **2** NM haemophiliac ∎ **hémophilie** NF *Méd* haemophilia

hémorragie [emɔraʒi] NF *Méd* haemorrhage; *Fig (de capitaux)* drain; **faire une h.** to haemorrhage; **h. cérébrale** stroke

hémorroïdes [emɔrɔid] NFPL piles, haemorrhoids

hennir [ˈenir] VI *(cheval)* to neigh ∎ **hennissement** NM neigh; **hennissements** neighing

hépatite [epatit] NF *Méd* hepatitis

herbe [ɛrb] NF grass; *(pour soigner)* herb; **mauvaise h.** weed; *Culin* **fines herbes** herbs; *Fig* **poète en h.** budding poet; *Fam* **fumer de l'h.** to smoke grass *or* weed ∎ **herbicide** NM weedkiller ∎ **herbivore** ADJ herbivorous

hérédité [eredite] NF *Biol* heredity ∎ **héréditaire** ADJ hereditary

hérésie [erezi] NF heresy ∎ **hérétique** **1** ADJ heretical **2** NMF heretic

hérisser [ˈerise] **1** VT *(poils)* to bristle up; *Fig* **h. qn** *(irriter)* to get sb's back up **2 se hérisser** VPR *(animal, personne)* to bristle; *(poils, cheveux)* to stand on end ∎ **hérissé, -ée** ADJ *(cheveux)* bristly; *(cactus)* prickly; **h. de** bristling with

hérisson [ˈerisɔ̃] NM hedgehog

hériter [erite] **1** VT to inherit *(qch de qn* sth from sb) **2** VI **h. de qch** to inherit sth ∎ **héritage** NM *(biens)* inheritance; *Fig (culturel, politique)* heritage; **faire un h.** to come into an inheritance ∎ **héritier** NM heir *(de* to) ∎ **héritière** NF heiress *(de* to)

hermétique [ɛrmetik] ADJ hermetically sealed; *Fig (obscur)* impenetrable ∎ **hermétiquement** ADV hermetically

hermine [ɛrmin] NF *(animal, fourrure)* ermine

hernie [ˈɛrni] NF *Méd* hernia; **h. discale** slipped disc

héron [ˈerɔ̃] NM heron

héros [ˈero] NM hero ∎ **héroïne** NF *(femme)* heroine; *(drogue)* heroin ∎ **héroïque** [erɔik] ADJ heroic ∎ **héroïsme** [erɔism] NM heroism

hésiter [ezite] VI to hesitate *(sur* over *or* about; **entre** between; **à faire** to do) ∎ **hésitant, -ante** ADJ hesitant ∎ **hésitation** NF hesitation; **avec h.** hesitatingly

hétéroclite [eterɔklit] ADJ motley

hétérogène [eterɔʒɛn] ADJ mixed

hêtre [ˈɛtr] NM *(arbre, bois)* beech

heure [œr] NF *(mesure)* hour; *(moment)* time; **quelle h. est-il?** what time is it?; **il est six heures** it's six (o'clock); **six heures moins cinq** five to six; **six heures cinq** *Br* five past six, *Am* five after six; **à l'h.** *(arriver)* on time; *(être payé)* by the hour; **100 km à l'h.** 100 km an hour; **de bonne h.** early; **tout à l'h.** *(futur)* in a few moments, later; *(passé)* a moment ago; **à tout à l'h.!** *(au revoir)* see you soon!; **à toute h.** *(continuellement)* at all hours; **24 heures sur 24** 24 hours a day; **d'h. en h.** hourly, hour by hour; **faire des heures supplémentaires** to work *or* do overtime; **heures d'affluence, heures de pointe** *(circulation)* rush hour; *(dans les magasins)* peak period; **heures creuses** off-peak *or* slack periods; **h. d'été** *Br* summer time, *Am* daylight-saving time

heureux, -euse [œrø, -øz] **1** ADJ happy *(de* with); *(chanceux)* lucky, fortunate; *(issue, changement)* successful; *(expression, choix)* apt; **h. de faire qch** happy to do sth; **je suis h. que vous puissiez venir** I'm happy you can come **2** ADV *(vivre, mourir)* happily ∎ **heureusement** ADV *(par chance)* fortunately, luckily *(pour* for); *(avec succès)* successfully

heurt [ˈœr] NM collision; *Fig (d'opinions)* clash; **sans heurts** smoothly

heurter [ˈœrte] **1** VT *(cogner)* to hit *(contre* against); *(entrer en collision avec)* to collide with; **h. qn** *(choquer)* to offend sb **2 se heurter** VPR to collide *(à ou* **contre** against); *Fig* **se h. à qch** to meet with sth

hexagone [ɛgzagɔn] NM hexagon; *Fig* **l'H.** France ∎ **hexagonal, -e, -aux, -ales** ADJ hexagonal; *Fam (français)* French

hiberner [ibɛrne] VI to hibernate ∎ **hibernation** NF hibernation

hibou, -x [ˈibu] NM owl

hic [ˈik] NM *Fam* **voilà le h.!** there's the snag!

hideux, -euse [ˈidø, -øz] ADJ hideous

hier [ijɛr] ADV yesterday; **h. soir** yesterday evening;

ça ne date pas d'h. that's nothing new; *Fig* **elle n'est pas née d'h.** she wasn't born yesterday

hiérarchie [ˈjerarʃi] NF hierarchy ■ **hiérarchique** ADJ hierarchical; **par la voie h.** through the official channels

hi-fi [ˈifi] ADJ INV & NF INV hi-fi

hilare [ilar] ADJ grinning ■ **hilarant, -ante** ADJ hilarious ■ **hilarité** NF hilarity, mirth

hindou, -oue [ɛ̃du] ADJ & NMF Hindu

hip-hop [ˈipɔp] NM INV *(musique)* hip-hop

hippie [ˈipi] NMF hippie

hippique [ipik] ADJ **concours h.** horse show ■ **hippodrome** NM *Br* racecourse, *Am* racetrack

hippopotame [ipɔpɔtam] NM hippopotamus, *Fam* hippo

hirondelle [irɔ̃dɛl] NF *(oiseau)* swallow

hirsute [irsyt] ADJ *(personne, barbe)* shaggy

hispanique [ispanik] ADJ Hispanic

hisser [ˈise] **1** VT to hoist up **2 se hisser** VPR to heave oneself up

histoire [istwar] NF *(science, événements)* history; *(récit)* story; *Fam (affaire)* business, matter; *Fam* **des histoires** *(mensonges)* fibs, stories; *(chichis)* fuss; *Fam* **h. de rire** for a laugh; **sans histoires** *(voyage)* uneventful

historien, -ienne [istɔrjɛ̃, -jɛn] NMF historian

historique [istɔrik] **1** ADJ *(concernant l'histoire)* historical; *(important)* historic **2** NM historical account

hiver [ivɛr] NM winter ■ **hivernal, -e, -aux, -ales** ADJ winter; *(temps)* wintry

HLM [aʃɛlɛm] *(abrév* **habitation à loyer modéré)** NM OU F *Br* ≃ (block of) council flats, *Am* ≃ public housing unit

hocher [ˈɔʃe] VT **h. la tête** *(pour dire oui)* to nod; *(pour dire non)* to shake one's head ■ **hochement** NM **h. de tête** *(affirmatif)* nod; *(négatif)* shake of the head

hochet [ˈɔʃe] NM rattle

hockey [ˈɔke] NM hockey; **h. sur glace** ice hockey; **h. sur gazon** *Br* hockey, *Am* field hockey

hold-up [ˈɔldœp] NM INV hold-up

Hollande [ˈɔlɑ̃d] NF **la H.** Holland ■ **hollandais, -aise 1** ADJ Dutch **2** NMF **H.** Dutchman; **Hollandaise** Dutchwoman; **les H.** the Dutch **3** NM *(langue)* Dutch

holocauste [ɔlɔkost] NM holocaust

homard [ˈɔmar] NM lobster

homéopathe [ɔmeɔpat] **1** ADJ homeopathic **2** NMF homeopath ■ **homéopathie** NF homeopathy ■ **homéopathique** ADJ homeopathic

homicide [ɔmisid] NM homicide; **h. involon-**taire *ou* **par imprudence** manslaughter; **h. volontaire** murder

hommage [ɔmaʒ] NM homage (**à** to); **rendre h. à qn** to pay homage to sb; **faire qch en h. à qn** to do sth as a tribute to sb *or* in homage to sb; **présenter ses hommages à une femme** to pay one's respects to a lady

homme [ɔm] NM man *(pl* men); **l'h.** *(genre humain)* man(kind); **des vêtements d'h.** men's clothes; **d'h. à h.** man to man; **h. d'affaires** businessman; **h. politique** politician ■ **homme-grenouille** *(pl* **hommes-grenouilles)** NM frogman

homogène [ɔmɔʒɛn] ADJ homogeneous ■ **homogénéité** NF homogeneity

homologue [ɔmɔlɔg] NMF counterpart, opposite number

homologuer [ɔmɔlɔge] VT *(décision, accord, record)* to ratify

homonyme [ɔmɔnim] **1** NM *(mot)* homonym **2** NMF *(personne)* namesake

homosexuel, -uelle [ɔmɔsɛksɥɛl] ADJ & NMF homosexual ■ **homosexualité** NF homosexuality

Hongrie [ˈɔ̃gri] NF **la H.** Hungary ■ **hongrois, -oise 1** ADJ Hungarian **2** NMF **H., Hongroise** Hungarian **3** NM *(langue)* Hungarian

honnête [ɔnɛt] ADJ *(intègre)* honest; *(vie, gens)* decent; *(prix)* fair ■ **honnêtement** ADV *(avec intégrité)* honestly; *(raisonnablement)* decently; **h., qu'est-ce que tu en penses?** be honest, what do you think? ■ **honnêteté** NF *(intégrité)* honesty

honneur [ɔnœr] NM *Br* honour, *Am* honor; **en l'h. de qn** in honour of sb; **faire h. à** *(sa famille)* to be a credit to; *(par sa présence)* to do honour to; *(promesse)* to honour; *(repas)* to do justice to; **être à l'h.** to have the place of honour; **donner sa parole d'h.** to give one's word of honour; **mettre un point d'h. à faire qch** to make it a point of honour to do sth; **invité d'h.** guest of honour; **membre d'h.** honorary member

honorable [ɔnɔrabl] ADJ *Br* honourable, *Am* honorable; *Fig (résultat, salaire)* respectable

honoraire [ɔnɔrɛr] ADJ *(membre)* honorary ■ **honoraires** NMPL fees

honorer [ɔnɔre] **1** VT to *Br* honour *or Am* honor (**de** with); **h. qn** *(conduite)* to be a credit to sb; **h. qn de sa confiance** to put one's trust in sb **2 s'honorer** VPR **s'h. d'avoir fait qch** to pride oneself on having done sth ■ **honorifique** ADJ honorary

honte [ˈɔ̃t] NF shame; **avoir h.** to be *or* feel ashamed (**de qch/de faire** of sth/to do *or* of doing); **faire h. à qn** to put sb to shame; **sans h.**

shamelessly ■ **honteux, -euse** ADJ *(personne)* ashamed (**de** of); *(conduite, acte)* shameful

hop [ˈɔp] EXCLAM **allez h., saute!** go on, jump!; **allez h., tout le monde dehors!** come on, everybody out!

hôpital, -aux [ɔpital, -o] NM hospital; **à l'h.** *Br* in hospital, *Am* in the hospital

hoquet [ˈɔkɛ] NM hiccup; **avoir le h.** to have the hiccups

horaire [ɔrɛr] **1** ADJ *(salaire)* hourly; *(vitesse)* per hour **2** NM timetable, schedule; **horaires de travail** working hours

horizon [ɔrizɔ̃] NM horizon; *(vue, paysage)* view; **à l'h.** on the horizon ■ **horizontal, -e, -aux, -ales** ADJ horizontal ■ **horizontalement** ADV horizontally

horloge [ɔrlɔʒ] NF clock ■ **horloger, -ère** NMF watchmaker ■ **horlogerie** NF *(magasin)* watchmaker's (shop); *(industrie)* watchmaking

hormis [ˈɔrmi] PRÉP *Littéraire* save, except (for)

hormone [ɔrmɔn] NF hormone ■ **hormonal, -e, -aux, -ales** ADJ **traitement h.** hormone treatment

horoscope [ɔrɔskɔp] NM horoscope

horreur [ɔrœr] NF horror; **des horreurs** *(propos)* horrible things; **faire h. à qn** to disgust sb; **avoir h. de qch** to hate *or* loathe sth; **quelle h.!** how awful!

horrible [ɔribl] ADJ *(effrayant)* horrible; *(laid)* hideous ■ **horriblement** [-əmɑ̃] ADV *(défiguré)* horribly; *(cher, froid)* terribly

hors [ˈɔr] PRÉP **h. de** *(maison, boîte)* outside; *Fig (danger, haleine)* out of; **h. de doute** beyond doubt; **h. de soi** *(furieux)* beside oneself; *Fig* **être h. concours** to be in a class of one's own; *Football* **être h. jeu** to be offside ■ **hors-bord** NM INV speedboat ■ **hors-d'œuvre** NM INV *(plat)* hors-d'œuvre, starter ■ **hors-jeu** NM INV *Football* offside ■ **hors-la-loi** NM INV outlaw ■ **hors-piste** NM INV *Ski* off-piste skiing ■ **hors service** ADJ INV *(appareil)* out of order ■ **hors taxe** ADJ INV *(magasin, objet)* duty-free

hortensia [ɔrtɑ̃sja] NM hydrangea

horticulteur, -trice [ɔrtikyltœr, -tris] NMF horticulturist ■ **horticulture** NF horticulture

hospice [ɔspis] NM *(foyer)* home; *(hôpital)* hospice

hospitalier, -ière [ɔspitalje, -jɛr] ADJ *(accueillant)* hospitable; **centre h.** hospital (complex); **personnel h.** hospital staff ■ **hospitaliser** VT to hospitalize ■ **hospitalité** NF hospitality

hostile [ɔstil] ADJ hostile (**à** to *or* towards) ■ **hostilité** NF hostility (**envers** to *or* towards); *Mil* **hostilités** hostilities

hôte [ot] **1** NM *(qui reçoit)* host **2** NMF *(invité)* guest ■ **hôtesse** NF hostess; **h. de l'air** air hostess

hôtel [otɛl] NM hotel; **h. particulier** mansion, town house; **h. de ville** *Br* town hall, *Am* city hall; **h. des impôts** tax office; **h. des ventes** auction rooms ■ **hôtelier, -ière 1** NMF hotel-keeper, hotelier **2** ADJ **industrie hôtelière** hotel industry ■ **hôtellerie** NF *(auberge)* inn; *(métier)* hotel trade

hotte [ˈɔt] NF *(panier)* basket *(carried on back)*; *(de cheminée)* hood; **la h. du père Noël** Santa's sack, *Br* Father Christmas's sack; **h. aspirante** extractor hood

houille [ˈuj] NF coal; **h. blanche** hydroelectric power ■ **houiller, -ère 1** ADJ **bassin h.** coalfield **2** NF **houillère** coalmine, *Br* colliery

houle [ˈul] NF swell ■ **houleux, -euse** ADJ *(mer)* rough; *Fig (réunion)* stormy

houlette [ˈulɛt] NF *Fig* **sous la h. de qn** under the leadership of sb

hourra [ˈura] **1** EXCLAM hurray! **2** NM hurray

housse [ˈus] NF *(protective)* cover

houx [ˈu] NM holly

hublot [ˈyblo] NM *(de navire, d'avion)* porthole

huer [ˈɥe] VT to boo ■ **huées** NFPL boos

huile [ɥil] NF oil; *Fam (personne)* big shot; **h. d'arachide/d'olive** groundnut/olive oil; **h. essentielle** essential oil; **h. solaire** suntan oil ■ **huiler** VT to oil ■ **huileux, -euse** ADJ oily

huis [ɥi] NM **à h. clos** behind closed doors; *Jur* in camera

huissier [ɥisje] NM *(portier)* usher; *Jur* bailiff

huit [ˈɥit, ˈɥi before consonant] ADJ & NM INV eight; **h. jours** a week; **dimanche en h.** *Br* a week on Sunday, *Am* a week from Sunday ■ **huitième** ADJ, NM & NMF eighth; **un h.** an eighth; *Sport* **h. de finale** last sixteen

huître [ɥitr] NF oyster

humain, -aine [ymɛ̃, -ɛn] **1** ADJ *(relatif à l'homme)* human; *(compatissant)* humane **2** NMPL **les humains** humans ■ **humainement** ADV *(relatif à l'homme)* humanly; *(avec bonté)* humanely; **h. possible** humanly possible ■ **humanitaire** ADJ humanitarian ■ **humanité** NF *(genre humain, sentiment)* humanity

humble [œbl] ADJ humble ■ **humblement** [-əmɑ̃] ADV humbly

humecter [ymɛkte] VT to moisten

humer [ˈyme] VT *(respirer)* to breathe in; *(sentir)* to smell

humeur [ymœr] NF *(disposition)* mood; *(caractère)* temper; *(mauvaise humeur)* bad mood; **être de bonne/mauvaise h.** to be in a good/bad mood; **mettre qn de bonne/mauvaise h.** to put sb in a good/bad mood; **être d'une h. massacrante** to be in a foul mood; **d'h. égale** even-tempered

humide [ymid] ADJ *(linge)* damp, wet; *(climat, temps)* humid; **les yeux humides de larmes** eyes moist with tears ▪ **humidifier** VT to humidify ▪ **humidité** NF *(de maison)* dampness; *(de climat)* humidity

humilier [ymilje] VT to humiliate ▪ **humiliant, -iante** ADJ humiliating ▪ **humiliation** NF humiliation ▪ **humilité** NF humility

humour [ymur] NM *Br* humour, *Am* humor; **avoir de l'h.** *ou* **le sens de l'h.** to have a sense of humour; **h. noir** black humour ▪ **humoriste** NMF humorist ▪ **humoristique** ADJ *(ton)* humorous

huppé, -ée ['ype] ADJ *Fam (riche)* high-class, *Br* posh

hurler ['yrle] **1** VT *(slogans, injures)* to yell **2** VI *(loup, vent)* to howl; *(personne)* to scream; *Fig* **h. avec les loups** to follow the crowd ▪ **hurlement** [-əmɑ̃] NM *(de loup, de vent)* howl; *(de personne)* scream

hutte ['yt] NF hut

hybride [ibrid] ADJ & NM hybrid

hydrater [idrate] VT *(peau)* to moisturize; **crème hydratante** moisturizing cream

hydraulique [idrolik] ADJ hydraulic

hydravion [idravjɔ̃] NM seaplane

hydrocarbure [idrokarbyr] NM hydrocarbon

hydroélectrique [idroelɛktrik] ADJ hydro-electric

hydrogène [idrɔʒɛn] NM hydrogen

hydrophile [idrɔfil] ADJ **coton h.** *Br* cotton wool, *Am* (absorbent) cotton

hyène [jɛn] NF hyena

hygiène [iʒjɛn] NF hygiene ▪ **hygiénique** ADJ hygienic; *(serviette, conditions)* sanitary

hymne [imn] NM hymn; **h. national** national anthem

hyper- [iper] PRÉF hyper- ▪ **hypermarché** NM hypermarket ▪ **hypermétrope** ADJ longsighted ▪ **hypertension** NF **h. artérielle** high blood pressure; **faire de l'h.** to have high blood pressure

hypnose [ipnoz] NF hypnosis ▪ **hypnotique** ADJ hypnotic ▪ **hypnotiser** VT to hypnotize

hypoallergénique [ipoalɛrʒenik] ADJ hypoallergenic

hypocalorique [ipokalɔrik] ADJ *(régime, aliment)* low-calorie

hypocrisie [ipɔkrizi] NF hypocrisy ▪ **hypocrite 1** ADJ hypocritical **2** NMF hypocrite

hypodermique [ipɔdɛrmik] ADJ hypodermic

hypothèque [ipɔtɛk] NF mortgage

hypothèse [ipɔtɛz] NF hypothesis; **dans l'h. où...** supposing (that)...

hystérie [isteri] NF hysteria ▪ **hystérique** ADJ hysterical

I, i [i] NM INV I, i

iceberg [isberg, ajsberg] NM iceberg

ici [isi] ADV here; **par i.** *(passer)* this way; *(habiter)* around here; **jusqu'i.** *(temps)* up to now; *(lieu)* as far as this *or* here; **d'i. à mardi** by Tuesday; **d'i. à une semaine** within a week; **d'i. peu** before long; **i. Dupont!** *(au téléphone)* Dupont here!, this is Dupont!; **les gens d'i.** the people from around here, the locals

icône [ikon] NF *Rel & Ordinat* icon

idéal, -e, -aux *ou* **-als, -ales** [ideal, -o] **1** ADJ ideal **2** NM ideal; **l'i. serait de/que...** the ideal *or* best solution would be to/if... ■ **idéaliser** VT to idealize ■ **idéalisme** NM idealism ■ **idéaliste 1** ADJ idealistic **2** NMF idealist

idée [ide] NF idea **(de** of; **que** that); **changer d'i.** to change one's mind; **il m'est venu à l'i. que...** it occurred to me that...; **se faire une i. de qch** to get an idea of sth; *Fam* **se faire des idées** to imagine things; **i. fixe** obsession; **idées noires** black thoughts

idem [idɛm] ADV ditto

identifier [idātifje] VT **s'identifier** VPR to identify **(à** *ou* **avec** with) ■ **identification** NF identification

identique [idātik] ADJ identical **(à** to)

identité [idātite] NF identity

idéologie [ideɔlɔʒi] NF ideology ■ **idéologique** ADJ ideological

idiot, -iote [idjo, -jɔt] **1** ADJ silly, idiotic **2** NMF idiot ■ **idiotie** [-ɔsi] NF *(état)* idiocy; **une i.** *(parole, action)* a silly thing

idole [idɔl] NF idol; **i. des jeunes** teen idol

idyllique [idilik] ADJ idyllic

igloo [iglu] NM igloo

ignare [iɲar] **1** ADJ ignorant **2** NMF ignoramus

ignoble [iɲɔbl] ADJ vile

ignorant, -ante [iɲɔrā, -āt] ADJ ignorant **(de** of) ■ **ignorance** NF ignorance

ignorer [iɲɔre] VT not to know; **j'ignore si...** I don't know if...; **je n'ignore pas les difficultés** I am not unaware of the difficulties; **i. qn** *(mépriser)* to ignore sb ■ **ignoré, -ée** ADJ *(inconnu)* unknown

il [il] PRON PERSONNEL *(personne)* he; *(chose, animal, impersonnel)* it; **il est** he/it is; **il pleut** it's raining; **il est vrai que...** it's true that...; **il y a...** there is/are...; **il y a six ans** six years ago; **il y a une heure qu'il travaille** he has been working for an hour; **qu'est-ce qu'il y a?** what's the matter?, what's wrong?; **il n'y a pas de quoi!** don't mention it!

île [il] NF island; **les îles Anglo-Normandes** the Channel Islands; **les îles Britanniques** the British Isles; **l'î. Maurice** Mauritius; *Culin* **î. flottante** floating island *(beaten egg whites served on custard)*

illégal, -e, -aux, -ales [il(l)egal, -o] ADJ illegal

illégitime [il(l)eʒitim] ADJ *(enfant, revendication)* illegitimate; *(demande)* unwarranted

illettré, -ée [il(l)etre] ADJ & NMF illiterate

illicite [il(l)isit] ADJ unlawful, illicit

illico [il(l)iko] ADV *Fam* **i. (presto)** pronto

illimité, -ée [il(l)imite] ADJ unlimited

illisible [il(l)izibl] ADJ *(écriture)* illegible; *(livre)* & *Ordinat* unreadable

illogique [il(l)ɔʒik] ADJ illogical

illuminer [il(l)ymine] **1** VT to light up, to illuminate **2** s'illuminer VPR *(visage, ciel)* to light up ■ **illumination** NF *(action, lumière)* illumination ■ **illuminé, -ée** ADJ *(monument)* floodlit

illusion [il(l)yzjɔ̃] NF illusion **(sur** about); **se faire des illusions** to delude oneself **(sur** about); **i. d'optique** optical illusion ■ **illusionniste** NMF conjurer ■ **illusoire** ADJ illusory

illustre [il(l)ystr] ADJ illustrious

illustrer [il(l)ystre] **1** VT *(livre, récit)* to illustrate **(de** with) **2** s'illustrer VPR to distinguish oneself **(par** by) ■ **illustration** NF illustration ■ **illustré, -ée** ADJ *(livre, magazine)* illustrated

îlot [ilo] NM *(île)* small island; *(maisons)* block

ils [il] PRON PERSONNEL MPL they; **i. sont ici** they are here

image [imaʒ] NF picture; *(ressemblance, symbole)* image; *(dans une glace)* reflection; **i. de marque** *(de produit)* brand image; *(firme)* (public) image; *Ordinat* **i. de synthèse** computer-generated image ■ **imagé, -ée** ADJ *(style)* full of imagery

imaginable [imaʒinabl] ADJ imaginable ■ **imaginaire** ADJ imaginary ■ **imaginatif, -ive** ADJ imaginative

imagination [imaʒinɑsjɔ̃] NF imagination; **avoir de l'i.** to be imaginative

imaginer [imaʒine] **1** VT (se figurer) to imagine; (inventer) to devise **2 s'imaginer** VPR (se figurer) to imagine (**que** that); (se voir) to picture oneself

imbattable [ɛ̃batabl] ADJ unbeatable

imbécile [ɛ̃besil] **1** ADJ idiotic **2** NMF idiot, imbecile ■ **imbécillité** NF (état) imbecility; **une i.** (action, parole) an idiotic thing

imberbe [ɛ̃bɛrb] ADJ beardless

imbiber [ɛ̃bibe] **1** VT to soak (**de** with or in) **2 s'imbiber** VPR to become soaked (**de** with)

imbriquer [ɛ̃brike] **s'imbriquer** VPR (s'emboîter) to overlap

imbu, -ue [ɛ̃by] ADJ **i. de soi-même** full of oneself

imbuvable [ɛ̃byvabl] ADJ undrinkable; Fam (personne) insufferable

imiter [imite] VT to imitate; (signature) to forge; **i. qn** (pour rire) to mimic sb; (faire comme) to do the same as sb; (imitateur professionnel) to impersonate sb ■ **imitateur, -trice** NMF imitator; (professionnel) impersonator ■ **imitation** NF imitation

immaculé, -ée [imakyle] ADJ (sans tache, sans péché) immaculate

immangeable [ɛ̃mɑ̃ʒabl] ADJ inedible

immanquable [ɛ̃mɑ̃kabl] ADJ inevitable

immatriculer [imatrikyle] VT to register; **se faire i.** to register ■ **immatriculation** NF registration

immédiat, -iate [imedja, -jat] **1** ADJ immediate **2** NM **dans l'i.** for the time being ■ **immédiatement** ADV immediately

immense [imɑ̃s] ADJ immense ■ **immensément** ADV immensely ■ **immensité** NF immensity

immerger [imɛrʒe] VT to immerse ■ **immersion** NF immersion (**dans** in)

immeuble [imœbl] NM building; (appartements) Br block of flats, Am apartment block

immigrer [imigre] VI to immigrate ■ **immigrant, -ante** NMF immigrant ■ **immigration** NF immigration ■ **immigré, -ée** ADJ & NMF immigrant; **travailleur i.** immigrant worker

imminent, -ente [iminɑ̃, -ɑ̃t] ADJ imminent ■ **imminence** NF imminence

immiscer [imise] **s'immiscer** VPR to interfere (**dans** in)

immobile [imɔbil] ADJ still, motionless ■ **immobiliser 1** VT (blessé) to immobilize; (train) to bring to a stop; (voiture) (avec un sabot) to clamp **2 s'immobiliser** VPR to come to a stop

immobilier, -ière [imɔbilje, -jɛr] **1** ADJ **marché i.** property market; **vente immobilière** sale of property **2** NM **l'i.** Br property, Am real estate

immonde [i(m)mɔ̃d] ADJ (sale) foul; (ignoble, laid) vile

immoral, -e, -aux, -ales [i(m)mɔral, -o] ADJ immoral ■ **immoralité** NF immorality

immortel, -elle [i(m)mɔrtɛl] ADJ immortal; **les Immortels** the members of the Académie française ■ **immortaliser** VT to immortalize ■ **immortalité** NF immortality

immuable [i(m)mɥabl] ADJ immutable, unchanging

immuniser [i(m)mynize] VT Méd to immunize (**contre** against) ■ **immunitaire** ADJ Méd (déficience, système) immune ■ **immunité** NF Méd & Pol immunity; **i. parlementaire** parliamentary immunity

impact [ɛ̃pakt] NM impact (**sur** on)

impair, -aire [ɛ̃pɛr] **1** ADJ (nombre) odd, uneven **2** NM (maladresse) blunder

imparable [ɛ̃parabl] ADJ (coup) unavoidable

impardonnable [ɛ̃pardɔnabl] ADJ unforgivable

imparfait, -aite [ɛ̃parfɛ, -ɛt] **1** ADJ (connaissance) imperfect **2** NM Grammaire (temps) imperfect

impartial, -e, -iaux, -iales [ɛ̃parsjal, -jo] ADJ impartial, unbiased ■ **impartialité** NF impartiality

impartir [ɛ̃partir] VT to grant (**à** to); **dans le temps qui nous est imparti** within the allotted time

impasse [ɛ̃pɑs] NF (rue) dead end; Fig (situation) impasse; **être dans une i.** to be deadlocked; **faire une i.** (en révisant) = to miss out part of a subject when revising

impassible [ɛ̃pasibl] ADJ impassive

impatient, -iente [ɛ̃pasjɑ̃, -jɑ̃t] ADJ impatient; **i. de faire qch** impatient to do sth ■ **impatiemment** [-amɑ̃] ADV impatiently ■ **impatience** NF impatience ■ **impatienter 1** VT to annoy **2 s'impatienter** VPR to get impatient

impayé, -ée [ɛ̃peje] ADJ unpaid

impeccable [ɛ̃pekabl] ADJ impeccable

impénétrable [ɛ̃penetrabl] ADJ (forêt, mystère) impenetrable

impensable [ɛ̃pɑ̃sabl] ADJ unthinkable

imper [ɛ̃pɛr] NM Fam raincoat, Br mac

impératif, -ive [ɛ̃peratif, -iv] **1** ADJ (consigne, besoin) imperative; (ton) imperious **2** NM Grammaire imperative

impératrice [ɛ̃peratris] **NF** empress

imperceptible [ɛ̃perseptibl] **ADJ** imperceptible (**à** to)

imperfection [ɛ̃perfɛksjɔ̃] **NF** imperfection

impérial, -e, -iaux, -iales [ɛ̃perjal, -jo] **ADJ** imperial ▪ **impérialisme NM** imperialism

impériale [ɛ̃perjal] **NF** (d'autobus) top deck; **autobus à i.** double-decker (bus)

impérieux, -ieuse [ɛ̃perjø, -jøz] **ADJ** (autoritaire) imperious; (besoin) pressing

impérissable [ɛ̃perisabl] **ADJ** (souvenir) enduring

imperméable [ɛ̃permeabl] **1 ADJ** impervious (**à** to); (tissu, manteau) waterproof **2 NM** raincoat, Br mackintosh

impersonnel, -elle [ɛ̃personel] **ADJ** impersonal

impertinent, -ente [ɛ̃pertinɑ̃, -ɑ̃t] **ADJ** impertinent (**envers** to) ▪ **impertinence NF** impertinence

imperturbable [ɛ̃pertyrbabl] **ADJ** (personne) imperturbable

impitoyable [ɛ̃pitwajabl] **ADJ** merciless

implacable [ɛ̃plakabl] **ADJ** (personne, vengeance) implacable; (avancée) relentless

implant [ɛ̃plɑ̃] **NM** Méd implant; **implants capillaires** hair grafts

implanter [ɛ̃plɑ̃te] **1 VT** (installer) to establish; (chirurgicalement) to implant **2 s'implanter VPR** to become established ▪ **implantation NF** establishment

implicite [ɛ̃plisit] **ADJ** implicit

impliquer [ɛ̃plike] **VT** (entraîner) to imply; **i. que...** to imply that...; **i. qn** to implicate sb (**dans** in) ▪ **implication NF** (conséquence) implication; (participation) involvement

implorer [ɛ̃plɔre] **VT** to implore (**qn de faire** sb to do)

impoli, -ie [ɛ̃pɔli] **ADJ** rude, impolite ▪ **impolitesse NF** impoliteness, rudeness; **une i.** (acte) impolite act

impopulaire [ɛ̃pɔpylɛr] **ADJ** unpopular

import [ɛ̃pɔr] **NM** import

important, -ante [ɛ̃pɔrtɑ̃, -ɑ̃t] **1 ADJ** (personnage, événement) important; (quantité, somme, ville) large; (dégâts, retard) considerable **2 NM** **l'i., c'est de...** the important thing is to... ▪ **importance NF** importance; (taille) size; (de dégâts) extent; **attacher de l'i. à qch** to attach importance to sth; **ça n'a pas d'i.** it doesn't matter

Il faut noter que l'adjectif anglais **important** ne signifie jamais **considérable** et ne se rapporte donc jamais à des proportions ou à une quantité.

importer¹ [ɛ̃pɔrte] **1 VI** to matter (**à** to) **2 V IMPERSONNEL il importe de faire qch** it's important to do sth; **il importe que vous y soyez** it is important that you're there; **peu importe, n'importe** it doesn't matter; **n'importe qui/quoi/où/quand/comment** anyone/anything/anywhere/any time/anyhow; Péj **dire n'importe quoi** to talk nonsense

importer² [ɛ̃pɔrte] **VT** (marchandises) to import (**de** from) ▪ **importateur, -trice 1 ADJ** importing **2 NMF** importer ▪ **importation NF** (objet) import; (action) importing, importation; **d'i.** (article) imported

importun, -une [ɛ̃pɔrtœ̃, -yn] **1 ADJ** (personne, question) importunate; (arrivée) ill-timed **2 NMF** nuisance ▪ **importuner VT** Formel to bother

imposer [ɛ̃poze] **1 VT** (condition) to impose; (taxer) to tax; **i. qch à qn** to impose sth on sb; **i. le respect** to command respect **2 VI en i. à qn** to impress sb **3 s'imposer VPR** (faire reconnaître sa valeur) to assert oneself; (gagner) to win; (être nécessaire) to be essential; Péj (chez qn) to impose; **s'i. de faire qch** to make it a rule to do sth ▪ **imposable ADJ** Fin taxable ▪ **imposant, -ante ADJ** imposing

impossible [ɛ̃pɔsibl] **1 ADJ** impossible (**à faire** to do); **il (nous) est i. de faire qch** it is impossible (for us) to do sth; **il est i. que...** (+ subjunctive) it is impossible that... **2 NM tenter l'i.** to attempt the impossible; **faire l'i. pour faire qch** to do everything possible to do sth ▪ **impossibilité NF** impossibility

imposteur [ɛ̃pɔstœr] **NM** impostor ▪ **imposture NF** deception

impôt [ɛ̃po] **NM** tax; **(service des) impôts** tax authorities; **payer 500 euros d'impôts** to pay 500 euros in tax; **impôts locaux** local taxes; **i. sur le revenu** income tax

impraticable [ɛ̃pratikabl] **ADJ** (chemin) impassable; (projet) impracticable

imprécis, -ise [ɛ̃presi, -iz] **ADJ** imprecise ▪ **imprécision NF** imprecision

imprégner [ɛ̃preɲe] **1 VT** to impregnate (**de** with); Fig **être imprégné de qch** to be full of sth **2 s'imprégner VPR** to become impregnated (**de** with)

imprenable [ɛ̃prənabl] **ADJ** (forteresse) impregnable; (vue) unobstructed

impression [ɛ̃presjɔ̃] **NF** (a) (sensation) impression; **avoir l'i. que...** to have the impression that...; **il donne l'i. d'être fatigué** he gives the impression of being tired; **faire bonne i. à qn** to make a good impression on sb (b) (de livre) printing

impressionner [ɛ̃presjɔne] **VT** (bouleverser) to

upset; *(frapper)* to impress ■ **impressionnable** ADJeasily upset ■ **impressionnant, -ante** ADJ impressive

> Il faut noter que l'adjectif anglais **impressionable** est un faux ami. Il signifie **influençable**.

impressionnisme [ɛ̃presjɔnism] NM impressionism ■ **impressionniste** ADJ & NMF impressionist

imprévisible [ɛ̃previzibl] ADJ *(temps, réaction, personne)* unpredictable; *(événement)* unforeseeable ■ **imprévu, -ue 1** ADJ unexpected, unforeseen **2** NM **en cas d'i.** in case of anything unexpected

imprimer [ɛ̃prime] VT *(livre, tissu)* to print; *(cachet)* to stamp; *Ordinat* to print (out); *Tech* **i. un mouvement à** to impart motion to ■ **imprimante** NFprinter; **i. à bulles (d'encre)** bubble-jet printer; **i. laser** laser printer ■ **imprimé** NM*(formulaire)* printed form; **imprimés** *(journaux, prospectus)* printed matter ■ **imprimerie** NF *(technique)* printing; *(lieu) Br* printing works, *Am* print shop ■ **imprimeur** NMprinter

improbable [ɛ̃prɔbabl] ADJ improbable, unlikely

impromptu, -ue [ɛ̃prɔ̃pty] ADJ & ADV impromptu

impropre [ɛ̃prɔpr] ADJ inappropriate; **i. à qch** unfit for sth; **i. à la consommation** unfit for human consumption

improviser [ɛ̃prɔvize] VTI to improvise ■ **improvisation** NFimprovisation

improviste [ɛ̃prɔvist] **à l'improviste** ADV unexpectedly

imprudent, -ente [ɛ̃prydɑ̃, -ɑ̃t] ADJ *(personne, action)* rash; **il est i. de...** it is unwise to... ■ **imprudemment** [-amɑ̃] ADV rashly ■ **imprudence** NFrashness; **commettre une i.** to do something foolish

impudent, -ente [ɛ̃pydɑ̃, -ɑ̃t] ADJ impudent ■ **impudence** NFimpudence

impudique [ɛ̃pydik] ADJ shameless

impuissant, -ante [ɛ̃pɥisɑ̃, -ɑ̃t] ADJpowerless; *Méd* impotent

impulsif, -ive [ɛ̃pylsif, -iv] ADJ impulsive ■ **impulsion** NFimpulse; *Fig* **donner une i. à qch** to give an impetus to sth

impunément [ɛ̃pynemɑ̃] ADV with impunity ■ **impuni, -ie** ADJunpunished

impur, -ure [ɛ̃pyr] ADJ impure ■ **impureté** NFimpurity

imputer [ɛ̃pyte] VT to attribute (**à** to); *(frais)* to charge (**à** to)

inabordable [inabɔrdabl] ADJ *(prix)* prohibitive; *(lieu)* inaccessible; *(personne)* unapproachable

inacceptable [inaksɛptabl] ADJunacceptable

inaccessible [inaksesibl] ADJ*(lieu)* inaccessible; *(personne)* unapproachable

inachevé, -ée [inaʃve] ADJunfinished

inactif, -ive [inaktif, -iv] ADJ*(personne)* inactive; *(remède)* ineffective ■ **inaction** NF inaction ■ **inactivité** NFinactivity

inadapté, -ée [inadapte] **1** ADJ *(socialement)* maladjusted; *(physiquement, mentalement)* handicapped; *(matériel)* unsuitable (**à** for) **2** NMF *(socialement)* maladjusted person

inadmissible [inadmisibl] ADJinadmissible

inadvertance [inadvɛrtɑ̃s] NF **par i.** inadvertently

inamical, -e, -aux, -ales [inamikal, -o] ADJ unfriendly

inanimé, -ée [inanime] ADJ *(mort)* lifeless; *(évanoui)* unconscious; *(matière)* inanimate

inaperçu, -ue [inapɛrsy] ADJpasser **i.** to go unnoticed

inappréciable [inapresjabl] ADJinvaluable

inapte [inapt] ADJ *(intellectuellement)* unsuited; *(médicalement)* unfit; **être i. à qch** to be unsuited/unfit for sth ■ **inaptitude** NF*(intellectuelle)* inaptitude; *(médicale)* unfitness (**à** for)

inattendu, -ue [inatɑ̃dy] ADJunexpected

inaudible [inodibl] ADJinaudible

inaugurer [inogyre] VT *(édifice)* to inaugurate; *(statue)* to unveil; *(politique)* to implement ■ **inaugural, -e, -aux, -ales** ADJ inaugural ■ **inauguration** NF *(d'édifice)* inauguration; *(de statue)* unveiling

inavouable [inavwabl] ADJshameful

incalculable [ɛ̃kalkylabl] ADJincalculable

incandescent, -ente [ɛ̃kɑ̃desɑ̃, -ɑ̃t] ADJ incandescent

incapable [ɛ̃kapabl] **1** ADJ incapable; **i. de faire qch** incapable of doing sth **2** NMF *(personne)* incompetent ■ **incapacité** NF*(impossibilité)* inability (**de faire** to do); *(invalidité)* disability; **être dans l'i. de faire qch** to be unable to do sth

incarcérer [ɛ̃karsere] VTto incarcerate ■ **incarcération** NFincarceration

incarné, -ée [ɛ̃karne] ADJ*(ongle)* ingrown; **être la gentillesse incarnée** to be the very embodiment of kindness

incarner [ɛ̃karne] VT to embody; *Cin* **i. le rôle de qn** to play the part of sb ■ **incarnation** NF incarnation

incassable [ɛ̃kɑsabl] ADJunbreakable

incendie [ɛ̃sɑ̃di] NM fire; **i. criminel** arson; **i. de forêt** forest fire ■ **incendiaire 1** ADJ *(bombe)* incendiary; *Fig (paroles)* inflammatory **2 NMF** arsonist ■ **incendier VT** to set on fire

incertain, -aine [ɛ̃sɛʁtɛ̃, -ɛn] **ADJ** *(résultat)* uncertain; *(temps)* unsettled; *(entreprise)* chancy; *(contour)* indistinct; *(personne)* indecisive ■ **incertitude NF** uncertainty; **être dans l'i. quant à qch** to be uncertain about sth

incessamment [ɛ̃sesamɑ̃] **ADV** very soon

incessant, -ante [ɛ̃sesɑ̃, -ɑ̃t] **ADJ** incessant

inceste [ɛ̃sɛst] **NM** incest ■ **incestueux, -ueuse ADJ** incestuous

inchangé, -ée [ɛ̃ʃɑ̃ʒe] **ADJ** unchanged

incidence [ɛ̃sidɑ̃s] **NF** *(influence)* impact **(sur** on); *Méd* incidence

incident [ɛ̃sidɑ̃] **NM** incident; *(accroc)* hitch; **i. diplomatique** diplomatic incident; **i. de parcours** minor setback; **i. technique** technical hitch

incinérer [ɛ̃sinere] **VT** *(cadavre)* to cremate ■ **incinération NF** *(de cadavre)* cremation

inciser [ɛ̃size] **VT** *(peau)* to make an incision in; *(abcès)* to lance ■ **incision NF** *(entaille)* incision

incisif, -ive [ɛ̃sizif, -iv] **1 ADJ** incisive **2 NF** *(dent)* **incisive** incisor (tooth)

inciter [ɛ̃site] **VT** to encourage **(à faire** to do); **i. qn à la prudence** *(sujet: événement)* to incline sb to be cautious ■ **incitation NF** incitement **(à** to)

incliner [ɛ̃kline] **1 VT** *(pencher)* to tilt; **i. la tête** *(approuver)* to nod; *(saluer)* to bow one's head; *Fig* **i. qn à faire qch** to incline sb to do sth; *Fig* **i. qn à la prudence** to incline sb to be cautious **2 s'incliner VPR** *(se pencher)* to lean forward; *(pour saluer)* to bow; *(bateau)* to heel over; *(avion)* to bank; *Fig (se soumettre)* to give in **(devant** to) ■ **inclinaison NF** incline, slope ■ **inclination NF** *(tendance)* inclination; **i. de la tête** *(pour saluer)* nod

inclure* [ɛ̃klyʁ] **VT** to include; *(dans un courrier)* to enclose **(dans** with) ■ **inclus, -use ADJ du 4 au 10 i.** from the 4th to the 10th inclusive; **jusqu'à lundi i.** *Br* up to and including Monday, *Am* through Monday ■ **inclusion NF** inclusion

incognito [ɛ̃kɔɲito] **ADV** incognito; **passer/rester i.** to go/remain incognito

incohérent, -ente [ɛ̃kɔeʁɑ̃, -ɑ̃t] **ADJ** *(propos)* incoherent; *(histoire)* inconsistent ■ **incohérence NF** *(de propos)* incoherence; *(d'histoire)* inconsistency

incolore [ɛ̃kɔlɔʁ] **ADJ** *Br* colourless, *Am* colorless; *(vernis, verre)* clear

incomber [ɛ̃kɔ̃be] **VI i. à qn** *(devoir)* to fall to sb; **il lui incombe de faire qch** it falls to him/her to do sth

incommoder [ɛ̃kɔmɔde] **VT** to bother

incomparable [ɛ̃kɔ̃paʁabl] **ADJ** matchless

incompatible [ɛ̃kɔ̃patibl] **ADJ** incompatible **(avec** with) ■ **incompatibilité NF** incompatibility; **i. d'humeur** mutual incompatibility

incompétent, -ente [ɛ̃kɔ̃petɑ̃, -ɑ̃t] **ADJ** incompetent ■ **incompétence NF** incompetence

incomplet, -ète [ɛ̃kɔ̃plɛ, -ɛt] **ADJ** incomplete

incompréhensible [ɛ̃kɔ̃pʁeɑ̃sibl] **ADJ** incomprehensible ■ **incompréhension NF** incomprehension

incompris, -ise [ɛ̃kɔ̃pʁi, -iz] **1 ADJ** misunderstood **2 NMF être un i.** to be misunderstood

inconcevable [ɛ̃kɔ̃səvabl] **ADJ** inconceivable

inconciliable [ɛ̃kɔ̃siljabl] **ADJ** *(théorie)* irreconcilable; *(activité)* incompatible

inconditionnel, -elle [ɛ̃kɔ̃disjɔnɛl] **ADJ** unconditional; *(supporter)* staunch

inconfort [ɛ̃kɔ̃fɔʁ] **NM** *(matériel)* discomfort ■ **inconfortable ADJ** uncomfortable

incongru, -ue [ɛ̃kɔ̃gʁy] **ADJ** inappropriate

inconnu, -ue [ɛ̃kɔny] **1 ADJ** unknown **(de** to) **2 NMF** *(étranger)* stranger; *(auteur)* unknown **3 NM l'i.** the unknown **4 NF** *Math* **inconnue** unknown (quantity)

inconscient, -iente [ɛ̃kɔ̃sjɑ̃, -jɑ̃t] **1 ADJ** *(sans connaissance)* unconscious; *(imprudent)* reckless; **i. de qch** unaware of sth **2 NM l'i.** the unconscious ■ **inconsciemment** [-amɑ̃] **ADV** *(dans l'inconscient)* subconsciously ■ **inconscience NF** *(perte de connaissance)* unconsciousness; *(irréflexion)* recklessness

inconséquence [ɛ̃kɔ̃sekɑ̃s] **NF** *(manque de prudence)* recklessness; *(manque de cohérence)* inconsistency

inconsidéré, -ée [ɛ̃kɔ̃sidere] **ADJ** thoughtless

inconsistant, -ante [ɛ̃kɔ̃sistɑ̃, -ɑ̃t] **ADJ** *(personne)* weak; *(film, roman)* flimsy; *(sauce, crème)* thin

> Il faut noter que l'adjectif anglais **inconsistent** est un faux ami. Il signifie **incohérent**.

inconsolable [ɛ̃kɔ̃sɔlabl] **ADJ** inconsolable

inconstant, -ante [ɛ̃kɔ̃stɑ̃, -ɑ̃t] **ADJ** fickle

incontestable [ɛ̃kɔ̃tɛstabl] **ADJ** indisputable ■ **incontesté, -ée ADJ** undisputed

incontinent, -ente [ɛ̃kɔ̃tinɑ̃, -ɑ̃t] **ADJ** *Méd* incontinent

incontournable [ɛ̃kɔ̃tuʁnabl] **ADJ** *Fig (film)* unmissable; *(auteur)* who cannot be ignored

incontrôlé, -ée [ɛ̃kɔ̃tʁole] **ADJ** unchecked ■ **incontrôlable ADJ** *(invérifiable)* unverifiable; *(indomptable)* uncontrollable

inconvenant, -ante [ɛ̃kɔ̃vnɑ̃, -ɑ̃t] **ADJ** improper

inconvénient [ɛ̃kɔ̃venjɑ̃] **NM** *(désavantage)*

drawback; **je n'y vois pas d'i.** I have no objection; **l'i. c'est que...** the annoying thing is that...

incorporer [ɛ̃kɔrpɔre] **vt** *(insérer)* to insert (**à** in); *(troupes)* to draft; **i. qch à qch** to blend sth into sth ▪ **incorporation nf** *(mélange)* blending (**de qch dans qch** of sth into sth); *Mil* conscription

incorrect, -ecte [ɛ̃kɔrɛkt] **adj** *(inexact)* incorrect; *(grossier)* impolite; *(inconvenant)* improper ▪ **incorrection nf** *(impolitesse)* impoliteness; *(propos)* impolite remark; *(faute de grammaire)* mistake

incorrigible [ɛ̃kɔriʒibl] **adj** incorrigible

incorruptible [ɛ̃kɔryptibl] **adj** incorruptible

incrédule [ɛ̃kredyl] **adj** incredulous ▪ **incrédulité nf** incredulity

incriminer [ɛ̃krimine] **vt** *(personne)* to accuse

incroyable [ɛ̃krwajabl] **adj** incredible

incrusté, -ée [ɛ̃kryste] **adj l. de** *(orné)* inlaid with

incubation [ɛ̃kybɑsjɔ̃] **nf** incubation

inculper [ɛ̃kylpe] **vt** *Jur (accuser)* to charge (**de** with) ▪ **inculpation nf** *Jur* charge, indictment ▪ **inculpé, -ée nmf** *Jur* **l'i.** the accused

inculquer [ɛ̃kylke] **vt** to instil (**à qn** in sb)

inculte [ɛ̃kylt] **adj** *(terre, personne)* uncultivated

incurable [ɛ̃kyrabl] **adj** incurable

incursion [ɛ̃kyrsjɔ̃] **nf** *(invasion)* incursion; *Fig (entrée soudaine)* intrusion

Inde [ɛ̃d] **nf l'I.** India

indécent, -ente [ɛ̃desɑ̃, -ɑ̃t] **adj** indecent ▪ **indécence nf** indecency

indéchiffrable [ɛ̃deʃifrabl] **adj** *(illisible)* undecipherable

indécis, -ise [ɛ̃desi, -iz] **adj** *(personne) (de caractère)* indecisive; *(ponctuellement)* undecided; *(bataille)* inconclusive; *(contour)* vague ▪ **indécision nf** *(de caractère)* indecisiveness; *(ponctuelle)* indecision

indéfendable [ɛ̃defɑ̃dabl] **adj** indefensible

indéfini, -ie [ɛ̃defini] **adj** *(illimité) & Grammaire* indefinite; *(imprécis)* undefined ▪ **indéfiniment adv** indefinitely ▪ **indéfinissable adj** indefinable

indélébile [ɛ̃delebil] **adj** indelible

indélicat, -ate [ɛ̃delika, -at] **adj** *(grossier)* insensitive; *(malhonnête)* unscrupulous

indemne [ɛ̃dɛmn] **adj** unhurt, unscathed

indemniser [ɛ̃dɛmnize] **vt** to compensate (**de** for) ▪ **indemnisation nf** compensation ▪ **indemnité nf** *(dédommagement)* compensation; *(allocation)* allowance; **i. de licenciement** severance pay, *Br* redundancy payment

indémodable [ɛ̃demɔdabl] **adj** classic, perennially fashionable

indéniable [ɛ̃denjabl] **adj** undeniable

indépendant, -ante [ɛ̃depɑ̃dɑ̃, -ɑ̃t] **adj** independent (**de** of); *(chambre)* selfcontained; *(travailleur)* self-employed; **i. de ma volonté** beyond my control ▪ **indépendamment** [-amɑ̃] **adv** independently; **i. de** apart from ▪ **indépendance nf** independence ▪ **indépendantiste nmf** *Pol (activiste)* freedom fighter

indescriptible [ɛ̃deskriptibl] **adj** indescribable

indésirable [ɛ̃dezirabl] **adj & nmf** undesirable

indestructible [ɛ̃destryktibl] **adj** indestructible

indéterminé, -ée [ɛ̃detɛrmine] **adj** *(date, heure)* unspecified; *(raison)* unknown

index [ɛ̃dɛks] **nm** *(doigt)* index finger; *(liste) & Ordinat* index

indexer [ɛ̃dɛkse] **vt** *Écon* to index-link (**sur** to); *(ajouter un index à)* to index

indicateur, -trice [ɛ̃dikatœr, -tris] **1 nm** *Rail* timetable; *Tech* indicator, gauge; *Écon* indicator; *(espion)* informer **2 adj poteau i.** signpost; **panneau i.** road sign

indicatif, -ive [ɛ̃dikatif, -iv] **1 adj** indicative (**de** of); **à titre i.** for information **2 nm** *Radio* theme tune; *Grammaire* indicative; **i. téléphonique** *Br* dialling code, *Am* area code

indication [ɛ̃dikɑsjɔ̃] **nf** indication (**de** of); *(renseignement)* piece of) information; *(directive)* instruction; **indications:...** *(de médicament)* suitable for...

indice [ɛ̃dis] **nm** *(signe)* sign; *(d'enquête)* clue; *Radio & TV* **i. d'écoute** audience rating; **i. des prix** price index

indien, -ienne [ɛ̃djɛ̃, -jɛn] **1 adj** Indian **2 nmf I., Indienne** Indian; **I. d'Amérique** Native American

indifférent, -ente [ɛ̃diferɑ̃, -ɑ̃t] **adj** indifferent (**à** to); **ça m'est i.** it's all the same to me ▪ **indifférence nf** indifference (**à** to)

indigène [ɛ̃diʒɛn] **adj & nmf** native

indigent, -ente [ɛ̃diʒɑ̃, -ɑ̃t] **adj** destitute ▪ **indigence nf** destitution

indigeste [ɛ̃diʒɛst] **adj** indigestible ▪ **indigestion nf avoir une i.** to have a stomach upset

indigne [ɛ̃diɲ] **adj** *(personne)* unworthy; *(conduite)* shameful; **i. de qn/qch** unworthy of sb/sth ▪ **indignité nf** *(de personne)* unworthiness; *(de conduite)* shamefulness; *(action)* shameful act

indigner [ɛ̃diɲe] **1 vt i. qn** to make sb indignant **2 s'indigner vpr** to be indignant (**de** at) ▪ **indignation nf** indignation ▪ **indigné, -ée adj** indignant

indiquer [ɛ̃dike] vt *(sujet: personne)* to point out; *(sujet: panneau, étiquette)* to show, to indicate; *(sujet: compteur)* to read; *(donner) (date, adresse)* to give; *(recommander)* to recommend; **i. qch du doigt** to point to *or* at sth; **i. le chemin à qn** to tell sb the way ■ **indiqué, -ée** ADJ *(conseillé)* advisable; **à l'heure indiquée** at the appointed time; **il est tout i. pour ce poste** he's the right person for the job

indirect, -ecte [ɛ̃dirɛkt] ADJ indirect ■ **indirectement** [-əmɑ̃] ADV indirectly

indiscipline [ɛ̃disiplin] NF indiscipline ■ **indiscipliné, -ée** ADJ unruly

indiscret, -ète [ɛ̃diskrɛ, -ɛt] ADJ *Péj (curieux)* inquisitive; *(qui parle trop)* indiscreet; **à l'abri des regards indiscrets** safe from prying eyes ■ **indiscrétion** NF indiscretion

indiscutable [ɛ̃diskytabl] ADJ indisputable

indispensable [ɛ̃dispɑ̃sabl] ADJ essential, indispensable **(à qch** for sth); **i. à qn** indispensable to sb

indisponible [ɛ̃disponibl] ADJ unavailable

indisposer [ɛ̃dispoze] vt *(contrarier)* to annoy; **i. qn** *(odeur, climat)* to make sb feel ill ■ **indisposé, -ée** ADJ *(malade)* indisposed, unwell ■ **indisposition** NF indisposition

indistinct, -incte [ɛ̃distɛ̃(kt), -ɛ̃kt] ADJ indistinct ■ **indistinctement** [-ɛ̃ktəmɑ̃] ADV *(voir, parler)* indistinctly; *(également)* equally

individu [ɛ̃dividy] NM individual; *Péj* individual, character

individualiste [ɛ̃dividɥalist] **1** ADJ individualistic **2** NMF individualist

individualité [ɛ̃dividɥalite] NF individuality

individuel, -uelle [ɛ̃dividɥɛl] ADJ individual; *(maison)* detached ■ **individuellement** ADV individually

indivisible [ɛ̃divizibl] ADJ indivisible

Indochine [ɛ̃dɔʃin] NF l'I. Indo-China

indolent, -ente [ɛ̃dɔlɑ̃, -ɑ̃t] ADJ lazy

indolore [ɛ̃dɔlɔr] ADJ painless

indomptable [ɛ̃dɔ̃(p)tabl] ADJ *(animal)* untamable; *Fig (orgueil, volonté)* indomitable

Indonésie [ɛ̃dɔnezi] NF l'I. Indonesia ■ **indonésien, -ienne 1** ADJ Indonesian **2** NMF *(person)* **I., Indonésienne** Indonesian **3** NM *(langue)* Indonesian

indubitable [ɛ̃dybitabl] ADJ indisputable; **c'est i.** there's no doubt about it ■ **indubitablement** [-əmɑ̃] ADV undoubtedly

induire* [ɛ̃dɥir] vt **i. qn en erreur** to lead sb astray

indulgent, -ente [ɛ̃dylʒɑ̃, -ɑ̃t] ADJ indulgent ■ **indulgence** NF indulgence

industrie [ɛ̃dystri] NF industry ■ **industrialisé, -ée** ADJ industrialized ■ **industriel, -ielle 1** ADJ industrial **2** NM industrialist

Il faut noter que l'adjectif anglais **industrial** ne signifie pas toujours **industriel**. Il s'emploie également à propos des relations entre employeurs et employés dans des expressions du type **industrial relations** ou **industrial unrest**.

inébranlable [inebrɑ̃labl] ADJ *Fig (certitude, personne)* unshakeable

inédit, -ite [inedi, -it] ADJ *(texte)* unpublished; *Fig (nouveau)* original

inefficace [inefikas] ADJ *(mesure)* ineffective; *(personne)* inefficient ■ **inefficacité** NF *(de mesure)* ineffectiveness; *(de personne)* inefficiency

inégal, -e, -aux, -ales [inegal, -o] ADJ *(parts, lutte)* unequal; *(sol, humeur)* uneven; *Fig (travail)* inconsistent ■ **inégalable** ADJ incomparable ■ **inégalé, -ée** ADJ unequalled ■ **inégalité** NF *(injustice)* inequality; *(physique)* disparity **(de** in); *(de sol)* unevenness

inéluctable [inelyktabl] ADJ inescapable

inepte [inɛpt] ADJ *(remarque, histoire)* inane; *(personne)* inept ■ **ineptie** [inɛpsi] NF *(de comportement, de film)* inanity; *(remarque)* stupid remark

inépuisable [inepɥizabl] ADJ inexhaustible

inerte [inɛrt] ADJ *(matière)* inert; *(corps)* lifeless ■ **inertie** [inɛrsi] NF *Phys* inertia; *(manque d'énergie)* apathy

inespéré, -ée [inɛspere] ADJ unhoped-for

inestimable [inɛstimabl] ADJ *(objet d'art)* priceless; **d'une valeur i.** priceless

inévitable [inevitabl] ADJ inevitable, unavoidable

inexact, -acte [inɛgzakt] ADJ *(erroné)* inaccurate; *(calcul)* wrong ■ **inexactitude** NF *(caractère erroné, erreur)* inaccuracy; *(manque de ponctualité)* unpunctuality

inexcusable [inɛkskyzabl] ADJ inexcusable

inexistant, -ante [inɛgzistɑ̃, -ɑ̃t] ADJ non-existent

inexorable [inɛgzɔrabl] ADJ inexorable; *(volonté)* inflexible

inexpérience [inɛksperjɑ̃s] NF inexperience ■ **inexpérimenté, -ée** ADJ inexperienced

inexplicable [inɛksplikabl] ADJ inexplicable ■ **inexpliqué, -ée** ADJ unexplained

inexploré, -ée [inɛksplɔre] ADJ unexplored

inexprimable [inɛksprimabl] ADJ inexpressible

in extremis [inɛkstremis] ADV at the very last minute

inextricable [inɛkstrikabl] ADJ inextricable

infaillible [ɛ̃fajibl] ADJ infallible

infaisable [ɛ̃fəzabl] ADJ *(travail)* impossible

infâme [ɛ̃fɑm] ADJ *(personne)* despicable; *(acte)* unspeakable; *(taudis)* squalid; *(aliment)* revolting

infanterie [ɛ̃fɑ̃tri] NF infantry

infantile [ɛ̃fɑ̃til] ADJ *(maladie)* childhood; *Péj (comportement, personne)* infantile

infarctus [ɛ̃farktys] NM *Méd* heart attack

infatigable [ɛ̃fatigabl] ADJ tireless

infect, -ecte [ɛ̃fɛkt] ADJ foul

infecter [ɛ̃fɛkte] 1 VT *(atmosphère)* to contaminate, *Méd* to infect 2 **s'infecter** VPR to become infected ■ **infectieux, -ieuse** ADJ infectious ■ **infection** NF *Méd* infection; *(odeur)* stench

inférieur, -ieure [ɛ̃ferjœr] 1 ADJ *(étagère, niveau)* bottom; *(étage, lèvre, membre)* lower; *(qualité, marchandises)* inferior; **i. à** *(qualité)* inferior to; *(quantité)* less than; **i. à la moyenne** below average; **à l'étage i.** on the floor below 2 NMF inferior ■ **infériorité** NF inferiority

infernal, -e, -aux, -ales [ɛ̃fɛrnal, -o] ADJ *(de l'enfer)* & *Fig (chaleur, bruit)* infernal; **cet enfant est i.** this child's a little devil

infidèle [ɛ̃fidɛl] ADJ unfaithful (**à** to) ■ **infidélité** NF unfaithfulness; **une i.** *(acte)* an infidelity

infiltrer [ɛ̃filtre] 1 VT *(party)* to infiltrate 2 **s'infiltrer** VPR *(liquide)* to seep (**dans** into); *(lumière)* to filter in; *Fig* **s'i. dans** *(groupe, esprit)* to infiltrate ■ **infiltration** NF *(de liquide, d'espions)* infiltration

infime [ɛ̃fim] ADJ tiny

infini, -ie [ɛ̃fini] 1 ADJ infinite 2 NM *Math & Phot* infinity; *Phil* infinite; **à l'i.** *(discuter)* ad infinitum; *Math* to infinity ■ **infiniment** ADV infinitely; **je regrette i.** I'm very sorry ■ **infinité** NF **une i. de** an infinite number of

infinitif [ɛ̃finitif] NM *Grammaire* infinitive

infirme [ɛ̃firm] 1 ADJ disabled 2 NMF disabled person ■ **infirmité** NF disability

infirmer [ɛ̃firme] VT to invalidate

infirmerie [ɛ̃firməri] NF *(d'école, de bateau)* sick room; *(de caserne, de prison)* infirmary ■ **infirmier** NM male nurse ■ **infirmière** NF nurse

inflammable [ɛ̃flamabl] ADJ (in)flammable

inflammation [ɛ̃flamɑsjɔ̃] NF *Méd* inflammation

inflation [ɛ̃flɑsjɔ̃] NF *Écon* inflation

infléchir [ɛ̃fleʃir] VT *(courber)* to bend; *(politique)* to change the direction of ■ **inflexion** NF *(de courbe, de voix)* inflection; **i. de la tête** tilt of the head; *(pour saluer)* nod

inflexible [ɛ̃flɛksibl] ADJ inflexible

infliger [ɛ̃fliʒe] VT to inflict (**à** on); *(amende)* to impose (**à** on)

influence [ɛ̃flyɑ̃s] NF influence; **sous l'i. de la drogue** under the influence of drugs; **sous l'i. de la colère** in the grip of anger ■ **influençable** ADJ easily influenced, impressionable ■ **influencer** VT to influence ■ **influent, -uente** ADJ influential ■ **influer** VI **i. sur qch** to influence sth

info [ɛ̃fo] NF *Fam* news item; **les infos** the news *(sing)*

informateur, -trice [ɛ̃fɔrmatœr, -tris] NMF informant

informaticien, -ienne [ɛ̃fɔrmatisjɛ̃, -jɛn] NMF computer scientist

information [ɛ̃fɔrmɑsjɔ̃] NF information; *(nouvelle)* piece of news; *Jur (enquête)* inquiry; *Ordinat* data, information; *Radio & TV* **les informations** the news *(sing)*

informatique [ɛ̃fɔrmatik] 1 NF *(science)* computer science, IT; *(technique)* data processing 2 ADJ **programme/matériel i.** computer program/hardware ■ **informatisation** NF computerization ■ **informatiser** VT to computerize

informe [ɛ̃fɔrm] ADJ shapeless

informer [ɛ̃fɔrme] 1 VT to inform (**de** of *or* about; **que** that) 2 **s'informer** VPR *(se renseigner)* to inquire (**de** about; **si** if *or* whether)

inforoute [ɛ̃fɔrut] NF information superhighway

infortune [ɛ̃fɔrtyn] NF misfortune ■ **infortuné, -ée** ADJ unfortunate

infraction [ɛ̃fraksjɔ̃] NF *(à un règlement)* infringement; *(délit)* Br offence, Am offense; **être en i.** to be committing an offence

infranchissable [ɛ̃frɑ̃ʃisabl] ADJ *(mur, fleuve)* impassable; *Fig (difficulté)* insurmountable

infrarouge [ɛ̃fraruʒ] ADJ infrared

infrastructure [ɛ̃frastryktyr] NF *(de bâtiment)* substructure; *(équipements)* infrastructure

infructueux, -ueuse [ɛ̃fryktɥø, -ɥøz] ADJ fruitless

infuser [ɛ̃fyze] VI *(thé)* to brew; *(tisane)* to infuse; **laisser i. le thé** to leave the tea to brew ■ **infusion** NF *(tisane)* herb(al) tea

ingénier [ɛ̃ʒenje] **s'ingénier** VPR to strive (**à faire** to do)

ingénieur [ɛ̃ʒenjœr] NM engineer; **i. civil/mécanique/électronique** structural/mechanical/electronics engineer; **i. des ponts et chaussées** civil engineer ■ **ingénierie** [-iri] NF engineering; **i. mécanique** mechanical engineering

ingénieux, -ieuse [ɛ̃ʒenjø, -jøz] ADJ ingenious ■ **ingéniosité** NF ingenuity

ingénu, -ue [ɛ̃ʒeny] ADJ ingenuous

ingérer [ɛ̃ʒere] **s'ingérer** VPR to interfere (**dans** in) ■ **ingérence** NF interference (**dans** in)

ingrat, -ate [ɛ̃gra, -at] ADJ *(personne)* ungrateful (**envers** to); *(tâche)* thankless; *(sol)* barren; *(visage)* unattractive; **l'âge i.** the awkward age ■ **ingratitude** NF ingratitude

ingrédient [ɛ̃gredjã] NM ingredient

ingurgiter [ɛ̃gyrʒite] VT to gulp down

inhabitable [inabitabl] ADJ uninhabitable ■ **inhabité, -ée** ADJ uninhabited

> Il faut noter que les adjectifs anglais **inhabitable** et **inhabited** sont des faux amis. Ils signifient respectivement **habitable** et **habité**.

inhabituel, -uelle [inabityɛl] ADJ unusual

inhalateur [inalatœr] NM *Méd* inhaler ■ **inhalation** NF inhalation; **faire des inhalations** to inhale

inhérent, -ente [inerã, -ãt] ADJ inherent (**à** in)

inhibé, -ée [inibe] ADJ inhibited ■ **inhibition** NF inhibition

inhospitalier, -ière [inɔspitalje, -jɛr] ADJ inhospitable

inhumain, -aine [inymɛ̃, -ɛn] ADJ *(cruel, terrible)* inhuman

inhumer [inyme] VT to bury

inimaginable [inimaʒinabl] ADJ unimaginable

inimitable [inimitabl] ADJ inimitable

inimitié [inimitje] NF enmity

ininflammable [inɛ̃flamabl] ADJ nonflammable

inintelligible [inɛ̃teliʒibl] ADJ unintelligible

inintéressant, -ante [inɛ̃teresã, -ãt] ADJ uninteresting

ininterrompu, -ue [inɛ̃terɔ̃py] ADJ continuous

initial, -e, -iaux, -iales [inisjal, -jo] ADJ initial ■ **initiale** NF initial

initialiser [inisjalize] VT *Ordinat (disque)* to initialize; *(ordinateur)* to boot (up)

initiative [inisjativ] NF initiative; **de ma propre i.** on my own initiative

initier [inisje] **1** VT *(former)* to introduce (**à** to); *(rituellement)* to initiate (**à** into) **2 s'initier** VPR **s'i. à qch** to start learning sth ■ **initiation** NF initiation

injecter [ɛ̃ʒɛkte] VT to inject (**dans** into); **injecté de sang** bloodshot ■ **injection** NF injection

injure [ɛ̃ʒyr] NF insult; **injures** abuse, insults ■ **injurier** VT to insult, to abuse ■ **injurieux, -ieuse** ADJ abusive, insulting (**pour** to)

> Il faut noter que les termes anglais **injury** et **to injure** sont des faux amis. Ils signifient le plus souvent **blessure** et **blesser**.

injuste [ɛ̃ʒyst] ADJ *(contraire à la justice)* unjust; *(non équitable)* unfair ■ **injustice** NF injustice

injustifiable [ɛ̃ʒystifjabl] ADJ unjustifiable ■ **injustifié, -iée** ADJ unjustified

inlassable [ɛ̃lɑsabl] ADJ untiring

inné, -ée [ine] ADJ innate, inborn

innocent, -ente [inɔsã, -ãt] **1** ADJ innocent (**de** of) **2** NMF *(non coupable)* innocent person ■ **innocemment** [-amã] ADV innocently ■ **innocence** NF innocence; **en toute i.** in all innocence ■ **innocenter** VT **i. qn** to clear sb (**de** of)

innombrable [inɔ̃brabl] ADJ countless, innumerable; *(foule)* huge

innommable [inɔmabl] ADJ *(conduite, actes)* unspeakable; *(nourriture, odeur)* vile

innover [inɔve] VI to innovate ■ **innovateur, -trice** **1** ADJ innovative **2** NMF innovator ■ **innovation** NF innovation

inoccupé, -ée [inɔkype] ADJ unoccupied

inoculer [inɔkyle] VT *Méd* **i. qch à qn** to inoculate sb with sth; **i. qn contre qch** to inoculate sb against sth

inodore [inɔdɔr] ADJ *Br* odourless, *Am* odorless

inoffensif, -ive [inɔfãsif, -iv] ADJ harmless

inonder [inɔ̃de] VT *(lieu)* to flood; *Fig (marché)* to flood, to inundate (**de** with); **inondé de réclamations** inundated with complaints; **inondé de larmes** *(visage)* streaming with tears; **inondé de soleil** bathed in sunlight ■ **inondation** NF flood; *(action)* flooding

inopérable [inɔperabl] ADJ inoperable

inopiné, -ée [inɔpine] ADJ unexpected

inopportun, -une [inɔpɔrtœ̃, -yn] ADJ inopportune

inoubliable [inublijabl] ADJ unforgettable

inouï, inouïe [inwi] ADJ incredible

Inox® [inɔks] NM stainless steel; **couteau en I.** stainless-steel knife ■ **inoxydable** ADJ *(couteau)* stainless-steel

inqualifiable [ɛ̃kalifjabl] ADJ unspeakable

inquiet, -iète [ɛ̃kjɛ, -jɛt] ADJ worried, anxious (**de** about)

inquiéter [ɛ̃kjete] **1** VT *(préoccuper)* to worry **2 s'inquiéter** VPR to worry (**de** about); **s'i. pour qn** to worry about sb ■ **inquiétant, -ante** ADJ worrying

inquiétude [ɛ̃kjetyd] NF anxiety, worry; **avoir quelques inquiétudes** to feel a bit worried

insaisissable [ɛ̃sezisabl] ADJ elusive

insalubre [ɛ̃salybr] ADJ *(climat, habitation)* insalubrious

insatiable [ɛ̃sasjabl] ADJ insatiable

insatisfait, -aite [ɛ̃satisfɛ, -ɛt] ADJ *(personne)* dissatisfied

inscription [ɛ̃skripsjɔ̃] NF *(action)* entering; *(immatriculation)* registration; *(sur écriteau, mur, tombe)* inscription

inscrire* [ɛ̃skrir] **1** VT *(renseignements, date)* to write down; *(dans un journal, sur un registre)* to enter; *(graver)* to inscribe; **i. qn à un club** to Br enrol *or* Am enroll sb in a club **2 s'inscrire** VPR to put one's name down; *(à une activité)* Br to enrol, Am to enroll (**à** at); *(à l'université)* to register (**à** at); **s'i. à un club** to join a club; **s'i. à un examen** to register for an exam; **s'i. dans le cadre de** to come within the framework of; **s'i. en faux contre qch** to deny sth absolutely

insecte [ɛ̃sɛkt] NM insect ■ **insecticide** NM & ADJ insecticide

insécurité [ɛ̃sekyrite] NF insecurity

INSEE [inse] *(abrév* **Institut national de la statistique et des études économiques)** NM = French national institute of statistics and economic studies

insémination [ɛ̃seminasjɔ̃] NF *Méd* **i. artificielle** artificial insemination

insensé, -ée [ɛ̃sãse] ADJ *(projet, idée)* crazy; *(espoir)* wild

insensible [ɛ̃sãsibl] ADJ *(indifférent)* insensitive (**à** to); *(imperceptible)* imperceptible

inséparable [ɛ̃separabl] ADJ inseparable (**de** from)

insérer [ɛ̃sere] VT to insert (**dans** in) ■ **insertion** [ɛ̃sɛrsjɔ̃] NF insertion; **i. professionnelle** integration into the job market

insidieux, -ieuse [ɛ̃sidjø, -jøz] ADJ insidious

insigne [ɛ̃siɲ] NM badge; **les insignes de la royauté** the insignia of royalty

insignifiant, -iante [ɛ̃siɲifjã, -jãt] ADJ insignificant

insinuer [ɛ̃sinɥe] **1** VT *Péj* to insinuate (**que** that) **2 s'insinuer** VPR *(froid)* to creep (**dans** into); *(personne)* to worm one's way (**dans** into); **le doute qui s'insinue dans mon esprit** the doubt that is creeping into my mind

insipide [ɛ̃sipid] ADJ insipid

insister [ɛ̃siste] VI to insist (**pour faire** on doing); *Fam (persévérer)* to persevere; **i. sur qch** to stress sth; **i. pour que...** (+ *subjunctive)* to insist that...; **il a beaucoup insisté** he was very insistent ■ **insistance** NF insistence

insolation [ɛ̃sɔlasjɔ̃] NF *Méd* sunstroke

insolent, -ente [ɛ̃sɔlã, -ãt] ADJ *(impoli)* insolent; *(luxe)* unashamed ■ **insolence** NF insolence

insolite [ɛ̃sɔlit] ADJ unusual, strange

insoluble [ɛ̃sɔlybl] ADJ insoluble

insolvable [ɛ̃sɔlvabl] ADJ *Fin* insolvent

insomnie [ɛ̃sɔmni] NF insomnia; **avoir des insomnies** to have insomnia; **nuit d'i.** sleepless night ■ **insomniaque** NMF insomniac

insondable [ɛ̃sɔ̃dabl] ADJ unfathomable

insonoriser [ɛ̃sɔnɔrize] VT to soundproof

insouciant, -iante [ɛ̃susjã, -jãt] ADJ carefree; **i. de** unconcerned about ■ **insouciance** NF carefree attitude

insoumis, -ise [ɛ̃sumi, -iz] ADJ *(personne)* rebellious; *Mil* absentee

insoupçonnable [ɛ̃supsɔnabl] ADJ beyond suspicion ■ **insoupçonné, -ée** ADJ unsuspected

insoutenable [ɛ̃sutnabl] ADJ *(spectacle, odeur)* unbearable; *(théorie)* untenable

inspecter [ɛ̃spɛkte] VT to inspect ■ **inspecteur, -trice** NMF inspector ■ **inspection** NF inspection

inspirer [ɛ̃spire] **1** VT to inspire; **i. qch à qn** to inspire sb with sth; **i. confiance à qn** to inspire confidence in sb **2** VI to breathe in **3 s'inspirer** VPR **s'i. de qn/qch** to take one's inspiration from sb/sth ■ **inspiration** NF *(pour créer, idée)* inspiration; *(d'air)* breathing in ■ **inspiré, -ée** ADJ inspired; **être bien i. de faire qch** to have the good idea to do sth

instable [ɛ̃stabl] ADJ unstable; *(temps)* changeable ■ **instabilité** NF instability; *(de temps)* changeability

installer [ɛ̃stale] **1** VT *(appareil, meuble)* to install, to put in; *(étagère)* to put up; *(cuisine)* to fit out; **i. qn** *(dans une fonction, dans un logement)* to install sb (**dans** in); **i. qn dans un fauteuil** to settle sb down in an armchair **2 s'installer** VPR *(s'asseoir)* to settle down; *(dans un bureau)* to install oneself; *(médecin)* to set oneself up; **s'i. à la campagne** to settle in the country ■ **installation** NF *(de machine)* installation; *(de cuisine)* fitting out; *(de rideaux)* putting in; *(emménagement)* move; **installations** *(appareils)* fittings; *(bâtiments)* facilities

instant [ɛ̃stã] NM moment, instant; **à l'i.** a moment ago; **à l'i. (même) où...** just as...; **pour l'i.** for the moment; **dès l'i. que...** from the moment that...; *(puisque)* seeing that... ■ **instantané, -ée 1** ADJ instantaneous; **café i.** instant coffee **2** NM *(photo)* snapshot

instar [ɛ̃star] NM **à l'i. de qn** after the fashion of sb

instaurer [ɛ̃stɔre] VT to establish

instigateur, -trice [ɛ̃stigatœr, -tris] NMF instigator

instinct [ɛ̃stɛ̃] NM instinct; **d'i.** by instinct ■ **instinctif, -ive** ADJ instinctive

instituer [ɛ̃stitɥe] VT to establish

institut [ɛ̃stity] NM institute; **i. de beauté** beauty salon, *Am* beauty parlor

instituteur, -trice [ɛ̃stitytœr, -tris] NMF *Br* primary *or Am* elementary school teacher

institution [ɛ̃stitysjɔ̃] NF *(création)* establishment; *(coutume)* institution; *(école)* private school; *Pol* **institutions** institutions ■ **institutionnel, -elle** ADJ institutional

instructif, -ive [ɛ̃stryktif, -iv] ADJ instructive

instruction [ɛ̃stryksjɔ̃] NF *(éducation)* education; *Mil* training; *Jur* preliminary investigation; **instructions** instructions ■ **instructeur** NM instructor

instruire* [ɛ̃strɥir] **1** VT to teach, to educate; *Mil* to train; *Jur* to investigate; **i. qn de qch** to inform sb of sth **2 s'instruire** VPR to educate oneself; **s'i. de** to find out about ■ **instruit, -uite** ADJ educated

instrument [ɛ̃strymɑ̃] NM instrument; **i. à vent** wind instrument; **instruments de bord** *(d'avion)* instruments ■ **instrumental, -e, -aux, -ales** ADJ *Mus* instrumental

insu [ɛ̃sy] NM **à l'insu de** without the knowledge of; **à mon/son i.** *(sans m'en/s'en apercevoir)* without being aware of it

insuffisant, -ante [ɛ̃syfizɑ̃, -ɑ̃t] ADJ *(en quantité)* insufficient; *(en qualité)* inadequate ■ **insuffisance** NF *(manque)* insufficiency; *(de moyens)* inadequacy; **insuffisances** *(faiblesses)* shortcomings

insulaire [ɛ̃syler] **1** ADJ insular **2** NMF islander

insuline [ɛ̃sylin] NF *Méd* insulin

insulte [ɛ̃sylt] NF insult **(à** to) ■ **insulter** VT to insult

insupportable [ɛ̃syportabl] ADJ unbearable

insurger [ɛ̃syrʒe] **s'insurger** VPR to rise up **(contre** against) ■ **insurrection** NF insurrection, uprising

insurmontable [ɛ̃syrmɔ̃tabl] ADJ insurmountable

intact, -acte [ɛ̃takt] ADJ intact

intarissable [ɛ̃tarisabl] ADJ inexhaustible

intégral, -e, -aux, -ales [ɛ̃tegral, -o] ADJ *(paiement)* full; *(édition)* unabridged; **casque i.** full-face crash helmet; **version intégrale** *(de film)* uncut version ■ **intégralement** ADV in full, fully ■ **intégralité** NF whole **(de** of); **dans son i.** in full

intègre [ɛ̃tegr] ADJ upright, honest ■ **intégrité** NF integrity

intégrer [ɛ̃tegre] **1** VT to integrate **(dans** in); *(école)* to get into **2 s'intégrer** VPR to become integrated ■ **intégrante** ADJ F **faire partie i. de qch** to be an integral part of sth ■ **intégration** NF *(au sein d'un groupe)* integration

intégrisme [ɛ̃tegrism] NM fundamentalism

intellectuel, -uelle [ɛ̃telɛktɥel] ADJ & NMF intellectual

intelligent, -ente [ɛ̃teliʒɑ̃, -ɑ̃t] ADJ intelligent, clever ■ **intelligemment** [-amɑ̃] ADV intelligently ■ **intelligence** NF *(faculté)* intelligence; **avoir l'i. de faire qch** to have the intelligence to do sth; **vivre en bonne i. avec qn** to be on good terms with sb; *Ordinat* **i. artificielle** artificial intelligence

intelligentsia [inteligentsja] NF intelligentsia

intelligible [ɛ̃teliʒibl] ADJ intelligible

intempéries [ɛ̃tɑ̃peri] NFPL bad weather

intempestif, -ive [ɛ̃tɑ̃pestif, -iv] ADJ untimely

intenable [ɛ̃tnabl] ADJ *(position)* untenable; *Fam (enfant)* uncontrollable

intendant, -ante [ɛ̃tɑ̃dɑ̃, -ɑ̃t] NMF *Scol* bursar ■ **intendance** NF *Scol* bursary

intense [ɛ̃tɑ̃s] ADJ intense; *(circulation)* heavy ■ **intensif, -ive** ADJ intensive ■ **intensité** NF intensity

intensifier [ɛ̃tɑ̃sifje] VT **s'intensifier** VPR to intensify

intenter [ɛ̃tɑ̃te] VT *Jur* **i. un procès à qn** to institute proceedings against sb

intention [ɛ̃tɑ̃sjɔ̃] NF intention; *Jur* intent; **avoir l'i. de faire qch** to intend to do sth; **à l'i. de qn** for sb ■ **intentionné, -ée** ADJ **bien i.** well-intentioned; **mal i.** ill-intentioned ■ **intentionnel, -elle** ADJ intentional ■ **intentionnellement** ADV intentionally

interactif, -ive [ɛ̃teraktif, -iv] ADJ *Ordinat* interactive

interaction [ɛ̃teraksjɔ̃] NF interaction

intercaler [ɛ̃terkale] VT to insert

intercéder [ɛ̃tersede] VT to intercede **(auprès de** with; **en faveur de** on behalf of)

intercepter [ɛ̃tersepte] VT to intercept

interchangeable [ɛ̃terʃɑ̃ʒabl] ADJ interchangeable

interdire* [ɛ̃terdir] VT to forbid **(qch à qn** sb sth); *(film, meeting)* to ban; **i. à qn de faire qch** *(médecin, père)* to forbid sb to do sth; *(santé)* to prevent sb from doing sth ■ **interdiction** NF ban **(de** on); **'i. de fumer'** 'no smoking' ■ **interdit, -ite** ADJ **(a)** forbidden; **il est i. de...** it is forbidden to...; **'stationnement i.'** *(sur panneau)* 'no parking' **(b)** *(étonné)* disconcerted

intéresser [ɛ̃terese] **1** VT *(captiver)* to interest; *(concerner)* to concern **2 s'intéresser** VPR **s'i. à qn/qch** to be interested in sb/sth ■ **intéressant, -ante** ADJ *(captivant)* interesting; *(prix)* attractive **2** NMF *Péj* **faire l'i.** to show off ■ **intéressé, -ée 1** ADJ *(avide)* self-interested;

(motif) selfish; *(concerné)* concerned **2 NMF l'i.** the person concerned

intérêt [ɛ̃terɛ] NM interest; *Fin* **intérêts** interest; **tu as i. à le faire** you'd do well to do it; **sans i.** *(personne, film)* uninteresting

interface [ɛ̃terfas] NF *Ordinat* interface

intérieur, -ieure [ɛ̃terjœr] **1 ADJ** *(escalier, paroi)* interior; *(cour, vie)* inner; *(poche)* inside; *(partie)* internal; *(vol)* internal, domestic; *(mer)* inland **2 NM** *(de boîte, de maison)* inside (**de** of); *(de pays)* interior; *(maison)* home; **à l'i. (de)** inside; **à l'i. de nos frontières** within the country; **d'i.** *(vêtement, jeux)* indoor; **femme d'i.** home-loving woman ▪ **intérieurement** ADV inwardly

intérim [ɛ̃terim] NM *(travail temporaire)* temporary work; **assurer l'i.** to stand in (**de** for); **président par i.** acting president ▪ **intérimaire 1 ADJ** *(fonction, employé)* temporary **2 NMF** *(travailleur)* temporary worker; *(secrétaire)* temp

interlocuteur, -trice [ɛ̃terlɔkytœr, -tris] NMF *(de conversation)* speaker; *(de négociation)* discussion partner; **mon i.** the person I am/was speaking to

interloqué, -ée [ɛ̃terlɔke] ADJ dumbfounded

intermède [ɛ̃termɛd] NM interlude

intermédiaire [ɛ̃termedjɛr] **1 ADJ** intermediate **2 NMF** intermediary; *Com* middleman; **par l'i. de** through; **sans i.** directly

interminable [ɛ̃terminabl] ADJ interminable

intermittent, -ente [ɛ̃termitɑ̃, -ɑ̃t] ADJ intermittent ▪ **intermittence** NF **par i.** intermittently

internat [ɛ̃terna] NM *(école)* boarding school; *(concours de médecine)* = entrance examination for *Br* a housemanship *or Am* an internship ▪ **interne 1 ADJ** *(douleur)* internal; *(oreille)* inner **2 NMF** *(élève)* boarder; **i. des hôpitaux** *Br* house doctor, *Am* intern

international, -e, -aux, -ales [ɛ̃ternasjɔnal, -o] **1 ADJ** international **2 NM** *(joueur de football)* international

interner [ɛ̃terne] VT *(prisonnier)* to intern; *(aliéné)* to commit ▪ **internement** [-əmɑ̃] NM *(emprisonnement)* internment; *(d'aliéné)* confinement

Internet [ɛ̃ternet] NM Internet; **sur I.** on the Internet ▪ **internaute** NMF Internet surfer

interpeller [ɛ̃terpəle] VT *(appeler)* to call out to; *(dans une réunion)* to question; **i. qn** *(police)* to take sb in for questioning; **ce roman m'a interpellé** I can really relate to that novel ▪ **interpellation** NF sharp address; *(dans une réunion)* question; **la police a procédé à plusieurs interpellations** the police took several people in for questioning

Interphone® [ɛ̃terfɔn] NM *(de bureau)* intercom; *(d'immeuble)* entryphone

interplanétaire [ɛ̃terplaneter] ADJ interplanetary

interposer [ɛ̃terpoze] **s'interposer** VPR *(intervenir)* to intervene (**dans** in); **par personne interposée** through an intermediary

interprète [ɛ̃terpret] NMF *(traducteur)* interpreter; *(chanteur)* singer; *(musicien, acteur)* performer; *(porte-parole)* spokesman, spokesperson, *f* spokeswoman ▪ **interprétariat** NM interpreting ▪ **interprétation** NF *(de texte, de rôle, de rêve)* interpretation; *(traduction)* interpreting ▪ **interpréter** VT *(texte, rôle, musique, rêve)* to interpret; *(chanter)* to sing; **mal i. les paroles de qn** to misinterpret sb's words

interroger [ɛ̃terɔʒe] VT to question; *(élève)* to test; *Ordinat (banque de données)* to query ▪ **interrogateur, -trice** ADJ *(air)* questioning ▪ **interrogatif, -ive** ADJ & NM *Grammaire* interrogative ▪ **interrogation** NF *(question)* question; *(de prisonnier)* questioning; *Scol* **i. écrite/orale** written/oral test ▪ **interrogatoire** NM interrogation

interrompre* [ɛ̃terɔ̃pr] **1 VT** to interrupt **2 s'interrompre** VPR to break off ▪ **interrupteur** NM switch ▪ **interruption** NF interruption; *(de négociations)* breaking off; **sans i.** continuously; **i. volontaire de grossesse** (voluntary) termination of pregnancy, abortion

intersection [ɛ̃terseksjɔ̃] NF intersection; *(de routes)* junction

interstice [ɛ̃terstis] NM crack, chink

intervalle [ɛ̃terval] NM *(dans l'espace)* gap, space; *(dans le temps)* interval; **dans l'i.** *(entretemps)* in the meantime; **par intervalles** (every) now and then, at intervals

intervenir* [ɛ̃tervənir] VI *(agir, prendre la parole)* to intervene; *(survenir)* to occur; **i. auprès de qn** to intercede with sb; **être intervenu** *(accord)* to be reached ▪ **intervention** NF intervention; *(discours)* speech; **i. chirurgicale** operation

intervertir [ɛ̃tervertir] VT *(l'ordre de qch)* to invert; *(objets)* to switch round

interview [ɛ̃tervju] NM OU F interview ▪ **interviewer** [-vjuve] VT to interview

intestin [ɛ̃testɛ̃] NM intestine ▪ **intestinal, -e, -aux, -ales** ADJ intestinal

intime [ɛ̃tim] **1 ADJ** intimate; *(ami)* close; *(toilette)* personal; *(cérémonie)* quiet **2 NMF** close friend ▪ **intimement** [-əmɑ̃] ADV intimately; **i. liés** *(problèmes)* closely linked ▪ **intimité** NF *(familiarité)* intimacy; *(vie privée)* privacy; **dans l'i.** in private

Il faut noter qu'en anglais **to be intimate with someone** signifie le plus souvent **avoir des rapports sexuels avec quelqu'un**.

intimider [ɛ̃timide] **VT** to intimidate

intituler [ɛ̃tityle] **1 VT** to give a title to **2 s'intituler VPR** to be entitled

intolérable [ɛ̃tɔlerabl] **ADJ** intolerable ■ **intolérance NF** intolerance ■ **intolérant, -ante ADJ** intolerant

intonation [ɛ̃tɔnasjɔ̃] **NF** *Ling* intonation

intoxiquer [ɛ̃tɔksike] **1 VT** *(empoisonner)* to poison **2 s'intoxiquer VPR** to poison oneself ■ **intoxication NF** *(empoisonnement)* poisoning; **i. alimentaire** food poisoning

intraitable [ɛ̃tretabl] **ADJ** uncompromising

Intranet [ɛ̃tranet] **NM** *Ordinat* Intranet

intransigeant, -ante [ɛ̃trãziʒã, -ãt] **ADJ** intransigent ■ **intransigeance NF** intransigence

intransitif, -ive [ɛ̃trãzitif, -iv] **ADJ & NM** *Grammaire* intransitive

intraveineux, -euse [ɛ̃travenø, -øz] *Méd* **1 ADJ** intravenous **2 NF intraveineuse** intravenous injection

intrépide [ɛ̃trepid] **ADJ** fearless, intrepid

intrigue [ɛ̃trig] **NF** intrigue; *(de film, roman)* plot ■ **intriguer 1 VT i. qn** to intrigue sb **2 VI** to scheme

introduire* [ɛ̃trɔdɥir] **1 VT** *(insérer)* to insert **(dans** into); *(marchandises)* to bring in; *(réforme, mode)* to introduce; *(visiteur)* to show in; *Com* **i. sur le marché** to launch onto the market **2 s'introduire VPR s'i. dans une maison** to get into a house ■ **introduction NF** *(texte, action)* introduction

introuvable [ɛ̃truvabl] **ADJ** *(produit)* unobtainable; *(personne)* nowhere to be found

introverti, -ie [ɛ̃trɔverti] **ADJ & NMF** introvert

intrus, -use [ɛ̃try, -yz] **NMF** intruder ■ **intrusion NF** intrusion **(dans** into)

intuition [ɛ̃tɥisjɔ̃] **NF** intuition ■ **intuitif, -ive ADJ** intuitive

inuit [inɥit] **1 ADJ INV** Inuit **2 NMF INV I.** Inuit

inusable [inyzabl] **ADJ** hard-wearing

inusité, -ée [inyzite] **ADJ** *(mot, forme)* uncommon

inutile [inytil] **ADJ** *(qui ne sert à rien)* useless; *(précaution, bagage)* unnecessary; **c'est i. de crier** there's no point shouting; **i. de dire que...** needless to say that... ■ **inutilement ADV** needlessly ■ **inutilité NF** uselessness

inutilisable [inytilizabl] **ADJ** unusable ■ **inutilisé, -ée ADJ** unused

invaincu, -ue [ɛ̃vɛ̃ky] **ADJ** *Sport* unbeaten

invalide [ɛ̃valid] **1 ADJ** disabled **2 NMF** disabled person; **i. de guerre** disabled ex-serviceman

invalider [ɛ̃valide] **VT** to invalidate

invariable [ɛ̃varjabl] **ADJ** invariable

invasion [ɛ̃vazjɔ̃] **NF** invasion

invendable [ɛ̃vãdabl] **ADJ** unsellable ■ **invendu, -ue 1 ADJ** unsold **2 NMPL invendus** unsold articles; *(journaux)* unsold copies

inventaire [ɛ̃vãter] **NM** *Com (liste)* inventory; *Fig (étude)* survey; *Com* **faire l'i.** to do the stocktaking (**de** of)

inventer [ɛ̃vãte] **VT** *(créer)* to invent; *(concept)* to think up; *(histoire, excuse)* to make up ■ **inventeur, -trice NMF** inventor ■ **inventif, -ive ADJ** inventive ■ **invention NF** invention

inverse [ɛ̃vers] **1 ADJ** *(sens)* opposite; *(ordre)* reverse; *Math* inverse **2 NM l'i.** the reverse, the opposite ■ **inversement** [-əmã] **ADV** conversely ■ **inverser VT** *(ordre)* to reverse ■ **inversion NF** inversion

investigation [ɛ̃vestigasjɔ̃] **NF** investigation

investir [ɛ̃vestir] **1 VT** *(capitaux)* to invest (**dans** in); *(édifice, ville)* to besiege; **i. qn d'une mission** to entrust sb with a mission **2 VI** to invest (**dans** in) ■ **investissement NM** *Fin* investment

invétéré, -ée [ɛ̃vetere] **ADJ** inveterate

invincible [ɛ̃vɛ̃sibl] **ADJ** invincible

invisible [ɛ̃vizibl] **ADJ** invisible

inviter [ɛ̃vite] **VT** to invite; **i. qn à faire qch** *(prier)* to request sb to do sth; *(inciter)* to urge sb to do sth; **i. qn à dîner** to invite sb to dinner ■ **invitation NF** invitation ■ **invité, -ée NMF** guest

invivable [ɛ̃vivabl] **ADJ** unbearable; *Fam (personne)* insufferable

involontaire [ɛ̃vɔlɔ̃ter] **ADJ** *(geste)* involuntary; *(témoin)* unwilling ■ **involontairement ADV** involuntarily

invoquer [ɛ̃vɔke] **VT** *(argument)* to put forward; *(loi, texte)* to refer to; *(divinité)* to invoke ■ **invocation NF** invocation (**à** to)

invraisemblable [ɛ̃vresãblabl] **ADJ** *(extraordinaire)* incredible; *(alibi)* implausible ■ **invraisemblance NF** *(improbabilité)* unlikelihood; *(d'alibi)* implausibility; **invraisemblances** implausibilities

invulnérable [ɛ̃vylnerabl] **ADJ** invulnerable

iode [jɔd] **NM teinture d'i.** *(antiseptique)* iodine

ira [ira], **irait** [ire] *etc* ➤ **aller**[1]

Irak [irak] **NM l'I.** Iraq ■ **irakien, -ienne 1 ADJ** Iraqi **2 NMF I., Irakienne** Iraqi

Iran [irã] **NM l'I.** Iran ■ **iranien, -ienne 1 ADJ** Iranian **2 NMF I., Iranienne** Iranian

iris [iris] **NM** *(plante)* & *Anat* iris

Irlande [irlãd] **NF l'I.** Ireland; **l'I. du Nord**

Northern Ireland ■ **irlandais, -aise 1** ADJ Irish **2** NMF **I.** Irishman; **Irlandaise** Irishwoman; **les I.** the Irish **3** NM *(langue)* Irish

ironie [irɔni] NF irony ■ **ironique** ADJ ironic(al)

iront [irɔ̃] ➤ **aller¹**

irrationnel, -elle [irasjɔnɛl] ADJ irrational

irréalisable [irealizabl] ADJ *(projet)* impracticable

irréaliste [irealist] ADJ unrealistic

irrécupérable [irekyperabl] ADJ *(objet)* beyond repair; *(personne)* irredeemable

irrécusable [irekyzabl] ADJ *(preuve)* indisputable; *Jur (témoignage)* unimpeachable

irréductible [iredyktibl] **1** ADJ *(ennemi)* implacable **2** NM die-hard

irréel, -éelle [ireel] ADJ unreal

irréfléchi, -ie [ireflefi] ADJ rash

irréfutable [irefytabl] ADJ irrefutable

irrégulier, -ière [iregylje, -jɛr] ADJ *(rythme, respiration, verbe, procédure; sol)* uneven; *(résultats)* inconsistent; **être en situation irrégulière** *(voyageur)* not to hold a valid ticket; *(étranger)* not to have one's residence papers in order ■ **irrégularité** NF irregularity; *(de sol)* unevenness

irrémédiable [iremedjabl] ADJ irreparable

irremplaçable [irɑ̃plasabl] ADJ irreplaceable

irréparable [ireparabl] ADJ *(véhicule)* beyond repair; *(tort, perte)* irreparable

irrépressible [irepresibl] ADJ irrepressible

irréprochable [ireprɔʃabl] ADJ irreproachable

irrésistible [irezistibl] ADJ *(personne, charme)* irresistible

irrésolu, -ue [irezɔly] ADJ *(personne)* indecisive; *(problème)* unresolved

irrespirable [irespirabl] ADJ *(air)* unbreathable; *Fig (atmosphère)* unbearable

irresponsable [irespɔ̃sabl] ADJ *(personne)* irresponsible

irréversible [ireversibl] ADJ irreversible

irrévocable [irevɔkabl] ADJ irrevocable

irriguer [irige] VT to irrigate ■ **irrigation** NF irrigation

irriter [irite] **1** VT to irritate **2 s'irriter** VPR *(s'énerver)* to get irritated **(de/contre** with/at); *(s'enflammer)* to become irritated ■ **irritable** ADJ irritable ■ **irritant, -ante** ADJ *(personne, comportement)* irritating; *(produit)* irritant ■ **irritation** NF *(colère)* & *Méd* irritation

irruption [irypsjɔ̃] NF **faire i. dans** to burst into

Islam [islam] NM **l'I.** Islam ■ **islamique** ADJ Islamic

Islande [islɑ̃d] NF **l'I.** Iceland ■ **islandais, -aise 1** ADJ Icelandic **2** NMF **I., Islandaise** Icelander

isoler [izɔle] **1** VT to isolate **(de** from); *(du froid)* & *Él* to insulate **2 s'isoler** VPR to isolate oneself ■ **isolant, -ante 1** ADJ insulating **2** NM insulating material ■ **isolation** NF insulation; **i. thermique** thermal insulation ■ **isolé, -ée** ADJ *(personne, endroit, maison)* isolated; *(du froid)* insulated; **i. de** cut off or isolated from ■ **isolement** NM *(de personne)* isolation ■ **isolément** ADV *(agir)* in isolation; *(interroger des gens)* individually

isoloir [izɔlwar] NM *Br* polling booth, *Am* voting booth

Israël [israel] NM Israel ■ **israélien, -ienne 1** ADJ Israeli **2** NMF **I., Israélienne** Israeli ■ **israélite 1** ADJ Jewish **2** NMF Jew

issu, -ue [isy] ADJ **être i. de** to come from

issue [isy] NF *(sortie)* exit; *Fig (solution)* way out; *(résultat)* outcome; *Fig* **situation sans i.** dead end; **à l'i. de** at the end of; **i. de secours** emergency exit

Il faut noter que le nom anglais **issue** est un faux ami. Il signifie le plus souvent **problème** ou **question**.

isthme [ism] NM isthmus

Italie [itali] NF **l'I.** Italy ■ **italien, -ienne 1** ADJ Italian **2** NMF **I., Italienne** Italian **3** NM *(langue)* Italian

italique [italik] **1** ADJ *(lettre)* italic **2** NM italics; **en i.** in italics

itinéraire [itinerɛr] NM route, itinerary; **i. bis** = alternative route recommended when roads are highly congested

IUFM [iyefɛm] *(abrév* **Institut universitaire de formation des maîtres)** NM *Br* ≃ teacher training college, *Am* ≃ teachers' college

IUT [iyte] *(abrév* **institut universitaire de technologie)** NM = vocational higher education college

IVG [iveʒe] *(abrév* **interruption volontaire de grossesse)** NF (voluntary) abortion *or* termination

ivoire [ivwar] NM ivory; **statuette en i.** *ou* **d'i.** ivory statuette

ivre [ivr] ADJ drunk **(de** with); *Fig* **i. de joie** wild with joy; **i. de bonheur** wildly happy; **i. mort** blind drunk ■ **ivresse** NF drunkenness; **en état d'i.** under the influence of drink ■ **ivrogne** NMF drunk(ard)

J, j [ʒi] NM INV J, j; **le jour J.** D-day

j' [ʒ] ➤ **je**

jacinthe [ʒasɛ̃t] NF hyacinth

jade [ʒad] NM *(pierre)* jade

jadis [ʒadis] ADV *Littéraire* in days gone by

jaguar [ʒagwar] NM jaguar

jaillir [ʒajir] VI *(liquide)* to gush out; *(étincelles)* to shoot out; *(lumière)* to flash; *(cri)* to burst out

jalon [ʒalɔ̃] NM ranging pole; *Fig* **poser les jalons** to prepare the way (**de** for) ■ **jalonner** VT *(marquer)* to mark out; *(border)* to line

jaloux, -ouse [ʒalu, -uz] ADJ jealous (**de** of) ■ **jalousie** NF *(sentiment)* jealousy; *(store)* Venetian blind

Jamaïque [ʒamaik] NF **la J.** Jamaica

jamais [ʒamɛ] ADV (**a**) *(négatif)* never; **elle ne sort j.** she never goes out; **sans j. sortir** without ever going out (**b**) *(positif)* ever; **à (tout) j.** for ever; **si j.** if ever; **le film le plus drôle que j'aie j. vu** the funniest film I have ever seen

jambe [ʒɑ̃b] NF leg; **à toutes jambes** as fast as one can; *Fig* **prendre ses jambes à son cou** to take to one's heels; **être dans les jambes de qn** to be under sb's feet; *Fam* **faire qch par-dessus la j.** to do sth any old how; *Fam* **ça me fait une belle j.!** a fat lot of good that does me!

jambon [ʒɑ̃bɔ̃] NM ham ■ **jambonneau, -x** NM knuckle of ham

jante [ʒɑ̃t] NF rim

janvier [ʒɑ̃vje] NM January

Japon [ʒapɔ̃] NM **le J.** Japan ■ **japonais, -aise** **1** ADJ Japanese **2** NMF **J., Japonaise** Japanese inv; **les J.** the Japanese **3** NM *(langue)* Japanese

jaquette [ʒakɛt] NF *(d'homme)* morning coat; *(de livre)* jacket

jardin [ʒardɛ̃] NM garden; **j. d'enfants** kindergarten; **j. public** gardens ■ **jardinage** NM gardening ■ **jardiner** VI to do some gardening ■ **jardinerie** NF garden centre ■ **jardinier** NM gardener ■ **jardinière** NF *(caisse à fleurs)* window box; **j. de légumes** mixed vegetables

jargon [ʒargɔ̃] NM jargon

jarret [ʒarɛ] NM back of the knee

jarretière [ʒartjɛr] NF garter

jaser [ʒaze] VI *(médire)* to gossip

jasmin [ʒasmɛ̃] NM jasmine; **thé au j.** jasmine tea

jauge [ʒoʒ] NF *(instrument)* gauge; *Naut* tonnage ■ **jauger** VT *Fig (personne, situation)* to size up

jaune [ʒon] **1** ADJ yellow **2** NM *(couleur)* yellow; *Péj (ouvrier)* yellowbelly; **j. d'œuf** (egg) yolk **3** ADV **rire j.** to give a forced laugh ■ **jaunâtre** ADJ yellowish ■ **jaunir** VTI to turn yellow ■ **jaunisse** NF *Méd* jaundice

Javel [ʒavɛl] NF **(eau de) J.** bleach

javelot [ʒavlo] NM javelin

jazz [dʒaz] NM jazz

J.-C. [ʃise] *(abrév* **Jésus-Christ)** NM J.C.; **av./ap. J.-C.** BC/AD

je [ʒə]

> **j'** is used before a word beginning with a vowel or h mute.

PRON PERSONNEL I; **je suis ici** I'm here

jean [dʒin] NM (pair of) jeans; **veste/jupe en j.** denim jacket/skirt

Jersey [ʒɛrze] NF Jersey

Jésus-Christ [ʒezykrist] NM Jesus Christ; **avant/ après J.-C.** BC/AD

jet [ʒɛ] NM *(de pierre)* throwing; *(de vapeur, de liquide)* jet; *(de lumière)* flash; **premier j.** *(ébauche)* first draft; **d'un seul j.** in one go; **j. d'eau** fountain

jetable [ʒətabl] ADJ disposable

jetée [ʒəte] NF pier, jetty

jeter [ʒəte] **1** VT to throw (**à** to; **dans** into); *(à la poubelle)* to throw away; *(ancre, sort, regard)* to cast; *(bases)* to lay; *(cri)* to utter; *(éclat, lueur)* to give out; *(noter)* to jot down; **j. qch à qn** to throw sth to sb, to throw sb sth; **j. un coup d'œil à qn/ qch** to have a quick look at sb/sth; *Fam* **se faire j. de** to get chucked out of; *Fam* **ça en jette!** that's really something! **2 se jeter** VPR *(personne)* to throw oneself; **se j. sur qn** to throw oneself at sb; *Fig* to pounce on sb; **se j. sur** *(nourriture)* to pounce on; *(occasion)* to jump at; **se j. contre** *(véhicule)* to crash into; **se j. dans** *(fleuve)* to flow into

jeton [ʒətɔ̃] NM *(pièce)* token; *(au jeu)* chip; *Fam* **avoir les jetons** to have the jitters

jeu, -x [ʒø] NM (**a**) *(amusement)* play; *(activité & Tennis)* game; *(d'acteur)* acting; *(de musicien)* playing; **le j.** *(au casino)* gambling; **en j.** *(en cause)* at stake; *(forces)* at work; **entrer en j.** to come into play; **c'est un j. d'enfant!** it's child's play!; **j.-concours** competition; **j. électronique** computer game; **jeux de hasard** games of chance; **j. de mots** play on words, pun; **jeux de société** *(devinettes)* parlour games; *(jeu de l'oie, petits chevaux)* board games; **j. télévisé** television game show; *(avec questions)* television quiz show; **j. vidéo** video game (**b**) *(série complète)* set; *(de cartes)* deck, *Br* pack; *(cartes en main)* hand; **j. d'échecs** *(boîte, pièces)* chess set (**c**) *Tech (de ressort, verrou)* play

jeudi [ʒødi] NM Thursday

jeun [ʒœ̃] **à jeun 1** ADV on an empty stomach **2** ADJ **être à j.** to have eaten no food

jeune [ʒœn] **1** ADJ young; *(apparence)* youthful; **jeunes gens** young people **2** NMF young person; **les jeunes** young people ▪ **jeunesse** NF youth; *(apparence)* youthfulness; **la j.** *(les jeunes)* the young

joaillier, -ière [ʒɔaje, -jɛr] NMF *Br* jeweller, *Am* jeweler ▪ **joaillerie** NF *(bijoux) Br* jewellery, *Am* jewelry; *(magasin) Br* jewellery shop, *Am* jewelry store

jockey [ʒɔkɛ] NM jockey

jogging [dʒɔgiŋ] NM *Sport* jogging; *(survêtement)* jogging suit; **faire du j.** to jog, to go jogging

joie [ʒwa] NF joy, delight; **avec j.** with pleasure, gladly; **faire la j. de qn** to make sb happy

joindre* [ʒwɛ̃dr] **1** VT *(réunir)* to join; *(ajouter)* to add (**à** to); *(dans une enveloppe)* to enclose (**à** with); **j. qn** *(contacter)* to get in touch with sb; **j. les mains** to put one's hands together **2 se joindre** VPR **se j. à qn** to join sb; **se j. à qch** to join in sth ▪ **joint, -e 1** ADJ **à pieds joints** with feet together; **pièces jointes** *(de lettre)* enclosures **2** NM *Tech (articulation)* joint; *(d'étanchéité)* seal; *(de robinet)* washer; *Fam (à fumer)* joint; **j. de culasse** gasket

joker [ʒɔkɛr] NM *Cartes* joker

joli, -ie [ʒɔli] ADJ pretty; *(somme)* nice ▪ **joliment** ADV nicely; *Fam (très, beaucoup)* awfully

Il faut noter que l'adjectif anglais **jolly** est un faux ami. Il signifie **joyeux**.

jonc [ʒɔ̃] NM *(plante)* rush

joncher [ʒɔ̃ʃe] VT to strew (**de** with); **jonché de** strewn with

jonction [ʒɔ̃ksjɔ̃] NF junction

jongler [ʒɔ̃gle] VI to juggle (**avec** with) ▪ **jongleur, -euse** NMF juggler

jonquille [ʒɔ̃kij] NF daffodil

Jordanie [ʒɔrdani] NF **la J.** Jordan

joue [ʒu] NF *(du visage)* cheek; **mettre qn en j.** to take aim at sb; **en j.!** (take) aim!

jouer [ʒwe] **1** VT *(musique, tour, carte, rôle)* to play; *(pièce de théâtre)* to perform; *(film)* to show; *(parier)* to stake (**sur** on); *(cheval)* to bet on; **j. la finale** to play in the final; *Fig* **j. son avenir** to risk one's future **2** VI to play; *(acteur)* to act; *(au tiercé)* to gamble; *(être important)* to count; **j. au tennis/aux cartes** to play tennis/cards; **j. du piano/du violon** to play the piano/violin; **j. aux courses** to bet on the horses; *Fig* **j. en faveur de qn** to work in sb's favour; **j. des coudes** to elbow one's way through; **à toi de j.!** it's your turn (to play)! **3 se jouer** VPR *(film, pièce)* to be on

jouet [ʒwɛ] NM toy; *Fig* **être le j. de qn** to be sb's plaything

joueur, -euse [ʒwœr, -øz] NMF player; *(au tiercé)* gambler; **beau j., bon j.** good loser

jouffu, -ue [ʒufly] ADJ *(visage)* chubby; *(enfant)* chubby-cheeked

jouir [ʒwir] VI *(sexuellement)* to have an orgasm; **j. de qch** to enjoy sth; **j. d'une bonne santé** to enjoy good health

jour [ʒur] NM *(journée, date)* day; *(clarté)* daylight; *(éclairage)* light; *(ouverture)* gap; **il fait j.** it's (day) light; **de j. en j.** day by day; **du j. au lendemain** overnight; **au j. le j.** from day to day; **en plein j., au grand j.** in broad daylight; **de nos jours** nowadays, these days; *Fig* **sous un j. nouveau** in a different light; **les beaux jours** *(l'été)* summer; **mettre qch à j.** to bring sth up to date; **se faire j.** to come to light; **quel j. sommes-nous?** what day is it?; **il y a dix ans j. pour j.** ten years ago to the day; **le j. de l'an** New Year's Day

journal, -aux [ʒurnal, -o] NM *(news)paper; *(spécialisé)* journal; *(intime)* diary; *Radio* **j. parlé** (radio) news *(sing)*; **j. télévisé** (TV) news *(sing)*; *Naut* **j. de bord** logbook ▪ **journalisme** NM journalism ▪ **journaliste** NMF journalist

journalier, -ière [ʒurnalje, -jɛr] ADJ daily

journée [ʒurne] NF day; **pendant la j.** during the day(time); **toute la j.** all day (long)

Il faut noter que le nom anglais **journey** est un faux ami. Il signifie **voyage** ou **trajet**.

jovial, -e, -iaux, -iales [ʒɔvjal, -jo] ADJ jovial, jolly

joyau, -x [ʒwajo] NM jewel

joyeux, -euse [ʒwajø, -øz] ADJ joyful; **j. anniversaire!** happy birthday!; **j. Noël!** merry *or Br* happy Christmas! ■ **joyeusement** ADV joyfully

jubiler [ʒybile] VI to be jubilant ■ **jubilation** NF jubilation

jucher [ʒyʃe] VT **se jucher** VPR to perch (**sur** on)

judaïsme [ʒydaism] NM Judaism

judiciaire [ʒydisjɛr] ADJ judicial; *(autorité)* legal

judicieux, -ieuse [ʒydisjø, -jøz] ADJ judicious

judo [ʒydo] NM judo

juge [ʒyʒ] NMF judge; **j. d'instruction** examining magistrate; *Football* **j. de touche** linesman, assistant referee

jugé [ʒyʒe] **au jugé** ADV *(calculer)* roughly

jugement [ʒyʒmɑ̃] NM *(opinion, discernement)* judgement; *Jur (verdict)* sentence; **porter un j. sur qch** to pass judgement on sth; *Jur* **passer en j.** to stand trial

juger [ʒyʒe] **1** VT *(personne, question)* to judge; *(au tribunal)* to try; *(estimer)* to consider (**que** that); **j. utile de faire qch** to consider it useful to do sth **2** VI **j. de** to judge; **jugez de ma surprise!** imagine my surprise!

juif, juive [ʒɥif, ʒɥiv] **1** ADJ Jewish **2** NMF **J.** Jew

juillet [ʒɥijɛ] NM July

juin [ʒɥɛ̃] NM June

jumeau, -elle, -x, -elles [ʒymo, -ɛl] **1** ADJ **frère j.** twin brother; **sœur jumelle** twin sister; **lits jumeaux** twin beds **2** NMF twin ■ **jumeler** VT *(villes) Br* to twin, *Am* to make sister cities ■ **jumelles** NFPL *(pour regarder)* binoculars

jument [ʒymɑ̃] NF mare

jungle [ʒœ̃gl] NF jungle

junior [ʒynjɔr] NM & ADJ INV *Sport* junior

junte [ʒœ̃t] NF junta

jupe [ʒyp] NF skirt ■ **jupon** NM petticoat

jurer [ʒyre] **1** VT *(promettre)* to swear (**que** that; **de faire** to do) **2** VI *(dire un gros mot) Br* to swear, *Am* to curse (**contre** at); *(contraster)* to clash (**avec** with); **j. de qch** to swear to sth ■ **juré, -ée 1** ADJ **ennemi j.** sworn enemy **2** NM *Jur* juror

juridique [ʒyridik] ADJ legal ■ **juriste** NMF legal expert

juron [ʒyrɔ̃] NM swearword

jury [ʒyri] NM *Jur* jury; *(d'examen)* board of examiners

jus [ʒy] NM *(de fruits)* juice; *(de viande)* gravy; *Fam (café)* coffee; *Fam* **prendre du j.** *(électricité)* to get a shock; **j. d'orange** orange juice

jusque [ʒysk] **1** PRÉP **jusqu'à** *(espace)* as far as, (right) up to; *(temps)* until, (up) till, to; *(même)* even; **jusqu'à 10 euros** up to 10 euros; **jusqu'en mai** until May; **jusqu'où?** how far?; **jusqu'ici** as far as this; *(temps)* up till now; **jusqu'à présent** up till now; **jusqu'à un certain point** up to a point; **j. dans/sous** right into/under; **j. chez moi** as far as my place **2** CONJ **jusqu'à ce qu'il vienne** until he comes

juste [ʒyst] **1** ADJ *(équitable)* fair, just; *(exact)* right, correct; *(étroit)* tight; *(raisonnement)* sound; **un peu j.** *(quantité, qualité)* barely enough; **très j.!** quite so or right! **2** ADV *(deviner, compter)* correctly, right; *(chanter)* in tune; *(précisément, à peine)* just; **au j.** exactly; **à trois heures j.** on the stroke of three; **un peu j.** *(mesurer, compter)* a bit on the short side; **ils ont tout j. fini de manger** they've just just finished eating **3** NM *(homme)* just man ■ **justement** [-əmɑ̃] ADV *(précisément)* exactly; *(avec justesse, avec justice)* justly; **j. j'allais t'appeler** I was just going to ring you

justesse [ʒystɛs] NF *(exactitude)* accuracy; **de j.** *(éviter, gagner)* just

justice [ʒystis] NF *(équité)* justice; **la j.** *(autorité)* the law; **rendre j. à qn** to do justice to sb; **se faire j.** *(se venger)* to take the law into one's own hands

justifier [ʒystifje] **1** VT to justify; **justifié à gauche/droite** left/right justified **2** **se justifier** VPR to justify oneself (**de** of) ■ **justificatif, -ive** ADJ **pièces justificatives** supporting documents ■ **justification** NF *(explication)* justification; *(preuve)* proof

jute [ʒyt] NM *(fibre)* jute

juteux, -euse [ʒytø, -øz] ADJ juicy

juvénile [ʒyvenil] ADJ youthful

juxtaposer [ʒykstapoze] VT to juxtapose ■ **juxtaposition** NF juxtaposition

K, k [kɑ] NM INV K, k

kaki [kaki] ADJ INV & NM khaki

kaléidoscope [kaleidɔskɔp] NM kaleidoscope

kangourou [kãguru] NM kangaroo

karaté [karate] NM *Sport* karate

karting [-iŋ] NM *Sport* karting

kasher [kaʃɛr] ADJ INV *Rel* kosher

kayak [kajak] NM *(bateau de sport)* canoe, kayak; **faire du k.** to go canoeing

Kenya [kenja] NM **le K.** Kenya

képi [kepi] NM kepi

kermesse [kɛrmɛs] NF charity fair *or Br* fête; *(en Belgique)* village fair

kérosène [kerozɛn] NM kerosine

kidnapper [kidnape] VT to kidnap ■ **kidnappeur, -euse** NMF kidnapper

kilo [kilo] NM kilo ■ **kilogramme** NM kilogram(me)

kilomètre [kilɔmɛtr] NM kilometre ■ **kilomé-trage** NM *Aut* ≃ mileage ■ **kilométrique** ADJ **borne k.** ≃ milestone

kilo-octet [kiloɔktɛ] *(pl* **kilo-octets**) NM *Ordinat* kilobyte

kilowatt [kilɔwat] NM kilowatt

kimono [kimɔno] NM kimono

kiosque [kjɔsk] NM *(à fleurs)* kiosk, *Br* stall; **k. à journaux** newsstand; **k. à musique** bandstand

kit [kit] NM (self-assembly) kit; **en k.** in kit form

kiwi [kiwi] NM *(oiseau, fruit)* kiwi

Klaxon® [klaksɔn] NM horn ■ **klaxonner** VI to sound one's horn

km *(abrév* **kilomètre**) km ■ **km/h** *(abrév* **kilomè-tre-heure**) kph, ≃ mph

k.-o. [kao] ADJ INV **mettre qn k.** to knock sb out

Koweït [kowɛjt] NM **le K.** Kuwait ■ **koweïtien, -ienne 1** ADJ Kuwaiti **2** NMF **K., Koweïtienne** Kuwaiti

kyste [kist] NM *Méd* cyst

L, l [ɛl] NM INV L, l

l', la¹ [l, la] ➤ **le**

la² [la] NM INV (note) A; Mus **donner le la** to give an A

là [la] **1** ADV (là-bas) there; (ici) here; **c'est là que…** (lieu) that's where…; **c'est là ton erreur** that's or there's your mistake; **c'est là que j'ai compris** that's when I understood; **là où il est** where he is; **à 5 m de là** 5 m away **2** EXCLAM **oh là là!** oh dear!; **alors là!** well! **3** ➤ **ce²**, **celui**

là-bas [labɑ] ADV over there

label [label] NM Com quality label

laboratoire [labɔratwar] NM laboratory; **l. de langues** language laboratory ■ **labo** NM Fam lab

labourer [labure] VT (terre) Br to plough, Am to plow; Fig (griffer) to furrow

labyrinthe [labirɛ̃t] NM maze, labyrinth

lac [lak] NM lake

lacer [lase] VT to lace (up) ■ **lacet** NM (de chaussure) lace; (de route) sharp bend; **faire ses lacets** to tie one's laces; **route en l.** winding road

lacérer [lasere] VT (déchirer) to tear to shreds; (lacérer) to lacerate

lâche [lɑʃ] **1** ADJ (ressort, nœud) loose, slack; Péj (personne, acte) cowardly **2** NMF coward ■ **lâchement** ADV in a cowardly manner ■ **lâcheté** NF cowardice; **une l.** (action) a cowardly act

lâcher [lɑʃe] **1** VT (ne plus tenir) to let go of; (bombe) to drop; (colombe) to release; (poursuivant) to shake off; (dans une course) to leave behind; Fam (ami) to let down; (juron, cri) to let out; **l. prise** to let go; Fam **lâche-moi les baskets!** get off my back! **2** VI (corde) to break **3** NM release

lacrymogène [lakrimɔʒɛn] ADJ **gaz l.** tear gas

lacune [lakyn] NF gap, deficiency

là-dedans [ladədɑ̃] ADV (lieu) in there, inside

là-dessous [ladəsu] ADV underneath

là-dessus [ladəsy] ADV on there; (monter) on top; (alors) thereupon

lagune [lagyn] NF lagoon

là-haut [lao] ADV up there; (à l'étage) upstairs

laid, -e [lɛ, lɛd] ADJ (personne, visage, endroit) ugly; (ignoble) not nice ■ **laideur** NF ugliness

laine [lɛn] NF wool; **de l., en l.** Br woollen, Am woolen; **l. de verre** glass wool ■ **lainage** NM (vêtement) jumper; (étoffe) woollen material; Com **lainages** woollens

laïque [laik] **1** ADJ (école) non-denominational; (vie) secular; (tribunal) lay **2** NMF (non-prêtre) layman, f laywoman

laisse [lɛs] NF lead, leash; **tenir un chien en l.** to keep a dog on a lead

laisser [lese] **1** VT to leave; **l. qn partir/entrer** (permettre) to let sb go/come in; **l. qch à qn** (confier, donner) to leave sth with sb; **laissez-moi le temps de le faire** give me or leave me time to do it; **je vous laisse** (je pars) I'm leaving now **2** **se laisser** VPR **se l. aller** to let oneself go; **se l. faire** to be pushed around; **se l. surprendre par l'orage** to get caught out by the storm ■ **laisser-aller** NM INV carelessness ■ **laissez-passer** NM INV (sauf-conduit) pass

lait [lɛ] NM milk; **l. entier/demi-écrémé/écrémé** whole/ semi-skimmed/skimmed milk; **frère/ sœur de l.** foster-brother/-sister ■ **laitage** NM dairy product ■ **laiteux, -euse** ADJ milky ■ **laitier, -ière 1** ADJ **produit l.** dairy product **2** NM (livreur) milkman; (vendeur) dairyman **3** NF **laitière** (femme) dairywoman

laiton [lɛtɔ̃] NM brass

laitue [lɛty] NF lettuce

lama [lama] NM (animal) llama

lambeau, -x [lɑ̃bo] NM scrap; **mettre qch en lambeaux** to tear sth to shreds; **tomber en lambeaux** to fall to bits

lame [lam] NF (de couteau, de rasoir) blade; (de métal) strip, plate; (vague) wave; **l. de fond** groundswell; **l. de parquet** floorboard

lamelle [lamɛl] NF thin strip; **l. de verre** (de microscope) cover glass

lamenter [lamɑ̃te] **se lamenter** VPR to moan; **se l. sur qch** to bemoan sth ■ **lamentable** ADJ (mauvais) terrible, deplorable; (voix, cri) mournful; (personne) pathetic ■ **lamentations** NFPL (cris, pleurs) wailing

lampadaire [lɑ̃padɛr] NM Br standard lamp, Am floor lamp; (de rue) street lamp

lampe [lɑ̃p] NF lamp; **l. de bureau** desk lamp; **l. de poche** Br torch, Am flashlight; **l. à pétrole** oil lamp

lance [lɑ̃s] NF spear; **l. d'incendie** fire hose

lancer [lɑ̃se] 1 VT (jeter) to throw (**à** to); (fusée, produit, mode, navire) to launch; (appel, ultimatum) to issue; (cri) to utter; (bombe) to drop; (regard) to cast (**à** at) 2 **se lancer** VPR (se précipiter) to rush; (se faire connaître) to make a name for oneself; **se l. dans** (aventure, discussion) to launch into 3 NM Sport **l. du javelot** throwing the javelin; Basket **l. franc** free throw ■ **lancée** NF **continuer sur sa l.** to keep going ■ **lancement** NM (de fusée, de produit) launch(ing)

landau, -s [lɑ̃do] NM Br pram, Am baby carriage

lande [lɑ̃d] NF moor, heath

langage [lɑ̃gaʒ] NM language; **l. chiffré** code; Ordinat **l. machine/naturel** computer/natural language

langer [lɑ̃ʒe] VT (bébé) to change

langouste [lɑ̃gust] NF crayfish ■ **langoustine** NF Dublin Bay prawn

langue [lɑ̃g] NF Anat tongue; Ling language; **de l. anglaise/française** English-/French-speaking; Fam **mauvaise l.** (personne) gossip; Fig **tenir sa l.** to keep a secret; Fig **avoir la l. bien pendue** to have the gift of the gab; **l. maternelle** mother tongue; **langues mortes** ancient languages; **langues vivantes** modern languages ■ **languette** NF (patte) tongue

lanière [lanjɛr] NF strap; (d'étoffe) strip

lanterne [lɑ̃tɛrn] NF (lampe) lantern; Aut **lanternes** parking lights, Br sidelights; Fig **éclairer la l. de qn** to enlighten sb

lapin [lapɛ̃] NM rabbit; **mon (petit) l.** darling, Am honey; Fam **poser un l. à qn** to stand sb up

laps [laps] NM **un l. de temps** a period of time

lapsus [lapsys] NM slip of the tongue; **faire un l.** to make a slip

laque [lak] NF (vernis) lacquer; (pour cheveux) hairspray; (peinture) gloss (paint)

laquelle [lakɛl] ➤ **lequel**

lard [lar] NM (gras) (pork) fat; (viande) bacon ■ **lardon** NM Culin strip of bacon

Il faut noter que le nom anglais **lard** est un faux ami. Il signifie **saindoux**.

large [larʒ] 1 ADJ (route, porte, chaussure) wide; (vêtement) loose-fitting; (nez, geste) broad; (considérable) large; (généreux) generous; **l. de 6 m** 6 m wide; **dans une l. mesure** to a large extent 2 ADV **compter l.** to allow for more 3 NM **avoir 6 m de l.** to be 6 m wide; **le l.** (mer) the open sea; **au l. de Cherbourg** off Cherbourg ■ **largement** [-əmɑ̃] ADV (répandu, critiqué) widely; (ouvrir) wide; (récompenser, payer, servir) generously; (dépasser) by a long way; **avoir le temps** to have plenty of time ■ **largeur** NF (dimension) width, breadth Ordinat **l. de bande** bandwidth

Il faut noter que l'adverbe anglais **largely** est un faux ami. Il signifie **en grande partie**.

larguer [large] VT (bombe, parachutiste) to drop; Naut **l. les amarres** to cast off; Fam **l. qn** (abandonner) to chuck or dump sb; Fam **je suis largué** (perdu) I'm all at sea

larme [larm] NF tear; Fam (goutte) drop; **avoir les larmes aux yeux** to have tears in one's eyes; **en larmes** in tears

larve [larv] NF (d'insecte) grub

larynx [larɛ̃ks] NM larynx ■ **laryngite** NF Méd laryngitis

las, lasse [lu, lus] ADJ weary (**de** of) ■ **lassant, -ante** ADJ tiresome ■ **lasser** 1 VT to tire 2 **se lasser** VPR **se l. de qch/de faire qch** to get tired of sth/of doing sth ■ **lassitude** NF weariness

lasagnes [lazaɲ] NFPL lasagne

lascif, -ive [lasif, -iv] ADJ lascivious

laser [lazer] NM laser; **rayon/imprimante l.** laser beam/printer

lasso [laso] NM lasso; **prendre au l.** to lasso

latéral, -e, -aux, -ales [lateral, -o] ADJ side; **rue latérale** side street

latin, -ine [latɛ̃, -in] 1 ADJ Latin 2 NMF **L., Latine** Latin 3 NM (langue) Latin; Fam **j'y perds mon l.** I can't make head nor tail of it

latitude [latityd] NF Géog & Fig latitude

latte [lat] NF lath; (de plancher) board

lauréat, -éate [lɔrea, -eat] NMF (prize)winner

laurier [lɔrje] NM (arbre) laurel; Culin bay leaves; Fig **s'endormir sur ses lauriers** to rest on one's laurels

lavabo [lavabo] NM washbasin; **lavabos** (toilettes) Br toilet(s), Am washroom

lavande [lavɑ̃d] NF lavender

lave [lav] NF lava

laver [lave] 1 VT to wash; **l. qch à l'eau froide** to wash sth in cold water; Fig **l. qn d'une accusation** to clear sb of an accusation 2 **se laver** VPR to wash (oneself), Am to wash up; **se l. les mains** to wash one's hands; **se l. les dents** to clean one's teeth ■ **lavable** ADJ washable ■ **lavage** NM washing; **l. de cerveau** brainwashing ■ **lave-auto** (pl **lave-autos**) NM Can carwash ■ **lave-linge** NM INV washing machine ■ **laverie** NF (automatique) Br launderette, Am Laundromat® ■ **laveur** NM **l. de carreaux** window Br cleaner or Am washer ■ **lave-vaisselle** NM INV dishwasher ■ **lavoir** NM (bâtiment) wash-house

laxatif, -ive [laksatif, -iv] NM & ADJ laxative

laxisme [laksism] NM laxness ■ **laxiste** ADJ lax

le, la, les [lə, la, le]

l' is used instead of **le** or **la** before a word beginning with a vowel or h mute.

1 ARTICLE DÉFINI (a) *(pour définir le nom)* the; **le garçon** the boy; **la fille** the girl; **les petits/rouges** the little ones/red ones; **mon ami le plus proche** my closest friend; **venez, les enfants!** come, children!

(b) *(avec les généralités, les notions)* **la beauté/vie** beauty/life; **la France** France; **les Français** the French; **les hommes** men; **aimer le café** to like coffee

(c) *(avec les parties du corps)* **il ouvrit la bouche** he opened his mouth; **se blesser au pied** to hurt one's foot; **avoir les cheveux blonds** to have blond hair

(d) *(distributif)* **3 euros le kilo** 3 euros a kilo

(e) *(dans les compléments de temps)* **elle vient le lundi/le matin** she comes on Mondays/in the morning(s); **l'an prochain** next year

2 PRON *(homme)* him; *(femme)* her; *(chose, animal)* it; **je la vois** I see her/it; **je le vois** I see him/it; **je les vois** I see them; **es-tu fatigué? – je le suis** are you tired? – I am; **je le crois** I think so

leader [lidœr] NM leader

lécher [leʃe] NM **1** VT to lick **2 se lécher** VPR **se l. les doigts** to lick one's fingers ■ **lèche-vitrines** NM *Fam* **faire du l.** to go window-shopping

leçon [ləsɔ̃] NF lesson; **faire la l. à qn** to lecture sb; **servir de l. à qn** to teach sb a lesson

lecteur, -trice [lɛktœr, -tris] NMF reader; *Univ* foreign language assistant; **l. (de) cassettes/CD/DVD** cassette/CD/DVD player; *Ordinat* **l. (de) disques** *ou* **(de) disquettes** disk drive; **l. (de) MP3** MP3 player; *Ordinat* **l. Zip®** zip drive ■ **lecture** NF reading; **faire la l. à qn** to read to sb; **de la l.** some reading matter; **lectures** *(livres)* books; *Ordinat* **l. optique** optical reading

Il faut noter que le nom anglais **lecture** est un faux ami. Il signifie **conférence**.

légal, -e, -aux, -ales [legal, -o] ADJ legal ■ **légalement** ADV legally ■ **légaliser** VT to legalize ■ **légalité** NF legality **(de** of); **agir en toute l.** to act within the law

légende [leʒɑ̃d] NF *(histoire)* legend; *(de carte)* key; *(de photo)* caption; **entrer dans la l.** to become a legend ■ **légendaire** ADJ legendary

léger, -ère [leʒe, -ɛr] **1** ADJ light; *(bruit, blessure, fièvre, nuance)* slight; *(café, thé, argument)* weak; *(bière, tabac)* mild; *(frivole)* frivolous; *(irréfléchi)* thoughtless **2** ADV **manger l.** to have a light meal **3** NF **agir à la légère** to act thoughtlessly; **prendre qch à la légère** to make light of sth ■ **légèrement** ADV lightly; *(un peu)* slightly; *(avec désinvolture)* rashly ■ **légèreté** NF *(d'objet,*

de danseur) lightness; *(de blessure)* slightness; *(désinvolture)* thoughtlessness

légiférer [leʒifere] VI to legislate **(sur** on)

légion [leʒjɔ̃] NF *Mil* legion; *Fig* huge number; **L. d'honneur** Legion of Honour ■ **légionnaire** NM *(de la Légion étrangère)* legionnaire

législatif, -ive [leʒislatif, -iv] ADJ legislative; *(élections)* parliamentary ■ **législation** NF legislation

légitime [leʒitim] ADJ *(action, enfant)* legitimate; *(héritier)* rightful; *(colère)* justified

léguer [lege] VT to bequeath **(à** to)

légume [legym] NM vegetable

lendemain [lɑ̃dmɛ̃] NM **le l.** the next day; **le l. de** the day after; **le l. matin** the next morning; **sans l.** *(succès)* short-lived

lent, -e [lɑ̃, lɑ̃t] ADJ slow ■ **lentement** ADV slowly ■ **lenteur** NF slowness

lentille [lɑ̃tij] NF *(plante, graine)* lentil; *(verre)* lens; **lentilles de contact** contact lenses

léopard [leɔpar] NM leopard

lèpre [lɛpr] NF leprosy ■ **lépreux, -euse 1** ADJ leprous **2** NMF leper

lequel, laquelle [ləkɛl, lakɛl] *(mpl* **lesquels**, *fpl* **lesquelles** [lekɛl])

lequel and **lesquel(le)s** contract with **à** to form **auquel** and **auxquel(le)s**, and with **de** to form **duquel** and **desquel(le)s**.

1 PRON RELATIF *(chose, animal)* which; *(personne)* who; *(indirect)* whom; **dans l.** in which; **parmi lesquels** *(choses, animaux)* among which; *(personnes)* among whom **2 PRON INTERROGATIF** which (one); **l. préférez-vous?** which (one) do you prefer?

les [le] ➤ **le**

lessive [lesiv] NF *(produit)* washing powder; *(liquide)* liquid detergent; *(linge)* washing; **faire la l.** to do the washing ■ **lessiver** VT to wash

lest [lɛst] NM ballast; **lâcher du l.** to discharge ballast

leste [lɛst] ADJ *(agile)* nimble; *(grivois)* risqué

léthargie [letarʒi] NF lethargy

Lettonie [lɛtɔni] NF Latvia ■ **letton, -onne 1** ADJ Latvian **2** NMF **L., Lettonne** Latvian **3** NM *(langue)* Latvian

lettre [lɛtr] NF *(missive, caractère)* letter; **en toutes lettres** in full; **obéir à qch à la l.** to obey sth to the letter; **les lettres** *(discipline)* arts, humanities; **homme de lettres** man of letters

leucémie [løsemi] NF *Méd Br* leukaemia, *Am* leukemia

leur [lœr] **1** ADJ POSSESSIF their; **l. chat** their cat; **leurs voitures** their cars **2** PRON POSSESSIF **le l., la l., les leurs** theirs **3** PRON PERSONNEL *(indirect)* to them; **donne-l. ta carte** give them your card; **il l. est facile de…** it's easy for them to…

lever [ləve] **1** vt (objet) to lift, to raise; (blocus, interdiction, immunité parlementaire) to lift; (séance) to close; (impôts, armée) to levy; **l. les yeux** to look up **2** vi (pâte) to rise; (blé) to shoot **3 se lever** vpr to get up; (soleil, rideau) to rise; (jour) to break; (brume) to clear, to lift **4** nm **le l. du soleil** sunrise; Théâtre **l. de rideau** curtain up ■ **levant, -ante 1** adj (soleil) rising **2** nm **le l.** the east ■ **levé, -ée** adj **être l.** (debout) to be up ■ **levée** nf (d'interdiction) lifting; (du courrier) collection; (d'impôts) levying

levier [ləvje] nm lever; Aut **l. de vitesse** Br gear lever, Am gearshift

lèvre [lɛvr] nf lip; **accepter du bout des lèvres** to accept grudgingly

lévrier [levrije] nm greyhound

levure [ləvyr] nf yeast

lexique [lɛksik] nm (glossaire) glossary

lézard [lezar] nm lizard

liaison [ljɛzɔ̃] nf (rapport) connection; (entre mots) & Mil liaison; **en l. avec qn** in contact with sb; **assurer la l. entre deux services** to liaise between two departments; **l. aérienne/ferroviaire** air/rail link; **l. amoureuse** love affair; **l. radio/téléphonique** radio/telephone link

liane [ljan] nf creeper

liasse [ljas] nf bundle

Liban [libɑ̃] nm **le L.** (the) Lebanon ■ **libanais, -aise 1** adj Lebanese **2** nmf **L., Libanaise** Lebanese

libeller [libele] vt (contrat) to word; (chèque) to make out

libellule [libelyl] nf dragonfly

libéral, -e, -aux, -ales [liberal, -o] adj & nmf liberal ■ **libéraliser** vt to liberalize ■ **libéralisme** nm Pol liberalism; Écon free-market economics

libérer [libere] **1** vt (prisonnier) to free, to release; (élève) to let go; (pays) to liberate (**de** from); (chambre) to vacate; **l. qn d'un souci** to take the weight off sb's mind **2 se libérer** vpr to free oneself (**de** from); **je n'ai pas pu me l. plus tôt** I couldn't get away any earlier ■ **libération** nf (de prisonnier) release; (de pays) liberation; Jur **l. conditionnelle** parole; Hist **la L.** the Liberation (of France from the Germans in 1944-45)

liberté [liberte] nf freedom, liberty; Jur **en l. provisoire** on bail; **rendre sa l. à qn** to let sb go; **mettre qn en l.** to set sb free

libraire [librɛr] nmf bookseller ■ **librairie** nf (magasin) bookshop

Il faut noter que les termes anglais **librarian** et **library** sont des faux amis. Ils signifient respectivement **bibliothécaire** et **bibliothèque**.

libre [libr] adj (personne, siège) free (**de qch** from sth; **de faire** to do); (voie) clear; **école l.** independent Catholic school; **radio l.** independent radio; **l. arbitre** free will ■ **libre-échange** nm Écon free trade ■ **librement** [-əmɑ̃] adv freely ■ **libre-service** (pl **libres-services**) nm (système, magasin) self-service

Libye [libi] nf **la L.** Libya ■ **libyen, -enne 1** adj Libyan **2** nmf **L., Libyenne** Libyan

licence [lisɑ̃s] nf Sport permit; Com Br licence, Am license; Univ (bachelor's) degree; **l. en lettres/sciences** arts/science degree; **l. poétique** poetic licence ■ **licencié, -iée** adj & nmf graduate; **l. en lettres/sciences** arts/science graduate

Il faut noter que le nom anglais **licence** ne signifie jamais **diplôme**.

licencier [lisɑ̃sje] vt (employé) to lay off, Br to make redundant ■ **licenciement** nm lay-off, Br redundancy; **l. économique** lay-off, Br redundancy

licorne [likɔrn] nf unicorn

liège [ljɛʒ] nm (matérielle) cork; **un bouchon de l.** a cork

lien [ljɛ̃] nm (rapport) link, connection; (attache) bond; **les liens sacrés du mariage** the sacred bonds of marriage; **l. de parenté** family relationship; Ordinat **l. hypertexte** hypertext link

lier [lje] **1** vt (attacher) to tie up; (contrat) to be binding on; (personnes) to bind together; (événements, paragraphes) to connect, to link; Culin (sauce) to thicken; **l. qn** (unir, engager) to bind sb; **être très lié avec qn** to be great friends with sb **2 se lier** vpr **se l. (d'amitié)** to become friends

lierre [ljɛr] nm ivy

lieu, -x [ljø] nm place; **les lieux** (locaux) the premises; **sur les lieux du crime/de l'accident** at the scene of the crime/accident; **être sur les lieux** to be on the spot; **avoir l.** to take place; **donner l. à qch** to give rise to sth; **il n'y a pas l. de s'inquiéter** there's no need to worry; **tenir l. de qch** to serve as sth; **se plaindre en haut l.** to complain to people in high places; **au l. de te plaindre** instead of complaining; **en premier l.** in the first place, firstly; **en dernier l.** lastly; **s'il y a l.** if necessary; **l. commun** commonplace; **l. de naissance** place of birth; **l. public** public place

lieutenant [ljøtnɑ̃] nm lieutenant

lièvre [ljɛvr] nm hare

lifting [liftiŋ] nm facelift

ligament [ligamɑ̃] nm ligament

ligne [liɲ] NF *(trait, contour, de transport)* line; *(belle silhouette)* figure; *(rangée)* row, line; **les grandes lignes** *(de train)* the main lines; *Fig (les idées principales)* the broad outline; **aller à la l.** to begin a new paragraph; **être en l.** *(au téléphone)* to be through; **entrer en l. de compte** to be taken into account; *Fam* **garder la l.** to stay slim; **l. d'autobus** bus service; *(parcours)* bus route; **l. de chemin de fer** *Br* railway *or* Am railroad line; **l. de conduite** line of conduct; *Sport* **l. de touche** touchline

ligoter [liɡɔte] VT to tie up (**à** to)

lilas [lila] NM & ADJ INV lilac

limace [limas] NF slug

limande [limɑ̃d] NF dab

lime [lim] NF *(outil)* file; **l. à ongles** nail file

limite [limit] **1** NF *(restreindre)* limit (**à** to); *(de propriété)* boundary; **sans l.** unlimited, limitless; **à la l.** if absolutely necessary **2** ADJ *(vitesse, âge)* maximum; **cas l.** borderline case

limiter [limite] **1** VT *(restreindre)* to limit, to restrict (**à** to); *(territoire)* to bound **2 se limiter** VPR **se l. à qch/à faire qch** to limit *or* restrict oneself to sth/to doing sth

limoger [limɔʒe] VT to dismiss

limonade [limɔnad] NF lemonade *(fizzy)*

limpide [lɛ̃pid] ADJ *(eau, explication)* clear, crystal-clear

lin [lɛ̃] NM *(plante)* flax; *(tissu)* linen; **huile de l.** linseed oil

linceul [lɛ̃sœl] NM shroud

linge [lɛ̃ʒ] NM *(vêtements)* linen; *(à laver)* washing; *(morceau de tissu)* cloth; **l. de corps** underwear; **l. de maison** household linen ■ **lingerie** NF *(de femmes)* underwear; *(pièce)* linen room

lingot [lɛ̃ɡo] NM ingot; **l. d'or** gold bar

linguiste [lɛ̃ɡɥist] NMF linguist ■ **linguistique 1** ADJ linguistic **2** NF linguistics *(sing)*

linoléum [linɔleɔm] NM linoleum

lion [ljɔ̃] NM lion; **le L.** *(signe)* Leo; **être L.** to be (a) Leo ■ **lionceau, -x** NM lion cub ■ **lionne** NF lioness

liquéfier [likefje] VT **se liquéfier** VPR to liquefy

liqueur [likœr] NF liqueur

Il faut noter que le nom **liquor** utilisé en américain est un faux ami. Il signifie **alcool**.

liquide [likid] **1** ADJ liquid **2** NM liquid; *(argent)* cash; **payer en l.** to pay cash

liquider [likide] VT *(dette, stock)* to clear; *Jur (société)* to liquidate; *Fam (travail, restes)* to polish off; *Fam* **l. qn** *(tuer)* to liquidate sb ■ **liquidation** NF *(de dette, de stock)* clearing; *Jur (de société)* liquidation; *Com* **l. totale** stock clearance

lire[1]* [lir] **1** VT to read; **l. qch à qn** to read sth to sb **2** VI to read

lire[2] [lir] NF *(monnaie)* lira

lis[1] [lis] NM *(plante, fleur)* lily

lis[2] [li], **lisant** [lizɑ̃], **lise(nt)** [liz] *etc* ➤ **lire**[1]

lisible [lizibl] ADJ *(écriture)* legible; *(livre)* readable

lisière [lizjer] NF edge

lisse [lis] ADJ smooth

liste [list] NF list; **sur (la) l. rouge** *(du téléphone)* *Br* ex-directory, *Am* unlisted; **faire une l. de qch** to make (out) a list of sth; **l. d'attente** waiting list; **l. électorale** electoral roll; **l. de mariage** wedding list

lit[1] [li] NM bed; **se mettre au l.** to go to bed; **faire son l.** to make one's bed; **sortir de son l.** *(rivière)* to burst its banks; **l. de camp** *Br* camp bed, *Am* cot; **l. d'enfant** *Br* cot, *Am* crib; **lits superposés** bunk beds ■ **literie** NF bedding

lit[2] [li] ➤ **lire**[1]

litière [litjer] NF *(de chat, de cheval)* litter

litige [litiʒ] NM *(conflit)* dispute; *Jur* lawsuit ■ **litigieux, -ieuse** ADJ contentious

litre [litr] NM *Br* litre, *Am* liter

littéraire [literer] ADJ literary ■ **littérature** NF literature

littoral, -e, -aux, -ales [litɔral, -o] **1** ADJ coastal **2** NM coast(line)

Lituanie [litɥani] NF Lithuania ■ **lituanien, -ienne 1** ADJ Lithuanian **2** NMF **L., Lituanienne** Lithuanian **3** NM *(langue)* Lithuanian

liturgie [lityrʒi] NF liturgy

livide [livid] ADJ *(pâle)* pallid

livraison [livrɛzɔ̃] NF delivery

livre [livr] **1** NM book; **le l., l'industrie du l.** the book industry; *Naut* **l. de bord** logbook; **l. de cuisine** cookery book; **l. de poche** paperback (book) **2** NF *(monnaie, poids)* pound

livrer [livre] **1** VT *(marchandises)* to deliver (**à** to); *(secret)* to reveal; **l. qn à la police** to hand sb over to the police; **l. bataille** to join battle **2 se livrer** VPR *(se rendre)* to give oneself up (**à** to); *(se confier)* to confide (**à** in); **se l. à** *(habitude, excès)* to indulge in; *(activité)* to devote oneself to; *(désespoir, destin)* to abandon oneself to ■ **livraison** NF delivery ■ **livreur, -euse** NMF delivery man, *f* delivery woman

livret [livre] NM *(petit livre)* booklet; *Mus* libretto; **l. de caisse d'épargne** bankbook, *Br* passbook; **l. de famille** family record book *(registering births and deaths)*; **l. scolaire** school report book

lobe [lɔb] NM *Anat* lobe

local, -e, -aux, -ales [lɔkal, -o] **1** ADJ local **2** NM *(pièce)* room; **locaux** *(bâtiment)* premises

localité [lɔkalite] NF locality

locataire [lɔkatɛr] NMF tenant; *(chez le proprié-taire)* Br lodger, Am roomer

location [lɔkasjɔ̃] NF *(de maison) (par le locataire)* renting; *(par le propriétaire)* renting out, Br letting; *(de voiture)* renting, Br hiring; *(appartement, maison)* rented accommodation; *(loyer)* rent; *(de place de spectacle)* booking; **bureau de l.** booking office; **en l.** on hire; **voiture de l.** rented or Br hire(d) car; **l.-vente** *(crédit-bail)* leasing with option to buy

> Il faut noter que le nom anglais **location** est un faux ami. Il signifie **endroit**.

locomotion [lɔkɔmosjɔ̃] NF **moyen de l.** means of transport

locomotive [lɔkɔmotiv] NF *(de train)* engine

loge [lɔʒ] NF *(de concierge)* lodge; *(d'acteur)* dressing-room; *Théâtre (de spectateur)* box; *Fig* **être aux premières loges** to have a ringside seat

loger [lɔʒe] **1** VT *(recevoir, mettre)* to accommodate; *(héberger)* to put up; **être logé et nourri** to have board and lodging **2** VI *(temporairement)* to stay; *(en permanence)* to live **3 se loger** VPR **(trouver à) se l.** to find somewhere to live; *(temporairement)* to find somewhere to stay ■ **logement** NM *(habitation)* accommodation, lodging; *(appartement)* Br flat, Am apartment; *(maison)* house; *(action)* housing; **le l.** housing

logiciel [lɔʒisjɛl] NM *Ordinat* software *inv*; **un l.** a software package; *(programme)* a computer program

logique [lɔʒik] **1** ADJ logical **2** NF logic ■ **logiquement** ADV logically

logo [lɔgo] NM logo

loi [lwa] NF law; **faire la l.** to lay down the law **(à** to)

loin [lwɛ̃] ADV far *(away or off)* **(de** from); **Boston est l. de Paris** Boston is a long way away from Paris; **plus l.** further, farther; *(ci-après)* further on; **aller l.** *(réussir)* to go far; **aller trop l.** *(exagérer)* to go too far; **au l.** in the distance, far away; **de l.** from a distance; *(de beaucoup)* by far; **c'est l., tout ça** *(passé)* that was a long time ago; *Fig* **l. de là** far from it ■ **lointain, -aine** ADJ distant, far-off; *(ressemblance, rapport)* remote

loisir [lwazir] NM **avoir le l. de faire qch** to have the time to do sth; **(tout) à l.** *(en prenant tout son temps)* at leisure; *(autant qu'on le désire)* as much as one would like; **loisirs** *(temps libre)* spare time, leisure (time); *(distractions)* leisure or spare-time activities

Londres [lɔ̃dr] NM ou F London ■ **londonien, -ienne 1** ADJ London, of London **2** NMF L., Londonienne Londoner

long, longue [lɔ̃, lɔ̃g] **1** ADJ long; **être l. (à faire qch)** to be a long time (in doing sth); **l. de 2 m** 2 m long **2** NM **avoir 2 m de l.** to be 2 m long; **(tout) le l. de** *(espace)* (all) along; **tout le l. de** *(temps)* throughout; **en l. et en large** thoroughly; **en l.** lengthwise **3** ADV **en savoir/en dire l. sur** to know/say a lot about ■ **long-courrier** *(pl* **long-courriers)** NM *(avion)* long-haul aircraft

longer [lɔ̃ʒe] VT *(sujet: personne, voiture)* to go along; *(mur, côte)* to hug; *(sujet: sentier, canal)* to run alongside

longévité [lɔ̃ʒevite] NF longevity

longitude [lɔ̃ʒityd] NF longitude

longtemps [lɔ̃tɑ̃] ADV (for) a long time; **trop/avant l.** too/before long; **aussi l. que** as long as

longue [lɔ̃g] ➤ **long** ■ **longuement** ADV *(expliquer)* at length; *(attendre, réfléchir)* for a long time ■ **longueur** NF length; *Péj* **longueurs** *(de texte, de film)* drawn-out passages; **à l. de journée** all day long; *Radio* **l. d'onde** wavelength; *Fig* **être sur la même l. d'onde** to be on the same wavelength ■ **longue-vue** *(pl* **longues-vues)** NF telescope

look [luk] NM *Fam* look; **avoir un l. d'enfer** to look great or Br wicked

lopin [lɔpɛ̃] NM **l. de terre** plot or patch of land

loque [lɔk] NF *(vêtement)* rag; *Fig (personne)* wreck; **être en loques** to be in rags

loquet [lɔkɛ] NM latch

lorgner [lɔrɲe] VT *(avec indiscrétion)* to eye; *(avec concupiscence)* to eye up; *(convoiter)* to have one's eye on

lors [lɔr] ADV **l. de** at the time of; **depuis l., dès l.** from then on; **dès l. que** *(puisque)* since

lorsque [lɔrsk(ə)] CONJ when

losange [lɔzɑ̃ʒ] NM *(forme)* diamond

lot [lo] NM *(de marchandises)* batch; *(de loterie)* prize; **gros l.** jackpot ■ **loterie** NF lottery

loti, -ie [lɔti] ADJ *Fig* **bien/mal l.** well-off/badly off

lotion [losjɔ̃] NF lotion

lotissement [lɔtismɑ̃] NM *(terrain)* building plot; *(habitations)* housing Br estate or Am development

loto [lɔto] NM *(jeu)* lotto; *(jeu national)* national lottery

louange [lwɑ̃ʒ] NF praise

louche[1] [luʃ] NF *(cuillère)* ladle

louche[2] [luʃ] ADJ *(suspect)* shady, Br dodgy

loucher [luʃe] VI to squint; *Fam* **l. sur qch** to eye sth

louer[1] [lwe] VT *(prendre en location) (maison,*

appartement) to rent; *(voiture)* to rent, *Br* to hire; *(donner en location) (maison, appartement)* to rent out, *Br* to let; *(voiture)* to rent out, *Br* to hire out; *(réserver)* to book; **maison/chambre à l.** house/room to rent or *Br* to let

louer² [lwe] **1** *vt (exalter)* to praise **(de** for) **2 se louer** *vpr* **se l. de qch** to be highly satisfied with sth

loufoque [lufɔk] **adj** *Fam (fou)* crazy

loukoum [lukum] **nm** piece of Turkish delight; **des loukoums** Turkish delight

loup [lu] **nm** wolf; **avoir une faim de l.** to be ravenous

loupe [lup] **nf** magnifying glass

louper [lupe] **vt** *Fam (train)* to miss; *(examen)* to fail, *Am* to flunk; *(travail)* to mess up

lourd, -e [lur, lurd] **1 adj** heavy **(de** with); *(temps, chaleur)* close; *(faute)* gross; *(tâche)* arduous; *(esprit)* dull **2 adv peser l.** *(malle)* to be heavy ■ **lourdement** [-əmã] **adv** heavily; **se tromper l.** to be greatly mistaken ■ **lourdeur** **nf** heaviness; *(d'esprit)* dullness

loutre [lutr] **nf** otter

louve [luv] **nf** she-wolf ■ **louveteau, -x** **nm** *(animal)* wolf cub; *(scout)* Cub (Scout)

low-cost [lokɔst] **1 adj** *(compagnie aérienne)* low-cost, no-frills **2 nm ou f** low-cost or no-frills airline

loyal, -e, -aux, -ales [lwajal, -o] **adj** *(honnête)* fair **(envers** to); *(dévoué)* loyal **(envers** to) ■ **loyauté** **nf** *(honnêteté)* fairness; *(dévouement)* loyalty **(envers** to)

loyer [lwaje] **nm** rent

lu [ly] **pp** ➤ **lire¹**

lubie [lybi] **nf** whim

lubrifier [lybrifje] **vt** to lubricate ■ **lubrifiant** **nm** lubricant

lucarne [lykarn] **nf** *(fenêtre)* dormer window; *(de toit)* skylight

lucide [lysid] **adj** lucid ■ **lucidité** **nf** lucidity

lucratif, -ive [lykratif, -iv] **adj** lucrative

lueur [lɥœr] **nf** *(lumière)* & *Fig* glimmer

luge [lyʒ] **nf** *Br* sledge, *Am* sled

lugubre [lygybr] **adj** gloomy

lui [lɥi] **pron personnel** **(a)** *(objet indirect)* (to) him; *(femme)* (to) her; *(chose, animal)* (to) it; **je le l. ai montré** I showed it to him/her; **il l. est facile de...** it's easy for him/her to... **(b)** *(complément direct)* him; **elle n'écoute ni l. ni personne** she doesn't listen to him or to anybody **(c)** *(après une préposition)* him; **pour/avec l.** for/with him; **elle pense à l.** she thinks of him; **il ne pense qu'à lui** he only thinks of himself; **ce livre est à l.** this book is his **(d)** *(dans les comparaisons)* **elle est plus grande que l.** she's taller than he or than

him **(e)** *(sujet)* **l., il ne viendra pas** *(emphatique)* HE won't come; **c'est l. qui me l'a dit** he is the one who told me ■ **lui-même** **pron** himself; *(chose, animal)* itself

luire* [lɥir] **vi** to shine ■ **luisant, -ante** **adj** *(métal)* shiny

lumbago [lɔ̃bago] **nm** lumbago

lumière [lymjɛr] **nf** light; **à la l. de** by the light of; *Fig (grâce à)* in the light of; *Fig* **faire toute la l. sur** to clear up; *Fig* **mettre en l.** to bring to light

lumineux, -euse [lyminø, -øz] **adj** *(idée, ciel)* bright, brilliant; *(cadran, corps)* luminous; **source lumineuse** light source

lunaire [lynɛr] **adj** lunar; **clarté l.** light or brightness of the moon

lundi [lœ̃di] **nm** Monday

lune [lyn] **nf** moon; **être dans la l.** to have one's head in the clouds; **l. de miel** honeymoon

lunette [lynɛt] **nf** *(astronomique)* telescope; **lunettes** *(de vue)* glasses, spectacles; *(de protection, de plongée)* goggles; **l. arrière** *(de voiture)* rear window; **lunettes de soleil** sunglasses

lurette [lyrɛt] **nf** *Fam* **il y a belle l.** ages ago

lustre [lystr] **nm** *(lampe)* chandelier; *(éclat)* lustre

luth [lyt] **nm** lute

lutte [lyt] **nf** fight, struggle; *Sport* wrestling; **l. des classes** class struggle ■ **lutter** **vi** to fight, to struggle; *Sport* to wrestle

luxation [lyksasjɔ̃] **nf** *Méd* dislocation; **se faire une l. à l'épaule** to dislocate one's shoulder

luxe [lyks] **nm** luxury; **un l. de** a wealth of; **article de l.** luxury article; **modèle de l.** de luxe model ■ **luxueux, -ueuse** **adj** luxurious

Luxembourg [lyksãbur] **nm le L.** Luxembourg ■ **luxembourgeois 1** **adj** Luxembourgish **2 nmf** **L., Luxembourgeoise** Luxembourger **3 nm** *(langue)* Luxembourgish

luxure [lyksyr] **nf** *Littéraire* lust

Il faut noter que le nom anglais **luxury** est un faux ami. Il signifie **luxe**.

luxuriant, -iante [lyksyrjã, -jãt] **adj** luxuriant

lycée [lise] **nm** *Br* ≈ secondary school, *Am* ≈ high school; **l. technique** *ou* **professionnel** technical *or* vocational school ■ **lycéen, -éenne** **nmf** *Br* secondary school pupil, *Am* high school student

lyncher [lɛ̃ʃe] **vt** to lynch

lynx [lɛ̃ks] **nm** lynx; *Fig* **avoir des yeux de l.** to have eyes like a hawk

lyrique [lirik] **adj** *(poème)* lyric; *Fig (passionné)* lyrical; **artiste l.** opera singer ■ **lyrisme** **nm** lyricism

lys [lis] **nm** *(plante, fleur)* lily

M¹, m [ɛm] **NM INV** M, m
M² (abrév **Monsieur**) Mr
m³ (abrév **mètre(s)**) m
m' [m] ➤ **me**
ma [ma] ➤ **mon**
macabre [makɑbr] **ADJ** macabre, gruesome
macaron [makarɔ̃] **NM** (gâteau) macaroon; (insigne) badge; (autocollant) sticker
macaronis [makarɔni] **NMPL** macaroni
macédoine [masedwan] **NF** m. de légumes mixed vegetables; **m. de fruits** fruit salad
macérer [masere] **VTI** to steep
mâcher [mɑʃe] **VT** to chew; **m. le travail à qn** to make sb's task easy; **ne pas m. ses mots** not to mince one's words
machiavélique [makjavelik] **ADJ** Machiavellian
machin, -ine [maʃɛ̃, -ʃin] Fam **1 NMF** (personne) **M.** what's-his-name; **Machine** what's-her-name **2 NM** (chose) thingy
machinal, -e, -aux, -ales [maʃinal, -o] **ADJ** (geste, travail) mechanical; (réaction) automatic ■ **machinalement ADV** (agir) mechanically; (réagir) automatically
machination [maʃinɑsjɔ̃] **NF** conspiracy
machine [maʃin] **NF** (appareil) machine; (locomotive, moteur) engine; **m. à calculer** calculator; **m. à coudre** sewing machine; **m. à écrire** typewriter; **m. à laver** washing machine; **m. à laver la vaisselle** dishwasher ■ **machiniste NM** (conducteur) driver; (de théâtre) stagehand
machisme [maʃism] **NM** machismo ■ **macho** [matʃo] **ADJ & NM** Fam macho
mâchoire [mɑʃwar] **NF** jaw
mâchonner [mɑʃɔne] **VT** to chew
maçon [masɔ̃] **NM** (de briques) bricklayer; (de pierres) mason ■ **maçonnerie NF** (travaux) building work; (ouvrage de briques) brickwork; (de pierres) masonry, stonework
Madagascar [madagaskar] **NF** Madagascar
madame [madam] (pl **mesdames**) **NF** (en apostrophe) madam; **bonjour mesdames** good morning(, ladies); **M. Legras** Mrs Legras; **M.** (dans une lettre) Dear Madam

madeleine [madlɛn] **NF** (gâteau) madeleine
mademoiselle [madmwazɛl] (pl **mesdemoiselles**) **NF** (suivi d'un nom) Miss; **M. Legras** Miss Legras; **merci m.** thank you; **bonjour mesdemoiselles** good morning(, ladies); **M.** (dans une lettre) Dear Madam
madère [madɛr] **NM** (vin) Madeira
Madère [madɛr] **NF** (île) Madeira
Maf(f)ia [mafja] **NF** la M. the Mafia
magasin [magazɛ̃] **NM** Br shop, Am store; (entrepôt) warehouse; (d'arme) & Phot magazine; **grand m.** department store; **en m.** in stock
magazine [magazin] **NM** (revue) magazine
magie [maʒi] **NF** magic ■ **magicien, -ienne NMF** magician ■ **magique ADJ** (surnaturel) magic; (enchanteur) magical
magistrat [maʒistra] **NM** magistrate
magma [magma] **NM** (roche) magma; Fig (mélange) jumble
magnanime [maɲanim] **ADJ** magnanimous
magnat [magna] **NM** tycoon, magnate; **m. de la presse** press baron
magner [maɲe] **se magner VPR** Fam to get a move on
magnésium [maɲezjɔm] **NM** magnesium
magnétique [maɲetik] **ADJ** magnetic ■ **magnétisme NM** magnetism
magnétophone [maɲetɔfɔn], Fam **magnéto NM** tape recorder; **m. à cassettes** cassette recorder
magnétoscope [maɲetɔskɔp] **NM** video (recorder), Am VCR
magnifique [maɲifik] **ADJ** magnificent
magnolia [maɲɔlja] **NM** (arbre) magnolia
magot [mago] **NM** Fam hoard
magouille [maguj] **NF** Fam scheming ■ **magouilleur, -euse NMF** Fam schemer
magret [magrɛ] **NM** m. de canard Br fillet or Am filet of duck
mai [mɛ] **NM** May
maigre [mɛgr] **ADJ 1** (personne, partie du corps) thin; (viande) lean; (fromage, yaourt) low-fat; (repas, salaire, espoir) meagre **2 ADV** faire m. to abstain from meat ■ **maigreur NF** (de personne)

thinness ■ **maigrir** vi to get thinner, to lose weight

maillet [majɛ] nm mallet

maillon [majɔ̃] nm link

maillot [majo] nm *(de sportif)* jersey, shirt; **m. de bain** *(de femme)* swimsuit, *Br* swimming costume; *(d'homme)* (swimming) trunks; **m. de corps** *Br* vest, *Am* undershirt; **m. jaune** *(du Tour de France)* yellow jersey

main [mɛ̃] 1 nf hand; **à la m.** *(faire, écrire)* by hand; **tenir qch à la m.** to hold sth in one's hand; **sous la m.** handy; **la m. dans la m.** hand in hand; **en mains propres** in person; **donner la m. à qn** to hold sb's hand; **demander la m. d'une femme** to ask for a woman's hand (in marriage); **mettre la m. à la pâte** to do one's bit; **en venir aux mains** to come to blows; *Fig* **j'en mettrais ma m. au feu** I'd stake my life on it; **haut les mains!** hands up!; **m. courante** handrail 2 adj **fait m.** hand-made ■ **main-d'œuvre** *(pl* **mains-d'œuvre)** nf labour ■ **mainmise** nf *Jur* seizure **(de** of)

maintenant [mɛ̃tnɑ̃] adv now; *(de nos jours)* nowadays; **m. que...** now that...; **dès m.** from now on

maintenir* [mɛ̃tnir] 1 vt *(conserver)* to keep, to maintain; *(retenir)* to hold in position; *(foule)* to hold back; *(affirmer)* to maintain **(que** that) 2 **se maintenir** vpr *(durer)* to remain; *(malade, vieillard)* to hold up ■ **maintien** nm *(action)* maintenance **(de** of); *(allure)* bearing

maire [mɛr] nmf mayor ■ **mairie** nf *Br* town hall, *Am* city hall; *(administration)* *Br* town council, *Am* city hall

mais [mɛ] conj but; **m. oui, m. si** of course; **m. non** definitely not

maïs [mais] nm *Br* maize, *Am* corn

maison [mɛzɔ̃] 1 nf *(bâtiment, famille)* house; *(foyer)* home; *(entreprise)* company; **à la m.** at home; **rentrer à la m.** to go/come (back) home; **m. d'édition** publishing house; **m. des jeunes et de la culture** = youth club and arts centre; **m. de repos** rest home; **m. de retraite** retirement home, *Br* old people's home; **m. de santé** nursing home; **la M.-Blanche** the White House 2 adj inv *(artisanal)* home-made ■ **maisonnette** nf small house

maître [mɛtr] nm master; **être m. de la situation** to be in control of the situation; **être m. de ses émotions** to have one's emotions under control; **m. d'école** teacher; **m. d'hôtel** *(de restaurant)* head waiter; **m. de maison** host; **m. chanteur** blackmailer; **m. nageur (sauveteur)** swimming instructor (and lifeguard)

maîtresse [mɛtrɛs] 1 nf mistress; **être m. de la**

situation to be in control of the situation; **m. d'école** teacher; **m. de maison** hostess 2 adj f *(idée, poutre)* main; *(carte)* master

maîtrise [mɛtriz] nf *(contrôle, connaissance)* mastery **(de** of); *(diplôme)* ≃ master's degree **(de** in); **m. de soi** self-control ■ **maîtriser** 1 vt *(incendie, passion)* to control; *(peur)* to overcome; *(sujet)* to master; *(véhicule)* to have under control; **m. qn** to overpower sb 2 **se maîtriser** vpr to control oneself

majesté [maʒɛste] nf majesty; **Votre M.** *(titre)* Your Majesty

majeur, -eure [maʒœr] 1 adj *(important)* & *Mus* major; *Jur* **être m.** to be of age; **la majeure partie de** most of; **en majeure partie** for the most part 2 nm *(doigt)* middle finger

majorer [maʒɔre] vt to increase

majorette [maʒɔrɛt] nf *(drum)* majorette

majorité [maʒɔrite] nf majority **(de** of); *(gouvernement)* government, party in office; **en m.** *(pour la plupart)* in the main; **m. civile** majority, coming of age ■ **majoritaire** adj majority; **être m.** to be in the majority; **être m. aux élections** to win the elections

Majorque [maʒɔrk] nf Majorca

majuscule [maʒyskyl] 1 adj capital 2 nf capital letter

mal, maux [mal, mo] 1 nm *(douleur)* pain; *(préjudice)* harm; *(maladie)* illness; *(malheur)* misfortune; *Phil* **le m.** evil; **avoir m. à la tête/à la gorge** to have a headache/sore throat; **ça me fait m., j'ai m.** it hurts (me); **avoir le m. de mer** to be seasick; **avoir le m. des transports** to be travelsick; **faire du m. à qn** to harm sb; **dire du m. de qn** to speak ill of sb; **avoir du m. à faire qch** to have trouble doing sth; **se donner du m. pour faire qch** to take pains to do sth; **m. de dents** toothache; **m. de gorge** sore throat; **m. de tête** headache; **m. de ventre** stomach ache; **avoir le m. du pays** to be homesick 2 adv *(avec médiocrité)* badly; *(incorrectement)* wrongly; **aller m.** *(projet)* to be going badly; *(personne)* to be ill; **être m. en point** to be in a bad way; **m. comprendre** to misunderstand; **m. renseigner qn** to misinform sb; **se trouver m.** to faint; *Fam* **pas m.** *(beaucoup)* quite a lot **(de** of); **c'est m. de mentir** it's wrong to lie

malade [malad] 1 adj ill, sick; *(arbre, dent)* diseased; *(estomac, jambe)* bad 2 nmf sick person; *(de médecin)* patient; **les malades** the sick ■ **maladie** nf illness, disease; **m. émergente** new disease; **m. sexuellement transmissible** sexually transmitted disease *or* infection ■ **maladif, -ive** adj *(personne)* sickly; *(curiosité)* morbid

maladroit, -oite [maladrwa, -wat] adj *(malhabile)* clumsy, awkward; *(indélicat)* tactless

■ **maladresse** NF *(manque d'habileté)* clumsiness, awkwardness; *(indélicatesse)* tactlessness; *(bévue)* blunder

malaise [malɛz] NM *(angoisse)* uneasiness, malaise; *(indisposition)* feeling of sickness; *(étourdissement)* dizzy spell; **avoir un m.** to feel faint

Malaisie [malɛzi] NF **la M.** Malaysia

malaria [malarja] NF malaria

malaxer [malakse] VT to knead

malchance [malʃɑ̃s] NF bad luck; **jouer de m.** to have no luck at all ■ **malchanceux, -euse** ADJ unlucky

mâle [mal] **1** ADJ *(du sexe masculin)* male; *(viril)* manly **2** NM male

malédiction [malediksjɔ̃] NF curse

malencontreux, -euse [malɑ̃kɔ̃trø, -øz] ADJ unfortunate

malentendant, -ante [malɑ̃tɑ̃dɑ̃, -ɑ̃t] NMF person who is hard of hearing

malentendu [malɑ̃tɑ̃dy] NM misunderstanding

malfaçon [malfasɔ̃] NF defect

malfaisant, -ante [malfəzɑ̃, -ɑ̃t] ADJ harmful

malfaiteur [malfɛtœr] NM criminal

malformation [malfɔrmasjɔ̃] NF malformation

malgré [malgre] PRÉP in spite of; **m. tout** for all that, after all; **m. soi** *(à contrecœur)* reluctantly

malhabile [malabil] ADJ clumsy

malheur [malœr] NM *(drame)* misfortune; *(malchance)* bad luck; **par m.** unfortunately; **porter m. à qn** to bring sb bad luck; **faire un m.** to be a big hit ■ **malheureusement** ADV unfortunately ■ **malheureux, -euse 1** ADJ *(triste)* unhappy, miserable; *(malchanceux)* unlucky; *(candidat)* unsuccessful **2** NMF *(infortuné)* poor wretch; *(indigent)* needy person

malhonnête [malɔnɛt] ADJ dishonest ■ **malhonnêteté** NF dishonesty

malice [malis] NF mischievousness ■ **malicieux, -ieuse** ADJ mischievous

> Il faut noter que les termes anglais **malice** et **malicious** sont des faux amis. Ils signifient respectivement **méchanceté** ou **préméditation** selon le contexte, et **méchant**.

malin, -igne [malɛ̃, -iɲ] ADJ *(astucieux)* clever, smart; *Méd (tumeur)* malignant; **prendre un m. plaisir à faire qch** to take a malicious pleasure in doing sth; *Ironique* **c'est m.!** that's clever!

malintentionné, -ée [malɛ̃tɑ̃sjɔne] ADJ ill-intentioned (**à l'égard de** towards)

malle [mal] NF *(coffre)* trunk; *(de véhicule)* Br boot, *Am* trunk; *Fam* **se faire la m.** to clear off ■ **mallette** NF briefcase

malmener [malməne] VT to manhandle, to treat badly

malnutrition [malnytrisjɔ̃] NF malnutrition

malpoli, -ie [malpɔli] ADJ *Fam* rude

malpropre [malprɔpr] ADJ *(sale)* dirty

malsain, -aine [malsɛ̃, -ɛn] ADJ unhealthy

Malte [malt] NF Malta ■ **maltais, -aise 1** ADJ Maltese **2** NMF **M., Maltaise** Maltese **3** NM *(langue)* Maltese

maltraiter [maltrete] VT to ill-treat ■ **maltraitance** NF ill-treatment

malveillant, -ante [malvɛjɑ̃, -ɑ̃t] ADJ malevolent ■ **malveillance** NF malevolence

maman [mamɑ̃] NF *Br* mum, *Am* mom

mamelle [mamɛl] NF *(d'animal)* teat; *(de vache)* udder ■ **mamelon** NM *(de femme)* nipple; *(colline)* hillock

mamie [mami] NF grandma, granny

mammifère [mamifɛr] NM mammal

Manche [mɑ̃ʃ] NF **la M.** the Channel

manche¹ [mɑ̃ʃ] NF *(de vêtement)* sleeve; *Sport & Cartes* round; *Fam* **faire la m.** to beg; *Fam* **c'est une autre paire de manches!** it's a different ball game ■ **manchette** NF *(de chemise)* cuff; *(de journal)* headline

manche² [mɑ̃ʃ] NM *(d'outil)* handle; **m. à balai** broomstick; *(d'avion, d'ordinateur)* joystick

manchot¹, **-ote** [mɑ̃ʃo, -ɔt] **1** ADJ one-armed **2** NMF one-armed person

manchot² [mɑ̃ʃo] NM *(oiseau)* penguin

mandarin [mɑ̃darɛ̃] NM *(langue)* Mandarin; *Péj (personnage influent)* mandarin

mandarine [mɑ̃darin] NF *(fruit)* mandarin (orange)

mandat [mɑ̃da] NM *(de député)* mandate; *(de président)* term of office; *(procuration)* power of attorney; **m. d'amener** = summons; **m. d'arrêt** warrant (**contre qn** for sb's arrest); **m. de perquisition** search warrant; **m. postal** *Br* postal order, *Am* money order ■ **mandataire** NMF *(délégué)* representative ■ **mandater** VT to delegate; *(député)* to give a mandate to

manège [manɛʒ] NM **(a)** *(de foire)* merry-go-round, *Br* roundabout; *Équitation* riding school **(b)** *(intrigue)* game

manette [manɛt] NF lever; *Ordinat* **m. (de jeu)** joystick

mangeoire [mɑ̃ʒwar] NF feeding trough

manger [mɑ̃ʒe] **1** VT to eat; *(corroder)* to eat into; *Fig (consommer, dépenser)* to get through **2** VI to eat; **donner à m. à qn** to give sb sth to eat; **m. à sa faim** to have enough to eat; **on mange**

bien ici the food is good here **3 NM** *(nourriture)* food ■ **mangeable** ADJ *(médiocre)* eatable ■ **mangeur, -euse** NMF **être un gros m.** to be a big eater

mangue [mɑ̃g] NF mango

manie [mani] NF *(habitude)* odd habit; *(idée fixe)* mania *(de* for) ■ **maniaque 1** ADJ fussy **2** NMF *Br* fusspot, *Am* fussbudget; **un m. de la propreté** a maniac for cleanliness

manier [manje] VT to handle ■ **maniable** ADJ *(outil)* handy; *(véhicule)* easy to handle

manière [manjɛr] NF way, manner; **la m. dont elle parle** the way (in which) she talks; **manières** *(politesse)* manners; **de toute m.** anyway, anyhow; **de cette m.** (in) this way; **de m. à faire qch** so as to do sth; **à ma m.** my way; **à la m. de** in the style of; **d'une m. générale** generally speaking ■ **maniéré, -ée** ADJ affected

manif [manif] *(abrév* **manifestation)** NF *Fam* demo

manifeste [manifɛst] **1** ADJ manifest, obvious **2** NM *Pol* manifesto ■ **manifestement** [-əmɑ̃] ADV obviously, manifestly

manifester [manifɛste] **1** VT *(exprimer)* to show **2** VI *(protester)* to demonstrate **3 se manifester** VPR *(maladie, sentiment)* to show *or* manifest itself; *(personne)* to make oneself known ■ **manifestant, -ante** NMF demonstrator ■ **manifestation** NF *(défilé)* demonstration; *(réunion, fête)* event; *(de sentiments)* display

manigancer [manigɑ̃se] VT to scheme

manipuler [manipyle] VT *(appareils, produits)* to handle; *Péj (personnes)* to manipulate ■ **manipulation** NF *(d'appareils, de produits)* handling; *Péj (de personnes)* manipulation *(de* of); **manipulations génétiques** genetic engineering

manivelle [manivɛl] NF crank

mannequin [mankɛ̃] NM *(personne)* model; *(statue)* dummy

manœuvre [manœvr] **1** NM *(ouvrier)* unskilled worker **2** NF *(opération)* Mil *Br* manœuvre, *Am* maneuver; *(intrigue)* scheme ■ **manœuvrer 1** VT *(véhicule, personne) Br* to manœuvre, *Am* to maneuver; *(machine)* to operate **2** VI *Br* to manœuvre, *Am* to maneuver

manoir [manwar] NM manor house

manque [mɑ̃k] NM *(insuffisance)* lack *(de* of); *(lacune)* gap; **par m. de qch** through lack of sth; **être en m.** *(drogué)* to have withdrawal symptoms; **m. à gagner** loss of earnings

manquer [mɑ̃ke] **1** VT *(cible, train, chance)* to miss; *(échouer)* to fail **2** VI *(faire défaut)* to be lacking; *(être absent)* to be missing; *(échouer)* to fail; **m. de** *(pain, argent)* to be short of; *(attention, cohérence)* to lack; **m. à son devoir** to fail in one's duty; **m. à**

sa parole to break one's word; **Mil m. à l'appel** to miss (the) roll call; **ça manque de sel** there isn't enough salt; **tu me manques** I miss you; **le temps lui manque** he's short of time; **je ne manquerai pas de venir** I won't fail to come; **je n'y manquerai pas** I certainly will; **elle a manqué de tomber** she nearly fell; **ne m. de rien** to have all one needs **3** V IMPERSONNEL **il manque/ il nous manque deux tasses** there are/we are two cups short; **il manque quelques pages** there are a few pages missing; **il ne manquait plus que ça!** that's all I/we/etc needed! ■ **manquant, -ante** ADJ missing ■ **manqué, -ée** ADJ *(occasion)* missed; *(tentative)* unsuccessful

mansarde [mɑ̃sard] NF attic

manteau, -x [mɑ̃to] NM coat; *Fig* **sous le m.** secretly

manucure [manykyr] **1** NMF *(personne)* manicurist **2** NF *(soin)* manicure

manuel, -uelle [manɥɛl] **1** ADJ *(travail)* manual **2** NM *(livre)* handbook, manual; **m. scolaire** textbook

manufacture [manyfaktyr] NF factory ■ **manufacturé, -ée** ADJ *(produit)* manufactured

manuscrit [manyskri] NM manuscript; *(tapé à la machine)* typescript

manutention [manytɑ̃sjɔ̃] NF handling

mappemonde [mapmɔ̃d] NF *(carte)* map of the world; *(sphère)* globe

maquereau, -x [makro] NM *(poisson)* mackerel

maquette [makɛt] NF *(de bâtiment)* (scale) model; *(jouet)* model

maquiller [makije] **1** VT *(personne, visage)* to make up; *(voiture)* to tamper with; *(documents)* to forge **2 se maquiller** VPR *(action)* to put one's make-up on; *(habitude)* to wear make-up ■ **maquillage** NM *(fard)* make-up; *(action)* making up

maquis [maki] NM *(végétation)* & *Hist* maquis; **prendre le m.** to take to the hills

maraîcher, -ère [marɛʃe, -ɛʃɛr] **1** NMF *Br* market gardener, *Am* truck farmer **2** ADJ **culture maraîchère** *Br* market gardening, *Am* truck farming

marais [marɛ] NM marsh; **m. salant** saltern, saltworks

marasme [marasm] NM **m. économique/ politique** economic/political stagnation

marathon [maratɔ̃] NM marathon

marbre [marbr] NM marble; **en m.** marble; **rester de m.** to remain impassive ■ **marbré, -ée** ADJ *(surface)* marbled; **gâteau m.** marble cake

marc [mar] NM *(eau-de-vie)* marc (brandy); **m. de café** coffee grounds

marchand, -ande [marʃɑ̃, -ɑ̃d] **1** NMF *Br* shopkeeper, *Am* storekeeper; *(de vins, de charbon)* merchant; *(de voitures, de meubles)* dealer; **m. de journaux** *(dans la rue)* newsvendor; *(dans un magasin)* Br newsagent, Am newsdealer; **m. de légumes** Br greengrocer, Am produce dealer **2 ADJ prix m.** trade price; **valeur marchande** market value

marchander [maʃɑ̃de] **1 VT** *(objet, prix)* to haggle over **2 VI** to haggle ∎ **marchandage NM** haggling

marchandises [maʃɑ̃diz] **NFPL** goods, merchandise

marche [maʃ] **NF** (a) *(d'escalier)* step, stair (b) *(action)* walking; *(promenade)* walk; Mus march; *(de train, de véhicule)* movement; *(d'événement)* course; **un train/véhicule en m.** a moving train/vehicle; **la bonne m. de** *(opération, machine)* the smooth running of; **dans le sens de la m.** *(dans un train)* facing forward; **mettre qch en m.** to start sth (up); **faire m. arrière** *(en voiture)* Br to reverse, Am to back up; Fig to backtrack; **m. à suivre** procedure

marché [maʃe] **1 NM** *(lieu)* Écon market; *(contrat)* deal; Fig **par-dessus le m.** into the bargain; **faire son** *ou* **le m.** to go shopping; **vendre qch au m. noir** to sell sth on the black market; **le m. du travail** the labour market; **le M. commun** the Common Market; **le M. unique européen** the Single European Market; **m. des changes** foreign exchange market; **m. immobilier** property market **2 ADJ INV être bon m.** to be cheap; **c'est meilleur m.** it's cheaper

marchepied [maʃəpje] **NM** *(de train, de bus)* step

marcher [maʃe] **VI** *(à pied)* to walk; *(poser le pied)* to step (**dans** in); *(machine)* to work; *(soldats)* to march; **faire m. qch** to operate sth; Fam **faire m. qn** to pull sb's leg; Fam **ça marche?** how's it going?; Fam **elle va m.** *(accepter)* she'll go along (with it) ∎ **marcheur, -euse NMF** walker

mardi [mardi] **NM** Tuesday; **M. gras** Shrove Tuesday

mare [mar] **NF** *(étang)* pond; *(grande quantité)* pool

marécage [mareka3] **NM** marsh ∎ **marécageux, -euse ADJ** marshy

maréchal, -aux [mareʃal, -o] **NM m. (de France)** field marshal ∎ **maréchal-ferrant** *(pl* **maréchaux-ferrants)** **NM** blacksmith

marée [mare] **NF** tide; *(poissons)* fresh seafood; **m. haute/basse** high/low tide; **m. noire** oil slick

marelle [marɛl] **NF** *(jeu)* hopscotch; **jouer à la m.** to play hopscotch

margarine [margarin] **NF** margarine

marge [mar3] **NF** *(de page)* margin; **en m. de** *(en dehors de)* on the fringes of; **avoir de la m.** to have some leeway; **m. de manœuvre** room for manoeuvre; **m. de sécurité** safety margin ∎ **marginal, -e, -aux, -ales 1 ADJ** *(secondaire)* marginal; *(personne)* on the fringes of society **2 NMF** dropout

marguerite [margərit] **NF** *(fleur)* daisy

mari [mari] **NM** husband

mariage [marja3] **NM** *(union)* marriage; *(cérémonie)* wedding; Fig *(de couleurs)* blend; **m. blanc** marriage in name only; **m. de raison** marriage of convenience

marier [marje] **1 VT** *(couleurs)* to blend; **m. qn** *(sujet: prêtre, maire)* to marry sb; *(sujet: père)* to marry sb off **2 se marier VPR** to get married; **se m. avec qn** to get married to sb, to marry sb ∎ **marié, -iée 1 ADJ** married **2 NM** (bride)groom; **les mariés** the bride and groom; **les jeunes mariés** the newly-weds ∎ **mariée NF** bride

marijuana [mariʒɥana] **NF** marijuana

marin, -ine [marɛ̃, -in] **1 ADJ** *(flore)* marine; *(mille)* nautical; **air/sel m.** sea air/salt **2 NM** sailor, seaman; **m. pêcheur** (deep-sea) fisherman ∎ **marine 1 NF m. de guerre** navy; **m. marchande** merchant navy **2 ADJ & NM INV (bleu) m.** *(couleur)* navy (blue)

marinade [marinad] **NF** Culin marinade ∎ **mariner VTI** Culin to marinade, to marinate

marionnette [marjɔnɛt] **NF** puppet; *(à fils)* marionette

maritalement [maritalmɑ̃] **ADV vivre m.** to cohabit

maritime [maritim] **ADJ** *(droit, climat)* maritime; **gare m.** harbour station; **port m.** seaport; Can **les Provinces maritimes** the Maritime Provinces

mark [mark] **NM** *(monnaie)* mark

marmelade [marməlad] **NF** Br stewed fruit, Am fruit compote; Fig **en m.** reduced to a pulp

marmite [marmit] **NF** *(cooking)* pot

marmonner [marmɔne] **VTI** to mutter

marmot [marmo] **NM** Fam *(enfant)* kid

marmotte [marmɔt] **NF** marmot; Fig **dormir comme une m.** to sleep like a log

Maroc [marɔk] **NM le M.** Morocco ∎ **marocain, -aine 1 ADJ** Moroccan **2 NMF M., Marocaine** Moroccan

maroquinerie [marɔkinri] **NF** *(magasin)* leather goods shop

marque [mark] **NF** *(trace, signe)* mark; *(de confiance)* sign; *(de produit)* brand; *(de voiture)* make; Sport *(points)* score; **de m.** *(hôte, visiteur)* distinguished; *(produit)* of quality; **à vos marques! prêts? partez!** on your marks! get set! go!; **m. de fabrique** trademark; **m. déposée** (registered) trademark

marquer [marke] **1 vt** *(par une marque)* to mark; *(écrire)* to note down; *(indiquer)* to show; *Sport (point, but)* to score; **m. les points** to keep (the) score; *Fam* **m. le coup** to mark the event **2 vi** *(laisser une trace)* to leave a mark; *(date, événement)* to stand out ■ **marquant, -ante** ADJ *(remarquable)* outstanding; *(épisode)* significant ■ **marqué, -ée** ADJ *(différence, accent)* marked; *(visage)* lined ■ **marqueur** NM *(stylo)* marker

marquis [marki] NM marquis ■ **marquise** NF (**a**) *(personne)* marchioness (**b**) *(auvent)* canopy

marraine [maʁɛn] NF godmother

marre [maʁ] ADV *Fam* **en avoir m.** to be fed up (**de** with)

marrer [maʁe] **se marrer** VPR *Fam* to have a good laugh ■ **marrant, -ante 1** ADJ *Fam* funny, hilarious **2** NMF *Fam* **c'est un m.** he's a good laugh

marron¹ [maʁɔ̃] **1** NM *(fruit)* chestnut; *(couleur)* (chestnut) brown; *Fam (coup)* thump; **m. d'Inde** horse chestnut **2** ADJ INV *(couleur)* (chestnut) brown ■ **marronnier** NM (horse) chestnut tree

> Il faut noter que le mot anglais **maroon** est un faux ami. Lorsqu'il désigne une couleur, il signifie **bordeaux**.

marron², -onne [maʁɔ̃, -ɔn] ADJ *(médecin)* quack

mars [maʁs] NM March

marteau, -x [maʁto] NM hammer; *(de porte)* (door)knocker; **m. piqueur** pneumatic drill ■ **marteler** VT to hammer

martial, -e, -iaux, -iales [maʁsjal, -jo] ADJ martial; **cour martiale** court martial; **loi martiale** martial law

martien, -ienne [maʁsjɛ̃, -jɛn] NMF & ADJ Martian

Martinique [maʁtinik] NF **la M.** Martinique ■ **martiniquais, -aise 1** ADJ Martinican **2** NMF **M., Martiniquaise** Martinican

martyr, -yre¹ [maʁtiʁ] **1** NMF *(personne)* martyr **2** ADJ **enfant m.** battered child ■ **martyre²** NM *(souffrance)* martyrdom; **souffrir le m.** to be in agony ■ **martyriser** VT to torture; *(enfant)* to batter

marxisme [maʁksism] NM Marxism ■ **marxiste** ADJ & NMF Marxist

mascara [maskaʁa] NM mascara

mascarade [maskaʁad] NF masquerade

mascotte [maskɔt] NF mascot

masculin, -ine [maskylɛ̃, -in] **1** ADJ *(sexe, mode, métier)* male; *(trait de caractère, femme)* & *Gram-* maire masculine; *(équipe)* men's **2** NM *Grammaire* masculine

masochisme [mazɔʃism] NM masochism ■ **masochiste** *Fam* (**maso**) **1** ADJ masochistic **2** NMF masochist

masque [mask] NM mask; **m. à gaz/oxygène** gas/oxygen mask ■ **masquer** VT *(dissimuler)* to mask (**à** from); *(cacher à la vue)* to block off

massacre [masakʁ] NM *(tuerie)* massacre; **jeu de m.** *Br* = Aunt Sally; *Fig* **faire un m.** *(avoir du succès)* to be a runaway success ■ **massacrer** VT to massacre; *Fam (abîmer)* to ruin

massage [masaʒ] NM massage

masse [mas] NF (**a**) *(volume)* mass; *(gros morceau, majorité)* bulk (**de** of); **de m.** *(culture, communication)* mass; **en m.** en masse; **une m. de** masses of; **les masses** *(peuple)* the masses; *Fam* **pas des masses** *(quantité)* not that much; *(nombre)* not many (**b**) *(outil)* sledgehammer (**c**) *Él Br* earth, *Am* ground

masser [mase] **1** VT *(rassembler)* to assemble; *(pétrir)* to massage **2 se masser** VPR *(foule)* to form ■ **masseur** NM masseur ■ **masseuse** NF masseuse

massif, -ive [masif, -iv] **1** ADJ massive; *(or, chêne)* solid **2** NM *(d'arbres, de fleurs)* clump; *Géog* massif

mastic [mastik] **1** NM *(pour vitres)* putty; *(pour bois)* filler **2** ADJ INV *(beige)* putty-coloured

mastiquer¹ [mastike] VT *(vitre)* to putty; *(bois)* to fill

mastiquer² [mastike] VT *(mâcher)* to chew

masturber [mastyʁbe] **se masturber** VPR to masturbate ■ **masturbation** NF masturbation

mât [mɑ] NM *(de navire)* mast; *(poteau)* pole

mat¹, mate [mat] ADJ *(papier, couleur)* matt; *(son)* dull

mat² [mat] ADJ M INV & NM *Échecs* (check-)mate; **faire m.** to (check)mate; **mettre qn m.** to (check)mate sb

match [matʃ] NM *Sport Br* match, *Am* game; **m. aller** first leg; **m. retour** return leg; **m. nul** draw; **faire m. nul** to draw

matelas [matla] NM mattress; **m. pneumatique** air bed ■ **matelassé, -ée** ADJ *(tissu)* quilted; *(enveloppe)* padded

matelot [matlo] NM sailor

mater¹ [mate] VT *(se rendre maître de)* to bring to heel

mater² [mate] VT *Fam (regarder)* to ogle

matérialiser [materjalize] VT **se matérialiser** VPR to materialize

matérialisme [materjalism] NM materialism

■ **matérialiste 1** ADJ materialistic **2** NMF materialist

matériau, -x [materjo] NM material; **matériaux** *(de construction)* building material(s); *Fig (de roman, d'enquête)* material

matériel, -ielle [materjɛl] **1** ADJ *(confort, dégâts, besoins)* material; *(organisation, problème)* practical **2** NM *(de camping)* equipment; *Ordinat* **m. informatique** computer hardware ■ **matériellement** ADV materially; **m. impossible** physically impossible

maternel, -elle [matɛrnɛl] **1** ADJ *(amour, femme)* maternal; *(langue)* native **2** NF *(école)* **maternelle** *Br* nursery school, *Am* kindergarten ■ **maternité** NF *(état)* motherhood; *(hôpital)* maternity hospital

mathématique [matematik] ADJ mathematical ■ **mathématicien, -ienne** NMF mathematician ■ **mathématiques** NFPL mathematics *(sing)* ■ **maths** [mat] *Fam Br* maths, *Am* math; *Fam* **M. Sup/Spé** = first-/second-year class preparing for the science-orientated "grandes écoles"

matière [matjɛr] NF *(à l'école)* subject; *(de livre)* subject matter; *(substance)* material; *Phys* **la m.** matter; **en m. de qch** as regards sth; **en la m.** *(sur ce sujet)* on the subject; **m. première** raw material; **matières grasses** fat

Matignon [matiɲɔ̃] NM **(l'hôtel) M.** = the French Prime Minister's offices

matin [matɛ̃] NM morning; **le m.** *(chaque matin)* in the morning(s); **tous les mardis matin(s)** every Tuesday morning; **le 8 au m.** on the morning of the 8th; **à sept heures du m.** at seven in the morning; **de bon m., au petit m., de grand m.** very early (in the morning); **du m. au soir** from morning till night ■ **matinal, -e, -aux, -ales** ADJ *(heure)* early; **soleil m.** morning sun; **être m.** to be an early riser

matinée [matine] NF morning; *Théâtre & Cin* matinée; **dans la m.** in the course of the morning

matos [matos] NM *Fam* gear

matou [matu] NM tomcat

matraque [matrak] NF bludgeon; *(de policier) Br* truncheon, *Am* nightstick ■ **matraquage** NM **m. publicitaire** hype ■ **matraquer** VT *(frapper)* to club; *Fig (harceler)* to bombard

matrimonial, -e, -iaux, -iales [matrimɔnjal, -jo] ADJ matrimonial

maturité [matyrite] NF maturity; **arriver à m.** *(fromage, vin)* to mature; *(fruit)* to ripen

maudire* [modir] VT to curse ■ **maudit, -ite** ADJ *(damné)* cursed; *(insupportable)* damned

Maurice [moris] NF **l'île M.** Mauritius

mausolée [mozole] NM mausoleum

maussade [mosad] ADJ *(personne)* sullen; *(temps)* gloomy

mauvais, -aise [movɛ, -ɛz] **1** ADJ bad; *(santé, vue)* poor; *(méchant)* nasty; *(mal choisi)* wrong; *(mer)* rough; **plus m. que...** worse than...; **le plus m.** the worst; **être m. en anglais** to be bad at English; **être en mauvaise santé** to be in bad *or* ill *or* poor health **2** ADV **il fait m.** the weather's bad; **ça sent m.** it smells bad **3** NM **le bon et le m.** the good and the bad

mauve [mov] ADJ & NM *(couleur)* mauve

maux [mo] PL ➤ **mal**

maximum [maksimɔm] *(pl* **maxima** [-ma] *ou* **maximums**) **1** NM maximum; **faire le m.** to do one's very best; **au m.** at the most; *Fam* **un m. de gens** *(le plus possible)* as many people as possible; *(énormément)* loads of people **2** ADJ maximum ■ **maximal, -e, -aux, -ales** ADJ maximum

mayonnaise [majɔnɛz] NF mayonnaise

mazout [mazut] NM *(fuel)* oil

me [mə]

m' is used before a vowel or mute h.

PRON PERSONNEL **(a)** *(complément direct)* me; **il me voit** he sees me **(b)** *(complément indirect)* (to) me; **elle me parle** she speaks to me; **tu me l'as dit** you told me **(c)** *(réfléchi)* myself; **je me lave** I wash myself **(d)** *(avec les pronominaux)* **je me suis trompé** I made a mistake

méandres [meɑ̃dr] NMPL *(de rivière)* meanders

mec [mɛk] NM *Fam (individu)* guy, *Br* bloke

mécanicien [mekanisjɛ̃] NM mechanic; *(de train) Br* train driver, *Am* engineer

mécanique [mekanik] **1** ADJ mechanical; **jouet m.** wind-up toy **2** NF *(science)* mechanics *(sing)*; *(mécanisme)* mechanism ■ **mécanisme** NM mechanism

Il faut noter que le nom anglais **mechanic** est un faux ami. Il signifie **mécanicien**.

mécanisation [mekanizasjɔ̃] NF mechanization

mécène [mesɛn] NM patron (of the arts)

méchant, -ante [meʃɑ̃, -ɑ̃t] ADJ *(personne, remarque, blessure)* nasty; *(enfant)* naughty; *(chien)* vicious; **être de méchante humeur** to be in a foul mood; **'attention! chien m.'** 'beware of the dog' ■ **méchamment** [-amɑ̃] ADV *(cruellement)* nastily; *Fam (très)* terribly ■ **méchanceté** NF nastiness; **une m.** *(parole)* a nasty remark; *(acte)* a nasty action

mèche [mɛʃ] NF **(a)** *(de cheveux)* lock; **se faire des mèches** to have highlights done *(in one's hair)* **(b)** *(de bougie)* wick; *(de pétard)* fuse; *(de perceuse)* bit; *Fig* **vendre la m.** to spill the beans **(c)** *Fam* **être de m. avec qn** to be in cahoots with sb

méconnaître* [mekɔnɛtr] VT *(fait)* to fail to take into account; *(talent, artiste)* to fail to recognize ■ **méconnaissable** ADJ unrecognizable ■ **méconnu, -ue** ADJ unrecognized

mécontent, -ente [mekɔ̃tɑ̃, -ɑ̃t] ADJ *(insatisfait)* displeased (**de** with); *(contrarié)* annoyed ■ **mécontenter** VT *(ne pas satisfaire)* to displease; *(contrarier)* to annoy

Mecque [mɛk] NF **La M.** Mecca

médaille [medaj] NF *(décoration, bijou) & Sport* medal; *(portant le nom)* pendant *(with name engraved on it)*; *(de chien)* name tag; *Sport* **être m. d'or/d'argent** to be a gold/silver medallist ■ **médaillé, -ée** NMF medal holder ■ **médaillon** NM *(bijou)* locket; *(de viande)* medallion

médecin [medsɛ̃] NM doctor, physician; **m. de famille** family doctor; **m. généraliste** general practitioner, GP; **m. traitant** consulting physician ■ **médecine** NF medicine; **médecines alternatives** *ou* **douces** alternative medicine; **m. traditionnelle** traditional medicine; **étudiant en m.** medical student ■ **médical, -e, -aux, -ales** ADJ medical ■ **médicament** NM medicine ■ **médicinal, -e, -aux, -ales** ADJ medicinal

Il faut noter que le nom anglais **medicine** signifie également **médicament, remède**.

média [medja] NM medium; **les médias** the media ■ **médiatique** ADJ **campagne/événement m.** media campaign/event ■ **médiatiser** VT to give media coverage to

médiateur, -trice [medjatœr, -tris] NMF mediator

médiéval, -e, -aux, -ales [medjeval, -o] ADJ medieval

médiocre [medjɔkr] ADJ mediocre ■ **médiocrité** NF mediocrity

médire* [medir] VI **m. de qn** to speak ill of sb ■ **médisance** NF *(action)* gossiping; **médisances** *(propos)* gossip

méditer [medite] 1 VT *(réfléchir profondément à)* to contemplate; **m. de faire qch** to be contemplating doing sth 2 VI to meditate (**sur** on) ■ **méditation** NF meditation

Méditerranée [mediterane] NF **la M.** the Mediterranean ■ **méditerranéen, -éenne** ADJ Mediterranean

médium [medjɔm] NMF *(voyant)* medium

méduse [medyz] NF jellyfish ■ **méduser** VT to dumbfound

meeting [mitiŋ] NM meeting

méfier [mefje] **se méfier** VPR to be careful; **se m. de qn** not to trust sb; **se m. de qch** to watch out for sth; **méfie-toi!** watch out!, beware!

■ **méfiance** NF distrust, mistrust ■ **méfiant, -iante** ADJ suspicious, distrustful

mégalomane [megaloman], *Fam* **mégalo** [megalo] NMF megalomaniac ■ **mégalomanie** NF megalomania

mégaoctet [megaɔktɛ] NM *Ordinat* megabyte

mégarde [megard] **par mégarde** ADV inadvertently

mégère [meʒɛr] NF *(femme)* shrew

mégot [mego] NM cigarette butt *or* end

meilleur, -eure [mɛjœr] 1 ADJ better (**que** than); **le m. résultat/moment** the best result/moment 2 NMF **le m., la meilleure** the best (one); **pour le m. et pour le pire** for better or for worse 3 ADV **il fait m.** it's warmer

mél [mel] NM *(courrier)* e-mail

mélancolie [melɑ̃kɔli] NF melancholy ■ **mélancolique** ADJ melancholy

mélange [melɑ̃ʒ] NM *(résultat)* mixture; *(opération)* mixing ■ **mélanger** 1 VT *(mêler)* to mix; *(brouiller)* to mix up 2 **se mélanger** VPR *(s'incorporer)* to mix; *(idées)* to get mixed up

mêler [mele] 1 VT to mix (**à** with); *(odeurs, thèmes)* to combine; **m. qn à qch** *(affaire, conversation)* to involve sb in sth 2 **se mêler** VPR to combine (**à** with); **se m. à qch** *(foule)* to mingle with sth; *(conversation)* to join in sth; **se m. de qch** to get involved in sth; **mêle-toi de tes affaires!** mind your own business! ■ **mêlé, -ée** ADJ mixed (**de** with) ■ **mêlée** NF *(bataille)* fray; *Rugby* scrum

mélo [melo] *Fam* 1 ADJ melodramatic 2 NM melodrama

mélodie [melɔdi] NF melody ■ **mélodieux, -ieuse** ADJ melodious ■ **mélodique** ADJ melodic ■ **mélomane** NMF music lover

mélodrame [melodram] NM melodrama ■ **mélodramatique** ADJ melodramatic

melon [məlɔ̃] NM *(fruit)* melon; **(chapeau) m.** *Br* bowler hat, *Am* derby

membre [mɑ̃br] NM *(bras, jambe)* limb; *(de groupe)* member

même [mɛm] 1 ADJ *(identique)* same; **en m. temps** at the same time (**que** as); **le m. jour** the same day; **le jour m.** *(exact)* the very day; **il est la bonté m.** he is kindness itself; **lui-m./vous-m.** himself/yourself **le/la m.** the same (one); **j'ai les mêmes** I have the same (ones) 3 ADV *(y compris, aussi)* even; **m. si...** even if...; **ici m.** in this very place; **tout de m.** *Fam* **quand m.** all the same; **de m.** likewise; **de m. que...** just as...; **être à m. de faire qch** to be in a position to do sth; **dormir à m. le sol** to sleep on the ground

mémoire [memwar] 1 NF memory; **de m.** *(citer)* from memory; **de m. d'homme** in living memory; **à la m. de** in memory of; *Ordinat* **m. morte/vive**

read-only/random access memory **2** NM *(rapport)* report; *Univ* dissertation; **Mémoires** *(chronique)* memoirs ∎ **mémorable** ADJ memorable

mémorial, -iaux [memɔrjal, -jo] NM *(monument)* memorial

menace [mənas] NF threat ∎ **menaçant, -ante** ADJ threatening ∎ **menacer** VT to threaten (**de faire** to do)

ménage [menaʒ] NM *(entretien)* housekeeping; *(couple)* couple, household; **faire le m.** to do the housework; **faire bon m. avec qn** to get on well with sb ∎ **ménager¹, -ère 1** ADJ *(équipement)* household **2** NF **ménagère** *(femme)* housewife

ménager² [menaʒe] **1** VT *(argent)* to use sparingly; *(forces)* to save; *(entrevue)* to arrange; *(sortie)* to provide; **m. qn** to treat sb carefully; **ne pas m. sa peine** to put in a lot of effort **2 se ménager** VPR *(prendre soin de soi)* to look after oneself; *(se réserver)* to set aside ∎ **ménagement** NM *(soin)* care; **sans m.** *(brutalement)* brutally

ménagerie [menaʒri] NF menagerie

mendier [mɑ̃dje] **1** VT to beg for **2** VI to beg ∎ **mendiant, -iante** NMF beggar

mener [məne] **1** VT *(personne)* to take (**à** to); *(course, vie)* to lead; *(enquête, tâche)* to carry out; **m. une campagne** to wage a campaign; *Fig* **m. qch à bien** to carry sth through; **ça ne mène à rien** it won't get you/us anywhere **2** VI *Sport* to lead; **m. à un lieu** to lead to a place ∎ **meneur, -euse** NMF *(de révolte)* ringleader

méninges [menɛ̃ʒ] NFPL *Fam* brains

méningite [menɛ̃ʒit] NF meningitis

ménopause [menɔpoz] NF menopause

menottes [mənɔt] NFPL handcuffs; **passer les m. à qn** to handcuff sb

mensonge [mɑ̃sɔ̃ʒ] NM *(propos)* lie; *(action)* lying ∎ **mensonger, -ère** ADJ *(propos)* untrue; *(publicité)* misleading

menstruation [mɑ̃stryasjɔ̃] NF menstruation ∎ **menstruel, -elle** ADJ menstrual

mensuel, -uelle [mɑ̃sɥɛl] **1** ADJ monthly **2** NM *(revue)* monthly ∎ **mensualité** NF monthly payment

mensurations [mɑ̃syrasjɔ̃] NFPL measurements

mental, -e, -aux, -ales [mɑ̃tal, -o] ADJ mental; **calcul m.** mental arithmetic ∎ **mentalité** NF mentality

menthe [mɑ̃t] NF mint

mention [mɑ̃sjɔ̃] NF *(fait de citer)* mention; *(à un examen)* ≃ distinction; *Scol* **m. passable/assez bien/bien/très bien** ≃ C/B/A; **faire m. de qch** to mention sth; **'rayez les mentions inutiles'** 'delete as appropriate' ∎ **mentionner** VT to mention

mentir* [mɑ̃tir] VI to lie (**à** to) ∎ **menteur, -euse 1** ADJ lying **2** NMF liar

menton [mɑ̃tɔ̃] NM chin

menu¹ [məny] NM *(de restaurant)* set menu; *Ordinat* menu; **par le m.** in detail; *Ordinat* **m. déroulant** pull-down menu; *Ordinat* **m. local** pop-up menu; *Ordinat* **m. principal** main menu

menu², -ue [məny] **1** ADJ *(petit)* tiny; *(mince)* slim; *(détail, monnaie)* small **2** ADV *(hacher)* small, finely

menuisier [mənɥizje] NM carpenter, joiner ∎ **menuiserie** NF *(atelier)* joiner's workshop; *(ouvrage)* woodwork

mépris [mepri] NM contempt (**pour** for), scorn (**pour** for); **au m. de qch** without regard to sth; **avoir du m. pour qn** to despise sb ∎ **méprisable** ADJ despicable ∎ **méprisant, -ante** ADJ contemptuous, scornful ∎ **mépriser** VT to despise

mer [mɛr] NF sea, *Am* ocean; *(marée)* tide; **en (haute) m.** at sea; **par m.** by sea; **aller à la m.** to go to the seaside; **prendre la m.** to set sail

mercatique [mɛrkatik] NF marketing

mercenaire [mɛrsənɛr] ADJ & NM mercenary

mercerie [mɛrsəri] NF *(magasin) Br* haberdasher's, *Am* notions store; *(marchandise) Br* haberdashery, *Am* notions

merci [mɛrsi] **1** EXCLAM thank you, thanks (**de** *ou* **pour** for); **non m.** no thank you; **m. bien** thanks very much **2** NF **à la m. de qn/qch** at the mercy of sb/sth; **tenir qn à sa m.** to have sb at one's mercy; **sans m.** merciless

mercredi [mɛrkrədi] NM Wednesday

mercure [mɛrkyr] NM mercury

merde [mɛrd] *Vulg* **1** NF shit; **de m.** *(voiture, télé)* shitty, crappy; **être dans la m.** to be in the shit **2** EXCLAM shit! ∎ **merder** VI *très Fam (ne pas marcher)* to go down the pan; **j'ai merdé à l'examen** I really screwed up in the exam ∎ **merdique** ADJ *très Fam* shitty, crappy

mère [mɛr] NF mother; *Fam* **la m. Dubois** old Mrs Dubois; *Com* **maison m.** parent company; **m. célibataire** single mother; **m. de famille** wife and mother; **m. porteuse** surrogate mother; **m. poule** mother hen

méridional, -e, -aux, -ales [meridjɔnal, -o] **1** ADJ southern **2** NMF southerner

meringue [mərɛ̃g] NF meringue

mérite [merit] NM merit; *(honneur)* credit; **avoir du m. à faire qch** to deserve credit for doing sth; **homme de m.** *(valeur)* man of worth ∎ **méritant, -ante** ADJ deserving ∎ **mériter** VT *(être digne de)* to deserve; *(demander)* to be worth; **m. de réussir** to deserve to succeed; **m. réflexion**

to be worth thinking about; **ce livre mérite d'être lu** this book is worth reading

merlan [mɛrlɑ̃] NM *(poisson)* whiting

merle [mɛrl] NM blackbird

merlu [mɛrly] NM hake

merveille [mɛrvɛj] NF wonder, marvel; **à m.** wonderfully (well); **faire des merveilles** to work wonders; **les Sept Merveilles du monde** the Seven Wonders of the World

merveilleux, -euse [mɛrvɛjø, -øz] **1** ADJ wonderful, *Br* marvellous, *Am* marvelous **2** NM **le m.** the supernatural ▪ **merveilleusement** ADV wonderfully

mes [me] ➤ **mon**

mésange [mezɑ̃ʒ] NF *(oiseau)* tit

mésaventure [mezavɑ̃tyr] NF misadventure

mesdames [medam] PL ➤ **madame**

mesdemoiselles [medmwazɛl] PL ➤ **mademoiselle**

mésestimer [mezɛstime] VT to underestimate

mesquin, -ine [mɛskɛ̃, -in] ADJ mean, petty ▪ **mesquinerie** NF meanness, pettiness; **une m.** an act of meanness

mess [mɛs] NM INV *Mil (salle)* mess

message [mesaʒ] NM message; **m. publicitaire** advertisement; **m. vocal** voicemail (message) ▪ **messager, -ère** NMF messenger ▪ **messagerie** NF courier company; *Ordinat* **m. électronique** e-mail; *Ordinat* **m. instantanée** instant messaging; *Tél* **m. vocale** voicemail (service)

messe [mɛs] NF *(office, musique)* mass; **aller à la m.** to go to mass; *Fig* **faire des messes basses** to whisper

messeigneurs [mesɛɲœr] PL ➤ **monseigneur**

messieurs [mesjø] PL ➤ **monsieur**

mesure [məzyr] NF *(dimension)* measurement; *(action)* measuring; *(moyen)* measure; *(retenue)* moderation; *(temps)* time; *Mus (division)* bar; **sur m.** *(vêtement)* made to measure; **être en m. de faire qch** to be in a position to do sth; **prendre la m. de qch** *(problème)* to size sth up; **prendre les mesures de qn** to measure sb; **prendre des mesures** to take measures; **à m. que...** as...; **dans la m. où...** in so far as...; **dans une certaine m.** to a certain extent; **dans la m. du possible** as far as possible

mesurer [məzyre] **1** VT *(dimension, taille)* to measure; *(déterminer)* to assess; *(argent, temps)* to ration (out) **2** VI **m. 1 m 83** *(personne)* ≃ to be 6 ft tall; *(objet)* to measure 6 ft **3 se mesurer** VPR *Fig* **se m. à** *ou* **avec qn** to pit oneself against sb

met [mɛ] ➤ **mettre**

métal, -aux [metal, -o] NM metal ▪ **métallique** ADJ *(éclat, reflet)* metallic; **pont m.** metal bridge ▪ **métallisé, -ée** ADJ **bleu m.** metallic blue

métallurgie [metalyrʒi] NF *(industrie)* steel industry; *(science)* metallurgy ▪ **métallurgiste** NM metalworker

métamorphose [metamɔrfoz] NF metamorphosis ▪ **métamorphoser** VT **se métamorphoser** VPR to transform (**en** into)

métaphore [metafɔr] NF metaphor

métaphysique [metafizik] **1** ADJ metaphysical **2** NF metaphysics *(sing)*

météo [meteo] *Fam* **1** NF *(bulletin)* weather forecast **2** NM **Monsieur M.** the weather man

météore [meteɔr] NM meteor ▪ **météorite** NF meteorite

météorologie [meteɔrɔlɔʒi] NF *(science)* meteorology; *(service)* weather bureau ▪ **météorologique** ADJ meteorological; **bulletin/ station m.** weather report/station

méthode [metɔd] NF *(manière, soin)* method; *(livre)* course ▪ **méthodique** ADJ methodical

méticuleux, -euse [metikylø, -øz] ADJ meticulous

métier [metje] NM *(manuel, commercial)* trade; *(intellectuel)* profession; *(savoir-faire)* experience; **homme de m.** specialist; **tailleur de son m.** tailor by trade; **être du m.** to be in the business; **m. à tisser** loom

métis, -isse [metis] **1** ADJ mixed-race **2** NMF person of mixed race

métrage [metraʒ] NM *(action)* measuring; *(tissu)* length; *(de film)* footage; **long m.** feature film; **court m.** short film

mètre [mɛtr] NM *(mesure)* *Br* metre, *Am* meter; *(règle)* (metre) rule; **m. carré/cube** square/cubic metre; **m. à ruban** tape measure ▪ **métrique** ADJ *(système)* metric

métro [metro] NM *Br* underground, *Am* subway

métropole [metrɔpɔl] NF *(ville)* metropolis; *(pays)* mother country ▪ **métropolitain, -aine** ADJ metropolitan

mets [mɛ] NM *(aliment)* dish

metteur [metœr] NM **m. en scène** director

mettre* [mɛtr] **1** VT to put; *(vêtement, lunettes)* to put on; *(chauffage, radio)* to switch on; *(réveil)* to set (**à** for); **j'ai mis une heure** it took me an hour; **m. 100 euros** to spend 100 euros (**pour une robe** on a dress); **m. qn en colère** to make sb angry; **m. qn à l'aise** to put sb at ease; **m. qch plus fort** to turn sth up; **m. de la musique** to put some music on; **mettons que...** (+ *subjunctive*) let's suppose that... **2 se mettre** VPR *(se placer)* to put oneself; *(debout)* to stand; *(assis)* to sit; *(objet)* to go; **se m. en pyjama** to get into one's pyjamas; **se m. à table** to sit (down) at the table; **se m. à l'aise** to make oneself comfortable; **se m. à la cuisine/au salon** to go into the kitchen/dining room; **se m. au travail** to start work; **se m. à faire qch** to start doing sth; **le temps s'est mis au beau/à la pluie** the weather has turned fine/rainy

meuble [mœbl] **1** ADJ *(terre)* soft **2** NM piece of furniture; **meubles** furniture ■ **meublé** NM furnished *Br* flat *or Am* apartment ■ **meubler** VT to furnish; *Fig (remplir)* to fill

meuf [mœf] NF *très Fam* chick, *Br* bird

meule [møl] NF *(d'herbe)* stack; *(de moulin)* millstone; **m. de foin** haystack

meunier, -ière [mønje, -jɛr] NMF miller

meurt [mœr] ➤ **mourir**

meurtre [mœrtr] NM murder ■ **meurtrier, -ière 1** NMF murderer **2** ADJ murderous; *(épidémie)* deadly

meurtrir [mœrtrir] VT to bruise

meute [møt] NF *(de chiens)* pack; *Fig (foule)* mob

Mexique [mɛksik] NM **le M.** Mexico ■ **mexicain, -aine 1** ADJ Mexican **2** NMF **M., Mexicaine** Mexican

mi [mi] NM INV *(note)* E

mi- [mi] PRÉF **la mi-mars** mid March; **à mi-distance** midway; **cheveux mi-longs** shoulderlength hair

miaou [mjau] EXCLAM miaow ■ **miaulement** NM miaowing ■ **miauler** [mjole] VI *(chat)* to miaow

miche [miʃ] NF *(pain)* round loaf

mi-chemin [miʃmɛ̃] **à mi-chemin** ADV halfway

mi-clos, -close [miklo, -kloz] *(mpl* **mi-clos,** *fpl* **mi-closes)** ADJ half-closed

micro [mikro] NM *(microphone)* mike; *Ordinat* micro(computer) ■ **microphone** NM microphone

microbe [mikrob] NM germ, microbe

microcosme [mikrokosm] NM microcosm

microfilm [mikrofilm] NM microfilm

micro-informatique [mikroɛ̃fɔrmatik] NF microcomputing

micro-ondes [mikroɔ̃d] NM INV microwave; **four à m.** microwave oven

micro-ordinateur [mikroɔrdinatœr] *(pl* **micro-ordinateurs)** NM microcomputer

microprocesseur [mikroprɔsesœr] NM *Ordinat* microprocessor

microscope [mikroskɔp] NM microscope ■ **microscopique** ADJ microscopic

midi [midi] NM **(a)** *(heure)* twelve o'clock, midday; *(heure du déjeuner)* lunchtime; **entre m. et deux heures** at lunchtime; *Fig* **chercher**

m. à quatorze heures to make unnecessary complications for oneself **(b)** *(sud)* south; **le M.** the South of France

mie [mi] NF *(de pain)* soft part, crumb

miel [mjɛl] NM honey

mien, mienne [mjɛ̃, mjɛn] **1** PRON POSSESSIF **le m., la mienne** mine, *Br* my one; **les miens, les miennes** mine, *Br* my ones; **les deux miens** my two **2** NMPL **les miens** *(ma famille)* my family

miette [mjɛt] NF *(de pain)* crumb; **réduire qch en miettes** to smash sth to pieces; *Fam* **ne pas perdre une m. de qch** *(conversation)* not to miss a word of sth

mieux [mjø] **1** ADV better **(que** than); **aller m.** to be (feeling) better; **de m. en m.** better and better; **faire qch à qui m. m.** to try to outdo each other doing sth; **le/la/les m.** *(être)* the best; *(de deux)* the better; **le m. serait de...** the best thing would be to...; **le plus tôt sera le m.** the sooner the better **2** ADJ INV better; *(plus beau)* better-looking **3** NM *(amélioration)* improvement; **faire de son m.** to do one's best; **faites au m.** do the best you can

mièvre [mjɛvr] ADJ insipid

mignon, -onne [miɲɔ̃, -ɔn] ADJ *(charmant)* cute; *(gentil)* nice

migraine [migrɛn] NF headache; *Méd* migraine

migration [migrasjɔ̃] NF migration

mijoter [miʒɔte] **1** VT *(avec soin)* to cook (lovingly); *(lentement)* to simmer; *Fam (tramer)* to cook up **2** VI to simmer

mil [mil] ADJ INV **l'an deux m.** the year two thousand

milice [milis] NF militia ■ **milicien** NM militiaman

milieu, -x [miljø] NM *(centre)* middle; *(cadre, groupe social)* environment; *(entre extrêmes)* middle course; *Phys* medium; **milieux littéraires/ militaires** literary/military circles; **au m. de** in the middle of; **au m. du danger** in the midst of danger; **le juste m.** the happy medium; **le m.** *(la pègre)* the underworld

militaire [militɛr] **1** ADJ military **2** NM serviceman; *(dans l'armée de terre)* soldier

militer [milite] VI *(personne)* to campaign **(pour** for; **contre** against) ■ **militant, -ante** ADJ & NMF militant

mille [mil] **1** ADJ INV & NM INV thousand; **m. hommes** a *or* one thousand men; **deux m.** two thousand; *Fig* **mettre dans le m.** to hit the bull's-eye **2** NM **m. (marin)** nautical mile ■ **mille-feuille** *(pl* **mille-feuilles)** NM *Br* ≈ vanilla slice, *Am* ≈ napoleon ■ **millième** ADJ, NM & NMF thousandth; **un m.** a thousandth ■ **millier**

NM thousand; **un m. (de)** a thousand or so; **par milliers** in their thousands

millénaire [milenɛr] **NM** millennium

millésime [milezim] **NM** (de vin) year; (de pièce de monnaie) date

millet [mijɛ] **NM** millet

milliard [miljar] **NM** billion ■ **milliardaire** ADJ & NMF billionaire

millimètre [milimɛtr] **NM** millimetre

million [miljɔ̃] **NM** million; **un m. d'euros** a million euros; **deux millions** two million; **par millions** in millions ■ **millionnaire** NMF millionaire

mime [mim] **1 NM** (art) mime **2 NMF** (artiste) mime ■ **mimer** VTI (exprimer) to mime ■ **mimique** NF (mine) (funny) face

mimétisme [mimetism] **NM** mimicry; **agir par m.** to mimic or copy sb's attitudes

mimosa [mimoza] **NM** (arbre, fleur) mimosa

minable [minabl] ADJ (lieu, personne) shabby; (médiocre) pathetic

minaret [minarɛ] **NM** minaret

mince [mɛ̃s] **1** ADJ thin; (élancé) slim; (insuffisant) slight **2** EXCLAM Fam **m. (alors)!** (de déception) damn!; (de surprise) well, blow me! ■ **minceur** NF thinness; (sveltesse) slimness ■ **mincir** VI to get slimmer

mine [min] **NF** (a) (physionomie) look; **avoir bonne/mauvaise m.** to look well/ill; **faire m. de faire qch** to make as if to do sth (b) (gisement) & Fig mine; **m. de charbon** coalmine (c) (de crayon) lead (d) (engin explosif) mine; Mil **champ de mines** minefield

miner [mine] VT (terrain) to mine; Fig (saper) to undermine; **m. qn** (chagrin, maladie) to wear sb down

minerai [minrɛ] **NM** ore

minéral, -e, -aux, -ales [mineral, -o] ADJ & NM mineral

minéralogique [mineralɔʒik] ADJ **plaque m.** (de véhicule) Br number or Am license plate

mineur, -eure [minœr] **1 NM** (ouvrier) miner; **m. de fond** underground worker **2** ADJ (secondaire) & Mus minor; (de moins de 18 ans) under-age **3** NMF Jur minor ■ **minier, -ière** ADJ **industrie minière** mining industry

miniature [minjatyr] **1 NF** miniature **2** ADJ **train m.** miniature train

minibus [minibys] **NM** minibus

minigolf [minigɔlf] **NM** minigolf, crazy golf

minijupe [miniʒyp] **NF** miniskirt

minimal, -ale, -aux, -ales [minimal, -o] ADJ minimum

minime [minim] ADJ minimal ■ **minimiser** VT to minimize

minimum [minimɔm] (pl **minima** [-ma] ou **minimums**) **1 NM** minimum; **le m. de** (force) the minimum (amount of); **faire le m.** to do the bare minimum; **en un m. de temps** in as short a time as possible; **au (grand) m.** at the very least; **le m. vital** a minimum to live on; **les minima sociaux** = basic income support **2** ADJ minimum

ministère [ministɛr] **NM** (département) ministry; (gouvernement) government, cabinet; **m. des Affaires étrangères** Br ≃ Foreign Office, Am ≃ State Department; **m. de l'Intérieur** Br ≃ Home Office, Am ≃ Department of the Interior; Jur **le m. public** Br ≃ the Crown Prosecution Service, Am ≃ the District Attorney's Office ■ **ministériel, -ielle** ADJ ministerial; **remaniement m.** cabinet or government reshuffle

ministre [ministr] **NM** Pol & Rel secretary, Br minister; **m. des Affaires étrangères** Br ≃ Foreign Secretary, Am ≃ Secretary of State; **m. de l'Intérieur** Br ≃ Home Secretary, Am ≃ Secretary of the Interior; **m. de la Justice** Br ≃ Lord Chancellor, Am ≃ Attorney General; **m. de la Culture** ≃ Arts Minister; **m. d'État** ≃ secretary of state, Br ≃ cabinet minister

Minitel® [minitɛl] **NM** = consumer information network accessible via home computer terminal

minorité [minɔrite] **NF** minority; **en m.** in the minority ■ **minoritaire** ADJ **parti m.** minority party; **être m.** to be in the minority

Minorque [minɔrk] **NF** Minorca

minou [minu] **NM** Fam (chat) puss, kitty

minuit [minɥi] **NM** midnight, twelve o'clock

minuscule [minyskyl] **1** ADJ (petit) tiny, minute **2** ADJ & NF **(lettre) m.** small letter

minute [minyt] **1 NF** minute; **à la m.** (tout de suite) this (very) minute; **d'une m. à l'autre** any minute (now) **2** ADJ INV **plats m.** convenience food ■ **minuter** VT to time ■ **minuterie** NF (d'éclairage) time switch

minutie [minysi] **NF** meticulousness ■ **minutieux, -ieuse** ADJ meticulous

mioche [mjɔʃ] NMF Fam (enfant) kid

mirabelle [mirabɛl] **NF** mirabelle plum

miracle [mirakl] **NM** miracle; **par m.** miraculously ■ **miraculeux, -euse** ADJ miraculous

mirage [miraʒ] **NM** mirage

mire [mir] **NF** **point de m.** (cible) & Fig target

miroir [mirwar] **NM** mirror ■ **miroiter** VI to shimmer

mis, mise¹ [mi, miz] **1** PP ➤ mettre **2** ADJ **bien m.** (vêtu) well-dressed

misanthrope [mizɑ̃trɔp] NMF misanthropist

mise² [miz] NF **(a)** *(placement)* putting; **m. au point** *(de rapport)* finalization; *Phot* focusing; *(de moteur)* tuning; *(de technique)* perfecting; *Fig (clarification)* clarification; **m. en garde** warning; **m. en marche** starting up; **m. en page(s)** page make-up; **m. en service** putting into service; **m. en scène** *Théâtre* production; *Cin* direction **(b)** *(argent)* stake **(c)** *(tenue)* attire **(d)** **être de m.** to be appropriate

miser [mize] VT *(argent)* to stake **(sur** on**)**; **m. sur qn/qch** *(parier)* to bet on sb/sth; *(compter sur)* to count on sb/sth; **m. sur tous les tableaux** to hedge one's bets

misère [mizɛr] NF extreme poverty; **être dans la m.** to be poverty-stricken; **gagner une m.** to earn a pittance; **payer qch une m.** to pay next to nothing for sth; **faire des misères à qn** to give sb a hard time ▪ **misérable 1** *(pitoyable)* miserable; *(pauvre)* destitute; *(condition, existence)* wretched; *(logement, quartier)* seedy, slummy **2** NMF *(indigent)* poor wretch; *(scélérat)* scoundrel

Il faut noter que le nom anglais **misery** et l'adjectif **miserable** sont des faux amis. Le premier signifie **malheur**, **tristesse** et le deuxième signifie le plus souvent **malheureux**, **triste**.

misogyne [mizɔʒin] NMF misogynist

missile [misil] NM missile

mission [misjɔ̃] NF *(tâche, vocation, organisation)* mission; *(d'employé)* task; **partir en m.** *(cadre)* to go away on business; *(diplomate)* to go off on a mission; **m. accomplie** mission accomplished; **m. scientifique** scientific expedition ▪ **missionnaire** NMF & ADJ missionary

mistral, -als [mistral] NM **le m.** the mistral

mite [mit] NF moth ▪ **miteux, -euse** ADJ shabby

mi-temps [mitɑ̃] **1** NF INV *Sport (pause)* half-time; *(période)* half **2** NM INV part-time job; **travailler à m.** to work part-time; **prendre un m.** to take on a part-time job

mitigé, -ée [mitiʒe] ADJ *(accueil)* lukewarm; *(sentiments)* mixed

mitoyen, -enne [mitwajɛ̃, -jɛn] ADJ common, shared; **mur m.** party wall

mitrailler [mitraje] VT to machine-gun; *Fam (photographier)* to click or snap away at; **m. qn de questions** to bombard sb with questions ▪ **mitraillette** NF submachine gun ▪ **mitrailleur** ADJ **fusil m.** machine gun ▪ **mitrailleuse** NF machine gun

mi-voix [mivwa] **à mi-voix** ADV in a low voice

mixe(u)r [miksœr] NM *(pour mélanger)* (food) mixer; *(pour rendre liquide)* liquidizer

mixer [mikse] VT *(ingrédients, film)* to mix; *(rendre liquide)* to blend

mixte [mikst] ADJ mixed; *(école)* co-educational, *Br* mixed; *(commission)* joint; *(cuisinière)* gas-and-electric

mixture [mikstyr] NF mixture

MJC [ɛmʒise] *(abrév* **maison des jeunes et de la culture)** NF = youth club and arts centre

Mlle *(abrév* **Mademoiselle)** Miss, Ms

MM *(abrév* **Messieurs)** Messrs

mm *(abrév* **millimètre(s))** mm

Mme *(abrév* **Madame)** Mrs, Ms

mobile [mɔbil] **1** ADJ *(pièce, cible)* moving; *(panneau, fête)* movable; *(personne)* mobile; *(feuillets)* loose; **échelle m.** sliding scale **2** NM *(décoration)* mobile; *(motif)* motive **(de** for**)**

mobilier [mɔbilje] NM furniture

mobiliser [mɔbilize] VT **se mobiliser** VPR to mobilize ▪ **mobilisation** NF mobilization

Mobylette® [mɔbilɛt] NF moped

mocassin [mɔkasɛ̃] NM moccasin

moche [mɔʃ] ADJ *Fam (laid)* ugly; *(mal)* rotten

modalité [mɔdalite] NF *(manière)* mode **(de** of**)**; *(de contrat)* clause; **modalités de paiement** conditions of payment

mode¹ [mɔd] NF *(tendance)* fashion; *(industrie)* fashion trade; **à la m.** fashionable; **à la m. de** in the manner of; **passé de m.** out of fashion

mode² [mɔd] NM **(a)** *(manière)* & *Ordinat* & *Mus* mode; **m. d'emploi** instructions; **m. de paiement** means of payment; **m. de transport** mode of transport; **m. de vie** way of life **(b)** *Grammaire* mood

modèle [mɔdɛl] **1** NM *(schéma, exemple, personne)* model; *Tricot* pattern; **grand/petit m.** *(de vêtement)* large/small size; **m. déposé** registered design; **m. réduit** small-scale model **2** ADJ **élève/petite fille m.** model pupil/girl ▪ **modeler 1** VT to model **(sur** on**) 2 se modeler** VPR **se m. sur qn** to model oneself on sb

modem [mɔdɛm] NM *Ordinat* modem

modéré, -ée [mɔdere] ADJ moderate ▪ **modérément** ADV moderately

modérer [mɔdere] **1** VT *(passions, désirs)* to moderate, to restrain; *(vitesse, température)* to reduce **2 se modérer** VPR to calm down ▪ **modération** NF *(retenue)* moderation; *(réduction)* reduction; **avec m.** in moderation; **à consommer avec m.** drink in moderation *(health warning on all products advertising alcoholic drinks)*

moderne [mɔdɛrn] **1** ADJ modern **2** NM **le m.** *(mobilier)* modern furniture ▪ **modernisation** NF modernization ▪ **moderniser** VT **se mo-**

derniser vpr to modernize ■ **modernisme** nm modernism ■ **modernité** nf modernity

modeste [mɔdɛst] adj modest ■ **modestement** [-əmɑ̃] adv modestly ■ **modestie** nf modesty

modifier [mɔdifje] **1** vt to alter, to modify **2 se modifier** vpr to alter ■ **modification** nf alteration, modification; **apporter une m. à qch** to make an alteration to sth

modique [mɔdik] adj *(prix, somme)* modest

modulation [mɔdylasjɔ̃] nf *(de son, d'amplitude)* modulation; *Radio* **m. de fréquence** frequency modulation

module [mɔdyl] nm *(élément)* unit; *(de vaisseau spatial)* & *Scol* module

moelle [mwal] nf *(d'os)* marrow; *Fig* **jusqu'à la m.** to the core; **m. épinière** spinal cord; **m. osseuse** bone marrow

moelleux, -euse [mwalø, -øz] adj *(lit, tissu)* soft; *(voix, vin)* mellow

mœurs [mœr(s)] nfpl *(morale)* morals; *(habitudes)* customs; **entrer dans les m.** to become part of everyday life

mohair [mɔɛr] nm mohair

moi [mwa] **1** pron personnel **(a)** *(après une préposition)* me; **pour/avec m.** for/with me; *Fam* **un ami à m.** a friend of mine **(b)** *(complément direct)* me; **laissez-m.** leave me **(c)** *(complément indirect)* (to) me; **montrez-le-m.** show it to me, show me it **(d)** *(sujet)* I; **c'est m. qui vous le dis!** I'm telling you!; **il est plus grand que m.** he's taller than I am *or* than me **2** nm inv self, ego ■ **moi-même** pron myself

moindre [mwɛ̃dr] adj *(comparatif)* lesser; *(prix)* lower; *(quantité)* smaller; *(vitesse)* slower; **le/la m.** *(superlatif)* the least; **la m. erreur** the slightest mistake; **dans les moindres détails** in the smallest detail; **c'est un m. mal** it's not as bad as it might have been; **c'est la m. des choses** it's the least I/we/etc can do

moine [mwan] nm monk

moineau, -x [mwano] nm sparrow

moins [mwɛ̃] **1** [mwɛ̃z] *before vowel* adv *(comparatif)* less *(que* than); **m. de** *(temps, travail)* less *(que* than); *(gens, livres)* fewer *(que* than); *(100 euros)* less than; **le/la/les m.** *(superlatif)* the least; **le m. grand, la m. grande, les m. grand(e)s** the smallest; **de m. en m.** [dəmɛ̃zɑ̃mwɛ̃] less and less; **au m., du m.** at least; **qch de m., qch en m.** *(qui manque)* sth missing; **dix ans de m.** ten years less; **en m.** *(personne, objet)* less; *(personnes, objets)* fewer; **les m. de vingt ans** those under twenty, the under-twenties; **à m. que...** (+ subjunctive) unless... **2** prép *Math* minus; **deux heures m.**

cinq five to two; **il fait m. 10 (degrés)** it's minus 10 (degrees)

mois [mwa] nm month; **au m. de juin** in (the month of) June

moisir [mwazir] vi to go *Br* mouldy *or Am* moldy; *Fam (stagner)* to *Br* moulder *or Am* molder away; *(attendre)* to hang about ■ **moisi, -ie 1** adj *Br* mouldy, *Am* moldy **2** nm *Br* mould, *Am* mold; *(sur un mur)* mildew; **sentir le m.** to smell musty ■ **moisissure** nf *Br* mould, *Am* mold

moisson [mwasɔ̃] nf harvest; **faire la m.** to harvest ■ **moissonner** vt *(céréales)* to harvest; *(champ)* to reap ■ **moissonneuse-batteuse** *(pl* **moissonneuses-batteuses)** nf combine harvester

moite [mwat] adj sticky

moitié [mwatje] nf half; **la m. de la pomme** half (of) the apple; **à m.** *(remplir)* halfway; **à m. plein/vide** half-full/-empty; **à m. prix** (at) half-price; **réduire qch de m.** to reduce sth by half; *Fam* **faire m.-m.** to go halves

moka [mɔka] nm *(café)* mocha; *(gâteau)* coffee cake

mol [mɔl] ➤ **mou**

molaire [mɔlɛr] nf molar

molécule [mɔlekyl] nf molecule

molester [mɔlɛste] vt to manhandle

Il faut noter que le verbe anglais **to molest** est un faux ami. Il signifie **faire subir des sévices sexuels à**.

molle [mɔl] ➤ **mou** ■ **mollement** adv *(sans énergie)* feebly; *(avec lenteur)* gently ■ **mollesse** nf *(de matelas)* softness; *(de personne)* lethargy

mollet¹ [mɔlɛ] nm *(de jambe)* calf

mollet² [mɔlɛ] adj **œuf m.** soft-boiled egg

mollusque [mɔlysk] nm mollusc

môme [mom] nmf *Fam (enfant)* kid

moment [mɔmɑ̃] nm *(instant, durée)* moment; **un petit m.** a little while; **en ce m.** at the moment; **pour le m.** for the moment, for the time being; **sur le m.** at the time; **à ce m.-là** *(à ce moment précis)* at that (very) moment, at that time; *(dans ce cas)* then; **à un m. donné** at one point; **le m. venu** *(dans le futur)* when the time comes; **d'un m. à l'autre** any moment; **dans ces moments-là** at times like that; **par moments** at times; **au m. de partir** when just about to leave; **au m. où...** just as...; **jusqu'au m. où...** until...; **du m. que...** *(puisque)* seeing that... ■ **momentané, -ée** adj *(temporaire)* momentary; *(bref)* brief ■ **momentanément** adv *(temporairement)* temporarily; *(brièvement)* briefly

momie [mɔmi] nf mummy

mon, ma, mes [mɔ̃, ma, me]

ma becomes **mon** [mɔ̃n] before a vowel or mute h.

ADJ POSSESSIF my; **m. père** my father; **ma mère** my mother; **m. ami(e)** my friend; **mes parents** my parents

Monaco [monako] NM Monaco

monarque [monark] NM monarch ■ **monarchie** NF monarchy ■ **monarchique** ADJ monarchic

monastère [monaster] NM monastery

mondain, -aine [mɔ̃dɛ̃, -ɛn] ADJ (lieu) fashionable; **réunion mondaine** society gathering; **rubrique mondaine** (dans le journal) gossip column; Péj **être très m.** (personne) to be a great socialite ■ **mondanités** NFPL (événements) social life; (conversations superficielles) social chitchat

Il faut noter que l'adjectif anglais **mundane** est un faux ami. Il signifie **terre-à-terre**.

monde [mɔ̃d] NM world; (gens) people; **dans le m. entier** worldwide, all over the world; **le (grand) m.** (high) society; **tout le m.** everybody; **il y a du m.** there are a lot of people; **mettre qn au m.** to give birth to sb; **venir au m.** to come into the world ■ **mondial, -e, -iaux, -iales** ADJ (crise, renommée) worldwide; **guerre mondiale** world war ■ **mondialement** ADV throughout the world ■ **mondialisation** NF globalization

monégasque [monegask] 1 ADJ Monegasque 2 NMF **M.** Monegasque

monétaire [moneter] ADJ monetary

mongolien, -ienne [mɔ̃goljɛ̃, -jɛn] Méd 1 ADJ **être m.** to have Down's syndrome 2 NMF person with Down's syndrome

moniteur, -trice [monitœr, -tris] 1 NMF instructor; (de colonie de vacances) Br group leader, Am camp counselor 2 NM Ordinat (écran) monitor

monnaie [monɛ] NF (argent) money; (d'un pays) currency; (pièces) change; **petite m.** small change; **faire de la m.** to get change; **avoir la m. de 20 euros** to have change for 20 euros; Ordinat **m. électronique** electronic money; **m. unique** single currency

monochrome [monokrom] ADJ & NM monochrome

monologue [monolog] NM Br monologue, Am monolog

monoparentale [monoparɑ̃tal] ADJ F **famille m.** one-parent or single-parent family

monoplace [monoplas] ADJ & NMF single-seater

monopole [monopol] NM monopoly; **avoir le m. de qch** to have a monopoly on sth ■ **monopoliser** VT to monopolize

monoski [monoski] NM mono-ski; **faire du m.** to mono-ski

monothéisme [monoteism] NM monotheism

monotone [monoton] ADJ monotonous ■ **monotonie** NF monotony

monseigneur [mɔ̃seɲœr] (pl **messeigneurs**) NM (évêque) My Lord/His Lordship; (prince) His/Your Highness

monsieur [məsjø] (pl **messieurs**) NM (homme quelconque) gentleman; **M. Legras** Mr Legras; **oui m.** yes; (avec déférence) yes, sir; **oui messieurs** yes(, gentlemen); **bonsoir, messieurs-dames!** good evening!; **M.** (dans une lettre) Dear Sir

monstre [mɔ̃str] 1 NM monster; **m. sacré** giant 2 ADJ Fam (énorme) colossal ■ **monstrueux, -ueuse** ADJ (mal formé, scandaleux) monstrous; (énorme) huge ■ **monstruosité** NF monstrosity

mont [mɔ̃] NM mount; **être toujours par monts et par vaux** to be forever on the move

montage [mɔ̃taʒ] NM Tech assembling; Cin editing; (image truquée) montage; **m. vidéo** video editing

montagne [mɔ̃taɲ] NF mountain; **la m.** (zone) the mountains; **à la m.** in the mountains; **en haute m.** high in the mountains; **montagnes russes** (attraction foraine) rollercoaster ■ **montagnard, -arde** 1 NMF mountain dweller 2 ADJ **peuple m.** mountain people ■ **montagneux, -euse** ADJ mountainous

montant, -ante [mɔ̃tɑ̃, -ɑ̃t] 1 ADJ (marée) rising; (col) stand-up; **chaussure montante** boot 2 NM (somme) amount; (de barrière) post; (d'échelle) upright; **montants compensatoires** subsidies

monte-charge [mɔ̃tʃarʒ] (pl **monte-charges**) NM service Br lift or Am elevator

montée [mɔ̃te] NF (ascension) climb, ascent; (chemin) slope; (des prix, du fascisme) rise; **la m. des eaux** the rise in the water level

monter [mɔ̃te] 1 (aux avoir) VT (côte) to climb (up); (objet) to bring/take up; (cheval) to ride; (son) to turn up; (tente) to put up; (machine) to assemble; (bijou, complot) to mount; (affaire) to hatch; (pièce de théâtre) to stage; (film) to edit; **m. l'escalier** to go/come upstairs or up the stairs; **m. qn contre qn** to set sb against sb 2 (aux être) VI (personne) to go/come up; (ballon) to go up; (prix) to rise; (marée) to come in; (avion) to climb; **faire m. qn** to show sb up; **m. dans un véhicule** to get in(to) a vehicle; **m. dans un train** to get on(to) a train; **m. sur qch** to climb onto sth; **m. sur ou à une échelle** to climb up a ladder; **m. en courant** to run up; Sport **m. à cheval** to ride (a horse) 3 **se monter** VPR **se m. à** (s'élever à) to amount to

monteur, -euse [mɔ̃tœr, -øz] NMF Cin editor

montre [mɔ̃tr] NF (instrument) (wrist-)watch; Sport & Fig **course contre la m.** race against the clock

Montréal [mɔ̃real] NM OU F Montreal

montrer [mɔ̃tre] **1** VT to show (**à** to); **m. qn/qch du doigt** to point at sb/sth; **m. le chemin à qn** to show sb the way **2 se montrer** VPR to show oneself; **se m. courageux** to be courageous

monture [mɔ̃tyr] NF (de lunettes) frame; (de bijou) setting; (cheval) mount

monument [mɔnymɑ̃] NM monument; **m. historique** ancient monument; **m. aux morts** war memorial ■ **monumental, -e, -aux, -ales** ADJ (imposant, énorme) monumental

moquer [mɔke] **se moquer** VPR **se m. de qn** to make fun of sb; **se m. de qch** (rire de) to make fun of sth; (ne pas se soucier) not to care about sth; Fam **il se moque du monde** who does he think he is? ■ **moquerie** NF mockery ■ **moqueur, -euse** ADJ mocking

moquette [mɔket] NF Br fitted carpet, Am wall-to-wall carpeting

moral, -e, -aux, -ales [mɔral, -o] **1** ADJ moral **2** NM **avoir le m.** to be in good spirits; **avoir le m. à zéro** to feel really down; **remonter le m. à qn** to cheer sb up ■ **morale** NF (d'histoire) moral; (principes) morals; (règles) morality; **faire la m. à qn** to lecture sb ■ **moralement** ADV morally ■ **moralité** NF (mœurs) morality; (de récit) moral

moratoire [mɔratwar] NM Jur moratorium

morceau, -x [mɔrso] NM piece, bit; (de sucre) lump; (de viande) cut; (d'une œuvre littéraire) extract; **tomber en morceaux** to fall to pieces ■ **morceler** VT (terrain) to divide up

mordiller [mɔrdije] VT to nibble

mordre [mɔrdr] **1** VTI to bite; **m. qn au bras** to bite sb's arm; **ça mord?** (poissons) are the fish biting? **2 se mordre** VPR Fig **se m. les doigts d'avoir fait qch** to kick oneself for doing sth

mordu, -ue [mɔrdy] **1** PP ➤ **mordre 2** NMF Fam **un m. de jazz** a jazz fanatic

morfondre [mɔrfɔ̃dr] **se morfondre** VPR to mope (about)

morgue [mɔrg] NF (d'hôpital) mortuary, morgue

moribond, -onde [mɔribɔ̃, -ɔ̃d] **1** ADJ dying **2** NMF dying person

morne [mɔrn] ADJ (temps) dismal; (silence) gloomy; (personne) glum

morose [mɔroz] ADJ morose

morphine [mɔrfin] NF morphine

morphologie [mɔrfɔlɔʒi] NF morphology

mors [mɔr] NM (de harnais) bit; Fig **prendre le m. aux dents** to take the bit between one's teeth

morse [mɔrs] NM (code) Morse (code); (animal) walrus

morsure [mɔrsyr] NF bite

mort¹ [mɔr] NF death; **mettre qn à m.** to put sb to death; **se donner la m.** to take one's own life; **en vouloir à m. à qn** to be dead set against sb; **un silence de m.** a deathly silence; **m. subite du nourrisson** Br cot death, Am crib death ■ **mortalité** NF death rate, mortality ■ **mortel, -elle 1** ADJ (hommes, ennemi, danger) mortal; (accident) fatal; (pâleur) deathly; Fam (ennuyeux) deadly (dull); Fam (excellent) Br wicked, Am awesome **2** NMF mortal **3** ADV Fam **on s'est éclatés mortel!** we had a blast!, Br we had a wicked time! ■ **mortellement** ADV (blessé) fatally; (ennuyeux) deadly

mort², morte [mɔr, mɔrt] **1** ADJ (personne, plante, ville) dead; **m. ou vif** dead or alive; **m. de fatigue** dead tired; **m. de froid** numb with cold; **m. de peur** frightened to death; Fam **m. de rire** killing oneself (laughing) **2** NMF dead man, f dead woman; **les morts** the dead; **de nombreux morts** (victimes) many deaths; **le jour** ou **la fête des Morts** All Souls' Day ■ **morte-saison** (pl **mortes-saisons**) NF off-season ■ **mort-né, -née** (mpl **mort-nés**, fpl **mort-nées**) ADJ (enfant) & Fig stillborn

mortier [mɔrtje] NM mortar

mortuaire [mɔrtɥɛr] ADJ **couronne m.** funeral wreath

morue [mɔry] NF cod

morve [mɔrv] NF snot ■ **morveux, -euse** ADJ Fam Péj (enfant) snotty(-nosed)

mosaïque [mɔzaik] NF mosaic

Moscou [mɔsku] NM OU F Moscow

mosquée [mɔske] NF mosque

mot [mo] NM word; **envoyer un m. à qn** to drop sb a line; **m. à** ou **pour m.** word for word; **un bon m.** a witticism; **avoir le dernier m.** to have the last word; **avoir son m. à dire** to have one's say; **m. de passe** password; **mots croisés** crossword (puzzle)

motard [mɔtar] NM Fam motorcyclist

motel [mɔtel] NM motel

moteur¹ [mɔtœr] NM (de véhicule) engine; (électrique) motor; Ordinat **m. de recherche** search engine

moteur², -trice [mɔtœr, -tris] **1** ADJ (nerf, muscle) motor; **force motrice** driving force; **voiture à quatre roues motrices** four-wheel drive (car) **2** NF **motrice** (de train) engine

motif [mɔtif] NM (raison) reason (**de** for); (dessin) pattern

motiver [mɔtive] vt *(inciter, causer)* to motivate; *(justifier)* to justify ■ **motivation** NF motivation ■ **motivé, -ée** ADJ motivated

moto [mɔto] NF motorbike ■ **motocycliste** NMF motorcyclist

motte [mɔt] NF *(de terre)* lump, clod; *(de beurre)* block

mou, molle [mu, mɔl]

mol is used before masculine singular nouns beginning with a vowel or h mute.

1 ADJ soft; *(sans énergie)* feeble 2 NM **avoir du m.** *(cordage)* to be slack

mouche [muʃ] NF *(insecte)* fly; **faire m.** to hit the bull's-eye; **prendre la m.** to fly off the handle; *Fam* **quelle m. l'a piqué?** what has Br got or Am gotten into him? ■ **moucheron** NM midge

moucher [muʃe] 1 vt **m. qn** to wipe sb 's nose 2 **se moucher** vpr to blow one's nose

moucheté, -ée [muʃte] ADJ speckled

mouchoir [muʃwar] NM handkerchief; **m. en papier** tissue

moudre* [mudr] vt to grind

moue [mu] NF pout; **faire la m.** to pout

mouette [mwɛt] NF *(sea)*gull

moufle [mufl] NF mitten, mitt

mouiller [muje] 1 vt to wet; **se faire m.** to get wet 2 vi *Naut* to anchor 3 **se mouiller** vpr to get wet; *Fam (prendre position)* to stick one's neck out ■ **mouillé, -ée** ADJ wet *(de* with)

moule¹ [mul] NM Br mould, Am mold; **m. à gâteaux** Br cake tin, Am cake pan ■ **moulage** NM *(action)* casting; *(objet)* cast ■ **moulant, -ante** ADJ *(vêtement)* tight-fitting ■ **mouler** vt Br to mould, Am to mold; *(statue)* to cast; **m. qn** *(vêtement)* to fit sb tightly

moule² [mul] NF *(mollusque)* mussel

moulin [mulɛ̃] NM mill; **m. à café** coffee grinder; *Fam* **m. à paroles** chatterbox; **m. à vent** windmill

moulinet [mulinɛ] NM *(de canne à pêche)* reel; **faire des moulinets** *(avec un bâton)* to twirl a stick

moulu, -ue [muly] 1 pp ➤ moudre 2 NMF *(café)* ground; *Fig (éreinté)* dead tired

mourir* [murir] 1 *(aux être)* vi to die *(de* of or from); **m. de froid** to die of exposure; *Fig* **m. de fatigue/d'ennui** to be dead tired/bored; *Fig* **m. de peur** to be frightened to death; *Fig* **m. de rire** to laugh oneself silly; *Fig* **s'ennuyer à m.** to be bored to death; *Fig* **je meurs de faim!** I'm starving! 2 **se mourir** vpr *Littéraire* to be dying ■ **mourant, -ante** 1 ADJ dying; *(voix)* faint 2 NMF dying person

mousquetaire [muskətɛr] NM musketeer

mousse [mus] 1 NF *(plante)* moss; *(écume)* foam; *(de bière)* head; *(de lait)* froth; *(de savon)* lather; **m. à raser** shaving foam; *Culin* **m. au chocolat** chocolate mousse 2 NM *(marin)* ship's boy ■ **mousser** vi *(bière)* to froth; *(savon)* to lather ■ **mousseux, -euse** 1 ADJ *(bière)* frothy; *(vin)* sparkling 2 NM sparkling wine

mousseline [muslin] NF *(tissu)* muslin

mousson [musɔ̃] NF monsoon

moustache [mustaʃ] NF *(d'homme)* Br moustache, Am mustache; *(de chat)* whiskers ■ **moustachu, -ue** ADJ with a Br moustache or Am mustache

moustique [mustik] NM mosquito ■ **moustiquaire** NF mosquito net; *(en métal)* screen

moutarde [mutard] NF mustard

mouton [mutɔ̃] NM sheep inv; *(viande)* mutton; **moutons** *(écume)* Br white horses, Am whitecaps; *(poussière)* fluff; **peau de m.** sheepskin

mouvement [muvmɑ̃] NM *(geste, groupe, déplacement)* & *Mus* movement, *(élan)* impulse, *(de gymnastique)* exercise; **en m.** in motion; **m. de colère** fit of anger; **mouvements sociaux** workers' protest movements ■ **mouvementé, -ée** ADJ *(vie, voyage)* eventful

mouvoir* [muvwar] vi **se mouvoir** vpr to move; **mû par** *(mécanisme)* driven by

moyen¹, -enne [mwajɛ̃, -ɛn] 1 ADJ average; *(format, entreprise)* medium(-sized) 2 NF **moyenne** average; **en moyenne** on average; **la moyenne d'âge** the average age; **avoir la moyenne** *(à un examen)* Br to get a pass mark, Am to get a pass; *(à un devoir)* to get 50 percent, Br to get half marks; **le M. Âge** the Middle Ages ■ **moyennement** ADV fairly, moderately

moyen² [mwajɛ̃] NM *(procédé, façon)* means, way *(de faire* of doing or to do); **moyens** *(capacités mentales)* ability; *(argent, ressources)* means; **il n'y a pas m. de le faire** it's not possible to do it; **je n'ai pas les moyens** *(argent)* I can't afford it; **au m. de qch** by means of sth; **par mes propres moyens** under my own steam

moyennant [mwajɛnɑ̃] PRÉP *(pour)* (in return) for; **m. finance** for a fee

moyeu, -x [mwajø] NM hub

Mozambique [mɔzɑ̃bik] NM **le M.** Mozambique

MP3 [ɛmpetrwa] NM *Ordinat* MP3 m inv

MST [ɛmɛste] *(abrév* **maladie sexuellement transmissible)* NF STD, STI

muer [mɥe] vi *(animal)* Br to moult, Am to molt; *(voix)* to break

muet, muette [mɥe, mɥɛt] 1 ADJ *(infirme)* dumb; *(de surprise)* speechless; *(film)* silent, *(voyelle)* silent, mute 2 NMF mute

mugir [myʒir] vi *(bœuf)* to bellow; *(vache)* to moo;

Fig (vent) to howl ■ **mugissement** NM bellow; *(de vache)* moo; **mugissements** *(de bœuf)* bellowing; *(de vache)* mooing; *(de vent)* howling

muguet [mygɛ] NM lily of the valley

mule [myl] NF *(pantoufle, animal)* mule ■ **mulet** NM *(équidé)* mule; *(poisson)* mullet

multicolore [myltikɔlɔr] ADJ multicoloured

multiculturel, -elle [myltikyltyrɛl] ADJ multicultural

multimédia [myltimedja] ADJ & NM multimedia

multiple [myltipl] **1** ADJ *(nombreux)* numerous; *(varié)* multiple; **à de multiples reprises** repeatedly **2** NM *Math* multiple ■ **multiplication** NF *(calcul)* multiplication; *(augmentation)* increase ■ **multiplier 1** VT to multiply **2 se multiplier** VPR to increase; *(se reproduire)* to multiply

multitude [myltityd] NF multitude

municipal, -e, -aux, -ales [mynisipal, -o] ADJ municipal ■ **municipalité** NF *(maires et conseillers)* local council; *(commune)* municipality

munir [mynir] **1** VT **m. de qch** *(personne)* to provide with sth **2 se munir** VPR **se m. de qch** to take sth

munitions [mynisjɔ̃] NFPL ammunition

muqueuse [mykøz] NF mucous membrane

mur [myr] NM wall; *Fig* **au pied du m.** with one's back to the wall; **m. du son** sound barrier ■ **muraille** NF (high) wall ■ **mural, -e, -aux, -ales** ADJ **carte murale** wall map; **peinture murale** mural *(painting)* ■ **murer 1** VT *(porte)* to wall up; *(jardin)* to wall in **2 se murer** VPR *Fig* **se m. dans le silence** to retreat into silence

mûr, mûre¹ [myr] ADJ *(fruit)* ripe; *(personne)* mature; **d'âge m.** middle-aged ■ **mûrir** VTI *(fruit)* to ripen; *(personne)* to mature

mûre² [myr] NF *(baie)* blackberry

muret [myrɛ] NM low wall

murmure [myrmyr] NM murmur ■ **murmurer** VTI to murmur

muscade [myskad] NF nutmeg

muscat [myska] NM *(raisin)* muscat (grape); *(vin)* muscatel (wine)

muscle [myskl] NM muscle ■ **musclé, -ée**

ADJ *(bras)* muscular ■ **musculaire** ADJ *(force, douleur)* muscular ■ **musculature** NF muscles

museau, -x [myzo] NM *(de chien, de chat)* muzzle; *(de porc)* snout ■ **museler** VT *(animal, presse)* to muzzle

musée [myze] NM museum; **m. de peinture** art gallery ■ **muséum** NM natural history museum

musette [myzɛt] NF *(sac)* bag

music-hall [myzikol] *(pl* **music-halls)** NM *(genre, salle)* music hall

musique [myzik] NF music ■ **musical, -e, -aux, -ales** ADJ musical ■ **musicien, -ienne 1** NMF musician **2** ADJ musical

musulman, -ane [myzylmɑ̃, -an] ADJ & NMF Muslim, Moslem

muter [myte] VT to transfer ■ **mutant, -ante** ADJ & NMF mutant ■ **mutation** NF *(d'employé)* transfer; *Biol* mutation; *Fig* **en pleine m.** undergoing profound change

mutiler [mytile] VT to mutilate, to maim; **être mutilé** to be disabled

mutin¹, -ine [mytɛ̃, -in] ADJ *(espiègle)* mischievous

mutin² [mytɛ̃] NM *(rebelle)* mutineer ■ **mutinerie** NF mutiny

mutisme [mytism] NM silence; *Méd* muteness

mutuel, -uelle [mytɥɛl] **1** ADJ *(réciproque)* mutual **2** NF **mutuelle** mutual insurance company ■ **mutuellement** ADV each other

myope [mjɔp] ADJ shortsighted

myosotis [mjɔzɔtis] NM forget-me-not

myrtille [mirtij] NF *(baie)* bilberry

mystère [mistɛr] NM mystery; **faire des mystères** to be mysterious; **faire m. de qch** to make a secret of sth ■ **mystérieux, -ieuse** ADJ mysterious

mystique [mistik] **1** ADJ mystical **2** NMF *(personne)* mystic

mythe [mit] NM myth ■ **mythique** ADJ mythical ■ **mythologie** NF mythology ■ **mythologique** ADJ mythological

mythomane [mitɔman] NMF compulsive liar

N, n [ɛn] NM INV (**a**) N, n (**b**) (*abrév* **route nationale**) = designation of major road

n' [n] ➤ **ne**

nacelle [nasɛl] NF (*de ballon*) basket; (*de landau*) carriage, *Br* carrycot

nacre [nakr] NF mother-of-pearl ■ **nacré, -ée** ADJ pearly

nage [naʒ] NF (swimming) stroke; **traverser une rivière à la n.** to swim across a river; *Fig* **en n.** sweating; **n. libre** freestyle

nageoire [naʒwar] NF (*de poisson*) fin; (*de dauphin*) flipper

nager [naʒe] **1** VI to swim; *Fig* **n. dans le bonheur** to be blissfully happy; *Fam* **je nage complètement** I'm all at sea **2** VT (*crawl*) to swim ■ **nageur, -euse** NMF swimmer

naïf, naïve [naif, naiv] **1** ADJ naïve **2** NMF fool ■ **naïveté** NF naïvety

nain, naine [nɛ̃, nɛn] ADJ & NMF dwarf; **n. de jardin** garden gnome

naissance [nɛsɑ̃s] NF (*de personne, d'animal*) birth; (*de cou*) base; **donner n. à** (*enfant*) to give birth to; *Fig* (*rumeur*) to give rise to; **de n.** from birth

naître* [nɛtr] VI to be born; (*sentiment, difficulté*) to arise (**de** from); (*idée*) to originate; **faire n.** (*soupçon, industrie*) to give rise to; *Littéraire* **n. à qch** to awaken to sth; *Fam* **il n'est pas né de la dernière pluie** he wasn't born yesterday

nana [nana] NF *Fam* chick, *Br* bird

nantir [nɑ̃tir] VT **n. qn de qch** to provide sb with sth ■ **nanti, -ie 1** ADJ well-to-do **2** NMPL *Péj* **les nantis** the well-to-do

nappe [nap] NF (*de table*) tablecloth; **n. de brouillard** fog patch; **n. d'eau** expanse of water; **n. de pétrole** layer of oil; (*de marée noire*) oil slick

napper [nape] VT to coat (**de** with)

narguer [narge] VT to taunt

narine [narin] NF nostril

narquois, -oise [narkwa, -waz] ADJ sneering

nasal, -e, -aux, -ales [nazal, -o] ADJ nasal

nase [naz] *Fam* **1** ADJ (*personne*) (*fatigué*) *Br* knackered, *Am* beat; (*idiot*) *Br* thick, *Am* dumb; (*nul*) crappy, lousy; (*machine*) kaput **2** NMF **c'est un n., ce mec** this guy's *Br* bloody useless *or Am* no goddamn use

naseau, -x [nazo] NM nostril

nasillard, -arde [nazijar, -ard] ADJ (*voix*) nasal

natal, -e, -als, -ales [natal] ADJ native

natalité [natalite] NF birth rate

natation [natasjɔ̃] NF swimming

natif, -ive [natif, -iv] ADJ & NMF native; **être n. de** to be a native of

nation [nasjɔ̃] NF nation; **les Nations unies** the United Nations ■ **national, -e, -aux, -ales** ADJ national ■ **nationale** NF (*route*) *Br* ≃ A road, *Am* ≃ highway ■ **nationaliser** VT to nationalize ■ **nationaliste 1** ADJ nationalistic **2** NMF nationalist ■ **nationalité** NF nationality

natte [nat] NF (*de cheveux*) *Br* plait, *Am* braid; (*de paille*) mat

naturaliser [natyralize] VT to naturalize ■ **naturalisation** NF naturalization

nature [natyr] **1** NF (*univers, caractère*) nature; (*campagne*) country; **plus grand que n.** larger than life; **contre n.** unnatural; **en pleine n.** in the middle of the country; **payer en n.** to pay in kind; **n. morte** still life **2** ADJ INV (*omelette, yaourt*) plain; (*thé*) without milk ■ **naturiste** NMF naturist

naturel, -elle [natyrɛl] **1** ADJ natural; **mort naturelle** death from natural causes **2** NM (*caractère*) nature; (*simplicité*) naturalness ■ **naturellement** ADV naturally

naufrage [nofraʒ] NM (ship)wreck; **faire n.** (*bateau*) to be wrecked; (*marin*) to be shipwrecked ■ **naufragé, -ée** NMF shipwrecked person

nausée [noze] NF nausea, sickness; **avoir la n.** to feel sick ■ **nauséabond, -onde** ADJ nauseating, sickening

nautique [notik] ADJ nautical

naval, -e, -als, -ales [naval] ADJ naval; **constructions navales** shipbuilding

navet [navɛ] NM (*légume*) turnip; *Fam* **c'est un n.** it's a load of rubbish; (*film*) it's a turkey

navette [navɛt] NF (*véhicule*) shuttle; **faire la n.** (*véhicule, personne*) to shuttle back and forth (**entre** between); **n. spatiale** space shuttle

navigable [navigabl] ADJ *(fleuve)* navigable

navigant, -ante [navigã, -ãt] ADJ *Av* **personnel n.** flight crew

navigateur [navigatœr] NM *(marin)* navigator; *Ordinat* browser; **n. solitaire** lone yachtsman ∎ **navigation** NF navigation; *Ordinat* **n. sur Internet** Internet surfing

naviguer [navige] VI *(bateau)* to sail; **n. sur Internet** to surf the Net

navire [navir] NM ship

navrer [navre] VT to appal ∎ **navrant, -ante** ADJ appalling ∎ **navré, -ée** ADJ *(air)* distressed; **je suis n.** I'm terribly sorry

nazi, -ie [nazi] ADJ & NMF *Hist* Nazi

ne [nə]

> **n'** before vowel or mute h; used to form negative verb with **pas, jamais, personne, rien** etc.

ADV **ne... pas** not; **il ne boit pas** he does not *or* doesn't drink; **elle n'ose (pas)** she doesn't dare; **ne... que** only; **il n'a qu'une sœur** he only has one sister; **je crains qu'il ne parte** I'm afraid he'll leave

né, née [ne] 1 PP ➤ **naître** born; **il est né en 1945** he was born in 1945; **née Dupont** née Dupont 2 ADJ born; **c'est un poète-né** he's a born poet

néanmoins [neãmwɛ̃] ADV nevertheless

néant [neã] NM nothingness; *(sur formulaire)* ≈ none

nécessaire [neseser] 1 ADJ necessary 2 NM **le n.** the necessities; **faire le n.** to do what's necessary; **n. de couture** sewing kit; **n. de toilette** toilet bag ∎ **nécessairement** ADV necessarily

nécessité [nesesite] NF necessity ∎ **nécessiter** VT to require, to necessitate

nectarine [nektarin] NF nectarine

néerlandais, -aise [neɛrlãdɛ, -ɛz] 1 ADJ Dutch 2 NMF **N.** Dutchman; **Néerlandaise** Dutchwoman 3 NM *(langue)* Dutch

néfaste [nefast] ADJ harmful **(à** to)

négatif, -ive [negatif, -iv] 1 ADJ negative 2 NM *(de photo)* negative **(de** of); *Grammaire* negative ∎ **négation** NF negation **(de** of)

négligeable [negliʒabl] ADJ negligible; **non n.** *(quantité)* significant

négligent, -ente [negliʒã, -ãt] ADJ careless, negligent ∎ **négligence** NF *(défaut)* carelessness, negligence; *(oubli)* oversight

négliger [negliʒe] 1 VT *(personne, travail, conseil)* to neglect; **n. de faire qch** to neglect to do sth 2 SE NÉGLIGER VPR to neglect oneself, to let oneself go ∎ **négligé, -ée** 1 ADJ *(tenue)* untidy; *(travail)* careless 2 NM *(vêtement)* négligée

négocier [negosje] VTI to negotiate

∎ **négociable** ADJ negotiable ∎ **négociant, -iante** NMF merchant, dealer ∎ **négociateur, -trice** NMF negotiator ∎ **négociation** NF negotiation

neige [nɛʒ] NF snow; **aller à la n.** to go skiing; **n. carbonique** dry ice; **n. fondue** sleet ∎ **neiger** V IMPERSONNEL to snow; **il neige** it's snowing ∎ **neigeux, -euse** ADJ snowy

nénuphar [nenyfar] NM water lily

néon [neɔ̃] NM *(gaz)* neon; *(enseigne)* neon sign; **éclairage au n.** neon lighting

néophyte [neofit] NMF novice

néo-zélandais, -aise [neozelãdɛ, -ɛz] *(mpl* **néo-zélandais,** *fpl* **néo-zélandaises)** 1 ADJ New Zealand 2 NMF **Néo-Zélandais, Néo-Zélandaise** New Zealander

nerf [nɛr] NM nerve; *Fig* **être sur les nerfs** to live on one's nerves; *Fig* **être à bout de nerfs** to be at the end of one's tether; *Fam* **ça me tape sur les nerfs** it gets on my nerves; *Fam* **du n.!, un peu de n.!** buck up! ∎ **nerveux, -euse** ADJ nervous ∎ **nervosité** NF nervousness

n'est-ce pas [nɛspa] ADV isn't he?/don't you?/won't they?/etc; **tu viendras, n.?** you'll come, won't you?; **il fait beau, n.?** the weather's fine, isn't it?

Net [nɛt] NM **le N.** the Net

net, nette [nɛt] 1 ADJ *(propre)* clean; *(image, refus)* clear; *(écriture)* neat; *(prix, salaire)* net; **n. d'impôt** net of tax; *Fig* **je veux en avoir le cœur n.** I want to get to the bottom of it once and for all 2 ADV *(casser, couper)* clean; *(tuer)* outright; *(refuser)* flatly; **s'arrêter n.** to stop dead ∎ **nettement** ADV *(avec précision)* clearly; *(incontestablement)* definitely; **il va n. mieux** he's much better ∎ **netteté** NF *(propreté, précision)* cleanness; *(de travail)* neatness

nettoyer [netwaje] 1 VT to clean; *Fam (sujet: cambrioleur)* to clean out 2 SE NETTOYER VPR **se n. les oreilles** to clean one's ears ∎ **nettoyage** NM cleaning; **n. à sec** dry-cleaning

neuf¹, neuve [nœf, nœv] 1 ADJ new; **quoi de n.?** what's new? 2 NM **remettre qch à n.** to make sth as good as new; **il y a du n.** there's been a new development

neuf² [nœf, nœv before **heures & ans**] ADJ & NM nine ∎ **neuvième** ADJ & NMF ninth

neurone [nøron] NM neuron

neutre [nøtr] 1 ADJ *(pays, personne)* neutral 2 NM *Él* neutral 3 *Grammaire* neuter ∎ **neutraliser** VT to neutralize ∎ **neutralité** NF neutrality

neutron [nøtrɔ̃] NM neutron

neveu, -x [nəvø] NM nephew

nez [ne] NM nose; **n. à n.** face to face **(avec** with);

rire au n. de qn to laugh in sb's face; **parler du n.** to speak through one's nose

ni [ni] CONJ **ni... ni...** neither... nor...; **ni Pierre ni Paul ne sont venus** neither Peter nor Paul came; **il n'a ni faim ni soif** he's neither hungry nor thirsty; **sans manger ni boire** without eating or drinking; **ni l'un(e) ni l'autre** neither (of them)

niais, niaise [njɛ, njɛz] 1 ADJ silly 2 NMF fool ■ **niaiserie** NF silliness; **niaiseries** *(paroles)* nonsense

Nicaragua [nikaragwa] NM **le N.** Nicaragua

niche [niʃ] NF *(de chien)* Br kennel, *Am* doghouse; *(cavité)* niche, recess; **n. écologique** ecological niche

nicher [niʃe] 1 VI *(oiseau)* to nest 2 **se nicher** VPR *(oiseau)* to nest; *Fam (se cacher)* to hide oneself ■ **nichée** NF *(chiens)* litter; *(oiseaux)* brood

nickel [nikɛl] 1 NM *(métal)* nickel 2 ADJ INV *Fam (propre)* spotless 3 ADV *Fam* **faire qch n.** to do sth really well

nicotine [nikɔtin] NF nicotine

nid [ni] NM nest; **n.-de-poule** pothole

nièce [njɛs] NF niece

nier [nje] 1 VT to deny **(que** that) 2 VI *(accusé)* to deny the charge

nigaud, -aude [nigo, -od] NMF silly fool

Niger [niʒɛr] NM **le N.** *(pays)* Niger

Nigéria [niʒerja] NM **le N.** Nigeria

Nil [nil] NM **le N.** the Nile

n'importe [nɛ̃pɔrt] ➤ **importer**[1]

nippon, -one ou **-onne** [nipɔ̃, -ɔn] ADJ Japanese

niveau, -x [nivo] NM *(hauteur, étage, degré)* level; *Scol* standard; **au n. de la mer** at sea level; **être au n.** *(élève)* to be up to standard; *Fig* **se mettre au n. de qn** to put oneself on sb's level; **n. à bulle d'air** spirit level; **n. de vie** standard of living ■ **niveler** VT *(surface)* to level; *(fortunes)* to even out

noble [nɔbl] 1 ADJ noble 2 NMF nobleman, *f* noblewoman ■ **noblesse** NF *(caractère, classe)* nobility

noce [nɔs] NF wedding; *Fam* **faire la n.** to live it up; *Fam* **être à la n.** to have a whale of a time; **noces d'argent/d'or** silver/golden wedding

nocif, -ive [nɔsif, -iv] ADJ harmful ■ **nocivité** NF harmfulness

noctambule [nɔktɑ̃byl] NMF night owl

nocturne [nɔktyrn] 1 ADJ *(animal)* nocturnal 2 NF *(de magasin)* late-night opening; *Sport* **(match en) n.** evening match

Noël [nɔɛl] NM Christmas; **sapin de N.** Christmas tree; **le père N.** Santa Claus, *Br* Father Christmas

nœud [nø] NM **(a)** *(entrecroisement)* knot; *(ruban)* bow; *Fig* **le n. du problème** the crux of the problem; **n. coulant** slipknot; **n. papillon** bow tie **(b)** *Naut (vitesse)* knot

noir, noire [nwar] 1 ADJ black; *(sombre)* dark; *(idées)* gloomy; *(misère)* dire; **il fait n.** it's dark; **roman n.** thriller; **film n.** film noir 2 NM *(couleur)* black; *(obscurité)* dark; **N.** *(homme)* Black (man); *Fam* **travailler au n.** to moonlight 3 NF **noire** *(note)* Br crotchet, *Am* quarter note; **Noire** *(femme)* Black (woman) ■ **noircir** 1 VT to blacken 2 VI **se noircir** VPR to turn black

noisette [nwazɛt] NF hazelnut ■ **noisetier** NM hazel (tree)

noix [nwa] NF *(du noyer)* walnut; *Fam* **à la n.** lousy; **n. de beurre** knob of butter; **n. de coco** coconut

nom [nɔ̃] NM name; *Grammaire* noun; **au n. de qn** on sb's behalf; **au n. de la loi** in the name of the law; **sans n.** *(anonyme)* nameless; *(vil)* vile; *Fam* **n. d'un chien!** hell!; **n. de famille** surname; **n. de jeune fille** maiden name

nomade [nɔmad] 1 ADJ nomadic 2 NMF nomad

nombre [nɔ̃br] NM number; **être au** ou **du n. de** to be among, **ils sont au n. de dix** there are ten of them; **le plus grand n. de** the majority of; **bon n. de** a good many; *Math* **n. premier** prime number

nombreux, -euse [nɔ̃brø, -øz] ADJ *(amis, livres)* numerous, many; *(famille, collection)* large; **peu n.** few; **venir n.** to come in large numbers

nombril [nɔ̃bri] NM navel

nominal, -e, -aux, -ales [nɔminal, -o] ADJ nominal

nomination [nɔminɑsjɔ̃] NF *(à un poste)* appointment; *(pour récompense)* nomination

nommer [nɔme] 1 VT *(appeler)* to name; **n. qn** *(désigner)* to appoint sb **(à un poste** to a post); **n. qn président** to appoint sb chairman 2 **se nommer** VPR *(s'appeler)* to be called

non [nɔ̃] ADV no; **tu viens ou n.?** are you coming or not?; **n. seulement** not only; **n. (pas) que...** *(+ subjunctive)* not that...; **n. sans regret** not without regret; **n. loin** not far; **je crois que n.** I don't think so; **(ni) moi n. plus** neither do/am/can/*etc* I; *Fam* **c'est bien, n.?** it's all right, isn't it?

nonante [nɔnɑ̃t] ADJ & NM INV *Belg & Suisse* ninety

nonchalant, -ante [nɔ̃ʃalɑ̃, -ɑ̃t] ADJ nonchalant ■ **nonchalance** NF nonchalance

non-fumeur, -euse [nɔ̃fymœr, -øz] 1 ADJ non-smoking 2 NMF non-smoker

non-retour [nɔ̃rətur] NM **point de n.** point of no return

non-violence [nɔ̃vjɔlɑ̃s] NF non-violence

non-voyants [nɔ̃vwajɑ̃] NMPL **les n.** the unsighted

nord [nɔr] **1** NM north; **au n.** in the north; *(direction)* (to the) north (**de** of); **du n.** *(vent, direction)* northerly; *(ville)* northern; *(gens)* from/in the north; **l'Afrique du N.** North Africa; **l'Europe du N.** Northern Europe; **le grand N.** the Frozen North **2** ADJ INV *(côte)* north; *(direction, régions)* northern ▪ **nord-africain, -aine** *(mpl* **nord-africains**, *fpl* **nord-africaines)* **1** ADJ North African **2** NMF **Nord-Africain, Nord-Africaine** North African ▪ **nord-américain, -aine** *(mpl* **nord-américains**, *fpl* **nord-américaines)* **1** ADJ North American **2** NMF **Nord-Américain, Nord-Américaine** North American ▪ **nord-est** NM & ADJ INV northeast ▪ **nord-ouest** NM & ADJ INV northwest

nordique [nɔrdik] **1** ADJ Scandinavian **2** NMF **N.** Scandinavian; *Can* Northern Canadian

normal, -e, -aux, -ales [nɔrmal, -o] ADJ normal ▪ **normale** NF norm; **au-dessus/au-dessous de la n.** above/below average; *Fam* **N. Sup** = university-level college preparing students for senior posts in teaching ▪ **normalement** ADV normally ▪ **normaliser** VT *(uniformiser)* to standardize; *(relations)* to normalize

normand, -ande [nɔrmɑ̃, -ɑ̃d] **1** ADJ Norman **2** NMF **N., Normande** Norman ▪ **Normandie** NF **la N.** Normandy

norme [nɔrm] NF norm; **normes de sécurité** safety standards

Norvège [nɔrvɛʒ] NF **la N.** Norway ▪ **norvégien, -ienne 1** ADJ Norwegian **2** NMF **N., Norvégienne** Norwegian **3** NM *(langue)* Norwegian

nos [no] ➤ **notre**

nostalgie [nɔstalʒi] NF nostalgia ▪ **nostalgique** ADJ nostalgic

notable [nɔtabl] ADJ & NM notable

notaire [nɔtɛr] NM lawyer, *Br* ≈ solicitor, notary

notamment [nɔtamɑ̃] ADV notably

note [nɔt] NF *(annotation, communication)* & *Mus* note; *Scol Br* mark, *Am* grade; *(facture) Br* bill, *Am* check; **prendre n. de qch, prendre qch en n.** to make a note of sth; **prendre des notes** to take notes; **n. de frais** expenses

noter [nɔte] VT *(remarquer)* to note; *(écrire)* to note down; *(devoir) Br* to mark, *Am* to grade

notice [nɔtis] NF *(mode d'emploi)* instructions; *(de médicament)* directions

Il faut **noter** que le nom anglais **notice** est un faux ami. Il signifie le plus souvent **avertissement** ou **écriteau** selon le contexte.

notifier [nɔtifje] VT **n. qch à qn** to notify sb of sth

notion [nosjɔ̃] NF notion; **notions** *(éléments)* rudiments; **avoir des notions de qch** to know the basics of sth

notoire [nɔtwar] ADJ *(criminel, bêtise)* notorious; *(fait)* well-known ▪ **notoriété** NF *(renom)* fame; **il est de n. publique que...** it's common knowledge that...

notre, nos [nɔtr, no] ADJ POSSESSIF our ▪ **nôtre 1** PRON POSSESSIF **le/la n., les nôtres** ours **2** NMPL **les nôtres** *(parents)* our family; **serez-vous des nôtres ce soir?** will you be joining us this evening?

nouer [nwe] **1** VT *(lacets)* to tie; *(cravate)* to knot; *Fig (relation)* to establish; **avoir la gorge nouée** to have a lump in one's throat **2 se nouer** VPR *(intrigue)* to take shape

nougat [nuga] NM nougat

nouille [nuj] NF *Fam (idiot)* dimwit

nouilles [nuj] NFPL *Culin* noodles

nounours [nunurs] NM *Fam* teddy bear

nourrice [nuris] NF *(assistante maternelle)* (children's) nurse, *Br* child minder; *(qui allaite)* wet nurse; **mettre un enfant en n.** to put a child out to nurse

nourrir [nurir] **1** VT *(alimenter)* to feed; *Fig (espoir)* to cherish; **n. un bébé au sein** to breastfeed a baby **2 se nourrir** VPR to eat; **se n. de qch** to feed on sth ▪ **nourrissant, -ante** ADJ nourishing

nourrisson [nurisɔ̃] NM infant

nourriture [nurityr] NF food

nous [nu] PRON PERSONNEL **(a)** *(sujet)* we; **n. sommes ici** we are here **(b)** *(complément direct)* us; **il n. connaît** he knows us **(c)** *(complément indirect)* (to) us; **il n. l'a donné** he gave it to us, he gave us it **(d)** *(réfléchi)* ourselves; **n. n. lavons** we wash ourselves; **n. n. habillons** we get dressed **(e)** *(réciproque)* each other; **n. n. détestons** we hate each other ▪ **nous-mêmes** PRON ourselves

nouveau, -elle¹, -x, -elles [nuvo, nuvɛl]

nouvel is used before masculine singular nouns beginning with a vowel or mute h.

1 ADJ new; *(mode)* latest; **on craint de nouvelles inondations** *(d'autres)* further flooding is feared **2** NMF *(à l'école)* new boy, *f* new girl **3** NM **du n.** something new **4** ADV **de n., à n.** again ▪ **nouveau-né, -née** *(mpl* **nouveau-nés**, *fpl* **nouveau-nées)* **1** ADJ newborn **2** NMF newborn baby

nouveauté [nuvote] NF novelty; **nouveautés** *(livres)* new books; *(disques)* new releases

nouvelle² [nuvɛl] NF **(a) une n.** *(annonce)* a piece

of news; **la n. de sa mort** the news of his/her death; **les nouvelles** the news *(sing)*; **avoir des nouvelles de qn** *(directement)* to have heard from sb; **demander des nouvelles de qn** to inquire about sb (**b**) *(récit)* short story

Il faut noter que le nom anglais **novel** est un faux ami. Il signifie **roman**.

Nouvelle-Calédonie [nuvɛlkaledɔni] NF **la N.** New Caledonia

Nouvelle-Zélande [nuvɛlzelɑ̃d] NF **la N.** New Zealand

novateur, -trice [nɔvatœr, -tris] **1** ADJ innovative **2** NMF innovator

novembre [nɔvɑ̃br] NM November

noyade [nwajad] NF drowning

noyau, -x [nwajo] NM *(de fruit)* stone, *Am* pit; *(d'atome, de cellule)* nucleus; *(groupe)* group; **n. dur** *(de groupe)* hard core

noyauter [nwajote] VT to infiltrate

noyer¹ [nwaje] **1** VT *(personne)* to drown; *(terres)* to flood; **n. son chagrin (dans l'alcool)** to drown one's sorrows; *Fig* **n. le poisson** to confuse the issue deliberately; *Fig* **être noyé** *(perdu)* to be out of one's depth; *Fig* **noyé dans la masse** lumped in with the rest **2 se noyer** VPR to drown; *(se suicider)* to drown oneself; **se n. dans les détails** to get bogged down in details ■ **noyé, -ée** NMF drowned person

noyer² [nwaje] NM *(arbre)* walnut tree

nu, nue [ny] **1** ADJ *(personne, vérité)* naked; *(mains, chambre)* bare; **tout nu** *(stark)* naked, *(in the)* nude; **tête nue, nu-tête** bare-headed; **aller pieds nus** to go barefoot; **se mettre nu** to strip off **2** NM *Art* nude; **mettre qch à nu** to expose sth

nuage [nɥaʒ] NM cloud; *Fig* **un n. de lait** a drop of milk; *Fig* **être dans les nuages** to have one's head in the clouds ■ **nuageux, -euse** ADJ *(ciel)* cloudy

nuance [nɥɑ̃s] NF *(de couleur)* shade; *(de sens)* nuance; *(de regret)* tinge ■ **nuancé, -ée** ADJ *(jugement)* qualified ■ **nuancer** VT *(pensée)* to qualify

nucléaire [nykleɛr] **1** ADJ nuclear **2** NM nuclear energy *or* power

nudisme [nydism] NM nudism ■ **nudiste** NMF nudist ■ **nudité** NF *(de personne)* nudity, nakedness; *(de mur)* bareness

nuée [nɥe] NF **une n. de** *(foule)* a horde of; *(groupe compact)* a cloud of

nuire* [nɥir] VI **n. à qn/qch** to harm sb/sth ■ **nuisible** ADJ harmful (**à** to)

nuit [nɥi] NF night; *(obscurité)* dark(ness); **la n.** *(se promener)* at night; **cette n.** *(hier)* last night; *(aujourd'hui)* tonight; **avant la n.** before nightfall; **il fait n.** it's dark; **bonne n.!** good night!; **n. d'hôtel** overnight stay in a hotel ■ **nuitée** NF overnight stay

nul, nulle [nyl] **1** ADJ *(médiocre)* hopeless, useless; *(risque)* non-existent, nil; *Jur (non valable)* null (and void); **être n. en qch** to be hopeless at sth **2** ADJ INDÉFINI *Littéraire (aucun)* no; **sans n. doute** without any doubt **3** PRON INDÉFINI M *Littéraire (aucun)* no one ■ **nulle part** ADV nowhere; **n. ailleurs** nowhere else ■ **nullité** NF *(d'un élève)* uselessness; *(personne)* useless person

numérique [nymerik] ADJ numerical; *(ordinateur, appareil photo, données)* digital; **montre à affichage n.** digital watch

numéro [nymero] NM *(chiffre)* number; *(de journal)* issue, number; *(au cirque)* act; *Tél* **n. vert** *Br* ≃ Freefone® number, *Am* ≃ toll-free number; *Fam* **quel n.!** *(personne)* what a character!; **n. gagnant** *(au jeu)* winning number; **n. de téléphone** telephone number ■ **numérotation** NF numbering; *Tél Br* dialling, *Am* dialing; **n. abrégée** speed dial ■ **numéroter 1** VT *(pages, sièges)* to number **2** VI *Tél* to dial

nu-pieds [nypje] NMPL sandals

nuptial, -iale, -iaux, -iales [nypsjal, -jo] ADJ *(chambre)* bridal; **cérémonie nuptiale** wedding ceremony

nuque [nyk] NF back of the neck

nutritif, -ive [nytritif, -iv] ADJ nutritious ■ **nutrition** NF nutrition

Nylon® [nilɔ̃] NM *(fibre)* nylon; **chemise en N.** nylon shirt

nymphomane [nɛ̃fɔman] NF nymphomaniac

O, o [o] NM INV O, o

oasis [ɔazis] NF oasis

obédience [ɔbedjɑ̃s] NF *(politique)* allegiance

obéir [ɔbeir] VI to obey; **o. à qn/qch** to obey sb/sth; **être obéi** to be obeyed; **o. à qn au doigt et à l'œil** to be at sb's beck and call ■ **obéissance** NF obedience (**à** to) ■ **obéissant, -ante** ADJ obedient

obélisque [ɔbelisk] NM obelisk

obèse [ɔbɛz] ADJ obese ■ **obésité** [ɔbe-] NF obesity

objecter [ɔbʒɛkte] VT **o. que...** to object that...; **n'avoir rien à. à qch** to have no objection to sth; **on m'objecta mon jeune âge** my youth was held against me ■ **objecteur** NM **o. de conscience** conscientious objector ■ **objection** NF objection; **si vous n'y voyez pas d'o.** if you have no objection(s)

objectif, -ive [ɔbʒɛktif, -iv] 1 ADJ objective 2 NM *(but)* objective; *(d'appareil photo)* lens; Com **o. de vente** sales target ■ **objectivement** ADV objectively ■ **objectivité** NF objectivity

objet [ɔbʒɛ] NM *(chose, sujet, but)* object; **faire l'o. de** *(étude, critiques)* to be the subject of; *(soins, surveillance)* to be given; **sans o.** *(inquiétude)* groundless; **o. d'art** objet d'art; **o. volant non identifié** unidentified flying object; **objets trouvés** *(bureau)* Br lost property, Am lost and found

obligation [ɔbligasjɔ̃] NF *(contrainte)* obligation; *Fin* bond; **se trouver dans l'o. de faire qch** to be obliged to do sth; **sans o. d'achat** no purchase necessary ■ **obligatoire** ADJ compulsory, obligatory; *Fam (inévitable)* inevitable ■ **obligatoirement** ADV *(fatalement)* inevitably; **tu dois o. le faire** you have to do it; **pas o.** not necessarily

obliger [ɔbliʒe] 1 VT (a) *(contraindre)* to force (**à faire** to do); **être obligé de faire qch** to be obliged to do sth (b) *(rendre service à)* to oblige 2 s'obliger VPR **s'o. à faire qch** to force oneself to do sth ■ **obligé, -ée** ADJ *(obligatoire)* necessary; *Fam (fatal)* inevitable

oblique [ɔblik] ADJ oblique; *(regard)* sidelong; **en o.** at an (oblique) angle

obscène [ɔpsɛn] ADJ obscene ■ **obscénité** NF obscenity

obscur, -ure [ɔpskyr] ADJ *(sombre)* dark; *(difficile à comprendre, inconnu)* obscure ■ **obscurcir** 1 VT *(pièce)* to darken; *(rendre confus)* to obscure 2 s'obscurcir VPR *(ciel)* to darken; *(vue)* to grow dim ■ **obscurité** NF *(noirceur)* darkness; *(anonymat)* obscurity; **dans l'o.** in the dark

obséder [ɔpsede] VT to obsess ■ **obsédant, -ante** ADJ haunting; *(pensée)* obsessive ■ **obsédé, -ée** NMF maniac (**de** for); **o. sexuel** sex maniac

obsèques [ɔpsɛk] NFPL funeral; **faire des o. nationales à qn** to give sb a state funeral

observateur, -trice [ɔpsɛrvatœr, -tris] 1 ADJ observant 2 NMF observer

observation [ɔpsɛrvasjɔ̃] NF *(étude, remarque)* observation; *(reproche)* remark; *(respect)* observance; **en o.** *(malade)* under observation

observatoire [ɔpsɛrvatwar] NM observatory; *Mil* observation post

observer [ɔpsɛrve] VT *(regarder, respecter)* to observe; *(remarquer)* to notice; **faire o. qch à qn** to point sth out to sb

obsession [ɔpsesjɔ̃] NF obsession ■ **obsessionnel, -elle** ADJ obsessional

obsolète [ɔpsɔlɛt] ADJ obsolete

obstacle [ɔpstakl] NM obstacle; **faire o. à qch** to stand in the way of sth

obstétricien, -ienne [ɔpstetrisjɛ̃, -jɛn] NMF obstetrician

obstiner [ɔpstine] s'obstiner VPR to persist (**à faire** in doing) ■ **obstination** NF stubbornness, obstinacy ■ **obstiné, -ée** ADJ stubborn, obstinate

obstruction [ɔpstryksjɔ̃] NF obstruction; *Pol* **faire de l'o.** to be obstructive ■ **obstruer** VT to obstruct

obtempérer [ɔptɑ̃pere] VI **o. à qch** to comply with sth

obtenir* [ɔptənir] VT to get, to obtain ■ **obtention** NF obtaining

obtus, -use [ɔpty, -yz] ADJ *(angle, esprit)* obtuse

obus [ɔby] NM *(projectile)* shell

occasion [ɔkazjɔ̃] NF **(a)** (chance) chance, opportunity (**de faire** to do); (moment) occasion; **à l'o.** when the occasion arises; **à l'o. de qch** on the occasion of sth; **pour les grandes occasions** for special occasions **(b)** (affaire) bargain; (objet non neuf) second-hand item; **d'o.** second-hand

occasionner [ɔkazjɔne] VT to cause; **o. qch à qn** to cause sb sth

occident [ɔksidɑ̃] NM Pol **l'O.** the West ■ **occidental, -e, -aux, -ales 1** ADJ Géog & Pol western **2** NMPL Pol **les Occidentaux** Westerners

occulte [ɔkylt] ADJ occult

occupant, -ante [ɔkypɑ̃, -ɑ̃t] **1** ADJ (armée) occupying **2** NMF (habitant) occupant **3** NM Mil **l'o.** the occupying forces

occupation [ɔkypasjɔ̃] NF (activité, travail) & Mil occupation; Hist **l'O.** the Occupation

occupé, -ée [ɔkype] ADJ busy (**à faire** doing); (place, maison) occupied; (ligne téléphonique) Br engaged, Am busy

occuper [ɔkype] **1** VT (bâtiment, pays, temps) to occupy; (place) to take up, to occupy; (poste) to hold; **o. qn** (jeu, travail) to keep sb busy or occupied; (ouvrier) to employ sb **2 s'occuper** VPR to keep oneself busy (**à faire** doing); **s'o. de** (affaire, problème) to deal with; (politique) to be engaged in; **s'o. de qn** (malade) to take care of sb; (client) to see to sb; **est-ce qu'on s'occupe de vous?** (dans un magasin) are you being served?; Fam **occupe-toi de tes affaires!** mind your own business!

océan [ɔseɑ̃] NM ocean; Fig **un o. de fleurs** a sea of flowers; Fig **un o. de larmes** floods of tears; **l'o. Atlantique/Pacifique** the Atlantic/Pacific Ocean ■ **océanique** ADJ oceanic

ocre [ɔkr] NF & ADJ INV ochre

octane [ɔktan] NM octane

octante [ɔktɑ̃t] ADJ & NM INV Belg & Suisse eighty

octet [ɔktɛ] NM Ordinat byte; **milliard d'octets** gigabyte

octobre [ɔktɔbr] NM October

octogénaire [ɔktɔʒenɛr] ADJ & NMF octogenarian

oculaire [ɔkylɛr] ADJ **témoin o.** eyewitness ■ **oculiste** NMF eye specialist

odeur [ɔdœr] NF smell; (de fleur) scent; **une o. de brûlé** a smell of burning ■ **odorat** NM sense of smell

odieux, -ieuse [ɔdjø, -jøz] ADJ odious

œil [œj] (pl **yeux** [jø]) NM eye; **avoir les yeux verts** to have green eyes; **avoir de grands yeux** to have big eyes; **lever/baisser les yeux** to look up/down; **coup d'o.** (regard) look, glance; **jeter un coup d'o. sur qch** to have a look at sth; **à vue d'o.** visibly; Fam **à l'o.** (gratuitement) free; **avoir qch sous les yeux** to have sth before one's very eyes; **regarder qn dans les yeux** to look sb in the eye; **avoir qn à l'o.** (surveiller) to keep an eye on sb; Fig **o. poché, o. au beurre noir** black eye; **ouvre l'o.!** keep your eyes open!; Fam **mon o.!** (incrédulité) my foot!

œillères [œjɛr] NFPL (de cheval) Br blinkers, Am blinders

œillet [œjɛ] NM (fleur) carnation; (trou de ceinture) eyelet

œuf [œf] (pl **œufs** [ø]) NM egg; **œufs** (de poissons) (hard) roe; **o. à la coque** boiled egg; **o. de Pâques** Easter egg; **o. dur** hard-boiled egg; **o. sur le plat** fried egg; **œufs brouillés** scrambled eggs

œuvre [œvr] NF (travail, livre) work; **être à l'o.** to be at work; **mettre qch en o.** (loi, système) to implement sth; **se mettre à l'o.** to set to work; **o. d'art** work of art; **o. de charité** (organisation) charity

offense [ɔfɑ̃s] NF insult; Rel transgression ■ **offensant, -ante** ADJ offensive ■ **offenser 1** VT to offend **2 s'offenser** VPR **s'o. de qch** to take Br offence or Am offense at sth

offensif, -ive [ɔfɑ̃sif, -iv] **1** ADJ offensive **2** NF **offensive** offensive; **passer à l'o.** to go on the offensive; **offensive du froid** cold snap

offert, -erte [ɔfɛr, -ɛrt] PP ➤ **offrir**

office [ɔfis] NM **(a)** Rel service **(b)** (établissement) office, bureau; **o. du tourisme** tourist information centre **(c)** (charge) office; **d'o.** without having any say; **faire o. de qch** to serve as sth

officiel, -ielle [ɔfisjɛl] ADJ & NM official ■ **officiellement** ADV officially

officier [ɔfisje] **1** NM (dans l'armée) officer **2** VI Rel to officiate

officieux, -ieuse [ɔfisjø, -jøz] ADJ unofficial

offre [ɔfr] NF offer; (aux enchères) bid; Fin tender; Écon **l'o. et la demande** supply and demand; Fin **appel d'offres** invitation to tender; Fin **o. publique d'achat** takeover bid; **offres d'emploi** (de journal) job vacancies, Br situations vacant ■ **offrande** NF offering

offrir* [ɔfrir] **1** VT (donner en cadeau) to give; (proposer) to offer; **o. qch à qn** (donner) to give sb sth, to give sth to sb; (proposer) to offer sb sth, to offer sth to sb; **o. de faire qch** to offer to do sth; **o. sa démission** to offer one's resignation **2 s'offrir** VPR (cadeau) to treat oneself to; (se proposer) to offer oneself (**comme** as); **s'o. aux regards** (spectacle) to greet one's eyes ■ **offrant** NM **au plus o.** to the highest bidder

ogive [ɔʒiv] NF (de fusée) head; (de roquette) nose cone; Archit rib; **o. nucléaire** nuclear warhead

OGM [ɔʒeɛm] (abrév **organisme génétiquement modifié**) NM GMO

ogre [ɔgr] NM ogre

oh [o] EXCLAM oh!

oie [wa] NF goose (pl geese)

oignon [ɔɲɔ̃] NM (légume) onion; (de fleur) bulb; Fam **en rang d'oignons** in a neat row; Fam **occupe-toi de tes oignons!** mind your own business!

oiseau, -x [wazo] NM bird; Hum **l'o. rare** the ideal person; Péj **drôle d'o.** oddball; **'attention! le petit o. va sortir!'** (photo) 'watch the birdie!'; **o. de proie** bird of prey

oisif, -ive [wazif, -iv] ADJ idle ■ **oisiveté** NF idleness

oléoduc [ɔleodyk] NM pipeline

olfactif, -ive [ɔlfaktif, -iv] ADJ olfactory

olive [ɔliv] 1 NF olive 2 ADJ INV (vert) **o.** olive (green) ■ **olivier** NM (arbre) olive tree

olympique [ɔlɛ̃pik] ADJ Olympic; **les jeux Olympiques** the Olympic games

ombilical, -e, -aux, -ales [ɔ̃bilikal, -o] ADJ umbilical

ombrage [ɔ̃braʒ] NM (ombre) shade; Littéraire **prendre o. de qch** to take umbrage at sth ■ **ombragé, -ée** ADJ shady

ombre [ɔ̃br] NF (forme) shadow; (zone sombre) shade; **30° à l'o.** 30° in the shade; Fig **rester dans l'o.** to remain in the background; **sans l'o. d'un doute** without the shadow of a doubt; **pas l'o. d'un reproche/remords** not a trace of blame/remorse; **o. à paupières** eyeshadow

ombrelle [ɔ̃brɛl] NF sunshade, parasol

Il faut noter que le nom anglais **umbrella** est un faux ami. Il signifie **parapluie**.

omelette [ɔmlɛt] NF omelet(te); **o. au fromage** cheese omelet(te); **o. norvégienne** baked Alaska

omettre* [ɔmɛtr] VT to omit (**de faire** to do) ■ **omission** NF omission

omnibus [ɔmnibys] ADJ & NM (train) **o.** slow train (stopping at all stations)

omnipotent, -ente [ɔmnipotɑ̃, -ɑ̃t] ADJ omnipotent

omniprésent, -ente [ɔmniprezɑ̃, -ɑ̃t] ADJ omnipresent

omniscient, -iente [ɔmnisjɑ̃, -ɑ̃t] ADJ omniscient

omnisports [ɔmnispɔr] ADJ INV **centre o.** sports centre

omnivore [ɔmnivɔr] 1 ADJ omnivorous 2 NMF omnivore

omoplate [ɔmɔplat] NF shoulder blade

OMS [oɛmɛs] (abrév **Organisation mondiale de la santé**) NF WHO

on [ɔ̃] (sometimes **l'on** [lɔ̃]) PRON INDÉFINI (les gens) they, people; (nous) we, one; (vous) you, one; **on frappe** someone's knocking; **on dit** they say, people say; **on m'a dit que...** I was told that...; **on me l'a donné** somebody gave it to me

oncle [ɔ̃kl] NM uncle

onctueux, -ueuse [ɔ̃ktɥø, -ɥøz] ADJ smooth, creamy

onde [ɔ̃d] NF (à la radio) & Phys wave; **grandes ondes** long wave; **ondes courtes/moyennes** short/medium wave; **o. de choc** shock wave; **sur les ondes** (à l'antenne) on the radio

ondée [ɔ̃de] NF sudden downpour

on-dit [ɔ̃di] NM INV rumour, hearsay

ondoyer [ɔ̃dwaje] VI to undulate

ondulation [ɔ̃dylɑsjɔ̃] NF undulation; (de cheveux) wave ■ **ondulé, -ée** ADJ wavy ■ **onduler** VI to undulate; (cheveux) to be wavy

onéreux, -euse [ɔnerø, -øz] ADJ costly

Il faut noter que le nom anglais **onerous** est un faux ami. Il signifie **lourd, pénible**.

ONG [oɛnʒe] (abrév **organisation non gouvernementale**) NF NGO

ongle [ɔ̃gl] NM (finger)nail; **se faire les ongles** to do one's nails

onglet [ɔ̃glɛ] NM (d'un répertoire) & Ordinat tab; **à onglets** (dictionnaire) thumb-indexed

ont [ɔ̃] ➤ **avoir**

ONU [ɔny] (abrév **Organisation des Nations unies**) NF UN

onze [ɔ̃z] ADJ & NM eleven ■ **onzième** ADJ & NMF eleventh

OPA [opea] (abrév **offre publique d'achat**) ➤ **offre**

opaque [ɔpak] ADJ opaque

opéra [ɔpera] NM (musique) opera; (édifice) opera house; **o. rock** rock opera ■ **opérette** NF operetta

opérateur, -trice [ɔperatœr, -tris] NMF (personne) operator; Cin cameraman; **o. de saisie** keyboarder

opération [ɔperɑsjɔ̃] NF (action) & Méd, Mil & Math operation; Fin deal; **faire une o. portes ouvertes** to open one's doors to the public; **o. à cœur ouvert** open-heart surgery ■ **opérationnel, -elle** ADJ operational

opérer [ɔpere] 1 VT (exécuter) to carry out; (choix) to make; (patient) to operate on (**de** for); **faire o.** to have an operation 2 VI (agir) to work; (procéder) to proceed; (chirurgien) to operate 3 **s'opérer** VPR (se produire) to take place

ophtalmologue [ɔftalmɔlɔg] NMF ophtalmologist

opiniâtre [ɔpinjɑtr] ADJ stubborn

opinion [ɔpinjɔ̃] NF opinion (**sur** about or on); **sans o.** (de sondage) don't know; **mon o. est faite** my mind is made up; **o. publique** public opinion

opium [ɔpjɔm] NM opium

opportun, -une [ɔpɔrtœ̃, -yn] ADJ opportune, timely ■ **opportunisme** NM opportunism ■ **opportunité** NF timeliness

opposant, -ante [ɔpozɑ̃, -ɑ̃t] NMF opponent (**à** of)

opposé, -ée [ɔpoze] 1 ADJ (direction) opposite; (intérêts) conflicting; (armées, équipe) opposing; **être o. à qch** to be opposed to sth 2 NM **l'o.** the opposite (**de** of); **à l'o.** (côté) on the opposite side (**de** to); **à l'o. de** (contrairement à) contrary to

opposer [ɔpoze] 1 VT (résistance, argument) to put up (**à** against); (équipes) to pit against each other; (armées) to bring into conflict; (styles, conceptions) to contrast; **o. qn à qn** to set sb against sb; **match qui oppose...** match between... 2 **s'opposer** VPR (équipes) to confront each other; (styles, conceptions) to contrast; **s'o. à qch** to be opposed to sth; **je m'y oppose** I'm opposed to it

opposition [ɔpozisjɔ̃] NF opposition (**à** to); **faire o. à** to oppose; (chèque) to stop; **par o. à** as opposed to

oppresser [ɔprese] VT (gêner) to oppress ■ **oppressant, -ante** ADJ oppressive ■ **oppresseur** NM oppressor ■ **oppression** NF oppression ■ **opprimer** VT (peuple, nation) to oppress ■ **opprimés** NMPL **les o.** the oppressed

opter [ɔpte] VI **o. pour qch** to opt for sth

opticien, -ienne [ɔptisjɛ̃, -jɛn] NMF optician

optimiser [ɔptimize] VT to optimize

optimisme [ɔptimism] NM optimism ■ **optimiste** 1 ADJ optimistic 2 NMF optimist

option [ɔpsjɔ̃] NF (choix) option; (chose) optional extra; Scol & Univ Br option, optional subject, Am elective (subject)

optique [ɔptik] 1 ADJ (nerf) optic; (verre, fibres) optical 2 NF optics (sing); Fig (aspect) perspective; **d'o.** (instrument, appareil) optical; **dans cette o.** from this perspective

opulent, -ente [ɔpylɑ̃, -ɑ̃t] ADJ opulent ■ **opulence** NF opulence

or¹ [ɔr] NM gold; **montre/chaîne en or** gold watch/chain; **règle/âge/cheveux d'or** golden rule/age/hair; **cœur d'or** heart of gold; **mine d'or** gold mine; **affaire en or** bargain; **or noir** (pétrole) black gold

or² [ɔr] CONJ (cependant) now, well

orage [ɔraʒ] NM (thunder)storm ■ **orageux, -euse** ADJ stormy

oral, -e, -aux, -ales [ɔral, -o] 1 ADJ oral 2 NM Scol & Univ oral

orange [ɔrɑ̃ʒ] 1 NF orange; **o. pressée** (fresh) orange juice 2 ADJ & NM INV (couleur) orange ■ **orangé, -ée** ADJ & NM (couleur) orange ■ **orangeade** NF orangeade ■ **oranger** NM orange tree

orang-outan(g) [ɔrɑ̃utɑ̃] (pl **orangs-outan(g)s**) NM orang-utan

orateur [ɔratœr] NM speaker, orator

orbite [ɔrbit] NF (d'astre) & Fig orbit; (d'œil) socket; **mettre qch sur o.** (fusée) to put sth into orbit

orchestre [ɔrkɛstr] NM (classique) orchestra; (de jazz) band; Théâtre (places) Br stalls, Am orchestra ■ **orchestrer** VT (organiser) & Mus to orchestrate

orchidée [ɔrkide] NF orchid

ordinaire [ɔrdinɛr] ADJ (habituel, normal) ordinary, Am regular; (médiocre) ordinary, average; **d'o., à l'o.** usually; **comme d'o., comme à l'o.** as usual

ordinateur [ɔrdinatœr] NM computer; **o. individuel** personal computer; **o. portable** laptop

ordonnance [ɔrdɔnɑ̃s] NF (de médecin) prescription; (de juge) order, ruling; (disposition) arrangement; (soldat) orderly

ordonner [ɔrdɔne] VT (**a**) (commander) to order (**que** + subjunctive that); **o. à qn de faire qch** to order sb to do sth (**b**) (ranger) to organize (**c**) (prêtre) to ordain; **il a été ordonné prêtre** he has been ordained (as) a priest ■ **ordonné, -ée** ADJ (personne, maison) tidy

ordre [ɔrdr] NM (organisation, discipline, catégorie, commandement) & Fin order; (absence de désordre) tidiness; **en o.** (chambre) tidy; **mettre de l'o. dans qch** to tidy sth up; **rentrer dans l'o.** to return to normal; **jusqu'à nouvel o.** until further notice; **de l'o. de** (environ) of the order of; **du même o.** of the same order; **de premier o.** first-rate; **par o. d'âge** in order of age; **assurer le maintien de l'o.** to maintain order; Rel **entrer dans les ordres** to take holy orders; **o. du jour** agenda; **l'o. public** law and order

ordures [ɔrdyr] NFPL (déchets) Br rubbish, Am garbage; **mettre qch aux o.** to throw sth out (in the Br rubbish or Am garbage)

oreille [ɔrɛj] NF ear; **faire la sourde o.** to turn a deaf ear; **être tout oreilles** to be all ears; **écouter d'une o. distraite** to listen with half an ear; **dire qch à l'o. de qn** to whisper sth in sb's ear; **être dur d'o.** to be hard of hearing

oreiller [ɔrɛje] NM pillow

oreillons [ɔrɛjɔ̃] NMPL *(maladie)* mumps

ores et déjà [ɔrzedeʒa] **d'ores et déjà** ADV already

orfèvre [ɔrfɛvr] NM *(d'or)* goldsmith; *(d'argent)* silversmith ■ **orfèvrerie** [-vrəri] NF *(magasin)* goldsmith's/silversmith's shop; *(objets)* gold/silver plate

organe [ɔrgan] NM *Anat & Fig* organ; *(porte-parole)* mouthpiece ■ **organisme** NM *(corps)* body; *Biol* organism; *(bureaux)* organization

organisateur, -trice [ɔrganizatœr, -tris] NMF organizer

organisation [ɔrganizasjɔ̃] NF *(arrangement, association)* organization; **O. mondiale du commerce** World Trade Organization; **O. mondiale de la santé** World Health Organization; **O. des Nations unies** United Nations Organization

organiser [ɔrganize] **1** VT to organize **2 s'organiser** VPR to get organized ■ **organisé, -ée** ADJ organized

orge [ɔrʒ] NF barley

orgue [ɔrg] **1** NM organ; **o. de Barbarie** barrel organ **2** NFPL **orgues** organ; **grandes orgues** great organ

orgueil [ɔrgœj] NM pride ■ **orgueilleux, -euse** ADJ proud

orient [ɔrjɑ̃] NM **l'O.** the Orient, the East; **en O.** in the East ■ **oriental, -e, -aux, -ales 1** ADJ *(côte, région)* eastern; *(langue)* oriental **2** NMF **O., Orientale** Oriental

orientation [ɔrjɑ̃tasjɔ̃] NF *(détermination de position)* orientation; *(de grue, d'antenne)* positioning; *(de maison)* aspect; *(de politique, de recherche)* direction; **avoir le sens de l'o.** to have a good sense of direction; **o. professionnelle** careers guidance

orienter [ɔrjɑ̃te] **1** VT *(bâtiment)* to orientate; *(canon, télescope)* to point (**vers** at); **o. ses recherches sur** to direct one's research on; **être mal orienté** *(élève)* to have been given bad careers advice **2 s'orienter** VPR to get one's bearings; **s'o. vers** *(carrière)* to specialize in ■ **orienté, -ée** ADJ *(peu objectif)* slanted; **o. à l'ouest** *(appartement)* facing west

orifice [ɔrifis] NM opening

originaire [ɔriʒinɛr] ADJ **être o. de** *(natif)* to be a native of

original, -e, -aux, -ales [ɔriʒinal, -o] **1** ADJ *(idée, artiste, version)* original **2** NM *(texte, tableau)* original **3** NMF *(personne)* eccentric ■ **originalité** NF originality

origine [ɔriʒin] NF origin; **à l'o.** originally; **être à l'o. de qch** to be at the origin of sth; **d'o.** *(pneu)* original; **pays d'o.** country of origin; **être d'o.**

française to be of French origin ■ **originel, -elle** ADJ original

orme [ɔrm] NM *(arbre, bois)* elm

ornement [ɔrnəmɑ̃] NM ornament ■ **ornemental, -e, -aux, -ales** ADJ ornamental

orner [ɔrne] VT to decorate (**de** with)

ornière [ɔrnjɛr] NF rut; *Fig* **sortir de l'o.** to get out of trouble

orphelin, -ine [ɔrfəlɛ̃, -in] NMF orphan ■ **orphelinat** NM orphanage

orteil [ɔrtɛj] NM toe; **gros o.** big toe

orthodoxe [ɔrtɔdɔks] ADJ orthodox

orthographe [ɔrtɔɡraf] NF spelling ■ **orthographier** VT to spell; **mal o. qch** to misspell sth ■ **orthographique** ADJ orthographic

orthophoniste [ɔrtɔfɔnist] NMF speech therapist

ortie [ɔrti] NF nettle

os [ɔs, *pl* o *ou* ɔs] NM bone; **trempé jusqu'aux os** soaked to the skin; **on lui voit les os** he's all skin and bone; **il ne fera pas de vieux os** he won't make old bones; *Fam* **tomber sur un os** to hit a snag

oscar [ɔskar] NM *(récompense)* Oscar; **les oscars** *(cérémonie)* the Oscars

osciller [ɔsile] VI *Tech* to oscillate; *(pendule)* to swing; *(aiguille, flamme)* to flicker; *(bateau)* to rock; *Fig (varier)* to fluctuate (**entre** between) ■ **oscillation** NF *Tech* oscillation; *Fig (de l'opinion)* fluctuation

oseille [ozɛj] NF *(plante)* sorrel; *Fam (argent)* dosh

oser [oze] VT to dare; **o. faire qch** to dare (to) do sth ■ **osé, -ée** ADJ daring

osier [ozje] NM wicker; **panier d'o.** wicker basket

ossature [ɔsatyr] NF *(du corps)* frame; *(de bâtiment) & Fig* framework ■ **ossements** NMPL bones

osseux, -euse [ɔsø, -øz] ADJ *(maigre)* bony; **tissu o.** bone tissue

ostensiblement [-əmɑ̃] ADV openly

ostentation [ɔstɑ̃tasjɔ̃] NF ostentation ■ **ostentatoire** ADJ ostentatious

ostéopathe [ɔsteɔpat] NMF osteopath

otage [ɔtaʒ] NM hostage; **prendre qn en o.** to take sb hostage

OTAN [ɔtɑ̃] *(abrév* **Organisation du traité de l'Atlantique Nord)** NF NATO

otarie [ɔtari] NF sea lion

ôter [ote] **1** VT to take away, to remove (**à qn** from sb); *(vêtement)* to take off; *(déduire)* to take (away) **2 s'ôter** VPR *Fam* **ôte-toi de là!** move yourself!

otite [ɔtit] NF ear infection

ou [u] CONJ or; **ou bien** or else; **ou elle ou moi** either her or me; **pour ou contre nous** for or against us

où [u] ADV & PRON RELATIF where; **le jour où...** the day when...; **la table où...** the table on which...; **l'état où...** the condition in which...; **par où?** which way?; **d'où?** where from?; **d'où ma surprise** hence my surprise; **le pays d'où je viens** the country from which I come; **où qu'il soit** wherever he may be

ouate [wat] NF (pour pansement) Br cotton wool, Am absorbent cotton

oubli [ubli] NM (trou de mémoire) oversight; (lacune) omission; **tomber dans l'o.** to fall or sink into oblivion

oublier [ublije] 1 VT to forget (**de faire** to do); (omettre) to leave out 2 **s'oublier** VPR (traditions) to be forgotten; Fig (personne) to forget oneself

oubliettes [ublijɛt] NFPL (de château) dungeons; **être tombé aux o.** (personne, projet) to be long forgotten

ouest [wɛst] 1 NM west; **à l'o.** in the west; (direction) (to the) west (**de** of); **d'o.** (vent) west(erly); **de l'o.** western 2 ADJ INV (côte) west; (région) western

ouf [uf] EXCLAM (soulagement) phew!

Ouganda [ugɑ̃da] NM **l'O.** Uganda

oui [wi] 1 ADV yes; **ah, ça o.!** oh yes (indeed!); **tu viens, o. ou non?** are you coming or aren't you?; **je crois que o.** I think so; **si o.** if so 2 NM INV **pour un o. pour un non** for the slightest thing

ouï-dire [widir] NM hearsay; **par o.** by hearsay

ouïe [wi] NF hearing; Hum **être tout o.** to be all ears

ouïes [wi] NFPL (de poisson) gills

ouragan [uragɑ̃] NM hurricane

ourlet [-ɛ] NM hem

ours [urs] NM bear; **o. blanc** polar bear; Fig **o. mal léché** boor; **o. en peluche** teddy bear ■ **ourse** NF she-bear; **la Grande O.** the Great Bear

oursin [ursɛ̃] NM sea urchin

outil [uti] NM tool ■ **outillage** NM tools; (d'une usine) equipment ■ **outiller** VT to equip

outrage [utraʒ] NM insult (**à** to); Jur **o. à magistrat** contempt of court

outrance [utrɑ̃s] NF (excès) excess; **à o.** to excess ■ **outrancier, -ière** ADJ excessive

outre [utr] 1 PRÉP besides; **o. mesure** unduly

2 ADV **en o.** besides; **passer o.** to take no notice (**à** of); **outre-Manche** ADV across the Channel ■ **outre-mer** ADV overseas; **d'o.** (marché) overseas; **territoires d'o.** overseas territories

outré, -ée [utre] ADJ (révolté) outraged; (excessif) exaggerated

outrepasser [utrəpase] VT to go beyond, to exceed

ouvert, -erte [uvɛr, -ɛrt] 1 PP ➤ **ouvrir** 2 ADJ open; (robinet, gaz) on ■ **ouvertement** [-əmɑ̃] ADV openly ■ **ouverture** NF opening; (trou) hole; Mus overture; Phot (d'objectif) aperture; **o. d'esprit** open-mindedness

ouvrable [uvrabl] ADJ **jour o.** Br working or Am work day

ouvrage [uvraʒ] NM (travail, livre, objet) work; (couture) (needle)work; **un o.** (travail) a piece of work

ouvreuse [uvrøz] NF usherette

ouvrier, -ière [uvrije, -jɛr] 1 NMF worker; **o. qualifié/spécialisé** skilled/semi-skilled worker; **o. agricole** farm worker 2 ADJ (législation) industrial; (quartier, origine) working-class

ouvrir* [uvrir] 1 VT to open; (gaz, radio) to turn on; (hostilités) to begin; (appétit) to whet; (procession) to head 2 VI to open 3 **s'ouvrir** VPR (porte, boîte, fleur) to open; **s'o. à qn** (perspectives) to open up for sb ■ **ouvre-boîtes** NM INV Br tin opener, Am can opener ■ **ouvre-bouteilles** NM INV bottle opener

ovaire [ɔvɛr] NM Anat ovary

ovale [ɔval] ADJ & NM oval

ovation [ɔvasjɔ̃] NF (standing) ovation

overdose [ɔvœrdoz] NF overdose; **faire un o.** to overdose (**de** on)

ovni [ɔvni] (abrév **objet volant non identifié**) NM UFO

oxyde [ɔksid] NM Chim oxide; **o. de carbone** carbon monoxide ■ **oxyder** VT **s'oxyder** VPR to oxidize

oxygène [ɔksiʒɛn] NM oxygen; **masque/tente à o.** oxygen mask/tent ■ **oxygéné, -ée** ADJ **eau oxygénée** (hydrogen) peroxide; **cheveux blonds oxygénés** peroxide blonde hair, bleached hair ■ **s'oxygéner** VPR Fam to get some fresh air

ozone [ozon] NM Chim ozone

P, p [pe] NM INV P, p

PAC [pak] (*abrév* **politique agricole commune**) NF CAP

pacifique [pasifik] **1** ADJ (*manifestation*) peaceful; (*personne, peuple*) peace-loving; (*côte*) Pacific **2** NM **le P.** the Pacific

pacifiste [pasifist] ADJ & NMF pacifist

pacotille [pakɔtij] NF junk; **de p.** (*marchandise*) shoddy; (*bijou*) paste

Pacs [paks] (*abrév* **Pacte civil de solidarité**) NM civil solidarity pact (*bill introduced in 1998 extending the legal rights of married couples to unmarried heterosexual couples and to homosexual couples, particularly with regard to inheritance and taxation*); **faire un P.** to enter into a Pacs agreement ■ **pacsé, -ée** NMF = person who has entered into a civil solidarity pact ■ **pacser** VI, **se pacser** VPR = to enter into a civil solidarity pact

pacte [pakt] NM pact

paf [paf] **1** EXCLAM bang! **2** ADJ INV *Fam* (*ivre*) plastered

pagaie [pagɛ] NF paddle ■ **pagayer** VI to paddle

pagaïe, pagaille [pagaj] NF *Fam* (*désordre*) mess; **en p.** in a mess; **des livres en p.** loads of books; **semer la p.** to cause chaos

page¹ [paʒ] NF (*de livre*) page; *Fig* **à la p.** up-to-date; *Fig* **tourner la p.** to make a fresh start; **les pages jaunes** (*de l'annuaire*) the Yellow Pages®; *Ordinat* **p. d'accueil** home page; *Ordinat* **p. personnelle** *Fam* **p. perso** personal home page; *Ordinat* **p. précédente/suivante** page up/down; *Radio & TV* **p. de publicité** commercial break; *Ordinat* **p. Web** web page

page² [paʒ] NM (*à la cour*) page(boy)

pagne [paɲ] NM loincloth

pagode [pagɔd] NF pagoda

paie [pɛ] NF pay, wages; *Fam* **ça fait une p. que je ne l'ai pas vu** I haven't seen him for ages

paiement [pemã] NM payment

païen, païenne [pajɛ̃, pajɛn] ADJ & NMF pagan, heathen

paillasson [pajasɔ̃] NM (*door*)mat

paille [paj] NF straw; (*pour boire*) (drinking) straw; *Fig* **homme de p.** figurehead; *Fig* **feu de p.** flash in the pan; **tirer à la courte p.** to draw lots; *Fig* **sur la p.** penniless

paillette [pajɛt] NF (*d'habit*) sequin; **paillettes** (*de savon, lessive*) flakes; (*d'or*) gold dust; (*maquillage*) glitter

pain [pɛ̃] NM bread; **un p.** a loaf (of bread); *Fig* **avoir du p. sur la planche** to have a lot on one's plate; **petit p.** roll; **p. au chocolat** pain au chocolat, = chocolate-filled pastry; **p. complet** wholemeal bread; **p. d'épices** ≃ gingerbread; **p. grillé** toast; **p. de mie** sandwich loaf; **p. de seigle** rye bread

pair, paire¹ [pɛr] **1** ADJ (*numéro*) even **2** NM (*personne*) peer; **hors p.** unrivalled; **aller de p.** to go hand in hand (**avec** with); **au p.** (*étudiante*) au pair; **travailler au p.** to work as an au pair

paire² [pɛr] NF pair (**de** of)

paisible [pezibl] ADJ (*vie, endroit*) peaceful; (*caractère, personne*) quiet ■ **paisiblement** [-əmã] ADV peacefully

paître* [pɛtr] VI to graze; *Fam* **envoyer qn p.** to send sb packing

paix [pɛ] NF peace; **en p.** (*vivre, laisser*) in peace (**avec** with); **être en p. avec qn** to be at peace with sb; **signer la p. avec qn** to sign a peace treaty with sb; **avoir la p.** to have (some) peace and quiet

Pakistan [pakistã] NM **le P.** Pakistan ■ **pakistanais, -aise** **1** ADJ Pakistani **2** NMF **P., Pakistanaise** Pakistani

palace [palas] NM luxury hotel

> Il faut noter que le nom anglais **palace** est un faux ami. Il signifie **palais**.

palais [palɛ] NM (*château*) palace; *Anat* palate; **P. de justice** law courts; **p. des sports** sports centre

pâle [pal] ADJ pale; **être p. comme un linge** to be as white as a sheet; *Fam* **se faire porter p.** to call in sick

Palestine [palɛstin] NF **la P.** Palestine ■ **palestinien, -ienne** **1** ADJ Palestinian **2** NMF **P., Palestinienne** Palestinian

palette [palɛt] NF *(de peintre)* palette; *(pour marchandises)* pallet

pâleur [palœr] NF *(de lumière)* paleness; *(de personne)* pallor ■ **pâlir** VI to turn pale **(de** with)

palier [palje] NM *(niveau)* level; *(d'escalier)* landing; *(phase de stabilité)* plateau; **par paliers** in stages; **être voisins de p.** to live on the same floor

palissade [palisad] NF fence

pallier [palje] **1** VT *(difficultés)* to alleviate **2** VI **p. à qch** to compensate for sth ■ **palliatif** NM palliative

palmarès [palmarɛs] NM prize list; *(de chansons)* charts

palme [palm] NF *(de palmier)* palm (branch); *(de nageur)* flipper; *Fig (symbole)* palm ■ **palmier** NM palm (tree)

palourde [palurd] NF clam

palper [palpe] VT to feel ■ **palpable** ADJ palpable

palpiter [palpite] VI *(cœur)* to flutter; *(plus fort)* to throb ■ **palpitant, -ante** ADJ *(film)* thrilling ■ **palpitations** NFPL palpitations

pamplemousse [pɑ̃pləmus] NM grapefruit

pan¹ [pɑ̃] NM *(de chemise)* tail; *(de ciel)* patch; **p. de mur** section of wall

pan² [pɑ̃] EXCLAM bang!

panacée [panase] NF panacea

panaché, -ée [panaʃe] **1** ADJ multicoloured; **p. de blanc** streaked with white **2** NM shandy

Panama [panama] NM **le P.** Panama

pancarte [pɑ̃kart] NF sign, notice; *(de manifestant)* placard

pancréas [pɑ̃kreɑs] NM *Anat* pancreas

panda [pɑ̃da] NM panda

pané, -ée [pane] ADJ *Culin* breaded

panier [panje] NM *(ustensile, contenu)* basket; **jeter qch au p.** to throw sth into the wastepaper basket; *Sport* **marquer un p.** to score a basket; **p. à linge** *Br* linen basket, *Am* (clothes) hamper; **p. à salade** *(ustensile)* salad basket; *Fam (voiture de police)* *Br* black Maria, *Am* paddy wagon

panique [panik] **1** NF panic; **pris de p.** panic-stricken **2** ADJ **peur p.** panic ■ **paniquer** VI *Fam* to panic

panne [pan] NF breakdown; **tomber en p.** to break down; **être en p.** to have broken down; **'en panne'** *(machine, ascenseur)* 'out of order'; **tomber en p. sèche** to run out of *Br* petrol or *Am* gas; **p. d'électricité** blackout, *Br* power cut

panneau, -x [pano] NM *(écriteau)* sign, notice, board; *(de porte)* panel; *Fam* **tomber dans le p.** to fall into the trap; **p. d'affichage** *Br* notice board, *Am* bulletin board; **p. de signalisation** road sign

panoplie [panɔpli] NF *(déguisement)* outfit; *(gamme)* set

panorama [panɔrama] NM panorama ■ **panoramique** ADJ panoramic; *Cin* **écran p.** wide screen

panser [pɑ̃se] VT *(main)* to bandage; *(plaie)* to dress; *(cheval)* to groom; **p. qn** to dress sb's wounds ■ **pansement** NM dressing; **faire un p. à qn** to put a dressing on sb; **refaire le p.** to change the dressing; **p. adhésif** *Br* (sticking) plaster, Elastoplast®, *Am* Band-aid®

pantalon [pɑ̃talɔ̃] NM *Br* trousers, *Am* pants; **deux pantalons** two pairs of *Br* trousers or *Am* pants

panthère [pɑ̃tɛr] NF panther

pantin [pɑ̃tɛ̃] NM *(jouet)* jumping-jack; *Péj (personne)* puppet

pantoufle [pɑ̃tufl] NF slipper

PAO [peao] *(abrév* **publication assistée par ordinateur)** NF *Ordinat* DTP

paon [pɑ̃] NM peacock

papa [papa] NM dad(dy); *Fam Péj* **de p.** outdated

papaye [papaj] NF papaya

pape [pap] NM pope

paperasse [papras] NF *Péj* papers ■ **paperasserie** NF *Péj* (official) papers; *(procédure)* red tape

papeterie [papetri] NF *(magasin)* stationer's shop; *(articles)* stationery; *(fabrique)* paper mill

papi [papi] NM grand(d)ad

papier [papje] NM *(matière)* paper; **un p.** *(feuille)* a piece of paper; *(formulaire)* a form; *(de journal)* an article; **p. hygiénique** toilet paper; **papiers d'identité** identity papers; **p. journal** newspaper; **p. à lettres** writing paper; **p. peint** wallpaper; **p. de verre** sandpaper

papillon [papijɔ̃] NM *(insecte)* butterfly; *Fam (contravention)* (parking) ticket; **p. de nuit** moth

papoter [papɔte] VI *Fam* to chat

paprika [paprika] NM paprika

papy [papi] NM grand(d)ad

Pâque [pak] NF *Rel* **la P. juive, P.** Passover

paquebot [pakbo] NM liner

pâquerette [pakrɛt] NF daisy

Pâques [pak] NM SING & NFPL Easter; **le lundi de P.** Easter Monday

paquet [pakɛ] NM *(sac)* packet; *(de sucre)* bag; *(de cigarettes)* *Br* packet, *Am* pack; *(postal)* parcel, package; *Fam* **y mettre le p.** to pull out all the stops

par [par] PRÉP **(a)** *(indique l'agent, la manière, le moyen)* by; **choisi/frappé p. qn** chosen/hit by sb; **p. mer** by sea; **p. le train** by train; **p. le travail/la force** by or through work/force; **apprendre p. un ami** to learn from or through a friend;

commencer p. qch *(récit)* to begin with sth; **p. erreur** by mistake; **p. chance** by a stroke of luck **(b)** *(à travers)* through; **p. la porte/le tunnel** through the door/tunnel; **jeter/regarder p. la fenêtre** to throw/look out (of) the window; **p. ici/là** *(aller)* this/that way; *(habiter)* around here/there; **p. les rues** through the streets **(c)** *(à cause de)* out of, from; **p. pitié/respect** out of pity/respect **(d)** *(pendant)* **p. un jour d'hiver** on a winter's day; **p. ce froid** in this cold; **p. le passé** in the past **(e)** *(distributif)* **dix fois p. an/mois** ten times a or per year/month; **50 euros p. personne** 50 euros per person; **deux p. deux** two by two; **p. deux fois** twice **(f)** *(avec 'trop')* **p. trop aimable** far too kind

para [para] **NM** *Fam* para(trooper)

parachever [para∫ve] **VT** to complete

parachute [para∫yt] **NM** parachute; **saut en p.** parachute jump; **p. ascensionnel** parascending ■ **parachuter VT** to parachute in; *Fam (nommer)* to draft in ■ **parachutisme NM** parachute jumping ■ **parachutiste NMF** parachutist; *(soldat)* paratrooper

parade [parad] **NF** *(défilé)* parade; *(étalage)* show; *Boxe & Escrime* parry; *Fig (riposte)* reply

paradis [paradi] **NM** heaven; *Fig* paradise ■ **paradisiaque ADJ** *Fig (endroit)* heavenly

paradoxe [paradɔks] **NM** paradox ■ **paradoxal, -e, -aux, -ales ADJ** paradoxical ■ **paradoxalement ADV** paradoxically

parafer [parafe] **VT** to initial

paraffine [parafin] **NF** paraffin (wax)

parages [paraʒ] **NMPL** *Naut* waters; **dans les p. de** in the vicinity of; *Fam* **est-ce qu'elle est dans les p.?** is she around?

paragraphe [paragraf] **NM** paragraph

Paraguay [paragwe] **NM le P.** Paraguay

paraître* [parεtr] **1 VI** *(sembler)* to seem, to appear; *(apparaître)* to appear; *(livre)* to come out, to be published **2 V IMPERSONNEL il paraît qu'il va partir** it appears or seems (that) he's leaving; **à ce qu'il paraît** apparently

parallèle [paralεl] **1 ADJ** parallel **(à** with *or* to); *(police, marché)* unofficial; **mener une vie p.** to lead a secret life **2 NF** parallel (line) **3 NM** *(comparaison) & Géog* parallel; **mettre qch en p. avec qch** to draw a parallel between sth and sth ■ **parallèlement ADV p. à** parallel to; *(simultanément)* at the same time as

paralyser [paralize] **VT** *Br* to paralyse, *Am* to paralyze ■ **paralysie NF** paralysis ■ **paralytique ADJ & NMF** paralytic

paramédical, -e, -aux, -ales [paramedikal, -o] **ADJ** paramedical

paramilitaire [paramiliter] **ADJ & NMF** paramilitary

parano [parano] **ADJ** *Fam* paranoid

parapente [parapɑ̃t] **NM** *(activité)* paragliding; **faire du p.** to go paragliding

parapet [parapε] **NM** parapet

parapher [parafe] **VT** to initial

paraphraser [parafraze] **VT** to paraphrase

parapluie [paraplɥi] **NM** umbrella

parasite [parazit] **1 NM** *(organisme, personne)* parasite; **parasites** *(à la radio)* interference **2 ADJ** parasitic

parasol [parasɔl] **NM** sunshade, parasol; *(de plage)* beach umbrella

paratonnerre [paratɔnεr] **NM** lightning *Br* conductor *or Am* rod

paravent [paravɑ̃] **NM** screen

parc [park] **NM** *(jardin)* park; *(de château)* grounds; *(de bébé)* playpen; **p. d'attractions** amusement park; **p. automobile** *(de pays)* number of vehicles on the road; **p. à huîtres** oyster bed; **p. naturel** natural park; **p. de stationnement** *Br* car park, *Am* parking lot

parcelle [parsεl] **NF** small piece; *(terrain)* plot; *Fig (de vérité)* grain

parce que [parsəkə] **CONJ** because

parchemin [par∫əmε̃] **NM** parchment

par-ci, par-là [parsiparla] **ADV** here, there and everywhere

parcmètre [parkmεtr] **NM** (parking) meter

parcourir* [parkurir] **VT** *(lieu)* to walk round; *(pays)* to travel through; *(mer)* to sail; *(distance)* to cover; *(texte)* to glance through; **p. qch des yeux** *ou* **du regard** to glance at sth; **il reste 2 km à p.** there are 2 km to go ■ **parcours NM** *(itinéraire)* route; **p. de golf** *(terrain)* golf course

par-delà [pardəla] **PRÉP & ADV** beyond

par-derrière [parderjεr] **1 PRÉP** behind **2 ADV** *(attaquer)* from behind; *(se boutonner)* at the back; **passer p.** to go in the back door

par-dessous [pardəsu] **PRÉP & ADV** underneath

pardessus [pardəsy] **NM** overcoat

par-dessus [pardəsy] **1 PRÉP** over; **p. tout** above all; *Fam* **en avoir p. la tête** to be completely fed up **2 ADV** over

par-devant [pardəvɑ̃] **ADV** *(attaquer)* from the front; *(se boutonner)* at the front

pardon [pardɔ̃] **NM** forgiveness; **p.!** *(excusez-moi)* sorry!; **p.?** *(pour demander)* excuse me?, *Am* pardon me?; **demander p.** to apologize **(à** to) ■ **pardonner VT** to forgive; **p. qch à qn** to forgive sb for sth; **elle m'a pardonné d'avoir oublié** she forgave me for forgetting

pare-balles [parbal] ADJ INV **gilet p.** bulletproof *Br* jacket *or Am* vest

pare-brise [parbriz] NM INV *Br* windscreen, *Am* windshield

pare-chocs [parʃɔk] NM INV bumper

pareil, -eille [parɛj] **1** ADJ (a) *(identique)* the same; **p. à** the same as (b) *(tel)* such; **en p. cas** in such cases **2** ADV *Fam* the same; **on a tous fait p.** we all did the same (thing) **3** NMF *(personne)* equal; **sans p.** unparalleled, unique **4** NF **rendre la pareille à qn** *(se venger)* to get one's own back on sb ■ **pareillement** ADV *(de la même manière)* in the same way; *(aussi)* likewise

parent, -ente [parɑ̃, -ɑ̃t] **1** NMF *(oncle, tante, cousin)* relative, relation **2** NMPL **parents** *(père et mère)* parents **3** ADJ related *(de* to) ■ **parental, -e, -aux, -ales** ADJ parental ■ **parenté** NF relationship; **avoir un lien de p.** to be related

parenthèse [parɑ̃tɛz] NF *(signe)* bracket, parenthesis; *Fig (digression)* digression; **entre parenthèses** in brackets

parer¹ [pare] **1** VT *(coup)* to parry **2** VI **p. à toute éventualité** to be prepared for any eventuality; **p. au plus pressé** to attend to the most urgent things first

parer² [pare] VT *(orner)* to adorn *(de* with)

paresse [parɛs] NF laziness ■ **paresseux, -euse 1** ADJ lazy **2** NMF lazy person **3** NM *(animal)* sloth

parfaire* [parfɛr] VT to finish off ■ **parfait, -aite** ADJ perfect ■ **parfaitement** ADV *(sans fautes, complètement)* perfectly; *(certainement)* certainly

parfois [parfwa] ADV sometimes

parfum [parfœ̃] NM *(essence)* perfume; *(senteur)* fragrance; *(de glace)* flavour; *Fam* **être au p.** to be in the know ■ **parfumé, -ée** ADJ *(savon, fleur, mouchoir)* scented; **p. au café** coffee-flavoured ■ **parfumer 1** VT *(embaumer)* to scent; *(glace)* to flavour *(à* with) **2 se parfumer** VPR to put perfume on ■ **parfumerie** NF *(magasin)* perfumery

pari [pari] NM bet; **faire un p.** to make a bet; **p. mutuel** *Br* ≃ tote, *Am* ≃ pari-mutuel ■ **parier** VTI to bet *(sur* on; *que* that); **il y a fort à p. que...** the odds are that...

Paris [pari] NM OU F Paris ■ **parisien, -ienne 1** ADJ Parisian **2** NMF **P., Parisienne** Parisian

parité [parite] NF parity

parka [parka] NM OU F parka

parking [parkiŋ] NM *Br* car park, *Am* parking lot; **'p. payant'** *Br* ≃ 'pay-and-display car park'

parlement [parləmɑ̃] NM **le P.** Parliament ■ **parlementaire 1** ADJ parliamentary **2** NMF member of parliament

parlementer [parləmɑ̃te] VI to negotiate *(avec* with)

parler [parle] **1** VI to talk, to speak *(de* about *or* of; *à* to); **sans p. de...** not to mention...; **p. par gestes** to use sign language; **n'en parlons plus!** let's forget it!; *Fam* **tu parles!** you bet! **2** VT *(langue)* to speak; **p. affaires** to talk business **3 se parler** VPR *(langue)* to be spoken; *(l'un l'autre)* to talk to each other **4** NM speech; *(régional)* dialect ■ **parlant, -ante** ADJ *(film)* talking; *(regard)* eloquent ■ **parlé, -ée** ADJ *(langue)* spoken

parloir [parlwar] NM visiting room

parmi [parmi] PRÉP among(st)

parodie [parɔdi] NF parody ■ **parodier** VT to parody

paroi [parwa] NF wall; *(de rocher)* rock face

paroisse [parwas] NF parish ■ **paroissien, -ienne** NMF parishioner

parole [parɔl] NF *(mot, promesse)* word; *(faculté, langage)* speech; **paroles** *(de chanson)* words, lyrics; **adresser la p. à qn** to speak to sb; **prendre la p.** to speak; **tenir p.** to keep one's word; **je te crois sur p.** I take your word for it

parquer [parke] VT *(bœufs)* to pen in; *Péj (gens)* to confine

parquet [parkɛ] NM *(sol)* wooden floor; *Jur* public prosecutor's office

parrain [parɛ̃] NM *Rel* godfather; *(de sportif, de club)* sponsor ■ **parrainer** VT *(sportif, membre)* to sponsor

pars [par] > **partir**

parsemer [parsəme] VT to scatter *(de* with)

part¹ [par] > **partir**

part² [par] NF *(portion)* share, part; *(de gâteau)* slice; **prendre p. à** *(activité)* to take part in; *(la joie de qn)* to share; **faire p. de qch à qn** to inform sb of sth; **de toutes parts** on all sides; **de p. et d'autre** on both sides; **d'une p.... d'autre p....** on (the) one hand... on the other hand...; **d'autre p.** *(d'ailleurs)* moreover; **de la p. de qn** from sb; **c'est de la p. de qui?** *(au téléphone)* who's calling?; **pour ma p.** as for me; **à p.** *(mettre)* aside; *(excepté)* apart from; *(personne)* different; **une place à p.** a special place; **prendre qn à p.** to take sb aside

partage [partaʒ] NM *(action)* dividing up; *(de gâteau, de responsabilités)* sharing out; **faire le p. de qch** to divide sth up; **recevoir qch en p.** to be left sth *(in a will)*

partager [partaʒe] **1** VT *(avoir en commun)* to share *(avec* with); *(répartir)* to divide (up); **p. qch en deux** to divide sth in two; **p. l'avis de qn** to share sb's opinion **2 se partager** VPR *(bénéfices)* to share (between themselves); **se p. entre** to divide one's time between ■ **partagé, -ée** ADJ *(amour)* mutual; **être p.** to be torn; **les avis sont partagés** opinions are divided

partance [partɑ̃s] **en partance** ADV *(train)* about to depart; **en p. pour…** for…

partant, -ante [partɑ̃, -ɑ̃t] **1** NMF *(coureur, cheval)* starter **2** ADJ *Fam* **je suis p.!** count me in!

partenaire [partənɛr] NMF partner; **partenaires sociaux** workers and managers ◾ **partenariat** NM partnership

parterre [partɛr] NM *(de fleurs)* flower bed; *Théâtre Br* stalls, *Am* orchestra; *Fam (sol)* floor

parti [parti] NM *(camp)* side; **prendre le p. de qn** to take sb's side; **tirer p. de qch** to make good use of sth; **p. (politique)** (political) party; **p. pris** bias; **un beau p.** *(personne)* a good match

partial, -e, -iaux, -iales [parsjal, -jo] ADJ biased ◾ **partialité** NF bias

participe [partisip] NM *Grammaire* participle

participer [partisipe] VI **p. à** *(jeu)* to take part in, to participate in; *(bénéfices, joie)* to share (in); *(financièrement)* to contribute to ◾ **participant, -ante** NMF participant ◾ **participation** NF participation; *(d'élection)* turnout; *Fin* interest; **p. aux frais** contribution towards costs; **p. aux bénéfices** profit-sharing

particularité [partikylarite] NF peculiarity

particule [partikyl] NF particle; **avoir un nom à p.** to have a double-barrelled name

particulier, -ière [partikylje, -jɛr] **1** ADJ *(propre)* characteristic (**à** of); *(remarquable)* unusual; *(soin, intérêt)* particular; *(maison, voiture, leçon)* private; *Péj (bizarre)* peculiar; **en p.** *(surtout)* in particular; *(à part)* in private; **cas p.** special case **2** NM private individual; **vente de p. à p.** private sale ◾ **particulièrement** ADV particularly; **tout p.** especially

partie [parti] NF *(morceau)* part; *(jeu)* game; *(domaine)* field; *Jur* party; **une p. de cartes** a game of cards; **en p.** partly, in part; **en grande p.** mainly; **faire p. de** to be a part of; *(club)* to belong to; *(comité)* to be on ◾ **partiel, -ielle 1** ADJ partial **2** NM *Univ* end-of-term exam ◾ **partiellement** ADV partially

partir* [partir] *(aux être)* VI *(s'en aller)* to go, to leave; *(se mettre en route)* to set off; *(s'éloigner)* to go away; *(douleur)* to go, to disappear; *(coup de feu)* to go off; *(flèche)* to shoot off; *(tache)* to come out; *(bouton, peinture)* to come off; *(moteur)* to start; **p. en voiture** to go by car, to drive; **p. en courant** to run off; **p. de** *(lieu)* to leave from; *(commencer par)* to start (off) with; **à p. de** *(date, prix)* from; **à p. de maintenant** from now on; **c'est parti!** off we go! ◾ **parti, -ie** ADJ **bien p.** off to a good start

partisan [partizɑ̃] **1** NM supporter; *(combattant)*

partisan **2** ADJ *(esprit)* partisan; **être p. de qch/de faire qch** to be in favour of sth/of doing sth

partition [partisjɔ̃] NF *Mus* score

partout [partu] ADV everywhere; **p. où je vais** everywhere or wherever I go; **un peu p.** all over the place; *Football* **3 buts p.** 3 all; *Tennis* **15 p.** 15 all

paru, -ue [pary] PP ➤ **paraître** ◾ **parution** NF publication

parure [paryr] NF *(ensemble)* set

parvenir* [parvənir] *(aux être)* VI **p. à** *(lieu)* to reach; *(objectif)* to achieve; **p. à faire qch** to manage to do sth

parvis [parvi] NM square *(in front of church)*

pas¹ [pɑ] ADV *(de négation)* **(ne…) p.** not; **je ne sais p.** I do not or don't know; **je n'ai p. compris** I didn't understand; **je voudrais ne p. sortir** I would like not to go out; **p. de pain/de café** no bread/coffee; **p. du tout** not at all; **elle chantera – p. moi!** she'll sing – not me!

pas² [pɑ] NM **(a)** *(enjambée)* step; *(allure)* pace; *(bruit)* footstep; *(trace)* footprint; **p. à p.** step by step; **à p. de loup** stealthily; **à deux p. (de)** close by; **aller au p.** to go at a walking pace; **rouler au p.** *(véhicule)* to crawl along; **faire un faux p.** *(en marchant)* to trip; *Fig (faute)* to make a faux pas; *Fig* **faire le premier p.** to make the first move; **faire les cent p.** to pace up and down; **revenir sur ses p.** to retrace one's steps; **marcher à grands p.** to stride along; **le p. de la porte** the doorstep **(b)** *(de vis)* pitch **(c)** **le p. de Calais** the Straits of Dover

passable [pɑsabl] ADJ passable, fair

passage [pɑsaʒ] NM *(chemin, extrait)* passage; *(ruelle)* alley(way); *(traversée)* crossing; **être de p. dans une ville** to be passing through a town; **p. clouté** ou **pour piétons** *Br* (pedestrian) crossing, *Am* crosswalk; **p. souterrain** underpass, *Br* subway; **p. à niveau** *Br* level crossing, *Am* grade crossing; **'p. interdit'** 'no through traffic'; **'cédez le p.'** *(au carrefour) Br* 'give way,' *Am* 'yield'

passager, -ère [pɑsaʒe, -ɛr] **1** ADJ momentary **2** NMF passenger; **p. clandestin** stowaway

passant, -ante [pɑsɑ̃, -ɑ̃t] **1** ADJ *(rue)* busy **2** NMF passer-by **3** NM *(de ceinture)* loop

passe [pɑs] NF *Football* pass; *Fig* **une mauvaise p.** a bad patch; *Fig* **être en p. de faire qch** to be on the way to doing sth

passé, -ée [pɑse] **1** ADJ *(temps)* past; *(couleur)* faded; **la semaine passée** last week; **il est dix heures passées** it's after or *Br* gone ten o'clock; **être p.** *(personne)* to have been (and gone); *(orage)* to be over; **p. de mode** out of fashion **2** NM *(temps, vie passée)* past; *Grammaire* past (tense); **par le p.** in the past **3** PRÉP after; **p. huit heures** after eight o'clock

passe-montagne [pɑsmɔ̃taɲ] (*pl* **passe-montagnes**) NM *Br* balaclava, *Am* ski mask

passe-partout [pɑspartu] **1** NM INV master key **2** ADJ INV all-purpose

passeport [pɑspɔr] NM passport

passer [pɑse] **1** (*aux avoir*) VT (*pont, frontière*) to go over; (*porte, douane*) to go through; (*ballon*) to pass; (*vêtement*) to slip on; (*film*) to show; (*disque*) to play; (*vacances*) to spend; (*examen*) to take; (*thé*) to strain; (*café*) to filter; (*commande*) to place; (*accord*) to conclude; (*visite médicale*) to have; (*omettre*) to leave out; **p. qch à qn** (*prêter*) to pass sth to sb; (*caprice*) to grant sb sth; **p. son tour** to miss a turn; *Aut* **p. la seconde** to change into second; **p. son temps à faire qch** to spend one's time doing sth; **je vous le passe** (*au téléphone*) I'm putting you through to him

2 (*aux être*) VI (*se déplacer*) to go past; (*disparaître*) to go; (*facteur, laitier*) to come; (*temps*) to pass (by), to go by; (*film, programme*) to be on; (*douleur, mode*) to pass; (*couleur*) to fade; (*courant*) to flow; (*loi*) to be passed; **laisser p. qn** to let sb through; **p. prendre qn** to pick sb up; **p. voir qn** to drop in on sb; **p. de qch à qch** to go from sth to sth; **p. devant qn/qch** to go past sb/sth; **p. par Paris** to pass through Paris; **p. chez le boulanger** to go round to the baker's; **p. à la radio** to be on the radio; **p. pour** (*riche*) to be taken for; **faire p. qn pour** to pass sb off as; **faire p. qch sous/dans qch** to slide/push sth under/into sth; **p. sur** (*détail*) to pass over; *Scol* **p. dans la classe supérieure** to move up a class; **p. capitaine** to be promoted to captain

3 se passer VPR (*se produire*) to happen; **se p. de qn/qch** to do without sb/sth; **ça s'est bien passé** it went off well

passerelle [pɑsrɛl] NF (*pont*) footbridge; **p. d'embarquement** (*de navire*) gangway; (*d'avion*) steps

passe-temps [pɑstɑ̃] NM INV pastime

passeur, -euse [pɑsœr, -øz] NMF (*batelier*) ferryman, *f* ferrywoman; (*contrebandier*) smuggler

passif, -ive [pɑsif, -iv] **1** ADJ passive **2** NM (**a**) *Grammaire* passive (**b**) *Fin* liabilities ■ **passivité** NF passiveness, passivity

passion [pɑsjɔ̃] NF passion; **avoir la p. des voitures** to have a passion for cars ■ **passionnel, -elle** ADJ **crime p.** crime of passion

passionner [pɑsjɔne] **1** VT to fascinate **2 se passionner** VPR **se p. pour qch** to have a passion for sth ■ **passionnant, -ante** ADJ fascinating ■ **passionné, -ée 1** ADJ passionate; **p. de qch** passionately fond of sth **2** NMF fan (**de** of) ■ **passionnément** ADV passionately

passoire [pɑswar] NF (*pour liquides*) sieve; (*à thé*) strainer; (*à légumes*) colander

pastel [pastɛl] ADJ INV & NM pastel

pastèque [pastɛk] NF watermelon

pasteur [pastœr] NM *Rel* pastor

pasteurisé, -ée [pastœrize] ADJ pasteurized

pastiche [pastiʃ] NM pastiche

pastille [pastij] NF pastille; (*médicament*) lozenge

pastis [pastis] NM pastis

patate [patat] NF *Fam* (*pomme de terre*) potato, *Br* spud; *Fig* (*idiot*) clot; **p. douce** sweet potato

patauger [patoʒe] VI (*s'embourber*) to squelch; (*barboter*) to splash about; *Fam* (*s'embrouiller*) to flounder ■ **pataugeoire** NF paddling pool

pâte [pɑt] NF (*pour tarte*) pastry; (*pour pain*) dough; (*pour gâteau*) mixture; **p. d'amandes** marzipan; **p. de fruits** fruit jelly; **p. à frire** batter; **p. à modeler** *Br* modelling *or Am* modeling clay; **p. brisée** shortcrust pastry; **p. feuilletée** puff pastry; **pâtes (alimentaires)** pasta

pâté [pɑte] NM (*charcuterie*) pâté; (*tache d'encre*) blot; **p. en croûte** meat pie; **p. de sable** sand castle; **p. de maisons** block of houses

pâtée [pɑte] NF (*pour chien*) dog food; (*pour chat*) cat food; *Fam* **prendre la p.** to get thrashed

patelin [patlɛ̃] NM *Fam* village

paternel, -elle [patɛrnɛl] ADJ paternal ■ **paternalisme** NM paternalism ■ **paternité** NF (*état*) paternity, fatherhood; (*de livre*) authorship; **test de p.** paternity test

pâteux, -euse [pɑtø, -øz] ADJ doughy; **avoir la langue pâteuse** to have a furred tongue

pathétique [patetik] ADJ moving

Il faut noter que l'adjectif anglais **pathetic** est un faux ami. Il signifie le plus souvent **lamentable**.

pathologie [patɔlɔʒi] NF pathology ■ **pathologique** ADJ pathological

patience [pasjɑ̃s] NF patience; **avoir de la p.** to be patient; **perdre p.** to lose patience; **faire une p.** (*jeu de cartes*) to play (a game of) patience

patient, -iente [pasjɑ̃, -jɑ̃t] **1** ADJ patient **2** NMF (*malade*) patient ■ **patiemment** [-amɑ̃] ADV patiently ■ **patienter** VI to wait

patin [patɛ̃] NM (*de patineur*) skate; (*pour parquet*) cloth pad; **p. à glace** ice skate; **p. à roulettes** roller skate; **p. de frein** brake shoe

patine [patin] NF patina

patiner [patine] VI *Sport* to skate; (*véhicule*) to skid; (*roue*) to spin around; (*embrayage*) to slip ■ **patinage** NM *Sport* skating; **p. artistique** figure skating; **p. de vitesse** speed skating

■ **patineur, -euse** NMF skater ■ **patinoire** NF skating rink, ice rink

pâtir [patir] VI **p. de** to suffer because of

pâtisserie [pɑtisri] NF *(gâteau)* pastry, cake; *(magasin)* cake shop; *(art)* pastry-making ■ **pâtissier, -ière 1** NMF pastry chef; *(commerçant)* confectioner **2** ADJ **crème pâtissière** confectioner's custard

patois [patwa] NM patois

patraque [patrak] ADJ *Fam* out of sorts

patrie [patri] NF homeland

patrimoine [patrimwan] NM heritage; *(biens)* property; *Biol* **p. génétique** genotype

patriote [patrijɔt] **1** ADJ patriotic **2** NMF patriot ■ **patriotique** ADJ patriotic ■ **patriotisme** NM patriotism

patron, -onne [patrɔ̃, -ɔn] **1** NMF *(chef)* boss; *(propriétaire)* owner (**de** of); *(gérant)* manager, f manageress; *(de bar)* landlord, f landlady; *Rel* patron saint **2** NM *Couture* pattern

Il faut noter que le nom anglais **patron** est un faux ami. Il signifie le plus souvent **client**.

patronat [patrɔna] NM employers ■ **patronal, -e, -aux, -ales** ADJ employers'

patronyme [patrɔnim] NM family name

patrouille [patruj] NF patrol ■ **patrouiller** VI to patrol

patte [pat] NF **(a)** *(membre)* leg; *(de chat, de chien)* paw; **marcher à quatre pattes** to walk on all fours **(b)** *(languette)* tab; *(de poche)* flap ■ **pattes** NFPL *(favoris)* sideburns

pâturage [patyraʒ] NM pasture

paume [pom] NF palm

paumer [pome] VT *Fam* to lose ■ **paumé, -ée** *Fam* **1** ADJ lost **2** NMF loser

paupière [popjɛr] NF eyelid

paupiette [popjɛt] NF **p. de veau** veal olive

pause [poz] NF *(arrêt)* break; *(en parlant)* pause

pauvre [povr] **1** ADJ *(personne, sol, excuse)* poor; *(meubles)* shabby; **p. en** *(calories)* low in; *(ressources)* low on **2** NMF poor man, f poor woman; **les pauvres** the poor ■ **pauvreté** [-əte] NF poverty

pavaner [pavane] **se pavaner** VPR to strut about

paver [pave] VT to pave ■ **pavé** NM **un p.** a paving stone; *Fig* **sur le p.** on the streets

pavillon [pavijɔ̃] NM **(a)** *(maison)* detached house; *(d'hôpital)* wing; *(d'exposition)* pavilion; **p. de chasse** hunting lodge **(b)** *(drapeau)* flag; **p. de complaisance** flag of convenience

pavot [pavo] NM poppy; **graines de p.** poppy seeds

payable [pejabl] ADJ payable

paye [pɛj] NF pay, wages ■ **payement** NM payment

payer [peje] **1** VT *(personne, somme)* to pay; *(service, objet)* to pay for; *(récompenser)* to repay; **se faire p.** to get paid; *Fam* **p. qch à qn** *(offrir en cadeau)* to treat sb to sth **2** VI to pay **3 se payer** VPR *Fam* **se p. qch** to treat oneself to sth ■ **payant, -ante** [pejɑ̃, -ɑ̃t] ADJ *(hôte, spectateur)* paying; **l'entrée est payante** there's a charge for admission

pays [pei] NM country; *(région)* region; **du p.** *(vin, gens)* local

paysage [peizaʒ] NM landscape, scenery ■ **paysagiste** NMF *(jardinier)* landscape gardener

paysan, -anne [peizɑ̃, -an] **1** NMF farmer; *Péj* peasant **2** ADJ **coutume paysanne** rural or country custom; **le monde p.** the farming community

Pays-Bas [peiba] NMPL **les P.** the Netherlands

PCV [peseve] *(abrév* **paiement contre vérification)** NM *(appel en)* P. *Br* reverse-charge call, *Am* collect call; **téléphoner en P.** *Br* to reverse the charges; *Am* to call collect

P-DG [pedeʒe] *(abrév* **président-directeur général)** NM *Br* MD, *Am* CEO

péage [peaʒ] NM *(droit)* toll; *(lieu)* tollbooth; **pont à p.** toll bridge; *TV* **chaîne à p.** pay channel

peau, -x [po] NF skin; *(de fruit)* peel, skin; *(cuir)* hide; *(fourrure)* pelt; *Fig* **se mettre dans la p. de qn** to put oneself in sb's shoes; *Fam* **être bien dans sa p.** to feel good about oneself ■ **Peau-Rouge** *(pl* **Peaux-Rouges)** NMF Red Indian

péché [pefe] NM sin; **p. mignon** weakness ■ **pécher** VI to sin; **p. par orgueil** to be too proud

pêche¹ [pɛʃ] NF *(activité)* fishing; *(poissons)* catch; **p. à la ligne** angling; **aller à la p.** to go fishing ■ **pêcher¹** **1** VT *(attraper)* to catch; *(chercher à prendre)* to fish for; *Fam (dénicher)* to dig up **2** VI to fish ■ **pêcheur** NM fisherman; *(à la ligne)* angler

pêche² [pɛʃ] NF *(fruit)* peach; **avoir une peau de p.** to have soft, velvety skin; *Fam* **avoir la p.** to be on top form ■ **pêcher²** NM *(arbre)* peach tree

pectoraux [pektɔro] NMPL chest muscles, pectorals

pécuniaire [pekynjɛr] ADJ financial

pédagogie [pedagɔʒi] NF *(discipline)* pedagogy ■ **pédagogique** ADJ educational ■ **pédagogue** NMF teacher

pédale [pedal] NF **(a)** *(de voiture, de piano)* pedal; *Fam* **mettre la p. douce** to go easy; *Fam* **perdre les pédales** to lose one's marbles; **p. de frein** brake pedal **(b)** *Fam Péj (homosexuel)* queer, = offensive term used to refer to a male homosexual

■ **pédaler** vi to pedal; *Fam* **p. dans la semoule** to be all at sea

Pédalo® [pedalo] NM pedal boat, pedalo

pédant, -ante [pedɑ̃, -ɑ̃t] **1** ADJ pedantic **2** NMF pedant

pédé [pede] NM *très Fam* (*homosexuel*) queer, = offensive term used to refer to a male homosexual

pédestre [pedɛstr] ADJ **randonnée p.** hike

pédiatre [pedjatr] NMF *Br* paediatrician, *Am* pediatrician ■ **pédiatrie** F *Br* paediatrics, *Am* pediatrics (*sing*)

pédicure [pedikyr] NMF *Br* chiropodist, *Am* podiatrist

pédophile [pedɔfil] NMF *Br* paedophile, *Am* pedophile ■ **pédophilie** NF *Br* paedophilia, *Am* pedophilia

pègre [pɛgr] NF **la p.** the underworld

peigne [pɛɲ] NM comb; **se donner un coup de p.** to give one's hair a comb; *Fig* **passer qch au p. fin** to go through sth with a fine-tooth comb ■ **peigner 1** vt (*cheveux*) to comb; **p. qn** to comb sb's hair **2 se peigner** vpr to comb one's hair

peignoir [pɛɲwar] NM *Br* dressing gown, *Am* bathrobe; **p. de bain** bathrobe

peinard, -arde [penar, -ard] ADJ *Fam* quiet (and easy)

peindre* [pɛ̃dr] **1** vt to paint; *Fig* (*décrire*) to depict; **p. qch en bleu** to paint sth blue **2** vi to paint

peine [pɛn] NF **(a)** (*châtiment*) punishment; **p. de mort** death penalty; **p. de prison** prison sentence; **'défense d'entrer sous p. d'amende'** 'trespassers will be prosecuted' **(b)** (*chagrin*) sorrow; **avoir de la p.** to be upset; **faire de la p. à qn** to upset sb **(c)** (*effort*) trouble; (*difficulté*) difficulty; **se donner de la p.** *ou* **beaucoup de p.** to go to a lot of trouble (**pour faire** to do); **avec p.** with difficulty; **ça vaut la p. d'attendre** it's worth waiting; **ce n'est pas** *ou* **ça ne vaut pas la p.** it's not worth it **(d)** à **p.** hardly, scarcely; à **p. arrivée, elle...** no sooner had she arrived than she... ■ **peiner 1** vt to upset **2** vi to labour

peintre [pɛ̃tr] NM (*artiste*) painter; **p. en bâtiment** painter and decorator ■ **peinture** NF (*tableau, activité*) painting; (*matière*) paint; **p. à l'huile** oil painting; **'p. fraîche'** 'wet paint'

péjoratif, -ive [peʒɔratif, -iv] ADJ pejorative

Pékin [pekɛ̃] NM *ou* F Peking, Beijing

pelage [pəlaʒ] NM coat, fur

pelé, -ée [pəle] ADJ bare

pêle-mêle [pɛlmɛl] ADV higgledy-piggledy

peler [pəle] **1** vt to peel **2** vi (*personne, peau*) to peel; *Fam* **ça pèle** it's freezing (cold)

pélican [pelikɑ̃] NM pelican

pelle [pɛl] NF shovel; (*d'enfant*) spade; **p. à tarte** cake slice; *Fam* **à la p.** by the bucketload; *Fam* **ramasser** *ou* **prendre une p.** to fall flat on one's face

pellicule [pelikyl] NF (*pour photos*) film; (*couche*) thin layer; **pellicules** (*de cheveux*) dandruff

pelote [pəlɔt] NF (*de laine*) ball; (à *épingles*) pincushion; *Sport* **p. basque** pelota

peloter [pəlɔte] vt *Fam* to grope

peloton [p(ə)lɔtɔ̃] NM (*de ficelle*) ball; (*de cyclistes*) pack; *Mil* platoon; **le p. de tête** the leaders; **p. d'exécution** firing squad

pelotonner [pəlɔtɔne] **se pelotonner** vpr to curl up (into a ball)

pelouse [pəluz] NF lawn

peluche [pəlyʃ] NF (*tissu*) plush; **(jouet en) p.** soft toy; **chien en p.** furry dog; **peluches** (*de pull*) fluff, lint

pelure [pəlyr] NF (*de légumes*) peelings; (*de fruits*) peel

pénal, -e, -aux, -ales [penal, -o] ADJ penal ■ **pénaliser** vt to penalize ■ **pénalité** NF penalty

penalty [penalti] NM *Football* penalty

penaud, -aude [pəno, -od] ADJ sheepish

penchant [pɑ̃ʃɑ̃] NM (*préférence*) penchant (**pour** for); (*tendance*) propensity (**pour** for)

pencher [pɑ̃ʃe] **1** vt (*objet*) to tilt; (*tête*) to lean **2** vi (*arbre*) to lean over; *Fig* **p. pour qch** to incline towards sth **3 se pencher** vpr to lean over; **se p. par la fenêtre** to lean out of the window; **se p. sur qch** (*problème*) to examine sth ■ **penché, -ée** ADJ leaning

pendaison [pɑ̃dɛzɔ̃] NF hanging

pendant¹ [pɑ̃dɑ̃] PRÉP (*au cours de*) during; **p. la nuit** during the night; **p. deux mois** for two months; **p. tout le trajet** for the whole journey; **p. que...** while...

pendentif [pɑ̃dɑ̃tif] NM (*collier*) pendant

penderie [pɑ̃dri] NF *Br* wardrobe, *Am* closet

pendre [pɑ̃dr] **1** vti to hang (à from); **p. qn** to hang sb **2 se pendre** vpr (*se suicider*) to hang oneself; (*se suspendre*) to hang (à from) ■ **pendant², -ante 1** ADJ hanging; (*langue*) hanging out; *Fig* (*en attente*) pending **2** NM **p. (d'oreille)** drop earring; **le p. de** the companion piece to ■ **pendu, -ue** ADJ (*objet*) hanging (à from); *Fam* **être p. au téléphone** to be never off the phone

pendule [pɑ̃dyl] **1** NF clock **2** NM (*balancier*) pendulum

pénétrer [penetre] **1** vi **p. dans** to enter; (profondément) to penetrate (into) **2** vt (sujet: pluie) to penetrate **3 se pénétrer** vpr **se p. d'une idée** to become convinced of an idea ▪ **pénétration** NF penetration

pénible [penibl] ADJ (difficile) difficult; (douloureux) painful, distressing; (ennuyeux) tiresome ▪ **péniblement** [-əmɑ̃] ADV with difficulty

péniche [peniʃ] NF barge

pénicilline [penisilin] NF penicillin

péninsule [penɛ̃syl] NF peninsula

pénis [penis] NM Anat penis

pénitencier [penitɑ̃sje] NM prison, Am penitentiary ▪ **pénitentiaire** ADJ **régime p.** prison system

pénombre [penɔ̃br] NF half-light

pense-bête [pɑ̃sbɛt] (pl **pense-bêtes**) NM Fam reminder

pensée [pɑ̃se] NF (a) (idée) thought; **à la p. de faire qch** at the thought of doing sth (b) (fleur) pansy

penser [pɑ̃se] **1** vi (réfléchir) to think (**à** of or about); **p. à qn/qch** to think of or about sb/sth; **p. à faire qch** (ne pas oublier) to remember to do sth **2** vt (estimer) to think (**que** that); (concevoir) to think out; **je pensais rester** I was thinking of staying; **je pense réussir** I hope to succeed; **que pensez-vous de…?** what do you think of or about…?; **p. du bien de qn/qch** to think highly of sb/sth ▪ **pensif, -ive** ADJ thoughtful, pensive

pension [pɑ̃sjɔ̃] NF (a) (école) boarding school; **mettre un enfant en p.** to send a child to boarding school (b) (hôtel) **p. de famille** boarding house; **p. complète** Br full board, Am American plan (c) (allocation) pension; **p. alimentaire** maintenance, alimony ▪ **pensionnaire** NMF (élève, résident) boarder ▪ **pensionnat** NM boarding school

> Il faut noter que le nom anglais **pensioner** est un faux ami. Il signifie le plus souvent **retraité**.

pentagone [pɛ̃tagon] NM Am Mil **le P.** the Pentagon

pente [pɑ̃t] NF slope; **être en p.** to be sloping; Fig **être sur une mauvaise p.** to be going downhill

Pentecôte [pɑ̃tkot] NF Rel Br Whitsun, Am Pentecost

pénurie [penyri] NF shortage (**de** of)

pépé [pepe] NM grandpa

pépère [peper] Fam **1** NM grand(d)ad **2** ADJ (lieu) quiet; (emploi) cushy

pépin [pepɛ̃] NM (de fruit) Br pip, Am seed, pit; Fam (ennui) hitch; Fam (parapluie) umbrella, Br brolly

pépinière [pepinjɛr] NF (pour plantes) nursery; Fig (école) training ground (**de** for)

pépite [pepit] NF (d'or) nugget; **p. de chocolat** chocolate chip

perçant, -ante [pɛrsɑ̃, -ɑ̃t] ADJ (cri, froid) piercing; (vue) sharp

percée [pɛrse] NF (ouverture) opening; Mil, Sport & Tech breakthrough

percepteur [pɛrsɛptœr] NM tax collector ▪ **perceptible** ADJ perceptible (**à** to) ▪ **perception** NF (a) (bureau) tax office; (d'impôt) collection (b) (sensation) perception

percer [pɛrse] **1** vt (trouer) to pierce; (avec une perceuse) to drill; (trou, ouverture) to make; (abcès) to lance; (secret) to uncover; (mystère) to solve; **p. une dent** (bébé) to cut a tooth; **p. qch à jour** to see through sth **2** vi (soleil) to break through; (abcès) to burst; (acteur) to make a name for oneself ▪ **perceuse** NF drill

percevoir* [pɛrsəvwar] vt (a) (sensation) to perceive; (son) to hear (b) (impôt) to collect

perche [pɛrʃ] NF (a) (bâton) pole; Sport **saut à la p.** pole vaulting; Fig **tendre la p. à qn** to throw sb a line; Fam **une grande p.** (personne) a beanpole (b) (poisson) perch

percher [pɛrʃe] **1** vi (oiseau) to perch; (volailles) to roost **2** vt (placer) to perch **3 se percher** vpr (oiseau, personne) to perch ▪ **perchoir** NM perch; (de volailles) roost; Fam Pol = seat of the president of the "Assemblée nationale"

percussion [pɛrkysjɔ̃] NF Mus percussion

percuter [pɛrkyte] **1** vt (véhicule) to crash into **2** vi **p. contre** to crash into **3 se percuter** vpr to crash into each other

perdant, -ante [pɛrdɑ̃, -ɑ̃t] **1** ADJ losing **2** NMF loser

perdre [pɛrdr] **1** vt to lose; (habitude) to get out of; **p. qn/qch de vue** to lose sight of sb/sth; **il a perdu son père** he lost his father **2** vi to lose **3 se perdre** vpr (s'égarer) to get lost; (disparaître) to die out; Fig **nous nous sommes perdus de vue** we lost touch ▪ **perdu, -ue** ADJ (égaré) lost; (gaspillé) wasted; (malade) finished; (lieu) out-of-the-way; **c'est du temps p.** it's a waste of time

perdrix [pɛrdri] NF partridge

père [pɛr] NM father; **de p. en fils** from father to son; Fam **le p. Jean** old John; Rel **le p. Martin** Father Martin; Rel **mon p.** father; **p. de famille** father

péremption [perɑ̃psjɔ̃] NF **date de p.** use-by date

péremptoire [perɑ̃ptwar] ADJ peremptory

perfection [pɛrfɛksjɔ̃] NF perfection; **à la p.** to perfection

perfectionner [pɛrfɛksjɔne] **1** vt to improve,

to perfect **2 se perfectionner** VPR **se p. en anglais** to improve *or* perfect one's English ■ **perfectionné, -ée** ADJ advanced ■ **perfectionnement** NM improvement (**de** in; **par rapport à** on); **cours de p.** proficiency course

perfectionniste [pɛrfɛksjɔnist] NMF perfectionist

perforer [pɛrfɔre] VT *(pneu, intestin)* to perforate; *(billet)* to punch; **carte perforée** punch card

performance [pɛrfɔrmɑ̃s] NF performance; *Fig (exploit)* achievement ■ **performant, -ante** ADJ highly efficient

perfusion [pɛrfyzjɔ̃] NF drip; **être sous p.** to be on a drip

péridurale [peridyral] ADJ F & NF **(anesthésie) p.** epidural; **accoucher sous p.** to give birth under an epidural

péril [peril] NM danger, peril; **à tes risques et périls** at your own risk; **mettre qch en p.** to endanger sth ■ **périlleux, -euse** ADJ dangerous, perilous

périmètre [perimɛtr] NM perimeter

période [perjɔd] NF period; **p. d'essai** trial period ■ **périodique 1** ADJ periodic **2** NM *(revue)* periodical

périphérie [periferi] NF *(limite)* periphery; *(banlieue)* outskirts

périphérique [periferik] **1** ADJ peripheral; **radio p.** = radio station broadcasting from outside France **2** NM & ADJ **(boulevard) p.** *Br* ring road, *Am* beltway ■ **périphériques** NMPL *Ordinat* peripherals

périr [perir] VI to perish ■ **périssable** ADJ *(denrée)* perishable

perle [pɛrl] NF *(bijou)* pearl; *(de bois, de verre)* head; *Fig (personne)* gem; *Ironique (erreur)* howler

permanent, -ente [pɛrmanɑ̃, -ɑ̃t] **1** ADJ permanent; *Cin (spectacle)* continuous; *(comité)* standing **2** NF *(coiffure)* **permanente** perm ■ **permanence** NF permanence; *(salle d'étude)* study room; *(service, bureau)* duty office; **être de p.** to be on duty; **en p.** permanently

perméable [pɛrmeabl] ADJ permeable (**à** to)

permettre* [pɛrmɛtr] **1** VT to allow, to permit; **p. à qn de faire qch** to allow sb to do sth; **vous permettez?** may I? **2 se permettre** VPR **se p. qch** to allow onself sth; **se p. de faire qch** to take the liberty of doing sth; **je ne peux pas me le p.** I can't afford it

permis, -ise [pɛrmi, -iz] **1** ADJ allowed, permitted **2** NM *Br* licence, *Am* license, permit; **p. de conduire** *Br* driving licence, *Am* driver's license; **passer son p. de conduire** to take one's driving test; **p. de construire** planning permission; **p.**

de séjour residence permit; **p. de travail** work permit

permission [pɛrmisjɔ̃] NF permission; *Mil* leave; **en p.** on leave; **demander la p.** to ask permission (**de faire** to do)

permuter [pɛrmyte] **1** VT *(lettres, chiffres)* to transpose **2** VI to exchange posts

Pérou [peru] NM **le P.** Peru

perpendiculaire [pɛrpɑ̃dikylɛr] ADJ & NF perpendicular (**à** to)

perpétrer [pɛrpetre] VT to perpetrate

perpétuel, -uelle [pɛrpetɥɛl] ADJ perpetual; *(membre)* permanent ■ **perpétuellement** ADV perpetually ■ **perpétuer** VT to perpetuate ■ **perpétuité** ADV **à p.** in perpetuity; **condamnation à p.** life sentence

perplexe [pɛrplɛks] ADJ perplexed, puzzled

perquisition [pɛrkizisjɔ̃] NF search ■ **perquisitionner** VI to make a search

perron [pɛrɔ̃] NM steps *(leading to a building)*

perroquet [pɛrɔkɛ] NM parrot

perruche [peryʃ] NF *Br* budgerigar, *Am* parakeet

perruque [peryk] NF wig

persan, -ane [pɛrsɑ̃, -an] **1** ADJ Persian **2** NM *(langue)* Persian

persécuter [pɛrsekyte] VT to persecute ■ **persécution** NF persecution

persévérer [pɛrsevere] VI to persevere (**dans** in) ■ **persévérance** NF perseverance ■ **persévérant, -ante** ADJ persevering

persienne [pɛrsjɛn] NF shutter

persil [pɛrsi] NM parsley

Persique [pɛrsik] ADJ **le golfe P.** the Persian Gulf

persister [pɛrsiste] VI to persist (**à faire** in doing; **dans qch** in sth) ■ **persistance** NF persistence ■ **persistant, -ante** ADJ persistent; **à feuilles persistantes** evergreen

personnage [pɛrsɔnaʒ] NM *(de fiction, individu)* character; *(personnalité)* important person; **p. célèbre** celebrity; **p. officiel** VIP

personnaliser [pɛrsɔnalize] VT to personalize; *(voiture, ordinateur)* to customize

personnalité [pɛrsɔnalite] NF *(caractère, personnage)* personality; **avoir de la p.** to have lots of personality

personne [pɛrsɔn] **1** NF person; **deux personnes** two people; **grande p.** grown-up, adult; **p. âgée** elderly person; **les personnes âgées** the elderly; **en p.** in person **2** PRON INDÉFINI *(de négation)* **(ne...) p.** nobody, no one; **je ne vois p.** I don't see anybody *or* anyone; **p. ne saura** nobody *or* no one will know; **mieux que p.** better than anybody *or* anyone

personnel, -elle [pɛrsɔnɛl] **1** ADJ personal; *(joueur, jeu)* individualistic **2** NM *(de firme, d'école)* staff; *(d'usine)* workforce; **service de p.** personnel (department); **manquer de p.** to be understaffed; **p. au sol** ground personnel ■ **personnellement** ADV personally

personnifier [pɛrsɔnifje] VT to personify ■ **personnification** NF personification

perspective [pɛrspɛktiv] NF *(de dessin)* perspective; *(idée)* prospect (**de** of); *Fig (point de vue)* viewpoint; *Fig* **en p.** in prospect; *Fig* **à la p. de faire qch** at the prospect of doing sth; **perspectives d'avenir** future prospects

perspicace [pɛrspikas] ADJ shrewd ■ **perspicacité** NF shrewdness

persuader [pɛrsɥade] VT **p. qn (de qch)** to persuade sb (of sth); **p. qn de faire qch** to persuade sb to do sth; **être persuadé de qch/que...** to be convinced of sth/that... ■ **persuasif, -ive** ADJ persuasive ■ **persuasion** NF persuasion

perte [pɛrt] NF loss; *(destruction)* ruin; **une p. de temps** a waste of time; **à p. de vue** as far as the eye can see; **en pure p.** to no purpose; **vendre qch à p.** to sell sth at a loss; **vouloir la p. de qn** to seek sb's destruction

pertinent, -ente [pɛrtinā, -āt] ADJ relevant, pertinent ■ **pertinemment** [-amā] ADV **savoir qch p.** to know sth for a fact ■ **pertinence** NF relevance, pertinence

perturber [pɛrtyrbe] VT *(trafic, cérémonie)* to disrupt; *(personne)* to disturb ■ **perturbateur, -trice** ADJ disruptive **2** NMF troublemaker ■ **perturbation** NF disruption; **p. atmosphérique** atmospheric disturbance

péruvien, -ienne [peryvjē, -jɛn] **1** ADJ Peruvian **2** NMF **P., Péruvienne** Peruvian

pervenche [pɛrvāʃ] NF *(plante)* periwinkle; *Fam (contractuelle)* Br *(woman)* traffic warden, Am meter maid

pervers, -erse [pɛrvɛr, -ɛrs] **1** ADJ perverse **2** NMF pervert ■ **perversion** NF perversion ■ **perversité** NF perversity ■ **pervertir** VT to pervert

pesant, -ante [pəzā, -āt] **1** ADJ heavy, weighty **2** NM **valoir son p. d'or** to be worth one's weight in gold ■ **pesanteur** NF heaviness; *Phys* gravity

pesée [pəze] NF weighing; *Boxe* weigh-in; *(pression)* force

peser [pəze] **1** VT to weigh; **p. le pour et le contre** to weigh up the pros and cons; **p. ses mots** to weigh one's words **2** VI to weigh; **p. 2 kilos** to weigh 2 kilos; **p. lourd** to be heavy; *Fig (argument)* to carry weight; **p. sur** *(appuyer)* to press on; *(influer)* to bear upon; **p. sur qn**

(menace) to hang over sb ■ **pèse-personne** *(pl* **pèse-personnes**) NM *(bathroom)* scales

pessimisme [pesimism] NM pessimism ■ **pessimiste** **1** ADJ pessimistic **2** NMF pessimist

peste [pɛst] NF *(maladie)* plague; *Fig (personne)* pest

> Il faut noter que le nom anglais **pest** est un faux ami. Il ne désigne jamais une maladie.

pester [pɛste] VI **p. contre qn/qch** to curse sb/ sth

pétale [petal] NM petal

pétanque [petāk] NF *(jeu)* ≃ bowls

pétard [petar] NM *(feu d'artifice)* firecracker, *Br* banger; *Fam (pistolet)* shooter

péter [pete] *Fam* **1** VT *(casser)* to bust; **p. la forme** to be full of beans; **p. les plombs** to blow one's top **2** VI *(exploser)* to blow up; *(casser)* to bust; *(personne)* to fart

pétiller [petije] VI *(yeux, vin)* to sparkle ■ **pétillant, -ante** ADJ *(eau, vin, yeux)* sparkling

petit, -ite [pəti, -it] **1** ADJ small, little; *(de taille, distance, séjour)* short; *(bruit, coup, rhume)* slight; *(somme)* small; *(accident)* minor; *(mesquin)* petty; **tout p.** tiny; **un p. Français** a French boy; **une bonne petite employée** a good little worker; **mon p. frère** my little brother **2** NMF *(little) boy, f (little) girl; (personne)* small person; *Scol* junior; **petits** *(d'animal)* young; *(de chien)* pups; *(de chat)* kittens **3** ADV **écrire p.** to write small; **p. à p.** little by little ■ **petite-fille** *(pl* **petites-filles**) NF granddaughter ■ **petit-fils** *(pl* **petits-fils**) NM grandson ■ **petits-enfants** NMPL grandchildren ■ **petit-suisse** *(pl* **petits-suisses**) NM = small dessert of thick fromage frais

pétition [petisjɔ̃] NF petition

pétrifier [petrifje] VT to petrify

pétrin [petrē] *Fam* **être dans le p.** to be in a mess, *Br* to be in a pickle

pétrir [petrir] VT to knead

pétrole [petrɔl] NM oil, petroleum; **p. lampant** *Br* paraffin, *Am* kerosine ■ **pétrolier, -ière** **1** ADJ **industrie pétrolière** oil industry **2** NM oil tanker ■ **pétrolifère** ADJ **gisement p.** oilfield

> Il faut noter que le nom anglais **petrol** est un faux ami. Il signifie **essence**.

pétunia [petynja] NM petunia

peu [pø] **1** ADV *(avec un verbe)* not much; *(avec un adjectif, un adverbe)* not very; *(un petit nombre)* few; **elle mange p.** she doesn't eat much; **p. intéressant/souvent** not very interesting/ often; **p. ont compris** few understood; **p. de sel/de temps** not much salt/time, little salt/ time; **p. de gens/de livres** few people/books;

p. à p. little by little, gradually; **à p. près** more or less; **p. après/avant** shortly after/before; **sous p.** shortly; **pour p. que...** (+ subjunctive) if by chance... **2 NM un p.** a little, a bit; **un p. grand** a bit big; **un p. de fromage** a little cheese, a bit of cheese; **un (tout) petit p.** a (tiny) little bit; **le p. de fromage que j'ai** the little cheese I have; **reste encore un p.** stay a little longer

peuplade [pœplad] NF tribe

peuple [pœpl] NM (nation, citoyens) people; **les gens du p.** ordinary people

peupler [pœple] VT (habiter) to inhabit ▪ **peuplé, -ée** ADJ (région) inhabited (**de** by); **très/peu p.** highly/sparsely populated; Fig **p. de qch** full of sth ▪ **peuplement** [-əmɑ̃] NM (action) populating; **zone de p.** area of population

peuplier [pøplije] NM (arbre, bois) poplar

peur [pœr] NF fear; **avoir p.** to be afraid or frightened (**de qn/qch** of sb/sth; **de faire qch** to do sth or of doing sth); **faire p. à qn** to frighten or scare sb; **de p. qu'il ne parte** for fear that he would leave; **de p. de faire qch** for fear of doing sth ▪ **peureux, -euse** ADJ easily frightened

peut [pø] ➤ **pouvoir**

peut-être [pøtɛtr] ADV perhaps, maybe; **p. qu'il viendra, p. viendra-t-il** perhaps or maybe he'll come; **p. que oui** perhaps; **p. que non** perhaps not

peuvent [pœv], **peux** [pø] ➤ **pouvoir**

phallique [falik] ADJ phallic

pharaon [faraɔ̃] NM Hist Pharaoh

phare [far] **1** NM (pour bateaux) lighthouse; (de véhicule) headlight; **faire un appel de phares** to flash one's lights **2** ADJ **épreuve-p.** star event

pharmacie [farmasi] NF (magasin) Br chemist's shop, Am drugstore; (science) pharmacy; (armoire) medicine cabinet ▪ **pharmaceutique** ADJ pharmaceutical ▪ **pharmacien, -ienne** NMF Br chemist, pharmacist, Am druggist

pharynx [farɛ̃ks] NM pharynx ▪ **pharyngite** NF Méd pharyngitis

phase [faz] NF phase; Méd **cancer en p. terminale** terminal cancer; Fig **être en p.** to see eye to eye

phénomène [fenɔmɛn] NM phenomenon; Fam (personne) character ▪ **phénoménal, -e, -aux, -ales** ADJ Fam phenomenal

philanthrope [filɑ̃trɔp] NMF philanthropist

philatélie [filateli] NF stamp collecting, philately ▪ **philatéliste** NMF stamp collector, philatelist

philharmonique [filarmɔnik] ADJ philharmonic

Philippines [filipin] NFPL **les P.** the Philippines

philosophe [filozof] **1** NMF philosopher **2** ADJ philosophical ▪ **philosopher** VI to philosophize (**sur** about) ▪ **philosophie** NF philosophy ▪ **philosophique** ADJ philosophical

phobie [fɔbi] NF phobia; **avoir la p. de qch** to have a phobia of sth

phonétique [fɔnetik] **1** ADJ phonetic **2** NF phonetics (sing)

phoque [fɔk] NM (animal) seal

phosphate [fɔsfat] NM Chim phosphate

phosphore [fɔsfɔr] NM Chim phosphorus ▪ **phosphorescent, -ente** ADJ phosphorescent

photo [fɔto] **1** NF (cliché) photo; (art) photography; **prendre une p. de qn/qch, prendre qn/qch en p.** to take a photo of sb/sth; **p. d'identité** ID photo; **p. de mode** fashion photo **2** ADJ INV **appareil p.** camera ▪ **photogénique** ADJ photogenic ▪ **photographe** NMF photographer ▪ **photographie** NF (art) photography; (cliché) photograph ▪ **photographier** VT to photograph; **se faire p.** to have one's photo taken ▪ **photographique** ADJ photographic

Il faut noter que le nom anglais **photograph** est un faux ami. Il signifie **photographie, cliché**.

photocopie [fɔtɔkɔpi] NF photocopy ▪ **photocopier** VT to photocopy ▪ **photocopieur** NM photocopier ▪ **photocopieuse** NF photocopier

Photomaton® [fɔtɔmatɔ̃] NM photo booth

phrase [frɑz] NF sentence

Il faut noter que le nom anglais **phrase** est un faux ami. Il signifie **expression**.

physicien, -ienne [fizisjɛ̃, -jɛn] NMF physicist

Il faut noter que le nom anglais **physician** est un faux ami. Il signifie **médecin**.

physiologie [fizjɔlɔʒi] NF physiology ▪ **physiologique** ADJ physiological

physionomie [fizjɔnɔmi] NF face

physique [fizik] **1** ADJ physical **2** NM (de personne) physique **3** NF (science) physics (sing) ▪ **physiquement** ADV physically

phytothérapie [fitɔterapi] NF herbal medicine

piano [pjano] NM piano; **jouer du p.** to play the piano; **p. droit/à queue** upright/grand piano ▪ **pianiste** NMF pianist ▪ **pianoter** VI **p. sur qch** (table) to drum one's fingers on sth

piaule [pjol] NF Fam (chambre) pad

PIB [peibe] (abrév **produit intérieur brut**) NM Écon GDP

pic [pik] NM (cime) peak; (outil) pick(axe); (oiseau) woodpecker; **couler à p.** to sink like a stone;

tomber à p. *(falaise)* to go straight down; *Fam* to come at the right moment; **p. à glace** ice pick

pichet [piʃε] NM *Br* jug, *Am* pitcher

pickpocket [pikpɔkεt] NM pickpocket

picoler [pikɔle] VI *Fam* to booze

picorer [pikɔre] VT to peck

picoter [pikɔte] VT **j'ai la gorge qui (me) picote** I've got a tickle in my throat; **la fumée lui picotait les yeux** the smoke was stinging his eyes ■ **picotement** NM *(de gorge)* tickling; *(dans les yeux)* stinging

pie [pi] 1 NF *(oiseau)* magpie; *Fam (personne)* chatterbox 2 ADJ INV *(cheval)* piebald

pièce [pjεs] NF *(de maison)* room; *(morceau, objet)* piece; *(de pantalon)* patch; *(écrit de dossier)* document; **p. (de monnaie)** coin; **p. (de théâtre)** play; **5 euros (la) p.** 5 euros each; **travailler à la p.** to do piecework; **mettre qch en pièces** to tear sth to pieces; *(petite)* ornamental pond; **p. d'identité** proof of identity; **p. montée** = large tiered wedding cake; **pièces détachées** *ou* **de rechange** spare parts; **pièces justificatives** supporting documents

pied [pje] NM *(de personne)* foot *(pl* feet); *(de lit, d'arbre, de colline)* foot; *(de meuble)* leg; *(de verre, de lampe)* base; *(d'appareil photo)* stand; *(de salade)* head; **à p.** on foot; **aller à p.** to walk, to go on foot; **au p. de** *(en marchant)* at the foot of; *Fig* **au p. de la lettre** literally; **sur p.** *(personne)* up and about; **sur un p. d'égalité** on an equal footing; **avoir p.** to be within one's depth; **mettre qch sur p.** to set sth up; **attendre qn de p. ferme** to be ready and waiting for sb; *Fam* **c'est le p.!** it's fantastic! ■ **pied-noir** *(pl* **pieds-noirs)** NMF *Fam* = French settler in North Africa

piédestal, -aux [pjedεstal, -o] NM pedestal

piège [pjεʒ] NM *(pour animal)* & *Fig* trap ■ **piéger** VT *(animal)* to trap; *(voiture)* to booby-trap; **voiture/lettre piégée** car/letter bomb

piercing [pirsiŋ] NM *(body)* piercing

pierre [pjεr] NF stone; *(de bijou)* gem, stone; **maison en p.** stone house; **p. à briquet** flint *(for lighter)*; **p. d'achoppement** stumbling block; **p. précieuse** precious stone, gem ■ **pierreries** NFPL gems, precious stones ■ **pierreux, -euse** ADJ stony

piétiner [pjetine] 1 VT **p. qch** *(en trépignant)* to stamp on sth; *(en marchant)* to trample on sth 2 VI *(ne pas avancer)* to stand around; **p. d'impatience** to stamp one's feet impatiently

piéton, -onne [pjetɔ̃, -ɔn] 1 NMF pedestrian 2 ADJ **rue p.** pedestrian(ized) street; **zone p.** pedestrian precinct ■ **piétonnier, -ière** ADJ **rue p.** pedestrian(ized) street; **zone p.** pedestrian precinct

pieu, -x [pjø] NM *(piquet)* post, stake; *Fam (lit)* bed; **aller au p.** to hit the sack

pieuvre [pjœvr] NF octopus

pif [pif] NM *Fam (nez)* conk; **faire qch au p.** to do sth by guesswork

pigeon [piʒɔ̃] NM pigeon; *Fam (personne)* sucker; **p. voyageur** carrier pigeon

piger [piʒe] *Fam* 1 VT *(comprendre)* to get 2 VI *(comprendre)* to get it

pignon¹ [piɲɔ̃] NM *(de mur)* gable

pignon² [piɲɔ̃] NM *(graine)* pine nut

pile [pil] 1 NF **(a)** **p. (électrique)** battery; **radio à piles** battery radio **(b)** *(tas)* pile; **en p.** in a pile **(c)** *(de pièce)* **p. (ou face)?** heads (or tails)?; **jouer à p. ou face** to toss up 2 ADV *Fam* **s'arrêter p.** to stop dead; *Fam* **à deux heures p.** at two on the dot

piler [pile] 1 VT *(broyer)* to crush; *(amandes)* to grind 2 VI *Fam (en voiture)* to slam on the brakes ■ **pilonner** VT *(bombarder)* to bombard

pilier [pilje] NM pillar

piller [pije] VT to loot, to pillage ■ **pillage** NM looting, pillaging ■ **pillard, -arde** NMF looter

pilon [pilɔ̃] NM *(de poulet)* drumstick

pilote [pilɔt] 1 NMF *(d'avion, de bateau)* pilot; *(de voiture)* driver; **p. automatique** automatic pilot; **p. de chasse** fighter pilot; **p. d'essai** test pilot; **p. de ligne** airline pilot 2 ADJ **usine(-)p.** pilot factory ■ **pilotage** NM piloting ■ **piloter** VT *(avion)* to fly, to pilot; *(bateau)* to pilot; *(voiture)* to drive; *Fig* **p. qn** to show sb around

pilotis [piloti] NMPL **construit sur p.** built on piles

pilule [pilyl] NF pill; **prendre la p.** to be on the pill; **arrêter la p.** to come off the pill; **p. abortive** abortion pill; **p. du lendemain** morning-after pill

piment [pimɑ̃] NM chilli; *Fig* spice ■ **pimenté, -ée** ADJ *(plat)* & *Fig* spicy

pin [pɛ̃] NM *(arbre, bois)* pine; **pomme de p.** pine cone; *(de sapin)* fir cone

pinard [pinar] NM *Fam (vin)* wine

pince [pɛ̃s] NF *(outil)* pliers; *(sur vêtement)* dart; *(de crustacé)* pincer; **p. à cheveux** hair clip; **p. à épiler** tweezers; **p. à linge** *(clothes)* *Br* peg *ou Am* pin; **p. à sucre** sugar tongs; **p. à vélo** bicycle clip

pinceau, -x [pɛ̃so] NM *(paint)*brush; *Fam* **s'emmêler les pinceaux** to get all muddled up

pincer [pɛ̃se] 1 VT to pinch; *(cordes d'un instrument)* to pluck; *Fam* **p. qn** *(arrêter)* to catch sb; *Fam* **se faire p.** to get caught 2 **se pincer** VPR **se p. le doigt** to get one's finger caught *(dans* in); **se p. le nez** to hold one's nose ■ **pincé,**

-ée ADJ *(air)* stiff; *(sourire)* tight-lipped ■ **pincée** NF pinch (**de** of)

pingouin [pɛ̃gwɛ̃] NM auk; *(manchot)* penguin

ping-pong [piŋpɔ̃g] NM ping-pong, table tennis

pintade [pɛ̃tad] NF guinea fowl

pioche [pjɔʃ] NF *(outil)* pick(axe); *Cartes* stock, pile ■ **piocher** VT *(creuser)* to dig (**with a pick**); **p. une carte** to draw a card (from the pack)

pion [pjɔ̃] NM *(au jeu de dames)* piece; *Échecs & Fig* pawn; *Fam (surveillant)* supervisor *(paid to supervise pupils outside class hours)*

pionnier [pjɔnje] NM pioneer

pipe [pip] NF *(de fumeur)* pipe; **fumer la p.** to smoke a pipe

pipeau, -x [pipo] NM *(flûte)* pipe

pipi [pipi] NM *Fam* **faire p.** to pee

pique [pik] **1** NM *Cartes (couleur)* spades **2** NF *(allusion)* cutting remark; *(arme)* pike

pique-nique [piknik] *(pl* **pique-niques)** NM picnic ■ **pique-niquer** VI to picnic

piquer [pike] **1** VT *(percer)* to prick; *(langue, yeux)* to sting; *(sujet: moustique)* to bite; *(coudre)* to stitch; *Fam (voler)* to pinch; **p. qch dans** *(enfoncer)* to stick sth into; **la fumée me pique les yeux** the smoke is making my eyes sting; *Fam* **p. qn** *(faire une piqûre à)* to give sb an injection; **faire p. un chien** to have a dog put to sleep; **p. la curiosité de qn** to arouse sb's curiosity; *Fam* **p. une crise (de nerfs)** to throw a fit **2** VI *(avion)* to dive; *(moutarde)* to be hot **3 se piquer** VPR to prick oneself; *Fam (se droguer)* to shoot up; **se p. au doigt** to prick one's finger ■ **piquant, -ante 1** ADJ *(au goût)* spicy, hot; *(plante, barbe)* prickly; *(détail)* spicy **2** NM *(de plante)* prickle, thorn; *(d'animal)* spine

piquet [pikɛ] NM *(pieu)* stake, post; *(de tente)* peg; **envoyer qn au p.** to send sb to stand in the corner; **p. de grève** picket

piqûre [pikyr] NF *(d'abeille)* sting; *(de moustique)* bite; *(d'épingle)* prick; *(de tissu)* stitching; *(de rouille)* spot; *Méd* injection; **faire une p. à qn** to give sb an injection

pirate [pirat] **1** NM *(des mers)* pirate; **p. de l'air** hijacker; *Ordinat* **p. informatique** hacker **2** ADJ **radio p.** pirate radio; **édition/CD p.** pirated edition/CD ■ **piratage** NM pirating ■ **pirater** VT *(enregistrement)* to pirate; *Ordinat* to hack; **p. un système** to hack into a system

pire [pir] **1** ADJ worse (**que** than); **c'est de p. en p.** it's getting worse and worse **2** NMF **le/la p.** the worst (one); **le p. de tout** the worst thing of all; **au p.** at (the very) worst; **s'attendre au p.** to expect the (very) worst

pirogue [pirɔg] NF canoe, dugout

pis[1] [pi] NM *(de vache)* udder

pis[2] [pi] **1** ADJ *Littéraire* worse **2** ADV **aller de mal en p.** to go from bad to worse **3** NM *Littéraire* **le p.** the worst

piscine [pisin] NF swimming pool

pissenlit [pisɑ̃li] NM dandelion

pisser [pise] VI *Fam* to have a pee

pistache [pistaʃ] NF *(graine, parfum)* pistachio

piste [pist] NF *(traces)* track, trail; *(indices)* lead; *(de magnétophone) & Sport* track; *(de cirque)* ring; *(de ski)* run, piste; *(pour chevaux) Br* racecourse, *Am* racetrack; *Sport* **tour de p.** lap; **jeu de p.** treasure hunt; **p. d'atterrissage** runway; **p. cyclable** *Br* cycle path, *Am* bicycle path; **p. de danse** dance floor

pistolet [pistɔlɛ] NM gun, pistol; *(de peintre)* spray gun; **p. à eau** water pistol

piston [pistɔ̃] NM *(de véhicule)* piston; *Fam* stringpulling; **avoir du p.** to have connections ■ **pistonner** VT *Fam (appuyer)* to pull strings for

pitié [pitje] NF pity; **avoir de la p. pour qn** to pity sb; **il me fait p.** I feel sorry for him; **être sans p.** to be ruthless ■ **piteux, -euse** ADJ pitiful; **en p. état** in a sorry state ■ **pitoyable** ADJ pitiful

piton [pitɔ̃] NM *(d'alpiniste)* piton; **p. (rocheux)** (rocky) peak

pitre [pitr] NM clown

pittoresque [pitɔrɛsk] ADJ picturesque

pivoine [pivwan] NF peony

pivot [pivo] NM *(axe, d'argumentation)* pivot ■ **pivoter** VI to pivot, to swivel; **faire p. qch** to swivel sth round

pixel [piksɛl] NM *Ordinat* pixel

pizza [pidza] NF pizza ■ **pizzeria** NF pizzeria

placard [plakar] NM *(armoire) Br* cupboard, *Am* closet; **p. publicitaire** large display advertisement

Il faut noter que le nom anglais **placard** est un faux ami. Il signifie **pancarte**.

place [plas] NF *(endroit, rang) & Sport* place; *(lieu public)* square; *(espace)* room; *(siège)* seat; *(emploi)* job, post; **à la p.** instead (**de** of); **à votre p.** in your place; **se mettre à la p. de qn** to put oneself in sb's position; **sur p.** on the spot; **en p.** *(objet)* in place; **mettre qch en p.** to put sth in place; *Fig* **remettre qn à sa p.** to put sb in his/her place; **changer de p.** to change places; **changer qch de p.** to move sth; **faire de la p. (à qn)** to make room (for sb); **faire p. à qn/qch** to give way to sb/sth; **prendre p.** to take a seat; **p. de parking** parking space; **p. de train/bus** train/bus fare; **p. assise** seat; **p. financière** financial market; **p. forte** fortress

placer [plase] **1** vt *(mettre)* to put, to place; *(faire asseoir)* to seat; *(trouver un emploi à)* to place; *(argent)* to invest *(dans* in); *(vendre)* to sell; **je n'ai pas pu p. un mot** I couldn't get a word in *Br* edgeways *or Am* edgewise **2 se placer** vpr *(debout)* to stand; *(s'asseoir)* to sit; *(objet)* to be put *or* placed; *(cheval, coureur)* to be placed; *Sport* **se p. troisième** to come third **■ placé, -ée** adj *(objet) & Sport* placed; **bien/mal p. pour faire qch** well/badly placed to do sth; **les gens haut placés** people in high places **■ placement** nm *(d'argent)* investment; **bureau de p.** *(d'école)* placement office

placide [plasid] adj placid

plafond [plaf5] nm ceiling **■ plafonner** vi *(prix)* to peak; *(salaires)* to have reached a ceiling **(à** of) **■ plafonnier** nm ceiling light

plage [plaʒ] nf *(grève)* beach; *(surface)* area; *(de disque)* track; **p. de sable** sand beach; **p. arrière** *(de voiture)* back shelf; **p. horaire** time slot

plagiat [plaʒja] nm plagiarism **■ plagier** vt to plagiarize

plaider [plede] vti *Jur (défendre)* to plead; **p. coupable** to plead guilty **■ plaidoirie** nf *Jur* speech for the *Br* defence *or Am* defense **■ plaidoyer** nm *Jur* speech for the *Br* defence *or Am* defense; *Fig* plea

plaie [plɛ] nf wound; *Fig (fléau)* affliction; *(personne)* nuisance

plaindre* [plɛ̃dr] **1** vt to feel sorry for, to pity **2 se plaindre** vpr *(protester)* to complain **(de** about; **que** that); **se p. de** *(douleur)* to complain of **■ plainte** nf complaint; *(gémissement)* moan; *Jur* **porter p. contre qn** to lodge a complaint against sb; *Jur* **p. contre X** complaint against person or persons unknown

plaine [plɛn] nf plain

plaintif, -ive [plɛ̃tif, -iv] adj plaintive

plaire* [plɛr] **1** vi **elle me plaît** I like her; **ça me plaît** I like it; **je fais ce que me plaît** I do whatever I want **2** v impersonnel **il me plaît de le faire** I like doing it; **s'il vous/te plaît** please; **comme il vous plaira** as you like it **3 se plaire** vpr *(l'un l'autre)* to like each other; **se p. à Paris** to like it in Paris

plaisance [plɛzãs] nf **navigation de p.** yachting

plaisant, -ante [plɛzã, -ãt] **1** adj *(drôle)* amusing; *(agréable)* pleasing **2** nm **mauvais p.** joker **■ plaisanter** vi to joke **(sur** about); **on ne plaisante pas avec la drogue** drugs are no joking matter; **tu plaisantes!** you're joking! **■ plaisanterie** nf joke; **par p.** for a joke; **elle ne comprend pas la p.** she can't take a joke **■ plaisantin** nm joker

plaisir [plɛzir] nm pleasure; **faire p. à qn** to please

sb; **pour le p.** for the fun of it; **au p. (de vous revoir)** see you again sometime; **faites-moi le p. de...** would you be good enough to...

plan¹ [plã] nm *(projet, dessin, organisation)* plan; *(de ville)* map; *Math* plane; **au premier p.** in the foreground; *Phot* **au second p.** in the background; **sur le p. politique, au p. politique** from the political viewpoint; **sur le même p.** on the same level; **de premier p.** of importance, major; *Fam* **laisser qn en p.** to leave sb in the lurch; *Fam* **un bon p.** *(combine)* a good trick; *Phot & Cin* **gros p.** close-up; **p. d'eau** stretch of water; *Fin* **p. d'épargne** savings plan; **p. social** = corporate restructuring plan, usually involving job losses

plan², plane [plã, plan] adj *(plat)* even, flat

planche [plãʃ] nf *(en bois)* plank; *(plus large)* board; *(illustration)* plate; **faire la p.** to float on one's back; **monter sur les planches** *(au théâtre)* to go on the stage; **p. à repasser/à dessin** ironing/drawing board; **p. à roulettes** skateboard; **p. à voile** sailboard; **faire de la p. à voile** to go windsurfing; **p. de surf** surfboard

plancher¹ [plãʃe] nm floor; **prix p.** minimum price

plancher² [plãʃe] vi *Fam Scol* to have an exam

planer [plane] vi *(oiseau, planeur)* to glide; *Fam (se sentir bien)* to be floating on air; *(après s'être drogué)* to be high; *Fig* **p. sur qn/qch** *(mystère, danger)* to hang over sb/sth **■ planeur** nm *(avion)* glider

planète [planɛt] nf planet **■ planétaire** adj planetary **■ planétarium** nm planetarium

planifier [planifje] vt *Écon* to plan **■ planning** nm *(emploi du temps)* schedule; **p. familial** family planning

planisphère [planisfɛr] nm planisphere

planque [plãk] nf *Fam (travail)* cushy job; *(lieu)* hideout **■ planquer** vt **se planquer** vpr *Fam* to hide

plant [plã] nm *(de plante)* seedling

plantation [plãtasjɔ̃] nf *(action)* planting; *(exploitation agricole)* plantation

plante [plãt] nf *Bot* plant; **jardin des plantes** botanical gardens; **p. du pied** sole (of the foot); **p. verte, p. d'appartement** house plant

planter [plãte] **1** vt *(fleur, arbre)* to plant; *(clou, couteau)* to drive in; *(tente, drapeau)* to put up; *(mettre)* to put **(sur** on; **contre** against); *Fam* **p. là qn** to dump sb **2** vi *Fam Ordinat (ordinateur)* to crash **3 se planter** vpr *Fam (tomber)* to come a cropper; *Fam (se tromper)* to get it wrong; **se p. devant qn/qch** to stand in front of sb/sth

plaque [plak] nf plate; *(de verre, de métal)* sheet, plate; *(de verglas)* sheet; *(de marbre)* slab; *(de chocolat)* bar; *(commémorative)* plaque; *(sur la peau)* blotch; *Fam* **à côté de la p.** wide of the mark;

p. chauffante hotplate; **p. dentaire** (dental) plaque; *Aut* **p. minéralogique, p. d'immatriculation** *Br* number *or Am* license plate; *Fig* **p. tournante** centre

plaquer [plake] **1** **vt** (métal, bijou) to plate; (bois) to veneer; (cheveux) to plaster down; *Rugby* to tackle; (aplatir) to flatten (**contre** against); *Fam* **p. qn** to ditch sb; *Fam* **tout p.** to chuck it all in **2 se plaquer** **vpr** **se p. contre** to flatten oneself against ▪ **plaqué, -ée 1** **adj** (bijou) plated; **p. or** gold-plated **2** **nm** **p. or** gold plate

plasma [plasma] **nm** *Biol* plasma

plastic [plastik] **nm** plastic explosive ▪ **plastiquer** **vt** to bomb

plastifier [plastifje] **vt** to laminate

plastique [plastik] **adj & nm** plastic; **en p.** plastic

plat, plate [pla, plat] **1** **adj** flat; (mer) calm, smooth; (ennuyeux) flat, dull; **à fond p.** flat-bottomed; **à p. ventre** flat on one's face; **à p.** (pneu, batterie) flat; *Fam* (épuisé) run down; **poser qch à p.** to lay sth (down) flat; **assiette plate** dinner plate; **calme p.** dead calm **2** **nm** **(a)** (de la main) flat **(b)** (récipient, nourriture) dish; (partie du repas) course; *Fam* **en faire tout un p.** to make a song and dance about it; **p. cuisiné** ready meal; **p. du jour** today's special; **p. principal** ou **de résistance** main course ▪ **plate-bande** (pl **plates-bandes**) **nf** flower bed ▪ **plate-forme** (pl **plates-formes**) **nf** platform; **p. pétrolière** oil rig

platane [platan] **nm** plane tree

plateau, -x [plato] **nm** tray; (de balance) pan; (de tourne-disque) turntable; *TV & Cin* set; *Géog* plateau; **p. à fromages** cheeseboard

platine¹ [platin] **1** **nm** (métal) platinum **2** **adj inv** platinum; **blond p.** platinum blond

platine² [platin] **nf** (d'électrophone, de magnétophone) deck; **p. laser** CD player

platitude [platityd] **nf** (propos) platitude

plâtre [platr] **nm** (matière) plaster; **un p.** (de jambe cassée) a plaster cast; **dans le p.** (jambe, bras) in plaster; **les plâtres** (de maison) the plasterwork; *Fam* **essuyer les plâtres** to put up with the teething problems ▪ **plâtrer** **vt** (mur) to plaster; (membre) to put in plaster

plausible [plozibl] **adj** plausible

play-back [plɛbak] **nm inv** **chanter en p.** to mime

plein, pleine [plɛ̃, plɛn] **1** **adj** (rempli, complet) full; (solide) solid; **p. de** full of; **p. à craquer** full to bursting; **en pleine mer** out at sea, on the open sea; **en pleine figure** right in the face; **en pleine nuit** in the middle of the night; **en p. jour** in broad daylight; **en p. hiver** in the depths of winter; **en p. soleil** in the full heat of

the sun; **en pleine campagne** in the heart of the country; **être en p. travail** to be hard at work; **à la pleine lune** at full moon; **travailler à p. temps** to work full-time; **p. sud** due south; **p. tarif** full price; (de transport) full fare **2** **adv** **des billes p. les poches** pockets full of marbles; **du chocolat p. la figure** chocolate all over one's face; *Fam* **p. de lettres/d'argent** (beaucoup de) lots or loads of letters/money **3** **nm** *Aut* **faire le p.** **(d'essence)** to fill up (the tank) ▪ **pleinement** **adv** fully

pléonasme [pleonasm] **nm** pleonasm

pleurer [plœre] **1** **vi** to cry, to weep (**sur** over); **p. de rire** to laugh till one cries **2** **vt** (personne) to mourn (for); **p. toutes les larmes de son corps** to cry one's eyes out ▪ **pleurnicher** **vi** *Fam* to whine ▪ **pleurs** **mpl** **en p.** in tears

pleuvoir* [pløvwar] **1** **v impersonnel** to rain; **il pleut** it's raining; *Fig* **il pleut des cordes** it's raining cats and dogs **2** **vi** (coups) to rain down (**sur** on)

Plexiglas® [plɛksiglas] **nm** *Br* Perspex®, *Am* Plexiglas®

pli [pli] **nm** **(a)** (de papier, de rideau, de la peau) fold; (de jupe, de robe) pleat; (de pantalon, de bouche) crease; **(faux) p.** crease; **mise en plis** set (hairstyle) **(b)** (enveloppe) envelope; (lettre) letter; **sous p. séparé** under separate cover **(c)** *Cartes* trick **(d)** (habitude) habit; **prendre le p. de faire qch** to get into the habit of doing sth

plier [plije] **1** **vt** (draps, vêtements) to fold; (parapluie) to fold up; (courber) to bend; **p. qn à** to submit sb to; **p. bagages** to pack one's bags (and leave); **être plié en deux** (de douleur) to be doubled up **2** **vi** (branche) to bend **3** **se plier** **vpr** (lit, chaise) to fold up; **se p. à** to submit to ▪ **pliable** **adj** foldable ▪ **pliage** **nm** (manière) fold; (action) folding ▪ **pliant, pliante 1** **adj** (chaise) folding **2** **nm** folding stool

plisser [plise] **vt** (tissu, jupe) to pleat; (lèvres) to pucker; (front) to wrinkle; (yeux) to screw up ▪ **plissé, -ée** **adj** (tissu, jupe) pleated

plomb [plɔ̃] **nm** (métal) lead; (fusible) fuse; (pour rideau) lead weight; **plombs** (de chasse) lead shot; **tuyau de p.** ou **en p.** lead pipe; *Fig* **de p.** (sommeil) heavy; (soleil) blazing; (ciel) leaden; *Fig* **avoir du p. dans l'aile** to be in a bad way; *Fig* **ça lui mettra du p. dans la cervelle** that will knock some sense into him

plomber [plɔ̃be] **vt** (dent) to fill; (mettre des plombs à) to weigh with lead ▪ **plombage** **nm** (de dent) filling

plombier [plɔ̃bje] **nm** plumber ▪ **plomberie** **nf** (métier, installations) plumbing

plonger [plɔ̃ʒe] **1** **vi** (personne) to dive (**dans** into); (oiseau, avion) to dive (**sur** onto); *Fig* (route) to plunge **2** vt *(enfoncer)* to plunge (**dans** into); **plongé dans ses pensées** deep in thought; **plongé dans l'obscurité** plunged into darkness **3 se plonger** vpr **se p. dans** *(lecture)* to immerse oneself in ■ **plongeant, -ante** adj *(décolleté)* plunging; **vue plongeante** bird's-eye view ■ **plongée** nf diving; *(de sous-marin)* dive; **p. sous-marine** skin *or* scuba diving ■ **plongeoir** nm diving board ■ **plongeon** nm dive; **faire un p.** to dive ■ **plongeur, -euse** nmf *(nageur)* diver; *Fam (de restaurant)* dishwasher, *Br* washer-up

plouc [pluk] *Fam* **1** adj *Br* naff, *Am* lame **2** nm yokel, *Am* hick

plouf [pluf] exclam splash!

plu [ply] pp ➤ **plaire, pleuvoir**

pluie [plɥi] nf rain; **sous la p.** in the rain; *Fig* **une p. de pierres/coups** a shower of stones/blows; *Fam* **parler de la p. et du beau temps** to talk of this and that; **p. fine** drizzle; **pluies acides** acid rain

plume [plym] nf *(d'oiseau)* feather; *Hist (pour écrire)* quill (pen); *(pointe de stylo)* nib; *Fam* **vivre de sa p.** to live by one's pen ■ **plumage** nm plumage ■ **plumer** vt *(volaille)* to pluck; *Fig* **p. qn** *(voler)* to fleece sb

plupart [plypar] **la plupart** nf most; **la p. des cas** most cases; **la p. du temps** most of the time; **la p. d'entre eux** most of them; **pour la p.** mostly

pluriel, -ielle [plyrjɛl] *Grammaire* **1** adj plural **2** nm plural; **au p.** in the plural

plus[1] [ply] ([plyz] *before vowel*, [plys] *in end position*) adv **(a)** *(comparatif)* more (**que** than); **p. d'un kilo/de dix** more than a kilo/ten; **p. de thé** more tea; **p. beau/rapidement** more beautiful/rapidly (**que** than); **p. tard** later; **p. petit** smaller; **de p. en p.** more and more; **de p. en p. vite** quicker and quicker; **p. ou moins** more or less; **en p.** in addition (**de** to); **au p.** at most; **de p.** more (**que** than); *(en outre)* moreover; **les enfants de p. de dix ans** children over ten; **j'ai dix ans de p. qu'elle** I'm ten years older than she is; **il est p. de cinq heures** it's after five (o'clock); **p. il crie, p. il s'enroue** the more he shouts, the more hoarse he gets **(b)** *(superlatif)* **le p.** (the) most; **le p. beau** the most beautiful (**de** in); *(de deux)* the more beautiful; **le p. grand** the biggest (**de** in); *(de deux)* the bigger; **j'ai le p. de livres** I have (the) most books; **j'en ai le p.** I have the most

plus[2] [ply] adv *(négation)* **(ne...) p.** no more; **il n'a p. de pain** he has no more bread, he doesn't have any more bread; **il n'y a p. rien** there's nothing left; **elle ne le fait p.** she no longer does it, she doesn't do it any more *or* any longer;

je ne la reverrai p. I won't see her again; **je ne voyagerai p. jamais** I'll never travel again

plus[3] [plys] **1** conj plus; **deux p. deux font quatre** two plus two are four; **il fait p. 2 (degrés)** it's 2 degrees above freezing **2** nm **le signe p.** the plus sign

plusieurs [plyzjœr] adj & pron several

plus-que-parfait [plyskəparfɛ] nm *Grammaire* pluperfect

plutonium [plytɔnjɔm] nm plutonium

plutôt [plyto] adv rather (**que** than)

pluvieux, -ieuse [plyvjø, -jøz] adj rainy, wet

PME [peɛmø] *(abrév* **petite et moyenne entreprise)** nf small company

PMU [peɛmy] *(abrév* **Pari mutuel urbain)** nm = state-run betting system

PNB [peɛnbe] *(abrév* **produit national brut)** nm *Écon* GNP

pneu [pnø] *(pl* **pneus)** nm *(de roue)* *Br* tyre, *Am* tire; **p. neige** snow tyre; **p. pluie** wet-weather tyre ■ **pneumatique** adj *(qui fonctionne à l'air)* pneumatic; *(gonflable)* inflatable

pneumonie [pnømɔni] nf pneumonia

poche [pɔʃ] nf *(de vêtement)* pocket; *(de kangourou)* pouch; *(sac)* bag; **poches** *(sous les yeux)* bags; **faire des poches** *(pantalon)* to be baggy; **j'ai cinq euros en p.** I have five euros on me; *Fam* **c'est dans la p.** it's in the bag ■ **pochette** nf *(sac)* bag; *(d'allumettes)* book; *(de disque)* sleeve; *(sac à main)* (clutch) bag; *(mouchoir)* pocket handkerchief

pocher [pɔʃe] vt *(œufs)* to poach; *Fam* **p. l'œil à qn** to give sb a black eye

podcast [pɔdkast] nm *Ordinat* podcast ■ **podcaster** vt to podcast ■ **podcasting** nm podcasting

podium [pɔdjɔm] nm podium

poêle [pwal] **1** nm *(chauffage)* stove **2** nf **p. (à frire)** frying pan

poème [pɔɛm] nm poem ■ **poésie** nf *(art)* poetry; *(poème)* poem ■ **poète 1** nm poet **2** adj **femme p.** (woman) poet ■ **poétique** adj poetic

pognon [pɔɲɔ̃] nm *Fam* dough, cash

poids [pwa] nm weight; *Sport* shot; **au p.** by weight; *Fig* **de p.** *(argument)* influential; **prendre/perdre du p.** to gain/lose weight; **p. lourd** *(camion)* *Br* lorry, *Am* truck; *Boxe (personne)* heavyweight; *Boxe* **p. plume** featherweight

poignant, -ante [pwaɲɑ̃, -ɑ̃t] adj poignant

poignard [pwaɲar] nm dagger; **coup de p.** stab ■ **poignarder** vt to stab

poigne [pwaɲ] nf grip; *Fig* **avoir de la p.** to be firm

poignée [pwaɲe] nf *(quantité)* handful (**de** of);

(de porte, de casserole) handle; (d'épée) hilt; **p. de main** handshake

poignet [pwaɲɛ] NM wrist; (de chemise) cuff

poil [pwal] NM hair; (pelage) coat; **poils** (de brosse) bristles; (de tapis) pile; Fam **à p.** stark naked; Fam **à un p. près** very nearly; **p. à gratter** itching powder ■ **poilu, -ue** ADJ hairy

poinçon [pwɛ̃sɔ̃] NM (outil) awl; (marque) hallmark ■ **poinçonner** VT (billet) to punch; (bijou) to hallmark

poing [pwɛ̃] NM fist; **dormir à poings fermés** to sleep like a log

point¹ [pwɛ̃] NM (lieu, score, question) point; (sur i, à l'horizon) dot; (tache) spot; (de notation) mark; Couture stitch; **être sur le p. de faire qch** to be about to do sth; **à p.** (steak) medium rare; **déprimé au p. que...** depressed to such an extent that...; **mettre au p.** (appareil photo) to focus; (moteur) to tune; (technique) to perfect; Fig (éclaircir) to clarify; **au p. où j'en suis...** at the stage I've reached...; **au plus haut p.** extremely; **au p. mort** Aut in neutral; Fig at a standstill; Fig **faire le p.** to take stock; **un p., c'est tout!** that's final!, Am period!; **p. de côté** stitch; **p. de départ** starting point; **p. de vente** point of sale; **p. de vue** (opinion) point of view, viewpoint; (endroit) viewing point; **p. d'exclamation** exclamation Br mark or Am point; **p. d'interrogation** question mark; **points de suspension** suspension points; **p. faible/fort** weak/strong point; **p. final** Br full stop, Am period; **p. noir** (comédon) blackhead; (embouteillage) blackspot ■ **point-virgule** (pl **points-virgules**) NM semicolon

point² [pwɛ̃] ADV Littéraire ➤ **pas¹**

pointe [pwɛ̃t] NF (extrémité) tip, point; (clou) nail; Géog headland; Fig (maximum) peak; **une p. d'humour** a touch of humour; **sur la p. des pieds** on tiptoe; **en p.** pointed; **de p.** (technologie, industrie) state-of-the-art; **vitesse de p.** top speed; Fig **à la p. de** (progrès) in or at the forefront of; **faire des pointes** (danseuse) to dance on points; **p. d'asperge** asparagus tip; **p. de vitesse** burst of speed

pointer [pwɛ̃te] 1 VT (cocher) Br to tick off, Am to check (off); (braquer) to point (**sur/vers** at); **p. les oreilles** to prick up its ears 2 VI (employé) (à l'arrivée) to clock in; (à la sortie) to clock out; (jour) to dawn; **p. vers** to rise towards 3 se pointer VPR Fam (arriver) to show up

pointillé [pwɛ̃tije] NM dotted line; **ligne en p.** dotted line

pointilleux, -euse [pwɛ̃tijø, -øz] ADJ fussy, particular

pointu, -ue [pwɛ̃ty] ADJ (en pointe) pointed; (voix) shrill; Fig (spécialisé) specialized

pointure [pwɛ̃tyr] NF size

poire [pwar] NF (fruit) pear; Fam (figure) mug; Fam (personne) sucker; Fig **couper la p. en deux** to meet each other halfway ■ **poirier** NM pear tree

poireau, -x [pwaro] NM leek

poireauter [pwarote] VI Fam to hang around

pois [pwa] NM (légume) pea; (dessin) (polka) dot; **à p.** (vêtement) polka-dot; **petits p.** Br (garden) peas, Am peas; **p. de senteur** sweet pea; **p. chiche** chickpea

poison [pwazɔ̃] NM poison

poisse [pwas] NF Fam bad luck

poisseux, -euse [pwasø, -øz] ADJ sticky

poisson [pwasɔ̃] NM fish; **les Poissons** (signe) Pisces; **être Poissons** to be (a) Pisces; **p. d'avril** April fool; **p. rouge** goldfish ■ **poissonnerie** NF fish shop ■ **poissonnier, -ière** NMF fishmonger

poitrine [pwatrin] NF chest; (seins) bust; Culin (de veau) breast

poivre [pwavr] NM pepper ■ **poivrer** VT to pepper ■ **poivrière** NF pepper pot

poivron [pwavrɔ̃] NM pepper, capsicum

poker [pɔkɛr] NM Cartes poker

polar [pɔlar] NM Fam (roman, film) whodunnit

pôle [pol] NM Géog pole; **p. Nord/Sud** North/South Pole; Fig **p. d'attraction** centre of attraction ■ **polaire** 1 ADJ polar; **laine p.** fleece, fleecy material 2 NF (veste) fleece

polémique [pɔlemik] 1 ADJ polemical 2 NF controversy, polemic

poli, -ie [pɔli] ADJ (courtois) polite (**avec** to or with); (lisse) polished ■ **poliment** ADV politely

police [pɔlis] NF police; **faire la p.** to keep order (**dans** in); **p. d'assurance** insurance policy; Typ & Ordinat **p. de caractères** font; **p. secours** emergency services ■ **policier, -ière** 1 ADJ **enquête policière** police inquiry; **roman p.** detective novel 2 NM policeman, detective

polichinelle [pɔliʃinɛl] NM (marionnette) Punch; Péj (personne) buffoon; **secret de P.** open secret

polio [pɔljo] (abrév **poliomyélite**) NF Méd polio ■ **poliomyélite** NF Méd poliomyelitis

polir [pɔlir] VT to polish

polisson, -onne [pɔlisɔ̃, -ɔn] 1 ADJ naughty 2 NMF rascal

politesse [pɔlitɛs] NF politeness; **par p.** out of politeness

politique [pɔlitik] 1 ADJ political; **homme/femme p.** politician 2 NF (activité, science) politics (sing); (mesure) policy; **faire de la p.** to be in politics 3 NMF politician ■ **politicien, -ienne** NMF Péj politician

pollen [pɔlɛn] NM pollen

polluer [pɔlɥe] VT to pollute ■ **polluant** NM

pollutant ■ **pollueur, -ueuse 1 ADJ** polluting **2 NMF** polluter ■ **pollution NF** pollution

polo [polo] **NM** (chemise) polo shirt; Sport polo

Pologne [pɔlɔɲ] **NF la P.** Poland ■ **polonais, -aise 1 ADJ** Polish **2 NMF P., Polonaise** Pole **3 NM** (langue) Polish

polycopier [pɔlikɔpje] **VT** to duplicate

polyester [pɔliɛstɛr] **NM** polyester; **chemise en p.** polyester shirt

polygame [pɔligam] **ADJ** polygamous ■ **polygamie NF** polygamy

polyglotte [pɔliglɔt] **ADJ & NMF** (personne) multilingual

Polynésie [pɔlinezi] **NF la P.** Polynesia

polytechnique [pɔlitɛknik] **ADJ & NF École p., P.** = "grande école" specializing in technology ■ **polytechnicien, -ienne NMF** = student or graduate of the "École polytechnique"

Il faut noter que le nom anglais **polytechnic** est un faux ami. Il désigne un établissement comparable à un IUT.

polyvalent, -ente [pɔlivalɑ̃, -ɑ̃t] **1 ADJ** (salle) multi-purpose; (personne) versatile **2 ADJ & NF** Can **(école) polyvalente** Br ≃ secondary school, Am ≃ high school

pommade [pɔmad] **NF** ointment

pomme [pɔm] **NF** (a) (fruit) apple; Anat **p. d'Adam** Adam's apple; **p. de terre** potato; **pommes vapeur** steamed potatoes (b) (d'arrosoir) rose (c) (locutions) Fam **tomber dans les pommes** to faint; Fam **ma p.** (moi) yours truly ■ **pommier NM** apple tree

pommette [pɔmɛt] **NF** cheekbone; **pommettes saillantes** high cheekbones

pompe[1] [pɔ̃p] **1 NF** (machine) pump; Fam (chaussure) shoe; Sport Br press-up, Am push-up; **p. à essence** Br petrol or Am gas station; **p. à incendie** fire engine; **p. à vélo** bicycle pump **2 NFPL pompes funèbres** undertaker's; **entrepreneur des pompes funèbres** Br undertaker, Am mortician

pompe[2] [pɔ̃p] **NF** (splendeur) pomp; **en grande p.** with great ceremony

pomper [pɔ̃pe] **1 VT** (eau, air) to pump; (faire monter) to pump up; (évacuer) to pump out; Fam (copier) to crib (**sur** from); Fam **p. qn** (épuiser) to do sb in; Fam **tu me pompes (l'air)** you're getting on my nerves **2 VI** to pump; Fam (copier) to crib (**sur** from)

pompeux, -euse [pɔ̃pø, -øz] **ADJ** pompous

pompier [pɔ̃pje] **NM** fireman; **voiture des pompiers** fire engine

pompiste [pɔ̃pist] **NMF** Br petrol or Am gas station attendant

pompon [pɔ̃pɔ̃] **NM** pompom

ponce [pɔ̃s] **NF pierre p.** pumice stone ■ **poncer VT** (au papier de verre) to sand (down)

ponctuation [pɔ̃ktɥasjɔ̃] **NF** punctuation ■ **ponctuer VT** to punctuate (**de** with)

ponctuel, -uelle [pɔ̃ktɥɛl] **ADJ** (à l'heure) punctual; (unique) Br one-off, Am one-of-a-kind ■ **ponctualité NF** punctuality

pondre [pɔ̃dr] **VT** (œuf) to lay; Fam Péj (livre, discours) to turn out

poney [pɔnɛ] **NM** pony

pont [pɔ̃] **NM** bridge; (de bateau) deck; Fig **faire le p.** to make a long weekend of it (taking the working day(s) between a bank holiday and a weekend); **p. aérien** airlift ■ **pont-levis** (pl **ponts-levis**) **NM** drawbridge

ponte [pɔ̃t] **1 NF** (d'œufs) laying **2 NM** Fam (personne) big shot

ponton [pɔ̃tɔ̃] **NM** pontoon

pop [pɔp] **NF & ADJ INV** (musique) pop

popote [pɔpɔt] **NF** Fam (cuisine) cooking

populaire [pɔpylɛr] **ADJ** (personne, gouvernement) popular; (quartier, milieu) working-class; (expression) vernacular ■ **populariser VT** to popularize ■ **popularité NF** popularity (**auprès de** with)

population [pɔpylasjɔ̃] **NF** population

porc [pɔr] **NM** (animal) pig; (viande) pork; Péj (personne) swine

porcelaine [pɔrsəlɛn] **NF** china, porcelain

porc-épic [pɔrkepik] (pl **porcs-épics**) **NM** porcupine

porche [pɔrʃ] **NM** porch

porcherie [pɔrʃəri] **NF** Br pigsty, Am pigpen

pore [pɔr] **NM** pore ■ **poreux, -euse ADJ** porous

pornographie [pɔrnɔgrafi] **NF** pornography ■ **pornographique ADJ** pornographic

port [pɔr] **NM** (a) (pour bateaux) port, harbour; Ordinat port; Fig **arriver à bon p.** to arrive safely (b) (d'armes) carrying; (de barbe) wearing; (prix) carriage, postage; (attitude) bearing

portable [pɔrtabl] **1 ADJ** (ordinateur) portable; (téléphone) mobile **2 NM** (ordinateur) laptop; (téléphone) Br mobile, Am cell

portail [pɔrtaj] **NM** (de jardin) gate; (de cathédrale) & Ordinat portal

portant, -ante [pɔrtɑ̃, -ɑ̃t] **ADJ bien p.** in good health

portatif, -ive [pɔrtatif, -iv] **ADJ** portable

porte [pɔrt] **NF** door; (de jardin, de ville, de slalom) gate; **Alger, p. de...** Algiers, gateway to...; **faire du p.-à-p.** to go from door to door selling/canvassing/etc; **mettre qn à la p.** (jeter dehors) to throw sb out; (renvoyer) to fire sb; **p. d'embarquement** (d'aéroport) (departure) gate; **p. d'entrée** front door; **p. cochère** carriage entrance

portée [pɔrte] NF (a) (de fusil) range; Fig scope; **à la p. de qn** within reach of sb; Fig (richesse, plaisir) within sb's grasp; **à p. de la main** within reach; **à p. de voix** within earshot; **hors de p.** out of reach (b) (animaux) litter (c) (impact) significance (d) Mus stave

portefeuille [pɔrtəfœj] NM Br wallet, Am billfold; (de ministre, d'actions) portfolio

portemanteau, -x [pɔrtmɑ̃to] NM (sur pied) coat stand; (crochet) coat rack

porter [pɔrte] 1 VT to carry; (vêtement, lunettes) to wear; (moustache, barbe) to have; (trace, responsabilité, fruits) to bear; (regard) to cast; (coup) to strike; (sentiment) to have (**à** for); (inscrire) to enter; **p. qch à qn** to take/bring sth to sb; **p. bonheur/malheur** to bring good/bad luck; **p. son attention sur qch** to turn one's attention to sth; **se faire p. malade** to report sick

2 VI (voix) to carry; (coup) to strike home; **p. sur** (concerner) to be about; (accent) to fall on

3 **se porter** VPR (vêtement) to be worn; **se p. bien** to be well; **se p. candidat** Br to stand or Am to run as a candidate ■ **portant, -ante** ADJ **bien p.** in good health ■ **porté, -ée** ADJ **p. à croire** inclined to believe; **p. sur qch** fond of sth ■ **porte-bagages** NM INV luggage rack ■ **porte-bébé** (pl **porte-bébés**) NM baby carrier ■ **porte-bonheur** NM INV (lucky) charm ■ **porte-clefs** NM INV key ring ■ **porte-documents** NM INV briefcase ■ **porte-fenêtre** (pl **portes-fenêtres**) NF Br French window, Am French door ■ **porte-jarretelles** NM INV Br suspender or Am garter belt ■ **porte-monnaie** NM INV Br purse, Am change purse ■ **porte-parole** NMF INV spokesperson (**de** for) ■ **porte-voix** NM INV megaphone, Am bullhorn

porteur, -euse [pɔrtœr, -øz] 1 NM (de bagages) porter 2 NMF (malade) carrier; (de nouvelles, de chèque) bearer; Méd **p. sain** = carrier who doesn't have the symptoms of the disease 3 ADJ **marché p.** growth market

portier [pɔrtje] NM doorkeeper, porter ■ **portière** NF (de véhicule, de train) door ■ **portillon** NM gate

portion [pɔrsjɔ̃] NF portion

porto [pɔrto] NM (vin) port

Porto Rico [pɔrtoriko] NM OU F Puerto Rico

portrait [pɔrtrɛ] NM (peinture, dessin, photo) portrait; (description) description; **faire le p. de qn** to do sb's portrait; Fig **c'est tout le p. de son père** he's the spitting image of his father ■ **portrait-robot** (pl **portraits-robots**) NM Photofit®, Identikit® picture; Ordinat **p. électronique** E-fit®

portuaire [pɔrtɥɛr] ADJ **installations portuaires** port or harbour facilities

Portugal [pɔrtygal] NM **le P.** Portugal ■ **portugais, -aise** 1 ADJ Portuguese 2 NMF **P., Portugaise** Portuguese inv; **les P.** the Portuguese 3 NM (langue) Portuguese

pose [poz] NF (a) (de rideau, de papier peint) putting up; (de moquette) laying (b) (pour photo, portrait) pose; Phot exposure; **prendre la p.** to pose

posé, -ée [poze] ADJ (calme) composed, staid ■ **posément** ADV calmly

poser [poze] 1 VT to put down; (papier peint, rideaux) to put up; (mine, moquette, fondations) to lay; (bombe) to plant; (conditions, principe) to lay down; **p. qch sur qch** to put sth on sth; **p. une question à qn** to ask sb a question; **p. un problème à qn** to pose a problem for sb; **p. sa candidature** (à une élection) to put oneself forward as a candidate; (à un emploi) to apply (**à** for) 2 VI (modèle) to pose (**pour** for) 3 **se poser** VPR (oiseau, avion) to land; (problème, question) to arise; **se p. sur** (sujet: regard) to rest on; **se p. des questions** to ask oneself questions

positif, -ive [pozitif, -iv] ADJ positive

position [pozisjɔ̃] NF position; Fig **prendre p.** to take a stand (**contre** against); Fig **rester sur ses positions** to stand one's ground

posologie [pozɔlɔʒi] NF Méd dosage

posséder [pɔsede] VT (biens, talent) to possess; (sujet) to have a thorough knowledge of; (langue) to have mastered; Fam (duper) to take in ■ **possesseur** NM possessor; owner ■ **possessif, -ive** ADJ & NM Grammaire possessive ■ **possession** NF possession; **en p. de qch** in possession of sth; **être en pleine p. de ses moyens** to be at the peak of one's powers; **prendre p. de qch** to take possession of sth

possibilité [pɔsibilite] NF possibility; **avoir la p. de faire qch** to have the chance or opportunity of doing sth; **avoir de grandes possibilités** to have great potential

possible [pɔsibl] 1 ADJ possible (**à faire** to do); **il (nous) est p. de le faire** it is possible (for us) to do it; **il est p. que...** (+ subjunctive) it is possible that...; **si p.** if possible; **le plus tôt p.** as soon as possible; **autant que p.** as far as possible; **le plus p.** as much/as many as possible; **le moins de détails p.** as few details as possible 2 NM **faire (tout) son p.** to do one's utmost (**pour faire** to do)

postal, -e, -aux, -ales [pɔstal, -o] ADJ postal; (train) mail

poste¹ [pɔst] NF (service) mail, Br post; (bureau) post office; **la P.** the postal services; **par la p.** by mail, *Br* by post; **mettre qch à la p.** to mail *or Br* post sth; **p. aérienne** airmail; **p. restante** *Br* poste restante, *Am* general delivery

poste² [pɔst] NM (a) *(lieu, emploi)* post; **être à son p.** to be at one's post; *Am* signal tower; **p. d'essence** *Br* petrol *or Am* gas station; **p. de police** police station; **p. de secours** first-aid post; *Ordinat* **p. de travail** workstation (b) **p. (de radio/télévision)** radio/television set (c) *(de standard)* extension

poster¹ [pɔste] VT *(lettre) Br* to post, *Am* to mail

poster² [pɔste] **1** VT *(sentinelle, troupes)* to post, to station **2 se poster** VPR to take up a position

poster³ [pɔstɛr] NM poster

postérieur, -ieure [pɔsterjœr] **1** ADJ *(dans le temps)* later; *(de derrière)* back; **p. à** after **2** NM *Fam (derrière)* posterior

postérité [pɔsterite] NF posterity

posthume [pɔstym] ADJ posthumous; **à titre p.** posthumously

postiche [pɔstiʃ] **1** ADJ false **2** NM hairpiece

postier, -ière [pɔstje, -jɛr] NMF postal worker

postillonner [pɔstijɔne] VI to splutter

post-scriptum [pɔstskriptɔm] NM INV postscript

postuler [pɔstyle] **1** VT *Math* to postulate **2** VI **p. à un emploi** to apply for a job ■ **postulant, -ante** NMF applicant (**à** for)

posture [pɔstyr] NF posture; **être en fâcheuse p.** to be in an awkward situation

pot [po] NM pot; *(en verre)* jar; *(en carton)* carton; *(de bébé)* potty; *Fam* **prendre un p.** to have a drink; *Fam* **avoir du p.** to be lucky; **p. à eau** water jug; **p. de chambre** chamber pot; **p. d'échappement** *Br* exhaust pipe, *Am* tail pipe; **p. de fleurs** *(récipient)* flowerpot

potable [pɔtabl] ADJ drinkable; *Fam (passable)* tolerable; **eau p.** drinking water

potage [pɔtaʒ] NM soup

potager, -ère [pɔtaʒe, -ɛr] **1** ADJ **jardin p.** vegetable garden; **plante potagère** vegetable **2** NM vegetable garden

potassium [pɔtasjɔm] NM potassium

pot-au-feu [pɔtofø] NM INV = beef stew with vegetables

pot-de-vin [podvɛ̃] *(pl* **pots-de-vin)** NM bribe

pote [pɔt] NM *Fam (ami)* pal

poteau, -x [pɔto] NM post; **p. électrique** electricity pylon; **p. indicateur** signpost; **p. télégraphique** telegraph pole

potelé, -ée [pɔtle] ADJ plump, chubby

potence [pɔtɑ̃s] NF *(gibet)* gallows *(sing)*

potentiel, -ielle [pɔtɑ̃sjɛl] ADJ & NM potential

poterie [pɔtri] NF *(art, objets)* pottery; *(objet)* piece of pottery; **faire de la p.** to make pottery ■ **potier, -ière** NMF potter

potion [posjɔ̃] NF potion

potiron [pɔtirɔ̃] NM pumpkin

pot-pourri [popuri] *(pl* **pots-pourris)** NM *(fleurs séchées)* potpourri; *(chansons)* medley

pou, -x [pu] NM louse; **poux** lice

poubelle [pubɛl] NF *Br* dustbin, *Am* garbage can; **mettre qch à la p.** to throw sth out

pouce [pus] NM *(doigt)* thumb; *Fam* **coup de p.** helping hand; *Fam* **se tourner les pouces** to twiddle one's thumbs

poudre [pudr] NF *(poussière, explosif)* powder; **en p.** *(lait)* powdered; *(chocolat)* drinking; **p. à récurer** scouring powder ■ **poudrer 1** VT to powder **2 se poudrer** VPR to powder one's face ■ **poudreux, -euse 1** ADJ powdery **2** NF **poudreuse** *(neige)* powder snow ■ **poudrier** NM *(powder)* compact

pouf [puf] **1** EXCLAM thump! **2** NM *(siège)* pouf

pouffer [pufe] VI **p. (de rire)** to burst out laughing

poulailler [pulaje] NM hen house; *Fam Théâtre* **le p.** the gods

poulain [pulɛ̃] NM foal; *Fig* protégé

poule¹ [pul] NF *(animal)* hen; *Culin* fowl; *Péj (femme)* tart, *Am* broad; *Fam* **ma p.** darling; *Péj* **p. mouillée** wimp

poule² [pul] NF *(groupe)* group

poulet [pulɛ] NM *(animal)* chicken; *Fam (policier)* cop

poulie [puli] NF pulley

poulpe [pulp] NM octopus

pouls [pu] NM *Méd* pulse; **prendre le p. de qn** to take sb's pulse

poumon [pumɔ̃] NM lung; **à pleins poumons** *(respirer)* deeply; **p. d'acier** iron lung

poupe [pup] NF *Naut* stern, poop; *Fig* **avoir le vent en p.** to have the wind in one's sails

poupée [pupe] NF doll; **jouer à la p.** to play with dolls

pour [pur] **1** PRÉP for; **p. toi/moi** for you/me; **faites-le p. lui** do it for him, do it for his sake; **partir p. Paris/l'Italie** to leave for Paris/Italy; **elle part p. cinq ans** she's leaving for five years; **elle est p.** she's all for it, she's in favour of it; **p. faire qch** (in order) to do sth; **p. que tu le voies** so (that) you may see it; **p. quoi faire?** what for?; **assez grand p. faire qch** big enough to do sth; **p. femme/base** as a wife/basis; **p. affaires** on business; **p. cela** for that reason; **p. ma part** as for me; **jour p. jour/heure p. heure** to the day/hour; **dix p. cent** ten percent; **acheter p. 2 euros de bonbons** to buy 2 euros' worth of *Br* sweets or Am candies **2 NM le p. et le contre** the pros and cons

pourboire [purbwar] NM tip

pourcentage [pursɑ̃taʒ] NM percentage

pourchasser [purʃase] VT to pursue

Il faut noter que le verbe anglais **to purchase** est un faux ami. Il signifie **acheter**.

pourparlers [purparle] NMPL negotiations, talks; **p. de paix** peace talks

pourquoi [purkwa] **1 ADV & CONJ** why; **p. pas?** why not? **2 NM INV** reason (**de** for); **le p. et le comment** the whys and wherefores

pourra [pura], **pourrait** [pure] ➤ **pouvoir**

pourrir [purir] **1 VT** to rot; Fig **p. qn** to spoil sb **2 VI** to rot ■ **pourri, -ie** ADJ (fruit, temps, personne) rotten; Fam **être p. de fric** to be stinking rich ■ **pourriture** NF rot

poursuite [pursɥit] **1 NF** (chasse) pursuit; (continuation) continuation; **se lancer à la p. de qn** to set off in pursuit of sb **2 NFPL** Jur **poursuites (judiciaires)** legal proceedings (**contre** against); **engager des poursuites contre qn** to start proceedings against sb

poursuivre* [pursɥivr] **1 VT** (chercher à atteindre) to pursue; (sujet: idée, crainte) to haunt; (sujet: malchance) to dog; (harceler) to pester; (continuer) to continue, to go on with; Jur **p. qn (en justice)** to bring proceedings against sb; (au criminel) to prosecute sb **2 se poursuivre** VPR to continue, to go on

pourtant [purtɑ̃] ADV yet, nevertheless; **et p.** and yet

pourtour [purtur] NM perimeter

pourvoir* [purvwar] **1 VT** to provide (**de** with); **être pourvu de** to be provided with **2 VI p. à** (besoins) to provide for **3 se pourvoir** VPR Jur **se p. en cassation** to take one's case to the Court of Appeal ■ **pourvoyeur, -euse** NMF supplier

pourvu [purvy] **pourvu que** CONJ **(a)** (condition) provided (that) **(b)** (souhait) **p. qu'elle soit là!** I just hope (that) she's there!

pousse [pus] NF (croissance) growth; (bourgeon) shoot, sprout; **pousses de bambou** bamboo shoots

poussée [puse] NF (pression) pressure; (coup) push; (d'ennemi) thrust, push; (de fièvre) outbreak; (de l'inflation) upsurge

pousser [puse] **1 VT** (presser) to push; (moteur) to drive hard; **p. qn à qch** to drive sb to sth; **p. qn à faire qch** (sujet: faim) to drive sb to do sth; (sujet: personne) to urge sb to do sth; **poussé par la curiosité** prompted by curiosity; **p. un cri** to shout **2 VI** (presser) to push; (croître) to grow; **faire p. qch** (plante) to grow sth; **se laisser p. les cheveux** to let one's hair grow **3 se pousser** VPR (pour faire de la place) to move over ■ **poussé, -ée** ADJ (travail, études) thorough

poussette [puset] NF Br pushchair, buggy, Am stroller

poussière [pusjɛr] NF dust; **une p.** a speck of dust; Fam **faire la p.** ou **les poussières** to do the dusting; Fam **10 euros et des poussières** just over 10 euros ■ **poussiéreux, -euse** ADJ dusty

poussin [pusɛ̃] NM (animal) chick

poutre [putr] NF (en bois) beam; (en acier) girder

pouvoir* [puvwar] **1 VT** (être capable de) can, to be able to; (avoir la permission) can, may, to be allowed; **je peux deviner** I can guess, I'm able to guess; **tu peux entrer** you may or can come in; **il peut être sorti** he may or might be out; **elle pourrait/pouvait venir** she might/could come; **j'ai pu l'obtenir** I managed to get it; **je n'en peux plus** (de fatigue) I'm utterly exhausted **2 V IMPERSONNEL il peut neiger** it may snow; **il se peut qu'elle parte** she might leave **3 NM** (puissance, attributions) power; **au p.** (parti) in power; **p. d'achat** purchasing power; **les pouvoirs publics** the authorities

poux [pu] PL ➤ **pou**

pragmatique [pragmatik] ADJ pragmatic

prairie [preri] NF meadow

praline [pralin] NF praline ■ **praliné, -ée** ADJ (glace) praline-flavoured

pratique [pratik] **1 ADJ** (méthode, personne) practical; (outil) handy; **avoir l'esprit p.** to be practically minded **2 NF** (application, procédé, coutume) practice; (expérience) practical experience; **la p. de la natation ou golf** swimming/golfing; **mettre qch en p.** to put sth into practice; **dans la p.** (en réalité) in practice ■ **pratiquement** ADV (presque) practically; (en réalité) in practice

pratiquer [pratike] **1 VT** (religion) to Br practise or Am practice; (activité) to take part in; (langue) to use; (sport) to play; (ouverture) to make; (opération) to carry out; **p. la natation** to go swimming **2 VI** (médecin, avocat) to Br practise or Am practice ■ **pratiquant, -ante 1 ADJ** practising **2 NMF** practising Christian/Jew/Muslim/etc

pré [pre] NM meadow

préalable [prealabl] **1 ADJ** prior, previous; **p. à** prior to **2 NM** precondition, prerequisite; **au p.** beforehand

préavis [preavi] NM (advance) notice (**de** of); **p. de grève** strike notice; **p. de licenciement** notice of dismissal

précaire [preker] ADJ precarious; (santé) delicate ■ **précarité** NF precariousness; **p. de l'emploi** lack of job security

précaution [prekosjɔ̃] NF (mesure) precaution;

(prudence) caution; **par p.** as a precaution; **pour plus de p.** to be on the safe side; **prendre des précautions** to take precautions

précédent, -ente [presedɑ̃, -ɑ̃t] **1** ADJ previous **2** NMF previous one **3** NM precedent; **sans p.** unprecedented ▪ **précédemment** [-amɑ̃] ADV previously ▪ **précéder** VTI to precede

prêcher [preʃe] VTI to preach

précieux, -ieuse [presjø, -jøz] ADJ precious

précipice [presipis] NM chasm, abyss; *(de ravin)* precipice

précipiter [presipite] **1** VT *(hâter)* to hasten; *(jeter)* to hurl down; *Fig* to plunge (**dans** into) **2 se précipiter** VPR *(se jeter)* to rush (**vers/sur** towards/at); *(se hâter)* to rush; **les événements se sont précipités** things started happening quickly ▪ **précipitamment** [-amɑ̃] ADV hastily ▪ **précipitation** NF haste; **précipitations** *(pluie)* precipitation ▪ **précipité, -ée** ADJ hasty

précis, -ise [presi, -iz] **1** ADJ precise, exact; *(mécanisme)* accurate, precise; **à deux heures précises** at two o'clock sharp *or* precisely **2** NM *(résumé)* summary; *(manuel)* handbook ▪ **précisément** ADV precisely ▪ **précision** NF precision; *(de mécanisme, d'information)* accuracy; *(détail)* detail; **donner des précisions sur qch** to give precise details about sth; **demander des précisions sur qch** to ask for further information about sth

préciser [presize] **1** VT to specify (**que** that) **2 se préciser** VPR to become clear(er)

précoce [prekɔs] ADJ *(enfant)* precocious; *(fruit, été)* early

préconçu, -ue [prekɔ̃sy] ADJ preconceived

préconiser [prekɔnize] VT to advocate (**que** that)

précurseur [prekyrsœr] **1** NM forerunner, precursor **2** ADJ **signe p.** forewarning

prédécesseur [predesesœr] NM predecessor

prédestiné, -ée [predestine] ADJ predestined (**à faire** to do)

prédilection [predileksjɔ̃] NF predilection; **de p.** favourite

prédire* [predir] VT to predict (**que** that) ▪ **prédiction** NF prediction

prédisposer [predispoze] VT to predispose (**à qch** to sth; **à faire** to do) ▪ **prédisposition** NF predisposition (**à** to)

prédominer [predɔmine] VI to predominate ▪ **prédominance** NF predominance ▪ **prédominant, -ante** ADJ predominant

préfabriqué, -ée [prefabrike] ADJ prefabricated

préface [prefas] NF preface (**de** to)

préfecture [prefɛktyr] NF prefecture; **la P. de police** police headquarters ▪ **préfectoral, -e, -aux, -ales** ADJ = relating to a 'préfecture' or 'préfet'

préférable [preferabl] ADJ preferable (**à** to)

préférence [preferɑ̃s] NF preference (**pour** for); **de p.** preferably; **de p. à** in preference to ▪ **préférentiel, -ielle** ADJ preferential

préférer [prefere] VT to prefer (**à** to); **p. faire qch** to prefer to do sth; **je préférerais rester** I would rather stay, I would prefer to stay ▪ **préféré, -ée** ADJ & NMF favourite

préfet [prefɛ] NM prefect *(chief administrator in a "département")*; **p. de police** = chief commissioner of police

préfigurer [prefigyre] VT to herald, to foreshadow

préfixe [prefiks] NM prefix

préhistoire [preistwar] NF prehistory ▪ **préhistorique** ADJ prehistoric

préjudice [preʒydis] NM *(à une cause)* prejudice; *(à une personne)* harm; **porter p. à qn** to do sb harm

> Il faut noter que le nom anglais **prejudice** est un faux ami. Il signifie le plus souvent **préjugé**.

préjugé [preʒyʒe] NM prejudice; **avoir des préjugés** to be prejudiced (**contre** against)

prélasser [prelase] **se prélasser** VPR to lounge

prélever [prel(ə)ve] VT *(échantillon)* to take (**sur** from); *(somme)* to deduct (**sur** from) ▪ **prélèvement** NM *(d'échantillon)* taking; *(de somme)* deduction; **p. automatique** *Br* direct debit, *Am* automatic deduction; **prélèvements obligatoires** = tax and social security contributions

préliminaire [preliminer] **1** ADJ preliminary **2** NMPL **préliminaires** preliminaries

prélude [prelyd] NM prelude (**à** to)

prématuré, -ée [prematyre] **1** ADJ premature **2** NMF premature baby ▪ **prématurément** ADV prematurely

préméditer [premedite] VT to premeditate ▪ **préméditation** NF premeditation; **meurtre avec p.** premeditated murder

premier, -ière [prəmje, -jɛr] **1** ADJ first; *(enfance)* early; *(page de journal)* front; *(qualité)* prime; *(état)* original; *(notion, cause)* basic; *(danseuse, rôle)* leading; *(marche)* bottom; **le p. rang** the front row; **les trois premiers mois** the first three months; **à la première occasion** at the earliest opportunity; **en p.** firstly; **P. ministre** Prime Minister **2** NM *(étage) Br* first *or Am* second floor; **le p. juin** June the first; **le p. de l'an** New Year's Day **3** NMF first (one); **arriver le p.** *ou* **en p.** to arrive first **4** NF **première** *(wagon, billet)* first class; *(vitesse)* first (gear); *(événement historique)* first; *(de chaussure)* insole; *Théâtre* opening night; *Cin* première; *Scol Br* ≃ lower sixth, *Am* ≃ eleventh grade ▪ **pre-mièrement** ADV firstly

prémonition [premɔnisjɔ̃] NF premonition ▪ **prémonitoire** ADJ premonitory

prenant, -ante [prənɑ̃, -ɑ̃t] ADJ *(film)* engrossing; *(travail)* time-consuming

prénatal, -e, -als, -ales [prenatal] ADJ *Br* antenatal, *Am* prenatal

prendre* [prɑ̃dr] **1** VT to take (**à qn** from sb); *(attraper)* to catch; *(repas, boisson, douche)* to have; *(nouvelles)* to get; *(air)* to put on; *(accent)* to pick up; *(pensionnaire)* to take in; *(bonne, assistant)* to take on; **p. qch dans un tiroir** to take sth out of a drawer; **p. qn pour** to take sb for; **p. feu** to catch fire; **p. du temps/une heure** to take time/an hour; **p. de la place** to take up room; **p. du poids/de la vitesse** to put on weight/gather speed; **p. l'air** *(se promener)* to get some fresh air; **p. l'eau** *(bateau, chaussure)* to be leaking; **passer p. qn** to come and get sb; *l'am* **p. un coup de poing dans la figure** to get a punch in the face **2** VI *(feu)* to catch; *(ciment, gelée)* to set; *(greffe, vaccin, plante)* to take; *(mode)* to catch on; **p. sur soi** to restrain oneself **3** **se prendre** VPR *(médicament)* to be taken; *(s'accrocher)* to get caught; **se p. les pieds dans qch** to get one's feet caught in sth; **s'y p. bien avec qn** to know how to handle sb; **s'en p. à qn** to take it out on sb

prénom [prenɔ̃] NM first name ▪ **prénommer** VT to name; **il se prénomme Daniel** his first name is Daniel

préoccuper [preɔkype] **1** VT *(inquiéter)* to worry **2 se préoccuper** VPR **se p. de qn/qch** to concern oneself with sb/sth ▪ **préoccupant, -ante** ADJ worrying ▪ **préoccupation** NF preoccupation, concern ▪ **préoccupé, -ée** ADJ worried (**par** about)

prépa [prepa] NF *Fam Scol* = preparatory class *(for the entrance exam to the "grandes écoles")*

préparatifs [preparatif] NMPL preparations (**de** for) ▪ **préparation** NF preparation ▪ **préparatoire** ADJ preparatory

préparer [prepare] **1** VT to prepare (**qch pour** sth for); *(examen)* to study for; **p. qch à qn** to prepare sth for sb; **p. qn à** *(examen)* to prepare *or* coach sb for; **plats tout préparés** ready-cooked meals **2 se préparer** VPR *(être imminent)* to be in the offing; *(s'apprêter)* to prepare oneself (**à** *ou* **pour qch** for sth); **se p. à faire qch** to prepare to do sth; **se p. qch** *(boisson)* to make oneself sth

prépondérant, -ante [prepɔ̃derɑ̃, -ɑ̃t] ADJ predominant ▪ **prépondérance** NF predominance

préposition [prepozisjɔ̃] NF *Grammaire* preposition

préretraite [prerətret] NF early retirement

près [prɛ] ADV **p. de qn/qch** near sb/sth, close to sb/sth; **p. de deux ans** nearly two years; **p. de partir** about to leave; **tout p.** nearby (**de qn/qch** sb/sth), close by (**de qn/qch** sb/sth); **de p.** *(suivre, examiner)* closely; **à peu de chose p.** more or less; **à cela p.** except for that; **voici le chiffre à un euro p.** here is the figure, give or take a euro

présage [prezaʒ] NM omen, sign ▪ **présager** VT *(annoncer)* to presage; **ça ne présage rien de bon** it doesn't bode well

presbyte [prɛsbit] ADJ long-sighted

prescrire* [prɛskrir] VT *(médicament)* to prescribe ▪ **prescription** NF *(ordonnance)* prescription

présence [prezɑ̃s] NF presence; *(à l'école)* attendance (**à** at); **en p. de** in the presence of; **faire acte de p.** to put in an appearance; **p. d'esprit** presence of mind

présent¹, -ente [prezɑ̃, -ɑ̃t] **1** ADJ *(non absent, actuel)* present **2** NM *(temps)* present; *Grammaire* present *(tense)*; **à p.** at present, now; **dès à p.** as from now

présent² [prezɑ̃] NM *Littéraire (cadeau)* present; **faire p. de qch à qn** to present sth to sb

présenter [prezɑ̃te] **1** VT *(montrer)* to show, to present; *(facture)* to submit; *(arguments)* to present; **p. qn à qn** to introduce sb to sb **2** VI *Fam* **elle présente bien** she looks good **3 se présenter** VPR *(dire son nom)* to introduce oneself (**à** to); *(chez qn)* to show up; *(occasion)* to arise; **se p. à** *(examen)* to take, *Br* to sit for; *(élections)* to run in; *(emploi)* to apply for; *(autorités)* to report to; **ça se présente bien** it looks promising ▪ **présentable** ADJ presentable ▪ **présentateur, -trice** NMF presenter ▪ **présentation** NF presentation; *(de personnes)* introduction; **faire les présentations** to make the introductions

présentoir [prezɑ̃twar] NM display unit

préservatif [prezɛrvatif] NM condom

Il faut noter que le nom anglais **preservative** est un faux ami. Il signifie **agent de conservation**.

préserver [prezɛrve] VT to protect, to preserve (**de** from) ▪ **préservation** NF protection, preservation

présidence [prezidɑ̃s] NF *(de nation)* presidency; *(de firme)* chairmanship ▪ **président, -ente** NMF *(de nation)* president; *(de firme)* chairman, *f* chairwoman; **p.-directeur général** *Br* (chairman and) managing director, *Am* chief executive officer; **p. du jury** *(d'examen)* chief examiner; *(de* *tribunal)* foreman of the jury ■ **présidentiel, -ielle** ADJ presidential

présider [prezide] VT *(réunion)* to chair; *(conseil)* to preside over

presque [presk] ADV almost, nearly; **p. jamais/rien** hardly ever/anything

presqu'île [preskil] NF peninsula

presse [pres] NF *Tech* press; *Typ* (printing) press; **la p.** *(journaux)* the press; **la p. à sensation** the tabloids; **conférence de p.** press conference

pressentir* [presɑ̃tir] VT *(deviner)* to sense **(que** that) ■ **pressentiment** NM presentiment; *(de malheur)* foreboding

presser [prese] 1 VT *(serrer)* to squeeze; *(raisin)* to press; *(sonnette, bouton)* to press, to push; **p. qn** to hurry sb; **p. qn de faire qch** to urge sb to do sth; **p. le pas** to speed up 2 VI **rien ne presse** there's no hurry 3 **se presser** VPR *(se hâter)* to hurry **(de faire** to do); *(se serrer)* to squeeze (together); *(se grouper)* to crowd **(autour de** around) ■ **pressant, -ante** ADJ urgent, pressing ■ **pressé, -ée** ADJ *(personne)* in a hurry; *(air)* hurried ■ **presse-citron** NM INV lemon squeezer

pressing [presiŋ] NM dry cleaner's

pression [presjɔ̃] NF *Tech* pressure; *(bouton)* snap (fastener); *Fam (bière)* Br draught beer, Am draft beer; **faire p. sur qn** to put pressure on sb, to pressurize sb; **subir des pressions** to be under pressure

pressuriser [presyrize] VT *(avion)* to pressurize

prestance [prestɑ̃s] NF presence

prestataire [prestatɛr] NMF **p. de service** service provider; *Ordinat* **p. d'accès** access provider

prestation [prestasjɔ̃] NF **(a)** *(allocation)* benefit; **prestations** *(services)* services; **prestations sociales** Br social security benefits, Am welfare payments **(b)** *(de comédien)* performance

prestidigitateur, -trice [prestidiʒitatœr, -tris] NMF conjurer ■ **prestidigitation** NF **tour de p.** conjuring trick

prestige [prestiʒ] NM prestige ■ **prestigieux, -ieuse** ADJ prestigious

présumer [prezyme] VT to presume **(que** that); **p. de qch** to overestimate sth

prêt[1], **prête** [prɛ, prɛt] ADJ *(préparé)* ready **(à faire** to do; **à qch** for sth); **être fin p.** to be all set; **être p. à tout** to be prepared to do anything ■ **prêt-à-porter** [prɛtaporte] NM ready-to-wear clothes

prêt[2] [prɛ] NM *(somme)* loan

prétendre [pretɑ̃dr] 1 VT *(déclarer)* to claim **(que** that); *(vouloir)* to intend **(faire** to do); **à ce qu'il prétend** according to him; **on le prétend fou** they say he's mad 2 VI **p. à** *(titre)* to lay claim to 3 **se prétendre** VPR to claim to

be ■ **prétendu, -ue** ADJ *(progrès)* so-called; *(coupable)* alleged

> Il faut noter que le verbe anglais **to pretend** est un faux ami. Il signifie le plus souvent **faire semblant**.

prétentieux, -ieuse [pretɑ̃sjø, -jøz] ADJ pretentious ■ **prétention** NF *(vanité)* pretension; *(revendication, ambition)* claim; **sans p.** *(film, robe)* unpretentious

prêter [prete] 1 VT *(argent, objet)* to lend **(à** to); *(aide)* to give **(à** to); *(propos, intention)* to attribute **(à** to); **p. attention** to pay attention **(à** to); **p. serment** to take an oath 2 VI **p. à confusion** to give rise to confusion 3 **se prêter** VPR **se p. à** *(consentir)* to agree to; *(convenir)* to lend itself to

prétérit [preterit] NM *Grammaire* preterite (tense)

prétexte [pretɛkst] NM excuse, pretext; **sous p. de/que** on the pretext of/that; **sous aucun p.** under no circumstances ■ **prétexter** VT to plead **(que** that)

prêtre [prɛtr] NM priest

preuve [prœv] NF piece of evidence; **preuves** evidence; **faire p. de qch** to prove sth; **faire p. de courage** to show courage; **faire ses preuves** *(personne)* to prove oneself; *(méthode)* to be tried and tested; **p. d'amour** token of love

prévaloir* [prevalwar] VI to prevail **(sur** over)

prévenant, -ante [prevnɑ̃, -ɑ̃t] ADJ considerate

prévenir* [prevnir] VT **(a)** *(mettre en garde)* to warn; *(aviser)* to inform **(de** of or about) **(b)** *(maladie)* to prevent; *(accident)* to avert ■ **préventif, -ive** ADJ preventive; **détention préventive** custody ■ **prévention** NF prevention; **p. routière** road safety

prévisible [previzibl] ADJ foreseeable

prévision [previzjɔ̃] NF forecast; **en p. de** in expectation of; **prévisions météorologiques** weather forecast

prévoir* [prevwar] VT *(météo)* to forecast; *(difficultés, retard, réaction)* to expect; *(organiser)* to plan; **un repas est prévu** a meal is provided; **la réunion est prévue pour demain** the meeting is scheduled for tomorrow; **comme prévu** as planned; **plus tôt que prévu** earlier than expected; **prévu pour** *(véhicule, appareil)* designed for

prévoyant, -ante [prevwajɑ̃, -ɑ̃t] ADJ farsighted ■ **prévoyance** NF foresight

prier [prije] 1 VI *Rel* to pray 2 VT *(Dieu)* to pray to; *(supplier)* to beg; **p. qn de faire qch** to ask sb to do sth; **je vous en prie** *(faites-le)* please; *(en réponse à 'merci')* don't mention it; **sans se faire p.** without hesitation; **il ne s'est pas fait p.** he didn't need much persuading

prière [prijɛr] NF *Rel* prayer; *(demande)* request; **p. de répondre** please answer

primaire [primɛr] **1** ADJ primary; **école p.** *Br* primary school, *Am* elementary school **2** NM *Scol Br* primary *or Am* elementary education; **être en p.** to be at *Br* primary *or Am* elementary school

prime [prim] **1** NF *(sur salaire)* bonus; *(d'État)* subsidy; **en p.** *(cadeau)* as a free gift; **p. (d'assurance)** *(insurance)* premium; **p. de fin d'année** ≈ Christmas bonus; **p. de licenciement** severance allowance; **p. de transport** transport allowance **2** ADJ **de p. abord** at the very first glance

primé, -ée [prime] ADJ *(film, animal)* prizewinning

primer [prime] VI to come first; **p. sur qch** to take precedence over sth

primevère [primvɛr] NF primrose

primitif, -ive [primitif, -iv] ADJ *(société, art)* primitive; *(état, sens)* original

primordial, -e, -iaux, -iales [primordjal, -jo] ADJ vital **(de faire** to do)

prince [prɛ̃s] NM prince ■ **princesse** NF princess ■ **princier, -ière** ADJ princely ■ **principauté** NF principality

principal, -e, -aux, -ales [prɛ̃sipal, -o] **1** ADJ main, principal; *(rôle)* leading **2** NM *(de collège)* principal, *Br* headmaster, *f* headmistress; **le p.** *(l'essentiel)* the main thing ■ **principalement** ADV mainly

principe [prɛ̃sip] NM principle; **en p.** theoretically, in principle; **par p.** on principle

printemps [prɛ̃tɑ̃] NM spring; **au p.** in the spring ■ **printanier, -ière** ADJ **température printanière** spring-like temperature

priorité [priɔrite] NF priority **(sur** over); *Aut* right of way; *Aut* **avoir la p.** to have (the) right of way; *Aut* **p. à droite** right of way to traffic coming from the right; **en p.** as a matter of priority ■ **prioritaire** ADJ **secteur p.** priority sector; **être p.** to have priority; *Aut* to have (the) right of way

pris, prise¹ [pri, priz] **1** PP ➤ **prendre 2** ADJ *(place)* taken; **avoir le nez p.** to have a blocked nose; **être p.** *(occupé)* to be busy; *(candidat)* to be accepted; **p. de** *(peur)* seized with; **p. de panique** panic-stricken

prise² [priz] NF *(action)* taking; *(objet saisi)* catch; *(manière d'empoigner)* grip; *(de judo)* hold; *(de tabac)* pinch; **lâcher la p.** to lose one's grip; **p. de sang** blood test; *Él* **p. (de courant)** *(mâle)* plug; *(femelle)* socket; *Él* **p. multiple** adaptor; **p. de conscience** awareness; **p. de contact** first meeting; **p. d'otages** hostage-taking; *Cin & Phot* **p. de vue** *(action)* shooting; *(de tournage)* take; *(cliché)* shot

prison [prizɔ̃] NF prison, jail; *(peine)* imprisonment;

mettre qn en p. to put sb in prison, to jail sb ■ **prisonnier, -ière** NMF prisoner; **faire qn p.** to take sb prisoner; **p. de guerre** prisoner of war; **p. politique** political prisoner

privation [privasjɔ̃] NF deprivation **(de** of); **privations** *(manque)* hardship

privatiser [privatize] VT to privatize ■ **privatisation** NF privatization

privé, -ée [prive] **1** ADJ private **2** NM **le p.** the private sector; *Scol* the private education system; **en p.** in private; **dans le p.** privately; *(travailler)* in the private sector

priver [prive] **1** VT to deprive **(de** of) **2 se priver** VPR **se p. de** to do without, to deprive oneself of

privilège [privilɛʒ] NM privilege ■ **privilégié, -iée** ADJ privileged

prix [pri] NM *(coût)* price; *(récompense)* prize; **à tout p.** at all costs; **à aucun p.** on no account; **hors de p.** exorbitant; **attacher du p. à qch** to attach importance to sth; **faire un p. à qn** to give sb a special price

probable [prɔbabl] ADJ likely, probable; **peu p.** unlikely ■ **probabilité** NF probability, likelihood; **selon toute p.** in all probability ■ **probablement** [-amɑ̃] ADV probably

probant, -ante [prɔbɑ̃, -ɑ̃t] ADJ conclusive

probité [prɔbite] NF integrity

problème [prɔblɛm] NM problem ■ **problématique** ADJ problematic

procédé [prɔsede] NM *(technique)* process; *(méthode)* method; **p. de fabrication** manufacturing process

procéder [prɔsede] VI *(agir)* to proceed; **p. à** *(enquête, arrestation)* to carry out; **p. par élimination** to follow a process of elimination ■ **procédure** NF *(méthode)* procedure; *(règles juridiques)* procedure; *(procès)* proceedings

procès [prɔsɛ] NM *Jur (criminel)* trial; *(civil)* lawsuit; **faire un p. à qn** to take sb to court

Il faut noter que le nom anglais **process** est un faux ami. Il signifie le plus souvent **processus**, **procédé**.

processeur [prɔsesœr] NM *Ordinat* processor

procession [prɔsesjɔ̃] NF procession

processus [prɔsesys] NM process

procès-verbal [prɔsɛverbal] *(pl* **procès-verbaux** [-o]*)* NM *(amende)* fine; *(constat)* report; *(de réunion)* minutes

prochain, -aine [prɔʃɛ̃, -ɛn] **1** ADJ next; *(mort, arrivée)* impending; *(mariage)* forthcoming; **un jour p.** one day soon **2** NF *Fam* **je descends à la prochaine** I'll get off at the next station; **à la prochaine!** see you soon! **3** NM *(semblable)* fellow (man) ■ **prochainement** ADV shortly, soon

proche [prɔʃ] ADJ *(dans l'espace)* near, close; *(dans le temps)* near, imminent; *(parent, ami)* close; **p. de** near (to), close to; **de p. en p.** step by step; **le P.-Orient** the Middle East ■ **proches** NMPL close relations

proclamer [prɔklame] VT to proclaim *(que* that); **p. qn roi** to proclaim sb king ■ **proclamation** NF proclamation

procréer [prɔkree] VI to procreate ■ **procréation** NF procreation; **p. médicalement assistée** assisted conception

procuration [prɔkyrɑsjɔ̃] NF power of attorney; **par p.** by proxy

procurer [prɔkyre] **1** VT **p. qch à qn** *(sujet: personne)* to get sth for sb; *(sujet: chose)* to bring sb sth **2 se procurer** VPR **se p. qch** to obtain sth

procureur [prɔkyrœr] NM **p. de la République** *Br* ≃ public prosecutor, *Am* ≃ district attorney

prodige [prɔdiʒ] NM *(miracle)* wonder; *(personne)* prodigy; **tenir du p.** to be extraordinary ■ **prodigieux, -ieuse** ADJ prodigious

prodiguer [prɔdige] VT **p. qch à qn** to lavish sth on sb; **p. des conseils à qn** to pour out advice to sb

production [prɔdyksjɔ̃] NF production; *(produit)* product; *(d'usine)* output ■ **producteur, -trice 1** NMF producer **2** ADJ producing; **pays de p. de pétrole** oil-producing country ■ **productif, -ive** ADJ productive ■ **productivité** NF productivity

produire* [prɔdɥir] **1** VT *(marchandise, émission, gaz)* to produce; *(effet, résultat)* to produce, to bring about **2 se produire** VPR *(événement)* to happen, to occur; *(acteur)* to perform ■ **produit** NM *(article)* product; *(de vente, de collecte)* proceeds; **p. chimique** chemical; **produits de beauté** cosmetics; **produits ménagers** cleaning products

prof [prɔf] NM *Fam* teacher

profane [prɔfan] **1** ADJ secular **2** NMF lay person

profaner [prɔfane] VT to desecrate ■ **profanation** NF desecration

proférer [prɔfere] VT to utter

professer [prɔfese] VT to profess *(que* that)

professeur [prɔfesœr] NM teacher; *(à l'université)* professor; **p. principal** *Br* class *or* form teacher, *Am* homeroom teacher

profession [prɔfesjɔ̃] NF occupation, profession; *(manuelle)* trade; **sans p.** not gainfully employed; **de p.** *(chanteur)* professional; **p. libérale** profession; **p. de foi** *Rel* profession of faith; *Fig* declaration of principles ■ **professionnel, -elle 1** ADJ professional; *(enseignement)* vocational **2** NMF professional

profil [prɔfil] NM profile; **de p.** (viewed) from the side; **p. de poste** job description ■ **se profiler** VPR to be outlined *(sur* against)

profit [prɔfi] NM profit; **tirer p. de qch** to benefit from sth; **mettre qch à p.** to put sth to good use; **au p. des pauvres** in aid of the poor ■ **profitable** ADJ profitable *(à* to) ■ **profiter** VI **p. de** to take advantage of; **p. de la vie** to make the most of life; **p. à qn** to benefit sb ■ **profiteur, -euse** NMF *Péj* profiteer

profond, -onde [prɔfɔ̃, -ɔ̃d] **1** ADJ deep; *(joie, erreur)* profound; *(cause)* underlying; **p. de 2 m** 2 m deep **2** ADV deep **3** NM **au plus p. de la terre** in the depths of the earth ■ **profondément** ADV deeply; *(dormir)* soundly; *(triste, ému)* profoundly; *(creuser)* deep ■ **profondeur** NF depth; **faire 6 m de p.** to be 6 m deep; **à 6 m de p.** at a depth of 6 m; **en p.** *(étude)* in-depth

profusion [prɔfyzjɔ̃] NF profusion; **à p.** in profusion

programmable [prɔgramabl] ADJ programmable ■ **programmation** NF *Radio & TV* programme planning; *Ordinat* programming

programmateur [prɔgramatœr] NM *Tech* automatic control (device)

programme [prɔgram] NM *Br* programme, *Am* program; *(de parti politique)* manifesto; *Scol* curriculum; *(d'un cours)* syllabus; *Ordinat* program ■ **programmer** VT *Ordinat* to program; *Radio, TV & Cin* to schedule ■ **programmeur, -euse** NMF (computer) programmer

progrès [prɔgrɛ] NM & NMPL progress; **faire des p.** to make (good) progress ■ **progresser** VI to progress ■ **progressif, -ive** ADJ progressive ■ **progression** NF progression ■ **progressiste** ADJ & NMF progressive ■ **progressivement** ADV progressively

prohiber [prɔibe] VT to prohibit, to forbid ■ **prohibitif, -ive** ADJ prohibitive ■ **prohibition** NF prohibition

proie [prwa] NF prey; *Fig* **être la p. de qn** to fall prey to sb; **être la p. des flammes** to be consumed by fire; *Fig* **en p. au doute** racked with doubt

projecteur [prɔʒɛktœr] NM *(de monument, de stade)* floodlight; *(de prison, d'armée)* searchlight; *Théâtre* spotlight; *Cin* projector

projectile [prɔʒɛktil] NM missile

projection [prɔʒɛksjɔ̃] NF *(d'objet, de film)* projection; *(séance)* screening

projet [prɔʒɛ] NM *(intention)* plan; *(étude)* project; **faire des projets d'avenir** to make plans for the future; **p. de loi** bill

projeter [prɔʒte] VT *(lancer)* to project; *(liquide, boue)* to splash; *(lumière)* to flash; *(film)* to show; *(ombre)* to cast; *(prévoir)* to plan; **p. de faire qch** to plan to do sth

proliférer [prɔlifere] **VI** to proliferate ▪ **prolifération** NF proliferation

prolifique [prɔlifik] ADJ prolific

prolonger [prɔlɔ̃ʒe] **1** VT *(vie, débat, séjour)* to prolong; *(mur, route)* to extend **2 se prolonger** VPR *(séjour)* to be prolonged; *(réunion)* to go on; *(rue)* to continue ▪ **prolongation** NF *(de séjour)* extension; *Football* **prolongations** extra time ▪ **prolongement** NM *(de rue)* continuation; *(de mur)* extension; **prolongements** *(d'affaires)* repercussions

promenade [prɔmnad] NF *(à pied)* walk; *(courte)* stroll; *(avenue)* promenade; **faire une p.** to go for a walk; **faire une p. à cheval** to go for a ride

promener [prɔmne] **1** VT *(personne, chien)* to take for a walk; *(visiteur)* to show around; **p. qch sur qch** *(main, regard)* to run sth over sth **2 se promener** VPR *(à pied)* to go for a walk ▪ **promeneur, -euse** NMF stroller, walker

promesse [prɔmɛs] NF promise; **tenir sa p.** to keep one's promise

promettre [prɔmɛtr] **1** VT to promise **(qch à qn** sb sth; **que** that); **p. de faire qch** to promise to do sth; **c'est promis** it's a promise **2** VI *Fig* to be promising **3 se promettre** VPR **se p. qch** *(à soi-même)* to promise oneself sth; *(l'un l'autre)* to promise each other sth; **se p. de faire qch** *(à soi-même)* to resolve to do sth ▪ **prometteur, -euse** ADJ promising

promoteur [prɔmɔtœr] NM **p. (immobilier)** property developer

promotion [prɔmosjɔ̃] NF **(a)** *(avancement)* & *Com* promotion; **en p.** *(produit)* on (special) offer; **p. sociale** upward mobility **(b)** *(d'une école)* *Br* year, *Am* class ▪ **promouvoir*** VT *(personne, produit)* to promote; **être promu** *(employé)* to be promoted (**à** to)

prompt, prompte [prɔ̃, prɔ̃t] ADJ prompt; **p. à faire qch** quick to do sth

promulguer [prɔmylge] VT to promulgate

prôner [prone] VT to advocate

pronom [prɔnɔ̃] NM *Grammaire* pronoun ▪ **pronominal, -e, -aux, -ales** ADJ *Grammaire* pronominal

prononcer [prɔnɔ̃se] **1** VT *(articuler)* to pronounce; *(dire)* to utter; *(discours)* to deliver; *(jugement)* to pronounce **2 se prononcer** VPR *(mot)* to be pronounced; *(personne)* to give one's opinion (**sur** about *or* on); **se p. pour/ contre qch** to come out in favour of/against sth ▪ **prononcé, -ée** ADJ pronounced, marked ▪ **prononciation** NF pronunciation

pronostic [prɔnɔstik] NM forecast; *Méd* prognosis ▪ **pronostiquer** VT to forecast

propagande [prɔpagɑ̃d] NF propaganda

propager [prɔpaʒe] VT **se propager** VPR to spread ▪ **propagation** NF spreading

prophète [prɔfɛt] NM prophet ▪ **prophétie** [-fesi] NF prophecy ▪ **prophétique** ADJ prophetic

propice [prɔpis] ADJ favourable (**à** to); **le moment p.** the right moment

proportion [prɔpɔrsjɔ̃] NF proportion; **en p. de** in proportion to; **hors de p.** out of proportion (**avec** with); **l'affaire a pris des proportions considérables** the affair has blown up into a scandal ▪ **proportionné, -ée** ADJ proportionate (**à** to); **bien p.** well-proportioned ▪ **proportionnel, -elle 1** ADJ proportional (**à** to) **2** NF **proportionnelle** *(scrutin)* proportional representation

propos [prɔpo] NM *(sujet)* subject; *(intention)* purpose; **des p.** *(paroles)* talk, words; **à p. de qn/ qch** about sb/sth; **à p.** *(arriver)* at the right time; **à p.!** by the way!

proposer [prɔpoze] **1** VT *(suggérer)* to suggest, to propose **(qch à qn** sth to sb; **que** + *subjunctive* that); *(offrir)* to offer **(qch à qn** sb sth; **de faire** to do); **je te propose de rester** I suggest (that) you stay **2 se proposer** VPR to offer one's services; **se p. pour faire qch** to offer to do sth; **se p. de faire qch** to propose to do sth ▪ **proposition** NF suggestion, proposal; *(offre)* offer; *Grammaire* clause; **faire une p. à qn** to make a suggestion to sb

propre¹ [prɔpr] **1** ADJ clean; *(soigné)* neat; *(enfant)* toilet-trained; *(animal)* *Br* house-trained, *Am* house-broken; **p. comme un sou neuf** spick and span **2** NM **mettre qch au p.** to make a fair copy of sth; *Fam* **c'est du p.!** what a shocking way to behave! ▪ **proprement¹** [-əmɑ̃] ADV *(avec propreté)* cleanly; *(avec soin)* neatly ▪ **propreté** [-əte] NF cleanliness; *(soin)* neatness

propre² [prɔpr] **1** ADJ *(à soi)* own; **ses propres mots** his/her very words; **être p. à qn/qch** *(particulier)* to be characteristic of sb/sth; **au sens p.** literally **2** NM **le p. de** *(qualité)* the distinctive quality of; **au p.** *(au sens propre)* literally ▪ **proprement²** [-əmɑ̃] ADV *(strictement)* strictly; **à p. parler** strictly speaking; **le village p. dit** the village proper

Il faut noter que l'adjectif anglais **proper** est un faux ami. Il ne se rapporte jamais à la propreté.

propriétaire [prɔprijetɛr] NMF owner; *(de location)* landlord, *f* landlady; **p. foncier** landowner

propriété [prɔprijete] NF *(fait de posséder)* ownership; *(chose possédée)* property; *(caractéristique)* property; **p. littéraire** copyright; **p. privée** private property

Il faut noter que le nom anglais **propriety** est un faux ami. Il signifie **bienséance**.

propulser [prɔpylse] VT to propel ▪ **propulsion** NF propulsion; **sous-marin à p. nucléaire** nuclear-powered submarine

prosaïque [prɔzaik] ADJ prosaic

proscrire* [prɔskrir] VT to proscribe, to ban

prose [proz] NF prose

prospecter [prɔspɛkte] VT *(sol)* to prospect; *(clients)* to canvass ▪ **prospection** NF *(de sol)* prospecting; *Com* canvassing

prospectus [prɔspɛktys] NM leaflet

prospère [prɔspɛr] ADJ prosperous; *(santé)* glowing ▪ **prospérer** VI to prosper ▪ **prospérité** NF prosperity

prostate [prɔstat] NF *Anat* prostate (gland)

prosterner [prɔstɛrne] **se prosterner** VPR to prostrate oneself (**devant** before)

prostituer [prɔstitɥe] **1** VT to prostitute **2 se prostituer** VPR to prostitute oneself ▪ **prostituée** NF prostitute ▪ **prostitution** NF prostitution

protecteur, -trice [prɔtɛktœr, -tris] **1** NMF protector; *(mécène)* patron **2** ADJ *(geste, crème)* protective; *Péj (ton, air)* patronizing ▪ **protection** NF protection; **de p.** *(écran)* protective; **assurer la p. de qn** to ensure sb's safety; **p. de l'environnement** protection of the environment; **p. sociale** social welfare system ▪ **protectionnisme** NM *Écon* protectionism

protéger [prɔteʒe] **1** VT to protect (**de** from; **contre** against) **2 se protéger** VPR to protect oneself ▪ **protégé** NM protégé ▪ **protégée** NF protégée

protéine [prɔtein] NF protein

protestant, -ante [prɔtɛstɑ̃, -ɑ̃t] ADJ & NMF Protestant ▪ **protestantisme** NM Protestantism

protester [prɔtɛste] VI to protest (**contre** against); **p. de son innocence** to protest one's innocence ▪ **protestataire** NMF protester ▪ **protestation** NF protest (**contre** against); **en signe de p.** as a protest; **protestations d'amitiés** protestations of friendship

prothèse [prɔtɛz] NF prosthesis; **p. auditive** hearing aid; **p. dentaire** false teeth

protocole [prɔtɔkɔl] NM protocol

prototype [prɔtɔtip] NM prototype

proue [pru] NF bows, prow

prouesse [prues] NF feat

prouver [pruve] VT to prove (**que** that)

Provence [prɔvɑ̃s] NF **la P.** Provence ▪ **provençal, -e, -aux, -ales 1** ADJ Provençal **2** NMF **P., Provençale** Provençal

provenir* [prɔvənir] VI **p. de** to come from ▪ **provenance** NF origin; **en p. de** from

proverbe [prɔvɛrb] NM proverb

providence [prɔvidɑ̃s] NF providence ▪ **providentiel, -ielle** ADJ providential

province [prɔvɛ̃s] NF province; **la p.** the provinces; **en p.** in the provinces; **de p.** *(ville)* provincial ▪ **provincial, -e, -iaux, -iales** ADJ & NMF provincial

proviseur [prɔvizœr] NM *Br* headmaster, *f* headmistress, *Am* principal

provision [prɔvizjɔ̃] NF **(a)** *(réserve)* supply, stock; **provisions** *(nourriture)* shopping; **panier/sac à provisions** shopping basket/bag; **faire des provisions de qch** to stock up on sth **(b)** *(somme)* credit; *(acompte)* deposit

provisoire [prɔvizwar] ADJ temporary; **à titre p.** temporarily ▪ **provisoirement** ADV temporarily, provisionally

provoquer [prɔvɔke] VT *(incendie, mort)* to cause; *(réaction)* to provoke; *(colère, désir)* to arouse; **p. un accouchement** to induce labour ▪ **provocant, -ante** ADJ provocative ▪ **provocateur** NM troublemaker ▪ **provocation** NF provocation

proxénète [prɔksenɛt] NM pimp

proximité [prɔksimite] NF closeness, proximity; **à p.** close by; **à p. de** close to; **de p.** local

prude [pryd] **1** ADJ prudish **2** NF prude

prudent, -ente [prydɑ̃, -ɑ̃t] ADJ *(personne)* cautious, careful; *(décision)* sensible ▪ **prudemment** [-amɑ̃] ADV cautiously, carefully ▪ **prudence** NF caution, care; **par p.** as a precaution

prune [pryn] NF *(fruit)* plum; *Fam* **pour des prunes** for nothing ▪ **pruneau, -x** NM prune ▪ **prunier** NM plum tree

> Il faut noter que le nom anglais **prune** est un faux ami. Il signifie **pruneau**.

prunelle [prynɛl] NF *(de l'œil)* pupil; **il y tient comme à la p. de ses yeux** it's the apple of his eye

P.-S. [pees] *(abrév* **post-scriptum***)* PS

pseudonyme [psødɔnim] NM pseudonym

psychanalyse [psikanaliz] NF psychoanalysis ▪ **psychanalyste** NMF psychoanalyst

psychiatre [psikjatr] NMF psychiatrist ▪ **psychiatrie** NF psychiatry ▪ **psychiatrique** ADJ psychiatric

psychique [psiʃik] ADJ psychic

psychologie [psikɔlɔʒi] NF psychology ▪ **psychologique** ADJ psychological ▪ **psychologue** NMF psychologist; **p. scolaire** educational psychologist

psychopathe [psikopat] NMF psychopath

psychose [psikoz] NF psychosis

psychothérapie [psikoterapi] NF psychotherapy; **faire une p.** to be in therapy ▪ **psychothérapeute** NMF psychotherapist

pu [py] PP ➤ **pouvoir**

puant, puante [pɥɑ̃, pɥɑ̃t] ADJ stinking ▪ **puanteur** NF stink, stench

pub [pyb] NF Fam (secteur) advertising; (annonce) ad

puberté [pybɛrte] NF puberty

public, -ique [pyblik] 1 ADJ public; **dette publique** national debt 2 NM (de spectacle) audience; **le grand p.** the general public; **film grand p.** film suitable for the general public; **en p.** in public; (émission) before a live audience; Écon **le p.** the public sector ▪ **publiquement** ADV publicly

publication [pyblikasjɔ̃] NF (action, livre) publication; **p. assistée par ordinateur** desktop publishing ▪ **publier** VT to publish

publicité [pyblisite] NF (secteur) advertising; (annonce) advertisement, advert; Radio & TV commercial; **agence de p.** advertising agency; **faire de la p. pour qch** to advertise sth ▪ **publicitaire** 1 ADJ **agence p.** advertising agency; **film p.** promotional film 2 NMF advertising executive

puce [pys] NF (insecte) flea; Ordinat (micro-)chip; **le marché aux puces, les puces** the flea market; Fig **mettre la p. à l'oreille de qn** to make sb suspicious

pudeur [pydœr] NF modesty; **par p.** out of a sense of decency ▪ **pudibond, -onde** ADJ prudish ▪ **pudique** ADJ modest

puer [pɥe] 1 VT to stink of 2 VI to stink

puériculture [pɥerikyltyr] NF child care

puéril, -ile [pɥeril] ADJ puerile ▪ **puérilité** NF puerility

puis [pɥi] ADV then; **et p.** (ensuite) and then; (en plus) and besides

puiser [pɥize] 1 VT to draw (à/dans from) 2 VI **p. dans qch** to dip into sth

puisque [pɥiskə] CONJ since, as

puissant, -ante [pɥisɑ̃, -ɑ̃t] ADJ powerful ▪ **puissance** NF (force, nation) & Math power; **les grandes puissances** the great powers; **en p.** (meurtrier) potential; Math **dix p. quatre** ten to the power of four

puisse(s), puissent [pɥis] ➤ **pouvoir**

puits [pɥi] NM well; (de mine) shaft; Fig **un p. de science** a fount of knowledge; **p. de pétrole** oil well

pull-over [pylɔvœr] (pl pull-overs), **pull** [pyl] NM sweater, Br jumper

pulluler [pylyle] VI (abonder) to swarm

pulmonaire [pylmɔnɛr] ADJ pulmonary

pulpe [pylp] NF (de fruits) pulp

pulsation [pylsasjɔ̃] NF (heart)beat

pulvériser [pylverize] VT (vaporiser) to spray; (broyer) & Fig to pulverize; Fam Sport **p. un record** to smash a record ▪ **pulvérisateur** NM spray

puma [pyma] NM puma

punaise [pynɛz] NF (insecte) bug; (clou) Br drawing pin, Am thumbtack

punch NM (a) [pɔ̃ʃ] (boisson) punch (b) [pœnʃ] Fam (énergie) punch

punir [pynir] VT to punish; **p. qn de qch** (bêtise, crime) to punish sb for sth; **p. qn de mort** to punish sb with death ▪ **punition** NF punishment

pupille [pypij] 1 NF (de l'œil) pupil 2 NMF (enfant) ward

pupitre [pypitr] NM (d'écolier) desk; (d'orateur) lectern; Ordinat console; Ordinat **p. de visualisation** visual display unit

pur, pure [pyr] ADJ pure; (alcool) neat, straight ▪ **purement** ADV purely; **p. et simplement** purely and simply ▪ **pureté** NF purity

purée [pyre] NF purée; **p. (de pommes de terre)** mashed potatoes, Br mash

purgatoire [pyrgatwar] NM purgatory

purge [pyrʒ] NF (à des fins médicales, politiques) purge

purger [pyrʒe] VT (patient) to purge; (radiateur) to bleed; (peine de prison) to serve

purifier [pyrifje] VT to purify ▪ **purification** NF purification; **p. ethnique** ethnic cleansing

puriste [pyrist] NMF purist

puritain, -aine [pyritɛ̃, -ɛn] ADJ & NMF puritan

pur-sang [pyrsɑ̃] NM INV thoroughbred

pus¹ [py] NM (liquide) pus, matter

pus², put [py] ➤ **pouvoir**

putain [pytɛ̃] Vulg 1 NF whore 2 EXCLAM **p.!** shit!

putois [pytwa] NM polecat

putréfier [pytrefje] VT **se putréfier** VPR to putrefy

puzzle [pœzl] NM (jigsaw) puzzle

P.-V. [peve] (abrév **procès-verbal**) NM Fam (parking) ticket

PVC [pevese] NM (matière plastique) PVC

pygmée [pigme] NMF pygmy

pyjama [piʒama] NM Br pyjamas, Am pajamas; **un p.** a pair of Br pyjamas or Am pajamas; **être en p.** to be in Br pyjamas or Am pajamas

pylône [pilon] NM pylon

pyramide [piramid] NF pyramid

Pyrénées [pirene] NFPL **les P.** the Pyrenees

Pyrex® [pireks] NM Pyrex®; **plat en P.** Pyrex® dish

pyromane [pirɔman] NMF arsonist

python [pitɔ̃] NM python

Q, q [ky] NM INV Q, q

QCM [kyseem] (abrév **questionnaire à choix multiple**) NM multiple-choice questionnaire

QI [kyi] (abrév **quotient intellectuel**) NM INV IQ

qu' [k] ➤ **que**

quadragénaire [kwadraʒener], Fam **quadra** [kwadra] **1** ADJ **être q.** to be in one's forties **2** NMF person in his/her forties

quadrillage [kadrijaʒ] NM (de carte) grid

quadriller [kadrije] VT (quartier, ville) to put under tight surveillance; (papier) to mark into squares ▪ **quadrillé, -ée** ADJ (papier) squared

quadrupède [k(w)adrypɛd] ADJ & NM quadruped

quadruple [k(w)adrypl] **1** ADJ quadruple, fourfold **2** NM **le q. (de)** (quantité) four times as much (as); (nombre) four times as many (as) ▪ **quadrupler** VTI to quadruple ▪ **quadruplés, -ées** NMFPL quadruplets

quai [kɛ] NM (de port) quay; (de fleuve) embankment; (de gare, de métro) platform

qualification [kalifikɑsjɔ̃] NF (action, d'équipe, de sportif) qualification; (désignation) description ▪ **qualificatif 1** ADJ Grammaire qualifying **2** NM (mot) term

qualifier [kalifje] **1** VT (équipe) to qualify (**pour qch** for sth; **pour faire** to do); (décrire) to describe (**de** as) **2 se qualifier** VPR (équipe) to qualify (**pour** for) ▪ **qualifié, -iée** ADJ (équipe) that has qualified; **q. pour faire qch** qualified to do sth

qualité [kalite] NF (de personne, de produit) quality; (occupation) occupation; **produit de q.** quality product; **de bonne q.** of good quality; **en q. de** in his/her/etc capacity as; **q. de vie** quality of life

quand [kɑ̃] CONJ & ADV when; **q. je viendrai** when I come; **à q. le mariage?** when's the wedding?; **q. bien même vous le feriez** even if you did it; Fam **q. même** all the same

quant [kɑ̃] **quant à** PRÉP as for

quantifier [kɑ̃tifje] VT to quantify

quantité [kɑ̃tite] NF quantity; **une q., des quantités** (beaucoup) a lot (**de** of); **en q.** in abundance

quarante [karɑ̃t] ADJ & NM INV forty; **un q.-cinq tours** (disque) a single ▪ **quarantaine** NF **(a)** **une q. (de)** (nombre) (about) forty; **avoir la q.** (âge) to be about forty **(b)** Méd quarantine; **mettre qn en q.** to quarantine sb ▪ **quarantième** ADJ & NMF fortieth

quart [kar] NM **(a)** (fraction) quarter; **q. de litre** quarter litre, quarter of a litre; **q. d'heure** quarter of an hour; **une heure et q.** an hour and a quarter; **il est une heure et q.** it's a quarter Br past or Am after one; **une heure moins le q.** (a) quarter to one; Sport **quarts de finale** quarter finals **(b)** Naut watch; **être de q.** to be on watch ▪ **quart-monde** NM **le q.** the least developed countries

quartier [kartje] NM **(a)** (de ville) district; **de q.** local; **les beaux quartiers** the fashionable district; **q. général** headquarters **(b)** (de lune) quarter; (de pomme) piece; (d'orange) segment **(c)** (expressions) **ne pas faire de q.** to give no quarter; **avoir q. libre** to be free

quartz [kwarts] NM quartz; **montre à q.** quartz watch

quasi [kazi] ADV almost ▪ **quasiment** ADV almost

quatorze [katɔrz] ADJ & NM INV fourteen ▪ **quatorzième** ADJ & NMF fourteenth

quatre [katr] ADJ & NM INV four; Fig **se mettre en q.** to bend over backwards (**pour faire** to do); Fam **manger comme q.** to eat like a horse; Fam **un de ces q.** some day soon; Fam **q. heures** (goûter) afternoon snack ▪ **quatrième** ADJ & NMF fourth

quatre-vingt [katrəvɛ̃] ADJ & NM eighty; **quatre-vingts ans** eighty years; **q.-un** eighty-one; **page q.** page eighty ▪ **quatre-vingt-dix** ADJ & NM INV ninety

quatuor [kwatɥɔr] NM quartet; **q. à cordes** string quartet

que [kə]

> **que** becomes **qu'** before a vowel or mute h.

1 CONJ **(a)** (complétif) that; **je pense qu'elle restera** I think (that) she'll stay; **qu'elle vienne ou non** whether she comes or not; **qu'il s'en aille!** let him leave!; **ça fait un an q. je suis là** I've been here for a year (**b**) *(de comparaison)* than; *(avec 'aussi', 'même', 'tel', 'autant')* as; **plus/moins âgé q. lui** older/younger than him; **aussi sage/fatigué q. toi** as wise/tired as you; **le même q. Pauline** the same as Pauline (**c**) **(ne...) que** only; **tu n'as qu'un euro** you only have one euro **2 ADV (ce) qu'il est bête!** *(comme)* he's really stupid!; **q. de gens!** what a lot of people! **3 PRON RELATIF** *(chose)* that, which; *(personne)* that, whom; *(temps)* when; **le livre q. j'ai** the book (that *or* which) I have; **l'ami q. j'ai** the friend (that *or* whom) I have **4 PRON INTERROGATIF** what; **q. fait-il?, qu'est-ce qu'il fait?** what is he doing?; **q. préférez-vous?** which do you prefer?

Québec [kebɛk] NM **le Q.** Quebec ■ **québecois, -oise 1** ADJ (of *or* from) Quebec **2** NMF **Q., Québecoise** Quebec(k)er **3** NM *(langue)* Quebec French

quel, quelle [kɛl] **1** ADJ INTERROGATIF *(chose)* what, which; *(personne)* which; **q. livre préférez-vous?** which *or* what book do you prefer?; **q. est cet homme?** who is that man?; **je sais q. est ton but** I know what your aim is; **je ne sais à q. employé m'adresser** I don't know which clerk to ask **2** PRON INTERROGATIF which (one); **q. est le meilleur?** which (one) is the best? **3** ADJ EXCLAMATIF **q. idiot!** what a fool! **4** ADJ RELATIF **q. qu'il soit** *(chose)* whatever it may be; *(personne)* whoever it *or* he may be

quelconque [kɛlkɔ̃k] **1** ADJ INDÉFINI any; **donne-moi un livre q.** give me any book; **sous un prétexte q.** on some pretext or other **2** ADJ *(insignifiant)* ordinary

quelque [kɛlk] **1** ADJ INDÉFINI some; **quelques** some, a few; **les quelques amies qu'elle a** the few friends she has; **sous q. prétexte que ce soit** on whatever pretext; **q. numéro qu'elle choisisse** whichever number she chooses **2** ADV *(environ)* about, some; **q. peu** somewhat; **100 euros et q.** 100 euros and a bit, 100-odd euros

quelque chose [kɛlkəʃoz] PRON INDÉFINI something; **q. d'autre** something else; **q. de grand** something big; **q. de plus pratique/de moins lourd** something more practical/less heavy; **ça m'a fait q.** it touched *or* moved me

quelquefois [kɛlkəfwa] ADV sometimes

quelque part [kɛlkəpar] ADV somewhere; *(dans les questions)* anywhere

quelques-uns, -unes [kɛlkəzœ̃, -yn] PRON some, a few

quelqu'un [kɛlkœ̃] PRON INDÉFINI someone, somebody; *(dans les questions)* anyone, anybody; **q. d'intelligent** someone clever

querelle [kərɛl] NF quarrel; **chercher q. à qn** to try to pick a fight with sb ■ **se quereller** VPR to quarrel

question [kɛstjɔ̃] NF *(interrogation)* question; *(affaire)* matter, question; **il est q. qu'ils déménagent** there's some talk about them moving; **il n'en est pas q.** it's out of the question; **en q.** in question; **hors de q.** out of the question; **remettre qch en q.** to call sth into question ■ **questionnaire** NM questionnaire ■ **questionner** VT to question (**sur** about)

quête [kɛt] NF (**a**) *(collecte)* collection; **faire la q.** to collect money (**b**) *(recherche)* quest (**de** for); **en q. de** in quest *or* search of ■ **quêter** [kete] **1** VT to seek **2** VI to collect money

queue [kø] NF (**a**) *(d'animal)* tail; *(de fleur, de fruit)* stalk; *(de poêle)* handle; *(de train, de cortège)* rear; **faire une q. de poisson à qn** to cut in front of sb; **à la q. leu leu** in single file; **q. de cheval** *(coiffure)* ponytail (**b**) *(file)* Br queue, Am line; **faire la q.** Br to queue up, Am to stand in line (**c**) *(de billard)* cue

qui [ki] **1** PRON INTERROGATIF *(personne)* who; *(en complément)* whom; **q. (est-ce qui) est là** who's there?; **q. désirez-vous voir?, q. est-ce que vous désirez voir?** who(m) do you want to see?; **à q. est ce livre?** whose book is this? **2** PRON RELATIF (**a**) *(sujet)* *(personne)* who, that; *(chose)* which, that; **l'homme q. est là** the man who's here *or* that's here; **la maison q. se trouve en face** the house which is *or* that's opposite (**b**) *(sans antécédent)* **q. que vous soyez** whoever you are; **amène q. tu veux** bring along anyone you like *or* whoever you like (**c**) *(après une préposition)* **la femme de q. je parle** the woman I'm talking about

quiche [kiʃ] NF quiche; **q. lorraine** quiche lorraine

quiconque [kikɔ̃k] PRON *(sujet)* whoever; *(complément)* anyone

quignon [kiɲɔ̃] NM chunk

quille [kij] NF *(de navire)* keel; *(de jeu)* (bowling) pin, Br skittle; Fam *(jambe)* pin; **jouer aux quilles** to bowl, Br to play skittles

quincaillier, -ière [kɛ̃kaje, -jɛr] NMF hardware dealer, Br ironmonger ■ **quincaillerie** NF *(magasin)* hardware shop; *(objets)* hardware

quinquennal, -e, -aux, -ales [kɛ̃kenal, -o] ADJ **plan q.** five-year plan ■ **quinquennat** NM Pol five-year term (of office)

quinte [kɛ̃t] NF **q. (de toux)** coughing fit

quintette [kɛ̃tɛt] NM quintet

quintuple [kɛ̃typl] **1** ADJ **q. de** fivefold **2** NM **le q. (de)** *(quantité)* five times as much (as); *(nombre)* five times as many (as) ■ **quintupler** VTI to increase fivefold

quinze [kɛ̃z] ADJ & NM INV fifteen; **q. jours** two weeks, Br a fortnight; *Rugby* **le q. de France** the

French fifteen ■ **quinzaine** NF **une q. (de)** (about) fifteen; **une q. (de jours)** two weeks, *Br* a fortnight ■ **quinzième** ADJ & NMF fifteenth

quiproquo [kiprɔko] NM mix-up

quittance [kitɑ̃s] NF *(reçu)* receipt; **q. de loyer** rent receipt

quitte [kit] ADJ quits (**envers** with); **q. à faire qch** even if it means doing sth; **en être q. pour qch** to get off *or* escape with sth

quitter [kite] **1** VT *(personne, lieu, poste)* to leave; *(vêtement)* to take off; **q. la route** to go off the road; **ne pas q. qn des yeux** to keep one's eyes on sb **2** VI **ne quittez pas!** *(au téléphone)* hold the line! **3 se quitter** VPR to part; **ils ne se quittent plus** they are inseparable

quoi [kwa] PRON what; *(après une préposition)* which; **à q. penses-tu?** what are you thinking about?; **après q.** after which; **ce à q. je m'attendais** what I was expecting; **de q. manger** something to eat; *(assez)* enough to eat; **de q. écrire** something to write with; **q. que je dise** whatever I say; **q. qu'il en soit** be that as it may; **il n'y a pas de q.!** *(en réponse à 'merci')* don't mention it!; **q.?** what?; *Fam* **c'est un idiot, q.!** he's a fool!

quoique [kwak] CONJ (al)though; **quoiqu'il soit pauvre** (al)though he's poor

quota [kwɔta] NM quota

quotidien, -ienne [kɔtidjɛ̃, -jɛn] **1** ADJ daily **2** NM daily (paper) ■ **quotidiennement** ADV daily

quotient [kɔsjɑ̃] NM quotient

R, r [ɛr] NM INV R, r

rabâcher [rabɑʃe] **1** VT to repeat endlessly **2** VI to say the same thing over and over again

rabais [rabɛ] NM reduction, discount; **faire un r. à qn** to give sb a discount

rabaisser [rabese] **1** VT (dénigrer) to belittle **2 se rabaisser** VPR to belittle oneself

rabattre* [rabatr] **1** VT (col) to turn down; (couvercle) to close; (strapontin) (pour s'asseoir) to fold down; (en se levant) to fold up; (gibier) to drive **2 se rabattre** VPR (se refermer) to close; (strapontin) to fold down; (véhicule) to pull back in; Fig **se r. sur qch** to fall back on sth

rabbin [rabɛ̃] NM Rel rabbi

râblé, -ée [rɑble] ADJ stocky

raboter [rabɔte] VT to plane

rabougri, -ie [rabugri] ADJ (personne, plante) stunted

racaille [rakaj] NF scum, riff-raff

raccommoder [rakɔmɔde] **1** VT (linge) to mend; (chaussette) to darn; Fam (personnes) to patch things up between **2 se raccommoder** VPR Fam to patch things up (**avec** with)

raccompagner [rakɔ̃paɲe] VT to take back, to accompany

raccord [rakɔr] NM (dispositif) connection; (de papier peint) join; (de peinture) touch-up ■ **raccordement** [-əmɑ̃] NM (action, lien) connection ■ **raccorder** VT, **se raccorder** VPR to link up (**à** to)

raccourcir [rakursir] **1** VT to shorten **2** VI to get shorter ■ **raccourci** NM short cut; **en r.** in brief

raccrocher [rakrɔʃe] **1** VT (objet tombé) to hang back up; (téléphone) to put down **2** VI (au téléphone) to hang up; Fam (sportif) to retire **3 se raccrocher** VPR **se r. à qch** to catch hold of sth; Fig to cling to sth

race [ras] NF (ethnie) race; (animale) breed; **chien de r.** pedigree dog ■ **racial, -e, -iaux, -iales** ADJ racial ■ **racisme** NM racism ■ **raciste** ADJ & NMF racist

rachat [raʃa] NM (de voiture, d'appartement) repurchase; (de firme) buy-out; Rel atonement ■ **racheter 1** VT (acheter davantage) to buy some more; (remplacer) to buy another; (firme) to buy out; (péché) to atone for; (faute) to make up for **2 se racheter** VPR to make amends, to redeem oneself

racine [rasin] NF (de plante, de personne) & Math root; **prendre r.** to take root

racket [rakɛt] NM Fam racket

raclée [rakle] NF Fam thrashing; **prendre une r.** to get a thrashing

racler [rakle] **1** VT to scrape; (peinture, boue) to scrape off **2 se racler** VPR **se r. la gorge** to clear one's throat ■ **raclette** NF (outil) scraper; (plat) raclette (Swiss dish consisting of potatoes and melted cheese)

raconter [rakɔ̃te] VT (histoire, mensonge) to tell; (événement) to tell about; **r. qch à qn** (histoire) to tell sb sth; (événement) to tell sb about sth; **r. à qn que...** to tell sb that...; Fam **qu'est-ce que tu racontes?** what are you talking about? ■ **racontars** NMPL gossip

radar [radar] NM radar; **contrôle r.** radar speed check; Fam **être au r.** to be on automatic pilot

rade [rad] NF harbour; Fam **laisser qn en r.** to leave sb in the lurch; Fam **tomber en r.** to break down

radeau, -x [rado] NM raft

radiateur [radjatœr] NM radiator; **r. électrique** electric heater

radiation [radjɑsjɔ̃] NF Phys radiation; (suppression) removal (**de** from) ■ **radier** VT to strike off (**de** from)

radical, -e, -aux, -ales [radikal, -o] **1** ADJ radical **2** NM (de mot) stem

radieux, -ieuse [radjø, -jøz] ADJ (personne, visage, soleil) radiant; (temps) glorious

radin, -ine [radɛ̃, -in] Fam **1** ADJ stingy, Br tight **2** NMF skinflint

radio [radjo] **1** NF (a) (poste) radio; (station) radio station; **à la r.** on the radio; **r. libre** = independent radio station (**b**) Méd X-ray; **passer une r.** to have an X-ray; **faire passer une r. à qn** to give sb an X-ray **2** NM (opérateur) radio operator ■ **radio-réveil** (pl **radios-réveils**) NM radio alarm clock

radioactif, -ive [radjoaktif, -iv] ADJ radioactive ■ **radioactivité** NF radioactivity

radiodiffuser [radjodifyse] **vt** to broadcast ■ **radiodiffusion NF** broadcasting

radiographie [radjografi] **NF** (photo) X-ray; (technique) radiography ■ **radiographier vt** to X-ray ■ **radiologie NF** Méd radiology ■ **radiologue NMF** (technicien) radiographer; (médecin) radiologist

radiophonique [radjofɔnik] **ADJ émission r.** radio broadcast ■ **radiotélévisé, -ée ADJ** broadcast on radio and television

radis [radi] **NM** radish; **r. noir** black radish; Fam **je n'ai plus un r.** I'm broke or Br skint

radoter [radɔte] **1 vt** Fam to rabbit on about **2 vi** (rabâcher) to rabbit on; (divaguer) to ramble on

radoucir [radusir] **se radoucir VPR** (personne) to calm down; (temps) to become milder

rafale [rafal] **NF** (vent) gust; (de mitrailleuse) burst; **par rafales** in gusts

raffermir [rafɛrmir] **1 vt** (autorité) to strengthen; (muscles) to tone up **2 se raffermir VPR** (muscle) to become stronger

raffiné, -ée [rafine] **ADJ** refined ■ **raffinement NM** refinement

raffiner [rafine] **vt** to refine ■ **raffinage NM** refining ■ **raffinerie NF** refinery

raffoler [rafɔle] **vi** Fam **r. de qch** to be mad about sth

raffut [rafy] **NM** Fam din; **faire du r.** to make a din

rafistoler [rafistɔle] **vt** Fam to patch up

rafle [rɑfl] **NF** raid ■ **rafler vt** Fam to swipe

rafraîchir [rafrɛʃir] **1 vt** (rendre frais) to chill; (pièce) to air; (raviver) to freshen up; **r. la mémoire à qn** to refresh sb's memory **2 vi** to cool down **3 se rafraîchir VPR** (temps) to get cooler; (se laver) to freshen up; Fam (boire) to have a cold drink ■ **rafraîchissant, -ante ADJ** refreshing ■ **rafraîchissement NM** (de température) cooling; (boisson) cold drink

rage [raʒ] **NF** (colère) rage; (maladie) rabies; **faire r.** (incendie, tempête) to rage; **r. de dents** violent toothache ■ **rageur, -euse ADJ** (ton) furious

ragots [rago] **NMPL** Fam gossip

ragoût [ragu] **NM** Culin stew

raid [rɛd] **NM** raid; **r. aérien** air raid

raide [rɛd] **1 ADJ** (rigide, guindé) stiff; (côte, escalier) steep; (cheveux) straight; (corde) taut **2 ADV** (grimper) steeply; **tomber r.** to fall to the ground; **tomber r. mort** to drop (down) dead ■ **raideur NF** (rigidité) stiffness; (de côte) steepness ■ **raidir 1 vt** (bras, jambe) to brace; (corde) to tauten **2 se raidir VPR** (membres) to stiffen; (corde) to tauten; (personne) to tense up

raie¹ [rɛ] **NF** (motif) stripe; (de cheveux) Br parting, Am part

raie² [rɛ] **NF** (poisson) skate

rail [rɑj] **NM** rail; **le r.** (chemins de fer) rail; **r. de sécurité** crash barrier

rainure [rɛnyr] **NF** groove

raisin [rezɛ̃] **NM** raisin(s) grapes; **r. sec** raisin

> Il faut noter que le nom anglais **raisin** est un faux ami. Il signifie **raisin sec**.

raison [rezɔ̃] **NF** (a) (faculté, motif) reason; **la r. de mon absence** the reason for my absence; **la r. pour laquelle je...** the reason (why) I...; **pour raisons de famille/de santé** for family/health reasons; **en r. de** (cause) on account of; **à r. de** (proportion) at the rate of; **à plus forte r.** all the more so; **r. de plus** all the more reason (**pour faire** to do or for doing); **se faire une r.** to resign oneself (b) **avoir r.** to be right (**de faire** to do or in doing); **donner r. à qn** to agree with sb; (événement) to prove sb right

raisonnable [rezɔnabl] **ADJ** reasonable

raisonner [rezɔne] **1 vt r. qn** to reason with sb **2 vi** (penser) to reason; (discuter) to argue ■ **raisonnement NM** (faculté, activité) reasoning; (argumentation) argument

rajeunir [raʒœnir] **1 vt** (moderniser) to modernize; **r. qn** (faire paraître plus jeune) to make sb look younger; (donner moins que son âge à) to underestimate how old sb is **2 vi** to look younger ■ **rajeunissement NM** (après traitement) rejuvenation; (de population) decrease in age

rajouter [raʒute] **vt** to add (**à** to); Fig **en r.** to exaggerate

rajuster [raʒyste] **1 vt** (vêtements, lunettes) to straighten, to adjust **2 se rajuster VPR** to tidy oneself up

ralentir [ralãtir] **vti** to slow down ■ **ralenti NM** Cin & TV slow motion; **au r.** in slow motion; (travailler) at a slower pace; **tourner au r.** (moteur, usine) Br to tick over, Am to turn over ■ **ralentissement NM** slowing down; (embouteillage) hold-up

rallier [ralje] **1 vt** (réunir) to rally; (regagner) to return to; **r. qn à qch** (convertir) to win sb over to sth **2 se rallier VPR se r. à** (avis) to come round to; (cause) to rally to

rallonge [ralɔ̃ʒ] **NF** (de table) extension; (fil électrique) extension (lead) ■ **rallonger vti** to lengthen

rallumer [ralyme] **1 vt** (feu, pipe) to light again; (lampe) to switch on again; (conflit, haine) to rekindle **2 se rallumer VPR** (lumière) to come back on; (guerre, incendie) to flare up again

rallye [rali] **NM** (course automobile) rally

ramasser [ramɑse] **1** VT *(prendre par terre, réunir)* to pick up; *(ordures, copies)* to collect; *(fruits, coquillages)* to gather; *(gifle, rhume, amende)* to get **2 se ramasser** VPR *(se pelotonner)* to curl up; *(se relever)* to pick oneself up; *Fam (tomber)* to fall flat on one's face; *Fam (échouer)* to fail ■ **ramassage** NM *(d'ordures)* collection; *(de fruits)* gathering; **r. scolaire** school bus service

rambarde [rɑ̃bard] NF guardrail

rame [ram] NF *(aviron)* oar; *(de métro)* train; *(de papier)* ream ■ **ramer** VI to row; *Fam (peiner)* to sweat blood ■ **rameur, -euse** NF rower

rameau, -x [ramo] NM branch; *Rel* **le dimanche des Rameaux, les Rameaux** Palm Sunday

ramener [ramne] **1** VT *(amener)* to bring back; *(raccompagner)* to take back; *(remettre en place)* to put back; *(paix, ordre, calme)* to restore; **r. qch à qch** to reduce sth to sth; **r. qn à la vie** to bring sb back to life; *Fam* **r. sa fraise** to show off **2 se ramener** VPR *Fam (arriver)* to roll up; **se r. à qch** *(se réduire)* to boil down to sth

ramification [ramifikasjɔ̃] NF ramification

ramollir [ramɔlir] VT **se ramollir** VPR to soften

ramoner [ramɔne] VT *(cheminée)* to sweep

rampe [rɑ̃p] NF *(d'escalier)* banister; *(pente)* slope; **être sous les feux de la r.** to be in the limelight; **r. d'accès** *(de pont)* access ramp; **r. de lancement** launching ramp

ramper [rɑ̃pe] VI to crawl; *Péj* **r. devant qn** to grovel to sb

rancard [rɑ̃kar] NM *Fam (rendez-vous)* meeting

ranch [rɑ̃tʃ] NM ranch

rancœur [rɑ̃kœr] NF rancour, resentment

rançon [rɑ̃sɔ̃] NF ransom; *Fig* **la r. de la gloire** the price of fame ■ **rançonner** VT to hold to ransom

rancune [rɑ̃kyn] NF spite; **garder r. à qn** to bear sb a grudge; **sans r.!** no hard feelings! ■ **rancunier, -ière** ADJ spiteful

randonnée [rɑ̃dɔne] NF *(à pied)* hike; *(en vélo)* ride

rang [rɑ̃] NM *(rangée)* row; *(classement, grade)* rank; *Hum* **en r. d'oignons** in a neat row; **par r. de taille** in order of size; **de haut r.** high-ranking; **se mettre en r.** to line up (**par trois** in threes) ■ **rangée¹** NF row

ranger [rɑ̃ʒe] **1** VT *(papiers, vaisselle)* to put away; *(chambre)* to tidy (up); *(classer)* to rank (**parmi** among); **r. par ordre alphabétique** to arrange in alphabetical order **2 se ranger** VPR *(se disposer)* to line up; *(s'écarter)* to stand aside; *(voiture)* to pull over; *Fam (s'assagir)* to settle down; **se r. à l'avis de qn** to come round to sb's opinion ■ **rangé, -ée²** ADJ *(chambre)* tidy; *(personne)* steady ■ **rangement** NM putting away; *(de* chambre*)* tidying (up); **rangements** *(placards)* storage space; **faire du r.** to do some tidying up

ranimer [ranime] VT *(personne) (après évanouissement)* to bring round; *(après arrêt cardiaque)* to resuscitate; *(feu)* to rekindle; *(souvenir)* to reawaken; *(débat)* to revive

rap [rap] NM *(musique)* rap ■ **rappeur, -euse** NMF *(chanteur)* rapper

rapace [rapas] **1** NM *(oiseau)* bird of prey **2** ADJ *(personne)* grasping

rapatrier [rapatrije] VT to repatriate ■ **rapatriement** NM repatriation

râpe [rap] NF *Culin* grater; *(lime)* rasp ■ **râpé, -ée 1** ADJ *(fromage, carottes)* grated; *(vêtement)* threadbare; *Fam* **c'est r.** we've had it **2** NM grated cheese ■ **râper** VT *(fromage)* to grate; *(bois)* to rasp

rapetisser [raptise] **1** VT *(rendre plus petit)* to make smaller; *(faire paraître plus petit)* to make look smaller **2** VI *(vêtement, personne)* to shrink

rapide [rapid] **1** ADJ fast; *(progrès)* rapid; *(esprit, lecture)* quick; *(pente)* steep **2** NM *(train)* express (train); *(de fleuve)* rapid ■ **rapidement** ADV quickly, rapidly ■ **rapidité** NF speed

rapiécer [rapjese] VT to patch

rappel [rapel] NM *(de diplomate)* recall; *(d'événement, de promesse)* reminder; *(de salaire)* back pay; *(au théâtre)* curtain call; *(vaccin)* booster; *Sport* **descendre en r.** to abseil down; **r. à l'ordre** call to order

rappeler [rap(ə)le] **1** VT *(pour faire revenir, au téléphone)* to call back; *(souvenir, diplomate)* to recall; **r. qch à qn** to remind sb of sth **2** VI *(au téléphone)* to call back **3 se rappeler** VPR **se r. qn/qch** to remember sb/sth; **se r. que...** to remember that...

rapport [rapɔr] NM (a) *(lien)* connection, link; **par r. à** compared with; **ça n'a aucun r.!** it has nothing to do with it!; **rapports** *(entre personnes)* relations; **rapports (sexuels)** (sexual) intercourse (b) *(profit)* return, yield (c) *(compte rendu)* report

rapporter [rapɔrte] **1** VT *(rendre)* to bring back; *(remporter)* to take back; *(raconter)* to report; *(profit)* to yield; **r. de l'argent** to be profitable; **r. qch à qn** *(financièrement)* to bring sb in sth; *(moralement)* to bring sb sth; **on rapporte que...** it is reported that... **2** VI *(chien)* to retrieve; *Péj (moucharder)* to tell tales **3 se rapporter** VPR **se r. à qch** to relate to sth; **s'en r. à qn/qch** to rely on sb/sth

rapprocher [raprɔʃe] VT *(objet)* to move closer (**de** to); *(réconcilier)* to bring together; *(réunir)* to join; *(comparer)* to compare (**à** or **avec** with) ■ **se rapprocher** VPR to get closer (**de** to); *(se réconcilier)* to be reconciled; *(ressembler)* to be similar (**de** to) ■ **rapproché, -ée** ADJ close; *(yeux)* close-set ■ **rapprochement** NM *(réconciliation)* reconciliation; *(rapport)* connection

rapt [rapt] NM abduction

raquette [rakɛt] NF *(de tennis)* racket; *(de ping-pong)* bat; *(de neige)* snowshoe

rare [rar] ADJ rare; *(argent, main-d'œuvre)* scarce; *(barbe, végétation)* sparse; **c'est r. qu'il pleuve ici** it rarely rains here ■ **rarement** ADV rarely, seldom ■ **rareté** NF *(objet rare)* rarity; *(de main-d'œuvre)* scarcity; *(de phénomène)* rareness

ras, rase [rɑ, rɑz] **1** ADJ *(cheveux)* close-cropped; *(herbe, barbe)* short; *(mesure)* full; **à r. bord** to the brim; **pull (au) r. du cou** crew-neck sweater **2** NM **au r. de, à r. de** level with; **voler au r. du sol** to fly close to the ground **3** ADV *(coupé)* short; Fam **en avoir r. le bol** to be fed up (**de** with)

raser [rɑze] **1** VT *(menton, personne)* to shave; *(barbe, moustache)* to shave off; *(démolir)* to raze to the ground; *(frôler)* to skim; Fam *(ennuyer)* to bore **2 se raser** VPR to shave ■ **rasé, -ée** ADJ **être bien r.** to be clean-shaven

rasoir [rɑzwar] **1** NM razor; *(électrique)* shaver **2** ADJ INV Fam boring

rassasier [rasazje] VT *(faim, curiosité)* to satisfy

rassembler [rasɑ̃ble] **1** VT *(gens, objets)* to gather (together); *(courage)* to muster; **r. ses esprits** to collect oneself **2 se rassembler** VPR to gather, to assemble ■ **rassemblement** [-əmɑ̃] NM *(action, groupe)* gathering

rasseoir* [raswar] **se rasseoir** VPR to sit down again

rassis, -ise [rasi, -iz] ADJ *(pain)* stale

rassurer [rasyre] **1** VT to reassure **2 se rassurer** VPR **rassure-toi** don't worry ■ **rassurant, -ante** ADJ reassuring

rat [ra] NM rat; Fig **r. de bibliothèque** bookworm; **petit r. de l'Opéra** ballet student *(at the Opéra de Paris)*

ratatiner [ratatine] **se ratatiner** VPR to shrivel up; *(vieillard)* to become wizened

ratatouille [ratatuj] NF Culin **r. (niçoise)** ratatouille

rate [rat] NF Anat spleen

râteau, -x [rɑto] NM rake

râtelier [rɑtəlje] NM *(pour outils, pour bêtes)* rack; Fam *(dentier)* set of false teeth

rater [rate] **1** VT *(bus, cible, occasion)* to miss; *(travail, gâteau)* to ruin; *(examen)* to fail; *(vie)* to waste; Fam **il n'en rate pas une** he's always putting his foot in it **2** VI Fam to fail; **ça n'a pas raté!** sure enough, it happened! ■ **raté, -ée 1** NMF loser **2** NMPL **avoir des ratés** *(moteur)* to backfire

ratifier [ratifje] VT to ratify

ration [rɑsjɔ̃] NF ration ■ **rationnement** NM rationing ■ **rationner** VT to ration

rationaliser [rasjɔnalize] VT to rationalize

rationnel, -elle [rasjɔnɛl] ADJ rational

ratisser [ratise] VT *(allée)* to rake; *(feuilles)* to rake up; Fam *(fouiller)* to comb; Fam **se faire r.** *(au jeu)* to be cleaned out

RATP [ɛratepe] *(abrév* **Régie autonome des transports parisiens)** NF = Parisian transport authority

rattacher [ratafe] **1** VT *(lacets)* to tie up again; *(région)* to unite (**à** with); *(idée)* to link (**à** to) **2 se rattacher** VPR **se r. à** to be linked to ■ **rattachement** NM *(de région)* uniting (**à** with)

rattraper [ratrape] **1** VT to catch; *(prisonnier)* to recapture; *(erreur)* to correct; **r. qn** *(rejoindre)* to catch up with sb; **r. le temps perdu** to make up for lost time **2 se rattraper** VPR *(se retenir)* to catch oneself in time; *(après une faute)* to make up for it; **se r. à qch** to catch hold of sth ■ **rattrapage** NM Scol **cours de r.** remedial class

rature [ratyr] NF crossing-out, deletion ■ **raturer** VT to cross out, to delete

rauque [rok] ADJ *(voix)* hoarse

ravages [ravaʒ] NMPL devastation; *(du temps, de maladie)* ravages; **faire des r.** to wreak havoc; *(femme)* to break hearts ■ **ravager** VT to devastate

ravaler [ravale] VT *(façade)* to clean; *(sanglots, salive)* to swallow; Fig *(colère)* to stifle; Littéraire *(avilir)* to lower (**à** to) ■ **ravalement** NM cleaning

ravi, -ie [ravi] ADJ delighted (**de** with; **de faire** to do; **que** that)

ravin [ravɛ̃] NM ravine

ravioli(s) [ravjɔli] NMPL ravioli

ravir [ravir] VT *(emporter)* to snatch (**à** from); *(plaire à)* to delight; **chanter à r.** to sing delightfully ■ **ravissant, -ante** ADJ delightful ■ **ravissement** NM *(extase)* ecstasy ■ **ravisseur, -euse** NMF kidnapper

raviser [ravize] **se raviser** VPR to change one's mind

ravitailler [ravitaje] **1** VT *(personnes)* to supply; *(avion)* to refuel **2 se ravitailler** VPR to get in supplies ■ **ravitaillement** NM *(action)* supplying; *(d'avion)* refuelling; *(denrées)* supplies

raviver [ravive] VT *(feu, sentiment)* to rekindle; *(douleur)* to revive; *(couleur)* to brighten up

rayer [rɛje] VT *(érafler)* to scratch; *(mot)* to cross out; **r. qn d'une liste** to cross sb off a list ■ **rayé, -ée** ADJ *(verre, disque)* scratched; *(tissu, pantalon)* striped ■ **rayure** NF *(éraflure)* scratch; *(motif)* stripe; **à rayures** striped

rayon [rɛjɔ̃] NM **(a)** *(de lumière)* ray; *(de cercle)* radius; *(de roue)* spoke; **dans un r. de** within a radius of; **r. X** X-ray; **r. d'action** range; **r. de soleil** sunbeam (**b**) *(d'étagère)* shelf; *(de magasin)* department; *(de ruche)* honeycomb (**c**) *(expressions) Fam* **elle en connaît un r.** she's well clued up about it ▪ **rayonnage** NM shelving, shelves

rayonner [rɛjɔne] VI *(avenue, douleur)* to radiate; *(dans une région)* to travel around *(from a central base)*; *(soleil)* to beam; *Fig* **r. de joie** to beam with joy ▪ **rayonnant, -ante** ADJ *(soleil)* radiant; *Fig (visage)* beaming (**de** with) ▪ **rayonnement** NM *(du soleil)* radiance; *(influence)* influence

raz de marée [rɑdmare] NM INV tidal wave; *Fig (bouleversement)* upheaval; **r. électoral** landslide

ré [re] NM INV *Mus (note)* D

réacteur [reaktœr] NM *(d'avion)* jet engine; *(nucléaire)* reactor

réaction [reaksjɔ̃] NF reaction; **moteur à r.** jet engine; **r. en chaîne** chain reaction ▪ **réactionnaire** ADJ & NMF reactionary

réagir [reaʒir] VI to react (**contre** against; **à** to); *Fig (se secouer)* to shake oneself out of it

réaliser [realize] **1** VT *(projet)* to realize; *(rêve, ambition)* to fulfil; *(bénéfices, économies)* to make; *(film)* to direct; *(se rendre compte)* to realize (**que** that) **2 se réaliser** VPR *(vœu)* to come true; *(personne)* to fulfil oneself ▪ **réalisable** ADJ *(plan)* workable; *(rêve)* attainable ▪ **réalisateur, -trice** NMF *(de film)* director ▪ **réalisation** NF *(de projet)* realization; *(de rêve)* fulfilment; *(de film)* direction; *(œuvre)* achievement

réalisme [realism] NM realism ▪ **réaliste 1** ADJ realistic **2** NMF realist

réalité [realite] NF reality; **en r.** in reality

réanimation [reanimasjɔ̃] NF resuscitation; **(service de) r.** intensive care unit ▪ **réanimer** VT to resuscitate

réapparaître* [reaparɛtr] VI to reappear ▪ **réapparition** NF reappearance

rébarbatif, -ive [rebarbatif, -iv] ADJ forbidding, *Br* off-putting

rebâtir [rəbɑtir] VT to rebuild

rebattu, -ue [rəbaty] ADJ *(sujet)* hackneyed

rebelle [rəbɛl] **1** ADJ *(enfant, esprit)* rebellious; *(mèche)* unruly; *(fièvre)* stubborn; **être r. à** *(sujet: enfant)* to resist; *(sujet: organisme)* to be resistant to **2** NMF rebel ▪ **se rebeller** VPR to rebel (**contre** against) ▪ **rébellion** NF rebellion

rebiffer [rəbife] **se rebiffer** VPR *Fam* to hit back (**contre** at)

reboiser [rəbwaze] VT to reforest

rebondi, -ie [rəbɔ̃di] ADJ chubby

rebondir [rəbɔ̃dir] VI to bounce; *(par ricochet)* to rebound; *Fam (se remettre)* to recover; **faire r. qch** *(affaire, discussion)* to get sth going again

rebondissement [rəbɔ̃dismɑ̃] NM new development (**de** in)

rebord [rəbɔr] NM edge; *(de plat)* rim; *(de vêtement)* hem; **r. de fenêtre** windowsill

reboucher [rəbuʃe] VT *(flacon)* to put the top back on; *(trou)* to fill in again

rebours [rəbur] **à rebours** ADV the wrong way; **comprendre à r.** to get the wrong end of the stick; **compte à r.** countdown

rebrousser [rəbruse] VT **r. chemin** to turn back

rébus [rebys] NM rebus

rebut [rəby] NM **mettre qch au r.** to throw sth out; *Péj* **le r. de la société** the dregs of society

rebuter [rəbyte] VT *(décourager)* to put off; *(déplaire)* to disgust ▪ **rebutant, -ante** ADJ off-putting

récalcitrant, -ante [rekalsitrɑ̃, -ɑ̃t] ADJ recalcitrant

recaler [rəkale] VT *Fam Scol* **r. qn** to fail sb; *Fam Scol* **être recalé, se faire r.** to fail

récapituler [rekapityle] VTI to recap, to sum up

recel [rəsɛl] NM receiving stolen goods ▪ **receler, recéler** VT *(mystère, secret)* to conceal; *(objet volé)* to receive; *(criminel)* to harbour

recenser [rəsɑ̃se] VT *(population)* to take a census of; *(objets)* to make an inventory of; *(votes)* to count ▪ **recensement** NM *(de population)* census; *(d'objets)* inventory; *(de votes)* counting

récent, -ente [resɑ̃, -ɑ̃t] ADJ recent ▪ **récemment** [-amɑ̃] ADV recently

récépissé [resepise] NM *(reçu)* receipt

récepteur [resɛptœr] NM *(téléphone)* receiver ▪ **réceptif, -ive** ADJ receptive (**à** to) ▪ **réception** NF *(accueil, soirée)* & *Radio* reception; *(de lettre)* receipt; *(d'hôtel)* reception (desk); **dès r. de** on receipt of; **avec accusé de r.** with acknowledgement of receipt ▪ **réceptionniste** NMF receptionist

récession [resesjɔ̃] NF *Écon* recession

recette [rəsɛt] NF *Culin* & *Fig* recipe (**de** for); *(argent, bénéfice)* takings; *(bureau)* tax office; **recettes** *(gains)* takings; *Fig* **faire r.** to be a success

recevoir* [rəsəvwar] **1** VT *(amis, lettre, proposition, coup de téléphone)* to receive; *(gifle, coup)* to get; *(client)* to see; *(candidat)* to admit; *(station de radio)* to pick up; **r. la visite de qn** to have a visit from sb; **être reçu à un examen** to pass an exam; **être reçu premier** to come first **2** VI *(faire une fête)* to have guests; *(médecin)* to see patients ▪ **receveur, -euse** NMF *(de bus)* (bus) conductor; **r. des Postes** postmaster, f postmistress

rechange [rəʃɑ̃ʒ] **de rechange** ADJ *(outil, pièce)*

spare; (solution) alternative; **des vêtements de r.** a change of clothes

réchapper [reʃape] VI **r. de qch** to survive sth

recharge [rəʃarʒ] NF (de stylo) refill ■ **rechargeable** ADJ (briquet) refillable; (pile) rechargeable ■ **recharger** VT (fusil, appareil photo, camion) to reload; (briquet) to refill; (batterie, pile) to recharge; (crédit du téléphone portable) Br to top up, Am to refill

réchaud [reʃo] NM (portable) stove

réchauffer [reʃofe] **1** VT (personne, aliment) to warm up **2 se réchauffer** VPR (personne) to get warm; (temps) to get warmer ■ **réchauffement** NM (de température) rise (**de** in); **le r. de la planète** global warming

rêche [rɛʃ] ADJ rough

recherche [rəʃɛrʃ] NF (**a**) (quête) search (**de** for); (du pouvoir) quest (**de** for); **à la r. de** in search of; **se mettre à la r. de qn/qch** to go in search of sb/sth (**b**) (scientifique) research (**sur** into); **faire de la r.** to do research (**c**) **recherches** (de police) search, hunt; **faire des recherches** to make inquiries (**d**) (raffinement) elegance

rechercher [rəʃɛrʃe] VT (personne, objet) to search for; (emploi) to look for; (honneurs, faveurs) to seek; Ordinat to do a search for ■ **recherché, -ée** ADJ (a) (très demandé) in demand; (rare) sought-after; **r. pour meurtre** wanted for murder (**b**) (élégant) elegant

rechigner [rəʃiɲe] VI Fam **r. à qch** to balk at sth; **faire qch en rechignant** to do sth with a bad grace

rechute [rəʃyt] NF relapse; **faire une r.** to have a relapse ■ **rechuter** VI to have a relapse

récidive [residiv] NF (de malfaiteur) repeat Br offence or Am offense; (de maladie) recurrence (**de** of) ■ **récidiver** VI (malfaiteur) to reoffend; (maladie) to recur ■ **récidiviste** NMF (malfaiteur) repeat offender

récif [resif] NM reef

récipient [resipjɑ̃] NM container

Il faut noter que le nom anglais **recipient** est un faux ami. Il signifie **destinataire**.

réciproque [resiprɔk] ADJ (sentiments) mutual; (concessions) reciprocal ■ **réciproquement** ADV mutually; **et r.** and vice versa

récit [resi] NM (histoire) story; (compte rendu) account; **faire le r. de qch** to give an account of sth

récital, -als [resital] NM recital

réciter [resite] VT to recite ■ **récitation** NF recitation

réclame [reklam] NF (publicité) advertising; (annonce) advertisement; **en r.** on special offer

réclamer [reklame] **1** VT (demander) to ask for; (exiger) to demand; (droit, allocation) to claim; (nécessiter) to require **2** VI to complain **3 se réclamer** VPR **se r. de qn** (se recommander) to mention sb's name ■ **réclamation** NF complaint; **faire une r.** to make a complaint; **(bureau des) réclamations** complaints department

Il faut noter que le verbe anglais **to reclaim** est un faux ami. Il signifie le plus souvent **récupérer**.

réclusion [reklyzjɔ̃] NF **r. (criminelle)** imprisonment; **r. (criminelle) à perpétuité** life imprisonment

recoiffer [rəkwafe] **se recoiffer** VPR (se repeigner) to redo one's hair

recoin [rəkwɛ̃] NM (de lieu) nook; (de mémoire) recess

recoller [rəkɔle] VT (objet cassé) to stick back together; (enveloppe) to stick back down

récolte [rekɔlt] NF (action) harvesting; (produits) harvest; Fig (de documents) crop; **faire la r.** to harvest the crops ■ **récolter** VT to harvest; Fig (recueillir) to collect

recommandable [rəkɔmɑ̃dabl] ADJ **peu r.** (personne) undesirable; (endroit) disreputable

recommandation [rəkɔmɑ̃dasjɔ̃] NF (appui, conseil) recommendation

recommander [rəkɔmɑ̃de] **1** VT (appuyer) to recommend (**à** to; **pour** for); **r. à qn de faire qch** to advise sb to do sth; **r. son âme à Dieu** to commend one's soul to God **2 se recommander** VPR **se r. de qn** to give sb's name as a reference ■ **recommandé, -ée 1** ADJ (lettre) registered **2** NM **en r.** registered

recommencer [rəkɔmɑ̃se] VTI to start or begin again ■ **recommencement** NM renewal (**de** of)

récompense [rekɔ̃pɑ̃s] NF reward (**pour** ou **de** for); (prix) award; **en r. de qch** as a reward for sth ■ **récompenser** VT to reward (**de** ou **pour** for)

réconcilier [rekɔ̃silje] **1** VT to reconcile (**avec** with) **2 se réconcilier** VPR to become reconciled, Br to make it up (**avec** with) ■ **réconciliation** NF reconciliation

reconduire* [rəkɔ̃dɥir] VT (contrat) to renew; (politique) to continue; **r. qn (à la porte)** to show sb out; **r. qn à la frontière** to escort sb back to the border ■ **reconduction** NF (de contrat) renewal

réconfort [rekɔ̃fɔr] NM comfort ■ **réconfortant, -ante** ADJ comforting ■ **réconforter** VT to comfort

reconnaissable [rəkɔnɛsabl] ADJ recognizable (**à qch** by sth)

reconnaissant, -ante [rəkɔnesɑ̃, -ɑ̃t] ADJ grateful (**à qn de qch** to sb for sth) ■ **reconnaissance** NF (gratitude) gratitude (**pour** for); (de droit, de gouvernement) recognition; Mil reconnaissance; Mil **partir en r.** to go off on reconnaissance; **r. de dette** IOU; Ordinat **r. vocale** speech recognition

reconnaître* [rəkɔnɛtr] **1** VT (identifier, admettre) to recognize (**à qch** by sth); (enfant, erreur) to acknowledge; (terrain) to reconnoitre; **être reconnu coupable** to be found guilty **2 se reconnaître** VPR (soi-même) to recognize oneself; (l'un l'autre) to recognize each other; **se r. coupable** to acknowledge one's guilt ■ **reconnu, -ue** ADJ recognized

reconquérir* [rəkɔ̃kerir] VT (territoire) to reconquer; (liberté) to win back

reconsidérer* [rəkɔ̃sidere] VT to reconsider

reconstituer [rəkɔ̃stitɥe] VT (armée, parti) to reconstitute; (crime, quartier) to reconstruct; (faits) to piece together; (fortune) to build up again ■ **reconstitution** NF (de crime) reconstruction; **r. historique** historical reconstruction

reconstruire* [rəkɔ̃strɥir] VT to rebuild ■ **reconstruction** NF rebuilding

reconvertir [rəkɔ̃vertir] **1** VT (entreprise) to convert; (personne) to retrain **2 se reconvertir** VPR (personne) to retrain; **se r. dans qch** to retrain for a new career in sth ■ **reconversion** NF (d'usine) conversion; (de personne) retraining

recopier [rəkɔpje] VT (mettre au propre) to copy out; (faire une double de) to recopy

record [rəkɔr] NM & ADJ INV record

recoucher [rəkuʃe] **se recoucher** VPR to go back to bed

recoudre* [rəkudr] VT (bouton) to sew back on; (vêtement, plaie) to stitch up

recouper [rəkupe] **1** VT (couper de nouveau) to recut; (confirmer) to confirm **2 se recouper** VPR (témoignages) to tally ■ **recoupement** NM crosscheck; **par r.** by crosschecking

recourber [rəkurbe] VT **se recourber** VPR to bend ■ **recourbé, -ée** ADJ (bec) curved; (nez) hooked

recours [rəkur] NM recourse; **avoir r. à** (chose) to resort to; (personne) to turn to; **en dernier r.** as a last resort; Jur **r. en cassation** appeal ■ **recourir*** VI **r. à** (moyen, violence) to resort to; (personne) to turn to

recouvrer [rəkuvre] VT (santé, bien) to recover; (vue) to regain

recouvrir* [rəkuvrir] VT (revêtir, inclure) to cover (**de** with); (couvrir de nouveau) to re-cover; (enfant) to cover up again

récréation [rekreasjɔ̃] NF (détente) recreation; Scol Br break, Am recess; (pour les plus jeunes) playtime

recroqueviller [rəkrɔkvije] **se recroqueviller** VPR (personne) to curl up

recrudescence [rəkrydesɑ̃s] NF renewed outbreak (**de** of)

recrue [rəkry] NF recruit ■ **recrutement** NM recruitment ■ **recruter** VT to recruit

rectangle [rɛktɑ̃gl] NM rectangle ■ **rectangulaire** ADJ rectangular

rectifier [rɛktifje] VT (calcul, erreur) to correct; (compte) to adjust; Fig **r. le tir** to take a slightly different tack ■ **rectificatif** NM correction ■ **rectification** NF (de calcul, d'erreur) correction; **faire une r.** to make a correction

recto [rɛkto] NM front; **r. verso** on both sides

rectorat [rɛktɔra] NM Br ≃ local education authority, Am ≃ board of education

reçu, -ue [rəsy] **1** PP ➤ **recevoir 2** ADJ (idée) received; (candidat) successful **3** NM (récépissé) receipt

recueil [rəkœj] NM (de poèmes, de chansons) collection (**de** of)

recueillir* [rəkœjir] **1** VT (argent, renseignements) to collect; (suffrages) to win; (personne, animal) to take in **2 se recueillir** VPR to meditate; (devant un monument) to stand in silence ■ **recueillement** NM meditation

recul [rəkyl] NM (d'armée, de négociateur, de maladie) retreat; (de canon) recoil; (déclin) decline; **avoir un mouvement de r.** to recoil; Fig **manquer de r.** to be too closely involved; Fig **prendre du r.** to stand back from things

reculer [rəkyle] **1** VI (personne) to move back; (automobiliste) to reverse, Am to back up; (armée) to retreat; (épidémie) to lose ground; (glacier) to recede; (renoncer) to back down, to retreat; (diminuer) to decline; **faire r. la foule** to move the crowd back; Fig **il ne recule devant rien** nothing daunts him **2** VT (meuble) to move back; (paiement, décision) to postpone ■ **reculé, -ée** ADJ (endroit, temps) remote

reculons [rəkylɔ̃] **à reculons** ADV backwards

récupérer [rekypere] **1** VT (objet prêté) to get back, to recover; (bagages) & Ordinat to retrieve; (forces) to recover; (recycler) to salvage; Péj (détourner à son profit) to exploit; **r. des heures supplémentaires** to take time off in lieu **2** VI (reprendre des forces) to recover ■ **récupération** NF (d'objet) recovery; (de déchets) salvage; Péj (d'idée) exploitation

récurer [rekyre] VT to scour

recycler [rəsikle] **1** VT (matériaux) to recycle; (personne) to retrain **2 se recycler** VPR (personne) to retrain ■ **recyclable** ADJ recyclable

■ **recyclage** NM *(de matériaux)* recycling; *(de personne)* retraining

rédacteur, -trice [redaktœr, -tris] NMF *(d'un acte)* writer; *(de journal)* editor; **r. en chef** *(de journal)* editor (in chief) ■ **rédaction** NF *(action)* writing; *(de contrat)* drawing up; Scol *(devoir de français)* essay, composition; *(journalistes)* editorial staff; *(bureaux)* editorial offices

redemander [rədəmãde] VT *(en reposant une question)* to ask again; *(pour en avoir plus)* to ask for more; **r. qch à qn** *(pour le récupérer)* to ask sb for sth back

redémarrer [rədemare] VI *(voiture)* to start again; Ordinat to reboot; **faire r. une voiture** to start a car again

redescendre [rədesãdr] 1 *(aux avoir)* VT *(objet)* to bring/take back down 2 *(aux être)* VI to come/go back down

redevance [rədəvãs] NF *(de télévision)* licence fee

redevenir* [rədəvənir] *(aux être)* VI to become again

rediffusion [rədifyzjõ] NF *(de film)* repeat

rédiger [rediʒe] VT to write; *(contrat)* to draw up

redire* [rədir] 1 VT to repeat 2 VI **avoir** *ou* **trouver à r. à qch** to find fault with sth ■ **redite** NF pointless repetition; **un texte plein de redites** a very repetitive text

redonner [rədɔne] VT *(rendre)* to give back; *(donner plus)* to give more

redoubler [rəduble] 1 VT to increase; Scol **r. une classe** to repeat a year *or Am* a grade; **à coups redoublés** *(frapper)* harder and harder 2 VI Scol to repeat a year *or Am* a grade; *(colère)* to intensify; **r. de patience** to be much more patient ■ **redoublant, -ante** NMF pupil repeating a year *or Am* a grade ■ **redoublement** [-əmã] NM increase (**de** in)

redouter [rədute] VT to dread (**de faire** doing) ■ **redoutable** ADJ *(adversaire, arme)* formidable; *(maladie)* dreadful

redresser [rədrese] 1 VT *(objet tordu)* to straighten (out); *(économie, situation, tort)* to put right; **r. la tête** to hold up one's head 2 **se redresser** VPR *(personne)* to straighten up; *(pays, économie)* to recover ■ **redressement** [-ɛsmã] NM *(essor)* recovery; **plan de r.** recovery plan; **r. fiscal** tax adjustment

réduction [redyksjõ] NF reduction (**de** in); *(rabais)* discount; **r. du temps de travail** = reduction of the working week in France from 39 to 35 hours

réduire* [reduir] 1 VT to reduce (**à** to; **de** by); **r. qch en cendres** to reduce sth to ashes; **r. qn à qch** *(misère, désespoir)* to reduce sb to sth 2 VI *(sauce)* to reduce 3 **se réduire** VPR **se r. à** *(se ramener à)* to come down to; **se r. en cendres** to be reduced to ashes ■ **réduit, -uite** 1 ADJ *(prix, vitesse)* reduced; *(moyens)* limited 2 NM *(pièce)* small room

réécrire* [reekrir] VT to rewrite

rééduquer [reedyke] VT *(personne)* to re-habilitate; *(partie du corps)* to re-educate ■ **rééducation** NF *(de personne)* rehabilitation; *(de membre)* re-education; **faire de la r.** to have physiotherapy

réel, réelle [reɛl] 1 ADJ real 2 NM **le r.** reality ■ **réellement** ADV really

réélire* [reelir] VT to re-elect

réévaluer [reevalɥe] VT *(monnaie)* to revalue; *(salaires)* to reassess

réexpédier [reɛkspedje] VT *(faire suivre)* to forward; *(à l'envoyeur)* to return

refaire* [rəfɛr] 1 VT *(exercice, travail)* to do again, to redo; *(chambre)* to do up; *(erreur, voyage)* to make again; Fam *(duper)* to take in; **r. sa vie** to make a new life for oneself; **r. du riz** to cook some more rice; **r. le monde** to put the world to rights; Méd **se faire r. le nez** to have one's nose reshaped, Fam to have a nose job 2 **se refaire** VPR **se r. une santé** to recover

réfectoire [refɛktwar] NM dining hall, refectory

référence [referãs] NF reference; **faire r. à qch** to refer to sth

référendum [referãdɔm] NM referendum

référer [refere] 1 VI **en r. à** to refer the matter to 2 **se référer** VPR **se r. à** to refer to

refermer [rəfɛrme] VT **se refermer** VPR to close or shut again

refiler [rəfile] VT Fam **r. qch à qn** *(donner)* to palm sth off on sb; *(maladie)* to give sb sth

réfléchir [refleʃir] 1 VT *(image, lumière)* to reflect; **r. que...** to realize that... 2 VI to think (**à** *ou* **sur** about) 3 **se réfléchir** VPR to be reflected ■ **réfléchi, -ie** ADJ *(personne)* thoughtful; *(action, décision)* carefully thought-out; Grammaire *(verbe, pronom)* reflexive; **c'est tout r.** my mind is made up; **tout bien r.** all things considered

reflet [rəflɛ] NM *(image)* & Fig reflection; *(lumière)* glint; **reflets** *(de cheveux)* highlights ■ **refléter** 1 VT to reflect 2 **se refléter** VPR to be reflected

réflexe [reflɛks] NM & ADJ reflex

réflexion [reflɛksjõ] NF *(d'image, de lumière)* reflection; *(pensée)* thought, reflection; *(remarque)* remark; **faire une r. à qn** to make a remark to sb; **r. faite, à la r.** on second Br thoughts *or Am* thought

reflux [rəfly] NM *(de marée)* ebb; *(de foule)* backward surge

réforme [refɔrm] NF reform ■ **réformer** VT *(loi)* to reform; *(soldat)* to discharge as unfit

refouler [rəfule] VT *(personnes)* to force or drive back; *(étrangers)* to turn away; *(sentiment)* to repress; *(larmes)* to hold back

refrain [rəfrɛ̃] NM *(de chanson)* chorus, refrain; *Fam* **c'est toujours le même r.** it's always the same old story

refroidir [rəfrwadir] **1** VT to cool (down); *Fig (ardeur)* to cool; *très Fam (tuer)* to kill; *Fam* **ça m'a refroidi** *(déçu)* it dampened my enthusiasm **2** VI *(devenir froid)* to get cold; *(devenir moins chaud)* to cool down **3 se refroidir** VPR *(temps)* to get colder; *Fig (ardeur)* to cool ■ **refroidissement** NM *(de la température)* drop in temperature; *(de l'eau)* cooling; *(rhume)* chill

refuge [rəfyʒ] NM refuge; *(de montagne)* (mountain) hut; *(pour piétons)* traffic island ■ **réfugié, -iée** NMF refugee ■ **se réfugier** VPR to take refuge

refus [rəfy] NM refusal; *Fam* **ce n'est pas de r.** I won't say no ■ **refuser 1** VT to refuse *(qch à qn* sb sth; *de faire* to do); *(offre, invitation)* to turn down; *(proposition)* to reject; *(candidat)* to fail; *(client)* to turn away **2 se refuser** VPR *(plaisir)* to deny oneself; **ne rien se r.** not to stint oneself; **se r. à l'évidence** to shut one's eyes to the facts; **se r. à faire qch** to refuse to do sth

Il faut noter que le nom anglais **refuse** est un faux ami. Il signifie **ordures**.

regagner [rəganje] VT *(récupérer)* to regain, to get back; *(revenir à)* to get back to; **r. le temps perdu** to make up for lost time ■ **regain** NM *(renouveau)* renewal; **un r. d'énergie** renewed energy

régal, -als [regal] NM treat ■ **régaler 1** VT to treat to a delicious meal **2 se régaler** VPR **je me régale** *(en mangeant)* I'm really enjoying it; *(je m'amuse)* I'm having a great time

regard [rəgar] NM *(coup d'œil, expression)* look, **jeter** *ou* **lancer un r. sur** to glance at; **au r. de la loi** in the eyes of the law; **en r.** *(en face)* opposite

Il faut noter que le nom anglais **regard** est un faux ami. Il ne correspond jamais au français **regard**.

regarder [rəgarde] **1** VT to look at; *(émission, film)* to watch; *(considérer)* to consider, to regard *(comme* as); *(concerner)* to concern; **r. qn fixement** to stare at sb; **ça ne te regarde pas!** it's none of your business! **2** VI *(observer)* to look; **r. autour de soi** to look round; **r. par la fenêtre** *(du dedans)* to look out of the window; **r. à la dépense** to be careful with one's money **3 se**

regarder VPR *(soi-même)* to look at oneself; *(l'un l'autre)* to look at each other; **se r. dans les yeux** to look into each other's eyes

Il faut noter que le verbe anglais **to regard** est un faux ami. Il ne signifie jamais **regarder**.

régence [reʒɑ̃s] NF regency

régénérer [reʒenere] VT to regenerate

régie [reʒi] NF *(entreprise)* state-owned company; *Théâtre* stage management; *TV (organisation)* production management; *(lieu)* control room

régime [reʒim] NM *(politique)* (form of) government; *(de moteur)* speed; *(de bananes)* bunch; **r. (alimentaire)** diet; **se mettre au r.** to go on a diet; **suivre un r.** to be on a diet; *Fig* **à ce r.** at this rate

régiment [reʒimɑ̃] NM *(de soldats)* regiment; *Fam* **un r. de** *(quantité)* a host of

région [reʒjɔ̃] NF region, area; **la r. parisienne** the Paris region ■ **régional, -e, -aux, -ales** ADJ regional

registre [rəʒistr] NM register

réglable [reglabl] ADJ adjustable ■ **réglage** NM *(de siège, de machine)* adjustment; *(de moteur, de télévision)* tuning

règle [rɛgl] NF **(a)** *(principe)* rule; **en r.** *(papiers d'identité)* in order; **en r. générale** as a (general) rule; **dans les règles de l'art** according to the book **(b)** *(instrument)* ruler ■ **règles** NFPL *(de femme)* (monthly) period

règlement [rɛgləmɑ̃] NM **(a)** *(règles)* regulations; **contraire au r.** against the *Br* rules *or Am* rule **(b)** *(de conflit)* settling; *(paiement)* payment; *Fig* **r. de comptes** settling of scores ■ **réglementaire** ADJ in accordance with the regulations; *Mil* **tenue r.** regulation uniform ■ **réglementation** NF *(action)* regulation; *(règles)* regulations ■ **réglementer** VT to regulate

régler [regle] **1** VT *(problème, conflit)* to settle; *(mécanisme)* to adjust; *(moteur, télévision)* to tune; *(payer)* to pay; **r. qn** to settle up with sb; *Fig* **r. son compte à qn** to settle old scores with sb **2** VI to pay **3 se régler** VPR **se r. sur qn** to model oneself on sb

réglisse [reglis] NF *Br* liquorice, *Am* licorice

règne [rɛɲ] NM *(de souverain)* reign; *(animal, minéral, végétal)* kingdom ■ **régner** VI *(roi, silence)* to reign *(sur* over); *(prédominer)* to prevail; **faire r. l'ordre** to maintain law and order

regorger [rəgɔrʒe] VI **r. de** to be overflowing with

régresser [regrese] VI to regress

regret [rəgrɛ] NM regret; **à r.** with regret; **avoir le r.** *ou* **être au r. de faire qch** to be sorry to do sth ■ **regrettable** ADJ regrettable

■ **regretter** [rəgrete] VT to regret; **r. qn** to miss sb; **je regrette, je le regrette** I'm sorry; **r. que…** (+ subjunctive) to be sorry that…

regrouper [rəgrupe] VT **se regrouper** VPR to gather together

régulariser [regylarize] VT (situation) to regularize

régulier, -ière [regylje, -jɛr] ADJ (intervalles, traits du visage, clergé) & Grammaire regular; (constant) steady; (écriture) even; (légal) legal; Fam (honnête) on the level ■ **régularité** NF (exactitude) regularity; (constance) steadiness; (de décision) legality ■ **régulièrement** ADV (à intervalles fixes) regularly; (avec constance) steadily; (selon la loi) legitimately

réhabiliter [reabilite] VT (délinquant) to rehabilitate; (accusé) to clear

réhabituer [reabitɥe] se réhabituer VPR **se r. à qch/à faire qch** to get used to sth/to doing sth again

rein [rɛ̃] NM kidney; **les reins** (dos) the lower back; **avoir mal aux reins** to have lower back pain; Méd **r. artificiel** kidney machine

reine [rɛn] NF queen; **la r. Élisabeth** Queen Elizabeth; **la r. mère** the queen mother

réinsertion [reɛ̃sɛrsjɔ̃] NF reintegration; **r. sociale** rehabilitation

réintégrer [reɛ̃tegre] VT (fonctionnaire) to reinstate; (lieu) to return to

rejaillir [rəʒajir] VI to spurt out; Fig **r. sur qn** to reflect on sb

rejet [rəʒɛ] NM (refus) & Méd rejection ■ **rejeter** VT (relancer) to throw back; (offre, candidature, greffe, personne) to reject; (épave) to cast up; (blâme) to shift (**sur** on to); (vomir) to bring up

rejoindre* [rəʒwɛ̃dr] 1 VT (personne) to meet; (fugitif) to catch up with; (rue, rivière) to join; (lieu) to reach; (régiment) to return to; (concorder avec) to coincide with 2 **se rejoindre** VPR (personnes) to meet up; (rues, rivières) to join up

rejouer [rəʒwe] VT (match) to replay

réjouir [reʒwir] 1 VT to delight 2 **se réjouir** VPR to be delighted (**de** at; **de faire** to do) ■ **réjoui, -ie** ADJ joyful ■ **réjouissance** NF rejoicing; **réjouissances** festivities ■ **réjouissant, -ante** ADJ delightful

relâche [rəlɑʃ] NF Théâtre & Cin (temporary) closure; **faire r.** Théâtre & Cin to be closed; Naut to put in (**dans un port** at a port); **sans r.** without a break

relâcher [rəlɑʃe] 1 VT (corde, étreinte) to loosen; (discipline) to relax; (efforts) to let up; (prisonnier) to release 2 VI Naut to put into port 3 **se relâcher** VPR (corde) to slacken; (discipline) to become lax;

(employé) to slack off ■ **relâchement** NM (de corde) slackening; (de discipline) relaxation

relais [rəlɛ] NM (dispositif émetteur) relay; Sport **(course de) r.** relay (race); **passer le r. à qn** to hand over to sb; **prendre le r.** to take over (**de** from); **r. routier** Br transport café, Am truck stop

relance [rəlɑ̃s] NF (reprise) revival ■ **relancer** VT (lancer à nouveau) to throw again; (rendre) to throw back; (production) to boost; (moteur, logiciel) to restart; (client) to follow up

relatif, -ive [rəlatif, -iv] ADJ relative (**à** to) ■ **relativement** ADV (assez) relatively; **r. à** compared to

relation [rəlasjɔ̃] NF (rapport) relationship; (ami) acquaintance; **être en r. avec qn** to be in touch with sb; **avoir des relations** (amis influents) to have contacts; **r. (amoureuse)** (love) affair; **relations extérieures** foreign affairs; **relations internationales** international relations; **relations publiques** public relations; **relations sexuelles** (sexual) intercourse

relaxation [rəlaksasjɔ̃] NF relaxation

relayer [rəleje] 1 VT (personne) to take over from; (émission) to relay 2 **se relayer** VPR to take turns (**pour faire** doing); Sport to take over from one another

relent [rəlɑ̃] NM stench

relevé [rəlve] NM list; (de compteur) reading; **r. de compte** bank statement; Scol **r. de notes** list of Br marks or Am grades

relève [rəlɛv] NF relief; **prendre la r.** to take over (**de** from

relèvement [rəlɛvmɑ̃] NM (d'économie, de pays) recovery; (de salaires) raising

relever [rəlve] 1 VT (ramasser) to pick up; (personne) to help back up; (pays) to revive; (col) to turn up; (manches) to roll up; (copies) to collect; (faute) to pick out; (empreinte) to find; (défi) to accept; (sauce) to spice up; (copier) to note down; (compteur) to read; (relayer) to relieve; (rehausser) to enhance; (augmenter) to raise; **r. la tête** to look up; **r. qn de ses fonctions** to relieve sb of his/her duties 2 VI **r. de** (dépendre de) to come under; (maladie) to be recovering from 3 **se relever** VPR (après une chute) to get up; **se r. de qch** to get over sth

relief [rəljɛf] NM (de paysage) relief; **en r.** in relief; Fig **mettre qch en r.** to highlight sth

relier [rəlje] VT to connect, to link (**à** to); (idées, faits) to link together; (livre) to bind

religion [rəliʒjɔ̃] NF religion ■ **religieux, -ieuse** 1 ADJ religious; **mariage r.** church wedding 2 NM (moine) monk ■ **religieuse** NF (femme) nun; (gâteau) ≃ cream puff

relire* [rəlir] VT to reread

reliure [rəljyr] NF *(couverture)* binding; *(art)* bookbinding

relooker [rəluke] VT *Fam* to revamp

reluire* [rəlɥir] VI to shine, to gleam; **faire r. qch** to polish sth up

reluquer [rəlyke] VT *Fam* to eye up

remanier [rəmanje] VT *(texte)* to revise; *(ministère)* to reshuffle ■ **remaniement** NM *(de texte)* revision; **r. ministériel** cabinet reshuffle

remarier [rəmarje] **se remarier** VPR to remarry ■ **remariage** NM remarriage

remarquable [rəmarkabl] ADJ remarkable **(par** for) ■ **remarquablement** [-əmɑ̃] ADV remarkably

remarque [rəmark] NF remark; **faire une r.** to make a remark

remarquer [rəmarke] VT *(apercevoir)* to notice **(que** that); *(dire)* to remark **(que** that); **faire r. qch** to point sth out **(à** to); **se faire r.** to attract attention; *Fam* **remarque, il n'est pas le seul!** mind you, he's not the only one!

Il faut noter que le verbe anglais **to remark** est un faux ami. Il signifie uniquement **faire remarquer**.

rembobiner [rɑ̃bɔbine] VT **se rembobiner** VPR to rewind

rembourser [rɑ̃burse] VT *(personne)* to pay back; *(billet, frais)* to refund ■ **remboursement** [-əmɑ̃] NM repayment; *(de billet)* refund; **envoi contre r.** cash on delivery

remède [rəmɛd] NM cure, remedy **(contre** for) ■ **remédier** VI **r. à qch** to remedy sth

remémorer [rəmemɔre] **se remémorer** VPR to remember

remercier [rəmɛrsje] VT **(a)** *(dire merci à)* to thank **(de** ou **pour qch** for sth); **je vous remercie d'être venu** thank you for coming; **non, je vous remercie** no thank you **(b)** *Euph (congédier)* to ask to leave ■ **remerciements** NMPL thanks

remettre* [rəmɛtr] **1** VT *(replacer)* to put back; *(vêtement)* to put back on; *(télévision)* to turn on again; *(disque)* to put on again; *(différer)* to postpone **(à** until); *(ajouter)* to add **(dans** to); **r. qch à qn** *(lettre, télégramme)* to deliver sth to sb; *(rapport)* to submit sth to sb; *(démission)* to hand sth in to sb; **r. qn en liberté** to set sb free; **r. qch en question** ou **en cause** to call sth into question; **r. qch en état** to repair sth; **r. qch à jour** to bring sth up to date; **r. une montre à l'heure** to set a watch to the correct time **2 se remettre** VPR **se r. en question** to question oneself; **se r. à qch** to start sth again; **se r. à faire qch** to start to do sth again; **se r. de qch** to recover from sth

remise [rəmiz] NF **(a)** *(de lettre)* delivery; **r. à**

neuf *(de machine)* reconditioning; **r. en cause** ou **question** questioning; **r. en état** *(de maison)* restoration; *Football* **r. en jeu** throw-in **(b)** *(rabais)* discount **(c)** *Jur* **r. de peine** reduction of sentence **(d)** *(local)* shed

remontée [rəmɔ̃te] NF *(de pente)* ascent; *(d'eau, de prix)* rising; **r. mécanique** ski lift

remonter [rəmɔ̃te] **1** *(aux* **être***)* VI to come/go back up; *(niveau, prix)* to rise again, to go back up; *(dans le temps)* to go back **(à** to); **r. dans** *(voiture)* to get back in(to); *(bus, train)* to get back on(to); **r. sur** *(cheval, vélo)* to get back on(to); **r. à dix ans** to go back ten years **2** *(aux* **avoir***)* VT *(escalier, pente)* to come/go back up; *(porter)* to bring/take back up; *(montre)* to wind up; *(relever)* to raise; *(col)* to turn up; *(objet démonté)* to put back together, to reassemble; *(garde-robe)* to restock; **r. le moral à qn** to cheer sb up; *Fam* **être (très) remonté contre qn** to be (really) furious with or mad at sb ■ **remonte-pente** *(pl* **remonte-pentes***)* NM ski lift

remords [rəmɔr] NM remorse; **avoir du** ou **des r.** to feel remorse

remorque [rəmɔrk] NF *(de voiture)* trailer; **prendre qch en r.** to take sth in tow; *Fig* **être à la r.** to lag behind ■ **remorquer** VT *(voiture, bateau)* to tow ■ **remorqueur** NM tug(boat)

remous [rəmu] NM *(de rivière)* eddy; *Fig* **faire des r.** to cause a stir

rempart [rɑ̃par] NM rampart; **remparts** (city) walls

remplacer [rɑ̃plase] VT to replace **(par** with); *(professionnellement)* to stand in for ■ **remplaçant, -ante** NMF *(personne)* replacement; *(enseignant)* substitute teacher, *Br* supply teacher; *(joueur)* substitute ■ **remplacement** NM replacement; **en r. de** in place of

remplir [rɑ̃plir] **1** VT to fill (up) **(de** with); *(formulaire)* to fill out or *Br* in; *(promesse)* to fulfil **2 se remplir** VPR to fill (up) **(de** with) ■ **remplissage** NM filling (up); *Péj* **faire du r.** to pad

remporter [rɑ̃pɔrte] VT *(objet)* to take back; *(prix, victoire)* to win; *(succès)* to achieve

remuer [rəmɥe] **1** VT *(bouger)* to move; *(café)* to stir; *(salade)* to toss; *(terre)* to turn over; **r. qn** *(émouvoir)* to move sb **2** VI to move; *(gigoter)* to fidget **3 se remuer** VPR to move; *Fam* **se démener** to have plenty of get-up-and-go ■ **remuant, -uante** ADJ *(enfant)* hyperactive ■ **remue-ménage** NM INV commotion

rémunérer [remynere] VT *(personne)* to pay; *(travail)* to pay for ■ **rémunérateur, -trice** ADJ remunerative ■ **rémunération** NF payment **(de** for)

renaître* [rənɛtr] VI *(personne)* to be born again;

(espoir, industrie) to revive; *Fig* **r. de ses cendres** to rise from its ashes ■ **renaissance** NF rebirth; *(des arts)* renaissance

renard [rənar] NM fox

renchérir [rɑ̃ʃerir] VI *(dire plus)* to go one better (**sur** than)

rencontre [rɑ̃kɔ̃tr] NF *(de personnes)* meeting; *(match)* Br match, Am game; **amours de r.** casual love affairs, flings; **aller à la r. de qn** to go to meet sb ■ **rencontrer 1** VT *(personne)* to meet; *(difficulté, obstacle)* to come up against, to encounter; *(trouver)* to come across **2 se rencontrer** VPR to meet

rendement [rɑ̃dmɑ̃] NM *(de champ)* yield; *(d'investissement)* return, yield; *(de personne, de machine)* output

rendez-vous [rɑ̃devu] NM INV *(rencontre)* appointment; *(amoureux)* date; *(lieu)* meeting place; **donner r. à qn** to arrange to meet sb; **prendre r. avec qn** to make an appointment with sb; **recevoir sur r.** *(médecin)* to see patients by appointment

rendormir* [rɑ̃dɔrmir] **se rendormir** VPR to go back to sleep

rendre [rɑ̃dr] **1** VT *(restituer)* to give back, to return (**à** to); *(son)* to give; *(jugement)* to deliver; *(armes)* to surrender; *(invitation)* to return; *(santé)* to restore; *(rembourser)* to pay back; *(exprimer)* to render; *(vomir)* to bring up; **r. célèbre/plus grand** to make famous/bigger; **r. la monnaie à qn** to give sb his/her change; **r. l'âme** to pass away; **r. les armes** to surrender **2** VI *(vomir)* to vomit; *(arbre, terre)* to yield **3 se rendre** VPR *(criminel)* to give oneself up (**à** to); *(soldats)* to surrender (**à** to); *(aller)* to go (**à** to); **se r. à l'évidence** *(être lucide)* to face facts; **se r. malade/utile** to make oneself ill/useful

rênes [rɛn] NFPL reins

renfermer [rɑ̃ferme] **1** VT to contain **2 se renfermer** VPR to withdraw into oneself ■ **renfermé, -ée 1** ADJ *(personne)* withdrawn **2** NM **sentir le r.** to smell musty

renflouer [rɑ̃flue] VT *(navire)* to refloat; **r. les caisses de l'État** to replenish the State coffers

renfoncement [rɑ̃fɔ̃s(ə)mɑ̃] NM recess; **dans le r. d'une porte** in a doorway

renforcer [rɑ̃fɔrse] VT to strengthen, to reinforce ■ **renforcement** [-əmɑ̃] NM reinforcement, strengthening

renfort [rɑ̃fɔr] NM **des renforts** *(troupes)* reinforcements; *Fig (aide)* backup, additional help; *Fig* **à grand r. de** with (the help of) a great deal of

renfrogner [rɑ̃frɔɲe] **se renfrogner** VPR to scowl

rengaine [rɑ̃gɛn] NF *Fam Péj* **la même r.** the same old story

renier [rənje] VT *(ami, pays)* to disown; *(foi)* to deny

renifler [rənifle] VTI to sniff ■ **reniflement** [-əmɑ̃] NM *(bruit)* sniff

renne [rɛn] NM reindeer

renom [rənɔ̃] NM renown; **de r.** *(ouvrage, artiste)* famous, renowned ■ **renommé, -ée** ADJ famous, renowned (**pour** for) ■ **renommée** NF fame, renown

renoncer [rənɔ̃se] VI **r. à qch** to give sth up, to abandon sth; **r. à faire qch** to give up doing sth

renouer [rənwe] **1** VT *(lacet)* to tie again; *(conversation)* to resume **2** VI **r. avec qch** *(tradition)* to revive sth; **r. avec qn** to take up with sb again

renouveau, -x [rənuvo] NM revival

renouveler [rənuvle] **1** VT to renew; *(erreur, expérience)* to repeat **2 se renouveler** VPR *(incident)* to happen again, to recur; *(cellules, sang)* to be renewed ■ **renouvelable** [-vlabl] ADJ renewable ■ **renouvellement** [-ɛlmɑ̃] NM renewal

rénover [renɔve] VT *(édifice, meuble)* to renovate; *(institution)* to reform ■ **rénovation** NF *(d'édifice, de meuble)* renovation; *(d'institution)* reform

renseigner [rɑ̃seɲe] **1** VT to give some information to (**sur** about) **2 se renseigner** VPR to make inquiries (**sur** about) ■ **renseignement** [-ɛɲəmɑ̃] NM piece of information; **renseignements** information; **les renseignements (téléphoniques)** *Br* directory inquiries, *Am* information; **prendre** *ou* **demander des renseignements** to make inquiries

rentable [rɑ̃tabl] ADJ profitable ■ **rentabilité** NF profitability

rente [rɑ̃t] NF *(private)* income; *(pension)* pension; **avoir des rentes** to have private means ■ **rentier, -ière** NMF person of private means

rentrée [rɑ̃tre] NF *(retour)* return; **r. des classes** start of the new school year; **rentrées d'argent** *(cash)* receipts; **r. parlementaire** reopening of Parliament

rentrer [rɑ̃tre] **1** *(aux* **être***)* VI *(entrer)* to go/come in; *(entrer de nouveau)* to go/come back in; *(chez soi)* to go/come (back) home; *(argent)* to come in; **r. en France** to return to France; **en rentrant de l'école** on my/his/her/etc way home from school; **r. dans qch** *(pénétrer)* to get into sth; *(sujet: voiture)* to crash into sth; **r. dans une catégorie** to fall into a category; **r. dans ses frais** to recover one's expenses **2** *(aux* **avoir***)* VT *(linge, troupeau)* to bring/take in; *(chemise)* to tuck in; *(larmes)* to stifle; *(griffes)* to retract

renverse [rãvɛrs] **à la renverse** ADV *(tomber)* backwards

renverser [rãvɛrse] **1** VT *(faire tomber)* to knock over; *(liquide)* to spill; *(piéton)* to run over; *(tendance, situation)* to reverse; *(gouvernement)* to overthrow; *(tête)* to tilt back **2 se renverser** VPR *(récipient)* to fall over; *(véhicule)* to overturn

renvoi [rãvwa] NM *(de marchandise, de lettre)* return; *(d'employé)* dismissal; *(d'élève)* expulsion; *(ajournement)* postponement; *(de texte)* cross-reference; *(rot)* belch, burp ■ **renvoyer*** VT *(lettre, cadeau)* to send back, to return; *(employé)* to dismiss; *(élève)* to expel; *(balle)* to throw back; *(lumière, image)* to reflect; *(ajourner)* to postpone (**à** until)

réorganiser [reɔrganize] VT to reorganize ■ **réorganisation** NF reorganization

réouverture [reuvɛrtyr] NF reopening

repaire [rəpɛr] NM den

repaître* [rəpɛtr] **se repaître** VPR *Fig* **se r. de qch** to revel in sth

répandre [repãdr] **1** VT *(liquide)* to spill; *(nouvelle, joie)* to spread; *(odeur)* to give off; *(lumière, larmes, sang, chargement)* to shed; *(gravillons)* to scatter; *(dons, bienfaits)* to lavish **2 se répandre** VPR *(nouvelle, peur)* to spread; *(liquide)* to spill; **se r. dans** *(fumée, odeur)* to spread through ■ **répandu, -ue** ADJ *(opinion, usage)* widespread

reparaître* [rəparɛtr] VI to reappear

réparer [repare] VT *(objet, machine)* to repair, to mend; *(faute)* to make amends for; *(dommage)* to make good; **faire r. qch** to get sth repaired ■ **réparable** ADJ *(machine)* repairable ■ **réparateur, -trice 1** NMF repairer **2** ADJ *(sommeil)* refreshing ■ **réparation** NF *(action)* repairing; *(résultat)* repair; *(dédommagement)* reparation; **en r.** under repair; **faire des réparations** to do some repairs

repartie [rəparti] NF retort

répartir [repartir] VT *(poids, charge)* to distribute; *(tâches, vivres)* to share (out); *(classer)* to divide (up); *(étaler dans le temps)* to spread (out) (**sur** over) ■ **répartition** NF *(de poids)* distribution; *(de tâches)* sharing; *(classement)* division

repartir* [rəpartir] *(aux* **être***)* VI *(continuer)* to set off again; *(s'en retourner)* to go back; *(machine)* to start again; **r. à** *ou* **de zéro** to go back to square one

repas [rəpa] NM meal; **prendre un r.** to have a meal

repasser [rəpase] **1** VI to come/go back; **r. chez qn** to drop in on sb again **2** VT *(montagne,*

frontière) to go across again; *(examen)* to take again, *Br* to resit; *(leçon)* to go over; *(film)* to show again; *(disque, cassette)* to play again; *(linge)* to iron ■ **repassage** NM ironing

repêcher [rəpeʃe] VT *(objet)* to fish out; *Fam (candidat)* to let through

repeindre* [rəpɛ̃dr] VT to repaint

répercuter [repɛrkyte] **1** VT *(son)* to reflect; *(augmentation)* to pass **2 se répercuter** VPR *(son, lumière)* to be reflected; *Fig* **se r. sur** to have repercussions on ■ **répercussion** NF *(conséquence)* repercussion

repère [rəpɛr] NM mark; **point de r.** *(espace, temps)* reference point ■ **repérer 1** VT *(endroit)* to locate; *Fam (remarquer)* to spot **2 se repérer** VPR to get one's bearings

répertoire [repɛrtwar] NM *(liste)* index; *(carnet)* (indexed) notebook; *Théâtre* repertoire; *Ordinat (de fichiers)* directory

répéter [repete] **1** VT to repeat; *(pièce de théâtre, rôle, symphonie)* to rehearse; **r. à qn que...** to tell sb again that...; **je te l'ai répété cent fois** I've told you a hundred times **2** VI *(redire)* to repeat; *(acteur)* to rehearse **3 se répéter** VPR *(radoter)* to repeat oneself; *(événement)* to happen again ■ **répétitif, -ive** ADJ repetitive ■ **répétition** NF *(redite)* repetition; *Théâtre* rehearsal; **r. générale** dress rehearsal

répit [repi] NM rest, respite; **sans r.** ceaselessly

replacer [rəplase] VT to replace, to put back

replanter [rəplãte] VT to replant

repli [rəpli] NM *(de vêtement, de terrain)* fold; *(d'armée)* withdrawal; *(de monnaie)* fall

replier [rəplije] **1** VT *(objet)* to fold up; *(couteau)* to fold away; *(ailes)* to fold; *(jambes)* to tuck up **2 se replier** VPR *(objet)* to fold up; *(armée)* to withdraw; *Fig* **se r. sur soi-même** to withdraw into oneself

réplique [replik] NF *(réponse)* retort; *(d'acteur)* lines; *(copie)* replica; **sans r.** *(argument)* unanswerable ■ **répliquer** ADJ **r. que...** to reply that... **2** VI to reply; *(avec impertinence)* to answer back

répondre [repõdr] **1** VI to answer, to reply; *(avec impertinence)* to answer back; *(réagir)* to respond (**à** to); **r. à qn** to answer sb, to reply to sb; *(avec impertinence)* to answer sb back; **r. à** *(lettre, question, objection)* to answer, to reply to; *(besoin)* to meet; *(salut)* to return; *(correspondre à)* to correspond to; **r. au téléphone** to answer the phone; **r. de qn/qch** to answer for sb/sth **2** VT *(remarque)* to answer *or* reply with; **r. que...** to answer *or* reply that... ■ **répondeur** NM **r. (téléphonique)** answering machine

Il faut noter que le verbe anglais **to respond** est un faux ami. Il signifie le plus souvent **réagir**.

réponse [repɔ̃s] NF answer, reply; *(réaction)* response (**à** to); **en r. à** in answer *or* reply to

reportage [rəpɔrtaʒ] NM *(article, émission)* report; *(métier)* reporting

reporter[1] [rəpɔrte] 1 VT *(objet)* to take back; *(réunion)* to put off, to postpone (**à** until); *(transcrire)* to transfer (**sur** to); *(somme)* to carry forward (**sur** to) 2 **se reporter** VPR **se r. à** *(texte)* to refer to; **se r. sur** *(sujet: colère)* to be transferred to

> Il faut noter que le verbe anglais **to report** est un faux ami. Il ne signifie jamais **reporter**.

reporter[2] [rəpɔrtɛr] NM reporter

repos [rəpo] NM *(détente)* rest; *(tranquillité)* peace; Mil **r.!** at ease!; **jour de r.** day off; **de tout r.** *(situation)* safe

reposer [rəpoze] 1 VT *(objet)* to put back down; *(problème, question)* to raise again; *(délasser)* to rest, to relax; **r. sa tête sur** *(appuyer)* to lean one's head on 2 VI *(être enterré)* to lie; **r. sur** *(bâtiment)* to be built on; *(théorie)* to be based on; **laisser r.** *(liquide)* to allow to settle 3 **se reposer** VPR to rest; **se r. sur qn** to rely on sb ■ **reposant, -ante** ADJ restful, relaxing ■ **reposé, -ée** ADJ rested

repousser [rəpuse] 1 VT *(en arrière)* to push back; *(sur le côté)* to push away; *(attaque, ennemi)* to beat off; *(réunion)* to put off; *(offre)* to reject; *(dégoûter)* to repel 2 VI *(cheveux, feuilles)* to grow again ■ **repoussant, -ante** ADJ repulsive

répréhensible [repreɑ̃sibl] ADJ reprehensible

reprendre* [rəprɑ̃dr] 1 VT *(objet)* to take back; *(évadé, ville)* to recapture; *(passer prendre)* to pick up again; *(activité)* to take up again; *(refrain)* to take up; *(vêtement)* to alter; *(corriger)* to correct; *(blâmer)* to admonish; *(pièce de théâtre)* to put on again; **r. de la viande/un œuf** to take some more meat/another egg 2 VI *(plante)* to take root again; *(recommencer)* to start again; *(affaires)* to pick up; *(en parlant)* to go on, to continue 3 **se reprendre** VPR *(se ressaisir)* to get a grip on oneself; *(se corriger)* to correct oneself; **s'y r. à deux/plusieurs fois** to have another go/several goes (at it)

représailles [rəprezaj] NFPL reprisals, retaliation

représenter [rəprezɑ̃te] 1 VT to represent; *(pièce de théâtre)* to perform 2 **se représenter** VPR *(s'imaginer)* to imagine ■ **représentant, -ante** NMF representative; **r. de commerce** sales representative ■ **représentatif, -ive** ADJ representative (**de** of) ■ **représentation** NF representation; Théâtre performance

répression [represjɔ̃] NF *(d'émeute)* suppression; *(mesures de contrôle)* repression ■ **répressif, -ive** ADJ repressive

réprimande [reprimɑ̃d] NF reprimand ■ **réprimander** VT to reprimand

réprimer [reprime] VT *(sentiment, révolte)* to suppress

reprise [rəpriz] NF *(recommencement)* resumption; Théâtre revival; *(de film, d'émission)* repeat; Boxe round; *(de l'économie)* recovery; *(de locataire)* = money for fixtures and fittings *(paid by outgoing tenant)*; *(de marchandise)* taking back; *(pour nouvel achat)* part exchange, trade-in; **faire une r. à qch** to mend sth; **à plusieurs reprises** on several occasions ■ **repriser** VT *(chaussette)* to mend

réprobation [reprɔbasjɔ̃] NF disapproval ■ **réprobateur, -trice** ADJ disapproving

reproche [rəprɔʃ] NM reproach; **faire des reproches à qn sur qch** to reproach sb for sth; **sans r.** beyond reproach ■ **reprocher 1** VT **r. qch à qn** to blame *or* reproach sb for sth; **qu'as-tu à r. à ce livre?** what do you have against this book? **2 se reprocher** VPR **n'avoir rien à se r.** to have nothing to reproach *or* blame oneself for

reproduire* [rəprɔdɥir] 1 VT *(modèle, son)* to reproduce 2 **se reproduire** VPR *(animaux)* to reproduce; *(incident)* to happen again ■ **reproduction** NF *(d'animaux, de son)* reproduction; *(copie)* copy

reptile [rɛptil] NM reptile

repu, -ue [rəpy] ADJ *(rassasié)* satiated

république [repyblik] NF republic ■ **républicain, -aine** ADJ & NMF republican

répudier [repydje] VT to repudiate

répugnant, -ante [repyɲɑ̃, -ɑ̃t] ADJ repulsive ■ **répugner** VI **r. à qn** to be repugnant to sb; **r. à faire qch** to be loath to do sth

répulsion [repylsjɔ̃] NF repulsion

réputation [repytasjɔ̃] NF reputation; **avoir la r. d'être franc** to have a reputation for being frank *or* for frankness; **connaître qn de r.** to know sb by reputation ■ **réputé, -ée** ADJ *(célèbre)* renowned (**pour** for); **r. pour être très intelligent** reputed to be very intelligent

requête [rəkɛt] NF request; Jur *(auprès d'un juge)* petition

requiem [rekɥijɛm] NM INV requiem

requin [rəkɛ̃] NM *(poisson)* & Fig shark

réquisition [rekizisjɔ̃] NF requisition ■ **réquisitionner** VT to requisition, to commandeer

réquisitoire [rekizitwar] NM Jur prosecution address; *(critique)* indictment (**contre** of)

RER [ɛrøɛr] *(abrév Réseau express régional)* NM = express rail network serving Paris and its suburbs

rescapé, -ée [rɛskape] 1 ADJ surviving 2 NMF survivor

rescousse [rɛskus] **à la rescousse** ADV to the rescue

réseau, -x [rezo] NM network; *Ordinat* **en r.** networked; **r. d'espionnage** spy ring *or* network

réservation [rezɛrvasjɔ̃] NF reservation, booking; **faire une r.** to make a booking

réserve [rezɛrv] NF *(provision, discrétion)* reserve; *(entrepôt)* storeroom; *(de bibliothèque)* stacks; *(de chasse, de pêche)* preserve; *(restriction)* reservation; *Mil* **la r.** the reserve; **en r.** in reserve; **sans r.** *(admiration)* unqualified; **sous r. de** subject to; **r. indienne** (native American) reservation; **r. naturelle** nature reserve

réserver [rezɛrve] **1** VT to reserve; *(garder)* to save, to keep (**à** for); *(marchandises)* to put aside (**à** for); *(sort, surprise)* to hold in store (**à** for) **2 se réserver** VPR **se r. pour qch** to save oneself for sth; **se r. de faire qch** to reserve the right to do sth ■ **réservé, -ée** ADJ *(personne, place, chambre)* reserved

réservoir [rezɛrvwar] NM *(lac)* reservoir; *(cuve)* tank; **r. d'essence** *Br* petrol *or Am* gas tank

résidence [rezidɑ̃s] NF residence; **r. secondaire** second home; **r. universitaire** *Br* hall of residence, *Am* dormitory ■ **résident, -ente** NMF resident; **un r. français en Irlande** a French national resident in Ireland ■ **résidentiel, -ielle** ADJ *(quartier)* residential ■ **résider** VI to reside; **r. dans** *(consister en)* to lie in

résidu [rezidy] NM residue

résigner [rezine] **se résigner** VPR to resign oneself (**à qch** to sth; **à faire** to doing) ■ **résignation** NF resignation

résilier [rezilje] VT *(contrat)* to terminate

résine [rezin] NF resin

résistance [rezistɑ̃s] NF resistance (**à** to); *Hist* **la R.** the Resistance

résister [reziste] VI **r. à** *(attaque, agresseur, tentation)* to resist; *(chaleur, fatigue, souffrance)* to withstand; *(mauvais traitement)* to stand up to; **r. à l'analyse** to stand up to analysis ■ **résistant, -ante** ADJ tough; **r. à la chaleur** heat-resistant; **r. au choc** shockproof **2** NMF *Hist* Resistance fighter

résolu, -ue [rezɔly] **1** PP ➤ **résoudre 2** ADJ determined, resolute; **r. à faire qch** determined to do sth ■ **résolution** NF *(décision)* resolution; *(fermeté)* determination

résonance [rezɔnɑ̃s] NF resonance

résonner [rezɔne] VI *(cri)* to resound; *(salle, voix)* to echo (**de** with)

résorber [rezɔrbe] **1** VT *(excédent)* to absorb; *(chômage)* to reduce **2 se résorber** VPR *(excédent)* to be absorbed; *(chômage)* to be reduced

résoudre* [rezudr] **1** VT *(problème)* to solve; *(difficulté)* to resolve; **r. de faire qch** to resolve to do sth **2 se résoudre** VPR **se r. à faire qch** to resolve to do sth

respect [rɛspɛ] NM respect (**pour/de** for); **mes respects à…** my regards *or* respects to…; **tenir qn en r.** to hold sb in check ■ **respectable** ADJ *(honorable, important)* respectable ■ **respecter** VT to respect; **qui se respecte** self-respecting; **r. la loi** to abide by the law; **faire r. la loi** to enforce the law ■ **respectueux, -ueuse** ADJ respectful (**envers** to; **de** of)

respirer [rɛspire] **1** VI to breathe; *Fig (être soulagé)* to breathe again **2** VT to breathe (in); *Fig (exprimer)* to radiate ■ **respiration** NF breathing; *(haleine)* breath; *Méd* **r. artificielle** artificial respiration ■ **respiratoire** ADJ **troubles respiratoires** breathing difficulties

responsable [rɛspɔ̃sabl] **1** ADJ responsible (**de qch** for sth; **devant qn** to sb) **2** NMF *(chef)* person in charge; *(dans une organisation)* official; *(coupable)* person responsible (**de** for) ■ **responsabilité** NF responsibility; *(légale)* liability

resquiller [rɛskije] VI *(au cinéma)* to sneak in without paying; *(dans le métro)* to dodge paying one's fare

ressaisir [rəsezir] **se ressaisir** VPR to pull oneself together

ressasser [rəsase] VT *(ruminer)* to brood over; *(répéter)* to keep trotting out

ressemblance [rəsɑ̃blɑ̃s] NF likeness, resemblance (**avec** to) ■ **ressemblant, -ante** ADJ lifelike ■ **ressembler** **1** VI **r. à** to look like, to resemble; **cela ne lui ressemble pas** *(ce n'est pas son genre)* that's not like him/her **2 se ressembler** VPR to look alike

ressentir* [rəsɑ̃tir] **1** VT to feel **2 se ressentir** VPR **se r. de qch** *(personne)* to feel the effects of sth; *(travail)* to show the effects of sth

Il faut noter que le verbe anglais **to resent** est un faux ami. Il signifie **ne pas aimer du tout**.

resserrer [rəsere] **1** VT *(nœud, boulon)* to tighten; *Fig (liens)* to strengthen **2 se resserrer** VPR *(nœud)* to tighten; *(amitié)* to become closer; *(route)* to narrow

resservir* [rəservir] **1** VT *(plat)* to serve (up) again; **r. qn** to give sb another helping **2** VI *(outil)* to come in useful (again) **3 se resservir** VPR **se r. de** *(plat)* to have another helping of

ressort [rəsɔr] NM *(objet)* spring; *(énergie)* spirit; **du r. de** within the competence of; **en dernier r.** *(décider)* as a last resort

ressortir* [rəsɔrtir] **1** *(aux **être**)* VI *(personne)* to go/come back out; *(film)* to be shown again; *(se voir)* to stand out; **faire r. qch** to bring sth out; **il**

ressort de… *(résulte)* it emerges from… **2** *(aux avoir)* **VI** *(vêtement)* to get out again

ressortissant, -ante [rəsɔrtisɑ̃, -ɑ̃t] **NMF** national

ressource [rəsurs] **1 NFPL ressources** *(moyens, argent)* resources; **être sans ressources** to be without resources; **ressources humaines** human resources **2 NF** *(possibilité)* possibility *(de faire* of doing); **avoir de la r.** to be resourceful; **en dernière r.** as a last resort

ressusciter [resysite] **1 VI** to rise from the dead **2 VT** *(mort)* to raise

> Il faut noter que le verbe anglais **to resuscitate** est un faux ami. Il ne signifie jamais **ressusciter**.

restant, -ante [rɛstɑ̃, -ɑ̃t] **1 ADJ** remaining **2 NM le r.** the rest, the remainder; **un r. de viande** some leftover meat

restaurant [rɛstɔrɑ̃] **NM** restaurant

restaurer [rɛstɔre] **1 VT** *(réparer, rétablir)* to restore **2 se restaurer VPR** to have something to eat ▪ **restaurateur, -trice NMF** *(hôtelier, hôtelière)* restaurant owner; *(de tableaux)* restorer ▪ **restauration NF** *(hôtellerie)* catering; *(de tableau)* restoration

reste [rɛst] **NM** rest, remainder *(de* of); **restes** remains *(de* of); *(de repas)* leftovers; **un r. de fromage** some leftover cheese; **au r., du r.** moreover, besides; **avoir qch de r.** to have sth to spare; **il est parti sans demander son r.** he left without further ado

rester [rɛste] *(aux* **être)** **VI** to stay, to remain; *(calme, jeune)* to keep, to stay, to remain; *(subsister)* to be left, to remain; **il reste du pain** there's some bread left *(over)*; **il me reste une minute** I have one minute left; **l'argent qui lui reste** the money he/she has left; **il me reste deux choses à faire** I still have two things to do; **il me reste à vous remercier** it remains for me to thank you; **en r. à** to stop at; **restons-en là** let's leave it at that; *Fam* **elle a failli y r.** that was very nearly the end of her

restituer [rɛstitɥe] **VT** *(rendre)* to return *(à* to); *(argent)* to repay; *(son)* to reproduce; *(passé)* to re-create ▪ **restitution NF** *(d'objet)* return; *(de son)* reproduction; *(du passé)* re-creation

restreindre* [rɛstrɛ̃dr] **1 VT** to restrict *(à* to) **2 se restreindre VPR** *(domaine)* to become more restricted; *(faire des économies)* to cut down ▪ **restreint, -einte ADJ** restricted *(à* to); *(espace)* limited ▪ **restriction NF** restriction; **sans r.** *(approuver)* unreservedly

résultat [rezylta] **NM** result; **avoir qch pour r.** to result in sth ▪ **résulter 1 VI r. de** to result from **2 V IMPERSONNEL il en résulte que…** the result of this is that…

résumer [rezyme] **1 VT** *(abréger)* to summarize; *(récapituler)* to sum up **2 se résumer VPR** *(orateur)* to sum up; **se r. à qch** *(se réduire à)* to boil down to sth ▪ **résumé NM** summary; **en r.** in short

> Il faut noter que le verbe anglais **to resume** est un faux ami. Il signifie **recommencer**.

résurgence [rezyrʒɑ̃s] **NF** resurgence *(de* in)

résurrection [rezyrɛksjɔ̃] **NF** resurrection

rétablir [retablir] **1 VT** *(communications, ordre)* to restore; *(vérité)* to re-establish; *(employé)* to re-instate **2 se rétablir VPR** *(ordre)* to be restored; *(malade)* to recover ▪ **rétablissement NM** *(d'ordre, de dynastie)* restoration; *(de vérité)* re-establishment; *(de malade)* recovery

retaper [rətape] **VT** *Fam* *(maison, voiture)* to do up; *(lit)* to straighten; *(malade)* to buck up

retard [rətar] **NM** *(de personne)* lateness; *(sur un programme)* delay; *(de région)* backwardness; **en r.** late; **en r. sur qn/qch** behind sb/sth; **rattraper ou combler son r.** to catch up; **avoir du r.** to be late; *(sur un programme)* to be behind *(schedule)*; *(montre)* to be slow; **avoir une heure de r.** to be an hour late; **prendre du r.** *(montre)* to lose *(time)*; *(personne)* to fall behind ▪ **retardataire NMF** latecomer

retarder [rətarde] **1 VT** *(faire arriver en retard)* to delay; *(date, montre, départ)* to put back; **r. qn** *(dans une activité)* to put sb behind **2 VI** *(montre)* to be slow; **r. de cinq minutes** to be five minutes slow; *Fig* **r. (sur son temps)** *(personne)* to be behind the times

retenir* [rətənir] **1 VT** *(personne)* to keep; *(eau, chaleur)* to retain; *(cotisation)* to deduct *(sur* from); *(suggestion)* to adopt; *(larmes, foule)* to hold back; *Math (chiffre)* to carry; *(se souvenir de)* to remember; *(réserver)* to reserve; **r. qn prisonnier** to keep sb prisoner; **r. l'attention de qn** to catch sb's attention; **r. qn de faire qch** to stop sb *(from)* doing sth; **votre candidature n'a pas été retenue** your application was unsuccessful **2 se retenir VPR** *(se contenir)* to restrain oneself; **se r. de faire qch** to stop oneself *(from)* doing sth; **se r. à qn/qch** to cling to sb/sth

retentissement [rətɑ̃tismɑ̃] **NM** *(effet)* impact; **avoir un grand r.** *(film)* to create a stir

retenue [rətəny] **NF** *(modération)* restraint; *(de salaire)* deduction; *Math (chiffre)* figure carried over; *Scol (punition)* detention; **en r.** in detention

réticent, -ente [retisɑ̃, -ɑ̃t] **ADJ** hesitant, unwilling

> Il faut noter que l'adjectif anglais **reticent** est un faux ami. Il signifie **discret**.

rétine [retin] **NF** retina

retirer [rǝtire] **1 VT** to withdraw; *(faire sortir)* to take out; *(ôter)* to take off; *(éloigner)* to take away; *(aller chercher)* to pick up; **r. qch à qn** *(permis)* to take sth away from sb; **r. qch de qch** *(gagner)* to derive sth from sth **2 se retirer VPR** to withdraw (**de** from); *(mer)* to ebb

retomber [rǝtɔ̃be] **VI** to fall again; *(après un saut)* to land; *(intérêt)* to slacken; **r. dans** *(l'oubli, le chaos)* to sink back into; *(le péché)* to lapse into; **r. malade** to fall ill again; **r. sur qn** *(responsabilité, frais)* to fall on sb; *Fam (rencontrer)* to bump into sb again; *Fig* **r. sur ses pieds** to land on one's feet ■ **retombées NFPL** *(radioactives)* fallout; *Fig (conséquences)* repercussions

rétorquer [retɔrke] **VT r. que...** to retort that…

retouche [rǝtuʃ] **NF** *(de vêtement)* alteration; *(de photo)* touching up ■ **retoucher VT** *(vêtement, texte)* to alter; *(photo, tableau)* to touch up

retour [rǝtur] **NM** return; *(trajet)* return journey; *(de fortune)* reversal; **être de r.** to be back (**de** from); **en r.** *(en échange)* in return; **à mon r.** when I get/got back (**de** from); **r. à l'envoyeur** return to sender; **match r.** return *Br* match *or Am* game

retourner [rǝturne] **1** *(aux avoir)* **VT** *(matelas, steak)* to turn over; *(terre)* to turn; *(vêtement, sac)* to turn inside out; *(tableau)* to turn round; *(compliment, lettre)* to return; *Fam (maison)* to turn upside down; **r. qch contre qn** *(argument)* to turn sth against sb; *(arme)* to turn sth on sb; *Fam* **r. qn** *(bouleverser)* to upset sb; *Fam* **savoir de quoi il retourne** to know what it's all about **2** *(aux être)* **VI** to go back, to return **3 se retourner VPR** *(pour regarder)* to turn round; *(sur le dos)* to turn over; *(dans son lit)* to toss and turn; *(voiture)* to overturn; **s'en r.** to go back; *Fig* **se r. contre** to turn against

retracer [rǝtrase] **VT** *(événement)* to recount

rétracter [retrakte] **VT se rétracter VPR** to retract

retrait [rǝtrɛ] **NM** withdrawal; *(de bagages, de billets)* collection; *(des eaux)* receding; **en r.** *(maison)* set back; **ligne en r.** indented line; **commencer un paragraphe en r.** to indent a paragraph; **rester en r.** to stay in the background

retraite [rǝtrɛt] **NF** *(d'employé)* retirement; *(pension)* (retirement) pension; *(refuge)* retreat, refuge; *(d'une armée)* retreat; **prendre sa r.** to retire; **être à la r.** to be retired; *Mil & Fig* **battre en r.** to beat a retreat; **r. aux flambeaux** torchlight procession; **r. anticipée** early retirement ■ **retraité, -ée 1 ADJ** retired **2 NMF** senior citizen, *Br* (old age) pensioner

retraitement [rǝtrɛtmɑ̃] **NM** reprocessing; **usine de r. (des déchets nucléaires)** (nuclear) reprocessing plant

retrancher [rǝtrɑ̃ʃe] **1 VT** *(passage, nom)* to remove (**de** from); *(argent, quantité)* to deduct (**de** from) **2 se retrancher VPR** *(soldats)* to dig in; *Fig* **se r. dans/derrière qch** to hide in/behind sth

retransmettre* [rǝtrɑ̃smɛtr] **VT** to broadcast ■ **retransmission NF** broadcast

rétrécir [retresir] **1 VT** *(vêtement)* to take in **2 VI** *(au lavage)* to shrink **3 se rétrécir VPR** *(rue)* to narrow

rétro [retro] **ADJ INV** *(personne, idée)* retro

rétroactif, -ive [retroaktif, -iv] **ADJ** retroactive; **augmentation avec effet r.** retroactive (pay) increase

rétrograde [retrograd] **ADJ** retrograde ■ **rétrograder 1 VT** *(fonctionnaire, officier)* to demote **2 VI** *(automobiliste)* to change down

rétrospectif, -ive [retrospɛktif, -iv] **1 ADJ** retrospective **2 NF rétrospective** retrospective ■ **rétrospectivement ADV** in retrospect

retrousser [rǝtruse] **VT** *(manches)* to roll up; *(jupe)* to tuck up ■ **retroussé, -ée ADJ** *(nez)* turned-up, snub

retrouver [rǝtruve] **1 VT** *(objet)* to find again; *(personne)* to meet again; *(forces, santé)* to regain; *(se rappeler)* to recall; *(découvrir)* to rediscover **2 se retrouver VPR** *(être)* to find oneself; *(trouver son chemin)* to find one's way (**dans** round); *(se rencontrer)* to meet; **se r. à la rue** to find oneself homeless; **je me suis retrouvé rue d'Assas** I ended up in rue d'Assas; **je ne m'y retrouve plus!** I'm completely lost! ■ **retrouvailles NFPL** reunion

rétroviseur [retrovizœr] **NM** rear-view mirror

réunion [reynjɔ̃] **NF** *(séance)* meeting; *(d'objets)* collection, gathering; *(jonction)* joining; **être en r.** to be in a meeting; **r. de famille** family gathering; *Scol* **r. de parents d'élèves** parents meeting

Réunion [reynjɔ̃] **NF la R.** Réunion

réunir [reynir] **1 VT** *(objets)* to put together; *(documents)* to gather together; *(fonds)* to raise; *(amis, famille)* to get together; *(après une rupture)* to reunite; *(avantages, qualités)* to combine; **r. qch à qch** to join sth to sth **2 se réunir VPR** *(personnes, routes)* to meet; **se r. autour de qn/qch** to gather round sb/sth

réussir [reysir] **1 VT** *(bien faire)* to make a success of; *(examen)* to pass **2 VI** to succeed, to be successful (**à faire** in doing); *(à un examen)* to pass; **r. à qn** to work out well for sb; *(aliment, climat)* to agree with sb; **r. à un examen** to pass an exam ■ **réussi, -ie ADJ** successful ■ **réussite NF** success; *Cartes* **faire des réussites** to play patience

revaloriser [rəvalɔrize] VT (monnaie) to revalue; (salaires, profession) to upgrade ■ **revalorisation** NF (de monnaie) revaluation; (de salaires, de profession) upgrading

revanche [rəvɑ̃ʃ] NF revenge; (de match) return game; **prendre sa r. (sur qn)** to get one's revenge (on sb); **en r.** on the other hand

rêve [rɛv] NM dream; **faire un r.** to have a dream; **fais de beaux rêves!** sweet dreams!; **maison/voiture de r.** dream house/car ■ **rêvasser** VI to daydream

réveil [revɛj] NM (de personnes) waking; Fig awakening; (pendule) alarm (clock); **à son r.** on waking

réveiller [reveje] 1 VT (personne) to wake (up); Fig (douleur) to revive; Fig (sentiment, souvenir) to revive 2 **se réveiller** VPR (personne) to wake (up); (nature) to reawaken; Fig (douleur) to come back ■ **réveillé, -ée** ADJ awake

réveillon [revejɔ̃] NM (repas) midnight supper; (soirée) midnight party (on Christmas Eve or New Year's Eve) ■ **réveillonner** VI to see in Christmas/the New Year

révéler [revele] 1 VT to reveal (que that) 2 **se révéler** VPR (personne) to reveal oneself; (talent) to be revealed; **se r. facile** to turn out to be easy ■ **révélateur, -trice** ADJ revealing; **r. de qch** indicative of sth ■ **révélation** NF (action, découverte) revelation; (personne) discovery; **faire des révélations** to disclose important information

revendiquer [rəvɑ̃dike] VT to claim; (attentat) to claim responsibility for ■ **revendication** NF claim

revendre [rəvɑ̃dr] VT to resell; Fig **avoir (de) qch à r.** to have sth to spare ■ **revendeur, -euse** NMF retailer; (d'occasion) second-hand dealer; **r. (de drogue)** drug pusher

revenir* [rəvənir] (aux être) VI (personne) to come back, to return; (mot) to crop up; (date) to come round again; **le dîner nous est revenu à 50 euros** the dinner cost us 50 euros; **r. cher** to work out expensive; **r. à** (activité, sujet) to go back to, to return to; (se résumer à) to boil down to; **r. à qn** (forces, mémoire) to come back to sb; (honneur) to fall to sb; **r. à soi** to come round or to; **r. sur** (décision, promesse) to go back on; (passé, question) to go back over; **r. sur ses pas** to retrace one's steps; **faire r. qch** (aliment) to brown sth; Fam **sa tête ne me revient pas** I don't like the look of him; Fam **je n'en reviens pas!** I can't get over it!

revenu [rəvəny] NM income (de from); (d'un État) revenue (de from)

rêver [reve] 1 VT to dream (que that) 2 VI to dream (de of; de faire of doing)

réverbération [reverberasjɔ̃] NF (de lumière) reflection; (de son) reverberation

réverbère [reverber] NM street lamp

révérence [reverɑ̃s] NF (respect) reverence; (salut de femme) curtsey; **faire une r.** to curtsey

rêverie [revri] NF daydream

revers [rəver] NM (de veste) lapel; (de pantalon) Br turn-up, Am cuff; (d'étoffe) wrong side; (de pièce) reverse; (coup du sort) setback; Sport (au tennis) backhand; **d'un r. de la main** with the back of one's hand; Fig **le r. de la médaille** the other side of the coin

reverser [rəverse] VT (café, vin) to pour more; Fig (argent) to transfer (**sur un compte** into an account)

réversible [reversibl] ADJ reversible

revêtir* [rəvetir] VT to cover (**de** with); (habit) to don; (route) to surface; (caractère, forme) to assume; **r. qn** (habiller) to dress sb (**de** in); **r. un document de** (signature) to provide a document with ■ **revêtement** NM (surface) covering; (de route) surface

rêveur, -euse [revœr, -øz] 1 ADJ dreamy 2 NMF dreamer

revient [rəvjɛ̃] NM **prix de r.** Br cost price, Am wholesale price

revirement [rəvirmɑ̃] NM (changement) Br about-turn, Am about-face; (de situation, d'opinion, de politique) reversal

réviser [revize] VT (leçon) Br to revise, Am to review; (machine, voiture) to service; (jugement, règlement) to review ■ **révision** NF (de leçon) Br revision, Am review; (de machine) service; (de jugement) review

revivre* [rəvivr] 1 VT (incident) to relive 2 VI to live again; **faire r. qch** to revive sth

revoici [rəvwasi] PRÉP **me r.** here I am again

revoilà [rəvwala] PRÉP **la r.** there she is again

revoir* [rəvwar] VT to see (again); (texte, leçon) to revise; **au r.** goodbye

révolte [revɔlt] NF revolt ■ **révoltant, -ante** ADJ (honteux) revolting ■ **révolter** 1 VT to appal 2 **se révolter** VPR to rebel, to revolt (**contre** against)

révolu, -ue [revɔly] ADJ (époque) past; **avoir trente ans révolus** to be over thirty

révolution [revɔlysjɔ̃] NF (changement, rotation) revolution ■ **révolutionnaire** ADJ & NMF revolutionary ■ **révolutionner** VT (transformer) to revolutionize

revolver [revɔlver] NM revolver

revue [rəvy] NF (magazine) magazine; (spécialisée) journal; (spectacle) revue; Mil review; **passer qch en r.** to review sth

rez-de-chaussée [redəʃose] NM INV *Br* ground floor, *Am* first floor

rhabiller [rabije] **se rhabiller** VPR to get dressed again

Rhin [rɛ̃] NM **le R.** the Rhine

rhinocéros [rinɔserɔs] NM rhinoceros

rhododendron [rɔdɔdɛ̃drɔ̃] NM rhododendron

Rhône [ron] NM **le R.** the Rhône

rhubarbe [rybarb] NF rhubarb

rhum [rɔm] NM rum

rhumatisme [rymatism] NM rheumatism; **avoir des rhumatismes** to have rheumatism

rhume [rym] NM cold; **r. de cerveau** head cold; **r. des foins** hay fever

ri [ri] PP ➤ **rire**

ribambelle [ribɑ̃bɛl] NF (de mots) long string; (d'enfants, de visiteurs) string, crowd

ricaner [rikane] VI (sarcastiquement) *Br* to snigger, *Am* to snicker; (bêtement) to giggle

riche [riʃ] **1** ADJ (personne, pays, aliment) rich; **r. en** (vitamines, minérai) rich in **2** NMF rich person; **les riches** the rich ■ **richement** ADV (vêtu, illustré) richly ■ **richesse** NF (de personne, de pays) wealth; (d'étoffe, de sol, de vocabulaire) richness; **richesses** (trésor) riches; (ressources) wealth

ricocher [rikɔʃe] VI to rebound, to ricochet ■ **ricochet** NM rebound, ricochet; **faire des ricochets (sur l'eau)** to skim stones; *Fig* **par r.** indirectly

rictus [riktys] NM grimace

ride [rid] NF (de visage) wrinkle; (sur l'eau) ripple ■ **ridé, -ée** ADJ (visage, peau) wrinkled ■ **rider 1** VT (visage, peau) to wrinkle; (eau) to ripple **2 se rider** VPR (visage, peau) to wrinkle

rideau, -x [rido] NM curtain; (métallique) shutter; *Fig* (écran) screen (**de** of)

ridicule [ridikyl] **1** ADJ ridiculous, ludicrous **2** NM (moquerie) ridicule; (absurdité) ridiculousness; **tourner qn/qch en r.** to ridicule sb/sth ■ **ridiculiser 1** VT to ridicule **2 se ridiculiser** VPR to make a fool of oneself

rien [rjɛ̃] **1** PRON nothing; **il ne sait r.** he knows nothing, he doesn't know anything; **r. du tout** nothing at all; **r. d'autre/de bon** nothing else/good; **r. de tel** nothing like it; **il n'y avait r. que des filles** there were only girls there; **de r.!** (je vous en prie) don't mention it!; **ça ne fait r.** it doesn't matter; **trois fois r.** next to nothing; **pour r. au monde** never in a thousand years; **comme si de r. n'était** as if nothing had happened; *Fam* **je n'en ai r. à faire** I couldn't care less **2** NM (mere) nothing, trifle; **un r. de** a little; **en un r. de temps** in no time; **pleurer pour un r.** to cry at the slightest thing

rieur, rieuse [rijœr, rijøz] ADJ cheerful

rigide [riʒid] ADJ rigid; (carton) stiff; *Fig* (personne) inflexible; (éducation) strict ■ **rigidité** NF rigidity; (de carton) stiffness; (de personne) inflexibility; (d'éducation) strictness

rigole [rigɔl] NF (conduit) channel; (filet d'eau) rivulet

rigoler [rigɔle] VI *Fam* to laugh; (s'amuser) to have a laugh; (plaisanter) to joke (**avec** about); **tu rigoles?** are you kidding? ■ **rigolade** NF *Fam* fun; **prendre qch à la r.** to make a joke out of sth ■ **rigolo, -ote** *Fam* **1** ADJ funny **2** NMF joker

rigueur [rigœr] NF (d'analyse) rigour; (de climat) harshness; (de personne) strictness; **être de r.** to be the rule; **à la r.** if necessary; *Fig* **tenir r. à qn de qch** to hold sth against sb ■ **rigoureux, -euse** ADJ (analyse) rigorous; (climat, punition) harsh; (personne, morale, neutralité) strict

rillettes [rijɛt] NFPL *Culin* potted meat

rime [rim] NF rhyme ■ **rimer** VI to rhyme (**avec** with); **ça ne rime à rien** it makes no sense

rincer [rɛ̃se] VT to rinse; (verre) to rinse (out) ■ **rinçage** NM rinsing; (pour les cheveux) rinse

ring [riŋ] NM (boxing) ring

ringard, -arde [rɛ̃gar, -ard] *Fam* **1** ADJ (démodé) uncool, *Br* sad **2** NMF geek, nerd

riposte [ripɔst] NF (réponse) retort; (attaque) counterattack ■ **riposter 1** VT **r. que...** to retort that... **2** VI to counterattack; **r. à** (attaque) to counter; (insulte) to reply to

riquiqui [rikiki] ADJ INV *Fam* tiny

rire* [rir] **1** NM laugh; **rires** laughter; **le fou r.** the giggles **2** VI to laugh (**de** at); (s'amuser) to have a good time; (plaisanter) to joke; **aux éclats** to roar with laughter; **faire qch pour r.** to do sth for a joke or laugh **3 se rire** VPR *Littéraire* **se r. de qch** (se jouer de) to make light of sth

risée [rize] NF mockery; **être la r. de** to be the laughing stock of

risible [rizibl] ADJ laughable

risque [risk] NM risk; **au r. de faire qch** at the risk of doing sth; **les risques du métier** occupational hazards; **à vos risques et périls** at your own risk; **assurance tous risques** comprehensive insurance

risquer [riske] **1** VT to risk; (question) to venture; **r. de faire qch** to stand a good chance of doing sth; **ça risque de durer longtemps** that may well last for a long time; **qu'est-ce que tu risques?** what have you got to lose? **2 se risquer** VPR **se r. à faire qch** to dare to do sth ■ **risqué, -ée** ADJ (dangereux) risky; (osé) risqué

ristourne [risturn] NF discount

rite [rit] NM rite; *Fig* (habitude) ritual ■ **rituel, -uelle** ADJ & NM ritual

rivage [rivaʒ] NM shore

rival, -e, -aux, -ales [rival, -o] ADJ & NMF rival
■ **rivaliser** VI to compete (**avec** with; **de** in)
■ **rivalité** NF rivalry

rive [riv] NF (de fleuve) bank; (de lac) shore

riverain, -aine [rivərɛ̃, -ɛn] 1 ADJ (de rivière) riverside; (de lac) lakeside 2 NMF (près d'une rivière) riverside resident; (près d'un lac) lakeside resident; (de rue) resident

rivière [rivjɛr] NF river; **r. de diamants** diamond necklace

riz [ri] NM rice; **r. blanc/complet/sauvage** white/brown/wild rice; **r. basmati** basmati rice; **r. au lait** rice pudding ■ **rizière** NF paddy (field), rice-field

RMI [ɛrɛmi] (abrév **revenu minimum d'insertion**) NM Br ≃ income support, Am ≃ welfare ■ **RMiste** NMF Br ≃ person on income support, Am ≃ person on welfare

RN (abrév **route nationale**) ➤ **route**

robe [rɔb] NF (de femme) dress; (d'ecclésiastique, de juge) robe; (de professeur) gown; (pelage) coat; **r. de soirée** ou **du soir** evening dress; **r. de grossesse/de mariée** maternity/wedding dress; **r. de chambre** Br dressing gown, Am bathrobe; **pomme de terre en r. des champs** jacket potato, baked potato

robinet [rɔbinɛ] NM Br tap, Am faucet

robot [rɔbo] NM robot; **r. ménager** food processor ■ **robotique** NF robotics (sing)

robuste [rɔbyst] ADJ robust

roc [rɔk] NM rock

rocade [rɔkad] NF (route) bypass

rocaille [rɔkaj] NF (terrain) rocky ground; (de jardin) rockery ■ **rocailleux, -euse** ADJ rocky, stony; (voix) harsh

roche [rɔʃ] NF rock

rocher [rɔʃe] NM (bloc, substance) rock ■ **rocheux, -euse** ADJ rocky

rock [rɔk] 1 NM (musique) rock 2 ADJ INV **chanteur/opéra r.** rock singer/opera ■ **rockeur, -euse** NMF (musicien) rock musician

roder [rɔde] VT (moteur, voiture) Br to run in, Am to break in; Fig **être rodé** (personne) to have Br got or Am gotten the hang of things

rôder [rode] VI to be on the prowl ■ **rôdeur, -euse** NMF prowler

rogne [rɔɲ] NF Fam bad temper; **être en r.** to be cross; **se mettre en r.** to get mad

rogner [rɔɲe] 1 VT (ongles) to trim, to clip; Fig (économies) to eat away at; Fig **r. les ailes à qn** to clip sb's wings 2 VI **r. sur qch** (réduire) to cut down on sth

rognon [rɔɲɔ̃] NM kidney

roi [rwa] NM king; **fête des Rois** Twelfth Night

rôle [rol] NM role, part; (de père) job; **à tour de r.** in turn

roller [rɔlœr] NM rollerblading, in-line skating; **faire du r.** to go rollerblading or in-line skating ■ **rollers (en ligne)** NMPL rollerblades, in-line skates

romain, -aine¹ [rɔmɛ̃, -ɛn] 1 ADJ Roman 2 NMF **R., Romaine** Roman

romaine² [rɔmɛn] NF (laitue) Br cos (lettuce), Am romaine

roman¹ [rɔmɑ̃] NM novel; Fig (histoire) story; **r. d'aventures/d'amour** adventure/love story; **r.-fleuve** saga; **r. noir** thriller; **r.-photo** photo-story ■ **romancier, -ière** NMF novelist

roman², -ane [rɔmɑ̃, -an] ADJ (langue) Romance; Archit Romanesque

> Il faut noter que l'adjectif anglais **Roman** est un faux ami. Il signifie **romain**.

romanesque [rɔmanɛsk] ADJ romantic; (incroyable) fantastic

romantique [rɔmɑ̃tik] ADJ & NMF romantic ■ **romantisme** NM romanticism

romarin [rɔmarɛ̃] NM rosemary

rompre* [rɔ̃pr] 1 VT to break; (pourparlers, relations) to break off; (digue) to burst 2 VI (casser) to break; (digue) to burst; (fiancés) to break it off; Fig **r. avec la tradition** to break with tradition 3 **se rompre** VPR (corde) to break; (digue) to burst

ronces [rɔ̃s] NFPL (branches) brambles

ronchonner [rɔ̃ʃɔne] VI Fam to grumble

rond, ronde¹ [rɔ̃, rɔ̃d] 1 ADJ round; (gras) plump; Fam (ivre) plastered; **chiffre r.** whole number 2 ADV **10 euros tout r.** 10 euros exactly 3 NM (cercle) circle; Fam **ronds** (argent) money; **r. de serviette** napkin ring; **en r.** (s'asseoir) in a circle; Fig **tourner en r.** to go round and round ■ **rondelet, -ette** ADJ chubby; Fig (somme) tidy ■ **rondement** ADV (efficacement) briskly; (franchement) bluntly ■ **rond-point** (pl **ronds-points**) NM Br roundabout, Am traffic circle

ronde² [rɔ̃d] NF (de soldat) round; (de policier) beat; (danse) round (dance); Mus Br semibreve, Am whole note; **à la r.** around; **faire sa r.** (gardien) to do one's rounds

rondelle [rɔ̃dɛl] NF (tranche) slice; Tech washer

rondeur [rɔ̃dœr] NF roundness; (du corps) plumpness, **rondeurs** NF (de femme) curves; (embonpoint) plumpness

ronfler [rɔ̃fle] VI (personne) to snore; (moteur) to hum ■ **ronflement** [-ɑ̃mɑ̃] NM (de personne) snore; (de moteur) hum; **ronflements** snoring; (de moteur) humming

ronger [rɔ̃ʒe] 1 VT to gnaw (at); (ver, mer, rouille) to eat into; **r. qn** (maladie, chagrin) to consume sb; Fig **r. son frein** to champ at the bit **2 se ronger** VPR **se r. les ongles** to bite one's nails; Fam **se r. les sangs** to worry oneself sick ■ **rongeur** NM rodent

ronronner [rɔ̃rɔne] VI to purr

roquefort [rɔkfɔr] NM Roquefort

roquette [rɔkɛt] NF Mil & Culin rocket

rosaire [rozer] NM Rel rosary

rosbif [rɔzbif] NM **du r.** (rôti) roast beef; (à rôtir) roasting beef; **un r.** a joint of roast/roasting beef

rose [roz] **1** ADJ (couleur) pink; (situation, teint) rosy **2** NM (couleur) pink; **vieux r.** soft pink; **r. bonbon** bright pink **3** NF (fleur) rose; Fam **envoyer qn sur les roses** to send sb packing; Fam **découvrir le pot aux roses** to find out what's been going on ■ **rosé, -ée 1** ADJ pinkish **2** ADJ & NM (vin) rosé ■ **rosier** NM rosebush

roseau, -x [rozo] NM reed

rosée [roze] NF dew

rossignol [rɔsiɲɔl] NM (oiseau) nightingale; (crochet) picklock

rot [ro] NM Fam burp, belch ■ **roter** VI Fam to burp, to belch

rotation [rɔtasjɔ̃] NF rotation; (de stock) turnover ■ **rotatif, -ive 1** ADJ rotary **2** NF **rotative** rotary press

rotin [rɔtɛ̃] NM rattan; **chaise en r.** rattan chair

rôtir [rotir] **1** VTI to roast; **faire r. qch** to roast sth **2 se rôtir** VPR Fam **se r. au soleil** to roast in the sun ■ **rôti** NM **du r.** roasting meat; (cuit) roast meat; **un r.** a joint; **r. de porc/de bœuf** (joint of) roast pork/beef

rotule [rɔtyl] NF kneecap; Fam **être sur les rotules** to be Br knackered or Am beat

roublard, -arde [rublar, -ard] ADJ Fam wily

rouble [rubl] NM (monnaie) rouble

roucouler [rukule] VI to coo

roue [ru] NF wheel; **r. dentée** cogwheel; **faire la r.** (paon) to spread its tail; **être en r. libre** to free-wheel; **les deux roues** two-wheeled vehicles

rouge [ruʒ] **1** ADJ red; (fer) red-hot **2** NM (couleur) red; Fam (vin) red wine; **le feu est au r.** the (traffic) lights are at red; **r. à lèvres** lipstick; **r. à joues** rouge, Br blusher ■ **rougeâtre** ADJ reddish ■ **rouge-gorge** (pl **rouges-gorges**) NM robin

rougeole [ruʒɔl] NF measles (sing)

rougeur [ruʒœr] NF redness; (due à la honte) blush; (due à l'émotion) flush; **rougeurs** (irritation) rash, red blotches

rougir [ruʒir] **1** VT (visage) to redden; (ciel, feuilles) to turn red **2** VI (de honte) to blush (**de** with); (d'émotion) to flush (**de** with)

rouille [ruj] **1** NF rust **2** ADJ INV (couleur) rust-coloured ■ **rouillé, -ée** ADJ rusty ■ **rouiller 1** VI to rust **2 se rouiller** VPR to rust; Fig (esprit, sportif) to get rusty

roulade [rulad] NF Culin roulade; **r. de poisson** rolled fish; Sport **r. avant/arrière** forward/backward roll; **faire une r.** to do a roll

rouleau, -x [rulo] NM (outil, vague) roller; (de papier, de pellicule) roll; **r. à pâtisserie** rolling pin; **r. compresseur** steamroller

roulement [rulmã] NM (bruit) rumbling, rumble; (de tambour, de tonnerre, d'yeux) roll; (ordre) rotation; **par r.** in rotation; Tech **r. à billes** ball bearing

rouler [rule] **1** VT to roll; (crêpe, ficelle, manches) to roll up; Fam **r. qn** (duper) to cheat sb **2** VI (balle) to roll; (train, voiture) to go, to travel; (conducteur) to drive; Fam **ça roule!** everything's fine! **3 se rouler** VPR to roll; **se r. dans** (couverture) to roll oneself (up) in ■ **roulant, -ante** ADJ (escalier, trottoir) moving; (meuble) on wheels

roulette [rulɛt] NF (de meuble) castor; (de dentiste) drill; (jeu) roulette

roulis [ruli] NM (de navire) roll

roulotte [rulɔt] NF (de gitan) caravan

Roumanie [rumani] NF **la R.** Romania ■ **roumain, -aine 1** ADJ Romanian **2** NMF **R., Roumaine** Romanian **3** NM (langue) Romanian

roupiller [rupije] VI Fam to snooze, Br to kip

rouquin, -ine [rukɛ̃, -in] Fam **1** ADJ red-haired **2** NMF redhead

rouspéter [ruspete] VI Fam to grumble

rousse [rus] ➤ **roux**

rousseur [rusœr] NF (de chevelure) redness; **tache de r.** freckle ■ **roussi** NM **ça sent le r.** there's a smell of burning ■ **roussir 1** VT (brûler) to scorch, to singe **2** VI (feuilles) to turn brown

routard, -arde [rutar, -ard] NMF Fam back-packer

route [rut] NF road (**de** to); (itinéraire) way, route; Fig (chemin) path; **grand-r., grande r.** main road; **code de la r.** Br Highway Code, Am traffic regulations; **en r.** on the way, en route; **en r.!** let's go!; **par la r.** by road; Fig **faire fausse r.** to be on the wrong track; **mettre qch en r.** (voiture) to start sth (up); **se mettre en r.** to set out (**pour** for); **une heure de r.** (en voiture) an hour's drive; **faire r. vers Paris** to head for Paris; **bonne r.!** have a good trip!; **r. des vins** wine trail; **r. départementale** secondary road, Br B road; **r. nationale** Br main road, A-road, Am (state) highway

routier, -ière [rutje, -jɛr] **1** ADJ **carte/sécurité routière** road map/safety; **réseau r.** road network **2** NM (camionneur) (long-distance) Br lorry or Am truck driver; (restaurant) Br transport café, Am truck stop

routine [rutin] NF routine; **contrôle de r.** routine check ■ **routinier, -ière** ADJ **travail r.** routine work; **être r.** *(personne)* to be set in one's ways

rouvrir* [ruvrir] VTI **se rouvrir** VPR to reopen

roux, rousse [ru, rus] **1** ADJ *(cheveux)* red, ginger; *(personne)* red-haired **2** NMF redhead

royal, -e, -aux, -ales [rwajal, -jo] ADJ *(famille, palais)* royal; *(cadeau, festin)* fit for a king; *(salaire)* princely ■ **royaliste** ADJ & NMF royalist

royaume [rwajom] NM kingdom ■ **Royaume-Uni** NM **le R.** the United Kingdom

royauté [rwajote] NF *(monarchie)* monarchy

ruban [rybā] NM ribbon; *(de chapeau)* band; **r. adhésif** sticky *or* adhesive tape

rubéole [rybeɔl] NF rubella, *Fam* German measles *(sing)*

rubis [rybi] NM *(pierre)* ruby; *(de montre)* jewel

rubrique [rybrik] NF *(article de journal)* column; *(catégorie, titre)* heading; *(partie)* section

ruche [ryʃ] NF beehive

rude [ryd] ADJ *(pénible)* tough; *(hiver, voix)* harsh; *(rêche)* rough ■ **rudement** ADV *(parler, traiter)* harshly; *(frapper, tomber)* hard; *Fam (très)* awfully

Il faut noter que l'adjectif anglais **rude** est un faux ami. Il signifie **grossier**.

rudiments [rydimā] NMPL rudiments ■ **rudimentaire** ADJ rudimentary

rue [ry] NF street; **être à la r.** *(sans domicile)* to be on the streets ■ **ruelle** NF alley(way)

ruer [rɥe] **1** VI *(cheval)* to kick (out) **2 se ruer** VPR *(foncer)* to rush **(sur** at) ■ **ruée** NF rush; **la r. vers l'or** the gold rush

rugby [rygbi] NM rugby; **r. à quinze** rugby union; **r. à treize** rugby league ■ **rugbyman** [rygbiman] *(pl* **-men** [-men]*)* NM rugby player

rugir [ryʒir] VI to roar ■ **rugissement** NM roar

rugueux, -euse [rygø, -øz] ADJ rough

ruine [rɥin] NF *(décombres, destruction, faillite)* ruin; **en r.** *(bâtiment)* in ruins; **tomber en r.** *(bâtiment)* to become a ruin; *(mur)* to crumble ■ **ruiner 1** VT *(personne, santé, pays)* to ruin **2 se ruiner** VPR *(perdre tout son argent)* to ruin oneself; *(dépenser beaucoup d'argent)* to spend a fortune ■ **ruineux, -euse** ADJ *(goûts, projet)* ruinously expensive; *(dépense)* ruinous; **ce n'est pas r.** it won't ruin me/you/*etc*

ruisseau, -x [rɥiso] NM stream; *(caniveau)* gutter ■ **ruisseler** VI to stream **(de** with)

rumeur [rymœr] NF *(murmure)* murmur; *(nouvelle)* rumour

ruminer [rymine] **1** VT *(herbe)* to chew; *Fig (méditer)* to mull over **2** VI *(vache)* to chew the cud; *Fig* to brood

rupture [ryptyr] NF breaking; *(de fiançailles, de relations)* breaking off; *(de pourparlers)* breakdown **(de** in); *(brouille)* break-up; *Méd* rupture; **être en r. de stock** to be out of stock; **r. de contrat** breach of contract

rural, -e, -aux, -ales [ryral, -o] ADJ *(population)* rural; **vie/école rurale** country life/school

ruse [ryz] NF *(subterfuge)* trick; *(habileté)* cunning; *(fourberie)* trickery ■ **rusé, -ée 1** ADJ cunning, crafty **2** NMF **c'est un r.** he's a cunning *or* crafty one

Russie [rysi] NF **la R.** Russia ■ **russe 1** ADJ Russian **2** NMF **R.** Russian **3** NM *(langue)* Russian

rustique [rystik] ADJ *(meuble)* rustic

rustre [rystr] NM lout, churl

rut [ryt] **en rut** NM *(animal) Br* on heat, *Am* in heat

RV *(abrév* **rendez-vous)**

rythme [ritm] NM rhythm; *(de travail)* rate; *(allure)* pace; **au r. de trois par jour** at the rate of three a day ■ **rythmé, -ée, rythmique** ADJ rhythmic(al)

S, s [ɛs] NM INV S, s

s' [s] ➤ **se, si¹**

SA (abrév **société anonyme**) NF Com Br ≈ plc, Am ≈ Inc

sa [sa] ➤ **son²**

sabbat [saba] NM Sabbath

sabbatique [sabatik] ADJ (repos, année) sabbatical; **prendre un congé s.** to take a sabbatical

sable [sabl] NM sand; **sables mouvants** quicksands ■ **sabler** VT (route) to sand; Fam **s. le champagne** to celebrate with champagne ■ **sableux, -euse** ADJ sandy

sablé [sable] NM shortbread Br biscuit or Am cookie ■ **sablée** ADJ F **pâte sablée** shortcrust pastry

sablier [sablije] NM hourglass; Culin egg timer

sablonneux, -euse [sablɔnø, -øz] ADJ sandy

saborder [saborde] VT (navire) to scuttle; Fig (entreprise) to scupper

sabot [sabo] NM (de cheval) hoof; (chaussure) clog; **s. de Denver** wheel clamp

saboter [sabote] VT (machine, projet) to sabotage ■ **sabotage** NM sabotage; **un acte de s.** an act of sabotage ■ **saboteur, -euse** NMF saboteur

sabre [sabr] NM sabre

sabrer [sabre] VT Fam (critiquer) to slate; **se faire s. à un examen** to mess up or Am flunk an exam

sac [sak] NM bag; (grand, en toile) sack; **s. à main** handbag; **s. à dos** rucksack; **s. de couchage** sleeping bag; **s. de voyage** travel bag

saccade [sakad] NF jerk, jolt; **par saccades** in fits and starts ■ **saccadé, -ée** ADJ jerky

saccager [sakaʒe] VT (détruire) to wreck havoc in; (piller) to sack

sachant [saʃɑ̃], **sache(s), sachent** [saʃ] ➤ **savoir**

sachet [saʃɛ] NM (small) bag; (de lavande) sachet; **s. de thé** teabag

sacoche [sakɔʃ] NF bag; (de vélo, de moto) saddlebag; (d'écolier) satchel

sacre [sakr] NM (de roi) coronation; (d'évêque) consecration ■ **sacrer** VT (roi) to crown; (évêque) to consecrate

sacré, -ée [sakre] ADJ (saint) sacred; Fam **un s.**

menteur a damned or Br bloody liar; Fam **elle a eu une sacrée vie** she's had quite a life ■ **sacrément** ADV Fam (très) damn(ed), Br bloody; (beaucoup) a hell of a lot

sacrement [sakrəmɑ̃] NM Rel sacrament

sacrifice [sakrifis] NM sacrifice ■ **sacrifier 1** VT to sacrifice (**à** to) **2** VI **s. à la mode** to be a slave to fashion **3 se sacrifier** VPR to sacrifice oneself (**pour** for)

sacrilège [sakrilɛʒ] **1** ADJ sacrilegious **2** NM sacrilege

sacristie [sakristi] NF vestry

sadisme [sadism] NM sadism ■ **sadique 1** ADJ sadistic **2** NMF sadist

safari [safari] NM safari; **faire un s.** to go on safari

safran [safrɑ̃] NM saffron

sage [saʒ] **1** ADJ (avisé) wise; (calme) good; (robe) sober **2** NM wise man ■ **sage-femme** (pl **sages-femmes**) NF midwife ■ **sagement** ADV (raisonnablement) wisely; (avec calme) quietly ■ **sagesse** NF (philosophie) wisdom; (calme) good behaviour

Sagittaire [saʒiter] NM **le S.** (signe) Sagittarius; **être S.** to be (a) Sagittarius

Sahara [saara] NM **le S.** the Sahara (desert)

saigner [sɛɲe] **1** VI to bleed; **s. du nez** to have a nosebleed **2 se saigner** VPR Fig **se s. aux quatre veines** to bleed oneself dry ■ **saignant, -ante** [sɛɲɑ̃, -ɑ̃t] ADJ (viande) rare ■ **saignement** [sɛɲəmɑ̃] NM bleeding; **s. de nez** nosebleed

saillant, -ante [sajɑ̃, -ɑ̃t] ADJ projecting; Fig (trait) salient ■ **saillie** NF (partie avant) projection

sain, saine [sɛ̃, sɛn] ADJ healthy; (jugement) sound; (nourriture) wholesome, healthy; **s. et sauf** safe and sound

saint, sainte [sɛ̃, sɛ̃t] **1** ADJ (lieu) holy; (personne) saintly; **s. Jean** Saint John; **la Sainte Vierge** the Blessed Virgin **2** NMF saint ■ **saint-bernard** NM INV (chien) St Bernard ■ **Saint-Esprit** NM **le S.** the Holy Spirit ■ **Saint-Sylvestre** NF **la S.** New Year's Eve

sainteté [sɛ̃təte] NF *(de lieu)* holiness; *(de personne)* saintliness; **Sa S.** *(le pape)* His Holiness

sais [sɛ] ➤ **savoir**

saisie [sezi] NF *(de biens)* seizure; *Ordinat* **s. de données** data capture, keyboarding

saisir [sezir] **1** VT to take hold of; *(brusquement)* to grab; *(occasion)* to seize, to grasp; *(comprendre)* to grasp; *Jur* to seize; *(viande)* to seal; *Fig (frapper)* to strike **2 se saisir** VPR **se s. de qn/qch** to take hold of sb/sth; *(brusquement)* to grab sb/sth ■ **saisissant, -ante** ADJ *(film)* gripping; *(contraste, ressemblance)* striking

saison [sɛzɔ̃] NF season; **en/hors s.** in/out of season; **en haute/basse s.** in the high/low season; **la s. des pluies** the rainy season ■ **saisonnier, -ière** ADJ seasonal

sait [sɛ] ➤ **savoir**

salade [salad] NF *(laitue)* lettuce; *Fam (désordre)* mess; **s. composée** mixed salad; **s. de fruits** fruit salad; **s. niçoise** salade niçoise *(lettuce, tomatoes, tuna, olives, anchovies, eggs)*; **s. verte** green salad ■ **salades** NFPL *Fam (mensonges)* whoppers ■ **saladier** NM salad bowl

salaire [salɛr] NM *(mensuel)* salary

salamandre [salamɑ̃dr] NF salamander

salaud [salo] NM *Vulg* bastard

sale [sal] ADJ dirty; *(dégoûtant)* filthy; *(mauvais)* nasty; *Fam* **s. coup** dirty trick; *Fam* **s. temps** filthy weather; *Fam* **avoir une s. gueule** to look rotten ■ **salement** ADV *(se conduire, manger)* disgustingly ■ **saleté** NF *(manque de soin)* dirtiness; *(crasse)* dirt; *Fam (camelote)* junk; **saletés** *(détritus)* Br rubbish, Am garbage; *(obscénités)* filth; **faire des saletés** to make a mess

saler [sale] VT to salt ■ **salé, -ée** ADJ *(goût, plat)* salty; *(aliment)* salted; *Fig (grivois)* spicy; *Fam (excessif)* steep

salir [salir] **1** VT to (make) dirty; *Fig (réputation, mémoire)* to sully **2 se salir** VPR to get dirty ■ **salissant, -ante** ADJ *(travail)* dirty, messy; *(étoffe)* that shows the dirt

salive [saliv] NF saliva ■ **saliver** VI to salivate

salle [sal] NF room; *(très grande, publique)* hall; *(de cinéma)* Br cinema, Am movie theater; *(d'hôpital)* ward; *(public de théâtre)* audience, house; **s. à manger** dining room; **s. de bain(s)** bathroom; **s. de classe** classroom; **s. de concert** concert hall; **s. de jeux** *(pour enfants)* playroom; *(de casino)* gaming room; **s. de spectacle** auditorium; **s. d'embarquement** *(d'aéroport)* departure lounge; **s. des fêtes** community hall; **s. d'opération** *(d'hôpital)* operating Br theatre or Am room; **s. des ventes** auction room

salon [salɔ̃] NM living room, Br lounge; *(exposition)* show; **s. de coiffure/de beauté** hairdressing/beauty salon; **s. de thé** tea room

salope [salɔp] NF *Vulg (femme)* bitch ■ **saloperie** [-pri] NF *Fam (action)* dirty trick; *(camelote)* junk; **dire des saloperies sur qn** to bitch about sb

salopette [salɔpɛt] NF Br dungarees, Am overalls

salubre [salybr] ADJ healthy ■ **salubrité** NF healthiness; **s. publique** public health

saluer [salɥe] VT to greet; *(en partant)* to take one's leave of; *(de la main)* to wave to; *(de la tête)* to nod to; *Mil* to salute

salut [saly] **1** NM greeting; *(de la main)* wave; *(de la tête)* nod; *Mil* salute; *(sauvegarde)* rescue; *Rel* salvation **2** EXCLAM *Fam (bonjour)* hi!; *(au revoir)* bye! ■ **salutation** NF greeting

salutaire [salytɛr] ADJ salutary

samedi [samdi] NM Saturday

SAMU [samy] *(abrév* **service d'aide médicale d'urgence)** NM emergency medical service

sanctifier [sɑ̃ktifje] VT to sanctify

sanction [sɑ̃ksjɔ̃] NF *(approbation, peine)* sanction ■ **sanctionner** VT *(approuver)* to sanction; *(punir)* to punish

sanctuaire [sɑ̃ktɥɛr] NM sanctuary

sandale [sɑ̃dal] NF sandal

sandwich [sɑ̃dwitʃ] NM sandwich; **s. au fromage** cheese sandwich

sang [sɑ̃] NM blood; **être en s.** to be covered in blood ■ **sang-froid** NM INV self-control; **garder son s.** to keep calm; **tuer qn de s.** to kill sb in cold blood ■ **sanglant, -ante** ADJ bloody

sangle [sɑ̃gl] NF strap

sanglier [sɑ̃glije] NM wild boar

sanglot [sɑ̃glo] NM sob ■ **sangloter** VI to sob

sangsue [sɑ̃sy] NF leech

sanguin, -ine [sɑ̃gɛ̃, -in] **1** ADJ *(tempérament)* full-blooded; **vaisseau s.** blood vessel **2** NF **sanguine** *(fruit)* blood orange

sanguinaire [sɑ̃ginɛr] ADJ blood-thirsty

sanitaire [sanitɛr] ADJ *(conditions)* sanitary; *(personnel)* medical; **installation s.** bathroom fittings; **règlement s.** health regulations

sans [sɑ̃] *([sɑ̃z]* before vowel and mute h) PRÉP without; **s. faire qch** without doing sth; **s. qu'il le sache** without him or his knowing; **s. cela, s. quoi** otherwise; **s. plus** (but) no more than that; **s. faute/exception** without fail/exception; **s. importance/travail** unimportant/unemployed; **s. argent/manches** penniless/sleeveless ■ **sans-abri** NMF INV homeless person; **les s.** the homeless ■ **sans-faute** NM INV *Équitation* clear round; *Fig* **faire un s.** not to put a foot wrong ■ **sans-gêne 1** ADJ INV inconsiderate **2** NM INV inconsiderate person ■ **sans-papiers** NMF INV illegal immigrant

santé [sɑ̃te] NF health; **en bonne/mauvaise s.** in good/bad health; **(à votre) s.!** *(en trinquant)* cheers!; **boire à la s. de qn** to drink to sb's (good) health; **la s. publique** public health

saoul [su] ADJ & NM ➤ **soûl**

saper [sape] VT to undermine; **s. le moral à qn** to sap sb's morale

sapeur-pompier [sapœrpɔ̃pje] (*pl* **sapeurs-pompiers**) NM fireman

saphir [safir] NM sapphire

sapin [sapɛ̃] NM *(arbre, bois)* fir; **s. de Noël** Christmas tree

sarcasme [sarkasm] NM sarcasm; *(remarque)* sarcastic remark ▪ **sarcastique** ADJ sarcastic

Sardaigne [sardɛɲ] NF **la S.** Sardinia ▪ **sarde 1** ADJ Sardinian **2** NMF **S.** Sardinian

sardine [sardin] NF sardine; **sardines à l'huile** sardines in oil; *Fam* **serrés comme des sardines** packed together like sardines

SARL [ɛsaɛrɛl] (*abrév* **société à responsabilité limitée**) NF limited liability company, *Br* ≃ Ltd, *Am* ≃ Inc

sarrasin [sarazɛ̃] NM *(plante)* buckwheat

Satan [satɑ̃] NM Satan ▪ **satané, -ée** ADJ *Fam (maudit)* damned

satellite [satelit] NM satellite; **télévision par s.** satellite television

satiété [sasjete] NF **à s.** *(boire, manger)* one's fill

satin [satɛ̃] NM satin ▪ **satiné, -ée** ADJ satiny

satire [satir] NF satire *(contre* on) ▪ **satirique** ADJ satirical

satisfaction [satisfaksjɔ̃] NF satisfaction; **donner s. à qn** to give sb (complete) satisfaction ▪ **satisfaire* 1** VT to satisfy **2** VI **s. à qch** *(conditions)* to satisfy sth; *(obligation)* to *Br* fulfil *or Am* fulfill sth ▪ **satisfaisant, -ante** ADJ *(acceptable)* satisfactory ▪ **satisfait, -faite** ADJ satisfied *(de* with)

saturer [satyre] VT to saturate *(de* with) ▪ **saturation** NF saturation; **arriver à s.** to reach saturation point

sauce [sos] NF sauce; **s. tomate** tomato sauce

saucisse [sosis] NF sausage; **s. de Francfort** frankfurter; **s. de Strasbourg** = type of beef sausage ▪ **saucisson** NM (cold) sausage

sauf¹ [sof] PRÉP except; **s. avis contraire** unless you hear otherwise; **s. erreur** if I'm not mistaken

sauf², sauve [sof, sov] ADJ **avoir la vie sauve** to be unharmed

sauge [soʒ] NF sage

saugrenu, -ue [sograny] ADJ preposterous

saule [sol] NM willow; **s. pleureur** weeping willow

saumon [somɔ̃] **1** NM salmon **2** ADJ INV *(couleur)* salmon (pink)

saumure [somyr] NF brine

sauna [sona] NM sauna

saupoudrer [sopudre] VT to sprinkle *(de* with)

saur [sɔr] ADJ M **hareng s.** smoked herring

saura [sora], **saurait** [sorɛ] ➤ **savoir**

saut [so] NM jump, leap; **faire un s.** to jump, to leap; **s. à la corde** *Br* skipping, *Am* jumping rope; **s. à l'élastique** bungee jumping; **s. en hauteur** high jump; **s. en longueur** *Br* long jump, *Am* broad jump; **s. en parachute** parachute jump; *(activité)* parachute jumping

sauté, -ée [sote] ADJ & NM *Culin* sauté

sauter [sote] **1** VT *(franchir)* to jump (over); *(mot, repas, classe, ligne)* to skip **2** VI *(personne, animal)* to jump, to leap; *(bombe)* to go off, to explode; *(fusible)* to blow; *(bouton)* to come off; **faire s. qch** *(pont, mine)* to blow sth up; *(serrure)* to force sth; *Fig (gouvernement)* to bring sth down; *Culin* to sauté sth; **s. à la corde** *Br* to skip, *Am* to jump rope; **s. en parachute** to do a parachute jump ▪ **saute-mouton** NM INV leapfrog

sauterelle [sotrɛl] NF grasshopper

sautes [sot] NFPL *(d'humeur, de température)* sudden changes *(de* in)

sautiller [sotije] VI to hop about

sauvage [sovaʒ] ADJ *(animal, plante)* wild; *(tribu, homme)* primitive; *(cruel)* savage; *(farouche)* unsociable; *(illégal)* unauthorized ▪ **sauvagerie** NF *(insociabilité)* unsociability; *(cruauté)* savagery

sauve [sov] ADJ ➤ **sauf²**

sauvegarde [sovgard] NF safeguard *(contre* against); *Ordinat* backup ▪ **sauvegarder** VT to safeguard; *Ordinat* to save

sauver [sove] **1** VT *(personne)* to save, to rescue *(de* from); *(matériel)* to salvage; **s. la vie à qn** to save sb's life **2 se sauver** VPR *(s'enfuir)* to run away; *(s'échapper)* to escape; *Fam (partir)* to go ▪ **sauvetage** NM *(de personne)* rescue ▪ **sauveteur** NM rescuer ▪ **sauveur** NM saviour

sauvette [sovɛt] NF **à la sauvette** ADV *(pour ne pas être vu)* on the sly; **vendre qch à la s.** to peddle sth illegally on the streets

savane [savan] NF savanna

savant, -ante [savɑ̃, -ɑ̃t] **1** ADJ *(érudit)* learned; *(habile)* clever **2** NM *(scientifique)* scientist

saveur [savœr] NF *(goût)* flavour; *Fig (piment)* savour

Savoie [savwa] NF **la S.** Savoy

savoir* [savwar] **1** VT to know; *(nouvelle)* to have heard; **s. lire/nager** to know how to read/swim; **faire s. à qn que...** to inform sb that...; **à s.** *(c'est-à-dire)* that is, namely; **pas que je sache** not that I know of, not as far as I know; **je n'en**

sais rien I have no idea, I don't know **2** NM *(culture)* learning, knowledge ▪ **savoir-faire** NM INV know-how ▪ **savoir-vivre** NM INV good manners

savon [savɔ̃] NM soap; *Fam* **passer un s. à qn** to give sb a telling-off ▪ **savonnette** NF bar of soap ▪ **savonneux, -euse** ADJ soapy

savourer [savure] VT to savour ▪ **savoureux, -euse** ADJ tasty; *Fig (histoire)* juicy

savoyard, -arde [savwajar, -ard] **1** ADJ Savoyard **2** NMF **S.,** Savoyarde Savoyard

saxophone [saksɔfɔn] NM saxophone

scabreux, -euse [skabrø, -øz] ADJ obscene

scalpel [skalpɛl] NM scalpel

scandale [skɑ̃dal] NM scandal; **faire s.** *(sujet: livre, événement)* to cause a scandal; **faire un s.** *(sujet: personne)* to make a scene ▪ **scandaleux, -euse** ADJ scandalous ▪ **scandaliser 1** VT to scandalize, to shock **2 se scandaliser** VPR to be shocked *or* scandalized **(de** by)

Scandinavie [skɑ̃dinavi] NF **la S.** Scandinavia ▪ **scandinave 1** ADJ Scandinavian **2** NMF **S.** Scandinavian

scanner 1 [skanɛr] NM *Ordinat & Méd* scanner; *Ordinat* **passer qch au s.** to scan sth; *Méd* **faire un s.** *(d'un médecin)* to do a scan; *(d'un patient)* to have a scan **2** [skane] VT *Ordinat* to scan

scaphandre [skafɑ̃dr] NM *(de plongeur)* diving suit; *(de cosmonaute)* spacesuit; **s. autonome** aqualung ▪ **scaphandrier** NM diver

scarabée [skarabe] NM beetle

sceau, -x [so] NM seal ▪ **sceller** VT *(document)* to seal ▪ **scellés** NMPL *(cachets de cire)* seals; **mettre les s.** to seal

scénario [senarjo] NM script, screenplay ▪ **scénariste** NMF scriptwriter

scène [sɛn] NF **(a)** *(de théâtre)* scene; *(plateau)* stage; *(action)* action; **mettre qch en s.** *(pièce)* to stage sth; *(film)* to direct sth; **entrer en s.** *(acteur)* to come on; *Fig* **sur la s. internationale** on the international scene **(b)** *(dispute)* scene; **faire une s.** to make a scene; **s. de ménage** domestic (quarrel)

sceptique [sɛptik] ADJ *Br* sceptical, *Am* skeptical

schéma [ʃema] NM diagram; *Fig* outline ▪ **schématique** ADJ schematic; *Péj* oversimplified

schizophrène [skizɔfrɛn] ADJ & NMF schizophrenic

sciatique [sjatik] NF sciatica

scie [si] NF *(outil)* saw; **s. électrique** power saw; **s. musicale** musical saw ▪ **scier** VT to saw ▪ **scierie** NF sawmill

sciemment [sjamɑ̃] ADV knowingly

science [sjɑ̃s] NF science; *(savoir)* knowledge; **étudier les sciences** to study science; **sciences**

humaines social sciences; **sciences naturelles** biology ▪ **science-fiction** NF science fiction ▪ **scientifique 1** ADJ scientific **2** NMF scientist

scinder [sɛ̃de] VT **se scinder** VPR to split up **(en** into)

scintiller [sɛ̃tije] VI to sparkle; *(étoile)* to twinkle ▪ **scintillement** NM sparkling; *(d'étoile)* twinkling

scission [sisjɔ̃] NF *(de parti)* split **(de** in); **s. de l'atome** splitting of the atom

sciure [sjyr] NF sawdust

sclérose [skleroz] NF *Méd* sclerosis; *Fig* ossification; **s. en plaques** multiple sclerosis

scolaire [skɔlɛr] ADJ **année s.** school year; **enfant d'âge s.** child of school age; **progrès scolaires** academic progress ▪ **scolariser** VT *(enfant)* to send to school ▪ **scolarité** NF schooling; **certificat de s.** certificate of attendance *(at school or university)*; **pendant ma s.** when I was at school

scooter [skuter] NM *(motor)* scooter; **s. des mers** jet ski

score [skɔr] NM score

scorpion [skɔrpjɔ̃] NM scorpion; **le S.** *(signe)* Scorpio; **être S.** to be (a) Scorpio

Scotch [skɔtʃ] *(ruban adhésif)* *Br* Sellotape®, *Am* Scotch tape® ▪ **scotcher** VT *Br* to sellotape, *Am* to tape; *Fam* **être scotché devant la télé** to be glued to the TV; *Fam (stupéfaire)* **ça m'a vraiment scotché!** I was staggered *or Br* gobsmacked!

scout, -e [skut] ADJ & NM scout

script [skript] NM *(écriture)* printing; *Cin* script

scrupule [skrypyl] NM scruple; **sans scrupules** unscrupulous; *(agir)* unscrupulously ▪ **scrupuleusement** ADV scrupulously ▪ **scrupuleux, -euse** ADJ scrupulous

scruter [skryte] VT to scrutinize

scrutin [skrytɛ̃] NM *(vote)* ballot; *(élection)* poll; *(système)* voting system; **premier tour de s.** first ballot *or* round; **s. majoritaire** first-past-the-post voting system

sculpter [skylte] VT *(statue, pierre)* to sculpt; *(bois)* to carve; **s. qch dans qch** to sculpt/carve sth out of sth ▪ **sculpteur** NM sculptor ▪ **sculpture** NF *(art, œuvre)* sculpture; **s. sur bois** woodcarving

SDF [ɛsdeɛf] *(abrév* **sans domicile fixe)** NMF INV person of no fixed abode

se [sə]

se becomes **s'** before vowel or mute h.

PRON PERSONNEL **(a)** *(complément direct)* himself; *(féminin)* herself; *(non humain)* itself; *(indéfini)* one-self, *pl* themselves; **il se lave** he washes himself; **ils** *ou* **elles se lavent** they wash themselves **(b)** *(indirect)* to himself/herself/itself/oneself; **se dire**

qch to say sth to oneself; **il se lave les mains** he washes his hands; **elle se lave les mains** she washes her hands (**c**) *(réciproque)* each other; *(indirect)* to each other; **ils s'aiment** they love each other; **ils** *ou* **elles se parlent** they speak to each other (**d**) *(passif)* **ça se fait** that is done; **ça se vend bien** it sells well

séance [seɑ̃s] NF *(de cinéma)* showing, performance; *(d'assemblée, de travail)* session; **s. de pose** sitting; **s. tenante** at once

seau, -x [so] NM bucket; **s. à glace** ice bucket

sec, sèche [sɛk, sɛʃ] **1** ADJ dry; *(fruits, légumes)* dried; *(ton)* curt; *(maigre)* lean; *Fig (cœur)* hard; **frapper un coup s.** to knock sharply; **bruit s.** snap **2** ADV *(boire)* Br neat, Am straight; *(frapper, pleuvoir)* hard **3** NM **à s.** dry; *Fam (sans argent)* broke; **au s.** in a dry place

sécateur [sekatœr] NM pruning shears, Br secateurs

sécession [sesesjɔ̃] NF secession; **faire s.** to secede

sèche [sɛʃ] ➤ **sec**

sécher [seʃe] **1** VT to dry; *Fam (cours)* to skip, to cut **2** VI to dry; *Fam (ne pas savoir)* to be stumped; *Fam (être absent) Br* to bunk off, *Am* to play hookey **3 se sécher** VPR to dry oneself ▪ **séchage** NM drying ▪ **sèche-cheveux** NM INV hair dryer ▪ **sèche-linge** NM INV Br tumble dryer, Am (clothes) dryer

sécheresse [seʃrɛs] NF *(d'air, de sol, de peau)* dryness; *(de ton)* curtness; *(manque de pluie)* drought

séchoir [seʃwar] NM *(appareil)* dryer; **s. à linge** clothes horse

second, -onde¹ [səɡɔ̃, -ɔ̃d] **1** ADJ & NMF second **2** NM *(adjoint)* second in command; *(étage) Br* second floor, *Am* third floor **3** NF *Scol Br* ≃ fifth form, *Am* ≃ tenth grade; **seconde** Rail second class; *Aut (vitesse)* second (gear) ▪ **secondaire** ADJ secondary; **école s.** Br secondary school, Am high school

seconde² [səɡɔ̃d] NF *(instant)* second

seconder [səɡɔ̃de] VT to assist

secouer [səkwe] **1** VT to shake; *(poussière)* to shake off; **s. qn** *(maladie, nouvelle)* to shake sb up; **s. qch de qch** *(enlever)* to shake sth out of sth; **s. la tête** *(réponse affirmative)* to nod (one's head); *(réponse négative)* to shake one's head **2 se secouer** VPR Fam *(faire un effort)* to snap out of it

secourir [səkurir] VT to assist, to help ▪ **secourable** ADJ helpful ▪ **secourisme** NM first aid ▪ **secouriste** NMF first-aid worker

secours [səkur] NM help; *(financier, matériel)* aid; *Mil* **les s.** *(renforts)* relief; **premiers s.** first aid; **au**

s.! help!; **porter s. à qn** to give sb help; **roue de s.** spare wheel

secousse [səkus] NF jolt, jerk; *(de tremblement de terre)* tremor

secret, -ète [səkrɛ, -ɛt] **1** ADJ secret; *(cachottier)* secretive **2** NM secret; *(discrétion)* secrecy; **s. d'État** state secret; **en s.** in secret, secretly; **dans le s.** *(au courant)* in on the secret; **au s.** *(en prison)* in solitary confinement

secrétaire [səkretɛr] **1** NMF secretary; **s. d'État** Secretary of State; **s. de mairie** town clerk; **s. médicale** medical secretary; *Journ* **s. de rédaction** Br sub-editor, Am copyreader **2** NM *(meuble)* writing desk ▪ **secrétariat** NM *(bureau)* secretary's office; *(d'organisation internationale)* secretariat; *(métier)* secretarial work

sécréter [sekrete] VT *Biol* to secrete ▪ **sécrétion** NF secretion

secte [sɛkt] NF sect ▪ **sectaire** ADJ & NMF *Péj* sectarian

secteur [sɛktœr] NM *(zone)* area; *Écon* sector; *Él* mains; **branché sur s.** plugged into the mains; *Écon* **s. primaire/secondaire/tertiaire** primary/ secondary/tertiary sector

section [sɛksjɔ̃] NF section; *(de ligne d'autobus)* stage; *Mil* platoon ▪ **sectionner** VT *(diviser)* to divide (into sections); *(couper)* to sever

séculaire [sekylɛr] ADJ *(tradition)* age-old

séculier, -ière [sekylje, -jɛr] ADJ secular

sécurité [sekyrite] NF *(absence de danger)* safety; *(tranquillité)* security; **s. routière** road safety; **S. sociale** Br Social Security, Am Welfare; **s. de l'emploi** job security; **en s.** *(hors de danger)* safe; *(tranquille)* secure

sédatif [sedatif] NM sedative

sédentaire [sedɑ̃tɛr] ADJ sedentary

sédiment [sedimɑ̃] NM sediment

séduire* [seduir] VT to charm; *(plaire à)* to appeal to; *(abuser de)* to seduce ▪ **séduisant, -ante** ADJ attractive ▪ **séducteur, -trice 1** ADJ seductive **2** NMF seducer, *f* seductress ▪ **séduction** NF attraction; **pouvoir de s.** power of attraction

Il faut noter que le verbe anglais **to seduce** est un faux ami. Il ne signifie jamais **charmer**.

segment [sɛɡmɑ̃] NM segment

ségrégation [seɡreɡasjɔ̃] NF segregation

seigle [sɛɡl] NM rye; **pain de s.** rye bread

seigneur [sɛɲœr] NM *Hist (noble, maître)* lord; *Rel* **le S.** the Lord

sein [sɛ̃] NM breast; *Littéraire* bosom; **bout de s.** nipple; **donner le s. à** *(enfant)* to breastfeed; **au s. de** within

Seine [sɛn] NF **la S.** the Seine

séisme [seism] NM earthquake

seize [sɛz] ADJ & NM INV sixteen ■ **seizième** ADJ & NMF sixteenth; *Sport* **les seizièmes de finale** the first round (*of a four-round knockout competition*)

séjour [seʒur] NM stay; **s. linguistique** language-learning trip; **(salle de) s.** living room ■ **séjourner** VI to stay

sel [sɛl] NM salt; *Fig (piquant)* spice; **sels (à respirer)** (smelling) salts; **s. de mer** sea salt; **sels de bain** bath salts

sélectif, -ive [selɛktif, -iv] ADJ selective ■ **sélection** NF selection ■ **sélectionner** VT to select ■ **sélectionneur** NM selector

selle [sɛl] NF *(de cheval, de vélo)* saddle ■ **seller** [sele] VT to saddle

selles [sɛl] NFPL *Méd* **les s.** stools, *Br* motions

selon [səlɔ̃] PRÉP according to; **s. que...** depending on whether...; *Fam* **c'est s.** it (all) depends

semaine [səmɛn] NF week; **en s.** in the week; **à la s.** by the week, weekly; *Fam* **vivre la petite s.** to live from day to day

semblable [sɑ̃blabl] **1** ADJ similar (**à** to); **de semblables propos** such remarks **2** NM fellow creature; **toi et tes semblables** you and your kind

semblant [sɑ̃blɑ̃] NM **faire s.** to pretend (**de faire** to do); **un s. de** a semblance of

sembler [sɑ̃ble] **1** VI to seem (**à** to); **il (me) semble vieux** he seems *or* looks old (to me); **s. faire qch** to seem to do sth **2** V IMPERSONNEL **il semble que...** it seems that...; **il me semble que...** it seems to me that...; **quand bon lui semble** when he/she sees fit

semelle [səmɛl] NF *(de chaussure)* sole; *(intérieure)* insole; *Fig* **ne pas quitter qn d'une s.** to be always at sb's heels

semer [səme] VT *(graines)* to sow; *Fig (répandre)* to spread; *(poursuivant)* to shake off; *Fig* **semé de** strewn with ■ **semence** NF seed

semestre [səmɛstr] NM half-year; *Univ* semester

séminaire [seminɛr] NM *Univ* seminar; *Rel* seminary

semi-remorque [səmirəmɔrk] *(pl* **semi-remorques)** NM *(camion) Br* articulated lorry, *Am* semi(-trailer), trailer truck

semis [səmi] NM sowing; *(terrain)* seedbed; *(plant)* seedling

semoule [səmul] NF semolina

sempiternel, -elle [sɑ̃pitɛrnɛl] ADJ endless, ceaseless

sénat [sena] NM senate ■ **sénateur** NM senator

sénile [senil] ADJ senile

senior [senjɔr] NM & ADJ INV *Sport* senior

sens [sɑ̃s] NM **(a)** *(faculté, raison, instinct)* sense; **avoir le s. de l'humour** to have a sense of humour; **avoir du bon s.** to be sensible; **s. commun, bon sens** common sense **(b)** *(signification)* meaning, sense; **ça n'a pas de s.** that doesn't make sense; **dans un certain s.** in a way **(c)** *(direction)* direction; *Aut* **s. giratoire** *Br* roundabout, *Am* traffic circle; **s. interdit** ou **unique** *(rue)* one-way street; **'s. interdit'** 'no entry'; **à s. unique** *(rue)* one-way; **s. dessus dessous** [sɑ̃dəsydəsu] upside down; **dans le s. des aiguilles d'une montre** clockwise; **dans le s. inverse des aiguilles d'une montre** *Br* anticlockwise, *Am* counterclockwise

sensation [sɑ̃sasjɔ̃] NF feeling, sensation; **faire s.** to create a sensation; *Péj* **à s.** *(film, roman)* sensational ■ **sensationnel, -elle** ADJ sensational; *Fam (excellent)* fantastic

sensé, -ée [sɑ̃se] ADJ sensible

sensible [sɑ̃sibl] ADJ sensitive (**à** to); *(douloureux)* tender, sore; *(perceptible)* perceptible; *(progrès, différence)* noticeable ■ **sensibiliser** VT **s. qn à qch** *(problème)* to make sb aware of sth ■ **sensibilité** NF sensitivity

Il faut noter que l'adjectif anglais **sensible** est un faux ami. Il signifie **sensé**.

sensuel, -elle [sɑ̃sɥɛl] ADJ sensual ■ **sensualité** NF sensuality

sentence [sɑ̃tɑ̃s] NF *Jur (jugement)* sentence; *(maxime)* maxim

sentier [sɑ̃tje] NM path

sentiment [sɑ̃timɑ̃] NM feeling; **avoir le s. que...** to have a feeling that...; **faire du s.** to be sentimental; **meilleurs sentiments** *(sur une carte de visite)* best wishes ■ **sentimental, -e, -aux, -ales** ADJ sentimental; **vie sentimentale** love life

sentinelle [sɑ̃tinɛl] NF sentry

sentir* [sɑ̃tir] **1** VT *(douleur)* to feel; *(odeur)* to smell; *(danger)* to sense; **s. le moisi/le parfum** to smell musty/of perfume; **se faire s.** *(effet)* to make itself felt **2** VI to smell; **s. bon/mauvais** to smell good/bad **3** SE **se s. fatigué/humilié** to feel tired/humiliated

s'envoler [sɑ̃vɔle] VPR *(oiseau)* to fly away; *(avion)* to take off; *(chapeau)* to blow away; *Fig (espoir)* to vanish

séparation [separasjɔ̃] NF separation; *(départ)* parting

séparer [separe] **1** VT to separate (**de** from); *(cheveux)* to part; **plus rien ne nous sépare de la victoire** nothing stands between us and victory **2** SE **séparer** VPR *(couple)* to separate; *(assemblée, cortège)* to disperse, to break up; *(se détacher)* to split off; **se s. de** *(objet aimé, chien)* to part with ■ **séparé, -ée** ADJ *(distinct)* separate;

(époux) separated (**de** from) ■ **séparément**
ADV separately

sept [sɛt] ADJ & NM INV seven ■ **septième** ADJ &
NMF seventh; **un s.** a seventh

septante [sɛptɑ̃t] ADJ *Belg & Suisse* seventy

septembre [sɛptɑ̃br] NM September

septentrional, -e, -aux, -ales [sɛptɑ̃trijɔnal,
-o] ADJ northern

sépulture [sepyltyr] NF burial; *(lieu)* burial place

séquelles [sekɛl] NFPL *(de maladie)* after-effects;
(de guerre) aftermath

séquence [sekɑ̃s] NF sequence; *Cartes* run; **s. de
film** film sequence

séquestrer [sekɛstre] VT **s. qn** to keep sb locked
up

sera [səra], **serait** [sərɛ] ➤ **être**

Serbie [sɛrbi] NF **la S.** Serbia ■ **serbe 1** ADJ
Serbian **2** NMF **S.** Serb ■ **serbo-croate** *(pl*
serbo-croates) **1** ADJ Serbo-Croat **2** NMF **S.** Serbo-
Croat **3** NM *(langue)* Serbo-Croat

serein, -eine [sərɛ̃, -ɛn] ADJ serene ■ **sérénité**
NF serenity

sérénade [serenad] NF serenade

se repentir* [rəpɑ̃tir] VPR *Rel* to repent (**de** of);
se r. de qch/d'avoir fait qch *(regretter)* to regret
sth/doing sth

sergent [sɛrʒɑ̃] NM *Mil* sergeant

série [seri] NF series; *(ensemble)* set; *Fig* **s. noire**
series of disasters; **de s.** *(article, voiture)* standard;
fin de s. discontinued line; **fabrication en s.**
mass production; **numéro hors s.** special issue

sérieux, -ieuse [serjø, -jøz] **1** ADJ *(personne,
doute)* serious; *(de bonne foi)* genuine, serious; *(fiable)* reliable; *(bénéfices)* substantial; **de sérieuses
chances de…** a good chance of… **2** NM *(application)* seriousness; *(fiabilité)* reliability; **prendre qn/
qch au s.** to take sb/sth seriously; **garder son s.**
to keep a straight face; **se prendre (trop) au s.**
to take oneself (too) seriously ■ **sérieusement**
ADV seriously

seringue [sərɛ̃g] NF syringe

serment [sɛrmɑ̃] NM *(affirmation solennelle)* oath;
(promesse) pledge; **prêter s.** to take an oath; **faire
le s. de faire qch** to swear to do sth; *Jur* **sous s.**
on *or* under oath

sermon [sɛrmɔ̃] NM *(de prêtre)* sermon; *Péj (discours)* lecture ■ **sermonner** VT *(faire la morale
à)* to lecture

séropositif, -ive [seropozitif, -iv] ADJ *Méd*
HIV positive ■ **séronégatif, -ive** ADJ *Méd* HIV
negative

serpent [sɛrpɑ̃] NM snake; **s. à sonnette** rattle-
snake

serpenter [sɛrpɑ̃te] VI *(sentier)* to meander

serpillière [sɛrpijɛr] NF floor cloth

serre [sɛr] NF greenhouse ■ **serres** NFPL *(d'oiseau)*
claws, talons

serrer [sere] **1** VT *(tenir)* to grip; *(nœud, vis)* to
tighten; *(poing)* to clench; *(taille)* to hug; *(frein)*
to apply; *(rapprocher)* to close up; **s. la main à
qn** to shake hands with sb; **s. qn** *(embrasser)* to
hug sb; *(sujet: vêtement)* to be too tight for sb **2** VI
s. à droite to keep (to the) right **3 se serrer**
VPR *(se rapprocher)* to squeeze up; **se s. contre**
to squeeze up against ■ **serré, -ée** ADJ *(nœud,
budget, vêtement)* tight; *(gens)* packed (together);
(lutte) close; *(rangs)* serried; *(écriture)* cramped; *Fig*
avoir le cœur s. to have a heavy heart ■ **serre-
tête** NM INV headband

serrure [seryr] NF lock ■ **serrurier** NM locksmith

sérum [serɔm] NM serum

servante [sɛrvɑ̃t] NF (maid)servant

serveur, -euse [sɛrvœr, -øz] NMF *(de restaurant,
de café)* waiter, waitress; *(de bar)* Br barman, f barmaid, Am bartender; *Ordinat* server; **s. de réseau**
network server

serviable [sɛrvjabl] ADJ helpful, obliging

service [sɛrvis] NM service; *(travail)* duty; *(pourboire)* service (charge); *(d'entreprise)* department;
Tennis serve, service; **un s.** *(aide)* a favour; **rendre
s.** to be of service (**à qn** to sb); **être de s.** to be
on duty; **faire son s. (militaire)** to do one's
military service; **à votre s.!** at your service!; **s.
à café/à thé** coffee/tea set; **s. (non) compris**
service (not) included; **s. après-vente** aftersales
service; **s. d'ordre** *(policiers)* police; **s. public**
civil service

serviette [sɛrvjɛt] NF *(pour s'essuyer)* towel;
(sac) briefcase; **s. de bain/de toilette** bath/
hand towel; **s. de table** napkin, *Br* serviette;
s. hygiénique sanitary *Br* towel *or* *Am* napkin
■ **serviette-éponge** *(pl* **serviettes-éponges)**
NF terry towel

servir* [sɛrvir] **1** VT to serve (**qch à qn** sb with
sth/sth to sb); *(convive)* to wait on **2** VI to serve;
s. à qch/à faire qch to be used for sth/to do or
for doing sth; **ça ne sert à rien** it's useless, it's
no good *or* use (**de faire** doing); **s. de qch** to
be used for sth, to serve as sth; **s. à qn de guide**
to act as a guide to sb **3 se servir** VPR *(à table)*
to help oneself (**de** to); **se s. de qch** *(utiliser)* to
use sth

serviteur [sɛrvitœr] NM servant

ses [se] ➤ **son²**

session [sesjɔ̃] NF session

set [sɛt] NM *Tennis* set; **s. de table** place mat

seuil [sœj] NM *(entrée)* doorway; *Fig (limite)* threshold; *Fig* **au s. de** on the threshold of a

seul, seule [sœl] **1** ADJ *(sans compagnie)* alone;
(unique) only; **tout s.** by oneself, on one's own, all

alone; **se sentir s.** to feel lonely or alone; **la seule femme** the only woman; **un s. chat** one cat; **une seule fois** only once; **pas un s. livre** not a single book; **seuls les garçons, les garçons seuls…** only the boys… **2 ADV (tout) s.** (rentrer, vivre) by oneself, alone, on one's own; (parler) to oneself **3 NMF le s., la seule** the only one; **un s., une seule** only one, one only; **pas un s.** not (a single) one

seulement [sœlmɑ̃] ADV only; **non s.… mais encore…** not only… but (also)…; **pas s.** (même) not even

sève [sɛv] NF (de plante) & Fig sap

sévère [sevɛr] ADJ severe; (parents, professeur, juge) strict ■ **sévèrement** ADV severely; (éduquer) strictly ■ **sévérité** NF severity; (de parents) strictness

sévices [sevis] NMPL ill-treatment; **s. à enfant** child abuse

sévir [sevir] VI Fig (fléau) to rage; **s. contre qch** to deal severely with sth

sexe [sɛks] NM (catégorie, sexualité) sex; (organes) genitals ■ **sexisme** NM sexism ■ **sexiste** ADJ & NMF sexist ■ **sexualité** NF sexuality ■ **sexuel, -elle** ADJ sexual; **éducation/vie sexuelle** sex education/life

seyant, -ante [sejɑ̃, -ɑ̃t] ADJ (vêtement) becoming

shampooing [ʃɑ̃pwɛ̃] NM shampoo; **s. colorant** rinse; **faire un s. à qn** to shampoo sb's hair

shooter [ʃute] **1** VTI Football to shoot **2 se shooter** VPR Fam (drogué) to shoot up

short [ʃɔrt] NM (pair of) shorts

si[1] [si]

si becomes **s'** [s] before **il, ils.**

1 CONJ if; **si je pouvais** if I could; **s'il vient** if he comes; **si j'étais roi** if I were or was king; **je me demande si…** I wonder whether or if…; **si on restait?** (suggestion) what if we stayed?; **si ce n'est que…** (sauf que) apart from the fact that…; **si oui** if so; **si non** if not; **si seulement** if only; **même si** even if **2** ADV **(a)** (tellement) so; **pas si riche que toi/que tu crois** not as rich as you/as you think; **un si bon dîner** such a good dinner; **si bien que…** so much so that… **(b)** (après négative) yes; **tu ne viens pas? – si!** you're not coming? – yes (I am)!

si[2] [si] NM INV (note) B

siamois, -oise [sjamwa, -waz] ADJ Siamese; **frères s., sœurs siamoises** Siamese twins

Sicile [sisil] NF **la S.** Sicily

SIDA [sida] (abrév **syndrome immunodéficitaire acquis**) NM AIDS; **malade/virus du S.** AIDS sufferer/virus

sidérer [sidere] VT Fam to stagger

sidérurgie [sideryrʒi] NF iron and steel industry

siècle [sjɛkl] NM century; (époque) age; Fam **depuis des siècles** for ages (and ages)

siège [sjɛʒ] NM **(a)** (meuble, centre) & Pol seat; (d'autorité, de parti) headquarters; **s. social** head office **(b)** Mil siege; **faire le s. de** to lay siege to ■ **siéger** VI (assemblée) to sit

sien, sienne [sjɛ̃, sjɛn] **1** PRON POSSESSIF **le s., la sienne, les sien(ne)s** (d'homme) his; (de femme) hers; (de chose) its; **les deux siens** his/her two **2** NMPL **les siens** (sa famille) one's family **3** NFPL **faire des siennes** (personne, machine) to act up

sieste [sjɛst] NF siesta; **faire la s.** to have a nap

siffler [sifle] **1** VI to whistle; (avec un sifflet) to blow one's whistle; (gaz, serpent) to hiss **2** VT (chanson) to whistle; (chien) to whistle at; Sport (faute, fin de match) to blow one's whistle for; (acteur, pièce) to boo; Fam (boisson) to knock back; **se faire s.** (acteur) to be booed ■ **sifflement** [-əmɑ̃] NM whistling; (de serpent, de gaz) hissing

sifflet [siflɛ] NM (instrument) whistle; **sifflets** (de spectateurs) booing ■ **siffloter** VTI to whistle

sigle [sigl] NM (initiales) abbreviation; (acronyme) acronym

signal, -aux [siɲal, -o] NM signal; **s. d'alarme** alarm signal; **s. lumineux** warning light; **s. sonore** (au téléphone) beep; (pour avertir) warning sound

signalement [siɲalmɑ̃] NM description, particulars

signaler [siɲale] **1** VT (faire remarquer) to point out (**à qn** to sb; **que** that); (avec un panneau) to signpost; (rapporter à la police) to report (**à** to) **2 se signaler** VPR **se s. par qch** to distinguish oneself by sth

signalisation [siɲalizasjɔ̃] NF (sur les routes) signposting; (pour les trains) signals; (pour les avions) lights and marking; **s. routière** (signaux) road signs

signature [siɲatyr] NF signature; (action) signing; Ordinat **s. électronique** ou **numérique** digital signature ■ **signer 1** VT to sign **2 se signer** VPR to cross oneself

signe [siɲ] NM (indice) sign, indication; **en s. de protestation** as a sign of protest; **faire s. à qn** (geste) to motion (to) sb (**de faire** to do); (contacter) to get in touch with sb; **faire s. que oui** to nod (one's head); **faire s. que non** to shake one's head; **s. particulier/de ponctuation** distinguishing/punctuation mark; **s. astrologique** astrological sign

signet [siɲɛ] NM (de livre, de page Web) bookmark; Ordinat **créer un s. sur une page** to bookmark a page

signification [sinifikasjɔ̃] NF meaning ■ **si-gnificatif, -ive** ADJ significant, meaningful; **s. de qch** indicative of sth

signifier [sinifje] VT to mean (**que** that); **s. qch à qn** (notifier) to notify sb of sth

silence [silɑ̃s] NM silence; Mus rest; **en s.** in silence; **garder le s.** to keep quiet or silent (**sur** about) ■ **silencieux, -ieuse 1** ADJ silent **2** NM (de voiture) Br silencer, Am muffler; (d'arme) silencer ■ **silencieusement** ADV silently

silex [sileks] NM flint

silhouette [silwɛt] NF outline; (en noir) silhouette; (du corps) figure

silicone [silikon] NF silicone

sillon [sijɔ̃] NM (de champ) furrow; (de disque) groove

sillonner [sijone] VT (parcourir) to criss-cross

similaire [similɛr] ADJ similar ■ **similitude** NF similarity

simple [sɛ̃pl] **1** ADJ (facile, crédule, sans prétention) simple; (composé d'un élément) single; (employé, particulier) ordinary; Fam **c'est s. comme bonjour** it's as easy as pie **2** NMF **s. d'esprit** simpleton **3** NM Tennis singles; **passer du s. au double** to double ■ **simplement** [-əmɑ̃] ADV simply ■ **simplicité** NF simplicity

simplifier [sɛ̃plifje] VT to simplify ■ **simplification** NF simplification

simpliste [sɛ̃plist] ADJ simplistic

simuler [simyle] VT (reproduire) to simulate; (feindre) to feign ■ **simulation** NF (de phénomène) simulation; (action) feigning

simultané, -ée [simyltane] ADJ simultaneous ■ **simultanément** ADV simultaneously

sincère [sɛ̃sɛr] ADJ sincere ■ **sincèrement** ADV sincerely ■ **sincérité** NF sincerity; **en toute s.** quite sincerely

Singapour [sɛ̃gapur] NM Singapore

singe [sɛ̃ʒ] NM monkey; **grand s.** ape

singulariser [sɛ̃gylarize] **se singulariser** VPR to draw attention to oneself

singulier, -ière [sɛ̃gylje, -jɛr] **1** ADJ (peu ordinaire) peculiar, odd; **combat s.** single combat **2** ADJ & NM Grammaire singular; **au s.** in the singular ■ **singularité** NF peculiarity

sinistre [sinistr] **1** ADJ (effrayant) sinister; (triste) grim **2** NM disaster; (incendie) fire; Jur (dommage) damage ■ **sinistré, -ée** ADJ (population, région) disaster-stricken **2** NMF disaster victim

sinon [sinɔ̃] CONJ (autrement) otherwise, or else; (sauf) except (**que** that); (si ce n'est) if not

sinueux, -ueuse [sinɥø, -ɥøz] ADJ winding

sinus [sinys] NM INV Anat sinus ■ **sinusite** NF sinusitis; **avoir une s.** to have sinusitis

siphon [sifɔ̃] NM siphon; (d'évier) trap, Br U-bend

siphonné, -ée [sifone] ADJ Fam round the bend, crazy

sirène [sirɛn] NF (d'usine) siren; (femme) mermaid

sirop [siro] NM syrup; (à diluer) (fruit) cordial; **s. contre la toux** cough mixture

siroter [sirote] VT Fam to sip

sismique [sismik] ADJ seismic; **secousse s.** earth tremor

site [sit] NM (endroit) site; (pittoresque) beauty spot; **s. classé** conservation area; Ordinat **s. de bavardage** chatroom; **s. touristique** place of interest; Ordinat **s. (Web)** (web)site

sitôt [sito] ADV **s. que...** as soon as...; **s. levée, elle partit** as soon as she was up, she left; **s. après** immediately after; **pas de s.** not for some time

situation [sitɥasjɔ̃] NF situation, position; (emploi) position; **s. de famille** marital status ■ **situé, -ée** ADJ (maison) situated (**à** in) ■ **situer 1** VT (placer) to situate; (trouver) to locate; (dans le temps) to set **2 se situer** VPR (se trouver) to be situated

six [sis] ([si] before consonant, [siz] before vowel) ADJ & NM INV six ■ **sixième** [sizjɛm] **1** ADJ & NMF sixth; **un s.** a sixth **2** NF Scol Br ≈ first form, Am ≈ sixth grade

skateboard [skɛtbɔrd] NM skateboard; **faire du s.** to go skateboarding

sketch [skɛtʃ] (pl **sketches**) NM (de théâtre) sketch

ski [ski] NM (objet) ski; (sport) skiing; **faire du s.** to ski; **s. alpin** downhill skiing; **s. de fond** cross-country skiing; **s. nautique** water-skiing ■ **skiable** ADJ (piste) skiable, fit for skiing ■ **skier** VI to ski ■ **skieur, -ieuse** NMF skier

slalom [slalom] NM Sport slalom; **faire du s.** to slalom

slave [slav] **1** ADJ Slav, Slavic; (langue) Slavonic **2** NMF **S.** Slav **3** NM (langue) Slavonic

slip [slip] NM (d'homme) (under)pants, briefs; (de femme) Br pants, Am panties; **s. de bain** (swimming) trunks; (de bikini®) briefs

Il faut noter que le nom anglais **slip** est un faux ami. Il ne signifie jamais **culotte**.

slogan [slɔgɑ̃] NM slogan

Slovaquie [slɔvaki] NF **la S.** Slovakia ■ **slovaque 1** ADJ Slovak **2** NMF **S.** Slovak **3** NM (langue) Slovak

Slovénie [sloveni] NF **la S.** Slovenia ■ **slovène 1** ADJ Slovenian **2** NMF **S.** Slovenian **3** NM (langue) Slovenian

SMIC [smik] (abrév **salaire minimum interprofessionnel de croissance**) NM guaranteed minimum wage ■ **smicard, -arde** NMF *Fam* minimum wage earner

smoking [smɔkiŋ] NM *(veston, costume)* dinner jacket, *Am* tuxedo

SMS [ɛsɛmɛs] *(abrév* **short message service)** NM *Tél* text (message); **envoyer un SMS à qn** to text sb, to send sb a text

snack(-bar) [snak(bar)] NM snack bar

SNCF [ɛsɛnseef] *(abrév* **Société nationale des chemins de fer français)** NF = French national railway company

sniffer [snife] VT *Fam (colle)* to sniff

snob [snɔb] **1** ADJ snobbish **2** NMF snob ■ **snobisme** NM snobbery

sobre [sɔbr] ADJ sober ■ **sobriété** NF sobriety

sociable [sɔsjabl] ADJ sociable ■ **sociabilité** NF sociability

social, -e, -iaux, -iales [sɔsjal, -jo] ADJ social ■ **socialisme** NM socialism ■ **socialiste** ADJ & NMF socialist

société [sɔsjete] NF *(communauté)* society; *(compagnie)* company; **s. anonyme** *Br* (public) limited company, *Am* corporation ■ **sociétaire** NMF *(membre)* member

sociologie [sɔsjɔlɔʒi] NF sociology ■ **sociologique** ADJ sociological ■ **sociologue** NMF sociologist

socle [sɔkl] NM *(de statue, de colonne)* plinth, pedestal; *(de lampe)* base

sœur [sœr] NF sister; *(religieuse)* sister, nun; *Fam* **bonne s.** nun; *Fam* **et ta s.!** get lost!

sofa [sɔfa] NM sofa, settee

soi [swa] PRON PERSONNEL oneself; **chacun pour s.** every man for himself; **en s.** *(concept)* in itself; **chez s.** at home; **prendre sur s.** to get a grip on oneself; **cela va de soi** it's self-evident *(que* that) ■ **soi-même** PRON oneself

soi-disant [swadizã] **1** ADJ INV so-called **2** ADV supposedly

soie [swa] NF *(tissu)* silk; *(de porc)* bristle

soient [swa] ➤ **être**

soif [swaf] NF thirst *(de* for); **avoir s.** to be thirsty **donner s. à qn** to make sb thirsty

soigner [swaɲe] **1** VT to look after, to take care of; *(sujet: médecin) (malade, maladie)* to treat; *(présentation, travail)* to take care over; **se faire s.** to get (medical) treatment **2 se soigner** VPR to take care of oneself, to look after oneself ■ **soigné, -ée** ADJ *(personne, vêtement)* neat, tidy; *(travail)* careful

soigneux, -euse [swaɲø, -øz] ADJ *(attentif)* careful *(de* with); *(propre)* neat, tidy ■ **soigneusement** ADV carefully

soin [swɛ̃] NM *(attention)* care; *Méd* **soins** treatment, care; **les premiers soins** first aid; **avoir**

ou **prendre s. de qch/de faire qch** to take care of sth/to do sth; **avec s.** carefully, with care

soir [swar] NM evening; **le s.** *(chaque soir)* in the evening(s); **à neuf heures du s.** at nine in the evening; **repas du s.** evening meal ■ **soirée** NF evening; *(réunion)* party; **s. dansante** dance

sois, soit¹ [swa] ➤ **être**

soit² **1** [swa] CONJ *(à savoir)* that is (to say); **s.... s....** either... or...; *Math* **s. une droite...** given a straight line... **2** [swat] ADV *(oui)* very well

soixante [swasãt] ADJ & NM INV sixty ■ **soixantaine** NF **une s. (de)** *(nombre)* (about) sixty; **avoir la s.** *(âge)* to be about sixty ■ **soixantième** ADJ & NMF sixtieth

soixante-dix [swasãtdis] ADJ & NM INV seventy ■ **soixante-dixième** ADJ & NMF seventieth

soja [sɔʒa] NM *(plante)* soya; **graines de s.** soya bean; **germes** *ou* **pousses de s.** beansprouts; **sauce de s.** soy sauce

sol¹ [sɔl] NM ground; *(plancher)* floor; *(territoire, terrain)* soil

sol² [sɔl] NM INV *(note)* G

solaire [sɔlɛr] ADJ solar; **crème/huile s.** sun(-tan) lotion/oil; **maison s.** solar-heated house; *Anat* **plexus s.** solar plexus; **système s.** solar system

soldat [sɔlda] NM soldier; **simple s.** private

solde [sɔld] **1** NM *(de compte, à payer)* balance; **en s.** *(acheter)* in the sales, *Am* on sale; **soldes** *(marchandises)* sale goods; *(vente)* (clearance) sale(s); **faire les soldes** to go round the sales **2** NF *(de soldat)* pay; *Fig Péj* **à la s. de qn** in sb's pay

solder [sɔlde] **1** VT *(articles)* to clear, to sell off; *(compte)* to pay the balance of **2 se solder** VPR **se s. par un échec** to end in failure ■ **soldé, -ée** ADJ *(article)* reduced

sole [sɔl] NF *(poisson)* sole

soleil [sɔlɛj] NM sun; *(chaleur, lumière)* sunshine; *(fleur)* sunflower; **au s.** in the sun; **il fait s.** it's sunny

solennel, -elle [sɔlanɛl] ADJ solemn ■ **solennellement** ADV solemnly

solfège [sɔlfɛʒ] NM music theory

solidaire [sɔlidɛr] ADJ **être s.** *(ouvriers)* to show solidarity *(de* with); *(pièce de machine)* to be interdependent *(de* with) ■ **solidarité** NF *(entre personnes)* solidarity

solide [sɔlid] **1** ADJ *(mur, voiture, état)* solid; *(amitié)* strong; *(argument, nerfs)* sound; *(personne)* sturdy **2** NM *(corps)* solid ■ **solidement** ADV solidly ■ **solidité** NF *(d'objet)* solidity; *(d'argument)* soundness

soliste [sɔlist] NMF *Mus* soloist

solitaire [sɔlitɛr] **1** ADJ *(par choix)* solitary; *(involontairement)* lonely **2** NMF loner; **en s.** on one's own ■ **solitude** NF solitude; **aimer la s.** to like being alone

solliciter [sɔlisite] VT (audience) to request; (emploi) to apply for; **s. qn** (faire appel à) to appeal to sb (**de faire** to do); **être (très) sollicité** (personne) to be in (great) demand ■ **sollicitation** NF request

sollicitude [sɔlisityd] NF solicitude, concern

solo [sɔlo] ADJ INV & NM Mus solo

solstice [sɔlstis] NM solstice

soluble [sɔlybl] ADJ (substance, problème) soluble

solution [sɔlysjɔ̃] NF (de problème) solution (**de** to); (mélange chimique) solution

solvable [sɔlvabl] ADJ Fin solvent

> Il faut noter que l'adjectif anglais **solvable** est un faux ami. Il signifie **soluble**.

Somalie [sɔmali] NF **la S.** Somalia

sombre [sɔ̃br] ADJ dark; (triste) sombre, gloomy; **il fait s.** it's dark

sombrer [sɔ̃bre] VI (bateau) to sink; Fig **s. dans** (folie, sommeil) to sink into

sommaire [sɔmɛr] **1** ADJ summary; (repas) basic **2** NM (table des matières) contents

sommation [sɔmasjɔ̃] NF Jur summons; (de policier) warning

somme [sɔm] **1** NF sum; **faire la s. de** to add up; **en s., s. toute** in short **2** NM (sommeil) nap; **faire un s.** to have a nap

sommeil [sɔmɛj] NM sleep; **avoir s.** to feel sleepy; **être en plein s.** to be fast asleep; Fig **laisser qch en s.** to put sth on hold ■ **sommeiller** VI to doze; Fig (faculté, qualité) to lie dormant

sommelier [sɔməlje] NM wine waiter

sommer [sɔme] VT **s. qn de faire qch** to summon sb to do sth

sommes [sɔm] ➤ **être**

sommet [sɔmɛ] NM top; (de montagne) summit, top; Fig (de la gloire) height, summit; **conférence au s.** summit (conference)

sommier [sɔmje] NM (de lit) base

somnambule [sɔmnɑ̃byl] NMF sleepwalker; **être s.** to sleepwalk

somnifère [sɔmnifɛr] NM sleeping pill

somnoler [sɔmnɔle] VI to doze

somptueux, -ueuse [sɔ̃ptɥø, -ɥøz] ADJ sumptuous

son¹ [sɔ̃] NM (bruit) sound; **s. 3D** surround sound

son² [sɔ̃] NM (de grains) bran

son³, sa, ses [sɔ̃, sa, se]

> **sa** becomes **son** [sɔ̃n] before a vowel or mute h.

ADJ POSSESSIF (d'homme) his; (de femme) her; (de chose) its; (indéfini) one's; **s. père/sa mère** his/ her/one's father/mother; **s. ami(e)** his/her/one's friend

sonate [sɔnat] NF Mus sonata

sondage [sɔ̃daʒ] NM (de terrain) drilling; **s. (d'opinion)** (opinion) poll

sonde [sɔ̃d] NF Géol drill; Naut sounding line; Méd probe; (pour l'alimentation) (feeding) tube; **s. spatiale** space probe

sonder [sɔ̃de] VT (rivière) to sound; (terrain) to drill; Méd to probe; Fig (personne, l'opinion) to sound out

songe [sɔ̃ʒ] NM dream

songer [sɔ̃ʒe] **1** VI **s. à qch/à faire qch** to think of sth/of doing sth **2** VT **s. que...** to think that... ■ **songeur, -euse** ADJ thoughtful, pensive

sonner [sɔne] **1** VI to ring; (cor, cloches) to sound; **on a sonné (à la porte)** someone has rung the (door)bell; **midi a sonné** it has struck twelve **2** VT (cloche) to ring; (domestique) to ring for; (cor) to sound; (l'heure) to strike; Fam (assommer) to knock out

sonnerie [sɔnri] NF (de téléphones, de cloche) ring(ing); (de téléphone portable) ringtone; (de cor) sound; (appareil) bell

sonnette [sɔnɛt] NF bell; **coup de s.** ring, **s. d'alarme** alarm (bell)

sonore [sɔnɔr] ADJ (rire) loud; (salle, voix) resonant; **effet s.** sound effect ■ **sonorité** NF (de salle) acoustics; (de violon) tone

sont [sɔ̃] ➤ **être**

sophistiqué, -ée [sɔfistike] ADJ sophisticated

soporifique [sɔpɔrifik] ADJ (médicament, discours) soporific

soprano [sɔprano] Mus **1** NMF (personne) soprano **2** NM (voix) soprano

sorbet [sɔrbɛ] NM sorbet

sorcellerie [sɔrsɛlri] NF witchcraft, sorcery ■ **sorcier 1** NM sorcerer **2** ADJ M Fam **ce n'est pas s.!** it's dead easy! ■ **sorcière** NF witch

sordide [sɔrdid] ADJ (acte, affaire) sordid; (maison) squalid

sort [sɔr] NM (destin) fate; (condition) lot; (maléfice) spell

sortant, -ante [sɔrtɑ̃, -ɑ̃t] ADJ (numéro) winning; (député) outgoing

sorte [sɔrt] NF sort, kind (**de** of); **toutes sortes de** all sorts or kinds of; **en quelque s.** in a way, as it were; **de (telle) s. que tu apprennes** so that or in such a way that you may learn; **de la s.** (de cette façon) in that way; **faire en s. que...** (+ subjunctive) to see to it that...

sortie [sɔrti] NF (porte) exit, way out; (action de sortir) leaving, exit, departure; (de scène) exit; (promenade à pied) walk; (en voiture) drive; (excursion) outing, trip; Ordinat output; (de film, de *disque)* release; *(de livre, de modèle)* appearance; *(de devises)* export; **sorties** *(argent)* outgoings; **à la s. de l'école** when the children come out of school; **s. de bain** bathrobe; **s. de secours** emergency exit

sortir* [sɔrtir] **1** *(aux* **être)** **vi** to go out, to leave; *(film, modèle)* to come out; *(pour s'amuser)* to go out; *(numéro gagnant)* to come up; **s. de** *(endroit)* to leave; *(université)* to be a graduate of; *(famille, milieu)* to come from; *(légalité, limites)* to go beyond; *(compétence)* to be outside; *(sujet)* to stray from; *(gonds, rails)* to come off; **s. de l'ordinaire** *ou* **du commun** to be out of the ordinary **2** *(aux* **avoir) vt** to take out (**de** of); *(film, modèle, livre)* to bring out; *Fam (dire)* to come out with; *Fam (expulser)* to throw out **3 se sortir vpr s'en s.** *(malade)* to pull through **4** **nm au s. de l'hiver** at the end of winter

SOS [ɛsoɛs] **nm** SOS; **lancer un SOS** to send (out) an SOS

sosie [sɔzi] **nm** *(personne)* double; **c'est le s. de son père** he's the double *or* the spitting image of his father

sot, sotte [so, sɔt] **1** **adj** silly, foolish **2** **nmf** fool ■ **sottise** **nf** silliness, foolishness; *(action, parole)* silly *or* foolish thing

Il faut noter que le nom anglais **sot** est un faux ami. Il signifie **ivrogne**.

sou [su] **nm** *Hist (pièce)* sou; *Fam* **sous** *(argent)* money; **elle n'a pas un** *ou* **le s.** she doesn't have a penny; *Fig* **n'avoir pas un s. de bon sens** not to have an ounce of common sense; **dépenser jusqu'à son dernier s.** to spend one's last penny

soubresaut [subrəso] **nm** *(sudden)* start, jolt

souche [suʃ] **nf** *(d'arbre)* stump; *(de carnet)* stub, counterfoil; *(de famille)* founder; *(de virus)* strain

souci [susi] **nm** *(inquiétude)* worry, concern; *(préoccupation)* concern (**de** for); **se faire du s.** to worry, to be worried; **ça lui donne du s.** it worries him/her ■ **se soucier** **vpr** **se s. de** to be worried *or* concerned about; *Fam* **se s. de qch comme de l'an quarante** not to give a hoot about sth ■ **soucieux, -euse** **adj** worried, concerned (**de qch** about sth); **s. de plaire** anxious to please

soucoupe [sukup] **nf** saucer; **s. volante** flying saucer

soudain, -aine [sudɛ̃, -ɛn] **1** **adj** sudden **2** **adv** suddenly ■ **soudainement** **adv** suddenly ■ **soudaineté** **nf** suddenness

Soudan [sudɑ̃] **nm le S.** Sudan

soude [sud] **nf** soda; **s. caustique** caustic soda

souder [sude] **1** **vt** *(par alliage)* to solder; *(par soudure autogène)* to weld; *Fig (groupes)* to unite

(closely); **lampe à s.** blowlamp **2 se souder vpr** *(os)* to knit (together) ■ **soudure** **nf** *(par alliage)* soldering; *(autogène)* welding

souffle [sufl] **nm** *(d'air, de vent)* breath, puff; *(respiration)* breathing; *(de bombe)* blast; *Fig (inspiration)* inspiration; **reprendre son s.** to get one's breath back ■ **souffler** **1** **vi** to blow; *(haleter)* to puff; **laisser s. qn** *(se reposer)* to give sb time to catch his/her breath **2** **vt** *(bougie)* to blow out; *(fumée, poussière, verre)* to blow; *(par une explosion)* to blast; *(chuchoter)* to whisper; *Fam (étonner)* to stagger; **s. une réplique à qn** *(acteur)* to give sb a prompt; **ne pas s. mot** not to breathe a word

soufflé [sufle] **nm** *Culin* soufflé

souffrance [sufrɑ̃s] **nf** suffering; **en s.** *(colis)* unclaimed; *(travail)* pending

souffrir* [sufrir] **1** **vi** to suffer; **s. de** to suffer from; **faire s. qn** *(physiquement)* to hurt sb; *(moralement)* to make sb suffer; **ta réputation en souffrira** your reputation will suffer **2** **vt** *(endurer)* to suffer; *(exception)* to admit of; *Fam* **je ne peux pas le s.** I can't bear him ■ **souffrant, -ante** **adj** unwell

soufre [sufr] **nm** *Br* sulphur, *Am* sulfur

souhait [swɛ] **nm** wish; **à vos souhaits!** *(après un éternuement)* bless you!; **à s.** perfectly ■ **souhaitable** **adj** desirable ■ **souhaiter** [swete] **vt** *(bonheur)* to wish for; **s. qch à qn** to wish sb sth; **s. faire qch** to hope to do sth; **s. que...** (+ *subjunctive)* to hope that...

soûl, soûle [su, sul] **1** **adj** drunk **2** **nm** **tout son s.** *(boire)* to one's heart's content ■ **soûler** **1** **vt** **s. qn** to get sb drunk **2 se soûler vpr** to get drunk

soulager [sulaʒe] **vt** to relieve (**de** of) ■ **soulagement** **nm** relief

soulever [suləve] **1** **vt** to lift (up); *(poussière, question)* to raise; *(peuple)* to stir up; *(sentiment)* to arouse; **cela me soulève le cœur** it makes me feel sick **2 se soulever vpr** *(personne)* to lift oneself (up); *(se révolter)* to rise up ■ **soulèvement** [-ɛvmɑ̃] **nm** *(révolte)* uprising

soulier [sulje] **nm** shoe

souligner [suliɲe] **vt** *(d'un trait)* to underline; *(faire remarquer)* to emphasize

soumettre* [sumɛtr] **1** **vt** *(pays, rebelles)* to subdue; *(rapport, demande)* to submit (**à** to); **s. qn à** *(assujettir)* to subject sb to **2 se soumettre vpr** to submit (**à** to) ■ **soumis, -ise** **adj** *(docile)* submissive; **s. à** subject to ■ **soumission** **nf** *(à une autorité)* submission; *(docilité)* submissiveness

soupape [supap] **nf** valve; **s. de sécurité** safety valve

soupçon [supsɔ̃] **nm** suspicion; *Fig* **un s. de** *(quantité)* a hint *or* touch of; **au-dessus de tout s.** above suspicion ■ **soupçonner** **vt** to suspect (de of; **d'avoir fait** of doing) ■ **soupçonneux, -euse** ADJ suspicious

soupe [sup] NF soup; *Fam* **être s. au lait** to be hot-tempered; **s. populaire** soup kitchen ■ **soupière** NF (soup) tureen

souper [supe] **1** NM supper **2** VI to have supper

soupeser [supəze] VT (objet dans la main) to feel the weight of; *Fig* (arguments) to weigh up

soupir [supir] NM sigh ■ **soupirant** NM *Hum* suitor ■ **soupirer** VI to sigh

souple [supl] ADJ (corps, personne) supple; (branche) flexible ■ **souplesse** NF (de corps) suppleness; (de branche) flexibility

source [surs] NF (a) (point d'eau) spring; **prendre sa s.** (rivière) to rise (**à** at) (b) (origine) source; **s. d'énergie** source of energy; **tenir qch de s. sûre** to have sth on good authority

sourcil [sursi] NM eyebrow ■ **sourciller** VI *Fig* **ne pas s.** not to bat an eyelid

sourd, sourde [sur, surd] **1** ADJ (personne) deaf (**à** to); (douleur) dull; **bruit s.** thump; **lutte sourde** secret struggle; *Fam* **s. comme un pot** deaf as a post **2** NMF deaf person ■ **sourd-muet, sourde-muette** (mpl **sourds-muets**, fpl **sourdes-muettes**) **1** ADJ deaf-and-dumb **2** NMF deaf mute

sourdine [surdin] NF *Mus* (dispositif) mute; *Fig* **en s.** quietly, secretly

sourire* [surir] **1** NM smile; **faire un s. à qn** to give sb a smile **2** VI to smile (**à** at); **s. à qn** (fortune) to smile on sb ■ **souriant, -ante 1** ADJ (visage) smiling, smiley; (personne) cheerful **2** NM *Ordinat* smiley, emoticon

souris [suri] NF (animal) & *Ordinat* mouse (pl mice)

sournois, -oise [surnwa, -waz] ADJ sly, underhand ■ **sournoisement** ADV slyly

sous [su] PRÉP (position) under, underneath, beneath; (rang) under; **s. la pluie** in the rain; **nager s. l'eau** to swim underwater; **s. cet angle** from that point of view; **s. le nom de** under the name of; **s. peu** (bientôt) shortly

sous-bois [subwa] NM undergrowth

sous-chef [suʃef] (pl **sous-chefs**) NMF second-in-command

souscrire* [suskrir] VI **s. à** (payer, approuver) to subscribe to ■ **souscription** NF subscription

sous-développé, -ée [sudevlɔpe] (mpl **sous-développés**, fpl **sous-développées**) ADJ (pays) underdeveloped

sous-directeur, -trice [sudirɛktœr, -tris] (pl **sous-directeurs**) NMF assistant manager

sous-entendre [suzɑ̃tɑ̃dr] VT to imply ■ **sous-entendu** (pl **sous-entendus**) NM insinuation

sous-estimer [suzɛstime] VT to underestimate

sous-jacent, -ente [suʒasɑ̃, -ɑ̃t] (mpl **sous-jacents**, fpl **sous-jacentes**) ADJ underlying

sous-louer [sulwe] VT (sujet: locataire) to sublet

sous-marin, -ine [sumarɛ̃, -in] (mpl **sous-marins**, fpl **sous-marines**) **1** ADJ underwater **2** NM submarine

sous-officier [suzɔfisje] (pl **sous-officiers**) NM non-commissioned officer

sous-préfet [suprefe] (pl **sous-préfets**) NM subprefect ■ **sous-préfecture** NF subprefecture

soussigné, -ée [susiɲe] ADJ & NMF undersigned; **je s.** I the undersigned

sous-sol [susɔl] (pl **sous-sols**) NM (d'immeuble) basement

sous-titre [sutitr] (pl **sous-titres**) NM subtitle ■ **sous-titrer** VT (film) to subtitle

soustraire* [sustrer] **1** VT to remove; *Math* to take away, to subtract (**de** from); **s. qn à** (danger) to shield or protect sb from **2 se soustraire** VPR **se s. à** to escape from; (devoir, obligation) to avoid ■ **soustraction** NF *Math* subtraction

sous-traitant [sutretɑ̃] NM subcontractor

sous-vêtement [suvɛtmɑ̃] NM undergarment; **sous-vêtements** underwear

soutane [sutan] NF (de prêtre) cassock

soute [sut] NF (de bateau) hold

soutenir* [sutnir] VT to support, to hold up; (opinion) to uphold, to maintain; (candidat) to back; (effort) to sustain; (thèse) to defend; (regard) to hold; **s. que...** to maintain that... ■ **soutenu, -ue** ADJ (attention, effort) sustained; (langue) formal

souterrain, -aine [suterɛ̃, -ɛn] **1** ADJ underground **2** NM underground passage

soutien [sutjɛ̃] NM support; (personne) supporter; **s. de famille** breadwinner ■ **soutien-gorge** (pl **soutiens-gorge**) NM bra

soutirer [sutire] VT **s. qch à qn** to extract sth from sb

souvenir [suvnir] NM memory, recollection; (objet) memento; (cadeau) keepsake; (pour touristes) souvenir; **en s. de** in memory of ■ **se souvenir*** VPR **se s. de qn/qch** to remember sb/sth; **se s. que...** to remember that...

souvent [suvɑ̃] ADV often; **peu s.** seldom; **le plus s.** usually, more often than not

souverain, -aine [suvrɛ̃, -ɛn] **1** ADJ (puissance, état, remède) sovereign; (bonheur, mépris) supreme **2** NMF sovereign ■ **souveraineté** NF sovereignty

soviétique [sɔvjetik] *Anciennement* **1** ADJ Soviet; **l'Union s.** the Soviet Union **2** NMF Soviet citizen

soyeux, -euse [swajø, -jøz] ADJ silky

soyons [swajɔ̃], **soyez** [swaje] ➤ **être**

SPA [ɛspea] (abrév **Société protectrice des animaux**) NF Br ≃ RSPCA, Am ≃ ASPCA

spacieux, -ieuse [spasjø, -jøz] ADJ spacious, roomy

spaghettis [spageti] NMPL spaghetti

sparadrap [sparadra] NM (pour pansement) Br sticking plaster, Elastoplast®, Am Band-Aid®

spasme [spasm] NM spasm

spatial, -e, -iaux, -iales [spasjal, -jo] ADJ **station spatiale** space station; **engin s.** spaceship, spacecraft; **combinaison spatiale** spacesuit

spatule [spatyl] NF spatula

spécial, -e, -iaux, -iales [spesjal, -jo] ADJ special; (bizarre) peculiar ■ **spécialement** ADV (exprès) specially; (en particulier) especially, particularly; Fam **pas s.** not particularly, not especially

> Il faut noter qu'en anglais l'adjectif **special** ne s'emploie jamais à propos de quelque chose d'inhabituel ou d'étrange.

spécialiser [spesjalize] **se spécialiser** VPR to specialize (**dans** in) ■ **spécialisation** NF specialization ■ **spécialiste** NMF specialist ■ **spécialité** NF Br speciality, Am specialty

spécifier [spesifje] VT to specify (**que** that)

spécifique [spesifik] ADJ specific

spécimen [spesimɛn] NM specimen; (livre) specimen copy

spectacle [spɛktakl] NM (a) (vue) sight, spectacle; Péj **se donner en s.** to make an exhibition of oneself (b) (représentation) show; **le s.** (industrie) show business ■ **spectateur, -trice** NMF spectator; (au théâtre, au cinéma) member of the audience; (témoin) witness; **spectateurs** (au théâtre, au cinéma) audience

spectaculaire [spɛktakylɛr] ADJ spectacular

spéculer [spekyle] VI to speculate; Fig **s. sur** (compter sur) to bank or rely on ■ **spéculateur, -trice** NMF speculator ■ **spéculation** NF speculation

spéléologie [speleɔlɔʒi] NF (activité) Br potholing, caving, Am spelunking ■ **spéléologue** NMF Br potholer, Am spelunker

sperme [spɛrm] NM sperm, semen

sphère [sfɛr] NF (boule, domaine) sphere ■ **sphérique** ADJ spherical

spirale [spiral] NF spiral

spiritisme [spiritism] NM spiritualism

spirituel, -uelle [spiritɥɛl] ADJ (amusant) witty; (pouvoir, vie) spiritual

spiritueux [spiritɥø] NMPL (boissons) spirits

splendide [splãdid] ADJ splendid ■ **splendeur** NF splendour

spontané, -ée [spɔ̃tane] ADJ sponta-neous ■ **spontanéité** NF spontaneity ■ **spontanément** ADV spontaneously

sport [spɔr] NM sport; **faire du s.** to do or play Br sport or Am sports; **(de) s.** (chaussures, vêtements) casual, sports; **voiture/terrain de s.** sports car/ground; **sports de combat** combat sports; **sports d'équipe** team sports; **sports d'hiver** winter sports; **aller aux sports d'hiver** to go skiing; **sports mécaniques** motor sports (on land, in the air, on water); **sports nautiques** water sports ■ **sportif, -ive** ADJ (personne) fond of Br sport or Am sports; (attitude, esprit) sporting; (association, journal, résultats) sports, sporting; (allure) athletic 2 NMF sportsman, f sportswoman

spot [spɔt] NM (lampe) spotlight, Fam (endroit) spot; **s. publicitaire** commercial

sprint [sprint] NM Sport sprint

square [skwar] NM public garden

squash [skwaʃ] NM (jeu) squash

squatter [skwate] VI to squat

squelette [skəlɛt] NM skeleton ■ **squeletti-que** ADJ (personne, maigreur) skeletal; (exposé) sketchy

stable [stabl] ADJ stable ■ **stabiliser** VT, **se sta-biliser** VPR to stabilize ■ **stabilité** NF stability

stade [stad] NM Sport stadium; (phase) stage

stage [staʒ] NM (période) training period; (cours) (training) course; **faire un s.** to undergo train-ing; **être en s.** to be on a training course; **s. de formation** training period; **s. professionnel** ou **en entreprise** Br work placement, Am internship ■ **stagiaire** ADJ & NMF trainee

> Il faut noter que le nom anglais **stage** est un faux ami.

stagner [stagne] VI to stagnate ■ **stagnation** NF stagnation

stand [stãd] NM (d'exposition) stand, stall; Sport **s. de ravitaillement** pit; **s. de tir** (de foire) shooting range; (militaire) firing range

standard [stãdar] 1 NM (téléphonique) switchboard 2 ADJ INV (modèle) standard ■ **stan-dardiser** VT to standardize ■ **standardiste** NMF (switchboard) operator

standing [stãdiŋ] NM standing, status; **immeu-ble de (grand) s.** luxury Br block of flats or Am apartment building

station [stasjɔ̃] NF (de métro, d'observation, de radio) station; (de ski) resort; (d'autobus) stop; **s. de taxis** Br taxi rank, Am taxi stand; **s. debout** standing (position) ■ **station-service** (pl **stations-service**) NF service station, Br petrol or Am gas station

stationnaire [stasjɔnɛr] ADJ stationary

stationner [stasjɔne] VI (être garé) to be parked;

(se garer) to park ■ **stationnement** NM parking; **'s. interdit'** *(sur panneau)* 'no parking'

statistique [statistik] **1** ADJ statistical **2** NF *(donnée)* statistic; **la s.** *(science)* statistics *(sing)*

statue [staty] NF statue ■ **statuette** NF statuette

statu quo [statykwo] NM INV status quo

statut [staty] NM *(position)* status; **statuts** *(règles)* statutes

steak [stɛk] NM steak

stéréo [stereo] **1** NF stereo; **en s.** in stereo **2** ADJ INV *(disque)* stereo ■ **stéréophonique** ADJ stereophonic

stéréotype [stereotip] NM stereotype ■ **stéréotypé, -ée** ADJ stereotyped

stérile [steril] ADJ sterile; *(terre)* barren ■ **stérilisation** NF sterilization ■ **stériliser** VT to sterilize ■ **stérilité** NF sterility; *(de terre)* barrenness

stérilet [sterilɛ] NM IUD, coil

stéthoscope [stetɔskɔp] NM stethoscope

steward [stiwart] NM *(d'avion, de bateau)* steward

stigmatiser [stigmatize] VT *(dénoncer)* to stigmatize

stimuler [stimyle] VT to stimulate ■ **stimulation** NF stimulation

stimulus [stimylys] *(pl* **stimuli** [-li]*)* NM *(physiologique)* stimulus *(pl* stimuli*)*

stipuler [stipyle] VT to stipulate **(que** that)

stock [stɔk] NM stock **(de** of); **en s.** in stock ■ **stockage** NM stocking ■ **stocker** VT *(provisions)* to stock

stop [stɔp] **1** EXCLAM stop! **2** NM *Aut (panneau)* stop sign; *(feu arrière de véhicule) Br* brake light, *Am* stoplight; *Fam* **faire du s.** to hitchhike; *Fam* **prendre qn en s.** to give sb a *Br* lift *or Am* ride ■ **stopper** VTI to stop

store [stɔr] NM *Br* blind, *Am* (window) shade; *(de magasin)* awning

strapontin [strapɔ̃tɛ̃] NM tip-up *or* folding seat

stratagème [strataʒɛm] NM stratagem, ploy

stratège [stratɛʒ] NM strategist ■ **stratégie** NF strategy ■ **stratégique** ADJ strategic

stress [strɛs] NM INV stress ■ **stressant, -ante** ADJ stressful ■ **stressé, -ée** ADJ under stress, *Fam* stressed (out) ■ **stresser 1** VT to put under stress, *Fam* to stress (out) **2** VI *Fam* to stress

strict, -e [strikt] ADJ *(principes, professeur)* strict; *(tenue, vérité)* plain; **le s. minimum** the bare minimum; **mon droit le plus s.** my basic right; **dans la plus stricte intimité** in the strictest privacy ■ **strictement** [-əmɑ̃] ADV strictly; *(vêtu)* plainly

strident, -ente [stridɑ̃, -ɑ̃t] ADJ shrill, strident

string [striŋ] NM *(slip)* G-string, thong

strip-tease [striptiz] NM striptease ■ **strip-teaseuse** NF stripper

strophe [strɔf] NF verse, stanza

structure [stryktyr] NF structure ■ **structural, -e, -aux, -ales** ADJ structural ■ **structurer** VT to structure

studieux, -ieuse [stydjø, -jøz] ADJ studious; *(vacances)* devoted to study

studio [stydjo] NM *(de cinéma, de télévision, de peintre)* studio; *(logement) Br* studio flat, *Am* studio apartment

stupéfait, -aite [stypefɛ, -ɛt] ADJ amazed, astounded **(de** at/by) ■ **stupéfaction** NF amazement

stupéfier [stypefje] VT to amaze, to astound ■ **stupéfiant, -ante 1** ADJ amazing, astounding **2** NM drug, narcotic

stupeur [stypœr] NF *(étonnement)* amazement; *(inertie)* stupor

stupide [stypid] ADJ stupid ■ **stupidité** NF stupidity; *(action, parole)* stupid thing

style [stil] NM style; **meubles de s.** period furniture ■ **styliste** NMF stylist ■ **stylistique** ADJ stylistic

stylé, -ée [stile] ADJ *(personnel)* well-trained

stylo [stilo] NM pen; **s. à bille** ballpoint (pen), *Br* biro®; **s. à encre, s.-plume** fountain pen

su, sue [sy] PP ➤ **savoir**

subalterne [sybaltɛrn] ADJ & NMF subordinate

subconscient, -ente [sypkɔ̃sjɑ̃, -ɑ̃t] ADJ & NM subconscious

subdiviser [sybdivize] VT to subdivide **(en** into) ■ **subdivision** NF subdivision

subir [sybir] VT to undergo; *(conséquences, défaite, perte, tortures)* to suffer; *(influence)* to be under; **faire s. qch à qn** to subject sb to sth; *Fam* **s. qn** *(supporter)* to put up with sb

subit, -ite [sybi, -it] ADJ sudden ■ **subitement** ADV suddenly

subjectif, -ive [sybʒɛktif, -iv] ADJ subjective ■ **subjectivité** NF subjectivity

subjonctif [sybʒɔ̃ktif] NM *Grammaire* subjunctive

subjuguer [sybʒyge] VT to subjugate, to subdue; *(envoûter)* to captivate

sublime [syblim] ADJ & NM sublime

submerger [sybmɛrʒe] VT to submerge; *Fig (envahir)* to overwhelm; *Fig* **submergé de travail** snowed under with work; **submergé par** *(ennemi, foule)* swamped by ■ **submersible** NM submarine

subrepticement [sybrɛptismɑ̃] ADV surreptitiously

subside [sypsid] NM grant, subsidy

subsister [sybziste] **1** VI *(chose)* to remain; *(personne)* to subsist **2** V IMPERSONNEL to remain; **il subsiste un doute/une erreur** there remains some doubt/an error ■ **subsistance** NF subsistence

substance [sypstãs] NF substance; *Fig* **en s.** in essence ■ **substantiel, -ielle** ADJ substantial

substituer [sypstitɥe] **1** VT to substitute (**à** for) **2 se substituer** VPR **se s. à qn** to take the place of sb, to substitute for sb ■ **substitution** NF substitution; **produit de s.** substitute (product); **maternité de s.** surrogacy

substitut [sypstity] NM *(produit)* substitute (**de** for); *(magistrat)* deputy public prosecutor

subterfuge [sypterfyʒ] NM subterfuge

subtil, -e [syptil] ADJ subtle ■ **subtilité** NF subtlety

subtiliser [syptilize] VT *Fam (dérober)* to make off with

subvenir* [sybvənir] VI **s. à** *(besoins, frais)* to meet

subvention [sybvãsjõ] NF subsidy ■ **subventionner** VT to subsidize

subversif, -ive [sybversif, -iv] ADJ subversive ■ **subversion** NF subversion

suc [syk] NM *(gastrique, de fruit)* juice; *(de plante)* sap

succéder [syksede] **1** VI **s. à qn** to succeed sb; **s. à qch** to follow sth, to come after sth **2 se succéder** VPR *(choses, personnes)* to follow one another

succès [syksɛ] NM success; **s. de librairie** *(livre)* best-seller; **avoir du s.** to be successful; **à s.** *(auteur, film)* successful; **avec s.** successfully

successeur [syksesœr] NM successor ■ **successif, -ive** ADJ successive ■ **succession** NF succession (**de** of; **à** to); *(série)* sequence (**de** of); *(patrimoine)* inheritance, estate; **prendre la s. de qn** to succeed sb

succinct, -incte [syksɛ̃, -ɛ̃t] ADJ succinct, brief

succomber [sykõbe] VI *(mourir)* to die; **s. à** *(céder à)* to succumb to; **s. à ses blessures** to die of one's wounds

succulent, -ente [sykylã, -ãt] ADJ succulent

succursale [sykyrsal] NF *(de magasin, de banque)* branch; **magasin à succursales multiples** chain store

sucer [syse] VT to suck ■ **sucette** NF lollipop; *(pour bébé)* Br dummy, Am pacifier

sucre [sykr] NM sugar; *(morceau)* sugar lump; **s. cristallisé** granulated sugar; **s. en morceaux** lump sugar; **s. en poudre, s. semoule** Br caster sugar, Am finely ground sugar

sucrer [sykre] VT to sugar, to sweeten ■ **sucré, -ée** ADJ sweet, sugary; *(artificiellement)* sweetened; *Fig (doucereux)* sugary, syrupy

sucrerie [sykrəri] NF *(usine)* sugar refinery; **sucreries** *(bonbons)* Br sweets, Am candy

sucrier, -ière [sykrije, -jɛr] **1** ADJ **industrie sucrière** sugar industry **2** NM *(récipient)* sugar bowl

sud [syd] **1** NM south; **au s.** in the south; *(direction)* (to the) south (**de** of); **du s.** *(vent, direction)* southerly; *(ville)* southern; *(gens)* from *or* in the south; **l'Afrique du S.** South Africa **2** ADJ INV *(côte)* south(ern) ■ **sud-africain, -aine** *(mpl* **sud-africains,** *fpl* **sud-africaines)* **1** ADJ South African **2** NMF **S.-Africain, S.-Africaine** South African ■ **sud-américain, -aine** *(mpl* **sud-américains,** *fpl* **sud-américaines)* **1** ADJ South American **2** NMF **S.-Américain, S.-Américaine** South American ■ **sud-est** NM & ADJ INV south-east ■ **sud-ouest** NM & ADJ INV south-west

Suède [sɥɛd] NF **la S.** Sweden ■ **suédois, -oise 1** ADJ Swedish **2** NMF **S., Suédoise** Swede **3** NM *(langue)* Swedish

suer [sɥe] **1** VI *(personne, mur)* to sweat; *Fam* **faire s. qn** to get on sb's nerves; *Fam* **se faire s.** to be bored stiff **2** VT *Fig* **s. sang et eau** to sweat blood ■ **sueur** NF sweat; **(tout) en s.** sweating; *Fam* **avoir des sueurs froides** to break out in a cold sweat

suffire* [syfir] **1** VI to be enough (**à** for); **ça suffit!** that's enough! **2** V IMPERSONNEL **il suffit de faire qch** one only has to do sth; **il suffit d'une goutte/d'une heure pour faire qch** a drop/an hour is enough to do sth; **il ne me suffit pas de faire qch** I'm not satisfied with doing sth **3 se suffire** VPR **se s. à soi-même** to be self-sufficient

suffisance [syfizãs] NF *(vanité)* conceit

suffisant, -ante [syfizã, -ãt] ADJ *(satisfaisant)* sufficient, adequate; *(vaniteux)* conceited ■ **suffisamment** [-amã] ADV sufficiently; **s. de** enough, sufficient

suffixe [syfiks] NM *Grammaire* suffix

suffoquer [syfɔke] VTI to choke, to suffocate; *Fig* **s. qn** *(étonner)* to astound sb, to stagger sb

suffrage [syfraʒ] NM *Pol (voix)* vote; **s. universel** universal suffrage; **suffrages exprimés** *(valid)* votes cast; *Fig* **remporter tous les suffrages** to win universal approval

suggérer [sygʒere] VT *(proposer)* to suggest (**à** to; **de faire** doing); **que** + *subjunctive* that); *(évoquer)* to suggest ■ **suggestif, -ive** ADJ suggestive ■ **suggestion** NF suggestion

suicide [sɥisid] NM suicide ■ **se suicider** VPR to commit suicide

suie [sɥi] NF soot

suif [sɥif] NM tallow

suinter [sɥɛ̃te] VI to ooze ■ **suintement** NM oozing

suis [sɥi] ➤ **être, suivre**

Suisse [sɥis] NF **la S.** Switzerland; **S. allemande/romande** German-speaking/French-speaking Switzerland ■ **suisse 1** ADJ Swiss **2** NMF **S.** Swiss; **les Suisses** the Swiss ■ **Suissesse** NF Swiss (woman)

suite [sɥit] NF (reste) rest; (continuation) continuation; (de film, de roman) sequel; (série) series, sequence; (appartement, escorte) & Mus suite; (cohérence) order; **suites** (séquelles) effects; (résultats) consequences; **faire s. (à)** to follow; **donner s. à** (demande) to follow up; **par la s.** afterwards; **à la s.** one after another; **à la s. de** (derrière) behind; (événement, maladie) as a result of; **de s.** (deux jours) in a row

suivant¹, -ante [sɥivɑ̃, -ɑ̃t] **1** ADJ next, following; (ci-après) following **2** NMF next (one); **au s.!** next!, next person! ■ **suivant²** PRÉP (selon) according to

suivi, -ie [sɥivi] ADJ (régulier) regular, steady; (cohérent) coherent; **peu/très s.** (cours) poorly/well attended

suivre* [sɥivr] **1** VT to follow; (accompagner) to go with, to accompany; (cours) to attend, to go to; (malade) to treat; **s. qn/qch des yeux** ou **du regard** to watch sb/sth; **s. l'exemple de qn** to follow sb's example; **s. l'actualité** to follow events or the news **2** VI to follow; **faire s.** (courrier, lettre) to forward; **'à s.'** 'to be continued' **3 se suivre** VPR to follow each other

sujet¹, -ette [sɥʒɛ, -ɛt] **1** ADJ **s. à** (maladie) subject to; **s. à caution** (information, nouvelle) unconfirmed **2** NMF (personne) subject

sujet² [sɥʒɛ] NM **(a)** (question) & Grammaire subject; (d'examen) question; **au s. de** about; **à quel s.?** about what? **(b)** (raison) cause; **sujet(s) de dispute** grounds for dispute **(c)** (individu) subject; **un brillant s.** a brilliant student

summum [sɔmɔm] NM Fig (comble) height

super [sɥpɛr] **1** ADJ INV Fam (bon) great, super **2** NM (supercarburant) Br four-star (petrol), Am premium or hi(gh)-test gas

superbe [sɥpɛrb] ADJ superb

supercherie [sɥpɛrʃəri] NF deception

supérette [sɥperɛt] NF convenience store, mini-market

superficie [sɥpɛrfisi] NF surface; (dimensions) area ■ **superficiel, -ielle** ADJ superficial

superflu, -ue [sɥpɛrfly] ADJ superfluous

supérieur, -e [sɥperjœr] **1** ADJ (étages, partie) upper; (qualité, air, ton) superior; **à l'étage s.** on the floor above; **s. à** (meilleur que) superior to, better than; (plus grand que) above, greater than; **s. à la moyenne** above average; **études supérleures** higher or university studies **2** NMF superior ■ **supériorité** NF superiority

superlatif, -ive [sɥpɛrlatif, -iv] ADJ & NM Grammaire superlative

supermarché [sɥpɛrmarʃe] NM supermarket

superposer [sɥpɛrpoze] VT (objets) to put on top of each other; (images) to superimpose ■ **superposition** NF Ordinat **mode de s.** overwrite mode

superproduction [sɥpɛrprɔdyksjɔ̃] NF (film) blockbuster

superpuissance [sɥpɛrpɥisɑ̃s] NF Pol superpower

supersonique [sɥpɛrsɔnik] ADJ supersonic

superstar [sɥpɛrstar] NF superstar

superstitieux, -ieuse [sɥpɛrstisjø, -jøz] ADJ superstitious ■ **superstition** NF superstition

superviser [sɥpɛrvize] VT to supervise

supplanter [sɥplɑ̃te] VT to take the place of

suppléer [sɥplee] VI **s. à** (compenser) to make up for ■ **suppléant, -ante** ADJ & NMF (personne) substitute, replacement; **(professeur) s.** substitute or Br supply teacher

supplément [sɥplemɑ̃] NM (argent) extra charge, supplement; (de revue, de livre) supplement; **en s.** extra; **un s. de** (information, de travail) extra, additional; **payer un s.** to pay extra, to pay a supplement ■ **supplémentaire** ADJ extra, additional

supplice [sɥplis] NM torture; Fig **au s.** in agony

supplier [sɥplije] VT **s. qn de faire qch** to beg sb to do sth; **je vous en supplie!** I beg you!

support [sɥpɔr] NM support; (d'instrument) stand; Fig (moyen) medium; **s. audio-visuel** audio-visual aid

supporter¹ [sɥpɔrte] VT (malheur, conséquences) to bear, to stand; (chaleur) to withstand; (plafond) to support; (frais) to bear; (affront) to suffer; **je ne peux pas la s.** I can't bear or stand her ■ **supportable** ADJ bearable; (excusable, passable) tolerable

supporter² [sɥpɔrter] NM (de football) supporter

supposer [sɥpoze] VT to suppose, to assume (que that); (impliquer) to imply (que that); **à s.** ou **en supposant que...** (+ subjunctive) supposing (that)... ■ **supposition** NF assumption, supposition

suppositoire [sɥpozitwar] NM suppository

suppression [sɥpresjɔ̃] NF removal; (de mot) deletion; (de train) cancellation; (d'emplois) axing

supprimer [sɥprime] **1** VT to get rid of, to remove; (mot, passage) to cut out, to delete; (train) to cancel; (tuer) to do away with; **s. des emplois** to axe jobs; **s. qch à qn** to take sth away from sb **2 se supprimer** VPR *(se suicider)* to do away with oneself

Il faut noter que le verbe anglais **to suppress** est un faux ami. Il signifie **réprimer** ou **interdire**.

suprématie [sypremasi] NF supremacy

suprême [syprɛm] ADJ supreme

sur [syr] PRÉP on, upon; *(par-dessus)* over; *(au sujet de)* on, about; **six s. dix** six out of ten; **un jour s. deux** every other day; **six mètres s. dix** six metres by ten; **s. ce** after which, and then; *(maintenant)* and now; **s. votre gauche** to or on your left; **mettre/monter s. qch** to put/climb on (to) sth; **aller s. ses vingt ans** to be approaching twenty

sûr, sûre [syr] ADJ sure, certain *(de* of; *que* that); *(digne de confiance)* reliable; *(lieu)* safe; *(avenir)* secure; *(goût)* discerning; *(jugement)* sound; *(main)* steady; **c'est s. que...** *(+ indicative)* it's certain that...; **s. de soi** self-assured; *Fam* **être s. de son coup** to be quite sure of oneself; **bien s.!** of course!

surcharge [syrʃarʒ] NF **(a)** *(poids)* excess weight; **s. de travail** extra work; **en s.** *(passagers)* extra **(b)** *(correction)* alteration; *(à payer)* surcharge ■ **surcharger** VT *(voiture, personne)* to overload **(de** with)

surchauffer [syrʃofe] VT to overheat

surcroît [syrkrwa] NM increase *(de* in); **de s., par s.** in addition

surdité [syrdite] NF deafness

surdose [syrdoz] NF *(de drogue)* overdose

surdoué, -ée [syrdwe] **1** ADJ exceptionally gifted **2** NMF gifted child

surélever [syrelve] VT to raise

sûrement [syrmɑ̃] ADV certainly; *(sans danger)* safely

surenchère [syrɑ̃ʃɛr] NF *(offre d'achat)* higher bid

surestimer [syrɛstime] VT to overestimate; *(tableau)* to overvalue

sûreté [syrte] NF safety; *(de l'État)* security; *(garantie)* surety; *(de geste)* sureness; *(de jugement)* soundness; **être en s.** to be safe; **mettre qn/qch en s.** to put sb/sth in a safe place; **pour plus de s.** to be on the safe side

surexcité, -ée [syrɛksite] ADJ overexcited

surf [sœrf] NM *Sport* surfing; **faire du s.** to surf, to go surfing ■ **surfer** VI *Sport* to surf; *Ordinat* **s. sur le Net** to surf the Net ■ **surfeur, -euse** NMF *Sport & Ordinat* surfer

surface [syrfas] NF surface; *(étendue)* (surface) area; **faire s.** *(sous-marin)* to surface; **(magasin à) grande s.** hypermarket; **de s.** *(politesse)* superficial

surfait, -aite [syrfɛ, -ɛt] ADJ overrated

surgelé, -ée [syrʒəle] ADJ frozen ■ **surgelés** NMPL frozen foods

surgir [syrʒir] VI to appear suddenly *(de* from); *(problème)* to crop up

surhomme [syrɔm] NM superman ■ **surhumain, -aine** ADJ superhuman

sur-le-champ [syrləʃɑ̃] ADV immediately

surlendemain [syrlɑ̃dəmɛ̃] NM **le s.** two days later; **le s. de** two days after

surligner [syrliɲe] VT to highlight ■ **surligneur** NM highlighter (pen)

surmener [syrməne] VT, **se surmener** VPR to overwork ■ **surmenage** NM overwork

surmonter [syrmɔ̃te] VT *(être placé sur)* to surmount; *Fig (obstacle, peur)* to overcome

surnager [syrnaʒe] VI to float

surnaturel, -elle [syrnatyrɛl] ADJ & NM supernatural

surnom [syrnɔ̃] NM nickname ■ **surnommer** VT to nickname

Il faut noter que le nom anglais **surname** est un faux ami. Il signifie **nom de famille**.

surpasser [syrpase] **1** VT to surpass *(en* in) **2 se surpasser** VPR to surpass oneself

surpeuplé, -ée [syrpœple] ADJ overpopulated

surplomb [syrplɔ̃] NM **en s.** overhanging ■ **surplomber** VTI to overhang

surplus [syrply] NM surplus

surpoids [syrpwa] NM excess weight; **être en s.** to be overweight

surprendre* [syrprɑ̃dr] **1** VT *(étonner)* to surprise; *(prendre sur le fait)* to catch; *(secret)* to discover; *(conversation)* to overhear **2 se surprendre** VPR **se s. à faire qch** to find oneself doing sth ■ **surprenant, -ante** ADJ surprising ■ **surpris, -ise** ADJ surprised *(de* at; *que + subjunctive* that); **je suis s. de te voir** I'm surprised to see you ■ **surprise** NF surprise; **prendre qn par s.** to catch sb unawares

surréaliste [syrrealist] ADJ & NMF *(poète, peintre)* surrealist; *Fam (bizarre)* surrealistic ■ **surréalisme** NM surrealism

sursaut [syrso] NM *(sudden)* start or jump; **s. d'énergie** burst of energy; **se réveiller en s.** to wake (up) with a start ■ **sursauter** VI to jump, start

sursis [syrsi] NM *(à l'armée)* deferment; *Fig (répit)* reprieve; **un an (de prison) avec s.** a one-year suspended sentence

surtout [syrtu] ADV especially; *(avant tout)* above all; **s. pas** certainly not; *Fam* **s. que...** especially since or as...

surveiller [syrveje] **1** VT *(garder)* to watch, to

keep an eye on; *(contrôler)* to supervise; *(épier)* to watch; *Fig* **s. son langage/sa santé** to watch one's language/health **2 se surveiller** VPR to watch oneself ■ **surveillance** NF watch (**sur** over); *(de travaux, d'ouvriers)* supervision; *(de police)* surveillance ■ **surveillant, -ante** NMF *(de lycée)* supervisor (in charge of discipline); *(de prison)* (prison) guard, *Br* warder; *(de chantier)* supervisor; **s. de plage** lifeguard

Il faut noter que les termes anglais **surveyor** et **to survey** sont des faux amis. Le premier signifie **géomètre** et le second ne se traduit jamais par **surveiller**.

survenir* [syrvǝnir] VI to occur; *(personne)* to turn up

survêtement [syrvetmɑ̃] NM tracksuit

survie [syrvi] NF survival ■ **survivre*** VI to survive (**à qch** sth); **s. à qn** to outlive sb ■ **survivant, -ante** NMF survivor

survoler [syrvɔle] VT to fly over; *Fig (question)* to skim over

susceptible [syseptibl] ADJ *(ombrageux)* touchy, sensitive; **s. de** *(interprétations)* open to; **s. de faire qch** likely or liable to do sth; *(capable)* able to do sth ■ **susceptibilité** NF touchiness, sensitivity

susciter [sysite] VT *(sentiment)* to arouse; *(ennuis, obstacles)* to create

suspect, -ecte [syspe, -ekt] **1** ADJ suspicious, suspect; **s. de qch** suspected of sth **2** NMF suspect ■ **suspecter** VT *(personne)* to suspect (**de qch** of sth); **de faire** of doing); *(sincérité)* to question, to suspect

suspendre [syspɑ̃dr] **1** VT *(accrocher)* to hang (up) (**à** on); *(destituer, interrompre, différer)* to suspend **2 se suspendre** VPR **se s. à** to hang from ■ **suspendu, -ue** ADJ **s. à** hanging from; **pont s.** suspension bridge; *Fig* **être s. aux paroles de qn** to hang upon sb's every word ■ **suspension** NF *(d'hostilités, d'employé, de véhicule)* suspension

suspens [syspɑ̃] **en suspens** ADV *(affaire, travail)* in abeyance; *(en l'air)* suspended

suspense [syspens] NM suspense

suspicion [syspisjɔ̃] NF suspicion

suture [sytyr] NF suture; *Méd* **point de s.** stitch

svelte [svelt] ADJ slender

SVP [esvepe] *(abrév* **s'il vous plaît)** please

syllabe [silab] NF syllable

symbole [sɛ̃bɔl] NM symbol ■ **symbolique** ADJ symbolic; *(salaire, cotisation, loyer)* nominal; **geste s.** symbolic or token gesture ■ **symboliser** VT to symbolize ■ **symbolisme** NM symbolism

symétrie [simetri] NF symmetry ■ **symétrique** ADJ symmetrical

sympa [sɛ̃pa] ADJ INV *Fam* nice

sympathie [sɛ̃pati] NF *(affinité)* liking; *(condoléances)* sympathy; **avoir de la s. pour qn** to be fond of sb ■ **sympathique** ADJ nice; *(accueil)* friendly ■ **sympathisant, -ante** NMF *(de parti politique)* sympathizer ■ **sympathiser** VI to get along well, *Br* to get on well (**avec** with)

Il faut noter que les termes anglais **sympathy**, **sympathetic** et **to sympathize** sont des faux amis. Ils signifient respectivement **compassion**, **compréhensif** et **compatir**.

symphonie [sɛ̃fɔni] NF symphony ■ **symphonique** ADJ symphonic; **orchestre s.** symphony orchestra

symptôme [sɛ̃ptom] NM *Méd & Fig* symptom ■ **symptomatique** ADJ symptomatic (**de** of)

synagogue [sinagɔg] NF synagogue

synchroniser [sɛ̃krɔnize] VT to synchronize

syncope [sɛ̃kɔp] NF *(évanouissement)* blackout; **tomber en s.** to black out

syndicat [sɛ̃dika] NM *(d'ouvriers)* (*Br* trade *or Am* labor) union; *(de patrons)* association; **s. d'initiative** tourist (information) office ■ **syndical, -e, -aux, -ales** ADJ **réunion syndicale** (*Br* trade *or Am* labor) union meeting ■ **syndicaliste 1** NMF *Br* trade *or Am* labor unionist **2** ADJ **esprit/idéal s.** union spirit/ideal

syndiquer [sɛ̃dike] **1** VT to unionize **2 se syndiquer** VPR *(adhérer)* to join a (*Br* trade *or Am* labor) union ■ **syndiqué, -ée** NMF *(Br* trade *or Am* labor) union member

syndrome [sɛ̃drom] NM *Méd & Fig* syndrome; **s. immunodéficitaire acquis** acquired immune deficiency syndrome; **syndrome prémenstruel** premenstrual syndrome, *Br* premenstrual tension

synonyme [sinɔnim] **1** ADJ synonymous (**de** with) **2** NM synonym

syntaxe [sɛ̃taks] NF *(grammaire)* syntax

synthèse [sɛ̃tez] NF synthesis ■ **synthétique** ADJ synthetic

synthétiseur [sɛ̃tetizœr] NM synthesizer

syphilis [sifilis] NF *Méd* syphilis

Syrie [siri] NF **la S.** Syria ■ **syrien, -ienne 1** ADJ Syrian **2** NMF **S., Syrienne** Syrian

système [sistem] NM *(structure, réseau)* & *Anat* system; **le s. immunitaire** the immune system; **le s. nerveux** the nervous system; *Fam* **le s. D** resourcefulness; *Ordinat* **s. d'exploitation** operating system ■ **systématique** ADJ systematic ■ **systématiquement** ADV systematically

T, t [te] NM INV T, t

t' [t] ➤ **te**

ta [ta] ➤ **ton¹**

tabac [taba] NM tobacco; *(magasin)* Br tobacconist's (shop), Am tobacco store; *Fam* **faire un t.** to be a big hit; *Fam* **passer qn à t.** to beat sb up; *Fam* **passage à t.** beating up; **t. à priser** snuff ■ **tabasser** VT *Fam* to beat up; **se faire t.** to get beaten up

table [tabl] NF **(a)** *(meuble)* table; *(d'école)* desk; **mettre/débarrasser la t.** to set *or* Br lay/clear the table; **être à t.** to be sitting at the table; **à t.!** food's ready!; **t. à repasser** ironing board; **t. de nuit/d'opération/de jeu** bedside/operating/card table; **t. basse** coffee table; **t. ronde** *(réunion)* (round-table) conference **(b)** *(liste)* table; **t. des matières** table of contents

tableau, -x [tablo] NM **(a)** *(peinture)* picture, painting; *(image, description)* picture; *(scène de théâtre)* scene; **t. de maître** *(peinture)* old master **(b)** *(panneau)* board; *(liste)* list; *(graphique)* chart; **t. (noir)** (black)board; **t. d'affichage** Br noticeboard, Am bulletin board; **t. de bord** *(de véhicule)* dashboard; *(d'avion)* instrument panel

tabler [table] VI **t. sur qch** to count *or* rely on sth

tablette [tablɛt] NF *(de chocolat)* bar, slab; *(de lavabo)* shelf; *(de cheminée)* mantelpiece

tableur [tablœr] NM *Ordinat* spreadsheet

tablier [tablije] NM **(a)** *(vêtement)* apron; *(d'écolier)* smock; *Fig* **rendre son t.** to hand in one's notice **(b)** *(de pont)* roadway

tabou [tabu] ADJ & NM taboo

taboulé [tabule] NM *Culin* tabbouleh

tabouret [taburɛ] NM stool

tac [tak] NM **répondre du t. au t.** to give tit for tat

tache [taʃ] NF mark; *(salissure)* stain; *Péj* **faire t.** *(détonner)* to jar, to stand out; *Fig* **faire t. d'huile** to spread ■ **tacher** VT, **se tacher** VPR *(tissu)* to stain

tâche [tɑʃ] NF task, job; **être à la t.** to be on piecework; *Fig* **se tuer à la t.** to work oneself to death; **tâches ménagères** housework

tâcher [tɑʃe] VI **t. de faire qch** to try to do sth

tacheté, -ée [taʃte] ADJ speckled (**de** with)

tacite [tasit] ADJ tacit

taciturne [tasityrn] ADJ taciturn

tact [takt] NM tact; **avoir du t.** to be tactful

tactile [taktil] ADJ tactile

tactique [taktik] **1** ADJ tactical **2** NF tactics *(sing)*; **une t.** a tactic

tag [tag] NM tag *(spray-painted graffiti)*

Tahiti [taiti] NM Tahiti ■ **tahitien, -ienne** [taisjɛ̃, -jɛn] **1** ADJ Tahitian **2** NMF **T., Tahitienne** Tahitian

taie [tɛ] NF **t. d'oreiller** pillowcase, pillowslip

taillader [tajade] VT to gash, to slash

taille¹ [taj] NF **(a)** *(hauteur)* height; *(dimension, mesure)* size; **de haute t.** *(personne)* tall; **de petite t.** short; **de t. moyenne** medium-sized; **de t.** *(erreur, objet)* enormous **(b)** *(ceinture)* waist; **tour de t.** waist measurement

taille² [taj] NF cutting; *(de haie)* trimming; *(d'arbre)* pruning ■ **tailler 1** VT to cut; *(haie, barbe)* to trim; *(arbre)* to prune; *(crayon)* to sharpen; *(vêtement)* to cut out **2 se tailler** VPR **(a)** **se t. la part du lion** to take the lion's share **(b)** *Fam (partir)* to beat it

taille-crayon [tajkrɛjɔ̃] NM INV pencil-sharpener

tailleur [tajœr] NM *(personne)* tailor; *(costume)* suit

tain [tɛ̃] NM *(de glace)* silvering; **glace sans t.** two-way mirror

taire* [tɛr] **1** VT to say nothing about **2** VI **faire t. qn** to silence sb **3 se taire** VPR *(ne rien dire)* to keep quiet (**sur qch** about sth); *(cesser de parler)* to stop talking, to fall silent; **tais-toi!** be quiet!

Taïwan [tajwan] NM OU F Taiwan

talc [talk] NM talcum powder, talc

talent [talɑ̃] NM talent; **avoir du t.** to be talented ■ **talentueux, -ueuse** ADJ talented

talkie-walkie [talkiwalki] *(pl* **talkies-walkies**) NM walkie-talkie

taloche [talɔʃ] NF *Fam (gifle)* clout

talon [talɔ̃] NM **(a)** *(de chaussure)* heel; **tourner les talons** to walk away; **c'est son t. d'Achille** it's his Achilles' heel; **(chaussures à) talons hauts** high heels, high-heeled shoes; **talons aiguilles**

stiletto heels (**b**) *(de chèque)* stub, counterfoil; *(bout de palpon)* crust; *(de jambon)* heel

talus [taly] NM slope

tambour [tɑ̃bur] NM *(de machine, instrument de musique)* drum; *(personne)* drummer; **sans t. ni trompette** quietly, without fuss ▪ **tambourin** NM tambourine

Tamise [tamiz] NF **la T.** the Thames

tamiser [tamize] VT *(farine)* to sift; *(lumière)* to filter

tampon [tɑ̃pɔ̃] NM (**a**) *(marque, instrument)* stamp; **t. encreur** ink pad (**b**) *(bouchon)* plug, stopper; *(de coton)* wad, pad; *(pour pansement)* swab; **t. (hygiénique** ou **périodique)** tampon; **t. à récurer** scouring pad (**c**) *(de train)* & *Fig* buffer

tamponner [tɑ̃pɔne] **1** VT *(lettre, document)* to stamp; *(visage)* to dab; *(plaie)* to swab; *(train, voiture)* to crash into **2 se tamponner** VPR to crash into each other ▪ **tamponneuses** ADJ FPL **autos t.** Dodgems®, bumper cars

tam-tam [tamtam] *(pl* **tam-tams)** NM *(tambour)* tom-tom

tandem [tɑ̃dɛm] NM *(bicyclette)* tandem; *Fig (duo)* duo; **travailler en t.** to work in tandem

tandis [tɑ̃di] **tandis que** CONJ *(simultanéité)* while; *(contraste)* whereas, while

tango [tɑ̃go] NM tango

tanguer [tɑ̃ge] VI *(bateau, avion)* to pitch

tanière [tanjɛr] NF den, lair

tank [tɑ̃k] NM tank

tanker [tɑ̃kɛr] NM *(navire)* tanker

tanner [tane] VT *(cuir)* to tan ▪ **tanné, -ée** ADJ *(visage)* weather-beaten

tant [tɑ̃] ADV *(travailler)* so much (**que** that); **t. de** *(pain, temps)* so much (**que** that); *(gens, choses)* so many (**que** that); **t. de fois** so often, so many times; **t. que** *(autant que)* as much as; *(aussi fort que)* as hard as; *(aussi longtemps que)* as long as; **en t. que** *(considéré comme)* as; **t. bien que mal** more or less, somehow or other; **t. mieux!** so much the better!; **t. pis!** too bad!; **t. mieux pour toi!** good for you!; **un t. soit peu** somewhat

tante [tɑ̃t] NF aunt

tantinet [tɑ̃tinɛ] NM & ADV **un t.** a tiny bit *(de* of)

tantôt [tɑ̃to] ADV (**a**) **t.... t....** sometimes… sometimes… (**b**) *(cet après-midi)* this afternoon

tapage [tapaʒ] NM din, disturbance ▪ **tapageur, -euse** ADJ *(bruyant)* rowdy; *(criard)* flashy

tape [tap] NF slap

taper [tape] **1** VT *(enfant, cuisse)* to slap; *(table)* to bang; **t. qch à la machine** to type sth **2** VI *(soleil)* to beat down; **t. du pied** to stamp one's foot; **t. à la machine** to type; **t. sur qch** to bang

on sth; *Fam* **t. sur qn** *(critiquer)* to knock sb **3 se taper** VPR *Fam (travail)* to get landed with; *Fam (nourriture)* to scoff; *(boisson)* to sink; *très Fam (s'en moquer)* **elle s'en tape** she doesn't give *Br* a toss or *Am* a rat's ass ▪ **tapant, -ante** ADJ **à huit heures tapantes** at eight sharp

tapioca [tapjɔka] NM tapioca

tapis [tapi] NM carpet; **envoyer qn au t.** *(abattre)* to floor sb; **mettre qch sur le t.** *(sujet)* to bring sth up for discussion; **t. de bain** bath mat; **t. de sol** earth mat; *Ordinat* **t. de souris** mouse mat; **t. roulant** *(pour marchandises)* conveyor belt; *(pour personnes)* moving walkway

tapisser [tapise] VT *(mur)* to (wall)paper; *(de tentures)* to hang with tapestry; *Fig (recouvrir)* to cover ▪ **tapisserie** NF *(papier peint)* wallpaper; *(broderie)* tapestry; *Fig* **faire t.** *(jeune fille)* to be a wallflower

tapoter [tapɔte] **1** VT to tap; *(joue)* to pat **2** VI **t. sur** to tap (on)

taquin, -ine [takɛ̃, -in] ADJ teasing ▪ **taquiner** VT to tease ▪ **taquineries** NFPL teasing

tard [tar] ADV late; **plus t.** later (on); **au plus t.** at the latest; **sur le t.** late in life

tarder [tarde] **1** VI *(lettre, saison)* to be a long time coming; **sans t.** without delay; **t. à faire qch** to take one's time doing sth; **elle ne va pas s. t.** she won't be long **2** V IMPERSONNEL **il me tarde de le faire** I can't wait to do it, I'm dying to do it

tardif, -ive [tardif, -iv] ADJ late; *(regrets)* belated ▪ **tardivement** ADV late

tare [tar] NF *(poids)* tare; *Fig (défaut)* defect ▪ **taré, -ée** ADJ *Fam (fou)* mad

targuer [targe] **se targuer** VPR **se t. de qch/de faire qch** to pride oneself on sth/on doing sth

tarif [tarif] NM *(prix)* rate; *(de train)* fare; *(tableau)* price list, *Br* tariff; **plein t.** full price; *(de train, bus)* full fare ▪ **tarification** NF pricing

tarot [taro] NM tarot

tartare [tartar] ADJ **sauce t.** tartar(e) sauce

tarte [tart] **1** NF *(open)* pie, tart; *Fam* **ce n'est pas de la t.!** it isn't easy! **2** ADJ INV *Fam (sot)* silly ▪ **tartelette** [-əlɛt] NF *(small)* tart

tartine [tartin] NF slice of bread; **t. de beurre/ de confiture** slice of bread and butter/jam ▪ **tartiner** VT *(beurre)* to spread; **fromage à t.** cheese spread

tartre [tartr] NM *(de bouilloire)* scale, *Br* fur; *(de dents)* tartar

tas [tɑ] NM pile, heap; **mettre qch en t.** to pile or heap sth up; *Fam* **un** ou **des t. de** *(beaucoup)* loads of; *Fam* **apprendre sur le t.** to learn on the job

tasse [tas] NF cup; **t. à café** coffee cup; **t. à thé**

teacup; *Fam* **boire la t.** to swallow a mouthful *(when swimming)*

tasser [tɑse] **1** VT to pack (**dans** into); *(terre)* to pack down; *Fam* **un café bien tassé** *(fort)* a strong coffee **2 se tasser** VPR *(se serrer)* to squeeze up; *(sol)* to sink, to collapse; *(se voûter)* to become bowed; *Fam* **ça va se t.** *(s'arrangera)* things will settle down

tâter [tɑte] **1** VT to feel; *Fig* **t. le terrain** to see how the land lies **2** VI **t. de** *(prison, métier)* to have a taste of **3 se tâter** VPR *(hésiter)* to be in two minds

tâtonner [tɑtɔne] VI to grope about ▪ **tâtons** ADV **avancer à t.** to feel one's way (along); **chercher qch à t.** to grope for sth

tatouer [tatwe] VT *(corps, dessin)* to tattoo; **se faire t.** to get a tattoo; **se faire t. un bateau sur le bras** to get a boat tattooed on one's arm ▪ **tatouage** NM *(dessin)* tattoo; *(action)* tattooing

taudis [todi] NM slum

taule [tol] NF *Fam (prison)* Br nick, Am can

taupe [top] NF *(animal, espion)* mole

taureau, -x [tɔro] NM bull; **le T.** *(signe)* Taurus; **être T.** to be (a) Taurus ▪ **tauromachie** NF bull-fighting

taux [to] NM rate; **t. d'alcool/de cholestérol** alcohol/cholesterol level; **t. d'intérêt/de change** interest/exchange rate; **t. de natalité/de mortalité** birth/death rate

taxe [taks] NF *(impôt)* tax; **t. à la valeur ajoutée** value-added tax ▪ **taxation** NF taxation

taxer [takse] VT *(produit, personne, firme)* to tax; **t. qn de qch** to accuse sb of sth; *Fam* **t. qch à qn** *(voler)* to cadge sth off sb ▪ **taxé, -ée** ADJ *(produit)* taxed

taxi [taksi] NM taxi

tchador [tʃadɔr] NM *(voile)* chador

tchatcher [tʃatʃe] VI *Fam* to chat ▪ **tchatche** NF *Fam* **avoir de la t.** to have the gift of the gab

Tchécoslovaquie [tʃekɔslɔvaki] NF *Anciennement* **la T.** Czechoslovakia ▪ **tchèque 1** ADJ Czech; **la République t.** the Czech Republic **2** NMF **T.** Czech **3** NM *(langue)* Czech

TD [tede] *(abrév* **travaux dirigés)** NM *Scol & Univ* ≃ tutorial

te [tə]

t' is used before a word beginning with a vowel or h mute.

PRON PERSONNEL **(a)** *(complément direct)* you; **je te vois** I see you **(b)** *(indirect)* (to) you; **il te parle** he speaks to you; **elle te l'a dit** she told you **(c)** *(réfléchi)* yourself; **tu te laves** you wash yourself

technicien, -ienne [tɛknisjɛ̃, -jɛn] NMF

technician ▪ **technique 1** ADJ technical **2** NF technique ▪ **technocrate** NM technocrat ▪ **technologie** NF technology; **haute t.** high tech(nology) ▪ **technologique** ADJ technological

teckel [tekɛl] NM dachshund

tee-shirt [tiʃœrt] NM tee-shirt, T-shirt

teindre* [tɛ̃dr] **1** VT to dye; **t. qch en rouge** to dye sth red **2 se teindre** VPR **se t. (les cheveux)** to dye one's hair

teint [tɛ̃] NM *(de visage)* complexion; **bon** ou **grand t.** *(tissu)* Br colourfast, Am colorfast; *Fig Hum* **bon t.** *(catholique)* staunch

teinte [tɛ̃t] NF shade, tint ▪ **teinter 1** VT to tint; *(bois)* to stain **2 se teinter** VPR *Fig* **se t. de** *(remarque, ciel)* to be tinged with

teinture [tɛ̃tyr] NF dyeing; *(produit)* dye ▪ **teinturerie** [-rri] NF *(boutique)* (dry) cleaner's

tel, telle [tɛl] ADJ such; **un t. livre/homme** such a book/man; **un t. intérêt** such interest; **de tels mots** such words; **t. que** such as, like; **t. que je l'ai laissé** just as I left it; **en tant que t., comme t.** as such; **t. ou t.** such and such; **rien de t. que...** (there's) nothing like...; **rien de t.** nothing like it; **t. père t. fils** like father like son

télé [tele] NF *Fam* TV, *Br* telly; **à la t.** on TV, *Br* on (the) telly; **regarder la t.** to watch TV or *Br* (the) telly ▪ **téléfilm** NM *Br* TV film, *Am* TV movie ▪ **télé-réalité** NF reality TV

téléachat [teleaʃa] NM *(d'articles présentés à la télévision)* teleshopping; *(sur Internet)* on-line shopping

Télécarte® [telekart] NF phone card

télécharger [teleʃarʒe] VT *Ordinat* to download ▪ **téléchargement** NM downloading, download

télécommande [telekɔmɑ̃d] NF remote control ▪ **télécommander** VT to operate by remote control

télécommunications [telekɔmynikasjɔ̃] NFPL telecommunications

télécopie [telekɔpi] NF fax ▪ **télécopieur** NM fax (machine)

télégramme [telegram] NM telegram

télégraphe [telegraf] NM telegraph ▪ **télégraphique** ADJ **poteau/fil t.** telegraph pole/wire; *Fig* **style t.** telegraphic style

téléguider [telegide] VT to operate by remote control

télématique [telematik] NF telematics *(sing)*

télépathie [telepati] NF telepathy

téléphérique [teleferik] NM cable car

téléphone [telefɔn] NM (tele)phone; **coup de t.** (phone) call; **passer un coup de t. à qn** to give sb a ring *or* a call; **au t.** on the (tele)phone; **t. portable** mobile phone; **t. sans fil** cordless phone ■ **téléphoner 1** *vt (nouvelle)* to (tele)phone (**à** to) **2** *vi* to (tele)phone; **t. à qn** to (tele)phone sb, to call sb (up) ■ **téléphonique** ADJ **appel t.** (tele)phone call

télescope [telɛskɔp] NM telescope ■ **télescopique** ADJ telescopic

télescoper [telɛskɔpe] **1** *vt (voiture, train)* to smash into **2 se télescoper** VPR *(voiture, train)* to concertina

télésiège [telesjɛʒ] NM chair lift

téléski [teleski] NM ski lift *or* tow

téléspectateur, -trice [telespɛktatœr, -tris] NMF (television) viewer

télétravail [teletravaj] NM teleworking

télévente [televɑ̃t] NF telesales

téléviser [televize] *vt* to televise ■ **téléviseur** NM television (set) ■ **télévision** NF television; **à la t.** on (the) television; **regarder la t.** to watch (the) television; **programme de t.** television programme; **t. à circuit fermé** closed-circuit television

télex [telɛks] NM *(service, message)* telex

telle [tɛl] ➤ **tel** ■ **tellement** ADV *(si)* so; *(tant)* so much; **t. grand que...** so big that...; **crier t. que...** to shout so much that...; **t. de travail** so much work; **t. de soucis** so many worries; **tu aimes ça? – pas t.** *(pas beaucoup)* do you like it? – not much *or* a lot; **personne ne peut le supporter, t. il est bavard** nobody can stand him, he talks so much

tellurique [telyrik] ADJ **secousse t.** earth tremor

téméraire [temerɛr] ADJ reckless ■ **témérité** NF recklessness

témoigner [temwaɲe] **1** *vt (gratitude)* to show (**à qn** to sb); **t. que...** *(attester)* to testify that... **2** *vi* Jur to give evidence, to testify (**contre** against); **t. de qch** *(personne, attitude)* to testify to sth ■ **témoignage** NM Jur evidence, testimony; *(récit)* account; Fig *(d'affection)* token, sign (**de** of); **faux t.** *(délit)* perjury; **en t. de qch** as a token of sth

témoin [temwɛ̃] **1** NM **(a)** Jur witness; **t. à charge** witness for the prosecution; **être t. de qch** to witness sth **(b)** *(de relais)* baton **2** ADJ **appartement t.** Br show flat, Am model apartment

tempe [tɑ̃p] NF Anat temple

tempérament [tɑ̃peramɑ̃] NM *(caractère)* temperament; **acheter qch à t.** to buy sth on Br hire purchase *or* Am on the installment plan

température [tɑ̃peratyr] NF temperature; **avoir de la t.** to have a temperature

tempérer [tɑ̃pere] *vt (ardeurs)* to moderate ■ **tempéré, -ée** ADJ *(climat, zone)* temperate

tempête [tɑ̃pɛt] NF storm; **t. de neige** snow-storm, blizzard

tempêter [tɑ̃pete] *vi (crier)* to storm, to rage (**contre** against)

temple [tɑ̃pl] NM *(romain, grec)* temple; *(protestant)* church

temporaire [tɑ̃pɔrɛr] ADJ temporary ■ **temporairement** ADV temporarily

temporel, -elle [tɑ̃pɔrɛl] ADJ temporal; *(terrestre)* wordly

temps¹ [tɑ̃] NM *(durée, période, moment)* time; Grammaire tense; *(étape)* stage; **en t. de guerre** in wartime, in time of war; **avoir/trouver le t.** to have/find (the) time (**de faire** to do); **il est t.** it is time (**de faire** to do); **il était t.!** it was about time (too)!; **il est (grand) t. que vous partiez** it's (high) time you left; **ces derniers t.** lately; **de t. en t.** [dətɑ̃zɑ̃tɑ̃], **de t. à autre** [dətɑ̃zaotr] from time to time, now and again; **en t. utile** [ɑ̃tɑ̃zytil] in due course, **en t. voulu** in due course, **en même t.** at the same time (**que** as); **à t.** *(arriver)* in time; **à plein t.** *(travailler)* full-time; **à t. partiel** *(travailler)* part-time; **dans le t.** *(autrefois)* in the old days; **avec le t.** *(à la longue)* in time; **tout le t.** all the time; **de mon t.** in my time; **pendant un t.** for a while *or* time; **t. d'arrêt** pause, break; **t. libre** free time; Fig **t. mort** lull

temps² [tɑ̃] NM *(climat)* weather; **il fait beau/mauvais t.** the weather's fine/bad; **quel t. fait-il?** what's the weather like?

tenace [tənas] ADJ stubborn, tenacious ■ **ténacité** NF stubbornness, tenacity

tenailles [tənaj] NFPL *(outil)* pincers

tenant, -ante [tənɑ̃, -ɑ̃t] **1** NMF **le t. du titre** *(champion)* the title holder **2** NM *(partisan)* supporter (**de** of)

tendance [tɑ̃dɑ̃s] NF *(penchant)* tendency; *(évolution)* trend (**à** towards); **avoir t. à faire qch** to tend to do sth, to have a tendency to do sth

tendon [tɑ̃dɔ̃] NM Anat tendon

tendre¹ [tɑ̃dr] **1** *vt* to stretch; *(main)* to hold out (**à qn** to sb); *(bras, jambe)* to stretch out; *(cou)* to strain, to crane; *(muscle)* to tense; *(arc)* to bend; *(piège)* to set, to lay; *(filet)* to spread; **t. qch à qn** to hold sth out to sb; Fig **t. l'oreille** to prick up one's ears **2** *vi* **t. à qch/à faire qch** to tend towards sth/to do sth **3 se tendre** VPR *(rapports)* to become strained ■ **tendu, -ue** ADJ *(corde)* tight, taut; *(personne, situation, muscle)* tense; *(rapports)* strained

tendre² [tɑ̃dr] ADJ *(personne)* affectionate (**avec** to); *(parole, regard)* tender, loving; *(viande)* tender; *(bois, couleur)* soft; **depuis ma plus t. enfance** from my earliest childhood ■ **tendrement**

[-əmɑ̃] ADV tenderly, lovingly ■ **tendresse** NF *(affection)* affection, tenderness

teneur [tənœr] NF *(de lettre)* content; **t. en alcool** alcohol content **(de** of)

tenir* [tənir] 1 VT *(à la main)* to hold; *(promesse, comptes, hôtel)* to keep; *(rôle)* to play; *(propos)* to utter; **je le tiens de Louis** *(fait)* I got it from Louis; *(caractère héréditaire)* I get it from Louis 2 VI *(nœud)* to hold; *(neige, coiffure)* to last, to hold; *(résister)* to hold out; *(offre)* to stand; **t. à qn/qch** to be attached to sb/sth; **t. à faire qch** to be anxious to do sth; **t. dans qch** *(être contenu)* to fit into sth; **t. de qn** to take after sb; **tenez!** *(prenez)* here (you are)!; **tiens!** *(surprise)* well!, hey! 3 V IMPERSONNEL **il ne tient qu'à vous de le faire** it's up to you to do it 4 se tenir VPR *(avoir lieu)* to be held; *(rester)* to remain; **se t. debout** to stand (up); **se t. droit** to stand up/sit up straight; **se t. par la main** to hold hands; **se t. bien** to behave oneself; **se t. à qch** to hold on to sth; **s'en t. à qch** *(se limiter à qch)* to stick to sth

tennis [tenis] 1 NM tennis; *(terrain)* (tennis) court; **t. de table** table tennis 2 NMPL *(chaussures)* Br tennis shoes

ténor [tenɔr] NM *Mus* tenor

tension [tɑ̃sjɔ̃] NF tension; **t. artérielle** blood pressure; **avoir de la t.** to have high blood pressure

tentacule [tɑ̃takyl] NM tentacle

tente [tɑ̃t] NF tent

tenter¹ [tɑ̃te] VT *(essayer)* to try; **t. de faire qch** to try or attempt to do sth ■ **tentative** NF attempt; **t. d'assassinat** attempted murder; **t. de suicide** suicide attempt

tenter² [tɑ̃te] VT *(faire envie à)* to tempt; **tenté de faire qch** tempted to do sth ■ **tentant, -ante** ADJ tempting ■ **tentation** NF temptation

tenture [tɑ̃tyr] NF (wall) hanging; *(de porte)* drape, curtain

tenu, -ue¹ [təny] 1 PP ➤ **tenir** 2 ADJ **t. de faire qch** obliged to do sth; **bien/mal t.** *(maison)* well/badly kept

ténu, -ue² [təny] ADJ *(fil)* fine; *(soupçon, différence)* tenuous; *(voix)* thin

tenue [təny] NF **(a)** *(vêtements)* clothes, outfit; **être en petite t.** to be scantily dressed; **t. de combat** *(uniforme)* battledress; **t. de soirée** evening dress **(b)** *(conduite)* (good) behaviour; *(maintien)* posture **(c)** *(de maison, d'hôtel)* running; *(de comptes)* keeping **(d)** **t. de route** *(de véhicule)* road-holding

ter [tɛr] ADJ 4 **t.** *(adresse)* ≃ 4B

terme [tɛrm] NM **(a)** *(mot)* term **(b)** *(date limite)* time (limit); *(fin)* end; **mettre un t. à qch** to put an end to sth; **à court/long t.** *(conséquences,* *projet)* short-/long-term; **être né avant/à t.** to be born prematurely/at (full) term **(c)** *(moyen t. (solution)* middle course **(d)** **en bons/mauvais termes** on good/bad terms **(avec qn** with sb) **(e)** *(loyer)* rent; *(jour)* rent day; *(période)* rental period

terminal, -e, -aux, -ales [tɛrminal, -o] 1 ADJ final; *(phase de maladie)* terminal 2 ADJ & NF Scol **(classe) terminale** Br ≃ sixth form, Am ≃ twelfth grade 3 NM *(d'ordinateur, pétrolier)* terminal

terminer [tɛrmine] 1 VT *(finir)* to end; *(achever)* to finish, to complete 2 se terminer VPR to end **(par** with; **en** in) ■ **terminaison** NF *(de mot)* ending

terminologie [tɛrminolɔʒi] NF terminology

terminus [tɛrminys] NM terminus

termite [tɛrmit] NM termite

terne [tɛrn] ADJ *(couleur, journée)* dull, drab; *(personne)* dull ■ **ternir** 1 VT *(métal, réputation)* to tarnish; *(meuble, miroir)* to dull 2 se ternir VPR *(métal)* to tarnish

terrain [tɛrɛ̃] NM *(sol)* and Fig ground; *(étendue)* land; *(à bâtir)* plot, site; *(pour opérations militaires)* & Géol terrain; **un t.** a piece of land; **céder/gagner/per-dre du t.** *(armée)* & Fig to give/gain/lose ground; **t. d'aviation** airfield; **t. de camping** campsite; **t. de football/rugby** football/rugby pitch; **t. de golf** golf course; **t. de jeu(x)** *(pour enfants)* play-ground; *(stade)* Br playing field, Am athletic field; **t. de sport** Br sports ground, Am athletic field; **t. vague** waste ground, Am vacant lot

terrasse [teras] NF *(balcon, plate-forme)* terrace; *(toit)* terrace (roof); *(de café)* Br pavement or Am sidewalk area; **à la t.** outside (the café)

terrassement [terasmɑ̃] NM *(travail)* excavation

terrasser [terase] VT *(adversaire)* to floor; Fig *(accabler)* to overcome

terre [tɛr] NF *(matière, monde)* earth; *(sol)* ground; *(opposé à mer, étendue)* land; **terres** *(domaine)* land, estate; Él Br earth, Am ground; **la t.** *(le monde)* the earth; **la T.** *(planète)* Earth; **à** ou **par t.** *(tomber)* to the ground; *(poser)* on the ground; **par t.** *(assis, couché)* on the ground; **sous t.** underground; **t. cuite** (baked) clay, earthenware; **t. battue** *(de court de tennis)* clay ■ **terre-à-terre** ADJ INV down-to-earth ■ **terre-plein** *(pl* **terres-pleins)** NM (earth) platform; *(de route)* Br central reserva-tion, Am median strip

terrer [tere] se terrer VPR *(fugitif, animal)* to go to earth

terrestre [terestr] ADJ *(vie, joies)* earthly; **animal/transport t.** land animal/transportation

terreur [terœr] NF terror ■ **terrible** ADJ awful, terrible; Fam *(formidable)* terrific; Fam **pas t.**

nothing special ■ **terriblement** [-əmɑ̃] ADV *(extrêmement)* terribly

terrien, -ienne [terjɛ̃, -jɛn] 1 ADJ land-owning; **propriétaire t.** landowner 2 NMF *(habitant de la terre)* earthling

terrier [terje] NM *(de lapin)* burrow; *(chien)* terrier

terrifier [terifje] VT to terrify ■ **terrifiant, -ante** ADJ terrifying

terrine [terin] NF *(récipient)* terrine; *(pâté)* pâté

territoire [teritwar] NM territory ■ **territorial, -e, -iaux, iales** ADJ territorial; **eaux territoriales** territorial waters

terroir [terwar] NM *(sol)* soil; *(région)* region; **accent du t.** rural accent

terroriser [terɔrize] VT to terrorize ■ **terrorisme** NM terrorism ■ **terroriste** ADJ & NMF terrorist

tertiaire [tersjɛr] ADJ tertiary

tertre [tertr] NM hillock, mound

tes [te] ➤ **ton¹**

tesson [tesɔ̃] NM **t. de bouteille** piece of broken bottle

test [tɛst] NM test ■ **tester** VT *(élève, produit)* to test

testament [tɛstamɑ̃] NM *(document)* will; *Fig (œuvre)* testament; *Rel* **Ancien/Nouveau T.** Old/New Testament

testicule [tɛstikyl] NM *Anat* testicle

tétanos [tetanos] NM tetanus

têtard [tetar] NM tadpole

tête [tɛt] NF head; *(visage)* face; *(cerveau)* brain; *(de lit, de clou, de cortège)* head; *(de page, de liste)* top, head; *Football* header; **à la t. de** *(entreprise, parti)* at the head of; *(classe)* at the top of; **de la t. aux pieds** from head or top to toe; **t. nue** bareheaded; **en t.** *(d'une course)* in the lead; **tenir t. à qn** *(s'opposer à)* to stand up to sb; **faire la t.** *(bouder)* to sulk; **avoir/faire une drôle de t.** to have/give a funny look; **calculer qch de t.** to work sth out in one's head; *Fig* **perdre la t.** to lose one's head; *Fam* **j'en ai par-dessus la t.** I've had enough of it; *Fam* **ça me prend la t.** it gets under my skin; **t. nucléaire** nuclear warhead ■ **tête-à-tête** NM INV tête-à-tête; **en t.** in private

téter [tete] VT *(lait, biberon)* to suck; **t. sa mère** to feed or suck at one's mother's breast; **donner à t. à un bébé** to feed or suckle a baby ■ **tétée** NF *(de bébé)* feed ■ **tétine** NF *(de biberon)* Br teat, Am nipple; *(sucette)* Br dummy, Am pacifier ■ **téton** NM *Fam (de femme)* tit

têtu, -ue [tety] ADJ stubborn, obstinate

texte [tɛkst] NM text; *(de théâtre)* lines; *(de chanson)* words ■ **textuellement** ADV word for word

textile [tɛkstil] ADJ & NM textile

texto [teksto] NM *Tél* text (message); **envoyer un t. à qn** to send sb a text, to text sb

texture [tɛkstyr] NF texture

TGV [teʒeve] *(abrév* **train à grande vitesse***)* NM ➤ **train**

Thaïlande [tailɑ̃d] NF **la T.** Thailand ■ **thaïlandais, -aise** 1 ADJ Thai 2 NMF **T., Thaïlandaise** Thai

thé [te] NM *(boisson, réunion)* tea ■ **théière** NF teapot

théâtre [teatr] NM *(art, lieu)* Br theatre, Am theater; *(œuvres)* drama; *Fig (d'un crime)* scene; **faire du t.** to act ■ **théâtral, -e, -aux, -ales** ADJ theatrical

thème [tɛm] NM theme; *Scol (traduction)* translation *(into a foreign language)*, Br prose *(composition)*

théologie [teɔlɔʒi] NF theology

théorie [teɔri] NF theory; **en t.** in theory ■ **théorique** ADJ theoretical ■ **théoriquement** ADV theoretically

thérapeutique [terapøtik] 1 ADJ therapeutic 2 NF *(traitement)* therapy ■ **thérapie** NF therapy

thermal, -e, -aux, -ales [tɛrmal, -o] ADJ **station thermale** spa; **eaux thermales** hot or thermal springs

thermique [tɛrmik] ADJ *(énergie, unité)* thermal

thermomètre [tɛrmɔmɛtr] NM thermometer

Thermos® [tɛrmɔs] NM OU F Thermos® *(Br flask or Am bottle)*

thermostat [tɛrmɔsta] NM thermostat

thèse [tɛz] NF *(proposition, ouvrage)* thesis

thon [tɔ̃] NM tuna (fish)

thorax [tɔraks] NM *Anat* thorax

thym [tɛ̃] NM *(plante, aromate)* thyme

thyroïde [tirɔid] ADJ & NF *Anat* thyroid

Tibet [tibɛ] NM **le T.** Tibet

tibia [tibja] NM shinbone, tibia

tic [tik] NM *(contraction)* twitch, tic; *Fig (manie)* mannerism

ticket [tikɛ] NM ticket; **t. de caisse** receipt; **t. de quai** *(de gare)* platform ticket; **t. modérateur =** portion of the cost of medical treatment paid by the patient ■ **ticket-repas** *(pl* **tickets-repas***),* **ticket-restaurant** *(pl* **tickets-restaurant***)* NM *Br* luncheon voucher, *Am* meal ticket

tiède [tjɛd] ADJ lukewarm, tepid; *(vent, climat)* mild; *(accueil, partisan)* half-hearted ■ **tiédeur** NF tepidness; *(de vent)* mildness; *(d'accueil)* half-heartedness ■ **tiédir** VTI *(refroidir)* to cool down; *(réchauffer)* to warm up

tien, tienne [tjɛ̃, tjɛn] 1 PRON POSSESSIF **le t., la**

tienne, les tien(ne)s yours; **les deux tiens** your two **2** *NMPL* **les tiens** *(ta famille)* your family

tiens, tient [tjɛ̃] ➤ **tenir**

tiercé [tjɛrse] *NM* **jouer/gagner au t.** = to bet/win on the horses; **pari t.** = forecast of the first three horses

tiers, tierce [tjɛr, tjɛrs] **1** *ADJ* third **2** *NM (fraction)* third; *(personne)* third party; **t. provisionnel** interim tax payment *(one third of previous year's tax)* ■ **Tiers-Monde** *NM* **le T.** the Third World

tifs [tif] *NMPL Fam* hair

tige [tiʒ] *NF (de plante)* stem, stalk; *(barre)* rod

tignasse [tiɲas] *NF Fam* mop (of hair)

tigre [tigr] *NM* tiger ■ **tigresse** *NF* tigress

tilleul [tijœl] *NM (arbre)* lime tree; *(infusion)* lime-blossom tea

timbre [tɛ̃br] *NM* **(a)** *(vignette)* stamp; *(pour traitement médicale)* patch **(b)** *(sonnette)* bell **(c)** *(d'instrument, de voix)* tone (quality) ■ **timbré, -ée** *ADJ (lettre)* stamped; *Fam (fou)* crazy ■ **timbrer** *VT (lettre)* to put a stamp on; *(document)* to stamp

timide [timid] *ADJ (gêné)* shy; *(protestations)* timid ■ **timidement** *ADV* shyly; *(protester)* timidly ■ **timidité** *NF* shyness

timoré, -ée [timɔre] *ADJ* timorous, fearful

tinter [tɛ̃te] *VI (cloche)* to tinkle; *(clefs, monnaie)* to jingle; *(verres)* to chink

tique [tik] *NF (insecte)* tick

tir [tir] *NM (sport)* shooting; *(action)* firing, shooting; *Football* shot; **t. (forain)** shooting or rifle range; **t. à l'arc** archery

tirade [tirad] *NF (au théâtre) & Fig Br* monologue, *Am* monolog

tirage [tiraʒ] *NM* **(a)** *(de journal)* circulation; *(de livre)* print run; *Typ Phot (impression)* printing **(b)** *(de loterie)* draw; **t. au sort** drawing lots **(c)** *(de cheminée) Br* draught, *Am* draft

tirailler [tiraje] **1** *VT* to pull at; *Fig* **tiraillé entre** *(possibilités)* torn between **2** *VI* **j'ai la peau qui tiraille** my skin feels tight

tire [tir] *NF* **(a)** **vol à la t.** pickpocketing **(b)** *Fam (voiture)* car

tirelire [tirlir] *NF Br* moneybox, *Am* coin bank

tirer [tire] **1** *VT* to pull; *(langue)* to stick out; *(trait, rideaux, conclusion)* to draw; *(balle)* to fire; *(gibier)* to shoot; *(journal, épreuves de livre, photo)* to print; **t. qch de qch** to pull sth out of sth; *(nom, origine)* to derive sth from sth; *(produit)* to extract sth from sth; **t. qn de qch** *(danger, lit)* to get sb out of sth **2** *VI* to pull **(sur** at); *(faire feu)* to shoot, to fire **(sur** at); *Football* to shoot; *(cheminée)* to draw; **t. au sort** to draw lots; **t. à sa fin** to draw to a close; **t. sur le vert** to verge on green **3 se tirer** *VPR*

Fam (partir) to make tracks; **se t. de qch** *(travail, problème)* to cope with sth; *(danger, situation)* to get out of sth; *Fam* **s'en t.** *(de malade)* to pull through; *(financièrement)* to make it ■ **tiré, -ée** *ADJ (traits, visage)* drawn ■ **tire-bouchon** *(pl* **tire-bouchons)** *NM* corkscrew

tiret [tire] *NM (trait)* dash

tireur [tirœr] *NM* gunman; **un bon t.** a good shot; **t. d'élite** marksman; **t. isolé** sniper

tiroir [tirwar] *NM (de commode)* drawer

tisane [tizan] *NF* herbal tea

tison [tizɔ̃] *NM (fire)* brand

tisser [tise] *VT* to weave ■ **tissage** *NM (action)* weaving ■ **tisserand, -ande** *NMF* weaver

tissu [tisy] *NM* material, cloth; *Biol* tissue; **du t.-éponge** *Br* (terry) towelling, *Am* toweling; *Fig* **un t. de mensonges** a web of lies; **le t. social** the social fabric

titre [titr] *NM (nom, qualité)* title; *Fin* security; *(diplôme)* qualification; **(gros) t.** *(de journal)* headline; **à ce t.** *(en cette qualité)* as such; *(pour cette raison)* therefore; **à t. d'exemple** as an example; **à t. exceptionnel** exceptionally; **à t. privé** in a private capacity; **à t. provisoire** temporarily; **à t. indicatif** for general information; **à juste t.** rightly; **t. de noblesse** title (of nobility); **t. de propriété** title deed; **t. de transport** ticket

titrer [titre] *VT (film)* to title; *(journal)* to run as a headline ■ **titré, -ée** *ADJ (personne)* titled

tituber [titybe] *VI* to stagger

titulaire [titylɛr] **1** *ADJ (enseignant)* tenured; **être t. de** *(permis)* to be the holder of; *(poste)* to hold **2** *NMF (de permis, de poste)* holder **(de** of) ■ **titulariser** *VT (fonctionnaire)* to give tenure to

toast [tost] *NM (pain grillé)* piece or slice of toast; *(allocution)* toast; **porter un t. à** to drink (a toast) to

toboggan [tɔbɔgɑ̃] *NM (d'enfant)* slide; *Can (traîneau)* toboggan; *(voie de circulation) Br* flyover, *Am* overpass

toc [tɔk] **1** *EXCLAM* **t. t.!** knock knock! **2** *NM* **du t.** *(camelote)* junk, trash; **bijou en t.** imitation jewel

toi [twa] *PRON PERSONNEL* **(a)** *(après une préposition)* you; **avec t.** with you **(b)** *(sujet)* you; **t., tu peux** you may; **c'est t. qui...** it's you who... **(c)** *(réfléchi)* **assieds-t.** sit (yourself) down; **dépêche-t.** hurry up ■ **toi-même** *PRON* yourself

toile [twal] *NF* **(a)** *(étoffe)* cloth; *(à voile, sac)* canvas; *(à draps)* linen; **une t.** a piece of cloth or canvas; *Théâtre & Fig* **t. de fond** backdrop; **t. de jute** hessian; **t. cirée** oilcloth **(b)** *(tableau)* painting, canvas **(c)** **t. d'araignée** (spider's) web, cobweb **(d)** *Ordinat* **la T.** the Web **(e)** *Fam* **se faire une t.** to go to the *Br* cinema or *Am* movies

toilette [twalɛt] *NF (action)* wash(ing); *(vêtements)* clothes, outfit; **faire sa t.** to wash (and dress); **les toilettes** (W.C.) Br the toilet(s), Am the bathroom, the men's/ladies' room

toiser [twaze] VT to eye scornfully

toit [twa] NM roof; **t. ouvrant** sunroof ■ **toiture** NF roof(ing)

tôle [tol] NF sheet metal; **une t.** a metal sheet; **t. ondulée** corrugated iron

tolérer [tɔlere] VT (permettre) to tolerate; (à la douane) to allow ■ **tolérable** ADJ tolerable ■ **tolérance** NF tolerance; (à la douane) allowance; Pol **t. zéro** zero tolerance ■ **tolérant, -ante** ADJ tolerant (à l'égard de of)

tomate [tɔmat] NF tomato

tombe [tɔ̃b] NF grave; (avec monument) tomb ■ **tombale** ADJ F **pierre t.** gravestone, tombstone ■ **tombeau, -x** NM tomb

tomber [tɔ̃be] (aux être) VI to fall; (température) to drop, to fall; (vent) to drop (off); (robe) to hang down; **t. malade** to fall ill; **t. par terre** to fall (down); **faire t.** (personne) to knock over; (gouvernement, prix) to bring down, **laisser t.** (objet) to drop; Fig **laisser t. qn** to let sb down; Fig **tu tombes bien/mal** you've come at the right/wrong time; **t. de sommeil** ou **de fatigue** to be ready to drop; **t. un lundi** to fall on a Monday; **t. sur qch** (trouver) to come across sth ■ **tombée** NF **la t. de la nuit** nightfall

tombola [tɔ̃bɔla] NF raffle, tombola

tome [tom] NM (livre) volume

ton¹, ta, tes [tɔ̃, ta, te]

ta becomes **ton** [tɔ̃n] before a vowel or mute h.

ADJ POSSESSIF your; **t. père** your father; **ta mère** your mother; **t. ami(e)** your friend

ton² [tɔ̃] NM (de voix) tone; (de couleur) shade, tone; Mus (gamme) key; (hauteur de son) & Ling pitch; **de bon t.** (goût) in good taste; Fig **donner le t.** to set the tone ■ **tonalité** NF (timbre, impression) tone; (de téléphone) Br dialling tone, Am dial tone

tondre [tɔ̃dr] VT (mouton) to shear; (gazon) to mow; Fam **t. qn** (escroquer) to fleece sb ■ **tondeuse** NF shears; (à cheveux) clippers; **t. (à gazon)** (lawn)mower

tongs [tɔ̃g] NFPL (sandales) flip-flops, Am thongs

tonifier [tɔnifje] VT (muscles, peau) to tone up; (personne) to invigorate

tonique [tɔnik] **1** ADJ (froid, effet) tonic, invigorating; Ling (accent) tonic **2** NM (médicament) tonic; (cosmétique) tonic lotion

tonitruant, -ante [tɔnitryɑ̃, -ɑ̃t] ADJ Fam (voix) booming

tonnage [tɔnaʒ] NM (de navire) tonnage

tonne [tɔn] NF (poids) metric ton, tonne; Fam **des tonnes de** (beaucoup) tons of

tonneau, -x [tɔno] NM (a) (récipient) barrel, cask (b) (acrobatie) roll; **faire un t.** to roll over (c) Fam **du même t.** of the same kind

tonner [tɔne] **1** VI (canons) to thunder; Fig (crier) to thunder, to rage (**contre** against) **2** V IMPERSONNEL **il tonne** it's thundering ■ **tonnerre** NM thunder; Fam **du t.** (excellent) fantastic

tonton [tɔ̃tɔ̃] NM Fam uncle

tonus [tɔnys] NM (énergie) energy, vitality; **t. musculaire** muscle tone

top [tɔp] NM (signal sonore) beep; **les tops** the pips; Fam **c'est le t. (du t.)!** it's the best!, Br it's the business!

topographie [tɔpɔɡrafi] NF topography

toque [tɔk] NF (de fourrure) fur hat; (de jockey) cap; (de cuisinier) hat

torche [tɔrʃ] NF (flamme) torch; **t. électrique** Br torch, Am flashlight

torchon [tɔrʃɔ̃] NM (à vaisselle) Br tea towel, Am dish towel

tordre [tɔrdr] **1** VT to twist; (linge, cou) to wring; (barre) to bend **2 se tordre** VPR to twist; (barre) to bend; **se t. de douleur** to be doubled up with pain; **se t. (de rire)** to split one's sides (laughing); **se t. la cheville** to twist or sprain one's ankle ■ **tordant, -ante** ADJ Fam (drôle) hilarious ■ **tordu, -ue** ADJ twisted; (esprit) warped

tornade [tɔrnad] NF tornado

torpille [tɔrpij] NF torpedo ■ **torpiller** VT (navire, projet) to torpedo

torrent [tɔrɑ̃] NM torrent; Fig **un t. de larmes** floods of tears; **il pleut à torrents** it's pouring (down) ■ **torrentiel, -ielle** ADJ (pluie) torrential

torride [tɔrid] ADJ (chaleur) torrid

torse [tɔrs] NM Anat chest; (statue) torso; **t. nu** stripped to the waist

torsion [tɔrsjɔ̃] NF twisting

tort [tɔr] NM (dommage) wrong; (défaut) fault; **avoir t.** to be wrong (**de faire** to do/in doing); **tu as t. de fumer!** you shouldn't smoke!; **être dans son t.** ou **en t.** to be in the wrong; **faire du t. à qn** to harm sb; **à t.** wrongly; **à t. ou à raison** rightly or wrongly; **parler à t. et à travers** to talk nonsense

torticolis [tɔrtikɔli] NM **avoir le t.** to have a stiff neck

tortiller [tɔrtije] **1** VT to twist; (moustache) to twirl **2** VI Fam **il n'y a pas à t.** there's no two ways about it **3 se tortiller** VPR (ver, personne) to wriggle

tortionnaire [tɔrsjɔnɛr] NM torturer

tortue [tɔrty] NF Br tortoise, Am turtle; (de mer) turtle; Fam (personne) Br slowcoach, Am slowpoke

torture [tɔrtyr] NF torture ▪ **torturer** VT to torture; *Fam* **se t. les méninges** to rack one's brains

tôt [to] ADV early; **au plus t.** at the earliest; **le plus t. possible** as soon as possible; **t. ou tard** sooner or later; **je n'étais pas plus t. sorti que…** no sooner had I gone out than…

total, -e, -aux, -ales [tɔtal, -o] ADJ & NM total; **au t.** all in all, in total; *(somme toute)* all in all ▪ **totalement** ADV totally, completely ▪ **totaliser** VT to total ▪ **totalité** NF entirety; **la t. de** all of; **en t.** *(détruit)* entirely; *(payé)* fully

totalitaire [tɔtaliter] ADJ *(État, régime)* totalitarian

toubib [tubib] NM *Fam (médecin)* doctor

touche [tuʃ] NF *(de clavier)* key; *(de téléphone)* (push-)button; *(de peintre)* touch; *Football & Rugby* throw-in; *Pêche* bite; **téléphone à touches** push-button phone; **une t. de** *(un peu de)* a touch or hint of

toucher [tuʃe] **1** NM *(sens)* touch; **au t.** to the touch **2** VT to touch; *(paie)* to draw; *(chèque)* to cash; *(cible)* to hit; *(émouvoir)* to touch, to move; *(concerner)* to affect; **t. le fond (du désespoir)** to hit rock bottom **3** VI **t. à** to touch; *(sujet)* to touch on; *(but, fin)* to approach **4 se toucher** VPR *(lignes, mains)* to touch ▪ **touchant, -ante** ADJ *(émouvant)* moving, touching

touffe [tuf] NF *(de cheveux, d'herbe)* tuft ▪ **touffu, -ue** ADJ *(barbe, haie)* thick, bushy; *Fig (livre)* dense

toujours [tuʒur] ADV *(exprime la continuité, la répétition)* always; *(encore)* still; **pour t.** for ever; **essaie t.!** *(quand même)* try anyway!; **t. est-il que…** [tuʒurzetilkə] the fact remains that…

toupet [tupe] NM *Fam (audace)* nerve, *Br* cheek

toupie [tupi] NF *(spinning)* top; *Fam* **vieille t.** *(femme)* old bag

tour¹ [tur] NF *(bâtiment)* & *Ordinat* tower; *(immeuble)* tower block, high-rise; *Échecs* castle, rook

tour² [tur] NM **(a)** *(mouvement, ordre, tournure)* turn; *(de magie)* trick; *(excursion)* trip, outing; *(à pied)* stroll, walk; *(en voiture)* drive; **t. (de piste)** *(de course)* lap; **de dix mètres de t.** ten metres round; **faire le t. de** to go round; *(question, situation)* to review; **faire le t. du monde** to go round the world; **faire un t.** *(à pied)* to go for a stroll or walk; *(en voiture)* to go for a drive; **jouer** *ou* **faire un t. à qn** to play a trick on sb; **c'est mon t.** it's my turn; **à qui le tour?** whose turn is it?; **à son t.** in (one's) turn; **à t. de rôle** in turn; **à t.** in turn, by turns; **t. d'horizon** survey; **t. de poitrine** chest size **(b)** *Tech* lathe; *(de potier)* wheel

tourbe [turb] NF peat

tourbillon [turbijɔ̃] NM *(de vent)* whirlwind; *(d'eau)* whirlpool; *(de sable)* swirl; *Fig (tournoiement)* whirl ▪ **tourbillonner** VI to whirl

tourisme [turism] NM tourism; **faire du t.** to go touring; **agence de t.** tourist agency ▪ **touriste** NMF tourist ▪ **touristique** ADJ **guide/menu t.** tourist guide/menu; **circuit** *ou* **route t.** scenic route

tourmenter [turmãte] VT to torment

tournage [turnaʒ] NM *(de film)* shooting, filming

tourne-disque [turnədisk] *(pl* **tourne-disques**) NM record player

tournedos [turnədo] NM tournedos

tournée [turne] NF *(de facteur, de boissons)* round; *(spectacle)* tour; **faire sa t.** to do one's rounds; **faire la t. de** *(magasins, musées)* to go to, *Br* to go round

tourner [turne] **1** VT to turn; *(film)* to shoot, to make; *(difficulté)* to get round; **t. qn/qch en ridicule** to ridicule sb/sth; **t. le dos à qn** to turn one's back on sb **2** VI to turn; *(tête, toupie)* to spin; *(Terre)* to revolve, to turn; *(moteur, usine)* to run; *(lait)* to go off; **t. autour de** *(objet)* to go round; *(maison, personne)* to hang around; *(question)* to centre on; **t. bien/mal** *(évoluer)* to turn out well/badly; **t. au froid** *(temps)* to turn cold; **t. à l'aigre** *(ton, conversation)* to turn nasty; *Fig* **t. autour du pot** to beat around the bush; **ça me fait t. la tête** *(vin)* it goes to my head; *(manège)* it makes my head spin **3 se tourner** VPR to turn **(vers** to/towards) ▪ **tournant, -ante 1** ADJ **pont t.** swing bridge **2** NM *(de route)* bend; *Fig (moment)* turning point **(de** in)

tournesol [turnəsɔl] NM sunflower

tournevis [turnəvis] NM screwdriver

tourniquet [turnike] NM *(barrière)* turnstile; *(pour arroser)* sprinkler; *Méd* tourniquet

tournis [turni] NM *Fam* **avoir le t.** to feel giddy; **donner le t. à qn** to make sb giddy

tournoi [turnwa] NM *(de tennis)* & *Hist* tournament

tournoyer [turnwaje] VI to swirl (round)

tournure [turnyr] NF *(expression)* turn of phrase; **t. d'esprit** way of thinking; **t. des événements** turn of events; **prendre t.** to take shape

tourte [turt] NF pie

tourterelle [turtərɛl] NF turtledove

Toussaint [tusɛ̃] NF **la T.** All Saints' Day

tousser [tuse] VI to cough

tout, toute, tous, toutes [tu, tut, tu, tut] **1** ADJ all; **tous les livres** all the books; **t. l'argent/le temps/le village** all the money/time/village; **toute la nuit** all night, the whole of the) night; **tous (les) deux** both; **tous (les) trois** all three **2** ADJ INDÉFINI *(chaque)* every, each; *(n'importe* *quel*) any; **tous les ans/jours** every or each year/ day; **tous les deux mois** every two months, every second month; **tous les cinq mètres** every five metres; **à toute heure** at any time; **t. homme** [tutɔm] every or any man

3 PRON PL tous [tus] all; **ils sont tous là, tous sont là** they're all there

4 PRON M SING tout everything; **dépenser t.** to spend everything, to spend it all; **t. ce que je sais** everything that or all that I know; **en t.** (au total) in all

5 ADV (tout à fait) quite; (très) very; **t. simplement** quite simply; **t. petit** very small; **t. neuf** brand new; **t. seul** all alone; **t. droit** straight ahead; **t. autour** all around, right round; **t. au début** right at the beginning; **le t. premier** the very first; **t. au plus/moins** at the very most/least; **t. en chantant** while singing; **t. rusé qu'il est** ou **soit** however sly he may be; **t. à coup** suddenly, all of a sudden; **t. à fait** completely, quite; **t. de même** all the same, **t. de suite** at once

6 NM le t. everything, the lot; **un t.** a whole; **le t. est que…** (l'important) the main thing is that…; **pas du t.** not at all; **rien du t.** nothing at all; **du t. au t.** (changer) entirely, completely ■ **tout-puissant, toute-puissante** (mpl **tout-puissants**, fpl **toutes-puissantes**) ADJ all-powerful ■ **tout-terrain** (pl **tout-terrains**) **1 ADJ véhicule t.** off-road or all-terrain vehicle; **vélo t.** mountain bike

2 NM faire du t. to do off-road racing

toutefois [tutfwa] ADV nevertheless, however

toutou [tutu] NM Fam (chien) doggie

toux [tu] NF cough

toxicomane [tɔksikɔman] NMF drug addict ■ **toxicomanie** NF drug addiction

toxine [tɔksin] NF toxin ■ **toxique** ADJ toxic

TP [tepe] (abrév **travaux pratiques**) NMPL Scol & Univ practical work

trac [trak] NM le t. (peur) the jitters; (de candidat) exam nerves, (d'acteur) stage fright; **avoir le t.** to be nervous

tracas [traka] NM worry ■ **tracasser** VT, **se tracasser** VPR to worry

trace [tras] NF (quantité, tache, vestige) trace; (marque) mark; (de fugitif) trail; **traces** (de bête, de pneus) tracks; **traces de pas** footprints; **disparaître sans laisser de traces** to disappear without trace; Fig **suivre** ou **marcher sur les traces de qn** to follow in sb's footsteps

tracer [trase] VT (dessiner) to draw; (écrire) to trace; **t. une route** to mark out a route; (frayer) to open up a route ■ **tracé** NM (plan) layout; (ligne) line

trachée [traʃe] NF Anat windpipe

tract [trakt] NM leaflet

tractations [traktɑsjɔ̃] NFPL dealings

tracter [trakte] VT to tow ■ **tracteur** NM tractor

tradition [tradisjɔ̃] NF tradition ■ **traditionnel, -elle** ADJ traditional

traduire* [traduir] VT to translate (**de** from; **en** into); Fig (exprimer) to express; **t. qn en justice** to bring sb before the courts ■ **traducteur, -trice** NMF translator ■ **traduction** NF translation

trafic [trafik] NM (automobile, ferroviaire) traffic; (de marchandises) traffic, trade; **faire le t. de** to traffic in, trade in ■ **trafiquant, -ante** NMF trafficker, dealer; **t. d'armes/de drogue** arms/drug trafficker or dealer ■ **trafiquer** VT Fam (produit) to tamper with

tragédie [traʒedi] NF (pièce de théâtre, événement) tragedy ■ **tragique** ADJ tragic; **prendre qch au t.** (remarque) to take sth too much to heart

trahir [trair] **1** VT to betray; (secret) to give away, to betray; (sujet: forces) to fail **2 se trahir** VPR to give oneself away ■ **trahison** NF betrayal; (crime) treason; **haute t.** high treason

train [trɛ̃] NM (a) (de voyageurs, de marchandises) train; **t. à grande vitesse** high-speed train; **t. corail** express train; **t. couchettes** sleeper (b) **en t.** (en forme) on form; **être en t. de faire qch** to be (busy) doing sth (c) (allure) pace; **t. de vie** lifestyle (d) (de pneus) set; (de péniches, de véhicules) string (e) **t. d'atterrissage** (d'avion) undercarriage ■ **train-train** NM INV Fam **le t. quotidien** the daily grind

traîne [trɛn] NF (de robe) train; Fam **à la t.** (en arrière) lagging behind

traîneau, -x [trɛno] NM sleigh, Br sledge, Am sled

traînée [trɛne] NF (de peinture, dans le ciel) streak; Fam (prostituée) tart; Fig **se répandre comme une t. de poudre** to spread like wildfire

traîner [trɛne] **1** VT to drag; (wagon) to pull; **faire t. qch en longueur** to drag sth out **2** VI (jouets, papiers) to lie around; (s'attarder) to lag behind, to dawdle; (errer) to hang around; (subsister) to linger on; **t. par terre** (robe) to trail (on the ground); **t. en longueur** to drag on **3 se traîner** VPR (avancer) to drag oneself (along); (par terre) to crawl; (durer) to drag on ■ **traînant, -ante** ADJ (voix) drawling

traire* [trɛr] VT (vache) to milk

trait [trɛ̃] NM line; (en dessinant) stroke; (caractéristique) feature, trait; **traits** (du visage) features; **d'un t.** (boire) in one gulp, in one go; **avoir t. à qch** to relate to sth; **t. de génie/d'esprit** flash of genius/wit; **t. d'union** hyphen

traite [trɛt] NF (de vache) milking; (lettre de change)

bill, draft; **d'une (seule) t.** *(sans interruption)* in one go; **t. des Noirs** slave trade; **t. des Blanches** white slave trade

traité [trete] NM *(accord)* treaty; *(ouvrage)* treatise (**sur** on); **t. de paix** peace treaty

traiter [trete] **1** VT *(se comporter envers, soigner)* to treat; *(problème, sujet)* to deal with; *(marché)* to negotiate; *(matériau, produit)* to treat, to process; **t. qn de lâche** to call sb a coward; **t. qn de tous le noms** to call sb all the names under the sun **2** VI *(négocier, traiter)* to deal, to negotiate (**avec** with); **t. de** *(sujet)* to deal with ■ **traitement** [tretmɑ̃] NM *(de personne, de maladie)* treatment; *(de matériau)* processing; *(gains)* salary; **t. de données/de texte** data/word processing; **machine à t. de texte** word processor

traiteur [tretœr] NM *(fournisseur)* caterer; **chez le t.** at the delicatessen

traître [tretr] **1** NM traitor; **en t.** treacherously **2** ADJ *(dangereux)* treacherous; **être t. à une cause** to be a traitor to a cause ■ **traîtrise** NF treachery

trajectoire [traʒɛktwar] NF path, trajectory

trajet [traʒɛ] NM journey; *(distance)* distance; *(itinéraire)* route

tramer [trame] **1** VT *(évasion)* to plot; *(complot)* to hatch **2 se tramer** VPR **il se trame quelque chose** something's afoot

trampoline [trɑ̃pɔlin] NM trampoline

tramway [tramwɛ] NM Br tram, Am streetcar

tranche [trɑ̃ʃ] NF *(morceau)* slice; *(bord)* edge; *(partie)* portion; *(de salaire, d'impôts)* bracket; **t. d'âge** age bracket

tranchée[1] [trɑ̃ʃe] NF trench

trancher [trɑ̃ʃe] **1** VT to cut; *(difficulté, question)* to settle **2** VI *(décider)* to decide; *(contraster)* to contrast (**sur** with) ■ **tranchant, -ante 1** ADJ *(couteau)* sharp; *(ton)* curt **2** NM *(cutting)* edge; Fig **à double t.** double-edged ■ **tranché, -ée**[2] ADJ *(couleurs)* distinct; *(opinion)* clearcut

tranquille [trɑ̃kil] ADJ quiet; *(mer)* calm, still; *(esprit)* easy; Fam *(certain)* confident; **avoir la conscience t.** to have a clear conscience; **je suis t.** *(rassuré)* my mind is at rest; **soyez t.** don't worry; **laisser qch/qn t.** to leave sth/sb alone ■ **tranquillement** ADV calmly

tranquilliser [trɑ̃kilize] VT to reassure; **tranquillisez-vous** set your mind at rest ■ **tranquillisant** NM Méd tranquillizer

tranquillité [trɑ̃kilite] NF *(peace and)* quiet; *(d'esprit)* peace of mind

transaction [trɑ̃zaksjɔ̃] NF *(opération)* transaction; Jur compromise

transatlantique [trɑ̃zatlɑ̃tik] **1** ADJ transatlantic **2** NM *(paquebot)* transatlantic liner; *(chaise)* deckchair ■ **transat** [trɑ̃zat] NM *(chaise)* deckchair

transcrire* [trɑ̃skrir] VT to transcribe ■ **transcription** NF transcription; *(document)* transcript

transe [trɑ̃s] NF **en t.** *(mystique)* in a trance; *(excité)* very exited; **entrer en t.** to go into a trance

transférer [trɑ̃sfere] VT to transfer (**à** to) ■ **transfert** NM transfer

transformer [trɑ̃sfɔrme] **1** VT to transform; *(maison)* & Rugby to convert; *(matière première)* to process; *(robe)* to alter; **t. qch en qch** to turn sth into sth **2 se transformer** VPR to change, to be transformed (**en** into) ■ **transformateur** NM Él transformer ■ **transformation** NF change, transformation; *(de maison)* alteration

transfuge [trɑ̃sfyʒ] NMF defector

transfusion [trɑ̃sfyzjɔ̃] NF **t. (sanguine)** *(blood)* transfusion

transgénique [trɑ̃sʒenik] ADJ transgenic

transgresser [trɑ̃sgrese] VT *(ordres)* to disobey; *(loi)* to infringe

transi, -ie [trɑ̃zi] ADJ *(personne)* numb with cold; **t. de peur** Br paralysed or Am paralyzed with fear

transiger [trɑ̃ziʒe] VI to compromise

transistor [trɑ̃zistɔr] NM transistor

transit [trɑ̃zit] NM transit; **en t.** in transit

transitif, -ive [trɑ̃zitif, -iv] ADJ & NM Grammaire transitive

transition [trɑ̃zisjɔ̃] NF transition ■ **transitoire** ADJ *(qui passe)* transient; *(provisoire)* transitional

translucide [trɑ̃slysid] ADJ translucent

transmettre* [trɑ̃smɛtr] **1** VT *(message, héritage)* to pass on (**à** to); Radio & TV *(informations)* to transmit; *(émission)* to broadcast **2 se transmettre** VPR *(maladie, tradition)* to be passed on ■ **transmetteur** NM *(appareil)* transmitter ■ **transmission** NF transmission

transparaître* [trɑ̃sparɛtr] VI to show (through)

transparent, -ente [trɑ̃sparɑ̃, -ɑ̃t] ADJ clear, transparent ■ **transparence** NF transparency; **voir qch par t.** to see sth showing through

transpercer [trɑ̃spɛrse] VT to pierce

transpirer [trɑ̃spire] VI *(suer)* to sweat, to perspire; Fig *(information)* to leak out ■ **transpiration** NF perspiration

transplanter [trɑ̃splɑ̃te] VT *(organe, plante)* to transplant

transport [trɑ̃spɔr] NM *(action)* transport, transportation (**de** of); **transports** *(moyens)* transport; **transports en commun** public transport; **frais de t.** transport costs; **moyen de t.** means of transport

transporter [trɑ̃spɔrte] VT *(passagers, troupes, marchandises)* to transport, to carry; **t. qn**

d'urgence à l'hôpital to rush sb *Br* to hospital or *Am* to the hospital ■ **transporteur** NM **t. (routier)** *Br* haulier, *Am* trucker

transposer [trɑ̃spoze] VT to transpose ■ **transposition** NF transposition

transsexuel, -elle [trɑ̃ssɛksɥɛl] ADJ & NMF transsexual

transversal, -e, -aux, -ales [trɑ̃sversal, -o] ADJ transverse, transversal; **rue transversale** cross street

trapèze [trapɛz] NM *(de cirque)* trapeze ■ **trapéziste** NMF trapeze artist

trappe [trap] NF *(de plancher)* trap door

trappeur [trapœr] NM trapper

trapu, -ue [trapy] ADJ *(personne)* stocky, thickset; *Fam (problème)* tough

traquer [trake] VT to hunt (down)

traumatiser [tromatize] VT to traumatize ■ **traumatisant, -ante** ADJ traumatic ■ **traumatisme** NM *(choc)* trauma; **t. crânien** severe head injury

travail, -aux [travaj, -o] NM *(activité, lieu)* work; *(à effectuer)* job, task; *(emploi)* job; *(façonnage)* working (**de** of); *(ouvrage, étude)* work, publication; *Écon & Méd* labour; **travaux** work; *(dans la rue)* *Br* roadworks, *Am* roadwork; *(aménagement)* alterations; *Scol & Univ* **travaux dirigés** ≃ tutorial; *Scol* **travaux manuels** arts and crafts; **travaux ménagers** housework; *Scol & Univ* **travaux pratiques** practical work; **travaux publics** public works

travailler [travaje] 1 VI *(personne)* to work (**à qch** on sth); *(bois)* to warp 2 VT *(discipline, rôle, style)* to work on; *(façonner)* to work; *Fam (inquiéter)* to worry; **t. la terre** to work the land ■ **travailleur, -euse** 1 ADJ hard-working 2 NMF worker

travailliste [travajist] *Pol* 1 ADJ Labour 2 NMF member of the Labour party

travers [traver] 1 PRÉP & ADV **à t.** through; **en t. (de)** across 2 ADV **de t.** *(chapeau, nez)* crooked; *Fig* **aller de t.** to go wrong; **comprendre de t.** to misunderstand; **j'ai avalé de t.** it went down the wrong way 3 NM *(défaut)* failing

traverser [traverse] VT to cross; *(foule, période, mur)* to go through ■ **traversée** NF *(voyage)* crossing

traversin [traversɛ̃] NM bolster

travesti [travesti] NM *(acteur)* female impersonator; *(homosexuel)* transvestite

travestir [travestir] VT to disguise; *(pensée, vérité)* to misrepresent

trébucher [trebyʃe] VI to stumble (**sur** over); **faire t. qn** to trip sb (up)

trèfle [trɛfl] NM *(plante)* clover; *Cartes (couleur)* clubs

treille [trɛj] NF climbing vine

treillis [trɛji] NM **(a)** *(treillage)* lattice(work); *(en métal)* wire mesh **(b)** *(tenue militaire)* combat uniform

treize [trɛz] ADJ & NM INV thirteen ■ **treizième** ADJ & NMF thirteenth

tréma [trema] NM diaeresis

trembler [trɑ̃ble] VI to shake, to tremble; *(de froid, peur)* to tremble (**de** with); *(flamme, lumière)* to flicker; *(voix)* to tremble, to quaver; *(avoir peur)* to be afraid (**que** + *subjunctive* that); **t. pour qn** to fear for sb; **t. de tout son corps** to shake all over, to tremble violently ■ **tremblement** [-əmɑ̃] NM *(action, frisson)* shaking, trembling; **t. de terre** earthquake ■ **trembloter** VI to quiver

trémousser [tremuse] **se trémousser** VPR to wriggle (about)

tremper [trɑ̃pe] 1 VT to soak, to drench; *(plonger)* to dip (**dans** in); *(acier)* to temper 2 VI to soak; **faire t. qch** to soak sth; *Péj* **t. dans** *(participer)* to be mixed up in 3 **se tremper** VPR *Fam (se baigner)* to take a dip

tremplin [trɑ̃plɛ̃] NM *Sport & Fig* springboard

trente [trɑ̃t] ADJ & NM INV thirty; **un t.-trois tours** *(disque)* an LP; **se mettre sur t. et un** to get all dressed up; *Fam* **tous les t.-six du mois** once in a blue moon ■ **trentaine** NF **une t. (de)** *(nombre)* (about) thirty; **avoir la t.** *(âge)* to be about thirty ■ **trentième** ADJ & NMF thirtieth

trépied [trepje] NM tripod

trépigner [trepiɲe] VI to stamp (one's feet)

très [trɛ] ([trɛz] *before vowel or mute h*) ADV very; **t. aimé/critiqué** *(with past participle)* much *or* greatly liked/criticized

trésor [trezɔr] NM treasure; **le T. (public)** *(service)* public revenue (department); *(finances)* public funds; **des trésors de patience** boundless patience ■ **trésorerie** [-rri] NF *(bureaux d'un club)* accounts department; *(gestion)* accounting; *(capitaux)* funds ■ **trésorier, -ière** NMF treasurer

tressaillir* [tresajir] VI *(frémir)* to shake, to quiver; *(de joie, de peur)* to tremble (**de** with); *(sursauter)* to jump, to start

tresse [tres] NF *(cordon)* braid; *(cheveux)* *Br* plait, *Am* braid ■ **tresser** [trese] VT to braid; *(cheveux)* *Br* to plait, *Am* to braid

tréteau, -x [treto] NM trestle

treuil [trœj] NM winch

trêve [trɛv] NF *(de combat)* truce; *Fig (répit)* respite; **la T. des confiseurs** the Christmas and New Year political truce; **t. de plaisanteries!** joking apart!

tri [tri] NM sorting (out); **faire le t. de** to sort (out); **(centre de) t.** *(des postes)* sorting office ■ **triage** NM sorting (out)

triangle [trijɑ̃gl] NM triangle ■ **triangulaire** ADJ triangular

tribord [tribɔr] NM *(de bateau, d'avion)* starboard

tribu [triby] NF tribe ■ **tribal, -e, -aux, -ales** ADJ tribal

tribulations [tribylasjɔ̃] NFPL tribulations

tribunal, -aux [tribynal, -o] NM *Jur* court; *(militaire)* tribunal

tribune [tribyn] NF *(de salle publique)* gallery; *(de stade)* (grand)stand; *(d'orateur)* rostrum; **t. libre** *(de journal)* open forum

tribut [triby] NM tribute **(à** to)

tricher [triʃe] VI to cheat ■ **tricherie** NF cheating, trickery; **une t.** a piece of trickery ■ **tricheur, -euse** NMF *Br* cheat, *Am* cheater

tricolore [trikɔlɔr] ADJ *(cocarde)* red, white and blue; **le drapeau/l'équipe t.** the French flag/team

tricot [triko] NM *(activité, ouvrage)* knitting; *(chandail)* sweater, *Br* jumper; *(ouvrage)* piece of knitting; **en t.** knitted; **t. de corps** *Br* vest, *Am* undershirt ■ **tricoter** VTI to knit

tricycle [trisikl] NM tricycle

trier [trije] VT *(lettres)* to sort; *(vêtements)* to sort through

trilingue [trilɛ̃g] ADJ trilingual

trilogie [trilɔʒi] NF trilogy

trimbal(l)er [trɛ̃bale] *Fam* **1** VT to cart around **2 se trimbal(l)er** VPR to trail around

trimer [trime] VI *Fam* to slave (away)

trimestre [trimɛstr] NM quarter; *Scol* term; *Scol* **premier/second/troisième t.** *Br* autumn *or* *Am* fall/winter/summer term ■ **trimestriel, -ielle** ADJ *(revue)* quarterly; **bulletin t.** end-of-term *Br* report *or* *Am* report card

tringle [trɛ̃gl] NF rod; **t. à rideaux** curtain rod

Trinité [trinite] NF **la T.** *(fête)* Trinity; *(dogme)* the Trinity

trinquer [trɛ̃ke] VI to chink glasses; **t. à la santé de qn** to drink to sb's health

trio [trijo] NM *(groupe)* & *Mus* trio

triomphe [trijɔ̃f] NM triumph **(sur** over); **porter qn en t.** to carry sb shoulder-high ■ **triomphal, -e, -aux, -ales** ADJ triumphal ■ **triomphant, -ante** ADJ triumphant ■ **triompher** VI to triumph **(de** over); *(jubiler)* to be jubilant

tripes [trip] NFPL *Culin* tripe; *Fam* guts

triple [tripl] **1** ADJ treble, triple; *Sport* **t. saut** triple jump **2** NM **le t.** three times as much **(de** as) ■ **tripler** VTI to treble, to triple ■ **triplés, -ées** NMFPL triplets

tripoter [tripɔte] VT *Fam* to mess around with, *Br* to fiddle with

triste [trist] ADJ sad; *(morne)* dreary; *(lamentable)* unfortunate ■ **tristement** [-əmɑ̃] ADV sadly ■ **tristesse** NF sadness; *(du temps)* dreariness

trivial, -e, -iaux, -iales [trivjal, -jo] ADJ coarse, vulgar

> Il faut noter que l'adjectif anglais **trivial** est un faux ami. Il signifie **insignifiant**.

troc [trɔk] NM exchange; *(système économique)* barter

trognon [trɔɲɔ̃] NM *(de fruit)* core; *(de chou)* stump

trois [trwɑ] ADJ & NM INV three; **les t. quarts (de)** three-quarters (of) ■ **troisième 1** ADJ & NMF third; **le t. âge** *(vieillesse)* the retirement years; **personne du t. âge** senior citizen **2** NF *Scol Br* **la t.** ≃ fourth year, *Am* ≃ eighth grade; *Aut (vitesse)* third gear ■ **troisièmement** ADV thirdly

trombe [trɔ̃b] NF **trombe(s) d'eau** *(pluie)* rainstorm, downpour; *Fig* **entrer en t.** to burst in like a whirlwind

trombone [trɔ̃bɔn] NM *(instrument)* trombone; *(agrafe)* paper clip

trompe [trɔ̃p] NF *(d'éléphant)* trunk; *(d'insecte)* proboscis; *(instrument de musique)* horn

tromper [trɔ̃pe] **1** VT *(abuser)* to fool **(sur** about); *(être infidèle à)* to be unfaithful to; *(échapper à)* to elude **2 se tromper** VPR to be mistaken; **se t. de route/de train** to take the wrong road/train; **se t. de date/de jour** to get the date/day wrong; **c'est à s'y t.** you can't tell the difference ■ **tromperie** [-pri] NF deceit, deception ■ **trompeur, -euse** ADJ *(apparences)* deceptive, misleading; *(personne)* deceitful

trompette [trɔ̃pɛt] NF trumpet ■ **trompettiste** NMF trumpet player

tronc [trɔ̃] NM *(d'arbre)* & *Anat* trunk; *(boîte)* collection box

tronche [trɔ̃ʃ] NF *Fam* face, mug; **il a une drôle de t.** he's really odd-looking; **faire la t.** to sulk; **ce mec-là, c'est une t.!** that guy's really brainy!

tronçon [trɔ̃sɔ̃] NM section ■ **tronçonner** VT to cut into sections ■ **tronçonneuse** NF chainsaw

trône [tron] NM throne ■ **trôner** VI *Fig (vase, personne)* to occupy the place of honour

tronquer [trɔ̃ke] VT *(mot, texte)* to shorten

trop [tro] ADV *(avec adjectif, adverbe)* too; *(avec verbe)* too much; **t. fatigué pour jouer** too tired to play; **boire/lire t.** to drink/read too much; **t. de sel** too much salt; **t. de gens** too many people; **du fromage en t.** too much cheese; **des œufs en t.** too many eggs; **un euro/verre en t.**

one euro/glass too many; *t.* **souvent** too often; *Fig* **se sentir de t.** to feel in the way ■ **trop-plein** (*pl* **trop-pleins**) NM *(excédent)* overflow; *(dispositif)* overflow pipe

trophée [trɔfe] NM trophy

tropique [trɔpik] NM tropic; **les tropiques** the tropics; **sous les tropiques** in the tropics ■ **tropical, -e, -aux, -ales** ADJ tropical

troquer [trɔke] VT to exchange (**contre** for)

trot [tro] NM trot; **aller au t.** to trot; *Fam* **au t.** *(sans traîner)* at the double ■ **trotter** [trɔte] VI *(cheval)* to trot; *Fig (personne)* to trot about

trottiner [trɔtine] VI *(personne)* to trot along

trottinette [trɔtinet] NF *(jouet)* scooter; *Fam (voiture)* little car

trottoir [trɔtwar] NM *Br* pavement, *Am* sidewalk; **t. roulant** moving walkway

trou [tru] NM hole; *(d'aiguille)* eye; *Fam Péj (village)* dump, hole; *Fig (manque)* gap (**dans** in); **t. d'homme** *(ouverture)* manhole; **t. de (la) serrure** keyhole; *Fig* **t. de mémoire** memory lapse

trouble [trubl] **1** ADJ *(liquide)* cloudy; *(image)* blurred; *(affaire)* shady **2** ADV **voir t.** to see things blurred **3** NM *Littéraire (émoi, émotion)* agitation; *(désarroi)* distress; *(désordre)* confusion; **troubles** *(de santé)* trouble; *(révolte)* disturbances, troubles

troubler [truble] **1** VT to disturb; *(vue)* to blur; *(liquide)* to make cloudy; *(esprit)* to unsettle; *(projet)* to upset; *(inquiéter)* to trouble **2 se troubler** VPR *(liquide)* to become cloudy; *(candidat)* to become flustered ■ **troublant, -ante** ADJ *(détail)* disturbing, disquieting

trouer [true] VT to make a hole/holes in; *(silence, ténèbres)* to cut through

trouille [truj] NF *Fam* **avoir la t.** to be scared stiff ■ **trouillard, -arde** ADJ *Fam (poltron)* chicken

troupe [trup] NF *(de soldats)* troop; *(groupe)* group; *(de théâtre)* company, troupe; **la t., les troupes** *(armée)* the troops

troupeau, -x [trupo] NM *(de vaches)* & *Fig Péj* herd; *(de moutons)* flock

trousse [trus] NF *(étui)* case, kit; *(d'écolier)* pencil case; **t. à outils** toolkit; **t. à pharmacie** first-aid kit; **t. de toilette** toilet bag

trousseau, -x [truso] NM *(de mariée)* trousseau; **t. de clefs** bunch of keys

trousses [trus] NFPL *Fig* **aux t. de qn** on sb's heels

trouvaille [truvaj] NF *(lucky)* find

trouver [truve] **1** VT to find; **aller/venir t. qn** to go/come and see sb; **je trouve que...** I think that... **2 se trouver** VPR to be; *(être situé)* to be situated; **se t. dans une situation difficile** to find oneself in a difficult situation; **se t. mal** *(s'évanouir)* to faint; **se t. petit** to consider one-self small **3** V IMPERSONNEL **il se trouve que...** it happens that...

truand [tryɑ̃] NM crook

Il faut noter que le nom anglais **truant** est un faux ami. Il désigne un élève qui fait l'école buissonnière.

truc [tryk] NM *Fam (chose)* thing; *(astuce)* trick; *(moyen)* way; **avoir/trouver le t.** to have/get the knack (**pour faire** of doing) ■ **trucage** NM ➤ **truquer**

truelle [tryel] NF trowel

truffe [tryf] NF *(champignon)* truffle; *(de chien)* nose

truffer [tryfe] VT *(remplir)* to stuff (**de** with) ■ **truffé, -ée** ADJ *(pâté)* (garnished) with truffles; *Fig* **t. de** *(balles, fautes)* riddled with; *(citations)* peppered with

truie [trɥi] NF sow

truite [trɥit] NF trout

truquer [tryke] VT *(photo)* to fake; *(élections, match)* to rig ■ **truquage** NM *(de cinéma)* (special) effect; *(action)* faking; *(d'élections)* rigging ■ **truqué, -ée** ADJ *(élections, match)* rigged; **photo truquée** fake photo; *Cin* **scène truquée** scene with special effects

trust [trœst] NM *Com (cartel)* trust

tsar [dzar] NM tsar, czar

tsigane [tsigan] **1** ADJ gipsy **2** NMF **T.** gipsy

TTC [tetese] *(abrév* **toutes taxes comprises)** inclusive of tax

tu¹ [ty] PRON PERSONNEL you *(familiar form of address)*

tu² [ty] PP ➤ **taire**

tuba [tyba] NM *(instrument de musique)* tuba; *(de plongée)* snorkel

tube [tyb] NM tube; *Fam (chanson, disque)* hit; **t. à essai** test tube; *Fam* **marcher à pleins tubes** *(stéréo)* to be going full blast

tuberculose [tyberkyloz] NF TB, tuberculosis ■ **tuberculeux, -euse** ADJ tubercular; **être t.** to have TB *or* tuberculosis

tuer [tɥe] **1** VT to kill; *Fam (épuiser)* to wear out **2 se tuer** VPR to kill oneself; *(dans un accident)* to be killed; *Fig* **se t. à faire qch** to wear oneself out doing sth ■ **tuerie** NF slaughter ■ **tueur, -euse** NMF killer; **t. en série** serial killer

tue-tête [tytet] **à tue-tête** ADV at the top of one's voice

tuile [tɥil] NF tile; *Fam (malchance)* (stroke of) bad luck

tulipe [tylip] NF tulip

tumeur [tymœr] NF tumour

tumulte [tymylt] NM *(de la foule)* commotion; *(des passions)* turmoil

tunique [tynik] NF tunic

Tunisie [tynizi] NF la T. Tunisia ■ **tunisien, -ienne 1** ADJ Tunisian **2** NMF **T., Tunisienne** Tunisian

tunnel [tynɛl] NM tunnel; **le t. sous la Manche** the Channel Tunnel

turban [tyrbã] NM turban

turbine [tyrbin] NF turbine

turbulences [tyrbylãs] NFPL *(tourbillons)* turbulence

turbulent, -ente [tyrbylã, -ãt] ADJ *(enfant)* boisterous

Turquie [tyrki] NF la T. Turkey ■ **turc, turque 1** ADJ Turkish **2** NMF **T., Turque** Turk **3** NM *(langue)* Turkish

turquoise [tyrkwaz] ADJ INV turquoise

tuteur, -trice [tytœr, -tris] **1** NMF *(de mineur)* guardian **2** NM *(bâton)* stake, prop

tutoyer [tytwaje] VT **t. qn** to address sb using the familiar "tu" form ■ **tutoiement** NM = use of the familiar "tu" *(instead of the more formal "vous")*

tutu [tyty] NM tutu

tuyau, -x [tɥijo] NM pipe; *Fam (conseil)* tip; **t. d'arrosage** hose(pipe); **t. de cheminée** flue; **t. d'échappement** *(de véhicule)* exhaust (pipe) ■ **tuyauterie** [-tri] NF *(tuyaux)* piping

TVA [tevea] *(abrév* **taxe à la valeur ajoutée***)* NF VAT

tympan [tɛ̃pã] NM eardrum

type [tip] **1** NM *(genre)* type; *Fam (individu)* fellow, guy, *Br* bloke; *Fig* **le t. même de** the very model of **2** ADJ INV typical; **lettre t.** standard letter ■ **typique** ADJ typical **(de** of) ■ **typiquement** ADV typically

typé, -ée [tipe] ADJ **il est très t.** *(il est italien)* he looks typically Italian

typhoïde [tifɔid] NF typhoid (fever)

typographie [typɔgrafi] NF typography, printing

tyran [tirã] NM tyrant ■ **tyrannie** NF tyranny ■ **tyrannique** ADJ tyrannical ■ **tyranniser** VT to tyrannize

tzigane [tzigan] **1** ADJ gipsy **2** NMF **T.** gipsy

U, u [y] NM INV U, u

UE [yø] (*abrév* **Union européenne**) NF EU

Ukraine [ykrɛn] NF l'**U.** the Ukraine

ulcère [ylsɛr] NM ulcer

ULM [yɛlɛm] (*abrév* **ultraléger motorisé**) NM INV *Av* microlight

ultérieur, -e [ylterjœr] ADJ later, subsequent (**à** to) ■ **ultérieurement** ADV later (on), subsequently

ultimatum [yltimatɔm] NM ultimatum; **lancer un u. à qn** to give sb an ultimatum

ultime [yltim] ADJ last; (*préparatifs*) final

ultramoderne [yltramɔdɛrn] ADJ high-tech

ultrason [yltrasɔ̃] NM ultrasound

ultraviolet, -ette [yltravjɔlɛ, -ɛt] ADJ & NM ultraviolet

un, une [œ̃, yn] **1** ART INDÉFINI (*pl* **des** [de]) a; (*devant voyelle*) an; **une page** a page; **un ange** [œ̃nɑ̃ʒ] an angel; **des fruits et légumes** fruit and vegetables; **voici des fleurs** here are some flowers; **as-tu des livres à me prêter?** do you have any books you can lend me? **2** ADJ one; **la page un** page one; **un kilo** one kilo; **un type (quelconque)** some *or* a fellow **3** PRON & NMF one; **l'un** one; **les uns** some; **le numéro un** number one; **j'en ai un** I have one; **l'un d'eux, l'une d'elles** one of them; *Journ* **la une** front page

unanime [ynanim] ADJ unanimous ■ **unanimité** NF unanimity; **à l'u.** unanimously

Unetelle [yntɛl] ▶ **Untel**

uni, -ie [yni] ADJ (*famille, couple*) close; (*surface*) smooth; (*couleur, étoffe*) plain

unième [ynjɛm] ADJ (*after a number*) (-)first; **trente et u.** thirty-first; **cent u.** hundred and first

unifier [ynifje] VT to unify ■ **unification** NF unification

uniforme [ynifɔrm] **1** ADJ (*expression*) uniform; (*sol*) even; (*mouvement*) regular **2** NM uniform ■ **uniformément** ADV uniformly ■ **uniformiser** VT to standardize ■ **uniformité** NF (*de couleurs*) uniformity; (*monotonie*) monotony

unilatéral, -e, -aux, -ales [ynilateral, -o] ADJ (*décision*) unilateral; (*contrat*) one-sided; (*stationnement*) on one side of the road/street only

union [ynjɔ̃] NF (*de partis, de consommateurs*) union, association; (*entente*) unity; (*mariage*) marriage; l'**U. européenne** the European Union; **u. libre** cohabitation; **u. monétaire** monetary union

unique [ynik] ADJ (**a**) (*fille, fils*) only; (*espoir, souci*) only, sole; (*prix, parti, salaire, marché*) single; **son seul et u. souci** his/her one and only worry (**b**) (*exceptionnel*) unique; *Fam* (*drôle*) priceless; **u. en son genre** completely unique ■ **uniquement** ADV only, just

unir [ynir] **1** VT (*personnes, territoires*) to unite; (*marier*) to join in marriage; (*efforts, qualités*) to combine (**à** with); l'**amitié qui nous unit** the friendship that unites us **2 s'unir** VPR (*s'associer*) to unite; (*se marier*) to be joined in marriage; **s'u. à qn** to join forces with sb

unisexe [ynisɛks] ADJ unisex

unité [ynite] NF (*de mesure, élément, régiment*) unit; (*cohésion*) unity; **u. de longueur** unit of measurement, **u. de production** production unit; *Univ* **u. de valeur** credit; *Ordinat* **u. centrale** central processing unit ■ **unitaire** ADJ (*prix*) per unit

univers [ynivɛr] NM universe; *Fig* world ■ **universel, -elle** ADJ universal

université [yniversite] NF university; **à l'u.** *Br* at university, *Am* in college ■ **universitaire 1** ADJ **ville/restaurant u.** university town/refectory **2** NMF academic

Untel, Unetelle [œ̃tɛl, yntɛl] NMF what's-his-name, *f* what's-her-name

uranium [yranjɔm] NM uranium

urbain, -aine [yrbɛ̃, -ɛn] ADJ urban ■ **urbaniser** VT to urbanize ■ **urbanisme** NM *Br* town planning, *Am* city planning ■ **urbaniste** NMF *Br* town planner, *Am* city planner

urgent, -ente [yrʒɑ̃, -ɑ̃t] ADJ urgent ■ **urgence** NF (*de décision, de tâche*) urgency; (*cas d'hôpital*) emergency; **d'u.** urgently; **mesures d'u.** emergency measures; *Pol* **état d'u.** state of emergency; *Méd* (**service des**) **urgences** (*d'hôpital*) *Br* casualty (department), *Am* emergency room, ER; **il y a u.** it's a matter of urgency

urine [yrin] NF urine ■ **uriner** VI to urinate ■ **urinoir** NM (public) urinal

urne [yrn] NF (vase) urn; (pour voter) ballot box; **aller aux urnes** to go to the polls

URSS [yɛrɛsɛs, yrs] (abrév **Union des républiques socialistes soviétiques**) NF Anciennement **l'U.** the USSR

urticaire [yrtikɛr] NF nettle rash

Uruguay [yrygwɛ] NM **l'U.** Uruguay

usage [yzaʒ] NM (utilisation) use; (coutume) custom; (de mot) usage; **faire u. de qch** to make use of sth; **faire bon u. de qch** to put sth to good use; **d'u.** (habituel) customary; **à l'u. de** for (the use of); **hors d'u.** out of order ■ **usagé, -ée** ADJ (vêtement) worn; (billet) used ■ **usager** NM user

user [yze] **1** VT (vêtement) to wear out; (personne) to wear down; (consommer) to use (up) **2** VI **u. de qch** to use sth **3 s'user** VPR (tissu, machine) to wear out; (talons, personne) to wear down ■ **usé, -ée** ADJ (tissu) worn out; (sujet) stale; (personne) worn out; **eaux usées** dirty or waste water

usine [yzin] NF factory; **u. à gaz** gasworks; **u. métallurgique** ironworks

ustensile [ystɑ̃sil] NM implement, tool; **u. de cuisine** kitchen utensil

usuel, -elle [yzɥɛl] ADJ everyday

usure [yzyr] NF (de pneu) wear; (de sol) wearing away; Fig **avoir qn à l'u.** to wear sb down

usurper [yzyrpe] VT to usurp

utérus [yterys] NM Anat womb, uterus

utile [ytil] ADJ useful (à to); **puis-je vous être u.?** what can I do for you?

utiliser [ytilize] VT to use ■ **utilisable** ADJ usable ■ **utilisateur, -trice** NMF user; **u. final** end-user ■ **utilisation** NF use ■ **utilité** NF usefulness; **d'une grande u.** very useful; **déclaré d'u. publique** state-approved

utilitaire [ytiliter] **1** ADJ utilitarian; **véhicule u.** utility vehicle **2** NF Ordinat utility

utopie [ytɔpi] NF (idéal) utopia; (projet, idée) utopian plan/idea ■ **utopique** ADJ utopian

UV [yve] (abrév **ultraviolet**) NM INV UV; **faire des UV** (pour bronzer) to go on a sunbed

V, v [ve] NM INV V, v

va [va] ➤ **aller¹**

vacances [vakɑ̃s] NFPL *Br* holiday(s), *Am* vacation; **en v.** *Br* on holiday, *Am* on vacation; **partir en v.** to go on *Br* holiday *or Am* vacation; **prendre des v.** to take a holiday; **les grandes v.** the summer *Br* holidays *or Am* vacation ■ **vacancier, -ière** NMF *Br* holidaymaker, *Am* vacationer

vacant, -ante [vakɑ̃, -ɑ̃t] ADJ vacant

vacarme [vakarm] NM din, uproar

vaccin [vaksɛ̃] NM vaccine; **faire un v. à qn** to vaccinate sb ■ **vaccination** NF vaccination ■ **vacciner** VT to vaccinate; **se faire v.** to get vaccinated (**contre** against); *Fam* **je suis vacciné** I've learnt my lesson

vache [vaʃ] **1** NF cow; *Fam Péj (femme méchante)* bitch, cow; *Fam Péj (homme méchant)* pig; **v. laitière** dairy cow; **maladie de la v. folle** mad cow disease; *Fam* **la v.!** *(d'admiration)* wow!; *(de surprise) Br* blimey!, *Am* gee (whiz)! **2** ADJ *Fam (méchant)* nasty, bitchy ■ **vachement** ADV *Fam (très) Br* dead, bloody, *Am* real; *(beaucoup)* a hell of a lot ■ **vacherie** NF *Fam (action)* nasty trick; *(parole)* nasty remark

vaciller [vasije] VI to sway; *(flamme, lumière)* to flicker; *(mémoire)* to fail

vadrouille [vadruj] NF *Fam* **en v.** roaming about

va-et-vient [vaevjɛ̃] NM INV *(mouvement)* movement to and fro; *(de personnes)* comings and goings

vagabond, -onde [vagabɔ̃, -ɔ̃d] **1** NMF *(clochard)* vagrant, tramp **2** ADJ wandering ■ **vagabonder** VI to roam, to wander; *Fig (pensée)* to wander

vagin [vaʒɛ̃] NM *Anat* vagina ■ **vaginal, -ale** ADJ *Anat* vaginal

vague¹ [vag] **1** ADJ vague; *(regard)* vacant; *(souvenir)* dim, vague **2** NM vagueness; **regarder dans le v.** to gaze into space, to gaze vacantly; **rester dans le v.** to be vague; **avoir du v. à l'âme** to be melancholy ■ **vaguement** ADV vaguely

vague² [vag] NF *(de mer) & Fig* wave; **v. de chaleur** heat wave; *Fig* **v. de fond** ground swell; **v. de froid** cold spell *or* snap

vaillant, -ante [vajɑ̃, -ɑ̃t] ADJ *(courageux)* brave, valiant; *(vigoureux)* healthy ■ **vaillamment** [-amɑ̃] ADV valiantly

vaille, vailles ➤ **valoir**

vain, vaine [vɛ̃, vɛn] ADJ *(sans résultat)* futile; *(mots, promesse)* empty; *(vaniteux)* vain; **en v.** in vain ■ **vainement** ADV in vain

vaincre* [vɛ̃kr] VT *(adversaire)* to defeat; *(en sport)* to beat; *Fig (maladie, difficulté)* to overcome ■ **vaincu, ue** NMF defeated man/woman, *(de match)* loser ■ **vainqueur 1** NM victor; *(de match)* winner **2** ADJ M victorious

vais [vɛ] ➤ **aller¹***

vaisseau, -x [veso] NM *Anat* vessel; *(bateau)* ship, vessel; **v. spatial** spaceship

vaisselle [vesel] NF crockery; **faire la v.** to do the washing up, to do the dishes

valable [valabl] ADJ *(billet, motif)* valid; *Fam (remarquable, rentable)* worthwhile

valet [vale] NM *Cartes* jack; **v. de chambre** valet

valeur [valœr] NF *(prix, qualité)* value; *(mérite)* worth; *(poids)* weight; *Fin* **valeurs** securities; **la v. de** *(équivalent)* the equivalent of; **avoir de la v.** to be valuable; **mettre qch en v.** *(faire ressortir)* to highlight sth; **personne de v.** person of merit; **objets de v.** valuables

valide [valid] ADJ *(personne)* fit, able-bodied; *(billet)* valid ■ **valider** VT to validate; *(titre de transport)* to stamp; *Ordinat (option)* to confirm ■ **validité** NF validity

valise [valiz] NF suitcase; **v. diplomatique** diplomatic *Br* bag *or Am* pouch; **faire ses valises** to pack (one's bags)

vallée [vale] NF valley ■ **vallonné, -ée** ADJ *(région)* undulating

valoir* [valwar] **1** VI *(avoir pour valeur)* to be worth; *(s'appliquer)* to apply (**pour** to); **v. mille euros/cher** to be worth a thousand euros/a lot; **il vaut mieux rester** it's better to stay; **il vaut mieux que j'attende** I'd better wait; **ça ne vaut rien** it's no good; *Fam* **ça vaut la peine** *ou* **le coup** it's worth while (**de faire** doing); **faire v. qch** *(faire ressortir)* to highlight sth; *(argument)* to put sth forward; *(droit)* to assert sth **2** VT **v. qch**

à qn *(ennuis)* to bring sb sth **3 se valoir** VPR *(objets, personnes)* to be as good as each other

valse [vals] NF waltz ■ **valser** VI to waltz

valve [valv] NF valve

vampire [vɑ̃pir] NM vampire

vandale [vɑ̃dal] NMF vandal ■ **vandalisme** NM vandalism

vanille [vanij] NF vanilla; **glace à la v.** vanilla ice cream ■ **vanillé, -ée** ADJ vanilla-flavoured; **sucre v.** vanilla sugar

vanité [vanite] NF *(orgueil)* vanity; *Littéraire (futilité)* futility ■ **vaniteux, -euse** ADJ vain, conceited

vanne [van] NF *(d'écluse)* sluice gate, floodgate; *Fam (remarque)* dig, jibe; *Fam* **envoyer une v. à qn** to have a dig at sb

vanter [vɑ̃te] **1** VT to praise **2 se vanter** VPR to boast, to brag *(de* about/of); *Fam* **il n'y a pas de quoi se v.** there's nothing to brag *or* boast about ■ **vantard, -arde 1** ADJ boastful **2** NMF boaster, braggart ■ **vantardise** NF *(caractère)* boastfulness; *(propos)* boast

vapeur [vapœr] NF *(brume, émanation)* vapour; **v. (d'eau)** steam; **cuire qch à la v.** to steam sth; **bateau à v.** steamboat ■ **vaporeux, -euse** ADJ *(atmosphère)* steamy; *(tissu)* flimsy

vaporiser [vaporize] VT to spray ■ **vaporisateur** NM *(appareil)* spray

vaquer [vake] VI **v. à qch** to attend to sth; **v. à ses occupations** to go about one's business

varappe [varap] NF rock climbing

variable [varjabl] **1** ADJ variable; *(humeur, temps)* changeable **2** NF variable ■ **variante** NF variant ■ **variation** NF variation

varicelle [varisɛl] NF chickenpox

varices [varis] NFPL varicose veins

varier [varje] VTI to vary *(de* from) ■ **varié, -ée** ADJ *(diversifié)* varied; *(vocabulaire)* wide

variété [varjete] NF variety; **spectacle de variétés** *(chansons)* variety show

variole [varjɔl] NF smallpox

vas [va] ➤ **aller¹**

vasculaire [vaskylɛr] ADJ vascular

vase¹ [vaz] NM *(récipient)* vase

vase² [vaz] NF *(boue)* mud, silt ■ **vaseux, -euse** ADJ *(boueux)* muddy, silty; *Fam (faible)* under the weather, *Br* off colour; *Fam (idées)* woolly

vaste [vast] ADJ vast, huge

Vatican [vatikɑ̃] NM **le V.** the Vatican

vaudeville [vodvil] NM *Théâtre* light comedy

vaurien, -ienne [vorjɛ̃, -jɛn] NMF good-for-nothing

vaut [vo] ➤ **valoir**

vautour [votur] NM vulture

vautrer [votre] **se vautrer** VPR *(personne)* to

sprawl; **se v. dans la boue/le vice** to wallow in the mud/in vice

va-vite [vavit] **à la va-vite** ADV *Fam* in a rush

veau, -x [vo] NM *(animal)* calf; *(viande)* veal; *(cuir)* calfskin; *Fam (voiture)* really slow car

vécu, -ue [veky] **1** PP ➤ **vivre 2** ADJ *(histoire)* real-life **3** NM real-life experience

vedette [vədɛt] NF **(a)** *(célébrité)* star; **avoir la v., être en v.** *(dans un spectacle)* to top the bill **(b)** *(bateau)* launch

végétal, -e, -aux, -ales [veʒetal, -o] **1** ADJ **huile végétale** vegetable oil; **règne v.** vegetable kingdom **2** NM plant ■ **végétalien, -ienne** ADJ & NMF vegan ■ **végétarien, -ienne** ADJ & NMF vegetarian ■ **végétation** NF vegetation ■ **végétations** NFPL *Méd* adenoids

véhément, -ente [veemɑ̃, -ɑ̃t] ADJ vehement ■ **véhémence** NF vehemence

véhicule [veikyl] NM vehicle; **v. tout-terrain** off-road *or* all-terrain vehicle

veille [vɛj] NF **(a)** *(jour précédent)* **la v. (de qch)** the day before (sth); **la v. de Noël** Christmas Eve; **à la v. de qch** *(événement)* on the eve of sth; *Fam* **ce n'est pas demain la v.** that's not going to happen for quite a while **(b)** *(état)* wakefulness; *Ordinat* standby mode; **en (mode) v.** in standby mode

veillée [veje] NF *(soirée)* evening; *(de mort)* vigil; **v. d'armes** knightly vigil

veiller [veje] **1** VI to stay up *or* awake; *(sentinelle)* to keep watch; **v. à qch** to see to sth; **v. à ce que...** *(+ subjunctive)* to make sure that...; **v. sur qn** to watch over sb **2** VT *(malade)* to sit up with ■ **veilleur** NM **v. de nuit** night watchman ■ **veilleuse** NF *(de voiture)* *Br* sidelight, *Am* parking light; *(de cuisinière)* pilot light; *(lampe allumée la nuit)* nightlight

veinard, -arde [venar, -ard] NMF *Fam* lucky devil

veine [vɛn] NF *Anat, Bot & Géol* vein; *Fam (chance)* luck; *Fam* **avoir de la v.** to be lucky *or Br* jammy

véliplanchiste [veliplɑ̃ʃist] NMF windsurfer

velléité [veleite] NF vague desire

vélo [velo] NM bike, bicycle; *(activité)* cycling; **faire du v.** to cycle, to go cycling; **v. tout-terrain** mountain bike ■ **vélomoteur** NM moped

velours [vəlur] NM velvet; **v. côtelé** corduroy ■ **velouté, -ée 1** ADJ velvety; *(au goût)* mellow, smooth **2** NM *(texture)* smoothness; **v. d'asperges** cream of asparagus soup

velu, -ue [vəly] ADJ hairy

venaison [vənɛzɔ̃] NF venison

vendange [vɑ̃dɑ̃ʒ] NF *(récolte)* grape harvest; *(raisin récolté)* grapes (harvested); **une bonne v.** a good vintage; **vendanges** *(période)* grapeharvesting time; **faire les vendanges** to pick the grapes ■ **vendanger** vi to pick the grapes ■ **vendangeur, -euse** nmf grape picker

vendre [vɑ̃dr] **1** vt to sell; **v. qch à qn** to sell sb sth, to sell sth to sb; **v. qch 10 euros** to sell sth for 10 euros; **'à v.'** 'for sale' **2 se vendre** vpr to be sold; **ça se vend bien** it sells well ■ **vendeur, -euse** nmf *(de magasin) Br* sales *or* shop assistant, *Am* sales clerk; *(non professionnel)* seller

vendredi [vɑ̃drədi] nm Friday; **V. saint** Good Friday

vénéneux, -euse [venenø, -øz] adj poisonous

vénérable [venerabl] adj venerable

vénérien, -ienne [venerjɛ̃, -jɛn] adj venereal

venger [vɑ̃ʒe] **1** vt to avenge **2 se venger** vpr to get one's revenge (**de qn** on sb; **de qch** for sth) ■ **vengeance** nf revenge, vengeance

venin [vənɛ̃] nm poison, venom; *Fig* venom ■ **venimeux, -euse** adj poisonous, venomous; *Fig (haineux)* venomous

venir* [vənir] **1** *(aux être)* vi to come (**de** from); **v. faire qch** to come to do sth; **viens me voir** come and see me; **je viens/venais d'arriver** I've/I'd just arrived; **où veux-tu en v.?** what are you getting at driving at?; **les jours qui viennent** the coming days; **faire v. qn** to send for sb; **une idée m'est venue** an idea occurred to me **2 v impersonnel s'il venait à pleuvoir** if it happened to rain

vent [vɑ̃] nm wind; **il y a** *ou* **il fait du v.** it's windy; **avoir v. de qch** to get wind of sth; *Fam* **dans le v.** *(à la mode)* hip, with it

vente [vɑ̃t] nf sale; **en v.** *(en magasin)* on sale; **mettre qch en v.** to put sth up for sale; **v. aux enchères** auction (sale); **v. de charité** charity sale, **v. par correspondance** mail order

ventilateur [vɑ̃tilatœr] nm *(électrique)* fan; *(de voiture)* blower ■ **ventilation** nf ventilation ■ **ventiler** vt to ventilate

ventouse [vɑ̃tuz] nf *(de sangsue)* sucker; *(de plastique)* suction pad

ventre [vɑ̃tr] nm stomach, belly; *(utérus)* womb; *(de cruche)* bulge; **à plat v.** flat on one's face; **avoir/prendre du v.** to have/get a paunch; **avoir mal au v.** to have a sore stomach; *Fam* **il n'a rien dans le v.** he has no guts

ventriloque [vɑ̃trilɔk] nmf ventriloquist

venu, -ue [vəny] **1** pp ➤ **venir 2** adj **bien v.** *(à propos)* timely; **mal v.** untimely **3** nm **nouveau v., nouvelle venue** newcomer; **le premier v.** (just) anyone **4** nf **venue** *(de personne, de printemps)* coming

Il faut noter que le nom anglais **venue** est un faux ami. Il désigne un lieu de réunion.

ver [ver] nm *(animal) & Ordinat* worm; *(larve)* grub; *(de fruits, de fromage)* maggot; *Fig* **tirer les vers du nez à qn** to drag it out of sb; **v. à soie** silkworm; **v. de terre** (earth)worm; **v. luisant** glow-worm; **v. solitaire** tapeworm

véranda [verɑ̃da] nf veranda(h); *(en verre)* conservatory

verbaliser [verbalize] vi *(policier)* to record the details of an offence

verbe [verb] nm verb ■ **verbal, -e, -aux, -ales** adj *(promesse, expression)* verbal

verdâtre [verdɑtr] adj greenish

verdict [verdikt] nm verdict

verdir [verdir] vti to turn green ■ **verdure** nf *(végétation)* greenery; **théâtre de v.** open-air theatre

verger [verʒe] nm orchard

verglas [vergla] nm *Br* (black) ice, *Am* glaze ■ **verglacé, -ée** adj *(route)* icy

véridique [veridik] adj truthful

vérifier [verifje] **1** vt to check, to verify; *(comptes)* to audit **2 se vérifier** vpr to prove correct ■ **vérifiable** adj verifiable ■ **vérification** nf checking, verification; *(de comptes)* audit(ing)

véritable [veritabl] adj *(histoire, ami)* true, real; *(cuir, or, nom)* real, genuine; *(en intensif)* real

vérité [verite] nf *(de déclaration)* truth; *(de personnage, de tableau)* trueness to life; *(sincérité)* sincerity; **en v.** in fact; **dire la v.** to tell the truth

verlan [verlɑ̃] nm back slang *(in which the syllables of words are inverted)*

vermicelle [vermisɛl] nm *Culin (nouille)* vermicelli; **vermicelles chinois** Chinese noodles

vermine [vermin] nf *(insectes, racaille)* vermin

vermoulu, -ue [vermuly] adj worm-eaten

verni, -ie [verni] adj *(meuble, parquet)* varnished; *Fam (chanceux)* lucky

vernir [vernir] vt *(bois)* to varnish; *(céramique)* to glaze ■ **vernis** nm varnish; *(pour céramique)* glaze; *Fig (apparence)* veneer; **v. à ongles** nail polish *or Br* varnish ■ **vernissage** nm *(d'exposition)* opening

verra [vera], **verrait** [verɛ] ➤ **voir**

verre [ver] nm *(substance, récipient)* glass; **boire** *ou* **prendre un v.** to have a drink; **v. de bière** glass of beer; **v. à bière/à vin** beer/wine glass; **v. de contact** contact lens

verrou [veru] nm bolt; **fermer qch au v.** to bolt sth; **sous les verrous** behind bars ■ **verrouiller** vt *(porte)* to bolt; *(quartier)* to seal off

verrue [very] nf wart; **v. plantaire** verruca

vers¹ [ver] prép *(direction)* toward(s); *(approximation)* around, about

vers² [vɛr] NM *(de poème)* line; **des vers** *(poésie)* verse

versant [vɛrsɑ̃] NM slope, side

verse [vɛrs] **à verse** ADV **pleuvoir à v.** to pour (down); **la pluie tombait à v.** the rain was coming down in torrents

Verseau [vɛrso] NM *(signe)* Aquarius; **être V.** to be (an) Aquarius

verser [vɛrse] **1** VT to pour (out); *(larmes, sang)* to shed; *(argent)* to pay **(sur un compte** into an account) **2** VI *(véhicule)* to overturn ■ **versement** [-əmɑ̃] NM payment

version [vɛrsjɔ̃] NF *(de film, d'incident)* version; *Scol (traduction)* translation *(into one's mother tongue)*, *Br* unseen; *Cin* **en v. originale** in the original language; **en v. française** dubbed *(into French)*

verso [vɛrso] NM back (of the page); **'voir au v.'** 'see overleaf'

vert, verte [vɛr, vɛrt] **1** ADJ green; *(pas mûr)* unripe; *(vin)* too young; *Fig (vieillard)* sprightly; *Fam (écologiste)* green, eco-friendly; **aller en classe verte** to go on a school trip to the countryside; *Fig* **en dire des vertes et des pas mûres** to say some pretty shocking things **2** NM green; **se mettre au v.** to go to the country (to recuperate); *Pol* **les Verts** the Greens

vertèbre [vɛrtɛbr] NF vertebra

vertical, -e, -aux, -ales [vɛrtikal, -o] ADJ & NF vertical; **à la verticale** vertically ■ **verticalement** ADV vertically

vertige [vɛrtiʒ] NM *(étourdissement)* (feeling of) dizziness or giddiness; *(peur du vide)* vertigo; **vertiges** dizzy spells; **avoir le v.** to be or feel dizzy or giddy; **donner le v. à qn** to make sb (feel) dizzy or giddy ■ **vertigineux, -euse** ADJ *(hauteur)* giddy, dizzy; *Fig (très grand)* staggering

vertu [vɛrty] NF virtue; **en v. de** in accordance with ■ **vertueux, -euse** ADJ virtuous

verveine [vɛrvɛn] NF *(plante)* verbena; *(tisane)* verbena tea

vésicule [vezikyl] NF **v. biliaire** gall bladder

vessie [vesi] NF bladder

veste [vɛst] NF jacket, coat

vestiaire [vɛstjɛr] NM *(de théâtre)* cloakroom; *(de piscine, de stade)* changing room, *Am* locker room

vestibule [vɛstibyl] NM (entrance) hall

vestiges [vɛstiʒ] NMPL *(ruines)* remains; *(traces)* relics

vestimentaire [vɛstimɑ̃tɛr] ADJ **dépense v.** clothing expenditure; **élégance v.** sartorial elegance

veston [vɛstɔ̃] NM *(suit)* jacket

vêtement [vɛtmɑ̃] NM garment, article of clothing; **vêtements** clothes; **vêtements de sport** sportswear; **industrie du v.** clothing industry

vétéran [veterɑ̃] NM veteran

vétérinaire [veteriner] **1** ADJ veterinary **2** NMF vet, *Br* veterinary surgeon, *Am* veterinarian

vêtir* [vetir] VT, **se vêtir** VPR to dress ■ **vêtu, -ue** ADJ dressed (**de** in)

veto [veto] NM INV veto; **opposer son v. à qch** to veto sth

vétuste [vetyst] ADJ dilapidated

veuf, veuve [vœf, vœv] **1** ADJ widowed **2** NM widower **3** NF widow

veuille(s), veuillent [vœj] ➤ **vouloir**

veut, veux [vø] ➤ **vouloir**

vexer [vɛkse] **1** VT to upset, to hurt **2** **se vexer** VPR to get upset (**de** at) ■ **vexant, -ante** ADJ upsetting, hurtful; *(contrariant)* annoying

> Il faut noter que le verbe anglais **to vex** est un faux ami. Il signifie **fâcher**, **chagriner**.

VF [veɛf] *(abrév* **version française)** NF **film en VF** film dubbed into French

viable [vjabl] ADJ *(entreprise, enfant)* viable ■ **viabilité** NF viability

viaduc [vjadyk] NM viaduct

viande [vjɑ̃d] NF meat

vibrer [vibre] VI to vibrate; *(être ému)* to be stirred (**de** with); **faire v. qn** to stir sb; **sa voix vibrait de colère** his/her voice was shaking with anger ■ **vibrant, -ante** ADJ *(hommage)* stirring ■ **vibration** NF vibration

vice [vis] NM *(perversité)* vice; *(défectuosité)* defect; *Jur* **v. de forme** flaw, legal technicality

vice versa [vis(e)vɛrsa] ADV vice versa

vicié, -ée [visje] ADJ *(personne)* corrupt; *(air, atmosphère)* polluted

vicieux, -ieuse [visjø, -jøz] ADJ *(pervers)* depraved; *(perfide)* underhand

> Il faut noter que l'adjectif anglais **vicious** est un faux ami. Il signifie **méchant**.

vicissitudes [visisityd] NFPL vicissitudes

victime [viktim] NF victim; *(d'accident)* casualty; **être v. de** *(accident, attentat)* to be the victim of

victoire [viktwar] NF victory; *(en sport)* win ■ **victorieux, -ieuse** ADJ victorious; *(équipe)* winning

vidange [vidɑ̃ʒ] NF emptying, draining; *(de véhicule)* oil change ■ **vidanger** VT to empty, to drain

vide [vid] **1** ADJ empty **2** NM *(espace)* empty space; *(d'emploi du temps)* gap; *Phys* vacuum; **regarder dans le v.** to stare into space; **emballé sous v.** vacuum-packed; **à v.** empty

vidéo [video] ADJ INV & NF video ▪ **vidéocassette** NF video (cassette) ▪ **vidéoclip** NM (music) video

vider [vide] **1** VT to empty; (lieu) to vacate; (poisson, volaille) to gut; Fam **v. qn** (chasser) to throw sb out; (épuiser) to tire sb out; Fam **j'ai vidé mon sac** I got it off my chest **2 se vider** VPR to empty ▪ **vide-ordures** NM INV Br rubbish or Am garbage chute ▪ **vide-poches** NM INV (de véhicule) glove compartment ▪ **videur** NM Fam (de boîte de nuit) bouncer

vie [vi] NF life; (durée) lifetime; **en v.** living; **à v., pour la v.** for life; **donner la v. à qn** to give birth to sb; Fig **avoir la v. dure** (préjugés) to die hard

vieil, vieille [vjɛj] ➤ **vieux**

vieillard [vjɛjar] NM old man; **les vieillards** old people ▪ **vieillerie** NF (objet) old thing; (idée) old idea ▪ **vieillesse** NF old age

vieillir [vjejir] **1** VI to grow old; (changer) to age; (théorie, mot) to become old-fashioned **2** VT **v. qn** (vêtement) to make sb look old(er) ▪ **vieilli, -ie** ADJ (démodé) old-fashioned ▪ **vieillissant, -ante** ADJ ageing ▪ **vieillissement** NM ageing

vieillot, -otte [vjɛjo, -ɔt] ADJ old-fashioned

Vienne [vjɛn] NM OU F Vienna

viens, vient [vjɛ̃] ➤ **venir**

vierge [vjɛrʒ] **1** ADJ (femme, neige) virgin; (feuille de papier, film) blank; **être v.** (femme, homme) to be a virgin **2** NF virgin; **la V.** (signe) Virgo; **être V.** to be (a) Virgo

Viêtnam, Viêt Nam [vjɛtnam] NM **le V.** Vietnam ▪ **vietnamien, -ienne 1** ADJ Vietnamese **2** NMF **V., Vietnamienne** Vietnamese

vieux, vieille, vieux, vieilles [vjø, vjɛj]

vieil is used before masculine singular nouns beginning with a vowel or mute h.

1 ADJ old; **être v. jeu** (adj inv) to be old-fashioned; Péj **v. garçon** bachelor; Péj **vieille fille** old maid **2** NM old man; **les vieux** old people; Fam **mon v.!** (mon ami) Br mate!, pal! **3** NF **vieille** old woman; Fam **ma vieille!** (mon amie) dear!

vif, vive [vif, viv] **1** ADJ (personne) lively; (imagination) vivid; (intelligence, vent, douleur) sharp; (intérêt, satisfaction) great; (couleur, lumière) bright; (froid) biting; (pas, mouvement) quick; **brûler qn v.** to burn sb alive **2** NM **entrer dans le v. du sujet** to get to the heart of the matter; **à v.** (plaie) open; **piqué au v.** (vexé) cut to the quick

vigilant, -ante [viʒilɑ̃, -ɑ̃t] ADJ vigilant ▪ **vigilance** NF vigilance

vigile [viʒil] NM watchman

Il faut noter que le nom anglais **vigil** est un faux ami. Il ne signifie jamais **gardien**.

vigne [viɲ] NF (plante) vine; (plantation) vineyard; **pied de v.** vine (stock) ▪ **vigneron, -onne** [-ərɔ̃, -ɔn] NMF wine grower ▪ **vignoble** NM vineyard; (région) vineyards

vignette [viɲɛt] NF (de véhicule) road tax sticker, Br ≃ road tax disc; (de médicament) label (for reimbursement by Social Security)

vigueur [vigœr] NF vigour; **entrer/être en v.** (loi) to come into/be in force ▪ **vigoureux, -euse** ADJ (personne, style) vigorous; (bras) sturdy

vilain, -aine [vilɛ̃, -ɛn] ADJ (laid) ugly; (peu sage) naughty; (impoli) rude

villa [vila] NF villa

village [vilaʒ] NM village ▪ **villageois, -oise** NMF villager

ville [vil] NF town; (grande) city; **aller/être en v.** to go (in)to/be in town; **v. d'eaux** spa (town)

vin [vɛ̃] NM wine; **v. ordinaire** ou **de table** table wine; **v. d'honneur** reception (in honour of sb) ▪ **vinicole** ADJ (région) wine-growing

vinaigre [vinɛgr] NM vinegar ▪ **vinaigrette** NF (sauce) vinaigrette, Br French dressing, Am Italian dressing

vingt [vɛ̃] ([vɛ̃t] before vowel or mute h and in numbers 22-29) ADJ & NM INV twenty; **v. et un** twenty-one ▪ **vingtaine** NF **une v. (de)** (nombre) about twenty ▪ **vingtième** ADJ & NMF twentieth

vinyle [vinil] NM vinyl

viol [vjɔl] NM (de personne) rape; (de lieu) violation ▪ **violation** NF violation ▪ **violer** VT (femme) to rape; (tombe) to desecrate; (secret) to divulge ▪ **violeur** NM rapist

violent, -ente [vjɔlɑ̃, -ɑ̃t] ADJ violent; (effort) strenuous ▪ **violemment** [-amɑ̃] ADV violently ▪ **violence** NF violence; **acte de v.** act of violence

violet, -ette [vjɔlɛ, -ɛt] **1** ADJ & NM (couleur) purple **2** NF **violette** (fleur) violet ▪ **violacé, -ée** ADJ purplish-blue; **v. par le froid** blue with cold

violon [vjɔlɔ̃] NM violin; Fig **accordons nos violons** let's make sure we get our stories straight ▪ **violoncelle** NM cello ▪ **violoncelliste** NMF cellist ▪ **violoniste** NMF violinist

vipère [vipɛr] NF adder, viper

virage [viraʒ] NM (de route) bend; (de véhicule) turn; Fig (revirement) change of course

virée [vire] NF Fam (en voiture) drive

virer [vire] **1** VI to turn; **v. au bleu** to turn blue **2** VT Fin (somme) to transfer (**à** to); Fam **v. qn** to chuck or kick sb out; (d'un travail) to fire sb; **v. qch** to get rid of sth, to chuck sth out ▪ **virement** NM Fin transfer

virevolter [virvɔlte] VI to spin round

virginité [viʀʒinite] NF virginity

virgule [viʀgyl] NF (ponctuation) comma; Math (decimal) point; **2 v. 5** 2 point 5

viril, -e [viʀil] ADJ virile; (force, attribut) male ■ **virilité** NF virility

virtuel, -elle [viʀtɥɛl] ADJ potential; (image) virtual; **réalité virtuelle** virtual reality

> Il faut noter que l'adverbe anglais **virtually** ne s'emploie jamais dans le sens de **potentiellement**.

virtuose [viʀtɥoz] NMF virtuoso ■ **virtuosité** NF virtuosity

virulent, -ente [viʀylɑ̃, -ɑ̃t] ADJ virulent ■ **virulence** NF virulence

virus [viʀys] NM Méd & Ordinat virus

vis¹ [vi] ➤ **vivre, voir**

vis² [vis] NF screw

visa [viza] NM (de passeport) visa; **v. de censure** (de film) certificate

visage [vizaʒ] NM face

vis-à-vis [vizavi] **1** PRÉP **v. de** (en face de) opposite; (envers) towards; (comparé à) compared to **2** NM INV (personne) person opposite

viser [vize] **1** VT (cible) to aim at; (concerner) to be aimed at; (document) to stamp **2** VI to aim (**à** at); **v. à faire qch** to aim to do sth ■ **viseur** NM Phot viewfinder; (d'arme) sight

visible [vizibl] ADJ visible; **v. à l'œil nu** visible to the naked eye ■ **visibilité** NF visibility ■ **visiblement** [-əmɑ̃] ADV visibly

visière [vizjɛʀ] NF (de casquette) peak; (en plastique) eyeshade; (de casque) visor

vision [vizjɔ̃] NF (conception, image) vision; (sens) sight; Fam **avoir des visions** to be seeing things ■ **visionnaire** ADJ & NMF visionary ■ **visionner** VT (film) to view

visite [vizit] NF visit; (personne) visitor; (examen) inspection; **rendre v. à qn, faire une v. à qn** to visit sb; **avoir de la v.** to have a visitor/visitors; **v. (à domicile)** (de médecin) (house) call; **v. médicale** medical examination; **v. guidée** guided tour ■ **visiter** VT (lieu touristique, patient) to visit; (examiner) to inspect ■ **visiteur, -euse** NMF visitor

vison [vizɔ̃] NM mink

visqueux, -euse [viskø, -øz] ADJ viscous; (surface) sticky

visser [vise] VT to screw on

visuel, -elle [vizɥɛl] ADJ visual ■ **visualiser** VT to visualize; Ordinat (afficher) to display

vit [vi] ➤ **vivre, voir**

vital, -e, -aux, -ales [vital, -o] ADJ vital ■ **vitalité** NF vitality

vitamine [vitamin] NF vitamin

vite [vit] ADV (rapidement) quickly, fast; (sous peu) soon; **v.!** quick(ly)! ■ **vitesse** NF speed; (de moteur) gear; **à toute v.** at top or full speed; Fam **en v.** quickly

viticole [vitikɔl] ADJ (région) wine-growing ■ **viticulteur, -trice** NMF wine grower ■ **viticulture** NF wine growing

vitre [vitʀ] NF (window)pane; (de véhicule, de train) window ■ **vitrage** NM (vitres) windows ■ **vitrail, -aux** NM stained-glass window ■ **vitré, -ée** ADJ **porte vitrée** glass door ■ **vitrier** NM glazier

vitrine [vitʀin] NF (de magasin) (shop) window; (meuble) display cabinet

vitriol [vitʀijɔl] NM vitriol

vivace [vivas] ADJ (plante) perennial; Fig (souvenir) vivid ■ **vivacité** NF liveliness; (d'imagination) vividness; (d'intelligence) sharpness; (de couleur) brightness; (emportement) petulance; **v. d'esprit** quick-wittedness

vivant, -ante [vivɑ̃, -ɑ̃t] **1** ADJ (en vie) alive, living; (récit, rue, enfant) lively; (être, matière, preuve) living **2** NM **de son v.** in one's lifetime; **les vivants** the living

vive¹ [viv] ➤ **vif**

vive² [viv] EXCLAM **v. le roi!** long live the king!

vivement [vivmɑ̃] ADV quickly; (répliquer) sharply; (regretter) deeply; **v. demain!** I can hardly wait for tomorrow!, Br roll on tomorrow!; **v. qu'il parte** I'll be glad when he's gone

vivier [vivje] NM fish pond

vivifier [vivifje] VT to invigorate

vivisection [viviseksjɔ̃] NF vivisection

vivre* [vivʀ] **1** VI to live; **faire v. qn** (famille) to support sb; **v. de** (fruits) to live on; (travail) to live by **2** VT (vie) to live; (aventure, époque) to live through; (éprouver) to experience ■ **vivres** NMPL food, supplies

VO [veo] NM (abrév **version originale**) NF film en VO film in the original language

vocabulaire [vɔkabylɛʀ] NM vocabulary

vocal, -e, -aux, -ales [vɔkal, -o] ADJ vocal

vocation [vɔkasjɔ̃] NF vocation, calling

vociférer [vɔsifere] VTI to shout angrily

vodka [vɔdka] NF vodka; **v. orange** (verre) vodka and orange

vœu, -x [vø] NM (souhait) wish; (promesse) vow; **faire un v.** to make a wish; **faire le v. de faire qch** to vow to do sth; **tous mes vœux!** best wishes!

vogue [vɔg] NF fashion, vogue; **en v.** in vogue

voici [vwasi] PRÉP here is/are; **me v.** here I am; **me**

v. **triste** I'm sad now; **v. dix ans** ten years ago; **v. dix ans que…** it's ten years since…

voie [vwa] NF *(route)* road; *(rails)* track, line; *(partie de route)* lane; *(chemin)* way; *(de gare)* platform; *(de communication)* line; *(moyen)* means, way; *(diplomatique)* channels; *Fig* **sur la bonne v.** on the right track; **pays en v. de développement** developing country; **v. sans issue** dead end; **v. publique** public highway

voilà [vwala] PRÉP there is/are; **les v.** there they are; **le v. parti** he has left now; **v. dix ans** ten years ago; **v. dix ans que…** it's ten years since…; **et v.!** there you go!

voile¹ [vwal] NM *(étoffe, coiffure)* & *Fig* veil ■ **voilé, -ée** ADJ *(femme, allusion)* veiled; *(photo, lumière)* hazy ■ **voiler¹** VT *(visage, vérité)* to veil **2 se voiler** VPR *(personne)* to wear a veil; *(ciel, regard)* to cloud over

voile² [vwal] NF *(de bateau)* sail; *(sport)* sailing; **faire de la v.** to sail ■ **voilier** NM sailing boat; *(de plaisance)* yacht

voiler² [vwale] VT, **se voiler** VPR *(roue)* to buckle

voir* [vwar] **1** VT to see; **faire** *ou* **laisser v. qch** to show sth, **v. qn faire qch** to see sb do/doing sth **2** VI to see; **fais vi**, let me see, show me; **voyons!** *(sois raisonnable)* come on!; **ça n'a rien à v. avec ça** it's got nothing to do with that **3 se voir** VPR *(soi-même)* to see oneself; *(se fréquenter)* to see each other; *(objet, attitude)* to be seen; *(reprise, tache)* to show; **ça se voit** that's obvious

voire [vwar] ADV indeed

voirie [vwari] NF *(service des ordures)* refuse collection; *(routes)* public highways

voisin, -ine [vwazɛ̃, -in] **1** ADJ *(pays, village)* Br neighbouring, Am neighboring; *(maison, pièce)* next **(de** to); *(idée, état)* similar **(de** to) **2** NMF Br neighbour, Am neighbor ■ **voisinage** NM *(quartier, voisins)* Br neighbourhood, Am neighborhood; *(proximité)* closeness, proximity ■ **voisiner** VI **v. avec** to be side by side with

voiture [vwatyr] NF car; *(de train)* carriage, Br coach, Am car; *(charrette)* cart; **en v.!** *(dans le train)* all aboard!; **v. de course/de tourisme** racing/private car; **v. d'enfant** Br pram, Am baby carriage

voix [vwa] NF voice; *(d'électeur)* vote; **à v. basse** in a whisper; **à haute v.** aloud; **à portée de v.** within earshot; *Fig* **avoir v. au chapitre** to have a say (in the matter); *Fig* **rester sans v.** to remain speechless

vol [vɔl] NM **(a)** *(d'avion, d'oiseau)* flight; *(groupe d'oiseaux)* flock, flight; **à v. d'oiseau** as the crow flies; **attraper qch au v.** to catch sth in the air; **v. aller-retour** Br return flight, Am round-trip flight

(b) *(délit)* theft; **v. à main armée** armed robbery; **v. à l'étalage** shoplifting

volage [vɔlaʒ] ADJ flighty, fickle

volaille [vɔlaj] NF **la v.** poultry; **une v.** a fowl

volatiliser [vɔlatilize] **se volatiliser** VPR to vanish into thin air

volcan [vɔlkɑ̃] NM volcano ■ **volcanique** ADJ volcanic

voler¹ [vɔle] VI *(oiseau, avion)* to fly; *Fig (courir)* to rush ■ **volant, -ante 1** ADJ *(tapis)* flying; **feuille volante** loose sheet **2** NM *(de véhicule)* (steering) wheel; *(de badminton)* shuttlecock; *(de jupe)* flounce ■ **volée** NF *(de flèches)* flight; *(groupe d'oiseaux)* flock, flight; *(de coups)* thrashing; *Tennis & Football* volley; **sonner à toute v.** to ring out

voler² [vɔle] **1** VT *(prendre)* to steal **(à** from); **v. qn** to rob sb; *Fam* **tu ne l'as pas volé!** it serves you right! **2** VI *(prendre)* to steal

volet [vɔle] NM *(de fenêtre)* shutter; *(de programme)* section, part

voleur, -euse [vɔlœr, -øz] **1** NMF thief; **au v.!** stop, thief! **2** ADJ thieving

volière [vɔljɛr] NF aviary

volley-ball [vɔlebol] NM volleyball ■ **volleyeur, -euse** NMF volleyball player

volontaire [vɔlɔ̃tɛr] **1** ADJ *(geste, omission)* deliberate; *(travail)* voluntary; *(opiniâtre)* Br wilful, Am willful **2** NMF volunteer ■ **volontairement** ADV *(spontanément)* voluntarily; *(exprès)* deliberately

volontariat [vɔlɔ̃tarja] NM voluntary work

volonté [vɔlɔ̃te] NF *(faculté, intention)* will; *(détermination)* willpower; *(souhait)* wish; **bonne v.** willingness; **mauvaise v.** unwillingness; **à v.** *(quantité)* as much as desired

volontiers [vɔlɔ̃tje] ADV gladly, willingly; **v.!** *(oui)* I'd love to!

volt [vɔlt] NM volt

volte-face [vɔltəfas] NF INV Br about turn, Am about face; *Fig (changement d'opinion)* U-turn; **faire v.** to turn round; *Fig* to do a U-turn

voltige [vɔltiʒ] NF acrobatics

voltiger [vɔltiʒe] VI *(feuilles)* to flutter

volume [vɔlym] NM *(de boîte, de son, livre)* volume ■ **volumineux, -euse** ADJ bulky, voluminous

volupté [vɔlypte] NF sensual pleasure ■ **voluptueux, -ueuse** ADJ voluptuous

vomir [vɔmir] **1** VT to bring up, to vomit; *Fig (exécrer)* to loathe **2** VI to vomit, Br to be sick ■ **vomi** NM *Fam* vomit ■ **vomissements** NMPL **avoir des v.** to vomit

vont [vɔ̃] ➤ **aller¹**

vorace [vɔras] ADJ voracious

vos [vo] ➤ **votre**

vote [vɔt] NM *(action)* vote, voting; *(suffrage)* vote;

(de loi) passing; *Br* **bureau de v.** polling station, *Am* polling place ■ **votant, -ante** NMF voter ■ **voter 1** VT *(loi)* to pass; *(crédits)* to vote **2** VI to vote

votre, vos [vɔtr, vo] ADJ POSSESSIF your ■ **vôtre 1** PRON POSSESSIF **le** *ou* **la v., les vôtres** yours; **à la v.!** cheers! **2** NMPL **les vôtres** *(votre famille)* your family

voudra [vudra], **voudrait** [vudrɛ] ➤ **vouloir**

vouer [vwe] **1** VT *(promettre)* to vow (**à** to); *(consacrer)* to dedicate (**à** to); *(condamner)* to doom (**à** to) **2 se vouer** VPR **se v. à** to dedicate oneself to

vouloir* [vulwar] VT to want (**faire** to do); **je veux qu'il parte** I want him to go; **v. dire** to mean *(que* that); **je voudrais un pain** I'd like a loaf of bread; **je voudrais rester** I'd like to stay; **je veux bien attendre** I don't mind waiting; **voulez-vous me suivre** will you follow me; **si tu veux** if you like *or* wish; **en v. à qn d'avoir fait qch** to be angry with sb for doing sth; **v. du bien à qn** to wish sb well; **sans le v.** unintentionally ■ **voulu, -ue** ADJ *(requis)* required; *(délibéré)* deliberate, intentional

vous [vu] PRON PERSONNEL (**a**) *(sujet, complément direct)* you; **v. êtes ici** you are here; **il v. connaît** he knows you (**b**) *(complément indirect)* (to) you; **il v. l'a donné** he gave it to you, he gave you it (**c**) *(réfléchi)* yourself, *pl* yourselves; **v. v. lavez** you wash yourself/yourselves (**d**) *(réciproque)* each other; **v. v. aimez** you love each other ■ **vous-même** PRON yourself ■ **vous-mêmes** PRON PL yourselves

voûte [vut] NF *(arch)* vault; **v. d'ogive** vault ■ **voûté, -ée** ADJ *(personne)* bent, stooped

vouvoyer [vuvwaje] VT **v. qn** to address sb as "vous" ■ **vouvoiement** NM = use of the formal "vous" *(instead of the more familiar "tu")*

voyage [vwajaʒ] NM trip, journey; *(par mer)* voyage; **aimer les voyages** to like *Br* travelling *or Am* traveling; **faire un v., partir en v.** to go on a trip; **être en v.** to be (away) travelling; **bon v.!** have a pleasant trip!; **v. de noces** honeymoon; **v. organisé** *(package)* tour ■ **voyager** VI to travel ■ **voyageur, -euse** NMF *Br* traveller, *Am* traveler; *(passager)* passenger; **v. de commerce** travelling salesman, *Br* commercial traveller ■ **voyagiste** NM tour operator

voyant, -ante¹ [vwajã, -ãt] **1** ADJ *(couleur)* gaudy, loud **2** NM *(signal)* (warning) light; *(d'appareil électrique)* pilot light

voyant, -ante² [vwajã, -ãt] NMF clairvoyant

voyelle [vwajɛl] NF vowel

voyeur, -euse [vwajœr, -øz] NMF voyeur, *f* voyeuse

voyou [vwaju] NM hooligan

vrac [vrak] **en vrac** ADV *(en désordre)* in a muddle; *(au poids)* loose

vrai [vrɛ] **1** ADJ true; *(réel)* real; *(authentique)* genuine **2** ADV **dire v.** to be right (in what one says) **3** NM *(vérité)* truth ■ **vraiment** ADV really

vraisemblable [vrɛsãblabl] ADJ *(probable)* likely, probable; *(crédible)* credible ■ **vraisemblablement** [-əmã] ADV probably ■ **vraisemblance** NF likelihood; *(crédibilité)* credibility

vrille [vrij] NF *(outil)* gimlet; *(acrobatie)* (tail)spin; **descendre en v.** *(avion)* to spin down; *Fam* **partir en v.** *(projet)* to go down the pan

vrombir [vrɔ̃bir] VI to hum ■ **vrombissement** NM hum(ming)

VRP [veɛrpe] *(abrév* **voyageur représentant placier)** NM sales rep

VTT [vetete] *(abrév* **vélo tout terrain)** NM INV mountain bike

vu, -ue [vy] **1** PP ➤ **voir 2** ADJ **bien vu** well thought of; **mal vu** frowned upon **3** PRÉP in view of; **vu que...** seeing that…

vue [vy] NF *(sens)* (eye)sight; *(panorama, photo, idée)* view; **en v.** *(proche)* in sight; *(en évidence)* on view; *Fig (personne)* in the public eye; *(payable)* **à vue** at sight; **à première v.** at first sight; **à v. d'œil** *(grandir)* visibly; **de v.** *(connaître)* by sight; **en v. de faire qch** with a view to doing sth; **v. d'ensemble** overall view

vulgaire [vylgɛr] ADJ *(grossier)* vulgar; *(ordinaire)* common ■ **vulgariser** VT to popularize ■ **vulgarité** NF vulgarity

vulnérable [vylnerabl] ADJ vulnerable ■ **vulnérabilité** NF vulnerability

W, w [dubləve] NM INV W, w

wagon [vagɔ̃] NM *(de voyageurs)* carriage, *Br* coach, *Am* car; *(de marchandises) Br* wagon, *Am* freight car ■ **wagon-lit** *(pl* **wagons-lits)** NM sleeping car, sleeper ■ **wagon-restaurant** *(pl* **wagons-restaurants)** NM dining *or* restaurant car

Walkman® [wɔkman] NM Walkman®, personal stereo

wallon, -onne [walɔ̃, -ɔn] **1** ADJ Walloon **2** NMF **W., Wallonne** Walloon

watt [wat] NM *Él* watt

W.-C. [(dublə)vese] NMPL *Br* toilet, *Am* men's/ladies' room

Web [wɛb] NM *Ordinat* **le W.** the Web ■ **Webcam** NM *Ordinat* webcam ■ **Webmestre** NM *Ordinat* webmaster

week-end [wikɛnd] *(pl* **week-ends)** NM week-end; **partir en w.** to go away for the weekend

western [wɛstɛrn] NM western

whisky [wiski] *(pl* **-ies** *ou* **-ys)** NM *Br* whisky, *Am* whiskey

WiFi [wifi] *(abrév* **wireless fidelity)** ADJ & NM *Ordinat* WiFi

WWW [dubləvedubləvedubləve] *(abrév* **World Wide Web)** NM *Ordinat* WWW

wysiwyg [wiziwig] *(abrév* **what you see is what you get)** ADJ & NM *Ordinat* WYSIWYG

X, x [iks] NM INV *(lettre, personne ou nombre inconnus)* X, x; *Fam (ecstasy)* E; **x fois** umpteen times; **film classé X** adults-only film, *Br* '18' film, *Am* X-rated film; **accoucher sous X** to give birth anonymously; **naître sous X** to be born to an unidentified mother

xénophobe [gsenɔfɔb] **1** ADJ xenophobic **2** NMF xenophobe ■ **xénophobie** NF xenophobia

xylophone [gsilɔfɔn] NM xylophone

Y, y¹ [igrɛk] NM INV Y, y

y² [i] **1** ADV there; *(dedans)* in it/them; *(dessus)* on it/them; **elle y vivra** she'll live there; **j'y entrai** I entered (it); **allons-y** let's go **2** PRON **j'y pense** I'm thinking about it; **je m'y attendais** I was expecting it; **ça y est!** that's it!

yacht [jɔt] NM yacht

yaourt [jaurt] NM yoghurt
Yémen [jemɛn] NM **le Y.** Yemen
yen [jɛn] NM yen
yeux [jø] PL ➤ œil
yog(h)ourt [jɔgurt] NM ➤ **yaourt**
yoga [jɔga] NM yoga; **faire du y.** to do yoga
Yo-Yo® [jojo] NM INV yoyo

Z, z [zɛd] NM INV Z, z
Zaïre [zair] NM **le Z.** Zaïre
zapper [zape] VI *Fam* to channel-hop *or* channel-surf
zèbre [zɛbr] NM zebra
zèle [zɛl] NM zeal; **faire du z.** to overdo it ■ **zélé, -ée** ADJ zealous
zéro [zero] NM *(chiffre)* zero, *Br* nought; *(de numéro de téléphone)* 0 [əu]; *(température)* zero; *(rien)* nothing; *Fig (personne)* nonentity; *Football* **deux buts à z.** *Br* two nil, *Am* two zero
zeste [zɛst] NM **un z. de citron** a piece of lemon zest *or* peel
zigzag [zigzag] NM zigzag; **en z.** *(route)* zigzag(ging) ■ **zigzaguer** VI to zigzag
Zimbabwe [zimbabwe] NM **le Z.** Zimbabwe

zinc [zɛ̃g] NM *(métal)* zinc; *Fam (comptoir)* bar; *Fam (avion)* plane
zinzin [zɛ̃zɛ̃] *Fam* **1** ADJ INV *(fou)* nuts **2** NM *(chose)* whatsit
zipper [zipe] VT *Ordinat* to zip
zizanie [zizani] NF discord; **semer la z.** to sow discord
zodiaque [zɔdjak] NM zodiac; **signe du z.** sign of the zodiac
zone [zon] NF zone; *Fam* **la z.** *(bidonvilles)* the slums; **z. euro** euro zone *or* area; **z. fumeurs/non-fumeurs** smoking/no-smoking area; **z. industrielle** industrial *Br* estate *or* *Am* park
zoo [zo(o)] NM zoo ■ **zoologie** [zɔɔ-] NF zoology ■ **zoologique** ADJ zoological; **parc z.** zoo
zoom [zum] NM *(objectif)* zoom lens
zut [zyt] EXCLAM *Fam* blast!